VERÖFFENTLICHUNG
DES INSTITUTS FÜR ZEITGESCHICHTE

Akten der Partei-Kanzlei der NSDAP

Rekonstruktion eines verlorengegangenen Bestandes

Sammlung der in anderen Provenienzen überlieferten Korrespondenzen,
Niederschriften von Besprechungen usw. mit dem Stellvertreter des Führers und
seinem Stab bzw. der Partei-Kanzlei, ihren Ämtern, Referaten und Unterabteilungen sowie
mit Heß und Bormann persönlich

Herausgegeben
vom
Institut für Zeitgeschichte

Teil I

R. Oldenbourg Verlag München Wien

K · G · Saur   München · New York · London · Paris

Akten der Partei-Kanzlei der NSDAP

Rekonstruktion eines verlorengegangenen Bestandes

Regesten

Band 1

Bearbeitet
von
Helmut Heiber

unter Mitwirkung von Hildegard von Kotze, Gerhard Weiher,
Ino Arndt und Carla Mojto

R. Oldenbourg Verlag München Wien

K · G · Saur München · New York · London · Paris

CIP-Kurztitelaufnahme der Deutschen Bibliothek
Akten der Partei-Kanzlei der NSDAP: Rekonstruktion
e. verlorengegangenen Bestandes; Sammlung d. in
anderen Provenienzen überlieferten Korrespondenzen,
Niederschriften von Besprechungen usw. mit d.
Stellvertreter d. Führers u. seinem Stab bzw. d.
Partei-Kanzlei, ihren Ämtern, Referaten u. Unter-
abt. sowie mit Heß u. Bormann persönlich;
[Veröffentlichung d. Inst. für Zeitgeschichte] /
hrsg. vom Institut für Zeitgeschichte. – München; Wien:
Oldenbourg; München: Saur
NE: Institut für Zeitgeschichte ⟨München⟩ [Hrsg.]; Nationalsozialistische
Deutsche Arbeiterpartei

Teil 1.
Regesten.
Bd. 1. Bearb. von Helmut Heiber ... – 1983.
   ISBN 3-486-49641-7 (Oldenbourg)
   ISBN 3-598-30261-4 (K. G. Saur)
NE: Heiber, Helmut [Bearb.]

© 1983 R. Oldenbourg Verlag GmbH, München

Das Werk ist urheberrechtlich geschützt. Die dadurch begründeten Rechte, insbesondere die der Übersetzung, des Nachdrucks, der Funksendung, der Wiedergabe auf photomechanischem oder ähnlichem
Wege sowie der Speicherung und Auswertung in Datenverarbeitungsanlagen, bleiben auch bei auszugs-
weiser Verwertung vorbehalten. Werden mit schriftlicher Einwilligung des Verlages einzelne Vervielfäl-
tigungsstücke für gewerbliche Zwecke hergestellt, ist an den Verlag die nach § 54 Abs. 2 Urh.G. zu zahlende Vergütung zu entrichten, über deren Höhe der Verlag Auskunft gibt.

Gesamtherstellung: R. Oldenbourg Graphische Betriebe GmbH, Kirchheim

ISBN 3-486-49641-7 (R. Oldenbourg Verlag)
ISBN 3-598-30261-4 (K. G. Saur)

Inhalt

Einleitung	VII
Verzeichnis der besuchten Archive (Archivkennziffern)	XXVII
Verzeichnis der benutzten Bestände (Bestandskennziffern)	XXVIII
Regesten	1
Konkordanz der nicht mehr belegten Regestnummern	1041

Einleitung

Die vorliegende Publikation geht in ihren Anfängen zurück in die frühen 70er Jahre und auf zwei Überlegungen des (damals noch designierten) neuen Direktors des Instituts für Zeitgeschichte, Martin Broszat, der das Programm seiner künftigen Leitungstätigkeit entwickelte und dabei so manchem neuen – heute eher selbstverständlichen, seinerzeit vielfach eher verwegen anmutenden – Gedanken zum Durchbruch verhalf. Die eine dieser Überlegungen war sachlicher Art, ein kleiner Exkurs darüber möge das Verständnis erleichtern.

Seinem Charakter als nahezu perfekte Ein-Mann-Herrschaft entsprechend, haben sich im Dritten Reich alle Kollegialverfassungen formal gewöhnlich sehr schnell, faktisch zumindest nach und nach aufgelöst. An der Spitze, wo der Herrschaftsbereich am umfassendsten, eben (mit immer weniger werdenden und zuletzt nur noch geringfügigen Einschränkungen) total war, bedeutete dies die sich langsam etablierende Herrschaft der Kanzleien. Deren Macht war freilich sehr unterschiedlich – je nach den Gegebenheiten wie nach dem Format, der Eignung und dem Durchsetzungsvermögen ihrer Leiter.

Die Präsidialkanzlei unter Otto Meissner war eine von Hindenburg übernommene Erbschaft. Wäre Hitler von Anfang an Reichspräsident gewesen, hätte sie vielleicht zu einer maßgeblicheren Rolle heranwachsen können. So aber trat sie erst anderthalb Jahre nach der „Machtübernahme" zu Hitlers Bereich – zu spät, um sich eine auch nur einigermaßen bedeutende Funktion sichern zu können; und auch Person, Fähigkeiten wie politische Herkunft[1] ihres Leiters waren kaum geeignet, das Handicap dieses Spätstarts auszugleichen. Mit Protokollfragen, Ernennungen, Begnadigungen und Ordensverleihungen beschäftigt, hat die Präsidialkanzlei indes dank Hitlers Abscheu vor nicht gerade unumgänglichen Änderungen ihre Schattenrolle bis zum Ende ungestört weiterspielen dürfen.

Ein ähnliches Schicksal widerfuhr im Bereich der Partei der sogenannten „Kanzlei des Führers der NSDAP", der – freilich erst nach heftiger, jedoch völlig erfolgloser Gegenwehr – ins politische Abseits gedrängten NSDAP-Reichsgeschäftsführung der „Kampfzeit" von seinerzeit nicht unerheblichem Einfluß. Durch die Ernennung eines Außenseiters, des eher farb- und konturlosen Privatsekretärs Rudolf Heß zunächst Mitte Dezember 1932, nach Gregor Straßers „Verrat", zum Leiter einer neugeschaffenen „Politischen Zentralkommission", schließlich am 21. April 1933 zum Stellvertreter des Führers der NSDAP hatte Hitler nämlich parteiorganisatorisch eine veränderte Lage geschaffen. Seinerzeit weithin überraschend und ursprünglich gedacht wohl nur als eine Art Prokura-Erteilung für den Parteisektor durch den jetzt mit dem Staatsapparat beschäftigten neuen Reichskanzler, aber mit taktischem Geschick und politischem Durchsetzungsvermögen von Heß und seinem Stabsleiter (eine vorzügliche Akquisition: der als Hilfskassenleiter unter der Fuchtel des Reichsschatzmeisters – wie man heute sagen würde – frustrierte und daher „klinkenputzende" Martin Bormann) zäh und beharrlich zu anfangs ungeahnten Dimensionen ausgebaut, schuf diese neue Institution zwei Leidtragende: Robert Ley, den Möchtegern-Erben des Reichsorganisationsleiters und bis zu seinem „Verrat" im Dezember 1932 unangefochtenen „zweiten Mannes" Gregor Straßer, und eben den bisherigen Reichsgeschäftsführer Philipp Bouhler. Bis 1940 war Bouhler dann mit Nadelstichen bis Keulenhieben soweit gebracht, daß er bereit war, auszuscheiden und Kolonialminister oder auch weniger zu werden. Mangels Kolonien blieben er und seine Kanzlei dann doch und bis zum Ende – mit den gleichen bedeutungslosen Aufgaben im Parteibereich befaßt, wie Meissners Präsidialkanzlei sie auf dem staatlichen Sektor ausübte.

Läßt man nun hier das OKW, die militärische Kanzlei Hitlers, als einen – wenn auch mit den anderen kommunizierenden – Sonderbereich leitend außer acht, so blieben noch zwei Kanzleien übrig. Einmal die Reichskanzlei unter (Hans-)Heinrich Lammers als Hitlers Befehlsstelle im staatlichen Raum, zum anderen eben der Stab des Stellvertreters des Führers

---

[1] Diese war merkwürdigerweise kein unüberwindbares Hindernis auf dem Wege ganz nach oben, sofern man nur fähig und angenehm war – Lammers stammte aus dem gleichen Milieu.

bzw. – nach Heß' Englandflug im Mai 1941 – die Partei-Kanzlei als das Pendant auf dem Parteisektor. Beider Gewichte verschoben sich freilich, und zwar sehr erheblich, im Laufe der Jahre. Das hatte drei Gründe.

Erstens war der Partei von Anfang an die führende Rolle zugedacht – nach dem von Hitler schon bald so formulierten Motto „Die Partei befiehlt dem Staat" (daß die staatliche Verwaltung später als Domäne der SS eine Aufwertung ganz unerwarteter Art erfuhr und sich damit im innenpolitischen Bereich neue Konstellationen wie auch – allerdings nicht mehr zur Realität gewordene – Möglichkeiten ergaben, kann hier unberücksichtigt bleiben).

Zweitens war Hans-Heinrich Lammers zwar gewiß ein hervorragender Verwaltungsfachmann (jeder Benutzer der Reichskanzlei-Akten wird das bezeugen können), aber über das Format und die Zähigkeit, derer es bedurft hätte, um dem unermüdlichen Wühlen und Nagen eines Martin Bormann Paroli bieten zu können, verfügte er denn doch nicht. Der Weg Lammers' durch das Dritte Reich, abgelesen in seinem Verhältnis zum Partei-Konkurrenten, nämlich von der zwar liebenswürdigen, aber dennoch unüberhörbaren Herablassung der frühen Jahre über eine Frère-et-Cochon-Kameraderie im Zenit der Regierung bis zum schließlich devot seine Loyalität beteuernden und bei dem Rivalen um einen Termin bei seinem Führer bettelnden Petenten der letzten Monate –, dieser Weg ist die Passion eines immens tüchtigen, aber politisch absolut rückgratlosen Bürokraten. Auch er hätte natürlich (er hat es vorgezogen, eisern zu schweigen und auf jede – allerdings auch kaum einfache – Rechtfertigung zu verzichten, Speers Antipode gewissermaßen) da und dort Versuche oder gar Erfolge nachweisen können, „Schlimmeres zu verhüten", – und ist darüber mit einer der Schlimmsten geworden.

Diese Gewichtsverschiebung war nämlich – drittens – auch und vor allem dadurch zustande gekommen, daß es Martin Bormann gelungen war, sich dauerhaft in dem Ohr des Herrn einzunisten, dieses zunehmend zu seiner Privatdomäne zu machen und auf solchem Wege aus dem ihm eigentlich zugeschriebenen Rahmen auszubrechen. Er schaffte es, sich als der Mann neben Hitler aufzubauen, den zwar außerhalb des Führungskreises nur wenige kannten, der aber immer zur Verfügung stand, der Tag und Nacht zur Hand war, um beflissen, diskret und zuverlässig, absolut zuverlässig Befehle, Wünsche und Marotten Hitlers weiterzuleiten und in die Tat umzusetzen. Mit der durch den Krieg herbeigeführten, aber auch anderweitig bedingten und von Bormann gewiß nicht behinderten zunehmenden Abkapselung Hitlers von der Außenwelt wurde Bormann – lediglich vom militärischen und teilweise vom wirtschaftlichen Bereich abgesehen – das wichtigste und am Ende nahezu das einzige Öhr, durch das noch Fäden zwischen dem „Führer" und dem übrigen Deutschland verliefen. Als er sich am 12. April 1943 neben seiner eigentlichen Funktion den offiziellen Titel „Der Sekretär des Führers" zulegen durfte (eine Domestiken-Bezeichnung, vor der manch anderer wohl zumindest zunächst zurückgescheut wäre, die ein Bormann jedoch ausschließlich unter dem Gesichtspunkt ihrer – unbezweifelbaren – Nützlichkeit wertete), konnte er mit Recht darauf verweisen, daß er de facto schon seit Jahren derartiger Befehlsübermittler seines Herrn gewesen war – auf *allen* Gebieten. Und nicht nur Übermittler in *dieser* Richtung. Auch wer irgend etwas wollte – in 99,9 Prozent aller Fälle wurde es *hier* schon zutreffend vor- oder selbst formal definitiv entschieden. Denn Bormann (wie nach dessen Muster vor seiner Kühlstellung zeitweise auch Lammers) reklamierte zu wissen, was Hitler dachte, gedacht hatte, denken würde – und fast immer hatte er damit recht oder dürfte er damit recht gehabt haben. Gute Sekretäre (und Sekretärinnen) können das eben. Und Martin Bormann war nicht nur ein guter, er war ein vorzüglicher Sekretär.

So ist denn zu Zeiten der Partei-Kanzlei deren Leiter Martin Bormann, in Personalunion Sekretär des Führers (vormals „Reichsleiter Martin Bormann"), und so ist zuvor auch schon Heß in der zweiten Hälfte seiner Amtszeit nicht mehr bloßer Stellvertreter Hitlers in der Parteiführung gewesen und im staatlichen Bereich bloßer Wahrer der Parteibelange (exekutiert insbesondere bei der Ernennung der höheren Beamten, mit welchen „Gleichschaltungs"-Mechanismen beide 1933 begonnen hatten), sondern sie waren praktisch unumschränkte Herrscher über die Partei (als Schatten Hitlers und mit den Gauleitern als „Hausmacht" hat sich auch Bormann, obwohl der von Heß nach 1933 überraschend schnell gewonnenen Autorität stets entbehrend, die übrigen Reichsleiter sämtlich unterworfen; lediglich mit Heinrich Himmler war der Machtkampf am Ende noch unentschieden, und als im übrigen einziger ernstzunehmender, nicht auf sein Wohlwollen angewiesener Machtfaktor war da noch der Reichsschatzmeister Franz Xaver Schwarz – ein alter Mann, den Bormann schon hatte wissen lassen, daß es nach seiner Pensionierung keinen Reichsschatzmeister mehr geben würde) und hatten wesentlichen und oft ausschlaggebenden Einfluß im Staat.

Hatte dort bereits Heß nach einiger Zeit die Stellung eines stets „beteiligten", das heißt also bei allem und jedem vorher zu hörenden Reichsministers erhalten, so war diese Beteiligung am Ende der Herrschaft Bormanns schon beinahe zur Karikatur geworden. Es gab kaum noch eine Durchführungsverordnung, die nicht zuvor auch der Partei-Kanzlei vorgelegt worden war, und auch die Zahl der Erlasse, die von ihr abgesegnet wurden, war Legion. Die Überlegung der Beamten des Reiches war simpel: Bevor man sich Schwierigkeiten einhandelte, fragte man lieber. Wo sich anfangs Heß und Bormann noch hier und da über ihre Nichtbeteiligung hatten beschweren müssen, häuften sich zuletzt die wegen ihrer Bedeutungslosigkeit nicht wahrgenommenen Besprechungseinladungen, die lediglich noch zur Kenntnis genommenen Entwürfe. „Der Leiter der Partei-Kanzlei hat dem Entwurf bereits zugestimmt" – mit solchem Gütesiegel versehen wurden die Dinge am sichersten auf den Weg geschickt. Und gegen eine Entscheidung dieser Stelle gab es keinen Rekurs – der Zar war weit, eigentlich nur noch ein Mythos, ein Mythos zu Lebzeiten.

Bleibt noch eine kurze Vorstellung der beiden Hauptakteure. *Rudolf Heß,* geboren am 26. April 1894 in Alexandrien, Auslandsdeutscher also (sein Bruder Alfred war denn auch bis 1941 Stellvertretender Gauleiter der Auslands-Organisation) und aus in jenem Lande hochangesehener Familie stammend, in Ägypten auch aufgewachsen bis zu seinem 14. Lebensjahr, dann in einem (evangelischen) Internat in Deutschland, in einer Handelsschule in der Schweiz (die Großmutter väterlicherseits war Schweizerin), schließlich in Hamburg eine Lehrzeit als Import- und Exportkaufmann (wie Vater und Großvater es gewesen waren bzw. waren). 1914 Kriegsfreiwilliger, Einsätze in den Grabenschlachten im Westen, in Rumänien, mehrfach verwundet, Leutnant, zuletzt Flieger. Nach dem Krieg hängt er den Kaufmannsberuf an den Nagel, wird Student in München – der Geopolitiker Professor und General Karl Haushofer gewinnt großen Einfluß auf ihn. Er stößt zu Hitler, dem er schnell auch persönlich nahekommt, ist am 8./9. November 1923 führend beteiligt, flieht in die Schweiz, stellt sich dann, wird verurteilt und ist in Landsberg Hitlers Adlatus bei der Abfassung von „Mein Kampf". Bei diesem bleibt er auch nach ihrer Entlassung aus der Haft, als Privatsekretär und persönlicher Adjutant.

Und *Martin Bormann,* geboren in Wegeleben bei Halberstadt als Sohn eines Militärmusikers am 17. Juni 1900, sechs Jahre jünger nur als Heß, aber keiner von den Uralt-Kämpfern, keiner von denen also, die sich Hitlers nahezu bedingungsloser Treue gewiß sein können, sondern einer, der sie erst durch hingabevollen Dienst erwerben und immer wieder neu verdienen muß. Gymnasium ohne Schulabschluß, im Juni 1918 noch eingezogen, aber ohne Möglichkeit (und auch ohne großes Verlangen?), noch Heldentaten zu begehen, nach der Entlassung erst Landwirtschaftseleve, dann Gutsinspektor bei Parchim in Mecklenburg, während dieser Zeit über das Freikorps Roßbach zur Deutschvölkischen Freiheitspartei gekommen, wegen Beteiligung an einem Fememord ein Jahr im Gefängnis und im gleichen Februar 1925 entlassen, in dem Adolf Hitler in München seine NSDAP wieder aufmacht. Nach einem weiteren Jahr auf dem mecklenburgischen Gut übersiedelt er zu seiner Mutter nach Thüringen, politisch gehört er jetzt dem Frontbann an, dem von Röhm gegründeten Ersatz-Wehrverband für die alte SA, eine Weile neben der nunmehr reinen Partei-Organisation der neuen SA herlaufend und schließlich in ihr aufgehend. Und mit ihm Bormann, Parteigenosse Nr. 60 508 seit dem 27. Februar 1927 und schon vor diesem Datum in Parteifunktionen hineingewachsen. Bis Ende 1928 bleibt er – zuletzt als Gaugeschäftsführer – in Thüringen, danach wird er Leiter – und Sanierer – der SA-Versicherung, später Hilfskasse der NSDAP, und gehört damit in München zur Parteizentrale, wenn auch zunächst nur als eines der kleineren Räder. Er heiratet zweckmäßig die Tochter des Leiters des seinerzeit noch Uschla (Untersuchungs- und Schlichtungsausschuß) heißenden obersten Parteigerichts; Hitler und Heß, damals schon sein Gönner, sind Trauzeugen. Und an diesen Gönner wendet er sich denn auch Ende Mai 1933, als er es nach der „Machtübernahme" an der Zeit findet, aus der Hilfskasse zu Größerem aufzubrechen und sich von der Fuchtel des – ihm nie recht liegenden – Reichsschatzmeisters Schwarz zu befreien. Anfang Juli fängt er bei Heß als Stabsleiter an. Die Logik des Kampfes, den Heß in jenem Jahr um die Anerkennung seiner Stellung *über* den anderen höchsten Parteichargen führt, bringt es automatisch mit sich, daß sein Kanzleivorsteher deren Rang erhält: im Herbst ist Martin Bormann Reichsleiter und damit in die Reihe der braunen Kardinäle aufgenommen. Als Heß siebeneinhalb Jahre später zum „Fall Heß" wird, ist Bormann schon viel zu weit von der Untergangsstelle des ehemaligen Gönners entfernt, um noch mit in den Strudel hineingezogen zu werden wie so mancher andere. Ganz im Gegenteil: Er ist der Erbe. Und bald mehr als das.

Das Verhältnis beider zueinander bis 1941 ähnelt dem Verhältnis Himmler – Heydrich insofern, als die Rolle des zweiten Mannes oft überschätzt worden ist und noch wird. Solange Heß da war, war *er* der Chef, daran ist kein Zweifel und dafür hat Bormann 1941 und danach Heß' Entourage und Familie (die schließlich unter Himmlers Fittichen etwas Schutz fand) denn auch eine recht kleinliche Rache spüren lassen. Nur wuchs Bormann schon vor 1941 – und dies anders als Heydrich – zu an die des Chefs nahe heranreichender Potenz heran – einmal (wie geschildert) infolge seiner zunehmenden Intimität mit Hitler, zum anderen aber auch wegen Heß' wachsender Zurückhaltung, mag sie nun Verschrobenheit, Unlust oder Resignation gewesen sein.

*

Nach diesem Exkurs, der den Radius des Stabs des Stellvertreters des Führers bzw. der Partei-Kanzlei (im folgenden gewöhnlich unter dem Begriff „Partei-Kanzlei" zusammengefaßt) aufzeigen sollte, zurück zum Anfang. Es ist aus dem Gesagten hoffentlich hinreichend klar geworden, welche immense Bedeutung die Akten einer Institution wie dieser Partei-Kanzlei für das *gesamte* Geschehen im Dritten Reich besitzen. Schon die Akten der Reichskanzlei, die nur einen Teilbereich, nämlich den staatlichen, umfassen und die Arbeit einer Dienststelle widerspiegeln, die – wie wir sahen – zunehmend an politischem Gewicht verlor und damit auch zunehmend weniger mit den Dingen „befaßt" war, sind die wohl mit Abstand wichtigste (und damit auch am meisten benutzte) Quelle der zeitgeschichtlichen Forschung über das Dritte Reich. Um wieviel mehr müßte das für die Akten der Partei-Kanzlei gelten. Nur leider, diese gibt es nicht mehr. Bis auf ganz geringe Teile, vornehmlich aus der letzten Zeit nach der Auslagerung, sind sie wie so viele andere verlorengegangen und werden von der Forschung entsprechend schmerzlich vermißt.

War es aber nicht möglich – und dies war die eine der eingangs genannten Überlegungen –, diese Akten wenigstens zu einem beachtlichen und lohnenden Teil (komplett sind auch die Akten der Reichskanzlei keineswegs) aus den erhalten gebliebenen Überlieferungen zu rekonstruieren? Jeder Schriftwechsel schließlich (und Schriftwechsel bildet nun einmal den Hauptbestandteil von Akten) ist mindestens zweifach vorhanden: bei dem einen Teilnehmer seine Konzepte und die Ausfertigungen des anderen – und umgekehrt. So müßte sich schließlich – theoretisch – bei der Durchsicht der Akten sämtlicher Korrespondenzpartner der Partei-Kanzlei deren gesamter Schriftwechsel neu zusammenstellen lassen. Aber auch Besprechungsniederschriften gehen an alle Teilnehmer, anderes wiederum gerät zu einem späteren Zeitpunkt als Anlage in fremde Akten und so weiter und so fort. Kurzum: Es läßt sich auf diesem Wege ein Spiegelbild des verlorengegangenen Bestandes gewinnen, das sich nur in der äußeren Form unterscheidet.

Es unterscheidet sich freilich, das kann und soll nicht geleugnet werden, ebenfalls und nun allerdings wesentlich noch dadurch, daß die *internen* Vorgänge der Entscheidungsfindung nur für die aktenführende Seite vorliegen, bei einer derartigen Rekonstruktion also nicht die der Partei-Kanzlei. Das ist ein Verlust, der nicht reparabel ist und mit dem man sich abfinden muß. Hier und da indes haben auch solche Schriftstücke aus dem Bereich der Partei-Kanzlei in die noch vorhandenen Überlieferungen Eingang gefunden, und in dem interessanten Bundesarchiv-Bestand „Reichspropagandaleiter", der ausschließlich aus den Akten des Reichsamtsleiters Tießler besteht, ist dies sogar in großem Umfang der Fall, war dieser Tießler doch zwischen Bormann und Goebbels, zwischen Partei-Kanzlei also und Reichspropagandaministerium sowie Reichspropagandaleitung, Verbindungsmann, der und dessen Leute sich offenbar selbst schwer taten bei der Entscheidung, welches Briefpapier und welche Ablage nun gerade zu benutzen waren[2].

Das freilich ist ein Sonderfall. Trotzdem: War nicht das, was rekonstruierbar war, lohnend genug? Gewiß, auch die Empfängerüberlieferungen sind äußerst unterschiedlich, ihr Erhaltungszustand liegt zwischen – seltener – komplett oder jedenfalls annähernd komplett und – oft – verloren bzw. fast ganz verloren. Ob sich lohnte, was noch vorhanden war, mußte indes schon ein erster Überblick erweisen.

Hinzu kam die zweite der eingangs erwähnten Überlegungen, diese sozusagen forschungspolitischer Art. Konnte sich, so war die Frage, eine Forschungsinstitution wie das Institut für Zeitgeschichte auf die Dauer damit zufriedengeben, Monographien und Dokumentationen herauszubringen, wie dies bis dahin geschehen war und wie es jeder Einzelforscher auch konnte und tat? War sein Auftrag auf dem Gebiet der Forschung damit erfüllt, gewissermaßen eine Summe von Forschern zu sein, einer Reihe von ihnen die wirtschaftliche Fundierung ihrer Arbeiten zu bieten? Oder aber war ein solches Institut nicht vielmehr verpflichtet, übergreifende Arbeiten in Angriff zu nehmen, die der Einzelforschung nicht möglich waren, weil sie einen Apparat, ein Zusammenwirken mehrerer und/oder eine langfristige Sicherstellung der Arbeit erforderten, – es war dies die Zeit, in der das Wort „Projekt" zwar nicht gerade erfunden wurde, aber so recht in Schwung kam.

Beides schließlich zusammengeführt: Konnte und sollte das Institut für Zeitgeschichte eine solche Rekonstruktion der Akten der Partei-Kanzlei versuchen? Die Frage wurde bejaht. Freilich, eine Rekonstruktion erforderte umfangreiche, zunächst noch gar nicht überschaubare Sucharbeiten in den Archiven sowie irgendeine Form der Erschließung. Da, so viel war gleich gewiß, die eigenen Mittel und Kräfte dazu nicht ausreichten, wurde Hilfe gesucht und bei der Deutschen Forschungsgemeinschaft gefunden. Aus Sondermitteln des Stifterverbands für die deutsche Wissenschaft hat die Forschungsgemeinschaft viele Jahre lang gemeinsam mit dem Institut für Zeitgeschichte das Projekt finanziert; ohne ihre Hilfe wäre es weder in Gang gekommen noch durchgehalten worden, und beiden Institutionen, der DFG wie dem Stifterverband, und nicht zuletzt dem für die Betreuung zuständigen Referenten Dr. Dieter Oertel, sei hier sehr herzlich für ihre unschätzbare und äußerst notwendige Hilfe gedankt.

Neben die Frage der Finanzierung trat die Frage der Zuständigkeit. War eine solche gegeben oder fiel das Ganze nicht eindeutig in die der Archive? Wir haben den ersten Teil dieser Frage kühn bejaht – im Hinblick auf den umfassenden, nicht nur über den Bereich des für diese Arbeit überwiegend in Betracht zu ziehenden Bundesarchivs, sondern sogar über den Bereich der in der Bundesrepublik Deutschland gelegenen Archive überhaupt hinausreichenden Charakter der Arbeit. Die Archive haben das, wenn auch nicht ohne Bedenken, akzeptiert und jedenfalls darin keinen Anlaß gesehen, ihre für das Projekt lebensnotwendige Hilfe zu verweigern oder auch nur einzuschränken, wofür ebenfalls ihnen an dieser Stelle herzlich gedankt sei, – all die Namen derer aufzuzählen, die sich dabei verdient gemacht haben, würde bei den wichtigsten Archiven eine Rezitierung ihres Personalplans bedeuten, weshalb hierauf leider verzichtet werden muß. Was unsere vier Hauptarbeitsstellen anlangt, so ist im Bundesarchiv der Leitung, Präsident Booms und Dr. Boberach, für ihr Wohlwollen zu danken; aus der fast unübersehbaren Zahl derer, die uns geholfen haben, kommen mir

---

[2] Daß Dritte erst recht ratlos waren, versteht sich: Von seinen Kollegen im Propagandaministerium, in dessen Haus er – ähnlich den übrigen Statthaltern Heß' bzw. Bormanns – residierte (die merkwürdigste Konstruktion dieser Art: Fritz Reinhardt im Reichsfinanzministerium, der dort Staatssekretär, zugleich aber auch „Sachbearbeiter des Stellvertreters des Führers für öffentliche Finanzen, Steuern und Arbeitsbeschaffung" gewesen ist), wurde er sowohl gebeten, der Partei-Kanzlei dies oder jenes mitzuteilen, wie auch mit „An die Partei-Kanzlei im Hause" adressierten Vermerken bedacht.

Dr. Oldenhage, Frau Kinder und die Herren Buchmann, Kießling, Verlande und Raillard als von uns ganz besonders belästigt und daher des Dankes wert in den Sinn – wohl wissend, daß eine solche Nennung eine Ungerechtigkeit gegenüber so manchem anderen bedeutet. Im Politischen Archiv des Auswärtigen Amts haben wir dem Leiter, Dr. Weinandy, und dann vor allem unserer unermüdlichen Helferin Frau Dr. Keipert zu danken. Auch im Berlin Document Center haben uns dessen Leiter einen umfassenden „Service" zur Verfügung gestellt, dem verstorbenen Richard Bauer und dem jetzigen Direktor, Mr. Simon, mag neben vielen anderen und auch stellvertretend für diese unser Dank ebenso gelten wie im Preußischen Geheimen Staatsarchiv dessen verstorbenem früheren Direktor, Dr. Zimmermann, für die dortige „Initialzündung". Dann weiter Herr Knetsch im Würzburger Studentenbundsarchiv – ein ebenso bereitwilliger Helfer wie Herr Hessel im Pariser Centre de Documentation, im Österreichischen Staatsarchiv unser – darf ich ihn so nennen? – Freund Dr. Mikoletzky und so weiter und so fort, wie schon gesagt: Diese Liste nähme so bald kein Ende.

Nicht verschwiegen werden soll dabei, daß unser – jedenfalls anfängliches – Dilettieren in zwar verwandten, aber doch nicht ureigenen Gebieten (und dies trifft hauptsächlich, wovon noch die Rede sein wird, für die Erschließung zu) uns wenn auch nicht gerade Schweiß, Blut *und* Tränen, so doch einiges davon gekostet hat. Möge man es nicht der Eitelkeit, sondern nur der Selbsterhaltung zuschreiben, wenn uns dabei die Hoffnung gestärkt hat, wenn sie langsam gewachsen und dann bestehen geblieben ist, daß wenigstens das – hier nun also zum Teil vorliegende – Ergebnis dieser Mühen der strengen fachmännischen Kritik der Freunde und Kollegen in den Archiven einigermaßen standhalten kann. Angriffspunkte, darüber sind wir uns klar, gibt es zweifellos, – aber wo gibt es die nicht.

Nachdem Probearbeiten in den drei wichtigsten Archiven die grundsätzliche „Machbarkeit" erwiesen hatten, begannen im Herbst 1972 die systematischen Sucharbeiten, lange Zeit 36 Arbeitswochen pro Jahr, dann 24 und schließlich sehr viel weniger. Als erforderlicher Zeitraum waren neun Jahre für die zentralen Archive zuzüglich drei weiterer Jahre für die übrigen Archive geschätzt worden – auf einer naturgemäß recht abenteuerlichen Grundlage, an Abenteuerlichkeit aber noch dadurch übertroffen, daß diese Schätzung mit der erwähnten „Verdünnung" nahezu richtig gewesen ist, ohne eine solche sogar erheblich *unter*schritten worden wäre.

*

„Machbar" freilich war kein Synonym für „problemlos". Um zunächst bei dem einen Teil der Arbeiten, bei dieser *Sammlung,* zu bleiben: Das Hauptproblem, das sich in mehrfacher Hinsicht stellte, war das der Abgrenzung, war die Frage, wie weit in dieser oder jener Richtung gegangen werden sollte und konnte. Eine solche Frage stellte sich für die Bestände, für deren einzelne Bände wie auch für die darin enthaltenen Aktenstücke.

Bei dem erwähnten Aktionsradius der Partei-Kanzlei wird es in allen Akten, auch noch in denen von Gemeinden oder NSDAP-Kreisleitungen, Schriftstücke von ihr geben, meist allerdings – je weiter unten, desto mehr – wiedergegebene oder zitierte Anordnungen, Bekanntgaben usw. Trotz aller Verluste aber ist doch die Masse der erhalten gebliebenen Akten groß genug, um eine komplette Heranziehung absolut auszuschließen. Wir haben die daher hier erforderliche Grenze so gezogen, daß wir sämtliche staatlichen, Partei- und Wehrmachtdienststellen auf Reichsebene berücksichtigt haben, auf der darunter liegenden Stufe lediglich die Gauleitungen der NSDAP mit ihren Gauamtsleitungen sowie nach Möglichkeit – obwohl eigentlich nicht hierhergehörend, aber wegen der Personalunion und der oft starken Verwaltungsverflechtung mit den Gauleitern, in Bayern mit einem Reichsleiter und wegen der räumlichen Nachbarschaft – die Reichsstatthalter, darunter nichts mehr[3]. Begründet wird

---

[3] Die Ergebnisse der zur Kontrolle probeweise begonnenen, wegen Unergiebigkeit jedoch abgebrochenen Durchsicht einiger Bestände (z. B. die oldenburgischen Ministerien) sind in die Sammlung mitaufgenommen worden. Zum Zeitpunkt der Drucklegung dieses Bandes sind die Akten der Gauleitungen München-Oberbayern, Schwaben, Westfalen-Nord und Westfalen-Süd sowie die der Reichsstatthalter noch nicht durchgesehen worden. Auf absehbare Zeit unberücksichtigt werden – was höchst bedauerlich ist – die Akten der DDR-Archive bleiben müssen; darauf hinzielende Kooperations- und Koproduktionsangebote blieben unbeantwortet. Aber auch die Durchsicht der er-

diese Abgrenzung damit, daß so sämtliche direkten und unmittelbaren Korrespondenz(usw.)-Partner der Partei-Kanzlei erfaßt sind. Wären nämlich die Akten dieser Partner komplett vorhanden, müßten sie – theoretisch – die gesamte „amtliche" Korrespondenz der Partei-Kanzlei (das heißt also ohne die mit Einzelpersonen oder Firmen) enthalten, denn der Verkehr mit jeder anderen Dienststelle hatte an sich über eine *dieser* Dienststellen zu laufen. Da alle Überlieferungen aber nur bruchstückhaft sind und im übrigen die genannte Regel häufig durchbrochen worden ist, etwa ein vom Gauleiter höchstpersönlich geleitetes bayerisches Ministerium sehr wohl Korrespondenz mit der Partei-Kanzlei geführt hat, die am Reichsstatthalter wie an dem zuständigen Reichsressort vorbeigelaufen ist, werden sich auch in den nicht herangezogenen Provenienzen Schriftstücke befinden, die an sich in unsere Sammlung gehörten. Aber hier wie auch anderswo mußte die Regel gelten, daß der Ertrag in einem einigermaßen vertretbaren Verhältnis zum Arbeitsaufwand zu stehen hatte.

Für – zweitens – die herangezogenen Bestände galt die gleiche Ökonomie. So sind einige Band um Band durchgesehen worden (um einen gewissen Einblick zu vermitteln, dafür ein paar Beispiele: im Bundesarchiv u.a. die Bestände Reichspropagandaleiter, Reichskanzlei und Reichsjustizministerium, im Politischen Archiv des Auswärtigen Amts die Bestände Abteilung Inland und Referat Partei, im Document Center die gesamten Research-Bestände), sonst wurden sie nach vorhandenen Aktengliederungen oder Findmitteln gruppen- oder bandweise herangezogen, gewissermaßen auf Prioritätslisten nach dem Grad der zu vermutenden „Fündigkeit" immer weiter abwärts gehend, bis der Ertrag zu gering oder zu unbedeutend wurde.

Als Ausnahmen sind dabei zwei Bestände des Document Center zu nennen, bei denen die Durchsicht nicht wegen der nachlassenden Ergiebigkeit nur teilweise erfolgt ist, sondern weil einfach ihr – nicht sachlich, sondern nur nach Namen gegliederter – Umfang zur Kapitulation zwang: Von den rund 90 000 teilweise hochinteressanten Akten des Obersten Parteigerichts konnte wenigstens ein gutes Drittel (Buchstaben A – I und L sowie eine „Prominenz"-Auswahl vom Rest) einbezogen werden, während der schier unübersehbare Berg der rund 1,5 Millionen Akten „Partei-Kanzlei-Correspondence"[4] kaum angekratzt werden konnte (Buchstaben A, B, G, L und M in sehr unterschiedlicher Dichte sowie die „Prominenz" und die – uns damals bekannten – Mitarbeiter der Partei-Kanzlei).

Einen weiteren Bestand haben wir trotz „Fündigkeit" überhaupt nicht durchgesehen: den Bestand NS 6 des Bundesarchivs „Partei-Kanzlei", der aus den oben erwähnten erhalten gebliebenen Aktenresten besteht. Da wir ja unsere Aufgabe darin sahen, das Zerstreute benutzungsfähig in einer Rekonstruktion zusammenzustellen, war die Einbeziehung dieses Bestands überflüssig und hätte nur eine niemandem recht nützende Wiederholung bedeutet. Der Bestand NS 6 ist also zu unserer Rekonstruktion mit heranzuziehen; man kann – wenn man so will – unsere Rekonstruktion als Anlage zu diesem Bundesarchiv-Bestand betrachten. Dessen Verzeichnung hat das Bundesarchiv selbst übernommen[5] ebenso wie die seiner

---

halten gebliebenen Reichsstatthalterakten außer der bayerischen Provenienz (Lippe und Schaumburg-Lippe im Staatsarchiv Detmold, Hamburg im Staatsarchiv Hamburg, Westmark im Landesarchiv Saarbrücken, Württemberg im Hauptstaatsarchiv Stuttgart, Tirol und Vorarlberg im Tiroler Landesarchiv, Oberdonau im Oberösterreichischen Landesarchiv, Niederdonau im Niederösterreichischen Landesarchiv und Wien im Österreichischen Staatsarchiv/Allgemeines Verwaltungsarchiv) wird ebenso wie die der schwäbischen und westfälischen Gauleitungen aus finanziellen Gründen zumindest aufgeschoben werden müssen.

[4] Die Bestandsbezeichnung ist irreführend: Aus der Partei-Kanzlei stammt nur der Bruchteil eines Prozents; es handelt sich vielmehr um zusammengefahrene Parteipersonalakten und -aktensplitter sehr vieler Provenienzen, überwiegend aus dem Bereich des Reichsschatzmeisters und mit einigen Ausnahmen ohne historischen Wert. Bei dem gewaltigen Umfang summieren sich indes diese Ausnahmen zu einem immerhin respektablen Bestand, der also leider nur zum geringen Teil einbezogen werden konnte. – Bei dem eben erwähnten Bestand OPG konnten (das sei der Genauigkeit halber nachgetragen) die Buchstaben F und I nicht mehr völlig beendet werden.

[5] Sie soll dem Vernehmen nach bereits durchgeführt worden sein.

Sammlung der – durchnumerierten – Anordnungen, Rundschreiben usw. der Partei-Kanzlei, die deshalb bei uns zwar gesammelt, in das Inventar aber nur einbezogen worden sind bei institutioneller Bedeutung für die Partei-Kanzlei oder wenn eine die Aufnahme rechtfertigende begleitende oder vorangegangene Korrespondenz vorliegt.

Was schließlich drittens die Auswahl des einzelnen Schriftstücks anlangt, so haben wir Korrespondenzen, Korrespondenzteile, Besprechungsniederschriften, Telefonnotizen usw. erfaßt und darüber hinaus die Erwähnung von Schreiben, Besprechungen, Telefonaten oder einer sonstigen Handlung oder Tätigkeit der Partei-Kanzlei sowie Urteile und Mutmaßungen über sie (allein bei Heß und Bormann wurden außerdem Vorgänge berücksichtigt, die zeitlich oder inhaltlich über den Bereich Stellvertreter des Führers bzw. Partei-Kanzlei hinausgingen). Dabei galt anfangs die Regel, die „Bestellung von Scheuerlappen" wegzulassen. Wir sind mit diesem Vorsatz nicht sehr weit gekommen, denn „Scheuerlappen" sind in unseren Akten kaum vertreten gewesen. Was in andere amtliche Bereiche gelangte, war doch sehr, sehr selten ohne *jeden* Belang. Im übrigen ist die Kassations-Problematik (was ist in hundert Jahren für keine Forschung mehr interessant?) alt genug, daß wir uns der in der Regel ja bereits gefallenen Archiv-Entscheidung anvertrauen durften.

Grundsätzlich weggelassen haben wir allerdings unter den politischen Begutachtungen von Beamten usw., deren Einholung und Abgabe quantitativ einen Großteil der Partei-Kanzlei-Tätigkeit im staatlichen Raum ausgefüllt hat, alle bloßen Zustimmungen zu Ernennungen usw. unterhalb einer gewissen, nach der Bedeutung der betreffenden Dienststelle variierenden Ebene, sofern der betreffende Vorgang sich nicht separat in einer sonst „reinen" Sachakte befindet, das heißt möglicherweise oder gar vermutlich irgendeine exemplarische Bedeutung gehabt hat. Weggelassen haben wir weiter eine Anzahl von Anlagen unter Berücksichtigung gewisser Faktoren (zu lang, nur unwesentliche Varianten, in einem Amtsblatt veröffentlicht, zu unbedeutend usw.), der Ermessensspielraum war dabei notgedrungen ziemlich weit gezogen. Und ebenfalls weggelassen haben wir – jedenfalls nach den ersten Erfahrungen und im Bewußtsein unserer Hilflosigkeit – die unendliche Anzahl der der Partei-Kanzlei übersandten Rundschreiben des Reichsschatzmeisters[6] (aufgenommen wurde dann nur noch – und lediglich das ist auch in den Regesten erfaßt –, was nicht nur die Partei-Kanzlei im Verteiler anführt, sondern ausdrücklich im Einvernehmen usw. mit ihr herausgegeben worden ist).

Ein Begrenzungsproblem besonderer Art gab es schließlich und endlich aber auch bei der Partei-Kanzlei selbst. Wo hörte sie bzw. – hier traf das vor allem zu – wo hörte der Stab Stellvertreter des Führers eigentlich auf? Daß der Stabsleiter dazu zählte, das Personalamt oder der Sachbearbeiter für Musikfragen, die alle im Briefkopf als Untertitel firmiert haben, war klar. Daß auch Institutionen wie die Kommission für Hochschulpolitik, das Reichslager für Beamte oder die Reichsschule Feldafing „dazu" gehörten, wird kaum jemand bezweifeln wollen. Wie aber steht es mit der Auslands-Organisation, wie mit der Parteiamtlichen Prüfungskommission, der Dienststelle Ribbentrop und dem Rassenpolitischen Amt, ja sogar der Volksdeutschen Mittelstelle? Auch sie alle verfügten über Briefbogen mit dem Kopf „Der Stellvertreter des Führers", die allerdings nur relativ selten benutzt wurden. Und beim Hauptarchiv der NSDAP gab es nicht nur solche Briefbogen, sondern sein Leiter Uetrecht unterschrieb auch sonst gern mit dem Zusatz „Reichsamtsleiter im Stab des Stellvertreters des Führers".

Wir haben die Unschärfe und Verschwommenheit der gesamten Parteiorganisation nicht mehr nachträglich korrigieren können. Wir haben verschiedene Möglichkeiten durchgespielt, Nachteile oder Inkonsequenzen enthielt jede Lösung. Als der Übel Geringstes erschien uns das dann von uns für diese Grauzone praktizierte: Wir haben, direkte Bezugs- und Antwortschreiben inbegriffen, jede – aber auch nur diese – Korrespondenz aufgenommen,

---

[6] Für andere sich häufende routinemäßige Zusendungen solcher „Periodika" würde natürlich das gleiche gelten, indes ist in auch nur annähernd vergleichbarem Umfang nichts überliefert bzw. gefunden worden.

die unter der Firma Stellvertreter des Führers bzw. Partei-Kanzlei geführt worden ist. Das heißt also: Sofern das Briefpapier in ihrem Verlauf gewechselt wurde (was immerhin vorkam), auch nur die betreffenden Korrespondenz*teile*. So brutal und willkürlich dieser Notbehelf auch erscheint, so hat er doch im Verlaufe unserer Arbeit eine unerwartete Rechtfertigung erfahren: Wie es für einen Bereich sogar schriftlich belegt ist, wie aber zweifellos bei den übrigen Entsprechendes gegolten haben wird, durfte dieser Briefkopf nur von dem Dienststellenleiter und ganz wenigen Auserwählten benutzt werden, weist also auf eine besondere (und dabei gewiß nicht auf eine besonders unwichtige) Korrespondenz hin.

Zu einem ähnlichen, auch hier sachlich immerhin gerechtfertigten Kompromiß mußten wir bei einer weiteren Abgrenzung Zuflucht nehmen. Nachdem Heß Reichsminister geworden war (und das gilt weiter für die Partei-Kanzlei-Jahre, da 1941 ja auch Bormann die Stellung eines Reichsministers verliehen wurde), erhielt er selbstverständlich auch die „An die Herren Reichsminister" oder ähnlich adressierten Schreiben. Diese alle mit aufzunehmen war nicht möglich (wie übrigens auch nicht lückenschließend, gibt es doch darüber hinaus noch zahllose Vorgänge, von denen man mit größter Wahrscheinlichkeit vermuten kann, daß sie auch in die Partei-Kanzlei gelangt sind, nur eben befindet sich an Ort und Stelle kein Nachweis darüber), weshalb wir uns bei solchen Sammelschreiben auf diejenigen beschränken mußten, bei denen der Stellvertreter des Führers bzw. der Leiter der Partei-Kanzlei gesondert aufgeführt wurden (*die* Schreiben natürlich eingeschlossen, auf die von ihnen eine Antwort erteilt worden ist). Das gewährleistet zwar, daß jede Korrespondenz erfaßt wurde, in der „unsere" Stellen mehr als nur beiläufig und routinemäßig befaßt waren, das kann indessen andererseits dazu führen, daß beispielsweise von Stellungnahmen zu einem Gesetzentwurf vier nicht mit aufgenommen wurden (weil „an die Herren Reichsminister" adressiert oder aber mit separatem Anschreiben, ohne daß im Text oder in einem Verteiler der Empfängerkreis angeführt ist), vielleicht aber zwei weitere, inhaltlich gleichwertige bei uns zu finden sind, nur weil sich die betreffenden Kanzleien die Mühe gemacht haben, die Empfänger einzeln aufzuführen[7]. Hierzu der – in einigen Fällen sogar verifizierte – Trost: Vielleicht haben sich die Versender gelegentlich doch etwas dabei gedacht und es ist *nicht* purer Zufall. Und im übrigen kann über dieses Manko weiter hinwegtrösten, daß der Benutzer unserer Rekonstruktion sowieso immer dann auf den Originalvorgang in dem betreffenden Archiv zurückgreifen muß, wenn er sich über die Partei-Kanzlei-Beteiligung hinaus für den Gegenstand interessiert.

Die bei den „Herrn Reichsministern" angewandten Ausschließungskriterien hatten ebenfalls Gültigkeit für die Schreiben an den Ministerrat für die Reichsverteidigung, dem Heß bzw. Bormann ja auch angehörten (beim nur aus Bormann, Keitel und Lammers zusammengesetzten „Dreierausschuß" hingegen ist jede Nennung berücksichtigt worden), wie auch im Parteibereich für die an *die* Reichsleiter adressierte bzw. unter dem Briefkopf „Reichsleitung" abgesandte Korrespondenz.

Daß auch über die Hauptproblematik all dieser Abgrenzungen hinaus die Arbeiten der Sammlung nicht etwa problemlos waren, versteht sich. Um nur eines davon hier noch zu nennen: die Frage der Dubletten. Für einen fünfzig Jahre früher liegenden Arbeitszeitraum hätte das Problem nicht existiert. Aber schon 1933 gab es kaum noch die fleißig pinselnden Expedienten, statt dessen saßen in den Kanzleien und Vorzimmern Mädchen mit Schreibmaschinen und Durchschlagpapier. Und in jedem Haus drehten sich bereits munter die Abziehapparate. Für einen Arbeitszeitraum dreißig Jahre danach hätte es das Problem gleichfalls nicht gegeben – nicht *mehr:* Die Trockenkopierer mit ihrer endlosen Papierflut hätten bereits zu Beginn eines solchen Vorhabens für dessen schnelles Ende gesorgt gehabt. So aber war das Problem zwar da, aber gerade eben noch nicht unlösbar.

---

[7] Ein weiteres Beispiel für die leider unvermeidlichen Zufälligkeiten dieser Art sind die oben angeführten Rundschreiben des Reichsschatzmeisters: Hätte Schwarz, wie anderswo üblich, schlicht Verteiler II oder Verteiler B an die Stelle der langen Liste der jeweiligen Bezieher setzen lassen, wäre jenes Problem für uns überhaupt nicht entstanden.

Theoretisch hätte man jedes Schriftstück vor Aufnahme in die Sammlung daraufhin überprüfen müssen, ob es bereits vorhanden war, sei es nun als Durchschlag oder Abschrift an einen anderen Empfänger oder aber für eine andere Abteilung bzw. für eine andere Ablage desselben Hauses, von der Suche der Kopie einer vorliegenden Ausfertigung oder der Ausfertigung einer vorliegenden Kopie bei der Partei-Kanzlei abschriftlich zugegangenen Schreiben ganz zu schweigen. Das war natürlich nicht praktikabel und hätte im übrigen Unsummen verschlungen. Auch der Behelf, jeweils nur bei der federführenden Dienststelle bzw. in dem dem jeweiligen Thema hauptsächlich zugeordneten Aktenband einer Dienststelle auszuwerten und alles übrige beiseite zu lassen, verbot sich wegen der großen Lücken der – oft ja nur noch bruchstückhaft vorhandenen – Überlieferungen (die uns ebenfalls veranlaßten, auch Fehl- und Verweiszettel auf in anderen Akten befindliche Vorgänge zu berücksichtigen, sofern der Betreff angegeben war).

Kurz: Es fand sich keine akzeptable Möglichkeit, Dubletten auszuschließen, wir mußten sie nolens volens in Kauf nehmen – bei der Aufnahme wie (was schon schmerzlicher war) in gewiß manchen Fällen auch bei der Bearbeitung. Innerhalb eines Regestenbandes haben wir freilich – bis hin zum letzten Umbruchbogen – versucht, sie ausfindig zu machen, zusammenzufassen und damit zu eliminieren[8]. Völlig konnte das nie gelingen, wo zum Beispiel von einem sagen wir im März 1937 beginnenden und daher dort eingeordneten Vorgang eine Besprechung vom Oktober 1938 vervielfältigt und in andere Akten gesteckt worden ist.

*

Nach diesen Anmerkungen zu den (vorest zwei) Mikrofiche-Bänden das folgende zur Erläuterung der *Erschließung* durch die entsprechenden (also ebenfalls vorerst zwei) Regestbände und den Registerband.

Ursprünglich war die übliche archivalische Erschließung vorgesehen gewesen (und auch bereits begonnen worden): Es sollten reguläre Archivregesten angefertigt und in einer Kartei im Institut für Zeitgeschichte aufgestellt werden und verfügbar sein, ausgeworfen nach den Hauptbeteiligten und nach Hauptschlagwörtern gemäß dem Schlagwortverzeichnis des Institutsarchivs. Die Mitte der fünfziger Jahre von drei Forschungsinstituten, darunter das Institut für Zeitgeschichte, unternommene Erschließung der „Nürnberger Dokumente", lange Jahre stark benutzt und selbst heute noch nicht wertlos, galt vorerst als Muster.

Wieder ist es Martin Broszat gewesen, der nach einigen Monaten die entscheidende Weichenstellung veranlaßt hat. Wo schließlich zu mittelalterlichen Urkunden in jahrzehntelanger Arbeit zahllose Regestenbände erarbeitet worden sind und werden, wäre dann nicht auch einmal, so fragte er, für einen Aktenbestand aus neuester Zeit wie den der wohl wichtigsten deutschen Dienststelle in einer – gewiß noch lange das Interesse der historischen Forschung findenden – Zeit besonderer weltpolitischer Bedeutung Deutschlands eine in etwa ähnliche und gleichwertige Behandlung zu rechtfertigen? Die Frage stellen bedeutete – wie meist – sie zu bejahen, so erschien es uns damals vernünftig. Wobei, das sei hier gleich noch angemerkt, der Inhalt der Fragestellung implizierte, daß wir ganz klar davon ausgingen, nicht etwa ein Muster für etwaige weitere Unternehmungen in dieser Richtung aufzustellen, sondern den Ad-hoc-Charakter unserer Arbeit voraussetzten: ein Findmittel besonderer Art für einen besonders bedeutungsvollen Bestand.

Seitdem sind nun also wissenschaftlich qualifizierte Kräfte damit befaßt gewesen, Regesten – sit venia verbo – „gehobener Art" anzufertigen, ausführlicher als dies für die Archivbenutzung erforderlich ist, vor allem aber in ihrer Ausführlichkeit abgestuft nach der Intensität

---

[8] Hierdurch wie auch aus anderen durch die lange Arbeitszeit bedingten Gründen mußten nach erfolgter Durchnumerierung der Regesten hier und da Nummern geleert oder Regesten eingeschoben (a, b) werden. Die Register und die Querverweise wurden entsprechend berichtet. Für den Fall der versehentlichen Auslassung einer solchen Korrektur befindet sich am Schluß jedes Bandes eine Konkordanz für die nicht mehr belegten Nummern.

der Beteiligung der Partei-Kanzlei und nach der wissenschaftlichen Bedeutung des jeweiligen Vorgangs (dabei *nach Möglichkeit* nicht nur aktuelles Interesse berücksichtigt), und außerdem ein umfangreiches, die Benutzbarkeit des gesammelten Materials optimal (so wenigstens die Hoffnung) ermöglichendes Register – nicht also Indizes zu den Regesten, sondern darüber weit hinaus ein Register auch und insbesondere zu den Dokumenten selbst.

In ihrem Aufbau entsprechen die *Regesten* der gewohnten dreigliedrigen Form: Die erste Zeile gibt mithin die Datierung und nennt die an dem Schriftstück bzw. (Schriftstücke zum gleichen Betreff oder auch gleiche oder sehr ähnliche Schreiben und Schriftwechsel von minderer Bedeutung sind in Sammelregesten zusammengefaßt) an dem Vorgang beteiligten Stellen und/oder Personen, am Ende der Zeile befindet sich die Nummer des Regests; die letzte Zeile, dem Regesttext folgend, weist nach einem internen Bearbeitungsvermerk den Fundort nach. Dazu einige Hinweise, die man natürlich nicht wissen *muß*, die aber für den, der sich gründlicher mit der Rekonstruktion befassen will, immerhin nützlich sein können.

Die *Datierung* erfolgte in der traditionellen Reihung Tag – Monat – Jahr. Angesichts der Dauer seiner Bedeutung als Nachschlagewerk, die wir unserer Rekonstruktion wünschen, schien uns die heute vielfach vorgenommene Umstellung der Reihung noch nicht gesichert genug. Die traditionelle Form wird vermutlich auch später noch verständlich sein, während die andere *dann* Befremden auslösen könnte, wenn sie sich als lediglich eine modische Volte erweisen sollte, ist doch unter den Bereichen des öffentlichen Lebens außer Damenoberbekleidung, Architektur und vielleicht Pädagogik kaum etwas „trends" so aufgeschlossen wie die Geschichtswissenschaft für die neuere Zeit.

Als Datum vermerkt ist das Ausfertigungsdatum des betreffenden Schreibens, der Tag der abgehaltenen Besprechung, der Tag des erfolgten Telefonats usw. Dieser Tag muß in einer Beziehung zur Partei-Kanzlei stehen (das Schreiben muß an sie gerichtet oder von ihr ausgefertigt sein, sie muß bei der Besprechung vertreten gewesen sein, einer ihrer Angehörigen muß telefoniert haben, usw.), damit ein „dokumentierfähiges Datum" entstehen konnte. Sind mehrere solche dokumentierfähige Daten vorhanden, wurde das früheste und späteste mit einem Bis-Strich verbunden. Ob das betreffende Schriftstück tatsächlich vorliegt, ist dabei ohne Belang: Es kann zum Beispiel auch – das der häufigste dieser Fälle – ein nicht vorhandenes Bezugsschreiben sein oder etwas ähnliches, wenn nur der inhaltliche Betreff dieses Schriftstücks aus dem Kontext ersichtlich ist.

War kein „dokumentierfähiges Datum" zu ermitteln, trat an seine Stelle ein „Hilfsdatum", das in eckige Klammern gesetzt wurde. „Hilfsdatum" ist stets das dem nicht vorhandenen „dokumentierfähigen Datum" nächstliegende vorhandene Datum. Ist bei einer zweigliedrigen Datierung sowohl das Anfangs- wie das Enddatum ein „Hilfsdatum", so steht die gesamte Datierung in eckigen Klammern, wenn sich in dem Vorgang überhaupt kein „dokumentierfähiges Datum" befindet; gibt es ein solches, das lediglich seiner zeitlichen Zwischenstellung wegen nicht ausgewiesen wurde, steht jedes Hilfsdatum für sich in einer Klammer (zum Beispiel: [4.5.] – [16.8.43]). Unsichere Daten sind ebenfalls geklammert und mit einem Fragezeichen versehen.

Als *Beteiligte* gelten: Absender und Empfänger von Schreiben an die Partei-Kanzlei bzw. der Partei-Kanzlei (deren Unterabteilungen jeweils inbegriffen), Absender und Empfänger von Anlagen zu solchen Schreiben, Besprechungs- und Gesprächspartner sowie die dem Ereignis am nächsten stehende genannte Person oder Stelle bei einem nur unter Dritten erwähnten Vorgang mit Beteiligung der Partei-Kanzlei. Nicht aufgeführt werden die Partei-Kanzlei und alle ihre Angehörigen sowie – der Häufigkeit, aber auch der oft unklaren Bestimmung wegen – in der Regel Hitler. Bei einem lediglich angeregten oder beabsichtigten Herantreten an die Partei-Kanzlei ist die dafür erwähnte Person oder Stelle in runde Klammern gesetzt. Unsichere Lesungen oder unsichere Teilnehmer sind ebenfalls geklammert und mit einem Fragezeichen versehen.

Ist kein Beteiligter bekannt, steht ein Gedankenstrich; spielt der Vorgang lediglich innerhalb der Partei-Kanzlei, steht „Intern". Bei Personalakten wird stets nur die aktenführende Stelle genannt, ohne Hinzufügung weiterer Dienststellen oder Personen. Bei privaten Schreiben oder privaten Dienstschreiben („Sehr geehrter Herr Meier") werden auf Reichsebene leitende Personen (Reichsminister, Chefs der Wehrmachtteile, Reichsleiter, Verbändeführer) mit dem bloßen Namen angeführt, unterhalb der Staatssekretärs-Ebene wird das Schreiben nur unter der betreffenden Dienststelle rubriziert.

Bei Dienststellen der Partei im engeren Sinne ist in der Regel auf die Anführung der übergeordneten Bezeichnung „NSDAP" verzichtet worden; bei ohne Zugehörigkeitsbezeichnung auftretenden Gauleitern handelt es sich also stets um Gauleiter *der Partei,* der Reichsorganisationsleiter ist der Reichsorganisationsleiter *der NSDAP* usw. Im staatlichen und sonstigen Bereich wird, sofern nicht besondere Umstände etwas anderes nahelegten, lediglich die briefkopfführende Dienststelle genannt (also etwa nicht die Abteilung eines Ministeriums, sondern nur das Ministerium selbst).

Als Korrespondenzteilnehmer usw. auftretende Untergliederungen des Stabs des Stellvertreters des Führers bzw. der Partei-Kanzlei (außer Stabsleiter Bormann in der StdF-Zeit, Bormann als „Sekretär des Führers" und den mit dem Obersalzberg und der dazugehörigen Güterverwaltung zusammenhängenden Aktivitäten Bormanns) werden nach einem Gedankenstrich mit einer Zahl hinzugefügt; den Schlüssel dafür enthält das beigefügte Verzeichnis der Unterabteilungen, das mithin lediglich die als Brief(usw.)-Partner vorkommenden Stellen nennt, nicht also die bloß erwähnten und schon gar nicht eine vollständige Liste darstellt[9]. Ist die betreffende Unterabteilung einziger Brief(usw.)-Partner des Stabs des Stellvertreters des Führers bzw. der Partei-Kanzlei im engeren Sinne, so steht nach der Angabe „Intern" ein Gedankenstrich vor der betreffenden Kennziffer (Intern – 8), spielt sich der Vorgang lediglich innerhalb der Unterabteilung ab, entfällt der Gedankenstrich (Intern 8)[10].

Die beteiligten Behörden, Dienststellen usw. werden gewöhnlich abgekürzt, die dabei verwendeten Abkürzungen sind im *Abkürzungsverzeichnis* zusammengestellt. Die Abkürzung erscheint dort in nur einer, der am häufigsten vorkommenden Form; Entsprechendes gilt stets für die übrigen Formen – gewöhnlich Komposita (zum Beispiel Bd. = Bund, aber auch als Bd = Bundes... und als Bd. = ...bund) und Einzahl- oder Mehrzahlbildung (zum Beispiel GL = *der* Gauleiter, aber auch *die* Gauleiter; dabei Ausnahmen: ...Ä für ...ämter, Pg.n für Parteigenossen). Zusammensetzungen sind in der Regel angegeben, jedoch sind auch weitere Bildungen aus Einzelbestandteilen möglich.

Die Wahl der Abkürzungen erfolgte unter weitgehender Berücksichtigung in dem betreffenden Bereich selbst oder auch im weiteren Apparat gültiger Kürzel. Bei dem nahezu alles umfassenden Tätigkeitsbereich der Partei-Kanzlei waren dabei logische Widersprüche in den Zusammensetzungen nicht immer zu vermeiden. So mußte etwa der Reichswirtschaftsminister von seinem RWM zugunsten des Reichswehrministers auf ein RWiM abgeschoben werden, oder es stand dem unserer „Abkürzungslogik" entsprechenden OGruF usw. der in der SS und sonstwo allein benutzte Ogruf. gebieterisch und letzten Endes siegreich im Wege. Und solcher Fälle gab es mehrere, der eine oder andere davon mit einigem Hin und Her verbunden. Auch war die „Verleihung" von Abkürzungen an hier nur Nebenrollen spielende Dienststellen oft von dem Zufall abhängig, ob diese selbst oder ihre Korrespondenzpartner bei den ersten auftauchenden Nennungen eine solche benutzt haben.

Bei Dienststellen mit unklarer Abgrenzung, meist organisatorisch verbundenen oder teilverbundenen Personalunionen, ist *auch* die von ihnen selbst gebrauchte „Sammelbezeichnung" verwendet worden (also DSt. Rosenberg, DSt. RM Kerrl u.a.[11]). Für die Jahre der zusammengelegten Reichs- und Preußischen Ministerien ist – mutatis mutandis ebenfalls in den Texten – das „und Preußischer" durchweg unberücksichtigt geblieben. Entsprechendes

---

[9] Theoretisch ist es sogar möglich, daß hier Unterabteilungen erscheinen, die es nie gegeben hat, – wenn nämlich nur ein an eine solche Unterabteilung gerichtetes Schreiben vorhanden ist und der Absender sich wie auch immer geirrt hat.

[10] Die dritte mögliche Kombination „ – 8" bei einem Schreiben der betreffenden (oder an die betreffende) Unterabteilung an einen (von einem) nicht genannten Korrespondenzpartner.

[11] Die jeweilige Herleitung der Zuständigkeit scheint hier den Korrespondenzpartnern selbst nicht mehr immer so recht bewußt gewesen zu sein.

gilt für die zweiten Glieder von Doppelbezeichnungen (zum Beispiel Reichsführer-SS [und Chef der Deutschen Polizei] = RFSS, Reichsanstalt für Arbeitsvermittlung [und Arbeitslosenversicherung] = RfA).

Die *Regestnummer* schließlich besteht aus einer fünfstelligen Zahl, deren erste Stelle den Band angibt. Der nachträgliche Einschub von Regesten geschah mit kleinen Buchstaben (a, gegebenenfalls b).

Zum eigentlichen *Regesttext* ist das Wesentliche oben bereits gesagt worden, im folgenden noch einiges zum Formalen. Zunächst: Der Text soll ein Höchstmaß an Information auf dabei geringstmöglichem Raum vermitteln. Was im guten Deutsch mit Recht verpönt ist, findet sich daher hier in reicher Vielfalt, insbesondere die völlige Verbannung finiter Verbformen zugunsten von Substantivierungen, Infinitiven und Partizipien; der Information und ihrer Prägnanz wie Aussagekraft ist der unbedingte Vorrang vor Schönheit, Stilkunde und auch Grammatik eingeräumt worden.

Genannte, *in der Sammlung* (womit also über die Archivüberlieferung nichts ausgesagt ist, Anmerkungen in beiderlei Richtung wären zu verwirrend gewesen) jedoch nicht vorhandene Schriftstücke sind mit einem Stern bezeichnet.

Behörden und Dienststellen werden nicht unter der amtlichen Firma, sondern in der gebräuchlichen Kurzform genannt und bei Wiederholung abgekürzt (StdF und PKzl. stehen stets abgekürzt). Um der Lesbarkeit willen gilt für diese Abkürzungen jedoch nicht das Abkürzungsverzeichnis für die erste Regestzeile, sondern es wurde eine nur für den jeweiligen Regesttext gültige leicht lesbare Abkürzung der ersten Nennung in Klammern beigefügt. Bei – in der Regel ausländischen – unbekannten Institutionen mußte hin und wieder eine im Original ohne Entschlüsselung genannte Abkürzung übernommen werden. Für Rang- und Amtsbezeichnungen vor Namen wurden, sofern sie einigermaßen mühelos erkennbar und nicht zu kompliziert sind, die Abkürzungen des Abkürzungsverzeichnisses verwendet; führende Personen treten wie in der ersten Regestzeile mit dem bloßen Nachnamen auf. Sämtliche Nachnamen sind von der zweiten Nennung an abgekürzt, wenn noch kein Name des gleichen Anfangsbuchstabens (als solche gelten auch Sch, St und die Umlaute) vorgekommen ist und bis ein anderer Name mit gleichem Anfangsbuchstaben auftritt. Titel, insbesondere der Dr.-Titel, sind nur angeführt worden, wo es die Sache, die Identifizierung oder auch die Lesbarkeit nahelegten.

Ehemalige Standesbezeichnungen des früheren Adels wurden in der gesamten Veröffentlichung nicht als solche (auch im tiefdemokratischen Deutschland nach dem Zweiten Weltkrieg aus Gedankenlosigkeit noch die Regel), sondern – wie das schon Lammers so gehalten hat – als partikulierte Namen behandelt (die Partikel „von" im Text allgemein mit „v." abgekürzt). Eindeutig nachweisbare Schreibfehler von Namen wurden korrigiert; im übrigen wurde es vorgezogen, lieber eine fehlerhafte Schreibweise (insbesondere von ausländischen Personen, Organisationen, Zeitungen usw.) oder auch die unterschiedliche Schreibweise von Personennamen zu übernehmen, als unsererseits einen Fehler hineinzukorrigieren. Auch falsche Bezeichnungen sonstiger Art sind unter gleichen Voraussetzungen übernommen worden.

Manches auf diesem Gebiet geht auf die Schlampigkeit insbesondere der Partei-Organisationen und dort vor allem in der Frühzeit zurück. So sind zwar zum Beispiel in der Partei-Kanzlei oder in der Auslands-Organisation selbst diese Firmen nie anders als mit Bindestrich gebraucht worden und nur andere Dienststellen und Behörden mit großzügigem Geschäftsbetrieb (also etwa gewiß *nicht* die Reichskanzlei) haben die Trennung meist ignoriert, noch die Vorgängerin der Auslands-Organisation aber hat ganz nach Belieben Auslandsabteilung oder Auslands-Abteilung geschrieben. Auch solche an sich unsinnigen Konstruktionen wie beispielsweise (so auch im Briefkopf und im Organisationsbuch) die mit Bindestrichen gleichwertig verbundenen Wortbestandteile der Gaubezeichnung Süd-Hannover-Braunschweig mußten übernommen werden (wobei man noch für die wenigstens einheitliche Schreibweise dankbar zu sein hatte, denn in der „Kampfzeit" waren die drei Bestandteile oder auch nur zwei davon in nahezu beliebiger Reihenfolge und ebenso beliebiger Zusammenfügung verwendet worden).

Die Übernahme von Formulierungen aus dem Original in das Regest galt nicht als nach Möglichkeit zu vermeidendes Plagiat, sondern war im Gegenteil wünschenswert im Interesse der Genauigkeit; wesentlich erscheinende, aber auch *allzu* gewagte oder abstruse Textstellen und Ausdrücke sind dabei in Anführungszeichen gesetzt worden[12].

Zwischen Kopfzeile und Textteil kann, darauf soll noch hingewiesen werden, ein Lesezusammenhang bestehen: Wenn nämlich in der Kopfzeile beispielsweise nur eine Behörde usw. als beteiligt anzuführen war und der Text mit einer Handlung dieser Stelle beginnt, so wurde sie in der Regel nicht wiederholt. Oder, anders herum: Beginnt ein Text etwa mit „Übersendung des Entwurfs eines ..." und ist also der Übersender nicht genannt, so ist Übersender die in der Kopfzeile genannte Behörde usw. (in Fällen gemeinsamer Schreiben können es auch zwei oder sogar mehr sein). Der nicht genannte Empfänger ist stets die Partei-Kanzlei bzw. gehört zu ihrem Bereich.

Die *Fundstelle* in der letzten Zeile endlich wird durch eine dreistellige Zahl, eine fünfstellige Zahl und eine in Klammer beigefügte Bezeichnung angegeben. Die acht Stellen außerhalb der Klammer werden zum Auffinden des Schriftstücks oder Vorgangs in der Sammlung des Instituts für Zeitgeschichte sowie in den danach angefertigten Mikrofiches benötigt: In dieser Reihenfolge sind sie hier angeordnet. Davon bezeichnet die dreistellige Zahl den Bestand (Bestandskennziffer), das jeweilige Archiv kann der ersten bzw. der ersten und zweiten Stelle entnommen werden (Archivkennziffer); vgl. dazu die beiden sämtlichen Bänden beigefügten Verzeichnisse. Die fünfstellige Zahl entspricht der numerischen Blattfolge innerhalb des jeweiligen Bestandes, wobei „f." für *ein* weiteres Blatt, „ff." für *zwei* weitere Blätter steht und mehr als drei Blätter mit ihren Blattzahlen angegeben wurden (vermeintliche Abweichungen sind auf eingeschobene [Bezeichnung: .../1 usw.] und herausgenommene [Bezeichnung: ... 23–25] Blätter zurückzuführen). Für etwaige Nachforschungen im Originalbestand weist – wie gesagt – die Bestandskennziffer Archiv und Bestand aus, die Beifügung in Klammern nennt die dortige Bandbezeichnung (stehen zwei Zahlen in der Klammer, so handelt es sich um einen in den folgenden Band hinüberlaufenden und dort – jedenfalls in unserer Sammlung – direkt anschließenden Vorgang).

*

War die Aufstellung des kopierten Materials zwar durch unseren Arbeitsvorgang mehr oder weniger vorgeschrieben (nämlich nach Archivprovenienzen), so hat hingegen die *Ordnung der Regesten* in unseren anfänglichen Überlegungen breiten Raum eingenommen. Optimal erschien vor Beginn der Sammlungsarbeiten eine Rekonstruktion des Aktenplans der Partei-Kanzlei und eine Ordnung nach diesem Plan. Bereits nach den ersten Probearbeiten mußte das freilich als völlig illusorisch aufgegeben werden. Die nächste erwogene Lösung war eine Ordnung der einzelnen Dokumente bzw. Vorgänge nach Sachgebieten, die sich angesichts der zunehmenden Entwicklung der Partei-Kanzlei zu einem alles umfassenden Superministerium förmlich anbot: Band 1 hätte dann zum Beispiel die Gebiete Inneres, Wirtschaft und Verkehr, die übrigen Bände entsprechende weitere Sachgebiete enthalten können. Wir mußten diese sehr zweckmäßige Möglichkeit leider ebenfalls aufgeben, da sie einen endgültigen Abschluß der Sammlung vor Beginn aller Inventararbeiten vorausgesetzt hätte. Nicht nur wollten wir, wie es in solchen Fällen gewöhnlich heißt, „die wissenschaftliche Welt nicht zu lange warten lassen", sondern vor allem hätten wir dann das Projekt gar nicht finanzieren können und auch kaum jemand anderen gefunden, der es uns finanziert oder zumindest vorfinanziert hätte.

Entfielen aber die beiden genannten Möglichkeiten, einen Sinnzusammenhang zu konstruieren, so mußte – darauf werde ich gleich noch zurückkommen – das Hilfsmittel Index zu einem mit bestmöglicher Präzision anzufertigenden Findmittel entwickelt werden, wo-

---

[12] Das bedeutet indes nicht, daß sich Herausgeber und Bearbeiter nun etwa mit den nicht in Anführungszeichen gesetzten Texten irgendwie identifizieren würden; man möge bei jeder Überlegung in dieser Richtung bitte berücksichtigen, daß die Texte nicht zu einem Großteil aus Anführungszeichen bestehen sollten.

hingegen die Zusammenordnung der Regesten selbst überhaupt keine Rolle mehr zu spielen brauchte, – wie ja auch einem Archiv die Aufstellungsordnung innerhalb seiner Bestände völlig gleichgültig ist und unter souveräner Vernichtung nach der Ablieferung noch erkennbarer Registraturordnungen wahllos Bände in Kassationslücken eingefügt werden, während allein dem Findmittel die Funktion einer Suchhilfe zukommt. Unsere ebenfalls einzige Suchhilfe wurde nunmehr also unser Register, die Regesten hingegen eine lediglich kondensierte Sonderform des Bestandes und damit beliebig zusammensetzbar.

Es blieb zu überlegen, ob einige sekundäre Gesichtspunkte trotzdem bei der Zusammenordnung am Rande berücksichtigt werden sollten. Eine Ordnung auch der Regesten nach der Archivprovenienz wäre allenfalls Wünschen der betroffenen Archive entgegengekommen, ohne der Sache irgendwie zu nützen. Beispielsweise sind die Akten des ehemaligen Reichserziehungsministeriums auf nicht weniger als fünf verschiedene Archive verteilt (von weiteren Resten in Amerika ganz abgesehen), von denen drei uns zugänglich waren und deren Bestände dementsprechend bearbeitet wurden. Ähnliches gilt für andere Bereiche auch. Es gibt sogar Faszikel, deren einzelne Teile, darunter Schriftstücke ein und desselben Vorgangs, sich in verschiedenen Archiven befinden (Kanzlei Rosenberg). Wenn es – so unsere Überlegung – den Archiven bis heute noch nicht gelungen war, die Aktenprovenienzen wieder zusammenzuführen, so brauchte *uns* die archivische Nach-Ordnung (die bei den beiden weiter oben erwähnten Optimallösungen übrigens ebenfalls zerstört worden wäre) nur sehr am Rande und jedenfalls weniger noch als die ursprünglichen Provenienzen zu interessieren; die Festlegung der Fundorte der Originalvorgänge durch sie ist ihre einzige für unsere Erschließung wesentliche Funktion.

Auch eine Zusammenordnung nach der Ursprungsprovenienz (man hätte zum Beispiel sämtliche Gauleitungen oder sämtliche mit Finanz- und Wirtschaftsfragen befaßten Ressorts und Dienststellen zusammenfügen können) hätte kaum Sinn gehabt, bringt es doch das Auswahlprinzip unserer Sammlung (mit den Schriftstücken der Partei-Kanzlei bzw. an die Partei-Kanzlei jeweils nur besondere Vorgänge herauszunehmen) mit sich, daß unsere Auswahl etwa aus dem Bestand Reichspropagandaministerium kaum mehr als 30 Prozent Vorgänge aus dem Sachgebiet Propaganda enthält und kaum mehr als 60 Prozent aus den Gebieten Propaganda und Kultur im weitesten Sinn, während der übrige Teil auf vom Propagandaministerium nicht federführend, sondern lediglich mitbeteiligt bearbeitete Gebiete wie Arbeit, Inneres, Verwaltung usw. entfällt. Für sachlich weit ausgreifende Behörden wie das Reichsfinanz- oder das Reichsjustizministerium gilt das in noch weit höherem Maße.

Gewählt wurde schließlich die chronologische Folge als das dann noch am nächsten liegende Reihungsprinzip. Auch hiermit freilich war das der zweiten der oben genannten „Optimallösungen" entgegenstehende Hindernis nicht ausgeräumt, sondern nur entschärft: Primär aus finanziellen Gründen war es unmöglich, zu einer umfassenden chronologischen Anordnung der Regesten den Abschluß der Sammlung abzuwarten (der im übrigen der Sache nach vorerst nur den Charakter eines Provisoriums haben wird, weil unsere Rekonstruktion naturgemäß etwa möglich werdenden *profunden* Ergänzungen geöffnet bleiben soll[13]). Vielmehr waren wir gezwungen, in Etappen vorzugehen, uns statt des chronologisch geordneten Gesamtbestandes mit chronologisch geordneten großen Teilen zu begnügen, – welche Einschränkung indes wie die ganze Frage der Regestenordnung angesichts der gebotenen Findmittel für die wissenschaftliche Benutzung letzten Endes völlig belanglos ist.

*

Nach diesen Bemerkungen zu den Regesten noch ein wenig Einführungshilfe für die Benutzung der – im vorangegangenen schon mehrfach erwähnten – *Register*[14].

---

[13] Wenn sich zum Beispiel die DDR-Archive hierfür öffnen oder wenn etwa die – bislang versteckten – kompletten oder nahezu kompletten Akten einer Gauleitung ans Tageslicht kommen sollten.

[14] Ob die Register der Bände 3 ff. dieser Publikation in einem eigenen Registerband erscheinen oder aber in den vorliegenden Registerband, der dann also nur eine vorläufige Fassung darstellen würde, eingearbeitet werden, ist zur Zeit noch nicht entschieden.

Mit der verworfenen Karteiform hatte sich auch das Auswerfen der Regesten unter den Hauptbetreffs und den wichtigsten Personennamen erledigt. Naheliegend für das nunmehr beabsichtigte Inventar waren Indizes. Die – anders als bei bedeutsamen Einzelurkunden länger vergangener Zeiten – außerordentliche thematische Vielfalt auch der einzelnen Vorgänge ließ solche Indizes freilich in ihrem Werte zweifelhaft erscheinen. Sie konnten dem bei den Regesten betriebenen Aufwand auch nicht annähernd adäquat sein und mußten ihn mehr oder weniger sinnlos machen. Die oben bereits erwähnten erhöhten Anforderungen, welche die nicht nach Sachgesichtspunkten mögliche Reihung der Regesten an das Findmittel stellte, kamen hinzu.

Einen vernünftigeren Weg zeigte das gewöhnliche Register eines wissenschaftlichen Werkes – unter gewissen Variationen allerdings. Denn die in Deutschland noch immer vorherrschende Ausstattung lediglich mit einem von studentischen Hilfskräften angefertigten Personenregister, zu dem allenfalls ein grobes, meist nicht überaus hilfreiches Sachregister tritt, war Indizes kaum überlegen. Was daher schließlich erarbeitet worden ist, und zwar von den Verfassern der Regesten selbst, und mit dem Registerband für den ersten Abschnitt der Rekonstruktion vorgelegt wird, besteht aus folgenden Teilen, die – um das noch einmal zu wiederholen – sämtlich nicht nur die Regesten, sondern auf dem Wege über sie den Gesamtinhalt der in den Mikrofiche-Bänden enthaltenen Sammlung erfassen:

1) Ein *Personenregister* im wesentlichen der üblichen Art, dabei freilich – der Fülle des Materials entsprechend – von weniger üblichem Umfang, das die Namen mit den dazugehörigen Regest-Nummern ausweist. Übersteigt die Zahl der Nennungen eine gewisse Grenze, wurden diese nach dem Jahr der Handlung aufgeteilt (eine grobe chronologische Folge vermittelt natürlich schon die numerische Reihenfolge der Regesten, neu einsetzend allerdings jedesmal mit einem neuen, an der ersten Stelle der Regest-Nummer erkenntlichen Regestband und bloß erwähnte zurückliegende Handlungen nicht berücksichtigend); Personalvorgänge und sonstiges die Person als solche Betreffendes wurden außerhalb der Jahres-Aufgliederung unter der Bezeichnung P zusammengefaßt. Das Zeichen → weist (wie auch im Sachregister) auf Angaben über das Verhältnis zu der hinter dem Zeichen stehenden Person (im Sachregister: Dienststelle usw.) hin.

Die Probleme dieses Registers sind die Probleme aller Personenregister, insbesondere also die der Identität: Ist der 1934 im Reichsinnenministerium tätige Regierungsrat Meier der gleiche Meier, der 1941 Landrat in X war? Unter Heranziehung der zur Verfügung stehenden Nachschlagewerke (wobei der Verzicht auf die Angabe von Vornamen in fast sämtlichen amtlichen Verwaltungshandbüchern immer wieder ein arges Ärgernis darstellt) waren wir in Relation zu der nicht unbegrenzt zu Gebote stehenden Zeit um möglichste Findigkeit und Genauigkeit bemüht, mehr war nicht zu tun, und nachzutragen und zu korrigieren gibt es gewiß manches. Es kann also wie anderswo auch bei uns nicht ausgeschlossen werden und ist vielmehr gerade bei dem doch wohl seltenen thematischen Ausgreifen dieser Publikation hin und wieder unvermeidlich, daß der eine Hans Meier in Wirklichkeit deren zwei darstellt oder daß der Landrat Hans Meier und der Regierungsrat Hans Meier in Wirklichkeit der gleiche Herr sind (letzteres mehr, denn im Zweifel wurde getrennt).

Im übrigen wurden, wie schon erwähnt, als eindeutig ermittelte Fehler der Schreibweise richtiggestellt, bei unterschiedlichen Schreibweisen war – soweit vorhanden – die eigene Unterschrift maßgebend (ß und ss allerdings im Register einheitlich ss). Wo ein Vorname nicht zu ermitteln war, tritt, soweit bekannt, an seine Stelle (bei Trägern auch eines gleichen Vornamens zusätzlich zu diesem) eine sonstige kennzeichnende Angabe – ein Tätigkeitsbereich, ein Dienstrang oder eine Amtsbezeichnung, gegebenenfalls auch ein Ort –, die als Identifizierungsbehelf jeweils nur für irgendeinen Zeitpunkt zutrifft, nicht also etwa den *letzten* Tätigkeitsbereich, den *letzten* Dienstrang, den *tatsächlichen* Wohnsitz usw. ausweisen will.

Ein Stern wurde einem Namen vorangestellt, wenn die Zugehörigkeit des Betreffenden zur Partei-Kanzlei zu irgendeinem Zeitpunkt ersichtlich war bzw. wenn er unter dieser Firma korrespondiert hat oder angeschrieben worden ist.

2) Anders als das Personenregister weicht das *(Allgemeine) Sachregister* vom Herkömmlichen ab. Die Überlegung dabei war, ob und wie sich wohl die schon in der Regel leicht deprimierenden und für so manchen fast nutzlosen, bei dem Umfang *unserer* Veröffentlichung gewiß schier endlosen und nun völlig entmutigenden Kolonnen von Verweisen hinter den üblichen, den Archivkatalogen entliehenen Schlagwörtern wenn schon nicht ganz vermeiden, so doch erheblich abbauen ließen. Wer von uns kennt nicht die Resignation, die einen überfällt, wenn man – sagen wir einmal – das Anmalen einer Hitler-Büste in einer Schule sucht und unter 154 Nennungen „Widerstand" die Wahl hat.

Um also den Gebrauch auch für *den* möglich und sinnvoll zu machen, der nicht über ein ganzes Gebiet arbeitet und gewissermaßen „flächendeckend" sowieso alles im weiteren Umkreis erfassen muß, sondern der nur punktuell etwas sucht oder wissen möchte, sind wir vom System der Archiv-Sachkataloge mit der systematischen Rubrizierung und Zuordnung zu dem jeweils nächsthöheren Bereich (A I a 1 ...), das – nur ohne die feinsten Verästelungen – den meisten Sachregistern zugrunde liegt, abgewichen und haben an dessen Stelle das Prinzip des kleinstmöglichen Stichworts als Grundregel gesetzt. Was natürlich nicht ausschloß, daß manches kein praktisch hilfreiches Stichwort dieser Art hergab, weil es nur einem größeren Zusammenhang zugehörig und deshalb nur dort rubrizierbar war, oder daß ein Sachverhalt sprachlich nur in Form einer Kombination aus Ober- und Unterbegriff darstellbar war. Wo sich aber ein selbständiger Begriff anbot, haben wir ihn auch gebraucht. Das oben angeführte Beispiel findet man in unserem Sachregister also nicht unter „Widerstand", sondern unter „Führerbüstenschändung".

Dieses Beispiel ist natürlich absichtlich gewählt, soll es doch noch einen weiteren Grundsatz aufzeigen: Prägnanz auch hier und die Voranstellung des nächstliegenden Bestandteils sollen Suchen (was *ganz* natürlich nie abgenommen werden kann) und Finden nach Möglichkeit erleichtern, „Bandwürmer" (sofern sie nur auf Anhieb ihren Inhalt vermitteln) wie Lächerlichkeit wurden dabei als lediglich zweitrangig bewußt in Kauf genommen.

Da deutsche Verhältnisse Gegenstand der Sammlung sind, beziehen sich die geographisch nicht näher bezeichneten Stichworte auf den deutschen Machtbereich, das heißt auf das „Altreich" sowie auf die eingegliederten und besetzten Gebiete; Vorgänge in den eingegliederten und besetzten Gebieten sind dabei in der Regel auch unter dem betreffenden Gebiet bzw. Land ausgeworfen, bei letzteren weist der in Klammern hinzugefügte Buchstabe b auf die Besetzung hin. Informationen über das Ausland sind unter dem betreffenden Land zusammengestellt.

3) Da es aber andererseits der „flächendeckenden" Forschung nicht zuzumuten ist, sich durch das gesamte Sachregister hindurchzuarbeiten, um die zu einem gesuchten Komplex gehörenden Stichwörter zusammenzuholen und dabei womöglich einen Teil gar noch zu verpassen, weil einige als dort zugehörig nicht erkennbar sind, haben wir in einer *Systematischen Übersicht* zu diesem Sachregister unter rund vierzig Gruppenüberschriften sämtliche in den betreffenden Bereich fallenden Stichwörter zusammengestellt. Hier findet also – um bei dem genannten Beispiel zu bleiben – der, der sich für das Gesamtgebiet des Widerstandes interessiert, den Hinweis, daß dazu auch das Stichwort „Führerbüstenschändung" gehört, womit ihm schon im Register – und erweitert natürlich dann im Regest – eine nähere Information geboten wird darüber, was er an der angegebenen Stelle zu erwarten hat.

4) Ein *„Sonderregister Partei-Kanzlei"* enthält Vorgänge zur Geschichte, Organisation und Gliederung der Partei-Kanzlei. Auch unter Berücksichtigung dessen, daß schließlich die ganze Sammlung und damit auch das Allgemeine Sachregister auf die Partei-Kanzlei hin ausgerichtet ist und diese mithin überall eine Rolle spielt, erschien es uns sinnvoll, die obengenannten Gesichtspunkte detaillierter zu erschließen, ging es hier doch im engsten Sinne um die Institution Partei-Kanzlei. Die Stichwörter dieses Registers sind daher sämtlich unmittelbar auf die Partei-Kanzlei bezogen (bei „Anschrift" also zum Beispiel handelt es sich selbstredend um die Anschrift der Partei-Kanzlei).

5) Ortsnamen und sonstige geographische Bezeichnungen sind in einem eigenen *Geographischen Register* zusammengestellt.

Diese Gliederung und Ausführlichkeit des Sachregisters, die sich vom Gewohnten ebenso qualitativ unterscheidet, wie es dessen Rahmen quantitativ sprengt, hielten wir, um es noch einmal zu sagen, durch die Aufwendigkeit der Regesten, durch die Bedeutung des Bestandes wie durch die unseres Wissens beispiellose Vielfalt der Thematik nicht allein für gerechtfertigt, sondern geradezu für geboten. Natürlich kann die gefundene Form vorerst nur als Versuch gelten mit all seinem Risiko. Daß sie sich bewährt, können wir nur hoffen, – das endgültige Urteil darüber muß denen überlassen bleiben, die nunmehr damit umgehen und arbeiten werden.

*

Zum Abschluß noch zwei sehr persönliche Überlegungen – für den ganz „strengen" Wissenschaftler vermutlich unseriös, weil spekulativ. Und es ist ja richtig: Wer sich mit Wissenschaft beschäftigt, sollte besser keine Visionen haben. Beides verträgt sich nicht miteinander – oder vorsichtiger und aktueller gesagt: Beides *sollte* sich eigentlich nicht miteinander vertragen. Nach über zehn Jahren Fron am Detail wird aber vielleicht doch Pardon gewährt. Im übrigen muß die Wissenschaft heute zu so viel Mißbrauch herhalten, daß die Versuchung naheliegt zu sagen: Auf einen mehr oder weniger kommt es auch nicht mehr an.

Zum ersten also. Wenn ich das wissenschaftliche Umfeld betrachte und darüber hinaus vermuten kann, daß ein dem unseren ähnliches Projekt sowohl von der Sache wie vom Arbeitsaufwand her kaum noch einmal in Angriff genommen werden dürfte (auch wir täten es heute nicht wieder), so könnte ich mir vorstellen, daß unsere Arbeit Bedeutung besitzt und gewinnt auch dort, wo man an der Partei-Kanzlei selbst wenig oder gar nicht interessiert ist – und selbst dann noch, wenn man kaum mehr weiß, was die Partei-Kanzlei überhaupt war.

Ich könnte mir nämlich vorstellen, daß dort und dann so mancher, der sich wie auch immer mit dieser Zeit zu beschäftigen hat und was auch immer er suchen mag, sich sagt: Sehen wir doch erst einmal bei „der Partei-Kanzlei" nach, ob sich dort irgendein Hinweis findet. Und ich möchte diese Gelegenheit benutzen, um denen, die das überhaupt erst ermöglicht haben würden, nämlich meinen Kolleginnen und Kollegen, die sich der Kärrnerarbeit übelstem Teil, den Registern, gewidmet haben, meinen herzlichen Dank und meine Bewunderung für ihren selbstverleugnenden Einsatz auszudrücken. Ich bin überzeugt, daß er nicht vergeblich gewesen ist[15].

Zum anderen bringe ich den Mut (oder die Arroganz?) auf, mich auch an dieser Stelle zu einem Wort zu bekennen, das – einst leichtfertig geäußert – mir in den vergangenen Jahren von denen, die unserer Arbeit weniger wohlwollten (und ich bin der letzte, der die sachliche Berechtigung ihrer Kritik im übrigen nicht respektieren würde), erbarmungslos um die Ohren geschlagen worden ist. Es handelt sich um das Wort „Lesebuch", und der Sachverhalt ist folgender.

Wohl fast jeder wissenschaftlich (und vermutlich auch sonst „schriftstellerisch") Arbeitende kennt jene Momente und Perioden der Verzweiflung, wo einem alles letzten Endes sinnlos, den Aufwand nicht rechtfertigend, wo ein Abschluß kaum erreichbar erscheint. An solchen Stationen hat es mich mehr als einmal wieder aufgerichtet, zu meiner anfänglich großen Verblüffung beobachten zu können, wie an der Arbeit völlig unbeteiligte, aber qualifizierte Leute, denen eine Reihe Karteikarten oder später ein paar Druckfahnen in die Hände fielen, diese von uns selbst mit ziemlicher Skepsis betrachteten Objektivierungen unserer Arbeit, davon recht angetan, um nicht zu sagen begeistert waren. An den einzelnen Inhalten konnte das kaum liegen, – die oft gehörte, gutgemeinte Frage „Was haben Sie denn nun bei

---

[15] Hier ist auch Gelegenheit, denen zu danken, für die der allgemeine Brauch auf den Titelblättern keinen Platz vorsieht. Dabei ist ohne die unschätzbare Hilfe, die Sybille Benker, Erna Danzl und Reinhilde Staude von Anfang bis zum Ende, vom Ordnen der Kopien über das Schreiben der Regesten bis zum Lesen der Korrekturen, geduldig und hingebungsvoll geleistet haben, diese Arbeit eigentlich undenkbar.

Ihrer Arbeit Neues herausgefunden?" war infolge ihrer Unüberlegtheit stets enervierend gewesen. Was sollte es schon „Neues" geben, wo doch mit ganz wenigen Ausnahmen über die von uns genutzte Weide schon ganze Herden von gestandenen und angehenden Historikern gezogen waren! Wenn also nicht am Einzelinhalt, mußte zwangsläufig der offenbar doch vorhandene Reiz in der Zusammenstellung liegen.

Sollte man nun diese Erlebnisse quasi hochrechnen dürfen (und mir fiel nichts ein, was dagegen gesprochen hätte), so schien und scheint ein unerwartetes und anfangs nie auch nur in Erwägung gezogenes Nebenergebnis unserer Arbeit abgefallen zu sein. Eben das „Lesebuch". Wenn aber, wie ich nach etwas Betätigung auf diesem Felde meine, nicht der unwichtigste Wert *jeder* wissenschaftlichen Veröffentlichung, sei es nun eine Monographie, eine Dokumentation oder was sonst, darin liegt, ihr Erfolg letztlich davon abhängt, ob sie dem Leser oder Benutzer neben aller Detailinformation und neben aller Erhellung des eigentlichen Themas auch ein stimmiges Bild der geschilderten Zeit, gewissermaßen deren „Geschmack", zu vermitteln imstande ist, die bewußte oder unbewußte Überzeugung eines So-also-war-es, so wüßte ich kaum eine andere Publikation zu nennen, die einem solchen Zweck in gleicher Weise und mit der gleichen Überzeugungskraft dienen könnte.

Es gilt nicht als fein, sich selbst auf die Schulter zu klopfen, geheuchelte Bescheidenheit indes ist kaum weniger unangenehm, und im übrigen wäre das, wovon hier die Rede ist, ebensowenig unser Verdienst, wie es unsere Absicht war. Es ist die Sache, die sich gleichsam verselbständigt hat, und ich, im Nachhinein fühlend wie ein nahezu Unbeteiligter, empfinde es als ein höchst merkwürdiges Phänomen, wie sich hier trotz oder vielleicht gerade wegen des reichlich skurrilen Stils, wie sich in dieser Kondensierung gewissermaßen Führung, Verwaltung und Institutionen jener Zeit, verbunden mit nicht uninteressanten Einblicken in Wirtschaft, Wehrmacht, Kirche und was sonst nicht alles, in einer geradezu aufregenden Dichte und Plastik manifestieren.

Was uns aber anfangs so großes Kopfzerbrechen bereitet hat, jene oben geschilderte, von uns großzügig im Sinne des weitesten Forschungsinteresses beantwortete „Scheuerlappen"-Problematik, wird nun in dieser Hinsicht fast zum konstitutiven Element. Ich bin überzeugt, daß ein lediglich aus „Staatsaffären" zusammengesetztes Kompendium hier ziemlich versagen würde und daß erst die Mischung des Weltbewegenden mit dem Trivialen, der unpersönlichen Amtsroutine mit dem persönlichen Schicksal, des ganz Allgemeinen mit dem ganz Speziellen die Faszination ausmacht, zu der ich mich bekenne.

Im August 1982　　　　　　　　　　　　　　　　　　　　　　　　　　　　　　　　H. H.

Verzeichnis der besuchten Archive
(Archivkennziffern)

100	(1..)	Bundesarchiv (Koblenz)
190	(19.)	Bundesarchiv / Militärarchiv (Freiburg)
200	(2..)	Auswärtiges Amt / Politisches Archiv (Bonn)
300	(3..)	Berlin Document Center
400	(4..)	Geheimes Staatsarchiv / Preußischer Kulturbesitz (Berlin)
500	(50.)	Landesarchiv Schleswig-Holstein (Schleswig)
510	(51.)	Staatliches Archivlager Göttingen[1]
520	(52.)	Landesarchiv Saarbrücken
530	(53.)	Staatsarchiv Detmold
540	(54.)	Staatsarchiv Würzburg
550	(55.)	Niedersächsisches Staatsarchiv Oldenburg
560	(56.)	Hessisches Hauptstaatsarchiv (Wiesbaden)
570	(57.)	Staatsarchiv Bamberg
580	(58.)	Niedersächsisches Hauptstaatsarchiv (Hannover)
590	(59.)	Hauptstaatsarchiv Stuttgart
600	(60.)	Staatsarchiv Ludwigsburg
610	(61.)	Badisches Generallandesarchiv (Karlsruhe)
620	(62.)	Landeshauptarchiv Koblenz
630	(63.)	Hauptstaatsarchiv Düsseldorf
640	(64.)	Staatsarchiv Nürnberg
650	(65.)	Staatsarchiv München
660	(66.)	Staatsarchiv Hamburg
670	(67.)	Staatsarchiv Münster
680	(68.)	Staatsarchiv Neuburg a.d. Donau
700	(70.)	Wiener Stadt- und Landesarchiv
710	(71.)	Österreichisches Staatsarchiv / Allgemeines Verwaltungsarchiv (Wien)
720	(72.)	Burgenländisches Landesarchiv (Eisenstadt)
800	(80.)	Centre de Documentation Juive Contemporaine (Paris)
810	(81.)	Archiv der ehem. Reichsstudentenführung und des NSD-Studentenbundes (Würzburg)

---

[1] Später in das Geheime Staatsarchiv / Preußischer Kulturbesitz übergeführt.

Verzeichnis der benutzten Bestände
(Bestandskennziffern)

Die Bestände dieses Bandes sind mit einem * bezeichnet.

1. . Bundesarchiv (Koblenz)
   - *101 Neue Reichskanzlei (R 43 II)
   - *102 Persönlicher Stab Reichsführer-SS (NS 19 neu)
   - 103 Reichsfinanzministerium (R 2)
   - 104 Hauptamt für Kommunalpolitik (NS 25)
   - 105 Sammlung Schumacher
   - 106 Reichsjustizministerium (R 22)
   - *107 Reichsführer-SS (NS 19 alt)
   - *108 Reichsministerium für Rüstung und Kriegsproduktion (R 3)
   - 109 Reichswirtschaftsministerium (R 7)
   - *110 Alte Reichskanzlei (R 43 I)
   - 111 Reichsverkehrsministerium (R 5)
   - *112 Reichsnährstand / Reichsbauernführer (R 16)
   - *113 Reichsprotektor in Böhmen und Mähren / Deutsches Staatsministerium für Böhmen und Mähren (R 30)
   - *114 Reichspostministerium (R 48)
   - *115 Reichsministerium für die kirchlichen Angelegenheiten (R 79)
   - 116 Reichsarbeitsministerium (R 41)
   - 117 Reichsorganisationsleiter der NSDAP (NS 22)
   - 118 Reichsschatzmeister der NSDAP (NS 1)
   - 119 Hauptarchiv der NSDAP (NS 26)
   - 120 Hauptamt für Erzieher / Reichswaltung des Nationalsozialistischen Lehrerbundes (NS 12)
   - 121 Reichsministerium für die besetzten Ostgebiete (R 6)
   - 122 Reichskommissar für die Festigung deutschen Volkstums (R 49)
   - 123 Reichskommissar für das Ostland (R 90)
   - *124 Persönliche Adjutantur des Führers und Reichskanzlers (NS 10)
   - 125 Kleine Erwerbungen NSDAP (NS 20)
   - 126 Kanzlei Rosenberg (NS 8)
   - 127 Parteiamtliche Prüfungskommission zum Schutze des NS-Schrifttums (NS 11)
   - *128 Deutsche Arbeitsfront (NS 5 I)
   - 129 Nationalsozialistischer Rechtswahrerbund (NS 16)
   - 130 Deutscher Gemeindetag (R 36)
   - 131 Reichsministerium für Ernährung und Landwirtschaft (R 14)
   - 132 Reichsministerium für Volksaufklärung und Propaganda (R 55)
   - 133 Reichskommissar für die Ukraine (R 94)
   - 134 Reichsministerium für Wissenschaft, Erziehung und Volksbildung (R 21)
   - 135 Reichsministerium für Wissenschaft, Erziehung und Volksbildung (R 21 [76])
   - 136 Beauftragter für den Vierjahresplan (Zentrale) (R 26 I)
   - 137 Reichskommissar für die Preisbildung (R 26 II)
   - 138 Reichsforschungsrat (R 26 III)
   - 139 Beauftragter für den Vierjahresplan / Geschäftsgruppe Ernährung (R 26 IV)
   - 140 Reichsministerium des Innern (R 18)
   - 141 Sammlung Streicher
   - 142 Nationalsozialistisches Kraftfahr-Korps (NS 24)
   - *143 Hauptamt für Technik / Reichswaltung des Nationalsozialistischen Bundes Deutscher Technik (NS 14)
   - *144 Hitler-Jugend (NS 28)

Verzeichnis der benutzten Bestände XXIX

    *145 Einsatzstab Reichsleiter Rosenberg (NS 30)
    146 Reichsamt für das Landvolk (NS 35)
    *147 Oberstes Parteigericht der NSDAP (NS 36)
    *148 Wehrpolitisches Amt der NSDAP (NS 39)
    *149 Hauptamt für Beamte / Reichswaltung des Reichsbundes der Deutschen Beamten e. V. (NS 40)
    *150 Reichspressechef der NSDAP (NS 42)
    *151 Reichsfrauenführung / Nationalsozialistische Frauenschaft und Deutsches Frauenwerk (NS 44)
    *152 Nationalsozialistische Reichstagsfraktion (NS 46)
    *153 Kleine Erwerbungen (KlErw)
    154 Außenpolitisches Amt der NSDAP (NS 43)
    155 Gemeinschaft Studentischer Verbände (R 128)
    156 Deutsche Studentenschaft (R 129)
    157 Das Ahnenerbe (NS 21)
    158 Sturmabteilungen der NSDAP (SA) (NS 23)
    159 Reichsstudentenführung / Nationalsozialistischer Deutscher Studentenbund (NS 38)
    160 NS-Splitter
    161 Der Beauftragte des Führers für die Überwachung der gesamten geistigen und weltanschaulichen Schulung und Erziehung der NSDAP (NS 15 alt)
    162 Der Beauftragte des Führers für die Überwachung der gesamten geistigen und weltanschaulichen Schulung und Erziehung der NSDAP (NS 15 neu)
    163 Reichspropagandaleiter der NSDAP (NS 18)
    164 Reichspropagandaleiter der NSDAP (NS 18 alt)
    165 Reichspropagandaleiter der NSDAP (NS 18 aus R 55)
    166 Nachlaß Backe
    167 Nachlaß Darré
    168 Nachlaß Haushofer
    169 Nachlaß Seyss-Inquart

19. Bundesarchiv / Militärarchiv (Freiburg)
    191 Chef des Oberkommandos der Wehrmacht und unmittelbar unterstellte Dienststellen (RW 2)
    192 OKW / Wehrmachtführungsstab (RW 4)
    193 OKW / Allgemeines Wehrmachtamt (RW 6)
    194 Wehrmachtauskunftstelle für Kriegerverluste und Kriegsgefangene (RW 48)
    195 Adjutantur der Wehrmacht beim Führer und Reichskanzler (RW 8)
    196 Seekriegsleitung (RM 7)
    197 OKW / Wehrwirtschafts- und Rüstungsamt (RW 19)

2.. Auswärtiges Amt / Politisches Archiv (Bonn)
    *201 Referat Deutschland
    *202 Inland I D
    *203 Inland I Partei
    204 Inland II A/B
    205 Inland II C
    206 Inland II D
    207 Inland II g
    210 Protokoll
    211 Chef AO
    212 Unterstaatssekretär
    213 Büro Staatssekretär
    214 Büro Reichsminister

215 Büro RAM
216 Unterstaatssekretär Luther
217 Handakten Ettel
218 Handakten Hewel
219 Handakten Hencke
220 Handakten Keppler
221 Handakten Megerle
222 Handakten Schmidt Presse
223 Sonderreferat Krümmer
224 Sonderkommando v. Künsberg
225 Kulturabteilung
226 Rechtsabteilung
227 Politische Abteilung
235 Dienststelle Ribbentrop
*236 Nachlaß Kasche

3.. Berlin Document Center
*301 Research / REMA
*302 Research / Wi-Korr.
303 Research / Ahnenerbe
304 Research / SSHO (Reichsführer-SS)
*305 Research Varia
*306 SS-Offiziere
307 Partei-Correspondence
308 OPG
309 OPG-Richter
310 Research / Sammlung Schumacher
311 Research / REM (Reichserziehungsministerium)
312 Research / Reichsstatthalter in Bayern
313 Research / Sammellisten
314 Reichspropagandaministerium
315 SA / Korrespondenz
316 NS-Lehrerbund
317 Volksgerichtshof
318 Reichskulturkammer / Musik-Akten
319 Reichskulturkammer / Bildende Künste
*320 Research Varia / Sonderakten

4.. Geheimes Staatsarchiv / Preußischer Kulturbesitz (Berlin)
401 Preußisches Ministerium des Innern (77)
402 Preußisches Ministerium für Wissenschaft, Kunst und Volksbildung (76)
*403 Preußisches Ministerium für Landwirtschaft, Domänen und Forsten (87)
404 Preußisches Staatsministerium (90)
*405 Preußisches Ministerium für Volkswohlfahrt (191)
*406 Preußisches Justizministerium (84a)
407 Preußisches Finanzministerium (151)

50. Landesarchiv Schleswig-Holstein (Schleswig)
*501 Universität Kiel (47)
*502 NSDAP, Gauleitung Schleswig-Holstein (454)
*503 NSDAP, verschiedene Dienststellen (456)

51. Staatliches Archivlager Göttingen
511 NSDAP-Gauarchiv Ostpreußen (StA Königsberg 240)

Verzeichnis der benutzten Bestände   XXXI

52. Landesarchiv Saarbrücken
    *521   Mischbestand NSDAP-Westmark

53. Staatsarchiv Detmold
    *531   Reichsstatthalter in Lippe und Schaumburg-Lippe (L 76)

54. Staatsarchiv Würzburg
    *541   NSDAP-Gauleitung Mainfranken (112 g)

55. Niedersächsisches Staatsarchiv Oldenburg
    551   Oldenburgisches Staatsministerium (Gesamtministerium) (131)
    552   Ministerium des Großherzoglichen Hauses und der auswärtigen Angelegenheiten (132)
    553   Ministerium der Kirchen und Schulen (134)
    554   Ministerium des Innern (136)
    555   Ministerium der Finanzen (137)
    556   Gauleitung Weser-Ems (320/1)
    557   NS-Lehrerbund (320/5)

56. Hessisches Hauptstaatsarchiv (Wiesbaden)
    561   NSDAP Hessen-Nassau und Kurhessen (483)

57. Staatsarchiv Bamberg
    571   Gauleitung Bayerische Ostmark (M 30)
    572   Kreisleitungen (M 33)

58. Niedersächsisches Hauptstaatsarchiv (Hannover)
    581   Gauleitung Südhannover-Braunschweig (Hann. 310 I)
    582   Oberpräsident in Hannover, Abt. XXXIV (Hann. 122 a)

59. Hauptstaatsarchiv Stuttgart
    591   Reichsstatthalter in Württemberg (E 140)

60. Staatsarchiv Ludwigsburg
    601   NSDAP, Gauleitung Württemberg-Hohenzollern (PL 501/1)
    602   NSDAP, Gauleitung Württemberg-Hohenzollern (PL 501/2)

61. Badisches Generallandesarchiv (Karlsruhe)
    611   Gauleitung Baden-Elsaß (465 d)

62. Landeshauptarchiv Koblenz
    621   Oberpräsidium der Rheinprovinz (403)

63. Hauptstaatsarchiv Düsseldorf
    631   NS-Stellen (RW 23)

64. Staatsarchiv Nürnberg
    641   NS-Mischbestand (unnumeriert)
    642   NS-Mischbestand (Schwarze Zahlen)
    643   NS-Mischbestand (Rote Zahlen)

65. Staatsarchiv München
    651   NSDAP

66. Staatsarchiv Hamburg
    661   Innere Verwaltung (113-2)
    662   NSDAP und ihre Gliederungen (614–2/5)

67. Staatsarchiv Münster
    671   NSDAP-Gauleitung Westfalen-Nord
    672   Gauschatzamt Westfalen-Nord
    673   Gauinspekteure Westfalen-Nord
    674   Gauinspektion 2 Westfalen-Nord
    675   Gauschulungsamt Westfalen-Nord
    676   Gauamt für Volkswohlfahrt Westfalen-Nord
    677   Gaukulturamt Westfalen-Nord
    678   NSDAP-Gauleitung Westfalen-Süd
    679   Gauwirtschaftsberater Westfalen-Süd

68. Staatsarchiv Neuburg a. d. Donau
    681   NSDAP Gau Schwaben

70. Wiener Stadt- und Landesarchiv
    701   NSDAP / Amt für Kommunalpolitik

71. Österreichisches Staatsarchiv / Allgemeines Verwaltungsarchiv (Wien)
    711   Reichskommissar für die Wiedervereinigung Österreichs mit dem Deutschen Reich
    712   Stillhaltekommissar für Vereine, Organisationen und Verbände

72. Burgenländisches Landesarchiv (Eisenstadt)
    721   Abwicklung Burgenland 1938 1-E
    722   Auflösung des Burgenlandes
    723   Abwicklungsstelle Eisenstadt 1938 1-E

80. Centre de Documentation Juive Contemporaine (Paris)
    801   Dienststelle Rosenberg
    802   RSHA
    803   Divers

81. Archiv der ehem. Reichsstudentenführung und des NSD-Studentenbundes (Würzburg)
    811   NSDStB

Regesten

Juli 20 – 30. 3. 45   RFSS, SSPHA u. a.   10001
SS-Personalakte Ogruf. Martin Bormann: Ahnentafel, Personalbogen, Beförderungen, Führerausweis,
SS-Stammrollenauszug, Verleihung des Blutordens, Spenden, Heiratsgenehmigung u. a.
M   306 00109 – 25, 127 – 34, 145 – 54, 157 – 62, 168 – 72, 175 – 93, 198 (Bormann)

1923   10002
Verhängung einer Geldstrafe in Höhe von Mark 30 000.– gegen Bormann wegen Übertretung einer
Wirtschaftsverordnung.
H   124 01662 (178)

1. 5. 25   H. Herwig   10003
Im Auftrage Hitlers Dank Heß' an den 1. Vorsitzenden der Ortsgruppe Würzburg, Hermann Herwig, für
übersandte Ausführungen; Besuch Hitlers in Würzburg vorerst nicht möglich; Lieferung von Propagandamaterial durch die Zentrale bei der derzeitigen Finanzlage nur gegen Bezahlung.
K   124 03786 (344)

30. 10. 25   Hitler, Esser u. a.   10004
Besprechung im Beisein Heß' u. a. über den „Fall Lettow-Vorbeck in Dresden".
H   147 00036 (6)

15. 1. – 16. 3. 26   GL Goß, LL Mutschmann, OGru. Dresden   10005
Auseinandersetzung zwischen GL Goß (Ostsachsen) und dem Landesleiter Sachsen, Mutschmann, wegen des Verhältnisses Partei – Wehrbewegung. Die von M. getroffene Abmachung über die Zusammenarbeit mit dem Frontbann Sachsen laut G. ein Verstoß gegen die diesbezüglichen Richtlinien Hitlers,
außerdem eine Handhabe für die Behörden, gegen die Partei vorzugehen (Verbot der Gründung von Er-
satzorganisationen für die frühere SA). Auflösung des Frontbanns Dresden und Gründung von Schutz-
staffeln. Die Aufforderung M.s an G., Pg. Herbert Körzinger aus der Partei auszuschließen (von K. der
unter seiner Führung stehende Frontbann Dresden aufgelöst), von G. nicht befolgt. Schließlich durch M.
Auflösung des Gaues Ostsachsen und Amtsenthebung des GL G. Übersendung von Material gegen den
Frontbann Sachsen durch G. (zahlreiche eidesstattliche Erklärungen u. a. über die Absicht des Front-
bannführers Josef Reinarz, den Frontbann nach Art des Ku-Klux-Klans umzugestalten, und den Plan,
unter Führung Ludendorffs mit 500 Frontbannmännern die prominentesten Juden zu verhaften, auf einen verminten Platz zu verbringen und mit der Drohung, im Falle des Widerstands diese Juden in die
Luft zu sprengen, die Errichtung der NS-Diktatur zu erzwingen; dieser Plan von Heß mit Ausdrücken
wie „Heller Wahnsinn", „Faschings-Witz" u. ä. kommentiert). – Schriftwechsel über den Untersuchungs-
und Schlichtungsausschuß.
W   147 00011 – 44 (6)

Juni 26   Hitler, H. Löschnigg   10006
Aussprache zwischen Hitler, Heß und einem Heliodor Löschnigg (Graz) in München.
W   124 04578 f. (457)

17. 6. 27   Stv. GL Sauckel   10007
Verteidigung des Stv. GL Sauckel gegen den von GL Dinter erhobenen Vorwurf der Unfähigkeit: Hinweis auf seine Leistungen; Kritik an D.s geringen Aktivitäten, dessen Zerwürfnis mit Dr. Ziegler (Weigerung D.s, die Angelegenheit vor den obersten Uschla zu bringen); Vorschlag einer Lösung des Konflikts durch Rücktritt D.s; Bitte um Hitlers Entscheidung. Randbemerkung Heß': S. die „wertvollste
Kraft im Gau für die Arbeit nach außen".
W   147 00045 – 53 (7)

10. 2. 28   K. Heintz   10008
Durch ein ˚Antwortschreiben Heß' Bestätigung der Auffassung einer Käthe Heintz (Jocketa) vom NS als
richtig. (Spätere Erwähnung im Zusammenhang mit Bemühungen der Heintz um Parteiwiederauf-
nahme.)
K   124 03784 f. (342)

17. – 27. 4. 28   L. Käfer   10009
Der in der Deutschen Volkszeitung geführte Kampf eines Ludwig Käfer (Nürnberg) gegen Streicher von

Heß (insbesondere im Hinblick auf die kurz bevorstehenden Wahlen) als parteischädigend kritisiert. Zurückweisung dieser Kritik durch K.: St. einer der „gefährlichsten Verderber" der ns. Bewegung; Verhinderung der Wahl St.s in den Landtag unbedingt notwendig, auch gegen den Willen H.'.
W   147 00003 – 10 (4)

27. 4. 28   OGru. Kulmbach   10010
Bitte an Heß um Übersendung eines von Hitler signierten Exemplars einer seiner Reden sowie um Aufnahmen von Hitler in SA-Uniform. – Hinweis auf die Gefahr der Ausschlachtung der Nürnberger Streitigkeiten durch die politischen Gegner.
W   147 00001 f. (4)

1929   F. W. Fuchs   10011
Begegnung eines Friedrich Wilhelm Fuchs (Wiesbaden) mit Heß.
W   124 04842 ff. (511)

[Mai 29]   J. Sonntag, Fürst v. Donnersmarck   10012
Durch den späteren StdF Vermittlung einer Zusammenkunft zwischen Hitler und einem Josef Sonntag (später Berlin) in einem Eckzimmer des Münchener Hotels „Vier Jahreszeiten" (dabei Mitteilungen S.s über eine Unterredung mit Mussolini und über dessen ausdrückliche Dementierung der gegen H. ausgestreuten Verdächtigungen, von M. Geld genommen zu haben).
W/H   124 01212/1 – 213 (140)

20. 7. 29   Himmler   10013
Ernennung Heß' zum Adjutanten beim Reichsführer-SS mit Ernennungsdatum 1. 4. 25. Kommandierung als Persönlicher Adjutant Hitlers.
M   306 00459 (Heß)

20. 7. 29 – 4. 11. 37   RFSS u. a.   10014
SS-Personalakte Ogruf. Rudolf Heß: Personalnachweis, Ernennungen und Beförderungen u. a.
M   306 00451 – 62 (Heß)

13. 8. 29   Hugenberg   10015
Mitteilung Heß': Hitler an der Wahrnehmung mehrerer Termine (darunter ein Zusammentreffen mit Hugenberg) verhindert; Vorschlag eines neuen Termins für das Treffen mit Hugenberg.
W   305 00182 ff. (Sondersachen)

30. – 31. 8. 30   Hitler u. a.   10016
Hitler – in Begleitung Heß', Himmlers u. a. – auf der Fahrt nach Bayreuth; dort Erhalt einer telefonischen Mitteilung Bouhlers über eine Besetzung der Gaugeschäftsstelle Berlin durch die SA. Daraufhin noch in der Nacht Aufbruch Hitlers und seiner Begleitung nach Berlin. Empfang der „unglaublich undisziplinierten", sich über schlechte Behandlung und mangelhafte Versorgung der SA-Angehörigen beklagenden Berliner SA-Führer durch Hitler in Goebbels' Wohnung. Abends Versammlung der SA; Übernahme des Postens des als Oberster SA-Führer zurückgetretenen v. Pfeffer durch Hitler selbst. (Späteres Gedächtnisprotokoll Himmlers.)
K/W   102 01624 – 34 (2817)

2. 12. 30   R. Eckermann   10017
Unterredung eines Richard Eckermann (später Berlin) mit Hitler und Heß in Hamburg (am Tage nach einer Rede Hitlers vor 300 prominenten Hamburgern im Hotel Atlantic) über seine künftige Verwendung im In- oder Ausland.
H   124 02121 f. (197)

1931 – [16. 9. 33]   G. R. Goldmann-Hessenhorst   10018
Durch Direktor G. R. Goldmann-Hessenhorst (Gauting) Vorlage eines privaten Kriegsarchivs bei Hitler durch Vermittlung Heß'. Beabsichtigter Erwerb durch die NSDAP für die Sammlung Rehse, dann jedoch Beschlagnahme des Archivs durch die Kriminalpolizei.
K   101 15020 – 32 (860 c)

Sommer–Dez. 31   Waldmann   10019
Verhandlungen eines Josef Waldmann (München) im Auftrag seiner ungarischen Bekannten Andreas v. Mecser, Pettend und Tibor v. Eckhardt mit Heß u. a.
W   124 01815 f. (187)

1932   GL – 101   10020
Bearbeitung und Ablehnung (durch Bormann) nicht gerechtfertigter Anträge verschiedener Gauleitungen an die Hilfskasse auf Aufnahme Verstorbener in die Totenliste der Bewegung.
H   124 01679 f. (180)

1932   G. Tönnies   10021
Bitte eines Georg Ove Tönnies (Walschstadt), die Brandmarkung des Krieges als „gegen die Heimatvölker gerichtetes Mordinstrument des jüdischen Feindes" in den Vordergrund der NS-Propaganda zu stellen.
W   124 03027 (252)

11. 1. 32   RRedner, GRedner – 101   10022
Bitte Bormanns, vor jeder Versammlung deren sowie des Redners ordnungsgemäße Meldung bei der Sachschädenkasse festzustellen (Zweck: Eingang der zur Sachschädendeckung notwendigen Mittel, Überblick über die Tätigkeit jedes einzelnen Redners).
W   503 00001 (14)

Sommer 32   G. Thierack   10023
Vereinbarung des späteren Justizministers Thierack mit Heß, Hitler durch einen Friedrich Saueressig aus Moskau über die russischen Verhältnisse Vortrag halten zu lassen.
H   101 26275 – 78 (1488 a)

Juli 32   R. Murr   10024
In einer späteren Eingabe des RegBaumeisters Richard Murr (München) um Aufhebung seines Parteiausschlusses erwähnt: Wiederholte Hinweise gegenüber Heß auf die immer beunruhigender werdenden Differenzen zwischen GL Streicher und der SA-Gruppe Franken vor ihrer Auflösung.
         124 02589 – 96 (228)

[Vo. .3]   E. Encke-v. Sanden   10025
Freundliche Antworten Bormanns (Martin B.?) für kleine Aufmerksamkeiten der Pgn. Eva Encke-v. Sanden (vermutlich gegenüber Hitler) während der Zeit der Benutzung des Schließfaches 80 München 43 durch H.
W   124 04949 (537)

1933   Adj. d. F   10026
Beauftragung Bormanns mit der Funktion eines Sachbearbeiters Hitlers für alle Reichsparteitagsangelegenheiten.
W   124 01162 f. (130)

31. 1. 33   SS-Obf. Hildebrandt   10027
Empörung über Anschuldigungen des MdL Karl Holz; Ankündigung, den Reichs-Uschla einzuschalten.
M   306 00485 (Hildebrandt)

5. – 16. 2. 33   C. W. Mack, K. Masotti   10028
Bitte eines C. W. Mack (Stuttgart) um Ausstellung eines deutschen Passes für eine Kitty Masotti (Lugano). Weiterleitung an das preußische Innenministerium.
H   101 00500 – 03 (137 b)

17. 2. 33   Dr. Schultze, RKzl.   10029
Im Namen des Amts für Volksgesundheit, des NS-Ärztebundes u. a. dringende Anregung des Dr. Schultze, sich vor den Wahlen für die Streichung der Krankenscheingebühren (50 Pfg.), nicht aber der Arzneimittelgebühren einzusetzen.
M   101 04051 f. (403)

18. 2. 33   RKzl.   10030
Mitteilung Heß' über die Zugehörigkeit des Direktors und weiterer Beamter der Reichsdruckerei zur SPD; vermuteter Zusammenhang mit einem kürzlichen „Druckfehler" (Adof Hitler) in einem amtlichen Blatt.
H   101 18588 (1147 c)

18. – 22. 2. 33   RKzl.   10031
Auf eine Anfrage des StdF wegen der Zunahme der Feierschichten bei den Vereinigten Oberschlesischen Hüttenwerken Mitteilung des StSekr. Lammers über entsprechende Kontaktaufnahme zum Reichswirtschaftsminister.
A   101 05760 (484)

22. – 24. 2. 33   GL Kube, RKzl. – 1   10032
Bitte der Ortsgruppe Lübben (Spreewald) um einen Audienztermin bei Hitler zur Überreichung eines „künstlerisch vollendeten" Spreewaldbildes.
A   101 23746 (1336)

23. 2. 33   P. Geburtig, RKzl.   10033
Dringende Bitte des niederschlesischen Reichstagsabgeordneten Paul Geburtig um eine Unterredung mit Hitler im Interesse der Wiederinbetriebnahme der Wenceslausgrube in Mölke b. Neurode: Die Existenzgrundlage von ca. 20 000 Menschen von dieser nach einem Unglück im Jahr 1930 stillgelegten Grube abhängig; die staatlicherseits geplante Bevölkerungsumsiedlung wegen des (wenn auch kleinen) Grundbesitzes der meisten Bergleute undurchführbar; Schilderung der unter großen persönlichen Opfern der dortigen Bevölkerung schon getroffenen Rettungsmaßnahmen. Weiterleitung der Petition im Auftrag Heß' an StSekr. Lammers.
A/H   101 05761 – 64 (484)

1. 3. 33   StSekr. Lammers   10034
Bitte, bei Heß eingehende, in die Zuständigkeit von Fachressorts fallende Schreiben unmittelbar an diese weiterzuleiten, um die personell schwach besetzte Reichskanzlei von Durchgangssachen zu entlasten.
W   110 00226 ff. (1968)

8. 3. 33   RKzl. – 1/6   10035
Durch das Büro Dr. Wagener (Verbindungsstab) Übersendung von *Abschriften einer Korrespondenz (vom Oktober 1932) zwischen dem Oldenburgischen Staatsministerium und dem Reichspostminister sowie eines Schreibens des Staatskommissars für die Oldenburgischen Staatlichen Finanzanstalten an Hitler (vom Februar 1933). (Betreff nicht ersichtlich.)
A   101 24102 (1352)

13. – 20. 3. 33   GL Hamburg, RKzl. – 1   10036
Übermittlung einer Dank- und Treueadresse der Hanseatischen Anwaltskammer an die nationale Regierung; Bitte um ein Wort der Anerkennung Hindenburgs oder Hitlers.
H   101 28120 f. (1534)

16. – 28. 3. 33   KampfBd. d. gewerbl. Mittelstandes, RKzl. – 1   10037
Dringende Bitte des Reichskampfbundführers Rinteln um einen allgemeinen Vollstreckungsschutz für die mittelständischen Betriebe des Handels, Handwerks und Gewerbes bis zum Herbst (Wirtschaftsbelebung bis dann mit Sicherheit zu erwarten). Weiterleitung der Eingabe an die Reichskanzlei.
H   101 28094 – 105 (1530)

20. 3. 33   Darré   10038
Warnung vor den politischen Folgen einer Einschaltung des ehemaligen bayerischen Landwirtschaftsministers Anton Fehr in das Reichsernährungsministerium: Gefährdung der kommissarischen Regierung in Bayern durch Deutschnationale und Bayerische Volkspartei.
M   302 00069 (Fehr)

[20. 3. 33 ?]   ?   10039
Mitteilung des nach eigener Einschätzung „einzigen zur Zeit nicht im Amt befindlichen bekannten Nationalsozialisten" (Name nicht ersichtlich) an Heß über eine Vortragseinladung (Wesen, Ziele und Machtergreifung des NS) der Konservativen Akademikervereinigung in Oslo; gleichzeitig Vorschlag, durch eine halboffizielle Vortragstätigkeit in Amerika der dortigen „Greuelpropaganda" entgegenzuwirken.
W   124 01306/1 f. (152)

[23. 3. 33]   RKzl.   10040
Richard Scharfe, Absender eines Protesttelegramms gegen den neuen Hamburgischen Gesandten in Berlin, weder Heß noch Bormann bekannt.
H   101 25110 f. (1398)

27. 3. 33   Obgm. Köln   10041
Bitte, dem Vorsitzenden des Reichsverbandes Deutscher Verkehrsverwaltungen, Müller, eine Unterredung mit Hitler zu vermitteln; aufgrund des bedeutenden Anteils des Reichsverbandes an der Personenbeförderung seine Heranziehung für den Beirat für das Kraftfahrwesen empfehlenswert.
K   101 14367 – 70 (767)

28. 3. 33   GL Sauckel   10042
Vereinbarung mit Heß über den Termin des von Hitler zugesagten Empfangs thüringischer Bürgermeister zum Vortrag über die Lage thüringischer Kommunen und zur Überreichung der Ehrenbürgerurkunden von Weimar und Gotha.
H   101 24839 (1372)

[29. 3. 33]   RKzl.   10043
Bitte an Führeradjutant Brückner um Erstattung von Gebühren für über die amtlichen Fernsprechanschlüsse der Reichskanzlei geleitete Gespräche Heß'.
W   124 01139 (119)

30. 3. 33   StSekr. Lammers – 1   10044
Zwei Telegramme von Stadtverordnetenvorsteher Rechtsanwalt Glauning (Plauen) und KrL Hitzler an Hitler: Enttäuschung über die Ernennung des RK Killinger, Bitte um Bestellung des GL Mutschmann zum (sächsischen) Ministerpräsidenten. Durch StSekr. Lammers unter Informierung über die Mißbilligung Hitlers Weiterleitung an Heß zur weiteren Veranlassung.
H   101 24838 (1371)

30. 3. 33   RFSS – 1   10045
Mitteilung des Erbprinz zu Waldeck (Verbindungsstab) über die ohne vorherige Rücksprache mit der Reichsführung-SS erfolgte Ernennung seines Vetters Prinz zu Schaumburg-Lippe (Adjutant Goebbels') zum SS-Sturmbannführer durch G.; Warnung vor der Aufnahme Sch.-L.s in die SS.
M   306 00967 (Waldeck)

31. 3. 33   Kom. Stadt Mannheim   10046
Bitte um einige Zeilen Hitlers für die Sondernummer der Zeitschrift „Hakenkreuzbanner" anläßlich der Carl-Benz-Denkmal-Feier in Mannheim.
W/H   124 00939/5 (76)

3. 4. 33   Obgm. Heidelberg – 1   10047
Einladung Hitlers durch die Stadt Heidelberg zu einer ihm zu Ehren zu veranstaltenden Schloßbeleuchtung anläßlich der Enthüllung des Carl-Benz-Denkmals in Mannheim.
W   124 00936 f. (75)

3. 4. 33   E. Vater – 1/6   10048
Im Zusammenhang mit der Verordnung über die Entfernung fremdstämmiger Anwälte Bitte des KorvKpt. a. D. Eduard Vater, Sonderberater der Hauptabteilung IV der NSDAP, seinen langjährigen Freund, den jüdischen Rechtsanwalt Fritz Corwegh, bei der Zulassung nicht deutschstämmiger Anwälte

an Berliner Gerichten zu berücksichtigen; Vorschlag, weitere Auskünfte über C. bei StSekr. Lammers einzuholen.
K 101 15123−26 (886 b)

3.−[5.] 4. 33 KrL Lübbecke, Adj. d. F 10049
Die von der Kreisleitung Lübbecke über Heß erbetene Signierung von 20 Führerbildern durch Hitler für die neugewählten Kreistagsmitglieder wegen Überlastung Hitlers z. Zt. nicht möglich.
W 124 00939/2 ff. (76)

4.−6. 4. 33 SA/GruStab z. b. V., RWM−1 10050
Laut Erlaß des Reichswehrministers die von Hitler garantierte „einzigartige" Stellung der Wehrmacht durch die jüngste Entwicklung nicht gefährdet und die ihr ausschließlich obliegenden Aufgaben durch die Pläne auf dem Gebiet der Jugendertüchtigung und des Arbeitsdienstes sowie durch die Arbeit der Wehrverbände nicht tangiert; an die Wehrmacht herangetragene „unerfüllbare Wünsche" der „Sieger in dem Kampf um die Nation" meist von untergeordneten Stellen kommend und von Triumph oder Mißtrauen motiviert (letzteres durch Gewinnung guter Kontakte und Herstellung freundschaftlichen und persönlichen Verkehrs mit den „verdienstvollen Führern der Wehrverbände" abzubauen). (Abschrift an Gruf. Reiner [Verbindungsstab].)
W/H 124 00952−55 (77)

[4. 4.−4. 5. 33] RVerb. d. Dt. Industrie, RKzl. 10051
Verhandlungen Wag(e)ners (Verbindungsstab) mit der Geschäftsführung des Reichsverbandes der Deutschen Industrie. Später Ernennung W.s zum Beauftragten der Partei für die Neuorganisation der industriellen Wirtschaftsverbände.
M/W 101 03586−89 (362)

7. 4. 33 OSAF−1 10052
Bitte, die eingereichten Urkunden über Namensverleihungen an SA-Stürme usw. endlich Hitler zur Unterschrift vorzulegen und dann zu übersenden.
W/H 124 00942 (77)

7. 4.−30. 5. 33 NSDAP-OGru. Kairo, RKzl., AA−1 10053
Vom Verbindungsstab als „Beispiel für das Versagen der deutschen Vertretungen im Auslande" an die Reichskanzlei weitergereicht: Beschwerden der Ortsgruppe Kairo der NSDAP über den deutschen Gesandten in Ägypten, v. Stohrer (politisch beheimatet in den Gedankengängen Stresemanns und „eher noch weiter nach links", im übrigen „als Katholik unter dem Einfluß der Zentrumspartei" stehend; nur zögernde und verspätete Übernahme der neuen Reichsfarben; besondere Pflege des Umgangs mit Ausländern, Juden und Freimaurern, u. a. Empfang und Empfehlungen Emil Ludwigs; anläßlich der „Presse- und Boykotthetze" Herausgabe eines von den Kairoer NS als matt und ungenügend empfundenen Kommuniqués anstelle des von ihnen geforderten, mit Drohungen versehenen Textes). − Dazu erste Stellungnahme des Auswärtigen Amtes: St. nicht katholisch und im übrigen parteilos; der Flaggenerlaß von ihm genau befolgt; Verkehr mit Ausländern seine Pflicht, ebenso die Einladung der Vorstände der deutschen Vereine (deren weitgehende Zusammensetzung aus Juden und Freimaurern nicht Schuld des Gesandten, sondern das Ergebnis freier Wahlen); im Gegensatz zu den Angaben der Ortsgruppe gerade sehr energisches Auftreten St.s gegen die „Judenhetze" (schon seit Jahren „heftiger Kampf gegen die Überfremdung und die Verjudung der deutschen Niederlassungen in Egypten, insbesondere der Dresdner Bank").
H 101 25401−18 (1413)

7. 4.−28. 12. 33 RPropL, RKzl., E. Schulte−1 10054
Meldung der Reichspropagandaleitung und Eingabe eines Ernst Schulte (Bonn) wegen der Abstammung des MinR Killy, früher Reichsfinanzministerium, jetzt Reichskanzlei (RKzl.): Vater und Mutter Juden, er selbst jüdisch verheiratet, − bzw.: Großvater und Schwiegermutter Juden. Dazu Ermittlungen der RKzl.: K. alter Mitkämpfer der Bewegung; die Beschuldigungen meist falsch, z. T. Denunziation aus Konkurrenzneid; Entscheidung Hitlers für K.s Verbleiben in der RKzl. und Zurückweisung der gegen K. erfolgenden Angriffe.
H 101 29932−39 (1582)

[7.] – 10. 4. 33   RKzl., RBankPräs. Schacht – 1   10055
Beschwerde Schachts über die Eingriffe ns. Fachorganisationen in die Zusammensetzung der Bankdirektorien; Bitte, vor solchen Eingriffen seine gutachtliche Äußerung einzuholen. Dementsprechend Verbot des Vorsitzenden der Politischen Zentralkommission (PZK), Eingriffe in Wirtschaftsunternehmen, Industriewerke, Banken usw., Aktionen gegen Gewerkschaften und Absetzungen ohne Genehmigung der – an das Einvernehmen mit der PZK gebundenen – Wirtschaftsbeauftragten der NSDAP vorzunehmen.
H   101 19858 – 61 (1195)

[10. 4. 33]   RMfVuP, BDM Rügen, HJ Rügen – 1   10056
Bitte des BDM und der HJ Rügen um Teilnahme Hitlers an dem bevorstehenden erstmaligen Treffen der rügenschen Jugend in Binz.
W   124 00958 f. (77)

12. 4. 33   NSDAP-Stadtverordnetenfraktion Halberstadt – 1   10057
Bitte, Hitler die Ehrenbürgerurkunde (einstimmige Ernennung am 29. 3.) persönlich überreichen zu dürfen; Begründung: Wiedergutmachung des 1926 von der damaligen marxistischen Stadtverwaltung gegen H. verhängten Redeverbots.
W   124 00939/1 (76)

[12. 4. 33]   ?   10058
Meldung eines Parteigenossen über einen Vorfall bei einer HJ-Tagung in Kösen: Durch Schirach Abgabe eines Pistolenschusses auf ein (nach seiner Meinung Hitler entstellt wiedergebendes und im übrigen kitschiges) Führerbild. Keine Ergreifung von Maßnahmen gegen Sch.
W   124 04250 – 55 (395)

[20. 4. 33]   RKzl.   10059
Bitte an Führeradjutant Brückner um Erstattung der Gebühren für über die amtlichen Fernsprechanschlüsse der Reichskanzlei geleitete Gespräche Heß' und seiner Frau.
W   124 01140 (119)

[21. 4. 33]   RKzl. – 1   10060
Weitergabe einer Mitteilung Darrés über starke Unruhen unter den Bauern infolge der Geheimhaltung der Entschuldungsfrage sowie seiner Anregung einer Aussprache zwischen den ns. landwirtschaftlichen Fachberatern und dem Reichsernährungsministerium.
H   101 01919 f. (192)

26. 4. 33   SenPräs. Markert   10061
Begründung der in Bremen gegen eine gemeinsame Statthalterschaft der drei Hansestädte unter einem Hamburger bestehenden Bedenken; diese nicht auf Pg. Kaufmann bezogen, sondern sachlicher Art: Landsmannschaftliche, wirtschaftliche wie politische (gemeinsamer NSDAP-Gau) Zugehörigkeit Bremens zum Weser-Ems-Gebiet, GL Röver zudem genauer Kenner Bremens; Furcht vor der Benachteiligung Bremens zugunsten einer Konzentration in Hamburg, insbesondere – wie dort schon vernehmlich geworden – bei den Schiffahrtsfragen.
H   101 24888 – 92 (1384)

27. 4. 33   StSekr. Lammers, RBankPräs. Schacht – 1   10062
Bitte Schachts, während seiner mehrwöchigen Amerikareise keine Umorganisationen (oder „Einsetzung von allen möglichen Kommissaren") im privaten und öffentlichen Bankwesen vorzunehmen. Daraufhin durch Wagener (Sachbearbeiter für Wirtschaftspolitik der NSDAP) Verbot willkürlicher Eingriffe in die Wirtschaft oder selbständiger Einsetzung von Kommissaren sowie eigenmächtiger Umbildungen der Führungen wirtschaftlicher Verbände und Vereinigungen.
H   101 19862 – 66 (1195)

28. 4. 33   RKzl., MdR Schmidt – 1/6   10063
Besprechung zwischen dem Bundesführer des Reichsbundes vaterländischer Arbeiter- und Werkvereine

(RvA), Wilhelm Schmidt-Neukölln, und Wagener (Verbindungsstab) über die Untergliederungen des RvA durch die NS-Betriebszellenorganisation.
M 101 06571–75 (531)

28. 4.–15. 5. 33 RMdI, DRK, Chef SanWesen SA–1 10064
Erörterung der „einer Klärung bedürftigen" Beziehungen des Deutschen Roten Kreuzes (DRK) zur Reichsregierung und zur NSDAP auf einer Besprechung der Beteiligten bei Heß: Bekenntnis des DRK zur nationalen Regierung; Aufforderung an die Parteigenossen im DRK, in die Vorstände der Organisationen einzutreten; Abordnung des Reichsarztes der SA, Hocheisen, zur dem Reichsinnenministerium unterstellten Dienststelle Kommissar der Freiwilligen Krankenpflege zwecks Regelung der Beziehungen zwischen SA und DRK und Abgrenzung ihrer Arbeitsgebiete im Sanitätswesen.
H 101 14055–59 (744); 101 19877–81 (1195)

1.–15. 5. 33 StSekr. Lammers–1 10065
Eine Unterredung des GehR Ponfick mit Darré über Siedlungsfragen von StSekr. Lammers nach einem Gespräch mit P. für wünschenswert gehalten. (Mitteilung an D. über den Verbindungsstab.)
M/W 101 02170 ff. (204)

3. 5. 33 RKzl.–1 10066
Auf Weisung Hitlers Bitte um Überprüfung eines Hindenburg übergebenen Berichts über Verhaftung und Mißhandlung von vier Angehörigen des Deutschnationalen Kampfringes durch SA-Männer in Dresden und in einem Konzentrationslager bei Königstein.
H 101 19867–73 (1195)

3. 5. 33–24. 1. 34 RKzl., Associated Press–1/1 10067
Nach einer Bitte des Berliner Vertreters von Associated Press (AP), Louis P. Lochner, Hitler in einer persönlichen Unterredung über den Inhalt eines wichtigen Telegramms von Kent Cooper (General Manager von Associated Press) unterrichten zu dürfen, Hanfstaengl (Verbindungsstab) von StSekr. Lammers um Feststellung des Inhalts der Nachricht gebeten. Die Angelegenheit nach Auskunft des Verbindungsstabes erledigt. (Betreff nicht ersichtlich.)
A 101 05683–87 (472)

[5. 5. 33] DIH 10068
Bitte des Präsidenten des Deutschen Industrie- und Handelstags (DIH), Grund, Hitler einen persönlichen Vortrag über die Erneuerung der Leitung des DIH halten zu dürfen. Ablehnung H.s; Vorschlag, mit Wag(e)ner (Verbindungsstab) in Verbindung zu treten.
M 101 03280/5–8 (328)

8.–[23.] 5. 33 Mitteldt. HandwerkerBd., RKzl. 10069
Bitte des Landesverbands Thüringen des Mitteldeutschen Handwerkerbundes an Heß, sich für die Teilnahme Hitlers am Mitteldeutschen Handwerkertag in Weimar (17.–19. 6. 33) zu verwenden: Bedauern über die Abwesenheit Hitlers bei der Errichtung des Reichsstandes des deutschen Handwerks, Hinweis auf seine Ernennung zum Ehrenmeister durch die vier thüringischen Handwerkskammern, u. a. (Keine Teilnahme Hitlers.)
M 101 02816–19 (283)

10. 5. 33 RKzl.–1 10070
Weitergabe eines Telegramms des Großdeutschen Bundes (Kuesel) über Streitigkeiten zwischen den vereinigten Jugendbünden Deutschösterreichs und der Hitler-Jugend.
K 101 26076 (1475)

10.–11. 5. 33 RVerb. dt. Tierschutzvereine, K. Maß 10071
Vom Reichsverband der deutschen Tierschutzvereine beabsichtigte Verleihung der Perner-Medaille in Gold an Hitler und Bitte, die Schutzherrschaft über den Verband zu übernehmen. Dazu – ebenfalls an Heß – eine Warnung des Obgm. i. R. Konrad Maß (Zippendorf b. Schwerin) vor dem „schlaff geleiteten und immer zu Kompromissen bereiten Verein".
K 101 14026–32 (740)

13. 5. 33 RKzl., RFM – 1 10072
Durch die Reichskanzlei Übersendung eines Schreibens des Reichsfinanzministers, Protesttelegramme gegen die Besetzung der Geschäftsstelle des Zentralverbandes deutscher Konsumvereine in Hamburg und gegen die Schließung der Konsumläden in Mecklenburg-Schwerin sowie die Bitte um sofortige Abhilfe enthaltend. Verbot von Einzelaktionen gegen Konsumvereine durch Hitler.
H 101 19874 ff. (1195)

15. 5. 33 Verein z. Förderung d. wirtschaftl. Selbständigkeit d. Blinden 10073
Bitte um finanzielle Unterstützung für Druck und Verbreitung von Hitlers „Mein Kampf" in Blindenschrift.
A 101 06838 f. (561)

16. 5. 33 RKzl., OPräs. Kube – 1 10074
Einen Vorgang über die geplante Errichtung einer Rohkost-Diele „Raststätte Hakenkreuz" (vermutlich Berlin) durch eine Frau Brügge und eine Frau Wenck an den Verbindungsstab weitergeleitet.
K 101 14051 (742)

17. 5. – [30. 6.] 33 R. Stark, RFSS 10075
Bitte des ehemaligen aktiven Offiziers Rudolf Stark (Traunstein) um Verwendung als Waffenausbilder bei der SA unter Ernennung zum SS-Standartenführer. Ablehnender Bescheid der Reichsführung-SS (nicht abgegangen).
K 102 00869 – 73 (1715)

22. 5. 33 RMfVuP – 1 10076
Übermittlung vertraulich zu behandelnder Rufnummern von Fernsprechanschlüssen Goebbels'.
H 101 18595 (1149)

24. 5. 33 KampfBd. f. d. Rechte d. vertriebenen Auslandsdeutschen 10077
Im Zusammenhang mit einer Entschädigungsangelegenheit Bitte eines Walter Friese (Berlin) vom Kampfbund für die Rechte der vertriebenen Auslands-, Grenzlands- und Kolonialdeutschen um einen Empfang durch Hitler.
K 101 13333 (712)

24. 5. – [8. 6.] 33 PrStMdI, StK Lippert, RSchatzmeister – 1 10078
Ablehnung von (über den Verbindungsstab weitergeleiteten) Anträgen ehemaliger Deutschnationaler und Mitglieder der Volkspartei auf Aufnahme in die NSDAP aus grundsätzlichen Erwägungen.
M 305 00034 ff. (RKP)

25. 5. 33 RKzl., OPräs. Kube – 1 10079
Vorschlag des OPräs. Kube: Niederlegung der preußischen Landtagsmandate durch in Staatsämter berufene Parteigenossen zugunsten nicht versorgter Parteigenossen.
W 110 00246 – 49 (2299)

27. 5. 33 RKzl., SS-Obf. Zech – 1 10080
Im Einverständnis mit GL Terboven Aufforderung des SS-Obf. Karl Zech (Essen) an die dortige Ortsgruppe des Deutschen Offizier-Bundes, bei ns. Feiern künftig nicht mehr in den Uniformen der alten Armee zu erscheinen. Nach eingelegter Verwahrung der Bundesleitung Mißbilligung der Stellungnahme Z.s durch Hitler (Abschrift an Heß).
H 101 22367 – 71 (1277)

27. – 29. 5. 33 RKzl. 10081
Teilnehmerliste und -vorschläge Heß' (Paul Rohde, Gottfried Feder, Todt, Prof. Ubbelohde, Otto Wagener, Vögler, Thyssen, Schacht, Kordemann, Fischer, MinR Durst, Dir. v. Stauß, Kerrl, Kokotkiewicz, Flügel) für eine Besprechung mit Industriellen über Arbeitsbeschaffung.
M/H 101 06639 ff. (536)

[27. 5. – 25. 7. 33] RKzl. – 1 10082
Die bisherige kostenlose Öffnung und einstweilige Durchsicht eines Teils der für Hitler in der Reichs-

kanzlei eingehenden Post durch vier SS- bzw. SA-Leute vom Verbindungsstab künftig nicht mehr möglich; Antrag an den Reichsfinanzminister auf Zahlung einer monatlichen Vergütung von je RM 250.–.
H   101 17628 ff. (1075)

30. 5. – 2. 6. 33   StSekr. Lammers – 1   10083
Von Hitler an Heß (und Frick) zur Bearbeitung weitergegeben: Bitte des Führers des Christlich-Sozialen Volksdienstes, Simpfendörfer, mit den weiteren drei Reichstagsabgeordneten seiner Partei in ein Hospitantenverhältnis zur NSDAP-Fraktion treten zu dürfen; Versicherung strenger Fraktionsdisziplin wie auch überhaupt der Unterstützung Hitlers durch den Volksdienst, jedoch mit dem Wunsch, die Selbständigkeit nicht völlig aufzugeben. – Dazu Heß: Erst Aufhebung des Volksdienstes, dann Eingliederung in die NSDAP.
H   101 19698 – 703 (1192)

31. 5. – 7. 9. 33   RKzl., OSAF u. a. – 1   10084
Durch eine von der Gemeinde Spiekeroog errichtete Hindenburg-Hitler-Spende ein 14tägiger Erholungsaufenthalt für 50 Personen; Auswahl der Feriengäste (je zur Hälfte) von seiten des Reichspräsidenten und des Reichskanzlers. Verzögerung bei der Einreichung von Vorschlägen durch die Oberste SA-Führung (über den Verbindungsstab); nach der schließlichen Vorlage einer Liste erneute Verzögerung wegen Unklarheiten hinsichtlich des Transports.
A/W   101 06870 – 82 (563)

[1. 6. 33] – 2. 5. 34   RFSS – 1   10085
SS-Personalakte Staf. Herbert Scholz (Verbindungsstab): Kommandierung zur Dienstleistung beim Verbindungsstab Berlin, Übertritt von der SA zur SS, u. a.
M   306 00844 – 47 (Scholz)

2. 6. 33   Dr. Steinacher   10086
Dank des StdF für die Einladung zu einer Tagung des Volksbunds für das Deutschtum im Ausland (VDA); Absage; seine wie auch Hitlers Meinung: Größere Wirkungsmöglichkeiten des VDA bei Freihaltung von Einflüssen des offiziellen Deutschland, die NSDAP eingeschlossen.
H   101 25210, 214 (1408 c)

2. 6. – 11. 9. 33   F. Schlegel, Prof. Baumstark, RMdI, Rust   10087
Übersendung einiger Prof. Anton Baumstark (Münster) betreffender Unterlagen des StdF (Interventionen eines Fritz Schlegel [Münster] zugunsten B.s, darin ausführliche Darstellung B.s über den weiteren Verlauf seines Zwistes mit Rektor Naendrup und über Schwierigkeiten im preußischen Kultusministerium und bei seiner Gauleitung; eingeholte Auskunft über B.s arische Abstammung) an Rust.
H   301 00116/15 – 27 (Baumstark)

3. 6. – 3. 8. 33   RKzl., F. M. Endres – 1   10088
Ablehnung der Bitte eines der „frühesten Mitkämpfer", Fritz Michel Endres (Berlin), um eine Audienz bei Hitler (nach Auskunft des Verbindungsstabes undurchsichtige politische Vergangenheit E.').
A/H   101 23747 – 51 (1336)

7. 6. 33   RKzl., StapoSt. Dortmund – 1   10089
Bericht eines ungenannten Gewährsmannes über österreichische Angelegenheiten: Bei einer Veranstaltung (vor geladenen Gästen) in Wien durch Prälat Schneider Übermittlung der Grüße führender Persönlichkeiten der Bayerischen Volkspartei und einer an die „Wiener Kreise der christlich-nationalen Partei" gerichteten Versicherung, die österreichische Regierung in ihrem Kampf zu unterstützen; Verbreitung von Greuelmärchen gegen Deutschland durch den ausgewiesenen österreichischen Presseattaché Wasserbeck; negative Auswirkung der deutschen Grenzsperre auf die österreichische Wirtschaft; Vorhaltungen Dollfuß' gegenüber seinen Ministern, eine von ihm auf die Dauer nicht zu rechtfertigende Politik zu vertreten; mutmaßlich im September oder Oktober Sturz der jetzigen Regierung; Situation der österreichischen NS.
K   101 26077 ff. (1475)

8.–14. 6. 33   RStatth. Oldenburg, AA – 1   10090
Bitte des RStatth. Röver, Göring, Goebbels und Neurath zur Teilnahme an der Hünefeld-Gedenkfeier
am 17. 6. zu bewegen (Zweck: Förderung des Luftfahrtgedankens, Verbesserung der Beziehungen zu
England und den USA).
W   201 00115 f. (36/2)

[12. 6. 33]   RKzl.   10091
Bitte an Führeradjutant Brückner um Erstattung der Gebühren für über die amtlichen Fernsprechan-
schlüsse der Reichskanzlei geleitete Gespräche Heß'.
W   124 01138 (119)

14. 6. 33   RKzl., H. Röchling – 1   10092
Durch StSekr. Lammers im Auftrag Hitlers Dementierung von Kommerzienrat Hermann Röchling be-
richteter Gerüchte: Eine Trennung der Gauleitung Saar der NSDAP vom derzeitigen Arbeitsbereich
Bürckels und ihr Übergang an eine preußische Stelle nicht beabsichtigt. (Abschrift an den Verbindungs-
stab.)
H   101 19882 f. (1196)

14.–30. 6. 33   GL Kurmark, OGru. Falkenberg, Adj. d. F – 1   10093
Verleihung der Ehrenbürgerrechte von Falkenberg (Kr. Oberbarnim) an Hitler und Bitte der dortigen
Ortsgruppe um Entgegennahme der Urkunde durch H. persönlich oder einen Beauftragten.
W   124 00932 – 35 (75)

19. 6. 33   StSekr. Freisler – 1/5   10094
Darré (Verbindungsstab) ebenso wie StSekr. Freisler gegen eine (von Hugenberg geplante?) gesetzliche
Änderung des preußischen Erbhofrechts.
W   406 00030 (2013)

23. 6. 33   StM Wagner, Frick   10095
Angesichts der wieder im Ansteigen begriffenen Mißstimmung (vor allem in der SA) über die hohen Ge-
hälter führender Persönlichkeiten dringende Bitte des StM Wagner, von Reichs wegen eine „radikale
Herabsetzung" der Gehälter der Minister, der hohen Beamten, der Bürgermeister und der Stadträte so-
wie der Abgeordnetendiäten vorzunehmen; dazu Vorschläge W.s.
W/H   110 00253 – 56 (2588)

23. 6. – 2. 11. 33   RFSS – 1/3   10096
Korrespondenz mit dem Verbindungsstab über verschiedene (nicht näher bezeichnete) Angelegen-
heiten.
K   102 00884 ff. (1723)

27. 6. 33   PrMdI, W. Wecke, Goebbels – 1   10097
Bitte des RBahnSekr. Werner Wecke (Berlin), gegen die trotz Verboten fortgesetzte „Hetze" von Mitgliedern der Fachschaft Reichsbahn (Rücktrittsforderungen, Demonstrationen) gegen die Hauptverwaltung
(insbesondere GenDir. Dorpmüller) vorzugehen.
W   110 00123 – 27 (1053)

27. 6. 33   StSekr. Lammers   10098
Beschluß des Reichskabinetts, den StdF Heß zur Teilnahme an sämtlichen Ministerbesprechungen und
Kabinettssitzungen zu berechtigen.
H   101 19884 f. (1196); 110 00162 f., 165 (1314)

27. 6. – [7. 10.] 33   RKzl.   10099
Für die zur künftigen Teilnahme Heß' an den Kabinettssitzungen erforderliche Übersendung der – ge-
heimzuhaltenden – Einladungen und Vorlagen Bitte um Mitteilung einer Anschrift. (Nach vergeblichem
Warten auf Antwort Weiterbenutzung der bisherigen Anschrift Wilhelmstr. 55 bzw. – später – Übersen-
dung des Kabinettsmaterials in Hitlers Wohnung.)
W/H   110 00162 – 65 (1314)

27. 6. 33 – 1. 10. 35   W. Reddelien, StM Schemm, GenMusikDir. Strauß, RMusikkammer,   10100
                       A. Heyne, StR Boepple u. a.
Auf Veranlassung des bayerischen Kultusministeriums (BKM) Beurlaubung und spätere Enthebung des (auf Empfehlung Heß' zur ehrenamtlichen Mitarbeit im BKM herangezogenen) Klavierpädagogen Wilfried Reddelien von seinem Amt als stellvertretender Landesleiter Bayern der Reichsmusikkammer und seine (laut H. ohne stichhaltigen Grund erfolgte) Verhaftung (Grund angeblich R.s negative Einstellung gegenüber dem einflußreichen, im BKM eng mit dem später zum Staatsrat ernannten Boepple zusammenarbeitenden „tschechischen Gutsbesitzer" Reichel; dieser laut Reddelien auch von H. mit Mißtrauen betrachtet). Zunächst falsche und deshalb von H. gerügte Berichte des BKM über diese Vorgänge, dann Verzögerung einer Richtigstellung und damit Hintertreibung der u. a. vom Stab StdF unterstützten beruflichen Wiedergutmachung an Reddelien (durch Anstellung bei der Münchener Akademie für Tonkunst) wie auch der Entscheidung Hitlers, im Falle des Ausbleibens einer Einigung die Angelegenheit in einer „Sitzung gerichtlichen Charakters" zu klären (seitens Heß' selbst kein weiterer Einsatz für Reddelien; Begründung: Die Beziehung zu diesem über eine Kusine vermittelt, Heß jedoch grundsätzlich dagegen, persönliche oder verwandtschaftliche Beziehungen mit den Staat oder die Partei betreffenden Angelegenheiten zu vermengen).
W/H   124 02727 – 58 (236)

30. 6. 33   RM   10101
Kabinettssitzung: Begrüßung des erstmals anwesenden Heß durch Hitler.
W   110 00154 (1310)

1. 7. 33   RKzl., RegPräs. Köln – 1   10102
Die von SA-Leuten in Köln an drei polnischen Juden verübten Eigentumsdelikte nach Ansicht der Reichskanzlei weder mit politischen Beweggründen noch mit Boykottmaßnahmen gegen jüdische Geschäftsleute entschuldbar; im Auftrag Hitlers Bitte an den Verbindungsstab, die Gauleitung Köln-Aachen zur Berichterstattung über die von ihr veranlaßten Schritte aufzufordern und im Falle der Verurteilung der Täter (Strafverfahren eingeleitet) Disziplinarmaßnahmen zu ergreifen.
W   201 00600 – 04 (88/1)

2. 7. 33   RKzl.   10103
Anregung des Staatssekretärs im hessischen Finanzministerium, Jung, zwecks bevorzugter Unterbringung von „Veteranen der nationalen Erhebung" in Amtsstellen das die Versorgungsanwärter begünstigende Reichsversorgungsgesetz zu ändern. (Nicht abgegangen; weiterer Verlauf: Nr. 10113.)
H   101 20297 – 301 (1207)

4. 7. 33   StSekr. Lammers, StK Maretzky   10104
Durch StSekr. Lammers befürwortete Weiterleitung eines Gesuches des StK Maretzky (Berlin) um Aufnahme in die Partei.
K   101 15298 – 301 (908 b)

5. 7. 33   MPräs. Marschler   10105
Unterredung Albrechts (Verbindungsstab) mit dem geschäftsführenden Vorstand des Verbands der Funkindustrie, Hintze, über eine – auch von Hitler als Hilfe für das „schwergeprüfte" Thüringen befürwortete – Lizenzvergebung an die Firma Kommerzienrat Lindner (Sondershausen).
H   101 24840 (1372)

5. 7. 33   Bd. erblindeter Krieger   10106
Bitte des Führers der 3000 deutschen Kriegsblinden um einen Empfang durch Hitler zwecks Versicherung ihrer treuesten Gefolgschaft und Übermittlung von Grüßen der italienischen Kriegsblinden.
H   101 22549 ff. (1285)

5. – 15. 7. 33   RMdI, Chef SanWesen SA – 1   10107
Auftrag an den Chef des Sanitätswesens der SA, Hocheisen, die Formationen des Arbeiter-Samariter-

Bundes in das Kolonnenwesen des Deutschen Roten Kreuzes zu überführen. Von H. erlassene Durchführungsrichtlinien.
K   101 14060—69 (744)

6.7.33   PrMdI—1   10108
Anregungen zur Bekämpfung etwaiger Sabotage-Akte sowie einer Dienstbefreiung im Behördendienst stehender Angehöriger der SA, der SS und des Stahlhelm in Alarmfällen.
K   101 15048 ff. (862)

10.7.33   RMdI u. a.—1   10109
Übersendung eines Runderlasses: Die Deutsche Revolution mit der Auflösung der Parteien abgeschlossen, das Stadium der Evolution erreicht; künftiges Gerede von Fortsetzung der Revolution oder Zweiter Revolution Auflehnung gegen Hitler, Sabotage der nationalen Revolution und des wirtschaftlichen Wiederaufbaus; Androhung schärfster Maßnahmen gegen unbefugte Eingriffe in die Wirtschaft und Mißachtung der Staatsautorität; Aufforderung an die Reichsstatthalter und Landesregierungen, die Anmaßung von Regierungsbefugnissen durch Parteistellen zu unterbinden, die Autorität des Staates sicherzustellen sowie die Nebenregierung der nunmehr entbehrlichen Kommissare und Beauftragten zu beenden und sie in den ordentlichen Staatsapparat einzuordnen.
H   101 21256—59 (1264 a); 201 00007—10 (29/4)

10.7.33   KrL Kelheim   10110
Vorschlag der Kreisleitung Kelheim, im September an der Befreiungshalle eine große nationale Kundgebung abzuhalten; die bisherige Erörterung mit der SA wegen der zu geringen Teilnehmerkapazität (40 000) ergebnislos.
W/H   124 00938 f. (75)

Nicht belegt.   10111

Nicht belegt.   10112

11.7.—22.8.33   RKzl.   10113
Auf Anregung des Preußischen Ministerpräsidenten und nach Vortrag bei Hitler Bitte um Anweisung der SA-Dienststellen, offensichtlich aussichtslose Gesuche von SA-Männern um Anstellung im Staatsdienst nicht weiterzuleiten (um die Behörden vor dem „Verdacht mangelnden Wohlwollens" zu bewahren), die übrigen nach Vorprüfung (durch eine Einrichtung nach dem Vorbild der Arbeitsbeschaffungs-Zentrale der SA-Gruppe Berlin-Brandenburg) zu sammeln und daraus erst auf Anfrage den Behörden „verdiente Parteigenossen und bewährte Kämpfer der Bewegung" namhaft zu machen; Weisung an die Behörden, bei der Anstellung solcher Kämpfer soweit irgendwie verantwortbar mitzuhelfen. Hinweis des Reichsfinanzministers auf die vorgeschriebene Zwischenschaltung des Arbeitsamtes. Bitte um Mitteilung der bisherigen Erfahrungen des StdF an die Reichskanzlei.
H   101 20291—96, 302—07 (1207); 101 22405 ff. (1279); 406 00001 f. (140)

12.7.—22.9.33   Eltz-Rübenach, RKzl.—1/8   10114
Anstelle des vom Verbindungsstab vorgeschlagenen Führers des Deutschen Beamtenbundes Hermann Neef (weder Heß noch Hitler bekannt, außerdem Einwände des Beauftragten für Wirtschaftsfragen Keppler) Ernennung Rolf Reiners (Verbindungsstab) zum Verwaltungsratsmitglied der Deutschen Reichsbahn-Gesellschaft; außerdem ernannt: Georg Körner und Erich Köhler.
W   110 00128—34 (1061)

14.7.33   RKzl., F. Lüders—1   10115
Weiterleitung der *Eingabe eines Fritz Sievers (Grootfontein) über die dortigen Zustände in der Partei.
H   101 25150 (1406)

15.7.33   —   10116
(Erwähnte) Verfügung des StdF: Konzentration der ganzen Kraft (gemäß der Weisung Hitlers) auf das Problem der Arbeitsbeschaffung, Ausschaltung anderer wirtschaftspolitischer Fragen aus der Diskussion.
W   102 00883 (1718)

15. 7.–3. 8. 33   RKzl. – 1   10117
Durch den Verbindungsstab Mitteilung der Absicht des Bundespräsidenten des Bundes Deutscher Architekten, Hitler anläßlich einer Bundestagung nach München einzuladen.
K   101 14806 ff. (822)

[17. 7. 33]   RKzl. – 1   10118
Weiterleitung der 'Eingabe eines Hugensteiner (Ort unbekannt, evtl. Bayern), einen Ortsgruppenführer Seif betreffend.
H   101 19886 f. (1196)

17. 7.–14. 8. 33   RKzl., RMfVuP, DAF   10119
Klagen Goebbels' über die Gefährdung für den geplanten Aufbau einer Reichskulturkammer unentbehrlicher, ns.-ausgerichteter künstlerischer Berufsorganisationen (für Bühnenangehörige, Chorsänger, Musiker und bildende Künstler) durch das Bestreben der DAF, diese Verbände „in eine allgemeine Berufsorganisation aufzulösen" (Verband der deutschen Theaterangestellten); Bitte um eine Weisung Hitlers an Ley, die genannten Verbände nicht anzutasten. Trotz einer entsprechenden, an den StdF weitergegebenen Anordnung H.s erneute Beschwerde G.' über DAF-Schikanen und -Gewaltanwendungen gegen seine Verbände. Erneute Aufforderung an Heß, L. zur Behebung dieser Schwierigkeiten zu veranlassen.
H   101 21172–82 (1244)

19. 7. 33   RMfVuP – 1   10120
Benachrichtigung über den erfolgten Einzug des Reichspropagandaministers in seine Dienstwohnung und Bekanntgabe ihrer – vertraulich zu behandelnden – Fernsprechnummer.
H   101 18607 (1150 a)

19. 7. 33   OSAF, Adj. d. F – 1   10121
Über den Verbindungsstab Übersendung einer Stellungnahme der Obersten SA-Führung zu angeblichen Streitigkeiten zwischen SA und SS in Kassel an die Früheradjutantur.
W/H   124 00943–51 (77)

21. 7. 33   StSekr. Lammers, Prof. Vollbehr   10122
Die Bitte des Prof. Ernst Vollbehr (z. Zt. Sielbeck; Empfänger von Zahlungen Hitlers für seine Kriegsbilder) um ausnahmsweise Aufnahme in die NSDAP von H. genehmigt („geneigt, ... stattzugeben"); Verweisung an den StdF.
H   101 21183 ff. (1244)

21. 7. 33–14. 6. 34   Prof. Magnus, PrMfWKuV – 1   10123
Bitte des mit Verwandten Heß' in Ägypten und auch H. selbst bekannten Chemikers Prof. Alfred Magnus (Frankfurt/Main) um Aufhebung seiner Beurlaubung. Nach mehrfacher Verwendung H.' beim preußischen Kultusministerium Aufhebung der Beurlaubung (Korruptionsverdacht als unbegründet erwiesen), jedoch Beschränkung des Lehrauftrags (M. den zu stellenden Anforderungen nicht genügend).
H   301 00687–96 (Magnus)

21. 7. 33–30. 11. 44   RMfWEuV u. a. – 1, 32, 41   10124
Den Hochschulbereich betreffende personalpolitische Anfragen und Stellungnahmen des Stabs StdF bzw. der PKzl., Buchstaben M–P (Zustimmung zu Ernennungen u. a.).
M   301 00687–798

[22. 7.]–25. 9. 33   RKzl. – 1   10125
Beschwerde Bormanns über die Behandlung von Post durch die Reichskanzlei: Öffnung an Hitler gerichteter privater oder parteiamtlicher Schreiben, Ablösung von Freimarken und entwerteten ausländischen Briefmarken. Nach Zurückweisung dieser Anschuldigungen als sachlich falsch (Öffnung der Post nur durch den von B. empfohlenen Vertrauensmann des Verbindungsstabs), „ungeheuerlich" (Entfernung der Freimarken) und „abwegig" (Entfernung der ausländischen Marken) ihre Zurücknahme durch B.
W   110 00229–33 (1968)

24. 7. 33   L. Conti   10126
Bericht über einen Besuch bei dem durch eine Flammenwerfer-Explosion verletzten Oberstlt. Speich und drei weiteren Reichswehrangehörigen in Minden/Westfalen.
M   306 00243 ff. (Conti)

24. 7. – 2. 8. 33   RArbM   10127
Verfügung des StdF: Appell an alle Parteigenossen in einflußreicher parteiamtlicher, staatlicher oder privater Stellung, arbeitslose Alt-Parteigenossen bevorzugt einzustellen, Hinweis auf ihre schweren beruflichen Nachteile während der „Systemzeit"; bei der Beurteilung von Beamten jedoch deren „neue Mitgliedschaft" ohne Belang, sondern Tüchtigkeit und Eignung für ihr Amt allein ausschlaggebend; eventuell Heranziehung der verhältnismäßig wenigen Alt-Parteigenossen unter den Beamten für besondere Vertrauensstellungen; Anregung, eine entsprechende Verfügung des Reichsarbeitsministers über die bevorzugte Vergabe öffentlicher Aufträge an Alt-Parteigenossen zu erlassen.
M/H   101 04408 ff. (417)

8. 8. 33   StSekr. Lammers, Vereinigung Carl Schurz   10128
Bitte des StSekr. Lammers um Mitteilung des genauen Termins des Empfangs des Deutschamerikaners Oberlaender durch Hitler; Übersendung einer Aufzeichnung über die Aktivitäten O.s zur Förderung der deutsch-amerikanischen Beziehungen.
W   101 25940 ff. (1464)

11. 8. – 13. 12. 33   AA, OSAF, SA-Gruf. Mitte u. a. – 1   10129
Verhaftung mehrerer SA-Leute durch tschechische Behörden wegen illegalen Grenzübertritts u. a. gegen die Tschechoslowakei gerichteter Aktivitäten: Diesbezüglicher Schriftwechsel, dabei in einem Falle kein Interesse der SA-Dienststellen an dem Betroffenen (Johann Englert), in einem anderen Falle (Richard Ködel und Johann Kießkalt) vom Verbindungsstab die Übernahme der Anwaltskosten durch die Gesandtschaft anstelle der vom Auswärtigen Amt erbetenen Übernahme durch eine SA-Stelle veranlaßt (Begründung: Die Kostenübernahme zum Pflichtenkreis der Gesandtschaft gehörig, Honorierung der Verdienste der SA um den Aufbau des Staates).
W   201 00209 – 21, 224 f., 231 – 47 (45/4)

12. 8. 33   RBd. ns. Rechtsbeistände   10130
Denkschrift gegen den Art. 3 des Gesetzes zur Änderung einiger Vorschriften der Rechtsanwaltsordnung usw. vom 22. 7. 33 und gegen den damit geänderten § 157 der Zivilprozeßordnung: Der faktische Ausschluß des gesamten Rechtsbeistandsberufs von den mündlichen Verhandlungen vor den deutschen Gerichten eine Klassenkampfmaßnahme und ein Sieg der z. T. jüdischen Anwaltschaft über die bewährten ns. Rechtsbeistände.
H   101 28122 – 27 (1534)

[14. 8. 33]   Sonderkom. OSAF f. Preußen   10131
Nochmaliger Hinweis aus gegebenem Anlaß: Zuleitung aller die Politische Organisation betreffenden Vorgänge an den Verbindungsstab, der Sonderkommissar der Obersten SA-Führung für Preußen lediglich für SA-, SS- und Stahlhelm-Angelegenheiten zuständig.
W   406 00102 (12003)

15. 8. 33 – 4. 11. 44   RFSS, SSPHA, SSHA   10132
SS-Personalakte Heinrich Heim (Stab StdF bzw. PKzl.): Handgeschriebener Lebenslauf, Personalbogen u. a.
M   306 00396 – 429 (Heim)

16. 8. 33   RKzl., W. Kluge – 1   10133
Durch die Reichskanzlei Weiterleitung der Eingabe eines Walter Kluge (Berlin; Rechtfertigung des bisherigen Fernbleibens der meisten Beamten von der NSDAP mit ihrer Treuepflicht gegenüber dem Staat; Vorschlag, jetzt sämtliche Beamte in die Partei aufzunehmen).
H   101 19888 ff. (1196)

18. 8. 33   SS-Obf. v. Malsen-Ponickau, Himmler   10134
Bericht des Nürnberger Polizeidirektors SS-Obf. Erasmus Frhr. v. Malsen-Ponickau über seine Maßregelung des RegR Martin wegen Verweigerung eines Befehls (sich in sein Dienstzimmer zu begeben) und den anschließenden Zusammenstoß mit dem – M. protegierenden – GL Streicher während der Besichtigung des Luitpoldhaines durch Hitler; in Anbetracht der Schwere der Beleidigungen (u. a. Beschimpfung als „Schweinehund") Bitte um Einleitung eines Verfahrens gegen St.
M/H   306 00745 – 51 (Malsen-Ponickau)

22. 8. 33   StSekr. Lammers   10135
Auf Anordnung Hitlers Teilnahme des StdF am Essen beim Reichspräsidenten in Neudeck und an der Feier in Tannenberg am 26. und 27. 8. 33; Übersendung einer Zeitfolge und eines Teilnehmerverzeichnisses.
K   101 16491 – 98 (971)

22. 8. – [23. 11.] 33   H. Walther   10136
Hinweis des Wäschereitechnikers Ernst Hugo Walther (Berlin) auf die in Anstaltswäschereien gemachten Fehler; Prüfung der Eingabe bei der Gauleitung München mit (nach W.s Angaben) positivem Ergebnis.
W   124 04325 – 28 (403)

22. 8. 33 – 21. 9. 37   RFSS u. a. – 7   10137
SS-Personalakte Brif. Gustav Adolf v. Wulffen (Stab StdF): Übertragung der Einrichtung und Führung des Personalamtes beim StdF, Übernahme zur Präsidialkanzlei, u. a.
M   306 01078 – 100 (Wulffen)

29. 8. 33   Studentenschaft Univ. Frankfurt   10138
Wegen die Arbeit hemmender Konflikte Bitte um grundsätzliche Klärung des Verhältnisses zwischen der Deutschen Studentenschaft und dem NSD-Studentenbund, um Wahrung eines gewissen Raums für eigenverantwortliche Arbeit der Einzelstudentenschaften bei einer Neuordnung der Hochschulverhältnisse und um Freigabe der SA oder SS angehörender Studenten für Hochschulaufgaben.
W   406 00052 – 57 (5281)

29. 8. 33   RKzl., GenLt. a. D. v. Fabeck   10139
Im Zusammenhang mit einer Behauptung im Organ des Königin-Elisabeth-Bundes über die Auflösung aller Verbände alter Soldaten bzw. über ihre obligatorische Mitgliedschaft im Reichskriegerbund Kyffhäuser Bitte der Reichskanzlei (im Auftrage Hitlers) um Richtigstellung des Aufrufs: Keine amtliche Anordnung zur Unterstellung der Soldatenverbände und -vereine unter den Kyffhäuserbund in Aussicht genommen. (Abschrift an Heß.)
K   101 14842 – 45 (824)

29. 8. – 6. 9. 33   AA, Dt. Botsch. San Sebastián – 1   10140
Übersendung eines Berichts der Deutschen Botschaft in Spanien über das Auftreten eines Paul Hochmut (Berlin) als angeblicher Vertreter der „Reichsleitung der Boykottabwehr" (vom Verbindungsstab an Bormann weitergeleitet).
W   201 00131 – 32/2 (38/1)

29. 8. – 9. 9. 33   StSekr. Lammers, StSekr. Bülow   10141
Dem Dänischen Gesandten in Berlin von verschiedenen seiner Kollegen anvertraute Gravamina (Überflutung der ausländischen Missionschefs mit Einladungen vieler Partei- und Privatinstitutionen, bei Erscheinen jedoch mangelnde Würdigung und meist nur pauschale Erwähnung in der ns. Presse) von der Protokollabteilung des Auswärtigen Amtes (AA) an die Reichskanzlei mit der Bitte um Abhilfe weitergeleitet. Heß – auf Wunsch Hitlers – von StSekr. Lammers um die Herausgabe eines jegliche Art von Einladungen an die Mitglieder des Diplomatischen Corps zu Parteiveranstaltungen verbietenden Parteibefehls ersucht: Einladende Stelle lediglich die Reichsparteileitung; nach Möglichkeit vorherige Verständigung mit dem AA. Übersendung einer entsprechenden Anordnung des StdF durch Bormann an L. (vgl. Nr. 10149).
A/W   101 05534 – 40 (463); 101 19891 ff. (1196)

1. 9. 33   Dt. Ges. Lissabon — 28   10142
An- und Abreise der portugiesischen Reichsparteitags-Ehrengäste Präs. Roque de Fonseca und Maj. Villar.
H   201 00499/1 f. (75/3)

2. 9. 33   AA, Dt. Ges. Bagdad — 1   10143
Weiterleitung einer Bitte der Deutschen Gesandtschaft in Bagdad um Übersendung von Material über die NSDAP für eine von irakischen Parlamentariern geplante ns. Partei.
W   201 00153 f. (44/5)

6. 9. — 16. 11. 33   AA, Dt. Ges. Luxemburg u. a. — 1   10144
Bitte des Auswärtigen Amts um Weiterleitung eines Berichts der Deutschen Gesandtschaft in Luxemburg über die gegen den dortigen kommissarischen Landesgruppenleiter der NSDAP, Karl Albert Hildebrand, von luxemburgischer und belgischer Seite erhobenen Beschuldigungen (Titelschiebung und Titelhandel) an den Gau Ausland und um dessen Stellungnahme dazu. Veranlassung der sofortigen Abberufung H.s durch den Verbindungsstab.
H   201 00004 — 04/55 (10/5)

7. 9. 33   GL Koblenz-Trier, Ley   10145
Beschwerde des GL Simon über Handgreiflichkeiten des SS-Gruf. Prinz zu Waldeck ihm gegenüber beim Vorbeimarsch der SA vor Hitler (vermutlich auf dem Reichsparteitag); ebenfalls unfreundliches Verhalten von H.s Fahrer Schreck; Anlaß des Streits Bemühungen S.s, den einem seiner Leute von einem SS-Mann abgenommenen Fotoapparat zurückzuerhalten; Beantragung eines Verfahrens gegen W. wegen grober Disziplinlosigkeit.
H   306 00965 f. (Waldeck)

8. 9. 33   RKzl. — 1   10146
Weiterleitung des *Schreibens eines Hans-Gerd Techow (Berlin) über die Wiederaufnahme seines Bruders Ernst-Werner T. in die NSDAP.
H   101 28400 (1547)

8. — 28. 9. 33   RFSS — 1   10147
Durch den Verbindungsstab Weiterleitung einer Dreitausend-Mark-Spende des Reichsbankpräsidenten Schacht für SA und SS als Dank für den angenehmen Aufenthalt in Nürnberg.
K   102 00856 — 59 (1714)

8. 9. — 23. 10. 33   AA — 1   10148
Ein Angebot des Sekretärs der Anti-Communist League (Boston), Robert S. Grainger, zwecks Vereinbarung einer gemeinsamen Aktion in den USA nach Deutschland zu kommen, vom Auslandspresseamt der NSDAP (über den Verbindungsstab) hinhaltend behandelt.
W   201 00011/1 — 014 (30/3, 30/4)

9. 9. 33   Partei-DSt.   10149
Anordnung des StdF: Parteieinladungen an das Diplomatische Korps und sonstige Ausländer nur durch die Reichsparteileitung im Einvernehmen mit dem Auswärtigen Amt, nicht durch einzelne Parteidienststellen.
W   101 00684 (147 a); 101 19893 (1196); 203 01802 — 05 (50/4)

11. — 23. 9. 33   Stv. RL Rechtsabt., RKzl. — 1   10150
Bitte des GehR Sommerlatte (Chef der Erneuerungsabteilung der Reichsbahn) und zwei weiterer Herren um eine Unterredung mit Hitler oder Heß zwecks Darlegung eines großzügigen Arbeitsbeschaffungsplans im Zusammenhang mit einer völligen Reorganisierung des Güterverkehrs durch Einführung des sog. Behälterverkehrs.
W   110 00141 ff. (1075)

[12. 9. 33] — 13. 2. 34   PrMfWKuV   10151
Im Zusammenhang mit der Kritik des StudR Georg Schmidt-Rohr (Frankfurt/Oder) an dem ns. Stand-

punkt in der Judenfrage (in seinem Buch „Die Sprache als Bildnerin der Völker") Bitte an Bormann, für eine Beschlußfassung der Reichsleitung in dieser Angelegenheit Sorge zu tragen und die Entscheidung nicht den örtlichen Dienststellen der Partei in Frankfurt/Oder zu überlassen; beabsichtigte Weisung an Sch.-R., eine „gesäuberte" Neuauflage seines Buches vorzulegen.
K   101 07604 f. (602)

13. 9.–15. 11. 33   AA, Dt. Kons. Klagenfurt, Dt. Kons. Salzburg–1   10152
Übersendung von Berichten der Deutschen Konsulate in Klagenfurt (Nr. 1 und 3) und Salzburg (Nr. 2 und 4) über das Vorgehen österreichischer Behörden gegen Reichsdeutsche: 1) Verhaftung der beiden später wieder freigelassenen SA-Leute Erich Schrock und Karl Uckermann aus ungeklärten Gründen (die Bitte des Auswärtigen Amtes [AA] um Veranlassung einer Schilderung der Vorgänge durch die Genannten vom Verbindungsstab an die Oberste SA-Führung weitergeleitet); 2) Verurteilung des Reichsdeutschen Karl Weichseldorfer zu einer Arreststrafe wegen angeblicher Spitzeltätigkeit für die NSDAP; 3) Ausweisung des früheren Geschäftsführers des mittlerweile verbotenen ns. Blattes „Der Vormarsch", Heinrich Wolff, wegen des Verdachts der Mittäterschaft bei Verbrechen von Angehörigen der NSDAP in Klagenfurt (Unsicherheit des Deutschen Konsulats in der Beurteilung Wolffs, Besprechung dieser Angelegenheit zwischen AA und Scholz vom Verbindungsstab); 4) Verhaftung und Ausweisung des Reichsangehörigen Wilhelm Kinzel wegen verbotener politischer Betätigung.
W   201 00173 ff., 178, 190–97, 203–07/2 (45/1)

14. 9. 33   Chef AW   10153
Mitteilung: Bildung des SA-Hochschulamts (SAHA) durch Verfügung Hitlers; Ernennung des SA-Brif. Bennecke zum Führer des SAHA sowie des Stubaf. Schwab zum Stabsführer und Stellvertreter.
W   531 00008 ff. (B 3 a)

15. 9. 33   –   10154
Anordnung des StdF über das Verbot der Annahme von Orden durch Parteimitglieder.
W   124 00406 (54)

15. 9. 33   RKzl.   10155
Erinnerung des StdF an den vorgesehenen Vortrag des Ing. Pietzsch bei Hitler.
A   101 23752 (1336)

15.–19. 9. 33   Adj. d. F   10156
Nach erfolgter Mahnung Erinnerung Bormanns, die seit Anfang Mai bzw. August fällige zweite und dritte Rate der Bürgersteuer Hitlers zu bezahlen. Bitte der Führeradjutantur um Angabe des Postscheckkontos.
W/H   124 05019 f. (550)

15. 9.–16. 10. 33   AA, RKzl.–1   10157
Unabhängig vom Vorsteiligwerden der Tschechoslowakei restriktive Politik gegenüber sudetendeutschen Flüchtlingen allgemein wie hinsichtlich ihrer Aufnahme in SA und SS; Gründe: Spionagegefahr und Schwächung der sudetendeutschen Minderheit bei zu großzügiger Aufnahme. (Vgl. Nr. 10176 und 10196.)
W   201 00099–107 (36/1)

18. 9.–[15. 12.] 33   RVM, LSSAH–1   10158
Gewährung einer 50prozentigen Eisenbahnfahrpreisermäßigung für Angehörige der Leibstandarte Hitlers und der Stabswache Göring nach Ablehnung der Anwendung des Militärtarifs mangels gesetzlicher Grundlage wie auch aus außenpolitischen Rücksichten.
W   201 00083–91, 098 (35/5)

20. 9. 33   AA, Dt. Ges. Den Haag–1   10159
Weiterleitung eines Hinweises des niederländischen Außenministeriums auf die angebliche Planung eines Attentats auf Hitler durch junge deutsche und holländische Kommunisten in den Niederlanden.
W   201 00595–99 (87/5)

20. 9.–1. 11. 33   AA, Dt. Botsch. San Sebastián, Dt. Kons. Vigo u. a.–1   10160
Durch das Auswärtige Amt (AA) Unterrichtung des Verbindungsstabs über Zwischenfälle mit deutschen Agenten, vermutlich des Gaues Ausland der NSDAP, und antifaschistischen Organisationen in Spanien; unterschiedliche Beurteilung der Echtheit in die Hände deutscher Diplomaten gelangter Papiere durch den Deutschen Konsul in Vigo und den Deutschen Botschafter; Bericht eines von Botschafter Graf Welczeck mit einer Überprüfung beauftragten Vertrauensmannes. Besprechung der Angelegenheit zwischen AA und Verbindungsstab. – In diesem Zusammenhang erwähnt: Plan der Ermordung Hitlers; Vertagung eines antifaschistischen Kongresses in Paris.
W/H   201 00563–76, 581–93 (87/2)

21. 9. 33   AA   10161
Mitteilung: Angebliche Äußerungen Hitlers und des StdF gegenüber dem amerikanischen Prof. Coar im Sinne einer möglichen Milderung der Judenpolitik für den Fall eines außenpolitischen Entgegenkommens der USA von C. im amerikanischen Außenministerium vorgebracht. (Diese daraufhin von StSekr. Lammers in Abrede gestellt.)
W/H   101 25941 f. (1464); 201 00149–52 (44/4)

21. 9. 33   AA, Dt. GenKons. Posen, Dt. Ges. Warschau–1   10162
Mitteilung über einen Protest des Deutschen Gesandten in Warschau gegen Verhaftung und Verurteilung von zwei reichsdeutschen SA-Leuten wegen illegaler Grenzüberschreitung unter Hinweis auf die Unübersichtlichkeit der Grenze und die aufreizende Wirkung hoher Strafen für Grenzverletzungen auf die Grenzbevölkerung.
W   201 00172, 176 f. (45/1)

[21. 9. 33]   RKzl., Dt. Botsch. Paris–1   10163
Durch die Reichskanzlei Übersendung eines Telegramms des Deutschen Botschafters in Paris über eine Mitteilung des Französischen Botschafters in Berlin, François-Poncet, bei einem Besuch in Paris: Anhalten und Durchsuchung seines Wagens bei Göttingen durch einen SA-Führer trotz Hinweis auf seine Exterritorialität. (Nicht abgegangen.)
H   101 25666 ff. (1438)

[22. 9.]–17. 12. 33   RFSS   10164
Durch Verfügung Hitlers vom 22. 9. 33 Ausscheiden Heß' aus der SS und Ablegen des Titels eines Obergruppenführers (mit der Ermächtigung, trotzdem den diesem Rang entsprechenden Dienstanzug zu tragen). Erinnerung hieran anläßlich eines Heß zugegangenen Befehls des Reichsführers-SS (RFSS) an die beteiligten SS-Führer, sich vor einer Reichstagssitzung im Sitzungszimmer zu versammeln. Dazu der RFSS: Der Befehl lediglich nachrichtlich an den StdF ergangen.
K/H   102 00866 f. (1715)

23. 9. 33   AA–1   10165
Weiterleitung eines *Schriftstücks des Deutschen Konsulats für Südwestafrika an den Gau Ausland.
W   201 00011 (29/4)

23. 9.–13. 10. 33   RFSS–1   10166
Übersendung des *SS-Aufnahmescheins und des *Führerfragebogens des Obf. Otto Dietrich (Verbindungsstab-Briefpapier, jedoch Stempel der Reichspressestelle).
M/W   306 00266 f. (Dietrich)

25. 9.–3. 10. 33   AA, Dt. Ges. Den Haag–1   10167
Wegen ns. Aktivitäten einiger Holländer in Deutschland Anregung des Niederländischen Gesandten, wie in den Niederlanden Ausländern jede politische Aktivität einschließlich des Tragens von Uniformen und des Abhaltens politischer Versammlungen zu verbieten. Weitergabe des Vorschlags an den Verbindungsstab unter Hinweis auf die aus dem Wahlrecht der Auslandsdeutschen erwachsende Problematik sowie auf die bisher schon restriktive Handhabung in Deutschland. Anfragen im niederländischen Parlament zu ns. Aktivitäten Deutscher in den Niederlanden und zu dem auf hollädische Arbeiter in Deutschland ausgeübten Druck, sich ns. Organisationen anzuschließen.
W/H   201 00155–62 (44/5)

25. 9. – 14. 10. 33   AA, RStatth. Braunschweig u. Anhalt – 1   10168
Über den Verbindungsstab Dementi der Behauptung des Organisationsleiters der Ortsgruppe Montreal, Albert Scherlitz, enge Beziehungen zu Hanfstaengl und RStatth. Loeper zu haben, durch die Betroffenen.
W   201 00038 – 43 (33/1)

26. 9. 33   Hitler, StSekr. v. Bülow, StSekr. Lammers u. a.   10169
Niederschrift einer Chefbesprechung in der Reichskanzlei; Themen: 1) Ein holländischer Antrag an den Völkerbund über die Behandlung der deutschen Emigranten (eine beabsichtigte Erklärung des Auswärtigen Amtes über die Rückkehrmöglichkeit dieser Flüchtlinge von Hitler abgelehnt: Veranlassung für andere Länder, eine „bescheidene Quote ostjüdischer Einwanderer" aufzunehmen, nur recht und billig); 2) die deutsch-russischen Beziehungen (Beschwerde des Sowjetischen Botschafters über 113 Übergriffe; Ausweisung der deutschen Pressevertreter; Möglichkeit des wirtschaftlichen Rückzugs der Russen vom „deutschen Geschäft"; trotz Skepsis hinsichtlich der Verbesserungsmöglichkeiten der Beziehungen Bereitschaft H.s, wie angeregt den russischen Stellvertretenden Außenminister Krestinski zu empfangen).
H   101 07598 – 603 (600); 101 25112 – 17 (1399); 101 25850 ff. (1461); 101 26269 – 74 (1486 b)

28. 9. 33   RStatth., StSekr. Lammers u. a.   10170
Protokoll einer Reichsstatthalter(RSt.)-Konferenz in Berlin (unter Beteiligung von StSekr. Lammers, Bormanns und eines Vertreters des Reichsinnenministeriums): Ausübung der den RSt. übertragenen Befugnisse und deren Abgrenzung gegenüber den Länderregierungen, insbesondere bei der Ernennung, Versetzung und Entlassung von Beamten sowie bei der Bestätigung der Bürgermeister zwecks Sicherstellung einer ns. Personalpolitik in den Behörden usw.; Ausübung des Begnadigungsrechts; Einschaltung der RSt. in den Dienstweg Länderminister – Reichsregierung; Verantwortlichkeit usw. der Vertreter der Länder in Berlin (RSt. oder Landesregierung) und Entfernung von Exponenten des alten Regimes aus diesen Stellungen; äußere Stellung der RSt. (Meldung militärischer Führer bei Veranstaltungen, Stellung von Ehrenwachen — dazu Hinweis L.' auf Schwierigkeiten sowohl aus Personalgründen wie auch wegen des Verzichts Hitlers auf gewisse von den RSt. dann kaum zu beanspruchende Ehrenrechte); Etatfragen, insbesondere Zuordnung von Staatssekretären zu den RSt.; Frage der Abhaltung künftiger RSt.-Tagungen in Uniform oder Zivil. Am Rande der Konferenz noch von Interesse: 1) Ein von Epp angeregter Vortrag des bereitstehenden Pg. Buttmann über das Konkordat von niemandem gewünscht (RSt. Mutschmann: „Kein Interesse") und abgesagt; 2) „Mitteilung" Bormanns im Auftrag H.s über das Verbot einer öffentlichen Diskussion der Frage der Reichsreform.
H   101 25009 – 37 (1392)

28. 9. 33   RVerb. Dt. Kraftfahr- u. Fliegerschulen, RStatth. Sachsen   10171
Bitte eines Fritz Hohn (Reichsverband Deutscher Kraftfahr- und Fliegerschulen) um einen Vortrag bei Hitler zur Berichterstattung über die Lage im Kraftfahrschulgewerbe.
K   101 14193 ff. (748)

28. 9. 33   RMdI   10172
Bitte um Stellungnahme zu einem von Hitler aufgestellten *Entwurf einer Denkschrift über die Errichtung einer Partei- und SA-Gerichtsbarkeit; dabei Erörterung der ihr zuzuweisenden Delikte sowie des Zusammenhangs der Frage mit der in die Wege geleiteten Prüfung der auch formellen Eingliederung der Partei in das deutsche Verfassungsrecht (Erhebung zur Körperschaft des öffentlichen Rechts?).
H   101 19898 ff. (1196)

28. 9. – 23. 11. 33   AA, Dt. Kons. Linz, Dt. Kons. Innsbruck – 1   10173
Übersendung von Berichten deutscher Auslandsvertretungen in Österreich über die Verhaftung und Bestrafung (mit Aufenthaltsverbot) eines SA-Mannes wegen Grenzverletzung sowie über die Verurteilung eines SS-Mannes wegen Grenzverletzung und beleidigender Äußerungen über Bundeskanzler Dollfuß.
W   201 00222 f., 226 – 30 (45/4)

29. 9. 33   AA, Ges. a. D. v. Botkine – 1   10174
Vorstelligwerden des ehemaligen Kaiserlich-Russischen Gesandten v. Botkine wegen der Verhaftung des russischen Generals v. Lampe (Allrussischer Militärverband); Hinweis auf die deutschfreundliche und

antibolschewistische Tätigkeit L.s; Unfähigkeit L.s, staatsfeindliche Handlungen zu begehen; Wahrscheinlichkeit einer bolschewistischen Denunziation. Durch das Auswärtige Amt Übersendung einer Aktennotiz darüber: B. und L. von der Reichsregierung seit Jahren für die Vertretung der Angelegenheiten und die Überwachung der russischen Emigranten benutzt und bisher stets zuverlässig.
W   201 00556−62 (87/1)

29. 9.−9. 10. 33   RKzl.   10175
Eine ˙Bitte des Vereins Deutscher Zeitungsverleger an die Reichsministerien, in allen die Presse berührenden Angelegenheiten gehört zu werden, von Bormann an die Reichskanzlei zur Weiterleitung übersandt.
A   101 5682 (471)

30. 9. 33   AA, Dt. Kons. Brünn−1   10176
Bitte des Auswärtigen Amts an den Verbindungsstab, auf eine genaue Überprüfung der deutschstämmigen Flüchtlinge aus der Tschechoslowakei hinzuwirken und die Fürsorge für sie sowie ihre Aufnahme in die SA und SS zu beschränken; Begründung: Die Flüchtlinge mit Schwindlern und Opportunisten durchsetzt (dazu Bericht des Konsulats in Brünn über die hauptsächlich materialistischen Gründe der plötzlichen „nationalen Aufwallung" unter den Volksdeutschen), Gefahr der Schwächung der deutschen Minderheit in der Tschechoslowakei bei zu großzügiger Behandlung der Flüchtlinge. (Vgl. Nr. 10157.)
W/H   201 00163−70 (44/8)

30. 9. 33   StSekr. Lammers, HJ-Schaf. Ziesché u. a.   10177
Durch StSekr. Lammers Übersendung eines an den Reichsjugendführer (RJF) gerichteten, auch Hitler zur Kenntnis gebrachten Schreibens des HJ-Schaf. Hermogenes Ziesché (Breslau): Kritik des katholischen Hitlerjungen an einem kirchenfeindlichen Aufsatz von Graf Reventlow in der vom RJF herausgegebenen Halbmonatsschrift Wille und Macht.
K   101 05915/1−918 (513)

2. 10. 33   GL   10178
Durch Bormann Mitteilung der Ergebnisse einer Besprechung Parteileitung − Oberste SA-Führung − Reichsanstalt für Arbeitsvermittlung über die „beschleunigte Unterbringung der Alt-Parteigenossen und SA- und SS-Männer": Künftig ausschließlich die Reichsanstalt für Arbeitsvermittlung und Arbeitslosenversicherung für die Arbeitsvermittlung sämtlicher Nicht-Partei- wie Parteiangehöriger zuständig bei beschleunigter Unterbringung der Parteigenossen bis Mitgliedsnummer 300 000; Betreuung der noch nicht untergebrachten Altparteigenossen (bis Mitgliedsnummer 100 000) durch die Gauleitungen.
W/H   101 06618 (534); 406 00005 (157); 406 00096 f. (12003)

2. 10. 33−19. 2. 36   J. Rautenberg, M. Berthold−1, 14   10179
Wiederholte Gesuche eines Johannes Rautenberg (Berlin) und eines von ihm bevollmächtigten Max Berthold (München) um volle Auszahlung der R. nach dem Weltkrieg zugesprochenen, wegen Inflation und Wirtschaftskrise jedoch nur zu 30% ausgezahlten Entschädigung für die durch − jüdisch inspirierte − Boykottmaßnahmen der Betonbau A.G. Rautenberg & Co. während des Weltkriegs (wegen Beteiligung ausländischen Kapitals) entstandenen Verluste. Auf R.s letzte Eingabe Antwort Heims (Stab StdF) mit der Mitteilung seiner Aufforderung an die Führeradjutantur, alle dort eingehenden Gesuche R.s dem Stab StdF zu übersenden, und deren Sammlung dort; Hinweis auf die R. zuteil gewordenen schriftlichen Bescheid sowie auf die wiederholten mündlichen Bescheide; „allen Ernstes und zum letztenmal" Bitte, sich in Zukunft an die bereits im Oktober 1935 erteilte Auskunft über die alleinige Zuständigkeit des Beauftragten für Wirtschaftsfragen zu halten. Rechtfertigung R.s: Ergebnislose Verhandlungen mit verschiedenen Stellen erfolgt; sein letzter Vorschlag, ihm gegen Fallenlassen seiner Forderungen gegen das Reich eine Reichsgarantie über RM 500 000.− zu gewähren.
K/H   124 03409−36 (291)

3. 10. 33   AA, Dt. Botsch. London−1   10180
Übersendung von ˙Berichten der Times (negativer Erlebnisbericht eines Häftlings) und der Morning Post („objektive" Schilderung eines Besuches) über die Konzentrationslager Oranienburg bzw. Dachau.
W   201 00135 f. (41/1)

4. 10. 33   StK z. b. V. Haar   10181
Bitte des Staatskommissars z.b.V. im sächsischen Arbeitsministerium Curt Haar, Hitler über die „unglaublichen Mißstände" im Arbeitsdienst und über dessen „unhaltbare Oberleitung" zu informieren.
H   101 06017 ff. (515 a)

4. 10. 33   AA, Dt. Kons. Heerlen — 1   10182
Übersendung eines Berichts des Deutschen Konsulats in Heerlen über eine Zeitungskontroverse um die Ausweisung eines Paul Blumrath aus Holland: B. laut Essener Nationalzeitung ein Kulturpionier und Märtyrer des neuen Deutschland, nach dem Amsterdamer Alg. Handelsblad jedoch eine nicht nur aus politischen Gründen ausgewiesene zwielichtige Person; die negative Beurteilung B.s durch das Handelsblad vom Konsulat geteilt; Befassung des Handelsblads mit der Affäre B. vermutlich auf behördliche Weisung und wegen der Respektierung der Nationalzeitung als Organ des Preußischen Ministerpräsidenten; der Artikel in der Nationalzeitung von B. selbst verfaßt; ein Hinweis an die Nationalzeitung auf die Unzuverlässigkeit B.s dringend erwünscht.
W   201 00198 — 202 (45/1)

5. 10. 33   AA — 1   10183
In einer Besprechung zwischen dem Auswärtigen Amt und dem Verbindungsstab Erörterung der von dem emigrierten Schriftsteller Frank Arnau in Spanien erhobenen Beschuldigung der Vorbereitung seiner Ermordung durch deutsche Stellen. Ergebnisse der tatsächlich vorgenommenen Observierung A.s.
W/H   201 00248 — 53 (45/5)

5. 10. 33   AA — 1   10184
Beim Verbindungsstab Vorbringen der Bedenken sowohl des Auswärtigen Amts wie des Preußischen Innenministeriums gegen eine beabsichtigte große SA-Parade in Breslau.
W/H   201 00081 f. (35/5)

5. 10. — 20. 11. 33   PrStM, PrMPräs. — 1   10185
Freimachung der ersten Etage des Dienstgebäudes Wilhelmstr. 64 für den Verbindungsstab, Bezug der Räume und Übernahme des Inventars.
H   101 17677 f. (1078 a)

5. 10. — 19. 12. 33   AA, Dt. Kons. Montreal, Dt. Ges. Chile, Dt. Ges. Luxemburg, Dt. Botsch.
              Rom — 1   10186
Bedenken einiger deutscher Auslandsvertretungen gegen die Durchführung einer vom SA-Sonderkommissar in München in Verbindung u. a. mit Frau Frick als Leiterin der NS-Nothilfe auch unter den Auslandsdeutschen beabsichtigten Sammelaktion für Flüchtlingsfürsorge, Winterhilfe u. a. Hilfsmaßnahmen im Winter 1933/34; grundsätzliche Ablehnung solcher Aktionen auch durch den Verbindungsstab.
W/H   201 00118/1 — 129 (36/4)

6 10. 33   AA, Amerik. Botsch. — 1   10187
Weitergabe einer Bitte der Amerikanischen Botschaft um Weiterleitung eines Fragebogens über die HJ an einen Karl Nabersburg von der Berliner HJ-Führung (nach vorherigem Versuch direkter Fühlungnahme).
W   201 00077 — 80 (35/5); 201 00263 — 69 (68/10)

7. 10. 33   AA, Dt. Ges. Den Haag — 1   10188
Übersendung eines Berichts der Deutschen Gesandtschaft in Den Haag über Schwierigkeiten mit der niederländischen Regierung wegen ihrer restriktiven Haltung gegenüber politischen Aktivitäten in den Niederlanden lebender NSDAP-Mitglieder (begründet durch die Befürchtung eines Überspringens ns. Gedankengänge auf die niederländische Bevölkerung und politischer Unruhe in der wegen ihrer umfangreichen Arbeiterbevölkerung ohnehin problematischen Provinz Limburg); der zeitweise erfolgreiche Versuch der Gesandtschaft, eine Lockerung der Restriktionen zu erreichen, d. h. einen Stop der Ausweisungen gegen Zusicherungen des Wohlverhaltens einzutauschen, jetzt wieder gefährdet; Warnung vor Repressalien oder Presseangriffen deutscherseits wegen der dann zu erwartenden Versteifung der niederländischen Haltung; die Schwierigkeiten vom Standpunkt der deutsch-niederländischen Beziehungen aus zu bedauern.
W   201 00179 — 89 (45/1)

9. – 18. 10. 33   RStatth. Hessen, RKzl. – 1   10189
Mitteilung des Reichsstatthalters in Hessen über Ermittlungen der Staatsanwaltschaft (in den USA) in der Erbschaftssache Caritasdirektor Strempel (Mainz), erst danach ein Urteil über Schuld oder Schuldlosigkeit St.s möglich.
M/H   101 01708 f. (174)

10. 10. 33   OSAF, Obgm. Koblenz   10190
Gesuch des Koblenzer Oberbürgermeisters Wittgen: Benennung der in Kürze vollendeten Straßenbrücke über die Mosel nach Adolf Hitler. (Abschrift an den Verbindungsstab.)
K   101 16498/79 – 82 (980)

12. 10. 33   GL Streicher   10191
Protest gegen einen Erlaß des bayerischen StM Esser gegen die von ihm, Streicher, herausgegebenen Blätter „Der Stürmer" und „Fränkische Tageszeitung"; Hinweis auf seine besonnene Haltung in der Judenfrage und auf die wichtige Aufklärungsarbeit des „Stürmer".
M   305 00171 – 75 (Streicher)

12. – 16. 10. 33   Intern   10192
Prüfung und „einwandfreie Regelung" der Angelegenheit Jaskowiak (die Beisetzung des Pg. J. in Münster oder Leverkusen betreffend, damit zusammenhängend Erwähnung „heftiger Differenzen zwischen SA und SS in Leverkusen") durch den Inspekteur v. Holzschuher; Bitte Bormanns, eine angekündigte erneute Vorsprache der Frau J. bei Hitler zu verhindern.
H   124 05020/1 (550)

13. 10. 33   –   10193
(Erwähnte) Verfügung des StdF: Gewährleistung der Glaubens- und Gewissensfreiheit für jeden NS.
W   115 00001 f. (25)

14. 10. 33   RKzl., R. Ungewitter – 1   10194
An den Verbindungsstab weitergeleitet: Anmahnung der in Aussicht gestellten Versorgung alter Vorkämpfer der ns. Bewegung durch einen Richard Ungewitter (Stuttgart) unter Schilderung seiner Notlage.
H   101 20329 ff. (1209)

14. 10. – 10. 11. 33   GL Weser-Ems, PrMdI, PrJM – 1   10195
Stellungnahme des preußischen Justizministers zur Bitte der Gauleitung Weser-Ems, die Gauleitungen für notwendige Nachprüfungen zur Anforderung von Strafregister-Auszügen zu berechtigen: Absicht des Reichsjustizministers, das Verzeichnis der dazu befugten Stellen um die Reichs- und Gauleitungen der NSDAP und die höheren SA-, SS- und Stahlhelmführer zu erweitern.
W   406 00110 – 14 (12 003)

16. 10. 33   StSekr. Lammers   10196
Übersendung eines Schreibens des Auswärtigen Amtes (AA) über eine Beschwerde der Tschechoslowakischen Gesandtschaft über die Organisierung geflüchteter sudetendeutscher Mitglieder der in der Tschechoslowakei verbotenen ns. Partei in SA-Formationen auf reichsdeutschem Gebiet; ohne Rücksicht auf die tschechoslowakischen Wünsche kein Interesse deutscherseits, die Abwanderung zu fördern und damit die Widerstandskraft der sudetendeutschen Minderheit zu schwächen; Mitteilung über eine zwischen AA und Reichsinnenministerium getroffene Vereinbarung, die öffentlichen Fürsorgestellen zur größten Zurückhaltung gegenüber aus politischen Gründen geflüchteten Sudetendeutschen anzuhalten und sie nach Möglichkeit wieder in die Tschechoslowakei abzuschieben; Informierung des Verbindungsstabes über den entsprechenden Erlaß zur Sicherung eines einheitlichen Vorgehens. (Vgl. Nr. 10157.)
K   101 20227 – 27/3 (1202)

16. 10. 33   AA   10197
*Stellungnahme zu Vorwürfen gegen Konsul Seelheim, erhoben von einem Biberovich (Winnipeg): Besonders rühriger Einsatz S.s für das neue Deutschland. (Hier erwähnt anläßlich des Eingangs einer neuen Beschwerdeschrift gegen S.)
H   101 25418/18 f. (1414)

17.10.33 GL Süd-Hannover-Braunschweig, SKS Finska Maskin A.B. — 1 10198
Weiterleitung von Klagen der finnischen Firma SKS Finska Maskin A.B. über die wachsenden Schwierigkeiten beim Absatz deutscher Waren in Finnland (Gründe: Währungsrisiko, schlechte Reklame, Untätigkeit deutscher Stellen).
W   201 00577 — 80 (87/2)

19.10.33 RKzl. — 1 10199
Weiterleitung eines *Schreibens des italienischen Studenten Vannes Balboni (Bitte um Erlaubnis, das Abzeichen der SA tragen zu dürfen).
H   101 25708 (1447)

20.10.33 RFSS — 1 10200
Übersendung eines *Schreibens und eines *Exemplars der Zeitschrift Der Buchmacher (11. Jg., Nr. 6).
K   102 00860 (1715)

20.10. — 18.12.33 RFSS 10201
Nicht-Einlösung des Versprechens Heß', einen Schmidt-Pauli in die Partei aufzunehmen, nach ablehnender Stellungnahme Himmlers (Abstammung unsicher, Propagandist Schleichers, Verfasser einer Hetzschrift gegen Hitler).
K/W   102 00868 (1715); 102 00878 (1718)

23.10.33 — 19.4.34 OSAF 10202
Dienstanweisung für die Sonderbevollmächtigten und -beauftragten des Obersten SA-Führers in Preußen: Grundlegende Funktion (Wächter und Garant der ns. Volksgemeinschaft, Verhinderung von „Stillstand und Fäulnis" im Staatsapparat); Gliederung und Dienstweg; Verhältnis zu den Politischen Leitern (diese Kontrollorgane der städtischen und gemeindlichen Selbstverwaltungskörper, dagegen „Mitarbeitsgebiet" der SA-Sonderbevollmächtigten die „staatliche Verwaltung in ihrem Instanzenzug von oben nach unten"), zu den Behörden (u. a. Verfahren bei Meinungsverschiedenheiten), zu Polizei und Gendarmerie, zu Zivilpersonen, Vereinen und Verbänden, zu SA, SS und Stahlhelm (keine Eingriffe und Befehlsbefugnisse); Erledigung von Beschwerden; und anderes (zur Kenntnis an den StdF). Liste der Sonderbevollmächtigten (für Gesamtpreußen SA-Gruf. v. Detten) und spätere Änderungen.
W/H   406 00103 — 09, 115 — 21 (12 003); 531 00011 — 17 (B 3 a)

25.10.33 RWM — 1 10203
Übersendung eines *Schreibens der Abteilung Karitas der HJ Köln-Aachen.
W   124 00957 (77)

25.10. — 20.11.33 AA, Dt. Ges. Prag, Gestapo Dresden — 1 10204
Übersendung eines Berichts der Deutschen Gesandtschaft in Prag über die angeblich unbegründete Verhaftung und Mißhandlung (auf der Burg Hohenstein) eines Kurt Walter Hohlfeldt (Sebnitz). *Stellungnahme der Gestapo Dresden zu dem Vorfall.
W   201 00133 — 34 (40/3)

26. — 31.10.33 RSchatzmeister 10205
(Aus konkretem Anlaß erwähnte) *Verfügung des StdF über die Verleihung des Goldenen Ehrenzeichens.
M/W   306 00754 (Mentzel)

27.10.33 AA, Dt. GenKons. Algier — 1 10206
Übersendung von Vorschlägen des Deutschen Generalkonsulats in Algier für die in Algerien wegen der besonderen historischen Entwicklung und der politisch-gesellschaftlichen Verhältnisse besonders heikle Aufklärung über die Judenfrage: Keine öffentlichen Aktionen, Unbrauchbarkeit von Schriften wie „Deutschlands Kampf für die abendländische Kultur".
W/H   201 00018 — 24 (31/5)

30.10.33 Himmler 10207
Übernahme des von Hitler für die Reichsführerschule bestimmten Gemäldes Annaberg von Diebitsch durch die Reichsführung-SS; Bitte um Entwurf eines Dankschreibens H.s.
K   102 00879 (1718)

31. 10. 33   AA, Dt. Ges. Prag — 1   10208
Übersendung von *Zeitungsausschnitten über die Verurteilung von in Deutschland der SA bzw. SS beigetretenen Sudetendeutschen in der Tschechoslowakei.
W   201 00108 f. (36/1)

1. — 13. 11. 33   RJM, Rechtsanw. Frost, StSekr. Feder   10209
Klage des Rechtsanwalts Richard Frost (Berlin) über die Passivität der Staatsanwaltschaften bei verleumderischen Angriffen auf Amtswalter der Partei. Ähnliche Klagen beim StdF bisher nicht bekannt geworden.
W   406 00077 ff. (8141)

3. 11. 33   AA, RKzl. — 1   10210
Kritik des Skandinavienreferenten im Auswärtigen Amt (AA), Bogs, an dem durch Vermittlung Hanfstaengls zustande gekommenen Empfang der schwedischen NS Furugård und Welin durch Hitler: Negative Beurteilung F.s und W.s, Hinweis auf seine durch Erfolge bewiesene Sachkompetenz und Bitte, ihn künftig in solchen Fällen einzuschalten. Zusicherung der Reichskanzlei, anders als bei diesem Einzelfall in der Regel auch in Zukunft vor Empfängen durch den Reichskanzler eine Äußerung des AA einzuholen (Abschrift an Heß und den Verbindungsstab).
W/H   101 19894 f. (1196); 110 00029/1 — 030 (142)

3. — 16. 11. 33   AA, NSDAP/AuslAbt. — 1   10211
Das Gesuch des Ortsgruppenleiters in Budapest, Wagner, um Genehmigung der Ortsgruppe durch die ungarischen Behörden nach Befürwortung durch die Auslandsabteilung der NSDAP vom Auswärtigen Amt unterstützt.
W   201 00044 — 48 (33/1)

4. 11. 33 — [15. 5. 34]   RMdI, LReg., StSekr. Lammers   10212
Im Zusammenhang mit den wiederholten Versuchen der NS-Frauenschaft, die Frauenvereine des Deutschen Roten Kreuzes (DRK) aufzulösen oder die Rotkreuz-Frauenarbeit anderweitig zu behindern, Bemühungen des Reichsinnenministers und des Präsidenten des DRK um die Herbeiführung einer parteiamtlichen Verfügung des StdF zum Schutze des DRK gegen weitere Angriffe. Von Hitler grundsätzlich gebilligter Entwurf einer solchen Verfügung (darin u. a. Betonung der ns. Führung des DRK). Stellungnahme des StdF erst nach Klärung einiger Fragen (Führung des DRK, Trennung der Männer- und Frauenarbeit u. a.) zu erwarten.
K/W   101 14070 — 88 (744)

[6. 11. 33]   AA — 1   10213
Im Beisein des Leiters des Verbindungsstabs Bitte Röhms an Bülow-Schwante, nach dessen erfolgter Ernennung zum Standartenführer alle B.-Sch.s Referat und den Verbindungsstab betreffenden Angelegenheiten unmittelbar zu regeln; daher künftig unmittelbare Zuleitung aller die Partei betreffenden Angelegenheiten im Referat D des Auswärtigen Amts an den Verbindungsstab zu Händen Dr. Scholz, Wegfall der Abschriften an LegR Erbprinz Waldeck.
W   201 00260 (68/5)

6. — 7. 11. 33   RKzl.   10214
Unter Hinweis auf die durch Erörterung von Entschädigungsfragen aufgekommenen Enttäuschungen unter den betroffenen Gruppen Verfügung des StdF: Behandlung dieser Fragen ausschließlich durch die Arbeitsgemeinschaft der Verbände vertriebener Auslands-, Kolonial- und Grenzdeutscher. Übersendung dieser Verfügung an die Reichskanzlei.
K   101 13317 f. (710)

6. — 15. 11. 33   RFSS, RBank — 1   10215
Stellungnahme der Reichsbank zu einer *Denkschrift von Alexander Classen-Kappelmann über Entschädigung von Auslands-, Kolonialdeutschen und Verdrängten: Die Vorschläge undurchführbar. Hinweis des Verbindungsstabes auf eine diesbezügliche Verfügung des StdF (Behandlung der Entschädi-

gungsfrage nur durch die Arbeitsgemeinschaft der Verbände vertriebener Auslands-, Kolonial- und Grenzdeutscher; vgl. Nr. 10214).
K   102 00881 ff. (1718)

7. 11. 33   Hitler   10216
Laut Terminkalender von 14.20 – 14.50 Uhr Empfang von „Herrn Rudolf Heß".
H   101 29066 (1609)

7. 11. – 5. 12. 33   RL, GL u. a. – 1/3   10217
Keine kleinliche Auslegung des *StdF-Rundschreibens vom 7. 11. 33 (Ermahnung zu größter Einfachheit in der Lebensführung): Geselligkeiten außerhalb des Rahmens der Partei durchaus im Sinne einer Belebung der gewerblichen Wirtschaft.
K   102 00864 (1715)

7. 11. 33 – [17. 11. 34]   RMdI   10218
Anregung des Sachverständigen für Rasseforschung, Gercke, „völkischen Vorkämpfern" einen Ehrensold auszusetzen; Bitte an den StdF, in Frage kommende Persönlichkeiten namhaft zu machen. Deren Benennung (Adolf Bartels, Stammler, Hungerland, Hentschel, Rädlein, Richard Ungewitter, Bischoff, Hoffmann-Kutschke). Prüfung der Höhe des Soldes vom Reichsfinanzminister erbeten.
H   101 20332 ff. (1209)

11. 11. 33   GL Hessen-Nassau   10219
Einziehung der als Antwort auf die Zusendung volkswirtschaftlicher Memoranden an einen Hans Rußler (Mainz) ergangenen Schreiben der Kanzlei Hitlers sowie von Abteilungen der Reichsleitung wegen Mißbrauchs dieser Schreiben durch R.
W   124 01207 – 12 (139)

13. – 20. 11. 33   Kzl. d. F, K. A. Berg – 1   10220
Auskunft des Verbindungsstabs: Durch Hitler kein Ankauf eines von Hoffotograf Karl Alexander Berg (Berlin) angebotenen Hindenburg-Gemäldes beabsichtigt.
W   110 00214 – 17 (1609)

13. – 21. 11. 33   Darré, AA   10221
Schreiben Darrés über den Vorwurf eines „alten Studienkameraden": Untätigkeit des Deutschen Generalkonsulats in Singapore gegenüber den Berichten der dortigen Presse über das „Braunbuch des Hitlerterrors und der Reichstagsbrand". Erörterungen im Auswärtigen Amt über die – schließlich verneinte – Zweckmäßigkeit der Weiterleitung eines auf diese Presseveröffentlichungen bezüglichen Berichts des Generalkonsulats an den StdF.
W/H   201 00025 – 37 (32/5)

14. 11. 33   AA, SA-OGru. IV, SA-Gru. Sachsen, LGDir. Tschucke – 1   10222
Bitte der SA-Gruppe Sachsen, für die sudetendeutschen Flüchtlinge ein staatliches Sammellager einzurichten; Begründung: Angesichts der häufigen Einschleusung tschechischer Spione Ablehnung der weiteren Aufnahme von Flüchtlingen in die SA. Bedenken des Auswärtigen Amts gegen eine solche Einrichtung unter Hinweis auf die mit der Konzentrierung der österreichischen Flüchtlinge gemachten Erfahrungen.
H   201 00110 – 14 (36/1)

14. 11. 33   OSAF, RMdI   10223
Erlaß des Reichsinnenministers: Neben SA, SS und Stahlhelm keine sonstigen Wehrverbände und auch keine Neugründungen mehr zugelassen; im ns. Staat kein Platz für Vereinsmeierei (an den StdF zur Kenntnis).
W/H   531 00018 (B 3 a)

[14. 11. 33]   RWM   10224
Empfang der in den Vereinigten Staaten in wichtigen Stellungen tätigen und in führenden Gesellschaftskreisen verkehrenden Pg.n Schellenberg und Mensing durch Heß.
W   101 23753 f. (1336)

16.11.33   AA—1   10225
Durch den Verbindungsstab Weiterleitung einer ˚Stellungnahme des Reichsaußenministers zur Frage der Errichtung eines Flüchtlingslagers für Sudetendeutsche an die SA-Obergruppe IV Dresden. (Vgl. Nr. 10222.)
W   201 00092 (35/5)

16.—21.11.33   APA   10226
Die Bitte der Frau des früheren russischen Generals v. Biskupsky um materielle Unterstützung (als Entschädigung für die im Sommer erfolgte Inschutzhaftnahme B.s) vom Außenpolitischen Amt an den StdF weitergeleitet und von diesem abgelehnt.
H   101 26279—88 (1488 a)

18.11.33   AA, Dt. Ges. Athen—1   10227
Übersendung eines Berichts der Deutschen Gesandtschaft in Athen: Denunziation des deutschen Staatsangehörigen Walter Huth durch einen deutschen Reisegefährten wegen „marxistischer Greuelpropaganda" (Erzählungen über im Konzentrationslager General-Pape-Straße erlittene Mißhandlungen).
W/H   201 00074 ff. (35/2)

18.11.33   RKzl.   10228
Unter Bezug auf einen „neuesten" Erlaß des Stabschefs und des StdF über das Tragen von Orden und Ehrenzeichen Petition der Deutschen Ehrenlegion, das weitere Tragen der seit 1921 bestehenden Ehrendenkmünze des Weltkrieges zu genehmigen (von Lammers zuständigkeitshalber an Heß weitergeleitet).
A/H   101 02902—04 (296 a)

18.11.—4.12.33   RFSS—1/3   10229
Bemühungen, mit Unterstützung des Verbindungsstabs und des Präsidenten der Industrie- und Handelskammer Hannover, RegR Hecker, dem SS-Mann Bollmann eine Anstellung zu verschaffen.
K   102 00863 (1715); 102 00887 f. (1723)

20.11.33   AA—1   10230
Nach dem Brief eines Gen. Sir Neill Malcolm an die Times über Mißhandlungen u. a. des Sohns des früheren Reichspräsidenten Ebert in einem deutschen Konzentrationslager Deutschland abträgliche Reaktionen englischer politischer Kreise, u. a. Mißfallensäußerungen des Premierministers MacDonald; nach Rückfragen beim Geheimen Staatspolizeiamt und der dabei festgestellten Unmöglichkeit eines Dementis Übersendung der Akten an den Verbindungsstab. Dessen „Kenntnisnahme".
H   201 00129/1—130 (37/3)

20.11.33—24.1.34   RKzl.—1/3   10231
Frage des Verbindungsstabs nach der Richtigkeit der von der I. G. Farbenindustrie A. G. mitgeteilten angeblichen Unterstützung eines Bauvorhabens der DAF („Haus der Arbeit" in Köln) durch Hitler. Antwort von StSekr. Lammers: Bei entsprechendem Vortrag zwar keine Bedenken H.s, jedoch auch keine Erteilung von Zusicherungen.
A   101 06811 f. (557)

21.—[29.]11.33   E. Schultze-Jena, RKzl.   10232
Bitte eines FregKpt. Erich Schultze-Jena (Kiel) für einen wegen Beleidigung Hitlers und der Bewegung in Haft genommenen Freund, Rechtsanwalt Theophile (Kiel).
H   101 28265 f. (1540)

23.11.33   RMfVuP   10233
Versendung von Propagandamaterial an die deutsche Kolonie in Täbris (Persien) auf Anregung des StdF.
W   201 00015 f. (31/2)

23.11.—7.12.33   H. Prinz v. Reuß, RFSS—1/2   10234
Bericht eines Heinrich XXXIII. Prinz v. Reuß über seinen „Kampf" in Paris (u. a. Schilderung der französischen Reaktionen auf den Austritt Deutschlands aus dem Völkerbund) und Bitte um ehrenamtliche Verwendung bei Dr. Scholz (Verbindungsstab).
K   102 00889 ff. (1726)

24. 11.–21. 12. 33   AA – 1   10235
Bitte um Nachprüfung des u. a. beim Deutschen Konsulat in Heerlen und bei der Staatspolizeistelle Aachen vorgebrachten *Anliegens eines Bassler alias Juda Aszkenazy.
W/H   201 00594 f. (87/2)

25. 11. 33   RArbF   10236
Bitte, Klagen über angebliche Mißstände im Arbeitsdienst an ihn weiterzuleiten bzw. die Einsender auf den Dienstweg zu verweisen; Hinweis auf die unvermeidliche Unzufriedenheit bei der Umgestaltung des Arbeitsdienstes aus dem früheren „Freikorps-Zustand" zur festgefügten Organisation ausgeschalteter „Parasiten".
H   101 06024 ff. (515 a); 406 00008 ff. (354)

27. 11. 33   RFSS, Frick   10237
Meldung der Übernahme eines Aufsichtsratspostens bei der Deutschen Zeitung durch Himmler.
K   102 00880 (1718)

28. 11. 33   RArbF   10238
Übersendung einer Verfügung gegen Schwatzhaftigkeit und Gerüchtemacherei im Arbeitsdienst, Forderung der Verschwiegenheit über dienstliche Angelegenheiten.
H   101 06020 f. (515 a)

28. 11. 33   RArbF   10239
Übersendung einer Verfügung über die Durchsetzung des ns. Führungssystems im Arbeitsdienst und die alleinige und persönliche Verantwortlichkeit der Führer für ihre Verbände.
H   101 06022 ff. (515 a)

29. 11. 33   RKzl. u. a. – 1   10240
Weiterleitung einer Bitte der Vereinigung ehemaliger Kriegsfreiwilliger Deutschlands, das Kriegsfreiwilligen-Erinnerungskreuz im Dienst tragen zu dürfen.
M   101 02854 ff. (296)

[29. 11.]–[1. 12. 33]   StSekr. Pfundtner, RKzl.   10241
Ernennung des StdF, Rudolf Heß, und des Stabschefs der SA, Ernst Röhm, zu Reichsministern ohne Geschäftsbereich gemäß § 2 des Gesetzes zur Sicherung der Einheit von Partei und Staat.
W   101 00563 (141); 110 00155–59 (1310)

1. 12. 33   RFSS – 1   10242
Unter Beifügung eines *Schreibens Bitte, sich des SS-Stuf. Fritz Leonhardt energisch anzunehmen und dem Auswärtigen Amt anhand dieses Falles die „Unmöglichkeit der Vertretung Deutscher Interessen mit Erfolg vor Augen zu führen".
K/W   102 00861 (1715)

1. 12. 33   RKzl., RPräs.   10243
Ernennung des StdF (und des Stabschefs Röhm) zum Reichsminister ohne Geschäftsbereich: Ernennungsurkunde.
H   101 00564 (141); 101 19897 (1196); 110 00159 (1310)

1. 12. 33   RFSS – 1   10244
Bitte um Weiterleitung eines *Briefes des SS-Stuf. Frendolf Schmid an die zuständige Stelle und um „Abhilfe in dieser Not".
K   102 00862 (1715)

1. 12. 33   RKzl.   10245
Aufrechnung und – bis 31. 3. 34 – außerplanmäßige Buchung der Amtsbezüge des am 1. 12. 33 zum Reichsminister ohne Geschäftsbereich ernannten StdF.
H   101 17631–35 (1075)

2. 12. 33   AA, Dt. GenKons. Antwerpen – 1   10246
Übersendung eines Berichts des Deutschen Generalkonsulats in Belgien über eine gerichtliche Haus-

durchsuchung bei dem Ortsgruppenführer von Antwerpen, Hellwig, wegen Verdachts der Zusammenarbeit mit der flämischen ns. Partei (Dinaso); der Verdacht nicht als stichhaltig erwiesen.
W   201 00057 – 61 (33/2)

2. 12. 33   AA, Dt. Kons. Manila – 1   10247
Übersendung eines Berichts über die Deutsche Kolonie in Manila: Unruhe wegen der ns. Aktivitäten des NSDAP-Mitglieds Friedrich Umbreit; überwiegend nationale Einstellung der Kolonie, jedoch nur langsames Wachsen der Sympathien für das ns. Regime; große wirtschaftliche Bedeutung der Juden; Verstimmung unter den Philippinern gegenüber Deutschland wegen der Ariergesetzgebung (zahlreiche Mischehen zwischen Philippinern und Deutschen).
W   201 00049 – 56 (33/2)

4. 12. 33   AA   10248
Dank-Telegramm eines Volksratsvorsitzenden Jickeli (Rumänien) für die Betrauung eines Fricke.
W   201 00001 (10/4)

4. 12. 33   RPräs.   10249
Eidesleistung der Reichsminister ohne Geschäftsbereich Heß und Röhm vor dem Reichspräsidenten.
M   101 00566 f. (141)

[4 12. 33]   RKzl.   10250
Anordnung der Plätze der Mitglieder der Reichsregierung auf der Regierungsbank im Sitzungssaal des Reichstags.
W   110 00151 (1303)

4. – 28. 12. 33   RKzl., RM – 1   10251
Bitte Bormanns, dem StdF die Gesetzentwürfe – zwecks Möglichkeit einer gründlichen Prüfung vom ns. Standpunkt aus – früher als bisher und als den anderen Reichsministern zugehen zu lassen. Entsprechendes Rundschreiben der Reichskanzlei an die Reichsminister (dabei Hinweis auf die Kritik Hitlers an dem sehr häufig zu späten Eingang wichtiger Kabinettsvorlagen); gegenüber Heß die verspätete Zustellung von Vorlagen mit der immer noch nicht erfolgten Mitteilung der hierfür zu verwendenden Adresse begründet. Deren Mitteilung (nach nochmaliger Anmahnung): Berlin, Wilhelmstr. 64.
W   110 00166 – 75 (1314); 201 00261 f. (68/5)

5. – 15. 12. 33   GL Westfalen-Nord, Spielverein Rotthausen, Kzl. d. F – 1   10252
Zuständigkeitshalber Weitergabe eines von der GL Westfalen-Nord an den Verbindungsstab geleiteten Gesuchs des Spielvereins Rotthausen, die neugeschaffene Kampfbahn in Gelsenkirchen nach Adolf Hitler benennen zu dürfen, an die Kanzlei Hitlers.
K   101 16498/71 – 74 (980)

6. 12. 33   RFSS – 1   10253
Nach eingehender mündlicher Besprechung einem Holzhausen von Kranefuß (Verbindungsstab) Unterstützung seiner Wünsche zugesagt.
K   102 00865 (1715)

6. 12. 33   RKzl., RTPräs., RRat   10254
Notifizierung der Ernennung des StdF, Rudolf Heß, und des Stabschefs der SA, Ernst Röhm, zu Reichsministern ohne Geschäftsbereich beim Reichstag und Reichsrat.
M   101 00565 (141); 101 19896 (1196); 110 00160 (1310)

Nicht belegt.   10255

6. 12. 33 – 1. 2. 34   RKzl., Bd. d. Auslandsdt.   10256
Durch eine Verfügung des StdF Einschränkung der Tätigkeit des Bundes der Auslandsdeutschen (BdA) auf die Betreuung der im Reich ansässigen ehemaligen Auslandsdeutschen, Betreuung der im Ausland ansässigen Reichsdeutschen Sache des Gaues Ausland der NSDAP (GA); weitere Abtretungen des BdA: Wirtschaftliche, wissenschaftliche u. a. Arbeiten an das Deutsche Auslands-Institut, kulturelle Aufgaben an den Volksbund für das Deutschtum im Ausland. – Bitte des BdA um Unterstützung des StSekr. Lammers beim StdF in den noch schwebenden Verhandlungen über die Zukunft des BdA unter dem desi-

gnierten neuen Führer Fritz Thyssen; Angebot, die Erfahrungen des Bundes dem GA zu übermitteln.
H 101 25150/1 – 152, 156 (1406)

7. – 16. 12. 33   RKzl.   10257
Feststellung der Amtsbezüge Heß' als Reichsminister.
M 101 00568 – 72 (141)

7. 12. 33 – 26. 1. 34   AA – 1   10258
Anläßlich der beabsichtigten Gründung einer Gruppe Norwegen des Stahlhelm Bitte des Auswärtigen Amts um Stellungnahme des Verbindungsstabes zur Frage der amtlichen Förderung der Neugründung von Stahlhelm-Ortsgruppen im Ausland.
W/H 201 00093 – 97 (35/5)

8. 12. 33   RStatth. Thüringen – 1   10259
Bitte der Gemeinde Stützerbach (Thüringen), Hitler, Hindenburg und Göring die Ehrenbürgerurkunden durch eine Abordnung überreichen zu dürfen.
W 124 00939/26 (76)

8. 12. 33   RKzl., RFM, Gestapa   10260
Weiterleitung von Kritik innerhalb der Bewegung am Auftreten von Angestellten der DAF und an ihren hohen Gehältern (in der SA Vergleiche mit „der verflossenen Wirtschaft der SPD-Bonzen").
M 101 06576 – 79 (531)

9. 12. 33   AA, Dt. Botsch. London, Prof. Piper – 1   10261
Übersendung eines Berichts der Deutschen Botschaft in London: Hinweis eines Prof. Otto Piper (Birmingham) auf die negative Wirkung der SS-Besetzung des Bruderhofes bei Schlüchtern (Versuch urchristlichen Zusammenlebens) auf die angelsächsischen Protestanten; die Haltung der kirchlichen Kreise in England gegenüber der Entwicklung in Deutschland laut P. ohnehin problematisch.
W 201 00254 – 57 (56/6)

9. – 13. 12. 33   F. Radtke, RJM – 1   10262
Bitte des Rechtsbeistands Franz Radtke (Kolberg), anläßlich des Weihnachtsfestes eine begrenzte Amnestie (insbesondere für wegen Falscheids Verurteilte) auszusprechen.
W 406 00072 – 75 (7919)

9. 12. 33 – 19. 1. 34   AA, RMdI – 1   10263
Ausführungen des Auswärtigen Amtes über die – aus außenpolitischen Gründen dringend gebotene – Notwendigkeit der Mitarbeit des Deutschen Frauenwerkes im Internationalen Frauenbund. Zustimmende Äußerung des Reichsinnenministers. (Abschrift jeweils an den StdF.)
K 101 14823 – 28 (823 a)

9. 12. 33 – 7. 4. 34   RFSS   10264
Verdacht der Frau Heß, abgehört zu werden. Versicherung des Reichsführers-SS: Auf keinen Fall durch die Politische Polizei.
W 107 00507 (213)

11. 12. 33   RWM, Kdo. Kreuzer Karlsruhe   10265
Übersendung eines Sonderberichts des Kommandos Kreuzer „Karlsruhe" über die politischen Verhältnisse und persönlichen Gegensätze in der deutschen Kolonie von Port Said.
W 201 00002 f. (10/4); 201 00062 f. (33/2)

12. 12. 33   AA, Ostasiat. Verein, Dt. GenKons. Batavia – 1   10266
Übersendung von Berichten: Widerstand auslandsdeutscher Vereine und Firmen in Niederländisch-Indien gegen die Hissung der Hakenkreuzflagge; die Einstellung dieser Kreise – nach dem Urteil des Generalkonsuls in Batavia – deutschnational, aber nicht ns., daher sein (vom Ostasiatischen Verein beanstandetes) Eingreifen gerechtfertigt.
W/H 201 00139 – 48 (42/2)

12. 12. 33   RKzl.   10267
Mitteilung Bormanns: Für den Vortrag von Präsident Pietzsch (Vertrauensmann der NSDAP für Wirtschaftsfragen) bei Hitler „1 ganze Stunde vorgesehen"; der Vortrag dann auf Mitte Januar 1934 ver-

schoben. Im Zusammenhang damit die Beratung des *Entwurfs eines Gesetzes zur Ordnung der nationalen Arbeit von der Kabinettssitzung am 15. 12. 33 abgesetzt.
A/H   101 06719–23 (547)

12.–27. 12. 33   NSDAP/AuslAbt., LGruppe Argentinien, StSekr. Lammers   10268
Mitteilung der Landesgruppe Argentinien der NSDAP an Bormann über Hetzartikel im Argentinischen Tageblatt gegen das neue Deutschland; die Deutsche Gesandtschaft wegen der Pressefreiheit in Argentinien machtlos, ein Einschreiten der argentinischen Regierung nur bei Beleidigung des Staatsoberhauptes eines befreundeten Staates möglich; Übermittlung des Angebotes des – der Landesgruppe gesinnungsmäßig nahestehenden – Rechtsanwalts Wernicke, eventuelle Beleidigungsklagen der insbesondere angegriffenen führenden Persönlichkeiten (Hitler, Göring, Goebbels) ohne Berechnung seiner Kosten zu führen; Übersendung von *Vollmachtsformularen. Das Schreiben der Landesgruppe von B. – nach Rücksprache mit Heß – an StSekr. Lammers zur weiteren Veranlassung übersandt.
A   101 05688 ff. (472)

13. 12. 33   AA, Dt. Kons. Boston – 1   10268 a
Übersendung eines Berichts des Deutschen Konsulats in Boston über Kurt G. W. Lüdecke: Unter Hinterlassung zahlreicher Schulden (besonders betroffen der Schofför Walter Kuhring) L. – angeblich „naher Bekannter" Hitlers und Teilnehmer am Novemberputsch, 1932 in Boston ns. Propagandist (Svastica League) – aus Boston offenbar nach Deutschland zurückgekehrt; im Interesse des deutschen Ansehens Bitte um Veranlassung L.s, seine Schulden zu begleichen.
H   201 00001/1 ff. (10/4)

13.–28. 12. 33   StSekr. Lammers   10269
Teilnahme des StdF am Neujahrsempfang beim Reichspräsidenten.
K   101 14969 ff. (859)

14. 12. 33   LBf. Coch, Präs. Braune Synode Sachsens, RKzl. – 1   10270
Bitte des sächsischen Landesbischofs Coch und des Präsidenten der Braunen Synode Sachsens, Schreiter, um einen Empfang bei Hitler; beabsichtigt u. a. der Vortrag ihrer grundsätzlichen Bedenken als NS gegen die beiden „unmöglichen" Gesetze der Deutschen Evangelischen Kirche über die Rechtsverhältnisse der Geistlichen und Beamten der Landeskirchen sowie über die Beilegung von kirchenpolitischen Streitfällen.
M   101 01394/11 ff. (161)

15. 12. 33   24   10271
Bekanntmachung über Stellung und Unterstützung der „Reichsarbeitsgemeinschaft der Berufe im sozialen und ärztlichen Dienst".
K   101 13532 (717)

[15. 12. 33]   –   10272
Durch Anordnung des StdF Verbot des Tragens des Dienstanzugs bei Erscheinen vor Gericht (ausgenommen: Zeugen).
W   406 00059 (5509)

16. 12. 33   AA – 1   10273
Einladung zu einer Besprechung über die von Hitler unter Wahrung der erforderlichen außenpolitischen Rücksichten dringend gewünschten Hilfsmaßnahmen für die sudetendeutsche NS-Partei im allgemeinen und für angeklagte oder verfolgte Parteimitglieder im besonderen.
W   201 00208 (45/1)

18. 12. 33   RMfVuP   10274
Bitte, Anträge auf Führung von Ausländern durch deutsche Arbeitsdienstlager nur an das Reichspropagandaministerium, das Auswärtige Amt oder das Außenpolitische Amt der NSDAP, jedoch nicht unmittelbar an die Reichsleitung des Arbeitsdienstes zu richten; Beschränkung der Einstellung von Ausländern in den Arbeitsdienst.
H/W   101 06027 f. (515 a); 201 00117 f. (36/3); 201 00137 f. (40/3); 201 00258 f. (63/9); 406 00006 f.
        (354)

20. 12. 33   StSekr. Lammers, Canadian Nationalist Party   10275
Übersendung eines dem Stab StdF übergebenen Briefes der „Canadian Nationalist Party" an Hitler (Vergleiche zwischen Deutschland und Kanada und Erfolgswünsche für H.).
K   101 25943 f. (1464)

21. 12. 33 – 23. 1. 34   RKzl., RFM   10276
Bedenken des StdF gegen den Inhalt eines vom Reichsfinanzminister vorgeschlagenen 'Gesetzes über die Beseitigung der Besteuerung der toten Hand. Zuleitung eines (neuen) 'Entwurfs (Kabinettsvorlage) – jetzt über Hinausschiebung der Besteuerung der toten Hand – unmittelbar an den StdF.
K/H   101 14694 f. (796)

22. 12. 33   Darré   10277
Beschwerde Darrés über Versuche bayerischer lokaler Parteiinstanzen, „die Reichspolitik zu durchkreuzen" (Verbot einer Aufklärungsversammlung des Kreisbauernführers in Weiden/Opf. und Sperrung des bayerischen Rundfunks für eine Ansprache des Landesbauernführers).
A   101 23155 f. (1315)

[24. 12. 33]   –   10278
Würdigung der großen Leistungen deutscher Kaufleute, Siedler, Handwerker usw. im Ausland durch Heß in dessen Weihnachtsbotschaft; Hinweis insbesondere auf die Schaffung eines Absatzmarktes für deutsche Waren; nach Ansicht H.' das Fehlen des „erfahrenen deutschen Kaufmanns" nach dem Krieg Mitursache der Arbeitslosigkeit.
W   101 03283 (329); 101 25163 (1407)

[24. 12. 33] – 30. 8. 34   R. Schenck u. a., RKzl., AA   10279
Die Ausführungen in der Weihnachtsbotschaft des StdF über die Pioniertaten der Auslandsdeutschen und über ihre Einbußen und Leiden nach Kriegsende zitiert in einer Eingabe „entwurzelter" Auslandsdeutscher an Hitler mit Vorschlägen zur Behebung der Not und der verzweifelten Stimmung unter den ins Reich zurückgekehrten Auslandsdeutschen ohne weitere finanzielle Entschädigungen von seiten des Reichs: 1) Eingliederung auslandserfahrener ehemaliger Auslandsdeutscher in den deutschen Wirtschaftsapparat zur Belebung des Außenhandels; 2) Gewährung von Ausfallbürgschaften für Darlehen zum Ausbau einer neuen Existenz. Übersendung dieser Vorschläge zur Prüfung u. a. an Heß.
H   101 03281 – 84 (329); 101 25161 – 64, 174 – 81 (1407)

28. 12. 33   AA, Dt. Ges. Kopenhagen – 1   10280
Übersendung eines Berichts über die Erlaubnis der dänischen Regierung zum Tragen des Hakenkreuzabzeichens in Dänemark ebenso wie – deutscherseits beanstandet – des sozialdemokratischen Drei-Pfeile-Symbols.
W   201 00005 f. (13/5)

30. 12. 33   AA, Dt. GenKons. Singapore – 1   10281
Übersendung eines Berichts des Deutschen Generalkonsulats in Singapore: Trotz mangelnder Eignung der bisherigen Leiter erfreulicher Aufschwung des NSDAP-Stützpunkts Singapore, insbesondere dank des Einsatzes des Generalkonsuls „für die parteimäßige Seite der Bewegung".
W/H   201 00071 ff. (33/2)

[30. 12. 33]   Prof. H. Wirth   10282
Bitte des Prof. Herman Wirth (Berlin) um Unterstützung gegen die ablehnende Stellungnahme der Breslauer Germanisten zu der von ihm veröffentlichten Ura-Linda-Chronik sowie um Hilfe bei der Durchführung des Deutschen Ahnenerbes.
K   102 00874 – 77 (1716)

31. 12. 33   AA, Dt. GenKons. Batavia – 1   10283
Übersendung eines Berichts des Deutschen Generalkonsulats für Niederländisch-Indien: Angesichts der beabsichtigten Erwerbung der niederländischen Staatsangehörigkeit durch zwei Geschäftsleute in Batavia mit engen Beziehungen zum Ostasiatischen Verein Fragwürdigkeit der von diesem Verein behaupteten positiven Einstellung der führenden Koloniemitglieder zur nationalen Erneuerung in Deutschland.
W   201 00069 f. (33/2)

31. 12. 33   Hitler   10284
Dank an Heß für dessen „so überaus große Verdienste" um die Bewegung und das deutsche Volk.
W   124 01149 (123)

1934   Dr. Ullmann   10285
Angeblich Heß gegenüber abgegebene Versicherung, „schon immer NS gewesen zu sein", sich der Bewegung nur „aus ästhetischen Gründen" nicht angeschlossen zu haben.
H   124 01622 f. (176)

1934   Staf. Rösner   10286
Wiederholter Empfang durch Heß in vertraulicher Mission.
W   124 03464 (294)

1934 – [Aug. 36]   RFSS   10287
SS-Personalakte Brif. Paul Wegener (Stab StdF): Lebenslauf.
W   306 01013 f. (Wegener)

1934 – 14. 6. 40   RBahnOR Ungewitter, G. Schiller, RBahnOR Rummler,   10288
RBahnDir. Stettin, Gestapa, Adj. d. F u. a.
Wiederholte Vorwürfe einer Gruppe von Reichsbahnbeamten und alten Parteigenossen gegen die Führung der Reichsbahn (RB), insbesondere gegen Dorpmüller und StSekr. Kleinmann, wegen „grauenhafter Korruption", Durchsetzung der leitenden Beamtenschaft mit Juden und Freimaurern sowie wegen „Abwürgens" der diese Mißstände anprangernden Parteigenossen; als belastende Materialien u. a. vorgelegt ein von D. mitunterzeichneter Vermerk über den Bahnschutz von 1932 (darin Bezeichnung des Marschs auf die Feldherrnhalle am 9. 11. 23 als „rechtsradikaler Putsch", der daran Beteiligten als „Aufrührer"), ein Rundschreiben D.s wegen finanzieller Unregelmäßigkeiten bei der RB, ein Rundschreiben K.s über die Berücksichtigung von Mitgliedern katholischer Jugendverbände bei der Einstellung von Junghelfern und Lehrlingen; ferner Verweis auf eine an den StdF gerichtete ˚Denkschrift der Stv. GL Görlitzer. Zurückweisung der Anschuldigungen u. a. 1939 durch VPräs. Wenzel: Erteilung von Freifahrkarten und Freifahrscheinen an die Partei gemäß einer Vereinbarung mit dem StdF bzw. dem Leiter des Verbindungsstabes (VSt.); Einverständnis des im Verwaltungsrat sitzenden jeweiligen Leiters des VSt. mit der Personalpolitik der RB; Tätigkeit der jüdischen Direktionsmitglieder nur bis 1935, im Rahmen der damaligen Bestimmungen und ebenfalls im Einverständnis mit dem VSt.; 1933 in Kenntnis der erhobenen Vorwürfe Entscheidung Hitlers für die Belassung D.s in seinem Amt; u. a. – Kommentar des Stabs StdF zu den im Laufe der Jahre zu einem „beträchtlichen Umfang" angewachsenen Vorgängen (anläßlich einer neuen Eingabe des ehemaligen SD-Angehörigen Georg Schiller): Motive der Kritiker teils durchaus anständig, jedoch über das Vertretbare stark hinausgehende Vorwürfe; immer wieder Auftreten derselben Beamten in der Angelegenheit; Behandlung all dieser Vorgänge im einzelnen z. Zt. nicht sinnvoll; Vorschlag, den Ausgang des Dienststrafverfahrens gegen den in Sch.s Eingabe erwähnten RBahnOR Rummler abzuwarten.
W/H   124 04953 – 90 (538)

1934 – [25. 6. 43]   RFSS   10289
SS-Personalakte Gruf. Albert Hoffmann (PKzl.): Handgeschriebener Lebenslauf, Personalangaben, Stammrollenauszug u. a.
M   306 00513 – 37 (Hoffmann)

2. 1. 34   Fachgruppe ? – 1   10290
Gefährdung des Großhandels und der mittelständischen Unternehmen durch direkte Warenverteilung an die Konsumenten: Im Gegensatz zu amtlichen Verlautbarungen über eine besondere Förderung des Mittelstands und über die Notwendigkeit des Großhandels für die Warenverteilung rücksichtsloses Bestreben der Industrie, der DAF und des behördlichen Beschaffungswesens, den Großhandel auszuschalten; Hervorhebung der Zerstörung der Qualitätsleistung durch primitive Serienarbeit; Hinweis u. a. auch auf einen Lohnausfall von 38 Mio. RM für die auf Mannigfaltigkeit eingestellte Feintuchindustrie bei einer Anfertigung von nur 5 Mio. normierten Festanzügen für die DAF; Appell, eine dem Parteiprogramm gemäße Wirtschaftspolitik zu führen und den Existenzkampf von Großhandel und mittelständischen Unternehmen zu unterstützen.
M   101 02986 – 90 (309)

2. – [12.] 1. 34   AA   10291
Verfügung Heß über die Behandlung der sudetendeutschen Frage: Verbot von Parteikontakten mit sudetendeutschen Persönlichkeiten sowie von Kundgebungen ohne Genehmigung der Kontrollstellen in Dresden und Passau; Verbot von Grenzlandkundgebungen u. ä., der Versendung von NS-Propagandamaterial in die Tschechoslowakei sowie jeder sonstigen politischen Betätigung über die Grenze; Erinnerung an das Verbot der Aufnahme Sudetendeutscher in SA, SS, HJ, Stahlhelm und Arbeitsdienst. Durch

H. Besprechung dieser Verfügung mit GehR Hüffer vor dessen Prag-Reise; Absicht Hüffers, Heß über die Ergebnisse seiner Reise (insbesondere die sudetendeutsche Hilfsaktion, die Aufnahme und Behandlung der Verfügung sowie die Emigrantenfrage) zu unterrichten.
W   110 00035 – 41 (153)

2. – [17.] 1. 34   GL Süd-Hannover-Braunschweig, Adj. d. F   10292
Bitte der Gauleitung Süd-Hannover-Braunschweig um das Erscheinen Hitlers zur Feier des Jahrestags seiner Einbürgerung (25. 2.) in Braunschweig.
W   124 00844 ff. (69)

4. 1. 34   AA, Dt. Kons. Innsbruck – 1   10293
Übersendung eines Berichts des Deutschen Konsulats in Innsbruck: Durch den Landeshauptmann von Tirol Ablehnung des deutschen Ersuchens um Freilassung des wegen Schmuggels von Propagandamaterial gegen Österreich inhaftierten Schuhmachers Auer aus Reit i.W.; Haftentlassung des arretierten SS-Mannes Maier aus Rosenheim (Beleidigung des Bundeskanzlers Dollfuß, unerlaubter Grenzübertritt).
K   101 26080 f. (1477)

5. – 13. 1. 34   Oberrhein. Kanalschiffer-Verb., RKzl.   10294
Bitte bei der Abfindung für die Kriegs-Binnenschiffahrtsverluste benachteiligter Kleinschiffer um Wiedergutmachung.
H   101 13334 – 37 (712)

9. 1. 34   OSAF, SA-Ogruf. Kühme   10295
Im Zusammenhang mit dem Freitod des Stubaf. Keil Bestrafung des Führers der SA-Reichsführerschule, Kühme, wegen der von ihm angewandten, den Anweisungen Hitlers und Röhms (Gewinnung der Wehrstahlhelmer für den NS) zuwiderlaufenden Lehrgangsmethoden. (Abdruck an Heß.)
W   101 14845/1 – 5 (828)

10. 1. 34   RL, GL   10296
Verbot des StdF, bei der Werbung für die Parteipresse weiterhin irgendwelche Druckmittel anzuwenden (nach dem Willen Hitlers allein ihre Güte Grund für die ausschließlich freiwillige Lektüre der NS-Presse); Androhung des Parteiausschlusses bei Zuwiderhandlung oder sogar schon bei „Nichtkontrolle" der Befolgung dieser Verfügung durch die Verantwortlichen.
H   101 19709 f. (1194); 124 01028, 034 (93)

10. 1. – 12. 3. 34   AA, Rumän. Ges., Thür. MdI – 1   10297
Nach einer rumänischen Demarche wegen der Beschimpfung und Mißhandlung eines rumänischen Studenten in Jena durch den SA-Mann Dreyspring und dem Ergebnis der über diese Wirtshausschlägerei angestellten Ermittlungen Bitte des Auswärtigen Amts um Veranlassung einer Maßregelung D.s.
H   101 26243 – 52 (1485)

[11. 1. 34]   RMdI   10298
Bitte an die Reichsminister um Veranlassung der Zuleitung von Schreiben „An die Reichsminister" und „An die Obersten Reichsbehörden" auch an die Reichsminister ohne Geschäftsbereich Heß und Röhm.
W   110 00176 (1314)

13. – [30.] 1. 34   K. Bierbaumer, Bayr. Polit. Polizei   10299
Eingabe einer Käthe Bierbaumer (München) an Heß als ehemaligem Mitglied der Thule-Gesellschaft für den aufgrund einer „Denunziation" in Schutzhaft genommenen Gründer der Gesellschaft, Rudolf Frhr. v. Sebottendorff. Weiterleitung der Eingabe an die Bayerische Politische Polizei. Nach deren Bericht S. ein Schwindler und Hochstapler; Übermittlung seines jüngst erschienenen Buches „Bevor Hitler kam" und mehrerer Berichte über S. an den StdF; keine Bedenken des StdF gegen eine Ausweisung S.s.
W/H   124 01751/1 – 753 (183)

13. 1. – 14. 7. 34   AA, RMdI u. a. – 1   10300
Meinungsverschiedenheiten zwischen der niederländischen und der deutschen Regierung über die Bezeichnung der niederländischen Ortsgruppen der NSDAP. Unter Hinweis auf das in den Niederlanden ergangene Verbot aller ausländischen Parteiorganisationen und unter ausdrücklicher Betonung der politischen Zielsetzung der Regierung in Den Haag entgegenstehenden Bestrebungen der Nationaal-Socialistischen Beweging des Ingenieurs Mussert Verlangen der niederländischen Regierung, eine auf einen

Zusammenhang der Ortsgruppen mit der NSDAP hindeutende Bezeichnung zu vermeiden. Trotz der deutschen Erläuterungen über den durch das Gesetz vom 1. 12. 33 vollzogenen grundlegenden Unterschied zu den Parteien des früheren Systems (Einheit von Partei und Staat) Ablehnung der Bezeichnung Deutsche Hitlerbewegung für die Ortsgruppen der NSDAP und Beharren der Niederländer auf ihrer Forderung unter Ankündigung von Konsequenzen bei Nichtbeachtung (unverzügliche Auflösung der Organisationen der NSDAP in Holland und Ausweisung aller dieser Forderung Zuwiderhandelnden). Empfehlung Neuraths an Heß, in der gegebenen Lage (keine Druckmittel gegen die holländische Regierung, Gefahr der Auflösung der Ortsgruppen) die deutschen Organisationen „Reichsdeutsche Gemeinschaft" zu nennen. Einverständnis der Reichsregierung und der Parteileitung mit dieser Lösung; eine ungestörte Tätigkeit der Reichsdeutschen Gemeinschaft von den Niederländern zugesagt. (Vgl. Nr. 10631 und 11385.)
K   101 25853−69 (1461)

14. 1. 34   Adj. d. F   10301
*Schreiben Bormanns, die Verleihungsvoraussetzungen für den Blutorden betreffend.
W   124 00940 f. (77)

15. 1. 34   H. Bülow−1   10302
Mitteilung eines Helmuth Bülow in Fa. Bülow, Otten & Co. (Berlin) über die Einzelheiten der für die Zertrümmerung der unter Oberstlt. a. D. Georg Ahlemann erzielten Einigung des Speditionsgewerbes ursächlichen Vorgänge; Bitte um Auflösung des das übrige Speditionsgewerbe diskriminierenden Schenker-(Bahnspeditions-)Vertrages von 1931 und Lösung Sch.s von der Reichsbahn.
W/H 110 00144−50 (1075)

15. 1.−16. 2. 34   PrJM−1   10303
Erteilung bestimmter Anweisungen an die Gerichte für die Auswahl von Sachverständigen nicht möglich: Richterliche Ermessensfreiheit im Rahmen der gesetzlichen Vorschriften.
W   406 00049 ff. (4832)

Nicht belegt.   10304

22. 1. 34   PrMdI   10305
Übersendung einer *Denkschrift „Arbeitslosigkeit und falsches Bodenrecht" von VAdm. z. D. Oldekop.
W   406 00023 f. (1278)

[22. 1. 34]   H. Beer   10306
Bevorstehende Erledigung eines Auftrags Hitlers für Heß durch den Reichsbeauftragten des Bundes Deutscher Osten, Hanns Beer.
K   101 00021 (125)

25.−29. 1. 34   H. (Sevont?), Adj. d. F   10307
Bitte des StadtR Heinrich Sevont (Radebeul), Hitler ein Original-Porträt Friedrichs des Großen von Hofmaler Zicenis überreichen zu dürfen. Weiterleitung an Führeradjutant Brückner.
W   124 00939/17−20 (76)

26. 1. 34   RMdI, Kard. Bertram, Kard. Faulhaber−1   10308
Protest des Reichsinnenministers gegen die öffentliche Stellungnahme der Katholischen Kirche (Kanzelerklärungen) zur Sterilisation: Die gewählte Form des kirchlichen Einspruchs als Aufruf zum Ungehorsam gegen ein Reichsgesetz zu werten; Erwähnung der Bemühungen, beim Vollzug des Gesetzes nach einer auch für die Kirche akzeptablen Lösung zu suchen (keine Unfruchtbarmachung bei Aufnahme in eine geschlossene Anstalt); Aufforderung, den im Reichskonkordat bei der Anerkennung der Selbstverwaltung der Kirche gemachten Vorbehalt der Wahrung der Grenzen des für alle geltenden Gesetzes zu berücksichtigen. (Abschrift an den Verbindungsstab.)
K/H   101 13755−58 (721 a)

29. 1. 34   R. Ungewitter   10309
Vermutlich in Zusammenhang mit der Versorgung der „Alten Kämpfer" Überweisung von monatlich RM 150.− an einen Richard Ungewitter (Stuttgart) durch den StdF.
H   101 20311 (1208)

30. 1. 34   AA, Dt. Kons. Innsbruck — 1   10310
Übersendung eines Berichts des Deutschen Konsulats in Innsbruck über die dortige Reichsgründungsfeier: Einspruch des Sicherheitsdirektors und der Landesregierung von Tirol gegen die vom Konsulat in Übereinstimmung mit den Vertretern der nationalen Verbände (NSDAP, Bund der Reichsdeutschen in Tirol, Studentischer Waffenring u. a.) geplante Feier im Großen Stadtsaal von Innsbruck; Forderung, ausschließlich Reichsdeutsche zur Feier einzuladen und eine Liste der geladenen Personen dem Bundespolizeikommissariat Innsbruck rechtzeitig vorzulegen; Weigerung des Konsulats, auf diese Bedingungen einzugehen, und Absage der Feier; Hinweis auf die großen Sympathiekundgebungen für das Reich am 18. und 19. Januar; u. a.
M   203 02473 — 77 (74/3)

Febr. 34   A. Lindner   10311
Beschwerde eines Anton Lindner (München) über einen Giese (Fischereiwirtschaft). (Vgl. Nr. 10798.)
W   124 01526 ff. (170)

2. — 5. 2. 34   GL Kube, RKzl. — 1   10312
Bitte des Gauleiters der Kurmark, Kube, um Erlaubnis zur Benennung einer neuerbauten Schule in Schloppe nach Adolf Hitler; Betonung des erzieherischen Wertes dieser Namensgebung.
K   101 16498/75 f. (980)

[2. 2. — 8. 3. 34]   PrMdI — 1   10313
Verhandlungen mit dem Verbindungsstab über die gebührenfreie Ausfertigung standesamtlicher Urkunden (zum Nachweis der arischen Abstammung) für die Politischen Leiter der NSDAP.
W   406 00036 — 41 (4048)

6. 2. — 4. 5. 34   OSAF   10314
Verfügung Röhms im Zusammenhang mit dem neuen preußischen Gemeindeverfassungsgesetz: Stets Benennung des rangältesten SA-Führers als Gemeinderat; Bearbeitung aller die SA betreffenden Gemeinderatsangelegenheiten durch den OSAF-Sonderbevollmächtigten für Preußen, v. Detten; Regelung der Zuständigkeit für Anfragen in Gemeinderatsangelegenheiten. (An den StdF zur Kenntnis.)
W   406 00018 ff. (879)

6. 2. 34 — 29. 1. 35   RFM — 1, 13, 14/1   10315
Wiederholte Beschwerden eines Ernst Roth (Mannheim) bei Hitler und bei verschiedenen Dienststellen des StdF u. a. wegen seiner Entlassung aus den Vereinigten Aluminium-Werken (VAW). Mitteilung des Reichsfinanzministers (RFM) über Einzelheiten im Falle R. (Nichtanerkennung einer Entscheidung des RFM über den Vorsitz im Vorstand der VAW durch R.; freiwillige Zahlung einer Abfindung in Höhe von RM 125 000.— an R. nach seiner aufgrund einer Drohung gegen den RFM erfolgten Entlassung).
K   124 03469 — 79 (295)

8. 2. 34   AA, Dt. Ges. Kopenhagen — 1   10316
Übersendung eines Berichts der Deutschen Gesandtschaft in Kopenhagen über die Gefährdung der ns. Ortsgruppe Kopenhagen infolge der innenpolitischen Lage und Bitte um Entsendung eines geeigneten Nachfolgers für den Kopenhagen verlassenden Ortsgruppenführer Modis, am besten zugleich als Vertreter der ns. Parteipresse.
W   201 00065 — 68 (33/2)

8. 2. 34   Dt. Akad.   10317
Übersendung einer 'Denkschrift über die — im Hinblick auf ihre künftige Finanzierung — gefährdete Lage der Deutschen Akademie.
H   101 20755 (1226)

9. 2. 34   JFdDR, RMdI   10318
Der Vorschlag des Jugendführers des Deutschen Reiches (JF), zur Beseitigung beobachteter Mißstände Auslandsfahrten Jugendlicher durch ein neues paßtechnisches Verfahren zu kontrollieren, vom Reichsinnenminister abgelehnt und statt dessen Einführung einer Genehmigungspflicht durch den JF verlangt. Deren Durchsetzbarkeit und Überprüfbarkeit vom JF verneint: Ablehnung der Verantwortung für das Auftreten Jugendlicher im Ausland. (Abschrift an den StdF.)
H   101 25169 (1407)

| 10. 2. 34 | RMdI | 10319 |

Gemeinsame Bekanntmachung des Reichsinnenministers (RMdI) und des StdF über die Organisation der Beamten: Verbot der Zusammenfassung als besonderer Stand und der Eingliederung in den ständischen Aufbau; Zuständigkeit des RMdI für die Organisation aller Beamten; Einheitsorganisation der – ebenso wie der NS-Juristenbund (JB) – auf freiwilliger Mitgliedschaft beruhende Reichsbund der Deutschen Beamten (RDB); Vorschriften über die gleichzeitige Mitgliedschaft bestimmter Beamtenkreise in RDB und JB.
W   110 00258 – 66 (2651)

| 12. 2. – 27. 3. 34 | StSekr. Lammers | 10320 |

Im Auftrage Hitlers „Bitte" des StdF an StSekr. Lammers, künftig den Empfang von Vertretern auslandsdeutscher Minderheiten und Verbände durch H. von der Genehmigung des vom StdF gegründeten Volksdeutschen Rates oder seines zuständigen Referenten abhängig zu machen. Versuche L.', auch eine Empfehlung seitens des Auswärtigen Amtes (AA) dem gleichzusetzen, von Heß zurückgewiesen: Gerade durch Empfehlungen von – „nicht alle im gleichen Maß wie der Herr Reichsaußenminister selbst unbedingt auf dem Boden des neuen Staates" stehenden – AA-Referaten bisher Inanspruchnahme der „ohnehin so stark mit wichtigsten Angelegenheiten besetzten" Zeit Hitlers.
H   101 25153 ff., 157 – 60 (1406)

| 14. 2. 34 | RMdI – 1 | 10321 |

Bitte, Anträge auf Dienstbefreiung für Beamte, Behördenangestellte und -arbeiter zwecks Teilnahme an Parteilehrgängen rechtzeitig zu stellen.
W   406 00058 (5328)

| 14. 2. – 6. 8. 34 | Gestapa – 1 | 10322 |

Berichte über Gründung und Auflösung einer neuen flämischen ns. Arbeiterpartei (N.S.N.A.P.) in Antwerpen durch den ehemaligen Zollbeamten G. Mares.
H   101 25496 f. (1426)

| 16. – 20. 2. 34 | OPG | 10323 |

Verfahren vor dem Obersten Parteigericht gegen den ehemaligen Kommandeur der Braunschweigischen Schutzpolizei, Oberstlt. Herbert Selle (u. a. wegen des Vorwurfs der Konspiration gegen die Regierung Klagges – Alpers): Haltlosigkeit der meisten Anschuldigungen, wegen mangelnder Zurückhaltung in seinen Äußerungen jedoch (leichteste) Bestrafung mittels Verweis beschlossen. Demgemäß Verweis-Erteilung durch den StdF.
A   101 23190 – 230 (1323)

| 19. 2. 34 | AA – 1 | 10324 |

Im Anschluß an die Beschwerde eines Inders aus Colombo über die Behandlung der Rassenfrage in der Denkschrift des Preußischen Justizministeriums zur Strafrechtsreform Vorwürfe des Stv. GL Görlitzer gegen den dortigen Deutschen Konsul, Pochhammer. Hinweis des Auswärtigen Amts auf die Abgabe einer (vor allem an die Länder des Fernen Ostens adressierten) amtlichen Stellungnahme durch Frick und Verteidigung des Konsuls: Anzuerkennende Werbung um Verständnis für die „Rassenbestrebungen".
W/H   406 00014 ff. (873)

| 19. 2. 34 | OSAF | 10325 |

Verbot der Aufnahme von Personen nicht-deutscher Staatsangehörigkeit in die SA; Ausnahme: Länder mit von der Obersten SA-Führung genehmigten SA-Einheiten. (An den StdF zur Kenntnis.)
W   531 00019 (B 3 a)

| [23. 2. 34] | Freie Dt. Akad. f. Bauforschung | 10326 |

Berufung Ludowicis (vgl. Nr. 10335) in den Führerrat der Freien Deutschen Akademie für Bauforschung.
W   405 00001 ff. (123)

| 24. 2. – 12. 12. 34 | PrMPräs. – 1 | 10327 |

Festsetzung der Miete und der Zahlungsmodalitäten für die vom Verbindungsstab genutzten Räume im

Dienstgebäude Wilhelmstr. 64; ab 1. 12. 34 auch Übernahme der im zweiten Stock gelegenen bisherigen Werkwohnung durch den Verbindungsstab. Anmahnungen der Mietzahlungen nach vier bzw. zehn Monaten.
H   101 17679 – 84 (1078 a)

26. 2. – 17. 12. 34   RKzl., RMdI u. a.   10328
Auf Bitte des StSekr. Lammers (zur Verwendung in den vorzubereitenden Ausführungsbestimmungen zum Gesetz über Titel, Orden und Ehrenzeichen; vgl. Nr. 10341) Aufführung der laut Anordnung des StdF vom 26. 2. 34 zum Tragen auf dem Dienstanzug genehmigten Parteiabzeichen durch das Büro des StdF: Coburger Abzeichen, Nürnberger Parteitagabzeichen 1929, Abzeichen vom SA-Treffen Braunschweig 1931, Abzeichen vom Reichsparteitag Nürnberg 1933 und Ehrenzeichen der ersten 100 000 Parteimitglieder. Bitte L.' um nochmalige Nachprüfung: Die Aufzählung nach Auffassung Hitlers unvollständig. Ergänzung der Liste der zum Tragen genehmigten Parteiabzeichen um den Blutorden und die von den Gauen für ihre „alte Garde" herausgegebenen besonderen Abzeichen. – Bitte des Schlageter-Gedächtnis-Bundes, das von ihm am 26. 5. 33 gestiftete 10-Jahres-Ehrenzeichen als Ehrenzeichen der ns. Bewegung anzuerkennen (nicht genehmigt).
M   101 02874 – 87 (296 a)

27. 2. 34   StSekr. Lammers   10329
Bitte des neuen Chinesischen Gesandten in Berlin, Liu Chung-Chieh, ihm zur Erleichterung wahrheitsgetreuer Berichterstattung von den zuständigen Parteistellen Material über Organisation und Kampfziele der NSDAP zur Verfügung stellen zu lassen, und Zusage Hitlers, den Wunsch des Gesandten durch den StdF erfüllen zu lassen.
K   101 19901 f. (1197); 110 00011 f. (57)

2. – 12. 3. 34   RKzl., Dt. Botsch. Rom, Dt. Kons. Triest   10330
Verhaftung des ns. Ortsgruppenleiters von Triest, Berger, und Auflösung der Ortsgruppe wegen Beteiligung an der Verbringung von Explosivstoffen, Waffen und Propagandamaterial gegen die Regierung Dollfuß vom Freihafen Triest (dort auch einschlägige Beschlagnahmen) nach Österreich. Nach Ansicht des Deutschen Botschafters in Rom Verursacher dieser Affäre der ns. Gauleiter von Kärnten, vom Kothen, und dessen trotz aller Warnungen sogar herausfordernd fortgesetzte Tätigkeit in Norditalien. Absetzung B.s und Beurlaubung K.s als von Hitler beim StdF veranlaßte „gebotene parteiamtliche Maßnahmen".
H   101 25709 – 16 (1448)

[5. 3. 34]   GL Koch (u. a.)   10331
Von GL Koch die zwischen ihm und dem preußischen Landwirtschaftsminister (PrLM) umstrittene Entlassung des Dir. Nemela (Lebensversicherungsanstalt der Ostpreußischen Landschaft) aufgrund § 4 BBG dem StdF unterbreitet: Hervorhebung des Kampfes N.s gegen den „hervorragendsten Vertreter der Korruption und politischen Reaktion", v. Hippel, durch K.; dagegen Hinweis des PrLM u. a. auf die bis Anfang 1933 währende Mitgliedschaft N.s in der SPD und im Republikanischen Club und auf N.s Beziehungen zu Marxisten bei gleichzeitigem Versuch, sich auch für den Fall der Errringung der Macht durch die NSDAP abzusichern.
W   406 00060 – 68 (6335)

6. 3. 34   RVM   10332
Verteilung der 'Flugschrift „Parole Motorisierung" anläßlich der Internationalen Automobil- und Motorradausstellung Berlin 1934.
K   101 14196 f. (748)

7. – 24. 3. 34   Kerrl   10333
Entgegen Informationen des StdF von Kerrl keine Verfügung über die Mitgliedschaft in der SA als Verbeamtungsvoraussetzung für Gerichtsreferendare und -assessoren erlassen; die Auffassung Bormanns von der Gleichsetzung des Dienstes in der Politischen Organisation mit dem SA-Dienst von K. „selbstverständlich" geteilt.
W   406 00033 ff. (2566)

8.–10. 3. 34   Aufkl.-Aussch. Hamburg–Bremen – 1   10334
Einladung zu einer Sitzung von Vorstand, Verwaltungsrat und Ehrenausschuß des Aufklärungs-Ausschusses Hamburg–Bremen (den Reichsministerien zur Verfügung stehende vertraulich arbeitende Organisation zur Lancierung für Deutschland günstiger Artikel und Nachrichten in die Auslandspresse); Listen der Sitzungsteilnehmer sowie der Mitglieder der Gremien des Ausschusses; Sitzungsprotokoll.
H   320 00006 – 19 (1)

8. 3. – 29. 4. 34   RKzl., Darré   10335
Verfügung des StdF: Behandlung sämtlicher Fragen der Siedlung durch Dienststellen der Partei nur im Einvernehmen mit seinem neu ernannten Beauftragten für alle Siedlungsfragen, Ludowici, zulässig. Forderung Darrés nach Beschränkung dieser Verfügung auf die Heimstättenbewegung der Städte (grundsätzlich unterschieden von der Neubildung deutschen Bauerntums, einer Angelegenheit des Amtes für Agrarpolitik). Mitteilung des StSekr. Lammers über die aufgrund der Kritik D.s erfolgte Stellungnahme Hitlers: Anordnung einer Aufgabenabgrenzung zwischen der zum Aufgabenkreis des Reichsernährungsministeriums bzw. des Amtes für Agrarpolitik gehörenden ländlichen Siedlung und dem übrigen Siedlungswesen auch im Hinblick auf die bevorstehende Ernennung Ludowicis zum Stellvertreter des Reichskommissars für das Siedlungswesen Feder (vgl. Nr. 10354). Beschwerde Heß' über die Benachrichtigung D.s von der Entscheidung Hitlers durch Lammers: Dadurch der Eindruck einer Entscheidung Hitlers über seinen, Heß', Kopf hinweg erweckt. Rechtfertigung Lammers'. Auf Empfehlung Hitlers Einladung von Vertretern der Partei und des Staates zu einer Besprechung über die Siedlungstätigkeit.
M   101 02236 – 43 (211); 101 19905 f. (1197)

9. 3. 34   RT-Fraktion, Prof. Spahn   10336
Bitte des Reichstagsabgeordneten Martin Spahn, die ihm und anderen im Juni 1933 mit ihm aus der DNVP Ausgeschiedenen (darunter Gisevius und Forschbach) von Rust im Einverständnis mit Hitler zugesagte, dann aber von den Parteidienststellen wegen Fristablauf abgelehnte Aufnahme in die Partei zu veranlassen. Verwendung Fricks bei Heß in diesem Sinne.
W/H   152 00009 – 12 (2)

10. 3. 34   Adj. d. F – 1   10337
Übersendung von *Briefen und *Berichten über die Verhältnisse im Bezirksamt Berlin-Wedding.
W   124 00939/34 (76)

10. 3. 34   RMdI, Kard. Schulte – 1   10338
Wunsch der Reichsregierung, *Beschwerden des Kard. Schulte, Erzbischof von Köln, an Ort und Stelle nachzugehen; Bitte des Reichsinnenministers an den Verbindungsstab um Verständigung des Gauleiters.
M/H   101 01710 f. (174)

12. 3. 34   RArbF   10339
Übersendung einer Verfügung über das Beschwerderecht im Arbeitsdienst und über die Ausmerzung von „verleumderischen Angebern, Quertreibern und Stänkerern".
H   101 06029 f. (515 a); 406 00011 ff. (354)

13. 3. 34   RStatth. Braunschweig u. Anhalt   10340
Befürchtungen des RStatth. Loeper wegen einer möglichen Ausschaltung der öffentlich-rechtlichen Kreditinstitute (Sparkassen, Girozentralen usw.) zugunsten privater Großbanken unter Führung des Reichsbankpräsidenten Schacht; Hervorhebung der programmatischen Erklärungen der NSDAP, das Bankwesen zu verstaatlichen; dringende Bitte, die öffentlich-rechtlichen Kreditinstitute mit allen Mitteln zu fördern und die Bankenreform ausschließlich bei den privaten Geldinstituten anzusetzen (Unterstellung unter die Oberleitung des Reichs u. a.).
M   101 02482 ff. (243)

13. 3. 34   RMdI   10341
Übersendung des Entwurfs eines Ergänzungsgesetzes zum Gesetz über Titel, Orden und Ehrenzeichen zwecks Beseitigung des Ordensunfugs (Aufführung der zum Tragen zugelassenen staatlichen oder staatlich anerkannten Orden und Ehrenzeichen).
M   101 02869, 872 f. (296 a)

13. 3. 34   RMdI   10342
Übersendung des Entwurfs einer Verordnung über die Stiftung eines Ehrenkreuzes für alle Kriegsteilnehmer; Besprechungseinladung.
M   101 02869 ff. (296 a)

13. 3. 34   AA, Dt. Botsch. Paris – 1   10343
Übersendung eines Berichts der Deutschen Botschaft in Paris über angebliche Spionagedienste deutscher Emigranten für Frankreich (Lieferung von Material über die deutsche Rüstung).
W   305 00180 f. (Sondersachen)

13. 3. 34   PrFM – 1   10344
Einladung zu einer Besprechung über weitere Sondermaßnahmen zur beruflichen Unterbringung verdienter Kämpfer der Bewegung (bisherige Maßnahmen nicht ausreichend).
W   406 00003 f. (140)

19. 3. 34   Adj. d. F – 1   10345
Übersendung eines *Berichts über die Zustände im Kreis Schneidemühl.
W   124 00939/25 (76)

[19. 3. 34]   (GL Bohle)   10346
Vortrag bei Heß über die vollzogene Personalunion in der Leitung der Ortsgruppe und der deutschen Kolonie in Sofia beabsichtigt.
W   110 00010 (55)

19. 3. – 23. 4. 34   Adj. d. F   10347
Schriftwechsel über die Bitte eines Jakob Pritscher (München) um finanzielle Unterstützung und Verschaffung einer Stelle durch das Winterhilfswerk (P. ehemaliger Kriegskamerad des Führeradjutanten Brückner).
W   124 01685 f. (180)

20. 3. 34   StSekr. Lammers u. a.   10348
Übermittlung des Wunsches Hitlers, dem Verfasser des Buches „So sah ich den Krieg", Hptm. a. D. Alfred Roth, nach Möglichkeit eine auskömmliche Stellung im Parteidienst zu verschaffen.
K   101 14880 – 83 (835)

22. 3. 34   RKzl., Obgm. Sting, F. Gloeckner   10349
Durch den Oberbürgermeister von Nordhausen, Sting, an die Reichskanzlei (und von dort an den Reichsaußenminister und an den StdF) Weiterleitung der Eingabe eines F. Gloeckner (Algier) mit der Aufforderung an Hitler, den Zuständen in der dortigen deutschen Kolonie seine Aufmerksamkeit zu widmen: Intrigen von zwei frisch bekehrten NS und jetzigen Leitern der NSDAP-Ortsgruppe gegen den verdienstvollen und schon früh dem NS gegenüber aufgeschlossenen GenKons. Windels; Denunziationen und eine Atmosphäre allgemeinen Mißtrauens innerhalb der Kolonie.
H   101 25418/1 – 15 (1414)

[28. 3. 34]   RKzl.   10350
Kostenanschlag für Umbauarbeiten im Reichskanzlei-Dienstgebäude Wilhelmstr. 78 (außerplanmäßige Ausgaben beim Einzelplan III für 1933), u. a. RM 7000.– für die Ausstattung des Arbeitszimmers Heß'.
H   101 17636 ff. (1075)

28. 3. – 5. 4. 34   StSekr. Lammers   10351
Warnung des Deutschen Generalkonsuls für Südafrika vor dem naturalisierten Amtswaltern der Auslands-Organisation (AO) in Südwestafrika drohenden Vorwurf der Illegalität Südafrika gegenüber im Falle ihrer – beabsichtigten – Vereidigung auf Hitler; Anordnung H.s, die Vereidigung dieser naturalisierten Amtswalter zu unterlassen. Daraufhin (nach Rücksprache mit GL Bohle) Hinweis Bormanns auf die Beschränkung der AO-Mitgliedschaft auf Reichsdeutsche.
K/W   101 19903 f. (1197); 110 00001 ff. (43)

Nicht belegt.   10352

29. 3. 34   Adj. d. F – 1   10353
Übersendung eines *Berichts über die Zustände im Landratsamt Teltow.
W   124 00939/27 (76)

29. 3. 34   DF   10354
Erfordernis, durch die Zusammenfassung aller mit dem Siedlungswesen bisher beschäftigten Stellen unter der Federführung des Reichswirtschaftsministers eine einheitliche Führung des Siedlungswerks für das ganze Reich zu gewährleisten: Ernennung des StSekr. Feder zum Reichskommissar für das Siedlungswesen und des Führers des Heimstättenamts, Ludowici, zu seinem Stellvertreter. (Vgl. Nr. 10335.)
M   101 02234 f., 244 f. (211); 101 18381 f. (1141 c); 406 00021 f. (1276)

Nicht belegt.   10355

29. 3. – 23. 8. 34   RKzl., Inst. f. Ständewesen – 1   10356
Eingaben des Instituts für Ständewesen (Düsseldorf) wegen der Gefährdung seines Fortbestandes: Kritik des Wirtschaftsbeauftragten Hitlers, Keppler, am Institut („unnütze Einrichtung") und an den Dozenten (größtenteils Spann-Schüler); Bitte um Herbeiführung einer „Entscheidung von höchster Stelle". Keine Stellungnahme des StdF trotz wiederholter Erinnerung.
M/H   101 06369 – 92 (527 b)

29. 3. – 19. 10. 34   RKzl., StSekr. Feder, Schacht – 25   10357
Nach der Ernennung des StSekr. Feder zum Reichskommissar für das Siedlungswesen (RKS) und des Leiters des Reichsheimstättenamts (RHA), Ludowici (gleichzeitig Stab StdF), zu seinem Stellvertreter Differenzen und Kompetenzkonflikte zwischen F. und L.: Durch L. Zurückweisung einer angeblichen Äußerung F.s über die Unterstellung des RHA unter den RKS als „Übergriff in den parteiamtlichen Verfügungsbereich des StdF", ebenfalls moniert die ohne Absprache erfolgte Herausgabe von Typenplänen für die Siedlung und die Übernahme eines „noch sehr vielen alten Anschauungen" verhafteten Arbeitsstabes in die Dienststelle des RKS; seitens F.s Kritik an der seltenen Anwesenheit L.s in Berlin, an der Nichterwähnung der Anordnung Hitlers über die Bestellung des RKS in Nr. 4 des von L. herausgegebenen Blattes „Die nationalsozialistische Siedlung", an dem von L. gegenüber anderen Stellen angeschlagenen Ton und an dem Versuch, den Geschäftsverteilungsplan des RKS festzulegen und in dieser Form zur conditio sine qua non der Mitarbeit zu machen; durch F. außerdem Zurückweisung der „ultimativen Forderung" L.s nach Entlassung des MinR Durst (dabei Hinweis auf die auch von Heß geäußerte Kritik an dem Vorgehen L.s), jedoch Bereitschaft, für die Zeit seiner Abwesenheit und der alleinigen Führung der Geschäfte durch L. D. zu beurlauben. Bericht L.s über die während der Abwesenheit F.s in Angriff genommenen Arbeiten (Inkraftsetzung eines Arbeits- und Referentenplans; Herausgabe einer Verfahrensanweisung zur Regelung der Zusammenarbeit der örtlichen parteiamtlichen und behördlichen Stellen; Behandlung der Frage der Reichsbürgschaft und der Darlehensvergabe; u. a.). Wegen der immer wieder aufbrechenden Querelen Unterredung des StSekr. Lammers (im Auftrag Hitlers) mit Ludowici über die Abgrenzung der Arbeitsgebiete zwischen RKS und RHA. Durch Ludowici Darlegung seiner Grundposition: Ausgangspunkt seiner Arbeiten (insbesondere seiner Tätigkeit auf dem Gebiet der Reichsplanung im Stab StdF) wehrpolitische Gesichtspunkte; Arbeit des RHA die praktische Schlußfolgerung aus diesen und aus sozialpolitischen Gedankengängen. Übergabe von Material an Lammers und Hitler (u. a. Verwaltungsorganisation des RKS und Übersicht über die nächsten Aufgaben des deutschen Siedlungswerks).
W   101 18370/1 – 371/1, 377/7 – 394 (1141 c)

9. 4. 34   10358
(Zitierte) Anordnung Heß': Parteimitgliedschaft auf Reichsdeutsche beschränkt.
W   203 00265 f. (21/2)

10. 4. 34   ROL   10359
Bestellung und Abholung von Flugscheinen für Stabsleiter Simon beim Stab StdF.
W   305 00347 f. ([ROL-] Korr. StdF 1935)

10. 4. 34   Darré   10360
Beschwerde über den ohne sein Wissen erfolgenden Aufbau eines agrarpolitischen Apparats durch die Gauleitung Ostpreußen; Hinweis auf die immer noch geltende Verfügung Hitlers über die Einsetzung des agrarpolitischen Apparats der NSDAP.
W   110 00218 f. (1860)

10. – 14. 4. 34   RKzl.   10361
Durch die Kanzlei des StdF Weiterleitung einer Schrift „Die nationalen Minderheiten" des verstorbenen Kurt Herbert Vollert an Hitler.
W   110 00088 ff. (562)

11. 4. 34   RMfVuP   10362
Absage einer Sitzung über die Einführung der Sommerzeit.
H   101 21215 (1256)

[11. 4. 34]   Dt. Adelsgenossenschaft   10363
Übersendung einer Abhandlung „Adel und Partei" an den StdF („keine kastenmäßige Abschließung", jedoch besonderer Stand mit dem Recht „blutmäßiger und ethischer Sauberhaltung seiner Reihen").
H   101 28509 – 12 (1555)

11. 4. 34 – 7. 2. 35   RFM, RKzl., RArbM – 13   10364
Erörterung einer – von den Dienststellen des StdF angeregten bzw. unterstützten – Besoldungserhöhung der Treuhänder der Arbeit: Das Angebot der Wirtschaft, diese durch Zuschüsse zu ermöglichen, von Heß u. a. zwecks Wahrung der Unabhängigkeit der Treuhänder abgelehnt; dank starker Unterstützung durch Hitler Durchsetzung der Höherstufung in Besoldungsgruppe B 7 gegen den Widerstand mehrerer Ministerien (Hinweise auf den Verwaltungsaufbau); Unzufriedenheit Hitlers auch noch mit dieser Regelung.
M   101 06594 – 613 (532)

15. 4. 34   Intern   10365
Aufgabe und Tätigkeit der Parteiamtlichen Prüfungskommission (Einsatzverfügung des StdF).
H   101 07364 (585)

[17. 4. 34] – 24. 5. 35   RSportF, RMdI, RKM u. a.   10365 a
Erörterung von Entwürfen des Reichssportführers für eine Verordnung über die vorläufige Regelung der Flaggenführung auf Wassersportfahrzeugen. Vom Auswärtigen Amt aus der *Äußerung des StdF zu den vorgeschlagenen Kombinationen von Schwarz-Weiß-Rot und Hakenkreuzflagge Rückschlüsse auf die Haltung der Partei in der Frage der künftigen Flaggengestaltung gezogen.
H   203 02329 – 36 (62/2)

18. 4. 34 – 29. 5. 35   Rechtsanw. Heyl, PrFM, Adj. d. F, Obgm. Oppeln,   10366
GStA Breslau u. a. – 1, 14, 14/1
Versuche der Abteilung zur Wahrung der Berufsmoral des Vertrauensmannes für Wirtschaftsfragen beim StdF (AWB) und der Adjutantur des Führers (AdF), die wegen rückständiger Zinsen für außerordentlich hohe Hauszinssteuerhypotheken und staatliche Arbeitgeberdarlehen angeordnete gerichtliche Zwangsverwaltung der Häuser einer Helene Saak (Oppeln) zu verhindern bzw. aufheben zu lassen. Die dafür gegebene Begründung (Schlechterstellung der S. bei der Verteilung und Verwaltung der Hauszinssteuermittel gegenüber den drei oberschlesischen Wohnungsfürsorge- und Baugenossenschaften; mißbräuchliche Verwendung von zum Bau von Kleinwohnungen bestimmten staatlichen Baugeldern durch diese Gesellschaften; Anfeindung der S. durch die maßgeblichen Beamten wegen des Versuchs, „den oberschlesischen Korruptionssumpf aufzudecken") vom Preußischen Finanzminister (PrFM) zurückgewiesen: Bei den betreffenden Gesellschaften bereits eine Reorganisation durchgeführt; die Vorwürfe der S. teils längst abgeurteilte Vorgänge betreffend, teils haltlos; politisch zweifelhafte Rolle der S.; wegen der Höhe der Zinsrückstände ein sofortiges Einschreiten erforderlich. Trotz der Gegenargumentation der AWB und der AdF (Reorganisation keineswegs vollständig; größter Teil der Vorwürfe immer noch Gegenstand von Untersuchungen der Staatsanwaltschaft und der Gestapo) Beharren des PrFM auf seinem Standpunkt, jedoch Vorschlag einer mündlichen Aussprache. (Vermutlicher Hintergrund des Falles S. eine Aktion der Partei gegen die Wohnungsbauträger Bauverein Oberschlesien [Bauvo] und Wohnungsfürsorgegesellschaft Oppeln.)
W/H   124 01718 – 50 (183)

[19. 4. 34]   AA   10367
Durch den StdF Übersendung der *Eingabe eines Kauschke (Bitte, ihm die Meinung Hitlers über seine etwaige Nominierung für den Friedens-Nobelpreis 1935 mitzuteilen): Amtliche – und also vermutlich auch private – Anregungen in dieser Hinsicht von H. nicht gewünscht.
K/H   101 15309 (910 b)

23. 4. 34   SS-Amt   10368
Ablegung von Rang und Titel eines SS-Obergruppenführers durch Heß aufgrund einer Verfügung Hitlers; seine Berechtigung, weiterhin den Dienstanzug eines SS-Gruppenführers zu tragen.
M   306 00461 (Heß)

24. 4. 34   Adj. d. F   10369
Übersendung eines die Notwendigkeit „sofortiger durchgreifender Maßnahmen" deutlich machenden 'Berichts der (SA-)Gruppe Niedersachsen.
W   124 00939/12 (76)

25. 4. 34   Seldte   10370
Zustimmung zu der Auffassung des StdF über die Beteiligung nichtarischer Unternehmer am Aufmarsch zum 1. Mai („unerwünscht"); getroffene Maßnahmen, um ihr Erscheinen ohne allgemeine Bekanntmachung zu verhindern: Entsprechende Auskünfte auf Anfrage; Ablegung des gesetzlich vorgeschriebenen Gelöbnisses des Vertrauensrates nicht gemeinsam bei der Maifeier, sondern in jedem Betrieb gesondert, des Gelöbnisses nach § 10 AOG gegebenenfalls auch durch den stellvertretenden Betriebsführer. (Abdruck dieses Schreibens im Pariser Tageblatt. Dazu der Reichsarbeitsminister: Ergebnislose Untersuchung einer eventuellen Weitergabe des Textes an Dritte; dieser im übrigen nicht geheim, sondern sein Bekanntwerden vielmehr erwünscht; Verwahrung gegen den im Begleittext der Zeitung erhobenen Vorwurf „doppelter Buchführung" der Reichsregierung in der Frage der Anerkennung von Juden als Betriebsführer.)
H   101 21480 ff. (1268)

25. 4. 34   RWiM   10371
Ausrüstung der Wehrverbände u. a. mit Lederzeug: Forderung des Reichswirtschaftsministers (RWiM), den Absatz deutscher Felle und Häute zu sichern und wegen der gespannten Devisenlage die Verwendung ausländischer Rohstoffe auf das äußerst mögliche Maß zu beschränken; eine Anregung der Wirtschaftsverbände, für die Schuhwerk der Wehrverbände und des Arbeitsdienstes die Verwendung von narbengepreßtem deutschen Leder anstelle des ausländischen glatten Leders zuzulassen, ohne wesentlichen Erfolg; Bitte des RWiM an die Reichsleitung der NSDAP u. a., ihm die Richtlinien und Vorschriften für die Ausrüstung mit Lederzeug zu übersenden, um die Notwendigkeit einer amtlichen Regelung feststellen zu können.
M   101 03291 ff. (330)

26. 4. 34 — 22. 5. 39   Rechtsanw. Seitz, W. Böhmer, OPG, KrL Lang u. a. — 1, 6   10372
Nach Antrag des Pg. Wilhelm Böhmer (Lauterbach/Hessen) vom Vorsitzenden des Gaugerichts (GG) Hessen-Nassau und vom StdF ein Verfahren gegen KrL Otto Lang (Lauterbach) für erforderlich gehalten, jedoch seitens der Gauleitung weder Entscheidung auf Antrag noch gegen eine Verfahrenseröffnung. Schließlich Eröffnung des Verfahrens und Ausschluß L.s aus der Partei, insbesondere wegen Ausnutzung seiner Stellung als Kreisleiter und Kreisdirektor zur Verschaffung pekuniärer Vorteile sowie zur Befriedigung persönlicher Rachsucht in zahlreichen Fällen. Die Beschwerde L.s gegen das Urteil vom Obersten Parteigericht (OPG) zurückgewiesen: Entgegen der Behauptung L.s kein Vorliegen von Formfehlern im GG-Verfahren, die Richtigkeit der gegen L. erhobenen schweren Anschuldigungen erwiesen. — Ein im Zusammenhang mit der Entziehung seines Doktortitels gestellter Antrag L.s auf Wiederaufnahme seines Verfahrens vom OPG abgelehnt; Übersendung der Akten an den Stab StdF zur Einsichtnahme. Eine erneute Bitte L.s, ihm die Möglichkeit zum Nachweis seiner Unschuld zu geben, vom Stab StdF zur weiteren Behandlung an das OPG weitergereicht.
W   147 00077 — 195 (18, 19, 20)

27. 4. 34   Amann, StM Dauser   10373
Proteste gegen die Plakatwerbung des „Stürmer" für eine geplante Sondernummer zur Judenfrage („Jüdischer Mordplan gegen die nicht-jüdische Menschheit aufgedeckt – Jüdischer Mordplan gegen Adolf Hitler"); Bitte um ein Eingreifen des StdF wegen der Gefahr einer Beunruhigung der Bevölkerung und von Ausschreitungen.
W   124 01011 — 14/1 (89)

27. 4. — 7. 5. 34   RMdI, Gestapa, Bd. Dt. Bodenreformer, RKzl.   10374
Durch den Reichsinnenminister Übersendung eines Berichts des Geheimen Staatspolizeiamts über den Bund Deutscher Bodenreformer mit Unterstützung der vom Reichsernährungsminister erhobenen Forderung nach Auflösung des Bundes: Existenz überflüssig, Gefahr der Kritik an dem von der Regierung

Erreichten zwecks Nachweis seiner Daseinsberechtigung. Antwort der Reichskanzlei: Nach Auffassung Hitlers die vorgebrachten Gründe für eine Auflösung nicht ausreichend.
W/H   101 27783−92 (1526)

28. 4. 34   StadtR München   10375
Bitte an Bormann, Hitler auf die Ausstellung der beim Wettbewerb zur Errichtung eines „Denkmals für die Befreier Münchens 1919" eingegangenen Arbeiten aufmerksam zu machen.
W   124 00939/8 (76)

29. 4. 34   RKzl., OPräs. Ober- und Niederschlesien   10376
Bitte des schlesischen Oberpräsidenten Brückner an Hitler, die Grundsteinlegung für den Adolf-Hitler-Kanal in Heydebreck persönlich vorzunehmen. Ablehnung H.s (mit Rücksicht auf die Benennung des Kanals nach ihm) und Beauftragung des Reichsverkehrsministers (nicht, wie von B. gewünscht, Heß') mit seiner Vertretung (Abschriften an Heß).
M   101 02550−55 (260)

Mai−28. 6. 34   A. Fröhler, DDAC   10377
Befürwortung der Einstellung eines Alfons N. Fröhler (München) in den Deutschen Automobil-Club (DDAC) durch den „Stabsleiter des StdF" Wiedemann. Nach Eingang eines negativen Berichts des Präsidenten des DDAC über F. Verweigerung weiterer Hilfe durch W.s Nachfolger.
W/H   124 02228 ff. (202)

1. 5. 34   Gestapa   10378
Mitteilung über mögliche Feierschichten bei der Textilindustrie im Ruhrgebiet sowie in Schokoladefabriken wegen des durch Devisenknappheit hervorgerufenen Rohstoffmangels; Hinweis auf die Gefahr der Beunruhigung der Belegschaften.
K   101 14742 (809)

[1. 5. 34]   RWiM   10379
Einwände des Reichswirtschaftsministers (RWiM) gegen die Stiefelbeschaffungsaktion („Stiefelschlacht") der SA-Gruppe Berlin-Brandenburg: Beschaffung des für die Stiefel notwendigen Leders − Verwendung von vorwiegend ausländischen Rohstoffen trotz seiner mehrfach geäußerten Bedenken − bei der gegenwärtigen Devisenknappheit nicht möglich; weitere Bedenken arbeitsmarktpolitischer Art. Auf Veranlassung des RWiM Anweisung des StdF an die Reichszeugmeisterei, sich vor allen größeren Aufträgen künftig zunächst mit dem RWiM in Verbindung zu setzen, um die unbedingt erforderliche Planung der öffentlichen Beschaffungen, einschließlich derjenigen der Partei, zu ermöglichen.
M   101 03287−90 (330)

1. 5. 34−[7. 8. 42]   RFSS, SSPHA u. a.   10380
SS-Personalakte Obf. Walther Sommer (Stab StdF): Handgeschriebener Lebenslauf, Stammrollenauszug u. a.
W   306 00882−908 (Sommer)

2.−7. 5. 34   StSekr. Lammers − 13, 14   10381
Die durch Vermittlung des Wirtschaftsbeauftragten des StdF vorgebrachte Bitte des Deutschen Museums in München um Bereitstellung von 1,5 Mio. RM für die Fertigstellung des neuen Gebäudes von StSekr. Lammers im Auftrag Hitlers unterstützt. Teilnahme H.s an der Jahrestagung des Deutschen Museums noch ungewiß.
W/H   110 00114 ff. (823)

4. 5. 34   Adj. d. F   10382
Weiterleitung eines *Berichts über die deutsche Minderheit in Ost-Oberschlesien.
W   124 00939/16 (76)

4. 5. 34   RVersA, RKzl.   10383
Bitte des Gaufachschaftsleiters des Reichsversicherungsamtes um „Verleihung" eines Hitlerbildes für den Plenarsitzungssaal anläßlich des 50jährigen Bestehens des Amtes. Ablehnung der damit offenbar verbundenen Einladung Hitlers durch die Reichskanzlei.
H   101 18945 f. (1158)

[8. 5. – 4. 10. 34]   H. Beer, RKzl., Gestapo München u. a.   10383 a
Abberufung des bisherigen Reichsbeauftragten des Sudetendeutschen Heimatbundes (SHB) Johannes Beer durch den Stab StdF mit Genehmigung Fricks; Begründung: B. als „politischer Hochstapler" ungeeignet, einen politischen Verband zu führen; Herausstellen seiner Freundschaft mit Hitler und seiner Beziehungen zum Stab StdF und zu Gen. Haushofer lediglich zum Zwecke der Befriedigung seines persönlichen Ehrgeizes; Vorwurf, durch Mißachtung der ihm aufgegebenen Zurückhaltung in außenpolitischen Angelegenheiten die Außenpolitik Hitlers schweren Belastungen ausgesetzt zu haben (Unterstützung der Ziele Krebs'; Auftreten K.' als Redner auf einer Tagung des SHB in Dresden; Schirmherrschaft des MPräs. v. Killinger für ein Heimatfest in Sachsen); Überschreiten seiner Befugnisse in personeller Hinsicht (eigenmächtige Absetzung von Landesleitern; entgegen der Verfügung des StdF Ernennung des den Tschechen als Alldeutscher und Irredentist bekannten Schriftstellers Viererbl zum Bundesführer); unseriöses Finanzgebaren; Weigerung sämtlicher großen sudetendeutschen Verbände in der Tschechoslowakei, mit B. weiterhin zusammenzuarbeiten. – Bericht des StuHF Walter Triebel, Nachfolger B.s im SHB, über die Prüfung der Geschäftsführung und der Kassenverhältnisse sowie über eingeleitete personelle Maßnahmen; Ergebnis der Feststellungen: Fortbestand des SHB abhängig von finanziellen Zuschüssen. Wiederholte Eingaben und Rechtfertigungsversuche B.s im Zusammenhang mit seiner Amtsenthebung.
K   101 00022 – 52, 075 – 83 (125)

9. 5. 34   DAF – 1   10384
Übersendung des Wortlauts einer Anordnung Leys vom 27. 4. 34 samt Begründung: Durch das Gesetz zur Ordnung der nationalen Arbeit Gestaltung der Betriebsgemeinschaft; wegen deren sonstiger Gefährdung Ausschluß von Angehörigen anderweitiger Berufs- und Standesorganisationen (insbesondere konfessioneller Art) von der Aufnahme in die DAF und Lösung von Doppelmitgliedschaften; eine Aufspaltung der Betriebsgemeinschaft nach Konfessionen oder durch Gewerkschaftssekretäre widersinnig.
M/H   101 06580 – 83 (531)

11. 5. 34   RMdI   10385
Im Zusammenhang mit dem neuen Rechtsstatus der NSDAP (Körperschaft des öffentlichen Rechts) Notwendigkeit, eine neue Satzung zu erlassen; im Hinblick auf die staatsrechtliche Bedeutung dieser Satzung (Befugnis zur gerichtlichen und außergerichtlichen Vertretung der NSDAP) Bitte des Reichsinnenministers um Gelegenheit zur vorherigen Stellungnahme.
K   101 19907 f. (1197)

11. – 15. 5. 34   –   10386
Bekanntmachungen des StdF: Alleinige Verantwortung des Vertrauensmanns für alle Fragen der Volksgesundheit, Wagner, für die gesundheitlichen Belange aller Parteiorganisationen mit Ausnahme der SA und SS; Umbenennung des „Aufklärungsamts der NSDAP für Bevölkerungspolitik und Rassenpflege" in „Rassenpolitisches Amt der NSDAP"; Errichtung eines Referats „Reichsreform" im Stab StdF unter Leitung von GL A. Wagner.
W   406 00017 (873)

11. – 29. 5. 34   RKzl.   10387
Einladung zu einer Chefbesprechung unter dem Vorsitz Hitlers über die Beteiligung des Reichssportführers bei Sportangelegenheiten der HJ, des Schul- und Arbeitsdienstes. Zweimalige Verschiebung und schließlich völlige Absage der „nicht mehr notwendigen" Besprechung.
H   101 18716 ff. (1153)

14. 5. – 4. 6. 34   RKzl., W. Bacmeister – 1   10388
Übersendung von drei der Reichskanzlei zugegangenen Schreiben des Walter Bacmeisters Nationalverlags (Berlin) über dessen immer enger werdende Verbindungen zu Sir Oswald Mosley und seiner British Union of Fascists (B.U.F.) an den Verbindungsstab (Veröffentlichung der Werke M.s in Deutschland; Erwartung einer baldigen Machtübernahme durch M. in England; ns. Propaganda in England; Vorbereitung eines Treffens M. – Hitler; Lösung der „Judenfrage" in England; u. a.).
H   101 25553 – 67 (1432)

16.5.34 RMdI 10389
Übersendung einer *Niederschrift über eine Besprechung der Arbeitsgemeinschaft I des Sachverständigenbeirats für Bevölkerungs- und Rassenpolitik über den Umbau der Sozialversicherung und die Schaffung einer Familienausgleichskasse (der Stab StdF an der Besprechung nicht beteiligt).
M/W 101 04032 f. (401)

16.–25.5.34 RKzl. – 9 10390
Im Zusammenhang mit der Erteilung eines Unbedenklichkeitsvermerks der Parteiamtlichen Prüfungskommission für das vom Verlag Otto Stollberg (Berlin) vorgelegte Deutsche Führerlexikon Vorschlag des StSekr. Lammers, wegen der Genehmigung der darin enthaltenen Biographie Hitlers mit Reichspressechef Dietrich Fühlung zu nehmen; Zusage einer Überprüfung der im Lexikon enthaltenen Schilderung der Reichsregierung und der Reichskanzlei nach Übersendung eines Korrekturabzuges.
K 101 16385 ff. (960)

16.5.–29.6.34 RWM, RMfWEuV, RVM 10391
Durch den Reichswehrminister Vorlage des Entwurfs eines Gesetzes über die Beschränkung von Grundeigentum aus Gründen der Reichsverteidigung (Schutzbereichgesetz). Einwendungen des Reichserziehungs- und des Reichsverkehrsministers.
A 101 22632–42 (1292)

17.–24.5.34 RWiM u. a. 10392
Übersendung eines Rundschreibens über Maßnahmen gegen die – infolge der starken Wirtschaftsbelebung erfolgten – Preissteigerungen für Waren und gewerbliche Leistungen (vor allem auf dem Baumarkt): Beseitigung der Einschränkung des freien Wettbewerbs gegenüber Ausschreibungen öffentlicher Stellen; Verbot für Innungen, Mindestpreise oder deren Erhöhung zu empfehlen; Einschaltung der Preisüberwachungsstellen (Übertragung von Befugnissen des Reichspreiskommissars auf die Landesbehörden bzw. – in Preußen – auf die Regierungspräsidenten oder – in Bayern – auf die Kreisregierungen), gegebenenfalls des Reichswirtschaftsministers (Betriebsschließungen); künftig keine Festsetzung von Mindestpreisen durch Landesregierungen oder -behörden und Anweisung, entsprechende Direktiven aufzuheben; Unterbindung der preisregelnden (meist preissteigernden) Tätigkeit von Industrie-, Handels- und Handwerkskammern.
K/H 101 16622–29 (1005)

[22.5.34] (RKzl.) 10393
Bitte Hans Krebs' um Unterrichtung des StdF über die Zusammenarbeit des VDA mit christlichsozialen Verbänden in der Tschechoslowakei.
W 110 00042 (153)

25.5.34 RKzl. – 1 10394
Bitte des StdF, zu dem Vortrag des StK Lippert bei Hitler über das Siedlungsprogramm der Stadt Berlin auch den Beauftragten für Siedlungswesen, Ludowici, einzuladen.
M 101 02173 (204)

29.5.34 StSekr. Lammers, StSekr. Funk, Dr. v. Koerber 10395
Unter Berufung auf eine Mitteilung des in Pomerellen ansässigen Gutsbesitzers v. Koerber über die irreführende Darstellung der Meinungskämpfe innerhalb der deutschen Minderheit in Polen durch die deutsche Presse Erwähnung eines im Gegensatz zu den Ausführungen des ihm als vertrauenswürdig bekannten K. stehenden DNB-Berichts im Völkischen Beobachter (Nr. 149) „Die Jungdeutsche Bewegung in Polen" durch StSekr. Lammers; Eintreten L.' für eine Beendigung des Zwistes unter den Deutschen Polens; Vorschlag, die widerstreitenden Parteien („Deutscher Jugendblock", „Jungdeutsche Bewegung" – beide angeblich auf dem Boden der ns. Weltanschauung stehend) durch eine vermittelnde Aktion des Reichspropagandaministeriums im Benehmen mit den übrigen zuständigen Ressorts zu einem Ausgleich zu bewegen. (Abschrift an Heß.)
K 101 26095 ff. (1480 a)

29.5.34 AA, RKzl. 10396
Durch das Auswärtige Amt Übersendung des Wortlauts einer deutsch-polnischen Vereinbarung über

Zollstraßen und sonstige Grenzübergänge (nebst *Anlagen) mit der Bitte um Genehmigung durch die Reichsregierung.
K   101 26097−102 (1480 a)

29. 5.−[3. 10.] 34   GL Westfalen-Nord, Schlageter-Gedächtnismuseum u. a.− 19   10397
Bemühungen der (später aus der Partei ausgeschlossenen) Pg.n Wilhelm Möller, Ferdinand Leyendecker und Richard Boese (sämtlich Minden) und des geschäftsführenden Vortandsmitglieds des Schlageter-Gedächtnismuseums Pordom, an der Porta Westfalica nach dem Vorbild des Denkmals in der Golzheimer Heide ein Schlageter-Kreuz zu errichten; hierbei Berufung auf die angebliche Zustimmung des StdF (von diesem dementiert: Regelung der Angelegenheit dem Gauleiter Westfalen-Nord überlassen) sowie auf eine Entscheidung Hitlers zugunsten des Kreuzes. Stellungnahmen maßgeblicher Parteiführer gegen die Errichtung des Denkmals in der dem Dritten Reich nicht angemessenen Kreuzform sowie Erwähnung einer Entscheidung der Reichsleitung der NSDAP, außerhalb Düsseldorfs keine Schlageter-Kreuze mehr zuzulassen. Empörung der Parteistellen über die von den Denkmals-Befürwortern betriebene Einschaltung und Vorschiebung des Vaters Sch.s. Dringender Wunsch des GL Meyer nach Sanktionierung der Entscheidung des StdF durch H. zwecks Wahrung und Wiederherstellung der Autorität der Partei und des StdF.
H   124 00847−68/3 (69)

31. 5. 34   RMfVuP−1   10398
Auf Anordnung Hitlers Gedenken an die 20jährige Wiederkehr des Kriegsbeginns am 2. 8. 34 mit Feldgottesdiensten in allen Standorten der Wehrmacht; Unterbleiben weiterer Feiern.
M   203 02410 (67/1)

Juni 34−15. 3. 35   H. Mend, Adj. d. F   10399
Vergebliche Versuche des Hans Mend (München), eines ehemaligen Kriegskameraden Hitlers, von H. oder dem Führeradjutanten Brückner empfangen zu werden.
W/H   124 01550 f. (173)

1.−6. 6. 34   Kons. v. Strahl−1/7   10400
Rüge Neuraths für Kons. v. Strahl wegen disziplinloser Ausnützung seiner persönlichen Bekanntschaft mit Hitler (bei einem Besuch bei H. Vorbringen ihn nichts angehender „Dinge" unter Zurücklassung einer Aufzeichnung); nach Einschaltung Hanfstaengls Zusage Hitlers, die Angelegenheit mit N. in Ordnung zu bringen.
W/H   124 01787 f. (185)

2−23. 6. 34   RKzl., RArbM   10401
Der Syndikus der Handelskammer Breslau, Kakuschke, vom Reichsarbeitsminister für die Ernennung zum Treuhänder der Arbeit im Treuhänderbezirk Schlesien vorgeschlagen. Durch den Stab StdF schroffe Ablehnung K.s; an dessen Stelle „Vorschlag" des Pg. Zinnemann (Görlitz), auch im Namen Leys und des OPräs. Brückner.
H   101 06587−93 (532)

2. 6.−10. 7. 34   AA, Lit. Ges., BNSDJ−1   10402
Zu einer Verbalnote der Litauischen Gesandtschaft über die Angelegenheit des litauischen Staatsangehörigen Selman Feigelsonas Stellungnahme des Bundes NS-Deutscher Juristen (über den Verbindungsstab): Kein Verbot für Rechtsanwalt Neuwirth, F. zu vertreten, jedoch Empfehlung an die Mitglieder des Bundes − insbesondere an die Amtswalter unter ihnen −, die Frage der Übernahme eines Mandats nicht nur aus der Sicht der Standesehre, sondern auch auf die Vereinbarkeit mit ihrem Ehrenamt hin zu überprüfen (Ausnutzung der Verbindungen des Amtswalters durch den jüdischen Mandanten); die Vertretung seines Mandanten F. oder die Niederlegung seines Amtes als Ortsgruppenobmann N. überlassen.
K   101 25836−39 (1459)

5. 6. 34   StSekr. Lammers   10403
Bitte des StdF, den Gesetzentwurf über die Mitarbeit der Partei bei allen Reichsgesetzen auf die Tagesordnung der nächsten Kabinettsitzung zu setzen ohne Rücksicht auf eine etwa noch ausstehende Stellungnahme des Reichsinnenministers.
K   101 19909 (1197)

5.6.34   RMdI   10404
Nach erfolgten Zwischenfällen und unter Hinweis auf einen Runderlaß vom 19.7.33 Bitte, SA-Männern, Politischen Leitern usw. Geldsammlungen in den öffentlichen Dienstgebäuden zu untersagen.
H   101 26305 ff. (1492)

5.—14.6.34   RKzl., RMdI   10405
Durch Frick Ablehnung einer – von Heß angeregten – Durchführungsverordnung (aufgrund des § 8 des Gesetzes zur Sicherung der Einheit von Partei und Staat vom 1.12.33) zur Regelung der Rechtsverhältnisse der Rechtsabteilung der Reichsleitung der NSDAP und Eintreten für eine Satzung mit besonderen Bestimmungen für alle Abteilungen der Reichsleitung. Ferner grundsätzliche Bedenken gegen den – ebenfalls von H. vorgeschlagenen – Entwurf eines Ergänzungsgesetzes zum Gesetz vom 1.12.33 mit Durchführungsverordnung über die Beteiligung der NSDAP an der Gesetzgebung: Kritik an der Begründung der Entwürfe (das Recht der NSDAP auf Mitwirkung an allen Gesetzen abzuleiten aus der Verantwortung des StdF für die Erfüllung der Gesetze mit dem Geist des NS) und Hinweis auf die bereits bestehende enge Verbundenheit zwischen Partei und Staat (die ns. Reichsminister Garanten für eine ns. Gesetzgebung); Gesetzgebung nicht Aufgabe der Partei, sondern eine ausschließlich von der Regierung wahrzunehmende Funktion; Warnung vor der Schaffung einer Kontrollinstanz neben oder über den Reichsministern (Quelle unerwünschter Auseinandersetzungen zwischen Ministern und Reichsleitung der NSDAP); unter Ablehnung der Grundgedanken des Entwurfs jedoch Zustimmung zur Beteiligung des StdF (in seiner Eigenschaft als Mitglied des Reichskabinetts) an den Vorarbeiten zu den Reichsgesetzen; Vorschlag, dem StdF die Zuleitung von Gesetzesentwürfen zum frühestmöglichen Zeitpunkt durch eine Verwaltungsanordnung (nicht durch Reichsgesetz) zu sichern.
K   101 19910—17 (1197)

8.—11.6.34   Fleischerinnung Ottweiler, RKzl.   10406
Bitte der Fleischerinnung des Kreises Ottweiler (Saar) um den Empfang einer Gruppe von Innungsmitgliedern durch Hitler anläßlich ihrer Reise zum Fleischerverbandstag in Stettin, um dadurch die „nötige Stärke für den bevorstehenden Abstimmungskampf" im Saargebiet zu erhalten.
W   124 00939/9 ff. (76)

11.6.34   RBund jüd. Frontsoldaten   10407
Hinweis des Hptm. a.D. Löwenstein, Bundesvorsitzender des Reichsbunds jüdischer Frontsoldaten, auf ein dem ursprünglichen Wortlaut im „Schild" nicht entsprechendes Zitat in dem Stürmer-Beitrag „Der Weltgangster".
K   101 07606 (602)

12.6.34   RKzl.   10408
Chefbesprechung in der Reichskanzlei mit folgenden Ergebnissen: Übergang der Kunsterziehung und -ausbildung samt der diesen Aufgaben dienenden Anstalten vom preußischen Kultusministerium (Reichserziehungsministerium) auf das Reichspropagandaministerium; dessen Zuständigkeit für die moderne Kunst; Unterbreitung der Vorschläge für die Verleihungen der Goethe-Medaille und des Adlerschilds weiterhin durch den Reichsinnenminister.
M   101 00601 ff. (143)

13.—21.6.34   RKzl., H. Krebs   10409
Stellungnahme des Stabs StdF zu einer von der Reichskanzlei übersandten Eingabe von Hans Krebs (DNSAP) über „Mißstände in den Beziehungen des Sudetendeutschtums zu den reichsdeutschen Stellen" (Kritik an der Ausschaltung der ehemaligen Mitglieder der verbotenen DNSAP und am Verhalten von VDA und Henleins Sudetendeutscher Heimatfront): Die Flucht K.' angesichts des von der Tschechoslowakei mit dem Volkssport-Prozeß verfolgten politischen Ziels richtig; wirtschaftliche Unterstützung K.' angebracht, seine politischen Aktivitäten aber nicht im Interesse der Aufrechterhaltung korrekter Beziehungen zur Tschechoslowakei und der Vermeidung einer weiteren Verfolgung des Sudetendeutschtums; die von K. und seinem Kreis vorgenommene Gleichsetzung von DNSAP und NSDAP ebenso unrichtig wie die behauptete alleinige Kompetenz der ins Reich ausgereisten ehemaligen DNSAP-Mitglieder für die Behandlung der sudetendeutschen Frage; Verteidigung der – unter der Kon-

trolle eines Beauftragten des StdF stehenden – Tätigkeit des VDA und des Volksdeutschen Rats, der Sudetendeutschen Heimatfront sowie verschiedener von K. angegriffener Personen.
W   101 00053 – 74 (125)

14. 6. 34   StSekr. Lammers, RMdI   10410
Durch StSekr. Lammers Übersendung einer Stellungnahme des Reichsinnenministers zu zwei ’Entwürfen des StdF: Eine besondere Durchführungsverordnung zur Regelung der Rechtsverhältnisse der Rechtsabteilung der Reichsleitung der NSDAP nicht erforderlich, statt dessen Einbau von besonderen Bestimmungen für die einzelnen Abteilungen der Reichsleitung in die geplante Satzung der NSDAP; grundsätzliche Bedenken gegen ein Ergänzungsgesetz über die Beteiligung der NSDAP an der Gesetzgebung (die in der Begründung hervorgehobene Erfüllung der Gesetzgebung mit ns. Geist infolge der engen Verbundenheit zwischen Partei und Staat bereits durch die Ministerien gesichert); zur Gewährleistung einer früheren und intensiveren Mitwirkung des StdF an der Vorbereitung von Gesetzesentwürfen Erlaß einer Verwaltungsanordnung über seine Beteiligung spätestens bei der Beteiligung eines anderen Ministeriums ausreichend.
K/H   101 12506 – 13 (693)

14. 6. – [15. 8.] 34   RKzl., RJM – 1   10411
Ernennung der 33 Mitglieder (davon zwölf mit der Befähigung zum Richteramt, davon drei als Senatspräsidenten vorgesehen) des neugebildeten, am 2. 7. 34 erstmalig zusammentretenden Volksgerichtshofs (später Terminverschiebung auf den 14. 7. wegen der noch ausstehenden Äußerung des StdF und der Weigerung Hitlers, die Ernennungen trotzdem zu vollziehen). Widerspruch des StdF gegen zwei hauptamtliche Richter („als NS nicht bekannt") sowie gegen vier der fünf von Göring vorgeschlagenen Fliegerkommodore (nicht Parteigenossen); sämtliche Einsprüche später zurückgezogen. Daneben Überprüfung der noch von Röhm vorgeschlagenen SA-Führer, ohne Änderungen; jedoch vor der Unterzeichnung der Urkunden Auswechslung des Ogruf. v. Ulrich (Ersatz: Gruf. Hofmann) durch Hitler selbst. Nach Unterzeichnung noch Ersetzung des Kommodore Wimmer (Ersatz: Fliegerkommandant Bodenschatz).
H   101 27255 – 80 (1518)

19. – 22. 6. 34   GL Streicher, Bgm. Uetersen, Kzl. d. F   10412
Nach der Verleihung der Ehrenbürgerschaft von Uetersen (Holstein) an Hitler und der Absage H.s, die Schirmherrschaft über die Deutsche Rosenschau und die 700-Jahr-Feier der Stadt zu übernehmen, Bitte des Bürgermeisters von Uetersen (von GL Streicher an Bormann weitergeleitet) um einen Besuch H.s im Zuge einer beabsichtigten Reise nach Norddeutschland.
W   124 00939/28 – 33 (76)

20. 6. 34   RKzl., RLM   10413
Vorlage des Reichsluftfahrtministers (RLM): Entwurf eines Kabinettsbeschlusses für die Kabinettssitzung am 22. 6. 34, eine Ermächtigung des RLM betreffend, zum Aufbau einer Luftfahrtverwaltung von den anderen Ressorts Beamte aus deren Verwaltungsbereich anfordern zu können.
H   101 18651 – 54 (1151)

21. 6. 34   RKzl., RLM   10414
Bitte des Reichsluftfahrtministers um Zustimmung zur beabsichtigten Einstellung eines Dr.-Ing. Woeltjen als wissenschaftlicher Referent mit Gehaltsbezügen nach Gruppe II der in der Anlage beigefügten „Vorläufigen Richtlinien für die Einstellung und Abfindung der Angestellten mit Ausnahme des fliegenden Personals im Bereich der Luftfahrt".
H   101 18662 – 76 (1152)

21. 6. – 16. 7. 34   RKzl. – 13   10415
Unter Anführung außenpolitischer Gründe Antrag eines K. E. Schmid (Berlin) auf Bewilligung eines Darlehens von 2 Mio. RM zur Förderung des Konzessionen-Erwerbs in Abessinien. Günstige Beurteilung Sch.s durch den StdF, aufgrund einer negativen Stellungnahme des Auswärtigen Amts jedoch kein Empfang Sch.s durch Hitler. Weitere Behandlung der Angelegenheit unter Einschaltung des Rohstoffkommissars.
W   110 00004 – 09 (43)

22. 6. 34   GL (Thüringen), KrL Schmalkalden, OGru. Schleusingen – 6   10416
Bitte des Gaugeschäftsführers Thüringen an den Beauftragten der Parteileitung Bauer, die Frage der

rechtmäßigen Anwartschaft des Pg. Otto Kettembeil (Schleusingen) auf das Coburger Abzeichen zu prüfen.
W 124 01440−44 (164)

23. 6. 34   RMfEuL, GL Pommern   10417
Nach Ansicht Darrés die Durchführung der Ernährungswirtschaft in Pommern durch ein Rundschreiben des GL Karpenstein (wegen Loslösung des Reichsnährstands [RNSt.] in Pommern von der Politischen Organisation Erklärung der Eigennutz vor Gemeinnutz stellenden und die „Volksgemeinschaft zwischen Arbeiter und Besitzer" angreifenden Funktionäre des RNSt. zu „Feinden der NSDAP") in hohem Maße gefährdet; Befürchtung politischer Unruhen durch K.s Kampfansage an den RNSt.
M/H   101 02166−69 (203)

23.−24. 6. 34   GL A. Wagner, Frick   10418
Kritik des bayerischen Innenministers Wagner an der nach seiner Meinung viel zu lang anberaumten Frist für die Durchführung einer dringend notwendigen Reichsreform: Enttäuschung der Bevölkerung über die von Göring und Frick genannte Zeitspanne von zehn Jahren; Vertiefung der bereits bestehenden Mißstimmung über die im ns. Staat vergleichsweise hohe Zahl der Minister sowie über die zusätzliche Einführung von Reichsstatthaltern; Befürchtung einer Verpreußung des Reichs infolge der Vereinigung drei preußischer Ministerien mit den entsprechenden Reichsministerien; anstelle der propagierten Dezentralisation des Verwaltungsapparates und der dadurch erhofften Zugänglichkeit für die Bevölkerung eine gegenteilige Entwicklung festzustellen („immenses Anwachsen des Wasserkopfes Berlin"); Eintreten für die Abschaffung der Reichsstatthalter, Ministerpräsidenten und Länderminister sowie für die Umwandlung der Länderministerien in Außendienststellen des Reiches; Anregungen für eine Umbildung der Verwaltung und für die Verteilung der Verwaltungsaufgaben auf vier Stufen (Gemeinden, Kreise, Gaue, Reich). (Abschrift an den StdF.)
K   101 05827−35 (495)

25. 6. 34   RMfEuL, RMfVuP   10419
Nach Auffassung des Reichsernährungsministers Aufklärung über die Bedeutung der Maßnahmen zur Neuordnung der deutschen Fettwirtschaft dringend notwendig; Kritik an der Bekämpfung des Fettplans durch die Berufsvertretungen der Industrie und des Handels (angeblich einseitiger Agrarschutz); Hinweis auf den Nutzen der ergriffenen Maßnahmen nicht nur für den „Bauern, den Lebensquell des Volkes" (dieser gegen die billigsten, zu Kulilöhnen oder aus Waltran gewonnenen ausländischen Fettrohstoffe nicht konkurrenzfähig), sondern für die gesamte Wirtschaft, auf die erzielte wesentliche Erleichterung der Abhängigkeit Deutschlands vom Ausland und auf die Bemühungen der Reichsregierung, für den minderbemittelten Volksgenossen keine untragbaren Härten zu schaffen; Bitte an den Propagandaminister um eine „großzügige umfassende Aufklärungstätigkeit" gleichzeitig mit der Bekanntgabe der Fettplan-Änderungen. (Abschrift an den StdF.)
M   101 02096−101 (199)

[25. 6. 34]   RKzl.   10420
Empfehlung an einen Dr. med. H. Will (München), sich wegen einer offenbar beabsichtigten Veröffentlichung über Hitlers Einstellung zum Impfproblem mit Heß in Verbindung zu setzen.
K   101 13798 f. (724)

28. 6.−18. 7. 34   StSekr. Lammers, APA   10421
Auf Weisung Hitlers die Einladung ausländischer Diplomaten usw. zum Reichsparteitag nicht Aufgabe des Außenpolitischen Amtes der NSDAP, sondern des Auswärtigen Amtes; Bitte des StSekr. Lammers an den StdF um Weisungserteilung in diesem Sinne. Rückäußerung Bormanns: Die Einladung durch das Außenpolitische Amt ein Irrtum Rosenbergs.
K   101 19918 f., 923 (1197)

28. 6.−10. 8. 34   AA, Dt. Botsch. Madrid−7   10422
Nach Auffassung der Auslands-Organisation die Abhaltung von Veranstaltungen der Madrider Ortsgruppe der NSDAP in der deutschen Schule in Madrid als Begründung spanischer Zweifel am unpolitischen Charakter der Schule nicht zu dulden („heute eine deutsche Veranstaltung sowieso ns."); jedoch Verzicht auf Hakenkreuzbeflaggung der Schule − falls erforderlich − möglich, in diesem Fall „selbstverständlich" Verzicht auf jegliche Beflaggung (also auch kein Schwarz-Weiß-Rot). Im Gegensatz zu diesem

Votum und unter Hinweis auf die Schulhoheit des Gastlandes Anweisung des Auswärtigen Amts an die Botschaft in Madrid, die Tunlichkeit ns. Veranstaltungen in der deutschen Schule selbst zu beurteilen.
W/H   201 00604/1 – 609 (89/3)

Sommer 34 – 9. 11. 44   RFSS, SSPHA u. a.   10423
SS-Personalakte Gruf. Helmuth Friedrichs (Stab StdF bzw. PKzl.): Handgeschriebener Lebenslauf, Fragebogen, Beförderungen u. a.
M   306 00324 – 56 (Friedrichs); 306 00646, 658 (Klopfer)

[3. 7. 34]   RMdI u. a.   10424
Zustimmung des Reichskabinetts zur Änderung des § 2 des Gesetzes zur Sicherung der Einheit von Partei und Staat: Der StdF Mitglied der Reichsregierung (bisher auch der Stabschef der SA).
W   110 00161 (1310)

[3. – 24. 7. 34]   RMdI, DF   10425
*Gesetz und Aufruf Hitlers: Ausnahmen von dem bis Ende Oktober 1934 verfügten Sammlungsverbot nur mit Genehmigung des StdF im Einvernehmen mit dem Reichsfinanzminister möglich.
A/H   101 06840 ff. (561a)

4. 7. 34   RMdI, Gestapa   10426
Durch den Reichsinnenminister Übersendung eines Berichts des Geheimen Staatspolizeiamts über einen tätlichen Angriff der auf dem Marsch nach Berlin befindlichen „Alten Garde Hamburg" auf den portugiesischen Generalkonsul Ribeiro wegen Nicht-Grüßens ihrer Hakenkreuzfahne.
W/H   110 00027 ff. (128)

4. – 20. 7. 34   RKzl.   10427
Keine Einwände des StdF gegen die Ernennung der Reichsbankdirektoren Carl Ehrhardt und Emil Puhl zu Mitgliedern des Reichsbank-Direktoriums.
M   101 02356 f. (231)

5. 7. 34   OPräs. Ostpreußen   10428
Bericht über das Ergebnis der Untersuchung einer Meldung über die angebliche planmäßige Entwaffnung der SA durch Angehörige der Politischen Organisation (PO): Die Meldung unzutreffend, lediglich in vier Fällen Bitte von PO-Angehörigen um Ablieferung der Waffen; die Haltung der PO insgesamt „außergewöhnlich diszipliniert".
W   101 19919/1 (1197)

7. 7. 34   RStatth. Baden   10429
Anregungen zur Verbesserung der Devisenlage: Steigerung des Exports durch häufigere Auslandsreisen von Firmeninhabern; Förderung einer Übersiedlung wohlhabender schweizerischer Staatsbürger nach Baden durch Steuererleichterungen; Werbung der Auslands-Organisation für eine Rückkehr im Pensionsalter stehender Auslandsdeutscher nach Deutschland; Förderung von Reisen nach Deutschland durch Vergünstigungen der Reichsbahn, am besten im Zusammenhang mit kulturellen Veranstaltungen.
M   101 03294 ff. (330)

[7. 7. 34]   Verb. d. Auslandsdt.   10430
Übersendung des Werkes „Bruch im Recht der Völker" von Siegberth Wohlfarth an Hitler und Heß.
H   101 25165 (1407)

7. – 19. 7. 34   AA – 7   10431
Antwort auf eine – mit „verschiedenen Anfragen aus dem Ausland" begründete – Nachfrage der Auslands-Organisation: Wegen diplomatischer Rücksichten keine Anweisung an die Auslandsvertretungen, am 28. Juni (Unterzeichnung des Versailler Vertrags) halbmast zu flaggen (Unterbleiben der Beflaggung bei wesentlich unterschiedlicher Wertung des Anlasses im Gast- und Heimatland).
M/H   203 02411 ff. (67/1)

9. 7. 34   RMdI, Bad. MdI   10432
Nach – den betroffenen Beamten wegen möglicher Differenzen mit Parteistellen unerwünschter – Vorladung von drei Gendarmeriebeamten durch Parteigerichte der NSDAP Anregung des badischen Innenministers, die Zeugenaussagen aller Beamten des staatlichen Sicherheitsdienstes vor Parteigerichten all-

gemein zu regeln. Durch den Reichsinnenminister Weiterleitung an den StdF mit folgender Stellungnahme: Ohne die nach dem Gesetz vom 1. 12. 33 zu erlassenden Vorschriften über Aufbau und Verfahren der Parteigerichtsbarkeit keine Berechtigung der Parteigerichte zur Zeugenvernehmung, Hinweis auf die Pflicht zur Amtsverschwiegenheit für als Zeugen geladene Beamte; Vorschlag einer Anweisung an die Parteigerichte, vor der Vorladung von Beamten und Soldaten zur Vernehmung als Zeugen oder Sachverständige die Genehmigung der vorgesetzten Dienstbehörde einzuholen.
K/H   101 19920−22/4 (1197)

9. 7. 34−[12. 3. 35]   RWiM, RWM, RKzl., RFM, RMdI   10433
Hinweis des Reichswirtschaftsministers (RWiM) auf eine durch den StdF herausgegebene Anordnung zur Unterstützung der Reichspolitik gegenüber den Verbrauchergenossenschaften (Erhaltung ihrer Erwerbsfähigkeit, Verhinderung des Verlusts der Spareinlagen und der Entlassung von 65 000 im Genossenschaftswesen Beschäftigten); Darlegung der Notwendigkeit, den eingeschlagenen Weg weiterzugehen, und Protest gegen die Gefährdung der Verbrauchergenossenschaften durch das Verhalten örtlicher Parteidienststellen, insbesondere aber gegen die Rundschreiben des vom StdF mit der Durchführung seiner Anordnung betrauten Bernhard Köhler über das Verbot jeglicher genossenschaftlichen Werbung; Vorwurf der Durchkreuzung der Reichspolitik mit dem Ergebnis des Zusammenbruches einiger großer Genossenschaften und des Verlustes der noch vorhandenen Spargelder; unverzügliche und vorbehaltlose Zurücknahme der Rundschreiben gefordert. Stellungnahme des StdF: Wegen der Gefahr marxistischer Block- und Zellenbildung Notwendigkeit einer politischen Überwachung der Werbung der Verbrauchergenossenschaften; Werbung für den Genossenschaftsgedanken nur in Verbindung mit einer Werbeaktion für den Einzelhandel zu akzeptieren; kaufmännische und unpolitische Werbung durch die Verbrauchergenossenschaften gestattet. Schließlich vom StdF die Angelegenheit dem RWiM zur Erledigung nach wirtschaftlichen Gesichtspunkten überlassen.
K   101 14790−804 (820 b)

Nicht belegt.   10434

13. 7. 34   RKzl., Prof. Kriegner   10435
Durch die Reichskanzlei zur Kenntnisnahme Übersendung einer an Hitler gerichteten Ergebenheitsadresse des Bundesführers des Bundes der Reichsdeutschen in Österreich, Prof. Paul Kriegner (Wien).
K   101 26082 ff. (1478)

13.−18. 7. 34   RKzl.−13   10436
Enttäuschung Hitlers über den Empfang des − von GenKons. Roselius empfohlenen − Erfinders Viktor Schauberger; entsprechende Mitteilung der Reichskanzlei an den Wirtschaftsberater des StdF, Pietzsch, um einen Besuch Sch.s bei ihm zu verhindern.
M   101 03387−96 (342)

16. 7. 34   RStatth. Baden   10437
Hinweis auf berechtigte Klagen bei den örtlichen Geldinstituten und in der Wirtschaft über starke Geldabzüge nach Berlin oder München; Schädigung des Wirtschaftslebens der Gaue durch derartige Zentralisierungsbestrebungen im Geldwesen; Bitte um entsprechende Maßnahmen, um die Gaue nicht nach dem Vorbild französischer Provinzen veröden zu lassen und um eine übermäßige Zentralisierung zu verhindern.
M   101 02420 ff. (237); 101 22983 ff. (1309)

16. 7. 34   RKzl.−1/4   10438
Zu dem *Schreiben eines Pastor Koch (Oeynhausen) Stellungnahme der (StdF-)Abteilung v. Pfeffer: Die Bezeichnung „Präses der Bekenntnissynode der Deutschen Evangelischen Kirche" eine „gesetzwidrige Anmaßung", Entgegennahme von Schreiben einer so bezeichneten Stelle durch Hitler untunlich.
W/H   101 01395 f. (162)

16.−20. 7. 34   RKzl.−1   10439
Übersendung der *Akten über das Entschuldungsverfahren für das Gut einer Frau v. Knorr in Petershain (Oberlausitz). Rücksendung: Dem StdF darüber nichts bekannt.
M/H   101 02092−95 (196)

18. – 23. 7. 34   RM, RKzl.   10440
Bitte des Stabs StdF an alle Reichsminister um Übersendung der Geschäftsverteilungspläne und – für die Neuordnung der Aktenführung – der Aktenverzeichnisse bzw. -pläne ihrer Ressorts. Zusendung des Geschäftsverteilungsplans der Reichskanzlei.
W   110 00234 – 40 (1968)

19. 7. 34   SA-Staf. Rösner   10441
*Bericht des am 30. 6. zur Bereinigung der Gruppe Berlin-Brandenburg in die Sonderkommission berufenen SA-Staf. Rösner über die seither eingetretenen Veränderungen.
W   124 01708 – 12 (182)

19. 7. 34   AA   10442
Übersendung des Entwurfs einer Bekanntmachung über einen Schriftwechsel zwischen dem Präsidenten des Ausschusses des Völkerbundsrats für die Volksabstimmung im Saargebiet und dem Reichsaußenminister über die Sicherstellung der Freiheit und Aufrichtigkeit der Abstimmung.
W   406 00025 – 29 (1685)

19. 7. – 1. 8. 34   RMdI   10442 a
Zurückweisung des vom StdF gegen den Berichterstattungserlaß vom 7. 7. geäußerten Verdachts der beabsichtigten Bespitzelung der Partei, im Hinblick auf die Ereignisse des 30. Juni Zweck des Erlasses vielmehr die Gewinnung von Unterlagen über die Zusammenarbeit von Partei und Staat gefährdende Vorgänge; Änderung der Erlasses gemäß den Wünschen Hitlers (Fortfall der Berichtspunkte Kirchenpolitik und NSDAP) und Angebot der Übermittlung des übrigen gewonnenen Materials, auf Wunsch H.s aber auch Bitte um Information über die inneren Verhältnisse der Partei im Rahmen des zur Beurteilung der allgemeinen politischen Lage Erforderlichen; Kritik an der der Zusammenarbeit beider Behörden nicht gerade förderlichen Form des *Schreibens des StdF.
K/H   101 19926 ff. (1197)

20. – 26. 7. 34   RMdI, PrMPräs.   10443
Scharfe Kritik Heß' an der falschen Definition des durch die Bewegung längst festgelegten Begriffs „Alter Kämpfer" im Ministerialamtsblatt für die preußische innere Verwaltung: Laut parteiamtlicher Definition „Alte Kämpfer" alle Parteimitglieder mit Parteibeitritt vor dem 30. 1. 33, „Alte Garde" die Parteigenossen bis zur Mitgliedsnummer 100 000 (am Tag darauf Korrektur: „Alte Kämpfer" oder „Alte Garde" die Parteigenossen bis zur Mitgliedsnummer 100 000, „Alte Parteigenossen" die vor dem 30. 1. 33 beigetretenen Mitglieder); Forderung einer Presseberichtigung und Auftrag Hitlers, ihm den Namen des für diese Anmaßung verantwortlichen Beamten mitzuteilen. Dazu Stellungnahme des Preußischen Ministerpräsidenten: Absicht nicht eine grundsätzliche Begriffsbestimmung, sondern nur die Abgrenzung des in die bevorzugte Arbeitsvermittlung einzubeziehenden Personenkreises (vor dem 30. 1. 33 eingetretene SA-, SS- und Stahlhelmmitglieder, Parteimitglieder bis Nummer 300 000 [später erweitert: bis Nummer 500 000], Amtswalter mit mindestens einjähriger Tätigkeit); der Wortlaut des monierten Erlasses nicht durch die verantwortliche Tätigkeit eines einzelnen Beamten, sondern in Zusammenarbeit sämtlicher beteiligter Behörden einschließlich der Parteistellen entstanden (vgl. Nr. 10178); die von Heß geforderte Presseerklärung unzweckmäßig.
W/H   101 20308 ff. (1207); 406 00096 – 101 (12002)

20. 7. – 28. 8. 34   H. Güthe   10444
Ablehnung der Bitten des Oberspielleiters Harald Güthe (Augsburg) um einen Empfang durch Hitler bzw. durch den StdF; Aufforderung, über seine Anliegen (u. a. Mißstände in Augsburg betreffend) dem StdF einen genauen Bericht zur Prüfung einzusenden.
K/H   101 15132 – 35 (887 b)

Nicht belegt.   10445

23. 7. 34   –   10446
Verfügung Heß' (zitiert): Forderung eines die vertrauensvolle und willige Mitarbeit aller Partei- und Volksgenossen ermöglichenden Verhaltens der Parteiführer; außerdem Zusage des Schutzes bei zwar nicht ganz richtigen, aber in gutem Glauben, in berechtigter Sorge um die Bewegung und unter Nennung des eigenen Namens vorgebrachten Beschwerden über Mißstände. (Vgl. Nr. 10449.)
W/H   124 01881, 918 (189)

23. 7.–6. 8. 34   RMfEuL, Amt f. Volkswohlfahrt, RMfVuP   10447
Zu einer Bitte der NSV um Zustimmung zu Lebensmittelsammlungen für das Winterhilfswerk folgende Einwände Darrés: Sicherung der Lebensmittelversorgung für 1934/35 nur durch die gebundene Lebensmittelmarktwirtschaft des Reichsnährstands (RNSt.) möglich; Bedenken gegen jeden planlosen oder fremden Eingriff in die Lebensmittelbestände; erst nach der Ernteschätzung im Herbst eine Entscheidung über Lebensmittelsammlungen für Notleidende möglich, diese aber auf jeden Fall Sache des dafür zuständigen RNSt. Entsprechende Anweisung Goebbels' an Hilgenfeldt, ausschließlich mit dem RNSt. zu verhandeln. (Jeweils Abschrift an Heß.)
M   101 02120–29 (201)

24. 7. 34   Himmler, H. Hinkel   10448
Stellungnahme Bormanns zu einem ihm übersandten Schreiben des Pg. Hinkel: Der StdF an der Frage der Aufnahme (Reaktivierung) H.s in die SS nicht interessiert.
M   306 00491 (Hinkel)

[24. 7. 34]   –   10449
Bekanntgabe des StdF: Betonung des Rechts auf Beschwerde und seiner Bereitschaft, bei Verfehlungen notfalls auch gegen verdiente Parteiführer vorzugehen; andererseits Bekräftigung seiner Entschlossenheit, alle „gewissenlosen, berufsmäßigen Denunzianten" zur Rechenschaft ziehen zu lassen. (Vgl. Nr. 10446.)
W   406 00076 (7990)

27. 7. 34   RKzl.   10450
Anordnung Hitlers, dem StdF bei der Bearbeitung von Gesetzentwürfen sämtlicher Reichsressorts die Stellung eines beteiligten Reichsministers einzuräumen.
H   101 00573 (141); 101 12533 (694)

30. 7.–4. 8. 34   GL München-Oberbayern, KrL Laufen, StadtR Tittmoning, Kzl. d. F   10451
Durch den Stab StdF Übersendung eines Antrags des Stadtrates von Tittmoning, der neuerbauten größten Betonbrücke Bayerns den Namen Adolf-Hitler-Brücke geben und Hitler das Ehrenbürgerrecht verleihen zu dürfen.
K   101 16498/94–97 (981)

31. 7. 34   AA   10452
Bitte Neuraths, die Tätigkeit der dreizehn in verschiedenen deutschen Städten eingerichteten Beobachtungsstellen der Reichsjugendführung zur Beobachtung der Vorgänge in den deutschen Minderheitengebieten jenseits der Reichsgrenzen, insbesondere die Kontaktfahrten von Hitler-Jungen über die Grenzen, wegen der zu befürchtenden außenpolitischen Verwicklungen und wegen der Gefährdung der besuchten Volksdeutschen zu unterbinden.
H   101 25170–73 (1407)

Anfang Aug. 34   de Rochefoucauld   10453
In einem dem Vertreter des Petit Journal gewährten Interview Angaben Heß' über die ruhige Aufnahme des Todes von Dr. Klausener und Probst in der römisch-katholischen Öffentlichkeit und über den Selbstmord K.s. (Dies vom Bischof von Berlin als unzutreffend bezeichnet, Äußerung „schmerzlichen Erstaunens".)
K/H   101 20230–33 (1203)

[Aug. 34]–11. 2. 35   Adj. d. F   10454
Mehrfache Mahnung, eine im Auftrag Hitlers an den Stab StdF geleitete *Beschwerdeschrift von vier Hamburger Arbeitern (wegen Entlassung durch das Hamburger Fremdenblatt) endlich zu erledigen; Verwunderung über das schließlich mitgeteilte Ergebnis des *Untersuchungsberichts des Beauftragten der Parteileitung: Widerspruch zu den bisherigen, zugunsten der Arbeiter ausgefallenen Auskünften.
W/H   124 05021, 024 f. (550)

Aug. 34–20. 12. 35   Hptm. a. D. Wiedemann   10455
Auf Bitte Kerskens (Stab StdF, seit dem 12. 12. 35 zwangsbeurlaubt) Beschluß des Obersten Parteigerichts, in dem wegen angeblich unwahrer abträglicher Kritik am Bürobetrieb im Stab StdF gegen K. anhängigen Verfahren Hptm. a. D. Wiedemann schriftlich als Zeugen zu vernehmen; Katalog der Fragen

an W. (Existenz eines Geschäftsverteilungsplans, Registrierung der Post, Führung von Aktenzeichen, u. a.).
W   124 01436 ff. (163)

Nicht belegt.   10456

2. 8. 34   Neurath, Dt. Botsch. b. Hl. Stuhl   10457
Vertrauliche Mitteilung: Ablehnung des Vatikans, die Verhandlungen mit der Reichsregierung über das Konkordat fortzuführen: Bestürzung über die Ereignisse in Deutschland und Österreich (Tod Dollfuß'), insbesondere aber Verstimmung über Äußerungen von Parteistellen (Abmachungen zwischen der Reichsregierung und dem Vatikan nicht ohne weiteres für die ns. Partei als solche maßgebend).
M   101 01718 ff. (176a)

[2. 8. 34 – 7. 3. 36]   (G. Kienemund)   10458
Bitte eines Georg Kienemund (Berlin) um einen Empfang durch Heß: Beschwerde über Schikanierung durch führende Mitglieder der Berliner Ortsgruppe Odenwald und durch Kollegen bei der Berliner Sparkasse sowie über Mißstände in seiner Ortsgruppe und in der Berliner Stadtbank bzw. der Sparkasse.
W/H   124 02397/1 – 405 (217)

4. 8. 34   RJM   10459
Übersendung des Entwurfs eines Gesetzes zur Änderung des Genossenschaftsgesetzes (Änderung des Prüfungswesens: Mitgliedschaft in einem Prüfungsverband, Satzung der Prüfungsverbände, Durchführung der Prüfungen, u. a.).
W   406 00080 – 95 (10 499)

4. 8. 34   Reg. Bgm. Bremen   10460
Wegen der Angriffe des Reichsstatthalters von Bremen und Oldenburg, Röver, Bitte des Regierenden Bürgermeisters von Bremen, Markert, an den StdF um sofortige Intervention: Beunruhigung der bremischen Wirtschaft wegen der Hintergründe der Angriffe R.s (Reichsreform und Gerüchte über die Besetzung des Senats durch Oldenburger), Gefahr einer falschen Unterrichtung Hitlers.
A   101 23184 f. (1319)

7. 8. 34   DF, RM u. a.   10461
Wunsch Hitlers, aus Anlaß der Vereinigung des Amtes des Reichspräsidenten mit dem des Reichskanzlers gerichtliche Strafen zu erlassen, anhängige Strafverfahren einzustellen und auch nach Möglichkeit Entlassungen aus der Schutzhaft zu verfügen; Ersuchen, auch sämtliche im Zusammenhang mit der Aktion vom 30. 6. 34 erlassenen Schutzhaftbefehle wohlwollend zu prüfen. (Abdruck an den StdF.)
M   101 03959 f. (398)

[7. 8. 34] – 18. 4. 35   AA, RMdI – 22   10462
Erörterung der Beeinträchtigung der außenpolitischen Beziehungen durch die ns. Rassenpolitik. Vorschlag des Auswärtigen Amtes, die Ariergesetzgebung auf Juden zu beschränken und andere Nichtarier (z. B. Japaner und Chinesen) davon auszunehmen. Dazu Gross (Stab StdF) in einer Ressortbesprechung: Keine grundsätzliche Änderung des Standpunktes der Partei in der Rassenfrage, einem Kernstück der ns. Weltanschauung, möglich; dennoch Zusage einer Mithilfe der Partei, um außenpolitische Belastungen durch innenpolitische Entscheidungen zu vermeiden. Ergebnisse der Besprechung: Die Ersetzung des Begriffs „nichtarisch" durch den Begriff „jüdisch" „noch nicht spruchreif" (offenbar keine grundsätzlichen Einwände, aber Bedenken wegen einer Interpretation als „Rückzug"); Ausnahmen von der Ariergesetzgebung möglich bei nichtarischen nichtjüdischen Ausländern und erheblichem Überwiegen der außenpolitischen Nachteile. Entsprechendes Rundschreiben des Reichsinnenministers.
M   203 03106 – 18, 122 – 46, 149 – 53 (87/2)

8. 8. 34   DF   10463
Zur Gewährleistung einer einheitlichen Politik gegenüber Österreich Verbot Hitlers, die deutsch-österreichische Frage im Rundfunk oder in der Presse abzuhandeln ohne vorherige Einigung darüber zwischen dem Reichspropagandaminister und dem Gesandten in Wien; Befreiung von Einreisevisa nach Österreich nur noch durch den Reichsinnenminister im Einvernehmen mit dem Auswärtigen Amt.
K/M   101 03839 f. (387); 101 19924 f. (1197)

14. 8. – 24. 10. 34   RMfEuL   10464
Besprechung über den *Entwurf einer Pächterschuldenregelungsverordnung; dabei von Wiedemann

(Stab StdF) Bedenken gegen die Zentralisierung sämtlicher Entschuldungsverfahren bei der Pachtbank geäußert (Entschuldungsfähigkeit und -würdigkeit von den örtlichen Entschuldungsstellen weit besser zu beurteilen), außerdem die Einschaltung der Kreisbauernführer bei der Schätzung des Inventarwertes gewünscht. Nach einer neuerlichen Besprechung (vor allem über Finanzierungsfragen) Vorlage eines neuen 'Entwurfs (nunmehr auch Vorschriften über die Entschuldung gärtnerischer Pachtbetriebe sowie von Fischereibetrieben enthalten).
W   403 00001 – 12 (1178)

14. 8. 34 – 10. 9. 35   W. Wust u. a.   10465
Nach einem vom StdF an den Reichswehrminister weitergeleiteten und von diesem abschlägig beschiedenen Gesuch des SA-StuHF Wilhelm Wust (Nürnberg) um Wiederaufnahme des 1926 mit seiner Entlassung aus dem Reichsheer endenden gerichtlichen Verfahrens Bitte W.s um einen Empfang durch Heß.
W/H   124 02010 ff. (190)

15. 8. 34   Gestapa – 1   10466
Schädigung des Reiches in politischer und wirtschaftlicher Hinsicht durch taktloses Verhalten einiger örtlicher Führer der NSDAP gegenüber holländischen Touristen (u. a. tätliche Beleidigungen und Beschimpfungen holländischer Besucher der Braunen Messe in Meppen durch die SA); Hinweis auf die diskriminierenden Folgen solcher Zwischenfälle und Bitte, in Zukunft ähnliche Vorfälle auszuschließen.
K   101 25870 – 74 (1461)

16. 8. – 9. 10. 34   AA   10467
Anordnung des StdF über das Verhalten von Parteigenossen gegenüber Juden (Verbot der Vertretung von Juden vor Gericht, der Fürsprache, der Annahme von Geldmitteln für Parteizwecke, u. a.); sinngemäße Anwendung dieser Verordnung auch auf alle nicht der Partei angehörenden SA-Mitglieder.
K   101 07626 – 29 (602)

17. 8. 34   RMdI – 20   10468
Beschränkung des wegen des Streits innerhalb der Evangelischen Kirche erlassenen Verbots kirchenpolitischer Erörterungen auf unsachliche Auseinandersetzungen.
W   101 01396 f. (162)

18. 8. 34   OPG – 14/1   10469
Übersendung der Satzung und eines 'Mitgliederverzeichnisses der „Gesellschaft der Freunde" zur „gefl. geeigneten Verwertung"; Kennzeichnung der Gesellschaft als „wirtschaftlicher Geheimbund" und „unangreifbarer Block" mit „geheimen Querverbindungen".
H   320 00024 – 30 (5)

18. 8. 34 – 1. 4. 35   SA-Staf. Veller u. a., OPG   10470
Durch Einstweilige Verfügung des StdF Ausschluß der SA-Führer Willi Veller, Alfred Schumann, Hans Pfeiffer, Paul Hufeisen, Helmut Hoter, Alfred Hilgers und Bruno Wolff (sämtlich Wuppertal) aus der Partei wegen Mißhandlung von Schutzhäftlingen im Konzentrationslager Kemna. Aufhebung der Verfügung durch das Oberste Parteigericht: Unter Disqualifizierung der Ermittlungen der Staatsanwaltschaft Wuppertal (als „Grundlage einer gerechten Beurteilung" ungeeignet, „völlig übertriebene und zum Teil auch unglaubwürdige Aussagen ... schwer vorbestrafter Elemente") in drei Fällen Erteilung von Verwarnungen (teils unter gleichzeitiger befristeter Aberkennung der Ämterfähigkeit), in vier Fällen Freispruch (darunter jedoch zwei Verwarnungen wegen Parteigenossenmißhandlung bzw. Veruntreuung von Parteigeldern). Tenor der Urteilsbegründung: Anwendung von Zwang durch die Angeschuldigten in der Regel nur zur Brechung des Widerstands und aus Gründen der Staatsnotwehr, jedoch in einigen Fällen Gewaltanwendung über das „notwendige Maß" hinaus.
W/H   147 00054 – 76 (14)

19. 8. 34   DF   10471
An Heß Ersuchen einer Organisationsänderung des Kampfringes der Österreicher im Reich mit dem Ziel, eine Einmischung des Kampfringes in innerösterreichische Verhältnisse auszuschließen; Wechsel in der Verbandsführung.
K   101 26085 (1478)

22. 8. 34   —   10472
Verfügung des StdF, Beschwerden über innere Parteiangelegenheiten betreffend: Zuständig für die Entgegennahme und Bearbeitung allein die Parteidienststellen, in Ausnahmefällen Möglichkeit der Beschwerde an den Führer oder den StdF; künftig Ahndung von Beschwerden bei außerparteilichen Stellen mit Parteiausschluß; Wertung von Beschwerden mit Sammelunterschriften als Meuterei.
W   101 19928 (1197)

23. 8.—23. 10. 34   Pg. Grun   10473
Wiederholte 'Eingaben, die Zersetzung von Partei und Staat und die mangelnde Sittlichkeit und Moral der „führenden Spitzen" in Plauen betreffend; dabei Berufung auf die Verordnung Hitlers vom 18. 4. 34 (Verantwortung der Altparteigenossen für den Erhalt von Partei und Staat).
K/W   101 15078 f. (883 a)

25. 8. 34   RM, LM   10474
Bitte des Stabs StdF, zur Vermeidung negativer außenpolitischer Auswirkungen vor Erlaß rassenpolitischer Maßnahmen und Verlautbarungen mit dem Rassenpolitischen Amt Fühlung zu nehmen. (Vgl. Nr. 10462.)
K   101 07197 (579); 101 13695 (720 a)

25. 8.—[18. 10.] 34   StSekr. Feder, Seldte   10475
Durch StSekr. Feder Zurückweisung des Wunsches Heß', den MinR Durst aus dem Amt des Reichskommissars für das Siedlungswesen (RKS) zu entfernen: Ludowici (Stab StdF, Leiter des Reichsheimstättenamts und stellvertretender RKS) von vornherein und ohne stichhaltige Gründe gegen den „fleißigen, fähigen und kenntnisreichen" D. eingestellt, Entlassung D.s für L. eine Machtprobe; völlig unzureichende Erfüllung der Pflichten L.s als stellvertretender RKS; Versuch L.s, sich mit den Heimstättenämtern eine persönliche Machtbasis zu schaffen und als Konkurrent zum RKS zu fungieren. Die Bereinigung des Verhältnisses zwischen RKS und Reichsheimstättenamt und die Berufung D.s als persönlicher Berater von Seldte (unter ausdrücklichem Hinweis auf die Differenzen zwischen D. und L.) zur Bedingung für die Rückübernahme der Siedlungsangelegenheiten in sein Ressort gemacht.
K/W   101 18370/2, 371/2 ff., 376—77/6 (1141 c)

27. 8. 34   RStatth. Kaufmann   10476
Klage über die seit der Machtergreifung (infolge notwendiger politischer Maßnahmen) eingetretene Verschlechterung der wirtschaftlichen Gesamtlage der Stadt Hamburg: Durch das Erlahmen des Export- und Importhandels viele Firmenzusammenbrüche und daraus folgende Vernichtung der Existenz von 10 000 kaufmännischen Angestellten; die Schiffahrt kaum noch rentabel; Lage der Hafenarbeiter (Wochenlohn RM 16.— bis 18.-) katastrophal; untragbarer Schaden für die gesamte Geschäftswelt (mit Ausnahme der Werften); Bitte, sich bei Hitler und im Reichskabinett für Hamburg zu verwenden; Unterbreitung eines 14 Punkte umfassenden Sofortprogramms (u. a. Industrieverlagerung, Vergabe von Reichsaufträgen, Elberegulierung, Hebung des Fremdenverkehrs, Errichtung einer Devisenfiliale, Erlaß des Hafenermächtigungsgesetzes, stärkere Beteiligung Hamburgs bei Importen durch die deutsche Schiffahrt, Verhinderung von Konzernabwanderungen) mit der Bitte, für Hamburg ähnliches wie für Ostpreußen zu tun.
A   101 23959—69 (1344)

27. 8.—14. 12. 34   RMdI, RKzl.   10477
Forderung des Reichsinnenministers nach Beteiligung an übergreifenden Verordnungen über die Rechtsverhältnisse der Partei, insbesondere an der Satzung der NSDAP, unter Berufung auf die Teilnahme des StdF an der Gesetzgebung des Reichs; Hinweis u. a. auf die Möglichkeit großer Schwierigkeiten im Rechtsverkehr durch die ungeklärte juristische Stellung der angeschlossenen Verbände; Einwände gegen Ausführungen des StdF über die Rechtspersönlichkeit der einzelnen Gliederungen (nämlich als Teile der öffentlich-rechtlichen Körperschaft NSDAP): Im Gegensatz zu den angeschlossenen Verbänden (diese nicht Teil der Partei) Teilnahme der Gliederungen am Rechtsleben nur über die Gesamtkörperschaft, die NSDAP, möglich; die Bemühungen insbesondere der DAF, eine eigene Rechtspersönlichkeit zu erhalten, durch die Verordnung vom 24. 10. 34 (Definition als Gliederung der Partei) gescheitert; die nunmehr allerdings vorliegende Verantwortlichkeit der NSDAP für alle von der DAF vorgenommenen Rechtshandlungen von der Parteileitung wohl kaum gewünscht.
M/H   101 06518—29 (530)

28. 8. 34   Gestapa   10478
Mitteilung aus Prag über Gespräche in jüdischen Emigrantenkreisen: Verringerung der SA; Hoffnung auf Verbreitung von Unzufriedenheit im Volk mit Hilfe der abgebauten SA-Führer und SA-Männer; Planung von Sprengstoffanschlägen auf Eisenbahnen, öffentliche Gebäude und später auch auf Regierungspersonen.
K   101 20228 (1203)

28. 8. 34   RLM   10479
Der Eintritt von Beamten in den Reichsluftschutzbund wegen des propagandistischen Wertes erwünscht.
A   101 22752—56 (1295)

28. 8.—30. 9. 34   Gestapa, AA, Dt. Botsch. Paris   10480
Informationen der Gestapo über Maßnahmen des französischen Kriegsministeriums gegen die von französischen Frontsoldatenverbänden betriebene Annäherung der Frontkämpferverbände aller Kriegsländer. Dazu eine Richtigstellung der Deutschen Botschaft in Paris: Keineswegs Unterdrückung der Frontkämpferbewegung durch Marschall Pétain, sondern lediglich Nichteinmischung in politische Angelegenheiten gefordert.
H   101 25669—72 (1438)

30.—31. 8. 34   RKzl., RLM   10481
Zustimmung des StdF zu der vom Reichsluftfahrtminister beantragten Eingruppierung der Bauaufsichtsführer Platz, Schulte, Hess, Wilde, Roth und Schlotter nach Gruppe II der „Vorläufigen Richtlinien".
H   101 18677—83 (1152)

31. 8. 34   RStatth. Thüringen   10482
Analyse des Ergebnisses der Volksabstimmung am 19. 8. 34 im Gau Thüringen, insbesondere der Nein-Stimmen (Marxisten, reaktionäre und kirchlich-orthodoxe Kreise) und der ungültigen Stimmen (unzufriedene Bauern und Mittelständler, Sozialdemokraten, Sektenanhänger, Reaktionäre, katholische Touristen, Kritiker der örtlichen politischen Leitung); als Konsequenz aus dem Wahlergebnis eine Stärkung der Autorität der Partei auf der mittleren und unteren Ebene vorgesehen; Erörterung des Wahlverhaltens im katholischen Bezirk Eichsfeld.
K/H   101 05864—68 (498)

31. 8. 34   Göring   10483
Nach Auswertung der politischen Lageberichte der Ober- und Regierungspräsidenten in Preußen (Auszüge beigefügt) und in Anbetracht der darin sichtbar werdenden Erwartung des Volkes auf eine Ausdehnung der Säuberungsaktionen von der SA auf alle Gliederungen der Partei Aufforderung Görings an Heß, mit Rücksicht auf die Volksstimmung, auf den zu erwartenden politisch schweren Winter wie auch auf das Winterhilfswerk den Parteiapparat rücksichtslos von anstößigen Elementen zu befreien.
H   101 21255/1—94 (1263)

31. 8.—5. 10. 34   RStatth. Thüringen, RKzl.   10484
Meldung des RStatth. Sauckel über die Vereidigung sämtlicher thüringischen Minister und Beamten auf Hitler: Unter Berufung auf die vom StdF verkündete volle Gewissensfreiheit für alle Deutschen Weigerung von fünf der Deutschen Glaubensbewegung angehörenden höheren Beamten, den Eid zu leisten (wegen der einen Gewissenszwang ausübenden Schlußformel). Bezugnehmend auf ein Gespräch mit StSekr. Lammers in dieser Angelegenheit Bitte des StdF, ihm die Entscheidung H.s mitzuteilen. Verweis L.' auf eine der nächsten Kabinettssitzungen.
K   101 05869 ff. (499)

31. 8. 34—[5. 6. 35]   RStatth. Thüringen, StSekr. Lammers   10485
Bitte des RStatth. Sauckel an Heß, sich durch PolR Gomlich über Schwierigkeiten bei dem Strafverfahren gegen die Gebrüder Simson, als Besitzer der Simson-Werke in Suhl wichtige Heereslieferanten, wegen Betrugs und Bestechung zum Nachteil des Reichs informieren zu lassen (offenbar erfolgreiches Abschieben der Schuld auf den in der Schweiz befindlichen Geschäftsführer Bätz). Ebenfalls Auftrag Hitlers an Heß, die Angelegenheit zu überprüfen; dann jedoch deren Weiterbearbeitung durch S. In dessen

Bericht u. a. Erwähnung der erfolgten Inhaftierung sämtlicher Familienmitglieder unter dem Verdacht des Landesverrats.
M/H   101 03576 − 85 (358 a)

[5. 9. − 23. 10. 34]   Adj. d. F., F. Gründer   10486
In den (z. T. an den StdF weitergeleiteten) Bittschreiben eines Fritz Gründer (Ottendorf-Okrilla) um Untersuchung seines − angeblich auf persönlicher Schikane des Ortsgruppenleiters beruhenden − Parteiausschlusses Vorwürfe und Ausfälle gegen die Mitarbeiter des StdF und die Führeradjutantur.
K   124 03732 ff. (337)

6. 9. 34   StSekr. Lammers, Neurath   10487
Von sudetendeutscher Seite geäußerte Bitte um einige klärende Worte Hitlers oder Heß' auf dem bevorstehenden Reichsparteitag über die tatsächliche Bedeutung der kulturellen Beziehungen (keine imperialistischen Bestrebungen) zwischen Deutschland und dem Auslandsdeutschtum; Anlaß: Gefahr der Unterbindung der Beziehungen durch die Tschechoslowakei und der Umorientierung der Sudetendeutschen in Richtung Wien nach dem eingeleiteten Prozeß gegen 23 Sudetendeutsche (Troppauer Affäre).
H   101 25166 ff. (1407)

[7. 9. 34]   RMdI   10488
Mitteilung an den Reichssportführer nach Fühlungnahme mit dem StdF: Das Verbot des Verkehrs von Parteigenossen mit Juden nicht gültig für den sportlichen Verkehr im allgemeinen und für die Zulassung von Juden zu den Olympischen Spielen, also (wie bereits mit Schreiben vom 31. 5. 33 erklärt) kein grundsätzlicher Ausschluß jüdischer Sportler von der deutschen Olympia-Mannschaft.
W   201 00523 − 26 (80/4)

7. − 22. 9. 34   AA u. a.   10489
Dringende Bitte des österreichischen NS Reint(h)aler, durch frühere Mitglieder der in Deutschland befindlichen Gauleitungen und der Landesleitung der österreichischen NSDAP keine Weisungen oder Befehle nach Österreich schicken zu lassen; zur Erfüllung seiner Aufgabe (Befriedung zwischen der Partei und der österreichischen Regierung) Zerstreuung des Verdachts des Bundeskanzlers hinsichtlich noch bestehender Verbindungen zwischen der österreichischen NSDAP und in Deutschland befindlichen Stellen unumgänglich. Wiederholung dieser Bitte unter Hinweis auf einen neuerlichen Fall (Entsendung von Parteigenossen aus der Tschechoslowakei mit dem Auftrag, gegen die österreichische Regierung und R.s Aktion Propaganda zu machen und die österreichischen Parteigenossen zu radikalisieren); trotz Verdachts auf eine Aktion der „Schwarzen Front" Bitte um Überprüfung.
K   101 26086 − 90 (1478 a)

[7. 9. 34] − 7. 6. 35   RMdI   10490
Teilung der Besorgnisse des Präsidenten des Organisationskomitees der IV. Olympischen Winterspiele hinsichtlich einer Gefährdung der Spiele durch die zunehmende antisemitische Propaganda im Bezirk Garmisch-Partenkirchen und einer Gefährdung auch der XI. Olympiade in Berlin durch einen etwaigen Zwischenfall in Garmisch; unter Hinweis auf die dem Komitee gegebene Zusicherung, Juden weder als Teilnehmer noch als Besucher der Spiele zu diskriminieren, Bitte an Hitler (von diesem an Heß weitergegeben), die Einstellung dieser Propaganda im Raum Garmisch anzuordnen.
H   101 13805 − 09 (729)

11. − 13. 9. 34   Pfarrer Keupp   10491
Bemühungen des Rektors Pfarrer E. Keupp (Schönau b. Berchtesgaden) um einen Empfang bei Hitler; Absicht, ihn von der ns. Einstellung „ernst- und echtchristlicher Kreise" zu überzeugen. Durch den Adjutanten des StdF Verweisung K.s an H.s Privatkanzlei.
M   101 01792 ff. (180)

13. 9. 34   RMdI, NSD-ÄrzteBd. − 24   10492
Mitteilung Dr. Wagners (Stab StdF) an den Reichsinnenminister: Erklärung Hitlers, als Oberster Gerichtsherr bei Unterbrechung der Schwangerschaft aus eugenischen Gründen für die Straffreiheit des betreffenden Arztes zu sorgen (das Wohl des deutschen Volkes dem toten Paragraphen übergeordnet). Richtlinien des NSD-Ärztebundes für das Procedere.
H   101 13687 ff. (720)

14. 9. 34   StSekr. Lammers   10493
In Anbetracht von Bedenken gegen einen Entwurf des Reichsluftfahrtministers über die Gleichstellung der Fliegerstürme und Segelfliegerstürme im Deutschen Luftsportverband mit SA und SS Herbeiführung einer Stellungnahme des StdF und des Reichsinnenministers.
K/H   101 12712 ff. (696)

17. 9. – 12. 10. 34   RKzl., Anhalt. StM   10494
Durch die Reichskanzlei Übersendung einer Denkschrift des Anhaltischen Staatsministers über den Einbau der Partei in den Staat im Hinblick auf die Reichsreform; Wunsch, die Auffassung des StdF zu den Ausführungen vor ihrer Weitergabe an Hitler zu erfahren. Ablehnende Stellungnahme des StdF: Keine Berücksichtigung der Richtlinie H.s „Die Partei befiehlt dem Staat", daher falsche Ausgangsposition mit entsprechenden Ergebnissen; Verkennung der Bedeutung von Dezentralisation und Selbstverwaltung als Grundgedanken des neuen Staatsaufbaus; Herstellung der Einheit von Partei und Staat auf jeder der vier vorgesehenen Verwaltungsebenen (Gemeinde, Kreis, Gau, Reich) notwendig; keine weitere Erörterung der Einzelheiten wegen grundlegender Meinungsverschiedenheiten in den wichtigsten Auffassungen.
K   101 05841 – 54, 862 f. (497)

17. 9. – 24. 10. 34   RArbM   10495
Besprechung über den *Entwurf eines Gesetzes zur Neuregelung der Arbeitslosenhilfe: Einwände des StdF u. a. gegen die im Entwurf vorgeschlagene Teillösung (nur eine Vollreform zweckmäßig); Ablehnung der auch vom Reichsfinanzminister geforderten Kontrolle der Arbeitsämter über die Bezirksfürsorgeverbände; Befürchtungen der Innenminister für die finanzielle Lage der Gemeinden bei der von den Finanzministern dargelegten Zielsetzung der Reform (Verminderung der Ausgaben für die Arbeitslosenhilfe).
M/H   101 06619 – 38 (535)

18. 9. 34   RMdI   10496
Nach der Errichtung einer Abteilung für körperliche Erziehung im Reichserziehungs- und im preußischen Kultusministerium Hinweis des Reichsinnenministers auf die ihm obliegende Federführung in bestimmten Angelegenheiten von Sportvereinen, der Jugendfürsorge und des Arbeitsdienstes.
W/H   406 00031 f. (2055)

19. 9. 34   (Gestapo)   10496 a
Durch den StdF Veranlassung der polizeilichen Überwachung des Drogisten Karl Görger (Rastatt).
H   203 00997 (33/2)

19. – 30. 9. 34   RStatth. Baden, StSekr. Lammers – 35   10497
Nach Konflikten mit den den Erfordernissen des ns. Staates nicht entsprechenden, lediglich als Verwaltungsbeamte tätigen Landräten in Baden Vorschlag des RStatth. Wagner, die Landratsstellen – wie in Preußen – als politische Stellen anzusehen und sie (im ganzen Reich) mit den als politische Autorität anerkannten Kreisleitern der NSDAP zu besetzen; Übernahme der landrätlichen Verwaltungsaufgaben durch befähigte Verwaltungsbeamte vorgesehen. Entscheid Hitlers: Keine Bedenken, W.s Vorschlag in geeigneten Einzelfällen anwenden zu lassen; außer politischer Eignung des Betreffenden jedoch auch seine Befähigung als Verwaltungsbeamter erforderlich; eine generelle Regelung der Angelegenheit im gegenwärtigen Zeitpunkt nicht erwünscht, sondern erst im Zusammenhang mit der Reichsreform durchführbar.
K   101 05855 – 61 (497)

21. 9. – 12. 10. 34   Kzl. d. F, DF/Pers. Ref., R. O. Stahn – 9   10498
Wegen der politischen Lage (gehässige Äußerungen italienischer politischer Kreise gegen Deutschland) Bedenken der Parteiamtlichen Prüfungskommission (PPK) gegen die bei Cotta erschienene Schrift eines R. O. Stahn mit dem Titel „Wir haben's gewagt! Weg und Wollen der Führer in Deutschland und Italien": Keine Auslieferung des Buches vor Klärung der Einstellung der italienischen Regierung zu der vom Verfasser getroffenen Auswahl der führenden Köpfe des Faschismus; Einholung einer Äußerung Hitlers über den die NS-Bewegung betreffenden Teil des Buches; Bitte an den Persönlichen Referenten H.s, ORegR Meerwald, in künftigen Fällen die Verfasser von NS-Literatur an die zuständige PPK zu verweisen (Berufung von Autor und Verlag auf M.).
K   101 16498/28 – 35 (978)

23. 9. 34   RMdI   10499
Anweisung Hitlers, mitgeteilt in einer *Anordnung Heß': Gesamtverantwortung für alle (auch über den Rahmen der Partei hinausgehende) Veranstaltungen mit Teilnahme Hitlers beim zuständigen Gauleiter als dem verantwortlichen Hoheitsträger der Partei; Verantwortung für alle Absperr- und Sicherheitsmaßnahmen beim Reichsführer-SS bzw. einem von diesem bestimmten höheren SS-Führer.
W   101 03885 f. (391)

24. 9. 34   Adj. d. F   10500
Weiterleitung eines *Schreibens des GL Streicher.
W   124 00843 (69)

25. 9. 34   RVM, RLM   10501
Stellungnahme des Reichsverkehrsministers zu der vom Reichsluftfahrtminister vorgeschlagenen Änderung des § 12 des Luftverkehrsgesetzes (Einschränkung des Landungsrechts für Luftfahrzeuge außerhalb der zugelassenen Flughäfen). (Abschrift an den StdF.)
K   101 12715 ff. (696)

28. 9. – 18. 10. 34   Darré, Schacht, StSekr. Lammers u. a.   10502
Konflikt zwischen Darré und Schacht um die Devisenverteilung. Protest D.s gegen eine ausschließliche Verteilung der Devisen durch das Reichswirtschaftsministerium; Forderung nach Aufstellung eines gemeinsamen Plans, um einer einseitigen Bevorzugung der Industrie entgegentreten zu können; Befürchtung weitreichender Schäden durch die Einstellung der Zuteilung von Devisen und Rembourskrediten für das Landwirtschaftsministerium. Verwahrung Sch.s gegen die Anschuldigung D.s, auf ihn einen Druck ausüben zu wollen: Verantwortung für die Verteilung der Devisen nicht bei der Reichsbank, sondern bei der Reichsregierung und damit bei Hitler (Abschrift jeweils an Heß). In einer Chefbesprechung Entscheidung Hitlers, im Interesse der industriellen Beschäftigung lieber den Viehbestand zu verringern und vorübergehend die nationale Lebensmittelreserve anzugreifen, um die industrielle Produktion unter keinen Umständen wegen Rohstoffmangels einschränken zu müssen. (Vgl. Nr. 10523.)
M/H   101 03297–318 (331)

29. 9. 34 – 19. 2. 36   Adj. d. F, Rechtsanw. Wartze, GL Kurmark u. a. – 1, 6   10503
Angriffe des Rechtsanwalts und ehemaligen Bürgermeisters Wartze sowie verschiedener ihrer Ämter in der Ortsgruppenleitung enthobener Parteimitglieder gegen den Ortsgruppenleiter von Strausberg (Kurmark), Görlitz, wegen Parteibuchbonzentums, Cliquenwirtschaft, Korruption, Unfähigkeit u. a.; außerdem Beschwerden W.s und seiner Frau wegen Vorenthaltung der Parteimitgliedskarte. Nach mehreren Untersuchungen vom Stab StdF zunächst Aushändigung der Mitgliedskarten sowie Rehabilitierung W.s und Beurlaubung G.' verfügt. Wegen weiterer Beschwerden (Anlaufstelle der Beschwerdeführer wie bisher hauptsächlich der deshalb von Bormann getadelte Führadjutant Wiedemann) schließlich Untersuchung der Vorfälle durch HAL Friedrichs (Stab StdF); Ergebnis: Die bisherigen Darstellungen einseitig vom Standpunkt der (von F. als „Stänkerer" und „Verleumder" bezeichneten) Gegner G.' bestimmt, G. allerdings ebenso wie die Kreisleitung durch zu wenig energisches Auftreten an der Verschlechterung der Situation mitschuldig; Hauptursache der Vorkommnisse das starke Übergewicht erst nach 1933 in die Partei eingetretener Mitglieder in der Ortsgruppe und die daraus resultierende „häufig nicht richtige Stellungnahme zu prinzipiellen Fragen" (bei einer „einigermaßen grundsätzlichen" ns. Haltung der Beschwerdeführer eine Klärung in einem gemeinsamen Gespräch möglich gewesen). Maßnahmen zur Wiederherstellung der Parteiautorität: Wiederberufung G.' (jedoch Ablösung durch eine energischere Person nach einem halben Jahr vorgesehen) und Ermahnung der Beschwerdeführer zur Disziplin (nach Kenntnisnahme von einem ablehnenden Urteil des Gaugerichts Kurmark keine weitere Befürwortung der Parteiaufnahme Wartzes durch F.). Bitte F.' an Wiedemann, eventuelle noch direkt an ihn gelangende Beschwerden weiterzuleiten und persönlich vorsprechende Beschwerdeführer an den Gauorganisationsleiter zu verweisen.
W/H   124 01222–80 (144)

30. 9. 34   AA, Dt. Ges. Kopenhagen, Stapo Hamburg, RMdI – 1   10504
Aufgrund von Berichten der Deutschen Gesandtschaft in Kopenhagen Bitte des Auswärtigen Amts (AA), auf den Abbruch der Beziehungen der Hamburger Polizeibehörde zu dem übel beleumundeten, politisch einflußlosen dänischen NS Eugen Danner hinzuwirken; anläßlich dieses Einzelfalls generelle Bitte: Aufnahme von Auslandskontakten durch untergeordnete Behörden oder Parteistellen nur mit

Wissen oder auf Weisung der – zweckmäßigerweise sich mit dem AA in Verbindung setzenden – Zentralstellen.
W 110 00013 – 21 (62)

30. 9. – [19. 10.] 34   Bgm. Wemding, Kzl. d. F   10505
Durch den StdF Weiterleitung eines *Gesuchs des Bürgermeisters der Stadt Wemding (Schwaben) um die Genehmigung einer Umbenennung des früheren sogenannten Hauptplatzes (jetzt: Marktplatz) in Adolf-Hitler-Platz.
K/H 101 16498/98 f. (980)

Herbst 34   RMfWEuV   10506
Ernennung Walter Franks zum Referenten für Geschichte in der Hochschulkommission der NSDAP beim StdF.
W 101 15017 ff. (860 b)

Herbst 34 – [25. 11. 35]   APA   10507
Auseinandersetzungen um den von Ley ernannten, aber außer L. auch noch Rosenbergs Amt für Kunstpflege unterstellten KdF-Amtsleiter Dreßler-Andreß und um die Kompetenz für die weltanschauliche Überwachung des Werkes KdF: Vorwürfe R.s wegen mangelnder Zusammenarbeit und Verweigerung dienstlicher Vorsprachen durch D.-A; Meldung dieser Vorfälle an den StdF. Verzögerung einer im Zusammenhang auch mit anderen Fragen vom StdF vorgesehenen Besprechung.
H 124 01354 – 56 (156)

1. – [12.] 10. 34   G. Wagner, StSekr. Feder   10508
Im Zusammenhang mit der steigenden Mißstimmung innerhalb der Beschäftigten der I.G. Farbenindustrie A.G. (Preiserhöhungen, Besetzung höherer Dienststellen mit „Gesinnungsakrobaten" und sonstigen ungeeigneten Personen) Kritik des Vertrauensrats an der Berufung Ludowicis (Stab StdF, Inhaber der größten Ziegelei Deutschlands und Hersteller der „National-Bausteine") auf einen leitenden Posten im Reichsheimstättenamt (L. im Gau Rheinpfalz nicht als Parteimitglied geführt, seine soziale Haltung gegenüber den Arbeitern zumindest nicht zweifelsfrei positiv), an den von L. ausgewählten Mitarbeitern Rettenmeier, Werre und Waldmann sowie an der Amtsenthebung des stellvertretenden Leiters des Gausiedlungsamts Rheinpfalz, Lederle (Hinweis auf dessen erfolgreiche Arbeit für das Pfälzische Siedlungswerk und die Errichtung von 800 Siedlerstellen durch die I.G.-Farbenindustrie allein in der Vorderpfalz). Dazu StSekr. Feder (Reichskommissar für das Siedlungswesen) gegenüber StSekr. Lammers: Die Kritik des Vertrauensrats eine Ergänzung seiner eigenen Beschwerden über das Reichsheimstättenamt (trotz persönlicher Integrität Ludowicis unzuträgliche Verbindung von Geschäft und Amt; mangelhafter Kontakt Ludowicis mit dem Reichskommissariat; Ankauf eines übertreuerten Anwesens durch das Reichsheimstättenamt).
K/W 101 18371/5 – 375/2 (1141 c)

3. 10. 34   GL Groß-Berlin – 13   10509
Aufgrund der vorliegenden Gutachten Befürwortung einer Erprobung des Hahnschen Verfahrens zur Hydrierung von Erd- und Teeröl (Spaltung von Wasserstoff schon bei 400 statt bei mindestens 700 Grad).
W/H 124 02214 (201)

3. 10. 34 – 15. 10. 40   E. Hennemann   10510
Erfolglose *Beschwerden eines Ernst Hennemann (Dahle) über hohe und höchste Amtswalter und Parteiinstanzen in Westfalen.
W 124 04863 (516)

5. – 26. 10. 34   NS-Hago/KrAL Wiesbaden, Fa. A. Engel, RKzl., Fa. J. J. Weber, RMfVuP
u. a. – 14, 19   10511
Wegen von verschiedenen Seiten erhobener, u. a. durch den Stab StdF („selbstverständlich sofort zu verbieten") weitergeleiteter Einwände gegen die Verwendung von Hitlerbildern zu Reklamezwecken Rücknahme der von der Reichskanzlei der Graphischen Kunstanstalt J. J. Weber (Leipzig) erteilten Erlaubnis zur Herstellung von Einlegeblättern und Etiketten mit dem Bild H.s für Zigarrenkisten; dabei Verweis auf die Richtlinien zur Handhabung des Gesetzes zum Schutz der nationalen Symbole.
K/W 101 16498/36 – 49 (978)

6. 10. 34 — 17. 5. 35   W. Stark, Adj. d. F   10512
Aufforderung Heß' an einen Wilhelm Stark, einen schriftlichen Bericht einzureichen. Anmahnung einer
Antwort auf den ˚Bericht.
W/H   124 01774 (185)

8. 10. 34 — 26. 4. 35   RKzl., RMdI — 20, 22   10513
Eine Anregung der Abteilung für den kulturellen Frieden der Reichsleitung der NSDAP, im Interesse
der Stärkung des inneren Friedens den Begriff „Mischehe" zu beseitigen, vom Leiter des Rassenpolitischen Amtes unterstützt: Die Anwendung dieses Begriffs „im konfessionellen, d.h. unvölkischen Sinne"
für konfessionelle Gruppen eine „Handhabe zur Verwirrung völkischen Denkens".
H   101 01676 — 81 (173)

[10. 10. 34]   GL Brückner   10514
An Göring und Heß gerichtete Denkschrift des schlesischen Oberpräsidenten GL Brückner wegen der
dank SS-Gruf. v. Woyrsch in Schlesien entstandenen Rechtsunsicherheit und Erschütterung der Staats-
autorität mit zahlreichen Vorwürfen gegen W.: Angriffe auf die Justiz; Verweigerung der Zahlung von
Steuerschulden; Bedrohung und – im Zusammenhang mit dem 30. 6. 34 – Ermordung des MdR Sem-
bach; ungerechtfertigte Erschießung des SA-Brif. Frhr. v. Wechmar am 1. 7. 34; Verfolgungen des
Obgm. Blümel aus persönlicher Rache; Begünstigung ehemaliger Deutschnationaler, u. a. seines Bruders
Siegfried v. Woyrsch; u. a. (Erwähnung von Verbindungen Woyrschs zu Frau v. Dirksen und Gen.
v. Reichenau).
H   306 01077/5 — 12 (Woyrsch)

10. — 17. 10. 34   DF/Pers. Ref. — 9   10515
Zu einer Anfrage der Parteiamtlichen Prüfungskommission wegen der Herausgabe von ns. Schrifttum
durch den weltanschaulich nicht genehmen Paul-Steegemann-Verlag unter Berufung auf Hitlers Persönlichen Referenten, ORegR Meerwald, dessen Stellungnahme: Nach Abdruck der von H. auf dem Parteitag 1933 gehaltenen Kulturreden Entscheidung H.s, dem Verlag keine weitere Abdruckgenehmigung zu
erteilen, begründet mit der Absicht des Verlages kurz vor der Machtübernahme, eine der NS-Bewegung
abträgliche Schrift herauszubringen.
K/H   101 16388 — 91 (960)

11. 10. — 13. 11. 34   RKzl.   10516
Beschwerde des StdF über zu kurze Bearbeitungsfristen bei der ihm eingeräumten Mitwirkung an der
Reichsgesetzgebung (diese daher „praktisch unwirksam"); unter Hinweis auf seine Aufgabe (Vertretung
der gesamten NSDAP) Bitte um ausreichende Fristsetzung, anderenfalls Notwendigkeit, seine Zustimmung vorzuenthalten. Anordnung Hitlers, in Anbetracht der gegenüber der Weimarer Reichsverfassung
geänderten, nämlich entscheidenden Rolle der Reichsregierung bei der Gesetzgebung diese Fristen allgemein zu verlängern und im übrigen den StdF auch an der Beratung noch nicht kabinettsreifer Gesetzentwürfe zu beteiligen.
K/H   101 00574 — 77 (141); 101 12535 — 45 (694); 101 19929 — 32 (1197); 110 00185 — 88 (1328)

12. 10. 34   RKzl.   10517
˚Schreiben des StdF, die Bitte eines Prof. Olp (Tübingen) in Sachen Kirchenstreit betreffend.
W   101 01408 (163)

14. 10. 34 — 15. 6. 35   W. van den Daele, Adj. d. F — 1   10518
Bitte eines Willy van den Daele um Entsendung eines Sonderbeauftragten der Partei nach Hagen zur
Untersuchung der „dortigen Zustände", d. h. der von D. namhaft gemachten angeblichen Verfehlungen
(u. a. Veruntreuung von Geldern des Winterhilfswerks) von Obgm. Vetter, Krankenkassenvorsteher
Faust und KrL Trumpetter sowie des Wirkens einiger Vorbestrafter in Funktionen von Staat und Partei.
Weiterleitung auch eines weiteren Schreibens D.s über inzwischen erlittene Verfolgungsmaßnahmen
(Entlassung durch den Arbeitgeber, Verhaftung, Bedrohung durch den Oberbürgermeister) durch den
Führeradjutanten Wiedemann an Friedrichs (Stab StdF). Dessen Antwort: D. „anormal" und ein „berufs-
mäßiger Nörgler", „eigentlich für ein Konzentrationslager reif". Entsprechend Bejahung einer späteren
Anfrage W.s nach etwaigen Bedenken dagegen, D. eine Stellung zu verschaffen.
W/H   124 01309 — 19/12 (153)

[15. 10. 34]   RKzl.   10519
Bisherige und geplante neue Sitzordnung im Kabinettszimmer.
W   110 00177 f. (1314)

16. 10. 34   DF/Pers. Ref. – 9   10520
Übersendung der *Schrift „Adolf Hitler und sein Stab" von E. Czech-Jochberg mit der Bitte um Überprüfung.
K   101 19933 (1197)

17. 10. 34   RKzl., LBf. Coch   10521
Denkschrift des sächsischen Landesbischofs Coch für Hitler über kirchliche Fragen, insbesondere zu Punkt 24 des Parteiprogramms (Bekenntnis des NS-Staates zum positiven Christentum); Hinweis auf die unverkennbare Tendenz einer völligen Ausklammerung der religiösen Frage aus dem Volksleben (Rede Rosenbergs vom 23. 2. 34, Ausschaltung des Religionsunterrichts im Landjahr unter Hinweis auf die Gefährdung des konfessionellen Friedens, einseitige Begünstigung der Deutschen Glaubensbewegung, u. a.); Zusammenfassung des Ergebnisses der Denkschrift in sieben Wünschen. Weiterleitung an den StdF.
M   101 01397 – 407 (163)

18. 10. 34   RJM   10522
Nach einer Ministerbesprechung neuer Vorschlag für die Fassung des § 40 des Gerichtsverfassungsgesetzes (Bestellung u. a. der Kreisleiter zu Vertrauenspersonen durch die Amtsrichter).
W   406 00069 ff. (7816)

18. 10. 34   Hitler, Darré, Schacht u. a.   10523
Chefbesprechung über die Devisenverteilung: Angesichts der Abnahme des monatlichen Devisenanfalls Festlegung der künftigen Devisenpolitik (Beschaffung von Rohstoffen für die Industrie vorrangig vor der Einfuhr von Lebensmitteln); vorgesehene Sparmaßnahmen (keine Roggenverfütterung mehr, Schlachtung und Konservierung von Rindern, Fettrationierung). (Vgl. Nr. 10502 und 10524.)
K   101 14743 – 47 (809)

18. 10. 34   Hitler, Darré u. a.   10524
Verzicht auf die von Blomberg als notwendig erachtete Schaffung von Nahrungs- und Futtermittelreserven durch GenMaj. v. Reichenau (als Stellvertreter B.s bei einem Führervortrag im Beisein Heß' u. a.) zugunsten anderer Devisenbedürfnisse. Die notwendige Konsequenz laut Darré: Starke Rückgriffe auf die bereits vorhandenen Reserven. (Vgl. Nr. 10523.)
K   101 15061 ff. (863)

23. 10. 34   StabsL PO   10525
In Anbetracht der voraussehbaren Verzögerung des Erlasses der Satzung der NSDAP Einverständnis des StdF mit der beschleunigten Verleihung der Stellung einer Körperschaft des öffentlichen Rechts an die DAF; Übersendung des Entwurfs eines diesbezüglichen Gesetzes über die DAF mit der Bitte um Stellungnahme. (Vgl. Nr. 10536 und 10606.)
K/H   101 06484/10 f. (529)

23. 10. 34 – 28. 3. 38   RFSS   10526
SS-Personalakte Ostubaf. Karl Gerland (Stab StdF): Aufnahme in die SS, SS-Stammrolle.
M   306 00366, 368 ff. (Gerland)

25. 10. 34   AA, Dt. Botsch. London – 1   10527
Übersendung eines Berichts der Deutschen Botschaft in London über das Arbeitsprogramm der englischen Regierung, über deren Absicht, vor 1936 keine Neuwahlen abzuhalten und auch die nächsten Wahlen „auf der Grundlage einer ‚Nationalen Regierung' aufzuziehen", und über eine eventuelle Kabinettsumbildung.
H   101 25568 ff. (1433)

25. 10. 34   RL, GL u. a.   10528
Anordnung des StdF zur Gewährleistung einer einheitlichen politischen Linie der Partei: Politische

Führung innerhalb der Partei und Vertretung gegenüber außerhalb der Partei stehenden staatlichen und sonstigen Stellen nur durch die Hoheitsträger; verbindliche politische Abmachungen von Sachbearbeitern und von Gliederungs- und Verbändeführern mit staatlichen u. a. Stellen nur mit Vollmacht des zuständigen Hoheitsträgers; die Vertretung der Partei gegenüber der Reichsregierung und den Regierungen mehrere Gaue umfassender Länder dem StdF vorbehalten.
W   101 19993 f. (1199)

25. 10. – 14. 11. 34   C. Töpfer, Bouhler   10529
Eingabe eines Carl Töpfer (Karlsruhe) um Rehabilitierung seines Schwagers Maj. a. D. Wanckel: Diesem nach seinem (zum Zweck der Arbeit für die SA eingereichten) Abschied von der Wehrmacht wegen einer nicht über den Dienstweg, sondern über die SA an Hitler geleiteten Denkschrift (Gefahr verstärkter Rekrutierung des Offizierskorps aus dem liberalen Bürgertum infolge der Hochschulzulassungsbeschränkung, daher Vorschlag der Übertragung der Auswahl des Offiziersnachwuchses von den Regimentskommandeuren auf das Ministerium, Nachweis der ns. Einstellung der Bewerber durch die örtlichen ns. Führer, u. a.) durch Verfügung H.s das Recht zum Tragen der Uniform entzogen, damit jedoch seine Verwendung in der SA (die ursprünglich vorgesehene Funktion – Führerausbildung der Grenzschutzeinheiten der SA-Gruppe Sachsen – nach der Röhm-Affäre aufgehoben) oder SS (derzeit Referent für Fußeinheiten bei der Reichsführung-SS) unmöglich.
W/H   124 01822 – 32 (187)

27. 10. 34 – 12. 1. 39   Adj. d. F, AR Prochnow, ROL/NSBO – 1   10530
Nach mehreren vergeblichen Beschwerden wegen der ausgebliebenen Beförderung zum Regierungsrat Kritik des AR Heinrich Prochnow (bereits 1931 Mitarbeiter der NS-Betriebszellenorganisation; 1933 Leiter des Heimarbeiter- und Hausgehilfen-Verbandes bis zu seiner Beurlaubung, angeblich wegen „zu aggressiven Vorgehens" gegen die ehemalige Leitung des von ihm gleichgeschalteten Christlich-Sozialen Gewerkvereins für Heimarbeiterinnen) an der Mentalität der Parteibürokratie und Beschwerde bei dem Führeradjutanten Wiedemann wegen der Weitergabe seines für Hitler bestimmten letzten Gesuchs an den StdF. Stellungnahme des Verbindungsstabs zu dieser Eingabe: Der Fall P. nicht Frage einer „Rehabilitierung", sondern lediglich Ausbleiben der Unterstützung der Partei für den von P. betriebenen ungewöhnlichen Sprung vom Amts- zum Regierungsrat; die Angelegenheit für den StdF erledigt.
W/H   124 04075 – 80 (376); 124 04672 – 79 (468)

30. – 31. 10. 34   RKzl.   10531
Änderungswünsche des StdF zu dem vom Reichsinnenminister vorgelegten 'Entwurf eines Sammlungsgesetzes, insbesondere hinsichtlich einer Einschaltung des Reichsschatzmeisters bei der Genehmigungserteilung.
A   101 06843 – 45/1 (561 a)

30. 10. – 8. 11. 34   AA, Dt. Botsch. London   10532
Zu einem Artikel (Should Jews Reconcile with Germany) in der Zeitschrift World Jewry vom 21. 9. 34 und einer Erklärung des Verfassers Mendel Wood (London) über die Bereitschaft des Jewish Board of Deputies, im Falle befriedigender Zusicherungen hinsichtlich der zukünftigen Behandlung der Juden in Deutschland den Boykott gegenüber Deutschland aufzuheben und über die Beilegung des Konflikts mit den maßgebenden deutschen Persönlichkeiten zu verhandeln, Übersendung einer Stellungnahme des Auswärtigen Amtes (AA): Ein Aufrollen der Judenfrage nur aus einer starken Position heraus zu empfehlen, Kompromisse wegen schlechter wirtschaftlicher Verhältnisse nicht zweckmäßig, Gefahr der Unterminierung der weltanschaulichen Grundposition des ns. Deutschland; kein Eingehen auf die Vorschläge W.s. In diesem Zusammenhang Verweis des AA auf eine allen Missionen und Berufskonsulaten übersandte Aufzeichnung über die Entwicklung der Judenfrage in Deutschland und ihre Rückwirkungen im Ausland: Allmähliche Annäherung an das politische Ziel der Ausschaltung des Judentums von öffentlichen Ämtern bei grundsätzlicher Aufrechterhaltung der wirtschaftlichen und sozialen Freizügigkeit; die Ariergesetzgebung die unterste Grenze der von der Bevölkerung erwarteten Maßnahmen; ihre Nichtanwendung in den unter Minderheitenschutz stehenden Reichsgebieten ein Zeichen „anerkennenswerter Disziplin" beim Vorgehen gegen die Juden; Schwanken der Reaktion der inländischen Juden zwischen resignierter Anerkennung der Ausnahmegesetzgebung und Propagierung der – von der Regierung geförderten – Auswanderung; Reaktion des Auslandes eine beispiellose „Greuel- und Lügenhetze";

die materiellen Auswirkungen des antideutschen Boykotts geringer als erwartet, allmählicher Zusammenbruch des „systematischen Kesseltreibens".
K/W   101 07607−25, 628−31 (602)

31. 10. 34   Ley   10533
Wegen notwendiger Ergänzungen und Richtigstellungen der Verordnung Hitlers über die DAF vom 24. 10. 34 Aufforderung Heß' an Ley, bis zum Erscheinen der neuen Anordnungen keine Ausführungsbestimmungen zu der genannten Verordnung zu erlassen und von Presseerörterungen über diese Verordnung abzusehen.
K   101 06484/4 (529)

1. 11.34   DF, RStatth. u. a.   10534
Protokoll der Reichsstatthalter(RSt.)-Konferenz am 1. 11. 34 in Berlin (unter Beteiligung Hitlers, Heß', Görings, Bormanns, des StSekr. Lammers u. a.). Einzige Punkte der Vormittagssitzung: 1) Vereidigung der RSt.; 2) „Politische Darlegungen des Führers und Reichskanzlers" – über Preiserhöhungen bei Lebensmitteln (evtl. wieder Einsetzung eines Preisüberwachungskommissars), über kirchliche Fragen (große Demonstrationen, Nervosität der Kirche angesichts der Erstarkung des Staates, Kirchenfreiheit und Kirchensteuererhebung, Verletzungen der Kirchenverfassung durch die Reichskirchenregierung und Scheitern der von ihm, Hitler, gewünschten einigen, starken Evangelischen Kirche), über Staat und Partei (noch keine Besetzung sämtlicher Beamtenposten mit NS möglich, dies erst in zehn bis 15 Jahren zu erreichen), über wunderbare Erfolge der Not (Gummi- und Wolle-Ersatz), über Außenpolitik (die Kriegsgefahr jetzt geringer als im Mai 1933 oder Sommer 1934; kein Interesse an kriegerischen Verwicklungen; in zehn bis zwölf Jahren ein Angriff auf Deutschland ein schweres Risiko; keine Unterstützung ns. Bestrebungen in anderen, besser in ihrem parlamentarischen Hader verharrenden Ländern) und über die innere Lage in Deutschland (die Röhm-Krisis jetzt überwunden; Erziehung der jungen Deutschen in den Schulen der HJ, des Arbeitsdienstes, der Reichswehr, der SA und der SS die Hauptaufgabe der Partei). Am Nachmittag in Abwesenheit Hitlers Aussprache der RSt. über die Preisgestaltung für lebenswichtige Güter: Klagen über die Preissteigerungen insbesondere bei Kartoffeln und Fleisch und Suche nach den Ursachen; Vorwürfe einer überstürzten Agrargesetzgebung und einer zu starken Verbeamtung und Überorganisation des Reichsnährstands sowie zu großer Gewinne des Zwischenhandels; Charakterisierung der NS-Hago als Fortsetzung der alten Wirtschaftspartei; Verteidigung der Marktordnung durch StSekr. Backe unter Hinweis auf die geringere Getreideernte 1934 (daher Engpaß der Futtergetreideversorgung und – gegen die Gefahr der Kartoffelverfütterung – Notwendigkeit eines hohen Kartoffelpreisniveaus), Vorgehen der Polizei gegen ungerechtfertigte Preiserhöhungen angekündigt; für Heß hingegen eine vorübergehende Verschlechterung der Verhältnisse in der Landwirtschaft eher akzeptabel als – indiskutable – Lohn- und Gehaltserhöhungen.
H   101 25038−50 (1392)

2. 11. 34 − 21. 1. 35   RKzl., AA, AO, Dt. GenKons. New York − 1   10535
Anläßlich eines Empfangs durch Hitler Kritik des Präsidenten der Steuben-Gesellschaft, Theo Hoffmann, an dem Gebaren des „Bundes der Freunde des neuen Deutschlands": Schädigende Auswirkungen der politischen Tätigkeit seiner Ortsgruppenleiter (junge unbekannte Deutsche ohne amerikanische Staatsangehörigkeit) auf die amerikanisch-deutschen Beziehungen und Gefahr, Zwiespalt und Verwirrung unter die Deutsch-Amerikaner (insbesondere durch die moralische Unterstützung des Bundes durch deutsche Konsuln) zu tragen; Verdacht der Steuerung durch eine übergeordnete Stelle; die Gefahr des Verbots des Bundes durch die Regierung nicht ausgeschlossen. Stellungnahme Hitlers: Keine Einwände gegen die Pflege des ns. Gedankens durch NS im Ausland, jedoch Erwähnung seiner Anweisung, politische Betätigungen im Gastland zu unterlassen; keine Instruktion des Bundes durch deutsche Stellen; in diesem Zusammenhang Bitte an den Reichsaußenminister um Auskunft über eine mögliche – von ihm, Hitler, nicht übersehbare – Rivalität zwischen der Steuben-Gesellschaft und dem Bund sowie um Stellungnahme zu der von Hoffmann gewünschten Zurückhaltung der Konsuln gegenüber dem Bund. Äußerung des Auswärtigen Amtes (AA): Unter Einräumung der Möglichkeit einer gewissen Rivalität zwischen beiden Gruppen Bestätigung der von Hoffmann vorgebrachten Klagen; das Verhalten der amtlichen Vertretungen gegenüber den Ortsgruppen künftig vom taktvollen Auftreten ihrer Mitglieder abhängig; Hinweis auf das Verbot des StdF für Angehörige der NSDAP, dem Bund anzugehören. Übersendung einer Erklärung des Leiters der Auslands-Organisation (AO), GL Bohle, durch den StdF: Keine

organisatorische Verbindung zwischen der AO und dem Bund; Betonung der peinlichst gewahrten Passivität der AO gegenüber den USA; Rückfrage bei anderen Dienststellen des Reiches oder der Partei über etwaige Beziehungen vorgeschlagen; mäßigendes Einwirken der Auslandsvertretungen auf den Bund erwünscht. Zustimmung des AA zur Stellungnahme B.s und Empfehlung des Botsch. Luther, die Beziehung zu dem Bund nicht zu lösen, angesichts des politischen Charakters der Organisation jedoch eine gewisse Zurückhaltung zu üben. Bericht des Deutschen Generalkonsulats in New York über die Spaltung des Bundes, ihre Gründe sowie ihre Auswirkungen auf das dem neuen Deutschland positiv gegenüberstehende Deutschtum; Gerüchte über eine mögliche Beteiligung von Parteimitgliedern an diesen Vorgängen.
K/W   101 25999 – 6018 (1469)

5. 11. – 14. 12. 34   RKzl., RMdI   10536
Erste Erörterungen und Entwürfe eines Gesetzes über die Rechtsbefugnisse bzw. die Rechtsstellung der DAF (angesichts der als ungenügend empfundenen Regelung in der Verordnung vom 24. 10. 34). (Vgl. Nr. 10525.)
H   101 06522 – 29 (530)

7. – 27. 11. 34   RKPreis. – 1   10537
Ernennung von Obgm. Goerdeler zum Reichskommissar für Preisüberwachung: Bekanntgabe der Amtsübernahme, der Geschäftsräume und der Fernsprechanschlüsse.
M   101 03007 – 10 (315 a); 101 03054, 070 (319)

9. 11. 34   RK f. d. frw. ArbD   10538
Übersendung einer Verfügung über Ehrenbezeigungen der Wachen und Posten im Arbeitsdienst.
H   101 06031 – 34 (517)

10. 11. 34   Ley, RL, GL u. a.   10539
Verfügung des StdF über die von Ley künftig zu führende Bezeichnung „Reichsleiter für das Reichsorganisationsamt der NSDAP" (keine Zustimmung Hitlers zu der von L. ursprünglich vorgeschlagenen Bezeichnung „Reichsorganisationsleiter" im Hinblick auf die Tätigkeit des ehemaligen Reichsorganisationsleiters Straßer) und über die mit diesem Amt verbundenen Aufgaben (Aufbau, Ausbau und Überwachung der inneren Organisation, Schulung und Personalstatistik der Politischen Organisation [PO]). In diesem Zusammenhang Richtigstellung: Die Partei nicht aus SA, SS und PO zusammengesetzt, sondern die PO nur das Korps der Politischen Leiter, nicht aber der von SA und SS nicht erfaßte Teil der Partei.
K/W   101 19934 f. (1197)

[10.] – 29. 11. 34   GI f. d. Straßenwesen, RKzl.   10540
Zustimmung des StdF zu dem (abgeänderten) Entwurf einer Verordnung zur Durchführung des Gesetzes über die einstweilige Neuregelung des Straßenwesens und der Straßenverwaltung (Geltungsbereich des Gesetzes, Führung von Straßenverzeichnissen, Träger der Straßenbaulast, u. a.).
K   101 05877 – 79 (502)

13. 11. 34   AA, Dt. Botsch. London – 1   10541
Übersendung eines Berichts der Deutschen Botschaft in London über die „gehässige" Formulierung einer Times-Meldung: Erwähnung der Toten der „Juni-Säuberung" im Zusammenhang mit Hitlers Anordnung, jährlich RM 500 000.– aus Parteimitteln für die „Hinterbliebenen der im Kampf um die deutsche Erneuerung Gefallenen" auszuwerfen.
H   101 25571 f. (1433)

14. – [30.] 11. 34   RKzl., RJM, RWM   10542
Durch die Reichskanzlei Übersendung eines Schreibens des Reichsjustizministers über die Notwendigkeit, zur „Bewältigung der vom Volksgerichtshof abzuurteilenden Strafsachen" die Zahl der zwanzig nichtrichterlichen Mitglieder „auf etwa das bis Zweieinhalbfache zu erhöhen". Zustimmung des StdF zu den vorgeschlagenen 24 neuen Mitgliedern, jedoch Streichung von zwei SA-Führern (SA-Ogruf. v. Ulrich, SA-Gruf. Prinz August Wilhelm v. Preußen) durch Hitler.
H   101 27281 – 88 (1518)

14. 11. 34 – 31. 7. 35   RKPreis. – 1   10543
Mitteilungen A 5 – 112 (mit Lücken): Förderung selbständiger Kostenberechnungen; Anmeldepflicht von Preisbindungen; Preisschilder- und Preisverzeichnisse; unberechtigte Mietsteigerungen; Preise für Milch, Brot, Fleisch, Marmeladen, Gemüsekonserven u. a.; Bauvergebung öffentlicher Dienststellen; u. a. (Vgl. Nr. 10547.)
M   101 03055 f., 063 – 68, 071 – 76, 082 – 207 (319; 319 a)

15. – 27. 11. 34   F. M. Endres, Bouhler   10544
Unter Schilderung seiner politischen Verdienste und der Umstände der Unterbrechung seiner offiziellen Parteimitgliedschaft (wirtschaftliche Notlage nach politischer Verfolgung, getarnte Ausforschung Beppo Römers im Auftrage Röhms) Bitte eines Fritz Michel Endres (Berlin) an Heß um die Verleihung einer zurückdatierten, die Zuerkennung des Blutordens ermöglichenden Parteimitgliedsnummer. Nach Bormann eine persönliche Entscheidung Hitlers hierüber erforderlich. (Vgl. Nr. 10865 a.)
W/H   124 01361 (158); 124 02160 – 67 (198)

Nicht belegt.   10545

19. 11. 34   AA   10546
Warnung des Deutschen Botschafters in Paris vor übereilten und übertriebenen Annäherungsversuchen an die französischen Frontkämpferverbände sowie vor einer Überschätzung ihres Einflusses, insbesondere ein „Wettrennen" verschiedener Stellen mit Propagandaaufträgen schädlich; deshalb Bitte des Reichsaußenministers um eine Anweisung der NSDAP-Reichsleitung, vor der Einleitung von Aktionen mit dem Auswärtigen Amt Fühlung zu nehmen.
H   101 25673 ff. (1438)

19. 11. – 11. 12. 34   RKPreis. – 1   10547
Um die eingetretene starke Zersplitterung in der Preisüberwachung zu beseitigen, Neuregelung der Befugnisse der Preisüberwachungsbehörden: Festsetzung von Preisen, Preisspannen und Zuschlägen ausschließlich durch den Reichskommissar für Preisüberwachung (RKP), ausgenommen Preise mit begrenzter räumlicher Ausdehnung; Durchführung der Preisüberwachung; Aufforderung an die Preisüberwachungsbehörden, mit den Gau- und Kreisleitern der NSDAP Fühlung zu halten; Verschärfung der Haftstrafen für Preistreiber nur durch Reichsgesetz; bevorstehende Ausstattung der Preisüberwachungsstellen mit einem Ordnungsstrafrecht; Aufforderung, alle Einzelaktionen auf dem Gebiet der Preisfestsetzung zu unterlassen. Später aus gegebener Veranlassung – Geschäftsschließungen durch untergeordnete Organe – Hinweis auf die Beschränkung der Befugnis zur Geschäftsschließung auf die Regierungspräsidenten in Preußen und die ihnen gleichgestellten Dienststellen in anderen Ländern sowie Abgabe von Erläuterungen zu einer *Verordnung über Preisüberwachung: Ausdehnung gewisser Verordnungen über Preisbindung und gegen Verteuerung auf alle Güter und Leistungen, ohne Berücksichtigung ihres lebenswichtigen Charakters; Zuständigkeit der Preisüberwachungsbehörden für die Beantragung von Strafverfolgung und für die Verhängung von sofortigen Ordnungsstrafen bis zu RM 1000.–, um ungerechtfertigte, den „Handel und die Verbraucherschaft" beunruhigende Betriebsschließungen zu vermeiden. (Mitteilungen A 8, 19, 25 und 26.)
M/K/H   101 03057 – 62, 069, 077 – 81 (319)

20. 11. 34   RKzl. – 1   10548
Durch den Stabsleiter StdF Übersendung eines *Schreibens des Reichsverbandes ambulanter Gewerbetreibender Deutschlands, Fachgruppe Butter-Eier-Händler (Gießen): Bitte um eine Unterredung mit Hitler.
M   101 02102 (199)

20. 11. 34   StSekr. Lammers   10549
Weiterleitung von *Eingaben eines Albin Hermann Schramm (München) und des Kunstmalers Karl Jakob um Verwendung des Sch. im Verwaltungsapparat der Partei.
K   101 14884 – 87 (836)

21. 11. 34   J. Thiel   10550
Durch einen Joh. Thiel (Magdeburg) Übersendung einer *Schrift über die „Erhöhung der Treffsicherheit bei Beschießung von Flugzeugen".
A   101 22757 (1295)

24. 11. 34   RMfEuL   10551
Einverständnis des StdF mit einer vorgeschlagenen *Änderung des Gesetzes zur Regelung des Absatzes von Erzeugnissen des deutschen Gartenbaus.
M/H   101 02247 (212)

24. 11. 34   RKPreis. – 1   10552
Übersendung von Richtlinien für die Preisüberwachung bei Fleisch und Fleischwaren im Kleinverkauf.
M   101 03037 (317); 101 03065 (319)

[25. 11. 34]   J. S. Rasmussen   10553
Übergabe einer *Darstellung der Differenzen zwischen dem Vorstand der Auto-Union und J. S. Rasmussen (Zschopau) an Heß.
W   124 00132 (39)

26. 11. 34   ?   10554
Keine Bedenken des Reichsinspekteurs der Reichsleitung v. Holzschuher gegen eine Verwendung von SS-Obf. Greiser als Senatspräsident von Danzig; Bericht H.s über politische Intrigen in Danzig.
M   306 00386 (Greiser)

26. 11. – 7. 12. 34   AA, StSekr. Lammers   10555
Hinweis Neuraths auf die aus direkten Kontakten wie Einladungen ins Reich durch reichsdeutsche Organisationen sich ergebenden Gefahren für Angehörige deutscher Minderheiten im Ausland (Erwähnung insbesondere der von Polen geahndeten Teilnahme volksdeutscher Grubenarbeiter aus Ostoberschlesien an einem Aufmarsch der DAF in Breslau und der Pläne der HJ, junge Memeldeutsche unter Änderung ihres Namens in reichsdeutschen Lagern zu schulen). Die von Hitler gebilligte Forderung N.s, derartige Einladungen aus außen- und minderheitenpolitischen Gründen zu unterlassen, von StSekr. Lammers Heß gegenüber nochmals besonders betont.
W   110 00107 – 13 (562)

[26. 11. – 10. 12. 34]   RJM, RWM   10556
Klagen des Reichswehr- und des Reichsluftfahrtministers über die Belastung ihrer als Mitglieder des Volksgerichtshofs tätigen Herren; Forderung, zu deren Entlastung baldmöglichst weitere Mitglieder zu ernennen.
H   101 27288 ff. (1518)

26. 11. 34 – 25. 1. 35   RKzl., RFM – 1   10557
Forderung des StdF, die für das Dienstgebäude des Verbindungsstabes in Berlin, Wilhelmstr. 64, zu zahlende Miete (RM 25 000.– jährlich) auf Reichsmittel zu übernehmen; Grund: Der Verbindungsstab sein Büro als Reichsminister ohne Geschäftsbereich. Einverständnis des Reichsfinanzministers.
H   101 17639 f. (1077); 101 17650 ff., 656 f. (1078 a)

27. 11. – 3. 12. 34   RKzl. – 22   10558
Der Vorschlag eines Yngve Berg (Stockholm) über die Errichtung eines nordischen Familienarchivs an das Rassenpolitische Amt und von diesem an den Sachverständigen für Rassenforschung beim Reichsinnenminister weitergeleitet (Familien- und Sippenforschung einschließlich der Errichtung von Archiven zu dessen Arbeitsbereich gehörig).
W   110 00031 f. (142)

30. 11. 34   AA – 1   10559
Warnung der Deutschen Botschaft in Paris vor dem – auf der Suche nach Interviews mit führenden deutschen Persönlichkeiten nach Berlin gereisten – angeblichen (und der Unterschlagung verdächtigten) Journalisten Holzappel aus Holland.
A   101 05691 f. (474)

30. 11. 34 – 24. 1. 35   G. Koehn, Adj. d. F – 6   10560
Die Beschwerden des Rittergutsbesitzers G. Koehn (Neu-Poserin) nach Feststellungen des Beauftragten der Parteileitung Seidel ungerechtfertigt; Bitte S.s, weitere Eingaben K.s abzulehnen und gegen „diesen

schamlosen Verhöhner der deutschen Arbeiterschaft" mit allen gesetzlichen Mitteln vorzugehen (Konzentrationslager „unter allen Umständen am Platze").Vermutlicher Gegenstand der Beschwerden: Auseinandersetzungen K. s mit seinen Arbeitern und gegen den Kreisleiter erhobene Beschuldigungen.
W/H   124 01452−55 (165)

Dez. 34−14. 8. 35   Adj. d. F, E. Ritter   10561
Nach Ablehnung seines (auch von Heß skeptisch beurteilten) „Midgard-Projekts" durch den Führeradjutanten Wiedemann (diese nach vorheriger Befürwortung schließlich auch von Dir. Boeckh [Wehrpolitisches Amt] geteilt) Vorwurf des Hochverrats von seiten des Ing. Erich Ritter (München) gegen W.; Rat Buchs an W., einen Parteiausschlußantrag gegen R. zu stellen.
W   124 01696−701 (181)

1. 12. 34   StSekr. Meissner   10562
Infolge der Verbindung des Amtes des Reichspräsidenten mit dem des Reichskanzlers Wegfall der am Neujahrstag sonst üblichen Empfänge auf Wunsch Hitlers, ausgenommen der Empfang des Diplomatischen Korps und der der Vertreter der Wehrmacht.
K   101 14972 f. (859)

[1. 12. 34]   F. Neumann   10563
Durch den Verfasser Fritz Neumann (Westerland) Übermittlung einer Denkschrift über die wirtschaftlich unhaltbaren Zustände im Nordseebad Westerland/Sylt und deren Behebung unter dem Gesichtswinkel des ns. Aufbauwillens.
K   101 14012−25 (738)

3. 12. 34   RVM   10564
Mitteilung über die Aufspaltung des Reichsverkehrsblattes (Ausgabe A: Reichswasserstraßen, Ausgabe B: Kraftfahrwesen).
A   101 05596 (468)

[3. 12. 34]   J. v. Ribbentrop   10565
Eine Reise des Reichsministers Heß nach Paris „im Laufe Dezember" 1934 beabsichtigt.
H   101 25676 (1438)

4. 12. 34   AA, Dt. Botsch. Paris   10566
Übersendung eines Berichts der Deutschen Botschaft in Paris über eine Aussprache im Foyer International des Etudiants Catholiques über „L'Hitlérisme": Überwiegend positive Einstellung des Referenten und der Studenten zum ns. Deutschland.
H   101 25677 ff. (1438)

4. 12. 34   RKzl.   10567
Auf Antrag des StdF Absetzung des Punktes 19 (Entwurf eines Gesetzes gegen heimtückische Angriffe auf Staat und Partei) von der Tagesordnung der Kabinettssitzung. − Zuständigkeiten des StdF nach den Entwürfen des Heimtückegesetzes: Strafverfolgung von Taten gegen das Ansehen der NSDAP und ihrer Gliederungen sowie von hetzerischen Äußerungen gegen führende Persönlichkeiten der NSDAP nur mit seiner Zustimmung; dasselbe bei Vortäuschung, Mitglied der NSDAP zu sein, sowie bei unbefugter Herstellung, unbefugtem Besitz und Tragen von Uniformen und Abzeichen der NSDAP; Erlaß von Ausführungsvorschriften.
H   101 21294−306 (1264 a)

4. 12. 34   RPM   10568
Übersendung eines *Urteils des Arbeitsgerichts Braunschweig über die Auslegung des Vergütungstarifs zum Reichsangestelltentarif.
A/H   101 06651 (541 a)

4.−5. 12. 34   Eltz-Rübenach u. a.−1   10569
Bei einer Kabinettssitzung über die Nachfolge der ausscheidenden Mitglieder des Verwaltungsrats der Deutschen Reichsbahn-Gesellschaft Bedenken Heß' gegen die vom Reichsverkehrsminister (RVM) mit

einer engeren Heranführung der Reichsbahn an das Reich begründeten Vorschläge von StSekr. Koenigs, StSekr. Ohnesorge und MinDir. Vogel: Gefahr der Bürokratisierung, Zweckmäßigkeit einer so starken Vertretung der Aufsichtsbehörde im Verwaltungsrat fraglich. Schließlich Zustimmung des Kabinetts zu den Vorschlägen des RVM, jedoch auf Wunsch H.' Berufung Stengers (Verbindungsstab) anstelle des ebenfalls vorgeschlagenen Trendelenburg.
W   110 00135−38 (1061)

4. 12. 34−14. 8. 36   W. Schlott, Adj. d. F, GL Kurhessen−6   10570
Eingaben eines angeblich vom Bürgermeister der Stadt Borken um sein Haus gebrachten Wilhelm Schlott; Ergebnis der Untersuchung des Falles durch den Beauftragten der Parteileitung Manderbach: Sch. an seinem wirtschaftlichen Zusammenbruch und der dadurch verursachten Zwangsversteigerung seines Hauses selbst schuld, seine Anklagen nicht gerechtfertigt.
W   124 02832−45 (242)

5. 12. 34−28. 11. 35   OPG, Adj. d. F, Maj. Siber   10571
Vergebliche Bemühungen der durch einen Vergleich mit HAL Hilgenfeldt rehabilitierten ehemaligen Leiterin des Frauenwerks Paula Siber (Zurücknahme der erhobenen ehrenrührigen Vorwürfe durch H., Zurückziehung des Strafantrags durch die S.) um eine weitere Betätigung in der NS-Frauenarbeit: Neue Zerwürfnisse zu erwarten, Ablehnung der Zusammenarbeit durch Frau Scholtz-Klink.
W/H   124 02888−96 (245)

[6. 12. 34]   −   10572
Aufführung Heß' (mit Geburtsdatum, Amts- und Privatwohnung sowie Familienstand) in einer Kabinettsliste.
W   124 01177 (134)

[7. 12. 34]   DF   10573
Vertretung Hitlers im Falle der Verhinderung, die in seiner Person vereinigten Ämter des Reichspräsidenten und Reichskanzlers auszuüben, durch Göring, Blomberg und Heß; dabei Heß zuständig für alle Angelegenheiten der NSDAP und ihrer Beziehung zum Staat.
K   101 30033 ff. (1660)

[7.]−13. 12. 34   RMdI   10574
Bitte, den − vom StdF bereits gebilligten − Entwurf eines Gesetzes über den Ausgleich bürgerlich-rechtlicher Ansprüche (Ausgleich „Einzelnen durch politische Vorgänge der ns. Erhebung" zugefügter Nachteile „zu Lasten der Allgemeinheit") auf die Tagesordnung der Kabinettssitzung zu setzen. Dort Erörterung eines Vorschlags des StdF, die Entscheidung über die in dem Gesetz erwähnten Ansprüche keinem Beamten zu überlassen, sondern einen Senat unter Hinzuziehung von Vertretern der NSDAP zu bilden.
K/H   101 13341−46 (712)

10. 12. 34   A. Mahlberg, W. Böttcher   10575
Eingabe im Namen der Arbeiterschaft der Landwirtschaftlichen Hochschule Bonn wegen der Befürchtung einer Niederschlagung der gerichtlichen Untersuchung gegen Prof. Ernst Schaffnit (personalpolitische Vorwürfe).
M   301 00855−59 (Schaffnit)

[10. 12. 34]   RJM   10576
Vorschlag, den vom Reichsluftfahrtminister benannten Fliegerkommandanten Stutzer zum Mitglied des Volksgerichtshofs zu ernennen.
H   101 27289 f. (1518)

10. 12. 34−7. 3. 45   RMfWEuV u. a.−11   10577
Den Hochschul- und den sonstigen Bereich des Reichserziehungsministeriums betreffende personalpolitische Anfragen und Stellungnahmen des Stabs StdF bzw. der PKzl., Buchstaben R−Sch (Zustimmung zu Ernennungen u. a.).
M   301 00799−917

12. 12. 34−25. 3. 36   RFM, PrStM, RKzl.−1   10578
Finanzielle Regelung der Übernahme der vom StdF benutzten, bisher Preußen gehörenden Grund-

stücke Berlin Wilhelmstraße 63/64 durch das Reich: Benutzungskosten, Mobiliarübernahme, weiterhin mietfreie Überlassung wegen der gleichzeitigen Erledigung der Aufgaben des Ministerbüros Heß durch den Verbindungsstab (VSt.). Zusammenstellung der Auslagen des Preußischen Staatsministeriums für die Grundstücke usw. zur Erstattung durch den VSt. (vgl. Nr. 10746).
M/H   101 00583—96, 598 f. (141)

13. 12. 34   RM   10579
Gesetzesbeschluß der Reichsregierung: Bis zur Schaffung einer neuen Verfassung Bestimmung des Nachfolgers des Führers und Reichskanzlers für den Fall seines Todes oder der sonstigen Erledigung der in seiner Person vereinigten Ämter des Reichspräsidenten und Reichskanzlers durch ihn selbst.
K/H   101 30030 ff. (1660)

[14. 12. 34]—14. 1. 35   RMfEuL, RKzl.   10580
Unter Hinweis auf den angewachsenen Aufgabenkreis seines Ministeriums (infolge der zunehmenden Ernährungsschwierigkeiten und der fast ununterbrochenen Handelsvertragsverhandlungen mit anderen Staaten) Vorschlag Darrés für eine arbeitsmindernde Neuregelung der Bearbeitung von Parteianfragen: Beantwortung nur noch der vom StdF oder seinen Beauftragten ergehenden Anfragen, Weiterleitung der Anfragen sonstiger Parteistellen an das Amt für Agrarpolitik. Bitte Hitlers an D., die Angelegenheit mit Heß zu regeln.
K/W   101 18395—98 (1142); 101 19936—39 (1197)

17. 12. 34   AA u. a.   10581
Durch das Auswärtige Amt Übersendung eines (vom Völkerbundsrat bereits angenommenen) Berichts des Dreierkomitees des Völkerbundsrats für Saarfragen: Definition des durch den Vertrag errichteten Regimes; Staatsangehörigkeit der Bewohner und Optionsrecht; Ausdehnung der Garantien für Stimmberechtigte auf nichtstimmberechtigte Bewohner; Maßnahmen wegen der Behandlung der Bewohner nach Errichtung des endgültigen Regimes in den Fällen der Vereinigung mit Frankreich bzw. Deutschland; Sozialversicherung; Beamte des Saargebiets; Finanzfragen und Gruben. Dem Bericht beigefügte Anlagen: Schriftwechsel zwischen dem Präsidenten des Ratsausschusses, dem deutschen und dem französischen Außenminister über einige der im Bericht behandelten Punkte.
W   110 00081—81/41 (256)

[19. 12. 34]—16. 1. 35   RArbM u. a.—25   10582
Wegen der sich häufenden Anträge, neuerrichteten Siedlungen den „Namen des Führers" zu verleihen, Vorschlag Ludowicis (Reichsarbeitsministerium, zugleich als Siedlungsbeauftragter im Stab StdF), eine Zuerkennung dieser Auszeichnung nur noch aufgrund von (unter seiner Mitwirkung aufzustellenden) Richtlinien über die Qualität der betreffenden Siedlung vornehmen zu lassen, um aussichtslose Anträge von vornherein ausschalten zu können. Entscheidung Hitlers, Wünschen dieser Art grundsätzlich nicht mehr zu entsprechen.
K   101 16499/2—6 (982)

20. 12. 34   RMfWEuV—1   10583
Bekanntgabe der neuen Firma für die vereinigten Unterrichtsressorts im Reich und in Preußen: Der Reichs- und Preußische Minister für Wissenschaft, Erziehung und Volksbildung.
H   101 18715 (1153); 110 00245 (2291)

[20. 12. 34]   RMdI, AA   10584
Keine Bedenken des StdF gegen den Entwurf eines Gesetzes zum Schutze des Wappens der Schweizerischen Eidgenossenschaft (Ausführungsgesetz zum Genfer Abkommen zur Verbesserung des Loses der Verwundeten und Kranken der Heere im Felde vom 27. 7. 29).
H   101 14089 (744); 101 26335—38 (1495)

21. 12. 34   DF—25   10585
Durch den Beauftragten für das Siedlungswesen im Stab StdF Übersendung der ˙Hefte 2 und 3 der Planungswissenschaftlichen Arbeitsgemeinschaft mit den Erörterungen der Arbeitstagung in Oberursel vom 1.—3. 10. 34.
H   101 17197 (1029)

23. 12. 34 — 6. 4. 35   F. Wiegand, Adj. d. F — 6   10586
Nach Untersuchung zahlreicher Eingaben durch den Beauftragten der Parteileitung Bauer auf dessen Veranlassung Eröffnung eines Parteigerichtsverfahrens beim Gaugericht Halle-Merseburg gegen den (von B. als „übler Querulant" bezeichneten) Betriebsdirektor Ferdinand Wiegand (Meisdorf). Beschuldigung W.s, sich unter Ausnutzung seiner früheren Mitgliedschaft in der Deutschen Arbeiter-Partei, seiner frühzeitigen Mitgliedschaft in der NSDAP und seiner persönlichen Bekanntschaft mit Hitler in der Öffentlichkeit als wichtige Parteipersönlichkeit hingestellt und damit die Autorität der Hoheitsträger untergraben sowie ungeprüft zahlreiche Beschwerden mit ungerechtfertigten Angriffen gegen verschiedene Parteidienststellen des Gaues Halle-Merseburg gesammelt und weitergeleitet zu haben. Nach W.s umfangreicher Verteidigungsschrift Zustandekommen seiner Kontakte mit höchsten Parteidienststellen (u. a. Verbindungsstab) nicht unter Mißbrauch seiner politischen Vergangenheit und nicht mit dem Zweck des Vorbringens von Beschwerden, sondern aufgrund seiner ehrenamtlichen Tätigkeit in der Dachpappenindustrie und infolge seiner Besorgnis um die Gesundheit H.s (Schutz vor Erdstrahlen); die Eigenschaft als „einer der tatsächlichen Mitbegründer der D.A.P. und der N.S.D.A.P." (hier u. a. geschildert die Entstehung des Parteiprogramms) und seine persönliche Bekanntschaft mit H. lediglich ein diese Kontakte erleichternder Umstand; zur Verteidigung der — gewissermaßen in der Rolle eines Anwalts und im Interesse der Sauberkeit der Bewegung erfolgten — Weiterleitung ihm übergebener Beschwerden u. a. Verweis auf eine Verfügung des StdF. (Vgl. auch Nr. 10593.) — In Zusammenhang mit diesem Komplex stehend: Entlassung des Direktors des Leipziger Zoologischen Gartens, Gebbing.
W/H   124 01881 — 955 (189)

[27. 12. 34]   RMdI   10587
Meldung von Verstößen gegen die Durchführung ns. Grundsätze in einer Behörde durch Amtsträger des Reichsbunds der Deutschen Beamten auf dem Parteidienstweg über den Verbindungsstab an den zuständigen Fachminister.
W/H   110 00267 f. (2651)

29. 12. 34   AA, Dt. GenKons. New York — 1   10588
Übersendung eines Berichts des Deutschen Generalkonsulats in New York über Symptome einer sich verbessernden Stimmung gegenüber Deutschland: Widerstand konservativer jüdischer und nichtjüdischer Gruppen gegen die verstärkte deutschfeindliche Tätigkeit der von Samuel Untermyer geleiteten Nonsectarian Anti-Nazi League (etwa Ablehnung eines Appells der League, den Olympischen Spielen fernzubleiben, und Abfuhr in der Frage des Boykotts deutscher Waren; Haltung der Öffentlichkeit nach dem Versuch U,s, das Baumwolltauschgeschäft mit Deutschland zu hintertreiben; Hinweis auf die freundlich-wohlwollende Kritik deutscher Filme in der New York Times; Wandel in der Haltung der älteren, länger ansässigen deutsch-amerikanischen Generation gegenüber Deutschland; Empfehlung, sich in der Judenfrage zurückzuhalten, um den Wandel nicht durch in der Presse entstellt wiedergegebene Berichte über Einzelvorkommnisse zu gefährden.
K   101 25944/1 — 8 (1465)

[29. 12. 34]   RMdI   10589
Anforderung staatlicher Akten zur Einsichtnahme durch Parteidienststellen nur über den StdF (Erteilung von Aktenauskünften dagegen auch an Reichs- und Gauleiter).
K   101 19941 (1198)

31. 12. 34   AA, RJM — 22   10590
Außenpolitische Einwände des Auswärtigen Amts gegen eine Drucklegung der Protokolle der 37. Sitzung des Strafrechtsausschusses über den Schutz der Rasse; Hinweis auf die Entrüstung des Auslands (Boykott deutscher Waren) nach dem Bekanntwerden der Preußischen Denkschrift zur Strafreform (Aufnahme rassischer Delikte in die Strafgesetzgebung). (Abschrift an den StdF.)
M   203 03119 ff. (87/2)

[31. 12. 34]   APA   10591
In Saarbrücken erhaltener Korrespondenten- oder Agentenbericht über eine angebliche Information von „bestinformierter R(eichs)W(ehr)-Seite": Im Zusammenhang mit dem bevorstehenden Rücktritt

Hitlers (zum Zweck der Behebung der inneren und äußeren Schwierigkeiten) und der damit verbundenen Kabinettsumbildung Heß als Stellvertreter des voraussichtlichen neuen „Reichsführers und Reichskanzlers" General v. Fritsch vorgesehen.
W/H   124 00665 – 68 (58)

1935   K. Hunger, GL Thüringen   10592
Einverständnis zwischen der Staatsanwaltschaft, GL Sauckel, dem Reichsjustizminister und dem StdF, das Verfahren gegen SA-Brif. Helwig wegen Verstoßes gegen § 175 StGB (angestrengt von einem nach Differenzen mit H., SA-Gruf. Zunkel und Röhm 1932 aus der Partei ausgetretenen Zahnarzt Kurt Hunger) trotz eines abgelegten Geständnisses einzustellen aufgrund des einwandfreien Verhaltens Helwigs in SA und Partei. Erklärung S.s gegenüber Heß, sich für Hunger, einen der ältesten Parteigenossen in Weimar, und seine Rehabilitierung einzusetzen (Hunger [nach dem bei Austritten während der Kampfzeit vorgeschriebenen Reglement] nur durch einen – von ihm scharf zurückgewiesenen – *Gnadenakt* Hitlers wieder in die Partei aufgenommen).
W/H   124 02316 – 26 (212)

1935   –   10593
Parteiausschluß eines Ferdinand Wiegand (Meisdorf) wegen leichtsinniger Verbreitung von Gerüchten und Amtsanmaßung nach einer Untersuchung von Mißständen im Mansfelder Gebirgskreis durch den Beauftragten des StdF Bauer. (Vgl. Nr. 10586.)
W/H   124 04378 (406)

1935   A. Engelke   10594
Trotz Beauftragung des Gaues Hannover mit der Untersuchung der Angelegenheit durch Heß und der späteren Einschaltung Wittigs (Stab StdF) erfolgloses Bemühen eines Albert Engelke um Rückerstattung der bei der Versteigerung seines Hotels Bayerischer Hof (Hannover) im Dezember 1932/Februar 1933 durch das Preußische Finanzministerium eingezogenen rückständigen Hauszinssteuer.
W   124 02176 – 83 (198)

1935 – 2. 11. 36   Adj. d. F – 11   10595
Laut Croneiß (Stab StdF) Verwicklung einer Minnie Zinnow (Berlin) in die „ziemlich üble Angelegenheit Karollus"; Meldung vom Selbstmord K.' durch die Z.
H   124 04391 f. (409)

Jan. 35   –   10596
Übertritt des AL Hptm. a. D. Wiedemann vom Stab StdF zur Adjutantur des Führers.
H   124 01696 – 99 (181)

Jan. – 5. 7. 35   RBahn, Adj. d. F – 1   10597
Laut Mitteilung der Reichsbahn eine Übernahme des Bahnarbeiters Römer (München) in das Beamtenverhältnis mangels entsprechender Voraussetzungen nicht möglich.
W   124 01705 (182)

[Jan.] – 16. 10. 35   Adj. d. F   10598
Die Beschwerde eines Karl-Otto Harloff (Berlin) wegen seines Ausschlusses aus der HJ nach den Feststellungen des Stabs StdF unbegründet.
W   124 02279 ff. (208)

1. 1. 35   RKzl.   10599
Einladung zum Neujahrsempfang am 3. 1. in der Staatsoper Unter den Linden durch Hitler.
K   101 14974 f. (859)

2. 1. – 30. 4. 35   Adj. d. F – 6   10600
Durch den Beauftragten der Parteileitung Bauer Untersuchung der Beschwerde einer Else Möbius (Dessau) über die Inschutzhaftnahme ihres Mannes Kurt M. wegen Sabotierung des Winterhilfswerks und Verächtlichmachung des Hitler-Grußes (diese Beschuldigungen laut M. „kommunistische Verleumdun-

gen") sowie wegen der politischen Vergangenheit der Eheleute M. (Alt-Parteigenossen, Stennesgruppe). Mit der Haftentlassung des M. für B. der Fall erledigt.
W/H   124 02547–59 (226)

3. 1. 35   10601
Rede Heß' (beim Neujahrsempfang?) in der (Berliner Staats?)Oper: Dank für die „mitreißenden" Worte Hitlers, scharfe Zurückweisung der ausländischen „Hetze" im Zusammenhang mit der bevorstehenden Saarabstimmung, Gelöbnis „blinden Gehorsams" auch im neuen Jahr. (Vgl. Nr. 10599.)
W   124 00002–05 (29)

3. 1. 35   DNB   10602
An die Reichskanzlei – später – Übersendung der Rechnung für die stenographische Aufzeichnung der nicht zur Veröffentlichung bestimmten Reden Hitlers, Heß' (vgl. Nr. 10601) und Görings am 3. 1. 35.
K/H   101 14976 (859)

[3. 1. 35]   K. Bonn   10603
Durch den Mechaniker Karl Bonn (Giebelstadt) Übersendung einer 'Beschwerde über den Ortsgruppenleiter und Bürgermeister von Giebelstadt, Scheer.
W   541 00001 (I/3)

7. 1. 35   RKzl.   10604
Unterrichtung Heß' über eine Treuekundgebung der neugegründeten Deutschen Kolonie Zürich für Hitler.
H   101 25182 (1407)

7. 1. – 1. 4. 35   Adj. d. F, H. Brand, OGru. Venedig, AO – 5   10605
Mitteilung des Stabs StdF an die Führeradjutantur (unter Beifügung eines neuerlichen Bittgesuchs des ehemaligen Landesgruppenleiters Italien, Heinrich Brand) über die von der Stabskasse für B. bisher aufgewandten Beträge und über die Ablehnung weiterer Zuwendungen oder Beihilfen durch Bormann. Nach Reklamierung der der Ortsgruppe Venedig zugesagten Bezahlung der von Brand dort hinterlassenen Schulden (RM 1377.–) Klarstellung durch den Stab StdF und die Auslands-Organisation: Überweisung der Summe und Unterrichtung der Ortsgruppe hierüber bereits erfolgt.
K/W   124 03177 ff., 181 f., 184 f. (268); 124 05030 ff. (550)

7. 1. – 12. 4. 35   RMdI, RJM, RArbM, RKzl., RWiM u. a.   10606
Nach innerparteilichen Beratungen und Verhandlungen mit den Ressorts weitgehende Abänderungen am Entwurf eines Gesetzes über die DAF (vgl. Nr. 10525 und 10536) erforderlich, daher die Eingabe als Kabinettsvorlage erst später vorgesehen. Dagegen Drängen des StdF auf Verabschiedung des Entwurfs einer Zweiten Durchführungsverordnung zum Gesetz zur Sicherung der Einheit von Partei und Staat; Grund: Geltendmachung umfangreicher zivilrechtlicher Ansprüche gegen die DAF beim Reichsschatzmeister (RSM) wegen der ungeklärten Rechtslage der DAF. Nach Mitteilung des StdF Meinungsverschiedenheiten über die Durchführungsverordnung nur noch hinsichtlich der Erwähnung bestehender gesetzlicher Aufsichtsrechte über die DAF und der behördlichen Hilfeleistung gegenüber dem RSM; dazu der StdF: Die Befugnisse des RSM unmittelbar von Hitler abgeleitet, Sorge über zu große Rechte H.s nicht Aufgabe der Ministerien. Wegen Aufrechterhaltung der Bedenken der Ressorts und wegen des nicht rein parteiorganisatorischen Charakters der Verordnung Ablehnung der Zeichnung durch H. und Forderung nach einer Einigung. Nach Vorlage eines neuen Entwurfs weitere Abänderungswünsche der Ressorts: Keine Ausschaltung *aller* sonstigen gesetzlich bestimmten Aufsichtsrechte – nicht nur jener der Obersten Reichsbehörden – durch die Finanzaufsicht des RSM; keine Befugnis des RSM zur Ergänzung der von H. erlassenen Vorschriften. Nach schließlich erfolgter Einigung Vollzug der Verordnung durch H.
K/W   101 19942–65 (1198)

8. – 14. 1. 35   RMdI, RKzl. u. a.   10607
Chefbesprechung über den (nach wiederholten und eingehenden Verhandlungen mit der Partei zustande gekommenen) 'Entwurf einer Deutschen Gemeindeordnung. Wichtigste beschlossene Änderungen: Wegfall des Erfordernisses der Zustimmung des NSDAP-Beauftragten zur Haushaltssatzung und seines Rechts auf Berufung der ehrenamtlichen Bürgermeister und Beigeordneten. Eine Besprechung

der von der Partei zu erlassenden Ausführungsbestimmungen mit dem Reichsinnenminister von StM Wagner (offenbar als Vertreter des StdF) zugesagt.
A/W   101 06917–21 (568)

9. 1. 35   —   10608
Anordnung Heß' über die Regelung der Zusammenarbeit von NS-Frauenschaft (NSF) und Reichsnährstand (RNSt.) u.a.: Keine Schaffung einer eigenen Frauenorganisation im Rahmen des RNSt., statt dessen unter Einsatz des „ganzen Einflusses" der Amtsleiter Betreibung des Eintritts der Bäuerinnen in die NSF; Personalunion der Abteilungsleiterinnen des RNSt. und der Referentinnen für Landfrauenfragen bei der NSF; in der – verständnisvollen – Zusammenarbeit aller Parteidienststellen mit dem RNSt. Wahrung des politischen Primats der Partei; gegenwärtig keine Handhabe gegen die Mitgliedschaft von Juden im RNSt., jedoch keine Berechtigung der Juden zum Tragen des RNSt.-Abzeichens.
W/H   151 00001 (33)

9. 1. 35   RBauernF   10609
Durch eine Verfügung des StdF Verbot irgendwelcher Eingriffe von Parteidienststellen in die sachlichen Aufgaben des Reichsnährstandes. (Erwähnung; gemeint vermutlich Nr. 10608.)
W   124 00771, 774 (65)

9. 1. 35   RMdI   10610
Vorlage des Entwurfs eines Reichsstatthaltergesetzes (Aufgaben, Befugnisse, Weisungsrecht der Reichsminister, Verhältnis zur Landesregierung, Ernennung, Vorbehalte Hitlers hinsichtlich Beamtenernennung und Gnadenrecht, Regelung für Preußen, u.a.) und Einladung zu einer Chefbesprechung darüber.
H   101 24878–81 (1376)

9.–19. 1. 35   Ley   10611
Durch den Stabsleiter StdF Anmahnung der Rücksendung eines Ley übersandten Fragebogens.
H   305 00337 ([ROL-]Korr. StdF 1935)

9. 1.– 6. 3. 35   OSAF   10612
Aufzeichnung des SA-Staf. Kersken (Stab StdF) über seine Teilnahme am 9. 11. 23. Antrag K.s an die Oberste SA-Führung auf Verleihung des Blutordens. (Vgl. Nr. 10751 und 10909.)
H   124 03863 ff. (352)

11. 1. 35   GL Hessen-Nassau – 1   10613
Wegen der Behauptung eines Hans Rußler (Mainz), nach mehrjähriger Verbindung mit der Kommission für Wirtschaftsfragen Gelegenheit zu einer Audienz bei Heß oder Hitler in der Mittelstandskreditfrage erhalten zu haben, Warnung der Gauleitung Hessen-Nassau: R. ein mit Bestätigungsschreiben von Partei- und Staatsdienststellen für ihnen zugesandte volkswirtschaftliche Memoranden Mißbrauch treibender „Gesinnungslump" und außerdem – laut Gerichtsurteil – ein Separatist.
W/H   124 01207–12 (139)

11.–14. 1. 35   Kom. Obgm. Liegnitz   10614
Mitteilung über seine von GL Wagner verfügte Abberufung aus dem Amt und Darstellung des sich vor dem Hintergrund des gespannten Verhältnisses zwischen Liegnitzer SA und Reichswehr (RW) entwickelnden Konfliktes zwischen ihm und SA-Gruf. Hertzog: Zurückweisung der von der SA in Umlauf gesetzten Behauptung über kommunale Beihilfezahlungen bei Grenzschutz(GS)-Kursen ausschließlich an Teilnehmer der SA (nicht auch der RW); Äußerung des Verdachtes gegen die SA, mit diesem Gerücht die GS-Kurse der RW sabotieren zu wollen; daraufhin Androhung eines Gaugerichtsverfahrens gegen ihn durch H. wegen Bezichtigung eines SA-Führers, die Arbeit der RW sabotieren zu wollen; Bitte an den StdF, den Vorgang zu klären und einige RW-Offiziere zur Frage der Beziehungen zwischen Liegnitzer SA und RW zu hören.
K   124 03818–21 (347)

12. 1. 35   RMdI   10615
Einladung zu einer Besprechung des *Entwurfs eines Gesetzes gegen Mißstände im Gesundheitswesen.
K   101 13690 (720)

[12. 1. 35]   RKzl.   10616
Nach Fühlungnahme mit dem StdF Aufzählung der zugelassenen Ehrenzeichen der Bewegung (das Ehrenzeichen des Schlageter-Gedächtnisbundes nicht als ns. Ehrenzeichen anerkannt).
W   101 19940 (1197)

[14. 1. 35]   RKzl.   10617
Sitzordnung für die Mitglieder der Reichsregierung auf der Regierungsestrade (des Reichstags).
W   110 00152 f. (1303)

14. – 17. 1. 35   RMdI   10618
Unter Übersendung des *Rohentwurfs für ein Gesetz über die vorläufige Verwaltung des Saargebiets Einladung zu einer Chefbesprechung über Fragen der Rückübernahme der Saargebietsverwaltung.
W   110 00082 f. (256)

15. 1. 35   F. Santer   10619
Nach erfolgter Rückkehr Dank eines Franz Santer (Buenos Aires) für das Entgegenkommen des Hptm. Wiedemann (Stab StdF) während seines Aufenthaltes in München.
W   124 01301 (151)

15. 1. – 9. 4. 35   Adj. d. F, A. Weyl u. a. – 1   10620
Eingabe eines Adolf Weyl (Emmerichenhain) über das im Rechtsstreit eines Karl Thielmann gegen einen August Weber – offenbar um einen Pferdekauf – ergangene Urteil; Bitte um Schadenersatz für Weber.
W/H   124 01846 – 51 (187)

15. 1. – 1. 10. 35   ROL   10621
Registraturvermerke und Begleitschreiben zu *Schreiben an den StdF bzw. zur Weiterleitung an den Reichsorganisationsleiter gerichteter *Schreiben an den StdF.
H   305 00198, 211, 213, 221 ff., 225 – 28, 243 f., 269, 322 f., 333, 335 f., 338 ([ROL-]Korr. StdF 1935)

16. 1. 35   RStatth. Baden – 35   10622
Beunruhigung in der Wirtschaft und bei den Stadtverwaltungen Karlsruhe und Mannheim wegen der Gerüchte über eine Neugliederung des Reiches im Südwesten; negative Auswirkungen einer möglichen Neuordnung auf die Städte Karlsruhe und Mannheim; Bitte um Aufklärung über bestehende Planungen, um den Gerüchten entgegentreten zu können.
K   101 05836 – 40 (496)

17. 1. 35   Adj. d. F   10623
Weiterleitung des Schreibens eines Deppisch (Gemünden).
H   124 01319/13 (154)

17. 1. 35   ROL   10624
Übersendung eines *Schreibens der Obersten SA-Führung über das Verbot, bei der Württembergischen Metallwarenfabrik Einkäufe zu tätigen.
H   305 00339 ([ROL-]Korr. StdF 1935)

[18. 1. 35]   RWM   10625
Keine Erlaubnis zum Tragen des Ehrenzeichens 1923 der NSDAP bei Verleihung an schon damals im aktiven Wehrdienst stehende Soldaten; bei noch nicht erfolgter Verleihung des Ehrenzeichens an diese „Persönlichkeiten" mit Einverständnis des StdF Möglichkeit, es nach Ausscheiden aus der Wehrmacht nachträglich zu erlangen.
W   124 00130 (39)

18. 1. – 24. 5. 35   RMdI, RMfWEuV, RVM, RWiM, PrFM, RMfEuL   10626
Stellungnahmen verschiedener Ressorts zu dem vom Reichsinnenminister (RMdI) vorgelegten *Entwurf eines Reichsenteignungsgesetzes. Dabei übereinstimmend Kritik an der geplanten alleinigen Zuständigkeit des RMdI für den Erlaß von Enteignungsanordnungen: Forderung des Reichserziehungsministers (REM), des Preußischen Finanzministers (PrFM) und des Reichsernährungsministers (RLM) nach Übertragung dieser Kompetenz auf den zuständigen Fachminister bzw. nach dessen Beteiligung, des Reichs-

wirtschaftsministers (RWiM) nach Zusammenfassung der Enteignungsangelegenheiten in seinem Ressort (mit Ausnahme der sog. „zwangsläufigen Enteignungen" für Zwecke der Verteidigung und des Verkehrs) sowie des Reichsverkehrsministers (RVM) nach Beibehaltung der Zuständigkeit Hitlers für Enteignungen für Zwecke der Eisenbahnen, des öffentlichen Verkehrs und der Reichswasserstraßen. Weitere grundsätzliche Forderungen: Berücksichtigung des (unentgeltliche Enteignungen vorsehenden) Punktes 17 des Parteiprogramms (REM); Festlegung der Reichszentralbehörden anstelle der höheren Verwaltungsbehörden als Beschwerdeinstanz und der Mittelbehörden anstelle der unteren Verwaltungsbehörden als Enteignungsbehörden (RWiM, RVM, RLM, PrFM); stärkere Beteiligung der zur Wahrnehmung der öffentlichen Interessen berufenen Behörden (RVM); Beteiligung des Reichsnährstands bei der Enteignung landwirtschaftlicher Grundstücke (RLM). Stellungnahmen zu Einzelpunkten des Entwurfs. (Abschrift jeweils an den StdF.)
W   101 27794−853 (1526)

[19. 1. 35]   Pg. Rühl, GL Pommern   10627
*Eingabe eines Pg. Rühl (Stettin) in der Schadenangelegenheit seines Sohnes.
W   124 01206 (139)

22. 1. 35   RL Bouhler−1   10628
Durch den Verbindungsstab Übersendung einer Eingabe über den Besuch der „Grünen Woche" durch ein Ehepaar v. Koschützki-Larische (Wronin) und dessen großen Wunsch, einmal Hitler zu sehen.
W/H   124 01461 f. (165)

22.−30. 1. 35   RWM, Adj. d. F   10629
Die Vorschläge eines Hans Dittmer (Hamburg) für eine Abwehr durch Strahlung vom Reichswehrministerium wegen Undurchführbarkeit abgelehnt; Unterrichtung des StdF darüber.
W   124 01336−37/2 (154)

23. 1.−28. 8. 35   K. Zimmermann, ROL   10630
Nach Übersendung eines *Parteigerichtsurteils durch Pg. Kurt Zimmermann (München) an den StdF Z.s beabsichtigte Unterbringung bei der DAF wohl unbedenklich.
H   305 00252 f., 334 ([ROL-]Korr. StdF 1935)

24. 1. 35   AA, Niederl. AußenM, Dt. Ges. Den Haag   10631
Beschwerde des niederländischen Außenministers über die unliebsamen politischen Aktivitäten deutscher Personen und Gruppen in Holland: Kritik an dem Leiter einer Reichsdeutschen Gemeinschaft (RG), Nacken (Ausübung unzulässigen Zwanges auf seine Landsleute); entgegen den zwischen den Regierungen getroffenen Vereinbarungen politische Betätigung der im Wesen NSDAP-Organisationen gebliebenen RG; Niederlegung der Funktion des Majors Witte (Auslandskommissar für die Niederlande) gefordert, die durch W. unterhaltene Bindung zwischen den RG und deutschen Instanzen unvereinbar mit dem von der niederländischen Regierung gebilligten Charakter der RG (örtliche Vereinigungen von in Holland ansässigen Reichsdeutschen). Durch den Deutschen Gesandten im Haag, Graf Zech, im Auftrag der Reichsregierung Zurückweisung der gegen N. vorgebrachten Beschuldigungen (Boykott eines ehemals der RG angehörenden Bäckers) und Einspruch gegen seine Ausweisung; Stellungnahme zu der (holländischerseits kritisierten) politischen Aktivität reichsdeutscher Gruppen (ihr Recht zur Teilnahme an den Veranstaltungen einer das ganze Volk umfassenden nationalen Bewegung, eine Umstellung des inneren Wesens der RG nicht Gegenstand der getroffenen Abrede); ferner Erläuterungen zu den Aufgaben W.s: Verbindungsmann zwischen der Gesandtschaft und den RG und dementsprechend seine künftige Bezeichnung (Verbindungsmann für die Reichsdeutschen Gemeinschaften in den Niederlanden). (Abschrift jeweils an den StdF; vgl. Nr. 10300 und 11385.)
K   101 25875−83 (1461)

24.−29. 1. 35   Adj. d. F−6   10632
Weiterleitung eines an Friedrichs (Stab StdF) gerichteten *Schreibens des Führeradjutanten Wiedemann durch den Beauftragten der Parteileitung Oexle an den Reichsinspekteur v. Holzschuher. − Glückwunsch Oe.s zur „hohen Berufung" W.s.
W/H   124 01665 (178)

24. 1.−15. 4. 35   Adj. d. F   10633
Zunächst Bitte an Friedrichs (Stab StdF) um beschleunigte Untersuchung des Falles des Gemeinde-

schreibers Kreuzeder (Staudach/Niederbayern); nach Eingang einer Stellungnahme des Kreisbauernführers Rat, den Fall zu den Akten zu legen.
W/H   124 01464 f. (166)

25. 1. 35   E. M. Hofweber   10634
Unter Hinweis auf ein früheres ähnliches Vorkommnis Mitteilung über das Auftreten Leys im Hotel „Europäischer Hof" in Heidelberg: L. ebenso wie seine Begleitung angetrunken, von der Begleitung verschiedene Leute, u. a. der badische MinPräs. Köhler, angerempelt.
W   124 01494 (169)

25. 1. – 6. 2. 35   RFM, PrFM, PrMPräs., RJM, RKzl.   10635
Durch Heß Ablehnung der Anregung des Reichsfinanzministers, im Interesse einer geschlossenen Unterbringung des jetzt vereinigten Reichs- und Preußischen Justizministeriums das Berliner Büro des StdF von der Wilhelmstr. 64 in die Voßstr. 2 und 3 zu verlegen: Nach den Störungen des Umbaus nun ein Umzug unzumutbar; bedingungslose und zeitlich unbeschränkte Überlassung des Gebäudes Wilhelmstr. 64 durch den Preußischen Ministerpräsidenten; im Gegenteil nunmehr auch Annahme dessen Angebots, das Gebäude des Preußischen Staatsministeriums, Wilhelmstr. 63, ebenfalls zu übernehmen; Wunsch Hitlers nach einem Neubau für das vereinigte Justizministerium. Nach Vortrag bei Hitler dessen Entscheidung für einen Verbleib des StdF in der Wilhelmstraße.
H   101 17653 – 63 (1078 a)

25. 1. – 11. 2. 35   RKzl.   10636
Beschwerden aus Hamburger Wirtschaftskreisen gegen den Direktor der dortigen Baubank, Bock, laut Stab StdF nicht gerechtfertigt und z. T. „aus sehr dunklen Quellen" stammend (Reaktion auf die Untersuchung von Unregelmäßigkeiten bei zahlreichen Siedlungsgesellschaften und Bauunternehmen durch B.); Notwendigkeit, B. „mit der vollen Autorität des Staates und der Partei" zu schützen (im übrigen an B. nur sein geringes diplomatisches Geschick zu beanstanden).
W   101 23970 f. (1344)

25. 1. – 9. 10. 35   Adj. d. F – 1   10637
Übersendung verschiedener *Rechnungen (darunter Hotels und Privatpersonen) an den Verbindungsstab mit der Bitte um Begleichung.
W   124 00681/48 – 62 (59)

26. 1. – 20. 2. 35   StSekr. Lammers, P. Schmitt   10638
Von StSekr. Lammers an Heß weitergeleitete Gesuche des sich als „Opfer des Hasses des Herrn Heydrich" und „der Furcht des Herrn RFSS Himmler" sehenden, ins Ausland geflohenen Paul Schmitt (ehemaliger Geschäftsführer der „Münchener Neuesten Nachrichten" [MNN]) um Rehabilitierung und Schutz: Die Ursachen der gegen ihn ergriffenen Maßnahmen (Verhaftung, Verhöre, Mordpläne, Vermögensbeschlagnahme u. a.) seine Kritik an der Tätigkeit des früheren MNN-Vertreters in Rom, Lehmann, als Agent Heydrichs und seine Auseinandersetzung mit Heydrich wegen der publizistischen Auswertung der in München stattfindenden Prozesse gegen katholische Geistliche; Absicht, sich mit der Bitte um Vermittlung und Schutz an Heß zu wenden und dabei gegebenenfalls auch über Angriffe der SS auf Heß und über den Plan Himmlers, auf Hitler Zwang auszuüben, zu sprechen.
W   101 05666 – 81 (469 c)

28. 1. 35   Bayr. StMdI u. a.   10639
Übersendung einer an Hitler gerichteten Erklärung der Staatskommissare für das Gesundheitswesen in Bayern, Baden, Sachsen, Thüringen und Württemberg sowie des Präsidenten des Reichsgesundheitsamtes gegen eine von der (in Nürnberg erscheinenden) Zeitschrift „Deutsche Volksgesundheit aus Blut und Boden" an alle Ärzte in Deutschland versandte Werbeschrift: Zwar Anerkennung der politischen Tendenz (u. a. der Forderung nach Bekämpfung des Judentums und nach Reform der Ärzteausbildung in biologischer Hinsicht), aber entschiedener Widerspruch gegen die in der Werbeschrift propagierte Ablehnung der Vorbeugung und Behandlung von Krankheiten durch Impfstoffe.
A   101 05731 ff. (482)

[28. 1. 35]   StSekr. Lammers – 18   10640
Im Auftrag des StdF und des NSD-Studentenbundes Dank Wagners für die auf Initiative von StSekr. Lammers erfolgte Gründung der Gemeinschaft studentischer Verbände.
K   101 15388 (938)

30. 1. 35   RMfEuL, RKSaar   10641
Bitte des Reichsernährungsministers um Prüfung der Frage der Einführung der Reichsagrargesetzgebung im Saarland; Veranlassung des Reichsnährstands, sich aller Maßnahmen mit Wirkung für das Saarland zu enthalten. (Abschrift an den StdF.)
W/H   110 00084 f. (256)

31. 1.–8. 3. 35   Adj. d. F u. a.   10642
Übersendung von *Beschwerden des nach § 175 und wegen Diebstahls mehrfach vorbestraften, an die Gestapo überwiesenen und wegen Selbstmordversuchs in eine Heilanstalt überführten Österreichers Karl Herbert Schaller sowie von Material über Sch.
W/H   124 02803–06 (240)

31. 1.–[29. 3.] 35   Kzl. d. F, Adj. d. F, K. Eckardt   10643
Verweisung eines K. Eckardt (Plauen; Bitte um Überprüfung und Förderung seiner Erfindung starker Schwärzung photographischer Platten) vom Stab StdF zunächst an das Kaiser-Wilhelm-Institut für Chemie in Berlin, dann an die Technische Hochschule München; außerdem Ausstattung des „Altkämpfers" E. (Gründer der Ortsgruppen Hof und Plauen) mit RM 300.– zur persönlichen Beteiligung an den Untersuchungen.
W/H   124 01356/2–2/4 (157)

31. 1.–[10. 12.] 35   StSekr. Lammers, RMdI–24   10644
Kritik des Leiters des Hauptamtes für Volksgesundheit, Wagner, an der Zersplitterung des Gesundheitswesens und ihren Folgen sowie an der Vernachlässigung des ns. Programms auf dem Gebiet der Volksgesundheit und der Bevölkerungspolitik; Forderung nach Vereinheitlichung des Gesundheitswesens in Partei und Staat, d. h. nach Unterstellung der bisher beim Reichsinnenminister (RMdI), Reichsarbeitsminister und Reichserziehungsminister ressortierenden medizinischen Bereiche (kommunaler Gesundheitsapparat, Sozialversicherung, Hochschulmedizin) unter die Partei, also W. Nach Bedenken Hitlers gegen die ihm vorgelegte Fassung einer solchen Beauftragung Bitte Bormanns an Lammers um Hilfe bei der Beseitigung der bestehenden Schwierigkeiten. Daraufhin neuer Vorschlag W.s, diesmal der Errichtung einer neutralen Stelle für diese Aufgaben, nämlich einer „umfassenden, autoritär geführten öffentlich-rechtlichen Körperschaft". Entwurf einer Reichsärzteordnung durch den RMdI mit Errichtung einer Reichsärztekammer unter einem Reichsärzteführer. Dazu Forderung W.s und des StdF, den Reichsärzteführer statt vom RMdI von H. selbst berufen und abberufen zu lassen.
K/H   101 13899–925 (735 a)

[31. 1. 35]–12. 3. 37   OPG, Himmler, W. Boenke–1   10645
Sammlung von Beschuldigungen gegen StSekr. Ohnesorge durch PostR Werner Boenke (Gleiwitz) als Mitglied des „S.-Dienstes" und Weitergabe dieses Materials an den Verbindungsstab und an Himmler. Wegen der Verfehlung, einen Teil des gesammelten Materials (Verhalten O.s beim Waffenstillstand 1918) auch einigen anderen Postbeamten zugängig gemacht zu haben, Bestrafung B.s mit einem Verweis durch das Oberste Parteigericht. Eintreten H.s für den sich über seine (von ihm als weitere Bestrafung empfundene) zweimalige Versetzung beklagenden B. und Bitte um dessen Empfang durch den StdF. Ablehnung dieser Bitte durch den StdF, offensichtlich wegen einer soeben erfolgten Beschwerde O.s über B. bei Hitler und einer sich anschließenden Besprechung mit Buch und Eltz v. Rübenach. Ausschluß Boenkes aus der Partei auf Befehl Hitlers. Rechtfertigungsschreiben Boenkes und Bitte um Milderung der Bestrafung.
W/H   107 00045–50 (155); 107 00087–97 (165)

2.–5. 2. 35   Adj. d. F   10646
Im Auftrag Bormanns Übersendung eines Briefes und einer Fahne an die Führeradjutantur sowie Nachfrage wegen der Bitte eines Architekten Martin um Zuteilung von Aufträgen.
W   124 01548 f. (173)

2.–9. 2. 35   ROL   10647
Auf eine Anfrage, eine Anordnung des Bezirksamts Wunsiedel betreffend, Auskunft des Stabs StdF: Am 1. 8. 34 Abänderung der von den Landesregierungen an den Reichsinnenminister abzugebenden Stimmungsberichte; Wegfall der Punkte 3 (Kirchenpolitik) und 6 (NSDAP und ihre Gliederungen); künftig

Sonderberichte über diese Gebiete, im Falle des Punktes 6 jedoch nur bei begründetem Anlaß im Verhältnis zu den staatlichen Stellen. (Vgl. Nr. 10456.)
H   305 00332 ([ROL-]Korr. StdF 1935)

[3. 2. 35]   Truf. Jensen   10648
Verständigung des StdF über den Tod und den Termin der Beisetzung des Direktors Hans Knauth, eines „persönlichen Bekannten" Hitlers.
W/H   124 01406 (162)

4. 2. 35   Adj. d. F – 1   10649
Vorlage von 'Schriftstücken durch einen Paul Oskar Walter.
W   124 01821 (187)

4. 2. 35   RM, Bayr. StM, PrMPräs., PrFM, RKzl., PräsKzl.   10650
Unter Hinweis auf seine Anordnung vom 25. 10. 34 Aufforderung des StdF an die Reichs-, preußischen und bayerischen Ministerien, in allen mit der Partei zu erledigenden politischen Angelegenheiten ausschließlich ihn anzuschreiben und Schreiben anderer Parteidienststellen ohne eigene Stellungnahme an ihn weiterzuleiten.
K   101 19992 ff. (1199)

4. – [20.] 2. 35   Bayr. StMdF, (RFM)   10651
Bitte des bayerischen Finanzministeriums an den Reichsfinanzminister um Einholung einer Stellungnahme des StdF zur Errichtung eines besonderen Referats für Behörden im Organisationsamt der DAF und zu der vom Gau München-Oberbayern erhobenen Forderung, die DAF-Obleute „in sämtlichen bei den Behörden auftauchenden Arbeiter- und Angestelltenfragen" hinzuzuziehen; Hinweis auf § 63 des Gesetzes zur Ordnung der nationalen Arbeit (keine Anwendung der Abschnitte 1–5 dieses Gesetzes auf Angestellte und Arbeiter des Reichs).
M/H   101 06584 ff. (531); 101 06802 ff. (555)

4. 2. – 21. 3. 35   AA, Dt. Botsch. b. Hl. Stuhl – 1   10652
Übersendung von Berichten der Deutschen Botschaft beim Heiligen Stuhl über die Stellungnahme des Osservatore Romano zur heidnischen Uminterpretation christlicher Feiertage u. ä. im Deutschen Bauernkalender 1935: Der NS laut Osservatore Romano „gefährlicher" und weniger aufrichtig als der Bolschewismus; die Ablehnung der Verantwortung für den Kalender durch den Reichsbauernführer die „bekannte Methode", sich „die Hände in Unschuld zu waschen".
W   110 00046 ff., 052 f. (160)

5. 2. 35   Adj. d. F – 7   10653
Mitteilung des GL Bohle über die wunschgemäß erfolgte Übermittlung des Dankes Hitlers an einen Alexander Bahr (Danzig) für eine Saarspende.
K   124 03176 (268)

5. 2. 35   SA-Staf. Spieler, RSchatzmeister, OSAF u. a.   10654
Ausschluß des SA-Staf. Christian Spieler (Kommandant des Gemeinschaftslagers Hanns Kerrl in Jüterbog) aus der Partei durch eine Einstweilige Verfügung Heß' wegen fortgesetzter erzieherisch verderblich wirkender Handlungen (Randaliererei u. ä.).
W   124 01764 – 70 (184)

5. 2. 35   PräsKzl.   10655
Bitte an die Obersten Reichsbehörden, den StdF u. a., Vorschläge für die Hitler vorbehaltene Ernennung bzw. Entlassung von Reichs- und Landesbeamten in Listenform einzureichen; Absicht, die Vorschläge einheitlich zu behandeln und H. von Schreibwerk zu entlasten.
A   101 05270 ff. (453)

5. – 23. 2. 35   Adj. d. F – 7   10656
Anweisung des GL Bohle an den Schatzmeister der Auslands-Organisation, einem Heinrich Brand (Berlin) einen dem Wert von 24 Beitragsmarken entsprechenden Betrag auszuzahlen.
K   124 03176, 180 (268)

5. 2.— 17. 4. 35   Adj. d. F   10657
Übersendung von *Schreiben eines Rudolf Wäsch (Hartha).
W   124 01814 (187)

6. 2. 35   RKzl.   10658
Ablehnung einer Anregung, die Geschäftsräume des StdF in der Voßstraße 2 und 3 unterzubringen, durch Hitler.
M   101 00578 (141); 101 18316 (1137 a)

6. 2. 35— 16. 8. 36   ROL   10659
Verschiedene Registraturvermerke und Begleitschreiben zu *Schreiben des StdF bzw. zu vom Empfänger an den Reichsorganisationsleiter weitergeleiteten *Schreiben an den StdF.
H   305 00199—210, 212, 215 ff., 224, 238, 242, 331, 340 ([ROL-] Korr. StdF 1935)

7. 2.— 19. 10. 35   Adj. d. F, OPG, F. Spennemann   10660
Durch Führeradjutant Wiedemann an Friedrichs (Stab StdF) Übersendung einer an Bouhler gerichteten, von diesem nicht beantworteten *Eingabe eines Fritz Spennemann (Lehsen b. Wittenburg/Mecklbg.) in einer an die NS-Hago weitergegebenen, ebenfalls nicht erledigten Sache; unter Anerkennung der begrenzten Möglichkeit, Fälle gründlich zu untersuchen, dennoch grundsätzliche Mahnung und Forderung, im Auftrag Hitlers gestellte Anfragen sofort und einwandfrei zu beantworten (Nicht-Beachtung solcher in H.s Namen ergehenden Aufträge ein „unerhörter Verschleiß" seiner Autorität). Antwort F.': Wegen eines schwebenden Verfahrens vor dem Obersten Parteigericht (OPG) in der Angelegenheit S. keine weitere Untersuchung durch den Beauftragten der Parteileitung. Nach neuen Eingaben S.s und aufgrund eines Berichts des OPG weitere Mitteilung des Stabs StdF: Rechtskräftiger Ausschluß S.s aus der Partei im Dezember 1934; Zurückweisung des Wiederaufnahmeantrags als unbegründet; Haltlosigkeit der vom Gaugericht Mecklenburg-Lübeck überprüften ständigen Beschwerden S.s; Anhörung des Querulanten S. und Beantwortung seiner Eingaben nicht mehr angebracht.
W/K/H   124 01763 (184); 124 02925—34 (247); 124 05022 f. (550)

7. 2. 35   Adj. d. F   10661
Übersendung des *Schreibens eines Heinrich Diehl (Tornesch) mit der Bitte um beschleunigte Untersuchung.
W   124 01331 (154)

[7. 2. 35]   Adj. d. F   10662
Ein Empfang des Prof. Lawaczeck durch Hitler vor Abschluß des beim Obersten Parteigericht gegen L. schwebenden Verfahrens von Heß als unzweckmäßig betrachtet.
W   124 01507 (169)

7.—8. 2. 35   Adj. d. F, GL Sachsen   10663
Bitte eines Paul Walter (Wittgendorf) um Hilfe: Die Begründung für den Entzug seines Wandergewerbescheins (Betätigung gegen die Partei) falsch.
W   124 01819 f. (187)

Nicht belegt.   10664

7. 2.—[19. 3.] 35   SHA, RHeimstättenA   10665
Auf einen *Bericht des Chefs des Sicherheitshauptamtes beim Reichsführer-SS über Karl Waltenberger (Reichsheimstättenamt) vom Stab StdF eine sofortige Untersuchung gefordert.
W   124 01817 f. (187)

[7. 2.]— 7. 5. 35   RMdI   10666
Einladung zu einer Sitzung des Sachverständigenbeirats für Bevölkerungs- und Rassenpolitik am 11. 3. 35 (geplante Themen: Lösung der „Bastardfrage", Röntgenbestrahlung als Verfahren zur Sterilisation, Erweiterung der Bestimmungen des Erbgesundheitsgesetzes). Übersendung einer *Besprechungsniederschrift.
M   203 02909 ff. (84/4)

7. 2. – [9. 10.] 35   RKzl., RMdI, PrMPräs.   10667
Wunsch Heß' nach Beteiligung bei der Ernennung von Beamten, um die Schaffung eines „einwandfreien" ns. höheren Beamtenkörpers zu gewährleisten. Erlaßentwurf der Reichskanzlei: Beteiligung bei sämtlichen planmäßigen höheren Beamten der Ministerien (vom Regierungsrat aufwärts), bei sämtlichen Beamten der übrigen Behörden vom Ministerialrat aufwärts, bei sämtlichen politischen Beamten. Mit der Struktur des Beamtenkörpers begründeter, vom Preußischen Ministerpräsidenten unterstützter Gegenentwurf des Reichsinnenministers (RMdI): Beteiligung auch bei den Ministerialbeamten erst vom Ministerialrat aufwärts. Einverständnis Hitlers mit dem daraufhin von Heß vorgebrachten Wunsch, bei allen von Hitler zu ernennenden Beamten beteiligt zu werden; Vollzug eines entsprechenden Führererlasses. Anweisung des RMdI an die Obersten Reichsbehörden u. a. über Art und Weise der Beteiligung des StdF bei der Ernennung von Beamten.
W   101 04454 – 88 (421)

8. 2. 35   Adj. d. F   10668
Entscheidung Hitlers: Die Annahme oder Ablehnung des Vermächtnisses eines Juden (hier in Höhe von RM 300 000.-) durch eine Stadt abhängig von der Größe der betreffenden Stadt (bei einer größeren Stadt keine Bedenken, dann Verwendung zur Unterstützung notleidender Juden).
W/H   124 05026 (550)

9. 2. 35   RMdI, AA u. a.   10669
Einvernehmen der zuständigen Ministerien und des StdF (Abänderungswunsch zu einem Punkt gebilligt) über zu ergreifende Maßnahmen zur Eindämmung der zunehmend nachteiligen Auswirkungen der ns. Rassenpolitik auf die Beziehungen zu auswärtigen Staaten, insbesondere zu Japan, China und Indien: Entscheidungen in den Fällen nichtjüdischer Fremdblütiger nur durch Oberste Reichsbehörden im Einvernehmen u. a. mit dem StdF.
K/H   101 13696 – 701 (720 a)

9. 2. 35   AA, Dt. Botsch. b. Hl. Stuhl – 1   10670
Übersendung eines Berichts der Deutschen Botschaft beim Heiligen Stuhl über eine Kritik des Avvenire d'Italia an einem Vortrag Rosenbergs „Die Weltanschauung in der Außenpolitik": Unterordnung des Christentums unter die Rassenideologie trotz feierlicher Zusicherungen Hitlers hinsichtlich der religiösen Rechte der Katholiken.
W   110 00049 ff. (160)

[9. 2. 35]   RMfWEuV   10671
Grundsätzliche Zustimmung des StdF zum *Entwurf eines Gesetzes über die Gründung einer Reichsakademie der Forschung.
H   101 20738 (1225)

11. – 15. 2. 35   Adj. d. F – 14   10672
Die Beschaffung eines Kredits wegen der persönlichen Verhältnisse des Pg. Max Wenzel wie wegen der wirtschaftlichen Lage der Firma Spatschke & Wenzel (Breslau) dem Stab StdF nicht möglich.
W   124 01840 f. (187)

11. 2. – 30. 4. 35   Adj. d. F, OPG   10673
Antrag des Obersten Parteigerichts, dem ehemaligen HJ-Gebietsführer von Württemberg, Hugo Wacha, unter gleichzeitiger Aberkennung der Fähigkeit zur Bekleidung eines Parteiamts auf drei Jahre eine Verwarnung zu erteilen; Begründung: Mangelhafte Zusammenarbeit mit der Politischen Organisation, Untergrabung der Autorität der Lehrerschaft und Sabotage eines mit dem NS-Lehrerbund geschlossenen Abkommens, Untergrabung der Moral in der HJ durch Intrigen. – In diesem Zusammenhang erwähnt: Entfernung der Lehrer aus HJ-Führerstellen auf Weisung der Reichsjugendführung.
W/H   124 01807 – 13 (187)

12. – 15. 2. 35   Adj. d. F – 14   10674
Durch den Stab StdF Übersendung von zwei *Beschwerden sowie eines *Schreibens der Reichsbetriebsgemeinschaft 1 über die Krise des Mühlen- und Backgewerbes; Hinweis auf eine bevorstehende Besprechung über Fragen der Getreidewirtschaft.
W/H   124 05027 (550)

Nicht belegt.   10675

13. 2.–22. 10. 35   ROL   10676
Bestellung und Abholung von Flugscheinen für Ley, Stabsleiter Simon u. a. beim Stab StdF.
H   305 00328 ff., 343–46 ([ROL-]Korr. StdF 1935)

14.–21. 2. 35   Adj. d. F – 14/1   10677
Bitte des Führeradjutanten Brückner an die Abteilung zur Wahrung der Berufsmoral (AWB), in der Angelegenheit Christian Strohm (Schwenningen) ein Gutachten an RStatth. Murr zu senden und – bei gegebener Voraussetzung – die vorgeschlagene Wiedergutmachung des geschehenen Unrechts zu empfehlen. Stellungnahme der AWB: Klärung schwierig wegen des Widerspruchs St.s gegen die für eine Entscheidung notwendige Anhörung der Gegenpartei mit dem Hinweis auf die vertragliche Verpflichtung der Partei St. beim Verkauf ihrer Aktien, in Zukunft keine Schritte gegen die Partei Braunmüller zu unternehmen.
K   124 02975 f. (250)

[15. 2. 35]   Adj. d. F   10678
Anfrage des Stabs StdF wegen einer eventuellen Standarten- und Fahnenweihe durch Hitler beim SA- und SS-Aufmarsch anläßlich des vorgesehenen Reichsparteitags.
W   124 00973, 978 (78)

16. 2. 35   Adj. d. F   10679
Übersendung des *Schreibens eines Wolfgang Eulefeld (Charlottenburg).
W   124 01356/35 (157)

16. 2.–11. 3. 35   RMfWEuV, RKzl., RM   10680
Einspruch des StdF gegen das vom Reichserziehungsminister eingebrachte Gesetz über die Errichtung einer Reichsakademie der Forschung; Abänderungswünsche zu § 3 (Leitung; Genehmigung der Satzung und Berufung der Mitglieder im Einvernehmen mit dem StdF) und 4 (Erlaß der Rechts- und Verwaltungsvorschriften ebenfalls im Einvernehmen mit dem StdF).
H   101 20830–39 (1227 a)

16. 2.–21. 5. 35   RKzl., Schweiz. Ges., RWiM, Verlag Ullstein   10681
Protest der Schweizerischen Gesandtschaft gegen die Kündigung des schweizerischen Staatsangehörigen Hans Tappert durch den Ullstein-Verlag wegen des – von T. bestrittenen – Verdachts, gewisse Vorgänge im Verlag an die Basler Nationalzeitung weitergegeben zu haben. Interesse des Reichswirtschaftsministeriums (RWiM) an einer Rücknahme der Kündigung zwecks Vermeidung von Rückwirkungen auf die in der Schweiz arbeitenden Reichsdeutschen. Stellungnahme des Verlags, über den StdF an das RWiM übermittelt.
H   101 26339–59 (1495)

18. 2. 35   W. Krebber – 1   10682
Bitte um einen Empfang durch Hitler (Absicht des erwerbslosen Walter Krebber [Duisburg], die Strecke nach Berlin mit dem Fahrrad zurückzulegen).
W   124 01463 (166)

18. 2. 35   Adj. d. F – 14   10683
Übersendung des *Schreibens eines Rechtsanwalts Ernst Böttger (Berlin) mit der Bitte, das Anliegen B.s herauszufinden.
W   124 05028 (550)

18. 2.–9. 4. 35   Adj. d. F – 1   10684
Übersendung von *Beschwerden der Pg.n Dobmeier, Werner Meyer (Meier?) und Dahle über Mißstände im Amt für Selbsthilfe.
W   124 01338 ff. (154)

[19. 2. 35]   E. Schulz, H. Brand   10685
Durch einen E. Schulz „seinerzeit" Vorbringung verschiedenster Anschuldigungen gegen den Landesgruppenleiter Italien, Heinrich Brand, bei Heß. Die Folge nach Ansicht B.s ein gewisses Mißtrauen gegen ihn trotz seiner Widerlegungen.
K/W   124 03178 f. (268)

[19. 2. 35] C. Börger 10686
Bitte des Rechtsanwalts Pg. Börger (Bad Reichenhall), ihm eine Anstellung zu verschaffen.
K   101 14877 ff. (831 a)

19. 2. – 4. 3. 35   AO, Adj. d. F 10687
Bitte der Auslands-Organisation um Empfang der jeweils auf Heimaturlaub anwesenden Auslandskommissare und Landesgruppenleiter durch Hitler. Die Führeradjutantur für eine Behandlung von Fall zu Fall.
W   124 00681/31 ff. (59)

20. 2. 35   Adj. d. F – 14 10688
Übersendung des *Exposés eines Philipp Stapp über Trockeneisherstellung.
W   124 01773 (185)

20. 2. 35   Adj. d. F – 14 10689
Bitte, falls möglich einen Pg. Prang gelegentlich irgendwo unterzubringen.
W   124 01678 (180)

20. 2. 35   Adj. d. F 10690
Übersendung des *Schreibens einer Käthe Lehmann.
W   124 01517 (169)

20. – 27. 2. 35   SHA, Adj. d. F 10691
Der Vorschlag Bormanns, der Firma Christian (L.) Weber (München) die weitere Führung ihres Firmenzeichens (Hoheitszeichen mit einem Ziegenbock anstelle des Hakenkreuzes) zu untersagen, von Hitler gebilligt.
H   124 01834 – 38 (187)

20. 2. – 9. 5. 35   Adj. d. F 10692
Bitte, dem Pg. Richard Sedlmayr (München) in seiner Angelegenheit zu helfen. Verhandlung dieser Angelegenheit vor dem Obersten Parteigericht.
W/H   124 01754 – 57 (183)

21. 2. 35   Rechtsanw. Zacherl 10693
Nach Besserung des Gesundheitszustandes von Prof. Graf Du Moulin-Eckart erneute Bitte des Rechtsanwalts Zacherl (München) um eine Unterredung D.s mit Heß über das Schicksal seines in Dachau inhaftierten Sohnes.
W   124 01555 f. (174)

22. 2. 35   RArbM, RfA 10694
Durch den Reichsarbeitsminister Übersendung eines Erlasses über Maßnahmen zur Arbeitsbeschaffung im Saargebiet nach der Rückgliederung entsprechend den Ankündigungen der Reichsregierung: Ermächtigung der Reichsanstalt für Arbeitsvermittlung zur Finanzierung öffentlicher Notstandsmaßnahmen im Saargebiet, Auswahl der Arbeitsvorhaben nach dem Arbeitsbeschaffungsprogramm des RegPräs. Saassen, Restfinanzierung von Bodenverbesserungsarbeiten.
M/H   101 06507 ff. (529 c)

22. 2. – 25. 3. 35   Stand. 133, Kzl. d. F, Adj. d. F 10695
Auf Bitte des Führers der Standarte 133 Erinnerung Elsners (Stab StdF) an das Versprechen, jedem Teilnehmer des Stafettenlaufs des Sturmbanns III/133 von Zwickau nach Berlin am 1. 5. 33 (Überreichung einer brennenden Grubenlampe an Hitler) ein Bild H.s mit Unterschrift zu übersenden. Bitte der Führeradjutantur um nochmalige Einsendung der Teilnehmerliste.
W   124 01356/17 ff. (157)

22. 2. – 8. 4. 35   RKzl., E. Baur – 9 10696
Anfrage der Parteiamtlichen Prüfungskommission zum Schutze des NS-Schrifttums (PPK) nach der Rechtmäßigkeit eines Dankschreibens der Reichskanzlei (RKzl.) an den Verfasser der (1932 erschienenen und Hitler im März 1933 übersandten) Schrift „Der Nationalkommunismus", Ernst Baur; Mitteilung über die Versendung der Schrift an Arbeitsdienstlager (unter Berufung auf die RKzl.) und über ihre

Nichtzulassung für Bibliotheken wegen politischer Anfechtbarkeit. Durch die RKzl. Übersendung der – die Angelegenheit klärenden und eine Weiterverwendung des Dankschreibens untersagenden – Korrespondenz mit B. an die PPK und Anheimstellen entsprechender Schritte. Diese – in Form von Beschlagnahme und Sicherstellung der Schrift – von der PPK unternommen.
A   101 05692/1 – 697 (477)

23. 2. 35   Kzl. d. F – 1   10697
Durch den Verbindungsstab Übermittlung der Bitte des Bildhauers Georg Wienbrack um eine möglichst günstige Präsentation seiner (ein Geschenk des Reichsverbands der Rundfunkhörer darstellenden) Plastik „Volk ringt sich empor zum Licht" bei der ersten Besichtigung durch Hitler.
W   124 01956 ff. (189)

[23. 2. 35]   GL Bohle   10698
Mit Heß besprochen: Anläßlich eines versuchsweisen Transports von Obst und Gemüse mit einer Ju 52 von Kairo nach Berlin durch die Auslandsdeutschen in Ägypten Übersendung einer Kiste Mandarinen an Hitler.
W/H   124 00681/29 f. (59)

23. 2. – 18. 3. 35   Adj. d. F – 7   10699
Übermittlung eines Bildes Hitlers mit Unterschrift an die Auslands-Organisation.
W   124 00681/28 (59)

25. 2. – 21. 3. 35   StSekr. Lammers   10700
Einverständnis Heß' mit einer Textänderung („Ausführungsvorschriften" statt „Rechtsverordnungen") im Führererlaß über die Beteiligung des StdF bei der Reichsgesetzgebung.
K   101 12546 ff. (694)

26. 2. 35   Adj. d. F   10701
Bitte, eine Abfindung des StdF an den in größter Not befindlichen Alt-Pg. Karl Sander (Nürnberg) zu erwägen; Begründung: S.s Frau „ganz alte Pgn.", Darlehen S.s in Höhe von PM 300 000.– (ca. GM 100.–) für den Stürmer-Verlag im April 1923 (darauf begründet seine Forderung auf Rückvergütung eines höheren Aufwertungsbetrages).
H   124 01750/1 ff. (183)

26. 2. 35   Adj. d. F   10702
Übersendung eines *Schreibens des Flugkapitäns v. Detten (Grossenhain), das Ehrenzeichen betreffend.
W   124 01328 (154)

26. 2. – 23. 5. 35   OPG, Adj. d. F   10703
Antrag des Obersten Parteigerichts, dem ehemaligen Gauleiter von Hessen, Karl Lenz, unter Aberkennung der Fähigkeit zur Bekleidung eines Parteiamts auf zwei Jahre eine Verwarnung zu erteilen; Begründung: Fortgesetzter Verstoß gegen § 4 Abs. 2b der Satzung (Materiallieferung L.' für den gegen die ns. Bewegung in Baden arbeitenden, aus der Partei ausgeschlossenen Felix Wankel [Lahr] und Ende 1932 Mitarbeit an der Zeitschrift dieser Oppositionsgruppe, „Alemannische Grenzlandnachrichten"; Eintreten L.' für Gregor Straßer). L. nach Ansicht Bormanns glimpflich davongekommen, eine Milderung des Urteils daher nicht angebracht (so seine Stellungnahme zu Versuchen L.', an Hitler heranzukommen, um wieder ein Parteiamt zu erhalten).
W/H   124 01518 – 25 (169)

28. 2. 35   Adj. d. F   10704
Übersendung des *Schreibens eines Hans Eduard Krüger (Berlin), Hewel-Java betreffend.
W   124 01469 (166)

28. 2. – 11. 3. 35   Adj. d. F   10705
Bitte an Sommer (Stab StdF) um Prüfung von *Unterlagen über wasserrechtliche Fragen („ureigenstes Arbeitsgebiet" S.s) in der Ortschaft Neuschloss.
W   124 01618 (176); 124 01761 (184)

1. 3. 35   RForstmeister – 1   10706
Mitteilung der Vereinigung des Reichsforstamtes und des Preußischen Landesforstamtes zur Behörde „Der Reichsforstmeister und Preußische Landesforstmeister".
H   101 18895 f. (1156)

1. 3.—14. 6. 35   Adj. d. F, F. Eismann   10707
Unter Hinweis auf seine mit der Aufgabe der damaligen Stellung (1924) verbundene Agententätigkeit
für die ns. Bewegung vor 1933 und seine derzeitige wirtschaftliche Lage (Kündigung der Stellung als
Strafanstaltsoberlehrer) Bitte eines Friedrich Eismann (Finkenkrug) um Unterstützung.
W   124 01356/6/1 — 11/1 (157)

4.—6. 3. 35   Adj. d. F   10708
Rückübermittlung von Akten und Bitte, durch Heß bei Hitler eine grundsätzliche Klärung im Falle des
Rittergutsbesitzers Gg. Kubisch (Glogsen) herbeizuführen (Aufhebung eines Zwangsversteigerungster-
mins durch Brack; das Eingreifen des Oberpräsidenten und der Privatkanzlei Hitlers in einer Beschwerde des Landrats des Kreises Züllichau-Schwiebus beim Reichsinnenminister als ungesetzlich bezeichnet).
W   124 01471 f. (166)

5. 3. 35   Adj. d. F   10709
Anregung des Führeradjutanten Wiedemann, im Falle des zu acht Monaten Gefängnis verurteilten
Heinrich Elberling vorsichtige Untersuchungen anzustellen (W. durch Erzählungen E.s „aus Düsseldorf"
stutzig geworden, eine nochmalige Untersuchung durch das Reichsjustizministerium jedoch nicht mög-
lich).
W   124 01356/13 — 16 (157)

5. 3. 35   Adj. d. F — 14   10710
Übersendung eines *Vorgangs über einen Otto Dähn (Niederschöneweide) zuständigkeitshalber an den
Wirtschaftsbeauftragten im Stab StdF.
W   124 01308 (153)

5. 3.—7. 11. 35   Adj. d. F u. a.—6   10711
Wiederholte Bemühungen der Mutter und der übrigen Familie um uneingeschränkte öffentliche Rehabilitierung des am 30. 6. 34 in Plauen unschuldig hingerichteten Hitlerjungen Karl Lämmermann: Eintragung in die HJ-Ehrenliste, Stellung einer Ehrenwache am Grabe zum 9. 11. und Genehmigung des
vorgesehenen Grab-Gedenksteins (andernfalls Aufstellung eines Gedenksteins durch Verwandte in der
Schweiz angedroht), Bestrafung der Schuldigen. Angesichts der Notwendigkeit, bei einer Rehabilitierung
L.s die Schuldigen vor Gericht stellen zu müssen, nach anfänglichem Zögern Befehl Hitlers, die Erschießungen vom 30. 6. 34 nicht mehr aufzurollen; Bitte der Adjutantur, der Familie L. die Sinnlosigkeit weiterer Eingaben klarzumachen. Ungeachtet dessen neue Schritte der Mutter, daher Wunsch des Stabes
StdF nach einer Ausnahmeregelung für diesen „wirklich einzigdastehenden" Fall, u. a. unter Hinweis auf
die Volksstimmung in Plauen; später jedoch Verweigerung des von Frau L. erbetenen Empfangs durch
Heß und Klagen über deren Unfähigkeit, „mit Würde den Tod ihres Sohnes zu verschmerzen". Hoffnung, L. in dem gegen den ehemaligen OGebF Schnaedter schwebenden Verfahren die Beteiligung an
dessen Vergehen gegen den § 175 nachweisen zu können.
H   124 01495 — 501 (169); 124 02425 — 30 (219)

6. 3. 35   Adj. d. F, RStatth. Saukkel   10712
Mangels eigener Einarbeitung Bitte der Führeradjutantur um Stellungnahme der Partei zu einem
*Schreiben des RStatth. Sauckel über Anordnungen des Preußischen Innenministers und gegebenenfalls
Vortrag durch Heß bei Hitler.
W/H   124 01762 (184)

6. 3. 35   Adj. d. F — 1   10713
Zu einem bereits übermittelten *Vorgang über eine Erna König (Berlin) Übersendung des Schreibens
eines Rechtsanwalts Beyer (Magdeburg).
W/H   124 01458 (165)

6. 3. 35   Rosenberg   10714
Bitte, beim Reichserziehungsministerium wegen der Sperrung der Reichsmittel für die Deutsche For-
schungsgemeinschaft ab 1. März Einspruch einzulegen.
H   101 20829/1 f. (1227 a)

7.—14. 3. 35   GL Kaufmann, StSekr. Lammers   10715
Warnung des GL Kaufmann vor den für das Vertrauen der Hamburger Arbeiterschaft in NSDAP und

DAF schädlichen Folgen der in der neuen Tarifordnung vorgesehenen Lohnsenkung für Bau- und Tiefbauarbeiter. Durch Bormann Weiterleitung an StSekr. Lammers zur Unterrichtung Hitlers.
A/H   101 06648 ff. (541)

8. 3. 35   Adj. d. F   10716
Bitte, die Frage einer Unterstützung für eine Margarete Metschberger (München) zu prüfen, und Erinnerung an die Angelegenheit eines ehemaligen Kriegskameraden Hitlers, Ernst(?) Schmidt.
W   124 01552 (173)

8. 3. 35   Inst. f. Konjunkturforschung   10717
Durch den Stab StdF Übermittlung des Wunsches des Führeradjutanten Wiedemann nach Unterrichtung über die wirtschaftliche Lage des Backgewerbes.
W   124 01459 f. (165)

8. – 15. 3. 35   Adj. d. F, P. Clemenz, OPG   10718
Durch die Führeradjutantur Weiterleitung an den Stab StdF und durch diesen an das Oberste Parteigericht: Nach dem für ihn positiven Ausgang seines Parteigerichtsverfahrens Beschwerde des RegI Pg. Paul Clemenz (Berlin) über seine vorzeitige Pensionierung nach § 6 BBG, angeblich wegen seiner Entrüstung über die Verweigerung des Hitler-Grußes durch einen Teil der höheren Beamten in der Preußischen Bau- und Finanzdirektion; Bitte um Wiedereinstellung und Rehabilitierung.
W/H   124 02028 – 31 (193)

8. 3. – 16. 8. 35   Adj. d. F, M. Dierks, GL Thüringen   10719
Auf Anregung des Begleitarztes Hitlers, Brandt, Bitte des Führeradjutanten Wiedemann um ausführliche Mitteilung über den im Stab StdF schon einmal behandelten Fall Klaes Dierks (nach bereits erfolgter Verleihung einer Mitgliedsnummer nachträgliche Ablehnung der Aufnahme in die Partei, vermutlich im Hinblick auf sein Ehrengerichtsverfahren wegen angeblicher Verfehlungen am Arbeitsplatz [Frauenklinik Universität Jena]). Einholung der Stellungnahme der Gauleitung Thüringen durch den Stab StdF.
W   124 01332 – 35 (154); 124 01349 – 51/1 (156)

9. 3. 35   GL Thüringen, Ortsgruppe Ilfeld, Adj. d. F   10720
Übersendung einer Beschwerde der Ortsgruppe Ilfeld (Südharz) wegen der Übernahme des politisch keineswegs zuverlässigen Henning Kampmann in die Reichswehr als Hauptmann; laut Gauorganisationsamt Thüringen Klagen dieser Art sehr häufig.
W   124 01399 f. (162)

11. – 18. 3. 35   RFSS   10721
Trotz genereller Beschränkung auf Sonderfälle Einverständnis des StdF mit der Ernennung von SS-Staf. Fritz Hausamen zum Ehrenbürger der Gemeinde Liedolsheim.
M   306 00388 (Hausamen)

[11. 3.] – 9. 4. 35   H. Leeb, Adj. d. F – 20   10722
Aufgrund der entsprechenden Anfrage eines Hanns Leeb (Pocking; ehemaliger Stahlhelm-Kamerad des Führeradjutanten Wiedemann) Stellungnahme v. Dettens (Stab StdF) zur Frage der Vereinbarkeit von katholischem Glauben und Parteimitgliedschaft: Teilweise zwar Verstöße gegen den Programmpunkt 24, jedoch Festhalten Hitlers an diesem Punkt; zunehmende Entwicklung der Partei zu einer religiös und konfessionell keineswegs einheitlichen politischen Glaubensgemeinschaft (in diesem Rahmen sowohl Schirach wie Rosenberg zu verstehen); mithin für einen überzeugten, aber nicht „engherzigen" Katholiken Parteimitgliedschaft möglich. – Erwähnung einer „Ehrenangelegenheit" L.s und der darin begründeten Bedenken, die – wie von seinem Kreisleiter gewünscht – „Gründung des VDA in die Hand zu nehmen", sowie einer Eingabe an den StdF.
W/H   124 01508 – 16 (169)

[12. 3. 35]   E. Enderlein   10723
Ergebnislose Versuche des Heldentenors Erik Enderlein (Berlin), u. a. durch eine Eingabe an den StdF, Rehabilitierung und Engagement zu erlangen (nach eigenen Angaben Boykottierung wegen der ihm angelasteten Beurlaubung des früheren Mannheimer Intendanten Maisch). (Vgl. Nr. 11277.)
W/H   124 01357 – 60 (158)

13. – 21. 3. 35   ROL   10724
Vertrauensratswahlen 1935: Redetermine für Heß, Ley und Hitler in mehreren Großbetrieben; Auf-

zeichnung über die Institution des auf Grund des Gesetzes zur Ordnung der nationalen Arbeit zu wählenden Vertrauensrats.
H   305 00324−27 ([ROL-]Korr. StdF 1935)

[14. 3. 35]   Adj. d. F   10725
Die Notwendigkeit und Zweckmäßigkeit der von Hitler seinem Adjutanten Wiedemann aufgetragenen Untersuchung die Auto-Union betreffender Vorgänge dem Pg. Heimer (Stab StdF) durch v. Oertzen ausdrücklich bestätigt.
W   124 00131 (39)

14.−15. 3. 35   Adj. d. F   10726
Übersendung von zwei *Schreiben des Apothekers Hans Moser (Pfarrkirchen); darin (auch von GL Hofer Heß vorgetragene) Klagen über den Einkauf von Holz durch deutsche Firmen in Österreich bei „Feinden der Bewegung".
W   124 01554 (174)

14. 3.−29. 4. 35   RKzl., RJM, OSAF   10727
Bitte des Stabschefs der SA, den SA-dienstlich stark belasteten Ogruf. v. Jagow seiner Verpflichtungen als Beisitzer des Volksgerichtshofs zu entheben und an seiner Stelle SA-Ogruf. v. Killinger zu berufen. Ein entsprechender Ernennnungsvorschlag jedoch vom StdF nach einer Unterredung mit Hitler abgelehnt.
H   101 27291−96 (1518)

14. 3.−7. 6. 35   RMdI   10728
Klage des StdF über die Schwierigkeiten der von Hitler bestellten Beauftragten der Parteileitung bei der Durchführung ihrer Untersuchungsarbeiten in den Verwaltungsbehörden des inneren Ressorts (Auskunftverweigerung durch Beamte infolge Unkenntnis über die Einrichtung der Beauftragten); Hinweis auf die zur Beruhigung des Verhältnisses zwischen Staat und Partei beitragende Untersuchungsarbeit der Beauftragten und Bitte um künftige Unterstützung. Die Veröffentlichung einer Namensliste der Beauftragten sowie eine Aufforderung zur Auskunfterteilung in den Amtsblättern durch den Reichsinnenminister zugesagt.
K   101 19967 f. (1198); 101 19995−98 (1199)

15.−21. 3. 35   Adj. d. F   10729
Übersendung einer *Beschwerde des RegPräs. Leister (Stade), von einem Besuch Heß' in Wilhelmshaven nicht benachrichtigt worden zu sein. Dazu der Stab StdF: Ein Versehen, vermutlich entstanden wegen der Organisation des Besuchs durch den darin nicht so versierten GL Bohle.
W/H   124 01771 f. (185)

15.−21. 3. 35   H. Koellreutter, Adj. d. F   10730
Bitte eines Herbert Koellreutter (Pullach), den *Brief eines Südtiroler Kindes (laut K. Ausdruck des „ungeheuer starken Glaubens" der Südtiroler an ein Groß-Deutschland unter Führung Hitlers) an H. gelangen zu lassen.
W   124 01456 f. (165)

16. 3. 35   RMfVuP   10731
Einladung zu einer Besprechung über den *Entwurf eines Gesetzes über die Aufhebung des Gesetzes zur Bewahrung der Jugend vor Schund- und Schmutzschriften.
A   101 05719 (479)

[16. 3. 35]−3. 11. 36   Adj. d. F   10732
Weiterleitung von *Eingaben des Obf. Arthur Paul (Freiberg).
W   124 02655 f. (233)

[18.]−19. 3. 35   RArbM, RKzl.   10733
Zustimmung des StdF zum Entwurf eines Gesetzes zur Änderung der Notverordnungen vom 5. 6. 31 und 18. 3. 33 (Verlängerung der Geltungsdauer der Bestimmungen über Enteignungen auf dem Gebiet des Städtebaus).
W   101 27793 ff. (1526)

[19.]–31.3.35   RL, GL   10734
Verfügung Hitlers: Auflösung des Wehrpolitischen Amts der NSDAP mit Einführung der allgemeinen Wehrpflicht, Erlaß der Vollzugsbestimmungen durch den StdF. Dazu Anweisung Bormanns: Künftig Meldung wehrpolitischer Angelegenheiten unmittelbar an den StdF.
W   148 00001 f. (1)

20.3.–8.4.35   Adj. d. F   10735
Anfrage an Bormann wegen der Einholung einer Entscheidung Hitlers über die umstrittene (von der Hilfskasse der NSDAP aufgrund des ärztlichen Befundes abgelehnte, von der Gauleitung Berlin energisch befürwortete) nachträgliche Aufnahme des Hitlerjungen Georg Preiser (Berlin) in die „Ehrenliste der gefallenen Kämpfer der NSDAP". B.s Antwort negativ unter Hinweis auf die eigene Kenntnis des Falles und auf andere Fälle der „politischen Auswertung" natürlicher Todesfälle durch Parteistellen.
W/H   124 01679–84 (180)

21.3.35   Adj. d. F   10736
Mitteilung über den von Maj. Hossbach einem Curio erteilten Rat, sich beim Wehrkreis III (Berlin) zu melden.
W   124 01307 (153)

21.3.35   RKzl.   10737
Dem Wunsch der Reichskanzlei (RKzl.) nach Beteiligung u. a. bei Beamtenernennungen (Möglichkeit des Vortrags insbesondere politischer Bedenken bei Hitler) entsprechende Umformulierung der vorgesehenen Änderung des § 18 Nr. 2 Buchstaben c–f der Geschäftsordnung der Reichsregierung: Gleichzeitige Übersendung der Ernennungsvorschläge an den Reichsinnen- und den Reichsfinanzminister, (nachrichtlich) an den StdF und den Chef der RKzl.; bei ausdrücklicher Zustimmung der beiden ersteren und keiner Erhebung von Bedenken durch die beiden letzteren keine Beschlußfassung durch das Kabinett erforderlich, sondern – bei Vollzug der Urkunden durch Hitler – Vorlage der Vorschläge bei der Präsidialkanzlei zur weiteren Veranlassung.
W   110 00202–06 (1490)

21.3.–31.7.35   RMdI, RLM   10738
Durch den Reichsinnenminister Übersendung eines Rundschreibens: Bis zur – allein Hitler vorbehaltenen – Entscheidung über die Neugestaltung des Reichsadlers Verwendung des bisherigen Adlers ohne eigenmächtige Zusätze (z. B. Hakenkreuz). Sonderregelung für den Geschäftsbereich des Reichsluftfahrtministeriums (anfliegender Adler).
M/W/H   101 00163–67 (129); 203 02374 ff., 382 f. (66/1)

22.3.35   Adj. d. F   10739
Äußerung des Führeradjutanten Wiedemann zur Amtsenthebung des Bgm. Ortner (Pfarrkirchen) wegen einer falschen und möglicherweise schädlichen außenpolitischen Äußerung sowie zur Nachfolgefrage.
W   124 01668 f. (178)

22.3.35   Buch, GL Mutschmann, RFSS   10740
Rücksprache Bormanns mit Buch, *Mitteilung an GL Mutschmann und Benachrichtigung Himmlers, vermutlich das SS-schädigende Benehmen (Raufen und perverse Handlungen mit einer Dirne, u.a.) von Obf. Walter Loos betreffend.
M/H   306 00738 f. (Loos)

22.3.35   Adj. d. F – 14   10741
Bitte, einem Herrn Kets bei seinem Vorhaben „sofortige und restlose Unterstützung" zu gewähren.
W   124 01403 (162)

[22.3.35]–27.10.37   RMdI   10742
Anläßlich einer Beschwerde des GL Sauckel Hinweis Fricks auf die im Einvernehmen mit dem StdF ergangenen Bestimmungen über die Gestaltung von Gemeindewappen (u. a. Verbot der Verwendung von Wappen und sonstigen Hoheitszeichen des Reichs, der Länder und anderer Körperschaften – insbesondere auch des Hakenkreuzes –, um eine Beeinträchtigung der Bedeutung dieser Symbole durch allzu häufige Verwendung zu verhindern).
W   101 06897–903 (567)

[23. 3. 35]   KrL Fürstenfeldbruck   10743
Erwähnung eines mehrmaligen Herantretens des KrL Emmer (Fürstenfeldbruck) an den nunmehrigen Führeradjutanten Wiedemann während dessen früherer Tätigkeit im Stab StdF.
W   124 01356/20 f. (157)

25. 3. 35   RSchatzmeister, K. Klussmann   10744
Durch den Reichsschatzmeister Übersendung der Bitte eines Kurt Klussmann (Dresden) um ein Glückwunschtelegramm Hitlers zum Geburtstag seines in Rio de Janeiro lebenden Vaters, eines alten Parteimitglieds mit „namhaften Spenden" 1928/29.
W   124 01297 f. (150)

[25. 3. 35]   H. Kyser   10745
Berufung eines Hans Kyser (Berlin) auf seine persönliche Bekanntschaft mit dem Adjutanten des StdF, Leitgen, bei der Empfehlung eines „Heilkundigen" für den angeblich magenkranken Hitler.
W/H   124 01473 (166)

25.–29. 3. 35   PrStM, Schwerin-Krosigk – 1   10746
Durch das Preußische Staatsministerium nach mündlicher Erörterung der Sachbearbeiter Übersendung einer Aufstellung der seit dem 24. 10. 33 aufgelaufenen Mietschuld des Verbindungsstabes für das Grundstück Wilhelmstr. 64 (RM 30 815.75) sowie der vom Staatsministerium verauslagten Kosten (RM 7705.48). In einer Besprechung mit dem StdF Zusage des Reichsfinanzministers, die Regelung dieser Schuld gegenüber Preußen zu übernehmen. (Vgl. Nr. 10578.)
H   101 00593 f. (141); 101 17676, 685 f. (1078 a)

25. 3.–18. 12. 35   Adj. d. F – 1   10747
Übersendung einer – bereits zweimal in Verlust geratenen – Liste der Teilnehmer des Stafettenlaufes Zwickau–Berlin vom 1. 5. 33 und Bitte, den damaligen Auftrag Hitlers an den StdF, jedem der Teilnehmer sein Bild mit Unterschrift zukommen zu lassen, sofort zu erledigen, um diesen Alten Kämpfern eine Weihnachtsfreude zu bereiten.
K   124 02941–45 (248)

26. 3. 35   GL Kurmark u. a.   10748
Bitte des GL Kube an den StdF um Verwendung für den sich bislang vergeblich (Bevorzugung von „Stahlhelmern" und sonstigen „Reaktionären") um die Anstellung in einem Heeresbetrieb oder in der Heeresverwaltung bemühenden Hugo v. Bucholtz (Rheinsberg); laut K. für ihn (im Gegensatz zu jedem Stahlhelmortsgruppenführer) weder als Gauleiter noch als Oberpräsident eine Möglichkeit vorhanden, „bewährte Nationalsozialisten" bei der Reichswehr unterzubringen.
W   124 02000–09 (190)

26. 3. 35–15. 7. 36   W. Plassmann, Adj. d. F, SA-Gru. Franken, H. Wiese – 11   10749
Die Förderung der Pläne eines Erfinders Honnef (Berlin) für ein Windkraftwerk (Norddeicher Türme) durch das Reich vom Stab StdF mehrfach nicht befürwortet, ebenso nicht ein Empfang H.s bei Hitler oder Heß (Begründung: Honnef nicht der richtige Mann für eine Lösung des Problems der Krafterzeugung durch Ausnutzung des Windes).
W   124 02294–302 (211)

27. 3. 35   NSBO   10750
Denkschrift des Reichsobmanns der NS-Betriebszellenorganisation (NSBO), Walter Schuhmann, über die „verzweifelte" Finanzlage der DAF: Seitens der DAF-Leitung Fehleinschätzung der Gefährdung der Finanzen durch die Übernahme der versicherungsmathematisch riskanten Altersklassenzusammensetzung der alten Gewerkschaften; aus „Mangel an wirklicher Sachkenntnis" und wegen „völlig ungenügenden" Verantwortungsgefühls sogar Betreibung einer die Gefahr noch verschärfenden Politik (Erhöhung der Leistungen auch für die alten Gewerkschaftsmitglieder statt Ansammlung eines dem gewaltigen Mitgliederzugang entsprechenden Kapitalstocks zur Sicherung der künftigen Renten); Hinweis auf die Sanierungsvorschläge der von Ley abgesetzten NSBO-Leitung.
W/H   152 00013–29 (3)

27. 3.–4. 4. 35   DF, Adj. d. F   10751
Antrag Kerskens (Stab StdF) an Hitler um Verleihung des Blutordens. Rat des Führeradjutanten Wiedemann: Vor einer Vorlage des Gesuchs die Beibringung weiterer Stellungnahmen (etwa eines Zeugnisses

Heß' über die Würdigkeit K.s, „die Auszeichnung zu bekommen") zweckmäßig. Spätere Klage K.s: Keine Antwort auf seinen Antrag. (Vgl. Nr. 10612 und 10909.)
W/H   124 01486 (168); 124 03856 ff., 860 ff. (352)

27. 3.—12. 4. 35   Adj. d. F, StSekr. Lammers—14   10752
Vom Stab StdF unterstützte Absicht des Deutschen Museums in München, die Abteilung Automobil-Industrie auszubauen. Nach einem entsprechenden Vortrag Weitergabe des Auftrags Hitlers, für die Erweiterung der Museums-Abteilungen Automobilindustrie und Luftfahrt sowie für den Bau eines Theaters in Saarbrücken je 2 Mio. RM zur Verfügung zu stellen, an den Reichsfinanzminister; die Aufbringung dieser Mittel durch die erfolgte Ermäßigung der Kosten der Abwicklung des Chefs des Ausbildungswesens von 20 Mio. auf 10 Mio. RM nach Auffassung H.s ohne Schwierigkeiten möglich.
H   101 24661 ff. (1366 a); 110 00117—22 (823)

[27. 3.]—13. 4. 35   RMfEuL, RKzl.   10753
Einspruch des StdF gegen einen *Gesetzentwurf zur Änderung des Brotgesetzes zwecks Klärung der Vorlagepflicht von Anordnungen des Reichsnährstands beim StdF. Zurückziehung des Einspruchs nach einer Referentenbesprechung. Stellungnahme Bormanns zur Brotmarktordnung: Neben der — um „dem Unfug des Spezialbrotwesens ein Ende zu machen" — für die Herstellung von Spezialbrot künftig geforderten Genehmigung der Hauptvereinigung aus Gründen der Volksgesundheit auch die Genehmigung des Reichsgesundheitsamtes im Einvernehmen mit dem Sachverständigenbeirat für Volksgesundheit für erforderlich gehalten.
M/H   101 02130 ff. (201)

27. 3.—24. 4. 35   Gestapa   10754
Berichte über die im Zusammenhang mit dem Urteil im sogenannten Memel-Prozeß geplanten Protestkundgebungen zur Dämpfung der Volkserregung und über die eingeleiteten Schutzmaßnahmen für litauische Staatsangehörige (insbesondere in Tilsit). Weitere Mitteilungen über den Verlauf der Aktionen.
K   101 25840—49 (1459)

28. 3. 35   RKzl.   10755
Mitteilung über den Widerspruch des Reichsfinanzministers gegen den § 7 des vorgelegten Entwurfs eines Reichsgesetzes über den Zweckverband Reichsparteitag Nürnberg; die Stellungnahme des StdF auf Wunsch Hitlers erbeten.
K   101 19966 (1198)

28. 3. 35   M. Mayrhofer   10756
Bitte einer Margarethe Mayrhofer (Leipzig), ihren nach einem infolge „Denunziation" angestrengten Uschla-Verfahren aus der Partei ausgetretenen Mann (Alternative: Parteiausschluß) unter seiner alten Mitgliedsnummer wieder in die Partei aufzunehmen.
W   124 02509—12 (224)

29. 3. 35   RKzl.   10757
In der Sitzung des Reichsministeriums vom 29. 3. 35 Bitte Heß', im Entwurf des Haushaltgesetzes 1935 die Fassung des § 9 des Haushaltgesetzes 1934 wiederherzustellen; Zweck: Erhöhte Berücksichtigung der Alten Kämpfer. Zustimmung des Kabinetts.
H   101 17641 f. (1077)

29. 3.—4. 4. 35   OPräs. Schwede   10758
Vortrag bei Heß (Themen offenbar die Überlandzentrale Pommern sowie die Gründung des Soldatenbundes); nach dessen Ansicht eine persönliche Entscheidung Hitlers erforderlich (Empfang von diesem abgelehnt).
W   110 00251 f. (2301)

30. 3. 35   SA-Gruf. Kasche   10759
Einladung Heß' zu einem Zusammensein der gesamten Parteiführerschaft im Hotel Vierjahreszeiten in München.
W   236 00006 (11/1)

April – 17. 8. 35   A. Leifer, Adj. d. F   10760
Beschwerde eines August Leifer (Wasungen i. Th.) über Vorkommnisse im Arbeitsdienst. Bei Weiterleitung einer Mahnung Bitte der Führeradjutantur an den Stab StdF, L. von dem *Entscheid des Reichsarbeitsführers über seine Beschwerde zu verständigen.
W/H   124 01476 – 79 (167)

1. 4. 35   Milchwirtschaftsverb. Allgäu   10761
Bericht (an Hptm. Wiedemann „beim StdF") über die milchwirtschaftlichen Verhältnisse in Schwaben (Milchpreise, Veränderungen bei einzelnen Firmen, Durchsetzung der Marktregelung).
W/H   124 01986 – 89 (190)

1. – 4. 4. 35   RStatth. Thüringen, Ing. E. Müller, Adj. d. F   10762
Neben mehreren anderen Anfragen an den StdF wegen des Verhaltens der Partei am bevorstehenden 70. Geburtstag Ludendorffs (9. 4.) auch Anfrage des Reichsstatthalters Thüringen wegen der eventuellen Benennung einer Straße oder eines Platzes in Weimar nach L. Keine Bedenken Hitlers (diesem von Heß die Frage zur Entscheidung vorgelegt).
W   124 00145 – 50 (39)

2. 4. – 18. 6. 35   Prof. Baumstark, RMfWEuV – 18   10763
Bitte des Prof. Baumstark (Münster) an die Hochschulkommission, einen holländischen Nebenverdienst nicht auf seine künftigen Emeritenbezüge anzurechnen (Emeritierung infolge Auseinandersetzungen mit Rektor Naendrup). Dazu Stellungnahme des Reichserziehungsministers: Das betreffende Nebeneinkommen unter der anordnungsfreien Höchstgrenze liegend.
H   301 00116/3 ff. (Baumstark)

3. 4. 35   Adj. d. F – 5   10764
Durch den Stab StdF Übersendung von *Unterlagen.
W   124 05029 (550)

4. 4. 35   Adj. d. F   10765
Mitteilung der positiven Entscheidung über das *Gesuch einer D. Koch (Koblenz), die Kinder nicht für die Verfehlungen des Vaters büßen zu lassen, zweckmäßigerweise durch den StdF.
W   124 01451 (165)

4. 4. 35   Adj. d. F – 14   10766
Zu früheren Vorgängen Nachreichung eines weiteren *Schriftstücks zur Liquidation des Rittergutes Lochow der Familie v. Lekow (Kreis Züllichau-Schwiebus): Angesichts des Wertes des Holzeinschlags seinerzeit Sanierungsmöglichkeit vorhanden gewesen.
W/H   124 01529 (170)

4. 4. – 16. 7. 35   Adj. d. F   10767
Übersendung mehrerer *Eingaben eines Ehepaars Carl und Anny Lienewald (Wildthurn), vermutlich ihre Entschädigung als Auslandsdeutsche betreffend.
W/H   124 01483 – 86 (168)

5. 4. 35   RK f. d. frw. ArbD   10768
Mitteilung über die Verlegung der Geschäftsräume der Reichsleitung des Arbeitsdienstes.
H   101 06035 (517)

[5. 4. 35]   M. Sollmann   10769
Hoffnung eines Max Sollmann (Berlin) auf einen nicht zu ungünstigen Bescheid des StdF in seiner Sache.
W   124 01147 (122)

5. 4. – [22. 6.] 35   Adj. d. F, E. Netschert, RSt. f. Getreide – 14   10770
Zum *Schreiben eines Erich Netschert (München) über Mißstände im Reichsnährstand (RNSt.) Hinweis Bormanns auf die fehlende Befugnis des StdF, Angelegenheiten des RNSt. zu behandeln. Absicht N.s, durch den Stab StdF die Gründe für seine Abberufung aus der Rentenbank (und damit aus seinem letzten Amt im RNSt.) feststellen zu lassen. – Weitere *Korrespondenz über Braugerste.
W/H   124 01600/1 – 604 (176)

5. 4.— 22. 11. 35   ROL, W. Fügner, Adj. d. F   10771
Trotz Befürwortung durch den Stab StdF und die Adjutantur der Wehrmacht beim Führer erfolglose Bewerbung eines Walter Fügner (Ehrenzeichenträger) um die Bewirtschaftung der Reichswehrkantine (dabei Verwechslung mit der Kasernen-*Bau*kantine) in Borna/Sachsen; Klage über allgemeine Benachteiligung der Alten Kämpfer. Bitte des Stabs StdF um Feststellung der Gründe für die Bevorzugung eines Nicht-Parteimitglieds. Dazu die *Stellungnahme des Oberbefehlshabers des Heeres.
W/H   124 01387/3 — 395 (161)

6. 4. 35   DF, RKzl.   10772
Durch Anordnung Hitlers Ausdehnung der Beteiligung des StdF an der Gesetzgebung auf alle im Reichsgesetzblatt zur Veröffentlichung gelangenden Ausführungs- und Durchführungsbestimmungen.
W   101 00530 (139 a); 101 24185 (1353 c)

6. 4. 35   RArbM u. a.   10773
Übersendung eines Schreibens über die Einstellung der Grenzgänger-Unterstützungen (der Saar-, Elsaß-Lothringen- und Luxemburggänger) mit dem 30. 6. 35.
H   101 25128 f. (1401)

6.— 8. 4. 35   Adj. d. F — 6   10774
*Abschlußbericht des Beauftragten der Parteileitung Tittmann über die Angelegenheit Stubbe und *Zwischenbericht über die Angelegenheit Blask/Pohl (weitere Untersuchung im letzteren Fall laut Führeradjutant Wiedemann mit der „gebotenen Vorsicht und Reserve" zu führen).
W   124 01791 f. (185)

8. 4. 35   Adj. d. F   10775
Im Gegensatz zur Ansicht Bormanns Stellungnahme des Führeradjutanten Wiedemann gegen eine Belassung Oexles in seiner Stellung als Beauftragter der Parteileitung (die Verurteilung Oe.s wegen einer 1923 begangenen Unterschlagung zu drei Monaten Gefängnis nicht mit der 1923 gegen B. verhängten Geldstrafe wegen Übertretung einer wirtschaftlichen Verordnung vergleichbar und die Tat auch nicht als „Zwangsanleihe" zu entschuldigen); Hinweis auf das Vorliegen von Anschuldigungen auch gegen die übrigen Beauftragten der Parteileitung (Seidel: unberechtigtes Tragen des E.K. I; Tittmann: schwerste moralische Vorwürfe; Manderbach: Vorwürfe B. bekannt); diese Zustände auf die Dauer nicht zu halten und insbesondere — dies auch der Standpunkt von Goebbels — bei eventuellen außen- und innenpolitischen Rückschlägen gefährlich.
W/H   124 01662 — 64/3 (178)

8. 4. 35   BfdÜ   10776
Nochmaliger Hinweis auf Sinn und Inhalt der bestehenden Bekanntmachungen und Anordnungen über Bewertung und Förderung des deutschen Schrifttums: Aufgaben und Befugnisse der Prüfungskommission zum Schutze des NS-Schrifttums (Prüfung auf Bedenklichkeit) und der Reichsstelle zur Förderung des deutschen Schrifttums bzw. der Hauptstelle für Schrifttumspflege (Prüfung auf Förderungswürdigkeit).
W/H   124 00669 ff. (58)

[8. 4. 35]   (WPolA?)   10777
Vorschlag, die Wissenschaftliche Abteilung des Wehrpolitischen Amts (WPA) in eine NS-Arbeitsgruppe für Landesverteidigungsfragen, Wehr- und Kriegsgeschichte umzuwandeln und diese u. a. aus den vom StdF bisher dem WPA gewährten Mitteln der Wirtschaftshilfe zu finanzieren; außerdem Vorschlag der Errichtung eines Referats für Landesverteidigungsfragen im Stab StdF (Finanzierung durch den Reichsschatzmeister).
W   124 00681/64 (59)

8.— 16. 4. 35   Adj. d. F   10778
Durch Bormann Veranlassung eines *Glückwunschtelegramms Hitlers zur Hochzeit des SS-Gruf. Prützmann.
W   124 01687 f. (180)

10.— 16. 4. 35   GL Kube, Hptm. Engelhardt, Adj. d. F   10779
Durch GL Kube Übersendung eines Schreibens des Hptm. Hans Engelhardt: Unzufriedenheit wegen

der (von K. auch in der Kurmark beobachteten) bevorzugten Einstufung nicht-ns. Offiziere bzw. der nicht genügenden Berücksichtigung der Verdienste der Alten Kämpfer.
W   124 01356/27 – 30 (157)

11. 4. 35   AA, Dt. Botsch. London – 1   10780
Übersendung eines im Sunday Chronicle veröffentlichten *Aufsatzes von Dr. Hanfstaengl.
H   101 25573 f. (1433 a)

11. – 16. 4. 35   Adj. d. F   10781
Der Inhalt des *Schreibens eines Friedl Zötsch (München) über den ehemaligen GL Hofer und Ing. Rolf Ullmann für Bormann unverständlich: H. ohne weiteres erreichbar.
W   124 02013 f. (191)

[12. 4.] – 23. 5. 35   Seldte, StSekr. Lammers   10782
Vom Bundesführer des Frontkämpferbundes (Stahlhelm) vorgelegter Entwurf eines Zusatzabkommens samt Ausführungsbestimmungen zum Abkommen vom 28. 3. 34 (Verantwortung des Bundesführers allein gegenüber Hitler; Bestimmung der Aufgaben und des Aufbaus des Stahlhelm durch H.; Aufhebung der Doppelmitgliedschaft in SA und Stahlhelm; u. a.). Laut Mitteilung des StdF Äußerung erheblicher Bedenken „von allen Seiten". Nach einem Gespräch zwischen Lutze und Seldte Einigkeit über die Notwendigkeit erheblicher Abänderungen.
K/W   101 14845/6 – 849 (828)

13. – 29. 4. 35   Adj. d. F – 6   10783
Laut Untersuchungsbericht des Beauftragten der Parteileitung Seidel die Beschwerden des SA-Ostuf. Richard Heer und des SS-Truf. Heinrich Diehl gegen den OGruL Otto Lausmann (Tornesch) z. T. berechtigt, jedoch „übertrieben und aufgebauscht"; der ihnen zugrunde liegende Streit im Gegensatz zwischen SA und Politischer Organisation begründet; Vornahme einer Schlichtung, für ein Verfahren gegen L. keine Gründe vorhanden.
W/H   124 01502 – 06 (169)

15. 4. 35   Adj. d. F   10784
Übersendung des *Schreibens eines Adolf Meyer (Neustadt a. d. Aisch).
W   124 01553 (173)

15. 4. 35   Adj. d. F   10785
Übersendung der *Eingabe einer Gretl Pöhlmann (Berlin) um Freilassung ihres Mannes aus dem Landgerichts-Gefängnis und Vermittlung einer Stelle für ihn.
W   124 01677/2 (179)

[15. 4. 35]   Adj. d. F   10786
Ludowici und das von diesem geleitete Reichsheimstättenamt dem Führeradjutanten Wiedemann von seiner Stellung im Stab StdF her aus eigener Beobachtung bekannt.
W   124 01530 (170)

[15. 4. 35]   SA-Gru. Berlin-Brandenburg   10787
Aussprache des Führers der SA-Gruppe Berlin mit Heß und Lutze über den Fall des wegen Umgehung des Dienstweges von der Offiziersnachwuchsliste gestrichenen Grenadiers Kurt Engel. Dabei nach Meinung beider „besonders erwähnenswert": Dienstliche Veranlassung E.s zur Öffnung eines Briefes der Adjutantur des Stabschefs der SA in Gegenwart seines Kompaniechefs.
W/H   124 02168 f. (198)

[15. 4. 35]   Adj. d. F   10788
Beschwerde des Hptm. a. D. v. Obwurzer (Stab StdF) über das der Deutschen Akademie mangelnde „politische Fingerspitzengefühl nach dem Auslande" in Zusammenhang mit der Verhaftung eines Frhr. v. Sternbach in Italien. – In diesem Zusammenhang Erwähnung einer Schwedenreise Heß' Mitte Mai 1935.
H   124 01328/1 f. (154)

15. – 23. 4. 35   VB, Adj. d. F – 1   10789
Eintreten der Kompanie v. Epp (8. Feldkompanie des ehemaligen Bayerischen Infanterie-Leibregiments)

für eine Änderung der Bezeichnung „Badenweiler"- in „Badonviller"-Marsch, um die Bedeutung des Marsches (Waffentat bei dem französischen Ort Badonviller, nicht Hinweis auf Badenweiler im Schwarzwald) deutlich zu machen; dazu Anregung der Schriftleitung des Völkischen Beobachters, angesichts der Unmöglichkeit einer Änderung wegen der Popularität der auch von Hitler bevorzugten deutschen Bezeichnung wenigstens in einer parteiamtlichen Erklärung den Zusammenhang mit dem französischen Badonviller klarzustellen.
W/H   124 01356/3 – 6 (157)

15. 4. – 10. 5. 35   Adj. d. F – 7   10790
Bereitschaft des Deutschen Generalkonsulats in New York, einer Henny Trautner bei ihrer eventuellen Rückreise nach Deutschland Rat und Unterstützung (Beschaffung einer verbilligten Schiffskarte) zu gewähren.
W   124 01302 – 06 (151)

15. 4. 35 – [3. 7. 39]   RFSS – 6/3   10791
SS-Personalakte Gruf. Wilhelm Frhr. v. Holzschuher, Reichsbeauftragter des StdF: Personalbogen u. a.
M   306 00538 – 44 (Holzschuher)

16. 4. 35   Adj. d. F   10792
Übersendung des 'Schreibens eines Ferdinand Dum (Nürnberg).
W   124 01340 (154)

16. – 23. 4. 35   GL Sprenger, Adj. d. F, StSekr. Meissner – 1   10793
Stellungnahme des StdF gegen die beabsichtigte Beförderung des Oberstlt. d. Pol. Magnus (Dortmund). Urteil des GL Sprenger über M.: „Fanatischer und gehässiger Gegner" des NS bis 1933, nach § 4 BBG entlassene Polizeioffiziere nicht so belastet wie M.
W/H   124 01785 f. (185)

18. 4. 35 – 9. 11. 44   RFSS, SSPHA u. a.   10794
SS-Personalakte Gruf. Gerhard Klopfer (Stab StdF bzw. PKzl.): Handgeschriebener Lebenslauf, Personalbogen, Beförderungen, Freigabe für die Waffen-SS, u. a.
M   306 00619 – 78 (Klopfer); 306 00334, 352 (Friedrichs)

20. – 27. 4. 35   Adj. d. F – 6   10795
Die bisherige – auch von Hitler geteilte – Auffassung über das Ergebnis der Vertrauensratswahlen (82% aller überhaupt abgegebenen Stimmen Ja-Stimmen) aufgrund von Berichten als irrig bzw. irreführend erwiesen (Unterschlagung der zahlreichen ungültigen Stimmen, außerdem Nichtberücksichtigung der z. T. nur sehr geringen Wahlbeteiligung); Bitte Bormanns um Informierung H.s über die Sachlage, um falsche Ausführungen und Schlußfolgerungen H.s in seiner Rede zum 1. Mai zu verhindern.
W   124 05033 – 37 (550)

24. 4. 35   W. Zils   10796
Bitte eines Wilhelm Zils (Leipzig) um Wiederaufnahme des gegen ihn geführten Untersuchungs- und Schlichtungsausschußverfahrens.
W   124 02020 (192)

24. 4. 35 – 2. 11. 36   GL München-Oberbayern, Adj. d. F, RKzl. – 11   10797
Versuch eines Österreichers Karollus aus Wien, zur Auswertung des Patents für seine Delphia-Sprengschußsicherheitsvorrichtung ein Gutachten des Referats für technische Fragen im Stab StdF zu erhalten. Laut Urteil des mit der Angelegenheit bereits seit 1924 mehrfach befaßten Boeckh (Stab StdF) die Erfindung K.' wertlos, laut Croneiß (Stab StdF) K. ein „Hochstapler" und die ganze Angelegenheit mysteriös (1933 Strafprozeß wegen Betrugs gegen die Kompagnons des K.); Behauptungen K.' über B. von diesem als Verleumdungen zurückgewiesen.
W   124 02360 – 81 (216)

25. 4. 35   A. Lindner   10798
Gespräch eines Anton Lindner („Fischlindner", München) mit Bormann über die nach seiner Ansicht untaugliche Organisation der Fischwirtschaft und über seine Kritik an der Abteilung Fischwirtschaft des

Reichsnährstands; dabei von B. Eingriffe in die Tätigkeit der Behörden von seiten der Partei abgelehnt.
W   124 01526 ff. (170)

[26. 4. 35]   SS-Gruf. Rodenbücher   10799
Unterredung mit dem StdF und dem Reichsschatzmeister: Bestätigung als Leiter des „Hilfswerks"; Wiederherstellung seiner Finanzhoheit nach Abschluß der gegen ihn eingeleiteten Revision.
M   306 00811 f. (Rodenbücher)

26.–30. 4. 35   DRK-LVerein Bayern, Adj. d. F   10800
Bitte des Bayerischen Landesvereins des Deutschen Roten Kreuzes um Äußerung etwaiger Bedenken gegen die Aufnahme eines Artikels von Prof. W. M. Schmid über die Namensahnen Hitlers in den Rotkreuzkalender 1936. Weiterleitung an die Führeradjutantur.
W   124 01329 f. (154)

27. 4. 35   RMdI u. a.   10801
Übersendung eines Runderlasses: Verbot der Hissung der Reichsfahnen durch Juden.
M   101 00168 (129)

27. 4. 35   AA, Dt. Ges. Budapest   10802
Übersendung eines Berichts der Deutschen Gesandtschaft in Budapest: Ungewöhnlich starkes Interesse ungarischer Regierungsstellen und der Öffentlichkeit für einen Besuch und zwei Vorträge des Leiters des Amtes für Beamte in der NSDAP und Führers des Reichsbundes der deutschen Beamten, Reichswalter Neef, in Budapest; u. a. Gespräch N.s mit Ministerpräsident Gömbös.
H   101 26409–12 (1501)

27. 4.–8. 5. 35   ROL   10803
Auf Anfrage Mitteilung des Stabs StdF: Keine „Einbeziehung der alten NSBO-Kämpfer in die Sonderaktion".
H   305 00214 ([ROL-]Korr. StdF 1935)

27. 4.–20. 5. 35   RMdI, RKzl.   10803 a
Zustimmung des StdF zum *Entwurf eines Gesetzes zur Änderung des Gesetzes zur Verhütung erbkranken Nachwuchses unter der Voraussetzung der – zwischen HAL Wagner und MinDir. Gütt vereinbarten – Einrichtung von Gutachterausschüssen bei der Reichsärztekammer für Schwangerschaftsunterbrechungen aus medizinischen Gründen.
K/H   101 13691 f. (720)

27. 4.–15. 11. 35   RSchatzmeister, OSAF, Gestapo, OPR, Adj. d. F   10804
Zur Errichtung eines Nachrichtenamtes der SA Anforderung von Etatmitteln durch Lutze bei Schwarz. Hinweis Bormanns (nach Rückfrage bei Hitler) auf die weitere Gültigkeit des seinerzeit vom StdF im Auftrag H.s ausgesprochenen Verbots sämtlicher Nachrichtendienste innerhalb der Partei, ihrer Gliederungen und angeschlossenen Verbände, ausgenommen nur den Sicherheitsdienst der SS. Nach einem Bericht der Geheimen Staatspolizei über einen Versuch von SA-Angehörigen, von der Firma Witt (Weiden) RM 50 000.– für den Aufbau dieses SA-Nachrichtenamts zu erhalten, und nach Einholung von Stellungnahmen des Reichsschatzmeisters und des Obersten Parteigerichts (kein Objekt eines möglichen Verfahrens ersichtlich) Anfrage B.s an die Führeradjutantur zwecks eventueller Einleitung weiterer Schritte.
W/H   124 00960 f., 963–71 (78)

30. 4. 35   AA, RWiM u. a.–1   10805
An das Auswärtige Amt und von diesem an den Verbindungsstab Weiterleitung eines Berichts des Treuhänders für das Wirtschaftsgebiet Südwest an den Reichswirtschaftsminister über die Beleidigung des jüdisch-französischen Betriebsleiters des Mannheimer Werkes der französischen Gummiwarenfabrik Hutchinson, Lévy, auf einer Betriebsversammlung.
H   101 25680–83 (1439)

30. 4. 35   Adj. d. F   10806
Übersendung eines *Schreibens der Ortsgruppe Wasungen: Für solche Bitten von Ortsgruppen wenn auch nicht der exakte Dienstweg, so doch zumindest die Vorlage über die Gauleitung oder den StdF erforderlich.
W/H   124 01833 (187)

30. 4. 35   Adj. d. F   10807
Keine Einwände Hitlers gegen die Schilder „Juden ist der Zutritt verboten" trotz in bezug auf die Olympiade geltend gemachter Bedenken.
W   124 05038 (550)

30. 4. – 29. 5. 35   Adj. d. F, GL München-Oberbayern   10808
Unter Einräumung von Verdiensten während der „Kampfzeit" im Gau Bayerische Ostmark negative Beurteilung des Verhaltens des früheren Gauredners Ferdinand Neuert nach 1933 durch die Gauleitung München (vom Stab StdF auf Veranlassung der Führeradjutantur eingeholt).
W   124 01613 – 17/1 (176)

[2. 5. 35]   Adj. d. F – 14   10809
Festlegung eines Termins für eine Aussprache des Führeradjutanten Wiedemann mit Direktor Kiehl.
W   124 01404 f. (162)

2. – 28. 5. 35   ROL   10810
Weiterleitung mehrerer an den StdF gerichteter und vermutlich von der Reichsfachschaft Tanzlehrer organisierter Beschwerden von Tanzlehrern gegen ihre Eingliederung in die Reichstheaterkammer.
H   305 00311 – 16, 319 ff. ([ROL-]Korr. StdF 1935)

7. 5. 35   ROL   10811
Mitteilung des Stabs StdF über die Erschwerung der Zuteilung von Freiflugscheinen: Anforderung von Fall zu Fall beim StdF bzw. beim Verbindungsstab empfohlen.
H   305 00342 ([ROL-]Korr. StdF 1935)

[7. 5. 35]   RJM   10812
Zustimmung des StdF zu einer vom Reichsjustizminister beabsichtigten Änderung der Fassung des § 175 StGB.
W   107 00819 (281)

8. 5. 35   Adj. d. F – 12   10813
Durch den Stab StdF Übersendung der *Einladung und des *Programms für den „Tag der deutschen Technik" (4.–8. 6.).
W   124 05039 (550)

8. 5. 35   ROL   10814
Mitteilung über die Beschlagnahme der restlichen Briefbogen mit dem Kopf „Reichsorganisationsleiter Betr. Kirchliche Angelegenheiten Pfarrer Hossenfelder" bei einer Untersuchung des Büros von Pfarrer H.; Verwarnung H.s, diese – von ihm nachweisbar noch nach seiner Amtsenthebung benutzten – Briefbogen weiter zu verwenden.
H   305 00317 f. ([ROL-]Korr. StdF 1935)

11. 5. 35   AA, Tschech. Ges.   10815
Zu einer Verbalnote der Tschechoslowakischen Gesandtschaft wegen des Empfangs sudetendeutscher Mädchen durch Hitler Absicht des Auswärtigen Amts, unter Hinweis auf den unpolitischen Charakter des Empfangs die erhobenen Bedenken zurückzuweisen.
W   110 00043 ff. (154)

13. 5. 35   Adj. d. F – 1   10816
Übersendung des *Schreibens einer Inge Ekwall-Hardeland (Berlin).
W   124 01356/12 (157)

13. 5. – 13. 6. 35   E. Pankow, F. Windenbohm, A. Schultz, Adj. d. F   10817
Durch den Stab StdF an die Führeradjutantur Weiterleitung einer Eingabe der durch die Schließung des Pionierlagers Greifenberg arbeitslos gewordenen Pg.n Erich Pankow, Franz Windenbohm und Albert Schultz um Berücksichtigung bei Stellenbesetzungen.
W   124 01670 – 75 (179)

14. 5. 35   Dt. Ges. Stockholm   10818
Bericht über den Besuch Heß' in Schweden: Vortrag vor der Schwedisch-Deutschen Vereinigung und

das Echo in der schwedischen Presse; Interview für Stockholms Tidningen über den protestantischen Kirchenstreit in Deutschland; Empfang durch den König.
M   101 00579—82 (141)

14. 5. 35   AA, Dt. Kons. Salzburg   10819
Übersendung eines Berichts des Deutschen Konsulats über die Maifeier der Deutschen Kolonie in Salzburg und über die Intervention der Deutschen Gesandtschaft in Wien gegen das Verbot des Bundeskanzleramtes, während der Feier österreichisches Personal (Kellner, Musiker) zu beschäftigen.
K   101 26091—94 (1479)

[14.]—17. 5. 35   G. Pfrenger, Adj. d. F   10820
Beschwerde eines Georg Pfrenger über politische Mißstände in Trostberg. Durch den Stab StdF Weiterleitung an Pg. Wegner (München) und Führeradjutant Wiedemann.
W   124 01677 f. (179)

14. 5. 35—9. 4. 36   H. Arnold, Adj. d. F   10821
Durch den Stab StdF an die Führeradjutantur Weiterleitung mehrerer *Eingaben eines Hans Arnold (Oberhausen) wegen ungerechter Entlassung. Mehrere Anmahnungen der Erledigung.
K/H   124 03129—33 (261)

15. 5.—10. 9. 35   RKM, RKzl.   10822
Absicht Blombergs, eine Anordnung zur Klarstellung des Verhältnisses von Beamten, Angestellten und Arbeitern der Wehrmacht zur NSDAP, ihren Gliederungen und angeschlossenen Verbänden zu erlassen; Besprechungen B.s mit StM Wagner (Stab StdF) über diesen Erlaß. Einwände Hitlers gegen eine Anwendung von § 26 Ziffer 1 des Wehrgesetzes auf diesen Personenkreis: Das Ruhen der Parteizugehörigkeit nicht nötig und auch nicht richtig. Erlaß des Reichskriegsministers (RKM): Die Zugehörigkeit zur Partei, jedoch nicht zu SA, SS, NSKK und HJ gestattet; Verbot, mit Rücksicht auf die starke dienstliche Inanspruchnahme jedes Einzelnen, ein Amt in der Partei usw. zu übernehmen; Weisung, für die Erledigung dienstlicher Vorkommnisse allein den Wehrmachtdienstweg zu benutzen; die Zustimmung des RKM zu parteigerichtlichen Verfahren erforderlich.
M   101 04665—75 (426)

16.—24. 5. 35   RMdI, RSportF   10823
Gegen Bedenken des Auswärtigen Amts Drängen des Reichssportführers, u. a. unter Hinweis auf die bevorstehende Kieler Woche, auf einheitliche Regelung der Flaggenführung der deutschen Wassersportfahrzeuge auf See; durch den Reichsinnenminister daraufhin Übersendung eines *Verordnungsentwurfs. Dazu Zustimmung des Reichskriegsministers.
H   101 00169—74 (129)

17. 5. 35   Adj. d. F—14   10824
Baldiges Stattfinden des von Rosenberg gewünschten Empfangs bei Hitler; Vortrag sowohl der außenpolitischen wie der damit zusammenhängenden außenwirtschaftlichen Fragen zweckmäßig. (Entwurf Oberwurzers [Stab StdF] für die Führeradjutantur.)
W   124 00672 f. (58)

18. 5. 35   G. Engeling   10825
Bitte des Pg. Günter Engeling (Charlottenburg), ihn vor der Schande der öffentlichen Anklage (wegen Fälschung seiner — nach einem angeblichen Diebstahl negativen — Arbeitsbescheinigung) und dem Parteiausschluß zu bewahren.
W/H   124 01356/31—34 (157)

18. 5.—7. 6. 35   Adj. d. F   10826
Bemühungen des Rittmeisters a. D. B. Th. Engelhard (Abelbeck b. Soltau) um eine Stellung im Auswärtigen Amt trotz Empfehlungen des Führeradjutanten Brückner erfolglos; von B. deshalb eine eventuelle Unterbringung im Stab StdF angeregt.
W   124 01356/25 f. (157)

20. 5. 35   E. Schöne   10827
Beschwerde des OFeldmeisters Edgar Schöne (Schirgiswalde) über die seinerzeitige Zwangsversteige-

rung des sich im Besitze seiner Mutter befindlichen Rittergutes Pannewitz und Bitte, ihn – einen langjährigen NS – im Kampf um die Rückgabe seiner „Scholle" zu unterstützen.
K   124 03069–72 (255)

20. 5. 35   AA   10828
Übersendung von Material für die Kabinettssitzung am 21. 5.: Ergebnis der bisherigen bayerisch- bzw. deutsch-französischen Verhandlungen über den im Gemeinschaftseigentum Bayerns und der Stadt Weißenburg i. Elsaß befindlichen Mundatwald (Teilung, Ankauf durch Bayern oder Konzessionen an den von der nunmehrigen Ausländerbesteuerung betroffenen Mitbesitzer).
H   101 25130–36 (1401)

20. 5.–1. 6. 35   AA, RKzl.   10829
Zustimmung des StdF zum ˙Entwurf eines Postpaketabkommens zwischen dem Deutschen Reich und der UdSSR.
H   101 26289 f. (1488 a)

Nicht belegt.   10830

21. 5. 35   GL Groß-Berlin   10831
Durch den Stab StdF Weiterleitung der ˙Eingabe einer Anna Berglund (Berlin) unter Interpretation der Verfügung des StdF vom 9. 4. 35: Nur Ablehnung der *Neu*aufnahme Nichtreichsdeutscher in die Partei, nicht Ausschluß alter Parteigenossen deutscher Abstammung.
W   305 00158 (AO)

[21. 5. 35]–[18. 2. 36]   PrMPräs., RFM, RKzl., PrStM   10832
Übergabeverhandlungen für die Grundstücke Wilhelmstr. 63 und 64 (von Preußen an das Reich; Nutzung durch den StdF). Berechnung und Bezahlung des in den Häusern Wilhelmstr. 63 und 64 zurückgelassenen Inventars sowie Ersatz verschiedener Auslagen für die beiden Grundstücke; Kostennachweisungen und Geräteverzeichnis für Wilhelmstr. 64 (Büro Verbindungsstab und Wohnung Heß). (Vgl. Nr. 10635 sowie 10578 und 10746.)
H   101 17687–716 (1078 a)

22.–29. 5. 35   W. Neu, Adj. d. F   10833
Als Schilderung nicht eines Einzelschicksals bezeichnete Eingabe des infolge der Auflösung der Organisation des Chefs des Ausbildungswesens arbeitslosen Wolfgang Neu (Morsbach). Weiterleitung an die Führeradjutantur.
W   124 01605–12 (176)

22. 5.–7. 6. 35   RKzl., RMdI, Präs. OrgKom. IV. Olymp. Winterspiele   10834
Vom Reichsinnenminister geteilte Befürchtungen olympischer Funktionäre wegen der zunehmenden antisemitischen Propaganda im Bezirk Garmisch-Partenkirchen: Die Abhaltung der Olympischen Winterspiele und der XI. Olympiade in Berlin durch Zurückziehung der Meldungen gefährdet (Abschriften an den StdF). Durch Hitler Heß „weitere Veranlassung" anheimgestellt.
M   101 07589–97 (599 a)

23. 5. 35   Adj. d. F, Bayr. StMfW–14   10835
Mitteilung über wirtschaftliche Schwierigkeiten der Firma Anton Seidl GmbH (Backwaren) in München infolge der Brotpreissenkung Ende 1934 sowie über Abhilfemaßnahmen.
W   124 01758 ff. (184)

[23. 5. 35]   Adj. d. F   10836
Auf Anfrage des 1. Bgm. Merkt (Kempten) nach den für die Neugliederung des Reiches kompetenten Männern Hinweis des Führeradjutanten Wiedemann u. a. auf HAL Sommer (Stab StdF).
W/H   124 01401 f. (162)

23. 5.–15. 11. 35   DAF, RMdI, RKzl.   10837
Durch den Stab StdF Einladung Leys u. a. zu einer Besprechung im Reichsinnenministerium über den Entwurf eines Gesetzes über die Gewährung von Entschädigungen bei der Einziehung und dem Übergang von Vermögen und im Zusammenhang damit auch über den von der Partei vorzulegenden Entwurf eines Gesetzes über die DAF. Hinweise des Stabes StdF für diesen Entwurf: Schaffung einer Rechtspersönlichkeit für die DAF unabhängig von der noch nicht erlassenen Satzung der NSDAP; Ab-

grenzung der Aufgabengebiete der DAF; Finanzaufsicht von Reich bzw. Partei; Behandlung der Unterstützungskassen der DAF; Ausnahmebestimmungen für die polnischen Gewerkschaften im oberschlesischen Abstimmungsgebiet und im Ruhrgebiet; mögliches Ausmaß der Entschädigungsgewährung für übernommene wirtschaftliche Einrichtungen.
H   305 00291 – 310 ([ROL-]Korr. StdF 1935)

[24. – 25. 5. 35]   StapoSt. Königsberg   10838
Auf Anweisung des StdF Aufhebung der vom Leiter der Staatspolizeistelle Königsberg, SS-Gruf. v. d. Bach-Zelewski, gegen Kreisrichter Strube (Rosenberg) und den Vizepräsidenten der Handelskammer, Goerges, verhängten Schutzhaft.
W   306 00019 – 25 (Bach-Zelewski)

24. – 28. 5. 35   PrGestapo   10839
Vorlage über die Spannungen zwischen dem NSD-Frontkämpferbund (Stahlhelm) und insbesondere der SA. Antwort Bormanns: Nach Rückfrage bei Hitler ab sofort Verbot von Aufmärschen des Stahlhelm wegen der zu befürchtenden Differenzen mit Angehörigen der Parteigliederungen.
W/H   124 00974 – 77 (78)

24. 5. – 4. 6. 35   Adj. d. F – 14   10840
Nach Scheitern der Verhandlungen des Wirtschaftsbeauftragten im Stab StdF über die Rückgabe des Gasthofes des verschuldeten Albert Ebert (Berlin) Rat an E., ein Angebot finanzieller Unterstützung bei der Eröffnung eines kleinen Kaffeehauses anzunehmen. Dennoch erneute Eingabe E.s bei der Reichskanzlei.
W   124 01356/1 (157)

24. 5. – 13. 6. 35   F. Müller, RJF, Adj. d. F – 1   10841
Bitte eines durch die Auflösung der Organisation des Chefs des Ausbildungswesens arbeitslos gewordenen Fritz Müller (Eveking) um Vermittlung von Stellen für sich und seine ebenfalls arbeitslos gewordenen Kameraden. Weiterleitung an die Führeradjutantur.
W   124 01559 – 63 (174)

26. 5. – 3. 6. 35   Ph. Werner, Chef AW, Adj. d. F   10842
Eingabe eines Philipp Werner (Hanau) wegen der trotz einer Verfügung des Reichsinnenministers für das Personal des ehemaligen Chefs des Ausbildungswesens bestehenden großen Schwierigkeiten, nach Auflösung der Organisation bei Behörden eine neue Stelle zu finden. Weiterleitung an die Führeradjutantur.
W/H   124 01842 – 45 (187)

27. 5. – 3. 6. 35   J. Krombacher, Adj. d. F   10843
Eingabe des durch die Auflösung der Organisation des Chefs des Ausbildungswesens arbeitslos gewordenen Josef Krombacher (Stuttgart). Weiterleitung an die Führeradjutantur.
W   124 01466 ff. (166)

27. 5. – 13. 6. 35   RMfEuL, RKzl.   10844
Zustimmung des StdF zum Antrag des Reichsernährungsministers, den Rest des der Kühlfisch A. G. gewährten Reichsdarlehens niederzuschlagen.
K   101 14315 ff. (756)

27. 5. – 2. 7. 35   F. Linnartz, OPG, Kzl. d. F – 6   10845
Beschwerde des StudAss. Franz Linnartz (Köln) über die Verschleppung des gegen ihn schwebenden (wegen eines gleichzeitig laufenden Strafverfahrens ausgesetzten) Parteigerichtsverfahrens. Weisung des Stabs StdF, nach dem nunmehr rechtskräftigen Abschluß des Strafverfahrens (L. von der Anklage der verleumderischen Beleidigung des GL Grohé freigesprochen) das Parteigerichtsverfahren wiederaufzunehmen.
W/H   124 01489 ff. (168)

27. 5. – 23. 9. 35   Adj. d. F   10846
Weiterleitung mehrerer Eingaben eines Baumeisters Carl Wilhelms (Zittau) in einer „schwer politischen Angelegenheit" an den Beauftragten der Parteileitung.
W   124 01961 – 65 (189)

29. 5. 35   RMdI   10847
Übersendung des Entwurfs einer Ausführungsverordnung zum Ordensgesetz: Tragen eines Ordens nur nach ordnungsgemäßer Verleihung und im Besitz einer Verleihungsurkunde gestattet; Aufführung der Orden und Ehrenzeichen des Weltkrieges, der Ehrenzeichen der ns. Bewegung u. a.; Bestimmungen über ausländische Orden und Ehrenzeichen; Verleihung von Treudienstabzeichen an nicht im Beamtenverhältnis stehende Arbeitnehmer; Trageweise der Orden und Ehrenzeichen; u. a.
M   101 02888 – 901 (296 a)

[29. 5. 35]   RMdI – 1   10848
Der StdF mit dem Antrag des OPräs. GL Wagner auf Ablösung des RegPräs. v. Stockhausen (u. a. wegen mangelnder Qualifikation des Oberstlt. d. Pol. Magnus) befaßt.
W   124 01784 (185)

30. 5. – 10. 7. 35   K. Quenzler, J. Rier, Adj. d. F   10849
Eingabe der infolge der Auflösung der Organisation des Chefs des Ausbildungswesens (Chef AW) arbeitslosen Konrad Quenzler und Josef Rier (beide Niedernfels/Oberbayern) unter Hinweis auf verschiedene Mißstände beim Chef AW (Spitzengehälter, Korruption) und bei dessen Auflösung. Weiterleitung an die Führeradjutantur.
W/H   124 01689 – 94 (180, 181)

31. 5. 35   Adj. d. F   10850
Weiterleitung eines Schreibens des Kreisrats a. D. Franz Dees (Forchheim b. Freystadt).
H   124 01319/13 (154)

31. 5. – 12. 6. 35   H. v. Detten, R. v. Detten, Gürtner   10851
Auf Aufforderung Gürtners Eingabe einer Renata v. Detten (Berlin) mit der Bitte um eine Ehrenerklärung für ihren bei der Röhm-Affäre ums Leben gekommenen Mann, den Leiter des Politischen Amtes, SA-Gruppenführer Georg v. D., und um materielle Sicherstellung für sie selbst und ihre Kinder. Eintreten Hermann v. D.s (Stab StdF) für seine Schwägerin gegenüber Bormann unter Hinweis auf die schon vor 1933 erfolgte Parteinahme einer „außergewöhnlich großen Zahl" von „Trägern unseres Namens" für Hitler und auf das in seiner Familie wegen der zahlreichen ehemaligen Offiziere besonders lebendige Ehrgefühl. Bisherige finanzielle Unterstützung der D. durch Vermittlung B.s.
W/H   124 01320 – 27 (154)

31. 5. – 2. 8. 35   Kzl. d. F, Adj. d. F – 6   10852
Streitfälle in Oberammergau (Beschwerden gegen den Bürgermeister und den Ortsgruppenleiter) nach Untersuchung durch den Beauftragten der Parteileitung in einer Erklärung aller Beteiligten beigelegt; die Handlungsweise der örtlichen staatlichen wie Parteileitung in den untersuchten Fällen nicht zu beanstanden.
W/H   124 01635 – 39 (178)

31. 5. 35 – 17. 6. 36   RArbM   10853
Übersendung von 'Entwürfen einer Verordnung zum Aufbau der Sozialversicherung (Gemeinlast in der Krankenversicherung) und Besprechungen hierüber. Finanzielle Auswirkungen der beabsichtigten Regelung: Im Durchschnitt der einzelnen Kassenarten Entlastung der Orts- und Landkrankenkassen durch die Gemeinlast, Belastung der übrigen Kassen.
W   101 04012 – 15 (400); 101 04047 – 50 (403)

Juni 35 – 1. 4. 43   RFSS, SSPHA   10854
SS-Personalakte Ostubaf. Ludwig Wemmer (Stab StdF): Lebenslauf, Fragebogen, Teilnahme an den vom Stab StdF durchgeführten sportlichen Übungen, u. a.
M/W   306 01022 – 51 (Wemmer)

1. 6. 35   Frau Pfensig, Adj. d. F   10855
Beschwerde einer Frau Pfensig (Hamburg) über die unter dem Vorwand der Arbeit für „das Archiv in Berlin" betriebene Geschäftemacherei verschiedener Leute (Ausfragungen, Aufnahmen der von Hitler geschenkten Staffelei) mit ihrem vor acht Tagen verstorbenen Vater, dem Schneidermeister Popp (H.s

früherer Zimmervermieter in München, Schleißheimer Str. 34). Durch den Stab StdF Orientierung der Führeradjutantur über die beabsichtigte Bitte der P. um entsprechende Maßnahmen.
W/H   124 01676 (179)

2.–6. 6. 35   Adj. d. F – 14   10856
Durch den Stab StdF Übersendung eines *Schreibens des KrAL Wagler (Annaberg) über Glanzstoff.
W   124 05043 f. (550)

3. 6. 35   Adj. d. F – 14   10857
Übermittlung eines *Schreibens und Bitte um Unterbringung des auf ausdrücklichen Wunsch Hitlers nach Deutschland geholten ehemaligen Landesleiters von Italien, Heinrich Brand.
K   124 03183 (268)

3.–6. 6. 35   Adj. d. F   10858
Übersendung einer *Aktennotiz über den Besuch des Leiters der Personalabteilung des Auswärtigen Amts, v. Grünau, im Außenpolitischen Amt. Anregung Bormanns, von GL Bohle Informationen über „die Person des Herrn von G." einzuholen.
W/H   120 05040 f. (550)

3.–13. 6. 35   F. Müller, Adj. d. F   10859
Bitte des infolge der Auflösung der Organisation des Chefs des Ausbildungswesens arbeitslos gewordenen Rechnungsführers Franz Müller (Memmingen) um Vermittlung einer Stelle. Weiterleitung an die Führeradjutantur.
W   124 01557 f. (174)

4. 6. 35   Adj. d. F   10860
Bitte um Stellungnahme zum Fall des Oblt. a. D. Otto Kruse (Nordhausen).
W   124 01470 (166)

4.–20. 6. 35   RKzl.   10861
Auf Wunsch des durch Gau- und Reichsleitertagungen beanspruchten StdF Verschiebung der für den 21. und 28. 6. vorgesehenen Kabinettssitzungen; neuer Termin: 26. 6.
W   110 00188/1 ff. (1328)

4.–24. 6. 35   M. Winterhalder, Adj. d. F   10862
*Gesuch des infolge der Auflösung der Organisation des Chefs des Ausbildungswesens arbeitslosen Max Winterhalder (Immendingen) um Wiedereinstellung ins Heer trotz seiner – offenbar unehrenhaften – Entlassung 1929. Weiterleitung an die Führeradjutantur.
W/H   124 01975 f. (189)

5. 6. 35   Adj. d. F   10863
Verzicht Hitlers auf die Lektüre einer von Bormann zugesandten *Denkschrift, um sich bei seiner großen Rede über die darin behandelte Frage auf dem nächsten Parteitag von keiner Seite beeinflussen zu lassen.
W   124 05042 (550)

5. 6. 35   Adj. d. F   10864
Übersendung der *Eingabe eines Ottmar Obermaier (München).
W   124 01640 (178)

5.–13. 6. 35   Adj. d. F   10865
Positive Beurteilung des Abgeordneten der Sudetendeutschen Partei (SP) Hans Neuwirth durch Kersken (Stab StdF) und Zurückweisung der gegen N. erhobenen Vorwürfe (enge Zusammenarbeit mit auslandsdeutschen Katholiken, u. a. mit der Katholischen Aktion und Papen) als Versuch der im Reich lebenden deutschen Emigranten aus der Tschechoslowakei um Krebs, den VDA und dessen Mitarbeiter zu verleumden; die Absicht N.s, Hitler auf die Gefahren der vom Außenpolitischen Amt und der Auslands-Organisation der NSDAP geförderten Bildung ns. Zellen in der SP aufmerksam zu machen, nur zu begrüßen.
W/H   124 01619–23/7 (176)

6.6.35   F. M. Endres   10865 a
Gesuch um Zuerkennung des Blutordens für seine Beteiligung am 9. 11. 23 als Führer des Maschinengewehrzuges der Batterie „Lembert" (E. am Stichtag nicht eingeschriebenes Parteimitglied, daher Bitte um Zurückdatierung seines zweiten Parteieintritts). (Vgl. Nr. 10544.)
W/H   124 01356/22 ff. (157)

6.6.35   –   10866
Anführung Heß' (mit Amts- und Privatwohnung sowie Familienstand) in einer Kabinettsliste.
W   124 01178 (134)

[7.6.35]   H. Weiss   10867
Durch einen Hermann Weiss (München) Übersendung einer „Studie über das Winterhilfswerk 1935/36". Zu einem deshalb vom Reichsschatzmeister gegen W. angestrengten Parteiausschlußverfahren Bescheid der Adjutantur Heß' an W. (Pg. Nr. 4394), „dagegen auch nichts machen" zu können.
H   124 01864 f. (188)

7.6.–1.7.35   RKzl, RMdI   10868
Bedenken des StdF gegen die vom Reichspropagandaminister bzw. vom Reichsbauernführer vorgelegten *Entwürfe von Anordnungen über die korporative Eingliederung der Reichskulturkammer und des Reichsnährstandes in die DAF: Die DAF keine Zusammenfassung ständischer Gliederungen, im übrigen die Übernahme der beiden Gliederungen als Berufsgruppenangehörige zugehörigen „Juden und Judenmischlinge" nicht erwünscht. Ebenfalls Stellungnahme des Reichsinnenministers (u. a. Bemängelung der Unklarheiten über den künftigen Auf- und Ausbau der DAF).
M/H   101 06529/1–531 (530)

8.6.35   Adj. d. F   10869
Durch Führeradjutant Wiedemann Übersendung seines *Schriftwechsels mit v. Conta und Ludowici wegen ihrer Differenzen mit Schmeer: Aus dem Schriftwechsel sein Bemühen ersichtlich, die Herbeiführung einer Entscheidung Hitlers durch Ley – „wieder einmal" – ohne Verständigung mit Heß zu verhindern; die Angelegenheit Reichsheimstättenamt (RHStA) nicht ganz klar, jedoch positive Beurteilung der Arbeit Ludowicis; Bitte an Kerrl, sich bei seiner Arbeit des RHStA bzw. der Reichsplanung zu bedienen (von K. zugesichert).
W/H   124 05045 (550)

8.6.35   RLM   10870
Bitte um Zustimmung zu einer Gebührenregelung: Abfindung von 56 im Bereich der Luftfahrt beschäftigten Angestellten nach den Vergütungsgruppen I und II der „Vorläufigen Richtlinien" (Vergütungsgruppen XII und XIII des Reichsangestelltentarifs).
H   101 18684–91 (1152)

12.6.35   A. Löfgen   10871
*Schreiben eines Arnold Löfgen (Münsterbusch b. Stolberg) wegen seiner Versorgungsangelegenheit (Bitte um Erhöhung der Rente).
W   124 01492 (168)

13.6.35   Adj. d. F–14   10872
Zuleitung des *Schreibens einer Charlotte Weidlich (Bautzen) mit der Bitte um gelegentliche mündliche Unterrichtung über den Fall Pannewitz. (Vgl. Nr. 10827?)
W   124 01839 (187)

14.6.–15.7.35   Dt. Shanghai Zeitung   10873
Übersendung eines Heß-Fotos an die Schriftleitung der Deutschen Shanghai Zeitung mit Wünschen des StdF für die Arbeit auf schwerem Posten.
K   124 03569 ff. (305)

15.–25.6.35   RArbM, K. Mecir, Adj. d. F   10874
Durch den Reichsarbeitsminister Weiterleitung an den StdF: Beschwerde eines Kurt Mecir (früher SA-Sportschule Greiz) über Kürzungen des Gehalts während der Auslaufzeit bei der Auflösung der Organi-

sation des Chefs des Ausbildungswesens und über mangelnde Sorge für die Unterbringung in neuen Stellen.
W   124 01543—47 (172)

17. 6.—1. 7. 35   Adj. d. F   10875
Übermittlung mehrerer *Schreiben von Käthe bzw. Walther Ruppin (Neubabelsberg) und GL Kube, vermutlich über einen Streitfall zwischen ihnen.
H   124 01714 ff. (182)

17. 6.—1. 8. 35   ROL   10876
Vom StdF die Stellungnahme Leys zu einer dem StdF zugegangenen *Niederschrift über die Finanzlage der DAF gewünscht.
H   305 00261 f. ([ROL-]Korr. StdF 1935)

17. 6.—6. 8. 35   RMfWEuV   10877
Versetzung des beurlaubten Professors für Baukunst an der Technischen Hochschule München Robert Vorhoelzer in den einstweiligen Ruhestand: Infolge einer persönlichen Entscheidung Hitlers, die Möglichkeit einer eventuellen späteren Wiederverwendung V.s offenzuhalten, diese Lösung auch vom StdF befürwortet; Bitte um nunmehr baldige Entscheidung der Angelegenheit.
M/H   301 01094—98 (Vorhoelzer)

17. 6.—5. 9. 35   ROL, DAF-GWaltung München-Oberbayern, RSD   10878
Durch den Stab StdF Rückgabe des vom Reichsorganisationleiter übersandten *Unterstützungsgesuchs eines ehemaligen Kriegskameraden Hitlers, des SA-Mannes Alois Hirscher (München): Die beiliegende *Fotografie – offenbar beide nebeneinander im Felde darstellend – Reproduktion einer Fälschung.
H   305 00245 ff., 290 ([ROL-]Korr. StdF 1935)

17. 6. 35—29. 1. 45   RMfWEuV u. a.—11, 25   10879
Den Hochschulbereich betreffende personalpolitische Anfragen und Stellungnahmen des Stabs StdF bzw. der PKzl., Buchstaben Si–Z (Zustimmung zu Lehrstuhlvertretungen u. a.).
M   301 00918—1124

18. 6. 35   PräsKzl. u. a.   10880
Um eine unerwünschte Gefährdung von Adressaten in Österreich durch Danksagungen Hitlers für Glückwünsche, Geschenke usw. zu vermeiden, Empfehlung der Deutschen Gesandtschaft in Wien, solche Schreiben künftighin nicht durch deutsche amtliche oder halbamtliche Stellen erledigen zu lassen, sondern die Gesandtschaft mit einer mündlichen Danküberrmittlung zu beauftragen. Stellungnahme des StSekr. Meissner: Versendung von Danksagungen der Präsidialkanzlei (PrK) grundsätzlich über das Auswärtige Amt an die zuständigen Auslandsvertretungen mit der Bitte um geeignete Übermittlung; Anregung an die Kanzlei des Führers der NSDAP und an die Privatkanzlei Adolf Hitler, sämtliche aus dem Ausland an H. gerichteten Zuschriften an die PrK zur weiteren Behandlung abzugeben. (Abschriften an den StdF.)
K/H   101 16499/7—11 (982)

18. 6. 35   Dr. Steinacher   10881
Verwahrung gegen den von Schirach erhobenen Vorwurf der Gefährdung „unserer südtiroler volksdeutschen Kameraden"; Bitte um Gelegenheit zur mündlichen Berichterstattung.
W/H   101 25182/1—184 (1407); 124 01775 (185)

18. 6. 35   RArbM   10882
Wegen erheblicher Bedenken gegen den vom Reichsarbeitsminister vorgelegten *Entwurf eines neuen Kleingartengesetzes Aufstellung und Übersendung des *Entwurfs eines Gesetzes zur Ergänzung der Kleingarten- und Kleinpachtlandordnung, um wenigstens die dringliche Wohnlaubenfrage in Bälde zu regeln.
W   101 02294 f. (214)

18.—21. 6. 35   RKzl.   10883
Zustimmung des StdF zum *Entwurf des Vierten Gesetzes zur Änderung des Gesetzes über Pächterschutz.
M   101 02295 (214)

18. 6.—12. 12. 35   ROL   10884
Weisung des StdF, zu den Gauleitertagungen einzuladen: SS-Gruf. Pg. Heydrich (grundsätzlich), Pg. Keppler und Pg. Hptm. Weiß (bei Zutritt auch der Hauptamtsleiter und Amtsleiter) sowie SS-Gruf. Daluege (soweit nicht von vertraulichem Charakter).
H   305 00235 ff. ([ROL-]Korr. StdF 1935)

19. 6. 35   Adj. d. F   10885
Übersendung von RM 150.— für die Hochzeit einer Liesel Zieglmeier an Heß; derselbe Betrag von Stenger (Verbindungsstab) direkt bezahlt.
W   124 02019 (192)

19.—27. 6. 35   Adj. d. F, H. Rex—14   10886
Zu ihm übermittelten *Darlegungen eines Paul Schneider (Dresden) über Rohstoffversorgung und Erhöhung des deutschen Außenhandelsumfangs Vorschlag des Pg. Obwurzer (Beauftragter für Wirtschaftsfragen im Stab StdF), Sch. die Aufnahme eines persönlichen Kontaktes mit ihm nahezulegen.
K   124 03544—47 (299)

19.—29. 6. 35   RArbM, RKzl.   10887
Einverständnis des StdF mit dem Vorschlag des Reichsarbeitsministers, die *Beschlüsse der 18. Internationalen Arbeitskonferenz zu ratifizieren.
A   101 06785 f. (553)

20. 6. 35   StSekr. Lammers   10888
Dank Hitlers für ein Glückwunschtelegramm, von Lammers an Heß in das Sanatorium Hohenlychen übermittelt.
H   101 25575 (1433 a)

20. 6. 35   R. Werner   10889
Eingabe des Postangestellten und Österreich-Flüchtlings Robert Werner (München) wegen „einseitiger Eingriffe" von Parteidienststellen in sein Privatleben.
W/H   124 01867—72 (188)

21. 6. 35   Aufkl.-Aussch. Hamburg—Bremen—13   10890
Übersendung des Berichts eines Londoner Vertrauensmannes über das Echo der deutsch-englischen Flottenverständigung in England, über die außenpolitischen Vorstellungen Sir Samuel Hoares gegenüber Deutschland, Frankreich und dem Völkerbundgedanken, über den italienisch-abessinischen Konflikt und die englische Haltung gegenüber Italien, über die kürzliche unfreundliche Rede Lord Rothermeres (aus der schlechten binnenwirtschaftlichen Lage des Reiches herrührende Kriegsgefahr, Gefährdung des für die Einhaltung der internationalen Verpflichtungen Deutschlands bedeutsamen Außenhandels durch die deutsche Aufrüstung, u. a.) sowie über eine beabsichtigte Beschleunigung der englischen Luftaufrüstung.
H   101 25576—81 (1433 a)

21.—28. 6. 35   A. Stockdreher, Goebbels, Adj. d. F—1   10891
An Goebbels gerichtete und über den Stab StdF an die Führeradjutantur weitergeleitete Eingabe eines Albert Stockdreher (Greifenberg) mit Klagen über die äußerst schlechten beruflichen Aussichten der ehemaligen Angehörigen der Organisation des Chefs des Ausbildungswesens nach deren Auflösung.
W   124 01780—83 (185); 124 01793 f. (186)

21. 6.—26. 8. 35   RMdI   10892
Übersendung des Entwurfs von Richtlinien für die Beurlaubung von Beamten, Angestellten und Arbeitern für Zwecke der NSDAP. Eingehende Ergänzungsvorschläge teils in einem neuen *Entwurf berücksichtigt, teils Gegenstand einer vorgesehenen Besprechung (vom StdF keine Kürzung des Erholungsurlaubs und keine Benachteiligung beurlaubter Beamter bei der Beförderung gewünscht).
K   101 19969—72 (1198)

22.—26. 6. 35   RSchulungsL, Komm. f. WiPol., ROL   10893
Kritik des Leiters der Kommission für Wirtschaftspolitik (KfW), Köhler, an den vom Reichsschulungs-

leiter (RSL) erlassenen Richtlinien für die Vertrauensratsschulung der DAF: Überholte marxistische Klassenkampf-Phraseologie und ebensolches Gedankengut, keine ns. und nicht einmal eine unbedenkliche Schulung; im übrigen das Fehlen vorheriger Abstimmung mit der KfW beanstandet. Nach Aufforderung zur Stellungnahme durch den StdF Meldung des Reichsorganisationsleiters über eine inzwischen erfolgte Aussprache und die hergestellte Übereinstimmung zwischen dem RSL und K.; künftige Veröffentlichungen nur noch im engsten Einvernehmen mit K.
H   305 00282 – 89 ([ROL-]Korr. StdF 1935)

22. – 26. 6. 35   RSchulungsL   10894
Frage des StdF nach der Beteiligung des Rassenpolitischen Amts der NSDAP und der Kommission für Wirtschaftspolitik an vom Reichsschulungsleiter angekündigten Lehrgängen über Rassenkunde, Sozial- und Wirtschaftspolitik. In der Antwort Durchführung der Lehrgänge in engstem Einvernehmen mit den beiden Stellen zugesichert.
H   305 00281, 286 f. ([ROL-]Korr. StdF 1935)

22. 6. – 13. 7. 35   RMfEuL, RKPreis. – 1   10895
Widerspruch des Reichsernährungsministers (REM) gegen eine vom Reichskommissar für Preisüberwachung (RKP) als tragbar und notwendig erachtete Erhöhung des Brotpreises; Hinweis auf die Bemühungen des vergangenen Jahres, den Brotpreis unter allen Umständen ohne Aufwendung von Reichsmitteln zu halten, u. a. durch Schaffung einer von der Getreidewirtschaft selbst finanzierten Bäckerausgleichskasse; weitere Differenzen über das in der Brotmarktordnung vorgesehene Rabattverbot sowie über die – vom RKP für sich reklamierte – Zuständigkeit für die Ausübung des Ordnungsstrafrechts bei Verletzung der Preisvorschriften; Kritik des REM am eigenmächtigen, verwaltungsmäßig ungewöhnlichen Vorgehen des RKP und Hinweis auf das notwendige Einvernehmen zwischen RKP und REM bei allen in dieser Angelegenheit zu treffenden Maßnahmen. (Abschrift an den Verbindungsstab.)
M   101 02133 – 38 (201); 101 03038 – 43 (317)

22. 6. – 29. 10. 35   Fa. Ludwig, Adj. d. F, RKzl. – 14   10896
Weigerung des Stabs StdF, „dauernd" aus „nicht zu verantwortenden" Vertragsabschlüssen resultierende Mietstreitigkeiten der Firma Geschwister Ludwig (Coburg) zu bearbeiten und zu schlichten; Verweisung an örtliche Stellen.
W   124 02475 – 78 (222)

23. – 28. 6. 35   H. Zeller, Adj. d. F   10897
Eingabe des durch die Auflösung der Organisation des Chefs des Ausbildungswesens arbeitslos gewordenen Heinrich Zeller (Immendingen). Weiterleitung an die Führeradjutantur.
W   124 02015 ff. (192)

24. 6. – 23. 9. 35   Adj. d. F, W. Desoi   10898
Durch den Beauftragten der Parteileitung Untersuchung der Beschwerde eines Wilhelm Desoi über Mißstände in Heidelberg (u. a. eigene Notlage wegen Aufdeckung einer Unterschlagung bei der DAF). Rückfrage wegen einer angeblichen Aussprache D.s mit Hitler.
W/H   124 01342/1 – 346 (155)

25. 6. 35   Adj. d. F   10899
Übersendung des 'Schreibens eines Johann Winkler (München), Inhaber des Coburger Ehrenzeichens und des Blutordens.
W   124 01969 (189)

25. 6. – 8. 7. 35   W. Wolfhard, Adj. d. F   10900
Eingabe des infolge der Auflösung der Organisation des Chefs des Ausbildungswesens arbeitslos gewordenen Wilhelm Wolfhard (Immendingen). Weiterleitung an die Führeradjutantur.
W   124 01991 ff. (190)

25. 6. – 12. 7. 35   ROL, GL Düsseldorf   10901
Bescheid des Stabs StdF: Für die Ernennung und Absetzung von Kassenleitern Hitlers Verfügung 79/35 maßgebend (Antwort auf eine Anfrage der Gauleitung Düsseldorf).
H   305 00270 f. ([ROL-]Korr. StdF 1935)

26. 6. 35   E. Netschert   10902
Beschwerde eines Erich Netschert über die ihm beim Erwerb eines Anwesens in München-Perlach von der Landesbauernschaft Bayern vorgeblich aus Gründen bäuerlicher Siedlung, in Wirklichkeit wegen seiner „persönlichen Differenzen mit dem Herrn Reichsernährungsminister" gemachten Schwierigkeiten.
W/H   124 01625 – 28 (177)

26. 6. – 2. 7. 35   Adj. d. F, GL Groß-Berlin   10903
Einverständnis Bormanns mit der von der Führeradjutantur (FA) vorgeschlagenen Begleichung der Verbindlichkeiten der Witwe des von SA-Stuf. Bandke erstochenen Richard Kischlat (Berlin) durch die Partei, jedoch nicht direkt, sondern über die FA, um den Eindruck eines Zugeständnisses zu vermeiden.
W   124 01448 ff. (164)

26. 6. – 19. 7. 35   RKzl., RMfEuL   10904
Einverständnis des StdF mit dem Niederschlagungsantrag des Reichsernährungsministers für einen Teilbetrag von RM 37 500.– aus einem Reichsdarlehen an die Oberbayerische Futter-Saatbau GmbH zwecks Sanierung der genannten Firma.
K   101 14321 – 25 (756)

26. 6. – 19. 7. 35   RKzl., RVM   10905
Zustimmung des StdF zur Ermächtigung des Reichsverkehrsministers, auf Reichsdarlehen an die Rhein-Main-Donau A.G., die A.G. Obere Saale und die Neckar A.G. für Abschreibungen an den wasserbaulichen Anlagen zu verzichten.
K   101 14318 ff. (756)

26. 6. – 25. 10. 35   RKzl.   10906
Zunächst wegen seiner Verhinderung, an einer Kabinettsitzung teilzunehmen, auf diese Sitzung abgestellte, später generelle Bitte des StdF um Übersendung der Niederschriften von Ministerbesprechungen und Kabinettsitzungen; Begründung: Er nach der „augenblicklichen" Geschäftsordnung ohne die den übrigen Ministern gegebene Möglichkeit, ihre Staatssekretäre hinzuzuziehen. Bereitschaft der Reichskanzlei zu der erbetenen Übersendung, im übrigen Korrektur der Auffassung des StdF: Hinzuziehung eines Beamten seiner Dienststelle durchaus zulässig.
W/H   110 00179 – 84 (1314)

27. 6. 35   Adj. d. F   10907
*Brief Bormanns in der Angelegenheit Dr. Winkelmann (Jauer).
W   124 01968 (189)

27. 6. – 3. 7. 35   ROL   10908
Erörterung des *Entwurfs einer Anordnung über die Bezeichnung „P.O.".
H   305 00273 f. ([ROL-]Korr. StdF 1935)

28. 6. 35   Adj. d. F   10909
Wunsch Hitlers, mit Heß über das Gesuch des Staf. Kersken (Stab StdF) um Verleihung des Blutordens zu sprechen (unsichere Erinnerung an eine frühere „Auflehnung" K.s gegen die Parteiführung). (Vgl. Nr. 10612 und 10751.)
W/H   124 01439 (163)

28. 6. – 4. 7. 35   RKzl.   10910
Übermittlung eines *Erlasses Hitlers über die Reichsstelle für Raumordnung. Bedenken des StdF gegen dessen Tragweite.
H   101 17211 f. (1030)

[29. 6. 35]   ?   10911
Wiederholte gemeinsame Beratungen der zuständigen Ressorts (darunter der Stab StdF) über Hilfsmaßnahmen für die notleidende Berliner Fleischwaren-Industrie.
W   124 01375 – 79 (160)

29. 6. – Juli 35   RKM   10912
Mitteilung über die vorgesehene endgültige Beisetzung der aus Frankreich überführten Gebeine des Dichters Hermann Löns im Tietlinger Wacholderpark unter Beteiligung einer militärischen Ehrenkompanie; merkwürdige Umstände im Zusammenhang mit der Überführung L.'. (Entwürfe.)
H   101 21186 – 89 (1246)

1. 7. 35   SA-Staf. A. Haan   10913
*Bitte um Nachprüfung seiner Entlassung aus dem SA-Feldjägerkorps und um Einstellung in die Schutzpolizei.
W/H   124 02264 (207)

[1. 7. 35]   RMdI   10914
Keine Einwände des StdF gegen den *Entwurf eines Gesetzes zur Änderung der Anlage des Reichswahlgesetzes (die Wahlkreise 2, 3, 4 und 27 betreffend).
M   101 02834 f. (288)

1. 7. – 9. 10. 35   RKzl. u. a.   10915
Gegen den Entwurf eines Gesetzes über die Verlängerung der Amtsdauer des Reichskommissars für Preisüberwachung (RKP) Widerspruch des Reichsernährungsministers (REM) und des StdF: Die beabsichtigte Erweiterung der Befugnisse des RKP gegenüber den Wirtschaftsverbänden geeignet, dort Unruhe zu schaffen; insbesondere Gefährdung der Marktregelung auf dem Gebiet der Ernährungswirtschaft. Nach – von Hitler verfügter – entsprechender Änderung des Gesetzentwurfs (Vorausetzung des Einverständnisses der zuständigen Reichsminister mit den vom RKP beabsichtigten Maßnahmen) bedingte Zustimmung des StdF. Inzwischen durch einen Erlaß H.s „Vorsorge für die Aufrechterhaltung des Amtes des RKP und die Ausübung seiner Befugnisse durch die zuständigen Reichsminister". Wunsch H.s, die Erörterung der dem RKP zu gebenden Vollmachten nicht fortzuführen, und Anforderung von Berichten über die Preisentwicklung seit dem 1. 7. 35 beim REM und beim Reichsbankpräsidenten als Grundlage seiner daraufhin zu treffenden Entscheidung.
M/H   101 03011 – 33 (315 a)

2. – 12. 7. 35   StSekr. Lammers   10916
Zustimmung des StdF zum Entwurf eines Gesetzes zur Änderung des Reichsgesetzes zur Bekämpfung der Reblaus (Erlaß der Durchführungsverordnungen nicht mehr durch die Landesregierungen, sondern durch den Reichsernährungsminister).
M/W   101 02351 – 55 (225)

3. 7. 35   ROL   10917
Mitteilung über Hitlers Billigung der Auflösung der Deutschen Arbeitsopferversorgung durch den Reichsorganisationsleiter; Begründung: Schwindelunternehmen. In einem nicht abgesandten ausführlichen Bericht an Friedrichs (Stab StdF) jedoch lediglich Anführung politischer (keine Teilorganisationen neben der Einheitsorganisation DAF), praktischer (Einsparung des Verwaltungsapparats) und sachlicher (zu weite Definition der „Arbeitsopfer") Gründe.
H   305 00275 – 80 ([ROL-]Korr. StdF 1935)

3. – 4. 7. 35   Ley, K. Müller   10918
Beurlaubung des Pg. Karl Müller von seinen sämtlichen Ämtern in der DAF und in der „Pflegschaft Dr. Ley" durch Ley und Überweisung seines Falles an den neu zu errichtenden Disziplinarhof der DAF; Begründung: Intrigen und illoyales Verhalten M.s nach dessen vergeblichem Versuch, zusätzlich zu seinen Ämtern (u. a. Geschäftsführer der DAF) noch weitere Vollmachten und die „Finanzhoheit der DAF" zu erhalten; von L. vor allem beanstandet das Eintreten M.s für die in einem (vom Stab StdF vorgelegten und von verschiedenen Ministerien gutgeheißenen, von L. jedoch abgelehnten) Gesetzentwurf vorge-

schlagene Ernennung auch des Geschäftsführers der DAF durch Hitler (laut L. Bestellung des Geschäftsführers seine Sache).
W   124 01181 – 86 (134)

3. – 5. 7. 35   Prof. Limburg   10919
Bitte des Prof. Jos. Limburg (Berlin) um eine Sammlungsgenehmigung für ein „Ehrendenkmal für das deutsche Kriegspferd"; Auseinandersetzung mit Gen. v. Poseck über die Gestaltung dieses Kriegspferde-Brunnens.
H   101 21245 – 49 (1259)

3. 7. – 12. 8. 35   ROL   10920
Übersendung von Materialien zum Reichsparteitag: 1) *Rundschreiben über Meldungen für den Sonderzug; 2) *Programm.
H   305 00263 f. ([ROL-]Korr. StdF 1935)

4. 7. 35   Adj. d. F – 14   10921
Bitte, ein Mitglied des Stabs StdF mit der Behandlung des Falles des verschuldeten Justus Stolley (Berlin) zu beauftragen.
W   124 01801 (186)

5. 7. 35   ROL   10922
Bescheid des Stabs StdF: Entscheidung Hitlers, den staatlichen Behörden die Ausstellung von Waffenscheinen auch für die Politischen Leiter der Partei zu belassen.
H   305 00272 ([ROL-]Korr. StdF 1935)

5. 7. 35   Adj. d. F, A. Waser-Lehnkering   10923
Durch die Führeradjutantur Übersendung des Schreibens einer Anne Waser-Lehnkering (Berlin) über die „wahre Berufung" der deutschen Frau; Ankündigung einer Vorsprache bei Heß.
W   124 01076 – 79 (112)

5. – 19. 7. 35   RKzl., RWiM   10924
Zustimmung des StdF zum Antrag des Reichswirtschaftsministers, zur Niederschlagung von Forderungen des Reiches gegen Verbrauchergenossenschaften ermächtigt zu werden (Verzicht auf Rückforderung in Anspruch genommener Bürgschaften im Rahmen der Kredithilfe des Reiches zur Erleichterung der Abwicklung lebensunfähiger, aufzulösender Verbrauchergenossenschaften, insbesondere zur Sicherung der aus Arbeiterkreisen stammenden Spareinlagen).
K/H   101 14326 ff. (756)

5. 7. – 1. 8. 35   P. Ritter, Adj. d. F   10925
*Gesuche eines Paul Ritter (Leipzig) zur Frage der organisatorischen Eingliederung der Tanzlehrer; deren Wunsch: Einbau in den NS-Lehrerbund. Dagegen die – gemäß Bescheid des StdF endgültige – Entscheidung Leys im Auftrag des StdF und im Einvernehmen mit Goebbels: Fachliche Betreuung durch die Reichstheaterkammer, berufliche Betreuung durch die DAF.
W/H   124 01702 ff. (181)

5. 7. 35 – [25. 6. 36]   Stabschef SA, Adj. d. F, SA-Ogruf. v. Killinger   10926
Zusage Hitlers, den sich (u. a. über den StdF) um eine Wiederverwendung bemühenden MPräs. a. D. SA-Ogruf. v. Killinger im Auswärtigen Dienst einzusetzen.
W   124 02406 – 09 (217)

5. 7. 35 – 10. 3. 45   RMfWEuV u. a.   10927
Den Hochschul- und den sonstigen Bereich des Reichserziehungsministeriums betreffende personalpolitische Stellungnahmen des Stabs StdF bzw. der PKzl., Buchstaben C – F (Zustimmung zu Ernennungen u. a.).
M   301 00216 – 311

[8. 7. 35]   PrGestapo   10928
Frage des StdF nach dem Stand der Angelegenheit des SS-Mannes Georg Müller.
W   124 01580 (175)

8.–11.7.35   P. O. Fister, Adj. d. F   10929
Eingabe eines Paul Oskar Fister (Fürth) wegen Schwierigkeiten mit seiner Abfindung nach der Auflösung der Organisation des Chefs des Ausbildungswesens. Weiterleitung an die Führeradjutantur.
W   124 01369–74 (160)

8.–15.7.35   H. Worm, Adj. d. F   10930
Eingabe eines durch die Auflösung der Organisation des Chefs des Ausbildungswesens arbeitslos gewordenen Herbert Worm (Leipzig). Weiterleitung an die Führeradjutantur.
W   124 01996–99 (190)

9.–18.7.35   RKzl.   10931
Keine Bedenken des StdF gegen den *Entwurf eines Gesetzes zur Vereinfachung des Planverfahrens für Fernmeldelinien.
M   101 02609 f. (267)

11.7.35   RFM, RKzl.   10932
Keine Bedenken des StdF gegen einen *Gesetzentwurf zur Änderung des Gesetzes über das Verbot des Verkaufs von Tabakerzeugnissen unter Steuerzeichenpreis.
K   101 14696 f. (797)

11.–15.7.35   Adj. d. F, B. Endrucks–14   10933
Stellungnahme des Beauftragten für Wirtschaftsfragen im Stab StdF zu den Plänen eines Bernhard Endrucks (Berlin), zum Zweck der Ausfuhrförderung Technische Unionen zu gründen: Der Gedanke nicht neu; wunder Punkt das hohe Risiko der Kreditgewährung, daher kaum Aussicht auf Verwirklichung.
W   124 01362–65 (158)

11.–27.7.35   RJM   10934
Zustimmung des StdF zum *Entwurf eines Gesetzes über die Rheinschiffahrtsgerichte.
M   101 02588 f. (264)

12.7.35   Adj. d. F–1   10935
Übersendung von *Unterlagen über den Jungvolkjungen Woithe.
W   124 01990 (190)

12.–19.7.35   Adj. d. F–14   10936
Kenntnisnahme vom *Schreiben eines Pg. Wagler (Annaberg) über Glanzstoff.
W   124 01852 f. (188)

12.7.–14.8.35   Adj. d. F, O. Winkler–6   10937
Stellungnahme des Stabs StdF zu dem *Schreiben einer Olly Winkler (Freiberg/Sa.): Nach dem *Untersuchungsbericht des Beauftragten der Parteileitung Bauer die gegen KrL Böhme vorgebrachten Beschwerden nicht den Tatsachen entsprechend.
W/H   124 01970–74 (189)

12.7.35–9.1.36   RKzl., Dt. Ges. Wien   10938
Durch den Deutschen Gesandten in Wien, Papen, unter Erwähnung mehrerer ähnlicher Mitteilungen aus österreichischen Parteikreisen Übersendung eines dem Vernehmen nach von der „Obergruppe V der hiesigen SA" verfaßten *Memorandums über Mißstände in österreichischen Emigrantenlagern in Deutschland an Hitler (Zweck des Memorandums: Informierung der zuständigen deutschen Stellen über die ungünstigen Rückwirkungen solcher Zustände auf die Stimmung der österreichischen NS); um allen diesbezüglichen diffamierenden Äußerungen entgegenwirken zu können und der österreichischen Presse und anderen Kreisen die Möglichkeit für eine Propagandakampagne zu nehmen, Bitte, die Verhältnisse in den Lagern überprüfen zu lassen. Entsprechende Aufforderung H.s an Heß. Nach mehrfachen Mahnungen der Reichskanzlei Mitteilung Bormanns: Keine Mißstände festgestellt; Hitler vom Ergebnis der Nachforschungen bereits „an Hand der Akten" unterrichtet.
K/H   101 26050–56 (1473)

12.7.35–4.5.36   Adj. d. F, I. Mehlich, GL Baden u. a.–6   10939
Laut Antwort des Beauftragten der Parteileitung Oexle die gegen die Kreisfrauenschaftsleiterin von Ba-

den-Baden, Maja Schuhmann, erhobenen Anschuldigungen (u. a. Betrug und Unterschlagung im Amt) entgegen der von der Führeradjutantur an den Stab StdF weitergeleiteten Beschwerde der Hitler bekannten Pgn. Ingeborg A. Mehlich (Berlin) sowohl durch die Staatsanwaltschaft wie durch das Gaugericht untersucht; die Verfahren eingestellt bzw. mit Freispruch abgeschlossen. Ebenfalls nach Feststellung der Gauleitung Baden die Behauptung der M., im Namen der zuständigen Ortsgruppe gehandelt zu haben, falsch; kein „besonderes Interesse" in Baden-Baden an einer nochmaligen Aufrollung der Angelegenheit.
W/H   124 02516 – 32 (224)

15. – 17. 7. 35   A. Müller, Adj. d. F   10940
Eingabe eines Albrecht Müller (Hanau) wegen der ungenügenden Abfindungen für die Angehörigen der aufgelösten Organisation des Chefs des Ausbildungswesens und der Nicht-Einhaltung der Zusage einer anderweitigen beruflichen Unterbringung. Weiterleitung an die Führeradjutantur.
W   124 01574 – 79 (175)

16. 7. 35   RWiM, RMfVuP   10941
Verhängung von Ordnungsstrafen durch den Werberat der deutschen Wirtschaft nur im Einvernehmen mit dem Reichswirtschaftsminister. (Abschrift an den StdF.)
M   101 03006 (315)

16. – 18. 7. 35   AA, RFSS – 1   10942
Bitte des Auswärtigen Amts um Information über den amerikanischen, früher schweizerischen Staatsangehörigen de Sage oder de Sager (München) und über seine Verbindungen zur NSDAP bzw. zu Himmler.
K   102 00133 f. (253)

[17. 7. 35]   Seldte   10943
Anläßlich des Besuchs britischer Frontkämpfer eine Reise Heß' nach Berlin und ein Empfang der Frontkämpfer geplant.
W   124 00008 ff. (30)

17. – 20. 7. 35   ROL   10944
Verbot des StdF, Theologen als Redner und für die Schulungsarbeit innerhalb der Partei und ihrer Gliederungen anzusetzen.
H   305 00267 f. ([ROL-]Korr. StdF 1935)

17. 7. – 15. 12. 35   H. v. Obwurzer, Adj. d. F   10945
Entlassung des AL v. Obwurzer aus dem Stab StdF wegen „sachlicher Meinungsverschiedenheiten" mit HAL Pietzsch (Andeutungen weiterer Gründe: Differenzen mit Keppler und Kranefuß über das Verhältnis zu Schacht). Der Widerspruch O.s (unter Berufung auf die alleinige Amtsenthebungskompetenz Hitlers sowie auf Anordnungen und Verfügungen des StdF über den Schutz der Unterführer und das „menschlich anständige" Vorgehen auch bei Verfehlungen) von Bormann zurückgewiesen: O. als Amtsleiter noch nicht bestätigt, also der StdF für seine Entlassung zuständig; diese keine Diffamierung, daher die von O. angeführten Anordnungen des StdF nicht anwendbar; Hinweis auf das Recht der selbständigen Referenten, sich ihre Mitarbeiter selbst auszusuchen. Von Führeradjutant Wiedemann unterstützte Bemühungen O.s um eine neue Stellung (von O. erwogen: Verwendung in der Industrie- und Handelskammer Berlin durch Vermittlung von RBankDir. Blessing oder Eintritt in den Konsulardienst); Wunsch, zwecks Rehabilitierung und einstweiliger wirtschaftlicher Sicherung „auf einen der freien Sessel im Reichstag berufen" zu werden. Durch Vermittlung W.s Weiterzahlung des Gehalts an O. bis Februar 1936.
W/H   124 01641 – 58 (178)

18. 7. 35   RFM, RKzl.   10946
Durch den Preußischen Finanzminister Angebot der Übereignung des seit dem 24. 10. 33 durch den StdF und seinen Stab benutzten Grundstücks Wilhelmstraße 64 an das Reich. Übernahme der Miete auf Reichsmittel; Begleichung der Kosten für Heizung, Reinigung und Lichtverbrauch durch den StdF.

Bitte (und Zustimmung) des Reichsfinanzministers, den Wünschen Heß' nach Übernahme von Einrichtungsgegenständen Rechnung zu tragen. (Vgl. Nr. 10578 und 10948.)
K   101 18317 – 20 (1137 a)

18. – 25. 7. 35   RKzl., AA   10947
Übersendung des Deutsch-Belgischen Vertrags vom 10. 5. 35 über einen Gebietsaustausch von 1693 qm. Zustimmung des StdF. Ratifizierung des Vertrags durch Notenwechsel.
H   101 25498 – 503 (1426)

[18. 7. – 3. 8. 35]   PrFM, RFM, RKzl.   10948
In Vorbereitung einer Vereinbarung über die Benutzung reichseigener und preußischer Grundstücke für öffentliche Zwecke Übereignung des von Heß und dem Verbindungsstab benutzten Grundstücks Wilhelmstr. 64 an das Reich. Ablehnung der Übernahme und künftigen Bewirtschaftung des Grundstücks durch die Reichskanzlei: Zuständigkeit des Reichsfinanzministers. (Vgl. Nr. 10578 und 10946.)
H   101 17664 – 70 (1078 a)

19. 7. 35   AA, Dt. Botsch. b. Hl. Stuhl – 1   10949
Übersendung eines Berichts der Deutschen Botschaft beim Heiligen Stuhl über die Beurteilung der religiösen Lage in Deutschland durch den Osservatore Romano: Die Lage immer ernster (Hinweis auf Äußerungen maßgeblicher Persönlichkeiten und die Monopolisierung der Jugenderziehung durch die Partei), Gefahr des „Harakiri der menschlichen Gemeinschaft"; der Protestantismus bereits außer Gefecht gesetzt, der Katholizismus einziges Bollwerk.
W   110 00054 – 57 (160)

19. – 20. 7. 35   SA-Staf. Rösner   10950
Beschwerde des SA-Staf. Rösner (Berlin) über Mißstände in der SA-Gruppe Berlin-Brandenburg, über die ihm und seinem Stabsführer Heyn wegen der Aufdeckung dieser Mißstände bereiteten Schwierigkeiten und drohenden Gefahren sowie über den neuen Polizeipräsidenten von Berlin, Graf Helldorf (Wechselreiterei, Verkehr im jüdischen Café Ciro und mit dem Juden Hanussen, Geldaufnahme bei Hanussen und Anstiftung von dessen Ermordung).
W/H   124 01707 – 12 (182)

20. 7. 35   Adj. d. F   10951
Bitte des Stabs StdF um Überprüfung der Mitteilung einer Verwandten des StdF, Helene Heß, über angeblich von Hitler gemalte oder gezeichnete Bilder im Besitz eines Kienze (österreichisches Bauernschulungslager Dießen/Ammersee).
W/H   124 01445 (164)

20. – 30. 7. 35   RJM, RKzl.   10952
Zustimmung des StdF zum Entwurf eines Gesetzes über die Zinsen für den landwirtschaftlichen Realkredit (Verlängerung der Zinsherabsetzung für den landwirtschaftlichen Inlandsrealkredit, Verlängerung der Stundung, u. a.).
M   101 02423 – 36 (239)

20. 7. – 20. 8. 35   HA f. Volkswohlfahrt, JFdDR   10953
Kompetenzstreit zwischen dem Hauptamt für Volkswohlfahrt (HA) und dem Jugendführer des Deutschen Reichs (JF) über die Jugendhilfe: Seitens des HA Klage über störende Eingriffe des JF in die verschiedentlich gute Zusammenarbeit zwischen NSV und HJ bzw. über Versuche der HJ zu selbständiger Erledigung von Jugendfürsorgeaufgaben in einigen Gebieten; seitens des JF unter Hinweis auf die landesrechtlich unterschiedliche Regelung und Entwicklung Ablehnung der vom HA vorgeschlagenen und als Entwurf übersandten Vereinbarung über eine einheitliche Zusammenarbeit, außerdem Betonung des unterschiedlichen Charakters von HJ und NSV-Jugendhilfe (die HJ im Gegensatz zur NSV-Jugendhilfe selbständiger Träger der Erziehungsarbeit, daher ein selbständiges Tätigwerden gerechtfertigt). (Abschriften jeweils an den StdF.)
W   124 00681/34 – 45 (59)

22. – 30. 7. 35   AA, RKzl.   10954
Zustimmung des StdF zu dem Abkommen über die Änderung des Artikels VII des Freundschafts-,

Handels- und Konsularvertrages zwischen dem Deutschen Reich und den Vereinigten Staaten von Amerika vom 8. 12. 23 (Außerkraftsetzung der Absätze zwei, drei, vier, sechs und sieben des genannten Artikels).
K   101 25944/9 ff. (1465)

22. 7.–2. 8. 35   AA u. a.–7   10955
Zur Veranstaltung von Erntedankfeiern durch sämtliche Auslands-Ortsgruppen der NSDAP in Europa durch das Auswärtige Amt (AA) auf Antrag des GL Bohle Gewährung eines einmaligen Zuschusses von RM 10 000.– für die Entsendung von Parteirednern. Absicht B.s, mit den Feiern eine intensive Werbung für das Winterhilfswerk 1935/36 zu verbinden; Beauftragung des Presseamtsleiters der Auslands-Organisation (AO), Zeberer, mit den Vorbereitungen; Hervorhebung der guten Zusammenarbeit zwischen dem AA und der AO bei den Feiern zum 1. Mai.
M/H   203 02416–24 (67/3, 67/4)

22. 7.–3. 8. 35   F. Linse, NSKK-KorpsF   10955 a
*Beschwerde eines Franz Linse (Berlin) in der Angelegenheit NSKK-Ostubaf. Erich Leube (Wechselbetrug). Regelung des Falles durch StdF und NSKK-Korpsführung; Ablehnung des Stabs StdF, sich weiter mit Linses Anliegen zu befassen, und Veranlassung eines (mit Freispruch endenden) Parteigerichtsverfahrens gegen Linse wegen Bezeichnung einer Entscheidung des StdF als mit ns. Geist und gesundem Rechtsempfinden nicht vereinbar.
H   124 03310–13 (282)

23.–31. 7. 35   Oblt. a. D. Mücklich, Adj. d. F   10956
Ein Gesuch des Oblt. a. D. K. Mücklich (Löbau) um Wiedereinstellung in die Wehrmacht vom Stab StdF an die Führeradjutantur und von dieser an die Wehrmacht weitergeleitet.
W   124 01567–73 (175)

23. 7.–24. 8. 35   ROL   10957
Bitte um Auslegung der Bestimmungen über die Adolf-Hitler-Spende der Wirtschaft: Die Durchführungsbestimmungen zum Erlaß 29/35 nicht – wie vielfach geschehen – als Begründung einer Verweigerung der Lohnfortzahlung durch die Betriebe im Falle der Einberufung von Gefolgschaftsmitgliedern zu Schulungslehrgängen der Partei verwendbar.
H   305 00265 f. ([ROL-]Korr. StdF 1935)

24. 7. 35   Adj. d. F   10958
Übersendung des *Schreibens eines M. Mayer-Becker, seine Einladung zum Reichsparteitag durch Hitler betreffend.
W   124 01540 (171)

24.–31. 7. 35   RVM   10959
Ressortbesprechung über die finanzielle Lage der Reichsbahn. Ausführungen der Vertreter des Reichsverkehrsministeriums (StSekr. Koenigs) und der Reichsbahn (GenDir. Dorpmüller) über die Möglichkeiten, das Defizit von 182 Mio. RM auszugleichen: Ausgabenverminderung (25 Mio.), Tariferhöhungen und eine Verringerung der Abgaben an das Reich (300 Mio. für Verkehrssteuer, Reparationsbeitrag u. a.); eine weitere Senkung der Ausgaben aufgrund der festen Kosten (67,02 % Personalausgaben) und des Zwangs, keine Arbeiter zu entlassen, nicht möglich. Einwände des Vertreters des Reichsfinanzministeriums gegen eine Entlastung der Reichsbahn zu Lasten der Reichskasse sowie Vorbehalte der anderen Ressorts gegen eine Tariferhöhung im Personen- und Güterverkehr (Rückwirkungen auf die Lohnpolitik, die Preisentwicklung für landwirtschaftliche Erzeugnisse u. a.); Einwände des Vertreters des StdF gegen eine Erhöhung der Preise für KdF-Fahrten und Fahrten aus Anlaß der Parteiveranstaltungen. Schlußausführungen K.': Nach der allseitigen Ablehnung einer Tariferhöhung nur noch – und darüber Entscheidung der „Herren Chefs" – Umlegung der Schulden auf die Wirtschaft oder Belastung der Reichsfinanzverwaltung als Möglichkeiten einer Sanierung.
M   101 01890–916 (187 b)

25. 7. 35   AA–1   10960
Laut Erklärung Stengers (Verbindungsstab) auf eine Anfrage des Auswärtigen Amts (AA) noch keine

endgültige Regelung der Teilnahme deutscher Auslandsvertreter am Reichsparteitag 1935 trotz prinzipiell positiver Entscheidung; Verneinung der Frage nach der Möglichkeit der Teilnahme höherer Beamter des AA (begründet mit dem Hinweis auf die anderen Ministerien und die große Zahl der dann erforderlichen Einladungen). Auf Wunsch St.s Zusendung einer Liste der die Teilnahme wünschenden Auslandsvertreter durch das AA.
W   201 00270 – 73 (72/4)

[25. 7. 35]   RWiM   10961
Zustimmung des StdF zum Entwurf eines Gesetzes zur Abänderung der Verordnung über das Reichswirtschaftsgericht (Berufung der sachverständigen Beisitzer durch den Reichswirtschaftsminister anstatt durch den – zum 31. 3. 34 aufgelösten – Reichswirtschaftsrat).
H   101 19011 – 14 (1159 c)

25. 7. – 15. 8. 35   RJM, RFM   10962
Übergabe des früheren Dienstgebäudes des Preußischen Staatsministeriums, Wilhelmstr. 63, an den StdF am 25. 7. 35. Der Vorschlag, den Übergang des Grundstücks bereits mit Wirkung vom 1. 4. 35 erfolgen zu lassen, vom StdF akzeptiert.
H   101 17671 f. (1078 a)

26. 7. 35   RKzl.   10963
Weiterleitung der *Anfrage eines SA-Mannes Hugo Schröder (Evingsen) wegen der in Arbeiterkreisen herrschenden Verbitterung über die Höhe der Staatsrats- u. ä. Bezüge.
W   110 00250 (2300); 110 00257 (2588)

26. 7. – 20. 8. 35   Prof. Kaufmann, RKzl.   10964
Absicht des Fürsten Emich zu Leiningen, die Wildenburg (Odenwälder „Gralsburg") dem Deutschen Reich zu schenken; Bitte des Prof. K. M. Kaufmann (Frankfurt/Main) um Sondierung bei Hitler. Durch Bormann Weiterleitung an die Reichskanzlei.
H   101 21250 – 53/2 (1260)

27. 7. 35   RArbM – 25   10965
Übersendung eines Runderlasses: Mit Rücksicht auf die Schwierigkeiten bei der Errichtung von Kleinsiedlungen zur Behebung der Wohnungsnot (Mangel an geeignetem Gelände, Überforderung der Kleinsiedler) Förderung des Baus billigster Mietwohnungen mit zunächst 35 Mio. RM; Merkmale dieser Volkswohnungen; Limitierung der Gesamtherstellungskosten im Normalfall auf RM 3 000.–; Gewährung von Reichsdarlehen an die Gemeinden; Ausrichtung der Mieten am Bruttolohn (höchstens ein Fünftel) der für die Volkswohnungen infrage kommenden Bevölkerungskreise; Bevorzugung von Kinderreichen und Schwerbeschädigten.
K   101 16630 – 36 (1006)

27. 7. 35   Adj. d. F   10966
Übersendung eines *Gesuchs der ehemaligen Leiterin des Landwirtschaftlichen Hausfrauenvereins (LHV) Bayern, Frieda Rieth (Zaisberg), vermutlich im Zusammenhang mit der Tätigkeit des in die NS-Frauenschaft überführten LHV, jedoch einen Fall in Sachsen betreffend.
W/H   124 01695 (181)

[29. 7.] – 2. 12. 35   RMdI, StSekr. Lammers, RJM   10967
Zustimmung des StdF zu der vorgeschlagenen Ernennung der Oberstlt. d. Schupo Schroers und Jedicke zu Mitgliedern des Volksgerichtshofs (anstelle von zwei zur Wehrmacht übergetretenen Offizieren der Landespolizei).
H   101 27091 – 96 (1517 c)

30. 7. 35 – 7. 1. 36   Adj. d. F, GL Thüringen u. a.   10968
Weiterleitung der Bitte einer Anna Pfannstiel (Schmalkalden) um Abhilfe ihrer materiellen Notlage an den StdF. Das daraufhin erfolgte Vorgehen des Bürgermeisters von Schmalkalden gegen Frau P. (u. a. Drohung mit dem Konzentrationslager) vom Stab StdF als ungehöriges Stören des Gangs der Untersuchung gerügt.
H   124 02661 – 67 (233)

31. 7. 35   PrFM, RVM   10969
Stellungnahme des Preußischen Finanzministers zu der Absicht des Reichsverkehrsministers, die großen öffentlichen Häfen in den Verwaltungsaufbau einzugliedern: Die Frage der Finanzierung nicht ausreichend geklärt; u. a. (Abschrift an den StdF.)
M   101 02591 f. (265)

31. 7. 35   RLM, RMdI   10970
Zum *Entwurf einer Verordnung über den Reichsadler und das Reichswappen Bitte des Luftfahrtministers um Beibehaltung des anfliegenden Adlers für seinen Geschäftsbereich. (Abschrift an Heß.)
W   203 02374 ff. (66/1)

31. 7. 35   A. Ruutz   10971
Bitte eines August Ruutz (Sulz a. Neckar), Hitler seine Vorschläge für eine verbesserte Ausrüstung der deutschen Soldaten vortragen zu dürfen.
W   124 01717 (182)

31. 7.—13. 8. 35   Adj. d. F, OPG   10972
Die *Eingabe eines Pg. v. Mengershausen (Berlin) vom Stab StdF zuständigkeitshalber dem Obersten Parteigericht übersandt.
W   124 01541 f. (172)

1. 8. 35—14. 4. 36   RMdI   10973
Zur Vermeidung von Anfeindungen im Ausland und zur Verhütung mißbräuchlicher Benutzung von Ausweisen Verbot des StdF, den Dargestellten in Uniform der Partei oder ihrer Unterorganisationen zeigende Lichtbilder für nichtparteiamtliche Ausweise (Reisepässe) zu verwenden. Später Verbot auch der Verwendung die Zugehörigkeit zur Partei in irgendeiner Form erkennen lassender Lichtbilder.
K   101 04205 f. (411); 101 19979—82 (1199); 531 00001 ff. (B 3 a)

2.—12. 8. 35   RKzl, AA   10974
Zustimmung des StdF zu einer Abänderung des Art. 5 des Deutsch-Sowjetischen Wirtschaftsabkommens vom 12. 10. 25 (wegen Verlegung exterritorialer Geschäftsräume).
H   101 26291 f. (1488 a)

2.—23. 8. 35   Adj. d. F   10975
Durch den Stab StdF Übersendung und Rückforderung des *Gesuchs eines Pg. Marke, Tischfabrikant in Wuppertal, um Berücksichtigung bei der Vergabe von Heeresaufträgen.
W   124 01534—37 (171)

2. 8.—14. 11. 35   RKzl., RStatth. Baden   10976
Durch Hitler Unterstützung der Bitte des RStatth. Wagner um einen Ausgleich für den dem Gau Baden durch die entmilitarisierte Zone entstandenen Ausfall; als möglicher Beitrag der NSDAP von Bormann die Verlegung von Schulungslehrgängen und Ausbildungskursen nach Baden vorgeschlagen.
A   101 23150—54 (1313)

5.—21. 8. 35   Adj. d. F—7   10977
Unter Übersendung des Reichsparteitagsprogramms für die Tage 12.—14. 9. Bitte des GL Bohle um Herbeiführung einer Entscheidung Hitlers über seine Teilnahme an der Kundgebung der Auslandsdeutschen. Von H. die Teilnahme vom Ausmaß seiner Beanspruchung abhängig gemacht.
W   124 00681/20—27 (59)

6. 8. 35   RLM   10978
Bitte um Zustimmung zu der vorgesehenen Abfindung des Prüfingenieurs Karl Grulich nach der Vergütungsgruppe II der „Vorläufigen Richtlinien".
H   101 18692 ff. (1152)

8. 8. 35   Adj. d. F—5   10979
Weiterleitung eines *Schreibens der Sekretärin des Dirigenten Furtwängler (F. von Hitler beauftragt, zur

Eröffnung des Reichsparteitags die „Uraufführung" der „Meistersinger" zu dirigieren). (Beiliegend ein handschriftliches undatiertes Schreiben – offenbar der Sekretärin – mit einer Erkundigung nach der prinzipiellen Stellungnahme H.s zur Frage des Solistenaustausches mit Wien sowie nach dem Thema der von H. gewünschten Besprechung mit F. „wegen München"; Zusammengehörigkeit beider Schreiben fraglich.)
W/H   124 01396 ff. (161)

8. 8. 35   Gestapa   10980
Streng vertrauliche Information: Auf persönlichen Befehl Görings Auflösung des Stahlhelm Berlin-Brandenburg, Ostmark und Pommern. Verständigung der Parteistellen.
W   124 00011 (30)

8. 8. – 5. 10. 35   GL Westfalen-Süd, Adj. d. F   10981
Aus Anlaß der Errichtung eines Kriegerdenkmals in Unna (Widerspruch des Obersten a. D. v. d. Sode gegen die Absicht, auf der einzumauernden Gefallenenliste die Namen der gefallenen Juden wegzulassen) grundsätzliche Entscheidung Hitlers auf eine über Bormann vorgelegte Anfrage der Gauleitung Westfalen-Süd: Keine Nennung der Namen der jüdischen Gefallenen auf den neu zu errichtenden Denkmälern.
W/H   124 05059 – 62 (550)

8. 8. 35 – 20. 1. 36   Adj. d. F   10982
Denkschrift Heß' über das Verhältnis zwischen der ihm unterstehenden Hochschulkommission der NSDAP (HK) und dem Reichserziehungsministerium (REM): Die Gründung der HK die Folge von Anfragen von Länderkultusministern an ihn wegen Hochschullehrerberufungen; die erst nach der Gründung des REM auftretenden Schwierigkeiten (die Referenten des REM der Auffassung, sich als alte Parteigenossen nicht „bevormunden" lassen zu müssen; Genehmigung Rusts zur Vornahme von Berufungen ohne Einholung des Urteils der HK) in einem Gespräch mit R. zunächst ausgeräumt; später jedoch wieder Berufungen ohne Mitwirkung der HK, außerdem Erlaß R.s an die Rektoren, Beeinflussungsversuche unzuständiger Stellen bei der Erstattung von Gutachten zu melden (dies vielfach als auf die Tätigkeit der HK bezogen verstanden); das einseitige Vorgehen R.s eine Schädigung des Ansehens der Partei, die auf Vorstellungen hin vorgebrachten Rechtfertigungsargumente nicht überzeugend; Einflußnahme der Partei auf Berufungen nach wie vor dringend erforderlich (Hinweis auf verschiedene Fälle von Berufungen politisch unzuverlässiger Hochschullehrer und der Zurücksetzung qualifizierter verdienter Parteigenossen). Von Hitler daraufhin eine Besprechung über Personalfragen im REM beabsichtigt (vor allem Benennung eines der Partei genehmen Staatssekretärs).
W   124 00259 – 76 (53)

10. 8. 35   AA, RMdI – 1   10983
Durch das Auswärtige Amt Übersendung eines *Schreibens in Sachen Alfred Poortje.
K   101 25884 f. (1461)

[10. 8. 35]   F. Markert   10984
Von Heß dem achtjährigen Frieder Markert (Wiesa/Erzgebirge) bei einem Reiseaufenthalt in München ein Bild Hitlers mit eigenhändiger Unterschrift versprochen.
W   124 01538 f. (171)

10. – 31. 8. 35   Adj. d. F – 5   10985
Wiederholte Bitte um Mitteilung über die Möglichkeit, Ehrenkarten für den Reichsparteitag zu bekommen.
W/H   124 05048 (550)

12. 8. 35   ROL   10986
Mitteilung des Stabs StdF: Nach einer Anordnung des Reichsluftfahrtministers Behandlung der Flüge von Reichsleitern als Regierungsflüge im Sinne der dafür geltenden Bestimmungen.
H   305 00341 ([ROL-]Korr. StdF 1935)

13.8.35   Kzl. d. F, Bgm. Angersbach, OGruL Angersbach   10987
Weiterleitung der Dankschreiben des Bürgermeisters und Ortsgruppenleiters für die Annahme des Ehrenbürgerbriefes der Gemeinde Angersbach (Hessen) durch Hitler.
W   147 00082–86 (18)

15.–[31.] 8. 35   Oblt. a. D. Weselski, Adj. d. Wehrm. b. F   10988
Eingabe des Oblt. a. D. Ewald Weselski (Oppeln) wegen der Ablehnung seiner Übernahme in die Wehrmacht durch das Heerespersonalamt aus Altersgründen. Weiterleitung an die Adjutantur der Wehrmacht beim Führer.
W/H   124 01873 (188)

[15.8.]–18. 9. 35   RNährstand, RKzl., RMfEuL   10989
Nach den Spaltungserscheinungen der Erneuerungsbewegung in Rumänien Versuche der einzelnen Gruppen, bei Dienststellen im Reich Unterstützung zu finden. Die Behauptung des Leiters einer dieser Gruppen, Rittmeister Fabritius, nunmehr Hitlers und Heß' Unterstützung zu genießen, vom Reichsnährstand (RN) angezweifelt; Bitte an die Reichskanzlei um Klärung. Dort Weiterleitung der Anfrage an das vom RN übergangene Reichsernährungsministerium mit der Maßgabe, die Person Hitlers aus den Auseinandersetzungen innerhalb deutscher Volksgruppen im Ausland herauszuhalten und im übrigen den RN auf seinen eigentlichen Aufgabenkreis hinzuweisen.
H   101 25184/1–189 (1407); 101 26253–61 (1486)

16. 8. 35   Intern–6   10990
In einer (erwähnten) Verordnung des StdF für das Vorbringen von Beschwerden über Parteiangelegenheiten bei staatlichen Stellen Parteiausschluß angekündigt.
W   124 02078, 082 (195)

17. 8. 35   Adj. d. F   10991
Übersendung eines *Schreibens des Chefs des Heerespersonalamts (Verkehr hannoverischer Reiteroffiziere bei der nichtarischen Gräfin Görtz).
W   124 05046 (550)

17. 8. 35   Adj. d. F   10992
Mitteilung des Stabs StdF: Die Beschwerde des Taxiunternehmers Donath über Mißstände im Berliner Kraftdroschkengewerbe durch die inzwischen getroffene gesetzliche Regelung einer grundlegenden Sanierung des gesamten Kraftdroschkengewerbes gegenstandslos geworden.
W   124 01353 (156)

17.–[23.] 8. 35   H. Herrlen, Kzl. d. F–1   10993
Mitteilung einer Hermine Herrlen (Waiblingen): Einsetzung Hitlers als Alleinerbe durch ihre Freundin Antonie Nicolai (Frankfurt/Main); Nachlaßverzeichnis. Weiterleitung an die Kanzlei des Führers der NSDAP.
K/H   101 16392–96/1 (961)

17.–27. 8. 35   RKzl., AA, RFM   10994
Zustimmung des StdF zu den Deutsch-Schwedischen *Verträgen über Amts- und Rechtshilfe in Steuersachen sowie über Vermeidung von Doppelbesteuerung bei den Erbschaftssteuern.
W   110 00033 f. (142)

17. 8.–27. 9. 35   Adj. d. F   10995
Stellungnahme des Stabes StdF zu dem *Telegramm eines Gerhard Weyh (Oels): W. vom Landrat und vom Regierungspräsidenten als Gemeindeschulze von Weißwasser abgelehnt; gegen ihn ein Dienststraf- und ein Gauparteigerichtsverfahren anhängig.
W/H   124 01877 f. (188)

[19. 8. 35]   RSD, Adj. d. F   10996
Die gegen HStL Hermann v. Detten (Stab StdF) erhobenen Verdächtigungen von Führeradjutant Wiedemann für „vollkommen aus der Luft gegriffen" gehalten.
W   124 01347 (155)

19. – 23. 8. 35   RMdI, ROL   10997
Durch den Stableiter StdF Weiterleitung eines *Schreibens des Persönlichen Referenten Fricks, das diesjährige Zusammenkommen der 300 dienstältesten Politischen Leiter betreffend, an die Reichsorganisationsleitung.
H   305 00257 ([ROL-]Korr. StdF 1935)

20. 8. 35   AA, Dt. Botsch. London   10998
Übersendung eines Berichts des Deutschen Botschafters in London über einen Besuch des Vorsitzenden der British Legion (BL), Major Fetherston-Godley: Verfahren bei der Einladung einer deutschen Kriegsteilnehmerdelegation nach England; beabsichtigter Antrag der BL auf Aufnahme der ehemals feindlichen Frontkämpferverbände bei der bevorstehenden FIDAC-Generalversammlung in Brüssel und Austritt der BL wie dann wohl auch der Amerikaner bei Ablehnung dieses Antrags; geringschätzige Äußerung über die CIAMAC; Sympathie des Prinzen von Wales für die deutschfreundlichen Aktivitäten der BL, vorsichtiges Vorgehen dabei aber angesichts jüdischer, sozialistischer und kirchlicher Widerstände erforderlich.
H   101 25582 – 85 (1434)

21. 8. 35   Adj. d. F   10999
Übersendung von *Beschwerden über die DAF im Gau Schleswig-Holstein und Übermittlung des Auftrags Hitlers, die Angelegenheit zu untersuchen.
W   124 05047 (550)

21. 8. – 2. 9. 35   Adj. d. F – 1   11000
Anforderung und Erhalt eines *Berichts über die Verwendung des Fonds „Stiftung für Opfer der Arbeit".
W   124 01667 (178)

21. 8. – 15. 11. 35   Adj. d. F, RArbM   11001
Die Teilnahme am Reichsparteitag als Ehrengast (nach positiver Entscheidung Hitlers über sein Gesuch) von Lt. a. D. Eckart Müller laut Stab StdF „zu Trinkereien und Schlemmereien mißbraucht"; auch aus seiner Versorgungsakte nachträglich die Unwürdigkeit M.s ersichtlich (Betrügereien; Verlust der Beine nicht im Felde, sondern durch Unfall bei einem „betrügerischen Fluchtversuch"). Dieser Vorfall Anlaß für den Führeradjutanten Wiedemann, „in Zukunft noch vorsichtiger zu sein".
W/H   124 01590/1 – 600 (175)

21. 8. 35 – 25. 3. 36   Rechtsanw. Schmid, Adj. d. F u. a.   11002
Gesuch des SA-Ostubaf. Wilhelm Optisch (Eichstätt) um Verleihung des Blutordens; Begründung: Seine Teilnahme an den Kampfhandlungen des 9. 11. 23 nur durch einen Autounfall sowie durch die Meldung vom Heranrücken der Polizei und vom Scheitern des Umsturzes verhindert. Weiterleitung an die Führeradjutantur; dort zu den Akten gelegt (die Verleihung des Blutordens schon seit Monaten eingestellt).
W   124 02635 – 46 (232)

[21. 8. 35 – 19. 7. 37]   J. Rostock   11002 a
An den Stab StdF weitergeleitete *Anfragen sowie dortige persönliche Vorsprache eines Josef Rostock (Mannheim): Beschuldigung höherer Justizbeamter – u.a. Minister a.D. Remmele, MinDir. Friedrich Schmidt (beide Karlsruhe) –, ungesetzliche Amtsdelikte begangen zu haben.
H   124 03465 – 68 (295)

[22. 8. 35]   OSAF   11003
Laut Mitteilung des StdF Hitler von der Teilnahme von SA-Mitgliedern an Einzelaktionen gegen Juden und „unliebsame Volksgenossen" in Kenntnis gesetzt.
W   124 00972 (78)

22. – 27. 8. 35   AO, Adj. d. F   11004
Durch die Auslands-Organisation Übersendung eines Berichts der Zeitung Scandinavian Shipping Gazette über finanzielle Schwierigkeiten der Hapag und des (Norddeutschen) Lloyd sowie über eine angeb-

liche Rede Hitlers vor privaten Schiffahrtskreisen (Kollektivierung der Schiffahrt angestrebt). Durch Bormann Weiterleitung an die Führeradjutantur.
W/H   124 00681/16 – 19 (59)

22. – 30. 8. 35   Adj. d. F   11005
Durch den Stab StdF Übersendung eines ˚Schriftwechsels über die Erfindung eines gegen größte Hitze unempfindlichen Isoliermaterials durch Ing. A. Rudenick (Neucölln). – Bevorstehendes Einrücken Croneiß' (Stab StdF) zu einer Reserveübung zum Tankregiment nach Ohrdruf (Thüringen).
W   124 01713 (182)

22. 8. 35 – 20. 3. 36   Adj. d. F, GL Ostpreußen u. a. – 6   11006
Aufgrund der Untersuchungen des Beauftragten der Parteileitung Brockhausen für den Stab StdF kein Grund gegeben, sich „von Partei wegen" für den wegen Ungehorsams und Disziplinlosigkeit (unvorsichtige briefliche Mitteilungen an seine Frau, eine lettische Staatsangehörige) bestraften Oblt. a. D. Walter Fricke (Königsberg) einzusetzen.
W/H   124 01384 f. (161); 124 02223 – 27 (202)

23. 8. 35   ROL   11007
Durch den Stab StdF Rücksendung des Entwurfs einer Anordnung des Reichsorganisationsleiters über die Vereinheitlichung der Lokalverbote (nur noch durch den Kreisleiter „für die Partei hinsichtlich *aller* Gliederungen") und Bitte um Herausgabe der Anordnung.
H   305 00254 ff. ([ROL-]Korr. StdF 1935)

23. – 26. 8. 35   RStatth. Thüringen, Thür. MdI, Adj. d. F   11008
Berichte des thüringischen Innenministeriums über eine illegale Tagung des Jungstahlhelm auf dem Fuchsturm bei Jena (Beteiligung zweier Wehrmachtangehöriger, abfällige Witze über die SA), über Vorkommnisse bei einer Musterungsreise im Landkreis Schleiz (enge Beziehungen zwischen führenden Stahlhelmvertretern und dem Musterungsstab, negative Einstellung des letzteren gegenüber der SA) und über eine Landesführertagung des NSDFB (Stahlhelm) in Berlin (Auflösung abgelehnt).
W   124 00134 – 44 (39)

23. 8. – 21. 10. 35   K. Wintersieg, Adj. d. F – 1   11009
Durch den Stab StdF Übersendung von zwei Eingaben des nach Kündigung durch das Wehrkreiskommando München stellungslosen Karl Wintersieg (Köln) mit der Bitte um Hilfe (als „Frontoffizier und alter Kämpfer der Bewegung" angeblich „Opfer mehr oder minder starker reaktionärer Gesinnung"). Aufforderung der Führeradjutantur an den Verbindungsstab, W. eine einmalige Spende von RM 200.– zukommen zu lassen.
W/H   124 01977 – 85 (189)

24. 8. 35   RL Fiehler   11010
Durch den Stab StdF Übersendung einer Liste von 25 gemäß Anordnung 115/35 in Parteidienststellen zu verwendenden Parteigenossen mit Personalangaben.
M/H   305 00024 – 27 (HA Kommunalpolitik Liste 19)

25. 8. 35   AA, Dt. Botsch. Paris – 1   11011
Übersendung eines Berichts der Deutschen Botschaft in Paris mit einer Warnung vor dem französischen Abgeordneten Archer und dessen Plan einer deutsch-französischen Gesamtlösung, herbeizuführen während seiner vorgesehenen Reise nach Berlin.
H   101 25684 – 87 (1439)

26. – 28. 8. 35   AA – 7   11012
Bestätigung der Zusage Bülow-Schwantes (Auswärtiges Amt) für den Reichsparteitag 1935 durch den Stab StdF und Bitte, sich nach Ankunft in Nürnberg zwecks weiterer Informationen an den Leiter des Amts für Ehrengäste, Gerland, zu wenden.
W   201 00274 f. (72/4)

26. – 31. 8. 35   RMfVuP, Stiftung Opfer d. Arbeit – 1   11013
Übersendung des ˚Jahresberichts der „Stiftung für Opfer der Arbeit"; anläßlich des Unglücks in Reins-

dorf weitere Unterlagen (Geschäftsberichte) auf Wunsch von StSekr. Lammers bereits der Reichskanzlei eingereicht.
K   101 14899 f. (839 a)

26. 8. – 3. 9. 35   RKzl.   11014
Bitte des StdF um Beteiligung bei der angeblich schon stattfindenden Vorbereitung des Erlasses von Ausführungsbestimmungen für die planwirtschaftliche Abteilung des RM Kerrl.
H   101 17213 ff. (1030)

26. 8. 35 – 8. 1. 36   RFSS, W. Heinz, Adj. d. F   11015
Nach den von Bormann erbetenen Feststellungen des Führeradjutanten Wiedemann die Entlassung des ehemaligen Fahnenjunkers Werner Heinz (Stettin) aus der Wehrmacht sachlich nicht anfechtbar: Ablehnungen von Offiziersanwärtern wegen der ausschließlichen Zuständigkeit der Regimentskommandeure praktisch nie anfechtbar, die „immer wiederkehrende Behauptung" einer Ablehnung wegen besonderen Einsatzes für die Partei weder beweis- noch widerlegbar.
W   124 02287 – 90 (209)

26. 8. 35 – 23. 1. 36   RKzl., RMdI   11016
Kritik Heß' an der Einbeziehung der NSDAP in die pauschale Formulierung „alle Körperschaften des öffentlichen Rechts" in Gesetzen und Verordnungen: Unter Berufung auf die Sonderstellung der NSDAP im gesamten öffentlichen Leben als „Trägerin des Deutschen Staatsgedankens" gesonderte Nennung ihres vollständigen Namens erbeten. Zustimmung des Reichsinnenministers unter Hinweis auf die einzigartige, nämlich verfassungsrechtliche Stellung der Partei im Staate: Die NSDAP eine Körperschaft des Staatsrechts.
K/H   101 12549 – 54 (694); 101 19973 ff. (1198)

27. 8. 35   ROL   11017
Schreiben Friedrichs' (Stab StdF): Veranlassung der führenden Parteigenossen (Reichsleiter, Gauleiter, Hauptamtsleiter), mehr als im Vorjahr den Frauenkongreß zu besuchen. (Registratur-Weiterleitungsvermerk.)
H   305 00251 ([ROL-]Korr. StdF 1935)

27. 8. – 12. 9. 35   E. Bührer   11018
Mitteilung des Stabs StdF: Ein Vortrag der Erfindung „Raumkraft" eines Karl Schappeller (Aurolzmünster) bei Hitler nicht möglich.
W   124 02807 (240)

30. 8. 35   RVM   11019
Mitteilung der Anweisung, die öffentlichen Verkehrsmittel und die dazugehörigen Einrichtungen für alle Reisenden ohne Unterschied der Rasse und Staatsangehörigkeit offenzuhalten; Begründung: Noch kein gesetzliches Verbot der Benutzung durch Juden.
W   101 07632 (602); 201 00522 (80/1)

30. 8. – 30. 9. 35   Adj. d. F, GL Köln-Aachen – 14   11020
Mitteilung des Stabs StdF zu einer von der Führeradjutantur weitergeleiteten Eingabe: Laut Stellungnahme der Gauleitung Köln-Aachen die ˙Beschwerde des ehemaligen Pg. Hermann Lenz jr. (Frömmersbach) „in jeder Beziehung unsachlich" und z. T. unwahr. (Vermutlicher Gegenstand der Beschwerde: Eingliederung des Kreiselektrizitätswerkes Gummersbach in das Rheinisch-Westfälische Elektrizitätswerk.)
W/H   124 01480 ff. (167)

31. 8. – 3. 9. 35   Adj. d. F, StSekr. Freisler, GL Sauckel   11021
Stellungnahme des GL Sauckel zu einem telefonischen Bericht des StSekr. Freisler über einen Vorfall in Nordhausen (Mißhandlung eines katholischen Pfarrers – sowie eines völlig unbeteiligten jüdischen Händlers – wegen seiner Weigerung, einen ertrunkenen, seit 20 Jahren nicht mehr praktizierenden Katholiken kirchlich zu beerdigen, trotz der Zurücknahme dieser Weigerung nach Informierung über die

SA-Angehörigkeit des Toten), u. a. bestehend aus Vorwürfen gegen den Naumburger Generalstaatsanwalt und gegen LGDir. Kastendiek (Nordhausen).
H   124 01629 – 34 (177)

Sept. 35   K. Lenz   11022
Auf ein Gnadengesuch eines Karl Lenz (München) Belassung seines Mandats (durch Hitler via Heß).
W   124 02455 f. (220)

Nicht belegt.   11023

2. 9. – 15. 10. 35   ROL   11024
Durch den Stab StdF Übersendung der *Beschwerde eines Pg. Knauth über das Verhalten von Parteigenossen des Reichsschulungsamtes in Wasserburg. Dessen *Stellungnahme dazu.
H   305 00218 ff. ([ROL-]Korr. StdF 1935)

Nicht belegt.   11025

[3. 9. 35]   Adj. d. F   11026
Ausgabe von Ehrenkarten für den Reichsparteitag in diesem Jahr durch Bormann.
W   124 01706 (182)

[3. 9. 35]   APA   11027
Zustimmung Heß' zum Vorschlag von Hanns Johst und Hans Günther als erste Träger des geplanten Preises der NSDAP für Kunst und Wissenschaft.
W   124 00674 ff. (58)

3. – 5. 9. 35   Adj. d. F – 6   11028
Nach Ansicht des Führeradjutanten Wiedemann zwar korrekte und von bestem Willen geleitete Untersuchung und Bereinigung der Angelegenheit Radspieler in Neuhofen (ungeschicktes Verhalten des Lehrers – und wohl Ortsgruppenleiters – R. gegenüber der katholischen niederbayerischen Bevölkerung) durch den Beauftragten der Parteileitung Oexle, die Sache damit jedoch noch nicht geklärt; Vorschlag an Bormann, R. zu versetzen.
W/H   124 01659 ff. (178)

3. – 12. 9. 35   RArbM, RMfEuL, Treuh. d. Arbeit Ostpreußen   11029
Dringende Ersuchen des Reichsarbeitsministers um Herabsetzung der Lebensmittelpreise und um bessere Versorgung mit billigem Fett und Gemüse: Senkung der Kaufkraft der gleichbleibenden Löhne und Gehälter der Arbeiter und niedrig entlohnten Angestellten durch abermalige Preiserhöhungen, insbesondere auf dem Lebensmittelsektor; Hebung ihrer Lebenshaltung auf den Stand von 1934 durch die Maßnahmen des Reichsernährungsministers nicht möglich; Hinweis auf die Berichte der Treuhänder der Arbeit über eine verständliche Beunruhigung der Bevölkerung; Auftreten besonderer Schwierigkeiten bei der Behebung dieser Mängel in Ostpreußen; Einwände gegen die von der Landesbauernschaft empfohlene Erhöhung der Kleinhandelspreise und deren Angleichung an die Preise im Reich in Anbetracht der niedrigen ostpreußischen Löhne (Erörterung des Lohn- und Preisgefälles zwischen Ostpreußen und dem übrigen Reich). (Abschriften an den StdF.)
M   101 03044 – 53 (318); 101 06642 – 45 (541); 110 00220 – 25 (1860)

4. 9. 35   Adj. d. F   11030
Mitteilung Bormanns über die Betreuung der Ausländer auf dem Reichsparteitag: Auf Veranlassung des StdF – nach einer entsprechenden Bitte Ribbentrops – zunächst Übermittlung der Einladungsvorschläge Rosenbergs an Ribbentrop; dann Entscheidung Hitlers zugunsten der Zuständigkeit Rosenbergs für die Betreuung der von ihm eingeladenen Ausländer unter Ablehnung auch des Wunsches Ribbentrops, wenigstens alle Engländer allein betreuen zu dürfen; Übermittlung weiterer zehn Einladungen an Rosenberg für die wichtigsten der von Ribbentrop auf seiner Liste gestrichenen Ausländer.
W/H   124 05052 f. (550)

4. – 9. 9. 35   Adj. d. F   11031
Durch Bormann Übersendung der Einladung Hitlers zu einem Beisammensein nach Schluß des Reichsparteitags. Zusage des Führeradjutanten Wiedemann.
W   124 05054 f. (550)

4. – 20. 9. 35   M. Müller, Adj. d. F – 1   11032
Eingaben einer Minna Müller (Magdeburg) wegen der (durch die langjährige Arbeitslosigkeit ihres Mannes verursachten und durch ihre sowie ihres Mannes Verurteilung zu mehreren Monaten Gefängnis wegen falscher Anschuldigungen noch verstärkten) Notlage ihrer Familie. Weiterleitung an die Führeradjutantur.
W   124 01585 – 88/2 (175)

4. 9. – 24. 10. 35   ROL   11033
Unter Berufung auf eine *Auskunft des Gaues Kurmark Zurückweisung der der DAF gemachten Vorwürfe wegen angeblicher Eingriffe bei der Heilanstalt Hohenlychen.
H   305 00248 ff. ([ROL-]Korr. StdF 1935)

5. – 7. 9. 35   RSchatzmeister, AuslPressechef, Adj. d. F   11034
Bitte Bormanns an die Führeradjutantur um Herbeiführung einer Entscheidung Hitlers über die Bezahlung der vom Reichsschatzmeister nicht übernommenen Kosten für die Auslandspressevertreter beim Reichsparteitag 1935: Neben der Übernahme der erheblichen Kosten für alle Ehrengäste bereits 2 Mio. RM „für Parteitagskosten an Herrn Schwarz gegeben".
W/H   124 00681/46 (59)

6. – [16.] 9. 35   RKzl., RJM   11035
Stillschweigende Zustimmung des StdF zu einem *Entwurf des Reichsjustizministers: Verordnung über die Zuständigkeit der Sondergerichte (für Vergehen gegen § 134 b RStGB).
H   101 21306/1 ff. (1264 a)

[9. 9. 35]   RArbM   11036
Einverständnis mit der vom StdF erbetenen nochmaligen Aussprache über den von der DAF eingereichten *Entwurf eines Gesetzes zur Erweiterung des Kündigungsschutzes; Besprechungseinladung.
A   101 06757 (548 a)

9. 9. – 2. 12. 35   Adj. d. F – 6   11037
Nach Ansicht des Beauftragten der Parteileitung Brockhausen eine Belassung des Pg. Langeheine in einem Partei- oder Staatsamt „vollkommen unmöglich"; Begründung: L. in die „bekannte Angelegenheit" in Stolp (Prozeß Bösenberg – Dr. Radtke – Pour-le-Mérite-Flieger Thom) verwickelt und Mitglied des inneren Zirkels des Karpensteinkreises, außerdem in keiner wirtschaftlichen Notlage befindlich.
W   124 01474 f. (167)

10. 9. – 16. 11. 35   RLM   11038
Übersendung von drei Anlagen zu der „Vorläufigen Ortsanweisung für den Luftschutz der Zivilbevölkerung": *Richtlinien für den Aufbau des Feuerlöschwesens in Luftschutzorten, *Richtlinien für die Durchführung des erweiterten Selbstschutzes, *Luftschutzveterinärdienst.
H   101 22758 – 63 (1296)

16. 9. 35   RLM   11039
Bitte um Zustimmung zu der vorgesehenen Abfindung des Abteilungschefs Johannes Gerner nach der Vergütungsgruppe II der „Vorläufigen Richtlinien".
H   101 18695 f. (1152)

Nicht belegt.   11040

18. 9. 35   Adj. d. F   11041
Die Einholung der Entscheidung Hitlers über eine von Bormann gestellte Frage nicht möglich gewesen, die einzunehmende Stellung jedoch durch die im Reichstag abgegebene strikte Neutralitätserklärung klar; Erwähnung der Existenz ohne Befassung der vorgesetzten Stelle am leichtesten zu erledigender Dinge (deren Möglichkeit, dann mit Recht sagen zu können, „von der Sache nichts gewußt" zu haben).
W/H   124 05056 (550)

18. 9. 35   Adj. d. F   11042
Übersendung des *Schreibens einer Anna Füchert.
H   124 01387/2 (161)

18. 9.–4. 10. 35   Adj. d. F   11043
Übersendung von *Klagebriefen einer Agnes Röwekamp (Berlin).
W/H   124 01712/1 f. (182)

19. 9. 35   AA, Poln. Botsch.   11044
Durch das Auswärtige Amt Übersendung eines Notenwechsels mit der Polnischen Botschaft über die
Entschädigung polnischer Staatsangehöriger für ihre beim ns. Umsturz in Deutschland 1933/34 erlittenen Verluste (207 Einzelfälle) an den StdF mit der Aufforderung, die von den Polen erhobenen Forderungen zur Wahrung der am 30. 9. 35 ablaufenden Ausschlußfrist (§ 8 Ausgleichsgesetz sowie Zweite und Dritte Ergänzungsverordnung) sofort und unter Vorbehalt der Stellungnahme dazu beim Reichsinnenministerium anzumelden.
H   101 26103–30 (1481)

19. 9.–6. 11. 35   SS-Brif. Schreck u. a.   11045
Wiederholte Bitte Bormanns um einen ausführlichen Bericht über die Beobachtungen und Erfahrungen
während des Reichsparteitags 1935.
W   124 01148 (122)

20. 9. 35   Adj. d. F   11046
Übersendung der *Eingabe eines Waldemar Stössel (Erfurt).
W   124 01800 (186)

21. 9.–4. 10. 35   AA, Dt. Botsch. b. Hl. Stuhl   11047
Übersendung von Berichten über Äußerungen der dem Vatikan nahestehenden Presse zum Reichsparteitag, insbesondere über kritische Stellungnahmen zu Hitlers Reden: Schlagwort vom „Politischen Katholizismus" nur ein Deckmantel zur Bekämpfung des Christentums; zwar theoretische Anerkennung der Verdienste des Christentums durch H., dennoch Optimismus nicht am Platz; der antibolschewistische Charakter des Parteitags eine direkte Antwort auf den Kominternkongreß in Moskau.
W/H   110 00058–66 (160)

21. 9.–7. 10. 35   AA–6, 28   11048
Dank Bülow-Schwantes, auch im Namen weiterer Beamter des Auswärtigen Amtes, für die Betreuung
während des Reichsparteitags 1935.
W   201 00276 ff. (72/4)

23.–26. 9. 35   Adj. d. F, O. Müller   11049
Skeptische Erörterung der Erfindung „kugel- und bombensicherer" Dach- bzw. Schutzplatten durch einen Otto Müller (Berlin); Weiterbearbeitung der Angelegenheit durch den Stab StdF (Obf. Croneiß).
W/H   124 01588/3–590 (175)

[24. 9.]–2. 10. 35   RJM   11050
Übersendung eines Gesetzentwurfs über die außerordentliche Kündigung von Miet- und Pachtverträgen
über öffentliche Gebäude; Begründung: Weiteres Verbleiben von Juden in diesen Gebäuden untragbar.
Einspruch Heß' gegen den Entwurf: Keine Sonderregelung vor der Inkraftsetzung der Ausführungsbestimmungen zum Reichsbürgergesetz und zum Blutschutzgesetz.
M   101 04395–99 (416)

[25. 9. 35]   RInst. f. Geschichte d. neuen Deutschlands   11051
Empfang des zum Präsidenten des Reichsinstituts für Geschichte des neuen Deutschlands ernannten
Walter Frank durch Heß; durch H. auch Weiterleitung der Bitte F.s um einen Empfang durch Hitler.
W/H   124 01381 ff. (161)

25.–26. 9. 35   Darré   11052
Dank Bormanns für ein Zigaretten-Etui.
M   306 00194 (Bormann)

25. 9.–8. 10. 35   Nationalstiftung „Schiller in Bauerbach", Kzl. d. F   11053
Bitte der Nationalstiftung „Schiller in Bauerbach" um eine Beihilfe Hitlers zur Erhaltung des Schillerhauses in Bauerbach. Weiterleitung an die Kanzlei des Führers.
H   101 21055 ff. (1236)

26. 9. 35   StSekr. Lammers   11054
Begleichung der Kosten für den sog. Saalanbau an die Reichskanzlei nicht aus „Stiftungsgeldern der
Bauwirtschaft", sondern – durch Bormann – „aus anderen Mitteln"; Begleichung der Baukosten des
Luftschutzkellers durch StSekr. Lammers.
H   101 17722 (1078 a)

26. 9. – 17. 10. 35   Adj. d. F – 5   11055
Umlauf einer *Akte Waltenberger (Reichsheimstättenamt); Erörterung der Übergabe der Angelegenheit
an die Geheime Staatspolizei.
W/H   124 01854 f. (188)

[26. 9. 35] – 19. 10. 36   AA, NSLB, RMfWEuV – 7   11056
Entwurf einer Vereinbarung zwischen der Auslands-Organisation (AO), dem Auswärtigen Amt und dem
Reichserziehungsministerium (REM) über eine maßgebliche Beteiligung der AO und des NS-Lehrerbundes bei der Auswahl deutscher Auslandslehrer. Die Bedenken der REM wegen eines Zeitverlusts infolge der Einschaltung der AO und der Beteiligung der Gauleiter bei der Einziehung von Auskünften
vom StdF als unbegründet angesehen.
M   203 01447/1 – 458 (47/1)

27. 9. 35   AA, Dt. Botsch. London, Gestapa   11057
Übersendung eines *Berichts der Deutschen Botschaft in London sowie eines dadurch veranlaßten Berichts des Geheimen Staatspolizeiamtes über die nicht nur karitative Tätigkeit insbesondere englischer
Quäker in Deutschland: Unterstützung politischer Gefangener; Versuche, durch Eingaben an Hitler u. a.
den „Abbau von Schutzmaßnahmen des ns. Staates" (d. h. die Auflösung der Konzentrationslager u. a.)
zu erreichen; vorübergehende Festnahme der Engländerin Elizabeth Fox Howard nach einer Zollkon-
trolle (Mitführen verdächtiger Briefe).
H   101 25587 – 90 (1434)

27. 9. – 7. 10. 35   J. Müller, Adj. d. F   11058
Empfehlung einer homöopathischen Behandlung der Stimmbänder Hitlers durch eine Johanna Müller
(Berlin), Tochter des homöopathischen Arztes Wilhelm Sorge. Weiterleitung an die Führeradjutantur.
W   124 01581 – 84 (175)

[28. 9.] – 13. 10. 35   BfdÜ   11059
Rosenbergs Vorschläge für die Berufung in den Kultursenat der NSDAP von Heß gebilligt; H. außer-
dem damit einverstanden, noch Persönlichkeiten aus der Partei um Beitritt zum Kultursenat zu bitten.
(Differenzen mit Goebbels um die Zuständigkeit.)
W   124 00677 – 80 (58)

28. 9. 35 – 19. 3. 36   PräsKzl., RKzl., RMdI, RFM   11060
Vorschlag des StdF und des Reichsfinanzministers, 18 verdienten „völkischen Vorkämpfern" aus
Reichsmitteln einen Ehrensold in Höhe von monatlich netto RM 300.– zu bewilligen. Nach Vortrag bei
Hitler einmalige Zahlung von RM 300.– bzw. (an H. bekannte Vorkämpfer) 500.– und Prüfung der
Frage eines laufenden Zuwendung. Im März 1936 Einverständnis der Ressorts über die Gewährung die-
ses Soldes an 20 „völkische Kämpfer" aus dem Sonderfonds des ehemaligen Reichspräsidenten (Begrün-
dung: 19 der Empfänger Nicht-Parteigenossen, Festhalten am Grundsatz der Versorgung von Parteige-
nossen durch die Partei).
H   101 20335 – 71 (1209)

30. 9. 35   RMfWEuV   11061
Kritik an der Teilnahme von zwei Vertretern der NSV am V. Internationalen Kongreß für Familiener-
ziehung in Brüssel neben und ohne Kenntnis der amtlichen deutschen Abordnung und Bitte, dies in
künftigen Fällen zu vermeiden.
H   101 25444/1 (1418)

30. 9. – 3. 12. 35   Adj. d. F – 13   11062
An das Büro Pietzsch (Stab StdF) Übersendung von *Vorgängen, einen Martin Naether (Eythra) betref-
fend.
W   124 01624 (177)

30. 9. 35 – 3. 1. 36   RArbM, RMfVuP – 25   11063
Der Vorschlag des Propagandaministers, im eingeleiteten Wohnungsbauprogramm für Minderbemittelte die Bezeichnung „Volkswohnung" durch „Kleinstwohnung" zu ersetzen (später: sie wenigstens nicht in der Öffentlichkeit zu benutzen), vom Reichsarbeitsminister abgelehnt: Gefahr der Verwechslung mit den „Kleinwohnungen"; Verwahrung gegen ihre Kennzeichnung als „notdürftigst" und „primitivst", zutreffend hingegen „gesund" und „dauerhaft" bei später möglicher Erweiterung; keine Bedenken der StdF-Siedlungsbeauftragten. Gleichfalls Ablehnung der späteren Anregung, in der Öffentlichkeit einen anderen Namen als im inneren Dienstbetrieb zu wählen: Die Bezeichnung „Volkswohnung" gut eingebürgert. (Nachrichtlich jeweils an den Beauftragten für das Siedlungswesen im Stab StdF.)
H   101 19202 – 07 (1171)

30. 9. 35 – [9. 1. 36]   Adj. d. F, OPG   11064
Bestehen des Oberbefehlshabers des Heeres auf einer parteiamtlichen Äußerung zur Frage der Wiederaufnahme eines Dr. Freyberg in den Heeresdienst. Daraufhin durch den StdF Einholung einer *Stellungnahme des Obersten Parteigerichts.
W   124 02221 f. (202)

1. 10. 35   A. Waser-Lehnkering   11065
Durch eine Anne Waser-Lehnkering (München, Hotel Vier Jahreszeiten) Übersendung eines *„Aufbauprogramms für den weiblichen Volksteil" (gipfelnd in der Gründung einer „Biologischen Akademie"), eines Arbeitsplans für 1935/36 und des Inhaltsverzeichnisses des Buches „Die deutsche Frau in ihrer natürlichen wahren Berufung".
W   124 01066 – 75 (112)

2. 10. 35   Adj. d. F   11066
Bitte, die Briefumschläge anders zu verschließen.
W   124 05057 (550)

2. 10. 35   GL Streicher   11067
Weglassung seines Namens aus dem Kopf der Fränkischen Tageszeitung entsprechend der Forderung anderer, nicht sämtlich „anständiger" Gauleiter; Verteidigung des „Stürmer" gegenüber der von diesen Gauleitern (u. a. Lohse) erhobenen Kritik und einem offenbar von Hitler erwogenen Verbot (kein ursächlicher Zusammenhang der unerwünschten Einzelaktionen gegen Juden mit den „Stürmer"-Kästen, sein Gau und Sachsen Beweis für Ruhe und Ordnung und das Fehlen antisemitischer Einzelaktionen trotz bzw. gerade wegen intensiver „Aufklärung über die Judenfrage", ein Verbot des Stürmer „einer der größten Triumphe" des Judentums); Zusage seiner Bemühung, H.s Wunsch entsprechend künftig – ohne Änderung seiner Überzeugung – seine Meinung „bezüglich des Geschlechtsverkehrs zwischen Juden und nicht-jüdischen Mädchen in Bezug auf die Imprägnierung" nicht zu äußern; Verwahrung gegen den Vorwurf der Pornographie. (Nicht abgegangen.)
M/H   305 00176 – 79 (Streicher)

2. 10. 35   RLM   11068
Bitte um Zustimmung zu der vorgesehenen Abfindung des Bauleiters Ernst Lincke nach der Vergütungsgruppe II der „Vorläufigen Richtlinien".
H   101 18697 f. (1152)

2. – 10. 10. 35   Adj. d. F – 7   11069
Vor der von der Deutschen Handelskammer in Helsingfors (Finnland) beabsichtigten Lösung des Vertragsverhältnisses mit dem jüdischen Rechtsanwalt Prof. Friedmann Bitte der Auslands-Organisation um Auskunft über F. betreffende Gerüchte („einflußreiche Beziehungen" in Deutschland, Empfang durch Hitler). In der Führeradjutantur davon nichts bekannt.
W/H   124 01385/1 f. (161)

3. 10. 35   Adj. d. F   11070
Das *Gesuch einer Pgn. Dölger (Stettin) um Straferlaß für ihren Mann und Löschung der Strafe von Füh-

reradjutant Wiedemann wegen der langen Parteizugehörigkeit des D. und der anständigen Motivation seines wenn auch falschen Handelns befürwortet; Vorschlag, Frau D. materiell zu unterstützen.
W   124 02091 (195)

4. 10. 35   Adj. d. F   11071
Durch den Stab StdF Übersendung – mit begleitendem ironischen Kommentar – des ˙Schreibens einer Amalie Rau (offenkundig übernatürliche Offenbarungen betreffend); Erwähnung der regelmäßigen Zusendung der Produkte der R. an Hitler und den StdF.
W   124 05058 (550)

4.–5. 10. 35   Adj. d. F–7   11072
Stiftung je eines Bildes Hitlers mit Unterschrift für die Landesgruppe Kamerun der NSDAP (Dank für WHW-Sammlung und H. geschenkte Elefantenzähne) und die Ortsgruppe Santa Cruz de Tenerife (Anerkennung für den Bau einer Schule).
W   124 00681/11–14 (59)

4.–7. 10. 35   Maj. Sieber, Hptm. a. D. Wiedemann   11073
Versuche des Majors Sieber, durch Eingaben an verschiedene Dienststellen (Bouhler, Adjutantur Heß, Führeradjutantur) den vom Obersten Parteigericht entschiedenen Fall seiner Frau erneut aufzurollen. (Erwähnung durch Bormann in anderem Zusammenhang.)
H   124 01246–50/2 (143)

4.–10. 10. 35   AL Färber, Adj. d. F   11074
Erwerb des Freidinglehens Haus Nr. 10/10a in Obersalzberg durch Hitler. Bitte Bormanns um Überweisung des Kaufpreises (RM 120 000.–) aus bei Amann bereitgestellten Bucherträgnissen H.s.
H   124 01109–29 (117)

4. 10.–2. 11. 35   K. Weinberger, Adj. d. F–19   11075
Bitte des Stabs StdF um Hilfe für den in Not geratenen Bildhauer und „Kameraden aus des Führers Regiment" Karl Weinberger (München). Weitergabe der beigefügten Bilder und Unterlagen durch die Führeradjutantur an Architekt Speer.
W/H   124 01861 ff. (188)

4. 10.–6. 12. 35   AA, GL Hessen-Nassau, Dt. Ges. Den Haag–1   11076
Hinweis der Gauleitung Hessen-Nassau auf die Führung eines Wimpels mit dem Namen des Schiffes anstelle der Hakenkreuzflagge durch Rhein-Schiffe der Niederländischen Schiffahrtsreederei nach der Verkündigung des Flaggengesetzes. Erklärung der Reederei, künftig die Hakenkreuzflagge zu setzen.
M   203 02347–54 (64/1)

5. 10. 35   Adj. d. F–1   11077
Mitteilung: Hitler strikt gegen eine Einberufung des Anton Strasser in das Reichsarbeitsministerium.
W   124 01802 (186)

5. 10. 35   GL Groß-Berlin, L. Erdmann   11078
Durch die Gauleitung Berlin Übersendung der Meldung einer Lotte Erdmann über die Finanzierung von Heeresaufträgen durch jüdische Bankhäuser (G. Blumenfeld & Co., Berliner Kredit- und Investierungsgesellschaft).
W   124 01366 f. (159)

[5.]–15. 10. 35   RWiM, RKzl., RMdI   11079
Stellungnahme Schachts gegen die vom StdF (zu kurze Bearbeitungsfrist; Wunsch, insbesondere die Auffassung des Gemeindetags kennenzulernen) und vom Reichsinnenminister (RMdI; veränderte Situation innerhalb der Energiewirtschaft) beantragte und erreichte Absetzung des von ihm eingebrachten Gesetzes zur Förderung der Energiewirtschaft von der Tagesordnung der Kabinettsitzung am 18.10.: Ungünstige Auswirkungen einer Vertagung auf die vom Reichskriegsminister dringend geforderte gesetzliche Grundlage für die Wehrhaftmachung der Energieversorgung sowie auf die erwünschten Tarif-

verbesserungen; Zurückweisung des Verdachts, die Durchführungsverordnung ohne die Unterschrift Fricks verabschieden zu wollen; Hinweis auf die Folgen des ohne seine Beteiligung entstandenen, seinen Geschäftsbereich jedoch einschneidend berührenden Runderlasses über den Abschluß von Verträgen auf dem Gebiet der Energiewirtschaft innerhalb der Gemeinden (Streitigkeiten zwischen dem Amt für Technik, dem Amt für Kommunalpolitik, der Reichsgruppe Energiewirtschaft und dem Gemeindetag; deren Ausräumung auch in seinem Sinn und später auch Hinzuziehung der vorgenannten Stellen; diese Frage jedoch unabhängig von der Verabschiedung des Energiewirtschaftsgesetzes – im übrigen außerhalb der Ministerien besser keine Erörterung der Frage der Betätigung der öffentlichen Hand). Entscheidung Hitlers im Sinne des StdF und des RMdI.
M/H   101 03397–416 (343)

5. 10. 35 – 11. 2. 36   Adj. d. F, Gestapa   11080
Stellungnahme des StdF zum Gesuch eines Maj. Alexander Siry (Verleihung des Blutordens für seine Tätigkeit in der Nacht vom 8./9. 11. 23): Mit Billigung Hitlers Einrichtung eines Ordensrats für die Träger des Blutordens; Ausarbeitung eines Satzungsentwurfs durch Pg. Weber im Einvernehmen mit dem Reichsschatzmeister (Aufgabe des Ordensrates u. a. Nachprüfung aller bisherigen Verleihungsfälle); S. in seiner Angelegenheit an W. als den für sein Gesuch zuständigen Bearbeiter verwiesen. – Auskunft der Gestapo über S.: Ausbildung und militärische Laufbahn; Freikorpstätigkeit; Selbstschutzzugehörigkeit; Nachforschungen über seine Beteiligung am 9. 11. 23 ergebnislos; Charakterisierung als Wichtigtuer und Egoist; Hinweis auf mögliche Auskünfte durch den mit S. befreundeten Oberstlt. Kriebel.
K   124 02909–15 (246)

8. 10. 35   AA   11081
Übersendung einer Aufzeichnung über die Lage Deutschlands im Falle der Verhängung von Völkerbundssanktionen gegen Italien (rechtliche Beurteilung und wirtschaftliche Fragen).
H   101 25795–811 (1452)

9. 10. 35   AA, Dt. Botsch. Washington   11082
Übersendung eines Berichts der Deutschen Botschaft in Washington über die amerikanische Quäkerbewegung: Streng unpolitische Organisation; Hinweis auf die Quäker-Hilfsaktion nach dem Weltkrieg und das „warme Interesse" der Quäker für die Deutschen.
H   101 25591 ff. (1434)

9. – 30. 10. 35   RKzl., GI f. d. Straßenwesen   11083
Keine Bedenken des StdF gegen die vom Generalinspektor für das deutsche Straßenwesen vorgeschlagene Ernennung des OBauR Richard Auberlen zum Oberregierungsbaurat; zuvor allerdings Hinweis auf die vom StdF bei der Ernennung von Beamten aufgrund einer Vereinbarung mit dem Reichsinnenminister zu beanspruchende Zustimmungsfrist (drei Wochen, bei politischen Beamten vier Wochen).
A   101 05897–99 (510)

10. 10. 35   ROL   11084
Ausleihe von zwei Filmen mit Aufnahmen vom Obersalzberg (fotografiert von Bormann in Anwesenheit Leys).
H   305 00241 ([ROL-]Korr. StdF 1935)

10. 10. 35   Adj. d. F   11085
Weiterleitung einer *Eingabe der Witwe des mit Hitler gut bekannt gewesenen Alt-Pg. Fritz Weidle um Gewährung von Versorgungsbezügen (der Tod W.s 1929 als Folge „1926 bei einem Kommunistenüberfall in Heilbronn" erlittener Verletzungen vom Versorgungsamt nicht anerkannt).
W/H   124 01856–60 (188)

10. – 29. 10. 35   Adj. d. F, PolPräs. Berlin – 12   11086
Durch den Stab StdF Weitergabe der *Einsprüche Fabisch und Dietrich (beide Berlin) gegen ihre „Ausscheidung aus dem Kraftdroschkengewerbe".
W/H   124 01368 (160)

10. 10. 35 – 4. 6. 36   D. Meyn, GL Hamburg, KrL Horn–Hamm-Süd, Adj. d. F   11087
Laut Untersuchungsbericht der Gauleitung Hamburg die Beschwerde einer Dora Meyn (Kündigung ihrer Wohnung durch KrL Spardel) nicht begründet; auch andere Behauptungen der M. unwahr.
W   124 02536 – 44 (225)

11. 10. 35   Adj. d. F – 1   11088
Übersendung einer *Rechnung der Firma C. A. Herpich Söhne (Berlin) zur Begleichung.
W   124 00681/47 (59)

11. – 14. 10. 35   Adj. d. F   11089
Durch den Stabsleiter StdF Weiterleitung einer *Rechnung der Fa. Ed. Wollenweber (München) über den Kauf eines Silberrahmens durch Führeradjutant Brückner.
W   124 01994 f. (190)

11. 10. 35 – 6. 2. 36   RKzl., RJF   11090
Besprechungen Schirachs mit Lammers, Heß und Hitler über die Frage der künftigen Jugenderziehung: Zum – jahrgangsweisen – Aufbau einer Staatsjugend Einführung eines „Reichsjugenddienstes" in der Form eines Staatskommissariats; eine endgültige Entscheidung von Hitler jedoch noch nicht getroffen; Beauftragung des Pg. Stellrecht mit den vorbereitenden Arbeiten.
M/H   101 06282 – 87 (525)

12. – 31. 10. 35   Adj. d. F   11091
Stellungnahme des StdF zu einem *Schreiben des Stabschefs der SA: Das Spielen der Melodie des Liedes „Ich bete an die Macht der Liebe" im Rahmen des Großen Zapfenstreichs noch kein Anschneiden der Religionsfrage; des weiteren kein Grund vorhanden für das alleinige Spielen des Horst-Wessel-Liedes unter Fortlassung des Deutschlandliedes.
W/H   124 05064 (550)

14. – 23. 10. 35   KrL Bautzen, GL Sachsen, RL Bouhler   11092
Anläßlich des zehnjährigen Bestehens der Ortsgruppe Bautzen Gesuch der Kreisleitung Bautzen, den Kornmarkt in Adolf-Hitler-Platz umbenennen zu dürfen. Weiterleitung an Bouhler.
K   101 16499 f., 499/12 (982)

14. 10. 35 – 12. 5. 36   W. Kleemann, Adj. d. F, GL Saarpfalz   11093
Genehmigung der Bitte eines stud. med. dent. Walter Kleemann (Höchen/Saar) um Unterstützung aufgrund einer von Bormann eingeholten positiven Auskunft der Gauleitung Saarpfalz über den Gesuchsteller (Sohn des durch die französische Grubenverwaltung abgelegten Steigers K.): Gewährung einer Beihilfe in Höhe von RM 500.–.
K   124 03884 – 89 (353)

17. 10. 35   RBund dt. Seegeltung   11094
Die enge Zusammenarbeit des Reichsbundes deutscher Seegeltung mit der Partei von Heß begrüßt; Einverständnis H.' mit dem organisatorischen Aufbau des Reichsbundes und mit der Einsetzung von Verbindungsmännern zu den Gauleitungen.
W   101 14862 f. (829)

17. 10. 35   RKzl.   11095
Übersendung eines Führererlasses: Kritik an den Versuchen von Einzelpersonen, Verbänden, Berufsständen u. a., Einfluß auf die Filmzensur auszuüben; Hinweis auf die ausschließliche Zuständigkeit des Reichspropagandaministeriums, die Filme vom weltanschaulichen und künstlerischen Gesichtspunkt aus zu beurteilen.
M   101 03841 – 44 (389)

17. – 18. 10. 35   DF, RMdI, Ley   11096
Vortrag Heß' bei Hitler über das Arbeitsfrontgesetz und Übersendung des von Hitler abgeänderten Entwurfs an den Reichsinnenminister. An Ley Mitteilung der Änderungen Hitlers: Eine Begriffsbestimmung unnötig; Zugehörigkeit aller Schaffenden zur DAF nicht angestrebt, deshalb keine Eingliederung

des Beamtenbundes und der Angehörigen freier Berufe; im wesentlichen Erfassung der Industrieunternehmer einerseits, der Arbeiter, Angestellten und Handwerker andererseits vorgesehen; Eingliederung der NS-Hago erst im Frühjahr; weitere Bemühungen um die Eingliederung aller Schaffenden in die DAF nach dem Entscheid Hitlers unerwünscht.
K/H   101 06484/5 f. (529)

18. 10. 35   Adj. d. F   11097
Übersendung des *Schreibens eines Hans Kalklösch (Kleinroda).
W   124 01410 (163)

18. 10. 35   RJM   11098
Vorschlag zur Ernennung des Walther Frhr. v. Steinaecker, Generalstaatsanwalt in Hamm, Parteigenosse von 1931 und einziger ns. Oberstaatsanwalt vor 1933, zum Oberlandesgerichtspräsidenten in Breslau.
H   101 18465—69 (1145 b)

18.—22. 10. 35   ROL   11099
Rückfrage des Stabs StdF wegen einer *Eingabe der Vereinigung Münchner Kohlenhandlungen e. V. auf Grund der Anordnung des StdF über das Verbot von Empfehlungsschreiben der Parteidienststellen für Firmen und Firmenvertreter.
H   305 00239 f. ([ROL-]Korr. StdF 1935)

18.—28. 10. 35   Kdo. Schupo Erfurt, Adj. d. F—1   11100
Durch das Kommando der Schutzpolizei Erfurt Übersendung eines Kriegsbildes Hitlers von 1916 (Bemerkung auf der Rückseite: „Eine fidele Dauer-Tarockpartie") aus dem Besitz einer Frau Stein (Erfurt), bei „polizeilicher Tätigkeit" erhalten.
W/H   124 01341 f. (155)

18. 10.—17. 11. 35   RMfWEuV, RKzl., RMdI   11101
Zustimmung des StdF zu dem Antrag des Reichserziehungsministers, den bisherigen Leiter seiner Unterabteilung „Hochschulen für Lehrerbildung", Prof. Albert Holfelder, zu seinem Staatssekretär zu ernennen. Dazu Mitteilung des StSekr. Lammers über die Bedenken Hitlers gegen diese Ernennung sowie über die Widersprüche des Reichsinnen- und des Reichsfinanzministers (Mangel an praktischer Erfahrung, keine besonderen Verdienste um die Partei).
H   101 18812—26 (1154)

18. 10.—25. 11. 35   AA—1   11102
Mitteilung Stengers (Verbindungsstab): Teilnahme von deutschen und von ausländischen Diplomaten an den Feiern zum Heldengedenktag (8./9. November) in München „in ähnlicher Weise wie in Nürnberg". Durch das Auswärtige Amt Übersendung einer entsprechenden Liste der in Frage kommenden deutschen Diplomaten (Vertreter im benachbarten Ausland und auf Urlaub in Deutschland befindliche Auslandsvertreter). Später Dank an Bahlau (Stab StdF) für die Betreuung der deutschen Diplomaten.
M/H   203 02449—55 (68/4)

18. 10.—20. 12. 35   Adj. d. F, GL Württemberg, E. Stockinger   11103
Ein Antrag des wegen ungerechter Behandlung durch die SA-Führung aus der Partei ausgetretenen Ernst Stockinger (Bad Cannstatt) auf Wiederaufnahme vom StdF wegen der diesbezüglichen, eine Wiederaufnahme grundsätzlich ausschließenden Bestimmungen abgelehnt, jedoch keinerlei Einwände gegen eine weitere Beschäftigung St.s beim Arbeitsamt Stuttgart.
W   124 01795—99 (186)

18. 10. 35—13. 5. 38   RMdI   11104
Verzeichnis der Fernsprechanschlüsse und Wohnungen von Personen der Reichsregierung usw. (darunter Heß, Bormann und Sommer) für den Fall der Durchführung von Sofortmaßnahmen: Übersendung von Neufassungen.
K   101 15051—60 (862)

19.—25. 10. 35   H. Kaschke, Bouhler   11105
Bitte des Pg. Herbert Kaschke (Breslau) — unter Berufung auf die Stimmung in der Bevölkerung — um einen Besuch Schlesiens durch Hitler anläßlich des kommenden Gauparteitags.
W   124 01433 ff. (163)

20. 10. 35 – 20. 3. 36   LGruL Peru, Adj. d. F – 7   11106
Von Hitler für die Chronik der Deutschen Kolonie in Peru ein erbetenes Buch mit eigenhändiger Unterschrift gestiftet. – Übermittlung eines *Schreibens und eines Bildes H.s durch GL Bohle an eine Maria K. Henderson als Dank für ihre Spende für das Hilfswerk „Mutter und Kind".
W   124 00681/4 ff., 681/8 (59); 124 00702 (61)

21. 10. 35   H. Maluvius   11106a
Durch den Kaffee- und Tabakwaren-Großhändler Hermann Maluvius (Bremen) Übersendung eines Nachtrags zu seiner *Denkschrift gegen das am 31.3.34 abgeschlossene Kartellabkommen über Absatzregelung und Preisbindungen im Zigarettengroßhandel: Im Interesse des Handels Verwahrung gegen den „einzig dastehenden" Mißbrauch wirtschaftlicher Machtstellung durch den Reemtsma-Konzern (Beherrschung des Zwangskartells der deutschen Zigarettenproduktion zu 70%) und Bitte um Abhilfe.
W/H   110 00086 – 87/42 (258)

21. – 26. 10. 35   RMdI   11107
Bitte um Rücksendung eines irrtümlich übersandten *Referentenentwurfs des Reichsjustizministers (Zweites Gesetz zur Änderung der Rechtsanwaltsordnung).
H   101 28128 (1534)

21. – 29. 10. 35   ROL   11108
Vereinbarung des Reichsorganisationsleiters mit den sechs Beauftragten der Parteileitung: Durch diese Übernahme der Überwachung 1) der gesamten Schulungsarbeit in den Schulen der Politischen Leiter und der DAF sowie 2) der Organisation der Partei („Ausrichtung" der Politischen Leiter und DAF-Amtswalter durch Appelle) zusätzlich zu den ihnen vom StdF übertragenen Aufgaben und als in dieser Hinsicht Ley persönlich unterstellt.
H   305 00258 ff. ([ROL-]Korr. StdF 1935)

22. 10. 35   Adj. d. F   11109
Unter Befürwortung Übersendung einer *Eingabe des Staf. Rösner (Berlin).
W   124 01705/1 (182)

22. – 25. 10. 35   Adj. d. F   11110
Bitte, sich des Falles Fritz Wich-Schwarz (Berlin) anzunehmen.
W   124 01879 f. (189)

22. – 25. 10. 35   Dt. Kolonie Valparaiso, Adj. d. F – 7   11111
Stiftung je eines Bildes Hitlers für die Deutschen Kolonien in Valparaiso und Santiago de Chile (Anerkennung für den Zusammenschluß der Deutschen in den beiden Städten und für ihre Haltung).
W   124 00681/7, 681/9 f. (59)

22. 10. 35 – 19. 2. 36   RSchatzmeister, RFM   11112
Nach einer Vereinbarung des Reichsschatzmeisters mit StSekr. Reinhardt (Reichsfinanzministerium) über eine entsprechende Regelung bei der Fassung des künftigen Beamtengesetzes nun auch – R. von Bormann mitgeteilte – Entscheidung Hitlers, die Ruhensvorschriften auf die im Dienste der NSDAP Tätigen nicht anzuwenden.
A/H   101 04995 ff. (446 a)

22. 10. 35 – 23. 2. 45   RMfWEuV u. a. – 9, 32, 41   11113
Den Hochschulbereich betreffende personalpolitische Anfragen und Stellungnahmen des Stabs StdF bzw. der PKzl., Buchstaben J–L (Zustimmung zu Ernennungen u. a.).
M   301 00459 – 686

23. 10. 35   RFSS, SS-Gruf. v. d. Bach-Zelewski   11114
Übersendung eines *Berichts über „scheinbare" Übergriffe von Angehörigen der Gauleitung (Ostpreußen) gegen einen Juden ungarischer Staatsangehörigkeit; Bitte Himmlers um Verhaltensmaßregeln.
M   306 00018 (Bach-Zelewski)

23.–27. 10. 35   AA, Dt. Botsch. London   11115
Übersendung von zwei Berichten der Deutschen Botschaft in London über die innenpolitische Lage in England vor den Wahlen: Bekanntgabe der Parlamentsauflösung und des ungewöhnlich kurzfristigen Wahltermins; die dafür zu vermutenden Gründe (positive Aufnahme der Sanktionspolitik der Regierung in der Abessinienkrise, Verhinderung des Ausbaus und einer Profilierung des im Sommer von Lloyd George gegründeten „National Council of Action for Peace and Reconstruction"); Rede des Premierministers Baldwin zur Auflösung des Unterhauses.
H   101 25594–600 (1434)

23. 10.–[7. 11.] 35   RFM   11116
Angebot, die von Preußen dem Reich übereigneten Grundstücke Wilhelmstr. 63/64 durch den StdF als Benutzer auch verwalten zu lassen; Leistungen des Reichs: Mietfreie Überlassung, Erstattung der laufenden Lasten und Abgaben, und anderes. Billigung dieser Vorschläge durch den StdF. (Vgl. Nr. 10948.)
H   101 17673 ff. (1078 a)

23. 10.–9. 12. 35   RMdI, RKzl., RFM, RKM u. a.   11117
Auseinandersetzung zwischen dem StdF und dem Reichsinnenminister (RMdI) wegen der Federführung beim Entwurf eines Gesetzes über die DAF. Entscheidung Hitlers zugunsten des StdF. Schwere Bedenken des RMdI gegen die im Entwurf des StdF vorgeschlagene Rechtsform („neue Form der juristischen Person") wie gegen den Ausschluß jeder staatlichen Aufsicht, auch über die wirtschaftlichen Unternehmungen der DAF. Weitere Stellungnahmen der Ressorts, mehrmals im gleichen Sinn. Ablehnung dieser Einwände durch den StdF unter Berufung auf das vom – „anerkannten" – Parteirecht abgeleitete Eigenleben der DAF und die eigene Hoheit der Partei neben der Staates; Zusicherungen hinsichtlich der staatlichen Aufsicht über die DAF-Unternehmungen (Aktiengesellschaften, GmbH.s), indes kategorische Ablehnung jeder Staatsaufsicht über die DAF selbst: Selbstverständlichkeit der alleinigen Finanzaufsicht des Reichsschatzmeisters.
M/H   101 06532–51 (530)

23. 10. 35–20. 5. 36   RMdI, RKzl., RWiM, RMfVuP, PrFM u. a.   11118
Erörterung des Entwurfs eines Gesetzes über die Gewährung von Entschädigungen bei der Einziehung oder dem Übergang von Vermögen. Einwände des Reichspropagandaministers (Berücksichtigung der Reichskulturkammer) und des Reichswirtschaftsministers (RWiM), insbesondere aber Meinungsverschiedenheiten zwischen dem StdF und dem Reichsinnenminister (RMdI) wegen einiger Abänderungen der bisher vorgesehenen Bestimmungen über die Einweisung der DAF in das Vermögen der früheren Arbeitgeber- und Arbeitnehmervereinigungen. Forderungen des StdF: Um auch das Vermögen der bisher noch die Vermögensverwaltung durch die DAF verweigernden Arbeitgeberverbände zu erfassen, Einweisung der DAF nicht nur in das von ihr verwaltete Vermögen, dabei Sonderregelung für die „gemischten Verbände" (mit nicht nur sozialpolitischen, sondern auch wirtschaftlichen Aufgaben); Ausschluß jeglicher Haftung der DAF für Forderungen an von ihr durch Einweisung übernommene Vermögen (und nicht nur der Haftung für vor dem 1. 7. 33 entstandene Forderungen); Haftung für Ansprüche aus Dienst- und Arbeitsverhältnissen lediglich bei deren Ausdehnung über den 1. 10. 33 (statt 30. 6. 33) hinaus; u. a. Nach zunächst nur teilweiser Berücksichtigung dieser Forderungen (Ablehnung des RMdI, die DAF zur Einziehung des Vermögens noch bestehender Arbeitgeberverbände zu ermächtigen, da Schädigung weniger der Verbände als ihrer Gläubiger die Folge solcher die Rechtssicherheit erschütternden Maßnahmen; nicht erneute Zulassung, sondern Abschluß eines als Folge der revolutionären Umgestaltung von 1933 notwendig und vertretbar gewesenen Rechtsverlustes Sinn des Entschädigungsgesetzes) schließlich Erzielung „völliger Einigkeit". Im Interesse der „nicht mehr aufschiebbaren Regelung der Entschädigungsfälle" (dazu der Preußische Finanzminister: „nachgerade unerträglich gewordene Sachlage") Drängen des RMdI auf Abkoppelung des Entschädigungsgesetzes vom DAF-Gesetz und Herstellung der Rechtsfähigkeit der DAF (als der einzigen noch fehlenden, vom RWiM jedoch strikt geforderten Voraussetzung des Gesetzes) im Entschädigungsgesetz selbst durch eine entsprechende Erklärung, durch – hiergegen Einspruch des StdF – die Formulierung „gilt als rechtsfähig" oder aber durch Einführung der bereits bestehenden „Vermögensverwaltung der DAF GmbH".
K/H   101 13384/1–418 (715)

24.–31. 10. 35   RKzl. – 1   11119
Ausstellung von Ausweisen zum Betreten der Reichskanzlei für die Ordonnanzen des Verbindungsstabs (häufig direkte Übergabe wichtiger Nachrichten erforderlich).
W   110 00243 f. (1969)

24. 10.–7. 12. 35   Adj. d. F, GSchatzmeister Kurmark   11120
Die Beschwerde über eine angebliche Umlage für ein Hochzeitsgeschenk für KrL Friedrich (Kreis Lebus) laut Mitteilung des Gauschatzmeisters Kurmark zwar gegenstandslos (vermutlich lediglich Sammlung der Amtsleiter innerhalb der Kreisleitung), jedoch Bitte des Stabs StdF um genauere Angaben zwecks eingehender Prüfung der Angelegenheit.
W/H   124 01387 f. (161)

25. 10. 35   Adj. d. F u. a. – 1   11121
Mitteilung: Die von SA-Obf. Fichte (Brig. 35 Leipzig) für den Sohn des gefallenen SA-Truf. Manietta erbetene Summe von Hitler bewilligt.
W   124 01531 f. (171)

28. 10. 35   RKzl., AA, Lucks   11122
Klage des Auslandsdeutschen Lucks über die Behandlung der Deutschen in Luxemburg durch die dortigen Behörden („vogelfrei") sowie über Intrigen aus Kreisen um den seines Postens enthobenen Landesführer Schoeler gegen die Gegner Sch.s. (Durch die Reichskanzlei Abschrift an Heß.)
W   110 00022 – 26 (86)

28. 10. 35 – 24. 1. 36   Adj. d. F   11123
Bitte um Stellungnahme zu dem *Unterstützungsgesuch eines – von Bouhler einmal mit RM 500.– unterstützten, von Henschel (Verbindungsstab) jedoch negativ beurteilten – Josef Mergel. Weiterleitung der Angelegenheit an die Reichskassenverwaltung.
W   124 04010 – 15 (366)

28. 10. 35 – 22. 5. 36   GL München-Oberbayern, RMfWEuV   11124
Protest des GL A. Wagner gegen die Entlassung des Prof. Anton Fehr aus der Technischen Hochschule Weihenstephan wegen Verwicklung in die Angelegenheit „Bauernfreund-A.G.".
M   302 00068, 070 – 76 (Fehr)

28. 10. 35 – 20. 12. 44   RMfWEuV, GL München-Oberbayern,   11125
                              GL Süd-Hannover-Braunschweig u. a.
Den Wissenschaftsbereich betreffende personalpolitische Anfragen und Stellungnahmen des Stabs StdF bzw. der PKzl. im Zusammenhang mit Ernennungen u. a., Buchstaben F–H.
A/W   302 00068 – 87, 095 – 112

29. 10. 35   Adj. d. F – 7   11126
Dank des GL Bohle für die prompte Übersendung der beiden Führerbilder für Santiago de Chile und Valparaiso. (Vgl. Nr. 11111.)
W   124 05063 (550)

30. 10. 35   Adj. d. F   11127
Nach Informierung über die Einrichtung sogenannter SA-Verbindungsführer bei Behörden Hinweis Bormanns auf das nach der Absetzung Röhms von Hitler erlassene Verbot der Sonderbeauftragten der Obersten SA-Führung; Bitte um Klarstellung der Aufgaben dieser Verbindungsführer.
W/H   124 00962 (78)

31. 10. 35   AA, Dt. Ges. Den Haag – 1   11128
Mitteilung über eine Beschwerde des Deutschen Gesandten bei der Niederländischen Regierung über einen von der Kreisleitung Eckernförde gemeldeten Vorfall um eine Hakenkreuzfahne.
M   203 02345 f. (64/1)

31. 10. 35   Himmler, GL Ostpreußen, KrL Angerburg   11129
Anläßlich einer Beschwerde des Gauorganisationsleiters Ostpreußen über das Benehmen der SS-Ab-

sperrmannschaften bei einem Besuch Hitlers Bitte Himmlers an Bormann, auf die Alleinverantwortlichkeit der SS für die Sicherungsmaßnahmen bei Parteiveranstaltungen hinzuweisen; ferner Kritik an einem Schreiben des KrL Knuth (Angerburg) an verschiedene „Spender" über die mögliche Rückzahlung nicht ganz freiwilliger Spenden für den Kreisparteitag in Angerburg.
M/H   306 00012−17 (Bach-Zelewski)

Nov. 35   RInst. f. Geschichte d. neuen Deutschlands   11130
Das Manuskript der Rede des Präsidenten des Reichsinstituts für Geschichte des neuen Deutschlands, Walter Frank, zur Eröffnung des Instituts von Heß Hitler übergeben.
W   124 01380 (161)

1.11.35   −12   11131
Zeugnis Todts für einen Fritz Lautenbacher über dessen Tätigkeit im NS-Bund Deutscher Technik bzw. im vormaligen Kampfbund der Deutschen Architekten und Ingenieure.
K   124 02906 (246)

1.11.35   Adj. d. F, K. Link   11132
Durch die Führeradjutantur befürwortende Weiterleitung der Bitte der Pgn. Käthe Link (Berlin) um eine Audienz bei Hitler in einer nicht sie persönlich betreffenden Sache.
W   124 01487 f. (168)

1.−5.11.35   RKzl.   11133
Keine Bedenken des StdF gegen 45 von Himmler vorgeschlagene und von Hitler (trotz „gewisser Bedenken" in einem Falle) bereits vollzogene Ernennungen im Reichssicherheitsdienst.
H   101 17831−35 (1103)

1.−8.11.35   SS-Brif. Schreck−6   11134
Durch den Beauftragten der Parteileitung Bauer Übersendung des Buches „Das Papsttum in seiner sozial-kulturellen Wirksamkeit" an SS-Brif. Schreck. Dank Sch.s.
W   124 01145 f. (121)

4.11.35   RKzl.   11135
Zustimmung des StdF zur Zweiundzwanzigsten Änderung des Besoldungsgesetzes (Besoldung der Beamten des Ingenieurkorps der Luftwaffe).
A   101 04843−46 (431)

4.11.35−11.2.36   Adj. d. F−11   11136
Übersendung der *Eingabe eines Willy Keltermann (München) über eine Rettungsvorrichtung für U-Boote. Vom Stab StdF die Vorführung eines Modells gewünscht.
W   124 02382 f. (216)

4.11.35−27.8.36   RKzl., RMfWEuV, RMdI−28   11137
Die Bitte des StSekr. Lammers, ab 1936 während der Reichsparteitage eine Nürnberger Geschäftsstelle der Reichskanzlei errichten zu dürfen, von Hitler akzeptiert unter Ablehnung entsprechender Wünsche einzelner Reichsministerien (u. a. Innenministerium und Auswärtiges Amt). Nach − möglicherweise − hinhaltender Behandlung des Anliegens im Stab StdF Einrichtung des Büros 1936. Einladungen für Reichskanzlei-Angehörige zum Reichsparteitag sowie Unterbringungsfragen, die Gäste aus der Reichskanzlei und dem übrigen staatlichen Bereich betreffend.
H   101 20395−421 (1210); 201 00312−18 (72/6)

5.11.35   Intern−1   11138
Aufstellung über die für den Haushalt Hitlers 1934 und 1935 gezahlten Beträge. (Zugehörigkeit einer beiliegenden Belegliste fraglich.)
W/H   124 01411−32 (163)

5.11.35−12.2.36   RKzl., RM, RMfWEuV   11139
Rundschreiben 210/35 des StdF an die Reichsminister: Bitte, jede mit Förderung oder Wissen eines Reichsministeriums zu Vorträgen, zu Kongressen oder zur Information ins Ausland reisende Persönlichkeit anzuweisen, nicht nur die jeweilige diplomatische oder konsularische Mission des Reichs, sondern

auch den zuständigen Hoheitsträger der Auslands-Organisation (AO) aufzusuchen und vor der Reise die Leitung der AO zu verständigen. Dazu Hinweis des Reichserziehungsministers auf das Genehmigungsverfahren bei Auslandsreisen von Wissenschaftlern (Pflicht der von ihm jeweils benachrichtigten Deutschen Kongreß-Zentrale, den StdF zu informieren); Vorschlag, im Falle der Einschätzung dieser Beteiligung des StdF als nicht ausreichend die amtlichen deutschen Vertretungen im Ausland zu einer Meldung über Besuche an die Orts- und Landesgruppen der AO zu veranlassen; Erwähnung der Auswirkung der Devisenschwierigkeiten auf die Reisetätigkeit deutscher Wissenschaftler.
M/K   101 04825 – 31 (428); 101 20110 – 14 (1201)

6. 11. 35 – 30. 11. 36   Adj. d. F, Frau Post, GL Bayr. Ostmark, KrL Eggenfelden – 6/1   11140
Kritik des Führeradjutanten Wiedemann an der Verzögerung der Aushändigung der Parteimitgliedskarte an den ihm persönlich bekannten Tierarzt Post (Schönau) und an dessen Schwägerin, die Lehrerin Schrödinger (nach Aufforderung zum Parteieintritt Einziehung der Aufnahmegebühr und bereits seit Monaten Zahlung der Mitgliedsbeiträge; die gegen eine Aufnahme in die Partei vorgebrachten Gründe – insbesondere Weigerung der Frau P., als 2. Vorsitzende des Katholischen Frauenbundes in Schönau zurückzutreten – laut W. nicht stichhaltig); negative Bewertung des Ortsgruppenleiters von Schönau, Hager. Nach Untersuchung der Angelegenheit durch den Sonderbeauftragten des StdF Oexle dennoch Ablehnung der Aufnahme P.s wegen „Interesselosigkeit" (vergebliche Versuche der Gau- und der Kreisleitung, mit P. in Verbindung zu treten).
W/H   124 02690 – 705 (235)

7. – 15. 11. 35   GL Württemberg, Adj. d. F   11141
Mitteilung der Führeradjutantur auf Anfrage: Keine Einwände Hitlers gegen die Aushändigung eines Ehrenbürgerbriefes an Manfred v. Killinger (Dresden).
W   124 01446 f. (164)

7. – 26. 11. 35   Adj. d. F, W. Messer – 7   11142
Laut GL Bohle der in der 'Eingabe eines ehemaligen Angehörigen des Regiments „List", Will Messer (Barcelona), erhobene Vorwurf der Zurücksetzung früherer Frontkämpfer gegenüber auch den jüngsten Parteimitgliedern gerade für die Ortsgruppe Barcelona nicht zutreffend; in der Vergangenheit genügend Möglichkeiten für M., Anschluß an deutsche bzw. ns. Kreise zu finden. Die Bitte des Regimentskameraden Hptm. Wiedemann, für M. etwas zu tun, von B. daher nicht erfüllt.
W/H   124 01298 ff. (150)

7. 11. 35 – [9. 6. 36]   RKM, Adj. d. Wehrm. b. F, RKzl.   11143
Entscheidung Hitlers, den Erlaß über die Beteiligung des StdF bei der Ernennung von Beamten vom 1. 10. 35 nicht bei der Ernennung von Beamten der Wehrmacht anzuwenden. Vorschlag des Reichskriegsministers (RKM), eine gutachtliche Auskunft des StdF bei der Übernahme von Personen aus dem öffentlichen Leben bzw. aus anderen Berufen einzuholen. Zukünftige Praxis: Bei Beförderungen oder Ernennungen innerhalb der Wehrmacht keine Rückfrage beim StdF erforderlich, bei als Wehrmachtbeamte zu übernehmenden Personen Einholung der gutachtlichen Äußerung des StdF durch den RKM; Vorschlagsrecht von Wehrmachtbeamten Sache des RKM. Im Auftrage des StdF fernmündliche Zustimmung zu dieser Regelung durch MinDir. Sommer.
M   101 04676 – 81 (426)

9. 11. 35 – 11. 3. 36   Adj. d. F, R. Kern   11144
Übersendung der Bitte eines Richard Kern (Berlin) um seine Bestätigung als „alter Kämpfer" zwecks Übernahme ins Beamtenverhältnis im Reichsluftfahrtministerium (laut K. Zusage Heß', sein Gesuch zu befürworten).
W/H   124 02390 – 94 (217)

11. 11. 35   RFM   11145
Übersendung der Niederschrift einer Chefbesprechung über die Zuständigkeit der Reichsstelle für Raumordnung (Beilegung von Meinungsverschiedenheiten über deren Umfang; die Zuständigkeiten der Ressorts unverändert, jedoch Beurteilung einzelner Planungsvorhaben durch die Reichsstelle unter dem Gesichtspunkt der übergeordneten Planung und Zuständigkeit der Reichsstelle für letztere).
H   101 17216 – 24 (1030)

11. 11. 35 – 18. 3. 36   RMfWEuV, RJF   11146
Durch den StdF Übermittlung der vom Reichserziehungsminister erbetenen Auskunft des Reichsjugendführers über den sich als HJ-Gebietsführer ausgebenden Baron Elmar v. Cucumus-Riedheim (Split/Jugoslawien): C. nie HJ-Führer und nicht einmal ordentliches HJ-Mitglied gewesen.
M   203 00008 – 13 (5/8)

12. 11. 35 – 2. 3. 38   RMdI, AA, RKzl   11147
Diskussion der *Entwürfe eines Waffengesetzes: Empfehlung des Auswärtigen Amtes, das Verbot der Herstellung und des Handels mit Schußwaffen und Munition für Ausländer mit einer der in verschiedenen Verträgen niedergelegten Inländerbehandlung nicht widersprechenden Begründung zu versehen; Forderung des StdF, vor der Erlaubniserteilung zur Herstellung von Waffen die persönliche Zuverlässigkeit sowohl des kaufmännischen als auch des technischen Leiters des Betriebes zu prüfen; u. a.
M/W   101 04003 – 11 (399 a)

13. 11. 35   Adj. d. F   11148
Übersendung eines *Gesuchs des ehemaligen SS-Obf. R. W. Loos (Dresden).
W   124 01493 (168)

[14. 11. 35]   RJM   11149
Zustimmung des StdF zum *Entwurf eines Gesetzes über die Veräußerung von Nießbrauchrechten und beschränkten persönlichen Dienstbarkeiten.
H   101 27297 (1520)

14. 11. – [3. 12.] 35   RKzl., GI f. d. Straßenwesen, RMdI, RFM   11150
Keine Bedenken des StdF gegen den Antrag des Generalinspektors für das deutsche Straßenwesen, dem bei ihm beschäftigten, in Vergütungsgruppe XI eingewiesenen Angestellten Rudolf Dittrich eine von den Bestimmungen des Reichsangestelltentarifvertrages abweichende Pauschalvergütung zu gewähren.
K   101 05899/1 – 902 (510)

14. 11. 35 – 10. 11. 36   RMdI u. a.   11151
Übersendung eines Entwurfs für ein Gesetz zur Neuregelung des amtlichen Veröffentlichungswesens: Schaffung eines einheitlichen Reichsverordnungsblatts zur Bekanntgabe aller Rechtsvorschriften des Reichs. Unter Berücksichtigung der von den Ressorts erhobenen Bedenken (keine Gewähr für die oft notwendige Verkündung in kürzester Zeit, zu umfangreich, zu teuer, komplizierte Verwendung u. a.) Zurückstellung des Gesetzentwurfs bis auf weiteres. Unabhängig davon Entschluß, das Reichsministerialblatt (Zentralblatt für das Deutsche Reich) nach Ablauf des Jahres 1936 weiter erscheinen zu lassen.
K   101 12562 – 603 (694)

15. 11. 35   Adj. d. F   11152
Bitte Bormanns, dem StdF entsprechend der gestrigen Entscheidung Hitlers rechtzeitig Mitteilung über Führervorträge von Parteigenossen in Parteiangelegenheiten zu machen.
W   101 19976 (1198)

16. 11. 35   Adj. d. F u. a. – 1   11153
Mitteilung zu einer beigefügten Eingabe: Entscheidung Hitlers, dem erwerbslosen Alten Kämpfer Hptm. v. Winckler (Dresden) RM 1000. – zu überweisen.
W   124 01966 f. (189)

17. – 20. 11. 35   Himmler u. a.   11154
Zusammen mit Darré, Buch und vier anderen Gruppenführern Bormann Gast Himmlers auf der Wewelsburg.
W/H   107 00948 (308)

17. 11. – 12. 12. 35   RKzl., RJM, M. Blunck u. a.   11155
Vom Reichsjustizminister befürwortetes Gesuch des Rechtsanwalts Max Blunck (Hamburg) an Hitler, einem Heinz Rabe (Halle/Saale), Vorstandsmitglied der Anwaltskammer für den Bezirk des Oberlandesgerichts Naumburg, aus der jetzt festgestellten vierteljüdischen Abstammung seiner Ehefrau keine Hindernisse für seinen Verbleib im Kammervorstand, im Juristenbund und im Fliegersturm sowie für seine

Qualifikation zum Reserveoffizier entstehen zu lassen; günstige Beurteilungen der einschlägigen Stellen sowie Aufzählung für R. sprechender Umstände (Bewährung als NS, Verdienste der Familien, Einsatz des jüdischen Urgroßvaters als Landwehroffizier in den Befreiungskriegen) beigefügt: Nach Verzicht des StdF auf Einwendungen positive Entscheidung H.s.
H   101 28130—56 (1535)

18. 11. 35   AA, Dt. Botsch. Rom   11156
Übersendung eines Berichts der Deutschen Botschaft in Rom über die politische Ausnutzung der anläßlich der Sanktionen in Italien angeordneten Sparmaßnahmen durch den Präfekten von Bozen: Verbot des weiteren Erscheinens der Zeitschriften des Verlags Vogelweider und Veranlassung des Verlags zur Ablegung seines deutschen Namens.
H   101 25717 f. (1448)

18. 11. 35   RStatth. Thüringen   11157
Vorschläge zur Vereinfachung des Verfahrens der Beteiligung des StdF bei der Beamtenernennung: Bei Landesbeamten angesichts der Personalunion von Reichsstatthalter und Gauleiter (bis auf eine einzige Ausnahme) Wegfall der Rückfrage des StdF beim Gauleiter durch automatische Einreichung einer Abschrift des Ernennungsvorschlags durch den Reichsstatthalter beim StdF; bei Reichsbeamten eine Vereinfachung möglich durch automatische Einreichung des Vorschlags zugleich beim Gauleiter (und durch diesen dann „im gleichen Zuge" Bericht an den StdF) durch die im Gaugebiet ansässigen Reichsbehörden.
M/H   101 04489 ff. (421)

[18. 11. 35]   H. Oldenbourg   11158
Von Heß einer Hertha Oldenbourg (Starnberg) eine persönliche Begegnung mit Hitler zugesagt.
W   124 01666 (178)

18. 11. 35—15. 1. 36   O. Kirdorf, Adj. d. F   11159
Bitte der Olga Kirdorf (Mülheim), zur Beruhigung ihres Mannes (Befürchtung einer Verstimmung Hitlers durch die ihm bei seinem letzten Besuch am 14. 4. übergebene Niederschrift) den versprochenen, aber bislang ausgebliebenen erneuten Besuch H.s als nur aufgeschoben zu bestätigen.
W/H   124 02410 f. (217)

19. 11. 35   RKzl., E. Scheiner   11160
Bitte des Leiters der Abt. Weltanschauung im Reichssender Berlin, Eitelfritz Scheiner, Hitler zwei Angelegenheiten vortragen zu dürfen: 1) Dringend ratsame Beendigung der — inzwischen auch tätlichen — Auseinandersetzungen zwischen den (von verschiedenen amtlichen Stellen im Reich unterstützten) beiden ns. Parteien der deutschen Volksgruppe in Rumänien; 2) das Problem Stefan George. Weiterleitung des Schreibens durch StSekr. Lammers an Heß unter Hinweis auf Punkt 1.
H   101 26262—66 (1486)

19. 11. 35   Kuratorium Dt. Bühnenschiff „Pro Arte", Adj. d. F—14   11161
Unter Betonung der Notwendigkeit verstärkter kultureller Betreuung der Auslandsdeutschen und kultureller Auslandspropaganda Darlegung der mit dem Bau eines Bühnenschiffes verbundenen Finanzierungsprobleme durch das Kuratorium Deutsches Bühnenschiff „Pro Arte": Bei Aufrechterhaltung der Ablehnung eines Sperrmark-Darlehens zur Restfinanzierung ein — politisch nicht wünschenswerter — Appell an die Auslandsdeutschen erforderlich.
W/H   124 02021—27 (192)

21. 11. 35—4. 7. 39   RFSS u. a.   11162
Ausstellung von Dienstleistungszeugnissen für SS-Führer (Buchstaben S–W) auf Anforderung des Stabs StdF bei Beamtenernennungen.
M   306 00834 f., 839 f., 978 f., 1065—68, 1101—04

22. 11. 35   Adj. d. F—13   11163
Übersendung eines von Präs. Pietzsch ausgearbeiteten *Berichts über die deutsche Ernährungslage an Führeradjutant Wiedemann.
W/H   124 02677 (234)

22. 11. 35   ROL   11164
Klage lokaler Parteiinstanzen über die direkte Unterstellung von Luftfahrt-Betriebsangehörigen (hier: der Bayerischen Flugzeugwerke und der Dornierwerke im Gau Schwaben) unter die Abt. Luftfahrt der DAF und ihre dadurch erschwerte „weltanschauliche Ausrichtung und sozialpolitische Betreuung"; Bitte, für den verantwortlichen Gauwalter und Gaubetriebsgemeinschaftswalter der allgemeinen DAF-Organisation das Recht zum Betreten der Betriebe zu erwirken.
H   305 00233 f. ([ROL-]Korr. StdF 1935)

22. 11. 35   Adj. d. F – 1   11165
Übersendung des *Schreibens eines Musikdirektors Wilhelm Zens (Berlin) unter Mitteilung der Entscheidung Hitlers, Z. RM 3000.– zu ersetzen.
W/H   124 02018 (192)

22. 11. 35   Adj. d. F   11166
Übersendung des *Schreibens einer Charlotte Wigand (Stettin).
W   124 01959 (189)

22. 11. – 3. 12. 35   Adj. d. F – 6   11167
Weiterleitung von der Führeradjutantur übersandter Beschwerden über den OGruL Ernst Dings (Wuppertal-Vohwinkel) durch Friedrichs (Stab StdF) an den Beauftragten der Parteileitung Manderbach. (Vgl. Nr. 11281.)
W   124 01352 (156)

22. 11. – 13. 12. 35   M. W. Kaiser, DAF u. a.   11168
Durch die Münchener Großparfümerie Bavaria Übersendung eines – anonymen – „Geheimberichts" über den jüdischen Einfluß in der Wirtschaft, insbesondere im Reichsverband des Textil-Groß- und -Exporthandels und in den Wirtschaftsverbänden der Knopfindustrie; beigefügt zwei gegen Judenboykott-Maßnahmen gerichtete Rundschreiben des Reichsverbands.
W/H   128 00007 – 16 (2)

23. 11. – 12. 12. 35   AA, Dt. Kons. Daressalaam, RMdI   11169
Einwände des StdF und des Reichsinnenministers gegen eine Verwendung des Hakenkreuzes auf den Halstüchern der Pfadfinder „Aryan Boy Scouts" in Tanganjika: Böswillige Behauptung einer ns. „Verseuchung" der Hindus im ehemaligen Deutsch-Ostafrika zu befürchten.
M   203 02377 – 81 (66/1)

25. 11. 35   Adj. d. F   11170
Übersendung einer *Beschwerdeschrift in Sachen des „hier gut bekannten" Stuf. Wildmoser.
W   124 01960 (189)

25. 11. 35   Adj. d. F   11171
Übersendung eines *Briefes des Alt-Pg. Ludwig Wenz mit der Bitte, etwas für W. zu tun.
W   124 01866 (188)

25. 11. 35 – 12. 5. 36   DAF-PersA, Adj. d. F, Kzl. d. F   11172
Stellungnahme des DAF-Personalamts zu den einzelnen Punkten einer *Eingabe des von der Gaurechtsberatungsstelle Berlin wegen Fälschung seiner Arbeitsbescheinigung entlassenen Günter Engeling, insbesondere zu den in der Eingabe aufgeführten Mitarbeitern und zu den gegen sie von E. erhobenen Vorwürfen.
W/H   124 02170 – 75 (198)

25. 11. 35 – 27. 10. 36   RMfWEuV – 18   11172 a
An die Hochschulkommission und später nochmals – auf Anfrage – an den Stab StdF Auskunft über die Angelegenheit Prof. Anton Baumstark: Homosexuelle Verfehlungen B.s, z. T. in Holland begangen; nach Einleitung einer Untersuchung Emeritierungsgesuch dieser „für den NS verdientesten Persönlichkeit der Universität Münster"; angesichts des bereits vorliegenden Materials Emeritierung

erfolgt. Auf Anforderung Ausleihe der einschlägigen Akten des Reichserziehungsministeriums an den Stab StdF.
H 301 00116/1 f., 116/6 — 14 (Baumstark)

26. 11. — 6. 12. 35 AA, Adj. d. F — 1 11173
Für von dem Linzer Fotografen Otto Kaiser auf Veranlassung des Deutschen Konsulats hergestellte Aufnahmen vom Grab der Eltern Hitlers in Leonding bei der Führeradjutantur keine Verwendung (bereits mehrere Aufnahmen vorhanden).
W/H 124 01407 ff. (163)

26. 11. 35 — 25. 4. 36 Adj. d. F, W. Kittler — 19 11174
Absicht eines Walther Kittler (Dresden), seine Handschriften- und Uniformsammlung Hitler als Grundstock für eine „Ehrenhalle der Deutschen Nation" zum Geschenk zu machen, und Bitte, mit der Leitung dieser Ehrenhalle beauftragt zu werden: Ablehnende Stellungnahme des Stabs StdF.
W 124 02412 — 20 (218)

27. 11. 35 ROL 11175
*Meinungsaustausch mit dem Stab StdF (Friedrichs) über die Zukunftsaufgabe der Werkscharen.
H 305 00232 ([ROL-]Korr. StdF 1935)

27. 11. 35 AA, Dt. Botsch. London u. a. 11176
Übersendung eines Berichts der Deutschen Botschaft in London über eine Erörterung deutscher Probleme auf der Herbstversammlung des englischen Kirchenparlaments: Verabschiedung einer Entschließung gegen die Verfolgungen der Juden in Deutschland (dazu ein Brief des Bischofs von Chichester); Bericht des Bischofs von Gloucester über die Lage der protestantischen Kirche in Deutschland (Verfolgungen auch hier, Unsicherheit über Hitlers wahre Absichten, Respektbezeigung für die Bekenntniskirche).
H 101 25601 — 06/12 (1434)

27. 11. 35 H. Mayntz 11177
Zusage des StdF, eine rasche Bearbeitung der *Eingaben eines Hubert Mayntz (Merkstein) um Anstellung bei der Wehrmacht zu veranlassen.
W 124 02507 f. (224)

28. 11. 35 StSekr. Lammers 11178
Mitteilung an Heß persönlich: Nach einer Entscheidung Hitlers die Federführung für den Gesetzentwurf über die DAF beim StdF; aufgrund verschiedener Einwände des Reichsinnenministers gegen den Entwurf mündliche Verhandlung in einer Kabinettsitzung vorgesehen.
K 101 06484/7 f. (529)

28. 11. 35 — 23. 1. 36 Adj. d. F 11179
Weiterleitung des an Frau Heß gerichteten Gesuchs einer Marie Dorothee Reinsch (Werder) um Übernahme ihres Mannes in die Wehrmacht vom Stab StdF an die Führeradjutantur.
W 124 02780 — 84 (238)

30. 11. 35 Adj. d. F 11180
Mitteilung der Entscheidung Hitlers, gegen MinDir. Mansfeld keine Schritte zu unternehmen.
W 124 01533 (171)

30. 11. 35 — [12. 5. 36] OBdM, RMdI 11181
Der Zeitpunkt für eine Wiederverwendung aufgrund der §§ 2, 2a oder 4 BBG aus dem öffentlichen Dienst entlassener Beamter, Angestellter und Arbeiter nach Auffassung des StdF noch nicht gekommen.
M 101 06564 — 67 (530)

[2. 12. 35] Adj. d. F 11182
Wechsel des Leiters des Amts für kulturellen Frieden im Stab StdF, Hermann v. Detten, in das Ministerium Kerrl.
W 124 01348 (155)

[3. 12. 35]   Adj. d. F   11183
Erinnerung des MinR Meerwald an die Verpflichtung, über den angesetzten Vortrag eines Parteigenossen bei Hitler den StdF zu verständigen (vgl. Nr. 11152).
H   101 18655 (1151)

3. 12. 35 – 21. 2. 36   Obgm. Fiehler, Adj. d. F, E. Laurenty   11184
Nach einem Vortrag Heß' in der Angelegenheit der künstlerischen Gestaltung der Ludwigsbrücke in München (offenbar Entziehung erteilter Aufträge) Entscheidung Hitlers aufgrund ihm vorgelegter Arbeiten, die Bildhauer Knecht, Laurenty, Giesin und Blecker-Kullmer durch auch künftige Heranziehung zu Wettbewerben zu rehabilitieren (Arbeiten Prof. Knappes von Heß von vornherein nicht vorgelegt). Zu einer späteren Eingabe L.s Votum des Stabs StdF gegen eine nochmalige Befassung Hitlers mit der Angelegenheit.
W/H   124 02432 – 37 (219)

5. 12. 35   AA, Dt. Botsch. London   11185
Übersendung eines Berichts der Deutschen Botschaft in London über das Gründungsessen der Anglo-German Fellowship im Londoner Dorchester Hotel: Harmonischer Verlauf, jedoch auch hier Belastung der Beziehungen durch das „jüdische Problem" in Zwiegesprächen sowie in den gehaltenen Ansprachen manifest.
H   101 25607 – 10 (1434)

6. 12. 35 – 9. 1. 36   Gesangverein Germania (Buenos Aires), Adj. d. F – 7   11186
Durch die Führeradjutantur Übersendung eines *Bildes Hitlers für den Gesangverein Germania in Buenos Aires (von diesem anläßlich seines 80jährigen Bestehens erbeten).
W   124 00681/1 ff. (59); 124 00706 (61)

Nicht belegt.   11187

9. – 10. 12. 35   Adj. d. F – 14   11188
Übersendung von *Eingaben des verschuldeten Stubaf. Kanter (Berlin) und seiner Frau mit der Bitte, eine Vereinbarung mit den Gläubigern dieses „ganz alten Parteigenossen" zu erreichen.
W/H   124 02358 f. (215)

9. – 12. 12. 35   ROL   11189
Bitte um Zusendung von je zwei Exemplaren verschiedener Rundschreiben, Anordnungen usw. des StdF aus dem Jahre 1935.
H   305 00229 ff. ([Rol-]Korr. StdF 1935)

9. – 15. 12. 35   Obgm. Stuttgart, Adj. d. F   11190
Bitte des krebskranken, 1918 mit Hitler im Felde zusammengetroffenen Friedrich Ilg (Stuttgart), vor seinem Tod noch eine Karte von H. zu erhalten. Weiterleitung an die Führeradjutantur.
W/H   124 02327 f. (213)

9. – 21. 12. 35   R. Ertel, Adj. d. F   11191
Bitte eines Rudolph Ertel (Dresden) um eine kleine Geldspende und ein Glückwunschtelegramm Hitlers zur Goldenen Hochzeit seiner Schwiegereltern, des Ehepaars Israel. Weiterleitung an die Führeradjutantur.
W   124 02331 ff. (213)

9. 12. 35 – 16. 3. 36   Adj. d. F – 6   11192
Durch den Beauftragten der Parteileitung Bauer gegenüber dem Industriellen Max Funke (Meerane), Bruder des wegen einer abfälligen Bemerkung über die Partei zeitweise in Schutzhaft genommenen Herbert F., nach Untersuchung des Falles Betonung des großen Interesses der Partei an einer Zusammenarbeit mit der Industrie; Voraussetzung jedoch guter Wille auch seitens der Industrie.
W/H   124 02231 (202)

10. 12. 35   K. Popp   11193
Die Ablehnung des Antrags des SS-Schaf. Karl Popp (Heidelberg) auf Wiederaufnahme in die SS durch den Reichsführer-SS vom StdF gebilligt.
K   124 03385 (290)

10. 12. 35 – 11. 1. 36   RFM, RKzl.   11194
Anforderung von Unterlagen über etwaige Beteiligungen des Reiches an Unternehmen mit eigener Rechtspersönlichkeit. Fehlanzeige für den Verwaltungsbereich des StdF.
H   101 17643 – 49 (1078)

11. 12. 35   Adj. d. F, Rosenberg   11195
Übermittlung eines *Schreibens Rosenbergs durch die Führeradjutantur.
W   124 00681 (58)

12. 12. 35   RJM   11196
Bitte um Zustimmung zur beabsichtigten Ernennung des LGPräs. Ludwig Scriba (Limburg) zum Oberlandesgerichtspräsidenten in Darmstadt.
K   101 26666 f. (1511)

12. 12. 35 – 4. 1. 36   RKM, RKzl.   11197
Beschwerde des Reichskriegsministers und daraufhin (zum wiederholten Male) auch des StdF über die immer wieder erst kurz vor den Kabinettsitzungen erfolgende Vorlage von Gesetzentwürfen; Drohung beider Stellen, in solchen Fällen künftig die Zustimmung zu verweigern; außerdem Hinweis des StdF auf seine Stellung als beteiligter Minister in *allen* Gesetzgebungsfällen und die daraus resultierende Unzulässigkeit ihm nicht als Referentenentwurf bereits zugegangener Vorlagen. Entsprechende Rundschreiben der Reichskanzlei an die Reichsminister.
W   110 00207 – 13 (1490)

12. 12. 35 – 7. 1. 36   AA u. a. – 7   11198
Finanzierung von Feiern der deutschen Auslandskolonien an nationalen Feiertagen: Zusage von RM 10 000.– für den Rednereinsatz zum 30. 1. 36; Gewährung von Zuschüssen aufgrund der Devisenlage jedoch künftig nicht mehr möglich und auch mit dem Sinn dieser Veranstaltungen unvereinbar.
M   203 02482 – 92 (75/4)

12. 12. 35 – 29. 4. 36   Adj. d. F – 6   11199
Nach einer Eingabe und daraufhin erfolgter Untersuchung durch den Beauftragten der Parteileitung Manderbach Bereitschaft des NSV-KrAL Wehrens (Wuppertal), sich um die stellungslose und in einer bedrängten finanziellen Lage befindliche Pauline Döningherne (Döringhaus?) zu kümmern.
W   124 02092 – 95 (196)

13. 12. 35   RMdI   11200
Vorschlag zur Ernennung des Reichssportführers SA-Gruf. Hans v. Tschammer und Osten zum Reichssportführer im Beamtenverhältnis. (Vermerk des StSekr. Lammers: Keine Bedenken Hitlers.)
K   101 18295 – 98 (1136 c)

13. 12. 35 – 7. 2. 36   K. Scheller, Obgm. Hengst, GL Magdeburg-Anhalt, Adj. d. F   11201
Stellungnahme der Gauleitung Magdeburg-Anhalt zum Fall des aus disziplinären Gründen aus der Wehrmacht entlassenen Hptm. Ernst Zimdars (z. Zt. der Zwischenfälle wegen Z.' ns. Haltung Zerbst, jetzt Berlin): Unter Berufung auf die Haltung des verstorbenen GL Loeper in der Sache weiterhin Ablehnung einer Einmischung der Partei in die Angelegenheiten der Wehrmacht. Durch den Stab StdF Weitergabe aller Z. betreffenden Unterlagen (Eingaben des Ratsherrn Pg. Karl Scheller u. a.) an die Führeradjutantur; Fühlungnahme mit der Wehrmacht und Überprüfung der Entlassungsgründe anheimgestellt.
K   124 03094 – 101 (259)

14. 12. 35 – 5. 5. 36   L. Herrmann, Adj. d. F   11202
Der Wunsch des greisen Abtes Schachleiter nach einer Audienz bei Hitler auf Bitte Heß' von der Führeradjutantur Hitler vorgetragen.
W   124 02796 – 800 (240)

[16. 12. 35]   RTA   11203
Zustimmung des StdF zur Regelung der für die Mitgliedschaft im NS-Bund Deutscher Techniker (NSBDT) und in den Fachvereinen der Reichsgemeinschaft der technisch-wissenschaftlichen Arbeit

(RTA) geforderten rassischen Bedingungen: In den RTA-Vereinen Besitz der Voraussetzungen für die Verleihung des Reichsbürgerbriefes, im NSBDT Anwendung der Bestimmungen der Partei.
H   101 28517 (1555)

17. 12. 35 — 29. 1. 36   Adj. d. F, VDI, RGesundheitsA — 18   11204
Die Bearbeitung der Frage der Weiterbeschäftigung eines F. F. Nord am Physiologischen Institut der Tierärztlichen Hochschule Berlin vom Stab StdF dem Präsidenten des Reichsgesundheitsamtes, Prof. Reiter, übertragen. Eintreten R.s für eine Weiterbeschäftigung N.s.
W   124 02617 — 22 (230)

18. 12. 35 — 13. 1. 36   W. Teubert — 11   11205
Bitte um Mitteilung über die z. Zt. im Polizeipräsidium Schöneberg stattfindende Erprobung einer Brennstoff sparenden Feuerungsanlage (vgl. Nr. 11212): Veranlassung der Erprobung durch den Stab StdF?
W   124 03011 (251)

18. 12. 35 — 14. 1. 36   Adj. d. F, W. Teubert, RWiM u. a.   11205 a
Die Bitte eines Wilhelm Teubert (Fa. Windkraftwerk-GmbH Teubert, Berlin) um Unterstützung des Führeradjutanten Wiedemann in der Angelegenheit seines projektierten Windkraftwerkes von diesem an Croneiß (Stab StdF) weitergeleitet. Daraufhin Ersuchen C.' an den Reichswirtschaftsminister, den Reichsfinanzminister zu einer Verlängerung seiner Darlehenszusage an T. über den 1. 1. 36 hinaus zu veranlassen. Durch T. Übersendung weiterer Unterlagen an C.: „Tatsachenbericht" an den Generalstaatsanwalt in Berlin zu der Strafanzeige eines Honnef gegen ihn wegen Patentverletzung (Darstellung der Entwicklung seiner Erfindung und des bisherigen Verlaufs seiner Patentauseinandersetzung mit H.; im Zusammenhang damit Einschaltung des Beauftragten für Wirtschaftsfragen, Keppler, und „feindselige Einstellung" des Amtes für Technik); endgültige Entscheidung des Pg. Seebauer (Amt für Technik), T.s Windkraftwerk nicht bauen zu lassen. Von T. mehrmals erwähnt: Ein — offenbar die Förderung seiner Erfindung verlangender — „Wunsch" Hitlers vom September 1935.
H   124 02988 — 3010, 012 — 23 (251)

19. — 23. 12. 35   Adj. d. F — 14   11206
Bericht des Beauftragten für Wirtschaftsfragen im Stab StdF, Pietzsch, über die Kündigung des im wesentlichen von Obwurzer eingestellten reichlichen Personals seines bis Jahresende aufzulösenden Berliner Büros und über die Bemühungen um anderweitige Unterbringung. — Weihnachts- und Neujahrswünsche Bormanns.
W   124 05065 ff. (550)

19. 12. 35 — 15. 1. 36   RKzl., RJM   11207
Infolge der „Entwicklung der Geschäftslage beim Volksgerichtshof" Notwendigkeit, die Zahl der nichtrichterlichen Mitglieder erneut zu erhöhen: Zustimmung des StdF zu zehn der elf dadurch erforderlich gewordenen Ernennungsvorschläge, im elften Fall (SA-Gruf. Friedrich) Einspruch des Stabschefs der SA wegen Unabkömmlichkeit.
H   101 27097 — 103 (1517 c)

19. 12. 35 — 23. 9. 36   AA, Dt. GenKons. Batavia, AO, RMfVuP — 22   11208
Angriffe gegen die NSDAP in Niederländisch-Indien wegen einer Pressemeldung über einen Parteiausschluß infolge Heirat mit einer Ind(onesi)erin; Bitte des Deutschen Generalkonsuls um Unterrichtung über die ns. Grundsätze in der Rassenfrage, insbesondere im Verhältnis zu nicht-jüdischen Fremdrassen. Stellungnahme der Partei- und Reichsstellen: Keine Parteiaufnahme von Mischblütigen oder mit Mischblütigen Verheirateten, DAF-Mitgliedschaft gestattet; Einladung ausschließlich von deutschen Frauen zum Beitritt zu der Arbeitsgemeinschaft der deutschen Frau im Ausland ohne Rücksichtnahme auf eine neue antideutsche Hetze; Forderung des Rassenpolitischen Amtes, den ns. Rassenstandpunkt auch etwaigen Angriffen gegenüber aufrechtzuerhalten.
M   203 02942 — 66 (85/4)

20. 12. 35   Eltz-Rübenach — 1   11209
Wiederernennung Stengers (Verbindungsstab) zum Verwaltungsratsmitglied der Deutschen Reichsbahn-Gesellschaft.
W   110 00139 f. (1061)

[20. 12. 35]   H. Kersken   11210
Führeradjutant Wiedemann früher als Geschäftsführer im Stab StdF tätig.
W   124 01437 f. (163)

Nicht belegt.   11211

20. 12. 35 – 1. 2. 36   PolPräs. Berlin, PrBauuFDir., F. Lischke, K. Ewel – 11   11212
Erprobung einer von einem Karl Ewel erfundenen Apparatur zur Brennstoffeinsparung in Feuerungsanlagen im Polizeidienstgebäude Berlin-Schöneberg. Bericht E.s über die Probeheizung.
W/H   124 02461 – 65 (221)

21. 12. 35   RMfVuP   11213
Warnung vor der „ausgesprochen maliziösen" Lady Wilson, einer Nichte der Lady Asquith, derzeit in Berlin bei Bankier Dreyfuß wohnhaft und als „free lance" auf Kontaktsuche „im Dritten Reich".
H   101 25611 (1434)

21. 12. 35   AA, Dt. Botsch. b. Hl. Stuhl   11214
„Außerordentlich gesteigerte Erregung der Kurie" über die Verurteilung des Bischofs von Meißen, Legge, in einem Devisenstrafverfahren: Priorität naturrechtlicher Verpflichtungen vor der positiven deutschen Devisengesetzgebung, rigorose Anwendung des Devisenrechts gegenüber Klerus und Ordensleuten Beweis für die damit beabsichtigte „Ausplünderung der Orden" und Bekämpfung der Kirche. Die seit der Machtübernahme zutage getretenen Gegensätze zwischen dem Vatikan und Deutschland nach Ansicht der Deutschen Botschaft beim Heiligen Stuhl tieferen Ursprungs: Vorrang konfessioneller Gesichtspunkte im Verhältnis des Vatikans zu dem überwiegend protestantischen deutschen Staatswesen; Totalitätsanspruch der Kirche; Zusammensetzung der Kurie (ihre Mitglieder in einem historischen und geistigen Gegensatz zum modernen Staat groß geworden); u. a. Ferner Bitte um bessere Versorgung mit Material über den politischen Katholizismus und Anregung eines neuen Konkordats.
W/H   110 00067 – 80 (160)

[27. 12. 35]   Verlag d. Dt. Ärzteschaft   11215
Veranlassung der Übersendung des Werks „Sonne und Schatten im Erbe des Volkes" an die Führeradjutantur durch Bormann.
W   124 02048 (194)

30. 12. 35 – 2. 1. 36   Hptm. a. D. Wiedemann   11216
Dank für Neujahrsglückwünsche von Laura Schrödl (Stab StdF).
W   124 01283 f. (146)

31. 12. 35 – 7. 1. 36   RVM, RKzl.   11217
Zu dem ihm übermittelten Wunsch Hitlers nach einem Bericht über die rechtlichen Fragen einer etwaigen Rückführung der Deutschen Reichsbahn-Gesellschaft zum Reich Verweis des Reichsverkehrsministers (RVM) auf die außenpolitische Bindung des Reichs in bezug auf die Reichsbahngesetzgebung (Dawesplan, Youngplan) und auf den Anspruch der Inhaber von Vorzugsaktien (u. a. auch Ausländer) auf Kapitalrückzahlung; Einladung zu einer Besprechung zur Erörterung dieser Fragen. Mitteilung des StSekr. Lammers: Eine konkrete Erörterung dieser Angelegenheit noch verfrüht und daher nicht im Sinne H.s. Absage der Besprechung.
M   101 01834 – 43 (185)

31. 12. 35 – 22. 1. 36   RKzl.   11217 a
Zustimmung des StdF zum *Entwurf eines Zweiten Gesetzes zur Änderung des Gesetzes zur Verhütung erbkranken Nachwuchses.
H   101 13693 f. (720)

1936   StudGem. f. Umlaufmaschinen – 11   11218
Kontakte mit dem Referat für technische Fragen im Stab StdF wegen der Finanzierung einer Versuchsmaschine der neuen Umlaufkolben-Dampfmaschine Bauart Patent Sorge für Schiffsantriebe.
H   124 04285 (397)

1936   GL Bürckel   11219
Wiederholte *Vorschläge zur Frage des Aufbaus der Reichsgaue: Gesunder Ausgleich in der Aufgabenverteilung zwischen den zentralen Reichsstellen und den Reichsstatthaltern.
H   101 25109 (1394 a)

4. 1. 36   RKzl.   11220
Übersendung eines Hitler durch Vermittlung (Dipl.-Kfm. Heinzmann [Klingenthal]) zugegangenen Berichts eines unbekannten Verfassers über die Lage der NSDAP in Österreich (Stand: Ende Oktober 1935): Gründe für die Umkehrung der bis Sommer 1934 trotz des 1933 erlassenen Verbots erfolgten Aufwärtsentwicklung (Verfolgung durch die Regierung, Rivalitäten in der Führung, Abreißen der Verbindung zum Reich, u. a.); Beispiele für das Auftreten „falscher Propheten" aus Wirtschaft, Kunst und Wissenschaft; Kritik an der Deutschen Botschaft in Wien; Widerstände gegen den neuen Kurs einer rein geistig-weltanschaulichen Schulung.
K/W   101 19977/1 – 978 (1198); 101 26057 – 60 (1473)

[4. 1. 36]   GL A. Wagner   11221
Mitteilung Bormanns über einen Besuch des Münchener Nationaltheaters durch Hitler am 6. 1. (erstmaliges Dirigieren von Prof. Krauß).
W   124 00028 f. (30)

4. – 7. 1. 36   Hptm. a. D. Wiedemann   11222
Durch den StdF Einladung des Führeradjutanten Wiedemann zu einem Zusammensein der gesamten oberen Parteiführerschaft am 23. 1. 36 im Hotel Vier Jahreszeiten (München).
W/H   124 01285 f. (146)

5. 1. – 12. 5. 36   Kzl. d. F   11223
Frage nach dem Einverständnis des StdF mit einer Aussetzung der gegen den um die Bewegung hochverdienten SS-Angehörigen Günther Domning verbleibenden Reststrafe von zwei Jahren nach nunmehr erfolgter Verbüßung der Strafe des ersten Rechtszuges (ein Gnadenerweis vom Reichsjustizminister wegen des negativen Votums des StdF abgelehnt).
W/H   124 02096 f. (196)

6. 1. 36   Adj. d. F   11224
*Schreiben des StdF, das Strafverfahren Kurt Paul Richter wegen Diebstahls betreffend.
W   124 02790 (239)

6. – 9. 1. 36   E. Gansser, Adj. d. F   11225
Ablehnung des von einem E. Gansser für die Durchführung eines Prozesses (offenbar um den „sogenannten Donatello-Kopf" gegen GesR Frerichs) erbetenen Darlehens in Höhe von RM 30 000.– sowohl durch den StdF wie durch Hitler wegen der ungünstigen Prozeßaussichten.
W/H   124 02237 f. (203)

7. 1. 36   L. Pongratz   11226
Bitte, ein beiliegendes Bild Hitler als Neujahrsgruß aus Wien zu übergeben.
W   124 02682 (234)

7. – 8. 1. 36   Adj. d. F   11227
Eine Unterbringung Obwurzers (Stab StdF) in absehbarer Zeit möglich.
W   124 00408 (54)

7. – 10. 1. 36   H. Holzschuher, PrivatKzl. d. F – 1   11228
Durch den Verbindungsstab Weiterleitung der Bitte eines H. Holzschuher (Gera) um eine Privataudienz bei Hitler für den Methodisten-Bischof Nuelsen (Zürich) unter Hinweis auf dessen einflußreiche Beziehungen in den USA und sein Eintreten für das neue Deutschland.
M   101 01795 ff. (181)

8. – 30. 1. 36   Adj. d. F, DAF – 6   11229
Durch den Stab StdF Übersendung eines Zwischenberichts des Beauftragten der Parteileitung Seidel über die „bekannten" Verhältnisse in der DAF im Gau Schleswig-Holstein: Berechtigung der Beschwerden über DAF-Gauwalter Stahmer wegen undisziplinierten Verhaltens; die von Ley geforderte und von GL Lohse bisher abgelehnte Absetzung St.s nunmehr durch Ley selbst zu erwarten.
H   124 02946 – 49 (248)

8. 1.–[18. 3.] 36   Adj. d. F, G. Hedler   11230
Überweisung von RM 100.– durch den Stab StdF an Gerda Hedler (München), eine laufende Unterstützung dem Stab StdF jedoch nicht zumutbar. – Neujahrsglückwünsche Wulffens (Stab StdF) an Führeradjutant Wiedemann.
W   124 02282 f. (209)

9. 1. 36   RMdI, NSBDT u. a.   11231
Einverständnis zwischen StdF und Reichsinnenminister über die Aufnahmefähigkeit von jüdischen Mischlingen 1. und 2. Grades in verschiedenen Verbänden: Zugelassen in der DAF und in vom Amt für Volkswohlfahrt betreuten Verbänden der Körperbehinderten; nicht zugelassen im Ärztebund, Lehrerbund, in der NSV, der NS-Kriegsopferfürsorge, im Reichsbund Deutscher Beamten und im NS-Bund Deutscher Techniker. Keine Zustimmung des StdF zu der vorgesehenen Ausnahmeregelung für Mischlinge 2. Grades im Juristenbund.
H   101 28515 ff. (1555)

9. 1. 36   Adj. d. F   11232
Durch den StdF Weiterleitung des *Gesuchs eines Werner Eichler (Essen) um Anstellung als E-Offizier.
W   124 02140 (198)

9. 1. 36   W. Thürmer   11233
Beschwerde des Eiergroßhändlers Walter Thürmer (Berlin) über das Geschäftsgebaren des Eier-Importeurs Eugen Fürst in Zeiten der Eier-Verknappung und über die dadurch entstandene Bedrohung der Existenz arischer Eiergroßhändler (Beschaffung von Eiern durch Importe und durch Aufkäufe jüdischer Eierhandlungen; Verteilung der Ware direkt an die Kleinhändler mit dem Ziel, diese als Kunden zu gewinnen und den Großhandel – auch in eierreichen Zeiten – auszuschalten); zur Erhaltung seiner Konkurrenzfähigkeit Bitte um Aufnahme in den Kreis der Eierkontingent-Inhaber mit Anschluß an den Eierverwertungsverband Kurmark.
K   124 03024 ff. (251)

[9. 1. 36]   SS-Obf. Berger   11234
Absicht, SS-Ogruf. Krüger dem StdF als Organisator der in anderer Form neu aufzunehmenden „Aufgaben des Chef A. W." vorzuschlagen.
M   306 00048 f. (Berger)

9.–14. 1. 36   E. Böhm, Adj. d. F – 9   11235
Negative Entscheidung der Parteiamtlichen Prüfungskommission zum Schutze des NS-Schrifttums über das Buch „Der Wächter" von Wilhelm Maus.
W/H   124 02505 f. (224)

9. 1.–6. 2. 36   RMdI   11236
Zu dem mehrfach geäußerten Wunsch, die Grußpflicht zwischen Uniform tragenden Beamten einerseits und den Angehörigen von Wehrmacht, Polizei, SA, SS usw. anderseits neu zu regeln, Hinweis des Reichsinnenministers auf seine Bedenken gegen eine allgemeine Reglementierung (unvorschriftsmäßige Ausführung des Grußes, Förderung des Denunziantenwesens, u. a.) und Bitte an die Obersten Reichsbehörden, den StdF u. a. um Stellungnahme zu einer eventuell zu treffenden Anordnung über die kameradschaftliche Grußpflicht (Anordnung des Grußes; Anwendung der Grußform; Sonderbestimmungen für Wehrmacht und Landespolizei; Grußformen der Forstbeamten und Bergleute; Erweisung von Ehrenbezeigungen gegenüber Fahnen und Feldzeichen, beim Spielen der Nationalhymnen u. a.; Ausführung der Ehrenbezeigung). Laut Mitteilung der Reichskanzlei Äußerung Hitlers gegen einen solchen allgemeinen Erlaß; die Angelegenheit damit erledigt.
H   203 02405–09 (66/3)

10. 1. 36   Adj. d. F   11237
Übersendung zweier *Schreiben (vom 2. und 8. 1. 36) durch Bormann und Bitte, die Angelegenheit (Weihnachtsgeschenk bzw. Richtfestgabe Obersalzberg) durch Pg. Architekt Degano (Tegernsee) bearbeiten und nachprüfen zu lassen.
K   124 02936 f. (247)

10. 1. 36   Adj. d. F   11238
Bitte Croneiß' (Stab StdF) um persönliche Rücksprache wegen der bei der Aufstellung der Verstärkergestelle (in der Wohnung Hitlers in München?) aufgetretenen Schwierigkeiten.
W   124 00224 (53)

10. 1.–3. 4. 36   RKzl., RMdI   11239
Außer zwei Beanstandungen, die Wahrung seiner Federführung betreffend, nunmehr Zustimmung des StdF zu dem „unter weitgehender Berücksichtigung" seiner Auffassungen von der Reichskanzlei gefertigten Entwurf des Gesetzes über die DAF sowie zu dem damit zusammenhängenden Entschädigungsgesetz. Wegen zu erwartender Widerstände des Reichswirtschaftsministers Anberaumung einer Ressortbesprechung als Folge der Bemühungen des StdF, beide Gesetze noch vor dem 29. 3. 36 durch Umlauf zu verabschieden, um sie für die Wahlpropaganda auswerten zu können.
M/H   101 06552–63 (530)

11. 1. 36   F. Grün, Adj. d. F   11240
Durch den StdF Weiterleitung der Neujahrsglückwünsche eines Ferdinand Grün (Wien) für Hitler.
W   124 02709 f. (235)

[12. 1. 36]   RMdI   11241
Runderlaß des Reichsinnenministers über die Richtlinien für die Beurlaubung von Beamten, Angestellten und Arbeitern bei Behörden, öffentlich-rechtlichen Körperschaften usw. für Zwecke der NSDAP: Gewährung von höchstens zwei Jahren Urlaub; weitere Beurlaubung nur auf Antrag des StdF in Fällen von besonderer politischer Bedeutung möglich. (Erwähnungen.)
M   306 00914 (Stroop); 306 01019 (Weiß)

[12. 1.]–11. 3. 36   Adj. d. F   11242
Übersendung von zwei *Eingaben eines Richard Junge (Schweinitz), vermutlich wegen Wiedereinstellung als Beamter.
W   124 02341 f. (214)

[14. 1. 36]   –6   11243
Auf Anordnung des Beauftragten der Parteileitung Oexle Anklageerhebung gegen eine Elisabeth Visino wegen Beleidigung des KrL Zirn (Aulendorf).
W   124 03036 f. (253)

[14. 1. 36]   Prinz August Wilhelm v. Preußen   11244
Klage über die Nichteinlösung des von Heß im Namen Hitlers schon zum viertenmal feierlich abgegebenen Versprechens eines Empfangs durch Hitler zwecks Aussprache über die ihm unverdient seit 1934 und der Röhm-Affäre zuteil gewordene „Ungnade".
W/H   124 02706 ff. (235)

14. 1.–21. 2. 36   Adj. d. F, RMdI   11245
Aufgrund der Äußerung des Reichsinnenministers über die Gründe der Abberufung des LR v. Volkmann(-Leander) im Kreise Görlitz (Vorwurf der mangelnden Unterordnung unter die Ansichten seiner dienstlichen Vorgesetzten, einer der Dienstauffassung eines Beamten entgegenstehenden Mentalität und des würdelosen persönlichen Verhaltens in der Öffentlichkeit) Ablehnung des StdF, für eine Weiterbeschäftigung V.s in der staatlichen Verwaltung einzutreten.
K   124 03049–53 (254)

15.–[17.] 1. 36   RMdI, RKzl.   11246
Durch den Reichsinnenminister Übersendung des Entwurfs eines Führererlasses zu den Olympischen Winterspielen 1936. Interesse des StdF an den Punkten 4 (Entscheidung aller mit der Partei zusammenhängenden Angelegenheiten durch GL Wagner) und 6 (Wunsch, die Kampfstätten in sportlicher Kleidung, nicht in Uniform zu besuchen).
K/H   101 13809/1–812 (731)

[15.]–30. 1. 36   NSKK-Brif. E. P...   11247
Nach einer Orientierungsreise in diese Gebiete vertrauliche *Berichte des Führers der NSKK-Motorbrigade Thüringen an Heß über die Lage im Memelgebiet und in Litauen: Spaltung der Deutschen in eine

pro-ns. und eine dem NS fremd gegenüberstehende Front; zur Stärkung der ersteren eine sofortige – auch von H., Ribbentrop und Neurath befürwortete – wirtschaftliche Hilfe erforderlich; Auswechslung der nicht mehr das Vertrauen der deutschen Bevölkerung besitzenden amtlichen deutschen Vertreter notwendig; Vorschlag, den Akzent auf eine friedliche Lösung des Memelproblems zu legen und die Propaganda nur gegen die derzeitige litauische Regierung, nicht aber gegen das deutschfreundliche litauische Volk zu richten.
W   124 02683 – 89 (234)

16. 1. 36   Ley   11247 a
Wegen der – durch Anordnung Hitlers verfügten – engen Verbindung der DAF mit der Partei Bitte Heß', ihn über alle wesentlichen die DAF betreffenden Angelegenheiten zu unterrichten.
K   101 06484/1, 484/9 (529)

16. 1. 36   RKzl.   11248
Stellungnahme Heß' zu den 'Entwürfen eines Deutschen Beamtengesetzes und einer Reichsdienststrafordnung: Entgegen den Bedenken des Auswärtigen Amts auch von den polnischen Lehrern das Eintreten für den NS-Staat zu verlangen; Befürwortung einer Herabsetzung des Freibetrags von RM 6 000.– auf RM 3 600.–; u. a.
M/W   101 04440 ff. (420)

[16. 1.] – [1. 4. 36]   RMdI, RKzl.   11249
Durch den Reichsinnenminister (RMdI) Vorlage des Entwurfs (mit Begründung) eines Gesetzes über die Verfassung und Verwaltung der Hauptstadt Berlin. Einspruch des StdF gegen die vom RMdI gewünschte (und anfänglich von Hitler gebilligte) Verabschiedung des Gesetzes auf dem Umlaufwege; Übersendung einer eingehenden Denkschrift und Stellungnahme nach einer Unterredung mit H.: Kritik insbesondere an der – im Entwurf des RMdI vorgesehenen – Kommunalaufsicht über Berlin durch den preußischen Innenminister (anstelle des – durch die Deutsche Gemeindeordnung damit beauftragten – RMdI); Forderung, kommunale Aufsicht über und staatliche Verwaltung von Berlin (der Reichs- und nicht nur preußischen Hauptstadt) zur Reichssache zu machen. Der StdF mit einer neuen Fassung einverstanden. Erledigung des Gesetzes auf Wunsch H.s nicht im Umlaufwege.
A   101 06922 – 71 (572)

[17. 1. 36]   SS-Ogruf. Daluege   11250
Gerichtliche Verurteilung von SS-Männern wegen gewalttätiger Ausschreitungen gegen den Pastor Behrens in Stade, begangen nach – offenbar provozierten – judenfreundlichen und anti-ns. Äußerungen B.' im Konfirmandenunterricht. Bekanntwerden des (in inländischen Zeitungen als dem Volksempfinden widersprechend bezeichneten) Urteils und seiner Konsequenzen (vorläufiger Parteiausschluß der Richter und eines als Zeuge auftretenden Polizeimeisters) im Ausland. Klage des SS-Ogruf. Daluege über den hier und in ähnlichen Fällen zu Tage tretenden Gegensatz von Partei und Staat. (Befassung des StdF mit der Angelegenheit unklar.)
W   107 00098 – 109 (165)

18. 1. 36   RArbF   11251
Übersendung eines Berichts über die Erfahrungen mit dem ersten im Reichsarbeitsdienst pflichtmäßig erfaßten Halbjahrgang 1915 (Berufe, Schulbildung, Familienstand, Tauglichkeit, körperlicher Zustand und geistige Aufnahmefähigkeit, politische „Vorbildung", Verhalten der Einberufenen, Vergleich mit dem bisherigen freiwilligen Ersatz).
H   101 06037 – 54 (518)

18. 1. – 20. 3. 36   RKzl., RMfdkA, PrMPräs.   11252
Anläßlich der Beratung des Deutschen Beamtengesetzes grundsätzliche Bedenken des StdF gegen die Vorbereitung von Reichsgesetzentwürfen im Preußischen Ministerrat (PrMR): Benachteiligung der Reichsminister ohne preußische Funktion oder faktische Einrichtung eines zweiten Reichskabinetts. Zurückziehung der Einwände nach Zusicherung Görings, bei noch ausstehender Besprechung der Angelegenheit im Reichskabinett die preußischen Minister nicht durch Beschlüsse des PrMR zu binden.
M   101 00651 – 66 (145 a)

20. 1. 36   RArbF   11253
Nach erfolgter Ernennung der Reichsarbeitsdienstführer Übersendung einer Einladungsliste.
H   101 06036 f. (518)

20.1.36   Adj. d. F, BfdÜ   11254
Durch die Führeradjutantur Übersendung einer Vorlage des Beauftragten für die gesamte geistige und weltanschauliche Erziehung der NSDAP: Absicht, die enge Zusammenarbeit zwischen der Deutschen Forschungsgemeinschaft (DFG) und ihm auf der kommenden Jahresversammlung der DFG herauszustellen; Besuch der Jahresversammlung durch Hitler erbeten (von diesem jedoch noch offengelassen, auf keinen Fall aber Ansprache H.s); Vorlage eines Gegenentwurfs zu dem vor Jahresfrist vom Reichserziehungsminister eingebrachten, jedoch wegen Einwendungen insbesondere des StdF nicht durchberatenen Entwurf eines Gesetzes über die Errichtung einer Reichsakademie der Forschung (anstelle einer Akademie auf völlig neuer Basis Erhebung der DFG zur Reichsakademie); Bitte um Einbringung des Entwurfs durch den StdF.
W/H   124 00258 (53); 124 02051−59 (194)

20.1.36   Adj. d. F   11255
Bitte an Friedrichs (Stab StdF), Beschwerden über die NSV in Schwaben objektiv durch Oexle prüfen zu lassen.
W/H   124 00227 (53)

20.−31.1.36   RKzl.   11256
Zustimmung des StdF zu der für den früheren Reichsfinanzminister Dietrich beantragten Aussagegenehmigung als Zeuge im Schadensersatzrechtsstreit Wagner ./. Köhler vor dem Landgericht Berlin.
H   101 28390/1−391 (1545)

[21.1.36]   Adj. d. F   11257
Anordnung Hitlers, für Heß und Rosenberg demnächst eine zweistündige Unterredung anzusetzen.
W   124 02515 (224)

21.−27.1.36   AO-LGrL. Großbritannien, Adj. d. F−7   11257 a
Beabsichtigte Ersetzung der „abscheulichen Nachbildung" Hitlers im Wachsfigurenkabinett der Madame Tousseaud (recte Tussaud) durch eine bessere: Bitte des Landesgruppenleiters Großbritannien der Auslands-Organisation um eine Fotografie und um Bestätigung der blauen Augenfarbe H.s. Erfüllung dieser Wünsche durch die Führeradjutantur.
H   124 00704 f. (61)

21.1.−6.2.36   J. Pöchtrager, OStA LG München I   11258
Bormann aufgrund einer Mitteilung des Oberstaatsanwalts beim Landgericht München I gegen eine weitere Bewachung der Wagen Hitlers durch den mehrfach vorbestraften Josef Pöchtrager (Pechtrager?).
W   124 02657−60 (233)

21.1.−19.5.36   RArbM   11259
Übersendung des revidierten *Entwurfs einer Anordnung der Reichsanstalt für Arbeitsvermittlung und Arbeitslosenfürsorge (Schaffung eines Überblicks über den Arbeitskräftebedarf bei der Durchführung größerer öffentlicher Arbeiten).
A   101 06790−93 (554)

22.−24.1.36   P. Ney, Adj. d. F   11260
Durch den StdF Weiterleitung der Bitte des Stützpunktleiters in der Reichsmusikkammer Peter Ney, den Neubau des Wohnhauses Hitlers aufnehmen und die Aufnahme für seinen Postkartenverlag verwerten zu dürfen.
W   124 02615 f. (229)

22.−27.1.36   Adj. d. F−14/1   11261
Unter Übersendung eines *Vorgangs Anforderung einer Stellungnahme der Abteilung zur Wahrung der Berufsmoral im Stab StdF über die fachliche Eignung des Pg. Albrecht Simon, Direktor der Gasag, für seine Stellung. Zusage der Abteilung, nach Eingang eines angeforderten Gutachtens auf die Angelegenheit zurückzukommen.
K/H   124 02907 f. (246)

22.1.−25.4.36   RSchatzmeister, Adj. d. F, K. Zimmermann   11262
Durch den Reichsschatzmeister Mitteilung der Kündigung eines Kurt Zimmermann (Berlin). Bitte Z.s um wirtschaftliche Rehabilitierung und um eine persönliche Unterredung mit Hitler.
K   124 03102−06 (259)

23.–30. 1. 36   StSekr. Lammers – 17   11263
Durch den StdF Weiterleitung eines *Schreibens des StSekr. Lammers über die Korporation Germania (Erlangen) an Gerhard Wagner.
W   124 02431 (219)

23. 1.–28. 2. 36   AA, Dt. Ges. Den Haag, RKzl. u. a. – 7   11264
Beschwerde des Deutschen Gesandten in Den Haag, Graf Zech, über einen das deutsche Ansehen schädigenden Vorfall bei der Weihnachtsfeier der HJ in Den Haag (Verächtlichmachung christlicher Weihnachtsbräuche und Absingen des Devisenschieber-Liedes durch den HJ-Standortführer). Zurückweisung der Darstellung Z.s durch den Leiter der Auslands-Organisation, Bohle, aufgrund von Vernehmungsprotokollen des Leiters der Reichsdeutschen Gemeinschaft; keine Kontaktnahme Z.s mit den zuständigen deutschen Stellen (Landesjugendführer, Standortführer, Leiter der Reichsdeutschen Gemeinschaft) am Ort.
K   101 25890–97 (1462)

24. 1. 36   RKzl. – 1   11265
Durch den Adjutanten des StdF Übersendung von fünf Bildern des StdF (für hier nicht genannte Empfänger).
M   101 00597 (141)

24. 1. 36   AA, Dt. Kons. Lyon   11266
Übersendung eines Berichts des Deutschen Konsulats über einen Vortrag des Pariser Rechtsanwalts, KPF-Mitglieds und Mitbegründers der Zeitung L'Œuvre Henri Torrès „Hitler et la Justice – y a-t-il encore des juges à Berlin?" in Lyon (gegen das neue deutsche Recht und Rechtsdenken, gegen Hitler als Rechtsetzer, Hinweis auf den 30. 6. 34 – der Mord als deutsche Rechtsform).
H   101 25688–91 (1439)

[24. 1. 36]   Adj. d. F   11267
Durch den StdF Übersendung eines *Gnadengesuchs des Postamtmanns Dorow (Naumburg) für seinen wegen mangelnder Beaufsichtigung Untergebener und Verschuldung eines Unfalls zu mehreren Wochen Stubenarrest verurteilten Sohn, Hptm. a. D. Dorow.
W   124 02098–103 (196)

[24. 1. 36]   StM Lenk   11268
Vortrag und Vorlage einer *Denkschrift über die Notlage weitester Volkskreise in Sachsen bei Heß und anderen Reichsministern.
H   101 24842 f. (1373)

Nicht belegt.   11269

24. 1.–1. 2. 36   RKzl.   11270
Einladung zu einer Chefbesprechung und Übersendung der letzten *Entwürfe eines Deutschen Beamtengesetzes und einer Reichsdienststrafordnung samt Begründung und anderem. Absage der Chefbesprechung (Wunsch Hitlers, die Bestimmungen des Beamtengesetzes über die Versorgung der Beamten aus dem Entwurf heraus- und in die Besoldungsordnung aufzunehmen; die beiden Vorlagen „keinesfalls besonderer Beschleunigung" bedürftig).
H   101 04428–36 (419 a)

24. 1.–4. 2. 36   Adj. d. F – 7   11271
Erfüllung der von GL Bohle unterstützten Bitte des Abteilungsleiters in der Auslands-Organisation (AO) Richard Eckermann um Gegenzeichnung seiner Rehabilitierungsurkunde (Verurteilung 1929/30 wegen Aktivität in der „Schwarzen Reichswehr" bis 1924) durch Hitler. – Widmung eines Bildes H.s mit Unterschrift für den dienstältesten Politischen Leiter der AO, Willy Grothe, zu dessen 50. Geburtstag.
W/H   124 02117–22 (197)

25.–26. 1. 36   NSDStB   11272
Teilnahme Heß', Bormanns und des Beauftragten des StdF für Hochschulfragen, Wagner, an der Zehn-

jahresfeier des NSD-Studentenbundes; Ansprache H.' am zweiten Veranstaltungstag (Rückblick auf die Entstehung des Bundes, u. a.).
W   101 15389—96 (938 a)

[26. 1. 36]   RStatth. Sauckel   11273
„Seinerzeit" mit Heß und Frick Besprechung von Vorschlägen für die Regelung der Frage der Nachfolge des thüringischen StM Wächtler.
W   124 00133 (39)

27. 1. 36   Adj. d. F   11274
Übersendung des *Wortlauts einer von Schacht in Stettin gehaltenen Rede (Sch. wegen dieser Rede aus den Reihen der Partei angegriffen).
W   124 00256 f. (53)

[27. 1. 36]   RStatth. Sauckel   11275
Aufgrund einer Unterredung mit Hitler, Heß u. a. Ausarbeitung einer *Denkschrift über die die Reichsstatthalter bewegenden Fragen des Staatsaufbaus; Auftrag des StdF zu Besprechungen mit anderen Reichsstatthaltern über diese Denkschrift, deren Zustimmung dazu.
H   101 25100 f. (1394 a)

28. 1. 36   Adj. d. F u. a.—7   11276
Bitte des GL Bohle, dem Pg. Hans Eckardt (Universitätsdozent in Fukuoka) die persönliche Überbringung für Hitler bestimmter, in der Anlage näher beschriebener Geschenke zweier japanischer Freunde zu ermöglichen.
W/H   124 02110—16 (197)

28. 1.—7. 4. 36   E. Enderlein   11277
Bitte des Heldentenors Erik Enderlein (Berlin) um einen Empfang durch Heß und um Hilfe bei seiner Rehabilitierung sowie bei der Vermittlung eines neuen Engagements („katastrophale soziale Lage" – so E. – infolge des Einflusses des 1933 von ihm bekämpften und damals auf Veranlassung der NSDAP beurlaubten Mannheimer Intendanten Maisch). Befürwortende Überweisung der Angelegenheit vom Stab StdF an die zuständige Reichstheaterkammer. (Vgl. Nr. 10723.)
W/H   124 02154—59 (198)

28. 1.—9. 10. 36   Adj. d. F—1   11278
Übersendung eines *Schreibens, die Firma Ursell (Attendorn) betreffend. Mehrere Anmahnungen der Erledigung.
K/H   124 03032—35 (253)

29. 1. 36   Kzl. d. F—19   11279
Durch den Stab StdF Übersendung zweier Hitler gewidmeter Gedichte (Tiroler; Der Messerschmied und sein Sohn) von Viktor Vitali (Solingen).
K   124 03038—41 (253)

[29. 1. 36]   RMdI   11280
Nach – vom StdF gebilligter – Auffassung des Reichsinnenministers bei Mitgliedern von Ämtern oder Hauptämtern der Partei betreuter (Selbsthilfe-)Verbände (z. B. Blindenverband) keine höheren „Anforderungen an die Reinheit des Blutes" statthaft als bei Mitgliedern der Partei angeschlossener Verbände (z. B. NS-Lehrerbund); darüber hinaus Öffnung des Blindenverbands etc. für die – im NS-Lehrerbund etc. nicht geduldeten – Mischlinge 1. und 2. Grades wegen der sonst völlig entfallenden Betreuung der betreffenden Blinden etc. tunlich.
H   101 28513 f. (1555)

29. 1.—18. 2. 36   GL Düsseldorf, OGruL Dings, Adj. d. F—6   11281
Die Beschwerden gegen den Ortsgruppenleiter von Wuppertal-Vohwinkel, Ernst Dings, laut Untersuchungsbericht des Beauftragten der Parteileitung Manderbach nicht stichhaltig; D. allerdings ungeschickt in der Behandlung von Menschen, deshalb anderweitige Verwendung ratsam. (Vgl. Nr. 11167.)
W   124 02077—89 (195); 124 02219 f. (202)

29. 1.— 20. 2. 36   Adj. d. F   11282
Auf Veranlassung Bormanns an die Führeradjutanten Brückner, Schaub und Wiedemann Übersendung der Anordnung 15/36 des StdF (Wiederholung einer Anordnung vom 15. 9. 33 mit dem Verbot für Parteigenossen, im Zusammenhang mit ihrem Wirken für die NSDAP und die Erhebung Deutschlands Orden anzunehmen). Von Brückner, Sch. und W. diese Anordnung auf ihre kürzliche Dekorierung mit dem Coburger Hausorden bezogen; Rechtfertigung mit dem Hinweis auf Hitlers Genehmigung für die Ordensannahme. Dazu Bormann: Die Wiederholung der Anordnung des StdF von 1933 nicht im Zusammenhang mit der Verleihung des Coburger Hausordens an die Adjutanten H.s stehend, sondern bereits zuvor befohlen; Hinweis auf das mittlerweile per Gesetz verfügte Verbot der Verleihung von Orden durch „ehemalige Potentaten" (diese eine Anmaßung, zumal bei einer Verleihung an führende Parteimitglieder) und auf den Anlaß der Anordnung Heß' von 1933 (Verleihung des Coburger Hausordens an den inzwischen erschossenen Gruf. Ernst).
W/H   124 00395 – 406 (54)

29. 1.— 6. 3. 36   RPropL, StadtschulR Bauer, RFSS   11283
Durch Bormann Ersuchen an Stadtschulrat Josef Bauer (München) um Stellungnahme zu Vorwürfen (der Reichspropagandaleitung), als Vorkämpfer der Gemeinschaftsschule aufzutreten, selbst aber seine Tochter in das Lyzeum am Angerkloster zu schicken. Rechtfertigung Bauers: Kampf um die Deutsche Gemeinschaftsschule lediglich auf dem Gebiet der Volksschulen, nicht der Lyzeen; das Lyzeum am Angerkloster judenfrei.
M/H   306 00030 – 37 (Bauer)

[29. 1.] – 14. 4. 36   RMdI, RStatth. Thüringen, RKzl.   11284
In Übereinstimmung zwischen dem Reichsinnenminister (RMdI) und dem StdF formell noch Verbleib des neuen Gauleiters Bayerische Ostmark, Wächtler, in seinem Amt als thüringischer Staatsminister. Auch später noch Berufung W.s auf die ihm von Hitler zugesicherte Belassung in seinem Ministeramt. Dadurch Blockierung der von GL Sauckel gewünschten Ernennung des StR Ortlepp zum Staatssekretär. Unter Berufung auf Äußerungen H.s im allgemeinen (zwecks Erhaltung eines „Gleichgewichts gegenüber den Kommandostellen der Wehrmacht" kein weiterer Abbau von Länderministern) wie im besonderen „inständigste" Bitte S.s, die dem Reichsfinanzminister (RFM) und dem RMdI unterstellte Herbeiführung vollendeter Tatsachen während der Abwesenheit H.s zu verhindern. Antrag des RMdI auf eine Entscheidung H.s über die Entlassung W.s (bejahendenfalls unter Zusicherung, im Versorgungsfall nicht schlechter gestellt zu werden) und über die Ernennung O.s, letzterer entweder auf der Stelle W.s oder durch Anweisung auf Einsetzung einer Staatssekretärsstelle (oder, nach grundsätzlicher Auffassung des RFM für die Leiter einer „Abteilung bei einer Landesregierung" ausreichend, einer Ministerialdirektorstelle) in den thüringischen Haushaltplan.
H   101 24844 – 52 (1373 a)

[30. 1. 36] – 22. 4. 37   J. Mühlen, Adj. d. F   11285
Das Bittgesuch einer – als „Querulantin bei allen Dienststellen gefürchteten" – Josefine Mühlen (München) um Unterbringung ihres Mannes, des Kunstmalers H. Mühlen, an einer Kunstakademie unter Zurückweisung ihrer Unterstellung (Begünstigung von Freimaurern) von Schulte-Strathaus (Stab StdF) abgelehnt mit dem Ersuchen, künftighin weder Hitler noch den StdF mit ihren Schriftsätzen zu behelligen. Frau M.s erneuter, dem Führeradjutanten Wiedemann zugeleiteter Vorstoß zugunsten ihres Mannes von Sch.-St. ebenfalls abschlägig beschieden: M. für eine Stelle an der Kunstakademie ungeeignet.
K   124 03314 – 24 (283)

1. – 11. 2. 36   Schacht   11286
Scharfe Zurückweisung der von GL Schwede-Coburg gegebenen Darstellung seiner Auseinandersetzung mit ihm, Schacht, wegen des Vorgehens des Gauleiters gegen den Präsidenten der Industrie- und Handelskammer Stettin: Keine Ablehnung der Zusammenarbeit mit Sch.-C., sondern nur Abwehr unzulässiger Eingriffe in seine Zuständigkeit; das Verhältnis zwischen Staatsverwaltung und Gauleitung nicht durch ihn, Sch., sondern wiederholt durch die Gauleitung getrübt.
W/H   124 00085/1 f. (32)

2. 2. 36   B. Voelcker   11287
Klage des Bühnensängers und Alt-Pg. Bruno Voelcker (Berlin) über seine vergeblichen Bemühungen,

mit Hilfe von Goebbels, Göring, Rust u. a. ein Engagement zu bekommen; Bitte um einen Empfang durch Heß.
K   124 03042 f. (254)

3. 2. 36   StSekr. Lammers, Krupp v. Bohlen u. Halbach   11288
Durch StSekr. Lammers Heß übersandt: Einverständnis Krupp v. Bohlen und Halbachs, dem Wunsche Hitlers entsprechend die Leitung des Kuratoriums der Adolf-Hitler-Spende der deutschen Wirtschaft auch während des vierten Spendenjahres beizubehalten.
K   101 14896 ff. (838 a)

3. 2. 36   RVM, RKzl.   11289
Keine Einwendungen des StdF gegen den Verzicht des Reiches und Preußens auf ihre Aktienbeteiligungen an den Kleinbahnen im Kreis Gelnhausen, um die Liquidierung der Schulden zu ermöglichen, jedoch Bedenken gegen volkswirtschaftlich nicht zu verantwortende neuerliche Kapitalinvestitionen; Vorschlag, die Liquidation der Unternehmen zu betreiben und mit den für die Aufrechterhaltung der Bahnen vorgesehenen Kapitalbeträgen die Einrichtung von Kraftfahrzeugbetrieben zu erwägen.
K   101 14329 ff. (756)

3. 2. 36   Gen. Graf v. d. Goltz, FIDAC   11290
Zu einer ihm zugegangenen Mitteilung der Fédération Interalliée des Anciens Combattants über die Gründung einer Kommission zur Vorbereitung jährlicher Frontkämpfertreffen und die erwünschte Beteiligung des Reichsverbands Deutscher Offiziere Bitte des Gen. Graf v. d. Goltz, in einem solchen Falle die Führung der deutschen Frontkämpfer nicht wieder einem „unbekannten und ungeeigneten Bürobearbeiter der Wilhelmstraße 64" zu übertragen.
H   101 22545—48 (1285)

4. 2. 36   Adj. d. F—1   11291
Durch den Verbindungsstab Übersendung einer *Eingabe des Soldaten Gert Runwerth (Magdeburg) um Rückversetzung in seine Heimatstadt.
K   124 03498 f. (295)

[5. 2.—6. 3. 36]   RKzl.   11292
Übertragung von Aufgaben des aufgelösten Büros Pietzsch an den Beauftragten für Wirtschaftsfragen, Keppler, durch den StdF. Zusage des StSekr. Lammers, K. für eventuelle Besprechungen in der Reichskanzlei das Zimmer des StdF zur Verfügung zu stellen.
H   101 17594 f. (1062)

6. 2. 36   Adj. d. F   11293
Übersendung einer *Anlage (nicht bezeichneten Inhalts) an Bormann (von Führeradjutant Wiedemann „diese Art Werbung für nicht sehr glücklich" gehalten).
W   124 00407 (54)

6. 2. 36   Adj. d. F   11294
Übersendung einer *Anlage (nicht bezeichneten Inhalts) an Friedrichs (Stab StdF).
W   124 00226 (53)

6. 2.—17. 4. 36   Adj. d. F, R. Maeter—6   11295
Laut Mitteilung des Beauftragten der Parteileitung Bauer die von der Führeradjutantur beim Beauftragten Seidel veranlaßten Ermittlungen in der Angelegenheit Rudolf Maeter (Forsthaus Pansau) noch nicht abgeschlossen.
W   124 02497 ff. (223); 124 02599 ff. (229)

7. 2.—24. 6. 36   Adj. d. F, F. Lawaczeck   11296
HAL Todt (Stab StdF) aus prinzipiellen Gründen gegen eine Subventionierung der Pläne des Ingenieurs F. Lawaczeck (u. a. Staffelflußausbau und Druckelektrolyse des Wassers) durch Staat oder Partei: Die Erfolge der Wirtschaft großenteils eine Konsequenz des die Entwicklung des Unausgereiften verhindernden Existenzkampfes; negative Beurteilung der Person L.s (Verquickung von Geschäftsinteressen mit

Dienst an der ns. Bewegung); deshalb auch Votum gegen die vorgeschlagene Ernennung L.s zum Leiter des NS-Bundes Deutscher Technik.
W/H   124 02438 – 44 (220)

8. 2. 36   Adj. d. F   11297
Übersendung der *Eingabe eines August Jaspert (Hamm) wegen seines Ausschlusses aus der Partei durch das Gaugericht nach einer Beschwerde an seine Kreisleitung.
W/H   124 02334 f. (214)

8. 2. 36   Adj. d. F   11298
Übersendung der *Beschwerde eines Reinhold Schulze (Vetschau) über KrL Endermann (Calau) wegen Bedrohung seiner Frau mit der Pistole usw.
W/H   124 02885 f. (244)

8. 2. 36   Adj. d. F   11299
Übersendung eines *Berichts des württembergischen Innenministers und Stv. GL Schmidt.
W   124 00254 f. (53)

[11. 2. 36]   Adj. d. F   11300
Bestätigung: Bei der Auflösung der Dienststelle des Wirtschaftsberaters des StdF Unterbringung nur eines Teils der dort Beschäftigten in anderen Parteidienststellen.
W   124 02726 (236)

11. – 17. 2. 36   Adj. d. F   11301
Bestätigung des Termins des Reichsparteitags: 8. – 14. 9.
W   124 02778 f. (238)

12. – 26. 2. 36   Adj. d. F   11302
Durch den StdF Übersendung der *Bitte des kriegsbeschädigten Ludwig Heyer (Krempe) um Einstellung als Kasernenfriseur.
W   124 02292 (210)

13. 2. 36   AA, RWiM, RBank, Niederl. Ges. Berlin   11303
Vereinbarungen zwischen der deutschen und der niederländischen Regierung über die Transferierung des Vermögens jüdischer niederländischer Staatsangehöriger im Falle ihrer Rückwanderung in die Niederlande (Betragsgrenzen, Modalitäten u. a.). (Nachrichtlich an den StdF.)
K   101 25886 – 89/2 (1462)

13. 2. – 30. 3. 36   Adj. d. F, G. Schilling, KrL Meiningen-Süd – 6   11304
Ergebnis nach einer Eingabe eingezogener Erkundigungen des Beauftragten der Parteileitung Bauer: Angesichts der schlechten Beurteilung durch die zuständige Kreisleitung ein Einsatz der Partei für den um eine Stellung nachsuchenden Gustav Schilling (Ritschenhausen) nicht möglich.
W/H   124 02814 – 18 (241)

14. 2. 36   RLM   11305
Fehlende Etatmittel der Grund für mangelhafte Beteiligung ostpreußischer Behörden an einer Verdunkelungsübung; die Aufstellung längerfristiger Beschaffungspläne generell notwendig.
A   101 22764 – 68 (1296)

14. – 29. 2. 36   AA, JFdDR, RMdI   11306
Erörterung von Maßnahmen zur besseren Überwachung von Auslandsreisen Jugendlicher sowie zur Verhinderung unerwünschter Reisen; die Zuständigkeiten des Auswärtigen Amtes, des Büros Ribbentrop und der Reichsjugendführung (RJF); durch den StdF Unterstützung der Forderung der RJF nach verstärkter Einflußmöglichkeit.
M/H   203 00017 – 26 (9/2)

[16. 2. 36]   RJM, StSekr. Lammers   11307
Erwähnung der Zustimmung des StdF und des Reichsfinanzministers zum *Entwurf eines Gesetzes zur

Verlängerung der Geltungsdauer des Gesetzes über die Zuziehung von Hilfsrichtern beim Reichsgericht.
K   101 26668 f. (1511)

17. 2. 36   Adj. d. F   11308
Mitteilung der Adressen der Maler Prof. Knier (Schaftlach) und Prof. Max Rickelt (München-Solln).
W   124 02422 (218)

17. 2. 36   H. Fell, Adj. d. F   11309
Nach der Lektüre eines "Berichts des Pariser Vertreters des Scherl-Verlags, Hans W. Fell, über die Lage in Frankreich Bitte Heß' an Führeradjutant Wiedemann um Vorlage dieses Berichts bei Hitler.
W   124 02213 (200)

17. 2. 36   Adj. d. F   11310
Durch den Stab StdF Übersendung von zehn Geldtaschen mit je RM 5.– Inhalt, von einer Pia Poesch (Bozen) für die Verteilung an einzelne verdiente Männer der Umgebung Hitlers überreicht.
W   124 02681 (234)

17.–29. 2. 36   Adj. d. F   11311
Durch den StdF Übersendung des Gesuchs eines Albert Querndt (Gotha) um Einstellung als Schuhmacher bei der Wehrmacht.
W   124 02711 (235)

17. 2.–12. 3. 36   Adj. d. F   11312
Bitte des Stabs StdF um ergänzende Angaben in der Sache Anzeige Klammt gegen Oberst v. Westernhagen.
W   124 02421 (218)

[18. 2. 36]   NSKK-Brif. E. P...   11313
Erwähnung: Im Auftrag des StdF Bearbeitung der auslandsdeutschen Fragen durch MinR v. Kursell (Reichserziehungsministerium).
H   124 02683 f. (234)

18.–21. 2. 36   H. Schmidt, Adj. d. F – 7   11314
Über GL Bohle an Hitler Übermittlung eines aus brasilianischen Hölzern gefertigten Tisches, eines Geschenks des Auslandsdeutschen Hermann Schmidt (Joinville/Brasilien).
W   124 02867–71 (242)

18. 2.–7. 4. 36   Adj. d. F – 7   11315
Bitte des GL Bohle um ein Bild Hitlers mit persönlicher Widmung für die Witwe des Kunstmalers Carl Ossmann in Südwestafrika (eine von O. gefertigte und H. im Dezember 1935 geschenkte Skizze Dietrich Eckarts von H. als die beste ihm bekannte bezeichnet).
W/H   124 02647 f. (232)

18. 2.–4. 5. 36   Adj. d. F – 6   11316
Nach den Ermittlungen des Beauftragten der Parteileitung Bauer der gegen den Stadtamtmann und ehemaligen Gaufachschaftsleiter Walter Mühlbach (Leipzig) erhobene Vorwurf der Feigheit vor dem Feind nicht erwiesen, jedoch von M. ein gewisser Übereifer an den Tag gelegt (seine Aufgaben nach der Machtübernahme: „Reinigung des städtischen Beamtenkörpers" in Leipzig, Organisierung von „Spenden" für den Gauleiter über den Sächsischen Gemeindebeamtenbund). Zusicherung an M., bei strikter Parteidisziplin und Einfügung in den Beamtenkörper keine Zurücksetzung zu erfahren.
W/H   124 02568–74 (227)

19. 2. 36   RArbM – 25   11317
Übermittlung von Bemerkungen zu der Verordnung über die Regelung der Bebauung vom 15. 2. 36 (Ausweisung von Baugebieten und Abstufung der Bebauung).
H   101 16578–87 (1004); 101 17198–207 (1029)

19. 2. 36   RL f. d. Presse   11318
Rundschreiben des Reichsleiters für die Presse an die Gauleiter: Nach der erfolgreichen Ausdehnung

des Einflusses der Partei auf die Presse (durch Steigerung des Parteianteils von 25% auf 50% im vergangenen Jahr sowie durch die völlige Ausschaltung der „Nichtarier" und der „anonymen Einflüsse", insbesondere des politischen Katholizismus) nunmehr Hauptaufgabe der Parteipresse die jetzt auch wirkliche Gewinnung ihrer Leserschaft durch journalistische und verlegerische Leistung. Dabei Konzentrierung auf die zum Bezug der parteiamtlichen Presse verpflichteten Angehörigen der Partei und der Gliederungen sowie auf die Beamten. Verbot von Konkurrenzkampf oder Schikanen gegen die nach dem Willen Hitlers in Privatbesitz verbliebene, aber ebenfalls ns. ausgerichtete (zum Teil übrigens über die „Vera-Verlagsanstalt GmbH" und die „Phönix-Zeitungsverlags-GmbH" in Parteibesitz übergegangene oder von der Partei durch maßgebliche Beteiligung kontrollierte) übrige Presse; Verbot ebenfalls der seit drei Jahren genügend angewandten Zwangsmethoden bei der Bezieherwerbung (Parteipresse kein „Geßlerhut"); Gewinnung der Nichtleser, insbesondere Wiedergewinnung der seit 1932 der deutschen Presse verlorengegangenen Leser durch Gemeinschaftswerbung der gesamten Presse. (An den StdF zur Kenntnisnahme.)
H   124 01028 — 40 (93)

19. 2. 36 — 31. 3. 37   Adj. d. F   11319
Bitte um Untersuchung der Behauptung des NSKK-Angehörigen Willy Raetzer (Ahlsdorf), von der Partei als „nicht einwandfrei" bezeichnet worden zu sein. Mitteilung des Stabs StdF über Einschaltung der Gauleitungen Sachsen und Halle-Merseburg. Mehrfache Anmahnung der Erledigung der Angelegenheit.
K   124 03401 — 06 (291)

[20. 2. 36]   Stiftung Dt. Auslandswerk   11320
In der Stiftungsurkunde der zum Zweck der Zusammenfassung der zwischenstaatlichen Verbände errichteten Stiftung Deutsches Auslandswerk für den Fall des Erlöschens der Stiftung Übergang des Vermögens auf den StdF zur Verwendung für die Stiftungszwecke festgelegt.
W   124 00709 — 16 (62)

20. — 21. 2. 36   Adj. d. F — 1   11321
Abschlägiger Bescheid des Verbindungsstabs: Wegen der im Einvernehmen mit Hitler erfolgten Reduzierung der Eisenbahnfreifahrkarten um die Hälfte in diesem Jahr die Abgabe von persönlichen Karten (Maj. Fehn, Thierfelder) zusätzlich zu der unpersönlichen Netzkarte der Deutschen Akademie nicht möglich.
W   124 02210 ff. (200)

20. — 26. 2. 36   RVM   11322
Keine Bedenken des StdF gegen die teilweise Niederschlagung einer Restforderung des Reiches gegen den praktischen Arzt Hugo Zeitz (Heidelberg; Ersatz von Räumungskosten bei einem durch sein losgerissenes Bootsmutterschiff angerichteten Schaden).
K/H   101 14332 ff. (756)

20. — 28. 2. 36   RKzl.   11323
Wunsch des erkrankten Heß nach Hinausschiebung der nächsten Kabinettsitzung (nunmehr vorgesehener Termin: 20. 3.).
W   110 00191 ff. (1328)

20. 2. — [15. 5.] 36   Adj. d. F, RStatth. Hildebrandt   11324
Keine Bedenken Bormanns und Hitlers gegen die (nach den Vorschriften über Logenzugehörigkeit an sich nicht mögliche) Ernennung des Gen. Graf v. d. Schulenburg (Tressow) zum Gauamtsleiter; Bitte Sch.s um eine Audienz bei H.
W   124 02878 — 81 (244)

22. 2. 36   HA f. Volkswohlfahrt   11325
Fristlose Entlassung der Angestellten Ursula Hahn wegen einer Portokassen-Unterschlagung; Warnung der übrigen Parteibehörden vor einer etwaigen Bewerbung der H.
H   101 07341 ff. (584)

[22. 2. 36]   RKzl.   11326
Von Hitler gegebene, z. T. von der Praxis des Reichsinnenministeriums (RMdI) abweichende Interpretation des § 6 Abs. 2 Reichsbürgergesetz (Erfordernis der Zustimmung des RMdI und des StdF bei über § 5 [Vorschriften der Partei] hinausgehenden „sonstigen Anforderungen an die Reinheit des Blutes"): Keine Geltung für – darin freie – private Personen und Vereinigungen, ebenfalls nicht – hier in jeder Richtung völlig freie Hand für den StdF – für der NSDAP angeschlossene Organisationen mit privater Rechtsform; Geltung des Abs. 2 jedoch für öffentliche Organisationen, dabei „nach Möglichkeit" Erteilung der Genehmigung von H. gefordert („Gegenteil nicht vereinbar mit der ns. Rassenpolitik").
H   101 28518 – 33 (1555)

23. 2. 36 – 2. 12. 38   Prof. Banse, RMfWEuV, RMfVuP, NSDDozB   11327
Nach Entzug der Lehrbefugnis – veranlaßt vom Reichspropagandaminister aufgrund außenpolitischer Rücksichtnahmen (ausländische Kritik an wehrwissenschaftlichen Veröffentlichungen) – Gesuche des rassisch-völkisch verdienten Prof. Ewald Banse (Braunschweig) um Rehabilitierung und Berufung auf einen ordentlichen Lehrstuhl für Geographie. Ausführliche Stellungnahmen dazu.
M/H   301 00080 – 110 (Banse)

23. 2. 36 – 20. 12. 44   RMfWEuV u. a. – 32   11328
Den Hochschul- und den sonstigen Bereich des Reichserziehungsministeriums betreffende personalpolitische Stellungnahmen des Stabs StdF bzw. der PKzl., Buchstaben A und B (Zustimmung zu Ernennungen, u. a.).
M   301 00001 – 215

25. 2. 36   Adj. d. F – 1   11329
Bitte des Verbindungsstabs um Signierung eines für den in Ostpreußen „hervorragend" tätig gewesenen Pg. Fritz Schwarz (Danzig) bestimmten Bildes durch Hitler.
W   124 02887 (244)

26. 2. 36   SHA   11330
Vorschlag, wegen ihrer Mitgliedschaft in der HJ „kirchlichem Wirtschaftsboykott" ausgesetzte Schüler des Seminars Schweiklberg bei Vilshofen zu unterstützen.
W   124 00987 (79)

[26. 2. 36]   Intern   11331
Kommandierung des Hptm. Thomée vom Reichskriegsministerium zum Stab StdF „für Fragen Partei – Wehrmacht".
H   124 02224 (202)

26. – 29. 2. 36   „Aufschwung" Technik u. Handel GmbH – 11   11332
Die Bitte der „Aufschwung" Technik und Handel GmbH (Berlin) um Mittel zur weiteren Entwicklung einer als Volkswagen geeigneten Autoneukonstruktion vom Stab StdF abschlägig beschieden.
W   124 01143 f. (121)

27. 2. 36   Adj. d. F – 14   11333
Übersendung der *Eingabe eines H. Minuth (Berlin) wegen der Versteigerung seines Grundstücks: Bitte um eine angemessene Entschädigung.
W   124 02545 f. (226)

27. 2. – 3. 3. 36   GL Florian, Adj. d. F   11334
*Schreiben des GL Florian über die Wiedereinstellung eines Dr. Hermann Fischer (Düsseldorf) in das Heer.
W   124 02215 (201)

27. 2. – 31. 3. 36   GL Kube, Himmler   11335
Bitte des GL Kube um „kameradschaftlichen Rat" hinsichtlich seines nun wohl notwendigen Austritts aus der SS wegen möglicher Überschneidung der Dienstverhältnisse nach der von Himmler verfügten Aufhebung der bisherigen „Ehrenführer" und deren Eingliederung in seinen Persönlichen Stab. Dazu

Stellungnahme H.s: Begründung der Verfügung; Feststellung, noch nie den Versuch unternommen zu haben, einen hauptverantwortlich im Partei- oder Staatsdienst stehenden SS-Angehörigen in „seinem Beruf irgendwie zu beeinflussen".
M/H   306 00733 – 37 (Kube)

27. 2. – 4. 4. 36   Kzl. d. F – 6   11336
Bitte des Beauftragten der Parteileitung Bauer um ein Bild Hitlers mit Unterschrift für den Maurer Hermann Schochert (Hedersleben): Monatelange unentgeltliche Feierabendarbeit des ehemaligen KPD-Mitglieds beim Bau eines NSV-Kindergartens.
W   124 02874 f. (243)

27. 2. – 31. 7. 36   RT-Fraktion, Schwarz   11337
Anweisung des StdF über die Anrechnung der Reichstagsdiäten der hauptsächlich in Parteidienststellen tätigen Reichstagsabgeordneten auf das Einkommen aus der Parteitätigkeit. Der vom StdF unterstützte Vorschlag des Reichsschatzmeisters, auch für höhere Beamte eine entsprechende Regelung einzuführen, nach Auffassung Fricks nur im Wege eines Reichsgesetzes zu verwirklichen; ein solches jedoch von Hitler „ein für allemal" abgelehnt.
W   152 00001 – 08 (1)

27. 2. – 28. 8. 36   Adj. d. F   11338
Übersendung eines *Schreibens (sowie nachgereichter Unterlagen) der Oberin Schwester Anna Stamm (Landesanstalt Treuenbrietzen): Bemühungen der angeblich unschuldig in einen Skandal um das Posterholungsheim Brunshaupten verwickelten ehemaligen Leiterin des Hauses um die Nichtanwendung des Amnestiegesetzes und die Herbeiführung eines Urteilsspruches in ihrem Falle.
K   124 02950 ff. (248)

28. 2. 36   RMdI u. a.   11339
Mit der Bitte um Stellungnahme Übersendung eines Antrags des Stv. KrL Butting (Lindau), Auslandsredner der Auslands-Organisation, auf gebührenfreien Grenzübertritt nach Österreich.
M/H   203 02414 f. (67/1)

28. 2. 36   HA f. Kriegsopfer   11340
Beschwerde über den Kyffhäuserbund: Kritik an den Werbemethoden des Bundes (u. a. Veröffentlichung des vom StdF noch nicht genehmigten Vorschlags einer Sammelaktion zugunsten der NS-Kriegsopferversorgung [NSKOV]), Zweifel an seiner ns. Gesinnung, Verhältnis der NSKOV zum Kyffhäuser-Bund, u. a.
K   101 14829 – 32 (823 b)

28. 2. 36   Adj. d. F   11341
Übersendung einer *Abrechnung der Werkstätte Otto Gahr (München) zur Begleichung eines Restbetrags von RM 7911.–.
W/H   124 02232 (203)

28. 2. – 2. 3. 36   GL Bohle, AA, RKzl.   11342
Durch das Auswärtige Amt Übersendung eines Notenwechsels mit der schweizerischen Regierung über das Verbot der Landesleitung und der Kreisleitungen der NSDAP in der Schweiz nach der Ermordung des Landesgruppenleiters Gustloff. Von Heß unterstützte Bitte des GL Bohle um sofortigen Empfang durch StSekr. Lammers in dieser Angelegenheit.
H   101 25232 – 48 (1411)

28. 2. – 19. 3. 36   Adj. d. F, Kzl. d. F – 6   11343
Zu einer Beschwerde der ehemaligen Gaufrauenschaftsleiterin Wigand (Stettin) Bericht des Beauftragten der Parteileitung Brockhausen (nach einer Rücksprache mit dem Sicherheitsdienst): Frau W. untragbar aufgrund ihrer Bindung an die Reaktion und zum Katholizismus (Luisenbund; katholische Aktion; Einweisung ihrer Patienten in ein katholisches Krankenhaus); Bitte, das Ergebnis der Ermittlungen der W. gegenüber vertraulich zu behandeln.
K   124 03075 f. (256)

28. 2. – 3. 4. 36   Adj. d. F   11344
Vollziehung einer vom Stab StdF übersandten *Dienstrangernennungsliste.
W/H   124 00321 ff. (53)

29. 2. 36   Adj. d. F   11345
Weiterleitung eines *Briefs an Hitler durch den Stab StdF.
W   124 00297 (53)

29. 2. 36   Adj. d. F – 1   11346
Rücksendung eines *Geheimberichts aus Argentinien.
W   124 02050 (194)

29. 2. – 5. 3. 36   Adj. d. F – 1   11347
Rücksendung des *Revisionsberichts der DAF.
W   124 02049 f. (194)

29. 2. – 27. 3. 36   Adj. d. F, GI f. d. Straßenwesen – 7   11348
Auf Wunsch Hitlers Unterbringung eines Schulkameraden, des Baumeisters Keplinger aus Linz, in Deutschland: Anstellung K.s bei dem Bauunternehmen Sager & Woerner in München.
W/H   124 02384 – 89 (216)

29. 2. – 1. 4. 36   RKzl., RArbM, RJM   11349
Nach ursprünglich angekündigten Abänderungsvorschlägen Zustimmung des StdF zu dem Entwurf eines Gesetzes zur Änderung des Reichsmieten- und des Mieterschutzgesetzes (Ausdehnung des Mieterschutzes, Verhinderung ungerechtfertigter Mieterhöhungen, u. a.).
H   101 19275 – 82 (1172)

März 36   DF   11350
Anordnung der Einrichtung einer Zentralstelle für die Deutschtumsarbeit im Auswärtigen Amt (AA) unter Leitung eines – gleichzeitig als Gauleiter der Auslands-Organisation fungierenden – Staatssekretärs; Angliederung der Kulturpolitischen Abteilung (VI) des AA an die neu zu schaffende Stelle; deren Zuständigkeit: Alle das Deutschtum im Ausland betreffenden Anweisungen des AA sowie alle diesbezügliche Arbeit sonstiger Stellen des Reiches. (Abgang nicht ersichtlich; vgl. Nr. 11359.)
K/H   101 20115 – 16/2 (1201)

1. – 18. 3. 36   RKzl   11351
Durch den StdF Übersendung des *Gesuchs einer Else Gube (Berlin) um Anstellung in der Reichskanzlei.
W   124 02254 (206)

2. 3. 36   RLM, RJM   11352
Ermächtigung der Land- bzw. Amtsgerichtspräsidenten, aus Anlaß der Herrichtung von Luftschutzräumen entstandene Gerichtskosten für Grundbucheintragungen niederzuschlagen. (Abschrift an Heß.)
A   101 22769 ff. (1296)

[2. 3. 36]   RMdI   11353
Einverständnis des StdF mit dem (sich eng an die Reichsärzteordnung anlehnenden) *Entwurf einer Reichstierärzteordnung.
K   101 14033 f. (741)

[2. 3. 36]   (Staf. Kühle)   11354
Kritik des GL Kube an der von Polizeipräsident v. Wedel (Potsdam) ohne Genehmigung des StdF und Görings veranlaßten „Vorführung" des Reichstagsabgeordneten Kühle; Absicht, eine Beschwerde K.s beim StdF und bei Frick zu veranlassen.
W/H   306 00980 (Wedel)

2. 3. 36 – 3. 6. 38   RMfWEuV, RKzl.   11355
Aufgrund der Änderungswünsche des StdF zur Fassung des § 2 des Entwurfs eines Gesetzes über das

Reichsstudentenwerk (Erfordernis des Einvernehmens mit der NSDAP bzw. der vom StdF beauftragten Stelle bei der Aufgabe, eine „Auslese der Tüchtigsten im Sinne ns. Forderungen" zu treffen) Vorlage eines abgeänderten – nunmehr vom StdF gebilligten – *Entwurfs.
K/H   101 15421–31 (938 c)

3. 3. 36   RKzl.   11356
Durch Heß Kenntnisnahme von dem Einspruch Franks gegen den *Entwurf des Beamtengesetzes unter Hinweis auf *sein* Einverständnis mit dem Entwurf, eine Entscheidung über seine nur geringfügigen Änderungswünsche in der (abgesetzten) Chefbesprechung möglich gewesen.
M/H   101 04437 ff. (419 a)

3. 3. 36   Adj. d. F   11357
Die Bitte eines Benedikt Rau (München) um Unterstützung seiner bei der Wehrmacht laufenden Gesuche vom Stab StdF an die Führeradjutantur weitergeleitet.
W   124 02716 (236)

3. 3. 36   Adj. d. F, F. Piracher   11358
Bitte der Führeradjutantur, die von Franz Piracher (Bad Godesberg) gegen KrL Eiben (Simbach) erhobenen Vorwürfe (wegen „Vorkommnissen" im Kreis Pfarrkirchen) zu prüfen.
W   124 02678 ff. (234)

3. – 19. 3. 36   StSekr. Lammers – 1   11359
Der vom StdF übersandte *Entwurf eines Erlasses über die Errichtung einer Zentralstelle für die gesamte Deutschtumsarbeit (vgl. Nr. 11350) von Hitler nach der Ermordung des NSDAP-Landesgruppenleiters in der Schweiz, Gustloff, zurückgestellt. Vorrangig nach Meinung H.s ein ausreichender persönlicher Schutz der im Ausland tätigen Politischen Leiter, zu erreichen am ehesten durch ihre Angliederung an die diplomatischen und konsularischen Vertretungen des Reiches als – dem StdF unterstehende – „Parteiattachés". Eine Besprechung dieser Planung mit dem Reichsaußenminister vorgesehen.
H   101 20117–20 (1201); 101 25419–24 (1415); 101 26360–65 (1495)

3. 3. – 14. 5. 36   Adj. d. F u. a. – 6   11360
Nach Untersuchung der Verdächtigung des SS-Anwärters K. Gehring (Arnstorf) durch den Beauftragten der Parteileitung Oexle Rücknahme der gegen G. ausgesprochenen Unzuverlässigkeitserklärung.
W   124 02239–43 (203)

4. – 18. 3. 36   Adj. d. F   11361
Der *Entwurf einer Anordnung über Dienstrang und Dienstrangabzeichen nach Ausscheiden aus dem aktiven Dienst von Heß zwar bereitgehalten, wegen Beanspruchung Hitlers jedoch kein Vortrag möglich gewesen.
W   124 00394 (54)

[4. 3. – 15. 4. 36]   DAF, AA   11362
*Schriftwechsel über die jüdisch-polnischen Firmen Gebr. Weinberger GmbH und Otto Thürmann GmbH (Berlin) und über die Unterbringung ihrer Gefolgschaftsangehörigen „bei der Abwicklung des Konflikts".
W/H   128 00005 f. (2)

4. 3. – 30. 4. 36   Adj. d. F, E. Rißmann – 14/1   11363
Durch den Beauftragten für Wirtschaftsfragen beim StdF, Abt. Berufsmoral, Beauftragung des Zentralverbands deutscher Haus- und Grundbesitzervereine e. V., Berlin, mit der Überprüfung der gesamten Bauvorhaben einer Helene Saak (Oppeln); Bitte an die Führeradjutantur, die dafür nötigen Akten vom Regierungspräsidenten bzw. vom Oberbürgermeister in Oppeln anzufordern. Stellungnahme des vom Zentralverband mit der Überprüfung der Angelegenheit S. beauftragten Architekten Erich Rißmann aufgrund des Studiums der Amtsakten: Erledigung dieser Angelegenheit im Sinne der Reichsleitung der Partei auf dem eingeschlagenen Wege nicht möglich; die den Fall angeblich kennzeichnenden „Unwägbarkeiten" aus den Amtsakten nicht erkennbar; Abzweigung einzelner für die Beurteilung wichtiger Vorgänge (Baupolizei-Akten hinsichtlich der Bauinhibierung bei dem Projekt Schillerstraße; Magistrats-

beschlüsse über Darlehenszusagen an Frau S.; u. a.); Ablehnung, den Fall S. in alter Weise weiterzubehandeln; Erfolg weiteren Aktenstudiums zu bezweifeln; Vorschlag, Frau S. den Vertretern der Stadt und der Regierung Oppeln gegenüberzustellen und die Angelegenheit in der Debatte oder schriftlich mit Belegen zu klären; kein Widerruf der im *Gutachten vom 21. 3. 36 gemachten Vorbehalte. – Bitte des Pg. Wichmann (Abt. Berufsmoral) an die Führeradjutantur um einen Termin zur Besprechung weiterer Maßnahmen im Falle S.
K 124 03502 – 23 (296)

5. – 12. 3. 36 Adj. d. F – 6   11364
Zur Beschwerde einer Frau Gutbrot (Donaueschingen) Mitteilung des Beauftragten der Parteileitung Oexle über das Ergebnis bereits erfolgter Untersuchungen: Ausschluß verschiedener „Stänkerer" aus der Partei, außerdem Androhung von Schutzhaft; Verurteilung des Beschwerdeführers Dietrich wegen Beleidigung des Bgm. und KrL Sedelmeyer zu vier Wochen Gefängnis.
W/H 124 02247/3 (204); 124 02261 f. (206)

5. 3. – 18. 5. 36 RKM u. a.   11365
Übersendung einer Neufassung des § 15 des Wehrgesetzes (Wehrdienst von Juden und jüdischen Mischlingen) in Angleichung an das Reichsbürgergesetz. Meinungsverschiedenheit über die Formulierung des Abs. 2 (deutsches oder artverwandtes Blut Voraussetzung einer Ernennung zum Vorgesetzten); Verabschiedung in der vom StdF gewünschten Fassung (Verbot, jüdische Mischlinge zu Vorgesetzten zu ernennen).
H 101 22299 – 314 (1275)

6. 3. – 14. 8. 36 Adj. d. F, RJF u. a.   11366
Weitergabe der *Beschwerde eines Pg. Kienbaum über Mißstände an der HJ-Reichsführerschule in Potsdam nach *Stellungnahme der Reichsjugendführung (mit Beanstandung der Abwicklung des gegen K. eingeleiteten Parteigerichtsverfahrens) an den Beauftragten der Parteileitung Tittmann. Verzögerung der Untersuchung durch die inzwischen erfolgte Auflösung der Dienststellen der Beauftragten der Parteileitung.
W/H 124 00983 (79); 124 02763 – 66 (237)

[7.] – 20. 3. 36 Adj. d. F – 11   11367
Mitteilung Croneiß' (Stab StdF): Mit Rücksicht auf eine Eingabe beim Reichsluftfahrtministerium noch keine Vorsprache eines Ziegler aus Kärnten in Sachen Unterseebootbau erfolgt.
K 124 03093 (258)

9. 3. 36 RMdI   11368
Anordnung des StdF über die Verantwortung bei einer Teilnahme Hitlers an Veranstaltungen: Gesamtverantwortung beim zuständigen Gauleiter, auch für die über den Rahmen der Partei hinausgehenden Kundgebungen; Alleinverantwortung für alle Absperrungs- und Sicherheitsmaßnahmen beim Reichsführer-SS bzw. bei einem von ihm beauftragten höheren SS-Führer; rechtzeitige Fühlungnahme zwischen den beiden Stellen erforderlich, bei Schwierigkeiten notfalls Einholung der Entscheidung Heß'.
M 101 03885 – 90 (391)

9. 3. – 21. 4. 36 Adj. d. F, J. Sonntag   11369
Wegen Erledigung des Falles Verzicht der Führeradjutantur auf die vom StdF erbetene Stellungnahme zu dem Gesuch eines Josef Sonntag (Berlin) um Bestätigung seiner Bereitschaft, 1929 in einem Prozeß gegen Hitler zugunsten H.s als Zeuge aufzutreten, zwecks Vorlage bei der Reichspressekammer.
K 124 02920 – 24 (247)

10. 3. 36 Adj. d. F   11370
Durch den Stab StdF Übersendung eines *Gesuchs des Steindruckers Johann Sperl (München), eines Regimentskameraden Hitlers aus dem Stabe R.I.R. 16, an H., ihm bei der Beschaffung einer Tätigkeit in einem topographischen Büro oder bei der Landesvermessungsanstalt München behilflich zu sein.
K 124 02935 (247)

10. 3. 36   RMfVuP – 1   11371
Übersendung eines *Geschäftsverteilungsplans.
H   101 18596 (1150)

10. – 13. 3. 36   RMfWEuV   11372
Keine Bedenken des StdF gegen die vom Reichserziehungsminister (unter Zurückziehung seines Antrags vom 6. 11. 35 auf Ernennung des Prof. Holfelder; vgl. Nr. 11101) beantragte Ernennung des RegPräs. Werner Zschintzsch zu seinem Staatssekretär.
H   101 18827 – 31 (1154)

[10. 3.] – 14. 4. 36   RKzl., RMdI   11373
Nach bisherigem ausdrücklichem Verzicht des StdF auf seine Beteiligung bei der Ernennung der Angehörigen des Reichsarbeitsdienstes (diese nicht als Beamte anzusehen) nunmehr Wunsch, doch beteiligt zu werden. Grundsätzliche Bereitschaft Hitlers; Vorbereitung und Herausgabe eines entsprechenden, auf die von H. persönlich vorzunehmenden Ernennungen (vom Range des Arbeitsführers an aufwärts) bezogenen Führererlasses.
H   101 00649 f. (145 a); 101 04450 f. (421); 101 06055 – 68 (518)

11. 3. – 23. 10. 36   RMdI, PräsKzl.   11374
Der Entwurf einer Verordnung über die Einführung eines Reichstreudienstabzeichens für nicht im Beamtenverhältnis stehende Arbeitnehmer nach Einwänden des StdF bis auf weiteres zurückgestellt. Vom Preußischen Ministerpräsidenten unterstützte Anregung des Chefs der Präsidialkanzlei (in einer Stellungnahme zu dem Verordnungsentwurf), auch für Beamte eine sichtbare Dienstauszeichnung für langjährige Treue und Arbeit zu schaffen. Eintreten des Reichsinnenministers für die Zurückstellung dieser Anregung bis zur Entscheidung Hitlers über die Stiftung eines allgemeinen Ordens.
M/W   101 02905 – 13 (297)

12. 3. – 16. 4. 36   Adj. d. F – 6   11375
Untersuchungsbericht des Beauftragten der Parteileitung Oexle: Die Beschwerde des Pg. Dietrich, KrL und Bgm. Sedelmeyer und die Sparkasse Donaueschingen betreffend, durch den Spruch eines Disziplinargerichts (Dienstenthebung des Angeklagten wegen Denunzierung von Vorgesetzten) erledigt.
W/H   124 02075 f. (195)

12. 3. – 11. 5. 36   RMdI   11376
Der StdF gegen eine Anwendung der §§ 5 und 6 des Gesetzes zur Wiederherstellung des Berufsbeamtentums auf bereits vor der Machtübernahme der Partei beigetretene Parteigenossen. Zustimmung des Reichsinnenministers; Versetzungen in den Ruhestand nach §§ 5 und 6 jedoch keine Diffamierung, sondern lediglich im Interesse der Verwaltung getroffene Maßnahmen.
M   101 04682 ff. (426)

14. 3. – [21. 8.] 36   Oberste RBeh., RKzl.   11377
Bekanntgabe des StdF über die Zuständigkeit von Parteidienststellen für Wirtschaftspolitik: Unveränderte Unterstellung der Kommission für Wirtschaftspolitik und der Gauwirtschaftsberater unter den Beauftragten des Führers für Wirtschaftsfragen, Keppler; Auflösung der Dienststelle Pietzsch und Übernahme ihrer Aufgaben durch das Büro K.s; vorläufige Unterstellung der Abteilung zur Wahrung der Berufsmoral unter P.; Bevollmächtigung K.s, den StdF in Wirtschaftsfragen zu vertreten, ausgenommen Bearbeitung von Gesetz- und Verordnungsentwürfen (hierfür nach wie vor die staatsrechtliche Abteilung des Stabs StdF zuständig). Mitteilung K.s über seine Beauftragung mit der Bearbeitung von Rohstofffragen durch den Preußischen Ministerpräsidenten (von Hitler bereits mit der Behandlung der Frage der Herstellung von Ersatzrohstoffen beauftragt).
K/W   101 20043 – 47 (1199 b)

15. 3. 36   Maj. Wolff, RSchatzmeister   11378
Bitte des Polizei-Majors Wolff (Stettin), Thea Frenssen, einer früheren Eiskunstlaufmeisterin und treuen Anhängerin Hitlers, zwei Olympiapässe (1. Platz) zukommen zu lassen; Begründung: Absicht der F.,

mit Hilfe ihrer Beziehungen hohe ausländische Persönlichkeiten (u. a. den ehemaligen britischen Außenminister Sir Samuel Hoare und Lord Astor) zum Besuch der Olympiade zu bewegen. Weiterleitung an den Reichsschatzmeister.
W   201 00527 ff. (80/6)

16. 3. 36   Adj. d. F — 3   11379
Im Zusammenhang mit der Bearbeitung der Angelegenheit einer Frau Rauh (Bamberg) durch den Stab StdF dessen Bitte an die Führeradjutantur, Schreiben künftig nur mehr an den StdF bzw. dessen Stabsleiter, nicht aber an einzelne Angehörige des Stabs zu adressieren. (Vgl. Nr. 11392.)
W   124 02724 f. (236)

16. 3. 36   AO, Adj. d. F — 1   11380
Durch den Verbindungsstab an Führeradjutant Wiedemann Weiterleitung eines vertraulichen *Schreibens der Auslands-Organisation an Wegener (Stab StdF)..
W   124 00703 (61)

17. — 19. 3. 36   F. Lichtmannegger, OStadtschulDir. Bauer, Adj. d. F   11381
Eingabe eines Franz Lichtmannegger (Emersacker) wegen der angeblich nicht korrekt und sogar gegen den Willen Hitlers durchgeführten Zwangsversteigerung des Eggelhofes der Eheleute Magg bei Langwaid (Augsburg) unter Zuschlag an die Landesbauernsiedlung München. Weiterleitung an die Führeradjutantur.
W   124 02123 — 29 (197)

18. 3. 36   Adj. d. F   11382
Übersendung der *Bitte eines aus der Partei ausgeschlossenen Rudolf Schellenberg (Hagen) um Wiederaufnahme.
W   124 02810 f. (241)

18. 3. 36   Adj. d. F — 7   11383
Von GL Bohle befürwortete Bitte des Landesgruppenleiters Frankreich, Schleier, um ein Bild Hitlers mit Unterschrift für das Deutsche Kolonieheim Paris.
W   124 02821 (241)

18. — 21. 3. 36   A. Siehr, Kzl. d. F   11384
Bitte einer Anna Siehr (Kassel) um die Adresse des vermutlich im Weltkrieg im Haus ihrer Eltern einquartiert gewesenen Julius Schreck. Weiterleitung an die Kanzlei des Führers.
W/H   124 02897 ff. (245)

18. 3. 36 — 21. 1. 37   AA, Dt. Ges. Den Haag u. a.   11385
Vorstellungen der Niederländischen Gesandtschaft beim Auswärtigen Amt (AA) und Erörterungen in den niederländischen Kammern wegen der „Reichsdeutschen Gemeinschaft" (RDG) in den Niederlanden, insbesondere Vorwurf der Verletzung einer deutsch-niederländischen Abmachung von Anfang 1934 (Vereinigung deutscher Staatsbürger in den Niederlanden lediglich in unpolitischen, lokalen, nebeneinander und weder untereinander noch zu einer deutschen zentralen Organisation in hierarchischer Beziehung stehenden Vereinen; mithin Umwandlung der Ortsgruppen der NSDAP in Holland in die RDG); Nachweis der weiteren Abhängigkeit der RDG von der Auslands-Organisation der NSDAP (AO) insbesondere durch den an sie erfolgenden Versand der Mitteilungsblätter der AO und durch deren Charakter (Vorlage von Auszügen aus beschlagnahmten Exemplaren); Forderung der Holländer, jede Abhängigkeit von Berlin wie auch jede hierarchische Gliederung untereinander aufzulösen (keine Duldung reichsdeutscher „Hoheitsträger", auch nicht der DAF u. ä.), ferner in den Niederlanden Mitgliederwerbung unter Druck oder andere mit Bedrohung verbundene Propaganda sowie jede Art von Parteigerichtstätigkeit einzustellen, keine politische oder wirtschaftliche Bespitzelung mehr vorzunehmen und nichtarische deutsche Staatsangehörige nicht mehr zu diskriminieren. Die Antwort des AA (nach

Schwierigkeiten, von der AO die in die Hände der holländischen Regierung gefallenen Ausgaben der Mitteilungsblätter zu erhalten) von niederländischer Seite unter nochmaliger Zusammenstellung der erhobenen Forderungen als unbefriedigend betrachtet. Daher nach Meinung des AA die Ausweisung von Leitern der RDG mit festgestellten Verbindungen zur AO zu erwarten, Drohung mit deutschen Gegenmaßnahmen. Zur gleichen Zeit aber bereits Durchführung der holländischen Maßnahmen: Ausweisung von vier deutschen Bergleuten aus der Provinz Limburg wegen unerlaubter politischer Betätigung (zuvor schon im Mai vier weitere Ausweisungen, offenbar ohne Sanktionscharakter, wegen Ausübung unzulässigen Zwangs zum Beitritt in die DAF). Nach vergeblichen deutschen Versuchen, die niederländische Regierung zur Zurücknahme ihrer Maßnahmen zu bewegen, Ausweisung von vier Holländern aus Deutschland (einer davon nachträglich als Vertreter der ns. niederländischen Mussert-Bewegung erkannt und gegen einen anderen Holländer „ausgetauscht"). Nach längeren Verhandlungen zwischen beiden Regierungen stufenweise Zurücknahme (erster Schritt von der deutschen Seite) aller Ausweisungen. (Abschrift jeweils an den StdF; vgl. Nr. 10300 und 10631.)
H   101 25257 – 360 (1411)

19. – 30. 3. 36   Botsch. v. Ribbentrop, Adj. d. F – 11   11386
Bericht des Referats für technische Fragen im Stab StdF über die Ergebnisse einer – inoffiziellen – Unterredung mit der Vertrauten des Erfinders Schauberger, Meta Primavesi (Wien), in München, insbesondere über den Stand der Verhandlungen zwischen Sch. und Graf de Polignac: Weigerung Sch.s, einem einseitigen Vertragsabschluß mit Polignac zuzustimmen; sein Einverständnis mit der Verwertung seiner sämtlichen Erfindungen (Schwemmanlagen u. a.) durch Frankreich von einer Erklärung Botsch. Ribbentrops über dessen Desinteresse an der Sache abhängig. Erwähnung einer an den Stab StdF ergangenen Mitteilung über den nicht ernst zu nehmenden Charakter der Angelegenheit. (Vgl. Nr. 11394.)
K/W   124 03054 – 58 (255)

19. 3. – 12. 5. 36   Adj. d. F, GL Hildebrandt, RSchatzmeister   11387
Auf Initiative des GL Hildebrandt Erörterung der Versorgung der in Not geratenen Mutter des verstorbenen Pg. Gustloff.
W/H   124 02258 ff. (206)

19. 3. – [20. 5.] 36   RMdI, GL Lohse   11388
Rechtfertigung des GL Lohse gegenüber den Vorwürfen des StdF, im Falle der Entlassung des Obgm. Sievers (Flensburg) nicht verständigt worden zu sein: Zustimmung des StdF im Hinblick auf die schwerwiegenden Vergehen S.' vorausgesetzt; aufgrund der ständigen Versuche S.', gegen Person und Autorität L.s zu arbeiten, zunächst Absicht, S. versetzen zu lassen; erst nach den Bemühungen S.', seine Stellung unter allen Umständen zu halten, Eingabe eines eingehenden Berichtes an den Innenminister über die Verhältnisse in Flensburg mit dem Ergebnis der Versetzung S.' in den Ruhestand; Anstrengung eines Parteigerichtsverfahrens gegen S. nach dessen Versuch, die Entscheidung des Ministers zu inhibieren, und Androhung der Einleitung eines Disziplinarverfahrens bei weiteren Schritten S.'; Bitte an den StdF, gegen die – inzwischen erfolgte – Neubesetzung der Bürgermeisterstelle in Flensburg nichts zu unternehmen.
K   124 02900 – 05 (246)

20. 3. 36   Adj. d. F – 7   11389
Durch GL Bohle Übersendung eines für Hitler bestimmten *Briefes der Pgn. Elsbeth Stumpfe (Kapstadt) und Bitte um einige Dankeszeilen an die Briefschreiberin.
K   124 02979 (250)

[20. 3. 36] – 28. 7. 37   RMfWEuV, RKzl., RMdI, Gestapa, RMfVuP   11390
Aus innen- und kirchenpolitischen Gründen Drängen des StdF auf Beschleunigung der sich verzögernden Verabschiedung des Entwurfs eines Reichsschulgesetzes: Ausnützung der ungeklärten Rechtslage durch die Katholische Aktion zugunsten ihres – unter Berufung auf das Konkordat geführten – Kampfes gegen die Einführung der Gemeinschaftsschule (besonders umfangreiche Protestmaßnahmen der Kirche gegen das Ergebnis der diesbezüglichen Abstimmung in der Saarpfalz); Klagen örtlicher Parteistellen und Schulverwaltungen über die ständigen kirchlichen Angriffe. Verzögerung der Unterzeich-

nung des Gesetzes durch Hitler trotz der inzwischen erfolgten (von H. zur Bedingung gemachten) Einigung zwischen dem Reichserziehungs- und dem Reichspropagandaminister über den Entwurf.
K/W   101 15786 – 809 (944 a)

20. 3. 36 – 21. 3. 39   RFSS u. a.   11391
Ausstellung von Dienstleistungszeugnissen für SS-Führer (Buchstaben (H–R) auf Anforderung des Stabs StdF bei Beamtenernennungen.
M   306 00433 f., 553 ff., 679 f., 687 f., 757 f., 760 ff., 782 ff., 789 f.

21. 3. 36   Adj. d. F   11392
Bitte Mackensens (Stab StdF) im Auftrag Bormanns, Schreiben nicht an einzelne Angehörige des Stabs StdF, sondern durchweg an den StdF oder dessen Stab zu adressieren. (Vgl. Nr. 11379.)
W   124 00291 (53)

24. 3. 36   Adj. d. F – 25   11393
Durch den Beauftragten für das Siedlungswesen im Stab StdF Beauftragung des GAss. Müller und einer Dr. Hannemann mit der Führung unverbindlicher Besprechungen in den Angelegenheiten der Akademie für Landesforschung und Reichsplanung und der Reichsstelle für Raumordnung.
W   124 00289 (53)

25. 3. 36   Adj. d. F – 1, 11   11394
Positiver Eindruck des Wiener Vertrauensmannes Müller des Referats für technische Fragen im Stab StdF von dem Erfinder Schauberger (Wasserenergie, Luftturbine), seinem Milieu und seiner – über Winifred Wagner auch mit Hitler in Verbindung stehenden – „Mittelsperson", Frau Prevarese; Erklärung Sch.s, sich noch bis 31. 3. „einseitig an Deutschland gebunden", sich dann aber für Frankreich (Graf de Polignac) frei zu fühlen. (Vgl. Nr. 11386.)
H   124 02808 f. (241)

25. 3. – 8. 5. 36   RKzl. – 1   11395
Abrechnung und Erstattung der vom Verbindungsstab im Rechnungsjahr 1935/36 verauslagten Ausgaben für die Grundstücke Wilhelmstr. 63 und 64 in Höhe von RM 5060.79.
H   101 17717 – 21 (1078 a)

25. 3. – 28. 5. 36   Adj. d. F – 6   11396
Laut Untersuchungsbericht des Beauftragten der Parteileitung Manderbach die Beschwerden des Fritz Dreesen (Bad Godesberg) über KrL Weisheit (Bonn) und OGruL Brenig (Bad Godesberg) Folge einer einseitigen Information D.s: Verhältnisse im Kreis Bonn seit W.s Amtsübernahme bis auf gelegentliche Spannungen mit Bgm. Alef (Bad Godesberg) zufriedenstellend; Beleidigung des SS-Brif. Schreck („Kraftdroschkenkutscher") von W. nicht beabsichtigt.
W/H   124 02104 – 09 (196)

25. 3. – 9. 6. 36   Adj. d. F, HSchriftL Männecke, DAF-PersA   11397
Ergebnis der von der Führeradjutantur beim StdF veranlaßten Untersuchung der DAF: Aus grundsätzlichen Erwägungen keine Rückgängigmachung der gegen den Hauptschriftleiter und Pressewalter der Reichsbetriebsgemeinschaft „Nahrung und Genuß" (RBG), August Männecke, wegen Eintretens für den von M. als neuer „Weltlehrer" und „Träger des göttlichen Lichtes" bezeichneten Johannes Janik und wegen Auseinandersetzungen mit RBG-Geschäftswalter Schwartz ausgesprochenen Beurlaubung; völlige Klärung der Angelegenheit durch ein Verfahren vor dem Obersten Ehren- und Disziplinarhof der DAF.
W   124 02484 – 96 (223)

26. 3. 36   StK Hauptstadt Berlin   11398
Übersendung des Politischen Berichts für März 1936: Preisentwicklung auf dem Ziegelmarkt, Mietzinssteigerung, Lage auf dem Lebensmittelmarkt, Olympiade-Vorbereitungen, uneheliche Geburten durch weiblichen Arbeitsdienst und Landjahr.
A/W   101 06972 – 79 (572 a)

26. 3. – 18. 5. 36   RKM   11399
Übersendung und Verabschiedung einer Neufassung des § 12 des Wehrgesetzes (Wegfall des Abs. 2: Sonderbestimmungen für das Ersatzwesen in der Entmilitarisierten Zone).
H   101 22296 ff., 308 – 14 (1275)

27. 3. 36   Prof. Gebhardt   11400
Mitteilung des Ergebnisses einer ärztlichen Untersuchung Seldtes in Hohenlychen und Kurvorschläge.
W   124 00006 f. (30)

27. 3. – 2. 4. 36   Adj. d. F u. a.   11401
Auf Fürsprache des StdF Gewährung einer Beihilfe von RM 300.– an den Kunstmaler Hans Toepper im August 1935 durch den Präsidenten der Reichskammer der bildenden Künste; keine weiteren Möglichkeiten, dem Manne wirtschaftlich und künstlerisch zu helfen.
K   124 03029 ff. (252)

27. 3. – 13. 5. 36   H. Cogho, Adj. d. F – 7   11402
Unter Beifügung eines Briefes der Kinderschwester Helene Cogho (früher Kapstadt) an Hitler Bitte des GL Bohle an die Führeradjutantur um ein Bild H.s mit Unterschrift für Frau C.
W   124 02032 f. (193)

27. 3. – 4. 6. 36   Adj. d. F, OPG   11403
Durch die Führeradjutantur Übersendung des 'Gesuchs eines Wilhelm Eickhoff (Berlin) um Überprüfung seines angeblich ungerechtfertigten Parteiausschlusses. Weiterleitung an das Oberste Parteigericht.
W   124 02145 ff. (198)

28. 3. 36   Adj. d. F – 11   11404
Auf persönlichen Wunsch Heß' Zuständigkeit des Pg. Ehrentreich (Stab StdF) für die gesamten technischen Sondereinrichtungen. Vorschlag, künftig E. mit dem (in London gestörten) Koffergerät bei wichtigen Anlässen ins Ausland zu entsenden.
W/H   124 00220 – 23 (53)

28. 3. – 3. 4. 36   RWiM   11405
Heß' Einwände gegen eine von Schacht angeblich geplante Gauleiterbesprechung über Wirtschaftsfragen (starke Beanspruchung der Gauleiter; der Konflikt zwischen Sch. und dem Wirtschaftsbeauftragten Hitlers und wirtschaftspolitischen Exponenten der Partei, Keppler, noch nicht beigelegt) von Sch. zurückgewiesen: Einladung nicht der Gauleiter, sondern der ihm als Minister nachgeordneten Oberpräsidenten, Statthalter und Länderwirtschaftsminister, kein Zusammenhang mit den „Verfehlungen des Herrn K.". H. gegen eine Fortführung der Besprechungen trotz des Angebots Sch.s, sie ohne seine Beteiligung nur mit dem Reichsernährungsminister stattfinden zu lassen: Zunächst Feststellung der nötigen Maßnahmen innerhalb der Reichsregierung.
W   124 00081 – 85 (32)

[29. 3. 36]   E. Schulz   11406
Wiederholte Zusage Heß', Erna Schulz (Berlin) die von der Gestapo beschlagnahmten Gegenstände ihres im Juli 1934 von Hitler zum Verlassen Deutschlands gezwungenen Mannes, des Oblt. a. D. Paul Sch., zurückzugeben.
W/H   124 02882 ff. (244)

30. 3. 36   RLM   11407
Bitte um Zustimmung zu der vorgesehenen Abfindung der Gruppenleiter Dr.-Ing. Auer und Dipl.-Ing. Damasko sowie der Bauleiter Horn und Dipl.-Ing. Cetto nach der Vergütungsgruppe II der „Vorläufigen Richtlinien".
H   101 18699 – 704 (1152)

30. 3. [36?]   Darré   11408
Bormann über ein Gespräch mit Darré erfreut; Betonung der Notwendigkeit enger Zusammenarbeit.
M   306 00196 f. (Bormann)

30. 3. – 4. 4. 36   AA – 22   11409
Zustimmung des Leiters des Rassenpolitischen Amtes zum Wortlaut einer Entschließung über die Einbeziehung der Türkei in den Kreis der europäischen Völker als ein geschlossen in Europa siedelndes Volk und auch im Hinblick auf die Bundesgenossenschaft im Weltkrieg; Anwendung der deutschen Rassengesetzgebung wie bei Angehörigen anderer europäischer Staaten (artverwandte Völker).
M/H   203 02967 – 72 (85/5)

[30. 3. – 13. 5. 36]   Adj. d. F, Fa. Metropol-Ges.   11410
Nach der bestellten Übersendung einer Mappe mit Zeitungsfotos von Heß durch das Büro für Zeitungsausschnitte Metropol-Ges. E. Matthes & Co. (Berlin) Bestellung einer weiteren Mappe mit Zeitungsberichten über H.' 42. Geburtstag.
W   124 02533 ff. (225)

31. 3. 36   RLM   11411
Übersendung von Gutscheinheften für das Streckennetz der Deutschen Lufthansa A.G.
M   203 02428 (68/1)

[31. 3. 36]   RMfVuP   11412
Keine Einwendungen des StdF gegen den vom Reichspropagandaministerium beantragten Wegfall der Widerrufsklausel bei den 1933 aus freien Berufen gewonnenen, im Ministerium wie im politischen Kampf bestens bewährten MinR Dreßler und Demann.
H   101 18608 – 12 (1150 b)

[31. 3. 36]   RFM   11413
Einigung der beteiligten Reichsminister über die Regelung des Stellenvorbehalts für das Haushaltjahr 1936: Besetzung von mindestens 90% der freiwerdenden Planstellen des unteren und des einfachen mittleren Dienstes und von mindestens 50% der des gehobenen mittleren Dienstes mit Wartegeldempfängern oder Versorgungsanwärtern.
H   101 22408 f. (1279)

31. 3. – 2. 4. 36   RArbM   11414
Bitte um „Hergabe einer halben Million RM" aus der Adolf-Hitler-Spende zwecks Verteilung einer Frontkämpferspende des Führers zu Hitlers Geburtstag; Schwierigkeiten mit dem Reichsfinanzminister bei der wünschenswerten Ausdehnung der Frontzulage. Ablehnung der erbetenen Mittel durch Bormann unter Hinweis auf den ungenügenden Etat der Adolf-Hitler-Spende.
H   101 22593 – 95/2 (1286 a)

1. – 15. 4. 36   RJM, RKzl.   11415
Einwände des StdF gegen den – von Hitler dann zurückgestellten – Entwurf eines Gesetzes über die Gewährung von Straffreiheit anläßlich des Ergebnisses der Reichstagswahl vom 29. 3. 36: Ausdehnung auch auf das Dienststrafrecht oder – nach Gegenargumenten – mindestens weitgehende Einzelgnadenerweise bei dienstlichen Verfehlungen „durch Übereifer im Kampf für den ns. Gedanken" gefordert (Heß); Protest (Bormanns) gegen eine öffentliche Amnestierung von „Devisenverbrechen" zum Nutzen kirchlicher Einrichtungen (Gleichbehandlung geistlicher Devisenschieber mit Kämpfern für den ns. Gedanken unerträglich, zu erwartende Interpretation einer öffentlichen Amnestie als „Zurückweichen vor der Kirche auf der ganzen Linie").
H   101 28392/1 – 399 (1546)

1. 4. – 13. 5. 36   E. Heinsohn, Adj. d. F   11416
Selbst angefertigte Geschenke („Symbole") des Hamburger Werftarbeiters Ernst Friedrich Heinsohn für Heß, Blomberg, Göring, Goebbels und Führeradjutant Brückner (bereits früher ein Geschenk für Hitler überreicht): Durch den Stab StdF Weiterleitung an die Empfänger.
W   124 02284 ff. (209)

2. 4. 36   G. Tönnies   11417
Vorschlag eines Georg Ove Tönnies (Walschstadt) zur Gründung einer „aus 24 eigenständigen Männern

bestehenden Ordenskrone" und einer Polizeitruppe zur Erkennung und Bekämpfung der anonymen Methoden des völkischen Gegners.
K   124 03027 f. (252)

2. 4. 36   AA   11418
Mitteilung über Äußerungen des Italienischen Botschafters Attolico über die negative Beurteilung der Reichstagskandidatur ehemaliger österreichischer Staatsangehöriger, darunter Habicht und Frauenfeld, im Hinblick auf die Ausschaltung der österreichischen Frage aus der deutsch-italienischen Politik: Aus völkerrechtlicher Sicht Einwände gegen die Aufstellung der genannten Persönlichkeiten zwar nicht vertretbar, jedoch in Verbindung mit dem im Ausland verbreiteten Verdacht einer bevorstehenden deutschen Aktion gegen Österreich und damit auch gegen Italien Beunruhigungen durch das Wiederauftauchen H.s zu befürchten; Bedauern über die mangelnde Gelegenheit, die Sache mit dem StdF zu besprechen.
K   101 26064 f. (1473)

3. 4. 36   StSekr. Lammers   11419
Keine Bedenken Heß' gegen die Ernennung des MinR Wienstein zum Ministerialdirektor.
W   110 00287 – 91 (3611)

3. 4. 36   Adj. d. F – 25   11420
Denkschrift des Siedlungsbeauftragten im Stab StdF, Ludowici, über die Verteilung des deutschen Bodens: Die Verteilung; Erweiterung des deutschen Lebensraumes; Bilanz über den deutschen Boden; Bodennutzungserhebung 1935; landwirtschaftliche Erträge nach Betriebsgröße; Wohnungsbedarf; Siedlungsbedarf. Klage L.s über mangelnde Loyalität der Reichsstelle für Raumordnung.
W   124 00285 – 88/24 (53)

4. – 23. 4. 36   RKzl., RMdI   11421
Einspruch des StdF gegen den § 2 des zur Vollziehung durch Hitler anstehenden Reichsarbeitsdienst-Versorgungsgesetzes: Umwandlung der Kann-Vorschrift zugunsten der Angehörigen des ehemaligen freiwilligen Arbeitsdienstes in eine Muß-Vorschrift gefordert. Zurückziehung des Einspruchs.
H   101 06069 f. (518)

7. – 15. 4. 36   StSekr. Lammers   11422
Keine Einwände des StdF gegen den Entwurf eines Zweiten Gesetzes zur Änderung des Gesetzes über die Errichtung eines Unternehmens „Reichsautobahnen"; zuvor allerdings – unter Hinweis auf die bevorstehenden Feiertage – Bitte um Fristverlängerung für einen etwaigen Widerspruch.
K   101 05880 – 84 (505)

7. – [30.]4. 36   RMfWEuV   11423
Vorschlag zur Ernennung des Prof. Walter Frank zum Präsidenten des Reichsinstituts für Geschichte des neuen Deutschlands. Zustimmung des StdF.
K   101 15016 – 19 (860 b)

7. 4. 36 – 25. 4. 38   RKzl., RMdI   11424
Ablehnung des Entwurfs eines Gesetzes zum Schutz von Archivgut durch den StdF (wegen Nicht-Berücksichtigung zweier Änderungswünsche) und durch Hitler (wegen der im Entwurf enthaltenen starken Eingriffe in die private Rechtssphäre). Erörterung eines neuen (den Gedanken der „freiwilligen Archivgutpflege" stärker berücksichtigenden und die staatlichen Eingriffsmöglichkeiten beschränkenden) Entwurfs. Stellungnahme des Vertreters des StdF: Bitte, auch die im Entstehen begriffenen Parteiarchive in das Gesetz einzubeziehen (Hinweis auf die Bouhler von H. erteilte Aufgabe, die Geschichte der Partei zu schreiben); Mitteilung der Absicht der Partei, künftig auch einschlägige private Unterlagen zu verwahren; Anregung, die Belange der Reichsstelle für Sippenforschung durch eine schärfere Formulierung des Gesetzestextes zu wahren. Entgegnung des Vertreters des Reichsinnenministeriums: Zuständigkeit der staatlichen Archivpflege auch für Parteiarchivalien; keine Beeinträchtigung des staatlichen Totalitätsanspruchs in diesem Bereich durch doppelte Zuständigkeiten und Absplitterungen; Parallele zwischen

Partei- und Wehrmachtarchiven unzulässig; Zusage der Berücksichtigung der Parteiwünsche in der Praxis. Wünsche verschiedener Ressorts zu einzelnen Bestimmungen. Vorlage eines neuen, von den beteiligten Ressorts gebilligten Entwurfs (darin eine Beteiligung der Parteiarchive vorgesehen).
K/W   101 14982—5008 (860)

8. 4. 36   AA, Dt. Ges. Kapstadt   11425
Mitteilung einer Anregung des Deutschen Vereins in Pietersburg/Transvaal zur Schaffung eines Schillingsfonds zur freien Verfügung des Reichskanzlers als Dank Auslandsdeutscher und Sympathisierender für die Verdienste Hitlers um „Frieden und Gerechtigkeit".
K   101 14894 f. (838)

8. 4. 36   RJM   11426
Übersendung des *Entwurfs eines Gesetzes zur Änderung des Strafgesetzbuchs.
H   101 26981 (1513)

9. 4. 36   AA, Franz. Botsch.—1   11427
Mit der Bitte um Nachprüfung Übersendung einer Verbalnote der Französischen Botschaft wegen eines neuerlichen Zwischenfalls in den Mannheimer Hutchinson-Werken: Auf einer Vertrauensratsitzung Angriffe des DAF-Gauwalters gegen den Fabrikdirektor Irion, einst deutscher Offizier, jetzt französischer Staatsbürger, im Zusammenhang mit der Flaggenhissung am 9. November.
H   101 25692—95 (1439 a)

9. 4. 36   J. Wagner Verkehrsverlag   11428
Übersendung einer *Erinnerungsschrift über die Olympischen Winterspiele 1936 in Garmisch-Partenkirchen.
K   101 13813 f. (731)

9. 4.—[23.] 5. 36   Adj. d. F, OPG   11429
Die Angelegenheit Paul Schäfer (Finsterwalde) vom Stab StdF an das Oberste Parteigericht weitergeleitet.
W   124 02801 f. (240)

9. 4.—29. 6. 36   RKzl., RLM   11430
Unter Hinweis auf die Bedeutsamkeit der Umgestaltung des Deutschen Luftsportverbandes für die Partei Einspruch des StdF gegen Art. 2 des vom Reichsluftfahrtminister (RLM) vorgelegten Entwurfs eines Zweiten Gesetzes zur Änderung des Luftverkehrsgesetzes. Berücksichtigung der Wünsche des StdF (Erlaß der einschlägigen Rechts- und Verwaltungsvorschriften im Einvernehmen mit ihm) durch den RLM.
K/H   101 12718—22 (697)

Nicht belegt.   11431

14. 4. 36   RAM, StSekr. Meissner   11432
Der Einspruch gegen die Ernennung des MinDir. v. Grünau zum Gesandten von Heß aufrechterhalten.
W   124 02291 (210)

15. 4. 36   Adj. d. F—7   11433
Übermittlung von zwei Bildern Hitlers für eine Frau Ossmann in Südwestafrika und für den Landesgruppenleiter Frankreich bzw. das Deutsche Kolonieheim in Paris.
W   124 00701 (61)

15. 4.—28. 5. 36   AA—1   11434
Bei einer Besprechung im Auswärtigen Amt allgemeine Befürwortung einer deutschen Beteiligung am Weltjugendtreffen in Genf (Sommer 1936), um etwaigen Angriffen auf Deutschland sofort entgegentreten zu können. Auswahl der Teilnehmer (ca. 15) durch die Reichsjugendführung.
M   203 00029—35 (12/2)

15. 4. 36 — 20. 3. 37   RArbM   11435
Neuregelung der Arbeitslosenunterstützung (Besprechungseinladung und *Verordnungsentwurf).
M   101 06503 — 06 (529 b)

16. 4. 36   RKzl. — 11   11436
Anordnung Heß': Weiterleitung wehrtechnischer Vorschläge aus der Partei an das Reichskriegs- und an das Reichsluftfahrtministerium nur über das Referat für technische Sonderfragen im Stab StdF.
W   101 03354 ff. (341)

16. 4. 36   Adj. d. F   11437
Zwecks eventueller Verwendung für die Note an die schweizerische Regierung durch den Stab StdF Übersendung dreier schweizerischer Zeitungsnotizen (Forderungen nach Ausweisung des GL Gustloff und nach Freilassung des „durch deutsche Agenten geraubten" Emigranten Jacob, Angriffe auf die schweizerischen Faschisten und deren Presse sowie auf die ns. Presse in der Schweiz).
W   124 00293 — 96 (53)

18. 4. 36   Adj. d. F, M. Gessele — 1   11438
Erhöhung der vom Verbindungsstab aus geleisteten Überweisungen an Hans Gessele (München) auf RM 50.— pro Monat. Dank G.s an Heß.
W   124 02244 — 47/2 (203)

18. 4. — 4. 6. 36   Stiftung Dt. Burse Tübingen, RStudBF, Kzl. d. F   11439
„Allersehnlichster Wunsch" 40 auslandsdeutscher Studenten, vor ihrer Abreise von Hitler empfangen zu werden. Keine Bedenken des Reichsstudentenbundführers, der Gauleitung Württemberg-Hohenzollern und der Leitung der Auslands-Organisation.
W   124 00696 — 99 (61)

20. 4. — 26. 5. 36   RMdI, RKzl. u. a.   11440
Erörterung einiger mit der Durchführung des Gesetzes zur Verhütung erbkranken Nachwuchses aufgetretenen Probleme; Ergebnisse: Keine Aufnahme von Sterilisierten in Wehrmacht und Arbeitsdienst, Einstellung nur in seltenen Ausnahmefällen möglich, im Kriegsfall arbeitsverwendungsfähig; bei weiterer strenger Beachtung der Schweigepflicht Diskriminierung Unfruchtbargemachter nicht zu befürchten; im Falle von Sterilisationen besonders bewährter Parteigenossen Beteiligung der Partei, nötigenfalls Hitlers selbst, bereits im Vorverfahren. Zustimmung H.s zu diesen Beschlüssen.
K   101 13736 — 51 (721 a)

21. 4. 36   Adj. d. F   11441
Bitte um Auskunft über Gehalt und Durchschnittsalter eines Stellenleiters, Hauptstellenleiters und Amtsleiters im Braunen Haus.
K   124 03092 (257)

[21. 4. 36]   (StSekr. Lammers)   11442
Auftrag Hitlers an StSekr. Lammers, zu gegebener Zeit mit Heß wegen der späteren Besetzung der Oberlandesgerichtspräsidentenstellen in München und Nürnberg Fühlung zu nehmen.
K   101 26529 (1507)

21. — 23. 4. 36   Adj. d. F — 7   11443
Durch den Leiter der Auslands-Organisation Anmahnung eines versprochenen *Dankschreibens Hitlers an den Maler Albert Gartmann (La Cumbre/Argentinien) für die Schenkung eines Bildes.
W   124 01293 ff. (149)

21. — 23. 4. 36   Adj. d. F — 5   11444
Auf *Anfrage Auskunft des Personalamts im Stab StdF: Gehaltszahlung im Stab StdF nicht nach dem Rang als Politischer Leiter, sondern nach dem Gehalt in der bisherigen Berufsstellung (Nennung der üblichen Sätze) bzw. bei Beamten nach den Staatsbezügen; dabei Gratulation Wulffens (Stab StdF) an Führeradjutant Wiedemann zum „St. F.".
W   124 00320 (53)

21. 4.−13. 5. 36   Adj. d. F, E. Franke   11445
Durch die Führeradjutantur Weiterleitung von Eingaben der Kameraden eines v. Tettenborn (Lauske Kr. Löbau) zugunsten des nach der Entdeckung eines getauften Juden unter seinen Ururgroßvätern von allen Ämtern zurückgetretenen und vollkommen gebrochenen T.
W   124 02216 ff. (202)

22. 4. 36   RLM   1446
*Schreiben, vermutlich die Aufnahme (des SS-Stubaf. Fritz Kranefuß?) in den Aero-Club von Deutschland betreffend.
W/H   306 00729 (Kranefuß)

22. 4. 36   Adj. d. F − 11   11447
Anfrage des Stabs StdF wegen des Einbaus zweier Verstärkergestelle in der Wohnung Hitlers in München.
W   124 00219 (53)

22. 4.−[1. 5.] 36   F. Meditsch, Adj. d. F − 11   11448
Beschwerde eines Franz Meditsch (Salzburg), nach Herantreten an die Partei wegen der Auswertung einer Erfindung von einer jüdischen Firma um sein geistiges Eigentum betrogen worden zu sein: Weiterverweisung M.s durch die Führeradjutantur an Croneiß und von diesem an Klopfer (beide Stab StdF). Klage M.s über K.s bürokratisches Verhalten.
W/H   124 02513 f. (224)

22. 4.−13. 11. 36   Adj. d. F   11449
In einer Denkschrift Bormanns Ablehnung der geplanten Errichtung einer Staatsjugend (StJ) und eines Reichsluftsportkorps (RLSK) aus prinzipiellen Gründen. Laut B. nicht nur die praktische Mitarbeit der Partei bei vielen Staatsbeamten umstritten, sondern auch die eigentliche Aufgabe der Partei − „die politische Erziehung und die laufende politische Führung des deutschen Volkes" − gefährdet und die Erfassung des deutschen Volkes durch die ns. Bewegung „weitgehend unmöglich" gemacht: Starke Begrenzung des Potentials durch den von Hitler gewünschten Charakter der Partei als eines „Führerordens"; wirtschaftliche und soziale Unsicherheit sowie immer noch mangelhaftes Prestige einer hauptamtlichen Parteiarbeit; Konkurrenz bei der Erfassung der Menschen durch Wehrmacht und andere staatliche Einrichtungen mit soldatischem Charakter − Arbeitsdienst u. a. −, durch Berufsorganisationen, private Vereine u. a. Daher Frage nach der Notwendigkeit der Gründung weiterer Verbände: 1) Eine zwangsmäßig erfaßte StJ angesichts der zunehmenden Erfassung der Jugendlichen in der HJ, zumal bei verbesserter Mittelausstattung der HJ, gar nicht nötig, wenn aber doch neben einer künftigen Ausleseorganisation HJ gewünscht, dann nicht als dem Jugendführer des Deutschen Reiches unterstehende, von Beamten geführte *Staats*jugend, sondern nur als dem Reichsjugendführer der NSDAP unterstellte, „engstens mit der Reichsleitung der NSDAP verkoppelte" *Volks*jugend; 2) im Falle der Errichtung eines RLSK zur vor- wie nachmilitärischen Ausbildung aller Flieger- und Flaksoldaten wegen des umfangreichen zwangsweisen Mitgliederkreises und zu erwartender ähnlicher Einrichtungen des Heeres und der Marine die Partei nur noch auf Militär-Untaugliche und Frauen beschränkt und damit ihr Dasein „besiegelt"; im übrigen auch Einsprüche des Reichsjugendführers (HJ-Konkurrenz), des Reichsschatzmeisters (wegen vorgesehener Parteiaufnahme) und des NSKK-Korpsführers (Protest gegen Gleichstellung mit den in der Kampfzeit erprobten Gliederungen SA, SS und NSKK) gegen das vorgesehene RLSK. − Bitte Heß' an den Führeradjutanten Schaub, die Denkschrift B.s wegen ihrer Wichtigkeit Hitler vorzulegen. (Vgl. Nr. 11459.)
W/H   124 00229 − 49 (53); 124 00373 − 93 (54)

24. 4. 36   RMdI, RSchatzmeister   11450
Durch den Reichsinnenminister (Abschrift an den StdF) aufgrund der Einwände Goebbels' (Mißstimmung in der Bevölkerung wegen der zahlreichen Sammlungen) und der daraufhin eingeholten Entscheidung Hitlers Aufstellung eines neuen Plans für Straßen- und Haussammlungen im Sommer 1936 mit reduzierten bzw. zusammengelegten Terminen.
W   124 00072 − 75 (31)

24. 4. – 19. 6. 36   RKzl., AA, Dt. GenKons. Sydney   11451
Übersendung (in einem Falle auf Weisung Hitlers) zweier Berichte des Deutschen Generalkonsulats in Sydney: Beschwerden des australischen Außenministers über die unzulässige Propaganda der ns. Organisation in Australien (Einbeziehung von Nicht-Reichsdeutschen durch Verteilung von Druckschriften, Vorführung von Propagandafilmen usw. und sogar Aufnahmen; Boykotte australischer Firmen). Hinweis der deutschen Vertreter auf die zu erwartende verschärfte australische Kontrolle und Bitte, zwecks Vermeidung eines Verbots die Parteistellen in Australien zur Zurückhaltung zu veranlassen.
H   101 25249 – 56 (1411)

24. 4. – 23. 6. 36   RMfWEuV, RMdI   11452
Votum des Reichserziehungsministers (REM) für die Berücksichtigung auch der Vertreter der bildenden Kunst in einem Verordnungsentwurf über Titelverleihung an Künstler; dringender Rat, den Titel „Professor" (primär Amtsbezeichnung für Hochschullehrer) nur sehr sparsam und nicht ohne vorherige Stellungnahme des REM zu verleihen; Zurückweisung des Verlangens des Propagandaministers nach Federführung bei allen Künstlerehrungen im Bereich der Reichskulturkammer (Überschneidungen und Kompetenzstreitigkeiten möglich; Empfehlung, die Federführung beim Reichsinnenminister zu belassen). (Zur Kenntnisnahme an den StdF.)
A   101 04918 – 21 (442)

24. 4. 36 – 23. 4. 38   RMdI   11453
Rundschreiben über den Nachweis der deutschblütigen Abstammung von Angehörigen des öffentlichen Dienstes (Verwendung des Ahnenpasses, Rückgabe der Urkunden).
K/H   101 13701/1 – 704 (721)

[25. 4.] – 9. 5. 36   Adj. d. F, Kerrl – 25   11454
Trotz Fürsprache des Führeradjutanten Wiedemann eine nochmalige Aussprache mit Ludowici von Kerrl abgelehnt; Begründung: Die Angelegenheit mit Heß und Ley geklärt. Daraufhin Versuch Ludowicis, sich direkt an Hitler zu wenden.
W/H   124 02472 ff. (222)

25. 4. – 21. 12. 36   Adj. d. F   11455
Stellungnahme Bormanns zu einer *Eingabe des Stadtrats Wolf (Magdeburg) wegen seiner Beurlaubung: Keine Zustimmung zu der von der Gauleitung Magdeburg-Anhalt und vom Beauftragten der Parteileitung Bauer vorgesehenen Anwendung des § 6 BBG; die von der Gauleitung auch nach dem Freispruch W.s durch das Oberste Parteigericht eingenommene Haltung gegenüber einem älteren, verdienstvollen Parteigenossen weniger aus den tatsächlichen Vorgängen erklärlich als aus der Zuspitzung bei deren Behandlung; wegen des unrettbar gestörten Vertrauensverhältnisses zwischen W. einerseits, seiner Dienstbehörde und der Gauleitung andererseits Vorschlag, W. mit Hilfe des Hauptamts für Kommunalpolitik (HAKP) anderweitig unterzubringen; Bitte um Benachrichtigung über eine eventuelle (von W. erbetene) Entscheidung Hitlers. Durch die Führeradjutantur Übersendung einer *Stellungnahme des HAKP und Hinweis auf den darin enthaltenen Widerspruch zu der Beurteilung W.s durch B.
K   124 03078 – 87 (257)

25. 4. 36 – 22. 5. 37   AA, Dt. Botsch. Paris u. a.   11456
Übersendung von zwei Berichten der Deutschen Botschaft in Paris über „Umtriebe deutscher Emigranten": Deckadressen, Aufenthaltsorte, Besprechungen und Warnungen; Kontakte mit der englischen Labour Party; Propagandamaterial u. a. gegen die Volksabstimmung in Deutschland.
H   101 25642 – 57 (1436)

28. 4. 36   RMdI   11457
Übersendung des abgeänderten Entwurfs einer Prüfungsordnung für Kurzschreiben bei Behörden.
K   101 16290 – 94 (956)

28. 4. 36   Adj. d. F – 14/1   11458
Durch die Abteilung zur Wahrung der Berufsmoral im Stab StdF Übersendung eines *Berichts über die Auseinandersetzung des entlassenen Pg. Nuyken mit den Krupp-Werken (Dir. zu Wemmer); Intervention bei Krupp v. Bohlen und Halbach (neben N. auch andere Parteimitglieder entlassen oder gemaßregelt, über diese Fälle der Stab StdF jedoch nicht ausreichend unterrichtet; Veranlassung stets ein Zerwürfnis mit Dr. Brüggemann); anderweitige Unterbringung N.s zugesagt, jedoch verschleppt.
W/H   124 02623 f. (230)

28. 4. – 9. 5. 36   RKzl., RJF, RMfWEuV   11459
Wunsch des StdF und des Reichserziehungsministers, Hitler ihre Bedenken gegen den Gesetzentwurf über die Staatsjugend mitzuteilen. Besprechung zwischen den Führern sämtlicher ns. Gliederungen und dem Reichsjugendführer beim StdF vorgesehen. (Vgl. Nr. 11449.)
M   101 06288 – 93 (525)

29. 4. 36   RJM   11460
Vorschlag, die durch die in Aussicht genommene Ernennung Thieracks zum Präsidenten des Volksgerichtshofs freiwerdende Stelle des Vizepräsidenten beim Reichsgericht mit dem bisherigen Senatspräsidenten und geschäftsführenden Präsidenten beim Volksgerichtshof, Bruner, zu besetzen.
H   101 27077 – 81 (1517 b)

[29. 4. 36]   RJM   11461
Zustimmung des StdF zur vorgeschlagenen Besetzung von zehn durch das Gesetz über den Volksgerichtshof vom 18. 4. 36 dort neugeschaffenen bzw. vom Reichsgericht dorthin übertragenen Planstellen mit Einzelgehältern: ein Präsident (Thierack), zwei Senatspräsidenten (Springmann, Engert), ein Reichsanwalt (Jorns) und sechs Volksgerichtsräte (Schauwecker, Lämmle, Hartmann, Köhler, Albrecht, Jenne). Ernennungsvorschläge.
H   101 27063 – 76 (1517 b)

29. 4. – 19. 10. 36   Adj. d. F   11462
Bitte Bormanns an den Führeradjutanten Wiedemann, eine Entscheidung Hitlers über das trotz seiner Befürwortung von der Wehrmacht abgelehnte Gesuch des österreichischen Maj. a. D. Leopold Leeb um Übernahme in die Wehrmacht einzuholen. Stellungnahme W.s: Vortrag aller militärischen Angelegenheiten bei Hitler durch den Adjutanten der Wehrmacht beim Führer, Hossbach (nur in Ausnahmefällen durch W.), außerdem Entscheidung Hitlers gegen den Willen der Wehrmacht nicht zu erwarten und im übrigen für den Betroffenen auch nicht empfehlenswert (Hinweis W.s auf seinen eigenen Fall); Ankündigung einer mündlichen Mitteilung der Gründe für die Ablehnung L.s.
W   124 02445 – 50 (220)

30. 4. 36   Adj. d. F, F. Linke   11463
Nach Bestrafung wegen einer entsprechenden Meldung *Bitte eines Friedrich Linke an die Führeradjutantur um eine Unterredung zwecks Berichterstattung über die Zustände in der Partei in Frankfurt/Oder: Weiterleitung an den StdF.
W/H   124 02457 f. (221)

30. 4. – 4. 5. 36   RKzl.   11464
Auf Wunsch Heß' (Überschneidung mit einer Führerbesprechung der Reichs- und Gauleiter) Verschiebung der für den 8. 5. angesetzten Kabinettsitzung auf den 19. oder 22. 5.
W   110 00194 ff. (1328)

[30. 4.] – 2. 7. 36   AA, APA u. a. – 22   11465
Anwendung der Rassengesetzgebung auf außereuropäische Ausländer: Anerkennung der Türkei als europäische Nation und daher Behandlung türkischer Staatsbürger als „artverwandt", nicht jedoch der Staatsbürger anderer Länder des Nahen Ostens. Wegen der dadurch entstandenen Verstimmungen vor allem mit dem Iran Versuch des Außenpolitischen Amts, für diesen eine Sonderstellung zu erwirken.

Laut Auswärtigem Amt eine intensivere Aufklärung des Auslands über den deutschen Rassegedanken erforderlich, um die zahlreichen diplomatischen Zwischenfälle künftig zu verhindern. Über eine Besprechung dieser Auseinandersetzungen Bericht Gross' an den StdF. (Vgl. Nr. 11409.)
W/H   124 02247/5 – 251 (205)

30. 4. – [16. 12.] 36   StSekr. Lammers, GL Kaufmann   11466
Aufgrund eines Berichtes des Deutschen Botschafters in Rom über die z. Zt. unzweckmäßige Häufung von Besuchen führender Persönlichkeiten von Staat und Partei (RM Frank, GL Kaufmann u. a.) Bitte Hitlers – über StSekr. Lammers – an K., seine Reisepläne einstweilen zurückzustellen. Beschwerde Heß' über die Behandlung der Reise K.s: Keine Fühlungnahme K.s mit italienischen Behörden vorgesehen, lediglich ein Vortrag vor reichsdeutschen Ortsgruppen der NSDAP mit Einverständnis des StdF geplant; Hinweis auf die bereits bestehende Genehmigungspflicht für Auslandsreisen im Parteibereich; von L. herbeigeführte und – nach Feststellung des Sachverhalts – wieder aufgehobene Führerentscheide keine Stärkung der Autorität des Chefs der Reichskanzlei; Bitte um Erstattung der durch den notwendig gewordenen Flug K.s entstandenen Mehrkosten an die Auslands-Organisation (AO); Ersuchen, Hitler nichts aus seinem Arbeitsgebiet zur Entscheidung vorzulegen, ohne seine oder seiner Dienststelle Äußerung vorher einzuholen. Rechtfertigung L.': Die Behandlung der Reise K.s auf die Eilbedürftigkeit der Angelegenheit zurückzuführen; allzu häufige Auslandsreisen prominenter Persönlichkeiten aus Partei und Staat nach wie vor nicht erwünscht. Herausgabe eines entsprechenden, vom StdF gebilligten Rundschreibens durch L.: Einholung der Genehmigung Hitlers vor Auslandsreisen führender Persönlichkeiten des Staates und führender Parteigenossen in staatlicher Funktion (ausgenommen Reisen privaten Charakters); etwa beabsichtigte Reden vor Ausländern ebenfalls genehmigungspflichtig; die Regelung für den reinen Parteibereich bereits durch den StdF erfolgt; Reisen im Auftrag der AO nur bei Kontaktaufnahme mit der Regierung oder mit Körperschaften des Gastlandes der Zustimmung Hitlers bedürftig.
K/W   101 15087 – 118 (855 a)

Mai 36   VDA   11467
Delegierung eines Beauftragten des StdF zur Bundesleitung des Volksbundes für das Deutschtum im Ausland (VDA) zwecks Beseitigung des „unhaltbaren Zustandes des Verhältnisses einiger Parteigliederungen zum VDA". (Erwähnung.)
H   101 25210 – 13 (1408 c)

4. 5. 36   Adj. d. F   11468
Bitte, dem GenMaj. a. D. Arthur Gallus den von ihm erbetenen Bescheid zukommen zu lassen.
W   124 02233 (203)

4. 5. – 22. 7. 36   AA, Bayr. StKzl., Polit. PolKdr. Bayerns, Bayr. StMdI, Brit. Botsch.,   11469
                    Brit. GenKons. München
Verhaftung (Entlassung erst nach 20 Stunden und ohne Anklageerhebung) der britischen Staatsangehörigen F. R. F. Blackett auf einer Parteiveranstaltung im Münchner Bürgerbräukeller am 4. 2. 36 wegen Nichterweisung des Deutschen Grußes und Anfertigung von Notizen bzw. Mitstenographierens der gehaltenen Referate: Britische Demarche und ihre Behandlung auf deutscher Seite (jeweils Weiterleitung an den StdF zur Kenntnisnahme und – evtl. – Nachprüfung).
H   101 25615 – 41 (1435 a)

5. – 18. 5. 36   H. Gansser, Adj. d. F   11470
Bitte des Komponisten Hans Gansser (Stuttgart), bei der Einweihung des Erweiterungsbaues von Haus Wachenfeld zusammen mit Kammersänger Max Roth einige seiner Lieder vortragen zu dürfen. Weiterleitung an Führeradjutant Brückner.
W/H   124 02234 ff. (203)

5. 5. 36 – 5. 1. 37   Adj. d. F, Obgm. Berlin – 25   11471
Um den Siedlern der Siedlung Wartenberg bei Berlin dem Wunsche Hitlers entsprechend zu einer Bau-

genehmigung zu verhelfen, Einschaltung des Siedlungsbeauftragten im Stab StdF mit dem Ergebnis der Ausweisung des in Frage stehenden Geländes als Wohn- und Siedlungsfläche durch den Oberbürgermeister der Stadt Berlin.
K   124 03556–59 (302)

6. 5. 36   Adj. d. F – 7   11472
Durch den Leiter der Auslands-Organisation Weiterleitung einer *Glückwunschadresse der Ortsgruppe Cordoba (Argentinien) anläßlich der „Befreiung des Rheinlands".
W   124 00700 (61)

6. 5. 36   RKzl.   11473
Mitteilung über die Absicht des Oberbürgermeisters von Athen, Kotzias, zwölf junge Griechen zum Studium ns. Einrichtungen, „insbesondere der Reichsjugend und des Arbeitsdienstes", nach Deutschland zu senden, und über die volle Unterstützung dieses Plans durch Hitler.
H   101 25706 f. (1445)

6. 5. 36 – 10. 2. 38   RMdI, RArbM, RJM, PrFM, RVM, RMfEuL, RLM, Dt. RBahn, RWiM,   11474
                        RFM, OBdM, GBauI f. d. RHauptstadt
Stellungnahme der Ressorts mit umfangreichen Listen von Abänderungsvorschlägen zu dem vom Reichsinnenminister (RMdI) auf Grund früherer Äußerungen der Ressorts überarbeiteten *Entwurf eines Reichsenteignungsgesetzes. Einige der erörterten Punkte: Zuständigkeit der ordentlichen oder der Verwaltungsgerichte bei Streitigkeiten über die Enteignungsentschädigung; Zulässigkeit von Sondervorschriften; Bemessung der Entschädigungshöhe und Zurückführung der Entschädigungen „auf ein angemessenes Maß"; Entschädigung in Land, u. a. bei der Enteignung von Erbhöfen und Altenteilen; Kompetenz der lokalen Enteignungsbehörden; Übernahme der Kosten von Enteignungs- und Umlegungsverfahren; Anspruch des Reichswirtschaftsministers auf die Kompetenz der für Enteignungen zuständigen Zentralinstanz und Einspruch gegen deren Übergang auf den RMdI; Anhörung des Landesbauernführers über die Lebensfähigkeit eines Erbhofes oder Hofes nach der vorgesehenen Enteignung. – Ergebnisprotokoll kommissarischer Ressortbesprechungen über den Entwurf (nach Berücksichtigung einer Reihe inzwischen geäußerter Wünsche) am 19., 20. und 21. 4. 37. Dabei Stellungnahmen des Vertreters des StdF: 1) für Zuständigkeit der höheren Verwaltungsbehörde bzw. – bei kleineren Enteignungen – des Landrats als Enteignungsbehörde; 2) für Bestimmung des Reichsernährungsministers als Oberste Enteignungsbehörde; 3) für die Zuständigkeit der Verwaltungsgerichte für die Nachprüfung der festgesetzten Entschädigungen; 4) für mögliche Ausnahmen bei der grundsätzlich für Erbhöfe vorgesehenen Entschädigung in Land; 5) gegen die Festsetzung des gemeinen Wertes als Entschädigungsgrundlage und für die Berücksichtigung der „subjektiven Seite", z. B. von Inflationsgewinnen. In den drei grundsätzlichen Fragen – Enteignungsbehörde, Oberste Enteignungsbehörde, Zuständigkeit der ordentlichen oder Verwaltungsgerichte – keine Einigung, sondern Verweis an eine notwendige Chefbesprechung. – Neuerliche Überarbeitung des Entwurfs auf Grund dieser Beratungen und weitere Stellungnahmen von Ressorts.
H   101 27883–988 (1527 a)

7.–12. 5. 36   Adj. d. F   11475
Die laut Lutze nicht von ihm stammende, sondern von der Adjutantur Hitlers verwandte Bezeichnung „Stabschef des Führers" von Bormann als sachlich falsch und außerdem Unzufriedenheit erregend (vor allem bei Himmler und Hühnlein wegen des dadurch erweckten Eindrucks wieder verlorener Selbständigkeit) beanstandet. Die Verwendung dieser Bezeichnung für den Stabschef der SA dem Führeradjutanten Wiedemann nicht bekannt; Zusage, der Angelegenheit nachzugehen.
W/H   124 00324 (53); 124 00369–72 (54); 124 00984 ff. (79)

7. 5.–15. 10. 36   RMdI   11476
Einspruch des StdF gegen die Verwendung des Hoheitszeichens auf den Knöpfen der Dienstbekleidung der Beamten und Arbeiter des Reiches.
M   101 00090 ff. (128 a)

9. 5. 36   Adj. d. F, J. Lack   11477
Wunsch des nicht der Partei angehörenden, 1919 unter Dietrich Eckart bei der Gründung des Völkischen Beobachters beteiligten Josef Lack (Berlin), aktiv für die Partei tätig sein zu können.
W/H   124 02423 f. (219)

9. 5. 36   RArbM   11478
Beauftragung des StR Walter Schuhmann mit der kommissarischen Führung der Dienstgeschäfte eines Treuhänders der Arbeit für das Wirtschaftsgebiet Schlesien; Bitte um Zustimmung zu der – durch das kommissarische Dienstverhältnis bedingten – außertariflichen Vergütungsregelung.
K   101 06493 f. (529 a)

10. 5. 36 – 6. 11. 44   E. Chamberlain-Wagner, Prof. Lenard, L. Tirala, RMfWEuV,   11479
    Bayr. StMfUuK u. a. – 11, 17
Jahrelange Bemühungen zugunsten des wegen fachlichen Versagens (laut Reichserziehungsminister der vorübergehende, wieder aufgehobene Parteiausschluß wegen früherer „angeblicher Verfehlungen in der Tschechoslowakei" für diese Entscheidung ohne Belang) aus dem Staatsdienst entlassenen Lothar Tirala, 1933–36 Professor für Rassenhygiene an der Universität München, trotz Fürsprache hoher Parteistellen (Buch, Stab StdF u. a.) und einflußreicher Persönlichkeiten (Eva Chamberlain-Wagner, Prof. Lenard) erfolglos: Keine Rücknahme der Entlassung und auch keine Rückgabe des Professortitels, etwa durch Ernennung zum Honorarprofessor. Aufgrund neuen Materials (Akten aus dem Protektorat und vom bayerischen Kultusministerium veranlaßte Vernehmungen) schließlich (1944) auch von Bormann ein Eintreten für T. abgelehnt.
M/H   301 01022 – 57 (Tirala)

11. 5. 36   RMdI   11480
Zustimmung zur Auffassung des StdF, die §§ 5 und 6 des Berufsbeamtengesetzes auf alte Parteigenossen nicht anzuwenden: Zwar keine Diffamierung durch eine Versetzung in den Ruhestand nach den genannten Paragraphen, jedoch auch Anwendung, um Beamte wegen bedenklichen Verhaltens aus dem Dienst zu entfernen.
K   101 20149 f. (1201 a)

[11. 5. 36]   Ribbentrop   11481
Einverständnis Heß' mit der – von Ribbentrop gewünschten und betriebenen – Ernennung R.s zum Reichsleiter für Außenpolitik, jedoch „Bedenken wegen Kerrl und Hierl"; Schwarz' Hinweis auf Rosenberg für Heß nicht stichhaltig: Rosenberg nicht Reichsleiter für Außenpolitik, sondern „für weltanschauliche Schulung usw.".
W/H   124 01015 ff. (91)

11. – 18. 5. 36   Himmler   11482
Bitte Bormanns um schriftliche Unterlagen über die „Braune Division" zur abgesprochenen Unterrichtung Hitlers. Dazu Himmler: Schriftliches darüber nicht vorhanden; Kenntnis über Werbung der SA in Stuttgart, über die Absicht, eine vierjährige Dienstzeit einzuführen, sowie über die geplante Aufstellung von zunächst fünf Bataillonen allein durch mündliche Berichte.
K   102 01546 f. (2734)

12. 5. 36   Adj. d. F, K. Locher   11483
Durch die Führeradjutantur Weiterleitung der Bitte eines Konrad Locher (Singen) und seiner Frau Theresia geb. Heß (früher Hausangestellte bei Elise Bruckmann) um finanzielle Unterstützung.
W/H   124 02466 f. (221)

12. – 15. 5. 36   Adj. d. F, W. Stelzer, OSAF   11484
Durch die Führeradjutantur Übersendung der ˙Eingabe eines Wilhelm Stelzer (Alt-Kohlfurt) in Sachen seines Schwiegersohnes Kurt Wanke (Ausschluß aus der SA wegen Beitragsrückständen und Dienstver-

säumnissen; Verlust seiner Stellung). Durch den Stab StdF zuständigkeitshalber Abgabe an die Oberste SA-Führung.
K   124 02967 f. (249)

12. 5. – 26. 6. 36   Adj. d. F, M. Stickler   11485
Nach Kenntnisnahme durch den Stab des StdF Rücksendung der Gesuche einer Mathilde Stickler (München) um eine persönliche Rücksprache mit SA-Gruf. Brückner in einer ihren Sohn, Dr. Stickler, betreffenden Angelegenheit.
K   124 02969 – 74 (249)

12. 5. 36 – [2. 2. 37]   RMdI   11486
Bei Nichtbeteiligung von Beamten an der Wahl am 29. 3. 36 Verzicht auf Feststellung der Nichtwähler von Amts wegen, um die Beamtenschaft nicht zu beunruhigen; jedoch Bitte an den StdF, die zuständigen Parteistellen anzuweisen, die betreffenden Fälle unverzüglich der vorgesetzten Behörde des Beamten mitzuteilen (erforderliche Unterlagen vermutlich im Besitze der Partei); Weisung an die Behörden, gegen diese Beamten aufgrund des § 6 BBG und gegebenenfalls im Disziplinarweg vorzugehen. Bitte des StdF um Mitteilung über den Ausgang derartiger Verfahren gegen höhere Beamte.
M   101 02841 – 44 (288 b)

13. 5. 36   Adj. d. F   11487
Übersendung einer *Eingabe des 1932 wegen „Interesselosigkeit" aus der Partei ausgeschlossenen Albert Richard (Berlin) um Wiederaufnahme (Befürwortung eines früheren Gesuches durch Heß).
W   124 02788 f. (239)

14. 5. 36   Adj. d. F   11488
Im Auftrag Hitlers Hinweis auf die „Stiftung für die Opfer der Arbeit" als die von H. für die Zusammenfassung der Spenden bei Katastrophen und für die Betreuung der Hinterbliebenen eingesetzte Stelle; Bitte, künftig bei „großen Katastrophen" Spenden an diese Stiftung zu überweisen.
W/H   124 00250 – 53 (53)

14. 5. 36   RArbF   11489
Bericht über eine Besichtigung von Lagern, Arbeitsstätten usw. des Reichsarbeitsdienstes durch den Schweizer Prof. Burckhardt als Delegierten des Internationalen Roten Kreuzes; angebliche abfällige Äußerungen B.s über die westlichen Demokratien und über die „internationale Verschwörung" des Bolschewismus (Rettung nur durch Hitler und Mussolini möglich).
H   101 26366 ff. (1495)

[14. 5. 36]   Haus d. Presse   11490
Versand eines *Aufsatzes „Rudolf Heß, des Führers treuer Gefolgsmann und Stellvertreter" zur freien Veröffentlichung.
W   150 00001 (6)

14. 5. – 9. 8. 36   GL Sachsen, M. Molner u. a.   11491
Beschwerde einer Melanie Molner wegen des Erwerbs bzw. der Übernahme ihres Grundstücks „Braunes Haus Leipzig" durch die NSDAP-Kreisleitung Leipzig. Stellungnahme der Gauleitung Sachsen: Frau M. eine „Querulantin erster Sorte", eine Bearbeitung ihrer Eingaben daher Zeitverschwendung.
W/H   124 02560 – 65/3 (227)

18. 5. 36   Bd. d. Berliner Haus- und Grundbesitzervereine   11492
Bitte um eine Vermittlungsaktion der Reichsregierung zwischen den Beteiligten (Hauseigentümer, Bauherrn, ausführenden Firmen u. a.) in der Frage der Entschädigung für die schädlichen Einwirkungen der Grundwasserabsenkung beim Bau der Nordsüd-S-Bahn auf die Hausgrundstücke; Hinweis auf die unverhältnismäßig hohe finanzielle Belastung der Hauseigentümer durch Gebäudeschäden, abgesackte Bürgersteige, gefährdete Energieversorgung und Mietminderung; eine Entschädigungspflicht von den haftbar gemachten Stellen (Reichsbahn, Baufirmen) bestritten.
K   101 19518 – 22 (1185 a)

19. 5. 36   Adj. d. F   11493
Im Programmvorschlag für die Beerdigung des SS-Brif. Schreck eine Ansprache des StdF vorgesehen.
W   124 01141 f. (121)

19. 5. – 28. 8. 36   Adj. d. F   11494
Weiterleitung der Erfindung eines Max Ohm (Berlin) an den Stab StdF zur Begutachtung. Später Bitte O.s, seine Beförderung zum Ersten Hauptwachtmeister beim Strafgefängnis Tegel zu befürworten.
W   124 02625 ff. (231)

20. 5. – 17. 6. 36   F. Bang, Adj. d. F – 1, 7   11495
Auf Vorschlag eines Patienten, StA a. D. Ferdinand Bang, Übersendung eines Bildes Hitlers mit Unterschrift für das einen ns. Stützpunkt bildende Sanatorium „Deutsches Haus" in Agra (Schweiz).
W   124 01289 – 92 (149)

23. 5. 36   Adj. d. F   11496
Weiterleitung der *Bitte eines Willi Loll (Berlin) um eine Unterredung (bisherige, vom StdF an das Oberste Parteigericht weitergeleitete Eingaben L.s über Schwierigkeiten wegen seiner Parteizugehörigkeit ohne Antwort geblieben).
W   124 02470 f. (221)

23. 5. 36   Adj. d. F   11497
Übersendung der *Beschwerde einer Martha Eichner (Dresden) über die ihr wegen ihres Einsatzes für den von RStatth. Mutschmann schlecht behandelten Träger des Coburger Ordens (gemeint: Ehrenzeichens) Hagedorn von M. zugefügte Behandlung (Verhaftung und Androhung einer neuerlichen Verhaftung).
W   124 02141 f. (198)

23. 5. 36   Adj. d. F   11498
Berufung des AL Strang als Sachbearbeiter für alle mit dem Reichsparteitag zusammenhängenden Fragen in den Stab StdF.
W   124 00303 (53); 124 00368 (54)

23. 5. 36 – 16. 6. 37   RMfWEuV, Univ. Berlin – 17   11499
Durch Wagner (Stab StdF) Mitteilung über Hitlers ausdrücklichen Wunsch nach Förderung der Arbeiten des Röntgenologen Prof. Henri Chaoul (Charité Berlin); Vorschlag der Errichtung eines Zentral-Röntgeninstituts in Berlin unter der Leitung Ch.s. Durch den Stab StdF Einholung einer Beurteilung Ch.s (als Sohn eines Syrers artfremder Mischling 1. Grades) und – nach Zulassung Ch.s zum Internationalen Radiologen-Kongreß in Chicago – Rückfrage wegen H.s Anweisung.
H   301 00216 – 23 (Chaoul)

25. 5. 36   Adj. d. F   11500
Mitteilung der Entscheidung Hitlers, die Verbindlichkeiten des verstorbenen Maj. Schueler van Krieken (Freiburg) in Höhe von RM 22 000.– zu übernehmen.
W   124 02877 (244)

[26. 5.] – 7. 10. 36   RMdI, RKzl.   11501
Einsicht von Akten staatlicher Behörden durch Dienststellen der Partei: Anregung der Reichskanzlei, in dem geplanten Erlaß des Reichsinnenministers die Parteistellen aufzufordern, Ersuchen um Aktenversendung sachlich zu begründen. Einwände des StdF gegen die Aufnahme einer solchen Bestimmung in den Erlaß, um den Anschein eines „Mißtrauens der Staatsstellen zur Partei" zu vermeiden. „Mißverständnis" hinsichtlich eines angeblichen Auftrags Hitlers, gleichzeitig mit der Frage der Einsicht von Staatsakten durch die Partei die Frage der Einsicht von Parteiakten durch den Staat zu regeln. Dieser Behauptung der staatlichen Ressorts wie überhaupt einer Gegenseitigkeit vom StdF scharf widersprochen (zwei voneinander unabhängige Fragen). Rechtfertigung Lammers': Ein solcher Auftrag H.s „jedenfalls von mir nie behauptet", in dem fraglichen Schreiben lediglich Darlegung „meiner eigenen Auffassung".
M/H   101 04685 – 98 (426)

28. 5.–5. 6. 36	RKzl., RMdI	11502
Weigerung des StdF, der Niederschlagung eines dem Caritasverband nach der Einrichtung eines Krankenhauses gewährten Darlehens zuzustimmen. Begründung: Keine Verwendung von allgemeinen Mitteln für das vermutlich nach konfessionellen Gesichtspunkten geleitete Krankenhaus. (Späterer Vermerk der Reichskanzlei: Nach Änderung der Reichshaushaltsordnung Zustimmung allein des Reichsfinanzministers für die Niederschlagung von Ansprüchen des Reiches ausreichend.)
K	101 14335–39 (756)

29. 5. 36	AA, Dt. Ges. Bern, AO	11503
Übersendung eines Berichts der Deutschen Gesandtschaft in Bern über ihre Bemühungen bei schweizerischen Stellen, um die Verfälschung des bevorstehenden Prozesses vor dem Kantonsgericht in Chur gegen den Mörder des Landesgruppenleiters Gustloff, Frankfurter, in einen Sensationsprozeß gegen das Dritte Reich zu verhüten. In diesem Zusammenhang Erörterung der Möglichkeit, die Witwe G.s als Zivilklägerin an dem Prozeß zu beteiligen, sowie der Frage ihrer Vertretung durch einen deutschen oder – besser – schweizerischen Anwalt.
H	101 26369–76 (1495)

29. 5.–28. 8. 36	GL Düsseldorf, Kzl. d. F–6	11504
Nach der *Antwort des Gauleitung Düsseldorf auf eine *Rückfrage des Beauftragten der Parteileitung in Köln Vorschlag Heims (Stab StdF), den Heinrich Elberling (Düsseldorf) in die Querulantenkartei einzutragen. Hinweis auf eine Eingabe E.s über die Zustände in der Justiz in Düsseldorf.
W/H	124 02153 (198)

31. 5.–6. 7. 36	AA, Dt. Ges. Bangkok, RVM	11505
Nach einem Bericht der Deutschen Gesandtschaft in Bangkok über die zu befürchtenden negativen Auswirkungen der Diskriminierung farbiger Reisender – auch Japaner, Chinesen, Siamesen usw. – auf deutschen Schiffen (besondere Plätze) auf Veranlassung des Auswärtigen Amtes (ebenfalls unter Hinweis auf Rückwirkungen wirtschaftlicher wie politischer Art) Aufforderung des Reichsverkehrsministers an die deutschen Reedereien, von der starren Anwendung der Vorschriften über die Rassentrennung auf ihren Schiffen abzusehen und besondere Verhältnisse zu berücksichtigen. (An den StdF zur Kenntnisnahme.)
H	101 25457–61 (1421 a)

[1. 6. 36]	ORegR Volkmann	11506
Durch ORegR Maj. a. D. Otto Erich Volkmann (Potsdam) Übersendung zweier für Hitler und Heß bestimmter Exemplare des beim Bibliographischen Institut erschienenen Bilderwerkes über den Weltkrieg („Die unsterbliche Landschaft"). Bitte, das für die Jugend bedeutungsvolle Werk nach Möglichkeit mit einem Geleitspruch und dem Namen Hitlers oder seines Stellvertreters versehen zu lassen.
K	124 03047 f. (254)

2. 6.–23. 9. 36	Adj. d. F u. a.	11507
Weiterleitung der Bitte des wegen angeblicher Unterschlagung von DAF-Geldern denunzierten W. Pflugfelder (Wilhelmshaven) um Rehabilitierung. Untersuchung der Angelegenheit durch die DAF (noch nicht abgeschlossen).
W	124 02673–76 (233)

3. 6. 36	Adj. d. F	11508
Übersendung eines Frau Sofie Mothwurf (München) betreffenden oder von ihr eingegangenen *Schreibens.
W	124 02567 (227)

3. 6. 36	RMfVuP	11509
Im Programm für das Staatsbegräbnis des Gen. Litzmann eine Rede Heß' und die Begleitung Hitlers u. a. durch Heß beim Trauerzug vorgesehen.
W	124 00161 ff. (42)

4. 6. 36 – 27. 2. 37   Daimler-Benz A. G., Adj. d. F   11510
Regelung des Geschäftsverkehrs mit der Daimler-Benz A.G.: Bestellungen von Wagen nur durch Bormann in schriftlicher Form, Zusendung der Auftragsbestätigungen und Reklamationen an B., der Rechnungen an Stubaf. Kempka zur Weiterleitung an B.
W   124 00449 ff. (55)

5. 6. 36   Adj. d. F   11511
Rücksendung von *Unterlagen.
W   124 00319 (53)

5. 6. 36   AA – 1   11512
Übersendung eines Berichts des Journal de Genève über die „bolschewistische Infiltration" der Jugend.
M   203 00036 f. (12/2)

5. – [25.] 6. 36   RJM, RKzl.   11513
Vorlage eines Gesetzes zur Angleichung der Hypothekenzinsen der Gläubiger der freien Hand an die Zinssenkungen bei den Kreditanstalten und den öffentlichen Anleihen (Zinsermäßigung durch Vereinbarung, Vertragshilfe des Richters, Ausnahmen und Sonderregelungen, Verfahren u. a.) nebst Begründung sowie Entwürfe zweier Durchführungsverordnungen. Antrag des StdF, die Vorlage von der Tagesordnung des Kabinetts abzusetzen; Begründung: Zwar ordnungsgemäße Beteiligung an der Ausarbeitung, aber entgegen den Ausführungen des Reichsjustizministeriums keine Zustimmung erteilt. Wenig später Zurückstellung der Bedenken des StdF.
W   101 02440 – 76 (241 b)

8. 6. 36   RArbF   11514
Ein Bericht an den Reichsarbeitsführer über eine Besichtigung von Arbeitsdiensteinrichtungen durch den ehemaligen englischen Gesundheitsminister Greenwood abschriftlich dem StdF übersandt.
H   101 25611/1 – 614 (1435)

9. 6. 36   GL Sachsen – 1   11515
Bitte um Ehrung des ausscheidenden langjährigen Ortsgruppenleiters von Elsterberg, Fritz Falk, durch ein Bild Hitlers mit eigenhändiger Unterschrift.
W   124 02206 (200)

9. 6. 36   RMfVuP   11516
Bitte Bormanns um Mitteilung der von Goebbels für die Einladung zum Reichsparteitag 1936 in Vorschlag zu bringenden Personen (mit genauer Anschrift und Angabe der Gründe); Hinweis auf die alleinige Einladungs- und Entscheidungsbefugnis Hitlers (daher Andeutungen gegenüber den Vorgeschlagenen vor der endgültigen Entscheidung nicht ratsam).
W   201 00279 f. (72/5)

9. 6. 36   RMfEuL   11517
Einladung zu einer Besprechung über den *Entwurf einer Besoldungs- und Tarifordnung des Reichsnährstandes.
W   112 00024 (91)

9. 6. – 28. 7. 36   Adj. d. F, OPG   11518
Ein die Feststellung des arischen Nachweises für Pg. Walter Soltau (Berlin) betreffender, dem StdF übersandter *Vorgang von diesem zuständigkeitshalber an das Oberste Parteigericht weitergegeben.
K   124 02918 f. (246)

10. 6. 36   Adj. d. F   11519
Bitte Heß' um Rückgabe der Hecken-Denkschrift des Gartenarchitekten Seiffert.
W   124 00305 (53)

10. 6. 36   Adj. d. F – 25   11520
Durch Ludowici (Stab StdF) Übersendung einer Straßenskizze des Gaues München-Oberbayern mit den
Siedlungen des Gauheimstättenamtes (für eine gelegentliche Besichtigung durch Hitler bei Fahrten).
W   124 00282 ff. (53)

10. 6. 36   Adj. d. F   11521
Bitte des StdF-Adjutanten Leitgen um befürwortende Stellungnahme zu einem *Schreiben des OSignal-
maats Hans Nahrgang von der „Grille".
W   124 02602 f. (229)

[10. 6. 36]   RVM   11522
Zustimmung des StdF zum *Entwurf eines Gesetzes über die Verlängerung zeitlich begrenzter Geneh-
migungen von Eisenbahnen des öffentlichen Verkehrs.
K   101 14391 (769)

10. 6. – 23. 12. 36   Adj. d. F   11523
Übersendung durch SS-Stubaf. Kempka gegengezeichneter *Rechnungen an Bormann mit der Bitte um
Begleichung.
W   124 00326 – 29, 356, 362, 367 (54)

12. 6. 36   RPM, Adj. d. F – 11   11524
Bemühungen des Stabs StdF um Angleichung der Fernsprechanlage in Haus Wachenfeld in Aufbau und
Bedienung an die Anlage in der Reichskanzlei.
W   124 02139 (197)

13. 6. 36   Himmler   11525
Heinrich Bormann Patenkind Himmlers.
W   107 00957 ff. (314)

[13. 6. 36]   Hptm. a. D. Wiedemann   11526
Glückwunsch an Bormann zur Geburt eines Sohnes.
W   124 01281 (145)

13. 6. – 23. 9. 36   Adj. d. F, OGruL Curitiba – 7   11527
Auf Veranlassung des GL Bohle Übersendung eines Glückwunschtelegramms und eines Bildes Hitlers
mit Unterschrift an das Ehepaar Schlichting (Curitiba/Brasilien) zu dessen Diamantener Hochzeit. Dazu
Pressestimmen aus Zeitungen der Deutschen Kolonie.
W/H   124 02822 – 31 (242)

15. 6. 36   DF/Pers. Ref.   11528
Übersendung der *Eingabe eines angeblichen Neffen Hitlers, des Johann Schicklgruber aus Ziersdorf
(Niederösterreich), an Bormann (evtl. Albert B.) zum weiteren Befinden.
K   101 26072 (1473 a)

15. 6. – 1. 8. 36   RKzl.   11529
Mitteilung Heß' über Zusagen Hitlers für eine Ehrensoldgewährung an die Witwe des ermordeten Landesgruppenleiters Gustloff (ab 1. 7. 36 RM 400.–) und an Fritz Lantschner (ausgewiesener und deshalb
materiell schlecht gestellter Österreicher, Vater eines Silbermedaillengewinners der Olympischen Winterspiele).
A/K   101 06888 – 91 (566 b), 101 13815 (731 a)

18. 6. 36   Adj. d. F   11530
Übersendung der *Bitte eines Emil Scheuch (Eisenach) um die Ermöglichung seiner Teilnahme an dem
„Weimarer Wiedersehen" (gemeint vermutlich die 10-Jahres-Feier des 2. Reichsparteitags).
W/H   124 02812 f. (241)

18.–24. 6. 36   Adj. d. F   11531
Zu dem Wunsch Hitlers, für Fräulein Mitford, Ruth Hälbich (Duisburg), Hedwig Diestel (für den BDM Rendsburg), Anneliese Otte (für die Auslandsdeutsche Jungmädchenschule) und Adjutant Brückner jeweils eine Anzahl Reichsparteitagskarten auszustellen, Bescheid Bormanns: Abgabe von Ehrenkarten nur an namentlich benannte Personen möglich.
W/H   124 00364 ff. (54); 124 02770 f. (238)

[18. 6.]–21. 10. 36   Adj. d. F, A. Neumann   11532
Auskünfte des Stabs StdF: Nach dem Abschluß der Untersuchung der Auseinandersetzung zwischen Pg. Neumann (Reichsorganisationsleitung) und dem Stabsleiter Leys, Simon (N. von S. angeblich der Feigheit vor dem Feind bezichtigt), durch das Oberste Parteigericht Einstellung des von L. seines Amtes enthobenen, nunmehr jedoch entlasteten N. in der Dienststelle des Pg. Oberlindober; die Entlassung des Pg. Schmeer durch L. ohne Zusammenhang mit dem Fall N.
W/H   124 02605–11 (229)

18. 6. 36–24. 2. 37   RMdI   11533
Mitteilung über die Voraussetzungen der Verleihung der beiden Klassen des Deutschen Olympia-Ehrenzeichens und der Olympia-Erinnerungsmedaille: Ganz besondere Verdienste um die Leitung, besondere Verdienste um die Organisation bzw. sonstige verdienstvolle Mitarbeit an der Vorbereitung und Durchführung der Olympischen Spiele 1936. Wiederholte Klagen über zu großzügige Maßstäbe bei Stellung der Anträge.
H   101 02865 ff. (296); 101 13816–28 (731 a)

[19. 6. 36]   RJF   11534
Auf Befehl des Stabs StdF Mitteilung an die Führeradjutanten über die Ernennung des Stabsführers der Reichsjugendführung, Lauterbacher, zum Ritter des italienischen Kronenordens.
W   124 00979–82 (79)

20. 6. 36   Adj. d. F   11535
Mitteilung: Auf Anweisung Hitlers auch im umgebauten „Deutschen Hof" in Nürnberg keine Unterbringung der Frauen der dort während des Parteitags einquartierten Parteigenossen; Bitte des Korpsführers Hühnlein um Unterbringung im „Deutschen Hof".
H   124 00363 (54)

20. 6.–25. 9. 36   AA, Dt. Ges. Kairo–22   11536
Anfragen des Ägyptischen und des Iranischen Gesandten wegen der Auslegung des Begriffs „artverwandt" unter Hinweis auf die Bewohner Ägyptens und des Iran als Nichtarier bezeichnende ausländische Pressemeldungen; hierzu Besprechung im Auswärtigen Amt: Herausgabe einer offiziellen Erklärung des Reichs jetzt noch nicht wünschenswert (Gefahr eines Konflikts vor allem mit Japan); Befürwortung einer – etwa gesprächsweisen – Aufklärung durch die deutschen Auslandsvertreter; Möglichkeit einer „Artverwandtschaft" auch bei außereuropäischen Völkern, Beurteilung des Individuums ausschlaggebend. Befriedigung des Ägyptischen Gesandten über die deutsche Antwort-Verbalnote (keine Hindernisse bei der Heirat einer Deutschen mit einem Ägypter, nur die gesetzlichen, alle Ausländer betreffenden Ehehindernisse bei der Heirat eines Deutschen mit einer Ägypterin).
M/W/H   203 02973–3017 (85/5, 86/1); 203 03147 f. (87/2)

20. 6. 36–29. 12. 37   RMdI, RKzl.   11537
Einspruch des StdF gegen eine neue Fassung des § 5 des Entwurfs einer Durchführungsverordnung zum Gesetz über die Gewährung von Entschädigungen bei der Einziehung oder dem Übergang von Vermögen: Forderung nach größerer Berücksichtigung der – sonst womöglich leer ausgehenden – dinglich nicht gesicherten Gläubiger, d. h. der „Tausende von kleinen Leuten"; Weigerung, die Verordnung in dieser Form zu zeichnen. Hingegen Weigerung des Reichswirtschaftsministers, dem Gesetz ohne diesen § 5 der Verordnung zuzustimmen. Nach anderthalb Jahren Verabschiedung des Gesetzes und Bereit-

schaft des Reichsinnenministers, den „Wunsch des StdF zu erfüllen": Einladung zu einer Besprechung über den § 5 der Durchführungsverordnung.
H   101 13353 f. (712); 101 13419 – 24 (715)

20. 6. 36 – 29. 2. 40   GL München-Oberbayern, GL Groß-Berlin   11538
Anforderung von politischen Beurteilungen über mehrere technische Beamte, Buchstaben A–Be, durch den Stab StdF.
H   305 00187 – 97 (Ingenieure)

22. 6. 36   Adj. d. F – 7   11539
Auf Bitte des GL Bohle Stiftung eines Bildes Hitlers mit Unterschrift für die Bord-Ortsgruppe des Hamburg-Süd-Dampfers „Madrid".
W   124 02785 f. (239)

23. 6. 36   RT-Fraktion, RTPräs., Rechtsanw. v. Birckhahn   11540
Unter Verweis auf eine Äußerung Hitlers über die Bestrafung von Parteiführern Antrag des Rechtsanwalts v. Birckhahn an den Reichstagspräsidenten (RTP) auf Aufhebung der Immunität Schirachs zwecks Einleitung eines Strafverfahrens gegen ihn (Züchtigung der Brüder Manfred und Harald v. Brauchitsch mit der Hundepeitsche wegen angeblicher Beleidigung der Frau Sch.s, Ablehnung einer Satisfaktion): Übersendung des Vorgangs an den StdF zur Stellungnahme. (Später Ablehnung des Antrags durch den RTP.)
W   124 05068 – 78 (550)

23. 6. 36   Adj. d. F   11541
Übersendung einer *Eingabe des während der „Kampfzeit" schwer verletzten, von der NS-Kriegsopferversorgung und der Hilfskasse aber nicht als schwerbeschädigt anerkannten Otto Gottlieb Schmidt (Hamburg).
W   124 02854 f. (242)

23. – 26. 6. 36   Adj. d. F – 7   11542
Bitte des GL Bohle um ein Bild Hitlers mit eigenhändiger Unterschrift für den ungarischen Maj. Löser.
W   124 02468 f. (221)

24. 6. 36   AA   11543
Einverständnis des Auswärtigen Amtes mit der von den Japanern angeregten Entsendung eines mandschurischen Handelskommissars und mit der Errichtung einer Handelsvertretung von Mandschukuo in Berlin unter dem Vorbehalt der Frage der Anerkennung Mandschukuos. (Abschrift an den StdF.)
H   101 25462 ff. (1421 a)

24. 6. 36   Adj. d. F   11544
Übersendung der *Beschwerde einer Hildegard Engels (Berlin) wegen ihres Ausschlusses aus dem BDM (Grund: „Kritik an der Aufbauarbeit") unter Aberkennung des Dienstranges.
W   124 02184 f. (198)

24. 6. – 2. 7. 36   Adj. d. F – 7   11545
Bitte des GL Bohle um je ein Bild Hitlers für vier bulgarische Lehrer bzw. Lehrerinnen am Deutschen Handelsgymnasium in Russe.
W   124 02042 ff. (193)

24. 6. – 8. 7. 36   StSekr. Lammers, RKriegsopferF, RKriegerF   11546
Anläßlich verschiedener Beschwerden des Deutschen Reichskriegerbundes (Kyffhäuserbund) e. V. über die Art der Mitgliederwerbung der NS-Kriegsopferversorgung (NSKOV) Entscheid Hitlers: Keine unzulässige Mitgliederwerbung durch die NSKOV und Beschränkung dieser Organisation auf das ihr zugewiesene Arbeitsgebiet (Abschrift an Heß). Differenzen zwischen Reichskriegerführer und Reichskriegsopferführer (RKOF) über die Auslegung des Führerentscheids. – Vermerk der Reichskanzlei über den (von ihr im vorgenannten Zusammenhang nachgeahmten) direkten Schriftverkehr des Reichsinnenministers mit dem RKOF unter Übersendung einer Abschrift an den StdF bei grundsätzlichen Schreiben.
K/W   101 14833 – 38 (823 b)

25. 6. 36 – [14. 5. 42]   RArbM, RMfWEuV, Dt. RBahn, RKM, RFM, RPM, RWiM,   11547
                          RMfdkA, RSt. f. Raumordnung, PrFM, RVM, RMdI, RKzl.,
                          Speer
Ausführliche, zu mehreren Neufassungen führende schriftliche wie mündliche Erörterung des vom Reichsarbeitsminister (RAM) eingebrachten Entwurfs eines Gesetzes über die Erfindungen von Gefolgsmännern. Hauptpunkte der Meinungsverschiedenheiten: Einbeziehung des öffentlichen Dienstes und dafür erforderliche Sonderbestimmungen; zeitliche und sachliche Ausdehnung der Pflicht zur Meldung und Anbietung der Erfindung an den Unternehmer; Umfang der dem „Gefolgsmann" verbleibenden Rechte und der ihm zu gewährenden Vergütung; Vornahme der Patentanmeldung. Dabei die vom StdF vorgebrachten Stellungnahmen und Abänderungswünsche in der Regel zugunsten des Arbeitnehmers und gegen die stark unternehmerfreundlichen Ressorts (insbesondere Reichswirtschaftsministerium, aber etwa auch Reichsbahn) gerichtet. Letzte Differenzen um den Wortlaut der Begründung des Gesetzes sowie um die „Gefolgsleute" des öffentlichen Dienstes: Nach Ausklammerung der Beamtenerfindungen und ihrer Regelung durch ein vom Reichsinnenminister (RMdI) auszuarbeitendes Beamtenerfindungsgesetz Streit um die Regelung für die Angestellten und Arbeiter des öffentlichen Dienstes in diesem (weitere Verzögerungen), in jenem (mißliche Gleichstellung mit den Beamten) oder in einem dritten Gesetz. – Im Frühjahr 1939 nach bereits erfolgter Vollziehung des Entwurfs Bedenken Hitlers bei nochmaliger Durchsicht (zu unverständlich und zu kompliziert); Auftrag zu einer weiteren Überarbeitung. Nach einer – durch Zweifel des OKW an der Kriegswichtigkeit verursachten – Pause Abschluß der Neubearbeitung durch die beteiligten Ressorts (incl. PKzl.), weiter unter Federführung des RAM. Neue Stagnation wegen Zweifel Lammers' an der Zufriedenheit H.s mit der neuen Fassung (Gesetzestext zwar radikal vereinfacht und für den Laien verständlich, die komplizierte Materie jedoch nicht aufgelöst, sondern lediglich – jetzt unter Einbeziehung auch des gesamten öffentlichen Dienstes – in eine umfangreiche Durchführungsverordnung ausgegliedert). Schließlich auf Drängen Speers und Bormanns Vorlage eines die Materie regelnden Führererlaßentwurfs.
H   101 06711 – 14 (547); 101 28550 – 694 (1558 a, 1558 b, 1559)

26. 6. 36   RFSS   11548
Übersendung zweier Erlasse: Aufgrund eines Ausführungserlasses zum Führererlaß über die Einsetzung eines Chefs der Deutschen Polizei (Himmler) Regelung des Geschäftsverkehrs mit dem Reichsinnenministerium in Polizeiangelegenheiten und der Geschäftsverteilung im Geschäftsbereich des Chefs der Deutschen Polizei (Ernennung des Gen. d. Pol. Daluege zum Chef der Ordnungspolizei, des SS-Gruf. Heydrich zum Chef der Sicherheitspolizei; Errichtung zweier entsprechender Hauptämter und Festlegung ihrer Arbeitsgebiete).
K   101 03891 – 99 (391); 101 18217 – 22 (1134)

26. 6. 36   StSekr. Lammers, GL Kube   11549
Das Einverständnis des StdF bzw. des Reichsinnenministers vorausgesetzt, keine Bedenken Hitlers gegen den Wunsch des GL Kube, den Sitz der Gauleitung Kurmark und des Oberpräsidiums der Provinzen Brandenburg–Grenzmark von Berlin nach Potsdam zu verlegen.
K   101 19983 – 87 (1199)

26. 6. 36   Adj. d. F – 1   11550
Übersendung einer *Rechnung der Firma F. J. Schröder (Berlin) mit der Bitte um Begleichung.
W   124 02876 (243)

[26. 6. 36]   H. v. Oven   11551
Unter Vorlage u. a. eines *Zeugnisses des Siedlungsbeauftragten der Partei, Ludowici, Bewerbung eines Helmut v. Oven (Berlin) um Einstellung in die Dienststelle Ribbentrop oder in den Stab StdF.
W   124 02649 (232)

27. 6. 36   Adj. d. F – 1   11552
Benachrichtigung von der Vergrößerung des Begleitkommandos Hitlers und Bitte um Aushändigung von RM 2700.– an den Überbringer des Schreibens.
W   124 00693 (60)

29. 6. – 24. 12. 36   RVM   11553
Übersendung von Erlassen: Vorschleuserecht und Abgabefreiheit für Wasserfahrzeuge des StdF, der Reichsminister u. a.; keine Befreiung von den Lotsengeldern.
M   101 02485 – 85/3 (249 a)

30. 6. 36   ROL   11554
Rechtfertigung Leys gegenüber einem Angriff des Pg. Walther Schmitt auf seine Arbeit im „Schwarzen Korps", dabei Berufung auf Himmler (in seiner „vornehmen und ehrenhaften Art" spontane Distanzierung von dem Artikel) und Hitler (Begeisterung über seine, L.s, Arbeit: Ordensburgen – abgesehen von „einigen Namensänderungen wie ,Junker' und ,Gruppenführer'" – „geradezu phantastisch").
H   305 00165 f. (Hauptarchiv 1358 a)

30. 6. – 8. 7. 36   GL A. Wagner   11555
Nach Ansicht des bayerischen Innenministers GL Wagner unnötigerweise nochmalige Befassung Hitlers mit der Frage der von München beabsichtigten Eingemeindungen; Bitte an Bormann, für den Plan, München zur größten Parkstadt der Welt zu machen, seinen Einfluß einzusetzen.
W   124 00025 ff. (30)

30. 6. – 12. 7. 36   Kzl. d. F, Adj. d. F   11556
Nach Ansicht Brockhausens (Stab StdF) ein Bericht der beiden Beschwerdeführer Hermann Schöpe (wegen Eintretens für ordentliche Verhältnisse und gegen Unregelmäßigkeiten des Gauorganisationsleiters Dargel von der Gauleitung Ostpreußen verfolgt) und Walter Eisenblätter (wegen Verwicklung in eine offensichtlich mit Billigung der Gauleitung an Juden verübte Erpressungsaktion verurteilt) über die Zustände in Ostpreußen an maßgebender Stelle unbedingt erforderlich; Eintreten B.s für eine Begnadigung E.s.
W   124 02148 – 52 (198)

30. 6. – 13. 7. 36   M. Roosen, W. Kertscher u. a.   11557
Eingaben der Finanzwissenschaftler Max Roosen und Werner Kertscher (beide Hamburg) wegen ihrer bisher gerichtlich geführten Auseinandersetzung mit Keppler bzw. dem Reichsbank-Direktorium (Sachverhalt unklar).
W   124 02394/1 – 397 (217)

2. 7. 36   RMfVuP   11558
Bitte um Beteiligung bei sämtlichen Veranstaltungen mit Ausländern.
H   101 00600 (143); 101 18597 (1150)

2. 7. 36   RMfdkA   11559
Stellungnahme zu einem *Protest des Bischofs von Berlin gegen die Berichterstattung im „Stürmer" über die Koblenzer Sittlichkeitsprozesse gegen Ordensleute: Kritik an der mangelnden Bereitschaft kirchlicher Instanzen, „eindeutig, öffentlich und entschieden" gegen die Schuldigen Stellung zu nehmen, und an den in erster Linie gegen die Presseberichte gerichteten Hirtenworten. (Abschrift an den StdF.)
M   101 01724 f. (177)

3. 7. – 4. 11. 36   Adj. d. F – 5   11560
Schriftwechsel über *Bestandslisten und Versicherung des Wagenparks Hitlers bzw. seiner Adjutantur.
W   124 00317 f. (53)

4. – 18. 7. 36   H. Egger, RKzl.   11561
Bitte des Pg. Hans Egger (österreichischer Flüchtling), einmal Hitler persönlich sehen und sprechen zu dürfen. Weiterleitung an die Reichskanzlei.
W   124 02130 – 36 (197)

4. 7. 36 –[23. 1. 37]   AA, RMdI   11562
Mit Rücksicht auf das vielfach betroffene Auslandsdeutschtum Einspruch des Auswärtigen Amtes (AA) gegen den Artikel 2 des Entwurfs einer Novelle zum Reichsarbeitsdienstgesetz und Vorschlag einer Neufassung (Nachweis nichtjüdischer statt arischer Abstammung als Voraussetzung für eine Vorgesetztenlaufbahn). Zustimmung des StdF zu einer Neufassung des Artikels im Einvernehmen mit dem AA.
H   101 06071 – 75/2 (518)

6. 7. 36   GL Kurmark, Adj. d. F   11563
Durch den Stab StdF Übersendung eines abschließenden *Berichts der Gauleitung Kurmark in der Angelegenheit Gerhard Günther (Kausche/Niederlausitz).
W   124 02255 (206)

6. 7. 36   Adj. d. F   11564
Bitte Bormanns, ihm wegen der (zum Zweck einer „sorgsamen Führung" der Gäste) notwendigen Beschneidung der Zahl der Reichsparteitagsgäste jeden Einladungsvorschlag vor der Entscheidung Hitlers zur Kenntnis zu bringen.
W   124 02776 f. (238)

6. 7. – 29. 12. 36   Adj. d. F, F. Engler   11565
Schadenersatzforderung des Apothekers Fritz Engler (Bad Freienwalde/Oder) wegen ungerechtfertigter Unterbringung in der Landesirrenanstalt Eberswalde, gleichfalls unberechtigter Schutzhaft in den Konzentrationslagern Oranienburg und Sonnenburg (unter der falschen Anschuldigung, Kommunist zu sein), dort erlittener Gesundheitsschädigung durch Mißhandlungen und ebenfalls dort erfolgter Entwendung von Gegenständen durch Wachmannschaften: Nach Ablehnung einer Befürwortung durch die Gauleitung Kurmark und den Stab StdF entsprechender Bescheid des Reichsinnenministers.
W/H   124 02186 – 98 (199)

7. 7. 36   RMfVuP   11566
Einschränkung der wachsenden Zahl von Veranstaltungen und Tagungen (Gefahr der Abstumpfung der Öffentlichkeit gegen wichtige Propagandaaktionen); Bitte um frühzeitige Information über alle einschlägigen Vorhaben. (Vgl. Nr. 11679.)
H   101 21336 f. (1266); 101 21483 f. (1269)

7. 7. 36   Adj. d. F   11567
RAL Gerland (Stab StdF) zum Leiter des Amts für Ehrengäste für den Reichsparteitag 1936 bestimmt.
W   124 00361 (54); 124 02775 (238)

8. 7. 36   RLM   11568
Bitte um Zustimmung zu der vorgesehenen Abfindung der Bauleiter Eichenbrenner, Mansfeld, Herbst, Schmidt, Jahn und Naumann nach der Vergütungsgruppe II der „Vorläufigen Richtlinien".
H   101 18705 – 08 (1152)

[8. 7. 36]   Abt Albanus Schachleiter   11569
Bittgesuch unbekannten Inhalts an (oder über) Heß. (Erwähnung.)
H   101 29135 f. (1646)

9. 7. 36   RLM u. a.   11570
Übersendung eines Erlasses: Prüfung der Verdunkelungsmittel bzw. Erteilung der Vertriebsgenehmigung durch staatliche Prüfanstalten bzw. die Reichsanstalt für Luftschutz.
A   101 22772 – 77 (1296)

9. 7. 36   Adj. d. F   11571
Übersendung des *Gesuchs einer Margarethe Eickenwirth (Berlin) um einen Empfang durch Hitler (von Frau E. die Unterdrückung ihrer Anzeige gegen zwei „alte Kämpfer" wegen Bestechung angenommen).
W   124 02143 f. (198)

[9. 7. 36]   (H. Oldenbourg, Adj. d. F)   11572
Absicht des Führeradjutanten Wiedemann, einen Bericht der Hertha Oldenbourg (Starnberg) über „geradezu haarsträubende Suaden" Hanfstaengls über Hitler, Rosenberg und Goebbels (Duldung des Einflusses des „Hochstaplers" und „Zuhälters" Kurt Luedecke eine „Schweinerei vom Hitler"; von R. ein „ganz unsauberes Privatleben" geführt, dessen „Verhältnis mit der Tochter von George Bernhard") sowie Heß (u. a. Vorwurf, auf Beschwerden nichts zu unternehmen) gelegentlich einmal Heß mitzuteilen.
W/H   124 02629 – 34 (231)

9. 7. – 31. 8. 36   Adj. d. F   11573
Aufforderung an Jakob Pfister (Immenstadt), seine mündlich vorgebrachte Beschwerde über Mißstände in der Kreisleitung Immenstadt schriftlich beim Stab StdF einzureichen.
W   124 02668 – 72 (233)

9. 7. – 16. 12. 36   Adj. d. F   11574
Unter Bezugnahme auf die bereits übermittelten Vorgänge über einen Betrug des Pg. Johann Winkler (München) Übersendung einer neuerlichen *Beschwerde eines Karl Herzinger in dieser Sache.
K   124 03077 (256)

10. 7. 36   Adj. d. F   11575
Durch den Stab StdF Übersendung der von dem Bildhauer Friedrich Wagner (Darmstadt) erbetenen *Beurteilung der Werke W.s (eigenartig, aber nicht bedeutend; gänzlich abweichend von der Kunstrichtung Hitlers).
K   124 03059 (255)

10. 7. – 5. 11. 36   RArbM u. a. – 25   11576
Übersendung zweier Runderlasse zum Vollzug des Gesetzes über einstweilige Maßnahmen zur Ordnung des deutschen Siedlungswesens (Verfahren bei der Erhebung eines vorsorglichen vorläufigen Einspruchs; Anzeigen über Wohnungs- und Siedlungsbauten).
M   101 02190 – 93 (206)

11. 7. 36   RLM u. a.   11577
Übersendung eines Erlasses: Neuregelung des Prüfverfahrens bei der Prüfung von Raumabschlüssen für Schutzräume; Erteilung der Vertriebsgenehmigung durch die Reichsanstalt für Luftschutz.
A/W   101 22778 – 84 (1296)

11. 7. – 27. 8. 36   RKzl., Schacht   11578
Zustimmung Hitlers zum Wunsch Schachts, die Leitung der Reichswirtschaftskammer zu übernehmen; jedoch Absicht, vorher Heß in dieser Angelegenheit zu hören. Dessen Stellungnahme: Schwierigkeiten verschiedener Parteistellen, mit den von Sch. geleiteten Ämtern zusammenzuarbeiten (Fälle Keppler, Schwede-Coburg, Ley, ORegR Lossau); Befürchtung weiterer Konflikte. Entscheidung Hitlers, Schacht vorläufig nicht mit der Leitung zu betrauen.
M   101 03208 – 13 (324 b)

11. 7. – 24. 12. 36   RWiM, RKzl.   11579
Bitte des StdF um Fristverlängerung für den Gesetzentwurf über die Ausübung der Reisevermittlung und dann um dessen Zurückstellung wegen der noch nicht festgelegten Ausführungsbestimmungen: Hinweis auf die Notwendigkeit, durch vertrauliche Anordnungen an die entsprechenden Behörden und die betreffende Organisation der gewerblichen Wirtschaft die völkischen Aufgaben des deutschen Reiseverkehrs klarzustellen. Durch den Reichsverkehrs- und den Reichswirtschaftsminister Zusicherung entsprechender Anordnungen über die Voraussetzungen der von den Reisevermittlern zu fordernden politischen Zuverlässigkeit; weitere Wünsche des StdF (z. B. keine Bearbeitung von Intourist-Anträgen) als außenpolitisch nicht tragbar zurückgewiesen.
M/H   101 02627 – 43 (274)

14. 7. – 15. 8. 36   Adj. d. F   11580
Auftrag Hitlers, die in Berlin beschäftigten drei österreichischen Schwestern Grundner sowie eine Frau

Simon (Gärtnerplatz-Konditorei München) als Gäste zum Reichsparteitag einzuladen. Nach einer Mitteilung der Frau S. dann ebenfalls Einladung eines Gustav Decani.
W   124 00360 (54); 124 02045 f. (194)

15. 7. 36   RMdI   11581
*Anregungen des StdF betreffend Flaggenführung an Dienstkraftwagen.
M   101 00093 (128 a)

[15. 7. 36]   RLM   11582
Bitte um Zustimmung zu der vorgesehenen Abfindung des Gruppenleiters Dipl.-Ing. Franz Mahnke nach der Vergütungsgruppe II der „Vorläufigen Richtlinien".
H   101 18709 f. (1152)

16. – 17. 7. 36   Adj. d. F   11583
Bitte um Stellungnahme zum Wunsch der Frau v. Schröder (NSV) nach einer Einladung zum Reichsparteitag und zu der Absicht, eine Einladung des Lt. a. D. Gottfried Erdmann (Czarnowanz) zu erwägen (Erwähnung der schlechten Erfahrungen mit dem 1935 eingeladenen angeblich „jüngsten Leutnant des Weltkrieges" Müller). Durch Bormann Übermittlung der Entscheidung Hitlers, zur Ermöglichung der Einladung vieler Ausländer nur die wichtigsten Reichsdeutschen zum diesjährigen Reichsparteitag einzuladen; daher keine Einladung E.s und der Frau v. Sch.
K/W   124 02774 (238); 124 03256 (276)

16. 7. – 22. 8. 36   Adj. d. F – 11   11584
Ungünstiger Eindruck Croneiß' (Stab StdF) von dem wegen der Verwertung wehrtechnischer Erfindungen (Flugzeugkanone 23) eines Friedrich Haas (Pieterlen/Schweiz) vorsprechenden Dipl.-Landwirt Rauch (München). Mahnung des Führeradjutanten Wiedemann zu Vorsicht.
W/H   124 02717 – 23 (236)

20. 7. 36   PolPräs. Nürnberg   11585
Durch den Stab StdF Ablehnung eines Antrags des Polizeipräsidenten Martin (Nürnberg), in die Organisationsleitung des Reichsparteitags berufen zu werden: Die gesamte Polizei jetzt sowieso Himmler unterstellt; Zuständigkeit des SS-Oberabschnittsführers Schmauser für die Sicherheit Hitlers.
M   306 00838 (Schmauser)

21. 7. – [14. 12.] 36   RMdI, RKzl.   11586
Die Frage der dienststrafrechtlichen Behandlung 1) der unehelichen Mutterschaft einer Postgehilfin und 2) der nicht angegebenen früheren SPD-Zugehörigkeit eines Lehrers zwischen dem StdF und dem Reichspostminister (RPM) bzw. dem Reichserziehungsminister (REM) kontrovers. Der StdF gegen die in Fall 1 vom RPM verhängte Geldstrafe; in Fall 2 Votum, das vom REM eingeleitete Dienststrafverfahren nicht durchzuführen (Hinweis auf Verdienste des Lehrers um die NSDAP). Staatssekretärsbesprechung darüber sowie 3) über die dienststrafrechtliche Behandlung des von Beamten begangenen Ehebruchs. Herausgabe von Richtlinien (Ehebruch nicht grundsätzlich Dienstvergehen) zu Punkt 3 vorgesehen. Hitler an der Angelegenheit interessiert, jedoch gegen eine allgemein gültige Festlegung der Reichsregierung in dieser, die Privatsphäre der Beamten betreffenden Frage.
A   101 04925 – 34 (443)

[21. 7. 36] – [16. 2. 37]   RSchatzmeister, Gestapa   11587
Im Falle der Entschädigungsforderungen des Werbekaufmanns Hermann Daute (Lösung eines Inseratenvertrages mit einer Breslauer Mieter-Vereinigung im Rahmen ihrer Gleichschaltung durch den Kreisleiter) Zahlung einer Summe von RM 1000.– aus Reichsmitteln nach der Ausgleichsentscheidung des Reichsinnenministers (RMdI); Ansprüche D.s an die NSDAP aufgrund der Entscheidung des RMdI durch den Reichsschatzmeister zurückgewiesen. Nach der im Zusammenhang mit D.s Entschädigungsangelegenheit erfolgten Beseitigung parteiamtlicher Schriftstücke (Originalschreiben des Verbindungsstabes Berlin und des Stabsamts des StdF) Fahndung nach diesen Schreiben durch die Gestapo im Auftrag des StdF (Hinweise eines ehemaligen Referenten, die Unterlagen im Besitze D.s gesehen zu haben).

Verhaftung D.s, um eine unbefugte Verwendung der Unterlagen zu verhindern; deren Auffindung bei einem Bekannten D.s Erwähnung der bevorstehenden Entlassung D.s nach eingehender Verwarnung.
K   124 03213 – 23 (271)

22. 7. 36   RKzl., GL Magdeburg-Anhalt – 1   11588
Bitte der Gauleitung Magdeburg, bei Anerkennungsschreiben Hitlers den zuständigen Hoheitsträger der Partei einzuschalten (Grund: Mißbräuchliche Benutzung eines Anerkennungsschreibens durch den ehemaligen Ehrenoberschützenmeister Ernst Zimmermann [Halberstadt] für persönliche Zwecke). In diesem Zusammenhang Erwähnung der ungeheuren Wertschätzung der persönlichen Unterschrift H.s durch viele Parteigenossen.
K/W   101 16498/13 – 16 (975)

22. 7. 36   Adj. d. F   11589
Übersendung eines *Schreibens des „Chefs-Stabsführers des NSKK-München".
W/H   124 00358 f. (54)

24. 7. 36   SA-Ogruf. Brückner   11590
Übersendung von RM 5000.– durch die Kanzlei StdF im Auftrag Bormanns.
W   124 00214 (53)

24. 7. 36   RArbM   11591
Bitte um Zustimmung zur vorgeschlagenen Ernennung des bisherigen Präsidenten des Direktoriums der Reichsversicherungsanstalt für Angestellte, Albert Grießmeyer, zum Leiter (Präsidenten) der Anstalt gemäß dem neuen Gesetz über den Aufbau der Sozialversicherung.
H   101 18991 ff. (1158 c)

[27. 7. 36]   RMdI   11592
Benennung der für eine Einladung zum Reichsparteitag vorgeschlagenen Angehörigen des Reichsinnenministeriums sowie Übersendung von Listen der Reichsminister, Reichsstatthalter, Länderminister, Oberpräsidenten und Staatssekretäre für den gleichen Zweck.
H   101 20406 – 09 (1210)

[27. 7. 36] – 9. 6. 44   RMfWEuV, GL München-Oberbayern, GL Süd-Hannover-   11593
                        Braunschweig, Himmler u. a.
Den Wissenschaftsbereich betreffende personalpolitische Anfragen und Stellungnahmen des Stabs StdF bzw. der PKzl. im Zusammenhang mit Ernennungen u. a., Buchstaben K–N.
A   302 00120 – 73

28. 7. 36   Adj. d. F   11594
Bitte um Untersuchung einer *Beschwerde (Beschwerdeführer und Inhalt nicht genannt).
W   124 00217 (53)

28. 7. 36   Adj. d. F – 1   11594 a
Weiterleitung eines *Schreibens der SA-Brig. 35 (Leipzig), die Söhne des gefallenen Truf. Manietta betreffend.
H   124 02502 (223)

28. 7. 36   RKzl.   11595
Bitte des StdF, ihm wegen des Reichsparteitages Beamten-Ernennungsvorschläge im August nur in besonders dringenden Fällen zuzuleiten.
H   101 20394 (1210)

28. 7. – 7. 10. 36   AA, RSchatzmeister, S. Hormann, Dt. Ges. Oslo – 28   11596
Eintreten einer Sofie F. Hormann (München) für die Einladung des Vorsitzenden der Venstre-Partei und ehemaligen norwegischen Außenministers und Ministerpräsidenten Mowinckel zum Reichsparteitag 1936. Laut Bericht der Deutschen Gesandtschaft in Oslo großes Interesse M.s an einer Einladung; zwar

Beeinflussung der politischen Einstellung M.s gegenüber Deutschland durch seine linksdemokratische Gesamteinstellung, jedoch große Bewunderung für wissenschaftliche, künstlerische und technische Leistungen Deutschlands, außerdem großes Verständnis für die deutschen außenpolitischen Belange, vor allem in der Frage der Wiederherstellung der deutschen Wehrmacht (entsprechende Äußerungen im Zusammenhang mit einer Friedensnobelpreis-Verleihung 1934) und der Rückgabe der deutschen Kolonien. Benachrichtigung des Auswärtigen Amts durch das Amt für Ehrengäste der Reichsparteitage von der Genehmigung der Einladung an M. und dessen Frau; Annahme der Einladung durch M. Nach Besuch des Reichsparteitags Dankbrief M.s. Kritische Stellungnahme in den norwegischen Zeitungen Fritt-Folk und Arbeiterbladet.
W   201 00291 – 306 (72/6)

29. 7. 36   Adj. d. F   11597
Bitte um Stellungnahme zur Frage einer etwaigen Auswirkung des Pakts mit Österreich auf die Teilnahme der in Deutschland lebenden Österreicher am Reichsparteitag.
W   124 00357 (54)

30. 7. 36   RLM, Chef Orpo   11598
Durch den Luftfahrtminister Übersendung eines Schreibens an den Chef der Ordnungspolizei: Die Angabe der Zugehörigkeit zum Reichsluftschutzbund (RLB) bei der Meldung älterer Wehrpflichtiger nicht vorgesehen, wegen der Gleichstellung des RLB mit anderen wehrpolitisch bedeutsamen Verbänden, insbesondere aber auch wegen seiner Bedeutung für die Landesverteidigung, jedoch erwünscht.
A   101 22785 ff. (1296)

30. 7. – 4. 8. 36   RMfWEuV, RLM   11599
Die Kritik des Reichserziehungsministers wegen seiner Nichtbeteiligung an der Luftschutzgesetzgebung vom Reichsluftfahrtminister als gegenstandslos zurückgewiesen: Die Interessen aller Ressorts durch das Reichsinnen- und das Reichsfinanzministerium vertreten. (Abschrift jeweils an den StdF.)
A   101 22792 – 95 (1298)

30. 7. – 25. 9. 36   Adj. d. F, RfA   11600
Abgabe der dem StdF übersandten *Arbeitsgesuche des Oblt. a. D. W. Beckert (Mainz) an die Reichsanstalt für Arbeitsvermittlung.
K   124 03149 – 54 (264)

30. 7. 36 – 3. 2. 38   H. Diefenthäler, Adj. d. F – 7   11601
Wiederholte Bitte des GL Bohle, dem Hans Diefenthäler (Wien) für die Hitler von seiner Frau Elsa D. vermachte Goldkette zu danken und ein Bild mit Unterschrift zu übersenden; Bitte, Ermittlungen über die bisher versäumte Empfangsbestätigung und Danksagung an D. anzustellen.
K   124 03675 – 79 (326)

[31. 7. 36]   Rosenberg   11602
Im Zusammenhang mit Auseinandersetzungen um Schulungskompetenzen (mit Ley) von Rosenberg ein scharfer Verweis des StdF für Dr. Schmitt (Dienststelle Rosenberg) wegen der Veröffentlichung eines der Parteidisziplin widersprechenden Aufsatzes gewünscht (von R. selbst Sch. bereits ein Verweis erteilt).
W/H   124 00727 – 31 (62)

[31. 7. 36]   Rosenberg   11603
Die Personalunion zwischen Rosenbergs Gaubeauftragten für die Überwachung der gesamten Schulung und Erziehung der NSDAP und Leys Gauschulungsleitern vom StdF ausdrücklich gebilligt. Nach Ansicht der damaligen sechs Reichsbeauftragten des StdF eine Einladung der Gaubeauftragten zu einer Tagung durch R. wegen der Personalunion nur über L. möglich; in Gegenwart des StdF erklärte Bereitschaft R.s, eine solche Einladung über L. zu leiten.
W/H   124 00727 – 31 (62)

31. 7.—3. 11. 36   O. v. Wedel-Parlow, Adj. d. F   11604
Unter Erwähnung ihrer Rücksprache mit Klopfer (Stab StdF) Bitte einer Oda v. Wedel-Parlow (Berlin) um Mitteilung über die in der Angelegenheit ihres Vaters, des Reichstagsabgeordneten Karl v. W.-P., getroffene Entscheidung und um die Bekanntgabe eines Termins für eine Unterredung mit Heß.
K   124 03064—67 (255)

1. 8. 36—11. 3. 37   Archäol. Inst. d. Dt. Reiches, RMfWEuV, RKzl.—7   11605
Schwierigkeiten bei der Besetzung der Stelle des Ersten Sekretärs der Zweigstelle Athen des Archäologischen Instituts des Deutschen Reiches (Nachfolge Karo): Zunächst gemäß Weisung Hitlers, in erster Linie fachwissenschaftliche Gesichtspunkte zu berücksichtigen, Ernennung des bisherigen Zweiten Sekretärs der Zweigstelle Rom, v. Gerkan; nach einer Intervention Goebbels' Weigerung H.s, die ihm vorliegende Ernennungsurkunde zu unterzeichnen, und Forderung einer Berufung des — im Rahmen der Ermittlungen des StdF auch von Bormann favorisierten — bisherigen Zweiten Sekretärs der Zweigstelle Athen, Landesgruppenleiter Wrede, anstelle Gerkans. Eine vom StdF vorgeschlagene Kompromißlösung (Gerkan als „Direktor für das Ausgrabungswesen" neben W.) von H. abgelehnt.
H   101 20821—29 (1227)

4. 8. 36   Adj. d. F—28   11606
Anfrage des Stabs StdF wegen der etwaigen Einladung einer Frau Pardon zum Reichsparteitag (1935 teilgenommen) unter Hinweis auf den Wunsch Hitlers, zur Berücksichtigung anderer Wünsche in diesem Jahr einige Damen nicht einzuladen.
W   124 02650 (233)

5.—28. 8. 36   Adj. d. F   11607
Einverständnis der Wehrmacht mit Bormanns Vorschlag, bei Besuchen Hitlers in den Gauen in seiner Eigenschaft als Oberster Befehlshaber der Wehrmacht (in diesen Fällen keine Einladungen an Parteidienststellen) die Gauleiter zu verständigen.
W   124 00351—54 (54)

5. 8. 36—[16. 1. 37]   RJM   11608
Nach einer Ressortbesprechung durch Bormann Übermittlung der Entscheidung Hitlers, Frauen weder als Richter anzustellen noch als Rechtsanwälte zuzulassen. Laut Reichsjustizminister (RJM) die Unterbringung von Juristinnen im Staatsdienst daher nur in der Verwaltung möglich; ausdrücklicher Wunsch des StdF, sie dort nach Möglichkeit auch zu beschäftigen. Entsprechendes Rundschreiben des RJM an die Obersten Reichsbehörden.
M/H   101 04750 ff. (427); 101 13136 (707a); 101 20515 (1213)

6. 8. 36   L. Mühlberger   11609
Eingabe wegen der von der Stadt München beantragten Zwangsversteigerung des Hotels Wagnerbräu (München).
W   124 02575—79 (227)

7. 8. 36   RLM   11610
Bitte um Zustimmung zu der vorgesehenen Abfindung des Referenten Richert nach der Vergütungsgruppe II der „Vorläufigen Richtlinien".
H   101 18711—14 (1152)

7. 8. 36   Adj. d. F   11611
Meldung des Stabs StdF: Die Verpflichtung der Künstler für die Aufführung der „Meistersinger von Nürnberg" anläßlich des Reichsparteitags wie von Hitler gewünscht geregelt; ebenso Lösung der Frage des Dirigenten (Böhm) bei gütlicher Regelung der Rücknahme des Prof. Krauss erteilten Auftrags.
W/H   124 00302 (53)

10. 8. 36   RSt. f. Raumordnung   11612
Vorschlag zur Ernennung des ORegR Wilhelm Fischer zum Ministerialrat.
H   101 19567—70 (1189)

Nicht belegt. 11613

10.–13. 8. 36 M. Raible, Kzl. d. F, GL (Berlin?) 11614
Durch Bormann an die Kanzlei des Führers Weiterleitung des Gesuchs einer M. Raible (Berlin), ihrem arbeitslosen Mann Georg R. Arbeit zu verschaffen; Wunsch Hitlers, nach Prüfung der Verhältnisse gegebenenfalls helfend einzugreifen. Ablehnung einer Förderung durch die Partei (Gau-Sonderaktion I): R. bis 1933 aktiver Gegner der Partei.
W/H 124 02712–15 (236)

10.–13. 8. 36 Adj. d. F, W. Farenholtz 11615
Durch Führeradjutant Wiedemann Weiterleitung der Bitte des Ersten Vorstehers der Industrie- und Handelskammer Magdeburg, Wilhelm Farenholtz, dem Maler Pg. Johannes Sass (Berlin) auf dem Reichsparteitag 1936 Gelegenheit zu geben, für ein Gemälde für den Bürgersaal des Magdeburger Bürgerhauses Hitler aus der Nähe von vorn beobachten und skizzieren zu können. Ablehnung Bormanns wegen der zahlreichen Ausländereinladungen.
H 124 02207 f. (200); 124 02791 f. (240)

11.–12. 8. 36 Adj. d. F 11616
Besuche des Reichssportfeldes durch Heß anläßlich der Olympiade.
W 124 00205 ff. (51)

11. 8. 36–7. 4. 37 Adj. d. F u. a. 11617
Nach Einsichtnahme in die Akten über die Versetzung des Prof. Richard Müller, Rektor der Akademie der bildenden Künste in Dresden, in den Ruhestand die weitere Bearbeitung der Angelegenheit (*Eingabe des Sohnes) vom Stab StdF der Führeradjutantur überlassen. Später Bitte um Weiterleitung der Unterlagen über M. an den Reichsstatthalter in Sachsen.
K/W/H 124 02582–87 (228); 124 03332 f. (284)

11. 8. 36–22. 4. 37 Adj. d. F, OEDH d. DAF u. a. 11618
Ein über den Stab StdF weitergeleiteter Antrag des Pg. W. Pflugfelder (Wilhelmshaven) auf Einleitung eines Verfahrens gegen Gauobmann Dieckelmann (im Zusammenhang mit der Entlassung P.s als Kreisreferent für die Arbeitsopferversorgung) von Ley abgelehnt.
K 124 03372–77 (289)

12. 8. 36 Adj. d. F 11619
Weiterleitung der *Bitte einer S. Guth (St. Annen-Österfeld) um eine Einladung zum Reichsparteitag.
W 124 02263 (206)

12. 8. 36 Adj. d. F, RKzl.–1 11620
Bitte der Führeradjutantur, der Reichskanzlei Höhe und Zeitraum der bisher an Rolf Manietta geleisteten Zahlungen mitzuteilen (die Höhe der bisherigen Zahlungen von Hitler angeordnet).
W 124 02500 f. (223)

12. 8. 36 Adj. d. F 11621
Übersendung einer *Eingabe des angeblich aufgrund einer Forderung des Stabs StdF als Verlagsleiter der Verlagsgesellschaft des Bundes Deutscher Mietervereine gekündigten Wilhelm Grothaus (Dresden).
W 124 02252 f. (205)

12. 8. 36 Adj. d. F 11622
Weiterleitung der *Eingabe eines A. Danninger (Nürnberg) wegen der an ihn gerichteten Aufforderung, seine Stellung als Leiter des Gebiets Bayern für die Kapital- und Kleinrentner niederzulegen (Begründung: Der Vater seiner beiden Stieftöchter Halbjude).
W 124 02039 f. (193)

12.–[22.] 8. 36 B. Schmidt, Adj. d. F 11623
Beschwerde eines Bruno Schmidt (Berlin) über die Kürzung der Renten der bei der Firma Rheinmetall-

Borsig beschäftigten Kriegsbeschädigten unter Berufung auf § 62 des Reichsversorgungsgesetzes (Regelung für den öffentlichen Dienst).
W   124 02851 ff. (242)

13. 8. 36 – 4. 2. 37   RMdI, RKzl., Dt. Adelsgenossenschaft   11624
Vom StdF unterstützte („Beseitigung wünschenswert") Beschwerde des Reichsinnenministers über den von der Deutschen Adelsgenossenschaft (DAG) gebildeten Adelsgerichtshof (AG): Infolge seiner Bezeichnung usw. als private Institution ohne verbindliche Kraft nicht ohne weiteres zu erkennen; die in Namensführungssachen getroffenen Entscheidungen des AG oft abweichend von denen der ordentlichen Gerichte (Anführung von Beispielen unterschiedlicher Anerkennung partikulierter Namen). Die Forderung nach Umbenennung und deutlicher Hervorkehrung des privaten Charakters von der DAG erfüllt (neue Bezeichnungen: DAG, Abteilung für adelsrechtliche Fragen bzw. für Rasse- und Abstammungsfragen).
H   101 28534 – 49 (1555)

[14. 8. 36]   E. Schulz, RA f. Agrarpolitik   11625
Weiterleitung des an den StdF gerichteten *Schreibens eines Erwin Schulz (Unna), vermutlich sein Gehalt als Angestellter des Reichsnährstands betreffend, an das Reichsamt für Agrarpolitik.
W/H   124 04212 (390)

15. – 20. 8. 36   Adj. d. F, A. M. Horaczek   11626
Auflagenrückgang und qualitativer Niedergang der Zeitschrift „Die Brennessel" von dem Honorarmitarbeiter Anton M. Horaczek (Pseudonym AMHOR) der Schriftleitung angelastet. Nach Ansicht Leitgens (Stab StdF) die Behauptungen H.s über die Qualität der „Brennessel" zwar zutreffend, dennoch die Berichte H.s nur wert, „in den Papierkorb geworfen zu werden" (Begründung: H. als „einer der unfähigsten Zeichner" der „Brennessel" darüber nicht urteilsfähig).
W   124 02303 – 15 (212)

[17. – 31. 8. 36]   AA – 28   11627
Reservierte Reaktion des Amts für Ehrengäste der Reichsparteitage auf die Bemühungen des Auswärtigen Amts (AA) um eine die Fortführung der außenpolitischen Arbeit ermöglichende Unterbringung der am Reichsparteitag teilnehmenden Angehörigen des AA: Im Grand-Hotel lediglich Unterbringung des Ministers mit zwei Begleitern und des – von der Partei eingeladenen – UStSekr. Dieckhoff mit einem Begleiter; ferner (unter Hinweis auf eine diesbezügliche Entscheidung Hitlers und eine Weisung Bormanns) keine Bereitstellung eines Büroraums für das AA möglich. Die Haltung des Amts für Ehrengäste von Schumburg (AA) als mangelndes Verständnis für die Notwendigkeit der Fortführung der außenpolitischen Arbeit interpretiert. – Erlaubnis zur Kraftwagenbenutzung in Nürnberg nur für den Ministerwagen.
W/H   201 00319 – 26 (72/6)

Nicht belegt.   11628

18. 8. 36   Adj. d. F   11629
Bitte um Veranlassung der Einladung einiger „nicht so wichtiger" Engländer zum Reichsparteitag.
W   124 02773 (238)

18. 8. 36   Hptm. a. D. Wiedemann   11630
Dank für den Geburtstagsglückwunsch Bormanns; dabei Erinnerung Wiedemanns an seine frühere Tätigkeit im Stab StdF („meine erste Parteidienststelle").
W   124 01282 (145)

18. 8. 36   Adj. d. F   11631
Weiterleitung eines *Schreibens des GL Kube unter Hinweis auf Briefkopf (Gauleitung Kurmark – Der Gauleiter) und Unterschrift (K., Gauleiter); dieses Schreiben Hitler „selbstverständlich nicht vorgelegt".
H   124 00883 (70)

[18. 8. 36]   RJM   11632
Zustimmung Hitlers und des StdF zum vorgelegten *Entwurf eines Gesetzes über die Ermächtigung der Parteigerichte zur Vereidigung von Zeugen und Sachverständigen.
K   101 19988—89/3 (1199)

Nicht belegt.   11633

19. 8. 36   Fa. F. Leicher   11634
Übersendung der Schlüssel für einen bereits an die Bauleitung Haus Wachenfeld abgegangenen Stahl-Rolladenschrank.
W   124 02454 (220)

19. 8. 36   Adj. d. F—1   11635
Empfangsbestätigung des Verbindungsstabs für einen *Brief der Führeradjutantur.
W   124 00692 (60)

[19. 8.]—14. 11. 36   Frau Ney, Th. Staub, Adj. d. F   11635 a
Beschwerde der Witwe Theresia Staub (Laupheim) über Bgm. Konrad (Bezichtigung der Judenfreundschaft, des Meineids und der ungerechtfertigten Entlassung ihres verstorbenen Mannes, Stadtbaumeister St.) und Bitte um die Gewährung einer Pension. Stellungnahme des Stabs StdF: Frau St. laut Ergebnis der vom zuständigen Gauleiter wiederholt durchgeführten Untersuchungen „ein schwatzhaftes Frauenzimmer mit krankhaften Veranlagungen"; 1934 vor dem Oberamt Laupheim Zurücknahme der damals von ihr gegen K. ausgesprochenen Beleidigungen; wegen der entstehenden Kosten Verzicht des angegriffenen K. auf Klageerhebung; Bitte an Führeradjutant Wiedemann, die St. ablehnend zu bescheiden und sie zu ersuchen, von weiteren Eingaben abzusehen.
K   124 02953—62 (248)

20. 8. 36   Adj. d. F, K. Swalmius-Dato—7   11636
Anläßlich der Ermordung der Söhne der Familien Swalmius-Dato und Hofmeister Übermittlung des Beileides Hitlers an die beiden Familien. Bitte des GL Bohle, den beigefügten Dankesbrief des Vaters des ermordeten S.-D. Hitler bei Gelegenheit persönlich vorzulegen.
K   124 02938 ff. (247)

20. 8. 36   AA, Dt. GenKons. Charkow   11637
Übersendung des Halbjahresberichts des Deutschen Generalkonsulats in Charkow: Eindruck auf das Ausland primärer Aspekt der neuen sowjetischen Bundesverfassung; wohlwollende Förderung des Ukrainischen, insbesondere auf kulturellem Gebiet, bei allerdings bloßer Schattenexistenz des ukrainischen Nationalstaates; schlechte Versorgungslage trotz demonstrativer Abschaffung der Brotkarte; Widerstand gegen die Stachanowbewegung; „Säuberung" der Partei; Sport und Militarisierung; unverminderte „Hetze gegen Deutschland" und Übergriffe gegen Reichsdeutsche.
H   101 26394—408 (1500)

20. 8. 36   Dt. RBahn   11638
Richtlinien für die Zusammenarbeit zwischen Reichssicherheitsdienst und Reichsbahn bei Reisen Hitlers und der Reichsminister: Schutzmaßnahmen bei inoffiziellen und offiziellen Reisen; allgemeine Bestimmungen für sämtliche Reisen; mit der Wahrnehmung des Reichssicherheitsdienstes betraute Dienststellenleiter (für Heß RegInsp. Lutz und Kriminalsekretär Portner zuständig).
W   124 02759—62 (237)

20. 8. 36   Adj. d. F   11639
Durch Bormann Zimmerreservierung für Hitler samt Begleitung im Hotel „Bube" (Bad Berneck).
W   124 00355 (54)

22. 8. 36   RMdI u. a.   11640
Übersendung eines Runderlasses: Unter Hinweis auf einen *Erlaß des Reichsjustizministers (Berücksichtigung der Bewährung im Leben bei der Beurteilung von Schwachsinn in Sterilisationsverfahren)

Anweisung der Gesundheitsämter, über öffentlich Bedienstete und bewährte Parteimitglieder entsprechende Erkundigungen bei den Behörden- bzw. Gauleitern einzuziehen (dazu Anmerkung: Laut Anordnung Hitlers bei bewährten Parteimitgliedern Beteiligung der Partei – nötigenfalls H.s selbst – schon am Vorverfahren; vom Reichsinnenminister in diesem Zusammenhang ein direkter Verkehr zwischen seinen Dienststellen und den Gauleitern für nötig gehalten).
W   124 00069 ff. (31)

24. 8. 36   Adj. d. F – 7   11641
Durch GL Bohle Mitteilung eines *Dankschreibens des Vaters des in Spanien umgekommenen Pg. Hofmeister für das von Hitler den Eltern ausgesprochene Beileid.
W   124 02293 (211)

Nicht belegt.   11642

24. 8. 36   Adj. d. F   11643
Weiterleitung der *Bitte des „zu Unrecht pensionierten" Oberförsters Alexander Schmook (Berlin) um beschleunigte Bearbeitung seiner bereits seit längerem beim StdF liegenden Angelegenheit.
W   124 02872 f. (243)

24. – 31. 8. 36   Adj. d. F, Adj. d. Wehrm. b. F   11644
*Stellungnahme Bormanns zu einem *Schreiben des Obstlt. Hoßbach über eine schwer vermeidbare (Manöver?-) Schlußbesprechung in Birstein im Schloßhof des Fürsten Isenburg.
W/H   124 02329 f. (213)

24. 8. – [2. 9.] 36   Adj. d. F   11645
Übersendung einer *Aufforderung der Ortsgruppe Skagerrak, Berlin, an Parteimitglieder, Mitteilungen über Hausbewohner zu machen, und Bitte an Bormann, über ein solches Vorgehen einmal auf einer Gauleitertagung zu sprechen und der Adjutantur außerdem seine Stellungnahme zu diesem Vorfall mitzuteilen. Eingang der *Stellungnahme des Stabes StdF.
K   124 02916 f. (246)

24. 8. – 7. 9. 36   AA – 28   11646
Schriftwechsel über Einladungen zum Reichsparteitag 1936 an einige In- und Auslandsbeamte des Auswärtigen Amts; Zu- und Absagen von Eingeladenen.
W   201 00284 f., 287 f. (72/6)

25. 8. 36   Adj. d. F   11647
Übersendung des *Schreibens eines Walter Knoblich (Berlin) über StSekr. Feder.
W   124 02209 (200)

25. 8. 36   Adj. d. F, A. Wiesner   11648
Weitergabe des *Schreibens eines Albert Wiesner (Mannheim); dessen Inhalt: Unter Hinweis auf den Mangel an Zeit für die Sorgen und Nöte der alten Parteigenossen Klage über den Verlust des Zutrauens zu den Ministern und Führern; Vorschlag, Sonderbeauftragte zur Erkundung der wahren Meinung des Volkes auszusenden.
K   124 03073 f. (256)

25. 8. 36   AA, Dt. Kons. Genf – 1   11649
Ablehnung einer deutschen Beteiligung am Weltjugendkongreß in Genf durch das Auswärtige Amt und die damit befaßten innerdeutschen Stellen. (Abschrift des betreffenden Erlasses an den Verbindungsstab.)
M   203 00038 f. (13/1)

[25. 8. 36]   RMdI   11650
Zustimmung des StdF zum *Entwurf eines Erlasses über die Ausübung des Gnadenrechts bei Angehörigen des Reichsarbeitsdienstes.
H   101 28392 (1546)

25. 8. – 1. 12. 36   RFM, RMfEuL   11651
Ergebnisse gutachtlicher Beratungen über die geplante Besoldungsordnung für den Reichsnährstand (RNSt.): Gefahr der Überorganisation, Höhe der Aufwandsentschädigungen für ehrenamtliche Amtsträger, Umfang der Verbeamtung, Ausstattung des RNSt. mit eigenen Sportschulen, und anderes. Einwände des Reichsfinanzministers gegen die Besoldungsordnung (zu hohe Einstufung der Ackerbau- und Kulturbauschullehrer; fehlende namentliche Aufführung der Arbeitsgebiete in den einzelnen Beamtengruppen; u. a.).
W   112 00025 – 38 (93)

25. 8. 36 – 23. 2. 37   RMdI, RMfWEuV   11652
*Schriftwechsel über die Beflaggung der Schulen und Jugendherbergen mit der HJ-Flagge.
M/H   101 06324 ff. (525 a)

25. 8. 36 – 1. 11. 37   AA, Dt. Kons. Rotterdam, RMdI, W. v. d. Fuhr u. a.   11653
Negative Entscheidung des Reichsinnenministers über einen Wiedereinbürgerungsantrag des Werner v. d. Fuhr (Tilburg/Niederlande); Gründe: Betrügerischer Gebrauch eines ungültigen Reisepasses, ungünstiger Eindruck der Persönlichkeit F.s und abträgliche Beurteilung durch den Ortsgruppenleiter der Reichsdeutschen Gemeinschaft in Tilburg.
K   101 25902 – 20 (1462 a)

27. 8. 36   AA – 28   11654
Laut Bericht der Deutschen Botschaft in Rom bzw. der Gesandtschaft im Haag dankende Annahme der Einladung Hitlers zum Reichsparteitag 1936 durch Prof. Costamagna bzw. Dr. Mayer.
W   201 00281 (72/5)

[27. 8. 36]   RFM   11655
Vereinbarung mit dem StdF: Seine Zustimmung zu Ernennungsvorschlägen gegeben nach Ablauf von drei bzw. vier Wochen ohne Einspruch.
M   101 00667 (145 a)

27. 8. 36 – 28. 3. 38   Adj. d. F, F. Pithan   11656
Untersuchung der Korruptionsvorwürfe eines Fritz Pithan (Hagen) gegen die Gauamtsleitung der NS-Hago bei der Gauleitung Westfalen-Süd: Laut Stab StdF parteigerichtliche Verurteilung P.s (Verwarnung unter gleichzeitiger Aberkennung der Ämterfähigkeit für ein Jahr) und Einstellung des Parteigerichtsverfahrens gegen die von P. Beschuldigten (später allerdings strafrechtliche Verurteilung eines der Beschuldigten). Bitte P.s um Hilfe bei der Suche nach einer Stellung. – In diesem Zusammenhang Bitte des Führeradjutanten Wiedemann um Berichtigung des Adressenverzeichnisses des Stabs StdF (an ihn gerichtete Schreiben fälschlicherweise an die Kanzlei des Führers adressiert).
W   124 04053 – 68 (375)

28. 8. 36   Adj. d. F   11657
Angesichts des Verständnisses für die Vorrangigkeit der „Wehrhaftmachung" auch bei den seit mehreren hundert Jahren auf altererbtem Besitz wohnenden Bauernfamilien von Heß unterstützte Bitte des GL Telschow an Hitler, einige Worte an die Bevölkerung „dieses Gebiets" zu richten.
W   124 00279 f. (53)

28. 8. 36   Ribbentrop   11658
In einer für Hitler bestimmten Notiz zunächst Hinweis auf die außenpolitischen Erfolge seines Büros in der Kolonialfrage (u. a. objektivere Einstellung in England zu den deutschen Kolonialwünschen; Bereitschaft eines maßgeblichen Teils der englischen Presse, „auf unseren Wink hin" sofort die Rückgabe der deutschen Kolonien im positiven Sinne zu behandeln), dann Darstellung der Streitigkeiten mit dem auf seinen Vorschlag hin gegründeten, durch das „Versehen eines meiner Mitarbeiter" bei der Formulierung der Statuten von General v. Epp „völlig selbständig" geleiteten Reichskolonialbund (RKB) und dem Kolonialpolitischen Amt (KPA); von E. eine (zur Wahrung der außenpolitischen Belange und wegen der fachlichen Inkompetenz des KPA unbedingt erforderliche) Einflußnahme Ribbentrops auf den RKB abgelehnt; Bitte um Vortrag bei Hitler und dessen Entscheidung; Vereinbarung mit Heß, bis dahin seitens der Partei keine Entscheidungen zu treffen und die Tätigkeit des RKB zu unterbinden.
W/H   124 01018 – 25 (91)

28. 8. – 2. 9. 36   Adj. d. F, Prof. Haberland – 18   11659
Laut Hochschulkommission (HK) kein Zusammenhang zwischen dem bisherigen Ausbleiben einer
Lehrstuhlberufung und der früheren Verfolgung des (inzwischen durch das Eingreifen der HK rehabilitierten) Prof. Haberland; eine Berufung H.s letzten Endes Angelegenheit des Reichserziehungsministeriums, die HK dabei lediglich zuständig gewesen für die weltanschauliche Beurteilung (nunmehr Aufgabe des neugegründeten Dozentenbundes).
W   124 02270 ff. (207)

28. 8. 36 – 3. 11. 44   RFSS u. a.   11660
Ausstellung von Dienstleistungszeugnissen für SS-Führer (Buchstaben A–E) auf Anforderung des Stabs
StdF bei Beamtenernennungen usw.
M/W   306 00001 – 09, 045 ff., 107 f., 256 ff., 265, 287 f.

[29. 8. 36]   RPM   11661
Auf Ersuchen Bormanns Ausdehnung der Gebührenfreiheit (gemäß Verordnung über Fernsprech- und
Telegraphengebühren des Reichskanzlers vom 2. 12. 33) auf die Anschlüsse Berchtesgaden 2280, 2428,
2183 und 2100.
H   101 17624 (1069)

31. 8. 36   RSchatzmeister, RKassenverwalter HJ   11662
Einspruch von Reichsschatzmeister Schwarz gegen die Absicht des Reichsjugendführers (RJF), die im
Eigentum der Partei stehenden HJ-Heime dem Deutschen Jugendherbergs-Verband e.V. zu überantwor-
ten; Hinweis auf seine Zuständigkeit und die ungünstige Finanzlage der HJ; Vorwurf gegen den RJF,
ihn und seinen HJ-Reichskassenverwalter (RKV) immer wieder vor vollendete Tatsachen zu stellen. Entsprechendes Schreiben des RKV an Schirach, darin auch Erörterung der Finanzierung der Heime und
ihrer Schwierigkeiten, der Errichtung einer BDM-Sportschule sowie einer wiederum ohne ihn geplanten
und finanziell nicht gesicherten Italienfahrt.
H   320 00049 – 60 (9)

31. 8. 36   Oberste RBeh., Gestapa   11663
Bitte des Stabs StdF um automatische Verlängerung aller Fristen, insbesondere auch für Beförderungsvorschläge, um zehn Tage wegen des Reichsparteitages; Angaben über die Erreichbarkeit der Sachbearbeiter des Stabs StdF in Eilfällen während des Reichsparteitags.
H   101 20422 (1210)

1. 9. 36   AA – 28   11664
Mitteilung über die Zusage sämtlicher zum Reichsparteitag 1936 eingeladener ungarischer Abgeordne-
ter; Zweifel nur hinsichtlich des erkrankten Abgeordneten Baczay.
W   201 00289 (72/6)

[1. 9. 36]   R. Murr   11665
Berufung des 1933 auf persönliche Verfügung Hitlers aus der Partei ausgeschlossenen RegBaumeisters
Richard Murr (München) auf seine, Heß „aus eigenem Erleben" bekannten, Verdienste um die NS-Be-
wegung vor 1933.
W   124 02589 – 96 (228)

1. – 3. 9. 36   Adj. d. F   11666
Dank des Führeradjutanten Wiedemann für von Bormann übersandte Fotos von der Olympiade.
W   124 00349 f. (54)

1. 9. – 21. 10. 36   Bayr. StMdI   11667
Vorschläge zur wirtschaftlichen Besserstellung bedürftiger Inhaber des Goldenen Ehrenzeichens und des
Blutordens der Partei: Schaffung einer Zentralstelle (nach Vorschlag Friedrichs' vom Stab StdF GL
Adolf Wagner bereit, diese zu übernehmen); Erhöhung der Renten, Wohlfahrtsunterstützungen usw.
durch einen zusätzlichen Ehrensold, später eventuell Ausdehnung der Regelung auf alle Alten Kämpfer
(Finanzierung durch einmalige Beiträge aller nach dem 30. 1. 33 in die Partei oder ihre Gliederungen
Eingetretenen); Verbesserung der Beschäftigungsmöglichkeiten im Staatsdienst – u. a. durch Erhöhung
des Stellenvorbehalts im unteren und einfachen mittleren Dienst von bisher 10% auf 30% (Erhöhung

auf 50% vom StdF bereits abgelehnt) und Einführung eines 10%-Stellenvorbehalts für den gehobenen und höheren Dienst sowie durch Löschung von Vorstrafen – und (durch gesetzliche Beschäftigungsauflagen und wirtschaftliche Anreize) in der Privatwirtschaft.
W/H   124 00030 – 42 (31)

2. 9. 36   Adj. d. F   11668
Bitte des Reichsbundes der Kinderreichen um (Reichsparteitags-)Einladungskarten für kinderreiche Eltern.
W   124 02772 (238)

[2. 9. 36]   PräsKzl.   11669
Beteiligung des StdF an der Prüfung der Bewilligung des von Hitler ausgesetzten Ehrensolds für „völkische Vorkämpfer".
W   101 20314 f. (1208)

2. – 3. 9. 36   AA, GL Bohle – 28   11670
Nach widersprüchlichen Mitteilungen Bitte Bülow-Schwantes (Auswärtiges Amt) um Benachrichtigung von der endgültigen Regelung der Zustellung der Ehrenkarten und Quartierscheine für den Reichsparteitag 1936.
W   201 00282 f. (72/6)

Nicht belegt.   11671

[2. 9. 36 – 12. 1. 37]   RMdI, RMfWEuV, RJM   11672
(In einer Eingabe erwähnte) Verordnungen über die Logenzugehörigkeit Beamter: Bei nicht bereits vor dem 30. 1. 33 erfolgtem Austritt aus der Loge und Eintritt in die NSDAP Beschäftigung in Personalangelegenheiten (d. h. auch Abnahme akademischer und staatlicher Prüfungen) nur bei Zustimmung des StdF.
W   301 00262 f. (Drost)

3. 9. 36   APA   11673
Pressebericht des Außenpolitischen Amts der NSDAP: Berichte europäischer Zeitungen u. a. über den spanischen Bürgerkrieg, die Außenpolitik Polens, den Sturz des rumänischen Außenministers Titulescu, die Zukunft des Völkerbundes, die deutsche Innen- und Außenpolitik und die Sudetenfrage. *Beilage: Eine Übersetzung aus der Prawda („Die Gestapo – der Stab der internationalen Mörder").
W   124 00717 – 26 (62)

3. 9. – 22. 10. 36   Adj. d. F   11674
Vom Stab StdF die Abstellung der von einem Max Resiger (Berlin) gerügten Mißstände bei der Preisgestaltung der Fahrschulen verlangt.
W   124 02787 (239)

3. 9. 36 – 15. 3. 37   RKolB, RKzl., RMdI   11675
Der Antrag des Reichskolonialbundes an den StdF auf Genehmigung einer eigenen Bundesflagge von Hitler nicht genehmigt.
M   101 00096 – 106 (128 a)

5. 9. 36   K. Lehmann   11676
Nach gescheiterten anderweitigen Versuchen Bitte des 89jährigen ehemaligen Kapellmeisters Karl Lehmann (Freiburg) an Heß, den von ihm eigens für Hitler komponierten Marsch „Vaterland und Heimatliebe" an Hitler gelangen bzw. ihm vorspielen zu lassen.
W/H   124 02451 ff. (220)

5. 9. 36 – 10. 2. 37   RKzl., Dt. Aufbauhilfe, PräsKzl., RMdI, Gestapo,   11677
             GL Württemberg-Hohenzollern – 9
Bitte des Fabrikanten C. Hülsmann (Deutsche Aufbauhilfe) um einmalige Überbrückungshilfen von je RM 1000.– für in Not geratene „völkische Vorkämpfer": Dr. Seeger (nach Beschlagnahme seines Werkes „Das deutsche Geschichtsbilderbuch") und Alfred Miller (nach „Wegnahme" seiner Zeitschrift „Die Flammenzeichen"). Durch die Reichskanzlei Einholung – negativ ausfallender – Auskünfte über die Betreffenden beim Reichsinnenminister und beim StdF.
H   101 20312 – 28 (1208)

6. 9. 36   RStatth. Thüringen   11678
Übersendung eines „Unfrieden stiftenden *Pamphlets" des Rats der Evangelisch-Lutherischen Kirche in Deutschland; Forderung, den „rechtmäßigen und loyalen" Landesbischof, seinen Kirchenausschuß und die Gemeinden gegen die „ewigen Stänkereien" des Reichskirchenausschusses und außerthüringischer Stellen in Schutz zu nehmen; außerdem Beantragung einer Untersuchung gegen die „Bekenntnisfront" wegen Hoch- und Landesverrats; Hinweis auf ihre an Hitler gerichtete, im Ausland veröffentlichte „unerhörte sogenannte Denkschrift".
W/H   124 00884 f. (70)

7. 9. – 13. 11. 36   RKzl. u. a.   11679
Anspruch des Reichspropagandaministeriums (im Parteibereich: Reichspropagandaleitung), zwecks Einschränkung der wachsenden Zahl von Tagungen, Kongressen, Feiern usw. als Anmeldestelle mit Einspruchsrecht bei Tagungen mit Vertretern der Reichsleitung der NSDAP bzw. der Reichsregierung oder mit mehr als 3000 Teilnehmern aus mehr als einem Gaubereich sowie bei sämtlichen Einladungen fremder Diplomaten eingeschaltet zu werden; ferner Festlegung veranstaltungsfreier Zeiträume (15. 12. – 15. 1., die Wochen vor und nach Ostern und Pfingsten, Juli und August); Übersendung eines entsprechenden Führererlaß-Entwurfs. Trotz Bedenken der Reichskanzlei nur unwesentlich modifizierte Endfassung (bei Einladungen fremder Diplomaten und Staatsmänner sowie sonstiger prominenter Ausländer maßgebliche Beteiligung des Auswärtigen Amts [AA], entsprechende Einladungen der Partei gemäß Anordnung des StdF v. 9. 9. 33 allein durch die Reichsparteileitung im Benehmen mit dem AA; Einladung fremder Staatsoberhäupter Hitler vorbehalten).
H   101 00680 – 703 (147 a); 101 21485 – 88 (1269); 203 01802 – 05 (50/4)

8. 9. 36   RArbM u. a. – 25   11680
Übersendung eines Runderlasses: Bestimmung über die Aufstellung von Verzeichnissen der vom Anbau freizuhaltenden Verkehrsstraßen.
K   101 16594 – 603 (1004)

9. 9. 36   ROL u. a.   11681
Durch den Stabsleiter StdF Weitergabe der Anzugsordnung für die Reichskulturtagung.
W/H   124 00213 (53)

11. 9. 36   RKzl. u. a.   11682
Übersendung eines Rundschreibens mit der Bitte um entsprechende Anweisung der Partei: Bei Teilnahme Hitlers an militärischen Veranstaltungen lediglich Meldungen der militärischen Führer erwartet; Meldungen von Partei- oder Behördenvertretern nur auf ausdrücklichen Wunsch H.s.
K   101 16448 – 51 (967 e)

13. 9. 36   ?   11683
Die (später in einem Kündigungsschreiben an den Geschäftsführer des Hotels beanstandete) Auswahl der Weine sowie der Speisen für ein Festessen der Wehrmacht im Hotel „Deutscher Hof" in Nürnberg von Oberstlt. v. Wulffen (Stab StdF) vorgenommen.
W   124 02060 – 74 (194)

13. – 15. 9. 36   Adj. d. F   11684
Auf die Bitte Gierbauers (Stab StdF) hin Überweisung von RM 50. – für den invaliden Pg. Linsenmeier (ehemaliger Kriegskamerad Heß') durch die Führeradjutantur. Empfehlung L.s als Gärtner an Frau H.
W/H   124 02459 f. (221)

[14. 9. 36]   SHA   11685
Abschließender, ausführlicher Bericht über die Ermittlungen und die Verfahren gegen den wegen „unzweifelhafter liberaler, demokratischer Gesinnung" und charakterlicher Fehler seines Amtes enthobenen Prof. Fritz Brüggemann (Kiel); der endgültige Ausschluß B.s aus der Partei dringend befürwortet.
W   301 00194 – 206 (Brüggemann)

16. 9. – 13. 11. 36   Adj. d. F   11686
Übersendung von *Rechnungen mit der Bitte um Begleichung.
W   124 00331 ff., 347 f. (54)

16. 9. 36 — 24. 4. 39   RFSS u. a. — 38   11687
SS-Personalunterlagen Obf. Walter Burghardt (Stab StdF): Berufung in den Stab StdF, Stammrollenauszug, Versorgung seiner Witwe, Grabstelle u. a.
M   306 00206 — 15 (Burghardt)

17. 9. 36   RSt. f. Wirtschaftsmoral, SA-Gruf. v. Pfeffer — 1   11688
Über den Verbindungsstab Mitteilung über die Festnahme der Beschwerdeführer Nientiedt (Greven) und Engelke (Nienberge) wegen Verleumdung, Aufwiegelei und Vorbereitung zum Hochverrat (offenbar die Grevener Baumwollspinnerei & Coesfelder Weberei A.G. betreffend).
W   124 02247/4 (205)

17. — 24. 9. 36   RKzl. — 7   11689
Keine Bedenken des GL Bohle (Auslands-Organisation) gegen eine Mitgliedschaft des StSekr. Lammers im (umgestalteten) Volksdeutschen Club; um sich in volksdeutschen Angelegenheiten nicht unnötig zu exponieren, keine eigene Mitgliedschaft B.s; Vertretung der Dienststelle B.s im Club durch seinen Persönlichen Referenten.
K   101 15080 ff. (883 a)

17. 9. — 7. 10. 36   Adj. d. F, W. Sauter — 1   11690
Durch den Verbindungsstab auf Veranlassung Hitlers Überweisung von RM 3 000.— an den Kunstmaler Wilhelm Sauter (Bruchsal) zur Förderung seines weiteren Schaffens.
W   124 02793 ff. (240)

18. 9. 36   AA, Dt. Ges. Wien   11691
Übersendung eines *Berichts der Deutschen Gesandtschaft in Wien: Eine einheitliche Regelung über das Zeigen der deutschen Flagge, des Hoheitszeichens und des Parteiabzeichens durch die österreichische Bundesregierung nicht erwünscht, um eine Zurechtweisung aller die diesbezüglichen Direktiven großzügig auslegenden Sicherheitsdirektoren zu vermeiden.
K   101 26066 f. (1473 a)

18. 9. 36   Adj. d. F — 1   11692
Übersendung einer *Aufstellung des Begleitkommandos mit Nettogehaltsangaben.
W   124 00691 (60)

18. — 24. 9. 36   Adj. d. F, KrBauernF Schrobenhausen   11693
Weder Führeradjutant Wiedemann noch Bormann in der Lage, Mittel zur Verfügung zu stellen, um die Versteigerung des — im Besitz des in finanzielle Schwierigkeiten geratenen Pg. Daniel (Schrobenhausen) befindlichen — Geburtshauses des Malers Lenbach abzuwenden.
W/H   124 02036 ff. (193)

19. 9. 36   RSt. f. Raumordnung   11694
Vorschlag zur Ernennung des nach § 5 BBG in die Planstelle eines Oberregierungsrats versetzten MinR Werner Teubert zum Ministerialrat.
H   101 19571 — 76 (1189)

19. 9. — 29. 10. 36   Adj. d. F, B. Habel — 11   11695
Nach einer Eingabe mit — nicht realisierten — technischen Vorschlägen auf Weisung Hitlers Bemühungen um Förderung des technisch sehr begabten Realschülers Bruno Habel (Wörgl).
W/H   124 02265 — 69 (207)

21. 9. 36   RMdI   11696
Übersendung der „Vorschriften für die Abhaltung von Feiern und Kundgebungen auf dem Gelände des Reichsehrenmals Tannenberg": Beschränkungen der Feiern im Ehrenhof (Ehrungen Hindenburgs und der Toten des Weltkriegs) sowie des Zugangs zur Gruft (Familienmitglieder, Reichsminister, Preußischer Ministerpräsident, Reichsleiter, Oberbefehlshaber der Wehrmachtteile, Kuratoriumsmitglieder); u. a.
H   101 22601 ff. (1288 a)

21. — 22. 9. 36   Adj. d. F   11697
Von Bormann die Zahlung der von dem „Alten Kämpfer" Hans Hammer für die Sanierung seiner Ham-

mer-Tonfilm-Verleih-GmbH (früher Ankauf von Filmen auf Wunsch Hitlers) unter Berufung auf eine Entscheidung Hitlers zu bereits gezahlten RM 120000.– neu verlangten RM 35000.– abgelehnt; Begründung: Schlechte Finanzlage der Partei (bereits Schwierigkeiten bei der Unterstützung der Hinterbliebenen Alter Kämpfer, bei der Bezahlung der Kreisleiter, bei der Altersversorgung der Partei-Angestellten usw.) und eine der Behauptung Hammers entgegengesetzte Weisung Hitlers an B.
W/H   124 02274 – 75/9 (208)

23. – 30. 9. 36   APA, Adj. d. F   11698
Bitte des Außenpolitischen Amtes um ein Autogramm Hitlers für einen Ehrengast des Parteitages, Shibusawa (Direktor des größten japanischen Stahlkonzerns). Weiterleitung an die Führeradjutantur.
K   124 03565 f. (304)

23. 9. 36 – [27. 3. 40]   HArchiv d. NSDAP   11699
Durch Anordnung des StdF Beauftragung mit der Anlegung eines „Ehrenbuchs der Alten Garde". Später jedoch Steckenbleiben der Vorbereitungen; Grund: Die Anlegung „höherenorts im Augenblick nicht erwünscht".
W   124 04878 f. (522)

[24. 9. 36]   Rosenberg   11700
Beschwerde, in der Gründungsurkunde der „Stiftung Deutsches Auslandswerk" durch Reichspropagandaministerium und Büro Ribbentrop nicht angemessen berücksichtigt worden zu sein; Einreichung eines 'Vorschlags des Amtes für akademischen Austauschdienst zur Prüfung durch Heß.
W   124 00707 – 16 (62)

25. – 30. 9. 36   Adj. d. F   11701
Auf die Aufforderung in einem Rundschreiben Bormanns, Beobachtungen und Erfahrungen anläßlich des Reichsparteitags 1936 mitzuteilen, vom Führeradjutanten Wiedemann die zeitigere Übersendung der Karten für Hitlers Bekannte angeregt.
W   124 00345 f. (54)

25. 9. 36 – 5. 7. 37   Adj. d. F, OPG   11702
Durch einen dem StdF übersandten Beschluß des Obersten Parteigerichts Ausschluß eines Hermann Brö(c)ker und eines August Jaspert (beide Hamm) aus der Partei wegen „anonymer Verleumdung" ihrer politischen Vorgesetzten in einer „an parlamentarisch-demokratische Methoden erinnernden" Weise sowie wegen weiterer Disziplinlosigkeiten. Damit Beantwortung einer Anfrage der Führeradjutantur zu einer Eingabe B.s.
K/H   124 03186 – 94 (268)

26. 9. – 3. 11. 36   Adj. d. F – 1   11703
Übersendung von 'Rechnungen der Auto-Union A. G. zur Begleichung.
W   124 00685, 690 (60)

28. 9. 36   Adj. d. F   11704
Übersendung eines 'Vorgangs über einen Alfred Dölger (Berlin) und Bitte, D. in der Privatindustrie unterzubringen.
W   124 02090 (195)

28. 9. 36   Adj. d. F   11705
Besprechung im Braunen Haus über die Ernährungslage im kommenden Winter und die damit zusammenhängenden Preis- und Lohnfragen: Darstellung der Ernährungslage; Erörterung der Verknappung der Butter im vergangenen Jahr sowie jetzt, durch Rückgang des Viehauftriebs, vor allem des Fleisches und der dadurch hervorgerufenen Preissteigerungen; Meldungen über Unzufriedenheit in der Bevölkerung, insbesondere wegen der Ungleichheit der aus der Knappheit entstehenden Belastungen und über die Lohnunterschiede; Klagen der Landwirtschaft über den Mangel an Landarbeitern und Landarbeiterwohnungen; Notwendigkeit von Gegenmaßnahmen wie verbesserte propagandistische Aufklärung (keine Schönfärberei, aber z. B. Hinweise auf preisfeste Lebensmittel sowie auf die Erfassung der Rüstungsgewinne durch die erhöhte Körperschaftssteuer), Bedarfslenkung, verstärkter „Kampf dem Verderb", schärfere Bestrafung von Preisüberschreitungen und Zurückhaltung von Vieh, u. a.; Schätzungen der Ernte 1936.
W/H   124 00335 – 44 (54)

[28. 9. 36]   (Himmler)   11706
Vorschlag der Führeradjutantur, sich in der Sache Reupke an Heß zu wenden, um R. eine Existenzmöglichkeit zu schaffen. Eingehen auf die schwierigen Existenzbedingungen für alte Parteigenossen nach Zerwürfnissen mit Politischen Leitern (keine Einstellung durch Partei und Staat; keine Neigung der Privatindustrie, von der Partei als unzuverlässig abgestempelte Personen zu beschäftigen).
K   124 03463 (293)

[28.]–30. 9. 36   Adj. d. F   11707
Verbot einer Tagung des Reichskolonialbundes durch Ribbentrop im Einvernehmen mit Heß.
W   124 02767 (238)

28. 9. – 17. 10. 36   Adj. d. F, U. Rademacher – 7   11708
Unter Hinweis auf die parteiamtliche Zuständigkeit der Gauleitung Ostpreußen für memelländische Angelegenheiten keine Stellungnahme der – im Memelland nicht vertretenen – Auslands-Organisation zu dem Schreiben einer Ursula Rademacher (Tilsit; Frau eines inhaftierten führenden NS) über die Situation im Memelgebiet nach Abschluß des Litauisch-Deutschen Handelsvertrages.
K   124 03392 – 98 (291)

29. 9. 36   R. Euringer – 1   11709
(Erfolgreiche) Anregung eines Richard Euringer (Essen), den Namen „Alcazar" für Vergnügungsstätten zu verbieten.
W   124 02199 (199)

29. 9. 36   AA   11710
Übersendung des *Dankschreibens eines C. Kingston (Delegierter beim Internationalen Städtekongreß in Berlin 1936) für die Einladung zum Reichsparteitag 1936.
W   201 00290 (72/6)

30. 9. – 15. 10. 36   RJM, RKzl.   11711
Keine Zustimmung des StdF zu der vom Reichsjustizminister erbetenen Anbringung des Hoheitszeichens auf der Amtstracht auch der bei den Ehrengerichten und Ehrengerichtshöfen der Rechts- und Patentanwälte tätigen Anwälte; Begründung: Diese genauso Laienrichter wie alle anderen Laienrichter in ordentlichen Gerichtsverfahren.
A   101 05549 – 52 (464)

[30. 9. 36]–[28. 1. 37]   Hptm. a. D. Simon-Eberhard   11712
Nach vergeblichen Bemühungen des Hptm. a. D. Max Simon-Eberhard (z. Zt. Eisenach) um einen Empfang durch Heß schriftliche Einreichung eines *Gesuchs wegen der Kündigung seiner – ihm 1935 beim „unter Druck" erfolgten Verkauf der Deutschen Shanghai Zeitung zugesagten – Anstellung bei der Wehrmacht infolge Nichterbringung des Ariernachweises (beigefügt u. a. ein *Empfehlungsschreiben des Oberstlt. Kriebel). Später Bitte S.-E.s an die Führeradjutantur, wegen des offenbar beim Stab StdF nicht eingegangenen Gesuchs nachzuforschen und gegebenenfalls das beigefügte neuerliche *Gesuch an den Stab StdF weiterzuleiten.
K/H   124 03569 ff. (305)

1. 10. 36   RKzl.   11713
Im Auftrag Hitlers Bekanntgabe eines Erlasses über die Einführung einer Melde- und de facto Genehmigungspflicht für nicht rein private Spanienreisen von Beamten; Bitte an den StdF, für den Bereich der NSDAP eine entsprechende Anordnung zu erlassen.
H   101 26316 – 29 (1492 a)

3. 10. 36   Adj. d. F – 11   11714
Übersendung des *Schreibens eines Reinhard Müller (Fulda).
W   124 02581 (228)

3. 10. 36   Adj. d. F   11715
Teilnahme von StabsL Stenger (Stab StdF) im Gefolge Hitlers bei einem Stapellauf in Wilhelmshaven.
W   124 00078 f. (32)

5.10.36   Adj. d. F, V. Knauerhase – 7   11716
Durch den Leiter der Auslands-Organisation Rücksendung der Bitte einer Vera Knauerhase (München) um ein Autogramm Hitlers für die Engländerin Peggy Jelfs: Nachprüfung nicht möglich.
K/H   124 03830 f. (350)

5.–6.10.36   Adj. d. F – 11   11717
Die Bearbeitung des *Schreibens eines Prof. E. Everling (Technische Hochschule Berlin) über die Konstruktion eines Kraftwagens mit geringem Luftwiderstand durch den Stab StdF bis zur Rückkehr von Obf. Croneiß zurückgestellt.
W   124 02200 – 03 (199)

5.10.–12.11.36   AA, Dt. Botsch. Warschau, Dt. Botsch. b. Hl. Stuhl   11718
Übersendung von zwei Berichten über Motive und Ergebnisse einer Reise des polnischen Generals Rydz-Smigly nach Paris: Bereinigung der polnisch-französischen Beziehungen, jedoch – trotz polnischer Nervosität angesichts der deutschen Aufrüstung und der wieder befürchteten Revisionsgefahren – keine Änderung des Verhältnisses zu Deutschland beabsichtigt; Beurteilung der Glaubwürdigkeit einer angeblichen Aufzeichnung des sowjetischen Militärattachés in Warschau über die in Paris unterzeichneten oder vorbereiteten polnisch-französischen Protokolle; vermutliche Höhe der den Polen gewährten Anleihe (2 Mrd. frs.); Einschätzung der künftigen polnischen Außenpolitik.
H   101 26131 – 49 (1482)

8.10.36   Adj. d. F   11719
Übersendung einer *Rechnung der Auto-Union A. G.
W   124 00212 (53)

[8.10.36 – 8.1.37]   Adj. d. F u. a.   11720
Unterbringung des (bisher?) beim Stab StdF tätig gewesenen Pg. Heinrich Kersken bei der Wehrmacht (als Hauptmann und Flak-Batteriechef in Wolfenbüttel). Später: Eine Reaktivierung K.s wegen eines Vorfalls unter Alkoholeinfluß vorerst nicht beabsichtigt.
W/H   124 03853 – 56, 858 f., 866 – 78 (352)

8.10.36 – 25.1.37   RArbF, F. Sander   11721
Ausdrückliche Bitte des StdF, von einer Übernahme des Ferdinand Sander (Hamburg) aus dem früheren Arbeitsdienst in den Reichsarbeitsdienst abzusehen; Begründung: Logenzugehörigkeit S.s. Die Bitte S.s um nochmalige Überprüfung abschlägig beschieden.
W   124 04950 f. (537)

10.10.36   RKTL   11722
Einladung des Reichskuratoriums für Technik in der Landwirtschaft zu einer Besprechung über die Versorgung der Landwirtschaft mit Luftreifen.
W   124 02769 (238)

10.10.36   RMdI, AA   11723
Zustimmung des Reichsinnenministers zur Ernennung des OLGPräs. Frhr. v. Steinaecker (Breslau) zum deutschen Schiedsrichter bei dem deutsch-polnischen Schiedsgericht für Oberschlesien an Stelle des SenPräs. Herwegen. (Abschrift an den StdF.)
K   101 16498/1 (973)

10.–28.10.36   AA, JFdDR   11724
Stellungnahme des Jugendführers des Deutschen Reiches zu einer vom Stab StdF übermittelten Anfrage des Auswärtigen Amts: Infolge der „Verletzungen" des Vertrages mit der HJ durch das Evangelische Jugendwerk gespannte Lage im Gebiet Franken; Verbot der Teilnahme von HJ-Angehörigen an allen konfessionellen Lagern durch den Gebietsführer; trotzdem Teilnahme an einem Lager in der Schweiz; noch kein Ausschlußverfahren gegen die Teilnehmer.
M   203 00040 ff. (13/1)

13.10.36   RMdI   11725
Unter Hinweis auf den in vorliegender Sache sowieso geplanten Vortrag des StSekr. Lammers bei Hitler

keine Einwendungen des StdF gegen die Führung des kleinen Reichsdienstsiegels durch die Akademie für Deutsches Recht.
K   101 00094 f. (128 a); 101 26651 ff. (1510 a)

14. 10. 36   Adj. d. F – 1   11726
Übersendung einer *Rechnung der Firma Lohmüller zur Begleichung.
W   124 00689 (60)

14. 10. 36   H. O. Meissner – 7   11727
Im Auftrag des GL Bohle Bitte an Att. Hans Otto Meissner, vor seiner Abreise nach Tokio bei der Leitung der Auslands-Organisation vorzusprechen.
W   153 00004 (459 – 1)

[14. 10. 36]   RMdI   11728
Die *Unterlagen über den Fall des Maximilian Kadletz seit Monaten beim Stab StdF (Versuch K.', die ihm aufgrund negativer charakterlicher Beurteilung gekündigte Assistentenstelle an der Tierärztlichen Fakultät der Universität München wieder zu erhalten und die ihm trotz Habilitation nicht erteilte Venia legendi zu erlangen).
W   124 02343 – 55 (215)

15. 10. 36   Intern   11729
Bei den Brandversicherungsbeträgen für „sämtliche Häuser" ein Betrag für Haus Berghof nicht enthalten; Frage nach dessen Versicherung. (Vgl. Nr. 11786.)
W   124 02205 (200)

15. 10. 36   AA, RKzl., Earl of Glasgow   11730
*Dankschreiben des Earl of Glasgow nach dem Besuch des Reichsparteitags 1936: Weiterleitung an den StdF.
W   201 00311 (72/6)

15. 10. 36   AA, RKzl., Oberstlt. Moore   11731
*Dankschreiben des britischen Oberstlt. Moore für die Einladung zum Reichsparteitag 1936: Weiterleitung an den StdF.
W   201 00310 (72/6)

15. 10. 36   AA, GenMaj. Robinson   11732
Dankbrief des britischen GenMaj. Robinson nach Besuch des Reichsparteitags 1936 (Bewunderung der Organisation und des Geistes des Parteitags, die deutsch-englische Freundschaft die sicherste Garantie des Weltfriedens: Weiterleitung an den StdF.
W   201 00308 f. (72/6)

16. 10. 36   Adj. d. F   11733
Bitte der Frau Hofrat Madlehner (Kempten; Jugendfreundin des Führeradjutanten Wiedemann) um ein Autogramm Heß'.
W   124 02483 (223)

16. 10. 36   Adj. d. F – 24   11734
Übersendung eines *Heftchens durch den Adjutanten des StdF zwecks Vorlage bei Hitler.
W   124 00278 (53)

16. 10. 36   Bayr. StMdI   11735
Anregung, „für alle Zeiten" am 8./9. 11. die in die Partei aufzunehmenden HJ-Angehörigen für ihre Vereidigung nach München zu den „ewigen Stätten der Bewegung" zu beordern.
W   124 00024 ff. (30)

16. 10. 36   C. Stegmann   11736
Bitte einer Frau C. Stegmann (München) um Unterstützung eines an Hitler gerichteten Gnadengesuchs für ihren seit August 1935 im Gefängnis in Nürnberg einsitzenden Sohn Wilhelm St..
K   124 02965 f. (248)

19. 10. 36   RSt. f. Raumordnung, RFM   11737
Schwierigkeiten bei der Vorbereitung eines neuen Grundsteuergesetzes: Einerseits Bestrebungen des Reichsinnenministers (RMdI) nach Einengung der Grundsteuerbefreiungen zwecks Sicherung der Haushalte der Gemeinden, andererseits Warnung des Reichsarbeitsministers vor den mit der Aufhebung der Steuerbefreiung für den Wohnungsbau eintretenden Mietsteigerungen bei Kleinwohnungen. Die Vorschläge des RMdI für eine Lösung des Dilemmas (Wohnungsbausubventionierung, Senkung der Baukosten und der Zinssätze) nach Ansicht der Reichsstelle für Raumordnung (RSt.) kein gangbarer Weg. Wiederaufnahme des von der RSt. bereits am 13. 12. 35 vorgelegten Vorschlags, für die Bewertung und Besteuerung Gebäude und (nicht landwirtschaftlich genutzten) Boden zu trennen; Darlegung der für diesen Vorschlag sprechenden allgemein bodenrechtlichen, der planungsrechtlichen und anderer Gesichtspunkte. (Durch die RSt. nachrichtlich an den StdF.)
K   101 14527 – 45 (792)

19. – 28. 10. 36   Adj. d. F   11738
Zur Kenntnisnahme durch Bormann Übersendung der Antwort Hitlers auf ein Bittschreiben des ehemaligen GL Kube, seine Ehre wiederherzustellen, ihn von dem Verdacht der Treulosigkeit zu befreien, ihm die Pension eines Oberpräsidenten zu gewähren und die Uniform zu belassen: Enthebung K.s als Gauleiter und Oberpräsident wegen seines „unmöglichen Vorgehens", jedoch mit „aufrichtigem Bedauern"; infolge seiner Verdienste kein Ausschluß aus der Partei, Belassung der Uniform; Absicht seiner Verwendung in einer neuen Position und Sicherung seiner wirtschaftlichen Existenz bis zur Übernahme dieser Position.
W/H   124 00869 – 82 (70)

20. 10. 36   Himmler   11739
Übersendung der *SS-Aufnahme- und -Verpflichtungsscheine für sieben Angehörige des Stabs StdF: ORegR Hans Müller, HAL Helmuth Friedrichs, ORegR Heinrich Heim, MinDr. Walter Sommer, RegR Ludwig Wemmer, AL Albert Hoffmann, StL Heinz Schroeter.
M   306 00341 (Friedrichs)

[20. 10. 36]   Frau v. Treichel   11740
Fortlaufende *Eingaben mit ehrenrührigen Vorwürfen gegen SS-Gruf. v. d. Bach-Zelewski.
M   306 00010 f. (Bach-Zelewski)

[20. 10.] – 23. 11. 36   RFM, RKzl.   11741
Zustimmung des StdF zum Entwurf eines Gesetzes über eine Änderung des § 60 a des Reichsbeamtengesetzes.
H   101 18839 – 42 (1155 a)

20. 10. 36 – 7. 10. 37   Adj. d. F – 6/1   11742
Stellungnahme des Sonderbeauftragten des StdF, Oexle, zu dem Wunsch Hitlers, Pg. Schuster (München) beschleunigt unterzubringen: Anstellung Sch.s als Abteilungsvorstand der Geld- und Vermögensverwaltung bei der Landesbauernschaft Württemberg; gütliche Regelung der Ansprüche aus dem früheren Anstellungsverhältnis (RM 13 000.– Abfindungszahlung) und Übernahme Sch.s in das Beamtenverhältnis vereinbart.
K   124 03560 ff. (303)

21. 10. 36   Adj. d. F – 1   11743
Rücksendung von *Fotokopien.
W   124 00688 (60)

21. 10. 36   Adj. d. F – 1   11744
Übersendung eines *Zeitungsausschnitts über eine Rede von Heß.
W   124 00687 (60)

21. 10. 36   Adj. d. F, H. Beyer   11745
Die Bitte des Hitlerjungen Herbert Beyer (Burgstädt) um eine Unterschrift Hitlers für die von ihm gemachten Führerfotos vom Stab StdF befürwortend an die Führeradjutantur weitergeleitet.
K   124 03166 f. (265)

[21. 10. 36]   RMdI   11746
Die Entscheidung, einen ein Amt als Politischer Leiter bekleidenden Beamten wegen seines parteiamtlichen Verhaltens zur Rechenschaft zu ziehen, in erster Linie Sache der zuständigen Parteistellen; bei Abgabe der Angelegenheit an staatliche Behörden (z. B. durch Strafanzeige) oder im Falle eines mit Billigung der Parteistellen laufenden staatlichen Verfahrens Ergreifung auch dienststrafrechtlicher Maßnahmen ohne weiteres möglich; dabei unnötig, sich eigens mit dem StdF in Verbindung zu setzen.
W   112 00045 (125)

21. 10. – 19. 11. 36   H. O. Meissner – 7   11747
Die Bitte des Att. Hans Otto Meissner (Tokio) um Verbleib in der (Schutz-)Staffel von GL Bohle dem Reichsführer-SS befürwortend unterbreitet.
W   153 00005 (459 – 1)

22. 10. 36   DF, StSekr. Lammers u. a.   11748
Ergebnis einer Unterredung bei Hitler über das Reichsjugendgesetz: H.s Billigung der §§ 1–3 des zwischen dem StdF und dem Reichsjugendführer vereinbarten Entwurfs; über Bormann und MinDir. Sommer an StSekr. Lammers weitergeleiteter Auftrag, den § 4 neu zu formulieren; Dringlichkeit des Entwurfs.
K/H   101 06294 (525)

22. 10. 36   RFM   11749
Mitteilung des StdF über eine Entscheidung Hitlers: Kein „Aufziehen" einer besonderen, neuen Organisation für den Jugendführer des Deutschen Reiches.
H   101 06298 ff. (525)

[22. 10. 36]   RMdI   11750
Zustimmung des StdF zum Entwurf eines Erlasses über den Reichsarbeitsführer im Reichsinnenministerium (Eintritt in das Ministerium, Funktionen, Unterstellung).
H   101 06076 – 77/2 (518)

22. 10. – 24. 11. 36   Adj. d. F, RSchatzmeister   11751
Weiterleitung des *Schreibens eines Friedrich Güse (Hamm), zuletzt an den Reichsschatzmeister.
W   124 02256 f. (206)

22. 10. – 26. 11. 36   StSekr. Lammers   11752
Der angebliche (von MinDir. Sommer mitgeteilte) Verzicht Hitlers auf das Reichsjugendgesetz (Zugehörigkeit von 95 % des jüngsten Jahrgangs zur Hitlerjugend) nicht zutreffend; der Gesetzentwurf vielmehr Tagesordnungspunkt einer Kabinettsitzung am 1. 12. 36.
K   101 06295 ff. (525)

23. 10. 36   Adj. d. F   11753
Weiterleitung der *Bitte des wegen eines Schreibens an Hitler aus der Partei ausgeschlossenen und durch eine Versetzung von seiner Familie getrennten StudR Jessnitzer (Meiningen) um Untersuchung seines Falles.
W   124 02336 f. (214)

23. 10. 36   Adj. d. F, KrG Groß-Berlin II – 1   11754
Auskunft des Führeradjutanten Wiedemann: Durch Entscheidung Hitlers dem Pg. Mansfeld (Berlin) trotz nicht rein „arischer" Abstammung (ein Großvater Jude) das Verbleiben in der Partei gestattet.
W/H   124 02503 f. (223)

27. 10. 36   Adj. d. F – 1   11755
Übersendung eines *Berichts über Mißstände in der Milchwirtschaft („weniger eine Mangellage der Ware, als vielmehr eine Mangellage der Gesinnung"; blühender Schwarzhandel z. B. in Schwaben).
W/H   124 00686 (60)

28. 10. 36   Obgm. München   11756
Bitte um Eingreifen gegen die vom Reichsjustizminister im Rahmen der Neuordnung der gerichtlichen

Kompetenzen für Patent- u. ä. Streitsachen (Zuständigkeit von nur noch sechs Landgerichten) verfügte ausschließliche Zuständigkeit des Landgerichts Nürnberg-Fürth für die Oberlandesgerichtsbezirke Bamberg, München und Nürnberg (sachliche und Prestigeerwägungen).
W/H   124 02651 – 54 (233)

29. 10. 36   PräsKzl.   11757
Empfang des Japaners Prof. Momo durch Heß.
W   124 02566 (227)

31. 10. 36   Adj. d. F   11758
An Croneiß (Stab StdF) Übersendung der *Eingabe eines Hermann Wiebe (Berlin) um Unterstützung der Erfindung eines geräuschlosen Flugzeugmotors durch den Physiker Paul Lueg.
W   124 02481 f. (222)

31. 10. – 30. 11. 36   Adj. d. F   11759
Bitte Sommers (Stab StdF), die Frage der Abschaffung des (bei den Postbeamten bereits beseitigten) dem Sowjetstern gleichenden fünfzackigen Sterns bei den Marineoffizieren Hitler vorzutragen. Nach *Stellungnahme durch die Marineleitung vorläufige Verschiebung der Angelegenheit.
W   124 00077 (32); 124 00298 ff. (53)

1. – 25. 11. 36   StSekr. Lammers, Rechtsanw. Luetgebrune   11760
Keine Unterstützung des StdF für ein Gesuch des Rechtsanwalts Walter Luetgebrune um Niederschlagung eines gegen ihn schwebenden Ehrengerichtsverfahrens (Honorarforderung an die Landvolkbewegung; Vertretung des jüdischen GenKons. Krojanker). Grund: Tätigkeit L.s für den ehemaligen Stabschef Röhm.
K   101 15162 – 77 (892 c)

[2. 11. 36]   StSekr. Funk   11761
Kompetenzstreitigkeiten zwischen dem Reichsarbeits- und dem Reichsinnenministerium einerseits, dem Reichspropagandaministerium (Promi) andererseits wegen des vom Promi abgelehnten Wunsches der ersteren nach Beteiligung am Entwurf eines Gesetzes über das Winterhilfswerk; wiederholte Bitte des StdF um Mitteilung über die weitere Entwicklung der Angelegenheit.
W   101 06884 (564)

3. – 10. 11. 36   Adj. d. F   11762
Zur *Eingabe eines Otto Harder (Konstanz) Mitteilung des Stabs StdF über die Möglichkeiten eines Erlasses der Kraftfahrzeugsteuer.
W   124 02276 ff. (208)

4. 11. 36   Adj. d. F   11763
Übersendung der *Eingabe eines Hugo Mursa (Heidelberg) wegen seiner Absetzung als Ortsgruppenleiter; laut M. Absetzung vieler alter und ein offenes Wort nicht scheuender Parteigenossen durch die Kreis- und die Gauleitung.
W   124 02597 f. (228)

4. 11. 36   RMfWEuV   11764
Rücksendung eines vom StdF 1933 im Zusammenhang mit der Angelegenheit Baumstark offenbar versehentlich übersandten, Betrugsfälle in den Siemens-Schuckert-Werken betreffenden *Schreibens eines Fritz Schlegel (Münster).
H   301 00116/28 (Baumstark)

[4. 11. 36]   G. Buttlar   11765
*Schreiben des Opernsängers und Alten Kämpfers Georg Buttlar (Wiesbaden) mit Angriffen gegen den Intendanten v. Schirach.
K   124 03200 – 04 (269)

5. 11. 36   RArbM u. a. – 25   11766
Übersendung eines Runderlasses zu einer Verordnung über die Zulässigkeit befristeter Bausperren

(Zweck: Beseitigung von Hemmnissen für die Durchführung städtebaulicher Maßnahmen aus Gründen des öffentlichen Wohls).
K   101 16588 – 93 (1004)

5. 11. 36 – 4. 5. 37   Adj. d. F – 7   11767
Auf Bitten der Auslands-Organisation Stiftung eines Hitlerbildes für die Ortsgruppe Tsingtau.
W   124 00733 ff. (63)

6. 11. 36   AA   11768
Beendigung der Tätigkeit der Gemischten Kommission für Oberschlesien und Ende der Verpflichtungen des Reichs aus Teil III des Genfer Abkommens über Oberschlesien am 14. 7. 37.
H   101 26150 f. (1482)

6. 11. 36   Adj. d. F   11769
An Croneiß (Stab StdF) Übersendung der *Eingabe eines Willi Lückel (Hagen) über seine Erfindung eines Tankabwehrgeräts; außerdem Bitte L.s um ein Autogramm (Hitlers).
W   124 02479 f. (222)

6. 11. 36 – [27. 2. 37]   AO   11770
Durch den StdF Anordnung des Tragens des Parteiabzeichens durch die Angehörigen des Auswärtigen Dienstes im Ausland; Hinweis auf die Anordnung 139/36 des StdF über das Tragen von Orden, Ehrenzeichen und Abzeichen.
M/H   203 02391 – 95 (66/1)

7. 11. 36   StSekr. Lammers   11771
Auskunft auf eine Anfrage des StdF: Vermeidung der Sterilisierung aus religiösen Gründen durch Eintritt in ein Kloster möglich, Voraussetzung jedoch die Einrichtung besonderer, der Überwachung durch den zuständigen Medizinalbeamten unterstellter Abteilungen für Erbkranke; Anweisung an die Amtsärzte, sich bei Geistlichen usw. an die Kirchenoberen zwecks Vermeidung der Sterilisierung zu wenden; gemäß Anweisung des Reichsinnenministers keine Ausübung von Druck auf konfessionelles Pflegepersonal zur Beteiligung an Sterilisierungen.
W   124 00066 ff. (31)

Nicht belegt.   11772

7. 11. – 8. 12. 36   Adj. d. F   11773
Meinungsverschiedenheiten zwischen Führeradjutant Wiedemann und dem Stab StdF um angebliche widersprüchliche Äußerungen des als Direktor des Radiumbades Oberschlema gekündigten Erich Wollmann über die Offenhaltung der Stelle bis nach Abschluß des vor dem Parteigericht schwebenden Verfahrens. Der Stab StdF: Das Verfahren gegen Wollmann bereits (mit einem Verweis) abgeschlossen, ein weiteres gegen (den gegen Wollmann aufgetretenen KrL) Pillmayer noch nicht eingeleitet; im übrigen Verzicht Wollmanns auf die Kurdirektorstelle. Wiedemann: Der ihm gegenüber am 7. 11. 36 geäußerte Offenhaltungswunsch nur im Falle einer zeitlich nach diesem Termin abgegebenen Verzichterklärung gegenstandslos; Vorschlag, vor einer Entscheidung den Abschluß des Parteigerichtsverfahrens gegen P. abzuwarten.
K/H   124 03088 – 91 (257)

7. 11. 36 – 11. 6. 37   RKzl. u. a.   11774
Durch den StdF Versendung von Fragebogen zur Vervollständigung und Überprüfung von Adressenverzeichnis und Kartei.
M/H   101 07344 ff. (584 a)

9. – 10. 11. [36]   Hptm. a. D. Wiedemann   11775
Glückwünsche anläßlich der Beförderung Croneiß' (Stab StdF).
K   124 03206 (270)

9. 11. 36 – 14. 5. 37   RFSS   11776
SS-Karteikarte Stubaf. Schröter (Stab StdF).
W   306 00856 f. (Schröter)

11.11.36   Adj. d. F   11777
Übersendung eines *Vorgangs über die Verwaltungsstelle der Staatlichen Zucht- und Abrichte-Anstalt für Polizeihunde in Grünheide i. M.
W   124 00332 (54)

11.–25.11.36   „Der SA-Mann", A. Schlünkes, Adj. d. F   11778
Durch die Schriftleitung „Der SA-Mann" Übersendung des Berichts eines Alex Schlünkes (Oschatz) über einen angeblichen, ihm von einem Stephan Dönike (Bad Cannstatt) in betrunkenem Zustand erzählten Vorfall in der Nacht vom 9. auf den 10. 11. 23: Während der Einnahme des Abendessens durch Hitler und seinen Stab in einem Gasthof in Bayern Wegnahme von Gewehren, einem Rucksack u. a. aus H.s Auto, nach der Abfahrt H.s Meldung seines Aufenthalts bei der Polizei. Weiterleitung an Führeradjutant Schaub.
W/H   124 02846–50 (242)

12.11.36   –   11779
Rede des StdF auf der Gauamtsleitertagung auf der Ordensburg Vogelsang (Thema der Rede nicht vermerkt).
K   124 03044 ff. (254)

13.11.36   SSHA, Hilfskasse   11780
Durch den Stab StdF eingeholte Stellungnahme der Hilfskasse: Keine Aufnahme des SS-Anwärters Henry Kobert in die „Ehrenliste der Ermordeten der Bewegung" wegen des unpolitischen Hintergrunds seines Todes.
W   107 00878 (289)

Nicht belegt.   11781

13.11.36   Frick   11782
Unter Beifügung diesbezüglicher Zeitungsmeldungen Mitteilung über öffentliche Angriffe des Reichsärzteführers Wagner und seines Stellvertreters Bartels gegen die Durchführung des Erbgesundheitsgesetzes (rein schematische Beurteilung des Vorliegens von Schwachsinn nach dem Ergebnis einer Intelligenzprüfung mittels Fragebogen); diese Angriffe sachlich nicht gerechtfertigt (Hinweis auf die Betonung der Berücksichtigung der Bewährung im Leben bei der Beurteilung in verschiedenen Richtlinien, Erlassen und im Erläuterungswerk zum Erbgesundheitsgesetz) und politisch höchst schädlich (Lieferung von Propagandamaterial an die Gegner des NS); beim Vorliegen von Beanstandungen anstelle öffentlicher Angriffe eine interne Klärung angebracht; des weiteren die Herabsetzung beamteter Ärzte durch W. kritisiert.
W   124 00043–65 (31)

13.11.36   RKzl.–7   11783
Durch die Auslands-Organisation Übersendung des Textes eines Danktelegramms des GesR v. Bibra an GL Bohle anläßlich der ersten Arbeitstagung sämtlicher Hoheitsträger der NSDAP und deutscher Konsuln in der Schweiz seit der Ermordung Wilhelm Gustloffs.
K   101 19990 f. (1199)

[13.–23.11.36]   (RFSS)   11784
Über den Stab StdF Empfehlung von SS-Führern für die Stellenbesetzung der Treuhänder der Arbeit in Sachsen und Hessen-Nassau.
M   306 00099 ff. (Börger)

[14.11.36]   H. Oldenbourg   11785
Demnächst Zusammentreffen der Hertha Oldenbourg (Starnberg) mit Heß; dabei Bitte um Vermittlung einer Widmung Hitlers in ein Exemplar des – zu einem kleinen Teil seinerzeit ihr diktierten – Buches „Mein Kampf".
W/H   124 02628 (231)

[16.11.36]   Adj. d. F   11786
Laut Mitteilung Bormanns Brandversicherung für Haus Wachenfeld durch das Immobilienbüro Färber (München). (Vgl. Nr. 11729.)
W   124 02204 (200)

[16. 11. 36]   RMdI   11787
Im Einvernehmen mit dem StdF Einführung der Bezeichnung „Gottgläubige" in Formularen usw. für weder einer anerkannten Religionsgemeinschaft angehörende noch glaubenslose Volksgenossen.
M   101 07506 f. (591 a)

17. 11. 36   Adj. d. F – 1   11788
Auf Veranlassung des StdF von Prof. Wehofsich erarbeitete Unterlagen für den Besuch des österreichischen StSekr. Schmidt: Charakterisierung Sch.s („von allen Systemvertretern der geeignetste Mann für Verhandlungen"); Besuchsprogramm; bei den Gesprächen zu behandelnde Punkte (Außenpolitik, Behandlung der Reichsdeutschen, Kulturbeziehungen, Emigrantenfrage, Zeigen reichsdeutscher Hoheitszeichen, Wirtschaftsbeziehungen, Reiseverkehr, Amnestie, Beteiligung von Vertretern der sogenannten nationalen Opposition an der politischen Verantwortung; Grundtenor: höchst mangelhafte Erfüllung des Abkommens vom 11. 7. durch Österreich); Bitte, den Besuch auf Kontakte mit staatlichen Stellen ohne Einbeziehung der Partei zu beschränken; ein von der österreichischen Regierung vermutlich als Beweis für deutsche Einmischung in innere Angelegenheiten Österreichs angesehener Artikel im „Österreichischen Beobachter".
W/H   124 02856 – 66 (242)

17. 11. 36   K. Waltenberger   11789
Unter Hinweis auf seine erfolgreiche Tätigkeit im Amt des Siedlungsbeauftragten des StdF, im Reichsheimstättenamt sowie in verschiedenen Gauheimstättenämtern Bitte des Garten- und Landschaftsgestalters Karl Waltenberger (München) an Bormann, die von ihm ausgesprochene Kündigung rückgängig zu machen.
K   124 03060 – 63 (255)

17. 11. 36 – 12. 1. 37   BfdVJPl.   11790
Außertarifliche Einstellung von Angestellten beim Amt für deutsche Roh- und Werkstoffe; Bitte um Zustimmung des StdF, der Reichskanzlei, des Reichsinnenministers und des Reichsfinanzministers.
M   101 03518 – 29 (356)

19. 11. 36   Adj. d. F   11791
An Bormann Übersendung von drei *Beschlüssen des Bezirksamts Berchtesgaden über Grundstücke in der Gemeinde Salzberg.
W   124 00211 (53)

19. 11. 36   Adj. d. F, L. Kaiser   11792
An Croneiß (Stab StdF) Übersendung der *Eingabe einer Lotte Kaiser (Berlin) wegen der Erfindung eines Carl Bomhard, eines Studienfreundes von Dietrich Eckart.
W/H   124 02356 f. (215)

[19. 11. 36] – 1. 4. 37   Adj. d. F, RMdI   11793
Zu einem *Gesuch des wegen seiner jüdischen Abstammung aus seiner Stellung entlassenen Arztes Felix Caro (Träger hoher militärischer Orden, ehemaliges Freikorps-, Stahlhelm- und SA-Mitglied) um rechtliche Gleichstellung mit Deutschblütigen Einholung einer Stellungnahme des Beauftragten des StdF, RAL Blome.
W/H   124 04443 – 50 (423)

19. 11. 36 – 30. 10. 37   Adj. d. F, RVM   11794
Auf Bitte eines Franz Reitz (Allach) erfolgreiche Bemühungen des Führeradjutanten Wiedemann und des HAL Todt (Stab StdF) um Zulassung von zwei Omnibussen zum Miet- und Ausflugswagenverkehr für den Unternehmer Peter Bieringer (München): Konzessionserteilung durch den Reichsverkehrsminister.
K/H   124 03168 – 71 (266)

21. 11. 36   Adj. d. F, L. v. Callenberg   11795
Die Berücksichtigung des Wunsches eines Leo v. Callenberg (Ludwigshafen/Bodensee) nach Berufung in den Stab des StdF zur Zeit nicht möglich.
K   124 03205 (270)

21.11.36   StM Wacker   11796
Gern gegebene Zustimmung des StdF zu der beabsichtigten Berufung des Badischen Kultusministers Wacker in das Reichserziehungsministerium als Leiter des Amtes Wissenschaft; Wunsch nach strafferer Zusammenfassung der Arbeiten dieses Amtes sowie „wärmstes" Einverständnis mit der direkten Unterstellung W.s unter Rust und mit der Interpretation seiner Berufung als „Sonderauftrag politischer Natur". Zusicherung freudiger Zusammenarbeit seitens der Parteiorganisation an den Hochschulen, insbesondere durch den Studentenbund und den Dozentenbund.
H   101 18832 f. (1154 a)

23.11.36   Adj. d. F   11797
Übersendung eines *Schreibens der Gauleitung Württemberg über den Ortsgruppenleiter von Urach, Münzing.
W   124 02588 (228)

[23.11.36]   RMfEuL   11798
Zustimmung des StdF zum *Entwurf eines Donau-Aach-Gesetzes.
M   101 02590 (264 a)

24.11.–3.12.36   Adj. d. F   11799
Über den Stab StdF Versicherung von vier Kraftwagen Hitlers.
W   124 00313–16 (53)

24.11.–10.12.36   RMdI, RFM, RKzl., PräsKzl.   11800
Besprechung über die Behandlung von vier weiteren Anträgen auf Ehrensold für „völkische Vorkämpfer", dabei u. a. Anregung, zwecks Vermeidung von Doppelunterstützungen eine Zentralstelle zu schaffen; Umgrenzung des Begriffs „Völkischer Vorkämpfer"; Erörterung der Einbeziehung von Parteigenossen (Aufgabe der ursprünglichen Beschränkung auf Nicht-Parteigenossen durch den StdF); Mitteilungen über bisherige Ehrensold-Empfänger.
H   101 20372–80 (1209)

[30.11.36]   Dr. Dirlewanger, Adj. d. F   11801
Um die Gefahr der Bearbeitung der beigefügten (die Zustände in der Heilbronner Justizverwaltung betreffenden) *Unterlagen durch einen Juristen auszuschalten, Bitte eines Dr. Dirlewanger (Heilbronn), das Material nicht dem StdF – d. h. einem Juristen seines Stabes – zu übergeben (Wunsch D.s, die Angelegenheit nicht durch einen Juristen, sondern durch einen „rechtlich denkenden" Menschen aufhellen zu lassen). Durch die Führeradjutantur Weiterleitung der Eingabe an Reichsjustizminister Gürtner.
K   124 03236–39 (273)

30.11.–3.12.36   Adj. d. F   11802
Zwecks Vermeidung eines Eingriffs in die Kompetenzen Schwarz' keine Einschaltung Bormanns in die Angelegenheit „Deutscher Hof" Nürnberg (fristlose Entlassung des Geschäftsführers, von Hitler offenbar nicht gebilligt).
W/H   124 00209 (53); 124 00330 (54)

1.–3.12.36   Adj. d. F   11803
Vollziehung einer vom Stab StdF vorgelegten *Ernennungsliste durch Hitler.
W   124 00311 f. (53)

1.12.36–18.1.37   Bayr. StMdI, RSchatzmeister, Adj. d. F   11804
Anregung des bayerischen Innenministers GL Wagner, zu Weihnachten 1936 eine Stiftung zur Unterstützung bedürftiger alter Kämpfer der Partei (Träger des Blutordens und des Goldenen Ehrenzeichens) zu errichten: Vorschläge für die Finanzierung (einmaliger Sonderbeitrag neu in die Partei eintretender Volksgenossen), für die Anlage des Stiftungskapitals (Hypotheken für die in München geplanten Monumentalbauten), die Organisation und die Aufgaben der Stiftung. Von Schwarz die vorgesehene Leitung der Stiftung durch den Gauleiter des Traditionsgaues abgelehnt (Bearbeitung nur zentral durch die Reichsleitung, mit der Hilfskasse der NSDAP bereits ein organisatorisches Instrument vorhanden), der angeregte Finanzierungsmodus als unpraktikabel betrachtet (u. a. Angaben über die geringe Zahlungs-

freudigkeit der Parteimitglieder bei Reichsparteitagumlagen usw.) und Gegenvorschläge zum 20. 4. 37 angekündigt und in großen Zügen umrissen. Bitte Bormanns an Sch., Hitler in dieser Frage Vortrag zu halten.
W 124 00014 – 23 (30); 124 00460 – 65 (55)

2. 12. 36 Adj. d. F – 7 11805
Durch GL Bohle Übersendung von Ausschnitten aus zwei englischen Zeitungen mit Abbildungen eines unbekannten Hitler-Doppelgängers (aufgenommen im Zoologischen Garten in Wien).
W 124 00694 f. (61)

2. 12. 36 Adj. d. F – 9 11806
Bitte der Parteiamtlichen Prüfungskommission zum Schutze des NS-Schrifttums, ihr zum Zweck der Durchführung der ihr von Hitler gestellten Aufgabe, seine Reden im Originaltext festzuhalten, die Manuskripte bzw. Stenogramme der Reden H.s zukommen zu lassen.
W 124 00682 (60)

2. 12. 36 AA, Dt. Botsch. Washington 11807
Übersendung einer Stellungnahme der Deutschen Botschaft in Washington zu einem in der Jüdischen Rundschau vom 22. 9. 36 erschienenen Artikel „Antisemitismus in den USA": Keine wesentlichen Veränderungen in der Stellung des Judentums, keine Entstehung antisemitischer Stimmung als Folge aktueller Ereignisse; Ausführungen über den privaten Charakter des in den Vereinigten Staaten seit langem bestehenden Antisemitismus; ein öffentlicher oder staatlicher Antisemitismus wegen der rassischen Zusammensetzung des amerikanischen Volkes nicht vorstellbar.
K 101 25946 – 52 (1467)

[2. 12. 36] RJM 11808
Durch ständige Beteiligung eines Vertreters an den Arbeiten der Strafrechtskommission Mitwirkung des StdF an der – nunmehr abgeschlossenen – Aufstellung des *Entwurfs eines Deutschen Strafgesetzbuchs.
H 101 26984 – 85/2 (1516)

3. 12. 36 Adj. d. F 11809
Übersendung des *Berichts eines Dr. Jung-Marchand (Frankfurt/M.) über sein durch Intrigen erzwungenes Ausscheiden aus der Reichsleitung der NSDAP.
W 124 02339 f. (214)

3. 12. 36 Adj. d. F 11810
Dringende Bitte Bormanns, für einen baldigen Vortrag des HDL Gerhard Wagner bei Hitler zu sorgen.
W 124 00210 (53)

3. – 8. 12. 36 Adj. d. F, Fr. Hammer – 1 11811
Stellungnahme des Verbindungsstabes zu einem an Führeradjutant Wiedemann gerichteten Gesuch der Frau des Leiters des Beschaffungswesens der Deutschen Reichsbahn, Gustav Hammer, um Unterstützung im Falle ihres sich in Untersuchungshaft befindenden Mannes: Anlaß zur Beanstandung der Beschaffungspolitik der Reichsbahn durch die Partei bereits vor der Machtübernahme; Einsetzung eines Untersuchungsausschusses (Gördeler, Fehsenmeier, Pietzsch, Baron Schröder, Stenger u. a.) zur Behandlung insbesondere des von H. vertretenen umstrittenen Waggonvertrages (Zusammenfassung der Waggonindustrie auf der einen, der Hauptverwaltung auf der anderen Seite), des Falls der Knorrbremse sowie der Kleineisenindustrie Hagen; aufgrund der bisherigen Untersuchungsergebnisse bereits Nachweis einer Unterschlagung in Höhe von RM 60 000.- durch H. (nach St.s Vermutung nur ein Bruchteil der tatsächlichen Veruntreuungen; Hinweis auf die Schwierigkeit, den verschleierten Manipulationen auf den Grund zu kommen); Empfang der Frau H. durch St. abgelehnt; Bitte an W., in die beim Staatsanwalt schwebende Angelegenheit nicht einzugreifen.
K 124 03270 – 76 (279)

3. – 23. 12. 36 RSchatzmeister, RKzl. 11812
Protest des Reichsschatzmeisters (RSM) gegen der HJ-Führung unterstellte Tendenzen, die HJ als „neue Organisation" oder als „Reichsorganisation" zu betrachten: Die HJ auch mit ihren neuen Aufgaben nach

wie vor eine vermögensrechtlich und verwaltungsmäßig dem RSM unterstellte Gliederung der NSDAP. Verweisung Sch.' an Lammers (Grund: Bearbeitung des HJ-Gesetzes kürzlich von Hitler selbst übernommen).
H 101 06301 – 04 (525)

5. 12. 36 RMfEuL u. a. 11813
Übersendung eines Runderlasses über Maßnahmen der Reichsregierung zur Regelung des Fettbezugs: Festlegung des Warenweges vom Hersteller zum Kleinhändler und von diesem zum Verbraucher; Ausstellung von Haushalts- und Betriebsnachweisen, um eine gleichmäßige Verteilung sicherzustellen; Bezug von Konsummargarine den Inhabern von Fettverbilligungsscheinen u. a. vorbehalten.
M/W 101 02103 – 07 (200); 101 15064 – 68 (863)

5. 12. 36 AA u. a. 11814
Bitte um Zustimmung der Reichsregierung zu dem bereits am 30. 6. 31 unterzeichneten Übereinkommen zwischen dem Deutschen Reich und Österreich über die gegenseitige Zulassung der an der Grenze wohnhaften Medizinalpersonen zur Ausübung der Praxis. (Durchdruck an den StdF.)
K/H 101 13885 ff. (735)

7. 12. 36 MinR v. Kursell 11815
Übersendung einer Mitteilung aus Leipzig (Helbok): Von einem 100jährigen Innsbrucker Geburtstagsjubilar in einem Interview mit Radio Innsbruck Bild und Widmung Hitlers als größte Geburtstagsfreude bezeichnet; sofortige Ausblendung des Rundfunks.
W 124 00086 f. (32)

7. 12. 36 Adj. d. F – 7 11816
Der Wunsch des Deutschen Botschafters beim Hl. Stuhl, v. Bergen, nach einem Bild Hitlers mit dessen eigenhändiger Unterschrift für seine Diensträume vom Leiter der Auslands-Organisation, GL Bohle, unterstützt; Lob Bohles für den vom Botschafter „in seiner stillen Art" geleisteten Einsatz für die Partei; Erwähnung der kameradschaftlichen Unterstützung von HJ und BDM (eigene Zimmer in der Botschaft) durch Bergen.
K 124 03157 (265)

8. 12. 36 – 16. 4. 37 Adj. d. F 11817
In Erledigung der 'Eingabe eines Pg. Fritz Kamm Mitteilung des Stabs StdF über die Angelegenheit des Landwirts Oswald Derr (Hindorf): Ablösung D.s als Ortsgruppenleiter nach einer Untersuchung in die Wege geleitet; D.s weitere Amtstätigkeit als Kreisausschußmitglied abhängig vom Ausgang des bei der Regierung in Liegnitz schwebenden Disziplinarverfahrens; in Auswirkung des Untersuchungsberichtes erneute Zuerkennung der Bauernfähigkeit beabsichtigt.
K/W 124 02047 (194); 124 03232 ff. (272)

9. 12. 36 RStudF Scheel – 10 11818
Terminfestlegung für eine Besprechung mit HAL Todt (Stab StdF).
M 306 00833 (Scheel)

9. 12. 36 – 5. 4. 39 RArbM, RKzl. 11819
Erörterung des 'Entwurfs eines Gesetzes über Kinderarbeit und über die Arbeitszeit der Jugendlichen (Jugendschutzgesetz). Beanstandung des auf Wunsch des StdF eingefügten § 2 Abs. 5 (keine Gültigkeit des Gesetzes für die Betriebe der Partei, ihrer Gliederungen usw.) durch Hitler. Durch den StdF Begründung dieses Absatzes (bei der Partei kein Zwang des Gesetzes notwendig) und Einverständnis mit seiner Streichung unter folgender Bedingung: Nach Gewährleistung des Vollzugs des Gesetzes innerhalb der Partei durch den Reichsschatzmeister Gleichstellung der Betriebe der Partei mit den Betrieben des Reiches (und damit Befreiung von der staatlichen Gewerbeaufsicht) in einer Durchführungsverordnung.
H 101 06353 – 61 (527 a); 101 06710 (546)

10. – [12.] 12. 36 P. Ney, Adj. d. F 11820
Angebot des Stützpunktleiters in der Reichsmusikkammer Peter Ney, dem sich für historische Literatur über Berchtesgaden interessierenden Hitler seine diesbezügliche umfangreiche Buchsammlung zu schenken. Weiterleitung an Führeradjutant Brückner.
W 124 02612 ff. (229)

[10. 12. 36] – 17. 7. 37   Adj. d. F, M. Pfeiffer, Kzl. d. F – 1, 6/1   11821
Stellungnahme des StdF zu der Beschwerde einer Martha Pfeiffer (Niederwartha): Die Angelegenheit des Georg Pfeiffer seit zwei Jahren beim StdF anhängig und mit einem für P. günstigen Vergleich abgeschlossen; Ablehnung Bormanns, sich noch weiter für den niemals zufriedenzustellenden P. – einen Zellengenossen von B. und Mackensen (Stab StdF) nach einem Fememordurteil – einzusetzen. Entsprechende Bescheidung der P. durch die Führeradjutantur.
K   124 03362 – 71 (289)

12. – 21. 12. 36   StuHF Davidis, Adj. d. F   11822
Weiterleitung eines an den StdF gerichteten Gesuches des StuHF Ernst Davidis (Fliegergruppe Jüterbog; Bitte um Autogramme und um Unterstützung seiner Bemühungen, eine Beschäftigung im Reichsluftfahrtministerium [RLM] zu bekommen) an die Führeradjutantur mit der Bitte, die beiliegende Karte auch von Hitler unterschreiben zu lassen und für D.s Verwendung im RLM einen Weg zu finden.
H   124 03224 – 27 (271)

12. 12. 36 – 23. 3. 37   Adj. d. F   11823
Stellungnahme des StdF zu dem *Gesuch eines Ferdinand Neuert (Berlin): Beginn der Rednertätigkeit des Pg. N. im damaligen Gau Niederbayern im Jahre 1931; Ausstellung einer diesbezüglichen Bescheinigung durch die Gauleitung Bayerische Ostmark.
K   124 02604 (229); 124 03334 ff. (285)

14. 12. 36   Adj. d. F   11824
Mitteilung Bormanns: In diesem Jahr Durchführung der Weihnachtsfeier des Kommandos der Leibstandarte auf dem Obersalzberg durch die Verwaltung Obersalzberg.
W   124 01108 (117)

15. – 17. 12. 36   Adj. d. F   11825
Vollziehung einer vom Stab StdF vorgelegten *Ernennungsliste durch Hitler.
W/H   124 00308 ff. (53)

16. 12. 36 – [22. 2. 39]   RKzl., AA, AO   11826
Erfordernis der Zustimmung Hitlers und der Beteiligung des Auswärtigen Amtes (AA) bei Reisen führender Persönlichkeiten des Staates und der Partei ins Ausland und bei Einladungen prominenter Ausländer nach Deutschland: Dazu Herausgabe verschiedener Rundschreiben durch die Reichskanzlei und entsprechender Anordnungen für den Parteibereich durch den StdF. Versuch des AA, sämtliche Reiseanträge an sich zu ziehen, von sich aus und unter Beifügung eines Votums H.s – auf höchste Funktionäre beschränkte – Zustimmung einzuholen und die übrigen Anträge selbst zu bescheiden.
M   203 03161 – 95 (87/3)

17. 12. 36   RArbM u. a. – 25   11827
Übersendung eines Runderlasses zu der *Verordnung über Baugestaltung vom 10. 11. 36: Um die weitere Zerstörung des einheitlichen, harmonischen Gepräges deutscher Städte und Dörfer durch nachträgliche bauliche Eingriffe zu verhindern, Ablösung der aus liberalistischer Zeit stammenden Baugesetzgebung der Länder durch eine reichseinheitliche Regelung dringend geboten gewesen; die Anforderungen im einzelnen (klare Gestaltung und werkgerechte Ausführung der auf ihre Umgebung abgestimmten Bauwerke; Schutz nicht nur landwirtschaftlich hervorragender Gegenden, sondern der Landschaft, Städte und Dörfer überhaupt; Erhaltung von künstlerisch oder heimatkundlich bedeutenden Bauwerken); Vorschriften für die Gestaltung von Baukörpern und für ihre Einheitlichkeit; Absicht, bestehende bauliche Verunstaltungen insbesondere in künstlerisch wertvollen Altstadtteilen verschwinden zu lassen; u. a.
K   101 16604 – 10 (1004)

17. – 19. 12. 36   Adj. d. F – 1   11828
Einverständnis mit dem Vorschlag des Verbindungsstabs, zur Vermeidung unnötiger Belästigungen monatlich eine „Querulantenliste" auszutauschen.
W   124 00683 f. (60)

18. 12. 36   Adj. d. F   11829
Bitte Obwurzers (Stab StdF), den Rumänen Prof. Joe Jonescu zu einer Aussprache über das rumänische Aufrüstungsprogramm zu empfangen; J.s Verhältnis zur „Eisernen Garde".
W/H   124 02338 (214)

11830−11839   214

18.12.36−12.2.37   Adj. d. F−7   11830
Bitte des GL Bohle um ein Hitler-Bild mit eigenhändiger Unterschrift für den Leiter der faschistischen
Auslandsorganisation, Piero Parini (als Dank für die − von P. vermittelte − Bevorzugung durch Mussolini
und für die ihm gewährte überragende Gastfreundschaft während seiner Italienreise). Durch Heß an B.
Überreichung zweier Aufnahmen von sich für den stellvertretenden Leiter (Graf Thaon di Revel) und
den Landesgruppenleiter Deutschland (Della Morte) der faschistischen Auslandsorganisation.
K/H   124 03355 ff. (288)

19.12.36   OKM, Adj. d. Wehrm. b. F   11831
Die Einladung des Niederländischen Gesandten van Wijk nebst Tochter zum Reichsparteitag 1937 von
Hitler angeordnet.
W   201 00376 f. (73/4)

21.12.36   RArbM   11832
Unter Hinweis auf die noch häufige Verkennung der „hohen und verantwortlichen Stellung" der Treu-
händer der Arbeit (oft keine Einladungen zu festlichen Veranstaltungen oder zu Betriebsbesichtigungen)
Bitte um entsprechende Unterrichtung der nachgeordneten Behörden und Parteidienststellen.
H   101 06495/5 f. (529 a)

21.12.36   Adj. d. F   11833
Übersendung einer *Kraftfahrzeughaftpflicht-Schadenanzeige.
W   124 00307 (53)

21.12.36   RJM   11834
Ablehnung einer Einladung des Präsidenten der Akademie für Deutsches Recht zu einer Tagung des erweiterten Strafrechtsausschusses über den Entwurf des neuen Strafgesetzbuches: Beteiligung der Akademie an der Gesetzgebung nur im Stadium vor der Einbringung eines Gesetzentwurfs im Kabinett zulässig; keine Beteiligung der Akademie an Kabinettsvorlagen.
K   101 26654 f. (1510 a)

21.12.36−14.8.42   StSekr. Conti, GL München-Oberbayern, RMfWEuV u.a.−7   11835
Den Wissenschaftsbereich betreffende personalpolitische Anfragen und Stellungnahmen des Stabs StdF
bzw. der PKzl. im Zusammenhang mit Ernennungen u.a., Buchstaben O−R.
A   302 00174−98

22.12.36−26.2.37   RMfWEuV, RKzl., StM Wagner, RMdI   11836
Zustimmung des (wegen der auf Weisung Hitlers erfolgten Vorlage der Ernennungsvorschläge zunächst
nicht beteiligten) StdF zur Ernennung von StR Ernst Boepple und ORegR Max Köglmaier zu Staatsse-
kretären im bayerischen Kultusministerium bzw. Innenministerium. Die Ernennung B.s wegen eines
Vorbehalts von StM Wagner (Forderung nach gleichzeitiger Ernennung K.s) verzögert.
A   101 23162−78 (1318)

24.12.36   Adj. d. F   11837
Durch Heß' Adjutanten Leitgen Mitteilung über die Bemühungen der mit einem Nichtarier verlobten
Margarete Schultze (Steinau a. O.) um eine Heiratserlaubnis durch Hitler; weder Befürwortung noch Zu-
stimmung des StdF zu erwarten.
K/H   124 03555 (302)

24.12.36   AA, Dt. Botsch. Washington   11838
Übersendung eines Berichts der Deutschen Botschaft in Washington: Laut Dankschreiben des Direktors
der National Recreation Association (New York) die amerikanischen Teilnehmer des Weltkongresses für
Freizeit und Erholung tief beeindruckt (u. a. von der Teilnahme des StdF) und „voller Lob über das in
Deutschland Gesehene und Erlebte".
A/W   101 06808 ff. (556 b)

[24.12.36]   GL Sprenger, Frick   11839
Abschließende Stellungnahme des GL Sprenger und Rechtfertigung seines Vorgehens im Falle der
Übernahme und Wiedereröffnung des Schuhhauses Süß (Gießen) durch Martin Brackelsberg: Wiederer-
öffnungsgenehmigung durch unmittelbare Erlaubnis des Reichswirtschaftsministers (RWiM) unter

Übernahme der an sich der Obersten Landesbehörde zustehenden Entscheidungsbefugnis; Beunruhigung der Gießener Bevölkerung wegen der Befürchtung der bloßen Tarnung eines jüdischen Geschäftes; somit Gefahr im Verzuge und Notstandssituation gegeben, daher Erlaß seiner vorläufigen Anordnung einer nur begrenzt geltenden erneuten Schließung gerechtfertigt und kein Verstoß gegen das im Reichsstatthaltergesetz verankerte Führerprinzip; auch der – ebenfalls beanstandete – klare und unzweideutige Ton seines Schreibens an den RWiM notwendig und überdies durch die Bestätigung seiner vorläufigen Anordnung durch Hitler als richtig erwiesen.
H   101 24882–87 (1383)

24. 12. 36 – 20. 5. 37   RMdI, RKzl.   11840
Zum Entwurf eines Gesetzes über Titel, Orden und Ehrenzeichen (Verleihung, zugelassene Orden und Ehrenzeichen, Strafbestimmungen) Einwände des StdF sowohl hinsichtlich des Ausarbeitungsverfahrens (Nicht-Beteiligung bei der Erweiterung des ursprünglichen, vom StdF gebilligten Entwurfs) wie des Inhalts (Forderung, den Parteiabzeichen im Aufbau des Gesetzes eine ihrer Bedeutung entsprechende Stellung einzuräumen und sie in den strafrechtlichen Schutz einzubeziehen). Die Forderungen des StdF vom Reichsinnenminister akzeptiert.
W   101 02914–26 (297)

31. 12. 36   AA, Dt. Botsch. Moskau   11841
Übersendung eines Berichts der Deutschen Botschaft in Moskau: Deutsche Pressemeldungen über „Judenfeindlichkeit" in der Sowjetunion nach Meinung der Botschaft unzutreffend; Hinweis auf den Artikel 123 der neuen Sowjetverfassung und auf eine judenfreundliche Rede Molotows bei deren Annahme.
H   101 26293 ff. (1489)

1937   –   11842
Aktendeckelbezeichnung: Stellvertreter des Führers / Sachbearbeiter für alle Fragen der Volksgesundheit / Reichsärzteführer Dr. G. Wagner.
H   124 00490 (55)

5. 1. 37   Adj. d. F   11843
Durch den Stab StdF Versicherung verschiedener Kraftwagen Hitlers und seiner Adjutantur sowie des Kraftrads von Fahrer Kempka; Bitte des Stabs StdF, über die Zu- und Abgänge von Kraftwagen auf dem laufenden gehalten zu werden.
W   124 01135 f. (117)

5. 1. 37   AA   11844
Durch den Deutschen Gesandten veranlaßtes Communiqué der niederländischen Regierung über den Charakter der Hakenkreuzflagge (offizielle Flagge des Deutschen Reichs) im Zusammenhang mit der Beflaggung der Häuser Reichsdeutscher anläßlich der Vermählung der Prinzessin Juliana.
K   101 25899 (1462)

5. 1. 37   AA   11845
Bericht über den Diebstahl einer deutschen Flagge von der van-Bylandt-Schule in Den Haag während der Sylvesternacht.
K   101 25898 (1462)

7. 1. 37   Adj. d. F, Prof. Brüggemann   11846
Stellungnahme des Stabs StdF zu einem an die Führeradjutantur gerichteten Bittgesuch des Germanisten Prof. Fritz Brüggemann (Kiel): Nach Überprüfung des Sachverhalts Bestätigung der für den Entzug der Lehrbefugnis durch den Reichserziehungsminister maßgebenden Gründe; B. aus charakterlichen Gründen als Hochschullehrer und Jugenderzieher nicht geeignet (1932 SPD-Beitritt zwecks Erlangung des Kieler Intendantenpostens; auf Grund des Amnestiegesetzes eingestelltes Ermittlungsverfahren gegen B. wegen versuchter finanzieller Erpressung); Ablehnung, sich für B. einzusetzen.
K/H   124 03195–99 (269)

7. 1. 37   AA, Dt. Ges. Lissabon   11847
Kanzelverlesung der Reichsparteitagsrede Goebbels' gegen den Kommunismus in den katholischen Kirchen Nordportugals; Anforderung einiger weiterer hundert Exemplare der Rede.
H   101 26238 f. (1484 b)

7. 1. 37   ROL   11848
Nach einem Hinweis Rosenbergs auf die negativen Folgen (Arbeitslosigkeit vieler Angestellter, Auflösung bewährter Einrichtungen) Rückgängigmachung der Entscheidung Hitlers, die Zahlungen der Bank der Deutschen Arbeit an die NS-Kulturgemeinde einzustellen: Entsprechender Auftrag Heß' an die Reichsorganisationsleitung.
W   124 00740 f. (63)

7. 1. – 19. 3. 37   Kzl. d. F, RKzl. – 7   11849
Wunsch Hitlers und des StdF nach einem ausführlichen Bericht bzw. Vortrag über H. in dem Brief „einer Dame in München" zur Kenntnis gebrachte österreichische Angelegenheiten. Daraufhin Empfang des GL Bohle durch H.
H   101 26070 f. (1473 a)

8. 1. 37   Adj. d. F   11850
Übersendung eines das Beamtengesetz betreffenden *Schreibens eines Pg. J. Berchtold.
K   124 03156 (264)

8. 1. 37   Adj. d. F – 7   11851
Anläßlich zweier Bittgesuche Hinweis der Auslands-Organisation auf die ihr auferlegte Beschränkung der Arbeit auf reichsdeutsche Auslandsdeutsche und die Weiterleitung der Anträge fremder Staatsangehöriger an die zuständigen Organisationen, in erster Linie an den Volksbund für das Deutschtum im Ausland; die Klagen des Hauptamts für Volkswohlfahrt in diesem Zusammenhang daher nicht berechtigt.
W   124 00736 – 39 (63)

8. – 16. 1. 37   AA   11852
Nach Bitte um Fristverlängerung für eine Nachprüfung Zustimmung des StdF zum *Entwurf eines Übereinkommens zwischen dem Deutschen Reich und Österreich über die gegenseitige Zulassung der an der Grenze wohnhaften Medizinalpersonen zur Ausübung der Praxis.
K   101 26068 f. (1473 a)

8. 1. – 13. 2. 37   Adj. d. F   11853
Anläßlich einer Doppelbestellung von Skihosen für das SS-Kommando Obersalzberg Hinweis Bormanns auf das Bestehen einer eigenen Verwaltung für dieses sowie für das Sicherheitskommando Obersalzberg; dringende Bitte, künftig alle diesbezüglichen Angelegenheiten direkt an diese Verwaltung oder an B. abzugeben.
W   124 00753 ff., 757, 760 (63)

8. 1. – 5. 5. 37   RMdI, RKzl.   11854
Einspruch des StdF gegen den vom Reichsinnenminister (RMdI) eingebrachten Gesetzentwurf über die Ausbildung und Laufbahn in der allgemeinen und inneren Verwaltung: Sein Gegenentwurf vom RMdI nicht abschließend erörtert und der RMdI-Entwurf der Reichskanzlei ohne seine Zustimmung zugeleitet; Bitte, den Erlaß des Gesetzes zurückzustellen und die zwischen dem RMdI und ihm noch streitigen Punkte in einer Referentenbesprechung zu klären.
A   101 05179 – 84 (450 a)

[9. 1. 37]   Bayr. Akad. d. Wissenschaften   11855
Aus Anlaß einer Fürsprache für Prof. Walter Frank Hinweis auf die tiefe Ergriffenheit des StdF bei dessen Dank für F.s Rede auf einer kürzlichen Kundgebung des Reichsinstituts für Geschichte des neuen Deutschlands.
H   101 20844 – 47 (1228)

10. 1. 37   RMfEuL   11856
Beschwerde Darrés über eine „Falschmeldung" im Völkischen Beobachter „Die Deutsche Vollblutzucht unter Leitung von Präsident Weber": W. lediglich für das „Braune Band", den Rennverein München-

Riem und den Wirtschaftsbund Deutscher Rennstallbesitzer zuständig, im übrigen Vollblutzucht und Rennen ausschließlich Sache seiner – D.s – Dienststellen.
W/H   124 00088 (33)

11. 1. 37   RFM   11857
Vorlage des *Entwurfs eines Gesetzes zur Verhinderung ungerechtfertigter Kursgewinne durch Empfänger von Bezügen in ausländischer Währung aus deutschen öffentlichen Kassen nach Währungsabwertung im Ausland; Besprechungseinladung.
K   101 14734 ff. (807)

11. 1. 37   Adj. d. F   11858
Durch Bormann Übersendung eines Verrechnungsschecks über RM 15 000.–.
W   124 00759 (63)

[12. 1. 37]   E. Seemann – 14   11859
Empfang eines Erich Seemann (Leipzig) durch Wittig (Referent im Wirtschaftsstab des StdF). (Spätere Erwähnung.)
K   124 03563 (304)

14. 1. – 27. 5. 37   RMfWEuV, RMfdkA, RKzl.   11860
Unter Hinweis auf die geschichtlichen Erfahrungen mit dem „wissenschaftlichen Katholizismus" Bitte Bormanns an den Reichserziehungsminister (REM), die Aufnahme deutscher Wissenschaftler in die neugegründete Päpstliche Akademie der Wissenschaften zu verhindern und die bereits erfolgten Berufungen rückgängig zu machen. Unterstützung dieses Wunsches der Partei durch das Kirchenministerium. Antwort des REM: Vom StdF vorgebrachte Bedenken bereits erwogen, aber trotzdem Entscheidung gegen solche Maßnahmen mit Rücksicht auf die sonst der ausländischen Propaganda eröffneten Möglichkeit, von der „Knebelung der freien Wissenschaft im Dritten Reich" zu reden; im übrigen von den berufenen fünf dem REM unterstehenden Wissenschaftlern nur zwei Reichsangehörige. – Entscheidung Hitlers nach Vortrag durch Lammers: Keine Teilnahme Reichsdeutscher an der Eröffnung der Akademie am 31. 5. 37, Ausscheiden der deutschen Professoren jedoch „vorerst nicht erforderlich".
H   101 26478 – 83 (1504 c)

15. 1. 37   Adj. d. F   11861
Übersendung der *Kraftfahrzeugbriefe für die Wagen IIA – 44670 und IA – 108 547.
W   124 01137 (117)

[15. 1. 37]   Falange-GL Nothnagel u. a.   11862
Empfang einer Falangisten-Kommission durch Heß; dabei Überreichung eines *Schreibens des Falangistenführers Hedilla.
K/W   124 03257 ff. (277)

15. 1. – 7. 4. 37   Adj. d. F   11863
Übersendung durch SS-Stubaf. Kempka gegengezeichneter *Rechnungen an Bormann mit der Bitte um Begleichung.
W   124 00746, 750, 752, 756, 758 (63)

16. 1. 37   RMdI   11864
Mitteilung über die beim Reichsinnenminister eingegangenen Anträge der verschiedenen Wohlfahrts-Organisationen für die Genehmigung zur Abhaltung von Straßen- und Haussammlungen im Sommer 1937; entsprechend der Willensmeinung Hitlers und im Hinblick auf die großen Leistungen der Bevölkerung für das Winterhilfswerk (WHW) restriktive Behandlung dieser Anträge während der Sommermonate und Bitte an den Reichsschatzmeister, analog zu verfahren; entsprechend dem Wunsch H.s Abfindung der 1936 noch sammlungsberechtigten Organisationen im Jahre 1937 aus Mitteln des WHW.
A   101 06813 – 16 (559)

[16. 1. 37]   (AO)   11865
Durch das Auswärtige Amt empfohlen: Herantreten an den StdF wegen der Gewährung einer Flugpreisermäßigung durch die Deutsche Lufthansa A.G. für Dienstreisen von Reichsrednern der NSDAP ins Ausland. (Dabei: Liste der Auslandsredner für den 30. 1. 37.)
M/H   203 02425 – 44 (68/1)

18. 1. 37 – 3. 9. 38   StSekr. Lammers, RegR MacLean   11866
Nach einer Stellungnahme des RegR Archibald MacLean gegen seine (angeblich auf einer irrtümlichen Information beruhende) Beurteilung durch den StdF (Zweifel an seiner Gesinnung, Arroganz) und seiner Bitte an StSekr. Lammers, sich für eine Änderung der Beurteilung zu verwenden und damit seine Ernennung zum Mitglied des Reichsversorgungsgerichtes zu ermöglichen, dessen Intervention: Das Mißtrauen gegen M. ungerechtfertigt, eine Nachprüfung des Falles empfohlen. Ablehnung durch den StdF: Widerstand M.s gegen die Bewegung, kriechend-freundlicher Mensch mit verschlagenem Charakter, umfangreicher Verkehr mit fragwürdigen jungen Damen. Zustimmung zur Ernennung erst nach erneuter Prüfung und nach Jahresfrist.
K   101 15178 – 88 (892 c)

[19. 1. 37] – [28. 7. 39]   RMdI   11867
Aufgrund eines (im Einvernehmen mit dem StdF ergangenen) Runderlasses des Reichsinnenministers (RMdI) die Mitgliedschaft und Tätigkeit von Beamten, Angestellten und Arbeitern in der NSDAP, ihren Gliederungen und angeschlossenen Verbänden sowie in verschiedenen anderen Organisationen bei der vorgesetzten Dienststelle anzeigepflichtig. Später Bitte des StdF, auch die ehrenamtliche Tätigkeit als Politischer Leiter in den Fragebogen aufzuführen und entsprechend zu werten. Entsprechende Ergänzung des Erlasses durch den RMdI.
M/W   101 04731 – 35 (426 a)

20. 1. 37   Adj. d. F   11868
Durch Schwarz Überweisung von RM 6000.– für den Kauf eines Ölgemäldes von Abt Schachleiter durch Hitler; zwecks Aufnahme in das Inventarverzeichnis des Reichsschatzmeisters Bitte Bormanns um Mitteilung über den Verbleib des Bildes.
K   124 03527 (297)

21. 1. 37   Adj. d. F   11869
Aufgrund der Absicht Hitlers, anläßlich des 50. Geburtstages des Prinzen August Wilhelm (v. Preußen) sich „in irgendeiner Form" an diesen erinnern zu wollen, und der Bitte H.s, seinen Adjutanten entsprechend zu informieren, Mitteilung des gewünschten Datums (29. 1.) durch den Adjutanten des StdF.
K   124 03134 (261)

22. 1. 37 – 24. 12. 38   RKM, RJM, OKW, RKzl.   11870
Drängen des Reichskriegsministers bzw. des OKW auf baldige Verabschiedung des gemeinsam mit dem Entwurf eines Deutschen Strafgesetzbuches von der Tagesordnung der letzten Kabinettssitzung abgesetzten Strafgesetzbuches für die deutsche Wehrmacht (WStGB): Dieses dringend notwendig und von den Gründen der Absetzung des allgemeinen Strafgesetzbuches nicht betroffen. Weigerung Hitlers, das WStGB vorzuziehen; Vertröstung auf die beabsichtige Bekanntgabe von Richtlinien für eine allgemeine Strafrechtsreform in einer Mitte Januar 1939 vorgesehenen Kabinettssitzung. (Nachrichtlich jeweils an den StdF.)
H   101 22524 – 30 (1284)

[23. 1. 37]   RKzl.   11871
Die vom Reichsbeamtenführer (RBF) im Zusammenhang mit der Erörterung des Beamtengesetzentwurfs geforderte Beteiligung des StdF bei der Beurteilung der ns. Gesinnung eines Beamten bereits Praxis; Zustimmung des StdF zu der vom RBF monierten bloßen Soll-Vorschrift des Einvernehmens mit dem StdF bei der Versetzung ein Amt als Politischer Leiter oder als höherer SA-, SS- oder NSKK-Führer bekleidender Beamter; Zustimmung des StdF auch zu der vorletzten Fassung des vom RBF ebenfalls beanstandeten § 42 (endgültige Fassung aufgrund einer persönlichen Entscheidung Hitlers).
W   101 04443 – 49 (420 a)

26. 1. 37   RArbM   11872
Hitler und Heß mit der vom Reichsarbeitsminister vorgeschlagenen nochmaligen Verlängerung der Amtsdauer der betrieblichen Vertrauensräte einverstanden.
A   101 06735 f. (547 b)

26. – 28. 1. 37   Adj. d. F – 5   11873
Unterzeichnung einer vom Stab StdF vorgelegten *Ernennungsliste durch Hitler.
W   124 00537 f. (55)

27. 1.–1. 2. 37   Adj. d. F   11874
Die Bitte Schulte-Strathaus' (Stab StdF), ihm eine Karte für den Reichstag am 28. 1. zu beschaffen, nicht erfüllbar.
K   124 03553 f. (302)

27. 1.–15. 3. 37   RMdI   11875
Einverständnis des StdF mit dem *Entwurf eines Zweiten Gesetzes zur Änderung des Fleischbeschaugesetzes.
K   101 14035 f. (741)

29. 1.–8. 3. 37   RMdI   11876
Besprechung über eine Änderung des *Entwurfs eines Sippenamtsgesetzes wegen einer Äußerung Hitlers gegen die vorgesehene Umbenennung der Standesämter in Sippenämter. Interpretation des „Führerwillens" durch die Sitzungsvertreter des StdF; daraufhin weitgehende Umarbeitung: Teilung der Materie und Umbenennung des vorliegenden Gesetzentwurfs („Personenstandsgesetz", daneben ein Sippenamtsgesetz im neuen Sinne nur für deutschblütige Familien nach Vorschlägen des StdF vorgesehen), Beibehaltung der Standesämter und ihrer Funktionen, Streichung der geplanten Reichs- und Kreissippenämter und der Eintragung von Ehrungen in das Familienbuch.
H   101 28304–10 (1543)

31. 1. 37   AA, Dt. Ges. Pretoria   11877
Übersendung eines Berichts der Deutschen Gesandtschaft für Südafrika über die dortige „Judenfrage": Zahl und Organisationen der Juden, ihr Einfluß auf das Wirtschaftsleben; die Einstellung der südafrikanischen Bevölkerung, insbesondere die „Verschwägerung zwischen Engländer- und Judentum"; u. a.
H   101 25470–85 (1424 a)

[Febr. 37]   Prof. Drost   11878
Mit einer Wiedereinräumung der Prof. Heinrich Drost (Münster) wegen ehemaliger Logenzugehörigkeit entzogenen Prüfungsbefugnis durch den StdF nicht zu rechnen; das Reichsjustizministerium nicht gewillt, das Risiko der Ablehnung des von ihm zu stellenden Antrags einzugehen.
W   301 00262–66 (Drost)

1.–3. 2. 37   Adj. d. F   11879
Rücksendung des *Gesuchs eines Franz Piracher (Bad Godesberg) durch Bormann: Bewerbung um die Hauswartstelle der *Reichskanzlei-Nebenstelle* in Berchtesgaden.
K   124 03380 (289)

1.–18. 2. 37   Mecklenburg. StM   11880
Stellungnahme zu dem *Gesuch einer Josefine Thiemann (Röbel) um Erstattung von Mietzinssteuerbeträgen: Bereits nachträgliche Ermäßigung der Jahresveranlagungen 1925–1935 auf den tatsächlichen Vorkriegswert des T.schen Grundbesitzes erfolgt, eine weitere Reduzierung auf die zu niedrige Veranlagung von 1924 nicht angängig; Bitte an den Stab StdF, sich der ablehnenden Stellungnahme anzuschließen und der T. die Zwecklosigkeit weiterer Gesuche klarzumachen.
K/W   124 03608–11 (310)

2. 2.–17. 7. 37   Adj. d. F, Quästor Pennetta–7   11881
Auf Anregung des GL Bohle Übersendung einer Fotografie Hitlers und Ordensverleihung an Quästor Pennetta (Chieti) in Würdigung seiner Verdienste um die Rettung der Deutschen in Barcelona bei Ausbruch der spanischen Revolution. Dankschreiben P.s.
K/H   124 03358–61 (288)

[3. 2. 37]   RKolB   11882
Nach endgültiger Festlegung der Aufgaben des Reichskolonialbundes durch den StdF Antrag auf Genehmigung der Herausgabe der Zeitschrift „Kolonie und Heimat".
A   101 05615 f. (469)

3.–14. 2. 37   StSekr. Lammers, Rust, Himmler   11883
Zustimmung Hitlers zur Weiterbearbeitung und Verabschiedung des Schulgesetzes nach Vortrag Bor-

manns nur unter der Voraussetzung der Beteiligung des StdF an allen Ausführungsverordnungen. – Kritik B.s an mangelnder ns. Führung der Schulabteilung des Reichserziehungsministeriums unter MinDir. Bojunga und Bitte an Himmler, auf Rust wegen einer Ersetzung Bojungas – am besten durch Pg. Wakker – einzuwirken. Zusage Himmlers, in Bormanns Sinn zu wirken. (Vgl. Nr. 12290.)
A/W 302 00037 – 41 (Bojunga)

3. 2. – 17. 3. 37   GL München-Oberbayern   11884
Ablehnung einer Beförderung des KrimOI Franz Josef Huber zum Regierungs- und Kriminalrat unter Hinweis auf seine frühere feindselige Haltung gegenüber dem NS.
M   306 00545 – 48 (Huber)

3. 2. – 14. 5. 37   RKzl., RMdI, PräsKzl.   11885
Eine Anregung des StdF, entsprechend dem werdenden Staatsaufbau auch höhere Beamte der öffentlich-rechtlichen Körperschaften (z. B. Reichsbahn und Reichsbank) von Hitler ernennen zu lassen, vom Reichsinnen- und vom Reichsfinanzminister sowie vom Chef der Präsidialkanzlei als z. Zt. nicht zweckmäßig abgelehnt (Neuaufbau des Reiches noch nicht abgeschlossen; bereits Ernennung bestimmter Beamter dieser Körperschaften durch H.; Gefahr einer zusätzlichen Belastung H.s).
A/W   101 01870 f. (187); 101 05225 – 34 (452)

3. 2. 37 – [22. 12. 44]   RMfWEuV, GL München-Oberbayern, GL Thüringen u. a.   11886
Den Wissenschaftsbereich betreffende personalpolitische Anfragen und Stellungnahmen des Stabs StdF bzw. der PKzl. im Zusammenhang mit Ernennungen u. a., Buchstaben B – E.
A   302 00001 – 67

4. 2. – 9. 7. 37   GL Lohse u. a.   11887
Auf Veranlassung des StdF nochmalige schriftliche Zurücknahme 1933 gegen Dr. Theodor Jensen (Mann einer Cousine Heß) erhobener Vorwürfe („Hetze" gegen Prof. Baum) durch GL Lohse. H.' Wunsch nach einer auch öffentlichen Rehabilitierung des von der Ärztekammer vom Vorwurf der Abtreibung freigesprochenen J. durch eine vorübergehende Wiedereinsetzung in politische Ämter und durch Bestrafung der „Verleumder" J.s laut L. kaum erfüllbar. Klage L.s, sich seit „Jahr und Tag" mit dem immer von neuem an den StdF herangetragenen Fall J. „herumschlagen" zu müssen; Erwägungen, J. – etwa in der Kreisleitung – vorübergehend ein Amt einzuräumen, um den Wünschen des StdF entgegenzukommen (vertrauliche Erwähnung der von H. beabsichtigten Unterbringung J.s in leitender Stellung eines Krankenhauses außerhalb des Gaues Schleswig-Holstein). Später Mitteilung über die erfolglosen Bemühungen des StdF und auch des Reichsärzteführers, J. zu einer neuen Existenz zu verhelfen.
W   502 00214 – 37 (11)

4. 2. – 20. 7. 37   Kzl. d. F, RKzl., PräsKzl.   11888
Durch den StdF Übersendung eines von ihm entworfenen und von Hitler unterzeichneten Erlasses, später durch die Reichskanzlei Übermittlung eines weiteren Führererlasses, beide betreffend die Behandlung der nach § 42 Abs. 2 Satz 2 des Deutschen Beamtengesetzes eingehenden Meldungen (Anzeigen über parteischädigende und staatsfeindliche Vorgänge): Die Entscheidung über die eingehenden Meldungen aller Beamten – mit Ausnahme der Wehrmachtbeamten – dem StdF übertragen; Zuständigkeit des Reichskriegsministers für die Meldungen von Wehrmachtbeamten.
M/H   101 04775 – 85 (427 b)

Nicht belegt.   11889

5. – 18. 2. 37   Adj. d. F   11890
Bearbeitung der Angelegenheit Hermann Pipping (Altona) durch den Sachbearbeiter für Beamtenfragen beim StdF, v. Helms.
K   124 03378 f. (289)

6. 2. 37   StSekr. Lammers, MdR Albrecht   11891
Mitteilung des StSekr. Lammers: Keine Bedenken Hitlers gegen den Wunsch des Reichstagsabgeordneten Albrecht, sich für die vom Gau Sachsen veranstaltete Versammlungsoffensive als Redner zur Verfügung zu stellen; jedoch Ablehnung, selbst eine Entscheidung zu treffen.
K   101 20000/1 ff. (1199)

6. 2. 37   Kzl. d. F   11891 a
Durch den Stab StdF Weiterleitung der *Eingabe einer Minni Kircher (München). (Vgl. Nr. 12517.)
H   124 03638 (319)

[6. 2. 37]   RWiM   11892
Keine Einwände Heß' gegen den *Entwurf eines Gesetzes zur Änderung des Gesetzes über die Beaufsichtigung der privaten Versicherungsunternehmungen und Bausparkassen.
M   101 04139 (407 a)

6. – 10. 2. 37   SSHA u. a.   11893
In der Angelegenheit LGPräs. Lachmund (Braunschweig) vom StdF abschließender Vortrag angeordnet; Weiterleitung der an das SS-Hauptamt gerichteten Bitte um Aktenüberlassung an den Schiedmann des Großen Schiedhofes beim Reichsführer-SS (dort im Zusammenhang mit dem Fall L. ein Schiedverfahren gegen SS-Ogruf. Jeckeln anhängig).
M/H   306 00580 f. (Jeckeln)

6. 2. 37 – 3. 6. 38   RJM, RKzl., RMfdkA   11894
Mit Ausnahme des StdF Zustimmung aller beteiligten Ressorts zum *Entwurf eines Gesetzes über Beschränkungen des Rechtserwerbs durch juristische Personen, d. h. in erster Linie der Schenkungen von Kapital und Grundbesitz an die Kirchen. Begründung der ablehnenden Stellungnahme des StdF: Der Schutz des Familienvermögens vor zu großer Freigebigkeit eines der Familienmitglieder bei der Förderung sei es auch öffentlicher Zwecke nicht der alleinige Regelungsgrund und selbst dieser nicht hinlänglich erfüllt; die Ersetzung von Landesrecht durch Reichsrecht und die Beseitigung des unerträglichen uneinheitlichen Rechtszustands bzw. die nur unwesentlich veränderte Wiederaufnahme der Vorkriegsregelung daher nicht genügend, sondern die Beseitigung der vorgesehenen Grenze von RM 2 000.- (bei Grundstücken RM 1000.-) für die nunmehr angeordnete, an sich positiv zu bewertende Genehmigungspflicht ratsam, um der unerwünschten Vermögensanhäufung und Kapitalmehrung in der toten Hand einen Riegel vorzuschieben; Vorschlag, zumindest den anspruchsvollen Gesetzestitel zu ändern, die Registrierungspflicht zu einer statistischen Erhebung über die gesamte Grundstücksbewegung in diesem Bereich, auch unterhalb der Freigrenze, zu nutzen und eine Regelung vorzusehen, diese gegebenenfalls herabsetzen oder beseitigen zu können; darüber hinaus jedoch Hinweis auf den kirchenpolitischen Aspekt jeder, auch der – in die bisherigen Rechte der juristischen Personen trotzdem eingreifenden – vorliegenden mangelhaften Regelung: Die augenblickliche Zweckmäßigkeit eines Anstoßes der Auseinandersetzungen zwischen Kirche und Staat nicht von ihm, dem StdF, sondern nur von Hitler zu beurteilen. Später Verstärkung dieser Bedenken und nachdrückliche Erneuerung der Empfehlung, von der – nunmehr nur für das Altreich vorgesehenen – gesetzlichen Neuregelung bis zum „kommenden Reichsrecht" abzusehen, nur landesrechtliche Ergänzungen vorzunehmen und die Möglichkeit zu schaffen, „den Zufluß von heute auf morgen abdrosseln" zu können, die notwendige Enquête aber durch Verwaltungsanordnungen in Gang zu setzen. Dementsprechend die Entscheidung H.s.
H   101 27300 – 27 (1520)

8. 2. 37   DF – 24   11895
Anläßlich der Überprüfung der Beschwerden über die Durchführung des Erbgesundheitsgesetzes Bitte Wagners (Stab StdF) um Weisung hinsichtlich der zwar nach den Grundsätzen des Kommentars und der Spruchpraxis der Erbgesundheitsgerichte nicht zu beanstandenden, mit dem Geist des Gesetzes jedoch nicht zu vereinbarenden Fälle.
W   124 00492 f. (55)

8. 2. – 9. 3. 37   Adj. d. F, RSt. f. Sippenforschung   11896
Durch den Stab StdF Weiterleitung der *Eingabe einer Charlotte-Luise Schaurte (Lauvenburg b. Neuss) wegen der Abstammung ihres Ehemannes an die Reichsstelle für Sippenforschung; nach Eingang des Gutachtens die Stellungnahme des StdF dem Führeradjutanten Wiedemann zugesagt.
K/H   124 03532 f. (297)

8. 2. – 9. 4. 37   RArbM   11897
Nach Erörterung in einer Ressortbesprechung beabsichtigte Verabschiedung der Siebzehnten Durchfüh-

rungsverordnung zum Gesetz zur Ordnung der nationalen Arbeit unter Zurückstellung der – von anderen Ressorts beanstandeten – Abschnitte über die Einsetzung eines Vertrauensmanns in Kleinbetrieben und über den Kündigungsschutz.
M/H   101 06394 – 405 (528)

8. 2. – 5. 5. 37   RJM, StSekr. Lammers, GL Franken   11898
Abwicklung eines strafrechtlichen Vorfalls in Stade nach dem – angeblich von Hitler gebilligten (später allerdings Verweisung der Angelegenheit an den StdF) – Vorschlag des Reichsjustizministers (RJM): Zurückziehung eines Strafantrags des GL Streicher gegen den Pastor Behrens (Gegenstand die Bezeichnung des „Stürmer" als „Schmutzblatt") einerseits, Amnestierung der wegen „Ausschreitungen" gegen B. verurteilten SS-Männer andererseits. Beharren des RJM auf Orientierung H.s über einen in diesem Zusammenhang von der Gauleitung Franken geschriebenen, Justizbeamte (zum „Dienst am Dritten Reich zu feige" Richter und Staatsanwälte) beleidigenden Brief.
H   101 28266/1 – 273/2 (1541 a)

[9. 2. 37]   Komm. f. WiPol.   11899
Zustimmung u. a. des StdF zur bevorstehenden Außenhandelskundgebung der Kommission für Wirtschaftspolitik; Prüfung des Konzepts der vorgesehenen Rede ebenfalls u. a. durch den StdF.
W   124 00761 ff. (64)

[11. 2. 37]   Bgm. Tempel   11900
Die Verhandlungen der Stadt München mit benachbarten westlichen und südlichen Gemeinden über eine Eingemeindung infolge des von Bormann (selbst in einer dieser Gemeinden wohnend) übermittelten Wunsches Hitlers, keine Eingemeindungen vorzunehmen, ins Stocken geraten; die Auffassung B.s im Widerspruch zu Erklärungen hoher Parteifunktionäre (z. B. GL Wagner und Reichsschatzmeister Schwarz); Bitte des Bgm. Tempel an StSekr. Lammers um Rat für sein weiteres Vorgehen.
A   101 06980 f. (572 b)

11. – 24. 2. 37   StSekr. Lammers, Schirach   11901
Vorwurf des StdF, an den Durchführungsbestimmungen zum Reichsjugendgesetz nicht beteiligt worden zu sein. Klärung des Mißverständnisses (nur „vorläufige, unverbindliche Formulierungen") durch Lammers.
M   101 06305 – 10 (525)

13. 2. 37   RM, PrMPräs., PrFM, Bayr. StM, RKzl., PräsKzl.   11902
Erläuterungen des StdF zu den ihm (lt. Anordnung vom 25. 10. 34) innerhalb der Partei vorbehaltenen Angelegenheiten von politischer Bedeutung, Hinweis auf die Alleinverbindlichkeit seiner Äußerungen in folgenden Sachen: Gesetzgebung des Reiches und der Länder (einschließlich Runderlasse und Verfügungen); Personalangelegenheiten des Reiches und der Länder; sonstige grundsätzliche Fragen.
K   101 19999 f. (1199)

13. 2. 37   GInsp. Paulsen, GL Lohse – 6/1   11903
Der Versuch des Gauinspekteurs Emil Paulsen (Schleswig-Holstein), unter Berufung auf Äußerungen des StdF-Sonderbeauftragten Oexle über die Aufgaben der Gauinspekteure (möglichst reibungslose Beseitigung von Unstimmigkeiten) sein Aufgabengebiet zu erweitern (Beaufsichtigung der Kreisleiter usw., Fühlungnahme mit Wehrmachtdienststellen, Vertretung des Gauleiters auf Kreistagungen, u. ä.) durch GL Lohse zurückgewiesen: Das Arbeitsgebiet der Gauinspekteure seitens des StdF noch nicht genau umrissen, daher Beibehaltung ihrer bisherigen Tätigkeit (Untersuchung ihnen übergebener Fälle); die vorgebrachten neuen Betätigungsmöglichkeiten teils nicht statthaft (der Gauinspekteur kein Hoheitsträger), jedenfalls aber nicht zweckmäßig, da kein Bedürfnis dafür vorhanden.
W/H   502 00253 – 62 (16)

13. – 16. 2. 37   Adj. d. F – 7   11904
Der Wunsch des MinR Kiewitz, wieder einen Auslandsposten anzutreten, GL Bohle bekannt; keine Anhaltspunkte für eine negative politische Beurteilung K.' vorhanden, eine fachliche Beurteilung für B. jedoch mangels Kenntnis der Personalakten nicht möglich.
W   124 01179 f. (134)

13.−26. 2. 37   Adj. d. F   11905
Übersendung verschiedener *Rechnungen an Bormann mit der Bitte um Begleichung.
W   124 00751, 753 (63)

[16. 2. 37]   RJM   11906
Von Heß geteilte Bedenken gegen eine (vom Gauleiter Ostpreußen befürwortete) Aufhebung des Oberlandesgerichts Marienwerder: Die Zusammenfassung der drei − teils östlich, teils westlich des Polnischen Korridors gelegenen − Landgerichtsbezirke Elbing, Meseritz und Schneidemühl zwar nicht in Übereinstimmung mit der Bezirksabgrenzung der allgemeinen preußischen Staatsverwaltung, jedoch aus staatspolitischen Gründen (Überbrückung des Korridors) geboten; Hinweis auf die vom preußischen Justizminister schon 1920 vertretene Politik. Entscheidung Hitlers gegen eine Aufhebung.
K/W   101 26742−45 (1511 a)

16. 2.−8. 4. 37   RMfWEuV   11907
Auskunft auf *Anfrage: Versetzung des Oberschullehrers Wernicke (Landsberg/Warthe) an eine Volksschule 1934 nicht wegen negativer dienstlicher oder politischer Beurteilung, sondern im Rahmen einer allgemeinen Versetzungsaktion zur Behebung der Not der Studienassessoren.
W   124 04352 f. (405)

17.−24. 2. 37   RMdI   11908
Terminsetzung für etwaige Nachtragsvorschläge zur Verleihung des Olympia-Ehrenzeichens (10. 3.) und der Olympia-Erinnerungsmedaille (20. 3.).
H   101 13830−33 (731 a)

[17. 2. 37−19. 9. 38]   H. Minkowski   11909
*Eingaben eines Helmut Minkowski (Berlin): Beschwerde über die fristlose Entlassung aus dem Verlag der DAF und Korruptionsvorwürfe gegen den Verlag; angeblich Feststellung der Berechtigung dieser Vorwürfe durch die eingeleiteten Untersuchungen und die Verhaftung des DAF-Schatzmeisters Brinkmann.
W   124 04018−22 (368)

18. 2. 37   RWiM   11910
Kritik Bormanns an der Sanierung der Pensionskasse Deutscher Privateisenbahnen auf Kosten der Versicherten bzw. der Rentenempfänger; Bitte, mit Rücksicht auf die Notlage vieler Rentner eine Änderung der Verhältnisse zu erwirken.
M   101 04140 f. (407 a)

[18. 2. 37]   RPM   11911
Keine Einwendungen des StdF gegen die beantragte Ernennung des MinDir. Jakob Nagel zum Staatssekretär im Reichspostministerium.
H   101 18579−82 (1147 b)

19.−22. 2. 37   Oberstlt. v. Quednow, Adj. d. F−5   11912
Bitte des Oberstlt. a. D. v. Quednow (Stettin; ehemaliger Regiments-Kommandeur des Leiters des Personalamtes des StdF, v. Wulffen), Hitler die Geschichte des Infanterieregiments 262 zum Geburtstag überreichen zu dürfen. Weiterleitung an Führeradjutant Wiedemann.
K   124 03389 ff. (290)

19.−23. 2. 37   RMdI   11913
Übersendung des Entwurfs eines Dritten Erlasses über die Reichssiegel (Gestaltung und Beschriftung; Berechtigungen, das große bzw. das kleine Reichssiegel zu führen; u. a.) sowie Besprechungseinladung.
M   203 02384−90 (66/1)

20. 2. 37   RVM   11914
Vorschlag, zur Durchführung des Artikels 2 des Gesetzes zur Neuregelung der Verhältnisse der Reichsbank und der Deutschen Reichsbahn (10. 2. 37) folgendes zu verordnen: Wahrnehmung der Aufgaben des Beirats der Deutschen Reichsbahn bis auf weiteres durch die Mitglieder des Verwaltungsrats.
M   101 01888 ff. (187 a)

22. 2. 37   RKzl.   11915
Besprechung bei Hitler über kirchliche Angelegenheiten (u. a. anwesend: Heß und Bormann).
M   101 01394/2 f. (160)

22. 2.–3. 3. 37   RSchatzmeister   11916
In der Angelegenheit Auflösung der Abwicklungsstelle der Landesleitung Österreich der NSDAP Zustimmung Schwarz' zu der vom Stab StdF angeregten Sachbearbeiterbesprechung, jedoch Hinweis auf die Unmöglichkeit, von seinem Standpunkt abzugehen.
M   306 00810 (Rodenbücher)

24. 2.–30. 3. 37   RFSS   11917
Mitteilung über die Ernennung von SS-Brif. Sachs zum Inspekteur der Nachrichtenverbindungen beim Reichsführer-SS. Auf ein 'Gesuch Bescheid des Stabs StdF: Eine Parteiaufnahme S.' erst nach einer allgemeinen Lockerung der Mitgliedersperre möglich.
M/H   306 00813 f. (Sachs)

24. 2.–2. 12. 37   RWiM, RKzl. u. a.   11918
Beschwerden des Reichswirtschaftsministers (RWiM) über Eingriffe der DAF in die Zuständigkeit der Organisation der gewerblichen Wirtschaft: Erhebliche Beunruhigung des Handwerks im ganzen Reich wegen einer Ankündigung Leys, die gesetzlich vorgeschriebenen Gesellen- und Meisterprüfungen abzuschaffen bzw. auf die DAF zu übertragen; Anweisung Ls an die Gauleiter, gegen jeden aufgrund einer Verfügung des RWiM sein DAF-Amt niederlegenden Leiter einer Gliederung der wirtschaftlichen Organisation des Handwerks ein Parteigerichtsverfahren zu eröffnen (vom Stv. GL Eggeling [Magdeburg] eine ähnliche Anweisung herausgegeben), und anderes. Vom StdF ein Eingreifen abgelehnt; Begründung: Mehrfach unmittelbarer Vortrag sowohl L.s wie Schachts bei Hitler in dieser Angelegenheit, Stellungnahmen H.s dem StdF nicht bekannt. Anweisung H.s an Sch., beschleunigt einen Gesetzentwurf über die Regelung der fachlichen und beruflichen Ausbildung in Handwerk und Gewerbe vorzulegen; bis dahin Verbot aller öffentlichen Erörterungen der Angelegenheit und aller nicht auf bestehenden Gesetzen beruhenden Aktionen (damit jedoch noch nicht alle strittigen Fragen geregelt, z. B. nicht die Nachfolge des entlassenen Reichshandwerksmeisters Schmidt; Auftrag H.s an Adjutant Wiedemann, sich wegen des favorisierten Kandidaten Rehm mit dem StdF ins Benehmen zu setzen). Dennoch Fortgang der sich bis auf die unterster Ebenen auswirkenden Zwistigkeiten zwischen Schacht und L. (laut StdF die Verhältnisse allmählich „untragbar"). Schließlich Anordnung des Obersten Parteigerichts und des StdF, die von der DAF gegen Führer von Handwerksorganisationen wegen Niederlegung von DAF-Ämtern eingeleiteten Verfahren einzustellen. Außerdem durch den StdF Vorlage von Grundsätzen für den von H. geforderten Gesetzentwurf: Gesetzliche Festlegung der gesamten Berufsausbildung in Handel und Handwerk nach einheitlichen Gesichtspunkten notwendig, um die Hochwertigkeit der deutschen Facharbeit sicherzustellen und einer ns. Wirtschaftslenkung gerecht zu werden; maßgebliche Einschaltung der Partei vor allem zur Wahrung weltanschaulicher und sozialer Belange; Ausführungen zu den einzelnen Punkten (Berufslenkung und -planung, verschiedene Formen der Ausbildung, Prüfungen, Errichtung eines Reichsausschusses für Berufsausbildung); Stellungnahme der Partei bei der Behandlung des Entwurfs vom StdF in Anspruch genommen. Der Gesetzentwurf des RWiM von L. mit einem Gegenentwurf beantwortet. Forderung H.s, ihm nach Einigung der Beteiligten einen einzigen Entwurf vorzulegen.
W   101 02644–742 (274 a)

25. 2. 37   RMfVuP   11919
Anweisung an die staatlichen und (über den StdF) die Parteidienststellen, zum Zweck der Papiereinsparung ihr für die Presse bestimmtes Material im Umfang so weit als möglich einzuschränken und bei kostenlosen Anzeigen eine Spaltenbreite nicht zu überschreiten.
W   101 03511 f. (353); 101 05592 f. (467)

[25. 2. 37]   RInst. f. Geschichte d. neuen Deutschlands   11920
Vorladung des Prof. Walter Frank in das Geheime Staatspolizeiamt zwecks Androhung staatspolizeilichen Vorgehens im Falle weiterer Angriffe F.s gegen höhere SS-Führer. Rechtfertigung F.s: Seine Angriffe gegen die vom kulturpolitischen Referenten des SS-Gruf. Heydrich, Prof. Höhn, aufgestellte Kandidatur des Prof. Eckhardt zur Generaldirektion der Preußischen Archive usw. eine wissenschaftspoliti-

sche Frage; Ablehnung E.s auch durch den StdF; Himmler voll informiert; erneute Bitte um dessen Schutz. (Vgl. Nr. 11922.)
H   101 20840 – 43 (1228)

25. – 28. 2. 37   M. Luthardt   11921
Gesuch eines Max Luthardt (Wiesbaden), ihm und seiner Familie nach zwölfjährigem vergeblichen Kampf in der Angelegenheit Butzbach (angeblich Mörder des Verlobten der Tochter L.s, W. Schneider) zum Recht zu verhelfen.
K   124 03965 – 70 (363)

25. 2. – 3. 3. 37   RInst. f. Geschichte d. neuen Deutschlands, SS-Gruf. Wolff   11922
Bitte des Präsidenten des Reichsinstituts für Geschichte des neuen Deutschlands, Frank, um Heß' persönliches Eingreifen in der Angelegenheit Eckhardt–Hoppe–Frank. Hinweis des Stabes StdF auf die Notwendigkeit einer Rücksprache zwischen Heß und Himmler. (Vgl. Nr. 11920.)
K   102 01204 f. (2241)

26. 2. 37   AA, Dt. Ges. Bern   11923
Übersendung eines Berichts der Deutschen Gesandtschaft in Bern: Die auf Veranlassung des Leiters der Auslands-Organisation (AO), GL Bohle, unternommenen Sondierungen bei den zuständigen schweizerischen Stellen wegen der Wiederzulassung der im Vorjahr verbotenen Landesgruppe Schweiz der AO erfolgreich.
H   101 25361 f. (1411)

26. 2. – 8. 3. 37   RKzl., RM   11924
Aufgrund der Verlagerung seiner Haupttätigkeit (Beteiligung an Gesetzgebung und Beamtenernennungen) nach München, Braunes Haus, Bitte des Stabs StdF, den gesamten Schriftverkehr der Ministerien dorthin zu richten und dem Verbindungsstab in Berlin lediglich Durchschläge von Terminsachen zukommen zu lassen. (Erinnerung durch Rundschreiben 64/39.)
K   101 20038 – 42 (1199 b)

27. 2. 37   GL A. Wagner, Adj. d. F   11925
Durch Bormann Übersendung einer Anordnung Hitlers über die künftige Teilnahme des Oberbürgermeisters von München an Besprechungen H.s im bayerischen Innenministerium über die Gestaltung Münchens.
W   124 00452 f. (55); 124 00748 f. (63)

28. 2. – 28. 4. 37   AA – 22   11926
Erneuter Versuch des Auswärtigen Amts, die Rassengesetzgebung auf die Juden zu beschränken und damit entstandene außenpolitische Mißstände zu beheben. Ablehnende Stellungnahme des Leiters des Rassenpolitischen Amtes, Groß: Hervorhebung der grundsätzlichen Bedeutung und Notwendigkeit des Blutschutzgesetzes und – trotz der geringen Anzahl „fremdblütiger" Bewerber – des Beamtengesetzes; die befürchtete Verschlechterung der außenpolitischen Beziehungen nicht zu erwarten (in zunehmendem Maße Hinnahme des deutschen Standpunkts durch die Weltöffentlichkeit).
M   203 03149 – 60 (87/2)

1. 3. 37 – [Juli 40]   RMdI, RMfWEuV, RKzl.   11927
Differenzen zwischen dem Reichsinnenminister (RMdI) und dem StdF über die parteigerichtliche Verfolgung dienstlicher Handlungen von Beamten. Forderung des RMdI, solche Handlungen (analog der Regelung für parteidienstliche Handlungen von ein Amt als Politischer Leiter bekleidenden Beamten) einer parteigerichtlichen Verfolgung grundsätzlich zu entziehen; Berücksichtigung der Belange der Partei durch die Entsendung eines Mitglieds des Obersten Parteigerichts (OPG) in den Reichsdienststrafhof. Festhalten des StdF an seiner Forderung, auch Beamte der Parteigerichtsbarkeit zu unterwerfen (umgekehrt der Verzicht auf eine disziplinarische Verfolgung parteidienstlicher Vergehen von Beamten durch den Staat keineswegs begrüßenswert); Befürchtungen des RMdI unbegründet, insbesondere die Ausführungen über die angeblich heillose Angst der Beamten vor der Parteigerichtsbarkeit befremdend; Ablehnung der vorgeschlagenen Vermischung von Partei- und Dienstgerichtsbarkeit; grundsätzlicher Vorrang des Dienststrafverfahrens anerkannt, in manchen Fällen jedoch gleichzeitige Durchführung eines Partei-

gerichtsverfahrens notwendig. Unter Hinweis auf einzelne konkrete Fälle neue Vorschläge des RMdI: Vor jeder Einleitung eines Parteigerichtsverfahrens gegen einen Beamten Mitteilung der Anklagepunkte an die oberste Dienstbehörde, um die Prüfung der Frage der Durchführung eines (grundsätzlich vorrangigen) Dienststrafverfahrens zu ermöglichen; bei vorgeschriebenen dienstlichen Handlungen Einleitung eines Parteigerichtsverfahrens nur wegen der Art und Weise der Durchführung, nicht wegen der Handlung als solcher möglich, Entscheidung über die Verfahrenseröffnung durch das OPG im Benehmen mit der obersten Dienstbehörde; keine Gleichstellung von Ehrengerichtsverfahren angeschlossener Verbände mit Parteigerichtsverfahren. Ausstehen einer Antwort des StdF.
M/W   101 04704−30 (426 a)

2. 3.−7. 8. 37   RKzl.−28   11928
Mitteilung über die erneute Einrichtung einer Geschäftsstelle der Reichskanzlei im Grand Hotel Nürnberg während des Reichsparteitages und Bitte um Bereithaltung entsprechender Zimmer.
H   101 20423−26 (1210)

3. 3. 37   RMdI   11928 a
Übersendung des Entwurfs einer Dritten Verordnung über den Neuaufbau des Reiches (Vereinheitlichung von Behördenbezeichnungen, insbesondere Einführung des Landrats in den außerpreußischen Ländern) mit der Bitte um Stellungnahme.
A/H   101 05794−97 (494)

[3. 3. 37]   RJM   11929
Einverständnis des StdF, des Reichsinnen- und des Reichsfinanzministers mit der in § 7 des *Entwurfs eines Gesetzes über die Gerichtsgliederung in Groß-Hamburg enthaltenen Aufhebung des Landgerichts Altona und der Errichtung eines neuen Landgerichts in Itzehoe.
K   101 26670 (1511)

3. 3.−[31. 7.] 37   Adj. d. F, F. Strauss, Schwarz   11930
Die vom StdF übermittelte *Eingabe eines Kriegskameraden Hitlers, Fritz Strauss (Lindau), wegen des Erwerbs eines − im Besitz seines Chefs befindlichen − Anwesens durch die Partei zur Einrichtung eines Kreishauses für den Kreis Lindau von Reichsschatzmeister Schwarz abschlägig beschieden: Wegen der Zusammenlegung der Kreisleitungen Lindau-Stadt und Lindau-Land und ihrer Verlegung nach Lindenberg Erwerb eines Gebäudes in Lindau nicht erforderlich. − Weitere Wünsche St.': Aufnahme in die SS trotz Überschreitung der Altersgrenze; Stellengesuch.
K/W   124 00459 (55); 124 03592−96, 598−601 (308)

4.−8. 3. 37   Adj. d. F−5   11931
Unterzeichnung einer vom Stab StdF vorgelegten *Ernennungsliste durch Hitler.
W   124 00535 f. (55)

4. 3.−20. 10. 37   RMfWEuV, Bayr. StMfUuK   11932
Unter Berufung auf die Vorschriften des Deutschen Beamtengesetzes Weigerung des Reichserziehungsministers, dem (unter Hinweis auf seine alleinige Zuständigkeit für politische Beurteilungen vorgebrachten) Verlangen des Stabs StdF zu entsprechen und die Anstellung des Oberarztes Hellmut Anton (Hygienisches Institut der Universität München) wegen Verkehrs mit einer Jüdin rückgängig zu machen.
M   301 00016−54 (Anton)

5. 3. 37   Adj. d. F−1   11933
Übersendung einer vertraulichen *Anlage über Schacht.
W   124 00012 f. (30)

5. 3. 37−12. 5. 38   AA, Dt. GenKons. Kattowitz   11934
Mitteilungen über die zwei Tarnowitzer Wanderbundprozesse (Übersetzung des Urteils im ersten Prozeß beigefügt), die Berufungsverhandlungen vor dem Appellationsgericht Kattowitz und die Kassationsanträge der Verteidigung: Verurteilung von 41 bzw. 38 − inzwischen meist nach Deutschland geflüchteten − Angehörigen des Oberschlesischen Wanderbundes wegen Gründung und Teilnahme an einer

geheimen Verbindung (politische Betätigung nach dem Muster der deutschen Hitler-Jugend im Gegensatz zum angemeldeten Vereinszweck).
H   101 26173 – 202 (1482 b)

6. 3. – 17. 4. 37   RuSHA   11935
Im Rahmen der Bemühungen um die feierliche Ausgestaltung der Hochzeiten konfessionsloser Angehöriger der Partei und ihrer Gliederungen Bitte des Stabs StdF um Mitteilung der Erfahrungen bei Eheschließungen von SS-Leuten. Antwort des Rasse- und Siedlungshauptamtes SS: Entsprechende Vorschläge an den Reichsführer-SS eingereicht (diese jedoch noch 1939 nicht genehmigt).
K/H   102 00659 – 66 (1148)

6. 3. – 4. 5. 37   Adj. d. F, ÖkonomieR Ruhwandel – 1   11936
Durch Führeradjutant Wiedemann Weiterleitung von Bedenken des Ökonomierats Ruhwandel (Pfarrkirchen) und seiner Berufskollegen wegen der Übernahme der Staatlichen Bayerischen Landwirtschaftsstellen durch den Reichsnährstand (RNSt.): Hinsichtlich der Ziele des Vierjahresplans negative Auswirkungen einer solchen Übernahme der bewährten staatlichen Stellen auf eine im Aufbau begriffene Standesorganisation; die Effektivität der staatlichen Stellen größer als die der durch ständige Personalveränderung geschwächten Kreisbauernschaften; in diesem Zusammenhang Bedauern über den Einsatz nicht bodenständiger Berater; Zuständigkeit des RNSt. für Menschenbetreuung, Erbhoffragen, Siedlung u. a. unbestritten, jedoch zur Förderung der landwirtschaftlichen Technik Leute mit Spezialvorbildung erwünscht. Dazu Bormann an den Verbindungsstab: Keine Einmischung des StdF in die Kompetenzen des Reichsernährungsministers; möglicherweise tatsächlich zu viel Organisation und zu häufiger personeller Wechsel im RNSt., jedoch nur Hitler (aber nicht der StdF) imstande, Darré auf ihm bekanntgewordene Klagen aufmerksam zu machen.
K/H   124 03485 – 97 (295)

8. 3. 37   –   11937
Verfügung des StdF mit der Ankündigung eines „Gesetzes über die Gewährung von Entschädigungen bei der Einziehung oder dem Übergang von Vermögen", u. a. mit der Regelung der gegen die früheren gewerkschaftlichen Pensionskassen bestehenden Ansprüche.
H   101 13355 (712)

8. 3. – 1. 4. 37   J. Schmidt, Adj. d. F   11938
Auf die Nachfrage eines Julius Schmidt (Berlin) nach dem Verbleib seines Gesuchs um Wiedereinstellung in die Wehrmacht Mitteilung des Stabs StdF über die Abgabe dieses Schreibens an die Führeradjutantur.
K   124 03538 (298)

8. 3. – 23. 4. 37   G. Maurer, RFSS   11939
Klage einer Gertrud Maurer (Berlin) über angebliche beleidigende Äußerungen des SS-Gruf. Rodenbücher; infolge der Immunität R.s als Reichstagsabgeordneter keine Möglichkeit, Privatklage zu erheben; Weigerung R.s, seine Äußerungen zurückzunehmen. Weiterleitung an den Reichsführer-SS.
M   306 00805 – 08 (Rodenbücher)

9. 3. 37   RMdI   11940
Bestimmungen des StdF über die Mitgliedschaft bei den der NSDAP angeschlossenen Verbänden: Über § 5 der Ersten Verordnung zum Reichsbürgergesetz hinausgehende Anforderungen an die „Reinheit des Blutes" beim Reichsbund Deutscher Beamter, dem NS-Lehrer- und dem NS-Rechtswahrerbund; keine ausdrückliche Arierbestimmung beim NS-Ärztebund und dem NS-Bund Deutscher Technik; Anwendung des Reichsbürgergesetzes bei DAF, NSV und NS-Kriegsopferversorgung.
W   101 04452 f. (421)

9. 3. 37   RFSS, C. Dittmar, Obgm. Landshut   11941
Durch den Reichsführer-SS Zurückweisung von – offenbar gegenüber dem Vorwurf „mehr als geschäftlicher Beziehungen mit dem Juden Teicher" erhobenen – Behauptungen eines Pg. Carl Dittmar (Landshut) über seine „unerhörten" Verdienste um die Bewegung; Drohung, ihn bei weiteren „Stänkereien" einsperren zu lassen. (Richtigstellung einer in diesem Zusammenhang erteilten *Auskunft durch Obgm.

Vielweibi [Landshut]: Entschuldigung bei Stadtpfarrer Graf Preysing nicht – wie von ihm irrtümlich berichtet – durch Bormann, sondern durch Bouhler.)
K/H   124 03240 – 44 (273)

9. 3. 37   Dt. Kongreß-Zentrale   11941 a
Mit der Bitte um Stellungnahme Übersendung eines Devisenerwerbsantrags des Deutschen Gemeindetags für eine Dienstreise von Präs. Jeserich nach Paris zur Teilnahme an vier Sitzungen internationaler Verbände. (Vgl. Nr. 11950.)
H   101 25446/1 (1418)

9. 3. 37   Adj. d. F   11942
Durch den Stab StdF Übersendung eines *Anstellungsgesuchs des Hauptstabsamts-Angehörigen Georg Dänzer (München).
K   124 03207 (271)

10. 3. 37   Adj. d. F, Gürtner   11943
Bitte Heß' um eine Besprechung (zusammen mit Dr. Wagner und GL Wagner) bei Hitler in der Zahnärzte- und Dentistenfrage; ferner Bitte um Strafmilderung für einen wegen Überfahrens einer Person in Trunkenheit verurteilten, von Hitler nicht begnadigten Standartenführer.
W   124 00095 f. (34)

10. 3. – [27. 7.]37   RMdI   11943 a
Unter Hinweis auf dauernde Beschwerden *Bitte des StdF um eine abschließende Regelung der Flaggenhissung durch Privatpersonen. Dafür zwar nach Ansicht des Reichsinnenministers die Zeit noch nicht reif, jedoch Regelung bereits klarer Punkte und Verbot des Setzens früherer Reichs- und Länderflaggen sowie (Erwähnung demonstrativen Zeigens am Fronleichnamstag) von Kirchenfahnen durch den *Entwurf einer Zweiten Verordnung zur Durchführung des Reichsflaggengesetzes.
H   101 00108 – 12 (128 b)

11. 3. – 18. 6. 37   AA u. a.   11944
Übersendung von Berichten usw. über die beabsichtigte Propaganda der Emigranten während der Pariser Weltausstellung 1937: Errichtung eines Sonderdienstes zum Verkauf der Emigrantenzeitung „Pariser Tageszeitung" innerhalb der Ausstellung und an anderen belebten Orten sowie einer Internationalen Lesehalle für antifaschistische Literatur, u. a.; Ersuchen der Deutschen Botschaft an das französische Außenministerium, gegen Deutschland gerichtete Propagandaeinrichtungen auf dem Ausstellungsgelände zu untersagen sowie Maßnahmen zu treffen, um eine massive Propaganda der Emigranten während der Ausstellungszeit und damit die Gefahr von Zusammenstößen mit deutschen Reisenden zu verhindern.
M   101 03332 – 49 (340)

12. 3. 37   Adj. d. F – 1   11945
Übersendung einiger *Artikel.
W   124 00489 (55)

12. 3. 37   GBauI Speer   11946
Durch den Stab StdF Übermittlung der Bitte Fiehlers, das Hauptamt für Kommunalpolitik bei allen Erörterungen über neue gesetzliche Regelungen städtebaulicher Fragen hinzuzuziehen.
K   101 19406 (1176)

15. 3. 37   RSchatzmeister u. a.   11947
Festlegung der Bedingungen für die von der HJ und dem Reichsverband für Deutsche Jugendherbergen gemeinsam veranstaltete Haus- und Straßensammlung am 17./18. 4. 37. (Abschrift an den StdF.)
A   101 06817 ff. (559)

[15. 3. 37]   RJM   11948
Keine Einwendungen des StdF gegen den Entwurf eines Gesetzes zur Änderung des Gerichtskostengesetzes (weiterhin der Miet- und Pachtzins maßgebend für die Berechnung der Gerichtskosten bei Räumungsprozessen).
H   101 19268 – 71 (1172)

16. 3. 37   AA, Dt. Ges. Pretoria   11949
Übersendung eines Berichts der Deutschen Gesandtschaft für Südafrika über „weltanschauliche Auseinandersetzungen" in den dortigen Parlamentsdebatten über die – insbesondere gegen die weitere jüdische Einwanderung gerichtete – Einwanderungsbill und eine Private Bill gegen die „Mischehen zwischen Schwarz und Weiß"; antisemitische Rede des Oppositionsführers Malan.
H   101 25486 – 95 (1424 a)

16. 3. 37   RMdI, Dt. Kongreß-Zentrale   11950
Befürwortung der Teilnahme des Präs. Jeserich (Deutscher Gemeindetag) an einer Vorstandssitzung des Internationalen Gemeindeverbandes und an einer vorbereitenden Sitzung des Arbeitsausschusses der Internationalen Binnenhafenkonferenz durch den Reichsinnenminister. (Abschrift an den StdF; vgl. Nr. 11941 a.)
H   101 25445 f. (1418)

16. 3. – 14. 4. 37   RJM   11951
Keine Bedenken des StdF gegen die geplante Ernennung des Vizepräsidenten beim Oberlandesgericht München, MinDir. Alfred Dürr, zum Präsidenten des Oberlandesgerichts.
K   101 26679 – 85 (1511)

16. 3. – 19. 6. 37   Adj. d. F, AO   11952
Stellungnahme des StdF zu einem *Unterstützungsgesuch des mit Hilfe des Auswärtigen Amtes aus Moskau gekommenen liquidationsgeschädigten Jakob Sucker (Berlin): Seit Mitte 1936 bisher ergebnislos verlaufene Verhandlungen zwischen StdF und Reichsfinanzminister über die Milderung der Notlage der Auslands- und Liquidationsgeschädigten; Bitte, bei der Erteilung von Auskünften gegenüber Geschädigten diese Verhandlungen nicht zu erwähnen und keine Hoffnung auf eine nochmalige Entschädigung zu machen. Weitergabe des Gesuchs an die Auslands-Organisation zur unmittelbaren Erledigung.
K   124 03581 – 84 (305)

[17. 3. 37]   RKzl.   11953
Zustimmung Hitlers zum Erlaß einer Dreizehnten Durchführungsverordnung zum Gesetz zur Sicherung der Deutschen Evangelischen Kirche, das Einverständnis des StdF und des Reichsinnenministers vorausgesetzt.
M   101 01394/4 (160)

[19. 3. – 6. 4. 37]   DF, RFM   11954
Entscheidung Hitlers gegen die von Heß angeregte erneute Diskussion einer Entschädigung von Auslandsdeutschen (einschließlich „Ostverdrängten"), jedoch Einrichtung eines Unterstützungsfonds von 10 Mio. RM für besonders bedürftige Geschädigte; Bitte an Heß, wegen der Verwendung der Mittel mit MinR Bänfer (Reichsfinanzministerium) Verbindung aufnehmen zu lassen.
K   101 13357 – 63 (713)

20. 3. 37   Adj. d. F – 5   11955
Übersendung einer *Prämienrechnung des Deutschen Rings.
W   124 00534 (55)

22. 3. – 8. 12. 37   RArbM   11956
Nach eingehenden Vorverhandlungen (dabei u. a. grundsätzliche Zustimmung des StdF zu den Vorschlägen des Reichsarbeitsministers) Entwurf einer Verordnung zur Ergänzung des Kleinrentnerhilfegesetzes: Ausdehnung des Personenkreises (bisher nur die ehemaligen Besitzer von Kapitalvermögen erfaßt) durch die Einbeziehung der ehemaligen Besitzer von Grund- oder Betriebsvermögen (Bedingung: Veräußerung zwischen dem 1. 1. 18 und dem 30. 11. 23 und Verlust des Erlöses durch die Inflation), der hilfsbedürftigen ledigen Töchter von Kleinrentnern sowie der infolge des Weltkrieges aus dem Ausland oder einem ehemals deutschen Gebiet unter Verlust ihres Vermögens Geflohenen oder Verdrängten samt deren Angehörigen. Weitere Vorschläge für die Verbesserung der Kleinrentnerhilfe (Verwendung der hierfür bereitgestellten Reichsmittel für Reichszuschüsse an die Kleinrentner, Herausnahme der Kleinrentnerversorgung aus der öffentlichen Fürsorge, u. a.).
M/W   101 04173 – 204 (408)

24. 3. 37   Adj. d. F   11957
Weiterleitung des Wunsches nach einem Empfang (von Vertretern) der Hinterbliebenen im Weltkrieg gefallener Offiziere des Beurlaubtenstandes durch Hitler oder Heß einmal im Jahr.
W/H   124 00456 (55)

24. 3. 37   Adj. d. F   11958
Übersendung einer *Rechnung der Daimler-Benz A. G.
W   124 00747 (63)

30. 3. 37   Adj. d. F – 1   11959
Übersendung von *Schriftstücken (vermutlich die Wehrmacht betreffend) an das Büro des StabsL Stenger (Verbindungsstab) zum Zweck der Herstellung von Fotokopien.
W   124 00097 (34)

30. 3. 37   AO, AA, Dt. Konsulat Brünn   11960
Negative Beurteilungen des Rückwanderers Eugen Dungs (Berlin) durch das Deutsche Konsulat in Brünn (Verwendung D.s in einer Parteidienststelle – angeblich Bewerbung beim Stab StdF – bedenklich und befremdlich) und durch das Rückwandereramt der Auslands-Organisation (Schädigung des Deutschtums durch Unvorsichtigkeiten) von letzterem dem Stab StdF übersandt.
K   124 03251 ff. (274)

30. 3. – 25. 4. 37   Prof. Speer, StSekr. Lammers   11961
Durch Bormann über Prof. Speer Zahlung einer Dotation Hitlers in Höhe von RM 10 000.– an Stadtbaurat Prof. Brugmann (Nürnberg) anläßlich seines Geburtstages. Rückzahlung der von der Verwaltung Obersalzberg verauslagten Summe aus dem Berliner Dispositionsfonds H.s.
K/H   101 16499/13 ff. (985)

30. 3. – 27. 5. 37   RFremdenverkehrsverband, RMfVuP, RMdI, RKPreis.   11962
Verwahrung des Präsidenten des Reichsfremdenverkehrsverbandes (RFV) gegen die in einer Besprechung beim Reichskommissar für die Preisbildung (RKP) von diesem, seitens des Reichsinnenministers (RMdI) und des Reichsfinanzministers erhobenen Vorwürfe (Belastung der Gemeinden und privaten Unternehmen durch die hohen Beiträge und Abgaben): Mangelnde Sachkenntnis der Kritiker; bisher keine Zuleitung von Beschwerden der Gemeinden trotz der organisatorischen Verbindung des RFV mit den Zentralstellen des Gemeindewesens; sparsame Verwendung der im Verhältnis zu den umfangreichen (im übrigen von seinem sehr kleinen Mitarbeiterstab zu bewältigenden) Aufgaben angemessenen und zur Durchführung des Führerauftrags unbedingt erforderlichen Mittel; stärkere Belastung der Gemeinden u. a. durch den Fortfall von Zuschüssen; Berechtigung der Kurtaxe und der Kurförderungsabgabe; Bitte an den Reichspropagandaminister um Schutz vor der „kleinlichen und sachunkundigen" Kritik. Durch RMdI und RKP Zurückweisung dieser Stellungnahme als großenteils unrichtig; Wiederholung der geäußerten Kritik.
K/W   101 14392 – 412 (769)

31. 3. – 17. 8. 37   RVerb. Dt. Baumeister, RMdI, HA f. Technik   11963
Die Bitte des Reichsverbands Deutscher Baumeister um die Erlaubnis für technische Beamte, neben der Amtsbezeichnung die gesetzlich geschützte Berufsbezeichnung „Baumeister" führen zu dürfen, und um eine entsprechende Änderung des § 37 Abs. 2 des Deutschen Beamtengesetzes (Hinweis u. a. auf die Analogie zur – erlaubten – Führung des akademischen Grades „Dipl.-Ing.") vom Reichsinnenminister abschlägig beschieden. Die vom StdF erbetene Stellungnahme des Hauptamts für Technik (HAfT) zu der Eingabe sowie zum Verband selbst: Mit der inzwischen erfolgten Auflösung des Verbandes und der Überführung seiner Mitglieder in den NS-Bund Deutscher Technik die weitere Behandlung der Frage auf diesen übergegangen; die Eingabe des Verbands „voll gerechtfertigt"; Vorschlag einer positiven Regelung auch für die Bezeichnung „Ingenieur". Widersprüchliche Vermerke des HAfT über den Eingang bzw. Nicht-Eingang einer Antwort des StdF.
W   143 00001 – 15 (15/1)

[April 37]   Adj. d. F – 1   11964
Bitte um Kopierung einer *Aktennotiz und Begleichung von zwei *Rechnungen der Reisestelle beim Reichsverkehrsministerium.
W   124 00487 (55)

[1. 4. 37]   RFSS   11965
Auf Wunsch des Stabs StdF Ernennung des Polizeiobermeisters Fritz Völkl, eines verdienten Alten Kämpfers, zum Schutzpolizei-Inspektor.
W   124 05002−08 (546)

2. 4. 37   Adj. d. F−1   11966
Bestätigung des Empfangs eines Briefes des Führeradjutanten Wiedemann durch Stenger (Verbindungsstab).
W   124 00488 (55)

3. 4. 37   AA, Niederl. Ges.   11967
Durch das Auswärtige Amt Übersendung der Notifizierung einer Vereinbarung zwischen der deutschen und der niederländischen Regierung über die Befristung der Transferierung von Vermögenswerten niederländischer Rückwanderer (bis 31. 3. 37).
K   101 25900 f. (1462)

4. 4. 37   AA, Dt. Botsch. Warschau   11968
Übersendung eines Berichts der Deutschen Botschaft in Warschau mit der Interpretation einer programmatischen Rundfunkrede (Text beigefügt) des polnischen Staatspräsidenten anläßlich des Namenstages des Marschalls Pilsudski: Die Unterstreichung der hervorragenden Rolle des „Lagers der Nationalen Einigung" unter Oberst Koc sowie der besonderen Stellung des Außenministers Beck als Schüler P.s eine Dementierung insbesondere französisch inspirierter Gerüchte über einen bevorstehenden Wechsel in der Leitung der polnischen Außenpolitik.
H   101 26152−62 (1482)

7.−30. 4. 37   Gen. Daluege   11969
Einwände Bormanns gegen den Vorschlag des Chefs der Ordnungspolizei, Daluege, die politische Beurteilung von Polizeioffizieren dem SD zu überlassen: Verzicht auf die Beurteilungen durch die politischen Hoheitsträger nicht möglich. Erlaß der Anordnung 52/37 des Stabsleiters StdF: Keine Befragung untergebener Offiziere oder Mannschaften der Schutzpolizei über ihre Vorgesetzten, Beurteilung nur durch den Hoheitsträger persönlich (sinngemäße Geltung für die Führer des Reichsarbeitsdienstes).
M/H   306 00126, 166 f. (Bormann); 306 00254 f. (Daluege)

7. 4.−[12. 6.] 37   RMdI   11970
Bitte des StdF, ihm bei der Anforderung von Beamtenpersonalakten sämtliche die jeweilige Person betreffenden Akten auszuhändigen, nicht nur die Personalakten im engeren Sinn. Seitens des Reichsinnenministers Entwurf einer entsprechenden Ergänzung des Erlasses über die Bekanntgabe von Akten an Parteidienststellen.
M/W   101 04699 f. (426)

8. 4. 37   Kzl. d. F, H. Decker   11971
Bitte des Stabs StdF, die Eingabe eines Hellmuth Decker (Stuttgart) im Hinblick auf die persönliche Rücksprache D.s mit Hitler (über seinen Wunsch, die Offizierslaufbahn einzuschlagen) in der Kanzlei des Führers zu bearbeiten.
K   124 03228−31 (271)

8.−21. 4. 37   Adj. d. F   11972
Ablehnung des HAL Todt (Stab StdF), das für seine Behörde nicht geeignete Hotel „Sanssouci" zu pachten. − Zusage T.s, für die Erfindung der Studiengemeinschaft für Umlaufmaschinen ('Eingabe eines J. Lessmann [Potsdam]) die Schiffbautechnische Gesellschaft und die Fachgruppe Aufbereitungs- und Baumaschinen der Wirtschaftsgruppe Maschinenbau zu interessieren; Mitteilung über das Interesse der Firma Demag A.G. (Duisburg) an dem „System Sorge" und über den zwischen der Demag und dem Erfinder bestehenden Kontakt.
K/H   124 03524 ff. (296); 124 03602 ff. (309)

9.−17. 4. 37   RKzl., RMdI, RFM   11973
Ernennung der bei der Reichsjugendführung beschäftigten, aus Privatberufen stammenden Pg.n Georg Berger, Heinz John und Hartmann Lauterbacher zu Ministerialräten: Zustimmung des StdF und − in Abweichung von den Reichsgrundsätzen − der Reichskanzlei.
H   101 05984/1−989 (515)

[9. 4. 37] — 31. 12. 38   RMfWEuV, RKzl., RMfVuP   11974
Einspruch des StdF gegen die Absicht des Reichserziehungsministers (REM), über den Entwurf eines Privatschulgesetzes — entgegen einer Vereinbarung über die Abhaltung einer Ressortbesprechung — im Umlaufverfahren befinden zu lassen. Klärung von Meinungsverschiedenheiten zwischen den beteiligten Ressorts über die Funktion von Privatschulen und Kompetenzstreit zwischen dem Reichspropagandaminister (Promi) und dem REM (das Verlangen des ersteren nach Mitzeichnung des Gesetzes von letzterem abgelehnt; Begründung: Zuständigkeit des Promi für den Kunstunterricht noch nicht gegeben). Um eines der Ziele des Gesetzes — die Beseitigung der zahlreichen Ordens- und Klosterschulen — zu erreichen, Drängen Bormanns, die Inkraftsetzung des Gesetzes nicht durch formale Querelen weiterhin zu verzögern: Eine unmittelbare Antwort auf das Verhalten der Kirche während der letzten Monate wie auch das Verschwinden der weltanschaulich nicht einwandfreien Privatschulen dringend erforderlich. Nach Ansicht Hitlers der Erlaß des Gesetzes z. Zt. nicht angebracht; Entscheidung, das Privatschulgesetz in einer Mitte Januar 1939 stattfindenden Kabinettssitzung zu erörtern.
K/W   101 15826—46 (945 a); 101 15867—70 (949)

12. 4. — 30. 9. 37   Adj. d. F, SS-Oschaf. Müller, KrL Lauenburg   11975
Stellungnahme des StdF zu einer Beschwerde des SS-Oschaf. Konrad Müller (Lauenburg) über KrL Mell: Unter Hinweis auf die am Verhalten Müllers gescheiterten Bemühungen Mells, ihn unterzubringen, Ablehnung, sich für den arbeitsunwilligen, unfähigen und nur nach einer gut bezahlten Stellung trachtenden Gesuchsteller zu verwenden.
K   124 03325—31 (284)

13. 4. 37   Adj. d. F — 5   11976
Bitte des Stabs StdF um Unterzeichnung einer *Liste durch Hitler.
W   124 00533 (55)

[13. 4. 37]   Berl. Kameradschaft d. Blutordensträger   11977
Nennung Heß' in einer Liste der in Berlin lebenden Blutordensträger.
K   124 03245 f. (274)

13. — 17. 4. 37   Adj. d. F   11978
Ernennung des GL Jordan (Halle-Merseburg) zum Gauleiter und Reichsstatthalter von Magdeburg-Anhalt und des Stv. GL Eggeling (Magdeburg-Anhalt) zum Gauleiter von Halle-Merseburg: Auf Bitte Bormanns Ausfertigung der Urkunden und Übersendung von Durchschlägen durch die Führeradjutantur.
W/H   124 00443, 446 ff. (55)

14. 4. 37   Adj. d. F — 1   11979
Auf Wunsch Hitlers Gewährung einer einmaligen Finanzierungsbeihilfe (RM 10 000.—) an seinen Kriegskameraden Fritz Strauss (Lindau); Bitte, das Weitere zu veranlassen.
K   124 03597 (308)

14. 4. 37   Adj. d. F   11980
Wegen Veränderungen bei zwei HJ-Führern Übersendung der Neuausfertigung einer Beförderungsliste durch den Stab StdF zur Unterzeichnung durch Hitler.
W/H   124 00445 (55)

14. 4. 37   Adj. d. F — 1   11981
Übersendung eines an Göring gerichteten *Briefs Schachts an Stenger (Verbindungsstab) zur persönlichen und vertraulichen Kenntnisnahme.
W   124 00486 (55)

14. — 24. 4. 37   Adj. d. F   11982
Übermittlung der Entscheidung Hitlers, einem Franz Stein (Wien) eine einmalige Unterstützung aus den dem StdF zur Verfügung stehenden Mitteln zu gewähren, und Anweisung, Devisen dafür freizumachen.
K   124 03587 ff. (307)

15. 4. 37   StSekr. Lammers   11983
Bitte des StdF um Kenntlichmachung der für eine Veröffentlichung vorgesehenen Begründungen von Gesetzen; Anlaß: Unerwünschter Eindruck in der Öffentlichkeit durch den Wortlaut einer Gesetzesbegründung.
K   101 12555 f. (694)

15. 4. 37   Adj. d. F   11984
Entgegen der ursprünglichen Entscheidung Bormanns (Zurückstellung wegen der noch in Bearbeitung befindlichen neuen Besoldungsordnung) nunmehr sofortige Zusendung einer *Beförderungsliste an die Führeradjutantur zur Unterschrift durch Hitler.
W/H   124 00444 (55)

15.—21. 4. 37   Adj. d. F—1   11985
Ergebnis einer Besprechung (offenbar Darrés) mit Göring über die Angelegenheit Meinberg — Granzow und den Reichsnährstand (RNSt.): Freie Hand für D. gegen den Reichsobmann M. Daraufhin Beurlaubung M.s, keine Neubesetzung der Stelle des Reichsobmanns, Einsatz der StSekr. Willikens und Backe bei der Verwaltung des RNSt., keine Rückkehr des MinDir. Saure in das Reichsernährungsministerium, und andere Personalüberlegungen (Kost, Kanne). Vortrag G.s bei Hitler in der Angelegenheit RNSt. zu erwarten. — Eine Notiz über diese Vorgänge von Führeradjutant Wiedemann an Stenger (Verbindungsstab) ausgeliehen.
H   124 00098 ff. (34)

16. 4. 37   Adj. d. F—1   11986
Übersendung einer *Rechnung der Auto-Union A. G.
W   124 00485 (55)

16. 4.—15. 12. 37   Adj. d. F   11987
Übersendung durch SS-Stubaf. Kempka gegengezeichneter *Rechnungen an Bormann bzw. den Stab StdF mit der Bitte um Begleichung.
W   124 00411, 423 ff., 429 f., 432 ff., 440, 442 (55)

17.— 26. 4. 37   RMdI, RKzl.   11988
Interministerielle Besprechung des Gesamtproblems der Vereine ehemaliger Soldaten der alten Armee: Übereinstimmung über die sofortige Auflösung des Vereins „Kriegsteilnehmer-Akademiker" und wohl auch (Vorbehalt des StdF) des Reichsverbands ehem. Kriegsgefangener; darüber hinaus vom StdF die Auflösung des Reichsverbands Deutscher Offiziere vorgeschlagen (dagegen Bedenken des Reichsinnenministeriums). Wegen des Ausstehens einer Entscheidung des StdF keine Beschlüsse.
H   101 22541—44 (1284 b); 124 01053 ff. (108)

17. 4.—18. 6. 37   RKzl.   11989
Durch den StdF Vorlage des Entwurfs eines Erlasses (nebst Begründung) über die Stellung der angeschlossenen Verbände der NSDAP: Rechtsfähigkeit als ns. Gemeinschaften (nicht als bürgerliche Vereine oder Körperschaften des öffentlichen Rechts); Erlaß der Satzung und der Bestimmungen über die gerichtliche und außergerichtliche Vertretung durch Hitler unter Anhörung der beteiligten Reichsminister durch den StdF; Führung der Aufsicht und Erlaß der Durchführungsbestimmungen durch den StdF; Abstimmung der Finanzaufsicht des Reichsschatzmeisters mit der politischen Aufsicht. Nach Berücksichtigung von Formulierungswünschen H.s Übersendung des neugefaßten Erlasses an den StdF mit der Bitte um Mitzeichnung.
K/W   101 20003—10 (1199 a)

18.— 24. 4. 37   RMdI, RMfWEuV   11990
Durch den Reichsinnenminister Vorlage des Entwurfs eines Gesetzes über den Grunderwerb für den Ausbau der Reichshauptstadt Berlin (zur Durchführung der Aufgaben des Generalbauinspektors für die Reichshauptstadt) und Übersendung von *Leitsätzen „Zur Durchführung des Neuaufbaues der Reichshauptstadt". Nach Abhaltung einer Besprechung Ankündigung eines neuen Gesetzentwurfs; Bitte des

18. – [27.] 4. 37   Botsch. François-Poncet   11991
Besuch bei Heß, um das französische Befremden auszudrücken über Vergleiche der unruhigen französischen mit den friedlichen deutschen Zuständen in einer Heßrede am 18. 4. in Karlsruhe.
H   101 25696 (1439 b)

18. 4. – 11. 7. 37   Gürtner   11992
Einverständnis des StdF mit dem Vorschlag des Reichsjustizministers, nach nunmehr fast völliger Übereinstimmung in der Beurteilung der Fälle durch die beiden Stellen (statistische Aufstellung nach Monaten) seine Zustimmung zur Anordnung der Strafverfolgung in Heimtückesachen (Vergehen nach dem Heimtückegesetz und nach § 134 b RStGB) grundsätzlich und allgemein zu erteilen.
H   101 13146 – 51 (708)

18. 4. – 2. 8. 37   RMdI, RVM, RKM, AA, RSportF   11993
Befürwortung der Einführung einer Flagge für die Boote der Marine-SA durch den StdF. Ablehnende Stellungnahme aller beteiligten Ressorts.
M   203 02337 – 40 (62/2)

19. 4. 37   Adj. d. F   11994
Einverständnis Hitlers, die Kongreßhalle während des Reichsparteitags an irgendeinem Tag für eine Versammlung der NSV zur Verfügung zu stellen.
W   124 00745 (63)

[19. 4. 37]   R. Dötsch   11995
Nach der Beschlagnahme eines 1932 von der Kanzlei des Führers übersandten, von Bormann (höchstwahrscheinlich: Albert B.) unterzeichneten Schreibens und eines beigelegten Hitlerbildes durch die Staatspolizei in Wien 1935 in der Folgezeit vergeblicher Versuch des Rudolf Dötsch, nochmals ein Bild H.s zu erhalten (keine Beantwortung der an M. B. gerichteten Bitte).
W   124 03246 ff. (274)

23. 4. 37 – 3. 12. 42   RFSS u. a.   11996
SS-Personalakte Gruf. Kurt Knoblauch (PKzl.): Handgeschriebener Lebenslauf, Beförderungen, Einberufung zur Waffen-SS u. a.
M   306 00689 – 704 (Knoblauch)

Nicht belegt.   11997

24. 4. – 27. 5. 37   Daimler-Benz A. G., StSekr. Lammers   11998
Bestätigung eines von Hitler erteilten Auftrags zum Bau von vier geländegängigen Wagen mit Vierradlenkung durch die Firma Daimler-Benz. Nach Mitteilung Bormanns an StSekr. Lammers Bezahlung der als Spende an die Bergwacht gedachten Spezialfahrzeuge aus einem von L. verwalteten Fonds.
K   101 16498/2 – 12 (974)

24. 4. – 15. 6. 37   Oberstlt. Niemann, Kzl. d. F   11999
Bitte des Oberstlt. a. D. Niemann um ein Bild Hitlers mit eigener Unterschrift für die im Offiziersheim des Infanterieregiments 59 in Hildesheim eingerichteten Traditionsräume. Weiterleitung an die Führeradjutantur.
K   124 03338 f. (285)

26. 4. 37   Adj. d. F, W. Puller   12000
Weiterleitung des *Gesuchs eines Wilhelm Puller (Wien) um Vermittlung einer Ehrenkarte für den Reichsparteitag 1937.
K   124 03387 f. (290)

[26. 4. 37]   RJM   12001
Der Vorschlag zur Ernennung des SenPräs. Heinrich Reinle (Karlsruhe) zum Präsidenten des Oberlandesgerichts in Karlsruhe vom StdF begrüßt.
K   101 26671 f. (1511)

26. 4. – 1. 6. 37   RMdI, RFM   12002
Anläßlich der Kennzeichnung der Reichsgeräte mit dem neuen Hoheitszeichen Einwände des StdF gegen die Anbringung des Hoheitszeichens auf Nachtgeschirren und ähnlichem. Befürwortung einer Kennzeichnung dieser Geräte als Reichseigentum auf andere Weise auch durch das Reichsfinanzministerium.
M/W   101 04400 ff. (416)

27. 4. – 28. 6. 37   GL Hamburg – 22   12003
Aufgrund einer *Anordnung des StdF (Feststellung jüdischer Mischlinge und jüdisch Versippter in der Beamtenschaft wegen eventueller „Behandlung" nach dem – auslaufenden – Berufsbeamtengesetz) Übersendung entsprechender *Listen für die Staats- und Reichsverwaltung in Hamburg: Der Anordnung entsprechend Beantragung der Ruhestandsversetzung bei jüdisch Versippten, hingegen Belassung der jüdischen Mischlinge (soweit nicht unangenehm aufgefallen oder als Erzieher tätig) im Dienst unter Versetzung in politisch tragbar erscheinende Positionen mit wenig Publikumsverkehr. – Im Einvernehmen u. a. mit dem StdF aus kolonialpolitischen Rücksichten Belassung der Mulattin Erika Diek im Dienst.
W/H   124 04042 – 45 (374)

29. 4. 37   Adj. d. F   12004
Nach der Eheschließung des GL Jordan Bitte einer (sich in ihrer Hoffnung auf Heirat enttäuscht fühlenden) Maria Drinnenberg (Fulda) an Hitler um „Ausgleich" für ihr „gekränktes Ehrgefühl". Weiterleitung an den StdF.
K   124 03249 f. (274)

29. 4. 37 – 2. 5. 38   RFM, RSchatzmeister, RKzl., RMdI, AA, PrFM   12005
Erörterung der Ersten und Zweiten Durchführungsverordnung zum Gesetz über die HJ. Stellungnahme zu den Entwürfen des Jugendführers des Deutschen Reiches (JF) durch den Reichsfinanzminister (bei Übergang nicht nur der Jugendpflege, sondern auch von Aufgaben verschiedener Ministerien auf den JF Zustimmung des Reichsschatzmeisters [RSM] erforderlich; kein Übergang des Landjahrs, sondern Fortführung der Liquidierung dieser Institution), den RSM (u. a. zur Jugendpflege- und Hitlerjugend-Versicherung), den Reichsinnenminister (u. a. zur Umbenennung der früheren HJ in „Stamm-HJ") und den Preußischen Finanzminister (Ablehnung des Vorschlags, dem JF die Eigenschaft einer Preußischen Obersten Landesbehörde beizulegen).
M/H   101 06310/1 – 323 (525 a)

30. 4. 37   Adj. d. F – 5   12006
Bitte des Stabs StdF, eine *Liste von Hitler unterzeichnen zu lassen.
W   124 00532 (55)

30. 4. 37   Adj. d. F – 1   12007
Unterstützung der *Bitte des Staf. Rösner (Berlin) um Heß' Schutz.
K   124 03464 (294)

30. 4. 37   RFM, JFdDR   12008
Die Bitte des Jugendführers des Deutschen Reiches, für die Durchführung der staatlichen Aufgaben der HJ (mit dem Oberbefehlshaber des Heeres abgesprochene Kostenaufstellung für die Ertüchtigung der deutschen Jugend beigefügt) 10,8 Mio. RM Reichsmittel zur Verfügung zu stellen, vom Reichsfinanzminister abgelehnt: Die HJ nach Entscheidung Hitlers nach wie vor eine unter der alleinigen Finanzhoheit des Reichsschatzmeisters stehende Gliederung der Partei. (Abschrift an den StdF.)
H   101 06013 ff. (515 a)

[30. 4. 37]   RMfEuL   12009
Mitteilung über die Modalitäten der Teilnahme an den vom StdF eingerichteten Lehrgängen im NS-Lager für Verwaltungsbeamte in Tutzing (Unterbringung und Verpflegung, An- und Abreise).
W   112 00020 f. (70)

30. 4. — 14. 5. 37 RSchatzmeister, RJF, RKzl. 12010
Unter Hinweis auf die Zahlung der Bezüge durch die NSDAP Protest des Reichsschatzmeisters (RSM) gegen die Auffassung des Reichskassenverwalters der HJ, GebF Berger, nach seiner Ernennung zum Ministerialrat im Reichsdienst die Kassenverwalter-Geschäfte nur noch ehrenamtlich weiterzuführen: Begründung der Ernennung gerade mit dieser Tätigkeit, der Anspruch auf weitere persönliche Unterstellung B.s unter den RSM von Hitler gebilligt (Bestellung eines anderen Kassenverwalters anheimgestellt).
H   101 05990 — 97 (515)

30. 4. — 20. 5. 37 Adj. d. F — 7 12011
Unter Hinweis auf die hervorragende Wirkung der Ehrung der Ehepaare Schlichtung und Pfützenreuter durch Hitler Bitte des GL Bohle, dem reichsdeutschen Ehepaar Emil und Anna Scheidemann (Joinville, Brasilien) anläßlich seines Diamantenen Ehejubiläums ebenfalls telegrafische Glückwünsche H.s und sein Bild mit Unterschrift zu übermitteln. Übersendung eines Hitlerbildes mit Unterschrift durch die Führeradjutantur.
K   124 03534 ff. (297)

30. 4. 37 — 8. 9. 38 RJM, RMfWEuV, Sächs. MfV, Bouhler, StSekr. Lammers 12012
Forderung Bormanns, den ORegR Hans v. Dohnanyi wegen seiner rassischen Abstammung (Mischling 2. Grades), seiner politischen Einstellung, seiner charakterlichen Haltung und einer Reihe „typisch jüdischer Eigenschaften" aus seiner Stellung als Persönlicher Referent des Reichsjustizministers zu entfernen und darüber eine Entscheidung Hitlers einzuholen. Nach dessen Weisung an Lammers, mit Gürtner Fühlung zu nehmen, und als Ergebnis dieser Vermittlung sowie einer Absprache zwischen G. und Heß Ernennung D.s zum Reichsgerichtsrat ohne Widerspruch des StdF. Ebenfalls Erörterung der Ausstellung einer Bescheinigung über die bereits 1936 von Hitler ausgesprochene Gleichstellung D.s mit Deutschblütigen.
H   101 18470 — 504 (1145 b)

3. 5. 37 Adj. d. F 12013
Übersendung von *zwei Paraventrechnungen der Vereinigten Werkstätten.
W/H   124 00441 (55)

3. 5. — [18. 6.] 37 RÄrzteF, RDentistenF, RMdI 12014
Meinungsverschiedenheiten über Beibehaltung des Dentistenstandes neben den Zahnärzten (so Wunsch des Reichsdentistenführers) oder Schaffung eines Einheitsstandes der Zahnbehandler (so Forderung des Reichsärzte- und des Reichszahnärzteführers): Billigung des Einheitsstandes durch den StdF, aber Entscheidung Hitlers für die Beibehaltung der „Unteroffiziere der Zahnheilkunde" und hier wie allgemein für den Aufstieg der Tüchtigen in die an sich akademischen Berufe. In diesem Zusammenhang Aufhebung der Kurierfreiheit auf dem gesamten Gebiet der Heilkunde durch H.
H   101 13834 — 43 (732)

4. 5. 37 Adj. d. F — 1 12015
Bitte um Zusammenstellung der in Aussicht genommenen Gautagungstermine und -programme; Absicht Hitlers, an einzelnen Tagungen je einen halben Tag teilzunehmen.
W   124 00483 f. (55)

4. 5. 37 Adj. d. F — 1 12016
Mitteilung: Nach Kenntnisnahme der beigefügten *Auskunft erst recht Weigerung Hitlers, einen Mr. Bennet zu empfangen.
K   124 03155 (264)

4. — 8. 5. 37 Adj. d. F — 1 12017
Ablehnung des Leiters des Verbindungsstabs, die durch die spanische Darstellerin Imperio Argentina entstandenen Kosten zu bezahlen; Rückgabe der *Rechnungen mit dem Hinweis auf die Zuständigkeit des Staates in dieser Sache.
K   124 03126 ff. (261)

4.—10. 5. 37   Adj. d. F   12018
Bitte um Übersendung eines Exemplars der in einem Rundschreiben Bormanns angekündigten Sammlung aller bis April 1937 erschienenen und noch gültigen Anordnungen des StdF.
W   124 00457 f. (55)

4. 5. — 25. 7. 37   RKzl.   12019
Entscheidung Hitlers, Frauen grundsätzlich nicht in höheren Beamtenstellen zu verwenden; Gewährung von Ausnahmen in Einzelfällen möglich, insbesondere bei der Besetzung der für Frauen besonders geeigneten Stellen auf dem Gebiet der Wohlfahrtspflege und des Erziehungs- und Gesundheitswesens.
M   101 04741—45 (427)

5. 5.—[2. 6.] 37   AA, RMfWEuV   12020
Neubesetzung des Amtes des Präsidenten der Deutschen Akademie in München (vom StdF vorgeschlagen: Rektor Krieck, mit seiner Zustimmung dann gewählt: Rektor Kölbl). Zuständig für die Akademie: Auswärtiges Amt und StdF; Beteiligung des Reichserziehungsministers.
H   101 20756—60 (1226)

[7. 5. 37]   PrMPräs.   12021
Zustimmung des StdF zur Ernennung des Prof. Karl-August Eckhardt zum Generaldirektor der Staatsarchive.
H   101 20848—51 (1228)

8. 5. 37   Adj. d. F—1   12022
Bitte Hitlers um Stellungnahme Heß' zu einem *Vorschlag (eine nicht näher bezeichnete Personalangelegenheit, dabei Maurice und Moosbaur von Hitler für ungeeignet befunden).
W   124 00481 (55)

8. 5. 37   Adj. d. F—1   12023
Bestätigung Stengers (Verbindungsstab) über den Erhalt eines Briefes der Führeradjutantur.
W   124 00482 (55)

10. 5. 37—[25. 1. 38]   RMdI, RWiM   12024
Zustimmung des StdF zum *Entwurf eines Gesetzes über das Reichswirtschaftsgericht.
H   101 19015 f. (1159 c)

11. 5. 37   RMfWEuV, RKzl.   12025
Widerspruch des StdF gegen die Verabschiedung eines von ihm nicht gebilligten Gesetzentwurfs über die Errichtung einer Auslandshochschule; Kritik an der unterlassenen Unterrichtung über den Verlauf der Angelegenheit nach einer Besprechung durch die beteiligten Ressorts und an der unterbliebenen Information über das Ergebnis eines geplanten Führervortrages; Zustimmung bisher lediglich zur Frage der Errichtung einer Auslandshochschule überhaupt sowie zu deren Status als Reichshochschule.
K   101 15433 ff. (939)

12. 5. 37   Haus d. Presse—7   12026
Mitteilung der Dienststelle Ribbentrop: Einladung von 30 Franzosen zum Reichsparteitag; ferner Frhr. v. d. Bongart und Max Liebe (beide Deutsch-Französische Gesellschaft) von Abetz in Aussicht genommen.
W/H   203 02520 (76/2 I)

12. 5.—9. 6. 37   RKzl.   12027
Wegen Teilnahme Hitlers an der gemeinsamen Fahrt der Alten Garde der NSDAP nach Ostpreußen Verschiebung der für den 18. 6. vorgesehenen Kabinettssitzung.
W   110 00197—201 (1328)

13. 5. 37   DF   12028
In einer in Kürze erscheinenden Presseerklärung der ungarischen Regierung zur Minderheitenfrage Betonung der bisherigen positiven Politik gegenüber den in Ungarn lebenden Minderheiten und Zusicherung der künftigen restlosen Verwirklichung der bisher erlassenen Bestimmungen im praktischen Le-

ben: Begrüßung dieser Erklärung im Entwurf einer von Heß zu unterzeichnenden deutschen Gegenerklärung; dessen Bitte um Hitlers Einverständnis.
W   124 00468 − 72 (55)

13. 5. − 26. 6. 37   RArbM, RLM − 25   12029
Übersendung von Erlassen zu den Ersten Ausführungsbestimmungen zu § 1 der Zweiten Durchführungsverordnung zum Luftschutzgesetz (Schutzraumbestimmungen): Definition der Begriffe Luftgefährdung, Eigenheim, Kleinsiedlung, Volkswohnung u. a.
H   101 22689 − 99 (1294 a), 101 22796 − 808 (1298 a)

14. 5. 37   GL Westfalen-Süd   12029 a
*Anfrage des Stabs StdF wegen eines gegen Pg. Hermann Schaper eingeleiteten Parteigerichtsverfahrens. (Vgl. Nr. 12144.)
H   124 04157 (385)

[14. 5. 37]   ROL   12030
Bereitschaft Heß', bei der bevorstehenden Gauleitertagung den Gauleitern zur persönlichen Rücksprache zur Verfügung zu stehen.
W   124 00764 f. (64)

[14. 5. 37]   RMdI   12031
Zustimmung des StdF zu der endgültigen *Fassung des Entwurfs eines gemeinsamen Runderlasses über Aushänge in den Diensträumen der Behörden.
K   101 20121 (1201)

15. 5. 37   SS-Brif. Schleßmann − 32   12032
Durch das Lager Bestätigung der Teilnahme am Lehrgang 12 (Sondertagung) des NS-Lagers für Verwaltungsbeamte (Tutzing).
M   306 00836 (Schleßmann)

15. 5. 37 − 12. 3. 38   RMdI   12033
Grundsätzliche Zustimmung des StdF zu einem vom Reichsinnenminister (RMdI) geplanten weiteren Erlaß zur Frage der Beamtenbeförderung, jedoch Vorschlag einer Alternativfassung mit stärkerer Betonung der außerhalb des fachlichen Bereichs erforderlichen Qualifikationen (der Volksgemeinschaft nützliche − vor allem politische − Leistungen, charakterliche Eignung und Erfüllung „völkischer Pflichten"). Verdeutlichung der Intentionen des StdF an einem Beispiel: Bei Fehlen der − allein von der Partei zu beurteilenden − politischen Leistungen keine Bevorzugung von Verwaltungsakademie-Absolventen vor politisch engagierten Beamten ohne Akademieausbildung (Ermöglichung der fachlichen Fortbildung letzterer durch Urlaubsgewährung seitens der Partei). Bekräftigung dieses Standpunkts durch den StdF an Hand mehrfacher Meldungen über die bei der Beförderung mittlerer Beamter verwendeten Kriterien: Das in den Reichsgrundsätzen festgelegte Erfordernis eines rückhaltlosen Eintretens für den ns. Staat vielfach nur als formale Bestimmung bzw. als nur auf die dienstliche Tätigkeit bezogen behandelt; wirksamste Erfüllung dieses Erfordernisses jedoch durch politische Aktivität außerhalb des Dienstes. Den Wünschen des StdF entsprechender neuer Erlaßentwurf des RMdI.
A/W   101 05235 − 44 (452)

[17. 5. 37]   RMdI   12034
Zustimmung des StdF zum Entwurf eines Luftschutz-Familienunterstützungsgesetzes.
H   101 22522 f. (1282 c); 101 22678 − 85 (1294 a)

18. 5. 37   Intern   12035
Einbeziehung des Hauses Görings in die laufende Bewachung am Obersalzberg.
M   306 00195 (Bormann)

18. 5. − 11. 6. 37   The American Illustrated News, League of American Pen Women, AuslPresseSt., Adj. d. F   12036
In Ausführung eines ihr von der Kongreß-Bibliothek in Washington erteilten Auftrags, Abdrücke von

den Händen berühmter Persönlichkeiten für eine Sammlung herzustellen, Anfrage der Vizepräsidentin der National League of American Pen Women, Nellie S. Meier, nach der Geneigtheit Hitlers, in dieser Sammlung vertreten zu sein. (Von American Illustrated News an die Kanzlei StdF, von dieser an die Führeradjutantur weitergeleitet.)
K/H   124 03160−65 (265)

18. 5. 37 − 16. 1. 45   RMfWEuV u. a.   12037
Den Hochschulbereich betreffende personalpolitische Anfragen und Stellungnahmen des Stabs StdF bzw. der PKzl., Buchstaben G−I (Zustimmung zu Ernennungen u. a.).
M   301 00312−458

19. 5. 37   Adj. d. F   12038
Übersendung einer *Rechnung der Ufa-Handelsgesellschaft, die Kinoanlage auf dem Berghof betreffend.
W   124 00744 (63)

20. 5. 37   AO−8   12039
Mitteilung des Stabs StdF: Von Hitler die Aufnahme ausländischen politischen Organisationen angehörender Reichsdeutscher in die NSDAP abgelehnt.
W   203 00284 f. (24/2)

[20. 5. 37]   SS-PersKzl.   12040
Erwähnung: Heß SS-Zivilabzeichenträger Nr. 4.
W   107 00379 f. (197)

20. − 28. 5. 37   RArbM, RKzl., GBauI f. d. RHauptstadt, RFM   12041
Ressortbesprechung über den *Entwurf eines Gesetzes über die Neugestaltung deutscher Städte (Hauptzweck: Unterrichtung des StdF über den gegenwärtigen Stand) und Einladung zu einer Chefbesprechung. In diesem Zusammenhang Übermittlung des Wunsches Hitlers, alle beim Grunderwerb aus Mitteln für den Neuaufbau Berlins anfallenden Steuern dem für diesen Neuaufbau bereitgestellten Betrag gutzuschreiben. Dazu der Reichsfinanzminister: Urkunden- und Grunderwerbssteuer vom Erwerber − d. h. dem Reich als Träger der städtebaulichen Maßnahmen in Berlin − zu tragen; daher Vorschlag, den Anfall dieser Steuern von vornherein auszuschließen.
K/W   101 19410−14 (1176)

21. 5. − [18. 11.] 37   RArbM   12042
Übersendung des *Entwurfs eines Gesetzes zur Änderung des Gesetzes zur Ordnung der Arbeit in öffentlichen Verwaltungen und Betrieben (klarere Abgrenzung des Geltungsbereichs, Beseitigung der bisherigen Schwierigkeiten hinsichtlich der Bildung von Vertrauensräten in Verwaltungen, Einsetzung eines ständigen Reichstreuhänders für den öffentlichen Dienst, u. a.). Eine revidierte *Fassung auf einer Chefbesprechung von den hauptbeteiligten Ressorts und vom StdF gebilligt.
A/W   101 06743−54 (548)

22. 5. 37   Adj. d. F   12043
In der *Eingabe eines Thilo Otto Siebert (Mannheim) an Hitler „Anklage" gegen den StdF wegen Anwendung „psychiatrischer Unschädlichkeitsmethoden". Weiterleitung an den StdF.
K/H   124 03567 f. (304)

[22. 5. 37]   Adj. d. F   12044
Weigerung Hitlers, eine *Vorlage Bormanns zu unterzeichnen; Begründung: Ernennung des jeweiligen Bundesführers durch ihn unzweckmäßig.
W   124 00991 (80)

22. 5. − 4. 6. 37   RAM, Botsch. Ribbentrop − 28   12045
Rundschreiben Heß' über die Einladung von Ausländern zum Reichsparteitag 1937: Zur Vermeidung von Fehlgriffen und entsprechend einem Wunsch Hitlers gegenseitige Fühlungnahme der für die Ausar-

beitung von Einladungsvorschlägen zugelassenen Behörden (Auswärtiges Amt, Auslands-Organisation, Propagandaministerium, Außenpolitisches Amt und Dienststelle Ribbentrop) notwendig; Einreichung der Vorschläge an das Amt für Ehrengäste im Stab StdF. Hinweis auf die Möglichkeit, auf eigene Kosten am Reichsparteitag teilzunehmen.
M 203 02504 – 08 (76/1 II)

22. 5. – 9. 6. 37 Schwarz 12046
Übersendung eines neuen Entwurfs über die Verleihung des Blutordens. Absicht des StdF, diesen Entwurf Hitler mit der Bitte um Unterzeichnung vorzulegen. (Erwähnung.)
K 124 03537 (297)

[24. 5. 37] Adj. d. F 12047
Verfügung Hitlers, dem Verlag H. A. Braun & Co. die Verlags- und Eigentumsrechte an den Schülerzeitschriften „Hilf mit!" und „Deutsche Jugendburg" zurückzugeben und ihm diese Zeitschriften wieder in Vertrieb zu geben; der Vorschlag Bormanns, den Verlag mit Geld abzufinden, von H. abgelehnt.
W/H 124 00732 (63)

[24. 5. 37] RMfWEuV 12048
Übersendung des *Minutenprogramms für die Eröffnungssitzung des Reichsforschungsrats.
W 124 00089 (33)

[24. 5. – 22. 7. 37] H. Thierfelder, Adj. d. F, ZSt. f. d. wipol. Org. d. NSDAP 12049
Stellungnahme des Leiters der Zentralstelle für die wirtschaftspolitischen Organisationen der NSDAP zu einem durch Direktor Hanns Thierfelder (München) übermittelten *Vorgang über die Umorganisation der Cenovis-Werke: Seine bisherigen Richtlinien für die Anerkennung einer Firma als arisch (Besetzung der leitenden Stellungen mit Personen arischer Abstammung, Mehrheit des Kapitals in arischen Händen) im wesentlichen abweichend von den angeblich zwischen Reichswirtschaftsminister und StdF getroffenen Vereinbarungen; Weiterleitung des Vorgangs zur direkten Entscheidung an den Stab StdF.
K 124 03612 – 16 (310)

26. – 29. 5. 37 Adj. d. F 12050
Übersendung von *Unterlagen über den für eine Tätigkeit bei der Verwaltung Obersalzberg vorgesehenen SS-Rottenf. Herbert Dannat (Angehöriger der Leibstandarte).
K 124 03209 f. (271)

27. 5. 37 S. Stock 12051
Erhalt eines Schecks von der Kanzlei Bormanns durch Sofie Stock (München).
W 124 00093 f. (34)

28. 5. 37 RFSS 12052
Auszugsweise Abschriften aus Eingaben des Polizeiinspektors Albert Reinke und Anfragen der demokratischen Landtagsabgeordneten Barteld und Grzimek an die preußische Staatsregierung wegen Beförderung R.s zum Polizeirat beim Polizeipräsidium in Magdeburg (1920 – 1930) an den Stab StdF übersandt.
A 101 05108 ff. (447)

[28. 5. 37] OSAF 12053
Im Benehmen mit dem StdF Umwandlung des gegen einen Bruno Liebrucks (Königsberg) verhängten dauernden Ausschlusses aus der SA (wegen Eintretens für den vom NSD-Studentenbund abgelehnten Prof. Hankamer) in einen befristeten Ausschluß.
W 301 00602 f. (Liebrucks)

31. 5. – 28. 7. 37 AA, Dt. Botsch. b. Hl. Stuhl, Dt. Ges. Brüssel, Dt. GenKons. Antwerpen 12054
Übersendung von Berichten verschiedener Auslandsvertretungen über Gründung und Vortragsveranstaltungen („Christen, Juden und Heiden im 3. Reich", „Wohin steuert Europa ohne den jüdisch-christlichen Geist?") eines „Katholischen Büros für Israel" in Antwerpen.
H 101 25504 – 10 (1427)

31. 5.—6. 12. 37   RMdI u. a.   12055
Einladung zu einer grundsätzlichen Erörterung der Frage der unehelichen Mutterschaft am 15. 6. 37. Übersendung des Protokolls dieser Besprechung: Referate über *die Stellung des unehelichen Kindes bzw. der unehelichen Mutter im Familienrecht (MinDir. Volkmar), über *Frauenüberschuß und uneheliche Mutterschaft (Dir. Burgdörfer) und über *die außereheliche Mutter in beamtenrechtlicher Hinsicht (MinR Goedecke); Aussprache, u. a. „ketzerische Ansichten" Himmlers zu dem Problem („germanische Großzügigkeit" gegenüber dem unehelichen Kind und der unehelichen Mutter, keine „Absperrung der Natur" bei Geschlechtsverkehr und Kinderzeugung junger Menschen).
H   101 27544—48 (1523)

1. 6.—21. 8. 37   StSekr. Lammers   12056
Zustimmung des StdF zu der von StSekr. Lammers vorgetragenen, vom Reichsinnenminister beabsichtigten und von GL Kaufmann sowie Himmler befürworteten Verwendung des ehemaligen Kommandeurs der Berliner Schutzpolizei, GenMaj. Münchau, als Landrat in Melsungen.
K   101 15189—95 (893 c)

1. 6. 37—20. 7. 38   RKM, RPM   12057
Übersendung von zwei *Entwürfen eines Wehrmachtversorgungs- und -fürsorgegesetzes durch den Reichskriegsminister. Einspruch des Reichspostministers gegen einen weiteren Entwurf: Höhe der Stellenvorbehalte für Militäranwärter (100 % beim unteren, 90 % beim mittleren Dienst) für die Reichspost nicht tragbar.
H   101 22410—15 (1279 a, 1279 b)

2. 6. 37   Intern—8   12058
Bearbeitung sämtlicher den Reichsparteitag 1937 betreffenden Angelegenheiten durch das Büro Behrenstraße; das Verfahren bei der Einladung der Ehrengäste des Führers, der ausländischen Besucher und der ausländischen Pressevertreter.
M   203 02573 ff. (76/2 II)

2. 6. 37   Adj. d. F   12059
Mitteilung der Entscheidung Hitlers, der Familie Mitford für den Reichsparteitag 1938 nicht vier, sondern fünf Plätze reservieren zu lassen und für Ello Quandt (Berlin) eine Karte für alle Veranstaltungen bereitzustellen.
W   124 01167 (130)

[3. 6. 37]   RKriegsopferF   12060
Der Reichskriegsopferführer als Leiter des Hauptamts für Kriegsopfer der NSDAP dem StdF unterstellt.
W   124 01056—56/4 (108)

3.—5. 6. 37   Adj. d. F—5   12061
Versicherung des Kraftwagens IA—267 646 durch den Stab StdF.
W   124 01134 (117)

4. 6. 37   Adj. d. F   12062
Ohne Hitler mit der Sache befassen zu wollen, Bitte an Schulte-Strathaus (Stab StdF), den Bildhauer Werner Seidl (München) nach Möglichkeit zu fördern.
K   124 03564 (304)

4. 6. 37   RKM   12063
Die Klärung des in einem vom Reichsinnenminister geplanten Erlaß über den Besuch von Privatschulen durch Beamten- und Soldatenkinder enthaltenen Begriffs „zwingende Gründe" (für den Besuch) vom Reichskriegsminister für „unerläßlich" gehalten.
A   101 22940 f. (1308)

4. 6. 37   Adj. d. F   12064
Übersendung von *Rechnungen mit der Bitte um Begleichung.
W   124 00439 (55)

4. 6. – 12. 7. 37   AA u. a. – 28   12065
Rundschreiben 61/37 des StdF über die Einladung von Ausländern zum Reichsparteitag 1937: Zwecks Vermeidung von Fehlgriffen (Einladung einer „solch großen Ehrung" nicht Würdiger) gegenseitige Fühlungnahme der vorschlagsberechtigten Stellen; Abgabe der so abgestimmten Vorschläge bis zum 10. 7. 37; Hinweis auf die Absicht, „weniger" für die Ehrung einer Führereinladung in Frage kommenden Ausländern die Teilnahme auf eigene Kosten oder auf Kosten der interessierten Dienststellen zu ermöglichen. Für das Ausland Einigung zwischen Auswärtigem Amt (AA) und Auslands-Organisation (AO): In der Regel Einladungsvorschläge für Ausländer durch die AA-, für Reichsdeutsche durch die AO-Auslandsvertreter. Schwierigkeiten bei der Einhaltung der Vorschlagsfrist.
W/H   201 00327 – 36 (72/8)

4. 6. – 24. 11. 37   RMfWEuV   12066
Einwände des StdF gegen die Ernennung des b. a. o. Prof. Karl Heinrich Meyer (Königsberg) zum ordentlichen Professor; Hinweis u. a. auf seine ehemalige Mitgliedschaft bei der Loge Phönix und auf seine negative charakterliche Beurteilung.
M   301 00702 – 05/5 (Meyer, Karl)

5. 6. 37   RFSS   12067
Hinweis des Stabs StdF auf die Unzulässigkeit der verschiedentlich zu beobachtenden textlichen Veränderungen des Horst-Wessel-Liedes („HJ marschiert", „SS marschiert" usw.) und Bitte um entsprechenden Befehl an die untergeordneten Dienststellen.
W   107 00002 (13)

5. – 12. 6. 37   Adj. d. F   12068
Die vom Stab StdF vorgeschlagene Regelung des Dienstweges für Dankschreiben und Auszeichnungen von Volksgenossen durch Hitler vom Führeradjutanten Wiedemann für richtig, aber etwas kompliziert gehalten. Weiterleitung an die Privatkanzlei H.s: Dieser Dienstweg wohl nicht immer einzuhalten.
W/K•   124 00455 (55); 124 03386 (290)

5. 6. – 7. 7. 37   Intern – 8, 28   12069
Bestreben der Dienststelle Ribbentrop, die Gesamtliste der ausländischen Besucher und Ehrengäste des Reichsparteitags politisch zu überprüfen und über Verbindungsmänner (RHStL Hoffmann und SS-Ustuf. Kühne) im Amt für Ehrengäste den Verkehr zwischen dem Amt und der Dienststelle lebendig zu erhalten. Mitarbeit von Gauinspektor Ritter (Franken) aufgrund einer Vereinbarung mit GL Streicher.
M   203 02562, 566 (76/2 II)

[7. – 24. 6. 37]   StSekr. Reinhardt   12070
Meinungsverschiedenheiten zwischen dem (von verschiedenen Ressorts unterstützten) StdF und dem Reichswirtschaftsminister (RWiM) über die Steuerfreiheit von Grundbesitz der DAF. Der Antrag des StdF auf generelle Einbeziehung der DAF-Berufs- und Fachschulen in die Steuerbefreiung vom RWiM unter Berufung auf eine Anweisung Hitlers (bis zur Behandlung des Entwurfs eines Berufs- und Fachschulgesetzes im Kabinett keine öffentliche Erörterung und keine nicht auf den bestehenden Gesetzen beruhenden Aktionen) abgelehnt; Forderung nach Anerkennung jeder einzelnen Schule durch die beteiligten Ressorts. Zusage des StdF, sich bei den künftigen Gesetzesberatungen nicht auf die Grundsteuerbefreiung zu berufen; Absicht lediglich die Vermeidung einer Gleichstellung der DAF- mit Privatschulen. Wegen der dennoch fortdauernden Unvereinbarkeit der Standpunkte Einholung der Entscheidung H.s.
K/W   101 14560 – 69 (792 a)

7. 6. – 26. 8. 37   Intern – 8, 29   12071
Einladung von Ausländern zum Reichsparteitag durch den Stürmer-Verlag und den Verlag des Welt-Diensts: Übersendung von Listen mit drei bzw. 26 Namen und Personalien durch den Stab StdF an das Büro Ribbentrop zur Überprüfung; Ablehnung der Bitte des Chefs der Stürmer-Auslandsabteilung, Wurm, prominentere Freunde der antisemitischen Presse kostenlos in Nürnberg unterzubringen; Hin-

weis auf die Notwendigkeit, im Gau Franken wegen etwaiger direkter Einladungen zu sondieren (Teilnahme „merkwürdiger ausländischer Typen" an den Reichsparteitagen 1935 und 1936).
M/H   203 02509 (76/1 II); 203 02535−40, 552 ff., 578 (76/2 II)

8. 6. 37   Daimler-Benz A. G., Adj. d. F   12072
Bitte des Stabs StdF um Bestätigung der Richtigkeit von *Rechnungen der Daimler-Benz A. G.
W   124 00435 (55)

8.−11. 6. 37   Martin-Luther-Oberschule Halle/S., Adj. d. F   12073
Unter Bezugnahme auf den Besuch des Gauappells in Halle durch Heß Bitte der Quinta der dortigen Martin-Luther-Oberschule um je ein Bild Hitlers und Heß' mit Unterschrift. Durch den Adjutanten des StdF Weiterleitung an die Führeradjutantur.
W   124 04584 ff. (458)

[8. 6.]−1. 7. 37   J. Speiser, RRechtsA   12074
Durch den Stab StdF Weitergabe der an Hitler gerichteten Eingabe einer Josefa Speiser (Wertach) an das Reichsrechtsamt der NSDAP (Klage über ein − angeblich − unverständliches, das Vertrauen in die Rechtsprechung erschütterndes Urteil des Oberlandesgerichts München nach einem Verkehrsunfall).
K   124 03573−78 (305)

9. 6. 37   Adj. d. F, Kons. Lierau−7   12075
Trotz der persönlichen Wertschätzung des GL Bohle für Konsul Lierau (Reichenberg) in Übereinstimmung mit den Bedenken des Auswärtigen Amtes keine Unterstützung seines Wunsches, als Generalkonsul in Batavia Verwendung zu finden.
K   124 03307 ff. (282)

9.−11. 6. 37   Adj. d. F, RStatth. Meyer   12076
Nach Ausfüllung Rücksendung vom Stab StdF zwecks Vervollständigung der Kartei zugesandter *Fragebogen.
W   124 00530 f. (55); 531 00006 f. (B 3 a)

9. 6.−6. 7. 37   Adj. d. F−5   12077
Hin- und Rücksendung der *Kraftfahrzeugbriefe der Wagen IIA-19350 und IIA-19370; Versicherung des Wagens des Führeradjutanten Wiedemann IA-267 646.
W   124 00527 f. (55)

10. 6. 37   AA   12078
Aufgrund der Erhebungen des Reichsinnenministers Klassifizierung des „Bundes Deutsche Schlaraffia" als unerwünschte Vereinigung und Empfehlung an den Vorstand, den Bund aufzulösen. Hinweis der Schlaraffia auf ihre kulturpolitisch wertvolle Tätigkeit und auf ihre Bemühungen, im Ausland Verständnis für das heutige Deutschland zu wecken. Korrektur dieser Darstellung durch eine − auch dem StdF übersandte − Aufzeichnung des Auswärtigen Amtes (AA) über die Verbreitung und Bedeutung der Schlaraffia in Europa; keine Bedenken des AA gegen eine Auflösung.
K   101 14809−17 (823)

[10. 6. 37]   RSchatzmeister   12079
Erlaß einer *Anordnung − im Einvernehmen mit dem StdF − über die Aufnahme von ehemaligen Angehörigen der aufgelösten sudetendeutschen ns. Partei (DNSAP) in die NSDAP. Nochmalige Überprüfung sämtlicher der Reichsleitung zugehenden Aufnahmeanträge durch SS-Gruf. Rodenbücher.
M   306 00803 f. (Rodenbücher)

10.−26. 6. 37   RFM, RKzl.   12080
Zustimmung des StdF zum Entwurf eines Wehrsteuergesetzes (Besteuerung der nicht zur Erfüllung der zweijährigen aktiven Dienstpflicht Einberufenen) und Einverständnis mit der Veröffentlichung einer Gesetzesbegründung. Bedenken jedoch gegen die Fassung der Begründung; Bitte, die dem Zweck der Veröffentlichung der Begründung entgegenstehenden Ausführungen über das Aufkommen aus dem Ge-

setz in den nächsten Jahren in vollem Umfang zu streichen; Kritik an einigen den Widerspruch der Bevölkerung herausfordernden Textstellen der Begründung; Änderungswünsche.
K   101 14546—59 (792)

11. 6. 37   OKirchenR W. Thomas   12081
Bitte um eine Bestätigung seiner Ernennungs- und Beförderungswürdigkeit im öffentlichen Dienst unter Hinweis auf die in den einschlägigen Erlassen des Reichsinnenministeriums (2. 9. 36; 7. 12. 36; 22. 4. 37) enthaltenen Richtlinien: Begründung seines Eintritts in die Johannisloge zu den drei Bergen; detaillierte Darstellung seines Verhältnisses zum NS und zur Partei; ausführliche Angaben über sein Wirken als landeskirchlicher Beamter.
K   101 15070—77 (883)

11. 6. 37   SS-Gruf. Heydrich   12082
Übersendung eines Aktenvermerks über seine „Unterhaltung mit Herrn Frank" zur Unterrichtung des StdF über F.s „Ungezogenheit" und seine fast psychopathischen Ausfälle; seine Mitteilungen an F. auf Weisung Himmlers: Die Kandidatur Eckhardt für die Leitung der Preußischen Staatsarchive eine SS-Kandidatur; F.s Vorwürfe gegen E. sachlich berechtigt, aber mit stark persönlichen Verleumdungen gekoppelt; die SS ein Korps — Beleidigung ihrer Führer nicht ungestraft möglich.
H   101 20852—58 (1228)

11. 6. 37   RSchatzmeister   12083
Stellungnahme zum Entwurf einer Ersten Verordnung zum Gesetz über die HJ vom 1. 12. 36: Bedenken, alle Angelegenheiten der Jugendpflege und der Unfall- und Haftpflichtversicherung aus dem Bereich des Reichserziehungsministers herauszunehmen und dem Reichsjugendführer zu übertragen; Hinweis auf die fortdauernde vermögensrechtliche Unterstellung der HJ als Gliederung der NSDAP unter den Reichsschatzmeister (RSM) auch nach Erlaß des Gesetzes über die HJ; Befürwortung, schon jetzt die Zuständigkeit des RSM für die gesamte Jugendpflegeversicherung zu begründen mit Rücksicht auf die geringe praktische Bedeutung der über die HJ-Versicherung hinausgehenden Jugendpflegeversicherung (vollständige Deckung der Jugendpflegeversicherung mit der HJ-Versicherung zu erwarten); weitere Ausführungen über die Adolf-Hitler-Schulen und die Parteiaufnahme einer gewissen Auslese von Hitlerjungen.
M   101 06311—11/6 (525 a)

11. 6. 37   Adj. d. F—5   12084
Rücksendung einer von Hitler unterzeichneten *Ernennungsliste.
W   124 00529 (55)

Nicht belegt.   12085

13. 6.—6. 7. 37   RRechtsA   12086
Mitteilung zu dem *Gesuch eines Otto Sturz (Meißen), vermutlich über die Verhältnisse am Amtsgericht Meißen und über das ihm angeblich angetane Unrecht: Keine Bearbeitung der Eingaben des — in der Querulantenliste des Amtes geführten — St.
K   124 03605 ff. (309)

13. 6. 37—24. 12. 44   Himmler   12087
Geburtstagswünsche und Geschenke an sein Patenkind Heinrich Bormann.
M   306 00151, 163 ff., 173 f. (Bormann)

[14. 6. 37]   Dt. Kongreß-Zentrale   12088
Auf Veranlassung von Prof. Wirz Abkommandierung des Emil Hug vom Stabe StdF als Verbindungsmann der NSDAP zu der dem Reichspropagandaministerium angegliederten, nach außen unabhängig erscheinenden Deutschen Kongreß-Zentrale. Interesse Hitlers und Heß' für die Arbeit der Kongreß-Zentrale.
K   124 03235 (272)

14. 6. – 13. 7. 37   RVM, AA, RKzl.   12089
Durch den Reichsverkehrsminister und das Auswärtige Amt Einholung der Zustimmung der Reichsregierung zu dem am 2. 6. 37 unterzeichneten Ergänzungsabkommen zum deutsch-polnischen Abkommen über den gegenseitigen Eisenbahnverkehr vom 27. 3. 26 (Einarbeitung der oberschlesischen Grenzübergänge in das Abkommen nach Beendigung der bisherigen Sonderregelung mit Ablauf des Genfer Abkommens über Oberschlesien am 15. 7. 37). Die – verzögerte – Zustimmung des StdF von der Reichskanzlei bei Ablauf der verlängerten Frist vorausgesetzt.
H   101 26163 – 67 (1482 a)

14. 6. 37 – [2. 2. 38]   RFSS, GL Lohse u. a.   12090
Bericht des GL Lohse über abfällige Äußerungen des SS-Obf. Robert Schulz (Stettin) – in angetrunkenem Zustand – über ihn und Stabschef Lutze; Erklärung Sch.', im Auftrag der Gestapo den Gauparteitag in Kiel zu überwachen; Kritik Lohses an der Bespitzelung verantwortlicher Leiter des Gaues und hoher Parteiführer durch den SD. Milderung der vom Reichsführer-SS daraufhin gegen Sch. verfügten Strafen aufgrund späterer Fürsprache der GL Schwede-Coburg und Lohse: Wiedereinsetzung in den Rang eines Standartenführers, drei Jahre Alkoholverbot, ein Jahr Dienstanzugs-Verbot, u. a. Bei Einverständnis des StdF Verzicht Sch.-C.s auf ein Parteigerichtsverfahren.
M/H   306 00866 – 78 (Schulz)

14. 6. 37 – 20. 7. 38   RÄrzteF, StSekr. Lammers, RMdI, RJM   12091
Nach Vortrag des Reichsärzteführers Auftrag Hitlers, eine gesetzliche Grundlage für die Ausschaltung jüdischer Ärzte aus dem Gesundheitswesen durch Approbationsentziehung auszuarbeiten: Ausschaltung zumindest im Kriegsfall unerläßlich, aber auch generell wünschenswert, da „Bereinigung der Ärztestandes wichtiger als die des Beamtenkörpers"; Aufbringung der für die Zahlung eines Mindesteinkommens an die ausscheidenden jüdischen Ärzte erforderlichen Mittel durch das Reich. Ausarbeitung divergierender *Entwürfe einer Vierten Verordnung zum Reichsbürgergesetz durch den Reichsinnenminister (RMdI) und den StdF, dabei vom StdF gegenüber dem RMdI folgende Standpunkte vertreten: Keine Einbeziehung von Zahnärzten, Tierärzten, Anwälten u. a. in das Bestallungsverbot (Gefahr der Verzögerung des „Führerauftrags"); auch bei Weiterbeschäftigung jüdischer Ärzte in Ausnahmefällen grundsätzlich Entzug der Bestallung und nur widerrufliche Zulassung; nicht bloße Anhörung der Reichsärztekammer bei der Durchführung der Verordnung, d. h. also bei Erteilung und Widerruf der Ausnahmebewilligung an jüdische Ärzte, sondern Benennung der Kammer anstatt des RMdI als entscheidende Stelle (unter Zustimmung des RMdI); Erweiterung der Aufhebung von Kündigungsbestimmungen bei Miet- (dazu der Reichsjustizminister [RJM]: und Dienst-)Verhältnissen. Besprechungen der Beteiligten zwecks Einigung, danach Umlauf eines weiteren *Entwurfs (dazu Verlangen des RJM, ein ausdrückliches, mit Strafandrohung versehenes Verbot der weiteren Ausübung der Heilkunde aufzunehmen); dessen Unterzeichnung durch H.
K/H   101 13864 – 83 (733)

16. 6. – 18. 10. 37   RMfWEuV, RStatth. Sachsen   12092
Forderung des StdF nach Ruhestandsversetzung der trotz § 6 BBG im Geschäftsbereich des Reichserziehungsministeriums immer noch beschäftigten 91 jüdischen Mischlinge und jüdisch versippten Beamten (namentliche Aufzählung) unter Zulassung einiger Ausnahmen (so der ordentliche Professor für Botanik an der Technischen Hochschule Dresden, Friedrich Tobler).
M/H   301 01058 – 65 (Tobler)

17. 6. 37   Adj. d. F   12093
Übersendung einer *Rechnung der Ufa-Handelsgesellschaft.
W   124 00743 (63)

17. 6. – 1. 7. 37   Himmler – ?   12094
Durch den Leiter der Auslands-Organisation, GL Bohle, Übersendung eines *Berichts des SS-Hstuf. Wolfgang Diewerge über seine Afrika-Reise.
K   102 00135 f. (254)

18. 6. 37   VoMi — 8   12095
Nochmalige Bestätigung: Nach Möglichkeit Einladung der gemeldeten Vertreter des Auslandsdeutschtums als Ehrengäste zum Reichsparteitag. (Vgl. Nr. 19005.)
W   203 02503 (76/1 I)

18. 6. 37   Adj. d. F — 1   12096
Übersendung von zwei *Vorgängen.
W   124 00480 (55)

18. 6. 37 — 21. 1. 38   RKzl., RFM   12097
Einspruch des StdF gegen einen vom Reichsfinanzminister im Umlaufverfahren vorgelegten *Entwurf eines Gesetzes über die ergänzende Regelung der Dienstverhältnisse in öffentlichen Verwaltungen und Betrieben: Beschwerde wegen seiner Nicht-Beteiligung an der Entwurfsvorbereitung; Änderungswünsche (u. a. Schutz gutgläubig Verpflichteter gegen nachträgliche Versagung der Genehmigung von Vertragsabschlüssen). Nach Berücksichtigung der Änderungswünsche Zustimmung des StdF.
A/H   101 06668 — 78 (544); 101 06781 ff. (551)

[19. 6. 37 — 26. 3. 38]   RKzl., RMdI   12098
Vom StdF herbeigeführte Entscheidung Hitlers, der Heilsarmee keine Erlaubnis zur Sammlung von Geldspenden zu erteilen. Die Absicht des Reichsinnenministers, die zur geistigen und weltanschaulichen Zersplitterung des deutschen Volkes beitragenden zahlreichen religiösen Gemeinschaften und Sekten zur Einführung fester Mitgliedsbeiträge zu veranlassen (dies nur durch Einschränkung der Kollekten möglich), auch vom StdF geteilt.
A   101 06820 — 25 (559)

19. 6. 37 — 17. 4. 39   RKzl., RVM   12099
Wegen Nicht-Beteiligung des StdF an den Vorarbeiten zum Entwurf eines neuen Reichsbahngesetzes Absetzung des Entwurfs von der Tagesordnung des Kabinetts. Dadurch sowie durch den Anschluß Österreichs und die Eingliederung des Sudetenlandes Verzögerung der weiteren Behandlung. Später allgemeines Einverständnis des StdF mit dem Entwurf, allerdings nur unter Zurückstellung grundsätzlicher Bedenken und unter der Voraussetzung der Erfüllung zweier Forderungen (Vorschlagsrecht für zwei Mitglieder des Reichsbahnbeirats, Überführung der Eisenbahnervereine auf die DAF). Nach Berücksichtigung dieser Forderungen (trotz anfänglicher Widerstände des Reichsverkehrsministers) Zustimmung des StdF zu dem Entwurf; Zustimmung auch zu dem mittlerweile ausgearbeiteten Entwurf eines Gesetzes über Kreuzungen von Eisenbahnen und Straßen.
W   101 01823 (183 a); 101 01844 — 64 (185)

[20. 6. 37] — 25. 1. 39   F. Meier, Adj. d. F, K. v. Treuenfeld, Ludendorff u. a. — 6/1   12100
Eingaben des und zugunsten des aller Ehrenämter in der Partei enthobenen Fritz Meier (Isselhorst); Grund der Enthebung: Weitergabe einer (im Zusammenhang mit der Parteiaufnahme von Tannenbergbündlern gemachten) parteiinternen vertraulichen Mitteilung über Gen. Ludendorff (angebliche Kritik L.s an Hitlers Spanienpolitik) und Charakterisierung der Aussöhnung zwischen H. und L. als Canossagang H.s. Nachdrückliches und wiederholtes Eintreten L.s für M. bei H. Vom Stab StdF geforderte Rehabilitierung M.s nach dem Tod L.s: Wiedereinsetzung als Politischer Leiter und als Gemeinderatsmitglied. — Im Rahmen des Schriftwechsels in dieser Angelegenheit Klage L.s über Angriffe des Vatikans, aber auch des GL Meyer gegen seine „Deutsche Gotterkenntnis".
W   124 03995 — 4009 (366); 124 04589 — 612 (459)

21. 6. 37   AA   12101
Der bei Behörden und Parteidienststellen für einen großangelegten Handelsplan werbende Amerikaner William Wallace Brauer als Unterhändler und Vermittler von Geschäften zwischen Deutschland und den Vereinigten Staaten ungeeignet.
K   101 25953 (1467 a)

22. 6. 37   AA   12102
Übersendung eines Runderlasses an die deutschen Auslandsvertretungen über die deutsche Haltung zu

der von der englischen Peel-Kommission vorbereiteten Teilung Palästinas in einen arabischen und einen jüdischen Teil und über die Revision des bisherigen Standpunkts: Förderung der jüdischen Auswanderung aus Deutschland nicht mehr primäres Ziel, kein Interesse an der Entstehung eines – deutschfeindlichen – Judenstaates, deutlichere Bekundung des deutschen Interesses für die arabischen nationalen Bestrebungen; Erörterung der englischen, italienischen und französischen Interessenlage in dieser Frage.
H   101 25463 – 69 (1421 a)

22. – 25. 6. 37   StSekr. Lammers, Adj. d. F   12103
Nach Erhalt des vom StdF vollzogenen *Erlasses über die der NSDAP angeschlossenen Verbände Wunsch Hitlers, vor seiner Unterschrift nochmals mit Heß über die Angelegenheit zu sprechen.
W/H   124 00477 f. (55)

[23. 6. 37]   RMfWEuV   12104
Stellungnahme zu den Einwänden des Reichswirtschaftsministers gegen den *Entwurf eines Privatschulgesetzes: Kein „interimistischer Charakter" der Privatschulen, sondern Fortbestehen privater Schulen bei nicht ausreichender Befriedigung des Unterrichtsbedürfnisses durch öffentliche Schulen (z. B. einzelne Berufs- und Fachschulen, Gymnastikschulen u. a.); wegen der u. a. vom StdF aufgeworfenen Fragen eine Besprechung geplant.
M   101 02623 – 26 (274)

23 . 6. 37 – 3. 3. 38   RKzl., Obgm. Dresden, RMdI   12105
Die von RStatth. Mutschmann (Sachsen) aufgrund seines Streits mit Obgm. Zörner (Dresden) angestrebte Verabschiedung Z.s nach Auffassung des StdF ohne triftige sachliche Gründe; Rat, eine entsprechende Entscheidung vor der geplanten Reise Hitlers nach Dresden herbeizuführen. Nach Entscheidung H.s im Sinne M.s Rechtfertigungsschreiben Z.s mit der Bitte um Rehabilitierung. Korrespondenz zwischen dem StdF, der Reichskanzlei und dem Reichsinnenminister über eine anderweitige Verwendung Z.s; Angelegenheit noch nicht abgeschlossen.
A   101 06981 – 90 (573)

24. 6. 37   RKzl., Bhf.-Vorstand Bodenbach – 7   12106
Durch die Auslands-Organisation Übersendung einer Protest-Entschließung der in Tetschen-Bodenbach stationierten deutschen Zoll-, Gendarmerie- und Reichsbahnbeamten und -arbeiter gegen die „bestialische Mißhandlung des Reichsdeutschen Bruno Weigel durch die Prager Staatspolizei".
H   101 26377 f. (1496)

24. 6. 37   Adj. d. F   12107
Unterstützung des *Gesuches eines RegR Angerer (Leipzig) und Bitte, das Ergebnis der Feststellungen mitzuteilen.
K   124 03125 (261)

24. 6. 37   Adj. d. F   12108
„Streng vertrauliche" Mitteilung des Führeradjutanten Wiedemann an Heß: „Meinem Eide getreu in letzter Minute" Vorlage eines *Schriftstücks; Entscheidung Hitlers, im Falle einer Änderung GL Wagner in Schlesien zu belassen und den (nicht genannten) Gau GL Meyer zu geben.
W   124 00467 (55)

25. 6. 37   Adj. d. F   12109
Übersendung eines *Schreibens der Karosseriewerkstätten Maatz & Co.
W   124 00437 (55)

25. 6. 37   RDentistenF   12110
Bitte Bormanns, „mit dem Zahnärzte-Dentisten-Problem nicht alle möglichen Personen oder Dienststellen zu befassen"; Erwähnung der vom Leiter des Amtes für Volksgesundheit, Wagner, eingeholten Entscheidung Hitlers.
K/H   101 13884 (734)

25. 6. — 28. 7. 37   Adj. d. F, Geyr v. Schweppenburg — 7   12111
Positive Stellungnahme des Leiters der Auslands-Organisation, GL Bohle, zur Absicht des Theodor Geyr v. Schweppenburg (ehemals Schriftführer der Landesgruppe Niederländisch-Indien, später Dienststelle Ribbentrop), in den Auswärtigen Dienst zu treten; vor dem offiziellen Übernahmevorschlag jedoch Rückfrage bei Botsch. v. Ribbentrop erforderlich.
K   124 03718 — 22 (334)

25. 6. — 8. 12. 37   Adj. d. F   12112
Übersendung von *Rechnungen der Ufa-Handelsgesellschaft.
W   124 00419, 436, 438 (55)

28. 6. 37   RPlanungsGem.   12113
Bitte um Zustimmung zur Erneuerung des Vertragsverhältnisses mit dem übertariflich bezahlten Abteilungsleiter in der Reichsplanungsgemeinschaft e. V. (bis 31. 3. 37 Gezuvor/Gesellschaft zur Vorbereitung der Reichsplanung und Raumordnung), Ersten Baudirektor i. R. Karl Köster.
H   101 19577 — 83 (1189)

28. 6. 37   Präs. Pietzsch, Adj. d. F   12114
Richtigstellende Mitteilung Bormanns: Zwar Zusammenschluß des Berchtesgadener Elektrizitätswerks mit anderen, auch österreichischen Werken in einem Ring, jedoch die Stromversorgung des Obersalzbergs auch bei Abschaltung der österreichischen Elektrizitätswerke vom Berchtesgadener Werk gesichert.
W/H   124 00742 (63)

28. 6. 37 — 11. 2. 38   RMdI, Adj. d. F, RKzl., RÄrzteF   12115
Trotz des für eine Erteilung der Ehegenehmigung im Falle Gumpert/Zimmerer günstigen Abstimmungsergebnisses im Reichsausschuß zum Schutze des deutschen Blutes keine Zustimmung zur Eheschließung durch Blome (Stab StdF); Erwähnung der ablehnenden Entscheidungen Hitlers in ähnlichen Fällen (v. Schwabach/Wedel; Kohler/Engelsing) und dessen Billigung des „sturen" Standpunkts der Partei hinsichtlich der Ausnahmebestimmungen der Nürnberger Gesetze; Berufung auf sein bereits 1936 für den — inzwischen aufgelösten — Ausschuß erteiltes Gutachten (durch die Eheschließung keine die weitere Vermischung deutschen Blutes rechtfertigenden Vorteile zu erwarten; Entwicklungsgang der Familie G. typisch für das Eindringen der Juden in mehr oder weniger öffentliche Stellungen; aus dem — zufällig — nicht jüdischen Aussehen des Mischlings keine Rückschlüsse zu ziehen auf seine seelische und charakterliche Veranlagung; für das Überwiegen des Deutschblütigen in der Erbmasse der G. keine Beweise vorhanden, bei Beurteilung des geschickten — sozusagen mit jüdischem Raffinement verfertigten — Gesuchs eher das Gegenteil anzunehmen). — Bemerkung des Reichsärzteführers in diesem Zusammenhang: Bearbeitung der Rassenfragen durch B. nicht in seinem Auftrag, sondern im Auftrag des StdF.
K   124 03736 — 48 (338)

[28. 6. 37 — 24. 6. 39]   RMdI   12116
Auf Anordnung des StdF Einschränkung der Dienstgeschäfte der Parteidienststellen im Juli und August 1937, auf Wunsch des StdF ebenso Einschränkung der Dienstgeschäfte der staatlichen Dienststellen. Gleiche Regelungen für die Zeit vom 1. 7. — 15. 8. 38 und vom 1. 7. — 15. 8. 39.
M/H   101 07207 — 10 (581)

29. 6. — 16. 7. 37   Adj. d. F, RRechtsA   12117
Im Zusammenhang mit dem *Gesuch (befürwortende Stellungnahme des Reichsrechtsamts [RRA], Ablehnung durch den allein zuständigen Reichsverkehrsminister) eines Karl Ploes (Krefeld) Bedenken des Führeradjutanten Wiedemann — in Übereinstimmung mit dem Stab StdF — gegen die Weiterleitung befürwortender Stellungnahmen durch Parteidienststellen an Gesuchsteller. Anweisung des Stabs StdF an das RRA, künftig von der Weitergabe positiver Stellungnahmen abzusehen, um den Eindruck der Unfähigkeit der Partei, von ihr anerkannte Ansprüche durchzusetzen, zu vermeiden.
K   124 03381 — 84 (289)

29. 6. – 12. 8. 37   RBank, RKzl.   12118
Nach Auffassung des Reichsbank-Direktoriums die bloße frühere Zugehörigkeit eines Beamten zu einer Freimaurerloge nicht als nachteilig anzusehen. Durch den Stab StdF Weiterleitung dieser Stellungnahme an die Reichskanzlei (RKzl.). Von Hitler der letzte Satz (der „Präsident unseres Kollegiums" selbst früher Angehöriger einer Freimaurerloge) als „zum mindesten höchst überflüssig" und „offensichtlich demonstrativ gemeint" kritisiert, trotzdem „Absehen von weiterer Veranlassung". Durch die RKzl. Übersendung des Vorgangs an den Reichsinnenminister zur Überprüfung der Vereinbarkeit der Reichsbank-Stellungnahme „mit den dortigen Erlassen".
H   101 02358 f. (234); 101 04574 f. (422 a)

30. 6. 37 – 24. 2. 38   RKzl., RMfWEuV   12119
Nach erzieltem Einverständnis zwischen StdF und Reichserziehungsminister (REM) über strittige Punkte im Gesetz über die besonderen Rechtsverhältnisse der beamteten Hochschullehrer Rücknahme des Einspruches gegen dieses Gesetz durch den StdF. Getroffene Vereinbarungen: Entpflichtung eines Hochschullehrers ohne Einfluß auf seine Tätigkeit in der Partei usw.; Zustimmung des StdF erforderlich bei Hinausschiebung der Entpflichtung über das normale Pensionsalter und bei vertretungsweiser Weiterbeschäftigung entpflichteter Hochschullehrer; Bemühungen des REM um einheitliche Anrechnung der planmäßigen Assistentenzeit als ruhegehaltsfähige Dienstzeit. – Wortlaut des endgültigen Gesetzentwurfs und der (nicht zu veröffentlichenden) Begründung.
K   101 15399 – 413 (938 c)

Juli 37   SS-Gruf. Sachs   12120
Verpflichtung des SS-Gruf. Sachs als Nachrichtenberater des StdF durch dessen Anordnung 90/37.
W   306 00827 (Saupert)

[Juli 37]   Adj. d. F – 28   12121
Bitte im Auftrag Hitlers, die Frauen von Oberst Hoßbach (Berlin) und Hptm. Mantius (Berlin) als Ehrengäste zum Reichsparteitag einzuladen.
K   124 03457 (293)

1. 7. – 10. 10. 37   A. Lehnkering   12122
Vorschläge einer Anneliese Lehnkering (Berlin): Einrichtung einer Biologischen Akademie im Deutschen Frauenwerk, Erarbeitung eines „akademisch reifen" Entwurfs einer Volkslehrküche mit laufend erscheinendem Reichskochbuch, u. a.; ferner Bitte um Unterstützung ihres Gesuchs um Namensänderung nach ihrem Freispruch sowie Anliegen im Zusammenhang mit ihrer Ehescheidung.
K/H   124 03283 – 94 (281)

1. 7. 37 – 25. 2. 38   RJM   12123
Vorlage des Entwurfs eines Gesetzes über eine Hilfe für entwurzelte Landwirte: Unter Hinweis auf einen Aufruf Hitlers vom 18. 2. 32 Vorschlag einer Überprüfung aller zwischen dem 13. 7. 31 und dem Einsetzen des landwirtschaftlichen Vollstreckungsschutzes erfolgten Zwangsversteigerungen landwirtschaftlichen Grundbesitzes; bei Zumutbarkeit der Abgabe Inanspruchnahme des Landes durch das Reich gegen Entschädigung des neuen Eigentümers; Verstärkung des zur Neubildung des deutschen Bauerntums bisher bereitgestellten Landvorrats durch diesen Grundbesitz und Berücksichtigung der seinerzeit schuldlos entwurzelten Familien bei der Vergebung von Bauernstellen aus diesem Vorrat. – Zurückziehung des Entwurfs nach überwiegend negativen Äußerungen der beteiligten Ressorts.
H   101 28058 – 65 (1528 b)

1. 7. 37 – 12. 4. 38   RKzl., RMdI   12124
Ausführliche Denkschrift des Stabs StdF (MinDir. Sommer) über bevölkerungspolitische Fragen unter dem Aspekt der späten Heiratsmöglichkeit (infolge späten Ausbildungsabschlusses) für Akademiker (erläutert am Beispiel junger Juristen) und Hinweis auf die so entstehenden Gefahren (bevölkerungspolitische und soziale Gegenauslese, Gegenauslese in Richtung Staatsdienst, geistige Verkümmerung durch langjähriges „Lehrlingsdasein"): Absicht des StdF, die Heiratsmöglichkeit vom (bisher) 28. auf das 25. Lebensjahr durch veränderte Ausbildungsvorschriften herabzusetzen; dazu Vorschlag, zwischen Abitur

und Arbeitsdienst eine zwölfmonatige Vorpraxis (bei Gericht bzw. Verwaltung) mit einem für das Jurastudium qualifizierenden Abschluß einzuführen; dadurch natürliche Bewerberauslese und Verminderung der staatlichen Ausbildungskosten; Forderung eines sich an Arbeits- und Wehrdienst anschließenden, höchstens dreieinhalbjährigen Studiums mit nur einem Examen, damit Ausbildungsabschluß (bzw. Eheschließung) mit 25 möglich; ferner Vorschlag, die höhere Beamten- und auch Richterlaufbahn für praxisbewährte Nicht-Akademiker zugänglich zu machen. Ergebnis der von S. erbetenen Aussprache mit Lammers: Vorerst keine Weitergabe der Denkschrift an den Reichsjustiz- und den Reichsinnenminister (RMdI), sondern Vortrag bei Hitler, um dessen Richtlinien für die Weiterbehandlung der Angelegenheit zu erhalten. Der Vortrag jedoch wegen einer vom RMdI – von diesem mittlerweile ein Entwurf von Ausbildungsbestimmungen für den höheren Dienst in der allgemeinen und inneren Verwaltung vorgelegt – anberaumten Sitzung über das Thema der Denkschrift unterblieben. Nach Erörterung der Vorschläge des StdF Übereinstimmung der an der Besprechung beteiligten Ressorts: Verkürzung der Beamtenanwärterdienstzeiten dringendste Sofortmaßnahme; Durchführungsmodus zwischen RMdI und StdF kontrovers.
A   101 05185 – 221 (450 a)

1. 7. 37 – [28. 6. 38]   RJM, RMdI   12125
Begründung des *Entwurfs eines Gesetzes über eine Bereinigung alter Schulden durch den Reichsjustizminister (RJM): Notwendigkeit, die in der Wirtschaftskrise entstandenen Geschäftsschulden aus wegen Überschuldung liquidierten Unternehmen zu überprüfen und gegebenenfalls dem ehrbaren Schuldner gerichtlich einen den Aufbau einer neuen Lebensstellung oder die weitere Lebenshaltung ermöglichenden Schuldenerlaß oder eine Schuldenanpassung zu gewähren. Zustimmung der Ressorts, einschließlich des StdF, und Entwicklung des Entwurfs zur Kabinettsvorlage gegen den Einspruch des Reichsinnenministers (dessen Gründe: Ungünstige Auswirkungen auf die Schuldnermoral; Beeinträchtigung des Leistungsgrundsatzes; Bevorzugung der selbständigen Berufe gegenüber den Schulden der Arbeiter und Angestellten; Auswirkungen auf den Personalkredit aus Furcht vor einer nochmaligen ähnlichen Regelung; Beunruhigung des Wirtschaftslebens). Zu dieser Versicherung des RJM, nur schuldlose und würdige Opfer der Wirtschaftskrise (Verfügung über deren zuvor einzuholende gründliche Beurteilung vorbereitet) erfassen zu wollen und keineswegs eine allgemeine Schuldenstreichung zu beabsichtigen, sowie Hinweis auf die ganz anderen Verschuldungsbedingungen der Nicht-Selbständigen; ebenfalls Ablehnung des Vorschlags, die Gläubiger verdienter Parteigenossen von Partei oder Staat befriedigen zu lassen: Bevorzugte Behandlung nur für den Parteigenossen selbst, nicht jedoch auch für seinen Gläubiger.
H   101 28058 – 87 (1528 b)

2. 7. 37   Bf. Chichester   12126
Bedauern des Bischofs von Chichester über die Verhaftung des Pastors Niemöller; Interpretation als Angriff auf die christliche Religion. Entwurf einer Antwort des StdF: Verletzung der primitivsten Forderung der Loyalität gegenüber dem – im übrigen die Kirchen in Deutschland vor dem Bolschewismus bewahrenden – ns. Staat durch N.; die Äußerungen des Bischofs Ausdruck der Uninformiertheit, außerdem eine zurückzuweisende Einmischung.
W/H   124 04643 – 46 (463)

5. 7. 37   VoMi – 8   12127
Übersendung eines *Aktenvermerks über die Einladung ausländischer Gäste aus dem Südosten zum Reichsparteitag; Personalangaben für Sen. Ervin Hassbach (Hermanowo bzw. Posen) und Sen. Rudolf Wiesner (Bielsko).
M   203 02501 (76/1 l)

7. 7. 37   Adj. d. F – 5   12128
Durch den Stab StdF Übersendung zur Unterschrift an Hitler: Liste von Partei-Ernennungen und -Dienstenthebungen sowie von Genehmigungen zum Tragen der Uniform eines Politischen Leiters mit den für Ausgeschiedene vorgeschriebenen Abzeichen; Bestimmung des Enthebungsgrundes für HStL Herbert Suhr durch Bormann.
W/H   124 00509 – 17 (55); 124 03585 (305)

7. 7. 37   Intern — 8, 28   12129
*Abhandlung über das Aufgabengebiet der außenpolitischen Referenten bei den einzelnen Gauleitern;
Regelung des Punktes „Grenzlandfragen" im Einvernehmen mit SS-Ogruf. Lorenz.
M   203 02565 (76/2 II)

[7. 7. 37]   RStatth. Sauckel   12130
Mitteilung über die Zusage Hitlers, für die „Halle der Volksgemeinschaft" in Weimar eine erste Rate
von 1 Mio. RM zu überweisen. (Hierzu: Aufstellung der bereits ausgegebenen oder verplanten Mittel des
Kulturfonds.)
H   101 17181 f. (1024 a)

7.—9. 7. 37   Adj. d. F — 5   12131
Auf Anfrage Mitteilung der Brems-PS eines Wagens und Übersendung des *Kraftfahrzeugbriefs des auf
Hitler zugelassenen Wagens IA — 100 817.
W   124 00525 f. (55)

8. 7. 37   VoMi   12132
Interesse an der Einladung nicht nur führender Vertreter der deutschen Volksgruppen im Ausland zum
Reichsparteitag 1937, sondern auch anderer Volksdeutscher.
W   203 02502 (76/1 I)

8. 7. 37   RSt. f. Raumordnung, RArbM — 25   12133
Übersendung von *Abdrucken der „Planzeichen für Raumordnung und Flächennutzung".
H   101 17208 ff. (1029)

8. 7. 37   Adj. d. F   12134
Weitergabe eines *Gesuchs des wegen Landesverrats (Beschaffung von Geländeskizzen, unbefugtes Öffnen und Kopieren an einen Abwehroffizier gerichteter Auslandsbriefe) verurteilten ehemaligen Leiters
des Nachrichtendienstes im Gau Pommern, Alfred Hanne (z. Zt. Berlin).
K   124 03277 f. (280)

8. 7. 37   Adj. d. F, A. Otte   12135
Durch die Führeradjutantur Weiterleitung der Bitte einer Anneliese Otte (Berlin), einen Empfang volks-
deutscher Mädchen durch Hitler am 1. Mai zu vermitteln.
K   124 03349 ff. (288)

Nicht belegt.   12136

8. 7. — 4. 9. 37   Adj. d. F   12137
Das *Gesuch eines Franz Linse (Berlin) um Hitlers Entscheidung in seiner — bis jetzt von keiner Dienst-
stelle im ns. Sinne bereinigten — Angelegenheit (Zahlung einer durch Wechselbetrug des NSKK-
Ostubaf. Erich Leube entstandenen Schuld) an den Stab StdF weitergeleitet. Unter Hinweis auf den Ab-
schluß der Angelegenheit 1935 dessen Bitte, L. abschlägig zu bescheiden.
K/H   124 03310 — 13 (282)

[9. 7. 37]   RArbM   12138
Zustimmung des StdF zum *Entwurf eines Gesetzes über Änderungen auf dem Gebiet der Militärver-
sorgung.
H   101 22404 (1279)

9. — 10. 7. 37   Intern — 8, 28   12139
*Vorschlagslisten der Dienststelle Ribbentrop für den Reichsparteitag 1937: Ausländische Besucher und
Ehrengäste; ausländische Pressevertreter (diese unmittelbar dem Reichspressechef übersandt).
M   203 02563 f. (76/2 II)

10. 7. 37   BfdVJPl.   12140
Bitte um Zustimmung zur Ernennung des Chefs der Abteilung Mineralölwirtschaft im Amt für deutsche
Roh- und Werkstoffe, v. Heemskerck, zum Ministerialdirigenten.
M   101 03530 f. (356)

10. 7. 37   RArbM, RFM   12141
Wegen des Wunsches des StdF, die Verordnung über baupolizeiliche Maßnahmen zur Einsparung von Baustoffen (sowie die dazugehörigen Richtlinien für die private Bautätigkeit) nicht auf die Bauten der NSDAP und der ihr angeschlossenen Verbände anzuwenden, Bitte des Reichsarbeitsministers an den Reichsfinanzminister, mit dem Reichsschatzmeister für die Bauten der NSDAP ein ähnliches Abkommen über die sinngemäße Einhaltung der für die private Bautätigkeit geltenden Einsparungsbestimmungen zu treffen wie mit den Fachministern für behördliche Bauten.
K   101 16611 f. (1004 a)

12. 7. 37   RFSS   12142
Übersendung der *Disziplinarakte SS-Brif. Paul Hennicke.
W   306 00450 (Hennicke)

13. — 21. 7. 37   Adj. d. F — 28   12143
Nach Aufforderung durch Bormann (Rundschreiben 83/37) Übersendung von Vorschlägen für die Einladungsliste zum Reichsparteitag: Prinzessin Stephanie zu Hohenlohe, Viscountess Snowden, Eva v. Schroeder (von der NSV), Pg. v. Baltz und Frau Wiedemann.
K   124 03453 ff. (293)

13. 7. — 24. 8. 37   GL Westfalen-Süd, Adj. d. F   12144
Mitteilung der Gauleitung Westfalen Süd (vom Stab StdF an die Führeradjutantur weitergeleitet): Die Beschwerde der Pg.n Hermann Schaper, Wilhelm Scharf und Max Weissenbruch (Hamm) wegen ihrer Entlassung bei der DAF durch die Einstellung des Parteigerichtsverfahrens gegen Schaper und seine Anstellung beim Finanzamt Borken erledigt.
W   124 04156 f. (385)

[14. 7. 37]   RSchatzmeister, M. Rupprecht   12145
Ablehnung des Reichsschatzmeisters, das eine Reihe von Unwahrheiten hinsichtlich Parteigerichtsverfahren und Parteimitgliedschaft enthaltende *Schreiben eines Max Rupprecht (München) an Bormann zu beantworten.
K   124 03500 f. (295)

15. 7. 37   RLM   12146
Übersendung des *Jahresberichts der Reichsanstalt für Luftschutz.
A   101 22686 ff. (1294 a)

16. 7. 37   VoMi — 8   12147
Bitte um Zusendung von 80 Einladungskarten zum Reichsparteitag für die Besucher aus Österreich, dem Sudetenland, der Schweiz usw; namentliche Nennung der Besucher wegen einer Gefährdung dieser Personen (z. B. Verhaftungen ns. gesinnter Österreicher) nicht möglich.
M   203 02499 f. (76/1 I)

[16. 7. 37]   RJM   12148
Zustimmung des StdF zum Vorschlag der Ernennung des GenStA Friedrich Döbig (Nürnberg) zum Oberlandesgerichtspräsidenten in Nürnberg.
K   101 26673 — 78 (1511)

17. — 21. 7. 37   AA — 29   12149
Besprechung im Verbindungsstab über den Ausländerdienst beim Reichsparteitag 1937: Termin und Zustellung der Einladungen; ihre Aushändigung nur im Fall einer zu erwartenden Annahme (vom Auswärtigen Amt [AA] in diesem Punkt Schwierigkeiten erwartet wegen der Unkenntnis der betroffenen Personen von den Vorschlägen des AA); Bekanntgabe der Kosten für ausländische Teilnehmer.
W   201 00337 — 40 (72/8)

Nicht belegt.   12150

Nicht belegt.   12151

20.7.37   Adj. d. F — 28   12152
Bitte, zum Reichsparteitag 1937 als Ehrengäste einzuladen: Prof. Bauer mit Frau (München), Prof. Brüning (München), Unity Mitford (München), Prof. W. Backhaus und Frau (Lugano), Herrn Schatz mit Frau (München) und PolPräs. Martin (Nürnberg).
K   124 03456 (293)

21.7.—3.8.37   Adj. d. F — 5   12153
Ernennung des GAL Karl Linder zum Stellvertretenden Gauleiter des Gaues Hessen-Nassau und des KrL Paul Simon zum Stellvertretenden Gauleiter des Gaues Pommern: Übersendung der Urkunden durch den Stab StdF und Rücksendung nach Unterzeichnung durch Hitler.
W/H   124 00521—24 (55)

22.—27.7.37   RMdI   12154
Nach Auffassung des StdF die Frage der Bezeichnung des religiösen Bekenntnisses durch den Runderlaß vom 26.11.36 erschöpfend geregelt; Ablehnung, irgendwelche Zusätze über die rechtliche Zugehörigkeit zu einer Glaubensgemeinschaft den Bezeichnungen „gottgläubig" oder „glaubenslos" auf Haushaltslisten, Personenstandsaufnahmen usw. hinzuzufügen.
H   101 00734 (150)

23.—31.7.37   Adj. d. F   12155
Zu der Rückfrage einer Johanna Schürmann (Wiesbaden) wegen eines Besuchstermins bei Hitler Mitteilung an den Adjutanten des StdF über einen im Februar erfolgten Bescheid an Frau Sch., ihr Anliegen schriftlich einzureichen.
K   124 03549 f. (301)

23.7.—28.9.37   Adj. d. F, GL Schwaben   12156
Die Beschwerde eines Matthias Rothenfusser (Friedberg/Obb.) über KrL Miller (Äußerung über Hitlers Ehelosigkeit) von der Führeradjutantur an den Stab StdF weitergeleitet. Veranlassung einer Untersuchung durch den Gauinspekteur.
K/H   124 03480—84 (295)

24.7.37   Adj. d. F   12157
Bitte Bormanns, seinen Vortrag über den Parteitag vor Hitler in Bayreuth baldigst anzusetzen und für seine Hinzuziehung zu dem Gespräch zwischen Obgm. Liebel und H. — ebenfalls in Parteitags-Angelegenheiten — Sorge zu tragen.
K   124 03452 (293)

[24.7.37]   RKzl.   12158
Der Antrag des Volljuden Bie, ihm, seiner Frau und seinem Sohn das Reichsbürgerrecht zu verleihen, u. a. auch durch den StdF abgelehnt. (Erwähnung.)
K   101 15120 f. (886)

25.7.37   StSekr. Lammers   12158 a
*Mitteilung über eine Entscheidung Hitlers (grundsätzlich nur Ernennung von Männern zu Beamten des höheren Dienstes).
H   101 04763, 768 (427)

27.7.37   RL, GL, HAL   12159
In einem Rundschreiben Bormanns Wiederholung der Grundsätze für Reichsparteitagseinladungen: Nur durch Hitler als eine besondere Ehrung; Modalitäten der Einladungsvorschläge.
W   203 02582 f. (76/2 II)

27.7.37   DSt. Ribbentrop — 28   12160
Übersendung von *170 Einladungsvorschlägen für den Reichsparteitag 1937 (ausländische Ehrengäste aus den von der Dienststelle Ribbentrop betreuten Ländern).
M   203 02558 (76/2 II)

27.—29.7.37   AA — 29   12161
Keine Bedenken gegen die Teilnahme des Engländers J. W. Draper und der Niederländer W. F. Lugten-

burg, E. H. Kuntze und De Jonge (die letzteren drei nach eigenen Angaben Mitglieder der Mussert-Bewegung) am Reichsparteitag 1937.
W 201 00370 (73/2); 201 00379 f. (73/4)

27. 7. – 4. 8. 37 RKzl. 12162
Auf Anforderung des Stabs StdF Übersendung eines Geschäftsverteilungsplans der Reichskanzlei, gültig ab August 1937.
M/H 101 07427 – 34 (585 a)

27. 7. – 17. 8. 37 DSt. Ribbentrop – 28 12163
Schriftwechsel über die Unterbringung des Botsch. v. Ribbentrop, seiner Frau und seiner Gäste während des Reichsparteitags 1937.
M 203 02544, 557, 559 ff. (76/2 II)

27. 7. – [3. 9.]37 Anonym, SS-Staf. Plaichinger, SS-Gericht 12164
Stellungnahme des StdF zu einer anonymen Anzeige gegen SS-Obf. Karl Jung und SS-Staf. Julius Plaichinger wegen des Verkaufs von Zielfernrohren an Fremdstaaten: Keine sachliche Befassung mit der Anzeige wegen deren Anonymität; prinzipiell der Verkauf auch waffentechnischer Erfindungen an das Ausland nach Genehmigung durch das Reichskriegsministerium aus devisenpolitischen Gründen erwünscht. Daraufhin Verzicht des SS-Gerichts auf ein förmliches Disziplinarverfahren.
K/W 102 00652 – 58 (1144)

28. 7. 37 Adj. d. F – 28 12165
Bitte des SA-Ogruf. Brückner um Zuweisung von Ehrenkarten für den Reichsparteitag 1937 und Beschaffung von Quartier für seinen Schulfreund R. Widmann-Laemmert (Berlin) und für seinen Arzt Hassenkamp (Konstanz); auf Anweisung Hitlers ferner Einladung von Karl Haberstock und Frau; Bitte, das Ehepaar Haberstock im gleichen Hotel einzuquartieren wie Kammersänger Bockelmann und Frau.
K 124 03451 (293)

28. 7. – 5. 8. 37 Adj. d. F 12166
Bitte um Übersendung von 50 Karten für den Reichsparteitag zur persönlichen Verwendung Hitlers.
K 124 03448 f. (293)

29. 7. 37 DSt. Ribbentrop – 7 12167
Durch die Auslands-Organisation Übersendung einer Liste der in Vorschlag zu bringenden bulgarischen Ehrengäste für den Reichsparteitag.
W 203 02512 – 15 (76/2 I)

29. 7. 37 RLM 12168
Einsatz des zivilen Luftschutzes bei den Wehrmachtmanövern 1937 vorgesehen (einschließlich Berlins); Bitte um vorbildliche Beteiligung.
A 101 22788 – 91 (1297); 101 22821 – 25 (1300 a)

29. 7. – 3. 8. 37 DSt. Ribbentrop, RMfVuP u. a. – 29 12169
Durch den Ausländerdienst Reichsparteitag 1937 Aufstellung der den ausländischen Gästen annähernd entstehenden Unkosten (Eintrittskarten, Übernachtungskosten, Ausflüge u. a.). Dazu Bitte des Propagandaministers, bei den ausländischen Besuchern die Verpflegungsfrage wie bei den Ehrengästen des Führers zu lösen (Gutscheinhefte); Bitte um Angabe der durch diese unbedingt notwendige Regelung entstehenden Mehrkosten.
H 201 00345 (72/8); 203 02495 f. (76/1 I); 203 02555 f. (76/2 II)

[29. 7. – Sept. 37] BfdÜ 12170
Übernahme der Schirmherrschaft über die anläßlich des Reichsparteitags 1937 veranstaltete Ausstellung „Nürnberg, eine deutsche Stadt" durch den StdF.
K 101 13762 (722)

29. 7. 37 – 22. 3. 38 RMdI, RFSS 12171
Befürwortung einer Wiederverwendung des ehemaligen Bürgermeisters von Bremen, SS-Obf. Otto Heider, durch den StdF. Einsatz H.s als Stabsführer des SS-Oberabschnitts West.
M 306 00392 – 95 (Heider)

30. 7. 37   E. Weber – 11   12172
Erfindung eines quecksilberfreien Saatguttrockenbeizmittels durch die Chemikerin Elisabeth Tornow (München): Bitte der Pgn. Elsa Weber (München) um Eingreifen des Stabs StdF in deren Streitfall mit der Chemischen Fabrik Marktredwitz.
H   124 04302 f., 305 f. (398)

30. 7. – 3. 8. 37   AA, RMfVuP – 29   12173
Durch den Ausländerdienst Reichsparteitag 1937 Sprachregelung für die Teilnahme von Ausländern: Bezeichnung lediglich der Ehrengäste des Führers als „Gäste", aller übrigen dagegen, auch bei Teilnahme auf Kosten der interessierten Dienststelle, als „Teilnehmer". Dazu Vorschlag des Reichspropagandaministers, diese Ausländer nicht als „Teilnehmer", sondern als „ausländische Besucher" zu bezeichnen.
W/H   201 00341 – 44 (72/8); 203 02493 f. (76/1 I); 203 02567 (76/2 II)

31. 7. 37   VoMi, DAF – 28   12174
Durch das Amt für Ehrengäste an die Volksdeutsche Mittelstelle Übersendung eines 'Schreibens der DAF, die Teilnahme volksdeutscher Handwerker aus dem Ausland am Reichsparteitag 1937 betreffend.
W   203 02498 (76/1 I)

1. – 16. 8. 37   RBahn-OLandmesser E. Willmann   12175
Als führendes Mitglied des ehemaligen Bundes Deutsche Schlaraffia e. V. Antrag auf Befreiung von der durch einen Runderlaß des Reichsinnenministers (28. 6. 37) verfügten Beschränkung seiner Beamtentätigkeit. Antwort des StdF: Befassung mit der Angelegenheit aus grundsätzlichen Erwägungen erst nach Kontaktnahme durch das Ministerium möglich.
K   101 15083 – 86 (883 c)

2. – 7. 8. 37   AA – 28   12176
Nach der Prüfung von 'Vorschlagslisten anderer Ressorts für die Einladung von Ausländern als Ehrengäste zum Reichsparteitag 1937 Empfehlung einer restriktiveren Handhabung: Einladung nur je eines prominenten Vertreters pro Land und Organisation (mit Ausnahme der von Himmler eingeladenen und geschlossen auftretenden Polizeichefs der befreundeten Polizeiverwaltungen); in der grundsätzlichen Frage der Einladung von Anhängern der Mussert-Bewegung Empfehlung, eine Entscheidung Hitlers herbeizuführen; Einwendungen gegen einzelne vorgeschlagene Personen.
W/H   201 00348 – 51 (72/8)

Nicht belegt.   12177

3. – 5. 8. 37   AA, Griech. Kons. Würzburg – 29   12178
Bitte des Ausländerdienstes Reichsparteitag 1937 um Überprüfung der Teilnahme des Jean Paraskevopoulos (Athen) am Reichsparteitag 1937 als Selbstzahler.
W   201 00372 (73/3)

3. – 6. 8. 37   Adj. d. F   12179
Die von Gerland (Stab StdF) als Unterkunft für die Prinzessin Maria von Savoyen vorgeschlagene Villa von Hitler (nach Vorlage der Bilder) genehmigt; Anordnung H.s, die im folgenden aufgeführten Personen im Gästehaus unterzubringen und sie mit Karten für die Kulturtagung zu versorgen: Prof. Gall, Frau Prof. Troost, Winifred und Verena Wagner sowie Unity Mitford mit einer Begleiterin und den Bruder der M.
K   124 03446 f., 450 (293)

3. – 9. 8. 37   AA – 29   12180
Auf Anfrage des Ausländerdienstes Reichsparteitag 1937 Unbedenklichkeitserklärung des Auswärtigen Amts für vier um Teilnahme am Reichsparteitag 1937 nachsuchende Ausländer.
W   201 00346 f., 354 (72/8)

3. 8. 37 – 10. 8. 38   Adj. d. F, Prof. v. Kursell   12181
Wunsch des Prof. Otto v. Kursell, Hitler zu malen; Bitte, K. (H. damit „durchaus einverstanden") während des Parteitags Gelegenheit zu Studien zu geben. Durch verspätete Beantragung der Karten für den Reichsparteitag 1937 Teilnahme K.s erst am Reichsparteitag 1938 möglich.
K   124 03924 – 32 (357)

4. 8. 37   Adj. d. F   12182
Wunsch Hitlers, eine Maria Bockelmann (Berlin) als Ehrengast zum Reichsparteitag 1937 einzuladen.
K   124 03172 (266)

4. 8. 37   Welt-Dienst   12183
Bitte um Entsendung eines Mitarbeiters des StdF zum „Welt-Dienst"-Kongreß. Hervorhebung der antisemitischen Haltung eines Redners, des Prälaten Trzeciak.
M   203 02579 f. (76/2 II)

4.–5. 8. 37   HA f. Beamte – 38   12184
Bitte des Stabs StdF um möglichst beschleunigte Einreichung eines (Mob.-)Arbeitsplans.
W   149 00022 (1)

5. 8. 37   APA – 28   12185
Bitte des Außenpolitischen Amts um Streichung des Niederländers P. E. Briet von der Vorschlagsliste für den Reichsparteitag 1937.
W   201 00381 (73/4)

5. 8. 37   Dozentenschaft Berlin – 8   12186
Einladungsvorschläge für den Reichsparteitag; Bitte, Einladungen auch an deutsche Mitarbeiter des Auslandsamts zu vermitteln, um eine persönliche Betreuung der Gäste zu gewährleisten.
M   203 02568 ff. (76/2 II)

6. 8. 37   Himmler   12187
Der Befehl über den Vorbeimarsch der höheren SS-Führer in Nürnberg für Bormann (zwecks Gewährleistung seiner Verfügbarkeit für Hitler und Heß) ohne Geltung.
W   306 00123 (Bormann)

6. 8. 37   W. Danzig   12188
Nach einem Obersalzberg-Besuch Bitte eines Walter Danzig (Königsberg) um ein Autogramm Hitlers.
K   124 03211 f. (271)

6. 8. 37   APA – 28   12189
Übersendung einer gemeinsamen Stellungnahme des Außenpolitischen Amts, des Auswärtigen Amts, des Reichspropagandaministeriums und der Dienststelle Ribbentrop zu den von verschiedener Seite vorgeschlagenen Reichsparteitag-Ehrengästen aus Bulgarien, Jugoslawien und Ungarn.
W   201 00395 ff. (73/5)

6.–7. 8. 37   Adj. d. F   12190
Keine Zustimmung Hitlers zu der Bitte Heß', die Gäste der unter seiner Schirmherrschaft stehenden Tagung der Homöopathischen Vereinigung im Namen Hitlers begrüßen zu dürfen.
W   124 00091 f. (33)

6.–15. 8. 37   Adj. d. F, HA f. Volkswohlfahrt   12191
Mitteilung Bormanns nach Vortrag bei Hitler: Voraussichtlich keine Teilnahme H.s an der Tagung der NSV auf dem Reichsparteitag 1937; die Herausstellung der NSV durch H. ohnehin bei der Eröffnung des Winterhilfswerks sichergestellt.
K   124 03443 ff. (293)

6. 8.–21. 12. 37   Adj. d. F, K. Bauer – 11   12192
Zu dem ˙Gesuch eines Karl Bauer (Berlin) um Unterstützung seiner Erfindung auf dem Gebiet der Farbfotografie Bitte des Leiters des Referats für technische Fragen im Stab StdF, Croneiß, an B. um Übersendung der für eine Beurteilung nötigen Unterlagen; die Beteiligung von Reichs- und Parteidienststellen an der Finanzierung des Weltpatents nicht zu erwarten, auch die Mobilisierung eines privatwirtschaftlichen Interessenten wegen der verworrenen Besitzverhältnisse an den Patenten sehr fraglich; Zurückweisung der gegen das Referat gerichteten Vorwürfe B.s (Bekanntgabe seiner Erfindung im Ausland durch die Anmeldung der Weltpatente durch deutsche Behörden; keine Verwendung seiner Erfindung als militärisches Geheimpatent für Deutschland; u. a.): Bemühungen B.s und seines in Lugano ansässigen Partners um die Verwertung der Erfindung in aller Welt (Anmeldung des USA-Patents unter dem 27. 7. 37, Einschaltung des Londoner Patentanwalts Wolf, beabsichtigte Gründung einer Holding-

gesellschaft in Liechtenstein). Ablehnung C.', sich unter den gegebenen Umständen weiterhin mit der Angelegenheit zu befassen.
K   124 03136 – 44 (263)

[7. 8. 37]   A. Seyss-Inquart, Hitler   12193
In einer Gedächtnisniederschrift des NSDAP-Landesleiters Österreich, Leopold, über eine Unterredung mit Hitlers Beauftragtem Keppler über seine Spannungen mit Seyss-Inquart erwähnt: Empfang S.-I.s durch Heß; nach Unterrichtung durch diesen Billigung der (von L. heftig kritisierten) Aktivitäten S.-I.s in Österreich (Erringung von Machtstellungen) durch Hitler.
K/H   124 03296 – 302 (281)

[7. 8. 37]   GL Bohle   12194
Zustimmung des StdF zum Entwurf von Richtlinien für künftig vom Deutschen Ausland-Institut zu vergebende Ehrungen, u. a. für die Verleihung des Deutschen Ringes (alleiniger Träger: Hitler) als höchster Auszeichnung.
H   101 25230 f. (1409 b)

7. 8. – [4. 9.]37   AA – 29   12195
Vom Ausländerdienst erbeten: Prüfung der Teilnahme des niederländischen Konsuls Dyserinck (München) am Reichsparteitag 1937 durch das Auswärtige Amt; Anmahnung der Rücksendung von Teilnahmeanträgen.
W   201 00378, 382 (73/4)

9. 8. 37   Grand Hotel Nürnberg – 28   12196
Bitte des Stabs StdF, alle Wünsche um Unterbringung während des Reichsparteitages grundsätzlich abzulehnen: Reservierung des Grand Hotels ausschließlich für die Ehrengäste Hitlers.
K   124 03337 (285)

9. 8. 37   OSAF, RFSS, NSKK-KorpsF, RJF, AA   12197
Rundschreiben Bormanns über die Einrichtung eines „Ausländerdienstes für den Reichsparteitag 1937" und dessen Zuständigkeit für sämtliche Anfragen von Ausländern (außer von Auslandsdeutschen und Österreichern).
W   201 00352 f. (72/8)

9. – 10. 8. 37   Continental Reisebüro, DSt. Ribbentrop – 29   12198
Information des Stabs StdF über die Teilnahme von Ausländern am Reichsparteitag: Kosten, Unterbringung, Programm und Teilnehmerauswahl.
W   203 02543, 548 f. (76/2 II)

9. – 26. 8. 37   DSt. Ribbentrop – 29   12199
Beantwortung verschiedener Anfragen des Stabs StdF wegen der Teilnahme einer Reihe von Ausländern am Reichsparteitag: Keine Bedenken gegen die Teilnahmevorschläge.
W   203 02509 (76/1 II); 203 02521 f., 529 f., 532 ff., 541 f., 550 f. (76/2 II)

10. 8. 37   StSekr. Lammers, AA, Dt. Botsch. Paris   12200
Genehmigung Hitlers für einen Besuch der Pariser Weltausstellung durch Heß, jedoch nur in inoffizieller Form, möglichst sogar incognito.
M   101 00525 – 28 (139 a)

10. 8. 37   Adj. d. F   12201
Bitte an Bormann, den Inhalt des *Schreibens einer Gertrud Boelke (Berlin) wegen Teilnahme am Reichsparteitag 1937 und anderem Hitler vorzutragen.
K   124 03173 (267)

11. 8. 37   DSt. Ribbentrop   12202
Bitte einer Hedwig Stapfer-Lindemann (Zürich) um Teilnahme am Reichsparteitag.
W   203 02547 (76/2 II)

11. 8. 37   Adj. d. F – 5   12203
Übersendung einer *Kfz.-Haftpflichtschadenanzeige.
W   124 00520 (55)

11. 8. 37   APA — 28   12204
Mitteilung der Streichung von Vorschlägen (zwei Jugoslawen, ein Ungar) aus der Liste der Ehrengäste
für den Reichsparteitag 1937.
W   201 00374 f. (73/3)

11.— 14. 8. 37   Adj. d. F, F. Gedon, W. Wagner   12205
Von Winifred Wagner und dem Stab StdF (unter Hinweis auf einen ähnlichen Fall) befürwortetes Unterstützungsgesuch des Bildhauers Fridolin Gedon (München). Der Stab StdF nicht imstande, G. Aufträge zu vermitteln; Rückfrage an die Führeradjutantur wegen einer an G. möglicherweise bereits überwiesenen größeren Summe.
W/K   124 03708 — 14 (334); 124 04489 ff. (433)

12. 8. 37   DSt. Ribbentrop — 28   12206
Bedenken gegen eine Teilnahme holländischer Beamter am Reichsparteitag wegen der Gegnerschaft der niederländischen Regierung zur NSB (Nationaal Socialistische Beweging), Betrachtung der NSB als Kopie der NSDAP; Befürwortung der Einladung von Sir George Holden.
M   203 02545 f. (76/2 II)

12. 8. 37   HA f. Beamte — 38   12207
Zusammensetzung der im Hauptamt für Beamte (HAB) und in der Reichsgeschäftsstelle des Reichsbundes der Deutschen Beamten (RDB) Beschäftigten in Hinsicht auf die Wehrpflichtigkeit; im Mob.-Fall vorgesehene Maßnahmen und Einschränkungen; HAB und RDB auch in Kriegszeiten zur Erfüllung ihrer Aufgaben in der Lage; die Aufstellung eines Arbeitsplanes erst nach näheren Weisungen möglich.
W/H   149 00018 — 21 (1)

12. 8. 37   APA — 28   12208
Anregung, die von den verschiedenen Dienststellen des Reichsführers-SS vorgeschlagenen Gäste des Reichsparteitags 1937 nicht wie bisher und allgemein nach Ländern, sondern als „ganz bestimmte Art von Gästen" ausgesondert durch Offiziere der Deutschen Polizei zu betreuen.
W   201 00356 f. (72/8)

12. 8. 37   RArbF, AA — 28   12209
Anerbieten des OArbF Müller-Brandenburg, gegebenenfalls mit einigen Mitarbeitern für die Betreuung ausländischer Ehrengäste und des Diplomatischen Korps während des Reichsparteitags 1937 zur Verfügung zu stehen.
W   201 00355 (72/8)

12. 8. 37 — 15. 7. 38   RVM, Dt. RBahn, RMfVuP u. a.   12210
Klage des ehemaligen (aufgrund der Rassengesetze gekündigten) Leiters des Schenker-Transportunternehmens, Marcel Holzer, gegen die Deutsche Reichsbahn beim Supreme Court of the State New York wegen seiner unrechtmäßigen Kündigung; kein Interesse des Reichsverkehrsministers, den Prozeß durch einen Vergleich zu erledigen, sondern Entschluß, die erstinstanzliche Entscheidung des Richters Collins mit ihrer weitgehenden Verurteilung der Politik des NS gegenüber dem Judentum (keine Berücksichtigung der betreffenden Rassegesetze durch das Gericht wegen Verstoßes gegen die Public Policy) und ihrer beleidigend wirkenden Begründung durch ein Urteil einer höheren Instanz aufheben zu lassen (Begründung: Erneutes Aufrollen der Judenfrage vor Gericht und anschließende Behandlung in der Presse in beiden Fällen unvermeidlich). Nach Verwerfung der Berufung in zweiter Instanz durch das New Yorker Gericht Entschluß zur Revision beim Court of Appeals in Albany im Hinblick auf die Bedeutung eines dort gefällten Spruches für die gesamte amerikanische Rechtsprechung in gleich gelagerten Fällen und auf seine politischen Auswirkungen auf die Öffentlichkeit, insbesondere auf die jüdische Presse. In Anbetracht des ungewissen Ausgangs des Revisionsverfahrens in Albany jedoch Bitte des Reichsverkehrsministers, ein Eingehen auf — inzwischen von H. angeregte — Vergleichsverhandlungen zu erwägen. Nach einer ablehnenden Erklärung des Stabes StdF und einem Votum der Rechtsanwälte Händel & Panuch (New York) Verzicht auf einen Vergleich und Durchführung des Prozesses. Entscheidung des Court of Appeals: Keine Verletzung der Public Policy durch die ns. Rassengesetzgebung. Nach Hinweis der Rechtsanwälte H. & P. auf die drohende Wiedereröffnung des Verfahrens infolge neuer Verordnungen Görings über das Eigentumsrecht ausländischer Juden und nach Zustimmung des StdF Befriedigung der zivilrechtlichen Ansprüche H.s durch einen Vergleich; damit Verhinderung der Wie-

deraufnahme des Verfahrens und der Wiederaufrollung der (Anlaß zu anti-deutscher „Hetze" gebenden) Rassengesetzgebung.
K   101 25945 (1466); 101 25954 – 65 (1467 b)

13. 8. 37   APA – 28   12211
Stellungnahme zu den nachträglich als Ehrengäste des Reichsparteitags 1937 vorgeschlagenen Ungarn Szentpaly und Arvatfalvy und (Begründung beigefügt) zu den vom Reichsführer-SS vorgeschlagenen Amerikanern Carpenter, Doyle und Hohenlohe-Langenburg; hinsichtlich der letzteren drei Vorschlag, sie mit den übrigen Ehrengästen aus den USA unter die Hauptbetreuung des Reichspropagandaministeriums zu stellen (Begründung: Keine Polizeioffiziere).
W   201 00398 – 403 (73/5)

[14. 8. 37]   RMfWEuV   12212
Zustimmung des StdF zur Ernennung des Prof. Edmund Stengel (Marburg) zum Leiter des Reichsinstituts für ältere deutsche Geschichtskunde (Monumenta Germaniae Historica).
H   101 20750 – 54 (1225)

14. – 24. 8. 37   Adj. d. F – 1   12213
Rücksendung eines *Untersuchungsberichts der Gauleitung Mecklenburg über Pg. F. Spennemann (Lehsen) nach Kenntnisnahme.
K   124 03579 f. (305)

15. 8. 37 – 1. 11. 39   Bouhler   12214
Bestätigungen des Zuständigkeitsbereichs der Parteiamtlichen Prüfungskommission durch den StdF.
H   101 07378 (585)

16. 8. – 7. 9. 37   StSekr. Lammers   12215
Durch Bormann Übermittlung der Weisung Hitlers, die Rechnungen für Reparaturen und kleinere Neuanschaffungen in den Anbauten an die Reichskanzlei (statt bisher von B.) künftig aus Reichsmitteln vom Chef der Reichskanzlei begleichen zu lassen.
H   101 18071 ff. (1112 a)

16. 8. 37 – 19. 1. 38   Adj. d. F, Flüchtlingshilfswerk d. NSDAP   12216
Zurückweisung der Beschwerde des österreichischen Flüchtlings Franz Fantur durch den Stab StdF unter Berufung auf einen ausführlichen Bericht des Flüchtlingshilfswerks der NSDAP über die Betreuung der Österreich-Flüchtlinge (ärztliche Untersuchung, Kuraufenthalt, medizinische Behandlung, Betreuungsgelder, Stellenvermittlung; Erwähnung des Zusammenschlusses der Flüchtlinge zu einem Amnestierten-Verein, um Vorrechte und Forderungen durchzusetzen; in gewissen Fällen negative Entwicklungen bei den Flüchtlingen zu bemerken); im Hinblick auf die unberechtigten – weil bereits erfüllten – Forderungen F.s der gegen ihn seitens des Flüchtlingshilfswerks erhobene Vorwurf des Querulantentums vom Stab StdF geteilt.
K   124 03684 – 91 (330)

17. 8. 37   DSt. Ribbentrop – 28   12217
Bitte des Büros Luther um die Namen der von Hitler zum Reichsparteitag geladenen Ehrengäste zwecks Zimmerverteilung.
M   203 02544 (76/2 II)

17. 8. 37   AA – 28   12218
Durch das Amt für Ehrengäste Übersendung der Einladung eines Erich Führer (Wien) zum Reichsparteitag.
W   201 00383 (73/4)

17. 8. 37   AA – 28   12219
Durch das Amt für Ehrengäste Übersendung der Einladungen zum Reichsparteitag 1937 für die Prinzessin Stefanie zu Hohenlohe und die Viscountess Snowden.
W   201 00358 (72/8)

17. – 23. 8. 37   StSekr. Lammers – 28   12220
Auf Anfrage Bescheid des Amts für Ehrengäste: Nach den von Hitler genehmigten Einladungsgrundsätzen eine Berücksichtigung des Wunsches der Prinzessin Georg v. Sachsen-Meiningen auf Zuteilung einer Ehrenkarte für den Reichsparteitag nicht möglich.
K   101 15216 ff. (897)

18. 8. 37   HA f. Beamte   12221
Nach positivem Abschluß der politischen Überprüfung Bitte, dem Reichskriegsminister baldigst das Einverständnis mit der Benennung des Generalvikars des katholischen Feldbischofs Narkowski, Hermann Werthmann, zu dessen Nachfolger mitzuteilen, um die von „alter zentrumsbischöflicher Seite" bereits ins Spiel gebrachten „schon nach der Persönlichkeit ihrer Förderer für das gedachte Amt unmöglichen" Gegenkandidaten auszuschalten.
W/H   149 00073 ff. (1)

19. 8. 37   DSt. Ribbentrop – 29   12222
Durch den Ausländerdienst Übersendung von 100 Exemplaren des Programms des Ausländerdiensts für den Reichsparteitag zum Versand an die selbstzahlenden Besucher.
M   203 02531 (76/2 II)

19. 8. 37   GL Streicher   12223
Beschwerde über die Behandlung eines Rechtsstreites zwischen den Firmen Lighter & Co. und Nußbaum einerseits und der Kulmbacher Spinnerei andererseits; Protest gegen die „Aktenwühlerei" und die Objektivität deutscher Gerichte; Vorwurf, „amerikanischen Baumwolljuden deutsches Geld in den Rachen zu werfen"; Bitte an Heß, den Prozeßentscheid im Sinne der deutschen Wirtschaft zu beeinflussen.
K   101 15160 f. (892)

19. – 31. 8. 37   AA – 8   12224
Wiederaufnahme der Beziehungen der HJ zur ungarischen Levente-Jugend: Mitteilung über den Stand der Verhandlungen; keine Bedenken des Auswärtigen Amts.
M/H   203 00014 ff. (5/11)

19. – [31. 8.] 37   AA   12225
Die Erfüllung der auf eine möglichst ungestörte Arbeit abzielenden Unterbringungswünsche des Auswärtigen Amts (AA) von Gerland (Amt für Ehrengäste) zugesagt (Minister, Staatssekretär und drei weitere Beamte im Fremdenhaus-Anbau des Grand-Hotels). Dazu eine spätere inoffizielle telefonische Äußerung G.s: Mißfallen Hitlers über die wiederholten Versuche des AA, trotz der Genehmigung einer Geschäftsstelle nur für die Reichskanzlei und der absoluten Vorrangigkeit der Konzentration auf das ns. Erlebnis während des Reichsparteitags einen Bürobetrieb durchzuführen; weitergehende Konzessionen daher keinesfalls möglich. – Bericht über die Besichtigung der Unterkunft für Prinzessin Maria von Savoyen im Anwesen des Großindustriellen Schickedanz.
W   201 00359 – 61, 364 (72/8)

20. 8. 37   Adj. d. F – 1   12226
Durch den Verbindungsstab Übersendung einer 'Stellungnahme des Dr. Ernst Hanfstaengl aus London.
W   124 05079 (550)

21. 8. 37   SS-OAbschnitt Nordost – 3   12227
Bestätigung der Zugehörigkeit des SS-Obf. Kurt Hintze zur Arbeitsgemeinschaft Rossbach und später zum Frontbann Ostsee durch den Stabsgeschäftsführer StdF, Mackensen (ehemals Führer des Frontbanns Ostsee).
M   306 00492 (Hintze)

21. 8. 37   Adj. d. F – 15   12228
Bitte der Kommission für Wirtschaftspolitik, die beigefügte Einladung zu ihrer Sonderkundgebung anläßlich des Reichsparteitags Hitler zu übergeben (Thema der Kundgebung: „Die Eroberung der Wirtschaft").
K   124 03441 f. (293)

21. – 28. 8. 37   AA – 28   12229
Durch das Amt für Ehrengäste Übersendung von Einladungen zum Reichsparteitag 1937 für die Gräfinnen Nora und Irene Dubsky, für Prinzessin Marika Rohan, Barbara Bon (Zürich) und Prinzessin Stefanie zu Hohenlohe.
W   201 00385 ff. (73/4)

22. 8. 37   DSt. Ribbentrop – 28   12230
Durch das Amt für Ehrengäste Übersendung der Einladungen für 19 Ausländer zum Reichsparteitag.
W/H   203 02527 f. (76/2 II)

23. 8. 37   Adj. d. F   12231
*Stellungnahme des StdF zur Beförderung des RegR Angerer (Leipzig).
K   124 03630 (313)

23.–24. 8. 37   Hamb. StA – 8   12232
Bitte um Einladung des Doyens des (hamburgischen) Konsularkorps, GenKons. Yde, und des dominikanischen GenKons. Barinas zum Reichsparteitag.
W   203 02516 (76/2 I)

23. 8.–25. 11. 37   BfdVJPl.   12233
Übersendung von Ernennungs- und Beförderungsvorschlägen für zwei Beamte sowie von Sonderverträgen und außertariflichen Gehaltsfestsetzungen für vier bzw. drei Angestellte im Bereich des Vierjahresplans: Übernahme von tüchtigen Kräften aus der Industrie und aus freien Berufen dringend notwendig; eine Abweichung von den Vergütungssätzen des Reichsangestelltentarifs mit Rücksicht auf die höheren Gehälter in der Industrie unvermeidbar.
M/H   101 03552 – 62 (357)

24. 8. 37   RMfVuP – 29   12234
Behandlung des Reichsparteitagseinladungsvorschlags Kreglinger (Antwerpen).
W   203 02511 (76/2 I)

24. 8. 37   SSHA   12235
Kommandierung des SS-Staf. Tscharmann zur Betreuung der Auslandspressevertreter beim Reichsparteitag 1937.
M   306 00929 (Tscharmann)

[24. 8. 37]   RKzl.   12236
Veranlaßt durch eine *Eingabe des früheren Gewerkschaftlers Jakob Kaiser Erinnerung des StdF an den ihm zur Mitzeichnung übersandten Erlaß über die Stellung der der NSDAP angeschlossenen Verbände.
H   101 13356 (712)

25. 8. 37   Adj. d. F   12237
Übersendung eines *Schreibens der Berliner Kameradschaft der Blutordensträger mit der Bitte um weitere Behandlung.
K   124 03440 (293)

25. 8. 37   AA – 28   12238
Übersendung von zwei Einladungen zur Oper „Die Meistersinger von Nürnberg" durch das Amt für Ehrengäste Reichsparteitag 1937 zwecks Weiterleitung an Barbara Bon (Zürich) und Prinzessin Stefanie zu Hohenlohe.
W   201 00362 (72/8)

25. 8. 37   AA – 28   12239
Mitteilung des Amts für Ehrengäste Reichsparteitag 1937 über die Absendung von Einladungen an die Engländer W. C. Devereux und E. H. R. Fedden.
W   201 00371 (73/2)

25.–28. 8. 37   Adj. d. F – 28   12240
Nach Aufforderung Bormanns Kartenbestellung für die Festaufführung der Oper „Die Meistersinger von Nürnberg" am 6. 9. 37 (für Lady Snowden, Prinzessin Stefanie Hohenlohe, Frau Wiedemann und Hptm. Wiedemann).
K   124 03438 f. (293)

25. 8.–23. 11. 37   AA, Poln. Botsch.   12241
Übersendung einer Beschwerde des polnischen Professors Stefan Glaser wegen eines Vorfalls bei seinem Besuch einer Verhandlung des Landgerichts Nürnberg–Fürth gegen zwei katholische Kaplane: Entfernung aus dem Gerichtssaal, Verhör und Beschimpfungen durch GL Streicher. Dazu die Stellungnahme des StdF: G. Halbjude, der Vorfall daher nicht zu beanstanden.
H   101 26168 – 72 (1482 a)

26. 8. 37   Adj. d. F — 5   12242
Bitte des Stabs StdF um Vorlage von zwei *Listen bei Hitler zur Unterschrift.
W   124 00519 (55)

26.—31. 8. 37   Adj. d. F — 3   12243
Übersendung der *Eingabe eines Heinrich Renz (Frankfurt/Main). Dazu der Stab StdF: Nach einer ungünstigen Auskunft über R. durch die Gauleitung keine Möglichkeit, in seiner Angelegenheit weiteres zu unternehmen; Richtigstellung einer irrigen Angabe R.' über die Behandlung seines Falles durch den StdF; in diesem Zusammenhang nochmalige Antwort an R. beabsichtigt.
K   124 03458 ff. (293)

27. 8. 37   DSt. Ribbentrop, L. Moore, AuslPresseSt. — 29   12244
Mitteilungen des Ausländerdienstes über Reichsparteitagskarten und -quartier für Lucie Moore (München).
W   203 02517 ff. (76/2 I)

27. 8. 37   GL München-Oberbayern   12245
Durch den Stab StdF Anforderung einer politischen Beurteilung des Frhr. Friedrich Karl v. Eberstein. (Diese nach Auffassung der Hoheitsträger überflüssig: Die Berufung E.s zum Polizeipräsidenten von München Beweis für das Vertrauen Hitlers.)
M/H   306 00283 ff. (Eberstein)

27.—31. 8. 37   AA — 1, 28   12246
Die Bitte der Ägyptischen Gesandtschaft um Ermöglichung der Teilnahme am Reichsparteitag 1937 für Prinz und Prinzessin Ibrahim Halim vom Auswärtigen Amt (AA) befürwortet. Zusendung der Einladungen an das AA durch das Amt für Ehrengäste.
W   201 00366 (72/8); 201 00390 (73/4)

27. 8. — 20. 9. 37   RKzl., AA   12247
Bitte Bormanns, den Leiter der Volksdeutschen Mittelstelle, SS-Ogruf. Lorenz, oder seinen Vertreter, SS-Obf. Behrends, beim Empfang von Volksdeutschen durch Hitler hinzuzuziehen. Zusage des StSekr. Lammers, dieser – vom Auswärtigen Amt begrüßten – Anregung zu entsprechen.
M/H   101 00005 — 09 (124 a)

27. 8. —[1. 10.]37   RMfEuL   12248
Befremden des Reichsernährungsministers über die angeblich auf Wunsch des StdF von den mecklenburgischen Behörden erteilte Genehmigung für MinDirig. a. D. v. Detten, sein 1932 für RM 200 000.— erworbenes Gut Mariawerth für RM 525 000.— weiterzuverkaufen; Hinweis auf das bisherige Engagement gerade des StdF für die Möglichkeit des Eingreifens in überhöhte Preisbildungen; Bitte an den StdF um Mitteilung seiner Beweggründe in diesem seine Zuständigkeit nicht berührenden Fall. Nach Auskunft des StdF das Zustimmungsersuchen von Führeradjutant Wiedemann ausgegangen. Auf dessen telefonisch geäußertes (und dann, um Hitler nicht hineinzuziehen, dem StdF unterstelltes) Ersuchen ebenfalls Berufung des RStatth. Hildebrandt; um künftig „halbamtliche von privaten Ansichten" unterscheiden zu können, Anregung einer Informierung der Gaudienststellen über die zur Weitergabe der Anweisungen und Wünsche Hitlers berechtigten Stellen.
K/H   124 03666 — 71 (325)

28. 8. — 21. 10. 37   SS-Stubaf. Wernicke   12249
Über Bormann Anforderung einer Liste der bis 1932 gedrehten Spielfilme durch Hitler. Auswahl von Spielfilmen für den Berghof.
W/H   124 00197 — 204 (48)

29. 8. 37   AA — 28   12250
Mitteilung des Amts für Ehrengäste: Positive Entscheidung Hitlers über die Einladung Volksdeutscher aus der Tschechoslowakei zum Reichsparteitag 1937.
W   201 00394 (73/5)

29. 8. — 22. 9. 37   AA, Dt. Ges. Wien — 28   12251
Durch das Amt für Ehrengäste Übersendung der Einladung zum Reichsparteitag 1937 für Seyss-Inquart. Verzicht S.-I.s auf Annahme der Einladung aus Solidarität mit einigen anderen, durch die Ungültigmachung des Ausreisevisums an der Teilnahme gehinderten Ehrengästen aus Österreich.
W   201 00384, 388 f. (73/4)

30. 8. 37   RM   12252
Bitte des StdF, alle während des Reichsparteitags 1937 ablaufenden Fristen wie in den vorangegangenen Jahren stillschweigend um zehn Tage zu verlängern; seine Dienststelle in dringenden Fällen auf dem Reichsparteitag in der Pension Loew erreichbar.
W   201 00363 (72/8)

31. 8. 37   AA – 28   12253
Durch das Amt für Ehrengäste Übersendung der Einladungen eines Santos und Frau zum Reichsparteitag 1937.
W   201 00369 (73/2)

31. 8. 37   Adj. d. F – 5   12254
Annahme der Einladung zu einem Beisammensein im „Deutschen Hof" Nürnberg durch den Führeradjutanten Wiedemann.
W   124 00518 (55)

[31. 8. 37]   Verb. öffentl. Unfall- u. Haftpflichtversicherungsanstalten   12255
Übersendung einer Haftpflichtschadenanzeige Karl Ahrens gegen Unbekannt durch die Stabsleitung StdF.
K   124 03124 (260)

Sept. 37   O. Roeseler   12256
„Offener Brief" des Pg. Otto Roeseler (Berlin): Beschwerde über die Zustände bei der Verwertungsstelle der Reichsmonopolverwaltung für Branntwein; Anschuldigungen gegen den Betriebsführer, GehR Fritzweiler.
K   101 14729 ff. (803 a)

Sept. – 3. 11. 37   J. Neumeier, Adj. d. F   12257
Bitte eines Josef Neumeier (Wieselsberg/Niederbayern) um einen Empfang bei Hitler (mehrtägiger Besuch H.s bei ihm im Februar 1919). Weiterleitung an die Führeradjutantur.
W   124 04024 – 29 (370)

1. 9. 37   Adj. d. F – 28   12258
Rücksendung einer irrtümlich der Führeradjutantur übersandten Karte für die Kulturtagung.
K   124 03437 (293)

1. – 4. 9. 37   RStudF   12259
Übermittlung von Karten für die Sondertagung des NSD-Studentenbundes anläßlich des Reichsparteitages 1937.
M   203 02576 f. (76/2 II)

2. 9. 37   AA – 28   12260
Mitteilung der Ankunftszeit der italienischen Delegation für den Reichsparteitag 1937 unter Führung von StSekr. Bastianini.
W   201 00373 (73/3)

2. 9. 37   Adj. d. F   12261
Glückwunsch für Schulte-Strathaus (Stab StdF) anläßlich der Geburt des Sohnes Heinrich Wolfgang.
K   124 03551 f. (302)

[2. 9. 37]   RFSS   12262
Verbot für die SS-Personalkanzlei, Heß (SS-Obergruppenführer) mit Fragebogen zu belästigen.
W   306 00456 (Heß)

2. – 4. 9. 37   RStudF, DSt. Ribbentrop – 29   12263
Schriftwechsel über die Einladung, Unterbringung usw. verschiedener ausländischer Reichsparteitaggäste (Delorme, Stefan Stratescu, Oblt. Fuad Hakki, Julius Molnar, Kinyi Senda, Col. Marton).
W/H   203 02523 – 26 (76/2 II)

3. 9. 37   RMfEuL   12264
Zu dem ʿAntrag des Pg. Daniel Fechter (Mitgl.-Nr. 112), der Firma Melch (München) höhere Devisen-

kontingente einzuräumen (Absprache zwischen M. und F., letzteren im Erfolgsfalle in die Firma aufzunehmen und zu 50 Prozent am Gewinn zu beteiligen), ablehnende Stellungnahme des Reichsernährungsministers: Wegen Übersetzung des Obst- und Gemüsehandels eine Verringerung der an der Einfuhr beteiligten Firmen geboten; eine Ausnahmeregelung zugunsten eines Altparteigenossen mit Rücksicht auf die Folgen (Forderung nach Erhöhung der Devisenkontingente auch durch andere Firmen) nicht zu vertreten; die mit dem Stab StdF getroffene Vereinbarung, verdiente Parteimitglieder – bei gegebener persönlicher, finanzieller und fachlicher Voraussetzung – zum Einfuhrhandel mit Gartenbauerzeugnissen zuzulassen, im Falle F. nicht anwendbar.
K   124 03260 – 63 (277)

3.9.37 – 2.12.38   RMfWEuV, Prof. Jessen   12265
Differenzen zwischen dem Stab StdF und dem Reichserziehungsministerium wegen der politischen Beurteilung von Prof. Jens Jessen, jedoch Zustimmung des Stabs StdF zur Ernennung J.s zum Seminardirektor an der Universität Berlin.
M/W   301 00506 – 35 (Jessen)

6.9.37   LegR Büttner – 28   12266
Durch das Amt für Ehrengäste Übersendung eines Anfahrtscheins für den Kraftwagen Konrad Henleins während des Reichsparteitages.
M/H   203 02497 (76/1 I)

[6.9.37]   RJM   12267
Zustimmung des StdF zum *Entwurf eines Personenstandsgesetzes.
H   101 28181 (1536 b)

11.9.37   AA – 28   12268
Nach Mitteilung der Deutschen Botschaft in Paris Annahme der Parteitageinladung Hitlers durch Frau Fuchs und Frau Berglund und die Herren Bockelmann, Zimmermann und v. Manowarda.
W   201 00365 (72/8)

14.9.37   Rat d. Ev.-Luth. Kirche, RKzl.   12269
Rechtliche Bedenken des Rats der Evangelisch-Lutherischen Kirche gegen die Dreizehnte Durchführungsverordnung zum Gesetz zur Sicherung der Deutschen Evangelischen Kirche; selbst aus dieser jedoch keine Anerkennung des sog. Oberkirchenrats und des sog. Landesbischofs in Schwerin abzuleiten (zumindest die Verkündung ihrer Ernennung fehlend); Weigerung, RegR Schmidt zur Nedden (Oberkirchenrat in Schwerin) und Pastor Schultz (Landesbischof in Schwerin) als mecklenburgische Kirchenregierung im Sinne des § 2 Abs. 1 der Verordnung anzuerkennen, und Protest gegen deren Anerkennung durch den Reichskirchenminister. (Abschrift an den StdF.)
M/H   101 01394/5 – 10 (160)

14.9. – [28.10.] 37   RSchatzmeister, Hilfswerk Nord-West   12270
Im Zusammenhang mit der (gemäß Anordnung 114/37 des StdF verfügten) Zuständigkeit des Leiters der Zentralstelle für die wirtschaftspolitischen Organisationen der NSDAP, RHAL Keppler, für die Betreuung und Behandlung aller die NSDAP betreffenden österreichischen Fragen Bitte des Führers des Hilfswerks Nord-West, SA-Ogruf. Reschny, an Hitler, zu einer geplanten Besprechung (H., Schwarz, Bormann, R.) auch K. zuzuziehen, um Schwierigkeiten mit der neuen Dienststelle von vornherein auszuschalten.
K   124 03462 (293)

[14.9.37] – 18.2.38   StSekr. Lammers, RArbM, GL   12271
Bericht des Reichsarbeitsministers (RAM) an Hitler über den Erlaß einer für das Siedlungswerk schädlichen und im Gegensatz zu der vom StdF gebilligten Regelung stehenden Anordnung durch GL Bürckel. Wunsch Hitlers, vor einer abschließenden Stellungnahme die Auffassung Heß' kennenzulernen. Hinweis Heß' auf die Beseitigung der Schwierigkeiten bei der Durchführung der Kleinsiedlung durch seine Anordnung 158/37 (18.11.37) und den darin angezogenen Runderlaß des RAM über die Zusammenarbeit der Behörden mit den Parteidienststellen bei der Durchführung der Kleinsiedlung: Trotz Verfahrensvereinfachung Einfluß der Partei nicht nur nicht geschmälert, sondern gestärkt; keine Genehmigung von Sonderregelungen in den Gauen.
M/W   101 02175 – 89 (206)

[16. 9. 37]   RKzl.   12272
Geschäftsmäßige Behandlung bei der Reichskanzlei eingehender Meldungen von Beamten nach § 42 Abs. 2 Satz 2 DBG (Umgehung des Dienstweges, insbesondere bei Meldungen dienstlicher Vorgänge mit möglichen schädlichen Folgen für die NSDAP).
M   101 07330–33 (584)

16. 9. – 4. 10. 37   M. Riedmann, Adj. d. F   12273
Durch eine Marie Riedmann (Lustenau) Übersendung von Grußadresse und Treuegelöbnis der HJ Vorarlberg. Weiterleitung an die Führeradjutantur.
W/H   124 00988–90 (80)

[16. 9.] – 25. 11. 37   RMdI, RKzl., OPräs. Rheinprovinz, GL Düsseldorf u. a.   12274
Die Frage der Besetzung des Oberbürgermeisterpostens für Leipzig und Hannover geklärt, hinsichtlich Düsseldorf (Kandidat der Dresdner Obgm. Ernst Zörner) noch offen: Bitte des StSekr. Lammers an den StdF um eine abschließende Stellungnahme in der – auch den StdF beschäftigenden – Angelegenheit Z.; gleichzeitig Übersendung der Äußerungen des OPräs. Terboven (Ablehnung Z.s, Kritik an dem früheren Obgm. Wagenführ, positive Beurteilung des derzeitigen kommissarischen Obgm. Liederley) und des GL Florian (Verteidigung W.s, Ablehnung Liederleys, bisheriger Vorschlag der Nominierung Z.s zurückgezogen). Dilatorische Antwort des StdF. Schließliches Ergebnis: Im Falle des Einverständnisses aller Beteiligten keine Bedenken Hitlers gegen die Berufung des Solinger Obgm. Otto.
A/W   101 06991–7001 (573 a)

18. 9. 37   RMdI   12275
Auf Anfrage des StdF Bericht über den Umfang der Verweigerung von Sterilisierungen unter dem Einfluß der Katholischen Kirche; die kirchlichen Argumente gegen die Sterilisierung.
K/H   101 13759 ff. (721 a)

18. 9. 37   RJM   12276
Vorschlag zur Ernennung des AGPräs. Ernst Dürig (München) zum Präsidenten beim Landgericht München I.
K   101 26773–77 (1511 b)

20. 9. 37   DSt. Ribbentrop–29   12277
Auflösung des Nürnberger Postscheckkontos des Ausländerdienstes Reichsparteitag 1937.
M/H   203 02510 (76/2 I)

22. 9. 37   RMfVuP   12278
Der propagandistische Erfolg fremdsprachlicher Aufklärungsveröffentlichungen von der Qualität der Übersetzungen abhängig: Angebot des Reichspropagandaministeriums, gegebenenfalls geeignete Übersetzer zu benennen.
A   101 05715 (479)

[22. – 27. 9. 37]   Adj. d. F   12279
Unterstützung eines Gesuchs des HAL Stenger (Verwendung als Offizier des Beurlaubtenstandes) beim Wehrbezirkskommando VI.
K   124 03590 f. (307)

22. 9. – 1. 10. 37   GL Thüringen, Adj. d. F   12280
Unter Beifügung einer Stellungnahme der Kreisleitung Rudolstadt zum Parteiaufnahme-Antrag der Witwe des verstorbenen Dietrich Eckart (die von ihrem Mann wohl geschiedene Rose E. anläßlich der Einweihung des Denkmals für E. von Hitler bewußt gemieden) Bitte der Gauleitung Thüringen um Weisung für die Bescheidung des Antrages.
K/H   124 03254 f. (275)

23. 9. 37   Adj. d. F–1   12281
Übersendung einer Rechnung der Firma F. J. Schröder (Berlin) über RM 10 000.– mit der Bitte um Begleichung.
K   124 03548 (301)

24. – 27. 9. 37   Adj. d. F, Daimler-Benz A. G.   12282
Anläßlich des Kaufs eines neuen Wagens der auf die Stabsleitung StdF zugelassene Wagen IA-7055 in Zahlung gegeben; Abmeldung des Wagens.
W   124 01130 ff. (117)

[24. 9. 37 – 22. 1. 38]   Chef Orpo   12283
Keine Bedenken des StdF gegen SA-Staf. Gerret Korsemann (Ermittlungen bei der Einstellung in die Polizei wegen 1933 gegen K. erhobener Vorwürfe).
M/W   306 00727 f. (Korsemann)

[27. 9. 37]   W. Schmitt   12284
Auf Anraten der Pg.n Leitgen und Winkler (Stab StdF) Übersendung von Material (Bemerkungen zum Begriff „Achse") für eine Rede Hitlers durch den Rezitator Wilkar Schmidt (Düsseldorf) an die Führeradjutantur.
K   124 03541 – 43 (299)

28. 9. – 25. 10. 37   Kzl. d. F – 5   12285
Wegen der Abmeldung von der NSDAP-Kraftwagenversicherung wunschgemäß Bestätigung: Der Kraftwagen IIA-51916 von Hitler einem Herrn Schatz (Atelier Troost) geschenkt.
K/H   124 03528 f. (297)

30. 9. 37   RJM   12286
Vorschlag, den LGPräs. Fritz Szelinski (Halberstadt) zum Präsidenten des Oberlandesgerichts Marienwerder zu ernennen.
K   101 26748 – 53 (1511 b)

Okt. 37 – 14. 2. 45   GL Schleswig-Holstein   12287
Personalakte Gerd Fischer (seit Oktober 1937 im Stab StdF bzw. in der PKzl. tätig, mit Wirkung vom 1. 11. 44 unter Enthebung als Reichshauptstellenleiter z.V.-gestellt).
H   502 00237/1 – 252 (14)

[1. 10. 37]   ZSt. f. d. wipol. Org. d. NSDAP   12288
Auf Veranlassung Bormanns Bitte des Leiters der Zentralstelle für die wirtschaftspolitischen Organisationen der NSDAP, Keppler, im Falle eines Empfanges des Landesleiters der NSDAP in Österreich, Leopold, durch Hitler zu der Besprechung hinzugezogen zu werden.
K   124 03303 (281)

1. – 6. 10. 37   Adj. d. F – 5   12289
Übersendung des *Kraftfahrzeugbriefs und einer *Abschrift des Kraftfahrzeugscheins für den Wagen des Führeradjutanten Brückner (IA-272447); Versicherung des Wagens und Abmeldung des Wagens IIA-44670 von der Versicherung.
W   124 00506 ff. (55); 124 01133 (117)

1. – 16. 10. 37   RMfWEuV   12290
Nach Zustimmung des StdF Ersetzung des bisherigen Chefs des Amtes für Erziehung, MinDir. Bojunga, durch MinR Holfelder (veranlaßt durch die bevorstehende Umwandlung der Schulen von Konfessions- in ns. Weltanschauungsschulen) und Ernennung B.s zum Kurator der Universität Göttingen. (Vgl. Nr. 11883.)
M/W   301 00162 – 70 (Bojunga)

3. 10. 37   Adj. d. F   12291
Übersendung einer *Rechnung über RM 20 796.– „für die Standarten" mit der Bitte um Begleichung, RM 240.– „für die goldenen Hoheitszeichen" bereits überwiesen.
W/H   124 00431 (55)

3. – 20. 10. 37   A. Fischer, NSKK-KorpsF   12292
Bitte eines Alfred Fischer (Berlin) um Überprüfung der zu seiner Degradierung im NSKK und zu seiner schließlichen Entlassung führenden Vorgänge. Ablehnung des Stabes StdF, sich in dieser – durch den endgültigen Entscheid des Korpsführers vom 26. 8. 37 abgeschlossenen – innendienstlichen Angelegenheit des NSKK zu verwenden.
K   124 03264 ff. (278)

4. 10. – 2. 12. 37   RMdI, RKzl., RKM   12293
Durch den Reichsinnenminister Übersendung von *Entwürfen eines Gesetzes über das Deutsche Rote Kreuz (DRK). Berücksichtigung eines Änderungswunsches des Reichskriegsministers (Beteiligung beim Erlaß der – u. a. auch vom StdF zu genehmigenden – Satzung des DRK).
K/H   101 14107 ff. (745 a)

5.—15.10. 37   RArbM   12294
Übersendung des *Entwurfs einer Verordnung zur Neugestaltung Berlins. Nach Abhaltung einer Besprechung Vorlage einer abgeänderten *Entwurffassung.
K   101 19510 ff. (1182)

6. 10. 37   RMfWEuV   12295
Mitteilung über die Einführung einer Kurzanschrift für die Landesverwaltung der Nationalpolitischen Erziehungsanstalten in Preußen („Naperzazentrale Berlin") zur Ersparung von Telegrammgebühren.
K   101 16233 (955)

7. 10. 37   Himmler   12296
Bormann mit Frau Gast Himmlers in Gmund.
W   107 00953 (309)

7. 10. 37   AA   12297
Angebot des in Paris wohnhaften Reichsangehörigen Alexander Roempler, seine persönlichen Beziehungen zu dem französischen Ministerpräsidenten Chautemps als Mittelsmann für eine deutsch-französische Annäherung zu benutzen; Angaben R.s zu seiner Person: Alter Kämpfer, mit Hitler und Göring bekannt, Initiator eines von Heß „im letzten Augenblick" verhinderten ns. Putsches in Kärnten 1936.
H   101 25697 f. (1439 b)

7. 10. 37—7. 2. 38   AA, Dt. Ges. Brüssel—28   12298
Übermittlung einer Anregung der Deutschen Gesandtschaft in Brüssel, durch Schaffung einer entsprechenden Stelle in Nürnberg künftig ausländischen Interessenten (vor allem Journalisten und Vertretern antikommunistischer und antijüdischer Verbände) auch kurzfristig noch die Teilnahme am Reichsparteitag zu ermöglichen.
W   201 00366/1—368 (73/2); 201 00391 ff. (73/4)

8. 10. 37—28. 7. 39   AA, Dt. Kons. Kapstadt, Dt. Kons. Wellington u. a.   12299
Übersendung von Presseartikeln, Interviews, Vorträgen und sonstigen Verlautbarungen über den Rotary-Klub, auch über das Verhältnis des ns. Deutschland zu den Rotariern (Verbot für Parteimitglieder, dem Rotary-Klub anzugehören; Ausdehnung der Rotarier; Kinderaustausch; Verbot der Rotary-Klubs in Polen; u. a.).
K   101 15324—63 (912 c)

11. 10. 37   Adj. d. F—5   12300
Rückgabe eines nicht unterzeichneten *Schreibens des Stabs StdF.
W   124 00505 (55)

13. 10. 37   AA, Dt. Ges. Wien   12301
Unter Bezugnahme auf die Verfügung 91 des StdF Übersendung eines Berichts der Deutschen Gesandtschaft in Wien über die bei einer Österreichreise erfolgte Kontaktaufnahme des OGebF Lorenz mit dem dortigen Landesleiter.
W   203 00027 f. (10/2)

14. 10.—18. 11. 37   StSekr. Lammers, (AA, RMdI)   12302
Schwierigkeiten beim Abschluß eines deutsch-italienischen Ärzteabkommens wegen der organisatorischen Ungleichheit der Vertragspartner: Auf italienischer Seite infolge Fehlens einer entsprechenden Standesorganisation nur Vertragsabschluß durch die Regierung möglich. Auf Weisung Bormanns Herantreten an StSekr. Lammers zwecks „regierungsseitiger" Bevollmächtigung des deutschen Verhandlungsführers, des Reichsärzteführers Wagner. Durch L. Einschaltung des Auswärtigen Amts (und auf dessen Anregung auch des Reichsinnenministeriums).
K/H   101 13533—44 (717)

14. 10. 37—3. 3. 38   RJM, RKzl., RMfdkA   12303
Einbringung des Entwurfs eines Änderungsgesetzes zum Heimtückegesetz mit Einverständnis Hitlers. Bedenken des StdF, insbesondere wegen der Einführung des Wahrheitsbeweises: Möglichkeit, aus der prozessualen Behandlung auf die Beurteilung des Wahrheitsgehalts der zu verhandelnden Angelegenheit durch die Strafverfolgungsbehörde zu schließen, und Unzweckmäßigkeit, darüber etwas „nach außen zu erhellen". Verschärfungswünsche des Reichskirchenministers unter Hinweis auf die Fälle Dibelius und Niemöller; Bitte, die Umgestaltung der Heimtückematerie nicht bis zur allgemeinen Strafrechtserneuerung aufzuschieben.
H   101 21309—20 (1264 a)

15. 10. 37 – 8. 8. 39   RKzl., Dr. Steinacher, F. Bürger, AA   12304
Protest des beurlaubten Bundesleiters des Volksbundes für das Deutschtum im Ausland (VDA), Steinacher, gegen die Einsetzung eines „Kommissars für (den) VDA" und Bitte an Hitler um Gelegenheit zu persönlicher Rechtfertigung (dazu nach Feststellungen der Reichskanzlei [RKzl.]: Beurlaubung St.s wegen Betreibung einer der außenpolitischen Linie H.s nicht entsprechenden Politik, Einsetzung des Dr. Luig als kommissarischer Leiter, Erwägungen über einen neuen Leiter und eine die ausschließlich kulturellen Aufgaben betonende Umbenennung des VDA). Ablehnung H.s, in der Angelegenheit St. zu entscheiden, und Verweisung St.s an den StdF. An diesen auch Weiterleitung mehrerer Eingaben eines Mitarbeiters von Konrad Henlein, Friedrich Bürger, zugunsten von St.: Schädigung der Stellung Henleins und der deutschen Sache im Sudetenland durch den Sturz St.s; ursprünglich auch seitens der Partei anerkannte Notwendigkeit einer unabhängigen, durch Gleichschaltung nicht behinderten Arbeit des VDA, z. B. notwendige Kontakte zu Geistlichen als Trägern des Volkstumskampfes kein Grund für eine Verleumdung des VDA als Hort des politischen Katholizismus usw.; keine Ablehnung St.s durch die Volksgruppen trotz jahrelanger „Unterminierarbeit" gegen ihn und den VDA; Gefahr für den VDA, als „irredentistische Attrappe der NSDAP" dazustehen. Mehrere Nachfragen der RKzl. beim Stab StdF nach dem Stand der Angelegenheit St. ergebnislos: Noch keine abschließende Regelung möglich gewesen.
H   101 25203 – 22 (1408 c)

20. 10. – 3. 11. 37   Adj. d. F, RKzl., RMdI, GL Pommern – 9   12305
Der Versuch des deutschblütigen Teils (Giesecke) der am Teubner-Verlag beteiligten Familien, den nicht rein arischen Teil (Ackermann) auf dem Prozeßwege aus dem Verlag auszuschalten, zunächst von den beteiligten Ressorts – mit Ausnahme des Reichswirtschaftsministers – unterstützt. Nach dem Urteil eines Oberlandesgerichts im Sinne einer Ausschaltung jedoch geänderte Stellungnahme des Propagandaministers (Promi) zugunsten des Verbleibs der Familie A. im Teubner-Verlag. Stellungnahme des Reichsinnenministers: Zweifel am Erfolg eines mit dem Meinungswechsel des Promi begründeten Revisionsantrages beim Reichsgericht; die Folgen der ergangenen Urteile (Ausscheiden der Familie A. aus dem Teubner-Verlag und Existenzgefährdung des weltweit bekannten Unternehmens) aus rechtlichen und politischen Erwägungen unerwünscht (das Vorgehen gegen die Familie A. in Widerspruch zu den Nürnberger Gesetzen stehend [Gleichsetzung jüdischer Mischlinge mit deutschblütigen Personen im Wirtschaftsleben], die damit verbundene gleichzeitige Begünstigung der politisch belasteten Familie G. [Anhänger und Förderer des Reichsbanners] nicht erwünscht); um – mit Rücksicht auf die Weltgeltung des Teubner-Verlages – zu einer befriedigenden Lösung zu kommen, Antrag an StSekr. Lammers, die Angelegenheit Hitler vorzutragen. Nach der von H. gefällten Entscheidung über den Verbleib der A. im Teubner-Verlag Eingehen L.' auf Vorhaltungen der Parteiamtlichen Prüfungskommission zum Schutze des NS-Schrifttums (Vortrag der Angelegenheit bei H. nur durch den Vorsitzenden der Kommission statthaft; der wichtige Umstand der Herausgabe der Schriften des NS-Lehrerbundes [NSLB] durch den Verlag von L. nicht zur Sprache gebracht): Grundsätzlich Vorlage aller Anträge auf Ausnahme von den Nürnberger Gesetzen bei H. durch ihn, L.; Bereitschaft, H. den erwähnten neuen Sachverhalt in Gegenwart Bouhlers darzulegen. Bei dem neuerlichen Vortrag Zurückweisung der auf eine Ausschaltung der nicht rein arischen Mitglieder der Familie A. zielenden Argumentation B.s durch L.; dessen Vorschlag, die Entscheidung H.s aufrechtzuerhalten und dem NSLB die Zurückziehung seiner Schriften aus dem Teubner-Verlag nahezulegen, von H. vorerst gebilligt, jedoch Wunsch nach weiteren Ermittlungen über die anti-ns. Tätigkeit des Mitinhabers G.
K/W   124 03108 – 21 (260)

21. 10. 37   Intern – 1, 16   12306
Einwände gegen die unzumutbar hohe Belastung des Gaststättengewerbes in München durch eine Fremdenverkehrsabgabe: Unter Hinweis auf die – angenommene – Unvereinbarkeit der Fremdenverkehrsabgabe mit dem Reichsrecht Bitte des Sachbearbeiters für öffentliche Finanzen, Steuern und Arbeitsbeschaffung an den StdF, vom Reichsinnenminister die Aufhebung der Abgabe zu verlangen.
K   101 14371 – 72/3 (768)

23. 10. 37   RMdI   12307
Bitte um Unterstützung der angeordneten Maßnahmen gegen die weitere Ausbreitung der aus Frankreich nach Baden eingeschleppten Maul- und Klauenseuche (Verzicht auf Massenversammlungen und Kundgebungen in verseuchten Gebieten).
K/H   101 14037 f. (741)

23. 10. 37   PrMPräs.   12308
Vorschlag zur Ernennung des braunschweigischen Staatsministers Friedrich Alpers zum Nachfolger des Staatssekretärs im Reichsforstamt v. Keudell.
H   101 18897−901 (1156)

25. 10. 37   Adj. d. F   12309
Bitte an Bormann, den Absender einer (anläßlich des vierten Jahrestages des Verbots der NSDAP Österreichs) durch die Landesleitung Österreich verbreiteten *Denkschrift, Paul Rauscher, gelegentlich zu sich zu bitten.
K   124 03407 f. (291)

25. 10. 37   Adj. d. F−1   12310
Bitte an Stenger (Verbindungsstab), sich der Sache des ehemaligen Gewerkschaftssekretärs Reinhold Schmidt anzunehmen (nach − vergeblichen − Bemühungen, die DAF zur Überprüfung ihres Standpunktes zu bewegen).
K   124 03539 f. (298)

25. 10.−4. 11. 37   RFSS   12311
Wunsch des StdF, künftig nicht mehr in der Rangliste der SS aufgeführt zu werden.
M   306 00455, 460 (Heß)

25. 10.−2. 12. 37   RMdI, Lammers u. a.   12312
Die Notwendigkeit eines Gesetzes und einer Verordnung über die Feiertage (Vorlage von *Entwürfen durch den Reichsinnenminister) von Hitler offenbar unterschiedlich bewertet (später Drängen Bormanns). Laut Mitteilung des Stabs StdF Zustimmung H.s zu einer Verordnung über die geschützten Tageszeiten (beschränkt auf 6−19 Uhr) für Bußtag und Totensonntag 1937.
H   101 21368 ff. (1266 a)

26. 10. 37   Adj. d. F   12313
Übersendung einer *Rechnung der Ufa-Handelsgesellschaft (Berlin), den Bildwerferraum des Berghofs betreffend.
W   124 00196 (48)

26. 10.−27. 11. 37   RFSS u. a.   12314
Genehmigung des StdF, SS-Gruf. Redieß zum Aufsichtsrat der zur Erich-Koch-Stiftung gehörigen Propan-Flaschengas GmbH zu bestellen; Annahme von Aufsichtsrat-Tantiemen nicht gestattet.
M   306 00794−97 (Redieß)

27.−28. 10. 37   Adj. d. F−5   12315
Durch den Stab StdF Übersendung zur Unterzeichnung durch Hitler eine *Ernennungsliste, zur Kenntnisnahme *Parteigerichtsbeschlüsse gegen Alfred Richter und Hugo Schimpff.
W/H   124 00503 f. (55)

[28. 10. 37]   Neurath   12316
Absicht der italienischen Regierung, Heß und einige Gauleiter zur Feier des Jahrestages des Marsches auf Rom am 28. 10. 37 einzuladen.
H   101 25719 (1449 a)

28. 10. 37−14. 4. 38   RSt. f. Raumordnung, RKzl.   12317
Vom StdF die möglichst baldige Verabschiedung des *Gesetzes zur Änderung des Gesetzes über die Aufschließung von Wohnsiedlungsgebieten befürwortet; keine Absicht, sich in die Zuständigkeitsstreitigkeiten zwischen dem Reichsarbeitsminister und dem Leiter der Reichsstelle für Raumordnung einzumischen.
M   101 02197 ff. (206)

28. 10. 37−3. 9. 38   Adj. d. F, GL Berlin   12318
Nach einer an den StdF weitergeleiteten *Beschwerde der Pgn. Helene Dehn (Berlin) über OGruL Specht erneut Einleitung eines Parteigerichtsverfahrens gegen die D. Dessen Einstellung nach der Amnestie. Das dem Stab StdF gemeldete Urteil im Gaugerichtsverfahren gegen S.: Verwarnung unter Aberkennung der Fähigkeit zur Bekleidung eines Parteiamts für die Dauer von drei Jahren.
K/H   124 03572 (305); 124 03661−65 (324); 124 04233 (393)

29. 10. – 3. 11. 37   Adj. d. F   12319
Nach Auffassung Hitlers die Auszeichnung von Jubiläen alter Parteigenossen durch Telegramme oder gar Besuche nicht angebracht (an GL Sauckel zu dessen zehnjährigem Gauleiterjubiläum allerdings von H. ein Telegramm geschickt); die von Heß angeregte Unterrichtung Hitlers von Jubiläen daher nicht erforderlich.
W   124 00426 ff. (55)

31. 10. 37   AA, Dt. Ges. Budapest   12320
Übersendung eiones Berichts der Deutschen Gesandtschaft in Budapest über den Einfluß des Judentums im nationalen Leben Ungarns: Entstehung der „Judenfrage" und Vordringen des Judentums, insbesondere dank dem Vorkriegsliberalismus; Ausmaß der „Verjudung" – in statistischen Angaben – in Dorf, Stadt und Hauptstadt sowie in den einzelnen Wirtschaftszweigen und Berufen; Soziologie des ungarischen Judentums; Zurückdrängung des jüdischen Einflusses seit der Niederringung der „roten Diktatur Béla Kuns".
H   101 26413 – 34 (1502)

1. 11. 37   Adj. d. F – 5   12321
Übersendung des *Kraftfahrzeugbriefs für den der Führeradjutantur gehörenden Wagen IA-274275 und Bitte um die Versicherung eines weiteren Wagens (IA-277245).
W   124 00502 (55)

2. 11. – [4. 12.] 37   RMdI, RJM   12322
Drängen auf umgehende Regelung der etwa 45 000 gegen das ehemalige Gewerkschaftsvermögen (in das Vermögen eingewiesen: die DAF) gerichteten Ansprüche durch endliche Verabschiedung des Entschädigungsgesetzes; Hinweis auf die Folgen bei Verzicht auf eine gesetzliche Regelung: Entscheidungen von Gerichten oder der Verwaltung gegen die DAF, d. h. also gegen die Partei (Grund der bisherigen Verzögerung die Verzögerung der Verkündung des Erlasses über die Rechtsstellung der der NSDAP angeschlossenen Verbände). Nach Zustimmung des StdF Vorlage und Verabschiedung des *Gesetzes über die Gewährung von Entschädigungen bei der Einziehung oder dem Übergang von Vermögen in der Kabinettssitzung vom 9. 12. 37.
K/H   101 13347 – 54 (712)

[3. 11. 37]   Daimler-Benz A. G.   12323
Mitteilung der Stabsleitung StdF: Zwei Rechnungen von der Führeradjutantur nicht zur Begleichung eingereicht.
W   124 03208 (271)

3. 11. – 15. 12. 37   Adj. d. F, StSekr. Lammers   12324
Auf die Bitte der Führeradjutantur um Stellungnahme zum Fall E. Stadtler (Düsseldorf) Bitte des Stabs StdF um weitere Angaben zur Person.
W   124 03586 (306); 124 04243 f. (394)

4. 11. 37   RMdI   12325
Mitteilung des StdF über die künftige Bezeichnung des NS-Lagers für Verwaltungsbeamte: Der Stellvertreter des Führers, „Reichslager für Beamte", Lager Tutzing bzw. Bad Tölz.
M   101 07205 (580)

5. 11. – 8. 12. 37   Adj. d. F, L. Nopp, Blohm & Voß u. a. – 11   12326
Im Zusammenhang mit der *Mitteilung eines Leopold Nopp (Wien) – einer Jugendbekanntschaft Hitlers – über den drohenden Verkauf einer wichtigen Erfindung (Luftantrieb für Wasserfahrzeuge) an die USA Auskunft der Schiffswerft Blohm & Voß auf Anfrage des Stabs StdF: Die Angelegenheit möglicherweise identisch mit der angeblichen Erfindung eines als Schwindler entlarvten Ing. Weimann (versuchte Täuschung der DAF [Abt. Erfinderschutz] mit gefälschten Briefköpfen der Fa. B. & V.). – Erwähnung eines dem Schreiben N.s beigefügten, für H. bestimmten Lichtbildes.
K   124 03340 – 48 (286)

6. – 10. 11. 37   Obgm. Stettin – 26   12327
Klarstellung des Baureferats der Stadt Stettin zu den vom Stab StdF in der Bauangelegenheit v. Zanthier gemachten Vorstellungen: Stillegung des Baus nicht durch die städtische Bauverwaltung, sondern durch den baupolizeilich zuständigen Landrat wegen Fehlens jeder baupolizeilichen Genehmigung; aufgrund eines privatrechtlichen Aufschließungsvertrages keine Bebauung des Grundstücks ohne Genehmigung

der Stadt Stettin – auch im Hinblick auf die Gestaltungsfragen – möglich; der auf der unzulänglichen Planung durch den Architekten Labes beruhende Einspruch der Stadt gegen den Fachwerkbau nach mehrfacher Überarbeitung und Veränderung des Projekts fallengelassen, und zwar bereits vor der Stellungnahme durch den Stab StdF; Bitte um persönliche Rücksprache mit dem Beauftragten für das Bauwesen über die Behandlung ähnlich gelagerter Fälle.
K   124 03279 f. (281)

7. 11. 37   RMdI, DAF u. a.   12328
Rundschreiben des StdF und (mit Beteiligung des StdF ergangene) Richtlinien des Reichsinnenministers über die Behandlung jüdischer Kurgäste: Möglichkeit des Ausschlusses von den Kureinrichtungen in Bädern und Kurorten oder der Beschränkung auf bestehende jüdische Betriebe sowie der Begrenzung des Besuchs von Heilbädern; Gleichbehandlung in- und ausländischer Juden.
W   128 00001 – 04 (2)

8. 11. 37   RMdI u. a.   12329
Anforderung statistischer Angaben von den Obersten Reichsbehörden über die Beamten des betreffenden Ressorts: Anzahl der in den Ruhestand versetzten Juden sowie der in den Ruhestand versetzten und der im Dienst belassenen jüdischen Mischlinge 1. und 2. Grades und der mit Juden oder jüdischen Mischlingen Verheirateten. (Nachrichtlich an den StdF.)
H   101 29958 ff. (1582)

9. 11. 37   R. Blankenhorn   12330
Anerkennungsschreiben Heß' für die von Richard Blankenhorn (Ehingen) seit 1932 geleisteten Dienste als Kreisleiter.
W/H   124 04823 (500)

[9. 11. 37] W. Christ   12331
Bitte eines Walter Christ (früher Berlin) um Wiederherstellung seiner angeblich durch die Intrigen verschiedener Parteigenossen verletzten Ehre (die Ablehnung seines Wiederaufnahmeantrags in die Partei angesichts der gebrachten persönlichen Opfer als unbillig empfunden).
K   124 03649 (323)

9. – 12. 11. 37   G.-I. Tilsen, Adj. d. F – 1   12332
Bitte des Berliner Frauen-Kammerorchesters, Hitler vorspielen zu dürfen. Weiterleitung an die Führeradjutantur.
W   124 01064 f. (111)

10. 11. 37   Adj. d. F   12333
Bitte des Stabs StdF um Auskunft über verschiedene Kraftwagen der Adjutantur des Führers bzw. der Reichskanzlei (Besitz oder Leihwagen).
W   124 00497 f. (55)

12. 11. 37 – 25. 11. 38   Adj. d. F   12334
Nach zunächst bloßer Textänderung wiederholte Bitte Bormanns, auf den Antragsformularen für Ehrenpatenschaften Hitlers (und Görings) die Frage nach dem Taufdatum wegzulassen, um eine propagandistische Auswertung durch die Kirche zu verhindern.
W/H   124 00567 – 70 (56); 124 00611 f. (57)

[13. 11. 37]   Himmler   12335
Beschäftigung des StdF mit der Frage des Verhältnisses zwischen NS-Kriegsopferversorgung und Reichskriegerbund; die Abgrenzung der Aufgaben beider Organisationen durch den StdF Voraussetzung für die Billigung der von ihnen getroffenen Vereinbarung.
W/H   124 01051 (108)

15. 11. 37   RWiM   12336
Protest gegen den Versuch der DAF-Gauverwaltung Schwerin, die gesamte Organisation des mecklenburgischen Handwerks unter die Führung der DAF zu stellen (Anordnung vom 8. 11. 37); Forderung, die DAF anzuweisen, alle Maßnahmen gegen die gesetzliche Organisation des Handwerks unverzüglich aufzuheben und damit das geschädigte Ansehen der Reichsregierung wiederherzustellen.
M   101 02747 ff. (276)

15. 11. 37 – 14. 7. 38   Adj. d. F, C. Schmidt, K. Refle – 11   12337
Trotz Schwierigkeiten mit den beiden Erfindern Carl Schmidt und Konrad Refle (Starnberg; Stellung überhöhter finanzieller Forderungen bei gleichzeitiger Betonung ihres Idealismus; statt Beibringung der geforderten Unterlagen über den von ihnen erfundenen Wasserstoffmotor grundlose Klage über die angeblich allzu kaufmännische Einstellung der zur Förderung solcher Projekte eingesetzten Stellen) Vereinbarung einer Besprechung durch Croneiß (Stab StdF) wegen der „Wichtigkeit des Wasserstoffproblems". Absicht C.', im Rahmen seines Referats für technische Fragen eine Spezialstelle zur Bearbeitung dieses Problems einzurichten und Sch. und R. evtl. zur Mitarbeit heranzuziehen. In der Folgezeit jedoch statt Bereinigung der Unstimmigkeiten unsachliche und beleidigende Äußerungen Sch.s und R.s gegenüber C.; nach dessen Ansicht Geduld mit den beiden nicht mehr gerechtfertigt.
H   124 03624 (312); 124 04188 – 95 (387); 124 04680 ff. (469)

17. – 20. 11. 37   Adj. d. F, M. Baumgartner   12338
Aufgrund eines Empfehlungsschreibens des Führeradjutanten Brückner an das Büro Bormann befristete Aussetzung der Reichsverweisung des österreichischen Staatsangehörigen Alois Baumgartner. Rat Hanssens (Stab StdF) an Frau Baumgartner (München), ein Gesuch um weitere Aufenthaltsbewilligung an Ass. v. Borcke (Braunes Haus) zu richten.
K   124 03145 – 48 (263)

18. 11. 37   Adj. d. F – 1   12339
Bitte, gelegentlich eine Kopie des Berichtes über die Bank der Deutschen Arbeit zu übersenden.
K   124 03135 (262)

[18. 11. 37]   Amt f. d. 8. – 9. Nov. 1923   12340
Im Entwurf der Satzung für einen „Orden der Träger des Ehrenzeichens vom 9. November 1923" u. a. der StdF als ständiges Mitglied des Ordensrates kraft Parteiamt vorgesehen.
W   124 04401 – 07 (411)

[18. 11. 37]   Hptm. Wiedemann   12341
Glückwünsche des Führeradjutanten Wiedemann an Heß zur Geburt seines ersten Sohnes.
W   124 00090 (33)

[18. 11. 37]   Adj. d. F   12342
Anruf eines Adjutanten Heß': Im Falle eines Gespräches Hitler – Heß oder Hitler – Frick Bitte um Erinnerung des StdF an den Wunsch der Partei, bei der Besprechung des Reichsverteidigungsgesetzes beteiligt zu sein.
K   124 03174 f. (267)

18. – 19. 11. 37   N. Pabst, Adj. d. F – 1   12343
Bitte einer Nelly Pabst (Altenau), ihr einen Besuch bei Hitler zu ermöglichen. Weiterleitung an die Führeradjutantur.
K   124 03352 ff. (288)

18. – 22. 11. 37   Adj. d. F, H. Ungewitter, Pg. Bergler   12344
Wunschgemäß Übersendung eines der Führeradjutantur im Jahre 1936 von Pg. Bergler überreichten 'Stimmungsberichts über die Zustände bei der Reichsbahndirektion München an den Stab StdF und Bitte um Mitteilung über eine etwaige Verwendung dieser Aufzeichnungen (der Bericht für Hptm. Wiedemann seinerzeit kein Grund zu irgendwelchen Veranlassungen).
K   124 03158 f. (265); 124 03635 (316)

18. 11. 37 – 21. 9. 44   RMfWEuV   12345
Mehrere Nachfragen des Stabs StdF nach den gegen Prof. Justus Hashagen (Hamburg) ergriffenen Maßnahmen (ein Verfahren gegen H. vor dem Sondergericht Hamburg wegen Verstoßes gegen das Heimtückegesetz auf Grund § 51 Abs. 1 StGB eingestellt). Versetzung H.s in den Ruhestand gemäß § 73 in Verbindung mit § 75 DBG. Maßnahmen gegen H. wegen späterer philosemitischer Äußerungen (1944 in einer Buchbesprechung in der Zeitschrift „Archiv für Kulturgeschichte") nach Ansicht des Reichserziehungsministers nicht erforderlich („hochgradige Persönlichkeitszerstörung" H.s).
M/W/H   301 00415 – 30 (Hashagen)

19. 11. 37   RMfWEuV   12346
Vorschlag zur Ernennung des Direktors (bei der Zweigstelle Istanbul) Martin Schede zum Präsidenten des Archäologischen Instituts des Deutschen Reiches.
H   101 20859 – 64 (1228 a)

[19. 11. 37]   RKB, RVM, H. Recknagel   12347
Empfehlung Todts (Stab StdF), Kraftverkehrsgewerbegenehmigungen an Alte Kämpfer zu vergeben.
Vom StdF beim Reichsverkehrsministerium die Erteilung zehn solcher Genehmigungen durchgesetzt.
W   124 04093, 100, 103 (378)

19. 11. 37 — 25. 3. 38   RMdI, RKzl.   12348
Beanstandung des StdF, an der Herausgabe des *Runderlasses des Reichsinnenministers (RMdI) vom
23. 10. 37 über Meldungen nach § 42 Abs. 2 des Deutschen Beamtengesetzes nicht beteiligt worden zu
sein; Befürchtung von Mißverständnissen insbesondere hinsichtlich der Ziffer 4 des Erlasses: Androhung, den dort erweckten Eindruck des für Behörden*angestellte,* Beamtenfrauen u. ä. generell verschlos-
senen direkten Weges zu Hitler den Parteigenossen gegenüber zu korrigieren. Stellungnahme des RMdI
(abgeänderte Fassung auf Veranlassung der Reichskanzlei): Zweck des Erlasses, die Beamtenschaft auf
die notwendigen Voraussetzungen einer Meldung auf dem in § 42 Abs. 2 Satz 2 vorgesehenen abgekürz-
ten Dienstweg hinzuweisen; der vom StdF genannte Personenkreis dadurch keineswegs eingeengt, die
vom StdF verlangte Klarstellung daher nicht für erforderlich gehalten; der Erlaß lediglich eine Belehrung über den Inhalt der wiedergegebenen Gesetzesstellen, eine Beteiligung des StdF und anderer
Reichsminister hierfür nicht erforderlich.
M/H   101 04786 — 805 (427 b)

20. 11. 37 — 7. 7. 38   Adj. d. F   12349
*Eingabe eines vom Obersten Parteigericht verurteilten E. R. Stephan (Berlin) unter Bezugnahme auf ein
angebliches Verbot die Familie St. ruinierender Maßnahmen durch Heß. Stellungnahme des Stabs StdF:
Die Behauptung St.s unrichtig, gemeint vermutlich das allgemeine Verbot, aus der Partei Ausgeschlossenen wirtschaftliche Nachteile zuzufügen; die gegen St. ausgesprochene Strafverfügung von der Amnestie
betroffen.
W   124 04263 — 66 (395)

23. 11. 37   RJM   12350
Vorlage eines ergänzten, von den beteiligten Reichsministern gebilligten *Entwurfs eines Gesetzes zur
Änderung des Reichsheimstättengesetzes.
M   101 02194 ff. (206)

23. — 27. 11. 37   Adj. d. F   12351
Wunsch eines Fritz Lauboeck (Herzogsägmühle b. Schongau), private Schriftstücke aus seiner Zeit als
Privatsekretär Hitlers (bis 1923) diesem persönlich zu überreichen. Bitte Bormanns um Festlegung eines
Termins für L.; ferner Bitte um Auskunft über den Verbleib des von Pg. Rudolf Schüssler 1924 an H. in
Landsberg übergebenen Materials aus der Sterneckerzeit (Auslieferung des restlichen noch in Sch.s Ver-
wahrung befindlichen Materials aus der Frühzeit der Partei an das Hauptarchiv der NSDAP jetzt mit
ihm vereinbart).
W/H   124 00420 ff. (55)

[23.] — 30. 11. 37   RMdI   12352
Zustimmung des StdF zum *Gesetzentwurf über die Verfassung und Verwaltung der Hansestadt Hamburg (angesichts der Bedeutung dieser Neuordnung Gesetzesform anstelle der — auch möglichen — Ver-
ordnungsform von Frick im Einvernehmen u. a. mit dem StdF bevorzugt). Kritik des Reichsinnenministers (RMdI) an dem vom Reichsstatthalter in Hamburg vorgelegten *Organisationsplan für den staatlichen Sektor (zu viele Abteilungen); ferner Bitte um Benennung der vom RMdI gegebenenfalls an die
Gemeindeverwaltung zu übertragenden „Auftragsangelegenheiten".
A   101 23974 ff. (1346 a)

27. 11. 37   DAF u. a.   12353
Unter Berufung u. a. auf den Standpunkt Hitlers und die ohnehin große Belastung weiter Schichten
durch Beiträge usw. Verbot Heß', irgendwelche Aufgaben (Schulbauten, Linderung von Unwetterschä-
den, u. a.) durch Ableistung freiwilliger Überstunden in Betrieben finanzieren zu lassen.
W/H   128 00017 f. (3 — 4)

29. 11. 37   Lammers, DevisenfahndungsA, BfdVJPl.   12354
Durch Bormann an Lammers Übersendung eines Berichts des Devisenfahndungsamtes (SS-Gruf. Heyd-

rich) an Göring über den Verkauf von Sondermarken „Braunes Band 1937" durch die Reichsorganisation „Das Braune Band von Deutschland e. V." im Ausland: Streng geheime, undeklarierte Versendung und dadurch erregtes Mißtrauen der Flugplatz-Grenzbehörden; Verwendung der anfallenden Bardevisen – mit Einverständnis Hitlers u. a. – zum Ankauf von Vollblutpferden in England, Irland und Frankreich; Bitte Heydrichs, einen Teil der anfallenden Devisen zur Beschaffung von Rohstoffen zur Verfügung zu stellen und die Reichsorganisation anzuweisen, Anträge für solche Aktionen künftig zu unterlassen.
K   101 14748 – 51 (810 a)

30. 11. 37   RMdI   12355
Übersendung des *Entwurfs einer Satzung des Deutschen Roten Kreuzes (DRK); Bitte um Mitteilung etwaiger Bedenken seitens des StdF gegen eine (vom Reichsinnenminister als notwendig erachtete) Veröffentlichung der Begründung zu dem Entwurf eines DRK-Gesetzes im Reichs- und Preußischen Staatsanzeiger.
K   101 14093 (745)

[30. 11.] – 3. 12. 37   RKzl.   12356
Keine Bedenken Hitlers und des StdF gegen eine Reise des Chefs der Auslands-Organisation im Auswärtigen Amt, Bohle, nach Ungarn (auf Einladung des ungarischen Ministerpräsidenten).
W   201 00530 ff. (86/1)

Dez. 37   StSekr. Stuckart   12357
Reichsstatthalter-Konferenz unter Vorsitz Heß'; Ergebnis: Unter allen Umständen Versuch einer Stärkung der Stellung der Reichsstatthalter.
W   101 24143 f. (1353 a)

1. 12. 37   StSekr. Meissner   12358
Mit dem heutigen Tage Übernahme des bisherigen Reichsamtsleiters und Leiters des Personalamts beim StdF, Oberstlt. v. Wulffen, als Ministerialrat in die Präsidialkanzlei; künftiges Referat: Treudienstehrenzeichen, repräsentative Angelegenheiten der Partei und ihrer Gliederungen, Verbindung mit der Partei und ihren Gliederungen.
K   101 14957 (855 b)

1. 12. 37   Adj. d. F   12359
Bitte des Stabs StdF um Mitteilung des Verbleibs des nach Aussage des Fahrers Grimminger verkauften Kraftwagens IIA-44670 und Bitte um schriftliche Information in künftigen ähnlichen Fällen.
W   124 00496 (55)

3. 12. 37 – 31. 7. 41   RMfWEuV   12360
Nach zunächst ablehnender Stellungnahme später keine Bedenken des Stabs StdF gegen eine Neuberufung des Prof. i. R. Günther Jacoby (Greifswald) in das Beamtenverhältnis (Umwandlung der Pensionierung aufgrund § 6 BBG in eine Entpflichtung nicht möglich).
M   301 00459 – 70 (Jacoby)

[4. 12. 37 – 31. 1. 38]   RSportF, RFSS   12361
Entsprechend einer Weisung Hitlers Besprechung des Reichssportführers Tschammer-Osten mit Heß über seine Beauftragung mit der Aufsicht über die Leibeserziehung auch innerhalb der Partei. Verweisung T.-O.s an Bormann, von diesem an Friedrichs (Stab StdF). Dessen Entwurf einer Anordnung über die Ernennung T.-O.s zum Beauftragten des StdF für Leibeserziehung von der Obersten SA-Führung (OSAF) abgelehnt: Wunsch nach Unterstellung T.-O.s unter die OSAF nicht nur in seiner Eigenschaft als Chef des Hauptamts Kampfspiele für die NS-Kampfspiele, sondern auch generell als künftiger Beauftragter des StdF. Dies wiederum von T.-O. abgelehnt; Bitte an Himmler, sich bei B. für die Herausgabe der Anordnung ohne weitere Berücksichtigung der „lächerlich kleinen Sonderwünsche der OSAF" einzusetzen.
W   107 00655 – 60 (220)

4. 12. 37 – 4. 5. 38   RKzl., M. Schenkel, GL Köln-Aachen   12362
Eingabe des Lehrers Michael Schenkel (Köln) an Hitler über den Staat und die Partei gefährdende Vorfälle an seiner sowie an anderen Volksschulen in Köln: Eintreten von vorgesetzten Dienststellen für – den NS ablehnende – Angehörige des Lehrkörpers mit katholischer Einstellung; Versuch, ihn durch Schikanen zur Einwilligung in seine Versetzung zu bewegen; und anderes. Weitergabe der offenbar § 42 Abs. 2 des Deutschen Beamtengesetzes betreffenden Eingabe an den StdF und Bitte um Unterrichtung

über den weiteren Verlauf der Angelegenheit. Mitteilung des Stabs StdF über die Erledigung der Beschwerde durch die inzwischen erfolgte Pensionierung des Hauptbetroffenen, Stadtschulrat Löns.
K   101 15810−25 (945 a)

4. 12. 37 − 11. 8. 38   RMfdkA, GL Röver, Lammers u. a.   12363
Durch Hitler Ablehnung einer Benennung kirchlicher Gebäude nach Vorkämpfern der ns. Bewegung (Entscheidung im Zweifelsfall beim StdF); Hinweis auf die Abwegigkeit, Verstorbene für die eine oder die andere der jetzt miteinander ringenden religiösen Anschauungen in Anspruch zu nehmen (Bekanntgabe durch das Rundschreiben 114/38 des Stabsleiters StdF). Anweisung H.s, die gegen Bf. Weidemann aufgrund der Auseinandersetzung über die Benennung zweier Kirchen in Bremen (Horst-Wessel-Gedächtniskirche, Von-Hindenburg-Gedächtniskirche) getroffenen Maßnahmen rückgängig zu machen und (an Heß) eine angebliche − politisch unerwünschte − kirchenfeindliche Äußerung des GL Röver zu überprüfen und R. gegebenenfalls „das Erforderliche zu eröffnen".
M/H   101 01409−21 (165)

6. 12. 37   Bgm. i. R. Hack   12364
Bitte des − wegen seiner ehemaligen Zugehörigkeit zur KPD in den Ruhestand versetzten − Bgm. Hans Hack (Augsburg) an den StdF, ihn im Zusammenhang mit seiner seit zweieinhalb Jahren mit KrL Miller (Friedberg) geführten Auseinandersetzung persönlich anzuhören (Erwähnung seines Einsatzes als Redner für die Bewegung, seiner Diskussion mit der Kommunistin Maria Reese Ende 1931 und seiner Verdienste um die NSDAP im Gau Schwaben).
K   124 03267 ff. (279)

6. 12. 37   RWiM   12365
Übersendung des Entwurfs eines Gesetzes zur Änderung des Gesetzes über Spar- und Girokassen, kommunale Kreditinstitute und Giroverbände sowie Girozentralen (Zweck, eine den Landesregierungen erteilte, mit Jahresende ablaufende Ermächtigung zur Neugestaltung der Organisation des Sparkassen- und kommunalen Bankwesens um weitere zwei Jahre zu verlängern); die Zustimmung des StdF erwähnt.
M   101 02477−79/1 (241 c)

6.−[8.]12. 37   RKzl.   12366
Durch Heß Übermittlung der Anweisung Hitlers, einem österreichischen Flüchtling RM 2000.− aus seinem Fonds überreichen zu lassen. Aushändigung der Summe an den Stab StdF.
K/H   101 26073 ff. (1474 a)

[6.]−21. 12. 37   StSekr. Reinhardt, RArbM, RKzl.   12367
Ergebnis einer Besprechung im Stab StdF über die Absicht des Reichsarbeitsministers (RAM), den Beitrag zur Arbeitslosenversicherung um 2 1/2 % zu senken und den Beitrag zur Rentenversicherung entsprechend zu erhöhen: Erhöhung des Rentenversicherungsbeitrags um höchstens 1 %; ab 1938 bzw. 1941/42 Überweisung von 1 % bzw. 4 % des Arbeitslosenversicherungsbeitrags an das Sondervermögen des Reichs zur Gewährung von Kinderbeihilfen und Errichtung einer Reichsfamilienkasse; Sicherung des später auftretenden Mehrbedarfs der Rentenversicherung durch Erhöhung der Reichszuschüsse. Entscheidung Hitlers gegen eine Beitragsübertragung zwischen den beiden Versicherungen. Daraufhin und aufgrund der Wünsche einzelner Ressorts (vom StdF u. a. die Erhöhung des Zuschusses der Invalidenversicherung an die Reichsknappschaft gefordert) Vorlage eines neuen ˙Gesetzentwurfs durch den RAM (Beibehaltung der Beitragssätze, Ausgleichszahlung an die Rentenversicherung durch die Reichsanstalt für Arbeitsvermittlung und Arbeitslosenversicherung, u. a.). Vollzug des Gesetzes.
W   101 04016−31 (400)

7. 12. 37   Adj. d. F−1   12368
Durch den Verbindungsstab Übersendung eines dem Pg. Knapp (jetzt bei Heinkel in Stellung vermittelt) abgenommenen Schreibens (von K. damit „Unfug angerichtet"); in der Angelegenheit Reusch Empfehlung an den Antragsteller, gegen sich selbst ein Ehrenschutzverfahren einzuleiten, um den fraglichen Brief aus der Welt schaffen zu können.
K/H   124 03900 (354)

7. 12. 37   Prof. Fick u. a.   12369
Beteiligung des RAL Schulte-Strathaus (Stab StdF) an einem Preisgericht für einen Wettbewerb für vier Plastiken auf dem Königlichen Platz in München.
K   124 03707 (334)

7.–8. 12. 37   Adj. d. F   12370
Dank des Führeradjutanten Brückner für die ihm von Pintsch (Stab StdF) im Auftrag von Heß übersandten zwei Bücher.
W   124 00474 f. (55)

7.–15. 12. 37   Adj. d. F   12371
Übersendung von *Rechnungen der Benzol-Vertriebsgesellschaft Berlin.
W   124 00499 ff. (55)

7.–20. 12. 37   RWiM, WiGruppe Bauindustrie   12372
Nach Auffassung des Reichswirtschaftsministers die wahllose Auftragsvergebung nach Bauwesen und die Zusammenballung zahlreicher öffentlicher Bauvorhaben in einzelnen Teilen des Reichs aus wirtschafts- und sozialpolitischen Gründen untragbar: Knappheit an Baustoffen, Überschreitung der geltenden Tariflöhne für Bauarbeiter bis zu 100 Prozent, Abwanderung der landwirtschaftlichen Kräfte, u. a.; Forderung, einheitliche Richtlinien über die Zusammenfassung der bisher nebeneinander arbeitenden bauplanenden und auftraggebenden Stellen des Staates und der Partei zu erlassen und eine Meldepflicht für alle großen Bauvorhaben einzuführen. Grundsätzlich positive *Stellungnahme der Wirtschaftsgruppe Bauindustrie mit der Anregung, einen in die Reichskanzlei einzugliedernden „Reichskommissar für das öffentliche Bauwesen" zu schaffen.
M/H   101 04411 – 16/8 (417 b)

7. 12. 37 – 7. 1. 38   Adj. d. F – 1   12373
Mitteilung des Verbindungsstabes an Führeradjutant Wiedemann über die Beschlagnahme seines am 23. 8. 37 an einen A. Knapp (Berlin) gerichteten Schreibens wegen mißbräuchlicher Benutzung (Verwendung bei Beschwerden an verschiedene Staats- und Parteidienststellen); die Frage der Arbeitsbeschaffung nach Einstellung K.s bei den Heinkel-Werken als erledigt anzusehen.
K   124 03898 – 901 (354)

8.–16. 12. 37   Fiehler, MPräs. Siebert   12374
Kritik Fiehlers an den „ungeheuerlichen" Vorschlägen des MPräs. Siebert für einen bayerischen Finanzausgleich: Nicht nur Verewigung, sondern sogar Verschärfung der Schlechterstellung der bayerischen Gemeinden gegenüber den preußischen; umfangreiche Darlegung dieser Benachteiligung am Beispiel Münchens. Zurückweisung dieser Kritik durch S.: Die Darstellung F.s teilweise bloße Unterstellung (in Wirklichkeit Vorschlag S.s, sowohl die Gemeinden wie die Länder an künftigen Mehreinnahmen zu beteiligen), teilweise auf falschen Berechnungsgrundlagen beruhend; Verwahrung gegen Vergleiche mit den Regierungen der „Systemzeit"; u. a. (Abdruck jeweils an den StdF.)
K/W   101 14415 – 36 (780)

10. 12. 37   K. Hidde   12375
Beschwerde eines Kurt Hidde (Schramberg) über entehrende Behandlungsweise und wahrheitswidrige Anschuldigungen anläßlich seiner Kündigung als Schriftleiter der NS-Wacht durch die NS-Presse Württemberg GmbH (Stuttgart); Bitte an den StdF, bei den zuständigen Stellen in Stuttgart Schritte zu unternehmen und seine Angelegenheit vor dem Schiedsgericht der Presse entscheiden zu lassen.
K   124 03787 ff. (345)

10. 12. 37   RMfVuP   12376
Nach nochmaliger Überprüfung von Goebbels das öffentliche Auftreten des Schriftstellers und Philosophen Hermann Graf Keyserling im In- und Ausland für „staatspolitisch unerwünscht" erklärt und eine Überprüfung des vorliegenden Gesamtwerks sowie die Vorlagepflicht für Neuveröffentlichungen angeordnet (K. laut Gutachten „trotz gewisser Zugeständnisse" ein „in klarem weltanschaulichen Gegensatz" zum NS stehender „typischer Vertreter des späten liberalistischen Zeitalters"); Bitte G.', sich angesichts zu erwartender Beschwerden K.s seinem Standpunkt anzuschließen.
W   124 00164 – 78 (43)

10.–13. 12. 37   Adj. d. F, RSD   12377
Das Herantragen der Wachangelegenheit Obersalzberg (Ersetzung der aus Arbeitern bestehenden Kontrollposten durch dienstunfähige SS-Männer) durch Staf. Rattenhuber an den Führeradjutanten Brückner (daraus resultierend Absicht B.s, Hitler zu informieren) für Bormann „restlos unverständlich". Ausführliche Rechtfertigung R.s: Keinen Schritt ohne ausdrückliche Genehmigung Bormanns unternommen.
W/H   124 00412 – 18 (55)

11. 12. 37	HA f. Beamte – 38	12378
Mitteilung der Privatanschriften und Telefonanschlüsse des Mob.-Beauftragten des Hauptamts für Beamte und seines Stellvertreters.
W	149 00015 f. (1)

11. 12. 37	HA f. Beamte – 38	12379
Rückgabe eines Formblatts über die Verpflichtung von drei Mitarbeitern des Hauptamts für Beamte für die Bearbeitung von Verschlußsachen.
W	149 00016 f. (1)

11. 12. 37 – [24. 1. 38]	RMdI, PrFM, RJM, AA u. a.	12380
Vorlage des Entwurfs eines Gesetzes über die Aufhebung der Zweckbestimmung von Friedhöfen durch den Reichsinnenminister. Neben Zustimmung an Enteignungsfällen interessierter Ressorts sowie Beteiligungs- und geringfügigen Abänderungs- bzw. Ergänzungswünschen Bedenken insbesondere des Preußischen Finanz- und des Reichsjustizministers mit Rücksicht auf die Pietät und das Empfinden des Volkes: In der vorliegenden formell kaum, materiell überhaupt nicht beschränkten Form große Rechtsunsicherheit zu befürchten; Forderung, wesentliche Regelungen (z. B. kostenfreie Umbettungen, Mindestfristen zwischen Schließung und Einziehung) nicht den Durchführungsbestimmungen zu überlassen, sondern bereits im Gesetz vorzunehmen. Weiterer Ergänzungsvorschlag des Auswärtigen Amts: Keine Beeinträchtigung des im Kriegsgräbergesetz gewährleisteten, auf Art. 225 und 226 des Versailler Vertrags gegründeten Ruherechts. Völlige Ablehnung des Entwurfs durch den StdF: Notwendigkeit einer insbesondere die Kommunalisierung einschließenden Gesamtregelung des Friedhofs-Komplexes.
H	101 19584 – 602 (1189); 101 19604 (1189 a); 101 27854 – 56/2 (1527)

13. 12. 37	RJM	12381
Übersendung des *Entwurfs eines Gesetzes über Zahlungen aus öffentlichen Kassen.
H	101 27298 f. (1520)

13. 12. 37	Gestapa	12382
Bericht über die Predigten des Bischofs von Trier, Bornewasser, in der Herz-Jesu-Kirche in Koblenz gegen die Einführung der Gemeinschaftsschule und die Auflösung der katholischen Jungmännerverbände; dabei scharfe Kritik an den staatlichen Maßnahmen zur Unterbindung einer katholischen Erziehung der Kinder und Jugendlichen und anderem; „große Beunruhigung" in der Koblenzer Bevölkerung durch solche „politischen Großkundgebungen" ohne „gottesdienstlichen Charakter".
M	101 01725 – 33 (177)

[14. 12. 37]	JustizR Hohner	12383
Nach Ablehnung des Ehegenehmigungsgesuches seines Sohnes Heinz durch den StdF Bitte des JustizR Hohner (Augsburg) unter Bezugnahme auf die Zustimmung aller bisher mit dem Gesuch befaßten Stellen einschließlich der des Gauleiters von Schwaben, die Akten noch einmal zu überprüfen und – unter Berücksichtigung der durch das Reichsinnenministerium als erfüllt anerkannten Voraussetzungen zur Erteilung der Genehmigung – seine allein noch erforderliche Zustimmung zu geben. (Nicht abgegangen?)
K	124 03807 ff. (346)

[14. 12. 37]	RMdI	12384
Unter Hinweis auf § 5 Abs. 2 des Gesetzes über das Deutsche Rote Kreuz (DRK) Vorschlag im Einvernehmen mit dem StdF, SS-Brif. Grawitz durch Hitler zum geschäftsführenden Präsidenten des DRK berufen zu lassen.
K	101 14094 f. (745)

14. 12. 37 – 11. 1. 38	PolPräs. Berlin, G. Kärger, RKzl.	12385
Rückfrage des Stabs StdF wegen einer Eingabe des Architekten Georg Kärger (Berlin) mit dem Entwurf einer Erinnerungsmedaille an den Besuch Mussolinis in Deutschland 1937.
H	101 25720 – 26 (1449 a)

15. 12. 37	Lammers, RBeamtenF Neef	12386
Durch Lammers Übermittlung eines dringenden Gesuchs des Reichsbeamtenführers Neef um einen Empfang durch Hitler (in einer höchst persönlichen, sich zu einer „Parteischädigung großen Ausmaßes"

auszuweiten drohenden Angelegenheit) und der Bitte des verhinderten H. an den StdF, N. an seiner Stelle zu empfangen.
K   101 15200 – 03 (894 b)

15. 12. 37   Adj. d. F   12387
Übersendung eines *Kraftfahrzeugbriefs für den Wagen IA-277245.
W   124 00495 (55)

16. 12. 37 – 28. 12. 38   RKzl. u. a.   12388
Weisung an die Reichsminister, vor der Aufnahme von Verhandlungen mit ausländischen Regierungsstellen (spätere Ergänzung: sowie mit nichtamtlichen Stellen über Vereinbarungen oder Abkommen) den Reichsaußenminister, bei Abkommen über Kulturaustausch ebenfalls den Reichserziehungsminister (spätere Ergänzung auf dessen Veranlassung: sowie den Reichspropagandaminister) zu beteiligen; Bitte an den StdF um entsprechende Weisungen an die Parteidienststellen.
H   101 13545 – 48 (717); 101 25139 – 49 (1405 a)

17. 12. 37   RKzl.   12389
Der Gauleiter des Gaues Hamburg auf dem Verordnungswege (gemäß § 118 der Deutschen Gemeindeordnung) vom StdF zum Beauftragten der NSDAP für die Hansestadt bestimmt.
A   101 23972 f. (1346)

17. 12. 37 – 10. 6. 38   RKzl., AA   12390
Der StdF über ungenügende Repräsentation der NSDAP bei der Ein- oder Durchreise bedeutender ausländischer Persönlichkeiten unterrichtet; die Reichskanzlei (RKzl.) um entsprechende Veranlassung – Hinzuziehung der in Frage kommenden Gauleiter (GL) oder Kreisleiter „als ordentliche Repräsentanten" Hitlers – gebeten. Stellungnahme des zu der Angelegenheit befragten Auswärtigen Amtes (AA): Mit Ausnahme inoffizieller Reisen stets Beteiligung des StdF bzw. des zuständigen GL; das AA für Einladungen anderer Ressorts nicht verantwortlich, jedoch eine einheitliche Handhabung auch in diesen Fällen durch rechtzeitige Verständigung des AA möglich. Ausführliche, jedoch weder in der RKzl. noch im AA eingegangene *Stellungnahme des Stabs StdF.
A/W   101 05541 – 48 (463); 203 01387 – 92 (46/2 – 4)

17. 12. 37 – 1. 7. 38   AA   12391
Kritik des Stabs StdF an den Vertretern des Auswärtigen Amtes beim Besuch des jugoslawischen Ministerpräsidenten Stojadinowitsch in Annaberg (Ratibor): Besichtigung eines Betriebes mit politisch unzuverlässigem Inhaber.
M/H   101 05547 (463); 203 01387 – 90 (46/2 – 4)

17. 12. 37 – 24. 9. 38   RMfdkA, RKzl.   12392
In dem Bestreben, eine Parteinahme in kirchlich-religiösen Angelegenheiten zu vermeiden, Einwände des StdF gegen den *Entwurf einer Achtzehnten Verordnung zur Durchführung des Gesetzes zur Sicherung der Deutschen Evangelischen Kirche (Errichtung eines Disziplinarhofs bei der Deutschen Evangelischen Kirchenkanzlei): Versuch einer Befriedung der Evangelischen Kirche durch staatliche Maßnahmen zugunsten einer der streitenden Kirchenparteien (der auf dogmatischem Wege mißlungene Versuch der Deutschen Christen, sich – insbesondere gegenüber der Bekenntnisfront – ein Übergewicht zu verschaffen, hier mit staatlicher Hilfe wiederholt). Ernste Bedenken auch gegen angebliche spätere, nach Verzicht auf die Achtzehnte Verordnung verfolgte Pläne des Reichskirchenministers, die Deutsche Evangelische Kirche staatlichen Behörden zu unterstellen; Hinweis auf eine frühere Ablehnung dieser Bestrebungen durch Hitler.
M/H   101 01394/1 (160); 101 01446 – 53 (169)

[18. 12. 37]   K. Bauer – 11   12393
Verlegung des Referats für technische Fragen im Stab StdF von München nach Regensburg.
W   124 03138 ff. (263)

18. 12. 37 – 2. 5. 38   RMdI, RKzl.   12394
Erörterung der Behandlung von Meinungsverschiedenheiten zwischen einem Fachminister und dem StdF über die politische Beurteilung eines Beamten. Übereinstimmende Auffassung des Reichsinnenministers (RMdI) und des StdF über das Recht des Fachministers, in diesen Fällen bei Hitler eine Ausnahme von § 8 a der Reichsgrundsätze vom 14. 10. 36 zu beantragen. Stellungnahme der Reichskanzlei:

Zwar letzte Entscheidung durch H., eine Ausnahme von § 8 der Reichsgrundsätze aber prinzipiell nicht möglich; die Auffassung des RMdI und des StdF die Folge einer Fehlinterpretation nicht nur der Reichsgrundsätze, sondern auch des Charakters der Beteiligung des StdF (die Beurteilung durch den StdF keine nur durch die Erteilung einer Ausnahme zu umgehende endgültige Entscheidung); Hinweis auf das dem StdF lediglich erteilte Anhörungsrecht.
M/W   101 04494 – 511 (421)

19. – 21. 12. 37   G. Hormeß, Adj. d. F – 1   12395
Durch eine Gretel Hormeß (Baiersdorf) Übersendung eines Bildes mit der Bitte, es Hitler zur Unterschrift vorzulegen. Weiterleitung an die Führeradjutantur.
K   124 03816 f. (346)

[20. 12. 37]   RMdI   12396
Hinweis auf die Anordnung, für den Bereich der allgemeinen und inneren Verwaltung politische Beurteilungen über Beamte des höheren Dienstes ausschließlich durch den Reichsinnenminister beim StdF einholen zu lassen; Empfehlung an die Obersten Reichsbehörden u. a., zur Entlastung des StdF politische Beurteilungen ebenfalls nur noch von der Zentralinstanz einzuholen.
M   101 04525 (421)

22. 12. 37 – 6. 4. 38   RFSS, GL Schleswig-Holstein   12397
Die in Aussicht genommene Einstellung des Tierarztes Emil Grantz (Berlin) als beamteter Veterinär der Polizei aufgrund einer Stellungnahme des Gauleiters Schleswig-Holstein nach Meinung des Stabes StdF nicht vertretbar (Vorwurf der Meuterei, Anschluß an Otto Straßer, u. a.).
K   124 03723 – 31 (336)

23. 12. 37 – 7. 1. 38   RArbM, RFM, PrFM   12398
In Anbetracht der im Zusammenhang mit der Neugestaltung Berlins auch außerhalb des Stadtkreises erforderlichen Maßnahmen Bitte des Reichsarbeitsministers, die Befugnisse des Generalbauinspektors auszudehnen soweit erforderlich (Entwurf einer Zweiten Verordnung über die Neugestaltung der Reichshauptstadt Berlin). Zustimmung des Reichsfinanz- und des Preußischen Finanzministers.
K   101 19513 – 16 (1182)

23. 12. 37 – [1. 2. 38]   H. Recknagel, Kzl. d. F, RVM u. a.   12399
Klagen eines Heinz Recknagel (Berlin) über die dem gewerblichen Güterkraftverkehr von Reichsbahn und Reichsverkehrsministerium (RVM) bereiteten Schwierigkeiten (z. B. kurzfristige Einladung des RVM zur Besprechung eines Erlaßentwurfs; dort freilich infolge „mit Hilfe der Partei ergriffener Gegenmaßnahmen" Erörterung eines Gegenentwurfs der für die Betreuung der Güterfernverkehrsunternehmer zuständigen Organisation); Versuche der Bahn, entgegen dem Befehl Hitlers zur Förderung der Motorisierung und dem Willen der Partei eine Monopolstellung im Bereich des Güterverkehrs zu erlangen; Forderung nach Einsetzung eines Ständigen Politischen Beauftragten für den Kraftverkehr, eines Staatssekretärs für Kraftverkehrswesen im RVM und eines Beauftragten für den Güterverkehr im Stab StdF; Sorgen wegen der vorgesehenen Umorganisation der Reichsverkehrsgruppen (Notwendigkeit, einen „nicht bahngebundenen" und „weltanschaulich gefestigten" Mann an die Spitze der neuen Verkehrsgruppe Landverkehr zu stellen); weitere Befürchtungen wegen der im RVM betriebenen Verstaatlichung des Güterkraftverkehrsgewerbes. In diesem Zusammenhang kritische Erörterung der Organisation des Verkehrsgewerbes (RVM, berufsständische Organisationen, Betreuungsstellen der Partei – Sachbearbeiter für Technik beim Stab StdF – und der DAF, Reichskraftwagenbetriebsverband; Genehmigungsverfahren; Zukunftsaufgaben).
W/H   124 04087 – 112 (378)

23. 12. 37 – 7. 6. 38   Lammers   12400
Wünsche des StdF nach vorrangiger Behandlung der NSDAP und des StdF: Mit Rücksicht auf die staatstragende Bedeutung der Partei Nennung der NSDAP an erster Stelle vor staatlichen Einrichtungen und Körperschaften in amtlichen Aufzählungen und Verlautbarungen; Aufführung des StdF bei der Unterzeichnung von Gesetzen unmittelbar hinter dem Führer, allenfalls hinter dem federführenden Minister; Beteiligung auch an Führererlassen. Entscheidung Hitlers: Abhängigkeit der Rangfolge von der Art der Veranstaltung (Vorrang der NSDAP bei Parteiveranstaltungen, bei staatlichen Veranstaltungen Vorrang der staatlichen Behörden); Mitzeichnung von Gesetzen durch den StdF unmittelbar nach dem federführenden Minister; bei Führererlassen nach Möglichkeit Beteiligung des StdF durch die Ressorts.
K/H   101 00521 ff. (139 a); 101 07200 ff. (580); 101 12515 ff. (694); 101 20016 – 27 (1199 a)

[27. 12. 37]   RMdI   12401
Politische Beurteilung im Ausland tätiger Beamter: Hinweis des StdF auf mögliche Verzögerungen bei der Abgabe seiner Stellungnahme; Anregung, die Bearbeitung durch eine möglichst genaue Angabe der Auslandswohnungen zu beschleunigen.
M   101 04523 (421)

[27. 12. 37]   Buch   12402
Sich „nicht mehr anders zu helfen" wissend, Übergabe eines für Hitler bestimmten *Briefes (seines „ersten und hoffentlich auch letzten") an Heß.
W/H   124 04213 ff. (391)

28. 12. 37   Beckerath, Adj. d. F   12403
Verschiedenes enthaltender Aktenvermerk Bormanns: Absicht eines Beckerath, Hitler Bilder zu zeigen; Fahrt Bormanns nach München zu Dr. G. Wagner; Benachrichtigung von Fahrern für die Gäste u. a. „Bergangelegenheiten"; Bitte um eine Quittung für Führeradjutant Wiedemann übergebene RM 10000.–.
W   124 00410 (55)

29. 12. 37 – 1. 9. 38   Adj. d. F, RSchatzmeister, GL Schwaben   12404
Durch die Führeradjutantur Übersendung mehrerer *Eingaben der Altparteigenossin Doris Stengler (München). Deren Bitte um Anstellung als Beschließerin abschlägig beschieden (negative Beurteilung durch Schwarz). – Durch Führeradjutant Wiedemann Übersendung eines *Schreibens der Gauleitung Schwaben unter „wärmster" Selbstempfehlung als Sachverständiger hierzu.
W   124 04258 – 62 (395)

Ende 37 – 29. 4. 38   A. Roesky, RKzl.   12405
Nach Verkaufskontakten u. a. mit dem StdF ein Kaufangebot für die Frankfurter Sammlung Haeberlin (römische Antiken) zur Verwendung als Geschenk Hitlers an den – sich für die Sammlung interessierenden – italienischen Duce von der Reichskanzlei abgelehnt.
H   101 29137 – 41 (1646 a)

[1938]   AA   12406
Liste der Mitglieder der Dienststelle des Beauftragten für außenpolitische Fragen der NSDAP im Stabe StdF.
M   203 02609 f. (77/2)

5. 1. – 4. 7. 38   RKzl   12407
Die an den StdF zur Überprüfung weitergeleitete Beschwerde eines Lehrers Adolf Hildebrand (Hagen/Westf.) über die dortige Stadtverwaltung eine offenbar anonyme, im übrigen nicht der Wahrheit entsprechende Denunziation; die Gestapo vom StdF mit weiterer Ermittlung beauftragt.
A/H   101 07020 – 23 (573 a)

5. 1. – 31. 8. 38   RJM, RMfEuL, RVM, RPM, RMdI u. a.   12408
Durch den Reichsjustizminister (RJM) und den Reichsernährungsminister (REM) Übersendung konkurrierender Gesetzentwürfe für die Regelung der durch Grundwassersenkungen in Berlin entstandenen Schäden; entscheidender Unterschied die Beschränkung des RJM auf Grundwassersenkungen im Zusammenhang mit der Errichtung von Großbauten. Kritik des RJM an der in diesem Punkt weiteren Fassung des Entwurfs des REM; nach Ansicht des RJM außerdem die den bisherigen Erörterungen zugrunde liegende Absicht, den Geschädigten durch Vereinfachung der Rechtslage und Beschleunigung des Verfahrens wirksam zu helfen, nicht erfüllt. Zurückweisung dieser – auch vom Reichspostminister erhobenen – Vorwürfe durch den REM und den Reichsarbeitsminister. Nach einer Chefbesprechung Ausarbeitung eines neuen, die Grundgedanken der beiden bisherigen Entwürfe zusammenfassenden Entwurfs durch den RJM. Kritik des Reichsverkehrsministers an seiner Nichtbeteiligung und an dem – auch vom REM verworfenen – nunmehr vorgesehenen Nebeneinander von Verwaltungsverfahren und ordentlichem Rechtsweg. Dagegen grundsätzliche Zustimmung der übrigen beteiligten Ressorts (seitens des StdF keine Abgabe einer Stellungnahme).
K/W   101 19415 – 75 (1176 a)

7. – 26. 1. 38   Adj. d. F, OPräs. z. D. Kube   12409
Dank des OPräs. Kube an Hitler für die ihm durch den StdF übermittelte Erlaubnis, die Uniform eines ehemaligen Gauleiters tragen zu dürfen.
K   124 03918 f. (357)

8. – 29. 1. 38   GL Lohse   12410
In vom StdF angeregten Besprechungen zwischen GL Lohse und Himmler bzw. Heydrich Ausräumung der Bedenken der SS gegen die von L. vorgeschlagene Ernennung des LR Wilhelm Hamkens zum Regierungspräsidenten in Schleswig. (Bedenken offenbar verursacht durch die frühere Kritik Hamkens' an SS und SD wegen verschiedener Vorfälle im Kreis Rendsburg.)
W   502 00008 – 16 (3)

9. 1. 38 – 2. 2. 45   H. Höflich, RFSS, Bouhler u. a.   12411
Durch Heß aufgrund eines *Beschlusses des Obersten Parteigerichts Parteiausschluß des SS-Obf. Heinrich Höflich wegen Verwicklung in die Angelegenheit Anton Karl (geldliche Zuwendungen des Vertreters des der DAF nahestehenden Verbandes sozialer Baubetriebe K. an mehrere – aus Gründen der Parteiräson nicht bestrafte – hohe Parteigenossen, darunter GL A. Wagner). Später Zustimmung der PKzl. zur Wiederaufnahme H.s auf dem Gnadenwege.
M/K/H   306 00493 – 512 (Höflich)

10. – 14. 1. 38   Adj. d. F   12412
Zu der Eingabe eines Ludwig Rabitsch (Berlin) Zusage Bormanns, die jetzigen wirtschaftlichen Verhältnisse des seinerzeit aus „erheblichen" Gründen als Reichshandwerksmeister abgesetzten W. G. Schmidt festzustellen.
W   124 04196 f. (387)

[11. 1. 38]   RMdI   12413
Keine Einwendungen des StdF gegen den Vorschlag zur Ernennung des Obgm. a. D. Otto Rasch zum Oberregierungsrat unter Abweichung von den Reichsgrundsätzen.
K   101 18274/1 – 278 (1136 c)

12. 1. 38   RKriegerBd. Kyffhäuser   12414
Hinweis des Stabs StdF auf die Abgrenzung des Aufgabengebiets der NS-Kriegsopferversorgung (NSKOV) im Organisationsbuch der NSDAP und in einem Brief Lammers': Werbung nichtbeschädigter Frontsoldaten der NSKOV untersagt.
W/H   124 01059 (108)

12. – 25. 1. 38   RMfVuP, RMfWEuV, RMdI, PrMPräs., AA   12415
Ablehnung des von Goebbels vorgelegten Entwurfs eines Gesetzes über die Sammlung und Bewahrung von Zeitdokumenten durch die beteiligten Ressorts; darunter die Begründung des Reichserziehungsministers: Die Sammlung und Bewahrung von Zeitdokumenten unter dem Aspekt ihrer propagandistischen Auswertung kein gültiges Ordnungsprinzip; „fast grenzenloser" Anwendungsbereich des geplanten Gesetzes.
K   101 15035 – 47 (860 d)

12. 1. 38 – [15. 6. 39]   RKzl. u. a.   12416
Keine Stellungnahme des StdF zu dem Entwurf der neuen Gehalts- und Ruhegehaltsordnung für die Beamten der Reichsbank und zu dem neuen Beamtenstatut der Reichsbank; Wunsch, vorher die Frage seiner Beteiligung bei der Ernennung von Reichsbankbeamten zu klären (bevorstehende Angleichung der Rechtsverhältnisse der Reichsbankbeamten an die der Beamten des Reichs); Bitte an Lammers, einen entsprechenden Führererlaß herbeizuführen. Befürwortende Stellungnahme des Reichsinnen- und des Reichswirtschaftsministers; Einwände des Reichsbank-Direktoriums: Hinweis auf die Sonderstellung der Reichsbank als Zentralnoteninstitut und auf die zugleich wirtschaftlich und wehrpolitisch bedingte Notwendigkeit, ihre Funktionsfähigkeit für jeden möglichen Fall zu sichern und die Besetzung der leitenden Posten jederzeit nach den dienstlichen Bedürfnissen vornehmen zu können (Nichtbeteiligung des StdF bei der Ernennung von Wehrmachtbeamten aus denselben Gründen). Unterzeichnung eines dem Wunsch des StdF entsprechenden Erlasses durch Hitler, jedoch Verschiebung des In-Kraft-Tretens bis nach dem von Schacht erbetenen Vortrag bei H.; nach Abberufung Sch.s Regelung der Angelegenheit im Sinne des StdF durch das neue Reichsbankgesetz (15. 6. 39).
M/W   101 02360 – 419 (235)

13. 1. 38   E. Mangold   12417
An die Adjutanturen Hitlers und an den StdF durch den Verfasser des Buches „Frankreich und der Rassengedanke", Ewald Mangold (Berlin), Übersendung einer ergänzenden Denkschrift „Die deutsch-fran-

zösischen Beziehungen": Erwähnung der Wünsche H.s, des StdF wie auch des Botsch. François-Poncet nach einer Verbesserung der Beziehungen zwischen beiden Ländern (Aktivierung von Jugendbegegnungen und Frontkämpfertreffen); Hinweis auf die Machenschaften der Freimaurer, um aufrichtige Annäherungen zu unterbinden; Erwähnung der Aufgaben des Comité France-Allemagne (Beschränkung des NS auf Deutschland, „liberal-bolschewistische Propaganda"); Entwurf eines „Aktionsplans" (zur Pflege der Beziehungen mit „ernsthaften Persönlichkeiten des wahren französischen Lebens" Gründung eines in den Stab StdF eingegliederten zentralen Amtes).
K/H   124 03976−91 (364)

14. 1. 38   Chef Orpo Daluege   12418
Übersendung eines *Hefts mit einer Übersicht über die Gesamtzahl der Angehörigen sowie den Namen der Offiziere der Ordnungspolizei mit Parteieintritt vor dem 30. 1. 33; Bitte an Bormann, das Bestreben um möglichst enge Verbindung der Ordnungspolizei mit der NSDAP (derzeit 50 % der Offiziere und 30 % der Unterführer Parteigenossen) durch Lockerung der Mitgliedssperre der NSDAP für Polizeibeamte zu unterstützen.
H   320 00020 (3)

14. 1. 38   Adj. d. F − 1   12419
Mitteilung Stengers (Verbindungsstab): Nach Bestätigung des Parteiausschlusses des Pg. Hans Stein (Burg Saaleck) wegen parteischädigender kritischer und verleumderischer Äußerungen über Schirach („Hure vom Führer", Pistolenschuß auf ein − schlechtes − Hitlerbild) durch das Oberste Parteigericht Einstellung des St. gewährten Ehrensoldes auf Anordnung Hitlers.
W/H   124 04250−57 (395)

14.−20. 1. 38   Adj. d. F   12420
Durch den Persönlichen Referenten Bormanns Übersendung des für Hitler bestimmten Exemplars des *Jahresberichts der Auslands-Organisation für 1936/37.
W   124 00613 f. (57)

[15. 1. 38]   RMfWEuV   12421
Übersendung der Reichsgrundsätze für die einheitliche Ausrichtung der Fachschulen für das Bau- und Maschinenwesen nebst Ausführungsbestimmungen.
K   101 15871−78 (949)

16. 1. 38   HAL Hilgenfeldt, Göring   12422
Verbesserung der krankenpflegerischen Versorgung durch verstärkte Schwesternwerbung notwendig, jedoch Schwierigkeiten bei der Bereitstellung der Ausbildungsplätze (negative Reaktionen der gemeindlichen und konfessionellen Krankenhausträger und der konfessionellen Schwestern); daher von HAL Hilgenfeldt Einwirkungsmöglichkeit auf die Besetzung der Arbeitsplätze durch die Schwesternschaften und Zusammenfassung der Befugnisse in einer Hand gefordert: Übersendung von zwei Verordnungsentwürfen über seine Bestellung zum „Reichskommissar für das Schwesternwesen". (Durchschrift an den StdF.)
K/H   102 00667−69/3 (1162)

17. 1. 38   AA, Dt. GenKons. Amsterdam   12423
Übersendung eines Berichts des Deutschen Generalkonsulats in Amsterdam über die Quäkerschule Eerde in Ommen: Die reichsdeutschen Schüler des genannten Instituts vorwiegend Kinder jüdischer Eltern mit Wohnsitz in Deutschland oder Kinder reichsdeutscher jüdischer Emigranten; keine antideutsche Haltung der Schulleitung feststellbar, jedoch Zurückhaltung gegenüber der Schule empfohlen.
K   101 25921 ff. (1462 a)

17. 1.−9. 8. 38   Adj. d. F   12424
Durch Bormann zur Vorlage bei Hitler Übersendung einer *Zeichnung der Grundrisse des Cafés July am Gärtnerplatz (München).
W   124 00623 (57)

[17. 1. 38]−29. 12. 39   RKzl., Rosenberg, NSDDozB, RMfWEuV, Kzl. d. F, Ley u. a.   12425
Im Zusammenhang mit einer geplanten Publikation Kerrls über Religion und Weltanschauung Absicht Hitlers, Rosenberg zur Sicherung der ns. Weltanschauung und zur entsprechenden Einflußnahme auf

Partei und Staat Vollmachten zu geben. Beschränkung eines R.schen Vorschlages hierfür durch H.: Bevollmächtigung auf die Person R.s beschränkt, keine Verlagerung von anderweitig wahrgenommenen Ämtern auf R., allein Sicherung des Weisungsrechts R.s gegenüber den in Frage kommenden Stellen Ziel des Erlasses; keine direkte Unterstellung unter H. und keine direkte Beteiligung von Reichsleitern bei Gesetzesarbeit und sonstigen Staatsaufgaben gewünscht (Gefährdung einer einheitlichen Stellungnahme durch die Partei). Vorlage eines neuen, die (der Entscheidung H.s folgenden) Vorschläge des StdF berücksichtigenden Entwurfs durch R.; Hinweis auf den Wortlaut des die „gesamte geistige und weltanschauliche Schulung und Erziehung" betreffenden Führerauftrags; Forderung nach Klarstellung seiner Zuständigkeit für die in der Vollmacht genannten Gebiete, seiner Entscheidungsbefugnis und seiner Beteiligung an der in Frage kommenden Gesetzgebung. Nach Vortrag bei H. Ausarbeitung eines veränderten Entwurfs als Verhandlungsbasis; Bitte Bormanns an R., die Angelegenheit direkt mit Lammers weiterzubehandeln. Übersendung des neuen Entwurfs an die beteiligten Reichs- und Parteidienststellen durch den StdF mit der Bitte um Stellungnahme. Bedenken insbesondere des NSD-Dozentenbundes (Vorschlag, die Beauftragung R.s auf die Herausgabe allgemeiner Richtlinien zu beschränken und ihre Einhaltung den zuständigen Organisationen verantwortlich zu überlassen; Hinweis auf die Gefahr der Einschränkung wissenschaftlicher Arbeit und auf die Beschneidung der Befugnisse des StdF; u. a.), des Reichserziehungsministers (gegen Artikel III: Gefahr der Entstehung einer Sonderverwaltung, Erteilung des Weisungsrechts gegenüber den Reichsministern weit über die Befugnisse selbst des StdF hinausgehend), des Chefs der Kanzlei des Führers (Rechtfertigung seiner Bemühungen, auf dem Gebiet des Schrifttums trotz mangelnder Unterstützung durch den StdF die Bewegung vor Verfälschung, Verzerrung usw. zu schützen und den Primat der Partei sicherzustellen; Bitte an H., ihn aus seinem schrifttumspolitischen Arbeitsgebiet zu entlassen) sowie des Reichsorganisationsleiters (Beendigung seiner Arbeit im Hauptschulungsamt der NSDAP und seiner Tätigkeit an den Adolf-Hitler-Schulen bei Annahme des Entwurfs). Zustimmung des Reichsgesundheitsführers, des NSKK-Korpsführers, des Stabschefs der SA u. a.
K   101 20048 – 109/2 (1200)

[18. 1. 38]   RKriegsopferF   12426
Verhandlungen des Reichskriegerbundes über eine Einigung mit der NS-Kriegsopferversorgung auch mit dem StdF; durch den Reichskriegsopferführer lediglich aus Gründen der Disziplin Vorbehalt der Zustimmung des StdF zu den *Vorschlägen des Reichskriegerbundes.
W/H   124 01057 f. (108)

18. 1. – 5. 2. 38   Adj. d. F   12427
Durch den StdF Beauftragung des Hauptamts für Beamte mit einer Untersuchung der gegen verschiedene Beamte der Reichsbahndirektion München erhobenen Vorwürfe.
W/H   124 00583 (56)

18. 1. – [9. 2.]38   RFSS, (SS-Gericht)   12428
Weisung Himmlers, in der Antwort auf ein *Schreiben Bormanns die Beteiligung auch der SA und des NSKK an einem Abkommen mit der Wehrmacht zum Ausdruck zu bringen.
M   306 00205 (Buch)

18. 1. – 4. 3. 38   SA-Ogruf. Brückner   12429
Verwendung beim Stab StdF für einen „guten Bekannten", n. b. a. o. Prof. Edwin Fels (früher München): Bitte um Beschleunigung seiner endgültigen Berufung nach Berlin. Nach Erhalt eines Vorschlags des Reichserziehungsministers und nach günstigen Beurteilungen durch die Parteidienststellen Zustimmung des StdF zur Ernennung F.' zum ordentlichen Professor für Geographie an der Wirtschaftshochschule Berlin.
K/H   124 03692 – 96 (330)

19. – 20. 1. 38   Dt. Heimatbund, SS-Brif. Schaub   12430
Bitte des Deutschen Heimatbundes um Überlassung des im Zimmer Hitlers im Führerbau hängenden Menzel-Bildes „Der König auf Reisen" als Leihgabe für eine Ausstellung. Bitte Bormanns an die Führeradjutantur um Mitteilung einer etwa schon getroffenen Entscheidung H.s.
W   124 00562 – 65 (56)

19.—20. 1. 38   Adj. d. F   12431
Unterzeichnung einer vom Stab StdF vorgelegten *Ernennungs- und einer *Dienstenthebungsliste durch Hitler.
W   124 00592 f. (56)

19.—25. 1. 38   RMdI   12432
In einer Ressortbesprechung des auf eine Anordnung Hitlers (Abschaffung landesherrliche Gewalt oder einen Anspruch auf deren künftige Erlangung ausdrückender Bezeichnungen) zurückgehenden *Entwurfs einer Zweiten Verordnung zur Durchführung des Gesetzes über die Änderung der Familiennamen weitgehende Meinungsverschiedenheiten insbesondere zwischen dem Reichsinnenminister (RMdI) und der Präsidialkanzlei (PrK). Auffassung der PrK: Die Bezeichnungen der ehemaligen Fürstenhäuser öffentlich-rechtliche Titel, keine Namensbestandteile; daher Befürwortung einer Regelung in einer Durchführungsverordnung zum Titelgesetz und nicht zum Namensänderungsgesetz. Bedenken der Vertreter des RMdI, des Reichsjustizministers und des StdF gegen eine Änderung der geltenden rechtlichen Beurteilung der ehemaligen Adelsbezeichnungen als Namensbestandteile und nicht als Titel. Differenzen auch über die Frage einer Beschränkung der Regelung auf die bis 1918 regierenden Fürstenhäuser oder der Einbeziehung der früher mediatisierten Häuser, über das Verbot, zusammengesetzte Namen zu führen, und über den Umfang der landesherrliche Gewalt ausdrückenden Bezeichnungen. (Vgl. Nr. 12891.)
M/H   101 02824—30 (286)

19. 1.—17. 2. 38   RMdI u. a.   12433
Vorlage und Beratung des Entwurfs einer Zweiten Durchführungsverordnung zum Gesetz über die Sicherung der Reichsgrenze: Senkung von Steuern, Abgaben und Gebühren in den Grenzgebieten. Befriedigung des StdF über die gesamte Planung; von seinen Sitzungsvertretern in einer Besprechung aufgestellte Bedingungen: Genuß der vorgesehenen Vergünstigungen lediglich durch Reichsdeutsche, Einbeziehung der Kirchensteuer, Herauslassung der DAF (hier Prüfung möglicher Beitragssenkungen durch StdF und Reichsschatzmeister). Einsetzung von sechs Kommissionen zur weiteren Beratung.
H   101 21262—83 (1264 a)

20. 1. 38   SS-Brif. Schaub   12434
Bormann derzeit „noch im Schwabinger Krankenhaus".
H   124 00562 f. (56)

20. 1. 38   Adj. d. F u. a.   12435
Übermittlung einer *Auftragsbestätigung der Ufa-Handelsgesellschaft, die Kinoanlage im Berghof betreffend.
W   124 00566 (56)

20. 1.—1. 2. 38   SA-Ogruf. Brückner   12436
Bestätigung des Termins für den Reichsparteitag 1938: 5.—12. 9.
W/H   124 00580 f. (56)

[20. 1.]—12. 2. 38   GL Bohle, Lammers u. a.—7   12437
Einverständnis Hitlers und des StdF mit der von GL Bohle in einer Rede in Budapest am 24. 1. erstmalig zu gebenden genauen Definition der Begriffe „Deutschtum im Ausland" (umfassend), „Auslandsdeutsche" (Reichsdeutsche) und „Volksdeutsche" (deutsch in Sprache und Kultur, aber nicht Bürger des Reiches). Der StdF gegen eine offizielle Veröffentlichung vor Übergang der Formulierungen in den allgemeinen Sprachgebrauch, jedoch Herausgabe eines Rundschreibens an die Obersten Reichsbehörden. Auf eine Anfrage hin Übersendung dieses Rundschreibens auch an den Verband der Deutschen Volksgruppen in Europa.
H   101 25194—200/1 (1408 a)

21. 1. 38   AA, Dt. Botsch. b. Hl. Stuhl   12438
Übersendung einer Aufzeichnung eines „dem Vatikan nahestehenden Prälaten" über die strikt antikommunistische Einstellung der Kurie und des Papstes, belegt durch ausführliche Zitierungen Pius' XI.; Anlaß und in der Aufzeichnung speziell erörtert: Die auf deutscher Seite als Eingehen auf die intensiven Kooperationsangebote der französischen Kommunisten interpretierte Weihnachtsbotschaft des Kardinalerzbischofs von Paris, Verdier.
H   101 26484—93 (1504 c)

21. 1. 38   AA, Dt. Botsch. Rom   12439
Übersendung des Berichts eines Vertrauensmannes der Deutschen Botschaft in Rom über die Kritik maßgebender italienischer politischer Kreise an der – unter dem Einfluß des „zu sehr an Frankreich gebundenen" Kardinalstaatssekretärs Pacelli stehenden – vatikanischen Politik: Heftige Beschwerden über die Lage der Katholischen Kirche in Deutschland, aber Mangel an Mut, gegen die „furchtbaren Verfolgungen" der Kirche in Spanien klar Stellung zu nehmen; ebenfalls passive Haltung zu der deutlicher werdenden Fühlungnahme zwischen Katholiken und Kommunisten in Frankreich; „stürmische" Unterredung zwischen Unterstaatssekretär Bufarini und dem Nuntius.
H   101 25731 – 34 (1449 a)

21. 1. 38   RArbM   12440
Bitte um Zustimmung zum *Entwurf einer Vierten Verordnung zur Durchführung des Gesetzes zur Ordnung der Arbeit in öffentlichen Verwaltungen und Betrieben (Einsetzung eines ständigen Reichstreuhänders für den öffentlichen Dienst, u. a.).
A/W   101 06761 – 64 (548 a)

21. 1. – 10. 3. 38   RKzl.   12441
Schriftwechsel über Bezahlung und Unterbringung von Hitler angekaufter Gemälde (zwei Musikstilleben von Evaristo Bachenis).
K   101 15204 – 09 (895 a)

22. 1. 38 – 31. 1. 39   RMfWEuV   12442
Nach Einholung – ungünstig ausfallender – Beurteilungen der Stab StdF für eine Zurückstellung der „Angelegenheit Rein"; ferner Empfehlung, Prof. Hermann R. (Göttingen) nicht im Ausland als Delegationsführer bei Kongressen einzusetzen. Später R. günstiger beurteilt.
M/H   301 00799 – 802 (Rein)

23. 1. – 24. 2. 38   Adj. d. F, Th. Küstner   12443
Durch eine Thusnelda Küstner (München) Angebot der Stiftung eines Ölgemäldes des Malers K. für das Führerhaus in München und Vorschlag, das Gemälde zur Besichtigung ins Braune Haus zu schicken. Weiterleitung an Führeradjutant Schaub.
K/H   124 03920 – 23 (357)

24. 1. 38   Adj. d. F   12444
Mitteilung Bormanns über die Übertragung der Aufsicht über das Bechsteinhaus an Josefa Guggenbichler als Ersatz für die von Hitler auf den Berghof genommene Frau Schindler.
W/H   124 00561 (56)

24. 1. 38   RMdI   12445
Übersendung der *Satzung des Deutschen Roten Kreuzes vom 24. 12. 37.
K   101 14110 (745 a)

24. 1. – 21. 2. 38   RFrauenF, Lammers   12446
Unter Berufung auf ein Schreiben Lammers' vom 25. 7. 37 an Bormann über das nur „grundsätzliche" (Ausnahmen mithin zulassende) Verbot Hitlers, Frauen zu Beamten des höheren Dienstes zu ernennen, Bitte der Reichsfrauenführerin an B. um Vortrag des Falles der Oberassistentin an der Sternwarte Berlin-Babelsberg, Margarete Güssow. Keine Bedenken der Reichskanzlei gegen eine Ernennung der G. zum Observator.
M/H   101 04762 – 68 (427)

24. 1. – [3. 10.]38   RDentistenF, RKzl., FlugKpt. Baur, Rechtsanw. Karpf   12447
Dem Reichsdentistenführer Schaeffer vom Reichsärzteführer übermitteltes Verbot des StdF, in Zeitschriften, Zeitungen oder Broschüren zum Zahnärzte-Dentisten-Problem Stellung zu nehmen. Nach acht Monaten Aufforderung des StdF, ein von Sch. beabsichtigtes Rundschreiben in dieser Frage mit der Berufung auf „angebliche Äußerungen des Führers" zu unterlassen (Androhung der Beschlagnahme durch die Geheime Staatspolizei und parteigerichtlicher Schritte gegen Sch. selbst). Rechtfertigung Sch.s und eines Anwalts aus der Rechtsabteilung der Reichsdentistenführung: Trotz ihrer Bitten und Vorstellungen kein Einschreiten irgendeiner Stelle gegen die auf mannigfache Weise und gegen die Entscheidung Hitlers nach wie vor den Einheitsstand der Zahnbehandler fordernden und gegen den Reichsdentistenführer wühlenden Dentistenopposition; Vorlage eines an Heß gerichteten Briefes des Flugkapitäns Baur über seine kürzliche Unterredung mit Hitler in der Dentistenfrage (Informierung über den seit

1933 anhaltenden Kampf unter den Dentisten, über die „Verräter ihres eigenen Standes" in den Oppositionsgruppen und deren Machenschaften; Ankündigung einer „diktatorischen" Entscheidung Hitlers „demnächst" und Feststellung: Keine Änderung der früheren Meinung Hitlers.
H   101 13844−59 (732, 732 a)

25. 1. 38   RfA   12448
Bitte des Stabs StdF, die bevorzugte Beförderung des Arbeitsamtsdirektors Johannes Kampmann (Bochum) nach § 17 Abs. 4 der Reichsgrundsätze zu veranlassen (Aufzählung der Verdienste K.s − Parteigenosse seit 1923 − um die NSDAP).
H   101 06495/7 f. (529 a)

25. 1. 38   Adj. d. F   12449
Übersendung einer von Dr. Morell veranlaßten *Rechnung der Siemens-Reiniger-Werke (Berlin) zur Begleichung.
W   124 00560 (56)

[25. 1. 38]   Himmler   12450
Gespräch mit Bormann über die Aufnahme eines Rolf Reiner in die Partei: Diese − soweit B. erinnerlich − von Hitler zunächst abgelehnt. Absicht beider, bei H. gelegentlich auf die Angelegenheit zurückzukommen. Nach Freispruch durch das Oberste Parteigericht R. wieder Parteimitglied.
K/H   102 00282 (739)

25. 1.−15. 10. 38   Adj. d. F, T. Sack-Schieferstein, Rechtsanw. Sack−11   12451
Nach langer Verzögerung endlich Zustandekommen der nach Prüfung der Unterlagen in Aussicht genommenen Besprechung über die Arbeiten des Schwingungsforschers Heinrich Schieferstein (Sch.sche Resonanz-Schwingungen) zwischen Sch., Prof. Messerschmitt und Croneiß (Stab StdF). Starkes Eintreten C.' für die Ideen Sch.s.
W   124 04158−77 (386)

26. 1. 38   Adj. d. F−1   12452
Übersendung einer *Liste an Stenger (Verbindungsstab) mit der Bitte um Rücksendung.
W   124 00603 f. (56)

[26. 1. 38]   (Adj. d. F)   12453
Regelung der Versorgung der Hinterbliebenen des beim Völkischen Beobachter beschäftigt gewesenen, verschuldeten Rittmeisters a. D. Roland Strunk. (Befassung Helms' [Stab StdF] mit der Angelegenheit unklar.)
W   124 04267 ff. (397)

26. 1. 38−15. 3. 39   RFM, RKzl.   12454
Nach Zustimmung des StdF zur Streichung des zweiten Satzes von Nr. 3 der Allgemeinen Dienstordnung zu § 3 der Tarifordnung A für Gefolgschaftsmitglieder im öffentlichen Dienst (Beteiligung des StdF bei der Festsetzung von Gehältern über Vergütungsgruppe I TO.A) später auch Zustimmung zur Streichung von § 18 Abs. 1 Ziffer 2 der Geschäftsordnung der Reichsregierung (für Anstellungsverträge über Gruppe XII RAT [jetzt I TO.A] Zustimmung der Reichsregierung und des StdF erforderlich). Grund der Änderung: Neuregelung des Tarifrechts (lediglich Beteiligung des Reichsfinanz- und des Ressortministers).
M/H   101 00668−79 (145 a)

27. 1.−14. 6. 38   Adj. d. F   12455
Übersendung durch SS-Stubaf. Kempka u. a. gegengezeichneter *Rechnungen mit der Bitte um weitere Veranlassung.
W   124 00547, 554, 558 f., 606 (56)

28. 1. 38   AA, Dt. Botsch. Rom   12456
Übersendung eines Berichts der Deutschen Botschaft in Rom über eine Treuekundgebung (jederzeit Unterstützung bei „Getreide- und sonstigen Schlachten") des italienischen Klerus für Mussolini und über dessen Dank anläßlich der zum Jahresende üblichen Preisverteilung für die erfolgreichsten Guts-

besitzer und Bauern; Wandlung des früher indifferenten, eher antikirchlichen M. zu einem Politiker mit
Bewußtsein von Macht und Bedeutung der Religion und der Kirche.
H   101 25727–30 (1449 a)

29. 1. 38   SA-Gruf. Oberlindober   12457
Durch den StdF Billigung eines Abkommens zwischen dem Deutschen Reichskriegerbund (RKB) und
der NS-Kriegsopferversorgung (NSKOV): Abgrenzung ihrer Sonderaufgaben und Mitgliederkreise sowie
Festlegung gemeinsamer Aufgaben, Geldhilfe des RKB für die NSKOV (erfüllt von dem Gedanken der
Fürsorge auch für die nicht bei ihm, sondern in der NSKOV als Mitglieder eingetragenen bedürftigen
Frontkameraden).
W/H   124 01060–63 (108)

29. 1. 38   –   12457 a
Bormann an einer „langwierigen Grippe" erkrankt.
H   101 04762 (427)

31. 1. 38   Lammers   12458
Glückwünsche zur Verleihung des Goldenen Ehrenzeichens an MinDir. Sommer.
K   101 15136 ff. (887 c)

31. 1.–22. 2. 38   RMfWEuV   12459
Nach ablehnender Stellungnahme des Stabs StdF („Edelkommunist", international-jüdische Kunstauf-
fassung) eine Vortragsreise von Prof. Richard Hamann (Marburg) nach Österreich nicht genehmigt.
M/H   301 00381–84 (Hamann)

31. 1. 38–12. 4. 39   RFSS, Lammers   12460
Vorsorglicher Einspruch Himmlers gegen eine führende Rolle der SA bei der vorgesehenen vor- und
nachmilitärischen Erziehung: Kritik am „unkameradschaftlichen" Vorgehen des Stabschefs Lutze und
Vorschlag der Zuständigkeit jeder Gliederung für ihre eigenen Leute. Diesen Vorschlag aufnehmende
und die Zusammenarbeit mit der Wehrmacht regelnde Anordnung des StdF.
K   102 00326–34 (754)

1. 2. 38   Adj. d. F, Gemeinde Salzberg   12461
Übermittlung eines *Schreibens der Gemeinde Salzberg.
W   124 00557 (56)

1. 2. 38   Lammers   12462
Im Zusammenhang mit der Beförderung des ORegR Josef Eckert Kritik des StdF an den Personalver-
hältnissen im Reichsarbeitsministerium (RAM): Von 38 Ministerialräten nur fünf Parteimitglieder (Eintritt nach der Machtübernahme); die Bitte um Durchsetzung des Beamtenkörpers mit ns. bewährten
Männern bisher ebenso erfolglos wie das Drängen auf Reinigung des Ministeriums von jüdisch versippten Beamten und jüdischen Mischlingen (halbjüdisch die MinR Lehfeld und Goldschmidt); seine – des
StdF – negative politische Beurteilung E.s vom RAM mehrfach zurückgewiesen, jedoch Festhalten des
StdF an seiner Ablehnung (E. ehemaliger Zentrumsanhänger, Werbungsversuche für den Anschluß an
die Bewegung erfolglos, keine Gewähr für eine Einsatzbereitschaft zugunsten des ns. Staates, „system-
treue" Einstellung bezeugt); Bitte an Lammers, bei einem – auf Wunsch des RAM – herbeizuführenden
Führerentscheid auf diese seine Stellungnahme nachdrücklichst hinzuweisen.
K   101 18324–30 (1138); 101 18334–40 (1138 b)

1. 2. 38   RFSS   12463
Aufgrund der Klage einer Parteidienststelle über die fast ausschließliche Heranziehung von Nichtparteigenossen und „politisch noch immer indifferenten Beamten" zu den Polizeiobermeister-Anwärterlehr-
gängen Vorschlag des Stabs StdF, bei zahlenmäßigen Meldungen die Angabe der Anzahl hinzugezoge-
ner Parteigenossen zu veranlassen. Die Ermittlungsergebnisse des Reichsführers-SS hierzu nicht abgegangen.
H   320 00021 ff. (3)

1. 2. 38   RAusschuß f. Fremdenverkehr   12464
Weigerung des Präsidenten des Reichsausschusses für Fremdenverkehr, Esser, gegen den Gastwirt Andreas Thoma (Konradsreuth) Strafantrag wegen Beleidigung zu stellen; Forderung (als „Parteigenosse

Nr. 2" und unter Hinweis auf seine Staatsämter) nach dem Schutz des – formal für ihn nicht zuständigen
– Heimtückegesetzes und entsprechender Information des Reichsjustizministers; Androhung, sich an-
dernfalls an Hitler zu wenden.
H   101 21260 f. (1264 a)

2. – 5. 2. 38   SS-Gruf. Wolff   12465
Unter Hinweis auf die geltenden Bestimmungen Ablehnung Bormanns, aus dem Kontingent für die
Obersalzbergbauten Gußeisen und Bleche (für Radiatoren und einen „Beuler") zur Beschleunigung des
Umbaus des Gästehauses des Reichsführers-SS zur Verfügung zu stellen.
W/H   107 00669 f. (220)

4. 2. 38   RKzl.   12466
Ersetzung der bisherigen Bezeichnung „Reichsminister ohne Geschäftsbereich" durch „Reichsminister";
Begründung: Wichtige Aufgaben dieser Minister, insbesondere des StdF, als Berater Hitlers.
H   101 00516 (138); 101 19605 (1189 a)

[4. 2. 38]   DF   12467
Berufung des Präsidenten und der Mitglieder des Geheimen Kabinettsrats, darunter Heß.
H   101 25137 f. (1401 b)

7. 2. 38   Adj. d. F   12468
Übersendung des *Schreibens eines Jakob Pliester (Köln).
W   124 04069 (375)

7. 2. 38   Adj. d. F   12469
Nach bereits erfolgtem Vortrag bei Heß „der Ordnung halber" Übersendung einer Abschrift des Abkommens zwischen dem Deutschen Reichskriegerbund und der NS-Kriegsopferversorgung (vgl. Nr.
12457).
W/H   124 01052 (108)

7. 2. 38   –   12470
Klopfer als Persönlicher Referent Bormanns genannt.
H   124 00584 f. (56)

7. 2. 38   SS-Gruf. Schaub   12471
Durch Klopfer (Stab StdF) Übersendung der *Kopie eines „Offenen Briefes an den Fränkischen Einzel-
handel".
W   124 00585 (56)

[7. 2. 38]   MinDir. Gütt   12472
Im Zusammenhang mit der Auseinandersetzung über die Durchführung des Erbgesundheitsgesetzes
und über den der Durchführung zugrunde liegenden Gesetzeskommentar Gütt–Rüdin–Ruttke (scharfe
Angriffe des Reichsärzteführers Wagner und seiner Mitarbeiter) Vorlage von Vorschlägen (u. a. Einschaltung des StdF bei der Ernennung sämtlicher Mitglieder des zu errichtenden Reichserbgesundheitsge-
richts) und einer Rechtfertigung des Kommentars.
W   107 00740 – 47 (229)

7. – 18. 2. 38   Adj. d. F, BfdÜ   12473
Durch den Stab StdF Übersendung einer Aktennotiz des Beobachters der Dienststelle Rosenberg (DR)
über die ersten Tage des Prozesses gegen Pastor Niemöller (wegen Kanzelmißbrauchs und Aufforderung
zum Widerstand gegen die Staatsgewalt) zwecks Kenntnisnahme durch Hitler: Auseinandersetzungen
über die Zulassung der Öffentlichkeit, von Vertretern der Bekenntniskirche, aber auch des DR-Beobachters; für jedermann feststellbare, peinliche Einflußversuche hoher Justizbeamter zwischen den Sitzungen; „packende" und geschickte Verteidigungsstrategie N.s; Äußerungen N.s u. a. zu seinem politischen
Standort (von jeher Feind jeder Art von Republik; seit 1924 stets Wahl der NSDAP, als Geistlicher jedoch keine Einmischung in die Tagespolitik und keine direkte Bindung an die Partei) und zu seiner
kirchlichen Haltung (hinsichtlich der – ihm unsympathischen – Juden ein Auswechseln der Taufe durch
den Stammbaum nicht angängig; Pflicht, das „peinliche und schwere Ärgernis" des Judentums Jesu um
des Evangeliums willen hinzunehmen; Interpretation von Römerbrief 13 im – lutherischen, nicht reformierten – Sinne eines nur in der Predigt, nicht durch die Tat zulässigen Widerspruchs gegen obrigkeitli-

che Maßnahmen); Entpflichtung seiner – von der Staatsanwaltschaft verdächtigten – Verteidiger durch N. und seine Ankündigung, künftig nur noch „als lebender Leichnam" anwesend zu sein; offensichtlicher Mangel an stichhaltigem Material gegen N. und Hoffnung der Staatsanwaltschaft, solches noch von der DR zu erhalten. Fazit des DR-Beobachters (von Menne [Stab StdF] und vom Beobachter des SD geteilt): Der Prozeß beschämend und hinsichtlich der Auswirkung im Ausland negativ.
W/H   124 04631 – 42 (463)

8. 2. 38   AA, Dt. Botsch. Washington   12474
Übersendung eines Berichts der Deutschen Botschaft in Washington über den überraschenden Besuch dreier amerikanischer Kreuzer in Singapur: Wertung als weiterer Schritt der Vereinigten Staaten zur Überwindung ihrer selbstgewählten Isolation und als Beweis für die Verstärkung der amerikanisch-britischen Zusammenarbeit.
K   101 25966 (1468)

8. 2. – 2. 3. 38   Adj. d. F   12475
Übersendung von *Rechnungen der Ufa-Handelsgesellschaft.
W   124 00551, 555 f. (56)

8. 2. – 9. 7. 38   RMdI   12476
Übersendung und Erläuterung von Entwürfen einer Dritten Verordnung zur Durchführung des Gesetzes über die Änderung von Familiennamen und Vornamen sowie zweier Runderlasse hierzu und über den Widerruf von Namensänderungen: Klare Unterscheidung von Deutschblütigen und Juden gefordert und erwünscht; erörterte, aber verworfene Maßnahmen (Ablegung der deutschen Namen durch die Juden, Einführung eines kennzeichnenden Doppelnamens oder der zusätzlichen Bezeichnung „-J" für Juden); Lösung nunmehr auf dem Gebiet der Vornamen vorgesehen (Aufstellung einer für die künftige Namensgebung von Juden verbindlichen Liste jüdischer Vornamen samt Begründung – u. a. Namensführung durch „hervorragende Männer des dritten Reiches" – vorgenommener Ausnahmen; Ablegung der derzeit getragenen deutschen Vornamen durch die Juden oder zwangsweise Führung des zusätzlichen Vornamens Israel bzw. – bei Frauen – Sara; Widerruf der der „Verschleierung ihrer Abstammung" dienenden Namensänderungen von Juden, jedoch nicht von Mischlingen). Unter Hinweis auf mögliche Rückwirkungen auf die deutschen Minderheiten in anderen Staaten später nicht nur bedingte, sondern generelle Erlaubnis zur Wahl fremder Vornamen für deutsche Staatsangehörige fremden Volkstums vorgesehen.
H   101 28311 – 21 (1543)

12. 2. 38   GBauI Speer   12477
Angesichts des Wohnungsmangels in den Kriegsmarinestädten Wilhelmshaven und Kiel Anregung des Stabs StdF, die Anwendungsmöglichkeit des Gesetzes über die Neugestaltung deutscher Städte auf W. und K. zu prüfen.
H   101 16948 f. (1017); 101 17196 (1025)

14. 2. 38   RMdI   12478
Übersendung eines vom Reichsstatthalter in Württemberg vorgelegten *Gesetzentwurfs über die Landeseinteilung in Württemberg (entsprechend der von der NSDAP am 1. 4. 37 in Kraft gesetzten politischen Kreiseinteilung).
A   101 05798 (494 a)

14. 2. 38   AA, Dt. Botsch. Salamanca   12479
Übersendung des Textes eines von der neuen nationalspanischen Regierung erlassenen Aufrufs mit der Versicherung, die „Freunde aus den Tagen schwerer Prüfung" nicht zu vergessen.
H   101 26308 – 09/6 (1492 a)

15. 2. 38   RMfdkA   12480
Bei richtiger Auslegung des Runderlasses über die Bezeichnung des religiösen Bekenntnisses vom 26. 11. 36 keine rechtliche Möglichkeit für der jüdischen Religionsgemeinschaft angehörende Juden, sich als „gottgläubig" zu bezeichnen; dies nur in den relativ seltenen Fällen eines förmlichen Austritts möglich; Ablehnung des Standpunktes des Reichsinnenministers (Bekenntnisangabe frei nach innerer Willensentschließung und ohne Rücksicht auf rechtliche Religionszugehörigkeit).
H   101 00735 f. (150)

15. 2. 38   AA, Dt. Botsch. Washington   12481
Übersendung eines Berichts des Deutschen Botschafters in Washington über seine (im Zusammenhang mit den besorgten Äußerungen des UStSekr. Sumner Welles über die sich verschlechternde Weltlage geübte) Kritik an der – durch die „unerhörte Hetze" in der amerikanischen Öffentlichkeit geschaffenen – Kriegspsychose.
K   101 25967 (1468)

15.–19. 2. 38   RFSS–7   12482
Vorschlag des GL Bohle, SS-Staf. Willi Köhn aufgrund seiner Verdienste um die Partei in Chile (Landesgruppenleiter der Auslands-Organisation) und in Spanien (Generalkonsul bei der Deutschen Botschaft) zum SS-Oberführer zu befördern.
M   306 00705 ff. (Köhn)

15. 2.–13. 4. 38   Lammers, Göring, RFM, RFSS u. a.   12483
Einspruch und ausführliche Stellungnahmen des StdF, des Reichsführers-SS und mehrerer Reichsminister gegen vier von Ley ohne Unterrichtung des StdF eingebrachte Gesetzentwürfe (über die DAF, die Organisation der gewerblichen Wirtschaft, die arbeitspolitische Selbstverantwortung und die Berufserziehung in Handel und Gewerbe). Der StdF: Das Vorhaben L.s, alle Schaffenden zur Mitgliedschaft in der DAF zu zwingen, in krassem Gegensatz zu Willensäußerungen Hitlers stehend; die Erziehung des *gesamten* Volkes im Sinne der ns. Idee Aufgabe allein der Partei, hingegen Beschränkung der DAF auf die Angehörigen der Industrie, des Handels und des Handwerks; Prinzip der absoluten Freiwilligkeit einer Mitgliedschaft in der NSDAP und ihren Nebenorganisationen; Berufung auf die Belange des StdF bei der Vertretung der gesamten Partei – einschließlich der angeschlossenen Verbände – bei der Gesetzgebung; Verwahrung gegen die von L. vorgesehene Herauslösung aus seinem Unterstellungsverhältnis unter den StdF; Eingreifen der DAF in die staatliche Exekutive (Festlegung von Löhnen usw.); Zurückweisung des – selbst geforderten – Zustimmungsanspruchs L.s bei den Entschließungen des Reichswirtschaftsministers auf dem Gebiet der Berufserziehung; u. a. Nachgereicht eine umfangreiche Sammlung beim StdF eingegangener Proteste gegen L.s Gesetze sowie eine Zusammenstellung der in früheren Jahren um den Entwurf zum DAF-Gesetz mit L. geführten Auseinandersetzungen.
M/H   101 03214–78 (324 c); 101 06406–91 (529)

16. 2. 38   Adj. d. F–1   12484
Übersendung eines *Berichts an Stenger (Verbindungsstab).
W   124 00602 (56)

17. 2. 38   RBauernF   12485
Bitte des Stabs StdF, in die übersandten *Formulare für politische Beurteilungen bei allen Beamten die Wohnungen seit dem 1. 1. 32 nachzutragen.
W/H   112 00047 (127)

[17. 2. 38]   Adj. d. F   12486
Zu der Eingabe einer Maria Gerblinger (Obersalzberg) wegen der Entlassung ihres als Verwalter auf dem Baumgartlehen tätigen, nunmehr zur Kreisbauernschaft München versetzten Ehemanns (Alter Kämpfer, Blutordensträger) Stellungnahme Bormanns: Die Entlassung G.s wegen ungenügender Kenntnisse in der Landwirtschaft erfolgt; Vermeidung von Härten hinsichtlich des Übersiedlungstermins nach München.
K   124 03715 ff. (334)

18. 2.–22. 4. 38   RMfVuP, AA   12487
Der Plan, einer in Zusammenarbeit mit dem Propagandaministerium (Promi) und der Dienststelle Ribbentrop (DR) von Prof. Grimm in französischer Sprache herauszugebenden Sammlung von Erklärungen Hitlers und der Reichsregierung über das deutsch-französische Verhältnis durch einen einleitenden Brief H.s (so der Wunsch G.s, des Promi und der DR) oder Heß' (so der Vorschlag des Auswärtigen Amtes) in Frankreich mehr Gewicht zu verschaffen, vom StdF abgelehnt: Das Erscheinen einer solchen Veröffentlichung zumindest zur Zeit nicht zweckmäßig.
H   101 25698/1–705 (1440)

19. 2.–4. 3. 38   RMfdkA   12488
Zustimmung des StdF zu dem beabsichtigten Verbot der Verwendung des Hakenkreuzes durch Religionsgemeinschaften.
M   101 00737 f. (150)

20. 2. 38   AA, Dt. Botsch. Washington   12489
Übersendung von Bemerkungen der Deutschen Botschaft in Washington über den Film „Inside Nazi-Germany 1938" (Werbungsmethoden, Wirkung des Films auf die Öffentlichkeit, Beeinflussung der amerikanisch-deutschen Beziehungen).
K   101 25971 – 75 (1468)

21. 2. – 5. 5. 38   Adj. d. F, C. Sauer v. Aichried, RMdI – 1   12490
Durch Blome (Stab StdF) Aufrechterhaltung der ablehnenden Entscheidung über das Gesuch der Halbjüdin Claire Sauer v. Aichried (Dresden) um Genehmigung der Heirat mit dem „arischen" Kaufmann Carl Helling. (Erwähnung der Bitte des Stabs StdF um Einschaltung in solchen Fällen.)
W   124 04150 – 55 (384)

22. 2. 38   Adj. d. F – 24   12491
Die Eingabe des Arbeiters A. Voges wegen Unfruchtbarmachung seiner Tochter Erika (Heinsen/Polle) für Wagner (Stab StdF) erledigt: Nach stattgefundener Untersuchung vom Gesundheitsamt kein Antrag auf Unfruchtbarmachung gestellt.
W   124 04312 (401)

Nicht belegt.   12492

23. 2. – 9. 4. 38   Adj. d. F, W. Lechel   12493
Stellungnahme des Stabs StdF zu den Beschwerden eines Wilhelm Lechel (Königsberg; Schulden und durch die „unfaire Handlungsweise" des GL Koch jeder Verdienstmöglichkeit beraubt, Bitte um Gegenüberstellung mit K. und um eine unparteiische neue Untersuchung): Die Eingaben L.s nach Überprüfung durch einen Sonderbeauftragten (Brockhausen) zurückgewiesen; künftighin keine Bearbeitung weiterer Gesuche.
K/H   124 03937 – 48 (358)

23. 2. 38 – 1. 11. 43   GL München-Oberbayern, RMfWEuV u. a.   12494
Den Wissenschaftsbereich betreffende personalpolitische Anfragen und Stellungnahmen des Stabs StdF bzw. der PKzl. im Zusammenhang mit Ernennungen u. a., Buchstaben S–Z.
A   302 00203 – 82

24. 2. 38   K. Höppner   12495
Nach Darlegung seiner wirtschaftlichen Notlage (Aufhebung des Pachtpreisnachlasses, Einbußen durch landwirtschaftliche Marktregelung, Landverlust durch Autobahnbau, u. a.) Bitte des Landwirts Kurt Höppner (Frankenberg/Sa.) um Unterbringung als landwirtschaftlicher Beamter oder um Zuweisung einer Pachtung zu auskömmlichen Bedingungen.
K   124 03796 – 99 (346)

24. 2. 38   WiGru. Bauindustrie u. a.   12496
Eingabe an den Reichswirtschaftsminister um Zuteilung ausreichender Eisenmengen (Erhöhung des Kontingents von 2000 t auf 4550 t monatlich) für die Reparatur und den Ersatzbedarf von Baugeräten: Abhängigkeit der Erhaltung der erreichten Leistungsspitze des Bauvolumens primär vom Geräteeinsatz; Erneuerungsbedürftigkeit (3 : 100 vom Umsatz) des Geräteparks, Verknappung der Lagerbestände und Unmöglichkeit, auf dem freien Markt Ersatz zu finden; Vergleich mit der Lage bei der Wirtschaftsgruppe Maschinenbau; Hilfeleistung durch Hergabe von Kontrollnummern bisher lediglich durch den Generalinspektor für das deutsche Straßenwesen; Bedeutung der Bauindustrie für die Aufrüstung und den Vierjahresplan. (Abschrift an den StdF.)
H   101 19134 – 45 (1169)

[24. 2. 38]   RFM   12497
Vom StdF Vorsorge für eine rechtzeitige Ankündigung der Freiplätze der Einrichtungen „Mutter und Kind" und „Hitlerspende" durch die NSV getroffen; Regelung für die Inanspruchnahme.
W   101 06784, 796 (551)

25. 2. 38   RKzl.   12498
Mündliche Unterrichtung Bormanns über den Inhalt eines Fernschreibens: Teilnahme des GL Bürckel am Empfang Hitlers am 25. 2.
K   101 15122 (886 b)

25. 2. 38   AA, Dt. Botsch. Washington   12499
Übersendung eines Berichts der Deutschen Botschaft in Washington über eine außenpolitische Aussprache im amerikanischen Senat zwischen Vertretern der Isolationspolitik und Vertretern des neuen Kurses einer aktiven Außenpolitik; zwar keine Bindungen zwischen den Vereinigten Staaten und England, aber immer deutlicher werdende Parallelität der Interessen; im Falle der Verwicklung Englands in einen Weltkonflikt sehr wahrscheinlich Unterstützung der USA.
K/H   101 25976 – 79 (1468)

25. 2. 38   Himmler   12500
Abgabe der beim Sicherheitshauptamt angeforderten politischen Beurteilung des Präsidenten der Reichsschrifttumskammer, SS-Brif. Hanns Johst, durch Himmler persönlich: Verbürgung für die ns. Gesinnung J.s.
M   306 00584 f. (Johst)

25. 2. 38 – 12. 7. 39   RMdI, RKzl.   12501
Im Zusammenhang mit einem vom Reichsinnenminister (RMdI) vorgelegten Verordnungsentwurf über den Erholungsurlaub der Beamten Bitte des StdF, den Urlaub für Beamte – entsprechend dem der Parteiangestellten – auf höchstens 30 Tage herabzusetzen. Diese Regelung nach Ansicht des RMdI nicht angängig; Begründung u. a.: Schlechterstellung der besondere Verantwortung tragenden Beamten im Vergleich zu den höheren Angestellten der Privatbetriebe (mit tarifmäßig unbegrenztem Urlaub) die Folge; Bitte um Überprüfung des Vorschlages vor Einholung einer Stellungnahme der übrigen Ressorts. Keine Fortsetzung der Erörterung zwischen RMdI und StdF, statt dessen Bitte des StdF, eine Entscheidung Hitlers in dieser Frage einzuholen. Die geplante allgemeine Behandlung der Urlaubsfrage zusammen mit anderen Fragen von beamten- und besoldungspolitischer Bedeutung (im Hinblick auf stärker fühlbare Nachwuchsnot) wegen der durch die politischen Ereignisse des Jahres 1938 eingetretenen großen Geschäftsbelastung unterblieben; die Urlaubskürzung allein nach Meinung der Reichskanzlei (RKzl.) gegenwärtig nicht empfehlenswert; zudem Herbeiführung einer Entscheidung H.s ohne vorausgehende Stellungnahme aller Ressorts nicht möglich, diese aber – vermutlich wegen der vom RMdI noch erwarteten Antwort des StdF – noch nicht eingeholt; aufschiebende Mitteilung an den StdF. Auf dessen erneute Frage nach der Entscheidung H.s Wiederholung dieser Argumente; Bitte Froehlichs (Verbindungsstab?), die Sache vorerst ruhen zu lassen, um sie „in München zur Sprache zu bringen".
A/H   101 05325 – 39 (457 a)

28. 2. 38   SS-Gruf. Schaub   12502
Angebot Bormanns, für die Büroarbeiten des Berghofs eine „absolut zuverlässige", dem Führeradjutanten Schaub zu unterstellende Parteigenossin abzustellen; Unmöglichkeit, weiterhin von dem Hausmeister Döring Schreiben im Auftrage Hitlers hinausgehen zu lassen.
W/H   124 00552 f. (56)

28. 2. 38   Adj. d. F – 9   12503
Durch die Parteiamtliche Prüfungskommission (PPK) Informierung der Führeradjutantur über das von Hitler scharf beanstandete Buch „Aus Adolf Hitlers Jugendzeit" von Hugo Rabitsch: Person und Motivation des Verfassers, ursprünglicher Titel, u. a. In diesem Zusammenhang Betonung der Notwendigkeit einer engen Zusammenarbeit mit der PPK und Hinweis auf die Erfolge der ständigen Kontrolle der Wiedergabe von Zitaten aus Reden Hitlers.
W/H   124 00767 – 70 (65)

28. 2. – 2. 3. 38   RKzl. u. a.   12504
Mitteilung einer Anordnung Hitlers, vor seinem für Mai 1938 in Aussicht genommenen Staatsbesuch in Italien Reisen prominenter Parteigenossen und Gruppen von Parteigenossen nach Italien nicht zu genehmigen.
M   101 04818 f. (428)

28. 2. – 17. 3. 38   Adj. d. F   12505
Übersendung eines ˚Schreibens der Keramischen Werkstätten Angermayer (Eberschwang/Oberösterreich) an Bormann „als dem für den Obersalzberg zuständigen Mann".
W/H   124 00548 ff. (56)

Nicht belegt.   12506

1. 3. 38   GL Schleswig-Holstein   12507
Stellungnahme zu vier von Ley vorgelegten *Gesetzentwürfen (Gesetz über die DAF, Gesetze über die Wirtschafts- und die Arbeitskammer, Gesetz über die Berufserziehung und -ausbildung in Handel und Gewerbe): Diese „in ihrer jetzigen Fassung nicht brauchbar", weder eine klare Abgrenzung gegenüber dem Wirtschafts- und dem Arbeitsministerium noch gegenüber der Partei, mangelnder logischer Aufbau. Im einzelnen zu 1 Erwähnung von Kontroversen zwischen dem StdF und L. über die DAF und L.s Stellung: Freiwillige und beruflich beschränkte DAF-Mitgliedschaft versus Zwangsmitgliedschaft aller tätigen Deutschen; L. laut StdF nicht Reichsleiter der DAF (Reichsleiter nur in der Partei und in den Gliederungen fungierend, nicht in angeschlossenen Verbänden); die Personalunion von Reichsorganisations- und DAF-Leiter laut StdF nur eine augenblickliche Zufälligkeit. Zu 2 – 4: Die Ansprüche der DAF sowie der Umfang der vorgesehenen Apparate bedenklich groß, insbesondere zuviel „Hineinhängen" des Leiters der DAF in die – besser selbstverantwortliche – Arbeit der Kammern statt der sinnvolleren Beschränkung auf die Führungsaufgaben. (Vgl. Nr. 12483.)
W/H   502 00263 – 69 (17)

1. 3. – 18. 8. 38   (NSDDozB?)   12508
Auskünfte auf Anfrage: Kein besoldeter Lehrauftrag für Prof. Freytag; Berücksichtigung der Notlage älterer Dozenten bei der Besoldungsneuregelung.
M/H   302 00085 ff. (Freytag)

3. – 7. 3. 38   Dt. Akad. f. Bauforschung, RKzl.   12509
Auf Anweisung der Gauleitung Magdeburg-Anhalt Bitte der Deutschen Akademie für Bauforschung (Forschungsstelle des Reichsarbeitsministeriums), die Namensgebung „Franz-Seldte-Institut" für ihr erstes Forschungsinstitut in Magdeburg zu genehmigen. Keine Einwendungen des StdF.
H   101 20865 ff. (1228 a)

[4. 3. 38]   BfdÜ   12510
Nach Austritt der Großdeutschen Feuerbestattung aus dem Großdeutschen Verband der Feuerbestattungsvereine und nach der damit verbundenen Erschütterung seiner finanziellen und ideellen Existenzgrundlage Überlegungen des Stabs StdF und des Reichsinnenministers über die künftige Weiterarbeit des Verbandes erwünscht.
K/H   124 03697 ff. (331)

4. – 8. 3. 38   Adj. d. F – 5   12511
Unterzeichnung einer vom Stab StdF vorgelegten *Liste durch Hitler.
W   124 00590 f. (56)

5. 3. – 5. 4. 38   Adj. d. F, GL Wächtler   12512
Durch Bormann wunschgemäß Einholung einer Beurteilung des Pg. Zipfel (Kronach) von GL Wächtler: Nach vielfachem Fehlverhalten schon in der Kampfzeit ein lediglich mit Rücksicht auf seine Verdienste nur mit einer Verwarnung endendes Parteigerichtsverfahren wegen Zusage der Parteiaufnahme eines Brauereidirektors gegen Geldzuwendungen; berufliche Existenz Z.s durch eine Anstellung als Eichmeister der Stadt Abensberg gesichert.
W/H   124 04393 f. (409)

5. 3. – 13. 6. 38   RMdI, AA, RMfEuL, Chef Sipo, Reg. Bgm. Bremen   12513
Einspruch des StdF gegen die Zuweisung eines Negermischlings als landwirtschaftlicher Gehilfe durch das Jugendamt in Bremen: Aufnahme eines „Trägers artfremden Blutes" in die häusliche Gemeinschaft im Widerspruch zu den Nürnberger Gesetzen.
M   203 02912 ff. (84/4)

5. 3. 38 – [4. 2. 39]   RFM, RMdI, RKzl.   12514
Einspruch des Reichsfinanzministers gegen den vom Reichsinnenminister (RMdI) vorgelegten Entwurf eines Gesetzes zur Förderung der HJ-Heimbeschaffung: Durch die gesetzliche Regelung und die darin vorgesehene Zuschußgewährung nicht nur der Partei, sondern auch der Landkreise für eine anerkannte Gemeindeaufgabe Beeinträchtigung des kommunalen Wettbewerbs (so auch Bedenken Hitlers) wie der privaten Spenden-Bereitschaft; drohende Überspannung der finanziellen Leistungsfähigkeit der Landkreise wie überhaupt Umkehrung der anerkannten Tendenz, die reichen Mittel der Gemeinden für die

Aufgaben des Reiches mit heranzuziehen. Demgegenüber erfolgreiches Beharren des RMdI auf seinem Standpunkt: Die Heimbeschaffung ein an sich dem Reich obliegendes und mit den bisherigen jugendpflegerischen Aufgaben der Gemeinden nicht vergleichbares „Werk von säkularer Bedeutung"; insbesondere für leistungsschwache Kommunen und zur Sicherstellung der erforderlichen Priorität vor anderen Aufgaben eine gesetzliche Regelung unbedingt erforderlich. (Abschrift jeweils an den StdF.) Vollziehung und Verkündung des Gesetzes nach Zustimmung und unter Mitzeichnung des StdF.
H   101 06197 – 201/1 (522 a)

7. 3. 38   W. Wagner   12515
Übersendung einer Denkschrift von Obgm. Schmidt (Bayreuth) über die Gründung einer Richard-Wagner-Forschungsstelle; Erwartung eines Reichszuschusses von RM 10 000.–.
H   101 20870 – 77 (1230)

7. 3. – 27. 4. 38   WiGru. Bauindustrie u. a.   12516
Eingabe an die Marktvereinigung der deutschen Forst- und Holzwirtschaft wegen der Schwierigkeiten hinsichtlich der Bauholzversorgung im Jahr 1938: Die Sicherung der wichtigsten Bauaufgaben nicht gewährleistet; Hervorhebung der besonderen Schwierigkeiten bei der Bewirtschaftung des Holzes, bedingt auch durch die Vielzahl und die verschiedene Güte der Holzverarbeitungsbetriebe; Vorschläge zur Überwindung der Schwierigkeiten (u. a. Ersetzung von Holz durch andere Baustoffe) und Forderung, das Hauptgewicht der Maßnahmen auf die Regelung der Nachfrage selbst zu legen, d. h. den jährlichen Bauumfang und die Rang- und Zeitfolge der Bauvorhaben durch eine mit den notwendigen Vollmachten ausgestattete zentrale Stelle festlegen zu lassen. (Abschrift an den StdF.)
M/W   101 02301 – 18 (218)

8. 3. – 2. 4. 38   Adj. d. F, M. Kircher   12517
Durch den Stab StdF Rücksendung der Eingabe einer Minni Kircher (München) zugunsten einer Margarete de Bouché (Angebot von Gemälden des verstorbenen Glasmalers B. an Hitler als Stiftung für Glasmalereischulen) mit dem Bescheid, in der Sache nichts unternehmen zu können (bereits eine frühere Eingabe an die Kanzlei des Führers abgegeben).
K   124 03638 – 42 (319)

[8. 3.] – 28. 6. 38   RMdI   12518
Einverständnis des StdF mit, jedoch Kritik Hitlers an dem *Entwurf eines Tierkörperbeseitigungsgesetzes: Einarbeitung der Ausnahmevorschriften in das Gesetz gefordert. Vorlage eines umgearbeiteten *Entwurfs und neuerliche Zustimmung des StdF.
K   101 14039 – 46 (741)

9. 3. – 21. 12. 38   HA f. Beamte, Adj. d. F, RJM   12519
Durch vom Stab StdF um Stellungnahme gebetene Dienststellen Ablehnung der wiederholten Gesuche des Altparteigenossen William Reich (Brandenburg) um Anstellung als Beamter; Begründung: Charaktermängel (Verurteilung wegen Rentenbetrugs, Beleidigungen u. a.).
W   124 04115 – 21 (378)

10. 3. 38   RVM u. a.   12520
Bitte um Zustimmung zur beabsichtigten Ernennung des ORegBauR Plarre zum Ministerialrat. (Nachrichtlich an den StdF.)
M   101 03641 (375 d)

10. 3. 38   Intern – 8   12521
Bitte des Stabs StdF an die Betreuer von Ausländern während der letzten Parteitage, eine Aufstellung über die häufigsten Anfragen der Gäste anzufertigen; Absicht, diese Angaben in einer kurzgefaßten Darstellung zu verwerten.
M   203 02675 f. (78/1)

10. 3. 38   Bayr. StMfUuK   12522
Vorschlag, Beerdigungen von Parteigenossen ausschließlich von der Partei und ohne Beteiligung der Kirche durchführen zu lassen; Bitte um entsprechende parteiamtliche Stellungnahme. (Anlaß: Grabrede eines Geistlichen bei der kirchlichen Beisetzung des Pg. Gen. Heinemann im Beisein hoher Parteiführer.)
K   102 01206 f. (2242)

10. 3.–[24. 6.]38   Adj. d. F, Bez.-Sparkasse Mainburg , GL Bayr. Ostmark, RL f. d. Presse u. a.   12523
Liquidierung des Bankgeschäfts S. Weinmayer (Mainburg); in diesem Zusammenhang (volle Befriedigung der Gläubiger nur bei Gewährung einer der Verteilungsmasse zufließenden Entschädigung) Erörterung der in den Vorjahren durch Ausschluß W.s aus der Reichspressekammer erzwungenen Übernahme des von W. verlegten, gedruckten und in den letzten Jahren als Hauptschriftleiter auch redaktionell betreuten „Holledauer Berichterstatters" durch den von einem Bruder des verstorbenen GL Schemm geleiteten Gauverlag Bayerische Ostmark bzw. den Union-Verlag Bayreuth unter Aufgehen des Heimatblatts in der parteiamtlichen Gauzeitung „Bayerische Ostmark"; zeitweilige Inschutzhaftnahme W.s wegen der Bekanntgabe der Einstellung seiner Zeitung. Negative Beurteilung der politischen und sozialen Einstellung W.s durch die Gauleitung Bayerische Ostmark in einem vom Stab StdF angeforderten Bericht. Dazu jedoch Kommentar eines Dr. Meinick (Braunes Haus): Unfaire Behandlung W.s durch die örtlichen Dienststellen und ungeschicktes Verhalten der „unter allen Umständen" auf die Übernahme von W.s Zeitung bedachten Parteipresse, ein Teil der Schuld allerdings bei W. selbst zu suchen.
W/H   124 04331–49 (404)

11. 3. 38   Adj. d. F, GL Köln-Aachen u. a. – 1   12524
Durch den Verbindungsstab Übersendung eines Berichts des Amts für Volkswohlfahrt der Gauleitung Köln-Aachen über fingierte Briefe und wissentlich falsche Anschuldigungen eines Karl Hoch (Köln).
K   124 03791–95 (345)

12. 3. 38   Adj. d. F   12525
Teilnahme Bormanns am Stapellauf eines KdF-Dampfers in Hamburg.
W   124 00766 (65)

12.–24. 3. 38   RKzl. u. a.   12526
Anordnung Görings bzw. Heß': Verbot von Reisen führender Persönlichkeiten aus Staat bzw. Partei nach Österreich ohne Genehmigung G.s bzw. H.'; Reiseerlaubnis für Beamte nur bei zwingenden dienstlichen Aufträgen.
M/W   101 04209–15 (412)

15. 3. 38   RWiM, RKzl.   12527
Zustimmung des StdF zum 'Entwurf eines Zweiten Gesetzes zur Änderung des Devisengesetzes, jedoch Bitte um künftige rechtzeitige Beteiligung an der Ausarbeitung der Bestimmungen.
K   101 14752 f. (810 a)

15.–29. 3. 38   RFM, RKzl.   12528
Keine Bedenken des StdF gegen die Verabschiedung eines Gesetzes über die Ergänzung der Beamten-Siedlungsverordnung vom 11. 2. 24, jedoch Beanstandung, entgegen dem Führererlaß vom 27. 7. 34 an dem Gesetz nicht beteiligt worden zu sein.
M   101 02200–03 (208)

15. 3.–6. 4. 38   AA – 28   12529
Durch Bormann Überweisung der dem Auswärtigen Amt durch Einladungen von Ehrengästen zum Reichsparteitag 1937 entstandenen Telegrammkosten.
W   201 00451–55 (74/4)

17. 3. 38   RKzl.   12530
Mitteilung des Generalbauinspektors für die Reichshauptstadt an Lammers und L.' an den StdF über die weitere Verwendung des Dresdener Oberbürgermeisters Zörner: Z. von Hitler zum Leiter einer zu errichtenden Verwaltungsstelle zur Durchführung Berliner Baupläne bestimmt.
A   101 07028 (574 a)

[17. 3. 38]   RMfVuP   12531
Zustimmung des StdF zum Entwurf eines Gesetzes über Einziehung von Erzeugnissen entarteter Kunst.
H   101 21052 ff. (1235 b)

[17. 3. 38?]   Hotel Imperial Wien   12532
Gästeliste mit Zimmernummern (vom Stab StdF Bormann, Darges, Stenger).
W   124 04381 (406)

17.–31.3.38   OKW, RMdI   12533
Mitteilung des OKW: Die Gliederung der Ostmark in die Wehrkreise Nord und Süd vorbehaltlich der endgültigen Regelung und unter Berücksichtigung der bisherigen politischen Grenzen von Hitler genehmigt. Die Bitte des OKW an alle Dienststellen, ihre territoriale Einteilung dieser Regelung anzupassen, vom Reichsinnenminister formal und inhaltlich kritisiert (Abschrift an den StdF).
A   101 22953 – 59 (1308 a)

17.3.–13.4.38   Lammers, RL, RM   12534
Aus Anlaß von Ley vorgelegter Gesetzentwürfe über die DAF auf Initiative von Lammers Weisung Hitlers, Anregungen und Vorschläge aus der Partei, ihren Gliederungen und angeschlossenen Verbänden für Regelungen im Wege der Gesetzgebung *nur* über den StdF den zuständigen Ressortministern zuzuleiten.
H   101 03279 f. (324 c); 101 06485 f., 488 – 91 (529)

17.3.–23.4.38   RKzl., MPräs. Siebert, Bayr. StMdI   12535
Positives Ergebnis der auf Bitte Hitlers von Heß herbeigeführten Aussprache zwischen dem Bayerischen Ministerpräsidenten Siebert und dem bayerischen Innenminister, GL Wagner, über die zwischen ihnen bestehenden Differenzen hinsichtlich des Finanzausgleichs.
A   101 23179 – 83 (1318)

17.3.–3.6.38   Adj. d. F, Pg. Maeter – 6/1   12536
Im Zusammenhang mit einem Gesuch des Revierförsters Maeter (Klötze) um Niederschlagung eines gegen ihn anstehenden Dienststrafverfahrens Vorschläge des StdF: Teilnahme eines Vertreters der Partei an der Revisionsverhandlung; Prüfung der Befürwortung eines Gnadengesuchs an Hitler nach Abschluß des Verfahrens unter Berücksichtigung der Vorstrafen des Beamten.
K   124 03971 – 75 (364)

18.3.38   P. Lanzinger   12537
Bitte einer Pia Lanzinger (München) um die Unterstützung von Frau Heß bei der Freigabe des für eine Ausstellung in Wien vorgesehenen, jedoch dem Alleinverfügungsrecht Hitlers unterliegenden Werks ihres Mannes „Der Bannerträger".
K   124 03935 f. (358)

18.3.38   RMdI, Oberste RBeh.   12538
Der Reichsinnenminister als Zentralstelle zur Durchführung der Wiedervereinigung Österreichs mit dem Reich bestimmt: Aufzählung der damit verbundenen Ermächtigungen in einer Information an die Obersten Reichsbehörden, auch über die – gemeinsam mit dem Beauftragten für den Vierjahresplan – vollzogene Ernennung eines Reichsbeauftragten für Österreich. (Nachrichtlich an den StdF.)
A   101 24179 – 83 (1353 c)

18.–28.3.38   RKzl., RStudF   12539
Bitte der Reichskanzlei um Stellungnahme zu einer geplanten Reise des Reichsstudentenführers zur Kulturtagung der Faschistischen Partei in Palermo (auf Einladung des Führers der Gruppi Universitari Fascisti) im April. Später Mitteilung des Ersuchens Hitlers um Verschiebung der Reise auf die Zeit nach seinem Besuch in Italien (vgl. Nr. 12504).
W   201 00533 – 36 (86/1)

19.3.38 – 1.4.39 Veröffentl.-Amt d. Christl. Wissenschaft   12540
Eingaben an Hitler und den StdF wegen der Behinderung einer freien Betätigung der Christlichen Wissenschaft (ChW) trotz der Zusicherung prinzipieller Religionsfreiheit durch höchste Staats- und Parteistellen (z. B. Frick gegenüber einer Deputation der Mutterkirche im Oktober 1933): Verbot der Sonntagskollekte und des Literaturvertriebs in den Kirchen und Lesezimmern; Verleumdungen durch die Presse (Völkischer Beobachter, NS-Parteikorrespondenz); Verbot für Parteimitglieder, der ChW anzugehören, wegen der „starken internationalen Verflechtung" der ChW (Verfügung des StdF vom 6.3.39); Behinderung der heilenden Tätigkeit von „Ausübern" der ChW, neuerdings durch die Einführung des Heilpraktikergesetzes (Bezeichnung der ChW als Heilkunde); und anderes. Abschließend Bitte, trotz fehlender Anerkennung der ChW als öffentlich-rechtliche Körperschaft die ungehinderte Abhaltung von Gottesdiensten und öffentlichen religiösen Vorträgen, die Einziehung von freiwilligen Beiträgen zur Selbsterhaltung der Kirchen, den Bezug von ChW-Literatur aus den USA gegen Bezahlung u. a. zu ge-

währleisten; Beteuerung, sich nicht an einem Kampf zwischen Staat und Kirche zu beteiligen und sich nicht in die Politik einzumischen.
M/H   101 01798 – 817 (181)

21. 3. 38   AA, Dt. Botsch. Santiago   12541
Übersendung eines Berichts der Deutschen Botschaft in Santiago über eine durch amerikanische „Hetze" aufgekommene Kriegspsychose in Chile; Wunsch der chilenischen Oligarchie, in einem bevorstehenden Konflikt nicht in Gegensatz zu den mutmaßlichen Siegern (Großbritannien und den Vereinigten Staaten) zu geraten.
K   101 25968 ff. (1468)

22. 3. 38   RSt. f. Raumordnung   12542
Eintreten des StdF für die Nr. 3 (Verhinderung des Grunderwerbs durch Juden) eines *Gesetzentwurfs zur Änderung des Gesetzes über die Aufschließung von Wohnsiedlungsgebieten durch die Reichsregierung.
H   101 19606 f. (1189 a)

[22. 3. 38]   Adj. d. F   12543
Einverständnis Bormanns mit der von HAL Hilgenfeldt nach Fürsprache getroffenen Entscheidung, die Stenotypistin Eva Krogul nach Klärung des Sachverhalts weiter zu beschäftigen (zunächst Entlassung der K. wegen Fertigstellung eines eiligen Briefes auf der Schreibmaschine während des Gemeinschaftsempfangs einer Führerproklamation).
K   124 03913 – 17 (356)

22. 3. – 3. 6. 38   Adj. d. F, RMdI, Hoerlin   12544
Mitteilung Blomes (Stab StdF) zu einem ihm über die Führeradjutantur zugeleiteten Ehegenehmigungsgesuch (Hermann Hoerlin [Dessau]/Käthe Schmid [Salzburg]): Zur Erlangung einer Ehegenehmigung gemeinsamer Antrag der Gesuchsteller bei der für den Wohnsitz des Mischlings zuständigen höheren Verwaltungsbehörde erforderlich. Zustimmung B.s zu dem Antrag H./Sch.
K/W   124 03800 f. (346); 124 04183 – 87 (386)

22. 3. – [14. 7.] 38   Adj. d. F – 7   12545
Durch den StdF und GL Bohle Befürwortung des Gnadengesuchs des Rittmeisters Felix Wickel (Landesgruppenleiter in Niederländisch-Indien, später Berufung in die Dienststelle Ribbentrop und dann ins Auswärtige Amt) wegen seiner plötzlich festgestellten halbjüdischen Abstammung. Endgültige Stellungnahme des StdF noch ausstehend. (Vgl. Nr. 12903.)
W   124 04354 – 58 (405)

23. – 24. 3. 38   GI Todt, Adj. d. F   12546
Nach Ansicht des Generalinspektors Todt wegen des katastrophalen Zustands der österreichischen Straßen außerhalb der Städte die Staubfreimachung der von Hitler etwa benutzten Straßen durch Chlor-Kalzium unbedingt erforderlich; Bitte an Bormann um genaueren Bescheid. Weiterleitung an die Führeradjutantur.
W   124 04291 (398)

24. 3. 38   RKzl.   12547
Keine Bedenken des StdF gegen das vom Generalinspektor für das deutsche Straßenwesen eingebrachte *Gesetz zur Neuregelung der Verhältnisse der Reichsautobahnen.
K   101 05885 (505)

24. 3. – 6. 4. 38   RVM, RVGru. Kraftfahrgewerbe u. a.   12548
Seitens des Reichsverkehrsministers Absicht der Schaffung einer Reichsverkehrsgruppe Eisenbahnen und einer Reichsverkehrsgruppe Straßenverkehr (Durchführung erst bei Eingliederung des österreichischen Verkehrs). Zweifel des Leiters der Reichsverkehrsgruppe Kraftfahrgewerbe an der Zweckmäßigkeit der Umorganisation des Verkehrsgewerbes; Bitte um Eingreifen von HAL Todt (Stab StdF).
K   101 14373 – 76 (768)

Nicht belegt.   12549

25. 3. 38   RSchatzmeister – 38   12550
Übersendung einer Liste der Gauschatzmeister.
M   305 00069 f. (RKP)

26.–30. 3. 38   Adj. d. F   12551
Nach Auffassung des Stabs StdF der Wunsch des Führeradjutanten Wiedemann, in der Neuausgabe des Organisationsbuchs der NSDAP im Absatz über die Mitgliedschaft bei der NS-Kriegsopferversorgung (NSKOV) den Zusatz „Frontsoldaten und Angehörige des alten Heeres" anzubringen, im Widerspruch stehend zu einer Entscheidung Hitlers von 1936 (durch die NSKOV nur Erfassung *beschädigter* Frontsoldaten); Gefahr „wiederum neuer Unruhe" in den durch das Arbeitsabkommen vom Februar „mit Mühe und Not" geklärten Beziehungen zwischen NSKOV und Reichskriegerbund; Frage nach einer etwaigen neueren Entscheidung Hitlers. Dazu W.: Offenbar Vorliegen eines Irrtums von ihm.
W/H   124 00577 ff. (56)

26. 3.–2. 4. 38   Adj. d. F, F. Steigenberger–11   12552
Bereitschaft Croneiß' (Stab StdF) zu einer Unterredung über die wehrtechnischen Erfindungen eines Friedrich Steigenberger (Unterknöringen), Empfang durch Hitler kaum möglich; Voraussetzung die Beibringung weiterer Unterlagen.
W   124 04247 ff. (395)

28. 3. 38   RMfVuP   12553
Bitte um Zustimmung zur vorgeschlagenen Ernennung des MinR Leopold Gutterer zum Ministerialdirektor.
H   101 18618–22 (1150 c)

29. 3. 38   RMfVuP   12554
Beim Stapellauf des zweiten KdF-Schiffes und bei Schiffsbesichtigungen in Hamburg Bormann laut Programm in der Begleitung Hitlers.
W   124 00179 ff. (44)

29. 3.–14. 5. 38   Adj. d. F   12555
Erledigung von *Eingaben eines Zahnarztes A. Marschalk (Berlin), offenbar seine Wohnung betreffend, durch den Stab StdF.
W   124 03992 ff. (365)

29. 3.–[19. 5.] 38   Rechnungshof d. Dt. Reichs   12556
Bitte um Zustimmung zur vorgeschlagenen Ernennung der ORegR Ernst Wichert, Walther Nordbeck, Hellmuth Hölder und Friedrich Beutler zu Ministerialräten; das Einverständnis des StdF im Fall B. bereits übermittelt.
H   101 18863–82 (1155 b)

30. 3. 38   AA, Dt. GenKons. Ottawa   12557
Übersendung eines Berichts des Deutschen Generalkonsulats in Ottawa über die Beurteilung wichtiger politischer Ereignisse in Europa (Gespräch Hitler–Schuschnigg und Entwicklung der deutsch-österreichischen Beziehungen, Rede Hitlers vom 20. 2. und Rücktritt Edens) durch die kanadische Öffentlichkeit.
K   101 25984–89 (1468)

30. 3.–[5. 4.] 38   GL Sauckel   12558
Beschwerde über die trotz gegenteiliger Zusicherungen Hitlers und des StdF immer wieder von einzelnen Reichsressorts vorgenommenen Abspaltungen einzelner Verwaltungsfächer im Verordnungswege, so jüngst beim Vermessungswesen und der Dampfkesselüberwachung; Ausreden, sich bei der Bezirksbildung nach den Wehrkreisen richten zu müssen, nicht stichhaltig; Protest gegen diese „Zerstückelung" seines Gaues und seines Reichsstatthalterbezirks und seine Herabstufung zu einer bloßen „Dekoration".
H   101 24853 ff. (1373 a)

30. 3.–27. 4. 38   Lammers, OGru. Braunes Haus   12559
Nach dem Ausschluß eines Rudolf Dittrich (München) aus der Partei wegen verleumderischer anonymer Anschuldigungen gegen RAL Karl Jung (Kolonialpolitisches Amt) ein Schreiben D.s an Hitler über die Reichstagskandidatur J.s auch dem StdF zugeleitet.
K/H   101 15127–31 (887 a)

31. 3. 38   AA, Dt. Kons. Turin   12560
Übersendung eines Berichts des Deutschen Konsulats in Turin über die religiöse Frage in Piemont: Die unter der faschistischen Jugend wachsende Tendenz, sich von der „klerikalen Bevormundung" freizumachen, von der Parteiführung angesichts der „guten Dienste" der Kirche während des Abessinienkonflikts nicht gefördert; Unbehagen der Geistlichkeit über die Freundschaft mit Deutschland, jedoch keine antideutsche Propaganda.
H   101 25735 ff. (1449 a)

2. 4. 38   RMfVuP   12561
Bitte um Zustimmung zur vorgeschlagenen Ernennung des Referenten Werner Naumann zum Ministerialrat unter Abweichung von §§ 3 und 12 Abs. 1 der Reichsgrundsätze.
H   101 18635–40 (1150 c)

[2. 4. 38]   RMdI   12562
Eine Anfrage beim StdF nach der parteimäßigen Regelung der zwischen dem Reichsstatthalter in Sachsen und dem Leipziger Bürgermeister Haake vorhanden gewesenen Differenzen noch unbeantwortet.
A   101 07019 (573 a)

2.–26. 4. 38 RVM, RSt. f. Raumordnung   12563
Vorbereitung des Rhein-Main-Donau-Gesetzes: Durch den Reichsverkehrsminister Übersendung von Gesetzentwürfen; Ressortbesprechung; Forderung des Leiters der Reichsstelle für Raumordnung, ihm die Möglichkeit zu geben, die Planungen der Rhein-Main-Donau A.G. und der zuständigen Landesbehörden zu prüfen, und vor Inangriffnahme der Bauabschnitte die zuständige Planungsbehörde zu unterrichten.
M/H   101 02525–29 (254)

4. 4. 38   RVM   12564
Mitteilung über den Ausbau des Herbstverkehrs des Seedienstes Ostpreußen und des Finnland-Ostpreußendienstes zwecks Verlängerung der ostpreußischen Saison; Hinweis auf die besondere Bedeutung der Seeverbindung für die Wirtschaft in Ostpreußen.
K   101 14388 ff. (769)

4. 4. 38   RMdI, RArbM   12565
Übersendung eines Vorschlags des Reichsarbeitsministers, für den Aufbau der Städte und Siedlungen im Salzgitter-Gebiet für die Reichswerke Hermann Göring einen Reichskommissar, und zwar StSekr. i. e. R. Grauert, zu bestellen.
H   101 24596 ff. (1365 a)

[4. 4. 38]   RFM   12566
Zustimmung des StdF zur Ernennung des FPräs. Erich Zerahn zum Oberfinanzpräsidenten in Nürnberg.
K   101 14737–41 (807 a)

[4.]–18. 4. 38 Zeiss-Werke, Obgm. Jena   12567
Bestellung der optisch-astronomischen Ausrüstung für eine Sternwarte in Rom (Geschenk Hitlers an Mussolini) durch Bormann. Verzögerung der Lieferung.
W   124 04385 ff. (408)

4. 4.–6. 5. 38 RMdI, BfdVJPl.   12568
Regelung des mündlichen und schriftlichen Geschäftsverkehrs zwischen den Obersten Reichsbehörden und österreichischen Dienststellen bzw. dem Reichsstatthalter in Österreich, insbesondere der Beteiligung des Reichsbeauftragten für Österreich (RB) beim Geschäftsverkehr; Ernennung von Stellvertretern des RB. Regelung der Reisekosten- und Beschäftigungsvergütung für die zum RB abgeordneten Beamten.
A/W   101 00198 ff. (131 a); 101 24380–83 (1360)

[4. 4.]–[21. 11. 38] VPräs. Widmann-Laemmert, Adj. d. F   12569
Stellungnahme des – auf Veranlassung des StdF eingesetzten – Vizepräsidenten der Preußischen Lan-

despfandbriefanstalt, Widmann-Laemmert, gegen die vom Preußischen Finanzminister vorgeschlagene und vom Reichswirtschaftsminister unterstützte Benennung des MinR v. Heusinger für den vakant gewordenen Posten des Präsidenten dieser Anstalt (charakterlich und weltanschaulich ungeeignet) und zu einer gerade noch verhinderten Satzungsänderung (Absetzung W.-L.s als Vizepräsident und ständiger Stellvertreter des Präsidenten); unter Hinweis auf die bis zum Eingang seiner Stellungnahme erwirkte Aussetzung der Entscheidung Bitte an den StdF, dem von ihm für die Ergänzung des Vorstandes der Anstalt gemachten Vorschlag (Pg. ORegR Dietrich) zu entsprechen. Eintreten des StdF für die Ernennung W.-L.s zum Präsidenten. Unter Hinweis auf seine Gepflogenheiten Weigerung Hitlers, sich einzuschalten. Nochmalige Fühlungnahme der Führeradjutantur mit Bormann.
K/W/H   124 03933 f. (358); 124 04359—73 (405)

5. 4. 38   NSLB — 8   12570
Zum Vorschlag des Leiters der Faschistischen Erzieherorganisation, Prof. Bandini, zur Verdichtung der Beziehungen zwischen der italienischen und der deutschen Erzieherschaft mit mehreren hundert, wenn möglich tausend Lehrern Deutschland zu besuchen, Bitte um Stellungnahme der Dienststelle Ribbentrop.
M   203 01446/49 f. (46/5)

5. 4. 38   NSLB — 8   12571
Nach Einführung von Englisch als erste Fremdsprache durch die Schulreform Vorschlag, deutsch-englische Lehrer-Feriengemeinschaften durchzuführen, um den deutschen Lehrern die Möglichkeit zu geben, ihre englischen Sprachkenntnisse aufzufrischen.
M   203 01446/51 (46/5)

5. 4. 38   NSLB — 8   12572
Mitteilung über die Ernennung des Leiters der Abteilung Grenze und Ausland des NS-Lehrerbundes, Eichinger, zum Reichsbeauftragten der Volksdeutschen Mittelstelle für volksdeutsche Schul- und Lehrerfragen; seine Zielsetzung, „den ns. Kräften in der volksdeutschen Lehrerschaft zum endgültigen Erfolge zu verhelfen".
M   203 01446/52 f. (46/5)

[5. 4. 38]   RKzl.   12573
Erwähnung der auf Veranlassung des StdF gewährten laufenden Unterstützung eines Wilhelm Radolf alias Runge (Berlin) und dessen Beteiligung an der „Beseitigung der Kommunistenführerin Rosa Luxemburg".
K/H   101 15212 f. (895 c)

Nicht belegt.   12574

5. 4.— 2. 5. 38   Adj. d. F, W. v. Kaminietz   12575
Mitteilung eines Wilhelm v. Kaminietz (Berlin) über das Einverständnis der Auslands-Organisation mit seinem Vorschlag, die als „Ehrenplakette" bekannte Hitler-Plakette künftighin als „Erinnerungsplakette" mit der Beschriftung „Zur Erinnerung an die Wiedervereinigung mit dem Reich am 13. 3. 38" herauszugeben; Bitte um Erteilung einer Unbedenklichkeitserklärung. Durch die Führeradjutantur Übersendung der gesamten Unterlagen an den Stab StdF.
K   124 03836—39 (351)

5. 4.— 11. 5. 38   Adj. d. F, GL Halle—Merseburg—1, 6   12576
Ergebnis der auf Wunsch der Führeradjutantur (der Betreffende Hitler persönlich bekannt) angestellten Ermittlungen des Verbindungsstabs: Inschutzhaftnahme des Direktors a. D. Ferdinand Wiegand (Meisdorf/Harz) im Zusammenhang mit Ermittlungen gegen den als Querulant bekannten Kaufmann Georg Runge (Halle); wegen dabei gefundener abfälliger schriftlicher Äußerungen W.s über die Partei seine Einweisung in ein Konzentrationslager „für längere Zeit" erwogen, wegen seines schlechten körperlichen und geistig wohl nicht ganz normalen Zustands jedoch wieder Freilassung W.s.
W/H   124 04374—80 (406)

5. 4. 38—26. 10. 39   RJM, RKzl.   12577
Meinungsverschiedenheiten zwischen Reichsjustizminister (RJM) und StdF über die Besetzung der

freien Stelle des Oberlandesgerichtspräsidenten in Bamberg: Keine politischen Bedenken des StdF gegen den Kandidaten des RJM, den seit 1937 der Partei angehörenden und mit dem EK I ausgezeichneten LGPräs. Ernst Dürig, jedoch Benennung eines eigenen Kandidaten, des mit dem Goldenen Ehrenzeichen ausgezeichneten, vor und nach der Machtübernahme im aktiven Einsatz für die Partei – jetzt als Vorsitzender eines Kreisgerichts der NSDAP – stehenden LGPräs. Karl Bauer; Unterstützung der Ernennung B.s durch die Gauleiter Mainfranken und Bayerische Ostmark. Keine Einigung zwischen den Beteiligten über die personelle Streitfrage. Hinweis der Reichskanzlei auf die (von ihr geteilte) Stellungnahme des Reichsinnenministers zu einem gleichgelagerten Fall: Der StdF in Ernennungsfällen auf die Äußerung politischer Bedenken beschränkt; das Vorschlagsrecht ausschließlich Sache des verantwortlichen Ressortministers. Nach Vortrag der Stellungnahme des StdF bei Hitler Zustimmung H.s zum Ernennungsvorschlag des RJM als des für die Personalpolitik seines Ressorts verantwortlichen Ministers.
K   101 26777/1 – 791 (1511 b)

6. – 14. 4. 38   RKzl., RPM   12578
Ablehnung des Antrags des Reichspostministers, im Hinblick auf die ungünstige Altersschichtung seines höheren Dienstes den fälligen Ruhestand des Präsidenten der Reichspostdirektion Braunschweig, Johannes Schmidt, um drei Jahre hinauszuschieben, durch den StdF: Verlängerung nur um ein Jahr zugebilligt.
H   101 18583 – 86 (1147 b)

8. 4. 38   Lammers   12579
Weiterleitung eines die Parteiführung betreffenden *Schreibens des UStSekr. a. D. Hptm. a. D. v. Pflügl (Wien) an den StdF: Befassung Hitlers mit solchen Angelegenheiten nicht Aufgabe der Reichskanzlei, sondern des StdF.
K/H   101 15210 f. (895 a)

8. 4. 38   AA, Dt. Botsch. b. Hl. Stuhl   12580
Übersendung eines Berichts des vatikanischen Korrespondenten der Tribuna über die Einstellung des Vatikans zur Wiedervereinigung Österreichs mit dem Deutschen Reich: Einerseits Bedauern über das Verschwinden eines ausdrücklich als „christlich" firmierenden Staates, andererseits Hoffnung auf eine neue deutsche Politik der religiösen Befriedung nach der Zunahme des katholischen Elements um sechs Millionen Menschen.
H   101 26494 ff. (1504 c)

8. – 9. 4. 38   Adj. d. F   12581
Durch RHStL Hansen (Verbindungsstab) Übersendung seines Buches „Volk will zu Volk" und einer Plakette des sudetendeutschen Bildhauers Zettlitzer.
W   124 04388 (408)

11. 4. 38   AA, Dt. GenKons. Jerusalem   12582
Übersendung eines Berichts des Deutschen Generalkonsulats in Jerusalem mit dem Text zweier Artikel der jüdischen Zeitung Haaretz „Was geht in Österreich vor?" über – noch kurz vor dem Rücktritt Schuschniggs – seitens der Vaterländischen Front von den österreichischen Juden geforderte (und von ihnen erhaltene) größere Geldbeträge für Propagandazwecke und über antisemitische Ausschreitungen in Wien in den Tagen des Anschlusses.
A   101 24377 ff. (1360)

12. 4. 38   RKzl.   12583
Ergänzende Anordnung Hitlers zur Beteiligung des StdF an der Gesetzgebung: StdF auch bei Landesgesetzen und Rechtsverordnungen der Länder – einschließlich des Landes Österreich – zu beteiligen.
A   101 00529 (139 a); 101 24184 f. (1353 c)

12. 4. 38   JFdDR, Göring, RMfWEuV   12584
Darlegungen Schirachs über die Notwendigkeit der Schaffung einer preußischen Obersten Landesbehörde zur Wahrnehmung der ihm aus dem Geschäftsbereich des Reichserziehungsministeriums (REM)

zu übertragenden Zuständigkeiten, genannt insbesondere Jugendpflege und Landjahr; Bitte um Görings Unterstützung gegen den Widerstand des REM. (Abschrift an den StdF.)
H   101 24426 ff. (1363 b)

12. 4. 38   H. Kallenbach   12585
Mitteilung des mit der sozialen und wirtschaftlichen Betreuung der aktiven Teilnehmer des 9. 11. 23 beauftragten bisherigen Geschäftsführers des von Christian Weber geleiteten „Amtes für den 8./9. November 1923", Hans Kallenbach (München), über seine mit der Auflösung des Amtes verbundene, vom Reichsschatzmeister (RSM) geforderte Entlassung und seinen ebenfalls vom RSM beim Obersten Parteigericht beantragten Ausschluß aus der Partei; Bitte an den StdF, ihn in dieser Notlage zu einer persönlichen Rücksprache zu empfangen.
K   124 03833 ff. (351)

12.–22. 4. 38   Adj. d. F – 11   12586
Übersendung des 'Berichts einer Minnie Zinnow (Berlin) über die Verschiebung von Sprengstoffpatenten und -erfindungen ins Ausland. Vorschlag Croneiß' (Stab StdF), die Spionageabwehr (Adm. Canaris) einzuschalten.
W   124 04389–92 (409)

13. 4. 38   RMfEuL   12587
Vorschlag, RErbhofGR Wulff zum Senatspräsidenten beim Reichserbhofgericht zu ernennen.
M   101 02329 f. (223 b)

13. 4. 38   AA, Dt. Botsch. Washington   12588
Übersendung einer Inhaltsangabe einer Rede des neuernannten US-Botschafters in London, Kennedy, über die englisch-amerikanischen Beziehungen mit Stellungnahme des Deutschen Botschafters in Washington, Dieckhoff: Keine Festlegung der amerikanischen Politik durch Bündnisse, aber auch kein unbedingtes Festhalten am Isolationismus; im Falle eines Weltkonfliktes Eintreten Amerikas für die Sache der Demokratien zu erwarten. (Vermerk Lammers' über Kenntnisnahme des Berichts durch Hitler.)
K   101 25980–83 (1468)

[13. 4. 38]   RMdI   12589
Runderlaß: Keine Bekanntgabe der (den dienstlichen Urteilen gleichgestellten) politischen Beurteilungen an Beamte; jedoch Pflicht, den Betroffenen zu darin gemachten nachteiligen Tatsachenbehauptungen zu hören; in Fällen von Differenzen zwischen dem StdF und einer Behörde über die Durchführung einer Anhörung Unterrichtung der zuständigen obersten Behörde.
M/W   101 04524 (421)

[13. 4. 38]   RKzl.   12590
Nochmalige Anordnung Hitlers, Anregungen und Vorschläge der Partei für Regelungen im Wege der Gesetzgebung ausschließlich über den StdF den Ressortministern zuzuleiten.
H   101 06715 (547); 101 19214 (1171 a)

14. 4. 38   Adj. d. F – 1   12591
Durch den Verbindungsstab Mitteilung der Anordnung Hitlers für Politische Leiter, SA-, NSKK- und HJ-Führer, auf der Italienreise den bisherigen Dienst- und Gesellschaftsanzug zu tragen; weiße Uniformen nicht zugelassen.
K   124 03825 (349)

14. 4. 38   Adj. d. F   12592
Geleitworte Mussolinis und Heß' für den „Italien-Beobachter" (Zeitschrift der Landesgruppe Italien der NSDAP); Nachfrage wegen eines eventuellen Beitrags Hitlers.
W/H   124 00595–99 (56)

[14. 4. 38]   GL Hildebrandt   12593
Vom StdF erhaltene Genehmigung, in Spanien für die Auslands-Organisation zu sprechen.
H   101 26330 (1492 a)

16.–21. 4. 38   Lammers, W. Riehl   12594
Ein Gesuch des Rechtsanwalts Walter Riehl (Wien) um Wiederaufnahme in die Partei von Hitler abgelehnt; Bitte Lammers' an den StdF, R. in geeigneter Form zu bescheiden oder, bei gegebener Veranlassung, H. eine andere Lösung nahezulegen.
K   101 15316–23 (912 a)

19.–26. 4. 38   RÄrzteF, Himmler   12595
Im Falle der (von Himmler gewünschten) Übertragung des Vorsitzes des – z. Zt. vom Rassenpolitischen Amt betreuten – Reichsbunds der Kinderreichen an SS-Ogruf. Heißmeyer nach Ansicht des Reichsärzteführers (RÄF) eine direkte Betreuung des Reichsbunds durch die SS erforderlich, um klare Befehlsverhältnisse zu schaffen. Dazu Himmler, von Bormann um Stellungnahme gebeten: Ein doppeltes Befehlsverhältnis möglich (Zuständigkeit der SS für die weltanschaulich-organisatorischen, des RÄF für die ärztlich-fachlichen Angelegenheiten).
W   107 00965–69 (320)

20. 4. 38   Fiehler, Schwerin-Krosigk – 16   12596
Kritik Fiehlers gegenüber Schwerin-Krosigk an der geplanten Neuordnung des Finanzausgleichs wegen der damit verbundenen Verschlechterung der ohnehin nicht besonders günstigen gemeindlichen Finanzlage: Unerwünschte politische Auswirkungen als Folge rigoroser Sparmaßnahmen (bei Unkenntnis der Öffentlichkeit über die wahren Gründe der Kürzung gemeindlicher Einnahmen zugunsten des Reiches [Finanzierung der Aufrüstung] Gefahr des Zweifelns an der Leistungsfähigkeit der ns. Staatsführung); beabsichtigte Zugriffe auf die gemeindlichen Einnahmequellen nicht einheitlich geplant (Hinweis auf die Benachteiligung der bayerischen Gemeinden hinsichtlich der Rücküberweisung der Körperschaftssteuer der Versorgungs- und Verkehrsbetriebe sowie hinsichtlich der Gemeindebiersteuer); Ausführungen über die Schlechterstellung der Stadt München im Vergleich zu anderen Städten gleicher Größenordnung und Bemerkungen über die außergewöhnlichen Belastungen dieser Stadt (Polizeiverwaltungskosten, Wohnhausbauzuschuß u. a.), der Beitrag der Stadt München zum Ausbau der Hauptstadt der Bewegung in Frage gestellt; Notwendigkeit einer gesetzlichen Neuabgrenzung der finanziellen Beziehungen der Gemeinden zur Partei; Bitte an StSekr. Reinhardt (in dessen Eigenschaft als Hauptdienstleiter im Stab StdF und unter Beifügung einer Abschrift des Schreibens an Sch.-K.), die geplanten Maßnahmen unter dem Gesichtspunkt der Parteiinteressen einer nochmaligen Überprüfung zu unterziehen.
K   101 14437–56 (780)

20. 4.–11. 5. 38   Bf. Eberle, Lammers u. a.   12597
Bemühungen des Weihbischofs Franz Xaver Eberle (Augsburg), eine Verständigung von Staat und Katholischer Kirche herbeizuführen: Besprechung mit Hitler über das Verhältnis von Staat und Kirche (6. 12. 37; H. nach wie vor bereit, „mit der Kirche Frieden zu machen"); bisher erfolglose Bemühungen, auch kirchliche Kreise (Kard. Faulhaber, StSekr. Pacelli) entsprechend zu motivieren; Bitte an Heß, sich für den Abschluß eines neuen Konkordats einzusetzen (Geltung für das nunmehr Großdeutsche Reich, Gewährleistung der „religiösen Betreuung der Jugend in der Kirche", Sicherung des Religionsunterrichts, Wegfall des „berüchtigten Artikels 31", u. a.); Aufruf an die bayerischen Bischöfe, eine zustimmende Erklärung zur Volksabstimmung am 10. 4. 38 abzugeben.
H   101 01081–94 (155)

21. 4.–13. 5. 38.   RFSS   12598
Von Bormann die Herbeiführung einer gerichtlichen Entscheidung über die *Vorwürfe eines Richard Fabig (Peterwitz Kr. Frankenstein) gegen SS-Gruf. Reinhard befürwortet. Durch die SS-Personalkanzlei Übersendung einer *Stellungnahme R.s an B.
M/H   306 00799 ff. (Reinhard)

21. 4.–16. 5. 38   Daimler-Benz A. G., Adj. d. F   12599
Rücküberweisungen der von der Führeradjutantur (FA) an die Fa. Daimler-Benz geleisteten Doppelzahlungen für Wagenrechnungen durch den StdF; Bitte an Daimler-Benz um Beachtung bei künftiger Rechnungslegung: Der StdF zuständig für die Rechnungen der Reichskanzlei bzw. der FA, nicht aber für das Konto der Kanzlei des Führers.
K   124 03650–54 (324)

21. 4.−4. 6. 38   Hptm. a. D. Kolb, RMfWEuV   12600
Mehrmalige Stellungnahmen des StdF zugunsten des – eigenen Angaben zufolge – von den Machenschaften des Reichssendeleiters Hadamowsky verfolgten, um seine Rehabilitierung ringenden Alten Kämpfers und ehemaligen Rundfunkintendanten Hptm. a. D. Richard Kolb (Berchtesgaden): Vergeblicher Einspruch gegen seine Entlassung aus dem Bayerischen Rundfunk, Unterstützung der Verleihung einer Dozentur für Wehrwissenschaften an der Universität Jena sowie des – nach einer positiven Entscheidung Hitlers erfolgreichen – Vorschlags zur Ernennung K.s zum beamteten außerplanmäßigen Professor in Jena trotz Fehlens einer abgeschlossenen Hochschullaufbahn.
W/H   124 05079/1−091 (550)

21. 4.−21. 10. 38   Adj. d. F   12601
Trotz der Schwierigkeit des Falles und der völlig gegensätzlichen Einstellung des Reichserziehungsministeriums Absicht des Stabs StdF, sich für eine Wiederverwendung des StudAss. Paul Schmude (Halle/S.) einzusetzen.
W   124 04204 ff. (387)

[22. 4. 38]   StSekr. Stuckart   12602
Bitte an Lammers um Einholung der endgültigen Stellungnahme des StdF zum *Entwurf eines Führererlasses über die Bestellung eines Reichskommissars für die Wiedervereinigung Österreichs mit dem Reich.
A   101 24294 (1357 c)

22.−23. 4. 38   Adj. d. F   12603
Mitteilung des Stabs StdF über die Überweisung des gewünschten Betrags von RM 150 000.− durch das Bankhaus Goetz (München) auf das Postscheckkonto Berlin 63 (Führeradjutantur).
W   124 00607 (56)

[23. 4. 38]   DF   12604
Erlaß über die Stellvertretung des Führers: Im Falle einer Verhinderung Hitlers, seine Befugnisse auszuüben, Bestimmung Görings zu seinem Stellvertreter in allen seinen Ämtern; für ihn Führung der NSDAP durch Heß.
K/H   101 30036 f. (1660)

24.−28. 4. 38   Ley, Lammers   12605
Scharfe Kritik des StdF an der tagespolitisch unerwünschten Veröffentlichung einer Volkstumskarte (Erweiterung der Reichsgrenzen im Süden, Westen und Osten zu Volkstumsgrenzen) nebst programmatischem Begleittext im parteiamtlichen Schulungsbrief vom April 1938 zum Thema „Überstaatliche Volksgemeinschaft": Widerspruch zu der von Hitler geäußerten Anerkennung der Brennergrenze „für alle Zeiten" und zu dem feierlichen Verzicht auf Elsaß-Lothringen; Hinweis auf die Empfindlichkeit vor allem Mussolinis und der Italiener überhaupt, aber auch der Schweiz in diesem Punkt und auf das enge Verhältnis zu Polen; Gefahr des Erwachsens von Schwierigkeiten bei H.s bevorstehendem Italienbesuch; Mißachtung des angeordneten Einvernehmens mit der dem StdF unterstellten Volksdeutschen Mittelstelle bei allen Reden und Veröffentlichungen über Volksdeutsche; Anweisung der sofortigen Einstellung des Vertriebs des monierten Schulungsbriefs, der Zurückziehung bereits ausgelieferter Hefte und der Vernichtung sämtlicher Exemplare; künftig keine Veröffentlichung der Schulungsbriefe ohne vorherige Zustimmung des StdF. (Notiz Lammers': Restloses Einverständnis H.s mit dem Schreiben des StdF.)
K/W   101 20011−15 (1199 a)

25. 4.−5. 5. 38   SS-Obf. Scharizer, RFSS   12606
Bitte des SS-Obf. Karl Scharizer an Heß, Hitler für den Fall einer Wiedereinstellung der ehemaligen Politischen Leiter Österreichs in ihren alten Rängen seine Wiederverwendung als Gauleiter vorzuschlagen; Berufung auf seine 16jährige Wirksamkeit für die Partei; Hinweis auf seine Verdienste als Gauleiter in Salzburg (1932−34).
M   306 00831 ff. (Scharizer)

25. 4. – 23. 5. 38   GL Kurmark, RBauernF   12607
Weigerung des GL Stürtz, ein an ihn persönlich gerichtetes, Beleidigungen enthaltendes Beschwerdeschreiben des Milchkutschers Petrasch (Guben) für die Durchführung eines Strafverfahrens gegen P. auszuhändigen. Der Standpunkt St.' (Gefahr der Erschütterung des Vertrauensverhältnisses zwischen Parteigenossenschaft und Gauleiter) vom StdF geteilt.
W   112 00001 ff. (35)

26. 4. 38   RSt. f. Raumordnung u. a.   12608
Einverständnis mit dem Gesetz über die Rhein-Main-Donau-Verbindung und den Ausbau der Donau. (Zur Kenntnisnahme an den StdF.)
H   101 19603 (1189)

26. 4. 38   GL Pommern   12609
In einer Denkschrift Ablehnung der im Rahmen der preußischen Verwaltungsreform zum 1. 10. 38 vorgesehenen Abtrennung der Kreise Dramburg und Neustettin von der Provinz Pommern (Angliederung an die Grenzmark und mit dieser – Regierungsbezirk Schneidemühl – zusammen an den „Gau Kurmark") unter Berufung auf geschichtliche, volkstumsmäßige, wirtschaftliche und geografische Zusammenhänge, auf die partei- und wehrpolitischen Grenzen sowie auf Belange der Grenzpolitik gegenüber Polen; Gegenvorschlag einer Angliederung der Grenzmark sowie brandenburgischer und mecklenburgischer Gebiete an Pommern.
W/H   124 00892 – 913 (72)

27. 4. 38   AA, Dt. Botsch. Washington   12610
Übersendung eines Berichts der Deutschen Botschaft in Washington über eine seit kurzem festzustellende systematische Bekämpfung des Kommunismus durch den katholischen Klerus in den Vereinigten Staaten und über die damit verbundene Kritik an der einseitigen Haltung des Landes im spanischen Bürgerkrieg.
K   101 26019 ff. (1470 b)

27. 4. 38   RMdI, RKzl.   12611
Rundschreiben an die Obersten Reichsbehörden über die Einsetzung eines Reichskommissars für die Wiedervereinigung Österreichs mit dem Reich: Darin zunächst Erteilung der bei Setzung von Reichsrecht in Österreich erforderlichen Zustimmung des StdF durch den Reichskommissar als seinen Beauftragten vorgesehen; später jedoch Anordnung Heß', seine Weisung in jedem Einzelfalle einzuholen.
M/H   101 00191 – 97 (131 a)

27. 4. – 7. 5. 38   RJM   12612
Vorlage des 'Entwurfs eines Gesetzes über die Verschollenheit, die Todeserklärung und die Feststellung der Todeszeit sowie Einladung zu einer Besprechung des Entwurfs.
H   101 28179 f. (1536 b)

29. 4. 38   M. Neumeier, Adj. d. F   12613
Weisung Bormanns an den Platterhof-Wirt Martin Neumeier, Rechnungen für im Auftrag Hitlers zwecks Verpflegung zum Platterhof (Obersalzberg) geschickte Personen ausschließlich beim Büro B.s im Haus „Hoher Göll" einzureichen.
W/H   124 00545 f. (56)

29. 4. – 22. 7. 38   GL Schleswig-Holstein, GenKdo. X. AK u. a.   12614
Verzicht des LR und KrAL Beck (Heide) auf die Durchführung seiner Beschwerde wegen Nichternennung zum Reserveoffizier (Grund: Schwache militärische Leistungen); B. mit der in einer Stellungnahme des Stabs StdF enthaltenen Vertrauenserklärung („Mangel an vorhandener militärischer Eignung kein Maßstab für die Beurteilung in Bezug auf seine sonstigen Qualitäten") zufrieden.
W   502 00192 – 210 (8)

30. 4. 38   AA, Dt. Botsch. b. Hl. Stuhl   12615
Übersendung von Ausführungen des Hauptschriftleiters des vatikanischen Osservatore Romano gegen

die – unzensierte – Verbreitung nordisch-rassistischen ns. Gedankenguts in Italien; Anlaß: Veröffentlichung einer Hitlerbiographie in der römischen Morgenzeitung Il Messaggero.
H   101 26497 – 501 (1504 c)

30. 4. – 26. 5. 38   Lammers, Stv. GL Görlitzer, Ley   12616
Strafverfahren vor dem Sondergericht Berlin gegen den Leiter der Betriebsgemeinschaft 18 der DAF, Paul Walter, wegen Vergehens gegen § 1 des Heimtückegesetzes und wegen Beleidigung Schachts und einiger Beamter des Reichswirtschaftsministeriums auf einer Versammlung der Handwerksobermeister am 8. 3. 37. Die durch Lammers an Heß u. a. weitergeleitete Anweisung Hitlers, die Angelegenheit möglichst durch Verhandlung mit den Beteiligten beizulegen, zunächst nicht durchführbar wegen des Leugnens W.s, die bedenklichste Äußerung – angebliche Teilnahme Sch.s an einer Sitzung der Orientloge in Paris im Januar 1937 – getan zu haben. Nach einer Diskussion um die Aussagegenehmigung für den Mitredner am 8. 3., Stv. GL Görlitzer, und nach der für W. negativen Entwicklung des Verfahrens Beilegung durch die – den Beteiligten bekanntgegebene – Abberufung W.s als Leiter des Fachamts Handwerk der DAF.
H   101 28274 – 91 (1542)

Mai – 19. 10. 38   Adj. d. F, G. Detterbeck – 11   12617
Aus gegebenem Anlaß Kritik Croneiß' (Referat für technische Fragen im Stab StdF) am typischen Verhalten vieler Erfinder: Mißtrauen gegenüber den um ihr Bestes bemühten Stellen und – wie im Fall Georg Detterbeck (München) – Bevorzugung angeblich schneller zum Ziel führender Schleichwege; keine Möglichkeit des Referats für technische Fragen, die durch Verschulden D.s verlorenen Unterlagen wieder zu beschaffen, jedoch nach wie vor Bereitschaft, prüfungsfähige Unterlagen entgegenzunehmen.
K   124 03672 ff. (325)

1. 5. 38   StSekr. Köglmaier   12618
'Programmvorschlag für den Spatenstich zum Bau der Untergrundbahn (in München).
W   124 00101 (35)

2. – 10. 5. 38   –   12619
Rangfolge der am Staatsbesuch Hitlers in Italien beteiligten deutschen Persönlichkeiten (darunter Heß); Begleitung Hitlers auf der „Cavour" und beim „feierlichen Einzug in Rom"; Umsteigeanweisung für die Begleiter.
K   124 01026 f. (92); 124 03826 – 29 (349)

2. 5. – 3. 6. 38   RFSS, A. Degano   12620
Übernahme der beim Umbau des Gästehauses des Reichsführers-SS in Gmund entstehenden Mehrkosten durch Bormann.
W   107 00663 – 68 (220)

2. 5. – 18. 6. 38   GL Schlesien   12621
Befürwortung des Gesuchs des Alten Kämpfers Helmut Jung (Breslau) um Anstellung in der Kanzlei des Führers.
W   124 04530 f. (445)

[3.] – 7. 5. 38   AA, RKzl., Ital. Botsch. – 22   12622
Nach der Zustimmung des StdF Bitte des Rassenpolitischen Amts der NSDAP um Genehmigung Hitlers für die geplante Italienreise einer Delegation des Amts (Erwiderung eines italienischen Besuchs); Zusammensetzung der Delegation (u. a. SS-Ogruf. Heißmeyer, SS-Obf. Gütt, Prof. Langsdorff), Besuchsprogramm. Hinweis auf Bemühungen und Erfolge hinsichtlich der Verbreitung des deutschen Standpunkts in der Rassenfrage in Italien (zurückgehend auf eine Besprechung des Amts mit dem italienischen Konsul Scarpa 1935).
W   201 00542/1 – 549 (86/2)

6. 5. 38   Dt.-Niederl. Ges. – 8   12623
Anerbieten, auch in diesem Jahr die Liste der zum Reichsparteitag erstmals geladenen holländischen Gäste zu überprüfen und ihre Betreuung in Nürnberg zu übernehmen.
M   203 02674 (78/1)

6. 5. 38   AA – 8   12624
Durch die Dienststelle Ribbentrop Übersendung einer Liste von sieben ausländischen Diplomaten (meist Münchner Konsuln), von der Auslandspressestelle der NSDAP als Ehrengäste für den Reichsparteitag 1938 vorgeschlagen.
H   201 00455/1 f. (74/4)

6. 5. – 6. 7. 38   RMfWEuV   12625
Durch den Stab StdF Unterrichtung über die „fanatisch römisch-katholische" Einstellung des Prof. Johannes Knauer (Bonn), um bei sich bietender Gelegenheit entsprechende Maßnahmen zu ergreifen.
W   301 00574 – 77 (Knauer)

6. 5. – 24. 7. 38   Chef Sipo, RKzl.   12626
Berichte des Chefs der Sicherheitspolizei: Aufhebung der evangelischen Volksschule in Goldenstedt und Zuweisung ihrer Schüler an die dortige katholische Volksschule; scharfer Protest gegen die Errichtung konfessioneller Gemeinschaftsschulen in Oldenburg in einem Hirtenbrief des Bischöflichen Offizials in Vechta; daraufhin Schulstreik und Unruhen in Goldenstedt; Ausweisung von sechs Pfarrern, darunter Offizial Vorwerk, aus dem Gestapo-Bereich Wilhelmshaven „zur Aufrechterhaltung der öffentlichen Ordnung". Entsprechend der Bitte des Stabs StdF ablehnender Bescheid an den Bischof von Münster auf seine Beschwerde in dieser Angelegenheit.
M/H   101 01131 – 45 (157)

9. 5. 38   AA, Dt. Ges. Brüssel   12627
Bitte des Stabs StdF, wegen der Teilnahme am Reichsparteitag anfragende Ausländer an den 1937 geschaffenen Ausländerdienst für die Reichsparteitage zu verweisen.
W   203 02593 f. (77/2)

9. – 19. 5. 38   RMfVuP, DSt. Ribbentrop   12628
Durch RBankDir. Puhl Befürwortung einer Einladung des E. Holland-Martin (Bank von England) zum Reichsparteitag. Keine Bedenken der Dienststelle Ribbentrop.
W   203 02616 ff. (78/1)

10. 5. 38   AA, Dt. Ges. Prag   12629
Übersendung eines Berichts der Deutschen Gesandtschaft in Prag über die Maifeiern in der Tschechoslowakei: Beteiligung von über eineinhalb Millionen Sudetendeutschen an den Kundgebungen der Sudetendeutschen Partei, u. a.
M   203 02456 ff. (73/1)

10. 5. – 14. 6. 38   RJM, RMdI, RKzl., RMfdkA   12630
Nach Auffassung des Reichsjustizministers (RJM) durch den Anschluß Österreichs dort innerhalb kürzester Zeit Neuregelung nicht nur des Ehescheidungs-, sondern vor allem des Eheschließungsrechts erforderlich; daher auch bei der deutschen Ehereform nun nicht mehr – wie bisher geplant – vorausgehende separate Regelung allein des Rechts der Ehescheidung ratsam, sondern zugleich Vorausregelung des Eheschließungsrechts einschließlich der Ehehindernisse (Entwürfe beigefügt). Dagegen – unterstützt vom StdF und vom Reichsführer-SS – Widerspruch des Reichsinnenministers: Mißlichkeit jeder weiteren Teilreform (Vorgriffe auf die Gesamtreform, deren Verzögerung dadurch), Einführung des deutschen Eheschließungsrechts mit einigen Modifikationen in Österreich ausreichend. Nach engagierter Verteidigung des Vorhabens durch den RJM Zurückstellung dieser Bedenken im Interesse der dringend notwendigen Beschleunigung der Angelegenheit („weitere Aufrechterhaltung der obligatorischen kirchlichen Eheschließung in Österreich im Dritten Reiche nicht tragbar").
H   101 24225 (1353 f); 101 27549 – 61 (1523 a)

11. – 18. 5. 38   Darré – 6   12631
Wegen des Wiederaufbrechens zunächst beigelegter Schwierigkeiten in Westfalen infolge Nichteinhaltung der getroffenen Vereinbarung durch den Landesbauernführer Habbes vom Beauftragten des StdF Oexle eine Bereinigung der Personalverhältnisse in der Landesbauernschaft Westfalen gefordert. Bitte Darrés an Heß um Stellungnahme mit Begründung: Der Standpunkt Oe.s nur bei Bestätigung durch Heß verbindlich; Habbes auch von ihm, D., als ungeeignet betrachtet, jedoch andere Ansicht der Gauleitung Westfalen-Süd und mögliche Differenzen zwischen dieser und der Gauleitung Westfalen-Nord im Fall einer Absetzung Habbes'.
W   124 00808 – 14 (65)

11. 5. – 15. 6. 38   Adj. d. F, Bayr. LA f. Denkmalpflege   12632
Die Bitte des Kunstmalers Andreas Dasser (Pfronten), seine Bemühungen um den Auftrag zur Restaurierung der Fresken in der Pfrontener Kirche zu unterstützen, durch den StdF unter Hinweis auf ein Gutachten des Landesamts für Denkmalpflege abgelehnt: D. nach Kenntnis des Landesamts und nach dem Urteil von Prof. Doerner (Akademie für bildende Kunst München) sowie seines ehemaligen Akademielehrers für wichtige Arbeiten, auch konservatorischer Art, nicht geeignet.
K   124 03656 – 60 (324)

11. 5. – 29. 7. 38   AA – 8, 28   12633
Anfrage des Stabs StdF nach der außenpolitischen Zweckmäßigkeit der Teilnahme ausländischer ns. und faschistischer Gruppen am Reichsparteitag 1938 bzw. der Fernhaltung unerwünschter Personen. Dazu – z. T. voneinander abweichende – Stellungnahmen der Dienststelle Ribbentrop (DR) und des Auswärtigen Amts nach Rücksprache mit der DR: In den meisten Fällen keine Bedenken gegen inoffizielle Teilnahme einzelner Mitglieder in Zivil, unbedingte Ablehnung im Fall englischer, polnischer, brasilianischer, ungarischer und rumänischer Gruppen.
W/H   201 00456 – 64/1 (74/4); 203 02692 – 95 (78/1)

12. 5. – 29. 8. 38   RMdI   12634
Übersendung von Entwürfen und Einladungen zu ihrer Beratung: Verordnung über die Einziehung volks- und staatsfeindlichen Vermögens in Österreich (Zuständigkeiten, Verwendung u. a.).
H   101 21505 – 11 (1269 a)

13. 5. 38   GL Saarpfalz   12635
Stellungnahme des Gauwirtschaftsberaters zu den seit mehreren Jahren von einer Maria Adt (Ensheim) bei verschiedenen Dienststellen vorgebrachten schwerwiegenden Anschuldigungen gegen GenDir. Göhler u. a.: Nach Einsichtnahme in die erreichbaren Akten künftig keine Hilfeleistung mehr an Frau A.; Erwähnung einer möglichen Einschaltung der Staatsanwaltschaft in die Angelegenheit; Anweisung an sämtliche Parteidienststellen im Gau Saarpfalz, die „Querulantin" A. nicht mehr anzuhören und jede Beschäftigung mit den von ihr vorgebrachten Anschuldigungen abzulehnen.
K   124 03617 ff. (312)

13. 5. 38   AA, Dt. Ges. Lissabon   12636
Übersendung eines Berichts der Deutschen Gesandtschaft in Lissabon über einen verstärkten Einfluß der Katholischen Kirche auf die portugiesische Politik; dabei auch Erwähnung gegen das ns. Deutschland gerichteter Passagen in einem Hirtenbrief des portugiesischen Kardinalpatriarchen; Förderung unfreundlicher Presseartikel gegen die deutsche Kirchenpolitik durch Ministerpräsident Salazar.
H   101 26240 ff. (1484 b)

13. 5. – 11. 7. 38   RFM, RKzl.   12637
Einverständnis des StdF mit der vom Reichsfinanzminister vorgeschlagenen Ernennung des OFPräs. Heinrich Müller (Köln) zum Präsidenten des Rechnungshofes des Deutschen Reiches. Nominierung M.s offenbar auch durch die Partei.
H   101 18843 – 54 (1155 a)

13. 5. 38 – 30. 3. 39   RJM, RKzl., RArbF u. a.   12638
Der vom Reichsarbeitsführer vorgelegte Entwurf eines Reichsarbeitsdienst(RAD)-Strafgesetzes und damit die von ihm betriebene Einführung einer Sonderstrafgerichtsbarkeit für den RAD vom StdF gebilligt, von Hitler aber entsprechend dem Votum des Reichsjustizministers (RJM) abgelehnt. In diesem Zusammenhang allgemeine Erörterungen über Rechtseinheit und Sonderstrafrecht (vom RJM lediglich – analog zur Wehrmacht – für die kasernierten SS-Verbände als berechtigt anerkannt, von NSKK-Korpsführer Hühnlein für die Gliederungen der NSDAP als überflüssig erachtet); Eröffnung einer vom Präsidenten der Akademie für Deutsches Recht eingesetzten Arbeitsgemeinschaft für diese Fragen mit einer Ansprache des StSekr. Freisler.
H   101 06078 – 90 (518)

14. 5. 38   RJM   12639
Übersendung der ˙Neufassung des Entwurfs eines Gesetzes über die Errichtung von Testamenten und Erbverträgen.
H   101 27562 (1523 a)

14. 5. 38   Darré   12640
Erörterungen über Preiserhöhungen für landwirtschaftliche Produkte; dabei Erklärung des StdF, bis zu einem Befehl Hitlers seine Zustimmung zu versagen, und Weigerung, an der anberaumten Chefbesprechung ohne Gewähr der Anwesenheit aller verantwortlichen Chefs teilzunehmen (Ablehnung der Einladung durch den Preiskommissar unter Hinweis auf seine Zuständigkeit).
H   124 00102 f. (35)

[14. 5. 38]   RMdI   12641
Übersicht über die Entscheidungspraxis des StdF in Erbgesundheitssachen (aufgestellt im Zusammenhang mit einer – offenbar gegen zu weitgehende Unfruchtbarmachungen gerichteten – kritischen Denkschrift des Reichsärzteführers Wagner zur Durchführung des Erbgesundheitsgesetzes und zur Rechtsprechung der Erbgesundheitsgerichte): Bei klarem Vorliegen intelligenzmäßigen Schwachsinns Lebensbewährung und Nachweis der Erblichkeit nicht entscheidend, Anlegung eines schärferen Maßstabs bei Vorliegen sonstiger Auffälligkeiten, Annahme des Vorliegens von Schwachsinn auch bei Ausfällen im Gefühls- und Willensbereich; bei gesicherter Diagnose „Schizophrenie" Feststellung des Erbleidens eingeschlossen; Diagnose „erbliche Fallsucht" bei Nichtnachweisbarkeit äußerer Ursachen auch ohne Nachweis der Erblichkeit zulässig (Fazit: Der StdF im Einklang mit der Rechtsprechung der Erbgesundheitsgerichte, den einschlägigen Erlassen des Reichsinnenministers und dem Gesetzkommentar von Gütt–Rüdin–Ruttke; Beanstandungen W.s nur auf Grenzfälle anwendbar).
W/H   107 00732–39 (229)

14. 5.–14. 10. 38   GL Berlin, Ägypt. Ges., Adj. d. F, AA   12642
Laut Mitteilung des Führeradjutanten Wiedemann (auf eine durch ein Schreiben der Ägyptischen Gesandtschaft ausgelöste Anfrage Bormanns hin) von Hitler der Besuch des Lokals „Ciro" (Berlin, Rankestraße und Kladow) in Uniform durch Parteiangehörige nicht wegen angeblicher nichtarischer Abstammung des Besitzers verboten; Vorschlag W.s, nach dem Muster der Wehrmacht auch für die Partei die Lokale in drei Kategorien einzuteilen (Besuch unzulässig, Besuch in Zivil zulässig, Besuch auch in Uniform zulässig). Aufrechterhaltung des Verbots, das Lokal in Uniform zu besuchen, jedoch kein allgemeines Besuchsverbot.
W   124 00540–44 (56); 124 00615–18 (57)

16. 5. 38   Adj. d. F, GL Frauenfeld   12643
Informierung des Stabs StdF über die Bitte des GL Frauenfeld um einen Termin bei Hitler: Vortrag über das Ergebnis seiner dreijährigen Ausarbeitung von Plänen für eine Neugestaltung des Wiener Stadtbildes; Überreichung einer Kassette mit seinen Planungsvorschlägen und mit Reproduktionen alter Stadtpläne.
K   124 03701 f. (332)

16. 5. 38   RKzl.   12644
Bitte des StdF um Verwendung der Ausdrücke „Betriebsführer" und „Gefolgschaft" anstelle der „durch den Marxismus geprägten" Begriffe „Arbeitgeber" und „Arbeitnehmer".
M   101 06393 (528)

[16. 5.]–2. 6. 38   Adj. d. F   12645
„Im Braunen Haus" Erwägungen über eine milchwirtschaftliche Marktregelung sowie über eine Regelung des Eiermarktes; dazu Empfehlung von sachkundigen Auskunftsstellen (Milchwirtschaftsverband und Eierverwertungsstelle in München).
W   124 00587 f. (56)

16. 5.–9. 7. 38   Intern–8   12646
Vorschläge für die Einladung verschiedener Ausländer als Ehrengäste zum Reichsparteitag (ausgefüllte Vorschlagsformulare).
W   203 02628, 656–63 (78/1)

12647–12656   310

17. 5. 38   GL Hamburg   12647
Auf Anforderung (positive) politische Beurteilung des GenMaj. Wilhelm Schüßler.
M   306 00858 (Schüßler)

17. 5. 38   LHptm. Salzburg, Adj. d. F   12648
Durch Bormann Übermittlung der Freude Hitlers über ein ihm vom Land Salzburg geschenktes Spitzweg-Bild, doch wegen dessen Bedeutung für die Stadt Salzburg und der zahlreichen bereits in seinem Besitz befindlichen Spitzweg-Bilder Wunsch nach Rücknahme.
W   124 04148 f. (384)

17.–31. 5. 38   GenKons. v. Killinger – 8   12649
Vorschlag, den deutschfreundlichen Pfarrer Gustav Waasa (San Francisco) als Ehrengast zum Reichsparteitag einzuladen.
W   203 02629 ff. (78/1)

[17. 5.–20. 6. 38]   RMdI, RMfEuL   12650
Beteiligung des StdF auch bei einer ohne Änderung der bisherigen Amtsbezeichnung und damit ohne Ernennung durch Hitler erfolgenden Einweisung eines Beamten in eine Planstelle mit höherem Endgrundgehalt nach der Reichsbesoldungsordnung. Sinngemäße Anwendung des Verfahrens auf den Reichsnährstand und seine Planstellen nach der NSTBO.
W/H   101 04512 f. (421); 112 00048 ff. (127)

17. 5.–24. 11. 38   Adj. d. F   12651
Durch den Stab StdF Übersendung eines (aufgrund einer *Eingabe ergangenen) *Antwortschreibens an Gartenbauinspektor Hans Holtz (Leipzig).
K   124 03813 ff. (346)

19. 5. 38   RKzl., GL Lohse   12652
Keine Bedenken der Reichskanzlei (nach Zustimmung auch des StdF durch Fristablauf) gegen eine geplante Reise des GL Lohse zur Dänischen Landwirtschaftsausstellung in Kopenhagen (auf Einladung des Dänischen Landwirtschaftsrats).
W   201 00537–39 (86/1)

[19. 5. 38]   SS-Staf. Veesenmayer   12653
Die von Bormann angeordneten Verhandlungen über den Ankauf des Geburtshauses Hitlers in Braunau an den Geldforderungen der Besitzer Gebr. Pommer gescheitert; Übernahme des Geburtszimmers durch die Ortsgruppe der NSDAP; weitere energische Maßnahmen erwogen.
K   102 00455 ff. (809)

19. 5.–28. 6. 38   Th. v. Bose, RArbM   12654
Durch den Stab StdF Weiterleitung des Gesuchs einer Therese v. Bose (Berlin) um Weitergewährung des Waisengeldes für ihre Tochter Ursula nach Vollendung des 18. Lebensjahres.
H   101 17729 ff. (1087)

20. 5. 38   Adj. d. F   12655
Mitteilung Bormanns: Nach dem Klaviervortrag des Schülers Helmut Hilpert auf dem Obersalzberg – anläßlich eines Besuches des Linzer Realgymnasiums – Übernahme der Kosten für seine weitere musikalische Ausbildung durch Hitler.
K   124 03790 (345)

20. 5. 38   AA, Dt. Botsch. b. Hl. Stuhl   12656
Übersendung eines Berichts der Deutschen Botschaft beim Heiligen Stuhl über die Ad-limina-Besuche deutscher Bischöfe in Rom; dabei Erkrankung Kard. Faulhabers und Unterredung des Bischofs von Osnabrück, Berning, mit Botsch. v. Bergen (angeblich „weitgehendes Verständnis" des Bischofs für den kirchenpolitischen Standpunkt des ns. Staates).
H   101 26502 (1504 c)

[20.] – 23. 5. 38   RWiM, RMdI, RKzl.   12657
Zustimmung des StdF zum 'Entwurf eines Gesetzes zur Änderung der Gewerbeordnung für das Deutsche Reich.
M   101 02822 f. (284 b)

20. 5. 38 – 20. 1. 39   RBauernF u. a.   12658
Unter Anführung zahlreicher Beispiele und unter Hinweis auf Presseveröffentlichungen der DAF Beschwerde Darrés über Eingriffe der DAF in den (durch Gesetz, durch das Bückeburger Abkommen und eine Anordnung des StdF festgelegten) Arbeitsbereich des Reichsnährstands: Herabsetzung seiner Bemühungen um eine Besserung der sozialen Verhältnisse auf dem Land, direkte oder indirekte Unterstützung von Abwanderungsbestrebungen unter den Landarbeitern, Ausdehnung des Einflußbereichs der DAF „mit allen Mitteln" (Mitgliederwerbung, organisatorische Maßnahmen, Kompetenzanmaßungen); Gefahr einer Spaltung des Landvolks durch einseitiges Vertreten der Interessen der Gefolgschaft, ohne auf die natürlichen Leistungsgrenzen und die besonderen wirtschaftlichen Schwierigkeiten der landwirtschaftlichen Betriebe Rücksicht zu nehmen; die Übertragung von Maßnahmen aus Gewerbe und Handwerk auf die Landwirtschaft oft unausführbar (die Einsetzung eines Betriebsobmanns in Kleinbetrieben unangebracht [Störung einer echten bäuerlichen Hofgemeinschaft]); Bitte um den Schutz der Partei bei der Durchführung der „schweren Aufgaben" des Reichsnährstandes.
W/M   101 01921 – 2079 (194); 124 00771 – 807 (65)

Nicht belegt.   12659

23. – 24. 5. 38   AA, DSt. Rosenberg, APA, RMfVuP, VoMi – 8   12660
Vorbesprechung über den Reichsparteitag 1938: Benennung von ständigen Sachbearbeitern für die allgemeinen Parteitagsfragen sowie der „Hauptbetreuer" für die verschiedenen ausländischen Staaten durch die beteiligten Dienststellen (Propagandaministerium, Außenpolitisches Amt, Nordische Verbindungsstelle, Auslands-Organisation, Volksdeutsche Mittelstelle, Dienststelle Ribbentrop); Verfahren bei der Ausarbeitung der Vorschlagslisten der ausländischen Ehrengäste; Anmeldungen ausländischer Besucher.
M/H   201 00466/52 ff. (74/4); 203 02595 – 98 (77/2); 203 02673 (78/1); 203 02847 ff. (82/1)

23. – 28. 5. 38   Ribbentrop, Himmler, DF   12661
Differenzen zwischen Heß und Ribbentrop über die Frage der Organisation der Parteimitglieder im Auswärtigen Dienst sowohl in sachlicher Hinsicht wie wegen des eigenmächtigen Vorgehens R.s. Schließlich Entscheidung Hitlers im Sinne Heß' durch die Anordnung 62/38: Auflösung der Ortsgruppe Auswärtiges Amt der Auslands-Organisation (AO) und Zuteilung der Beamten, Angestellten und Arbeiter des Auswärtigen Dienstes zu den jeweils für ihren Wohnort zuständigen Ortsgruppen des Inlands bzw. der AO; Ausnahmen für den Minister und die Staatssekretäre (Sektion Reichsleitung) sowie für die Behördenleiter im Ausland (Ortsgruppe Braunes Haus); Parteiaufnahme von Behördenleitern im Ausland im Einvernehmen zwischen Reichsaußenminister und dem Leiter der AO, im Zweifelsfall Entscheidung des StdF; der StdF außerdem mit dem Erlaß der Ausführungsbestimmungen beauftragt.
K/W/H   102 00140 – 47 (256); 124 00644 f. (57)

23. 5. – 3. 9. 38   AA, Dt. Ges. Den Haag – 8, 28, 29   12662
Schriftwechsel über die Teilnahme von Niederländern am Reichsparteitag 1938: Zwölf Ehrengastvorschläge der Deutschen Gesandtschaft in Den Haag; Stellungnahme der Gesandtschaft zu fünf weiteren Vorschlägen (Prof. van Apeldoorn, Prof. Wolter, Dr. Westermann, Prof. Snijder, van Deventer); Prüfung des Teilnahmeantrags eines H. W. Müller-Lehning; Ermöglichung der Teilnahme von Oberstlt. van Lingen trotz anfänglicher Schwierigkeiten. Absagen mehrerer als Ehrengäste Eingeladener, daher schließlich Teilnahme von nur noch vier holländischen Ehrengästen (Rost van Tonningen, van Hoey-Smith, Maarsingh, Mees).
W/H   201 00483/1 – 491 (75/3)

24. 5. 38   RMdI   12663
Mitteilung der Bedingungen für die Verleihung der Medaille zur Erinnerung an den 13. März 1938:

Besondere Verdienste um die Vorbereitung der Wiedervereinigung Österreichs mit dem Reich, unmittelbare Mitwirkung bei den Ereignissen in den Tagen des Umbruchs, und anderes; Bestimmungen über den in Frage kommenden Personenkreis und Bitte um Vorschläge.
M/W   101 02857−61 (296); 101 15302−05 (909); 124 00104−07 (35)

[24. 5. 38]   PräsKzl.   12664
Einstweilige Rangordnung bei offiziellen Anlässen: Heß nach Hitler, den fremden Botschaftern und Göring bei Parteiveranstaltungen an vierter, bei außenpolitischen Anlässen hinter dem Reichsaußenminister an fünfter Stelle.
H   203 02734 f. (78/3)

24. 5.−10. 8. 38   RKzl., RJM, RVM, RPM, RMdI   12665
Zum *Entwurf eines Gesetzes zur Änderung des Gesetzes über den Verkehr mit Kraftfahrzeugen und des Gesetzes über das Postwesen des Deutschen Reichs (Anlaß: Einführung des deutschen Straßenverkehrsrechts in Österreich) Zustimmung des StdF; negative Stellungnahme des Reichsinnenministers: Beschwerde wegen seiner Nicht-Beteiligung; die teilweise Neufassung eines überholten Gesetzes verfehlt, aber auch überflüssig (eine Anordnung der Weitergeltung der österreichischen Haftpflichtversicherungs- und Insassenhaftungsbestimmungen durch die Einführungsverordnung ausreichend). Ablehnung des Entwurfs durch Hitler mit derselben sachlichen Begründung.
K/W   101 14198−210 (749)

25. 5. 38   Adj. d. F   12666
Weiterleitung des *Gesuchs eines Hertwig v. Knorr (Berlin) um Wiederaufnahme in die NSDAP und um Löschung seiner Vorstrafe aus dem Führungszeugnis.
K   124 03902 f. (354)

27. 5. 38   RMfVuP−8   12667
Übersendung von *Vorschlägen für die Einladung von Reichsparteitagsehrengästen aus Belgien und den Niederlanden.
W   203 02672 (78/1)

27. 5.−4. 6. 38   RBahnZ f. d. dt. Reiseverkehr−8   12668
Bitte um Einladung des Kanadiers Sir Edward Beatty zum Reichsparteitag; dabei Hinweis auf B.s deutschfreundliche Haltung und auf seine einflußreiche Stellung.
W   203 02614 f. (78/1)

27. 5.−29. 7. 38   Adj. d. F−5   12669
Unter Berufung auf den Fall Kube Wunsch des ehemaligen GL Schlange (Potsdam) nach Verleihung der Uniform eines Gauleiters e. h.: Rücksprache Bormanns mit Hitler beabsichtigt. (Vermutlicher Anlaß: Bewerbung Sch.s um die Stelle des Präsidenten des Rechnungshofes.)
W/H   124 04178 ff. (386)

27. 5.−6. 8. 38   Adj. d. F, RÄrzteF, H. Köhler−18   12670
Nach einer Mitteilung der Hochschulkommission im Stab StdF über die Erfüllung der für die Verleihung des Professor-Titels notwendigen Voraussetzungen durch SanR Köhler (Bad Elster) Bitte der Führeradjutantur, von dort aus wegen der Titelverleihung an das Reichsinnenministerium heranzutreten.
K   124 03904−08 (355)

27. 5. 38−10. 5. 39   RMfWEuV, Univ. Breslau, NSDDozB   12671
Auf Veranlassung des Ordinarius für Philosophie an der Universität Breslau, Prof. Faust – durch das Reichserziehungsministerium (REM) als Sprachrohr des Amtes Rosenberg bezeichnet –, Absicht des Stabs StdF (Becker), die „Philosophie in Breslau von unerwünschten katholischen Elementen (Ordinarius Rosenmöller, Prof. Schulemann, Dozent Most) zu säubern". Nach Vorschlag auch des NSD-Dozentenbundes (NSDB), R. aus Breslau zu entfernen, Hinweis des REM auf die dazu in krassem Widerspruch stehende positive Stellungnahme des NSDB anläßlich seiner Berufung. Erneute Kritik des Stabs StdF insbesondere an der „starken Zusammenballung von Vertretern einer katholisch ausgerichteten Philosophie"; Forderung nach einer „dringend gebotenen Auflockerung" und nach Berufung „den politischen

Anforderungen des ns. Staates" gerecht werdender Lehrer der Philosophie. Entscheidung des REM: Nennung R.s im Vorlesungsverzeichnis mit dem Vermerk „Besonders für katholische Theologen"; keine Verlängerung der venia legendi des Dozenten M. nach Ablauf des Sommersemesters 1939; Versicherung gegenüber dem Stab StdF, künftig „katholisch ausgerichtete Philosophen" nicht mehr in Philosophische Fakultäten zu berufen (in diesen – so die jetzige Ansicht – kein Bedürfnis mehr für konkordatsgebundene Lehrstühle).
K   301 00838 – 48 (Rosenmöller)

[28. 5. 38]   AA   12672
Für die Einladung der Ehrengäste aus Vorderasien nicht der StdF, sondern das Außenpolitische Amt der NSDAP zuständig.
H   201 00472/5 (75/1)

29. 5. 38   E. Walther, Kzl. d. F   12673
Eingaben eines Erich Walther (Dresden) um seine – von der Kanzlei des Führers als aussichtslos bezeichnete – Wiederaufnahme in die Partei: Der offizielle Ausschlußgrund (Beitragsrückstände) nur ein Vorwand; eigentlicher Grund sein Eintreten für „Sauberkeit" in der Partei, insbesondere seine Auseinandersetzungen mit OGruL Meyer und dem Nachrichtendienstleiter Martin (Zusammenhang mit den Kontroversen zwischen RK Killinger und GL Mutschmann); Kritik an den Parteigerichten wegen deren Versäumnis, ihn anzuhören.
W/H   124 04313 – 24 (403)

29. 5. – 9. 6. 38   Dt. Ges. Belgrad, AA – 28   12674
Vorschlag der Deutschen Gesandtschaft in Belgrad, die Herren Stoimirović-Jovanović, Vulović, Mladenović und Pirc aus dem Mitarbeiterkreis des jugoslawischen Ministerpräsidenten Stojadinović zum Reichsparteitag 1938 einzuladen. Hinweis des Amts für Ehrengäste: Grundsätzlich keine Einladung von Journalisten als Ehrengäste (statt dessen Betreuung durch das Reichspropagandaministerium).
W   201 00507 f. (75/4)

29. 5. – 1. 10. 38   PräsKzl.   12675
Bitte um Festsetzung der Eingliederung der Hoheitsträger der Partei und der Führer der Gliederungen in die Rangordnung bei staatlichen Veranstaltungen; Übersendung einer *einstweiligen Rangordnung. Nach einer Besprechung des RPräsR v. Wulffen mit Bormann (und anderen) Übersendung eines Ergänzungsvorschlags der Präsidialkanzlei samt Begründung der Abweichungen.
H   102 00614 – 20 (1036)

30. 5. 38   APA – 8   12676
Vorschlag der Einladung eines Prof. Konno (Tokio) als Ehrengast zum Reichsparteitag.
W   203 02623 (78/1)

30. 5. 38   NSRB – 8   12677
Übersendung von *Vorschlägen für die Einladung zum Reichsparteitag sowie einer *Übersicht über die „Gesellschaft zur Förderung von Studienreisen" (darin vor allem Hinweise auf verschiedene Mängel in der Vergangenheit).
W   203 02670 (78/1)

[30. 5. 38]   Kzl. d. F   12678
Übersendung von *Unterlagen in der Angelegenheit Lina Nienau (München) durch den Stab StdF.
W   124 04030 (371)

31. 5. 38   AA, Dt. Botsch. San Sebastian   12679
Übersendung eines Berichts der Deutschen Botschaft in San Sebastian über die Wiederzulassung der Gesellschaft Jesu und die – bedingte – Restitution des Ordensvermögens durch die nationale Regierung; Hinweis auf das „ständige Wachsen des kirchlichen Einflusses" in Nationalspanien.
H   101 26310 – 15/2 (1492 a)

31. 5. 38   Adj. d. F, Frl. Swatek   12680
Von Hitler anläßlich seines Aufenthalts in Österreich vier Steirerinnen und vier Kärntnerinnen zum Reichsparteitag eingeladen: Bitte der Führeradjutantur, alles Weitere zu veranlassen.
W   124 01168 (130)

[31. 5. 38]   (PräsKzl.)   12681
Anregung des Auswärtigen Amts an die Präsidialkanzlei, dem StdF die Einladung der den deutschen Gästen während des Führerbesuchs in Italien zugeteilten Begleitoffiziere der italienischen Miliz zum Reichsparteitag 1938 vorzuschlagen; Begründung: Vorbildliche Pflichterfüllung durch die italienischen Begleitoffiziere.
W   201 00433 (74/2)

31. 5. — 14. 6. 38   RFSS u. a.   12682
Zu einer Anfrage wegen des Eintritts des Polizeipräsidenten von Erfurt, SS-Brif. Pflomm, in den Aufsichtsrat der Erfurter Elektrischen Straßenbahn Mitteilung des Stabs StdF über eine bevorstehende Anordnung des StdF zur Frage der Annahme von Aufsichtsratsposten durch Parteigenossen.
M/H   306 00774 — 77 (Pflomm)

31. 5. — 18. 6. 38   Adj. d. F, Prinz Fürstenberg — 28   12683
Zusage des Stabs StdF, die Wünsche des (Maximilian?) Prinz zu Fürstenberg hinsichtlich der Unterbringung seiner Eltern in Nürnberg (Grand-Hotel) anläßlich ihrer Teilnahme am Reichsparteitag nach Möglichkeit zu berücksichtigen.
K   124 03703 — 06 (333)

31. 5. 38 — 3. 4. 39   RMdI, RSportA   12684
Absicht des StdF, eine Parteidienstflagge auf See zu schaffen. Aufgrund der ablehnenden Stellungnahme aller beteiligten Ressorts keine Weiterverfolgung der Angelegenheit.
M   203 02341 f. (62/2)

[Juni 38]   Adj. d. F   12685
Bei Reisen Hitlers und bei von H. besuchten Veranstaltungen rechtzeitige Benachrichtigung u. a. Bormanns.
W   124 01192/1 f. (135)

[Juni 38]   Adj. d. F   12686
In einer Liste der Begleitung Hitlers Bormann und Heim (Stab StdF) unter der Rubrik „Adjutantur des Führers" aufgeführt.
W   124 01194 ff. (135)

Juni — 10. 12. 38   Adj. d. F, NSKK-Gruf. Barisani — 11   12687
Durch den Stab StdF Einholung mehrerer — negativ ausfallender — Gutachten über die Schwingenflugzeug-Idee des Flugzeugkonstrukteurs Raimund Nimführ (Wien); trotzdem Bereitschaft, N. mit Prof. Georgii (Darmstadt) zusammenzubringen.
W   124 04031 — 36 (371)

1. 6. 38   Intern — 8   12688
'Niederschrift einer Besprechung über die Betreuung von Ehrengästen des Reichsparteitags.
M   203 02671 (78/1)

1. — 3. 6. 38   H. Wiedenmann, Adj. d. F   12689
Mitteilung eines Heinrich Wiedenmann (z. Zt. Stuttgart) über die Erkrankung der Mutter Hoffmann und Bitte, Hitler über ihren bedenklichen Zustand zu informieren. Weiterleitung an die Führeradjutantur.
K   124 03805 f. (346)

1. — 13. 6. 38   Lammers, RMfVuP, OKW, AA — 28   12690
Auf Veranlassung des Reichspropagandaministers Bitte Lammers', dem afghanischen Kriegsminister Sir-

dar Schah Mahmud Khan, einem Bewunderer Deutschlands und Verehrer Hitlers, wenigstens die Teilnahme am Reichsparteitag 1938 zu ermöglichen (die von ihm außerdem gewünschte Teilnahme an den Herbstmanövern vom OKW abgelehnt). Stellungnahme des StdF (trotz eines Vermerks des Auswärtigen Amts über die Zuständigkeit des Außenpolitischen Amts, nicht des StdF für Einladungen aus Vorderasien): Persönliche Entscheidung H.s über die Einladungen nach Prüfung der beim Amt für Ehrengäste eingelaufenen Vorschläge. (Ergebnis: H. grundsätzlich einverstanden; Anhörung Rosenbergs jedoch erwünscht.)
K/W   101 15151 – 56 (891 a); 201 00470 – 73 (75/1)

1. 6. – 22. 7. 38   AA, Dt. Botsch. Warschau – 29   12691
Übersendung der ˙Gesamtvorschläge der polnischen Ehrengäste des Reichsparteitags 1938 durch die Dienststelle Ribbentrop (DR) an das Auswärtige Amt. Nach Stellungnahme der Deutschen Botschaft in Warschau zu den 32 Vorgeschlagenen (unter Hinzufügung von zwei weiteren Vorschlägen) und einer Besprechung mit Botschafter v. Moltke abschließende Äußerung der DR: Streichung der beiden „fälschlich aufgeführten", von der allein zuständigen Volksdeutschen Mittelstelle nicht benannten volksdeutschen Senatoren Haßbach und Wiesner, ferner des MinR Englisch (Jude) und eines Journalisten; Aufrechterhaltung der übrigen Vorschläge unter Hinzufügung von drei Vorschlägen der Botschaft; einzuladen in erster Linie die wichtigsten Persönlichkeiten der Liste.
W   201 00494 – 97/5 (75/3)

1. 6. – 9. 8. 38   AA – 8, 28   12692
Schriftwechsel über die Teilnahme der Angehörigen des Auswärtigen Amts (AA) am Reichsparteitag 1938: Die Absicht des Reichsaußenministers, sämtliche Missionschefs, Staatssekretäre und Direktoren einzuladen, vom Amt für Ehrengäste gebilligt, über diesen Kreis hinausgehende Vorschläge des AA jedoch abgelehnt (Begründung: Gleiche Behandlung sämtlicher Ministerien); der Kreis der einzuladenden Auslandsbeamten von Hitler auf die dienstlich abkömmlichen Personen beschränkt, deren Teilnahme jedoch ausdrücklich gewünscht; Zusendung von 65 Einladungen für die Auslandsvertreter an das AA.
W   201 00404 – 18 (74/1)

1. 6. – 20. 8. 38   Lammers – 7   12693
Bitte des GL Bohle um einen Beitrag Lammers' zu den Kosten der dringend notwendigen Neuausstattung des Deutschen Heims für Lehrerinnen und Erzieherinnen in Budapest. Bereitstellung von RM 10 000.- aus Hitlers Verfügungsmitteln.
H   101 26435 – 41 (1502)

2. 6. 38   AO   12694
Votum gegen die Einladung „ausländischer sogenannter ns. oder faschistischer Gruppen" zum Reichsparteitag 1938 (mit Ausnahme Italiens); Stellungnahme zu einzelnen Bewegungen (Rex, Mussert, Eiserne Garde, Wafd, Schwarzhemden, Falange).
H   201 00466/48 ff. (74/4)

2. – 9. 6. 38   Adj. d. F   12695
Bescheid auf eine im Auftrag Bormanns erfolgte Anfrage Friedrichs': Einverständnis Hitlers mit der Übernahme der feineren Linienführung in dem von Prof. Klein entworfenen staatlichen Hoheitszeichen auch für das Parteihoheitszeichen (jedoch weiterhin unterschiedliche Blickrichtung des Adlers: Bei der Partei nach links, beim Staat nach rechts).
W   124 00574 ff. (56)

2. 6. – 5. 7. 38   Kerrl, RKzl.   12696
Ohne vorherige Information Hitlers Aufforderung der Deutschen Evangelischen Kirchenkanzlei an die Geistlichen, den Beamteneid auf H. abzulegen; Weigerung zahlreicher Pfarrer der Bekenntnisfront, den Eid zu leisten: Bitte Heß' an Kerrl, die Einleitung von Disziplinarverfahren gegen diese Pfarrer zu verhindern; Hinweis auf die Anordnung Hitlers, kirchliche Auseinandersetzungen zu vermeiden und keine

neuen Märtyrer zu schaffen (deshalb auch vorerst keine Prozesse gegen katholische Geistliche wegen Verstoßes gegen § 175 StGB); im übrigen von Hitler kein Wert auf den Eid gelegt.
M/W   101 01095–101 (155 a)

3. 6. 38   AA – 8   12697
*Vorschlag der Dienststelle Ribbentrop für die Einladung eines Slowaken zum Reichsparteitag 1938.
H   201 00450/5 (74/3)

3. 6. 38   Hptm. a. D. Wiedemann   12698
Bitte, auch diesmal wieder seiner Frau den Besuch des Reichsparteitags zu ermöglichen und sie – wenn möglich – im gleichen Hotel wie die Frau des verstorbenen Hauptmanns Mantius unterzubringen.
W   124 01166 (130)

3. 6. 38   RMfEuL   12699
Zustimmung des StdF zum Entwurf eines Gesetzes über die Verlängerung der Rückzahlungsfrist für Darlehen zur Hebung der landwirtschaftlichen Erzeugung auf 62 Jahre.
M   101 00086– 89 (126)

4. 6. – 13. 7. 38   GL Sachsen, AA – 8   12700
Zu einem von einem Zittauer Volksgenossen gemeldeten Zwischenfall während seiner Jugoslawienreise (in Marburg Verlangen eines Polizisten nach Entfernung seines Autowimpels) Auskunft des Auswärtigen Amts: Ein erfolgreicher Abschluß der Verhandlungen der Deutschen Gesandtschaft in Belgrad über das Zeigen der deutschen Flagge und Hoheitszeichen in Jugoslawien wahrscheinlich.
M/H   203 02355–59 (64/3)

7. 6. 38   RKzl.   12701
Übermittlung der Anordnung Hitlers über die Rangfolge von Partei und Staat bei amtlichen Verlautbarungen und Veranstaltungen, über die Unterzeichnung von Gesetzen durch den StdF unmittelbar nach dem federführenden Minister und über die Beteiligung des StdF auch bei den Vorarbeiten zu Führererlassen.
M   101 00504 (138)

7. 6. 38   AA – 8   12702
Vorschläge der Dienststelle Ribbentrop für die Einladung von neun Japanern zum Reichsparteitag 1938.
H   201 00501/6–21 (75/4)

[7. 6. 38]   Himmler   12703
Übersendung einer *Meldung des Reichsnährstands, die Beanstandung von Werbemethoden der SA-Wachstandarte Feldherrnhalle betreffend, mit Unterstützung dieser Kritik und Hinweis auf die unnötige Vergrößerung jener „Paradetruppe".
W/H   107 00671 ff. (220)

7. – 14. 6. 38   Lammers   12704
Übertragung der von Hitler gewählten Bezeichnung „Führer" (als Haupt der NSDAP) auch auf den staatlichen Bereich (als Staatsoberhaupt und Regierungschef); davon nach H.s Auffassung auch die von Heß geführte Bezeichnung StdF berührt (Heß als Reichsminister nicht sein Stellvertreter); Bitte Lammers' um Vorschläge für eine Umbenennung. Die von L. angeregte Bezeichnung „Reichsminister für die Partei" von Heß abgelehnt und auch zu einem Vorschlag Bormanns („Der Bevollmächtigte des Führers für die NSDAP") von Heß weitere Vorschläge gewünscht; die der Reichskanzlei – mit der Bitte um vorläufige Zurückstellung der Angelegenheit – angekündigten Vorschläge des StdF dort offenbar nicht eingegangen.
M/H   101 00531–35 (139 a)

8. 6. 38   Adj. d. F   12705
Von Hitler die Einladung einer W. Eichhorn (Leipzig) nebst Gatten zum Reichsparteitag gewünscht; Einladung des amerikanischen Professors Sprenglin (auf Vorschlag der Carl-Schurz-Gesellschaft) von Führeradjutant Wiedemann befürwortet.
W   124 01165 (130)

8.–17.6.38   Adj. d. F, H. Pöll–11   12706
Durch OGruL Hans Pöll (Judenburg) Bitte um Prüfung einer Dieselmotorerfindung durch den Stab StdF. Antwort des Referats für technische Fragen: Praktische Vorführung erst nach Vorlage der Konstruktionsunterlagen möglich.
W   124 04070 ff. (375)

9.6.38   AA–28   12707
Durch das Amt für Ehrengäste Übersendung von Listen der deutschen und ausländischen Ehrengäste des Reichsparteitags 1937 an das Auswärtige Amt (AA) unter Hinweis auf die in der Regel nur einmalige Einladung als Ehrengast; Bitte an das AA, wie abgesprochen auf die Beschleunigung der Vorschläge für 1938 bei den übrigen Dienststellen zu drücken.
W   201 00465–66/47 (74/4)

9.–27.6.38   RJM   12708
Einverständnis des StdF mit dem *Entwurf eines Gesetzes über das Erlöschen der Familienfideikommisse und sonstiger gebundener Vermögen. Notwendigkeit einer Zwischenregelung, um das Erlöschen der preußischen Fideikommisse nach – „heutigen Anschauungen nicht mehr entsprechendem" – Landesrecht am 1.7.38 zu vermeiden.
H   101 27857–61 (1527)

9.–27.6.38   GL A. Wagner, Lammers   12709
Jährlicher Zuschuß Hitlers für das Münchner Künstlerhaus in Höhe von RM 120 000.–, um die Abgabe von billigem Essen an die „künstlerische Jugend" zu ermöglichen; Aufforderung des GL A. Wagner an den StdF u.a., diesem Beispiel zu folgen.
H   101 29142–47 (1646 b)

10.6.38   DAF–8   12710
Übersendung von vier *Vorschlägen für die Teilnahme von Ausländern am Reichsparteitag.
W   203 02620 (78/1)

10.6.38   RKzl., RStatth. Sprenger   12711
Genehmigung einer Reise des RStatth. Sprenger nach Italien (Privatreise mit Besuch des Internationalen Kongresses für Freizeitgestaltung) durch die Reichskanzlei. (Abschrift an den StdF.)
W   201 00540 ff. (86/2)

10.6.38   OKW   12712
Ablehnung eines besonderen Ehrenzeichens für die Angehörigen des NS-Österreichischen Soldatenrings (NSR): Im Falle besonderer Verdienste um die Wiedervereinigung mit dem Deutschen Reich Erfassung der Angehörigen des NSR durch die von Hitler gestiftete Medaille zur Erinnerung an den 13. März 1938.
M   101 02931 (297 a)

10.–24.6.38   RMdI, RFM, RWiM, RKzl. u.a.   12713
Erörterung des vom Reichsinnenminister (RMdI) eingebrachten Entwurfs eines Gesetzes über die Vereinheitlichung im Behördenaufbau (zwecks Verhinderung des weiteren Auseinanderfallens der öffentlichen Verwaltung in selbständige Verwaltungssäulen Beseitigung des der Anlehnung der einzelnen Verwaltungszweige an die allgemeine und innere Verwaltung im Wege stehenden Hindernisses der 16 Länderverwaltungen durch Bestimmung der Länderbehörden gleichzeitig zu Reichsbehörden unter grundsätzlicher Übernahme aller Verwaltungsaufgaben des Reiches und der Länder). Bedenken der Ressorts insbesondere gegen diese Übertragung auch der Verwaltungsaufgaben mit Sondercharakter an die Behörden der inneren Verwaltung (dazu der RMdI: Keine „selbstverständlich" zu anderen Verwaltungen gehörenden Verwaltungsaufgaben betroffen). Weiterer, von dem grundsätzlich zustimmenden StdF ebenfalls erhobener Einwand: Der Entwurf kein Fortschritt im Sinne einer Reichsreform und in dieser Richtung nicht weitgehend genug, insbesondere die Möglichkeit der Versetzung von Beamten auch innerhalb eines Landes durch die Reichsminister gewünscht (dazu der RMdI: Ein verstärkter Einfluß der

Reichsressorts innerhalb der Länder aus politischen Gründen zur Zeit nicht möglich; der Wert des Gesetzes vorwiegend psychologischer Natur).
K/H   101 12742 – 60 (703)

10. 6. – 21. 8. 38   Lammers   12714
Durch Bormann Übermittlung einer Entscheidung Hitlers: Aufgrund der ablehnenden Stellungnahme des GL Sauckel (wegen Unterbringungsschwierigkeiten Einladungen selbst verdienter Parteigenossen nicht möglich) keine Einladung der Prinzessin Georg v. Sachsen-Meiningen zum Reichsparteitag.
K/H   101 15219 – 23 (897)

13. 6. 38   GL Kaufmann   12715
Beschwerde über Angriffe des GL Telschow gegen ihn und seine Mitarbeiter in der Presse des Gaues Osthannover: Angriffe der Form nach schädlich, inhaltlich nicht gerechtfertigt (Verlegung des Fischereihafens in Hamburg eine Folge der Baupläne Hitlers, Ausbau des Fischereihafens, der Fischereiflotte und der Fischindustrie sowohl von Göring wie von Darré gebilligt); Bitte um persönliches Eingreifen Heß'.
W   124 00151 – 56 (40)

13. 6. 38   AA – 28   12716
Durch das Amt für Ehrengäste zur Prüfung Weiterleitung eines Vorschlags des Gauleiters von Franken, die Italiener Melchiori (Direttore di Milizia Fascista) und Cianetto (Präsident der Confederazione del Lavoratori dell' Industria) zum Reichsparteitag einzuladen.
W   201 00434 f. (74/2)

[13. 6. 38]   (RKzl., Oberste RBeh.)   12717
Durch den Reichsinnenminister Übersendung eines unverbindlichen Entwurfs eines von der Reichskanzlei an die Obersten Reichsbehörden zu richtenden Rundschreibens (nachrichtlich an den StdF): Regelung des Geschäftsverkehrs zwischen ihnen und den Dienststellen des Landes Österreich nach Beendigung der Tätigkeit des Reichsbeauftragten bzw. nach der Einsetzung eines Reichskommissars für die Wiedervereinigung Österreichs mit dem Deutschen Reich.
A   101 24275/1 – 280 (1357)

13. – 18. 6. 38   RKzl., RSportF   12718
Keine Bedenken des StdF gegen eine Reise des Reichssportführers Tschammer nach Rom zum Weltkongreß „Arbeit und Freude".
H   101 25738 – 41 (1449 b)

14. 6. 38   NSLB – 8   12719
Vorschlag, Pg. Classen (Heidelberg) als Vertreter des NS-Lehrerbundes an der Zweiten Deutsch-Französischen Kulturtagung in Baden-Baden teilnehmen zu lassen.
M   203 01446/48 (46/5)

14. 6. 38   RMdI   12720
Hinweis des StdF auf eine beim Gau Ausland des NS-Rechtswahrerbundes geführte Weltkartei „zuverlässiger arischer Rechts- und Patentanwälte" mit der Bitte, sich dieser Kartei bei der Durchsetzung deutscher Interessen im Ausland zu bedienen.
H   101 28129 (1535)

14. 6. – 13. 7. 38   Adj. d. F, Bayr. LAnst. f. Pflanzenbau u. a. – 11   12721
Scheitern der Vermittlungsbemühungen des Leiters der Bayerischen Landesanstalt für Pflanzenbau und Pflanzenschutz in dem Streit zwischen der Chemischen Fabrik Marktredwitz und der dort angestellten Chemikerin Elisabeth Tornow über die Verwertung eines von letzterer erfundenen quecksilberfreien Saatguttrockenbeizmittels; Verzicht der T. auf die ihr von der Landesanstalt angebotene Prüfung des (von Prof. Bleyer von der Universität München positiv beurteilten) Mittels. Dazu Croneiß (Stab StdF): Keine Möglichkeit, in der auch Hitler vorgelegten Angelegenheit noch etwas zu tun.
W   124 04292 – 307 (398)

15. – 16. 6. 38   Adj. d. F   12722
Mitteilung Bormanns: Entscheidung Hitlers, die Galerie Rothschild in Wien zu enteignen; Absicht H.s, die Bilder an andere Galerien in der Ostmark zu verteilen. (Vgl. Nr. 12732.)
W   124 04136 (383 a)

15. – [30.]6. 38   Adj. d. F, GL Ostpreußen   12723
Überbringung eines mit Widmung versehenen Bildes Hitlers durch Heß an GL Koch; Teilnahme Heß' am Gauparteitag Ostpreußen.
W   124 00886 f. (71)

15. 6. – 5. 7. 38   Adj. d. F   12724
Die *Anordnung 81/38 des StdF über die Reihenfolge der Meldungen bei offiziellen, von Hitler besuchten Veranstaltungen auf ein Schreiben Wiedemanns hin erlassen.
W   124 00643 (57)

16. 6. 38   Amann   12725
Glückwunschtelegramm Bormanns zur Geburt eines Sohnes.
W   124 04400 (411)

16. 6. – 15. 7. 38   Dt. Ges. Kairo, AA – 8, 29   12726
Schriftwechsel über die Teilnahme von Prinzessin Ibrahim Halim mit Sohn am Reichsparteitag 1938; ihre Abreise nach Deutschland.
W/H   201 00468 f., 473/1 ff. (75/1)

17. – 20. 6. 38   Adj. d. F   12727
Kostenvoranschlag für den Berghof-Anbau und Aufstellung der bereits geleisteten Zahlungen mit handschriftlichem Vermerk Bormanns: K. Hd. Herrn SS-Gruppenf. Schaub mit der Bitte um Vorlage beim Führer.
K   124 03840 f. (351)

17. – 20. 6. 38   K. Haberstock, Adj. d. F   12728
Nach der von ihm erbetenen Übersendung einer Rechnung für zwei Tapisserien (RM 28 200.–) an Prof. Speer Bitte des Kunsthändlers Karl Haberstock (Berlin) an Bormann, die diesem übergebene Rechnung für die Gobelins zu vernichten. Handschriftlicher Vermerk B.s: Herrn SS-Gruppenführer Schaub mit der Bitte um Erledigung.
K   124 03751 (339)

17. 6. – 5. 7. 38   Ribbentrop, RKzl., RL, HAL, GL   12729
Anweisung Lammers' an die Reichsminister: Auf Wunsch Hitlers halbjährlicher Bericht an das Auswärtige Amt (AA) über den persönlichen Verkehr ihrer Beamten und Angestellten mit ausländischen Diplomaten. Entsprechendes Rundschreiben (80/38) des StdF über den Verkehr führender Parteigenossen: Beteiligung von Vertretern der Partei an dienstlichen Besprechungen in einer fremden Mission nur auf Wunsch des AA. Durch Friedrichs (Stab StdF) an Ribbentrop Ankündigung halbjährlicher Berichte für die gesamte Partei.
M/H   203 01383 – 86 (46/2 – 4)

18. – 20. 6. 38   W. Haase   12730
Ärztliche Betreuung des StdF auf seiner Reise nach Königsberg durch den Begleitarzt Hitlers, Haase.
K/H   124 03749 (339)

18. 6. – 23. 7. 38   RFSS – 8   12731
Durch SS-Brif. v. Humann (Dienststelle Ribbentrop) Übersendung eines *Dienstleistungszeugnisses über die von ihm abgelegte Wehrübung.
W/H   306 00549 (Humann-Hainhofen)

20. – 21. 6. 38   RKzl., RFSS   12732
Durch Bormann Anmahnung eines von Hitler angeforderten Erlaß(entwurfs), die – ihm allein vorbehaltene – Verfügungsgewalt über in Österreich beschlagnahmte Galerien und Bilder betreffend. Antwort der Reichskanzlei: Übermittlung des Wunsches H.s an den Reichsführer-SS bereits erfolgt (als Verwendungszweck hier genannt: Statt Ausstattung von Diensträumen oder Erwerb durch führende Persönlichkeiten Zuweisung an kleinere österreichische Städte für ihre Sammlungen).
H   101 21503 – 04 (1269 a)

20. — 23. 6. 38   Adj. d. F, RKfdWÖ   12733
Weitergabe des *Gesuchs einer Frau Moser (offenbar die Erlangung einer Professur an der Akademie der bildenden Künste in Wien durch einen Herbert Dimmel betreffend) durch den Stab StdF an Prof. Haaßbauer beim Reichskommissar für die Wiedervereinigung Österreichs mit dem Reich.
K   124 03680 (326)

20. 6. — 6. 7. 38   Dt. GenKons. Kalkutta, AA — 8, 29   12734
Empfehlung der Teilnahme des englischen Kaufmanns J. H. Burder (Kalkutta) am Reichsparteitag 1938 durch das Deutsche Generalkonsulat in Kalkutta; Begründung: Angesichts des großen Interesses und der prominenten Stellung B.s auf wirtschaftlichem, gesellschaftlichem und politischem Gebiet in Bengalen von seiner Teilnahme politischer Nutzen zu erwarten.
W   201 00500 ff. (75/4)

21. 6. 38   RMdI, BfdVJPl. u. a.   12735
Hinweis für die Obersten Reichsbehörden u. a.: Neben dem Ersten Führererlaß über die Einführung deutscher Reichsgesetze in Österreich vom 15. 3. 38 (dieser jedoch lediglich für den Bereich Vierjahresplan) ausschließlich Art. II des Gesetzes über die Wiedervereinigung Österreichs mit dem Deutschen Reich Rechtsgrundlage für die Einführung von Reichsrecht in Österreich auf dem Verordnungswege und damit Mitzeichnung des Reichsinnenministers erforderlich. (Nachrichtlich an den StdF.)
K/H   101 12519 f. (694); 101 24186 f. (1353 c)

22. 6. 38   GL Hessen-Nassau, K. Conrad, Adj. d. F   12736
Bitte des Stabes StdF an die Führeradjutantur, der Gauleitung Hessen-Nassau gelegentlich eine Mitteilung in der Sache Kottgassner zukommen zu lassen (angeblicher Besuch Hitlers im Fotoatelier K.s in Wels und seine Bitte um Einstellung in den Betrieb im Oktober 1927).
K   124 03909 — 12 (355)

22. 6. 38 — 28. 1. 39   NSLB — 8   12737
Nach Anmahnung von der Dienststelle Ribbentrop (DR) zu diesem Thema erbetenen Materials Übersendung eines *Aufsatzes über das deutsche Schulwesen vor und nach der Machtübernahme durch den NS. — Kritik der DR an der schleppenden Beantwortung von Anfragen durch den NS-Lehrerbund.
M/H   203 01445/87, 446/8 f. (46/5)

23. 6. 38   RMfEuL   12738
Übersendung der *Druckschrift „Die Meliorationen in den Jahren 1933 bis 1936".
M   101 02204 (208)

24. 6. 38   AA, Dt. GenKons. Kalkutta — 8   12739
Übersendung eines Hinweises des Deutschen Generalkonsulats in Kalkutta auf den Privatsekretär des britischen Vizekönigs in Indien, J. G. Laithwaite, als für eine evtl. Einladung zum Reichsparteitag in Frage kommend (unter Übersendung der Abschrift eines Briefes L.s: Freude über seinen bevorstehenden Deutschland-Besuch).
H   201 00499/3 f. (75/4)

[25. 6. 38]   RMdI   12740
Runderlaß im Einvernehmen mit dem StdF über Sammlungen und Vertrieb von Waren in Diensträumen öffentlicher Behörden und Betriebe (Zusammenfassung der bisher geltenden Einzelerlasse).
A   101 06826 — 29 (559 a)

27. 6. 38   StSekr. Reinhardt, GI Todt   12741
Auf Einladung Bormanns Besichtigung der im Entstehen begriffenen Bauten auf dem Obersalzberg durch StSekr. Reinhardt und Todt sowie deren Einführung in die weiteren Baupläne.
K   101 14413 (780); 101 14575 (793)

27. 6. — 11. 7. 38   VoMi, AA — 8   12742
Elf Vorschläge der Volksdeutschen Mittelstelle zur Einladung von Volksdeutschen als Ehrengäste für

den Reichsparteitag 1938 von der Dienststelle Ribbentrop an das Auswärtige Amt weitergeleitet; ferner vorgeschlagen der liechtensteinische Regierungschef Josef Hoop und sein Stellvertreter Alois Vogt.
W   201 00510 f. (75/4); 203 02677 – 90 (78/1)

27. 6. – 3. 9. 38   Adj. d. F, J. Rohland, HA f. Technik – 11   12743
Nach Anforderung prüffähiger Unterlagen über die Erfindung eines Johannes Rohland (Berlin; federndes Rad für Fahrzeuge) durch den Stab StdF Weiterleitung der Angelegenheit an das Hauptamt für Technik.
W   124 04126 – 29 (383)

27. 6. – 16. 9. 38   RMdI, RKzl.   12744
Nach Berücksichtigung seiner Änderungswünsche zu dem Entwurf eines Gesetzes zur Ordnung der Krankenpflege (u. a.: Verpflichtung für Träger öffentlicher Krankenanstalten, die Mittel zur Er- und Einrichtung von Krankenpflegeschulen selbst aufzubringen) Zustimmung des StdF zu dem Entwurf.
A   101 06847 – 51 (562)

28. 6. – 1. 7. 38   Adj. d. F   12745
Bitte, im Stab StdF von Hitler zu unterzeichnende Verordnungen von einer verantwortlichen Persönlichkeit signieren zu lassen.
W   124 00572 f. (56)

28. 6. – 11. 7. 38   Adj. d. F   12746
Rücksendung eines *Schreibens des Stabs StdF.
W   124 00641 (57)

28. 6. – 21. 7. 38   RKzl., RM   12747
Durch den Stab StdF Unterrichtung der staatlichen Stellen über die auf Veranlassung Hitlers erlassene Anordnung 81/38 des StdF: Reihenfolge der H. zu erstattenden Meldungen bei offiziellen Veranstaltungen sowie innerhalb der Wagenkolonne H.s (Partei, Wehrmacht, politische und staatliche Dienststellen).
H   101 21495 ff. (1269)

29. 6. 38   Adj. d. F – 1   12748
Übersendung zweier von Heß zurückerbetener *Denkschriften an Stenger (Verbindungsstab).
W   124 00600 f. (56)

29. 6. 38   Adj. d. F   12749
Bitte Heß', Hitler bei Gelegenheit den Artikel „Naturnahe Wasserwirtschaft" von Prof. Alwin Seifert vorzulegen.
W   124 04216 (392)

Nicht belegt.   12750

29. 6. 38   Adj. d. F   12751
Weiterleitung der *Bitte einer Frau v. Manowarda um eine Reichsparteitagseinladung für ihre Schwester, Frau Satzke.
W   124 04037 (371)

29. 6. 38   GI f. d. Straßenwesen, AA – 8   12752
Vom Generalinspektor für das deutsche Straßenwesen übersandte Einladungsvorschläge zum Reichsparteitag 1938: Vier Engländer, je zwei Italiener, Bulgaren und Jugoslawen, je ein Franzose, Däne und Schweizer.
W   201 00436 ff. (74/2)

29. 6. – 4. 11. 38   Adj. d. F, NSLB   12753
Bitte des als Reichshauptstellenleiter z. b. V. in der Reichswaltung des NS-Lehrerbundes beschäftigt gewesenen StudR Sablotny um Verleihung eines seiner damaligen Stellung entsprechenden aktiven Dienstranges zwecks Rehabilitierung nach erfolgtem gerichtlichen Freispruch. Angesichts der Unmög-

lichkeit einer Wiederverwendung (allgemeine Ablehnung S.s) und wegen inzwischen erfolgter Abschaffung der z. b. V.-Stellen Verleihung des Ranges eines ausgeschiedenen Reichshauptstellenleiters.
W/H   124 04138 – 47 (384)

30. 6. 38   NSKK-KorpsF – 8   12754
Übersendung der ausgefüllten Fragebogen für fünf als Reichsparteitagsehrengäste vorzuschlagende Ausländer.
W   203 02664 – 69 (78/1)

30. 6. 38   AA, Dt. GenKons. Kalkutta – 8   12755
Übersendung der dringenden Bitte des Deutschen Generalkonsuls in Kalkutta um Einladung des stellvertretenden Chief Justice des Obersten Gerichtshofs in Kalkutta, Sir Leonhard Costello, als Ehrengast zum Reichsparteitag sowie um die Abgabe zumindest einer Zulassungskarte an einen Mr. Burder.
H   201 00501/1 – 4 (75/4)

[Sommer 38]   –   12756
Liste der Missionschefs für die Einladung zum Essen des StdF auf der Burg in Nürnberg.
M   203 02704 ff. (78/2)

Juli – 22. 8. 38   RMdI, Verb. Alter Corpsstudenten   12757
Genehmigung der Auflösung des Verbandes Alter Corpsstudenten, Sitz Stadt Kösen, durch den Reichsinnenminister und den StdF.
K   101 14818 ff. (823)

[1. 7. 38]   –   12758
Privatanschriften sowie dienstliche und private Fernsprechanschlüsse von Heß, Bormann, Sommer, Friedrichs und Dr. Müller.
H   101 21285/1 ff. (1264 a)

[1. 7. 38] – 28. 6. 39   Lammers, RMdI u. a.   12759
Einverständnis Hitlers mit den vom Reichsinnenminister vorgebrachten, mit dem StdF bereits besprochenen Grundgedanken für eine Deutsche Kreisordnung (in Fortführung der Reichsreform): Landkreis gleichzeitig staatlicher Verwaltungsbezirk und Selbstverwaltungskörperschaft; möglichst umfassende Zuständigkeit des Landrats zu Lasten der Fachverwaltungen (Übertragung der Schul-, Gesundheits-, Veterinär-, Sozial-, Arbeits-, Hochbau-, Kulturbau-, Tiefbau- und Katasterverwaltungen, mit Einschränkungen Aufrechterhaltung der Wehrmacht-, Finanz-, Justiz-, Bahn- und Postverwaltungen als Sonderverwaltungen); Einflußnahme der NSDAP insbesondere bei der Bestellung der Kreisräte und dem Erlaß der Hauptsatzung; Schaffung von Stadtkreisen. Auftrag an Lammers, vor der Bescheidung Fricks Heß zur Sache zu hören. Zunächst Zustimmung des StdF, dann – in einer Besprechung – Vortrag grundsätzlicher Bedenken durch MinDir. Sommer: In dieser lediglich formellen Ordnung der Kreisverwaltung keine Berücksichtigung des „wichtigsten Problems", des Verhältnisses der Kreisleiter zu den Landräten; Verlangen der Kreisleiter nach Klärung ihrer Befugnisse gegenüber der staatlichen Verwaltung zwecks Vermeidung bisheriger Reibungen und Berücksichtigung einer Entscheidung Hitlers, die Gauleiter an politischen Maßnahmen von staatlicher Seite zu beteiligen, auch bei der Neuordnung der Kreisverwaltung (Forderungen der Kreisleiter: Information durch den Landrat über alle Vorgänge von politischer Bedeutung und politisches Weisungsrecht gegenüber dem Landrat); im übrigen die fehlende Regelung für die Organisation der Mittelbehörden (Reichsstatthalter allein oder Regierungspräsident und Reichsstatthalter) beanstandet. Einverständnis der übrigen beteiligten Ressorts mit dem Entwurf.
K/H   101 12804 – 20 (703 a)

2. 7. 38   AA   12760
Übersendung eines *Exemplars des von der faschistischen Parteizeitschrift Gerarchia anläßlich des Besuchs Hitlers herausgegebenen Heftes.
H   101 25742 (1449 b)

2. – 4. 7. 38   SA-Stuf. Pfuhler, Adj. d. F   12761
Bitte des Blutordensträgers Max Pfuhler (München) um Vermittlung eines von einem Josef Kreuzer von Hand gefertigten Blumenständers an Hitler. Weiterleitung an die Führeradjutantur.
W/H   124 04051 f. (374)

2. – 13. 7. 38   AA   12762
Listenzusammenstellung der ausländischen Ehrengäste des Reichsparteitags: Bitte des Amts für Ehrengäste an das Auswärtige Amt (AA), die Leitung zu übernehmen, jedoch Einwände der Dienststelle Ribbentrop gegen eine „Leitung der Ehrengäste-Frage" durch das AA; nicht eingehaltene Vereinbarung, dem AA je ein Doppel der Listen zuzuleiten.
M   203 02601 ff. (77/2)

[2.] – 26. 7. 38   Adj. d. F – 6/1   12763
Weiterleitung eines ergänzenden, die Angelegenheit Obgm. Böhmker (Bremen) berührenden *Berichts des leitenden Arztes der Hautklinik der Städtischen Krankenanstalt Bremen, C.-F. Hahn, an den Sonderbeauftragten im Stab StdF.
K   124 03765 f. (340)

[2. 7.] – 7. 12. 38   OKW, RFSS   12764
Vorschlag des StdF auf Einbeziehung auch der SS in die bevorstehende Vereinbarung über die Bereinigung von Streitigkeiten zwischen Wehrmacht und Partei unter Aufhebung bereits bestehender Übereinkünfte (nunmehr Zuständigkeit der Hoheitsträger auch für die SS). Einverständnis Bormanns mit dem von Himmler gewünschten Ausschluß der bewaffneten SS von dieser Regelung und einer auch künftigen Beteiligung der SS-Dienststellen.
K   102 00548 – 53 (969)

4. 7. 38   DAF – 8   12765
Vorschlag, den italienischen Minister Farinacci und den Präsidenten der italienischen Handelsarbeiterkonföderation, Del Giudice, zum Reichsparteitag 1938 einzuladen.
W   203 02655 (78/1)

4. 7. 38   RMfdkA u. a.   12766
Zustimmung mit Änderungsvorschlag, einen Zuschuß zum Familienunterhalt betreffend, zu einem *Rundschreiben des Reichspostministers über die Einberufung von Wehrpflichtigen zur Ableistung von Übungen bei der Wehrmacht. (Abschrift an den StdF.)
H   101 22418 (1280)

4. – 7. 7. 38   KorpsF NSKK u. a. – 8   12767
Drei Einladungsvorschläge (Bulgaren) zum Reichsparteitag 1938.
H   201 00480/9 – 12 (75/1)

5. 7. 38   RMdI u. a.   12768
Nachrichtlich Übersendung eines Rundschreibens über die Reichsrechteinführung in Österreich: Genaue Angabe der Fundstelle für die geltende Fassung der jeweiligen Vorschrift; Zuleitung der betreffenden Stücke des Reichsgesetzblatts an den Reichsstatthalter; gegebenenfalls Neufassung der einzuführenden Vorschriften für das Gesamtreich.
W   101 24188 f. (1353 c)

[5. 7. 38]   GL Wächtler   12769
Die beantragte Übernahme des Oberbürgermeisterpostens in Coburg durch KrL Greim vom StdF genehmigt (Bgm. Rehlein nach Ansicht des GL Wächtler ohne ausreichendes Durchsetzungsvermögen; Verweis auf Intrigen und Disziplinlosigkeiten in Coburg).
W   124 04113 f. (378)

5. – 27. 7. 38   RKzl., Zweckverb. RParteitag Nürnberg, RMdI   12770
Durch einen Erlaß Hitlers dem Zweckverband Reichsparteitag Nürnberg die Führung eines Siegels mit Hoheitszeichen gestattet (vom StdF keine Einwände erhoben).
M/H   101 00113 – 22 (128 b)

5. 7. – 24. 12. 38   RKzl., RJM, RMfVuP, RMfdkA, RLM, RWiM, RMdI, OKW,   12771
              RSt. f. Raumordnung u. a.
Verabschiedung des für die §§ 1 – 214 in den bisherigen Kabinettssitzungen wesentlich erledigten, für die §§ 215 – 483 noch unerledigten Entwurfs des Reichsjustizministers (RJM) für ein Deutsches Strafgesetzbuch auf Wunsch Hitlers nach folgendem Verfahren: Regelung der zum ersten Teil noch offenen

Fragen durch die Beteiligten, Vorbringung von Abänderungswünschen zum zweiten Teil bis zum 31. 8. 38 (Termin später auf Wunsch des StdF verlängert). Eingang verschiedener Wunschlisten, enthaltend u. a. wesentliche Verschärfungen der Strafandrohungen (Propagandaminister), Wegfall des Schutzes kirchlicher Amtstrachten, Titel etc. (Reichskirchenminister), Präzisierungen (Reichsinnenminister). Neben Differenzen um den Wirtschaftsverratsparagraphen 241, um die in § 334 behandelte Verletzung des Dienstgeheimnisses (Heß: Strafverfolgung nicht ohne weiteres bei Verletzungen gegenüber Hitler [dazu der RJM: Eine Selbstverständlichkeit] und der Partei [dazu der RJM: Diese Materie durch Hitlers Entscheidung zu § 42 des Deutschen Beamtengesetzes geregelt]) und anderes Einspruch Heß' in folgenden Hauptpunkten: 1) Statt – wie bisher und wie auch im neuen Entwurf – „dem Einzelnen Waffen zu liefern, sich gegen die Partei zur Wehr zu setzen", Reklamierung des Rechts, im Parteidienst erfolgte und im Rahmen ihrer „Erziehungsaufgaben" liegende Rechtsgutverletzungen außer Verfolgung zu setzen; 2) Forderung von Zusätzen, um die Strafverfolgung Hitler und der Partei gegenüber erfolgter Ehrenkränkungen und falscher Verdächtigungen Dritter an die Genehmigung einer von Hitler zu bestimmenden Stelle zu binden. Außerdem Forderung des StdF, das neue Strafgesetzbuch erst zusammen mit den strafrechtlichen Nebengesetzen und der neuen Strafverfahrensordnung zu verabschieden und in Kraft zu setzen. Dazu Stellungnahme des RJM: Die dringend gebotene Verabschiedung des Gesetzbuches (jetzt auch im Interesse der Strafrechtsvereinheitlichung zwischen Altreich, Österreich und Sudetenland) als Grundlage für alle sonstigen strafrechtlichen Neuschöpfungen von Hitler gebilligt. Weiter der RJM zu den Sachpunkten: Ohne Verkennung der Notwendigkeit der von der Partei „manchmal" für erforderlich befundenen „besonderen", Tatbestände „der einen oder anderen Strafvorschrift" erfüllenden Maßnahmen grundsätzlich Festhalten an der Forderung eines einheitlichen Strafrechts und an der Bindung auch der Partei an dessen Gebote (unter weiterhin vorgesehener Erledigung jener „besonderen" Fälle durch Vortrag bei Hitler und *dessen* Entscheidung über eine Niederschlagung des Verfahrens); gegenüber der anderen Forderung, Straftaten bei Denunziationen straffrei stellen zu können, schließlich Einlenken des RJM. Übereinstimmung von RJM und StdF, in den beiden strittigen Punkten Hitler entscheiden zu lassen. Dann jedoch Ausräumung der Meinungsverschiedenheiten auf einer Besprechung zwischen Heß und Gürtner am 12. 12. 38 bei Offenbleiben folgender Differenz: Die von Heß geforderte Voraussetzung, in der künftigen Neugestaltung der Strafverfahrensordnung die Bestimmung einer „politischen Zentralinstanz" vorzusehen mit der Befugnis, jedes Verfahren bei „öffentlichem Interesse an der Nicht-Verfolgung" niederzuschlagen, von G. lediglich mit der Zusage beantwortet, darüber zu gegebener Zeit eine Entscheidung Hitlers herbeizuführen. Neun Tage später eine – aus anderem Anlaß erfolgende – Äußerung Hitlers: Verkündung von „Richtlinien für eine allgemeine Strafrechtsreform" auf einer Mitte Januar 1939 vorgesehenen Kabinettssitzung beabsichtigt.
H   101 26986 – 7053 (1516 a)

6. 7. 38   Adj. d. F   12772
Weiterleitung der *Bitte einer Elisabeth Weber (Augsburg) um zwei Karten für den Reichsparteitag.
W   124 04329 (404)

6. 7. 38   Adj. d. F   12773
Bekanntgabe von Anordnungen Hitlers für Veranstaltungen: Pünktlicher Beginn, keine Abfahrt H.s auf Abruf mehr, Einnahme der Gastplätze zehn Minuten vor Beginn, Sperrung des Zugangs für jedermann nach Eintreffen H.s, im allgemeinen keine Ausgabe von Ehrenkarten.
W/H   124 00642 (57)

[6. 7. 38]   RMfVuP – 8   12774
Vorschlag der Dienststelle Ribbentrop, den Hohen Kommissar des Völkerbunds in Danzig, Prof. Burckhardt, und den Industriellen Karl Stoffel (Berg/St. Gallen) als Ehrengäste zum Reichsparteitag einzuladen.
H   201 00450/1 f. (74/3)

6. – 7. 7. 38   AA – 8, 29   12775
Mitteilung des Ausländerdienstes für den Reichsparteitag über die Aufnahme seiner Tätigkeit in Nürnberg.
M   203 02599 (72/2); 203 02650 (81/1)

[6. 7. – 10. 9. 38]   (RKzl.)   12776
Nach Vorlage einer – die DAF kritisierenden – *Denkschrift des Präsidenten der Industrie- und Handelskammer München, Albert Pietzsch, zum Thema „Wirtschaftslenkung durch den Staat" Wunsch Hitlers nach Kontaktaufnahme Lammers' zunächst mit Heß und dann mit Göring und Ley.
A   101 06724 – 27 (547)

6. 7. – 24. 12. 38   OKW, RKzl.   12777
Drängen des OKW auf endliche Entscheidung über den Entwurf eines Deutschen Strafgesetzbuchs; Grund: Abhängigkeit des seit 1936 im Entwurf vorliegenden, von der Wehrmacht dringend benötigten und durch Notlösungen auf die Dauer nicht zu ersetzenden Strafgesetzbuchs für die Wehrmacht („außerordentlich bedenklich", „einmal ohne ein sorgfältig vorbereitetes Kriegsstrafrecht" mobil machen zu müssen) von der allgemeinen Regelung. Entscheid Hitlers: Erlaß eines Wehrmachtsstrafgesetzes erst nach Durchführung der allgemeinen Strafrechtsreform (dafür Richtlinien Mitte Januar 1939 zu erwarten). (Nachrichtlich jeweils an den StdF.)
H   101 26986, 27034 – 37, 042 f. (1516 a)

7. 7. 38   AA – 8   12778
Bitte der Dienststelle Ribbentrop um Überprüfung der *Einladungsvorschläge von Vertretern der (offenbar jugoslawischen) Frontkämpferverbände zum Reichsparteitag 1938.
W   201 00509 ff. (75/4)

[7. – 20. 7. 38]   RArbM   12779
Anführung des StdF als Kronzeuge im Streit mit dem Reichsinnenminister (RMdI) um die von der Partei gewünschte Aufhebung der Versorgungsgerichte und ihre Ersetzung durch Ausschüsse (Standpunkt des RMdI: Eine Entwicklung in diese Richtung der Tendenz der angestrebten Verwaltungsreform – Einbau der Sonderverwaltungen in die allgemeine Verwaltung – zuwiderlaufend; mithin entweder Beibehaltung der an die Regierungspräsidenten angegliederten Gerichte oder aber Zuständigkeit der Direktoren der Hauptversorgungsämter): Ablehnung der 1919 eingeführten Gerichte als für die Betroffenen (Verfolgung durch „Blutopfer" erworbener Ansprüche) unzumutbar, jedoch Ersetzung nicht durch eine Behörde, sondern aus politischen Gründen durch mit „einer Art richterlicher Unabhängigkeit" ausgestattete Stellen.
H   101 22579 – 88 (1286)

7. 7. – 19. 8. 38   Adj. d. F, Hptm. a. D. Ulrich – 11   12780
Ablehnung des von Hptm. a. D. Fritz Ulrich (Berlin) für seine Erfindung (Staub- und Splittgeschosse) erbetenen Darlehens durch Croneiß (Stab StdF), auch aus einem vorgelegten *Schreiben des OKH nach Prüfung der Erfindung kein besonderes Interesse abzuleiten.
W/H   124 03624 (312); 124 04308 – 11 (400)

7. 7. – 29. 11. 38   Adj. d. F, H. Schmitz – 6/1   12781
Stellungnahme des Sonderbeauftragten des StdF in Nußdorf zu einer neuerlichen Eingabe des seit Jahren „fast sämtliche Parteidienststellen" mit Beschwerden und Anschuldigungen gegen OGruL Dings beschäftigenden Heinrich Schmitz (Wuppertal): Erinnerung an die Zusage des Führeradjutanten Wiedemann, Beschwerden Sch.' nicht mehr entgegenzunehmen; Hinweis auf die Sch. erteilte Warnung vor weiteren haltlosen Eingaben; keine Bedenken, Sch. im Bewährungsfall die – zu Recht abgesprochene – politische Zuverlässigkeit wieder zuzuerkennen.
W   124 04198 – 202/2 (387)

[8. 7. 38]   SHA   12782
In einem ausführlichen Bericht über den Seeoffizier Felix Graf v. Luckner (Logenzugehörigkeit, Geschäftsverbindungen zum jüdischen Werftbesitzer Berendsohn und zu jüdischen Kreisen in New York, Vortragstätigkeit L.s im Ausland, sein Auftreten und seine Einschätzung) Erwähnung eines durch den StdF übersandten, von dem an Bord des „Seeteufel" befindlichen Stützpunktleiter verfaßten Berichts über die Zustände an Bord und der daraufhin eingeleiteten Ermittlungen.
K   124 03955 – 64 (363)

8. – [19.] 7. 38   Amann, Adj. d. F   12783
Bitte Amanns um einen Aufruf Hitlers für die erste Großformatausgabe Wien des Völkischen Beobach-

ters zwecks Verhinderung der Fortführung ehemaliger illegaler Kampfblätter und nicht existenzfähiger Neugründungen. Erfüllung dieser Bitte (Erscheinen begrüßt, Wünsche für eine weitere erfolgreiche Arbeit der Zeitung).
W/H   124 00817 ff. (66)

8.–30. 7. 38   Intern – 8, 29   12784
Absicht der Reichsjugendführung, volksdeutsche Jugendliche (ca. 500) und ausländische Jugendführer zum Reichsparteitag einzuladen; Art der Finanzierung, Karten- und Verpflegungsfrage u. a.
M   203 02648 f., 652 f. (78/1)

8. 7. – 17. 8. 38   AA – 8, 28, 29   12785
Teilnahme von Japanern am Reichsparteitag 1938: Überprüfung des vom Reichspropagandaminister als Ehrengast vorgeschlagenen ständigen Beauftragten Japans in Genf, Inagaki; Wunsch des StdF, den Präsidenten der Japanisch-Deutsch-Medizinischen Gesellschaft, Ishibachi, einzuladen; keine Bedenken gegen die Teilnahme der japanischen Abgeordneten Makino, Kasai, Miyazawa, Shinohara, Suzuki.
W   201 00503 f., 506 (75/4)

8. 7. – 23. 8. 38   Adj. d. F, Waldholz-Transport GmbH, OForstmeister v. Monroy u. a. – 11   12786
Durch den Stab StdF Bitte um Stellungnahmen des Reichskuratoriums für Technik in der Landwirtschaft und der Waldholz-Transport GmbH zu einer von einem O. Buck (Berlin) konstruierten „Lenkraupe", insbesondere hinsichtlich einer finanziellen Beteiligung am Bau eines Versuchswagens.
K   124 03620 – 27 (312)

9. 7. 38   HA f. Beamte   12787
Mitteilung über die Verschlußsachen-Verpflichtung des RHStL Stein (Berlin) auch für die Dienststelle München des Hauptamts für Beamte.
W/H   149 00009, 025 f. (1)

11. 7. 38   NSLB – 8   12788
Notwendigkeit, den Austausch mit ausländischen Lehrern auch nach politischen Gesichtspunkten zu leiten; Kritik an der Praxis des Deutschen Akademischen Austauschdienstes (DAAD), sich von dem NS-Lehrerbund (NSLB) fernzuhalten; Vorschlag, die Leiter der Abteilung Grenze und Ausland bei den Gauwaltungen des NSLB zu Vertrauensmännern des DAAD zu bestimmen, um damit Einfluß auf die Auswahl der Lehrer und der Schulen nehmen zu können.
M   203 01446/46 f. (46/5)

11. – 14. 7. 38   Adj. d. F   12789
Unterzeichnung einer vom Stab StdF vorgelegten ˙Dienstenthebungsliste durch Hitler.
W   124 00638 ff. (57)

11. 7. 38 – 31. 1. 39   GL Jordan, RKzl., RMdI   12790
Konflikt zwischen GL Jordan als Vorsitzender der Theaterstiftung Dessau und dem ehemaligen Herzog von Anhalt über die Benutzung der den Kuratoriumsmitgliedern der Theaterstiftung vorbehaltenen sog. Repräsentationslogen im neuen Dessauer Theater. Die Forderung des Herzogs nach drei Logen für alle Zeit von J. in Übereinstimmung mit dem StdF als unberechtigt zurückgewiesen; Begründung: Gefahr der Identifizierung von Repräsentanz mit Machtbefugnissen, insbesondere durch die ältere Bevölkerung der ehemaligen Residenzstadt; Verhinderung eines „ewigen" Anspruches auf eine Logenbenützung durch das Herzogshaus (Hinweis auf eine mögliche spätere Pflichtverletzung eines Angehörigen des Herzogshauses der Theaterstiftung gegenüber und eine daraus resultierende Logenunwürdigkeit); Zubilligung einer Loge an den Herzog lediglich in seiner Eigenschaft als Mitglied des Kuratoriums. Stellungnahme des Herzogs zur Entwicklung der Logenfrage im Dessauer Theater: Hinweis auf die Satzungen der Theaterstiftung (errichtet vom Prinzen Aribert von Anhalt); Rechte des herzoglichen Hauses auf Stiftereigenschaften beruhend; Ausbau und jahrelange Bereitstellung eines Interimstheaters Anlaß zu wohlwollender Handhabung der vertraglichen Rechte; Einverständnis, das vertragliche Recht auf nur eine Loge zu beschränken; zur Entscheidung der weniger rechtlichen als weltanschaulichen Fragen Entscheidung Hitlers erbeten. – Wunsch H.s nach Beilegung des Streites durch den Reichsinnenminister im Einvernehmen mit dem StdF und dem Reichsjustizminister. Empfehlung Lammers', dem Herzog – unabhängig von seiner Mitgliedschaft im Kuratorium – auf Lebenszeit das Benutzungsrecht für eine Loge einzuräumen.
K   101 15250 – 89 (905 c)

12. 7. 38   PolPräs. München   12791
Mitteilung über einen Sebastian Scherer: Unbefugte gewerbsmäßige Bewachung von Kraftfahrzeugen auf Münchner Parkplätzen, Strafverfahren wegen Einbruchdiebstahls u. a., Parteiausschlußverfahren anhängig.
W   124 04707 (476)

12.—19. 7. 38   DSt. Ribbentrop—29   12791a
Durch den Ausländerdienst für den Reichsparteitag Weiterleitung des *Schreibens eines P. H. Hörmann, die Teilnahme niederländischer NS am Parteitag betreffend, an die Dienststelle Ribbentrop: Bitte um Überprüfung dieser Leute wegen eines Angriffs auf Mussert in dem Brief.
H   203 02700 (78/2)

13. 7. 38   Nord. VSt., AA—1   12792
Absprache „im Verbindungsstab" über die Hilfe der deutschen Auslandsvertretungen bei der Beschaffung von Lichtbildern für die Vorschläge der als Ehrengäste zum Reichsparteitag einzuladenden Ausländer.
H   201 00493/1 f. (75/1)

13. 7. 38   Adj. d. F   12793
Durch den Stab StdF Rücksendung einer vermutlich irrtümlich zugeschickten *Rechnung.
W   124 00664 (57)

13. 7. 38   HA f. Beamte   12794
Mitteilung: Zur Sicherung der Arbeitskräfte für die Durchführung der Mob.-Arbeiten Verpflichtung der Stenotypistin Selina Blödow als Mitarbeiterin der Dienststelle München des Hauptamts für Beamte.
W   149 00001, 005 (1)

13. 7. 38   HA f. Beamte   12795
Übersendung von *Aufstellungen der im Mob.-Fall für das Hauptamt für Beamte unbedingt erforderlichen Kräfte und Fahrzeuge.
W   149 00006 ff. (1)

13. 7.—24. 8. 38   A. Sitterli, AA, Dt. Kons. Kronstadt—28   12796
Bitte des Amts für Ehrengäste der Reichsparteitage an das Auswärtige Amt um Überprüfung eines Andreas Sitterli (Kronstadt) wegen einer eventuellen Einladung zum Reichsparteitag 1938. Negative Auskunft des Deutschen Konsulats in Kronstadt.
W/H   201 00445/1—446 (74/3)

13. 7.—25. 8. 38   RMdI, RKzl.   12797
In der Frage der vom Reichsinnenminister gewünschten Verbesserung der Beamtenbesoldung (u. a. wegen Nachwuchsmangels) starre Haltung des StdF: Im Vergleich zu anderen Volksgenossen die Beamtenschaft generell stets bevorzugt (Einkommen — wenn auch bescheiden — und Altersversorgung gesichert); häufige Forderungen der Arbeiterschaft nach höheren Löhnen vom StdF (unter Berufung auf den Grundsatz „Keine Lohn- und Gehaltserhöhungen — keine Preiserhöhungen") immer abgelehnt, kein Verständnis seitens der Arbeiter im Fall einer Durchbrechung dieses Prinzips zugunsten der Beamten zu erwarten. Einverständnis des StdF mit dem Entwurf eines Gesetzes über die Dreiunddreißigste Änderung des Besoldungsgesetzes.
A   101 04862—66 (431 b)

14. 7. 38   Adj. d. F   12798
Bitte des Stabs StdF um Vorlage einer Ernennungsliste bei Hitler (unter den Vorgeschlagenen auch Angehörige des Stabs und des Stabsamts StdF).
W   124 00636 f. (57)

14. 7. 38   Adj. d. F   12799
*Schreiben wegen der Kraftwagensperren bei Großveranstaltungen.
W   124 00160 (40)

14. 7. 38   Intern (u. a.)—28, 8   12800
Annahme weiterer Einladungsvorschläge zum Reichsparteitag 1938 nicht mehr möglich; erneute Durcharbeitung der Gesamtvorschläge bis zum 18. 7. 38.
M/H   203 02600 (77/2); 203 02651 (78/1)

14. 7. 38   RMdI u. a.   12801
Absicht, die Reichsdienststrafordnung vom 26. 1. 37 gleichzeitig mit dem Deutschen Beamtengesetz in Österreich einzuführen; dazu Bildung von neuen Dienststrafgerichten erforderlich; Plan, entsprechend der bestehenden Gaueinteilung in den Gauhauptstädten sieben Dienststrafkammern zu errichten; Bitte an den Reichsstatthalter in Österreich um Besetzungsvorschläge. (Abschrift an den StdF.)
A   101 24226 – 29 (1353 f); 112 00039 – 42 (124)

14. – 19. 7. 38   Adj. d. F – 1   12802
Übermittlung von Zahlen über die Getreideeinfuhr 1930 bis 1938.
W   124 00660 f. (57); 124 01041 f. (104)

14. – 27. 7. 38   HA f. Beamte – 38   12803
Übermittlung der *Bedarfskarten für fünf freizustellende Kraftfahrzeuge.
W   149 00066 f., 070 ff. (1)

14. 7. – 4. 8. 38   Kzl. d. F, H. Beckmann   12804
Stellungnahme des Stabs StdF zu einer Beschwerde des Konrektors Heinrich Beckmann (Stettin) an Hitler über die Nichtbearbeitung verschiedener Eingaben, seine Entfernung aus dem Amt eines Schulleiters betreffend: Die Angaben B.s über die – von H. gerügte – Verschleppung unzutreffend; aufgrund der Nachprüfungen eine abschließende Bescheidung B.s – wenn auch nicht im Sinne seines Gesuchs – bereits im Dezember 1937 erfolgt.
K   124 03631 – 34 (316)

Nicht belegt.   12805

15. – 28. 7. 38   NSLB, RWiM – 8   12806
Im Rahmen der Vereinbarung eines Ferienaustauschs neusprachlicher Lehrkräfte zwischen dem NS-Lehrerbund und dem Rektor der Universität Exeter die Teilnahme von sechs deutschen Lehrern am Sommerkurs 1938 fraglich: Die Devisengenehmigung der Deutschen Kongreßzentrale in Höhe von RM 360.– unzureichend; Bitte um Ribbentrops Unterstützung.
M/H   203 01446/39 – 45 (46/5)

15. – 30. 7. 38   AA – 8   12807
Durch die Dienststelle Ribbentrop Übersendung der gesammelten *Vorschläge sowie eines Nachtragsvorschlags für die Einladung als Ehrengäste zum Reichsparteitag 1938 an das Auswärtige Amt (AA) mit der Bitte um Beschaffung von Lichtbildern der Vorgeschlagenen (mit Ausnahme der französischen Ehrengäste). Mitteilung des AA über den Stand der Überprüfung der nachträglich eingereichten 19 Vorschläge.
W   201 00512 – 21 (76)

15. 7. – 15. 8. 38   Intern – 7, 8   12808
Erörterung der Unterbringung der Frau des Deutschen Gesandten in Bukarest, Fabritius, während des Reichsparteitags in Erlangen oder Nürnberg.
M   203 02742 f. (78/3)

15. 7. – 2. 11. 38   RMfVuP u. a.   12809
Verschiedene Anordnungen über Veranstaltungen, Kundgebungen usw.: Einnehmen der Plätze; Kontrolle der Ausgabe von Ehrenkarten, Kontingente an Freikarten für Männer und Frauen ohne Partei- oder Staatsamt; pünktlicher Beginn, Verbindlichkeit des Minutenprogramms und Platzreservierung für die Begleitung bei Teilnahme Hitlers.
II   101 21338 ff. (1266); 101 21435 ff. (1267 a); 101 21477 ff. (1267 b)

16. 7. 38   (GL München-Oberbayern)   12810
Politische Beurteilung des kommissarischen Leiters der Forschungsstätte für die Baugeschichte der Hauptstadt der Bewegung, Josef Clemens Stadler; Hinweis auf seine Zugehörigkeit zum politischen Katholizismus, insbesondere auf seinen katholischen Umgang in seinem Heimatort Altötting.
M   302 00273 ff. (Wulzinger)

16. 7. 38   RMfVuP   12811
Zusammenfassung der grundsätzlichen Richtlinien für die Betreuung von Ausländern – „Durchschnitts-

ausländer (Touristen)" und andere – in Deutschland; Verzeichnis der mit Ausländerbetreuung befaßten Organisationen; Aufzeichnung über die Arbeitsweise des Deutschen Ausländer-Dienstes e. V. Berlin.
H   101 18598 – 604 (1150)

16. 7. 38   RMfVuP   12812
Errichtung einer Kartei für alle deutschen Zeitschriften (einschließlich Amtsblätter und Werkzeitschriften von Reichs- und Staatsbetrieben) im Gange; Bitte um Ausfüllen entsprechender zugesandter Karteikarten.
A   101 05716 (479)

16. – 22. 7. 38   RStatth. Österreich   12813
Übersendung des Geschäftsverteilungsplans (samt Aufstellung der Personalzuweisung) des Amtes des Reichsstatthalters in Österreich (mit einer Ergänzung).
H   101 24893 – 933 (1389)

16. 7. – 3. 8. 38   Adj. d. F   12814
Die *Anordnung 107/38 des StdF (Veranstaltungen im Freien) auf ein Schreiben des Führeradjutanten Wiedemann hin erlassen.
W   124 00626 (57)

16. 7. – [23. 11.] 38   RMdI   12815
Rundschreiben über das Verfahren bei der Vorbereitung gesetzgeberischer Maßnahmen in Österreich und im Sudetenland: Einschaltung des Reichsinnenministers und des Reichskommissars für die Wiedervereinigung; Angabe des Namens des Sachbearbeiters bei Entwürfen; Beteiligung des StdF; u. a.
W   101 24190 – 95 (1353 c)

16. 7. 38 – 27. 11. 39   Adj. d. F, W. Schmitz-Bäumer   12816
Freispruch des W. Schmitz-Bäumer (Düsseldorf) durch das Gaugericht Essen von sämtlichen anfänglich erhobenen Beschuldigungen, jedoch Verwarnung und zeitlich begrenzte Aberkennung der Ämterfähigkeit wegen unsachlicher Angriffe gegen den Kreisleiter und den Geschäftsführer des Gauwirtschaftsberaters. Hinweis des Stabs StdF auf das Erfordernis der Zustimmung des Gaugerichts für eine Verbreitung des Beschlusses; die Eingaben Sch.-B.s in der Angelegenheit damit erledigt.
W   124 04203 (387); 124 04710 – 13 (478)

18. 7. 38   RArbM   12817
Bitte um Zustimmung zur Ernennung des OPräs. i. R. Kurt Melcher zum Reichstreuhänder für den öffentlichen Dienst.
H   101 06496 ff. (529 a)

18. 7. 38   Prof. Fick   12818
Mitteilung über die Möglichkeit, die Modelle des Vorschlags von Prof. Wackerle für die plastische Ausschmückung des Teehauses Mooslanderkopf in W.s Atelier in der Münchner Akademie zu besichtigen.
K   124 03700 (331)

18. – 20. 7. 38   F. Schniewind – 8   12819
Wunschgemäß Vorbereitung des Besuchs des Reichsparteitags durch eine Fa(la) Schniewind (Hof zur Mühlen b. Wuppertal; Schwester der Frau v. Ribbentrop) und ihre Köchin Helene Schiele. – In diesem Zusammenhang erwähnt: Unterbringung der zahlenden Gäste wiederum in Bamberg.
W/H   203 02731 ff. (78/3)

18. – 26. 7. 38   W. Kleemann, Adj. d. F   12820
Übersendung eines dem StdF neuerlich zugegangenen Unterstützungsgesuches eines cand. med. dent. Walter Kleemann (Frankfurt/Main) an die Führeradjutantur mit der Bitte um Erledigung. Befremden der Adjutantur über die nach seiner ersten Unterstützung ausgebliebene Danksagung K.s.
K   124 03879 – 83 (353)

Nicht belegt.   12821

[19. 7. 38]   Lange(n)   12822
Bemühungen einer Dora Frank (Linz) und ihres Mannes, sich unter Verwendung ihrer Bekanntschaft

mit (Hitlers Lehrer) Eduard Huemer und durch einen mit Heß gut bekannten Berliner Geschäftsfreund Lange oder Langen Teilnehmerkarten für den Reichsparteitag zu beschaffen.
K/H   124 03823 f. (348)

Nicht belegt.   12823

19.–22. 7. 38   HA f. Beamte–38   12824
Übermittlung je einer *Liste der vom Reichsbund der Deutschen Beamten betreuten und im Kriegsfall für die Sicherung des materiellen Bedarfs der NSDAP oder auch für Zwecke des Heeres zur Verfügung zu stellenden Erholungsheime und Schulen.
W   149 00068 f. (1)

20. 7. 38   K. Endesfelder   12825
Kritik an dem Ausbleiben von Rettungsmaßnahmen der Regierung für das seit zwei Monaten überfällige Segelschulschiff „Admiral Karpfanger" der Hamburg-Amerika-Linie.
K   124 03842 (352)

20. 7. 38   AA–8   12826
Übersendung von fünf *Vorschlagsblättern an die Dienststelle Ribbentrop unter Bezugnahme auf ein *Schreiben des Amts für Ehrengäste.
H   201 00466/51 (74/4)

20.–27. 7. 38   Adj. d. F, H. Hohnfeldt   12827
Nach Einstellung seines Verfahrens und unter Berufung auf seine 15jährige Parteiarbeit Bitte des Pg. Hans Hohnfeldt (München) an die Führeradjutantur, beim StdF die Erlaubnis zum Tragen der Uniform eines ehemaligen Gauleiters zu erwirken: Weiterleitung an Bormann.
K/H   124 03810 ff. (346)

20.–27. 7. 38   AA–28   12828
Bitte des Amtes für Ehrengäste um beschleunigte Überprüfung der von Führeradjutant Wiedemann nachträglich als Ehrengäste des Reichsparteitags namhaft gemachten Amerikaner Sproul, Watson und Sprengling.
W   201 00474–77/4 (75/1)

20. 7.–4. 8. 38   E. v. Schroeder–28   12829
Durch das Amt für Ehrengäste der Reichsparteitage Ablehnung der nach Ablauf der Anmeldefrist von Frau v. Schroeder (NSV) vorgebrachten Bitte, Prof. Wilhelm Richter (Greifswald), seine um die NSV „hochverdiente" Frau sowie Adele Kreglinger (NS-Propagandistin in Belgien) als Ehrengäste zum Reichsparteitag einzuladen.
W   124 00823 f., 827 f. (66)

20. 7.–12. 10. 38   Adj. d. F, StudGem. f. Umlaufmaschinen, OKM, Prof. Francke–11   12830
Nach Eingang einer negativen Stellungnahme des OKM und einer ausweichenden Äußerung des Prof. P. Francke (Berlin) zu der von der Studiengemeinschaft für Umlaufmaschinen (Berlin) entwickelten Umlaufkolben-Dampfmaschine für Schiffsantriebe (Bauart Patent Sorge) ablehnender Bescheid Croneiß' (Stab StdF) auf den Förderungsantrag der Studiengemeinschaft; Vorschlag, ihn über den Ausgang der weiteren Versuche (Technische Hochschule Berlin, Flottmann-Werke Herne) zu unterrichten.
W/H   124 04270 ff., 276–88 (397)

21. 7. 38   NSLB–8   12831
Bitte um RM 20 000.– zur Aufrechterhaltung der reichsdeutschen Schule in Budapest.
M   203 01393–96 (46/5)

21. 7.–4. 8. 38   NSLB–8   12832
Kontaktaufnahme mit Prof. Eugen Puga Fischer, Leiter der chilenischen Delegation auf der lateinamerikanischen Hochschultagung in Montevideo, wünschenswert.
M   203 01446/37 f. (46/5)

21. 7.–11. 8. 38   Adj. d. F   12833
Erhalt der *Anordnung 112/38 des Stabsleiters StdF über das Verhalten der Bevölkerung bei offiziellen Besuchen Hitlers.
W/H   124 00634 (57)

21. 7. 38 – 20. 2. 39   AA u. a. – 8, 22   12834
Übersendung der *Lichtbilder von als Ehrengäste Hitlers zum Reichsparteitag vorgeschlagenen Personen; in einigen Fällen Schwierigkeiten bei ihrer Beschaffung infolge der Weisung des StdF, den Betreffenden keine Andeutung über die geplante Einladung zu machen. Spätere Verwendung der Bilder für Karteizwecke.
M   203 02611 ff., 621 f., 624 – 27, 632 f., 637 f., 654 (78/1)

22. 7. 38   Intern – 8, 29   12835
Anfrage der Dienststelle Ribbentrop wegen der Einladung mehrerer Belgier zum Reichsparteitag 1938.
W   203 02701 (78/2)

22. 7. 38   RArbM, RfA   12836
Übersendung einer Statistik der ausländischen (einschließlich der früheren österreichischen) Arbeiter und Angestellten im Altreichsgebiet.
M   101 06352 – 52/10 (527)

22. 7. – 2. 8. 38   RMfWEuV   12836 a
Auf *Anforderung negative politische Beurteilung des Prof. Richard Delbrueck (Bonn) durch den Stab StdF: „Unbelehrbarer Liberalist und Demokrat".
W   301 00241 (Delbrueck)

[23. 7. 38]   RMfEuL   12837
Zustimmung des StdF zum Entwurf eines Gesetzes zur Ermächtigung des Reichsfinanzministers, zur Ordnung des Marktes für Getreide, Hülsenfrüchte und Futtermittel weitere Garantien bis zum Betrag von 250 Mio. RM zu übernehmen.
M   101 03034 ff. (315 f.)

[23. 7. 38]   Chef Sipo   12838
Für Hitler bestimmter Bericht über die von der Partei inszenierten Demonstrationen gegen den Bischof von Rottenburg, Sproll (Grund: Verweigerung der Stimmabgabe – als einziger im Kreise Rottenburg – bei der Abstimmung am 10. 4. 38), und die sich daran anschließenden Ausschreitungen und Ereignisse nach der Rückkehr des Bischofs in seine Diözese (nach Abwesenheit seit ersten Zwischenfällen am 11. 4.): Eindringen der – auswärtigen – Demonstranten in das Bischofspalais unter Anrichtung von Verwüstungen, dabei keine Beteiligung bzw. (später) sogar den Demonstranten gegenüber feindselige Haltung der Rottenburger Bevölkerung; Kanzelverkündigungen über die Vorfälle und Gegenkundgebungen für S.; Weigerung S.s, Rottenburg zu verlassen, unter Hinweis auf eine ausdrückliche Order des Vatikans; dessen Haltung gegenüber der von deutscher Seite vorgebrachten Forderung nach Abberufung S.s reserviert, allerdings Charakterisierung des Verhaltens S.s durch geistliche Kreise in Rom als „ungeschickt"; Verschwinden S.s aus Rottenburg eine Prestigefrage für GL Murr; weitere Demonstrationen und Ausschreitungen, nunmehr auch unter Belästigung des Freiburger Erzbischofs Gröber. (Entsprechende Unterrichtung des StdF.)
W/H   124 04234 – 42 (393)

23. 7. 38 – 4. 4. 39   RKzl., RJF   12839
Erörterung der letzten noch strittigen Fragen bei den Entwürfen der Ersten und Zweiten Durchführungsverordnung zum HJ-Gesetz: Ausscheiden aus dem BDM mit 18 und nicht erst mit 21 Jahren (Forderung des StdF); Ausscheiden der Jungen aus dem Reichsjugenddienst bereits mit 17 Jahren bei Eintritt in das NSFK (Forderung des Reichsluftfahrtministers); ausdrückliche Unterstellung des Reichsjugendführers und der HJ unter die Finanzhoheit der NSDAP (Forderung des Reichsschatzmeisters).
M/H   101 06327 – 51 (525 a)

23. 7. 38 – 20. 2. 41   RFM, RKzl.   12840
Intervention des StdF bei Lammers und Bitte um Herbeiführung einer Entscheidung Hitlers wegen der – nach Meinung Bormanns – unzureichenden Behandlung der „außerordentlichen Angelegenheit" des RegR Max v. Schaetzell durch den Reichsfinanzminister (RFM): Sch. (Mitglied der Bekennenden Kirche [BK], des „Freundeskreises zur Unterstützung notleidender Theologiestudenten der BK Berlin-Brandenburg-Grenzmark", Unterzeichner eines entsprechenden Spendenaufrufs, Entlastungszeuge im Prozeß gegen Pfarrer M. Niemöller) trotz wiederholter Vorstellungen des StdF vom RFM nicht gemäß § 71 des Deutschen Beamtengesetzes (Antrag auf Zwangspensionierung), sondern nur dienststrafrechtlich (Geldbuße, Zwangsversetzung) behandelt. In der Stellungnahme der Reichskanzlei (diese intern u. a. damit

motiviert, die ohnehin schon eingeschränkte Autorität der Reichsministerien in Personaldingen nicht noch weiter zu schwächen) Hinweis auf die dem RFM gesetzlich zustehende Befugnis, nach Prüfung der Sachlage von einem Antrag gemäß § 71 absehen zu können, und ferner auf das dem StdF nur bei Parteiaustritt oder -ausschluß eines Beamten zustehende Antragsrecht gemäß § 71; Anordnung eines Verfahrens nach § 71 nur durch Hitler möglich, dieser jedoch, nach Meinung L.', zur Entgegennahme eines entsprechenden Vortrags vorläufig kaum geneigt; dem StdF von L. daher anheimgestellt, von einer Weiterverfolgung des inzwischen lange zurückliegenden Vorfalls abzusehen. Neuerliche und dringende Erinnerung B.s mit der Drohung, nötigenfalls auf eine Änderung des § 71 „mit allem Nachdruck" hinzuwirken, um den formal möglichen Ausschluß des StdF von diesem Sachgebiet zu verhindern; Hinweis auf zwei analoge Fälle aus dem Geschäftsbereich des Reichswirtschafts- und des Reichserziehungsministers und allgemeine Kritik an der bisherigen Handhabung des § 71, insbesondere gegenüber wegen ihrer kirchlich-politischen Haltung unzuverlässigen Beamten.
A   101 05012–68 (447)

25. 7. 38   NSLB–8   12841
Auf eine Bitte des Auswärtigen Amtes zu dessen Information nähere Auskunft über die Deutschlandreise von 27 polnischen Erziehern; die Möglichkeit ihrer Auswertung in der Angelegenheit der polnischen Pässe für nach Deutschland reisende Volksdeutsche gegeben.
M/H   203 01446/36 (46/5)

25.–28. 7. 38   AA–28   12842
Auskunft an das Amt für Ehrengäste über die korrekte Anrede der italienischen Kronprinzessin und der Prinzessin Maria von Savoyen; Befürwortung der Bitte des Britischen Botschafters, Lady Suffolk und Mrs. Stanley während des Parteitags in einem guten Hotel unterzubringen (Begründung: Gewisser Einfluß der beiden Damen in England infolge ihrer verwandtschaftlichen Beziehungen zu Lord Curzon und Lord Derby). (Vgl. Nr. 12861 und 12901.)
W   201 00439 (74/2)

26. 7.–6. 8. 38   Adj. d. F   12843
Der Führeradjutantur von einer Anordnung Hitlers über eine Änderung der Marschform des NS-Reichskriegerbundes bei Aufmärschen („nicht am Schluß, sondern etwas näher an die Truppe herangerückt") nichts bekannt.
W   124 00624 f. (57)

27. 7. 38   Adj. d. F   12844
Weiterleitung eines Gesuchs des Alt-Pg. Otto Supper (Scheer) um Wiederherstellung seiner Existenzmöglichkeit; positive Beurteilung S.s und seines Verhaltens „in der Frage der Eierabsatzgenossenschaft" durch Führeradjutant Wiedemann.
W/H   124 04289 (397)

[27. 7. 38]   H. Tietz   12845
Nach Ansicht der Kanzlei des StdF der Reichskraftwagenbetriebsverband zuständig für das von einem Hugo Tietz (Berlin) für die Beschaffung eines Lastzuges benötigte Darlehen.
W   124 04290–90/3 (398)

[27. 7. 38]   RMdI   12846
Ablehnung eines Ehegenehmigungsantrages des jüdischen Mischlings ersten Grades Eva Glocke (Königsberg) im Einvernehmen mit dem StdF. Vermerk der Reichskanzlei: Vier von fünf Brüdern der jüdischen Mutter z. T. dekorierte Frontoffiziere; die – nach amtsärztlicher Feststellung – deutlichen jüdischen Rassenmerkmale („vorwiegender Rassenanteil vorderasiatisch") der Antragstellerin ausschlaggebend für den Entscheid.
K   101 15157 ff. (891 b)

[27. 7. 38]   Adj. d. F u. a.   12847
Sitzung beim StdF (offensichtlich über Fragen der Milchwirtschaft).
W   124 04073 (376)

[27. 7. 38]   A. Pregizer   12848
Erfolglose Gesuche eines Albert Preziger (Berlin) wegen der vorgesehenen Amtsenthebung des Vorsitzenden der Berliner Milchhändler, Richard Schulze; angeblicher Grund: Verleumdung Sch.s durch einige Parteigenossen.
W   124 04073 f. (376)

27. — 28. 7. 38   Lammers u. a.   12849
Heß von Lammers über eine heftige Kontroverse zwischen der Deutschen Adelsgenossenschaft (DAG) und dem „Stürmer" informiert: Eine vom „Stürmer" aufgestellte Behauptung jüdischen Bluteinschlags der Habsburger vom „Deutschen Adelsblatt" scharf zurückgewiesen; die von L. zur Bereinigung der Differenzen angeregte Aussprache der Kontrahenten ergebnislos verlaufen, auf ein beleidigendes Schreiben des „Stürmer"-Schriftleiters Holz Duellforderung der DAG. Nach Vortrag L.' die Parteinahme für die Habsburger durch das „Adelsblatt" von Hitler ebenso verurteilt wie die verletzende Ausdrucksweise eines Hoheitsträgers der Partei; Wunsch Hitlers nach Unterbleiben jeder weiteren Erörterung der Angelegenheit in Öffentlichkeit und Presse.
A   101 05617 — 35 (469 a)

27. 7. — 26. 8. 38   RKzl., S. Graf zu Eulenburg-Wicken, RMfEuL   12850
Erbhofzulassungssache Siegfried Graf zu Eulenburg-Wicken: Bitte E.-W.s, seinen Sohn trotz jüdischen Bluteinschlags für bauernfähig zu erklären oder die Erbhofzulassung für das Gut Wicken zurückzunehmen (Feststellung der jüdischen Abstammung erst nach Zuerkennung der Erbhofeigenschaft für Wikken). Zurücknahme der Erbhofzulassung durch den Reichsernährungsminister nach Rücksprache mit dem Reichsjustizminister; damit die erbetene Stellungnahme des StdF hinfällig.
M   101 02331 — 42 (223 b)

28. 7. 38   Lammers   12851
Übersendung einer *Verfügung Hitlers vom 25. 7. 38 über die Behandlung auswärtiger Probleme in öffentlichen Reden durch die Führer der Partei.
K   101 20028 f. (1199 a)

28. 7. 38   NSLB—8   12852
Kritik am Dienstweg des Auswärtigen Amtes (Aufforderung an den Deutschen Akademischen Austauschdienst, über eine Angelegenheit des NS-Lehrerbundes zu berichten; u. a.).
M   203 01446/39 (46/5)

28. 7. 38   Adj. d. F   12853
Die Einladung von VAdm. Sir Reginald Henderson zum Reichsparteitag von Direktor Karl Lange (Berlin) vorgeschlagen. Weiterleitung des *Vorgangs an Bormann. (Vgl. Nr. 12877.)
W/H   124 01164 (130)

29. 7. 38   Adj. d. F   12854
Übersendung einer *Rechnung des Hotels Vier Jahreszeiten zur Begleichung.
W   124 00627 (57)

29. 7. 38   Adj. d. F   12855
Wegen des Vortrags verschiedener Reichsparteitagsangelegenheiten bei Hitler durch die Führeradjutantur (z. B. Vorlagen Rosenbergs oder die Benennung der Sänger für die „Meistersinger") Hinweis Bormanns auf seine seit 1933 bestehende Funktion als Sachbearbeiter H.s für die Reichsparteitagsangelegenheiten und Frage nach einer eventuellen Neuregelung („mit Vergnügen" zur Abtretung seiner Funktion bereit); Bearbeitung durch zwei Stellen „völlig ausgeschlossen", ebenso die Übernahme von Verantwortung bei Vortrag „irgendwelcher anderen Leute".
W/H   124 01162 f. (130)

29. — 30. 7. 38   Adj. d. F   12856
Mitteilung Bormanns über die Anweisung Hitlers über die Beschränkung seiner Begleitung beim Besuch der einzelnen Veranstaltungen des Reichsparteitags auf Heß, Himmler, B. und Gruf. Schmauser; Vorschlag, aus den zehn Adjutanten jeweils drei für die Begleitung Hitlers auszuwählen.
W   124 01160 f. (130)

29.—30. 7. 38   Adj. d. F   12857
Mitteilung Bormanns über Termin (5. 9. bereits 11 Uhr) und Vorbereitung des Eintreffens Hitlers zum
Reichsparteitag 1938.
W   124 01159 (130)

29. 7.—2. 8. 38   AuslPresseSt.—29   12858
Schriftwechsel über die Bereitstellung von Pressekarten für vier sudetendeutsche Pressevertreter beim
Reichsparteitag 1938.
W/H   124 01173 f. (130)

30. 7. 38   Adj. d. F—28   12859
Übermittlung der Anordnung Hitlers, die HofR Eduard Pichl (Wien) und Eduard Huemer (Linz) als
seine Ehrengäste zum Reichsparteitag 1938 einzuladen.
K   124 03822 ff. (348)

30. 7.—1. 8. 38   HA f. Beamte   12860
Meldung der erfolgten Belehrung und Verpflichtung der Angehörigen des Hauptamts für Beamte über
die Verschlußsachen-Anweisung für die NSDAP.
W/H   149 00002 ff. (1)

30. 7.—6. 9. 38   AA, Dt. Botsch. London—8, 29   12861
Schriftwechsel über die Teilnahme von Lady Suffolk und Mrs. Stanley am Reichsparteitag; Unterbrin-
gung in Nürnberg aufgrund ihrer einflußreichen Beziehungen in England. (Vgl. Nr. 12842 und 12901.)
M   203 02725 f., 744 ff. (78/3)

1. 8. 38   Nord. VSt., DSt. Ribbentrop—28   12862
Im Einvernehmen keine Einladung des Stabschefs des Finnischen Pfadfinderbundes Vuolasvirta zum
Reichsparteitag (als Ehrengast), sondern Betreuung durch den Ausländerdienst.
W   203 02619 (78/1)

1. 8. 38   E. O. Genzsch   12863
Bericht über den New Yorker Spionageprozeß (rückhaltloser Einsatz des Verteidigers George C. Dix
nicht nur für die Angeklagten, sondern auch für die Wahrung des deutschen Ansehens, dennoch von allen deutschen Seiten Ablehnung bis hin zu objektiver Behinderung; Zweck des Prozesses, durch Angriffe auf den NS die Stimmen der jüdischen und katholischen Wähler zu gewinnen); im Zusammenhang damit Äußerungen über die amerikanische Innen- und Wirtschaftspolitik allgemein.
W   107 00986—92 (321)

1.—5. 8. 38   Adj. d. F, StM a. D. Schmitt—28   12864
*Schreiben des Amts für Ehrengäste wegen Einladung der Familie Mitford und von Ello Quandt sowie
*Schreiben des StM a. D. Schmitt (München) wegen Einladung der Familie Juhlin-Dannfeldt (Stock-
holm) zum Reichsparteitag 1938.
W   124 01157 (130)

1.—6. 8. 38   AA—8   12865
Trotz bereits überschrittener Frist grundsätzliche Zustimmung des Amts für Ehrengäste zur Einladung
der von der Reichsjugendführung vorgeschlagenen ausländischen Jugendführer zum Reichsparteitag
1938; Bitte um außenpolitische Begutachtung durch das Auswärtige Amt. Dessen Stellungnahme: Als
Ehrengast nur Graf Watanabe in Betracht zu ziehen.
W/H   201 00505—05/5 (75/4)

1.—9. 8. 38   Adj. d. F   12866
Auf Anforderung Bormanns Übersendung einer Liste der im Deutschen Hof unterzubringenden Reichs-
parteitagsteilnehmer aus der Begleitung Hitlers (Persönliche Adjutanten, Wehrmachtsadjutanten, Be-
gleitärzte, Flieger, Presse, Sekretärinnen, Diener, SS-Begleitkommando, Kriminalkommando, Fahrer).
W   124 01153—56, 158 (130)

2. 8. 38   Adj. d. F   12867
Rücksendung von *Briefen eines Dr. Grassmann und des Deutschen Reichskriegerbundes.
W   124 00652 (57)

Nicht belegt. 12868

3. 8. 38   HA f. Volkswohlfahrt, LHptm. Westfalen 12869
Kritik des HAL Hilgenfeldt an Äußerungen des Landeshauptmanns der Provinz Westfalen, Kolbow, über die ns. Wohlfahrtspflege (Forderung systematischer Zusammenfassung bei den Gemeinden und Gemeindeverbänden); Hinweis auf eine Rede Hitlers sowie auf eigene Reden zum Thema. (Abschrift an den StdF.)
W/H   107 00492 f. (204)

3. 8. 38 – 11. 2. 39   RMfWEuV, RKzl., RMdI 12870
Zu den Vorschlägen des Reichserziehungsministers (REM), des Reichsinnenministers und des GL Lohse für eine neue Verwendung des 1937 beim REM ausgeschiedenen MinDir. z. D. Reinhard Sunkel auf Anregung Bormanns Einholung einer Entscheidung Hitlers. Dessen Entscheid (in Anbetracht der nicht rein arischen Abstammung S.s, festgestellt durch von ihm früher angeordnete Erhebungen): Verwendung als Landrat (Vorschlag: in Rendsburg) und überhaupt auf Posten mit besonderem Hervortreten in der Öffentlichkeit nicht angängig, ebenso – auf Grund mangelnder wissenschaftlicher Fundierung – nicht als Kurator (früherer Vorschlag: Berlin, jetziger: Greifswald); indes keine grundsätzlichen Bedenken gegen S.s Verwendung im öffentlichen Dienst. Mithin Zustimmung Lammers' zu der von Lohse angeregten Verwendung als Landesrat im Provinzialverband Schleswig-Holstein (von S. nicht akzeptiert).
H   101 15436 (939 a); 101 18770 – 83, 787 (1153 b)

3. 8. 38 – [11. 7. 39]   RSportF, OSAF, RFSS u. a. 12871
Klage des Reichssportführers (RSF) über die ihm bei der Führung der Leibesübungen „von verschiedener Seite" bereiteten Schwierigkeiten. Ein von ihm veranlaßter und im Entwurf von Heß gezeichneter Erlaß Hitlers vom 21. 12. 38 über die künftige Betreuung des Reichsbundes für Leibesübungen als nunmehriger „NS-Reichsbund für Leibesübungen" (NSRL) durch die Partei nach Ansicht Bormanns nur eine Teillösung und nicht geeignet, das Konkurrenzverhältnis zu den Gliederungen zu beseitigen. Zur Lösung dieses Problems sowie der Frage der (hauptsächlich von der SA getragenen) nachmilitärischen Ausbildung Vorschlag einer „Totallösung" durch B.: Unterstellung des NSRL unter die allgemein für den Wehrsport auch der Nicht-Organisierten zuständige und im übrigen „nach dem seinerzeitigen Rückschlag" der Stärkung bedürftige SA (wahrzunehmen durch den den Rang eines SA-Obergruppenführers bekleidenden Reichssportführer Tschammer-Osten selbst). Nach Ansicht B.s damit auch die bisherigen Einwände der Gliederungsführer gegen eine Ernennung T.-O.s zum Beauftragten des StdF für Leibesübungen ausgeräumt. Zwar Bereitschaft T.-O.s, auch künftig Sonderwünsche der Gliederungen nach Möglichkeit zu berücksichtigen, jedoch Verwahrung sowohl gegen den Inhalt wie die Form von B.s Vorschlag: Versuch, ihm auf einem nur Hitler gegenüber zu verantwortenden Gebiet das Gesetz des Handelns vorzuschreiben; Einladung B.s zu einer Referentenbesprechung ohne vorherige Fühlungnahme mit ihm. Erledigung der Angelegenheit durch Ernennung T.-O.s zum Beauftragten für Leibeserziehung in der NSDAP durch den StdF (offenbar ohne vorherige Einholung des Einverständnisses des Reichsführers-SS) sowie durch eine Besprechung zwischen B., T.-O. und Himmler.
W/H   107 00643 – 54 (220)

4. 8. 38   Adj. d. F 12872
Übersendung eines 'Schreibens der Deutsch-Bulgarischen Gesellschaft wegen Reichsparteitagseinladungen.
W   124 04038 (371)

4. 8. 38   DSt. Ribbentrop – 29 12873
Bitte des Stabs StdF um Überprüfung des zahlreiche Anträge auf Teilnahme am Reichsparteitag stellenden Holländers H. W. Müller-Lehning.
W   203 02702 f. (78/2)

4. 8. 38   AA – 28 12874
Glückwunsch Wallfelds (Auswärtiges Amt) an Gerland (Amt für Ehrengäste Reichsparteitag 1938) zu der ihm übertragenen „ehrenvollen Aufgabe in der Ostmark".
W   201 00413 (74/1)

4. 8. 38   Adj. d. F – 7 12875
Ausleihe eines Hitler vom Verband Deutscher Vereine im Ausland gemachten Geschenks durch GL Bohle.
W   124 00820 (66)

5. 8. 38   AA – 28   12876
Einladung zu einer Sitzung: Zusammenstreichung der Liste der ausländischen Ehrengäste des Reichsparteitags um ca. 40 Prozent.
M   203 02604 (77/2)

5. 8. 38   AA – 28   12877
Bitte des Amts für Ehrengäste um Stellungnahme zu dem von Bormann übersandten (vgl. Nr. 12853) Vorschlag, den englischen Zweiten Seelord, Vizeadmiral Sir Reginald Henderson, mit Frau zum Reichsparteitag 1938 einzuladen; H. und Frau bei einem Inkognito-Besuch vor einigen Monaten vom neuen Deutschland sehr positiv beeindruckt und an Parteitagsteilnahme interessiert.
W   201 00481 (75/2)

5. 8. 38   WiGru. Bauindustrie u. a.   12878
Übersendung einer Eingabe an das Reichswirtschaftsministerium: Forderung von langfristigen (Schaffung einer Ausgleichskasse durch die gesamte deutsche Wirtschaft) und Sofortmaßnahmen (gesetzliche Ermöglichung der Verlängerung von gewährten Krediten) zur Rettung der von den Auswirkungen der „Besonderen Bauvorhaben" (nach Abzug von Arbeitskräften und Gerätsicherstellungen unrationell arbeitende Baustellen, Kreditkündigungen) geschädigten Bauindustrie; Einsicht in die Notwendigkeit der „Besonderen Bauvorhaben", diese indes „Angelegenheit des ganzen Deutschen Volkes" und von ihm zu bezahlen; Gefährdung insbesondere der durch die Ausweitung des Bauvolumens wie auch – nach der neuen Verdingungsordnung – des Umlaufvermögens sowieso bereits in einer Liquiditätskrise befindlichen mittleren und kleineren Unternehmen.
H   101 19146 – 52 (1169)

5. 8. 38   Adj. d. F   12879
Übersendung eines *Musters des neuen Ausweises für die zur Begleitung Hitlers gehörenden Personen.
W   124 04123 f. (380)

5. 8. 38   RWiM u. a.   12880
Beim Reichspostminister Unterstützung der Bitte des Reichsbank-Direktoriums, an der vorgesehenen Chefbesprechung über die Österreichische Postsparkasse beteiligt zu werden. (Abschrift an den StdF.)
M   101 02621 f. (272)

[5. 8. 38]   Adj. d. Wehrm. b. F   12881
Benennung von acht Teilnehmern am Reichsparteitag.
W   124 00115 (36)

6. 8. 38   E. v. Schroeder   12882
Nach „der Abfuhr vom vorigen Jahr" Vortrag der Bitte um eine Rede Hitlers bei der NSV-Tagung in der Kongreßhalle durch den Führeradjutanten Wiedemann gewünscht, nicht durch Bormann.
W/H   124 00823 f. (66)

6. – 9. 8. 38   E. v. Schroeder, Adj. d. F   12883
Geharnischter Protest der Frau v. Schroeder (NSV) gegen die unkameradschaftliche Form der Beanstandung ihres Absenders „Reichsleitung der NSV" durch Bormann (von B. ein Umschlag mit der beanstandeten Anschrift unter „Einschreiben" und „Persönlich" an den Leiter des Hauptamts für Volkswohlfahrt, Hilgenfeldt, gesandt); dabei u. a. Betonung des durch ihre lange Parteizugehörigkeit erworbenen Rechts, sich „von keiner Dienststelle der Partei – sei es welche es sei – schlecht behandeln zu lassen". Unter Einräumung eigener Adressierungsfehler Bitte der Führeradjutantur an B. um Mitteilung der korrekten Bezeichnung der „für das Reich geltenden Leitung der NSV Berlin".
W   124 00821 – 26 (66)

6. – 9. 8. 38   RPresseSt. – 29   12884
Schriftwechsel über die Reichsparteitags-Einladung und -Betreuung volksdeutscher Auslandspressevertreter.
W   124 01172 ff. (130)

8. 8. 38   Adj. d. F   12885
Bitte des Stabs StdF um Vorlage einer *Ernennungsliste bei Hitler.
W   124 00635 (57)

8. 8. 38　　AA – 28　　　　　　　　　　　　　　　　　　　　　　　　　　　　　　12886
Übernahme lediglich der Übernachtungs- und Frühstückskosten für die Ehrengäste des Reichsparteitags 1938.
M　　203 02605 (77/2)

8. 8. 38　　SHA – 3　　　　　　　　　　　　　　　　　　　　　　　　　　　　　12887
Heinz Morisse (Cuxhaven) in den ausgewerteten Mitgliederverzeichnissen als Freimaurer nicht erfaßt.
W　　107 01560 (1992)

8. 8. 38　　Adj. d. F　　　　　　　　　　　　　　　　　　　　　　　　　　　　　12888
Durch den persönlichen Adjutanten des StdF, Leitgen, Übermittlung eines für Hitler bestimmten Päckchens an die Führeradjutantur.
W　　124 00651 (57)

8. – 18. 8. 38　　AA – 8　　　　　　　　　　　　　　　　　　　　　　　　　　　12889
Ausnahmsweise Bereitschaft zur Finanzierung des Reichsparteitag-Aufenthalts der vom Deutschen Generalkonsulat in Antwerpen vorgeschlagenen Belgier J. Timmermanns und Prof. van Roesbroeck.
H　　201 00480/7 f. (75/1)

9. 8. 38　　AA, Dt. Kons. Genf – 8　　　　　　　　　　　　　　　　　　　　　　12890
Vorlage des Lichtbilds eines Herrn Inagaki.
H　　201 00511/3 ff. (75/4)

9. 8. 38 – 4. 4. 39　　RMdI, RKzl.　　　　　　　　　　　　　　　　　　　　　　12891
Nach Auffassung des Reichsinnenministers (RMdI) veränderte Sachlage bei der Problematik der Namensführung des Adels durch den Anschluß Österreichs; im übrigen Beschränkung einer gesetzlichen Regelung, wie von Hitler zuvor entschieden (vgl. Nr. 12432), auf die Angehörigen ehemals regierender Herrscherhäuser nicht ratsam. Daraufhin Einverständnis H.s mit einer allgemeinen, den gesamten ehemaligen Adel umfassenden Regelung. Nach seinen Richtlinien (Abschaffung von Bezeichnungen der Ausübung landesherrlicher Gewalt oder des Anspruchs darauf mit – namentlich festzulegenden – Ausnahmen für die derzeit lebenden Träger von Bezeichnungen der ersten Kategorie; Beseitigung der ein Familienoberhaupt hervorhebenden Bezeichnungen, ebenfalls mit der Möglichkeit von Ausnahmen für am Stichtag lebende Familienvorstände; Schaffung einer Handhabe, aus mehreren Teilen zusammengesetzte Namen zu ändern und auf einen Teil zu beschränken; gleiche Regelungen für den österreichischen und den sudetendeutschen Adel) Vorlage eines Gesetzentwurfs durch den RMdI; Einladung zu einer Besprechung. (Vgl. Nr. 12432.)
H　　101 28499 – 508/4 (1553 f)

10. 8. 38　　RPostDir. Nürnberg – 8　　　　　　　　　　　　　　　　　　　　　12892
Überlassung einer Fernsprechleitung Nürnberg – Berlin für Ribbentrop während des Reichsparteitags.
M　　203 02740 f. (78/3)

10. 8. 38　　Adj. d. F – 22　　　　　　　　　　　　　　　　　　　　　　　　　　12893
Wunsch des Leiters des Rassenpolitischen Amtes der NSDAP (geäußert nach einer entsprechenden Anregung eines Pg. Schmalfuß), dem Führeradjutanten Wiedemann den „Ernst unserer bevölkerungspolitischen Lage" im einzelnen vortragen zu können.
W　　124 04182 (386)

[10. 8. 38]　　RJM　　　　　　　　　　　　　　　　　　　　　　　　　　　　　　12894
Auf Wunsch des StdF Ersetzung des Wortes „Leute" durch das Wort „Bedienstete" in der am 1. 10. 38 in Kraft tretenden Eisenbahnverkehrsordnung und in einem Gesetzentwurf.
M　　101 02977 (302)

10. – 13. 8. 38　　Adj. d. F – 28　　　　　　　　　　　　　　　　　　　　　　　12895
Auskunft des Amts für Ehrengäste über die Streichung eines Franz Rupraht (Mörs; Rheinische Knappschaft) von der Liste der Reichsparteitagsehrengäste.
W　　124 04137 (383 a)

11. 8. 38　　Adj. d. F　　　　　　　　　　　　　　　　　　　　　　　　　　　　12896
Hinweis Bormanns auf den bevorstehenden 50. Geburtstag des Reichsärzteführers Wagner (vermutete Absicht Hitlers, W. wegen seiner Verdienste ein Geschenk zu machen).
W　　124 00622 (57)

11. 8. 38   Adj. d. F   12897
Durch Darges (Adjutant Bormanns) Übersendung einer Liste der zum 16. 8. eingeladenen zwölf Kongreßredner für den Reichsparteitag (darunter auch Heß).
W   124 01152 (130)

[11. 8.] – 21. 11. 38   RMfdkA, Lammers   12898
Bitte der Dienststelle Ribbentrop (und dann auch Bormanns unter Berufung auf dem StdF in mehreren Fällen erstattete Berichte) um Mitteilung der Zuwendungen Hitlers für Kirchenbauten oder für Ausstattungsstücke für den sakralen Gebrauch zwecks Verwendung bei der Betreuung ausländischer Reichsparteitagsgäste („gegen das Schlagwort von der verfolgten Kirche in Deutschland"). Aufstellung der Reichskanzlei über kleinere Spenden (RM 160.– bis 300.–) in den Jahren 1936 und 1937; keine Zuschüsse H.s für Kirchenneubauten (lediglich in einigen besonderen Fällen – Münster St. Zeno in Bad Reichenhall, Methodistenkirche in Schneidemühl u. a. – größere Summen für die Wiederherstellung oder Ausgestaltung gestiftet); keine Zuwendungen H.s an eine der beiden großen christlichen Kirchen seit Oktober 1937.
M   101 00881 – 95 (152)

12. 8. 38   RArbF – 8   12899
Zur Förderung des Arbeitsdienstgedankens Abhaltung eines „Nordischen Lagers" skandinavischer und deutscher junger Männer in Norwegen, anschließend Aufenthalt skandinavischer Jugendführer in Deutschland: Übersendung eines Berichts über diese Besichtigungsreise an die Dienststelle Ribbentrop.
M/H   203 00043 – 47 (13/2)

12. 8. 38   Adj. d. F   12900
Erinnerung Heß' an die Klagen der alten Parteigenossen Möckel (Zwickau) und Krumbholtz (Dresden) – beide des öfteren Gastgeber Hitlers –, keine Karten für den Reichsparteitag mehr zu bekommen.
W/H   124 01151 (130)

12. – 16. 8. 38   AA – 8, 29   12901
Durch den Ausländerdienst für den Reichsparteitag Übersendung seiner Programme samt den dazugehörigen Anlagen für Lady Suffolk und Mrs. Stanley. (Vgl. Nr. 12842 und 12861.)
W   201 00482 f. (75/2)

12. – 20. 8. 38   AA, Dt. Ges. Brüssel – 29   12902
Unmöglichkeit, den Belgier Jean Delmartino während des Reichsparteitags 1938 in Nürnberg unterzubringen: Schilderung der Vorteile der angebotenen Unterbringung in Bamberg durch den Ausländerdienst.
W   201 00477/5 – 480 (75/1)

[12. 8. 38] – 4. 1. 39   Rittm. a. D. Wickel, Adj. d. F   12903
Entlassung oder Ausschluß des ehemaligen Landesgruppenleiters Niederländisch-Indien, Rittm. a. D. F. W. Wickel, aus der Partei wegen nicht rein arischer Abstammung: „Bedauern" Heß' über das „tragische Schicksal" W.s, eine Ausnahme indes unmöglich. W.s weitere berufliche Möglichkeiten. (Vgl. Nr. 12545.)
W/H   124 04805 – 11 (492)

13. 8. 38   Seyss-Inquart   12904
Übersendung des Entwurfs seiner Taufrede für den Stapellauf des Panzerkreuzers „Prinz Eugen" an Bormann und Bitte um Entscheidungen Hitlers bezüglich Eröffnung und Schluß der Rede.
W   124 00157 ff. (40)

13. 8. 38   RLM   12905
Im Besuchsprogramm für den italienischen Luftmarschall Balbo ein Empfang durch den StdF in München-Oberwiesenfeld vorgesehen.
W   124 00116 (36)

[13. 8. 38]   Adj. d. F   12906
Zusammenstellung und Besetzung des Führersonderzugs nach Kiel anläßlich des Besuchs des ungarischen Reichsverwesers Horthy (vom Stab StdF Bormann und Darges beteiligt).
W   124 00113 f. (36)

15. 8. 38   AA, Dt. Botsch. San Sebastian — 28   12907
Übermittlung von Meldungen des Sonderstabs Salamanca: Nicht José Gutierez, sondern Sancho Davila Chef der Falange-Jugend; Einladung des Subgobernadors der Bank von Spanien, Artigas, und weiterer 14 Spanier zum Reichsparteitag durch Hisma; Vorschlag, Luis Sotelo ebenfalls durch Hisma einladen zu lassen.
H   201 00447, 450/3 f. (74/3)

16. 8. 38   AA — 28   12908
Durch das Amt für Ehrengäste Übersendung der Einladung für Ges. Noebel (Lima) zum Reichsparteitag 1938.
W   201 00419 (74/1)

16. 8. 38   RMdI, Oberste RBeh.   12909
Durch den Reichsinnenminister (RMdI) Übersendung der *Regelung des Geschäftsverkehrs zwischen ihm und dem Reichskommissar für die Wiedervereinigung Österreichs mit dem Deutschen Reich (RKWÖ); im Interesse einheitlichen Vorgehens und dem Wunsch des RKWÖ folgend Anregung an die Obersten Reichsbehörden, analog zu verfahren; sofern abweichende Regelung erforderlich, Empfehlung einer unmittelbaren Verständigung mit dem RKWÖ und entsprechender Unterrichtung des RMdI als der Zentralstelle für die Wiedervereinigung; keine allgemeine Regelung durch die Reichskanzlei.
A   101 24281 — 84 (1357)

16. — 24. 8. 38   E. Weingärtner, Adj. d. F   12910
Weiterleitung der Bitte einer Erna Weingärtner (Bayreuth) um ein Bild Hitlers mit Unterschrift (als Hochzeitsgeschenk für ihre Freundin) an die Führeradjutantur. (Bereits vor einem Jahr Erhalt eines Bildes durch Bormann.)
W   124 04330 (404)

16. 8. — 1. 9. 38   GL München-Oberbayern, H. Waldbauer, Adj. d. F   12911
Weiterleitung des Angebots einer Hanna Waldbauer (Rattenberg/Tirol), Hitler ein Haus zu schenken.
K   101 16453 — 61 (969 a)

17. 8. 38   AA — 28   12912
Durch das Amt für Ehrengäste Übersendung des *Reichsparteitagsprogramms 1938.
M   203 02606 (77/2)

[17. 8. 38]   Ribbentrop   12913
Einladung zum Reichsparteitag (5. — 12. 9.) durch den StdF.
M   203 02719, 722 (78/2)

[17. 8. 38]   Adj. d. F   12914
Frühere Tätigkeit der Pgn. Gisela Zaremba im Verbindungsstab.
H   124 04384 (408)

17. — 31. 8. 38   NSKOV, AA — 8, 28   12915
Erörterung der nachträglichen Einladung des nationalspanischen Generals Millán Astray zum Reichsparteitag 1938 durch Reichskriegsopferführer Oberlindober.
W   201 00448 f. (74/3)

17. 8. 38 — 22. 2. 40   RFSS, RSchatzmeister   12916
Befürwortung der Aufnahme der beiden Rassenforscher Prof. Eugen Fischer und Prof. Fritz Lenz in die Partei durch Himmler und (hier nur für F.) Bormann.
W   302 00082 ff. (Fischer)

18. — 19. 8. 38   DSt. Ribbentrop   12917
Bitte, einer einflußreichen brasilianischen Journalistin, Rosalina Coelho Lisboa de Miller, eine Audienz bei Hitler zu vermitteln, und sie und ihren Mann (Chef des Südamerika-Dienstes der United Press) als Ehrengäste zum Reichsparteitag einzuladen; Frage nach dem Stand der Bearbeitung der ausländische Journalisten betreffenden Einladungsvorschläge.
M/W   203 02696 ff. (78/2)

18. 8.–15. 10. 38   Gestapa   12918
Auf Anfrage Mitteilung der Gründe für die Verhaftung des SA-Brif. Hans Löwe (Wien): Bereicherungen L.s und seines Schwiegervaters, Kurt Holzer, im Zusammenhang mit Arisierungsanträgen jüdischer Betriebe und diesbezüglicher Beratung (Weinhandlung Blum [Winden], Firma Tesa-Perlen [Wien] u. a.).
K   124 03951–54 (362)

19. 8. 38   AA–1   12919
Übersendung der *Anzugsordnung für die Veranstaltungen anläßlich des Besuchs des Reichsverwesers des Königreichs Ungarn.
W   124 00108 (36)

19. 8. 38   AA–8   12920
Durch die Dienststelle Ribbentrop Übersendung der Reichsparteitag-Anmeldeformulare für Prof. Gabetti.
W   201 00440 (74/2)

19. 8. 38   AA–28   12921
Anfrage des Amts für Ehrengäste der Reichsparteitage wegen der Teilnahme der Botschafter an der Festaufführung der Oper „Die Meistersinger von Nürnberg" am 5. 9. 38.
W   201 00421 (74/1)

[19. 8. 38]   OKW   12922
Bitte Keitels an den Reichsstatthalter in Thüringen, in Fällen ähnlich der Angelegenheit Obfw. Geigengack (Disziplinarverstoß im Zusammenhang mit der Übernahme bewährter Unteroffiziere in die aktive Offizierslaufbahn) künftig entsprechend den mit dem StdF vereinbarten Richtlinien zu verfahren (zunächst „vertrauensvolle Aussprache" mit dem zuständigen Kommandierenden General).
A   101 22949–52 (1308)

19.–26. 8. 38   RKzl.–28   12923
Durch das Amt für Ehrengäste Ablehnung der Bitte verschiedener Reichsminister und Staatssekretäre um Quartiere und Ehrenkarten für Verbindungsleute zur Reichskanzlei während des Reichsparteitages: Auf Weisung Hitlers in diesem Jahr Reichsministern, Reichsleitern und Gauleitern nur je ein Begleiter zuzugestehen, für die übrigen nur Privatquartiere und zu bezahlende Karten verfügbar.
H   101 20427–30 (1210); 203 02607 f. (77/2)

20. 8.–22. 12. 38   RMfWEuV   12924
Ernennung von Prof. Ernst Storm zum Rektor der Technischen Hochschule Berlin trotz Kritik des StdF an Äußerungen St.'s während eines Dozentenlehrgangs.
M   301 00991–1000 (Storm)

21. 8. 38   AA–28   12925
Durch das Amt für Ehrengäste Übersendung von Einladungen der Botschafter zur Kulturtagung im Rahmen des Reichsparteitags 1938.
W   201 00426 (74/1)

21. 8.–21. 10. 38   Adj. d. F   12926
Stellungnahme des Stabs StdF zu der „nicht recht verständlichen" *Eingabe eines Heinrich Schröder (Neuruppin): Keine negative Haltung der Partei gegenüber den ehemaligen Stahlhelmern, im Gegenteil bevorzugte Parteiaufnahme und Einbeziehung in die Sonderaktionen zugunsten der Alten Kämpfer; Absicht, über die zuständige Gauleitung das eigentliche Anliegen Sch.s ermitteln zu lassen.
W   124 04207–11 (389)

[21. 8.]–28. 11. 38   RÄrzteF, Adj. d. F   12927
Durch Blome (Stab StdF) Ablehnung eines *Antrags des jüdischen Arztes Albert Rosenthal (Kempten) trotz Befürwortung durch Hofrat Madlener und den Führeradjutanten Wiedemann.
W   124 04133 ff. (383)

22.–24. 8. 38   AuslPresseSt.–29   12928
Auf Antrag des Ausländerdienstes Ausstellung eines Presseausweises und Bereitstellung von Quartier und Reichsparteitagskarten für A. W. Gustafsson (Finnland).
W   124 01169, 171 (130)

[22.—24. 8. 38]   AA   12929
Zustellung der Einladungen Hitlers zum Reichsparteitag 1938 nur bei Vorliegen der Gewißheit, keine Absage zu erhalten; umgehende Rücksendung nicht zugestellter Einladungen an das Amt für Ehrengäste.
H   201 00497/11 (75/3); 201 00501/5 (75/4)

22. 8.— 17. 10. 38   Adj. d. F   12930
Mitteilung des Stabs StdF über die Regelung der Bezüge des Pg. Werner Busch (Markneukirchen) durch die DAF im Sinne B.s.
K   124 03647 f. (322)

23. 8. 38   AuslPresseSt.— 29   12931
Durch den Ausländerdienst für den Reichsparteitag Anheimstellen der Ausstellung eines Presseausweises für eine Ola Vinberg (Östra-Sönnaralov).
W/H   124 01170 (130)

[23. 8. 38]   Kzl. d. F   12932
Durch den Stab StdF Bearbeitung des Rentengesuchs einer Leni Pflaumer (Nürnberg), Witwe des 1933 auf einer SA-Wache zu Tode mißhandelten Oskar P., eines führenden Kommunisten Nordbayerns.
W   124 04046— 50 (374)

24. 8. 38   Ribbentrop— 28   12933
Durch das Amt für Ehrengäste Einladung zum Reichsparteitag und (mit Frau) zum Besuch der Festaufführung „Die Meistersinger von Nürnberg" am 5. 9. 38.
M/H   203 02716— 21 (78/2)

24. 8. 38   Intern— 8, 28   12934
Zusage der Teilnahme Frau Ribbentrops am Reichsparteitag 1938.
W   203 02723 (78/2)

25. 8. 38   Adj. d. Wehrm. b. F   12935
Übersendung des *Reiseplans für die Führerreise West.
W   124 00112 (36)

[25. 8. 38]   RMfWEuV   12936
Modalitäten der Teilnahme an den vom StdF eingerichteten Lehrgängen im NS-Lager für Verwaltungsbeamte in Bad Tölz (Teilnahmevoraussetzungen, Einberufung, Unterbringung und Verpflegung, Fahrtkosten u. a.).
W   112 00022 f. (70)

[25. 8. 38]   RMdI   12937
Im Einvernehmen mit dem StdF Vorlage des *Entwurfs eines Gesetzes zur Ordnung der Krankenpflege.
K   101 14090 (744)

25. 8.— 1. 9. 38   Adj. d. F   12938
Unterzeichnung einer vom Stab StdF vorgelegten *Dienstenthebungsliste durch Hitler. Begründung der Enthebung in den Fällen Brinckmann, Kleinau und Frauendorfer.
W/H   124 00631 ff. (57)

25. 8. 38— 23. 2. 39   RVerb. d. TÜV, RKzl., GBK, RVM   12939
Antrag Hühnleins, die Technischen Überwachungsvereine aufzulösen und das Kraftfahrsachverständigenwesen ihm zu unterstellen. Nach Ansicht des Stabs StdF die Übernahme solcher Angelegenheiten zwar nicht Aufgabe der Partei und ihrer Gliederungen, jedoch angesichts der Betrauung des NSKK mit der Überprüfung der Kraftomnibusse durch Hitler Einholung dessen Meinung angebracht. Verzicht Hühnleins auf seinen Plan wegen der mit diesem verbundenen vermögensrechtlichen Auseinandersetzungen; statt dessen (in Übereinstimmung mit dem Generalbevollmächtigten für das Kraftfahrwesen) Wunsch nach einer allgemeinen Dienstaufsicht und Mitwirkung beim Erlaß einer Prüfungsordnung; Regelung der noch offenen Fragen direkt mit dem Reichsverkehrsminister.
K/W   101 14237— 53 (749 a)

26. 8. 38   Hptm. a. D. Grünewälder – 1   12940
Vorsprache des Hptm. a. D. R. Grünewälder (Berlin) bei MinR Donnevert (Verbindungsstab) und SS-Obf. Knoblauch (Stab StdF) und anschließendes Schreiben an Bormann über den Fortgang seiner Angelegenheit (sein „persönliches Erleben", seine Arbeit und die Möglichkeit positiver Mitarbeit betreffend).
K/H   124 03735 (337)

[26. 8. 38]   RLM   12941
Vereinbarung mit dem StdF über den Reichsluftschutzbund: Verleihung von neuen Flaggen und des Rechtes zum Tragen der Hakenkreuzarmbinde.
H   101 26995 f. (1516 a)

[26. 8. 38]   RSD   12942
Ausstellung von Sonderausweisen für Bormann und SS-Ostuf. Darges.
W   124 04122 (380)

26. 8. – 3. 9. 38   RMfdkA   12943
Übersendung eines Aktenvermerks über eine Besprechung: Befürwortung der Auflösung der Kolping-Familie (enge Bindungen zum System Dollfuß–Schuschnigg; kein hinderliches Konkordat wie im Reich), des Malteser-Ordens (Versorgungsanstalt des legitimistischen österreichischen Adels, jedoch außenpolitische Vorbereitung in Italien erforderlich) und des Deutschen Ritterordens (drohender Übergang großer Liegenschaften in päpstliche Hand nach dem Tode der drei letzten Mitglieder) in Österreich.
H   101 21746 (1269 g)

27. 8. 38   AA – 28   12944
Mitteilung: Eintreffen des Ehepaars Scherger aus den USA in Nürnberg am 7. 9.
H   201 00480/1 (75/1)

27. 8. – 6. 10. 38   RKzl., RJM   12945
Übersendung der von den beteiligten Ministern bereits gezeichneten Ausfertigungen der Fünften und Sechsten Verordnung zum Reichsbürgergesetz durch den StdF zum Vollzug durch Hitler: Ausscheiden der Juden aus der Rechtsanwaltschaft und der Patentanwaltschaft; Entfernung der durch die bisherigen Gesetze noch nicht ausgeschlossenen jüdischen Frontkämpfer und Altanwälte (Zulassung seit 1. 8. 14); Erlaß einer ähnlichen Regelung für Österreich, mit Ausnahme Wiens (dort wegen des zahlenmäßigen Anteils der jüdischen Rechtsanwälte – etwa 1600 von 2100 – eine Übergangslösung notwendig); zur rechtlichen Beratung und Vertretung von Juden Zulassung ausscheidender Frontkämpfer als Konsulenten mit im wesentlichen gleichen Befugnissen wie Rechtsanwälte; keine Bestellung jüdischer Konsulenten in Patentangelegenheiten (kein Anwaltszwang für Inländer, inländische Juden also nicht auf die Inanspruchnahme eines Anwalts angewiesen); Unterhaltszahlungen an würdige und bedürftige ausgeschiedene Anwälte (Frontkämpfer) aus Mitteln einer die Gebühreneinnahmen der Konsulenten erhaltenden Ausgleichsstelle.
M/H   101 07537 – 63 (598)

28. 8. 38   AA – 29   12946
Bitte des Ausländerdienstes um Weiterleitung eines *Schreibens über die Teilnahme einer Anna Krön (Eger) am Reichsparteitag 1938 an Bahninspektor Wenzel (Eger).
W   201 00450 (74/3)

28. 8. 38   AA – 28   12947
Übersendung einer Aufstellung der für den Reichsparteitag 1938 dem Auswärtigen Amt entstandenen Telegrammkosten (Teilbetrag zu erstatten der Vereinigung Carl Schurz e. V. [München]) mit der Bitte um Einzahlung des Betrags (RM 440.–).
H   201 00480/2 – 6 (75/1)

[28. 8. 38]   Zapponi   12948
Einladungskarte für einen Herrn Zapponi zum Reichsparteitag 1938.
W   201 00443 (74/2)

29. 8. 38   AA – 29   12949
Keine Möglichkeit des Ausländerdienstes, vom Auswärtigen Amt gewünschte Eintrittskarten für den Reichsparteitag 1938 zur Verfügung zu stellen.
W   201 00467 (74/4)

29. 8. 38   AA – 28   12950
Mitteilung der Teilnahme des GenKons. Jaeger (Burgos) am Reichsparteitag 1938.
W   201 00420 (74/1)

29. – 30. 8. 38   Adj. d. F   12951
Diensttagebuch-Notizen: Teilnahme Bormanns am Abend- (29. 8.) und Mittagessen Hitlers in der Osteria in München, an der Kaffeepause im Haus der Kunst und am Abendessen auf dem Berghof (30. 8.).
W   124 00186 ff. (45)

29. – 30. 8. 38   AA – 8, 28   12952
Auf dringliche telefonische Bitte der Deutschen Botschaft in Warschau Einladung des Kabinettschefs des polnischen Außenministers, Graf Lubienski, zum Reichsparteitag 1938.
W   201 00498 f. (75/3)

29. – 30. 8. 38   AA – 28   12953
Festlegung der Unterbringung Ribbentrops und seiner Dienststellen während des Reichsparteitags.
M/H   203 02707 f. (78/2)

29. – 31. 8. 38   AA – 28   12954
Zuteilung eines Auto-Anfahrtscheins zum Reichsparteitag 1938 für GenKons. v. Saucken.
W   201 00423 f. (74/1)

29. 8. 38 – 16. 6. 39   RKzl., GBauI f. d. RHauptstadt   12955
Nach Ausräumung einiger Einwände (Zugehörigkeit auch des Reichsschatzmeisters neben dem StdF zu dem letztinstanzlichen Entscheidungsausschuß, genauere Eingrenzung der für die öffentlichen Bauträger möglicherweise anfallenden Kosten) Zustimmung des StdF zum Entwurf einer Dritten Verordnung zur Ausführung des Erlasses über einen Generalbauinspektor für die Reichshauptstadt (GBI): Bestimmung der Träger für die aus der Neugestaltung Berlins entstehenden Kosten, Entscheidung von Streitigkeiten durch den GBI bzw. einen dazu berufenen Ausschuß.
H   101 19541 – 66 (1188 a)

30. 8. 38   Intern – 8, 37   12956
Übersendung von *Ausweisen zum Betreten des Deutschen Hofes (Nürnberg) durch den Sachbearbeiter für das Führerquartier im Stab StdF.
M   203 02711 (78/2)

30. 8. 38   AA – 8, 29   12957
Bitte, die Teilnahme von vier prominenten japanischen Abgeordneten am Reichsparteitag trotz des verspäteten Anmeldetermins zu ermöglichen.
H   201 00511/1 f. (75/4)

30. 8. 38   AA – 28   12958
Übersendung einer Aufzeichnung der Polnischen Botschaft über antipolnische Tendenzen der in Breslau gezeigten Ausstellung „Deutsche Entscheidung im Osten" und Befürchtungen vor ähnlichen Tendenzen der für den Reichsparteitag angekündigten Ausstellung „Europas Schicksalskampf im Osten".
H   201 00497/6 – 10 (75/3)

30. 8. – 1. 9. 38   O. Arning – 8   12959
Bitte der Dienststelle Ribbentrop an einen Oswald Arning (Berlin), sich beim (Reichsparteitags-)Quartier-Amt in Bamberg zu melden.
M   203 02730 (78/3)

31. 8. 38   N. Hoff   12960
Bewerbung des im Reichsheimstättenamt beschäftigten Buchhalters Normann Hoff (Berlin) für die neu zu besetzende Stelle des Buchhaltungs-Vorstehers im Stab StdF.
K   124 03802 ff. (346)

31. 8. 38   RFSS   12961
Bitte um Einholung der Unterschrift Hitlers für die Beförderungsurkunde von SS-Brif. Reischle.
K   102 00635 (1089)

31. 8. 38   AA – 8   12962
Durch die Dienststelle Ribbentrop (DR) Zusendung der *Quartierkarte und der Quartierliste für den
Reichsparteitag 1938 (Angehörige des Auswärtigen Amtes und der DR) an VKons. Klaiber.
W   201 00425, 427 – 30 (74/1)

31. 8. 38   AA, JFdDR – 8   12963
Vom Auswärtigen Amt zur Kenntnisnahme übersandt: Mitteilung des Jugendführers über die Einla-
dung von hohen ausländischen Jugendführern zum Reichsparteitag 1938 und über die Teilnahme verschiedener Jugenddelegationen, u. a. aus Italien, Rumänien, Spanien, Japan und dem Irak.
H   201 00466/55 f. (74/4)

31. 8. 38   AA – 28   12964
Durch das Amt für Ehrengäste Übersendung von *57 Quartierzuweisungskarten für am Reichsparteitag
teilnehmende Diplomaten.
M   203 02737 (78/3)

31. 8. 38   – 8   12965
Mitteilungen für die Teilnehmer am Reichsparteitag: Quartierkarte, Teilnehmerkarte u. a.
M   203 02699 (78/2)

[31. 8. 38]   RKriegerF   12966
Wegen Meinungsverschiedenheiten mit dem StdF „in bezug auf organisatorische Maßnahmen" vom
Reichskriegerführer die Herbeiführung einer Entscheidung Hitlers erbeten.
W   124 01049 f. (108)

31. 8. – 1. 9. 38   Kloss – 8   12967
Rückgabe der Quartierkarte für den Reichsparteitag durch ein Frl. Kloss (Berlin).
M   203 02739 (78/3)

31. 8. – 1. 9. 38   OrgL RParteitage – 8   12968
Bitte der Dienststelle Ribbentrop um Ausstellung von Presseausweisen für einen Günther Lohse und
SS-Staf. Likus.
M   203 02709 f. (78/2)

31. 8. – 11. 10. 38   GL Wächtler, NSLB – 8   12969
Nach der Verleihung der gleichen Klasse eines ungarischen Ordens an den Regierungspräsidenten von
Regensburg, SS-Gruf. v. Holzschuher, und an einige ihm unterstellte Beamte Bitte H.s, die Verleihung
eines höheren Ordens an ihn zu veranlassen. Durch die Dienststelle Ribbentrop vergeblich Bitte um
Mitteilung der Meinung des GL Wächtler dazu: Eine Stellungnahme W.s bereits erfolgt.
M/H   203 01446/32 f. (46/5)

31. 8. – 28. 10. 38   Adj. d. F, F. Kurtze – 1   12970
Durch die Führeradjutantur Übermittlung von *Beschwerden des Rittergutsbesitzers Franz Kurtze (Den-
zig/Pommern) über den (von ihm als außerordentlich starke Belastung bezeichneten) neuen Melkertarif
für Pommern mit der Bitte, der Sache nachzugehen, aber den Namen des Gutes dem Reichstreuhänder
der Arbeit für Pommern nicht bekanntzugeben. Daraufhin vom Stab StdF eine Weiterverfolgung der
Angelegenheit für unmöglich erklärt.
W   124 01043 – 48 (106)

Nicht belegt.   12971

1. 9. 38   (AuslPresseSt. ?) – 8   12972
Ankündigung einer Liste der am Reichsparteitag teilnehmenden Auslandspressevertreter.
W   124 01176 (131)

1. – 3. 9. 38   SSHA, RFSS   12973
Die vom StdF erbetene politische Beurteilung des Polizeipräsidenten Paul Hennicke (Weimar) nach An-
sicht der SS-Personalkanzlei wegen der auf Vorschlag Himmlers erfolgten Beförderung Hennickes zum
SS-Gruppenführer überflüssig.
W   306 00448 f. (Hennicke)

1.–5.9.38   O. Schade – 8   12974
Forderung eines Oscar Schade (Nürnberg) nach Vergütung für ein von der Dienststelle Ribbentrop in Anspruch genommenes, aber nicht belegtes Privatquartier für den Reichsparteitag.
W   203 02736 (78/3)

[1.–29.9.38]   RKzl.   12975
Übersendung der Zeitschrift Liberty vom 16.7.38 durch den StdF. Der von der Artikelschreiberin Radziwill erbetene Empfang durch Hitler aufgrund ihres Artikels unerwünscht; Verständigung des StdF.
K/H   101 15214 f. (895 c)

1.9.–[5.12.]38   Lammers, Prof. Nißle – 18   12976
Durch Bormann weitergeleitete Anweisung Hitlers, dem Hersteller des von ihm benutzten Präparats „Mutaflor", Prof. A. Nißle (Freiburg), RM 70 000.– zum Ankauf eines Hauses zwecks Einrichtung eines Forschungsinstituts zur Verfügung zu stellen. Erörterung der Sicherstellung des künftigen Personalaufwands des Instituts mit Heß.
K/H   101 13929–35 (737)

1.9.38–25.4.39   Adj. d. F, E. v. Schröder   12977
Die *Eingabe des vor Jahren bei einem Zusammenstoß mit SA-Brif. Bätz schwer verletzten, nach Stellung eines Strafantrags gegen B. mit einem Boykott belegten Ernst Schüler (Meiningen) vom StdF an die Dienststelle Eva v. Schröders weitergeleitet. Erledigung der Angelegenheit durch Vermittlung einer geeigneten Arbeit an Sch.
W/H   124 04725–28 (479)

2.9.38   Intern 8   12978
Berechnung der Pauschalsätze für die Zeit der Abordnung des Pg. Garben (Dienststelle Ribbentrop) zum Reichsparteitag nach Nürnberg; diese Beträge und die Fahrkosten abholbereit.
M/H   203 02747 (78/3)

2.9.38   Adj. d. F   12979
Übersendung von *Eingaben eines angeblich wegen seines religiösen Bekenntnisses (Deutsche Gotterkenntnis – Ludendorff) bei Bewerbungen benachteiligten F. Jess (Dortmund).
K   124 03832 (350)

2.9.38   AA – 28   12980
Mitteilung der Ankunftszeit von MinDir. Prüfer und GesR. Bielefeld zum Reichsparteitag 1938.
W   201 00432 (74/1)

[2.9.38]   AA   12981
Wegen unvorschriftsmäßigen Verhaltens auf dem vergangenen Reichsparteitag Ausstellung eines Quartierscheins für den Fahrer Lemke vom Auswärtigen Amt für den Reichsparteitag 1938 nur unter der Voraussetzung der Verpflichtung zur bedingungslosen Unterordnung unter die Anweisungen des Amts für Ehrengäste.
W   201 00431 (74/1)

2.–3.9.38   Aufkl.-Aussch. Hamburg–Bremen – 29   12982
Rückgabe von zwei Teilnehmerkarten für den Reichsparteitag; Bitte um Rücküberweisung von je RM 160.– oder um Zustimmung zu anderweitiger Vergabe der Plätze.
M/H   203 02728 f. (78/3)

3.9.38   – 28   12983
Berichte der englischen Presse über den Reichsparteitag 1938 (Inhaltsangaben).
W   203 02713 f. (78/2)

3.9.38   JFdDR – 8   12984
Mitteilung: Wegen voraussichtlicher Hotelunterbringung höhere Aufenthaltskosten für zwei amerikanische Besucher des Reichsparteitags (Coleman und Shackelford).
M   203 02727 (78/3)

4. 9. 38   Intern — 8, 28   12985
Bitte um Ausstellung von Passierscheinen für das Grand-Hotel (Nürnberg) für Angehörige der Dienststelle Ribbentrop.
W   203 02712 (78/2); 203 02738 (78/3)

4. 9. 38   Adj. d. F — 28   12986
Durch das Amt für Ehrengäste Übersendung der Reichsparteitags-Kongreßkarten für verschiedene Führeradjutanten und Ausstellung eines Ausweises zum Betreten des Deutschen Hofs für Frl. Pilkan; wegen des Besuchs der österreichischen Mädchen bei Hitler Ankündigung einer Rücksprache.
W   124 01150 (130)

5. 9. 38   RAM — 28   12987
Durch das Amt für Ehrengäste Übersendung von sechs Begleiterkarten für die Veranstaltungen des Reichsparteitages 1938 an Ribbentrop.
M   203 02715 (78/2)

5. 9. 38   RMdI   12988
Nach den deutsch-polnischen Vereinbarungen vom 5. 11. 37 verstärkte Aktivität des „Bundes der Polen" als Vertretung der polnischen Volksgruppe im Reich, insbesondere Mißbrauch des Beschwerderechts; Bitte, von einer bevorzugten Behandlung der Polen abzusehen.
H   101 25447 f. (1418 b)

5. 9. 38   RMfEuL   12989
Schwierigkeiten bei der Obstversorgung infolge besonders starker Frostschäden sowie beschränkter Möglichkeiten der Südfruchteinfuhr einerseits, gestiegener Nachfrage andererseits; Verteilung des Obstes durch die Hauptvereinigung der Deutschen Gartenbauwirtschaft nach einem vom Reichsernährungsministerium genehmigten Plan; Bitte an die zuständigen Stellen, von der Geltendmachung örtlicher Sonderwünsche im Interesse einer gerechten Gesamtversorgung des Reichsgebiets unbedingt abzusehen.
M   101 02248 — 51 (213)

[5. 9. 38]   — 28   12990
Bestimmungen für den Besuch der anläßlich des Reichsparteitags stattfindenden Festaufführung der Oper „Die Meistersinger von Nürnberg".
W   203 02718 (78/2)

6. 9. 38   Adj. d. F   12990 a
Wunsch Hitlers nach Überprüfung der von Obermusikmeister a. D. Hugo Brathuhn (München) empfohlenen Erfindungen (künstliche Zähne; Gassicherungsapparat) durch die zuständige Dienststelle des StdF. (Vgl. Nr. 13014.)

6. 9. 38   Adj. d. F — 19   12991
Durch einen Walter Wenkel (Berlin) *Empfehlung des Kunstmalers v. Schönaich und seiner Bemühungen, in Privatbesitz befindliche unbekannte Dürer-Bilder aufzuspüren; Weiterleitung an Schulte-Strathaus (Stab StdF).
W/H   124 04350 f. (405)

6. – 9. 9. 38   RKzl., RMfWEuV   12991 a
Mitteilung Bormanns über von Hitler angeordnete Luftschutzmaßnahmen für Galerien mit wertvollen Kunstschätzen. Aufforderung der Reichskanzlei an den Reichserziehungsminister, die erforderlichen Maßnahmen zu treffen.
H   101 21058 f. (1236); 101 22848 ff. (1301 b)

7. 9. 38   Chef OKW u. a.   12992
Übersendung eines Erlasses über die Übernahme der Militär-Mittelschule Liebenau (bei Graz) als Wehrmachtfürsorgeanstalt durch das OKW und über ihre Unterstellung unter das Direktorium des Großen Militär-Waisenhauses Potsdam.
K   102 00111 f. (219)

[7.] – 16. 9. 38   RJM, RKzl.   12993
Zustimmung des StdF zum Entwurf eines Gesetzes zur Ergänzung des § 10 der Grundbuchordnung (Schaffung der Möglichkeit, der Geheimhaltung unterliegendes Kartenmaterial von der Verwahrung in den Grundakten auszuschließen).
H   101 27989 – 92 (1528)

7. 9. – 21. 10. 38   Adj. d. F, H. Hack, GG Schwaben, HAL Hilgenfeldt – 6/1   12994
Richtigstellung der Behauptungen des ehemaligen Bürgermeisters der Stadt Friedberg, Hans Hack, über seinen Nachfolger (Dienstbezüge, Pensionskasse, Vorkommnisse im Holzhandel, u. a.) durch das Gaugericht Schwaben. Unterrichtung H.s von dem Untersuchungsergebnis durch den StdF mit der Empfehlung, sich um das Geschick der Stadt – nunmehr Aufgabe des neuen Bürgermeisters – nicht mehr zu kümmern; Bemühungen, H. innerhalb des Arbeitsgebiets des HAL Hilgenfeldt unterzubringen, wegen zu hoher Gehaltsforderungen gescheitert.
K   124 03753 – 64 (339)

Nicht belegt.   12995

9. 9. – 31. 10. 38   RMdI, RMfWEuV, RMfEuL, RFM u. a.   12996
Schriftwechsel und Staatssekretärsbesprechungen über die vom Reichsinnenminister (RMdI) vorgelegten Entwürfe 1) eines Gesetzes über den Verwaltungsaufbau in Österreich und 2) eines *Gesetzes über den Reichsgau Saarpfalz. Neben der Erörterung der Wünsche einzelner Ressorts hinsichtlich ihres Fachbereichs Diskussion vor allem über die beabsichtigte Stärkung der Stellung der Reichsstatthalter (RSt.) durch ein ihnen (in § 3 des Entwurfs von 1) zugestandenes Weisungsrecht gegenüber allen Behörden und Dienststellen in ihren Reichsgauen. Summarischer Bericht des StSekr. Stuckart über die seit 1933 entstandene Lage: Zunehmende Schwächung der Stellung der RSt. auf staatlichem Gebiet infolge der Entwicklung zum Einheitsreich; Erwähnung der im Dezember 1937 unter Vorsitz von Heß stattgefundenen Konferenz der RSt. mit dem Ergebnis, unter allen Umständen eine Stärkung der Stellung der RSt. zu versuchen; die in dieser Hinsicht vom RMdI unternommenen Maßnahmen (insbesondere Versuche, die RSt. mit der Führung der Landesregierung zu beauftragen) nur teilweise erfolgreich, Entstehen von Spannungen zwischen Staat und Partei infolge der von den RSt. mit Mitteln der Partei durchgesetzten staatlichen Aufgabenerfüllung. Auf seiten der meisten Ressortvertreter zwar Anerkennung der Notwendigkeit, die Stellung der RSt. zu stärken, jedoch Vorbehalte hinsichtlich des Weisungsrechts und Forderung nach weitgehender gesetzlicher Sicherung gegen seine mißbräuchliche Anwendung; insbesondere vom Reichsfinanzministerium (RFM) erhebliche staats- und verfassungsrechtliche sowie verwaltungspraktische Bedenken vorgetragen (Abgehen vom Grundsatz des Einheitsstaats, Erschütterung der Stellung des Stabs StdF durch die notwendig werdende Bildung eines Stabs zur Überwachung der Sonderverwaltungen bei den einzelnen RSt., Aufblähung der Verwaltung, u. a.). Die vom RMdI vorgeschlagene Regelung vom StdF (MinDir. Sommer) voll unterstützt: Die im Gesetz von 1933 geforderte, in der Praxis bisher jedoch noch nicht realisierte Sicherung der Einheit von Staat und Partei durch die beabsichtigte Personalunion von Gauleiter und RSt. zwar für die allgemeine und innere Verwaltung, nicht aber für die nicht eingliederungsfähigen Sonderverwaltungen sichergestellt; in dem geplanten § 3 die richtige Lösung für letztere enthalten. Nach eingehender allgemeiner Diskussion, insbesondere über § 3, von St. eine wesentliche Annäherung der Standpunkte konstatiert, die geltend gemachten Bedenken von einigen Ressorts allerdings immer noch aufrechterhalten; Bitte um Übermittlung eventueller Wünsche für die kommende Chefbesprechung. Übersendung eines neuformulierten *Gesetzentwurfs durch den RMdI an die Beteiligten. Bedenken des RFM auch gegenüber dem neuen Entwurf (sowohl gegen den § 3 wie auch gegen den geplanten Verwaltungsaufbau und dessen finanzorganisatorische Auswirkungen) unter Hinweis auf die präjudizielle Bedeutung des Ostmarkgesetzes für die künftige Einrichtung von Reichsgauen und auf die notwendige grundsätzliche Regelung des Verhältnisses zwischen Reichsregierung und RSt. (vgl. Nr. 13117): Gefahr der Schaffung von zwei Befehlsgewalten durch ein selbständiges Weisungsrecht der RSt. und einer daraus folgenden Autoritätsminderung sowohl der Obersten Reichsbehörden wie auch der RSt.; Risiko der rückläufigen Entwicklung vom Einheitsstaat zum Partikularismus; Eintreten für die Erhaltung der Autorität als einer politischen Notwendigkeit; Vorschlag, das unbegrenzte Weisungsrecht der RSt. durch Gesetz auf außergewöhnliche Fälle einzu-

schränken; eine einheitliche Gesamtlösung für das Reich erwünscht; Stellungnahme zu weiteren sich ergebenden Fragen wie denen des Haushalts, der Finanzaufsicht usw. Einladung zu einer Chefbesprechung am 2. 11. 38.
A/W/K/H   101 15243–49 (905 b); 101 23042 (1311 b); 101 24103–53 (1353 a)

10. 9.–17. 11. 38   RKzl., Adj. d. F   12997
Durch die Reichskanzlei Übersendung einer Anordnung Hitlers, bei jeder Einladung führender ausländischer Persönlichkeiten unter Vorlage der Stellungnahme des Auswärtigen Amts seine Zustimmung einzuholen. Hierzu Anordnung (175/38) des StdF: Einreichung der Anträge von Parteistellen bei ihm.
W   124 00647 ff. (57)

10. 9. 38–[27. 1. 39]   RKzl., AA   12998
Beschwerde des Auswärtigen Amtes (AA) über eine ohne Information des AA erfolgte Einladung des italienischen Professors Farinacci durch GL Streicher zu gemeinsamen Vorträgen über die „Judenfrage" (Nichtbeachtung der Anordnung 175/39 des StdF und eines Rundschreibens der Reichskanzlei vom 10. 9. 38).
M   203 03170–75 (87/3)

13. 9. 38   Adj. d. F   12999
Durch Bormann Übersendung eines *Verrechnungsschecks über RM 50 000.– an die Führeradjutantur.
W   124 00619 ff. (57)

15. 9. 38   GenKdo. VII. AK, Adj. d. F   13000
Durch den Chef des Generalstabs VII. Armeekorps Übermittlung der Bitte eines Vetters des GenOberst v. Brauchitsch um Vorlage des *Briefes eines Engländers bei Hitler. Weiterleitung an die Führeradjutantur.
W/H   124 00117 f. (36)

[15. 9. 38]   RArbM   13001
Auf Empfehlung des StdF Vorschlag zur Ernennung des Reichstreuhänders der Arbeit, StR Prof. Wilhelm Börger, zum Ministerialdirektor.
K   101 18341 f. (1138 b)

15.–17. 9. 38   AA–28   13002
Auf ein entsprechendes Angebot hin Antwort des Amts für Ehrengäste: Die von einigen deutschen Auslandsvertretungen noch eingetroffenen Lichtbilder als Ehrengäste des Reichsparteitags 1938 vorgeschlagener Personen nun nicht mehr von Belang.
W   201 00492 f. (75/3)

Nicht belegt.   13003

19. 9. 38   RMdI, RStatth. Württemberg   13004
Die Aufnahme von Verhandlungen mit den zuständigen bayerischen Stellen (einschließlich eines begrenzten Gebietsbereinigungsangebots) in der Frage Ulm–Neu-Ulm vom Reichsinnenminister zunächst dem Reichsstatthalter in Württemberg überlassen; Hitlers Zustimmung zur Bereinigung dieses Problems (trotz z. Zt. genereller Ablehnung der Erörterung von Gliederungsfragen) anzunehmen; die Wahrung der Interessen der Wehrmacht ausschlaggebend. (Abschrift an den StdF.)
A   101 24010 f. (1347 c)

19. 9. 38   Adj. d. F–1   13005
Übersendung einer *Eingabe des nach eigenen Angaben aufgrund von Verleumdungen unschuldig zu Gefängnis verurteilten und dadurch in Schulden geratenen Alten Kämpfers Erich Witte (Berlin) an den Verbindungsstab (durch diesen nach Freispruch W.s vor dem Gaugericht bereits Antrag auf Wiederaufnahme des Verfahrens gestellt).
W   124 04382 f. (407)

19. 9. 38   J. Kellnberger, GL Schwaben   13006
Beschwerde des Backofenbaumeisters Johann Kellnberger (Augsburg) über seine Benachteiligung bei

der Vergabe staatlicher Aufträge im Zusammenhang mit dem Bau von Militärbäckereien in Augsburg und Kempten.
K 124 03848 – 52 (352)

19. 9. – 10. 12. 38 Kzl. d. F, RKzl., Sächs. MfV, H. v. Dohnanyi 13007
Zweifel an der arischen Abstammung der Frau des Prof. K. F. Bonhoeffer (Leipzig), Grete B. geb. v. Dohnanyi. Infolgedessen Erörterung der Entscheidung Hitlers vom 14. 10. 36, ihren Bruder, den ORegR D., als deutschblütig zu behandeln: Frage der Erstreckung dieser Entscheidung auf die gesamte Familie D. (im Ergebnis bejaht) sowie – neben dem Bereich des Beamtenrechts – auch auf den Bereich der Partei (nach entschiedener Ablehnung durch Bouhler und Bormann und freiwilligem Verzicht D.s im Ergebnis verneint). – In diesem Zusammenhang: Beurteilung des Prof. Bonhoeffer durch das Sächsische Volksbildungsministerium.
H 101 18505 – 25 (1145 b); 101 24841 (1373)

21. 9. 38 RWiM 13008
Bitte um Mitteilung von Verbesserungsvorschlägen zu dem *Entwurf einer „Systematik der Berufszählung 1939", um einen reibungslosen Fortgang der Vorbereitungsarbeiten für die Volks-, Berufs- und Betriebszählung 1939 zu ermöglichen.
M 101 07509 (592 a)

22. 9. – 28. 10. 38 RFSS 13009
Übersendung und – von Hitler unterzeichnet – durch den Stab StdF Rücksendung der Genehmigungsurkunde zur Annahme des Ungarischen Komturkreuzes mit Stern durch SS-Ogruf. Udo v. Woyrsch.
M 306 01075 ff. (Woyrsch)

23. 9. 38 AO – 8 13010
Rückgabe des *Leitheftes Nr. 075 des Amts für Ehrengäste der Reichsparteitage.
M 203 02724 (78/3)

23. 9. 38 RWiM 13011
Beim Reichsernährungsminister Beanstandung der ohne sein Einvernehmen erfolgten Veröffentlichung einer Verordnung über den Zusammenschluß der deutschen Milch- und Fettwirtschaft im Reichsgesetzblatt; Einspruch insbesondere gegen die bei Anwendung der Verordnung etwa eintretenden Beschränkungen seiner Zuständigkeit. (Abschrift an den StdF.)
M 101 02108 ff. (200)

23. 9. – 11. 10. 38 NSLB – 8 13012
Mitteilung der Verhaftung des brasilianischen Staatsangehörigen Hermann König in Eisenstraß durch tschechische Behörden wegen Tätigkeit für den sudetendeutschen Ordnungsdienst. Durch die Dienststelle Ribbentrop veranlaßte brasilianische Schritte in dieser Angelegenheit.
M 203 01446/34 f. (46/5)

24. 9. – 24. 10. 38 Lammers – 7 13013
Bitte des GL Bohle um Bereitstellung von RM 50 000.– für die Ausgestaltung des geplanten ersten ns. Seemannsheims in Stettin; Hervorhebung der besonderen Bedeutung solcher Stätten im Hinblick auf die Möglichkeit der Partei, „den Seemann weltanschaulich zu erziehen und in seiner Kampfbereitschaft draußen zu festigen"; Hinweis auf seine Bemühungen, für solche übergreifenden Aufgaben der Auslands-Organisation einen entsprechenden Etat zu erhalten. Bewilligung des Betrages aus den Hitler zur Verfügung stehenden Mitteln.
M 101 02486 – 90 (253 a)

26. 9. – 13. 10. 38 Städt. Gas- u. Wasserwerke München, H. Brathuhn, Adj. d. F – 11 13014
Positive Beurteilung einer Erfindung des Obermusikmeisters a. D. Hugo Brathuhn, „Gas-Sicherungs-Apparat System Lochner", durch das Städtische Gaswerk München und Vorschläge für eine kommerzielle Verwertung; Bereitschaft Croneiß' (Stab StdF), die Anknüpfung von Verbindungen mit Industrieunternehmen zu fördern. (Vgl. Nr. 12990 a.)
W 124 04273 ff. (397); 124 04425 f. (419); 124 04485 f. (433)

27. 9. 38   HA f. Beamte   13015
Vom Stab StdF die baldige Zusendung der Fragebogen für die Freistellung von Mitarbeitern in Aussicht gestellt; Anweisung, im Falle von Mobilmachung und Anforderung von Mitarbeitern durch die Wehrmacht oder die Arbeitsämter *vor* erfolgter Freistellung unter Hinweis auf die grundlegenden Anordnungen eine wenigstens vorübergehende Freistellung des unbedingt benötigten Personals zu erreichen zu suchen und sofort dem StdF zu berichten.
W/H   149 00085 (2)

27. – 28. 9. 38   HA f. Beamte   13016
Erörterung der Angelegenheit „Beamtenpresse" mit den zuständigen Mob.-Bearbeitern beim StdF: Anordnung Hitlers, im Kriegsfall die gesamte deutsche Presse in dem zur weltanschaulichen und stimmungsmäßigen Beeinflussung der Bevölkerung erforderlichen Maß aufrechtzuerhalten; demzufolge Anweisung des StdF über das Erscheinen der NS-Beamtenzeitung auch im Kriegsfall.
W/H   149 00013, 023 f. (1)

28. 9. 38 – 30. 3. 39   RKzl.   13017
Anregung Bormanns, Kriegerwaisen durch Gewährung besonderer Mittel für die Einkleidung zum Leutnant die Offizierslaufbahn zu ermöglichen; Vorschlag, in solchen Fällen analog zum früheren „Königsleutnant" den Begriff „Leutnant des Führers" zu prägen. Grundsätzliches Einverständnis Hitlers mit der Gewährung von Einkleidungsbeihilfen, jedoch erst nach ungefährer Schätzung der dafür benötigten Mittel und ohne die von B. vorgeschlagene Bezeichnung jener Leutnante.
H   101 22552 – 61 (1285 a); 101 22942 f. (1308)

29. 9. – 5. 10. 38   N. Pabst, Adj. d. F – 1   13018
Wiederholte Einladung einer Nelly Pabst (Altenau/Harz) an Hitler zu einem Erholungsaufenthalt (an den StdF gerichtet). Weiterleitung an die Führeradjutantur.
W   124 04039 ff. (373)

30. 9. 38   RFSS, RSchatzmeister – 38   13019
Laut Mitteilung der Reichsführung-SS dauernde Befreiung des SS-Gruf. Pohl, Reichskassenverwalter der SS, von einer Dienstleistung bei der Wehrmacht; ein Uk.-Antrag daher vom Stab StdF für nicht notwendig angesehen und zurückgereicht.
M/H   306 00779 (Pohl)

30. 9. 38   Adj. d. F, DAF – 1   13020
Rücksendung eines einen Heinrich Drehmer betreffenden Schreibens der DAF an die Adjutantur des Führers durch den Verbindungsstab (Inhaftierung D.s nach Empfang einer Unterprovision für Mitwirkung an einem Mietvertrag zwischen der Auslands-Organisation und der Versicherungsring-Grundstücks-GmbH, einem wirtschaftlichen Unternehmen der DAF).
K   124 03681 ff. (327)

1. 10. 38   Lammers, RL u. a.   13021
Befehl Bormanns an alle Führer der Partei, ihrer Gliederungen und Verbände sowie an alle Parteimitglieder, nicht in das sudetendeutsche Gebiet einzureisen außer im besonderen Auftrag Hitlers oder des HAL Hilgenfeldt.
M   101 04216 f. (412)

1. 10. 38   RJM   13022
Erörterung der Aufwertung alter Kronenforderungen in Österreich aufgrund verschiedener Eingaben von Privatpersonen wie auch des Reichskommissars für die Wiedervereinigung Österreichs mit dem Reich; Übereinstimmung mit den österreichischen Ministerien über die Ablehnung einer Aufwertung unter Hinweis auf die seit dem Kronensturz (1922) vergangene Zeit, auf die mit einer Aufwertung verbundene Verwirrung der Wirtschaft sowie auf einen – allerdings lediglich die Aufwertung von Markforderungen im Altreich betreffenden – Reichskabinettsbeschluß vom 14. 7. 33; Bitte um Zustimmung zu der Absicht, eine Aufwertung in Österreich nicht mehr in Erwägung zu ziehen.
K/H   101 14779 – 89 (811 a)

3. 10. 38   Adj. d. F   13023
Weiterleitung der *Eingabe eines O. Daumiller (München) wegen Erteilung des Religionsunterrichts.
W   124 04457 (424)

3. – 11. 10. 38   RFSS   13024
Durch Bormanns Persönlichen Referenten Übersendung eines *Schreibens von GL a. D. Hans Krebs
(offensichtlich wegen der Veröffentlichung eines Lebensbildes von Gustav Peters im „Angriff").
W   306 00730 f. (Krebs)

4. – 31. 10. 38   AA – 22   13025
Im Rahmen der vereinbarten deutsch-italienischen Zusammenarbeit auf dem Gebiet der Rassenpolitik
informatorische Besprechungen des Pg. Frercks (Rassenpolitisches Amt [RA]) in Rom, um größere Klarheit über die derzeitigen Kräfte der italienischen Rassenpolitik zu gewinnen: Zuvor Bitte des RA um die
Unterstützung der Botschaft, danach Übersendung eines *Berichts F.'.
M/H   203 02917 – 21 (84/6)

4. 10. – 11. 11. 38   AA u. a. – 8   13026
Stellungnahmen des Auswärtigen Amtes und der deutschen Vertretungen im Ausland zur Einladung
führender Persönlichkeiten der ausländischen Landwirtschaft anläßlich des Reichsbauerntages in Goslar:
Entscheidung über die eingebrachten Vorschläge mit zum Teil ausführlicher Beurteilung der Eingeladenen.
M/K   203 01315 – 47 (43/3)

5. – 6. 10. 38   RFM   13027
Unmittelbar vor dessen Amtsübernahme erfolgte Weigerung des ostpreußischen Oberpräsidenten, GL
Koch, den ohne seine Beteiligung („Partei wichtiger als der Staat") ernannten OFPräs. Zschaler anzuerkennen; die Forderung, statt Z. den – auch für seinen Gaustab nützlichen – Nürnberger Oberfinanzpräsidenten zu berufen, vom Reichsfinanzminister abgelehnt. Negatives Ergebnis einer Beschwerde K.s bei
Heß: Mißbilligung seines Vorgehens und insbesondere seiner Drohung, Z. im Falle der Übernahme der
Geschäfte in ein Konzentrationslager bringen zu lassen.
H   101 24556 – 60 (1365)

5. – 19. 10. 38   RLM   13028
Erwägung des Beitritts Deutschlands zum Internationalen Luftfahrtabkommen (CINA); trotz der bereits
ergangenen grundsätzlichen Zustimmung der interessierten inneren Ressorts Einladung an alle Reichsressorts, ihre Stellungnahme erneut abzugeben; Begründung des Beitritts (verkehrspolitisch günstige
Auswirkungen, Erleichterung des Absatzes der Luftfahrtindustrie, u. a.); das bisherige Hindernis der
Oberaufsicht des Völkerbundes jetzt bedeutungslos. Einmütige Zustimmung der Ressorts.
K   101 12732 – 38 (702)

[5. 10. 38] – 7. 2. 39   Adj. d. F – 11   13029
Vorschlag Croneiß' (Stab StdF), sich um die Freilassung des wegen einer Straftat seit 15 oder 18 Jahren
in den USA inhaftierten Deutschen John Schlitz zu bemühen; Grund: „Außerordentliche" wehrtechnische Erfindungen Sch.' während seiner Haft. *Schreiben der Schwester Sch.' in dieser Angelegenheit.
W/H   124 04180 f. (386); 124 04708 f. (477)

5. 10. 38 – 19. 6. 39   RKzl., RL, GL, RM u. a.   13030
Zur Erhaltung einer ungestörten Arbeitsruhe während seines Aufenthalts auf dem Berghof Anordnung
Hitlers, von allen Besuchen dort Abstand zu nehmen, ausgenommen die von ihm festgelegten Einladungen: Entsprechende Rundschreiben Bormanns und Lammers' für den Partei- bzw. den staatlichen Bereich.
K   101 16373 – 79 (957 a)

6. 10. 38   RMdI   13031
Bestellung von vier, den für die Besetzung der Zonen I–IV (des Sudetenlandes) zuständigen Heeresgruppenkommandos unterstellten Zivilchefs sowie der diesen unterstellten Sonderbeauftragten des General-

bevollmächtigten für die Wirtschaft und der Verwaltungsbeamten für die einzelnen Bezirkshauptmannschaften.
H   101 24705 ff. (1367 a)

6. 10. 38   RMdI u. a.   13032
Übersendung eines Rundschreibens: Vorläufiger Sitz der Behörde des Reichskommissars für die sudetendeutschen Gebiete das Reichsinnenministerium.
H   101 00201 (131 a); 101 24796 (1370)

6. 10. 38   RMdI u. a.   13033
Übersendung eines Rundschreibens: Alsbald Erscheinen des Verordnungsblattes für die sudetendeutschen Gebiete.
A   101 05594 f. (468); 101 23739 f. (1335)

6. 10. – 13. 12. 38   RMdI, RForstmeister, RMfEuL   13034
Vorlage und Besprechung des Entwurfs einer Zweiten Verordnung zum Führererlaß über die Verwaltung der sudetendeutschen Gebiete: Kernpunkt der Verordnung die Geschäftsverteilung der Behörde des Reichskommissars; Übereinstimmung der beteiligten Staatssekretäre in bezug auf den provisorischen Charakter der zu schaffenden Regelung (Zusammenfassung aller Personalkräfte in dieser Behörde bei späterer Abgabe an die zu bildenden Regierungen); mit den Bestrebungen, die neue Behörde möglichst klein zu halten, konkurrierende Vertretungswünsche einzelner Ressorts. Streit des Reichsforstmeisters und des Reichsernährungsministers um die Zuständigkeit für die Wildbachverbauung.
H   101 24685 f. (1367); 101 24797 – 816 (1370)

7. 10. 38   OBdH   13035
Mitteilung über die Übertragung der Befugnisse zur Ausübung der vollziehenden Gewalt in Südmähren auf den Oberbefehlshaber der Heeresgruppe 5, Gen. d. Inf. List.
H   101 24708 f. (1367 a)

7. 10. 38   AA, Dt. Ges. Kairo   13036
Übersendung eines ˙Aufsatzes über die Rolle italienischer Juden im ägyptischen Wirtschaftsleben und in der ägyptischen Gesellschaft aus dem Blatt L'Aurore.
M   203 02915 f. (84/6)

[7. 10. 38]   RMdI   13037
Im Einvernehmen mit dem StdF Abberufung des bisherigen Reichsdentistenführers Schaeffer (unter Verbot jeder weiteren Betätigung in den Dienststellen des Reichsverbandes Deutscher Dentisten) und Berufung des Dentisten Schmid zu seinem Nachfolger.
H   101 13860 f. (732 a)

7. – 18. 10. 38   F. Brehm, SS-Gruf. Heydrich   13038
Bitte eines Friedrich Brehm, ehemals Kreisleiter der Deutschen Nationalsozialistischen Arbeiterpartei (DNSAP) im Sudetenland, um den Schutz des StdF für zwei (angeblich auf Betreiben der Abgeordneten K. H. Frank und Georg Wollner von der Sudetendeutschen Partei [SdP]) verhaftete DNSAP-Mitglieder; Hinweis auf deren Verdienste und Kritik an der SdP (schwere Differenzen zwischen den Spann-Anhängern und den alten NS in der SdP, Boykottierung vieler NS durch die SdP während der tschechischen Herrschaft, Flucht der Egerer SdP-Führer in den letzten Tagen der Hodza-Regierung). Aus Anlaß dieses Schreibens Bitte des SS-Gruf. Heydrich, das Verhältnis zwischen den alten sudetendeutschen NS und der SdP zu regeln: Überforderung der von beiden Seiten gegen die jeweils andere Seite in Anspruch genommenen (sich jedoch nach Möglichkeit für die alten NS einsetzenden) Gestapo; Vorschlag, Richtlinien über die Aufnahme der Sudetendeutschen in die Partei ohne maßgebliche Einschaltung der SdP zu erlassen.
K/W   101 20030 – 35 (1199 a)

7. 10. – 20. 11. 38   RMdI, RWiM, RJM   13039
Regelung der Einführung des geltenden oder künftig zu erlassenden Reichsrechts sowie eventueller neuer besonderer Rechtsvorschriften in den sudetendeutschen Gebieten; Bitte des Reichsinnenministers

an die Ressorts, für die Überleitung dieser Gebiete Generalreferenten zu bestellen. Liste dieser Generalreferenten (für den StdF MinDir. Sommer mit MinR Klopfer als Vertreter).
H   101 24711−15, 718 ff. (1368); 101 24791 ff. (1370)

[7. 10.−23. 11. 38]   RMdI   13040
Monitum bisheriger Versäumnisse bei der Einholung der Zustimmung des Reichskommissars für die Wiedervereinigung bei Österreich betreffenden gesetzgeberischen Maßnahmen und des StdF bei der Rechtseinführung in den sudetendeutschen Gebieten: In beiden Fällen stets nur durch den Reichsinnenminister.
H   101 24194 f. (1353 c); 101 24716 f. (1368)

8. 10. 38   (RDozF?)   13041
„Schärfster Widerspruch" gegen die Erteilung einer Genehmigung zu Auslandsvorträgen für Prof. Hans Peters (Berlin; „Exponent des politischen Katholizismus").
W   302 00180 f. (Peters)

8. 10. 38   HA f. Beamte − 38   13042
Meldung der Verpflichtung verschiedener Mitarbeiter des Hauptamts für Beamte im Sinne der Verschlußsachen-Anweisung.
W   149 00011 ff., 025 f. (1)

10. 10. 38   Adj. d. F   13043
Rücksendung der dem StdF irrtümlich zugeleiteten *Akte Max Birkenstein (München; Gesuch um Wiederaufnahme zur gelegentlichen Dienstleistung im Heer).
K   124 03636 f. (318)

10.−21. 10. 38   RFM, RArbM   13044
Die Stellungnahme des StdF zu einem vom Reichsarbeitsminister angeregten Entwurf des Reichsfinanzministers für eine Verordnung zur Ausdehnung von Tarifordnungen auf angestelltenversicherungsfreie Gefolgschaftsmitglieder verzögert.
A   101 06679−79/3 (544); 101 06797−800 (554 b)

10. 10.−25. 11. 38   RMdI u. a.   13045
Der *Entwurf eines österreichischen Wiedergutmachungsgesetzes mit der Bitte um umgehende Stellungnahme den beteiligten Ressorts übersandt. Der Forderung des Reichsjustiz-, des Reichsarbeits- und des Reichswirtschaftsministers, angesichts der weittragenden Bedeutung des Entwurfs (insbesondere Gefahr von Berufungen der geschädigten NS-Kämpfer im Altreich sowie der diesen gleichgestellten Kriegsbeschädigten) eine Ressortbesprechung abzuhalten, vom Reichsinnenminister stattgegeben.
A/W   101 24206−18 (1353 d)

10. 10. 38−13. 4. 40   Dt. Kons. Czernowitz, Dt. Ges. Bukarest − 8   13046
Auf Veranlassung der Dienststelle Ribbentrop Ermittlungen über die Staatsangehörigkeit eines Aurel Athanesescu und des Juden Nathan Sucher.
M/H   203 00852−59 (302)

11. 10.−1. 12. 38   Adj. d. F, SA-Stubaf. Suhr   13047
Ablehnende Stellungnahme des Stabs StdF zu einem Unterstützungsgesuch des früheren Hauptstellenleiters im Hauptamt für Volkswohlfahrt Herbert Suhr: Entlassung und parteigerichtliche Bestrafung S.s wegen Prahlens mit dienstlichen Dingen gegenüber seiner wegen kommunistischer Umtriebe im Gefängnis sitzenden Schwester.
W   124 04761−65 (484)

12. 10. 38   OKW   13048
Mitteilung über eine Veränderung der Abgrenzung der Wehrkreise XVII und XVIII.
A   101 22960 f. (1308 a)

12. 10. 38   RMfVuP, AuslA d. Dozentenschaft   13049
Durch den Propagandaminister Übersendung eines kritischen Berichts des Auslandsamts der Dozentenschaft (AD) über die Unfähigkeit des Ausländerdienstes für den Reichsparteitag, berechtigten Wünschen der Ausländer bzw. der für sie verantwortlichen Dienststellen zu entsprechen; Notwendigkeit, die in dem Bericht angeführten Mißstände (ungünstige Quartiere, nicht genügend Eintrittskarten, u. a.) zu beseitigen.
M/H   203 02644 – 47 (78/1)

Nicht belegt.   13050

12. – 13. 10. 38   Lammers   13051
Übermittlung des Wunsches Hitlers nach sofortiger Einführung des Reichskulturkammergesetzes im sudetendeutschen Gebiet (Antrag Amanns; Weiterleitung an Goebbels über Bormann und Lammers).
H   101 24703 f. (1367 a)

13. 10. 38   NSLB – 8   13052
Übersendung eines ausführlichen Berichts der Zeitung La Bretagne über den Deutschlandbesuch von 400 Mitgliedern der Association des Professions Françaises (Vereinigung der französischen Berufsgruppen) zur Zeit des „Höhepunkts der Weltkrise" (18. – 26. 9. 38).
M   203 01446/27 – 31 (46/5)

13. 10. 38   RKzl., JFdDR   13053
Keine Bedenken der Reichskanzlei gegen eine geplante Reise des Stabsführers der Reichsjugendführung, Lauterbacher, mit zwei Begleitern nach Rumänien (Gegenbesuch bei der rumänischen Staatsjugend). (Abschrift an den StdF.)
W   201 00553 ff. (86/2)

[13. 10. – 5. 11. 38]   RBauernF   13054
Um das Verfahren nicht zu verzögern, Bitte des Reichsbauernführers, bei der Anstellung und Beförderung von Beamten des Reichsnährstandes die Anträge auf Genehmigung einer Ausnahme von den Reichsgrundsätzen nicht erst nach Eingang und unter Beifügung der – von ihm beim SD-Hauptamt und beim StdF eingeholten – politischen Beurteilungen stellen zu dürfen. Zustimmung des Reichsernährungsministers.
H   112 00051 ff. (127)

14. 10. 38   E. Semmelbauer   13055
Gesuch um Befreiung von den Auswirkungen der Nürnberger Gesetze (Mischling 1. Grades) unter Hinweis auf seine Verdienste (Freikorpskämpfer, persönliche Bekanntschaft mit Hitler und Himmler, u. a.).
K   102 00636 ff. (1109)

[14. 10. 38]   KrL Kitzingen, NS-Frauenschaft/OGru. Giebelstadt   13056
Berichte über die ablehnende Haltung der Frau des Oberstlt. Behrend (Fliegerhorst Giebelstadt) gegenüber dem Deutschen Frauenwerk und andere, das „geringe Verständnis" des Offizierskorps in Giebelstadt für eine Zusammenarbeit mit der Partei beweisende Vorkommnisse. (Weiterleitung an den StdF nicht ersichtlich.)
W   541 00008 – 11 (I/4)

14. 10. – 9. 12. 38   RMfdkA   13057
Trotz Warnung des Reichskirchenministers vor „unnötigem Aufsehen" Bestehen des StdF auf der vom Reichsstatthalter in Mecklenburg angeordneten Beseitigung der Hakenkreuze an den Kriegergedenktafeln in einer Kirche.
H   101 00739 f. (150)

15. 10. 38   AA, Dt. Ges. Bagdad   13058
Übersendung eines Berichts der Deutschen Gesandtschaft in Bagdad über die begeisterte Aufnahme von zwei Reden Hitlers (Hinweise auf das Schicksal der Araber unter der englischen Kolonialherrschaft in Palästina) in der gesamten arabischen Welt; Prestigegewinn Deutschlands durch die Lösung der Sudetenkrise und Hoffnung auf eine ähnliche Befreiung der Araber.
H   101 25453 – 56/3 (1421)

15. 10. 38 – 31. 3. 39   Adj. d. F, DAF-GWaltung Bayr. Ostmark   13059
Erledigung der an den StdF weitergeleiteten ˙Eingaben einer Rosa Hein (Wöllershof), ihre Schwester betreffend, durch eine Stellungnahme der Gauwaltung Bayerische Ostmark der DAF: Nach verlorenem Arbeitsgerichtsverfahren keinerlei rechtliche Voraussetzungen für die Forderung der fristlos entlassenen Martha H. (Coburg) auf Erhalt einer Lebensrente.
W/H   124 04512 – 18 (439)

16. – 17. 10. 38   GL Sauckel   13060
Entwurf des Programms für den Gautag Thüringen und die Einweihung von „Haus Elephant"; Bitte an Bormann um Übermittlung der Wünsche Hitlers zwecks Erstellung des endgültigen Programms.
W   124 00888 – 91 (71)

16. 10. – 29. 11. 38   Adj. d. F, G. Sommer – 6/1   13061
Einvernehmliche Regelung der Angelegenheit des von der Deutschen Beamtenversicherungsbank gekündigten Altparteigenossen Gottfried Sommer: Unterbringung S.s in einer anderen Berliner Lebensversicherungsgesellschaft durch die Kanzlei des Führers.
W/H   124 04734 – 40 (482)

17. 10. 38   RMfdkA   13062
Bitte Bormanns, von der Anforderung politischer Beurteilungen über Geistliche und sonstige Persönlichkeiten des kirchlichen Lebens abzusehen: Absicht der Partei, sich nicht in die Angelegenheiten der Kirchen einzumischen.
M   101 01110 f. (156)

[17. 10. 38]   Adj. d. Wehrm. b. F   13063
Die von Hitler dem KorvKpt. v. Puttkamer anläßlich der Indienststellung des Zerstörers „Hans Lody" geschenkten Filmgeräte von bzw. im Einvernehmen mit Bormann beschafft.
W   124 00111 (36)

18. 10. 38   RMdI u. a.   13064
Erlaß über die Regelung der vorläufigen Verwaltung des – später wieder zur Rückgliederung nach Schlesien vorgesehenen – Hultschiner Ländchens: Auftragsverwaltung durch den Regierungspräsidenten in Oppeln bzw. den Landrat von Ratibor für den Reichskommissar für die sudetendeutschen Gebiete. (Nachrichtlich an den StdF.)
H   101 24750 f. (1369); 101 24794 f. (1370)

18. 10. 38 – 15. 4. 39   RFSS   13065
Abkommandierung des AL Albert Hoffmann in den Stab des Reichskommissars für die sudetendeutschen Gebiete als Beauftragter des StdF für den Parteiaufbau im Sudetenland. Beendigung dieser Tätigkeit mit Wirkung vom 1. 4. 39.
W   306 00527, 530 (Hoffmann)

19. 10. 38   RWiM   13066
Einwände des Reichswirtschaftsministers (RWiM) gegen die Eingliederung der Walfangunternehmen in den Reichsnährstand aufgrund der Eigenheit ihrer Struktur: Ausübung des Walfangs in besonderen Formen (Expeditionen), an besonderen Orten (Antarktis) und zu besonderen Zeiten (internationale Fangzeiten); der Wal als Erzeugnis dieser besonderen Tätigkeit kein landwirtschaftliches Erzeugnis; u. a. In diesem Zusammenhang mehrmals der trotz Widerspruchs des RWiM erfolgte Erlaß einer Verordnung über den Zusammenschluß der deutschen Milch- und Fettwirtschaft beanstandet.
M/W   101 02111 – 19 (200)

19. 10. 38   Adj. d. F   13067
Bitte Bormanns um Begleichung einer Rechnung über RM 853.50 für Silbergerät (als Hochzeitsgeschenk von Fräulein Braun im Auftrage Hitlers an das bisherige Dienstmädchen Lina Dammert gesandt).
K   124 03655 (324)

19.10.38 Adj. d. F 13068
Durch den Stab StdF Überweisung von RM 800.– auf das Postscheckkonto der Führeradjutantur (Berlin Nr. 63).
W   124 00663 (57)

20.10.38 Adj. d. F – 1 13069
Rücksendung eines *Berichts an den Verbindungsstab.
W   124 00658 f. (57)

21.10.38 RJM 13070
Vorschlag zur Ernennung des Rats des Obersten Gerichtshofes in Wien Friedrich Schober zum Präsidenten des Oberlandesgerichts Wien.
K/H   101 26686 – 92 (1511)

21.10. – 5.12.38 NSLB – 8 13071
Die erbetene Auskunft der Dienststelle Ribbentrop über die Internationale Freundschaftsliga (London): Eine unpolitische Vereinigung mit dem Ziel, Reisen britischer Staatsangehöriger ins Ausland, u. a. Freundschaftsfahrten nach Deutschland, zu organisieren.
M   203 01446/17 f. (46/5)

22.10.38 Sächs. MfV 13072
Ablehnung einer Lehrstuhlberufung des Dozenten Karl Bechtold (Clausthal) durch den Stab StdF; Begründung: Wohnen B.s in Untermiete bei einem Juden, später bei der Witwe eines Juden.
W   301 00123 – 27 (Bechtold)

22.10.38 AA, Dt. Botsch. Rom, Bgm. S. Ardy 13073
Übersendung eines *Dankschreibens des Bürgermeisters von Genua, Silvio Ardy, für die Einladung zum Reichsparteitag 1938.
W   201 00444 f. (74/2)

22.10. – 1.11.38 Adj. d. F – 11 13074
Übersendung von Aktennotizen eines ungenannten Verfassers über eine Besichtigung der Heinkel-Werke (Oranienburg) durch den amerikanischen Botschafter Wilson, Oberst Lindbergh u. a. (Würdigung des „Geistes der deutschen Zusammenarbeit" durch W.; sein Interesse an Ausbildung, Fabrikationsgang und sozialen Einrichtungen sowie an der Behandlung von Werkstoffen) und über eine Begegnung mit L. anläßlich der Lilienthal-Tagung (Beteiligung Lindberghs an Erörterungen in Frankreich und England zwischen den Zusammenkünften in Berchtesgaden und München; Beurteilung der Leistungsfähigkeit der deutschen Luftwaffe durch Lindbergh – gegenüber der politischen und militärischen Leitung der britischen Luftwaffe – als überlegen im Hinblick auf Ausrüstung und Einsatzbereitschaft, die russischen Luftstreitkräfte dagegen ungleich ausgerüstet; die zunächst bestehende britische Skepsis gegenüber den Ausführungen Lindberghs von den Franzosen – vermutlich aufgrund der hohen Einschätzung der deutschen Leistungsfähigkeit durch Gen. Vuillemin – nicht geteilt). Rücksendung der Aufzeichnungen durch Croneiß (Referat für technische Fragen im Stab StdF) und Erwähnung des von Gen. Udet vorbereiteten Besuches V.s bei der Messerschmitt A.G. (Vorstellung der Me 109 und des schweren Jägers Me 110); Bitte um Übersendung etwa vorliegender Aktennotizen über die Besuche V.s und Lindberghs in Augsburg.
K   124 03779 – 83 (342)

22.10. – 14.12.38 RDozBF, RMfWEuV 13075
Nach Mitteilung Bormanns an den Reichsdozentenbundsführer einstweilige, nach Mitteilung des Reichserziehungsministers endgültige Rückgängigmachung der von Hitler zunächst angeordneten Verlegung der deutschen Hochschulen in der Tschechoslowakei ins Reich und damit deren Verbleiben in Prag und Brünn (infolge der unterschiedlichen Benachrichtigung Differenzen zwischen den beiden Dienststellen und Vorwürfe mangelnder Zusammenarbeit). Unabhängig von dieser abgeänderten Entscheidung H.s Errichtung einer Technischen Hochschule in Linz. – Anläßlich der Wiederaufnahme des

Lehrbetriebs der deutschen Hochschulen in der Tschechoslowakei Ergebenheitstelegramm der Professoren und Assistenten.
K/W/H   101 19488−91 (1178); 101 23232−34/6 (1324)

22. 10. 38 −1. 3. 39   OKW   13076
Übersendung von ˙Verfügungen des Reichsinnenministers für die zivile Verwaltung der sudetendeutschen Gebiete; Übernahme der militärischen Verwaltung nach Herausziehung der Heeresgruppenkommandos durch die angrenzenden Wehrkreiskommandos, Festlegung ihrer sowie der Luftgau-Grenzen; Änderung von Wehrkreis- und Luftgau-Grenzen in Bayern.
H   101 24752 ff., 764 (1369)

24. 10.−5. 11. 38   NSLB−8   13077
Aufgrund starken Interesses in englischen Lehrerkreisen Bitte der Dienststelle Ribbentrop um Zurverfügungstellung der deutschen Besoldungsordnung. Übersendung einer auf propagandistische Zwecke zugeschnittenen Übersicht über die Lehrerbesoldung in Deutschland.
W/H   203 01446/22 ff. (46/5)

25. 10. 38   RKzl.   13078
Bitte Bormanns um Herbeiführung einer Entscheidung Hitlers, das Horst-Wessel-Lied gesetzlich zur Nationalhymne zu erklären. Einholung von Stellungnahmen der Ressorts unter Hinweis auf eine Entscheidung H.s aus dem Jahr 1935 (keine Erklärung des Horst-Wessel-Lieds zur Nationalhymne, bei Sportveranstaltungen im Ausland lediglich Absingen des Deutschlandlieds). Erledigung der Frage nach dem Vorschlag des Propagandaministers, es bei dem jetzigen Zustand zu belassen.
W/H   101 00147−62 (128 c); 203 02396−401 (66/2)

25. 10.−4. 11. 38   RMdI, RKzl.   13079
Vorlage des Entwurfs eines Gesetzes über die Ergänzungswahlen zum Großdeutschen Reichstag in den sudetendeutschen Gebieten mit Erläuterungen des Reichsinnenministers dazu: Kein Abwarten des Abschlusses der Verhandlungen mit der „tschechisch-slowakischen" Regierung über den für den Erwerb der deutschen Staatsangehörigkeit in Frage kommenden Personenkreis, sondern großzügige Zulassung der „deutschblütigen" und „doppelt erschwerte" Zulassung der tschechischen Bevölkerung. Der vorgeschlagene Wahltermin 20. 11. von Hitler auf den 4. 12. verschoben, um den Abschluß der Verhandlungen „über die restlichen Gebietsteile" abzuwarten.
H   101 24723−27 (1368)

25. 10.−9. 12. 38   RMfWEuV   13080
Zusicherung der Einholung der politischen Beurteilung von Wissenschaftlern durch den StdF vor ihrer Entsendung an eine ausländische Hochschule.
M/H   203 01459 f. (47/1)

25. 10. 38−6. 2. 39   NSLB u. a.−8   13081
Übersendung eines Rundschreibens an die Gauwalter, die Gaubeauftragten der Dienststelle Ribbentrop (DR) über sämtliche Vorgänge außenpolitischer Art (Besuche ausländischer Lehrergruppen, Erfahrungen aus Studienaufenthalten im Ausland, u. a.) laufend zu unterrichten; die Vereinbarung über die unmittelbare Zusammenarbeit zwischen NS-Lehrerbund und DR davon nicht berührt.
M   203 01445/98 f., 446/19 ff., 446/25 f. (46/5)

26. 10.−4. 11. 38   RSchatzmeister, Adj. d. F   13082
Im Auftrag des StdF Einholung des Einverständnisses Hitlers mit der Verleihung des Blutordens an Bormann.
W/H   124 00629 f. (57)

26. 10. 38−2. 3. 39   Adj. d. F, GL Düsseldorf   13083
Stellungnahme der Gauleitung Düsseldorf zu einer an den StdF weitergeleiteten Beschwerde des wegen unhaltbarer Zustände innerhalb seiner Ortsgruppe von seinem Posten als Vorsitzender des Prüfungsausschusses für das Schuhmacherhandwerk zurückgetretenen Rudolf Melcher (Solingen-Wald): M. ein

zwar anständiger, aber selbstgerechter und uneinsichtiger Mensch; seine – an sich berechtigten – Beschwerden u. a. über KrL Straßweg und Ortsgruppen-Propagandaleiter Dorp; der „Krach in der Handwerkskammer"; Absicht des Ortsgruppenleiters, sich mehr um M. zu kümmern.
W/H   124 04613 – 20 (459)

27. 10. 38   Lammers   13084
Von Bormann übermittelte Anordnung Hitlers, mit GL Henlein dessen „durchaus ungeklärte finanzielle Sorgen" zu besprechen.
H   101 24836 (1370 a)

27. 10. – 12. 11. 38   Adj. d. F, F. Kellermeier, AA   13085
Nach Ablehnung der – vom Reichswirtschaftsminister vorgeschlagenen und vom Auswärtigen Amt vorgesehenen – Bestellung des Fritz Kellermeier zum Mitarbeiter des Handelsattachés in den Vereinigten Staaten durch den StdF Gesuch K.s an die Führeradjutantur, um – über v. Helms im Stab StdF – eine befriedigende Lösung seiner Angelegenheit zu erreichen. Dazu Stellungnahme des Stabs StdF: Die schlechte Beurteilung K.s durch die SS Anlaß für seine Ablehnung; vor Klärung der gegen K. erhobenen Vorwürfe keine Veranlassungen durch den StdF möglich.
K   124 03843 – 47 (352)

27. 10. – 22. 11. 38   RMdI u. a.   13086
Vorbereitung (Schriftwechsel mit den CSR-Stellen, Referentenbesprechung am 3. 11., Arbeitsaufnahme und Leitung der deutschen Schriftgutkommission in Prag) eines Deutsch-Tschechoslowakischen Verwaltungsschriftgutabkommens. Maßgebliche Leitgedanken des Reichsinnenministers: Wahrnehmung einer einheitlichen Linie und eines geordneten Verfahrens bei der Übernahme der für die Verwaltung der sudetendeutschen Gebiete erforderlichen, in tschechischer Hand befindlichen Unterlagen; Sonderaktionen einzelner Verwaltungszweige unerwünscht (ausgenommen den Verkehr und die Rechtspflege betreffendes Schrifttum); Zusammenarbeit zwischen den Ressorts und der Schriftgutkommission; Regelung der Rückgabe des von den Tschechen verschleppten Schriftgutes unmittelbar durch die beteiligten örtlichen Instanzen. Änderungsvorschläge und -wünsche einiger Ressorts. Abschluß des Abkommens (Rückgabe aus den abgetretenen Gebieten entfernten Verwaltungsschriftguts; Behandlung des Schriftguts von der neuen Grenze zerschnittener Gerichts-, politischer oder Verwaltungsbezirke sowie des Schriftguts zentraler Behörden, Wirtschaftsorgane, Körperschaften usw.; gegenseitiges Recht der Einsichtnahme und Kopierung).
H   101 14977 – 81 (860); 101 24765 – 84 (1369 a)

27. 10. – 26. 11. 38   AA, RFSS   13087
Nach einer ungarischen Beschwerde erneute Aufforderung des Auswärtigen Amtes an den Reichsführer-SS, die „möglicherweise stillschweigend geduldete" illegale Liquidierung ungarischer Betriebe in jüdischer Hand durch „österreichische Lokalstellen" endlich zu unterbinden; rechtliche (Enteignung von Ausländern nur in ordentlichem Verfahren gegen angemessene Entschädigung statthaft), politische (Schädigung des deutschen Ansehens) und wirtschaftliche (die von den Ungarn begonnene allmähliche Arisierung der in Deutschland ansässigen jüdischen ungarischen Firmen vorteilhafter) Argumente gegen das „lokale" Vorgehen in Österreich. Antwortnote an die Ungarische Gesandtschaft: Abhilfe durch „die nötigen Anweisungen" erfolgt. (Abschrift jeweils an den StdF.)
H   101 26442 – 49 (1502)

27. 10. – 14. 12. 38   RMdI, RKzl.   13088
Keine Einwände des StdF gegen die vom Reichsinnenminister geplante Einführung einer Beamtenuniform, jedoch Ablehnung der Anregung des Reichserziehungsministers, die Beamten zum Tragen der Uniform bei dienstlichen Anlässen zu verpflichten; vielmehr Forderung, ihnen bei Vorliegen der Berechtigung zum Tragen der Parteiuniform die Wahl zwischen dieser und der Beamtenuniform grundsätzlich freizustellen. Die Angelegenheit zuständigkeitshalber von der Reichskanzlei an die Präsidialkanzlei abgegeben.
A   101 05553 – 57 (465)

29. 10. 38 – 3. 1. 39   RMdI u. a.   13089
Erlaß über die Verleihung der Bezeichnung „Regierungspräsident" an die Beauftragten des Reichskommissars für die sudetendeutschen Gebiete (RK) mit dem Sitz in Karlsbad, Aussig und Troppau; Zuständigkeitsverteilung zwischen dem RK und den neuen Regierungspräsidenten sowie deren Geschäftsverteilung. Einspruch des Reichsernährungsministers gegen die vorgesehene Übertragung der landwirtschaftlichen Angelegenheiten vom RK auf die Regierungspräsidenten. Umfangreiche Erläuterung des Organisationserlasses durch den Reichsinnenminister (u. a. Übergang des Begriffs der „höheren Verwaltungsbehörde" und der „Landespolizeibehörde" auf die Regierungspräsidenten). (Abschrift jeweils an den StdF.)
H   101 24687 – 93 (1367); 101 24817 – 35 (1370)

30. 10. 38   BergDir. M. Halm   13090
Um die Gefährdung der Existenz von Kohlenbergwerken im Zwickauer Steinkohlenrevier durch Abgabe des Kohlenzehnten zu vermeiden, Bitte, sich für eine beschleunigte Herausgabe des im Entwurf vorliegenden Gesetzes zur Regelung des Kohlenzehnten (Zehntenzahlung durch das kohlefördernde Werk künftighin abhängig von der Gewinnerzielung) einzusetzen.
K   124 03767 – 71 (340)

30. 10. 38   Lammers   13091
Weiterleitung eines ˚Schreibens des MinDir. Sommer (Stab StdF) über das Kraftfahrsachverständigenwesen an den Reichsverkehrsminister; Erwähnung einer – Heß übersandten – Denkschrift des Reichsverbandes der Technischen Überwachungs-Vereine.
K   101 20122 (1201)

Nicht belegt.   13092

31. 10. 38   AA, Dt. Botsch. Santiago   13093
Übersendung eines Berichts des Deutschen Botschafters in Santiago, v. Schoen, über eine Unterredung mit dem chilenischen Präsidenten Alessandri: Anerkennende Äußerungen A.s über die Lösung der sudetendeutschen Frage; Erwähnung des (niedergeschlagenen) Putschversuchs vom 5. 9.; vorsichtige Anspielungen A.s auf die Unterstützung der chilenischen NS durch Deutschland; Hinweis Sch.s auf das Verbot für Reichsangehörige, sich in die Politik des Gastlandes einzumischen; Erwähnung des antideutschen Kurses in Brasilien durch A.
K   101 26022 – 25 (1470 b)

Nov. 38 – März 39   G. Schott   13094
Übergabe seines für Hitler bestimmten Buches „Luther – Dürer" samt Begleitbrief (Bitte um Empfang durch Hitler) an Heß. Später Bitte um einen Empfang durch Heß; beabsichtigter Gegenstand der gewünschten Aussprachen: „Konjunktur-Antichristentum" in der Partei. Ausbleiben einer Antwort.
W   124 04714 f. (479)

1. – 7. 11. 38   RMdI, Lammers   13095
Erneute Initiative des Reichsinnenministers (RMdI), mit Unterstützung des StdF, den 9. November zum gesetzlichen Feiertag zu erheben. Dazu die Reichskanzlei: Eine Änderung der Auffassung Hitlers von 1937 („zur Zeit nicht angebracht") ungewiß; die Anregung des RMdI aber sowieso auch für einen Führererlaß zu spät.
H   101 21371 – 77 (1266 a)

2. 11. 38   SA-Ogruf. Brückner, RSchatzmeister   13096
Durch den Stab StdF Übersendung einer Verfügung Hitlers über den Blutorden (Ausdehnung des Trägerkreises auf im Kampf für die Bewegung, insbesondere in Österreich, Verurteilte; Verbleib des Ordens im Familienbesitz nach dem Tod des Trägers; Zuständigkeit des Reichsschatzmeisters [RSM] für alle Blutordensangelegenheiten) und der Ausführungsbestimmungen des RSM hierzu (detaillierte Beschreibung der Voraussetzungen für die Verleihung, Antragstellung u. a.).
W/H   124 00829 – 33 (66)

Nicht belegt.   13097

4.11.38　　RMdI　　　　　　　　　　　　　　　　　　　　　　　　　　　　　13098
Übersendung einer Aufzeichnung sowie der Niederschrift einer Referentenbesprechung über die Errichtung eines Boden- und Siedlungsamtes beim Reichskommissar für die sudetendeutschen Gebiete (Zweck: Wiedergutmachung des von 1918–38 durch die tschechische Bodenpolitik – Bodenreform, Ausnutzung wirtschaftlicher Notlagen, militärische Enteignungen – am deutschen Volkstum begangenen Unrechts; Durchführung der sich aus der Option ergebenden Umsiedlungen; Sicherung des deutschen Volkstums gegen „das Eindringen und die Festsetzung volks- und rassefremder Elemente").
H　　　101 24755–63 (1369)

[4.]–17.11.38　　RKzl., Bgm. Nikolsburg　　　　　　　　　　　　　　　　　　13099
Mitteilung Bormanns: Von Hitler den Hinterbliebenen der fünf im September 1938 erschossenen Mitglieder der Sudetendeutschen Partei aus dem Bezirk Nikolsburg eine laufende Unterstützung zugesagt. Von der Reichskanzlei die Angelegenheit zuständigkeitshalber an die Präsidialkanzlei abgetreten.
A/W　　101 06885 ff. (566 a)

4.–29.11.38　　RMdI, RMfdkA　　　　　　　　　　　　　　　　　　　　　13100
Dringende Bitte des Reichsinnenministers an die Obersten Reichsbehörden um Prüfung der Kompetenzabgrenzung zwischen ihnen und den Reichsstatthaltern in Österreich noch vor Erlaß des Ostmarkgesetzes angesichts des von Hitler festgesetzten Termins für das Ende des Bestehens des Landes Österreich (30.4.39). Wunsch des Reichskirchenministers: Bearbeitung zentraler Angelegenheiten (z.B. Konkordat, Kirchensteuer, Pfarrerbesoldung) durch seine Dienststelle, Angelegenheiten von nur lokaler kirchlicher Bedeutung und ohne kirchenpolitischen Charakter (z.B. Patronats- und Bausachen) dagegen durch die Reichsstatthalterbehörden. (Nachrichtlich jeweils an den StdF.)
A　　　101 24154–58 (1353a, 1353b)

5.11.38　　Amann　　　　　　　　　　　　　　　　　　　　　　　　　　　13101
Unterstützung der Bitte des GL Schwede-Coburg um ein Vorwort Hitlers für sein Buch „Kampf um Coburg" (Begründung: Verdiente Anerkennung für Sch. und Förderung des Absatzes).
W　　　124 00815 f. (66)

9.11.38　　GL Jury　　　　　　　　　　　　　　　　　　　　　　　　　　　13102
Durch Heß Überreichung des im Auftrag des GL Jury verfaßten Werkes „Carnuntum" an Hitler; dessen Befehl zur Ausgrabung der Römerstadt.
H　　　101 20868 f. (1229)

[10.11.]–[7.12.38]　　RKzl., RMfWEuV　　　　　　　　　　　　　　　　　13103
Die Aufforderung des Reichswalters des NS-Lehrerbundes an die Lehrer, den Religionsunterricht niederzulegen, von Hitler nicht gebilligt. Auf Veranlassung des StdF Zurücknahme jener Weisung und Bekanntgabe eines besonderen Erlasses des Reichserziehungsministers (REM): Die Erteilung von Religionsunterricht eine Gewissensentscheidung jedes Lehrers. Herausgabe eines weiteren Erlasses durch den REM, um die bei den Lehrern weiterhin bestehenden Mißverständnisse auszuräumen und einen schulplanmäßigen Religionsunterricht sicherzustellen.
M　　　101 01146–58 (157)

11.11.38　　AA, Dt. Botsch. Brüssel–8　　　　　　　　　　　　　　　　　　13104
Übersendung einer Kritik der Deutschen Botschaft in Brüssel an der Auswahl der belgischen Ehrengäste Hitlers beim Reichsparteitag, insbesondere aber an dem zu späten Eintreffen der Einladungen: Absage einzelner Gäste aufgrund anderweitiger Verpflichtungen.
M　　　203 02640–43 (78/1)

11.–12.11.38　　K. Haberstock, Adj. d. F　　　　　　　　　　　　　　　　　13105
Durch die Kunsthandlung Haberstock Übersendung von Rechnungen für alle von Hitler in München besichtigten Bilder; Bitte an Bormann, die Rechnungen für die nicht angekauften Bilder zurückzuschicken. Handschriftliche Bemerkung B.s: K. Hd. der Zuständigkeit halber Herrn Gruppenführer Schaub mit der Bitte um weitere direkte Bearbeitung.
K　　　124 03750 (339)

11. 11.–5. 12. 38   Adj. d. F, H. v. Raußendorff – 11   13106
Negative Beurteilung der wehrtechnischen Erfindung (Kleinst-Torpedoträger) eines Hans v. Raußendorff (Kiel) durch den Stab StdF; aus Kompetenzgründen (im Referat für technische Fragen nur Bearbeitung wehrtechnischer Erfindungen) Weiterleitung einer *Eingabe zu einer anderen Erfindung R.s (Bodenfräse) an das Hauptamt für Technik.
W   124 04081 – 86 (377)

11. 11.–13. 12. 38   NSLB – 8   13107
Ein Artikelaustausch mit der englischen Zeitschrift „Parade" sowohl vom NS-Lehrerbund wie von der Dienststelle Ribbentrop für nicht angebracht gehalten.
W   203 01446/6 f. (46/5)

12. 11. 38   RMfVuP   13108
Bitte um Zustimmung zur vorgeschlagenen Ernennung des ORegR Hans Fritzsche zum Ministerialrat unter Abweichung von § 12 Abs. 1 der Reichsgrundsätze.
H   101 18623 – 28 (1150 c)

[12. 11. 38] – 19. 1. 39   SA-Ogruf. v. Pfeffer, Schwarz, Adj. d. F   13109
Durch Bormann Weiterleitung eines *Antrags des SA-Ogruf. v. Pfeffer auf Verleihung des Blutordens an Schwarz und die Führeradjutantur; aufgrund der Verleihungsbestimmungen (nur an die Angehörigen der in München oder der unmittelbaren Umgebung eingesetzten Verbände bzw. nur bei Erleiden schwerer Verwundungen oder von Haftstrafen von über einem Jahr infolge des Einsatzes für den NS) nach Ansicht B.s keine Chance für einen positiven Entscheid des offenbar auf bloße Einsatzbereitschaft im französisch besetzten Teil Westfalens abgestellten Antrags.
W/H   124 04660 – 67 (466)

13. 11. 38   GL Köln–Aachen, GL Düsseldorf   13110
Übersendung der Minutenprogramme für den „Empfang des Sonderzuges mit den sterblichen Überresten des ermordeten Gesandtschaftsrats vom Rath an der deutschen Grenze und in Aachen" sowie für das Staatsbegräbnis in Düsseldorf.
H   101 25425 – 38 (1415 a)

14. 11. 38   Intern – 8, 8/1   13111
Aufgaben der Gaubeauftragten der Dienststelle Ribbentrop: Unterrichtung des Gauleiters über die Wünsche der Dienststelle; Bildung eines Arbeitsringes, um sämtliche Gauämter, die Gliederungen und die angeschlossenen Verbände bei ihrer außenpolitischen Arbeit zu überwachen und zu beraten; Betreuung von Ausländern; u. a. Hier: Ernennung des GAL Wüster zum Gaubeauftragten München-Oberbayern.
M   203 01257 f. (40/1)

16. 11. 38   RKzl.   13112
Weiterleitung der *Eingabe einer Elise Gebhard (Altensittenbach).
K   101 15139 (888 b)

17. 11. 38   RFSS   13113
Übersendung einer Vase aus der SS-Porzellanmanufaktur Allach an Frau Heß (Überreichung solcher Vasen an dem – von Frau H. nicht besuchten – Biwakabend der SS anläßlich des Reichsparteitags).
W   107 00508 (213)

19. 11. 38   ?   13114
Bitte, Hitler die Zustimmung zum Abschluß der vorliegenden Angebote für Werke der „entarteten Kunst" und ein Verbot der Veräußerung der in Devisen absetzbaren Werke gegen Sperrmark vorzuschlagen.
W   124 01106 f. (116)

[19. 11. 38]   GL Henlein   13115
Mit Zustimmung des Beauftragten des StdF Protest gegen den „unmöglichen" Wahlvorschlag des

Reichsinnenministers für die sudetendeutschen Reichstags-Ergänzungswahlen: Lediglich Hitler–Henlein statt Hitler–Henlein–Krebs–Frank–Jung.
H   101 24710 (1368)

19. 11. – [16. 12.] 38   Lammers, E. Glaise v. Horstenau   13116
Aus Anlaß der nun abgeschlossenen Zurückführung der „10 Millionen Deutschen an der Südostgrenze ins Reich" Ergebenheitsadresse des Ministers Glaise v. Horstenau an Hitler, verbunden mit der Bitte um Wiederverwendung in einem seinen Kenntnissen und Erfahrungen besser entsprechenden Wirkungskreis. Grundsätzliche Geneigtheit H.s, diesem Wunsch zu entsprechen, Überlegungen über Art und Ort eines neuen Wirkungskreises allerdings noch im Gange; Bitte Lammers' an Heß, sich dafür zu interessieren. Übersendung der *Antwort Heß' an G.
A/H   101 24285 – 93 (1357 b)

[19. 11. 38] – 14. 4. 39   RMdI, RKzl. u. a.   13117
Erwähnung der „grundlegenden Streitfrage" bei der Beratung des Ostmarkgesetzes und des Sudetengaugesetzes: Stellung der Reichsstatthalter und ihr vorgesehenes Weisungsrecht gegenüber den Behörden der Sonderverwaltungen. Nach Drängen Heß' auf Vorlage der Entwürfe trotz der von den Ressorts geäußerten Bedenken Entscheidung Hitlers zugunsten beider Entwürfe und gegen die Bedenken der Ressorts (keine Angliederung an die Reichsstatthalter nur für die Reichsjustiz-, Reichsfinanz-, Reichsbahn- und Reichspostverwaltung): Besondere, zunächst noch nicht und später nur im Falle der Bewährung in den neuen Gebieten für das Altreich in Frage kommende Regelung. (Vgl. Nr. 13220.)
H   101 24644 – 47, 655 – 60 (1366); 101 24737 – 40 (1368 a); 101 24936 – 39 (1389)

20. – 26. 11. 38   M. Mesch, Adj. d. F   13118
Schreiben einer Meta Mesch (Hermannstadt): Nach Rückkehr vom Deutschlandjahr dankbare Erinnerung an eine Einladung bei Hitler während des Reichsparteitags 1937; Bitte um die Unterschrift H.s auf einem Foto davon. Weiterleitung an die Führeradjutantur.
W/H   124 04016 – 17 (367)

21. 11. 38   SS-Obf. Rauter   13119
Ausscheiden des SS-Obf. Hanns Rauter aus dem unmittelbaren Befehlsbereich des StdF durch Ernennung zum Stabsführer des SS-Oberabschnitts Süd-Ost (Breslau): Dank Heß' für geleistete Dienste.
M   306 00793 (Rauter)

[21. 11. 38]   RKfdsG   13120
Unter Betonung des Einvernehmens mit dem StdF Angebot an GL a. D. Rudolf Jung, den Posten des Präsidenten des Landesarbeitsamts Sudetenland zu übernehmen (statt des von J. angestrebten Regierungspräsidentenpostens in Troppau). Später Beschwerde des auf keinen der beiden Posten berufenen J.
M/W   306 00601 – 04 (Jung)

21. 11. – 5. 12. 38   Amt f. d. 8./9. Nov., Dr. Buttmann – 34   13121
Behauptungen eines Oblt. a. D. Maximilian Krieger (München) über seinen angeblichen erfolgreichen Einsatz bei MinPräs. Held Ende 1924 für die Aufhebung der gegen Hitler beschlossenen Ausweisung und des gegen ihn verhängten Redeverbots, für die Wiedergründung der Partei sowie für die Freilassung der Kameraden Hitlers aus Landsberg. Ergebnis der daraufhin vom Amt für den 9. November angestellten Ermittlungen: K. eine äußerst zwielichtige, von Hitler abgelehnte Persönlichkeit; seine Angaben teils falsch, teils unwahrscheinlich.
W   124 04553 – 59 (452)

22. 11. 38   C. Morhart   13122
Durch eine Clara Morhart (Berchtesgaden) Übersendung einer *Eingabe an Hitler.
W/H   124 04023 (368)

22. 11. 38   RMfVuP   13123
Bitte um eine Mitteilung über die Anwesenheit Hitlers bei den Veranstaltungen anläßlich des 5. Jahres-

tags von Reichskulturkammer und KdF, über die Zulassung von Damen in der Führerloge sowie über die Zusammensetzung von H.s Begleitung.
W   124 00182 (45)

22. 11. 38 – 23. 5. 39   RMdI, KrL Düsseldorf, OPräs. Rheinprovinz, StSekr. Körner   13124
Im Zusammenhang mit der – zwischen den beteiligten Dienststellen von Partei und Staat nach Ansicht Fricks unstreitigen – endgültigen Besetzung des Düsseldorfer Oberbürgermeisterpostens mit dem kommissarischen Obgm. Otto Bitte F.s an den StdF, den Beauftragten der NSDAP in Düsseldorf zur Aufgabe seiner Forderung nach Ausschreibung dieser Stelle zu veranlassen; Zurückweisung der von örtlichen Parteidienststellen gegen O. erhobenen Vorwürfe wegen angeblich unzureichender Förderung städtischer Bauprojekte. Diese Bitte vom StdF abgelehnt: Ein ordentliches Berufungsverfahren aufgrund bekanntgewordener und gegen eine endgültige Übertragung des Postens an O. sprechender Umstände zweckmäßig. Nach neuen Vorwürfen (angeblich unrechtmäßiges Tragen des EK I) und auch deren Zurückweisung durch den Reichsinnenminister sowie nach Intervention des Preußischen Staatsministeriums beim StdF zugunsten O.s Vortrag Heß' bei Hitler mit dem Ergebnis, die Stelle – wegen fehlenden Einvernehmens zwischen GL Florian und O. – neu zu besetzen. Bitte Bormanns an F., um eine geeignete Wiederverwendung O.s bemüht zu sein.
A   101 07002 – 18 (573 a)

23. 11. 38   AA, Tschech. Ges. – 1   13125
Tschechoslowakische Note wegen der (durch den Vorstand der jüdischen Gemeinde erfolgten) Heranziehung von Berliner Juden tschechoslowakischer Staatsangehörigkeit zur Zeichnung von Beiträgen für den Wiedergutmachungsfonds, vermutlich aufgrund der Verordnung zur Wiederherstellung des Straßenbildes bei jüdischen Gewerbetreibenden vom 12. 11. 38: Übersendung an den Verbindungsstab.
H   101 26379 ff. (1498)

24. 11. 38   RSD, Adj. d. F   13126
Durch Bormann übermittelte Anweisung Hitlers, bei prominenten Besuchern auf dem Berghof künftig den Posten am Teugelbrunn-Tor durch die Kompanie der Leibstandarte zu stellen.
W   124 01105 (116)

24. 11. 38   RKzl.   13127
Durch den Stab StdF Übersendung einer Vierten Verordnung (des StdF) zur Ausführung des § 118 der Deutschen Gemeindeordnung: Gültigkeit der §§ 1–4 der Ersten Ausführungsverordnung in den sudetendeutschen Gebieten.
H   101 24721 f. (1368)

26. 11. 38   AA, Lit. Ges. – 1   13128
Bitte der Litauischen Gesandtschaft an das Auswärtige Amt (AA), bei den zuständigen deutschen Stellen Schritte zu unternehmen, um die Ersetzung der den litauischen Staatsangehörigen S. Levy, M. Kalabus, J. Kreczmer und H. Levin im November 1938 entstandenen Schäden und die Aufhebung der (dem Litauisch-Deutschen Handels- und Schiffahrtsvertrag von 1928 widersprechenden) auf polizeiliche Anordnung erfolgten Schließung ihrer Geschäfte zu erreichen: Bitte des AA um Stellungnahme des Verbindungsstabs.
K   101 25826 – 33 (1458 b)

26. 11. 38   Adj. d. F   13129
Übersendung des Buches „Lenin, Führer und Götze des Bolschewismus" an Heß im Auftrag von L. Kasandjieff (Sofia).
W   124 01296 (150)

[26. 11. 38]   E. Gansser   13130
Mitteilung Bormanns an einen Emil Gansser (Berchtesgaden) über die Weigerung Hitlers, G. weitere Mittel zur Führung seiner Prozesse gegen den Siemens-Konzern zukommen zu lassen.
K   101 16550 f. (1003)

26. 11.[38?] – 14. 1.[39?]   C. Russo   13131
Bitte der Pgn. Cl. Russo (Oberschreiberhau) an Heß als den „Schirmherrn über die Homöopathen" um einen Empfang; Bereitschaft, den Wert der Augendiagnose zu beweisen (die dafür ausgesetzten RM 10000.– für sie nicht maßgebend).
W/H   124 04439/1 – 442/6 (422)

[28. 11. 38]   Adj. d. F   13132
Unter den mit Hitler nach Grulich und Hillersleben Fahrenden vom Stab StdF Bormann und Darges.
W   124 00109 (36)

[28. 11. 38]   AA – 8   13133
Anläßlich einer Portugalreise des Reichskassenverwalters der HJ, Berger, mit zwei HJ-Führern grundsätzliche Erörterung des Prüfungsverfahrens für Auslandsreisen von HJ-Angehörigen: Bisher Prüfung ihrer Zweckmäßigkeit vom parteipolitischen Standpunkt durch den Verbindungsstab (Büro Ribbentrop), vom außenpolitischen Standpunkt durch das Auswärtige Amt (AA), Referat Kult. J; Vorschlag aus dem AA, die Fahrten der HJ nur noch vom Referat Kult. J bearbeiten zu lassen. Mitteilung Garbens (Stab StdF) über die Errichtung eines Referats Partei innerhalb des AA zur Bearbeitung „sämtlicher Angelegenheiten von Parteistellen", darunter dieser.
M/H   203 00048 f. (13/3)

[28. 11. 38]   Adj. d. F   13134
Unter den mit Hitler zum Stapellauf nach Kiel Fahrenden vom Stab StdF Bormann und Darges.
W   124 00110 (36)

29. 11. – 10. 12. 38   NSLB – 8   13135
Aufgrund eines Wunsches der Dienststelle Ribbentrop, Fachleute für auslandsdeutsche oder ausländische Gebiete kennenzulernen, Empfehlung eines Herbert Franze (Radebeul) als besonderen Kenner Karpatorußlands.
M   203 01446/12 f. (46/5)

30. 11. 38   RFSS, T. Kopp – 7   13136
Durch den Leiter der Auslands-Organisation Weiterleitung der Einladung Himmlers zu einer Elchjagd in Schweden durch einen Theo Kopp (Stockholm).
W   107 00490 f. (204)

30. 11. 38 – 4. 1. 39   M. Grellert, Adj. d. F   13137
Bericht einer Martha Grellert (Portland) über starke Sympathien der nordamerikanischen Indianer für den NS und besonders für Hitler. Weiterleitung an die Führeradjutantur.
W   124 04459 f. (424); 124 04496 f. (435)

30. 11. 38 – 25. 2. 39   RMdI, RJM   13138
Erörterung des ˚Entwurfs eines österreichischen Landesgesetzes über die Rückgängigmachung der Ausfolgung von Vermögen an das Haus Habsburg-Lothringen; dabei vom Vertreter des StdF vorbehaltlich der Stellungnahme Heß' ein gegen alle Mitglieder des Hauses H.-L. gerichtetes Reichsausweisungsgesetz als begrüßenswert bezeichnet. Keine staatsrechtlichen Bedenken des Reichsjustizministers gegen die vom Reichsinnenminister vorgeschlagenen Alternativen für eine Ausweisung, die Entscheidung jedoch Hitler vorbehalten. Dessen Entscheidung: Billigung des Gesetzentwurfs; vorläufig Unterlassung jeglicher Maßnahmen einer Reichs- oder Landesverweisung; keine Freigabe des 1919 eingezogenen Vermögens des Hauses H.-L., allenfalls unter bestimmten Bedingungen Freigabe nach der Wiedervereinigung beschlagnahmten Privatvermögens einzelner Mitglieder des Hauses.
A/W/H   101 24219 – 24 (1353 e)

30. 11. 38 – 11. 4. 39   RMdI, BezBauernschaft Rokitnitz, RKzl.   13139
Entwurfsvorlage (durch das Reichsinnenministerium [RMdI]) und Mitzeichnung (durch den StdF) des ˚Gesetzes über die Gliederung der sudetendeutschen Gebiete. Dabei: Eingabe der Bauern des Adlergebirges, ihr Gebiet dem Kreis Habelschwerdt und damit Schlesien zuzuteilen (zwar vom RMdI befürwortet, von Hitler jedoch abgelehnt: Keine Vergrößerung des Gaues Schlesien gewünscht); Teilung des Ge-

richtsbezirks Gratzen (Rückkehr der vor 1919 zu Niederösterreich gehörenden Gemeinden dorthin); Zuteilung der Chodendörfer zum Sudetengau; Änderung des § 3 zwecks Angleichung der staatlichen Gliederung an die am 21. 3. 39 von H. bestimmte Parteigliederung.
H   101 24741 – 49 (1368 b)

30. 11. 38 – 23. 6. 39   NSLB, Dt. Botsch. Paris, Dt. Kongreß-Zentrale u. a. – 8   13140
Schriftwechsel über die Neusprachler-Jubiläumstagung in Frankfurt a. M.; Absicht des NSLB, die „Weltgeltung der deutschen Sprache" durch die Teilnahme ausländischer Germanisten zu fördern. Stellungnahmen deutscher Botschaften zu der Einladung ausländischer Verbände und Ehrengäste, u. a.
M   203 01445/38 – 45, 445/92 – 97, 446/4, 446/54 – 75 (46/5)

[Dez. 38]   –   13141
Entwurf eines Fünften Gesetzes über Änderungen in der Unfallversicherung (u. a. auf Wunsch des StdF und des Reichsführers-SS Ausdehnung der bisher nach § 537 Abs. 1 Nr. 5 Reichsversicherungsordnung nur für die Verwaltung der Wehrmacht bestehenden Unfallversicherung auch auf die Verwaltung der SS-Verfügungstruppe, der SS-Totenkopfverbände und der SA-Standarte „Feldherrnhalle", ferner auf Wunsch des Reichsarbeitsführers auf den Reichsarbeitsdienst).
M   101 04080 f. (404 a)

1. 12. 38   Adj. d. F   13141 a
Rücksendung eines *Berichts; Übersendung des *Pariser Berichts mit der Bitte um Rückgabe (vgl. Nr. 13154).
H   124 00656 f. (57)

2. 12. 38   RArbM   13142
Bitte des StdF, die freigewordene Stelle des Reichstreuhänders der Arbeit für das Wirtschaftsgebiet Rheinland baldmöglichst mit KrL Franz Binz (Schleiden/Eifel) zu besetzen.
H   101 06498/1 f. (529 a)

2. 12. 38   OSAF   13143
Antrag auf Verleihung des Namens „Hans Knirsch" an die SA-Standarte Dux, Gruppe Sudeten.
W   124 00993 f. (82)

2. 12. 38 – 17. 1. 39   K. v. Strantz, Adj. d. F   13144
Aus Anlaß der bevorstehenden gemeinsamen deutsch-französischen Erklärung Anfrage des Wirkl. Rats Kurd v. Strantz (Berlin) bei Bormann wegen der Lektüre seines 1933/34 an Hitler gesandten Kriegszielbuches (darin „förmliche Monographie der wiedergeraubten Westmark") durch den „hohen Herrn"; dazu Ausführungen über die deutsch-französischen Beziehungen, Elsaß-Lothringen (Verlangen der streng katholischen und kaum ns., aber „immer deutschbewußteren" Bevölkerung zwar nicht nach einem Anschluß, jedoch nach einem Pufferstaat) und die Unkenntnis der deutschen Diplomaten von der dortigen Heimatbewegung; Übersendung eines Heftes. Zu einer Nachfrage St.' wegen der Überreichung seiner Sendung an H. (sonst Bemühung seines Neffen, des Gen. v. Reichenau) Vermerk B.s: Vorgang wie Absender diesseits unbekannt; Weiterleitung an die Führeradjutantur.
W/H   124 04756 – 60 (484)

[4. 12. 38]   RFSS   13145
Anläßlich eines Nachrufs für den jüdischen Oblt. a. D. Otto Steuner in der Schlesischen Zeitung Bitte des Reichsführers-SS, einen Erlaß über das Verbot von Nachrufen für Nichtarier auch bei Kriegsverdiensten herauszugeben. Durch den StdF Beauftragung des Reichskriegerführers mit dieser Angelegenheit.
M   306 00879 ff. (Schwerk)

[5. 12. 38] – 14. 4. 39   RMdI, RMfWEuV, PrFM, RForstmeister, Lammers, GL Bürckel u. a.   13146
Durch den Reichsinnenminister Vorlage und Begründung des Entwurfs eines (analog zum Ostmark- und Sudetengaugesetz gestalteten) Saarpfalzgesetzes: Vereinigung des Saargebiets mit der Pfalz zu einem Reichsgau zur Beseitigung der künstlichen Grenzziehung von Versailles und Schaffung eines – u. a. von Wirtschaftskreisen geforderten, von den Sonderverwaltungen z. T. bereits vollzogenen – einheitlichen

Lebensgebiets. Durch Bormann übermittelte Befürwortung des Gesetzentwurfs durch GL Bürckel; auf das vorgesehene Weisungsrecht des Reichsstatthalters gegenüber den Behörden der Sonderverwaltungen zielende Bedenken einiger Ressorts. Entscheidung Hitlers: Zurückstellung des Entwurfs „bis auf Weiteres".
H   101 24644—60 (1366)

[5. 12. 38]—3. 12. 41   RFM, RKzl., MRfdRV   13147
Durch den Reichsfinanzminister Vorlage vom StdF jeweils gebilligter Gesetz- und Verordnungsentwürfe für die jährliche Verlängerung der Vorschriften über die Reichsfluchtsteuer: Mit Rücksicht auf den Reichshaushalt Beibehaltung der Reichsfluchtsteuer während des Krieges; Aufbringung der Sühneleistung der Juden nur durch Juden im Sinne des § 5 der Ersten Verordnung zum Reichsbürgergesetz; Reichsfluchtsteuer Pflicht für alle leistungsfähigen Auswanderer.
K   101 14498—511 (789 a); 101 14591 (793 b)

6.—8. 12. 38   NSLB—8   13148
Nach mündlicher Aussprache Bericht über einen Dr. Moser (Kaaden) und dessen Taktik, sich durch Vorspiegelung hoher Empfehlungen bei Staats- und Parteistellen anzubiedern (z. B. Errichtung einer Sudetendeutschen Arbeitsstelle in Leipzig unter Hinweis auf höchste Vollmachten durch GL Henlein; Postensuche in Reichenberg; u.a.).
M   203 01446/14 ff. (46/5)

6.—13. 12. 38   Adj. d. F   13149
Übersendung das Führerhaus in München betreffender *Rechnungen.
W   124 00609 f. (57)

7. 12. 38   DAF—8   13150
Bitte um Auskunft über einen Ion Rachberger unter Übersendung zweier *Schreiben aus Bukarest.
M   203 01563 (48/3)

7.—21. 12. 38   Adj. d. F, M. Staubesand, RMfWEuV   13151
Durch die Führeradjutantur Weiterleitung der *Bitte des wegen kurzzeitiger Zugehörigkeit zur KPD entlassenen ehemaligen Rektors Max Staubesand (Berlin) um Wiederverwendung im Schuldienst und Aufnahme in die Partei unter Hinweis auf einen *Erlaß des StdF. Prüfung durch den Stab StdF.
W   124 04245 f. (394); 124 04750 f. (482)

7. 12. 38—[20. 1. 39]   Obgm. München, Adj. d. F   13152
Durch den Oberbürgermeister von München nach erfolgter Beanstandung Übersendung für eine Werbeschrift vorgesehener Aufnahmen des Führerbaus in München und dessen großer Empfangshalle mit neuer, ausführlicherer Beschriftung. Korrektur des Textes durch Hitler.
W/H   124 04623—26 (461)

7. 12. 38—2. 2. 39   RJM, RArbM, RMfEuL, RVM, RMdI   13153
Stellungnahmen von vier Reichsressorts (Justiz, Arbeit, Ernährung und Landwirtschaft sowie Verkehr) zu der im Entwurf des Ostmarkgesetzes vorgesehenen Aufteilung der Befugnisse und Aufgaben des Reichsstatthalters in Österreich auf die Obersten Reichsbehörden einerseits und die Reichsstatthalter der neuen Reichsgaue andererseits; überwiegende Tendenz: Übertragung der Befugnisse auf die Reichsressorts oder auf mehrere Reichsgaue umfassende Institutionen anstelle einer Übertragung auf die sieben Reichsstatthalter. (Nachrichtlich jeweils an den StdF.)
A/W   101 24231—49 (1356)

8. 12. 38   Adj. d. F—1   13154
Durch den Verbindungsstab Rücksendung der *Pariser Berichte (vgl. Nr. 13141 a) und Übermittlung einer *Geheimen Reichssache.
W   124 01010 (89)

[8. 12. 38]   Adj. d. F   13155
Im Falle des Einverständnisses Heß' keine Bedenken gegen den Vertrieb des Films „Rudolf H., Reichsminister und StdF".
W/H   124 00183 ff. (45)

9. 12. 38   Oberste RBeh.   13156
Aus gegebenem Anlaß Erinnerung des StdF an seine am 9. 10. 35 ausgesprochene Bitte um Anweisung aller Behörden, jeglichen Schriftverkehr mit den Auslandsgruppen oder den Hoheitsträgern der NSDAP im Ausland über die Leitung der Auslands-Organisation gehen zu lassen.
H   101 07334 (584); 101 25228 f. (1409 a)

9. 12. 38   Adj. d. F   13157
Von Führeradjutant Wiedemann befürworteter Wunsch des – W. persönlich bekannten – Privatdozenten Schürer (München), Professor zu werden.
W   124 04729 f. (479)

9. – 17. 12. 38   RKzl.   13158
Zustimmung des StdF zur Ernennung der Oberregierungsräte in der Reichskanzlei Wolfgang Laue, Konrad Ehrich und Wilhelm Steinmeyer zu Ministerialräten.
H   101 17548 – 63 (1038)

10. 12. 38   Adj. d. F – 1   13159
Rücksendung von zwei *Berichten.
W   124 00655 (57)

10. – 12. 12. 38   Adj. d. F – 1   13160
Bestätigung des Empfangs eines *Schreibens des Führeradjutanten Wiedemann durch den Verbindungsstab.
W   124 00654 (57)

12. 12. 38   RDentistenF, ArbGem. d. Zahnärzte u. Dentisten   13161
Bitte des Reichsdentistenführers Schmid um Beurlaubung vom Amt durch den StdF wegen der von GL Wagner erhobenen Vorwürfe; Einleitung eines Ehrengerichtsverfahrens beim Obersten Parteigericht beantragt. Meldung des Leiters der Arbeitsgemeinschaft der Zahnärzte und Dentisten, Grote, über die Abgabe der Dienstgeschäfte durch Sch. und über dessen Abreise aus Berlin; Bitte, von der Benennung eines Nachfolgers oder Vertreters vorerst abzusehen (Leitung des Reichsverbandes durch von G. beauftragte Parteigenossen sichergestellt).
K/H   101 13861/1 ff. (732 a)

12. 12. 38   RLM u. a.   13162
Bitte, den *Entwurf eines Gesetzes über die Befugnisse der Luftfahrtbehörden bei Ausübung der Luftaufsicht im Umlaufverfahren zu verabschieden. (Abdruck an den StdF.)
K   101 12730 f. (702)

12. 12. 38   NSLB – 8   13163
Aufregung in der Schweiz aufgrund eines Anschlags am Schwarzen Brett in der Universität Berlin (Gewährung finanzieller Zuschüsse an bedürftige und besonders einsatzbereite Studenten bei einem Besuch schweizerischer Universitäten): Übersendung von *Pressestimmen hierzu (u. a. ein Artikel der Basler Nachrichten).
M/H   203 01446/10 f. (46/5)

12. – 23. 12. 38   Adj. d. F, J. Rosenitsch – 11   13164
Positive Beurteilung der Neuerung eines Ing. Josef Rosenitsch (Berlin; Patent-Feuerungen) durch das Referat für technische Fragen im Stab StdF; aus Zuständigkeitsgründen (Beschränkung auf wehrtechnische Angelegenheiten) Weiterleitung seiner *Eingabe an das Hauptamt für Technik beabsichtigt, u. U. jedoch auch Bereitschaft, die Sache selbst weiter zu bearbeiten.
W   124 04130 ff. (383)

12. 12. 38 – 19. 2. 39   RMdI, PrFM, RKzl. u. a.   13165
Vorlage des Entwurfs für ein *Gesetz über den Aufbau der Verwaltung im Reichsgau Sudetenland (Sudetengaugesetz) durch den Reichsinnenminister (RMdI): Weitgehende Übereinstimmung mit dem Ostmarkgesetz, deshalb hier die gleichen Widersprüche der Ressorts insbesondere gegen die Ausstattung des Reichsstatthalters mit einer umfassenden Weisungsbefugnis, also auch gegenüber den Sonderverwaltungen. Gründe hierfür laut RMdI: 1) Dies die reibungsloseste und wirksamste Herstellung der Einheit von Partei und Staat; 2) Erprobung der von der Zeit gebotenen neuen Form, d. h. Stärkung des Reichs-

statthalters als des Repräsentanten der Zentralgewalt, in den neuen Gebieten für eine spätere allgemeine Regelung im Altreich; Befürchtungen vor einem möglichen neuen Länderpartikularismus infolge der eingebauten Sicherungen ebenso unbegründet wie vor einer Einmischung des Reichsstatthalters in die fachlichen Aufgaben der Sonderverwaltungen. Wegen der räumlichen Ausdehnung des Gebiets Schaffung von drei Regierungspräsidenten in Aussig, Eger (anfangs: Karlsbad) und Troppau notwendig. – Zu dem Entwurf Eingang weiterer Bedenken der Ressorts in Nebenpunkten (Popitz z. B. gegen die – vermutlich von der derzeitigen Besetzung inspirierte – Einrichtung eines vierten Regierungspräsidenten als Vertreter des Reichsstatthalters sowie gegen die Ersetzung Karlsbads als Regierungssitz durch Eger); jedoch Vorschlag Heß', Hitler trotzdem Vortrag zu halten und ihn um Vollzug des dringenden Gesetzes zu bitten.
H   101 24728 – 37/1 (1368 a)

13. – 26. 12. 38   A. Hortmann   13166
Eingabe, den Kreis Schotten (Oberhessen) wiederherzustellen oder einen Großkreis Vogelsberg zu schaffen; Bitte, Hitler (Ehrenbürger der Stadt Schotten) den Einspruch der Einwohner gegen die Auflösung des (wirtschaftlich verarmten) Kreises vorzutragen.
A   101 23989 f. (1346 b)

[13. 12. 38 – 14. 7. 39]   RMdI   13167
Dienststrafrechtliche Behandlung der außerehelichen Mutterschaft im öffentlichen Dienst stehender Personen: Bitte des StdF, ihm vor Einleitung eines Verfahrens Gelegenheit zur Stellungnahme zu geben.
M   101 04738 ff. (427)

14. 12. 38   Adj. d. F   13168
Mitteilung Bormanns: Vorführung der Modelle der Hamburger Hafenprojekte vor Hitler entgegen den ursprünglichen Plänen nicht am 5. 1. 39 in der Turnhalle auf dem Obersalzberg, sondern erst nach dem 10. 1. 39 in Berlin, da bis zum 10. 1. Ruhe gewünscht; die Vorlage der Salzburger Projekte trotz des Drängens Speers von H. bisher abgelehnt.
W/H   124 01103 f. (116)

14. 12. 38   PräsKzl., RKzl.   13169
Verleihung des Ehrenzeichens der deutschen Mutter: Auffassung des StdF und des Reichsinnenministers, das erste Ehrenzeichen, d. h. die dritte Stufe, schon beim vierten Kinde zu verleihen und nicht erst beim fünften. Hinweis des Stabs StdF auf eine Aufstellung des Rassenpolitischen Amtes über die Anzahl der Kinder in den Familien und auf die Satzung des Reichsbunds der Kinderreichen (Beginn der Mitgliedschaft mit dem vierten Kinde im Einklang mit der bisherigen Bevölkerungspolitik der NSDAP); Bitte an Meissner, diese Aufstellung Hitler bei dem beabsichtigten Vortrag mit vorzulegen (die Vollzugsstücke für das Ehrenzeichen mit Auslassung der Kinderzahl von Heß bereits unterschrieben).
M/H   101 02932 ff. (297 a)

14. 12. 38 – 22. 2. 39   DAF, AA, Dt. Ges. Kopenhagen u. a. – 8   13170
Auf Grund negativer Eindrücke und eingeholter Auskünfte Anweisung der Dienststelle Ribbentrop an die DAF, die Nordische Gesellschaft u. a., die Zusammenarbeit mit der dänischen Landesorganisation „Dansk-Tysk Samvirke" einzustellen: Die Konsolidierung der Organisation von dänischer Seite unzureichend.
M/H   203 01564 ff., 569 ff., 593 – 96 (48/3)

14. 12. 38 – 10. 7. 39   RKzl., H. Schütt, GL Schleswig-Holstein   13171
Die Beschwerde des Bahnhofsaufsehers Heinrich Schütt (Bokel) gegen die Zurückweisung seiner (wirtschaftlich bedingt) nur kleinen Geldspende durch Ortsgruppenleiter Scharff und Ortsbauernführer Rathjen bei der Sammlung am Tag der nationalen Solidarität an den StdF zur weiteren Veranlassung übermittelt. Das vom Stab StdF berichtete Ergebnis: Scharff und R. von der Gauleitung Schleswig-Holstein entsprechend belehrt.
A   101 06832 – 37 (560)

15. 12. 38   AA, Ungar. Ges., L. Vulkan – 1   13172
Beschwerde des in Wien wohnhaften künftigen ungarischen Staatsbürgers Leopold Vulkan wegen Zer-

störung seiner Wohnungseinrichtung und Entwendung von Bargeld, Schmuck, Radio usw. durch „eine Gruppe von acht bis zehn Mann" am 10. 11. 38: Bitte der Ungarischen Gesandtschaft um Rückerstattung des beschlagnahmten Geldes und der entwendeten Effekten. (Abschrift an den Verbindungsstab.)
H   101 26450 – 54 (1502)

15. – 16. 12. 38   NSLB – 8   13173
Übersendung eines *Berichts über den VIII. Internationalen Kongreß für Geschichtswissenschaft in Zürich.
W   203 01446/5 (46/5)

16. 12. 38   BfdVJPl., RL, GL u. a.   13174
Mit Heß abgesprochener Erlaß Görings: Ausschaltung der Juden aus der Wirtschaft ausschließlich Aufgabe des Staates; zu diesem Zweck geschaffene Einrichtungen genehmigungspflichtig bzw. aufzuheben; Übernahme jüdischer Betriebe und Vermögenswerte nur auf streng gesetzlicher Grundlage; Nutzen aus der Ausschaltung der Juden allein dem Reich zustehend. Unter Androhung schärfster Strafen Forderung des StdF nach genauester Beachtung des Erlasses durch die Parteidienststellen.
W   144 00001 ff. (31)

17. 12. 38   RJM   13175
Einladung zu einer Besprechung von zwei Entwürfen zur Ausführung des Gesetzes über das Erlöschen der Familienfideikommisse: einer Durchführungsverordnung (Erlöschen von Samtfideikommissen; Ablösung beständiger Renten; Behandlung von Versorgungs- und Abfindungsansprüchen von Familienmitgliedern; Landgüter und sonstige Güter mit landesgesetzlichem Anerbenrecht; Errichtung von Stiftungen durch die Fideikommißgerichte und Veräußerungsgebot für land- und forstwirtschaftlichen Grundbesitz; Auflösung noch bestehender landesrechtlich gebundener Vermögen wie Lehen, Stammgüter, Hausvermögen und Hausgüter) und einer Schutzforstverordnung.
H   101 27862 – 82 (1527)

17. 12. 38   RKzl.   13176
Ungeachtet der Bedenken einiger Reichsminister gegen die mit dem Gesetz zur Änderung des Einkommensteuergesetzes beabsichtigten Steuererhöhungen für kinderlose Ehepaare dringender Wunsch des StdF, an der ursprünglichen Gesetzesvorlage nichts mehr zu ändern.
K   101 14576 (793)

17. 12. 38 – 11. 8. 39   Adj. d. F, M. Waleczek, GL Baden – 6/1   13177
Eingaben eines angeblich im Zusammenhang mit von der Krankenhausleitung angeordneten Übergriffen gegen „renitente asoziale" Patienten im Städtischen Krankenhaus Mannheim (Verbringung in eine Isolierzelle, Schläge mit Gummiknüppeln) entlassenen Maximilian Waleczek. Untersuchung des Falles durch den Sonderbeauftragten des StdF Oexle: Negative Beurteilung W.s durch die Gauleitung Baden (hiernach Entlassung W.s wegen „wenn auch nicht hundertprozentig" nachweisbaren Diebstahlverdachts); Erledigung der Angelegenheit durch die Unterbringung W.s in einer neuen Stelle.
W/H   124 04794 – 804 (490)

[20. 12. 38]   RWiM   13178
Keine Einwendungen des StdF gegen den *Entwurf eines Gesetzes über Aus- und Einfuhrverbote (Neufassung überholter Vorschriften aus der Zeit des Weltkriegs).
K   101 14703 (799 a)

[20. 12. 38]   AA   13179
Zustimmung des StdF zum Deutsch-Tschechoslowakischen *Abkommen über die Überleitung der Rechtspflege.
H   101 26387 f. (1498 a)

21. 12. 38   RMfVuP   13180
Übersendung eines dringlichen Entwurfes für ein Gesetz über die Ausfuhr von kulturellen Werken (Zweck: Verhinderung der Abwanderung von in jüdischer Hand befindlichem Kulturgut durch Schließung bisher bestehender Lücken in der Gesetzgebung); Besprechungseinladung.
H   101 21060 – 63 (1236)

[21. 12. 38] – 11. 8. 39   RKzl., RJM u. a.   13181
Wunsch Hitlers, die Eheschließung von Deutschen mit Ausländern durch Gesetz oder Erlaß grundsätzlich zu verbieten (Bewilligung von Ausnahmen lediglich „im Gnadenwege" durch ihn selbst – für Parteigenossen und öffentliche Bedienstete – oder durch Heß); Anforderung einer Stellungnahme der in erster Linie beteiligten Ressorts. Deren Vorschläge (Beschränkung auf Beamte, Offiziere und Führer der NSDAP oder auf das Inland, Delegation der Entscheidung über die zu erwartenden viele tausend Gesuche pro Jahr, Ausnahme der Volksdeutschen von der Regelung) von Hitler nur teilweise akzeptiert: Verzicht auf Gültigkeit für im Ausland wohnende Reichsdeutsche außer für Beamte, Wehrmachtangehörige und einen Teil der Parteimitglieder (seitens des StdF Hinweis auf das bereits bestehende Verbot der Heirat von Parteiangehörigen mit Ausländern). Im Zuge der Erörterung Erwähnung von Bedenken des StdF und seines Wunsches, dem „Verbot der Eheschließung mit Ausländern den Charakter eines trennenden Ehehindernisses" zu verleihen. Nach Einigung der Ressorts Vorlage von zwei Gesetzentwürfen (der andere eine besondere Regelung für die Beamten des auswärtigen Dienstes). Abänderungswünsche Hitlers; darüber Referentenbesprechung am 11. 8. 39, u. a. über die Nichtigkeit verbotswidrig geschlossener Ehen, über Einzelheiten des vorgesehenen Führererlasses zur Delegation der Entscheidungen (an den Chef OKW auch für Wehrmachtbeamte?, an den Reichsführer-SS für die *gesamte* SS?) sowie über den Zeitpunkt des Inkrafttretens der Gesetze. Einstweilige Zurückstellung des Entwurfs für das allgemeine Gesetz „mit Zustimmung des Führers".
H   101 18150 – 76 (1133 c)

22. 12. 38   H. Schreck   13182
Im Auftrag der Mutter Bormanns (Oberweimar) Übersendung von zwei Christstollen an B. unter Beifügung eines Weihnachtsgrußes seiner Kinder an Hitler.
W   124 04722 (479)

22. 12. 38 – 5. 1. 39   Adj. d. F   13183
Die von einer Cornelia Heilemann-Weidlich (Berlin) erbetene Auftragsvermittlung für den Holzbildhauer Alfred Schreiber (Berlin) durch den Stab StdF nicht möglich, jedoch Verweis an andere Stellen (vor allem an die hierfür zuständige Abteilung Hilfswerk für deutsche bildende Kunst in der Reichswaltung der NSV).
W   124 04723 f. (479)

23. 12. 38   Prof. Baumgarten, Dir. Wolz   13184
Bericht des Architekten Prof. Paul Baumgarten über die Besichtigung des Deutschen Theaters in München und über die Vorschläge für den Umbau.
W   124 04462 – 68 (425)

23. 12. 38 – 27. 1. 39   RKzl., AA   13185
Laut Bormann zu der vom Auswärtigen Amt geplanten Ernennung des Attachés Mumm v. Schwarzenstein zum Legationssekretär eine Entscheidung Hitlers erforderlich; Grund: Scharfe Kritik M.s im Oktober 1933 an der Außenpolitik H.s (negatives Urteil über die antijüdische Politik H.s, Lob Stresemanns; Schuld H.s an allen Mißerfolgen der deutschen Außenpolitik seit der Machtergreifung); keine Versuche M.s bekannt, seinen Gesinnungswechsel zu beweisen. Nach Rücksprache des Reichsaußenministers mit H. Entscheidung: Eine Beförderung M.s nicht möglich.
K/H   101 15196 – 99 (893 c)

23. 12. 38 – 13. 3. 39   NSLB – 8   13186
Von der Dienststelle Ribbentrop und vom Auswärtigen Amt die Einladung ausländischer Fachleute zu einer Tagung in Hamburg für Gehörlose, Gehörgeschädigte und Sprachgestörte befürwortet; Hinweis auf die deutsch-feindliche Stimmung unter den französischen Heilpädagogen.
M   203 01445/75 f., 446/2 f. (46/5)

24. 12. 38   Adj. d. F   13187
Übersendung an Hitler und an die Führeradjutantur gerichteter *Schreiben des ehemaligen Gauleiters Leopold mit der Bitte, die Angelegenheit mit L. zu bereinigen oder über die Vorlage des für Hitler bestimmten Schreibens zu entscheiden. (Vgl. Nr. 13227.)
K   124 03950 (359)

24. 12. 38   RMdI   13188
Mitteilung der Anweisungen Hitlers über den für eine Verleihung der Medaille zur Erinnerung an den 1. 10. 38 in Betracht kommenden Personenkreis: Sudetendeutsche Kämpfer und Hinterbliebene gefallener Kämpfer, bei der Besetzung eingesetzte Angehörige von Wehrmacht, Polizei usw. sowie des Sudetendeutschen Freikorps, Beamte der Besetzungs- und Überleitungsbehörden, sonstige verdiente Persönlichkeiten, dabei grundsätzlich nur Männer; Anforderung der Vorschläge.
M/H   101 02935 – 39 (298)

27. 12. 38   J. Gross   13189
Eingabe des Damenfriseurs Johann Gross (München), seine vom Erbgesundheitsgericht München verfügte Unfruchtbarmachung betreffend: Drei verschiedene Diagnosen, 13 Jahre ohne Rückfall, u. a.
W/H   124 04498 ff. (436)

28. 12. 38   BfdVJPl.   13190
Mitteilung der Entscheidungen Hitlers in der Judenfrage: Keine Aufhebung des Mieterschutzes, aber möglichste „Zusammenlegung" in bestimmten Häusern (Arisierung des Hausbesitzes daher erst „am Ende der Gesamtarisierung"); Verbot der Schlaf- und Speisewagenbenutzung, nicht aber Einrichtung besonderer „Judenabteile" in den Verkehrsmitteln; Möglichkeit des „Judenbanns" für Hotels, Gaststätten, Badeanstalten, öffentliche Plätze, Kurorte usw.; keine Versagung, aber möglichste Kürzung von Beamtenpensionen; keine Arisierung der Fürsorge; Arisierung der Patente; Sonderregelungen für Mischehen (Vermögensübertragung, Unterbringung, Einstufung bei der Auswanderung nach In-Gang-Kommen der „verstärkten Auswanderung"); Wiederaufnahme von Juden geschiedener deutscher Frauen in den „deutschen Blutsverband".
H   153 00001 ff. (203)

29. 12. 38 – 5. 5. 39   RVM, RWiM   13191
Durch den Reichsverkehrsminister (RVM) Übersendung des 'Entwurfs einer Verordnung über die Reichswasserstraßenverwaltung in der Ostmark: Eine straffe Gliederung des dem RVM unterstehenden Behördenapparats zur Erfüllung seiner Aufgaben (Durchführung des Rhein-Main-Donau-Gesetzes vom 11. 5. 38, Planung der Elbe-Oder-Donau-Verbindung und der mangels nötiger Geldmittel bei der österreichischen Verwaltung im Rückstand befindlichen großen Ausbau-Arbeiten) dringend notwendig, die Umgestaltung des Strombauamtes (Wien) zur Wasserstraßendirektion daher geboten; und anderes. Ausführungen des Reichswirtschaftsministers über die Enteignungsbefugnisse der Wasserrechtsbehörde in der Ostmark.
M/H   101 02572 – 76 (262 b)

30. 12. 38   Adj. d. F u. a.   13192 u. a.
Überreichung eines Runderlasses an die Parteiformationen mit einem Befehl Hitlers an alle Musikzüge der Partei: Langsames Tempo für das Deutschlandlied (wegen seines „Weihelied"-Charakters), lebhafteres Tempo für das Horst-Wessel-Lied („revolutionäres Kampflied").
W/H   124 01192 (135)

30. 12. 38 – 6. 2. 39   RKzl.   13193
Auf Wunsch Bormanns eingeholte Zustimmung Hitlers zu der vom Reichsinnenminister beabsichtigten Ernennung des Polizeidirektors Wilhelm Metz (Oppeln; Urgroßvater Jude) zum Polizeipräsidenten und zu dem ähnlich gelagerten Fall der Ernennung des kommissarischen Landrats v. Etzel (Dramburg) zum Landrat; eine präjudizielle Bedeutung seiner auf negativer Persönlichkeitsbeurteilung beruhenden ablehnenden Stellungnahme im Falle Sunkel von H. nicht gewünscht.
K   101 18228 – 31 (1136 b)

31. 12. 38   RKzl.   13194
Mitteilung: Nach Vortrag bei Hitler über das Privatschulgesetz und über den Entwurf eines neuen Strafgesetzbuches Entscheidung H.s, diese Angelegenheiten auf einer Kabinettssitzung Mitte Januar 1939 zu erörtern.
A   101 24159 f. (1353 b)

31. 12. 38   H. Rothe   13195
Im Auftrag Hitlers Lieferung eines Blumenpräsents u. a. an Frau Heß.
W   124 04696 f. (474)

1939   RMfWEuV   13196
Vereinbarung mit dem StdF, Neuberufungen auf theologische Lehrstühle nicht mehr durchzuführen.
M/H   101 10424 (659 a)

1939   RKzl.   13197
Im Verteiler für Vorlagen an den Ministerrat für die Reichsverteidigung Empfänger im Stab StdF:
MinDir. Sommer.
H   101 20255 (1204 a)

1939   RMdI, RArbM, RStatth. u. a.   13198
Um entstandenen Gerüchten über die Übernahme der öffentlichen Fürsorge durch die NSV nachdrücklich entgegenzuwirken, Erlaßentwurf des Reichsinnenministers, des Reichsarbeitsministers und des StdF
an die Reichsstatthalter und die Landesregierungen über das Verbleiben der öffentlichen Fürsorge bei
den Gemeinden und Gemeindeverbänden.
A   101 06846 (562)

[1939]   − 8   13199
Vermutlich den Reichsparteitag 1939 betreffende Liste von Vorschlägen für Einladungen ausländischer
Ehrengäste aus Großbritannien und den Niederlanden.
M   203 02831 f. (81/2)

[2. 1. 39]   GL Berlin   13200
'Anordnung des StdF: Einberufungen zu sämtlichen Lehrgängen der Partei, ihrer Gliederungen usw.
künftig durch die Gauschulungsämter der NSDAP.
M   101 04702 f. (426)

2. 1. 39 − 11. 7. 40   RFM, RMfdkA   13201
Eine Stellungnahme zu der Meinungsverschiedenheit zwischen Reichsfinanzminister (Ja) und Reichskir-
chenminister (Nein) über die Umsatzsteuerpflicht der Kirchen und Orden bei der Vornahme geistlicher
Handlungen vom StdF bis nach Kriegsende verschoben.
M/H   101 00741 − 45 (150)

3. 1. 39   E. G. Kolbenheyer   13202
Bitte um Übermittlung eines Dankschreibens (für die Verleihung einer Auszeichnung als einer kaum je
zu erhoffen gewagten Weihe seines Lebenswerkes) an Hitler.
W/H   124 04551 f. (450)

[3. 1.] − 24. 5. 39   RMdI   13202 a
Nach einem Bericht des Chefs der Sicherheitspolizei über aufgetretene Mißlichkeiten und einer Ressortbesprechung Herausgabe eines als vorläufige Regelung geltenden Runderlasses des Reichsinnenministers vom 3. 3. 39 über die Flaggensetzung der öffentlich-rechtlichen Religionsgesellschaften. In der Folgezeit Erörterung einer endgültigen Regelung. Auffassung des Reichsinnen-, des Reichskirchen- und des
Reichspropagandaministers, auch im Hinblick auf die derzeitige außenpolitische Lage vorerst keine Änderung des durch den Erlaß vom 3. 3. 39 geschaffenen vorläufigen Rechtszustades vorzunehmen. Unter
Hinweis auf das gespannte Verhältnis der Kirchen zum NS und im Bestreben, die Kirchensonderrechte
abzubauen und die Kirchen Privatpersonen gleichzustellen, Forderung des StdF (i. V. Bormann), den
Zwang zum Hissen der Reichs- und Nationalflagge für die Kirchen aufzuheben und ihnen sogar in Zu-
kunft das Hissen dieser Flagge zu untersagen. Angesichts der Unmöglichkeit, eine Einigung zu erzielen,
Einigkeit darüber, vor Verkündung einer grundsätzlichen Änderung des bisherigen Erlasses eine Ent-
scheidung Hitlers herbeizuführen.
H   203 02360 − 73 (65/2)

4. 1. 39   RFSS   13203
Übersendung des SS-Kalenders 1939 unter Hinweis auf die im Kalender enthaltenen Aussprüche und
Bilder Heß'.
W   107 00598 (213)

4. − 7. 1. 39   Adj. d. F   13204
Auf Veranlassung von Schulte-Strathaus (Stab StdF) Vorlage einer von Prof. Gösser (Graz) geschaffenen
Führerplakette bei Hitler.
W   124 04494 f. (434)

4. – [17.] 1. 39   AA, RMfVuP, AO, VoMi – 8, 28   13205
Vortragsnotiz Luthers (Dienststelle Ribbentrop) über die Vorlage der Vorschlagslisten für ausländische Ehrengäste des Reichsparteitags bei Hitler: Empfehlung an Ribbentrop, durch einen Vortrag bei H. den Primat des Reichsaußenministers bei der letzten Entscheidung über die einzuladenden Ausländer zu wahren; Einspruch gegen die bei einer Besprechung deutlich gewordene Absicht des Amts für Ehrengäste, die Auslands-Organisation (AO) bei der Auswahl der ausländischen Gäste einzuschalten (die Zuständigkeit der AO aufgrund der bestehenden Verordnungen auf die Vorschläge von Reichsdeutschen im Ausland beschränkt); Vorschlag, künftig die Listen der ausländischen Ehrengäste nicht mehr durch Bormann H. vorlegen zu lassen, sondern durch R.; Entsendung eines von R. zu benennenden Parteigenossen in das Amt für Ehrengäste befürwortet.
M   203 02824 – 29 (81/1)

4. 1. – 24. 6. 39   DAF – 8   13206
Wirtschaftskundliche Studienfahrt der DAF „Auf den Spuren der Hanse" in die baltischen Randstaaten: Anfrage an die Dienststelle Ribbentrop wegen der Opportunität eines solchen Unternehmens. Nach Abschluß Rechtfertigung gegenüber Vorwürfen der Deutschen Gesandtschaft in Riga: Das Unternehmen ein voller Erfolg; Gründe des Unterbleibens einer Meldung bei der Gesandtschaft; vorher keine Änderungswünsche zu dem jetzt kritisierten Programm; Gründe der Benutzung eines schwedischen Dampfers.
M/H   203 02285 – 90 (58/4)

5. 1. 39   RKzl., RMdI, RFM u. a.   13207
Im Rahmen der Vorbereitung der für den Hamburger Freihafen notwendigen Änderungen der Zollgesetzentwürfe und der Allgemeinen Zollordnung Besprechung über die rechtliche Stellung des Hamburger Freihafens und über die Behandlung der dortigen Industriebetriebe nach dem neuen Zollgesetz.
K   101 14699 – 702 (799)

5. 1. 39   RMfWEuV, RegPräs. u. a.   13208
Übersendung von *Reichslehrplänen für die Bau- und Tiefbauabteilungen der Bauschulen.
K   101 15879 (949)

5. 1. 39   AO – 8   13209
Absicht des StdF, Parteigenossen die Mitgliedschaft bei ausländischen Organisationen zu verbieten.
M   203 00289 (24/2)

5. 1. 39   Adj. d. F   13210
Bitte Bormanns, an den Termin der von Hitler beabsichtigten Besprechung der Umbaupläne für das Deutsche Theater in Berlin zu erinnern und die Pläne mit nach Berlin zu nehmen.
W   124 01101 (116)

[5. 1. 39]   RMfVuP   13211
Im Rohprogramm für die Feier des 50. Geburtstags Hitlers u. a. die Gratulation der Parteiführer unter Führung Heß' am 19. 4. vorgesehen.
W   124 00189 f. (45)

6. 1. – [26. 4.] 39   RFSS, SSWVHA   13212
Über den Stab StdF weitere Beurlaubung des Kommandanten des Konzentrationslagers Dachau, SS-Obf. Hans Loritz, vom städtischen Dienst durch den Stadtrat in Augsburg.
M   306 00740 f. (Loritz)

6. 1. – 11. 8. 39   RMdI   13213
Nach Meinung des Stabs StdF die Frage der Bildung von Werkscharen in den Obersten Reichsbehörden durch deren Einbau in die Partei und die Übernahme der früheren Werkscharangehörigen als Politische Leiter erledigt.
M   101 06568 ff. (530)

9. 1. – 16. 5. 39   Adj. d. F   13214
Bitte um Stellungnahme zu der *Eingabe eines nach Ablehnung seiner Beförderung zum Reichsbahnrat durch den StdF aus dem Reichsbahndienst entlassenen Otto Fricke (Buchschlag/Hessen).
W   124 04480 ff. (432)

9. 1.–6. 2. 39   GL Süd-Hannover-Braunschweig, Adj. d. F – 1   13215
Erörterung von Hilfsmaßnahmen für die Eltern der bei einem Rettungsversuch im Meer ums Leben gekommenen BDM-Untergauführerin Margarete Creutzberg (Hannover): Betreuung, Beschaffung einer Anstellung für den Vater, eventuelle „Zusatzrente des Führers". Absicht, eine neue BDM-Führerinnenschule nach C. zu benennen.
W/H   124 04451 – 56 (423)

11. 1. 39   RKzl.   13216
Einladung Heß' zu einem Gesellschaftsabend des Nationalen Klubs 1919 am 23. 1.
K   101 15306 ff. (910)

11. 1. 39   Intern – 8, 8/1   13217
Verpflichtung ausländischer Gelehrter zu Vorträgen im Haus der Technik (Wien).
M   203 02298 f. (60/3)

12. 1. – 27. 2. 39   NSLB – 8   13218
Zweifel an der Eignung des Pg. Würzinger (Leiter der Deutsch-Bulgarischen Mittelstelle in Sofia) als Mitarbeiter der Zeitschrift „Das neue Protokoll" des Arbeitswissenschaftlichen Instituts der DAF.
M   203 01445/83 – 86 (46/5)

12. 1. – [2. 3.] 39   RJM   13219
Zustimmung des StdF zum *Entwurf einer Verordnung über die Änderung der Gerichtsgliederung in Österreich.
W   101 24197 ff. (1353 c)

12. 1. – [8. 3.] 39   RK Bürckel   13220
Übersendung von Änderungsvorschlägen zum Entwurf des Ostmarkgesetzes mit der Bitte um Vorlage bei Hitler: Angliederung von Sonderverwaltungen an die Reichsstatthalter; Liquidation der Landesregierung; Verlängerung seiner Tätigkeit. Einverständnis des StdF. (Vgl. Nr. 13347 und 13348.)
A/W/H   101 24161 – 68, 173 f. (1353 b)

13. 1. – 14. 3. 39   Intern – 7, 8   13221
Vorschlag der Dienststelle Ribbentrop zur Frage der Mitgliedschaft in ausländischen Organisationen: Verbot für Reichsdeutsche, ausländischen politischen Organisationen anzugehören; Zustimmung des Auswärtigen Amtes zur Mitgliedschaft bei der Pflege zwischenstaatlicher Beziehungen dienenden Vereinigungen erforderlich.
M   203 00282 – 88 (24/2)

14. 1. 39   Lammers   13222
Wegen der wiederholten Bitten des StdF um Beachtung des ihm vorbehaltenen Rechts der Stellungnahme für die Partei gegenüber der Reichsregierung Weiterleitung einer Stellungnahme Leys gegen die vom Reichsarbeitsminister vorgeschlagene Einrichtung einer Wohnwirtschaftskammer an den StdF als der für Stellungnahmen der Partei allein zuständigen Stelle. L.s Begründung für seine Ablehnung: Bildung von Kammern ein demokratisch-parlamentarisches Prinzip; Beeinträchtigung der Parteiarbeit; Kritik an der bereits bestehenden Bürokratisierung des Wohnungsbaus.
K/H   101 12557 ff. (694); 101 19215 ff. (1171 a); 101 20123 – 27 (1201)

14. 1. 39   Bouhler   13223
Aus gegebenem Anlaß (Begleichung von Mietschulden durch die Kanzlei des Führers) Mitteilung Bormanns über die wiederholte strikte Weigerung Hitlers, die aus Prozessen resultierenden Schulden des (an immer neue Stellen herantretenden) Emil Ganßer zu bezahlen (vgl. Nr. 13130); Hinweis auf die G. bereits gewährte Unterstützung (Rente und Übernahme der Krankenhauskosten).
W/H   124 04483 f. (433)

15. 1. 39   Adj. d. F   13224
Versprechen Hitlers, Zarah Leander eine „recht gute" Reichstagskarte durch Bormann übermitteln zu lassen: Bitte B.s um Übermittlung dieser Karte.
W/H   124 04565 (454)

16. 1. 39   RVM   13225
Einladung zu einer Besprechung der deutschen Stellungnahme zur Suez-Kanal-Frage.
M   101 02530 (254)

16. 1.–15. 2. 39   Adj. d. F, GL Schwaben – 6/1   13226
Durch einen Fritz Strauß (Kriegskamerad Hitlers) Einsendung einer *Eingabe des wegen Verbreitung beleidigender Äußerungen über den ehemaligen KrL Wagner (Lindau) in Schutzhaft genommenen, früher bereits deshalb aus der Partei ausgeschlossenen PostI i. R. Konrad Näpflein (z. Zt. Lindau) an H.; nach Weiterleitung durch die Führeradjutantur Stellungnahme des Sonderbeauftragten des StdF Oexle: Die Maßnahmen gegen N. („ausgesprochen querulierender Reinlichkeitsapostel") gerechtfertigt; Entlassung N.s unter der Bedingung absoluter Zurückhaltung, andernfalls Einweisung in ein Konzentrationslager; erfolgte Aufklärung der sich für N. einsetzenden alten Parteigenossen. – Im Rahmen der Behandlung der Angelegenheit Verweis auf die Anordnung 101/37 des StdF v. 22. 8. 37.
W/H   124 04627 – 30 (462)

17. 1. 39   Adj. d. F   13227
Nach Unterrichtung Hitlers durch Heß Bormann damit beauftragt, für den mit seiner gegenwärtigen Lage äußerst unzufriedenen ehemaligen GL Leopold ein anderes Arbeitsgebiet zu suchen. (Vgl. Nr. 13187.)
W   124 00914 (73)

17. 1. 39   RKzl.   13228
Durch den Stab StdF Übersendung des von Heß unterzeichneten Gesetzes über die berufsmäßige Ausübung der Heilkunde ohne Bestallung (Heilpraktikergesetz); Erwähnung einer (vom StdF ebenfalls unterzeichneten) Ersten Durchführungsverordnung zu dem erwähnten Gesetz sowie der Zustimmung des StdF zu der Gesetzesbegründung des Reichsinnenministers.
K/H   101 13896 ff. (735)

18. 1. 39   Intern 8   13229
Auszug aus einem Rundschreiben der Dienststelle Ribbentrop: Bestellung von Stellvertretern der Gaubeauftragten der Dienststelle.
M   203 01259 (40/1)

18. 1. 39   Adj. d. F – 11   13230
Übersendung eines *Vorgangs, eine technische Erfindung und einen Friedrich Heider (Deuz b. Siegen) betreffend, an Brif. Croneiß (Stab StdF).
W   124 04511 (439)

18. 1. 39   GL Streicher – 8   13231
Mitteilung der Dienststelle Ribbentrop über die Genehmigung der Deutschlandreise des Prof. Farinacci unter der Bedingung, die Judenfrage unerwähnt zu lassen; Bitte um rechtzeitige Unterrichtung des Auswärtigen Amtes über eine beabsichtigte Einladung prominenter Ausländer.
M   203 01366 (44/4)

18. 1.–18. 2. 39   RVM   13232
Mit Erläuterungen (insbesondere Begründung der Notwendigkeit der Errichtung einer besonderen Neubaudienststelle) Übersendung mehrerer Fassungen für einen Führererlaß über die Erweiterung des Kaiser-Wilhelm-Kanals; darin zwar die besondere staatspolitische Bedeutung der Bauaufgaben betont (um einen Kräfteeinsatz wie bei der Westbefestigung zu ermöglichen), jedoch die wehrpolitische Motivation wegen der Veröffentlichung im Reichsgesetzblatt verschwiegen.
M/W/H 101 02541 – 49 (255)

19. 1. 39   RMdI   13233
Wunsch des StdF, neue Gesetze usw. erst nach eingehender Aufklärung der mit der Durchführung betrauten Dienststellen in Presse und Rundfunk bekanntgeben zu lassen, die psychologische Wirksamkeit der Gesetze bei der Bevölkerung sonst gefährdet.
A/M   101 03833 f. (386); 101 05597 f. (468); 101 05608 f. (469)

19. 1. 39   RSchatzmeister   13234
Anforderung einer Abschrift der Unfallschadensanzeige für das Kfz. II A – 52 476 der Kanzlei des Führers.
W/H   124 04505 (437)

19. 1. 39   RMdI   13235
Bitte des StdF, „zum Verständnis der Gesetze durch die Volksgenossen" die Durchführungsvorschriften jeweils möglichst gleichzeitig mit dem Gesetz zu erlassen.
H   101 05608 ff. (469)

[20. 1.] – 2. 2. 39   Dt. Kongreß-Zentrale, RMfVuP u. a.   13236
Niederschrift der Generalversammlung der Deutschen Kongreß-Zentrale (der Stab StdF vertreten durch RegR Bechtold): Arbeitsbericht, Dolmetscherwesen, Erleichterung von Ausländerbesuchen in deutschen Instituten, Befürwortung deutscher Schirmherrschaften für internationale Kongresse in Deutschland (durch die zuständigen Minister nach der grundsätzlichen Ablehnung Hitlers), Sicherstellung der Finanzierung in Vorbereitung befindlicher Kongresse, u. a.
H   101 25446/2 – 15 (1418 a)

23. 1. 39   RMfdkA, RKzl.   13237
Rundschreiben des StdF über das Verhältnis der Partei zu den Kirchen (unter Hinweis auf diesbezügliche frühere Rundschreiben): Keine Einflußnahme auf innerkirchliche Angelegenheiten; Verbot für die Unterführer der Bewegung, ein kirchliches Amt auszuüben oder sich anderweitig in einer religiösen Organisation zu betätigen; Verbot für die übrigen Angehörigen der Bewegung, sich bei kirchlichen Aktivitäten auf ihre Zugehörigkeit zur Bewegung zu berufen, Uniform oder Abzeichen zu tragen; Tätigkeit in den in einigen Ländern als staatliche Behörden eingerichteten Finanzausschüssen bis auf weiteres gestattet.
W   101 01721 ff. (177)

23. 1. 39   NSLB – 8   13238
Informationsreise dreier argentinischer Pädagogen nach Deutschland; Bitte um Stellungnahme zu der beabsichtigten Einschaltung des NS-Lehrerbundes bei der Aufenthaltsgestaltung.
M/H   203 01446 (46/5)

24. – 27. 1. 39   Adj. d. F   13239
Übermittlung der Bitte des beim Neubau der Reichskanzlei beschäftigten Karl Heß (Bayreuth), eine eventuelle Verwandtschaft mit dem StdF festzustellen, an Heß' Adjutanten Leitgen.
W/H   124 04519 f. (440)

25. 1. 39   RJF – 8   13240
Scharfer Einwand gegen Artikel 10 des am 24. 1. 39 abgeschlossenen *Deutsch-Spanischen Kulturabkommens; Bitte um eine Erklärung des Auswärtigen Amtes, um vor einem Schritt beim Reichsaußenminister den Sachverhalt klarzustellen; Forderung nach seiner Beteiligung bei Kulturabkommen mit dem Ausland unter Hinweis auf sein Schreiben vom Dezember 1938.
M   203 00153 f. (19/4)

25. 1. 39   HA f. Technik   13241
Bitte um Weiterleitung einer *Stellungnahme zur Frequenzbezeichnung „Hertz" an das Reichspropagandaministerium (inhaltliche Übernahme eines – vorhandenen – Schreibens des Verbands deutscher Elektrotechniker zu diesem Thema vom 7. 11. 38 [geschichtliche Entwicklung; nach früherem Drängen jetziges deutsches Dilemma; Vorschläge] möglich).
W/H   143 00035 – 39 (81)

25. 1. 39   Adj. d. F   13242
Übersendung einer *Rechnung der Tobis-Filmkunst GmbH an die Verwaltung Obersalzberg.
W   124 01102 (116)

25. 1. – 8. 2. 39   Stv. GL Peper, Lammers, Göring   13243
Bericht des Stv. GL Peper (Lüneburg) über die katastrophalen Auswirkungen der Landflucht (Absicht P.s, durch Anführung zahlreicher Beispiele die gefährliche Lage der deutschen Ernährungswirtschaft zu verdeutlichen und erneut um die Genehmigung des Vereins „Der zweite Erbhof" nachzusuchen): Hinweis auf Landflucht und Hofaufgabe der Bauern und Bauernkinder, auf Abschaffung von Milchvieh und Übergang zur extensiven Wirtschaft, auf Unterwanderung durch „rassisch nicht erwünschte" Elemente (ausländische Wanderarbeiter, Sterilisierte u. a.), auf Gesundheitsschäden bei Frauen und Kindern, u. a.; Behebung dieses Notstands nur durch die Rückführung eines hohen Prozentsatzes der 700 000 aus der

Landwirtschaft abgewanderten Kräfte möglich; Vorstellungen P.s über ihre Zurückvermittlung; Hervorhebung der Notwendigkeit, Maßnahmen auf lange Sicht zu ergreifen und die Landjugend möglichst frühzeitig auf ein großes völkisches Ziel und ein wertvolles eigenes Lebens- und Berufsziel auszurichten; Bitte, die im „Zweiten Erbhof" vorgeschlagenen Wege zu akzeptieren und in ihnen nicht lediglich eine lokale Lösung zu sehen. Bei der Weiterleitung an Lammers Hinweis Bormanns auf ebenso dringliche Vorstellungen auch anderer Gauleiter.
M   101 02263, 267—84 (213 b)

26. 1. 39   RJM   13244
Nach der nach preußischen Gesetzesvorschriften am 1. 10. 38 in Kraft getretenen Gebietsbereinigung in den östlichen preußischen Provinzen — Aufteilung der Grenzmark Posen-Westpreußen auf die Provinzen Pommern, Brandenburg und Schlesien — die Auflösung des für Gebiete von drei Provinzen (Ostpreußen, Pommern, Brandenburg) und drei Gauen der NSDAP (Ostpreußen, Pommern, Kurmark) zuständigen Oberlandesgerichts Marienwerder vom Reichsjustizminister (RJM) und danach auch vom StdF im Einvernehmen mit den betreffenden Gauleitern gefordert. Neben der vom RJM vorgebrachten krassen Verletzung des Grundsatzes der Gliederung der Gerichte (Übereinstimmung zwischen den Grenzen eines Oberlandesgerichtsbezirks mit denen eines Landes oder einer Provinz), der Nachteile für die Einheit der Rechtspflege innerhalb der Provinz und der Schwierigkeit für den Oberlandesgerichtspräsidenten und den Generalstaatsanwalt in Marienwerder, die dienstliche Verbindung gleichzeitig mit drei Oberpräsidenten und drei Gauleitern aufrechtzuerhalten, Hinweis des StdF auf den Gerichtseingesessenen westlich des Korridors durch die weite Entfernung zum Gerichtssitz entstehende Nachteile; Mitteilung der Vorschläge des Gauleiters von Ostpreußen (das nach Auflösung der Grenzmark auf die östlich des Korridors gelegenen Teile Westpreußens beschränkte Oberlandesgericht Marienwerder nicht etwa durch andere Teile Ostpreußens wieder zu verstärken, sondern [es aufzulösen und] die Stadt Marienwerder durch die Errichtung eines Landgerichts und durch Belegung mit Militär zu entschädigen) und des Gauleiters der Mark Brandenburg (das Kammergericht auf Groß-Berlin zu beschränken und ein neues Oberlandesgericht in Frankfurt/Oder einzurichten). (Vgl. Nr. 16210.)
K/H   101 26745/1—747/2 (1511 a)

26. 1. 39   Adj. d. F   13245
Durch den Stab StdF Übersendung einer *Rechnung der Firma Robert Bosch für den PKW II A — 29 000.
W   124 04420 (418)

26. 1. 39   NSLB—8   13246
Übersendung des *Textes eines Vortrags von Dr. Basch über die Lage sowie eines *Berichts über die Schulfrage der deutschen Volksgruppe in Ungarn.
M/H   203 01446/1 (46/5)

26. 1.—10. 2. 39   Dt. Stenografenschaft, NSLB, AA—8   13247
Bitte der Deutschen Stenografenschaft (DS) um Weisung hinsichtlich der weiteren Beziehungen (Zeitschriftenaustausch) zu der holländischen Zeitschrift für Kurzschrift, De Groote-Schrijver: In einem Artikel Aufforderung der Zeitschrift, den Internationalen Kurzschriftkongreß 1941 in Nürnberg aufgrund der „barbarischen" Vorkommnisse in Deutschland nicht zu besuchen, und anderes. *Stellungnahme des Auswärtigen Amts. — In diesem Zusammenhang Aufforderung der Dienststelle Ribbentrop (DR) an die DS, den Schriftverkehr mit der DR ausschließlich über den Beauftragten für außenpolitische Fragen bei der Reichswaltung des NS-Lehrerbundes laufen zu lassen.
M   203 01445/88—91 (46/5)

26. 1.—20. 2. 39   Dt. Botsch. Brüssel—8   13248
Auf Anforderung (positive) Beurteilung des Dozenten für die deutsche Sprache an der Staatlichen Handelshochschule in Antwerpen, O. Vandoorsselaer.
M   203 02300 f. (60/3)

27. 1. 39   Intern. ZBüro Freude u. Arbeit, AA—8   13249
Bitte um Verlängerung des Ministerialpasses von HAL Selzner. Weiterleitung an das Auswärtige Amt.
M   203 01737 (50/1)

27. 1. – 10. 2. 39   G. J. Nevenko, RAM   13250
Bitte des Studenten Gotovas J. Nevenko (Banja Luka) um finanzielle Unterstützung einer nationalen, antikommunistischen Jugendgruppe in Jugoslawien. Weiterleitung an den Reichsaußenminister.
M   203 00303 ff. (25/3)

27. 1. – 1. 8. 39   AA, SHA u. a. – 8   13251
Aus Anlaß der Mitgliedschaft der schweizerischen Staatsangehörigen Helena Wirz (Solothurn) bei der Organisation fördernder Mitglieder der SS Verbalnote des Eidgenössischen Politischen Departements gegen eine Veranlassung schweizerischer Staatsangehöriger zum Eintritt in deutsche Parteiorganisationen. Das Ende der dazu (u. a. von der Dienststelle Ribbentrop) angestellten Ermittlungen: Mitteilung der Übersiedlung der – unter Druck gesetzten – Familie W. auf reichsdeutsches Gebiet.
M   203 00770 – 77 (29/2)

28. 1. 39   Richard-Wagner-Verb. Dt. Frauen, Adj. d. F   13252
Durch den Stabsleiter StdF Weiterleitung der Einladung Hitlers zu einem Festkonzert in der Wiener Staatsoper durch den Ortsverband Wien des Richard-Wagner-Verbandes Deutscher Frauen.
W   124 01006 – 09 (87)

28. 1. 39 – 29. 5. 41   RKzl., RMdI, JFdDR   13253
Einführung des Gesetzes über die HJ in der Ostmark und im Sudetengau. Verzögerung der Angelegenheit wegen ihrer Verbindung mit einer allgemeinen Neufassung des § 6 der Jugenddienstverordnung. Zunächst Ausdehnung der dort für deutsche Staatsangehörige dänischen und polnischen Volkstums festgelegten Möglichkeit einer Befreiung von der Jugenddienstpflicht in der HJ auf die neu hinzugekommenen Volksgruppen (Litauer, Tschechen, Ungarn, Kroaten, Slowenen) vorgesehen; dagegen Einspruch des StdF: Fernhaltung von der HJ außer bei Polen und Dänen nur noch bei Tschechen, bei den übrigen kleinen Volksgruppen hingegen Assimilierung erwünscht. Übereinstimmung zunächst dahingehend, die neuen Ostgebiete vorerst aus dem Geltungsbereich des HJ-Gesetzes herauszulassen, im übrigen aber bei allgemein gehaltener Formulierung („nichtdeutsche Volksgruppen") des Verordnungstextes Polen und Tschechen durch interne Verwaltungsanordnung auch ohne Befreiungsantrag von der HJ fernzuhalten mit Ausnahme lokal (z. B. im Regierungsbezirk Troppau) wünschenswerter Ausnahmen. Dann jedoch neue Differenzen über die Geltungsbereiche dieser radikalen Fernhaltung der Polen und Tschechen (im gesamten Reich oder nur in bestimmten Gebieten) sowie der Befreiungsmöglichkeit der übrigen Minderheiten (im gesamten Reich oder nur in ihren Siedlungsgebieten). Infolge der zunehmenden Verknüpfung der Frage mit der Problematik gleichzeitiger grundsätzlicher Verhandlungen über die Behandlung der Angehörigen fremder Volksgruppen Aussetzung der Erörterung auf Verlangen des StdF. Wiederaufnahme auf Drängen der Jugendführung: Eine weitere Verzögerung der Heranziehung und Erziehung von Millionen deutscher Jugendlicher in der Ostmark und im Sudetenland wegen der zahlenmäßig relativ unbedeutenden fremden Volkszugehörigen nicht länger zu verantworten, deshalb Trennung beider Fragen und Einführung des HJ-Gesetzes in den genannten Gebieten gefordert. Zustimmung des StdF. Die nunmehr gefundene Lösung: 1) vorerst keine Neuregelung im Altreich; 2) Einführung des HJ-Gesetzes in der Ostmark und im Sudetenland unter nur dort gültiger Ausdehnung der Bestimmungen des § 6 der Jugenddienstverordnung auf alle nichtdeutschen Volksgruppen; 3) im gesamten Reichsgebiet bloße „Bereitstellung" der dienstwilligen Jugendlichen nichtdeutschen Volkstums, um der späteren allgemeinen Entscheidung über die Behandlung der Volksgruppen nicht vorzugreifen. Nach Zurückstellung der vom StdF aufgeworfenen Frage der Partei-Beteiligung an der Feststellung der Volkszugehörigkeit und nach Einholung der Zustimmung Hitlers zu der gefundenen Lösung Einführung der HJ-Gesetzgebung in der Ostmark und im Sudetenland durch Ministerverordnung. – Zwischen Unterzeichnung und Veröffentlichung Überlegungen der Reichskanzlei hinsichtlich der protokollgerechten Reihenfolge der Unterschriften (die bereits erfolgte Unterschrift Bormanns als Leiter der neuen PKzl. an der für Heß vorgesehenen Stelle unmittelbar nach Hitler und vor dem Reichsinnenminister als „in der Übergangszeit vollzogene Regelung" hingenommen).
H   101 05918/1 – 976 (514)

29. – 30. 1. 39   RAM, Lammers   13254
Ein in der Ostmark vorgefundener (für die Betreuung der Auslandsösterreicher verwendeter) Fonds von ca. RM 200 000.— auf Anweisung von GL Bürckel der Auslands-Organisation überwiesen; der dagegen vom Auswärtigen Amt (AA) erhobene Protest von Heß zurückgewiesen und von ihm – für den Fall einer Intervention des AA bei Hitler – Lammers um Unterstützung gebeten.
A   101 24400 ff. (1360)

30. 1. 39   SS-Obf. v. Alvensleben   13255
Dank für die Verleihung des Goldenen Ehrenzeichens.
K   102 00703 (1265)

31. 1.–5. 2. 39   GL München-Oberbayern   13256
Bitte um ein Bild Hitlers mit Unterschrift für einen Sepp Bachler (Kaprun; durch B. erstmalige Hissung
der Hakenkreuzfahne auf dem Großglockner; aus Versehen jedoch H. ein anderer Parteigenosse als
Vollbringer der Tat vorgestellt).
W   124 04409 (413)

31. 1.–7. 6. 39   Intern. ZBüro Freude u. Arbeit, AA, Dir. Laftman–8   13257
Erörterung des Tagungsortes für den Weltkongreß Freude und Arbeit 1940: Ablehnung schwedischer
Regierungskreise, den Kongreß in Stockholm stattfinden zu lassen; Weigerung Italiens, unter diesen
Voraussetzungen nach Stockholm zu gehen.
M   203 01790–96 (50/4)

31. 1.–3. 11. 39   DSt. Rosenberg   13258
Durch Bormann Übermittlung des Wunsches Hitlers, in künftigen Atlanten neben den jetzigen Grenzen auch Karten aus Zeiten besonderer räumlicher Größe Deutschlands zu bringen. Anfertigung entsprechender Vorlagen für die Verlage durch die Dienststelle Rosenberg. Nun jedoch H. gegen eine Herausgabe zum gegenwärtigen Zeitpunkt.
K/H   102 00116–28 (225)

1.–13. 2. 39   Intern–8, 28   13259
Durch das Amt für Ehrengäste Übersendung des Rundschreibens 29/39 des Stabsleiters StdF (Formali-
täten für die Einladung von Ausländern zum Reichsparteitag).
M   203 02789 ff. (81/1)

1. 2.–9. 3. 39   Grimm, RL, GL   13260
Auf eigenen Antrag Entbindung Grimms von seiner Tätigkeit als Kammervorsitzender beim Obersten
Parteigericht durch Heß. Enstprechende Verlautbarung Bormanns (G. „z. D." gestellt).
K/H   101 20036 f. (1199 b)

2. 2. 39   RStatth. Thüringen   13261
Antrag, den Alldeutschen Verband in Thüringen aufzulösen und „dieser Bande ihr nichtswürdiges und
überflüssiges Handwerk zu legen"; Begründung: Abfällige Äußerungen des Vorstandsmitglieds Graf
Brockdorf über Parteibuch, Parteiabzeichen und NS-Bauten.
W/H   101 14850 f. (829); 124 04397 ff. (411)

[2. 2. 39]   (Adj. d. F, Löschnigg)   13262
Bitte des Leiters des Kulturamtes der Stadt Graz, Heliodor H. Löschnigg, ihn im Falle eines geplanten
Gauleiterwechsels zum Gauleiter der Steiermark oder des neuen Gaues Südmark (Steiermark/Kärnten)
zu ernennen (Lebenslauf L.s zur Weitergabe an Bormann beigefügt); andernfalls Bewerbung als Oberbür-
germeister von Graz beabsichtigt.
W/H   124 04576–81 (457)

[3. 2. 39]   RMdI   13263
Zu den politischen Beurteilungen bei Beförderungen von Beamten des höheren Dienstes Hinweis des
StdF auf die Notwendigkeit, bei der Anfrage den beabsichtigten Dienstposten mitzuteilen (Anlegung ei-
nes entsprechenden Maßstabs bei Beförderungen auf wichtige Posten).
M   101 04526 f. (421)

4. 2. 39   RDozBF   13264
Nach einer Besprechung mit MinDir. Sommer (StdF) Bitte an die Mitglieder des Arbeitsausschusses für
juristische Studien- und Ausbildungsfragen des NSD-Dozentenbundes, keine Stellungnahmen zur Frage
der juristischen Ausbildungsreform abzugeben; die Federführung vom StdF sich selbst vorbehalten.
W/H   501 00001 f. (2047)

4. 2. 39   RFSS   13265
Bormann im Mob.-Fall in der Begleitung Hitlers, seine Reklamierung daher nicht nötig.
M   306 00124 (Bormann)

4.–10. 2. 39   DAF, Dt. Ges. Bukarest – 8   13266
Keine Bedenken der Deutschen Gesandtschaft in Bukarest gegen einen Schriftenaustausch des Arbeits-
wissenschaftlichen Instituts der DAF mit dem von Prof. Gusti geleiteten rumänischen Sozial-Institut
(Bukarest).
M   203 02302 f. (60/3)

4. 2.– 16. 5. 39   NSLB, Dt. Ges. Montevideo – 8   13267
Keine Bedenken der Deutschen Gesandtschaft in Montevideo gegen eine Zusammenarbeit des NS-
Lehrerbundes mit der neuen Forschungsstelle für die Erziehung behinderter Kinder in Uruguay.
M   203 01445/67 ff. (46/5)

6. 2. 39   Adj. d. F   13268
Übermittlung von 'Zuschriften der Ehemaligen 1. Kompanie des SA-Regiments München in der Angelegenheit des Alten Kämpfers Emil Petzendorfer (Festnahme P.s wegen Verrats von Dienstgeheimnis-
sen an Juden, schwerer Beamtenbestechung, Begünstigung u. a.) und Erinnerung an die Zusage Bormanns, den Fall noch einmal überprüfen zu lassen.
W   124 04654 – 59 (466)

6. 2. 39   RKzl., RMdI   13269
Mitteilung der Reichskanzlei an die Obersten Reichsbehörden: Die in „übertriebenem Ausmaß" praktizierte Einführung von Reichsrecht im Lande Österreich Ursache der für die dortigen Behörden entstandenen erheblichen Schwierigkeiten; der Wunsch des Reichsinnenministers, weitere Rechtseinführung
vorübergehend (1. 3.– 1. 7. 39) ganz zu unterbinden (mit Ausnahme neu ergehender Reichsgesetze oder
Ausführungsvorschriften zu schon eingeführten Gesetzen), von Hitler gebilligt.
A   101 24204 f. (1353 c)

Nicht belegt.   13270

6. 2. 39   AA, Intern. ZBüro Freude u. Arbeit – 8   13271
Durch die Dienststelle Ribbentrop Übermittlung von Länderinformationen des Internationalen Zentralbüros Freude und Arbeit: Freizeitgestaltung in Portugal, Westeuropa, Südosteuropa, Polen, Skandinavien, den baltischen Staaten und Japan.
M   203 01750 – 84 (50/3); 203 01787 ff. (50/4)

6. 2. 39   RJM   13272
Der Wunsch der Anwaltschaft nach Einführung der Reichs-Rechtsanwaltsordnung auch in Österreich
und im Sudetenland jetzt erfüllbar; zu diesem Zweck sowie zur Einführung einiger bereits vorbereiteter
ergänzender Vorschriften Vorlage des Entwurfs einer Verordnung zur Vereinheitlichung und Ergänzung des Anwaltsrechts sowie Einladung zu einer Besprechung dieses Entwurfs.
H   101 28157 – 73 (1535)

6.– 9. 2. 39   DAF, AA – 8   13273
Bitte der DAF um Stellungnahme zu der von der Französischen Botschaft erbetenen Übersendung von
kollektiven Arbeitsverträgen (Papierherstellung, Buchdruck u. a.) an das französische Handels- und Indu-
strieministerium.
M/H   203 01699 f. (49/4)

8. 2. 39   Adj. d. F   13274
Bitte Bormanns, Rechnungen und sonstige den Berghof betreffende Dinge nicht an dessen z. Zt. nicht
besetzte Verwaltung, sondern an die Verwaltung Obersalzberg zu senden.
W   124 01100 (116)

[8. 2. 39]   (HA f. Volkswohlfahrt)   13275
Auseinandersetzung zwischen HAL Hilgenfeldt und dem bei der NSV beschäftigten Pg. K. Sommer
über eine auf Anforderung des GenKons. Wiedemann als Grundlage für Ehrenzeichenverleihungen von
S. zusammengestellte, von H. aber heftig kritisierte Liste der noch jetzt in der NSV tätigen Gründungs-
und Ehrenmitglieder; Absicht H.s, den StdF über die Angelegenheit zu informieren.
W   124 04741 – 45 (482)

[8. 2. 39]   RKzl., RJM   13276
Wiederholtes Ersuchen des Reichsjustizministers (RJM) durch den StdF um Pensionierung eines Beamten gemäß § 71 des Deutschen Beamtengesetzes (DBG) auch bei (nach Auffassung des RJM) ergebnislosem Ausgang des im § 71 DBG vorgesehenen Untersuchungsverfahrens; Tendenz des RJM, strittige Fälle Hitler zur Entscheidung vorzulegen. Meinung der dazu von MinDir. Nadler (RJM) befragten Reichskanzlei: Bei nach Ansicht des zuständigen Ressortministers fehlender Grundlage für eine Zwangspensionierung kein Anlaß für Herbeiführung einer Entscheidung H.s.
A   101 04978 – 83 (446)

8. – 18. 2. 39   RKzl., RMdI   13277
Keine Einwände des StdF gegen den Entwurf eines Gesetzes zur Durchführung des deutsch-schweizerischen Abkommens über Grenzverlegungen vom 21./22. 9. 38.
H   101 26331 – 34 (1494 a)

8. 2. – 27. 3. 39   RKzl.   13278
Ressortbesprechung über eine Erweiterung des Stettiner Stadtgebiets; dabei Unterstützung der sehr weit gehenden Eingemeindungsvorschläge des Oberpräsidenten von Pommern, GL Schwede-Coburg, durch den Vertreter des StdF, ORegR Claaßen, unter Hinweis auf die künftigen bedeutungsvollen Aufgaben der Stadt.
A   101 07029 – 36 (575)

9. 2. 39   RJM   13279
Einladung zu einer Besprechung über eine Zusammenfassung und gegebenenfalls Vereinheitlichung der öffentlichen Grundstückslasten.
W   403 00013 – 16 (1966)

9. 2. 39   RJM   13280
Vorschlag, Sektionschef MinDirig. Edmund Krautmann im Reichsjustizministerium (Abteilung Österreich) zum Präsidenten des neu zu errichtenden Oberlandesgerichts in Linz zu ernennen.
K   101 26693 – 97 (1511)

9. – 14. 2. 39   AA, RSportF – 8   13281
Stellungnahme der Reichssportführung zu einer über die Dienststelle Ribbentrop geleiteten Anfrage des Deutschen Konsulats in Lüttich: „Aus prinzipiellen Gründen" Ablehnung, an den von katholischen Verbänden veranstalteten Internationalen Sportwettkämpfen in Lüttich vom 5.–7. 8. 39 teilzunehmen.
M/H   203 01817 (54/2)

9. 2. – 6. 3. 39   Rechnungshof d. Dt. Reichs, RKzl.   13282
Zustimmung des StdF zur vorgeschlagenen Ernennung des KammerGR Rudolf Rempel zum Ministerialrat beim Rechnungshof des Deutschen Reichs.
H   101 18855 – 62 (1155 a)

Nicht belegt.   13283

9. 2. – 21. 8. 39   RSportA, AA, DAF – 8   13284
Anmeldungen der Teilnahme deutscher Sportler an Sportveranstaltungen in Belgien und England.
M   203 01816 – 57 (54/2); 203 02086 (56/1)

10. – [15.]2. 39   GL Bayr. Ostmark, AA – 8   13285
Durch das Auswärtige Amt über die Dienststelle Ribbentrop Klärung in Oberfranken kursierender Gerüchte über den Einsatz deutscher Arbeiter bei Aufräumungsarbeiten in Spanien: Nicht den Tatsachen entsprechend.
M/H   203 01567 f. (48/3)

11. 2. 39   DAF, AA – 8   13286
Zu der Reise des Pg. Kornowsky die Beförderung von Lichtbildreihen und Büchern nach Budapest über die Kurierabfertigung des Auswärtigen Amtes möglich.
M/H   203 01701 (49/4)

11. 2. 39   RMfWEuV, RegPräs. u. a.   13287
Übersendung einer ˙Prüfungsordnung für die „Ausleseprüfung" und die „Abschlußprüfung" an Bauschulen (Ergänzung der Reichsgrundsätze für die einheitliche Ausrichtung der Fachschulen für das Bau- und Maschinenwesen).
K   101 15880 f. (949)

13. 2. 39   BfdVJPl.   13288
Sicherstellung von Räumen für Getreidelagerung: Inanspruchnahme aller geeigneten Räume ohne Rücksicht auf ihre sonstige Bestimmung und Fertigstellung von neuem Lagerraum dringend erforderlich.
M   101 02139 f. (202)

13. 2. 39   M. Müller   13289
Unter Erwähnung früherer abschlägig beschiedener Gesuche Bitte eines Max Müller (Obernigk b. Breslau) um einen Empfang durch Hitler oder Heß, um sein Anliegen (Einleitung eines Gemeinschaftsprozesses der durch den Zusammenbruch eines Breslauer Kreditinstituts 1935 Geschädigten) vortragen zu können.
W   124 04622 (461)

13. 2. 39   RJM, RKfdWÖ   13290
Vorschlag, LGDir. Anton Köllinger (Steyr) zum Generalstaatsanwalt in Linz zu ernennen.
K   101 26698−703 (1511)

13. 2.−10. 7. 39   RJF, AA−8   13291
Anmeldungen von Auslandsgruppenfahrten und anderen Auslandsreisen von HJ-Angehörigen.
M   203 00050−79, 083−94/3, 099 (17/3)

13. 2.−31. 10. 39   BfdVJPl., GBW   13292
Zwecks Vereinfachung und Vereinheitlichung Einführung einer Genehmigungspflicht für wirtschaftsstatistische Erhebungen; Bildung eines Statistischen Zentralausschusses, u. a. mit einem Vertreter des StdF. Kein Verzicht auf dieses Genehmigungsverfahren nach Kriegsausbruch, sondern Betonung seiner Bedeutung in der Kriegswirtschaft; abgekürztes Verfahren für Genehmigungen besonders dringlicher Fälle (kriegswirtschaftliche Erhebungen).
M/H   101 07517−32 (593)

13. 2. 39−7. 2. 40   RSportA, AA−8   13293
Anmeldungen der Teilnahme deutscher Sportler an Sportveranstaltungen in Italien.
M   203 01914−79, 982 f., 986−2019 (55/3)

[14. 2. 39]   RMfdkA   13294
Klage über die Auswirkungen des vom StdF erlassenen Verbots für Unterführer der Bewegung, ein kirchliches Amt oder eine Beschäftigung in religiösen Gruppen auszuüben (in kleinen Gemeinden Ausübung des Organistendienstes durch den − meist als Unterführer in einer Gliederung oder einem Verband tätigen − Lehrer); Absicht, die Angelegenheit zum Gegenstand eines Vortrags bei Hitler zu machen.
K/W   101 20145 ff. (1201 a)

14.−22. 2. 39   SSHA, RFSS   13295
Auf Bitte des Stabs StdF Feststellung der ruhegehaltsfähigen Dienstzeit des RegPräs. SS-Brif. Emil Popp.
M   306 00780 f. (Popp)

14. 2.−1. 3. 39   GL Sudetenland, AA, Dt. Botsch. London−8   13296
Betreuung der durch die Gauleitung Sudetenland gemeldeten englischen Unterhaus-Kandidaten T. W. Arbuthnot und R. H. Gaskell während ihres Aufenthaltes im Sudetenland (deren Interessen insbesondere „die Frage der tschechischen Minderheit, der Juden und Katholiken").
M   203 00746 ff. (29/1)

15. 2. 39   RMdI   13297
Die Möglichkeit einer Aussprache über die wichtigsten mit dem Ostmarkgesetz und anderen „Gaugesetzen" zusammenhängenden Fragen unter Beteiligung des StdF und des Preußischen Ministerpräsidenten noch vor der Kabinettssitzung von StSekr. Stuckart sehr begrüßt.
A   101 24169 (1353 b)

15. 2. 39   RKzl.   13298
Durch Bormann übermitteltes Verbot Hitlers, lebende Persönlichkeiten auf Denkmälern u. ä. wiederzugeben; Anlaß die Absicht des Tannenberg-Denkmal-Ausschusses, Reliefs mit Darstellungen von Reichsleitern, Gauleitern usw. anzubringen.
H   101 21255 (1260)

15. 2. 39   RMdI   13299
Übersendung eines Vermerks über eine Besprechung über die Veröffentlichung der bereits am 21. 12. 38 von allen Beteiligten gebilligten Ausführungsbestimmungen zum Deutsch-Tschechoslowakischen Staatsangehörigkeits- und Optionsvertrag vom 20. 11. 38; Grund der Verzögerung der Wunsch, zuvor den seinerzeit von Hitler veranlaßten und im § 2 des Vertrages niedergelegten Abwanderungszwang für die führende deutsche Schicht in – laufenden, aber schwierigen – Verhandlungen mit den Tschechoslowaken wieder aufzuheben, um eine volkstumspolitisch unerwünschte Massenabwanderung ins Reich zu vermeiden (Hinweis des Abg. Kundt auf seine Aufgabe, die „Stellung des Deutschtums in Böhmen/Mähren" bis zum "endgültigen Abschluß" der „politischen Entwicklung in diesem Raume" unverändert zu halten).
H   101 26382 – 86 (1498)

[15. 2. 39]   RMdI   13300
Einverständnis des StdF mit dem Entwurf eines Gesetzes über die Technische Nothilfe.
A   101 22629 ff. (1291 b)

16. 2. – 15. 8. 39   RSportA – 8   13301
Anmeldungen der Teilnahme deutscher Sportler an Sportveranstaltungen in Schweden.
M   203 02020 – 48 (55/4)

17. 2. – 23. 12. 39   RSportA, AA – 8   13302
Anmeldungen der Teilnahme deutscher Sportler an Sportveranstaltungen in Ungarn.
M   203 02115 – 52 (56/4)

19. 2. 39   RKzl.   13303
Bitte Heß', die wegen der Einsprüche zahlreicher Reichsminister noch nicht verabschiedeten Entwürfe des Ostmark-, des Sudetengau- und des Saarpfalzgesetzes Hitler erneut vorzutragen und ihn trotz der – fast ausschließlich gegen die künftige Stellung der Reichsstatthalter (RSt.) gerichteten – Einsprüche um Vollziehung zu bitten; Begründung: Die vorgesehene Stellung der RSt. im Sinne Hitlers; eine weitere Verzögerung des Vollzugs der Gesetze aus außen-, innen- und wehrpolitischen Gründen nicht tragbar.
A   101 24170 ff. (1353 b)

20. 2. 39   GL Süd-Hannover-Braunschweig, AA – 8   13304
*Schreiben der Gauleitung Süd-Hannover-Braunschweig über den Meldeweg bei Bewerbungen für den Auslandsschuldienst.
M   203 01447 (47/1)

20. – 23. 2. 39   AA – 8   13305
Durch die Dienststelle Ribbentrop Übersendung eines *Berichts über die im Rahmen des Ley-Cianetti-Abkommens durchgeführten Studienaustauschfahrten sowie eines *Teilnehmerverzeichnisses.
M   203 01573 f. (48/3)

20. – 25. 2. 39   GL Danzig – 8, 8/1   13306
Antrag auf Gewährung eines Zuschusses von RM 80 000.– für den Neubau einer Turnhalle in Danzig.
M   203 02153 f. (57/1)

20. – 28. 2. 39   Intern – 8, 29   13307
Klage über eigenmächtige Einladungen zum Reichsparteitag durch den Stürmer-Verlag aus Anlaß einer Rückfrage wegen der Betreuung einer Muriel Lester (Calcutta).
M   203 02770 f. (80/2)

20. 2. 39 – 30. 1. 40   RSportA – 8   13308
Anmeldungen der Teilnahme deutscher Sportler an Sportveranstaltungen in der Schweiz.
M   203 02049 – 85, 087 – 94 (56/1)

22. 2. 39   RKzl.   13309
Zustimmung des StdF zum Entwurf eines Gesetzes zur Änderung des Deutschen Beamtengesetzes (Hinauszögerung des Eintritts in den Ruhestand, Behandlung von Entlassungsanträgen von Wehrmachtsbeamten für die Dauer des Aufbaus der Wehrmacht, Bezeichnungsänderung der Laufbahngruppen, u. a.).
M   101 04578—81 (423 a)

22. 2.—10. 3. 39   NSLB—8   13310
Absicht des NS-Lehrerbundes und der Dienststelle Ribbentrop, durch einen Briefwechsel die Wiederholung falscher oder für den ns. Staat ungünstiger Äußerungen (Überflüssigkeit der Reichstagsstenografen „en Allemagne, pays actuel de dictature") durch die Zeitschrift Le sténographe illustré (Paris) zu verhindern; sofortiger Abbruch der Beziehungen verfrüht.
M/H   203 01445/80 ff. (46/5)

22. 2.—21. 3. 39   RFM   13310 a
Durch den Stab StdF Verweigerung der Zustimmung zur Beförderung des ORegR Christian Engelbrecht zum Ministerialrat im Reichsfinanzministerium (Nicht-Parteigenosse; vgl. Nr. 13359).
H   101 04532 (421 a)

22. 2.—25. 3. 39   DAF, AA, Dt. Ges. Oslo—8   13311
Zu der über die DAF weitergeleiteten Anregung eines deutsch-norwegischen Arbeiteraustauschs durch den „aktivistisch-völkisch-sozialistischen" Schriftleiter Karl Lie (Bergen) Hinweis der Deutschen Gesandtschaft in Oslo auf die ablehnende Haltung des norwegischen Sozialministeriums.
M/H   203 01572, 581, 590 (48/3)

23. 2.—1. 3. 39   GL Steiermark u. a.—8   13312
Schwierigkeiten der Volksdeutschen Eugen Scheck (Graz) und Dir. Kniepert (St. Peter/Steiermark) bei der Überweisung ihrer rumänischen Pension: Bitte um Abhilfe.
M   203 00743 ff. (29/1)

23. 2.—3. 3. 39   AA, Dt. Botsch. Washington, RKzl.   13313
Übersendung eines Berichts des Berliner Korrespondenten der New York Herald Tribune, Ralph W. Barnes, über ein angeblich in Vorbereitung befindliches neues Werk Hitlers mit vermutlich grundlegend anderer Behandlung des Verhältnisses zwischen Deutschland und Frankreich als in Mein Kampf.
K   101 16398—99/2 (963)

23. 2.—20. 10. 39   SHA, RFSS   13314
Durch den StdF und den Reichsführer-SS Befürwortung einer Verwendung des SS-Brif. Kurt Wege als Landrat. Mitteilung des Reichsinnenministers über den Wunsch W.s, Regierungspräsident zu werden.
M   306 01008—12 (Wege)

24. 2. 39   RKzl.   13315
Bitte Bormanns, ihm die zu erwartenden zahlreichen Vorschläge zur Beförderung von Beamten anläßlich des Geburtstags Hitlers rechtzeitiger, als in den letzten Jahren entgegen den Vorschriften geschehen, zuzuleiten, um eine ordnungsgemäße Bearbeitung zu gewährleisten.
A   101 05245 (452)

24. 2. 39   RKzl.   13316
Einverständnis des StdF mit einem deutsch-italienischen *Abkommen über kulturelle Zusammenarbeit.
H   101 25743 (1450)

25. 2. 39   RJM   13317
Vorschlag zur Ernennung des Rechtsanwalts Herbert David (Leitmeritz) zum Präsidenten des neu errichteten Oberlandesgerichts in Leitmeritz.
K   101 26754—59 (1511 b)

[27. 2. 39]   RMdI   13318
Anregung des StdF, das Treudienst-Ehrenzeichen auch an hauptamtlich im Dienst der NSDAP stehende, aus dem öffentlichen Dienst ausgeschiedene Beamte, Angestellte und Arbeiter zu verleihen. Er-

klärung des Reichsinnenministers im Einvernehmen mit dem Chef der Präsidialkanzlei, in solchen Fällen eine Ausnahme nach § 12 der Allgemeinen Durchführungsverordnung vom 30. 1. 38 regelmäßig anzuerkennen.
M   101 02927 f. (297 a)

27. 2. – 8. 3. 39   GL Hessen-Nassau, Lammers   13319
Bericht des GL Sprenger über die Lage der Landwirtschaft im Gau Hessen-Nassau: Die Fortführung der Betriebe im Sinne der „Erzeugungsschlacht" durch die Abwanderung von Arbeitskräften in die Industrie und zu den großen öffentlichen Bauvorhaben (z. B. Autobahn) gefährdet; Ursachen der Landflucht (bessere Verdienstmöglichkeiten in der Industrie, auf dem Lande längere Arbeitszeit, geringere Aufstiegsmöglichkeit und anderes); Übergreifen der Landflucht auch auf die Bauern und deren Familienangehörige; Notwendigkeit, beim Kampf gegen die Landflucht von den Erkenntnissen der ns. Weltanschauung auszugehen; Bemühungen der Partei, bei den Dorfbewohnern die Liebe zum Land und zur Landarbeit wiederzuerwecken und sie von den grundlegenden Zusammenhängen von „Blut und Boden" zu überzeugen; Hinweis auf die Opfer der Landwirtschaft (im Gegensatz zur übrigen Wirtschaft seit 1934 gleichbleibende Preise) als eine entscheidende Voraussetzung für den wirtschaftlichen Aufbau Deutschlands; Appell, die Preisschere zu schließen, um die Unterbewertung der Landarbeit zu beseitigen und dem Bauerntum die erforderliche Existenzsicherung zu geben.
M   101 02080 – 89 (195); 101 02264 ff. (213 b)

27. 2. – 18. 8. 39   E. Hanfstaengl, Gen. Bodenschatz, RFSS   13320
Schriftwechsel in der Angelegenheit Ernst Hanfstaengl. Dabei Vorlage eines von H. an Prof. Thorak gerichteten, von der Devisenfahndungsstelle geöffneten *Briefs bei Hitler; dessen Kommentar: Ein kurzes Schreiben an Hanfstaengl beabsichtigt gewesen, jedoch Versuche, ihm den Text vorzuschreiben, indiskutabel. Aufforderung Bormanns (im Auftrag Hitlers) an Hanfstaengl, heimzukehren; dabei Verweis auf wiederholt abgegebene Erklärungen (die der Auslandsreise zugrunde liegenden „bedauerlichen Mißverständnisse" kein Hindernis für die Rückkehr; Wiedereinsetzung in eine passende Position; Übernahme der finanziellen Verpflichtungen). Enttäuschung Hanfstaengls über das Ausbleiben eines persönlichen Schreibens Hitlers und Absicht, seine Heimkehr zu verschieben.
K/W   102 01599 – 606 (2775)

28. 2. 39   Ph. F. Reemtsma – 1, 15   13321
Entgegnung auf die von Bernhard Köhler (Kommission für Wirtschaftspolitik) initiierte Propaganda gegen Nikotinmißbrauch: Die Zigarette nikotinärmstes und mit der geringsten Arbeitsintensität hergestelltes Tabakfabrikat, der Angriff insbesondere gegen sie daher unverständlich; Anzweifelung der durch Einstellung des Rauchens möglichen Einsparungen an Geld, Arbeitskräften und Anbaufläche; Argumente gegen die geforderte langsame Liquidierung der Tabakfabriken; Schädlichkeit *aller* Genußmittel; der Tabakimport Fundament der starken wirtschaftspolitischen Stellung des Reichs im Südosten; u. a.
K/H   101 14148 – 59 (745 b)

[28. 2. 39]   RMdI, RFM   13322
Richtlinien (ergangen im Einvernehmen mit dem StdF) über die Förderung alter oder verdienter NS in der Ostmark: Bevorzugte Berücksichtigung bei Stellenbesetzungen im öffentlichen Dienst; volle Anrechnung von Partei-, SA- und SS-Dienstzeiten auf das Besoldungsdienstalter; u. a.
W   112 00008 f. (43)

28. 2. – 31. 3. 39   RKzl.   13323
Unter Hinweis auf den Anspruch des StdF, die Partei in allen Angelegenheiten von politischer Bedeutung allein zu vertreten, Bedenken gegen eine – laut Bormann von Hitler gewünschte – Gleichstellung der Volksdeutschen Mittelstelle mit den Obersten Reichsbehörden.
M   101 00010 – 20 (124 a)

[28. 2.] – 26. 4. 39   OPG   13324
Übersendung eines Urteils: Freispruch des SS-Obf. Hans Döring (München) von dem Vorwurf, sich im Winter 1932/33 als Führer der 35. SS-Standarte in Kassel bei der Durchführung eines Getreidenotopfers (Sammlung zugunsten der Partei und ihrer Gliederungen) persönlich bereichert zu haben.
M/H   306 00268 – 82 (Döring)

März 39   RMdI, RKzl.   13324 a
Entwurf eines an die Obersten Reichsbehörden, den StdF u. a. gerichteten Rundschreibens über die Stellung des Reichsprotektors für Böhmen und Mähren: Dieser alleiniger Repräsentant des Reichs im Protektorat; Verbot des direkten Geschäftsverkehrs zwischen Reichs- und Protektoratsdienststellen sowie (bis auf weiteres) von Dienstreisen ins Protektorat; Hinweis auf die staatsrechtliche Autonomie des Protektorats.
A/W   101 23510 – 14 (1329 a)

1. 3. 39   GL Steiermark, AA – 8   13325
Durch die Dienststelle Ribbentrop Weiterleitung von *Berichten der Gauleitung Steiermark (Auswirkung von Devisenbestimmungen auf Reichsdeutsche im deutsch-jugoslawischen Grenzgebiet; Aufruf der Jugoslawisch-Tschechischen Liga [Laibach]; jugoslawische Saisonarbeiter in Deutschland) an das Auswärtige Amt.
M   203 01575 (48/3)

1. – 14. 3. 39   M. Jacob   13326
Abschlägiger Bescheid der Bitte einer Margarete Jacob (Dober) um einen Empfang durch Heß; Hinweis auf die Möglichkeit, ihre Beschwerden (Entlassung ihres Mannes durch einen „reaktionären Grafen", „reaktionäre" Umtriebe im Kreis Grünberg/Schlesien) schriftlich vorzubringen.
W   124 04525 ff. (444)

1. – 20. 3. 39   RKzl., Botsch. Papen   13327
Durch die Reichskanzlei weitergeleitete Nachfrage Papens nach einem von dem Schweden v. Wernstedt (Kammerherr der verstorbenen Königin) Hitler übersandten alten Wikingerzeichen. Auskunft Bormanns: Das Geschenk auf dem Berghof nicht eingetroffen.
K   101 15366 – 70 (915 a)

2. 3. 39   RPM, RMdI   13328
Nach restloser Eingliederung der ehemaligen österreichischen Post- und Telegraphenverwaltung sowie der Postsparkasse in die Deutsche Reichspost nun Zuweisung der Wiener Staatsdruckerei an das Sondervermögen der Reichspost bevorstehend; dabei noch zu klären: Deckung des aus Pensionslasten herrührenden laufenden Fehlbetrags von 1,5 Mio. RM. (Abschrift an den StdF.)
H   101 02593 f. (266); 101 02607 f. (267); 101 02619 f. (271 a); 101 18589 f. (1174 c)

2. 3. 39   Adj. d. F   13329
*Schreiben des Stabs StdF, die Goldene Hochzeit eines Wilhelm Röder (Dessau) betreffend.
W   124 04695 (473)

2. – 30. 3. 39   RKzl., RMfdkA   13330
Grundsätzliche Billigung der vom StdF übermittelten *Gesetzentwürfe über die Erhebung von Kirchenbeiträgen in der Ostmark und im Sudetenland durch Hitler; Einschränkungen: 1) Keine Beitreibung durch – staatlichen Behörden und Beamten gleichgestellte – kirchliche Vollstreckungsbehörden und Vollzugsbeamte; 2) (nur im Fall Sudetenland) nach Möglichkeit Ersetzung der Gesetzesform durch eine Durchführungsbestimmung des Reichskommissars aufgrund von § 5 des Führererlasses über die Verwaltung der sudetendeutschen Gebiete.
H   101 24694 ff. (1367)

3. 3. 39   GL Wien, AA – 0   13331
Fortgang von Entlassungen deutscher Arbeiter und Angestellter in der Tschechoslowakei: Vorschlag der Gauleitung Wien, solche Firmen umgehend in ihren deutschen Geschäftsverbindungen zu schädigen; dazu vorsorgliche Aufstellung einer Liste aller deutsch-tschechischen Geschäftsverbindungen.
M   203 01528 f. (48/1)

3. 3. 39   AA, GL Wien – 8   13332
Durch die Dienststelle Ribbentrop Weiterleitung eines *Gutachtens der Gauleitung Wien über den als Finnischer Generalkonsul für die Ostmark vorgesehenen Pg. Wilhelm Wohleber.
M/H   203 00742 (29/1)

3. 3.—24. 4. 39   RJM   13333
Auf Anordnung Hitlers Einführung der Pflichtversicherung für Kraftfahrzeughalter; dabei zur Vermeidung von Verzögerungen Verzicht auf die Regelung der Versicherungspflicht der Gemeinden und auf die Klärung der Frage der Einführung einer Verkehrsunfallabgabe. Zustimmung des StdF zu dem *Gesetzentwurf.
K/W   101 14211—22 (749)

3. 3. 39—8. 2. 40   RSportA—8   13334
Anmeldungen der Teilnahme deutscher Sportler an Sportveranstaltungen in Dänemark.
M   203 01858—907 (54/3)

4. 3. 39   DSt. Ribbentrop   13335
Übersendung eines *Dankschreibens des amerikanischen Professors Zechel (Ehrengast beim Reichsparteitag 1938); dabei Erwähnung der Unterstützung der deutschen Aufklärungsarbeit durch ihn und Prof. Scherger, einen anderen Ehrengast.
W/H   203 02636 (78/1)

4. 3. 39   Intern—8, 29   13336
Eine Besprechung zwischen Ausländerdienst und Dienststelle Ribbentrop über die Teilnahme von Ausländern am Reichsparteitag 1938 beabsichtigt.
M   203 02772 (80/2)

4. 3. 39   RKzl.—7   13337
Durch GL Bohle zur Information Hitlers (dazu jedoch keine Gelegenheit mehr) Weiterleitung eines Berichts des neuen Landesgruppenleiters der Auslands-Organisation in der Tschechoslowakei, Zeissig, über seinen Antrittsbesuch bei Außenminister Chvalkowsky und über Ch.s Ausführungen zu seiner Politik der Anpassung an Deutschland („Wie ist Deutschland mit uns zufrieden?") bis hin zur „Lösung der Judenfrage" und zur Umerziehung des tschechischen Volkes vom „Größenwahn" zur Realität, u. a. zur Einsicht, trotz der Optionen weiter mit Minderheiten leben zu müssen; Bitte Ch.s, dem tschechischen Volk „gelegentlich mit kleinen Gesten" zu erkennen zu geben: Eine Vernichtung der Tschechoslowakei nicht beabsichtigt.
H   101 26389—93 (1498 a)

4.—13. 3. 39   RFM, RKzl.   13338
Nach Bitte um vorsorgliche Fristverlängerung zur Prüfung des *Gesetzentwurfs über die Finanzierung nationalpolitischer Aufgaben des Reiches (Neuer Finanzplan) Verzicht des StdF auf eine weitere Nachfrist; kein Einspruch gegen den Gesetzentwurf.
K   101 14515—19 (789 a)

4. 3. 39—20. 8. 40   RJM, RKzl., RMdI, OKW u. a.   13339
Vorlage, Erörterung und Abänderung mehrerer Entwürfe des Reichsjustizministers (RJM): Eines Gesetzes über Erbfolge- und Pflichtteilsrecht sowie eines Gesetzes über die Feststellung der Abstammung und die rechtliche Stellung des unehelichen Kindes samt Durchführungsverordnungen. Bedenken des StdF gegen das Erbfolgegesetz als eine überflüssige und daher für das Ganze schädliche Vorwegnahme eines Teilgebiets der Erneuerung des bürgerlichen Rechts, hingegen Reklamierung äußerster Dringlichkeit für eine Unehelichenregelung (dazu Wunsch, das Wort „unehelich" aus dem Gesetztext verschwinden zu lassen); Interesse des StdF allein für die „Einverkehrskinder", hier halbes, bei Namensgebung durch den Erzeuger sogar volles Erbrecht am Platze. Des weiteren Erörterung von Nebenfragen: Erbrecht von Juden nach deutschen Erblassern und der unehelichen Kinder von Polinnen und Tschechinnen mit deutschen Vätern, Erbunfähigkeit von Ordenspersonen und Ausnahmeregelung für Deutsch- und Malteserritter, Unterhalt der Mehrverkehrskinder aus öffentlichen Mitteln sowie (auf Wunsch des StdF) unterschiedliche Behandlung der unehelichen Kinder je nach rassischer Beurteilung. Nach Herstellung „vollsten Einverständnisses" zwischen StdF und RJM und Ablehnung der von Lammers angeregten Zurückstellung der Angelegenheit bis Kriegsende durch Heß (Einlösung seines in dem „Brief an die Mutter eines unehelichen Kindes" gegebenen Versprechens) Vorlage bei Hitler als Gesetz zur Änderung familien- und erbrechtlicher Vorschriften (Zweites Familienrechtsänderungsgesetz) mit folgenden wesentlichen Neuerungen gegenüber dem bisherigen Recht: Bemessung des Unterhaltsanspruchs des unehelichen Kindes nach der Position des Vaters und Verlängerung des Anspruchs bis zum 18. bzw. 25. Lebensjahr; volles bzw.—bei Vorhandensein von Erben 1. oder 2. Ordnung—halbes Erbrecht des unehelichen Kin-

des. Entschiedene Ablehnung des Gesetzentwurfs durch Hitler als „nicht ns.", als „Gesetz gegen die unehelichen Kinder" und „Gesetz zur Entrechtung der unehelichen Mütter": Einwände gegen die im Entwurf enthaltene Möglichkeit, ein während der Ehe geborenes Kind für unehelich zu erklären, gegen die Übertragung der elterlichen Gewalt an eine unverheiratete Mutter nicht ohne weiteres, sondern erst durch besondere Verleihung, sowie gegen die Möglichkeit, dem Vater eines unehelichen Kindes die elterliche Gewalt auch ohne Einverständnis der Kindesmutter verleihen zu können (ausschlaggebend nach Auffassung Hitlers das „ethische Recht der Mutter auf das Kind" und nicht „die Sorge für das Wohl des Kindes"). Rechtfertigung des Gesetzentwurfs durch den StdF (einiges Inkriminierte Verbesserung der bisherigen Regelung, einiges Wunsch des Reichsführers-SS [RFSS]); Bitte um gemeinsamen Vortrag der Beteiligten (StdF, RJM, RFSS). Wunsch Hitlers, sich „zunächst einmal" mit Heß allein zu besprechen.
H   101 27596 – 643 (1524 a, 1524 b)

6. 3. 39   Insp. d. Napola, AA – 8   13340
Eine *Anfrage wegen der Besichtigung von Nationalpolitischen Erziehungsanstalten durch den englischen Austauschlehrer E. E. Medland von der Dienststelle Ribbentrop an das Auswärtige Amt weitergeleitet.
M   203 01496 (47/4)

6. 3. 39   GI f. d. Straßenwesen, AA – 8   13341
Eine *Anfrage über die deutsche Abstammung eines Bewerbers (vermutlich Einstellung beim Generalinspektor für das deutsche Straßenwesen) von der Dienststelle Ribbentrop an das Auswärtige Amt weitergeleitet.
M   203 00697 (29/1)

[6. 3. 39]   RMdI   13342
Zur Aktenanforderung durch Parteidienststellen Bitte des StdF, bei begründeten Zweifeln an einer Anforderung für lediglich dienstliche Zwecke ihm diese Fälle zur Stellungnahme vorzulegen.
M   101 04701 (426)

6. – 9. 3. 39   AA – 8   13343
Durch die Dienststelle Ribbentrop Übermittlung von *Vorgängen über die deutsch-italienischen Kulturbeziehungen, u. a. die Mitarbeit des Deutschen Volksbildungswerkes an deren Ausgestaltung betreffend.
M/H   203 00155 f. (19/4)

6. – 14. 3. 39   AA, GL Hamburg – 8   13344
Bedenken der Dienststelle Ribbentrop gegen eine Unterstützung ungarischer Flüchtlinge; Empfehlung, bei der Vermittlung eines Arbeitsplatzes die Gestapo zu beteiligen.
M   203 01576 f. (48/3)

7. 3. 39   Intern – 8, 28   13345
Bitte des Amts für Ehrengäste der Reichsparteitage an die Dienststelle Ribbentrop, die noch offenstehenden Hotelrechnungen zu zahlen; seit dem Jahre 1938 keine Übernahme der Kosten für das Begleitpersonal der Ehrengäste.
M   203 02634 f. (78/1)

7. 3. 39   DAF – 8   13346
Wegen der Beteiligung ausländischer Fachleute Übersendung eines Überblicks über die 1939 in Aussicht genommenen Veranstaltungen der DAF und ihrer Fachämter an die Dienststelle Ribbentrop.
M/H   203 01578 f. (48/3)

[8. 3. 39]   RK Bürckel   13347
Nach Mitteilung Bormanns Absicht Hitlers, das Ostmarkgesetz demnächst zu erlassen und zuvor noch Lammers zu den einzelnen Fragen zu hören.
W   101 24173 f. (1353 b)

8. – 11. 3. 39   RKzl., GL Bürckel   13348
Bitte des GL Bürckel um Hitlers Entscheidung über das Ostmarkgesetz, die Überleitung der österreichischen Landesregierung und seinen (B.s) Auftrag als Reichskommissar; außerdem Bitte um Erlaß des be-

antragten Saarpfalzgesetzes. Laut Mitteilung Bormanns der Besprechungstermin über das Ostmarkgesetz von H. auf den 14. 3. 39 (in Wien) festgelegt, die Anwesenheit Lammers' erforderlich. (Vgl. Nr. 13220 und 13347.)
A   101 24250 ff. (1356)

8. – 22. 3. 39   Himmler – 9   13349
Bitte Bouhlers, seinen Stellvertreter in der Parteiamtlichen Prüfungskommission, Hederich, zu empfangen (Besprechung der kürzlich erfolgten Gründung einer Reichsarbeitsgemeinschaft Schallband und Bitte um Ernennung eines Vertreters Himmlers in der Arbeitsgemeinschaft). Zusage Himmlers.
W   107 00052 f. (156)

[8. 3. – 27. 4. 39]   RFSS, StSekr. Stuckart   13350
Aus konkretem Anlaß Erfahrungsaustausch über die Möglichkeit (die Genehmigung des StdF voraussetzender) langjähriger Beurlaubungen von Beamten für Parteizwecke. SS-Personalkanzlei: Ablehnende Haltung des StdF in solchen Fällen. StSekr. Stuckart: Bei besonderem Interesse der Partei sogar Beurlaubungen auf unbegrenzte Zeit möglich.
W   306 00913 – 22 (Stroop)

9. 3. 39   (AuslPresseSt.?) – 8   13351
Bitte um Überweisung der Vergütung für die im Hauptarchiv der NSDAP hergestellten Abzüge von 226 Fotos von Auslandspressevertretern beim Reichsparteitag 1936.
W   124 01175 (131)

9. – 10. 3. 39   NSLB – 8   13352
Ausfüllung von 'Personalfragebogen für den Auswärtigen Dienst.
H   203 01445/78 f. (46/5)

[10. 3. 39]   RMfWEuV, Lammers   13353
Antrag des Reichserziehungsministers, die Entpflichtung des Professors für Strafrecht an der Rechts- und Staatswissenschaftlichen Fakultät der Universität Berlin, Eduard Kohlrausch, um zwei Jahre hinauszuschieben; Erwähnung des Einverständnisses des StdF.
K   101 15437 f. (939 a)

10. – 15. 3. 39   DAF, AA – 8   13354
Bitte der DAF um Stellungnahme zu der beabsichtigten Ablehnung der Bitte, der Staatlichen Technischen Mittelschule in Novi Sad (Jugoslawien) Unterlagen für die Einrichtung von Werkstätten zu überlassen: Eine Verbesserung der jugoslawischen Berufsausbildungsmethoden nicht erwünscht.
M/H   203 01703 f. (49/4)

10. – 15. 3. 39   DAF, Dt. FichteBd., AA – 8   13355
Eine Anfrage der DAF wegen der Unterstützung eines McCabe, Mitarbeiter des Deutschen Fichtebundes in Dublin, von der Dienststelle Ribbentrop an das Auswärtige Amt weitergeleitet.
M   203 01582 ff. (48/3)

10. – 15. 3. 39   DAF, AA – 8   13356
Eine Anfrage der DAF, einen Gesellenaustausch mit der Türkei betreffend., von der Dienststelle Ribbentrop an das Auswärtige Amt weitergeleitet.
M   203 01585 f. (48/3)

10. 3. – 12. 4. 39   RArbM, RMdI, PrFM, RMfWEuV   13357
Stellungnahmen verschiedener Ressorts zu Vorschlägen des Reichskommissars für die Wiedervereinigung Österreichs (RKWÖ) für die Übertragung der Zuständigkeiten der österreichischen Landesregierung (grundsätzliche Forderung nach Übernahme aller nicht aus „unbedingt zwingenden Gründen" den Reichszentralstellen zu übertragenden Aufgaben durch die Reichsstatthalter [RSt.], eingehende Behandlung der Zuständigkeitsbereiche der einzelnen österreichischen Ministerien). Reichsarbeitsminister: Die vom RKWÖ gewünschte Aufteilung des Wohn- und Siedlungsfonds, der Gewerbeaufsicht und des Kleinrentnerfonds auf die einzelnen RSt. unzweckmäßig, vielmehr gauübergreifende Lösungen erforderlich. Preußischer Finanzminister: Eine auf das gesamte Reichsgebiet übertragbare Regelung erforderlich; Eintreten für eine nicht nur verwaltungsmäßige, sondern auch finanzielle Dezentralisierung sowie für die Einheit der Verwaltung; Behandlung einzelner Zuständigkeitsfragen. Reichserziehungsminister: Die Forderung des RKWÖ nach möglichst großer Selbständigkeit der Reichsgaue verständlich,

ein „Führerstaat ohne straffe Zügelführung" jedoch bei aller Ablehnung eines volksfremden Zentralismus ein „Widerspruch in sich selbst"; zentrale Betreuung des Hochschulwesens unabdingbar. (Abschrift jeweils an den StdF.)
A/W   101 05773—84 (494); 101 24253—75 (1356)

10. 3.—26. 5. 39   RMdI, RKfdWÖ, RFM   13358
Kritik des Reichsfinanzministers (RFM) an der Praxis des Stillhaltekommissars für Organisationen (SKO) bei der Ausführung des Gesetzes über die Überleitung und Eingliederung von Vereinen usw. vom 14. 5. 38: Durch Einziehung von Vermögenswerten aufgelöster österreichischer Vereine nicht zugunsten des Reiches sondern Dritter Gefahr einer Schädigung der finanziellen Interessen des Reiches gegeben; ferner Kritik an der — unzulässigen — Schaffung eines Aufbaufonds beim Reichskommissar für die Wiedervereinigung Österreichs (RKWÖ) außerhalb der öffentlichen Haushalte. Entsprechende Intervention des Reichsinnenministers (RMdI) beim RKWÖ unter Hinweis auf die Aufgabe des SKO, als Reichsdienststelle primär Reichsbelange zu wahren. Rechtfertigung des RKWÖ unter Berufung auf das Gesetz vom Mai 1938. Infolge der Unvereinbarkeit der Standpunkte — nach Auffassung auch des StdF der SKO Beauftragter der Partei — Chefbesprechung; deren Ergebnis u. a.: Künftig Abwicklung und Verwaltung von in der Ostmark eingezogenen Vermögenswerten gemeinsam durch RFM und Reichsschatzmeister; im Sudetenland weiterhin Tätigkeit des SKO.
A   101 24305—22 (1358 a)

10. 3. 39—[5. 8. 40]   RMdI, RFM, RKzl., RVM   13359
Aus gegebenem Anlaß (vgl. Nr. 13310a) Forderung des StdF, höhere Beamtenstellen (vom Ministerialrat aufwärts) nur mit besonders bewährten Parteimitgliedern zu besetzen; Kritik an der Beförderung von Beamten aufgrund dienstaltersmäßiger Erwägungen; Vorwurf, nicht rechtzeitig politisch geeignete Anwärter für leitende Stellungen herangebildet zu haben. Einwände des Reichspostministers, des Reichsverkehrsministers u. a. gegen eine solche Regelung: Hervorhebung des ohnehin besorgniserregenden Mangels an fähigem Nachwuchs; Befürchtung einer Abwanderung der besten Kräfte in die Privatwirtschaft; Hinweis auf die Ablehnung selbstbewußter Männer, bald nach der Machtübernahme in die Partei einzutreten, um nicht als „Konjunkturritter" zu gelten. Auffassung Hitlers: Parteizugehörigkeit zwar erwünscht, eine dahingehende grundsätzliche Anordnung mit Rücksicht auf die dargelegten Verhältnisse zur Zeit aber nicht durchführbar. Schreiben Lammers' an die Reichsminister: Bitte, bei zu treffender Auswahl — gleiche fachliche Leistung vorausgesetzt — dem politisch bewährten Kandidaten den Vorzug zu geben; Beifügung seines Briefwechsels mit dem StdF.
M   101 04532—55 (421 a)

11. 3. 39   RAM   13360
Durch Bormann Übermittlung der Entscheidung Hitlers, deutsch-japanische Mischlinge „nur von Fall zu Fall" in die NSDAP aufzunehmen.
M   203 00263 (21/2)

11. 3. 39   OStA SG Weimar—1   13361
Bericht über das Ermittlungsverfahren (wegen Vergehens gegen das Heimtückegesetz) gegen den Regieassistenten Emil Theodor Osswald (Berlin): Lebenslauf O.s und gegen O. erhobene Anschuldigungen (moralische Verunglimpfung Hitlers sowie anderer führender Persönlichkeiten; Äußerungen über die heimliche Tötung von Juden, über die Finanzlage des Reiches u. a.).
W   124 04647—52 (464)

13. 3. 39   DAF, AA—8   13362
Durch die Dienststelle Ribbentrop Weiterleitung eines Schreibens der DAF mit dem Betreff „Hilfsaktion für Barcelona" an das Auswärtige Amt.
H   203 01580 (48/3)

13. 3. 39   RL-Dienststellen   13363
*Anordnung des StdF, die mit geheimzuhaltenden Angelegenheiten in Berührung kommenden Arbeitskräfte der Reichsleitungsdienststellen (außer Politischen Leitern oder Angehörigen einer Gliederung) dem zuständigen Arbeitsamt zur Überprüfung ihrer Zuverlässigkeit zu melden.
W   149 00086—89 (2)

14. 3. 39   RJM   13364
Vorschlag zur Ernennung des Vizepräsidenten beim Oberlandesgericht Frankfurt/Main, Artur Ungewitter, zum Oberlandesgerichtspräsidenten.
K   101 26760−65 (1511 b)

15. 3. 39   AA−8   13365
Durch die Dienststelle Ribbentrop Übersendung eines Schreibens der DAF zum Betreff „Material über den Aufbau der DAF an den Vorsitzenden der litauischen Studentengruppe in Berlin".
M   203 01702 (49/4)

15. 3. 39   RMdI, Oberste RBeh.   13366
Erinnerung: Die Einführung von Reichsrecht im Lande Österreich vom 1. 3.−1. 7. 39 gesperrt; dadurch (im Interesse der österreichischen Behörden) ausreichend Zeit für sorgfältige Vorbereitung künftig einzuführenden Rechts gegeben. (Nachrichtlich an den StdF.)
A   101 24196 (1353 c)

15. 3. 39   GL Steiermark, AA−8   13367
Durch die Dienststelle Ribbentrop an das Auswärtige Amt Weiterleitung einer *Bewerbung des SA-Schaf. Seiberl (Graz) um eine Lehrerstelle im Ausland.
M   203 01497 (47/4)

[15. 3. 39]   −   13368
(Erwähnte) Anordnung des StdF: Ehre und selbstverständliche Pflicht eines jeden Parteigenossen, an erster Stelle immer das Parteiabzeichen zu tragen.
W   107 01551 f. (467)

[15. 3. 39]   RArbM   13369
Zustimmung des StdF zum Entwurf eines Gesetzes zur Änderung der Notverordnung über Enteignungen auf dem Gebiet des Städtebaus (neuerliche und jetzt unbestimmte Erweiterung des Anwendungszeitraums wegen noch nicht erfolgter endgültiger reichsrechtlicher Ordnung des Rechtsgebiets).
H   101 27993 ff. (1528)

16. 3. 39   RMdI   13370
Übersendung des *Entwurfs einer Verordnung über die Einführung des Reichsrechts in den Gemeinden Jungholz und Mittelberg (Ostmark).
A   101 23043 (1311 b); 101 24178 (1353 c)

16. 3. 39   AA−29   13371
Durch die Dienststelle Ribbentrop Meldung der Teilnahme des Iren C. E. Kenny am Reichsparteitag.
W   203 02769 (80/2)

16. 3. 39   RAD−8   13372
Übersendung eines *Berichts des Leiters der Abteilung für auswärtige Angelegenheiten, Müller-Brandenburg, über seine Vortragsreise nach Finnland.
M   203 01367 (44/4)

16.−31. 3. 39   DAF, AA u. a.−8   13373
*Korrespondenz über den deutsch-italienischen Studienaustausch.
M   203 01587, 591 (48/3)

16. 3.−[1. 12.]39   RMfWEuV, AA, RMfdkA u. a.   13374
Nach Auskunft des Auswärtigen Amts (AA) über die nach ihm vorliegenden Berichten nicht eindeutige Haltung der Steyler Missionsgesellschaft gegenüber dem neuen Deutschland (Anlaß der Anfrage der Weiterbestand der Missionsschule in St. Wendel) Bitte des Reichserziehungsministers (REM) um eine grundsätzliche Äußerung des StdF zur Frage des Fortbestandes der Missionsschulen. Der StdF: Missionsschulen mit der Weltanschauung des ns. Staates unvereinbar; Zweifel an der Bedeutung dieser Schulen für den deutschen Kultureinfluß, Einschätzung dieses Arguments als Schutzbehauptung der Missionsorden; Schließung der Schulen empfohlen. Nach entsprechender Entscheidung Hitlers Anordnung des REM, sämtliche Missionsschulen ab Ostern 1940 zu schließen und für die anderweitige Unter-

bringung der Schüler und der weltlichen Lehrer zu sorgen. Zu Vorstellungen des AA wegen schädigender Auswirkungen des Abbaus der Missionsschulen auf die deutschen Interessen im Ausland (Auslieferung der von deutschen Orden betreuten Gebiete an Ordensgeistliche fremder Nationalitäten) Stellungnahme des Reichskirchenministers: Betroffen ausschließlich die Missionsschulen in der Stufe der höheren Lehranstalten, die Fachausbildung in der Hochschulstufe unangetastet; die „von kirchlicher Seite" stammende Mitteilung über die angebliche Bereitschaft des StdF, den Nachwuchs besonders der Steyler Mission in einer noch zu vereinbarenden Form zu erhalten, für irreführend gehalten; Empfehlung, auch der Steyler Mission keine Vorzugsbehandlung zukommen zu lassen.
K/H   101 15853−64 (945 b)

17. 3. 39   DAF, AA u. a. − 8   13375
Durch die Dienststelle Ribbentrop Weiterleitung eines Schreibens der DAF, die Zusammenarbeit des Vereins Jugoslawischer Eisenbahnbeamter mit der NS-Gemeinschaft Kraft durch Freude betreffend, an das Auswärtige Amt.
M   203 01785 f. (50/3)

17. 3. 39   GL Sachsen, AA u. a. − 8   13376
Durch die Dienststelle Ribbentrop Weiterleitung eines *Schreibens der Gauleitung Sachsen, die Seßhaftmachung polnischer Landarbeiter in der Lausitz betreffend. Stellungnahme des Auswärtigen Amts: Nicht im deutschen Interesse liegend.
H   203 01588 (48/3)

[17. 3. 39]   RWiM   13377
Zustimmung des StdF zum Entwurf eines Gesetzes über den Kommunalkredit der Spar- und Girokassen und der kommunalen Kreditanstalten (Erlaubnis der Gewährung von Krediten an Gemeinden und andere öffentlich-rechtliche Körperschaften).
M/W   101 02480 f. (241 c)

[17. 3. 39]   RMdI   13378
Einverständnis des StdF mit dem *Entwurf einer Verordnung zur Sicherung der Zivilversorgung.
H   101 22416 (1280)

17.−21. 3. 39   DAF, AA u. a. − 8   13379
Durch die DAF Übermittlung der Bitte des Portugiesen Nereus Fernandes, auf Kosten der DAF in Deutschland studieren zu dürfen.
M   203 00738−41 (29/1)

[17. 3.]−4. 5. 39   RFSS, AA − 8   13380
Telegrafische Heiratserlaubnis Himmlers für einen Gündel (New York?). Später durch die Dienststelle Ribbentrop an das Auswärtige Amt Rückgabe des *Vorgangs hierzu mit einer *Äußerung des Reichsführers-SS und der Bitte um weitere Prüfung.
M/W/H   203 01027 f. (34/1)

18. 3. 39   RWiM   13381
Übersendung eines *Runderlasses an die Devisen- und Überwachungsstellen über die Mitnahme von Zahlungsmitteln im Reiseverkehr mit dem Protektorat.
M/H   101 04250 (423)

18.−20. 3. 39   E. Gaube, Adj. d. F   13382
Bitte des von einem Urlaub heimkehrenden Sudetendeutschen Edgar Gaube, beim Umsteigen in Berlin die Reichskanzlei besichtigen und Hitler sehen zu dürfen. Weiterleitung an die Führeradjutantur.
W/H   124 04487 f. (433)

20. 3. 39   OKH   13383
Herausgabe eines Verordnungsblattes für das Protektorat Böhmen und Mähren durch das OKH; Bitte um rechtzeitige Beteiligung an der Bearbeitung von Vorschriften mit Rechtswirkung für das Protektorat.
A   101 23231 (1324)

20. 3. 39   DAF – 8   13384
Bitte um Übersendung der Verordnung über die Einführung der Werksverpflegung in National-Spanien.
M   203 01684 (49/3)

20. – 25. 3. 39   O. E. Polacsek-Aresing, Adj. d. F   13385
Bitte eines O. E. Polacsek-Aresing (Wien), zu Hitlers 50. Geburtstag eine Huldigungsadresse der am
9. 11. 23 auf Befehl Görings in Wien abmarschbereit gewesenen SA-Männer übersenden zu dürfen.
Empfehlung Bormanns an die Führeradjutantur, den Antrag abzulehnen: Nicht einmal Empfang (?) aller
aktiven Kämpfer von 1923 am 20. 4. möglich.
W/H   124 04668 ff. (467)

20. 3. – 5. 5. 39   Gestapa   13386
Warnung vor ausländischen zwischenstaatlichen Organisationen und Austauschvereinen wegen der Gefahr der unter dem Deckmantel der internationalen Verständigung betriebenen Spionage oder Ausnutzung von Zuschriften zu deutschfeindlicher Propaganda. Bekanntmachung dieser Warnung durch die
Anordnung 9/39 des Stabsleiters StdF.
W   144 00005 – 08 (31)

21. 3. 39   RKzl.   13387
Rücksprache v. Hummels (Stab StdF) mit Lammers und RKabR Killy in Fragen der Neugestaltung der
Stadt Linz und des Etats des Reichsbaurats Linz.
H   101 16956 (1019)

21. 3. – 17. 4. 39   Lammers   13388
Nach Vorlage eines *Berichtes Rusts über den Stand der Errichtung der Technischen Hochschule in
Linz durch Bormann keine Notwendigkeit mehr für Lammers, Hitler darüber Vortrag zu halten.
K   101 19492 (1178)

21. 3. – 6. 5. 39   RFM, RKzl.   13389
Widerspruch des StdF gegen die im neuen *Entwurf eines Gesetzes zur Änderung des Erbschaftssteuergesetzes (Beseitigung der Steuerfreiheit für Zuwendungen an Kirchen etc.) enthaltene Erweiterung des
§ 19 (Befreiung der Kirchenbeiträge von Religionsgesellschaften des öffentlichen Rechts von der Erbschaftssteuer ohne Rücksicht auf ihre Höhe): Angesichts der Entscheidung Hitlers, Kirchenbeiträge in
gleicher Weise zu behandeln wie Vereinsbeiträge, Ausnahmeregelung für die Kirche nicht zulässig; Bitte
um Überprüfung des gesamten Steuerrechts auf mit diesen Grundsätzen nicht zu vereinbarende Ausnahmen.
K   101 14577 – 80 (793 a)

22. 3. 39   DF   13390
Ernennung eines Wehrmachtbevollmächtigten beim Reichsprotektor; Festlegung seiner Aufgaben und
Befugnisse. (Der StdF im Verteiler.)
A   101 23255 ff. (1324 a)

22. 3. 39   AA, RJF – 8   13391
Durch das Auswärtige Amt Übermittlung der Stellungnahme der Reichsjugendführung zu Vorfällen in
Harbin (vgl. Nr. 19011): Die Vorwürfe gegen LKrJugendF Eugen Schill berechtigt, Ausdruck des Bedauerns.
H   203 00113 f. (18/1)

22. 3. – 10. 8. 39   Adj. d. F, Kzl. d. F, OSAF   13392
Sieben Anträge auf Verleihung von Namen an SA-Einheiten, darunter der Name Gerhard Wagner: Mit
dem Stab StdF Erörterung der zweckmäßigsten Behandlung solcher Anträge (Vorlage durch die Führeradjutantur oder durch die Kanzlei des Führers).
W/H   124 00998 ff., 1005 (83)

23. 3. 39   DAF, AA – 8   13393
Durch die Dienststelle Ribbentrop an das Auswärtige Amt (AA) Weiterleitung eines *Schreibens des Referats Ausland der DAF, eine Fahrt in die Slowakei und nach Oberungarn betreffend. Ablehnende Stellungnahme des AA (Reise verfrüht).
M/H   203 01589 (48/3)

23.–27. 3. 39   E. Rid, Adj. d. F   13394
In „tiefster Dankbarkeit und unendlicher Freude" Bitte einer Eng. Rid (Schuhhausbesitzerin in München), zehn Gutscheine zur beliebigen Verteilung Hitler zu übermitteln. Weiterleitung an die Führeradjutantur.
W   124 04692 ff. (472)

23. 3.–15. 4. 39   Lammers   13395
Befürchtungen Bormanns wegen einer möglicherweise zu Mißverständnissen führenden Formulierung der Aufgaben der Kanzlei des Führers (Bearbeitung aller die Partei usw. betreffenden Angelegenheiten für Hitler) in einem durch den Völkischen Beobachter verbreiteten Jahrbuchbeitrag Lammers': Hinweis auf die Ermächtigung des StdF zur Stellvertretung H.s in allen die Partei usw. betreffenden Angelegenheiten. Von L. diese Besorgnis nicht geteilt: Die Abgrenzung der Arbeitsgebiete der drei großen Kanzleien des Führers aus dem Zusammenhang des Artikels ersichtlich; kein Anlaß zur Berichtigung des in Rede stehenden Artikels gegeben, jedoch Bereitschaft, in weiteren einschlägigen Veröffentlichungen auf die Betrauung des StdF mit der Vertretung H.s in allen die Partei usw. betreffenden Angelegenheiten hinzuweisen.
K   101 15224–28 (898 a)

23. 3. 39–18. 1. 40   RSportA–8   13396
Anmeldungen der Teilnahme deutscher Sportler an Sportveranstaltungen in der Slowakei und im Protektorat.
M   203 02102–14 (56/3)

24. 3. 39   AA   13397
In Bormanns Rundschreiben 64/39 wiederholte dringende Bitte, alle an den StdF gerichteten Schreiben nicht an den Verbindungsstab in Berlin, sondern an das Braune Haus in München zu schicken (Bearbeitung ausschließlich in München).
W   203 01380 (46/2–4)

25. 3. 39   RKzl.   13398
Übersendung eines Führererlasses über die Errichtung der Stiftung „Wohnungsbau Linz a. d. Donau" (Zweck der Stiftung die Errichtung von Wohnungsbauten unter Verwendung der Mietüberschüsse für kulturelle Zwecke der Stadt nach den Weisungen H.s; Zusammensetzung des Stiftungsausschusses).
K   101 14911–14 (844 a)

25. 3. 39   AA   13399
Bitte um Beachtung folgender Grundsätze für die Volkstumspolitik im Mittelmeerraum: Berücksichtigung der italienischen Wünsche; Beziehungen zu Organisationen nur mit Einverständnis des Auswärtigen Amts; Verbot aller Beziehungen zu kroatischen Organisationen.
W   101 25744 f. (1450); 102 00148 ff. (256)

25. 3. 39   Lammers   13400
Telegrafische Benachrichtigung durch Bormann über das Staatsbegräbnis (mit Beteiligung Hitlers) für Reichsärzteführer Gerhard Wagner.
K   101 15364 f. (914 b)

25. 3. 39   RFM, RFSS   13401
Zur Frage einer vorzeitigen Beförderung der Wachtmeister im Einzeldienst und der Gewährung von Polizeileistungszulagen Übersendung einer Stellungnahme des OKW durch den Reichsfinanzminister (Abschrift an den StdF „wegen des allgemeinen beamtenpolitischen Inhalts"): Zustimmung zu einer vorzeitigen Beförderung nur bei einer Beschränkung auf die im Reviereinzeldienst verwendeten Beamten mit mindestens fünfjähriger Gesamtdienstzeit; grundsätzliche Bedenken jedoch gegen eine Polizeileistungszulage von monatlich RM 12.– (weitere wesentliche Bevorzugung des Polizeiwachtmeisterkorps gegenüber dem Unteroffizierskorps). Ablehnung der Polizeileistungszulage auch durch den Reichsfinanzminister: Besserstellung der Polizei im Vergleich zur Wehrmacht und allen anderen Zweigen des

öffentlichen Dienstes; Nachwuchsschwierigkeiten nicht nur bei der Polizei, sondern vor allem auch bei der Wehrmacht; Vergleich der Aufstiegsmöglichkeiten bei Polizei und Wehrmacht.
M/H 101 03905 – 08 (393)

25. 3. 39 – 14. 9. 42   RKzl., RMdI u. a.   13402
Zustimmung Bormanns zur Anwendung der Berufsbeamtenverordnung auf Prof. Othmar Spann (Neustift b. Oberwart/Stmk.) und zur Aberkennung des Ruhegehalts; Möglichkeit, S. im Falle der Mittellosigkeit eine Gnadenpension zu gewähren. Einverständnis Hitlers mit dieser Regelung; Anordnung, eine Veröffentlichung neuer Bücher und Schriften S.s zu verbieten. Umfangreiche Eingaben S.s an den Reichsstatthalter in Wien und an GL Bürckel: Hinweis auf seine ns. Gesinnung während der Dollfuß-Ära (Verbergen des Juristenführers Bernwieser in seiner Wohnung, u. a.) und auf den rein fachlichen und philosophischen Charakter seiner Bücher. Unterstützung der Bitte S.s um Wiederherstellung des alten Pensionsverhältnisses durch KrL Arnhold und Bgm. Neubacher. Wiederaufnahme des Verfahrens; Beschluß des Reichsverwaltungsgerichts – IV. Außensenat Wien –, S.s Anspruch auf Ruhegehalt anzuerkennen.
M 101 03965 – 4002 (399)

26. 3. 39   RL, GL, VerbF, RM   13403
Anordnung Bormanns: Die Teilnahme an dem von Hitler angeordneten Staatsbegräbnis für Reichsärzteführer Wagner Pflicht.
K 101 13891 (735)

27. 3. 39   MinDir. Gütt   13404
Weigerung, ohne Schaffung der notwendigen Voraussetzungen die Verantwortung für das Gesundheitswesen weiter zu tragen; Bitte an Bormann um einen Besprechungstermin.
K 102 00606 – 08/2 (1010)

28. 3. 39   RMdI   13405
Übersendung der Entwürfe einer Verordnung über den Erwerb der deutschen Staatsangehörigkeit durch frühere tschechoslowakische Staatsangehörige deutscher Volkszugehörigkeit sowie von Richtlinien über den Erwerb der Staatsangehörigkeit des Protektorats Böhmen und Mähren; Einladung zu einer Besprechung der Entwürfe.
H 101 23389 (1327); 101 24697 – 700 (1367)

28. 3. 39   AA – 8   13406
Durch die Dienststelle Ribbentrop Übermittlung eines *Schreibens der DAF nebst *Vorgang.
M 203 00737 (29/1)

28. 3. 39   Adj. d. F   13407
Übersendung einer *Rechnung der Firma Martin Knoll (Salzburg) an die Verwaltung Obersalzberg.
W 124 01099 (116)

28. 3. – 15. 4. 39   Lammers, E. Gansser, L. Schroeter   13408
Auf Anordnung Hitlers Begleichung der Mietrückstände des Emil Gansser (Berlin) durch Bormann, ferner Gewährung einer einmaligen Unterstützung (RM 10 000.–) zur Abtragung seiner dringendsten Schuldverpflichtungen sowie einer – jederzeit widerruflichen – monatlichen Unterhaltszahlung in Höhe von RM 600.– zur angemessenen Lebensführung. Bitte B.s, ihm alle Unterstützungsgesuche G.s oder seiner Beauftragten zuzuleiten.
K 101 16552 – 61 (1003)

28. 3. – 15. 6. 39   RMdI   13409
Entwurf des StdF für die von ihm im Einvernehmen mit dem Reichsinnenminister (RMdI) aufgrund § 1 des Führererlasses vom 30. 3. 39 herauszugebenden Richtlinien über das Tragen von Beamtenuniformen: Tragen der Parteiuniform durch Beamte mit Parteidienstsrängen bei allen Partei- und sonstigen öffentlichen Veranstaltungen, in den übrigen Fällen wahlweise Partei- oder Beamtenuniform. Vom RMdI dagegen das grundsätzliche Tragen der Beamtenuniform bei allen behördlichen – auch öffentlichen –

Veranstaltungen gewünscht (entsprechend einer ursprünglichen Entscheidung Hitlers ausgenommen nur die aufgrund ihrer besonderen Stellung in der Partei mit einem Staatsamt betrauten leitenden politischen Beamten); Begründung: Für rein interne behördliche Veranstaltungen die Einführung einer Beamtenuniform überflüssig; die diesbezügliche spätere Entscheidung H.s (Beamtenuniform nur bei internen Veranstaltungen) daher nicht eng auszulegen. Unter Vorlage eines eigenen Entwurfs Bitte des RMdI an den StdF, seinen Entwurf nochmals zu überprüfen.
W   101 05558−67 (465)

28. 3.−21. 8. 39   RSender München, E. Lauer   13410
Durch den Reichssender München Übersendung von Schallplatten mit Kompositionen von Erich Lauer. Später Bitte L.s (Murnau) um Mitteilung der Entscheidung über seine Kompositionen (Fanfaren- und Orchestermusik) für den Reichsparteitag 1939 („Tag der Gemeinschaft") und Mitteilung über die Wiederaufnahme seiner ehrenamtlichen Tätigkeit als Musikreferent der Obersten SA-Führung. − In diesem Zusammenhang Erwähnung der Zuständigkeit Bormanns für die Genehmigung des gesamten Reichsparteitag-Musikprogramms.
W   124 04561−64 (454)

29. 3. 39   Himmler, Ahnenerbe, RStudF   13411
Plan des Reichsstudentenführers, gemeinsam mit dem Ahnenerbe und − auf Wunsch Himmlers − Rosenberg eine Forschungsreihe über naturwissenschaftliche Denker zu publizieren; aus Kompetenzgründen Weigerung R.s, bei Beteiligung des Ahnenerbe dem Projekt beizutreten; Bitte H.s um Verhaltensanweisung durch den StdF.
K   102 00639−43 (1113)

29. 3.−[4. 4.] 39   Adj. d. F, Stabschef d. SA   13412
Durch den Chefadjutanten des StdF Erinnerung der Führeradjutantur an den bevorstehenden 60. Geburtstag des SA-Gruf. Haselmayr. Vorschlag des StdF, H. zum Obergruppenführer zu befördern.
W/H   124 04509 f. (438)

29. 3. 39−17. 10. 40   RKzl.   13413
Maßnahmen zur Durchführung des Erlasses über die Errichtung der Stiftung „Wohnungsbau Linz an der Donau": Vorbereitende Besprechung zwischen Lammers und GL Eigruber; Ernennung v. Hummels (Stab StdF) zum Geschäftsführer der Stiftung durch den Stiftungsausschuß; Einsetzung einer örtlichen Bauleitung in Linz. Bitte H.s um Bereitstellung von Geldmitteln. Bewilligung von zunächst 6 Mio. RM aus Führerverfügungsmitteln. Zur Fortführung der als kriegswichtig anerkannten Bauarbeiten während des Jahres 1940 Bereitstellung weiterer Mittel aus dem Konto Dankspendenstiftung.
K   101 14915−25, 927, 930−47 (844 a)

30. 3. 39   NSLB−8   13414
Absicht des ungarischen Landesvereins Barros Gabor (Budapest), einen Schülerferienaustausch durchzuführen; Bitte um Stellungnahme der Dienststelle Ribbentrop.
M   203 01445/77 (46/5)

30. 3. 39   GL Thüringen−8   13415
Übersenden eines *Ersuchens um Auskunft aus dem Strafregister über Karl Wohlfahrt (Romanshorn).
M   203 00732 (29/1)

[30. 3. 39]   RMdI   13416
Einverständnis des StdF mit dem *Entwurf einer Verordnung über die Anstellung der Inhaber des Anstellungsscheines im Beamtenverhältnis.
H   101 22417 (1280)

30. 3.−4. 4. 39   NSLB−8   13417
Kontakte von Skandinaviern mit betont christlichen Kreisen bei ihrem Besuch der Fröbelstätten Mittel-

deutschlands; Bitte um Vermittlung einer Kindergärtnerin mit skandinavischen Sprachkenntnissen, um
– nach dem Aufgehen des Fröbelverbands im NS-Lehrerbund – diese Besuche zu kontrollieren und in
andere Bahnen zu lenken.
M   203 01445/50 f. (46/5)

30. 3. – 5. 5. 39   Adj. d. F   13418
Übersendung von *Rechnungen, Schloß Leopoldskron betreffend, an die Verwaltung Obersalzberg.
W   124 01097 f. (116)

31. 3. 39   AA – 8   13419
Durch die Dienststelle Ribbentrop Weiterleitung des Vorschlags eines „nordischen Flottenpakts" durch
den Schweden Einar Wikander.
M   203 00733 – 36 (29/1)

31. 3. 39   DAF – 8   13420
Bitte um Auskunft über einen Walter Reichhold (Genf) wegen dessen Bewerbung beim Arbeitswissen-
schaftlichen Institut.
M/H   203 01599 (48/3)

[31. 3. 39]   Fr. A. M. Walter   13421
Bitte einer Wiener „Kampfgemeinschaft" praktizierender ns. Katholiken um Schutz für den „von den
Jesuiten unschuldig verfolgten ns. Priester" S. Brettle (Wien), einen Bruder des ORAnw. B. (Leipzig).
H   101 01103 f. (156)

31. 3. – 12. 4. 39   Oberst R. Querner – 9   13422
Durch die Parteiamtliche Prüfungskommission Übersendung der Fragebogen für die Aufnahme in das
Deutsche Führerlexikon an Oberst d. Schupo Rudolf Querner. Deren Rücksendung.
M   306 00785 f. (Querner)

1. 4. 39   NSLB – 8   13423
Wunsch, führende Männer der Associazione fascista della Scuola zur Zehnjahresfeier des NS-Lehrer-
bundes nach Hof einzuladen; Hinweis auf die Organisation der italienischen Lehrer als faschistische
Gliederung (bisher Bedenken des StdF gegen eine Fühlungnahme und keine Einladung nach Hof wegen
vermeintlich lediglich staatlicher Organisation der italienischen Lehrer). (Vgl. Nr. 13474.)
M/H   203 01445/73 f. (46/5)

1. 4. – 21. 5. 39   Lammers   13424
Nach Ansicht Bormanns die baldige Herausgabe einer von der Reichspressekammer (RPK) entworfenen
*Anordnung zur Wahrung der Unabhängigkeit des konfessionellen Pressewesens erforderlich; angesichts
der Bedeutung der Angelegenheit jedoch Bitte an Lammers um Herbeiführung einer Entscheidung Hitlers. Die geplante Anordnung von der RPK mit dem (von L. entsprechend informierten) Reichspropagandaministerium erörtert: Aufgrund der weiteren Entwicklung der politischen Verhältnisse Bedenken
gegen den Erlaß der Anordnung zum gegenwärtigen Zeitpunkt.
A   101 05636 – 39 (469 a)

3. 4. 39   AA   13425
Mitteilung: Einstimmige Ratifizierung des Deutsch-Litauischen Staatsvertrages vom 22. 3. 39 über die
Wiedervereinigung des Memelgebietes mit dem Deutschen Reich durch den litauischen Sejm.
K   101 25834 f. (1458 b)

3. 4. 39   SS-Obf. Prof. Gebhardt   13426
Bestellung zum StdF, vermutlich wegen der Nachfolge des Reichsärzteführers (Bitte an Himmler um
Verhaltensmaßregeln, Aufzählung möglicher Kandidaten und Frage der eigenen Kandidatur).
K/H   102 00704 ff. (1292)

3. – 11. 4. 39   SS-Gruf. Wolff – 7   13427
Verwendung der Familienwappen der SS-Gruppen- und -Obergruppenführer bei der Ausschmückung

der SS-Schule Wewelsburg; Bitte an Bormann und GL Bohle um Übersendung etwa vorhandener Wappenbilder. Antwort Bohles: „Wappenlos". Antwort Bormanns: Seine Ahnentafel in Bearbeitung beim Reichsbauernführer; ein Wappen vermutlich nicht vorhanden, später ein Entwurf vorgesehen.
K 102 00744—48 (1389); 306 00103 (Bohle)

3.—13. 4. 39 RJF, AA—8   13428
Bitte der Reichsjugendführung um die *Aktenvorgänge über den Hitler-Jungen Friedrich Wollenweber (Ventimiglia): Vermißtenmeldung, Diebstahlverdacht. Weiterleitung an das Auswärtige Amt.
M 203 00730 f. (29/1)

3.—15. 4. 39 RJF, AA—8   13429
Bitte der Reichsjugendführung um Einstellung des stellvertretenden Chefs des Kulturamtes, OBannF Stünke, als Mitarbeiter bei der Deutschen Botschaft in London oder Paris. Weiterleitung an das Auswärtige Amt; Anforderung eines Lebenslaufs St.s.
M 203 00727 ff. (29/1)

3. 4.—30. 9. 39 DAF, AA—8   13430
Anfragen der DAF, den Schriftenaustausch des Arbeitswissenschaftlichen Instituts mit ausländischen wissenschaftlichen Instituten betreffend. Weiterleitung an das Auswärtige Amt.
M 203 01705, 709 ff., 726, 731 (49/4)

4. 4. 39 DAF—8   13431
Bitte um Auskunft über die holländische Vereinigung Het Bouwmeestersgild und den Architekten A. Soetens, früher niederländischer Generalkonsul in Mannheim.
M 203 01597 f. (48/3)

5. 4. 39 RMfWEuV   13432
Bitte um Zustimmung zum Vorschlag der Ernennung des kommissarischen Leiters des Amtes für Wissenschaft im Reichserziehungsministerium, StM Otto Wacker, zum Unterstaatssekretär.
H 101 18834—38 (1154 a)

5. 4. 39 RJF, AA—8   13433
Durch die Dienststelle Ribbentrop Weiterleitung eines *Schreibens der Reichsjugendführung über die Teilnahme ausländischer Jugendlicher an Sommerlagern der HJ.
M 203 00118 (18/1)

5. 4. 39 RJM   13434
Vorschlag, LGPräs. Rudolf Beyer (Zwickau) zum Oberlandesgerichtspräsidenten in Dresden zu ernennen.
K 101 26766—71 (1511 b)

5. 4. 39 Adj. d. F   13435
Weiterleitung von Frau Troost zugesandter *Zahlungsaufstellungen.
W 124 04772 (487)

5. 4. 39 AA—8   13436
Bitte der Dienststelle Ribbentrop um Absendung eines *Telegramms der Reichsjugendführung.
M 203 00899 (32/1)

5.—28. 4. 39 Adj. d. F   13437
Bitte Bormanns um Übersendung der Abschrift eines Briefes von RM Frank an Hitler; Heß und er „ganz anderer Ansicht" als F. Zusendung einer *Abschrift.
W/H 124 00122 f. (37)

6. 4. 39 Adj. d. F   13438
Übermittlung des *Gesuchs eines Ludwig Huber (Ruhlsdorf).
W 124 04524 (443)

6. 4. – 26. 5. 39   RMfWEuV   13439
Zurückweisung der in der Zeitschrift Der Deutsche Erzieher veröffentlichten Kritik des RHStL Stricker an einem (vom StdF grundsätzlich gebilligten) Erlaß des Reichserziehungsministers (Maßnahmen zur Behebung des Berufsschullehrermangels, insbesondere für das Metall- und das Baugewerbe) sowie Protest gegen die unsachlichen Angriffe St.s gegen einen Aufsatz des MinDirig. Heering; Bitte an den StdF, derartige ehrverletzende Angriffe in der Presse zu unterbinden.
K/W   101 15891 – 96 (949 a)

7. 4. 39   Dt. Kinderschar Obersalzberg   13440
Bitte, ein für Hitler verfertigtes Vogelhäuschen überreichen zu dürfen.
W   124 04458 (424)

7. 4. 39   RStatth. Österreich   13440a
*Schreiben an Bormann (vgl. Nr. 13485).
H   101 15230 (898 b)

[7. 4. 39]   RStatth. Seyss-Inquart   13441
Laufend Übersendung von *Berichten über die Slowakei und über Ungarn.
K   102 00484 (836); 306 00881/2 (Seyss-Inquart)

8. – 15. 4. 39   NSLB – 8   13442
Einladung (mit Programm) zur Zehnjahresfeier des NS-Lehrerbundes in Hof/Saale. Teilnahme des Pg. Büttner als Vertreter des Auswärtigen Amtes und der Dienststelle Ribbentrop.
M   203 01445/36 f. (46/5)

10. – 29. 4. 39   RKzl.   13443
Keine Bedenken des StdF gegen den Vertrag zwischen dem Deutschen Reich und dem Königreich der Niederlande vom 6. 3. 39 über die Abänderung früherer Grenzverträge (Lösung der mit der Grenzvermarkung verbundenen technischen Fragen durch Verwaltungsabkommen, d. h. ohne die bei Staatsverträgen notwendige zeitraubende Vorlage an das niederländische Parlament).
K   101 25924 – 28 (1463)

11. 4. 39   Frick   13444
Im Zusammenhang mit Parteigerichtsverfahren gegen der Partei angehörende Beamte Klärung der Frage der Zuständigkeit solcher Gerichte für rein beamtendienstliche Tatbestände. Durch Frick Ablehnung der in einem *Entwurf des StdF vorgesehenen Unterstellung der Beamten unter zwei Gerichtsbarkeiten (des Staates und der Partei); Gegenvorschlag: Benachrichtigung der Obersten Dienstbehörde über die Anschuldigungspunkte vor jeder Einleitung eines Parteigerichtsverfahrens gegen einen Beamten, vorrangige Behandlung behördlich eingeleiteter Dienststrafverfahren vor dem Parteigerichtsverfahren, beschränkte Durchführung der Parteigerichtsbarkeit bei pflichtmäßig durchgeführten dienstlichen Handlungen, u. a.
K/W   101 20155 – 64 (1201 a)

11. – 15. 4. 39   Lammers, Obgm. Bayreuth, GL Bayr. Ostmark   13445
Absicht des Oberbürgermeisters der Stadt Bayreuth, zum 50. Geburtstag Hitlers als Dank für die Neubelebung der Bayreuther Festspiele eine Stiftung für den Bau einer Künstler-Wohnsiedlung einzurichten; Finanzierung der Stiftung durch Stadt, Industrie, Wirtschaft und Förderer des Bayreuther Festspielgedankens. Einverständnis H.s, der geplanten Siedlung den Namen „Adolf-Hitler-Künstlerdanksiedlung am Festspielhügel Bayreuth" zu verleihen.
K   101 16498/17 – 21 (975)

11. 4. – 26. 6. 39   W. Filzinger, Adj. d. F   13446
Bitte des Filmproduzenten W. Filzinger (Klotzsche), Hitler den von ihm geschaffenen Kulturfilm „Redende Steine" vorzuführen. Nach Rückerhalt Anerbieten, das Manuskript eines geplanten weiteren Kulturfilms über das von H. angeblich besonders geliebte Maulbronn zu übersenden.
W/H   124 04473 ff. (430)

13. 4. 39   RMfVuP   13447
Wunsch, an der Bearbeitung des Verordnungsentwurfs zur Urlaubsregelung bei Behörden beteiligt zu werden.
A   101 05474 (460)

13. 4. 39   AA, Dt. Botsch. Rom   13448
Übersendung eines Berichts der Deutschen Botschaft in Rom: Ausnahmsloses Verbot der Mitgliedschaft von Juden in der Faschistischen Partei Italiens.
M   203 02922 ff. (85/1)

13. 4. 39   Staatl. Museen Berlin   13449
Aufgrund widersprüchlicher Informationen Bitte um Angabe von Besitzer und Aufbewahrungsort der Hitler vor zwei Jahren vom Land Thüringen als Gastgeschenk überreichten Bildniszeichnung Dürers aus dem Schloßmuseum in Weimar.
W/H   124 04746 f. (482)

13. – 14. 4. 39   Stv. RÄrzteF, Adj. d. F   13450
Bitte des Stellvertretenden Reichsärzteführers Bartels um Weisungen für die Überreichung der Stiftungsurkunde der vom verstorbenen Reichsärzteführer Wagner angeordneten Stiftung der deutschen Ärzte zum 50. Geburtstag Hitlers in Höhe von 1 Mio. RM (Zweck: Finanzierung der Arztausbildung begabter, aber minderbemittelter Volksgenossen). Weiterleitung an die Führeradjutantur.
W/H   124 04410 f. (413)

13. 4. – 9. 6. 39   R. Kirby, AA – 28   13451
Sehnlichster Wunsch der Amerikanerin Ruth Kirby, den Reichsparteitag zu besuchen; Bitte an Heß, ihr die Überfahrt zu bezahlen. Weiterleitung an das Auswärtige Amt.
M   203 02902 – 08 (83/2)

13. 4. – 19. 7. 39   NSLB, Der Stürmer, KrL Neustadt – 8   13452
Auf Anfrage der Dienststelle Ribbentrop (veranlaßt durch ein *Schreiben der Auslands-Schriftleitung des „Stürmer") mitgeteilter Standpunkt des NS-Lehrerbundes, des Deutschen Ausland-Instituts u. a. Stellen: Grundsätzlich Belassung volksdeutscher Jugendlicher zur Ausbildung in ihrer Jugendgruppe, um sie in der Heimat zu verwurzeln (Weigerung vieler Jugendlicher, in die Heimat zurückzukehren, als Folge eines vorzeitigen „Ins-Reich-Holens"); in dem besonders gelagerten Fall Hubert Gärtner (Jakobeni) Vorschlag, durch den Vater zunächst eine Stellungnahme der Deutschen Volksgruppenführung in Rumänien wegen einer evtl. Freigabe G.s einholen zu lassen.
M/H   203 01445/23 – 29 (46/5)

14. 4. 39   GL Salzburg – 8   13453
Befürwortung der Einbürgerung eines Josef Jankovsky (Salzburg).
M   203 00712 (29/1)

14. 4. 39   H. Heusser   13454
Absicht 32 eingetragener Ehrengäste Hitlers „Alte Garde 1919/20" sowie der Hinterbliebenen der am 9. 11. 23 Gefallenen, H. zu seinem 50. Geburtstag durch eine Abordnung eine Glückwunschadresse zu überreichen.
W   124 04521 (440)

15. 4. 39   Intern. ZBüro Freude u. Arbeit – 8   13455
Erörterung der gescheiterten Einladung der Eheleute Prager (USA) als Ehrengäste der Reichstagung KdF 1938.
M/H   203 01738 (50/1)

15. 4. 39   RFachgruppe Ausstellungsgeflügelzüchter   13456
Anfrage wegen der Möglichkeit, einen als Geburtstagsgeschenk für Hitler gedachten Stamm Hühner unterzubringen. Handschriftlicher Vermerk Bormanns: Obersalzberg Gutshof.
W   124 04683 (470)

[15. 4. 39]   RMfdkA   13457
Keine Bedenken des StdF gegen die Neufassung des Landesgesetzes über die Erhebung von Kirchenbeiträgen in Österreich (Erhebung von festen Beiträgen durch die Kirchen, Wegfall sämtlicher staatlicher Verpflichtungen).
M   101 00896−900 (152)

15.−18. 4. 39   GI f. d. Straßenwesen, AA−8   13458
Auskunftsersuchen des Generalinspektors für das deutsche Straßenwesen über den ihm zur Verwendung empfohlenen staatenlosen Architekten Franz August Schaaf (z. Zt. Antwerpen). Weiterleitung an das Auswärtige Amt.
M   203 00778 ff. (29/2)

15.−21. 4. 39   GL Bürckel, Lammers   13459
Die Bitte Seyss-Inquarts an Bürckel, bei Hitler seine künftige Verwendung zur Sprache zu bringen (evtl. Minister in der Reichskanzlei), von B. Bormann, von Bormann vertraulich Lammers mitgeteilt.
M/H   101 00556 f. (140)

15.−27. 4. 39   RKzl., RWiM, R. Kammler u. a.   13460
Dringende Bitte dreier Vertreter der Wenceslausgrube (Ludwigsdorf Kr. Glatz) an verschiedene Oberste Reichsstellen, die vom Reichswirtschaftsminister (RWiM) − insbesondere aus Gründen der Unwirtschaftlichkeit − verfügte (zweite) Stillegung dieser Grube (erste Schließung 1931) einer Nachprüfung zu unterziehen; Vorlage einer ausführlichen Denkschrift (enthaltend u. a. Vorschläge für eine rentable Weiterarbeit und Hinweise auf verschiedene negative Stillegungsfolgen). Stellungnahme des RWiM mit teilweisen Korrekturen der Denkschrift (Rentabilität auch künftig nicht zu erwarten, deshalb weitere staatliche Subventionen zwangsläufig erforderlich), mit Hinweis auf den bereits bestehenden Mangel an Bergarbeitern und auf die Notwendigkeit, diese − im Hinblick auf die dringend gebotene Aufnahme des Kupfererzbergbaues − zweckmäßiger einzusetzen; Aufzählung verschiedener Voten für eine Grubenstillegung (u. a. Göring, Gauleiter Schlesien, DAF); Bitte − sofern Abtretung der Denkschrift an sein Ressort nicht beabsichtigt −, bei einer etwaigen Beantwortung der Petition die von ihm genannten Argumente zu berücksichtigen.
A   101 05743−59/1 (483 b)

15. 4.−15. 6. 39   NSLB, AA-DSt. Prag−8   13461
Seit drei Jahren Durchführung der binnendeutschen Austauschlager des NS-Lehrerbundes vorwiegend im Osten des Reiches, um den Erziehern eine möglichst genaue Kenntnis des deutschen Ostens zu vermitteln und sie für die Dienstleistung in den Ostgauen zu gewinnen; Absicht, jetzt auch drei solche Schulungslager im Protektorat durchzuführen. Durch die Dienststelle Ribbentrop Weiterleitung einer entsprechenden Anfrage an die für eine Genehmigung zuständige Dienststelle des Auswärtigen Amts in Prag.
M/H   203 01445/54 ff. (46/5); 203 01498 f. (47/4)

15. 4.−20. 11. 39   GL Düsseldorf, Dr. Ispert−8   13462
Durch die Gauleitung Düsseldorf Übersendung einer Anzahl der von einem Dr. Ispert (Wuppertal-Elberfeld) herausgegebenen *„Zwischenberichte" (Auswahl aus in- und ausländischen Zeitungen) an die Dienststelle Ribbentrop. Infolge außenpolitischer Bedenken gegen die erfolgte Verbreitung eines Artikels aus Het Nationale Dagblad über die UdSSR künftig Überprüfung der „Zwischenberichte". Liste der Empfänger der „Zwischenberichte".
M/W   203 00320−34 (27/3); 203 00441−44 (27/5)

17. 4. 39   DAF, AA−8   13463
*Schreiben der DAF über die Bewerbung eines Dr. Zuyderhoff. Unterrichtung des Auswärtigen Amts.
M/H   203 01600 (48/3)

17.−19. 4. 39   F. Böhme, Adj. d. F   13464
Irrtümlich an Bormann gerichtetes Schreiben einer Pgn. Fr. Böhme (Buchholz/Erzgeb.): Geburtstags-

glückwünsche 1933 unterstützter Erzgebirgler an Hitler und Bitte um zwei Karten für die Reichstagssitzung. Weiterleitung an NSKK-Brif. A. Bormann.
W/H   124 04413 f. (417)

17. 4. – 22. 6. 39   Lammers, RMfdkA, OKW   13465
Bitte Bormanns um eine Entscheidung Hitlers wegen der Benutzung der Garnisonkirche in Potsdam für besondere Weiheakte durch die HJ (Fahnenweihen, nächster Termin 2. 10. 42): Bemühungen kirchlicher Stellen, die Kirche ausschließlich für Gemeindezwecke zu reservieren; von Schirach und ihm hingegen die Garnisonkirche in erster Linie als nationale Weihestätte (Grabstätte Friedrichs des Großen, Ereignisse des 21. 3. 33) betrachtet. Dazu Lammers: Ein Vortrag bei H. nach eingeholter Zustimmung des Reichskirchenministers und des OKW entbehrlich.
M/H   101 01454 – 63 (169 a)

18. 4. 39   DAF – 8   13466
Mitteilung zu einer der DAF zugegangenen *Verbalnote der Belgischen Gesandtschaft: Die 2. Internationale Tanzwettbewerb- und Volkstanz-Festwoche in Brüssel nach Ansicht des Internationalen Zentralbüros Freude und Arbeit unter jüdischem Einfluß.
M   203 01836 (54/2)

18. 4. 39   Adj. d. F   13467
Bitte des Stabs StdF um Aushändigung einer Kranzschleife für den Kranz Hitlers bei der Beerdigung des Stv. GL Unger (Essen).
W   124 00915 (73)

Nicht belegt.   13468

19. 4. 39   RArbM   13469
Übersendung eines Erlasses über eine Sonderbeihilfe für Sozialrentner und Kleinrentner aus Anlaß des 50. Geburtstags Hitlers (Bestimmungen über den Personenkreis, die Höhe der Reichssonderbeihilfe, die Abrechnung mit den Bezirksfürsorgeverbänden, u. a.).
M   101 04085 – 89 (405)

19. 4. 39   –   13470
Durch Heß Überbringung der Glückwünsche des Führerkorps der Partei am Vorabend des 50. Geburtstages Hitlers im Mosaiksaal der Reichskanzlei (Arbeitsplan zur Durchführung der Veranstaltungen; Programm).
K/H   101 15237 f. (902); 101 21341 – 53 (1266)

[19. 4. 39]   H. Stobbe Bücherstube – 1   13471
Mit nachfolgender Rechnung Übersendung eines Exemplars der Allgemeinen Deutschen Biographie an die Reichskanzlei (Geburtstagsgeschenk Hitlers für Heß).
W/H   124 04753 f. (483)

19. 4. – 19. 5. 39   RMdI   13472
Übersendung der (nur unerheblich) geänderten *Entwürfe der Durchführungsverordnungen zum Ostmark- und zum Sudetengaugesetz mit der Bitte um Mitzeichnung.
A   101 24200 – 03 (1353 c)

[20. 4. 39]   AA   13473
Liste von Angehörigen des Stabs StdF (vermutlich für eine Einladung anläßlich des Geburtstags Hitlers).
M   203 02479 ff. (75/3)

21. 4. 39   NSLB – 8   13474
Unterrichtung über die Teilnahme italienischer Erzieher an der Zehnjahresfeier des NS-Lehrerbundes in Hof: Prof. Belelli (Leiter der Mittelschulen) und Prof. Bonucci (Leiter der Volksschulen). Abholung der Gäste am Brenner durch Pg. Eichinger.
M   203 01445/35 (46/5)

21. 4. 39   RKzl., RStatth.   13475
Die in den Gesetzen über den Aufbau der Verwaltung in der Ostmark bzw. im Sudetengau enthaltenen Sonderbestimmungen über die Stellung der Reichsstatthalter von Hitler zunächst ausschließlich für diese Gebiete gewünscht; eine eventuelle Übertragung der Regelung auf das Altreich erst auf Grund der gemachten Erfahrungen zu erörtern; daher Bitte Lammers' (im Auftrag H.s) an die Reichsstatthalter, von entsprechenden Anregungen abzusehen. (Abschrift an den StdF.)
A   101 24175 ff. (1353 b)

21. 4. 39   GL Jury, K. A. Prinz Rohan, AA−8   13476
Durch GL Jury über die Dienststelle Ribbentrop Vorschlag der Einstellung des Pg. Karl Anton Prinz Rohan in den diplomatischen Dienst; Lebenslauf R.s. Durch das Auswärtige Amt Ablehnung R.s wegen mangelnder politischer Zuverlässigkeit.
M/H   203 00714−26 (29/1)

22. 4. 39   −   13477
Amtseinführung des neuen Reichsgesundheitsführers und Leiters des Hauptamtes für Volksgesundheit, Conti, und seines Stellvertreters Blome durch den StdF.
H   101 13686 (719 a)

23. 4.−[4. 5.] 39   DAF−8   13477a
*Bitte der Dienststelle Ribbentrop um Zusendung angeforderten Materials an den Woellwarth Industrial Trust Ltd. (London). Abhängigkeit der Herausgabe von Material durch das − stark beschäftigte − Fachamt Bergbau der DAF von der Auskunft der Deutschen Botschaft in London; Bitte der DAF, zunächst diese einholen zu lassen.
H   203 01706 (49/4)

25. 4. 39   RMfVuP   13478
Übersendung des *Neuentwurfs eines Gesetzes über die Pflichtablieferung von Druckwerken; Bitte um Zustimmung.
A   101 05720 f. (479 a)

26. 4. 39   −   13479
Feier des Geburtstags Heß' in Berlin.
W   124 04539−42 (449)

26. 4.−23. 5. 39   W. Pellny, RKzl., HA f. Technik   13480
Durch einen Walter Pellny (Hamburg) Übersendung seiner *Denkschrift „Die folgerichtige Anwendung der Nationalsozialistischen Lebensauffassung in der Erziehung und bei der Führerauslese". Später Bitte P.s um Beurteilung der Möglichkeit einer Übertragung der von ihm darin geforderten Ausbildungsänderung für Ingenieure auch auf die Rechtswahrer.
K/H   101 15310−15 (911)

26. 4.−22. 11. 39   NSLB−8   13481
Befürwortung einer Zusammenarbeit mit der Erzieherschaft der Falange; Hinweis auf die „pazifistisch-demokratisch-liberale und antideutsche Einstellung" der meisten ausländischen Lehrerverbände. Dazu durch die Dienststelle Ribbentrop Übersendung einer *Übersicht über die spanische Erzieherschaft.
M/H   203 01485 ff. (47/2); 203 01500 f. (47/4)

27. 4. 39   AA−8   13482
Durch die Dienststelle Ribbentrop Übermittlung eines *Vorgangs über den Besuch des Chilenen Ladislao Errazuriz Lazcano.
M   203 00713 (29/1)

27. 4. 39   DAF u. a.−8   13483
Anfrage wegen einer Zusammenarbeit der DAF mit Genossenschaften und mit dem Handwerk des Protektorats.
M   203 01636 f. (49/2)

27. 4. 39   RMfVuP   13484
Nach Ansicht des Reichspropagandaministeriums die Namensänderung der Münchener Fern-Andra-Lichtspiele angesichts des Verhaltens der Schauspielerin Fern Andra gerechtfertigt.
W   124 00191 f. (46)

27. 4. – 4. 5. 39   RKzl.   13484 a
Im Auftrag Hitlers Überweisung von 5 Mio. und nochmals 1 Mio. RM an v. Hummel als Geschäftsführer der Stiftung Wohnungsbau Linz a. d. Donau.
H   101 14930 (844 a)

28. 4. 39   Lammers   13485
Rücksendung eines versehentlich in seine Akten gelangten *Schreibens des Reichsstatthalters in Österreich vom 7. 4. an Bormann.
K   101 15230 (898 b)

29. 4. 39   AA, ONS f. d. dt. Kraftfahrt – 8   13486
Durch die Dienststelle Ribbentrop Weiterleitung einer Mitteilung der Obersten Nationalen Sportbehörde über den Start deutscher Fahrer bei Rennen in Tripolis (Nordafrika), Helsinki und Prag.
M   203 01980 f. (55/3)

29. 4. 39   RMdI u. a.   13487
Übersendung eines Rundschreibens: Künftig Ausschließung von Zweifeln am Geltungsbereich von Rechtsvorschriften für das Protektorat Böhmen und Mähren durch die Eingangsformel „für das Gebiet des Großdeutschen Reichs"; nähere Bezeichnung des Geltungsbereichs nur im Falle seiner Beschränkung.
K   101 12521 f. (694); 101 23236 f. (1324)

29. 4. 39   Adj. d. F   13488
Übermittlung der Bitte eines Kurt Zimmermann (München) um Ersetzung der während seiner Rehabilitierung verbrauchten Summe von RM 4000.–.
W   124 04820 f. (496)

29. 4. – 5. 5. 39   J. Brandner, SS-Staf. Rattenhuber   13489
Bitte des Vaters und der Geschwister des seit zwei Jahren in Dachau inhaftierten Johann Brandner (Berchtesgaden-Salzberg) um die Freilassung B.s.
W   124 04424 (419)

30. 4. – 22. 5. 39   Intern – 8   13490
Weiterleitung des *Schreibens eines W. Tribbensee (Köslin) an die Dienststelle Ribbentrop.
W   203 00280 f. (24/2)

2. 5. 39   AA – 8   13491
Durch die Dienststelle Ribbentrop Übersendung von *Presseberichten über die Zehnjahresfeier des NS-Lehrerbundes in Hof.
M   203 01461 (47/1)

2. 5. – 6. 6. 39   SA-Ogruf. Jüttner, SA-Ogruf. Brückner   13492
Mitteilung von SA-Ogruf. Jüttner: Absicht des Stabschefs der SA, den Wunsch Hitlers nach Abstellung eines SA-Führers zur Adjutantur des Führers selbst zu erledigen.
W   124 04528 f. (445)

2. 5. – 27. 7. 39   SA-Ogruf. Jüttner   13493
Die Bitte um je ein Bild Hitlers mit eigenhändiger Unterschrift als Anerkennung für zehn Mitarbeiter im Aufmarschstab der SA seinerzeit von H. genehmigt; Anmahnung der Rücksendung der daraufhin übergebenen Bilder.
W/H   124 01001 f. (83)

3. 5. 39   DAF, J. Beaufort – 8   13494
Zur Genehmigung Weiterleitung der Bitte eines Jiri Beaufort (Prag) um Zusendung der *Statuten der DAF „mit Rücksicht auf das Buchgewerbe" (Zweck: „Reorganisation des ganzen Buchgewerbes in den tschechischen Ländern").
M/H   203 01707 f. (49/4)

3.−16. 5. 39   NSLB, AA−8   13495
Bericht des NS-Lehrerbundes über den Besuch des Präsidenten der bulgarischen Erzieherorganisation, Prof. Konsulow. Kritik der Dienststelle Ribbentrop an dem Vortrag K.s: Kein Hinweis auf die Bedeutung des deutschen Erziehungswesens für sein Land.
M   203 01445/20 ff. (46/5); 203 01502 (47/4)

3.−21. 5. 39   A. Trixl, Adj. d. F   13496
Wunsch des Bauunternehmers Anton Trixl (Zirl), Hitler ein von seiner Mutter geerbtes Anwesen in Hochfilzen/Tirol („für eine Jugendherberge bestens geeignet") zu schenken. Weiterleitung an die Führeradjutantur.
W   124 04769 ff. (487)

4. 5. 39   DAF−8   13497
Anfrage wegen der Ende Mai geplanten Tagung der Bezirksvertreter der Volksfürsorge-Versicherungsgesellschaft Hamburg in Danzig: Ein anderer Tagungsort ratsam?
M/H   203 01601 (48/3)

4. 5. 39   RStudF−8   13498
Einladung ausländischer Studentenführer u. a. zum Deutschen Studententag in Würzburg: Bitte um die Genehmigung des StdF aufgrund der Anordnung 75/39.
M   203 02319 (61/2)

4. 5. 39   RMfWEuV, RegPräs. u. a.   13499
Durch den Reichserziehungsminister Übersendung eines *Erlasses über die Schulverfassung für die preußischen Staatsbauschulen.
K   101 15882 (949)

[4. 5. 39]   RMdI u. a.   13500
Runderlaß: Keine beamtenrechtlichen Folgerungen gegen den betreffenden Beamten in Fällen der Nichtbekanntgabe der Gründe für die Ablehnung eines Aufnahmegesuches in die NSDAP; Bitte, von der öffentlichen Bekanntgabe dieses auch vom StdF vertretenen Grundsatzes abzusehen.
K   101 20165 f. (1201 a)

Nicht belegt.   13501

4.−23. 5. 39   RJF, AA−8   13502
Durch die Reichsjugendführung Übersendung eines deutsch-italienischen *Arbeitsprogramms und Anmeldung einer gemeinsamen Rad-Fernfahrt Rom−Berlin−Rom der HJ und der italienischen Staatsjugend „G.I.L.".
M/H   203 01984 f. (55/3)

4. 5.−4. 6. 39   ORegR Miederer, RKzl.   13503
Bitte des Referenten für Volksbildung im Reichserziehungsministerium (REM), ORegR Miederer, um Herbeiführung einer Entscheidung Hitlers dahingehend, die gesamte Laienmusik dem REM zu unterstellen; Grund: Die bisherige Unterstellung unter die Reichsmusikkammer durch deren Entwicklung zur nur noch berufsständischen Einrichtung in Auflösung; Notwendigkeit einer kulturellen und erzieherischen Führung der Laienmusiker; Tendenzen, die führerlose Laienmusik der NS-Gemeinschaft Kraft durch Freude zu unterstellen, und Einwände dagegen. Zurückweisung der Bitte durch Lammers unter Hinweis auf sein Rundschreiben vom 5. 1. 39 (nur Reichsminister und Leiter Oberster Reichsbehörden oder allenfalls deren ständige Vertreter berechtigt, eine Führerentscheidung zu erbitten).
H   101 21081−87 (1238 a)

5. 5. 39   LL f. bild. Künste Oberdonau   13504
Warnung vor dem (bis zu Hitler vorgedrungenen und nun eine Sonderausstellung seiner Bilder planenden) Kunstmaler Hans Wunder (Linz) wegen schlechten „politischen Leumunds". (Vgl. Nr. 13512.)
H   101 29148 ff. (1646 b)

5. 5. 39   Dt. Frauenwerk−8   13505
Übersendung von *Vorschlägen der Reichsfrauenführerin für die Einladung zum Reichsparteitag.
W   203 02823 (81/1)

5. 5. 39   Schwarz, Stapo-Leitstelle München   13506
Durch Schwarz Übersendung eines Berichts der Staatspolizeileitstelle München über das Geschäftsgebaren des – mit Vorliebe an höchste Parteikreise verkaufenden – Galeristen Walter Bornheim (München): Hitler-Gruß-Verweigerung, Verkaufsangebot eines aus jüdischem Besitz erworbenen Botticelli an Hitler für RM 300 000.–, ununterbrochene Geschäftsverbindung mit dem früheren jüdischen Inhaber der von B. 1936 übernommenen Galerie Drey.
W/H   124 04417 ff. (418)

[6. 5.] – 27. 6. 39   AA – 8, 28   13507
Einleitung der „diesjährigen Reichsparteitagaktion" in einer Sitzung unter Vorsitz des Pg. Gerland (Stab StdF). Übermittlung der *Vorschläge der Auslandsmissionen und der Dienststelle Ribbentrop an das Amt für Ehrengäste (AE); Überprüfung der Listen durch das Auswärtige Amt, das Propagandaministerium und das Außenpolitische Amt; Rücksendung der überprüften Listen an das AE.
H   203 02807, 819 f. (81/1)

8. 5. 39   RBauernF – 8   13508
Bitte, 20 Exemplare der *Führerrede vom 28. 4. 39 sowie ein *Schreiben der Kurierpost nach Paris mitzugeben.
M   203 00711 (29/1)

8. 5. 39   DAF – 8   13509
Bitte um Stellungnahme zu der Anregung eines türkischen Mitglieds der DAF, bei der Verpflichtung ausländischer Arbeiter zur Entlastung des deutschen Arbeitsmarkts auch die Türken zu berücksichtigen.
M   203 01908 (54/4)

8. 5. 39   Intern – 8, 28   13510
Erörterung der Einladung ausländischer Teilnehmer des VI. Internationalen Kongresses für Archäologie in Berlin zum Reichsparteitag (Archäologen „im allgemeinen nicht politisch besonders wichtig").
M/H   203 02822 (81/1)

[8. 5. 39]   RMdI   13511
Laut StdF die Übermittlung einer Zusammenstellung der zahlreichen Rundschreiben (meist örtlicher Geltung) über Reihenuntersuchungen zur Feststellung Kurbedürftiger nicht möglich; die Versorgung der betreuenden Ärzte mit dem örtlich erforderlichen Material jedoch sichergestellt.
W   101 06801 – 01/3 (554 b)

8. 5. 39 – 30. 1. 40   DAF – 8   13511 a
Begleichung der dem Auswärtigen Amt entstandenen Kosten bei der Beschaffung des chilenischen Codigo del Trabaja für das Arbeitswissenschaftliche Institut der DAF.
H   203 01732, 735 (49/4)

9. 5. 39   GL Oberdonau, Adj. d. F   13512
Restlose Ablehnung des eine Ausstellung von Aquarellen aus Hitlers Heimat planenden Malers Hans Wunder durch den Gau Oberdonau und die Reichskammer der bildenden Künste. (Vgl. Nr. 13504.)
W   124 04816 ff. (495)

[9. 5. 39]   RKzl., Obgm. Fiehler   13513
Zweifel an der Erforderlichkeit der vom Münchener Oberbürgermeister Fiehler erbetenen Zustimmung Hitlers in seiner Eigenschaft als Beauftragter der NSDAP für die Hauptstadt der Bewegung zur Berufung mehrerer Schulbeiräte (die Mitwirkung bei Schulbeiräteernennungen nicht Aufgabe der Beauftragten der NSDAP); Bitte der Reichskanzlei um Stellungnahme des StdF. (Nach Vortrag bei H. nicht abgegangen.)
W   101 07036/1 – 040 (575)

[9. 5. 39]   SSHA   13514
Einverständnis des Verwaltungsamts-SS mit der vom StdF angeordneten Einsetzung eines Abwehr-Beauftragten der SS.
M   306 00930 f. (Tscharmann)

10. 5. 39   RJM u. a.   13515
Bitte um Zustimmung zur Ernennung des OStA Josef Bühler (Ministeramt Frank) zum Ministerialrat im Reichsjustizministerium. (Nachrichtlich an den StdF.)
M   101 00550 (139 c)

10. 5.–5. 6. 39   AA–8, 28   13516
Ablehnung der erbetenen Teilnahme des Wahlkonsuls Otto Trebbin (Dresden) am Reichsparteitag als Vertreter Costa Ricas im Rahmen des Diplomatischen Korps, um Berufungen anderer Konsuln zu vermeiden.
M   203 02859 f. (82/2)

10. 5.–6. 7. 39   DAF, AA–8   13517
Verleihung von bulgarischen Orden an elf Mitglieder des Zentralbüros der DAF und des Internationalen Zentralbüros Freude und Arbeit: Über die Dienststelle Ribbentrop Bitte der DAF um Feststellung der Angemessenheit dieser Auszeichnungen in Relation zur Dienststellung der Ausgezeichneten.
M/H   203 01739–42 (50/1)

11. 5. 39   NSLB–8   13518
Übersendung der *Vorschläge (Ausländer und Volksdeutsche) für die Einladung zum Reichsparteitag.
W   203 01445/72 (46/5); 203 02821 (81/1)

11.–13. 5. 39   GL Süd-Hannover-Braunschweig, AA–8   13519
Mitteilung des Gaubeauftragten der Dienststelle Ribbentrop in Hannover über einen Deutschlandbesuch des Landtingsdirektors Henry Nicander (Schweden) und dreier sozialdemokratischer Abgeordneter.
M   203 00708 f. (29/1)

11.–22. 5. 39   NSLB, AA–8   13520
Abhaltung des Weltkongresses für Kurzschriftwesen im Jahre 1941 in Nürnberg und Bayreuth: Keine Bedenken der Dienststelle Ribbentrop und des Auswärtigen Amts.
M/H   203 01473–76 (47/1)

Nicht belegt.   13521

11. 5.–3. 10. 39   NSLB–8   13522
Befürwortung einer Vortragsreise des Leiters des Höheren Schulwesens in Dänemark, Højberg Christensen, durch Deutschland.
M   203 01441–44 (46/5)

12. 5. 39   AA u. a.–8   13523
Zur Stellungnahme Übermittlung der *Bitte eines E. F. Morieux (Paris) um einen Arbeitsplatz für seinen Sohn.
M   203 00700 (29/1)

12. 5. 39   GL Sudetenland–8   13524
Vorschlag, ein eventuell neu zu errichtendes Konsulat mit Pg. Emil Meyer (Reichenberg) zu besetzen.
M   203 00710 (29/1)

Nicht belegt.   13525

12. 5.–1. 6. 39   RMdI   13526
Mitteilung des StdF: Weisung Hitlers zur beschleunigten Fertigstellung sämtlicher für den Ausbau der Stadt Linz zu einer großen Industrie- und Handelsstadt erforderlichen Monumental- und sonstigen Bauten; Vorlage der Pläne für die kommenden fünf Jahre durch den Oberbürgermeister; unverzügliche Veranlassung einer Ressortbesprechung insbesondere zur Sicherstellung der Finanzierung dieser die Möglichkeiten einer erheblich verschuldeten mittleren Provinzstadt weit übersteigenden Planungen. Dort Erörterung der einzelnen Vorhaben; vorgesehene Abschlagszahlung des Reichs in Höhe von etwa 5 Mio. RM auf die für 1939 veranschlagten Kosten von etwa 15–17 Mio. RM.
H   101 16957–64 (1019, 1019 a)

12. 5.–6. 7. 39   DAF, AA, Intern. ZBüro Freude u. Arbeit u.a.–8   13527
Teilnahme volksdeutscher und „fremdnationaler" Volkstumsgruppen an der 5. Reichstagung der NS-Gemeinschaft KdF in Hamburg: Über die Dienststelle Ribbentrop Überprüfung der vorgeschlagenen Gruppen im Auswärtigen Amt.
M/H   203 01800 f., 806–09 (50/4)

13. – 24. 5. 39   RMdI   13528
Wegen seiner großen anderweitigen Belastungen das Winterhilfswerk nicht in der Lage, Mittel für den Volksbund für das Deutschtum im Ausland (VDA) aufzubringen; nach Vortrag des StdF bei Hitler eine Ausnahmegenehmigung für eine Haus- und Straßensammlung des VDA erteilt. Entsprechende Mitteilung des Stabs StdF an den Reichsinnenminister.
A   101 06852 (562)

15. 5. 39   RMdI   13529
Übersendung eines *Verordnungsentwurfs zur Regelung der Rechtsverhältnisse an Grundstücken und beweglichen Sachen der ehemaligen tschechoslowakischen Wehrmacht.
A   101 23258 (1324 a)

15. 5. 39   RMdI   13530
Im Hinblick auf die besonderen Voraussetzungen für die Anerkennung von privaten höheren Schulen Aufhebung des Verbots für Beamte, ihre Kinder in anerkannten Privatschulen unterrichten zu lassen; Übersendung eines diesbezüglichen Runderlaß-Entwurfs.
K   101 16234 f. (955)

15. – 16. 5. 39   NSLB, AA – 8   13531
Bericht des NS-Lehrerbundes über einen Besuch des Leiters der Faschistischen Dozentenschaft, Prof. Zangara, in Bayreuth. Informierung des Auswärtigen Amts.
M   203 01445/70 f. (46/5); 203 01503 (47/4)

15. 5. – 6. 6. 39   GL Baden, NSLB – 8   13531 a
*Schriftwechsel, eine Rumänienfahrt badischer Erzieher betreffend.
H   203 01445/64 (46/5)

15. 5. – [22. 6.] 39   RMdI   13532
Keine Einwände des StdF gegen die vom Reichsinnenminister (RMdI) vollzogene Einführung einer Uniform für Reichsminister, jedoch Wunsch, die ebenfalls eingeführte Reichsstatthalteruniform wieder abzuschaffen (Begründung: Reichsstatthalter gleichzeitig Gau- oder Reichsleiter). Erfüllung dieses Wunsches durch den RMdI.
W   101 05568 f. (465)

15. 5. – 10. 8. 39   Kzl. d. F   13533
Mitteilung über eine nach Vortrag des Chefs der Kanzlei des Führers und des Chefadjutanten der Wehrmacht beim Führer über das Wehrmachtverhältnis von Erbkranken getroffene Entscheidung Hitlers: Zulassung sich freiwillig meldender Erbkranker zum Wehrdienst im Tauglichkeitsfall erwünscht; Erlaß der Wehrsteuer für die als untauglich erklärten Freiwilligen, jedoch keine Veröffentlichung über diesen Wehrsteuererlaß, um Meldungen aus Eigennutz zu vermeiden.
K   101 13752 ff. (721 a); 101 14520 f. (790); 101 22944 ff. (1308)

[16. 5. 39]   RJM   13534
Zustimmung des StdF zu der vorgeschlagenen Ernennung des Generalstaatsanwalts beim Oberlandesgericht Karlsruhe, Ernst Lautz, zum Oberreichsanwalt beim Volksgerichtshof; Ernennungsvorschlag.
H   101 27082 – 87 (1517 b)

[16. 5. 39]   RDozF – 8   13535
Bitte um Stellungnahme zur Teilnahme eines Mitglieds des Dozentenbundes am VI. Pacific Science Congress in Berkeley (Kalifornien).
M   203 02320 ff., 324 (61/2)

16. 5. 39 – 9. 1. 40   GL Hessen-Nassau – 8   13536
Auf Anfrage im Fall des Rückwanderers Franz Basse (Encarnacion/Paraguay) Mitteilungen der Dienststelle Ribbentrop und des Auswärtigen Amts über die ablehnende Haltung aller beteiligten Stellen zu Devisentauschgeschäften zwischen heimkehrenden Auslandsdeutschen aus Südamerika und auswanderungswilligen Juden.
M/H   203 00825 – 29 (30/1)

17. 5. 39   RVM   13537
Notwendigkeit, gleichzeitig mit dem Reichsbahngesetz eine – als Entwurf beigefügte – Durchführungsverordnung zu erlassen: Verlängerung des Mandats der Beiratsmitglieder bis zur Wahl von Vertretern durch die Inhaber der Vorzugsaktien und bis zur Ernennung der übrigen Beiratsmitglieder durch die Reichsregierung; Beteiligung des Reichsfinanzministers an allen größeren finanziellen Transaktionen; Entschädigung für enteignete Grundstücke; u. a.
M   101 01865 – 69 (185)

17. 5. 39   RMfVuP, RKzl.   13538
Bitte des StdF an den Reichspropagandaminister, ihn bei den geplanten Maßnahmen zur Überführung der Deutschen Hochschule für Politik in die Zuständigkeit des Reichserziehungsministers zu beteiligen.
K   101 15865 f. (947)

17. 5. – 3. 6. 39   AA   13539
Im Zusammenhang mit einer *Anfrage der Niederländischen Gesandtschaft durch den Stab StdF mit der Bitte um vertrauliche Behandlung Übermittlung des Wortlauts einer Anordnung des StdF vom 19. 4. 34 (Beschränkung der Parteimitgliedschaft auf Reichsdeutsche).
M/H   203 00264 ff. (21/2)

17. 5. – 20. 6. 39   R. Rundt, Adj. d. F u. a. – 1   13540
Durch einen Rudolf Rundt (Mährisch Ostrau) Übersendung des Tagebuchs seines Kindes mit der Bitte, es durch den Namenszug Hitlers „krönen" zu lassen. Weiterleitung an die Führeradjutantur.
W   124 04699 – 706 (474)

18. – 22. 5. 39   R. Brackenwagen, Adj. d. F – 1   13541
Anläßlich der Geburt eines Sohnes an Hitlers Geburtstag Bitte eines Rudolf Brackenwagen (Ahrensburg) um ein Bild H.s. Weiterleitung an die Führeradjutantur.
W/H   124 04421 ff. (419)

19. 5. 39   RMdI   13542
Übersendung der jeweils *Ersten Durchführungsverordnung zum Ostmarkgesetz und zum Sudetengaugesetz; Hinweis auf die gegenüber der vorangegangenen Fassung erfolgten Änderungen und Bitte um Mitzeichnung.
A   101 23741 ff. (1335)

19. 5. 39   DAF – 8   13543
Unter Beifügung eines Berichts über negative Äußerungen früherer Mitglieder Bitte um eine Stellungnahme des Auswärtigen Amtes zur Mussert-Bewegung und zur Niederländischen Volkspartei; Vorschlag der Einladung von drei Niederländern zur KdF-Reichstagung in Hamburg.
M/H   203 01797 ff. (50/4)

19. 5. 39   DAF – 8   13544
Anläßlich der Anforderung von Material über Siedlungen durch den Kolumbianischen Geschäftsträger über die Abteilung Grenz- und Ausland des Deutschen Frauenwerks Anregung einer Erinnerung an die Vorschriften für den Verkehr zwischen amtlichen ausländischen Vertretern und deutschen Stellen.
M   203 01712 (49/4)

19. – 23. 5. 39   Lammers, E. Gansser   13545
Die Strafanzeige eines Emil Gansser (Berlin) gegen eine Lydia Jankowski (Berchtesgaden) wegen Unterschlagung im Staatsinteresse geheimzuhaltender Akten und Urkunden von Lammers Bormann mitgeteilt (vgl. Nr. 13408). Dieser darüber „frappiert": G.s Betreuerin J. – Hitler und ihm „sehr unsympathisch" – von G. früher maßlos gelobt.
K/H   101 16561/1 – 565 (1003)

19. – 28. 5. 39   NSLB, AA – 8   13546
Mitteilung des NS-Lehrerbundes über das Programm für eine Studienreise des Direktors des Seminars in Kajaani (Finnland), Martti Hela, nach Deutschland. Informierung des Auswärtigen Amts.
M/H   203 01445/61 ff. (46/5); 203 01504 f. (47/4)

19. 5. – 10. 6. 39   AA – 8, 28   13547
Durch das Amt für Ehrengäste Übermittlung von *Vorschlägen für die Einladung von Ausländern zum Reichsparteitag an die Dienststelle Ribbentrop und an das Auswärtige Amt.
W   203 02766 ff. (80/2); 203 02811, 813, 815 f., 818 (81/1)

19. 5. – 22. 7. 39   GL Bayr. Ostmark – 8   13548
Vergebliche Bemühungen um eine Beschäftigung bzw. Lagerunterbringung der slowakischen Lehrerin M. Komadelova während ihrer Sommerferien, 1940 jedoch ein Ausländerferienlager durch den NS-Lehrerbund geplant.
H   203 00785 ff. (29/2)

[19. 5. – 20. 10. 39]   RKzl.   13549
Die von der Arbeitsgemeinschaft der freien Wohlfahrtsverbände gegenüber den katholischen Anstalten in der Ostmark getroffenen Maßnahmen laut RAL Hilgenfeldt vom StdF veranlaßt, um in der Ostmark auf dem Gebiet der Wohlfahrtspflege den von der NSDAP für das gesamte Reichsgebiet erwünschten und durch ein Gesetz über die freie Wohlfahrtspflege einzuführenden Zustand vorzubereiten; einige Punkte des entsprechenden Gesetzentwurfs jedoch zwischen dem StdF und dem Reichsinnenminister noch ungeklärt.
A   101 06866 – 69 (562 b)

20. 5. 39   RKzl., RJM – 8   13550
Durch die Reichskanzlei Übermittlung einer Empfehlung des Reichsjustizministers, auf Schreiben, Blumengrüße u. ä. einer Nora Baybus geb. v. Puttkamer (Hamburg; bis 1929 verheiratet mit dem jüdischen Rechtsanwalt Hollo) nicht zu antworten: Verwertung dieser Antwortschreiben in ihren Rechtsstreitigkeiten, um auf ihre Beziehungen zu hochgestellten Persönlichkeiten hinzuweisen.
M/H   203 00705 ff. (29/1)

20. 5. 39   SHA   13551
Übersendung einer in Prag im Einvernehmen mit den dortigen Hochschulbeauftragten erarbeiteten *Denkschrift über den Neuaufbau der Prager deutschen Hochschulen.
A   101 23235 (1324)

[20. 5. 39]   RWiM, RFM, GL   13552
Im Einvernehmen mit dem StdF Regelung der bevorzugten Vergebung öffentlicher Aufträge an (den Bezirksausgleichsstellen durch die Gauleitungen namhaft zu machende) alte Parteigenossen; Voraussetzungen: Einsatz in der Kampfzeit, noch bestehende wirtschaftliche Schwierigkeiten, „annähernd" entsprechendes Angebot.
H   101 20288 (1206 b)

20. 5. – 2. 6. 39   NSLB, AA – 8   13553
Durch den NS-Lehrerbund Befürwortung des *Gesuchs des Postinspektors Gottfried Hühne (Amberg) um Anstellung im Verwaltungsdienst des Auswärtigen Amtes.
M   203 01445/65 f. (46/5)

20. 5. – 13. 6. 39   RKzl., Seldte   13554
Im Hinblick auf z. Zt. stattfindende parteiinterne Erörterungen über die Neuregelung der Einsetzung betrieblicher Vertrauensräte Bitte Bormanns um abschriftliche Übersendung eines diesbezüglichen Briefwechsels zwischen Seldte und Lammers. Dessen Übersendung durch die Reichskanzlei (grundsätzliche Zustimmung Hitlers zu dem von S. vorgeschlagenen Verfahren [Listenaufstellung durch Betriebsführer und DAF-Betriebsobmann, Aushang dieser Liste, Berücksichtigung daraufhin von der Gefolgschaft erhobener „berechtigter Einwendungen"], die abschließende Entscheidung in den Einzelheiten jedoch vorbehalten).
W/H   101 06737 – 42 (547 b)

[20. 5.] – [13. 6. 39]   RFM, RKzl. u. a.   13555
Zustimmung des StdF zum *Entwurf eines Gesetzes zur Änderung der Reichsabgabenordnung.
K   101 14512 ff. (789 a)

20. 5. – 1. 7. 39   NSLB – 8   13556
*Anmeldung und Verschiebung einer Reise von 100 schwedischen Erziehern nach Deutschland.
M   203 01463 (47/1)

20. 5. – [21. 8.] 39   AA, RAD, Akad. f. Dt. Recht – 8, 28   13557
Schriftwechsel über die Einladung des StSekr. Tassinari (Vorschlag Hierls, von Hitler positiv entschieden), des Kabinettschefs Meregazzi und weiterer Italiener (insgesamt vierzig vorgesehen) zum Reichsparteitag. Verfügung Hitlers, keine ausländischen Delegationen einzuladen und auch Prominente wie Ciano und Starace nicht zu berücksichtigen. Einladungen des StdF an Marschall Graziani und Marschall Badoglio nach Meinung des Referats Partei (Auswärtiges Amt) entbehrlich: Lediglich Teilnahme am Tag der Wehrmacht im Rahmen eines anderweitigen Besuchsprogramms.
M/H   203 02748 – 54 (80/1)

21. 5. 39   RFSS   13558
Gegen die Annahme eines ausländischen Ordens durch SS-Ustuf. Viktor Böttcher seitens des StdF keine Bedenken.
M   306 00102 (Böttcher)

21. 5. 39   Frick, Göring, Lammers, GL Terboven   13559
Der Vorschlag der mit GL Terboven als Oberpräsident der Rheinprovinz unzufriedenen (Entscheidungen mit Auswirkungen auf politischem Gebiet ohne Anhörung der Gauleiter) GL Simon und Florian, die Provinz in vier neue Provinzen unter ihren Gauleitern als Oberpräsidenten (Aachen/Köln Grohé, Düsseldorf Florian, Essen Terboven, Koblenz/Trier Simon) aufzuteilen, vom StdF bei Hitler unterstützt: Durch die Überordnung T.s auf dem staatlichen Sektor Reibungen zum Schaden des Ansehens von Staat und Partei unvermeidbar. Genehmigung H.s, Vorarbeiten für eine der übrigen Reichsreform vorweggehende gebietliche Neuordnung in der Rheinprovinz in Angriff zu nehmen; ferner Verpflichtung aller staatlichen Stellen, bei Maßnahmen auf politischem Gebiet, insbesondere mit Auswirkungen auf die Stimmung der Bevölkerung, die Zustimmung der beteiligten Gauleiter einzuholen und gegebenenfalls (bei Differenzen) die Entscheidung des StdF als des „für die Menschenführung verantwortlichen Mitglieds der Reichsregierung" anzurufen.
H   101 05785 – 90 (494); 101 20128 – 33 (1201); 101 24420 – 25 (1363); 101 24561 – 66 (1365)

21. 5. 39   RMfdkA   13560
Ablehnung der vom Reichskirchenminister vorgeschlagenen Übernahme seines MinR Kurt Grünbaum in die Preußische Oberrechnungskammer durch den StdF: Die aus der Verwendung G.s entstandenen Schwierigkeiten bekannt, nach Außerkrafttreten des Berufsbeamtengesetzes jedoch keine Möglichkeit seiner Entfernung; die Praxis, politische mißliebige Beamte an den Rechnungshof oder an die Oberrechnungskammer zu versetzen, bekannt, jedoch nicht zu billigen (auch bei diesen Behörden politisch zuverlässige Beamte erforderlich); Anregung, G. den Antrag seiner Versetzung in den Ruhestand nahezulegen.
H   101 07573 f. (599)

21. 5. – 28. 8. 39   RMdI   13561
Die Besetzung des Regierungspräsidenten-Postens in Graz zwischen dem Reichsinnenminister (RMdI) und dem Stab StdF kontrovers: Votum des RMdI für den verwaltungserfahrenen Ersten Landrat Müller-Haccius, vom StdF SS-Obf. Scharitzer vorgeschlagen (gemäß dem Wunsch des GL Uiberreither). Bestehen des RMdI auf der Ernennung von M.-H. unter Hinweis auf § 31 des Deutschen Beamtengesetzes: Anhörung des StdF nur hinsichtlich etwaiger politischer Bedenken seitens der Partei, Gegenvorschläge zu den vom Fachressort gemachten Vorschlägen hingegen nicht Aufgabe des StdF.
A   101 24298 ff. (1358)

21. 5. 39 – 6. 1. 40   RKzl.   13562
Einverständnis des StdF mit dem *Entwurf eines Gesetzes über die Fünfunddreißigste Ergänzung des Reichsbesoldungsgesetzes. Später, nach Hinausschiebung der Zustimmungsfrist gemäß Vereinbarung zwischen StdF und Reichskanzlei, wiederum keine Einwendungen des StdF.
A/H   101 04898 f. (432 c)

[22. 5. 39]   SS-Gruf. Wolff   13563
Gespräch mit Bormann wegen der bisher verzögerten Übergabe der Ehrenbürgerurkunde von Graz an Hitler.
W   107 00020 – 24 (152)

22. 5. – 3. 6. 39   GL Steiermark, AA – 8   13563 a
Korrespondenz, die Pensionsüberweisung für einen Rudolf Huber (Graz) aus Rumänien betreffend.
H   203 00704 (29/1)

22. 5. – 1. 7. 39   NSLB – 8   13564
Mitteilung über die Vorbereitung eines Besuchs finnischer Lehrer durch die Gauwaltung Ostpreußen des NS-Lehrerbundes (Gegenbesuch von 20 ostpreußischen Lehrern). Absage der Reise wegen ungenügender Vorbereitungszeit.
M   203 01445/49 (46/5); 203 01462 (47/1)

22. 5. 39 – 24. 5. 40   OPG, RFSS   13565
Nach Entschließung des StdF Durchführung eines Parteigerichtsverfahrens gegen SS-Obf. Willi Köhn (Salamanca). Später Einstellung des Verfahrens durch das Oberste Parteigericht: Der Vorwurf persönlicher Bereicherung durch eine Geldtransaktion (Überweisung von £ 10 000/–/– für verdiente Parteigenossen in Chile) nicht erwiesen; Hinweis auf K.s Verdienste als Landesgruppenleiter der Auslands-Organisation in Chile, insbesondere aber als Leiter des Sonderstabes beim Deutschen Botschafter in Spanien, General Faupel.
M/H   306 00708 – 26 (Köhn)

23. 5. 39   AA – 1   13566
Bitte des Verbindungsstabs um Genehmigung des Grenzübertritts nach Brünn für 40 Parteigenossen.
M   203 00290 (24 /3)

23. 5. – 20. 7. 39   RFSS, RKzl.   13567
Einwände des Reichssicherheitshauptamtes, des Hauptamtes für Volkswohlfahrt und des StdF gegen eine neuerliche Ablösung der nicht genehmigten Haus- und Straßensammlung der kirchlich-karitativen Verbände aus Mitteln des Winterhilfswerks (WHW); Begründung: Bislang die Ablösungssummen zur Finanzierung der gesamten kirchlichen Wohlfahrtsarbeit ausreichend und die konfessionellen Verbände daher in der Lage, ihre Kollektengelder für andere, nicht-karitative Zwecke (z.B. Unterstützung nichtarischer Katholiken, verstärkte volksmissionarische Arbeit) zu verwenden. Auch angesichts neuer Aufgaben des WHW und der NSV in der Ostmark und im Sudetenland diese Ablösungszahlungen nach Ansicht des StdF nicht mehr gerechtfertigt; Bitte an Lammers, Hitler entsprechend zu informieren. Entscheidung H.s, unter Verhütung von Auswüchsen bei der Verwendung auch 1939 eine Ablösung zu zahlen.
A   101 06858 – 65/3 (562 b)

23. 5. – 31. 8. 39   AA u. a. – 8   13568
Durch die Dienststelle Ribbentrop Übersendung von *Reiseberichten (meist Professoren; Reisen nach Griechenland, Italien, England usw.).
M/H   203 01348 – 57, 363 f. (43/4)

23. 5. – 12. 10. 39   RMdI u. a.   13569
Nach Weisung Hitlers Behandlung der Tschechen nicht als Ausländer, sondern stets als Protektoratsangehörige, Visumzwang für Einreise ins Reichsgebiet, jedoch ohne Grenzübertrittskontrolle, und weiterhin Beschränkung der Einreise Reichsdeutscher ins Protektorat; Übersendung eines die künftige paßtechnische Regelung des Verkehrs zwischen dem Altreich und dem Protektorat betreffenden *Vorentwurfs (Abschrift an den StdF). Später Wiederaufnahme der vorerst zurückgestellten Angelegenheit wegen Zurückziehung der deutschen Zollbeamten und wegen Mangels an Polizeikräften für die Paßnachschau im bisherigen Durchlaßscheinverfahren; Einladung zu einer kommissarischen Besprechung.
A/H   101 23237 – 43 (1324)

25. 5. 39   Intern – 8, 28   13570
Durch das Amt für Ehrengäste Beanstandung der vom Auswärtigen Amt und von der Dienststelle Ribbentrop vorgelegten Einladungsvorschläge für den Reichsparteitag: Fehlende Unterschriften bzw. nur Zeichnungsvermerke vorhanden.
M   203 02817 (81/1)

25. 5. 39   VoMi, W. Harbich u. a.   13571
Übersendung der Bitte der im Dienst der Volksdeutschen Mittelstelle stehenden Schlonsakenführer Walter Harbich, Josef Kozdon und Rudolf Francus an Hitler, das Olsagebiet (Teschener Land) ins Reich „heimzuholen".
W   124 04790−93 (489)

25. 5. 39   W. Höfflmann   13572
Mitteilung über die Geburt eines Knaben am 20. 4. (Geburtstag Hitlers); dies die einzige Geburt in Berchtesgaden an diesem Tage.
W   124 04522 (441)

25. 5.−17. 6. 39   RMdI, J. Schmid, Pg. Blumenstein   13573
Wunsch des StdF, den derzeit beurlaubten Leiter des Reichsverbandes Deutscher Dentisten, Schmid, als exponierten Vertreter des von Hitler verworfenen „sog. Einheitsstandes" von seinem Posten abzulösen; im Einvernehmen mit Reichsgesundheitsführer Conti u. a. Vorschlag des Pg. Blumenstein als Nachfolger. Entsprechende Erlasse des Reichsinnenministers.
H   101 13892−95 (735)

25. 5.−23. 6. 39   NSLB−8   13574
Angesichts der Leitung der Public School in Gordonstown (England) durch den Juden Kurt Hahn, früher Direktor der Internatsschule in Schloß Salem, Bitte der Dienststelle Ribbentrop, die zuständigen Stellen entsprechend anzuweisen, um den weiteren Besuch dieser Schule durch deutsche Schüler in Zukunft nach Möglichkeit zu unterbinden.
M   203 01445/52 f. (46/5)

[25. 5. 39]−26. 7. 40   RMdI, OKW   13575
Durch den Reichsinnenminister im Einvernehmen mit dem StdF Genehmigung der Mitgliederwerbung für den Volksbund Deutsche Kriegsgräberfürsorge (VK). Später Antrag des OKW auf Aufhebung des durch das allgemeine Sammel- und Vertriebsverbot vom 7. 9. 39 bewirkten Werbeverbots für den VK: Notwendigkeit der Mitgliederwerbung auf breiter Grundlage zwecks Durchführung der dem VK gerade jetzt verstärkt zufallenden Aufgaben.
H   101 22604−05/2 (1289)

26. 5. 39   Lammers   13576
Mitteilung Bormanns: Gewährung einer steuerfreien Dotation an Todt in Höhe von RM 100 000.− in Anerkennung seiner Verdienste um den Bau der Westbefestigung. Anweisung des Betrages durch Lammers.
K/H   101 05886−90 (507)

26.−30. 5. 39   GL Uiberreither, Adj. d. F   13577
Einladung Hitlers zu dem im Juni stattfindenden steirischen Gautag. Weiterleitung an die Führeradjutantur.
W   124 00916 ff. (73)

26. 5.−2. 6. 39   APA, AA−8, 28   13578
Mit Rücksicht auf die gegenwärtigen deutsch-polnischen Beziehungen Zurückziehung der Einladungsvorschläge von Polen zum Reichsparteitag durch das Außenpolitische Amt.
M/H   203 02871 f. (82/2)

26. 5.−29. 6. 39   Adj. d. F   13579
Durch Hitler Unterzeichnung der vom Stab StdF übersandten Namensverleihungen an die SA-Standarten 110, 146 und 6 der Gruppe Sudeten.
W   124 01003 f. (83)

26. 5.−26. 10. 39   RMdI, RKzl., RProt.   13580
Meinungsverschiedenheiten zwischen dem StdF und dem Reichsinnenminister über die Grenzen der staatlichen Verwaltungsbezirke und der Parteigaue und -kreise im Protektorat. Votum Bormanns gegen eine gebietliche Aufteilung der Oberlandratsbezirke in Abweichung von der von Hitler festgelegten Gebietsgliederung der NSDAP.
A   101 23244−54 (1324 a)

27. 5. 39   AA−8   13581
Zu der Rückgabe eines unerledigten Strafregisterauskunftsersuchens (PostI Alfred Schröder) der Gauleitung Pommern an die Staatsanwaltschaft Thorn durch das polnische Außenministerium Hinweis auf die Anordnung 62/37 des StdF; im übrigen im vorliegenden Fall eine Anfrage bei der vorgesetzten Dienstbehörde (Reichspostdirektion Stettin) wohl aussichtsreicher.
M/H   203 00701 f. (29/1)

27. 5.−30. 6. 39   RKzl., RMfdkA   13582
Vorschlag des StdF, in Baden das Kirchensteuerrecht zu beseitigen und, wie in der Ostmark und im Sudetenland, die Kirchen auf die Erhebung von Beiträgen zu beschränken. Einwände des Reichskirchenministers: Verletzung der Konkordatsbestimmungen über Steuerrecht (die Ostmark und der Sudetengau konkordatsfreies Gebiet); Klärung dieser schwerwiegenden Frage nur durch einen Vortrag bei Hitler möglich. Aufgrund dieser Stellungnahme vorerst kein Vortrag des StdF-Vorschlags bei H. durch Lammers.
M   101 00901−12 (152); 101 23039 (1311 a)

30. 5.−8. 6. 39   SA-Ogruf. Kasche−7   13583
Von GL Bohle angesichts wieder verstärkter Kritik erbetene Stellungnahme zur Arbeit der Auslands-Organisation (AO): Einigung und Stärkung der Auslandsdeutschen erst durch die AO herbeigeführt; verschiedentliches unangebrachtes Herausstellen ihres jetzt gesteigerten Selbstbewußtseins weniger bedenklich als ein „Verfallen der lebendigen Kraft" des Auslandsdeutschtums; gute Zusammenarbeit mit den staatlichen Auslandsvertretungen; trotz der aus außenpolitischen Gründen notwendigen Trennung zwischen Reichs- und Volksdeutschen eine innere Verbindung wünschenswert. Dank B.s.
W   236 00005 (11/1); 236 00008−12 (15/1)

30. 5.−10. 11. 39   Adj. d. F, KrL Jüterbog-Luckenwalde   13584
Nach Berichten des Kreisleiters von Jüterbog-Luckenwalde und einer Intervention der Führeradjutantur bei Bormann Einverständnis des Reichswirtschaftsministers, dem Bewerber Kurt Wucke die Übernahme des jüdischen Kaufhauses Slotowski in Treuenbrietzen zu versagen.
W/H   124 04732 f. (481)

31. 5. 39   Adj. d. F   13585
Nach zahlreichen diesbezüglichen Vorträgen Bormanns schließlich Einverständnis Hitlers, bei Aufenthalten auf dem Obersalzberg aus seinem Privateinkommen künftig nur noch die für ihn selbst und seine Gäste anfallenden Kosten zu tragen; Übernahme der übrigen Unkosten (Personal, Staatsbesuche und andere Besuche) durch B.
W   124 01094 f. (116)

31. 5. 39   RMfEuL u. a.   13586
Übersendung eines Runderlasses über die Umbenennung der wasserwirtschaftlichen und kulturbautechnischen Dienststellen in der preußischen staatlichen Verwaltung: Anstelle der bisherigen Behördenbezeichnung „Der Kulturbaubeamte" Einführung der Bezeichnung „Wasserwirtschaftsamt".
K   101 02577 (262 b); 101 18313 (1137)

31. 5. 39   Adj. d. F   13587
Übersendung von *Rechnungen, Prinzessin Hohenlohe betreffend, an die Verwaltung Obersalzberg.
W   124 01096 (116)

1. 6. 39   RMfWEuV   13588
Übersendung der neuen *Vorschriften für die preußischen Staatsbauschulen.
K   101 15883 (949 a)

1. 6. 39   Adj. d. F   13589
Übersendung des *Schreibens einer Sophie Gräfin v. Armin-Muskau.
W   124 04408 (412)

1. 6. 39 – 13590
Anordnung des StdF: Zugunsten der auf ein Jahr weitergeführten Adolf-Hitler-Spende der deutschen Wirtschaft Verbot von Sammlungen bei den Unternehmen der deutschen Wirtschaft. Dazu Durchführungsbestimmungen Bormanns (Ausnahmen u. a.).
W/H 124 04430 f. (420)

1. – 9. 6. 39 NSLB, AA – 8 13591
*Korrespondenz über die einheitliche Führung der Außenarbeit des NS-Lehrerbundes.
M 203 01506 (47/4)

2. 6. 39 RMdI, PrMPräs. 13592
Durch den Reichsinnenminister Übersendung des *Entwurfs einer Verordnung über Gebietsveränderungen im bremischen Raum: Schaffung „notwendigsten Lebensraums" für die Hansestadt; Vereinigung von Bremerhaven und Wesermünde zu einer preußischen Einheitsgemeinde.
A 101 23188 f. (1322 a)

2. 6. 39 Kzl. d. F 13593
Mitteilung des Stabs StdF: Pg. Friedrich Wiedemann seines Reichsleitungsdienstrangs enthoben.
W 124 04812 (493)

2. – 6. 6. 39 NSLB – 8 13594
Kritik der Dienststelle Ribbentrop an der Organisation „wilder Fahrten" ins Ausland durch einzelne Gaustellen des NS-Lehrerbundes (NSLB) ohne vorherige Information der Abteilung Grenze und Ausland der Reichswaltung. Ausarbeitung einer Rundverfügung durch den NSLB, um eine einheitliche Führung der Außenarbeit zu gewährleisten.
M 203 01445/57 f. (46/5)

2. – 7. 6. 39 Intern – 8, 28 13595
Durch das Amt für Ehrengäste Übersendung von *Vorschlagsformularen für Reichsparteitagseinladungen an die Dienststelle Ribbentrop.
W 203 02812, 814 (81/1)

2. – 15. 6. 39 NSLB, AA, VoMi – 8, 28 13595 a
Durch das Amt für Ehrengäste Weiterleitung vom NS-Lehrerbund (NSLB) gemachter Vorschläge auf Einladung Volksdeutscher (u. a.) zum Reichsparteitag an das Auswärtige Amt, durch dieses Weiterleitung an die Volksdeutsche Mittelstelle (VoMi). Deren gemeinsame Stellungnahme: Um Unzufriedenheit innerhalb der Volksgruppenführungen zu vermeiden, Bitte, nur die von der VoMi vorgeschlagenen Volksgruppenführer als Ehrengäste Hitlers einzuladen; im einzelnen Ablehnung von fünf und Zustimmung zu einem der vom NSLB vorgeschlagenen Volksdeutschen.
H 203 02779 – 83 (80/3)

2. – 19. 6. 39 RFM, RKzl. 13596
Einspruch des StdF gegen den Entwurf eines Hauszinssteuergesetzes, insbesondere gegen § 6 Abs. 2: Aufgrund seiner Bestrebungen, die den Kirchen noch zustehenden Steuervergünstigungen zu beseitigen, Ablehnung der gleichsam reichsgesetzlichen Neubestätigung der bisher den Kirchen durch die einzelnen landesrechtlichen Hauszinssteuergesetze gewährten Vergünstigungen; Hinweis auf die Vorbereitung eines Gesetzentwurfs zur Beseitigung der Grundsteuerfreiheit für kirchlichen Grundbesitz; die unterschiedliche Behandlung von Grund- und Hauszinssteuer mit dem Ziel des vorliegenden Gesetzentwurfs (laut Begründung Verschmelzung beider) unvereinbar.
K 101 14570 – 74 (793)

2. 6. 39 – 1. 2. 40 DAF u. a. – 8 13597
Weiterleitung von Anforderungen von Unterlagen über die DAF, über Kraft durch Freude usw. durch Ausländer und ausländische Institutionen.
M 203 01713 – 17, 721 ff., 725, 729, 736 (49/4)

3. 6. 39 AA – 8 13598
Durch die Dienststelle Ribbentrop Übersendung eines *Schreibens, Hundertschaftsführer Walter Schlevogt (Ordensburg Vogelsang) betreffend.
M 203 00703 (29/1)

3. 6. – 8. 8. 39   AA – 28   13599
Durch das Amt für Ehrengäste Genehmigung der Einladung von vier (fünf?) vom NS-Lehrerbund vorgeschlagenen Amerikanern zum Reichsparteitag 1939.
H   203 02753 (80/1); 203 02837 (82/1)

4. 6. 39 – 30. 4. 40   O. Kreis, AA, PräsKzl.   13599 a
Bitte eines Oskar Kreis (Offenbach) um ein Bild Hitlers mit eigenhändiger Unterschrift für den Fall eines negativen Ergebnisses der Nachprüfung der Voraussetzungen für die Verleihung des Verdienstordens vom deutschen Adler an ihn. Durch die Präsidialkanzlei Ablehnung der Bitte: Beschränkung auf H. persönlich bekannte Personen.
M/H   203 00860 ff. (30/2)

5. 6. 39   RMdI   13600
Mitteilung der Bestimmungen Hitlers über den für die Verleihung der Medaille zur Erinnerung an die Heimkehr des Memellandes in Frage kommenden Personenkreis (nur die an der Besetzung des Memelgebiets tatsächlich beteiligten Personen und nur Männer); Bitte um Vorschläge.
M/H   101 02862 ff. (296)

[5. 6. 39]   RMdI   13601
Übersendung des *Entwurfs einer Verordnung über das Rechtsetzungsrecht im Protektorat mit Erläuterungen: Befugnis des Reichsprotektors, das autonome (Protektorats-)Recht zu ändern und bei Gefahr im Verzuge Rechtsvorschriften aller Art zu erlassen; Einzelheiten dazu; grundsätzliches Einverständnis des StdF.
A/H   101 23270 – 73 (1325)

5. – 15. 6. 39   RMdI   13602
Übersendung des *Entwurfs einer Zweiten Verordnung zum Führererlaß über das Protektorat: Die alleinige Weisungsgewalt des Reichsprotektors allen deutschen Dienststellen gegenüber und entsprechende Weisungsbefugnisse der ihm nachgeordneten Oberlandräte Voraussetzung für eine geschlossene Willensbildung des Reiches den autonomen Protektoratsbehörden gegenüber. Keine Bedenken des StdF gegen die Verordnung.
A   101 23268 f., 274 (1325)

Nicht belegt.   13603

6. – 13. 6. 39   AA – 8   13604
Stellungnahme zu einem von der Dienststelle Ribbentrop übersandten *Schreiben der GL Steiermark wegen eines *Flugblatts des Kroatischen Kulturvereins: Keine Beschwerden über die kroatische Volksgruppe; Empfehlung, das Reichsinnenministerium zu befragen.
M   203 00159 (19/4)

6. – 16. 6. 39   AA, Prof. Pillat – 18   13605
Anfrage der Hochschulkommission im Stab StdF zu einem Antrag des Prof. Arnold Pillat (Graz), die ihm angebotene Leitung der Augenklinik der Pekinger Rockefeller-Universität übernehmen zu dürfen. Keine Bedenken des Auswärtigen Amts.
M   203 00003 – 07 (2/5)

7. 6. 39 – 16. 2. 40   GL, AA – 8, 8/1   13606
Auf eine Anfrage der Dienststelle Ribbentrop Berichte der Gauleitungen über die deutsch-italienischen Kulturbeziehungen (italienische Lektorate, Gesellschaften, Kulturreisen, Sprachkurse u. a.) in den einzelnen Gauen.
M   203 00161 – 66, 169 – 76, 180 – 217 (19/4)

8. – 9. 6. 39   ONS f. d. dt. Kraftfahrt, AA – 8   13607
Durch die Oberste Nationale Sportbehörde für die deutsche Kraftfahrt Übersendung einer Liste der

deutschen Fahrer beim Rennen von Le Mans (Frankreich) am 17./18. 6. Durch die Dienststelle Ribbentrop Weiterleitung an das Auswärtige Amt.
M 203 01910 f. (55/1)

8. – 12. 6. 39 NSLB – 8   13608
Auskunft auf Anfrage: Die Vorbereitung des deutsch-dänischen Lehreraustauschs durch StudR Wäsche im Einvernehmen mit dem NS-Lehrerbund erfolgt.
M 203 01445/59 f. (46/5)

8. – 16. 6. 39 AA, Dt. Genkons. Zürich, LSSAH – 8   13609
Durch die Dienststelle Ribbentrop an SS-Ogruf. Dietrich Übersendung eines Berichts des Deutschen Generalkonsulats in Zürich mit einer Meldung der Neuen Bündner Zeitung (Chur) über die Verhaftung eines angeblichen Deserteurs der Leibstandarte Adolf Hitler, Heinrich Rothery, in Frankreich.
M/H 203 00781 – 84 (29/2)

8. 6. – 11. 9. 39 RKzl., J. König   13610
Die Beschwerde des jüdischen Arbeiters Jakob König (Wien) über die Beschlagnahme seiner Sparkassenbücher durch OGruL Heinrich Zaul von der Reichskanzlei zuständigkeitshalber an den StdF weitergegeben. (Erbetene) Stellungnahme des Stabs StdF: Auf Weisung des Gauleiters Sicherstellung der bei der Judenaktion im November 1938 angefallenen Sparkassenbücher und Barwerte bei der Länderbank zugunsten des Ministeriums für Arbeit und Landwirtschaft.
K 101 15290 – 95 (906 c)

9. – 30. 6. 39 Lammers, M. Siegert, L. Schroeter, E. Gansser   13611
Durch Lammers, dem Wunsche Bormanns entsprechend (vgl. Nr. 13408), Übersendung von Eingaben, Emil Gansser betreffend: Mitteilung der Haushälterin Martha Siegert (Berlin) über den Gesundheitszustand G.s und seine finanziellen Verhältnisse; Schreiben eines Ludwig Schroeter (Berlin) über den Prozeß G.s gegen Siemens & Halske; Bitte G.s um einen Vortrag bei Hitler. Dazu B. (nach einem Besuch seines Sachbearbeiters MinR Hanssen bei G.): Ein persönlicher Vortrag bei Hitler wegen des schlechten Gesundheitszustands G.s nicht möglich; erneute Ablehnung Hitlers, die Angelegenheit Siemens noch einmal aufzurollen.
K 101 16566 – 77 (1003)

10. 6. 39 GL Steiermark – 8   13612
Bitte um Veranlassung der Entlassung eines Hans Prettner (Teufenbach/Stmk.) „aus dem südslawischen Staat" zwecks Einbürgerung.
M/H 203 00698 (29/1)

10. 6. 39 AA – 1   13613
Bitte des GL Rainer (über den Verbindungsstab) um die Genehmigung der Einladung des Niederländischen Gesandten und einiger Konsuln anläßlich der Mozarteum-Festtage.
H 203 00242 (20/2)

10. 6. – 6. 7. 39 RKzl., Frick, RStatth. Sauckel   13614
Auf Wunsch Hitlers sofortige Behandlung der Brüningschen Gehaltskürzungsverordnungen in einer Chefbesprechung; deren Ergebnis: Gegen die Einwände Heß' Erhöhung der Gehälter sämtlicher Beamten um 10% beschlossen. In einer eingehenden Denkschrift an Hitler Begründung der Einwände durch Heß: Wegen des von der NSDAP seit der Machtergreifung vertretenen Grundsatzes „Keine Lohn- und Gehaltserhöhungen einerseits – keine Preiserhöhungen andererseits" (wichtig im Hinblick auf Arbeitsbeschaffung, Aufrüstung, Geldwerterhaltung) entsprechende Anträge verschiedener Behörden und Organisationen vom StdF und – auf dessen Veranlassung – von Parteifunktionären stets abgelehnt; bei einer Verwirklichung der Gehaltserhöhungen die bisherige Argumentation (auch die Hitlers) hinfällig; eine preissteigernde Wirkung der durch die Erhöhung flüssig werdenden (und z. T. als Nachfrage auf dem Konsumgütermarkt erscheinenden) Summe von ca. 1 Mrd. RM zu erwarten; u. a. Drei Alternativvorschläge des StdF: 1) Verbindung der Gehaltserhöhung mit Personaleinsparungen in der Verwaltung, 2) Verschiebung bis zum Zeitpunkt einer möglichen Lohnerhöhung für seit der Machtergreifung nicht berücksichtigte Arbeiterkategorien (unter Hinweis auf seine – des StdF – Denkschrift über „Lohn-Gutscheine" Erwägung analoger „Gehalts-Gutscheine"), 3) Beschränkung auf untere Gehaltsgruppen (für

diese Lösung Hitler laut durch Bormann übermittelter Weisung). Fazit: Heß nur im Fall einer entsprechenden Weisung Hitlers zur Zustimmung zu dem Chefbesprechungsbeschluß bereit; im übrigen Anheimstellen eines Presseberichterstattungsverbots. – Ausführlich begründeter Widerspruch der beteiligten Ressorts gegen die Denkschrift. Anordnung einer erneuten Prüfung durch Hitler. Schließliche Entscheidung Hitlers: Schrittweiser Abbau der Kürzungen, jedoch erst mit Wirkung vom 1. 7. 39 und beginnend mit einer Reduzierung des Kürzungshundertsatzes um lediglich 6% (diese Abweichung vom Chefbesprechungsbeschluß laut Lammers eine Folge der Bedenken Heß', laut Frick das Resultat von Anregungen des StSekr. Reinhardt); Wunsch, Erörterungen der Maßnahme in der Öffentlichkeit zu vermeiden.
A/W/H   101 04847–56 (431 a); 101 04867–97/22 (432 b)

10. 6. – 24. 7. 39   AA – 28   13615
Durch den Stab StdF Übermittlung von Vorschlägen des Außenpolitischen Amts für die Einladung von Holländern zum Reichsparteitag. Absage eines u. a. eingeladenen E. E. Posthuma.
W   203 02861 ff. (82/2)

12. 6. 39   Intern – 8, 28   13616
Hinweis des Amts für Ehrengäste: Die Frist für die Einreichung der Einladungsvorschläge für ausländische Reichsparteitag-Ehrengäste abgelaufen; die erfolgte Fristverlängerung nur zur Auswertung der Erfahrungen mit dem Führergeburtstag.
M   203 02810 (81/1)

12. – 16. 6. 39   H. Reiter, Reiter-Holocher, Adj. d. F   13617
Dank von Sohn (Bayr. Gmain) und Tochter (Wien) für die beim Ableben des Komponisten Prof. Josef Reiter bewiesene Anteilnahme und für die Belassung der für R. ausgesetzten Ehrengabe.
W   124 04691 (471)

12. – 22. 6. 39   RMdI, RKzl.   13618
Staatssekretärsbesprechung über die Durchführung des Ostmarkgesetzes und des Sudetengaugesetzes; dort geäußerte Bedenken 1) gegen die verhältnismäßig vielen Abteilungen bei den Reichsstatthalter-Behörden der kleinen (österreichischen) Gaue, 2) gegen die Einrichtung den beiden Reichsstatthalterbehörden im Sudetengau (für staatliche Aufgaben und Selbstverwaltung) noch nachgeordneter Regierungspräsidenten (MinDir. Sommer: Unnötiges Nebeneinander).
H   101 24952–55 (1389 a)

12. 6. – 16. 8. 39   DAF, AA – 8   13619
Verbindungen des dänischen NS K. A. Mortensen zu deutschen Stellen, u. a. zum Führungsdienst KdF und zur DAF; erfolgreiche Bemühungen M.s, den deutsch-dänischen Hopfenhandel aus jüdischen in seine Hände zu bringen, und Verwendung eines Teils des Ertrags zur Unterstützung der National Arbeider Parti und zweier Zeitungen; Bitte der DAF um Überprüfung dieser Zeitungen und um Auskunft über M. – In diesem Zusammenhang erwähnt: Absicht der Reichsfachgruppe Brauerei–Mälzerei, weitere Geschäftsverbindungen mit jüdischen Häusern zu lösen und den ausschließlich in jüdischen Händen liegenden polnischen Hopfenhandel auszuschalten.
M/H   203 00767 ff. (29/2)

13. 6. 39   Adj. d. F   13620
Übersendung von *Unterlagen über einen Hans-Joachim Sonntag (Bonn).
W   124 04768 (485)

13. – [30.] 6. 39   RFSS   13621
Der StdF gegen eine Teilnahme des SS-Ogruf. v. Woyrsch an der Hochzeit der Sibylle Gräfin Zedlitz mit Prinz Carolath in Saabor Kr. Grünberg, einem Besitz der Kaiserin Hermine.
M/H   306 01071–74 (Woyrsch)

13. 6. 39 – 6. 3. 40   RKzl.   13622
Mitteilung über schwerwiegende Bedenken einiger Reichsressorts (Reichspostminister, Reichsverkehrsminister, Generalinspektor für das deutsche Straßenwesen u. a.) gegen den Ausschluß von Beamten in

Stellen der Besoldungsgruppe A 1a und aufwärts von einer Beförderung wegen Nichtzugehörigkeit zur NSDAP (Folgen dieser Maßnahme: Ausschluß befähigter Beamter von höheren Stellen, Vergrößerung des bereits bestehenden Nachwuchsmangels im höheren Dienst; die erfolgte Diffamierung der bald nach der Machtübernahme in die NSDAP eingetretenen Beamten als „Konjunkturritter" nicht geeignet gewesen, Parteieintritte aus der Beamtenschaft zu fördern); die Förderung befähigter Beamter auch von Hitler befürwortet, um deren Abwanderung in die Wirtschaft zu verhindern; Parteimitgliedschaft der Beamten im höheren Dienst erwünscht, eine dahingehende grundsätzliche Anordnung jedoch zur Zeit nicht in Erwägung gezogen; nach Überzeugung Lammers' der Einfluß der Partei bei der Ernennung von Beamten genügend gesichert. Spätere Äußerung des StdF über die Besetzung leitender Beamtenstellen aufgrund ihm zugegangener Beförderungsvorschläge: Kritik an den dienstaltersmäßigen Entscheidungen zugunsten loyaler Beamter ohne politische Qualifikation; Forderung, in weitem Umfang tatkräftige, in politischer Hinsicht besonders bewährte NS bei der Besetzung leitender Stellen, insbesondere der zusätzlich geschaffenen Aufstiegsstellen, zu bevorzugen; Befürchtung, mit der Schaffung weiterer Aufstiegsstellen den verfolgten Zweck nicht zu erreichen.
K   101 07649 – 54 (604); 101 18232 – 37 (1136 b); 101 20151 – 54 (1201 a)

14. 6. 39   A. Häußer   13623
Bitte eines Albert Häußer (Hagen), eine persönliche Angelegenheit unterbreiten zu dürfen; dabei Verweis auf seine Verdienste als Alter Kämpfer und Erinnerung an eine vor vier Jahren vorgetragene Bitte.
W   124 04504 (437)

14. 6. 39   DAF – 8   13624
Erledigung eines *Antrags des KdF-Warts Fritz Eckstein (Costa Rica) durch die Auslands-Organisation direkt.
M   203 00699 (29/1)

[14. 6. 39]   NSDAP-ZPersA   13625
Auf Anfrage der Gauleitung München-Oberbayern Angabe der Geburts- und Dienstantrittsdaten von Angehörigen des Stabs StdF.
M   305 00071 – 80 (RKP)

14. 6. – 5. 8. 39   NSLB – 8   13626
Befürwortung einer Deutschlandreise französischer Lehrer – Angehörige der Volksfront, jedoch keine Kommunisten – durch die Dienststelle Ribbentrop; Zweifel am Zustandekommen der Reise angesichts der Einstellung der französischen Regierung.
M   203 01445/10 – 13 (46/5)

15. 6. 39   IngSchule Mittweida – 8   13627
Klagen über verspätete Zahlungen von Studiengebühren durch Ausländer (hier: Schulden eines rumänischen Studenten); Erwähnung von Maßregelungen.
M   203 00765 f. (29/2)

[15. 6. 39]   RJM   13628
Einverständnis des StdF mit dem Entwurf eines Zweiten Gesetzes über Hypothekenzinsen (unbestimmte Verlängerung der jetzt ablaufenden Rechtskraft wegen der Angleichung der wirtschaftlichen Verhältnisse der neu zum Reich gekommenen Gebiete an die Wirtschaftslage im Altreich).
H   101 27996 ff. (1528)

15. – 22. 6. 39   NSLB – 8   13629
Erörterung der Durchführung von Auslands-Studienreisen durch die Gauwaltung Berlin des NS-Lehrerbundes nach Dalmatien und in die Schweiz ohne die erforderliche Genehmigung (Führererlaß vom 6. 3. 39 über Gruppenreisen von Parteiorganisationen). Rechtfertigung der Veranstalter mit dem rein privaten Charakter der Reise.
M/H   203 01489 – 92 (47/2)

15. 6. – 3. 8. 39   NSLB – 8   13630
Vorbereitung des Deutschlandbesuchs des Direktors im brasilianischen Kultusministerium Francisco Montojos.
M   203 01445/14 f. (46/5)

15. 6. – 17. 8. 39   NSLB, Dt. Botsch. London – 8   13631
Auf Anfrage Stellungnahme der Deutschen Botschaft in London: Keine Bedenken gegen eine lose Zusammenarbeit des NS-Lehrerbundes mit der Children's International Friendship League (Manchester).
M   203 01445/3 ff. (46/5)

15. 6. 39 – 16. 1. 41   RFM, RKzl.   13632
Durch den Reichsfinanzminister Übersendung von zwei *Entwürfen eines Gesetzes zur Erhöhung der Einnahmen des Sondervermögens des Reiches für Ehestandsdarlehen und Kinderbeihilfen. Zustimmungen des StdF.
K/H   101 14772 – 75 (811)

16. 6. 39   DAF – 8   13633
Anfrage wegen einer eventuellen Zusammenarbeit mit der holländischen Zeitschrift Arbeidsorde.
M   203 01602 (48/3)

16. 6. 39   AA – 8   13634
Bitte der Dienststelle Ribbentrop um Weiterleitung eines *Schreibens des Belgiers Polydoor Cuyt an das Generalkonsulat in Antwerpen.
M   203 00764 (29/2)

16. – 21. 6. 39   AA – 8, 28   13635
Auskunft auf Anfrage: Die für eine Einladung vorgeschlagene Frau Buller (Liverpool) bereits zum Reichsparteitag eingeladen; Zurückstellung des Einladungsvorschlags Bf. Neville Talbot um ein Jahr.
W/H   203 02777 f. (80/3); 203 02809 (81/1)

16. 6. – 3. 7. 39   Vereinigung Carl Schurz, AA, AO – 8, 28   13636
Auf Anfrage des Amts für Ehrengäste Auskunft des Auswärtigen Amts über die Einladung von Amerikanern zum Reichsparteitag 1939: Wegen der gegenwärtigen Beziehungen zu den USA zwar keine Einladungsvorschläge durch die Botschaft in Washington, die Teilnahme von Amerikanern jedoch nicht grundsätzlich ausgeschlossen; der von der Vereinigung Carl Schurz e. V. empfohlene Emil Ahlborn (Boston) freilich bereits im vorigen Jahr Ehrengast des Führers gewesen und daher nicht in Frage kommend.
M/H   203 02833 – 37 (82/1)

17. 6. 39   GL Lohse   13637
Die Rangordnung bei größeren Veranstaltungen bzw. Einladungen betreffende Bemerkungen des Stabs StdF. (Anlaß offenbar eine vom Führer der SA-Gruppe Nordmark vorbereitete oder zwischen ihm und dem Kommandierenden Admiral der Marinestation Ostsee strittige allgemeine Einladungsliste.)
W/H   502 00270 – 73 (18)

17. 6. 39   Adj. d. F   13638
Anläßlich eines konkreten Falles (durch einen Beamten Mitteilung von einem Aufenthalt des Sonderzuges Hitlers in Linz an den Gauleiter auf dessen wiederholtes Ersuchen hin, in derartigen Fällen benachrichtigt zu werden) Bitte, die Parteistellen auf die Unzulässigkeit einer solchen Beschaffung geheimzuhaltender Informationen hinzuweisen.
W/H   124 04412 (414)

[17. 6. 39]   Adj. d. F   13639
Bestellung von Wagen für die Führerkolonne bzw. die Führeradjutantur, Verrechnung der Wagen, Bezahlung von Reparaturrechnungen u. ä. nur durch Bormann.
W   124 01093 (116)

17. – 22. 6. 39   Lammers   13640
Geburtstagsglückwünsche für Bormann; Dankschreiben B.s.
K   101 15231 f. (898 b)

Nicht belegt.   13641

17. 6. – 30. 9. 39   RDozF, RKzl. – 8   13642
Auf Anforderung der Dienststelle Ribbentrop eingehende Charakterisierungen und Beurteilungen des Prof. Johann Plenge (Münster) durch den NSD-Dozentenbund (persönlicher Charakter, politische

Einstellung u. a.). Weiterleitung der Beurteilungen an Reichskanzlei.
K   101 25990 – 98 (1468 a)

19. 6. 39   Dt. Frauenwerk – 8   13643
Bitte um Hilfe des zuständigen Konsulats bei der Rückführung der deutschen Hausangestellten Erna Aigner (Wels, z. Zt. Southland) aus England (angeblich schlechte Behandlung durch die Arbeitgeber).
M   203 00695 (29/1)

19. 6. 39   GL Groß-Berlin – 8   13644
Meldung der bevorstehenden Besichtigung der Deutschen Asbestzement A.G. durch den Generaldirektor des Zivil-Luftfahrtministeriums in Kairo.
M   203 00696 (29/1)

19. 6. – 11. 7. 39   NSLB – 8   13645
Ablehnung des Auswärtigen Amtes, sich – wie vom NS-Lehrerbund über die Dienststelle Ribbentrop erbeten – an den Kosten für eine Schwarzwaldreise ausländischer Lehrer zu beteiligen.
M   203 01445/30 ff. (46/5)

20. 6. 39   RStudF – 8   13646
*Vorschläge für Ausländereinladungen Hitlers zum Reichsparteitag.
W   203 02808 (81/1)

[20. 6. 39]   RWiM   13647
Zustimmung des StdF zum *Entwurf eines Gesetzes zur Änderung des Gesetzes über die Einschränkung der Verwendung von Maschinen in der Zigarrenindustrie.
M   101 02985 (308 a)

20. – 21. 6. 39   GL Sudetenland, AA – 8   13648
Durch die Gauleitung Sudetenland an die Dienststelle Ribbentrop Weitergabe des *Schreibens eines V. B. Neal-Caulker (Monrovia/Liberia) an GL Henlein. Weiterleitung an das Auswärtige Amt.
M   203 00832 (30/1)

20. – 28. 6. 39   Adj. d. F   13649
Auskunft auf Anfrage: Der im *Schreiben eines Richard Adler genannte Karl Reisinger (beide München) dem Führeradjutanten Schaub unbekannt.
W   124 04395 f. (410)

[20. 6. 39 – 13. 1. 41]   RMdI   13650
Änderung eines Rundschreibens des Reichsinnenministers über die Wiedereinstellung nach dem Berufsbeamtengesetz entlassener Beamter, Angestellter und Arbeiter: Notwendigkeit der Zustimmung des StdF bei der Wiedereinstellung als Beamter des höheren Dienstes oder als leitender Angestellter, bei vorangegangener Beteiligung des StdF an der Entlassung des Bediensteten und bei der Wiedereinstellung jüdischer Mischlinge oder jüdisch Versippter; Einverständnis des zuständigen Gauleiters in allen übrigen Fällen erforderlich.
M   101 04425 ff. (418 a)

21. 6. 39   DAF – 8   13651
Übersendung einer *Bewerbung von Ing. E. M. Billing (Stockholm) um eine Anstellung in Deutschland; Bitte um Einholung von Erkundigungen.
M/H   203 00788 (29/2)

[21.] – 30. 6. 39   RKzl., RMdI   13652
Nach Auffassung des Reichsinnenministers die Eingemeindung eines Teilgebietes der Gemeinde Leonding in die Stadt Linz für deren Ausbau, insbesondere für die Ansiedlung der bei den Hermann-Göring-Werken Beschäftigten, notwendig; hingegen Mitteilung Bormanns über den Wunsch Hitlers, die Eingemeindung des Ortes einstweilen noch zurückzustellen. Auf Rückfrage Lammers' Antwort B.s: H. mit der Eingemeindung des Teilgebietes Käferfeld einverstanden.
A/H   101 07041 – 44 (575 a)

21. 6. – 21. 8. 39   RMdI u. a.   13653
Übersendung einer Einladung zu einer Besprechung an Ort und Stelle über die erneute Bitte des OKW um Zusammenfassung des Truppenübungsplatzes Wildflecken zu einem Heeresgutsbezirk und über

die dadurch bedingte Notwendigkeit einer Änderung der bayerisch-preußischen Landesgrenze in diesem Raum. Nach der Ortsbesichtigung Aufzählung der Gründe für die Zuordnung Wildfleckens zu Bayern, d. h. für die Änderung der Grenze zugunsten Bayerns, durch den Reichsinnenminister.
H   101 22620−25 (1290 b)

22. 6. 39   Himmler, Lt. Kecht, Lebensborn   13654
Unter Übersendung einer Beschwerde des Lt. Frank Kecht (I.R. 103, Löbau/Sa.) über die „rückschrittliche Auffassung" in seinem Regiment (scharfe Verurteilung der Geburt seines unehelichen Kindes in einem Lebensbornheim) Vorschlag Himmlers, den Fall Hitler vorzutragen.
M   305 00153−56 (Lebensborn)

24. 6. 39   H. H. Lieb   13655
Durch einen Hans Heinrich Lieb (München) Übersendung eines *Tätigkeitsberichts der ehemaligen Abteilung Verkehrswesen der Reichsorganisationsleitung 1932/33 (Gliederung: Allgemeine Aufgaben, Sonderauftrag Sicherstellung der Reichsbahn und Reichspost, Mitarbeiter, Auflösung der Abteilung).
W   124 04568−72 (456)

24. 6. 39   VDA   13656
„Tag des Deutschen Volkstums" unter der Schirmherrschaft des StdF mit einer (vorgesehenen) Rede Heß' in Eger.
H   101 25201 f. (1408 c)

26. 6. 39   Himmler   13657
Durch Bormann Übermittlung einer Weisung Hitlers, den SS-Brif. Hermann Frhr. v. Schade wegen einer in Gegenwart einer italienischen Delegation und vieler Zuschauer erstatteten „schlampigen" und „den ganzen Verein blamierenden" Meldung nicht als Polizeipräsident in München, sondern nur noch im Bürodienst, am besten als Filialleiter der Porzellan-Manufaktur Allach, zu verwenden.
H   306 00830/1 ff. (Schade)

26. 6.−19. 7. 39   StSekr. Schlegelberger   13658
Unter Bezugnahme auf den Fall Nachod (vgl. Nr. 13708) Übersendung eines Berichts über einen nächtlichen Zwischenfall in Mährisch-Ostrau (Bedrohung zweier Protektoratsangehöriger durch deutsche Polizisten); Absicht, die Angelegenheit durch den Generalstaatsanwalt in Berlin aufklären und verfolgen zu lassen; das Einverständnis Hitlers erbeten.
A   101 23262 ff. (1324 b)

26. 6.−30. 9. 39   RMdI, RJM, RKzl., RFM, RFSS   13659
Nach Vortrag Himmlers durch Bormann weitergegebene Weisung Hitlers, für die kasernierten SS-Einheiten und die im Protektorat befindliche Polizei eine Sondergerichtsbarkeit in Strafsachen zu errichten. Meinungsverschiedenheiten über deren Umfang (umstritten die vom Reichsführer-SS bzw. vom Reichsinnenminister gewünschte Einbeziehung auch der SD-Angehörigen und höheren SS-Stäbe im Reich bzw. der Kriminalpolizei und Geheimen Staatspolizei im Protektorat). Nach Kriegsausbruch Vorlage eines Verordnungsentwurfs unter Einbeziehung der genannten Stäbe sowie „der Polizeiverbände bei besonderem Einsatz" (nun auch im besetzten polnischen Gebiet).
H   101 20234−64 (1204 a)

26. 6.−1. 11. 39   RKzl., RMdI   13660
Nach Vorstellungen hoher leitender Staatsbeamter und Leiter von Kommunaldienststellen (Oberbürgermeister usw.) wegen nicht hinreichender Berücksichtigung in der Anordnung 81/38 des StdF (Reihenfolge bei Meldungen an Hitler sowie in seiner Wagenkolonne) Bitte der RKzl. um Stellungnahme des StdF zu vom Reichsinnenminister entworfenen „Richtlinien für Meldungen beim Führer".
H   101 21498−501/2 (1269)

27. 6. 39   Adj. d. F   13661
Übersendung einer *Rechnung der Klepperfabrikniederlage F. Engelhardt (München) an die Verwaltung Obersalzberg.
W   124 01092 (116)

| 27. 6. 39 | GL Wien – 8 | 13662 |

Auskunft über einen Ernst Wiese (Wien) wegen einer Vortragsreise.
M   203 00795 (29/2)

| 27. 6. 39 | RBauernF – 8 | 13663 |

Mitteilung über das Zustandekommen eines Landjugendaustauschs mit Italien.
M   203 00136 (19/2)

| 27. 6. 39 | RWiM, RKfdWÖ | 13664 |

Bei der vorgesehenen Auflösung des Pensionsergänzungsfonds der Ersten Österreichischen Sparkasse zwar Verzicht des Reichswirtschaftsministers auf weitere Einwendungen gegen die Kürzung des Fonds um RM 113 000.–, jedoch nur unter Auflagen und unter Verweigerung der Erwähnung seines Einverständnisses mit der betreffenden Verfügung. (Abschrift an den StdF.)
H   101 24406 f. (1361 a)

| 27. 6. 39 | RVM, RSD | 13665 |

Aufgrund von Pannen bei einer Reise Hitlers (Empfang des Sonderzugs in Leipzig durch eine Menschenmenge) Bitte des Reichsverkehrsministers, nach Möglichkeit von nachträglichen Änderungen getroffener Anordnungen abzusehen und auch von anderen an der Reisevorbereitung beteiligten Stellen die Sicherstellung der Geheimhaltung der Reisen H.s zu verlangen.
W   124 00124 ff. (38)

| 27. – 29. 6. 39 | DAF, AA – 8 | 13666 |

Bitte des Arbeitswissenschaftlichen Instituts der DAF um Informationen über die Sozialversicherung der Eisenbahner, Straßenbahner und Bergarbeiter sowie über das Arbeitspflichtgesetz in Bolivien. Weiterleitung an das Auswärtige Amt (und an die Deutsche Gesandschaft in La Paz).
M/H   203 01718 ff. (49/4)

| 28. 6. 39 | Adj. d. F – 1 | 13667 |

Übermittlung von zwei *Schreiben eines Gustav Peddinghaus (Iserlohn) in einer vom Stab StdF schon einmal behandelten Angelegenheit.
W   124 04653 (465)

| 28. 6. 39 | Adj. d. F, GL München-Oberbayern, KrL Weilheim | 13668 |

Durch die Führeradjutantur Informierung über die Absicht des Fräulein Hanfstaengl, ihr Anwesen in Uffing (Aufenthaltsstätte Hitlers unmittelbar nach dem Zusammenbruch seiner Erhebung 1923 bis zu seiner Verbringung nach Landsberg) zu verkaufen; Interesse Hitlers und Auftrag, den Preis zu erfragen.
W   124 04506 ff. (438)

| 28. 6. – 3. 7. 39 | AA, RMfVuP – 1 | 13669 |

Mitteilungen über den Staatsbesuch des bulgarischen Ministerpräsidenten Kiosseivanoff in Deutschland Anfang Juli 1939: Zuständigkeiten im Auswärtigen Amt, Minutenprogramm.
H   101 25511 – 14/1 (1428 a)

| 29. 6. 39 | DAF, G. Heinse, Ley – 8 | 13670 |

Durch die DAF Weiterleitung einer Bitte des Schriftstellers Gustav Heinse (Sofia), dem Verband der bulgarischen Kopfarbeiter Unterlagen des Zentralbüros „Freude und Arbeit" sowie einen Projektionsapparat für Vorträge über die Reformen des NS zur Verfügung zu stellen.
M   203 01638 – 41 (49/2)

| 29. 6. 39 | Adj. d. F | 13671 |

Zur Veranlassung Mitteilung einer Anordnung Hitlers anläßlich des Staatsaktes für die Legion Condor: Bei allen Veranstaltungen mit seiner Teilnahme als Redner keine vorangehenden Reden zulässig, bei Veranstaltungen mit seiner Teilnahme nur als Gast die beabsichtigten Reden genehmigungspflichtig.
W   124 01091 (116)

| 29. 6. 39 | AA – 28 | 13672 |

Anfrage des Gesandten in Lissabon bei SA-Ogruf. Ludin sowie des MinDirig. Hasenöhrl bei der Ober-

sten SA-Führung wegen der Teilnahme führender Männer der Portugiesischen Legion am Reichsparteitag; Rüge des Amts für Ehrengäste: Der ordnungsgemäße Weg damit also nicht eingehalten.
M/H   203 02867 f. (82/2)

[29. 6. 39]   Chef Sipo   13673
Bericht über die politische Laufbahn des Ernst Rüdiger Fürst Starhemberg: Teilnahme am Marsch auf die Feldherrnhalle in München am 9. 11. 23; Aufbau der Heimwehr in Österreich; Eintritt in die österreichische Regierung; Stellung zum NS („maßlose Hetze", Verantwortung für die Hinrichtung von NS nach dem Juli 1934), zum politischen Katholizismus, zum Legitimismus und zum Judentum; Finanz- und Wirtschaftsgebaren; Verhalten nach dem Anschluß (Anbiederung an den NS); und anderes. Fazit: „Politischer Spekulant schlimmster Sorte."
A/W   101 24384−99 (1360)

1. 7. 39   NSLB−8   13674
Bericht über die einjährige Tätigkeit des englischen Austauschlehrers Peers Lee Carter am Realgymnasium Würzburg; Vorschlag, mit C., evtl. über die Deutsch-Englische Gesellschaft, in Verbindung zu bleiben.
M/H   203 01445/48 (46/5)

1. 7. 39   Der Stürmer u. a.−8   13675
Weiterleitung einer Mitteilung des holländischen NSB-Mitglieds A. Dros über regelmäßige Einkäufe des Kanzlers Fischer vom Deutschen Generalkonsulat in Amsterdam in jüdischen Geschäften.
M/H   203 00796 f. (29/2)

[1. 7. 39]   DAF−8   13676
Zwischenbescheid: Die Beschaffung von 750 Lebensläufen für Prof. Theodore Abel (New York) durch das Hauptschulungsamt der NSDAP zugesagt.
M   203 00794 (29/2)

3. 7. 39   RSportA−8   13677
Anzeige der Teilnahme von vier weiteren Ausländern an Berufsringkampfveranstaltungen.
M/H   203 01814 (51/1)

3. 7. 39   NSLB−8   13678
Mitteilung über die zu erwartende Einladung des NS-Lehrerbundes zu einem Gegenbesuch in Italien durch die Associazione Fascista della Scuola.
M   203 01445/33 f., 445/46 f. (46/5)

[3. 7. 39]   Chef Orpo   13679
Weigerung Himmlers, den lediglich auf Wunsch des StdF („Königsplatz") und des bayerischen Innenministers vorläufig bei der Ordnungspolizei untergebrachten SS-Gruf. Frhr. v. Holzschuher hauptamtlich bei der Polizei und der SS zu beschäftigen.
M/W   306 00543 (Holzschuher)

3.−6. 7. 39   Dir. Kolb, Lammers   13680
Durch Bormann übermittelte Weisung Hitlers, unter Übernahme der Kosten bis zu RM 100 000.− dem Kunstmaler Sepp Hilz (Bad Aibling) ein Grundstück zu vermitteln und auf diesem durch den Architekten Degano ein Haus für Hilz errichten zu lassen. Verhandlungen mit dem Grundstücksbesitzer.
H   101 29151−57 (1646 b)

3.−15. 7. 39   NSLB−8   13681
Nominierung von Anwärtern für den Auslandsschuldienst zur Teilnahme am deutsch-bulgarischen Lehrerlager in Donndorf bei Bayreuth; Zusammensetzung des Lagers.
M   203 01507 f. (47/4)

3. 7. 39−2. 1. 40   RKzl., RJM   13682
Vorbehalt des StdF gegen die vom Reichsjustizminister (RJM) vorgeschlagene Ernennung des OLGR

Karl Schäfer zum Hilfsrichter beim Reichsgericht: Sch.s Beteiligung (zusammen mit einem jüdischen Richter) an der Herausgabe einer Schrift über das „Gesetz zum Schutz der Republik" (1930) und die 1936 – mit dem Hinweis auf seine Caritas-Mitgliedschaft – erfolgte Weigerung, der NSV beizutreten, nicht gerade Beweise für seine angebliche ns. Gesinnung; in Anerkennung des von Sch. inzwischen bewiesenen guten Willens (Blockwaltertätigkeit) keine politischen Bedenken gegen ihn, jedoch Bitte, an seiner Stelle die Berufung einer stets eine befriedigende politische Linie einhaltenden Persönlichkeit zu erwägen. Nach neuerlichem Eintreten des RJM für eine Berufung Sch.s unter Hinweis auf nicht den Tatsachen entsprechende Angaben (Mitgliedschaft in der Caritas, Verweigerung des Beitritts in die NSV) Zurückstellung der Bedenken des StdF, insbesondere mit Rücksicht auf die Einziehung Sch.s zum Heeresdienst.
K   101 26704 – 18 (1511 a)

4. 7. 39   RMdI   13683
Vorlage des Entwurfs eines Gesetzes über den NS-Reichskriegerbund (Aufgaben und Gliederung, Auflösung von Soldatenverbänden, u. a.) mit der Bitte, eine Entscheidung Hitlers herbeizuführen.
K   101 14839 ff. (823 b)

[4. 7. 39]   RJM   13684
Vorschlag, den Vizepräsidenten beim Oberlandesgericht Celle, Kurt Reuthe, zum Oberlandesgerichtspräsidenten in Oldenburg zu ernennen; Zustimmung des StdF.
K   101 26772 ff. (1511 b)

4. – 25. 7. 39   AA, Dt. Ges. Bern, Dt. Botsch. Rom – 28   13685
Bitte Bormanns um Auskunft über den in Rom lebenden Schweizer Bomonti wegen dessen eventueller Einladung zum Reichsparteitag.
M/H   203 02838 – 41 (82/1)

4. 7. – 16. 8. 39   AA, Dt. Frauenwerk – 8, 28   13686
Korrespondenz über die Einladung von Japanern zum Reichsparteitag (u. a. Ablehnung des Prof. Naruse); Kritik am „lawinenartigen" Anwachsen der japanischen Delegation.
M/H   203 02850 – 54 (82/1)

5. 7. 39   NSLB – 8   13687
Zur Erleichterung der Entscheidung über die Teilnahme von Spaniern an Kongressen usw. in Deutschland Bitte der Dienststelle Ribbentrop, wegen der Devisenknappheit in Spanien gleichzeitig mit der Einladung die Frage der Kostenübernahme für ihren Aufenthalt zu klären.
M/H   203 01488 (47/2)

5. – 22. 7. 39   Lammers   13688
Informierung über den Entschluß Hitlers, die ihm – aufgrund seines bekundeten Interesses – vorgetragene Frage der Eingliederung der Gemeinden Bischofswiesen, Schönau, Königssee u. a. in den Markt Berchtesgaden vor Erteilung seines Einverständnisses mit Bormann zu besprechen. Mitteilung B.s über die Zustimmung H.s.
K   101 15239 – 42 (905 a)

6. 7. 39   Adj. d. F   13689
Durch Bormann Übermittlung der Bitten Hierls (über Mobilmachungsfragen des weiblichen Arbeitsdienstes) und Rosenbergs (über Vorbereitungen für die Hohe Schule und einen wissenschaftlichen Kongreß im Herbst) um einen Vortrag bei Hitler.
W/H   124 00995 (83)

6. – 22. 7. 39   Adj. d. F – 34   13690
Im Zusammenhang mit der Vorbereitung der parteiamtlichen Geschichtsschreibung Anfrage des Hauptarchivs der NSDAP an den Führeradjutanten Brückner nach seiner Kenntnis historisch bedeutungsvoller Filme (aus der Zeit seiner Tätigkeit bei der Firma Arnold & Richter [München]) und Bitte um einen persönlichen Erlebnisbericht über den 9. 11. 23. Letzterer von B. in Aussicht gestellt; an Filmen nur „Der deutsche Tag in Nürnberg 1923" bekannt.
W   124 04427 f. (420)

6. – 27. 7. 39   RKzl., R. Kania, RMdI   13691
Durch die Reichskanzlei dem StdF „zum weiteren Befinden" übersandt: Eingabe dreier ins Reich geflüchteter Funktionäre der Sudetendeutschen Partei aus dem jetzt an Polen gefallenen Olsagebiet (Teschen) an Hitler mit der Bitte, sich der Olsadeutschen „anzunehmen" und die Polen zu vertreiben, zumindest aber die Frage der Staats- und Parteizugehörigkeit der Olsadeutschen zu klären.
H   101 26203 – 11 (1483 a)

7. 7. 39   RMfVuP   13692
Im Auftrag Hitlers Übermittlung seiner Anordnung über Veranstaltungen mit ihm (vgl. Nr. 13671): Keine Reden vor seinen Reden; vorherige Genehmigung aller in seiner Gegenwart beabsichtigten Reden.
H   101 16549 (991 a); 101 21438 (1267 a); 101 21489 (1269)

7. 7. 39   Intern. ZBüro Freude und Arbeit – 8   13693
Übersendung des Protokolls der Teiltagung des Internationalen Beratungskomitees am 22. 6. 39 in Bukarest: Wanderausstellung Freude und Arbeit, u. a.
M   203 01810 – 13 (50/4)

7. 7. 39   RKzl. – 7   13694
Durch den Leiter der Auslands-Organisation Übersendung eines Politischen Informationsberichts des Presseleiters der Landesgruppe Großbritannien über die Lage in England: Anders als im Herbst 1938 unmißverständliche Kriegsbereitschaft des englischen Volkes; die Verständigungsbereitschaft Chamberlains deshalb sowie angesichts der wachsenden Zahl kriegsbereiter englischer Politiker von schwindendem Gewicht; Einschätzung der englischen Aufrüstung; wie im Weltkrieg Organisierung einer „Informationsabteilung" des Foreign Office; Ausbau und personelle Besetzung der englischen Propaganda.
H   101 25658 – 63 (1436 a)

7. 7. 39 – 18. 1. 40   Adj. d. F – 34   13695
Ausleihe von *Zeitungsberichten durch das Hauptarchiv der NSDAP. Bitte um Rückgabe.
W/H   124 00842 (68)

8. 7. 39   AA, Poln. Botsch. – 8   13696
Durch das Auswärtige Amt Übersendung einer polnischen Note wegen Mißhandlung mit tödlichem Ausgang des polnischen Staatsangehörigen Lajzer Windmann in Duisburg am 10. 11. 38.
H   101 26212 ff. (1483 b)

8. 7. 39   AA, RJF – 8   13697
Durch die Dienststelle Ribbentrop Übersendung eines *Schreibens der Reichsjugendführung, einen Rudolf Hunger (Portland/Oregon) betreffend.
M   203 00793 (29/2)

8. 7. 39   AA – 8, 28   13698
Befürwortung eines Vorschlags von SS-Ogruf. Lorenz, den ungarischen Staatssekretär für Minderheitenfragen, v. Pataky, zum Reichsparteitag einzuladen.
M/H   203 02855 f. (82/1)

10. 7. 39   RJM   13699
Übereinstimmung der Ressorts über die Fassung des *Gesetzentwurfs über die Eheschließung Deutscher mit Personen nicht-deutscher Staatsangehörigkeit; Realisierung der vom StdF vorgeschlagenen Regelung, die ohne Genehmigung einen Deutschen heiratende nicht-deutsche Frau nicht kraft Heirat Deutsche werden zu lassen, durch Novellierung des Staatsangehörigkeitsgesetzes; die Entscheidung über die Frage der Anwendung des Eheschließungsgesetzes auch auf Ehen Deutscher mit Protektoratsangehörigen Hitler vorbehalten; sofortiges Inkrafttreten des Gesetzes nach der Verkündigung ratsam.
A/H   101 23291 ff. (1325 a)

10. 7. 39   RSportA – 8   13700
Anmeldung der Teilnahme deutscher Sportler an einer Sportveranstaltung in Spanien.
M   203 02101 (56/2)

10. 7. – 5. 8. 39   NSLB – 8   13701
Bitte um Auslegung eines Devisenbetrags (durch die Deutsche Botschaft in Paris) für bei der „Sippenforschung" über den aus Frankreich stammenden deutschen Märchendichter Ludwig Bechstein entstehende Unkosten.
M/H   203 01445/8 f. (46/5)

10. 7. – 10. 11. 39   RKzl., RMdI   13702
Die von Bormann mitgeteilte Anordnung Hitlers über die sofortige Einleitung von Maßnahmen zur Verbesserung der wirtschaftlichen Lage der Volksdeutschen im Protektorat von Lammers an Neurath weitergeleitet; dabei gegenüber B. Hinweis auf die von N. angeforderten und ihm vom Reichsfinanzminister (RFM) bereits zur Verfügung gestellten 5 Mio. RM für entsprechende Fürsorgemaßnahmen. Administrative Regelung – auf Wunsch des RFM – durch einen Erlaß des Reichsprotektors; Einladung zu einer Besprechung des 'Entwurfs.
A   101 23351 – 56 (1325 b)

10. 7. 39 – 27. 1. 40   Lammers   13703
Kritik Bormanns an der abwartenden Haltung von Partei und Staat in der Frage der Warenhäuser und Verbrauchergenossenschaften: Ablehnung der Warenhäuser durch die NSDAP (Punkt 16 des Parteiprogramms), jedoch Berücksichtigung ihrer Bedeutung als billige Einkaufsquelle, gerade für die minderbemittelte Bevölkerung, sowie als Verteilerorganisation; dieser Schwebezustand nicht tragbar, daher Bitte um eine Entscheidung Hitlers im Hinblick auf die kleinen schutzbedürftigen Gewerbetreibenden. Dazu Lammers: Herbeiführung einer Entscheidung H.s wegen dessen starker Inanspruchnahme durch die Kriegführung zur Zeit nicht möglich; Hinweis auf die den gegebenen Verhältnissen angepaßte Stellungnahme des Reichswirtschaftsministers und des OKH (Auflösung der Warenhäuser und Verbrauchergenossenschaften zum gegenwärtigen Zeitpunkt nicht tragbar).
M   101 03490 – 93 (352 b)

11. 7. 39   DAF – 8   13704
Bitte um Mitteilung eventueller Bedenken gegen den Wunsch der Reichsdienststelle Das Deutsche Handwerk, mit dem litauischen Handwerk eine engere Verbindung aufzunehmen.
M/H   203 01642 (49/2)

11. 7. 39   DAF – 8   13705
Bitte um Mitteilung eventueller Bedenken gegen den Wunsch der Reichsdienststelle Das Deutsche Handwerk, mit dem lettischen Handwerk eine engere Verbindung aufzunehmen.
M/H   203 01643 (49/2)

[11. 7. 39]   (VLegR Hewel)   13706
Nach der Entscheidung Hitlers, zum Reichsparteitag keine ausländischen Delegationen einzuladen, Informierung Bormanns über die nicht mehr rückgängig zu machende Einladung der japanischen Armeedelegation (Pressebericht, Abreise bereits am 15. 7.).
M/H   203 02752 (80/1)

12. – 15. 7. 39   Der Stürmer u. a. – 8   13707
Mitteilung über die Rückkehr des eingewanderten amerikanischen NS Theodore Gohres (Holzheim b. Neuß) in die USA aus Enttäuschung über bürokratische Schwierigkeiten. Durch die Dienststelle Ribbentrop Weiterleitung an das Auswärtige Amt.
M/H   203 00789 – 92 (29/2)

13. 7. 39   StSekr. Schlegelberger   13708
Gemäß Weisung Hitlers (ergangen nach der Tötung eines Protektoratspolizisten durch einen deutschen Polizeibeamten in Nachod), künftig in solchen kritischen Fällen vor Ergreifung von Maßnahmen unterrichtet zu werden, Meldung von zwei neuen Vorfällen: Verletzung eines Wehrmachtangehörigen durch

einen Gestapo-Hauptscharführer und eines Bauern durch einen deutschen Zollassistenten (beide Fälle im Protektorat und beide im Zusammenhang mit Frauen); Bitte um Einholung der Zustimmung H.s zu der vorgesehenen Überstellung der Täter in das Altreich und zur Beauftragung des dann zuständigen Oberstaatsanwalts mit der Aufklärung.
H   101 20241 – 52 (1204 a)

13. 7. 39   RWiKammer   13709
Übersendung einer *Untersuchung „Die Verschuldung in Deutschland und ihre wirtschaftspolitischen Probleme".
M   101 02991 f. (310)

13. 7. 39   RVM   13710
Übersendung des *Entwurfs einer Verordnung zur Durchführung des Gesetzes über die Beförderung von Personen zu Lande (die bisher geltende Durchführungsverordnung durch die Rechtsentwicklung überholt).
K   101 14223 – 26 (749)

13. 7. 39   DAF – 8   13711
Anregung eines deutsch-bulgarischen Arbeiteraustauschs durch die bulgarische Vereinigung Rodina.
M   203 01645 (49/2)

13. 7. 39   Adj. d. F   13712
Übersendung und Beanstandung einer *Rechnung des Hotels Imperial (Wien) für einen Aufenthalt Hitlers am 10. – 12. 6.
W/H   124 01089 (116)

[13. 7. 39]   RPresseSt.   13713
Auf Veranlassung des StdF künftig Übersendung des „Politischen Briefs" (nach Richtlinien des StdF zusammengestelltes, aus überwiegend außenpolitischen Gründen in der deutschen Presse nicht veröffentlichtes Material zur vertraulichen Information) an Früheradjutant Schaub; Hinweis auf die Verfügung des StdF in Folge 1, über außenpolitische Angelegenheiten nur mit ausdrücklicher Genehmigung öffentlich zu sprechen.
W   124 00839 f. (67)

14. 7. 39   Dt. Kongreß-Zentrale u. a.   13714
Keine Bedenken gegen die Abhaltung der Zwischenstaatlichen Studentischen Arbeitstagung in Semmering. (Abschrift an den StdF.)
M   203 02323 (61/2)

14. 7. 39   Dt. Kongreß-Zentrale u. a.   13715
Keine Bedenken gegen die Abhaltung des 9. Internationalen Reit- und Fahrturniers C. H. I. in Wien vom 6. – 13. 8. 39. (Abschrift an den StdF.)
M   203 01909 (54/4)

14. 7. 39   DAF – 8   13716
Bitte um Mitteilung eventueller Bedenken gegen den Wunsch der Reichsdienststelle Das Deutsche Handwerk, mit dem estnischen Handwerk eine engere Verbindung aufzunehmen.
M/H   203 01644 (49/2)

14. 7. 39   AO, Fa. C. Illies & Co. – 8   13717
Weiterleitung einer Bitte der Firma C. Illies & Co. (Hamburg), einer in Deutschland weilenden japanischen Armee-Kommission (15 Personen) die Teilnahme am Reichsparteitag zu ermöglichen; Hinweis auf bevorstehende Waffenlieferungen in Höhe von mehr als 5 Mio. RM an Japan.
M   203 02892 ff. (83/2)

[14. 7. 39]   RMdI   13718
Bitte des StdF, ihm vor Ergreifung dienststrafrechtlicher Maßnahmen gegen Beamtinnen wegen außerehelicher Mutterschaft Gelegenheit zur Stellungnahme zu geben.
W   112 00043 f. (124)

15. 7. 39   E. Dietze   13719
Durch einen Erich Dietze (Dresden) Übersendung seiner Denkschrift „Der Omnibusverkehr und seine
Unfälle" (zur Vermeidung der häufigen Unfälle im privaten Kraftomnibusverkehr Vorschlag, diesen aus
der unzureichenden Betreuung durch die Fachgruppe privater Omnibusverkehr herauszulösen und das
gesamte Gewerbe dem bewährten Reichs-Kraftwagen-Betriebsverband einzugliedern).
H   101 14309 — 14 (752 a)

15. 7. — 7. 10. 39   RKzl., RJM   13720
Zustimmung des StdF zum Vorschlag, acht Mitglieder des Volksgerichtshofs nach abgelaufener Amtszeit wieder zu bestellen, fünf weitere Mitglieder neu zu ernennen und ein Mitglied, SA-Ogruf. Kühme,
auf eigenen Wunsch vorzeitig abzuberufen. Vollzug der Ernennungen außer im Falle des inzwischen gefallenen SA-Ogruf. Meyer-Quade.
H   101 27118 — 22, 127 — 30, 132 ff. (1517 c)

15. 7. — 13. 11. 39   GL Sachsen, GL Essen, KrL Oberhausen — 8   13721
Die von der Dienststelle Ribbentrop übersandten Anschuldigungen des Pg. Rudolf Schirmer (Chemnitz)
gegen die Leitung der Babcock-Werke Oberhausen (jüdisch-tschechisch mit Verbindungen zu England
zumindest bis 1919) von der Gauleitung Essen als vollkommen haltlos bezeichnet.
M/H   203 00802 — 08 (30/1)

15. 7. 39 — [28. 9. 40]   GL Telschow, Adj. d. F   13722
Die von GL Telschow zwecks Legalisierung seines Verhältnisses mit einer Hildegard Winnecke und des
aus dieser Verbindung stammenden Sohnes erbetene Ehescheidung laut T. vom StdF zunächst genehmigt, dann jedoch verboten und auch nach Ausräumung verschiedener Hindernisse nicht erlaubt wegen
zu schwerer Kompromittierung in der Öffentlichkeit. Nach Einreichen eines Gesuchs bei Hitler durch
T. *Schreiben des StdF an T. in dieser Angelegenheit.
W   124 00924 — 28 (74)

17. 7. 39   Prof. M. Zaeper   13723
Durch Prof. Max Zaeper (Berlin) Ankündigung eines Bildes für Hitler.
W   124 04819 (496)

17. 7. 39   DAF — 8   13724
Bitte um Mitteilung eventueller Bedenken gegen den Wunsch der Reichsdienststelle Das Deutsche
Handwerk, zum rumänischen Handwerk eine engere Verbindung aufzunehmen.
M/H   203 01646 (49/2)

17. 7. 39   RMfEuL   13725
Übersendung eines *Geschäftsverteilungsplans des Reichsernährungsministeriums nach dem Stande
vom 1. 7. 39.
K   101 18399 f. (1142)

[17. 7. 39]   Außenpol. Schulungshaus d. NSDAP   13726
Protektorat des StdF über das Außenpolitische Schulungshaus der NSDAP. (Erwähnung.)
W   124 00834 f. (67)

17. — [20.]7. 39   SS-Gruf. Wolff, Adj. d. F   13727
Bitte des SS-Gruf. Wolff um Verständigung des SS-Stubaf. Rudolf Meckel über einen Termin für die
nachträgliche Überreichung des Geburtstagsgeschenks der Prager Studenten für Hitler.
W/H   124 04587 f. (459)

17. 7. 39 — 12. 8. 40   Chef Sipo, Gestapa — 8   13728
Auf Anforderung der Dienststelle Ribbentrop sicherheitspolizeiliche Überprüfung von Werkstudenten
des Frankreich-Referats und eines Sonder-Referats des Auswärtigen Amtes (Beschäftigung mit vertraulichen Schreibarbeiten).
M   203 00919 — 25 (32/1)

18. 7. 39   GL Eigruber   13729
Bitte, bei Hitler die umgehende Ernennung des im Sterben liegenden Landeshauptmannstellvertreters Rudolf Lengauer zum Gauhauptmann für Oberdonau zu erwirken.
W   124 04566 (455)

[18. 7. 39]   RArbM   13730
Einverständnis des StdF mit dem 'Entwurf eines Gesetzes zur Änderung des Gesetzes über die Einführung eines Arbeitsbuches.
A   101 06758 (548 a)

18.—19. 7. 39   Adj. d. F, A. Tschersich u. a.—1   13731
Rechtsstreit einer Anna Tschersich (Waldenburg) mit der Schering A.G. wegen wirtschaftlicher Schädigung (ihrer von der Schering A.G. gepachteten Gastwirtschaft am Julius-Schacht durch die Abschaffung der Essenspause auf dem Schacht und die Errichtung einer Kantine, ferner beim Verkauf ihres Gutes und bei der Ablösung einer Kuxenrente); Leugnung auch einer moralischen Entschädigungsverpflichtung durch die Schering A.G. Dazu der Verbindungsstab: Die Angelegenheit bereits durch die Reichsstelle für Wirtschaftsmoral und die Führeradjutantur abgeschlossen.
W   124 04773—86 (487)

18. 7.—6. 12. 39   M. C. Murphy, RFSS   13732
Gesuch des Engländers M. C. Murphy (Coventry) um Aufnahme in die SA oder SS. Nach Verzögerung der Angelegenheit (fehlende Beurteilung durch die Auslands-Organisation) eine weitere Bearbeitung nach Ansicht der Reichsführung-SS wegen der „augenblicklichen Lage" nicht mehr zweckmäßig.
W   107 00015—19 (152)

19. 7. 39   Adj. d. F, K. Lippold   13733
Weiterleitung des Gesuchs eines Kurt Lippold (Langenhessen) um Berichtigung seiner Parteimitgliedsnummer zwecks Verleihung des Goldenen Ehrenzeichens; dabei Verweis L.s auf eine StdF-Anordnung von 1938 über die nachträgliche Verleihung des Ehrenzeichens in Fällen verschleppter Bearbeitung der Parteieintrittsanmeldung.
W   124 04573 ff. (456)

19.—20. 7. 39   AA—8   13734
Anfrage der Dienststelle Ribbentrop wegen der Teilnahme von Mitgliedern oder geschlossener Gruppen ausländischer ns. bzw. faschistischer Organisationen am Reichsparteitag auf eigene Kosten. Unterschiedliche Antworten der jeweils zuständigen Referate des Auswärtigen Amts.
M/H   203 02763 ff. (80/2)

20. 7. 39   Hptm. a. D. Grünewälder   13735
Empfang des Hptm. a. D. Rudolf Grünewälder (Berlin) durch den StdF zum Vortrag über seine Arbeit „Gedanken zur Durchführung einer Reform des Offizierskorps im Sinne der ns. Weltanschauung"; daraufhin „die ganze Angelegenheit" von Heß selbst übernommen.
W/H   124 04500/1 ff. (436)

22. 7. 39   OGru. Dettingen   13736
Bitte, die durch Obergärtner Bühler für den Berghof bestellten Kirschen Hitler samt einer „Probe besten Dettinger Edelkirschwassers" zum Geschenk machen zu dürfen.
W   124 04461 (425)

22.—31. 7. 39   NSLB, AA—8   13737
Vorbereitung und Zusammensetzung eines für Ostern 1940 geplanten deutsch-dänischen Lehrerlagers: Gegen das Lager keine Bedenken der Dienststelle Ribbentrop und des Auswärtigen Amts, jedoch Weisung, mit den Vorbereitungen bis zum Eintreffen der Stellungnahme der Deutschen Gesandtschaft in Kopenhagen zu warten.
M   203 01445/18 f. (46/5); 203 01509 (47/4)

[22. 7.]—12. 8. 39   RMdI, RKzl.   13738
Beförderungsanträge des StdF für Angehörige seines Stabes (MinR Gerhard Klopfer zum Ministerialdirigenten, ORegR Heinrich Heim, Hans Bärmann, Ludwig Wemmer und Heinz Claaßen zu Ministerialräten) von den zuständigen Ministerien trotz Bedenken wegen der in allen Fällen erforderlichen Abweichungen von den Reichsgrundsätzen (Lebensalter, zu kurze Dienstzeit im höheren Dienst bzw. im letzten Dienstrang, kein Dienst in der Außenverwaltung) genehmigt.
H   101 20628—65 (1213 a)

24. 7. 39   GL Bürckel   13739
Mitteilung Bormanns: Entscheidung und Verfügung über alle in der Ostmark beschlagnahmten usw. Kunstwerke von Hitler sich selbst vorbehalten; Beauftragung des Dr. Posse mit der Vorbereitung dieser Entscheidungen.
H   101 21713 f. (1269 d)

24. 7. 39   AA—28   13740
Übermittlung der „Italienliste" (40 Namen) und der „Slowakenliste" (10 Namen) an das Amt für Ehrengäste.
H   203 02863 ff. (82/2)

24. 7. 39   RJF—8   13741
Mitteilung über die Streichung der Jugoslawienfahrt einer HJ-Gruppe wegen der Einziehung des Fahrtführers zum Wehrdienst.
M   203 00104 (17/4)

25. 7. 39   Adj. d. F   13742
Übermittlung einer Bitte des Kammersängers Hans Hotter (München) um Teilnahme am Reichsparteitag.
W   124 04523 (442)

25. 7. 39   AA—28   13743
Durch das Amt für Ehrengäste Bitte um Vervollständigung der Italien- und der Slowakeiliste (vgl. Nr. 13740).
M/H   203 02786 (80/3)

25. 7. 39   RKzl.   13744
Bereits erfolgte Zustimmung des StdF zu der vom Generalinspektor für das deutsche Straßenwesen vorgeschlagenen Ernennung des MinR Günther Schulze-Fielitz zum Ministerialdirektor.
K   101 05895 f. (507 a)

26. 7. 39   NSLB, Großdt. Pressedienst—8   13745
Durch den NS-Lehrerbund Beanstandung von Veröffentlichungen über deutsche Schulfragen im Ausland; Wunsch, über seine organisatorischen Maßnahmen in der deutschen Lehrerschaft im Ausland selbst die Presse zu unterrichten.
M   203 01445/16 f. (46/5)

26. 7.—10. 8. 39   RKzl., RM u. a.   13746
Durch Bormann Mitteilung an Lammers über ein von Hitler gewünschtes Verbot, für Geschenke an Prominente Gegenstände aus Sammlungen, Museen usw. zu entnehmen; Mißbilligung bisheriger Vorkommnisse. Herausgabe eines entsprechenden Rundschreibens durch L. nach H.s Weisungen.
H   101 21064—68 (1236 a)

27. 7.—9. 10. 39   Seyss-Inquart, GL Bürckel, RKzl.   13746 a
Durch Bormann mit ˙Stellungnahmen Seyss-Inquarts und des GL Bürckel Weiterleitung des ˙Gnadenpensionsgesuchs einer Emmy Slama, Witwe des ehemaligen österreichischen Justizministers, an Lammers und durch diesen weiter an die Präsidialkanzlei.
A/H   101 24403 ff. (1360)

28. 7. 39   AA — 28   13747
Fernschreiben („Fernbilber") des Amts für Ehrengäste über ein „Bilberfest" des Auswärtigen Amtes und über die „Bebilberung" zwischen den außenpolitischen Dienststellen.
M   203 02802 (81/1)

28. 7. 39   RSt f. d. Außenhandel — 1   13748
Bericht über einen Vorfall in Manila: Unter Hinweis auf eine päpstliche Verordnung Forderung eines Priesters, die Hakenkreuzflagge von einem Sarg zu entfernen.
M   203 02343 f. (63/1)

28. 7. 39   Dt. Frauenwerk — 8   13749
Übersendung einer Liste mit Namen den Besuch des Reichsparteitags auf eigene Kosten wünschender Ausländerinnen (und Ausländer): Vier Engländerinnen (darunter die Dolmetscherin Mosleys und die frühere Sekretärin Baldwins), eine Cubanerin, sieben Däninnen und Dänen (darunter der Hofjagermester und die Hofjagermesterinde) und je eine Norwegerin und Ungarin.
W/H   203 02803 — 06 (81/1)

30. 7. — 11. 8. 39   Ribbentrop   13749 a
Bitte Bormanns um Überprüfung der Liste der zum Reichsparteitag eingeladenen Ungarn aufgrund des ungarischen Verhaltens. Antwort Ribbentrops: Die Angelegenheit in kürzlichen Besprechungen beigelegt, die Rückgängigmachung der Einladungen nicht mehr nötig.
H   203 02857 f. (82/1)

31. 7. 39   RMdI   13750
Mitteilung der Ausführungsbestimmungen für die Verleihung der Spange „Prager Burg" zur Medaille zur Erinnerung an den 1. Oktober 1938 an die um die Schaffung des Protektorats Böhmen und Mähren verdienten Kämpfer, an Hinterbliebene gefallener Kämpfer, Angehörige der besetzenden Einheiten und Beamte der Überleitungsbehörden (jedoch grundsätzlich nur an Männer).
M/H   101 02940 — 43 (298)

31. 7. 39   AA — 28   13751
Mitteilung: Zusagen fünf zum Reichsparteitag eingeladener Ausländer, darunter Ward Price; laut Mitteilung des OKW nur Marschall Graziani mit Begleitung Ehrengast Hitlers (vgl. Nr. 13789), Teilnahme weiterer in Deutschland befindlicher ausländischer Offiziere und der Militärattachés lediglich am Tag der Wehrmacht.
W   203 02866 (82/2)

[31. 7. — 1. 8. 39]   PräsKzl., Adj. d. F   13752
Verleihung des Ehrenkreuzes der Deutschen Mutter, 3. und 2. Stufe, an Gerda Bormann.
W   124 04415 f. (418)

1. 8. 39   SS-Staf. Rattenhuber — 28   13753
Bitte des Amts für Ehrengäste, den Wagen des StdF beim Presseempfang anläßlich des Reichsparteitages künftig rechtzeitig vorfahren zu lassen (im Vorjahr der StdF auf dem Weg zum Imbiß bei Hitler durch dessen Begleitwagen an der Einfahrt in den Hof der Burg gehindert).
M/H   306 00791 (Rattenhuber)

1. 8. 39   AA — 28   13754
Mitteilung des Amts für Ehrengäste: Einverständnis des Außenpolitischen Amts mit der „Regelung Afghanistan", Rückfrage beim Propagandaministerium erbeten.
H   203 02762 (80/2)

1. 8. 39   HA f. Beamte   13755
Antrag auf Freistellung von 80 Mitarbeitern (von 701) des Hauptamts für Beamte und der Reichsge-

schäftsstelle des Reichsbunds der Deutschen Beamten als unbedingt notwendige Mindestbesetzung im Mob.-Fall sowie *Antrag auf Freistellung von Dienstkraftwagen.
W/H   149 00090 ff. (2)

[1. 8. 39]   RMdI   13756
Liste der Fernsprechanschlüsse und Wohnungen von Angehörigen der Reichsregierung usw. für den Fall der Durchführung von „Sofort"-Maßnahmen (darunter vom StdF: Heß, Bormann, Sommer, Friedrichs, Knoblauch, Winkler).
M   101 07459 ff. (589 a)

[1. 8. 39]   RDentistenF Blumenstein   13757
Erwähnung seiner im Einvernehmen mit dem StdF erfolgten Berufung zum Reichsdentistenführer.
K   101 13888 (735)

1. – 3. 8. 39   RVM, HA f. Technik   13758
Keine Bedenken des Stabs StdF und des Hauptamts für Technik gegen den Entwurf eines Gesetzes zur Änderung des Gesetzes über die Befähigung zum höheren bautechnischen Verwaltungsdienst (Zulassung „hervorragend befähigter Personen" auch ohne Große Staatsprüfung).
W/H   143 00028 – 32 (17/1)

1. – 12. 8. 39   Adj. d. F, Adj. d. Wehrm. b. F – 31   13759
Auf Bitte des Stabs StdF namentliche Aufstellung der Adjutantur und Begleitung Hitlers auf dem kommenden Reichsparteitag.
W   124 04684 – 90 (470)

[1. 8.] – [14. 9. 39]   HA f. Beamte   13760
Antrag auf Freistellung eines Ersatzes für einen nicht mehr betriebsbereiten freigestellten Dienstkraftwagen. Neue *Richtlinien des StdF über die Freistellung von Kraftwagen.
W   149 00038 – 41 (1)

3. 8. – 4. 9. 39   RMdI, RJM u. a.   13761
Einladung zu und Protokoll einer Besprechung über die Folgen der bisherigen Nichteinführung des Gesetzes zur Verhütung erbkranken Nachwuchses und des Ehegesundheitsgesetzes in der Ostmark und im Sudetengau (Möglichkeit der Eheschließung bei Verweigerung des Ehetauglichkeitszeugnisses durch den zuständigen Amtsarzt im Altreich sowie der Umgehung der Beschlüsse von Erbgesundheitsgerichten im Altreich [Sterilisation] durch Wohnsitzverlagerung, steigende Abtreibungszahlen insbesondere im Sudetengau): Forderung der zuständigen Ministerien, die außerordentlich große Rechtsunsicherheit schnellstens zu beheben; nach Anführung der in den Verhandlungen wegen der notwendigen Änderungen des Gesetzes zur Verhütung erbkranken Nachwuchses bisher noch strittigen Punkte (Beteiligung von Laienbeisitzern am Erbgesundheitsgerichtsverfahren, Errichtung eines Beschwerdeausschusses beim Reichsinnenministerium [RMdI], u. a.) Vorschlag des Vertreters des StdF, angesichts der im Altreich aufgetretenen Schwierigkeiten (Kritik an den bisherigen Entscheidungen der Erbgesundheitsgerichte) die Einführung der beiden Gesetze in den neuen Gebieten bis zur Entscheidung durch Hitler über ihre allgemeine Abänderung zurückzustellen; Wunsch der RMdI-Vertreter, unter Ausklammerung der mit dem StdF bestehenden Differenzen (z. B. Beurteilung von Schwachsinn und Epilepsie, Reichsausschuß) wenigstens die „eklatantesten Fälle" in der Ostmark und im Sudetengau lösen zu können – ohne die Absicht, sich dort „mit großem Elan auf die Durchführung der Gesetze zu stürzen"; die Frage des Vertreters des StdF nach der Bereitschaft des RMdI, in diesen Gebieten gegebenenfalls die Antragstellung auf Unfruchtbarmachung einer Person von der vorherigen Zustimmung des Gauleiters abhängig zu machen, von den RMdI-Vertretern bejaht und bei sofortiger Einführung der Gesetze eine entsprechende Anweisung an die Amtsärzte zugesichert; beschleunigter Vortrag des Sitzungsvertreters beim StdF vorgesehen.
K/H   101 13720 – 35 (721 a)

3. 8. – 7. 10. 39   RKzl., RJM   13762
Zustimmung des StdF zu dem Vorschlag, die Mitglieder des Volksgerichtshofs Worch und Hartmann

nach Ablauf ihrer Amtszeit wieder zu bestellen und drei neue Mitglieder (Karl-Hermann Frank, Rudolf Schultz, Hans Ummer) zu ernennen. Vollzug der Ernennungen.
H   101 27123 – 26, 131 – 34 (1517 c)

4. 8. 39   DAF – 8   13763
Hinweis auf das Jahrbuch 1938 des Arbeitswissenschaftlichen Instituts.
M   203 01724 (49/4)

4. – 18. 8. 39   AA – 28   13764
Durch das Amt für Ehrengäste Übersendung von *Reichsparteitagseinladungen für Ausländer.
W   203 02796 – 99, 801 (81/1)

4. – 21. 8. 39   Intern – 8, 29   13765
Durch den Ausländerdienst für den Reichsparteitag Übersendung mehrerer Listen von Teilnahmeanträgen aus den von der Dienststelle Ribbentrop betreuten Ländern mit der Bitte um deren Stellungnahme.
M/H   203 02884, 886, 888, 895 f., 898 – 901 (83/2)

4. – 22. 8. 39   AA – 28   13766
Korrespondenz mit dem Amt für Ehrengäste über die Einladung einzelner Ausländer zum Reichsparteitag: Ansiau (Belgien), Varvaressos und Papadimas (Griechenland), Dimitriuc (Rumänien), Abdullah (Afghanistan), van der Bijl (Südafrika), Carrol (England), VAdm. de Champs.
W/H   203 02758 – 61 (80/1, 80/2); 203 02869 f., 882 (82/2)

4. 8. – 24. 9. 39   Lammers   13767
Mitteilung Bormanns über die Erhöhung des der Gemeinde Lambach/Oberdonau (vorübergehend Wohnort der Eltern Hitlers) von H. gewährten Zuschusses für einen Schulhausneubau von RM 40 000.– auf RM 220 000.–. Durch Lammers Überweisung der Summe an den Reichserziehungsminister zur weiteren Veranlassung.
K/H   101 15847 – 52 (945 a)

5. 8. 39   RMdI   13768
Übersendung des *Entwurfs einer Verordnung über die Einziehung von Vermögen im Protektorat; Bitte um Einholung der Zustimmung Hitlers.
A   101 23275 (1325)

5. – 10. 8. 39   RDozF   13769
Teilnahme des StdF an der Veranstaltung des Dozentenbundes während des Reichsparteitages 1939.
M   302 00219 ff. (Schultze, W.)

7. 8. 39   AA – 8   13770
Bitte der Dienststelle Ribbentrop um Stellungnahme zu *Vorschlägen für die Einladung von Ausländern zum Reichsparteitag.
W   203 02891, 897 (83/2)

7. 8. 39   NSLB u. a. – 8   13771
Mitteilung über den bevorstehenden Besuch des Hauses der Deutschen Erziehung in Bayreuth durch die französische Reisegruppe Chrétienté (Christenheit).
M   203 01445/6 f. (46/5)

7. 8. 39   Lammers – 7   13772
Dank des GL Bohle für die Glückwünsche zu seinem Geburtstage.
K   101 15229 (898 b)

7. 8. 39   Adj. d. F   13773
Übersendung von *Rechnungen des Motorschau-Verlags Dr. Georg Elsner & Co. (Berlin) an die Verwaltung Obersalzberg.
W   124 01088, 090 (116)

7.—15. 8. 39   NS-Bewegung Schwedens, AA—28   13774
Ablehnung des Amts für Ehrengäste, zwei Vertreter der ns. Bewegung Schwedens zum Reichsparteitag einzuladen.
M   203 02879 ff. (82/2)

8. 8. 39   AA—28   13775
Durch das Amt für Ehrengäste Regelung des Besuchs der anläßlich des Reichsparteitags stattfindenden Festaufführung „Die Meistersinger von Nürnberg" durch die deutschen Botschafter und Gesandten.
M   203 02773 f. (80/3)

8. 8. 39   AA—28   13776
Bitte des Stabs StdF, den zum Reichsparteitag eingeladenen Dänen Knud Sthyr zur Verschiebung seiner Reisedispositionen zu bewegen (andernfalls Versäumnis der größeren Veranstaltungen).
W   203 02755 (80/1)

8. 8. 39   SSHA, RArbM   13777
Durch einen Erlaß des Reichsarbeitsministers, mitgeteilt durch eine Verfügung des SS-Hauptamts (nachrichtlich an den StdF), Regelung der Familienhilfe (Beitragspflicht zu den Krankenkassen) bei den zu Übungen zur Verstärkung der SS-Totenkopfverbände einberufenen SS-Männern.
H   101 20270 ff. (1204 b)

[8. 8. 39]   AA   13778
Vorschlag der Teilnahme der deutschen Botschafter in Europa und v. Papens (Ankara) als Ehrengäste am Reichsparteitag. (Einholung der Entscheidung Ribbentrops über eine etwaige Einladung vier z. Zt. noch in Berlin weilender Botschafter in außereuropäischen Ländern.)
M/H   203 02775 (80/3)

8.—29. 8. 39   NSLB—8   13779
Anregungen der Dienststelle Ribbentrop für den Deutschlandbesuch des Inspektors des gesamten Schulwesens Südwestafrikas, Frey.
M   203 01415, 417 ff. (46/5)

9. 8. 39   Gestapa   13780
Fernschreiben über das Büro Bormann an den Chef der Sicherheitspolizei: Nach wie vor Aufenthalt Arthur Mahrauns (1933 kurz in Schutzhaft genommen; gegen die Versicherung, sich politisch nicht zu betätigen, entlassen) in Berlin; M. nicht mehr besonders aufgefallen, Inhaber des Nachbarschaftsverlags (nach einer Durchsuchung einige der Publikationen auf die Liste des schädlichen Schrifttums gesetzt); offenbar auch Interesse des OKW an M.
W/H   124 04582 (458)

[9. 8. 39]   RArbM   13781
Zustimmung des StdF zu – in Ausführung von Hitler befohlener Maßnahmen – vom Reichsarbeitsminister vorgelegten ˚Führererlaß-Entwürfen, die Neuregelung des Ehrensoldes für Träger höchster Kriegsauszeichnungen, eine Zulage für Schutztruppenbeschädigte und die Gewährung eines Veteranensoldes für Frontkämpfer betrteffend.
H   101 22590 f. (1286)

10. 8. 39   AA—28   13782
Keine Übernahme der Reisekosten für den (estnischen) Staatsminister Prajura durch das Amt für Ehrengäste der Reichsparteitage.
W   203 02878 (82/2)

Nicht belegt.   13783

11. 8. 39   AA—8   13784
Bitte der Dienststelle Ribbentrop um Überprüfung einer zur Teilnahme am Reichsparteitag gemeldeten Ausländerin.
W   203 02883 (83/2)

11. 8. 39   RJF – 8   13785
Mitteilung von Einzelheiten über eine Reise von 21 HJ-Führern nach Japan, Mandschukuo, Korea, Nordchina usw.: Schiffsplätze, Reiseplan, Empfehlungsschreiben u. a.
M/H   203 00137 ff. (19/2)

11. 8. 39   AA – 28   13786
Mitteilung des Amts für Ehrengäste: „Von hier aus" keine Einladung des slowakischen Außenministers ergangen, jedoch Einladung des StSekr. Karmasin „von hier aus direkt".
W/H   203 02873 (82/2)

11. 8. – 26. 10. 39   RJF – 8   13787
Bulgarienfahrt der HJ des Gebiets Bayerische Ostmark: Erörterung der Reisevorbereitung und Übersendung des Reiseberichts (Anerkennung der Bemühungen der Deutschen Gesandtschaft in Sofia um das Gelingen der Fahrt, Kritik an ihrem Vertrauensmann in Lom).
M   203 00107 – 12 (17/3)

12. 8. 39   AA – 28   13788
Kritik des Amts für Ehrengäste an einem „jungen Herrn" der Deutschen Botschaft in Paris wegen Zusicherung einer Einladung zum Reichsparteitag für die Belgierin Comtesse de Buisseret-Steenbeque de Blarenghien trotz der Weisung, Ausländern keine Einladung in Aussicht zu stellen.
M/H   203 02889 f. (83/2)

14. – 15. 8. 39   AA – 28   13789
Schriftwechsel über die Einladung von Ausländern zum Reichsparteitag: Zu- und Absagen eingeladener Italiener; Benennung spanischer Ehrengäste durch das spanische Außenministerium; Einladung von Marschall Graziani und einer Frau La Grange; Verweigerung der Ausreiseerlaubnis für die eingeladenen Türken; Bitte um Zusendung von Programmen; u. a.
W/H   203 02874 – 77 (82/2)

[14. 8. 39]   Chef Sipo   13790
Aus gegebenem Anlaß (Mitteilung des Kirchenaustritts des SS-Junkers Viktor Breuer durch den Pfarrer an die Eltern) Anregung – in Übereinstimmung mit dem StdF –, in Abänderung des Erlasses des Reichsinnenministers vom 18. 2. 37 auch die nicht öffentliche Bekanntgabe von Kirchenaustritten zu verbieten.
M   306 00296 f. (Fick)

15. 8. 39   DAF – 8   13791
Anfrage wegen der Beschaffung von Arbeitsplätzen in Schiffswerften für türkische Studenten in Deutschland.
M   203 01603 (48/3)

15. 8. 39   AA – 28   13792
Durch das Amt für Ehrengäste Übersendung der Einladung für eine Frau de la Grange zum Reichsparteitag. (Vgl. Nr. 13789.)
W   203 02776 (80/3)

15. – 29. 8. 39   NSLB, DAF – 8   13792 a
Schriftwechsel über eine Studienreise chilenischer und peruanischer Pädagogen nach Deutschland: Teilnehmer u. a.
H   203 01415 f. (46/5); 203 01510 (47/4)

16. 8. [39?]   Brif. Wiedemann   13793
Geburtstagsglückwunschtelegramm Bormanns.
W   124 04813 (493)

17. 8. 39   Min. Homan   13794
Dankschreiben des ungarischen Kultusministers Homan für die Einladung zum Reichsparteitag.
M   203 02784 f. (80/3)

[17. 8. 39]   RKzl.   13795
Im Einvernehmen mit dem StdF wiederum die Einrichtung einer Geschäftsstelle der Reichskanzlei im Grand-Hotel Nürnberg während des Reichsparteitags 1939 vorgesehen.
H   101 20393 (1209 a)

17.−23. 8. 39   GL Steiermark, AA−8   13796
Vorschlag, die Ausgabe von Sammelpässen für „Wein"-Fahrten nach Slowenien zu sperren; Begründung: Schädigung des deutschen Ansehens durch skandalöses Verhalten (Meckereien, maßloses Essen und Trinken, Aufkaufen der nichtigsten Gegenstände) vorgeblicher Parteimitglieder (jedoch fast ausschließlich Kommunisten und andere Gegner des NS); Schmuggel von „Hetzmaterial" und englischen Zeitungen durch kommunistische Kuriere.
M   203 01359 ff. (43/4)

17.−30. 8. 39   Lammers, GL Rainer   13797
Gemäß der Weisung Hitlers, während seiner Berchtesgadener Aufenthalte Ribbentrop im Reichsgau Salzburg ein Quartier zur Benutzung zur Verfügung zu stellen und zu diesem Zweck das beschlagnahmte Schloß Fuschl in Reichseigentum zu überführen, Erwerb des Schlosses durch die Dienststelle Ribbentrop. Erörterung der Abwicklung der „Wiedergutmachung politischer Schäden im Reichsgau Salzburg" aus der eingezogenen Vermögensmasse sowie einer „gnadenweisen" Zahlung an die Tochter der ehemaligen Eigentümer Remitz.
H   101 18141−48 (1133)

18. 8. 39   Frau Burghardt   13798
Beileidstelegramm Bormanns an eine Frau Burghardt (München-Pullach, Sonnenwinkel) zum Tod ihres Mannes.
W   124 04439 (422)

18. 8. 39   GL Steiermark −8   13798 a
Übersendung eines *Schreibens des KrL Nicka (Oberwart) an den Gauleiter.
H   203 01358 (43/4)

18. 8. 39   AA, G. Santos −28   13798 b
Durch das Amt für Ehrengäste Übersendung der (dann offenbar nicht verwendeten) Einladung eines Gustavo Santos (Columbien) zum Reichsparteitag.
W/H   203 02757 (80/1); 203 02796 (81/1)

[18. 8. 39]   AA   13799
Laut Bormann durch Hitler Bewilligung nachträglicher Einladungen von Ausländern zum Reichsparteitag: Ehepaar Carlberg (Schweden), Ehepaar Rosberg (Finnland), Dewey und Gaffney (USA), Szarvasy, Ehepaar Culverwell und Lt. Brassey (England).
W   203 02842−46 (82/1)

18. 8.−10. 11. 39   DAF−8   13800
Zu einem erhaltenen Bericht über die erfolgte Einführung von Diplomatenehefrauen in das Arbeitsgebiet des Frauenamtes der DAF Bitte um Mitteilung der veranlassenden Stelle.
M/H   203 01649 f. (49/2)

19. 8. 39   DAF−8   13801
Anfrage wegen eines eventuellen Schriftenaustauschs mit der Caja Nacional de Subsidios Familiares (Madrid): Material über Sozialversicherung.
M   203 01685 (49/3)

19. 8. 39   Intern −8, 29   13802
Anweisung für die Betreuer des Ausländerdienstes, die Ausländer nicht in die Hotels der Ehrengäste des Reichsparteitags zu führen, um keine unerfüllbaren Wünsche zu wecken; Ausgabe von Meldungsblocks zur täglichen Berichterstattung über die Eindrücke der Ausländer.
M   203 02887 (83/2)

21. 8. 39   RMdI   13803
Übersendung des Entwurfs einer Verordnung über die nachgeordneten Dienststellen des Jugendführers des Deutschen Reiches und deren Aufgaben bei der Bearbeitung von Jugendfragen.
H   101 05998 ff. (515)

21. 8. 39   Adj. d. F   13804
Weiterleitung des *Briefs einer Anny Stockmayer (Baden b. Wien).
W   124 04755 (483)

21. – 24. 8. 39   NSLB – 8   13805
Ein Beitrag des GL Wächtler über die Aufgaben des NS-Lehrerbundes für den bereits im Druck befindlichen Sonderdienst des Amtes für Ehrengäste für den Reichsparteitag nicht mehr verwendbar.
M   203 01445/1 f. (46/5)

21. 8. – 23. 9. 39   Adj. d. F   13806
Übersendung zweier *Schreiben, einen Autounfall des Fahrers Karl Geiger betreffend, an die Verwaltung Obersalzberg.
W   124 01085 f. (116)

[21. 8.] – 26. 9. 39   StSekr. Weizsäcker, SS-Gruf. Wolff – 8   13807
Durch die Dienststelle Ribbentrop Übersendung einer – durch die politischen Ereignisse überholten – Aufzeichnung des StSekr. Weizsäcker über eine Jagdeinladung des ungarischen Innenministers für Himmler; ferner Mitteilung über die Einholung von Erkundigungen im Fall des Ges. Zech.
W   107 00488 f. (204)

[22. 8. 39]   RArbM   13808
Zustimmung des StdF zum *Entwurf eines Gesetzes zur Änderung und Ergänzung der Vorschriften über die Gemeinnützigkeit im Wohnungsbau.
H   101 19218 (1171 a)

22. – [24.] 8. 39   NSLB, AA – 8   13809
Schreiben des NS-Lehrerbundes, das Bureau International de Documentation (Paris) betreffend. (Verweiszettel.)
W   203 01414 (46/5)

23. 8. 39   Lammers   13810
Unterrichtung durch Bormann: Hitler noch unentschieden über die Besetzung der Reichsstatthalter- und Gauleiter-Posten für Wien (Verbleiben Bürckels bis auf weiteres, endgültige Besetzung vermutlich 1940) und Kärnten (jedenfalls nicht Kutschera wegen H.s Grundsatz, einen Stellvertretenden Gauleiter nie am gleichen Ort Gauleiter werden zu lassen).
H   101 24963 f. (1390 b)

[23.] – 24. 8. 39   RKzl., H. Ziegfeld – 8   13811
*Bericht eines Hillen Ziegfeld (Berlin) über seine im Einvernehmen mit der Dienststelle Ribbentrop durchgeführte Englandarbeit, insbesondere über eine Deutschlandreise von Mitgliedern der Anglo-German Brotherhood.
H   101 25664 ff. (1463 a)

24. 8. 39   RKzl.   13812
Bitte um Einverständnis mit dem beigefügten *Entwurf einer Verordnung über die Einführung des Gesetzes über die Hitlerjugend in der Ostmark und im Reichsgau Sudetenland.
H   101 06196 (522 a); 101 24230 (1353 f); 101 24701 (1367)

24. 8. 39   RSportA – 8   13813
Mitteilung: Keine Genehmigung für ein deutsch-dänisches Fußballfreundschaftsspiel (1. Schleswiger Sportverein 1906 gegen Frem Odense) durch den dänischen Verband.
M   203 01896 (54/3)

Nicht belegt.   13814

25. 8. 39   AA – 28   13815
Angaben des Amts für Ehrengäste für die Beantwortung einer *Anfrage des ehemaligen Hohen Kommissars für Danzig, Rosting, den Reichsparteitag betreffend (Anzug, Kosten).
M   203 02756 (80/1)

[25. 8. 39]   Gestapo – 8   13816
*Schreiben der Dienststelle Ribbentrop, offenbar Jugoslawien bzw. eine in Jugoslawien lebende Person betreffend.
M   203 01362 (43/4)

[25. 8. 39]   RMdI   13817
Durch den StdF Ablehnung mehrfacher Anregungen des Reichsinnenministers, die Regierungspräsidenten zu den Hauptveranstaltungen des Reichsparteitags einzuladen.
H   101 20391 f. (1209 a)

25. 8. – 17. 9. 39   NSLB   13818
Bedenken der Dienststelle Ribbentrop gegen eine Veröffentlichung der Karte „Verbreitung und Leistung der Deutschen" (Übersicht über die deutschen Auslands- und Propagandaschulen).
M   203 01445 (46/5); 203 01465 (47/1)

25. 8. 39 – 13. 8. 43   RKzl., E. Schmidt, RMfWEuV, RStatth. Wien   13819
Von der Reichskanzlei an den StdF weitergeleitete *Eingabe eines Insp. Ernst Schmidt (Österreichischer Landesverlag Wien) nach § 42 Abs. 2 Satz 2 des Deutschen Beamtengesetzes: Anschuldigungen gegen den Leiter des Verlags, HofR Karl Drexler (Verstöße gegen seine Beamtenpflichten, Benachteiligung bewährter NS, Schutz des NS-Gegners AR Schwab, u.a.). Ebenfalls Klagen des Hauptamts für Beamte über D. Das Ergebnis der vom Reichsstatthalter in Wien durchgeführten Untersuchungen: Die gegen D. erhobenen Vorwürfe unbegründet.
M/H   101 04806 – 17 (427 b)

27. 8. – 2. 9. 39   Lammers   13820
Bitte des StdF an Lammers, Entscheidungen Hitlers in Geldsammlungsangelegenheiten nur unter seiner – des StdF – Beteiligung einzuholen bzw. von vornherein an ihn zum Vortrag bei H. abzugeben; Begründungen: Wunsch H.s, die Opferfreudigkeit der Bevölkerung und (insbesondere) der Wirtschaft nicht durch stets neue Sammlungen zu erschöpfen; Erfordernis der Vereinheitlichung des Sammlungswesens und Fälle unmittelbar an H. – ohne vorherige Information des StdF – herangetragener und von diesem ohne Berücksichtigung der dem StdF bekannten Tatsachen entschiedener Sammlungsanträge. Dazu Hinweis L.' auf die Zuständigkeit des Reichsinnenministers in Sammlungsangelegenheiten; die Einholung einer Stellungnahme des StdF vor dem Erwirken einer Entscheidung H.s zugesagt.
A   101 06853 – 57 (562 b)

28. 8. 39   Adj. d. F – 1   13821
Übersendung eines Ausweises zum Betreten der Reichskanzlei und der Führerwohnung an Stenger (Verbindungsstab).
W   124 04752 (483)

28. 8. 39   Lammers   13822
Mitteilung über eine allen Ministerien übersandte Bitte des StdF, ihn und Reichspropagandaleiter Goebbels über alle das ganze Volk oder breite Kreise berührende beabsichtigte Maßnahmen frühzeitig und eingehend zu unterrichten zwecks propagandistischer Vorbereitung durch die Partei.
H   101 20137 f. (1201); 101 21284 f. (1264 a)

28. 8. – [23. 9.] 39   RMdI, BfdVJPl.   13823
Einwände verschiedener Ressortminister und des Beauftragten für den Vierjahresplan gegen die vom StdF angesichts der politischen Lage beabsichtigte Aussetzung aller Fristen für die Erledigung von Ernennungsvorschlägen: Gerade wegen der politischen Lage eine generelle Fristaussetzung untragbar; vielmehr – mit Rücksicht auf die schon zur Wehrmacht eingezogenen Beamten und ihre Angehörigen – eine Fristverkürzung notwendig; Bitte an den StdF um Überprüfung seiner Auffassung. Ergebnis: Der StdF mit einer Verkürzung der Frist für seine Stellungnahme in bestimmten Fällen und für die Kriegsdauer einverstanden. Entsprechendes Rundschreiben des Reichsinnenministers.
A   101 04515 (421); 101 05246 – 49 (452)

[28. 8. — 15. 10. 39]   StSekr. Stuckart, GBV   13824
Einverständnis aller Beteiligten mit der sofortigen Veröffentlichung des *Führererlasses über die Vereinfachung der Verwaltung. Zur Vorbereitung weiterer Bestimmungen zur Verwaltungsvereinfachung Bildung einer Kommission auf Anordnung des Stellvertretenden Vorsitzenden des Reichsverteidigungsrates (Vertreter des StdF: MinDir. Sommer); Aufgaben der Kommission; möglichste Entlastung der Generalbevöllmächtigten durch Rückgriff der Ministerien auf andere Rechtsgrundlagen für ihre Verordnungen statt auf deren Rechtsetzungsbefugnisse; u. a.
K/H   101 12845, 848 ff. (703 a)

Nicht belegt.   13825

30. 8. 39   RMfEuL   13826
Anhalten einer von Darré in Übereinstimmung mit dem Reichspropagandaministerium verfaßten Pressemeldung über die Versorgung der Bevölkerung mit bewirtschafteten Lebensmitteln durch eine dem StdF nachgeordnete Dienststelle; Bitte D.s an Heß, ungeregelte Eingriffe nachgeordneter Dienststellen seines Ressorts künftighin zu verhindern.
K   101 15069 (863)

30. 8. 39   RFSS — 8   13827
Bitte des SS-Brif. Rolf v. Humann-Hainhofen (Dienststelle Ribbentrop), das Anerbieten des Reichsintendanten Glasmeier, sein Stellvertreter und gleichzeitig Generalsekretär des Deutschen Rundfunks zu werden, annehmen zu dürfen; dabei Erwähnung einer vertraulichen Mitteilung des Reichsaußenministers über den zu kleinen Tätigkeitsbereich H.-Hs innerhalb der Dienststelle und seines Rates, eine anderweitige Tätigkeit zu übernehmen.
M/H   306 00550 ff. (Humann-Hainhofen)

30. 8. 39   RSD   13828
Übersendung eines *Personalausweises (Nr. 708) für Bormann zum Betreten der Reichskanzlei und der Wohnung Hitlers.
W   124 01196 (136)

[30. 8. 39]   AA   13829
Teilnahme am Reichsparteitag als Ehrengast Hitlers nur aufgrund einer schriftlichen Einladung durch Heß; eine Übertragung dieser persönlichen Einladung nicht möglich.
M   203 02795 (81/1)

30. 8. 39 — 27. 1. 40   RWiM   13830
Einwände Funks gegen eine Auskunfterteilung der Kreditinstitute an Parteidienststellen: Beunruhigung der Kundschaft dieser Institute durch Auskunftersuchen und Anordnungen von dritter Seite, unerwünschte Zunahme der Auszahlungen sowie Rückgang der Einzahlungen als Folge. Später Beanstandung eines neuerlichen Auskunftsersuchens der Kreisleitung Regensburg im Auftrag der Gauleitung Bayreuth an die dortigen Banken; Bitte, die Gauleitung anzuweisen, die Erhebung sofort einzustellen und aus den dargelegten Gründen ähnliche Ersuchen nicht zu wiederholen; Bereitschaft des Reichsaufsichtsamts für das Kreditwesen und des Reichswirtschaftsministeriums zu Auskünften über die allgemeine Entwicklung des Geld- und Kreditwesens.
M/H   101 02437 ff. (241)

31. 8. 39   RMfVuP   13831
Übersendung des Entwurfs eines Gesetzes zur Einführung einer Genehmigungspflicht für öffentliche Lichtbildvorführungen (Lichtbildgesetz); eine gesetzliche Regelung besonders für die nicht von der Reichskulturkammergesetzgebung erfaßten Bereiche notwendig, etwa bei der von kirchlichen Stellen betriebenen Bildpropaganda; Absicht, von den Ermächtigungen des Gesetzes nur im unbedingt notwendigen Maße Gebrauch zu machen und die Prüfung für Zwecke der Partei vorgesehener Lichtbilder dieser zu überlassen.
M/H   101 03847 — 50 (389)

31. 8. 39   NSLB — 8   13832
Mitteilung auf der Neusprachlertagung in Frankfurt/Main von Prof. André Fauconnet (Universität Poi-

tiers) geäußerter Befürchtungen hinsichtlich der Entwicklung der Germanistik in Frankreich: Die Pflege der deutschen Sprache in Gefahr; „Hetze" der Elsässer und jüdischen Emigranten gegen Deutschland.
M/H   203 01413 (46/5)

31. 8. 39   RKzl.   13833
Zur Sicherung der Verbindung mit seiner Dienststelle Anordnung einiger Verwaltungsmaßnahmen durch den StdF: Tag und Nacht Telefon- und Fernschreiberdienst im Verbindungsstab (Berlin W 8, Wilhelmstraße 64) sowie ständige Dienstbereitschaft eines verantwortlichen Sachbearbeiters in München und in Berlin.
K   101 00538 f. (139 a); 101 20139 f. (1201)

[31. 8. 39]   Adj. d. F – 1   13834
Heß' Entscheidung in der Angelegenheit des Maj. a. D. Hans Wrede (Berlin; offenbar Rehabilitierung als Offizier) zunächst zurückgestellt.
W   124 04815 (495)

1. 9. 39   RKzl.   13835
Mitteilung über die Bestellung des Reichsführers-SS und Chefs der Deutschen Polizei zum ständigen Vertreter des Generalbevollmächtigten für die Reichsverwaltung.
K   101 07639 f. (604); 101 22660 f. (1293 a)

1. 9. 39   Lammers   13836
Zur Einhaltung der Geschäftsordnung des Ministerrats für die Reichsverteidigung (Verabschiedung von Verordnungen in kürzester Frist) Beauftragung von MinDir. Sommer mit der Vertretung des StdF bei Besprechungen im Falle seiner Abwesenheit; Bormann durch die „ständige Begleitung" Hitlers weiterhin nicht imstande, die Vertretung zu übernehmen.
K   101 07721 – 24 (605 a)

[1. 9. 39]   –   13837
Verlegung des Sekretariats von Rudolf Heß nach Berlin.
H   107 00578 f. (213)

1. – [5.] 9. 39   RMfVuP, RKzl., MRfdRV   13838
Zustimmung des StdF zu dem Entwurf einer Verordnung über außerordentliche Rundfunkmaßnahmen sowie ausführliche Darstellung der Mißverständnisse bei der – nicht mit Zustimmung der Mitglieder des Ministerrats erfolgten – Herausgabe der Verordnung und seiner Einstellung zu den getroffenen bzw. vorgesehenen Maßnahmen (Votum gegen eine Einziehung der Rundfunkgeräte; die anfängliche Überlegung, auch auf ein Abhörverbot zu verzichten, nach Abwägung der Vor- und Nachteile fallengelassen); ferner Erörterung und Beurteilung der ausländischen Rundfunkpropaganda, insbesondere des englischen Senders in deutscher Sprache, und der möglichen Abwehrmaßnahmen.
H   101 08463 – 69 (639)

2. 9. 39   Adj. d. F   13839
Übersendung einer Rechnung der Zeitschrift „Motorschau".
W   124 04621 (460)

2. 9. 39   DRK   13840
Mitteilung über die Verlegung des befehlführenden Teils des Präsidiums des Deutschen Roten Kreuzes (Geschäftsführender Präsident, Chef des Stabes, Führungsstab) nach Berlin SW 11, Kleinbeerenstraße 7.
K   101 14096 f. (745)

3. 9. 39   RKzl.   13841
Mitteilung über das Verfahren bei der Verabschiedung von Verordnungen des Ministerrats für die Reichsverteidigung (MRV): Einbringung von Entwürfen für Verordnungen beim MRV zu Händen des Reichsministers und Chefs der Reichskanzlei; gleichzeitig Übersendung der Vorlage an die übrigen Mitglieder des MRV; Verabschiedung überwiegend auf dem Umlaufwege mit einer Widerspruchsfrist von mindestens 48 Stunden.
K/H   101 07641 – 44 (604)

3. 9.–13. 11. 39   RKzl.–1   13842
Einladungen zu Sitzungen des Ministerrats für die Reichsverteidigung in der Zeit von September bis November 1939.
K   101 07697–711 (605 a)

4. 9. 39   Adj. d. F–8   13843
Bitte der Dienststelle Ribbentrop (DR), drei Pistolen mit Zubehör dem Fahrdienstleiter der DR, SS-Ostuf. Brüdgam, auszuhändigen.
W/H   124 04429 (420)

4. 9. 39   MRfdRV u. a.   13844
„Aus gegebener Veranlassung" Verbot Görings, Rechtsvorschriften vor der Verkündung in den amtlichen Anzeigern und allgemeine Verwaltungsvorschriften ohne seine Billigung in Presse und Rundfunk bekanntzugeben. (Nachrichtlich an den StdF.)
H   101 08545 (641)

5. 9. 39   MRfdRV   13845
Übersendung eines Erlasses über die dem Chef OKW vom Ministerrat für die Reichsverteidigung bestätigten Vollmachten: Herausgabe der zur einheitlichen Leitung der Rüstungsindustrie nötigen Anordnungen für den Bereich der Wehrmacht, Berechtigung zum Erlaß für die Reichsverteidigung erforderlicher Richtlinien und Vertretung der Forderungen der Wehrmacht gegenüber sämtlichen Obersten Reichsbehörden einschließlich GBV und GBW.
H   101 08540 f. (641)

5. 9.–7. 12. 39   NSLB, Dt. Ges. Preßburg–8   13846
Auf Anfrage des NS-Lehrerbundes eine über die Dienststelle Ribbentrop eingeholte Auskunft der Deutschen Gesandtschaft in Preßburg: Beeinflussung der Slowaken gegen Deutschland durch „gehässige" Aufsätze im stark verbreiteten Kalender des St.-Adalbert-Vereins (Tyrnau); im Rahmen der Zielsetzung des Vereins (Rekatholisierung der Slowaken) Bestreben, eine Steigerung des Einflusses der meist evangelischen Volksdeutschen zu unterbinden.
M/H   203 01427 (46/5); 203 01464, 468 f. (47/1)

6. 9. 39   RFM   13847
Übersendung des *Entwurfs einer Verordnung über die Feststellung eines Nachtrags zum Reichshaushalt für das Rechnungsjahr 1939: Notwendigkeit, angesichts der außenpolitischen Lage die zur Abwehr erforderlichen Mittel beschleunigt bereitzustellen.
K   101 14340 (759 a)

6. 9. 39   RMfdkA   13848
Ablehnung von *Gesetzentwürfen der Länder Bremen und Oldenburg über die Erhebung von Kirchenbeiträgen nach dem Muster der Ostmark und des Sudetengaus. (Abschrift an den StdF.)
M   101 00912 (152)

6. 9. 39   RMdI, GBV u. a.   13849
Wegen der darauf begründeten Rechtsstellung des Reichsarbeitsdienstes für die weibliche Jugend Drängen des Reichsarbeitsführers auf Verabschiedung des bereits beschlossenen, aber wegen der „besonderen Verhältnisse" noch nicht vollzogenen Zweiten Änderungsgesetzes zum Reichsarbeitsdienstgesetz nunmehr durch eine Verordnung des Ministerrats für die Reichsverteidigung. (Abschrift an den StdF.)
H   101 06091–93/2 (518 a)

6. 9.–6. 11. 39   GL Berlin–8   13850
Zwischenbescheid: Die Ermittlungen über einen H. Krawehl zwecks politischer Beurteilung noch nicht abgeschlossen.
M   203 00817 f. (30/1)

7. 9. 39   HA f. Beamte–38   13851
Anläßlich der Inanspruchnahme des (vom Stab StdF ursprünglich als eventuelle Ausweichstelle im Falle der Räumung von Parteidienststellen ins Auge gefaßten) Beringer-Heims in Tutzing durch die Heeresverwaltung vom Stab StdF eine allgemeine Regelung getroffen: Bei Anfragen durch die Wehrmacht Bereitstellung von Heimen, Schulen usw. des Reichsbunds der Deutschen Beamten nur nach Fühlung-

nahme mit der zuständigen Gauleitung und im Falle der Entbehrlichkeit für die Partei (gegen Beschlagnahmen von Gebäuden der Partei, der Gliederungen oder der angeschlossenen Verbände durch die Wehrmacht im Operationsgebiet „im Augenblick nichts zu machen").
W   149 00078 ff. (1)

8.–23. 9. 39   DF, OKW   13852
Mitteilungen über die rückwärtige Grenze des Operationsgebiets Ost und über Änderungen des Operationsgebiets (Ausscheiden von Teilen Schlesiens).
H   101 08843–48 (647)

9. 9. 39   RKzl.   13853
Mitteilung über die Berufung des Reichsinnenministers zum Generalbevollmächtigten für die Reichsverwaltung durch Hitler.
K   101 07645 f. (604)

9. 9.–29. 11. 39   R. Elleder, GL Henlein   13853 a
*Eingabe des Schriftleiters (Raimund) Elleder (Karlsbad) wegen der Ablehnung seiner Eintragung in die Schriftleiterliste der deutschen Presse infolge volksfeindlicher Haltung. Dazu „eindeutige" *Stellungnahmen des GL Henlein. (Vgl. Nr. 15743.)
H   306 00589 (Jung)

11. 9. 39   RFSS/Pers. Stab   13854
Bitte um Bestätigung des Himmler mitgeteilten angeblichen Interesses Hitlers für das Bild „Die Scholle" von Alfred Weczerzick.
K   102 00609 (1021)

11.–14. 9. 39   GL Saarpfalz–8   13855
Kritik an der Nr. 175 der Deutschen diplomatisch-politischen Korrespondenz: Kein Anlaß, die Franzosen auf ihre Zwangslage, Deutschland angreifen zu müssen, hinzuweisen.
M   203 00319 (27/3)

11.–14. 9. 39   RFM, RKzl.   13856
Durch den Reichsfinanzminister (RFM) Vorlage einer Verordnung über die Ermächtigung der Wehrmacht, als Finanzierungshilfe für laufende Ausgaben der Wehrwirtschaftsbetriebe bei der Ausführung von Mob.-Aufträgen Wehrmachtverpflichtungsscheine (Schuldverschreibungen im Sinne des § 793 BGB) auszustellen; auf Wunsch des OKW Bitte um größte Beschleunigung der Verabschiedung. Zustimmung des Stabs StdF. Berücksichtigung von Änderungswünschen des Reichsinnenministers durch den RFM.
K/W   101 08026–37/4 (615)

12. 9. 39   Adj. d. F–8   13857
Bitte der Dienststelle Ribbentrop, zwei Schlafsäcke an das Führerhauptquartier zu Händen des Fahrdienstleiters der Dienststelle, SS-Ostuf. Brüdgam, weiterzuleiten.
W   124 04671 (467)

13. 9. 39   GL Streicher   13858
Vorschlag, feindliche Flugblätter mit entsprechender Glossierung in der Presse bekanntzugeben und dadurch der Flüsterpropaganda den Boden zu entziehen; ferner Anregung, die Zellen- bzw. Ortsgruppensprechabende wieder zu gestatten.
M   305 00170 (Streicher)

13. 9. 39   Adj. d. F   13859
Übersendung von *Schreiben der Firma Franzkowiak & Co. und des Pelzhauses Penizek & Rainer an die Verwaltung Obersalzberg.
W   124 01087 (116)

13. 9. 39   RMdI, Oberste RBeh.   13860
Richtlinien des (von Hitler zur Zentralstelle für die Wiedervereinigung Danzigs mit dem Deutschen Reich bestimmten) Reichsinnenministers für die Einführung von Reichs- und preußischem Landesrecht,

für den Erlaß besonderer Rechtsvorschriften und für andere Danzig betreffende Maßnahmen (dabei auch die Form der Einholung der Zustimmung des StdF geregelt). (Nachrichtlich an den StdF.)
W   101 05791 ff. (494)

13.–[18.]9.39   NSLB, AA – 8   13861
Auskunft des NS-Lehrerbundes über einen Oberlehrer Hessinger. (Verweiszettel.)
W   203 01412 (46/5)

13.9.–2.10.39   RMdI, OKW   13862
Durch den Reichinnenminister Vorlage eines *Entwurfs für einen Gnadenerlaß in Dienststrafsachen für zum aktiven Wehrdienst eingezogene Beamte. Bitte des OKW, diesen Erlaß „auch auf die aktiven Wehrmachtbeamten zu erstrecken". Zurückziehung des Entwurfs und seine Ersetzung durch einen weitergehenden: Einbeziehung sämtlicher, d. h. auch der nicht zum Wehrdienst eingerückten Beamten.
H   101 08756 – 61 (645 a)

13.9.39 – 17.1.40   DAF, AA – 8   13863
Bitten der DAF an die Dienststelle Ribbentrop (DR) und der DR an das Auswärtige Amt um Mitteilung etwaiger Bedenken gegen *Ersuchen des Internationalen Arbeitsamtes um Übermittlung des vom Arbeitswissenschaftlichen Institut der DAF herausgegebenen Jahrbuchs und der Zeitschrift „Sichere Arbeit".
M/H   203 01727 f., 734 (49/4)

14.9.39   HA f. Beamte – 38   13864
Anweisung des StdF: Durch die zuständigen Mob.-Beauftragten der Parteidienststellen Beantragung des zusätzlichen Kennzeichens (roter Winkel) bereits vor der Entscheidung über die beantragte Freistellung eines Kraftfahrzeugs.
W   149 00042 f. (1)

14.9.39   RMfVuP   13865
Übersendung des Entwurfs einer Verordnung über die Einziehung von Rundfunkgeräten bei Juden.
M   101 03835 – 38 (386)

14.9.39   RLM, RArbM   13866
Der Reichsluftfahrtminister mit *Ausführungen des Reichsinnenministers über die soziale Ehrengerichtsbarkeit bei öffentlichen Verwaltungen und Betrieben einverstanden. (Nachrichtlich an den StdF.)
A   101 06755 f. (548)

[16.9.39] RMfWEuV   13867
Der Ablauf von Einspruchsfristen bei Beamtenernennungen bzw. -beförderungen für den StdF bedeutungslos, Mitteilung seiner Entscheidung in jedem Fall.
M   301 00358 (Gillitzer)

16.–23.9.39   RKzl.   13868
Auf Bitte des Stabs StdF Ausstellung eines amtlichen Ausweises für Prof. Fick als Reichsbaurat für die Stadt Linz.
H   101 16953 ff. (1019)

16.–28.9.39   RMfWEuV u. a.   13869
Übersendung eines Runderlasses über Maßnahmen zur Aufrechterhaltung des Unterrichts an den Bau- und Ingenieurschulen wegen ihrer kriegs- und wehrwirtschaftlichen Bedeutung. Notabschlüsse für fünfte (letzte) Semester unter gewissen Voraussetzungen; Erleichterungen für Studierende der Vermessungsabteilungen; Studienverkürzungen u. a.
K   101 15439 f. (939 b); 101 15884 – 90 (949 a)

16.9.–17.10.39   RMdI, RJM, RFM, RWiM, GBV, RMfEuL   13870
Aus kriegswirtschaftlichen Gründen (Kohlen- und Lichteinsparung) Erörterung der Einführung der durchgehenden Arbeitszeit in den Behörden während der Herbst- und Wintermonate als Regel. Erlaß einer entsprechenden Ministerrats-Verordnung mit Ermächtigung der Behördenleiter, nach den örtli-

chen Gegebenheiten davon abzuweichen sowie ihre Beamten auch über die normale Arbeitsdauer hinaus in Anspruch zu nehmen.
M/H   101 07211 – 21/1 (582)

17. 9. 39   RKzl.   13871
Mitteilung: Einverständnis mit dem Wunsch einiger dem Ministerrat für die Reichsverteidigung nicht ständig angehörender Reichsminister, die dem Ministerrat vorzulegenden Verordnungsentwürfe sämtlichen Ressortchefs zur Kenntnis zu bringen.
K   101 07647 f. (604)

18. 9. 39   GL Sudetenland – 8   13872
Anfrage wegen einer Anstellung des Geschäftsführers des Sudetenkontors der Nordischen Gesellschaft in Reichenberg, Walter v. Zombat, im Rahmen der Propaganda oder des Auswärtigen Dienstes zur Verwertung seiner perfekten skandinavischen Sprachkenntnisse.
M   203 00809 f. (30/1)

18. – 19. 9. 39   RKzl.   13873
Die Veröffentlichung einer bereits dem Reichsgesetzblatt übermittelten Verordnung zur Durchführung des Abschnitts III (Kriegslöhne) der Kriegswirtschaftsverordnung von Heß wegen des „absoluten Gegensatzes" zum Ergebnis der Ministerratssitzung vom 18. 9. verhindert.
W   101 08901 (648)

18. 9. – [3. 10.]39   RMfdkA, RMfWEuV, AA   13874
Vom Auswärtigen Amt unterstützter Einspruch des Reichskirchenministers gegen die vom Reichserziehungsminister (REM) verfügte Schließung der Evangelisch-Theologischen Fakultät der Universität Leipzig: Wertung als kirchenpolitische Maßnahme gegen eine einzelne evangelisch-theologische Fakultät durch weite Kreise des In- und Auslandes; Beunruhigung insbesondere durch den verstorbenen Erzbf. Soederbloem mit der Leipziger Fakultät verbundener schwedischer Kreise; Einbruch in die Tradition der seit langem vorwiegend in Leipzig ausgebildeten und im Rendtorff-Haus versorgten volksdeutschen Theologen, der Vorschlag einer Ausbildung dieser Theologen in Wien mit den außenpolitischen Belangen des Reiches unvereinbar; Förderung des Studiums an „deutsch-christlich" ausgerichteten Fakultäten durch Schließung der neutralen Leipziger Fakultät; und anderes (Abschrift an den StdF). Erörterung der Angelegenheit in einer Besprechung zwischen Heß, Rust und Kerrl; Absicht H.', erst noch RStatth. Mutschmann zu hören. Durch den REM Rechtfertigung der Schließung mit dem „unaufhaltsamen Rückgang" der Zahl der Studierenden; dabei erwähnt: Einverständnis des StdF mit der Nichteröffnung der Fakultät.
K/H   101 15551/1 – 12 (942)

20. 9. 39   NSLB – 8   13875
Erhalt einer Sendung mit deutschen und englischen Exemplaren des Weißbuchs „Urkunden zur letzten Phase der deutsch-polnischen Krise".
M   203 01411 (46/5)

21. 9. 39   PolPräs. Berlin, HA f. Beamte – 38   13876
Durch den Stab StdF erneute Übermittlung von zwei (vermutlich beim Kraftverkehrsamt liegengelassenen) Kraftfahrzeug-Bedarfskarten an das Hauptamt für Beamte.
W   149 00044 f. (1)

21. 9. 39   RKzl.   13877
Abänderungsvorschläge des OKW und des StdF zum *Entwurf einer Verordnung zum Schutz gegen jugendliche Schwerverbrecher (Schaffung der Möglichkeit, 16- bis 18jährige bei der Aburteilung Erwachsenen gleichzustellen).
H   101 26981/1 – 983/2 (1513 a)

[21. 9. 39]   Dt. Akad.   13878
Anläßlich einer Bitte um finanzielle Hilfe aus einem Fonds Hitlers Erwähnung einer dringlichen Bitte des StdF an den Bayerischen Ministerpräsidenten Siebert, nach der erfolgten Verhaftung des Akademiepräsidenten, Rektor Kölbl, wegen Verfehlungen gegen § 175 StGB das Präsidentenamt zu übernehmen.
H   101 20761 ff. (1226)

21. 9. 39 – 6. 5. 42   RLM   13879
Übersendung (nachfolgend Deckblätter) der H.Dv. 396 / L.Dv. 96 / M.Dv. 318 „Wirkung der chemischen Kampfstoffe, sonstigen Giftstoffe und Behandlung der Kampfstoffverletzungen".
H   101 22840–43 (1301)

22. 9. 39   Adj. d. F   13880
Durch den Stab StdF Weiterleitung eines *Briefs an SS-Stubaf. Kempka.
W   124 04538 (448)

22. 9. 39 – 26. 5. 42   RMfWEuV   13881
Einspruch des Stabs StdF gegen die vorgeschlagene Ernennung des ehemaligen SPD-Mitglieds Hans Peter (Tübingen) zum apl. Professor: Kein aktives Bekenntnis zur Bewegung, in seinen Arbeiten „marxistisch-jüdische Theorien noch keineswegs überwunden". Zurückstellung dieser Bedenken nach Bewährung P.s in der DAF, jedoch Bitte um Einholung einer neuen Stellungnahme vor jeder weiteren beruflichen Förderung P.s.
H   301 00753 – 63 (Peter)

23. 9. 39   Adj. d. F   13882
Weiterleitung einer Anfrage des bayerischen Staatsministers Wagner wegen der Weiterführung der Obersalzberg-Bauten.
W   124 00837 (67)

23. 9. – 7. 10. 39   GBW, RKzl., RVK Wehrkr. IV – 1   13883
Durch den Generalbevollmächtigten für die Wirtschaft Einladungen zu Staatssekretärsbesprechungen über drei *Verordnungsentwürfe (Sonderleistungen für die zur Wehrmacht einberufenen Gefolgschaftsmitglieder; Herabsetzung der tariflich nicht gebundenen Angestelltengehälter; Abführung von Lohnzuschlägen an das Reich). Bedenken des RStatth. Mutschmann gegen eine umfassende Änderung der Lohngestaltung zum gegenwärtigen Zeitpunkt wegen der zu befürchtenden Beunruhigung vor allem im industriereichen Gau Sachsen. Entscheidung Görings, den Entwurf über die Herabsetzung der Angestelltengehälter nicht weiterzuverfolgen.
W   101 08902 – 14 (648)

23. 9. – 13. 10. 39   RKzl. – 8   13884
Auf Antrag der Dienststelle Ribbentrop Übernahme der durch einen auf Befehl Hitlers veranstalteten Empfang für italienische Frontkämpfer (anläßlich ihres Deutschlandbesuches) entstandenen Mehrkosten (RM 19 558.17) durch die Reichskanzlei.
K   101 14852 – 57 (829)

23. 9. – 18. 11. 39   RJF, RKzl.   13885
Nach Schwierigkeiten bei der im Vorjahr beantragten Aufnahme des vom Reichsjugendführer gestifteten Führersportabzeichens der HJ in die Reihe der von der Reichsregierung genehmigten Sportabzeichen Mitteilung des Stabs StdF über seine Zustimmung zu einer Abänderung des Antrags: Anerkennung dieses Führersportabzeichens als letzte Stufe (D) des HJ-Leistungsabzeichens. Eine besondere Genehmigung für die Einführung neuer Klassen bereits genehmigter Sport-Ehrenzeichen nach Ansicht der zuständigen Stellen nicht erforderlich.
H   101 06208 – 13 (522 b)

23. 9. – 20. 11. 39   Wehrersatz-Insp. Berlin, HA f. Beamte – 38   13886
Durch den Stab StdF Übersendung zweier „Bedarfskarten I" für freigestellte Kraftfahrzeuge, zweier Benachrichtigungen über Kraftfahrzeugfreistellung und einer Aufstellung über freigestellte Kraftfahrzeuge.
W   149 00055 – 64 (1)

[26. 9. 39]   RArbM   13887
Zustimmung des StdF zum Entwurf einer Verordnung über die Rentenversicherung der Arbeiter und Angestellten usw. während des besonderen Einsatzes der Wehrmacht (Anrechnung der Einsatzzeit auf die Erfüllung der Wartezeit, Regelung der Beitragszahlung, u. a.).
W   101 08891 – 91/3 (648)

[26. 9. 39]   RMdI   13888
Zustimmung des StdF zum Entwurf einer Verordnung über die Festsetzung des allgemeinen Dienstalters der Beamten des einfachen, mittleren und gehobenen Dienstes.
A   101 05250 — 53 (452)

27. — 29. 9. 39   NSLB — 8   13889
Übersendung von Presseberichten zu Kriegsausbruch und Krieg aus Manchester Guardian und Vita Italiana (drei Artikel von G. Preziosi: „Die Verantwortung für den ‚jüdischen Krieg'", „Man müßte die Juden zum Kampf zwingen", „SOS — gebt acht auf die Freimaurer während des ‚jüdischen Krieges'!").
H   203 00311 — 17 (27/3)

27. 9. — 19. 10. 39   RMdI, RKzl.   13890
Scharfer Einspruch der Partei (Bormann, Ley) gegen die beabsichtigte Verwendung des StSekr. Krohn im besetzten Gebiet; dabei Verweis auf den Wunsch Hitlers, dort nur tatkräftige NS einzusetzen. Keine Einwände H.s gegen K.; auf H.s Veranlassung Zurücknahme des Einspruchs durch den StdF.
K   101 18268/2 — 274 (1136 b)

27. 9. — 14. 12. 39   NSLB — 8   13891
Bitte des NS-Lehrerbundes um Richtlinien für die publizistische Behandlung der UdSSR usw. angesichts der „neuen Lage". Die von der Dienststelle Ribbentrop vermittelte Auffassung des Auswärtigen Amtes: Keine Änderung des weltanschaulichen Standpunktes durch die neue außenpolitische Orientierung; Kritik am Bolschewismus ohne Bezugnahme auf das offizielle Rußland gestattet.
M   203 00318, 338 ff. (27/3); 203 01409 (46/5)

27. 9. 39 — 16. 2. 40   RKzl., RMdI — 52   13892
Die Vorschläge des Gauleiters Oberdonau für die Besetzung leitender Kommunalstellen in Linz (Oberbürgermeister der bisherige Bürgermeister von Wels, Sturma; Bürgermeister der bisherige kommissarische Oberbürgermeister Wolkerstorfer; Stadtkämmerer der bisherige kommissarische Stadtkämmerer Zimmermann) vom Reichsinnenminister an die Reichskanzlei übermittelt und von dort an Heß mit der Bitte um Stellungnahme weitergeleitet; ebenso eine nachträgliche Mitteilung über einen von Bormann übermittelten Entscheidungsvorbehalt Hitlers lediglich bei der Besetzung des Oberbürgermeisterpostens. Keine Bedenken des StdF gegen die Ernennung St.s und gegen die Bestätigung W.s und Z.s. Hinsichtlich St.s Auftrag Hitlers an B., anstelle der von ihm gewünschten, infolge des Kriegsausbruchs aber unterbliebenen Vorstellung St.s bei ihm mit diesem ein Gespräch zu führen. Nach einem Besuch von GL Eigruber und St. bei B. sowie nach dessen Vortrag bei Hitler dieser mit der Berufung St.s einverstanden.
A/H   101 07045 — 56 (575 a)

28. 9. 39   GL Schwede-Coburg   13893
Bericht über eine Besprechung mit GL Forster und SenPräs. Greiser über die künftige Grenzziehung zwischen Danzig-Westpreußen und Posen einerseits und dem Gau Pommern andererseits (örtliche Korrektur der nach dem Versailler Vertrag erfolgten Zerschneidung der Landkreise, nämlich *zu* Pommern der Kreis Scharnikau, der Kreis Kolmar, Teile des Kreises Wirsitz, der Kreis Zempelburg und Teile des Kreises Konitz, *von* Pommern Teile des Kreises Lauenburg); bereits erfolgte grundsätzliche Zustimmung des StdF zu den ihm mündlich schon vorgetragenen Plänen.
K/H   101 05799 — 805 (494 a)

28. 9. 39   GBV   13894
Übersendung des *Entwurfs einer Verordnung über die Bewilligung von Zahlungsfristen in Rechtsstreitigkeiten.
H   101 08749 f. (645)

28. 9. 39   OBdH   13895
Übersendung des Führererlasses vom 25. 9. 39 über die Organisation der Militärverwaltung in den ehemals polnischen Gebieten; Benennung der die vollziehende Gewalt ausübenden Generäle und der Chefs der Zivilverwaltungen in Oberschlesien, in Ostpreußen samt Süd-Ostpreußen und in Danzig.
H   101 08849 — 51/5 (647)

28. 9. — 4. 12. 39   K. Görger, StapoLeitst. Karlsruhe — 8   13895 a
Keine Bedenken der Dienststelle Ribbentrop gegen die angebotene private Fühlungnahme des Pg. Carl

Görger (Rastatt) mit dem französischen Senator Muller und dem Abgeordneten Borhus. Durch die Gestapo (Leitstelle Karlsruhe) jedoch Übersendung einer Blattsammlung über G.: 1934 durch die Reichsleitung der NSDAP Verbot für G., selbständige Außenpolitik zu treiben; die anschließende polizeiliche Überwachung ohne „gerichtsverwertbare Anhaltspunkte für Verratstätigkeit des Genannten".
M/H   203 00994—97 (33/2)

28. 9. 39 — 23. 1. 40   GL Franken, StSekr. Köglmair, OPG — 1, 6/2   13896
Die Durchführung des Dienststrafverfahrens gegen Stadtamtmann GAL Richard Stock (Nürnberg) wegen grober Amtspflichtverletzung (im Zusammenhang mit Differenzen zwischen Obgm. Liebel und GL Streicher Beteiligung an der Vernehmung städtischer Gefolgschaftsmitglieder durch die Gauleitung, abfällige Äußerungen über L.) vom StdF trotz Intervention der Gauleitung (die Anschuldigungen unhaltbar) gewünscht, jedoch bis zum Abschluß einer parteigerichtlichen Klärung ausgesetzt. Beschluß des Obersten Parteigerichts: Einstellung der Voruntersuchung.
H   124 01214—21 (143)

29. 9. 39   NSLB—8   13897
Eine Ausstellung über die deutsche Schule, insbesondere über die Erziehung zur Hygiene, in Japan geplant: Bitte um Stellungnahme.
M   203 01406 (46/5)

29. 9. 39   OKH   13898
Einladung zu einer Unterrichtung über Fragen der Militärverwaltung Ober-Ost.
H   101 08852 f. (647)

29. 9. 39   NSLB—8   13899
Eine Ausstellung japanischer Schülerzeichnungen geplant: Bitte um Stellungnahme.
M   203 01407 (46/5)

29. 9. 39 — [2. 2. 40]   AA u. a. — 8   13900
Durch den Stab StdF Weiterleitung von Bewerbungen um Anstellung im Sprachendienst des Auswärtigen Amts: Fritz Kroiß (Wien) und Rudolf Gross (Berlin). Anmahnungen der Bescheide.
M   203 00837—45 (30/1)

30. 9. 39   GBV   13901
Übersendung des *Entwurfs einer Verordnung über die Verlängerung der Amtszeit der im Dienst von Gemeinden und Gemeindeverbänden stehenden Zeitbeamten.
A   101 07057 (575 a)

Herbst 39   Dietrich   13902
Beileidstelegramm Bormanns zum Tod des Vaters Dietrichs.
W   124 04469 (426)

Okt. 39   RJM   13903
Wunsch des Stabs StdF, zwecks Eindämmung der sich häufenden Zivilklagen gegen die NSDAP vor Amts- und Landgerichten nach bayerischem Muster ein abgelehntes oder innerhalb von zwei Monaten nicht beschiedenes Abhilfegesuch an den Reichsschatzmeister zur Prozeßvoraussetzung zu machen.
H   101 20141 f. (1201); 101 28034 f. (1528 a)

2.—11. 10. 39   Lammers   13904
Durch Bormann weitergeleiteter Wunsch Hitlers, zur Verbesserung der Ernährungslage die Haltung von Kleintieren zu fördern und bestehende Vorschriften gegen die Kleintierhaltung in Villenvierteln aufzuheben. Dazu Lammers: Veranlassung des Reichsarbeitsministers zur Herausgabe eines entsprechenden Erlasses.
M/H   101 02324 f. (221 a)

2. 10. — 13. 11. 39   RWiM, RMdI, RArbM, RJM, RPM   13905
Vorschlag des Reichswirtschaftsministers für eine Ergänzung der Verordnung über die Bekanntgabe von Ernennungs- und Beförderungserlassen: Zur Vermeidung von Härten in Fällen schon zum Wehrdienst einberufener Beamter Eintreten der Rechtswirkung der Ernennung oder Beförderung bereits mit dem

Tag der Vollziehung der Urkunde (und nicht erst mit dem Tag der Veröffentlichung im Verwaltungsamtsblatt). Unterstützung des Vorschlags durch verschiedene Ressorts. Nach anfänglichen Bedenken nicht nur Zustimmung des Reichsinnenministers, sondern sogar Bereitschaft zu einer Ausdehnung des Personenkreises. Einwände des Reichspostministers gegen die Ausdehnung.
A/W   101 05272/1 — 283 (454)

3. 10. 39   RMfEuL, RMfVuP   13906
Einspruch des Reichsernährungsministers gegen ein vom Propagandaminister erlassenes Verbot, eine Verlautbarung des Provinzial-Ernährungsamtes Berlin über die Zuteilung von Eiern auf Lebensmittelkarte und den Aufruf der ersten Eierzuteilung in der Presse zu veröffentlichen: Zwar Verständnis für die aus propagandistischen Gründen erfolgende Beschränkung der Pressemeldungen über kriegswirtschaftliche Maßnahmen, indes Notwendigkeit der Unterrichtung des Verbrauchers über das für ihn Wesentliche, anderenfalls Gefahr des Verfalls und des Verderbs der Zuteilungen.
H   101 07917 ff. (613); 101 08459 ff. (639)

3. 10. 39   Adj. d. F   13907
Übersendung einer *Unkosten-Aufstellung für die Zeit vom 1. 1. — 31. 8. 39.
W   124 00838 (67)

Nicht belegt.   13908

[3. 10. — 7. 11. 39]   RMdI   13909
Zusammenstellung der von den Obersten Reichsbehörden gemäß Rundschreiben vom 3. 10. 39 bestellten Generalreferenten für Fragen der besetzten Ostgebiete (für den StdF: MinDir. Sommer).
H   101 08827/1 — 828 (646 a)

3. 10. — 17. 11. 39   RArbM, RMdI   13910
Auf Antrag des Reichsinnenministers Ausnahme der öffentlichen Verwaltungen und Betriebe von der geplanten Erweiterung des Strafantragsrechts und von der Einführung einer (bereits früher vom StdF befürworteten, mit Rücksicht auf den Krieg zurückgestellten, dann durch die Kriegswirtschaftsverordnung auf einem Teilgebiet bereits eingeführten) Ordnungsstrafgewalt der Reichstreuhänder der Arbeit (*Dritte Ergänzungsbestimmungen zu Abschnitt III [Kriegslöhne] der Kriegswirtschaftsverordnung). In dem Schriftwechsel darüber (Abschrift jeweils an den Stab StdF) Erwähnung juristischer Bedenken des Reichsverkehrsministers gegen eine Ausdehnung des Ordnungsstrafschutzes auf jede Zuwiderhandlung gegen schriftliche Anordnungen der Reichstreuhänder.
W/H   101 08892 — 900 (648)

4. 10. 39   GBV u. a.   13911
Übersendung eines Abdrucks der dem Ministerrat für die Reichsverteidigung übersandten, von Frick bereits unterzeichneten Ausfertigung des Entwurfs einer Verordnung über den Volksmeldedienst (Verpflichtung zur allgemeinen Denunziation). (Die Verordnung von Göring und Lammers offenbar nicht unterzeichnet; ein Zeitschriftenartikel des SS-Gruf. Heydrich über den Volksmeldedienst jedoch erschienen.)
H   101 21287 — 93 (1264 a)

4. 10. 39   HA f. Beamte — 38   13912
Auf Anforderung Bereitstellung der Reichsschule Deutscher Beamter in Schiefbahn für Mob.-Zwecke der Gauleitung Düsseldorf.
W   149 00077 (1)

4. 10. — 15. 11. 39   RJF — 8   13913
Von der Dienststelle Ribbentrop vermittelte Rückführung der deutschen Hausgehilfin Anneliese Westheide aus Libyen (mangelnde Fürsorge der Arbeitgeberin).
M   203 00132/1 — 134 (19/2)

4. 10. 39 — 5. 1. 40   RMfWEuV, Prof. Röpke   13914
Vor der Ausfertigung vom Stab StdF genehmigter Erlaß des Reichserziehungsministers: Keine Weiterzahlung von Versorgungsbezügen an den aufgrund § 6 BBG in den Ruhestand versetzten, in Genf lebenden Prof. Wilhelm Röpke.
M/H   301 00827 — 33 (Röpke)

5. 10. 39   NSLB—8   13915
Mitteilung der Dienststelle Ribbentrop über die Weiterleitung der jüngsten Rede Hitlers im Reichstag
in das neutrale Ausland und Bitte um Angabe der in holländisch, bulgarisch, dänisch, norwegisch,
schwedisch, ungarisch, portugiesisch, griechisch, serbisch und russisch jeweils benötigten Exemplare (für
deutsch, englisch, französisch, italienisch und spanisch ein fester Verteilungsschlüssel).
W/H   203 01438 (46/5)

5.—25. 10. 39   GL Berlin—8   13916
Zu einer von der Dienststelle Ribbentrop weitergeleiteten Anfrage der Deutschen Gesandtschaft in
Stockholm (Bewerbung bei einer schwedischen Stelle) Auskunft über StudR Paul Nissen (früher Breslau): 1933 Entlassung aus dem Staatsdienst wegen seiner Zugehörigkeit zur SPD; 1936 Befürwortung
seines Gesuchs um Wiedereinstellung durch die Gauleitung Berlin wegen aktiver Mitarbeit.
M/H   203 01511 ff. (47/4)

6. 10. 39   AA   13917
Beanstandung der von Reichs- und Parteidienststellen beabsichtigten Propagandatätigkeit im Ausland;
Hinweis auf die Zuständigkeit des Reichsaußenministers.
K   101 07638 (604)

6.—14. 10. 39   M. Glaser, Adj. d. F   13918
Durch Bormanns Persönlichen Referenten an die Führeradjutantur Weiterleitung des *Schreibens einer
Marianne Glaser (Troppau) an Hitler.
W   124 04492 f. (434)

7. 10. 39   GBV u. a.   13919
Übersendung eines *Erlasses über die Bildung von Verteidigungsausschüssen und über die Einsetzung
von Beauftragten der Reichsverteidigungskommissare sowie von Listen der Mitglieder der Verteidigungsausschüsse I – XIII und XVII – XVIII.
A   101 22897—913 (1306 a)

7. 10. 39—20. 1. 40   RJM u. a.   13920
Auf Anregung einiger Verlage, nach Befürwortung durch mehrere Ministerien und nach Entschließung
Hitlers die Verlängerung der Schutzfrist für Lichtbilder von zehn auf 25 Jahre vorgesehen; Übersendung
des Entwurfs einer Verordnung und Erörterung der Übergangsregelung.
H   101 21070—80 (1238)

[8. 10.]—21. 11. 39   RMdI, RKzl., RFM, RJM—1   13921
Übersendung eines von Hitler bereits gezeichneten Erlasses über Gliederung und Verwaltung der Ostgebiete vom 8. 10. 39 durch den Reichsinnenminister (RMdI) zur Unterzeichnung durch Göring und Lammers; dabei Hinweis auf einen auf Wunsch des StdF eingefügten, H. noch nicht bekannten (aber von
ihm dann gebilligten) Absatz 2 des § 3: Unterstellung sämtlicher Verwaltungszweige unter die Reichsstatthalter bzw. auf der Kreisstufe unter die Landräte, Bestimmung des Übergangs einzelner Zweige auf
die Reichssonderverwaltungen durch den RMdI. Dagegen wie insbesondere gegen den *Text der darauf
bezüglichen, die Reichsstatthalter zu Oberfinanzpräsidenten, Oberlandesgerichtspräsidenten und Generalstaatsanwälten bestellenden Durchführungsverordnung engagierte Einsprüche des Reichsfinanzministers (RFM) und des Reichsjustizministers (RJM): Forderung den Fachministern unterstellter Sonderverwaltungen beider Gebiete analog zu Post und Verkehr, Berufung auf das auch im Sudetengaugesetz verankerte lediglich zeitweilige allgemeine Weisungsrecht des Reichsstatthalters. Dazu Stellungnahmen des
StdF (unter der Voraussetzung der — allerdings angezweifelten — Zustimmung der Gauleiter und der
Herauslösung der Bauverwaltungen sowie der bevölkerungspolitischen Zuständigkeiten keine Einwendungen) und des RMdI (Bestehen auf der von H. für die Aufbauzeit angeordneten Zusammenfassung aller Verwaltungszweige in der Hand der politischen Führung der Reichsgaue). In einer Ministerbesprechung am 27. 10. 39 Orientierung der Teilnehmer über die von H. gewünschte Linie (kein Wegfall der
Oberfinanz- und Oberlandesgerichtspräsidenten, jedoch schärfere Unterstellung unter den Reichsstatthalter als im Sudetengaugesetz) sowie dementsprechender „Kompromiß": Zuweisung und direkte Unterstellung der beiden Chefpräsidenten an bzw. unter den Reichsstatthalter während der Aufbauzeit;
Weisung an die Landräte, von ihrer Weisungsbefugnis gegenüber Amtsgerichten und Finanzämtern nur
bei Gefahr im Verzuge Gebrauch zu machen. Gegen die daraufhin vom RMdI vorgelegten abgeänderten
bzw. neuen *Durchführungserlasse nochmalige umfangreiche Einsprüche von RFM und RJM unter Berufung auf die — vom RMdI falsch interpretierte — „Willenskundgebung" H.s; u. a. Einspruch gegen die

nunmehr vorgesehene Einbeziehung auch der Reichspropagandaämter in die ausgehandelten Vereinbarungen. Gegen spätere Neufassungen keine Einwände mehr.
H   101 08771—821 (646 a)

9. 10. 39   DAF—8   13922
Die erbetenen Unterlagen (Lebensläufe) für Prof. Theodore Abel (Columbia Universität New York) jetzt bereitgestellt; Frage nach der Verwendung angesichts des jetzigen Kriegszustandes.
M/H   203 01730 (49/4)

9. 10. 39   RDozF—8   13923
Anfrage wegen etwaiger Bedenken gegen die beabsichtigte Drucklegung vier von arabischer Seite gehaltener Vorträge der im Sommer 1939 abgehaltenen Vortragsfolge der Arbeitsgemeinschaft für arabische Lebensfragen (Jena) über die Verhältnisse im Orient.
M/H   203 02304 f. (60/3)

9.—[30.] 10. 39   NSLB, AA—8   13924
Schreiben des NS-Lehrerbundes, eine Reise des GL Wächtler nach Bulgarien betreffend. (Verweiszettel.)
W   203 01400 f. (46/5)

10. 10. 39   Adj. d. F, Staatl. Museen Berlin   13925
Übersendung einer Expertise zu einem Dürer-Holzschnitt (Der Reiter mit dem Landsknecht).
W   124 04502 f. (437)

11.—19. 10. 39   Adj. d. F—3   13926
Bitte des Stabs StdF, eine — von der Führeradjutantur überreichte — Rechnung der Firma Max Kühnbaum (Berlin) für den „Tag der Deutschen Kunst" ebenso wie alle anderen Rechnungen von dort aus zu begleichen.
W   124 01084 (116); 124 04766 f. (485)

Nicht belegt.   13927

12. 10. 39   GBV, MRfdRV   13928
Zur Schaffung der Rechtseinheit im Bereich des Kraftfahrzeugverkehrs für das Gebiet des Großdeutschen Reiches *Entwurf einer Verordnung zur Änderung des Gesetzes über den Verkehr mit Kraftfahrzeugen; deren Übersendung durch den Generalbevollmächtigten für die Reichsverwaltung.
K   101 14227 ff. (749)

12. 10. 39   GBV, RJM   13929
Übersendung des *Entwurfs einer Verordnung über die Abwesenheitspflegschaft (Bestellung von Abwesenheitspflegern für die Angehörigen feindlicher Staaten).
H   101 08754 f. (645)

13. 10. 39   Adj. d. F   13930
Übersendung einer *„Polen-Abrechnung".
W   124 01083 (116)

13. 10. 39   DAF—8   13931
Bericht über einen im Auftrag Mussolinis erfolgten Besuch des Gen. Muti bei den italienischen Arbeitern in Fallersleben und Salzgitter (auf Beschwerden der Arbeiter über das Essen Aufforderung zur Kameradschaftlichkeit: In Abessinien und Spanien „noch weniger gehabt").
M/H   203 01604 (48/3)

13. 10. 39   DAF—8   13932
Weitergabe eines ungarischen Vorschlags, das Buch „Rain Upon Godshill" von J. B. Priestley für die deutsche Auslandspropaganda zu verwerten.
M   203 01151 (39/3)

13. 10. 39   RKzl.—1   13933
Zur Entlastung Hitlers Verabschiedung des vom Reichsarbeitsminister vorgelegten *Entwurfs eines Ge-

setzes über den Sicherheitsfilm als Verordnung des Ministerrats für die Reichsverteidigung; Bitte um Einverständnis.
M/H   101 03845 f. (389)

13. 10. 39   RKzl.   13934
Die von der Reichsregierung beschlossene – und von Hitler bereits gebilligte – Änderung des Heimarbeitsgesetzes wegen der politischen Ereignisse von H. nicht mehr vollzogen; Empfehlung der Reichskanzlei, das Gesetz als Verordnung des Ministerrats für die Reichsverteidigung zu verabschieden.
A   101 06805 ff. (556)

[13. 10. 39]   RJM   13935
Keine Bedenken des StdF gegen den *Entwurf einer Verordnung über weitere Maßnahmen auf dem Gebiete der Zwangsvollstreckung (Lockerung der für Liegenschaften bestehenden Verwertungssperre).
H   101 08724 f. (644 a)

[13. 10. 39]   (Adj. d. F)   13936
Zusage an einen Hans Kallenbach (München), ein Exemplar seines neubearbeiteten Buches „Mit Adolf Hitler auf der Festung Landsberg" an Bormann weiterzuleiten.
W   124 04532 ff. (446)

13. – 19. 10. 39   GL Niederdonau – 8, 8/1   13936 a
Zurückweisung der Kritik des Deutschen Gesandten in Budapest, v. Erdmannsdorf, an den politischen Berichten des GAL Triska: Keine Verwendung „trüber Quellen", sondern nur Weitergabe von Nachrichten „absolut glaubwürdiger und zuverlässiger Gewährsmänner"; Angebot an die Dienststelle Ribbentrop, diese Berichterstattung, falls unerwünscht, einzustellen; Zurückweisung der Vorwürfe im einzelnen (versteckte Angriffe der ungarischen klerikalen Presse gegen Deutschland, antideutsche „Übergriffe" des ungarischen Rundfunks, polenfreundliche und antideutsche Stimmungen in der ungarischen Öffentlichkeit und anderes betreffend).
M/H   203 00759 – 62 (29/2)

[13. 10.] – 25. 11. 39   RVM, Lammers, RWiM u. a.   13937
Durch den Reichsverkehrsminister Vorlage einer Verordnung zur Einschränkung des Güterverkehrs mit Kraftfahrzeugen: Ausführung lediglich noch der von den Mittelbehörden durch dort zu bestellende Bevollmächtigte genehmigten oder angeordneten Beförderungen. Nach verschiedenen Einsprüchen beteiligter Ressorts, insbesondere des Reichswirtschaftsministers (Forderung, die Bevollmächtigten für den Nahverkehr unterstellt zu bekommen), der Kanzlei des Führers der NSDAP (Argumente des Kfz.-Gewerbes gegen die grundsätzliche Einstellung des Güterfernverkehrs) und des StdF (keine starre Handhabung der Einschränkungsbestimmungen wegen der in Notlagen oft ausschlaggebenden Rolle des Kraftverkehrs und seines – im Verhältnis zur Reichsbahn – kurzen Wagenumlaufs), Zurückziehung des Entwurfs und Einbringung einer entsprechend geänderten Fassung. – In diesem Zusammenhang Vorschlag des Transportgewerbes, das gesamte Kraftwagentransportwesen Todt zu unterstellen.
H   101 08231 – 49 (637)

14. 10. 39   RStatth. Sudetengau   13938
Wiederholung eines abgelehnten Antrags auf Genehmigung einer Übergangsregelung für die im Sudetengau eingeführten deutschen Gewerbesteuern; Begründung: Schwäche der sudetendeutschen Wirtschaft.
W   101 14581 – 85 (793 a)

[14. 10. 39]   RWiM   13939
Zustimmung des StdF zu der vorgeschlagenen Ernennung des RAL Georg Amend zum Präsidenten des Reichsaufsichtsamtes für Privatversicherung.
H   101 19017 – 21 (1159 d)

16. 10. 39   HA f. Beamte – 38   13940
*Anordnung des Stabs StdF über die personelle Sicherstellung für das Hauptamt für Beamte im Mob.-Fall.
W   149 00010 (1)

16. 10. 39   GI f. d. Straßenwesen – 8   13941
Befürwortung einer Autobahnverbindung Berlin–Moskau; Bitte um grundlegendes Informationsmaterial über das russische Autobahnnetz.
M   203 02155 f. (57/2)

16. 10. – 7. 11. 39   GL Düsseldorf, AA – 8   13942
Durch die Gauleitung Düsseldorf Übersendung eines an Pg. v. Giszycki (Düsseldorf) gerichteten *Schreibens des holländischen Komponisten Jonny Heykens (Arnheim) sowie der *Fotokopie einer Postkarte des schweizerischen Elektromonteurs Breguard (Bern) zur Verwertung in der Auslandspropaganda.
M/H   203 01152 ff. (39/3)

17. 10. 39   DAF – 8   13943
Übersendung eines Aktenvermerks über deutsch-italienische Verhandlungen über den Einsatz italienischer Bergarbeiter in Deutschland: Abreise der verärgerten italienischen Delegation wegen des Beschlusses des Ruhr-Kohlenbergbaus, keine italienischen Arbeiter mehr zu nehmen.
M   203 01605 ff. (48/3)

18. 10. 39   AA – 29   13944
Übersendung einer *Fernsprechrechnung an den Ausländerdienst für die Reichsparteitage.
M   203 02885 (83/2)

19. 10. 39   Stabschef SA   13944 a
*Schreiben des StdF, offenbar die Musterung von SA-Freiwilligen für die Waffen-SS betreffend. (Bezugserwähnung.)
K   102 00964 – 69 (1863)

19. 10. 39   DAF – 8   13945
Anfrage wegen der von iranischer Seite erbetenen Bereitstellung eines deutschen Retuscheurs für die Parlamentsdruckerei Teheran.
M   203 01647 (49/2)

19. 10. – 20. 12. 39   RJF, StapoLeitst. Wien – 8   13946
Durch die Dienststelle Ribbentrop erbetene Stellungnahmen zu der von HJ-Schaf. Robert Haslinger vorgenommenen eigenmächtigen Beschlagnahme der „zum Ärger aller umwohnenden NS" von „Jungariern" wie von jüdischen Jugendlichen besuchten „Tischtennishalle Neubau" in Wien und zu deren anschließender Zerstörung durch „trotz eifriger Nachforschungen nicht ermittelte" Täter: Nach Intervention des Schweizerischen Generalkonsulats Rückgabe des „im stillschweigenden Einverständnis mit der Geheimen Staatspolizei" von der HJ in Anspruch genommenen Lokals an den Besitzer, den Schweizer Staatsangehörigen Arthur Laissue; Schadensersatzforderung L.s.
H   203 02095 – 100 (56/1)

20. 10. 39   GBV   13947
Übersendung einer *Verordnung über die Einstellung von Wehrpflichtigen in die Schutzpolizei des Reichs.
M   101 03958 (394 a)

20. 10. 39   AA   13948
Hinweis auf die richtige Anschrift des Duce: „An den Königlich Italienischen Regierungschef" (nicht „Ministerpräsidenten").
H   101 25746 (1450)

20. – 24. 10. 39   Intern – 8   13949
Durch den Stab StdF Befürwortung der Bewerbung eines Martin Voskamp (Köln) um Verwendung im Sprachendienst des Auswärtigen Amtes. Vermutliche Absage.
M   203 00763 (29/2)

20. 10. 39 – 13. 4. 40   AA – 8   13949 a
Ablehnung des Gesuches eines Carl Matthießen um Beschäftigung im Sprachendienst des Auswärtigen Amtes.
M   203 00863 f. (30/2)

21. 10. 39   OKW   13950
Übersendung des Führererlasses vom 21. 10. 39 über die Beendigung der Befugnis des Oberbefehlshabers des Heeres zur Ausübung der vollziehenden Gewalt im gesamten Ostgebiet.
H   101 08854 f. (647)

[21. 10. 39]   Himmler   13951
Eine Beschwerde Seyß-Inquarts über andauernde Intrigen des GL Bürckel gegen Neubacher und ihn selbst (Bitte, gegen B. ein Verfahren einzuleiten) offenbar in irgendeiner Form an Bormann weitergeleitet.
M/H   306 00881/1 (Seyß-Inquart)

21.–25. 10. 39   Adj. d. F   13952
Dank des Persönlichen Referenten Bormanns, Hanssen, für die Übersendung eines Ausweises und Rücksendung von *Empfangsbescheinigungen.
W   124 00836 (67)

23. 10. 39   GBV, RJM   13953
Übersendung des *Entwurfs einer Verordnung über weitere Maßnahmen auf dem Gebiete der Zwangsvollstreckung. (Vgl. Nr. 13935.)
H   101 08723 ff. (644 a)

23. 10. 39   AA–8   13954
Bitte der Dienststelle Ribbentrop um Stellungnahme zu der Absicht des NS-Lehrerbundes, im November in Dorndorf ein deutsch-italienisches Lehrerlager durchzuführen.
M/H   203 01466 (47/1)

23. 10. 39   NSLB–8   13955
Übersendung eines Rundschreibens: Aufforderung an die Gauwalter des NS-Lehrerbundes, Propagandamaterial an persönliche Bekannte im neutralen Ausland zu schicken; Erstellung einer Reichskartei mit den Namen der ausländischen Empfänger, um Überschneidungen zu vermeiden; dabei Zusammenarbeit mit den Gaubeauftragten der Dienststelle Ribbentrop.
M   203 01402–05 (46/5)

24. 10. 39   Adj. d. F   13956
Übermittlung eines *Schreibens des GL Leopold.
W   124 04567 (455)

24. 10. 39   Lammers   13957
Durch Bormann Weiterleitung der Weisung Hitlers, aus einem seiner Fonds monatlich RM 10 000.– an die Kameradschaft der Deutschen Künstler zu zahlen.
H   101 21193 (1250)

[24. 10. 39]   RJF–38   13958
Vereinbarung zwischen der Reichsjugendführung und dem M-Beauftragten des StdF über Sach- (Pkw.s samt Benzinzuteilung) und Personalfreistellungen sowie über die Wiederaufnahme der bei Kriegsbeginn unterbrochenen Lehrgänge; dabei noch einmal die alleinige Zuständigkeit der HJ und ihre Unabhängigkeit von den Hoheitsträgern der Partei in organisatorischer, personeller, führungs- und ausbildungsmäßiger sowie disziplinärer Hinsicht festgestellt.
W   144 00009 f. (34)

25. 10. 39   Lammers   13959
Durch Bormann Weiterleitung einer Weisung Hitlers, den Theaterumbau in Linz unverzüglich fertigzustellen und einen Betrag von RM 440 000.– aus einem seiner Fonds dafür zu zahlen.
H   101 16952–52/7 (1019)

25. 10.–16. 11. 39   RKzl., StSekr. Boepple, GBV   13960
Beschwerde des StSekr. Boepple über seine Behandlung durch StM Wagner (Dienstverbot und Beurlaubung als Folge der zwischen ihnen bestehenden Differenzen) und Bitte an Hitler um Übertragung der selbständigen Leitung des bayerischen Kultusministeriums an ihn (anläßlich 20jähriger Parteimitgliedschaft). Nach Ansicht Bormanns die Ablehnung des Gesuches durch H. zu erwarten: Schon die Ernen-

nung Boepples zum Staatssekretär von H. für falsch gehalten. Daraufhin Empfehlung Lammers' an Boepple, das Gesuch zurückzuziehen. Durch den Generalbevollmächtigten für die Reichsverwaltung Übersendung des ·Entwurfs eines Schreibens an den Vorsitzenden des Ministerrats für die Reichsverteidigung in der Angelegenheit Boepple. (Vgl. Nr. 14042.)
A/W/H   101 23048−55 (1311 c)

25. 10.−30. 11. 39   DAF, Ukrain. VertrauensSt.−8   13961
Durch die Dienststelle Ribbentrop und die DAF Ablehnung des Vorschlags der Ukrainischen Vertrauensstelle, innerhalb der DAF ein ukrainisches Referat zur Wahrnehmung der sozialen Interessen der Ukrainer zu errichten; Verweisung der Ukrainer auf die Zuständigkeit des DAF-Referats Ausland für die Bearbeitung ernster Angelegenheiten nichtpolitischer Natur.
M   203 01653−56 (49/2)

25. 10. 39−25. 1. 40   GL Berlin, W. Nowack, F. Klatt, Adj. d. F, AG Lichtenberg   13962
Bemühungen und Vermittlungsvorschlag des Stabs StdF in der Zwangsversteigerungssache Eheleute Nowack (Kaulsdorf; Verweigerung der Räumung nach erfolgter Zwangsversteigerung ihres Grundstücks [zwecks Beitreibung nach rechtskräftiger Verurteilung wegen Beleidigung zu übernehmender Unkosten der Gegenpartei], unbefugtes weiteres Miet-Inkasso, u. a.). Nach Ausbleiben einer Antwort der N. Aufgabe der Vermittlungsversuche.
W/H   124 04895−924/6 (529)

26. 10. 39   ParteiDSt.   13963
„Erlaß" des StdF: Verbot direkter oder indirekter Propaganda durch Parteidienststellen. (Erwähnung.)
W   203 01251 f. (40/1)

26. 10. 39   AA   13964
Übersendung des Textes eines deutsch-slowakischen Übereinkommens vom 19. 10. 39 über die gegenseitige Ausfolgung von militärischem Schriftgut.
H   101 26296−302 (1491 a)

26. 10.−6. 11. 39   RKzl.   13965
Anordnung 211/39 des StdF, der Reichskanzlei übersandt: Wiedereinstellung der nach dem Berufsbeamtengesetz entlassenen Beamten nur mit Zustimmung des StdF bzw. des zuständigen Gauleiters.
M   101 04423 f. (418 a)

[26. 10.]−8. 11. 39   RVM, RKzl.   13966
Anpassung des Beirats der Deutschen Reichsbahn an die Bestimmungen des neuen Reichsbahngesetzes: Vorschläge des Reichsverkehrsministers für die personelle Zusammensetzung im Einvernehmen mit dem StdF und dem Reichsfinanzminister (u. a. Ausscheiden von drei bisherigen Beiratsmitgliedern im Hinblick auf die notwendige Zuziehung von zwei Vertretern für die Ostmark und einem Vertreter für den Sudetengau). Einwände Hitlers gegen ein Ausscheiden des StSekr. Esser und des Generalinspektors für das deutsche Straßenwesen, Todt; Erhöhung der Mitgliederzahl durch Führererlaß auf sechzehn. Laut Feststellung der Reichskanzlei das Vorschlagsrecht des StdF für zwei Beiratsmitglieder durch diesen Erlaß nicht berührt.
M   101 01877−83 (187 a)

26. 10. 39−17. 1. 40   NSLB, AA, mehrere GL, Dozentenschaft u. a.−8, 8/1   13967
Durch und an die Dienststelle Ribbentrop Übersendung von ·Stellungnahmen und ·Anregungen aus dem Ausland zu dorthin verschickten Propagandaschriften. (Vgl. Nr. 13996.)
M/H   203 01155−59, 163, 166, 168 f., 171, 174, 180−84, 189 f., 194−97, 199 f., 203 f. (39/3)

27. 10. 39   HA f. Beamte−38   13968
·Schreiben der Abteilung M des Stabs StdF, offenbar die Freistellung von drei Fahrzeugen betreffend.
W/H   149 00046 (1)

27. 10. 39   GBV u. a.   13969
Übersendung eines Runderlasses über die Inanspruchnahme ziviler Anstalten u. ä. zur Einrichtung von Reserve-Lazaretten.
A   101 22626 ff. (1291)

27. 10. 39   RJF, RKzl.   13970
Vom Stab StdF beim Reichsjugendführer moniert: Keine Vorlage der letzten, von Göring unterzeichneten *Fassung der Verordnung über den Einsatz der älteren Jugend beim StdF.
W   101 09316 f. (652)

27. 10. 39   GBW   13971
Absicht, die Verordnung zur vorläufigen Sicherstellung des lebenswichtigen Bedarfs des deutschen Volkes aufzuheben; Begründung: Widerspruch des § 7 der (bereits für Lebensmittel und Hausbrandkohle außer Kraft getretenen) Verordnung (Bezug von Spinnstoff- und Schuhwaren nur bei Bedarf und aufgrund von Bezugsscheinen) zu der am 15. 11. 39 einzuführenden Reichskleiderkarte (Erwerb von Spinnstoffen innerhalb bestimmter Zeiträume ohne besondere Bedarfsermittlung).
K/W   101 07805 ff. (609)

27.–28. 10. 39   RMfEuL, PräsKzl.   13972
Mitteilungen über die Ernennung des Ministers für Landwirtschaft in Wien, Anton Reinthaller, zum Ministerialdirektor mit der Amtsbezeichnung Unterstaatssekretär im Reichsernährungsministerium.
K   101 18410 f. (1143 a)

27. 10.–22. 11. 39   NSLB–8   13973
Über die Dienststelle Ribbentrop eingeholte Stellungnahme des Auswärtigen Amtes zu dem vom NS-Lehrerbund berichteten angeblichen Vorhaben von NS-Dozentenbund und Propagandaministerium, ehemalige Auslandslehrer an Volks- und Mittelschulen im Ausland propagandistisch tätig werden zu lassen: Beschäftigung von rund 1000 Lehrern an den amtlichen deutschen Auslandsschulen; für die Entsendung weiterer Kräfte – in erster Linie eine Geld- und Devisenfrage – die Anforderung der Lehrer durch Institutionen oder Personen des Auslandes ausschlaggebend.
M/H   203 01429 ff. (46/5)

27. 10.–1. 12. 39   DAF   13974
Durch die Dienststelle Ribbentrop Bitte um Zurückstellung der Veröffentlichung des von der DAF zwecks Feststellung etwaiger Bedenken übersandten *Manuskripts „Die wirtschaftlichen Möglichkeiten der Sowjet-Union" bis zum Abschluß der deutsch-russischen Wirtschaftsverhandlungen.
M/H   203 02291 f. (58/4)

28. 10. 39   OKH   13975
Übersendung des Führererlasses vom 19. 10. 39 über die Überleitung der Verwaltung im Generalgouvernement auf den Generalgouverneur: Beendigung der Befugnis des Oberbefehlshabers des Heeres zur Ausübung der vollziehenden Gewalt im Ostgebiet, Definition der dem Oberbefehlshaber Ost zustehenden militärischen Hoheitsrechte.
H   101 08856–59 (647)

[28. 10. 39]   RMdI   13976
Durch Bormann Übermittlung der Entscheidung Hitlers, den Reichsgau Westpreußen künftig Reichsgau Danzig zu nennen. Nach Ansicht des Reichsinnenministers dafür ein neuer Führererlaß erforderlich; unter Hinweis auf die historische Entwicklung und Bedeutung Westpreußens und auf die stimmungsmäßige Auswirkung der Umbenennung auf die Bevölkerung Vorschlag, die Bezeichnung „Danzig-Westpreußen" zu wählen.
A   101 23543–46 (1332)

30. 10. 39–11. 5. 40   Lammers   13977
Unter Erwähnung der Bereitschaft Lammers', die von Bormann für das Führerhauptquartier während des Einsatzes in Polen gezahlten Kosten zu erstatten (bzw. diese Kosten durch die Reichskanzlei mit dem Reichsfinanzminister [RFM] verrechnen zu lassen), Bitte B.s, die aufgewendeten Beträge auf das Zentral-Konto bei der Commerz- & Privatbank in München überweisen zu lassen. Erklärung B.s zu dem im Zusammenhang mit L.' Zustimmung zur Kostenübernahme geäußerten Wunsch, prüfungsfähige Unterlagen bereitzuhalten: Unmöglichkeit, die Belege während des Feldzuges nach den Vorschriften des Reichsrechnungshofes zu behandeln; eine Prüfung der Ausgaben durch den Rechnungshof von Hitler auch sicherlich nicht gewünscht; Versicherung, nur die den weiteren Kreis des Führerhauptquartiers betreffenden Ausgaben geltend gemacht zu haben. Dazu L.: Die Bitte um Beachtung der Bestimmungen des Rechnungshofes für den Fall der Bereitstellung von Mitteln durch den RFM vorsorglich geäußert; nach der inzwischen entschiedenen Übernahme auf die (einer Prüfung durch den Rechnungshof nicht

unterliegenden) Verfügungsmittel H.s keine Vervollständigung der Rechnungsunterlagen erforderlich. – Überweisung der Beträge der beiden ersten Zwischenabrechnungen in Höhe von RM 118505.21 und RM 61376.91.
K   101 08084 – 97 (615 c)

31. 10. 39   GL Franken – 8   13978
Weiterleitung einer Mitteilung der Kreisleitung Ansbach über das Befremden eines Belgiers über den übermäßig hohen Verkaufspreis deutscher Zeitungen in Belgien, dorthin angeblich kostenlose Lieferung der französischen Blätter.
M/H   203 00335 (27/3)

31. 10. 39   GL Thüringen – 8   13979
Übersendung eines *Schreibens aus Amerika an eine alte Parteigenossin.
M   203 01167 (39/3)

Nov. 39   Darré   13980
Wunsch Bormanns, die Versorgung des Führerhauptquartiers durch die – einwandfreien – eigenen landwirtschaftlichen Produkte des Obersalzbergs sowie der Güter Alt-Rehse und Neu-Rehse zu ermöglichen (statt Ablieferung auf der einen Seite, Bezug gegen Bezugsschein auf der anderen).
H   107 00063 ff. (161)

1. 11. 39   RMfWEuV   13981
Scharfe Zurückweisung einer Kritik des Prof. Arnhold (Leiter des Amtes für Berufserziehung und Betriebsführung der DAF) an angeblichen Mißständen beim Berufsschulunterricht in einem Artikel der DAF-Monatsblätter „Unsere Parole": Ungerechtfertigte Herabsetzung der Tätigkeit des Amtes für Erziehung und vor allem der Berufsschullehrer; Hinweis auf die Abhängigkeit der DAF von der Mithilfe der Berufsschullehrerschaft bei ihren Berufserziehungsmaßnahmen und Androhung, diese Mithilfe einzustellen; Bitte an den StdF, eine Störung der im Interesse des Volksganzen notwendigen Zusammenarbeit zwischen Staat und Partei zu verhindern und die Wahrung des Ansehens des Staates zu gewährleisten; Forderung nach Rücknahme des Artikels in einer der nächsten Nummern der Zeitschrift.
M   101 02744 ff. (275 a); 101 15897 ff. (949 a)

[1. 11. 39]   RMdI   13982
Vom StdF gebilligter Entwurf eines Runderlasses über die Einholung von politischen Beurteilungen über Beamte des höheren, des gehobenen und des mittleren Dienstes: Neben der obligatorischen Anhörung des StdF bei der Anstellung und Beförderung von Beamten des höheren Dienstes Einholung einer politischen Beurteilung durch den Gauleiter nur vor Berufungen in das Beamtenverhältnis (bei Militäranwärtern und Anwärtern des Reichsarbeitsdienstes nur in bestimmten Fällen), vor jeder Beförderung im gehobenen Dienst in höhere Gruppen als A 4 a und bei ehemaligen Mitgliedern des Zentrums, der Demokratischen oder einer marxistischen Partei oder einer Freimaurerloge (ab 4. Grad) sowie bei Übertragung bestimmter Dienstgeschäfte.
K/H   101 20167 – 70 (1201 a)

[2. 11. 39] – 16. 4. 40   RMdI, GL Bürckel, GBV, RMfEuL, RKzl.   13983
Erlaß einer Ministerratsverordnung über die Zusammenlegung der Dienststellen des Reichskommissars für das Saarland (z. Zt. aus Saarbrücken evakuiert) und des Regierungspräsidenten in Speyer auf Kriegsdauer zur Behörde „Reichskommissar für die Saarpfalz" mit Sitz in Kaiserslautern (zuerst vorgesehen, jedoch von GL Bürckel abgelehnt: Speyer): Nach der Zustimmung durch StdF, Reichskanzlei u. a. keine Chancen für die Einsprüche Bayerns (allerdings immerhin Verhinderung der von B. angestrebten weitergehenden Lösung einer völligen Ausgliederung der bayerischen Gebiete aus dem Verwaltungsaufbau des Landes Bayern) und des Reichsernährungsministers (Forderung des Einvernehmens mit den beteiligten Ressorts beim Erlaß von Durchführungs- und Ergänzungsvorschriften).
H   101 24664 – 84 (1366 a)

3. 11. 39   Funk, Schwerin-Krosigk u. a.   13984
Protokoll einer Chefbesprechung im Reichswirtschaftsministerium (RWiM) über eine Unterstützung der durch Kriegsmaßnahmen (Nichtzuteilung von Rohstoffen und Energie, Entziehung von Arbeitskräften) stillgelegten Wirtschaftsbetriebe. Zielsetzung des RWiM: Erhaltung der Unternehmen (durch Gewährung von Mitteln für die Pflege von Gebäuden und Maschinen, für Renten, Versicherungsprämien u. a. sowie durch Neufestsetzung der Grundsteuern) zur reibungslosen Wiedereinschaltung in die Produktion

nach dem Kriege. Eintreten des RWiM und des Reichsfinanzministers (RFM) für eine Übernahme der Kosten durch die Wirtschaft. Vorschlag des RFM, gewisse Vorfragen (Anzahl und Höhe der Beihilfen) zunächst in einer Referentenbesprechung klären zu lassen.
K   101 07777—84 (608)

3.11.39   GBW   13985
Gemäß einer Anregung des MPräs. Köhler (Baden), des Reichsverteidigungskommissars GL Sauckel und des RStatth. GL Henlein, die im Frieden mit der Lenkung wirtschaftlicher Maßnahmen betrauten Stellen ihrer Länder bzw. Gaue (Wirtschaftsministerien bzw. Wirtschaftsabteilungen) nun mit den dem Interesse der Kriegswirtschaft entsprechenden Aufgaben zu betrauen, Übersendung des darauf beruhenden Entwurfs einer Ergänzungsverordnung zur Verordnung über die Wirtschaftsverwaltung.
K   101 07773—76 (608)

3.—7.11.39   RJF, AA—8   13986
Durch die Reichsjugendführung Befürwortung einer Verwendung des die russische Sprache beherrschenden HJ-Angehörigen Oskar Seidat im Bereich des Auswärtigen Amtes. Weiterleitung durch die Dienststelle Ribbentrop: Gegebenenfalls innerhalb der Übersiedlungsaktion oder als Auslandslehrer.
M/H   203 00752 f. (29/2)

4.11.39   NSLB—8   13987
Übersendung von zwei *Zeitungsausschnitten.
M   203 01435 (46/5)

4.11.39   DAF—8   13988
Anmahnung der Bezahlung der Rechnungen für drei beim Aufenthalt einer mandschurischen Freundschafts- und Wirtschaftskommission in München eingesetzt gewesene Dolmetscher.
M/H   203 01610 (48/3)

4.11.39   DAF—8   13989
Absicht des Arbeitswissenschaftlichen Instituts der DAF, mit vier Instituten in Sofia, Bukarest, Ankara und Athen in Verbindung zu treten; Bitte an die Dienststelle Ribbentrop um Feststellung etwaiger Bedenken gegen einen Schriftentausch.
M/H   203 01648 (49/2)

6.11.39   RFM, MRfdRV   13990
Durch den Reichsfinanzminister Vorlage des *Entwurfs einer Verordnung über die Änderung des Reichsschuldbuchgesetzes.
K   101 14480 f. (786)

[6.11.39]   AA   13991
Keine Einwendungen des StdF gegen die Ernennung des Obgm. Theo Habicht zum Ministerialdirektor mit der Amtsbezeichnung Unterstaatssekretär.
H   101 18149 (1133 b)

7.11.39   Adj. d. F   13992
Übersendung einer *Rechnung der Firma Hermann Rothe (Berlin).
W   124 04698 (474)

7.11.—[4.12.]39   RJM, RMdI   13993
Zur Erleichterung der Abgabe privatrechtlicher Erklärungen durch Hitler (z. B. Erbschaftsausschlagungen) in öffentlich beglaubigter Form Vorlage eines Gesetzentwurfs des Reichsjustizministers über die Zuständigkeit des Reichsministers und Chefs der Reichskanzlei für die Beglaubigung der Unterschrift H.s. Zustimmung des StdF.
K   101 16369—72 (957)

8.—22.11.39   Oberstlt. a. D. Michner, Himmler   13994
Durch Bormann zuständigkeitshalber Weiterleitung einer Beschwerde des Oberstlt. a.D. Emil Michner (Krumpendorf/Kärnten) über SS-Brif. Odilo Globocnik (gebrochenes Eheversprechen) an Himmler.
K   102 00647—51 (1140)

8. 11. – 20. 12. 39   GL München-Oberbayern, Dt. Frauenwerk – 8   13995
Beschwerde der Gauleitung München wegen der Übersendung von veraltetem Auslandspropaganda-Material an die Frauenschaft München-Oberbayern durch das Terramare-Office Berlin zur Versendung in das neutrale Ausland.
M/H   203 01128 ff. (37/3)

8. 11. 39 – 25. 1. 40   NSLB – 8   13996
Übersendung von *Auslandsstimmen zu dem ins Ausland versandten Propagandamaterial. (Vgl. Nr. 13967.)
W   203 01422, 434 (46/5); 203 01467 (47/1)

9. 11. 39   NSLB – 8   13997
Bitte um Übersendung von Informationsmaterial für Ungarn: Weißbuch, Führerrede, Ribbentroprede.
M   203 01433 (46/5)

[9. 11. (10.?) 39]   F. W. Fuchs – 1   13998
Unter Hinweis auf eine Begegnung mit Heß 1929 und unter Schilderung seiner „gegenwärtigen traurigen Arbeits-Abbiegung" Bitte eines Friedrich Wilhelm Fuchs (Wiesbaden) um Verwendung („und sei es unter Einsatz meines Lebens"). Durch den Stab StdF Verweisung an die Gauleitung Berlin.
W/H   124 04842 – 46 (511)

[9. 11. 39]   StM Wagner   13999
Im Vorschlag eines Staatsbegräbnisses für die Opfer des Attentats im Bürgerbräukeller eine Ansprache Heß' vorgesehen.
W   124 04438 (422)

9. 11. 39 – 14. 6. 40   HAfKP   14000
Personalbesetzung in den Ostgebieten: Übermittlung von 22 *Bewerbungen aus dem Gau Köln-Aachen und Errichtung einer Zentralkartei über alle einsatzfähigen und geeigneten Personen. Durch den Stab StdF Mitteilung der Streichung der Bewerber Karl Hasse und Emil Hoffmann aus der Liste; Schwierigkeiten bei der Besetzung der Stellen (die wichtigsten besetzt, die noch freien meist zu niedrig eingestuft).
M/H   305 00028 – 33 (HA Kommunalpolitik/Köln-Aachen)

10. 11. 39   DAF – 8   14001
Übersendung von *Propagandabroschüren: „Der Arbeiter in Kriegsdeutschland" u. a.
M   203 01432 (46/5)

[10. 11. 39]   Hausint. d. F   14002
Aufführung Bormanns in einem Verpflegungsbericht für den Haushalt Hitlers.
W   124 04535 ff. (447)

10. 11. 39 – 1. 2. 40   GL Magdeburg-Anhalt, GL Essen – 8   14002 a
Erörterung eines *Vorschlags der Fa. Friedrich Krupp Grusonwerk A.G. (Magdeburg-Buckau): Lenkung des Versands von Propagandamaterial sämtlicher Unternehmen der Fa. Krupp durch die Essener Zentrale des Konzerns.
M/H   203 01217, 234 f. (39/4)

13. 11. 39   RMfVuP, RMfWEuV   14003
Vorschläge des Reichspropagandaministeriums (StSekr. Esser) zur Schulferienordnung für 1940: Zur besseren Ausnutzung der guten Jahreszeit unter Berücksichtigung der Erfordernisse der Volksgesundheit sowie der Wünsche der Verkehrsunternehmen und des Gaststätten- und Beherbergungsgewerbes Forderung nach Beseitigung der Verkehrsspitze 26. 7. – 1. 8. (Ferien im gesamten Deutschland) durch größere Entzerrung der Sommerferien in den einzelnen Ländern und Provinzen (20. 6. – 15. 9. statt 23. 6. – 11. 9.); Alternativvorschlag einer allgemeinen Verlängerung der Ferien von sechs auf acht Wochen, verteilt auf die gleiche Zeit in drei großen Gruppen (östliche, zentrale, westliche Gebiete). (Abdruck an den StdF.)
K/H   101 16239 – 44 (955)

13. 11. 39   RMfEuL u. a. – 1   14004
Übersendung eines Erlasses: Vorbehaltlich eines späteren Rückgriffs auf das Reich Stundung der für „Freimachungsgut" (nach angeordneter Räumung aufgelieferte Güter und Tiere) anfallenden Frachten und Nebengebühren durch den Reichsverkehrsminister; Kenntlichmachung des „Freimachungsguts".
H   101 08253 ff. (637)

14. 11. 39   HA f. Beamte – 38   14005
'Schreiben des Stabs StdF, das Personal des Luftschutzwarndienstes betreffend.
W   149 00076 (1)

[14. 11. 39]   RMdI   14006
Im Einvernehmen mit dem StdF Wahrnehmung der Dienstgeschäfte der Regierungsvizepräsidenten im Reichsgau Posen (bzw. Warthe) durch RegDir. Pickel (Hohensalza), LR Riediger (Posen) und LR Weihe (Kalisch).
K   101 18231/1 f. (1136 b)

14. – 15. 11. 39   Chef Sipo, Adj. d. F   14007
„Restlose Ablehnung" des Schriftstellers Rittmeister a. D. Viktor v. Koerber (Berlin) durch Bormann unter Hinweis auf eine Auskunft der Sicherheitspolizei über die politische Biographie K.s (offener Bruch mit der ns. Bewegung ab 1926 nach vorheriger völkischer Betätigung) und auf die ebenfalls ablehnende Einstellung Hitlers (K. in eine Reihe mit KptLt. v. Mücke eingeordnet). (Anlaß offenbar Bemühungen K.s, weiter als Offizier Dienst tun und wieder schreiben zu dürfen.)
W/H   124 04543 – 50 (450)

14. – 24. 11. 39   HSSPF Elbe, W. Lein, Prof. Schramm, Adj. d. F   14008
Wunsch des Malers Rudolf Schramm (Zittau), Hitler ein Großgemälde zu schenken und zu übergeben; Kommentare der das Bild weiterreichenden Dienststellen (darunter Bormann): Das Gemälde nicht für H. geeignet, starke Verzeichnung etwa des dargestellten Pferdes, unter Dank Ablehnung der Schenkung.
W/H   124 04716 – 21 (479)

15. – 24. 11. 39   Adj. d. F   14009
Positive Auskunft des Stabs StdF über die wirtschaftlichen und persönlichen Verhältnisse der jungverheirateten, ein 2000-RM-Darlehen Hitlers erbittenden Angelika Grohmann (München). Gewährung eines „Heiratszuschusses des Führers" in der erbetenen Höhe.
W/H   124 04855 – 57/6 (513)

15. – 28. 11. 39   AO, OSAF, Adj. d. F   14010
Anfrage der Auslands-Organisation wegen der SA-Mitgliedschaft eines Siegfried Buddéus (früher Brasilien, jetzt Berlin) 1921/23 (damals angeblich Einsatz unter dem direkten Befehl des jetzigen StdF und des jetzigen Führeradjutanten Brückner). Rückfragen des Stabs StdF bei der Obersten SA-Führung und bei Brückner (diesem der Name erinnerlich).
W/H   124 04432 – 35 (421)

15. 11. – 9. 12. 39   RFM, MRfdRV, GBW   14011
Durch den Reichsfinanzminister Übersendung des 'Entwurfs einer Verordnung zur Vereinfachung der Haushaltsführung in Reich und Ländern. Änderungswünsche des Generalbevollmächtigten für die Wirtschaft (u. a. Ermöglichung der Schaffung von Planstellen für im Aufbau befindliche Reichsverwaltungen). Nach Besprechungen Vorlage eines abgeänderten 'Entwurfs.
K/W   101 14341 – 46 (760)

16. 11. 39   Intern 8   14012
Durch den Gaubeauftragten Bayreuth der Dienststelle Ribbentrop zu der abgeschlossenen Angelegenheit PrivDoz. Demosthenes Coussis (Athen) Nachreichung eines Schreibens C.' an einen Ross (Bayreuth), Studium und Anstellung einer Nichte R.' betreffend und den Wunsch enthaltend, als größtes Glück seines Lebens Deutschland besuchen zu können.
H   203 00756 ff. (29/2)

16. 11. 39   MPräs. GFM Göring, RAL Lafferentz   14013
Durch Göring Übersendung seines Erlasses über die Bestellung des RAL Lafferentz zum Reichsbeauf-

tragten für die Bergung aus den Freimachungsgebieten im Westen: Unterstellung und Zusammenarbeit, Aufgaben (Unterbringung, Verpflegung usw. der Rückgeführten, Vorbereitung der Rückleitung in die Heimat, Einleitung von Entschädigungsverfahren), Benutzung der Zentralauskunftstelle beim Polizeipräsidenten Berlin zur Erfassung der Rückgeführten. (Abschrift an den StdF.)
K   101 11457–60 (676)

16.–24. 11. 39   GL München-Oberbayern   14014
Durch den mit der Betreuung der Opfer des 8. 11. 39 beauftragten Gaupersonalamtsleiter Reichinger Meldung der Aufnahme der Verbindung mit dem Bürgermeister von Marienbad wegen seiner über Bormann (?) angebotenen Freiplatzspenden.
W   124 04583 (458)

16. 11.–2. 12. 39   GL Hamburg–8, 8/1   14015
Erörterung der Einrichtung eines Nachrichtenbüros in Venezuela durch einen Vertreter der Transocean GmbH.
M   203 01160 f. (39/3)

16. 11.–7. 12. 39   RKzl., RJM   14016
Kein Einspruch des StdF gegen den Vorschlag, den vor wenigen Wochen zum Mitglied des Volksgerichtshofs ernannten Oberst Gerke wegen einer militärischen Versetzung durch Oberst Messerschmidt zu ersetzen. Vollzug der Ernennung.
H   101 27135–38 (1517 c)

17. 11. 39   NSLB–8   14017
Nachprüfung von Überschneidungen beim Versand von Propagandamaterial nach Schweden.
M   203 01428 (46/5)

17.–30. 11. 39   RJF, AA–8   14018
Keine Bedenken der Dienststelle Ribbentrop und des Auswärtigen Amtes gegen die Absicht der HJ-Banne Prag und Brünn, ihre Winterlager in der Hohen Tatra durchzuführen.
M   203 00129 f. (18/1)

18. 11. 39   Intern. ZBüro Freude u. Arbeit–8   14019
Kurzbericht über Besprechungen von Mitgliedern des Internationalen Beratungskomitees mit dem Generalsekretär in Berlin.
M   203 01743 f. (50/1)

18. 11.–4. 12. 39   HA f. Beamte   14020
Offenbar nach Aufforderung Antrag auf Ersatz von vier der fünf bisher freigestellten Kraftwagen durch kleinere Fahrzeuge.
W   149 00047–50, 054 (1)

19. 11. 39   Ch. Kuhlmann   14021
Eingabe einer Charlotte Kuhlmann (Heilbronn): „Fanatischer" Kampf ihres seit Jahren angefeindeten, nunmehr wegen angeblicher staatsfeindlicher Äußerungen verhafteten Mannes Wilhelm K. für Deutschland; Absicht, an seiner Stelle den Kampf fortzusetzen.
W   124 04560 (453)

20. 11. 39   RLM   14022
Übersendung einer ergänzenden Verfügung Görings: Einordnung der Kriegseinsatzbauten der Luftwaffe westlich der Linie Lübeck–Bielefeld–Gießen–Ulm in die Dringlichkeitsstufe 1 der Verfügung über die Regelung der Bauwirtschaft vom 11. 10. 39.
H   101 19182 ff. (1169 b)

20. 11. 39   Intern. ZBüro Freude u. Arbeit–8   14023
Übermittlung einer Stellungnahme des Generalsekretärs des bulgarischen National-Komitees „Freude und Arbeit", Waltscheff, zu Veröffentlichungen in bulgarischen Zeitungen über seine angebliche Einladung nach Moskau: Einladung nach Berlin, nicht nach Moskau.
M/H   203 01745 f. (50/1)

20. 11. 39   HA f. Technik   14024
Bitte, die vom Verband Deutscher Elektrotechnik vorgeschlagene Änderung der Bezeichnung für eine Frequenzeinheit von „Hertz" in „Helmholtz" zu unterstützen.
W   143 00034 (81)

20. 11. – 2. 12. 39   AA, GL Westfalen-Nord – 8   14025
Anläßlich eines *Artikels des Schriftleiters Wantzen Weiterleitung einer Anweisung des Reichsaußenministers durch die Dienststelle Ribbentrop: Veröffentlichung von Artikeln über Fragen der holländischen und belgischen Neutralität nur nach Vorlage bei der Presseabteilung des Auswärtigen Amtes.
M/H   203 00336 f. (27/3)

21. 11. 39   Dt. Frauenwerk, AA – 8   14026
Vermittlung der Dienststelle Ribbentrop bei der Visumerteilung für den Studienaufenthalt der bulgarischen Studentin Jordanka Batschewarowa in Berlin.
M/H   203 00754 f. (29/2)

21. 11. 39   GI f. d. Straßenwesen, Prof. W. Eitel – 8   14027
Durch den Generalinspektor für das deutsche Straßenwesen Übersendung eines Schriftwechsels über die geplante Studienreise eines Prof. Lennart Forsén (Stockholm) „durch die deutschen Technischen Hochschulen" mit Besichtigung der Reichsautobahnen.
M/H   203 02293 ff. (58/4)

22. 11. 39   Adj. d. F   14028
Übermittlung eines *Schreibens des einen neuen Wirkungskreis suchenden Oberberghauptmanns a. D. Erich Winnacker (Neuhaus b. Schliersee).
W   124 04814 (494)

Nicht belegt.   14029

22. 11. 39 – 17. 1. 40   GL Sauckel, RKzl., RFM   14030
Unter scharfen persönlichen Angriffen gegen die beteiligten „Geheimräte" Einspruch des GL Sauckel gegen die vom Reichsfinanzministerium (RFM) verweigerte Ernennung des Leiters der Abteilung Straßenbau im Thüringischen Innenministerium, ORegR Kurt Schmidt, zum Ministerialrat; Hinweis auf künftige weitere Aufgaben Sch.s und auf die Unterstützung seiner Ernennung durch Generalinspektor Todt. Dazu formal Verwahrung sowohl der Reichskanzlei wie des RFM gegen die ungerechtfertigten Angriffe auf die nur ihre Weisungen ausführenden Beamten; sachlich Hinweis auf die am 25. 9. 36 festgelegten Richtlinien, Ministerialratsstellen in den Ländern in der Regel in Stellen für Regierungsdirektoren umzuwandeln und Ausnahmen nur für besonders wichtige Dienstposten zuzulassen; eine darunter fallende Bewertung der Funktionen Sch.s nicht gerechtfertigt, deshalb für ihn – wie bereits S. mitgeteilt – ein Ernennungsvorschlag zum Regierungsdirektor nahegelegt.
H   101 24858 – 75 (1373 b)

23. 11. 39   RMfWEuV u. a.   14031
Übersendung eines Runderlasses: Einteilung des Studienjahres 1940 in Trimester, um der Notwendigkeit einer raschen Ausbildung des Nachwuchses der akademischen Berufe Rechnung zu tragen.
K   101 15451 f. (940); 101 15505 f. (940 b)

[24. 11. 39]   M. Chotvacs Herévj   14032
Bitte einer Margit Chotvacs Herévj (Budapest), sich für die Erfüllung der in einem Schreiben an Hitler erhobenen Bitte um Überlassung einer „Lindt & Eckhart"-Maschine einzusetzen (Begründung: Entlassung durch ihre jüdischen Arbeitgeber, Wegfall der bisher von GenOberst Fritsch an seine Verwandten in Ungarn gezahlten Unterstützung nach dessen Tod).
W   124 01287 f. (149)

24. 11. 39 – 6. 1. 40   RMfWEuV   14033
Die Ernennung des Doz. Heinrich Lützeler (Bonn) zum Dozenten neuer Ordnung vom Stab StdF abgelehnt: L. ein „scharfer Gegner des NS"; vor der Machtübernahme „gehässige Angriffe in der Reichszeitung" gegen die Bewegung, L.s Einstellung und Taktik seitdem unverändert.
M/H   301 00680 – 83 (Lützeler)

25. 11. 39   GL Düsseldorf – 8   14034
Anregung, eine Anzahl Nummern der Leipziger Illustrierten (Artikel über die Neutralität der Niederlande, der Schweiz usw.) einer Propagandasendung nach den Niederlanden beizulegen.
M   203 01198 (39/3)

Nicht belegt.   14035

26. 11. – 28. 12. 39   M. de la Vigne-Erkmannsdorf, Adj. d. F   14036
Durch den Stab StdF Weiterleitung des Schreibens eines Max de la Vigne-Erkmannsdorf (Erkmannsdorf b. Schleiz) samt zwei 'Schriften an die Führeradjutantur (Anleitung zur Erkenntnis des menschlichen Lebens in einer nordischen Erkenntnis-Gemeinschaft).
W/H   124 04787 ff. (489)

27. 11. 39   DAF – 8   14037
Bitte um Beschaffung der Jahrgänge 1933–38 des Annuaire statistique (Ankara) für das Arbeitswissenschaftliche Institut.
M   203 01652 (49/2)

27. 11. 39   OKW   14038
Übersendung des Entwurfs einer Verordnung über die Fortführung des Reichsarbeitsdienstes für die männliche Jugend im Kriege.
H   101 06117 – 18/4 (520)

27. 11. 39   DAF – 8   14039
Die Herausgabe eines Lehrbuches für Volksbildungsstätten zur Einführung in die russische Sprache geplant; Bitte um Stellungnahme.
M   203 01657 (49/2)

27. 11. 39   DAF – 8   14040
Absicht des Arbeitswissenschaftlichen Instituts, mit statistischen Gesellschaften des Auslands in Verbindung zu treten; Bitte um Stellungnahme.
M   203 01658 f. (49/2)

[27. 11. 39] – [10. 5. 40]   RKzl., OKW   14041
Vorbereitung und Ergebnisse einer Chefbesprechung über die vom OKW durch Vorlage eines – vom StdF gebilligten – Verordnungsentwurfs geforderte Überführung der Reichsversorgungsverwaltung in seine Zuständigkeit: Widerstand des Reichsarbeitsministers gegen eine solche vollständige Eingliederung (Verlesung einer „gänzlich ablehnenden" 'Stellungnahme des StdF durch Seldte), Einverständnis lediglich über eine Heranziehung der Versorgungsämter; Hinweis Lammers' auf eine vorläufige negative, der Zusammenfassung des Versorgungswesens bei einem zivilen Ministerium den Vorzug gebende Äußerung Hitlers.
H/W   101 22446/1 – 458 (1282)

28. 11. 39   GBV   14042
Wegen der bevorstehenden Besprechung zwischen Hitler und StM Wagner in der Angelegenheit Boepple (vgl. Nr. 13960) und angesichts der Bereitschaft W.s, den „Politischen Stab" im bayerischen Kultusministerium aufzulösen und OGebF Klein als Regierungsrat zu seinem Persönlichen Referenten zu machen (vgl. Nr. 14659), vorläufige Zurückziehung des übersandten 'Entwurfs eines Schreibens an den Vorsitzenden des Ministerrats für die Reichsverteidigung.
A/H   101 23055 (1311 c)

28. 11. 39   RPropA Kurhessen – 8   14043
Bitte um finanzielle Unterstützung für den Versand von Aufklärungsmaterial in das neutrale Ausland.
M   203 01165 (39/3)

28. 11. 39   Bund Dt. Westen – 8   14044
Mitteilung der Dienststelle Ribbentrop: An die eingereichten Anschriften von Mitgliedern der Heimattreuen Front in Eupen-Malmedy Versendung von Informationsmaterial nur bei Gewißheit, diese damit nicht zu kompromittieren.
M/H   203 01162 (39/3)

[28. 11. 39]   Adj. d. F   14045
Erwähnung der plötzlich erfolgten Verlegung des Geschäftsbetriebs des Stabs StdF von Berlin wieder nach München.
W   124 04913 f. (529)

28. 11. 39 – 8. 1. 40   GBV, RMfEuL, RWiM, RMfWEuV   14046
Durch den Generalbevollmächtigten für die Reichsverwaltung auf Weisung Görings Übersendung des Entwurfs einer Verordnung über die Vorverlegung der Uhrzeit. Unterschiedliche Stellungnahmen der Ressorts: Ab 15. 2. 40 auf Kriegsdauer (Entwurf), so bald als möglich (Wirtschaft), nur im Sommer (Verkehr, Erziehung), möglichst überhaupt nicht (Landwirtschaft).
H   101 21216 – 26 (1256 a)

Nicht belegt.   14047

29. 11. 39   AA – 8   14048
Versand von Propagandamaterial nach Nord- und Südamerika: Bitte der Dienststelle Ribbentrop um Richtlinien für die Gauleitungen (die von diesen angeregte Benutzung des Kurierweges nicht möglich).
M/H   203 01164 (39/3)

29. – 30. 11. 39   Dt. Fichte-Bund – 8   14049
Frage der Dienststelle Ribbentrop nach dem Herausgeber eines für Frankreich bestimmten antisemitischen Flugblatts. Für sich verneinende Antwort des Deutschen Fichte-Bundes unter Hinweis auf den Welt-Dienst oder die „Lesepatenschaften" des „Stürmer" als mögliche Herausgeber.
M/H   203 01240 – 43 (39/5)

29. 11. – 23. 12. 39   AA, RJF, DAF – 8   14050
In Erfüllung des Deutsch-Italienischen Kulturabkommens deutscher Sprachunterricht in faschistischen Schulen und Organisationen; Bitte des Auswärtigen Amts um Auskunft über die von der NSDAP beabsichtigten entsprechenden Maßnahmen. Dazu Auskünfte über den italienischen Sprachunterricht an den Adolf-Hitler-Schulen, auf den Ordensburgen u. a.
M/H   203 01514 – 19 (47/4)

30. 11. 39   Adj. d. F   14051
Weiterleitung eines *Schreibens des Wehrbezirkskommandos Traunstein, die Einberufung eines Wilhelm Seifers und eines Maximilian Greiderer betreffend.
W   124 04731 (481)

Dez. 39   RMdI   14052
Vorlage des *Entwurfs einer Verordnung zur Vereinheitlichung des Feiertagsrechts im Großdeutschen Reich; mit Rücksicht auf den Wunsch Hitlers, eine Beunruhigung der Bevölkerung jetzt zu vermeiden, Zurückhaltung bei der Entkonfessionalisierung unter bewußter Zurückstellung weitergehender Wünsche: Keine Aufhebung kirchlicher Feiertage, sondern nur Verlegung auf den nächstgelegenen Sonntag auf Kriegsdauer. (Nicht abgegangen.)
H   101 21378 – 81 (1266 a)

[2. 12. 39]   RMdI   14053
Beteiligung des StdF bei Beamtenernennungen: Bei nicht unter die in dem *Rundschreiben vom 23. 9. 39 genannten Beförderungen fallenden Ernennungen von Beamten des höheren Dienstes Geltung der normalen 30-Tage-Frist.
M   101 04514 (421)

2. 12. 39 – 26. 1. 40   GI f. d. Straßenwesen, Amerik. Botsch., AA – 8   14054
Anfrage des Generalinspektors für das deutsche Straßenwesen hinsichtlich der vom amerikanischen Handelsattaché erbetenen Daten über das deutsche Straßenwesen, eine Aufstellung „Das Straßenbauwesen in Großdeutschland" beigefügt. Bitte des Auswärtigen Amts und der Dienststelle Ribbentrop, dem Attaché nur die bereits durch das Statistische Reichsamt veröffentlichten Angaben mitzuteilen. Entsprechend gekürzte Auskunft.
H   203 02157 – 70 (57/2)

4. 12. 39   NSLB−8   14055
Erörterung der Möglichkeiten einer deutschen Einflußnahme auf bulgarische Zeitungen: Einladung bulgarischer Presseleute nach Deutschland, Versendung von Aufsätzen in bulgarischer Sprache, Herabsetzung des Preises für deutsche Zeitungen.
M   203 00341 f. (27/3)

4. 12. 39   HA f. Beamte   14056
Antrag um Zuteilung von Diesel-Kraftstoff für die Generatoren der beiden Berghütten des Reichsbunds der Deutschen Beamten (Bayern-Hütte am Latschenkopf bei Lenggries, Dietrich-Eckart-Hütte am Brandkopf bei Berchtesgaden).
W/H   149 00051 ff. (1)

4. 12. 39   HA f. Beamte   14057
Übersendung der *Bedarfskarten für vier freizustellende Kraftfahrzeuge.
H   149 00054 (1)

5. 12. 39   DAF−8   14058
Anforderung von Material über die Ordensburgen durch einen A. Gasteiner-Elsenson (z. Zt. Betzau/Vorarlberg) für Auslandsvorträge; Bitte um Auskunft über dessen Person.
M   203 01733 (49/4)

5. 12. 39   NSLB−8   14059
Bericht über eine Deutschland abträgliche Schilderung der Kriegshandlungen mit Frankreich (heimtückische Feuereröffnung) durch den reichsdeutschen Prof. Schrader in Bulgarien; eventuelle Maßnahmen gegen Sch.
M/H   203 01470 f. (47/1)

5. 12. 39   GBV, Bayr. StKzl.   14060
Wegen eigenmächtiger Vollzugsaussetzung von Anordnungen Oberster Reichsbehörden scharfe Kritik des Generalbevollmächtigten für die Reichsverwaltung an der Bayerischen Staatsregierung; zur „Sicherstellung klarer Befehlsverhältnisse" Aufhebung zweier bayerischer Erlasse. (Abschrift an den StdF.)
A   101 23160 f. (1316)

5. 12. 39 − 23. 2. 40   RFSS, Lutze   14061
Durch Himmler Weiterleitung angeblich schärfster Kritik von OKW-Offizieren an den täglichen Morgenritten des Stabschefs Lutze und seiner Familie. Auf Anruf Rechtfertigung L.s gegenüber Heß: Drei seiner acht Pferde „ohne jegliches Zutun von seiner Seite" nicht eingezogen; Notwendigkeit, diese zu bewegen und Hinweis auf den noch existierenden privaten Reitbetrieb; Schikanen der Wehrmacht gegenüber seiner „kleinen, selbst hergerichteten" Reitbahn (Belegung mit verdrusten Pferden); keine Wagenfahrten seiner Familie zum Reiten.
K/H   102 00516 − 20 (934)

6. 12. 39   G. Schaub   14062
Vorschlag des Vorstandsvorsitzenden der ADEKRA (Arbeitsgemeinschaft deutscher Kraftwagenspediteure), Georg Schaub, die bei der Reichsbahn, dem gewerblichen Kraftverkehr und der Wirtschaft für den Güterfernverkehr noch verfügbaren Kraftfahrzeuge unter einheitlicher Lenkung zusammenzufassen und zur Entlastung des Schienenverkehrs einzusetzen.
H   101 08250 − 52/10 (637)

6. 12. 39 − 21. 7. 40   Adj. d. F u. a.   14063
Die Bitte des Schulrats Richard Meyer (Berlin), als Lohn für seine Arbeit im Kampf um das Memelgebiet ehrenhalber in die Partei aufgenommen zu werden, von Führeradjutant Brückner an Bormann weitergeleitet. Nach zunächst widersprüchlichen Beurteilungen M.s durch die vom Stab StdF befragten Stellen positive Stellungnahmen der Gauleitungen Berlin und Ostpreußen; Zuleitung des Gesuchs an den Reichsschatzmeister.
W   124 04882 − 86 (526)

7. 12. 39 – 22. 1. 40   GI f. d. Straßenwesen – 8   14063 a
Kein Bescheid hinsichtlich der Reise eines Dr. Roegholt (Utrecht) nach Deutschland ergangen; die Angelegenheit inzwischen erledigt, aber ein neuer Antrag R.s zu erwarten.
H   203 00824 (30/1)

7. 12. 39 – 27. 2. 40   RArbM, RFM   14064
Vorschlag des Reichsarbeitsministers, die jährliche Sonderbeihilfe an die von der öffentlichen Fürsorge unterstützten Kleinrentner auch hilfsbedürftigen Sozialrentnern und Gleichgestellten zukommen zu lassen; Hinweis auf die andernfalls unausbleibliche Mißstimmung bei den Sozialrentnern und ihren Familienangehörigen. Infolge der Ablehnung durch den Reichsfinanzminister Beschränkung des Reichszuschusses auf die etwa 200 000 Kleinrentner. Runderlaß an die Landesregierungen, um eine beschleunigte Auszahlung sicherzustellen. (Abschrift jeweils an den StdF.)
M   101 04090 – 99 (405)

8. 12. 39   GBV, RJM   14065
Übersendung des Entwurfs einer – demnächst im Reichsgesetzblatt zu veröffentlichenden – Verordnung über die Zuerkennung der Fähigkeit zum Richteramt (im Sinne des deutschen Gerichtsverfassungsgesetzes) an Volksdeutsche mit einer in einem anderen Land erworbenen entsprechenden Befähigung.
K/H   101 25368 (1412); 101 26547 – 50 (1508 a); 101 28174 (1535)

[8. 12. 39]   GBW   14066
Einverständnis des StdF mit dem *Entwurf einer Verordnung über die Änderung des § 6 Abs. 2 der Gewerbeordnung für das Deutsche Reich:
K   101 13926 (737)

8. – 30. 12. 39   AA, Dt. Botsch. Rom   14067
Übersendung von Berichten der Deutschen Botschaft in Rom: Neuordnung des Verhältnisses zwischen Dopolavoro und Faschistischer Partei; Ernennung des Präsidenten der Konföderation der Industriearbeiter, Capoferri, zum Sonderbeauftragten für die Freizeitorganisation Dopolavoro; Begrüßung dieser Maßnahme durch die Arbeitnehmerverbände als weitere Ausdehnung ihres Zuständigkeitsbereichs.
M   203 01686 – 91 (49/3)

8. 12. 39 – 2. 2. 40   RDozF u. a. – 8   14068
Zu einer von der Dienststelle Ribbentrop mit der Bitte um Stellungnahme übersandten *Verbalnote der Ungarischen Gesandtschaft Abgabe einer positiven politischen Beurteilung über die Turkologin Annemarie v. Gabain (Berlin).
M   203 00819 – 22 (30/1)

9. 12. 39   RFM   14069
Vorlage des *Entwurfs eines Gesetzes über die Besteuerung der Erbschaften und der Schenkungen; Begründung: Schwierigkeiten bei der Anwendung des nicht durchweg von ns. Grundsätzen beherrschten geltenden Erbschaftssteuergesetzes; Dringlichkeit der Einführung des Reichssteuerrechts in der Ostmark und in den eingegliederten Ostgebieten.
K   101 14595 f. (794)

9. – [14.] 12. 39   NSLB, AA – 8   14070
Bericht des NS-Lehrerbundes über das Deutsch-Bulgarische Kulturabkommen. (Verweiszettel.)
W   203 01399 (46/5)

9. 12. 39 – 29. 1. 40   RKzl., RJM   14071
Zustimmung des StdF zu dem Vorschlag, zwölf Mitglieder des Volksgerichtshofs nach abgelaufener Amtszeit wieder zu bestellen und acht weitere Mitglieder (GenMaj. Kauffmann, die Obersten v. Lenski, Nickelmann, Grobholz und Medem, Kpt. z. See Scheer, Kpt. z. See Rollmann und SS-Gruf. Taubert) neu zu ernennen.
H   101 27139 – 47 (1517 c)

[11. 12. 39]   HASSG   14072
*Unterlagen des StdF über die Parteigerichtsverfahren im Streitfall Fritz Strebel (Präsident des Reichsverbandes des Kraftfahrgewerbes) gegen SS-Brif. Christian Weber. (Erwähnt in einer auf Anordnung Himmlers angefertigten Zusammenstellung des Inhalts der Parteigerichtsakte Weber: Annahme von Geschenken, Käufe von Möbeln und Einrichtungsgegenständen bei jüdischen Firmen sowie Benützung

des Kraftwagens eines Juden, Nichtbeteiligung an Aufmärschen usw., Trunkenheit, Korruption [Annahme von Provisionen beim Einkauf von Autos durch die Stadt München], tätliche Angriffe, unsittliche Handlungen, u. a.; insgesamt 27 Fälle.)
M/H   306 00968 – 73 (Weber, Christian)

11. – [14.] 12. 39   NSLB, AA   14073
Schreiben des NS-Lehrerbundes, die Übersetzung des rumänischen Theaterstücks „Der tapfere Wächter" betreffend. (Verweiszettel.)
W   203 01398 (46/5)

11. 12. 39 – 25. 1. 40   NSLB u. a. – 8   14073 a
Durch die Dienststelle Ribbentrop, offenbar auf Anforderung, Übersendung von *Berichten der Deutschen Gesandtschaft in Bukarest über rumänisches Propagandamaterial gegen Deutschland.
H   203 01423 (46/5)

12. 12. 39   GL Koblenz-Trier, AA – 8   14074
Erörterung der Bewerbung eines Keusen und seiner Tochter und einer möglichen Beschäftigung K.s bei der Erdölförderung in Rumänien.
M/H   203 00991 f. (33/2)

[12. 12. 39]   GBV   14075
Keine Bedenken des StdF gegen den *Entwurf einer Verordnung zur Sicherung der Überführung der Militäranwärter usw. in das Beamtenverhältnis (bei Einberufungen zur Wehrmacht).
H   101 22421 f. (1280)

[12. 12. 39]   GBV   14076
Zustimmung des StdF zum Entwurf einer Verordnung über die mögliche Befreiung von der Einhaltung handelsrechtlicher Vorschriften (d. h. von der Pflicht der Aktiengesellschaften und der Gesellschaften mit beschränkter Haftung zur Bekanntmachung ihrer Jahresabschlüsse, Kapitalerhöhungen usw. im Interesse der Spionageabwehr).
H   101 08751 ff. (645)

13. 12. 39   RMdI u. a.   14077
Übersendung eines Erlasses über die künftige Organisation des Verwaltungsbezirks Vorarlberg (kein eigener Reichsgau) unter Führung des Reichsstatthalters in Tirol und Vorarlberg mit der Anweisung an die Landeshauptleute von Tirol und von Vorarlberg, die erforderlichen Maßnahmen bis Ende Januar 1940 abzuschließen.
A   101 24091 – 95 (1348 e)

13. 12. 39   RMdI   14078
Beamte in zugleich führender Stellung in der Partei oder einer ihrer Gliederungen (d. h. vom Kreisleiter bzw. Standartenführer aufwärts) durch Entscheidung Hitlers zum Tragen der Parteiuniform (bzw. jener der entsprechenden Gliederung) verpflichtet; Mitteilung an den StdF über die im Zusammenhang damit getroffenen Regelungen für die eingegliederten und besetzten Ostgebiete sowie für die westlichen Operationsgebiete: Dort – anders als im Inland – wegen der besonderen Verhältnisse ständiges Uniformtragen zwingend; daher Vorschlag, den dort tätigen Beamten einen Reichszuschuß zur Beschaffung der Parteiuniform zu gewähren (Bitte an den StdF um Zustimmung, entsprechende Information an die Reichskanzlei und an den Reichsfinanzminister).
A   101 05578 ff. (465 a)

13. 12. 39   HA f. Beamte   14079
Mitteilung über die Verpflichtung der Stenotypistin Friederike Wittmann (Hauptamt für Beamte) für die Bearbeitung von Verschlußsachen.
W   149 00014 (1)

13. 12. 39 – 11. 1. 40   F. Bruckmann K.G., Lammers   14080
Nach einem Prof. Hoffmann bereits im Herbst 1937 erteilten, dann aber liegengebliebenen Auftrag Hitlers, den gesamten Jahrgang 1932 des Völkischen Beobachters in ca. 10 000 Exemplaren nachzudrucken und an Partei- und Staatsdienststellen, Bibliotheken usw. zu verteilen, nunmehr endgültige Weiterbearbeitung der Angelegenheit durch Bormann; Übernahme der Herstellungskosten für die von der Partei

benötigten 1500 Exemplare durch B., für die restlichen durch Lammers; diesem auch die Auswahl der übrigen Empfänger (Bibliotheken der Wehrmacht, Staatsdienststellen u. a.) überlassen. Technische Daten und Kostenkalkulation.
A/H   101 05640 – 47 (469 a)

14. 12. 39 – 6. 4. 40   RMfWEuV   14081
Einspruch des Stabs StdF gegen die Ernennung des a. o. Prof. Johann Sauter (Wien) zum apl. Professor: Ideologische und praktische Beziehungen S.s zum Spann-Kreis („Vermittlungsbote" Spanns); mit dem Nationalkatholiken Prof. Eibl Gründer der Deutschphilosophischen Gesellschaft in Wien; Beziehungen zu Bundeskanzler Seipel in der „Systemzeit"; u. a.
H   301 00851 – 54 (Sauter)

16. 12. 39   RArbM u. a.   14082
Eine nachträgliche Beamtenernennung des Staatssekretärs im bayerischen Wirtschaftsministerium, Blutordensträger SS-Obf. Hans Dauser, erforderlich, andernfalls keine Einweisung in die neue Besoldungsordnung möglich; Absicht eines entsprechenden Ernennungsvorschlags und Bitte um Zustimmung. (Nachrichtlich an den StdF.)
A/H   101 23157 ff. (1316)

16. 12. 39   RArbM   14083
Übersendung einer *Zweiten Durchführungsverordnung zur Sachschädenfeststellungsverordnung vom 11. 12. 39 über die Gewährung von Vorschüssen für die Instandsetzung durch Kriegshandlungen, insbesondere feindliche Luftangriffe, beschädigter Gebäude.
H   101 08635 – 36/4 (643 a)

16. 12. 39   RStudF Scheel   14084
Bericht über die derzeitige, zu Kritik Anlaß gebende Lage an den Hochschulen (Überfüllung insbesondere der 1. medizinischen Semester, Zugang unwürdiger Elemente, u. a.) und über die vorgesehenen Maßnahmen: Ableistung des Arbeitsdienstes durch alle Studenten und Studentinnen; Schulung aller 1. Semester an Erfassungshalbtagen und Werbung für den – von vielen Studierenden aus weltanschaulichen Gründen abgelehnten – Beitritt zu den Kameradschaften des NSD-Studentenbundes; Einführung von „Dienstgemeinschaften der Deutschen Studentenschaft" für die Angehörigen der 1.–3. Semester (praktische Mitarbeit beim Ernährungswerk, beim Luftschutz usw.); Durchführung einer Zwischenprüfung zur Ausschaltung ungeeigneter Elemente unter den jetzigen 1. Semestern; u. a.
K   101 15513 ff. (940 b)

16. 12. 39 – 29. 4. 40   RMdI, RKzl.   14085
Differenzen zwischen dem StdF und dem Reichsinnenminister (RMdI) über die Vertretung der zum Wehrdienst einberufenen Behördenleiter. Klage des StdF über Mißhelligkeiten durch die Betrauung u. a. von ehemaligen Freimaurern mit der Vertretung; Bitte um Einhaltung der für die Behördenleiter und Personalsachbearbeiter geltenden Grundsätze und um Regelung der Vertretung „unabhängig vom Dienstalter der übrigen Beamten". Ablehnung des RMdI, einen entsprechenden Runderlaß herauszugeben: Ausreichende Prüfung der politischen Zuverlässigkeit der Beamten durch das Berufsbeamtengesetz; die von ihm erbetene Einholung einer Stellungnahme Hitlers nach Mitteilung Lammers' wegen der Fülle wichtiger Vortragssachen nicht möglich, jedoch von L. persönlich seine Auffassung geteilt.
M   101 04419 – 22 (418)

17. 12. 39   H. Deuschl   14086
Besuch Bormanns mit Frau in Gut Alt-Rehse; dabei Erwähnung der Verfassung des SS-Gruf. Wolff („abgearbeitet").
W   107 00638 (214)

18. 12. 39   RLM   14087
Übersendung der *Entwürfe einer Verordnung über den Reichsluftschutzbund und seiner Satzung: Überwiegend öffentlich-rechtlicher Charakter, Berufung der Präsidenten durch den Reichsluftfahrtminister, u. a.
A/H   101 22722 ff. (1294 b)

18. 12. 39   RProt., RFM   14088
Klage des Stellvertretenden Reichsprotektors über die bisher ausgebliebenen Gehaltszuschüsse für die

volksdeutschen Lehrkräfte im Protektorat (Abschrift an den StdF mit der Bitte um Intervention beim Reichsfinanzminister).
A   101 23457 f. (1328 a)

18. 12. 39   DAF−8   14089
Vorbereitung eines Lehrbuchs für die dänische Sprache; Bitte um Stellungnahme zur Person des dafür vorgesehenen Leiters der Städtischen Handelsschule in Kopenhagen, Swen Bendtsen.
M/H   203 01660 (49/2)

18.−[21.] 12. 39   NSLB, AA−8   14090
Schreiben des NS-Lehrerbundes, eine für August 1940 geplante Geschichtslehrertagung und Prof. Edelmann betreffend. (Verweiszettel.)
W   203 01426 (46/5)

19. 12. 39   RArbM   14091
Übersendung einer Aufzeichnung über den „Arbeitseinsatz im Deutschen Reich Mitte Dezember 1939": Aufstellungen über offene Stellen, Arbeitslose, Kriegsgefangene usw.; Bekämpfung des Arbeitskräftemangels fast ausschließlich durch den Einsatz bereits in Arbeit stehender Personen an kriegswichtigeren Arbeitsplätzen.
M   101 06614−17 (533); 101 09323 (652)

19. 12. 39   RGruppe Handel, AA−8   14092
In einem *Schreiben der Reichsgruppe Handel an das Auswärtige Amt (AA) Übermittlung von Auslandsanschriften für die Kartothek der Informationsstelle des AA, dabei auch Behandlung die Dienststelle Ribbentrop (DR) berührender Fragen. (Durchschlag an die DR.)
M   203 01127 (37/3)

[19. 12. 39]   SS-Gruf. Sachs, RPM   14092 a
Antrag des SS-Gruf. Sachs auf Anschließung der Dienststelle Ribbentrop an das Fernschreibnetz des Verbindungsstabs.
H   306 00829 (Saupert)

[20. 12. 39]   RBauernF   14093
Anweisung der Landesbauernschaften, für die Anforderung der Beurteilungen des StdF zu Vorschlägen auf Ernennung und Beförderung von Beamten des höheren Dienstes künftig je eine Durchschrift des Ernennungsvorschlags (anstelle des bisher ausgefüllten Formularschreibens über die Anforderung der Beurteilung) mit einzureichen.
W/H   112 00054 (128)

21. 12. 39   Intern 8   14094
Übersendung des *Briefes eines Ing. Lippert.
M   203 01173 (39/3)

21. 12. 39   RArbM   14095
Auf Wunsch Hitlers Vorschlag, GL Prof. Rudolf Jung (Hochschule für Politik Berlin) zum Präsidenten des Landesarbeitsamts Mitteldeutschland zu ernennen.
K   101 15443−47 (939 b)

21. 12. 39   DAF−8   14096
Vorlage des Manuskripts eines beabsichtigten *Vortrags des Pg. Bötticher (Führungsdienst KdF) im Ibero-Amerikanischen Institut über die Verhältnisse in Deutschland, unter besonderer Berücksichtigung der DAF.
M/H   203 01661 (49/2)

21. 12. 39−11. 1. 40   DAF−8   14097
Befürwortung von Ordensverleihungen an acht Italiener als Anerkennung ihrer Verdienste um die deutsch-italienische Zusammenarbeit.
M   203 01677−83 (49/2)

22.12.39   RJM   14098
Übersendung des Entwurfs einer Verordnung über die Zuständigkeit der Strafgerichte, die Sondergerichte und sonstige strafverfahrensrechtliche Vorschriften: Zusammenfassung und Klarstellung des gegenwärtigen Rechtszustandes mit geringen technischen Verbesserungen sowie Einführung einiger Neuerungen (Strafgewalt der Amtsrichter und der Strafkammern, Vorschrift über die notwendige Verteidigung, Rechtsbehelf der Nichtigkeitsbeschwerde des Oberreichsanwalts gegen rechtskräftige Urteile). Zustimmung des StdF.
K/W   101 26530 – 32/14 (1508)

22.12.39   AA – 8   14099
Unter Übersendung eines *Schreibens der Gauleitung Köln-Aachen Hinweis der Dienststelle Ribbentrop auf die Beziehungen zwischen dem Kurator der Universität Köln und der Zeitung De Waag.
M   203 01170 (39/3)

22.12.39   GL Westfalen-Nord – 8   14100
Bitte um Weiterleitung eines *Schreibens von RStatth. Meyer an Prinz Bernhard der Niederlande, die Vermögensauseinandersetzung des lippischen Staates mit B. betreffend.
M   203 00848 (30/1)

22.12.39   DAF – 8   14101
Bitte um Streichung eines höheren Beamten im holländischen Wirtschaftsministerium, Verhoeven, von der Anschriftenliste für die Auslandspropaganda aufgrund seiner Verhaftung.
M   203 01172 (39/3)

22.12.39 – 15.1.40   RFM, Oberste RBeh.   14102
Kritik des StdF an dem unterschiedlichen Verfahren bei der Gewährung von Beschäftigungstagegeldern. Die Aufhebung der Sonderregelung im Reichsverkehrs- und im Reichspostministerium durch den Reichsfinanzminister verfügt; Empfehlung an die Obersten Reichsbehörden, für möglichst einheitliche Vergütungssätze innerhalb desselben Bezirks zu sorgen; der Erlaß einer starren allgemeinverbindlichen Anordnung angesichts der örtlichen und sachlichen Verschiedenheiten nicht zweckmäßig.
M   101 04417 f. (418)

22.12.39 – 16.2.40   RGru. Banken, AA   14103
Auf Anfrage Bescheid der Dienststelle Ribbentrop: Die Verschickung von Propagandamaterial in das neutrale Ausland nur von Einzelperson zu Einzelperson möglich, die bisherige Versendung als Rundschreiben an 340 Adressen durch die „Hamburger Sparkasse von 1827" unerwünscht.
M/H   203 01249 f. (39/5)

22.12.39 – 26.4.40   RMfWEuV   14104
Ablehnung der Ernennung des geschäftsführenden Präsidenten des Deutschen Gemeindetages, Kurt Jeserich, zum außerplanmäßigen Professor durch den StdF trotz Befürwortung durch den Reichserziehungsminister und Fiehler; Begründung: Anwendung strengerer Maßstäbe bei nebenamtlichen Dozenten.
M   301 00487 – 504 (Jeserich)

23.12.39   RSportA – 8   14105
Mitteilung über die bevorstehende Verpflichtung italienischer Rennfahrer für radsportliche Veranstaltungen in der Deutschlandhalle.
M   203 01815 (51/2)

23.12.39   NSDDozB – 8   14106
Politische Beurteilung des Petrographen K. Willmann (früher Kiel, jetzt Wiesbaden) wegen seiner Berufung an die Universität Rosario (Argentinien): Keine politischen Bedenken des Hoheitsträgers und daher keine Einwendungen.
M   203 00846 f. (30/1)

[23.12.39]   RMdI   14107
Beschwerde über die eigenmächtige Einsetzung von Kreisleitern als Landräte in den Reichsgauen Dan-

zig-Westpreußen und Wartheland durch die Partei: Bestätigungsverweigerung; Vorrang des Verwaltungsaufbaus (erschwert durch den fremden Volkseinschlag) vor der Menschenführung (geringe Zahl von Volksdeutschen); Warnung vor dem Entstehen eines Nachwuchsmangels.
A   101 23609 ff. (1333)

23. 12. 39 — 29. 1. 40   DAF — 8   14108
Mitteilung der Dienststelle Ribbentrop: Nach der Anweisung der Faschistischen Partei, nur noch italienische Lehrer für die von ihr organisierten Fremdsprachenkurse einzustellen, Erwägung des Auswärtigen Amts, zur Herstellung der Gegenseitigkeit eine ähnliche Bestimmung in Deutschland zu erlassen. Dazu die von der DAF erbetenen Feststellungen: Im Bereich der Adolf-Hitler-Schulen und Ordensburgen keine italienische Lehrkraft beschäftigt, bei der Reichsfachschaft für das Dolmetscherwesen eine, bei den Fasci in München, Nürnberg, Frankfurt usw. jeweils zwei bis drei, in Berlin sogar 10 — 15.
M/H   203 01520 ff. (47/4)

[24. 12. 39] — 10. 1. 40   Frau H., RMdI   14109
Brief Heß' an eine unverheiratete Mutter (der Verlobte gefallen): Die Erhaltung des Volkes gerade im Krieg von besonderer Bedeutung und über allen Prinzipien und Sitten stehend, ein Beitrag hierzu der „höchste Dienst" einer Frau; Hinweis auf bedeutende unehelich Geborene (Karl der Große, Leonardo da Vinci, Wilhelm Busch, York); Bereitschaft, Patenschaft zu übernehmen; der vorliegende Fall Anlaß einer generellen Regelung (versorgungsmäßige Gleichstellung mit ehelichen Kindern; Setzung der Bezeichnung „Kriegsvater" anstelle des Namens oder zum Namen des Vaters bei der standesamtlichen Eintragung; Bezeichnung der Mutter mit „Frau" unter Beibehaltung des Mädchennamens; auf Wunsch durch die NSDAP Vermittlung von Vormündern; staatliche Beihilfen bei materiellen Schwierigkeiten). Diesen Grundsätzen entsprechend (wegen der Führung der Bezeichnung „Frau" Hinweis auf die bereits 1937 erfolgte Regelung) vom Reichsinnenminister eine Neuregelung der Stellung von Bräuten und unehelichen Kindern Gefallener geplant und in einer Besprechung mit den beteiligten Ressorts erörtert; Bitte an die Ressorts, im Einvernehmen mit dem StdF die notwendigen Entwürfe auszuarbeiten.
H   101 22562 — 78 (1286); 153 00006 — 10 (459 — 1)

26. 12. 39 — 22. 1. 40   RKzl., RMdI, RJM, RFM, RMfdkA, RMfEuL   14110
Bitte Bormanns, bei der Einführung von Reichsrecht in den eingegliederten Ostgebieten auf die Notwendigkeit einer Sonderbehandlung der dortigen Kirchen Rücksicht zu nehmen: Keine Einführung der im Altreich geltenden Kirchensteuergesetze und des preußischen Landes- oder des Reichskonkordats; Offenhalten einer Sonderbehandlung der religiösen Vereinigungen und Religionsgemeinschaften hinsichtlich letztwilliger Verfügungen und Schenkungen sowie der Möglichkeit einer Überprüfung der zugunsten der Kirchen bestehenden öffentlich- und privatrechtlichen Verpflichtungen (Vermeidung einer Belastung des Bodens deutscher Bauern). Protest des Reichskirchenministers wegen seiner Nichtbeteiligung; Stellungnahme in der Sache: Die Anträge des StdF nicht ganz verständlich; die erwähnte Rechtseinführung entweder nicht geplant oder aber überflüssig (in den Ostgebieten bereits geltendes Recht).
A/M/W/H   101 00937 — 51 (152); 101 14586 f. (793 a); 101 23534 — 37 (1332)

28. 12. 39 — 9. 1. 40   RArbF — 8   14111
Durch die Dienststelle Ribbentrop Zurückweisung einer Kritik des OberstArbF Müller-Brandenburg am wochenlangen Herumliegen von Auslandssendungen bei der Zensurbehörde: Prüfung der Postsachen innerhalb von 24 Stunden.
M   203 01175 ff. (39/3)

29. 12. 39   RKF   14112
Ernennungsvorschlag für den Chef des Zentralbodenamtes beim Reichskommissar für die Festigung deutschen Volkstums, SS-Gruf. Wilhelm Frhr. v. Holzschuher: Vom Regierungspräsidenten (von Niederbayern/Oberpfalz) zum Ministerialdirektor.
H   101 25369 — 74 (1412)

29. 12. 39 — 5. 1. 40   RArbF — 8   14113
Übersendung von *Schreiben zweier schwedischer ehemaliger Gäste des Reichsarbeitsdienstes, C. Axell und Lanning, sowie eines Mitglieds der Mussert-Bewegung, A. Kip (Appeldoorn).
M   203 01179 f. (39/3)

29. 12. 39 — 9. 1. 40   GL Düsseldorf, GL Koblenz-Trier — 8   14114
Mitteilungen über die Beschlagnahme von Propagandamaterial durch Überwachungsstellen in Holland und Schweden.
M   203 01178, 191 (39/3)

[31. 12. 39] — 9. 2. 40   RMdI, GBV   14115
Zustimmung des StdF zum Entwurf einer Verordnung über die Organisationen der polnischen Volksgruppe im Reich: Verbot weiterer Tätigkeit und künftiger Neugründungen, Bestellung eines Kommissars für die Auflösung und Liquidation dieser Organisationen.
H   101 14821 — 22/3 (823); 101 26221 — 26 (1184)

[1939/40]   14116
Versandanschriften für Angelegenheiten für den Ministerrat für die Reichsverteidigung (für den StdF Wilhelmstr. 64 [Verbindungsstab] z. Hd. MinDir. Sommer).
H   101 08542 (641)

Jan. — 7. 5. 40   GBV, Oberste RBeh., RKzl.   14117
Durch den Generalbevollmächtigten für die Reichsverwaltung Übersendung des Entwurfs eines Rundschreibens über die planmäßige Anstellung von Gerichtsassessorinnen und Assessorinnen in Stellen des höheren Dienstes; Verweis auf die Entscheidung Hitlers, Frauen nicht als Richter anzustellen oder als Rechtsanwälte zuzulassen, und auf seine weitere Entscheidung, Frauen nur in Ausnahmefällen zu Beamten des höheren Dienstes zu ernennen; die Verwendung von Frauen in für sie besonders geeigneten Stellen (Wohlfahrtspflege, weiblicher Reichsarbeitsdienst u. a.) daher nicht ausgeschlossen und im Einzelfall zweckmäßiger als die Besetzung der Stelle mit einem Mann; die Schaffung neuer, auf die Wahrnehmung durch Frauen besonders zugeschnittener Planstellen jedoch nicht möglich. Auf Anfrage Bormanns Feststellung der RKzl.: Dieser Entwurf mit der durch *Schreiben vom 25. 7. 37 mitgeteilten Entscheidung Hitlers nicht im Widerspruch stehend (vgl. Nr. 12019).
M/H   101 04746 — 49, 753 — 61 (427)

2. 1. 40   RProt.   14118
*Nachweisung über die Zahl der deutschen Staatsangehörigen und der Volksdeutschen im Protektorat (Stand 1. 12. 39); Bitte um vertrauliche Behandlung (z. T. noch keine Endziffern).
A   101 23259 ff. (1324 a)

[2. 1. 40]   RMdI   14119
Nach einer Übereinkunft mit GL Greiser, im Reichsgau Posen 23 Landräte aus der Verwaltung zu ernennen und 15 Landratsämter mit „Männern der Partei" zu besetzen, Übersendung einer Liste der 23 Kandidaten der Verwaltung zwecks Überprüfung.
H   101 08862 f. (647)

Nicht belegt.   14120

4. — 9. 1. 40   GL Düsseldorf, AA u. a. — 8   14121
Meldung ihres Gaubeauftragten Düsseldorf an die Dienststelle Ribbentrop (DR): Im Rahmen der Aktion zur Erfassung der Volksdeutschen im Gau Düsseldorf Kenntnisnahme von einer Aufforderung des Reichswirtschaftsministeriums (RWiM) an den volksdeutschen amerikanischen Staatsbürger Dipl.-Ing. Otto Lellep (Gutehoffnungshütte), sein als Altersversicherung angelegtes Auslandsvermögen ($ 50 000. —) zur Verfügung zu stellen; Erwägung, deshalb nach den USA zurückzukehren; Bitte um Intervention unter Hinweis auf wertvolle Erfindungen L.s. Dazu Verweis der DR auf die alleinige Zuständigkeit des RWiM und des Beauftragten für den Vierjahresplan.
M/H   203 00833 — 36 (30/1)

4. 1. — 20. 2. 40   RKzl., RL, GL   14122
Auf Anordnung Hitlers Erlaß der Anordnung A 1/40 durch den Stabsleiter StdF: Zwecks Verhinderung aufgebauschter Berichterstattung der Auslandspresse Herausgabe besonderer Richtlinien für künftige Zusammenkünfte der Reichs- und Gauleiter (Verpflichtung zu strengstem Stillschweigen, Anreise und Anfahrt in Zivil und ohne Stander; Übernachtung, sofern nicht vermeidbar, nur einzeln und in kleineren Hotels; Betreten der Reichskanzlei durch verschiedene Eingänge nach den Anfangsbuchstaben der

Namen; Verbot der Benutzung von Kraftfahrzeugen im Umkreis von 1000 Metern um die Reichskanzlei). Übersendung der Anordnung an die Reichskanzlei.
H   101 18074—82 (1118)

5. 1. 40   GL Saarpfalz—8   14123
Abwurf des *Flugblatts „Vexierspiel" über Speyer und Zusendung einer *„Hetzschrift" durch die Post nach Neunkirchen; Übersendung je eines Exemplars.
M/H   203 01188 (39/3)

5. 1. 40   GL Koblenz-Trier—8   14124
Postalische Zusendung von feindlichen Druckschriften im Gau Koblenz-Trier; Übersendung von Abschriften.
M   203 01185 (39/3)

[5. 1. 40]   Rechnungshof d. Dt. Reichs   14125
Keine Einwendungen des StdF gegen die vorgeschlagene Ernennung des RegR Friedrich Reuter zum Oberregierungsrat.
H   101 18883—87 (1155 c)

6. 1. 40   GL Mark Brandenburg—8   14126
Bitte um Erstattung verauslagter Portokosten für den Versand von Aufklärungsschriften in das neutrale Ausland.
M   203 01125 f. (27/3)

6. 1. 40   GL Weser-Ems—8   14127
Übersendung wirtschaftspolitischer *Berichte eines Pg. Lindner (Bremen), Inhaber einer Vertreterfirma mit wertvollen Auslandskontakten; Bitte um Stellungnahme zu der möglicherweise abgekarteten Beschlagnahme neutraler Schiffe durch die Engländer.
M/H   203 02296 f. (58/4)

[6. 1. 40]   RFM   14128
Vorlage eines *Fünften Gesetzes zur Änderung des Finanzausgleichs; Zustimmung des StdF zu der vorgeschlagenen Regelung.
K   101 14414 (780)

7. 1. 40   Speer   14129
In Anwesenheit Bormanns Weisung Hitlers, den Krakauer Marienaltar (Veit Stoß) von Berlin nach Nürnberg zu überführen und dem Germanischen Nationalmuseum zu übergeben.
H   101 21069 (1236 a)

7. —31. 1. 40   RMdI, RKzl.   14130
Mit dringenden politischen Gründen motivierter Antrag des Reichsinnenministers, die Reichsstatthalter in der Ostmark alsbald zu ernennen (nicht erst mit dem völligen Inkrafttreten des Ostmarkgesetzes und dem Erlöschen des Auftrags des Reichskommissars für die Wiedervereinigung, beides vorgesehen für den 1. 4. 40); Vorlage der Ernennungsurkunden für die derzeitigen Landeshauptmänner sowie eines Verordnungsentwurfs (vorläufig keine Erweiterung ihrer Befugnisse). Ablehnung der Vollziehung durch Hitler: Eine Entscheidung über die Besetzung der Posten in Wien und Kärnten noch nicht getroffen; die für die Dringlichkeit angeführten Gründe nicht stichhaltig.
H   101 24965—71 (1390 b)

8. 1. 40   Intern 8   14131
Durch den Gaubeauftragten Schlesien der Dienststelle Ribbentrop Übersendung einer dem Breslauer Geschäftspartner gegenüber geäußerten Beschwerde des Schweizers Erwin Bischoff (Wil/St. Gallen) über die zusammen mit einer Firmenrechnung erfolgte Zusendung eines Flugblatts.
M/H   203 01192 f. (39/3)

9. 1. 40   RJM   14132
Strittige Punkte bei der Erörterung der geplanten Durchführungsverordnung zum Kraftfahrzeugversicherungsgesetz: Der Abschluß einer Haftpflichtversicherung zwingend (so u. a. StdF) oder eine Beteili-

gung an Haftpflichtgemeinschaften ausreichend; Frage einer Sonderregelung für die Gemeinden. Dazu Kompromißvorschläge des Reichsjustizministers und Besprechungseinladung.
W   101 14230−36 (749)

9. 1. 40   RMdI   14133
Nach einem Vortrag des Reichsinnenministers in Gegenwart Bormanns Weisung Hitlers über die Verwaltung der Wiener Kulturinstitute (staatliche Museen, Staatstheater, Staatsoper, Akademien, Hofmusikkapelle): Leitung unabhängig von Berlin; Etatisierung im Haushalt des Reichsgaues Wien, nicht im Reichsetat, jedoch unter Gewährung erheblicher Reichszuschüsse.
K/H   101 15441 f. (939 b)

9. 1. 40   RFSS   14134
Übersendung des SS-Kalenders 1940 an Heß und Hinweis auf die im Kalender enthaltenen Aussprüche und Bilder H.'.
W   107 00599 (213)

9.−25. 1. 40   DAF−8   14135
Nach Errichtung einer Wirtschaftsstelle Südost in Wien zur Erschließung des Balkanraumes für die deutsche Wirtschaft Absicht, zur Wiener Frühjahrsmesse Sonderfahrten für Handwerker der Balkanstaaten zu organisieren; die Lebensmittelrationierung für die ausländischen Gäste infolge von Sonderzuteilungen nicht spürbar; Bitte um Stellungnahme.
M   203 01662−66 (49/2)

9. 1.−16. 2. 40   GL Düsseldorf, AA−8   14136
Schriftwechsel über die Übermittlung von Propagandamaterial an die I.G. Farben-Industrie A.G.
M   203 01247 f. (39/5)

10. 1. 40   DAF−8   14137
Anforderung von Material über die französische Deutschlandpolitik durch das Hauptschulungsamt der NSDAP.
M   203 01186 f. (39/3)

10.−17. 1. 40   DAF−8   14138
Auf Anfrage Stellungnahme der Dienststelle Ribbentrop mit Einwänden nur wirtschaftlicher Art gegen einen deutsch-slowakischen Gesellenaustausch: Die Vermeidung von Geldüberweisungen in die Slowakei aufgrund des gegenwärtigen Clearingstandes notwendig.
M/H   203 01667 f. (49/2)

10.−24. 1. 40   GL Ost-Hannover, GL Hessen-Nassau−8   14139
Übersendung (durch die Dienststelle Ribbentrop) und Bestellung von 'Propagandamaterial: Athenia-Fall und Weißbuch Nr. 2.
M   203 01238, 244 ff. (39/5)

11. 1. 40   RJM   14140
Vorschlag, PolPräs. Helmut Froböß (Danzig) zum Oberlandesgerichtspräsidenten in Posen zu ernennen.
K   101 26792−97 (1511 b)

11.−24. 1. 40   Intern. ZBüro Freude u. Arbeit−8   14141
Auf eine Anfrage Antwort der Dienststelle Ribbentrop: Keine Bedenken des Auswärtigen Amtes gegen die beabsichtigte Arbeitsbesprechung mit Persönlichkeiten des neutralen Auslandes vom 15.−17. 2. 40.
M   203 01747 ff. (50/1)

11. 1.−21. 3. 40   RMdI, PrFM, RFM, GBW, BfdVJPl.   14142
Durch den Reichsinnenminister Vorlage des Entwurfs einer Verordnung über die Vereinheitlichung im Behördenaufbau: Als Vorgriff auf die im Krieg nicht mehr zu erwartende Reichsreform und mit dem Ziel einer verstärkten Einflußnahme des Reiches auf die Personalbewirtschaftung (Ausgleich zwischen personell stark und schwach besetzten Behörden insbesondere in den Ostgebieten sowie Formung eines „einheitlichen ns. Beamtentyps") Fortführung der mit dem Behördenaufbaugesetz begonnenen Verreichlichung (bisher Wirkungslosigkeit wegen des Verbleibs des „Personalkörpers" bei den Länderhaushalten) durch Übernahme der persönlichen Verwaltungsausgaben für die mit Reichsaufgaben befaßten

Landesbehörden auf den Reichshaushalt unter Belassung der – schwieriger zu trennenden – sächlichen Verwaltungsausgaben bei den Ländern, andererseits aber Wiederausgliederung nicht reichswichtiger Verwaltungszweige zu reinen Länderbehörden (Ländervermögensverwaltung, Denkmalspflege, Tbc- und Krebsbekämpfung, Siedlungswesen u. ä.). Einspruch des Preußischen Finanzministers gegen diesen Entwurf: Die Trennung persönlicher und sächlicher Verwaltungsausgaben „eine finanzpolitische Unmöglichkeit", nicht mehr tragbare Aushöhlung der Länderministerien (Hinweis auf Hitlers Absicht, die Länder „zur Zeit noch bestehen zu lassen"). Ähnliche Gegenargumente des Reichsfinanzministers, des Generalbevollmächtigten für die Wirtschaft sowie auch des Beauftragten für den Vierjahresplan (die voll bejahte Einflußnahme des Reiches auf die Personalbewirtschaftung auch auf anderem Wege erreichbar; Bitte, den Entwurf nicht weiter zu verfolgen).
K/H   101 12761 – 801 (703)

12. 1. 40   AA, Dt. Botsch. Rom – 8   14143
Übersendung eines Berichts der Deutschen Botschaft in Rom: Feststellung der Rassenzugehörigkeit aus „Mischehen" stammender Kinder in Italien; Klarstellung des Begriffs der „Mischehe" durch den italienischen Erziehungsminister.
M/H   203 02925 f. (85/1)

[12. 1. 40]   OSAF   14144
Klage der Reichsführung-SS: Seitens der SA trotz Befehls des StdF und Genehmigung Hitlers Verweigerung einer praktischen Mitarbeit am Ausbau der SS-Totenkopfverbände und an der Aufstellung der Ersatzeinheiten der an der Front eingesetzten SS-Totenkopfdivision (dagegen Zusage aktiver Mitarbeit, insbesondere der „sofortigen Zurverfügungstellung der Werkscharen", durch den Reichsorganisationsleiter).
W   107 01210 f. (380)

12. 1. – 24. 7. 40   AA   14144 a
Mit Rücksicht auf die Vermögensverhältnisse der baltendeutschen Rücksiedlerin Erna Dehus (Berlin) Erlaß einer Restschuld aus einem 1936 von der Deutschen Gesandtschaft in Estland gewährten Vorschuß auf Anregung des Stabs StdF.
M/H   203 00872 f. (31/1)

15. 1. 40   RFM   14145
Mitteilung über das Einverständnis Hitlers mit der Aufhebung der Zollgrenze zwischen dem Protektorat Böhmen und Mähren und dem übrigen Deutschen Reich zum 1. 4. 40.
K   101 14704 f. (799 a)

15. 1. 40   DAF – 8   14146
Anfrage wegen der Herausgabe eines Lehrbuchs für die von der NS-Gemeinschaft KdF durchgeführten Deutschkurse in tschechischen Arbeiterlagern.
M   203 01669 (49/2)

15. – 23. 1. 40   NSLB, Dt. Kons. Curitiba – 8   14147
Schriftwechsel über Spende und Übersendung von Sportbüchern für den staatlichen Inspektor für Sport und Erziehung in Parana (Brasilien), Albizu.
M   203 01397, 424 f. (46/5)

15. – 23. 1. 40   DAF – 8   14148
Auf eine Anfrage wegen zwei Schallplattenlehrgängen Bescheid der Dienststelle Ribbentrop: Keine Einschränkung der englischen und französischen Sprachkurse während des Krieges.
M/H   203 01670 f. (49/2)

15. – 26. 1. 40   NSFK – 8   14148 a
Ein Schreiben der Dienststelle Ribbentrop über Aufklärungsarbeit im neutralen Ausland an die NSFK-Gruppen 12 und 15 weitergeleitet.
H   203 01239 (39/5)

16. 1. 40   GL Westfalen-Nord – 8   14149
Schreiben der Dienststelle Ribbentrop: Veranlassung der Visumerteilung für Obgm. Hillebrandt (Mün-

ster) und Begleitung; Anmahnung von GL Meyer in Aussicht gestellter Berichte über Holland sowie der Berichte in der Angelegenheit des Reeders Kasen, in der Angelegenheit Liffers und in der Angelegenheit der in Holland vorgesehenen Theateraufführungen des Stadttheaters Münster.
M/H   203 00813 (30/1)

16. 1. 40   GL Süd-Hannover-Braunschweig – 8   14150
Bitte um ausnahmsweise Beförderung eines Privatbriefes nach Dänemark über den Kurierdienst des Auswärtigen Amtes.
M   203 00830 (30/1)

16. – 17. 1. 40   DAF, RMfEuL – 8   14151
Durch die DAF an die Dienststelle Ribbentrop Übersendung einer Anfrage des Reichsernährungsministers wegen der Gefolgschaftsverhältnisse nichtdeutscher Arbeiter (vorwiegend Slowaken) der Reichsgüter in der Ostmark und im Sudetengau (Vorschlag, diese zwar von den ns., nicht aber von allgemeinen geselligen Veranstaltungen auszuschließen).
M/H   203 01608 f. (48/3)

16. 1. – 17. 2. 40   RKfdWÖ, AA – 8   14151 a
Durch den Stab StdF an die Dienststelle Ribbentrop Übersendung einer *Anfrage des Reichskommissars für die Wiedervereinigung Österreichs, vermutlich die Erteilung der Arbeitserlaubnis für Flüchtlinge betreffend. Keine Bedenken des Auswärtigen Amtes, Verweis auf die Zuständigkeit des Reichsarbeitsministers.
M/H   203 00815 f. (30/1)

17. 1. 40   RGru. Industrie – 8   14152
Verabredungsgemäß Mitteilung an die Firma Erdmann Kircheis (Aue i. Sa.), einer Aufforderung des Deutschen Fichte-Bundes nicht nachzukommen.
M   203 01201 (39/3)

17. 1. 40   RFSS   14153
Durch den Persönlichen Referenten Bormanns Übersendung eines *Beschwerdebriefs des Schafmeisters Walter Grünwald (Osterburg?) im Zusammenhang mit dem Abtransport von Personen (offenbar Volksdeutschen) nach Ostpolen; Bitte um Mitteilung des Ergebnisses der sicherheitspolizeilichen Ermittlungen zur Weiterleitung an die Gauleitung Magdeburg-Anhalt.
K/H   102 00280 f. (692)

17. 1. 40   Der Stürmer – 8   14154
Bitte um ein Betätigungsfeld für den aus Ungarn geflohenen Prof. Heinrich Latz, dort früher Mitarbeiter der antijüdischen Zeitung „Békés".
M   203 00831 (30/1)

[17. 1. 40]   RMdI   14155
Einverständnis des StdF mit dem Vorschlag, bei der Übernahme in das Reich abwandernder Südtiroler in das Beamtenverhältnis allgemein von der Einholung einer politischen Beurteilung Abstand zu nehmen.
H   101 25747 f. (1451)

18. 1. 40   RMdI   14156
Absicht, den in einzelnen Teilen des Reiches gewährten landesrechtlichen Schutz des Gründonnerstag aufzuheben.
H   101 21382 (1266 a)

18. 1. 40   Darré   14157
Mitteilung: Die Stellungnahme des Prof. Konrad Meyer gegen die Biologisch-dynamische Wirtschaftsweise in der Presse ohne Ermächtigung und entgegen seiner, Darrés, offiziellen Stellungnahme erfolgt.
W   124 00121 (37)

18. 1. – 2. 2. 40   GL Danzig-Westpreußen – 8   14158
Keine Bedenken gegen die Beibehaltung alter Beziehungen zu einem Ludwig Nakulski (Zoppot).
M   203 00875 f. (31/1)

18. 1. – 5. 2. 40   Adj. d. F   14159
Starke Kritik des OGruL Michael Billig (Holzkirchen) an dem Verhalten des Blutordensträgers Hans Geisenhof sowohl als Soldat wie als Parteimitglied; Bitte an den Stab StdF um Bearbeitung der – dort bisher unbekannten – Angelegenheit, Übersendung der entsprechenden *Schreiben.
W   124 04850 ff. (512)

[18. 1.] – 5. 2. 40   Lammers   14160
Angesichts der bevorstehenden endgültigen Erledigung seines Auftrags als Reichskommissar für die Wiedervereinigung Österreichs mit dem Reich Bitte des GL Bürckel an Hitler um Enthebung; wegen eventuell notwendiger entsprechender Veranlassung Lammers darüber von Bormann informiert.
A   101 24295 (1357 c)

18. 1. – 6. 2. 40   GL Westfalen-Nord – 8   14160 a
Auf Anfrage Bescheid der Dienststelle Ribbentrop: Die erteilte Genehmigung des Vortragsabends von Prof. Schulte-Kemminghausen über Annette v. Droste-Hülshoff in Rotterdam auch für dessen Verschiebung gültig.
M/H   203 00177 ff. (19/4)

18. 1. – 8. 5. 40   RMfWEuV u. a.   14161
Übersendung von Runderlassen über Maßnahmen zur Intensivierung des Studiums im Kriege: Durchführung des Unterrichtsbetriebes weiterhin in Trimestern; Anrechnung von Hörertrimestern für vorzeitig aus der Schule entlassene Schüler der 8. Klassen höherer Schulen; Sicherung des notwendigen Leistungsstandes; studentische Dienstpflicht; Richtlinien zur Erteilung von Teilnahmebescheinigungen und zur Überprüfung der Leistungen; u. a.
K   101 15453 – 58 (940); 101 15507 f. (940 b)

19. 1. 40   RJF – 8   14162
Nach Mahnung Mitteilung: Die Überweisung von Bergungskosten in Höhe von dkr 263.– (Badeunglück der Kopenhagener HJ) an die Deutsche Gesandtschaft in Kopenhagen erfolgt.
M/H   203 00130 f. (18/1)

19. 1. 40   Amerika-Inst. – 8   14163
Im Rahmen der Beteiligung des Amerika-Instituts an der gegenwärtigen Aufklärungs- und Abwehraktion Übersendung einer *Zusammenfassung des Senator-Nye-Berichts über die britische Propaganda in den USA.
M   203 01202 (39/3)

19. – [27.] 1. 40   Himmler, OSAF   14164
Dank Himmlers für die mit der Anordnung des StdF vom 19. 1. 40 (erneute Werbung für die Waffen-SS innerhalb der Bewegung und ihrer Gliederungen) geleistete „unschätzbare Hilfe". Unterrichtung des StdF durch den Stabschef der SA zu Ausführungsbestimmungen des Reichsorganisationsleiters zu dieser Anordnung: Die Werbungsaktion innerhalb der SA bereits abgeschlossen.
K/H   102 00963, 97 (1863)

20. 1. 40   Intern 8, 8/1   14165
Bitte des Gaubeauftragten Düsseldorf an die Dienststelle Ribbentrop, der Absenderfirma einer Anzahl nicht zustellbar gewesener Pakete seine Anschrift mitzuteilen.
H   203 01230 (39/4)

20. 1. 40   DAF, Ungar. Nationalfront – 8   14166
Durch die DAF an die Dienststelle Ribbentrop Übermittlung der Bitte der Ungarischen Nationalfront (Berlin) um Übernahme der Herstellungskosten für ihr Blatt „Magyar Nemzeti Hirado" durch die DAF, als Gegenleistung Einräumung von ein bis zwei Seiten für Nachrichten der DAF; Bitte um Stellungnahme. Befürwortung der Bitte durch das Auswärtige Amt.
M/H   203 01672 – 75 (49/2)

22. 1. 40   Dt. Frauenwerk – 8   14167
Kurzbericht über die Weiterführung der Auslandsarbeit in den neutralen Staaten seit Kriegsbeginn;
Möglichkeit der Einflußnahme auf das Ausland über die Frauen- und Sozialarbeit.
M   203 00274/4 f. (22/2)

Nicht belegt.   14168

22. 1. 40   GL Mark Brandenburg, KrL Landsberg/Warthe – 8   14169
Bitte um Beschleunigung der Entscheidung über ein *Einreisegesuch für die in Holland lebenden Eltern
einer Frau Timmermann (Landsberg).
M/H   203 00823 (30/1)

[22. 1. 40]   RJM   14170
Zustimmung des StdF zum Entwurf einer Verordnung über die Vollstreckung ausländischer Strafer-
kenntnisse gegen deutsche Volkszugehörige (aus Anlaß der Rückführung der Volksdeutschen Ermächtigung für den Reichsjustizminister, solche noch nicht verbüßten Strafen ganz oder teilweise vollstrecken
zu lassen).
H   101 28249 ff. (1538)

22.–24. 1. 40   SSHA – 8   14171
Vereinbarung des Versands von Propagandamaterial in das Ausland durch das SS-Hauptamt unter Über-
nahme der Portokosten durch die Dienststelle Ribbentrop.
M   203 01123 f. (37/3)

22. 1. – 5. 2. 40   DAF-Ortswaltung Dresden-Mitte   14172
Im Auftrag Hitlers *Anerkennung Bormanns für Spenden Dresdener DAF-Frauen für die Volksdeutschen im ehemaligen Polen. Daraufhin Spenden auch für die in Dresden untergebrachten Wolhyniendeutschen.
W/H   124 00841 (68)

23. 1. 40   RKzl.   14173
Übersendung der Fünften Verordnung zur Ausführung des § 118 der Deutschen Gemeindeordnung
(Bestellung der Gauleiter zu Beauftragten der NSDAP in den eingegliederten Ostgebieten).
H   101 08860 f. (647); 101 20143 f. (1201); 101 23538 f. (1332)

23. 1. 40   RGru. Industrie – 8   14174
Angebot der Verbreitung von „Aufklärungsmaterial" im Ausland auf Auslandsreisen von Firmeninha-
bern.
M/H   203 01216 (39/4)

23. 1. – 2. 2. 40   GL Mark Brandenburg, GL Saarpfalz u. a. – 8   14175
Übersendung von *Stellungnahmen und *Anregungen zu ins Ausland verschickten Propagandaschriften
sowie zu anderer Auslandspost.
M   203 01205 – 08, 215, 220, 229, 232 f. (39/4)

23. 1. – 3. 2. 40   NSDAP-RDSt., GL, RPropA Kurhessen – 8   14176
Rundschreiben 1/40 der Dienststelle Ribbentrop: Propagandamaterial zur Versendung ins Ausland
(„Volk und Reich", „Freude und Arbeit", „England ohne Maske"); Kritik an der Vorsitzenden des norwegischen Schriftstellerverbandes, Sigrid Undset; Bericht des Deutschen Generalkonsulats in New York
über die Aburteilung des Führers des Amerikadeutschen Volksbundes, Fritz Kuhn, wegen Unterschlagung und Fälschung zu 2½ – 5 Jahren Zuchthaus (K. „politisch erledigt", die deutschen Amtsstellen
nicht in Mitleidenschaft gezogen).
M/H   203 01225 – 28 (39/4); 235 00264 ff. (16/1 – 3)

24. 1. – 2. 2. 40   GL Hessen-Nassau, GL Schleswig-Holstein u. a. – 8   14177
Übersendung gefundener feindlicher Flugblätter („Wolkiger Beobachter", „Vexierspiel" u. a.).
M/H   203 01210 f., 218, 231 (39/4)

25. 1. 40   RPropA Kurhessen – 8   14178
Bestellung von 1010 Exemplaren des Weißbuchs Nr. 2 zum Versand ins Ausland.
M   203 01136 f. (38/1)

Nicht belegt.   14179

25. 1. 40   Lammers, SdEhrengericht d. F, Himmler   14180
Bericht des Verhandlungsleiters des zu Ermittlungen gegen Felix Graf v. Luckner eingesetzten „Sonderehrengerichts des Führers", MinDir. Lehmann, an Lammers über den Stand der nun abgeschlossenen Untersuchung: In den beiden privaten Anklagepunkten (Blutschande, Unzucht mit Kindern) sowie in einem politischen (falsche Angaben über Logenzugehörigkeit) der Schuldbeweis erbracht, im zweiten politischen Punkt (Verhalten auf seiner Weltreise 1937/39) Ermittlungen derzeit nicht möglich. Weiterleitung des Berichts durch Lammers an Himmler mit einer milden Wertung der Taten Luckners, unter Hinweis auf die Abneigung Hitlers gegen ein Strafverfahren und mit dem Vorschlag, Luckner lediglich aufzugeben, sich völlig ins Privatleben zurückzuziehen (Abschrift beider Schriftstücke an Bormann).
H   101 29913 – 31 (1628)

25. 1. – 1. 2. 40   BfdVJPl., RKzl.   14181
Einladung zu und Ausfall einer für den 1. 2. 40 angesetzten Besprechung des Ministerrats für die Reichsverteidigung zum Thema Kriegsfinanzierung.
K   101 07712 – 20 (605 a)

25. 1. – 6. 3. 40   OPräs. Terboven, Lammers u. a.   14182
Nach – wie Bormann von OPräs. Terboven gemeldet – Ablehnung des Mutterkreuzes durch Marion Frfr. Eltz v. Rübenach und negativem Ausfall daraufhin eingeleiteter Ermittlungen über den ehemaligen Reichsverkehrsminister E. und seine Frau (einschließlich ihrer Vernehmung über ihre – christlichen – Motive und über den – ebenfalls religiös motivierten – Bruch E.s mit Hitler 1937 nach Ablehnung des Goldenen Ehrenzeichens) durch B. weitergegebene Weisung H.s, E. Pension und Reichsbahn-Freifahrkarte zu entziehen. Nach Auffassung des Landrats Gefährdung der Haltung der Bevölkerung im Kreise Neuwied infolge solcher straflosen „Auflehnung gegen den NS".
H   101 18541 – 52 (1146 a)

25. 1. – 28. 3. 40   H. Gebhardt, AA   14183
Eine Eingabe des Pg. Heinrich Gebhardt (Bayreuth) wegen der Rückreise seines Bruders aus Australien vom Stab StdF befürwortend an das Auswärtige Amt weitergeleitet.
M/H   203 00798 – 801 (30/1)

25. 1. – 29. 4. 40   Göring, Lammers, Frick, Rust u. a.   14184
Unter Vorsitz Görings (Vertreter des StdF: MinDirig. Klopfer) Erörterung vorbeugender Maßnahmen gegen die Verwahrlosung bzw. Gefährdung der Jugend im Krieg: Sicherstellung des Schulunterrichts durch Verzicht auf Zweckentfremdung von Schulräumen; Entlastung der Lehrkräfte von Nebenarbeiten; Einstellung von Hilfslehrern zur Behebung des Lehrermangels; Sicherstellung einer geordneten Durchführung des staatlich beaufsichtigten Religionsunterrichts; weltanschauliche Schulung unter vorläufigem Verzicht auf die Einführung eines entsprechenden Unterrichtsfaches; Verzicht auf Heranziehung der Schüler zu kriegswichtigen Arbeiten während der Unterrichtszeit; Regelung des HJ-Dienstes nach einem Kriegseinsatzkalender; Auszahlung der Jugendlöhne an die Eltern und Einführung des Zwangssparens für jugendliche Lohnempfänger; Intensivierung der Gesundheitsfürsorge; Einführung eines Jugendarrestes mit der Möglichkeit der unbestimmten Verurteilung (Arrestaufhebung nach Erreichung des Erziehungszieles); Änderung der §§ 182 und 176 StGB; zurückhaltende Behandlung von Straftaten und Gerichtsurteilen durch die Presse; und anderes. Mitteilung des Reichserziehungsministers über den Stand der Angelegenheiten in seinem Bereich.
K   101 05903 – 15 (512)

25. 1. – 27. 7. 40   RKzl., StSekr. Schlegelberger   14185
Im Zusammenhang mit der vorgeschlagenen Einberufung des KGR Max Denzler zum Hilfsrichter beim Reichsgericht Bitte des StdF an Lammers, mit dem Reichsjustizminister (RJM) in Erörterungen über die Besetzung dieser – nach Meinung des StdF als Vorstufe für die endgültige Ernennung zum Reichsgerichtsrat anzusehenden – Reichsgerichtsstellen mit bewährten Parteigenossen einzutreten; die Bekundung der Verbundenheit der auszuwählenden Beamten mit dem NS durch die Mitgliedschaft in der Partei erwünscht. Erwiderung des StSekr. Schlegelberger: Seit längerem weitgehende Berücksichti-

gung der vom StdF angeführten Gesichtspunkte (nicht allein Parteimitgliedschaft oder -anwärterschaft, sondern aktive Betätigung der vorgeschlagenen Beamten gefordert); Mitteilung über D.s Parteiaufnahmeersuchen und über seine – bisher erfolglos verlaufenen – persönlichen Bemühungen um Mitarbeit in der NSV, Würdigung seiner vielfach bewiesenen wissenschaftlichen Befähigung (vertretungsweise Lehrtätigkeit an der Ludwig-Maximilians-Universität München); Erfüllung der für den in Aussicht genommenen Posten erforderlichen Voraussetzungen durch D. (sowohl nach Laufbahn und wissenschaftlichem Interesse als auch nach seinen praktischen Erfahrungen) wie kaum durch einen anderen; die Ernennung D.s zum Reichsgerichtsrat in absehbarer Zeit nicht geplant; die Klärung der Frage der Parteimitgliedschaft bis zum Zeitpunkt seiner Einberufung nicht zu bezweifeln. Erst nach mehrfacher Mahnung Zustimmung des StdF unter Zurückstellung erheblicher Bedenken und mit dem Vorbehalt, auf das Grundsätzliche der Angelegenheit zu gegebener Zeit zurückzukommen.
K   101 26719–35 (1511 a)

Nicht belegt.   14186

[26. 1. 40]   RBauernF   14187
Verfügungs-Formular zu Beamtenernennungsvorgängen: Nach Verstreichen der Vier-Wochen-Frist ohne Eingang eines gegenteiligen Bescheids die Zustimmung des StdF zur Ernennung des Beamten anzunehmen (gemäß Erlaß StdF vom 4. 12. 39).
H   112 00055 (128)

[26. 1. 40]   RMdI   14187 a
Der Ton eines Schreibens des OPräs. Terboven an Frick wegen der Bestellung des RegR Peter zum Landrat in Bad Kreuznach für F. Anlaß, den Oberpräsidenten in Zukunft keine Abschriften seiner an den StdF gerichteten Personalfragen mehr zu übersenden (dies auch dem Wunsch des StdF nach zentraler Bearbeitung adäquat).
H   101 07441 f., 448 f. (588 c)

26. 1.–8. 2. 40   SSHA, SSPHA   14188
Bitte des Stabs StdF um Angaben für die Errechnung der Ruhegehaltsbezüge des aus den bewaffneten Einheiten ausgeschiedenen SS-Staf. Josef Weber (Dienstverhältnis, Mitgliedschaft in der SS).
M/H   306 00975 ff. (Weber, J.)

27. 1. 40   RJF–8   14189
Übersendung eines *Probedrucks des geplanten Informationsdienstes mit der Bitte um Stellungnahme sowie eines *Briefes an Ges. v. Twardowski.
M   203 01209 (39/4)

27. 1. 40   NSLB–8   14190
Übersendung der Übersetzung eines der im Fichtelgebirge abgeworfenen, für das Protektorat bestimmten englischen Flugblätter.
M/H   203 01420 f. (46/5)

27. 1. 40   Adj. d. F   14191
Übersendung der Steuerkarte der als Gärtnerin bei Heß in München beschäftigten Lotte Allerding.
W   124 04822 (497)

29. 1. 40   GL Schleswig-Holstein–8   14192
Übersendung der britischen *Propagandabroschüre „Hitler" (Zusammenstellung von Times-Artikeln).
M   203 01212 (39/4)

29. 1.–1. 4. 40   Adj. d. F   14193
Kritik Bormanns an der Übersendung eines Dankschreibens der Führeradjutantur an Prof. Othmar Spann (für ein von diesem zugesandtes Buch): S. nach wörtlicher Äußerung Hitlers „einer der gefährlichsten Gegner des NS" und auf persönliche Anordnung H.s zeitweilig in einem Konzentrationslager untergebracht gewesen; Notwendigkeit, das vom Empfänger als Rehabilitationsbeweis benutzte Schreiben durch die Staatspolizei „wieder bei S. herausholen zu lassen", und Mahnung zu größerer Vorsicht. – Durch die Führeradjutantur Übersendung eines *Schreibens S.s.
W/H   124 04999 f. (542)

29. 1.— 14. 6. 40   RFSS   14194
Durch Bormann Himmler mitgeteilte Anordnung Hitlers, die Vermischung von Deutschen mit Polen
und Ungarn durch entsprechende Maßnahmen zu verhindern. Daraufhin Bericht des Reichsführers-SS
über die Vorbereitung einer Verordnung zur Unterbindung der Eheschließung von Deutschen mit
Tschechen und Polen im Reichsinnenministerium (vgl. Nr. 14352 und 14391), die Ungarn-Frage jedoch
noch „restlos offen": Eine ausdrückliche gesetzliche Regelung der Vermischung mit Ungarn (vorwiegend außerehelicher Verkehr ungarischer Arbeitskräfte in Deutschland) aus außenpolitischen Gründen
untragbar; daher Anregung, die Vermischung mit ausländischen Arbeitern (Italienern, Slowaken, Ungarn
usw.) durch Androhung staatspolizeilicher Zwangsmittel auszuschalten.
M/H   203 03024 — 27 (86/3)

30. 1. 40   AA — 8   14195
Gemäß Anordnung 10/40 des StdF Übernahme der Aufgaben der — nunmehr aufgelösten — Dienststelle
des Beauftragten der NSDAP für außenpolitische Fragen im Stab StdF durch das Referat Partei des Auswärtigen Amts; dessen Anschrift und Fernsprechanschluß.
M   203 00343 (27/3); 203 01131 (37/3); 203 01147 (38/3); 203 01221 f. (39/4); 203 01284 (42/2 b)

Nicht belegt.   14196

30. 1. 40   DAF — 8   14197
Bitte, Schreiben an ausländische Institute und Regierungsstellen durch den Kurier des Auswärtigen Am-
tes befördern zu dürfen.
M   203 01611 (48/3)

Nicht belegt.   14198

[30. 1. 40]   Oblt. Mohr   14199
*Eingabe des Oblt. Erich Mohr (Kassel) um Freilassung des wegen staatsabträglichen Verhaltens und
staatsfeindlicher Einstellung in Schutzhaft genommenen Kurt Becker (Stößen).
W   124 04889 ff. (527)

30. 1. — 2. 2. 40   NSLB, AA — 8   14200
Mitteilung der Bereitschaft des GL Wächtler, das Kollegium der Deutschen Sprachschule in Budapest
zu einer Deutschlandreise einzuladen; Besichtigungsprogramm, Reisekosten usw. Durch die Dienststelle
Ribbentrop Weiterleitung an das Auswärtige Amt.
M   203 01472 (47/1)

31. 1. 40   GL Steiermark — 8   14201
Übersendung von *Abschriften dreier im jugoslawisch-steirischen Grenzgebiet verteilter Flugblätter sowie eines *Rundschreibens des Gendarmeriekommandos Cilli über die angebliche Gründung eines römisch-katholischen Kulturvereins für die deutschen und ungarischen Minderheiten.
M/H   203 01219 (39/4)

31. 1. 40   RJF — 8   14202
Zu einer vom Auswärtigen Amt erhaltenen *Verbalnote der Niederländischen Gesandtschaft wegen eines Vorfalls im Jungvolkzeltlager Amern/Heidweiher Übersendung einer *Stellungnahme des Jung-
bannF Karl Lieser.
M   203 00132 (18/1)

31. 1. 40   DAF — 8   14203
Im Nachgang zu *Berichten über den Rom-Aufenthalt des Leiters der Auslandsabteilung des Deutschen
Handwerks, Boller, Übersendung eines *Berichts des Leiters der DAF-Verbindungsstelle Italien, Rust.
M/H   203 01676 (49/2)

31. 1. 40   Darré   14204
Übersendung einer Abschrift des Taufscheins des GFM v. Jork als Beweis gegen die von Heß in seinem
„Brief an eine uneheliche Mutter" (vgl. Nr. 14109) behauptete uneheliche Geburt J.s.
H   101 27563 f. (1524)

31. 1. – 3. 2. 40   GL Bayerische Ostmark – 8   14205
Absicht, das Buch „Die polnischen Greueltaten an den Volksdeutschen in Polen" an einflußreiche Persönlichkeiten des neutralen Auslandes zu verschicken, um die Greuelmärchen von den „deutschen Barbaren" in Polen zu widerlegen. Antwort: Das Buch dafür in beschränkter Anzahl verfügbar.
M/H   203 01213 f. (39/4)

1. – 6. 2. 40   GL Hessen-Nassau – 8   14206
Übersendung von *Anschriftenverzeichnissen für die Auslandspropaganda.
M   203 01223, 236 (39/4)

1. – 10. 2. 40   AA   14206 a
Übersendung eines Buches an Bormann. Dankschreiben B.s.
H   203 01237 (39/4)

2. 2. 40   Dt. Frauenwerk – 8   14207
Bericht über eine bedauernde Äußerung des litauischen Arztes Mikuzis: Keine Einladung litauischer Studenten nach Deutschland für die Dauer ihres Studiums; Hinweis auf die französische Praxis und auf die Beeinflußbarkeit dieser Studenten während ihrer Studienzeit im Gastland.
M   203 00431 f. (27/5)

2. 2. 40   RJM   14208
Übersendung des Entwurfs einer Verordnung über Familienstiftungen, insbesondere Ausdehnung des § 18 des Gesetzes über das Erlöschen der Familienfideikommisse auf die bisher noch nicht betroffenen Stiftungen (Sinn des § 18 nicht der Entzug des Grundbesitzes, sondern lediglich die Aufhebung unnötigen Eigentums der toten Hand; Wunsch der Familien auf Überführung der Besitzungen in das Eigentum einzelner Mitglieder, insbesondere zwecks Schaffung von Erbhöfen).
H   101 14888 – 93 (838); 101 27565 – 68/2 (1524)

3. 2. 40   RJM   14209
Bitte um Zustimmung zu drei *Verordnungsentwürfen zur Einführung des deutschen Gerichtsverfassungsrechts und des deutschen Strafrechts in den eingegliederten Ostgebieten.
H   101 27330 ff. (1520)

3. 2. 40   AA   14210
Bitte Witts (Stab StdF) um Zusendung der für ihn bestimmten „Grünen Blätter" über den Verbindungsstab in Berlin: Beschädigung auf dem Postweg nach München.
M   203 01224 (39/4)

5. 2. 40   RKzl., Oberste RBeh.   14211
Ein Schreiben des OPräs. Terboven an Frick wegen der Bestellung eines Landrats (vgl. Nr. 14187 a) Anlaß für ein Rundschreiben der Reichskanzlei an die Obersten Reichsbehörden gegen zunehmende Formlosigkeiten im Schriftverkehr der Behörden untereinander: Mitteilung der schärfsten Mißbilligung Hitlers (Pflicht der Behörden, unter allen Umständen Vorbild zu sein). Unter Übersendung des Rundschreibens Bitte Lammers' an Heß, auch die Gauleiter davon in Kenntnis zu setzen.
M/H   101 07441 – 48 (588 c)

[5. 2. 40]   GL Streicher   14212
Beantragung eines Verfahrens vor dem Obersten Parteigericht.
W   305 00169 (Streicher)

6. 2. 40   GL Koblenz-Trier – 8   14213
Weiterleitung der *Bitte der holländischen Firma Rens Slot & Bonnet um Propagandamaterial aus Deutschland.
M   203 01265 (41/1)

Nicht belegt.   14214

6. 2. – 15. 4. 40   HA f. Beamte – 38   14215
*Anordnung des StdF: Mit bestimmten Ausnahmen die Ersetzung der einberufenen hauptberuflich bei

der Partei angestellten Weltkriegsteilnehmer durch bisher uk.-gestellte Nichtweltkriegsteilnehmer möglich. Aufstellung der beim Reichsbund Deutscher Beamten in Frage kommenden Angestellten.
W/H   149 00027 – 30 (1)

7. 2. 40   Dt. Frauenwerk, AA – 8   14216
Auf Veranlassung des Botsch. Ott Einladung von zwei japanischen Medizinstudentinnen durch Reichsfrauenführerin Scholtz-Klink; Zweck: Kennenlernen der Frauen- und Sozialarbeit sowie der Krankenhäuser, kein Universitätsstudium. (Weiterleitung durch die Dienststelle Ribbentrop.)
M/H   203 00274/2 f. (22/2)

7. 2. 40   GL Westfalen-Süd – 8   14217
Dank für ein Bild Ribbentrops.
M   203 00814 (30/1)

7. 2. 40   Dt. Frauenwerk – 8   14218
Absicht, im neutralen Ausland in der Frauen- bzw. Sozialarbeit führend tätige Frauen zu einem kürzeren Studienaufenthalt nach Deutschland einzuladen; Bitte um eine Beihilfe.
W   203 00274/1 (22/1)

7. – 10. 2. 40   Lammers   14219
Führervortrag des Prof. Fick über Linzer Bauvorhaben; hinsichtlich der Technischen Hochschule Entscheidung Hitlers für den Entwurf von Prof. Joost (Dresden). Darüber Mitteilung Bormanns an Lammers unter Beifügung einer Vorlage v. Hummels (dieser von ihm auf Wunsch Hitlers als Sachbearbeiter für die Linzer Angelegenheiten abgestellt) über eine geplante Rücksprache mit Todt in der Frage der Anerkennung der Kriegswichtigkeit der Führerstiftung (Wohnungsbau Linz a. d. Donau) sowie über den Entschluß Hitlers, sich mit 4 Mio. RM am Erwerb des freiwerdenden Reichsbahngeländes (1,2 – 1,3 Mio. RM) und einzubeziehender Privatgrundstücke (8 – 9 Mio. RM) zu beteiligen (Anlegung eines Parks auf dem nach Abriß des Bahnhofs freiwerdenden Gelände).
K/W/H   101 14926 – 29 (844 a); 101 19493 (1178)

7. 2. – 28. 3. 40   RMdI   14220
Zu einem Schreiben des StdF Übersendung des Grundsätzlichen Befehls Hitlers über die Weitergabe von geheimzuhaltenden Befehlen (nur an aus dienstlichen Gründen unbedingt zu unterrichtende Stellen oder Personen, nicht früher als notwendig und nur in dem für die Durchführung der jeweiligen Aufgabe unbedingt erforderlichen Umfang).
A/W   101 22947 f. (1308)

7. 2. 40 – 7. 6. 41   RMfWEuV   14221
Bitte um Zustimmung zur Ernennung des jüdisch versippten Kustos des Volksmuseums Frankfurt, Adolf Jensen, zum Dozenten neuer Ordnung. Negative Antwort des Stabs StdF: J. dem NS vollkommen wesensfremd gegenüberstehend und „Spitze eines politisch höchst fragwürdigen Kreises"; gegen seinen Verbleib als Kustos keine Einwendungen. Aufgrund der Fürsprache u. a. des RAL Hederich teilweise Revidierung dieser Ablehnung: Gegen eine Verwendung J.s außerhalb Frankfurts keine Bedenken. Nunmehr aber der Reichserziehungsminister in Übereinstimmung mit dem Frankfurter Rektor gegen eine Übernahme J.s in das neue Dozentenverhältnis, um keinen Präzedenzfall zu schaffen.
M/H   301 00478 – 86 (Jensen)

Nicht belegt.   14222

8. 2. – 7. 3. 40   RMdI, RKzl. – 1   14223
Vorbereitung und Niederschriften einer Ressortbesprechung am 27. 2. 40 über Korrekturen der Verwaltungs- und Zollgrenze zwischen dem Reichsgebiet und dem Generalgouvernement (GG); Besprechungspunkte neben der vom Reichswirtschaftsminister beantragten Einbeziehung der GG-Orte Tomaschow und Chodakow in das Reichsgebiet insbesondere die vom Oberpräsidenten in Breslau geforderte Zurückverlegung der Grenze unter Wiederausgliederung der volkspolitisch unerwünschten und wirtschaftlich belanglosen Gebiete Ost-Oberschlesiens, Einverständnis und noch weitergehende Wünsche (Dombrowa u. a.) des GG; grundsätzlicher Widerstand gegen derzeitige Änderungen der Grenze nur seitens des OKW; im übrigen Detailerörterungen.
H   101 08872 – 88/11 (647 b)

8. 2. – 26. 9. 40   Rechtsanw. Kübel, RMdI, RJM u. a.   14224
Anwaltliche Beschwerde der Eingetragenen Genossenschaft „Erholungs- und Exerzitienheim St. Rafael" (Winterberg/Bayer. Ostmark) u. a. beim StdF und beim Reichsinnenminister (RMdI) gegen die vom Stillhaltekommissar für Organisationen (StK) verfügte Auflösung der Genossenschaft und Einweisung ihres Vermögens in die NSDAP wegen fehlender sachlicher (die Beschwerdeführerin eine Genossenschaft mit wirtschaftlichem Erwerbszweck) und formaler (der sudetenländische StK für die nicht zum Sudetengau gehörenden sudetendeutschen Gebiete nicht zuständig) Rechtsgrundlage. Die in ihrem formalen Teil vom RMdI anerkannte und von ihm an den Reichsstatthalter im Sudetengau weitergeleitete Beschwerde von diesem mangels Zuständigkeit an den StdF abgegeben und von diesem formal und sachlich zurückgewiesen. Zur grundsätzlichen Klärung der nach Widerspruch des RMdI (dem angeschlossen der Reichsjustizminister mit Anerkennung ebenfalls der sachlichen Berechtigung der Beschwerde) weiterhin strittigen formalen Frage der noch bestehenden Zuständigkeit des StK in den inzwischen in die Länder Preußen und Bayern eingegliederten sudetendeutschen Gebietsteilen Besprechung der beteiligten Ressorts. Danach im Sinne des StdF Ablehnung der Aufsichtsbeschwerde der Genossenschaft durch den RMdI.
A/H   101 24323 – 49 (1358 a)

8. 2. – [17. 12.]40   RJM, RKzl., GL Wartheland, Chef Sipo   14225
Widerspruch des StdF gegen die vom Reichsjustizminister (RJM) vorgelegten Entwürfe zur Einführung bürgerlich-rechtlicher Vorschriften in den eingegliederten Ostgebieten. Standpunkt des RJM: Die Einführung des deutschen Zivilrechts aus Gründen der Rechtssicherheit notwendig, namentlich im Interesse des wirtschaftlichen Aufbaus der Gebiete, aber auch wegen der nicht ausschließlich im Verwaltungswege auszurichtenden Rechtspflege; die erforderliche Sonderstellung und -behandlung der dort wohnenden Bevölkerung polnischer Volkszugehörigkeit durch Sondervorschriften, durch Belehrung der Richter und durch eine Generalklausel mit der Bindung der Anwendung deutschen Rechts in solchen Fällen an den „Sinn der Eingliederung der Ostgebiete" erreichbar. Dagegen der StdF: Ein Denken in Räumen statt in Menschen heute ohne Berechtigung; Notwendigkeit, für die Polen ein ihnen (auch etwa beim Arbeitseinsatz im Altreich) „anhaftendes" besonderes „Personalstatut" zu finden; die Einführung eines grundsätzlich gleichen Rechts für Deutsche und Polen daher nicht vertretbar und eine Ausnahme-Generalklausel für Polen kein hinlänglicher Schutz gegen unerwünschte Begünstigungen und überdies aus politischen Gründen (Vorgriff auf die endgültige Regelung durch den Gesetzgeber) nicht zu empfehlen; daher Wunsch, anstelle eines Reichsgesetzes den Reichsstatthaltern und Oberpräsidenten der Ostgebiete die Einführung von Reichsrecht auf dem Verordnungswege nach ihrem Befinden anheimzustellen. Eine Einigung nicht möglich, daher Antrag des StdF, über die „Generalfrage" (gleiches Recht für Polen und Deutsche) eine Entscheidung Hitlers herbeizuführen. Dies von der Reichskanzlei mit der Bitte um weitere Erörterung abgebogen, dabei Hinweis auf das im Reichsinteresse höchst unerwünschte Wiederaufleben des 1870 überwundenen Partikularrechts. Trotz gewisser Konzessionen des RJM zunächst im wesentlichen Beharren der Kontrahenten auf ihren Standpunkten: Das RJM gegen die praktische Ausschaltung der Zentralbehörden und für die grundsätzliche Einführung des deutschen Rechts, um die durch die Aufhebung des polnischen Rechts geschaffene Lücke zu füllen sowie angesichts der Unmöglichkeit, die Polen außerhalb jeglicher Privatrechtsordnung zu stellen, – der StdF für die Kompetenz der Gauleiter usw. unter dem jeweiligen Vorbehalt der nur sinngemäßen Anwendung des einzuführenden deutschen Rechts und unter Wiederaufnahme eines früheren Vorschlags, vermögensrechtliche Ansprüche von Polen gegen Deutsche der Vorprüfung durch eine „Schlichtungsstelle" zu unterwerfen (Entscheidung des zuständigen Kreisleiters über die Zulässigkeit einer gerichtlichen Klage); dabei Berufung auf einschlägige Äußerungen H.s (zuerst, innerhalb von zehn Jahren zu erreichen, Eindeutschung mit der dafür „nötigen Bewegungsfreiheit" für die Gauleiter, dann erst Einführung des Reichsrechts). Äußerungen des GL Greiser und des Chefs der Sicherheitspolizei, Heydrich, im gleichen Sinne. Später Bericht des RJM: „Wesentliche Förderung" und baldiger Abschluß der Angelegenheit durch Gespräche mit den Sachbearbeitern des StdF.
H   101 08769 f. (646); 101 27328 – 29/24, 333 – 88 (1520)

Nicht belegt.   14226

Nicht belegt.   14227

10. 2. 40   NSLB – 8   14228
Übersendung eines Artikels des Daily Telegraph: „Hitler bereitet sich auf die Herrschaft über Großbri-

tannien vor" (u. a. Ausbildung von Großbritanniens künftigen Gau- und Kreisleitern in einer „Führerschule").
M   203 00439 f. (27/5)

[10. 2. 40]   SSHA   14229
Weitergabe einer Anordnung des StdF, allen mit Geheimsachen befaßten Personen zwölf beim OKW vorliegende Meldungen als Beispiele für unverantwortliche fahrlässige Preisgabe von Reichsverteidigungsangelegenheiten zur Belehrung bekanntzugeben.
W   107 01234−37 (386)

13. 2. 40   APA−8   14230
Übersendung eines Berichts über die russische Emigrantenpresse.
M   203 00433−38 (27/5)

Nicht belegt.   14231

13. 2. 40   RFSS   14232
Verschiebung eines für eine Unterredung mit Himmler geplanten Termins (14. 2.) wegen einer dringenden Reise Heß' nach München; vorgesehener Gesprächsgegenstand bei der nächsten Zusammenkunft (evtl. 21. 2.) u. a. die materielle Lage der Südtiroler.
W/H   107 00597 (213)

13.−16. 2. 40   RMfWEuV, RKzl.   14233
Wegen der Überleitung der ostmärkischen Denkmalpflege in die Selbstverwaltung der Gaue die Gefahr einer Zersplitterung des technisch-wissenschaftlichen Apparats des Wiener Instituts für Denkmalpflege gegeben und daher die Übernahme des Apparats auf den Reichshaushalt von Hitler angeordnet: Darüber Unterrichtung Rusts durch Bormann mit der Bitte um Veranlassung des Erforderlichen.
A   101 24301−04 (1358 a)

14. 2. 40   Himmler, RStatth. Warthegau, RMfdkA, GenSuperintendent Blau   14234
Durch RStatth. Greiser Zurückweisung der vom Reichskirchenminister ergangenen Mahnung unerledigter Schreiben (andere Sorgen, als die Zahl der vorhandenen Geistlichen festzustellen, diese im übrigen „aus begreiflichen Gründen" erheblichen Schwankungen unterliegend; u. a.) sowie scharfer Protest gegen die hinter seinem Rücken von kirchlichen Stellen „anscheinend unter Duldung Ihrer Kirchenbehörden" versuchte Neugestaltung der deutschen Evangelischen Kirche im Warthegau: Weder das Reich noch der Reichsgau Wartheland Rechtsnachfolger des ehemaligen polnischen Staates, daher Heranziehung deutschen oder polnischen oder im Warthegau gesetzten Rechts ganz nach seinem − G.s − Ermessen; auch die Neuregelung des kirchlichen Lebens im Warthegau nicht nach dem im Reich geltenden Rechtsgrundsätzen beabsichtigt, sondern Zulassung der bisherigen Kirchen lediglich als religiöse Vereinigungen und Religionsgemeinschaften; wegen der Brüskierung seiner politischen Zielsetzung und unter Androhung schärferer Maßnahmen Bitte, die anläßlich der Neugestaltung der Kirchenverhältnisse angesetzten festlichen Veranstaltungen rückgängig zu machen; Aufforderung zur Abzeichnung seiner über den Reichsinnenminister vorgelegten Verordnung über die Erhebung von Beiträgen durch religiöse Vereinigungen und Religionsgesellschaften. Himmler über G.s Standpunkt „ausgesprochen glücklich"; Übersendung von Abschriften an Bormann.
K/H   102 01397−405 (2620)

15. 2. 40   RKzl.   14235
Nach einem Vortrag bei Hitler über mehrfach (von Reichsarbeitsdienst, Polizeibeamten, SS-Totenkopfverbänden) gestellte Anträge, in nichtmilitärischen Verbänden außerhalb der Reichsgrenzen oder im Operationsgebiet geleistete Dienstzeit als Wehrdienst (§§ 7 und 8 Wehrgesetz) anzuerkennen, Mitteilung über dessen Entscheidung: Zurückstellung dieser Frage bis nach Kriegsende.
H   101 07633 f. (604); 101 22315 ff. (1275)

15.−[27.]2. 40   RFM   14236
Umlaufverfahren für den mit dem StdF abgestimmten und von ihm als dringlich bezeichneten Entwurf eines Gesetzes über die Erhebung einer 15prozentigen Sozialausgleichsabgabe vom Einkommen aller Polen, Tschechen und Juden im Reich zwecks Angleichung ihrer Nettoeinkommen an die der mit ver-

schiedenen Abgaben (Wehrsteuer, DAF-, Partei-, NSV- u. a. Beiträge, Winterhilfswerk-Spenden) belasteten deutschen Arbeitnehmer.
H   101 14588 ff. (793 b); 101 26215—20 (1484)

16. 2. 40   SSHA u. a.   14237
Gemäß Vereinbarung mit dem StdF Einberufung von hauptberuflichen Politischen Leitern zu den bewaffneten SS-Verbänden nur noch im Einvernehmen mit den zuständigen Mob.-Beauftragten der Partei; im Falle einer Nicht-Einigung endgültige Entscheidung auf der Gauebene durch die Mob.-Beauftragten der Gauleitung und des zuständigen SS-Oberabschnitts, auf Reichsleitungsebene durch den StdF (Abteilung M) und den RV-Referenten des Reichsführers-SS. (Abdrucke an den StdF.)
W   149 00033 ff. (1)

16. 2. 40   GBV   14238
Übersendung des Entwurfs einer Verordnung über die Zulassung zum Studium an den deutschen Hochschulen (mit Begründung) zur Beschlußfassung durch den Ministerrat für die Reichsverteidigung (Legalisierung der bereits praktizierten Nicht-Zulassung von Juden, u. a.).
K   101 15518/8—12 (941)

16. 2.—19. 3. 40   RKzl., GL Niederdonau   14239
Durch Hitler über Bormann Veranlassung der Überweisung von RM 170 000.— zur Sanierung der — ihm gut bekannten — Stadt Weitra (Niederösterreich). In der RKzl. Befürchtungen, anderen Gemeinden damit die Möglichkeit zu schaffen, sich darauf zu berufen; entsprechende Verwahrung bei der Bewilligung.
M/H   101 07066—69 (576)

16. 2.—10. 6. 40   AA   14240
Nach einer Anfrage der Reichswirtschaftskammer (RWK) wegen neuer Fragebogen der UdSSR-Botschaft bei Visumanträgen mit der Frage nach der Parteizugehörigkeit Bitte um Stellungnahme des StdF. Dieser zunächst für den Versuch, die Botschaft zum Verzicht auf diese Fragebogen zu bewegen. Nach Hinweis des Auswärtigen Amtes (AA) auf die Sinnlosigkeit eines solchen Versuchs und auf die bisherige Folgenlosigkeit von Angaben der Parteizugehörigkeit schriftliches Einverständnis des StdF mit der Aufforderung zu wahrheitsgemäßer Beantwortung der Frage. Entsprechender Bescheid des AA an die RWK „im Einvernehmen mit dem StdF".
H   203 00291—99 (24/3)

17. 2. 40   DF—7   14241
Dank des GL Bohle für ein Paket Kaffee aus der Sendung des Imam von Jemen.
W   124 00919 (74)

17. 2. 40   RFSS   14242
*Schreiben Bormanns, den Stv. GL Holz betreffend.
W   107 00914 (292)

19. 2. 40   RWiM   14243
Übersendung von Richtlinien für die Beschränkung von Veröffentlichungen im Bereich der Wirtschaft (Zweck: Erschwerung der Ausforschung wirtschaftlich wichtiger Einrichtungen durch feindliche Nachrichtendienste).
H   101 08515—22 (640)

19. 2. 40   AA, Dt. Botsch. Rom   14244
Übersendung eines Berichts der Deutschen Botschaft in Rom: Laut *Runderlaß des Präsidenten Capoferri Aufgabe des italienischen Freizeitwerks Dopolavoro, die Freizeitveranstaltungen besonders in den kleineren Gemeinden auf dem Lande zu fördern.
M   203 01692 f. (49/3)

19. 2. 40   RProt. u. a.   14245
Übersendung eines Erlasses und eines Schreibens über die Regelung des Verhältnisses zwischen Kreisleiter und Oberlandrat im Protektorat analog zu den im Altreich nach der Verordnung Görings vom 28. 12. 39 geltenden Bestimmungen für das Verhältnis zwischen Kreisleiter und Landrat.
K   101 12821—24 (703 a)

20. 2. 40   RMdI   14246
Anforderung von Listen für einen beabsichtigten Austausch der Beamten an der Front und in der Heimat.
H   101 08543 f. (641)

20. 2. 40   Lammers   14247
Laut Terminkalender nachmittags Besuch bei Heß.
H   101 29071 (1609)

[20. 2.] − 4. 3. 40   RKzl.   14248
Mitteilung v. Hummels (Stab StdF) in seiner Eigenschaft als Geschäftsführer der von Hitler gegründeten Stiftung Wohnungsbau Linz a. d. Donau über die ihm für Zwecke dieser Stiftung bislang überwiesenen, über die bereits verbrauchten und über die für die kommende Bauperiode erforderlichen Führerverfügungsmittel; ferner Mitteilung über die Anerkennung der Kriegswichtigkeit der Bauvorhaben der Stiftung durch Todt und Erwähnung des Verbots der Errichtung von Wohnbauten durch andere Bauherren.
W   101 14927, 930 f. (844 a)

20. 2. − 15. 10. 40   RKzl., AA   14249
Auf Drängen des Reichsaußenministers Weiterverfolgung einer besonderen Regelung für die Ehen der Beamten des auswärtigen Dienstes, nunmehr durch einen Führererlaß. Bedenken des StdF gegen den vorgelegten Entwurf: Bitte um nähere Erläuterung der in § 1 Abs. 2 enthaltenen Möglichkeit, die Eheerlaubnis auch aus anderen Gründen als der nichtdeutschen Staatsangehörigkeit oder Volkszugehörigkeit der betreffenden Frau zu versagen. Nach Mahnung schließlich Zustimmung in der Erwartung, keinen „Anlaß zu Klagen" zu haben: Anwendung lediglich zwingender dienstlicher und nicht (wie bei einzelnen Wehrmacht-Dienststellen) „vom Standpunkt der NSDAP nicht als stichhaltig" angesehener anderer Gründe.
H   101 18176 − 93 (1133 c)

[21. 2. 40]   RArbM   14250
Im Einvernehmen mit der Abteilung M im Stab StdF getroffene Regelung der Heranziehung bei der Partei Beschäftigter zu anderweitigem Arbeitseinsatz durch die Arbeitsämter: Einsatz von hauptberuflich Beschäftigten nur im Einvernehmen mit dem zuständigen Mob.-Beauftragten der NSDAP (letzte Instanz bei Nicht-Einigung der StdF [Abteilung M] und der Reichsarbeitsminister), Einsatz von ehrenamtlich Tätigen unter angemessener Berücksichtigung dieser Tätigkeit.
W/H   149 00036 f. (1)

21. 2. − 6. 3. 40   GBV, OKW   14251
Durch den Generalbevollmächtigten für die Reichsverwaltung Übersendung des *Entwurfs einer Verordnung zur Bekämpfung von Gewalttaten in den eingegliederten Ostgebieten. Bitte des OKW um möglichste Beschleunigung unter Vorschlag einer Milderung der Strafandrohung für unerlaubten Waffenbesitz (Todesstrafe) in minder schweren Fällen.
H   101 08656 f. (644); 101 08864 − 68 (647 a)

21. 2. − 7. 3. 40   HA f. Beamte − 38   14252
Bitte um Übersendung der Verfügung 7/39/40 vom 15. 10. 39.
W   149 00031 f. (1)

22. 2. 40 − 3. 9. 42   RKfdWÖ, RMfWEuV, RStatth. Wien u. a.   14253
Bemühungen des Reichskommissars für die Wiedervereinigung Österreichs, den 1939 nach § 6 der Verordnung zur Neuordnung des österreichischen Berufsbeamtentums in den Ruhestand versetzten Prof. Alfons Klemenc (Technische Hochschule Wien) anderweitig, etwa in einem Forschungsinstitut, wiederzuverwenden, sowie ein weiterer, von der österreichischen Landesunterrichtsverwaltung befürworteter Vorschlag des Rektors der Universität Wien, K. zum Dozenten neuer Ordnung an der Universität Wien zu ernennen und ihm auf diesem Wege Lehrbefugnis und Basis für wissenschaftliche Arbeit wieder zu beschaffen. Ablehnung dieser Anträge durch den Stab StdF: K. ein persönlicher Freund Schuschniggs und Dollfuß' und in der „Systemzeit" gefördert. Nach erneutem Drängen des Reichsstatthalters in Wien unter Hinweis auf die Kräftenot und unter Mitteilung der Zustimmung der Gauleitung und des Gaudozentenführers revidierte Stellungnahme der PKzl.: Mit der Ernennung K.s unter der Voraussetzung einer Dozentur nur in Wien einverstanden.
H   301 00555 − 73 (Klemenc)

23. 2. 40   AA – 8/1   14254
Bitte um Mitteilung über die Geltung des Verbots, ausländische Sender abzuhören, auch für den Empfang der Heimatsender durch italienische bzw. slowakische Landarbeiter.
M   203 00167 (19/4)

[24. 2. 40]   OKW   14255
Zustimmung des StdF zum *Entwurf eines Gesetzes zur Änderung des Reichsversorgungsgesetzes.
H   101 22589 (1286)

24. 2. – 19. 3. 40   RKzl., RMdI   14256
Der vom Nürnberger Obgm. Liebel gewünschte, von Hitler (entsprechende Weisung an Bormann) vorerst gebilligte und vom Reichsinnenminister befürwortete Zusammenschluß der Städte Nürnberg und Fürth durch Bestellung L.s zum Staatskommissar der Stadt Fürth von H. nach einem Hinweis des GL Forster auf die Abneigung der Fürther gegen eine solche Vereinigung schließlich doch nicht genehmigt. – In diesem Zusammenhang Erwähnung eines bei Kriegsbeginn erlassenen allgemeinen Verbots gemeindlicher Grenzänderungen.
M/H   101 07058 – 65 (576)

24. 2. 40 – 31. 1. 41   RFM, MRfdRV   14257
Durch den Reichsfinanzminister Vorlage der *Entwürfe einer Zweiten, Dritten und Vierten Verordnung über die Gewährleistung für den Dienst von Schuldverschreibungen der Konversionskasse für deutsche Auslandsschulden: Mit Rücksicht auf die nordamerikanischen Gläubiger unveränderte Beibehaltung der bisherigen Transferregelung; kein Transfer an Angehörige der Feindmächte.
K   101 14463 – 68 (785 a)

26. 2. 40   AA, Dt. GenKons. Chicago – 8   14258
Übersendung eines Berichts des Deutschen Generalkonsulats in Chicago: Spionagevorwurf gegen Colin Ross durch das amerikanische „Dies-Committee"; innenpolitische Hintergründe der antideutschen „Dies"-Aktivitäten.
M   203 00811 f. (30/1)

[26. 2.] – 11. 3. 40   Adj. d. F   14259
Weiterleitung einer *Röntgenrechnung, Reinhold Detjen (Verbindungsstab) betreffend.
W   124 04826 f. (504)

26. 2. – 1. 4. 40   C. Elsner, AA   14260
Bewerbung des pensionierten Lehrers Clemens Elsner (Hausdorf Kr. Waldenburg) um Verwendung im auswärtigen Dienst unter Hinweis auf seinen 42jährigen Aufenthalt im Orient. Weiterleitung an das Auswärtige Amt. Dessen Rückfrage nach E.s Alter.
M/H   203 01253 – 56 (40/1)

27. 2. 40   RMdI   14261
Übersendung des abgeänderten Entwurfes eines Runderlasses über Vereinfachung der Verwaltung auf dem Gebiet des Beamtenrechts (Delegierung verschiedener Befugnisse von obersten und höheren auf untere Verwaltungsbehörden).
K/H   101 12739 ff. (703)

27. 2. – 4. 3. 40   Darré, Himmler, Lammers   14262
Im Reichsernährungsministerium nach dem Einrücken des StSekr. Willikens Beauftragung des MinDir. Harmening mit allen aus dem Führererlaß vom 7. 10. 39 herrührenden Fragen; die Bitte Darrés um Absetzung eines Vortrages Himmlers bei Hitler von Bormann abgelehnt: Der Vortrag nicht nur über Fragen der Umsiedlung, die Differenzen Darré–Himmler keinesfalls zur Erörterung vorgesehen. Dazu die – B. mitgeteilte – Aufforderung Lammers', diese Differenzen direkt zwischen D. und Himmler beizulegen ohne Bemühung Hitlers.
H   101 25378, 385 – 89 (1412)

28. 2. 40   Adj. d. F   14263
Übermittlung eines *Schreibens des Hofrats Pichl (Schönerer-Denkmal-Ausschuß Wien).
W   124 04928 f. (532)

28. 2. — 8. 3. 40   Tschammer-Osten   14264
Einverständnis Bormanns mit der Errichtung eines Kriegssportausschusses in der vorgesehenen Form; keine Bedenken gegen eine Mitteilung über das Einverständnis des StdF an den Vorsitzenden des Ministerrats für die Reichsverteidigung.
K   101 13804 (728)

29. 2. 40   RBauernF   14265
Zustimmung des StdF zur Ernennung einer Reihe von Beamten bei der Landesbauernschaft Sudetenland.
W   112 00010 f. (49)

29. 2. — 1. 3. 40   Adj. d. F, Darré   14266
Einladung der Teilnehmer einer Gauwirtschaftsberatertagung zu einem „einfachen Abendessen" bei Heß. Genehmigung Hitlers, dafür zusätzliche Lebensmittel zur Verfügung zu stellen; Liste der Bewilligung.
W/H   124 00119 f. (37)

1. 3. 40 — 12. 8. 41   GBV   14267
Übersendung einer Neufassung der „Geschäftstechnischen Bestimmungen für die Behandlung der Ministerratssachen und GB-Sachen im Bereich des GBV": Rechtsetzung durch den Ministerrat für die Reichsverteidigung sowie durch das Dreierkollegium (GBV, Beauftragter für den Vierjahresplan bzw. GBW, OKW) als neue Formen der Rechtsetzung; weiterhin durch Reichsgesetz und Unterschrift Hitlers zu regelnde Materien; Grenzziehung zwischen den verschiedenen Formen der Rechtsetzung; Richtlinien für die Vorbereitung der MR(Ministerrats)-Sachen und der GB(Generalbevollmächtigten)-Sachen; Verfahren bei den entsprechenden Vorlagen; ihre Veröffentlichung und die dabei zu verwendenden Vorsprüche. Später Übersendung einer Detail-Änderung.
H   101 12523 — 23/8, 528 (694)

4. 3. 40   Lammers, GBV, RMfVuP   14268
Mitteilung Bormanns: Die Absicht Fricks, die Landesfremdenverkehrsverbände aufzulösen und ihre noch verbliebenen Aufgaben auf die innere Verwaltung zu übertragen, von Hitler nach Informierung durch StSekr. Esser abgelehnt; Verbot der weiteren Bearbeitung solcher Pläne.
K/H   101 14377 — 80 (768)

[4. 3. 40]   RMfVuP   14269
Anordnung im Einvernehmen mit dem StdF: Verwendung der Begriffe „Großes Wecken" und — samt Musik — „Großer Zapfenstreich" allein durch Wehrmacht und SS-Verfügungstruppe (Vorschlag von Ersatzbezeichnungen für Partei, Gliederungen, Reichsarbeitsdienst und Polizei).
H   101 21490 (1269)

4. — 14. 3. 40   RMfVuP, RKzl.   14270
Durch den Propagandaminister (Promi) Übersendung des Entwurfs eines Gesetzes über die Deutsche Bücherei in Leipzig (zwecks Behebung des personalpolitischen Notstands Errichtung als Anstalt des öffentlichen Rechts). Zustimmung des StdF mit der Abänderung, in den Verwaltungsrat der Anstalt einen — vom StdF benannten — Vertreter der NSDAP zu entsenden. Einverständnis des Promi.
H   101 20739 — 49 (1225)

4. 3. 40 — 9. 12. 41   RMdI, RJM, RMfVuP   14271
Schriftwechsel: Zunächst fallweise Lockerung des im September 1939 erlassenen Tanzveranstaltungsverbots (Aufhebung für bestimmte Feiertage); später Aufnahme einer den Reichsinnenminister allgemein zur Zulassung von Ausnahmen ermächtigenden Klausel in die betreffende Polizeiverordnung; schließlich Zusammenfassung der allmählich unübersichtlich gewordenen einschlägigen Bestimmungen und dabei — einem Vorschlag des Reichspropagandaministers folgend — Ausdehnung des Veranstaltungsverbots auch auf Tanzstundenzirkel.
W/H   101 08990/1 — 9001 (650 c)

5. 3. 40   RFM   14272
Anrechnung der während des Krieges in der Freiwilligen Krankenpflege abgeleisteten Zeit als ruhegehaltsfähige Dienstzeit: Bitte um Zurückstellung dieser Frage bis nach Kriegsende.
H   101 14091 f. (745); 101 22318 f. (1275)

5. 3. – 3. 4. 40   AA   14273
RAL Schulte-Strathaus Vertreter des StdF beim Deutsch-Japanischen Kulturausschuß (Berlin); Absage der Teilnahme an einer Tagung.
M   203 00168, 218 (19/4)

6. 3. – 5. 8. 40   RKzl., RM   14273 a
Bitte des StdF an die Reichskanzlei (RKzl.), den Ressorts seine *Auffassung in der Frage der Besetzung der leitenden Stellen der Reichsministerien zu übermitteln. Entsprechendes *Rundschreiben der RKzl.
H   101 04556 (421 a)

7. 3. 40 – 2. 9. 41   RLM   14274
*Anweisungen für die Arbeiten in der Kampfstoff-Untersuchungsstelle.
A   101 22702 – 06 (1294 a)

9. – 12. 3. 40   RKzl., OKW   14275
Zustimmung des StdF zum Entwurf einer Verordnung, Zuzug und Inanspruchnahme von Wohnraum durch Zivilpersonen im massiert mit Truppen belegten linksrheinischen Gebiet genehmigungspflichtig zu machen; der Vorbehalt, unter den im Text erwähnten „öffentlichen Dienststellen" (dort zu Beschäftigende von der Genehmigungspflicht befreit) auch die Dienststellen der Partei, ihrer Gliederungen und Verbände zu verstehen, vom OKW akzeptiert.
H   101 19219 – 26 (1171 b)

[11. 3. 40]   RJM   14276
Zustimmung des StdF zum Entwurf einer Verordnung über die Befreiung von der Einhaltung firmenrechtlicher Vorschriften bei der Heimkehr Volksdeutscher ins Reich (Weiterführung alter Firmennamen).
H   101 25375 ff. (1412)

[11. 3. 40]   Dozentenschaft   14277
Die propagandistische Betreuung der ausländischen graduierten Akademiker gemäß „Erlaß" des StdF den Auslandsämtern der Dozentenschaft vorbehalten; Bitte, die Sammlung der Anschriften von Ausländern durch Prof. Säuberlich (Verbindungsreferent der Dienststelle Ribbentrop [DR] zur Gauleitung Sachsen) und deren Weitergabe an die frühere DR zwecks anonymer Versendung von politischem Propagandamaterial durch das Auswärtige Amt zu verhindern; unter Berufung auf den „Erlaß" des StdF vom 26. 10. 39 (vgl. Nr. 13963) Hinweis auf die Veranlassung von Parteigenossen im Gau Kurhessen zur Wiederaufnahme älterer Auslandskorrespondenz.
M/H   203 01251 f. (40/1)

[11. 3. 40]   GBV   14278
Zustimmung des StdF zum *Entwurf einer Verordnung zur Änderung des Viehseuchengesetzes.
K   101 14047 (741 a)

11. – 19. 3. 40   RFSS   14279
Durch Heß' Chefadjutanten Übersendung einer *Aufzeichnung über die Unterredung des StdF mit dem amerikanischen Unterstaatssekretär Sumner Welles mit der Bitte, die Notizen als rein persönliche Information zu behandeln.
K   102 00818 f. (1657)

11. 3. – 11. 12. 40   RJM, GBV   14280
Unter Hinweis auf die bereits erwirkten Zustimmungen (StdF, Reichsinnenminister, Reichserziehungsminister) zu dem Erlaß einer Verordnung über die Anrechnung von Wehrdienst bei der Zulassung zu den vereinfachten juristischen Staatsprüfungen (schon nach vier Studienhalbjahren bei sechs Monaten während des Krieges geleistetem Wehrdienst) Bitte des Reichsjustizministers, die Verordnung nunmehr – nach Einigung über einen Zusatzantrag des Reichsführers-SS, Gleichstellungsanträge zur Polizei oder zum SD einberufener Studenten betreffend – beschleunigt zu erlassen, um weitere Benachteiligungen der Frontkämpfer unter den Rechtsstudenten zu vermeiden und insbesondere um der Gefährdung des Studienabschlusses von Studenten mit zwei Semestern bei längerer Kriegsdauer zu begegnen. Erlaß der Verordnung.
K   101 26553 – 59 (1508 a)

[12. 3. 40]   RMdI   14281
Aufmerksamwerden des StdF auf die im Widerspruch zu den Wünschen der Partei stehenden, entgegen einer Vereinbarung mit dem Reichsinnenminister (RMdI) getroffenen und eine erhebliche Beunruhigung der Bevölkerung auslösenden Maßnahmen des Oberpräsidenten in Kassel zum Zweck einer Zusammenlegung der Bezirksverbände Hessen und Nassau „auf kaltem Wege". Weitere Zusammenlegungen vom RMdI vorerst untersagt.
W   101 23991 – 94 (1346 b)

[12. 3. 40]   RMdI   14282
Keine Bedenken des StdF gegen die Einweisung des 1939 in den Wartestand versetzten Landrats z. D. Anton Lampersberger in eine Oberregierungsratsstelle beim Reichsstatthalter in Kärnten.
H   101 24940 f. (1389)

15. 3. 40   Amann, Adj. d. F   14283
Anfrage Bormanns an Amann wegen einer Stellung für OPräs. a. D. Kube.
W   124 04880 (522)

[19. 3.] – 2. 4. 40   RMdI, GBV   14284
Zustimmung des StdF zum *Entwurf einer Verordnung zur Änderung des Familienunterstützungsgesetzes (Ausdehnung der Unterstützung auf alle unehelichen Kinder Einberufener, Ermächtigung zu einer Neufassung der unübersichtlich gewordenen Bestimmungen, u. a.).
W   101 08916 – 17/3 (648 a)

19. 3. – 18. 9. 40   RMfdkA, RKzl., RMdI   14285
Nach Beschwerden der ostmärkischen Gauleiter scharfer Einspruch des StdF (Übergehung und Beeinträchtigung der Stellung der Reichsstatthalter) gegen einen vom Reichskirchenminister (RKiM) herausgegebenen Erlaß an die katholischen Bischöfe der Ostmark über die Neuregelung der Zuständigkeiten auf kirchlichem Gebiet (Übergang der Funktionen des bisherigen Wiener Ministeriums für innere und kulturelle Angelegenheiten auf den RKiM bzw. auf die Reichsstatthalter). Neue Interpretation des Erlasses unter dem Druck des StdF (Forderung des Vortrags bei Hitler und der umgehenden Abänderung oder Aufhebung des Erlasses). Dieser weder dadurch noch durch eine schriftliche Rechtfertigung des RKiM zufriedengestellt: Noch immer direkter Verkehr der Bischöfe mit dem RKiM unter Übergehung der Reichsstatthalter möglich. Einschaltung des Generalbevollmächtigten für die Reichsverwaltung (GBV) durch den StdF mit der Aufforderung, den RKiM-Erlaß aufzuheben. Bitte des RKiM, von einer GBV-Anordnung abzusehen; sein Angebot, die am heftigsten angegriffene Ziffer 8 seines Erlasses (Zulässigkeit von Berufungen gegen Verfügungen des Reichsstatthalters in kirchlichen Angelegenheiten) zu streichen, vom GBV als akzeptabel betrachtet.
M/H   101 00768 – 807 (150 a)

21. 3. 40   RMdI   14286
Übersendung des Entwurfs einer Zehnten Durchführungsverordnung zum Ostmarkgesetz: Einrichtung der Reichsgaue der Ostmark bis zum 1. 4. 40.
A   101 24296 f. (1357 c)

21. – 29. 3. 40   RMfWEuV   14287
Übernahme von Professoren und wissenschaftlichen Beamten der Landwirtschaftlichen Hochschule Tetschen-Liebwerd in den Reichsdienst; dabei zwei Ablehnungen durch den Stab StdF: Prof. Karl Boresch (Halbjude) und Prof. Karl Schweigl (unsoziales Verhalten).
M/H   302 00113 – 19 (Jakowatz); 301 00058 – 62 (Arland)

21. 3. – 13. 8. 40   RMdI, RKzl.   14288
In einer abschließenden Besprechung der Entwurf eines Gesetzes über Friedhöfe nur von den Vertretern des StdF und der Polizei befürwortet, von den Ressorts, dem OKW und der Reichskanzlei (RKzl.) hingegen als nicht kriegswichtig und Hitlers Wunsch, Angriffe gegen die Kirche zu vermeiden, zuwiderlaufend abgelehnt. Schließlich Regelung eines Teils der Materie (alter § 2) durch einen Erlaß: Anlegung gemeindeeigener Friedhöfe, Regelung (und notfalls Erzwingung) der Beisetzung nicht der Kirche angehörender Personen auf kirchlichen Friedhöfen sowie der dabei gehaltenen Ansprachen nichtkirchlicher Personen (die ursprünglich vorgesehenen Vorbereitungen zur Übernahme der kirchlichen Friedhöfe durch die Gemeinden auf Wunsch der RKzl. aus dem Erlaßentwurf entfernt).
H   101 17225 – 32 (1031)

25.–[26.]3.40   Lammers   14289
Mitteilung Bormanns: Wunsch Hitlers nach unverzüglicher Herausgabe einer Verordnung über die Androhung der Todesstrafe für Bereicherung an den zum 20. April abgelieferten Metallgegenständen bzw. für deren zweckentfremdete Verwendung. Von Lammers „das Erforderliche veranlaßt".
K/H   101 11599 f. (680 b)

26.3.40   RAM, F. Lippert   14290
Durch den Stab StdF Übersendung des Berichts eines Pfarrers Lippert: Bedrohung des Volkstums von ca. 30 000 Deutschen im brasilianischen Staat Espirito Santo; Hoffnung der Siedler auf eine Zukunft in den neuen deutschen Kolonien.
M   203 00001 f. (2/4)

26.–28.3.40   Intern 8   14291
Die erbetene Übersendung von Aufklärungsmaterial an die Sekretärin Waltraut Bunke am Deutschen Konsulat in Stavanger (Norwegen) „durchaus erwünscht".
M/H   203 01262 f. (40/2)

28.3.40   RMfdkA   14292
Übersendung einer Zusammenstellung über Kard. Hlond: Lebenslauf, deutschfeindliche Aktivitäten („polnischer Chauvinist reinsten Wassers"), ebenso „großer Feind der Ukrainer".
H   101 08523–33 (640)

Nicht belegt.   14293

30.3.40   RFM, MRfdRV   14294
Übersendung des *Entwurfs einer Verordnung über die Verlängerung einer Krediterächtigung.
K   101 14357 f. (760)

31.3.40   Adj. d. F, L. Euler   14295
Die Eingabe eines Leopold Euler (Frankfurt/Main) zugunsten eines – offensichtlich wegen einer Vorstrafe nicht beförderten – Pg. Rauber von der Führeradjutantur an den StdF weitergeleitet.
W   124 04932 ff. (534)

1.4.40   RDozF, AA   14296
Durch den Reichsdozentenführer Übersendung von Anregungen des Auslandsamtes der Dozentenschaft zum Deutsch-Bulgarischen Kulturabkommen: Ausbau deutscher Schulen in Bulgarien, Austausch von Akademikern, publizistische Beziehungen, Deutschland-Studium bulgarischer Studenten, und anderes. Weiterleitung an das Auswärtige Amt.
M/H   203 00219–25 (19/4)

2.4.40   AA   14297
Übersendung von 25 Exemplaren des Weißbuchs Nr. 3 („Polnische Dokumente zur Vorgeschichte des Krieges") zur Verteilung im Stab StdF.
M   203 01260 f. (40/2)

2.4.40   RArbM   14298
Bitte um Zustimmung zur Ernennung des RegDir. Heinrich Nietmann zum Reichstreuhänder der Arbeit für das Wirtschaftsgebiet Saarpfalz.
K   101 06499–99/4 (529 a)

2.4.40–[22.10.43]   H. Deuschl   14299
Schwere Differenzen zwischen Bormann und dem Ehepaar Deuschl wegen dessen Kritik an der Verlobung des mit B. befreundeten Administrators des Guts Alt-Rehse, Helmuth Vehrs (dessen Braut bisher mit einem Soldaten verlobt). Die Berufung D.s auf einen Befehl Himmlers (Verbot, der Frau eines im Felde stehenden Soldaten nahezutreten) von B. wie von H. selbst zurückgewiesen. Drohender Hinweis B.s auf den V. gewährten besonderen Schutz; Abbruch der persönlichen Beziehungen zu D.s Frau. Absicht D.s, Alt-Rehse zu verlassen. In der Folgezeit Erwachsen von Schwierigkeiten für D. wegen dieser Differenzen mit B.
W   107 00616–37 (214)

4. 4. 40   Frick   14300
Durch Bormann übermittelte Weisung Hitlers, Beamte im Falle des Geschlechtsverkehrs mit Polinnen oder Tschechinnen fristlos und ohne Pension aus dem Staatsdienst zu entlassen.
M   101 04594 (424)

5. 4. 40   MRfdRV   14301
Einverständnis des StdF mit der vom Reichsarbeitsminister vorgeschlagenen *Ergänzung der Verordnung zur Abänderung und Ergänzung von Vorschriften auf dem Gebiete des Arbeitsrechts.
H   101 08915 (648)

[5. 4. 40]   StSekr. b. RProt.   14302
Verleihung des Ehrendienstgrades eines Stellvertretenden Gauleiters an StSekr. Frank durch den StdF.
M   306 00316 (Frank, K. H.)

6. – 11. 4. 40   GBV, RKzl.   14303
Durch den Generalbevollmächtigten für die Reichsverwaltung Übersendung des Entwurfs einer Verordnung über den Geltungsbereich des deutschen Strafrechts: Für Taten eines deutschen Staatsangehörigen unabhängig vom Tatort (In- oder Ausland, jedoch Möglichkeit der Nichtanwendung auf bestimmte im Ausland begangene Taten) sowie für Taten eines Ausländers im Inland (unter bestimmten Voraussetzungen auch im Ausland); strafverfahrensrechtliche Bestimmungen; Zweck der Verordnung die Möglichkeit der Verfolgung von Straftaten a) gefangener polnischer Soldaten vor ihrer Gefangennahme (Mißhandlungen gefangener deutscher Soldaten), b) ins Reich gekommener volksdeutscher Rückwanderer.
W   101 26862 – 64/4 (1512)

6. 4. – 28. 6. 40   RMdI u. a.   14304
Übersendung eines Runderlasses über die Aufhebung der landesrechtlichen Schutzvorschriften für staatlich nicht anerkannte kirchliche Feiertage (außer vorerst Fronleichnam, vgl. Nr. 14308) auf Kriegsdauer. Ausdehnung dieser zunächst auf das Altreich beschränkten Maßnahme auf die Ostmark und den Sudetengau sowie entsprechende Aufforderung an die Protektoratsregierung.
H   101 21383 f., 392 ff., 398 – 401 (1266 a)

9. 4. – [3. 6.] 40   Lammers, Göring, Prof. Gürtler, RStudF Scheel   14305
Eingabe des Prof. W. Gürtler (u. a. Direktor des Instituts für Metallurgie und Werkstoffkunde an der Universität Dresden) an Hitler über die Mißstände an den Universitäten und über die der deutschen Technik daraus erwachsenden Gefahren: Absinken der beruflichen Leistungen durch Überforderung der studentischen Jugend mit Dingen außerhalb des Studiums; Verschärfung der Lage durch Kriegsmaßnahmen wie Studienzeitverkürzung und zuzüglichen zivilen Kriegsdienst; zur Sicherung bzw. Wiedererlangung der Leistungs- und Konkurrenzfähigkeit der deutschen Technik Bitte, bei der vermehrten Arbeitsstoff und der verkürzten Studienzeit für einen ungestörten Studiengang zu sorgen. Dazu Bitte Lammers' um Stellungnahme Görings, des StdF. u. a. zwecks Vorbereitung eines Führervortrags. Negative Äußerung des vom StdF informierten Reichsstudentenführers: Hauptgründe für den Leistungsabfall die Einführung von Trimestern und die mangelhafte Schulausbildung; Verwahrung gegen jeden Versuch, die Studenten von der ns. Bewegung fernzuhalten.
K   101 15496 – 504, 509 – 12 (940 b)

[9. 4.] – 30. 7. 40   RMdI, RKzl.   14306
Meinungsverschiedenheiten über die Fassung der Bestimmungen der neuen Reichszahnärzteordnung (RZO) hinsichtlich des Versagens bzw. der Zurücknahme der Bestallung von Zahnärzten wegen politischer Unzuverlässigkeit: Bedenken des Reichsinnenministers gegen das vom StdF für die Partei verlangte ausschließliche Recht auch der Überprüfung politischer Beurteilungen und der Feststellung der Unzuverlässigkeit in letzter Instanz; unter Hinweis auf die Vernichtung der Existenz als Folge einer Bestallungsrücknahme oder -verweigerung und auf die Durchführung der Feststellungen der Partei „in der Regel ohne Wissen der Betroffenen" die Möglichkeit der Nachprüfung durch staatliche Behörden gefordert; bei Annahme der Vorschläge des StdF eine entsprechende Regelung für Ärzte, Tierärzte und Apotheker erforderlich; Bitte, die Entscheidung Hitlers einzuholen. Dazu – von Lammers befolgt – Vorschlag des StdF, die Angelegenheit wegen der vorgesehenen generellen Umgestaltung des RZO-Entwurfs bis dahin zurückzustellen.
K/H   101 13549 – 57 (718); 101 13889 f. (735)

11. 4.–[7. 5.] 40   RMdI, RKzl.   14307
Laut Mitteilung Bormanns die Verschiebung des Fronleichnamstages 1940 auf den darauffolgenden Sonntag bzw. die Verschiebung des staatlichen Schutzes dieses Feiertages von Hitler in Abweichung von seiner früheren Entscheidung schließlich gebilligt. (Vgl. Nr. 14304.)
H   101 21385–91 (1266 a)

Nicht belegt.   14308

12.–20. 4. 40   RFM   14309
Übersendung von 'Entwürfen einer Verordnung über Reichskreditkassen; zur Vermeidung von Zahlungsschwierigkeiten der in Dänemark und Norwegen eingesetzten deutschen Truppen Beschleunigung erbeten. Erörterung der dortigen Einlösung von Reichskreditkassenscheinen.
K   101 11356–59 (672)

12. 4.–20. 8. 40   Lammers   14310
Bitte um Mitteilung der Entscheidung des StdF über die Bitte Epps, die Betreuung der aus Deutsch-Ostafrika vertriebenen Kolonialdeutschen nicht der Auslands-Organisation, sondern dem Kolonialpolitischen Amt zu übertragen.
H   101 25225 f. (1409)

16. 4. 40   Adj. d. F   14311
Mitteilung Bormanns: Bereitstellung der von Hitler angekauften Figur „Schwimmerin" des Bildhauers B. Graf Plettenberg (Berlin) für eine Ausstellung des Künstlerbundes Oberdonau in Linz; „voller Beifall" H.s für vier Modelle P.s (Reiterstandbilder für die Nibelungenbrücke in Linz) und Überweisung von RM 40 000.– als Anzahlung; Besserungswünsche an Führeradjutant Schaub.
W   124 04930 f. (532)

17.–25. 4. 40   GBV, RKzl., RMfVuP   14312
Widerspruch des StdF und des Reichspropagandaministers (Promi) gegen den vom Generalbevollmächtigten für die Reichsverwaltung (GBV) vorgelegten Entwurf einer Verordnung über die Verbreitung konfessioneller Schriften unter den Wehrmachtangehörigen (Verbreitung nur mit Genehmigung des Chefs OKW, des Promi und des Reichsinnenministers und Verteilung nur durch Wehrmachtgeistliche). Der Entwurf nach Ansicht des StdF ungeeignet, das erstrebte Ziel (Verhinderung eines Nachlassens der Kampfmoral wegen der Lektüre konfessioneller Flugblätter und Traktate) zu erreichen; außerdem Kritik an der Nichtanhörung des StdF vor Einbringung des Entwurfs im Ministerrat für die Reichsverteidigung; eine Referentenbesprechung erforderlich. Der Vorschlag des GBV auch nach Ansicht des Promi undurchführbar: Versendung eines großen Teils der in Frage kommenden Schriften durch die Angehörigen, deren Bestrafung dafür schlechthin unmöglich; Ankündigung einer Einladung zu gemeinsamer Besprechung.
A   101 05705–08/2 (478)

19. 4. 40   RMdI   14313
Übersendung des Entwurfs einer Bekanntmachung über eine Ausschlußfrist für Anträge auf Feststellung von Kriegssachschäden in den östlichen Reichsgebieten.
W   112 00177 ff. (186)

19. 4.–[14. 6.] 40   RArbM, RMdI   14314
Unterschiedliche Auslegung eines Führerauftrags hinsichtlich der Arbeitsverwaltung in den eingegliederten Ostgebieten (Prüfung der Möglichkeit, sie in eine der Reichsjustiz- und der Reichsfinanzverwaltung vergleichbare Stellung gegenüber den Reichsstatthaltern zu bringen) durch Seldte und Frick und daraus resultierend unterschiedliche Verordnungsentwürfe. Kritik F.s an dem Entwurf S.s: Der unbedingt erforderliche enge Zusammenhang der Reichsarbeitsverwaltung mit der allgemeinen Verwaltung (Anführung zahlreicher Forderungen von Reichsverteidigungskommissaren und Regierungspräsidenten nach einer stärkeren Zusammenfassung) nicht gewährleistet, insbesondere wegen der von S. gewünschten Ausschaltung des allgemeinen Vertreters des Reichsstatthalters. Das Verlangen F.s, die künftige Organisation der Arbeitsverwaltung in ihren Grundsätzen bereits jetzt für das gesamte Reichsgebiet festzulegen, von S. als im Widerspruch zur Auffassung des StdF stehend kritisiert. (Abschrift jeweils an den StdF.)
W   101 23547–84 (1332 a)

19. 4. 40 — [12. 5. 42]   RMfWEuV, R. Uebelhör   14315
Einspruch des Stabs StdF gegen die Ernennung des Privatdozenten Richard Uebelhör (Wien) zum Dozenten neuer Ordnung: Ue. in der Systemzeit als Angehöriger des C. V. und der katholischen Neulandbewegung eindeutiger Gegner des NS; sein Vorgänger als urologischer Primarius in Spittal, Kroiss, Sympathisant mit dem NS, zugunsten des „Systemanhängers" Ue. pensioniert. Aufrechterhaltung dieser Ablehnung durch die PKzl. auch auf zwei Eingaben Ue.s hin. Direktes Herantreten Ue.s an die PKzl.
M/H   301 01066 — 87 (Uebelhör)

23. 4. — 23. 6. 40   Lammers, RMfdkA u. a.   14316
Mitteilung Lammers' über den ausdrücklichen Wunsch Hitlers, gegenwärtig keine gegen die Kirchen gerichteten Maßnahmen zu ergreifen, und über dessen Ablehnung des Vorgehens einiger Ortsgruppen, Pfarrern den freiwilligen Austritt aus der NSDAP nahezulegen. Durch MinDirig. Stahn (Reichskirchenministerium) an die Reichskanzlei Übersendung von Berichten und sonstigem ausführlichen Material über Versuche von Parteistellen, unter Hinweis auf Erlasse und Richtlinien des StdF den Austritt von Theologen und Geistlichen dennoch zu erzwingen, bzw. über ihre Weigerung, sie in die NSDAP aufzunehmen (u. a. Ablehnung der Aufnahme von Prof. Entz [Wien] trotz seiner ns. Verdienste mit der Begründung, ein Hineintragen kirchenpolitischer Gegensätze in die Bewegung verhindern und auch den Verdacht einseitiger Stellungnahme der Partei für die eine oder andere Kirchengemeinschaft vermeiden zu wollen; vgl. Nr. 14407), sowie von Beschwerden über die kirchen- und religionsfeindliche Einstellung von Parteistellen und über Versuche, Parteimitglieder zum Austritt aus der Kirche zu bewegen. Durch L. Weiterleitung dieses Materials an Bormann, sein Eindruck: Ein Erlaß des StdF von nachgeordneten Parteistellen offensichtlich entgegen den Ausführungen in einem Schreiben B.s ausgelegt.
M/W/H   101 01033 — 80 (155)

23. 4. — 5. 7. 40   GL Westfalen-Süd, AA   14317
Durch den Stab StdF befürwortende Weiterleitung einer Intervention der Gauleitung Westfalen-Süd in der Versorgungsangelegenheit der Witwe Maria Frädrich (Soest) an das Auswärtige Amt.
M/H   203 00850 f. (30/2); 203 00890 (31/2)

[24. 4. 40]   GBW   14318
Bitte um Verabschiedung des Entwurfs einer Verordnung über Durchfuhrverbote durch den Ministerrat für die Reichsverteidigung (Verhinderung der Durchfuhr zur Stärkung der Wirtschaftskraft der Feindstaaten beitragender Waren).
M   101 03319 — 24 (332 a)

24. — 27. 4. 40   Himmler   14319
Auf Wunsch Bormanns Aufhebung „der Post- und Telefonüberwachung in Nürnberg".
K   102 01618 (2800)

24. — 30. 4. 40   RKfdbnoG, RKzl.   14320
Bitte des Reichskommissars für die besetzten norwegischen Gebiete (RK), ein generelles Einreiseverbot für Norwegen zu erlassen und die Entsendung von Personen von seiner vorher einzuholenden Zustimmung abhängig zu machen. Die Entscheidung Hitlers: Erteilung der Einreisegenehmigung künftig nicht mehr durch das Auswärtige Amt, sondern für im Auftrag Oberster Reichsbehörden reisende Personen durch die Reichskanzlei, in allen übrigen Fällen durch den Reichsführer-SS; die Zustimmung des RK erforderlich.
M   101 04218 — 22 (412)

24. 4. — 10. 9. 40   GBV, RMdI   14321
Ablehnung der vom StdF erhobenen Forderung nach Beteiligung der Partei bei jeder Wiederverwendung eines Ruhestandsbeamten; Begründung u. a.: Eine Wiederverwendung grundsätzlich nur für die Kriegsdauer ausgesprochen und jederzeit widerrufbar; Entstehen schädlicher Verzögerung und zusätzlicher Mehrarbeit bei genereller Überprüfung der politischen Zuverlässigkeit; daher Bitte um Beschränkung der Beteiligung auf Fälle politischer Beanstandung.
A   101 04973 — 76 (446)

[25. 4. 40] — 16. 1. 41   Chef Sipo, AA u. a.   14322
Wunsch der Pgn. Nanny Gnade, dem StdF persönlich über Mißstände in deutschen Vertretungen im Ausland (San Remo, Genua, Fiume) zu berichten. Strafantrag des Reichsaußenministers gegen die G. we-

gen in ihrer Beschwerde enthaltener unwahrer Behauptungen über den Deutschen Konsul in San Remo; Bitte des Stabs StdF um Übersendung von Unterlagen darüber. (Vgl. Nr. 15850.)
M/H   203 00944 f., 975–79 (33/1)

26. 4. 40   Hitler   14323
Laut Terminkalender Besuch bei Heß anläßlich seines Geburtstages.
H   101 29070 (1609)

26. 4. 40   RMfWEuV   14324
Wegen der negativen Beurteilung durch den Stab StdF keine Wahl des Prof. Josef Nadler (Wien) zum Korrespondierenden Mitglied der Preußischen Akademie der Wissenschaften.
W   301 00733 ff. (Nadler)

[26. 4. 40]   Fa. Rid & Sohn, RInnungsverb. d. Schuhmacherhandwerks   14325
Durch den Stab StdF Ablehnung des Gesuchs der *fertige* Reitstiefel verkaufenden Firma Rid & Sohn (München), auch zur *Herstellung* von Reitstiefeln zugelassen zu bleiben (nach Ausschluß der 25 auch mit Schuhen *handelnden* Firmen – u. a. die Firma Rid – aus der Liste der im Reichsgebiet zugelassenen 300 Reitstiefelspezialisten zugunsten von 25 Nur-Handwerksbetrieben).
W/H   124 04942–45 (535)

27. 4.–10. 5. 40   RArbM, MRfdRV, GBW   14326
Durch den Reichsarbeitsminister (RAM) Übersendung des Entwurfs einer Verordnung über den verstärkten Einsatz von Frauen für Zwecke der Reichsverteidigung (Ermächtigung für den RAM, eine Meldepflicht anzuordnen und die erforderlichen Strafvorschriften zu erlassen); Absicht, zum 20. 5. 40 zunächst die Meldung der 14- bis 40jährigen Frauen (Ausnahmen: Frauen mit Sorgepflicht für Familienangehörige, Berufstätige, Schülerinnen, Anstaltspfleglinge) vorzuschreiben. Forderung des Generalbevollmächtigten für die Wirtschaft, die Ausübung dieser Vollmacht an sein Einvernehmen zu binden.
W/H   101 09328–31 (652)

29. 4. 40   AA–1   14327
Übermittlung des Weißbuchs Nr. 4: „Dokumente zur englisch-französischen Politik der Kriegsausweitung".
M   203 01139 ff. (38/2)

30. 4. 40   AA–5   14328
Auskunft des Personalamts des StdF: Ein Pg. Fichtel im Arbeitsbereich des Braunen Hauses nicht beschäftigt.
M/H   203 00849 (30/2)

[30. 4.]–15. 7. 40   RStatth. Oldenburg-Bremen, RKzl.   14329
Vorlage (durch GL Röver) und – nach Zustimmung des StdF – Vollziehung eines Führererlasses über besondere städtebauliche Maßnahmen in der Stadt Oldenburg und über die Beauftragung R.s mit ihrer Durchführung.
H   101 17157–61 (1021)

30. 4.–23. 9. 40   Seldte, Ley, RKzl., RMdI u. a.   14330
Auseinandersetzungen zwischen Seldte und Ley über den von L. erhobenen Anspruch der Partei auf die Führungsposition im Wohnungs- und Siedlungswesen. Forderung L.s: Unterstellung der Hausbesitzer-, Siedler- und Mietervereine unter die Partei; Baugestaltung und Aufstellung der umfassenden Wohnungsbauprogramme Sache der DAF, Feststellung der Durchführungsmöglichkeiten (Baustoffbeschaffung, Transportfragen u. a.) durch den Staat und die von Hitler unmittelbar beauftragten Personen; Ausschaltung aller privatkapitalistischen Überlegungen und liberalistischen Einflüsse; maßgebliche Beteiligung der Partei an allen Finanzierungsmaßnahmen sowie an allen gesetzlichen und verfahrensrechtlichen Neuordnungen; Sicherung des Einflusses der DAF auf den Reichsverband des deutschen gemeinnützigen Wohnungswesens u. a. durch Bestellung des Amtsleiters für die wirtschaftlichen Unternehmungen der DAF, Strauch, zum Vorsitzenden des Verwaltungsrates des Reichsverbandes. Stellungnahme S.s (unterstützt vom Reichsinnenminister und von Obgm. Fiehler): Berufung auf seine durch einen Erlaß H.s vom 4. 12. 34 erfolgte Beauftragung mit dem Siedlungswerk in völliger Selbständigkeit und auf die damit von H. bewußt dem Staat überlassene Zuständigkeit für das Wohnungs- und Siedlungswesen; Bitte an den StdF um eine Willensäußerung in dieser Angelegenheit unter Hinweis auf des-

sen bisherige verständnisvolle Haltung sowie auf die alleinige Zuständigkeit des StdF, Entscheidungen über Parteikompetenzen zu treffen. Keine Äußerung des StdF zur Sache, vielmehr Auftrag an den Generalbevollmächtigten für die Bauwirtschaft, Todt, in seiner Eigenschaft als Angehöriger des Stabs StdF die Angelegenheit mit S. und L. zu erörtern. Das Ergebnis der Besprechung: Ohne auf seine anderen Forderungen zu verzichten, erneuter Wunsch L.s, St. an die Stelle des jetzigen Leiters des Reichsverbandes zu setzen, den Verwaltungsrat des Verbandes zu beseitigen und den Verbandsleiter mit der Zusammenlegung aller leistungsschwachen Wohnungsunternehmen zu beauftragen. Entscheidung H.s nach Vortrag der Angelegenheit durch Bormann: Berufung St.s, im übrigen keine Änderung der Zuständigkeiten. (Denkschrift der Reichskanzlei über die vermutlichen Motive L.s und über die Konsequenzen: Schaffung einer Monopolstellung auf dem Gebiet des gemeinnützigen Wohnungsbaus für die Wohnungsbaugesellschaften der DAF, dadurch Verhinderung der Möglichkeit einer positiven Beeinflussung des gemeinnützigen Wohnungsbaus durch den Reichsarbeitsminister und schließlich Erreichung aller Ziele L.s „auf kaltem Wege". Wegen der Unbeweisbarkeit dieser Vermutungen Absehen von einer Zuleitung der Denkschrift an B. für einen neuerlichen Vortrag bei H.) – Berufung eines Ausschusses zur Ausarbeitung von Richtlinien für den neuen deutschen Wohnungsbau nach dem Kriege durch H.; Vorsitz und Federführung (auf Wunsch H.s) bei L. (dieser Entscheidung vorangegangener Vermittlungsvorschlag B.s: Vorsitz durch Lammers).
K/H   101 16637–710 (1007); 101 19227 ff. (1171 b)

1. 5. 40   —   14331
Durch den StdF Verleihung der Auszeichnung „NS-Musterbetrieb" an „im Sinne der Volksgemeinschaft geführte" Betriebe auf einer Tagung der Reichsarbeitskammer.
W   124 04952 f. (537)

3.–25. 5. 40   Adj. d. F   14332
Entscheidung Bormanns über die Bezahlung der Tagegelder für die Flugzeugbesatzungen bei der Beförderung des RK Terboven und seines Stabes nach Oslo aus den von ihm kürzlich der Führeradjutantur zur Verfügung gestellten Mitteln.
W/H   124 04937 f. (534)

3. 5.–[19. 10.] 40   RMfWEuV, RMdI   14333
Mitteilung Bormanns über das Verbot Hitlers, führenden Persönlichkeiten akademische Grade ehrenhalber zu verleihen. Zurückstellung der Ehrung verdienter Wehrmachtangehöriger in Form von Ehrenbürgerschaften, Straßenbenennungen u. ä. bis nach Kriegsende, in Ausnahmefällen Einholung der Entscheidung H.s über eine vor diesem Zeitpunkt erfolgende Ehrung. (Vgl. Nr. 14334; nochmalige Erwähnung anläßlich der Ernennung des GFM Rommel zum Ehrenbürger der Bergakademie Clausthal im September 1942.)
K   101 15535–44 (941 a); 101 15725 (942 c)

3. 5.–1. 11. 40   RMfWEuV   14334
Mitteilung Bormanns über das Verbot Hitlers, Speer den Ehrendoktortitel der Technischen Hochschule Berlin zu verleihen sowie überhaupt Minister, Staatssekretäre, Oberpräsidenten, Politische Leiter oder Gliederungsführer ehrenhalber zu promovieren, zu Ehrensenatoren zu ernennen oder ihnen sonstige akademische Ehrengrade zu verleihen.
H   101 18659 ff. (1151 b)

5.–21. 5. 40   Lammers   14335
Anläßlich einer Gesetzentwurfsvorlage (über Erbfolge und Pflichtteilsrecht, vgl. Nr. 14366) des Reichsjustizministers im Einvernehmen mit Göring vorgelegter Führererlaßentwurf des Generalbevollmächtigten für die Reichsverwaltung (GBV) mit dem Ziel, entbehrliche Gesetze bis nach Kriegsende zurückzustellen. Zustimmung Lammers', jedoch Einwände gegen die vom GBV beanspruchte Vollmacht, endgültig über die Dringlichkeit eines Gesetzes zu entscheiden: Abgesehen von der Beeinträchtigung der übrigen Minister dieser Vorschlag auch mit der Stellung Hitlers und des Vorsitzenden des Ministerrats für die Reichsverteidigung (MfR) nicht vereinbar. Zustimmung des StdF zum Entwurf wie auch zu L.' Einwand; bei Delegierung der H. vorzubehaltenden letzten Entscheidung Nominierung des Vorsitzenden des MfR für diese Bevollmächtigung, jedoch vorbehaltlich des jeweils herzustellenden Einverständnisses mit ihm, dem StdF.
K/H   101 12631/1–640/2 (695); 101 27618 ff. (1524 a)

Nicht belegt.   14336

[7.] — 8. 5. 40   RKzl., RVM   14337
Eine Beschwerde des StdF bei Hitler und Lammers wegen Nicht-Beteiligung an zwei Personalveränderungen im Reichsverkehrsministerium (Abteilung Kraftfahrt und Abteilung Schiffahrt) von L. als unbegründet zurückgewiesen: Im einen Falle Beförderung eines Offiziers, im anderen die beanstandete Ernennung überhaupt nicht erfolgt, bei der tatsächlich beantragten aber der StdF beteiligt; ganz im Gegensatz zu dessen Beschwerde Beteiligung des StdF durch die Ressorts auch bei im Führererlaß vom 24. 9. 35 gar nicht vorgesehenen Fällen, dessen Beachtung anzumahnen mithin nicht erforderlich.
H   101 18564 — 67 (1146 b)

8. 5. 40   GBV, RJM   14338
Vorlage des überarbeiteten Entwurfs einer Verordnung über die Vollstreckung von Freiheitsstrafen wegen einer während des Krieges begangenen Tat: Bei Zuchthausstrafen oder Verlust der Wehrwürdigkeit keine Anrechnung der in die Zeit des Kriegszustandes fallenden und unter verschärften Bedingungen zu vollstreckenden Vollzugszeit. Dabei erwähnt eine im Verwaltungswege getroffene (bzw. vorbereitete) Regelung, um die Beteiligung der Polizei bei der Aussetzung einer Strafvollstreckung auf Ersuchen militärischer oder ziviler Dienststellen sicherzustellen.
H   101 28242 — 48 (1538)

8. 5. — 12. 12. 40   Prof. Fabricius, Lammers u. a.   14339
Nach zwei Schritten bei Lammers Eingabe eines Prof. Cajus Fabricius (Berlin) an Heß wegen seines Parteiausschlusses: Hervorhebung seines Eintretens für den NS, Rechtfertigung seiner ihm als „gehässiger Angriff" vorgeworfenen Denkschrift „Innere Rüstung". Mitteilung Bormanns über die auf Befehl Hitlers erfolgte Ausstoßung F.' aus der Partei und über seine Einlieferung in ein Konzentrationslager wegen seiner Angriffe gegen die Parteileitung, Entlassung F.' aus dem Konzentrationslager nur wegen seiner weitgehenden Erblindung.
M/H   101 01019/1 — 30 (154)

9. 5. 40   Adj. d. F   14340
Durch den Stab StdF Übersendung einer "Rechnung der Firma Hermann Rothe (Berlin).
W   124 04946 (536)

9. — 17. 5. 40   RKzl.   14341
Durch den Stab StdF Übersendung der Bekanntgabe B 24/40 des StdF (Reichsverfügungsblatt 4/40): Klarstellung über die Position der Dienststelle StdF in der Partei (oberste und letzte Instanz), gegenüber den Einrichtungen des Staates, im Ministerrat und bei der Beamtenernennung (alleinige Vertretung der Partei) sowie gegenüber Hitler (kein Anspruch, in dessen Namen aufzutreten, sondern in der Wahl der Dienststellenbezeichnung Hinweis auf den Vorbehalt einer möglichen letzten Entscheidung durch H.).
H   101 20289 f. (1206 b)

9. 5. — 15. 11. 40   RMdI, RKzl., RMarschall   14342
Wunsch der Leitung der Hermann-Göring-Werke (HGW), die aus der Zugehörigkeit ihres Interessengebiets zu Braunschweig und Preußen bei der Planung und Durchführung der Industrie- und Siedlungsvorhaben sich ergebenden Schwierigkeiten durch eine Neuordnung der staatlichen Verwaltungsbezirke zu beheben. Verschiedene Lösungsvorschläge der Beteiligten: 1) Anschluß der elf preußischen HGW-Gemeinden an Braunschweig gegen Abgabe von Harzburg und Gandersheim-Ost an Preußen; 2) Tausch des gesamten Kreises Goslar und der weiteren HGW-Gemeinden gegen Holzminden und Gandersheim-West; 3) Anschluß Braunschweigs an Preußen. Dazu abratende Stellungnahmen des StdF wie auch des Reichsmarschalls: Die Genehmigung einer großen Lösung wegen der darin enthaltenen Vorgriffs auf die Reichsreform und der personellen Folgerungen nur durch Hitler selbst möglich, von ihm aber nicht zu erwarten; die Verwaltungsprobleme der kleineren Lösungen erheblich und im Kriege, zumal für ein Provisorium, kaum zu verantworten. (Vgl. Nr. 14788, 14831 und 15000.)
H   101 24599 — 611 (1365 a)

9. 5. 40 — 26. 10. 42   RJM, RKzl., RMfVuP, OKW, GBV, RMarschall   14343
Scheitern mehrerer Anläufe des Reichsjustizministers und des OKW, eine Verordnung des Ministerrats für die Reichsverteidigung über den Schutz der Ehe von Kriegsteilnehmern (härtere Strafen, Möglichkeit der Verfolgung allein des Dritten und auch ohne Scheidung der Ehe) durchzubringen, zunächst am Widerstand des Propagandaministers (mögliche Interpretation durch die Feindpropaganda als Zersetzungserscheinung der inneren Front), daneben auch des StdF (Diffamierung der deutschen Frau), des Reichsführers-SS (Befürwortung staatspolizeilicher Maßnahmen) und Görings. Auch nach Zurückzie-

hung der übrigen Bedenken (dabei der Vorschlag der PKzl., den unauffälligeren Weg einer Änderung des §172 RStGB zu wählen, vom OKW abgelehnt [lediglich eine Regelung auf Kriegsdauer erwünscht]) Weigerung G.s nach Vortrag bei Hitler, die Verordnung zu vollziehen; Grund: Verletzende Wirkung eines solchen Erlasses auf die Mehrzahl der deutschen Frauen.
H   101 08666 – 704 (644)

10. 5. 40   RMdI   14344
Widerspruch gegen die Bestrebungen der DAF, ausgehend von der „alleinigen und ausschließlichen Zuständigkeit der Partei auf dem Gebiet der Menschenführung und Menschenbetreuung" umfassende Kompetenzen auf dem Gebiet des Wohnungswesens und der Städteplanung zu erlangen: Die Aufstellung eines umfassenden Wohnungsbauprogramms vor Kriegsende gar nicht möglich; der Aufbau einer umfangreichen Organisation durch die DAF und die Beschäftigung mit Kompetenzfragen mit den Erfordernissen der Kriegführung nicht vereinbar; die Wohnungspolitik laut Entscheidung Hitlers staatliche Aufgabe, die Städteplanung Aufgabe der Gemeinden; Bitte, die DAF von einer Weiterverfolgung ihrer Pläne abzubringen. (Vgl. Nr. 14330.)
W   101 16653 – 56 (1007); 101 19476 – 79 (1177)

10. – 11. 5. 40   Adj. d. F – 1   14345
Bekanntgabe der ab 12. 5. geänderten Zeiten und der Modalitäten für Ablieferung und Abholung von Kurierpost für das Führerhauptquartier und den Sonderzug „Heinrich".
W/H   101 08558 ff. (641 a); 124 05011 (547)

11. – 18. 5. 40   E. Schumann, AA   14346
Mitteilung eines Ernst Schumann (Reichenberg) über die kriegsgefangenen Polen in Ungarn: Freie Beweglichkeit, Grenzüberquerung – vermutlich nach Jugoslawien – mittels vom Englischen oder Französischen Konsulat in Budapest ausgestellter Pässe. Weiterleitung an das Auswärtige Amt.
M/H   203 00244 f. (21/1)

11. – 23. 5. 40   Bouhler   14347
Beschwerde bei Heß über die Bekanntgabe B 24/40 sowie allgemein über das Verhalten des Stabsleiters Bormann ihm und der Kanzlei des Führers der NSDAP gegenüber. Bouhlers Entgegnung auf Bormanns „Klarstellung" über die Dienststellen des Führers: Der StdF keine Dienststelle des Führers, sondern eine selbständige politische Führungseinrichtung; die Kanzlei des Führers hingegen ein nicht dem StdF unterstelltes ausführendes Organ Hitlers in von ihm sich selbst vorbehaltenen Parteiangelegenheiten und als solches höchste Beschwerdeinstanz des Reiches.
H   101 20451 – 58 (1212)

11. 5. 40 – 11. 5. 44   RMfWEuV, Bayr. StMfUuK   14348
Die zunächst (so die Antwort auf eine Anfrage des Stabs StdF) vom Reichserziehungsminister zurückgestellte Ernennung des ao. Prof. Guido Fischer (München) zum Dozenten neuer Ordnung und außerplanmäßigen Professor später von der PKzl. wegen der politischen und weltanschaulichen Haltung F.s abgelehnt. Nach der Entbindung F.s von seinen Dienstgeschäften im Bewaffnungsministerium auch Entzug seiner Lehrbefugnis.
W   301 00276 – 88 (Fischer)

12. – 22. 5. 40   K. Hersing, Kzl. d. F – 1   14349
Bitte einer Klara Hersing (Münster) um ein Bild Hitlers mit Unterschrift für ihren Mann, den ehemaligen Kommandanten des U-Bootes U 21, FregKpt. a. D. Otto Hersing (Versenkung zweier englischer Linienschiffe vor den Dardanellen im Weltkrieg). Weiterleitung an die Kanzlei des Führers.
W   124 04864 ff. (516)

14. 5. 40   OKH, RMdI   14350
Nach Mitteilung des Reichsinnenministers Inanspruchnahme von Sachleistungen der Reichsorgane für Reichsaufgaben nicht auf Grund des Reichsleistungsgesetzes, sondern durch Erlasse oder Verordnungen der vorgesetzten Dienststellen; Bitte des OKH um Erteilung entsprechender Anweisungen, den Ansuchen auf Gestellung truppendiensttauglicher Pferde stattzugeben.
A/H   101 22643 f. (1293)

[14. 5. 40]   AA   14351
*Hausumlauf MBD 548/C 1: Absendung von Schreiben an den Stab StdF (nur) durch das Referat Partei.
M   203 00943 (32/2)

14. 5. – 30. 9. 40   RMdI, RKzl., RProt. – 42   14352
Zur Abwendung der Gefahr einer „ungünstigen Veränderung in der Zusammensetzung des deutschen Volkes" infolge starker, zeitbedingter Zunahme von Heiraten Deutscher mit Polen und Tschechen Vorschlag des Reichsinnenministers, bei diesen unerwünschten Eheschließungen (anstelle eines – politisch inopportunen – Eheverbots) die Vorlage eines – von den Gesundheitsämtern grundsätzlich zu versagenden – Ehetauglichkeitszeugnisses zu verlangen. Endergebnis nach einer Referentenbesprechung (vgl. Nr. 14391) die Zustimmung Hitlers, die grundsätzlich erwünschte Verhinderung der genannten Mischehen unter Zulassung individueller Ausnahmen auf dem Weg der Erteilung oder Versagung von Ehefähigkeitszeugnissen herbeizuführen.
A/W/H   101 23294 – 318 (1325 a)

15. 5. 40   GL Schwaben – 8   14353
Durch den Gaubeauftragten Schwaben der Dienststelle Ribbentrop Meldung von Empfangsbestätigungen für Sendungen ins Ausland.
M/H   203 01138 (38/2)

15. 5. 40   Prof. Reche   14354
Durch Prof. O. Reche (Leipzig) Vorschlag der Schaffung einer „Heldenspende des Deutschen Volkes" für besonders verdiente Soldaten und Anregung, diese Soldaten zu Erbhofbauern zu machen und so einen „Kriegeradel" zu schaffen.
W   302 00192 (Reche)

[15.] – 22. 5. 40   RKzl., RMdI, GL Schwede-Coburg   14355
Mitteilung Bormanns über einen Erlaß des StdF an die Gauleiter mit den von Hitler in dem Streit zwischen RStatth. Forster und OPräs. Schwede-Coburg getroffenen Entscheidungen: 1) Keine Zusicherungen auf Eingliederung pommerscher Gebiete in den Gau Danzig-Westpreußen gegeben; 2) Zurückstellung aller Wünsche oder Erörterungen von Gebietsveränderungen zwischen einzelnen Gauen bis Kriegsende; 3) Ausschaltung von Partikularinteressen der Gaue, Provinzen usw. bei Arbeitseinsatz- und Wirtschaftsfragen.
H   101 05806 – 12 (494 a); 101 12524 – 27 (694); 101 22986 – 89 (1310); 101 23612 ff. (1333);
          101 24553 ff. (1365)

[15. 5. 40] – 29. 1. 41   GBV, BfdVJPl.   14356
Ministerratsvorlagen des Reichsinnenministers: 1) Erstfassung (mit Zustimmung des StdF) und Neufassung einer Verordnung zur Änderung der Verordnung über die Durchführung der Arbeitsdienstpflicht für die weibliche Jugend, 2) Zweite Verordnung zur Durchführung und Ergänzung der Verordnung über die Durchführung der Arbeitsdienstpflicht für die weibliche Jugend. Zustimmung des Beauftragten für den Vierjahresplan unter Vorbehalten, voll berufstätige Mädchen, insbesondere in der Landwirtschaft sowie Hausgehilfinnen, betreffend. (Abschrift jeweils an den StdF.)
H   101 06093/3 – 097 (518 a)

16. 5. 40   RSchatzmeister   14357
Genehmigung einer Buchbeschaffung für die Dienststellen der Partei: „100 Dokumente zur Vorgeschichte des Krieges", herausgegeben von der Deutschen Informationsstelle.
M   203 01264 (41/1)

16. 5. 40   AA, Prof. Hoppenstedt   14358
Aufgabe eines Telegramms des Adjutanten Bormanns, Heim, an Prof. Hoppenstedt (Rom), Kunstwerb betreffend (ein „großes Blumenstück aus Mentenbesitz" und ein „Herrenbildnis aus Neffenbesitz").
M/H   203 00878 (31/1)

[16. 5. 40]   GL Franken   14359
Übernahme des KrL Julius Seiler (Neustadt) in den Auswärtigen Dienst mit Genehmigung des StdF.
M   203 00877 (31/1)

[16.] – 30. 5. 40   Dorpmüller, Raeder, RKzl.   14360
Ernennung des VAdm. z. V. Wülfing v. Ditten zum Ministerialdirektor mit der Amtsbezeichnung Unterstaatssekretär im Reichsverkehrsministerium als Leiter des neuaufzustellenden Seeschiffahrtsamtes: Anfängliche Bedenken des StdF gegen die zeitlich uneingeschränkte Ernennung eines „alten Offiziers" wegen der von ihm nicht mehr zu erwartenden Umstellung auf den ns. Standpunkt in – gerade bei der Handelsschiffahrt noch sehr oft ungelösten – sozialen Fragen durch die Beschränkung des neuen Unterstaatssekretärs auf militärische Arbeiten behoben.
H   101 18553 – 63 (1146 b)

17. 5. 40   OKW u. a.   14361
Übersendung eines Erlasses: Die Freilassung volksdeutscher polnischer Kriegsgefangener (Volksdeutschen-Aktion) im wesentlichen abgeschlossen; trotzdem steigende Zahl von Entlassungsanträgen vermutlich wegen des Arbeitskräftemangels in den ehemaligen polnischen Gebieten; Regelung der Entlassung weiterer polnischer Kriegsgefangener.
K   101 11346 f. (670)

18. 5. 40   RArbM   14362
Übersendung des *Entwurfs einer Verordnung über die Sozialversicherung der deutschen Staatsangehörigen im Generalgouvernement: Die Anwendung der Vorschriften der polnischen Sozialversicherung auf deutsche Staatsangehörige weder politisch tragbar noch vom Standpunkt des sozialen Schutzes zu vertreten, daher Anlehnung der Verordnung an die im Protektorat getroffene Regelung für die Bediensteten der Behörden und Dienststellen des Reichs, Ausdehnung der Reichsversicherung jedoch auf alle im Generalgouvernement beschäftigten deutschen Staatsangehörigen; Hinweis auf die bevorzugte Behandlung der Volksdeutschen in der Zweiten Verordnung über Sozialversicherung im Generalgouvernement (7. 3. 40); Absicht, keine neuen Versicherungsträger oder Versicherungsbehörden zu schaffen, sondern – falls notwendig – Sektionen zu errichten; die Einführung der deutschen Arbeitslosenversicherung zunächst nicht vorgesehen. Zustimmung des StdF.
M   101 04034 – 37 (402)

[18. 5. 40] – 28. 8. 41   Lammers, RMdI   14363
Zu einer Eingabe der katholischen Erzbischöfe vom 18. 9. 39 an den Reichsinnenminister wegen der beabsichtigten Einweisung der DAF in das Vermögen der katholischen Arbeiter- und Männervereine Auffassung der beteiligten Ressorts mit Ausnahme des StdF und des Reichskirchenministers (RKiM): Zurückstellung der Maßnahmen gegen die konfessionellen Verbände mit Rücksicht auf den Krieg und die zu erwartende Beunruhigung der Bevölkerung. Durch den StdF dagegen Beantragung einer sofortigen Vermögenseinweisung der DAF mit der Auflage, das Vermögen der konfessionellen Verbände erst nach Kriegsende zu übernehmen; ähnliche Stellungnahme des RKiM. Hinweis der RKzl. auf den Wunsch Hitlers, während des Krieges jede Beunruhigung auf kirchlichem Gebiet zu vermeiden. Nach einer Besprechung mit Lammers Einverständnis Bormanns mit einer Zurückstellung der Einweisung bis Kriegsende.
M/W/H   101 00952 – 73 (152, 153)

20. 5. 40   GL Hamburg   14364
Niederlegung von Kränzen Hitlers und Heß' bei der Beisetzung der Opfer der Luftangriffe auf Hamburg am 22. 5. 40.
W   124 00921 f. (74)

20. 5. 40   Adj. d. F   14365
Übersendung eines *„Stimmungsberichts aus Osttirol", eingesandt von einem (einer?) Toni Wachtlechner (Lienz).
W   124 05009 (547)

21. 5. 40   Lammers   14366
Einspruch des StdF gegen die Absicht Görings und des Generalbevollmächtigten für die Reichsverwaltung, ein vom Reichsjustizminister gewünschtes Gesetz über Erbfolge und Pflichtteilsrecht bis nach Kriegsende zurückzustellen: Nur so die von ihm beabsichtigte Besserstellung der „Kriegskinder" – Einlösung seines Versprechens an eine ledige Mutter (vgl. Nr. 14109) – ebenso wie die erhofften bevölkerungspolitischen Auswirkungen gewährleistet. (Vgl. Nr. 14335.)
K/H   101 12631/1 f., 638 ff. (695); 101 27618 ff. (1524 a)

21. 5. 40   Adj. d. F   14367
Übersendung einer handgestickten Tischdecke mit zwölf Servietten und einer handgestickten Kissenplatte (Geschenke zum Geburtstag Hitlers) an den Berghof.
W   124 01082 (116)

[21. 5. 40]   —   14368
Durch verschiedene Parteidienststellen Verwendung vom StdF oder von der Kanzlei des Führers ausgestellter Bescheinigungen über die Berechtigung zur Benutzung von Kraftfahrzeugen. (Erwähnung.)
W   124 04858 (515)

22. 5. — 10. 6. 40   RKzl., RWiM   14369
Keine Bedenken des Stabs StdF gegen die vom Reichswirtschaftsminister vorgeschlagene Herausgabe einer neuen Auflage des Statistischen Jahrbuchs für das Deutsche Reich (als Doppeljahrgang 1939/40 und zur Sicherung der Geheimhaltung nur in einer kleinen Auflage für einen begrenzten Bezieherkreis).
M/H   101 07510 — 16 (592 a)

23. 5. 40   Intern   14370
Weigerung der fränkischen Kreisleitungen, die auf Veranlassung der Gauleitung bestellten Bilder des GL Streicher nach dessen Zur-Disposition-Stellung noch abzunehmen; Zurückziehung der Auflage und Frage der finanziellen Entschädigung des Verlegers; vorläufig Verbleib des Gauleiterbildes in der Eingangshalle des Gauhauses; das allmähliche Verschwinden der Bildnisse St.s aus den Gaststuben nicht zu verhindern.
M/H   305 00167 f. (Streicher)

23. 5. 40 — 11. 7. 41   RMfWEuV, RKzl.   14371
Nach Abschluß von Ermittlungen gegen den Direktor der Staatlichen Akademie für graphische Künste und Buchgewerbe in Leipzig, Prof. Walter Tiemann, Einverständnis der PKzl. mit der Versetzung T.s in den Ruhestand wegen Erreichens der Altersgrenze.
H   101 21102 — 06 (1242)

25. 5. 40   Prof. Ruff   14372
Fehlleitung eines *Schreibens von Prof. Ludwig Ruff (Nürnberg) an Bormann über die Planung des Kongreßbaues in Nürnberg.
W   124 04948 (536)

[25. 5. 40]   RSD, Adj. d. F   14373
Durch den Reichssicherheitsdienst Übersendung von zwölf Beglaubigungsmarken für Monat Juni für die Ausweise des Verbindungsstabs zum Betreten der Wohnung Hitlers. Liste der zwölf Verbindungsstabsangehörigen mit Ausweisnummern und Unterschriften (Empfangsbestätigungen) für März und April.
W/H   124 01197 ff. (135)

25. 5. — 17. 7. 40   Adj. d. F   14374
Nach Übermittlung von Gästelisten durch den Stab StdF Übersendung (und später weitere Anforderung) von Reisemarken für die Verpflegung der Begleitung und Gäste Hitlers auf dem Berghof.
W/H   124 04828 — 31 (506)

27. 5. 40   RMfVuP   14375
Mitteilung über die Freigabe von Devisen für Erholungsreisen nach Italien; Verteilung des sehr beschränkten Kontingents für Angehörige des öffentlichen Dienstes durch das Auswärtige Amt.
H   101 25749 (1451)

27. 5. — 5. 6. 40   RKzl., RL, GL, VerbF   14376
Durch den Stab StdF an die Reichskanzlei Übersendung der Anordnung A 61/40 des StdF: Wegen der sonstigen Belastungen von GL Josef Wagner Beauftragung des Stv. GL Bracht mit der verantwortlichen Führung des Gaues Schlesien.
H   101 19704 f. (1194)

28. 5. 40   Intern — 47   14377
Durch Bormanns Persönlichen Referenten Hanssen Anweisung an RAL Fritz Schmidt: „Wegen der be-

regten Reise" von hier nichts zu veranlassen; mit der Bitte, entsprechend zu verfahren, Hinweis auf die Unterstellung des RK Seyß-Inquart allein unter Hitler.
M/H   203 00874 (31/1)

[29. 5. 40]   RVM   14378
Zustimmung des StdF zum *Entwurf eines Gesetzes über die Übernahme von Eisenbahnen im Sudetenland auf das Reich.
H   101 24702 (1367)

31. 5. 40   RKzl., RMdI, RFM   14379
Durch die Reichskanzlei (RKzl.) Übersendung der Ernennungsvorschläge aus Anlaß der erforderlich werdenden Trennung der beiden Arbeitsgebiete des ORegR Ostertag in der RKzl. (Leitung des Ministerialbüros und Verwaltung eines Referats): Ernennung O.s zum Ministerialrat und Ernennung des AR Katerbitz zum Oberregierungsrat als Ministerialbürodirektor.
W   110 00269 – 74 (3120); 110 00281 – 86 (3306)

31. 5. – 9. 6. 40   RKzl.   14380
Zustimmung des StdF zum *Entwurf einer Verordnung über Landbeschaffung zur Seßhaftmachung aus dem Ausland zurückkehrender Reichs- und Volksdeutscher.
H   101 25390 – 94 (1412)

[3. 6. 40]   GL Bohle   14381
Unterrichtung des StdF über die Meldung eines Offiziers über mangelhafte Sicherungsmaßnahmen in der Reichskanzlei: Ungehindertes Eindringen und Fotografieren Hitlers durch einen seiner Soldaten am 20. 4. 40. (Die Richtigkeit von der Führeradjutantur bezweifelt.)
H   101 17851 (1104 a); 124 04939 ff. (535)

3. 6. 40 – 29. 8. 42   Prof. Schussnig, RMfWEuV   14382
Die Eingaben des wegen Differenzen mit dem Institutsleiter, Prof. Fritz Knoll, vom Botanischen Institut der Universität Wien entlassenen Prof. Bruno Schussnig vom Stab StdF nach Überprüfung unterstützt: Dem fachlich wie politisch gut beurteilten Sch. Unrecht geschehen; Vorschlag der Gauleitung Wien, Sch. zur Rehabilitierung an das Institut zurück- und dann sofort an das Botanische Institut in Hiddensee weiterzuversetzen. Vorerst vergebliche Unterbringungsversuche.
M/H   301 00892 – 917 (Schussnig)

[4. 6. 40]   RWiM   14383
Nach den im Einvernehmen mit dem StdF allgemein vertretenen Grundsätzen eine Beschäftigung des Mischlings Gerhard Fuchs als Referent in der Organisation der gewerblichen Wirtschaft nicht möglich.
W   124 04847 ff. (511)

5. 6. – 28. 9. 40   RKzl., RMfdkA, Dt. Orden u. a.   14384
Konflikt zwischen dem Reichskirchenminister (RKiM) und dem StdF um die Auflösung des Deutschen Ordens im Sudetenland. Ausgangspunkt: Beschwerde des StdF über die Absicht des RKiM, die durch den Stillhaltekommissar erfolgte Auflösung trotz Widerspruchs des Reichsstatthalters und des Chefs der Sicherheitspolizei aufzuheben (Argumente: Rückfall des umfangreichen Grundbesitzes an die Kirche, politischer Erfolg für sie und Prestigeverlust für den Staat). Daraufhin umfangreiche Rechtfertigung des RKiM: Die Auflösung samt ihrer rechtlichen Grundlage ohne sein Wissen erfolgt; historische und volkstumspolitische Verdienste des Ordens; die rechtliche Lage; kirchenpolitische Rücksichten (von der Reichskanzlei ergänzt durch Hinweis auf Hitlers Friedensgebot); Unmöglichkeit, eine Frage von solcher Bedeutung auf regionaler Ebene zu lösen; und anderes. Ein Kompromißvorschlag Kerrls (Zulassung des Ordens, aber Aufrechterhaltung der Eigentumsveränderungen; Entschädigung des Ordens durch Zahlungen von Reichs wegen) vom StdF unter Hinweis auf die Haltung des RKiM bei der Auflösung des Ordens in der Ostmark, auf die feindliche Einstellung des Ordens, auf die staatspolizeilichen Bedenken und auf das Prestige des Reiches abgelehnt. – Im Rahmen dieser Auseinandersetzung intensive Klagen und Beschwerden K.s über die feindselige Haltung des StdF bzw. Bormanns und über die ihm gegenüber angeschlagene Tonart.
H   101 21719 – 52 (1269 g)

6. 6. 40   RL, GL, RL f. d. Presse   14385
Durch Bormann Zurückweisung von Behauptungen der Gaue über eine angeblich mangelhafte Papier-

belieferung der Parteipresse im Vergleich zur konfessionellen Zeitschriftenpresse; Übersendung einer einschlägigen Aufstellung (darin u. a. der Papierverbrauch einzelner Zeitungen und Zeitschriften).
W/H   107 00496 – 501 (206)

6. 6. 40   GL Henlein, Lammers   14386
Durch GL Henlein eine Untersuchung der Möglichkeit einer Weiterführung der „im Zuge der Neuordnung der Organisationen" im Sudetenland aufgelösten Genossenschaft der Tuchmacher durch eine Verlagerung ihrer Zielsetzung angeordnet (nach einem Hinweis Lammers' auf den „Respekt des NS vor dem in langen Jahrhunderten deutscher Geschichte Gewachsenen"). (An den StdF Abschrift der Mitteilung darüber an L.)
H   101 24784/1 – 785 (1369 a)

8. – 21. 6. 40   G. Pancheri, Adj. d. F   14387
Bitte eines Giovanni Pancheri (Wien) um ein Bild Hitlers mit Unterschrift (dies ihm von der NSDAP-Landesleitung in Rom als Dank für seine Verdienste um die Verbringung von Propagandamaterial nach Österreich 1934 in Aussicht gestellt). Weiterleitung an die Führeradjutantur.
W/H   124 04925 – 27/2 (531)

8. 6. – 11. 7. 40   F. Preibisch, AA   14388
Beschwerde des Finnland-Rückwanderers Franz Preibisch (Sagan) über Schwierigkeiten bei der Arbeitssuche und über ungenügende Unterstützung. Dazu auf Anforderung des Stabs StdF Mitteilung des Auswärtigen Amts: Die Finnland-Aktion 1939 keine Umsiedlung, sondern eine Hilfsaktion primär für Reichsdeutsche; Rückführung von 403 Reichsdeutschen, 115 Volksdeutschen und 141 Fremdstämmigen; Betreuung durch die Auslands-Organisation bzw. die NSV.
M/H   203 00868 – 71 (31/1)

10. 6. 40   RWiM   14389
Übersendung der von der Reichsstelle für den Außenhandel herausgegebenen „Richtlinien für den Verkehr mit dem Ausland" (Verstärkung des Abwehrschutzes).
H   101 03285 f. (329); 101 08534 – 37 (640)

10. 6. 40   AA   14390
Durch OBerL Hermann Witt (Stab StdF) Mitteilung seiner Einberufung; vorerst in Nürnberg keine Vertretung für ihn vorgesehen.
M/H   203 00267 (21/2)

11. 6. – 5. 7. 40   RKzl. u. a.   14391
Interministerielle Besprechung im Reichsinnenministerium über die Verhinderung von Eheschließungen Deutscher mit Polen und Tschechen, insbesondere – eine allgemeine Erschwerung der Eheschließung nämlich durchaus unerwünscht – über die Schwierigkeiten bei solchen fremden Volksangehörigen mit deutscher Staatsangehörigkeit (u. a. Vorschlag, bei Herkunft eines „Brautwerbers" aus „gefährdeten Gebieten" – d. h. Sudetengau und Wien/Niederdonau wegen der dortigen Tschechen, Oberschlesien und Ruhrgebiet wegen der dortigen Polen – dem Standesbeamten besondere Nachforschungen aufzuerlegen); Hinweis des Vertreters des Reichsjustizministers auf die Möglichkeit, durch Ausstellung bzw. Verweigerung eines Ehetauglichkeitszeugnisses eine Differenzierung der Volksgruppen nach außen nicht hervortreten zu lassen. Bei dieser Gelegenheit vom Vertreter des StdF die erfolgte Weitergabe von zwei Entscheidungen Hitlers an den Reichsführer-SS bzw. an Frick durch Bormann erwähnt (dieses direkte Verfahren von Lammers bei B. als Beeinträchtigung der einheitlichen Staatsführung beanstandet): 1) Verhinderung von Ehen Deutscher mit Polen und Ungarn (vgl. Nr. 14194), 2) pensionslose, augenblickliche Entlassung von Beamten nach geschlechtlicher Einlassung mit Polinnen oder Tschechinnen (vgl. Nr. 14300). (Weiterer Verlauf: Nr. 14352.)
H   101 23298 – 306 (1325 a); 101 26227 – 31 (1484); 203 03028 – 32 (86/3)

11. 6. – 19. 7. 40   AA, KrL Bielitz – 8/1   14391 a
Ergebnis der Nachforschungen des Gaubeauftragten Schlesien der Dienststelle Ribbentrop zu der 'Eingabe einer Anna Krzempek (Chybi Bez. Bielitz): Eine K. dort nirgends bekannt.
M/H   203 00880 (31/2)

12. 6. 40   RKzl. u. a.   14392
Übersendung der *Eingabe eines Hugo Montjoye (Wien) wegen der Inschutzhaftnahme des Karl Albrecht Habsburg-Lothringen.
M   101 03961 (399)

12. 6. – 13. 9. 40   AA – 8/1   14393
Nach der Aussetzung der Versendung von Aufklärungsmaterial ins neutrale Ausland durch Privatpersonen (Verordnung über den Nachrichtenverkehr vom 2. 4. 40) Bemühungen des Stabs StdF um eine besondere Regelung für die Gauleitungen (zentrale Beförderung der Sendungen).
M   203 01266 f., 271 f. (41/2); 203 01278 (42/1); 203 01282 (42/2 b)

14. 6. – 24. 9. 40   RMdI, RKzl., Stiftung Wohnungsbau Linz   14394
Wegen der Bedenken der Reichskanzlei, der Stiftung „Wohnungsbau Linz an der Donau" die vom StdF angeregte Führung des Hoheitszeichens des Reiches zu gestatten (Schaffung eines Präzedenzfalles), Verzicht Bormanns, die Angelegenheit weiterzuverfolgen.
K   101 14902 – 10 (844 a)

15. 6. 40   AA – 8   14395
Bitte der Dienststelle Ribbentrop, der Reichspressestelle die gewünschten Flugblätter zur Verfügung zu stellen.
W/H   203 01270 (41/2)

15. 6. 40   OKW   14396
Wegen der schwierigen Versorgungsverhältnisse in Belgien und Frankreich und in Anbetracht der schlechten Unterbringungsmöglichkeiten, insbesondere im Stadtgebiet von Brüssel, Einschränkung von Dienstreisen dorthin in Zahl und Dauer; die derzeitige Einteilung der Bereiche der Militärbefehlshaber im Westen; Bitte um Erlaß entsprechender Weisungen.
K/H   101 11454 ff. (676)

16. 6. 40 – 7. 11. 41   Goebbels, Lammers, Keitel, Ohnesorge u. a.   14397
Bitte des StdF um Aussetzung der Strafvollstreckung (sechs Wochen Arrest als Teilstrafe von acht Monaten Gefängnis) im Falle des (nach inzwischen stattgefundener Einberufung) kriegsgerichtlich wegen Verletzung der Amtsverschwiegenheit verurteilten Postassistenten Emil v. Glinski (Berlin). Nach erfolgter Aussetzung und späterer Begnadigung G.s Bitte Goebbels' an Hitler, Glinski durch Aufhebung des Urteils zu rehabilitieren. Dementsprechende Weisung H.s: Das Vorgehen Glinskis (Meldung an seinen Kreisleiter und an den SD über das Empfangen von „Schleichhandelspaketen" mit zwangsbewirtschafteten Lebensmitteln in seinem Bezirk Berlin-Dahlem, „insbesondere Juden") nicht strafbar („dem Führer gegenüber kein Postgeheimnis", die Meldung an den Kreisleiter statt an H. persönlich lediglich eine Ungeschicklichkeit). Dazu eine völlig abweichende, belegte Darstellung des Reichspostministers: Grund der Verurteilung Glinskis nicht die Meldung der insbesondere jüdischen Empfänger von „Hamsterpaketen" allgemein, sondern die von ihm durchgeführte und veranlaßte Überwachung – und möglicherweise Öffnung – des Paketverkehrs „höhergestellter Persönlichkeiten". (Vgl. Nr. 15319.)
H   101 28322 – 51 (1544)

17. 6. – 3. 7. 40   AA   14398
Übermittlung eines Berichts der Deutschen Botschaft in Rio de Janeiro über eine „allergrößtes Aufsehen" erregende Rede des brasilianischen Präsidenten Vargas („Absage an Alliierte", „weltanschauliche Annäherung an die Achsenmächte"). Anforderung des Wortlauts durch den Stab StdF.
M/H   203 00301 f. (25/2)

19. – 24. 6. 40   G. Fischer, Adj. d. F   14399
Durch den Stab StdF Weiterleitung zweier bei ihm eingegangener, jedoch nicht für Bormann (sondern offensichtlich für dessen Bruder) bestimmter Schreiben einer G. Fischer (Berlin; u. a. gegen einen „Arbeitskameraden Lossnitzer" und zum Waffenstillstand mit Frankreich).
W/H   124 04838 – 41 (509)

19. 6. – 26. 7. 40   AA   14399 a
Nach einer vom Stab StdF übermittelten *Eingabe einer Maria v. Rössner und einer Eugenie v. Swoboda-R. (beide z. Zt. Brünn) Nachforschungen nach dem Aufenthalt ihrer verhafteten Angehörigen, der Volksdeutschen Erwin R. Edler v. Tannenhorst (einer von ca. 400 während und nach der Umsiedlung

verhafteten Volksdeutschen) und Marie Kotkowski (nachträgliche Umsiedlung beantragt), in der Sowjetunion.
M/H   203 00865 f. (31/1)

19. 6. — 31. 7. 40   AA, Ges. f. kult. Verbindung d. UdSSR m. d. Auslande   14400
Stellungnahme auf Anfrage: Keine Bedenken des Auswärtigen Amts gegen einen Zeitschriftenaustausch der Automobil- und Flugtechnischen Gesellschaft (Stuttgart) mit dem Wissenschaftlichen Forschungsinstitut für Elektrifizierung und Mechanisierung der Landwirtschaft (Pluszewo b. Moskau).
M/H   203 00228 — 32 (19/4)

21. 6. 40   Hitler   14401
Laut Terminkalender 15.30 Uhr Empfang der französischen Waffenstillstandsdelegation in Compiègne im Beisein u. a. des StdF.
H   101 29069 (1609)

[21. 6. 40] — 8. 9. 41   GL R. Wagner, RKzl.   14402
Die Verlegung der Gauleitung Baden von Karlsruhe nach Straßburg geplant: Gemäß dem Auftrag Hitlers an GL R. Wagner, für diesen Fall Vorschläge zur Entschädigung Karlsruhes zu machen, Vorlage eines vorläufigen Förderungsprogramms (mit Gesamtverzeichnis der zu verlegenden bzw. der verbleibenden Behörden und zentralen Ausbildungsstätten). Nach H.s endgültigem Verlegungsbeschluß (dabei auch für die neu zu bildenden Gaue im Westen später neue Gau-Benennungen wie „Oberrhein", „Westmark" und „Moselgau" erwogen, die Beseitigung der Namen „Elsaß" und „Lothringen" erwünscht) detaillierte Ausgleichsvorschläge W.s in Form eines Wirtschafts- und eines Kulturprogramms (mit Kostenvoranschlägen); deren Verwirklichung von W. im Einvernehmen mit den zuständigen Reichsstellen und mittels einer schriftlichen Bevollmächtigung durch H. beabsichtigt. Die Erörterung der Stützungsmaßnahmen für Karlsruhe zwischen den beteiligten Stellen im September 1941 noch nicht abgeschlossen. (Vgl. Nr. 14657.)
A   101 23685 — 723 (1334 a)

22. 6. 40   AA — 1   14403
Übermittlung des Weißbuchs Nr. 5: „Weitere Dokumente zur englisch-französischen Politik der Kriegsausweitung (Belgien und die Niederlande)".
M   203 01144 ff. (38/3)

22. 6. — 26. 7. 40   GL (Kärnten?), AA, Dt. Ges. Belgrad   14404
Meldung des GAL Schick über die Festnahme von vier deutschen Staatsangehörigen und acht Volksdeutschen in Jugoslawien wegen Spionageverdachts. Dazu die Deutsche Gesandtschaft in Belgrad: Die Fälle der – richtig fünf – Reichsdeutschen bekannt und Hilfsmaßnahmen durchgeführt; wegen der Volksdeutschen Herantreten an die Volksgruppenführung und ebenfalls Hilfe vorgesehen.
M/H   203 00306 — 10/2 (26/1)

22. 6. — 29. 10. 40   Lammers, GL Sauckel, RFM, RMfWEuV   14405
Durch Bormann Weiterleitung der Zustimmung Hitlers zu den von GL Sauckel gewünschten Maßnahmen zur Förderung der Staatlichen Hochschule für Baukunst (Weimar): Ernennung von Prof. Rogler zum Geschäftsführenden Direktor zur Unterstützung des überlasteten 71jährigen Leiters, Prof. Schultze-Naumburg; Anerkennung der Schule als gleichberechtigt neben anderen vollakademischen Bauschulen durch den Reichserziehungsminister (REM); Besoldung der Professoren als Beamte. Angesichts der Anerkennung auch zweier weiterer Ausbildungsstätten – Akademie für angewandte Kunst (München), Staatsschule für angewandte Kunst (Nürnberg) – als Kunsthochschulen durch Entscheidung H.s Bedenken des Reichsfinanzministers gegen diese Einbeziehung der angewandten Kunst in den Lehrbereich der Kunsthochschulen (Beeinträchtigung der „einzigartigen Sonderstellung" der Hochschulen, Erschwerung einer einheitlichen Besoldungsregelung für die Fachschullehrer) und Drängen auf eine schnelle Bereinigung der Abgrenzung des Kreises der Kunsthochschulen aus haushalts- und besoldungsrechtlichen Gründen. Stellungnahme des REM: Prüfung der Hochschuleigenschaft nur bei Neugründungen, nicht aber bei bereits anerkannten Hochschulen; mithin keine Neuaufrollung der ganzen Frage; auf dem Gebiet der angewandten Kunst die – bisher unterschiedliche – Entwicklung noch völlig offen; Ausführungen über die drei genannten Hochschulen.
K/W/H   101 15545/1 — 548/6 (942)

24. 6. 40   Bouhler, Lammers   14406
Mitteilung Bormanns an Lammers über ein Gespräch mit Bouhler über dessen Wunsch, später eine größere Aufgabe in den Kolonien zu übernehmen; Versicherung, keine Aufgaben der Dienststelle Bouhler weggenommen zu haben, vielmehr Versuche Bouhlers, seinen von ihm als zu eng empfundenen Aufgabenkreis zu erweitern; Weigerung des StdF, über sich eine andere Instanz als Hitler anzuerkennen und seine Entscheidungen durch „Herrn Bouhler" nachprüfen zu lassen; ein weiteres Ergebnis solcher Kompetenzüberschreitungen: Abgabe kontroverser Stellungnahmen zu Gesetzen, Personalien etc. gegenüber staatlichen Stellen.
K/H   101 12560 f. (694); 101 20459 f. (1212)

[24. – 29. 6. 40]   RDozF Schultze, Prof. Entz   14407
Unter Berufung auf einen Erlaß des StdF Ablehnung des Reichsdozentenführers, den Theologen Prof. Gustav Entz (Wien) in die NSDAP aufzunehmen. Verweis E.' auf die Parteiaufnahme von Theologen trotz des Erlasses; Beteuerung, vor dem Sieg des NS in Österreich seine Existenz für Hitler aufs Spiel gesetzt zu haben. (Vgl. Nr. 14316.)
M   101 01444 f. (169)

26. 6. 40   Adj. d. F – 1   14408
Übersendung des *Schreibens eines Ernst Weinzinger (Linz).
W   124 05010 (547)

26. 6. 40   RArbM   14409
Übersendung von *Richtlinien zu der Verordnung über die Anwendung der Gebäudeschädenverordnung im Protektorat Böhmen und Mähren vom 27. 4. 40.
H   101 08637 f. (643 a)

26. 6. – 22. 7. 40   Lutze, RFSS u. a.   14410
Kritik Lutzes an den Versuchen der SS, die bei der Gestapo tätigen SA-Angehörigen unter Anwendung von Druck zum Übertritt in die SS zu veranlassen, sowie an der Diskriminierung der gegen den eigenen Willen nicht zum Fronteinsatz gelangenden SA-Männer durch Parteidienststellen. Vom Stab StdF zur Stellungnahme aufgefordert, Bitte Himmlers, zum ersten Punkt einschlägige Fälle zu nennen.
K/W   102 00554 – 58 (979)

Nicht belegt.   14411

27. 6. 40   RMdI   14412
Übersendung eines Erlasses mit der Zustimmung zu einer Verordnung über das Feiertagsrecht in den Reichsgauen Wartheland und Danzig-Westpreußen; darin eine Liste der dort gültigen neun Feiertage des Altreichs.
H   101 21395 ff. (1266 a)

Nicht belegt.   14413

28. 6. – 30. 8. 40   GL Greiser, Lammers, Schwerin-Krosigk   14414
Beschwerde des GL Greiser über Schwierigkeiten mit den Bürokraten in der eigenen Behörde sowie im Reichsfinanzministerium (RFM) bei der Finanzierung des von Hitler veranlaßten und bezuschußten Umbaus des Posener Schlosses. Durch Bormann weitergeleiteter Entscheid H.s, seinen Beitrag zu erhöhen und dem RFM weitere Störungen zu untersagen. Nach – von Lammers später gerügter – Übermittlung dieses Schriftstücks an das RFM entschiedene Verwahrung Schwerin-Krosigks gegen G.s Vorwürfe: Deren Widerlegung sowie Ausdruck des Befremdens, bei tatsächlichen Schwierigkeiten nicht zunächst selbst eingeschaltet worden zu sein.
H   101 17162 – 72 (1022)

29. 6. 40   RKfdbnoG   14415
Nach Abschluß der vorbereitenden Arbeiten zu der von Hitler „im Grundsatz genehmigten politischen Entscheidung in Norwegen" Bitte des RK Terboven um einen Termin für einen Vortrag bei H.
W   124 00920 (74)

29. 6. – 11. 7. 40   AA   14416
Übersendung und Rücksendung von *Aktenvorgängen über den Pressereferenten beim Kolonialpolitischen Amt, Josef Hardy Krumbach.
M   203 00867 f. (31/1); 203 00888 (31/2)

30. 6. 40   OKW – 1   14417
Übersendung des Textes eines Aufrufes Hitlers vom 25. 6. 40 über die nun beginnende Rückkehr der Zivilbevölkerung in die 1939 freigemachten deutschen Gebiete an der bisherigen Westfront; Zusicherung von Schadensersatz und unverzüglichem Wiederaufbau.
H   101 08606 ff. (643)

30. 6. 40   DF   14418
Mit Wirkung vom 1. 7. 40 Beschränkung des Operationsgebiets des Heeres auf die besetzten französischen, belgischen und luxemburgischen Gebiete.
K   101 11376 f. (675)

1. 7. 40 – 4. 4. 42   RFSS, RJM, Rechtsanw. Peyrer-Angermann, Rechtsanw. Rochlitzer,   14419
                       GL Scheel
Kritik des StdF, des Reichsführers-SS (RFSS) und des Stabschefs der SA an der Aufhebung eines Urteils des Landgerichts Salzburg gegen GenMaj. i. R. Josef Stochmal u. a. (Verhängung von Kerkerstrafen wegen versuchter Verleitung zum Mord an im Zusammenhang mit dem NS-Putsch von 1934 gefangengenommenen NS) durch das Reichsgericht (RG). *Stellungnahme des Reichsjustizministers zu den Vorwürfen. Nach Bestätigung des erstinstanzlichen Urteils in einer neuerlichen Verhandlung und nach erneuter Aufhebung des Urteils durch das RG Vorschlag des GL Scheel: Anerkennung des gefällten Urteils durch das RG unter gleichzeitiger gnadenweiser Freilassung der Verurteilten, anschließend sofortige Überführung der Verurteilten in ein Konzentrationslager. – Durch den Stab StdF Übersendung eines im Zusammenhang mit der Angelegenheit entstandenen Schriftwechsels zwischen den Rechtsanwälten Camillo Peyrer-Angermann und Ludwig Rochlitzer an den RFSS (u. a. Angebot R.s, sich gegen ein Honorar von RM 2000.– um einen Kontakt zu Himmler zu bemühen).
W/H   102 00728 – 43 (1375)

2. 7. 40   RLM   14420
Bitte um Ausdehnung der den aus dem übrigen Reich in die eingegliederten Ostgebiete versetzten und verzogenen verheirateten Beamten und Soldaten gewährten Aufbauzulage auf aus dem Osten (Baltenländer und Wolhynien) zurückgeführte Deutsche in entsprechendem Einsatz.
H   101 08869 ff. (647 a)

3. – 15. 7. 40   BfdVJPl., RWiM   14421
Durch Göring Beauftragung des Reichswirtschaftsministers (RWiM) mit der Vorbereitung des Aufbaus des deutsch-europäischen Wirtschaftsraums nach dem Kriege (Einbau der in das Reich eingegliederten und der besetzten Gebiete in die großdeutsche Wirtschaft, wirtschaftliche Auseinandersetzung mit den Feindstaaten, u. a.). Einladung des RWiM zu einer Chefbesprechung hierüber.
M   101 02993 – 96 (311)

4. 7. 40   AA, Dt. Kongreß-Zentrale – 1   14422
Eine Genehmigung des Reichserziehungsministers (REM) für Auslandsreisen von Mitarbeitern der Auslandsämter der Reichsdozentenführung (RDF) nach Auffassung des Auswärtigen Amtes nicht erforderlich (Abschrift an den Verbindungsstab; interne Erwähnung der negativen Einstellung des REM zur Auslandsarbeit der RDF).
M/H   203 02325 – 28 (61/2)

4. – 31. 7. 40   RArbM   14423
Zu einem *Schreiben des StdF Übersendung der *Niederschrift einer Ressortbesprechung über die arbeitsrechtliche Behandlung der Polen: Nach der – im einzelnen begründeten – Ansicht des Reichsarbeitsministers die vom StdF gewünschten sofortigen Änderungen (u. a. hinsichtlich Sonn- und Feiertagszuschlägen, Familien- und Kinderzulagen, Gewährung von Trennungsgeldern und Urlaubsgewährung) der von den Reichstreuhändern der Arbeit getroffenen, einen „Ausgleich" zwischen dem „Vergeltungsgedanken" gegenüber den Polen und der Förderung der Leistungsfähigkeit der polnischen Arbeiter darstellenden Anordnungen untunlich (Gefahr u. a. einer sinkenden Arbeitsleistung); vielmehr Rat, zu-

nächst die sich während der kommenden Wochen ergebenden Erfahrungen mit den erlassenen Anordnungen abzuwarten, danach Erörterung der Wünsche des StdF.
A/W   101 06765 – 69 (548 a)

4. 7. – 10. 9. 40   GBW, MRfdRV, RKzl., RWiM   14424
Stellungnahme des StdF zum Entwurf einer Verordnung über die Verlängerung der Verträge zwischen Energieversorgungsunternehmen und Gemeinden bzw. Gemeindeverbänden: Deutlichere Hervorhebung der Absicht, bis zur endgültigen Regelung der Energieversorgung Teilvereinbarungen zu verhindern; Einbeziehung auch der Verträge der Unternehmen untereinander; Beschränkung des Geltungsbereichs; Verlängerung der Verträge nur um ein Jahr, nicht – wie vorgesehen – um zwei Jahre (Gefahr einer Verzögerung der Neuordnung); u. a.
W   101 03438 – 50 (346 a)

5. 7. 40   GBV   14425
Vorlage des Entwurfs einer Verordnung über die Einführung der Sommerzeit auch im Sommer 1941.
H   101 21227 f. (1256 a)

5. 7. 40   RFM, RKzl.   14426
Zustimmung des StdF zum vorgelegten *Entwurf einer Verordnung über die Erhebung einer Sozialausgleichsabgabe.
K   101 14590 (793 b)

5. 7. 40 – 24. 3. 41   RProt., RMdI   14427
Zu einem *Schreiben des StdF Richtigstellungen des Reichsprotektors: Die gegenüber dem StdF behauptete Zahl von z. Zt. 600 Anträgen reichsdeutscher Beamter und Offiziere auf Erteilung der Genehmigung zur Heirat mit Tschechinnen falsch (nur 21 Anträge überhaupt, darunter kein Beamter oder Offizier; die Gesamtzahl der vom 1. 8. 39 – 31. 8. 40 geschlossenen Mischehen allerdings 828; Hinweis auf die Möglichkeit der Eindeutschung „rassisch wertvoller Kräfte"), ebenso die Behauptungen über einen „vielfachen gesellschaftlichen Verkehr" reichsdeutscher Beamter mit tschechischen Familien. Bitte des Reichsinnenministers an den StdF, seine Quellen zu überprüfen.
A/W   101 23319 ff., 339 – 40/2 (1325 a)

6. 7. 40   H. Fleck   14428
Bitte der Kriegerwitwe Helene Fleck (Bautzen) um Intervention für ihren in Schweden wegen Spionage zu viereinhalb Jahren Zuchthaus verurteilten Sohn Rudolf F.
M/H   203 01000 – 05 (34/1)

6. 7. 40   Hitler   14429
Laut Terminkalender 15.00 Uhr Begrüßung durch Heß u. a. auf dem Anhalter Bahnhof.
H   101 29068 (1609)

6. 7. – 16. 9. 40   AA, Ital. Min. f. Volksbildg. – 22   14430
Durch das Auswärtige Amt (AA) Übersendung der italienischen Bestätigung einer im Deutsch-Italienischen Kulturausschuß getroffenen Vereinbarung über die deutsch-italienische Zusammenarbeit auf rassenpolitischem Gebiet. Klage des Leiters des Rassenpolitischen Amtes, Gross, nicht beteiligt worden zu sein, und Bitte, zwecks Vermeidung unfruchtbarer Diskussionen die Zusammenarbeit unter Verzicht auf weltanschauliche und ideologische Fragestellungen auf das Gebiet der exakten naturwissenschaftlichen Rassen- und Vererbungskunde zu beschränken. Rechtfertigung der AA (angesichts des italienischen Zögerns Ergreifen einer günstigen Gelegenheit) und Bereitschaft zu der gewünschten Aussprache mit der Empfehlung, wegen der ständigen personellen und sachlichen Verschiebungen in der italienischen Rassenpolitik zu einer Besprechung dieses Fragenkomplexes einen Vertreter der Botschaft in Rom hinzuzuziehen.
M/H   203 02927 – 36 (85/1)

8. 7. 40 – 21. 11. 41   RMfWEuV   14431
Nach anderthalb Jahren Ermittlung Einspruch der PKzl. gegen eine Ernennung des Dozenten Walter Voß (Breslau) zum Dozenten neuer Ordnung wegen Umgangs mit Juden und Äußerung „jüdischer Anschauungen".
W/H   301 01105 – 09 (Voß)

[9. 7. 40]   RKzl.   14432
Durch den Stab Heß übermittelte Zustimmung Hitlers zu einer beabsichtigten Reise des StSekr. Esser in die besetzten Gebiete.
M   101 04301 (414 a)

9.—22. 7. 40   C. E. Mauchenheim, AA u. a.—1   14433
Angebot eines ausgebürgerten Egomo Frhr. v. Mauchenheim gen. v. Bechtolsheim (C. Egan M.), in Amerika für deutsche Interessen tätig zu werden. Nach Ansicht des Deutschen Generalkonsulats in New York Möglichkeit einer Verwendung M.s als Spitzel durch die Vereinigten Staaten.
M   203 00881—84, 889 (31/2)

[10. 7. 40]   GBV   14434
Bearbeitung der den Obersten Reichsbehörden zur Stellungnahme zugeleiteten Gesuche an den StdF: Zwecks Entlastung der Zentralinstanz Vereinbarung mit dem StdF, solche Gesuche künftig „durch die Hand" der betreffenden Obersten Reichsbehörde an die zuständige Mittelbehörde zu leiten.
H   101 00524 (139 a); 101 07203 (580); 101 19706 (1194)

10.—29. 7. 40   OSAF, GebKom. Wegener   14435
Zur Stellungnahme aufgefordert, Verwahrung des Gebietskommissars Wegener gegen die ihm von Lutze unterstellten oberflächlichen Motive für den Übertritt von der SA zur SS; Hinweis auf seinen Tätigkeitsbereich in Norwegen.
M/W   306 01015—18 (Wegener)

10. 7.—10. 9. 40   AA   14436
Bitte des Stabs StdF um Nachforschungen über den Verbleib der Pg.n Emil Mensch und Paul Dressel, Spezialarbeiter im ehemaligen Deutsch-Südwestafrika. Dazu das Auswärtige Amt: D. in Windhuk interniert, über M. keine Nachricht.
M/H   203 00885 ff. (31/2)

10. 7. 40—23. 2. 42   RVM, RArbM, RMdI, RWiM, PrFM, RFM, GI f. d. Straßenwesen   14437
Vorbereitung einer Dritten Verordnung zur Durchführung des Gesetzes über die Neugestaltung deutscher Städte (Finanzierungsverordnung). Neben Detailfragen (in diesem Zusammenhang z. B. umfangreiche Erörterung der Kostentragung und Eigentumsverhältnisse bei Kreuzungen) Hauptpunkt der Auseinandersetzungen die Anregung des Reichsverkehrsministers, die in der Finanzierungsverordnung vom 1. 8. 39 für Berlin getroffene Regelung auf die anderen von Hitler bestimmten Neugestaltungs-Städte auszudehnen. Dieser Vorschlag von verschiedener Seite (Reichsinnenminister, Reichswirtschaftsminister) unter Hinweis auf die — z. T. erheblich — geringere Finanzkraft der nunmehr betroffenen Gemeinden und — öffentlichen wie privaten — Versorgungsbetriebe angegriffen. Die in einer Ressortbesprechung vereinbarte Regelung (Kostentragung bei Neubauten durch deren Träger, bei Versorgungs- und Verkehrseinrichtungen sowie bei Straßen, Plätzen und Grünflächen durch die Gemeinden, jedoch Übernahme eines Kostenanteils durch das Reich bei Überschreitung der finanziellen Leistungsfähigkeit) vom Reichsfinanzminister entschieden abgelehnt: Keine Wiedereinführung des absichtlich aufgegebenen Veranlassungsprinzips durch die Hintertür; von H. gebilligter Grundsatz der vollen Kostentragung durch die Ausbaustädte selbst, mit Unterstützung des Reichs lediglich bei nachprüfbaren Notlagen. Erlöschen der Diskussion in Anbetracht der Entwicklung des Krieges und der Einstellung auch der Planungsarbeiten.
H   101 16835/1—901 (1012 a)

11. 7. 40   BfdVJPl. u. a.   14438
Übersendung eines Erlasses: Die Anordnung Hitlers vom 5. 6. 40, alle nicht unerläßlichen Gesetze und Verordnungen zurückzustellen, auch für die im Rahmen des Vierjahresplans ergehenden, allerdings überwiegend kriegswichtigen Rechtsvorschriften bindend; der Erlaß von Rechtsverordnungen innerhalb des Vierjahresplans Göring selbst vorbehalten.
M/W   101 03513 f. (353)

11. 7.—9. 8. 40   AA   14439
Durch den Stab StdF mit der Bitte um Überprüfung Übersendung eines Berichts des Stv. GL Gerland über das Aufhalten mehrerer Eisenbahnzüge durch einen leichten Flakzug bei La Charité (Südostfrank-

reich) am 17. oder 18. 6. unter Erbeutung wichtiger, für ein Weißbuch ausgewerteter Dokumente. Weiterleitung des Berichts an das OKH, Heerwesenabteilung.
M/H   203 01273 – 77 (42/1)

12. – 16. 7. 40   AA – 1   14440
Einladung des Präsidenten des Italienischen Olympischen Komitees, Parenti, und acht italienischer Sportführer zu einem Gegenbesuch nach Deutschland durch den Reichssportführer: Dessen Meldung darüber; Informierung des Auswärtigen Amts.
M/H   203 01368 f. (44/4)

12. 7. – 10. 8. 40   GL Sauckel   14441
Unter Hinweis auf die besondere Lage und finanzielle Beschränktheit Weimars auch nach dem Kriege Bitte – analog zu den 100 Mio. RM für Linz – um ein Reichsdarlehen von 35 Mio. RM mit einem Zinssatz von 1% für Weimar; Bemühungen, die vorgesehenen Monumentalbauten mit allen Kräften durchzuführen. Durch Bormann übermittelte Ablehnung Hitlers: Ein Vergleich mit dem Sonderfall Linz (Gegengewicht gegen Wien, Bewältigung der Folgelasten der Hermann-Göring-Werke wie der Hafenbauten bei „mißlichen Verhältnissen der Stadt") nicht möglich; Empfehlung, mit StSekr. Reinhardt über Förderungsmöglichkeiten für Weimar zu sprechen.
H   101 17192 – 95 (1024 a); 101 19494 (1178)

12. 7. – 23. 8. 40   H. Mayer, AA, Kzl. d. F u. a.   14442
Gesuch einer Herta Mayer (Mannheim) um Straffreiheit für ihren Sohn Helmut M. (Auftreten als Fliegeroffizier) und Bewährung im Heer. Verwendung des Auswärtigen Amts für M. (Bruder der früheren Sekretärin des Pg. Luther). Weiterleitung der Angelegenheit an die Kanzlei des Führers.
M/H   203 00909 – 14 (32/1)

13. 7. 40   RMdI   14443
Übersendung des *Entwurfs einer Verordnung über die Einführung der Sachschädenfeststellungsverordnung in den eingegliederten Ostgebieten.
W   112 00175 f. (186)

13. 7. – 6. 11. 40   RMdI, GBV, RMfEuL   14444
Erörterung und Abänderung des vom Reichsinnenminister (RMdI) vorgelegten *Entwurfs einer Kriegssachschädenverordnung zur Ersetzung der bisherigen, lediglich Feststellung und evtl. Vorschuß gewährenden Sachschädenfeststellungsverordnung (zunächst vorbereitet eine – infolge des Umfangs der Änderungen dann als neue Verordnung konzipierte – Fünfte Durchführungsverordnung); der letzte Streitpunkt (oberste Beschwerdeinstanz eine beim RMdI zu bildende Reichsfeststellungsbehörde – so RMdI und StdF – oder ein unabhängiges Verwaltungsgericht) wie folgt entschieden: Bis zur Angliederung an das künftige Reichsverwaltungsgericht eine selbständige Behörde mit dem Namen „Reichskriegsschädenamt". – Ernstlicher Widerstand gegen den gleichzeitig vom RMdI vorgelegten Entwurf einer Vermögensschädenverordnung.
H   101 08609 – 26 (643)

[13. 7. 40] – 14. 10. 41   AA, Dt. Botsch. Rom u. a.   14445
„Besonders feierliche" Beisetzung des in Rom verstorbenen Malers Prof. Friedrich Stahl in einem Ehrengrab auf dem protestantischen Friedhof bei der Cestius-Pyramide in Rom (Hitler und Heß an der letzten Ehrung des Verstorbenen „besonders interessiert"). Durch das Auswärtige Amt Übersendung eines Berichts des Deutschen Nachrichtenbüros über die Beisetzung. Regelung der Zustellung der Totenmaske sowie zweier von St. der Staatsbibliothek in München vermachter Miniaturbändchen. Ausführung des Grabdenkmals durch den Bildhauer Walter Rößler nach einem von Hitler genehmigten Entwurf; Aufstellung der aus Hitlers Verfügungsmitteln zu erstattenden Kosten für das Ehrengrab, die Beisetzung und den Grabstein (bewilligte Summe: RM 3000.–). (Vgl. Nr. 14486.)
M/W   203 01070 – 86 (35/2)

14. – 23. 7. 40   Speer, Obgm. Lippert   14446
Schriftwechsel zwischen dem Generalbauinspektor für die Reichshauptstadt (GBI) Speer und dem Oberbürgermeister von Berlin, Lippert, über ihre Zusammenarbeit bei der Neugestaltung Berlins (durch S. nachträglich Heß übersandt). Von L. die Verantwortlichkeit S.s und die Vorrangigkeit seiner Entscheidung in Neugestaltungsfragen zwar anerkannt, abgelehnt jedoch die von S. gewünschte und mit einer unmittelbaren Unterstellung unter ihn verbundene Personalunion zwischen seinem ersten Baubeamten

und dem Stadtbaurat für Stadtplanung und Hochbau: Keine Regelung der Zusammenarbeit durch ein „einseitiges Diktat". Demgegenüber Pochen S.s auf seine durch einen Erlaß Hitlers von 1937 festgelegte Stellung als GBI (eine Regelung der Zusammenarbeit durch Vereinbarungen und Kompromisse „unvorstellbar") und Übermittlung seiner Richtlinien für die künftige Zusammenarbeit in Form eines Erlasses an die Stadtverwaltung. Dieser – unter Verweigerung der Weitergabe – von L. als „demütigend" bezeichnet. Daraufhin nach Vortrag S.s (im Beisein Bormanns) L. von Hitler seines Amtes enthoben und in einem neuen Führererlaß S.s Auftrag und Befugnisse verdeutlicht. Anerkennung des Erlasses S.s durch den mittlerweile eingesetzten kommissarischen Oberbürgermeister Steeg.
W/H   108 00692/1 – 724 (1809)

15. 7. – 15. 9. 40   Präs. Blunck, AA   14447
Vorschlag des StdF, MPräs. Siebert zum Präsidenten der Stiftung Deutsches Auslandswerk zu ernennen.
M   203 00237 – 41 (20/1)

16. 7. 40   Lammers   14448
Laut Terminkalender 17.00–17.30 Uhr Besprechung mit Bormann.
H   101 29067 (1609)

16. 7. 40   Lammers   14449
Mitteilung Bormanns: Wunsch Hitlers nach baldigem Rücktritt des Berliner Oberbürgermeisters Lippert. (Vgl. Nr. 14446.)
M   101 07070 (576)

16. 7. 40   Adj. d. F   14450
Anregung, sich im Falle der (demnächst evtl. erfolgenden) Vorlage einer Denkschrift über Altersversorgung durch einen Hermann Sommer (Berlin) vor der Bearbeitung mit der Führeradjutantur in Verbindung zu setzen.
W   124 04997 f. (542)

[18. 7. 40]   SS-Staf. Minke, SS-Brif. Berger   14451
Besprechung des SS-Staf. Minke (VDA ?) beim Stab StdF; dort durch Friedrichs angeblich starke Befürwortung der Absicht der SA, den VDA in die Hand zu bekommen (allerdings mit der Einschränkung, „dann alles unmittelbar dem Stab StdF zu unterstellen") und den Tätigkeitsbereich der Volksdeutschen Mittelstelle zwar nicht aufzuheben, jedoch stark zu beschneiden.
W/H   107 01301 (403)

Nicht belegt.   14452

20. 7. 40   AA   14453
Absicht, bei der Durchführung seiner kulturpolitischen Aufgaben die Partei, ihre Gliederungen usw. in höchstem Maße zu beteiligen; Erwägung, Arbeitskreise für die einzelnen Länder zu bilden zur Behandlung sämtlicher das Ausland betreffenden kulturpolitischen Fragen der Partei; Einladung zu einer Besprechung über die Planung der kulturpolitischen Veranstaltungen in den Balkanländern im Winter 1940/41.
M   203 00226 f. (19/4)

20. 7. – 3. 10. 40   RKzl., RMdI   14454
Zahlreiche, weitgehend textgleiche und – nach Ansicht der Reichskanzlei (RKzl.) – einer zentralen Anweisung folgende Petitions-Telegramme von Gemeindeleitern der Deutschen Christen in Baden, Württemberg, Thüringen und Mecklenburg an Hitler und den StdF, das Straßburger Münster entweder dem deutschen Protestantismus wieder zuzuführen oder zur überkonfessionellen christlichen Andachtsstätte oder aber zum Nationalheiligtum des deutschen Volkes zu erklären. Nach Einholung von Stellungnahmen des Reichsinnen- (RMdI) und des Reichskirchenministers Vortrag bei H. von der RKzl. vorgesehen. Streng vertrauliche Mitteilung Bormanns über die Absicht H.s, bei Ansprüchen sowohl von protestantischer wie von katholischer Seite die dritte Möglichkeit zu verwirklichen. Der Rat des RMdI, die Frage der endgültigen Verwendung des Münsters mit Rücksicht auf das zu 75% katholische Elsaß dilatorisch zu behandeln, von H. angenommen.
A   101 23783 – 804 (1338 c)

20. 7. 40 – 7. 4. 41   RL, GL u. a.   14455
Denkschrift des GL Eggeling im Anschluß an eine Besprechung über die Beschäftigung von Ausländern im Bergbau: Hinweis auf die Gefahr einer „biologischen Vernichtung der deutschen Rasse" bei Überlassung der „Urproduktion" (Arbeit in Bergbau und Landwirtschaft) an die „Hilfsvölker"; Forderung, den Lebensstandard der Bergarbeiter und Bauern zu heben und in ihnen die „Grundlage für das gesamte soziale Gefüge der Nation" zu sehen.
M   203 01530 – 41 (48/1)

22. 7. – [28. 8.] 40   RMfWEuV, BfdÜ   14456
Anweisung Rosenbergs für die vom Stab StdF erbetene Stellungnahme zu einem *Schreiben des Reichserziehungsministers (REM): Übersendung des „Keitel-Befehls" und des „Pariser Abkommens mit der SS bzw. Staatspolizei"; Zuständigkeit staatlicher Archive für deutsche Urkunden usw., mithin keine Absicht, dem REM etwas wegzunehmen; in Paris Anfertigung einer Aufstellung über strittige staatliche und private Bibliotheken zwecks Einholung einer Führerentscheidung über die Beschlagnahme.
W/H   145 00086 f. (65)

22. 7. 40 – 6. 6. 41   RMdI, PrFM, RMarschall, RKzl. u. a.   14457
Durch den Reichsinnenminister (RMdI) Vorlage des Entwurfs einer „Verordnung über die Einziehung volks- oder reichsfeindlichen Vermögens"; ihr wesentlicher Inhalt: Gesamtregelung und Zusammenfassung aller einschlägigen Fragen; Einziehung künftig einheitlich nur noch zugunsten des Reiches, nicht mehr vorwiegend zugunsten der Länder. Stellungnahmen der Ressorts, ablehnend die des Preußischen Finanzministers (Fehlen von Vorschriften über Verwaltung und Verwertung, Votum für die Beibehaltung der Zuständigkeit der allgemeinen Verwaltung in der Mittelinstanz und gegen deren Übertragung an die Oberfinanzpräsidenten) sowie die des Reichsmarschalls (weder notwendig noch – wegen der Gefahr unerwünschter politischer Schlußfolgerungen – ratsam). Daraufhin Zurücknahme der Vorlage durch den RMdI und Ersatz durch einen anderen Entwurf: Ohne Gesamtregelung lediglich noch Bestimmung der Einziehung ausschließlich zugunsten des Reiches. Dagegen Einspruch Lammers' und insbesondere des StdF unter Berufung auf mehrere kürzlich von Hitler den Reichsgauen zugesprochene beschlagnahmte Vermögenswerte. Gegen den von H. (nach Klagen verschiedener Gauleiter aus der Ostmark) ausdrücklich nochmals geäußerten Wunsch, beschlagnahmten Besitz den Reichsgauen zuzuweisen, praktische Einwände verschiedener Ressorts, u. a. der Sicherheitspolizei (Schwierigkeiten solch differenzierter Unterscheidungen bei der Beschlagnahme, unterschiedliche Belastungen der zu beschlagnahmenden Vermögenswerte, von H. gewiß nicht beabsichtigte Begünstigung auch der Länder bei einer solchen Regelung) und Görings (Forderung einer Regelung zugunsten des Reiches auf jeden Fall bei Forstbesitz). Eine diese Einwände berücksichtigende Kompromißformel (Einziehung zugunsten des Reichs, jedoch Übertragung an gebietliche Selbstverwaltungskörperschaften auf Anordnung H.s oder auf Vorschlag des RMdI) von H. genehmigt; Herausgabe eines entsprechenden Führererlasses.
H   101 21512 – 68 (1269 c)

23. 7. – 1. 8. 40   RFSS   14458
Durch den Stab StdF Übermittlung einer *Stellungnahme des HAL Hilgenfeldt zur Frage der Altersversorgung. Dank Himmlers.
K/H   102 00254 (583)

[24. 7. – 29. 8. 40]   Obgm. Nürnberg, AA   14459
Der Vorschlag des Obgm. Liebel (Nürnberg), Stadtrat Wilhelm Schmidt als Nachfolger von Gauinspekteur Friedrich Ritter zum Gaubeauftragten Franken der Dienststelle Ribbentrop zu bestellen, von Ribbentrop zwar begrüßt, jedoch Wiederbesetzung des Amtes erst nach Kriegsende.
M/H   203 02185 ff. (57/3)

24. 7. – 16. 10. 40   RMdI, RMfdkA, RMfWEuV   14460
Die Benutzung von Schulen für kirchliche Zwecke in besonderen Fällen (z. B. durch die in den eingegliederten Ostgebieten angesiedelten evangelischen Balten- und Wolhyniendeutschen als Ersatz für nicht vorhandene Kirchen) vom Reichsinnen- und vom Reichskirchenminister befürwortet. Strikt ablehnende Stellungnahme Bormanns: Die Partei für die Wahrnehmung der volkstumspolitischen Aufgaben in den eingegliederten Ostgebieten weit besser geeignet als die Kirchen; Vorschlag, in Orten mit mehreren katholischen Kirchen eine Kirche für den evangelischen Gottesdienst herzurichten.
M   101 01514 – 20 (170 a)

25. 7. 40   AA   14461
Übersendung von *Deutschlandberichten der deutschen sozialdemokratischen Partei in Frankreich.
M   203 00495 (28/1)

25. 7.–28. 8. 40   AA, Dt. Botsch. b. Hl. Stuhl   14461 a
Auf ein *Schreiben des Stabs StdF durch das Auswärtige Amt Übersendung von Berichten der Deutschen Botschaft beim Heiligen Stuhl über die Bestürzung des Vatikans angesichts der Einverleibung Litauens, Lettlands und Estlands in die Sowjetunion, über die Beurteilung der Lage in diesen Ländern aus vatikanischer Sicht und über die Kündigung des litauischen Konkordats.
M/H   203 02171–75, 188 ff. (57/3)

26. 7.–20. 8. 40   AA   14461 b
Auf Anforderung des Stabs StdF Prüfung der rechtlichen Voraussetzungen der beabsichtigten Eheschließung eines Franz Karl Petter (Wien) mit einer in Uruguay noch mit einem Juden verheirateten deutschen Staatsangehörigen Müller: Die Gültigkeit einer uruguayischen Scheidung in Deutschland zweifelhaft, mithin ein Scheidungsprozeß auch im Inland erforderlich; nach rechtskräftiger Scheidung eine Ferntrauung bei Verhinderung *der Frau* in Deutschland nicht möglich, die Anerkennung einer in Uruguay durch Stellvertreter geschlossenen Ehe in Deutschland zweifelhaft.
M/H   203 00915/1–918 (32/1)

29. 7. 40   Adj. d. F–1   14462
Weiterleitung von acht von zwölf durch den Reichssicherheitsdienst übersandten Beglaubigungsmarken für den Monat August für die Ausweise des Verbindungsstabs zum Betreten der Wohnung Hitlers und Bitte, eine früher mit den Marken übersandte Liste wieder zurückzuschicken. (Vgl. Nr. 14373.)
W/H   124 01204 f. (138)

29. 7. 40   RMfEuL   14463
Übersendung des *Entwurfs einer Verordnung über das Früchtepfandrecht für die Lieferung von Düngemitteln und Saatgut.
M   101 02090 f. (195 a)

31. 7. 40   GL Sauckel   14464
Bericht über die katastrophalen Zustände in dem Dorf Wolfmannshausen (Kr. Hildburghausen), verursacht durch die Realteilung und die Inzucht in dem fast rein katholischen, ringsum von nicht-katholischen Ortschaften umgebenen Dorf; schnelle Hilfe durch Umsiedlung, evtl. in den Osten, und Umschulung erforderlich; Bemerkung über den „Segen des Erbhofgesetzes".
W/H   124 00929–31 (74)

31. 7. 40–6. 2. 41   RKzl., D. Suppmann   14465
Beschwerde einer Dorothea Suppmann (Pfreimd b. Schwandorf) bei Lammers über ein Parteigerichtsverfahren und -urteil gegen ihren Sohn Matthias (Grund: Erstattung einer Strafanzeige gegen seinen Ortsgruppenleiter und einen NSV-Amtsleiter wegen Aneignung eines Stückes der Metallsammlung). Unter Hinweis auf die von Hitler selbst gewünschte Androhung der Todesstrafe bei Unterschlagungen aus der Metallsammlung Weitergabe des Vorgangs an Bormann mit der Bitte um Untersuchung. Deren Ergebnis: Übler politischer und sonstiger Leumund der Familie S., mehrfache Ersatzleistung für das seinerzeit von dem NSV-Amtsleiter entnommene Metallstück und Einstellung des Verfahrens gegen die Beschuldigten durch das Sondergericht Nürnberg, offenbares Vorliegen eines persönlichen Racheaktes, Notwendigkeit harten Durchgreifens infolge des starken Einflusses von Klerus und Adel in Pfreimd.
H   101 19711–36 (1194)

31. 7. 40–6. 2. 41   RKzl.   14466
Aus gegebenem Anlaß Anfrage nach „parteiseitigen" Anordnungen für den Fall der Erstattung von Strafanzeigen gegen Parteigenossen oder der Meldung eines Beamten an seinen Dienstvorgesetzten zum Nachteile eines Parteigenossen. Antwort Bormanns: Keine diesbezüglichen Anordnungen existent, keine Beschränkung eines Parteigenossen bezüglich seiner gesetzlichen Anzeigepflicht von strafbaren Handlungen.
H   101 19725 f., 733–36 (1194)

2.–6. 8. 40   M. Wiebezick, Adj. d. F   14467
Bittbrief einer Margot Wiebezick (Berlin) für ihren wegen Diebstahls in Sicherheitsverwahrung genom-

menen und in das Konzentrationslager Dachau überführten Mann, SS-Oschaf. W. (Diener Hitlers). Weiterleitung an die Führeradjutantur mit dem Ergebnis der von Bormann durchgeführten Vernehmungen: „Sehr unerfreuliche Haltung" W.s und Geständnis erst nach längerem Leugnen; geringes Ansehen W.s bei den übrigen Dienern.
W/H   124 01187−91 (134)

2.−6. 8. 40   Lammers   14468
Übersendung folgender Urkunden zur Mitzeichnung durch Heß: 1) Erlaß Hitlers über die Belassung des infolge seiner Ernennung zum Reichsstatthalter und Gauleiter in Wien aus seinen Ämtern als Reichsjugendführer der NSDAP (RJF) und als Jugendführer des Deutschen Reiches (JF) ausgeschiedenen Schirach in seiner Stellung als Reichsleiter für die Jugenderziehung der NSDAP unter gleichzeitiger Beauftragung mit der Inspektion der gesamten Hitler-Jugend auch für den staatlichen Bereich; 2) Ernennung des OGebF Axmann zum RJF und JF. (Unterblieben; statt dessen wenig später Übersendung von Fotokopien der von Heß bereits mitgezeichneten Urkunden.)
H   101 06001−09 (515); 101 24942−48 (1389)

2. 8.−14. 9. 40   RJM, OKW, RWiM   14469
Durch den Reichsjustizminister Übersendung des Entwurfs einer Verordnung zur Änderung der Verordnung über die grundbuchmäßige Behandlung der für die ehemalige Tschechoslowakei in Grundbüchern des Sudetenlands eingetragenen Grundstücksrechte (Grund der Änderung insbesondere die vom Generalinspektor für das deutsche Straßenwesen durchzuführende Bereinigung der Grundbücher der ehemaligen tschechoslowakischen Staatsstraßenverwaltung, dazu die Erweiterung der in der Verordnung ausschließlich den Reichsministern erteilten Befugnisse auf alle Obersten Reichsbehörden zweckmäßig). Zustimmung des OKW und des Reichswirtschaftsministers.
K/H   101 05891−94 (507)

3. 8. 40   Adj. d. F   14470
Durch die Adjutantur des StdF Weiterleitung des *Schreibens eines Rolf Endler (Budweis), die Goldene Hochzeit seiner Eltern betreffend.
W   124 04835 (508)

4.−21. 8. 40   AA   14471
Erwerb von vier Gemälden von Prof. Friedrich Stahl für das Haus der Deutschen Kunst: Bitte des MinR Heim (Stab StdF), die Ausfuhrbewilligung des Schweizerischen Volkswirtschaftsdepartements zu besorgen. Unkostenerstattung.
M/H   203 01268 f. (41/2)

5. 8.−11. 9. 40   E. u. H. Petzold   14472
*Eingaben einer Ella Petzold (Chemnitz) und ihres Sohnes Herbert P. gegen ein vom Oberlandesgericht Dresden gegen sie ergangenes Urteil: Einklage einer von ihnen als sittenwidrig zustande gekommen betrachteten Hypothekenschuld.
H   101 29900 ff. (1560)

6. 8. 40   Lammers   14473
Laut Terminkalender 11.00 Uhr Besuch beim StdF.
H   101 29065 (1609)

6. 8. 40   AA−1   14474
Übermittlung der vom Auswärtigen Amt herausgegebenen *Publikation „Dokumente britisch-französischer Grausamkeit".
M   203 01148 ff. (38/4)

6. 8.−8. 10. 40   SSPF Lublin, RSchatzmeister, RFSS   14475
Durch den Reichsschatzmeister erneute Ablehnung des Antrags auf Verleihung des Blutordens an SS-Brif. Odilo Globocnik wegen zu kurzer Haftzeit (unter einem Jahr). Entsprechender Bescheid Bormanns an G.
M/H   306 00371 (Globocnik)

7. 8. 40   RKzl., RMfVuP   14476
Durch die Reichskanzlei Übersendung der Abschrift eines Schreibens Lammers' an den Propagandami-

nister vom 4. 4. 40: Einwände Hitlers gegen einen Vorschlag Goebbels', den Lohn- und Gehaltsabzug auch während der Sommermonate fortzusetzen (Ablösung des Winterhilfswerkes durch das Kriegshilfswerk für das Deutsche Rote Kreuz); Wunsch H.s, das Hilfswerk wesentlich durch Straßen- und Listensammlungen betreiben zu lassen; nötigenfalls Hilfeleistung aus Reichsmitteln in Aussicht gestellt.
K   101 14098 – 106 (745)

7. 8. – 15. 10. 40   GL Niederdonau, AA   14477
Kritik des Stabs StdF an der auf Anregung der Deutschen Gesandtschaft in Budapest erfolgten Auszeichnung des angeblich deutschfeindlichen Leiters der Lehrerbildungsanstalt in Budapest, Prof. Julius Lux, mit der Humboldt-Medaille und Bitte um Mitteilung der Gründe. Antwort des Auswärtigen Amts: L. nicht deutschfeindlich, die beanstandeten Äußerungen auf Weisung des ungarischen Ministerpräsidiums erfolgt.
M/H   203 00891 – 94 (32/1)

8. – 21. 8. 40   KrL Ebenrode, AA   14478
Bericht der Kreisleitung Ebenrode über kommunistische Propaganda in Litauen und über Verletzungen des Abkommens über den kleinen Grenzverkehr nach Litauen durch russische Beamte. Dazu Hinweis des Auswärtigen Amtes auf zur Zeit schwebende Verhandlungen über den kleinen Grenzverkehr: In jedem Fall erhebliche Einschränkungen zu erwarten.
M   203 02191 – 95 (57/3)

8. – 23. 8. 40   AA   14478 a
Antwort auf eine durch den Stab StdF übermittelte Rückfrage des Regierungsbaumeisters a. D. Adolf Knoblauch: Bei der spanischen Regierung die Entschädigung der Spaniendeutschen für ihre Einbußen während des Bürgerkrieges noch nicht durchgesetzt; Bemühen um eine baldige Regelung.
H   203 00915 (32/1)

8. – 24. 8. 40   AA   14479
Mitteilung über den Stand der Verhandlungen mit der spanischen Regierung über die Entschädigung der Spaniendeutschen für ihre Verluste während des Bürgerkrieges.
W   203 02196 f. (57/3)

8. 8. – 19. 10. 40   Göring, Frick, Lammers   14480
Bitte Görings, bei der auf Betreiben des StdF bevorstehenden Ablösung des schlesischen Gauleiters, Josef Wagner, den Gau sofort zu teilen und „auch dem Hanke seinen Gau" zu geben (Verständnis W.s für eine Abgabe seines Gaus bei einer Teilung, nicht hingegen für eine Abgabe sämtlicher Ämter an seinen bisherigen Stellvertreter Bracht; in letzterem Falle ein Appell W.s an Hitler zu erwarten sowie Entstehen der Notlage für G., den als Oberpräsident unbeanstandeten W. unter Hinweis auf den ausdrücklichen Wunsch des StdF ablösen zu müssen). In diesem Sinne Befragung Hitlers durch Bormann unter Erinnerung auch an die zwischen W. und GL Henlein bereits „perfekt" gewesene, auf Weisung Hitlers aber bis zur Teilung Schlesiens zurückgestellte Abtretung des „sudetendeutschen Zipfels" an Schlesien. Entscheidung Hitlers: Teilung Schlesiens, dabei für Hanke „der Teil mit Breslau"; Anforderung von Teilungsvorschlägen. Durch den Reichsinnenminister (RMdI) Ausarbeitung eines Vorschlags der Teilung in Ober- und Niederschlesien in den bisherigen Grenzen als Zwischenlösung (eine nach wirtschafts-, verkehrs- und volkstumspolitischen Gesichtspunkten wirklich befriedigende Gesamtlösung unter Einbeziehung von Teilen des Protektorats und des Sudetenlands im Kriege nicht möglich; auch durch die alleinige Einbeziehung des Regierungsbezirks Troppau mit 200 000 Tschechen ein zu starkes, vor der Aussiedlung der bewußt polnischen Bevölkerung aus Ostoberschlesien nicht ratsames Anschwellen der „fremdvölkischen Bestandteile"); unter Hinweis auf den Widerspruch zu der bisher vertretenen Auffassung von der Einheit des – erst vor zwei Jahren vereinigten – Schlesiens Vorschlag, die geteilten Gebiete zu preußischen Provinzen, nicht zu (endgültigen) Reichsgauen zu erheben; Befürchtung, mit diesem Präzedenzfall der Teilung Schlesiens das Aufrollen anderer, im Kriege nicht zu bewältigender Grenzänderungswünsche herbeizuführen; Bitte um Vortrag bei Hitler. Zunächst nur vorbehaltliche, nach Rücksprache mit Bormann endgültige Zustimmung Hitlers zu der Teilungsvorlage des RMdI. Durch diesen Übersendung eines entsprechenden "Gesetzentwurfs an den Preußischen Ministerpräsidenten. (Vgl. Nr. 14736.)
M/H   101 00228 – 60 (133)

9. 8. 40   AA   14481
*Schreiben des StdF in der Angelegenheit Oberst Hans v. Knauer.
M   203 00879 (31/2)

10. 8. – 5. 10. 40   Lammers   14482
Mitteilung Bormanns: In Berücksichtigung des von Hitler geäußerten Wunsches nach einem „sehr re-
präsentativen Auftreten" Schirachs in Wien Aufstellung eines Repräsentationsetats durch und für den
Wiener Reichsstatthalter. Erkundigung Sch.s nach dem Stand der Angelegenheit.
H   101 24949 ff. (1389 a)

12. 8. 40   GenGouv. – 43   14483
Übersendung eines Erlasses über organisatorische Neuregelungen im Generalgouvernement (Bezeich-
nungsänderungen u. a.).
A   101 23902 (1340 a)

[12. 8. 40] – 4. 3. 41   RMdI   14484
Auf Anregung des StdF Entwurf eines Erlasses des Reichsinnenministers (RMdI) über die Einschränkung der seelsorgerischen Betreuung in öffentlichen Krankenhäusern usw. Ausräumung von Bedenken
des Reichskirchenministers (jetzt nicht der geeignete Zeitpunkt für die zu erwartende Beunruhigung der
Bevölkerung) und der Reichskanzlei (Hinweis auf den Wunsch Hitlers, das Verhältnis zur Kirche nicht
unnötig zu verschlechtern) durch inzwischen erfolgende neue Entscheidungen H.s in der Kirchenfrage
(über Gottesdienste und Glockenläuten nach Fliegeralarm) wie auch durch einen Bericht der Gemeindeverwaltung Wien: Keine Beunruhigung der Bevölkerung durch die dort bereits getroffenen Regelungen
(u. a. Taufverbot in Krankenhäusern). Ergebnis: Runderlaß des RMdI über die Betätigung der Glaubensgemeinschaften in den öffentlichen Kranken-, Heil- und Pflegeanstalten vom 9. 4. 41 (Verfahren bei
Wünschen nach geistlichem Zuspruch; seelsorgerische Betreuung von Jugendlichen nur mit Zustimmung ihrer Eltern; Verbot jeder Beeinflussung der Anstaltspfleglinge; Zutritt von Seelsorgern nur auf
ausdrücklichen Wunsch des betreffenden Kranken; Beschränkung des Gottesdienstes auf die Anstalts-
kapellen; Verbot von Taufhandlungen außer Nottaufen; u. a.).
M/H   101 00746 – 67 (150 a)

13. – 27. 8. 40   RKzl., RL, GL u. a.   14485
Durch Bormann Bekanntgabe eines Schreibens der Reichskanzlei über die Erfassung von „im Laufe der
Zeiten ohne unseren Willen" oder durch – nachzuprüfende – Rechtsgeschäfte in den Besitz der derzeitigen Kriegsgegner gelangtem Kulturgut (Beauftragung Goebbels' mit der zentralen Leitung) und Bitte an
die Parteistellen, Erhebungen über die aus Deutschland im Lauf der letzten drei Jahrhunderte fortgeführten oder von fremden Mächten zerstörten Kulturgüter anzustellen.
W/H   107 00360 – 63 (192)

[13. 8.] – 18. 9. 40   RMfWEuV, RKzl.   14486
Erwerb und Erhaltung einer würdigen Grabstätte für den in Rom verstorbenen Maler Prof. Friedrich
Stahl; die Anregung des Reichserziehungsministers, die Kosten durch eine Kaufpreiserhöhung bei dem
von Hitler vorgesehenen Erwerb eines Gemäldes des Verstorbenen flüssigzumachen, von der Reichs-
kanzlei (RKzl.) abgelehnt: Übernahme der Kosten auf die Verfügungsmittel H.s. Nach Kauf von zwei
Stahl-Bildern durch H. Anfrage der RKzl. wegen einer etwaigen Übersetzung des Kaufpreises zugunsten
der Grabstätte; verneinende Antwort Bormanns. (Vgl. Nr. 14445.)
H   101 21152/1 – 157 (1242 b)

15. 8. 40   DF   14487
Elsaß, Lothringen und Luxemburg ab 20. 8. 40 nicht mehr Operationsgebiet.
A   101 23755 (1337); 101 24096 (1350)

15. – 29. 8. 40   Res.-Lazarett Beelitz, Adj. d. F   14488
Dankschreiben des Reserve-Lazaretts Beelitz für empfangene Liebesgaben. (Im Stab StdF von der Ange-
legenheit nichts bekannt, daher Weiterleitung an die Führeradjutantur.)
W/H   124 04875 f. (522)

16. 8. 40   RForstmeister, AA   14489
Vorschläge des Reichsforstmeisters für die von Frankreich in einem Friedensvertrag zu fordernden

Holzmengen u. ä.; Wünsche hinsichtlich der Grenzziehung unter Berücksichtigung des forstlichen Aspektes: Französischer Jura, Westabhang Vogesen, Argonnen, Ardennen, Pappelvorkommen Nordfrankreichs und Belgiens. (Abschrift an den StdF.)
K/H   102 01255 ff. (2283)

16. 8. 40   RMfVuP   14490
Bitte um Zustimmung zur vorgeschlagenen Ernennung des MinR Hans Fritzsche zum Ministerialdirigenten.
H   101 18629–33 (1150 c)

16. 8. 40 – 21. 3. 41   RMdI, RJM   14491
Kontroverse zwischen Bormann, Gürtner und Frick über die Wertung des Einsatzes an der Front bei der Beurteilung der politischen Zuverlässigkeit von Beamten. Eintreten G.s und F.s für gebührende Berücksichtigung besonderer militärischer Verdienste bei der Einstellung und Beförderung; Hinweis G.s auf die Entscheidung Hitlers im Fall des Justizinspektors Schultze (Naumburg): Zustimmung, den militärischen Einsatz entsprechend zu werten. Ablehnung B.s, den Einsatz im Kampf bei der politischen Beurteilung zu würdigen; rückhaltloses Eintreten für den ns. Staat aus innerer Überzeugung unentbehrlich; Bekämpfung des NS durch zahlreiche verdiente Weltkriegsteilnehmer während der Systemzeit; Kritik an der Anweisung des Reichsjustizministers an die höheren Reichsjustizbehörden, die Träger der höchsten Kriegsorden dienstlich besonders zu fördern (eine Prüfung der sonstigen Voraussetzungen dadurch nicht entbehrlich); Bitte, die Fachminister entsprechend zu unterrichten.
M   101 04604–15 (425)

18. 8. 40 – 6. 2. 41   GL Simon, RKzl.   14492
Ablehnung einer Anregung des GL Simon, eine Universität in Trier zu errichten, durch den StdF: Wegen des Mangels an Studenten, vor allem aber an erstklassigen Hochschullehrern keine weiteren Universitätsgründungen, ausgenommen in Straßburg; Bitte an Lammers um Unterstützung in diesem Sinne. Vorschlag des Reichserziehungsministers, eine bestehende Hochschule in das westliche Grenzgebiet zu verlegen. Entscheidung Hitlers, die Angelegenheit für Kriegsdauer zurückzustellen.
K   101 15465–70 (940)

19. – 20. 8. 40   Lammers, Prof. Sievert   14493
Mitteilung Bormanns: Zuschuß Hitlers (RM 20000.–) für eine Neuinszenierung der „Zauberflöte" in Salzburg. Überweisung des Betrags durch Lammers.
H   101 21195 ff. (1252 a)

19. 8. – 17. 9. 40   AA – 21   14494
Weiterleitung einer Bitte der Prinzessin Diavidan Hanoum, der geschiedenen Frau des letzten Khediven von Ägypten, Abbas Hilmi, um eine Unterredung mit dem StdF; Wunsch Hilmis (in der mohammedanischen Welt im deutschen Sinne wirkend und ein „ausgesprochener Feind der Juden und Engländer"), nach Deutschland zu kommen, um seine Frau zu besuchen. Keine Bedenken dagegen, jedoch Ablehnung der gewünschten Unterredung mit dem StdF.
M/H   203 00902 ff. (32/1)

19. 8. 40 – 5. 7. 41   HA f. Technik, RWiM, WiGru. Elektroindustrie, RStatth. Wien   14495
Nach Ansicht des Hauptamts für Technik (HAT) die von interessierter Seite betriebene Übernahme des in der Ostmark, dem Sudetengau und den eingegliederten Ostgebieten üblichen, von den Methoden im Altreich grundsätzlich verschiedenen und diesen bei weitem unterlegenen Eichverfahrens für Elektrizitätszähler (Eichung durch herumreisende Staatsbeamte gegenüber selbstverantwortlicher Prüfung durch die Elektrizitätsversorger) als unzweckmäßige „Verbürokratisierung des Eichwesens" abzulehnen; Bitte um Beteiligung bei den Vorarbeiten für eine reichseinheitliche Regelung der Durchführung der Eichpflicht. Dazu die vom Stab StdF eingeholte Stellungnahme des Reichswirtschaftsministers: Eine unbesehene Einführung des österreichischen Verfahrens nicht beabsichtigt; Hinweis auf die Mängel und Nachteile des im Altreich praktizierten Verfahrens der Selbstverantwortlichkeit der Stromlieferanten, insbesondere für die Abnehmer, und auf die technische Entwicklung eines grundsätzlich neuen, eine einwandfreie Massenjustierung gewährleistenden Eichverfahrens; die Beteiligung des HAT durch die einzuholende Zustimmung der PKzl. zu der (während des Krieges nicht mehr zu erwartenden) Verordnung über die Durchführung der Eichpflicht gewährleistet; Beifügung einer eingehenden Stellungnahme der Abteilung für Eichwesen beim Reichsstatthalter in Wien.
W/H   143 00040–76 (81)

Nicht belegt. 14496

20. 8. 40   RKzl., Anonym   14497
Durch die Reichskanzlei Weiterleitung eines anonymen Schreibens über die DAF und die Altersversorgung (ernste Besorgnisse wegen einer beabsichtigten „Verwaltung" der Sozialversicherungen der Arbeiter und Angestellten durch die DAF; Bitte an Lammers, Hitler auf die Mißstände in der DAF hinzuweisen).
M   101 04122 f. (406)

20. – 28. 8. 40   Goebbels   14497 a
Auf ein *Schreiben Bormanns Mitteilung über seine Weisung an die Dienststellen des Reichspropagandaministeriums in Osnabrück und Münster sowie an die Presse, Erörterungen über die Frage der „Stadt des Westfälischen Friedens" (Münster oder Osnabrück) zu unterlassen; nach ihrer Eröffnung in Münster die Entsendung der Reichsausstellung „Der Westfälische Friede" auch nach Osnabrück in Aussicht gestellt.
K   101 07071 f. (576); 101 11354 f. (671)

20. – 29. 8. 40   GL Sauckel, Lammers, Frick   14498
Der durch Bormann vorgelegte Plan des GL Sauckel, zur Finanzierung der Neugestaltung Weimars eine „Gemeinschaft der Freunde Weimars" mit individuellen und korporativen Mitgliedschaften zu gründen, von Hitler unter Hinweis auf die zu erwartende Übernahme dieser – die herangezogenen „Kreise" wie Firmen weiter unerträglich belastenden – Finanzierungsmethode durch andere Gauleiter abgelehnt.
H   101 17182 – 91 (1024 a); 101 19480 f. (1177)

21. 8. 40   RSchatzmeister   14499
In der Anordnung 46/40 nachdrücklicher Hinweis auf eine Anordnung Hitlers: Dienstsitz der Reichsleitung der Partei, der Reichsführungen der Gliederungen und der oberen Leitungen der angeschlossenen Verbände München; in Berlin nur (in einem zu erbauenden Haus gemeinsam unterzubringende) Verbindungsstellen erlaubt.
W   107 00342 (192)

21. 8. – 3. 9. 40   Lammers   14499 a
Auskunft über einen Referentenentwurf des Reichswirtschaftsministers (RWiM): Darin Neuregelung lediglich des Tabak*verschleiß*wesens in der Ostmark entsprechend dem Gewerbezulassungsverfahren im Altreich (damit Möglichkeit der Vergabe von Trafiken an Kriegsverletzte, Beschädigte oder bedürftige Personen); das Tabakmonopol selbst bereits unter Zustimmung Hitlers durch die Verordnung vom 27. 4. 39 aufgehoben; bei einer – von Bormann etwa beabsichtigten – Neuaufrollung der Tabakmonopolfrage angesichts der ablehnenden Haltung des Reichsfinanzministers wie auch des RWiM gegenüber einer Einführung des Tabakmonopols im Altreich vor einem Führervortrag die Einholung der erneuten Stellungnahme dieser beiden Minister erforderlich.
H   101 14732 f. (803 a)

21. 8. 40 – 5. 7. 41   AA, RSchule Feldafing   14499 b
Schriftwechsel über eine Italienfahrt der 8. Klasse der Reichsschule Feldafing vom 7. 11. – 6. 12. 40 und über den Gegenbesuch einer faschistischen Jugendgruppe.
M/H   203 00140 – 52 (19/3)

22. 8. 40   GBV   14500
Übersendung des Entwurfs einer Verordnung zur Änderung der Vereinfachungsverordnung (Zweite Vereinfachungsverordnung): Wiederherstellung der landgerichtlichen Zuständigkeit in Berufungssachen, Besetzung der Zivilkammern der Landgerichte, u. a.
H   101 08722 (644 a); 101 08762 f. (645 a)

22. 8. 40   W. Büttner – 5   14501
Durch das Personalamt des StdF Übersendung des als Ausweis für die ihm verliehene Dienstauszeichnung der NSDAP dienenden Klebezettels für das Mitgliedsbuch an Walter Büttner (Auswärtiges Amt bzw. Dienststelle Ribbentrop).
M/W   203 02282 (58/1)

22. 8. – 24. 10. 40   AA   14502
Übermittlung des *Geschäftsverteilungsplans des Auswärtigen Amtes.
M   203 02178 f. (57/3)

22. 8. – 10. 12. 40   Adj. d. F   14503
Übersendung von *Rechnungen des Motorschau-Verlags und der Mitropa.
W   124 04892 ff. (527)

23. 8. 40   AA – 8/1   14504
Mitteilung des Gaubeauftragten Schlesien der Dienststelle Ribbentrop: Nachfrage des Vaters (Beuthen) nach dem Ergebnis der Nachforschungen nach seinem vermutlich in England internierten Sohn Bruno Lerbs.
M/H   203 00906 (32/1)

Nicht belegt.   14505

[23. 8.] – 20. 9. 40   RStatth. Steiermark, RKzl. u. a.   14506
Durch Bormann Übersendung von Vorgängen, die Evangelische Kirche in der Ostmark betreffend, an Lammers: Veranlassung von Beschwerden evangelischer Kirchengemeinden über die Einschränkung des Religionsunterrichts durch die Aufforderung des Evangelischen Oberkirchenrats in Wien, sich gegen die von der staatlichen Verwaltung getroffenen Maßnahmen zu wenden, unter Übersendung des Musters einer Beschwerdeschrift mit der Anweisung, eine wörtliche Übernahme zu vermeiden, um den Eindruck einer spontanen Reaktion zu erwecken; zu einer Beschwerde des Presbyteriums in Graz Stellungnahme des GL Uiberreither (Ablehnung der wiederholten Bestrebungen der Evangelischen Kirche, aus dem Kampf um ihre Existenz [nicht um den Sieg des NS] während der Dollfuß-Schuschnigg-Zeit [„Diktatur der katholischen Kirche"] einen Anspruch auf eine Sonderstellung abzuleiten).
M/H   101 01159 – 69 (157)

[24. 8. 40]   RSD, Adj. d. F   14507
Durch den Reichssicherheitsdienst an die Führeradjutantur Übersendung von zwölf Beglaubigungsmarken für den Monat September für die Ausweise des Verbindungsstabs zum Betreten der Wohnung Hitlers.
W   124 01203 (138)

24. 8. – 27. 11. 40   AA   14508
Übersendung mehrerer „Berichte über die polnische Presse und andere Feindpropaganda betreffend Polen". (Vgl. Nr. 14626.) Dankschreiben Klopfers (Stab StdF).
M   203 00445 – 63, 465 – 94 (28/1)

25. 8. 40   OKW   14509
Aufforderung, in Anbetracht der schlechten Versorgungslage von der Verlegung weiterer Stäbe und Dienststellen nach Paris abzusehen.
K/H   101 11373 (675)

25. – 29. 8. 40   Lammers   14510
Laut Bormann keine Berücksichtigung des Wunsches des GL e. h. Prof. Rudolf Jung nach einer Gauleiterstelle möglich; die vorgesehene Lösung im Gau Schlesien: Verwendung des StSekr. Hanke und des jetzigen Stv. GL Bracht als Gauleiter nach einer Teilung (vgl. Nr. 14480).
K   101 15448 ff. (939 b)

[26. 8. 40]   RAL Streck   14511
Für eine Sammelmappe bestimmter Aufsatz über das Verbindungsamt des Hauptamts für Technik (HAT) zum Stab StdF: Wegen der Verzögerung der Genehmigung des HAT-Organisationsplans durch den Kriegsausbruch das Amt noch nicht wirksam geworden (weiterhin Anwendung des zwischen dem Stab StdF und den Fachämtern der NSDAP-Reichsleitung üblichen Verfahrens der Stellungnahme); daher (trotz der den Ansichten des HAT inzwischen vom Stab StdF eingeräumten größeren Bedeutung) noch kein „lenkendes Eingreifen" des HAT; die Voraussetzungen für eine wirksame Tätigkeit des Verbindungsamts (seitens des Stabs StdF der Verzicht auf die Bearbeitung der technisch-sachlichen Aspekte, seitens des HAT die Verlagerung der bisher bei den Ministerien und Wirtschaftsorganisationen

liegenden Initiative für die Gestaltung des Einsatzes der Technik in Staat und Wirtschaft in das HAT unter Aktivierung der Reichsfachgruppen).
W   143 00020 ff. (17/1)

26. 8. 40 – 2. 5. 41   BfdVJPl., RWiM, OKW u. a.   14512
Zur planmäßigen Ausnutzung der Wirtschaft der besetzten westlichen Gebiete für die deutsche Kriegswirtschaft Erlaß Görings vom 26. 8. 40 über die Errichtung je einer Zentralauftragsstelle für das Reichskommissariat für die besetzten niederländischen Gebiete, den Bezirk des Militärbefehlshabers in Belgien und Nordfrankreich und den Bezirk des Militärbefehlshabers in Frankreich (Aufgabe: Lenkung aller Einkäufe und Aufträge von Beschaffungsstellen sowie von öffentlichen und privaten Unternehmen); Ausführungsbestimmungen dazu. In Durchführung dieses Erlasses Herausgabe weiterer Erlasse über die Sicherung eines planmäßigen Rohstoffeinsatzes (Eisen und Stahl, Metalle, Kautschuk) für Aufträge in den besetzten westlichen und „nordischen" Gebieten. Ergänzung und Zusammenfassung der zur Sicherstellung des Metallbedarfs ergangenen Bestimmungen. Aufgrund der gemachten Erfahrungen sowie der Festigung der wirtschaftlichen Verhältnisse in den besetzten westlichen Gebieten Neufassung der Ausführungsbestimmungen zum Erlaß vom 26. 8. 40 (Vereinfachung der Verfahrensvorschriften). (Nachrichtlich jeweils an den StdF.)
K/W/H   101 04403 – 07 (417); 101 07792 – 804/7 (609); 101 11368 – 72 (675)

27. 8. – 16. 10. 40   RMfWEuV, RKzl.   14512 a
Erhebliche Bedenken des Stabs StdF gegen eine Einstellung des gemäß § 71 des Deutschen Beamtengesetzes eingeleiteten Verfahrens gegen StudR Paul Keseling (Norden) und gegen dessen weitere Verwendung im Schuldienst (Zugehörigkeit zur NSDAP für K. aus Gewissensgründen nicht möglich, Versuch einer entsprechenden Beeinflussung auch Dritter in diesem Sinne).
A/H   101 04984 – 94 (446)

27. 8. – 21. 11. 40   RMfdkA, LBf. Wurm   14513
Nach Kritik Bormanns an „unerfreulichen Redereien" über angebliche Hintergründe bei der Durchführung des Luftschutzes in den Kirchengebäuden Anweisung des Kirchenministers an die kirchlichen Stellen, die Notwendigkeit dieser Maßnahmen zu betonen. Ausführungen des Landesbischofs Wurm (Württemberg) über die Ursachen solcher falschen Mutmaßungen der Bevölkerung: Einschränkung und Verdrängung der seelsorgerischen Tätigkeit der Kirche durch eine Reihe von Anordnungen und Verboten; tiefgehende Erregung über die Ausrottung schwacher Volksglieder durch die sogenannten planwirtschaftlichen Maßnahmen auf dem Gebiet des Anstaltswesens; kirchenfeindliche Haltung in Parteikreisen; Empfehlung einer unzweideutigen Erklärung des Staates zugunsten der Kirchen, um ein „freudiges" Mitgehen christlicher Volkskreise zu ermöglichen.
M   101 01425 ff. (165 a)

Nicht belegt.   14514

Nicht belegt.   14515

28. 8. – 7. 12. 40   RLM   14516
Durch Kriegserfahrungen weitere Änderungen des Luftschutzrechts notwendig: Einladung zu Besprechungen darüber an die beteiligten Ressorts.
A   101 22809 – 12 (1298 a)

29. – 31. 8. 40   Reg. Bgm. Bremen   14517
Mitteilung über den bevorstehenden Versuch des aus Bremen abgereisten, intelligent und gewandt auftretenden, aber geistesgestörten Häusermaklers Hermann Midding, eine Unterredung mit Hitler zu erreichen.
W   124 04887 (526)

29. 8. – 6. 9. 40   AA   14518
Stellungnahme zu einer vom Stab StdF übermittelten Eingabe: Die Vermittlung eines russischen Durchreise-Visums für eine Hedwig Pogacnik-Kroparski (z. Zt. Breslau) nach Teheran nicht möglich (die P.-K. jugoslawische Staatsangehörige).
M/H   203 00907 f. (32/1)

[29. 8. 40] – 25. 1. 41   RKzl., RWiM   14519
Zur Neuordnung der deutschen Energiewirtschaft Forderung des Reichswirtschaftsministers (RWiM), den Einfluß des Reichs auf die Energiewirtschaft im Sinne einer großräumigen, planmäßigen Zusammenfassung und Ordnung zu verstärken; Gefahr einer Lähmung jeder unternehmerischen Initiative durch das vorhandene Nebeneinander von behördlichen Zuständigkeiten (Übersendung einer ausführlichen *Denkschrift an Heß u. a.). „Starke Beteiligung" des StdF an Differenzen zwischen dem RWiM und dem Reichsinnenminister (RMdI) über die Betriebsarten und die Frage der geldlichen Zuschläge der Gemeinden zur Finanzierung von Gemeindeabgaben; Einsetzung eines Ausschusses durch den Beauftragten für den Vierjahresplan, den RWiM, den RMdI, den StdF und den Generalbevollmächtigten für die Energiewirtschaft zur Klärung der Angelegenheit. *Bericht des Ausschusses zur Elektrizitätsversorgung.
M   101 03418 – 24, 435 ff. (346)

30. 8. 40   RL, HAL, GL, RKzl.   14520
Durch den Stabsleiter StdF Erinnerung an ein früheres Rundschreiben über den Verkehr mit Mitgliedern ausländischer Missionen (Teilnahme an dienstlichen Besprechungen in einer fremden Mission nur auf Wunsch des Auswärtigen Amts; vierteljährliche Meldung des gesellschaftlichen Verkehrs mit Angehörigen diplomatischer Vertretungen).
W   107 00272 – 75 (192)

[30. 8. 40]   Speer   14521
Mitteilung Bormanns über Bedenken Lammers' wegen der zu weit gehenden Neugestaltung deutscher Städte außerhalb der von Hitler besonders bevorzugten Großvorhaben in Berlin, München, Nürnberg, Hamburg und Linz. Speer wegen der auf zehn Jahre voll für die fünf Neugestaltungsstädte benötigten Baumaterial-Kapazitäten und ausgelasteten guten Architekten der gleichen Auffassung; für die übrigen Städte (in erster Linie die Gauhauptstädte, andere nur nach Genehmigung der Pläne durch H.) in dieser Zeit im wesentlichen Beschränkung der Gauleiter auf vorbereitende Maßnahmen.
H   101 16937 f. (1016); 101 16950 f. (1017 a)

31. 8. 40   AA – 8   14522
Bitte um Weiterleitung des *Berichts eines Dr. Jänichen an einen Dr. Liebe in Brüssel.
M   203 01365 (44/1)

2. 9. 40   M. Th. Gietl   14523
Dank einer Maria Thea Gietl (München) für eine von Bormann gewährte Beihilfe für ein Gutachten über ihr Ascheverfahren, Bericht über Schwierigkeiten mit dem Gutachter Keller („kollegialer Neid"); Bitte um eine Anzahlung für die von ihr entwickelten Graphit- und Munitionsverfahren, beabsichtigte Verwendung des Geldes: Erwerb des Anwesens und der wissenschaftlichen Bibliothek des Prof. Ernst Mach in Vaterstetten.
W/H   124 04853 f. (512)

2. – 11. 9. 40   AA   14524
Stellungnahme zu einer vom Stab StdF übersandten Eingabe: Nachforschung nach den Angehörigen eines Uffz. W. Schmidt in der Sowjetunion auf Grund der unzureichenden Angaben nicht möglich.
M   203 00900 f. (32/1)

3. 9. 40   RKzl., Anonym   14525
Durch die Reichskanzlei Weiterleitung des Schreibens eines „Karl Schulze aus Deutschland" über die politische Beurteilung der Beamten (Forderung, nach acht Jahren ns. Herrschaft die diskriminierenden Bestimmungen gegen ehemalige Mitglieder der Demokratischen Partei und der Sozialdemokratischen Partei aufzuheben).
M   101 04528 – 31 (421)

3. 9. 40   AA   14526
Übersendung des Wortlauts der anläßlich des Wiener Schiedsspruchs am 30. 8. 40 mit der rumänischen und der ungarischen Regierung getroffenen Vereinbarungen über die Stellung der Deutschen Volksgruppen in diesen Ländern (Generalklausel über Gleichstellung im Falle Rumänien; detaillierter Katalog der garantierten Rechte, einschließlich des Rechtes zur Umsiedlung in das Reich für die Volksdeutschen der neugewonnenen Gebiete, im Falle Ungarn).
H   101 25379 – 84 (1412); 101 25449 f. (1418 b); 101 26267 f. (1486 b); 101 26455 f. (1502 a)

Nicht belegt. 14527

4. 9. 40   AA – 8/1 14528
Die Nachforschungen des Gaubeauftragten Schlesien der Dienststelle Ribbentrop in der Angelegenheit Leonhard Heger (Jugoslawien) ergebnislos.
M   203 00905 (32/1)

[6. 9. 40]   RKzl., RMdI 14529
Auf Anordnung des StdF erfolgte Einsetzung von Stillhaltekommissaren im Elsaß, in Lothringen und Luxemburg durch die jeweiligen Chefs der Zivilverwaltung ohne Beteiligung der Ressorts.
A   101 24100 f. (1350)

[6. 9. 40]   GBV 14530
Zustimmung des StdF zum Entwurf einer Verordnung über weitere Maßnahmen auf dem Gebiet des Handelsrechts während des Krieges (Befreiung von der Verpflichtung zur Aufstellung, Vorlegung und Gliederung der Jahresbilanz und der Gewinn- und Verlustrechnung sowie von der Auskunftspflicht gegenüber Gläubigern).
H   101 08763 ff. (645 a)

[6. 9. 40]   Prof. Sievert 14531
Mitteilung Bormanns über die Bereitstellung von RM 20 000.– für das Salzburger Stadttheater durch Hitler. (Vgl. Nr. 14493.)
W   124 00001 (28)

7. 9. 40   AA 14532
Übersendung eines (offenbar erbeuteten) ausführlichen Berichts des Französischen Botschafters in Berlin, François-Poncet, vom 9. 12. 37 über die Freizeitgestaltung der Arbeiter im Dritten Reich: Entstehung und Organisation der NS-Gemeinschaft Kraft durch Freude und die Programmangebote der Ämter Feierabend, Deutsches Volksbildungswerk, Schönheit der Arbeit, Wehrmachtheime, Reisen–Wandern–Urlaub, Sport.
M/H   203 01612 – 34 (48/3)

7. 9. 40 – 9. 10. 41   RMdI, BfdVJPl., RKF, RKzl., GenGouv. Frank, RStatth. Greiser 14533
Die Verwirklichung der Absicht Hitlers, die Kreise Petrikau und Tomaschow dem Warthegau einzugliedern, durch den Widerstand Franks verzögert. Auf Wunsch H.s Aussprache zwischen F. und RStatth. Greiser mit dem Ergebnis, die Grenzbereinigung vorläufig zurückzustellen. Nach einem Jahr auf Anregung Bormanns Wiederaufnahme der Angelegenheit (Eingliederung für den Warthegau u. a. unter wirtschaftlichem Aspekt bedeutungsvoll, großer Gebietszuwachs für das Generalgouvernement durch die Einverleibung Galiziens); erneute Weigerung F.s.
A   101 23615, 619 – 33 (1333)

9. 9. 40   Adj. d. F 14534
Mitteilung Bormanns über die Entscheidung Hitlers über die Beförderungswünsche (Amtmann) des Alt-Pg. Karl Eggers (München): Hinreichende Belohnung der Verdienste um die Partei durch die Ernennung zum Oberinspektor.
W   124 04833 f. (507)

9. 9. 40   Adj. d. F 14535
Übermittlung zweier *Rechnungen (Mitropa und Blumen-Ruf) zur Begleichung.
W   124 04947 (536)

Nicht belegt. 14536

9. 9. 40 – 3. 3. 43   PrFM, PrMPräs., RMfEuL, RFM, RStatth. Baden, RStatth. Oberdonau, 14537
         RMfWEuV, RKzl.
Jahrelange Meinungsverschiedenheiten zwischen Reichserziehungs- (REM) und Reichsernährungsminister (RLM) über die Überführung des bisher dem Bereich des RLM zugehörigen Teils der landwirtschaftlichen Fachschulen in die Zuständigkeit des REM. Stellungnahme des RLM (unterstützt vom Reichsstatthalter in Baden): Hauptaufgabe des Lehrpersonals der Fachschulen nicht der jährlich nur etwa vier Monate dauernde Unterricht, sondern die landwirtschaftliche Beratung. Standpunkt des REM

(unterstützt u. a. von der PKzl., vom Reichs- und vom Preußischen Finanzminister): Die landwirtschaftliche Beratung in erster Linie Ergänzung der schulischen Tätigkeit der Lehrkräfte; Sicherung des Erfolges der Beratung nur nach fachlicher Vorbereitung der Landjugend auf den Fachschulen; Gefahr der Zersplitterung des Fachschulwesens; und anderes. Folge der Differenzen: Eigenmächtige Sonderregelungen einzelner Reichsstatthalter für ihren jeweiligen Bereich. Wegen der Befürchtung der unmittelbaren Herbeiführung eines Entscheides Hitlers durch StSekr. Backe Fühlungnahme des REM mit Bormann. Nach Bekanntwerden einer Äußerung H.s über die erwünschte Zugehörigkeit der Fachschulen zu den Fachressorts (nicht zum REM) und unter Berücksichtigung der möglichen Auswirkungen dieser Äußerung auf andere Fachgebiete Verzicht Bormanns auf die von ihm beabsichtigte Stellungnahme zugunsten des REM und Empfehlung, eine Entscheidung der Streitfrage für Kriegsdauer zurückzustellen.
K/W   101 16006−54 (951 b)

10. 9. 40   RMdI   14538
Stellungnahme zum Wunsch des StdF, bei jeder Wiederverwendung von Ruhestandsbeamten die Partei zu beteiligen: Durch die politische Überprüfung unweigerlich Verzögerung einer als dringend notwendig erachteten Kriegsmaßnahme und weitere Belastung der angespannten Personallage in den Staats- und Parteidienststellen; keine Notwendigkeit, die regelrecht, d. h. nach Erreichung der Altersgrenze, Ablauf der Amtszeit oder Dienstunfähigkeit, in den Ruhestand Getretenen zu überprüfen; Bitte, Überprüfungen auf die der Partei vermutlich bekannten Fälle von politischer Beanstandung zu beschränken.
K   101 20171−74 (1201 a)

10. 9. 40   Kons. a. D. Th. Schlagintweit   14539
Vorschläge zur Regelung der Kriegsschäden der Auslandsdeutschen von 1914/18: Nach dem Krieg Finanzierung nicht mit Warenimporten nach Deutschland verbundener deutscher Auslandsinvestitionen durch das Ausland im Vollzug der Schadloshaltung deutscher Privatgläubiger.
W   124 04991−96 (538)

[10. 9. 40]   RKF   14540
Übersendung des Entwurfs einer Neufassung des Führererlasses zur Festigung deutschen Volkstums.
H   101 25395−98 (1412)

10. 9. 40 − 28. 6. 41   B. Jensen, AA − 1   14541
Gesuch eines Bernhard Jensen (Heide/Holstein) um Tilgung einer Ehrenstrafe (Verurteilung in Dänemark wegen Spionagetätigkeit für Deutschland) und um Entschädigung für materielle Verluste. Unter Hinweis auf die positive Beurteilung J.s durch das OKW Weiterleitung an das Auswärtige Amt.
M   203 01040−44 (34/2)

11. − 25. 9. 40   Kzl. d. F, RMfVuP, AA, Dt. Ges. Kopenhagen   14542
Ablehnung des vom Stab StdF („meiner Ansicht nach ‚Nationaler Kitsch'") weitergeleiteten Antrags der Firma W. Winzen (Kopenhagen), Gedenklöffel mit dem Kopf Hitlers vertreiben zu dürfen: Keine Zulassung für das Reichsgebiet aufgrund des Gesetzes zum Schutz der nationalen Symbole.
M/H   203 02182 ff. (57/3)

12. 9. 40   Lammers, Darré   14543
Durch Lammers Übersendung eines Schreibens Darrés: Dem Antrag des StSekr. Willikens auf Uk.-Stellung durch ein Telegramm an Keitel entsprochen.
K   101 18412 f. (1143 a)

Nicht belegt.   14544

[13. 9.] − 24. 10. 40   PräsKzl., AA   14545
*Schriftwechsel über bulgarische Auszeichnungen für GL Wächtler und RAL Hansen. Keine Bedenken des Stabs StdF gegen die beabsichtigte Ordensverleihung.
M   203 00897 (32/1); 203 02176 (57/3)

14. 9. 40   RL, GL, VerbF, Göring   14546
Durch Bormann Bekanntgabe eines Schreibens Görings an Heß (Dank für die Unterstützung seiner kriegswirtschaftlichen Maßnahmen durch die Partei); Bekräftigung der weiteren Unterstützung G.s.
W   107 00364 f. (192)

14. 9. 40 – 17. 7. 41   RMdI, Lammers   14547
Begründung des *Entwurfs einer Zweiten Verordnung über das Deutsche Rote Kreuz (DRK) durch den Reichsinnenminister: Wegen der Rücksichtnahme auf die Bedingungen der Genfer Konvention eine enge Verbindung des DRK mit der NSDAP ausgeschlossen; trotz allgemeiner Anerkennung des DRK Minderbewertung der DRK-Arbeit gegenüber dem Dienst in den Gliederungen der Partei; daher sein Vorschlag, durch eine Rechtsvorschrift die Tätigkeit im DRK der Tätigkeit in den Gliederungen der Partei gleichachten zu lassen. Ablehnende Stellungnahme des StdF unter Hinweis auf den politisch-weltanschaulichen Charakter des Dienstes in den Gliederungen im Gegensatz zur nicht-politischen DRK-Arbeit.
K   101 14111 – 28 (745 a)

Nicht belegt.   14548

16. 9. 40   Adj. d. F   14549
Bitte um sofortige Bearbeitung der Angelegenheit Alfred Hommelsheim (offenbar Heimtücke-Ermittlungen gegen einen Bauern) und um Zustimmung zur Entscheidung des Reichsjustizministers auf Einleitung eines Verfahrens gegen H., um dessen Haftzeit bis zur Verhandlung möglichst abzukürzen.
W/H   124 04866/1 – 869 (518)

[16. 9. 40]   GBV   14550
Zustimmung des StdF zu einer *Verordnung zur Änderung des Gesetzes zur Bekämpfung der Geschlechtskrankheiten.
K   101 13802 f. (725)

17. 9. 40   BfdVJPl.   14551
Generelle Beibehaltung der Genehmigungspflicht für statistische Erhebungen, auch der kriegswirtschaftlich bedingten, trotz verfügter Lockerungen in bestimmten Fällen (die Einholung einer Genehmigung mit der Zielsetzung der Erhebung unvereinbar; eine besondere Überwachung nicht erforderlich).
M/H   101 07533 f. (593)

18. – 23. 9. 40   RKzl., RL, GL, VerbF   14552
Durch die Reichskanzlei Übersendung einer – von Speer angeregten – Anordnung Hitlers über den neuen deutschen Wohnungsbau nach dem Kriege: Mindestanforderungen an die zu bauenden Wohnungen (Zahl der Räume, Ausstattung, Luftschutzraum); darauf basierende Vorschläge hinsichtlich der im ersten Nachkriegsjahr erreichbaren Bauziffer, der Miete, Finanzierung, Festlegung der Baumaße usw. bis 1. 11. 40 von einem dazu berufenen Ausschuß (u. a. StdF) vorzulegen. Ergänzung der Anordnung: Erweiterung des Ausschusses durch Hinzuziehung des Reichsinnenministers; Zuständigkeit Leys für die Einberufung, bei ihm auch Vorsitz und Federführung.
H   101 02174 (206); 101 07655 – 60 (604); 101 19351 – 54 (1174 a); 107 00352 – 55 (192)

21. 9. 40   RMdI   14553
Eine Anweisung an die Beamten, nach einem nächtlichen Fliegeralarm die vorgeschriebene Dienstzeit genau einzuhalten, nach Auffassung des StdF empfehlenswert.
M   101 07223 (582)

23. 9. – 15. 10. 40   Obgm. Karlsbad, Adj. d. F   14554
Anfrage des Karlsbader Oberbürgermeisters Rusy wegen einer Möglichkeit zur Überreichung des jetzt fertiggestellten Ehrenbürgerbriefs an Hitler. Weiterleitung an die Führeradjutantur.
W/H   124 04871 – 74 (520)

23. 9. – 21. 11. 40   GBV, RMfEuL, RMdI   14555
Durch den Generalbevollmächtigten für die Reichsverwaltung Vorlage des *Entwurfs einer Verordnung über Neuordnungsmaßnahmen zur Beseitigung von Kriegsfolgen: Festlegung von Neuordnungsgebieten (vorerst Saarpfalz, Baden, Rheinprovinz), Feststellung und Durchführung von Neuordnungsplänen in den Gemeinden dieser Gebiete, Umlegung und Enteignung von Grundstücken usw. (vgl. RGBl. 1940 I/ 1575). Schriftliche und – Staatssekretärsbesprechung am 14. 11. 40 – mündliche Erörterung der von den Ressorts erhobenen Bedenken, insbesondere hinsichtlich der Entscheidungsinstanz für Gegenvorstellungen der Sonderverwaltungen (ein interministerielles Dreierkollegium) und für Klagen gegen die Ent-

schädigungsfeststellungen der Enteignungsbeschlüsse (Oberlandesgerichte, nach seiner Errichtung dann das Reichsverwaltungsgericht).
H   101 08579−99/3 (642)

23. 9. 40−26. 7. 41   RMfWEuV−11   14556
Besondere Unterstützung der Bewerbung des Prof. Kurt Scheer (Frankfurt/Main) um den Lehrstuhl für Kinderheilkunde an der Universität Straßburg durch den StdF wegen der Erfolge Sch.s bei der Rachitisbekämpfung (diese ein außerordentliches Anliegen Hitlers). Anderweitige Entscheidung der Universität.
M   301 00860−70 (Scheer)

24. 9. 40   GL Franken   14557
Persönliche Mitteilung Bormanns: Die in Neuendettelsau tätig gewesene Kommission der Kontrolle Bouhlers unterstehend; die Benachrichtigung der Familien zwar textlich verschieden abgefaßt, trotzdem die Panne der Verwendung des gleichen Wortlauts an zwei nahe beieinander wohnende Familien natürlich möglich; christliche Opposition gegen die Maßnahmen der Kommission selbstverständlich, ebenso selbstverständlich aber auch die Unterstützung ihrer Arbeit durch die Partei-Dienststellen.
K/H   102 00811 f. (1578)

24. 9.−2. 10. 40   Lammers   14558
Durch Bormann übermittelte Weisung Hitlers, dem Gastwirt Eduard Schmider (Worms) und dem Schuhmacher Nikolaus Boos (Brotdorf) für die Ergreifung von Spionen zusätzlich zur Belohnung durch den Chef der Sicherheitspolizei (Veröffentlichung der Belohnung auch als Hinweis auf deren Zuständigkeit) je RM 2000.− als seine persönliche Anerkennung auszuzahlen.
H   101 27054−60 (1517 a)

24. 9.−10. 11. 40   C. Braun, AA u. a.   14559
Auftrag Hitlers, die Bilder des verstorbenen Prof. Friedrich Stahl für die Linzer Sammlung aufzukaufen, jedoch durch Vermittlung des MinR Heim (Stab StdF) Erfüllung des Wunsches Ribbentrops nach Bildern St.s: Bereitschaft Bormanns, auf zwei in Stockholm und Berlin zum Verkauf angebotene Bilder („Parsifal", „Die Ausfahrt") zugunsten R.s zu verzichten.
M/H   203 01053−63 (35/1)

24. 9.−[20. 11.] 40   RKPreis., RArbM, RJM   14560
Zustimmung des StdF zum Entwurf eines Gesetzes zur Änderung des Reichsmietengesetzes (Ausdehnung des § 6 − Erzwingung vom Vermieter unterlassener notwendiger Instandsetzungsarbeiten − auf sämtliche privaten Wohnräume). Ein ursprünglicher Einspruch des Reichskommissars für die Preisbildung (Unzulänglichkeit des § 6, kriegsbedingte Schwierigkeiten der Instandsetzung) später zurückgezogen.
H   101 19283−94 (1172)

25. 9. 40   RMfVuP   14561
Absicht des Reichspropagandaministers, den Vertrieb konfessionellen Schrifttums in oder bei der Kirche zu unterbinden (Anlaß: Mißgriffe beim Vertrieb; Zweck: Vermeiden ungünstiger Auswirkungen auf die Haltung der Bevölkerung während des Krieges); Einladung zu einer Besprechung über einen entsprechenden Anordnungsentwurf der Reichsschrifttumskammer.
A   101 05709 f. (478)

25. 9. 40   RL, GL, KrL, RArbM, LArbA   14562
Durch Bormann Bekanntgabe eines Runderlasses des Reichsarbeitsministers (RAM) über die Unterbringung Geistlicher in anderen Berufen (Einsetzung besonderer Sachbearbeiter bei den Landesarbeitsämtern, Überprüfung der politischen Zuverlässigkeit durch den Chef der Sicherheitspolizei, Vermeidung erzieherischer Berufe, Gewährung einer Übergangsunterstützung); Bitte, direkt mit dem RAM zu erörternde Gesuche ihm zu übersenden.
W   107 00356−59 (192)

25. 9. 40−[28. 7. 42]   Lammers, Rust, Bouhler   14563
Als Folge eines Vortrags von Goebbels über veraltete, dem Geist des NS nicht gerecht werdende Schulbücher Auftrag Hitlers an Bouhler, für die Beschaffung ns. ausgerichteter Lehrbücher Sorge zu tragen, und Betrauung Lammers' (dessen Informierung darüber durch Bormann) mit der Ausarbeitung eines Erlasses mit dem Ziel, das zuständige Ministerium für die Dauer von zehn Jahren von der Verantwortung

für die Schulbücher zu entbinden und der Partei die notwendigen Arbeiten zu übertragen. Durch Rust Zurückweisung der seines Erachtens ungerechtfertigten (auch nach Bouhlers Meinung zu weit gehenden) Vorwürfe und Darlegung der Situation im Schulbuchbereich (Hinweis auf die bereits erfolgte Einschaltung der Parteiamtlichen Prüfungskommission bei der Überprüfung von Schulbüchern); Bitte an H., die aufgrund unzutreffender Voraussetzungen getroffene Entscheidung zu überprüfen. Aufrechterhaltung des Auftrags an Bouhler, jedoch durch H. Zurückweisung eines von Bouhler in diesem Zusammenhang vorgelegten, den Rahmen seines Auftrags weit überschreitenden und unpräzisen Erlaßentwurfs über seine Beteiligung bei der Unterrichts- und Lehrplangestaltung. Trotz einer einschränkenden Neufassung des Erlasses durch L. (lediglich Unterrichtung Bouhlers, keine Beteiligung) unerwünschte Aktivität Bouhlers auf dem Schulbuchsektor: Firmierung als „Der Reichsbeauftragte für das Schul- und Unterrichtsschrifttum", Berufung eines „Reichsausschusses für Schul- und Unterrichtsschrifttum", Gründung von „Reichsarbeitsgemeinschaften" für einzelne Unterrichtsfächer. Vorwürfe L.' gegen Bouhler (Übernahme des gesamten Unterrichtswesens in seinen Machtbereich; mangelnde Beteiligung L.') und Zurückweisung seiner Forderung, bei allen das Unterrichtswesen betreffenden Fragen beteiligt zu werden; Hinweis auf die durch H. zu wiederholten Malen ausgesprochene Beschränkung von Bouhlers Aufgabe: Beschaffung im ns. Geist gestalteter Schulbücher vorwiegend für die Fächer Deutsch, Geschichte, Erdkunde und Biologie und Ausmerzung aller der ns. Weltanschauung nicht entsprechenden Schulbücher; keine Zuständigkeit Bouhlers in der Frage der Lehrmittelfreiheit. Zurückweisung der Vorwürfe durch Bouhler unter Hinweis auf den ursprünglichen Führerauftrag. Schließlich Beilegung der durch die Ansprüche Bouhlers entstandenen Differenzen mit R. (bevorzugte Stellung R.s in den zur Durchführung des Führerauftrags geschaffenen Ausschüssen; das formelle Recht zur Einführung der von Bouhler geschaffenen Schulbücher weiterhin bei R.; u. a.). Einverständnis zwischen Bormann und L., das Schulbuchproblem als nicht kriegswichtig einzustufen: Weiterhin Einflußnahme Bouhlers im Sinne des Führerauftrages, jedoch keine weitergehenden Maßnahmen während des Krieges (z. B. kein Ankauf eines Grundstücks für die Unterbringung der von Bouhler errichteten Reichsstelle für Schul- und Unterrichtswesen).
K   101 16110−212 (953 b)

[27. 9. 40]   Hermann Esser Forschungsgem. f. Fremdenverkehr   14564
Die geplante Wiedergabe der ersten Anmeldezettel Hitlers und Heß' im Rheinhotel Dreesen (Bad Godesberg) in einer im Druck befindlichen „Kulturgeschichte der Gaststätte" von Hitler genehmigt.
W   124 00193 ff. (47)

28. 9. 40   RMfWEuV   14565
Der Stab StdF gegen Auslandsreisen des Prof. Gerhard Ritter (Freiburg) wegen dessen bekenntniskirchlicher Einstellung.
W   301 00808 (Ritter)

28. 9.−3. 10. 40   RMdI, RMfdkA   14566
Durch den Reichsinnenminister Übersendung eines Verordnungsentwurfs: Verlegung des Reformationsfestes 1940 als gesetzlicher Feiertag (insbesondere betroffen Sachsen) auf den folgenden Sonntag.
H   101 21354 f. (1266)

30. 9. 40   AA   14567
Forderung des Stabs StdF nach Berücksichtigung der Interessen der deutschen Archäologie im Vorderen Orient bei den kommenden Verhandlungen mit Italien.
M   203 00235 f. (20/1)

30. 9. 40   AA   14568
Mitteilung: Das 'Gesuch der Eheleute Eduard und Therese Borst (Litzmannstadt) um Übersiedlung ihrer Kinder aus der Sowjetunion an die Deutsche Botschaft in Moskau weitergeleitet.
M   203 00898 (32/1)

30. 9.−18. 10. 40   PräsKzl.   14569
Bitte Bormanns an Meissner, in Zukunft eine Beteiligung der Partei bei allen Ordensverleihungen sicherzustellen, um eine Auszeichnung von politisch unwürdigen Personen auszuschließen; nunmehr erfolgte einheitliche Regelung des Vorschlagsverfahrens für das Kriegsverdienstkreuz im Gesamtbereich der NSDAP (Vorschlagsrecht nur des StdF) und Vorbehalt, das Kontingent von 200 Kriegsverdienstkreuzen für den Gesamtbereich der Partei zu überschreiten im Hinblick auf deren hervorragende Beteiligung bei der Durchführung kriegswichtiger Aufgaben; Beanspruchung einer direkten Vorschlagsmög-

lichkeit der NSDAP auch beim Deutschen Schutzwall-Ehrenzeichen. Dazu durch M. Verweis auf die Entscheidung Hitlers, zunächst das Kriegsverdienstkreuz nur in Ausnahmefällen zu verleihen und Verleihungen in größerem Umfang erst nach Kriegsende vorzunehmen, sowie auf den ebenfalls von H. festgelegten engen Kreis der für das Schutzwall-Ehrenzeichen Vorschlagsberechtigten; grundsätzliche Bedenken gegen eine Beteiligung der Partei an allen Ordensverleihungen wegen der starken Mehrbelastung mit Schreibarbeit, Einholung einer Stellungnahme der Reichskanzlei und des Reichsinnenministers in dieser Angelegenheit.
M/H   101 04516 − 22 (421)

30. 9. − [30. 10.] 40   ROL   14570
Erste Durchführungsbestimmung zur Anordnung A 85/40 des StdF über die Verleihung des Kriegsverdienstkreuzes und zu den Ausführungsbestimmungen Bormanns hierzu: Einreichung der Vorschläge, Begrenzung auf im Parteidienst bei feindlichen Bombenangriffen oder bei der Lösung kriegswichtiger Aufgaben erworbene besonders hervorragende Verdienste (Zurückstellung aller übrigen in B.s Ausführungsbestimmungen vorgesehenen Verleihungen bis nach Kriegsende).
W   107 00335 ff. (192)

1. 10. 40   RMdI, OKH   14571
Zu der angeblichen Absicht des OKH, erneut die Frage der Übernahme der Beamten der Heeresverwaltung in das Offiziersverhältnis aufzurollen, Hinweis des Reichsinnenministers auf die frühere ablehnende Haltung u. a. des StdF. (Abschrift an den StdF.)
H   101 22419 f. (1280)

2. − 8. 10. 40   RKzl., RStatth., Neurath, RL, GL − 1   14572
Anläßlich einiger Vorkommnisse erneute Weisung Hitlers, während des Krieges alle Pläne zur Änderung der gegenwärtigen Grenzen der Gaue und Provinzen wie auch der besetzten Gebiete zurückzustellen; um jede Beunruhigung zu vermeiden, auch vorbereitende Maßnahmen oder Äußerungen über beabsichtigte künftige Gebietsänderungen unerwünscht; Gültigkeit dieser Anordnung auch im Verhältnis zum Protektorat und zum Generalgouvernement. Der Bitte Lammers' an den StdF, alle nicht als Reichsstatthalter eingesetzten Gauleiter entsprechend zu informieren, durch ein Rundschreiben entsprochen.
K   101 05812 − 16 (494 a); 107 00340 f. (192)

[3. 10. 40]   Kzl. d. F   14573
(Erwähnte) Anordnung des StdF, den Bund erblindeter Krieger e. V. zu liquidieren und seine Mitglieder in einem besonderen Fachamt innerhalb der NS-Kriegsopferversorgung zusammenzufassen.
K   101 14840 (823 b)

3. − 14. 10. 40   H. Richter   14574
Zwecks Erlangung der Hinterbliebenenrente Bitte einer Helene Richter (Hannover) als Mutter eines unehelichen Soldatenkindes um Hilfe bei der Ehelich-Erklärung des Kindes auf Grund des vorliegenden schriftlichen Heiratsversprechens des gefallenen Vaters. „Große Anteilnahme" bei der Bearbeitung der Eingabe im Stab StdF.
H   101 22591/1 ff. (1286 a)

3. 10. − 24. 11. 40   RKzl. u. a.   14575
Drei Rechnungen der Münchner Galerien Brüschwiler (RM 104 500.−) und Maria Dietrich (RM 8500.− und RM 22 000.−) für vier von Bormann für die Neue Galerie in Linz angekaufte Gemälde von B. an die Reichskanzlei mit der Bitte um Bezahlung weitergeleitet. Übersendung von Fotografien der Bilder.
H   101 29313 − 21 (1651 b)

[5. 10. 40]   RLM   14576
Schirmherrschaft des StdF über die von der Reichsleitung der NSDAP in München durchgeführte Ausstellung der NSDAP „Deutsche Größe".
H   101 22388 f. (1278 a)

7. 10. 40   RL, GL, VerbF, RLM   14577
Durch Bormann nochmalige Bekanntgabe der wiederholt nicht beachteten Bestimmungen über die Errichtung bombensicherer Bauwerke (Bemessung der Schutzdecken und -wände, Zugänge und Trennwände).
W   107 00346 − 51 (192)

[7. 10. 40]   RMdI   14578
Einverständnis des StdF mit dem *Entwurf eines Gesetzes über den Hufbeschlag (Ablösung des geltenden Landesrechts durch reichsrechtliche Regelung).
K   101 14048 f. (741 a)

8. 10. – 8. 12. 40   RWiM   14579
Die Auffassung des StdF über die Strafzumessung in Ordnungsstrafverfahren (Verstöße gegen die Zwangswirtschaftsbestimmungen) gegen Parteigenossen: Eine Berücksichtigung von Verdiensten durch Tätigkeit für die Bewegung nur bei leichten Verfehlungen, nicht jedoch bei schwerwiegenden Verstößen angebracht.
H   101 19737 f. (1194)

[9. 10. 40]   GBV   14580
Zustimmung des StdF zum *Entwurf einer Verordnung über die Behandlung von Anleihen des Deutschen Reiches im Bank- und Börsenverkehr.
K   101 14482 f. (786)

10. 10. 40   AA, Prof. Hoppenstedt   14581
Weiterleitung eines *Schreibens von MinR Heim (Stab StdF) an Prof. Hoppenstedt (Rom) unter Mitsendung zweier *Privatbriefe.
M   203 00895 f. (32/1)

10. 10. – 4. 12. 40   OKW, RKzl.   14582
Bitte Bormanns, von der Herausgabe eines vom OKW entworfenen Erlasses über die Versorgung von nationalpolnischen Kriegsbeschädigten und -hinterbliebenen aus dem Feldzug von 1939 (zwecks Erhaltung bzw. Wiederherstellung ihrer Arbeitsfähigkeit Betreuung durch die Abt. Reichsversorgung des OKW) unbedingt abzusehen: Abschiebung arbeitsunfähiger Polen in das Generalgouvernement „als der Heimstätte aller Polen in Europa" und – sofern dies nicht möglich – allenfalls dem Ermessen der zuständigen inneren Behörde anheimgestellte Unterstützung durch die allgemeine Fürsorge, aber nicht durch eine mit Versorgungsansprüchen deutscher Volksgenossen befaßte Versorgungsbehörde.
H   101 26232 – 37 (1484)

11. 10. – 15. 11. 40   AA   14583
Übersendung eines *Berichts des Vertreters des Auswärtigen Amtes beim Reichsprotektor über die Tschechen im neuen Europa.
M   203 00521, 522/1 (28/2)

11. 10. – 15. 11. 40   AA   14584
Übersendung eines *Berichts der Deutschen Gesandtschaft in Bukarest über die Verteilung von tschechischen Zeitungen an Protektoratsangehörige in Rumänien. Dank des Stabs StdF.
M/H   203 00522 f. (28/2)

12. – 29. 10. 40   Adj. d. F – 33   14585
Durch die Reichsschule der NSDAP Feldafing Übersendung ihres *Jahresberichts 1939/40.
W   124 04836 f. (509)

15. – 25. 10. 40   RKzl.   14586
Weiterleitung eines *Schreibens des StdF über die Einführung des Treudienst-Ehrenzeichens in der Ostmark an die Präsidialkanzlei.
M   101 02928 (297 a)

15. 10. – 5. 11. 40   E. Hennemann, Adj. d. F   14587
Bitte eines Ernst Hennemann (Dahle), Hitler, Göring oder Heß „die Sicherheit von Volk und Staat aufs schwerste bedrohende" Dinge vortragen zu dürfen (Anklagen u. a. gegen den Stv. GL Vetter, das Oberste Parteigericht und die Kanzlei des Führers).
W/H   124 04861 ff. (516)

Nicht belegt.   14588

16. 10. 40   AA   14589
Mitteilung einer Meldung der Deutschen Gesandtschaft in Stockholm: Auf Antrag der Nobelstiftung Beschluß des Schwedischen Kronrats, auch für Physik, Chemie und Literatur keine Preise zu verteilen.
M   203 02181 (57/3)

16. 10. 40   RLM   14590
Befehl Hitlers, die Maßnahmen auf allen Gebieten des zivilen Luftschutzes vorrangig zu betreiben bzw. beschleunigt zu Ende zu führen; StSekr. Milch von Göring mit der Durchführung beauftragt.
A   101 22712 ff. (1294 a)

[16. 10. 40]   Lammers   14591
Ein angeblicher Wunsch Hitlers, unter Vorsitz von Lammers eine Besprechung über die Änderung der Grenze zwischen Oberschlesien und dem Generalgouvernement (GG) sowie über die Eingliederung der Kreise Petrikau und Tomaschow in das GG abhalten zu lassen, von Bormann nicht bestätigt.
H   101 08889 f. (647 b)

17. 10. 40 — [17. 11. 42]   RMfdkA, Dt. Botsch. Rom   14592
Der Stab StdF (im Gegensatz zur Auffassung des Auswärtigen Amts und in Übereinstimmung mit dem Reichskirchenminister) gegen die weitere Förderung des Studiums deutscher katholischer Theologen am Campo Santo Teutonico in Rom; Begründung: Von katholischen Theologen keine Förderung des Ansehens des ns. Staates im Ausland zu erwarten, die Absolventen des Campo Santo Teutonico später gewöhnlich heftigste Gegner des NS.
W   202 00654/17 — 659 (7/1 — 9)

18. 10. 40 — 1. 4. 41   OKH   14593
Übersendung von Dienstanweisungen für den Militärbefehlshaber in Frankreich (u. a. Unterstellungsverhältnis, Organisation, Zuständigkeit, Geschäftsverkehr).
K   101 11378 — 86, 389 — 94 (675)

[19. 10. 40]   BfdÜ   14594
Durch MinR Heim (Stab StdF) Übergabe von Fotos des Bildhauers Albrecht Leistner (Leipzig).
M/H   203 01052 (35/1)

21. 10. 40   OBdH   14595
Ernennung des Gen. d. Inf. v. Stülpnagel zum Militärbefehlshaber in Frankreich mit Wirkung vom 25. 10. 40, gleichzeitig Aufhebung der Stelle des bisherigen Chefs der Militärverwaltung.
K   101 11387 f. (675)

21. 10. — 12. 11. 40   E. v. Christen, Adj. d. F   14596
Auf ein Schreiben an Bormann Vorschlag der Führeradjutantur an eine Elisabeth v. Christen (Werleshausen), das von ihr Hitler angebotene ungedruckte Werk über die Baukunst des Mittelalters einer Bildungsstätte für Architektur und Kunst zu übereignen.
W   124 04824 f. (504)

22. 10. 40   RFM — 1   14597
Übersendung einer Denkschrift über den Wohnungsbau nach dem Kriege: Vordringlichkeit des Kleinwohnungsbaus, Kosten und Finanzierung des Gesamtprogramms, Festsetzung der Mieten, zu erwartende Belastung des Reichs (durch Steuern oder Kredit aufzubringende 10–15 Mrd. RM). (Vgl. Nr. 14552.)
H   101 16726 — 43 (1009)

22. 10. 40   RLM, RMinisterialblatt   14598
Durch den Reichsluftfahrtminister Übersendung des Textes der Ersten Ausführungsbestimmungen (Verwendung von Blaulicht, u. a.) zum § 29 der Achten Durchführungsverordnung zum Luftschutzgesetz (Verdunklungsverordnung) zur Veröffentlichung im Reichsministerialblatt. (Nachrichtlich an den StdF.)
A/H   101 22813 — 17 (1298 a)

23. 10. 40   GBW   14599
Übersendung des Entwurfs einer Verordnung über die Befreiung von der Einhaltung gewerberechtlicher

Vorschriften bei der Heimkehr reichs- und volksdeutscher Gewerbetreibender in das Reich. (Anlaß: Schwierigkeiten rückgewanderter Südtiroler wegen der von der österreichischen Gewerbeordnung geforderten Befähigungsnachweise.)
H   101 02820 f. (284 b); 101 25399 f. (1412)

23. 10. 40   AA   14600
Übersendung eines *Rundschreibens mit einer (über eine?) Veröffentlichung des amerikanischen State Department über Hilfeleistungen der USA in den kriegführenden Ländern.
M   203 02180 (57/3)

[24. 10. 40]   AA   14601
Im Gegensatz zum Reichsprotektor und anderen Stellen Eintreten für die Unterbindung des Studiums von Ausländern an Hochschulen des Protektorats, um ihre Berührung mit Tschechen und Slowaken zu vermeiden; Forderung, Ausländer nur an Hochschulen des Altreichs und der Ostmark studieren zu lassen; Interesse des StdF an dieser Frage.
M   203 02312 – 18 (61/1)

[24. 10. 40]   (O. Fitzner)   14601 a
Hoffnung eines Otto Fitzner (Jannowitz), durch Vermittlung Todts Bormann seine Argumente gegen eine Teilung Schlesiens zum jetzigen Zeitpunkt darlegen zu können (eine unnötig Kräfte verbrauchende Erledigung lediglich des „Zwistes zwischen den beiden Spitzen der Provinz").
H   101 00261 f. (133)

24. 10. 40 – 19. 2. 41   L. Künzle, AA   14602
Gesuch des Gefr. Leo Künzle um Hilfe bei der Heimholung seiner Eltern. Dazu das Auswärtige Amt: Interventionen ausländischer Amtsstellen bei Sowjetbehörden zugunsten von Sowjetstaatsangehörigen grundsätzlich nicht zugelassen.
M   203 00947 – 50 (33/1)

25. 10. 40   RL, GL, VerbF   14603
In einem Rundschreiben Beurteilung der verschiedenen ns. und faschistischen Gruppen in den Niederlanden durch Bormann; Betonung der durch den Empfang Musserts durch Hitler anerkannten Sonderstellung der NSB, Förderung ihrer Bestrebungen durch die Parteistellen.
W/H   107 00344 f. (192)

[25. 10. 40]   RSD, Adj. d. F   14604
Durch den Reichssicherheitsdienst an die Führeradjutantur Übersendung von Beglaubigungsmarken für den Monat November für die Ausweise des Verbindungsstabs zum Betreten der Wohnung Hitlers.
W   124 01202 (138)

25. 10. – 9. 11. 40   RMfWEuV u. a.   14605
Bestimmungen über den Unterrichtsbetrieb an Hochschulen im Jahre 1941: Anschließend an ein „Trimester 1941" (7. 1.–29. 3. 41) Wiederaufnahme des Studienablaufes in Form von Semestern, beginnend mit dem Sommersemester 1941 (24. 4. 41); Begründung der Einführung der Trimester (Verkürzung der Ausbildungszeit, schnellere Bereitstellung von Nachwuchs für verschiedene Berufe, Erleichterung für zur Wehrmacht eingezogene Studenten) sowie der Rückkehr zum Semesterbetrieb (unbillige zeitliche Vorteile einzelner Studierender gegenüber den zum Wehrdienst eingezogenen Studenten); Stellungnahme zur Unklarheit über die Gebührenfreiheit für das Trimester 1941. (Abschrift an den StdF.)
K   101 15459 – 64 (940)

25. 10. – 11. 11. 40   RKzl., Oberste RBeh.   14606
Durch Bormann übermittelte Kritik Hitlers an den z. Zt. in Mode kommenden Eindeutschungen längst eingebürgerter Fremdwörter (etwa „Einsagerin" für Souffleuse); Verbot, die gewaltsamen, dem Geist der Sprache nicht entsprechenden Übersetzungen weiterhin zu benutzen. Entsprechende Weisung der Reichskanzlei an die Obersten Reichsbehörden.
K   101 16061 – 64 (953)

26. 10. 40   GBV, Schirach   14607
Durch den Generalbevollmächtigten für die Reichsverwaltung an RStatth. v. Schirach Übersendung der

*Urkunde über seine Bestallung zum Reichsverteidigungskommissar für den Wehrkreis XVII. (Abschrift an den StdF.)
A   101 22645 (1293)

28. 10. 40   WFSt.   14608
Übermittlung einer Bekanntmachung zur Verordnung über den Nachrichtenverkehr vom 22. 10. 40 (Gleichstellung des besetzten französischen Gebiets mit dem nichtfeindlichen Ausland).
H   101 08538 f. (640)

[28. 10. 40]   RKzl.   14609
Vermerk: Das von Prof. Entz (Wien) übergebene, das Verhältnis der Partei zur Kirche betreffende *Material für eine Vorlage beim StdF nicht bedeutungsvoll genug. (Vgl. Nr. 14316 und 14754.)
K   101 20148 (1201 a)

28. 10. 40 – 6. 10. 41   RLM   14610
Übersendung eines Ergänzungserlasses zur beschleunigten Durchführung des zivilen Luftschutzes: Organisatorische Unterstellung der Dienststellen des Reichsluftschutzbundes (RLB), Ernennung von Selbstschutz-Inspekteuren, Regelung der Ausbildung, Einschaltung von RLB-Amtsträgern und Luftschutzwarten in polizeiliche Aufgaben, RLB-interne und Selbstschutz-Maßnahmen. Spätere Klarstellung: Der Austausch von Frauen durch Männer im Selbstschutz keine Herabsetzung der ersteren, sondern psychologisch und bevölkerungspolitisch geboten.
A/W   101 22732 – 51 (1294 b)

29. 10. 40   RKzl.   14611
Übersendung eines Führererlasses über die Herbeiführung einer aufeinander abgestimmten Abfindung für die Angehörigen der Wehrmacht und der zivilen Dienststellen in den besetzten Gebieten.
W   101 08163 – 66 (616)

29. 10. 40   AA   14612
Übersendung eines *Berichts der Deutschen Gesandtschaft in Sofia über die Benennung eines Boulevards in Sofia nach Adolf Hitler.
M   203 02177 (57/3)

30. 10. 40   RArbM   14613
Im Wohnungsbauausschuß Umlauf des von Ley eingereichten Entwurfs eines Führererlasses zur Vorbereitung des neuen deutschen Wohnungsbaues nach dem Kriege: Allgemeine Zustimmung, auch des StdF und Bormanns, nur – unter Formulierung von Gegenvorschlägen – Einwendungen des Reichsarbeitsministers (Stellungnahmen für den Kleinwohnungsbau und gegen die reichseinheitliche Normung, gegen die Nennung von Programmzielen, gegen die von L. als Vorsitzendem des Wohnungsausschusses beanspruchte Kompetenz unter Betonung der eigenen Zuständigkeit). Vorbereitung einer beschleunigten Ausfertigung des Erlasses. (Vgl. Nr. 14552.)
H   101 16711 – 25 (1007 a)

30. 10. 40   GL Schlesien, AA – 8/1   14614
Bitte der Gauleitung Schlesien um Einholung einer politischen Beurteilung über eine Ida Schmidt (bis 1938 Triest).
M/H   203 00937 (32/2)

30. 10. 40 – 19. 1. 42   AA   14615
Unter Hinweis auf die von Hitler gebilligte Absicht der GL Bürckel und Wagner, in den freigewordenen Bistümern Straßburg und Metz keine eigenen Bischöfe mehr zuzulassen, und auf das Präjudiz der schrittweisen Angliederung von Eupen-Malmedy an das Bistum Lüttich nach dem Weltkrieg Bitte Bormanns, mit dem Ziel der späteren Zusammenlegung zunächst beim Vatikan auf die Übertragung der Verwaltung der Bistümer auf die Bischöfe von Freiburg bzw. Speyer hinzuwirken, die Frage der Einreise der beiden Bischöfe in ihre neuen Gebiete jedoch nicht anzuschneiden. Mehrere Nachfragen nach einer Antwort der Nuntiatur auf die ihr überreichte entsprechende Verbalnote.
W/H   202 00310 f., 319 – 23, 326 f., 332, 335, 352/1 f. (4/1 – 12)

31. 10. 40   RL, GL   14616
Information Bormanns über die rechtliche Stellung der Kirche in Frankreich: Trennung von Kirche und

Staat, Aufbringung der Mittel nur durch die Gläubigen und ohne Erhebung einer Kirchensteuer, Erteilung des Religionsunterrichts außerhalb der Schule und ohne staatliche Bezahlung, Ausbildung und Wehrdienstpflicht der katholischen Geistlichen.
W/H   107 00338 f. (192)

31. 10. 40   GL Uiberreither   14617
Übermittlung des Dankes von Bergbauernfamilien aus Gams bei Hieflau im Ennstal für die ihnen gewährte großzügige Hilfe.
W   124 04877 (522)

31. 10. 40   RBauR Linz   14618
Durch Hanssen (Stab StdF) telefonisch übermittelter Wunsch Hitlers, den Opernplatz-Plan für Linz sofort ins Braune Haus zu bringen, um ihn einem Kurier nach Berlin mitgeben zu können.
W   124 04935 f. (534)

31. 10. 40   AA   14619
Die Rentenangelegenheit (Nachzahlung und regelmäßige Weiterzahlung der russischen Rente) eines Gustav Heim (Königsberg) von der Deutschen Botschaft in Moskau beim Volkskommissariat für Auswärtige Angelegenheiten zur Sprache gebracht. (Vgl. Nr. 15447.)
M/H   203 00943 (32/2)

Nicht belegt.   14620

31. 10.—5. 11. 40   Lammers   14621
Mitteilung Bormanns: Auf Wunsch Hitlers Einführung der in der Ostmark bewährten Schuleinrichtungen (Hauptschule und Lehrerbildungsanstalt) auch im Reich; die Erreichung dieses Ziels erst nach Kriegsende möglich, in den neu zum Reich gekommenen Gebieten im Osten wie im Westen jedoch sofortige Einführung dieser Schularten angeordnet. Unterrichtung Rusts durch Lammers.
K   101 16236 ff. (955); 101 23540 ff. (1332); 101 24097 ff. (1350)

31. 10.—19. 11. 40   A. Kreitner, Lammers, RWiM   14622
Mitteilung Bormanns über die restlose Ablehnung der in einem Rundschreiben des Syndikus A. Kreitner (München) unter Berufung auf eine angebliche Anordnung des Reichswirtschaftsministers angestrebten Zentralisierung der Elektrizitätswirtschaft (Anschluß der privaten Elektrizitätswerke an Großverbände) durch Hitler als nicht ns. (sogar Verbringung K.s in ein Konzentrationslager erwogen), vielmehr nutzbringende Verwendung auch kleinster Wasserkräfte durch Dörfer und Gemeinden gefordert. Dazu der Staatssekretär im Reichswirtschaftsministerium: K. in deutschen Wirtschaftskreisen völlig unbekannt; staatspolizeiliche Ermittlungen gegen ihn eingeleitet, jedoch infolge seiner Einberufung zur Wehrmacht noch nicht abgeschlossen.
M/H   101 03425—34 (346)

1. 11. 40   AA, Dt. Ges. Stockholm   14623
Übersendung eines "Berichts der Deutschen Gesandtschaft in Stockholm über eine „Reise Dr. Gerstenmaier".
M   203 00300 (24/3)

1.—18. 11. 40   SA-Ogruf. Kasche, SS-Gruf. Schaub   14624
Mitteilung des Stabs StdF: „Nach dem ausdrücklichen Willen des Führers" Verpflichtung des gesamten eingeladenen NS-Führerkorps zur Teilnahme an der Kranzniederlegung an den Ehrentempeln im Rahmen der Feierlichkeiten zum 9. 11. — Verhinderung des im Auftrag der Auslands-Organisation als Reichsredner in Dänemark tätigen SA-Ogruf. Kasche.
W   124 00923 (74); 236 00003 f. (11/1)

1. 11. 40—2. 2. 41   RPM, RKzl., RFM   14625
Der Antrag des Reichspostministers (RPM) an den Reichsfinanzminister (RFM) auf Fortgewährung des höheren Wohnungsgeldzuschusses an ledige weibliche Beamte mit unehelichen Kindern vom StdF unterstützt: Eine rechtliche oder tatsächliche Schlechterstellung unehelicher Mütter mit den Grundsätzen des NS unvereinbar; Bitte an den RFM um entsprechende Veranlassung und an Lammers um dessen Unterstützung; auch Hitler für den Antrag des RPM.
A   101 04857—61 (431 b)

1. 11. 40 – 3. 2. 41   AA   14626
Übersendung mehrerer „*Berichte über die polnische Presse und andere Feindpropaganda betreffend Polen". (Vgl. Nr. 14508.)
M   203 00504, 507 ff., 524 (28/2)

1. 11. 40 – 14. 6. 41   AA   14626 a
Bearbeitung des *Gesuchs einer Sophie Koch (Schönwalde) um Freilassung von Verwandten aus Rußland; hier: Rückfrage nach dem Stand der Angelegenheit.
M   203 01048 (34/2)

1. 11. 40 – [3. 2. 42]   Lammers, GBV, RMfdkA, PrMPräs.   14627
Durch Bormann Weiterleitung einer Weisung Hitlers (Anlaß die Mißbilligung der von Kerrl verfügten Eingliederung der deutschen Evangelischen Kirche in den eingegliederten Ostgebieten in die Altpreußische Kirche), die Tätigkeit des Reichskirchenministers (RKiM) auf das Altreich zu beschränken; Übertragung seiner Kompetenzen in den konkordatsfreien Gebieten (dort besondere „Möglichkeiten weltanschaulicher Arbeit") auf die Reichsstatthalter mit Ausnahme einiger unbedingt zentral wahrzunehmender Funktionen (Zustimmung zu Rechtsetzungsakten, Staatsleistungen an die Kirche, Besetzung der bischöflichen Stühle, u. a.). Bedenken der Reichskanzlei (RKzl.) gegen eine Betrauung der PKzl. oder des Generalbevollmächtigten für die Reichsverwaltung (jeder von sich selbst vorgeschlagen) mit diesen Rechten; ihr Vorschlag, sie dem RKiM zu belassen unter Bindung seiner Entscheidungen an die Zustimmung von PKzl. und RKzl., von H. gebilligt.
M/H   101 00808 – 64 (150 a)

2. 11. 40   Lammers   14628
Mitteilung Bormanns: GL Greiser am 31. 10. zum Mittagessen in der Wohnung Hitlers gewesen; dabei Bericht G.s über die derzeitige Lage und Klage über die jetzt wieder nach Westen gerichtete Blickrichtung des deutschen Volkes; seine Auffassung von der Notwendigkeit nicht eines Zuwachses an Menschen (im Westen), sondern – zur Sicherung der Ernährungsbasis – eines Zuwachses an Grund und Boden (im Osten) von H. geteilt; dessen Absicht, nach Friedensschluß die Beförderung der Beamten von einigen Jahren Ostdienst abhängig zu machen.
H   101 04576 f. (422 a); 101 05222 (452)

[2. 11. 40] – 18. 11. 41   Präs. Siebert, RKzl., Rosenberg, RMdI, RMfWEuV, AA u. a.   14629
Zustimmung Hitlers zu der von Präs. Siebert gewünschten Neuorganisation der Deutschen Akademie, u. a. Errichtung einer Körperschaft des öffentlichen Rechts und ausschließliche Zuständigkeit für Sprachpflege sowie Sprachforschung und -förderung im In- bzw. Ausland. Der aufgrund dieser Richtlinien durch Lammers vorgelegte Entwurf eines Führererlasses von den in ihren Kompetenzen betroffenen Stellen (Reichserziehungsministerium, Auswärtiges Amt, Reichsinnenministerium, Amt Rosenberg) umkämpft; kontrovers vor allem Zuständigkeiten (nur für die Sprachpflege oder für das deutsche Kulturgut schlechthin) und Dienstaufsicht: Bedenken des StdF insbesondere gegen jede Beteiligung des Reichsaußenministers an der Aufsicht (Endergebnis nach Zurückweisung verschiedener Ansprüche und nach Entscheidung durch H.: Propagandaminister). Im weiteren Verlauf Bemühungen Bormanns, das Aufgabengebiet der Akademie nicht zu eng zu fassen und die im Kompetenzenkampf festhängende Angelegenheit zu beschleunigen. Nach – dann wieder zurückgezogenem – Rücktritt S.s und nach Entscheidung der Streitfragen durch H. Veröffentlichung des Erlasses.
H   101 20884 – 947 (1230 a)

3. 11. 40   RL, GL, VerbF   14630
Rundschreiben Bormanns: Bevorstehendes Verbot, an Tagen nach einem Fliegeralarm vor zehn Uhr die Kirchenglocken zu läuten oder kirchliche Veranstaltungen abzuhalten; Begründung: Erhaltung der Gesundheit und Leistungsfähigkeit der deutschen Jugend.
W/H   107 00343 (192)

3. – 10. 11. 40   Lammers   14631
Mitteilung Bormanns: Nach Vorlage eines Buchmanuskripts „Die Goldschmiedekunst in Schlesien und Breslau" durch StSekr. Esser Zusage Hitlers, der Deutschen Gesellschaft zur Förderung der Goldschmiedekunst RM 10000.– zu zahlen.
M/H   101 02750 ff. (278)

4. 11. 40   RL u. a.   14632
Rundschreiben Bormanns: Übersendung aller Anweisungen, Rundschreiben usw. der Ämter der Reichsleitung des NSDAP an den Leiter des neuerrichteten Arbeitsbereichs Niederlande der NSDAP, DL Schmidt-Münster.
W/H   107 00331 (192)

5. – 20. 11. 40   AA – 1   14633
Übersendung eines *Telegramms des Vertreters des Auswärtigen Amts beim Reichsprotektor über Meldungen des Londoner Rundfunks über passiven Widerstand und Sabotageakte im Protektorat.
M/H   203 00519 f. (28/2)

5. 11. – 2. 12. 40   AA   14634
Übersendung eines *Berichts des Vertreters des Auswärtigen Amts beim Reichsprotektor über die Genehmigung politischer Vorträge im Protektorat.
M   203 00268 f. (21/2)

5. 11. – 20. 12. 40   RJM, RMdI, RKzl.   14635
Die Anwendbarkeit des Heimtückegesetzes bei der Bestrafung deutscher Staatsangehöriger wegen Beleidigung des Staatspräsidenten oder der Regierungsmitglieder des Protektorats zwischen Reichsjustizminister und Reichsprotektor einerseits und Reichsinnenminister (RMdI) andererseits kontrovers; die hauptsächlich politisch motivierten Bedenken des RMdI gegen die Anwendung dieses auf das besondere Verhältnis von Führung und Gefolgschaft im Reich abgestellten Gesetzes von Bormann geteilt. Zurückstellung der gegenwärtig nicht akuten Frage.
A   101 23276 – 89 (1325 a)

5. 11. 40 – 25. 1. 41   E. Vehl, AA u. a.   14636
*Eingabe einer Else Vehl (Hagen i. W.) mit dem Ziel einer Veröffentlichung der *Doktorarbeit ihres verstorbenen Bruders Günter V. „Der rumänische Wirtschaftsraum, seine Stellung in der Weltwirtschaft und seine Beziehungen zum Deutschen Reich".
M/H   203 00958 – 65 (33/1)

6. 11. 40   AA   14637
Übersendung einer *Pressemeldung aus der Slowakei.
M   203 00523 (28/2)

7. 11. 40   RKzl.   14638
Nach Auffassung Bormanns in der Angelegenheit Sommerzeit ein Vortrag bei Hitler unbedingt erforderlich.
H   101 21229 (1256 a)

11. 11. 40   Lammers   14639
Mitteilung Bormanns über die ablehnende Haltung Hitlers gegenüber der Absicht des Reichsrechnungshofes, in der Dienststelle Seyß-Inquarts tätig zu werden.
K   101 11461 (677)

12. 11. 40   Adj. d. F   14640
Übermittlung eines *Schreibens, die Gefährdung des Lebens Hitlers durch die nicht den baupolizeilichen Vorschriften entsprechende Küchenanlage unter H.s Privaträumen in der Wilhelmstr. 77 betreffend; Beifügung einer *Rechnung der Mitropa.
W   124 04888 (526)

12. 11. 40 – 8. 4. 41   Lammers   14641
Durch Bormann Übermittlung der Entscheidung Hitlers über den beschlagnahmten Besitz des Fürsten Schwarzenberg: Keine Aufteilung, Verwaltung durch GL Eigruber, Verwendung der Erträgnisse für kulturelle Notwendigkeiten des Gaues Oberdonau. Wortmeldungen weiterer Interessierter: Göring, Neurath (u. a. im Interesse der Forderungen Schwarzenbergischer Familienmitglieder). Ergebnisse eines erneuten Vortrags bei H.: Aufrechterhaltung der Beschlagnahme und der Verwaltung durch E.; keine Teilfreigabe zugunsten der Familie, aber Abfindung der pflichtteilsberechtigten Schwestern Sch.s; Zurückstellung der Entscheidung über die Einziehung, jedoch Vorwegnahme ihrer Ergebnisse (jedem Gau den in seinem Gebiet gelegenen, dem Gau Oberdonau überdies mit möglichen Ausnahmen zugunsten des

Reiches den im Protektorat gelegenen Besitz; Sonderregelungen über die Forsten [Verwaltung durch die Reichsforstverwaltung, Nutzung von Forst und Jagd durch die Gaue]).
H   101 21753 – 67 (1270)

13. 11. 40   Rosenberg, RMarschall   14642
Über Bormann Meldung Rosenbergs über den Stand der „Sicherung" in jüdischem oder freimaurerischem Besitz befindlicher Kulturgüter (Bibliotheken, Kunstwerke u. ä.) durch den Einsatzstab RL Rosenberg (ERR) in den besetzten Westgebieten; Bitte an Hitler, entsprechend der vorläufigen Verfügung Görings den ERR mit Inventarisierung, Verpackung und Transport des wichtigsten, H.s Verfügung vorbehaltenen oder für die „Sammlungen des Reichsmarschalls", die Hohe Schule oder deutsche Museen bestimmten Kulturguts nach Deutschland (Schloß Wilhelmshöhe in Kassel) zu beauftragen; die Versteigerung des Rests zugunsten der französischen Kriegshinterbliebenen vorgesehen.
W/H   145 00005 – 15 (2)

[13. 11. 40]   (GL Schleswig-Holstein, RegPräs. Schleswig, KrL Schleswig)   14643
Beabsichtigte Bitte der Gauleitung Schleswig-Holstein um Stellungnahme des StdF zu der Auffassung des Regierungspräsidenten in Schleswig über den Beitrag der Beamten und Angestellten zum Winterhilfswerk (Abgeltung des Beitrags durch den 10%igen Abzug von der Lohnsteuer, Kritik an der Höhe von Extraspenden daher „verfehlt").
W/H   502 00006 f. (3)

14. 11. 40   RL, GL, VerbF, OKW, RKriegerF   14644
Laut Entscheidung Hitlers der Beitritt ehemaliger Soldaten zum NS-Reichskriegerbund eine „absolut freiwillige und persönliche Angelegenheit jedes Einzelnen", die Werbung militärischer Stellen daher unzulässig. Dazu Bormann bei der Bekanntgabe durch ein Rundschreiben: Wünschenswert die Erfassung aller aus der Wehrmacht Entlassenen durch die *Partei*.
W   107 00333 f. (192)

14. – 21. 11. 40   GBauI f. d. RHauptstadt, RKzl.   14645
Durch Bormann auf Veranlassung Speers (nach einem entsprechenden Antrag Schirachs für ein „Haus der Gauleitung Wien") herbeigeführte Entscheidung Hitlers: Keine Errichtung von Vertretungen der Gauleiter bzw. Reichsstatthalter in Berlin.
A/H   101 23005 f. (1310 a)

14. 11. 40 – 2. 5. 41   RDF, RKzl., KrL Prag – 22   14646
Nachträglicher Entzug einer Prof. Anton Stephan (Handelshochschule Brünn) zur Begleichung seiner Schulden gewährten Beihilfe aufgrund einer Entscheidung des Reichsprotektors. (Jeweils Zwischenschaltung des Rassenpolitischen Amts.)
K   101 15519 – 32 (941 a)

15. 11. 40   RKzl.   14647
Mitteilung des Stabs StdF über die Notwendigkeit, das (seit Beginn des Jahres die Verfügungen usw. Hitlers und des StdF enthaltende) Reichsverfügungsblatt der NSDAP auch den staatlichen Behörden zugänglich zu machen, sowie über die Bezugsmodalitäten.
A/W   101 05599 – 602 (468)

15. 11. 40   AA   14648
Wegen der grundsätzlichen Bedeutung der Frage der Wiedergutmachung durch die Zustände in den sowjetrussischen Gefängnissen hervorgerufener gesundheitlicher Schäden deutscher Reichsangehöriger Absicht, den Fall eines Karl Wernicke (Deckname Speckmann) zum Gegenstand von Vorstellungen im Sowjetaußenkommissariat zu machen.
M/H   203 00942 (32/2)

15. 11. 40   RL, GL, VerbF   14649
Rundschreiben Bormanns: Durch Hitler Ablehnung der meisten Anträge prominenter Parteigenossen auf Freigabe eines Wagens über 4,5 Liter; Benutzung ausnahmsweise freigegebener Wagen nur bei Vorliegen zwingender Gründe.
W   107 00332 (192)

[19.11.40]   Schirach, Lammers   14650
Weiterleitung von *Vorschlägen des Reichsstatthalters in Wien, Schirach, die Höhe seiner Dienstaufwandsentschädigung betreffend, durch Bormann an Lammers.
H   101 06010 (515)

20.—29.11.40   AA   14651
Bitte Klopfers (Stab StdF) an LegR Büttner (Auswärtiges Amt) um Vermittlung einer Rücksprache mit einem Ernst Hauck. Durch B. Mitteilung der Anschrift (Neustadt b. Coburg); H. im übrigen „etwas scheu und sehr bescheiden" und einem Mitarbeiter K.s, Rösinger, persönlich bekannt.
M/H   203 00941 (32/2)

20.11.40—[30.6.41]   RJM, RKzl., RFSS   14652
Anläßlich vom Reichsjustizminister (RJM) vorgelegter Verordnungsentwürfe über die Einführung weiterer deutscher strafrechtlicher Bestimmungen in den eingegliederten Ostgebieten (u. a. Auslieferungsrecht, dazu ausführliche Begründung der Notwendigkeit im Einvernehmen mit dem Auswärtigen Amt) Einwände des StdF nicht nur materieller (unter keinen Umständen Anwendung des Waffengebrauchs- und des Straftilgungsgesetzes auf Nichtdeutsche), sondern auch grundsätzlicher Art: Die Einführung des deutschen Strafrechts durch die Verordnung vom 6.6.40 bereits jetzt als Fehler erwiesen (Einschränkung der Handlungsfreiheit der deutschen Dienststellen und Beamten, steigende Widersetzlichkeit der Polen und Stärkung ihrer Position); kürzliche eindeutige Willensäußerung Hitlers zugunsten der „Bewegungsfreiheit" der Gauleiter in den Ostgebieten und über ihre vorrangige Aufgabe (Eindeutschung innerhalb von zehn Jahren – auch mit „unschönen und juristisch nicht einwandfreien" Methoden); selbst bei Verschärfung das deutsche Strafrecht dort nicht sachdienlich, sondern ein besonderes, nur den großen Rahmen absteckendes und im übrigen den Gauleitern freie Hand lassendes Sonderstrafrecht unter Berücksichtigung für die „gegenüber Gefängnisstrafen unempfindlichen" Polen geeigneter Strafmittel (Todesstrafe, Prügelstrafe) sowie eine schnelle, formlose und ohne Instanzenzug oder sonstige Hindernisse ausgestattete besondere Strafverfahrensordnung, de facto also die Wiedereinführung der „bewährten", nun „leider weggefallenen" polizeilichen Standgerichte, empfehlenswert (dazu auch der Reichsführer-SS [i. V. Heydrich]: Zweckmäßigerweise Statuierung eines polizeilichen Standrechts). Nach Übernahme dieses Standpunkts durch den RJM Ausarbeitung und Vorlage eines *Entwurfs über die Strafrechtspflege in den eingegliederten Ostgebieten, d. h. also über ein Sonderstrafrecht für Polen. Dabei „volle Übereinstimmung" zwischen StSekr. Schlegelberger, GL Greiser und MinDir. Klopfer (Stab StdF) über einige seiner wesentlichen Punkte (Errichtung von Standgerichten, Delegierung des Gnadenrechts, Vollstreckung der Todesstrafe durch Erhängen), jedoch Bitte Sch.s, bei etwaiger Geiselnahme keine Justizgefangenen, insbesondere keine Untersuchungsgefangenen anzufordern, ebenso Ablehnung der vom StdF empfohlenen Einführung der Prügelstrafe als nicht „dem Kulturstande des deutschen Volkes" entsprechend.
H   101 28401—23/4 (1549)

21.11.40   RKPreis., RWiKammer   14653
Klage des Reichskommissars für die Preisbildung über Kriegsgewinne innerhalb der Wirtschaft (Beispiele aus der Industrie); Hinweis auf die negativen Auswirkungen von Preisverstößen im Einzelhandel auf den Durchhaltewillen der Bevölkerung (Beispiele von gewissen Praktiken des Einzelhandels und der Gastronomie); Androhung staatspolizeilicher Maßnahmen gegen Kriegsgewinnler; Bitte um Unterstützung der Reichswirtschaftskammer bei der Wiederherstellung der Preisdisziplin. (Abschrift an den StdF.)
K   101 07912—16 (611)

[22.11.40]   RMdI   14654
Zustimmung des StdF zum *Entwurf eines Fürsorge- und Versorgungsgesetzes für die weiblichen Angehörigen des Reichsarbeitsdienstes und ihre Hinterbliebenen.
H   101 06114 f. (518 a)

22.11.—30.12.40   OKW, RL, GL   14655
Durch Bormann Bekanntgabe der nach Vortrag bei Hitler vom OKW festgelegten Richtlinien für die Planung von Ehrenmalen und -friedhöfen: Vorschlagspriorität der kämpfenden Truppe; zu beachtende ideelle und materielle Gesichtspunkte (Lage, Größe usw.); Planung ausschließlich durch Prof. Kreis.
W/H   107 00299 ff. (192)

22. 11. 40 – 16. 8. 41   GL Weser-Ems, RMdI, Lammers, Sen. a. D. Laue, StSekr.   14656
Schlegelberger
Kritik des GL Röver am Ausgang des Rechtsstreits zwischen dem früheren Verlagsdirektor Albert Wakker und der parteieigenen Bremer Zeitung (erfolgreiche Klage durch drei Instanzen auf Gehaltsnachzahlung wegen vertragswidriger Kündigung des der NSDAP nicht genehmen W.) und Befürchtung weiterer Zugeständnisse der Rechtsprechung (u. a. Zuerkennung eines Pensionsanspruchs) in einem – wegen weiterer Forderungen W.s – zu erwartenden neuerlichen Verfahren; Bitte um Bormanns Einschreiten gegen die dem „gesunden Volksempfinden" widersprechende „sogenannte Rechtsfindung". Entsprechend dieser Bitte Intervention B.s beim Reichsinnenminister mit dem Ersuchen, die Weiterverfolgung der von W. erhobenen Ansprüche mittels des Gesetzes über den Ausgleich bürgerlich-rechtlicher Ansprüche (d. h. der darin vorgesehenen Möglichkeit, die Durchführung eines Anspruchs auf dem Klagewege für unzulässig zu erklären) zu unterbinden: Dies nicht die Sanktionierung eines einseitigen Vertragsbruchs, sondern eine aus politischen Gründen gebotene Aufhebung formaler Rechte; daher auch die vom Bremer Senator a. D. Laue vertretene Meinung (eine Überweisung ins Ausgleichsverfahren unzulässig) nicht überzeugend, vielmehr, nach Ansicht B.s, von Hitler – im Falle seiner Unterrichtung über die Angelegenheit – die Anordnung einer Änderung der gerichtlichen Entscheidung zu erwarten.
A   101 05647/1 – 659 (469 a)

23. 11. 40 – 14. 1. 41   RKzl.   14657
Einladung zu einer Referentenbesprechung über die Realisierbarkeit der Hitler von GL R. Wagner vorgelegten Programme zur Förderung und Entschädigung der Stadt Karlsruhe (Ausgleich für die geplante Verlegung der Gauhauptstadt nach Straßburg), u. a. durch Verlegung der zur Verhüttung der badischen Doggererze vorgesehenen Hochofenanlage in den Raum nördlich von Kehl statt nach Neudingen im Südschwarzwald. Antwort auf eine spätere Nachfrage des auf der Sitzung nicht vertretetenen Stabs StdF: Ein Sitzungsprotokoll nicht geführt, die Stellungnahmen der beteiligten Ressorts zu den Programmen noch ausstehend. (Vgl. Nr. 14402.)
A/H   101 23757/1 – 63 (1338 a)

23. 11. 40 – 6. 2. 41   RMdI, RJM, RProt., RKzl.   14658
Zur Regelung der Eheschließung zwischen Deutschen und Tschechen aufgrund der Dritten Verordnung zur Durchführung und Ergänzung des Ehegesetzes vom Reichsinnenminister (RMdI) übersandt: Ein noch nicht bekanntgegebener Runderlaß des Reichsjustizministers (Ausstellung von Ehefähigkeitszeugnissen) und der Entwurf eines gemeinsamen Runderlasses des RMdI und des Reichsprotektors (Richtlinien für die Beurteilung der Eheeignung: „Rassische Eignung", politische Einstellung u. a.). Auf einer Besprechung Einigung über die Fassung des Entwurfs: Abstellen der Eheeignung auf das Vorhandensein „erwünschter rassischer Merkmale" (nicht auf das Fehlen unerwünschter Merkmale); Beteiligung des Reichsführers-SS und des StdF (des letzteren in Prag durch die dortige Parteiverbindungsstelle) bei der Prüfung eines jeden Einzelfalles. Ankündigung der Außerkraftsetzung bzw. Anpassung der (vor der diesbezüglichen Anordnung Hitlers ergangenen) Verfügung des StdF über das Erfordernis der Genehmigung „völkischer Mischehen" von Parteimitgliedern durch den zuständigen Gauleiter.
A/W   101 23322 – 38 (1325 a)

23. 11. 40 – 12. 8. 42   RStatth. Epp, RKzl., GL A. Wagner u. a.   14659
Streit zwischen RStatth. Epp und dem bayerischen Innen- und Kultusminister, GL Wagner, sowie prinzipielle Kompetenzkontroverse zwischen E. und Bormann über die Ernennung des OGebF Emil Klein, Stabsleiter und Persönlicher Referent W.s, zum Regierungsrat im Kultusministerium. Die Weigerung E.s, die Beamtenernennung für den – seiner Meinung nach – weder fachlich noch moralisch qualifizierten, sondern lediglich von W. protegierten K. zu beantragen, von B. scharf und unter Androhung direkter Intervention bei Hitler (Übergehen von E.s Zuständigkeit) kritisiert. Ebenso scharfe Zurückweisung der Drohung B.s durch E. in einem Schreiben an Heß und nachdrücklicher Hinweis auf seine Kompetenzen. Nach Unterrichtung Hitlers (durch Lammers und – auf Weisung Heß' – B.) dessen Entscheidung, die Angelegenheit wegen der bevorstehenden grundsätzlichen Lösung der „bayerischen Fragen" zurückzustellen. Das Ergebnis der von Hitler angeordneten Prüfung der von E. gegen K. erhobenen Vorwürfe (u. a. vor dem Obersten Parteigericht verhandelt und dort wegen Fehlens „unanständiger Beweggründe" durch Einstellung des Verfahrens abgeschlossen: Anwendung „eines NS unwürdiger" Methoden am 9./10. 11. 38, um „Gelder aus den Juden herauszuholen") durch Heß: Die Bedenken E.s von ihm nicht geteilt. Nach einer Rücksprache mit B. Vermerk L.' über die nun durchzuführende Ernennung K.s. Trotz wiederholten Herantretens L.' an E. (auf Veranlassung B.s) jedoch Verharren E.s auf seinem ablehnenden Standpunkt (dabei u. a. [stimmungsschädliche Kirchenpolitik: Schulgebetsverbot, Kruzifixerlaß] Hinweis auf die „Aushöhlung" des geordneten Verwaltungsapparats durch Einrichtung

von Adjutanturen und Stäben durch W. sowie auf die Fälle Höflich und Fischer als Beispiele unsauberer Personalpolitik). Schließlich Vorlage der Vorgänge bei dem für die Ernennung zuständigen Reichserziehungsminister und nunmehr dort Bedenken wegen der weittragenden Bedeutung dieser Regierungsrats-Ernennung (Übernahme der Aufgaben des Staatssekretärs, vermuteter Zusammenhang mit dem gleichzeitigen Antrag auf Zwangsbeurlaubung des StSekr. Boepple). Stillstand der Angelegenheit wegen der Erkrankung W.s.
A/W/H   101 23056 – 116/3 (1311 c)

24. 11. 40 – [13. 1. 41]   GL Mainfranken   14660
Der Anregung der Kreisleitung Marktheidenfeld auf Verleihung des Schutzwall-Ehrenzeichens an die Belegschaft des Werkes „Wetterau" (Lengfurt a. M.) der Portland-Zementwerke Heidelberg vom Stab StdF nicht entsprochen: Kein besonderer Einsatz, sondern nur Arbeitseinsatz im Rahmen der gewohnten Tätigkeit.
W/H   541 00002 – 05 (I/3)

25. 11. 40   Adj. d. F   14661
Übermittlung eines *Schreibens des Reichsbaurats für die Stadt Linz, den Linzer Tankhafen betreffend.
W   124 04881 (524)

25. – 26. 11. 40   Adj. d. F   14662
Auf Anforderung der Verwaltung Obersalzberg Übersendung von Reisemarken und Bezugsscheinen für bei den letzten Besuchen verbrauchte Lebensmittelmengen an den Berghof bzw. das Gästehaus; Bearbeitung von Angelegenheiten des Führerhaushalts jedoch nicht mehr durch die Führeradjutantur, daher Bitte, künftig derartige Anforderungen an die zuständige Stelle im Stab Bormann zu geben.
W/H   124 01080 f. (116)

25. – 26. 11. 40   Adj. d. F   14663
Durch Bormann Übersendung zweier Aktenvermerke über Entscheidungen Hitlers: 1) Ablehnung der Entlassung seiner – auf seinen Befehl hin wegen Diebstahls in das Konzentrationslager Dachau überführten – früheren Diener Heinz Sander und Erich Wiebezick (vgl. Nr. 14467) aus Dachau und Forderung, Diebstähle oder Untreue ihm gegenüber künftig wie (mit Todesstrafe bedrohten) Kameradendiebstahl in der SS zu behandeln (Schlußfolgerung B.s: Eine Weiterzahlung des Gehalts an die Ehefrauen S.s und W.s nicht angängig); 2) künftig Auszahlung des Gesamtgehalts der in der Reichskanzlei Angestellten durch den Hausintendanten Kannenberg (bisher teils Auszahlung durch K., teils als Zuschüsse durch die Führeradjutantur).
W/H   124 05012 – 18 (548)

26. 11. – 6. 12. 40   Prof. A. Schmidt – 8   14664
Bitte des Prof. Albrecht Schmidt (Frankfurt/Main) an den von Ribbentrop zum Verbindungsmann zu ihm bestimmten LegSekr. Garben (Dienststelle Ribbentrop) um eine Unterredung in einer Frankreich betreffenden wichtigen Angelegenheit. In dieser Sache daraufhin ein *Brief Sch.s an Botsch. Abetz; ferner ein Gespräch Sch.s mit Conti, offenbar in einer medizinisch-literarischen Angelegenheit, mit dem Vorschlag, „Dr. med. Schenzinger für sich einzuspannen".
H   203 00938 f. (32/2)

26. 11. 40 – 28. 2. 41   GBauI Speer, Todt, Prof. Giesler   14665
Wunsch Bormanns, die städtebaulichen Planungen und die Bauten der Partei von einem Manne, nämlich Speer, betreuen zu lassen. Daraufhin Entwürfe S.s für einen entsprechenden *Führererlaß samt Organisationsplan eines in sachlicher Hinsicht unmittelbar Hitler, in organisatorischer Hinsicht dem Stab StdF zu unterstellenden „Beauftragten des Führers für Baukunst und Städtebau der NSDAP" (Überschneidung seiner bisherigen Bezeichnung „Beauftragter für Bauwesen" mit den Arbeitsgebieten Todts und Schwarz'), zugleich aber Bitte an B. um Herbeiführung einer Entscheidung H.s über die Notwendigkeit dieser Übernahme der künstlerischen Verantwortung für die Bauten der Partei (von ihm die damit verbundene Ablenkung von seiner eigentlichen künstlerischen Tätigkeit an den ihm von H. unmittelbar übertragenen Bauten nicht gewünscht). Die Einwände des (neben T. von B. um seine Stellungnahme gebetenen) Prof. Giesler gegen diese Entwürfe von S. übelgenommen (wegen des Procedere hinter seinem Rücken und der Haltung B.s): Bruch mit G., Zurückziehung des Führererlaß-Entwurfs und (auf seinen Wunsch hin) Entbindung S.s von allen nicht die Berliner und Nürnberger Bauten (sowie eine zusätzlich übernommene Arbeit in Drontheim) betreffenden Aufgaben durch H. Mitteilung S.s an B., künftig die Bezeichnung „Beauftragter für Bauwesen in der NSDAP" nicht mehr zu führen, sowie Anweisung an

den Eher-Verlag, diese Bezeichnung im Titelblatt des Teiles „Baukunst" der Zeitschrift „Kunst im Deutschen Reich" zu streichen. (Vgl. Nr. 14701.)
W/H   108 00047 f. (1503); 108 00081/1 f. (1513); 108 00306 f. (1596); 108 00319 (1602); 108 00532/1−11, 532/29−35 (1733); 108 00533−38 (1735)

[28. 11. 40]   Lammers   14666
Das Vorhaben eines Gauleiters, in Berlin ein Haus der Gauleitung zu errichten mit Arbeits- und Wohnräumen für sich sowie verschiedene Referenten, durch Bormann bei Hitler zum Vortrag gebracht. Dessen Entscheidung: „Vertretungen (Gesandtschaften)" von Gauleitern bzw. Reichsstatthaltern in Berlin unerwünscht. (Vgl. Nr. 14645 und 14858.)
K   101 19517 (1185)

28. 11. 40 − 16. 1. 41   RMdI u. a.   14667
Staatssekretärsbesprechung über Maßnahmen zur Dezentralisierung der Haushalte für die Reichsgaue; dabei Stellungnahme Sommers (Stab StdF): Die Initiative des Reichsinnenministers (RMdI) begrüßenswert, beim Verharren der Ressorts im alten Gleise Territorialhaushalte unvermeidlich; der Berliner Zentralismus besonders ausgeprägt in den Reichsgauen der Ostmark spürbar; eine Förderung der Selbständigkeit auch in kleineren Gauen notwendig. Bitte des RMdI an die Obersten Reichsbehörden um Mitteilung über die im Wege des Kassenanschlags bei den Sachausgaben und bei der Bewirtschaftung der Zentralfonds bereits getroffenen Dezentralisierungsmaßnahmen.
K   101 14346/1 − 356 (760)

29. 11. 40   RSD   14668
Negative Beurteilung eines Gesuchstellers Jacob Dreer („maßloser Beschwerde- und Bettelbriefschreiber" u. a.). (Adressat vermutlich A. Bormann.)
W   124 04832 (506)

2. 12. 40   MRfdRV   14669
Nach Ansicht Bormanns eine Einführung der reichsrechtlichen Regelung der Feiertagsbezahlung im Protektorat unzweckmäßig: Die endgültige Entscheidung Hitlers über die spätere Behandlung der Tschechen noch offen.
A   101 06646 f. (541); 101 23290 (1325 a)

2. 12. 40   AA   14670
Übersendung einer *Notiz aus dem „Grenzboten" (Preßburg).
M   203 00517 (28/2)

2. 12. 40   RMfEuL   14671
Einverständnis mit dem Wunsch der Wirtschaftsgruppe Gaststätten- und Beherbergungsgewerbe, das markenfreie Stammgericht wegen seiner sozialen Bedeutung beizubehalten; Erwähnung der erfolgten Sonderzuteilung von Haferflocken und Kartoffelsago, Sonderzuweisungen von Fleisch und Fett wegen der angespannten Ernährungslage nicht möglich.
K   101 07920 f. (613)

[2. 12. 40]   Gen. Haushofer, A. Schmidt, SS-Brif. Berger   14672
Aus einem Bericht des SS-Brif. Berger an Himmler über die Gründung der Partei in Rumänien: Laut Mitteilung des Gen. Haushofer außerordentlich positive Reaktion des StdF auf die „Regelung in Rumänien"; dennoch vergebliches Bemühen des Volksgruppenführers Andreas Schmidt um einen Empfang durch den StdF; auch bei einer StdF-Einladung für die Volksgruppenführer Zurücksetzung Sch.s (dieser offenbar „als Gefolgsmann des Reichsführers-SS dem VDA nicht ganz angenehm"); bei einer Besprechung Sch.s mit Leitgen (Stab StdF) angeblich Zustimmung L.s zu Sch.s Ausführungen über den ganzen Fragenkomplex, andertags jedoch Beschwerde L.s über die Eigenmächtigkeit der Volksgruppe und die Einschaltung des Reichsaußenministers in Parteiangelegenheiten; Unterstützung der Stimmungsmache des VDA gegen den Reichsführer-SS durch den Stab StdF (L. und Friedrichs).
W/H   107 01297 − 300 (403)

2. − 12. 12. 40   Adj. d. F − 1   14673
Durch den Stab StdF Weiterleitung des *Schreibens eines Gefr. Walther Hartmann und des Schreibens einer Klara Hanreich (Wien; Bitte, den Brief ihres im Feld stehenden Sohnes Rudolf [Dank an den Vater

für seine Erziehung in „ns. Anschauung"] Hitler zu unterbreiten; dabei Bezugnahme auf die Teilnahme Heß' an der Totenehrung am Grab Holzwebers in Wien).
W/H   124 04859 ff. (515)

3. 12. 40   AA   14674
Übersendung eines *Berichts des Vertreters des Auswärtigen Amts beim Reichsprotektor über die Centro-Press Korrespondenz (Stellungnahme des Deutschen Leiters der Centro-Press zu einer Polemik der tschechischen Emigrantenzeitung New Yorkské listy gegen diese Prager Korrespondenz).
M/H   203 00518 (28/2)

3. 12. 40   AA   14675
Das *Gesuch einer Frau Zimmermann wegen der Verhaftung ihres Mannes in der Sowjetunion vom Stab StdF erledigt.
M/H   203 00936 (32/2)

3. 12. 40   AA   14676
Übersendung des *Gesuchs einer Charlotte Lüthke (Dresden) um eine Unterredung mit dem StdF.
M   203 00940 (32/2)

[3.]– 13. 12. 40   GBauI f. d. RHauptstadt, Lammers   14677
Bitte Speers (auch für Todt) und Bormanns um Beteiligung an einem dem Vernehmen nach von Ley vorbereiteten Erlaßentwurf mit dem Anspruch besonderer Vollmachten für den Wohnungsbau und der Ermächtigung, sich als Wohnungsbaubeauftragter der vorhandenen Behörden bedienen zu können. Dazu Lammers: Wegen der inzwischen getroffenen Vereinbarung zwischen Reichsarbeitsminister und Reichskommissar für den sozialen Wohnungsbau (RK), dem RK die Hauptabteilung IV des Ministeriums (soweit mit Angelegenheiten des sozialen Wohnungsbaus befaßt) zur Verfügung zu stellen (vgl. Nr. 14681a), eine Regelung durch Führererlaß zur Zeit nicht erforderlich.
H   101 18331 (1138); 101 19230 (1171 b); 101 19299 – 302 (1174)

3. 12. 40 – 12. 5. 42   RKzl., RWiM, Philipp Prinz v. Hessen   14678
Über Bormann Abwicklung laufender Kunstkäufe Hitlers in Italien durch Vermittlung des Philipp Prinz v. Hessen: Bezahlung aus dem Kulturfonds Hitlers (u. a. durch Einrichtung eines zunächst mit 2 Mio. Lire ausgestatteten, später um 13,2 Mio. Lire aufgestockten Sonderkontos zur Verfügung Hessens in Rom), Versendung, Devisengenehmigung, Verzollung usw. und Einlagerung im Luftschutzkeller des Führerbaus in München. Bedenken des Reichswirtschaftsministers wegen der Devisengenehmigung für die erwähnten 13,2 Mio. Lire unter Hinweis auf das abgebaute deutsche Clearing-Guthaben in Italien und die beginnende deutsche Verschuldung; die Genehmigung nur unter Berücksichtigung bereits getätigter Käufe erteilt und Bitte um Drosselung der Käufe zugunsten lebensnotwendiger und kriegswichtiger Einfuhren aus Italien.
H   101 17859 – 8011, 015 – 36 (1111 a); 101 25750 (1451)

5. 12. 40   RL, GL, KrL, OKW   14679
Durch Bormann Mitteilung von Richtlinien des OKW über die Versendung von Liebesgaben und Weihnachtsfeldpostpäckchen durch die Ortsgruppenleiter der Partei.
W   107 00326 ff. (192)

[5. 12. 40]   Adj. d. F   14680
Die von einem Kaphengst behauptete Empfehlung des Stabs StdF, sich an die Führeradjutantur zu wenden, nicht den Tatsachen entsprechend: Keine Unterstützung der Forderungen K.s durch den Stab Heß.
W   124 04870 (520)

[5. 12. 40]   RSchatzmeister   14681
Im Einvernehmen mit dem StdF angeordnete Dienstzeitregelung während der Weihnachtsfeiertage 1940 und Neujahr 1941 für die Partei, ihre Gliederungen und angeschlossenen Verbände.
W   107 00329 (192)

5. 12. 40 – 17. 1. 41   RFM, MRfdRV, GBW, Lammers   14682
Durch den Reichsfinanzminister (RFM) Übersendung des *Entwurfs einer Verordnung zur Vereinfa-

chung der Haushaltsführung im Rechnungsjahr 1941. Einwände und Änderungsvorschläge. Hinweis des RFM auf die notwendige Ausgabenbeschränkung im Interesse der Kriegsfinanzierung; Ausgabenerhöhungen gegenüber 1940 nur zugunsten der Reichsverteidigung und anläßlich der Eingliederung neuer Gebiete möglich.
K   101 14359–65 (760 a)

5. 12. 40 – 21. 9. 42   RKzl., Pater Seiller   14683
Durch die Reichskanzlei Übersendung sich sehr erfreulich vom Ton anderer katholischer Priester abhebender Eingaben des Benediktinerpaters Bernhard Seiller (Augsburg) an den „Vater des Vaterlandes" und „gottberufenen Führer": Hinweis auf den Gewissenskonflikt vieler Familien durch die Anweisung an Beamte u. a., ihr Verhältnis zur Kirche zu lösen; Übersendung einer Schrift von Prof. Adam, der „Magna charta des neuen Europa", über die Vereinigung der christlichen Kirchen und die Versöhnung von Staat und Kirche in Deutschland.
M/H   101 01763–70 (178 a)

5. 12. 40 –[5. 2. 45]   RKF, RFSS   14684
Die auf Vermeidung der Mängel der bisherigen Siedlungsfinanzierung abstellenden Vorschläge des Reichskommissars für die Festigung deutschen Volkstums (RKF) für die Finanzierung der geplanten umfangreichen Siedlungsmaßnahmen in den neugewonnenen Gebieten vom StdF als Verhandlungsbasis akzeptiert. Einspruch des RKF gegen das von GL Bürckel und dem Reichsfinanzminister vorgeschlagene „kapitalistische" Programm (Kredite) für die Siedlungsfinanzierung in Lothringen. – Unter Hinweis auf das Verbot für Nachkriegsplanungen später Zweifel der PKzl. an der Zweckmäßigkeit einer Festlegung der Finanzierungsbedingungen schon zum gegenwärtigen Zeitpunkt.
K/W   102 00272–79 (684)

6. 12. 40   RL, GL, VerbF   14685
Durch Bormann Übermittlung als Weihnachtsgeschenk für Soldaten empfohlener Bücher.
W   107 00325 (192)

6. 12. 40   RL, GL, VerbF   14686
Mitteilung Bormanns über die Eheschließung zwischen SS-Ogruf. Heißmeyer und der (im Dienstbetrieb ihren Namen beibehaltenden) Reichsfrauenführerin Scholtz-Klink.
W   107 00323 (192)

6. – 12. 12. 40   Lammers   14687
Bitte Bormanns um Erstattung von ihm vorschußweise gezahlter Kosten für das Führerhauptquartier (Fliegerstaffel, Kraftwagenkolonne Berlin, Kraftwagenreparaturen u. a.) in Höhe von RM 356 385.96 ([3.] Zwischenabrechnung). Mitteilung über die erfolgte Überweisung des Betrages auf das Zentralkonto des StdF bei der Commerzbank in München.
K   101 08098–101 (615 c)

6. 12. 40 – 14. 2. 41   RL, GL, VerbF   14688
Rundschreiben Bormanns: Erlaubnis für führende Parteigenossen, Einheiten aus ihrem Heimatgebiet an der Front zu besuchen. Später Rücknahme wegen des „augenblicklichen" Dienstbetriebs bei der Truppe.
W   107 00303 f. (192)

7. 12. 40   RL, GL, VerbF   14689
Durch Bormann Übersendung von je fünf Exemplaren zweier als Weihnachtsgeschenk an Soldaten und Parteigenossen „hervorragend geeigneter" Schriften (Gunther d'Alquen: Das ist der Sieg; Kurt Eggers: Die Heimat der Starken).
W   107 00292 (192)

7. – 30. 12. 40   RVM   14690
Vorlage des Entwurfs einer Verordnung zur Einführung der Verordnung über die Durchführung kriegswichtiger Bauvorhaben der Reichsbahn nun auch in den eingegliederten Ostgebieten (Zusammenhang mit dem „Ottoprogramm" und dem Erwerb von Grundstücken aus jüdischem oder polnischem Besitz). Später Zurückziehung dieser Vorlage an den Ministerrat für die Reichsverteidigung und ihre Ersetzung durch eine auf § 8 des Führererlasses über Gliederung und Verwaltung der Ostgebiete vom 8. 10. 39 gestützte Ressort-Verordnung.
H   101 08256 ff. (637)

8. 12. 40   RMdI, ParteiDSt.   14691
Durch Bormann Bekanntgabe eines Erlasses des Reichsinnenministers über die vorläufige Neuregelung des Friedhofsrechts an die Parteidienststellen: Die Sorge für ausreichende Friedhöfe grundsätzlich Aufgabe der Gemeinden; Bestattung auf konfessionellen Friedhöfen und Berechtigung, dabei Ansprachen zu halten, auch für Konfessionsfremde (im Verweigerungsfall Anordnung durch die Ortspolizeibehörde); Verweigerung der Bestattung von Juden auf öffentlichen Friedhöfen bei Existenz eines israelitischen Friedhofs im Bezirk der unteren Verwaltungsbehörde.
W/H   107 00305 ff. (192)

9. 12. 40   AA   14692
Dank des Stabs StdF für eine *Liste der mit dem Auswärtigen Amt zusammenarbeitenden Parteigenossen in den Gauleitungen; Liste der Leiter der Auslandsämter der Reichsdienststellen.
M   203 00248 – 54 (21/2)

9. – 12. 12. 40   K. H. Schollberg, RKzl.   14693
Mitteilung des Generalbevollmächtigten in der Erbschaftssache Wilhelm Ludwig Rust, Karl Herbert Schollberg (Osnabrück), über den Entschluß der gesetzlichen Erben, die Hälfte der Erbschaftssumme von 20 Mio. Dollar, also 10 Mio. Dollar, Hitler als Geschenk zu überreichen. Dazu handschriftliche Notiz Bormanns: Abgabe zuständigkeitshalber an das Büro der Reichskanzlei.
K   101 16452 (969)

9. 12. 40 – 8. 2. 41   AA   14694
Übersendung von *Berichten über die Feindpropaganda, die besetzten und angegliederten Gebiete betreffend.
M   203 00505 f., 510, 516 (28/2)

9. 12. 40 – 7. 6. 41   RMdI, RKzl. u. a.   14695
Erörterung von Entwürfen der Elften Verordnung zum Reichsbürgergesetz und einer Durchführungsverordnung (in Zukunft die deutsche Staatsangehörigkeit nur noch für deutsche Volkszugehörige und „umvolkbare Fremdvölkische", für alle übrigen Fremdvölkischen der Status der Schutzangehörigkeit vorgesehen). Der Vorschlag des Reichsinnenministers (RMdI), gegenüber Juden ebenso zu verfahren, von Hitler und anderen abgelehnt: Die Gleichstellung artverwandter Fremdvölkischer mit artfremden Juden nicht angängig. Daher neuer Vorschlag, den Juden die deutsche Staatsangehörigkeit ersatzlos zu entziehen und sie zu Staatenlosen zu machen (bei im Ausland lebenden Juden Verfall des Vermögens an das Reich als unmittelbare Folge des Verlusts der Staatsangehörigkeit). Die generelle Befreiung in privilegierter Mischehe lebender Juden vom Entzug der Staatsangehörigkeit und den Folgen der Staatenlosigkeit vom StdF abgelehnt: Wunsch, von Fall zu Fall im Einvernehmen mit dem RMdI darüber zu entscheiden. Ablehnung der Entwürfe durch H.; seine Begründung: Das Verfahren mit allgemeiner Aberkennung der Staatsangehörigkeit bei Verschonung mehrerer Gruppen von den Rechtsfolgen „ungemein kompliziert", die Aberkennung der Staatsangehörigkeit im Ausland lebender Juden unter Einziehung ihres Vermögens ausreichend. Hauptsächlicher Grund seiner Ablehnung jedoch (nach vertraulicher Informierung Bormanns durch Lammers) H.s Vorstellungen von der Nachkriegszeit: Keine Juden mehr in Deutschland.
M/H   101 00368 – 72, 401 – 37 (136 a)

10. 12. 40   AA   14696
Übersendung eines *Erlasses an den Vertreter des Auswärtigen Amts beim Reichsprotektor, eine Rede von Sir Robert Vansittart über das Protektorat betreffend.
M/H   203 00515 (28/2)

10. 12. 40   Himmler   14697
Durch Heß Übermittlung der Einladung Hitlers, zusammen mit den anderen Reichs- und Gauleitern den Nachmittag des 11. 12. 40 bei ihm zu verbringen.
W   107 00324 (192)

10. 12. 40 – [18. 2. 41]   Lammers, Schirach   14697 a
Bitte Schirachs, zur Vermeidung erheblicher Unruhe bei der Arbeiterschaft in der Ostmark während des Krieges und mindestens zwei Jahre danach den derzeitigen Zustand auf dem Gebiet der Verbrauchergenossenschaften beizubehalten. In der Antwort Bormanns Verweis auf die nach einem Vortrag Leys von Hitler gefällte Entscheidung, die Überführung des Vermögens der Konsumvereine und sonstigen

14698 — 14704 a

Verbrauchergenossenschaften unverzüglich erfolgen zu lassen; in der dazu vorgelegten Verordnung des Generalbevollmächtigten für die Wirtschaft zur Anpassung der verbrauchergenossenschaftlichen Einrichtungen an die kriegswirtschaftlichen Verhältnisse sowie in der Durchführungsverordnung dazu jedoch den ostmärkischen Verhältnissen durch eine in Aussicht genommene Umgestaltung des Aufsichtsrats der Großeinkaufsgesellschaft Österreichischer Consumvereine (GÖC) Rechnung getragen; Bitte, darüber hinausgehende Wünsche Lammers mitzuteilen. Zustimmung des StdF zu dem ˙Verordnungsentwurf.
H   101 03495 — 99 (352 b)

11. 12. 40   AA   14698
Übersendung eines ˙Artikels der Times über Verfolgungen in Böhmen und einer ˙Buchbesprechung über „The Village on the Hill" im Christian Science Monitor.
M   203 00514 (28/2)

[11. 12. 40]   RFM   14699
Vorlage des ˙Entwurfs einer Verordnung zur Vereinfachung des zwischen Betriebsgemeinden und Arbeiterwohngemeinden eingeführten Gewerbesteuerausgleichs (flexibel gehaltene Übernahme der Ergebnisse für 1940 auf das Rechnungsjahr 1941). Zustimmung des StdF.
K   101 14592 ff. (793 b)

12. 12. 40   AA, Dt. Botsch. Paris — 1   14700
Über das Auswärtige Amt Mitteilung an Heim (Stab StdF): Einverständnis Bormanns mit der Verlängerung seines Paris-Aufenthaltes.
M   203 00935 (32/2)

[12. 12. 40]–[16. 1. 41]   GBauI Speer, Lammers   14701
Aufgrund der bisherigen Erfahrungen beim Anlaufen der Neugestaltungsarbeiten in mehreren deutschen Städten (Gefahr einer – die Möglichkeiten der Nachkriegszeit und die Wünsche Hitlers ignorierenden – Überfülle von Bauplänen) Vorschlag Speers, ihn zum Beauftragten für Städtebau mit der Stellung einer Obersten Reichsbehörde und entsprechenden Lenkungsvollmachten sowie zum Beauftragten des Führers für Städtebau und Baukunst in der NSDAP zu ernennen. Nach Mitteilung Bormanns von H. keine Beeinträchtigung der Hauptaufgabe S.s (Neugestaltung Berlins) durch neue Aufgaben gewünscht. Nach Mitteilung S.s schließlich doch Einverständnis H.s mit der Bearbeitung des gesamten Städtebaus durch ihn, S. (Vgl. Nr. 14665.)
K   101 19482 — 87 (1177)

13. 12. 40   Lammers   14702
Kritik Heß' und Bormanns an der Bekanntgabe eines Schreibens des StdF aus einem früheren, abgeschlossenen Schriftwechsel an die Reichsminister durch Lammers ohne vorherige Fühlungnahme mit ihnen.
M/H   101 04556 f. (421 a)

13. — 19. 12. 40   AA, KrL Königshütte — 8/1   14703
Durch den Gaubeauftragten Schlesien der Dienststelle Ribbentrop an das Auswärtige Amt weitergeleitet: Bitte der Kreisleitung Königshütte um Heranziehung der Akten des früheren Deutschen Generalkonsulats in Kattowitz, insbesondere von Abwanderungsanträgen, für politische Beurteilungen (hier: Oberrevisor Josef Sliwinski [Hindenburg]).
M/H   203 00932 ff. (32/2)

16. 12. 40   AA   14704
Übersendung einer ˙Broschüre über den Geburtenrückgang in Frankreich.
M   203 00464 (28/1)

16. 12. 40 — 6. 8. 41   PräsKzl., RMdI, RMfdkA   14704 a
Einwände des StdF und des Reichsinnenministers gegen die vom Chef der Präsidialkanzlei (PrK) vorgesehene Verleihung von Treudienst-Ehrenzeichen an Mitglieder der Finanzabteilungen der Deutschen Evangelischen Kirche: Hinweis auf den rein kirchlichen Charakter der Finanzabteilungen und den kirchlichen Status ihrer Mitglieder; eine Verleihung des Treudienst-Ehrenzeichens aufgrund der Durchführungsverordnung zur Verordnung über die Stiftung des Treudienst-Ehrenzeichens vom 30. 1. 38 an

diese Personen nicht zulässig und auch sachlich und politisch nicht tragbar. Beharren Bormanns auf diesem Standpunkt auch nach Gegenvorstellungen der PrK und des Reichskirchenministers.
M/H   101 02946 – 54 (298 a)

17. 12. 40   Chef Orpo, RFSS,RMdI   14705
Durch den Chef der Ordnungspolizei Übersendung eines zu einer Beschwerde des Schutzpolizei-Inspektors a. D. Fritz Völkl (München) von Himmler dem Reichsinnenminister vorgelegten Berichts: In Anerkennung seiner Verdienste um die Bewegung während der Kampfzeit vielfach bevorzugte Behandlung des charakterlich bedenklichen, körperlich untauglichen und auch einfachsten Arbeiten nicht gewachsenen V. während seiner Reaktivierung nach der Machtübernahme; eine weitere Förderung – vor allem die gewünschte Ernennung zum Polizeihauptmann – jedoch nicht möglich. – In diesem Zusammenhang Erwähnung einer Bemerkung des SS-Gruf. Eicke: Nur starke Charaktere zum Dienst in den Konzentrationslagern geeignet.
W/H   124 05001 – 08 (546)

17. 12. 40   AA   14706
Mitteilung eines Auszugs aus der Rede Beneschs vor dem neugebildeten tschechoslowakischen Staatsrat in London.
M   203 00512 (28/2)

17. 12. 40   AA   14707
Übersendung eines *Aufsatzes der tschechischen Emigrantenzeitung New Yorkské listy über emigrierte sudetendeutsche Sozialdemokraten.
M   203 00513 (28/2)

17. 12. 40   AA   14708
Mitteilung einer Note der Deutschen Waffenstillstandskommission in Wiesbaden an die französische Abordnung: Kritik an der Verwendung des Wortes „tschechoslowakisch" in französischen Dekreten nach der Zerschlagung der Tschechoslowakei; Ersuchen um Abstellung.
M/H   203 00511 (28/2)

17. 12. 40   OKW   14709
Beschränkung der „unerträglich" angewachsenen Dienstreisen nach Paris.
H   101 11373 (675)

[17. 12. 40 – 17. 1. 41]   AA   14710
Negative Beurteilung des Prof. Max Kommerell (Frankfurt), eines ehemaligen Mitglieds des George-Kreises, durch die Reichsdozentenführung und den StdF; Ablehnung, K. an die Universität Lissabon zu entsenden, trotz positiver Stellungnahme des Reichserziehungsministers (an K.s Stelle: Prof. Kayser [Leipzig]).
M/H   203 02306 – 11 (60/4)

19. 12. 40   RMdI   14711
Übersendung der Entwürfe einer Verordnung über die Deutsche Volksliste und die deutsche Staatsangehörigkeit in den eingegliederten Ostgebieten sowie eines Runderlasses über den Erwerb der deutschen Staatsangehörigkeit durch ehemalige polnische und Danziger Staatsangehörige (Richtlinien für die Eintragung in eine der vier Abteilungen der Deutschen Volksliste).
M   101 00373 – 400 (136 a)

19. 12. 40 – 25. 5. 41   AA, Dt. Botsch. Paris   14712
Weiterleitung von Aufforderungen an MinR Heim (Stab StdF), z. Zt. Paris, seine Dienststelle anzurufen.
M   203 00931 (32/2); 203 00998 (33/2); 203 00999, 1010 (34/1)

[20. 12. 40]   Adj. d. F   14713
Von Bormann die Einstellung der von der DAF an die Führeradjutantur geleisteten monatlichen Zahlungen für Unterstützungszwecke veranlaßt.
W   124 00840 (68)

20. 12. 40 – 22. 2. 41   RMfWEuV   14714
Der Forderung des StdF, die Errichtung eines neuen Lehrstuhls für Philosophie innerhalb der Katho-

lisch-Theologischen Fakultät der Universität Münster „unter allen Umständen" zu vermeiden, vom Reichserziehungsminister zugestimmt.
M/H   301 00767 (Pfeil)

21. 12. 40   RKzl., Bf. Hilfrich, RMfdkA   14715
Eingabe des Bischofs von Limburg, Hilfrich, an den Kirchenminister wegen der Beunruhigung der Bevölkerung seiner Diözese durch kirchenpolitische Reden auf Parteiversammlungen (Hervorhebung der Unvereinbarkeit von Christentum und NS, Ausführungen über die sich daraus ergebenden Konsequenzen nach Kriegsende; Hinweis auf die bedenklichen Auswirkungen solcher Äußerungen auf die Wehrmachtangehörigen [Beeinträchtigung ihres Vertrauens in die oberste Führung des Reichs und ihres Wehrwillens]; „Entgleisungen ähnlicher Art" außerhalb seiner Diözese offenbar nicht vorkommend): Durch die Reichskanzlei Übersendung einer Abschrift an den StdF.
M/H   101 01771 – 76 (178 a)

21. 12. 40   AA   14716
Mitteilung: In Ivanka Erscheinen einer neuen, im Dienst des slowakischen NS stehenden Wochenschrift „Udernik" („Schläger").
M   203 00503 (28/2)

21. 12. 40   AA   14717
Übersendung slowakischer *Pressestimmen zu einer Rede des ehemaligen tschechischen Staatspräsidenten Benesch in London.
M   203 00502 (28/2)

21. 12. 40   RL, GL, OBdH   14718
Durch Bormann Bekanntgabe der vom Oberbefehlshaber des Heeres herausgegebenen Richtlinien für die weltanschauliche Erziehung im Heer: Themen und Unterlagen für Vorträge vor der Truppe sowie vor Offizieren; Unterrichtung über Tagesfragen; Lesestoff; Film und Rundfunk; Freizeitgestaltung.
W   107 00308 – 16 (192)

21. 12. 40   –   14719
Bitte des StdF, von Neujahrsaufrufen und -botschaften der Gliederungs- und Verbändeführer mit Rücksicht auf die Kriegsverhältnisse abzusehen.
W   107 00318 (192)

[23. 12. 40]   AA, Dt. Botsch. Rom   14720
Weiterleitung eines *Schreibens von MinR Heim (Stab StdF) an Prof. Hoppenstedt (Rom).
M   203 00930 (32/2)

23. 12. 40 – 3. 1. 41   RMdI, RArbM   14721
Anregung des Beauftragten für den Vierjahresplan zur Erörterung der arbeitsrechtlichen Behandlung der Juden: Schaffung eines eigenen, erschöpfenden Arbeitsrechts anstelle der bisher üblichen Ausnahmebestimmungen, um die Sonderstellung der Juden auch grundsätzlich zum Ausdruck zu bringen. Dazu (Abschrift an den StdF) Hinweis des Reichsarbeitsministers auf seine Federführung in dieser Angelegenheit.
A/W   101 06770 ff. (548 a)

24. 12. 40 – 14. 1. 41   RKzl., JFdDR, RMdI   14722
Die Bitte des Jugendführers um Einführung des Hitler-Jugend-Heimbeschaffungsgesetzes im Sudetenland nach Mitteilung des Reichsinnenministers wegen bereits wirksamer Gültigkeit nach § 1 der Ersten Verordnung zum Führererlaß über die Verwaltung der sudetendeutschen Gebiete gegenstandslos. (Fotokopie jeweils an den StdF.)
H   101 06202 – 07 (522 a)

26. 12. 40 – 22. 1. 41   RKzl., Oberste RBeh., RL, GL, VerbF   14723
Mitteilung Bormanns von Äußerungen Hitlers über die Notwendigkeit, nach dem Kriege das Unteroffizierskorps und damit die Zahl der Kapitulanten erheblich zu vergrößern; Voraussetzung dafür als entsprechend großer Anreiz die Bereitstellung ausreichender und wirklich guter Lebensstellungen über die bisherigen Möglichkeiten hinaus; gegenüber dem Verfahren nach 1918 verstärkte Übernahme in die Beamtenlaufbahn durch Erleichterung der „unerträglich schweren" Prüfungen; spezielle Vorstellungen H.s: Unterbringung auch als Tankstellen-Leiter (im nach dem Kriege zu verstaatlichenden Benzin-Ver-

trieb) und als – in „verhältnismäßig kurzer Zeit" ausgebildete, „von unnötigem Wissensballast freie" – Volksschullehrer (der „absolute Unsinn" einer Hochschulausbildung für die Lehrer von ABC-Schützen, Einführung der ostmärkischen Lehrerbildung im Reich). Auf eigene Initiative sowie unter Hinzufügung einer weiteren Möglichkeit (Verwendung im künftigen Tabakmonopol) Unterrichtung der Obersten Reichsbehörden durch Lammers mit der Bitte, baldigst die nötigen Vorbereitungen zu treffen und Durchführungsvorschläge zu machen.
H   101 14160 f. (745 b); 101 20175 – 78 (1201 a); 101 22426 – 37 (1281); 107 00295 – 98 (192)

30. 12. 40   OKW, RL, GL   14724
Durch den StdF Bekanntgabe von Richtlinien des OKW für die Planung von Ehrenfriedhöfen (landschaftlich schön gelegene und gut zu erreichende, schlicht aber doch eindrucksvoll gestaltete „Wallfahrtsorte des gesamten Volkes" an – zwecks Erziehung der Jugend – wichtigen Brennpunkten der Kämpfe; mindestens 1000 Gräber; entscheidender Einfluß der Truppe auf die Gestaltung).
H   101 22863 f. (1306)

30. 12. 40   AA   14725
Mitteilung über den Weggang des Nuntius Orsenigo aus Berlin und sein Ausscheiden aus dem diplomatischen Dienst.
M   203 00501 (28/2)

30. 12. 40   AA, Dt. Ges. Preßburg   14726
Übersendung eines Presseberichts der Deutschen Gesandtschaft in Preßburg über die Weihnachtsausgaben der slowakischen Blätter (deutliche Tendenz, ns. Gedankengänge zu vermeiden und die Idee des christlichen Einflusses auf das öffentliche Leben herauszustellen).
W   203 00499 f. (28/2)

30. 12. 40   RL, GL, VerbF   14727
Hinweis Bormanns auf die Grundsatzforderung Hitlers, durch die Partei ständig die besten jungen Kräfte der Nation auszulesen und zur Mitarbeit heranzuziehen.
W   107 00302 (192)

30. 12. 40 – 29. 5. 41   F. Siebeneicher, K. Czech, AA   14728
Vom Stab StdF nach einer Eingabe veranlaßte Bemühungen um die Freilassung eines Friedrich Siebeneicher (Volkersdorf Kr. Lauban) aus dem politischen Zentralgefängnis in Moskau.
M/H   203 00927 f. (32/2); 203 01008 f. (34/1)

31. 12. 40   RSD   14729
Vorschläge zur Verhinderung von Attentaten auf Hitler bzw. auf dessen Wohnungen in Berlin und auf dem Obersalzberg (Behandlung von Geschenken aus unbekannter Hand, der für die Indentantur bestimmten Pakete und Lieferungen, von eiligen telefonischen Bestellungen u. a.).
W   124 01200 f. (138)

1941   GBauI f. d. RHauptstadt   14730
Bei der Vorbereitung des Wohnungsbaus nach dem Krieg von Bormann mehrfach die Meinung Speers eingeholt.
W   108 00533, 539 (1735)

1. 1. 41   RKzl.   14731
Festsetzung der Dienstbezüge des RM Heß ab 1. 1. 41 (monatlich RM 3586.60).
M/H   101 00537 (139 a)

2. 1. 41   RL, GL   14732
Keine Bedenken des StdF gegen die mehrfach von Truppenkommandeuren gewünschten Vorträge von Hoheitsträgern der Partei vor Truppeneinheiten in den besetzten Gebieten.
W   107 00317 (192)

2. 1. 41   AA   14733
Bitte des Stabs StdF um Beteiligung bei der Ausgestaltung des Deutsch-Slowakischen Kulturvertrages.
M   203 00234 (20/1)

[2.—6. 1. 41]   AA, Dt. Botsch. Paris   14734
Weiterleitung von *Schriftstücken an MinR Heim (Stab StdF) nach Paris.
M   203 00926, 929 (32/2)

4. 1. 41   RLM   14735
Übersendung eines Erlasses über die Festsetzung von Höchstpreisen für blaue Tauchlackfarbe zum Färben von Glühlampen für Verdunkelungszwecke.
W/H   101 22818 ff. (1298 a)

4.—[8.] 1. 41   RMdI, PrMPräs., BfdVJPl., PräsKzl.   14736
Einverständnis des StdF mit der vorgesehenen Neuordnung in Schlesien: Ernennung des bisherigen OPräs. Wagner zum Staatssekretär als Reichskommissar für die Preisbildung, Versetzung des bisherigen Staatssekretärs im Propagandaministerium Hanke in den Wartestand und Wiederverwendung als Oberpräsident der neuen Provinz Niederschlesien, Ernennung des Gauleiterstellvertreters Bracht zum Oberpräsidenten der neuen Provinz Oberschlesien. (Vgl. Nr. 14480.)
H   101 03534 ff. (356 a); 101 18613—17 (1150 b)

4.—9. 1. 41   GL Sauckel   14737
Berichte über die Folgen der außergewöhnlich starken Schneefälle in Thüringen: Lahmlegung bzw. erhebliche Störungen des Eisenbahn- und Straßenverkehrs; Schließung von Betrieben; Ausfälle bei der Kohleversorgung; Schwierigkeiten bei der Versorgung höher gelegener Gebiete insbesondere mit Frischmilch, Butter und Fleisch; Einsatz von Soldaten, Kriegsgefangenen u. a. bei Schneeräumungsarbeiten.
K   101 13378—84 (713 a)

4. 1.—2. 5. 41   AA, Dt. Botsch. Tokio, Pfarrer Stobbies, NS-Lehrerbund   14738
Übersendung eines Berichts der Deutschen Botschaft in Tokio über die Absicht des Pfarrers Günther Stobbies (Tokio), wegen der Unvereinbarkeit von NS und Christentum seinen Beruf aufzugeben. Dazu später der Stab StdF: Nach Rückkehr in die Heimat (Danzig) Änderung seiner Meinung und Verbleiben im Pfarramt.
M/H   203 01017—22 (34/1)

5.—11. 1. 41   Lammers   14739
Durch Bormann weitergeleitete Anordnung Hitlers, einen Teil des Prof. Schultze-Naumburg nach seinem Ausscheiden aus der Weimarer Kunsthochschule gewährten Ehrensoldes im Falle seines Todes seiner Witwe weiterzuzahlen.
K   101 15548/7—550 (942)

5. 1.—21. 2. 41   Lammers   14740
Mitteilung Bormanns: Aus gegebenem Anlaß (Antrag des GL Sauckel, den in einem Mühlhausener Zünder-Werk eingesetzten Abiturientinnen das Abitur zuzusprechen) Anordnung Hitlers zur Erteilung des Reifezeugnisses an Schüler und Schülerinnen der Klasse 8 der höheren Schulen bei Einsatz in Rüstungsbetrieben auf Veranlassung des Reichsministers für Bewaffnung und Munition. Entsprechende Anweisung der Reichskanzlei.
K   101 15471—75 (940)

6. 1. 41—15. 10. 43   GBA   14741
Beurlaubung des Sachbearbeiters beim Reichstreuhänder der Arbeit für das Wirtschaftsgebiet Schlesien Kurt Geissler zur Dienstleistung beim Stab StdF. Berufung G.s in das Beamtenverhältnis unter Ernennung zum Oberregierungsrat (20. 4. 42). Übertritt G.s in die Dienststelle des Generalbevollmächtigten für den Arbeitseinsatz.
W   101 18348—53 (1138 b)

7. 1. 41   RMdI   14742
Einladung zu einer Besprechung über den *Entwurf einer Verordnung über Volkstumsschäden in den eingegliederten Ostgebieten.
W   112 00174 (186)

8. 1. 41   RJM   14743
Vorschläge zur Ernennung des MinR William Hesse (Reichsjustizministerium) zum Senatspräsidenten

beim Reichsgericht sowie der OLGR Adolf Paul und Josef Schätz, der KGR Hans Leopold und Lothar Wernecke und des LGDir. Julius Sponsel zu Reichsgerichtsräten.
K   101 26798 – 823 (1511 b)

9. 1. – 12. 2. 41   AA   14744
Weiterleitung von *Briefen, Büchersendungen u. a. an MinR Heim (Stab StdF) mit der Kurierpost nach Paris.
M   203 00951 f., 955, 972 ff. (33/1)

9. 1. 41 – 13. 11. 42   Amann, Lammers   14745
Aufgrund von Hinweisen hoher Parteifunktionäre (Amann, Himmler) Überprüfung des Verfahrens gegen StA Georg Geyer vor dem Sondergericht München (beim Kartenspiel Bezeichnung Hitlers als windiger Malergeselle und blödester existierender Depp, Gürtners als „größtes Arschloch", usw.) und etwaiger Verschleppungstaktiken beteiligter Justizstellen, u. a. ihrer Mitwirkung an G.s Einberufung zur Wehrmacht im kritischen Zeitpunkt (dazu, „wie zu erwarten", nichts Sachdienliches zu ermitteln). Gegen G. Dienststrafurteil auf Dienstentlassung und Verhängung von fünf Jahren Gefängnis durch Urteil des Sondergerichts (Vergehen nach § 330a StGB). Auf Veranlassung der PKzl. wegen „sorgfältiger Sammlung der Entlastungsmomente" keine weitere Verwendung des Richters in diesem Verfahren, LGR Josef Philbert, im Sondergericht und überhaupt in Strafsachen.
H   101 28373/1 – 383 (1544 a); 107 00115 ff. (165)

10. 1. 41   RLM   14746
Ankündigung der Übersendung der *L.Dv. 755/2 „Richtlinien für die Durchführung des erweiterten Selbstschutzes im Luftschutz", Anlage 2 „Luftschutz in Schulen und Hochschulen".
A/H   101 22700 f. (1294 a)

10. 1. 41   AA   14747
Übersendung eines *Berichts des Vertreters des Auswärtigen Amts beim Reichsprotektor über eine Kundgebung des Reichsprotektors anläßlich des Jahreswechsels.
W   203 00274/14 (22/4)

12. 1. – 31. 5. 41   RMdI, RMfdkA   14748
Vorlage eines Runderlaß-Entwurfes durch den Reichsinnenminister: Verbot von gottesdienstlichen Veranstaltungen an den ihres staatlichen Schutzes entkleideten kirchlichen Feiertagen; Hinweis auf die von den Kirchen freiwillig nicht berücksichtigten Erfordernisse des Krieges. Einspruch des Reichskirchenministers gegen den Entwurf wegen zu erwartender kirchenpolitischer Weiterungen und der Auswirkungen auf den kirchlich gesinnten Teil der Bevölkerung: Dies der bisher weitestgehende Eingriff in die religiöse Freiheit. Änderungswünsche auch des StdF: Keine über die Wochentagsregelung hinausgehenden Sonderbestimmungen, jedoch Strafandrohung zwecks Einhaltung der Bestimmungen.
H   101 21356 – 64 (1266)

13. 1. 41 – 5. 4. 44   RMfWEuV   14749
Die Übernahme des Prof. Josef Gicklhorn (Prag) in das Reichsbeamtenverhältnis von der PKzl. wegen politischer Bedenken (bis 1938 Verkehr in jüdisch-liberalen Kreisen und Abhängigkeit „von dem Juden Keller") zunächst auf ein Jahr zurückgestellt, dann aber genehmigt unter der Bedingung seiner Berufung an eine andere Hochschule.
M/H   301 00328 – 54 (Gicklhorn)

[14. 1. 41]   RMdI   14750
Im Zusammenhang mit der Zurückweisung der vom Reichsarbeitsminister unter Hinweis auf die entstandenen Schwierigkeiten geforderten Beseitigung der Unterstellung der Sonderverwaltungen unter die Landräte in den eingegliederten Ostgebieten usw. (umfangreiche Zitierung eines Schreibens des Reichsmarschalls vom 16. 2. 40) auch Erwähnung des Eintretens des StdF für die Wiederherstellung eines geschlossenen Aufbaus der Verwaltung in der Kreis- und Mittelstufe.
H   101 08829 – 32 (646 b)

15. 1. 41   AA   14751
Übersendung von *Presseausschnitten aus der tschechischen Emigrantenzeitung „New Yorkské listy".
M   203 00498 (28/2)

15.–22. 1. 41   Dir. Posse, Lammers   14752
Durch Bormann übermittelte Weisung Hitlers, dem Wunsch des von ihm mit dem Ankauf von Kunstwerken beauftragten Direktors der Staatlichen Gemäldegalerie Dresden, Posse, zu entsprechen und diesem beim Reichskommissar für die besetzten niederländischen Gebiete (RK) zwecks schnellerer Abwicklung seiner Käufe ein Devisenkonto einzurichten. Die sofortige Bereitstellung von 1 Mio. hfl. durch das Reichswirtschaftsministerium sowie die zwischenzeitliche wie evtl. auch später notwendig werdende Bevorschussung durch den RK von Lammers veranlaßt. – In diesem Zusammenhang Erwähnung des Umfangs der bisherigen Kunstkäufe in Holland: H. und Göring je 1,5 Mio. hfl., Handel 5 Mio. hfl.
H   101 11463 ff. (677 a); 101 29338–46 (1653 a)

15. 1.–[18. 3.] 41   RMdI   14753
Im Zusammenhang mit dem Wunsch des MinDir. Sommer nach Ablösung von seinem Posten als Leiter der Staatsrechtlichen Abteilung im Stab StdF aus gesundheitlichen Gründen Bitte Bormanns, S. zum Präsidenten des Preußischen Oberverwaltungsgerichts und damit später – nach der voraussichtlich binnen kurzem erfolgenden Errichtung dieses Gerichtshofes – zum Präsidenten des Reichsverwaltungsgerichts zu ernennen. Entsprechender Ernennungsvorschlag des Reichsinnenministers. (Vgl. Nr. 14880.)
K   101 18238–41 (1136 b); 101 20179 f. (1201 a)

16. 1. 41   RKzl., Prof. G. Entz   14754
Durch die Reichskanzlei dem StdF übermittelte Eingaben des Prof. Gustav Entz (Wien) wegen der Beeinträchtigung des kirchlichen Lebens in der Ostmark (Verbot jeglicher kirchlichen Unterweisung außerhalb der Kirche und Kirchenaustrittspropaganda). (Vgl. Nr. 14609.)
M   101 01464/1–465 (170)

16. 1.–14. 2. 41   AA   14754 a
Vom Stab StdF erbetene Stellungnahme zu einer Eingabe: Keine Bedenken gegen eine Einreisegenehmigung für die in der Schweiz lebenden Enkelkinder einer Anna Walch (Weil a. Rhein).
M/H   203 00946 (33/1)

17.–20. 1. 41   Lammers   14755
Auf Anordnung Hitlers die Reklame für Tabakverbrauch im Textteil aller Zeitungen und Zeitschriften und im Kino durch Amann verboten; der weitere Wunsch H.s, die Tabakreklame in den Verkehrsmitteln stark einzuschränken, von Bormann an Lammers übermittelt und von diesem an die zuständigen Reichsminister (Post, Verkehr, Inneres) mit der Bitte um entsprechende Veranlassung weitergeleitet.
A   101 05724 ff. (480)

17.–21. 1. 41   Lammers   14756
Mitteilung Bormanns über das Einverständnis Hitlers mit dem Vorschlag des GL Eigruber, das Stift St. Florian bei Linz (wegen wiederholter Verstöße von Ordensangehörigen „gegen Partei und Staat") zu beschlagnahmen, den Stiftsbesitz zugunsten des Reichsgaues Oberdonau einzuziehen und das Stift als Bruckner-Konservatorium zu verwenden.
A/H   101 21849 ff. (1271); 101 24376 (1360)

18. 1. 41   Gen. d. Pol. Daluege – 7   14757
Durch GL Bohle Erwiderung von Neujahrswünschen.
M   306 00104 (Bohle)

18. 1. 41   RL, VerbF   14758
In einer Bekanntgabe des StdF Erklärung der (in der Bevölkerung nicht verstandenen) unterschiedlichen Behandlung der Beschädigten aus dem jetzigen Krieg gegenüber den Weltkriegsbeschädigten: Das Prinzip des Reichsversorgungsgesetzes von 1920 die Rentenzahlung, das Prinzip des Wehrmachtfürsorge- und -versorgungsgesetzes die Umschulung und Arbeitsfürsorge; bei berechtigten Klagen über Benachteiligung gegenüber den Weltkriegsbeschädigten, insbesondere hinsichtlich der tatsächlich noch mangelhaften Hinterbliebenen- und Elternversorgung, Bemühungen und Zusage auch des StdF, Abhilfe zu schaffen.
W   107 00293 f. (192)

20. 1. 41   OKW   14759
Mitteilung über die Übernahme der Leitung der Gruppe III W des Abwehrdienstes im Nachrichtendienst durch Oberstlt. Jacobsen und (geschäftsführend) der Gruppe III N durch KorvKpt. Klausa.
H   101 08462 (639)

21. 1. 41   RSchatzmeister   14760
In einer Besprechung beim Stabsleiter des Reichsschatzmeisters (RSM) über die Nachrichtenverbindungen der NSDAP Erörterung von Differenzen zwischen dem Stab RSM und SS-Gruf. Sachs, dem Nachrichtenberater des StdF. Ursache offenbar Kompetenzstreitigkeiten zwischen S. und dem RSM-Stab um die Einrichtung eines Fernschreibnetzes für die Partei sowie damit zusammenhängende Differenzen: Mit dem von S. geplanten Anschluß der Gauleitungen über die SS-Oberabschnitte verschiedene Gauleiter nicht zufrieden gewesen, daraufhin Netzabschaltungen anderer Dienststellen zugunsten der Zuschaltung mehrerer sich über mangelhafte Nachrichtenverbindungen beklagender Gauleitungen auf Anweisung Bormanns. Abschließende Erklärung des RSM-Stabsleiters Saupert: Die Wahl auch mehrerer technischer Berater dem StdF natürlich freigestellt, jedoch Prüfung seiner Anträge auf Einrichtung oder Änderung des Nachrichtennetzes durch den RSM. – In einer weiteren Besprechung Ausführungen Sachs' über die von ihm aufgrund der letzten Anordnung B.s (direkter Anschluß der Gauleitungen an die Hauptfernschreibzentralen Berlin und München) vorgesehene Umgestaltung des Fernschreibnetzes.
H   306 00827 – 30 (Saupert)

Nicht belegt.   14761

22. 1. 41   RPropA München-Oberbayern – 8   14762
Bitte an die Dienststelle Ribbentrop um Begleichung der Kosten eines München-Besuches der schweizerischen NS Carl Weiss und Emil Bär (beide Zürich).
M/H   203 00966 – 69 (33/1)

[23. 1. 41]   RMdI, Meissner   14763
Keine Einwände des StdF gegen die Ernennung der Oberstlt. Erwin Schulz, Eberhard Schöngarth, Wilhelm Fuchs und Hans Fischer zu Obersten der Polizei.
K   101 18279 – 94 (1136 c)

23. – 29. 1. 41   AA   14764
Bitte des StdF um Nachforschungen über einen Gero v. Gaevernitz und über dessen eventuelle Ausbürgerung. Antwort des Auswärtigen Amts: G. nicht ausgebürgert.
M/H   203 00970 f. (33/1)

23. 1. – 27. 11. 41   RKzl., PräsKzl.   14765
Auf Weisung Hitlers Einführung der Antiqua als Normalschrift; im Zusammenhang mit der dadurch notwendig werdenden Änderung der Dienstsiegelumschriftung Bitte Meissners, eine endgültige Entscheidung H.s hinsichtlich der Blickrichtung des Adlers im Hoheitszeichen des Reiches herbeizuführen (nach der Verordnung vom 7. 5. 36 die Blickrichtung nach rechts vorgeschrieben; bei verschiedenen einzelnen Anlässen jedoch Anordnung H.s, als Hoheitszeichen des Reiches das Hoheitszeichen der Partei mit dem nach links blickenden Adler zu verwenden; bei der Wehrmacht Hoheitszeichen mit beiden Blickrichtungen im Gebrauch). Angesichts mehrfacher früherer – von Bormann mitgeteilter – Äußerungen H.s (eine unterschiedliche Blickrichtung des Adlers durchaus kein Schaden) Verzicht Lammers' auf eine neuerliche Befassung H.s mit der Angelegenheit und Beibehaltung des gegenwärtigen Zustands.
W   101 00175 – 87 (130); 101 07204 (580)

24. 1. 41   AA   14766
*Anfrage des Stabs StdF, den Einkauf von türkischen Landesprodukten betreffend. (Vgl. Nr. 15077.)
H   203 02204 (57/4)

24. – 28. 1. 41   SSPHA – 7   14767
Mitteilung an die Auslands-Organisation über die Beförderung des Gesandten in Teheran, SS-Obf. Erwin Ettel, zum SS-Brigadeführer.
W   306 00293 (Ettel)

26. 1. – 7. 3. 41   Lammers, RMfWEuV   14768
Durch Bormann weitergeleiteter Wunsch Hitlers nach sofortiger Ernennung des bisher vertretungsweise

beauftragten Prof. Paul Rostock zum Direktor der Chirurgischen Universitätsklinik in Berlin „ohne weitere Formalitäten". Später Einspruch B.s gegen die Ernennung R.s zunächst nur zum außerordentlichen Professor: Unter Berufung auf die Anweisung H.s Aufforderung, R. sofort zum ordentlichen Professor zu ernennen.
K/H   101 13936—40 (737 a)

27. 1. 41   RL, GL, VerbF, GL Oberdonau   14769
Durch Bormann Bekanntgabe eines für ähnliche Maßnahmen in anderen Gauen wertvollen Erfahrungsberichts der Gauleitung Oberdonau über die Errichtung eines ersten Bordells für Fremdarbeiter in den Reichswerken Hermann Göring in Linz; wesentliche Grundsätze nach Ansicht B.s: Keine Einstellung deutschblütiger Mädchen und Besuchsverbot für Deutsche.
W   107 00319—22 (192)

28. 1. 41   Lammers   14770
Mitteilung Bormanns über die Absicht Hitlers, nach dem Kriege auch das Vermögen der Wittelsbacher einzuziehen, sowie über H.s Vorsatz, den Fürsten das aus ihren Untertanen herausgeholte Vermögen „bei erster passender Gelegenheit abzunehmen".
H   101 21761 f. (1270)

[28. 1. 41]   StR H. Sievers   14771
Interesse Heß' an der Entwicklung eines deutschen Tiefkühlverfahrens; ein Vortrag eines Vertreters der Hochseefischerei Anderson & Co. (Hamburg) im Hause des StdF über die Entwicklung der Tiefkühlung mit anschließendem Essen (Tiefkühlkost) geplant.
K   102 00716 ff. (1323)

28.—29. 1. 41   Lammers   14772
Durch Bormann weitergeleitete Anordnung Hitlers: Anläßlich des Todes des Erzbischofs von Paderborn, Klein, lediglich Übersendung eines Beileidstelegramms durch GL Meyer.
M/W   101 01102 (155 a)

28. 1.—[12. 2.] 41   RMfWEuV   14773
Aus Anlaß der Verlegung des Schuljahrbeginns Vorlage der 'Entwürfe eines Gesetzes zur Änderung des Reichsschulpflichtgesetzes und einer Zweiten Durchführungsverordnung dazu; Erwähnung der Zustimmung des StdF.
K   101 15775 f. (944 a)

28. 1.—1. 3. 41   RMdI, RKzl.   14774
Kontroverse zwischen Heß und Frick über die Betrauung der Hoheitsträger der Partei oder der Verwaltungsbeamten mit der Entscheidung über die Volkszugehörigkeit in den eingegliederten Ostgebieten. Angesichts der vielfältigen Auswirkungen auf den staatlichen Bereich (Steuererhebung, Einberufung zur Wehrmacht, u. a.) Entscheidung Hitlers im Sinne F.s; Gewährleistung einer Beteiligung der Partei durch die Zusammensetzung der einzurichtenden Stellen. Nach Mahnungen durch die Reichskanzlei Unterzeichnung der diesbezüglichen Verordnung über die Deutsche Volksliste und die deutsche Staatsangehörigkeit in den eingegliederten Ostgebieten durch den StdF.
M/H   101 00305—53 (136)

28. 1.—16. 7. 41   SS-Gruf. Wolff—7   14775
Vorwürfe von Hoheitsträgern der Auslands-Organisation gegen SS-Ostuf. Lorenz wegen seines Verhaltens im Deutschen Haus in Mailand. Bestrafung L.' mit einem strengen Verweis durch den Chef des Reichssicherheitshauptamtes.
K   102 01240 f. (2268)

29. 1. 41   GL (u. a.?)   14776
Rundschreiben Bormanns: Wunsch Hitlers nach Unterstützung der Bemühungen des Reichsernährungsministers um Ausweitung des Obst- und Gemüseanbaus durch die Gauleiter.
W   107 00291 (192)

29. 1.—7. 2. 41   RKzl., Oberste RBeh.   14777
Durch Bormann übermittelte Weisung Hitlers, bei der Vorbereitung von Gesetzen und Verordnungen

auf dem Gebiet des Bauwesens auch den Generalbauinspektor für die Reichshauptstadt und den Generalbaurat für die Hauptstadt der Bewegung zu hören.
H   101 19523 ff. (1187 a)

30. 1. 41   AO, Dt. Ges. Belgrad   14778
Anläßlich des Jahrestags der Machtergreifung Einsatz Brandes' (Stab StdF) als Auslandsredner in Belgrad.
W   203 02446 ff. (68/2)

31. 1. 41   RFSS   14779
Übersendung eines Erlasses über die paßtechnische Regelung des Verkehrs zwischen dem Altreich und Elsaß, Lothringen und Luxemburg: Aushändigung von Durchlaßscheinen nur an politisch einwandfreie Personen; die Zustimmung des zuständigen Chefs der Zivilverwaltung grundsätzlich erforderlich; Ausnahmeregelung für Dienstreisen von Beamten bzw. Reisen von Parteiangehörigen in parteiamtlichem Auftrag; Bestimmungen über Ausstellung, Geltungsdauer u. a. des Durchlaßscheins.
M   101 04223 – 39 (412 a)

31. 1. – 3. 2. 41   RL, GL, VerbF, RMfVuP   14780
Durch Bormann Übersendung einer wegen Nichtbeachtung einschlägiger Hinweise erforderlich gewordenen Anordnung des Reichspropagandaministers über das Verbot des Conférence- und Ansagewesens: Verbot jeder Conférence, jeder Glossierung von Persönlichkeiten, Zuständen oder Vorgängen des öffentlichen Lebens, jeder öffentlichen Erörterung lebensunwichtiger oder kontroverser Fragen sowie des Ausspielens eines Volksstamms gegen einen anderen oder einer Stadt gegen eine andere; auf Wunsch Hitlers Androhung schärfster Strafen (Konzentrationslager, evtl. Todesstrafe) bei Zuwiderhandlung.
W/H   107 00287 – 90 (192)

31. 1. – [27. 2.] 41   HÄ, AO u. a.   14781
Bitte des StdF um Berichte der Hauptämter, Gliederungsführer usw. sowie der Auslands-Organisation über die Auslandskulturarbeit der Partei (Einladung von Ausländern, dienstliche Reisen ins Ausland, u. a.).
M/H   203 01483 f. (47/2)

[Febr. 41]   RMdI, RKfdsozW   14782
Klarstellung von Zweifeln über die Anordnung 4/40 des Reichskommissars für den sozialen Wohnungsbau (RKW): Vertretung der Gauleiter als Gauwohnungskommissare auf dem staatlichen Sektor nur durch die entsprechenden Leiter der zuständigen Lenkungs- und Steuerungsbehörden, nicht jedoch durch die – vom RKW mit der Vertretung der Gauleiter als Gauwohnungskommissare beauftragten – Gauobmänner der DAF. (Der Reichskanzlei übersandter Entwurf; der Ausgang an den Stab StdF hier nicht ersichtlich.)
H   101 17422 – 27 (1033 b)

1. 2. – 25. 4. 41   RKzl., RProt.   14783
GL Jury als Leiter der Parteiverbindungsstelle in Prag, Bormann und (laut B.) auch Frick gegen Bestrebungen, die „Dienststelle Mähren" des Reichsprotektors aufzulösen und die Gesamtverwaltung in Prag zu zentralisieren; Bitte B.s an Lammers um Unterstützung. Nach dessen Intervention Neurath zur Zurückstellung der Frage bereit.
A/H   101 23515 – 23 (1329 a)

3. 2. 41   AA   14784
Bitte um einen Anruf von MinR Heim (Stab StdF, z. Zt. Paris) im Führerbau (München).
M   203 00956 (33/1)

3. 2. – 12. 3. 41   AA   14785
Durch den Adjutanten des StdF Übersendung des *Schreibens eines Luis de Boccard (Areguá/Paraguay) an den StdF und dessen *Antwort.
M/H   203 00986 f. (33/2)

[3. 2. – 2. 7. 41]   RMfWEuV   14786
Ablehnung des *Gesuchs einer Thea Schmoll um Zulassung zum Studium nach Anhörung des StdF. Später anläßlich dieses konkreten Falles Darlegung der Vereinbarungen mit der PKzl. über die Zulassung jüdischer Mischlinge zum Studium: Bei Mischlingen zweiten Grades Entscheidung des Reichser-

ziehungsministers über die Zulassung ohne, bei Mischlingen ersten Grades nach Anhörung der PKzl.; Zulassung der ersteren beim Fehlen besonderer Hinderungsgründe, der letzteren nur bei Vorliegen besonderer Ausnahmen (baldiger Studienabschluß, Kriegsteilnahme); Differenzen mit der PKzl. über die Zulassung wegen Kriegsteilnahme (PKzl.: Zulassung nur der unter die Führerentscheidung über die Deutschblütigkeitserklärung wegen Tapferkeit vor dem Feind fallenden Mischlinge).
W   101 15490 f. (940 a)

3. 2. 41 – [11. 7. 42]   RJM, GL Hofer, Lammers   14787
Differenzen um die Wiederbesetzung der Stelle des Generalstaatsanwalts beim Oberlandesgericht Innsbruck nach Ablösung des GStA Moser wegen abfälliger Äußerungen über GL Hofer und nach der Übergehung der Besetzungsvorschläge des StdF (darunter der Denunziant: OStA Stettner) durch den Reichsjustizminister (RJM). Einander widersprechende Darstellungen des RJM und H.s über die zwischen beiden umstrittene kommissarische Bestellung des vom RJM zum Nachfolger ausersehenen OStA Löderer: Nach dem RJM die Bestellung mit Zustimmung H.s, nach H. die Bestellung trotz seiner Ablehnung erfolgt. Parteinahme der PKzl. für H.: Kein Abgehen H.s von seinen Vorschlägen für die Besetzung der Stelle zu erwarten, eine Ernennung L.s gegen den Willen H.s aber für die PKzl. nicht akzeptabel; Kritik am RJM wegen der erst nach der kommissarischen Bestellung L.s erfolgten Unterrichtung der PKzl. Erfolgloser Vermittlungsversuch der Reichskanzlei (Mißverständnis, keine Übergehung der Parteistellen beabsichtigt; Berufung und evtl. spätere Versetzung L.s). Schließlich Zustimmung der PKzl. zu einem Kompromißvorschlag des RJM: Versetzung des Linzer Generalstaatsanwalts Köllinger nach Innsbruck, Ernennung L.s zum Nachfolger K.s in Linz oder zum Reichsanwalt beim Reichsgericht.
W/H   101 26824 – 50/1 (1511 b)

4. 2. 41   GL Lauterbacher   14788
In Anwesenheit Fricks und Bormanns Befragung Hitlers über die Möglichkeit etwaiger gebietlicher Veränderungen im Bereich des Gaues Süd-Hannover-Braunschweig der NSDAP zwecks Behebung der Schwierigkeiten im Salzgitter-Aufbaugebiet. Dabei folgende Entscheidungen H.s: Keine „gebietlichen Neuregelungen bzw. Grenzregulierungen im großen" während des Krieges, sondern erst bei der Reichsreform und der Bildung der Reichsgaue; bis dahin weder Teilung der Provinz Hannover noch Aufgehen Braunschweigs in Preußen; gegebenenfalls Zulassung örtlicher Bereinigungen oder des Austausches der Kreise Goslar und Holzminden. (Vgl. Nr. 14342 und 14831.)
H   101 24613 f. (1365 b)

4. 2. – 7. 4. 41   CdZ Elsaß, RKzl.   14789
Einwände Bormanns gegen den Vorschlag des GL R. Wagner, die neuen Gebiete im Westen nach Recht und Organisationsform der mit ihnen gemeinsam verwalteten angrenzenden Länder aufzubauen; Befürwortung einer reichsunmittelbaren Verwaltung entsprechend der erstmals in den neuen Reichsgauen des Ostens eingeführten Regelung und daher Billigung der vom Reichsverkehrsminister (RVM) und vom Reichsfinanzminister getroffenen Entscheidungen auf dem Gebiet der Wasserstraßenverwaltung (unter Überführung in den Haushalt des RVM Herausnahme des Verwaltungsaufwands für die Wasserstraßenverwaltung aus den Länderhaushalten und damit auch keine Aufnahme dieses Aufwands in den Haushalt des Chefs der Zivilverwaltung Elsaß). Dazu der RVM: Die Befürchtungen W.s hinsichtlich eines Einflußverlustes grundlos; Verbleiben der Wasserstraßenverwaltung im Elsaß bei der zuständigen badischen Abteilung, jedoch Notwendigkeit einer engen Verbindung mit den benachbarten Wasserstraßenbehörden am Rhein.
M/H   101 02531 – 40 (254)

4. 2. – 7. 6. 41   RJM, RKzl.   14790
Vorlage, Besprechung und Abänderung des Entwurfs einer Vierten Durchführungsverordnung zum Ehegesetz. Inhalt neben Vorschriften zur Angleichung des in der Ostmark, im Sudetenland und im Protektorat geltenden Rechts an das deutsche Recht insbesondere die allgemeine Neueinführung eines Eheverbots wegen Altersunterschieds (der Mann mehr als zwanzig Jahre älter oder mehr als zehn Jahre jünger als die Frau). Einspruch des StdF gegen die vorgesehene starre Regelung (mögliche Verhinderung von Ehen mit zu erwartenden Kindern; deren nur kurze gemeinsame Erziehung durch die Eltern einer Kinderlosigkeit der Frau, insbesondere in Anbetracht des derzeitigen Frauenüberschusses, vorzuziehen); Vorschlag einer elastischen Kann-Regelung: Ermächtigung der Standesbeamten, bei beträchtlichem Altersunterschied vor der Eheschließung eine Entscheidung des – mit Richtlinien zu versehenden – Landgerichtspräsidenten herbeizuführen. Nach Festhalten des Reichsjustizministers an der von ihm vorge-

schlagenen Regelung und nach Ablehnung Lammers', diese nicht dringende Frage Hitler vorzutragen, Zurückstellung des Eheverbots wegen Altersunterschieds bis nach dem Kriege.
H   101 27569–87 (1524)

5. 2.–[3. 5.] 41   (SS-Richter b. RFSS ?)   14791
Stellungnahme Bormanns zu einem Gnadengesuch des wegen Notzucht, Rassenschande u. a. (Vergewaltigungen von Jüdinnen und Polinnen nach sadistischen Handlungen) vom SS- und Polizeigericht Berlin III dreimal zum Tode verurteilten SS-Oschaf. Maier Edler v. Weinertsgrün. Trotz der für M. sprechenden Punkte (Bewährung im Volkstumskampf in der Tschechoslowakei, dortige Verurteilung wegen Hochverrats, Tod seiner Frau an den Folgen der Haft) und der sich darauf beziehenden Gnadenempfehlungen der zuständigen SS-Dienststellen keine Befürwortung eines Gnadenerweises. (Entscheid Hitlers: Ablehnung.)
H   101 28449–54 (1550)

Nicht belegt.   14792

6. 2. 41   RArbM   14793
Kritik an den öffentlichen und Partei-Dienststellen wegen unzureichender Führung der Arbeitsbücher.
A   101 06759 f. (548 a)

[7. 2. 41]   AA   14794
Unterrichtung der Gauleitung Wien über eine Vereinbarung des Reichsaußenministers mit dem StdF über die Abwicklung des Verkehrs zwischen Parteidienststellen und Auswärtigem Amt ausschließlich über das Referat Partei. (Vgl. Nr. 14195.)
M/H   203 00954 (33/1)

8. 2. 41   RL, GL, VerbF, RPresseK   14795
Durch Bormann Bekanntmachung eines Erlasses der Reichspressekammer (Verteilung religiösen Schrifttums an Wehrmachtangehörige nur durch die Wehrmachtseelsorge, nicht durch zivile kirchliche Stellen; deshalb Unterbindung der in religiösen Zeitschriften zu findenden Aufforderungen zur Bestellung des Blattes für bzw. zur Weitergabe an Wehrmachtangehörige).
W/H   107 00283 f. (192)

10. 2. 41   AA   14796
Bitte Krügers (Stab StdF) um einen Termin für eine Besprechung mit Ges. Luther am 13. 2. 41.
M   203 00953 (33/1)

10. 2. 41   RL, GL, VerbF   14797
Rundschreiben Bormanns: Vorlage außenpolitischer Reden oder Teile von Reden bei Hitler mindestens zehn Tage vor dem vorgesehenen Vortragstermin; andernfalls von vornherein Versagung der Genehmigung.
W   107 00285 (192)

[10. 2. 41]   SSHA   14798
„Nicht unerhebliche" Verstimmung zwischen Heß und Brauchitsch wegen einer Weigerung B.s, wie gebeten zu einer Besprechung zu H. zu kommen (B. zu einer Besprechung in seinem Hauptquartier bereit).
W   107 01281 f. (399)

10. 2.–14. 3. 41   RMfdkA, Lammers   14799
Gegensätzliche Auffassungen des StdF und des Reichskirchenministers (RKiM) über einen braunschweigischen Gesetzentwurf zur Einführung einer Beitragserhebung durch die Religionsgesellschaften im Lande Braunschweig. Stellungnahme des RKiM: Hinweis auf den Erlaß Hitlers, alle nicht kriegswichtigen Gesetze zurückzustellen, und auf seine Anordnung, das Verhältnis von Staat und Kirche nicht unnötig zu belasten; begreifliche Erregung der Kirchen angesichts der Unmöglichkeit infolge kriegsbedingter Verhältnisse, die erforderliche eigene Beitragsverwaltung aufzubauen. Stellungnahme des StdF: Einklang des Gesetzes mit den Bestimmungen des Reichskonkordats durch die Gewährleistung des Rechts auf Selbstfinanzierung; durch das von den Kirchen seit längerer Zeit erwartete Gesetz keine Beunruhigung zu befürchten; Wertung des Gesetzes als kriegswichtig im Hinblick auf die Notwendigkeit, Erfahrungen für die nach dem Krieg unbedingt erforderliche Änderung des derzeitigen Kirchen-

steuerrechts zu sammeln; und anderes. Entscheidung H.s gegen den Gesetzentwurf, um einer Neuregelung des Kirchensteuerrechts im Altreich nicht vorzugreifen. Bei Mitteilung an das RKiM Bitte der Reichskanzlei, die Ablehnung nicht mit H.s Anordnung zu begründen, alle das Verhältnis des Staates und der Partei zur Kirche belastenden nicht unbedingt notwendigen Maßnahmen zu vermeiden: In letzter Zeit in einer Reihe von Fällen Billigung von den Kirchen als gegen sich gerichtet empfundener Maßnahmen durch H.
M/H   101 00913 – 36 (152)

11. – 19. 2. 41   Lammers   14800
Mitteilung Bormanns über eine Beschwerde des Stellvertretenden Gauleiters von Kärnten bei Hitler: Einziehung von drei beschlagnahmten Klöstern (St. Paul i. L., Tanzenberg und St. Georgen a. L.) zugunsten des Reiches statt der von H. verfügten Einweisung in das Vermögen des Reichsgaues. Durch Lammers Unterrichtung des Reichsinnen- und des Reichsfinanzministers über H.s Entscheidung.
H   101 21873 f. (1271 a)

11. 2. – 18. 3. 41   Lammers, GL Hessen-Nassau   14801
Durch Bormann Bitte an Lammers um Unterrichtung Kerrls über folgende Weisung Hitlers: Keinesfalls weitere Verfolgung früherer Pläne einer Zusammenfassung der evangelischen Kirchen. Nach entsprechender Informierung der Gauleiter Bericht des Sachbearbeiters für Kirchenfragen des Gauleiters von Hessen-Nassau, Stv. GL e. h. StSekr. Reiner, an B. über fortdauernde Bemühungen des Reichskirchenministers (RKiM) um eine Vereinheitlichung der evangelischen Kirchen: Nach der Ablehnung von drei Verordnungsentwürfen (Regelung der innerkirchlichen Zuständigkeiten in der Deutschen Evangelischen Kirche, Sicherung der geistlichen Versorgung in den Gemeinden, Sicherung der geistlichen Betreuung der Pfarrer) durch die Mehrzahl der Landeskirchen (Ausnahme: Anhänger der Bekennenden Kirche) Beauftragung des Leiters der Deutschen Evangelischen Kirchenkanzlei (DEKK), Werner, mit der Weiterführung dieser Bemühungen in dem Bestreben, die Gesetzesmaterie auf dem Wege der Verordnung durch den Leiter der DEKK zu ermöglichen; Befürchtung eines neuen Aufflammens des Kirchenstreits durch den Erlaß solcher Verordnungen wegen des unvermeidlichen Protestes der ns. geleiteten Landeskirchen (Altpreußen, Sachsen, Nassau-Hessen, Thüringen, Schleswig-Holstein, Anhalt); Gefährdung einer „einheitlichen Ausrichtung des deutschen Volkes auf Kampf und Sieg". Dazu B.: Das Vorgehen des RKiM eindeutig H.s Willen widersprechend (Bestrebungen zur Vereinheitlichung der evangelischen Kirchen nicht im Interesse der Nation liegend).
M/H   101 01521 – 37 (170 a)

11. 2. – 4. 4. 41   Prof. v. Arent, RKzl., LTheater Linz   14802
Stiftung Hitlers für das Landestheater Linz (Künstlerhonorar für Reichsbühnenbildner Prof. v. Arent sowie Gesamtausstattung für die Oper „Die Meistersinger von Nürnberg"): Über Bormann Liquidation und Abrechnung; Korrektur und Erstattung der Kosten (RM 3000.– und ca. RM 87 000.–).
H   101 21198 – 210 (1253)

11. 2. – 17. 9. 41   Lammers   14803
Bedenken des Reichsernährungsministers (REM) und des Reichswirtschaftsministers (RWiM) gegen eine durch Bormann übermittelte Weisung Hitlers, Moore wegen ihrer günstigen Beeinflussung des Klimas nicht mehr zu kultivieren: Keine Wasserregulation oder Klimabeeinflussung durch die Moore, Hervorhebung des gesundheitlichen Nutzens einer Entwässerung (REM); Vorbehalte wegen des eintretenden Ausfalls wichtiger Roh- und Hilfsstoffe (RWiM). Beauftragung des Generalinspektors für Wasser und Energie mit der weiteren Behandlung dieser Frage nach dem Übergang der Wasserwirtschaft auf ihn (Führererlaß vom 29. 7. 41).
M   101 02205 – 15 (208)

12. 2. 41   RMdI   14804
Übersendung der im Ministerialblatt verkündeten Richtlinien für das Verfahren in Entschädigungssachen nach der Kriegssachschäden-Verordnung.
H/W   101 08639 – 40/9 (643 a)

12. 2. 41   AA   14805
Übersendung eines ˙Berichts über die soziale Arbeit der Nationalen Gemeinschaft im Protektorat.
M   203 01635 (48/4)

12. 2. 41   CdZ Lothringen   14806
Übersendung einer Anordnung zur Prüfung der Rückkehranträge von evakuierten und ausgesiedelten
Lothringern (Einrichtung einer Spruchstelle u. a.).
A   101 23817 – 20 (1339)

12. 2. 41   SS-Gruf. Heydrich   14807
Durch Bormann übermittelte Weisung Hitlers, dem Marinemaler Bock eine auf seine Kosten „tadellos
hergerichtete Judenwohnung" zu übergeben.
H   101 21194 (1250 a)

12. 2. – 12. 12. 41   Lammers, RMfWEuV, OKH, PrFM   14808
Durch Bormann übermittelter Wunsch Hitlers, die staatlichen Internate zahlenmäßig auszudehnen und
(wie bereits bei den Nationalpolitischen Erziehungsanstalten geschehen) dem „hervorragend tüchtigen"
SS-Ogruf. Heißmeyer zu unterstellen; Absicht, in den zu schaffenden Knaben- und Mädcheninternaten
die bisherigen Schüler konfessioneller Internate, die Kinder von Beamten, Offizieren, Politischen Leitern und anderen Eltern mit familiär oder dienstlich (Versetzungen u. ä.) bedingten Erziehungsschwie-
rigkeiten sowie besonders begabte Kinder aus Arbeiter-, Bauern- und Handwerkerfamilien unterzubringen.
Absicht des Reichserziehungsministers (REM), den Kreis der aufzunehmenden Kinder möglichst weit
zu halten und keine Standesschulen zu schaffen. Die durch das OKH angebotene finanzielle Beteiligung
vom StdF und anderen abgelehnt; besondere Förderung der Heimschulen durch den StdF. Einspruch
des Preußischen Finanzministers (PrFM) gegen die vom REM geplante Umwandlung bereits bestehender Schulen in Heimschulen und deren (die Herauslösung aus der allgemeinen Schulverwaltung bedeutende) Unterstellung unter die Inspektion der Nationalpolitischen Erziehungsanstalten; ferner Kritik an
der Schaffung einer eigenständigen Inspektion der Deutschen Heimschulen; Vorschlag, beide Inspektionen zu vereinigen. Die Stellungnahme des PrFM nach Ansicht B.s nicht im Einklang mit der Entscheidung Hitlers (Unterstellung *aller* staatlichen Internate unter Heißmeyer); die Umwandlung von Schulen
eine legitime Möglichkeit, die von Hitler gewünschte zahlenmäßige Ausdehnung der Internate zu erreichen. Akzeptierung dieser Auffassung schließlich auch durch den PrFM und den Reichsfinanzminister.
K/W   101 16305 (956 b); 101 16319 – 43 (956 c)

[13. 2. 41]   Dr. Broneske   14809
Erwartung des Bessarabien-Umsiedlers Broneske (früher dort wohl Leiter einer der volksdeutschen Or-
ganisationen und nach der Umsiedlung zugunsten von Andreas Schmidt kaltgestellt), durch Heß und
Himmler empfangen zu werden (offenbar zum Zweck einer Besprechung der Konflikte um die Führung
der Rumäniendeutschen [SS-Gruf. Berger, Sch., Korruptionsfälle usw.]).
W/H   107 01293 ff. (401)

13. 2. – 17. 3. 41   PräsKzl.   14810
Zustimmung Bormanns zur Einführung der reichsrechtlichen Vorschriften über das Erlöschen der Fi-
deikommisse in den eingegliederten Ostgebieten.
W   101 16470 f. (969 a)

13. 2. – 2. 4. 41   A. Michalski, AA   14811
Gesuch einer Anni Michalski (Krefeld) wegen Ferntrauung mit ihrem Verlobten Joseph Roth, interniert
in Baviaansport (Pretoria). Weiterleitung an das Auswärtige Amt.
M   203 00982 – 85 (33/2)

13. 2. – 7. 5. 41   AA   14812
Übersendung von ˙Berichten über die Feindpropaganda, die besetzten und angegliederten Gebiete be-
treffend.
M   203 00600, 687 – 94 (28/4)

13. 2. – 8. 12. 41   PräsKzl., RMarschall, RKzl., RMdI   14813
Einspruch des StdF (i. V. Bormann) gegen die Annahme eines Vermächtnisses des 72jährigen Michael
Fürst Radziwill (Grundbesitz im Kreis Ostrowo/Wartheland im Werte von 5 Mio. RM nach seinem
Tode) durch Hitler und gegen die durch Verordnung des Reichsmarschalls erfolgte Zuweisung des Vermächtnisses an die Reichsstiftung für deutsche Ostforschung: R. – was H. offenbar nicht bekannt – polnischer Staats- und polnischer Volkszugehöriger (daneben allerdings auch Besitzer eines – jedoch kaum
benutzten – deutschen Passes), Hochstapler und Heiratsschwindler, ferner internationales Hauspersonal
und Verhältnisse mit Jüdinnen; im übrigen das Vermächtnis jederzeit widerrufbar, also offenbar nur der

Versuch, freie Verfügung über den Besitz zu erlangen; Vorschlag, R.s Vermögen zu beschlagnahmen. Entsprechende Entscheidung H.s nach einem Vortrag des GL Forster und auf Grund der Beurteilung R.s durch B.: Unmöglichkeit, von „einem solchen Menschen" eine Schenkung anzunehmen; diese außerdem unnötig und die daraus für R. erwachsende Rente vermeidbar durch Aufrechterhaltung der Beschlagnahme. Damit auch Einverständnis Görings („kein Interesse" an R.). Stellungnahme B.s gegen einen Verzögerungsversuch Meissners: Kein Anlaß für eine Aufhebung der Beschlagnahme, R. zweifellos kein Volksdeutscher; Einverständnis auch des GL Greiser (durch diesen R. bereits im vergangenen Jahr verhaftet); Aufforderung an den Reichsinnenminister (RMdI), wegen der Staatsangehörigkeit R.s „das Notwendige zu veranlassen". Dazu der RMdI: R. zwar zweifellos deutscher Staatsangehöriger und diese Staatsangehörigkeit auch vom Landgericht Berlin in seinem Ehescheidungsprozeß anerkannt, zudem Bestreiten R.s, je polnischer Staatsangehöriger gewesen zu sein; diese zweifelhafte Rechtslage jedoch unerheblich angesichts politischer Erwägungen (eine Aufhebung der Vermögensbeschlagnahme bei Feststellung deutscher Staatsangehörigkeit oder auch nur Staatenlosigkeit unumgänglich, eine solche jedoch „dem Willen des Führers" widersprechend; die Frage der Staatsangehörigkeit R.s mithin „bereits von höchster Stelle entschieden und damit der Nachprüfung durch das Gericht entzogen").
H 101 16462–90 (969 a)

14. 2. 41 AA 14814
Übersendung eines *Berichts der tschechischen Emigrantenzeitung New Yorkské listy über Spaltungen in der sudetendeutschen sozialdemokratischen Partei.
M 203 00584 (28/3)

Nicht belegt. 14815

[14. 2.–11. 3. 41] AA 14816
Für einen – dann nicht erschienenen – Artikel in der Zeitschrift „Berlin–Rom–Tokio" Lebensbeschreibung des Ges. Martin Luther: 1936 Eintritt als stellvertretender Personal- und Verwaltungschef in die Dienststelle Ribbentrop, Beauftragung mit dem Aufbau und der Leitung der Parteiberatungsstelle, nunmehr Leiter der Abteilung Deutschland des Auswärtigen Amtes.
M/H 203 00274/6–12 (22/4)

15. 2. 41 AA 14817
Übersendung eines *Berichts über eine Pressekonferenz in Prag und über die Beeinflussung der tschechischen Presse durch den Pressereferenten im Amt des Reichsprotektors.
M/H 203 00583 (28/3)

17. 2. 41 RKzl. 14818
Die seit dem Anschluß Österreichs erstrebte Angleichung der wirtschaftlichen Verhältnisse an die des Altreiches infolge der Kriegserfordernisse nicht im notwendigen Maße durchführbar; ein zur Verhinderung des weiteren Abgleitens der ostmärkischen Wirtschaft und zur Gewährleistung einer ruhigen politischen Entwicklung von den Reichsstatthaltern und Gauleitern der Ostmark entworfenes detailliertes Programm für die Festigung der Wirtschaft Hitler durch Schirach in den Grundzügen vorgetragen; H.s Wunsch nach baldiger ernsthafter Überprüfung des Programms von Bormann an Lammers weitergegeben mit der Bitte um entsprechende Unterrichtung des Beauftragten für den Vierjahresplan und – innerhalb dessen Zuständigkeit – verschiedener Ressorts.
A 101 24350–57 (1358 b)

17. 2. 41 OKW 14819
Übersendung einer Verfügung über die Durchführung des Heldengedenktages 1941.
M 203 02470 ff. (74/2)

20. 2. 41 (ParteiDSt.) 14820
In einem Rundschreiben Bormanns Erinnerung an den Wunsch des StdF, Einsender von Eingaben vor Nachteilen wegen unsachlicher oder beleidigender Äußerungen zu schützen (ausgenommen Urheber „wirklich böswilliger" Verleumdungen), und Bekanntgabe folgender Grundsätze insbesondere bei Beschwerden über staatliche Dienststellen oder Einzelpersonen: Keine Einsichtnahme des Beschwerdegegners in eine Eingabe, erforderlichenfalls Übersendung eines von allen beleidigenden Äußerungen gereinigten Auszugs; strafrechtliche oder parteigerichtliche Verfolgung böswilliger Verleumdungen nur mit Zustimmung B.s.
W/H 107 00279 f. (192)

20. 2. 41   RL, GL, VerbF   14821
Durch Bormann Erinnerung an die Weisungen des Chefs der Reichskanzlei über die Genehmigung von Auslandsreisen und Betonung der unbedingten Notwendigkeit, rechtzeitig auf dem Dienstweg über den StdF das Einverständnis des Auswärtigen Amts einzuholen.
W   107 00286 (192)

20. 2. 41   Schwarz — 26   14822
Bericht Speers über den Stand der städtebaulichen Arbeiten in den Gaustädten (Festlegung der Neugestaltungsstädte, Planungsgrundsätze, Planungsstand in den einzelnen Städten sowie in den noch nicht als Neugestaltungsstädte eingestuften Gaustädten); dieser zugleich Abschlußbericht der allgemeinen Tätigkeit S.s für die Gaustädte als Beauftragter für Bauwesen im Stab StdF.
W   108 00532/12 — 28 (1733)

20. 2. 41   AA   14823
Übersendung eines *Aufsatzes über die Verhältnisse in Norwegen aus der Saturday Evening Post.
M   203 00582 (28/3)

20. 2. 41   OKW   14824
Aufforderung, in Anbetracht der schlechten Versorgungslage von der Verlegung weiterer Stäbe und Dienststellen nach Brüssel abzusehen.
K/H   101 11365 (675)

20. 2. — 15. 5. 41   Lammers, Darré   14825
Kontroverse zwischen Darré und Bormann über den Auftrag Hitlers an Todt, die Leitung der gesamten Energie- und Wasserwirtschaft zu übernehmen. Auffassung B.s: Die Entscheidung H.s unumstößlich, Diskussion nur noch über die Formulierung im einzelnen möglich; Hervorhebung der Notwendigkeit, entgegen der Auffassung D.s T. für die Durchführung dieser Aufgabe eine eigene Oberste Reichsbehörde zur Verfügung zu stellen. Stellungnahme D.s: Bisher noch keine Mitteilung über diese Führerentscheidung an sein Ministerium ergangen; Hinweis auf den Arbeitsbrauch der Regierung, vor einer Entscheidung H.s die Meinung der zuständigen Fachminister einzuholen.
M   101 03642, 644 — 50 (377)

20. 2. — 23. 7. 41   AA, Dt. Ges. Bern u. a.   14826
Grundsätzliche Ablehnung der Märchenliteratur durch die PKzl. (Klopfer) anläßlich einer Stellungnahme zu von dem Reichsdeutschen Richard Klimsch (über die Deutsche Gesandtschaft in Bern) zwecks Verwendung für das Winterhilfswerk eingereichten illustrierten Märchen: Unheilvolle Wirkung auf Kinder durch die Einflößung von Furcht und durch die Verzauberung der Welt; infolge dieser Jugendeindrücke Wehrlosigkeit der Menschen „gegen jeden kirchlichen oder pfäffischen Aberglauben".
M/H   203 00496 ff. (28/2); 203 00592 — 95 (28/4)

21. 2. 41   AA   14827
Übersendung eines *Aufsatzes über Hitler aus der amerikanischen Zeitschrift Current History and Forum.
M   203 00581 (28/3)

21. — 22. 2. 41   Lammers   14828
Durch Bormann übermittelte, auf einer Meldung des GL Eigruber beruhende Weisung Hitlers, die notwendigen Bewilligungen für den Ausbau der unteren Enns in zwei Stufen zur Deckung des gesteigerten Strombedarfs der Stadt Linz umgehend auszusprechen (die Baubewilligung bisher an der „egoistischen und kapitalistischen Einstellung der Alpenenergie-Werke" gescheitert). Durch Lammers die Bearbeitung „unverzüglich in Angriff genommen".
H   101 03643 — 45 (377)

21. — 25. 2. 41   Lammers, Kerrl   14829
Von Bormann übermittelter Wunsch Hitlers nach Einstellung der laut GL Grohé vom Reichskirchenminister immer noch geleisteten freiwilligen Zahlungen an die Kirchen. Bitte Lammers' an Kerrl um eine Darlegung des Sachverhalts.
W   101 00979 — 82 (153 a)

22. 2. 41   Lammers   14830
Mitteilung Bormanns über Äußerungen Görings in einer Unterredung mit Hitler am 19. 2.: Befürwortung einer Liquidierung Preußens nach dem Kriege; Anregung, Ostpreußen schon jetzt zu einem Reichsgau zu machen. Weisung H.s, letzteres umgehend vorzubereiten. (Vgl. Nr. 14832.)
H   101 00209 (132); 101 24612 f. (1365 b)

22. 2. 41   Lammers   14831
Mitteilung Bormanns über einen Besuch Görings bei Hitler am 19. 2., dabei u. a. Vortrag der im Salzgitter-Gebiet bestehenden Schwierigkeiten. Deren Lösung, so G., entweder durch Austausch der Kreise Holzminden und Goslar oder durch Zusammenfassung Braunschweigs und des Regierungsbezirks Hildesheim zu einem eigenen Reichsgau unter Klagges als Gauleiter. Entscheidung H.s nach Vorlage einer Karte: Lediglich Tausch Holzmindens gegen Goslar. (Vgl. Nr. 14342, 14788 und 15000.)
H   101 24612 f. (1365 b)

24. 2. 41   RKzl.   14832
Von Bormann mitgeteilte Stellungnahme Görings zur „Schaffung des Reichsgaues Ostpreußen": „Militärischer Gründe wegen" nicht sofort, sondern erst in etwa acht Wochen; infolgedessen Bitte, Hitlers Entscheidung über Ostpreußen vorläufig nicht weiterzugeben. (Vgl. Nr. 14830.)
H   101 00210 ff. (132); 101 24567 (1365)

24. 2.–16. 5. 41   E. Karlson, AA   14833
Eingabe des Umsiedlers Emil Karlson (Posen) wegen der Verhaftung seiner beiden Söhne Harald und Erik durch die „Bolschewiken" in Riga aufgrund seiner politischen Betätigung in Lettland zugunsten Großdeutschlands. Weiterleitung an das Auswärtige Amt. Dessen Antwort: Die Rücksiedlung der beiden Söhne und weiterer Angehöriger K.s nach Deutschland bereits erfolgt.
M/H   203 01012 – 16 (34/1)

24. 2. 41 – 11. 3. 42   ROL, RKfdsozW, Lammers, Popitz   14834
Auf Anfrage Bormanns Stellungnahme Leys zum Gewicht des – von B., Lammers und Popitz favorisierten – Eigenheimbaus im Rahmen des Nachkriegswohnungsbauprogramms: Durchführung des Wohnungsbaus in vier Formen (Kleinsiedlung, Eigenheim, Volks- und Geschoßwohnung); Kinderreichtum eine Frage der inneren Haltung, nicht – wie oft behauptet – der Wohnform oder der Wohnortgröße; ein umfangreicher Eigenheimbau in den zu Unrecht angefeindeten Großstädten nicht möglich; Nachteile des Eigenheims der im Vergleich zur Geschoßwohnung geringere Wohnungseffekt und die Minderung der in den Nachkriegsjahren erforderlichen Mobilitätsbereitschaft; dennoch Absicht der Schaffung möglichst vieler Einfamilienreihenhäuser (zunächst auf Mietbasis), Maßnahmen zur Sicherung des hierfür erforderlichen Bodens bereits in die Wege geleitet; Zahlenangaben über das Verhältnis Eigenheime – Geschoßwohnungen z. Zt. nicht möglich. Widerspruch B.s: Eindeutig negative Wirkung der Großstadt auf die Kinderzahl, ein Ausgleich nur durch Förderung des Kinderreichtum begünstigenden Eigenheimbaus in den Mittel- und Kleinstädten möglich; tiefer Wunsch des deutschen Menschen nach Eigenheim und Verwurzelung mit dem Boden. Dazu Ley: Der Gegensatz ein Mißverständnis; im ersten Nachkriegsjahr zwar Vorrang der Geschoßwohnungen, aber der Anteil der Eigenheime am Gesamtbauvolumen mindestens 50%.
W   101 19373 – 402 (1175)

25. 2. 41   Lammers   14835
Mitteilung Bormanns: Zu einem Bericht des GL Hildebrandt Entscheidung Hitlers, dem ehemaligen großherzoglich-mecklenburgischen Hausmarschall Bernhard v. Hirschfeld (Schwerin) wegen seiner vom Sondergericht jetzt zum zweiten Mal und zwar mit 15 Monaten Gefängnis bestraften staatsfeindlichen Gesinnung (Vergehen gegen das Heimtückegesetz durch „hetzerische Äußerungen" über Hitler u. a.) jegliche Pension (auch die gemäß Entscheidung des Reichsernährungsministers weitergezahlte Staatspension) zu streichen und in ähnlichen Fällen grundsätzlich analog zu verfahren.
A/H   101 05118 ff. (449)

26. 2. 41   AA   14836
Durch die Adjutantur des StdF Bitte um Weiterleitung eines *Briefes des StdF an Sven Hedin (Stockholm).
M   203 00993 (33/2)

26. 2. – [12. 3.] 41   Himmler   14837
Auf Vorschlag Bormanns Beförderung des SS-Rottenführers Willy Klumpp zum SS-Untersturmführer.
M   306 00681 ff. (Klumpp)

26. 2. – 2. 9. 41   AA   14838
Durch die Ernennung des Apostolischen Administrators des Bistums Aachen zum Apostolischen Administrator der Gebiete von Eupen und Malmedy ausgelöste und später bei verschiedenen aktuellen Anlässen (Besetzung der Bischofsstühle in Budweis und Prag, Bestellung eines Apostolischen Administrators für den deutschen Teil der Diözese Lomza) wieder aufgenommene Bitte des StdF, beim Vatikan die Ausdehnung des dem Reich gemäß Konkordat bei der Bischofsernennung zustehenden Rechts der politischen Zustimmung sowohl – räumlich – auf die neuen Reichsgebiete als auch – sachlich – auf die Bestellung mit bischöflichen Vollmachten versehener kirchlicher Amtsträger (Bistumsverweser, Kapitularvikar, Prälat nullius usw.) zu betreiben; in die Form von Bitten gekleidete detaillierte Anweisungen für das dem Vatikan bzw. dem Nuntius gegenüber gewünschte Vorgehen. Nach einiger Zeit an die PKzl. Übersendung des vom Reichsaußenminister genehmigten Entwurfs einer dem Kardinalstaatssekretär zu überreichenden Verbalnote. Zustimmung der PKzl. mit dem Ersuchen, nicht nur Elsaß, Lothringen und Luxemburg, sondern auch die ebenfalls noch nicht eingegliederten Gebiete der Untersteiermark, Kärntens und Krains in der Note ausdrücklich zu erwähnen. Entsprechende Einfügung durch das Auswärtige Amt.
H   202 00312 – 18, 324 f., 329 ff., 333 f., 336 – 46 (4/1 – 12)

27. 2. 41   AA, Dt. Ges. Preßburg   14839
Übersendung eines *Berichts über die Pressearbeit in der Slowakei.
W   203 00274/13 (22/4)

27. 2. – 6. 3. 41   Lammers   14840
Auf Anordnung Hitlers Übernahme der Rechnungsführung in seiner Adjutantur und Intendantur durch Bormann. Zur Regelung von Versorgungsangelegenheiten Bitte B.s um Übersendung einer Liste aller unter die Anordnung vom 27. 9. 38 fallenden Angehörigen der Adjutantur und des Begleitkommandos. Dazu Übersendung einer Personalaufstellung nach dem Stande vom 1. 3. 41 durch Lammers.
K/H   101 16408 ff. (967 b)

28. 2. 41   AA   14841
Übersendung eines *Aufsatzes über den „Donaukanal im einst so fröhlichen Wien" aus dem Christian Science Monitor.
M   203 00579 (28/3)

28. 2. – 4. 4. 41   Lammers   14842
Auf Wunsch Hitlers (jeweils von Bormann übermittelt) Bereitstellung von RM 500 000.– und, nach Erschöpfung dieser Mittel, weiteren RM 500 000.– in italienischen Devisen für Direktor Posse zum Ankauf von Kunstwerken aus italienischem Besitz.
H   101 29228 – 34 (1649 a)

1. – 6. 3. 41   Lammers   14843
Durch Bormann über Lammers Weiterleitung eines Befehls Hitlers an die zuständigen Berliner Stellen, wie von den GL Schirach und Jury schon vergeblich beantragt die bisherigen Zuteilungen der Reichswasserstraßenverwaltung (zum Reichsstatthalter Niederdonau) und des Regierungsforstamts (zum Reichsstatthalter Wien) auszutauschen.
H   101 24956 ff. (1389 a)

1. – 14. 3. 41   GL Baden, AA – 8   14844
Über den Verbindungsstab Bitte der Gauleitung Baden um zweckdienliche Schritte für die Rückkehr der 1939 vor den Franzosen in die USA geflohenen Frau des jetzigen Kreisleiters von Mühlhausen/Elsaß, Hans Peter Murer. Antwort des Auswärtigen Amts: Frau M. gesund und ohne Not, eine Rückkehr erst nach Kriegsende beabsichtigt.
M/H   203 00988 ff. (33/2)

1. – 14. 3. 41   Lammers   14845
Mitteilung Bormanns über Wünsche Hitlers, geäußert zu Klagen der GL Schirach, Jury und Eigruber:

Einweisung der Reichsgaue in beschlagnahmten staatsfeindlichen usw. Besitz (der Standpunkt des Reichsfinanzministers, diese Vermögen in unmittelbaren Reichsbesitz zu überführen und den Reichsgauen, um der Gefahr ihrer Verselbständigung und Abtrennung vom Reich vorzubeugen, eigenen Besitz zu verweigern, von H. als „lächerlich und abwegig" bezeichnet); „schleunigste Änderung des derzeitigen öden Zentralismus" vieler Berliner Stellen (für die Beförderung von Torwarten zu Obertorwarten oder für die Verbesserung von Landwegen keine Entscheidung in Berlin erforderlich); Bewilligung von angemessenen Etats für die Reichsstatthalter mit weitestmöglichem Verfügungsrecht statt der bisherigen Kämpfe um jeden Etatposten. Daraufhin Meldung Lammers' über die Veranlassung der „nötigen Schritte".
H   101 05223 f. (452); 101 12802 f. (703); 101 21549 f. (1269 c); 101 25094—97 (1394)

1.3.—13.6.41   AA   14846
Übersendung von *Berichten über polnische Presse.
M   203 00527, 577 (28/3)

1.3.—27.6.41   Lammers, Frick   14847
Nach einer Beschwerde der GL Schirach, Eigruber und Jury über Schwierigkeiten mit dem Reichsinnenminister (RMdI) wegen der Einsetzung juristisch nicht vorgebildeter Landräte von Bormann weitergeleitete Entscheidung Hitlers gegen die Juristen zugunsten tüchtiger Männer ohne juristische Vorbildung. Rechtfertigung Fricks: Bei der Besetzung der 78 Landratsämter in der Ostmark Berücksichtigung von Gauleiter-Vorschlägen in 66 Fällen, vorbehaltlose Gauleiter-Zustimmung zu elf Vorschlägen des RMdI, Schwierigkeiten ausschließlich bei der Besetzung des Landratsamts Gmünd (Graf v. Merveldt, Pg. Eisenkolb, SA-Stubaf. Schmidhofer); Beteiligung des StdF bei allen Ernennungen; dementsprechendes Ergebnis einer Rückfrage bei den als beschwerdeführend genannten Gauleitern (keine Klage über die Besetzung der Landratsämter beim Führervortrag). In diesem Zusammenhang Darstellung der Personalpolitik des RMdI bei der Besetzung der Landratsämter: Eher Festhalten der Gauleiter am Fachprinzip, dagegen weitgehende Berücksichtigung von Nichtfachleuten durch den RMdI; Gewinnung von Altparteigenossen als Nachwuchs und Entstehung eines neuen Typs des politisch *und* fachlich bewährten höheren Verwaltungsbeamten (Parteigenossen mit Jurastudium und Verwaltungspraxis); Hinweis auf die Schwierigkeiten mit Nichtfachleuten (z. T. junge Parteigenossen) bei der Besetzung von Landratsämtern in den Reichsgauen im Osten; notwendige Reform der Verwaltungsausbildung in Zusammenarbeit mit dem StdF (künftige Leitung der Personalabteilung im RMdI durch MinDir. v. Helms [Stab StdF] und Schaffung einer neuen Ausbildungsordnung durch Helms). Laut B. Kenntnisnahme Hitlers von dem Schreiben des RMdI ohne Kommentar.
K   101 18242—68/1 (1136 b)

2.3.41   Lammers   14848
Mitteilung Bormanns über eine Weisung Hitlers zu den sich mehrenden Klagen der Verwaltung über Einziehungen zur Wehrmacht: Keine weiteren Uk.-Stellungen, sondern zunächst Arbeitszeitverlängerung in der Verwaltung.
M/H   101 07222 (582)

3.3.41   AA   14849
Übersendung eines *Presseausschnitts aus der Berner Tagwacht über die Verhältnisse in Norwegen.
M   203 00576 (28/3)

3.3.41   AA   14850
Übersendung eines *Aufsatzes der Neuen Zürcher Zeitung über die Lage der Kirchen in Norwegen.
M   203 00575 (28/3)

3.3.41   AA   14051
Übersendung eines *Aufsatzes der New York Times über die protestantische Kirche in Norwegen.
M   203 00574 (28/3)

[3.]—8.3.41   PrMPräs., RMdI, Lutze, RKzl.   14852
Einverständnis des StdF mit der Ernennung des GL MinR Lauterbacher zum Oberpräsidenten der Provinz Hannover unter Versetzung des bisherigen OPräs. Lutze in den Wartestand. Wegen des vom Reichsinnenminister reklamierten Gesuchs Lutzes um Wartestandsversetzung Hinweis des Stabs StdF

auf ein Schreiben Lutzes an Hitler vom 24. 4. 40 mit der Bitte, ihn wegen der ihm „übertragenen neuen Aufgaben" von seinem Amt als Oberpräsident der Provinz Hannover zu entbinden.
H   101 24571 – 81 (1365)

3. 3. 41 – 3. 3. 42   Lammers, Obgm. Essen u. a.   14853
Die von Bormann weitergeleitete Weisung Hitlers, zwei von dem ausgewanderten Bankier Hirschland durch das Folkwang-Museum in Essen erworbene Bilder von van Gogh („Stilleben") und Cezanne („Landschaft") gegen Erstattung des Kaufpreises an den Kunsthändler Haberstock ausliefern und im Ausland „gegen einen sehr bedeutenden alten Meister umtauschen" zu lassen, zunächst nicht ausführbar und offenbar nicht weiter verfolgt wegen Schwierigkeiten seitens des Oberbürgermeisters von Essen: Die Bilder ausgelagert und daher nicht – wie gewünscht – fotografierbar; Verfügungsvorbehalt des GL Terboven für diese Gemälde und zwar gerade mit Bezug auf das bekannte Interesse Haberstocks für französische Impressionisten.
H   101 29158 – 70 (1646 c)

4. 3. – 7. 4. 41   RJM, RKzl.   14854
Durch den Reichsjustizminister Vorlage des Entwurfs einer Verordnung über die Mitwirkung des Staatsanwalts in bürgerlichen Rechtssachen: Befugnis zur Teilnahme an und Äußerung in der Verhandlung; Möglichkeit für den Oberreichsanwalt beim Reichsgericht, bei „besonderer Bedeutung der Entscheidung für die Volksgemeinschaft" innerhalb eines Jahres nach Eintreten der Rechtskraft die Wiederaufnahme des Verfahrens zu beantragen. Dazu der StdF: Kritik an den – z.T. unvermeidlichen – Lücken und Nachteilen der vorgesehenen Regelung (Erhöhung der Rechtsunsicherheit, Ermunterung für Querulanten, Vermehrung der Instanzen, usw.), indes Verzicht auf die Anmeldung von Bedenken bei Berücksichtigung einiger Ergänzungen (Recht für den Staatsanwalt, auch das Ruhen des Verfahrens zu beantragen und selbständig Rechtsmittel einzulegen; frühere Unterbindung der Vollstreckbarkeit eines „an sich rechtskräftigen" Urteils); insgesamt Kritik an der lediglich gegen die Wirkungen, nicht aber gegen die Ursachen („immer wieder" mit den ns. Anschauungen unvereinbare Urteile) angehenden Verordnung.
H   101 27389 – 403 (1520)

5. 3. 41   Prof. Messerschmitt, GenLt. Bodenschatz, Lammers   14855
Vorschlag des Prof. Messerschmitt, den Generalluftzeugmeister, GenOberst Udet, anläßlich seines 45. Geburtstags zum Ehrendoktor einer Technischen Hochschule zu ernennen; Bitte, dafür die Genehmigung Hitlers einzuholen: Wärmste Unterstützung dieses Wunsches durch den StdF; Zustimmung H.s.
H   101 18656 – 61 (1151 b)

[5. 3. 41]   CdZ Elsaß   14856
In den Meinungsverschiedenheiten zwischen dem Reichserziehungsminister und dem Chef der Zivilverwaltung im Elsaß (CdZ), GL R. Wagner, über die haushaltsmäßige Behandlung der Universität Straßburg und über die Ernennung der Professoren für Straßburg (Reichsuniversität oder CdZ-Etat) Bitte W.s um Herbeiführung einer Entscheidung Hitlers.
K/H   101 15478 f. (940 a)

6. 3. 41   AA – 8   14857
Die Verwendung des Briefkopfes „Der Gaubeauftragte Schlesien der Dienststelle des Beauftragten der NSDAP für außenpolitische Fragen im Stab StdF" sowie der Bezeichnung „Gaubeauftragter des Auswärtigen Amtes" (AA) Anlaß zu Irrtümern; Bitte, im Dienstverkehr mit dem AA die Amtsbezeichnung in der Gauleitung zu verwenden.
M   203 00957 (33/1)

6. 3. 41 – 12. 5. 42   GL Eigruber, RMdI, RKzl.   14858
Bitte der GL Eigruber, Jury u. a. um Belassung ihrer Vertreter (mit Referenten-, nicht Repräsentantenfunktion) in Berlin. Laut Mitteilung des Reichsinnenministers Hitler auf E.s Vorstellungen hin angeblich zur Überprüfung seiner früher ablehnenden Haltung (vgl. Nr. 14666) bereit; jedoch Warnung vor der Herausbildung neuer Gesandtschaften und der Beeinträchtigung des „Einheitsreichs"; im Rahmen der Vertretung wirtschaftlicher Interessen die Wünsche der Gauleiter allerdings nicht unberechtigt. Durch die PKzl. Anhörung einer Reihe von Gauleitern; dabei solche – vielfach aus den Vertretungen der Länder beim Reich entstandenen – Vertretungen allgemein für unentbehrlich gehalten; im übrigen nach Auskunft des GL Sauckel eine grundsätzliche positive Entscheidung H.s bereits gefallen (von ihm am

künftigen Runden Platz in Berlin die Vertretung des Reichsgaus Thüringen vorgesehen). Einverständnis zwischen PKzl. und Reichskanzlei, vorläufig keine neue Entscheidung H.s herbeizuführen.
A/H   101 23007−16, 018−21 (1310 a)

7.−25. 3. 41   RKzl.−11   14859
Unter Berufung auf eine Bemerkung Hitlers Bitte um Mitteilung über die bei der Partei für die Nachprüfung von Erfindungen zuständige Stelle. Antwort: Bearbeitung sämtlicher wehrtechnischer Fragen (so Croneiß' Korrektur der ursprünglichen Angabe Bormanns: Erfindungen auf den Gebieten Flugzeug- und Motorenbau sowie Kriegsmarine) durch das Referat für technische Fragen im Stab StdF in enger Zusammenarbeit mit den Wehrmachtdienststellen; Zuständigkeit des Hauptamts für Technik für Zuschriften mit allgemein technischem Inhalt.
M/H   101 03350−56 (341); 101 07440 (588 b)

7. 3.−10. 4. 41   RArbF, RL, GL   14860
Durch Bormann Bekanntmachung von Richtlinien des Reichsarbeitsführers für die Behandlung von Theologen (Theologiestudenten und Abiturienten mit der Absicht, Theologie zu studieren) im Reichsarbeitsdienst: Keine Sonderstellung; keine Verwendung im Innendienst; keine Schikanen hinsichtlich religiöser Betätigung, jedoch Verbot jeglicher kirchlichen Werbung; u. a.
W   107 00269 ff. (192)

7. 3.−9. 5. 41   RKzl. u. a.−11   14861
Bitte um Nachprüfung der Erfindungen eines Bruno Leindorf (Berlin): „Energiestrahler" und „Fliegendes Tauchboot". Ablehnende Stellungnahmen des Referats für technische Fragen im Stab StdF und des OKM; Übersendung des "Merkblatts „Richtlinien für Erfindervorschläge und Anregungen".
M/H   101 03350 ff., 354 f., 357−65 (341)

7. 3.−24. 5. 41   RKzl., RMdI   14862
Mitteilung Heß' an Frick und Lammers über eine Entscheidung Hitlers: Verpflichtung der Beamten, Aufsichtsrats-Tantiemen und sonstige Nebenbezüge an eine zentrale Kasse abzuführen, Einkünfte aus eigenen Unternehmungen oder − soweit erlaubt (z. B. Schriftstellerei) − außerberuflicher Tätigkeit ausgenommen; Bitte an F., die erforderliche Anordnung mit sofortiger Wirkung zu erlassen. Der Entwurf eines entsprechenden Schreibens F.s an die Obersten Reichsbehörden jedoch nach Vorlage bei L. hinfällig: Hitler von L. informiert über das Bestehen einer solchen Regelung schon seit langer Zeit, deshalb lediglich eine Erinnerung an die genaueste Befolgung der Bestimmungen erforderlich (ihre Änderung oder Verschärfung nicht erwogen).
A/H   101 05393−409 (459 a)

7. 3.−30. 5. 41   RKzl. u. a.−11   14863
Unter Beifügung u. a. der ablehnenden Stellungnahme des Reichsverkehrsministers zur Einführung der Lentz-Ventilsteuerung bei den Lokomotiven der Reichsbahn (keine Materialersparnis oder Betriebsverbesserung feststellbar) Bitte um Überprüfung dieser Erfindung des BauR Hugo Lentz (Berlin). Befürwortung der Erfindung durch das Referat für technische Fragen in der PKzl. unter Hinweis auf die im Ausland erzielten Erfolge.
M/H   101 03371−77 (341)

7. 3.−[17. 11.] 41   RMdI, RJM, GBV   14864
Infolge der in nächster Zeit zu erwartenden Einführung des Personenstandsgesetzes in den eingegliederten Ostgebieten Wegfall der bisherigen Bedenken gegen die dortige Einführung des Gesetzes zur Verhütung erbkranken Nachwuchses und des Gesetzes zum Schutze der Erbgesundheit des deutschen Volkes (Ehegesundheitsgesetz); durch den Reichsinnenminister Vorlage einer entsprechenden Verordnung: Gültigkeit der in den beiden Gesetzen enthaltenen Vorschriften je nach Volkstumszugehörigkeit (in der Regel nicht für „Schutzangehörige").
K/H   101 13705−09, 012−19 (721 a)

8. 3. 41−27. 7. 42   RMfWEuV   14865
Im Gegensatz zur zunächst abgegebenen Stellungnahme später Befürwortung einer Zurückstellung der Pensionierung des nichtarischen („Mischling 2. Grades") Zoologen Prof. Karl v. Frisch (München) durch die PKzl. wegen der ernährungspolitischen Wichtigkeit der Arbeiten F.s.
M/W   301 00295−311 (Frisch)

9. 3. — 19. 7. 41   RJM, Lammers   14866
Strafverfahren vor dem Sondergericht München gegen zwei Großmetzger und 35 Hotel- und Gaststätteninhaber in München, Garmisch-Partenkirchen und Bad Wiessee, darunter die „ersten Münchner Betriebe", wegen „Verschiebung von 300–400 Zentnern Fleisch": Hitlers (durch Bormann dem Reichsjustizminister übermittelte) Weisung vom März, das Verfahren durchzuführen und den Gastwirten unter Verhängung „sehr hoher Geldstrafen" „schwere Zuchthausstrafen" im Wiederholungsfalle anzudrohen, von ihm im Juli nach Vorlage einer Liste über die Einkommens- und Vermögensverhältnisse der Beschuldigten trotz Bedenken des GL A. Wagner bestätigt.
H   101 28296/1 — 302 (1542 a)

10. 3. 41   Lammers   14867
Entscheidung Hitlers (nach Vortrag Bouhlers) über die künftige Regelung des Buchverbots: Ausdehnung des bisher dem Reichspropagandaminister (Promi) vorbehaltenen Rechts, bei der Gestapo das Verbot des Erscheinens von Büchern oder die Beschlagnahme bereits erschienener Bücher zu beantragen, auf B. (als Leiter der Parteiamtlichen Prüfungskommission); endgültige Entscheidung durch den Promi innnerhalb einer Frist von drei Wochen, nach Fristablauf die Anträge B.s ohne weiteres genehmigt.
A   101 05722 f. (479 a)

10. — 17. 3. 41   RStatth. Thüringen   14868
Auf Aufforderung des StdF (Anlaß Beschwerden aus der preußischen Verwaltung) Vorlage einer Denkschrift über die Verwaltungsführung in den Landkreisen: Die Klagen der Landräte über ihre Gleichrangigkeit mit den Fachverwaltungen berechtigt; eine dem Grundsatz von der Einheit der Verwaltung entsprechende eindeutige Unterstellung der Sonderbehörden unter den – auch optisch besser zu besoldenden – Landrat unbedingt erforderlich, Aufrufe zu guter Zusammenarbeit beim Staatsaufbau (wie in einer Rundverfügung des Reichsinnenministers vorgesehen) nicht ausreichend. Dabei Hinweis auf die etwas bessere Lage in Thüringen infolge der – leider jetzt wieder verwässerten – Frickschen Verwaltungsreform von 1930: Alle Fachverwaltungen Abteilungen des Landrats bei allerdings räumlich „großen Landkreisen", dadurch auch Entbehrlichkeit der Regierungspräsidenten und Möglichkeit der Kongruenz von Partei- (Ortsgruppe – Kreis – Gau) und staatlicher (Gemeinde – Kreis – Land) Gliederung. Fazit: Ein restloses Gelingen der Aufprägung der erfolgreichen Organisationsgrundformen der Partei auf den Verwaltungsapparat des Staates nur möglich bei durchgreifendem Gebrauch der jetzigen Befehlsgewalt des Generalbevollmächtigten für die Reichsverwaltung über die Ressortministerien.
H   101 25100 — 08 (1394 a)

11. 3. 41   GL Baden — 1/10   14869
Übersendung eines im Kreis Bühl aufgefundenen *Flugblatts „Amerika fordert: Schluß damit".
M/H   203 01285 (42/2 b)

11. 3. 41   Lammers   14870
Durch Bormann übermittelte Kritik Hitlers an der unwürdigen Unterbringung von Standesämtern; Anordnung, Standesämter in geeignete schöne Räume (Schlösser) zu verlegen, um den feierlichen Rahmen standesamtlicher Handlungen zu gewährleisten.
K   101 18322 (1137 a)

11. 3. — 17. 10. 41   GenBauR München, RKzl.   14871
Der Widerstand des Reichsstatthalters in Bayern (RStB) gegen die Forderung des Generalbaurats für die Hauptstadt der Bewegung (GBR), Giesler, sein Interessengebiet auf den Starnberger See und dessen Umgebung sowie später auf weitere Randgebiete Münchens auszudehnen, von der Reichskanzlei (RKzl.) zunächst unterstützt (die fehlende Rechtsgrundlage für G.s inzwischen getroffene Maßnahmen beanstandet) – bis zum Erhalt einer vertraulichen Mitteilung Bormanns: G.s Maßnahmen auf Weisung Hitlers erfolgt, die Auffassung des RStB H. „rundweg abgelehnt". G.s Konzept: Nicht Beschränkung auf Repräsentativbauten und Stadtkerngestaltung, sondern eine in ihrer Großzügigkeit dem künftigen „Mittelpunkt der europäischen Kultur" angemessene Gesamtplanung eines in seine ländliche Umgebung langsam übergehenden „Stadtorganismus". Die Rückzugsvorbereitungen der RKzl. durch eine von B. nach einem Besuch H.s bei G. übermittelte Weisung unterbrochen: Unterrichtung des RStB über H.s Wünsche; Vorbereitung eines Erlasses mit der Ermächtigung für G., seine Befugnisse auf die für die Gesamtplanung Münchens wichtigen Gebiete auszudehnen; dabei Zuständigkeitsabgrenzung zwischen der Reichsstelle für Raumordnung (lediglich grundsätzliche Fragen der übergeordneten Planung, z. B. Eignung einer Stadt als Standort bestimmter militärischer Anlagen oder gewerblicher Unternehmen) und dem GBR (deren Einfügung in die Stadt). Nach vier Monaten Beschwerde G.s bei B.: Die von H. ver-

langte Anordnung noch nicht erlassen. Aufforderung B.s an Lammers, „nunmehr umgehend" das Notwendige zu veranlassen; Vermeidung eines Vortrags bei H., „um unnötigen Ärger zu vermeiden". Rechtfertigung L.' (infolge des Ausmaßes der Wünsche G.s eine Fühlungnahme mit verschiedenen Ressorts erforderlich) und – nach einer Ressortbesprechung – Meldung der erzielten grundsätzlichen Einigung der Beteiligten (das Absehen B.s „von einem Vortrag beim Führer dankbar begrüßt").
H   101 17101 – 25 (1020)

12. 3. 41   RL, GL, VerbF   14872
Richtlinien des StdF für politische Beurteilungen: Zwar Berücksichtigung des Vorliegens oder Fehlens soldatischer Tugenden, jedoch aus soldatischer Tapferkeit noch nicht automatisch politische Zuverlässigkeit zu folgern: Grundsätzlich unterschiedliche Voraussetzungen für den militärischen und den politischen Führer.
W/H   107 00362 f. (192)

13. 3. – 29. 7. 41   Erzbf. Waitz, Bf. Rusch, Lammers   14873
Protest des Fürst-Erzbischofs von Salzburg und des Apostolischen Administrators von Innsbruck bei Lammers und Heß gegen das Verbot der Jugendseelsorge (mit Ausnahme des gesetzlichen Religions- und des Firmunterrichts) im Reichsgau Tirol-Vorarlberg; Hervorhebung des Widerspruchs dieser Maßnahmen zu Äußerungen Hitlers und zu den Verfassungsgesetzen; Hinweis auf den Unterschied zwischen dem Auflösen religiöser Organisationen und dem Verbot der Seelsorge als solcher: Ein Verzicht auf die Seelsorge (Glaubensverkündigung, Spendung der Sakramente, u. a.) gleichbedeutend mit Selbstaufgabe. Nach Auffassung Bormanns vor einem eventuellen Vortrag bei Hitler die Einholung der anders lautenden Stellungnahme der GL Uiberreither (von Ui. daraufhin unter Hinweis auf die ganz anders gearteten Verhältnisse in seinem Gau der Verzicht auf seine Stellungnahme erbeten), Hofer und Rainer zur Beurteilung dieses Problems unbedingt erforderlich: Keinerlei Unruhe in der Bevölkerung durch deren Maßnahme, hingegen „natürlich" Bemühungen der Bischöfe und Pfarrer, eine gewisse Unruhe zu erzeugen. Nach erfolgter Genehmigung des Erstkommunionunterrichts erneute Bitte der Bischöfe an L., auch ihr Gesuch in bezug auf die Kinder-, Jugend- und Studentenseelsorge zu befürworten.
M/H   101 01777 – 90 (178 a)

13. 3. 41 – 8. 1. 42   AA   14873 a
Weiterleitung der *Schadenersatzeingabe einer Else Dürkopp (Strausberg) aufgrund einer Einberufungsweisung an das OKH. (Hier: Rückfrage der PKzl.)
M/H   203 01068 f. (35/2)

[15. 3. 41]   RSD   14874
Keine Einwendungen des StdF gegen die von Himmler vorgeschlagene Ernennung von Hitlers Flugkapitän Baur zum Oberst der Schutzpolizei.
H   101 17836 – 39 (1104)

15. 3. – 4. 4. 41   RL, GL, VerbF, OKW   14875
Durch Bormann Bekanntmachung einer Anordnung des OKW über die Wehrmachtseelsorge: Keine Verbindung militärischer mit religiösen Feiern; keine Vorträge von Wehrmachtgeistlichen über Themen außerhalb des religiösen Bereichs; Heranziehung bei Beerdigungen nur bei einwandfreier Feststellung der Konfessionszugehörigkeit des Verstorbenen.
W/H   107 00276 ff. (192)

15. 3. 41 – 25. 5. 43   RJM, RKzl. u. a.   14875 a
Vorschlag des Reichsjustizministers, durch Änderung des Reichshaftpflichtgesetzes eine Gefährdungshaftung für Starkstrom- und Gasleitungen einzuführen. Billigung des nach einer Ressortbesprechung übersandten *Gesetzentwurfs durch die PKzl.
K/H   101 13319 – 32 (711 a)

16. 3. 41   GL   14876
Parteiaktion „Deutsche Frauen helfen siegen" zur Deckung des Bedarfs an weiblichen Arbeitskräften: Aufruf Heß' an die Gauleiter zum tatkräftigen Einsatz (dabei Hinweis auf das von Hitler verfügte Verbot von Zwangsmaßnahmen); Anordnung A 10/41 des StdF (Verbreitung der geplanten Rede Heß'; Durchführung von Versammlungen; Auslegung von Meldelisten; Richtlinien für die Beratung der sich meldenden Frauen).
W   101 09332 – 35 (652)

[16. 3. 41]   GL Bracht   14877
Erwägungen, zwischen Kattowitz und Pleß eine neue Gauhauptstadt von Oberschlesien zu errichten
(Begründung: Kattowitz wegen der umliegenden Kohlevorkommen nicht genügend erweiterungsfähig),
zwar von Hitler verworfen (die Kosten zu hoch, das Projekt unmittelbar nach dem Kriege nicht durch-
führbar), jedoch Absicht Heß' und Himmlers, den Plan trotzdem Hitler noch einmal vorzulegen.
H   101 24568 ff. (1365)

17. 3. – [12. 5.] 41   Himmler, Prof. A. Schmidt   14878
Auf Wunsch Hitlers Befassung des StdF und seines Referats für technische Fragen mit der Erfindung
des SS-Obf. Prof. Albrecht Schmidt (Frankfurt/Main; Großraum-Verdiesung im Ärmelkanal zwecks Invasion Großbritanniens). Infolge des Englandfluges Heß' Stocken der Angelegenheit.
W   107 01272 – 79 (399)

18. 3. 41   RMdI   14879
Vorlage des *Entwurfs einer Zweiten Anordnung über die Entschädigung der im Reichsgebiet entstan-
denen Nutzungsschäden; Einladung zu einer Besprechung.
H   101 08641 f. (643 a)

[18. 3. – 7. 4. 41]   RMdI, RKzl.   14880
Zustimmung des StdF zu einem Vorschlag des Reichsinnenministers, den Leiter der staatsrechtlichen
Abteilung im Stab StdF, MinDir. Walther Sommer, zum Präsidenten des „voraussichtlich binnen kur-
zem" zu errichtenden Reichsverwaltungsgerichts zu ernennen. Nach Vortrag Lammers' ebenfalls Zu-
stimmung Hitlers. (Vgl. Nr. 14753.)
H   101 19031 – 39 (1161 c)

18. 3. – 14. 6. 41   LGruL Schwarz, SS-Gruf. Wolff – 7   14881
Durch GL Bohle an SS-Gruf. Wolff Übersendung eines Berichts des Landesgruppenleiters Palästina,
Schwarz, über die unter den dortigen Deutschen bestehenden Widerstände gegen die von ihm entspre-
chend dem Willen Hitlers betriebene Werbung für die Rücksiedlung ins Reich. Zusage W.s, bei der
Rücksiedlung die „bestgeeigneten Ansetzungsmöglichkeiten" auszunützen.
W   102 00070 – 75 (186)

19. 3. 41   RKzl.   14882
Mitteilung über die Bitte des Leiters des Deutschen Fremdenverkehrs, StSekr. Esser, um Erwirkung ei-
nes Führerentscheids dahingehend, die Zweckentfremdung von Hotels und Pensionen durch Reichs-
und Länderbehörden sowie durch die Dienststellen der Partei und ihrer Gliederungen nur mit seiner –
E.s – Genehmigung durchführen zu lassen.
K   101 18321 (1137 a); 101 20181 (1201 b)

19. 3. 41   AA   14883
Übersendung einiger *„Propaganda-Schlager" der Deutschen Informationsstelle.
M   203 01283 (42/2 b)

19. 3. – 5. 4. 41   RMdI, RFM   14884
Durch den Reichsinnenminister Übersendung des *Entwurfs einer Vierten Durchführungsverordnung
zum Führererlaß über Gliederung und Verwaltung der Ostgebiete: Neugliederung der Behörden der beiden Reichsstatthalter und Ausgliederung der Sonderverwaltungen. Einspruch des Reichsfinanzministers
gegen die im Zuge der Neugliederung vorgesehene Neueinrichtung von (sechs) Hauptabteilungen mit
entsprechender Vermehrung der Abteilungen (von acht auf 28) und gegen die damit verbundenen Hö-
hergruppierungen; Hinweis auf die in den Ostgebieten bestehende Aufgabenverteilung zwischen Regierungspräsident (Verwaltung) und Reichsstatthalter (Steuerung).
H   101 08822 – 27 (646 a)

[20. 3. 41]   SS-Brif. Berger   14885
Laut Aktenvermerk bei Durchsicht der Namen in anderen Dienststellen als Verbindungsführer eingesetzter SS-Führer auf Stubaf. Passe gestoßen, Verbindungsmann zwischen OKW und Stab StdF; nach
Bestellung zu sich in P. einen „sehr ordentlichen SS-Führer" gefunden; Bereitschaft P.s, „gern auch mit
uns in Verbindung zu bleiben"; die Themen der letzten Besprechungen zwischen Stab StdF, Reichsmarschall und OKW (Berechtigung der SS zum Tragen feldgrauer Uniformen; Grußpflicht Wehrmacht –

Waffen-SS; Beerdigung auf Ehrenfriedhöfen); Vereinbarung mit P.: Weiterhin Orientierung über die Verhandlungen zwischen Stab StdF und OKW zwecks „rechtzeitigem Eingreifen" des Reichsführers-SS.
K/H   102 01225 f. (2254)

20. 3. 41   RL, GL, VerbF   14886
Durch Bormann Versendung der (in erster Linie auf kirchlichen und kirchlich beeinflußten Presseorganen als Quellen aufbauenden) Schrift „Was sagen die Weltkirchen zu diesem Krieg?" von Matthes Ziegler für den Dienstgebrauch.
W   107 00257 f. (192)

20. 3. – 28. 4. 41   AA, DAF, RMfdkA   14887
Durch das Auswärtige Amt Weiterleitung italienischer Klagen über die Behinderung der zur Betreuung der italienischen Arbeiter in Deutschland eingesetzten italienischen Priester durch die DAF. Ergebnis von Besprechungen darüber: Einvernehmen über die Einschränkung der Tätigkeit der italienischen Priester auf die rein seelsorgerische Betreuung, u. a.; Herausgabe einer Anweisung für italienische Geistliche. Verzeichnis der eingesetzten Pfarrer.
M/H   203 01542 – 48 (48/1)

21. 3. – 23. 4. 41   RArbM, GL   14888
Durch Bormann Übersendung eines an die Gauleiter gerichteten Rundschreibens (Ablehnung einer Wohnungszwangswirtschaft durch Hitler; nach dem Krieg Durchführung „wirklich ganz umfassender Maßnahmen" zur Beseitigung der Wohnungsnot) an den Reichsarbeitsminister als Antwort auf dessen Anfrage.
W   101 19250 f. (1171 b)

21. 3. – 29. 5. 41   GBV   14889
Keine Bedenken Bormanns gegen die Beibehaltung der Sommerzeit auch im Winter 1941/42.
H   101 21230 f. (1256 a)

22. 3. 41   RMfVuP   14890
Im Hinblick auf die politische Bedeutung des Staatsbesuchs des japanischen Außenministers Matsuoka Weisung Hitlers, die Feierlichkeiten mindestens in gleichem Stil aufzuziehen wie bei den Besuchen Cianos; um die Teilnahme der Angehörigen der Obersten Reichsbehörden in größerem Umfang als bei früheren ähnlichen Veranstaltungen zu gewährleisten, Bitte des Propagandaministers an die Berliner Dienststellen von Partei, Staat und Wehrmacht, ihre Beamten und Angestellten zur Teilnahme an den Feierlichkeiten zu verpflichten. Dazu Übersendung eines Arbeitsplans zum Staatsbesuch (Zeitplan, Bevölkerungsbeteiligung, Berichterstattung u. a.).
K   101 25812 – 20/1 (1456 a)

[22. 3.] – 25. 4. 41   RM a. D. Schmitt, RKzl.   14891
In einem Schreiben an Göring Einwände von RM a. D. Kurt Schmitt gegen den – angeblich auf eine grundsätzliche Entscheidung Hitlers zurückgehenden – Beschluß, die Verstaatlichung der gesamten Gebäudefeuerversicherung vorzubereiten: Im Interesse des Außenhandels Notwendigkeit, sie in privater Hand zu belassen; dies auch zweckmäßig angesichts der Überschaubarkeit des Risikos in diesem Versicherungszweig im Gegensatz zu den ausgefallenen Risiken z. B. bei der Transportversicherung der großen Überseeschiffe; ausführliche Erörterung der Vorteile der Privatversicherungen gegenüber einer staatlichen Versicherungsgesellschaft; Angebot, bei – in der Regel aus sozialen Gründen – Vorliegen besonderer Wünsche, etwa für das große Siedlungsbauprogramm, wie bei der Jagdhaftpflicht eine Zwangsversicherung zu niedrigsten Kosten durch die zu einem Zweckverband zusammenzuschließenden privaten Gesellschaften zu schaffen. Dagegen Befürwortung einer Verstaatlichung des gesamten Versicherungswesens durch Bormann: Die Abhängigkeit der Leistungsfähigkeit der Versicherungsunternehmen von der Größe der Ausgleichsmöglichkeiten der zu versichernden Risiken stärkstes Argument für eine Verstaatlichung; Leistungsfähigkeit und Kapitalkraft einer staatlichen Versicherungsgesellschaft auch im internationalen Versicherungsgeschäft den konkurrierenden ausländischen Gesellschaften wegen ihrer günstigeren Bedingungen überlegen; neben solchen kaufmännischen Gesichtspunkten Befürwortung einer Verstaatlichung vor allem im Interesse der Volksgemeinschaft (Verbilligung der Versicherungsprämien durch Wegfall der Wettbewerbskosten und der Auseinandersetzungen der beteiligten Versicherungsgesellschaften über die Schadensregelung [z. B. bei Kraftwagenzusammenstößen], Verwendung der erzielten Gewinne in erster Linie zur Schadensverhütung [z. B. Vermehrung der Feuerschutzvorrichtungen] und nicht für die Dividenden der Aktionäre und die Tantiemen der Direktoren und Aufsichtsrats-

mitglieder); die – als Ziel der Entwicklung unvermeidliche – Verstaatlichung einer Reihe von Versicherungszweigen oder des gesamten Versicherungsgewerbes – eines Bruchteils der Wirtschaft – kein Signal für eine Verstaatlichung der Privatwirtschaft überhaupt.
M/H   101 04142 – 68 (407 b)

25. 3. 41   AA   14892
Bitte des MinR Heim (Stab StdF), z. Zt. Paris, einen Brief mit Wertsachen (Familienurkunden aus dem 18. Jahrhundert) an SS-Stuf. Engel (Mülhausen) weiterzuleiten.
M   203 02275 (58/1)

25. 3. 41   AA   14892 a
*Schreiben des Stabs StdF, die Rücksiedlung der Familie des Volksdeutschen Franz Treffler (z. Zt. Lager Sorau) betreffend. (Vgl. Nr. 15143.)
H   203 01031 (34/2)

25. 3. – [12. 7.] 41   AA   14893
Erwerb der von Napoleon unterschriebenen Ernennungsurkunde sowie von drei Briefen des Marschalls Michel Ney (geboren in Saarlautern) für GL Bürckel durch MinR Heim (Stab StdF), z. Zt. in Paris. Bezahlung und Versand.
M/H   203 02263 – 76 (58/1)

26. 3. 41   AA   14894
Übersendung eines *Berichts des Vertreters des Auswärtigen Amtes beim Reichsprotektor, den zweiten Jahrestag der Errichtung des Protektorats betreffend.
M   203 00981 (33/2)

26. 3. 41   RMfVuP   14895
Mit Rücksicht auf die Lage im Buchdruckereigewerbe vorläufig keine Herausgabe des vorgesehenen Amtsblattes des Reichspropagandaministeriums.
A   101 05603 (468)

[26. 3. 41]   RFM   14896
Bei der Anrechnung von NSDAP-Dienstzeiten auf das Besoldungsdienstalter die tatsächliche *Betätigung* des betreffenden Beamten in der NSDAP Voraussetzung; Erteilung einer Bestätigung darüber durch den StdF oder den zuständigen Gauleiter.
H   101 24408 f. (1361 a)

26. 3. – 2. 4. 41   Lammers, GL Sauckel   14897
Mitteilung Bormanns über das Einverständnis Hitlers mit der von GL Sauckel vorgeschlagenen Gründung eines Tabakwissenschaftlichen Instituts an der Universität Jena und über H.s Anweisung, den erbetenen Zuschußbetrag von RM 100 000.– zu zahlen; beigefügt die Vorlage S.s über Aufgaben, Organisation und personelle Besetzung des geplanten Instituts. Überweisung des Zuschusses durch Lammers.
K/H   101 14162 – 73 (745 b)

26. 3. – 23. 4. 41   GL, RArbM   14897 a
Rundschreiben Bormanns an die Gauleiter (und Unterrichtung des Reichsarbeitsministers) über Hitlers strikte Ablehnung eines ihm unterbreiteten Vorschlags, nicht oder nicht voll genutzte Räumlichkeiten durch Beschlagnahme für Wohungssuchende nutzbar zu machen (nach den gemachten Erfahrungen dadurch keine fühlbare Besserung der Wohnungsnot, sondern meist unerträgliche Verhältnisse; nach dem Kriege „wirklich ganz umfassende" Maßnahmen zur Beseitigung der Wohnungsnot).
H   101 19250 f. (1171 b)

26. 3. – 25. 4. 41   Lammers   14898
Mitteilung Bormanns: Auf Wunsch Hitlers Regelung der Pensionsbezüge für den am 18. 10. 40 aus der Adjutantur des Führers ausgeschiedenen SA-Ogruf. Wilhelm Brückner nach den Anordnungen vom 27. 9. 38 und Übernahme der Zahlungen durch die Reichskanzlei. Ausführung dieser Weisung durch Lammers.
K   101 16403 – 07 (967 a)

26. 3. – 10. 10. 41   RKzl.   14899
Durch Bormann übermittelte Urteilsschelte Hitlers: Die Zubilligung mildernder Umstände an den polnischen Landarbeiter Wolay Wojcieck durch das Landgericht Lüneburg („nicht die gleichen Hemmungen gegenüber weiblichen Mitarbeitern wie der deutsche Landarbeiter") völlig abwegig. Antwort der Reichskanzlei auf eine spätere Erkundigung der PKzl. über die „weitere Behandlung" der Angelegenheit durch den Reichsjustizminister: Bekanntgabe des „Abwegigen" durch Rundverfügung an alle Strafrichter und Staatsanwälte, Ablösung des Vorsitzenden und Auswechslung der Beisitzer der betreffenden Strafkammer.
H   101 28292 – 96 (1542 a)

27. 3. 41   AA, Dt. Botsch. b. Hl. Stuhl   14900
Übersendung eines Berichts der Deutschen Botschaft beim Heiligen Stuhl über die Begründung des Verbots des Buches „Erbpflege und Christentum" von Wolfgang Stroothenke durch den Vatikan im Osservatore Romano (27. 2. 41): Hervorhebung des sittlichen Wertes der Persönlichkeit unabhängig von ihren physischen und psychischen Eigenschaften, daher strikte Ablehnung der Euthanasie und der Sterilisierung.
M   203 02937 – 41 (85/1)

27. 3. 41   AA   14901
Übersendung eines *Artikels der amerikanischen Zeitschrift Life: I Was Beaten by the Gestapo.
M   203 00980 (33/2)

27. 3. 41   HA f. Technik   14902
Stellungnahme zu Anregungen des Reichsernährungsministers hinsichtlich der Ingenieurausbildung und -nachwuchssicherung: Klärung in einer vom zuständigen Reichserziehungsminister einzuberufenden Sonderbesprechung; der Einsatz von Kulturingenieuren in der technischen Beamtenlaufbahn eine interne Angelegenheit der Staatsverwaltung, eine Änderung der bisherigen Gebräuche jedoch zweifellos notwendig.
W   143 00033 (17/1)

27. 3. 41   (ParteiDSt.)   14903
Erinnerung des StdF an das in früheren Anordnungen ausgesprochene Verbot für Parteidienststellen, in Angelegenheiten von allgemeiner oder politischer Bedeutung (Gesetzgebung, Personalangelegenheiten und sonstige grundsätzliche Fragen) mit den Reichsministerien oder den Ministerien von Ländern mit mehreren Parteigauen (Preußen und Bayern) direkt zu verkehren.
W   107 00264 ff. (192)

27. 3. – 6. 5. 41   AA   14903 a
Auf die vom Stab StdF übermittelte *Eingabe eines Max Schubert (Werdau) Mitteilung: Die Rückführung des Friedrich Schubert durch die Deutsche Waffenstillstandskommission in Wiesbaden listenmäßig beantragt.
H   203 01023 (34/1)

27. 3. – 15. 9. 41   RMdI, RJM   14904
Auf Wunsch des Stabs StdF durch den Reichsjustizminister Ausarbeitung eines Verordnungsentwurfs zur Änderung der Ersten Verordnung zur Ausführung des Gesetzes zum Schutz des deutschen Blutes und der deutschen Ehre, um über die bestehenden gesetzlichen Bestimmungen hinaus mit falschen Angaben erschlichene Ehen für nichtig erklären zu können.
M   203 03069 – 75 (87/1)

[28. 3. 41]   RJF   14905
Meldungen des SS-Brif. Berger an Himmler: Durch Ges. Ludin Verhinderung der Teilnahme Schirachs als Vertreter des StdF an der Jahresfeier der Slowakei, scharfes *Schreiben Sch.s an den Reichsaußenminister; „in anderer Sache" ebenfalls scharfes *Schreiben des StdF, jedoch Hoffnung Ribbentrops, „durch Sturheit trotz allem sich durchzusetzen".
W/H   107 01164 – 73 (364)

[29. 3. 41]   Präs. LArbA Mitteldeutschland   14906
Übersendung einer Denkschrift über die Gleichstellung der ehemaligen Deutschen Nationalsozialisti-

schen Arbeiterpartei (Sudetenland) mit der NSDAP bei der Verleihung von Dienstauszeichnungen. (Erwähnung.)
M   306 00595 f. (Jung)

29. 3.– 21. 4. 41   AA   14907
Bitte des Stabs StdF um Mitteilung einer vor einiger Zeit abgegebenen Stellungnahme zu der Auswahl der Fremdsprachen in den Schulen der Grenzgebiete. Eine solche im Auswärtigen Amt nicht zu ermitteln.
M/H   203 01481 f. (47/2)

31. 3. 41   OKH, MilBfh. Frankreich, BfdVJPl.   14908
Durch das OKH Übersendung eines Erlasses: Zur Dienstanweisung für den Militärbefehlshaber in Frankreich vom 18. 3. 41 Hinweis Görings auf seine Weisungsbefugnis gegenüber der Wirtschaftsabteilung des Militärbefehlshabers zwecks Abstimmung der französischen Wirtschaft auf die deutschen kriegswirtschaftlichen Bedürfnisse.
K/H   101 11395 ff. (675)

[31. 3. 41]   StSekr. Schlegelberger   14909
Nach einem Gespräch mit Bormann über die Wünsche Hitlers hinsichtlich der Weitergabe seiner Urteilsschelten an die Oberlandesgerichtspräsidenten Ankündigung eines Briefes an H. in diesem Sinne; Bereitschaft B.s, diesen Brief H. zu übergeben; gegenüber Lammers Ausdruck der Hoffnung, damit für seinen – Schlegelbergers – Brief vom 10. 3. nunmehr „auf Aufnahmebereitschaft rechnen" zu können; Wunsch, B.s Angebot anzunehmen, um eine „neue Unmutswelle" zu vermeiden, jedoch Befürchtungen, damit L. vorzugreifen; Bitte um dessen Rat für die Behandlung dieser „Kardinalfrage für das Bestehen oder Nichtbestehen der Justiz".
K/H   101 26533 f. (1508)

[31. 3. 41]   Geschw. Köppen   14910
*Gnadengesuch fünf verheirateter Schwestern des durch Feldurteil des Obersten SS- und Polizeigerichts wegen Zersetzung der Wehrkraft und militärischer Unterschlagung (Drückebergerei und Öffnung sowie Verbrauch von zwei Paketen an Kameraden) zu zehn Jahren Zuchthaus verurteilten Schützen Heinrich Köppen.
H   101 28446 – 48 (1550)

1. 4. 41   AA   14911
Übersendung eines *Aufsatzes von Jan Masaryk im Evening Standard über das Protektorat.
M   203 00573 (28/3)

2. 4. 41   GL   14912
Unter Hinweis auf die von Hitler abgelehnte „kapitalistische Tendenz" des Aufkaufs kleiner Brauereien, Mühlen oder Elektrizitätswerke durch große Unternehmen Bitte Bormanns um genaue Angaben bei eventuellen Fällen nicht tatsächlich notwendiger Stillegungen kleiner Betriebe; Mitteilung über die demnächst erfolgende Übernahme der Leitung der gesamten Energie- und Wasserwirtschaft durch Todt.
W   107 00267 f. (192)

[2. 4.]– 23. 10. 41   Lammers   14913
Einvernehmen zwischen Reichsfinanzminister und StdF gegen eine etwaige Wiederaufrollung der Entschädigungsverfahren für Kriegsgeschädigte des Weltkriegs: Die Frage der Regelung von Auslandsschäden nach Hilfeleistungen in 14 000 Fällen (seit 1938) abgeschlossen. Ablehnende Stellungnahme auch Hitlers zu verschiedenen Denkschriften des GL R. Wagner über eine Entschädigung der im Jahre 1918 aus den Westgauen ausgewiesenen Volksgenossen: Eine befriedigende und sachlich zu rechtfertigende Regelung nach zwanzig Jahren nicht mehr durchführbar; die Wiedergutmachungsverordnung des Militärbefehlshabers in Belgien und Nordfrankreich (außenpolitische Gründe) sowie die Volkstumsschädenverordnung (Schäden jüngster Zeit betreffend) als Analogien nicht heranziehbar.
K/H   101 13364 – 73 (713)

[3. 4. 41]   RFSS   14914
Mitteilung Bormanns: Im Einvernehmen mit Hitler Ersuchen Görings, die Angelegenheit Bodelschwingh zunächst ruhen zu lassen.
K   102 00673 (1201)

4. 4. 41   RJM   14915
Bitte, der beabsichtigten Ernennung des OStA Paul Steimer (Düsseldorf) zum Generalstaatsanwalt beim
Oberlandesgericht in Kattowitz zuzustimmen.
K   101 26736 – 41 (1511 a)

4. – 8. 4. 41   Lammers, Rust   14916
Mitteilung Bormanns über die Entscheidung Hitlers, die durch die jüngsten Einberufungen der Landwirtschaft entzogenen Arbeitskräfte durch längerfristige Verpflichtung städtischer Jugendlicher zu ersetzen; maßgebliche Einschaltung der (auch über die Dauer von Schulschließungen entscheidenden) Gauleiter in die Aktion. Weiterleitung dieser Entscheidung an den Reichserziehungsminister durch Lammers.
W   101 09318 – 22 (652)

5. 4. 41   Himmler   14917
Mitteilung Bormanns: Vorlage des Plans einer Umorganisation der Obersten SA-Führung durch SA-Ogruf. Jüttner bei Hitler; die Anweisungsbefugnis des Reichskommissars für die Festigung deutschen Volkstums für das vorgesehene Hauptamt „Neubauerntum und Siedlung" durch J. zugesichert.
K   102 00559 (979)

5. 4. 41   RL, GL, VerbF   14918
Angesichts der Wohnungsnot Verbot Bormanns (auf Anregung Todts), weiterhin Wohnräume zu Bürozwecken zu verwenden; bei Mangel an Büroräumen Verwendung von Baracken.
W   107 00259 (192)

[7. 4. 41]   H. (Kuyl?)   14919
In der Kritik einer Helene Kuyl (Duisburg) am angeordneten Verschwinden der deutschen Schrift und an der Einführung der Normalschrift Hinweis auf eine Äußerung des StdF über die Bekämpfung der Uniformierung der Seelen in einer Rede vor HJ-Führern in Wien.
K/H   101 16067 – 70 (953)

7. 4. – 28. 5. 41   RMfWEuV, AA   14920
Einwände des Auswärtigen Amtes gegen den Vorschlag des StdF, die Hauptschulen (Ausleseschulen) für ausländische Schüler außer Italiener zu sperren: Eine solche Sperrung der deutschen Kulturpolitik nicht entsprechend; ausländische Privatschulen im Reich sowie Gegenmaßnahmen im Ausland für reichsdeutsche Kinder zu befürchten; die notwendige Ausnahme der Volksdeutschen von einer solchen Regelung gewiß Anlaß ausländischer Proteste; ein Sonderrecht für die Italiener ohne ein gleiches für die Kinder der übrigen Dreierpaktstaaten und der germanischen Länder nicht ratsam..
M/H   203 01477 – 80 (47/2)

8. 4. 41   Prof. K. Brandt   14921
Rückgabe des Köfferchens von Heim (Stab StdF) und Bitte um Weiterleitung an den z. Zt. in Paris befindlichen H.
M   203 01030 (34/2)

8. – 10. 4. 41   RM a. D. Schmitt, Lammers   14922
Aufgrund von Nachrichten über eine bevorstehende Verstaatlichung des Landerziehungsheims Schondorf Bitte des RM a. D. Kurt Schmitt, jede Störung des gegenwärtigen Betriebes bis nach Kriegsende zurückzustellen und Frau Reisinger die Leitung der Schule weiterhin zu überlassen. Stellungnahme Bormanns: Die Übernahme durch das bayerische Kultusministerium während des Krieges unsicher, daher zunächst Weiterführung des Landerziehungsheims wie bisher; generell jedoch die schulische Erziehung Aufgabe des Staates.
K   101 16245 – 48 (955)

8. 4. – 14. 5. 41   Lammers   14923
Mit der Bitte, auch im Bereich der Partei das Erforderliche zu veranlassen, Unterrichtung Bormanns über ein von Hitler gewünschtes Verbot, mit Kraftfahrzeugen an durch Luftangriffe entstandenen Schadensstellen vorbeizufahren. B.s Antwort: Übersendung eines inzwischen ergangenen umfassenden Führerbefehls über das Betreten solcher Schadensstellen (Berechtigung nur für zuständige Vorgesetzte und

Hoheitsträger; Verbot, von den eingesetzten Kräften Auskünfte und Berichterstattungen zu verlangen; u. a.).
H   101 08566 – 71 (642)

8. 4. – 17. 5. 41   RKzl., RJM   14924
Zustimmung des StdF zu dem Vorschlag, die Mitglieder des Volksgerichtshofs Schroers, Jedicke und Fischer nach jetzt abgelaufener Amtszeit wieder zu bestellen. Vollzug der Ernennungen.
H   101 27104 – 09 (1517 c)

9. 4. 41   AA   14925
Mitteilung einer Meldung der Deutschen Botschaft beim Heiligen Stuhl über den Besuch des japanischen Außenministers beim Papst: Gerüchte über eine angeblich bevorstehende Anknüpfung diplomatischer Beziehungen unbegründet.
M/H   203 01370 (45/1)

9. 4. 41   AA   14926
Übersendung eines *Aufsatzes über die wirtschaftliche und kulturelle Lage der Polen aus dem Manchester Guardian.
M   203 00572 (28/3)

9. – 14. 4. 41   Lammers   14927
Durch Bormann Übermittlung einer weiterzugebenden Weisung Hitlers an den Präsidenten des Volksgerichtshofs, Thierack: Wegen Th.s Unentbehrlichkeit Verweigerung der Erlaubnis, zur Truppe einzurücken und an die Front zu kommen. Weiterleitung durch Lammers.
H   101 27088 ff. (1517 b)

Nicht belegt.   14928

10. 4. 41   AA   14929
Übersendung von Presseausschnitten aus der tschechischen Emigrantenzeitung New Yorkské listy über die Zustände im Protektorat.
M   203 00567 – 71 (28/3)

10. 4. 41   RL   14930
Auf Veranlassung Bormanns vom OKW die Öffnung und Prüfung von Reichsleiter-Post im Rahmen der allgemeinen Briefüberwachung untersagt.
W   107 00261 (192)

[10.] – 30. 4. 41   RArbM, GBW   14931
Einverständnis des StdF mit dem *Entwurf einer Verordnung über den weiteren Ausbau der knappschaftlichen Versicherung. Ergänzungswünsche des Generalbevollmächtigten für die Wirtschaft.
W   101 04204/1 f. (408 a)

14. 4. 41   AA – 5   14932
Mitteilung des Personalamts des StdF über die beabsichtigte Annahme einer Einladung der Reichsfrauenführerin durch die Landesgruppe Italien der Auslands-Organisation; Bitte um Erteilung des Sichtvermerks.
M/H   203 02478 (75/3)

15. 4. 41   AA   14933
Übersendung eines dem Auswärtigen Amt übersandten annonymen *Schreibens.
M   203 02222 (57/4)

15. 4. – 20. 5. 41   AA, Kaiser-Wilhelm-Inst.   14934
Unter Hinweis auf den vorgesehenen Austausch einer ns. und einer faschistischen Bibliothek Bitte des Direktors des Kaiser-Wilhelm-Instituts für Kulturwissenschaft (Rom), Hoppenstedt, ihm zur Vervollkommnung seiner Bücherei Duplikate der für Italien bestimmten ns. Bücher zu überlassen. „Wärmste" Unterstützung dieses Wunsches durch den Stab StdF. Ablehnung durch das Auswärtige Amt: Ein Af-

front gegenüber der Faschistischen Partei; die Anschaffung dieser Bücher aus eigenen Mitteln – „an sich schon seine Pflicht" – H. unbenommen.
M/H   203 00255 – 62 (21/2)

16. 4. 41   AA   14935
Übersendung eines *Aufsatzes „Hitler's Dreams of Conquest Based on Plan of Englishmen" aus der Zeitschrift Newsweek.
M   203 00563 (28/3)

16. 4. 41   AA   14936
Übersendung eines Aufsatzes „Deutsche Soldatenbriefe" aus der schweizerischen Zeitschrift Weltwoche.
M   203 00564 ff. (28/3)

16. – 23. 4. 41   Lammers   14937
Durch Bormann Übermittlung der Anordnung Hitlers, die Tabakanbauflächen nicht zu vergrößern.
K   101 14187 ff. (745 b)

16. – 30. 4. 41   Lammers   14938
Durch Bormann Übermittlung der Entscheidung Hitlers, für die Benotung des Konfessionsunterrichts nicht mehr die Schulzeugnisse, sondern ein gesondertes Blatt zu benutzen; keine Wiedereinführung von Zensuren bei bereits praktiziertem Benotungsverzicht.
K   101 16001 – 05 (951 a)

18. 4. 41   AA   14939
Übersendung eines *Aufsatzes über die Germanisierung der böhmischen Länder aus New Yorkské listy.
M   203 00562 (28/3)

[19. – 23. 4. 41]   RMdI   14940
Beförderung des MinDirig. Gerhard Klopfer (Stab StdF) zum Ministerialdirektor.
H   101 20666 – 71 (1213 a)

19. – 24. 4. 41   Rosenberg, RKzl.   14941
Vorlage Rosenbergs: Entwurf eines Führererlasses über die Aufgaben der Hohen Schule und die Ergänzung ihres Forschungsmaterials (nach einer ersten Auswertung durch die Sicherheitspolizei Zuführung des bei der praktischen Gegnerbekämpfung in den eroberten Gebieten beschlagnahmten Materials für ihre Zwecke „zeitloser Erkenntnisgewinnung"). Anhörung des SS-Gruf. Heydrich durch Bormann: Einwände gegen eine im Text enthaltene Ausdehnung auf das Reichsgebiet; Grundsatz der Priorität der politisch-polizeilichen Arbeit, wissenschaftliche Bearbeitung des Materials erst in ihrem Gefolge. Darüber Mitteilung B.s an R. sowie über Äußerungen Hitlers: Keine Einschaltung der Sachbearbeiter R.s auf dem Balkan; Verbleib der Büchereien und Kunstgegenstände der im Reich beschlagnahmten Klöster an Ort und Stelle (keine Zentralisierung). (Vgl. Nr. 14947.)
H   101 20501 ff. (1212 b); 101 21687 – 92 (1269 d)

21. 4. 41   AA   14942
Hitler für baldigen Abschluß der Erörterungen über die Neugestaltung der Deutschen Akademie, daher Anmahnung der vom Auswärtigen Amt erbetenen Stellungnahme durch Bormann.
M   203 00233 (20/1)

21. – 30. 4. 41   AA   14943
Weiterleitung von *Schreiben (Prof. Brandt, Bormann) an MinR Heim (Stab StdF), z. Zt. Paris.
M   203 01026, 029 (34/1)

21. 4. – 29. 7. 41   AA   14944
Durch den Stab StdF Übersendung des *Arbeitsgesuchs eines Johannes Flachowsky (Radl b. Reichenberg). Anmahnung der Erledigung.
M/H   203 01034 ff. (34/2)

22. 4. 41   CdZ Elsaß   14945
Mitteilung einer Bilanz der „völkischen Säuberung" im Elsaß: Abnahme der Einwohnerzahl seit der

französischen Volkszählung vom März 1936 um 169 221; Aufschlüsselung der Abgeschobenen (über 23 000) und der „Evakuierten" (über 71 000) nach Gruppen.
A/W   101 23821 f. (1339)

22. 4. 41   RL, GL, VerbF   14946
In einem Rundschreiben Bitte Bormanns, zwecks Wahrung einer einheitlichen Linie vor der Aufnahme von Beziehungen zu flämischen Persönlichkeiten in jedem Einzelfall mit dem StdF Fühlung zu nehmen.
W   107 00260 (192)

23. 4. 41   Rosenberg   14947
Aufklärung einem Brief Bormanns vom 19. 4. (vgl. Nr. 14941) zugrunde liegender Mißverständnisse: Der Vorschlag für die Regelung der Beschlagnahme von Eigentum weltanschaulicher Gegner im Reichsgebiet dem Erlaß Hitlers über die Arbeit der Hohen Schule entsprungen (Unterscheidung zwischen dem für die polizeiliche Arbeit und dem für die Forschung relevanten Material; aus gegebenem Anlaß Notwendigkeit, letzteres vor dem polizeilichen Zugriff zu schützen, am besten dadurch, das gesamte beschlagnahmte Material unter der „Oberhoheit der Gauleiter" zu belassen); für den Südosten die – offenbar von Göring – beanstandete Erfassung von *Kunst*gegenständen mangels entsprechenden Materials überhaupt nicht relevant und auch nur in Analogie zu der Regelung im Westen vorgeschlagen (Nebenprodukt der Erfassung des feindlichen wissenschaftlichen und Archiv-Materials durch den Einsatzstab Rosenberg, lediglich korrekte Katalogisierung und Sicherung dabei „gefundener" Kunstgegenstände für H.); Hinweis auf die vom StdF angeordnete Uk.-Stellung der mit dieser „einzigartigen Gelegenheit der Erforschung der Juden- und Logenfrage" befaßten Parteigenossen.
W/H   145 00001 – 04 (2)

23. 4. – 19. 6. 41   Lammers, RGesundF   14948
Mitteilung Bormanns: Durch Hitler Übernahme von RM 30 000.– Planungskosten für die von ihm dem Reichsgesundheitsführer Conti in Auftrag gegebene Errichtung einer heilklimatischen Anlage im Gebiet Hochserfaus (Tirol). Zu dem späteren Wunsch C.s um Übernahme auch weiterer RM 32 766.07 von der Reichsärztekammer vorgeschossener Projektkosten sowie um Entscheidung hinsichtlich der Übernahme der Gesamtkosten zuvor von der Reichskanzlei die Feststellung der voraussichtlichen Gesamtsumme erbeten.
K/H   101 13961 – 73 (737 b)

23. 4. 41 – 14. 9. 44   RMfWEuV, RKF   14949
Zustimmung der PKzl. zu der vom Kurator beantragten Entfernung des volksdeutschen Professors Johann Hirschler von der Universität Posen und zur Verweigerung eines anderen Lehrauftrags für ihn wegen einer deutschfeindlichen Denkschrift vom Jahre 1919. Keine Bedenken der PKzl. gegen die Zuteilung eines Arbeitsplatzes am Kaiser-Wilhelm-Institut in Berlin.
M   301 00433 – 44 (Hirschler)

24. 4. – 19. 5. 41   RMfVuP, RMdI, RKzl.   14950
Bitte des Reichspropagandaministers um Zustimmung zu der vorgeschlagenen Ernennung des MinR Werner Naumann zum Ministerialdirektor. Durch den Reichsinnenminister und die Reichskanzlei Verweigerung der Zustimmung unter Hinweis auf das Alter N.s.
H   101 18641 – 50 (1150 c)

[24. 4.] – 21. 8. 41   RFM, Kerrl, Lammers   14951
Bitte des Reichskirchenministers (RKiM) um eine Entscheidung Hitlers in folgenden Angelegenheiten: 1) Verfügungsrecht über die durch den Etat des RKiM laufenden Haushaltmittel für die konkordatfreien Gebiete (Hinweis auf ein Rundschreiben des StdF an sämtliche Reichsstatthalter über eine direkte Zuweisung dieser Mittel an sie unter Bindung ihrer Verwendung an seine, des StdF, Zustimmung); 2) Streichung der zur persönlichen Verfügung des RKiM stehenden Haushaltmittel für das Altreich, einer der letzten ihm noch zustehenden Befugnisse, sowie Streichung der Pfarrbesoldungszuschüsse des preußischen Haushalts (Hinweis auf ein Schreiben des StdF an den Reichsfinanzminister, keine Zahlungen an die Kirchen ohne gesetzliche Verpflichtungen zu leisten); in beiden Fällen Berufung des StdF auf Entscheidungen H.s. Dazu Mitteilung Lammers' über seinen Vortrag bei H.: Zu 1 die Auffassung des StdF in Übereinstimmung mit dem Standpunkt H.s; zu 2 Beanstandung der vom StdF aus seiner Entscheidung gezogenen Folgerungen: Keine Streichung der zur persönlichen Verfügung des RKiM ste-

henden Mittel, jedoch Wunsch, sie nicht zu freiwilligen Zuwendungen für Kirchenbauten u. ä. zu verwenden; Anordnung, staatliche Zuschüsse an die Kirchen in gleichem Umfang wie bisher weiterzuzahlen, selbst bei einer fehlenden Rechtsverpflichtung (z. B. bei den preußischen Pfarrbesoldungsbeihilfen, Einstellung der Zuschußzahlungen indes in der Ostmark und im Sudetenland bei voll ausgebautem Kirchenbeitragswesen); Wunsch, eine Herabsetzung des Gehalts der evangelischen Geistlichen zu vermeiden. Bericht Bormanns über die äußerst günstige Finanzlage der Kirchen zur Widerlegung der im Schreiben des RKiM an H. geäußerten Auffassung über eine Gefährdung der finanziellen Lage der Kirchen bei einem Abbau der Staatsleistungen: Bei der Entscheidung H.s, selbst bei fraglicher Rechtsverpflichtung weiterhin Zahlungen an die Kirchen zu leisten, wohl die Erwägung, eine Gehaltskürzung der evangelischen Geistlichen (Frontsoldaten) zu vermeiden, maßgebend; Aufstellung von Tabellen über das Einkommen der Kirchen aus Kirchensteuern und über das Vermögen der Kirchen und der konfessionellen Verbände (Schätzwert: 4 Mrd. RM einschließlich der Kirchengebäude, Friedhöfe und Kirchenschätze); Bitte an L., H. bei einem etwaigen die Finanzlage der Kirchen berührenden Vortrag auf diese Tatsachen hinzuweisen. Ergebnis einer Besprechung zwischen B. und L.: Derzeit (wie auch zu Punkt 1) kein neuer Vortrag der Angelegenheit bei H.; Interpretation der Entscheidung H.s im Sinne der Zulässigkeit von Kürzungen der Zuschüsse an die Kirchen unter der Voraussetzung einer gesicherten Besoldung der Geistlichen.
M/W/H   101 00958 – 65 (152); 101 00983 – 1010/2 (153 a); 101 01016 ff. (154); 101 18902 – 06 (1156 b)

24. 4. 41 – 6. 1. 42   AA   14952
Im Anschluß an die Regelung, Vorschläge für die Verleihung des Kriegsverdienstkreuzes an im Ausland wohnende Reichsdeutsche (Ausnahmen: Wehrmachtangehörige und Beamte) über das Auswärtige Amt (AA) zu leiten, Wünsche der PKzl.: Ausnahmeregelung auch für die Politischen Leiter der Partei, Einholung einer Stellungnahme der Partei (Auslands-Organisation) vor Abgang der Anträge. Zustimmung des AA; Vorschlag gleicher Prozedur bei der – bisher strittigen – Verleihung des Ehrenzeichens für Deutsche Volkspflege.
M   203 03196 – 203, 208 – 18 (87/4)

25. 4. 41   RProt., RMdI, RuSHA   14953
Zu einer *Anregung des Rasse- und Siedlungshauptamtes der SS Hinweis des Reichsprotektors (RP) auf die maßgebliche Einschaltung der Hoheitsträger der Partei in das Prüfungsverfahren durch die Prüfungs-Richtlinien für die Eheschließung deutscher Staatsangehöriger mit Protektoratsangehörigen, den zuständigen Stellen durch den gemeinsamen *Runderlaß des Reichsinnenministers und des RP vom 3. 4. 41 mitgeteilt; im Fall des SS-Manns Erich Scheibel (Berlin; einziger derartiger Fall mit einer Genehmigung des Reichsführers-SS zum Eheabschluß) Anweisung an den zuständigen Oberlandrat, das Ehefähigkeitszeugnis für die tschechische Verlobte Zdenka Schedelbauer (Hubalow) zu bestätigen. (Nachrichtlich an den StdF.)
A/H   101 23341 ff. (1325 a)

25. 4. – 2. 5. 41   Speer   14954
Mitteilung über einen größeren endgültigen und einen weiteren vorläufigen Auftrag für eine Frau Cauer.
W   108 00241 (1575)

26. 4. – 20. 5. 41   RMdI, BfdVJPl.   14955
Durch den Reichsinnenminister (RMdI) unter Einladung zu einer Besprechung Übersendung des Entwurfs einer Verordnung über das Vereinsrecht im Reichsgau Wartheland: Auflösung von Personenvereinigungen mit ausschließlich oder überwiegend polnischen Mitgliedern, Übergang der Sachwerte und Rechte auf das Reich, Bindung der Neu- und Umbildung von Vereinen an die Zustimmung des Regierungspräsidenten. In der Besprechung Erläuterungen des RMdI-Vertreters über den Zweck des Entwurfs, ungeachtet der allgemeinen Fassung in erster Linie eine neue Ordnung der Rechtsverhältnisse der Kirche und der kirchlichen Organisationen herbeizuführen. Hinweis des Beauftragten für den Vierjahresplan auf die Beschlagnahme von Kirchenvermögen im Rahmen der von der Haupttreuhandstelle Ost durchgeführten Sicherstellung der ehemals polnischen Vermögensobjekte, jedoch keine Einziehung des beschlagnahmten Kirchenbesitzes mit Rücksicht auf die noch nicht endgültig geklärten Rechtsverhältnisse; Begrüßung einer Klarstellung dieser Frage durch den Entwurf, jedoch Bedenken gegen die Absicht, einen Sachgegenstand von solcher Tragweite wie die Behandlung der Kirche und ihrer Organisationen zunächst probeweise in einem Reichsgau auf der Grundlage des bürgerlichen Vereinsrechts zu re-

geln; Bitte, vielmehr die zukünftige Rechtsstellung der Kirche für die gesamten eingegliederten Ostgebiete einheitlich zu regeln.
M/H   101 01466 – 70, 477 ff. (170)

27. 4. – 14. 5. 41   Lammers, RMdI, RMfdkA   14956
Auf (durch Bormann übermittelte) Weisung Hitlers Verlegung des Fronleichnams- und des Himmelfahrtstages auf den darauffolgenden Sonntag und Ahndung der Sabotierung von Arbeit und Produktion an diesen Tagen (systematischer Widerstand katholischer Kreise 1940) mit hohen Geldstrafen und Haft. Resignierende Stellungnahme des Kirchenministers.
H   101 21402 – 08 (1266 a)

[28. 4. 41]   RMdI   14957
Im Einvernehmen mit dem StdF Stellungnahme gegen die angeregte sofortige Übernahme aller in diesem Krieg mit dem EK I Ausgezeichneten in das Beamtenverhältnis aus beamtenpolitischen Gründen und zur Vermeidung unabsehbarer Berufungen; Hinweis auf den gesetzlichen Vorbehalt solcher Stellen für Militäranwärter (je nach Dienst 100, 90 bzw. 50%) und auf das Verbot ihrer anderweitigen Besetzung durch die vom Ministerrat für die Reichsverteidigung erlassene Verordnung zur Sicherung der Überführung der Militäranwärter in das Beamtenverhältnis vom 30. 12. 39; aus wehr- und finanzpolitischen Gründen Notwendigkeit, den seit zwölf und mehr Jahren im Staatsdienst stehenden Militäranwärtern ihre Beamtenstellen zu sichern; Bitte an die Obersten Reichsbehörden, von Sondermaßnahmen abzusehen und die Frage der Förderung der EK-I-Träger bis nach Kriegsende zurückzustellen.
M/H   101 02944 f. (298 a)

28. 4. – 12. 6. 41   RFSS   14958
Beschwerde Bormanns über einen Verstoß des „Schwarzen Korps" gegen die Anordnung des StdF vom 10. 1. 39 (Verbot der Namensnennung von Parteigenossen bei öffentlicher Kritik an ihrem Verhalten) in einem – sachlich nicht zu beanstandenden – Leitartikel über die Gehaltforderungen des Pg. Willi Boonen; Verbot, innerhalb der Partei zu klärende Dinge an die „Große Glocke" zu hängen; im übrigen Befremden über das Herantreten der Schriftleitung an die hierfür nicht zuständige Kanzlei des Führers zwecks Auskunft über die Anwendung der Anordnung. Dazu Himmler: Strenge Anweisung an das Schwarze Korps, diese Anordnung künftig zu beachten.
K/H   102 01212 ff. (2243)

29. 4. – 3. 5. 41   Lammers, RMdI   14959
Mitteilung Bormanns: Vortrag Schirachs bei Hitler über die Freimachung konfessioneller Pflegeanstalten in Sachsen durch Überführung der Kinder in Gemeinde- und NSV-Anstalten zwecks Unterbringung von Jugendlichen aus luftgefährdeten Gebieten in den freigewordenen Gebäuden; Anordnung H.s, diese Regelung im ganzen Reich zu übernehmen. Durch Lammers entsprechende Veranlassung.
M/H   101 01180 – 84 (158 a)

30. 4. 41   RL, GL, VerbF   14960
Rundschreiben Bormanns: Bekanntgabe von Kriegsverdienstkreuzverleihungen künftig nur noch durch eine von Hitler persönlich im Wortlaut festgelegte, keinerlei Namen enthaltende Pressenotiz.
W   107 00255 (192)

30. 4. 41   AA   14961
Übersendung eines *Aufsatzes aus der Emigrantenzeitung New Yorkské listy über ein Buch des ehemaligen tschechoslowakischen Obersten Emanuel Moravec.
M   203 00561 (28/3)

30. 4. – 11. 5. 41   Lammers, GenSuperintendent Blau   14962
Eingabe des Generalsuperintendenten Blau (Posen) an Hitler wegen der Ablehnung und Verunglimpfung der Arbeit der Evangelischen Kirche im Warthegau durch den Staat (GL Greiser); insbesondere tiefste Beunruhigung der Gemeinden durch die vorgesehene Änderung der Stellung der Kirche im Leben des Volkes (strikte Trennung vom Staat; Aufhebung der durch die polnische Zeit hindurchgeretteten Verbindung zur Mutterkirche in Deutschland und – unter Verbot von Kollekten und Beitragseinziehung bis zu einer Zustimmung – Forderung „freiwilliger" Konstituierung als Verein [bisher Korporation öffentlichen Rechts] mit lediglich volljährigen Mitgliedern); Bitte, die Neuordnung der Verhältnisse von Staat und Kirche im Warthegau bis nach Kriegsende zurückzustellen. Dazu Stellungnahme Bormanns gegenüber Lammers (nach Erhalt eines Durchschlags): Zustimmung H.s zu den Maßnahmen G.s; eine

Mitgliedschaft bei der Evangelischen Kirche „im staatlichen, rechtlichen Sinne" nur für Volljährige nach einer ausdrücklichen Beitrittserklärung möglich; Hervorhebung der Notwendigkeit, die Aufsicht des Staates über die Kirchen stärker auszugestalten; zu der von kirchlichen Stellen behaupteten Unvereinbarkeit der vom Staat beanspruchten weitgehenden Aufsichtsrechte mit dem – in Frankreich und den Vereinigten Staaten bereits durchgeführten – Grundsatz der Trennung von Kirche und Staat Hinweis auf die Unterschiedlichkeit ns. und demokratischer Grundsätze. Durch L. ohne Vortrag bei H. vorerst Herantreten an G.
M/H   101 01465/1 – 5, 471 – 76, 500 (170)

30. 4. – 17. 5. 41   AA   14963
Mehrere Bitten des MinR Heim (Stab StdF), z. Zt. Paris, braune Ledermappen bzw. ein kleines Köfferchen mit offenbar von der Jahreszeit abhängigem Inhalt nach Berlin Wilhelmstraße 64 in das Büro Bormanns zu schicken.
M/H   203 01006 f., 025 (34/1)

30. 4. 41 – 11. 3. 43   RFM, CdZ Elsaß, RKzl. u. a.   14964
Nach Vorschlägen des Reichsfinanzministers (RFM) für die Gewährung von – den Chefs der Zivilverwaltungen (CdZ) bei der Festsetzung des Währungsverhältnisses zugesagten – Härtebeihilfen an Kapitalrentner im Elsaß und in Lothringen wiederholter, dringender Antrag des GL R. Wagner, im Wege einer Führerentscheidung die von der Einführung der Reichsmark (Kurs 1 : 20) stark betroffenen elsässischen Kapitalbesitzer befriedigend (d. h. durch volle Aufwertung) zu entschädigen; auch das Ergebnis der darüber – unter Beteiligung der PKzl. – stattgefundenen Ressortbesprechungen nach Ansicht W.s völlig ungenügend (eine Aufwertung vom RFM grundsätzlich abgelehnt und Unterstützung in Rentenform nur bedingt zugestanden) und politisch untragbar. Aus währungspolitischen Gründen Ablehnung der Forderung W.s durch alle beteiligten Stellen, einschließlich der PKzl. Die Ausgleichsvorschläge des RFM jedoch nach Meinung Bormanns völlig unzureichend; daher Bitte an Lammers, zur Überbrückung der gegensätzlichen Auffassungen auf Weiterverhandlung (unter Beteiligung des CdZ Lothringen) zu dringen; vorläufig kein Vortrag bei Hitler. Einigung zwischen RFM und CdZ Lothringen über einen (über die ursprünglichen Vorschläge des RFM hinausgehenden) Härteausgleich für Franken-Sparer. Zur Vermeidung einer – politisch unerwünschten – unterschiedlichen Behandlung der Kapitalrentner in den beiden Gebieten die Übernahme der lothringischen Regelung dem CdZ Elsaß von L. und B. empfohlen. Beharren W.s auf der Franken-Aufwertung und auf Herbeiführung einer Führerentscheidung darüber. Daraufhin Bitte L.' und B.s an W. um Präzisierung seiner Wünsche (allgemeine Aufwertung ohne Berücksichtigung der Bedürftigkeit oder – so W.s letztes Schreiben – lediglich Rücksichtnahme auf die wirtschaftlich Schwachen). Erneut Eintreten W.s für eine „Totallösung der gesamten Frankenfrage": Die Festlegung des Verhältnisses 1 : 20 im Elsaß „von vornherein falsch" gewesen (Gefühl des elsässischen Volkes, betrogen worden zu sein); volle Aufwertung bis zum richtigen Kaufkraftverhältnis 1 : 8 für alle elsässischen Geschädigten gefordert. Nunmehr durch L. Bitte um eine abschließende Stellungnahme der beteiligten Ressorts; nach einem Gespräch mit B. Mitteilung an W. auch in dessen Namen: Ein Führervortrag in Anbetracht der allgemeinen schwersten Bedenken gegen eine Frankenaufwertung nicht vertretbar; keine Möglichkeit, den Vorschlag einer Aufwertung weiter zu verfolgen; lediglich Zubilligung von Härtebeihilfen entsprechend einem (die lothringische Regelung verbessernden) Eventualvorschlag W.s.
A/H   101 23823 – 97 (1339 a)

1. 5. 41   OKH   14965
Durch das AOK 12 Verbot für sämtliche Armeeangehörige, Athen zu besuchen; Bitte, zur Unterstützung dieser militärisch notwendigen Anordnung auf ein Unterbleiben jeder nicht zwingend erforderlichen Einreise aus dem Reich nach Athen hinzuwirken.
M   101 04240 f. (413)

2. 5. 41   OKW, RWiM   14966
Übersendung einer 'Neufassung der Ausführungsbestimmungen zu den Anordnungen des Reichsmarschalls über die wirtschaftliche Ausnutzung der besetzten Westgebiete unter Vereinfachung des Verfahrens der Auftragsverlagerung.
K   101 11398 (675 a)

2. 5. 41   RKzl. – 22   14967
Mitteilung des Rassenpolitischen Amts (RPA): Betreuung des Reichsbundes Deutsche Familie (RDF)

durch das RPA; über dieses daher sämtliche Eingaben des RDF an oberste Staats- und Parteistellen sowie deren Bescheide darauf zu leiten.
M/H   101 07206 (580); 101 07435 (588 b)

3. 5. 41   Graf v. Bocholtz-Asseburg   14968
Bitte um Weiterleitung eines *Privatbriefes an MinR Heim (Stab StdF), z. Zt. Paris.
M   203 01024 (34/1)

3. 5. 41   RL, GL, VerbF   14969
Durch Bormann Bekanntgabe einer die Auffassung Hitlers wiedergebenden Anordnung des Chefs des Wehrmachtführungsamtes, Gen. Jodl, gegen den Mißbrauch von Abkürzungen und die Bildung von Stummelwörtern.
K   101 16078 f. (953 a)

5. 5. 41   AA   14970
Übersendung eines Aufsatzes der tschechischen Emigrantenzeitung New Yorkské listy über den Tod der zwei tschechischen Katholiken Preininger und Fuchs in Konzentrationslagern.
M   203 00559 f. (28/3)

5. – 20. 5. 41   RWiM   14971
Kritik an unangemessenen Angriffen der Reichsstelle gegen Tabak- und Alkoholgefahr auf den Tabakkonsum: Unvereinbarkeit der angewandten Propaganda mit dem gleichzeitig erhobenen Anspruch auf Wissenschaftlichkeit (Referate des Prof. Astel und des Prof. v. Leers); Hinweis auf die insbesondere vom Reichspropagandaminister erkannte politische Bedeutung einer ausreichenden Tabakversorgung der Rüstungsarbeiter und der Wehrmacht bei fehlenden anderen Genußmitteln; Bitte, die mit der Tabakversorgung beschäftigten Personen bei künftigen Propaganda-Aktionen vor beleidigenden Angriffen zu schützen; Beunruhigung der Zigarrenindustrie im Gau Thüringen durch Äußerungen parteiamtlicher Stellen über Einschränkung und Einstellung der Produktion; Vorschlag, Richtlinien für eine angemessene Tabakwerbung aufzustellen. (Dazu die Entscheidung Hitlers: Keine Hemmung der Anti-Tabak-Propaganda; die Volksgesundheit wirtschaftlichen und finanziellen Erwägungen gegenüber vorrangig.)
K/H   101 14174 – 83 (745 b)

5. 5. – 8. 8. 41   AA   14972
Durch Bormann Erstattung von Auslands-Auftragszahlungen des Referats Partei für MinR Heim (Stab StdF bzw. PKzl.): Kauf von Literatur über Anlage und Einrichtung von Theatern (u. a.?).
M   203 02211 f. (57/4); 203 02254 – 62 (58/1)

Nicht belegt.   14973

6. – 20. 5. 41   RKzl.   14974
Von Bormann übermittelter Auftrag Hitlers, die Chefs der Zivilverwaltungen (CdZ) im Südosten zum Zweck einer gründlichen und schnellen Eindeutschung ihrer Gebiete mit den den CdZ im Elsaß und in Lothringen bereits erteilten Vollmachten zu versehen. Antwort Lammers': Der Auftrag bereits durch entsprechende Führererlasse vom 14. 4. 41 erledigt.
A   101 24012 ff. (1348); 101 24058 – 61 (1348 a)

6. – 21. 5. 41   Lammers   14975
Weitergabe einer Weisung Hitlers an den Reichsfinanzminister, 5 Mio. RM in Danzig beschlagnahmte polnische (zunächst von Bormann irrtümlich geschrieben: holländische) Guthaben und Vermögenswerte wie von GL Forster gewünscht für den Bau eines Hotels in Danzig freizugeben.
H   101 16932 – 35 (1015); 101 21875 ff. (1271 a)

7. 5. 41   AA   14976
Übersendung eines Berichts der tschechischen Emigrantenzeitung New Yorské listy über den Verkauf requirierten tschechischen Fleisches auf dem deutschen Schwarzmarkt durch deutsche Beamte.
M   203 00557 f. (28/3)

7.—22. 5. 41   AA   14977
Ablehnung eines vom Fascio vorgeschlagenen Besuchsaustauschs von deutschen und italienischen „Alten Kämpfern" durch Bormann unter Hinweis auf den Krieg.
M   203 00270—74 (21/2)

7. 5. 41—16. 9. 42   RMfWEuV, R. Inzinger   14978
Die PKzl. gegen die beantragte Ernennung des Privatdozenten Rudolf Inzinger (Wien) zum Dozenten neuer Ordnung („in der Systemzeit betont klerikal, mangelnde positive Einstellung gegenüber dem NS).
W   301 00445—58 (Inzinger)

8.—15. 5. 41   Ohnesorge, Lammers   14979
Durch Bormann an Lammers weitergeleitet: Ein von Ohnesorge Hitler übersandter Scheck der Generalpostkasse über 1 Mio. RM zugunsten des Kulturfonds des Führers als weitere Abschlagszahlung auf die Zuschlagerlöse aus Sondermarken der Deutschen Reichspost mit einer Abrechnung über die bisherigen Einnahmen aus Markenausgaben und Ablieferungen an den Kulturfonds seit 1937 (15 Mio. RM).
H   101 17855—58 (1110)

8.—19. 5. 41   RFSS   14980
Vorschlag Bormanns, für SS-Gruf. Ernst Kaltenbrunner, Staatssekretär in der letzten österreichischen Landesregierung, die Übertragung einer Stelle aus der sogenannten Postenreserve beim Reichsinnenministerium vorzusehen (Grund: Verwendung der übrigen ehemaligen österreichischen Regierungsmitglieder in Stellungen mit äquivalenten Bezügen). Dazu Hinweis Himmlers auf die im April erfolgte Ernennung K.s zum Generalleutnant der Polizei; eine anderweitige Etatisierung dadurch hinfällig.
M   306 00610 ff. (Kaltenbrunner)

8. 5. 41—1. 1. 42   G. Schott   14981
Nach seinem Vortrag bei Heß Aufforderung an einen Georg Schott (München), die von ihm behaupteten Fälle von „Bilderstürmerei" zu belegen. Auf die Einsendung seiner Unterlagen Ausbleiben einer Antwort. Daraufhin in einem Schreiben an Bormann nochmaliger Appell Sch.s, den Kampf gegen das Christentum einzustellen: Erschütterung des Vertrauens der Bevölkerung in Staat und Partei durch offene Bestrebungen, das christliche Gedankengut im Volk auszutilgen; Anführung eines Beispiels aus seiner Erfahrung (Aufforderung der Parteiamtlichen Prüfungskommission an ihn, sein Buch über H. St. Chamberlain zu revidieren; seine Weigerung, das eindeutige Bekenntnis Ch.s zum christlichen Glauben zu unterschlagen); Kritik an der Bekämpfung des Christentums auf der einen Seite und dem Appell an das christliche Gewissen, sich am „Kreuzzug" gegen den Bolschewismus zu beteiligen, auf der anderen Seite; Forderung, das Volk nicht mit sophistischen Äußerungen zu verwirren, sondern einen klaren Standpunkt einzunehmen.
M/H   101 01588—95 (172)

9. 5. 41   RKzl., Neurath   14982
Der Vorschlag Bormanns, den Führervorbehalt bei der Verwendung eingezogener Kunstwerke auf das Protektorat auszudehnen, von Lammers an Neurath mit der Bitte um entsprechende Veranlassung übermittelt; die Benachrichtigung des von Hitler mit der Vorbereitung seiner Entscheidungen beauftragten Dr. Posse vor einer Anordnung über die Verwertung erbeten.
A   101 23344 ff. (1325 a)

9. 5. 41   RMdI   14983
Übersendung eines *Entwurfs des Reichsernährungsministers für eine weitere Anordnung über die Entschädigung von Nutzungsschäden, hier für landwirtschaftliche Erzeugerbetriebe.
H   101 08643 f. (643 a)

10. 5. 41   AA   14984
Übersendung eines *Aufsatzes der tschechischen Emigrantenzeitung New Yorské listy über die Veröffentlichung im NS-Jahrbuch für 1941 über das Protektorat.
M   203 00556 (28/3)

Nicht belegt.   14985

10. 5.—2. 9. 41   RMdI, GL Hamburg, AA u. a.   14986
Auf Veranlssung des vom Reichsinnenminister informierten Stabsleiters StdF Ermittlungen des Auswär-

tigen Amts über die unerlaubte Wirtschaftswerbung der Reise- und Versandbuchhandlung John Jahr (Berlin) mit einem zurückgezogenen Auftrag der Deutschen Informationsstelle, deren Schriftenreihen („England ohne Maske", „Die Wirtschaftskraft des Reiches") zu vertreiben. Vermutlich infolge der Protektion Jahrs durch das Propagandaministerium lediglich Verwarnung der Firma. – In diesem Zusammenhang Hinweis auf den Wegfall der Bezeichnung „Gaubeauftragter für außenpolitische Fragen" (Anordnung des StdF vom 30. 1. 40).
M/H   203 01286 ff., 304 – 14 (43/1)

12. 5. 41   AA   14987
„Greuelhetze" der tschechischen Emigrantenzeitung New Yorksḱe listy: Übersendung eines Aufsatzes über den Tod eines tschechischen Priesters im Konzentrationslager u. a.
M   203 00553 ff. (28/3)

[12. 5. 41]   (StR Astel)   14987 a
Die Gegner der Anthroposophie von der „Wahnsinnstat ihres Protektors" nicht besonders überrascht; schon im Frühjahr durch den Assistenten Rutkowski Materialsammlung zur „Verfolgung und Unschädlichmachung der Anthroposophen trotz deren Förderung durch den StdF". (Spätere Erwähnung.)
H   102 00222 – 28 (432)

12. – 15. 5. 41   RKzl., Oberste RBeh., RL, GL, VerbF   14988
Maßnahmen aus Anlaß des „Falles Heß": Parteiamtliche Mitteilung über das Verschwinden des StdF; Umbenennung der Dienststelle des StdF in PKzl. unter der Leitung des – Hitler persönlich unterstellten – RL Bormann und Auswechslung der Bezeichnungen in Gesetzen, Verordnungen usw. (Vgl. Nr. 15004.)
H   101 00536 (139 a); 101 07661 (604); 101 20519 – 25 (1213); 107 00251 ff. (192)

14. 5. 41   RMdI   14989
Vorschlag des Reichsstatthalters im Warthegau, den durch eine vergleichsweise überdurchschnittliche Zahl von Eheschließungen und Geburten polnischer Volkszugehöriger verursachten „biologischen Druck" durch „besondere Maßnahmen wie z. B. Heraufsetzung des Heiratsalters" abzuwenden; Einladung zu einer Besprechung.
K/H   101 13710 f. (721 a)

14. 5. 41   AA, Dt. Botsch. Washington   14990
Übersendung eines Berichts der Deutschen Botschaft in Washington über den österreichischen Radioansager „Rudolf" (von ihm nach dem Einmarsch in Österreich angeblich eine fahrende „Freiheit"-Rundfunkstation organisiert).
M   203 00525, 552 (28/3)

14. – [28.] 5. 41   PräsKzl., RKzl.   14991
Zwei Mitteilungen Bormanns an Meissner über Äußerungen Hitlers zum Tragen von Uniformen bei Behörden und Verbänden: 1) Weitere Uniform-Abänderungen seitens der Obersten Reichsbehörden nur noch mit persönlicher Genehmigung H.s (Notwendigkeit der Unterdrückung „unsinniger Uniformierungsideen"); die Verleihung von Ärmelstreifen H., das Tragen von Schulterstücken der Wehrmacht und der Waffen-SS vorbehalten (beides für „irgendwelche Behörden oder Verbände" nicht erlaubt, Forderung einer „kategorischen" Anordnung); 2) die Genehmigung einer neugestalteten (und bereits in der Presse abgebildeten) Dienstkleidung der Reichsbahn-Beamten durch H. nicht zu erwarten. Erlaß der Bestimmungen über die Abzeichen der Parteigliederungen durch die PKzl.
A/H   101 05570 – 77 (465)

14. 5. – 4. 6. 41   RKzl.   14992
Einstellung der Überweisung der Amtsbezüge an RM Heß mit Ablauf des Monats Mai 1941.
H   101 00541 f., 546 f. (139 a)

14. 5. – 4. 10. 41   AA   14993
Anfragen der PKzl. wegen der Gewährung von Zuschüssen für die Auslandsarbeit beider Kirchen (u. a. Frage nach dem Zweck der Zuschüsse und der Möglichkeit einer Streichung). Antwort des Auswärtigen Amts: Seit Jahren Bereitstellung von Geldmitteln für den Reichsverband für das katholische Deutschtum im Ausland und für das Kirchliche Außenamt der Deutsch-Evangelischen Kirche zum Zweck der kulturellen Betreuung der Volks- und Auslandsdeutschen (Bewahrung vor Nationalisierung und dem

Einfluß fremder konfessioneller Kreise, Aufrechterhaltung der Verbindung mit Deutschland); mit sinkender Bedeutung der kirchlichen Auslandsarbeit auch Reduzierung der Zuschüsse (bisher von RM 700 000.– auf RM 240 000.– jährlich), für das laufende Haushaltsjahr noch keine Entscheidung über diese Beihilfen getroffen.
W   202 00302 – 09 (3/8 – 20)

14. 5. 41 – 9. 9. 42   OKW, RKzl., Speer   14994
Einladung des OKW an den Reichsinnenminister und die PKzl. zur Zusammenarbeit bei der Vorbereitung „würdiger Kriegerfriedhöfe zur Beisetzung der Gefallenen dieses Krieges" gemäß Führererlaß vom 16. 3. 41. Daraufhin Ausarbeitung eines Vorentwurfs von Ausführungsbestimmungen (Aufgaben des „Generalbaurats für die Gestaltung der deutschen Kriegerfriedhöfe", seine Unterstellung unmittelbar unter Hitler, das Verfahren bei der Friedhofsanlegung) und Erzielung von Einigkeit darüber. Gegen eine – auf Anregung von Speer erfolgte – Neufassung jedoch Beanstandungen der PKzl.: Forderung der Beibehaltung der Beteiligung der Gauleiter wie in der ursprünglichen Fassung; eine Vertretung der Partei in vermögensrechtlichen Angelegenheiten durch den Generalbaurat rechtlich nicht möglich (sondern allein durch den Reichsschatzmeister). Nach Berücksichtigung der Änderungswünsche der PKzl. Erlaß der Ausführungsbestimmungen.
A/H   101 22865 – 78, 880 – 94 (1306)

15. 5. 41   SS-Ogruf. Heydrich   14995
Nach einem Gespräch mit GL Bohle der Eindruck einer Beeinflussung Heß' durch Prof. Haushofer und besonders durch dessen Sohn Albrecht verstärkt; Bitte um die Erlaubnis, Haushofer jun. vernehmen und Vorbereitungen für die Sicherstellung seines Materials treffen zu dürfen; weitere Meldungen über die Ermittlungen im Fall Heß nunmehr laufend; Ankündigung einer Zusammenstellung sämtlicher Ärzte, Heilpraktiker usw.; „zur Stunde" Vernehmung des Dr. Gerl; Sicherung (Sichtung?) des bei Dr. Schmidt (Berlin) gefundenen umfangreichen Materials.
W/H   107 01291 f. (401)

15. 5. – [1. 8.] 41   AA   14996
Übersendung von *Berichten (24/1941 vom 1. 8. 41 vorhanden) über die Feindpropaganda, die Verhältnisse in den besetzten und angegliederten Gebieten betreffend.
M   203 00526, 528 – 51, 585 (28/3)

16. 5. 41   AA   14997
Übersendung des *Berichts eines Karl Dietz (I. G. Farbenindustrie Frankfurt-Höchst) an das Auswärtige Amt mit der Bitte um Stellungnahme.
H   203 01033 (34/2)

[16. 5. 41]   AA   14998
Bitte, ein Paket und einen *Brief des Museums der Preußischen Staatstheater an einen Serge Lifer (recte Lifar; Paris) weiterzuleiten und MinR Heim (PKzl.) hiervon in Kenntnis zu setzen.
M/H   203 01011 (34/1)

[16. 5. 41]   (KrL Marktheidenfeld)   14999
Bericht über die Reaktion der Bevölkerung auf den Fall Heß: Nervosität und Mißtrauen, Kritik an dem Wort „Wahn", auffällige Nichtbeachtung seines Geburtstags am 26. 4. 41.
W   541 00006 f. (I/3)

16. 5. – 11. 6. 41   RMdI, RKzl.   15000
Keine Einwendungen Bormanns gegen den vom Reichsinnenminister vorgelegten Entwurf einer Verordnung über Gebietsbereinigungen im Raum der Hermann-Göring-Werke Salzgitter (Austausch der Kreise Holzminden und Goslar sowie weiterer für die Wassergewinnungsanlagen der Werke wichtiger oder Grenzausbuchtungen bildender Gemeinden – u. a. Hornburg, Hessen, Pabstorf, Roklum – zwischen Braunschweig und Preußen). (Vgl. Nr. 14342 und 14831.)
H   101 24620 – 29 (1365 b)

17. 5. 41   Intern   15001
Mitteilung an MinR Heim (z. Zt. Paris): Laut Schätzung eines Stobbe der Preis (RM 825.–) für das angebotene Werk von Adam Berg (1568) mit handkolorierten Radierungen außerordentlich niedrig.
H   203 02219 ff. (57/4)

[17.–30. 5. 41]　　RMdI　　　　　　　　　　　　　　　　　　　　　　　　　　　　15002
Änderung im Anschriftenverzeichnis der Reichsminister: Anstelle von „der StdF" künftig „die PKzl.".
Später auf Wunsch Bormanns weitere Umänderung in „der Leiter der PKzl.".
M　　　101 07462 f. (589 a)

20. 5. 41　　Lammers, OPräs. Lauterbacher　　　　　　　　　　　　　　　　　　　15003
Zu der Bitte des MPräs. Klagges, eine Äußerung des GL und OPräs. Lauterbacher über eine angebliche endgültige Entscheidung Hitlers, Braunschweig bei der Reichsreform in einem Reichsgau Hannover aufgehen zu lassen, H. zur Kenntnis zu bringen, die durch Lammers weitergeleitete Feststellung H.s, eine solche Entscheidung niemals getroffen zu haben, es vielmehr „hinsichtlich des Verhältnisses Hannover – Braunschweig auch nach Abschluß des Krieges bei dem gegenwärtigen Zustand belassen" und Braunschweig als kulturelles Zentrum erhalten zu wollen. (Abschrift an Bormann.)
H　　　101 24615 – 19 (1365 b)

20. 5. – 1. 6. 41　　RKzl.　　　　　　　　　　　　　　　　　　　　　　　　　　15004
Herausgabe eines „Erlasses über die Stellung des Leiters der PKzl.": Befugnisse eines Reichsministers, Mitglied der Reichsregierung und des Ministerrats für die Reichsverteidigung; Auswechslung der Bezeichnungen „StdF" und „Leiter der PKzl." in Gesetzen usw. Auf Wunsch Bormanns keine Bekanntgabe des Erlasses in Presse und Rundfunk. (Vgl. Nr. 14988.)
H　　　101 00517 f. (138); 101 07662 f. (604); 101 11890 f. (686); 101 20526 – 36 (1213)

20. 5. 41 – 13. 6. 42　　RKzl.　　　　　　　　　　　　　　　　　　　　　　　　15005
Weiterleitung der Vorschläge des Leiters der Hauptabteilung IV im Reichsheimstättenamt der DAF, Karl Neupert, zur Siedlungsgestaltung (fünf *Hefte „Siedlungsgestaltung aus Volk, Raum und Landschaft", ein *Band „Städtebild und Landschaft", weitere Hefte und Mappen nachgereicht): Forderung, die derzeitige Zersplitterung und das Gegeneinander auf dem Gebiet der Planung, Siedlung und Bauchführung durch Übertragung der gestellten Aufgaben auf das Reich zu überwinden, jedoch mit dem Schwergewicht der künftigen Organisation der Siedlungsgestaltung auf dem Parteisektor; zu diesem Zweck Errichtung eines Hauptamts für Siedlungsgestaltung der NSDAP zur Erfüllung der in der Siedlungsgestaltung liegenden politischen Hoheitsaufgabe und einer Reichsstelle für die Gestaltung der deutschen Besiedlung für die Durchführung der übergeordneten Planung; Personalunion in der Leitung beider Stellen; entsprechende Gliederung in der Gauinstanz.
M/H　　　101 02221 – 30 (209); 101 02246 (211); 101 20182 (1201 b)

21. 5. 41　　RMdI, CdZ Untersteiermark　　　　　　　　　　　　　　　　　　　15006
Protest des Chefs der Zivilverwaltung Untersteiermark gegen die rücksichtslose Ausweisung von Serben, Bosniaken, Montenegrinern usw. sowie von Zigeunern und Juden aus den von Ungarn besetzten jugoslawischen Gebieten nach Serbien (Text der ungarischen Verordnung beigefügt) und gegen die diesbezüglichen „Hemmungen" der „Großmacht Deutschland"; dazu – unter Übersendung einer Abschrift – Hinweis des Reichsinnenministers auf die vom Militärbefehlshaber in Belgrad kürzlich angekündigte Weigerung, Serben usw. aus den von Ungarn besetzten Gebieten aufzunehmen (in „Restserbien" Ansiedlung von etwa 250 000 aus Untersteiermark und Oberkrain auszusiedelnder Slowenen beabsichtigt).
H　　　101 11541 (679); 101 26457 f. (1503)

21. 5. 41　　RVM　　　　　　　　　　　　　　　　　　　　　　　　　　　　　　15007
Übermittlung einer *„Denkschrift über die Entwicklung des Wasserwesens und die ihm im Rahmen der Reichsreform zu stellenden Ziele mit Vorschlägen für eine Neuorganisation"; Hinweis auf bestehende Unklarheiten über das Wesen der Reichswasserstraßenverwaltung selbst innerhalb der Reichsressorts, auf die Wünsche Todts, eine engere Verbindung zwischen der Reichswasserstraßenverwaltung und der Energiewirtschaft herzustellen, u. a. (Vgl. Nr. 15031 und 15079.)
M　　　101 02578 f. (262 b)

[22. 5. 41]　　RMdI　　　　　　　　　　　　　　　　　　　　　　　　　　　　 15008
Einverständnis der Ressorts über eine Regelung der Flaggenfrage im Protektorat (Zeigen der Protektoratsflagge neben der Reichsflagge bestimmten Einrichtungen freigestellt, ihr Zeigen ohne die Reichsflagge sowie im Ausland untersagt) und des Spielens der Protektoratshymne (in der Regel nur durch tschechische Kapellen und im Anschluß an das Deutschland- und Horst-Wessel-Lied, im Ausland unzulässig); vor Erlaß einer entsprechenden Verordnung auf Anregung der PKzl. jedoch noch Einholung der Entscheidung Hitlers in zwei Punkten (Beflaggungspflicht der Protektoratsbehörden auch am 18. und

30. Januar; Zwang der tschechischen Bevölkerung, an den allgemeinen Beflaggungstagen neben der Protektoratsflagge auch die Reichsflagge zu zeigen).
H 203 02402 ff. (66/2)

22. – 27. 5. 41   AA   15009
Wegen Erweiterung des Verteilers der PKzl. für die vertraulichen Informationen über die feindliche „Hetzpropaganda" deren Bitte um künftige Übersendung der Berichte in dreifacher Ausfertigung.
M 203 00685 f. (28/4)

22. 5. – 6. 6. 41   Bayr. Sparkassen- u. Giroverb.   15010
Übersendung einer *Anfrage der Kreissparkasse Ochsenfurt wegen angeblicher „Spionagebeauftragung" (Ermittlung „volksfeindlicher Konten") des bei ihr beschäftigten 14jährigen Hans Bentheimer durch die Kreisleitung. Verweisung an die zuständige Gauleitung.
W/H 541 00016 – 19 (I/4)

23. – 24. 5. 41   Himmler   15011
Übersendung eines Gedächtnisprotokolls sowie mehrerer Zeitungsausschnitte über den Rücktritt des Obersten SA-Führers v. Pfeffer und den Stennes-Putsch vom 30./31. 8. 30 (vgl. Nr. 10016); Kommentar Himmlers: Starker Widerstand der SA-Führer gegen die von Hitler bereits seit 1925 – nicht erst seit 1930 – verfolgte Strategie einer Machtergreifung auf legalem Weg; P. die von ihm „zum dauernden Ungehorsam gegen den Führer erzogene" SA aus den Händen geglitten.
K/W 102 01624 – 34 (2817)

23. – 30. 5. 41   Lammers   15012
Durch Bormann übermittelte Entscheidung Hitlers, den Baurat Julius Schulte-Frolinde zum Professor an der Technischen Hochschule in München zu ernennen. Bitte Lammers' an den Reichserziehungsminister, das Weitere zu veranlassen.
K 101 15487 ff. (940 a)

23. 5. – 30. 8. 41   RMdI, Lammers, StSekr. Esser, RFM   15013
Einwände des Reichsinnenministers (RMdI) gegen Bestrebungen des Reichsfinanzministers (RFM) und des Staatssekretärs für den Fremdenverkehr im Reichspropagandaministerium, Esser, in Richtung einer Reichsbäderverwaltung: Anführung von vier Fällen in den Reichsgauen bereits übernommener Bäder (Joachimsthal, Marienbad, Konstantinsbad, Hermannsbad); der Betrieb von Bädern grundsätzlich Aufgabe der Gemeinden, im Fall besonders repräsentativer Bäder auch der Reichsgaue, nicht aber der Zentralstellen der Reichsverwaltung; Bitte an die PKzl., einer solchen zentralistischen Entwicklung entgegenzutreten. Dagegen Hinweis des StSekr. E. auf den wirtschaftlichen Charakter der Badebetriebe mit ihrem von den Gemeinden oft nicht zu leistenden Kapitalbedarf sowie auf die Notwendigkeit, „bestimmte Bäder von Reichsbedeutung und Weltruf als Schrittmacher für das ganze deutsche Badewesen" in einem „neuen Stil des Badewesens" auszubauen, sowie Äußerung des RFM über die – im einzelnen verschiedenen – Gründe der Verreichlichung der vier genannten Bäder, u. a. Übernahme Marienbads in die Reichsverwaltung aus politischen Gründen (Eigentum des Stifts Tepl) auf Veranlassung des RMdI selbst. Von der Reichskanzlei akzeptierter Vorschlag beider Stellen, die Angelegenheit bis nach Kriegsende zurückzustellen.
K/H 101 13941 – 60 (737 b)

24. 5. 41   Ley   15014
Kritik an einer Rede des StSekr. Landfried (Reichswirtschaftsministerium) auf der Wirtschaftstagung am 23. 5. 41: Eine öffentliche Diskussion der Frage Fortbestehen des Privateigentums oder Entscheidung für die „versozialisierte" Wirtschaftsform nach seiner Auffassung falsch und gefährlich; Eintreten für ein Nebeneinander von privatwirtschaftlichen und staatlichen Unternehmen unter Hinweis auf wiederholte Äußerungen Hitlers und verschiedener Parteistellen in diesem Sinne; Hervorhebung der Leistungen der Unternehmen der Partei, z. B. der DAF, der Reichsführung-SS, der Gaue Thüringen oder Ostpreußen u. a.; Ankündigung, mit allen Mitteln gegen Angriffe von Interessenten des Einzelhandels gegen die Konsumvereine vorgehen zu wollen.
M 101 03500 – 10 (352 b)

24. 5. 41   RL, GL, VerbF, AA   15015
Durch Bormann in einem Rundschreiben (60/41) Bekanntmachung der Entscheidung Hitlers, aufgrund

der Zugehörigkeit des neuen selbständigen kroatischen Staates zum italienischen Interessengebiet von der Entsendung von Beratern für die kroatische Regierung sowie von der Aufnahme von Kroaten auf Schulen der Partei usw. abzusehen.
M   203 01912 f. (55/2); 203 02201 ff. (57/4)

Nicht belegt. 15016

24. 5. 41   RJM − 1 15017
Übersendung des von Hitler grundsätzlich gebilligten Entwurfs eines Gesetzes zur Änderung des Reichsstrafgesetzbuches: Einführung der Todesstrafe für gefährliche Gewohnheitsverbrecher und − unter bestimmten Voraussetzungen − Sittlichkeitsverbrecher; Neuabgrenzung von Mord und Totschlag; Verschärfung der Strafbestimmungen für Wucher; Einführung einer Vorschrift gegen den Mißbrauch von Ausweispapieren; Ausdehnung der Strafbarkeit des Tatversuchs; Neuregelung der Entlassung aus Verwahrungsanstalten.
W   101 26957 − 58/5 (1512 a)

24. − 27. 5. 41   Lammers, RJM 15018
Mitteilung Bormanns: Die Bitten des GL Greiser, nach Zunahme der Sabotageakte in seinem Gau und nach einer von ihm „an sich ohne rechtliche Grundlage" angeordneten Exekution von zwölf Geiseln erneut Standgerichte einsetzen zu dürfen und das Begnadigungsrecht für verurteilte Polen auf ihn zu delegieren, von Hitler gebilligt; Erteilung der Ermächtigung und sofortige Delegation des Gnadenrechts angeordnet. Durch Lammers Weiterleitung an den Reichsjustizminister.
H   101 28414 f., 417 − 20 (1549)

24. 5. − 1. 6. 41   Lammers, GPropA Berlin 15019
Auf Nachfrage des mit der Angelegenheit befaßten Lammers Auskunft Bormanns nach entsprechenden Feststellungen: Die Nachprüfung der Staatsangehörigkeit der Ehefrau des Protektoratsgesandten Chvalkovsky vom Gaupropagandaamt Berlin wegen der Meldung ihres Hundes zur Rassehunde-Ausstellung in Berlin erbeten (Sonderregelung für ausstellende Ausländer).
A/H   101 23529 − 33 (1330)

24. 5. − 6. 6. 41   Lammers 15020
Auf Wunsch Hitlers Überführung der (durch persönlichen Einsatz Heß') noch verbliebenen privaten Rudolf-Steiner-(Waldorf-)Schulen in die staatliche Zuständigkeit und − soweit erforderlich − Ersetzung der Schulleiter durch weltanschaulich einwandfreie Kräfte.
K   101 16250 ff. (955 a)

24. 5. − 9. 6. 41   Lammers 15021
Durch Bormann übermittelte Entscheidung Hitlers über die Erstattung der der NSV bei der Betreuung der Bevölkerung in den öffentlichen Luftschutzbunkern entstehenden Unkosten (2,3 Mio. RM monatlich) durch das Reich. (Nachfolgend Differenzen um die Frage nach dem damit zu belastenden Etat; schließlich Einverständnis des Reichsinnenministers mit der Übernahme der Kosten.)
H   101 17585 − 88 (1060 c); 101 22829 − 32 (1301)

24. 5. − 29. 6. 41   RKzl. 15022
Durch Bormann mitgeteilte Entscheidung Hitlers: Nach seiner grundsätzlichen Zustimmung und der daraufhin erfolgten ersten Entsendung von dreißig Studenten der Naturwissenschaft und der Medizin durch den Reichsprotektor (RP) künftig Auswahl der zum Studium an deutschen Hochschulen vorgesehenen tschechischen Studenten nur durch Dienststellen der NSDAP und nicht durch Beamte des RP. Bitte Lammers' an B., die Frage der sinngemäßen Erfüllung der Forderung H.s durch die bisherige Regelung (Auswahl durch StSekr. Frank aufgrund von Vorschlägen der Gaustudentenführung im Benehmen mit dem Reichsführer-SS) zu prüfen.
W/H   101 20183 (1201 b); 101 23383 − 88 (1326 a)

24. 5. − 23. 7. 41   RMdI, RMfEuL 15023
Vorlage und Erörterung eines *Entwurfs des Reichsernährungsministers für eine Fünfte Anordnung über die Entschädigung von Nutzungsschäden, hier der Landwirtschaft in den ehemaligen Freimachungsgebieten (Änderungen bei der Gewährung des Räumungs-Familien-Unterhalts und bei der Berechnung des Ernteverlusts 1940).
H   101 08645 − 49, 651/1 f. (643 a)

25. 5. 41   AA   15024
Nach dem Tod des Erzbischofs Kaspar Bitte der PKzl., wie bei dem vakanten Bischofsstuhl in Budweis auch die Neubesetzung des Erzbistums Prag dilatorisch zu behandeln (die Verhandlungsgrundlage nach dem Kriege wesentlich günstiger); Aufforderung, der Kirche keine nach staatlicher Auffassung geeignete Kandidaten vorzuschlagen oder auch nur von ihr die Einsetzung eines deutschen Bischofs zu verlangen: Die Bischofsauswahl als kirchliche Angelegenheit der Kirche überlassen; die Katholische Kirche „kein geeignetes Hilfsmittel im Volkstumskampf des ns. Reiches".
H   202 00329 ff. (4/1 – 12)

25. – 29. 5. 41   Lammers, StSekr. Schlegelberger   15025
Mitteilung Bormanns: Aufgrund einer Meldung des Völkischen Beobachters Mißbilligung eines Urteils des Sondergerichts München (zehn Jahre Zuchthaus für einen Handtaschenraub unter Ausnutzung der Verdunkelung) durch Hitler; Forderung, in derartigen Fällen unbedingt die Todesstrafe auszusprechen und überhaupt „in Anbetracht des heldenmütigen Einsatzes der Soldaten die Verbrecher erst recht hart" anzupacken. Durch Lammers Unterrichtung des StSekr. Schlegelberger über diesen Standpunkt H.s.
H   101 08765 – 68/3 (645 a)

26. – 28. 5. 41   Lammers   15026
Mitteilung Bormanns: Auf Wunsch Hitlers Entsendung des von ihm sehr geschätzten Architekten Josef Schatz (früher Bauleiter bei Prof. Troost) nach Linz zur Aktivierung des bisher nicht im gewünschten Maße vorangekommenen Wohnungsbaus; Bitte um Überweisung von RM 20 000.– zur Finanzierung eines Baubüros für Sch. Durch Lammers Überweisung des Betrags zu Lasten des Kontos „Dankspendenstiftung (Sonderfonds L)".
K/H   101 19495 ff. (1178)

26. 5. 41 – 20. 4. 44   RMfWEuV, Prof. Mitterer u. a.   15027
Ablehnung der Berufung des Prof. Albert Mitterer (Brixen) auf den Lehrstuhl für Fundamentaltheologie in der Katholisch-Theologischen Fakultät der Universität Wien durch die PKzl. unter Berufung auf die Vereinbarung mit dem Reichserziehungsminister, Neubesetzungen bei den theologischen Fakultäten während des Krieges nicht durchzuführen. – 1944 „nach erneuter Überprüfung" Genehmigung der PKzl.
M/H   301 00709 – 28 (Mitterer)

[27. 5. 41]   ParteiDSt., OKW   15028
Durch Bormann Bekanntgabe eines Rundschreibens des OKW über die Wahrung militärischer Geheimnisse an alle mit Reichsverteidigungsangelegenheiten befaßten Parteidienststellen: Hinweis auf den grundsätzlichen Führerbefehl vom 11. 1. 40; Betonung der Geheimhaltung auch eigener Mutmaßungen über bevorstehende Operationen; Gebot besonderer Zurückhaltung im Verkehr mit ausländischen Diplomaten.
W   107 00894 – 98 (289)

27. 5. – 30. 6. 41   AA   15029
Auf Anfrage der PKzl. Mitteilung über Art und Inhalt der Arbeit des StudAss. Max Lehmann (Berlin) für das Auswärtige Amt: Herstellung von Propagandabroschüren, insbesondere England betreffend.
M/H   203 01064 f. (35/1)

27. 5. – 18. 7. 41   AA   15030
Zu einer Kritik der PKzl. an dem Verkauf der „berüchtigten" Neuen Zürcher Zeitung in Rom Bericht über den Rückgang der Verbreitung schweizerischer Zeitungen in Italien.
M   203 00638 ff. (28/4)

29. 5. 41   GBV   15031
Empfehlung des Erlasses einer Verordnung über die Reichswasserstraßenverwaltung (RWV) in den Ländern ("Entwurf beigefügt), um dem Reichsverkehrsminister die unmittelbare Verfügung über die gesamte technische Beamtenschaft der RWV zu geben: Die Verfügung nur über die preußischen Beamten (als preußischer Verkehrsminister) für die zur Zeit mit besonders großen Neubau- und Aufbauarbeiten im Reich und in den besetzten Gebieten beschäftigte RWV ungenügend; Hinweis auf die erhebliche Verwaltungsvereinfachung dieser Maßnahme durch Beendigung der Doppelbehandlung der in den Län-

derhaushalten geführten, zum größten Teil aber ausschließlich für das Reich tätigen und aus Reichsmitteln bezahlten Beamten. (Vgl. Nr. 15007 und 15079.)
M   101 02580 ff. (262 b)

[29. 5. 41]   AA   15032
Vorschläge für die Verleihung bulgarischer Orden, u. a. an sechs Angehörige der PKzl.
M   203 02281 (58/1)

29. 5. – 17. 6. 41   RKzl.   15033
Nach der Ernennung Bormanns zum Reichsminister und Mitglied der Reichsregierung Klärung der Frage seines Sitzplatzes auf der Regierungsestrade des Reichstags und seiner Plazierung in amtlichen Verzeichnissen.
H   101 00519 f. (138)

29. 5. – 24. 10. 41   RMdI, RKzl.   15034
Durch den Reichsinnenminister Übersendung des *Entwurfs einer Verordnung über die Anwendung der beamten- und besoldungsrechtlichen Vorschriften des Deutschen Reiches im Elsaß, in Lothringen und in Luxemburg zur Schaffung der Voraussetzungen für die notwendig gewordene Berufung von in den dortigen (noch nicht eingegliederten) Gebieten lebenden deutschen Volkszugehörigen in das Beamtenverhältnis. (Vgl. Nr. 15138.)
A   101 23661 f. (1334)

30. 5. 41   AA, Dt. Ges. Bern   15035
Übersendung eines *Berichts der Deutschen Gesandtschaft in Bern über Prof. Karl Barth.
M   203 00684 (28/4)

31. 5. 41   Lammers   15035 a
Durch Hitler aus Mitteln der Reichskanzlei (Fonds für allgemeine Zwecke) Bewilligung einer einmaligen Zahlung von RM 12 000.– (für die Umstellung des Haushalts) sowie ab Juni 1941 einer monatlichen Zahlung von RM 1500.– (für Lebensunterhalt und Erziehung des Sohnes) an Ilse Heß; Orientierung Bormanns darüber.
H   101 00543 ff. (139 a)

31. 5. 41   RMdI, RKfdsozW   15036
Differenzen zwischen dem Reichskommissar für den sozialen Wohnungsbau (RK) und dem Reichsinnenminister (RMdI) über die Stellung der Gauobmänner der DAF und der Leiter der Gauheimstättenämter gegenüber den staatlichen Lenkungs- und Steuerungsbehörden der Mittelstufe (Wunsch des RK: Leiter de facto nahezu unabhängiger „Wohnungs- und Siedlungsämter"; Vorstellung des RMdI: Einbau als gehobene Abteilungsleiter in die Behörden). (Durch den RMdI Abschriften an die PKzl.)
H   101 17428 – 32/10 (1033 b)

31. 5. 41   AA, Dt. Botsch. Washington   15037
Übersendung eines *Berichts der Deutschen Botschaft in Washington über die Organisation österreichischer Emigranten.
M   203 02218 (57/4)

31. 5. – 13. 6. 41   Ph. Prinz v. Hessen   15038
Übersendung einer offenbar als Geschenk an Bormann gedachten Skizze von Friedrich Stahl. Dazu B.s Persönlicher Referent: Sammlung der Bilder St.s nicht für B. selbst, sondern im Auftrage Hitlers für die Neue Galerie in Linz; im übrigen keine Annahme von Geschenken durch B., sondern stets deren Verwendung für einen „öffentlichen Zweck".
H   101 29254 f. (1649 c)

1. – 4. 6. 41   RKzl., BfdVJPl., RWiM u. a.   15039
Mitteilung Bormanns: Nach einem Bericht des Prof. Giesler Anordnung Hitlers, vordringliche Kriegsaufgaben nicht gefährdende Arbeiten für die Neugestaltung Münchens weiterzuführen; Wunsch nach Berücksichtigung des vom Generalbaurat für die Hauptstadt der Bewegung aufgestellten Kriegsprogramms durch die in Betracht kommenden Obersten Reichsbehörden. Weiterleitung der Weisung durch Lammers.
K/H   101 19506 ff. (1180 b)

3. 6. 41   AA   15040
Übersendung eines *Artikels aus dem Daily Mirror: „Kindergarten Hitlers".
M   203 00683 (28/4)

3. 6. 41   Lammers   15041
Mitteilung Bormanns über den Wunsch Hitlers, Schillers „Wilhelm Tell" in den Theatern nicht mehr aufzuführen und in den Schulen nicht mehr zu behandeln; Bitte um vertrauliche Informierung Rusts und Goebbels'.
K   101 16249 (955 a)

3. 6. 41 — 13. 6. 42   Lammers, A. Sparbier u. a.   15042
Durch Bormann weitergeleitete Entscheidung Hitlers gegen den Besuch der Reichsseefahrtschule durch eine Annaliese Sparbier: Die Seemannslaufbahn für Frauen nicht geeignet. Eingabe der S. an H.: Berufung auf die vor der Aufgabe ihrer Beamtenstellung (Lehrerin) vorsorglich eingeholte Laufbahngenehmigung des Reichsverkehrsministers und auf die Unbedenklichkeitserklärungen der zuständigen Parteistellen (StdF, Reichsfrauenführerin u. a.) aus den Jahren 1938/39. Daraufhin auch B. und Lammers dagegen, die S. nach Ableistung der nötigen 36 Monate Seefahrzeit aus dem von ihr ergriffenen Beruf herauszureißen; ihre Auslegung der Entscheidung H.s: Die Seemannslaufbahn zwar grundsätzlich für Frauen künftig nicht mehr geöffnet, jedoch Ausnahmeregelung im Falle S. (H. bei seiner Entscheidung über die näheren Umstände des Falles S. nicht informiert gewesen).
M   101 02491 — 514 (253 a)

4. 6. 41   AA, RProt.   15043
Durch das Auswärtige Amt Übersendung eines Berichts seines Vertreters beim Reichsprotektor: Berufung eines Johann Ritter v. Fousek zum Leiter des Ausschusses des Národní sourucenství (Nationale Vereinigung) im Protektorat; kein Interesse deutscherseits, diese Vereinigung zu fördern und etwa zur Staatspartei werden zu lassen.
M   203 02213 — 17 (57/4)

4. — 23. 6. 41   AA, GL Thüringen — 22   15044
Kritik des Auswärtigen Amts an einem Interview der belgischen Zeitung Soir mit Prof. Astel: Verlautbarungen über Einzelheiten der deutschen Rasseschutzmaßnahmen in der ausländischen Presse aus außenpolitischen Gründen unerwünscht.
M   203 00654 — 65 (28/4)

5. 6. 41   AA   15045
Übersendung eines Ausschnitts aus dem Daily Telegraph mit „Greuelmeldungen" über das Protektorat.
M   203 00677 ff. (28/4)

6. 6. 41   AA   15046
Übersendung eines Aufsatzes „The Spider ... and the Flies" von Hermann Rauschning aus der Washington Post.
M   203 00680 ff. (28/4)

7. 6. 41   RKzl.   15046a
Mitteilung einer Entscheidung Hitlers im Zusammenhang mit dem *Entwurf einer Elften Verordnung zum Reichsbürgergesetz: Beschränkung der Aberkennung der deutschen Staatsangehörigkeit und des Verfalls des Vermögens an das Reich — entgegen dem weitergehenden Vorschlag des Reichsinnenministers — auf Juden mit gewöhnlichem Aufenthalt im Ausland.
W   101 05123/1 f., 126/1 f. (449)

7. 6. — 15. 7. 41   Darré, RFSS, Prof. K. Meyer   15047
Stellungnahme Darrés zur Biologisch-dynamischen Wirtschaftsweise (BdW) in der Landwirtschaft: Bis vor kurzem Unterbindung der Diskussion hierüber, um den Erfolg der Erzeugungsschlacht nicht zu gefährden, jetzt jedoch, nach Beseitigung der Gefahr einer Hungerblockade seit 1940, vorsichtiges Herangehen an diese Frage, vorerst allerdings „nur über die Partei"; langfristig Gefahr einer Verwüstung der Landschaft durch das bisherige „Retortendenken" in der Landwirtschaft; eine Klarstellung des ganzen Fragenkomplexes beeinträchtigt durch die bisherige Unmöglichkeit eines exakten Vergleichs der beiden Wirtschaftsweisen; Behandlung des in die Angelegenheit „hineinspielenden Problems Rudolf Steiner" durch Rosenberg; angesichts des Vorgehens der Gestapo gegen Anhänger der BdW Berufung auf eine

Mitteilung Bormanns über die Anwendung dieser Methode auf den der Verpflegung Hitlers dienenden Gütern. Letzteres von B. als „hundertprozentiger" Irrtum zurückgewiesen; im übrigen Verweis auf die von H. angeordnete Auflösung des Reichsverbands für die BdW und auf die völlige Ablehnung der Anthroposophie durch H. (Beschlagnahme der gesamten einschlägigen Literatur). Von Himmler (in einem Kommentar zu einem Gutachten von Prof. Konrad Meyer über die BdW) die Befürchtungen D.s hinsichtlich schädlicher Auswirkungen eines langfristigen Kunstdüngergebrauchs geteilt.
W/H   107 00059 – 73 (161)

7. 6. – 22. 8. 41   Lammers, Geistl. VertrauensR d. Dt. Ev. Kirche   15048
Mit der Bitte, den offenen Kampf gegen das Christentum einzustellen und die religiös-weltanschaulichen Auseinandersetzungen nach dem Krieg in einer „dem Geist des NS" entsprechenden Form erfolgen zu lassen, verbundene Beschwerdeschrift des Geistlichen Vertrauensrats der Deutschen Evangelischen Kirche an Hitler über die ständigen Verletzungen der Weisung H.s, das Verhältnis von Staat, Partei und Kirche nicht zu stören: Insgesamt Anführung von 117 Fällen, untergliedert nach den Rubriken Bekämpfung und Verächtlichmachung des Christentums und der Kirche, Angriffe auf Geistliche, parteiamtliche Propaganda für den Kirchenaustritt, Hervortreten von prominenten Parteiführern, Artikel im Schwarzen Korps, handgreifliche Aktionen, Ausschaltung der Kirche aus dem öffentlichen Leben, Beschränkung der Wehrmachtseelsorge und der religiösen Erziehung, Eingriffe in kirchliches Eigentum und kirchliche Rechte, Behinderung der innerkirchlichen Arbeit, Störungen christlicher Beerdigungen. Bei der Weiterleitung an Bormann sich rechtfertigende Stellungnahme Lammers' zu den die Reichskanzlei betreffenden Punkten (keine Hilfe bei der Veranlassung Goebbels' zur Zurücknahme eines Erlasses, genaue Darlegung der Reaktion auf eine kirchliche Denkschrift, u. a.). Antwort B.s: Eine Nachprüfung der Beschwerdepunkte infolge unklarer und veralteter Angaben zum großen Teil nicht möglich; Zusage, die übrigen Fälle „aufzugreifen"; im übrigen Hinweis auf die mit G. getroffene Vereinbarung vom 18. 8. 41, ein striktes Verbot aller Erörterungen über konfessionelle Streitfragen zu erlassen.
M/H   101 01544 – 87 (172)

8. – 9. 6. 41   Lammers   15049
Orientierung durch Bormann über eine Besprechung zwischen Hitler und Göring: Absicht G.s, das Luxemburger Eisenwerk Arbed den Reichswerken Hermann Göring anzugliedern (Erwerb einer Sperrminorität); scharfe Kritik H.s („unmöglich") an der Aufhebung der dafür von G. getroffenen Maßnahmen durch GL Simon (S. weder als Gauleiter noch als Chef der Zivilverwaltung zur Aufhebung oder Änderung von Anordnungen G.s berechtigt; Ablehnung „gaueigener Industrien"); Anweisung an B., S. entsprechend zu unterrichten; erfolgte Ausführung dieser Anweisung.
A/H   101 02997 f. (311); 101 05765 – 69 (489 a)

9. 6. 41   Lammers   15050
Durch Bormann übermittelte Weisung Hitlers, die deutschen Schulen im Ausland nach dem Kriege großzügig zu finanzieren und auszustatten, um sie – anders als, nach einem ihm zugegangenen Bericht, zur Zeit – auch für Kinder von Ausländern erschwinglich zu machen.
H   101 25227 (1409)

9. 6. – [14. 11.] 41   Ribbentrop, Lammers   15051
Ein Antrag Ribbentrops, Funktionen der Auslands-Organisation (AO) auf das Auswärtige Amt (AA) oder dessen Außenstellen zu übertragen, von Hitler abgelehnt: Die Aufgaben der AO nur unabhängig vom staatlichen Apparat durchführbar; jedoch Einverständnis H.s mit dem Ausscheiden des GL Bohle (in seiner Funktion als Staatssekretär) aus dem AA und der Auflösung der am 30. 1. 37 verfügten Verbindung zwischen AA und AO. Dementsprechend Entbindung B.s von seinen Dienstgeschäften unter Belassung der Amtsbezeichnung Staatssekretär und Vorbehalt der förmlichen Aufhebung des Erlasses vom 30. 1. 37 nach dem Kriege. Zusage Bormanns, Bohle nochmals eindringlich zu ermahnen, sich keinesfalls mit außenpolitischen Angelegenheiten zu befassen.
H   101 18194 ff. (1133 c); 101 20186, 192 f. (1201 b); 101 25190 – 93 (1408 a)

9. 6. 41 – 28. 9. 42   Lammers, RVM   15052
Durch Bormann übermittelte Weisung Hitlers, dem GL Greiser ausnahmsweise auf Anforderung einen Salonwagen zur Verfügung zu stellen; Gründe: Notwendigkeit häufiger Inspektionsreisen in seinem ausgedehnten Verwaltungsbezirk, keine für ihn passenden Hotels in seinem Gau, Übernachtungen bei Gutsbesitzern unerwünscht. Nach einem Hinweis der Reichskanzlei auf H.s ausdrückliches Verbot, Salonwagen zu bauen, nachträgliche Erläuterung B.s: Nicht Bau eines neuen Salonwagens für G., sondern

Benutzung eines der beiden vorhandenen, dem Reichsbahnpräsidenten in Posen zur Verfügung stehenden Wagen. Ein Jahr später Monitum B.s: Noch immer Schwierigkeiten G.s, einen Wagen gestellt zu bekommen; Aufforderung an Lammers, „noch einmal an den Reichsverkehrsminister zu schreiben".
H   101 08417 – 28 (638 a); 101 23616 f. (1333)

10. 6. 41   RMfEuL, OPräs. Rheinprovinz, RStatth. Hessen, OPräs. Westfalen   15053
Durch den Reichsernährungsminister Übersendung der Abschriften von drei Erlassen: Wegen „nachhaltiger Berufungen aus anderen Provinzen und Ländern" Aufhebung der in der Rheinprovinz geltenden, von zwei Nachbarprovinzen bereits übernommenen Sonderregelung über die Abgabe von Vollmilch an Personen über 70 Jahre und Übernahme der reichseinheitlichen Regelung.
K/H   101 07922 – 28 (613)

[10. 6. 41]   AA   15054
Künftig Lieferung des „Funkspiegels" an Bormann.
M   203 00676 (28/4)

12. 6. 41   RKfdsozW, RKPreis.   15055
Zur Vorbereitung des deutschen Wohnungsbaus nach dem Kriege Erlaß von Vorschriften über Preisbildung, Preisüberwachung und Festsetzung von Richtpreisen bei Bauland; nach Auffassung Leys revolutionäre Bedeutung des Erlasses: Zwecks Baulandbeschaffung Grund und Boden künftig keine Ware mehr nach „liberalistischer" Praxis, sondern „autoritäre" Bestimmung des Bodenpreises durch dazu berufene Stellen als „entscheidender Schritt zur Erfüllung des Punktes 17 des Parteiprogramms".
H   101 17328 – 31/8 (1033); 101 27999 – 8001/9 (1528)

12. 6. 41   RFM   15056
Übersendung einer *Zusammenstellung der Darlehen aus Haushaltsmitteln, Stand 31. 12. 40.
H   101 17775 f. (1090 a)

12. 6. 41   OKH   15057
Nochmalige Bekanntgabe der Regelung der Zuständigkeit für Anträge von Angehörigen mit Deutschland befreundeter oder neutraler Staaten auf Entschädigung aus Handlungen deutscher Wehrmachtangehöriger.
H   101 08627 ff. (643)

12. 6. – 11. 8. 41   RLM u. a.   15058
Organisatorische und personelle Änderungen im Reichsluftschutzbund. (Nachrichtlich an die PKzl.)
A   101 22725 – 31 (1294 b)

13. 6. 41   RArbM   15059
Übersendung des leicht abgeänderten *Entwurfs einer Verordnung über die Sozialversicherung in den besetzten Gebieten; Erwähnung der Zustimmung der PKzl. zur ursprünglichen Fassung.
M/W   101 04038 f. (402)

13. 6. 41   RegR B. Benoni-Dania   15060
Einreichung einer Denkschrift über die Führernachfolge: Auslese und Ausbildungsgang (Station u. a. das Amt eines „Reichsinspektors" der auf je fünf Jahre eingesetzten „offiziellen Opposition") des Führernachfolgers in einem totalitären Staat; Ablösung auch der übrigen höheren Führer bei einem Wechsel.
H   101 29784 – 92 (958)

13. 6. 41   AA   15061
Übersendung eines *Aufsatzes „Der deutsche Drang nach Osten" aus der tschechisch-amerikanischen Zeitung New Yorkské listy.
M   203 00670 (28/4)

13. 6. 41   AA   15062
Übersendung eines im Daily Mirror zu Hitlers Geburtstag erschienenen Aufsatzes.
M   203 00671 f. (28/4)

13. 6. 41   AA   15063
Übersendung von Karikaturen Hitlers und Stalins aus dem englischen Flugblatt „Wolkiger Beobachter".
M   203 00673 f. (28/4)

13. 6. 41   AA   15064
Übersendung eines *Artikels der New York Times über Bildankäufe Hitlers.
M   203 00675 (28/4)

13. 6. 41   AA   15065
Übersendung eines Artikels des Daily Mirror über Flüchtlinge in Spanien, angeschlossen eine Notiz über die Urlaubsorte der Frauen von Göring, Goebbels und Himmler.
M   203 00668 f. (28/4)

13. 6. 41   AA   15066
Bitte der PKzl. um Weiterleitung eines *Schreibens an eine Elisabeth Seizinger (Belgrad).
M   203 01049 (34/2)

[13. 6. 41]   AA   15067
Beteiligung des Referats Partei an der Angelegenheit Karl Jerabek (Dinslaken) zwecks Unterrichtung der PKzl.
M   203 01038 (34/2)

[13. 6.] – 9. 7. 41   Lammers, RPropL   15068
Durch Bormann Übersendung einer Anweisung des Reichspropagandaleiters, Bilder von Heß aus den Diensträumen zu entfernen und aus dem Verkauf und den Auslagen zurückzuziehen sowie für die Tilgung von Bildern oder Angaben über H. in neuen Büchern, Kalendern usw. zu sorgen.
K   101 00548 f. (139 a); 101 05717 f. (479); 101 20184 f. (1201 b)

Nicht belegt.   15069

14. – 21. 6. 41   GL Kärnten, AA   15070
Auskunft auf eine Anfrage: Dem Auswärtigen Amt über eine von Stv. GL Kutschera berichtete angebliche Grenzberichtigung zugunsten Italiens im Gebiet von Südkärnten nichts bekannt.
M   203 02206 ff. (57/4)

16. 6. 41   AA   15071
Hinweis auf eine „zumindest verblüffende" Notiz „Die Welt am 11. Mai 1941" im Frankfurter Generalanzeiger vom 3. 10. 38: Aufforderung des englischen Astrologen H. Spencer-Jones an seine Kollegen, Prognosen über das voraussichtliche Weltgeschehen an diesem Tage abzugeben.
M/H   203 02210 (57/4)

16. – 21. 6. 41   Lammers, Himmler   15072
Durch Bormann Unterstützung der Forderung Himmlers nach einer Sonderstellung in dem geplanten Erlaß über die Verwaltung der osteuropäischen Gebiete im Falle ihrer Besetzung: Besondere Bedeutung der von jeglichen Zuständigkeitsstreitigkeiten freizuhaltenden polizeilichen Aufgabe gerade in den ersten Wochen und Monaten.
W   107 01260 ff. (399)

17. 6. 41   AA   15073
Geburtstagsglückwünsche des Referats Partei für Bormann.
M   203 01046 (34/2)

[17. 6. 41]   RMdI   15074
Im Einvernehmen u. a. mit der PKzl. Einverständnis mit der Möglichkeit gnadenweiser Wiedergewährung marxistischen österreichischen Ruhestandsbeamten von der früheren österreichischen Regierung entzogener oder gekürzter Versorgungsbezüge.
H   101 24410 ff. (1361 a)

18. 6. 41   AA   15075
Dank Friedrichs' (PKzl.) für die Übersendung der Weißbücher Nr. 6 und 7; ihre Verteilung „an die in Frage kommenden Herren der PKzl.".
M/H   203 01281 (42/2 b)

19. 6. 41   AA   15076
Übersendung einer *Aufstellung über „Hetz"- und Emigrantenliteratur in französischer und englischer Sprache.
M   203 00667 (28/4)

19.– 26. 6. 41   AA   15077
Antwort auf eine Anmahnung: Noch keine Stellungnahme der Deutschen Botschaft in Ankara zum Einkauf türkischer Landesprodukte eingegangen.
W   203 02204 f. (57/4)

19. 6. – 12. 7. 41   Lammers   15078
Bitte Bormanns um Erstattung von der PKzl. vorschußweise gezahlter Kosten für das Führerhauptquartier (Fliegerstaffel, Kraftwagenkolonne Berlin, Kraftwagenneuanschaffungen u. a.) in Höhe von RM 748 072.58 (4. Zwischenabrechnung). Mitteilung über die erfolgte Überweisung des Betrages auf das Zentralkonto der PKzl. bei der Commerzbank in München.
K   101 08102 – 06 (615 c)

19. 6. – 29. 7. 41   RKzl., Todt, RWiM, REM, RMdI, RVM u. a.   15079
Beauftragung Todts mit der Leitung der gesamten Energie- und Wasserwirtschaft durch Hitler. Besprechungen T.s mit Vertretern des Reichswirtschaftsministeriums, des Reichsernährungsministeriums (REM), des Reichsverkehrsministeriums (RVM) u. a.; Hinweis auf die Notwendigkeit eines Übertritts der Sachbearbeiter für Energie- und Wirtschaftsfragen dieser Ministerien in seine neue, als „Generalinspektor für Wasser und Energie" (GI) zu bezeichnende Dienststelle; Vorschlag, ihr die Rechte und Vollmachten eines Ministeriums zu geben. Einverständnis H.s mit den Vorschlägen T.s; Auftrag, baldigst einen Erlaßentwurf vorzulegen; bei Nichteinigung der beteiligten Ministerien über die notwendigen Kompetenzänderungen Entscheidung durch ihn angekündigt. Vorbehalte und Änderungswünsche der Ressorts zu den in dem Erlaßentwurf T.s enthaltenen Kompetenzverschiebungen: Wunsch des REM nach Verbleib aller landwirtschaftlichen Fragen der Wasserwirtschaft in seinem Ressort; durch den Reichsinnenminister Beanspruchung der allgemeinen Kommunalaufsicht sowie der weiteren Wahrnehmung seiner Befugnisse über die Hafen- und Schiffahrtspolizei; Verlangen des RVM nach Beibehaltung der Kompetenzen für den Bau und Betrieb der Wasserstraßen. Nach der Einigung der Ressorts über eine künftige Energiepolitik Regelung der zwischen T. und dem RVM strittig gebliebenen Frage durch H.: Ausdehnung der Befugnisse des GI auch auf den Bau und Betrieb der Wasserstraßen. Durch die Reichskanzlei Übersendung des ausgefertigten Erlasses vom 29. 7. 41. (Vgl. Nr. 15007 und 15031.)
M/W/K/H   101 03651 – 73/22 (378); 101 07664 – 74/15 (604)

19. 6. – 10. 9. 41   Anonym, Lammers u. a.   15079 a
In dem anonymen Schreiben eines „oberschlesischen NS" Korruptionsvorwurf gegen Gauwirtschaftsberater Jakob, früher Leiter der Treuhandstelle Kattowitz. Dazu eine von der Reichskanzlei veranlaßte Feststellung der Haupttreuhandstelle Ost: Durch J. Erwerb von Röhren- und Hochofenwerken aus französischem Besitz weit unter ihrem Wert auf Wunsch des GL Bracht. Dazu wiederum Stellungnahme Bormanns: Keine Einflußnahme Brachts auf die Höhe des Kaufpreises bei dem von ihm allerdings gewünschten Erwerb (Absicht, die Urheber dieses Vorwurfs zur Verantwortung zu ziehen); Zusicherung, Lammers über seine weiteren Ermittlungen zu unterrichten; Bitte, schon jetzt allen auftretenden Gerüchten über den Gauleiter oder seinen Gauwirtschaftsberater entgegenzutreten.
M/H   101 02999 – 3005 (312)

20. 6. 41   AA   15080
Übersendung eines *Aufsatzes aus der Zeitung New Yorské listy über die Zustände im Protektorat.
M   203 00666 (28/4)

20. 6. 41   SS-Ogruf. Daluege   15081
Dank Bormanns für Geburtstagsglückwünsche.
W   306 00191 (Bormann)

20. 6. – 21. 8. 41   RMdI   15082
Wunsch Bormanns, § 2 Satz 1 und 2 der Verordnung über die Vorbildung und die Laufbahnen der deutschen Beamten vom 28. 2. 39 zu ändern: Bei der bisherigen Fassung auch die Ernennung eines aus der Partei oder einer Gliederung ausgeschlossenen oder freiwillig ausgeschiedenen Bewerbers möglich. Nach Ansicht des Reichsinnenministers die Befürchtung B.s unbegründet, dennoch Bereitschaft zu einer alle Zweifel ausschließenden späteren Änderung; trotz der von B. vorgeschlagenen Neufassung (Einsatz und Bewährung in der Partei nur „wesentlich" für die Auswahl) Vermutung seines Festhaltens am bisherigen, die Mitgliedschaft für künftige Ernennungen zur Bedingung machenden Standpunkt. Dazu B.: Angesichts der in Zukunft zu erwartenden Schwierigkeiten bei der Besetzung von Beamtenstellen die Anlegung eines strengen Maßstabs bei lediglich ausführender Tätigkeit nicht möglich, außerdem der Eintritt in die Partei bloß aus beruflichen Gründen nicht erwünscht; Besetzung verantwortlicherer Positionen dagegen nur mit in der Partei „bereits eindeutig bewährten" Bewerbern.
M/W   101 04558 – 62 (421 a)

20. 6. – 25. 9. 41   RMarschall, RMdI, RFM, Ley, Lammers u. a.   15083
Von Hitler gebilligte Anordnung Görings über den Wiedereinsatz der nach Kriegsbeginn aus dem Berufsleben ausgeschiedenen Frauen: Erfassung und („in freundlicher Weise" vorzunehmende) Belehrung dieser Frauen über die Notwendigkeit der Arbeitswiederaufnahme; bei Weigerung ohne triftige Gründe Kürzung bisher bezogenen Familienunterhalts (bei Arbeitsaufnahme dagegen keine Anrechnung des Arbeitsverdienstes) bzw. – bei Nicht-Bezieherinnen – Dienstverpflichtung. Entsprechender, auf den Appell H.s vor dem Reichstag vom 4. 5. 41 Bezug nehmender Runderlaß des Reichsinnenministers. Nach einem Vierteljahr Vorschläge Leys (unter Hinweis auf den großen Kreis der durch diese Bestimmungen nicht erfaßten und auch durch den Appell H.s nicht zu freiwilliger Meldung bewogenen Frauen und auf die daraus entstehende Mißstimmung) für eine umfassendere Heranziehung der Frauen zum Arbeitseinsatz (alle Frauen zwischen 18 und 40 Jahren; Auskämmung der Kurorte, Zweitwohnsitze, Pensionate, Gutshaushalte u. ä.). Durch Bormann weitergeleiteter Wunsch H.s nach einer dilatorischen Behandlung der Angelegenheit: Einführung einer Frauendienstpflicht erst im Falle eines Kriegseintritts der USA.
W/H   101 09336 – 60 (652)

20. 6. – 10. 12. 41   Lammers, Frhr. v. Welser   15084
Lammers gegenüber geäußerte Besorgnis des StSekr. a. D. Frhr. v. Welser (München) über die von einer dort erschienenen Kommission offenbar vorbereitete Beschlagnahme von Gebäuden der Neuendettelsauer Anstalten, des Sitzes des Mutterhauses der Diakonissen (Franken); Hinweis auf die Bedeutung der Diakonissen für die Kranken- und Pflegeanstalten. Dazu die von L. erbetene Stellungnahme Bormanns: Für die Gauleitung Franken Notwendigkeit, einige Häuser für die Kinderlandverschickung u. a. Aufgaben in Anspruch zu nehmen; keine Beeinträchtigung der Insassen und ihrer Ausbildung durch diese – inzwischen übrigens zurückgestellte – Maßnahme beabsichtigt.
M/H   101 01215/1 – 224 (159)

20. 6. 41 – 27. 10. 43   RMfWEuV, Chef Sipo   15085
Durch die PKzl. Ablehnung der Berufung des Genetikers Hans Stubbe vom Kaiser-Wilhelm-Institut für Biologie (vor 1933 aktiver Marxist) an die Universität Posen. Später erneute Erörterung einer Berufung St.s, in deren Verlauf jedoch Verzicht des Posener Rektors aufgrund der Feststellungen des SD über St.
M/H   301 01009 – 20 (Stubbe)

[21. 6. 41]   AA   15086
Weiterleitung eines von der PKzl. übersandten ˙Schreibens des Direktors der Staatlichen Gemäldegalerie in Dresden (Posse) an Botsch. v. Mackensen in Rom.
M   203 01047 (34/2)

[21. 6.] – 23. 7. 41   Hierl, Lammers, StSekr. Kritzinger   15087
Durch Lammers veranlaßte Ressortbesprechung über den von Reichsarbeitsführer Hierl vorgelegten, von Hitler bereits gezeichneten Entwurf eines Führererlasses über den weiteren Kriegseinsatz des Reichsarbeitsdienstes für die weibliche Jugend (RADwJ); unter Ablehnung einer weiblichen Arbeitsdienstpflicht Verlängerung des Arbeitsdienstes durch weitere Verpflichtung ausscheidender Arbeitsmaiden zu sechs Monaten Kriegshilfsdienst unter Betreuung des – dafür personell zu verstärkenden – RADwJ): Trotz Ermunterung durch L. lediglich Vorbehalte etwaiger Einwände (eine Unterstellung der Mädchen unter den Kriegshilfsdienst nach Ableistung ihres Arbeitsdienstes nur möglich zu Lasten des freien Arbeitseinsatzes und der Bedürfnisse der Ressorts), seitens der PKzl. keine politischen Bedenken

gegen den Erlaß. – Vermutlicher Anlaß der Aktion die Beschwerde L.' über die Einholung der Unterschrift Hitlers „im Überfallswege" und ohne seine zweckdienliche Beteiligung. Dazu Rechtfertigung Hierls durch Berufung auf eine persönliche Initiative Hitlers: Die Vorlage des Erlaßentwurfs lediglich Ausführung einer erhaltenen Weisung.
H   101 06097/1 – 109/5 (518 a); 101 09324 – 27 (652)

23. 6. 41   AA   15088
Übersendung eines 'Berichts der Dienststelle der Deutschen Botschaft in Shanghai über amerikanische Vorwürfe wegen schlechter britischer Propaganda im Fall Heß.
M/H   203 02209 (57/4)

[23. 6. 41]   RKzl.   15089
Distanzierung der PKzl. vom Gedanken einer allgemeinen Regelung des Vereinsrechts im Warthegau; ein auf eine kirchenrechtliche Regelung beschränkter Entwurf – unter Umgehung des Reichsinnenministers – mit dem Beauftragten für den Vierjahresplan besprochen.
A   101 23618 (1333)

23. 6. – 2. 7. 41   AA, Lammers   15090
Unklarheiten im Auswärtigen Amt über die Reihenfolge bei der Anführung der Dienststellen Hitlers im Jahrbuch für Auswärtige Politik 1941; Bitte um Stellungnahme. Weiterleitung an die Reichskanzlei. Deren Auskunft (PKzl. an vierter Stelle). (Vgl. Nr. 15114.)
H   101 07469 – 74 (590 a); 101 14963 f. (855 b); 101 20431 f. (1212); 101 20511 f. (1213); 203 02198 (57/3); 203 02283 ff. (58/1)

23. 6. – 21. 8. 41   AO, AA   15091
Durch die PKzl. Bitte um Stellungnahme des Auswärtigen Amts (AA) zu Einwänden des Außenhandelsamtes der Auslands-Organisation gegen Bestrebungen bekannter deutscher Industrieunternehmen (u.a. Stinnes und I.G. Farben), ihre Auslandsniederlassungen zu tarnen: Umgehung der unbequemen deutschen Devisengesetzgebung und der Anforderungen hinsichtlich der ns. Einstellung der leitenden Beamten dieser Firmen. Durch das AA Rechtfertigung der Tarnungen mit der Gefahr einer Doppelbesteuerung und der Beschlagnahme des Unternehmens durch die Feindmächte; Hinweis auf die Bemühungen der Reichsregierung, vertragliche Regelungen zur Vermeidung der Doppelbesteuerung zu erreichen.
M/H   203 02199 f. (57/4); 203 02238 – 45 (58/1)

[23. 6.] – [24. 9. 41]   GBV   15092
Erlaß einer Verordnung über Erwerb und Verkauf von Uniformen, Uniformteilen, Zubehör und Rangabzeichen: Bindung an Bezugsschein oder Lichtbild-Dienstausweis bei neuen wie gebrauchten Gegenständen nach bedenklicher Zunahme des Mißbrauchs von Uniformen bei strafbaren Handlungen seit Kriegsbeginn.
H   101 03881 ff. (391); 101 22372 – 85 (1278)

25. 6. 41   GL Danzig-Westpreußen – 38   15093
Meldung über Feindeinflüge in Gotenhafen, die Bombenschäden und Alarmzeiten.
M/H   306 00698 (Knoblauch)

25. 6. 41   Himmler, Rosenberg   15094
Unter Beifügung eines Schreibens Rosenbergs Frage Himmlers nach seiner Unterstellung unter R. als den neuernannten Beauftragten Hitlers für die zentrale Bearbeitung der Fragen des osteuropäischen Raumes (gegenteilige Äußerung Hitlers ihm gegenüber); schwigrige Zusammenarbeit mit R. (dessen Wunsch nach Vorlage eines „genauen Berichts" über die Vorbereitung der Maßnahmen Himmlers im Osten und über die hierfür vorgesehenen führenden Persönlichkeiten); die Ansichten R.s im Widerspruch stehend zu den Anordnungen Hitlers über die Durchführung exekutiver Maßnahmen; Bitte um Verhaltensrichtlinien Bormanns („mit oder gar unter R. zu arbeiten bestimmt das Schwierigste" in der NSDAP).
W/H   107 01266 ff. (399)

25.—26. 6. 41   Intern   15095
Reklamierung verschiedener angeblich im Hause Heß befindlicher Gegenstände (vor allem Büromaterial) durch die PKzl.
W   107 00578 f. (213)

25. 6.—4. 7. 41   RKriegsopferF Oberlindober, Himmler   15096
Durch Reichskriegsopferführer Oberlindober Mißbilligung eines „byzantinischen" Nachrufs von Reichskriegerführer Gen. Reinhard für Wilhelm II. Verteidigung des „guten R." durch Himmler: Keine Schwierigkeiten während dessen Unterstellung unter ihn, H., Pannen erst seit der Zuordnung des Reichskriegerbundes zur Wehrmacht; Vermutung von Konkurrenzneid bei O.
K/H   102 00595—99 (999)

25. 6.—5. 7. 41   Rechnungshof d. Dt. Reichs, RKzl.   15097
Zustimmung der PKzl. zur vorgeschlagenen Ernennung des ORegR Friedrich Reuter zum Ministerialrat.
H   101 18888—94 (1155 c)

26. 6. 41   RKfdsozW u. a.   15098
Übersendung eines Runderlasses: Vertrieb von Überdrucken der Verordnungen und Erlasse des Reichskommissars für den sozialen Wohnungsbau künftig durch den Verlag der Deutschen Arbeitsfront GmbH.
H   101 19303 ff. (1174)

26. 6. 41   AA   15099
Keine Einwände der PKzl. gegen die Teilnahme von 20 Erziehern des Gaues Salzburg am Karpatendeutschen Erziehertag in der Slowakei.
M   203 01495 (47/3)

26. 6. 41   AA   15100
Anruf von MinR Heim (PKzl.), vermutlich aus Paris: Ermächtigung eines Bruno Conrad, Geld abzuheben; u. a.
M   203 02267 (58/1)

27. 6.—21. 7. 41   RProt., Lammers   15101
Gemäß Erlaß Neuraths Behandlung des deutsch-tschechischen Problems unter dem Aspekt des Krieges und seiner Erfordernisse: Eine Gefährdung von Ruhe und Ordnung sowie der Rüstungs- und der landwirtschaftlichen Produktion durch öffentliche Stimmungsäußerungen verschiedener deutscher Stellen nicht angängig; erforderliche Verlautbarungen über die politischen Fragen des Protektorats allein Angelegenheit des Reichsprotektors; dessen Bitte an Bormann, die Parteidienststellen entsprechend anzuweisen. Bitte Lammers' an B., die beiderseitige Behandlung der Angelegenheit miteinander abzustimmen.
A   101 23363—66 (1326)

27. 6.—2. 10. 41   Rosenberg, Lammers   15102
Aufgrund wiederholter Vorwürfe Rosenbergs gegen den NSD-Dozentenbund (Beschäftigung mit wissenschaftlicher Forschung anstelle der weltanschaulichen Schulung seiner Mitglieder) Vorschlag Bormanns, die Zusammenarbeit zwischen Dozentenbund und Dienststelle Rosenberg in einer Sachbearbeiterbesprechung zu klären; in diesem Zusammenhang Ablehnung der Forderung R.s, die seitens der PKzl. vom Dozentenbund angeforderten Gutachten nur über ihn, R., an die PKzl. zu leiten.
K/W   101 15516—18/6 (941)

28. 6. 41   AA, Dt. Ges. Panama   15103
Übersendung eines ˙Leitartikels der Zeitung Star & Herald (Panama) zum Fall Heß.
M   203 00586 f. (28/4)

28. 6. 41   AA   15104
Übersendung eines Aufsatzes der amerikanischen Zeitschrift Current History and Forum: „Hitler's Scientists. 1000 Nazi Scientists, Technicians and Spies Are Working under Dr. Karl Haushofer for the Third Reich".
M   203 00648—52 (28/4)

28. 6. 41   AA   15105
Übersendung von zwei *Artikeln: „The New Crusade" (Daily Express) und „Niemöller Unbroken by Torture" (New York Post).
M   203 00653 (28/4)

28. 6.—7. 7. 41   AA   15106
Das – ihm von LegR Büttner übersandte – Buch von Oswald Dutch „Hitler's Twelve Apostles" nach Auffassung von MinDir. Klopfer für die Arbeit der PKzl. anregend.
M   203 01101 f. (36/1)

28. 6. 41—31. 1. 45   Lammers   15107
Schriftwechsel über die Regelung der Versorgung der Angehörigen der Adjutantur und der Intendantur Hitlers sowie seines Begleitkommandos und des Fuhrparks: Anwendung des Versorgungserlasses H.s vom 27. 9. 38 ausschließlich auf Personen ohne jeden gesetzlichen Versorgungsanspruch; keine Anwendung des Erlasses auf Personen mit Versorgungsansprüchen nach dem Beamtengesetz, der Angestellten- und Invaliden-Versicherung sowie dem Wehrmachtfürsorge- und -versorgungsgesetz; bei erwünschter Erhöhung der gesetzlichen Versorgungsbezüge Entscheidung durch H. von Fall zu Fall; Einzelfälle (SS-Hstuf. Darges, Prof. Morell, Prof. Karl Brandt, Prof. Haase, Hausintendant Kannenberg, Ostubaf. Stumpfegger, Gerda Christian, Kellermeister W. Fechner u. a.); Namenslisten und Mitteilungen über personelle Veränderungen zur Korrektur der von Lammers geführten Versorgungslisten.
K   101 16411—42 (967 b)

[29. 6. 41]   DF   15108
Unter Aufhebung des Erlasses vom 23. 4. 38 (vgl. Nr. 12604) Neuregelung der Stellvertretung des Führers: Im Falle einer Verhinderung Hitlers, seine Befugnisse auszuüben, Bestimmung Görings zu seinem Stellvertreter in allen seinen Ämtern.
K/H   101 30038 f. (1660)

30. 6. 41   AA   15109
Übersendung eines Aufsatzes aus Reader's Digest über die Tötung von Geisteskranken in Deutschland.
M   203 00597—99 (28/4)

[30. 6. 41]   AA u. a.   15110
Weiterleitung eines *Schreibens von MinR Heim (PKzl.) an einen Bruno Conrad.
M   203 01045 (34/2)

30. 6.—19. 7. 41   AA   15111
Mitteilung des genauen Titels der Broschüre „Einführung in das Schrifttum zur Abwehr des Okkultismus".
M   203 02279 f. (58/1)

30. 6.—29. 8. 41   RJM, RKzl.   15112
Beschwerde der PKzl., bei drei vom Reichsjustizminister (RJM) der Reichskanzlei zugeleiteten Verordnungsentwürfen (zum Polenstrafrecht, zur Mitwirkung der Staatsanwaltschaft in bürgerlichen Rechtssachen und zur Einführung eines Eheverbots wegen Altersunterschiedes) nicht beteiligt worden zu sein. Nach Rücksprache mit Lammers Rechtfertigung des RJM (ein früherer Entwurf offenbar von L. – und Bormann? – nicht als befriedigend akzeptiert): Der erste Fall ein Sonderfall, der zweite Fall Hitler direkt vorgetragen worden, im dritten Fall ein Führervortrag vorgesehen gewesen, der Entwurf dann jedoch nicht mehr weiter verfolgt worden.
H   101 20593—604 (1213 a)

[Juli 41]   (RKzl.)   15113
Liste der Reichsleiter („unmittelbar dem Führer bzw. dem Leiter der PKzl." unterstehend).
H   101 07255 (583)

[1. 7. 41]   RKzl.   15114
Nach Rücksprache mit Bormann Festlegung der Reihenfolge der Dienststellen 1 a bis 1 d, d. h. der Kanzleien Hitlers, im Anschriftenverzeichnis I und im Verzeichnis II „Der Führer und die Reichsregie-

rung" (Leiter PKzl.: 1 c); ferner Einfügung des Leiters der PKzl. in das Verzeichnis III „Die Mitglieder der Reichsregierung" als Nr. 17 nach dem Chef der Reichskanzlei.
H   101 07464−68 (589 a); 101 14958−62 (855 b); 101 20506−10 (1213)

[3. 7. 41]   RMfWEuV   15115
Zustimmung der PKzl. zum *Entwurf eines Gesetzes über die deutschen Auslandslehrer (Zweck die Förderung der – gerade im Krieg wichtigen – Kulturarbeit im Ausland durch beamtenrechtliche Sicherung der Auslandslehrer).
K/W   101 16253 (955 a)

3. − 18. 7. 41   Lammers   15116
Mitteilung Bormanns: Nach einer Rundfunkrede der holländischen Königin Wilhelmina (tiefes Mitleid mit dem russischen Volk, Lob der weisen und mutigen englischen Politik) Zustimmung Hitlers zu der von Reichskommissar Seyß-Inquart erbetenen Genehmigung, das Vermögen des niederländischen Königshauses einziehen zu dürfen. Durch Lammers Informierung S.-I.s.
H   101 11399 (675 a); 101 21986 (1271 b); 101 25929 ff. (1463)

4. 7. 41   RKfdsozW, BfdVJPl.   15117
Mitteilung Leys: Durch die *Verordnung des Beauftragten für den Vierjahresplan über die beschleunigte Förderung des Baues von Heuerlings- und Werkswohnungen sowie von Eigenheimen für ländliche Arbeiter und Handwerker im Altreich, in der Ostmark, im Sudetenland und in den eingegliederten Ostgebieten Beauftragung des Reichskommissars für den sozialen Wohnungsbau mit der Durchführung des Landarbeiterwohnungsbaus; Bitte L.s, ihn bei der Durchführung dieser ernährungs- und bevölkerungspolitisch bedeutsamen Aufgabe zu unterstützen.
M/K   101 02231 ff. (209); 101 19355 f. (1175)

4. − 16. 7. 41   GL Schleswig-Holstein, RPDir. Kiel   15118
Nach Unterrichtung durch die GL Schleswig-Holstein von der PKzl. beim Reichsinnenminister die umgehende Einstellung einer nicht genehmigten Sammlung der Postgefolgschaftsmitglieder zu Ohnesorges 70. Geburtstag gefordert. (Vgl. Nr. 15167.)
W/H   502 00017−21 (4)

Nicht belegt.   15119

5. 7. − 6. 8. 41   AA   15120
Übersendung einer *Übersicht der Reichszentrale für wissenschaftliche Berichterstattung über die Folgen des Versailler Vertrages auf dem Gebiet der internationalen Organisationen.
M/H   203 02252 f. (58/1)

5. 7. − 21. 8. 41   JFdDR, RKzl.   15121
Zustimmung der PKzl. zum Vorschlag des Jugendführers des Deutschen Reiches, OGebF Ernst Schlünder in die durch die Entlassung des MinR Georg Berger freigewordene Ministerialratsstelle einzuweisen.
H   101 06011−12 (515)

6. 7. − 21. 8. 41   RL, GL, RKzl., RM   15122
Um eine geldliche Unterstützung unwürdiger Gesuchsteller zu unterbinden und die damit verbundene Beeinträchtigung des Ansehens führender Parteigenossen zu vermeiden, Anordnung Bormanns, die Gewährung vom Ergebnis einer Rückfrage bei dem zuständigen Ortsgruppenleiter abhängig zu machen. Auf Bitte B.s Übersendung dieser Anordnung (Rundschreiben 86/41) durch Lammers an die Reichsminister.
K/W/H   101 06892−96 (566 b); 101 07675 f. (604); 203 02236 f. (58/1)

7. − 26. 7. 41   Speer   15123
Entgegen der Auffassung der PKzl. nicht er, Speer, sondern GL Telschow von Hitler mit der Neugestaltung der Gauhauptstadt Lüneburg betraut, daher Weiterleitung eines Schreibens der PKzl. über die Uk.-Stellung des – offenbar mit dem Entwurf eines Parteiforums in Lüneburg befaßten – Architekten Robert Borlinghaus an T.
W/H   108 00289 f. (1592)

7.–29. 7. 41   AA   15124
Übersendung von amerikanischen *Zeitungsberichten zum Fall Heß.
M   203 00632–35 (28/4)

7. 7.–29. 8. 41   AA   15125
Auskunft auf eine von der PKzl. weitergegebene Anfrage der Gauleitung Halle-Merseburg: Der Aufenthalt des Engländers Wodehouse, eines Mitglieds der Rundfunkabteilung Plack, in Degnershausen (Gau Halle-Merseburg) durch das Auswärtige Amt veranlaßt, um die in Berlin unvermeidliche Berührung mit Amerikanern auszuschalten (bereits W.s erste Sendung „eine Weltsensation"); dabei sehr wohl Beteiligung der Gestapo wie auch ordnungsgemäße Anmeldung usw. W.s.
M/H   203 02233 f. (58/1)

7. 7. 41–[24. 11. 44]   SS-Gruf. Heydrich, RSHA   15126
Kritik der PKzl. am Verhältnis des Johanniter-Ordens zu Wilhelm II. unter Bezugnahme auf eine Veröffentlichung in *Nr. 4/1941 des Ordensblattes; Bedauern („sehr schade") über die noch nicht möglich gewesene Auflösung des Ordens. Dazu später das Reichssicherheitshauptamt: Im Einvernehmen mit der PKzl. Absehen von staatspolizeilichen Maßnahmen gegen den Orden unter Rücksicht auf die in großer Zahl im Wehrdienst befindlichen Ordensangehörigen; ebenfalls im Einvernehmen mit der PKzl. Zurückstellung der Frage nach der Rechtsstellung des Ordens in den eingegliederten Ostgebieten (beantragte Eintragung im Vereinsregister) bis nach Kriegsende.
K/H   102 00106 ff. (200)

8. 7. 41   RVM   15127
Unter Hinweis auf eingelaufene Klagen über den Reise- und Schlafwagenverkehr Einladung zu einer Ressortbesprechung über eine Anregung, die Benutzung von Schlafwagen künftig vom Nachweis der Notwendigkeit abhängig zu machen.
H   101 08301 ff. (637 a); 101 14381 (768 a)

9. 7. 41   AA   15128
Übersendung eines *Aufsatzes von Otto Strasser: „Hitler at the Panama Canal" aus der amerikanischen Zeitschrift Liberty.
M   203 00646 (28/4)

[9. 7. 41]   AA   15129
Besprechungen Bormanns mit Ribbentrop und Ges. Lutter (Luther): Das schwebende Uschla-Verfahren (gegen L.) „in jeder Form hinfällig"; dadurch Stärkung des Einflusses L.s im Auswärtigen Amt; ebenfalls Befehl B.s an seine Mitarbeiter, mit der Dienststelle L.s aufs engste zusammenzuarbeiten; angeblich Absicht Hitlers, R. die Hoheitsrechte der Partei über die Auslandsdeutschen zu übertragen und auf diese Weise GL Bohle auszuschalten (vgl. Nr. 15051); auch der Bruder Heß' nicht mehr in der Auslands-Organisation; Absicht L.s, beim Ausbleiben einer Klärung des Verhältnisses zwischen Himmler und R. eine enge Zusammenarbeit mit der Abwehrstelle des OKW zu veranlassen und den SD auszuschalten. (Mitteilungen des GAL Triska an SS-Gruf. Berger.)
W   107 01263 f. (399)

10. 7. 41   Lammers   15130
Übersendung mehrerer *Schreiben des Reichswirtschaftsministers über den Ernst der deutschen Devisenlage.
H   101 29241 ff. (1649 a)

10. 7. 41   Ph. Prinz v. Hessen   15131
Vorschläge von Reichskanzlei und PKzl., die in Italien für die Sammlung Hitlers beschafften Kunstwerke unmittelbar aus dem bei der Deutschen Botschaft in Rom eingerichteten Sonderkonto zu bezahlen und auch zu Lasten dieses Kontos fracht- und spesenfrei bis München abzufertigen.
H   101 29256 f. (1649 c)

10.–24. 7. 41   Lammers   15132
Auf – durch Bormann übermittelte – Anordnung Hitlers Weisung an die Reichsstelle für Lederwirtschaft, umgehend Lederschecks auszustellen zwecks Freigabe der für die Linzer „Fledermaus"-Inszenie-

rung hergestellten Schuhe. Rechtfertigung der Lederstelle: Herstellung der Schuhe ohne Genehmigung, enormer Lederbedarf (für „600 Paar Frauenschuhe der gebräuchlichen Machart").
H   101 21211 f. (1253)

10. 7. – 4. 10. 41   GL Schleswig-Holstein, OGruL Viöl, RWiM   15133
Nach der „wie der Blitz aus heiterem Himmel" erfolgten Überführung der Spar- und Leihkasse Viöl auf die Kreissparkasse Husum durch eine Verfügung des Reichswirtschaftsministers (RWiM) Bitte der Gauleitung Schleswig-Holstein, beim RWiM die künftige Herstellung vorherigen Einvernehmens mit den zuständigen Parteidienststellen zu erwirken. Stellungnahme des RWiM: Die Beteiligung der örtlichen Dienststellen regelmäßig praktiziert, im vorliegenden Fall durch Unterrichtung des Regierungspräsidenten in Schleswig. Nochmalige nachdrückliche Bitte der Gauleitung um Verständigung auch der Parteistellen.
W   502 00022 – 26, 045 – 54 (4)

11. 7. – 31. 8. 41   Himmler   15134
Übereinstimmende Auffassung Bormanns und Himmlers über die Notwendigkeit, die mit dem steigenden Einsatz fremdvölkischer Arbeiter verbundenen Gefahren für das deutsche Volk zu unterbinden; Einwände H.s gegen die von B. vorgeschlagene Begrenzung der Maßnahmen auf die handarbeitenden, unselbständigen und nicht seßhaften fremdvölkischen Arbeiter: Hinweis auf das Ansteigen der Zahl qualifizierter „nichthandarbeitender" Ausländer, auf den Wegfall außenpolitischer Bedenken bei künftigen zwischenstaatlichen Verträgen, u. a.
M   203 03058 ff. (87/1)

12. 7. 41   RKfdsozW   15135
Übersendung eines Runderlasses: Keine Bedenken gegen die Auswertung von Statistiken für Zwecke der Lenkung des Wohnungsbaus durch die Gauwohnungskommissare, jedoch Bitte, aufgrund kriegswirtschaftlicher Bedingtheiten von besonderen Erhebungen abzusehen; Hinweis auf eine Veröffentlichung des Statistischen Reichsamts über den Wohnungsbau.
K   101 19357 ff. (1175)

Nicht belegt.   15136

14. 7. 41   LegR Büttner   15137
Durch die PKzl. Übersendung des *Klebezettels für die Dienstauszeichnung in Silber zum Einkleben in das Mitgliedsbuch der NSDAP.
M   203 01037 (34/2)

14. 7. – 24. 10. 41   RMdI, RKzl.   15138
Kompetenzstreit zwischen dem Ministerrat für die Reichsverteidigung (MR) und den Chefs der Zivilverwaltungen (CdZ) im Elsaß, in Lothringen und in Luxemburg über die Zuständigkeit für den Erlaß einer Verordnung über die Anwendung der beamten- und besoldungsrechtlichen Vorschriften des Reichs in diesen Gebieten. Mitteilung Bormanns an den Reichsinnenminister über die vom CdZ Elsaß angerufene Entscheidung Hitlers. Diese von Lammers herbeigeführt: Absehen von der Verordnung überhaupt, eine derart weitgehende reichsrechtliche Regelung auf beamtenrechtlichem Gebiet vor der Eingliederung dieser Gebiete nicht zweckmäßig; die Kompetenzfrage – so L. – dabei nicht zur Sprache gekommen. (Vgl. Nr. 15034.)
H   101 04595 – 602 (424 a)

15. 7. 41   Keitel   15139
Stellungnahme Bormanns zu der Absicht des OKH, eine größere Anzahl von Heeresmusikschulen zu errichten: Deckung des Musikernachwuchsbedarfs für die Wehrmacht, die Waffen-SS, den Reichsarbeitsdienst und die Kulturorchester aus den gemeinsam von der Reichsjugendführung und dem Reichserziehungsministerium zu errichtenden Orchesterschulen; Billigung dieser Auffassung durch Hitler.
K   101 15920 (950)

15. 7. 41   C. Krauss   15140
Mitteilung Bormanns an Intendant Clemens Krauss: Zustimmung Hitlers zu seiner Auffassung von der Gagengestaltung der Bayerischen Staatsoper (Freistellung von der Gagenüberwachung).
H   101 29133 f. (1645)

15. 7. 41   RMdI   15141
Übersendung des Entwurfs einer Dritten Durchführungsverordnung zur Kriegssachschädenverordnung: Einbeziehung feindlicher Sabotageakte sowie in Munitionslagern oder Rüstungsbetrieben erfolgter Explosionen, u. a.
H   101 08630 – 34 (643)

15. – 24. 7. 41   RKzl.   15142
Durch Bormann übermittelte Weisung Hitlers, die SS-Sturmmänner Habermann und Hof (Leibstandarte-SS Adolf Hitler) unter Übernahme der Kosten an der Staatlichen akademischen Hochschule für Musik ausbilden zu lassen. Entsprechende Veranlassung durch Lammers.
H   101 21095 – 98 (1242)

15. – 31. 7. 41   AA   15143
Antwort auf eine Anmahnung: Die Weiterverfolgung der Rücksiedlung der Familie des Volksdeutschen Franz Treffler aus der Sowjetunion (vgl. Nr. 14892 a) erst nach Einrichtung deutscher Verwaltungsstellen in den besetzten sowjetischen Gebieten möglich.
W/H   203 01031 f. (34/2)

16. 7. 41   Ges. v. Killinger   15144
Geburtstagsglückwünsche Bormanns.
M   203 01039 (34/2)

16. 7. 41   AA   15145
Übersendung einer Karikatur Görings, Heß' und Himmlers (im Vergleich mit den alten Griechen) aus der Zeitung London.
M/H   203 00641 f. (28/4)

16. – 22. 7. 41   Himmler   15146
Durch Bormann Übersendung eines *Aktenvermerks.
W   107 01280 (399)

16. – 30. 7. 41   RFM, RKzl.   15147
Durch den Reichsfinanzminister Übersendung des *Entwurfs einer Verordnung über die Änderung von Steuergesetzen, keine Äußerung von Bedenken seitens der beteiligten Ressorts.
K   101 14597 – 601 (794)

17. 7. 41   AA   15148
Übersendung eines Artikels der Zeitschrift Time über die deutschen Geopolitiker und den deutschen Drang nach dem Orient (im wesentlichen über den „Ehrenarier" Max Frhr. v. Oppenheim, dabei auch Erwähnung von Prof. Karl Haushofer).
M/H   203 00643 f. (28/4)

18. 7. 41   AA   15149
Übersendung eines *Artikels aus der amerikanischen Zeitung New Yorksky desnik über die Tötung von Polen sowie von Schwachen und Kranken.
M   203 00637 (28/4)

18. 7. 41   RMdI   15150
Übersendung des *Entwurfs einer Anordnung über die Entschädigung von Nutzungsschäden bei Luftschutzmaßnahmen; Einladung zu einer Besprechung.
H   101 08650 f. (643 a)

19. 7. 41   RFM   15151
Die Zustimmung der PKzl. zum Entwurf einer Neufassung der ADO 1 zu § 12 ATO (Neuregelung des Kinderzuschlags für ausländische Beschäftigte) noch ausstehend.
A/H   101 06695 f. (545 a)

19. 7. 41   RArbM   15152
Übersendung von Verhandlungsprotokoll und Text: Deutsch-Slowakische Vereinbarung über den Ein-

satz slowakischer Arbeiter im Reich (Anwerbung, geographische Verteilung, ärztliche und anderweitige Betreuung, Transfer der Lohnersparnisse, u. a.).
W   112 00166 – 68/11 (172)

19. 7. – [4. 8.] 41   HA f. Erzieher, NSLB   15153
Einwände der PKzl. gegen eine direkte Zusammenarbeit zwischen dem NS-Lehrerbund (NSLB) und dem Auswärtigen Amt unter Hinweis auf die Anordnung 16/37. Nach Auffassung des NSLB Legalisierung dieser Zusammenarbeit durch die Anordnung A 10/40.
M   203 01493 f. (47/3)

21. 7. 41   B. Conrad   15154
Bitte um Weiterleitung eines Buches an Prof. Hoppenstedt (Rom), u. a.
M   203 02278 (58/1)

22. 7. 41   Lammers, Bouhler   15155
Rechtfertigung Lammers' gegenüber Vorwürfen Bouhlers, an einer Entscheidung Hitlers über die Lernmittelfreiheit nicht beteiligt worden zu sein, verbunden mit einer Darstellung der Vorgeschichte und mit Gegenvorwürfen, B.s früheres eigenmächtiges Vorgehen in diesem Fragenkomplex betreffend: Dessen Bestrebungen, die gesamte Schulbuchfrage in seine Hand zu bekommen und de facto ein zweites Unterrichtsministerium einzurichten; Ablehnung seiner weitgehenden Zuständigkeitsansprüche durch H. und dessen Weisung an B., sich lediglich um die Schulbücher weltanschaulich wichtiger Fächer und deren ns. Ausrichtung zu kümmern; Gründung verschiedener „Reichs-"Stellen ohne Beteiligung oder Unterrichtung der Reichskanzlei (RKzl.) und mit verschwommener Firmierung (Staat oder Partei); Herbeiführung der – nunmehr also wieder aufgehobenen – Entscheidung H.s zugunsten der Lernmittelfreiheit ohne Kompetenz dafür und ebenfalls ohne Mitwirkung oder Benachrichtigung der RKzl. (Abschrift an Bormann.)
H   101 20433 – 39 (1212)

[22.] – 24. 7. 41   Lammers   15156
Der Bitte Bormanns entsprechend Erstattung der Selbstkosten (RM 3903.85) des Ateliers Troost für die Verwaltung der (vermutlich für das Neue Museum in Linz bestimmten) Gemäldesammlung im Führerbau.
K/H   101 14948 ff. (844 b)

22. – 28. 7. 41   RKzl.   15157
Auf Anforderung Übersendung von fünf *Führererlassen, Elsaß, Lothringen und Luxemburg betreffend (Verwaltung, Ausübung der militärischen Hoheitsrechte, Befugnisse des Beauftragten für den Vierjahresplan, Ausübung des Gnadenrechts).
A   101 23756 f. (1338)

23. 7. 41   AA   15158
Laut Mitteilung der Deutschen Botschaft in Rom im Besuchsprogramm des bulgarischen Ministerpräsidenten ein Empfang durch den Papst vorgesehen gewesen.
M/H   203 01371 (45/1)

23. 7. – 17. 12. 41   RFM, RMdI   15159
Im Zusammenhang mit Differenzen über die Einstufung der Abteilungsleiter der Reichsgaue Danzig-Westpreußen und Wartheland grundsätzliche und sehr heftige Kontroverse zwischen dem Reichsfinanz- (RFM) und dem Reichsinnenminister (RMdI) über die Zuständigkeit für die Genehmigung der Stellenpläne in den Reichsgauen als Selbstverwaltungskörperschaften: Die vom RMdI beanspruchte alleinige Kompetenz für die Endentscheidung (Beteiligung des RFM nur im Sinne einer Anhörung) vom RFM mit einer ausführlichen juristischen Argumentation scharf zurückgewiesen; angesichts des Beharrens des RMdI auf seinem Standpunkt die Herbeiführung einer Entscheidung Hitlers zu gegebener Zeit vom RFM vorbehalten. (Abschrift jeweils an die PKzl.)
W   101 23589 – 608 (1332 a)

24. 7. 41   AA   15160
Übersendung eines *Artikels aus der Zeitschrift The Nation über die Mission von Rudolf Heß.
M   203 00636 (28/4)

24.–30. 7. 41   Ph. Prinz v. Hessen   15161
Mitteilung Bormanns: Einverständnis Hitlers mit dem von Philipp Prinz v. Hessen gemachten 'Vorschlag, Erwerb und Einfuhr von Kunstwerken aus Italien betreffend, und Annahme der von einem Grafen Robilant beabsichtigten Schenkung einer Marmorstatue.
H   101 29258 (1649 c)

24.–31. 7. 41   Lammers, RStudF, RMdI   15162
Mitteilung Bormanns an den Reichsstudentenführer: Die Führung besonderer Bezeichnungen durch Gemeinden von Hitler nur in Ausnahmefällen genehmigt; daher Ablehnung des Antrags, Würzburg die Bezeichnung „Stadt der deutschen Studenten" zu verleihen.
M/H   101 07073–78 (576 a)

24. 7.–[22. 8.] 41   RFSS, AA   15163
Auf Einladung des Reichsführers-SS Besprechung über Grundsatzfragen des Ausländereinsatzes und Maßnahmen gegen die durch den „Millioneneinsatz" ausländischer Arbeiter aufgetretenen Mißstände und Gefahren: Anwerbung, geschlossene Unterbringung in Wohnlagern, Bekämpfung des Arbeitsvertragsbruchs, Verbot des Geschlechtsverkehrs mit Reichsdeutschen. (Teilnahme der PKzl. nicht ersichtlich.)
M/W   203 01550–53 (48/2); 203 03033–38 (86/3)

24. 7.–21. 10. 41   Lammers   15164
Von Bormann mitgeteilter Wunsch Hitlers nach Verteilung der für die Förderung volksdeutscher Bestrebungen im Protektorat aufzuwendenden Reichsmittel über die Gauleiter, die Besserung der Verhältnisse der Volksdeutschen nicht Aufgabe des Reichsprotektors (RP); dazu Anregung B.s, den Gauleitern diese Beträge vom Reichsfinanzminister über den Reichsschatzmeister zweckgebunden zufließen zu lassen, im Etat des RP künftig keine Volkstumsförderungsmittel mehr notwendig. Vorläufige Zurückstellung der Angelegenheit wegen der veränderten Verhältnisse im Protektorat.
A   101 23357–62 (1325 b)

26. 7. 41   RMdI   15165
Übersendung des 'Entwurfs von Richtlinien über die Behandlung nichtdeutscher Personen nach der Kriegssachschädenverordnung.
H   101 08652 ff. (643 a)

26.–30. 7. 41   Meissner   15166
Zur Vermeidung eines Präzedenzfalles Absicht, die vom Reichspostminister (entsprechend der – von Hitler persönlich genehmigten – braunen Uniform der Beamten des Stabes Rosenberg) beantragte Verwendung braunen Uniformtuches für die Dienstkleidung der Postbeamten beim Einsatz im Osten abzulehnen (Begründung: Gefahr einer Verwechslung der Uniformen der Partei mit denen der staatlichen Verwaltung und damit des Verlustes der bisherigen Bedeutung der braunen Farbe als Kennzeichen der NSDAP); wegen Mangels an (herkömmlichem) blauem Uniformtuch jedoch – im Einvernehmen mit dem OKW – Genehmigung, für den ersten Bedarf braunes Tuch zu verwenden. Die erbetene Stellungnahme Bormanns: Einverständnis H.s mit dieser Regelung bis Kriegsende.
A   101 05581 ff. (465 a)

27.–28. 7. 41   Lammers, StSekr. Pfundtner, StSekr. Nagel   15167
Aufgrund einer Information des StSekr. Pfundtner Mitteilung Lammers' über eine durch StSekr. Nagel unter den Postbediensteten veranstaltete Sammlung (Ergebnis ca. RM 700 000.—) für ein Geburtstagsgeschenk an den Reichspostminister; Geschenke dieser Größenordnung nach Meinung L.' Hitler vorbehalten. Dazu Stellungnahme Bormanns (vgl. auch Nr. 15118): Ablehnende Entscheidung H.s in Fällen von beabsichtigten Sammlungen für prominente Parteigenossen, daher kein Zweifel an seiner ähnlichen Einstellung zu Sammlungen unter der Beamtenschaft.
A/H   101 05478–84 (462 a)

[28. 7. 41]   SS-Gruf. Wolff   15168
Vorschlag Bormanns, die Herbeiführung einer Entscheidung Hitlers über eventuelle Konsequenzen aus der jüdischen Abstammung der Frau des Rennfahrers Hans Stuck bis nach Kriegsende zurückzustellen.
K   102 00631–34 (1057)

29.–31. 7. 41   AA   15169
Übersendung von Ausschnitten aus der New York Herald Tribune über Hitlers Neffen William Patrick H. und dessen Mutter Brigid Elisabeth H.
M   203 00588–91 (28/4)

29. 7.–28. 8. 41   AA   15170
Erörterung der Unterbringung der von der Faschistischen Partei als Gegengabe erwarteten Bibliothek zum Studium des Faschismus: Grundsätzlich Übergabe an die Hohe Schule; bis zur Eröffnung ihres Lehrbetriebs („sicherlich noch längere Zeit") vom Auswärtigen Amt die Aufstellung im Seminar zum Studium des Faschismus auf der Ordensburg Sonthofen vorgeschlagen. Die PKzl. gegen eine Zwischenlösung; auch die Übergabe der Bibliothek „doch noch längere Zeit auf sich warten" lassend. (Vgl. Nr. 14934.)
H   203 00275–79 (23/2)

30. 7. 41   Ley, GL Bohle   15171
Mitteilung Bormanns: Die Vorschläge Ribbentrops über eine Personalunion Außenminister – Chef der Auslands-Organisation (AO) sowie über weitere Änderungen in der AO von Hitler unter Hinweis auf die unterschiedlichen Aufgaben der beiden Institutionen abgelehnt; lediglich Ausscheiden des GL Bohle als Staatssekretär aus dem Auswärtigen Amt. (Vgl. Nr. 15051 und 15372.)
K/W   102 00137 f. (254)

30. 7.–1. 8. 41   Lammers   15172
Mitteilung Bormanns: Die Absicht des Generalgouverneurs, anläßlich des Tages der NSDAP in Krakau (15.–17. 8. 41) auch im Generalgouvernement Postwertzeichen mit dem Kopfbildnis Hitlers herauszubringen, von H. gebilligt.
M   101 02616 ff. (268); 101 23898 f. (1340)

30. 7.–2. 8. 41   Lammers   15173
Mitteilung Bormanns: Anhand von Gemäldefotografien Ablehnung des Antrags der Akademie der bildenden Künste in Wien, den a. o. Prof. Karl Fahringer zum ordentlichen Akademieprofessor zu ernennen, durch Hitler.
H   101 21099 ff. (1242)

30. 7.–4. 8. 41   Himmler   15174
Mitteilung Bormanns über die Bearbeitung von Eingaben der Frau Heß durch Hanssen (PKzl.).
W   107 00596 (213)

30. 7.–6. 8. 41   Keitel, Lammers   15175
Durch Bormann herbeigeführte Entscheidung Hitlers gegen die von den drei Wehrmachtteilen in größerer Anzahl geplanten Unteroffizier-Vorschulen (Aufbauschulen für Volksschul-Entlassene mit militärischer Erziehung). Anlaß: Unterrichtung B.s über derartige Pläne durch den – offenbar von den drohenden Lehrer-Anforderungen beunruhigten – Reichserziehungsminister.
H   101 22614–18 (1290 a)

31. 7. 41   GL Niederschlesien (u. a.)   15175 a
Nach der Beauftragung Bormanns durch Hitler mit der Durchführung seiner Weisung, von der Beschlagnahme kirchlichen Vermögens künftig abzusehen, Übersendung dieser Weisung durch B.
W   101 01176 (158); 101 01196, 209 f., 212 (158 a)

31. 7.–16. 8. 41   HA f. Technik, Lammers   15175 b
Anläßlich des 50. Geburtstags Todts Plan einer Sammlung bei der Industrie usw. und der Verwendung der eingegangenen Mittel zur Erfüllung gemeinnütziger Zwecke. Negative Einstellung Bormanns zu derartigen Sammlungen: Bitte an Lammers um baldige Herbeiführung einer grundsätzlichen Entscheidung und ablehnender Bescheid an den Sammlungsinitiator, ODL Saur (Hauptamt für Technik), unter Hinweis auf Hitlers Verbot von Geburtstagssammlungen (Zweifel an der Freiwilligkeit, besonders bei Untergebenen des zu Beschenkenden, ferner Ablehnung einer Quasi-Sonderbesteuerung bestimmter Kreise). Der Sammlungsplan auch von T. abgelehnt. (Vgl. Nr. 15231.)
A   101 05485–89 (462 a)

Aug. 41   Lammers   15176
Übersendung eines Polizeiberichts über eine weitere, die bisherigen noch übertreffende Predigt des Bi-

schofs von Münster über die Fortsetzung der „Gewaltverbrechen" der Geheimen Staatspolizei, insbesondere über die Euthanasie-Morde. (Nicht abgegangen; vgl. Nr. 15194.)
H   101 21999−2002 (1271 b)

1. 8. 41   Speer   15177
Übersendung eines *Gegenvorschlags des GenBauR Prof. Kreis zu den Ausführungsbestimmungen über die Gestaltung deutscher Kriegerfriedhöfe; ein früherer Vorschlag, K. in den Stab der Partei aufzunehmen, von Speer wiederholt.
W   108 00273 (1587)

Nicht belegt.   15178

1.−30. 8. 41   RKzl.   15179
Rundschreiben der Reichskanzlei (RKzl.) und der PKzl. über Reisen führender Persönlichkeiten des Staates und der Partei in die besetzten Gebiete: Gültigkeit des Rundschreibens der RKzl. vom 6. 3. 39 (Anordnung Hitlers, ihn von geplanten Auslandsreisen − Reisen rein privater Natur und solche ohne zu erwartende besondere Beachtung durch die Presse und die amtlichen Stellen des Auslandes ausgenommen − rechtzeitig in Kenntnis zu setzen sowie seine Zustimmung zu Einladungen ausländischer Persönlichkeiten einzuholen, und weitere Richtlinien) auch für Reisen in die besetzten Gebiete, bei Verhandlungen lediglich mit dortigen deutschen Stellen eine Genehmigung mithin in der Regel nicht erforderlich; Leitung der Anträge über das Auswärtige Amt (außer bei Reisen nach Norwegen und den Niederlanden); Einreichung aller Anträge auf Genehmigung von Auslandsreisen sowie von Einladungen prominenter Ausländer nach Deutschland spätestens 14 Tage vor dem Abreisetermin.
M/H   101 04302−12 (414 a)

Nicht belegt.   15180

2. 8. 41   RArbM u. a.   15181
Übersendung eines Runderlasses: Pflicht der Gemeinden, für bestimmte Zwecke (Wehrmacht, Polizei, NSDAP, NSV, Reichsarbeitsdienst und Luftschutz) beantragte Umwandlungen von Wohnräumen in Räume anderer Art zu genehmigen; Liste der für die jeweilige Bescheinigung der Unvermeidbarkeit der Umwandlung zuständigen Dienststellen.
H   101 19211 ff. (1171 a)

2.−16. 8. 41   Lammers   15182
Entscheidung Hitlers, Vorwürfe des Bischofs von Münster wegen der Beschlagnahme kircheneigener Gebäude durch Bormann prüfen zu lassen; ferner Beauftragung B.s mit der Weitergabe einer allgemeinen Weisung in dieser Angelegenheit. Entsprechende Mitteilung B.s an Lammers. Unter Orientierung über die Mißbilligung solcher Beschlagnahmen durch den Reichskirchenminister Übersendung des wichtigsten in der Reichskanzlei angefallenen Materials (vgl. Nr. 15215−15225, 15227−15229) durch L. an B.
H   101 01223 f. (159); 101 21717 f. (1269 e); 101 21856 f. (1271); 101 21880 f., 903 f., 908 f., 926 f., 939 f., 977 f. (1271 a); 101 21997 f., 2017 f. (1271 b); 101 22042 f., 058 f., 083 f., 096 f., 111 f. (1272)

2.−19. 8. 41   AA˙   15183
Übersendung von Auslandsberichten zum Fall Heß, u. a. Absicht einer Verfilmung in den USA.
M   203 00410−15 (27/4)

4. 8.−19. 9. 41   Rosenberg, Frick   15184
Meinungsverschiedenheiten zwischen Frick und Rosenberg über den Einsatz von höheren Beamten der Verwaltung in den Ostgebieten. Klage F.s über die oft nicht dem Rang des betreffenden Beamten entsprechende Verwendung (in diesem Zusammenhang Erörterung der Ränge der verschiedenen Kommissare in Entsprechung zu Beamtenrängen im Reich, insbesondere der Einstufung und Aufgaben der − von R. ursprünglich vorgesehenen, dann jedoch nicht ernannten − Hauptkommissare sowie der zweckmäßigen Kürze des Instanzenzuges unter den Reichskommissaren); Ablehnung der Unterstellung, seine Beamten im Osten „unterbringen" zu wollen, und Betonung der „ns.-kämpferischen Haltung" der Mehrzahl der von ihm vorgeschlagenen Beamten; Bereitschaft zu weiterer Bereitstellung von Personal nur bei Gewährleistung „mindestens gleichwertigen Einsatzes" sowie bei Übernahme einer der Zahl der erhaltenen höheren Beamten entsprechenden Anzahl von Beamten des mittleren und gehobenen Dienstes. Rechtfertigung und entsprechende Zusicherungen R.s, jedoch unter Hinweis auf die in der politischen

Staatslaufbahn im Osten ebenso wie die höheren Beamten zu berücksichtigenden „Männer aus der Bewegung". (Abschrift jeweils an Bormann.)
H   101 12076 – 86 (688)

5. 8. 41   AA, Dt. Botsch. Madrid   15185
Übersendung eines *Berichts der Deutschen Botschaft in Spanien über die kürzlich vom Generaldirektor für das Sicherheitswesen erlassenen Bade-Verordnungen.
M   203 02277 (58/1)

5. – 8. 8. 41   AA, GL Niederdonau   15186
Übernahme des Presseamtsleiters des GL Rainer, Pogatschnigg, und des Persönlichen Referenten des GL Jury, Fenninger, in den Auswärtigen Dienst: Herbeiführung der Zustimmung der PKzl.
M   203 02246 – 50 (58/1)

5. – 26. 8. 41   AA   15187
Überweisung von RM 30 500.– durch die PKzl. für einen Bruno Conrad.
H   203 02223 f. (58/1)

6. 8. 41   AA   15188
Übersendung einer satirischen Notiz über Hitler als „Beschützer des Christentums" aus der tschechischen Emigrantenzeitung New Yorkské listy.
M/H   203 00630 f. (28/4)

6. 8. 41   RFM, RArbF   15189
Bedenken des Reichsfinanzministers gegen vom Reichsarbeitsführer nach dem Erlaß über den weiteren Kriegseinsatz des Reichsarbeitsdienstes der weiblichen Jugend beabsichtigte Maßnahmen, insbesondere gegen die als Regel vorgesehene gemeinschaftliche Unterbringung und Verpflegung der kriegshilfsdienstverpflichteten Mädchen: Einzeleinsatz bei möglichster Unterbringung zu Hause kriegswirtschaftlich und finanziell geboten. (Abschrift an Bormann.)
H   101 06110 – 13 (518 a)

6. 8. 41   Lammers, StSekr. Schlegelberger   15190
Durch Lammers Weiterleitung eines Schreibens des Reichsjustizministers an Bormann: Aufzählung der dort bekannt gewordenen Fälle staatspolizeilicher Klosterbeschlagnahmen sowie der darauf bezüglichen Beschwerdebriefe katholischer Kirchenfürsten; Widerstand und Demonstrationen seitens der Bevölkerung bei der Beschlagnahme des Pallotiner-Klosters (Olpe).
H   101 22049 – 55 (1272)

7. 8. 41   RMfWEuV, PrFM, GL Schleswig-Holstein   15191
Bitte der PKzl. an die Gauleitung Schleswig-Holstein um Stellungnahme zu der Forderung des Preußischen Finanzministers, die Frage der Schließung des Lehrbetriebes an der Universität Kiel zu prüfen (nur noch „äußerst geringer Besuch").
W   501 00003 – 06 (2081)

7. 8. – 1. 9. 41   AA, Dt. GenKons. Barcelona   15192
Durch das Auswärtige Amt Übersendung eines *Einladungsschreibens der Spaniendeutschen Ida Glahn (Barcelona) an Frau Heß. Nach Meinung des befragten Generalkonsulats in Barcelona das Motiv des Schreibens vermutlich Geltungsbedürfnis, evtl. auch eine Beschleunigung ihrer schwebenden Wiedereinbürgerungsangelegenheit.
M   203 02229 – 32 (58/1)

8. – 17. 8. 41   Lammers, RStatth. Kärnten   15193
Widerspruch des Reichsstatthalters in Kärnten gegen die Verwaltung des in die Gauselbstverwaltung eingewiesenen ehemals klösterlichen oder volks- und staatsfeindlichen Forstvermögens durch die Reichsforstverwaltung; Hinweis auf die von Hitler beabsichtigte Verwaltungsdezentralisation und auf dessen Wunsch einer Kräftigung der Selbstverwaltung der Reichsgaue durch Stärkung ihrer Wirtschaftssubstanz; Beanspruchung des nur durch die Gesetze eingeschränkten Eigentumsrechts für den Reichsgau wie für jeden Privatwaldbesitzer, einschließlich der Verwaltung durch eigenes Personal und der Zuständigkeit für die Jagd; Zusicherung, dabei jeden Wunsch Görings zu erfüllen; insbesondere Absicht, ihm ein Steinbockgehege aus jüdischem Besitz persönlich anzubieten. Bescheid durch Bormann und

Lammers: Nach seiner Entscheidung in den Fällen Starhemberg und Schwarzenberg der Wunsch H.s nach Allgemeingültigkeit dieser Regelungen zu vermuten (Einziehung zugunsten der Reichsgaue, aber Verwaltung durch die Reichsforstverwaltung bei Nutzung von Forst und Jagd wiederum durch die Reichsgaue).
H   101 02321 ff. (218); 101 21693 – 710 (1269 d); 101 24015 ff. (1348)

9. – 21. 8. 41   GL Meyer, Lammers   15194
Meldungen des GL Meyer (Westfalen-Nord) über Predigten des Bischofs von Münster, Graf v. Galen, am 13. und 20. 7. sowie am 3. 8.: Zitierungen G.s über die Beschlagnahme von Klöstern und die Ausweisung der Patres und Klosterfrauen, über die Euthanasie u. a. mit Gegendarstellungen und Kommentaren; Ankündigung eines von Landeshauptmann Kolbow angeforderten Berichts; Hinweis auf die großen Wirkungen der Predigten G.s in Münster und Umgebung; die „Hetze" gegen die Beschlagnahme der Klöster ungefährlich, eine Beruhigung des Volkes angesichts der Verwendung der Klöster für die Obdachlosen der Fliegerangriffe zu erwarten; die „Hetze" gegen die Euthanasie jedoch bei Gewährenlassen gefährlich, insbesondere infolge der Andeutungen G.s über die Anwendung auch bei Invaliden, Altersschwachen und verwundeten Soldaten; deshalb Forderung nach baldmöglichen Maßnahmen gegen den Bischof, am besten Verhaftung oder Ausweisung unter Benutzung einer nach Siegesnachrichten im Volk entstandenen Hochstimmung. Dazu Bormann: Hitler zur Zeit nicht für Maßnahmen gegen G. (Vgl. Nr. 15176.)
H   101 22003 – 04/14 (1271 b)

11. 8. 41   AA   15195
Übersendung einer Karikatur Hitlers aus der Daily Mail.
M   203 00628 f. (28/4)

11. 8. 41   RFM, MRfdRV   15196
Durch den Reichsfinanzminister Übersendung des *Entwurfs einer Fünften Verordnung über die Gewährleistung für den Dienst von Schuldverschreibungen der Konversionskasse für deutsche Auslandsschulden; Vorschlag des Reichsbankdirektoriums, die bisherige Transferregelung für das zweite Halbjahr 1941 beizubehalten; kein Transfer an Angehörige von Feindmächten und an amerikanische Staatsangehörige; nach Meinung verschiedener Ressorts diese Übernahme der Garantie für Schuldverschreibungen weiterhin erforderlich. (Abschrift an Bormann.)
K/H   101 14469 ff. (785 a)

11. 8. 41   RMfEuL, GL   15197
Zu einem Erlaß des Reichswirtschaftsministers an die Reichswirtschaftskammer und die DAF zur Verhinderung ungerechten Direktbezuges knapper Waren und bewirtschafteter Lebensmittel durch Betriebe und der Abgabe von Mangelware an Gefolgschaftsmitglieder Bitte des Reichsernährungsministers, an parteinahe Organisationen im gleichen Sinne heranzutreten. Entsprechende Information der Gauleiter und Gauwirtschaftsberater durch die PKzl.
K/H   101 07928/1 f. (613)

11. – 21. 8. 41   GL A. Wagner, Lammers   15198
Beschwerde des GL A. Wagner (München) wegen der bei Ankäufen des GenDir. Buchner sowie bei Theaterverträgen bestehenden Verpflichtung, die Genehmigung des Reichsfinanzministers einzuholen. Rückfrage des von Bormann informierten Lammers bei W.
H   101 29130 ff. (1645)

11. – 21. 8. 41   RKzl.   15199
Beschwerde Bormanns über die vom Reichskirchenminister (RKiM) als Aufsichtsorgan über die kirchliche Vermögensverwaltung aufgrund der Sechsten Durchführungsverordnung zum Ostmarkgesetz entfaltete Tätigkeit: Die Kompetenzen des RKiM durch eine Entscheidung Hitlers auf das Altreich beschränkt; Erschütterung der Stellung der Reichsstatthalter durch die Aktivitäten des RKiM. Besprechung zwischen B. und Lammers: Eine Suspendierung der betreffenden Bestimmung der Durchführungsverordnung durch einen besonderen Führererlaß z. Zt. nicht erreichbar, jedoch Interpretation der erwähnten Entscheidung H.s als Aufhebung dieser Bestimmung und entsprechende Bescheidung des RKiM.
W/H   101 00958 – 65 (152); 101 01005 – 10 (153 a)

11. 8. — 4. 10. 41   RJM, Lammers   15200
Die Anregung des Reichsjustizministers (RJM), zwecks Personaleinsparung die Berichtspflicht in Heimtückesachen an RJM und PKzl. einzuschränken (Wegfall bei einem Votum des Oberstaatsanwalts beim Sondergericht und des Generalstaatsanwalts für Nichtanordnung der Strafverfolgung), von der PKzl. abgelehnt: Die Einsparung nur unwesentlich; die Einheit der politischen Linie in der Anwendung des Heimtückegesetzes gefährdet (Mängel in der politischen Ausrichtung der Generalstaatsanwälte, kriegsbedingt starker Wechsel des Personals); ein Überblick über die Volksstimmung nur durch die Gesamtheit der Berichte gewährleistet; statt dessen detaillierte Liste von Vereinfachungsvorschlägen der PKzl. auf dem Gebiet der — zu Lasten der rechtspflegerischen Aufgaben der Justiz zum Selbstzweck gewordenen — Justizverwaltung (betreffend Lohnrechnung, Kassenprüfung, Einengung der Entschließungsfreiheit unterer Behörden, usw.). (Vgl. Nr. 15687.)
H   101 20513 (1213); 101 21321 — 35 (1264 a); 101 26535 (1508)

11. 8. — 15. 10. 41   RKzl.   15201
Aus gegebenen Anlässen (Angelegenheit Frank/Rosenberg — Grau, Schriftwechsel Ley — Funk sowie Schriftwechsel Reichsarbeitsminister — Generalbevollmächtigter für die Reichsverwaltung über die Verwaltungsführung in den Landkreisen, d. h. über den politischen Primat des Landrats gegenüber den Fachverwaltungen) auf Veranlassung Bormanns Herausgabe gleichlautender Rundschreiben der PKzl. für den Parteisektor (115/41) und der Reichskanzlei an die Obersten Reichsbehörden mit dem Verbot, nachgeordneten Dienststellen, insbesondere unter Beifügung des hierüber geführten Schriftwechsels, politische Meinungsverschiedenheiten und Reibereien zwischen Obersten Dienststellen der Partei oder des Staates zur Kenntnis zu bringen. (In der letztgenannten Angelegenheit danach noch ein Protest auch Todts gegen den Primatanspruch für den Landrat mit dem Verlangen nach einer Chefbesprechung unter Beiziehung B.s.)
M/H   101 05494 ff., 499 — 502 (462 a); 101 07259 — 82 (583); 101 12825 — 44 (703 a); 101 18314 f.
      (1137)

[12. 8.] — 24. 10. 41   RMfVuP, RStatth. Mutschmann, RKzl.   15202
Die Bitte des RStatth. Mutschmann, zur Verhinderung der Zweckentfremdung von Beherbergungsbetrieben den Gemeinden das Vorkaufsrecht wieder einzuräumen, von Bormann unter Hinweis auf den Wunsch Hitlers nach Unterbleiben weiterer Zweckentfremdungen der Reichskanzlei mitgeteilt. Dazu Stellungnahme Lammers': Wegen des inzwischen erlassenen Zweckentfremdungsverbots kein Bedürfnis mehr für ein Vorkaufsrecht; eine Behelligung H.s mit der Angelegenheit z. Zt. nicht vertretbar. Einverständnis M.s, die Frage des Vorkaufsrechts bis Kriegsende ruhen zu lassen.
W   101 06904 — 12 (567 a)

13. 8. 41   AA   15203
Übersendung eines *Artikels über Heß aus dem Daily Mirror.
M   203 00424 (27/4)

13. 8. 41   AA, Dt. Ges. Sofia   15204
Übersendung eines *Berichts über die kommunistische Propaganda in Bulgarien und die bulgarische Presse.
M   203 02251 (58/1)

13. 8. 41   AA   15205
Übersendung des Kapitels „Die militarisierten faschistischen Organisationen" aus einer sowjetischen Broschüre über die deutsche Armee aus dem Jahre 1938; eingehende Behandlung der SA und SS, des NSKK, der HJ usw.
M   203 00601 — 27 (28/4)

13. 8. 41   Adj. d. F   15206
Wegen der Überlastung der Kuriermaschinen durch den immer mehr ansteigenden Umfang des Postgutes künftig täglich per Bahn Beförderung von Expreßgut in das Führerhauptquartier; Richtlinien für die Benutzung dieses Dienstes.
H   101 08556 f. (641 a); 107 00781 (258)

13. 8. 41   AA, Dt. Ges. Budapest   15207
Übersendung eines 'Berichts der Deutschen Gesandtschaft in Budapest über ungarische Pressestimmen zum Amtsantritt des deutschen Gesandten v. Jagow.
M   203 00430 (27/4)

13. 8. – 22. 12. 41   Bouhler, StSekr. Schlegelberger   15208
Hart geführte Auseinandersetzung zwischen dem Chef der Kanzlei des Führers (KF), Bouhler, und dem geschäftsführenden Reichsjustizminister (RJM), StSekr. Schlegelberger, wegen des Haftstrafen-Antrags des Oberstaatsanwalts in Leitmeritz im Verfahren gegen den Fabrikanten Denk (Urteil entsprechend) trotz der vorher auf Wunsch der KF vom RJM gegebenen Zusicherung, nur eine Geldstrafe (RM 300 000.–) zu beantragen und so – dies das Anliegen der KF – „den Betriebsführer D. der sudetendeutschen Wirtschaft" zu erhalten. Vorwürfe der KF: Untergrabung der Autorität dieser Behörde durch ein „übles Intriguenspiel" gegen die berechtigten Interessen der Bewegung; Forderung, gegen die beteiligten leitenden Beamten des RJM eine Untersuchung einzuleiten; Beschwerde über die seit 1939 erfolgenden Versuche des RJM, illoyal den Wirkungsbereich des Hauptamts für Gnadensachen der KF „einzuengen, ja völlig auszuschalten". Dazu das RJM: Der Ablauf des Falles D. kein böser Wille, sondern ein – inzwischen entsprechend gerügtes – Versehen; die Umwandlung der Haftstrafe in eine Geldstrafe (nun zusammen RM 100 000.–) vorgesehen; Verwahrung gegen die von B. erhobenen Vorwürfe unter Hinweis auf den „im RJM allgemein herrschenden Geist"; Abgabe einer eigenen Ehrenerklärung für die RJM-Beamten nach B.s Verweigerung einer solchen Erklärung. Nach Eskalation der angeschlagenen Tonart Erlöschen der Auseinandersetzung ohne die ursprünglich von B. geforderte Vorlage bei Hitler. (Abschrift jeweils an Bormann.)
H   101 28455 – 85 (1551)

14. 8. 41   AA   15209
Übersendung eines Aufsatzes aus dem Sunday Dispatch über Bemühungen des NS, eine das Christentum verdrängende Ersatzreligion aufzubauen.
W   203 00425 f. (27/4)

14. 8. 41   AA   15210
Übersendung einer Notiz aus der Times über die dem ns. Prestige schädlichen Sendungen des sogenannten Heß-Senders „Gustav Siegfried" mit Enthüllungen über die NS-Prominenz.
M/H   203 00422 f. (27/4)

14. 8. 41   AA   15211
Übersendung eines 'Aufsatzes über die heidnische Erziehung der deutschen Jugend aus dem Sunday Chronicle.
M   203 00421 (27/4)

14. 8. 41   AA   15212
„Verächtlichmachung" Hitlers und der ns. Rassenlehre in einem – übersandten – Artikel der Zeitschrift Time.
M   203 00427 ff. (27/4)

[15. 8. 41]   RSchatzmeister   15213
Im Einvernehmen mit der PKzl. künftig energischeres Vorgehen gegen die immer wieder vorkommenden Verstöße der SS gegen die Sammlungsordnung der NSDAP durch Anwendung von moralischem Druck auf die für Fürsorgezwecke angesprochenen Firmen (Gefährdung der Integrität, Berufung der übrigen Gliederungen auf das Beispiel der SS).
K   102 01288 – 91 (2382)

16. 8. 41   AA, Dt. GenKons. Triest, Dt. Kons. Venedig   15214
Übersendung zweier Berichte des Deutschen Generalkonsulats in Triest und des Deutschen Konsulats in Venedig über ihre fruchtlosen Bemühungen, deutsche Frauen vor einer Eheschließung mit Italienern zu warnen; Hinweis auf die negativen Auswirkungen anhand von Beispielen; eine Aufklärung der Frauen mit dem Ziel der Verhinderung „jeglichen Sicheinlassens mit Italienern" aus „naheliegenden politischen Gründen" nicht möglich, jedoch Vorschläge zur Erschwerung von Eheschließungen und außerehelichen Verbindungen mit Ausländern jeglicher Nationalität.
M/H   203 03061 – 68 (87/1)

16. 8. 41   Lammers, Erzabt Schmid u. a.   15215
Durch Lammers weitergeleitete Beschwerde des Erzabts von St. Ottilien, Chrysostomus Schmid, über die Beschlagnahme seines Klosters. (Anlage zu Nr. 15182.)
M/W   101 01223 f., 301 – 07 (159)

16. 8. 41   Lammers, Kard. Bertram   15216
Durch Lammers weitergeleitete Entgegnung des Kard. Bertram auf ein Schreiben des Reichskirchenministers über den Hirtenbrief der Fuldaer Bischofskonferenz vom 26. 6. 41: Rechtfertigung des Hirtenbriefes als zurückhaltend; Bitte um Aufhebung der antikirchlichen Maßnahmen schon im Interesse der katholischen Frontsoldaten und des gemeinsamen Kampfes gegen den Bolschewismus. (Anlage zu Nr. 15182.)
H   101 21856 – 61 (1271)

16. 8. 41   Lammers, Erzbf. Breslau   15217
Durch Lammers weitergeleitete Einsprüche des Kard. Bertram gegen die Beschlagnahme von Kirche, Kloster, Kalvarie und Pilgerheim St. Annaberg O/S. samt Ausweisung der dortigen Franziskaner-Patres sowie gegen die Beschlagnahme von drei Häusern der Mägde Mariens ebenfalls in Oberschlesien; zugleich Beschwerde bei der Reichskanzlei; Protest gegen die Heranziehung der Verordnung des Reichspräsidenten zum Schutze von Volk und Staat vom 28. 2. 33 („Abwehr kommunistischer Gewaltakte") als Begründung der Maßnahmen sowie gegen die Verletzung von Art. 135 und 138 der Reichsverfassung und von Art. 15 Abs. 1 und 17 des Reichskonkordats. (Anlage zu Nr. 15182.)
H   101 21928 – 40 (1271 a)

16. 8. 41   Lammers, Bf. Trier   15218
Durch Lammers weitergeleitetes Bedauern des Bischofs von Trier über L.' Antwort, Hitler mit seiner Eingabe über die Schließung der Abtei St. Matthias nicht befassen zu können; eine ernste Krise infolge weittragender Vorgänge auf religiösem Gebiet (Schließung und Einziehung von Klöstern, Verdrängung der Kirche aus der Wohlfahrtspflege, Tötung sogenannten unwerten Lebens) im Anzug, deshalb Wiederholung seiner Bitte um Vorlage der Eingabe. (Anlage zu Nr. 15182.)
H   101 21878 – 81 (1271 a)

16. 8. 41   Lammers, Abt B. Utz   15219
Durch Lammers weitergeleitete Beschwerde des Abtes Burkardus Utz gegen die Beschlagnahme der Benediktinerabtei Münsterschwarzach bei Würzburg samt Antrag auf Freigabe; Schilderung der Aktionen gegen das Kloster; Erörterung der für die Beschlagnahme geltend gemachten Gründe: Verwendung dem Volke entzogener Gelder für volksfremde Zwecke und Verstöße gegen das Sammlungsgesetz (Liebeswerk vom heiligen Benedikt), Sicherstellung kommunistischer Schriften bei der Durchsuchung des Klosters. (Anlage zu Nr. 15182.)
H   101 21889 – 904 (1271 a)

16. 8. 41   Lammers, Bf. Berlin   15220
Durch Lammers weitergeleiteter Einspruch des Bf. Graf Preysing gegen die Beschlagnahme der Kuratie St. Clemens in Berlin. (Anlage zu Nr. 15182.)
H   101 21905 – 09 (1271 a)

16. 8. 41   Lammers, PräsKzl., Rechtsanw. Ramek   15221
Durch Lammers weitergeleiteter Einspruch der Betroffenen gegen die Aufhebung und Beschlagnahme des Missionshauses St. Gabriel der Gesellschaft des Göttlichen Wortes in Wien-Mödling; ausführliche Zusammenstellung der Geschichte, Tätigkeit usw. des Missionshauses sowie seiner Verdienste für deutsche Kultur und deutsches Volkstum. (Anlage zu Nr. 15182.)
H   101 21910 – 27 (1271 a)

16. 8. 41   Lammers, Kapitularvikariat Paderborn   15222
Durch Lammers weitergeleitete Beschwerde des Kapitularvikariats Paderborn gegen die Besetzung und Beschlagnahme des Pallotinerklosters in Olpe durch die Gestapo; Hinweis auf die Wirkung dieser und anderer kirchenfeindlicher Maßnahmen in der katholischen Bevölkerung. (Anlage zu Nr. 15182.)
H   101 21976 ff. (1271 a)

16. 8. 41   Lammers, Bf. Limburg   15223
Durch Lammers weitergeleiteter Protest des Bischofs von Limburg gegen die Beschlagnahme der Abtei

St. Hildegard bei Rüdesheim sowie gegen die Ausweisung der Klosterfrauen; Haltlosigkeit der im Zusammenhang mit der Lebensmittelbewirtschaftung erhobenen Beschuldigungen; Unruhe in der Bevölkerung durch diese Maßnahmen; Hinweis auf die von der deutschen Presse angeprangerten Kirchenvernichtungen in der Sowjetunion und auf Hitlers Bitte um Gottes Beistand im Kampf gegen den gottlosen Bolschewismus. (Anlage zu Nr. 15182.)
H   101 21987 – 98 (1271 b)

16. 8. 41   Lammers, Bf. Fulda   15224
Durch Lammers weitergeleitete Beschwerde des Bischofs von Fulda über die Beschlagnahme des Ursulinenklosters in Fritzlar unter Ausweisung der praktisch mittellosen Schwestern; Hinweis auf Arbeit und Verdienste des Ordens und der Orden überhaupt sowie auf die tiefe Empörung im Volke. (Anlage zu Nr. 15182.)
H   101 22107 – 12 (1272)

16. 8. 41   Lammers, Kard. Innitzer u. a.   15225
Durch Lammers weitergeleiteter Protest der ostmärkischen Bischöfe gegen die Verfolgung von Kirche und Religion in der Ostmark (Beschlagnahme von Klöstern und gewaltsame Entfernung der Klosterinsassen; Schließung der Diözesanlehranstalt und des Priesterseminars in Salzburg; Ausweisung im Volke besonderen Anklang findender Priester aus der Ostmark; über die reichsrechtlichen Vorschriften hinausgehende Beeinträchtigung der – verschobenen – christlichen Feiertage, u. a. der Fronleichnamsprozessionen); Summe der gemachten Erfahrungen (keine Einzelmaßnahmen, sondern Kampf gegen Kirche und Religion als solche); Androhung, die bislang im Interesse der geistigen Geschlossenheit des deutschen Volkes gewahrte Zurückhaltung aufgeben und die Gläubigen über die Not der Kirche informieren zu müssen; Bitte, der Katholischen Kirche in der Ostmark endlich Recht und Gerechtigkeit widerfahren zu lassen. (Anlage zu Nr. 15182.)
H   101 22036 – 44 (1272)

[16. 8. 41]   RFSS   15226
Nach Ansicht Himmlers z. Zt. „gewaltiger Kampf" Leys gegen Bormann, um während des Krieges soviel wie möglich „einzukassieren"; Bitte an SS-Gruf. Berger, L. „in netter und taktvoller Form" davon abzubringen.
W   107 01283 (399)

16. 8. – 5. 9. 41   Lammers, Kapitularvikariat Paderborn   15227
Durch Lammers weitergeleiteter Antrag des Paderborner Kapitularvikariats auf Aufhebung der Beschlagnahme des Franziskaner- und des Redemptoristenklosters in Bochum und auf Wiedereröffnung der beiden dazugehörigen Kirchen; Hinweis auf die Brandmarkung bolschewistischer Greueltaten in Spanien und Rußland durch die deutschen Zeitungen. (Anlagen zu Nr. 15182 und 15264.)
H   101 22013 – 23 (1271 b)

16. 8. 41 – 1. 8. 42   Lammers, Kapitularvikariat bzw. Erzbf. Paderborn u. a.   15228
Durch Lammers weitergeleitete Beschwerden kirchlicher Stellen gegen die Schließung des Klosters vom Herzen Jesu in Bad Hamm/Westf. („Beraubung der Kirchengemeinden") sowie gegen den Abtransport der Patres mit unbekanntem Ziel am 31. 7. 41; Forderung insbesondere auf Wiedereröffnung der für den öffentlichen Gottesdienst verwendeten und unentbehrlichen Klosterkapelle sowie auf Rückgabe eines beschlagnahmten Sparbuches (Mittel für einen Kirchenneubau) und der Einrichtung des Pfarrheims. Weitere Beschwerde wegen der von der Gestapo untersagten Anmietung eines Saales und seiner Benutzung als Betsaal; Klagen, auf die früheren Beschwerden keine Antwort zu erhalten. Stellungnahme der PKzl. nach Ablauf eines Jahres: Die Kirche vom Kloster nicht zu trennen; kein Bedürfnis für einen Betsaal (eine Kirche in der Nähe verfügbar); das beschlagnahmte Sparguthaben für einen Erweiterungsbau des Klosters bestimmt gewesen. (Vgl. Nr. 15182 und 15264.)
H   101 22056 – 67, 070 – 79 (1272)

16. 8. 41 – 3. 12. 42   Lammers, Kapitularvikariat bzw. Erzbf. Paderborn u. a.   15229
Durch Lammers weitergeleitete wiederholte Beschwerden katholischer Stellen wegen der Beschlagnahme des Pfarrheims Delbrück/Westf. (Grund die Aufführung eines nicht rein religiösen Kinderspiels; die Beschlagnahme laut Erzbf. Jaeger ein rechtlich nicht begründeter Gewaltakt) und des Schwesternhauses Dortmund-Berghofen (Grund die Verhaftung von zwei Schwestern wegen unberechtigter Ausübung der Heilpraxis) durch die Gestapo; insbesondere Verwahrung gegen die Methode, Glaubensgemeinschaften für die (im übrigen gerichtlich nicht nachgewiesenen) Verfehlungen einzelner zu bestrafen.

Ein Jahr danach Verbalnote des Auswärtigen Amtes an die Nuntiatur mit einer Rechtfertigung des Vorgehens in Dortmund sowie Stellungnahme der PKzl.: Beschlagnahme vor dem „bekannten Stichtag", d. h. vor Hitlers Beschlagnahme-Stop vom 31. 7. 41. (Vgl. Nr. 15182.)
H   101 22080 – 106 (1272)

18. 8. 41   AA   15230
Übersendung eines *Aufsatzes aus der Weltwoche (Zürich): Das Ende der Quislingregierung.
M   203 00420 (27/4)

[18. 8. 41] – 14. 12. 42   RKzl. u. a.   15231
Bitte der PKzl., an der (von Hitler gewünschten) Regelung von Sammlungen für Geschenke an Vorgesetzte beteiligt zu werden (vgl. Nr. 15175 b). Verabredung eines gleichlautenden (nicht nur auf Behördenleiter, sondern allgemein auf alle Vorgesetzten abzustellenden) Rundschreibens der Reichskanzlei (RKzl.) und der PKzl. für den staatlichen bzw. den Partei-Sektor; mehrfache Besprechungen zwischen beiden über Inhalt und Formulierung; eine Stellungnahme des Reichsinnenministers (RMdI) erbeten. Ergebnis: Generelles Verbot von Sammlungen für Geschenke an Vorgesetzte; Ausnahme vom Sammlungsverbot jedoch bei Mittelaufbringung für der Gefolgschaft unmittelbar dienende Zwecke (z. B. Betriebsausflüge oder -veranstaltungen). – Das Rundschreiben der PKzl. (ohne Beteiligung der RKzl.) später noch ergänzt: Auch die Aufbringung von Mitteln für ideelle Zwecke (z. B. für die Errichtung von Stiftungen und Heimen) untersagt. Auf Empfehlung des RMdI entsprechende Ergänzung des Rundschreibens der RKzl.
A/H   101 05490 – 533 (462 a); 101 07267 f., 275 f. (583)

19. 8. – 16. 10. 41   Lammers   15232
Die Bitte Amanns um Überführung seines bei Lemberg gefallenen Sohnes von Hitler ebenso abgelehnt wie die Überführung eines bei Kowel im Partisanenkampf gefallenen Ordensjunkers: Erneuerung des 1940 getroffenen Verbots der Überführung gefallener oder verstorbener Wehrmachtangehöriger aus den Operationsgebieten, den besetzten Gebieten, dem Generalgouvernement und dem neutralen Ausland ohne Ansehen der Person und nunmehr unter Ausdehnung auf Ordensjunker, Politische Leiter und Beamte.
K/H   101 11551 – 57 (680 a); 101 11814 – 17 (683)

20. 8. 41   RFM   15233
Übersendung der Aufzeichnungen über die Reiseergebnisse des Reichskanzleiausschusses zur Feststellung der Teuerungsverhältnisse in Bulgarien, Griechenland, Kroatien, Rumänien, Serbien und Ungarn (Reise vom 16. 7. – 4. 8. 41): Feststellungen über Preise, Löhne, Mieten, Kosten von Restaurantessen, Hauspersonal usw., auch im Vergleich zum Reich; Gutachten über die Notwendigkeit von Wehrsold- bzw. Besoldungszuschüssen für die dort eingesetzten Angehörigen der Wehrmacht und des Auswärtigen Amtes.
H   101 08211 – 30 (633 a)

20. – 26. 8. 41   RKzl.   15234
Der Plan Neuraths, einen Arbeitsdienst für Tschechen einzurichten, von Hitler kategorisch abgelehnt; durch Bormann veranlaßte entsprechende Unterrichtung N.s durch Lammers.
A   101 23347 – 50 (1325 b)

20. – 26. 8. 41   Lammers   15235
Anfrage Bormanns bei Hitler wegen der von der PKzl. gegenüber dem Plan des GenGouv. Frank, in Krakau eine deutsche Universität zu errichten, einzunehmenden Haltung. Entscheidung H.s: Erörterung der Frage erst nach Kriegsende.
K   101 15492 – 95 (940 a); 101 23900 f. (1340)

20. – 26. 8. 41   Lammers, OPräs. Lauterbacher   15236
Von GL Lauterbacher unter Hinweis auf diesbezügliche Äußerungen „einzelner Braunschweiger" veranlaßt, von Bormann vorgetragen, von Hitler entschieden und von Lammers den Beteiligten verkündet: Nach dem Kriege zwar – wie schon mitgeteilt (vgl. Nr. 15003) – kein Wegfall des Landes Braunschweig und der braunschweigischen Landesregierung vorgesehen, aber ebensowenig die Einrichtung eines Gaues oder Reichsgaues Braunschweig.
H   101 24630 – 35 (1365 b)

21. 8. 41   (Himmler?)   15237
Scharfe Kritik an einem Aufsatz des Stabschefs Lutze im Völkischen Beobachter: Überbewertung der Leistung und Opferbereitschaft der SA auf Kosten der HJ und anderer Verbände; L. zu Belehrungen des deutschen Volkes oder der Partei und ihrer Jugend über die Bedeutung des Opfers nicht berufen.
K/H   102 00560 f. (979)

21. 8. 41   RWiM   15238
Mitteilung: Auf Einladung Görings Eintritt Funks in das Kuratorium der Reichsstiftung für deutsche Ostforschung.
K   101 18323 (1137 b)

21. 8. 41   GBV u. a.   15239
Nach der Bitte der Reichskanzlei, die Ministerialvorlagen künftig in 55 Abdrucken zu übersenden, eine Änderung des Abschnitts II Ziff. 2 b der „Geschäftstechnischen Bestimmungen für die Behandlung der Ministerratssachen und der GB-Sachen im Bereich des GBV" erforderlich. (Nachrichtlich an die PKzl.)
K   101 07688 (605)

[21. 8. 41]   RKzl.   15240
Auf Bitte des OKW Hinweis auf die Pflicht zur Meldung bei der Militärverwaltung für die in den Bereich des Wehrmachtbefehlshabers Südost entsandten Beauftragten von zivilen Dienststellen des Reiches.
K   101 11542 (680)

21.–28. 8. 41   Lammers, RStatth. Württemberg   15241
Unterredung Bormanns mit Lammers über die Gewährung von Staatszuschüssen an die Kirchen, insbesondere in Württemberg (Einwände des Reichsstatthalters in Württemberg gegen die Entscheidung Hitlers über die Weiterzahlung staatlicher Zuschüsse an die Kirchen in gleichem Umfang wie bisher); Ergebnis: Bei ausreichend vorhandenen Mitteln zur Besoldung der Geistlichen eine Kürzung der staatlichen Zuschüsse zulässig; Einvernehmen zwischen B. und L., dem Reichsstatthalter die Prüfung dieser Voraussetzungen für Württemberg zu überlassen. Entsprechender Bescheid L.'.
M   101 00958 – 65 (152); 101 01005 – 15 (153 a)

21. 8. – 21. 9. 41   Lammers, RMfdkA   15242
Unter Bezug auf die im März von ihm vorgeschlagene (aber abgelehnte) Sperrung der Dotation für den Bischof von Münster, Graf v. Galen, Übersendung von *Abschriften der Predigten G.s vom 13. und 20. 7. sowie vom 3. 8. durch den Reichskirchenminister an die Reichskanzlei (RKzl.) mit dem Vorschlag, diese Reden trotz der bedauerlichen Materiallieferung durch die Maßnahmen der Gestapo nicht hinzunehmen. Dazu durch die RKzl. Mitteilung der kürzlichen Entscheidung Hitlers, zur Zeit von Maßnahmen gegen den Bischof abzusehen. (Vgl. Nr. 15194.)
H   101 22005 – 08 (1271 b)

22. 8. 41   AA   15243
Nach einer Behauptung des Daily Express Heß das Opfer einer Falle des englischen Geheimdienstes: Übersendung der betreffenden Zeitungsnotiz.
M/H   203 00418 f. (27/4)

22. 8. – 9. 9. 41   RKzl., WerbeR d. dt. Wirtschaft, RMfVuP   15244
Keine Zustimmung der Reichskanzlei zu dem vom Werberat der deutschen Wirtschaft verfaßten – und vom Reichspropagandaminister gebilligten – *Entwurf von Richtlinien für Tabakreklame; Begründung: Die in den Bestimmungen vorgesehene, wenn auch sehr begrenzte Möglichkeit der Tabakreklame in den Verkehrsmitteln unvereinbar mit dem in Kürze zu erwartenden völligen Verschwinden jeglicher Tabakwerbung bei der Reichspost, der Reichsbahn usw. aufgrund der von den zuständigen Ressortministern bereits erlassenen einschlägigen Anordnungen (keine Abschlüsse neuer, keine Verlängerung auslaufender Reklameverträge gemäß dem Wunsch Hitlers nach starker Einschränkung der Tabakwerbung). Dann Billigung der vom Werberat entsprechend geänderten Richtlinien durch Lammers. Jeweils Unterrichtung Bormanns. (Vgl. Nr. 14971.)
A   101 05725/1 – 729 (480)

24. 8. 41   Frick, SS-Gruf. Heydrich, Lammers   15245
Durch Bormann weitergeleitete Anordnung Hitlers, eine Denkschrift des Prof. Sigmund v. Kapff über

die Umgestaltung des Heil- und Gesundheitswesens sofort zu beschlagnahmen, K. als Leiter der Reichsarbeitsgemeinschaft für Arznei- und Heilmittelwesen abzusetzen und ihn nicht mehr heranzuziehen (Grund: Angriffe auf die Ärzteschaft und den Reichsgesundheitsführer, Kritik an der Arbeit einer seinerzeit auf Weisung H.s eingesetzten Untersuchungskommission gegen Dr. v. Bremer [Nürnberg] bzw. an der Schließung dessen Paracelsus-Instituts).
H   101 13558 – 68/1 (718); 101 20764 – 67 (1226)

[24. 8. 41]   RPropL   15246
Im Auftrag Hitlers und im Einvernehmen mit der PKzl. Verbot der öffentlichen Diskussion nicht unmittelbar kriegswichtiger, insbesondere kontroverser Fragen (z. B. der Nikotingefahr und der Religionsfrage).
W   107 00249 f. (192)

24. – 31. 8. 41   Lammers, RVM   15247
Bitte des Reichsverkehrsministers um eine Führerentscheidung hinsichtlich eines von Ley gewünschten Eisenbahn-Salonwagens (vom Stop des Dienstwagenbaus durch Hitler im Februar auch der Bau eines Wagens für L. betroffen; vor kurzem Erhalt einer Mitteilung über einen Bauauftrag für zwei Wagen an eine Posener Fabrik, davon jedoch nur der Wagen für GL Greiser, nicht aber der für L. durch eine Ausnahmegenehmigung H.s gedeckt; weitere Anregungen für den Umbau fremder oder alter Wagen). Dazu, von Lammers um Herbeiführung der Entscheidung gebeten, Bormann: Seinerzeit auch der Bau dieser beiden Salonwagen von H. untersagt. (Vgl. Nr. 15052.)
H   101 08419/3 – 422 (638 a)

24. 8. – [8. 10.] 41   Prof. Brandt, Lammers   15248
Nach entsprechender Weisung Hitlers Vorschläge Prof. Brandts zur Schaffung von Ersatzkrankenhäusern für bestimmte luftgefährdete Städte, soweit möglich in Anlehnung an – freizumachende – Heil- und Pflegeanstalten: Übernahme der Baukosten, Abstimmung mit anderen Bauvorhaben, Betrieb (durch die NSV) nach Fertigstellung, spätere Verwendung, Maßnahmen gegen die „infolge der Verlegung der Patienten aus Heil- und Pflegeanstalten in andere Heime in bestimmten Kreisen der Bevölkerung" zu erwartende „gewisse Unruhe".
K/H   101 11250 (668); 101 13983 – 87, 996 ff. (737 b)

Nicht belegt.   15249

26. 8. 41   Adj. d. F   15250
Mitteilung über Änderungen der Zeiten für die Postbeförderung ins Führerhauptquartier vom 27. bis 29. 8. 41.
H   101 08563 f. (641 a)

26. 8. 41   AA   15251
Mitteilung über das Buch eines nach Kanada verbrachten kriegsgefangenen Feldwebels der deutschen Luftwaffe: I was a Nazi Flier.
M   203 00416 f. (27/4)

27. 8. – 26. 9. 41   AA   15252
Übersendung eines Aufsatzes aus dem Sunday Chronicle: Why Hitler Fears He will Die.
M   203 00388 – 90/1 (27/4)

27. 8. – 29. 10. 41   AA   15253
Übersendung einer Kiste mit französischer „Hetz"- und Emigrantenliteratur für Zwecke der PKzl.; Verzeichnis dieser Bücher.
M   203 00349, 401 – 09 (27/4)

28. 8. 41   AA, Dt. Kons. Laibach   15254
Übersendung eines ˙Berichts des Deutschen Konsulats in Laibach über einen Besuch des Hohen Kommissars für die Provinz Laibach beim Chef der Zivilverwaltung in den besetzten Gebieten Kärntens und Krains in Veldes.
M/H   203 01549 (48/2)

28. 8. – [4. 11. 41]   RKzl.   15255
Durch Klopfer (PKzl.) Übersendung zweier *Rundschreiben Bormanns über die Beteiligung der Partei bei Ordensverleihungen: 1) Begrüßung der Richtlinien der Präsidialkanzlei für die Verleihung des Kriegsverdienstkreuzes (von einigen Ausnahmen abgesehen Einschaltung der Oberpräsidenten bzw. Reichsstatthalter) und Empfehlung, für den davon noch nicht betroffenen Personenkreis der Rüstungswirtschaft örtliche Vereinbarungen zu treffen; 2) Bekanntgabe einer Anordnung des Reichsluftfahrtministers über die Aushändigung des Kriegsverdienstkreuzes an bei Luftangriffseinsätzen lebensgefährlich verwundete Parteigenossen vor der Verleihung; – nach K.s Meinung damit die Wünsche der PKzl. in dieser Frage vorerst erfüllt.
W   101 08932 f. (649 a); 101 20190 f. (1201 b)

29. 8. 41   AA, Dt. Ges. Budapest   15256
Übersendung eines *Berichts der Deutschen Gesandtschaft Budapest über die auf Wunsch der deutschen Bevölkerung in Neusatz erfolgten Straßenbenennungen.
M   203 02235 (58/1)

29. 8. 41   AA   15257
Übersendung eines „gehässigen" *Artikels der Daily Mail über Schirach.
M   203 00400 (27/4)

29. 8. 41   RMdI   15258
Übersendung des *Entwurfs einer Verordnung über die Einrichtung und den Aufgabenbereich von Wohnungs- und Siedlungsämtern.
H   101 17433 (1033 b)

[29. 8.] – 3. 10. 41   Lammers, Kerrl   15259
Einholung einer staatlichen Unbedenklichkeitserklärung vor der Ernennung von Bischöfen und Apostolischen Administratoren: Wunsch der PKzl., in allen Fällen beteiligt zu werden mit Rücksicht auf die große Bedeutung der Besetzung der höheren Ämter der Katholischen Kirche für die Arbeit der Partei. Laut Kerrl von der bereits früher üblichen Beteiligung der PKzl. bisher auf deren eigenen Wunsch hin wieder Abstand genommen.
M/W   101 01105 – 11 (156)

30. 8. – 7. 9. 41   Lammers, RMdI   15260
Durch Bormann Veranlassung der Weiterleitung einer „Willensäußerung" Hitlers an den Reichsinnenminister: Bei Ausscheiden aus der Fürsorgeerziehung wegen Vollendung des 19. Lebensjahres ohne Erreichung des Erziehungsziels nicht mehr Freilassung des Fürsorgezöglings, sondern Einweisung in ein Konzentrationslager auf Lebenszeit.
H   101 03962 – 64 (399); 101 06190 – 95 (520 c)

1. 9. 41 – 1. 12. 44   RMfWEuV, W. Hamel   15261
Nach ausführlicher Rechtfertigung des Doz. Walter Hamel (Marburg) Zurücknahme 1941 und wieder 1943 geäußerter Bedenken (1933 Widmung einer Arbeit an Erich Kaufmann, Verfasser einer Schrift „Die Bekenntnisfreiheit") durch die PKzl. und Zustimmung zur Ernennung H.s zum außerplanmäßigen Professor; nach Ansicht der PKzl. H. für einen Forschungsauftrag jedoch besser geeignet als für eine Lehrtätigkeit.
M/H   301 00391 – 414 (Hamel)

2. 9. 41   AA   15262
Übersendung einer Niederschrift über deutsch-spanische Verhandlungen und Vereinbarungen über den Einsatz spanischer Arbeiter in Deutschland: Anwerbung, Arbeitsvertrag, Lohnüberweisungen u. a.
M   203 01554 – 62 (48/2)

3. 9. 41   AA   15263
Übersendung eines *Aufsatzes über Patrick Hitler aus dem New York Daily Mirror.
M   203 00399 (27/4)

5. 9. 41   Lammers   15264
Übersendung weiterer (vgl. Nr. 15182) bei der Reichskanzlei eingegangener Beschwerden wegen der Be-

schlagnahme kircheneigener Gebäude (vgl. Nr. 15227, 15228, 15265, 15266, 15268, 15269) an Bormann.
H   101 01184/1 ff. (158 a); 101 20187 (1201 b); 101 20440 ff. (1212); 101 21885 ff. (1271 a);
        101 22021 ff. (1271 b); 101 22066 f., 119, 143 ff., 154 ff. (1272)

5. 9. 41   RKzl., Bf. Trier   15265
Durch Lammers weitergeleitete Beschwerde des Bischofs von Trier, Bornewasser, wegen der Einziehung des Priesterseminars Rudolfinum in Trier entgegen der Anordnung Hitlers, die Einziehung von Kirchengut einzustellen; tiefe Empörung im katholischen Volke über diese fortgesetzten antikirchlichen Maßnahmen; Forderung nach Zurücknahme der neuen Einziehung; Drohung, anderenfalls einen „Schritt in die Öffentlichkeit" zu tun. (Anlage zu Nr. 15264.)
H   101 21882 – 87 (1271 a)

5. 9. 41   Lammers, RMfdkA, Bf. Berlin   15266
Durch Lammers weitergeleiteter Einspruch des Bf. Graf Preysing gegen die Beschlagnahme des Priesterseminars Hedwigshöhe-Grünau; im – ebenfalls weitergeleiteten – Begleitschreiben des Reichskirchenministers Feststellung, über diese – und eine weitere – Maßnahme nicht informiert worden zu sein. (Anlage zu Nr. 15264.)
H   101 22140 – 45 (1272)

5. 9. – 21. 10. 41   RKzl., RJM   15267
Zustimmung der PKzl. zu dem Vorschlag, die Mitglieder des Volksgerichtshofs Arthur Böckenhauer, Erich Kaul, Hanns Bunge, Daniel Hauer, Franz v. Hörauf, August Meyßner, Wilhelm v. Grolman und Ferdinand Heske nach zum Jahresende ablaufender Amtszeit wieder zu bestellen. Vollzug der Ernennungen.
H   101 27110 – 17 (1517 c)

5. 9. 41 – 12. 4. 42   Lammers, Bf. Hildesheim, Kerrl, E. Helmke   15268
Scharfe Einsprüche des Bischofs Machens gegen die (unter dem Vorwand, nachts und heimlich im Dorfe Ottbergen den Hirtenbrief der Fuldaer Bischofskonferenz verteilt zu haben, erfolgte) Beschlagnahme und – später – Einziehung des dortigen Franziskanerklosters; dabei Hinweis auf den Unwillen des katholischen Volkes über den Vernichtungskampf gegen die Kirche und auf die damit verbundene Untergrabung der inneren Geschlossenheit des deutschen Volkes sowie Verwahrung gegen die in der Einziehungsverfügung enthaltene Erklärung der Patres wie auch – als Eigentümer des Klosters – ihres Bischofs zu Reichsfeinden; Bitte, den Kirchenkampf wenigstens bis Kriegsende einzustellen. Dazu Klage des Reichskirchenministers über die eine solche Tonart rechtfertigenden Gestapo-Maßnahmen sowie über die angesichts seiner Machtlosigkeit immer untragbarer werdende Bürde seines Amtes. Ferner Bitte einer Elisabeth Helmke (Ottbergen), der Gemeinde, insbesondere ihren „Heldenmüttern", die Franziskanerkirche zurückzugeben. Weiterleitung des gesamten der Reichskanzlei zugegangenen Materials an Bormann (vgl. Nr. 15264). In dessen Antwort Hinweis auf „zur Beachtung der Führer-Anordnung" erlassene Anweisungen sowie Erwähnung eines beruhigenden Briefes an Kerrl.
H   101 22113 – 39 (1272)

5. 9. 41 – 28. 4. 42   Lammers, Kapitularvikariat bzw. Erzbf. Paderborn   15269
Ergänzung zu einem *Einspruch des Kapitularvikariats Paderborn gegen die Beschlagnahme des Benediktinerklosters Meschede: Verurteilung des Priors Buckel und des P. Willigis wegen Hortung von RM 15 900.– (das Urteil des Sondergerichts Dortmund beigefügt); damit keine Rechtfertigung der Beschlagnahme des Klosters. Später Verwahrung des Erzbischofs gegen die inzwischen erfolgte Einziehung mit der gleichen Argumentation und unter Zurückweisung der als Begründung behaupteten Volks- und Staatsfeindlichkeit. Nach Weiterleitung dieser Eingaben durch Lammers an Bormann (vgl. Nr. 15264) dessen Bescheid: Kein Verstoß gegen die „bekannte Weisung"; Ankündigung, von weiteren Einziehungen beschlagnahmten Kirchenvermögens vorläufig abzusehen.
H   101 22146 – 63 (1272)

6. 9. 41   LegR Büttner   15270
An MinR Heim (PKzl.) Übersendung von Fotokopien von Bildern und Aquarellen Prof. Stahls; Zusage weiterer Recherchen in Stockholm nach Besitzer und Standort des Bildes „Blumenkorso".
H   203 01050 (35/1)

7. – 15. 9. 41   Lammers   15271
Mitteilung Bormanns über die Absicht Rosenbergs, in der Ausstellung „Um die Souveränität Europas"

die politische, wirtschaftliche und kulturelle Problematik dieses Kontinents aufzuzeigen (sein „Geschick nunmehr in die Hand Deutschlands gelegt"); Veranschlagung der Kosten auf ca. 1 Mio. RM; Wunsch Hitlers, diese Ausstellung, eine bedeutsame staatspolitische Angelegenheit, nicht durch die Partei, sondern durch den Staat finanzieren zu lassen. Durch Lammers Veranlassung der Bereitstellung der Mittel.
M   101 03327 – 31 (338)

7. – 17. 9. 41   RFM, RArbM   15272
Durch den Reichsfinanzminister Übersendung des 'Entwurfs einer Verordnung über Betriebsanlage-Guthaben. Zweifel des Reichsarbeitsministers am Erfolg des eingeschlagenen Weges: Der Anreiz für die Unternehmer, die wegen fehlenden Ersatzes abgenutzter Anlagegüter flüssigen Mittel dem Reich gegen die Zusage späterer Bewertungsfreiheit der Ersatzgüter zur Verfügung zu stellen, im Vergleich zum gegenwärtigen Verzicht auf Zinsgenuß zu gering.
K/H   101 14685 ff. (795)

[9. 9. 41]   RMdI   15273
Erlaß über die Behandlung von Fundsachen (Schriftstücke, Karten o. ä.) mit der Bezeichnung „Nur für den Dienstgebrauch", „Geheim" usw.; dazu erwähnt die erfolgte Bitte an die PKzl., für ihren Dienstbereich entsprechende Anordnungen zu erlassen.
M/H   101 07283 – 86 (583)

10. 9. 41   AA   15274
In der amerikanischen Zeitschrift Life Ausführungen über Heß' Stellungnahme zu Forderungen Hitlers gegenüber Rußland: Übersendung eines Auszugs.
M   203 02227 f. (58/1)

[10.] – 15. 9. 41   RKzl.   15275
Zustimmung Bormanns zu zwei Ernennungen in der Reichskanzlei: des MinR Ficker zum Reichskabinettsrat und des RegR Boley zum Oberregierungsrat. Dem (nach einer Vorlage des RKabR Killy mit Hinweis auf die bisher in solchen Fällen geübte Praxis der persönlichen Fühlungnahme zwischen Lammers und Bormann sowie auf das fernmündlich eingeholte Einverständnis des Reichsinnen- und des Reichsfinanzministers) von L. geäußerten Wunsch folgend Einverständnis Bormanns mit der auch weiterhin formlosen Behandlung solcher Ernennungsvorschläge (d. h. aus den vier Kanzleien Hitlers); in einem Erlaßentwurf sogar förmlich der Verzicht auf Anhörung der Parteistellen in diesen Fällen vorgeschlagen.
H   101 14955 f. (854 a); 101 17564 – 74 (1039)

10. 9. – 12. 10. 41   Lammers, Rust, MinDir. z.D. Sunkel   15276
Die Bitte des 1937 aus dem Reichserziehungsministerium ausgeschiedenen MinDir. z.D. Reinhard Sunkel um Wiederverwendung als Beamter in den eroberten Ostgebieten trotz warmer Befürwortung durch Rust und Zustimmung des Ostministers von Bormann und Lammers abgelehnt: In der oft mit Fragen des „starken jüdischen Bevölkerungselements" befaßten Ostverwaltung die Verwendung eines Beamten nicht rein arischer Abstammung bedenklich.
H   101 18784 – 95 (1153 b)

10. 9. 41 – 11. 1. 42   Ley, RGesundF Conti, Lammers   15277
Differenzen zwischen Reichsgesundheitsführer Conti und Reichsorganisationsleiter Ley über ihre Entwürfe zur Neuordnung des Gesundheitswesens durch das geplante „Gesundheitswerk des Deutschen Volkes" und über die damit zusammenhängenden Zuständigkeiten. L.: Ableitung seiner Kompetenz aus dem ihm erteilten Auftrag der Vorbereitung einer Altersversorgung und eines – das Gesundheitswesen notwendig einschließenden – Sozialwerks; Beschuldigung C.s, bis auf den „revolutionären" Grundgedanken der „vorbeugenden Gesundheitsführung und Gesundheitsvorsorge" seinen – L.s – Entwurf kopiert zu haben; Einwände gegen die Betrauung eines Arztes, eines Vertreters von Standesinteressen, mit der in erster Linie sozialpolitischen Aufgabe der Führung des Gesundheitswerks. Dagegen Berufung C.s auf seine Bestellung zum Reichsgesundheitsführer durch Hitler; Verweis auf die Unterschiede zwischen Altersversorgung und Gesundheitsführung; die Eingliederung seines Arbeitsgebiets in ein Sozialwerk von H. wohl nicht beabsichtigt (Unklarheit dieses Begriffs); Rechtfertigung gegenüber den Vorwürfen des Plagiats und gegenüber der Behauptung, die Fassung seines Entwurfs dritten Stellen (Bormann) vorgelegt zu haben; Hinweis auf die bereits durch seinen Vorgänger Wagner als notwendig erachtete Neuordnung des Gesundheitswesens; Zurückweisung der Äußerung L.s über die Ärzte (Standesinteressenvertreter, aber keine Gesundheitspolitiker) – fachliche Qualifikation kein Grund, den Fachmann von der Füh-

rungsrolle auszuschließen. Übersendung von Abschriften an B. Dessen Zustimmung zu den Auffassungen des Reichsgesundheitsführers: Dieser selbstverständlich federführend bei allen auf dem Gebiet des Gesundheitswesens zu planenden und zu erörternden Maßnahmen. Dazu Lammers: Eine Entscheidung H.s über die von Ley vorgelegten Entwürfe (Altersversorgungswerk, Gesundheitswerk) während des Krieges nicht zu erwarten.
K/H   101 04118–21 (406); 101 13569–612 (718)

10. 9. 41 – 7. 11. 42   RKzl., versch. Musikinstrumentenfirmen   15278
Mitteilung Bormanns an Lammers: Auf Bitten des Intendanten der Bayerischen Staatsoper, Prof. Clemens Krauss, Weisung Hitlers, aus seinem Kulturfonds der Staatsoper RM 150 000.–, später weitere RM 200 000.– zum Ankauf hervorragender Streichinstrumente zur Verfügung zu stellen. Abwicklung des Ankaufs von 26 Meistergeigen u. ä. (darunter eine Stradivari) aus diesen Mitteln.
H   101 18037–70 (1111 b)

11. 9. – 19. 10. 41   Adj. d. F   15279
Mitteilung: Wegen früherer Dunkelheit dreimalige Vorverlegung der Startzeiten der Nachmittagskuriermaschinen zwischen Berlin-Staaken und dem Führerhauptquartier.
H   101 08561 f., 564 (641 a)

[12.] – 15. 9. 41   GL, Lammers   15280
Durch einen ›Runderlaß des Leiters der PKzl. bis auf weiteres Verbot der Beschlagnahme von Kirchengut. In einer Rücksprache mit Lammers Erläuterung dieses Erlasses an die Gauleiter durch Bormann: Verbot von Beschlagnahmen und Einziehungen aufgrund *dieser* Beschlagnahmen; die Einziehung aufgrund *früherer* Beschlagnahmen jedoch „sehr wohl" möglich. (Vgl. Nr. 15175 a.)
H   101 03856 (390); 101 21711 (1269 d)

13. 9. 41   AA   15281
Übersendung eines Aufsatzes „Neudeutsche Sittlichkeit" aus der schweizerischen Tageszeitung Vaterland (Luzern).
M   203 02225 f. (58/1)

13. – 19. 9. 41   RKzl., GenVikar Kattowitz   15282
Durch die Reichskanzlei weitergeleiteter Protest des Generalvikars in Kattowitz gegen die von der NSV verfügte Umwandlung des im Januar beschlagnahmten Waisenhauses Markefkastift in Kattowitz-Bogutschütz in eine Jugendheimstätte der NSDAP.
H   101 22164–73 (1272)

13. 9. – 22. 10. 41   RKzl.   15283
Gleichlautende Rundschreiben der PKzl. und der Reichskanzlei über die Einschränkung der Versendung von Fragebogen unter Berufung auf eine Äußerung Hitlers gegen den herrschenden „Fragebogenwahnsinn": Abhaltung der Behörden und der Bevölkerung von kriegswichtigen Aufgaben.
M   101 07476–93 (591)

15. 9. 41   Lammers, RMdI   15284
Wunsch Hitlers, im ehemaligen Stift Wilhering bei Linz eine durch den Propagandaminister einzurichtende Filmgesellschaft unterzubringen; Bitte Lammers' an den Reichsinnenminister, das beschlagnahmte Vermögen des Stifts einzuziehen und dem Reichsgau Oberdonau zu übertragen (Abschrift an Bormann, vermutlich unter Bezug auf Nr. 15280).
M/H   101 03856 ff. (390)

15. 9. 41   GL Rainer   15285
Erklärung der Bereitschaft zur Übernahme des Reichsgaus Kärnten; Vorschlag, die beiden Gaue Kärnten und Salzburg unter Wahrung ihrer Selbständigkeit auf Kriegsdauer in seiner Hand zusammenzufassen, um mit einer – notwendigen – Bevölkerungsmenge von etwa 600 000 Deutschen (die ebenfalls erst noch einzudeutschende Abstimmungszone Kärntens unberücksichtigt) die „Verhältnisse in Oberkrain" volkspolitisch „total" ordnen zu können; Bitte, bei anderer Entscheidung Hitlers in Salzburg durch gleichzeitige Ernennung des neuen Gauleiters oder durch seine – R.s – vorläufige Weiterführung der Geschäfte oder durch Ernennung des Stv. GL Wintersteiger zum Regierungspräsidenten und Gauhauptmann die Einheit der politischen Führung von Partei und Staat zu wahren; Wunsch nach sofortiger Ein-

richtung der wichtigsten bisher noch mit dem Reichsgau Steiermark gemeinsamen Behörden in Kärnten.
W/H   107 01269 ff. (399)

15. 9. 41 – 9. 1. 42   GL Bracht, Lammers, Todt   15286
Kritik des GL Bracht an der Verteilung des Vermögens der ehemaligen Woiwodschaft Schlesien; Vorschlag, der Gauselbstverwaltung Oberschlesien als Entschädigung fünf vormals polnische Elektrizitätswerke zu übertragen. Befürwortung durch Bormann und Todt.
M   101 00270/1 – 276 (133 a)

16. 9. 41   AA, Dt. Ges. Agram   15287
Übersendung einer *Stellungnahme der Deutschen Gesandtschaft in Agram zu dem Devisenantrag für eine Schwester Victoria (Agram).
M   203 01051 (35/1)

Nicht belegt.   15288

16. 9. 41 – 7. 12. 42   HAfKP   15289
Übersendung der *Unterlagen von 22 Bewerbern für den Verwaltungsdienst in den besetzten Ostgebieten.
M   305 00001 – 23 (Beamte)

17. – 26. 9. 41   GL Meyer, Lammers   15290
*Anfrage des Oberpräsidenten der Provinz Westfalen, GL Meyer, wegen einer Beteiligung des Oberpräsidenten bei der Inthronisation des Erzbischofs von Paderborn. Bitte Lammers' um Mitteilung der Antwort.
M/H   101 01019 (154)

17. 9. – 24. 10. 41   Lammers, RStatth. Epp   15291
Die durch den Kruzifix-Erlaß (Entfernung der Kruzifixe aus den Schulen) in der kirchlich eingestellten Bevölkerung Bayerns entstandene Beunruhigung (so die von Lammers weitergeleitete Klage des RStatth. Epp) nach Meinung Bormanns weniger auf den Erlaß als auf das Verhalten der Geistlichkeit in diesem Zusammenhang zurückzuführen; nach der Anordnung des GL Wagner, von der weiteren Durchführung des Erlasses abzusehen, und nach dessen Rede vor der politischen Führerschaft des Gaues ein Grund für Beunruhigung kaum mehr gegeben; Hinweis auf die „bekannte" Anweisung an die Gauleiter, alle Maßnahmen auf konfessionellem Gebiet mit negativer Auswirkung auf kirchlich eingestellte Kreise einzustellen.
A/H   101 01675 (173); 101 16254 ff. (955); 101 23080 – 86, 095 – 98 (1311 c)

18. 9. – 1. 10. 41   RFSS   15292
Die von der PKzl. übersandte *Eingabe einer Hanni Kirchhoff (Emden) durch die inzwischen vom Reichsführer-SS erteilte Heiratsgenehmigung erledigt. In diesem Zusammenhang Anfrage der PKzl. wegen der Handhabung solcher Fälle großen Altersunterschieds durch das Rasse- und Siedlungshauptamt (die gesetzliche Regelung zwar bis nach Kriegsende vertagt, jedoch an weiterem Material interessiert).
W/H   107 00783 f. (269)

19. 9. 41   RFM   15293
Ablehnung der vom Reichspostminister für 1941 geforderten 6026 neuen Planstellen für Telegraphenleitungsaufseher: Verbeamtung der Telegraphenbauhandwerker nur im bisherigen Ausmaß, also nur 600 neue Stellen für 1941. (Abschrift an die PKzl.)
H   101 04117 (406); 101 18587 (1147 b)

20. – 26. 9. 41   Lammers   15294
Durch Bormann übermittelter Wunsch Hitlers nach Behandlung der Taten der Ritterkreuzträger in geeignet erscheinender Weise im Schulunterricht.
K   101 16257 f. (955 b)

20. 9. 41 – 8. 1. 42   RMdI, RMfdbO   15295
Durch den Reichsinnenminister Ergänzung des *Entwurfs einer Verordnung zur Regelung von Staatsan-

gehörigkeitsfragen: Verlust der deutschen Staatsangehörigkeit aufgrund zwischenstaatlicher Vereinbarungen umgesiedelter Personen fremder Volkszugehörigkeit am Tage der Umsiedlung aus dem Reich (Anlaß insbesondere die Umsiedlung von litauischen Volkszugehörigen in die Sowjetunion, aber auch etwa der madjarischen Volkszugehörigen in Engerau nach Ungarn). Forderung des Reichsostministers, an der Durchführung der Verordnung in den besetzten Ostgebieten beteiligt zu werden.
M/H   101 00438–42 (137)

20. 9. 41 – 12. 12. 42   RMfWEuV   15296
Erhebliche Bedenken der PKzl. „in weltanschaulicher Beziehung" gegen die Ernennung des Historikers Götz Frhr. v. Pölnitz zum außerplanmäßigen Professor trotz der Befürwortung durch den Leiter der Dozentenschaft der Universität München.
M   301 00776–80 (Pölnitz)

23. 9. 41   AA   15297
Übersendung einer vom Auswärtigen Amt herausgegebenen *Propagandabroschüre.
M   203 01279 (42/2 a)

23. 9. – 27. 10. 41   RArbM, RMdI   15298
Meinungsverschiedenheiten über die vom Reichsinnenminister (RMdI) und vom Reichskommissar für den sozialen Wohnungsbau erlassene Verordnung über die Einrichtung und den Aufgabenbereich von Wohnungs- und Siedlungsämtern vom 30. 8. 41. Beschwerde des Reichsarbeitsministers (RAM) wegen nicht erfolgter Beteiligung; Wunsch nach Schaffung einer Abteilung bei den Lenkungs- und Steuerungsbehörden für *alle* regionalen Aufgaben des Wohnungsbaus, des Städtebaus und der Raumplanung. Dagegen die Argumente des RMdI: Überschneidungen der regionalen Zuständigkeit; Unzumutbarkeit, zwischen den Gauwohnungskommissar und seine Behörde einen Abteilungsleiter der Mittelbehörde zwischenzuschalten; usw. Dazu wieder der RAM: Seine Bedenken nicht ausgeräumt; Aufzählung weiterer Unklarheiten der Verordnung, Verlangen nach ihrer Aufhebung oder Änderung. (Abschrift jeweils an die PKzl; eine Erörterung des ganzen Komplexes in einer – zunächst auf den 31. 10. anberaumten – Ressortbesprechung vorgesehen; vgl. Nr. 15391.)
H   101 17434–47 (1033 b)

24. 9. 41   AA – 9   15299
Übersendung eines *Artikels über Hitler aus der New York Times.
M   203 00398 (27/4)

24. 9. 41   AA   15300
Übersendung einer Mitteilung der Zeitung Svenska Dagbladet über das von Heß bei seinem Flug nach England benutzte Flugzeug.
M   203 00396 f. (27/4)

25. 9. 41   AA, RSt. f. d. Schul- und Unterrichtsschrifttum   15301
Durch das Auswärtige Amt Befürwortung einer Übersetzung deutscher pädagogischer Bücher in die spanische Sprache; Hinweis auf die Abkehr vieler spanischer Erzieher von der „Schulherrschaft der Kirche". (Abschrift an die PKzl.)
M   203 01523 ff. (47/4)

25. 9. – 25. 10. 41   Lammers, GenSuperintendent Blau u. a.   15302
Beschwerden kirchlicher Stellen über die sich verschärfenden Angriffe auf die Kirche im Warthegau und Bitte des Generalsuperintendenten Blau (Posen) an Lammers, Hitler davon in Kenntnis zu setzen im Hinblick auf die Beunruhigung der Baltenumsiedler und der alteingesessenen Volksdeutschen: Protest gegen eine Äußerung des Stv. GL Schmalz auf einer Arbeitstagung der mit der Umsiedlerbetreuung beauftragten Stellen (Aufruf zum Kampf gegen die „Gebundenheit an irgendeine Religions- und Sektenanhänglichkeit"); Klagen des ehemaligen Landesbischofs in Lettland und des ehemaligen Propstes in Estland über die Nichteinhaltung der vor der Umsiedlung gegebenen Zusagen, statt dessen nunmehr Forderung an die Evangelische Kirche, ungeachtet der Zusicherung unbedingter Glaubensfreiheit, sich als aufgelöst zu betrachten – Neukonstituierung nur als Verein von Volljährigen möglich (vgl. Nr. 14962); Anwendung wirtschaftlicher Druckmittel infolge der Weigerung der Kirchenleitung, auf dieses Ansinnen einzugehen; Warnung vor der aus solcher Politik entstehenden Gefährdung der Bildung einer

seßhaften deutschen Bevölkerung im Wartheland. Durch L. Weiterleitung der Beschwerden an Bormann.
M/H   101 01480−92, 495 f. (170)

25. 9.−25. 10. 41   Lammers, RJM, HeeresPersA   15303
Laut Mitteilung Bormanns eine Meinungsverschiedenheit zwischen dem Heerespersonalamt (HPA) und dem Reichsjustizminister (RJM) über die – vom RJM in einem konkreten Fall abgelehnte – Straftilgung nach erfolgter Feindbewährung von Hitler im Sinne des HPA entschieden: Die Möglichkeit der Straftilgung gerade der Zweck dieses Einsatzes. Dazu die Stellungnahme des RJM: Differenzen nur hinsichtlich des vorliegenden Falls.
W   101 26903−13 (1512 a)

25. 9. 41−14. 5. 42   Lammers, RSippenamt−23   15304
Mitteilung Bormanns an Lammers: Auf Anweisung Hitlers Bereitstellung von zunächst RM 40 000.− für die Fotokopierung in Paris befindlicher Unterlagen für die Bearbeitung der Stammbäume der relativ zahlreichen von den Hugenotten abstammenden Parteigenossen bzw. Volksgenossen. Begleichung einer ersten Abrechnung über RM 3758.40.
K/H   101 13791−97 (722)

26. 9. 41   Lammers, Erzbf. Breslau, Kapitularvikariat Paderborn   15305
Durch Lammers Weiterleitung neu bei der Reichskanzlei eingegangener Eingaben wegen der Beschlagnahme kircheneigener Gebäude: 1) von Kard. Bertram (Anmahnung einer Antwort auf seine Beschwerde gegen die Enteignung von Kirche und Kloster St. Annaberg O/S.), 2) von demselben (Auflösung des Ursulinenklosters Schweidnitz und seiner Filiale Marienfried in Ziegenhals, begründet mit dem Auffinden staatsabträglichen Materials und der Verteilung von Schriften verbotener katholischer Jugendverbände), 3) vom Kapitularvikariat Paderborn (Sicherstellung des Schwesternhauses Dortmund-Berghofen und seine Übergabe an die NSV wegen angeblicher gesetzwidriger Heilpraxis).
H   101 21941−55 (1271 a); 101 22068 f. (1272)

26. 9. 41   Adj. d. Wehrm. b. F, RMdI, RKzl.   15306
Ausführung der von ORegR Reischauer (PKzl.) weitergeleiteten Weisung Hitlers, den nachträglichen Vollzug beabsichtigter Eheschließungen Gefallener zu ermöglichen (Entscheidung „im Sinne des Falles Töpfer"): Vorlage und Erörterung eines entsprechenden Führererlaß-Entwurfs.
H   101 27418−25 (1520 a)

26. 9. 41   GL Schleswig-Holstein   15307
Aus konkretem Anlaß (Beifügung eines vervielfältigten Schreibens) Bitte, eine persönlichere Form der Benachrichtigung der Angehörigen Gefallener zu veranlassen.
W   502 00027−30 (4)

26. 9.−16. 10. 41   CdZ Elsaß, Lammers   15308
'Denkschriften und Vorschläge des GL R. Wagner zur Frage der Entschädigung der 1918 aus den Westgauen ausgewiesenen bzw. dort enteigneten Deutschen. Dazu die von Bormann übermittelte Auffassung Hitlers: Ein Wiederaufrollen dieser Frage mit sachlich zu rechtfertigender Regelung nicht mehr durchführbar; Hilfe im Einzelfall auf dem Verwaltungswege möglich.
A   101 23663 ff. (1334)

28. 9.−19. 11. 41   RL, GL, VerbF, Lammers, Goebbels   15309
Auf Wunsch Hitlers (von Bormann weitergeleitet mit der Bitte um sofortige Veranlassung) und Goebbels' Einschränkung des Personenkreises mit der Erlaubnis zum Abhören ausländischer Sender; die Regelung im staatlichen Bereich: Berechtigt anstelle sämtlicher Reichsminister künftig nur noch fünf sowie der Reichsmarschall und die vier obersten Militärs; Delegation des Abhörrechts durch sie nur auf einen kleinsten Kreis und nach Genehmigung durch den Propagandaminister zulässig; Ausgabe eines Ausweises und wöchentliche Übersendung eines richtigstellenden Informationsblattes an alle Abhörberechtigten. Eine ähnliche, nur noch nicht so genau definierte Regelung für den Bereich der Partei durch das zuvor ergangene Rundschreiben 112/41 der PKzl.
H   101 08470−95 (639)

29. 9. 41   Lammers   15310
Vortrag Rosenbergs bei Hitler im Beisein Bormanns: Meldung der Einbringung von etwa 60% der von

Kriegseinwirkungen verschont gebliebenen Ernte im Osten; in der Frage der Aufhebung der Kolchosen H. für eine beschränkte Rückführung in das Privateigentum je nach Gewähr der ordnungsmäßigen Bewirtschaftung, jedoch aus ernährungswirtschaftlichen Gründen keine Landrückgabe bei Einrichtung großer landwirtschaftlicher Betriebe sowie bei Ansiedlung deutscher Bauern; Empfehlung umfangreicher Entlassungen ukrainischer Kriegsgefangener zur Arbeitsaufnahme in der Landwirtschaft und weitere Anmerkungen H.s (keine selbständige Ukraine, sondern ein 25jähriges deutsches Protektorat; vor Umsiedlung der Wolgadeutschen nach Kaukasien oder Taurien zunächst Überprüfung ihrer Anzahl und ihrer Verfassung; Beibehaltung der Namen Litauen, Lettland usw. als „geographische Bezeichnungen"; in Übereinstimmung mit R. Ablehnung der Rückführung russischer Emigranten); Absicht R.s, den Generalkommissaren im Ostland später die Bezeichnung Landespräsident beizulegen; Beschwerde über Dienststellen der Wehrmacht und der Wirtschaft wegen Verweigerung selbst der notwendigsten Ausrüstung seiner Beamten.
K/H   101 12087 ff. (688)

29. 9. 41   BfdVJPl.   15311
Mitteilung über die Errichtung von Dienststellen eines Straßentransportdienstes in den besetzten Ostgebieten; die Leiter dieser Straßentransportbehörden des Beauftragten für den Vierjahresplan zugleich Leiter der entsprechenden Straßenverkehrsbehörden der Ostverwaltung; Aufgaben der Straßentransportdienststellen.
K/H   101 12067 ff. (687 a)

29. 9. 41 – 13. 4. 42   F. Gerl, Himmler   15312
Brief Heß' aus England (einige Zeilen zensiert) an einen Dr. Fr. Gerl (Hindelang): Frage nach den Fortschritten der Arbeiten G.s auf ärztlichem Gebiet (dazu G. in einem Schreiben an Himmler: Gemeint die Entwicklung von Kampfmitteln – u. a. einer Kombination von Mine und Bombe – gegen England; in diesem Zusammenhang auch Anregung G.s, über den englischen Kohlenbunkern mit Sprengstoff „geladene" Kohlen abzuwerfen); Schilderung seines Gesundheitszustands (Besserung des Magens; neuerlicher, von der rechten Niere ausgehender Anfall mit asthmaartigen Begleiterscheinungen); Bitte um Weiterleitung von Grüßen, u. a. an seine Familie. Durch Himmler Übersendung des Vorgangs an Bormann.
W/H   107 01392/1 – 399 (414)

30. 9. 41   Himmler   15313
Anläßlich des Todes des SA-Ogruf. Recke („mindestens der sechste" gefallene höhere SA-Führer) Besorgnis über die Verluste unter den höheren SA-Führern und über deren offenkundig andere Beurteilung durch Stabschef Lutze; Anregung, diese Frage und die der Partei daraus erwachsende Problematik Hitler vorzutragen.
K/H   102 00561 (979)

30. 9. – 17. 10. 41   Lammers   15314
Bitte Bormanns um Stellungnahme zu einer Publikation des Leiters der Justizpressestelle Magdeburg, AGR v. Rozycki-v. Hoewel, „Justiz am Scheideweg"; Bedenken gegen die Verbreitung derartiger Bücher; in Aussicht genommene positive Presseempfehlungen auf seine Veranlassung zunächst zurückgezogen. Dazu Lammers: Keine Einwände gegen die im wesentlichen theoretischen ersten drei Teile des Buches, jedoch Bedenken gegen eine öffentliche Erörterung des im vierten Teil geäußerten Vorschlags des Verfassers, die Justiz aus dem staatlichen Rahmen herauszunehmen und ihr Schwergewicht auf den Sektor der Bewegung zu verlagern; Bitte an B. um eine Mitteilung über die weitere Behandlung der Angelegenheit.
K/H   101 26536 – 42 (1508)

30. 9. 41 – 22. 1. 42   RMdI, RKzl.   15315
Durch den Reichsinnenminister (RMdI) Übersendung einer neuen, verkürzten Fassung eines Führererlasses über die Eingliederung der „befreiten" Gebiete der Untersteiermark, Kärntens und Krains sowie des Entwurfs einer Ersten Durchführungsverordnung. Einwände Bormanns: Der Fortfall der Personalunion von Gauleiter und Reichsstatthalter in Südkärnten und Krain angesichts der dortigen sehr unruhigen Verhältnisse problematisch, ebenso die vom RMdI geplante vorläufige staatsrechtliche Konstruktion; nachdrückliche Bitte, die dem RMdI vorbehaltene Entscheidung über die Einführung des Reichsrechts an das Einvernehmen mit der PKzl. zu knüpfen. Nach Ansicht der Reichskanzlei ein weiteres Hinausschieben der Eingliederung „höchst unerwünscht" (u. a. wegen eventueller italienischer Spekulationen über etwa bestehende Möglichkeiten einer Grenzänderung). Lösung der Personalfrage durch die Ernennung des GL Rainer zum Reichsstatthalter in Kärnten; damit auch die (durch die bisherige Tren-

nung der Leitung von Partei und Staat auf der Gauebene bedingte) staatsrechtliche Notkonstruktion des RMdI hinfällig. Der zwischen R. und GL Uiberreither (Steiermark) vereinbarte Eingliederungstermin 1. 1. 42 von R. nach einer Inspektion Südkärntens und Krains als verfrüht betrachtet, Einigung mit U. auf eine Verschiebung um sechs Monate. Einverständnis Hitlers hiermit.
A/W   101 24018–21 (1348); 101 24062–88 (1348 d)

Okt. 41   RMdI u.a.   15316
Übersendung eines Runderlasses mit dem Text einer Vereinbarung zwischen dem Generaldirektor der Staatsarchive (GSt.) und dem Direktor des Reichssippenamtes über sippenkundliches Material: Anspruch des Staates auf die Kirchenbücher; keine Rückgabe der in der Verwahrung staatlicher Archive befindlichen Kirchenbücher an die derzeitigen Eigentümer ohne Zustimmung des GSt.; Behandlung der Zivilstandsregister und der jüdischen Personenstandsregister; u.a. (Abgang an die PKzl. nicht ersichtlich.)
K   101 15009–13 (860 a)

Okt. 41   AA   15317
Übersendung von zwei Artikeln der Basler Nationalzeitung: „Abschreckungsregime" und „Die Zerschlagung der Gewerkschaften in Norwegen".
M   203 01696 ff. (49/3)

1. 10.–10. 11. 41   RKzl., RVM   15318
Weiterleitung der Weisung Hitlers, den Seedienst Ostpreußen aufrechtzuerhalten und ihn auf das Ostland auszudehnen. Genugtuung des Reichsverkehrsministers, Planungen für die Nachkriegszeit. (Durch Lammers jeweils Abschrift an Bormann.)
M/H   101 00202–08 (132)

2. 10. 41   Lammers   15319
Verletzung des Postgeheimnisses durch den Postassistenten v. Glinski durch Mitteilungen an seinen Kreisleiter und den SD; über Bormann zweimal Verbot einer Bestrafung G.s durch Hitler: Der Kreisleiter usw. in solchem Falle stellvertretend für ihn, ihm gegenüber aber kein Postgeheimnis gültig. (Vgl. Nr. 14397.)
M   101 02595 f. (266)

2. 10. 41   SS-Ogruf. Heydrich, RKzl.   15320
Durch SS-Ogruf. Heydrich Übermittlung eines Verordnungsentwurfs über das Feiertagsrecht während des Krieges. Durch Bormann die Einholung der Entscheidung Hitlers durch die Reichskanzlei anheimgestellt. Dort Erwartung von Bedenken Hitlers wegen des psychologischen Eindrucks („nichtabsehbare Dauer des Krieges") dieses Abgehens von der Von-Fall-zu-Fall-Regelung.
H   101 21365 ff. (1266)

2.–10. 10. 41   Lammers, RStatth. Forster   15321
Mitteilung Bormanns: Durch GL Forster Beauftragung des Reichsbühnenbildners v. Arent mit den Entwürfen für ein Wappen des Reichsgaues Danzig-Westpreußen; Genehmigung eines dieser Entwürfe durch Hitler. Durch Lammers Informierung F.s.
H   101 00188 (130); 101 23585–88 (1332 a)

2. 10. 41–13. 2. 42   RMfWEuV   15322
Votum der PKzl. gegen Auslandsreisen des Prof. Lutz Richter (Leipzig) wegen seiner politischen Unzuverlässigkeit (vor der Machtübernahme „ausgesprochener Demokrat" mit Beziehungen zu den marxistischen Gewerkschaften); jedoch Zustimmung zur Berufung R.s nach Königsberg (seine Abberufung aus Leipzig nämlich erwünscht).
M/H   301 00803–07 (Richter)

3. 10. 41   Lammers   15323
Mitteilung Bormanns: Durch Hitler Bestimmung des Friedrich Wolfhardt (München) als sachverständiger Mitarbeiter für die Errichtung und für die Einrichtung der in Linz zu erbauenden Bibliothek.
K   101 19498 (1178)

3.–9. 10. 41   Lammers   15324
Mitteilung Bormanns: Stiftung Hitlers (RM 15 000.–) für die Gemeinde Aussee zum Erwerb einer Volks-

kunstsammlung (Heimathaus). Durch Lammers Veranlassung der Überweisung aus den Verfügungsmitteln.
H   101 21090 f. (1238 a)

3. – 17. 10. 41   RPM, Lammers, RVM   15325
Zur Frage der Bekämpfung des Schleichhandels durch Aufhebung des Postgeheimnisses Einwände des Reichspostministers gegen eine Nachprüfung von Postsendungen auf Schleichhandelswaren durch Postbedienstete: Gespannte Personallage, Gefahr des widerrechtlichen Öffnens und Beraubens von Paketen durch geringwertiges Hilfspersonal, Hinweis auf die Tragweite einer Aufhebung des Postgeheimnisses (die Erschütterung des Vertrauens der Bevölkerung in die Zuverlässigkeit der Post von weit größerer Bedeutung als der gewünschte Effekt). Unterstützung dieser Auffassung durch Bormann, Lammers u. a.
M   101 03600 – 09 (371 b)

4. 10. 41   GL Schleswig-Holstein – 21   15326
Bitte, die von der PKzl. herausgegebenen „Vertraulichen Informationen" in einer für die direkte Belieferung der Kreisleitungen durch die PKzl. ausreichenden Anzahl anfertigen zu lassen.
W   502 00045, 049 (4)

4. 10. 41   GL Schleswig-Holstein – 21   15327
Lagebericht: Lehrermangel, Versorgung der Bevölkerung mit Schuhwerk, Gerüchte über die neue Reichskleiderkarte, Klagen über ungerechte Verteilung der Mangelware, eine Regelung der Todesanzeigen für Gefallene und Richtlinien für Gefallenenehrungsfeiern zu erwarten, Beschwerden über die Benachrichtigung der Hinterbliebenen von Gefallenen (vgl. Nr. 15330), u. a.
W/H   502 00045 – 49 (4)

4. – 22. 10. 41   GL Schleswig-Holstein – 21   15328
Von der PKzl. eine Überprüfung der beanstandeten Anerkennung von 30 sowjetischen Kriegsgefangenen in Heide (Holstein) als Schwerarbeiter mit entsprechender Verpflegung zugesagt.
W   502 00043 – 49 (4)

4. 10. – 22. 11. 41   RArbM u. a.   15329
Übersendung eines Runderlasses über das – vom Reichsmarschall gebilligte – Verfahren zur Bekämpfung der Disziplinlosigkeiten in den Betrieben: Strafgewalt der Betriebsführer (Verwarnung, Geldbuße) und der Beauftragten der Reichstreuhänder der Arbeit (Ordnungsstrafen bis RM 100.–), schnelles Verfahren (genaue Nachprüfung des Tatbestands erst im Beschwerdeverfahren) und gerechte Behandlung des Täters, Beschwerdeinstanzen (Reichstreuhänder, Reichsarbeitsminister) und Richtlinien für das Strafmaß (Ordnungsstrafe, Arbeitserziehungslager, in schweren Fällen auch gerichtliche Bestrafung oder Konzentrationslager).
W/H   112 00056 ff. (134); 112 00119 ff. (162)

4. 10. – 4. 12. 41   GL Schleswig-Holstein, KrL Rendsburg u. a. – 21   15330
Bericht eines Beispiels für das „Versagen der militärischen Auskunftsstellen" bei der Benachrichtigung der Angehörigen Gefallener: Deren Unterrichtung lediglich durch den Divisionspfarrer.
W/H   502 00045 ff., 128 – 34 (4)

4. 10. 41 – 16. 2. 42   RKzl., RJM   15331
Keine Zustimmung der PKzl. zu dem Vorschlag, zum Nachfolger des wegen seiner Übernahme in den Diplomatischen Dienst als Mitglied des Volksgerichtshofs ausscheidenden SA-Ogruf. Dietrich v. Jagow SA-Ogruf. Wilhelm Helfer zu bestellen: H. von der soeben übernommenen Leitung der Reichszeugmeisterei zu sehr beansprucht. Zustimmung der PKzl. zu der Ernennung des daraufhin vorgeschlagenen SA-Ogruf. Adolf Kob. Vollzug der Entbindung J.s und der Ernennung K.s.
H   101 27148 – 65 (1517 c)

[6. 10. 41]   AA   15332
Übersendung von zwei Artikeln aus der Berner Tagwacht über Norwegen.
M   203 00391 – 95 (27/4)

Nicht belegt.   15333

Nicht belegt. 15334

[6. 10. 41]   RKzl. 15335
Weiterleitung eines "Protestschreibens der Frauenschaft Fürstenfeldbruck gegen die Einführung der Normalschrift.
K   101 16074 (953)

8. 10. 41   Lammers, Epp 15336
Durch Lammers Übermittlung des Wunsches Hitlers nach baldigster fühlbarer Einschränkung der Kolonialverwaltungs-Vorbereitungen an den Leiter des Kolonialpolitischen Amtes, Epp: Keine neuen Uk.-Stellungen, Abgabe von Kräften für vordringlichste Kriegs- und Rüstungsaufgaben. (Abschrift an Bormann.)
A   101 22646 – 49 (1293)

[8. 10. 41]   AA 15337
Übersendung eines Artikels aus dem Daily Telegraph: Festivals in Norway Whenever Raids Occur.
M   203 00385 ff. (27/4)

9. 10. 41   AA, Dt. Kons. Saloniki 15338
Übersendung eines Berichts des Deutschen Konsulats in Saloniki: Die Wiedereröffnung der deutschen Schule in Saloniki erst zum 1. 1. 42 beabsichtigt und damit der Verlust der griechischen Schüler zu befürchten.
M/H   203 01526 f. (47/4)

10. 10. 41   RFM 15339
Bitte Bormanns, bei der Gewährung von Weihnachtsgratifikationen in der Ostmark nicht die Vergleichsjahre 1936 und 1937 heranzuziehen (sonst Schlechterstellung der erst seit 1938 angestellten NS).
A   101 04912 ff. (436)

10. 10. 41   GL Schleswig-Holstein – 21 15340
Lagebericht: Verhalten der Polen und der Wachmänner, mangelhafte Arbeitsleistung der Italiener, Austausch uk.-gestellter junger Männer, „Niggermusik" im Rundfunk, u. a.
W/H   502 00039 – 42 (4)

10. – 20. 10. 41   RFSS – 43 15341
Vorschlag des Beauftragten der NSDAP beim Generalgouverneur, RHAL Schalk, SS-Ogruf. Krüger in Verfolg des Organisationsplans der NSDAP im Generalgouvernement (Einsetzung von Beauftragten für die einzelnen Parteigliederungen bei der Leitung des Arbeitsbereichs der NSDAP und in den Distrikten) zum Beauftragten der SS zu ernennen. Ablehnung dieses Wunsches als überflüssig durch Himmler: K. als Höherer SS- und Polizeiführer eo ipso Führer aller SS-Angehörigen im Generalgouvernement.
K   102 01467 – 70 (2653)

10. – 24. 10. 41   GL Schleswig-Holstein, RArbM, RMfEuL – 21 15342
Die PKzl. wegen der laut Gauleitung Schleswig-Holstein unzureichenden Verpflegung der Lehrlinge im Baugewerbe und auf den Werften mit dem Reichsarbeits- und dem Reichsernährungsminister in Verbindung getreten.
W   502 00035, 039 – 42 (4)

10. – 26. 10. 41   Lammers 15343
Durch Bormann übermittelte Weisung Hitlers, zwecks Vermeidung der bisherigen Transporte zwischen Berlin und München auf Reichskosten in München einen Fundus von Ausschmückungs-Gegenständen (Fahnen usw.) für Staatsbesuche zu schaffen und dem Reichsschatzmeister zur Aufbewahrung und Verwaltung zu übergeben. Durch Lammers Informierung der Präsidialkanzlei.
H   101 21491 – 94 (1269)

10. 10. – 6. 11. 41   GL Schleswig-Holstein – 21 15344
Laut PKzl. der von der Gauleitung Schleswig-Holstein beanstandete Umgang von Wehrmachtangehörigen mit Fremdarbeiterinnen (im vorliegenden Fall: Französinnen) zwar unerwünscht, ein allgemeines Verbot jedoch ohne entsprechende Anordnung für den zivilen Sektor nicht möglich.
W/H   502 00038 – 42 (4)

10. 10. – 10. 12. 41   GL Schleswig-Holstein – 21   15345
Bitte der PKzl. um konkrete Unterlagen über den beanstandeten Einsatz von Handwerksmeistern in Rüstungsbetrieben als Hilfsarbeiter und über die Übersetzung der Werften mit Arbeitskräften.
W   502 00036 f., 039 – 42 (4)

10. 10. 41 – 9. 1. 42   GL Schleswig-Holstein, RMfEuL – 21   15346
Durch die PKzl. erbetene Stellungnahme des Reichsernährungsministers zu einer Beschwerde der Gauleitung Schleswig-Holstein über den Verderb von 300 Zentnern Kartoffeln in der Gemeinschaftsküche der Torpedo-Versuchsanstalt Eckernförde: Die Kartoffeln bereits bei der Anlieferung von einer für die menschliche Ernährung kaum geeigneten Qualität.
W/H   502 00031 – 34, 039 – 42 (4)

10. 10. 41 – 8. 4. 42   GL Schleswig-Holstein – 21   15347
Mehrfache Beschwerden über das Verhalten der Kriegsgefangenenwachmannschaften (Disziplinlosigkeit, gespanntes Verhältnis zu den Bauern, Eintreten für die Belange der Gefangenen).
W   502 00039, 098 f., 104 f. (4)

11. 10. 41   AA   15348
Übersendung eines Artikels aus der Zeitschrift Time & Tide über Verfolgungen in Polen.
M   203 00383 f. (27/4)

11. 10. – 4. 11. 41   OKW   15349
Übersendung eines Führererlasses: Ausscheiden von näher bezeichneten Gebieten aus dem Operationsgebiet des Heeres (Rückwärtiges Heeresgebiet Mitte bzw. Süd) und Übernahme der Zivilverwaltung durch den Reichskommissar für die Ukraine bzw. den Reichskommissar für das Ostland unter dem Reichsminister für die besetzten Ostgebiete.
K   101 11882 – 89 (685)

12. – 13. 10. 41   Lammers, StSekr. Schlegelberger, RL, GL, VerbF   15350
Nach Meldung entsprechender Fälle durch den Reichsjustizminister durch Bormann Bekanntgabe der Weisung Hitlers, zwar von einer Bestrafung abzusehen, den Parteidienststellen jedoch mit Rücksicht auf die Gefühle der Angehörigen verbündeter und befreundeter Nationen die künftige Anprangerung von Volksgenossen und Volksgenossinnen (Abschneiden der Haare, Herumführen, Zurschaustellung) in Fällen von Würdelosigkeit im Verkehr mit Ausländern strikt zu untersagen; Entgegenwirkung allein durch mündliche Erziehung bzw. – bei „Polen, Kriegsgefangenen und dergl." – durch Anzeige bei der Geheimen Staatspolizei.
H   101 19741 – 44 (1194)

[13. 10. 41]   RMdI   15351
Mitteilung der PKzl.: Künftig Unterlassung behördlicher Zwangsmaßnahmen gegenüber der kirchlichen freien Wohlfahrtspflege zum Zweck der Überführung ihrer Kindertagesstätten auf die NSV, insbesondere keine Widerrufung einer gemäß § 29 Abs. 1 RJWG erteilten Befreiung. Bitte des Reichsinnenministers an die PKzl., die Stellen der NSV entsprechend anzuweisen; bereits überführte Kindertagesstätten von der neuen Regelung unberührt.
W   101 01187 (158 a)

14. 10. 41   Lammers   15352
Mitteilung über das Einverständnis Hitlers mit einem Vorschlag Goebbels', durch Verordnung eine Anbietungspflicht für Kunstbesitz besonderer Art an das Reich vor jedem freihändigen Verkauf einzuführen.
H   101 21093 f. (1238 c)

14. – 24. 10. 41   RKzl., RStatth. Sachsen   15353
Durch die Reichskanzlei Übersendung eines Schreibens zur Zweckentfremdung von Beherbergungsbetrieben: Einverständnis des RStatth. Mutschmann, die Frage der Einführung des Vorkaufsrechts der Gemeinden bis zum Ende des Krieges ruhen zu lassen; Hinweis jedoch auf den Interessen der Gemeinden entgegenstehende Käufe, insbesondere seitens der toten Hand, trotz des Erlasses der Reichskanzlei vom 21. 8. 41.
M   101 02753 f. (279)

14. 10. – 15. 11. 41   Lammers, Bouhler u. a.   15354
Auftrag Görings an Bouhler, zusammen mit dem Reichswirtschaftsminister und dem Reichsernährungsminister einen Plan zur Vereinfachung der Verwaltungsapparate der Organisation der gewerblichen Wirtschaft und des Reichsnährstands unter Verwendung des bei der Kanzlei des Führers (KF) vorliegenden Materials vorzubereiten. Besorgnisse Bormanns wegen dieser Vollmacht; das Ergebnis der auf seine Bitten von Lammers vorgenommenen Nachforschungen: Keine Begründung einer neuen Zuständigkeit; Absicht G.s lediglich, die in der KF eingehenden Beschwerden und Vorschläge aus der Bevölkerung über die Auswirkungen der Maßnahmen auf dem Gebiet der Reichsverteidigung, des Vierjahresplans usw. unter dem Gesichtspunkt einer Vereinfachung des Verwaltungsapparats auswerten zu lassen; Bemühungen Bouhlers, seinen Auftrag zu erweitern (vor der Erteilung wie durch nachträgliche Interpretation), von G. zurückgewiesen. Wegen der irrigen Auffassung Bouhlers über den Umfang der ihm erteilten Vollmachten Einvernehmen zwischen Bormann und L., Hitler diese Angelegenheit vorzutragen. Ausdrückliche Einschränkung des Bouhler erteilten Auftrags durch G. nach entsprechender Weisung H.s (der Auftrag „völlig unmöglich").
M/H   101 02141 f. (202 a); 101 03466–75, 478–83 (348); 101 20443 f. (1212)

14. 10. 41 – 11. 2. 42   Lammers, Ordinariat Mainz, Erzb. Breslau u. a.   15355
Durch Lammers weitergeleitete Beschwerden des Bischofs von Mainz wegen der teilweisen Schließung und Beschlagnahme des Theresienkinderheims (zugleich Schwestern-Provinzialhaus) in Offenbach/Main, wegen der Aufhebung der Klosterniederlassung und Beschlagnahme des Anwesens „Untere Hartmühle" der Schwestern vom Guten Hirten in Mainz-Mombach und wegen der unzulässigen Inanspruchnahme des Caritasheimes St. Ludwig in Braunshardt sowie des Erzbischofs von Breslau wegen der Beschlagnahme des Hauses der Borromäerinnen in Orlau (Kr. Teschen O/S.); dabei Berufung des Kard. Bertram auf die vertrauliche Mitteilung des Kommissariats der Fuldaer Bischofskonferenz an die Bischöfe über den von Hitler verfügten Beschlagnahme-Stop. Die Eingabe wegen der Beschlagnahme in Mainz-Mombach zur Unterbringung von Arbeitsmaiden (falsche Anwendung des Reichsleistungsgesetzes, Verletzung des Reichskonkordats, u. a.) erfolgreich: Aufhebung der Beschlagnahme auf Anweisung Bormanns.
M/H   101 01308–44, 352 ff. (159)

14. 10. 41 – 12. 2. 42   Lammers, LBf. Sasse   15356
Durch Lammers weitergeleitete Eingaben des Landesbischofs der Evangelischen Kirche Thüringens, Sasse, wegen kirchenfeindlicher Äußerungen aus Parteikreisen: Kirchenaustrittspropaganda eines StudR Merk (Meiningen) und herabsetzende Äußerungen des KrL Paul Müller (Jena) über den Pfarrerstand; Bitte um Ehrenschutz für die Thüringer Pfarrerschaft und Ankündigung, andernfalls den gerichtlichen Klageweg zu beschreiten; das Anwachsen der Bekenntniskirche auf das ungeschickte Verhalten einiger Kreisleiter zurückzuführen. Dazu mehrere Stellungnahmen Bormanns: Kritik an dem undulsamen Verhalten kirchlicher Kreise und an den Versuchen S.s, selbst gegen den Einspruch des RStatth. Sauckel beim Landeskirchenamt Thüringen eine „geistliche Betreuungsstelle" zu errichten; Freispruch des Pg. Merk von dem Vorwurf, das sowjetische Vorgehen als beispielhaft für den Kampf gegen das Christentum hingestellt zu haben, durch das Gaugericht Thüringen; Zurückziehung der Beschwerde gegen KrL Müller durch Sasse in einer Erklärung vor dem Gaurichter Gen. Rembe (der Bericht seines Gewährsmanns Alois Schießl teils falsch, teils grob entstellt).
M/H   101 01596–625 (172)

14. 10. 41 – 26. 4. 42   BfdVJPl., RMfVuP, RKzl., RVM u. a.   15357
Verschiedene Mitteilungen sowie Anordnungen Bormanns über Maßnahmen zur Einschränkung des Reisezugverkehrs zwecks Entlastung der im Osten überbeanspruchten Reichsbahn: Beschränkung der Stellung von Sonderzügen und Sonderwagen für Veranstaltungen und Besichtigungen auf Fälle „zwingenden Reichsinteresses"; Erlaß eines Tagungsverbotes zunächst für November, später auch für Dezember und Januar und schließlich „bis auf weiteres" durch die PKzl. für die Partei, entsprechende Maßnahmen im staatlichen Bereich; weitere starke Einschränkungen des Reisezugverkehrs mit Inkraftsetzung des Stammplans der Reichsbahn am 18. 1. 42.
H   101 08259–65, 271–73/2 (637)

15. 10. 41   Lammers   15358
Durch Bormann weitergeleitete Forderung Hitlers, die russischen Kriegsgefangenen als „billigste Arbeitskräfte baldigst produktiv anzusetzen", insbesondere beim Bau der Autobahnen und bei anderen Bauvorhaben, etwa bei den Erdarbeiten für den „Neubau" von München und Berlin.
K/H   101 11349 f. (670 a)

15. 10. 41 – 21. 4. 42   Lammers   15359
Vorschlag der DAF, zur dringend erforderlichen einheitlicheren Ausrichtung aller beteiligten Stellen in Fragen des Ausländereinsatzes Ley zum umfassend bevollmächtigten Reichskommissar für den Ausländereinsatz zu ernennen. Von Lammers geteilte Bedenken Bormanns gegen die dem neuen Reichskommissar zugedachte Befugnis einer Neuordnung des für die ausländischen Arbeiter geltenden Arbeitsrechts sowie wegen der bereits bestehenden Ämterfülle Leys und der Vermehrung der ohnehin schon großen Zahl der an dieser Frage beteiligten Stellen; Vorschlag B.s bzw. Lammers': Beauftragung einer Arbeitsgemeinschaft der beteiligten Reichsstellen (wie von SS-Ogruf. Heydrich gerade eben eingerichtet) bzw. des Reichsarbeitsministers mit der notwendigen Vereinheitlichung. Dank Lammers' für die – durch einen entsprechenden Hinweis B.s an die DAF erfolgte – Unterstützung seiner ständigen Bemühungen, vor Herbeiführung einer Entscheidung Hitlers allen an einer Sache Beteiligten Gelegenheit zur Stellungnahme zu geben. – Erledigung der Angelegenheit durch die Bestellung eines Generalbevollmächtigten für den Arbeitseinsatz.
W/H   101 06510 ff. (530); 101 06787 ff. (554); 101 09364 – 75 (652)

16. 10. 41   AA   15360
Übersendung von zwei Artikeln der New York Times über Norwegen. (Nicht abgegangen; Begründung: Nur Übersendung besonderes politisches Interesse verdienender Zeitungsartikel.)
M/W   203 00379 – 82 (27/4)

16. 10. 41   RGesundF Conti   15360 a
*Ausführungen über die Ernährungslage; Warnung vor gesundheitlichen Schädigungen (Tuberkulose, Infektionskrankheiten) bei weiteren Rationskürzungen.
H   102 01560 (2746)

[16. 10. 41]   StSekr. Schlegelberger, RKzl., GL   15361
Das Verbot Hitlers, Volksgenossen – wie im Gau Oberdonau wegen „Rundfunkverbrechens", geschlechtlichen Verkehrs mit polnischen und tschechischen Zivilarbeitern und einer angeblichen Beleidigung H.s geschehen – öffentlich anzuprangern, z. B. durch Herumführen mit einem Schild um den Hals, in einem folgenden Rundschreiben Bormanns an die Gauleiter nur auf den Verkehr mit Ausländern bezogen. (Vgl. Nr. 15350.)
H   101 28303 (1542 a)

17. 10. 41   AA   15362
Übersendung eines Nachrufs auf Gottfried Feder aus dem Manchester Guardian.
M   203 00377 f. (27/4)

17. 10. 41   RKfdsozW u. a.   15363
Durch den Reichskommissar für den sozialen Wohnungsbau Übersendung eines Erlasses an die Gauwohnungskommissare über die kriegsbedingte Verringerung des (im Erlaß Hitlers vom 15. 11. 40) vorgeschriebenen Anteils an Vier- und Fünfraumwohnungen bei Wohnungsbauten.
K   101 19403 ff. (1175 a)

17. 10. 41   RFM   15364
Übersendung des Entwurfs einer Verordnung über die Lenkung von Kaufkraft: Errichtung Eiserner Sparkonten; Bildung von Betriebsanlageguthaben; Erhöhung des Kriegszuschlags auf Tabakwaren, Branntweinerzeugnisse und Schaumwein.
K   101 14688 – 89/13 (795)

18. 10. 41   GL Schleswig-Holstein – 21   15365
Wochenbericht: Erbitterung in der Partei über die Kriegsverdienstkreuz-Verleihungen in anderen Sektoren, Besuchsreisen französischer Arbeiter, Kompetenzstreitigkeiten bei der Überführung polnischer Kriegsgefangener in das Zivilarbeiter-Verhältnis, u. a.
W/H   502 00055 – 59 (4)

18. 10. 41   Lammers, RMfdkA   15366
Durch Lammers Übersendung eines die Beschlagnahme kirchlichen und klösterlichen Vermögens betreffenden *Schreibens des Reichskirchenministers (RKiM) und seiner *Antwort; vorerst keine Absicht,

die Angelegenheit bei Hitler zur Sprache zu bringen, jedoch Bitte an Bormann um Stellungnahme zu der im vorletzten Absatz des Schreibens des RKiM aufgeworfenen Frage.
W   101 01170 (158)

18. 10. 41 – 22. 4. 42   RWiM, Lammers, Oberste RBeh.   15367
In Durchführung der „bekannten Führerweisung, den Ausdruck Ostmark allmählich zum Verschwinden zu bringen", Bitte Bormanns über Lammers an die Reichsminister um Ersetzung des Begriffs bei Gesetzesvorlagen usw. durch eine Aufzählung der Gaue. Dazu ein nach Meinung B.s nicht der Auffassung Hitlers entsprechendes Schreiben des Reichswirtschaftsministers („Reichsgaue der Ostmark"). Verlangen der Ressorts nach einer neuen das ehemalige Österreich zusammenfassenden Bezeichnung und Vorschläge dafür (Südmark, Südostmark sowie – von L. übernommen – Alpen- und Donaugaue). Von B. die Bezeichnung „Alpen- und Donaureichsgaue" für eine geeignete Lösung gehalten. Entsprechendes Rundschreiben L.'.
H   101 24358 – 75 (1359); 101 24976 f. (1390 b)

19. 10. – 11. 11. 41   Lammers   15368
Erwähnung einer Eingabe des Evangelischen Oberkirchenrats (EOKR) wegen der Verordnung über religiöse Vereinigungen und Religionsgesellschaften im Reichsgau Wartheland vom 13. 9. 41 (vgl. Nr. 15302) mit der Bitte des EOKR, ihm das Einverständnis Hitlers zu solch einer entscheidenden Wendung der Dinge (Umwandlung der Kirchen in Vereine) zu bestätigen; Wunsch, H. nicht mit diesen Dingen zu befassen, für eine Antwort daher Bitte um Bormanns Bestätigung der Billigung der Maßnahmen durch H. Die Stellungnahme B.s: Die Absicht des GL Greiser, evangelische und katholische Kirchen getrennt für Deutsche und Polen einzurichten, von H. bereits im vergangenen Winter gebilligt. Auf eine erneute Anfrage Lammers' Bestätigung der Zustimmung H.s auch zu dem von G. gewählten Zeitpunkt für den Erlaß der Verordnung.
M/H   101 01493 f., 497 – 501 (170)

20. 10. 41   AA   15369
Übersendung eines Artikels Otto Strassers aus The American Mercury: Is Germany's Morale Cracking?
M   203 00376 (27/4)

[21.] – 23. 10. 41   RKzl., RMfWEuV, GL R. Wagner   15370
Der Vorschlag des Reichserziehungsministers, anläßlich der Wiedereröffnung der Universität Straßburg (mit Rücksicht auf die Gewinnung des akademischen Nachwuchses für das Deutschtum bereits mit dem Wintersemester 1941) zum jetzigen Zeitpunkt lediglich eine akademische Feier abzuhalten und die diesem Ereignis würdige Veranstaltung eines Staatsaktes erster Ordnung auf einen späteren Termin zu verlegen, von Hitler akzeptiert; die entschiedene Weigerung des GL Wagner, an einem von Rust vorgenommenen Eröffnungsakt teilzunehmen, von H. zurückgewiesen: Anordnung der Teilnahme W.s, um die Meinungsverschiedenheiten zwischen R. und W. in der Öffentlichkeit nicht in Erscheinung treten zu lassen, und Beauftragung Lammers' und Bormanns mit der entsprechenden Mitteilung an W.
K   101 15480 – 86 (940 a)

21. – 27. 10. 41   Lammers   15371
Bitte Bormanns um Weiterleitung einer Meinungsäußerung Hitlers an den Reichsfinanzminister: Notwendigkeit zusätzlicher Planstellen für die nach dem Kriege durch die Erweiterung des Reichsgebiets bedingten neuen Dienststellen des Reichsarbeitsdienstes sowie für die zum Aufbau eines Arbeitsdienstes in ausländischen Staaten als Inspekteure benötigten Arbeitsführer.
H   101 06119 – 21 (520)

21. 10. – 14. 11. 41   Ribbentrop, Lammers, GL Bohle   15372
Wunsch Ribbentrops nach Durchführung seines von Hitler gebilligten Verlangens, die 1937 durch Ernennung des GL Bohle zum Staatssekretär im Auswärtigen Amt (AA) erfolgte Verkoppelung der Auslands-Organisation der NSDAP (AO) mit dem AA wieder aufzulösen (vgl. Nr. 15171), ohne allgemeine Bekanntgabe während des Krieges; dem Vorschlag Lammers' entsprechend Durchführung der auch von Bormann gewünschten „De-facto-Lösung": Entbindung Bohles von den Dienstgeschäften unter Verschiebung der förmlichen Aufhebung des Erlasses von 1937 und der Versetzung in den Wartestand bis nach Kriegsende; hinsichtlich der zwischenzeitlichen Weiterzahlung seiner Beamtenbezüge Verweisung Bohles an eine von Bormann und R. zu treffende Vereinbarung.
H   101 18197 – 216 (1133 c)

21. 10. 41 – 4. 3. 42   RKzl., Ordinariat Rottenburg   15373
Durch die Reichskanzlei weitergeleiteter Protest des Bischöflichen Ordinariats Rottenburg gegen die „fortdauernden Beunruhigungen" der Schwestern im beschlagnahmten Mutterhaus der Vinzentinerinnen in Untermarchtal/Württembg. (Wegnahme von weltlichem Personal, Erörterungen über die künftige Nutzung des Klosters); Forderung, die mit – in der behaupteten Schwere nicht nachgewiesenen – Verstößen gegen die Kriegswirtschaftsverordnung begründete Beschlagnahme aufzuheben. Dazu durch die PKzl. Hinweis auf das Datum der Beschlagnahme sowie Aufzählung der „schweren Verfehlungen gegen die Bestimmungen der Kriegswirtschaft".
H   101 22178 – 82 (1272 a)

22. 10. 41   RMdI   15374
Bitte an den Leiter der PKzl. um nähere Weisungen über die Anwendung des Reichsleistungsgesetzes (Grund: Dienstaufsichtsbeschwerde der Evangelischen Seminarstiftung gegen den Württembergischen Innenminister sowie dringende Eingaben des Landesbischofs Wurm, des Evangelischen Oberkirchenrats u. a. wegen der Beschlagnahme der vier Evangelisch-theologischen Seminare in Württemberg aufgrund dieses Gesetzes).
M/H   101 01225 – 300 (159)

22. 10. 41   RKzl. – 11   15375
Weiterleitung des *Schreibens eines Gustav Schäfer (Stuttgart), die Erfindung einer Torpedo-Bombe betreffend.
H   101 22390 – 93 (1278 a)

Nicht belegt.   15376

22. 10. – 7. 11. 41   RKzl.   15377
Die Bereitstellung von Devisen für den Erwerb von Kunstwerken (durch Hitler) in Ungarn wegen der passiven deutschen Handelsbilanz nur unter Schwierigkeiten ermöglicht; Bitte um Zurückhaltung bei den beabsichtigten Käufen.
H   101 26459 f. (1503)

[22. 10. 41] – 21. 1. 42   RKzl., Oberste RBeh.   15378
Herausgabe einer Durchführungsverordnung zum Führererlaß über die Stellung des Leiters der PKzl. unter Zusammenfassung der Kompetenzen des ehemaligen StdF: Alleinvertretung der Partei bei der Gesetzgebung sowie bei der Bearbeitung der Beamtenpersonalien; Funktion eines beteiligten Reichsministers bei allen gesetzgeberischen Arbeiten einschließlich der Durchführungsbestimmungen und Ausführungsbestimmungen sowie der Gesetze und Verordnungen der Länder und Reichsstatthalter; alleinige Verbindungsstelle zwischen Dienststellen der Partei einerseits und Obersten Reichsbehörden und Obersten Behörden der Länder andererseits. Vor Erlaß der Verordnung Diskussion zwischen PKzl. und Reichskanzlei über ihre zweckmäßige Formulierung, dabei grundsätzliche Ausführungen Bormanns über die Aufgabe der PKzl. in der Gesetzgebung (Sachwalter des ns. geführten Volkes) und zu erhobenen Einwänden (Verzögerung).
H   101 20537 – 65 (1213); 101 20607 f. (1213 a)

[24. 10. 41]   RKfdsozW, RKzl.   15379
Aus Anlaß der Übersendung eines *Schriftwechsels mit dem Reichskommissar für den sozialen Wohnungsbau folgende Auffassungen der PKzl. in der Reichskanzlei vermerkt: Die Förderung des Baus von Eigenheimen nach dem Kriege notwendig, höhere Baukosten und größerer Materialaufwand angesichts der „stark geburtenfördernden" Wirkung belanglos.
H   101 16744 (1009)

24. – 30. 10. 41   RMfdbO u. a.   15380
Einladung zu einer Chefbesprechung über die Bildung eines zentralen Planungsausschusses für die besetzten Ostgebiete sowie eine Aufzeichnung der Reichskanzlei über diese Besprechung. Danach einleitend Rosenberg: Für die Landesplanung im Osten, nämlich die Grenzsicherung durch Militärkolonien als der gegebenen Siedlungsform, die Einsetzung eines zentralen Planungsausschusses unter Beteiligung der Vertreter aller geladenen Ressorts erforderlich. Weiter u. a. Ausführungen Todts über die verkehrs- (geplante Straßen) und energiewirtschaftlichen Probleme des Ostraums und des UStSekr. v. Hanneken (Reichswirtschaftsministerium) über die Notwendigkeit der Schaffung einer verarbeitenden Industrie in

gewissem Gegensatz zu Hitlers Wunsch nach Beschränkung auf die Urproduktion. Abschließende Stellungnahme R.s: Klärung aller aufgeworfenen Fragen durch den zentralen Planungsausschuß.
K/H   101 11823 — 30 (683 a)

25. 10. 41   GL Schleswig-Holstein — 21   15381
Wochenbericht: Arbeitskräfte-, Brennstoff- und Materialmangel in der Landwirtschaft, Schwierigkeiten bei der Kinderschuhversorgung, zu großzügige Anwerbung weiblicher Arbeitskräfte durch die Wehrmacht, Preiserhöhungen, Dienstverpflichtung von Frauen, Benachrichtigung der Angehörigen Hinterbliebener, Härten bei der Bemessung des Familienunterhalts, u. a.
W/H   502 00060 — 65 (4)

25. 10. — 16. 11. 41   SS-Hstuf. aus d. Ruthen, RKzl.   15382
Durch die PKzl. Weiterleitung einer Beschwerde des SS-Hstuf. aus d. Ruthen (Schriftleitung Schwarzes Korps): Beanstandung überflüssiger Fragebogen bei der Erhebung der Hundesteuer.
M/H   101 07494 — 98 (591)

26. 10. 41   RKzl., Ev. Kirchengemeinde Honnef   15383
Von der Reichskanzlei übersandte Rechtsverwahrung der Evangelischen Kirchengemeinde Honnef a. Rhein, die Beschlagnahme ihres Kindergartens betreffend.
W   101 01185 f. (158 a)

[27.] — 28. 10. 41   Lammers   15384
Durch Bormann weitergeleiteter Auftrag Hitlers, eine Anzahl Briefe Napoleons aus italienischem Besitz für RM 58 000.— zu erwerben. Nach erfolgtem Kauf Erörterung der Erstattung: Wegen der schwierigen Devisenlage Bezahlung aus dem zur Verfügung von Philipp Prinz v. Hessen stehenden Sonderkonto des Kulturfonds ohne dessen Auffüllung; Bitte Lammers an B. um Unterrichtung Hessens.
H   101 18012 ff. (1111 a); 101 29235 f. (1649 a)

[27. 10. 41] — 29. 3. 42   Lammers, Rosenberg, GL Meyer, Himmler   15385
Kontroverse zwischen Rosenberg als Reichsostminister (ROM) und Himmler als Reichskommissar für die Festigung deutschen Volkstums (RKF) über die Abgrenzung ihrer Befugnisse; dabei der Standpunkt des ROM: Wahrung der administrativen Einheit in den besetzten Ostgebieten, keine Errichtung von eigenen Dienststellen durch den RKF, Errichtung einer Abteilung Siedlung im Reichsostministerium unter einem vom RKF zu bestimmenden Leiter. Weitere Meinungsverschiedenheit über die Rücksiedlung der Baltendeutschen nach dem Ostland (bei übereinstimmender Ablehnung einer amtlichen Rücksiedlung R. doch gegen ein — diskriminierendes — Verbot der Rückkehr für jeden und für alle Zeiten). In einem Vortrag bei Hitler dessen Entscheidungen: Berücksichtigung der übergeordneten Interessen des RKF durch den ROM bei Zusammenarbeit im engsten Einvernehmen; in der Frage der Rückkehr der Baltendeutschen generell Zustimmung zur auch eine Einzelrückkehr ausschließenden Haltung des RKF unter Zubilligung von Ausnahmen in besonderen Fällen; unter Teilnahme Bormanns Abhaltung einer (dann erst später und ohne dessen Teilnahme zustande gekommenen) Aussprache zwischen dem ROM und dem RKF. Brüske Ablehnung auch der später von R. vorgeschlagenen Errichtung eines Generalreferats für die Festigung deutschen Volkstums im Reichsostministerium durch Himmler.
K/H   101 11857 — 78 (684 a); 101 11969 (686 b)

28. 10. 41   AA   15386
Übersendung eines Artikels aus Arriba España (Pamplona): Kein Auslieferungsbegehren Deutschlands im Falle von Rudolf Heß.
M   203 00374 f. (27/4)

28. 10. 41   AA   15387
Übersendung eines Artikels von Konrad Heiden aus Foreign Affairs (USA) über Rudolf Heß: Hitler's Better Half.
M   203 00363 — 71 (27/4)

28. — 31. 10. 41   Lammers, Chef Sipo   15388
Die Beschwerde des GL Eigruber über Schwierigkeiten bei der Einziehung des Vermögens beschlagnahmter Klöster (St. Florian, Hohenfurth, Schlägl, Kremsmünster, Wilhering) zugunsten des Reichsgaues Oberdonau (Ansprüche des Reichsforstmeisters und des Reichsernährungsministers auf den forstlichen bzw. landwirtschaftlichen Grundbesitz) von Bormann unter Hinweis auf die eindeutige Entschei-

dung Hitlers unterstützt. Entsprechende Mitteilung der Reichskanzlei an den Chef der Sicherheitspolizei. (Vgl. Nr. 15193.)
H   101 22045 − 48 (1272)

29. 10. 41   AA   15389
Übersendung eines Artikels aus dem Manchester Guardian über Reibereien zwischen den Stäben des Reichsprotektors Neurath und seines Stellvertreters Heydrich sowie über Spannungen in verschiedenen Protektoratsgebieten.
M   203 00372 f. (27/4)

29. 10. 41   GL Schleswig-Holstein, KrL Plön − 21   15390
Durch die Gauleitung Schleswig-Holstein Übersendung der Monatsmeldung der Kreisleitung Plön für Oktober 1941 über die Preisentwicklung (nach Klagen aus der Bevölkerung über Preissteigerungen Untersuchung der Entwicklung des Verhältnisses von Umsatz und Reingewinn bei verschiedenen Branchen).
W/H   502 00083 − 86, 097 (4)

29. 10. 41 − 17. 2. 42   Lammers   15391
Beschwerde Bormanns über auch seine Nichtbeteiligung an einer von Frick und Ley ohne Beteiligung des ebenfalls betroffenen Reichsarbeitsministers erlassenen Verordnung über die Errichtung von Wohnungs- und Siedlungsämtern (vgl. Nr. 15298 und 15470): Forderung auf Aufhebung dieser Hitlers Ablehnung einer Neuregelung des betreffenden Gebiets negierenden Verordnung; Kritik an der immer mehr zunehmenden, der Kontrolle durch die Reichskanzlei entzogenen Gesetzgebung in Form von Verordnungen oder Ministerialerlassen aufgrund besonderer Ermächtigungen; Erlaß dieser Verordnungen durch die federführende Dienststelle oft eigenmächtig, ohne Rücksicht auf andere interessierte Ressorts und ohne Beteiligung der für die Artikulierung des „ganzen ns. geführten Volkes" durch die Hoheitsträger als seiner „berufenen Sprecher" zuständigen PKzl.; die Folge dann notwendige Änderungen und Ergänzungen wegen späterer Reklamationen mit Autoritätsschwund der Behörde; Bitte um Stellungnahme Lammers'. Daraufhin dessen Anweisung an die Obersten Reichsbehörden, in ihrem Geschäftsbereich berührte andere Ressorts durch die federführenden Dienststellen unbedingt zu beteiligen, unter allen Umständen aber die Mitarbeit der PKzl. an der Gesetzgebung zu sichern und für deren frühzeitige Unterrichtung über die geplanten Maßnahmen Sorge zu tragen.
K/H   101 12641 − 56 (695)

30. 10. 41   AA   15392
Übersendung einer UP-Meldung über die Einstellung der amerikanischen Katholiken zur Frage des Kriegseintritts der USA.
M   203 00361 f. (27/4)

30. 10. 41   WiStab Ost   15393
Übersendung eines Geschäftsverteilungsplans der Chefgruppe W des Wirtschaftsstabes Ost, Stand: 1. 11. 41.
K   101 11903 − 32 (686 a)

[31. 10. 41]   RMdI   15394
In einem Schreiben Bormanns abfällige Wertung des Kriegseinsatzes der Beamten.
M/H   101 04603 (425)

31. 10. − 7. 11. 41   Lammers   15395
Bitte Bormanns um Erstattung von der PKzl. vorschußweise gezahlter Kosten für das Führerhauptquartier (Fliegerstaffel, Kraftwagenkolonne Berlin, Kraftwagenneuanschaffungen u. a.) in Höhe von RM 261 464.94 (5. Zwischenabrechnung). Mitteilung über die erfolgte Überweisung des Betrages auf das Zentralkonto der PKzl. bei der Commerzbank in München.
K   101 08107 − 10 (615 c)

31. 10. − 11. 11. 41   Lammers   15396
Auf Wunsch Hitlers Gleichsetzung der Abschluß-Beurteilung der Adolf-Hitler-Schulen mit dem Reifezeugnis der höheren staatlichen Schulen (Berechtigung zum Hochschulstudium).
K   101 16302 f. (956 a)

31. 10. 41 – [15. 4. 42]   Seyß-Inquart – 16   15397
Trotz der auf Anfrage Bormanns geäußerten gegenteiligen Auffassung Seyß-Inquarts vorerst keine Aufhebung der Zollgrenze zwischen dem Reich und den besetzten niederländischen Gebieten. Bei dieser Gelegenheit scharfe Kritik S.-I.s an den hamsterartigen Aufkäufen bewirtschafteter und nicht bewirtschafteter Waren durch Reichsdeutsche sowie durch Dienststellen im Reich: Gefährdung der Versorgung der niederländischen Bevölkerung mit den notwendigen Bedarfsartikeln; Forderung, solche Delikte mit größter Schärfe zu verfolgen und allen Dienststellen des Staates, der Partei und der Wehrmacht solche Ankäufe streng zu untersagen. Dazu *Stellungnahme des StSekr. Reinhardt in seiner Eigenschaft als Hauptbefehlsleiter in der PKzl.
M/W   101 03592–99 (371 b)

Nov. 41   Lammers   15398
Schleichhandel im Protektorat: Nach einem Hinweis des Stellvertretenden Reichsprotektors Heydrich auf den Erwerb bewirtschafteter Waren in großen Mengen und zu überhöhten Preisen auch durch höhere Beamte und Funktionäre aus dem übrigen Reichsgebiet Vorschlag, durch übereinstimmende Rundschreiben an die Partei- und Staatsstellen diesem Mißstand entgegenzuwirken.
M   101 03590 f. (371 b)

1. 11. 41   GL Schleswig-Holstein – 21   15399
Wochenbericht: Unzufriedenheit der deutschen Arbeiter wegen der Besserstellung der ausländischen Arbeiter in mehrfacher Hinsicht, Einwände gegen den „Grundsatz der Freiwilligkeit" bei der Anwerbung der Fremdarbeiter sowie gegen die Hereinholung ausländischer Firmen, Charakterisierung der einzelnen Fremdarbeiter-Nationalitäten, Kritik verschiedener Filme, u.a.
W/H   502 00070–78 (4)

1. 11. 41   AA   15400
Übersendung der Rezension eines Buches von Fritz Thyssen (I Paid Hitler) aus der Zeitschrift Time.
M   203 00357–60 (27/4)

1.–6. 11. 41   GL Schleswig-Holstein – 21   15401
Übersendung von Aufnahmen von sowjetischen Kriegsgefangenen heimlich hergestellter Werkzeuge.
W   502 00066 f., 070, 076 f. (4)

1.–6. 11. 41   Lammers, Seyß-Inquart   15402
Auf Veranlassung Bormanns Erinnerung des Reichskommissars für die besetzten niederländischen Gebiete an die Weisung Hitlers, sämtliche beschlagnahmten oder noch zu beschlagnahmenden Kunstgegenstände aus feindlichem oder jüdischem Besitz sofort und zunächst ausschließlich seinem Sonderbeauftragten Posse zu nennen und vorzulegen.
H   101 29347 f. (1653 a)

1.–12. 11. 41   Lammers   15403
Durch Bormann übermittelte Weisung Hitlers, dem OPräs. Philipp Prinz v. Hessen für die bei einem Luftangriff erheblich beschädigte Bibliothek in Kassel RM 200 000.– zur Verfügung zu stellen. Ausführung der Weisung durch Lammers.
H   101 08604 ff. (642 a)

1.–26. 11. 41   GL Schleswig-Holstein – 21   15404
Auf die Kritik der Gauleitung Schleswig-Holstein Verweis der PKzl. auf die Klar- und Besserstellung des Familienunterhalts für Kriegsgetraute durch einen in den neuesten „Vertraulichen Informationen" enthaltenen Runderlaß des Reichsinnenministers.
W   502 00069 f., 077 (4)

1.–26. 11. 41   GL Schleswig-Holstein – 21   15405
Zum Wochenbericht (vgl. Nr. 15399) Mitteilung der PKzl.: Entgegen dem in der Bevölkerung verbreiteten Gerücht die Entlassung der französischen Kriegsgefangenen zu Weihnachten 1941 nicht beabsichtigt.
W   502 00068, 070, 076 (4)

2.–15. 11. 41   Schirach, Lammers   15406
Durch Bormann übermittelte Weisung Hitlers an den Wiener Reichsstatthalter, auch dort die Erörte-

rung anderswo in der Ostmark längst überwundener Gegensätze Altreich–Ostmark(–Wien) „rücksichtslos zu unterbinden"; Schirachs Aufgabe in Wien nicht Wohnungsbau, sondern „Bereinigung der bestehenden Verhältnisse", zunächst durch Abschiebung erst aller Juden, dann aller Tschechen und sonstigen Fremdvölkischen (dadurch eine Erleichterung der „einheitlichen politischen Ausrichtung und Meinungsbildung der Wiener Bevölkerung", aber auch die Wohnungsnot in Wien so am raschesten zu beheben). Eine Kopie dieser Weisung Lammers zur Kenntnis gebracht in Beantwortung der Beanstandung einer Rede Sch.s in Wien (angesichts des widerwärtigen Betragens einiger Altreichsdeutscher Verständnis für eine „gewisse ablehnende Haltung" der Wiener).
H   101 07564 ff. (598); 101 24413 – 19 (1361 a); 101 24959 (1389 a)

4. 11. 41   GL Schleswig-Holstein, RegPräs. Schleswig — 21   15407
Übersendung eines Lageberichts des Regierungspräsidenten in Schleswig: Mangelhafte Beteiligung der inneren Verwaltung bei Maßnahmen von „allgemeiner und weittragender Bedeutung", z. B. bei der Räumung von Heilanstalten oder der Überführung polnischer Kriegsgefangener in ein ziviles Arbeitsverhältnis; Mißstimmung über den Osteinsatz von Bauern sowie über die knappe Verleihung von Kriegsverdienstkreuzen gegenüber dem „Ordenssegen" bei der Wehrmacht; Versorgungsschwierigkeiten (Kohle, Treibstoff, Kleidung, Schuhe, Fahrradbereifung); Ernährungsfragen (Eier, Abschlachtungen, Mastfutter, Obst- und Gemüsepreise); Unzufriedenheit mit den italienischen Arbeitern; u. a.
W/H   502 00089 – 96 (4)

4. – 16. 11. 41   BfdVJPl., RL, GL, VerbF   15408
Durch den Beauftragten für den Vierjahresplan Anordnung außergewöhnlicher Maßnahmen bei der Kraftstoffbewirtschaftung zum Zweck einer ausreichenden Versorgung der kämpfenden Truppe an der Ostfront: Unbedingte Einhaltung der Kontingentierung; Einsatz von Kraftstoff nur für kriegswichtige Zwecke (Zuteilungsrangfolge); rücksichtslose Einschränkung des Personenkraftwagenverkehrs; und anderes. Entsprechende Anweisung Bormanns (Rundschreiben 28/41) an die Dienststellen der Partei usw., alle nicht unbedingt kriegswichtigen Fahrten zu unterlassen.
W/H   107 01151 – 56 (359)

5. 11. 41   AA   15409
Anläßlich der Übersendung einiger *Meldungen an MinR Krüger (PKzl.) Erwähnung der regelmäßigen Zustellung des „Auslandsdienstes" des Auswärtigen Amtes an Hanssen (PKzl.).
M   203 00352 (27/4)

[5. 11. 41]   DF   15410
Durch einen Erlaß Hitlers Verpflichtung des Reichserziehungsministers, in allen die Partei interessierenden Angelegenheiten (u. a. in Fragen der Lehrplangestaltung) mit dem StdF (jetzt mit dem Leiter der PKzl.) Fühlung zu nehmen. (Spätere Erwähnung.)
W   101 16187 (953 b)

5. – 26. 11. 41   Lammers u. a.   15411
Mitteilung Bormanns über nach Lektüre der Linzer Tagespost und eingezogenen Erkundigungen von Hitler angeordnete Zuwendungen an das kinderreiche Ehepaar Schaarmann (Wildschütz Kr. Freiwaldau; fünf Kinder innerhalb von 16 Monaten): Ein Sparkassenbuch im Werte von RM 500.– für jedes Kind sowie Zahlung eines monatlichen Zuschusses von RM 60.– bis zur Vollendung des 16. Lebensjahres der Kinder. Durch Lammers entsprechende Veranlassung.
K/H   101 16503 – 08 (985 a)

7. 11. 41   PrFM, RKfdsozW   15412
Einspruch des Reichs- und des Preußischen Finanzministers (PrFM) gegen einen Erlaßentwurf des Reichskommissars für den sozialen Wohnungsbau über eine grundsätzliche Neuregelung des Einsatzes von Bauherren und Bauträgern im Wohnungsbau nach dem Kriege, insbesondere gegen die zur Rationalisierung und einheitlichen Lenkung des Wohnungsbaus vorgesehenen „Gauträger" (zu bilden durch Verschmelzung der staatlichen „Heimstätten" mit den „Neuen Heimaten" der DAF unter deutlichem Schwergewicht von Partei und DAF in den Führungsorganen): Kein Anlaß zu organisatorischen Änderungen während des Krieges wie ebenfalls nicht zu einer völligen Umgestaltung danach; die Festlegung des siedlungspolitischen Zieles vorrangig vor der Frage der Organisation; Wohnungsbau und Siedlungswesen indes gemäß Führererlaß Reichsaufgaben, daher eindeutige Zuständigkeit der Gemeinden (unter Lenkung und Finanzierung durch das Reich) und nicht der DAF; gesetzliche Verankerung eines Betreu-

ungsmonopols der Heimstätten als der fest in der Hand des Reiches befindlichen Organe der staatlichen Wohnungspolitik. (Durch den PrFM Abschrift an die PKzl.)
H   101 19305/1 — 333 (1174)

7. 11. 41   AA   15413
Übersendung eines Artikels von Otto Strasser über die innere Lage Deutschlands aus der Zeitung Times of India.
M   203 00350 f. (27/4)

7. 11. 41   GBV   15414
Übersendung des *Entwurfs einer — kriegswichtigen — Verordnung über die Strafrechtspflege gegen Polen und Juden in den eingegliederten Ostgebieten mit der Bitte um Herbeiführung einer Beschlußfassung des Ministerrats für die Reichsverteidigung.
A/H   101 23903 (1340 a)

7. 11. 41   AA   15415
Übersendung von *zwei Artikeln über Rosenberg aus der Washington Post.
M   203 00355 f. (27/4)

7. 11. 41   AA   15416
Übersendung eines Artikels über Gottfried Feder aus der Zeitschrift Time.
M   203 00353 f. (27/4)

7. 11. 41   Lammers   15417
Verwahrung Bormanns gegen die Bemühungen des Deutschen Sprachvereins, die sogenannte „Deutsche Schrift" — nach Auffassung Hitlers eine undeutsche, jüdische Schrift — am Leben zu erhalten; Bitte an Lammers, dem Sprachverein jedes weitere Eintreten für die sogenannte „Deutsche Schrift" zu untersagen; Drohung mit einem Vereinsverbot bei weiteren Ärgernis auslösenden Schriften des Vereins.
K   101 16065 (953)

7. 11. 41   GL Schleswig-Holstein — 21   15418
Wochenbericht: Allgemeine Stimmung; Zunahme des Tauschhandels; Futtermittel- und Viehpreise; Verwunderung über die bessere Butterversorgung und die große Bewegungsfreiheit (Jahrmarktbesuche, Bahnreisen, Fahrradbesitz) der polnischen Arbeiter und Kriegsgefangenen, über die Einführung des zweijährigen Konfirmandenunterrichts und über Kriegsverdienstkreuzverleihungen an ehemalige Schutzhäftlinge durch die Wehrmacht; mangelhafte Zusammenarbeit der Wehrmacht- mit den Parteidienststellen bei der Feststellung von Luftkriegsschäden (Bombenabwürfe, Absturz feindlicher Flugzeuge); u. a.
W/H   502 00104 — 09 (4)

7.—21. 11. 41 GL Schleswig-Holstein — 21   15419
Die Stellungnahme der Gauleitung Schleswig-Holstein zur Lage und Behandlung der „eindeutschungsfähigen" Polen (eine Unterbringung auf Gütern ungeeignet — u. a. wegen der „Gefährdung" durch andere Polen, Forderung nach Einschaltung der Partei) von der PKzl. geteilt; Verhandlungen mit dem Reichskommissar für die Festigung deutschen Volkstums mit dem Ziel, sowohl Einsatz als auch Betreuung dieser Polen dem Hoheitsträger zu übertragen, kurz vor dem Abschluß stehend.
W/H   502 00103 f., 106 f. (4)

7. 11. 41 — 9. 3. 42   GL Schleswig-Holstein — 21   15420
Nach einer Meldung im Wochenbericht (vgl. Nr. 15418) über die Erbitterung der Bauern in Suhrendorf (Kr. Eckernförde) wegen bisher entschädigungsloser Landenteignungen durch die Wehrmacht (Errichtung einer Torpedoversuchsanstalt) Übersendung der von der PKzl. zwecks Weiterleitung an das OKW angeforderten näheren Angaben.
W   502 00087 f., 100 ff., 104, 108 f. (4)

7. 11. 41 — 21. 4. 42 RMdI, RFM, RKzl.   15421
Meinungsverschiedenheiten (Abschrift jeweils an die PKzl.) zwischen Reichsinnenminister (RMdI) und Reichsfinanzminister (RFM) über die Durchführungsbestimmungen zum Führererlaß über die Verwertung des eingezogenen Vermögens von Reichsfeinden vom 29. 5. 41: Verwertung und Verwaltung durch die Mittelbehörden der allgemeinen Verwaltung oder durch die Oberfinanzpräsidenten (OFP). Nach Ei-

nigung über Land- und Forstbesitz (allgemeine Verwaltung) sowie über Gewerbebetriebe, Wertpapiere und bewegliche Gegenstände (OFP) heftige Auseinandersetzung über die Frage der Grundstücke, ausgelöst vom Preußischen Finanzminister (PrFM). Argument des RFM: Die sachliche Zuständigkeit der OFP und deren Zweckmäßigkeit vom RMdI anerkannt. Argument des RMdI und des PrFM: Die Beauftragung der allgemeinen Verwaltung durch den Wortlaut des Führererlasses zwingend (das seinerzeitige Versäumnis, die Zustimmung beteiligter Ressorts, insbesondere also des RFM, einzuholen, von Lammers gerügt), andernfalls Gefahr einer Fehlinterpretation durch die Reichsstatthalter (als Umgehung der zu ihren Gunsten erfolgten Führerentscheidung) und einer erneuten Aktion bei Hitler. Entscheidung L.' und Bormanns für den Standpunkt des RFM; entsprechende Formulierung und Herausgabe des Runderlasses. – Im Verlauf dieser Diskussion Vorbringen und Durchsetzung folgender Forderung der PKzl.: Anhörung der Gauleiter (oft nicht in Personalunion Reichsstatthalter) vor Einreichung von Verzeichnissen beschlagnahmter Vermögenswerte (mit Bezeichnung der für eine Übertragung an gebietliche Selbstverwaltungskörperschaften in Frage kommenden Teile) sowie Beteiligung des Leiters der PKzl. in Zweifelsfällen.
H   101 21569–627 (1269 c)

10. 11. 41   Lammers   15422
Mitteilung der PKzl. über die erfolgte Ernennung des Pg. Paul Giesler zum Gauleiter des Gaues Westfalen-Süd der NSDAP.
H   101 19745 f. (1194)

10. 11. 41   RVM   15422 a
Bitte um Zustimmung zu einer zur Aufnahme in das Reichsgesetzblatt vorgesehenen Sechsten Verordnung über die Ausbildung und Prüfung für den höheren bautechnischen Verwaltungsdienst.
H   143 00025 ff. (17/1)

[11. 11. 41]   RMdI   15423
Auf Empfehlung des Leiters der PKzl. zunächst keine Weiterverfolgung des ˙Entwurfs einer Verordnung zur Überführung der Beamten des höheren Dienstes in der allgemeinen und inneren Verwaltung der Länder auf den Reichshaushalt (Zweck des Entwurfs: Reibungsloser Einsatz aller Beamten der allgemeinen und inneren Verwaltung insbesondere in den eingegliederten oder besetzten Gebieten).
K   101 18225 ff. (1135 a)

11. 11. 41 – [21. 1. 42]   RMfWEuV, RDozF   15424
Bitte des Reichserziehungsministers um die Stellungnahme der PKzl. zu einer negativen Beurteilung des zur Berufung auf den Lehrstuhl für spezielle Volkswirtschaftslehre in der Landwirtschaftlichen Fakultät vorgeschlagenen Bonner Dozentenbundsführers Wilhelm Busch in einem von Prorektor Pietrusky mitgeteilten SD-Gutachten („rein materiell eingestellte Natur", bedenkenlos in der Wahl seiner Mittel; bis 1933 an führender Stelle in einer katholischen Verbindung tätig, ein Jahr später Kirchenaustritt). Dazu der Reichsdozentenführer: Das – in allen Punkten falsche – Gutachten nicht vom Bonner SD erstattet, sondern apokryph; dem nicht zuständigen P. nie ein SD-Gutachten über B. zugegangen.
H   301 00211–15 (Busch)

12. 11. 41   RArbM, Lammers   15425
Mitteilung Bormanns an Lammers: Nach telefonischer Rücksprache mit StSekr. Syrup (Reichsarbeitsministerium) über dessen Gesundheitszustand kein Anlaß, der Bitte Leys um Ernennung des HDL Marrenbach zum Staatssekretär nachzukommen. – Dabei erwähnt: Seldte seit längerer Zeit durch Erkrankung an der Leitung seines Ministeriums verhindert.
K/H   101 18332 f. (1138 a)

12. 11. 41   BfdVJPl. u. a.   15426
Übersendung einer Anordnung: Unter Zurückstellung der Eigentumsfrage Verwaltung von landwirtschaftlichen und gewerblichen Betrieben in den besetzten Ostgebieten nur durch die Reichskommissare; keine Übernahme dieser Betriebe durch deutsche Dienststellen, Firmen oder Einzelpersonen und daher Ablehnung entsprechender Anträge.
K/H   101 11900 ff. (686 a)

12. 11. – 25. 12. 41   Lammers   15427
Mit Zustimmung der Reichskanzlei (Begründung: Seit geraumer Zeit keine Kunstkäufe in Italien und

auch keine zu erwarten) und „aus zwingenden Gründen" Verfügung des Reichswirtschaftsministers über die Restbestände der bei der Deutschen Botschaft in Rom eingerichteten Sonderkonten für Philipp Prinz v. Hessen (RM 33 439.60) und Direktor Posse (RM 2 354 502.40); Bitte, H. zu einer Abrechnung der von ihm verbrauchten Mittel zu veranlassen. Entsprechendes Schreiben des Persönlichen Referenten Bormanns an H.
H   101 29250 – 53 (1649 b); 101 29259 f. (1649 c)

[13. 11. 41]   RMfWEuV   15428
Laut angeblicher Äußerung der PKzl. Wunsch Hitlers nach Abschaffung des Lateins („Sprache des Klerus") an den höheren Schulen. (Dies, so SS-Ogruf. Heißmeyer, im Widerspruch stehend zu der von Himmler wiederholt berichteten Wertschätzung der humanistischen Bildung durch Hitler.)
W/H   102 00229 – 33 (461)

14. 11. 41   GL Schleswig-Holstein – 21   15429
Wochenbericht: Allgemeine Stimmung, Kritik am Schauprozeß gegen General Elias, Unzufriedenheit wegen der zu hohen Entlohnung (insbesondere der dänischen Arbeiter) beim Autobahnbau sowie wegen der Einrichtung von Stoff-Verdunklungsanlagen in Kasernen, Versorgungsmangel bei Rundfunk-Anodenbatterien im Grenzgebiet, Klagen der hauptamtlichen Parteimitarbeiter über die noch immer ausstehende Besoldungs- und Versorgungsordnung der Partei.
W/H   502 00110 – 13 (4)

14. – 20. 11. 41   Lammers   15430
Durch Bormann weitergeleitete Entscheidung Hitlers, an die Mitarbeiter Schirachs bei der Kinder-Landverschickung und an die Ausbilder bei den SA-Kriegswehrmannschaften Kriegsverdienstkreuze zu verleihen. Durch Lammers entsprechende Veranlassung bei der Präsidialkanzlei.
M/H   101 02955 – 57 (298 a)

14. 11. 41 – 22. 2. 42   Lammers   15431
Durch Bormann weitergeleiteter Wunsch Hitlers: Bis auf weiteres keine Veröffentlichungen über die kirchliche Lage in der Sowjetunion. Auf Rückfrage Auskunft B.s: Die Auswertung von Berichtsmaterial für die deutsche Propaganda im Ausland gestattet.
K/H   101 12070 – 75 (687 c)

15. 11. 41   GL Schleswig-Holstein   15432
Bericht über Schwierigkeiten bei der Durchführung der Veranstaltungen anläßlich der Aufnahme des HJ-Nachwuchses in die Partei. (Nicht abgegangen.)
W   502 00124 (4)

15. 11. – 19. 12. 41   RKzl., Oberste RBeh. u. a.   15433
Aus gegebenem Anlaß (durch GL Eggeling dem Leiter der PKzl. zugeleitete Presseerörterungen über die gebietliche Reichsreform) Erinnerung Bormanns an die von Hitler in diesem Zusammenhang getroffene – vom Reichsinnenminister den betroffenen Behörden am 5. 6. 40 mitgeteilte – Anordnung und Bitte an Lammers, die Obersten Reichsbehörden erneut auf die volle Bedeutung und den Umfang des von H. ausgesprochenen Verbots der Erörterung gebietlicher Fragen während des Krieges hinzuweisen und sie zu mahnen, diese Anordnung möglichst weit auszulegen, d. h. auch in Publikationen über historische, geopolitische oder wirtschaftliche Verhältnisse jedwede Anspielung auf Gebietsbereinigungen zu unterlassen. Zustimmung B.s zu dem Entwurf eines an die Staats- und Parteistellen zu richtenden gleichlautenden Rundschreibens.
K   101 05812, 817 – 26 (494 a)

Nicht belegt.   15434

16. 11. 41 – 28. 1. 42   RKzl., Mutterhaus d. Mägde Mariens   15435
Durch die Reichskanzlei weitergeleitete Beschwerde des Mutterhauses der Mägde Mariens (Breslau) über den Übergang der Nutzung und Verwaltung von fünf klostereigenen Häusern auf die NSV unter Ausweisung der 31 dort beschäftigten Ordensschwestern; Hinweis auf die frühere Wegnahme von drei Häusern des Ordens durch die Gestapo und auf eine seitdem erlassene Verfügung Hitlers, von der Beschlagnahme von Klosterbesitz Abstand zu nehmen. Dazu die PKzl.: Der Vorgang nicht zu beanstanden als

Folge der bereits Anfang 1941 vorgenommenen „ordnungsgemäßen Beschlagnahme" durch die Haupttreuhandstelle Ost.
H   101 21956 — 59, 963 f. (1271 a)

18. 11. 41   AA   15436
Übersendung eines Artikels von Fritz Thyssen in der Zeitung Liberty: „Hitler wird diesen Krieg verlieren".
M   203 00345 — 48 (27/4)

18. 11. 41   AA   15437
Übersendung einer UP-Meldung über Polen: Seit der deutschen Besetzung Hinrichtung von 10 000 führenden Persönlichkeiten.
M   203 00344 (27/4)

18. 11. 41   AA   15438
Übersendung des 'Jahrgangs 1937 der Geografiska Annaler.
M   203 00596 (28/4)

18. 11. — 4. 12. 41   Lammers   15439
Mitteilung Bormanns über ein von Hitler angeordnetes Revirement in ostmärkischen Gauleitungen: Übernahme Kärntens durch GL Rainer (Salzburg) unter gleichzeitiger Ernennung zum Reichsstatthalter, Amtseinführung durch Ley am 30. 11.; Übernahme Salzburgs durch Reichsstudentenführer Scheel, ebenfalls „sofort auch Reichsstatthalter", Amtseinführung durch L. am 29. 11.; ferner in Klagenfurt Ablösung des RegPräs. v. Pawlowski sowie umgehende Einberufung des bisherigen Stv. GL Kutschera zum Reichskommissar für die Festigung deutschen Volkstums. Ausfertigung der staatlicherseits erforderlichen Urkunde (Ernennung Sch.s zum Reichsstatthalter) und Erlasse (Entbindung R.s von seinem Salzburger Amt unter Übertragung des Kärntner Amtes; Bestellung R.s anstelle K.s als Chef der Zivilverwaltung in Kärnten und Krain) durch die Reichskanzlei, Unterzeichnung durch H. via B. Dabei dessen Beanstandung der Urkunde: Bezeichnung Sch.s als SS-Brigadeführer und Generalmajor der Polizei statt — richtig — als Gauleiter. Dazu umfangreiche Rechtfertigungsschrift Lammers', abgestellt auf die erst durch Aushändigung der Urkunde eintretende Rechtswirksamkeit einer Ernennung, mit dem Vorschlag einer grundsätzlichen Vereinbarung über Gleichzeitigkeit oder zeitliche Aufeinanderfolge der beiden Ernennungen im Staat und in der Partei. Entscheidung B.s für das letztere; Zusicherung, künftig für die rechtzeitige, vor der Ernennung zum Reichsstatthalter vorzunehmende Ernennung zum Gauleiter Sorge zu tragen. (Vgl. Nr. 15285 und 15442.)
H   101 20194 — 97 (1201 b); 101 23030 — 33 (1310 b); 101 24978 — 5000 (1390 c)

[20. 11. 41]   AA   15440
Namentliche Vorschläge für Einladungen von Angehörigen deutscher Dienststellen, u. a. der PKzl., bei Staatsbesuchen, geordnet nach dem Interessengebiet des Besuchers (Rasse- und Judenfragen, nationale Bewegungen im Ausland, u. a.).
M   203 03076 — 80 (87/1)

20. 11. — 10. 12. 41   Goebbels, Himmler   15441
Kritik Bormanns an MinDir. Berndt (Propagandaministerium): Anstelle der Beschäftigung mit aktiver Propaganda Einholung und Weitergabe von Informationen ohne Zuständigkeit dafür (z. B. eine geplante Führer-Information über die Finanzlage der Kirchen, ein von der PKzl. bereits seit Jahren bearbeitetes Gebiet).
M/H   102 00485 — 88 (839); 306 00065 — 68 (Berndt)

21. 11. 41   Göring, Lammers   15442
Mitteilung Bormanns an Göring über ein von Hitler angeordnetes Revirement in ostmärkischen Gauleitungen (vgl. Nr. 15439): Reichsstudentenführer Scheel nach Salzburg, GL Rainer von Salzburg nach Kärnten, Stv. GL Kutschera von Kärnten zur Dienststelle Reichskommissar für die Festigung deutschen Volkstums. Die Ernennung R.s und Sch.s zu Reichsstatthaltern (Vorbereitungen dafür durch Lammers) und Reichsverteidigungskommissaren gleichzeitig mit ihrer Einführung als Gauleiter erwünscht; Bitte an G., dabei die „längst vorbereitete" Ernennung der ostmärkischen Reichsstatthalter zu Reichsverteidigungskommissaren auszusprechen und die Verordnung über die Neugliederung der Reichsverteidigungsbezirke „doch nunmehr in Kraft zu setzen".
H   101 22914 ff. (1306 a); 101 24960 ff. (1389 a)

21. 11. 41   GL Schleswig-Holstein — 21   15443
Wochenbericht: Errichtung eines Behelfskrankenhauses für ausländische Arbeiter, die den Zeitverhältnissen nicht mehr entsprechenden Richtsätze der öffentlichen Fürsorge, Abführung von Gewinnanteilen an den Gewährsverband der Sparkassen, Parteiaufnahme des HJ-Nachwuchses, Versorgungsmängel bei Schuhen und Spinnstoffen, Speisefettverbilligung, Schweinehaltung in Stadtrandsiedlungen, Wunsch nach anderer Gewinnstückelung (mehr Kleinstgewinne) bei der WHW-Lotterie.
W/H   502 00120 — 23 (4)

21. 11. 41   Adj. d. F   15444
Mitteilung: Ab 22. 11. täglich nur noch einmal (mittags) Luft-Kurierpostverbindung zwischen Berlin-Staaken und dem Führerhauptquartier (einschließlich beschränkter Personenbeförderung wie bisher); Einrichtung einer täglichen Nacht-Kurierpostverbindung per Eisenbahn.
H   101 08565 (641 a)

[21. 11. 41]   RFM   15445
Zustimmung des Leiters der PKzl. zum *Entwurf einer Verordnung zur Ermächtigung des Reichsfinanzministers, im Einvernehmen mit dem Reichsinnenminister auf dem Erlaßwege Vereinfachungen bei der Heranziehung der fabrikmäßigen und -ähnlichen Reichsbetriebe, der Reichspost, Reichsbahn und Reichsmonopolverwaltungen zu Verwaltungskostenzuschüssen zu verfügen; zunächst vorgesehen: Einfachere Abgrenzung des Kreises der zuschußpflichtigen Betriebe und der anrechnungspflichtigen Arbeitnehmer, Berechnung der Zuschüsse nach der Summe der Arbeitslöhne, u. a.
K/W   101 14458 — 62 (780 b)

22. 11. — [14. 12.] 41   RKzl.   15446
Überleitung des Referats für technische Sonderfragen (der PKzl.) auf das Hauptamt für Technik; dennoch weiterhin gesonderte Behandlung wehr- und allgemein-technischer Erfindungen (Anordnung A 49/41 der PKzl.).
M/W   101 03366 f. (341)

22. 11. 41 — 7. 2. 42   AA   15447
Auf Veranlssung der PKzl. Gewährung von Kriegshilfe durch den zuständigen Fürsorgeverband an einen Gustav Heim (Königsberg) nach dem Ausbleiben seiner sowjetrussischen Rente (gemäß Runderlaß des Reichsinnenministers und des Reichsarbeitsministers vom 26. 7. 41). (Vgl. Nr. 14619.)
M   203 01066 f. (35/2)

25. 11. 41   SS-Ogruf. Heydrich   15448
Mitteilung über die Beziehung Mussolinis zu dem Präfekten des Jesuitenarchivs, Tacchi-Venturi: Bis vor wenigen Jahren regelmäßige Beichte M.s bei T.-V., Vermutung des Fortbestehens von Kontakten; Kenntnisse T.-V.s von den „intimen Verhältnissen im Hause Ciano"; Erwähnung der Rolle T.-V.s beim Abschluß der Lateran-Verträge; Vorschlag, Hitler darüber zu unterrichten.
W/H   107 01334 f. (409)

[25. 11. 41]   SS-Ogruf. Heydrich   15449
Vorlage eines *Briefes an Bormann (möglicherweise Nr. 15448) bei Himmler.
H   107 01265 (399)

26. 11. 41   RMfdkA, Maj. Metz   15450
Durch den Kirchenminister Übersendung der Kritik eines Maj. z. V. Metz (Sondershausen) an der antichristlichen Haltung der Partei: Die Bekämpfung des gottlosen Bolschewismus nicht vereinbar mit einer gleichzeitigen Bekämpfung des Christentums; Unverständnis und Beunruhigung bei der Bevölkerung und an der Front; u. a.
M/H   101 00872 ff. (150 a)

26. 11. 41 — 25. 4. 42   RKzl., Bf. Berning, RMdI   15451
Durch Lammers an Bormann übersandte, einen Vermittlungsvorschlag enthaltende Eingabe des Bischofs von Osnabrück, Berning, das kirchliche Kinderheim St. Elisabeth in Wismar betreffend (Inanspruchnahme des Heims teils durch die NSV, teils für Zwecke des Städtischen Krankenhauses, Anlegung von Schutzgräben für die Dornier-Werke; Durchführung all dieser Maßnahmen ohne Verfügung der Beschlagnahme). Unzuständigkeitserklärung des Reichsinnenministers. Stellungnahme Bormanns:

Schließung des Heims aus gesundheitlichen Gründen (schuldhafter Tod von sieben Kindern, schlechte Pflege); verschiedene Punkte in der Beschwerde des Bischofs unbegründet; keine Veranlassung einzugreifen.
W   101 01188 – 92, 207 f., 213 ff. (158 a)

27. 11. 41   GBW, GBV u. a.   15452
Vorschlag des Generalbevollmächtigten für die Wirtschaft: Zur Entlastung der Pfandbriefanstalten von der Mehrarbeit beim Umtausch der 4½%igen Schuldverschreibungen in 4%ige Papiere Verzicht auf einen effektiven Umtausch bei den noch nicht umgetauschten Pfandbriefen im Gesamtbetrage von etwa 9 Mio. RM oder Verteilung des Umtausches der noch verbleibenden Papiere auf eine längere Zeitspanne; durch die gewonnene Kostensenkung eine von der Landwirtschaft erwünschte Angleichung des Hypothekenzinses an die im Neugeschäft erreichten Zinssätze möglich; Vorlage eines 'Verordnungsentwurfs. (Abschrift an die PKzl. mit der Bitte um Mitteilung von Anregungen.)
K   101 14484 ff. (786)

27. 11. 41 – 18. 8. 44   Lammers, RB f. d. WHW, HA f. Volkswohlfahrt   15453
Über Bormann und durch Vermittlung Seyß-Inquarts Ankauf – z. T. beschlagnahmter – größerer Mengen holländischen Eierkognaks durch Hitler: 20 000, 42 018, 69 960, 120 000, 190 000 und 7 000 Flaschen; deren Verteilung als „Führerspende" an das Winterhilfswerk, an verwundete Soldaten, Bombengeschädigte und alte Volksgenossen. Abwicklung der entsprechenden Zahlungen durch Lammers.
K/H   101 11570 – 94 (680 a)

28. 11. 41   GL Schleswig-Holstein – 21   15454
Wochenbericht: Allgemeine Stimmung, Versorgungsmängel bei Kinderschuhen und Manufakturwaren, die Feldpostpäckchenaktion des Reichskriegerbundes, Wunsch nach stärkerer Berücksichtigung des Ortsgruppenleiter bei der Verteilung von Kriegsverdienstkreuzen, verstärkte Werbung der Kirche für Religionsunterricht und Konfirmation, Erörterungen über den Euthanasie-Film „Ich klage an", Härten bei Wohnungsräumungen zugunsten von Militärpersonen, Bitte um Klärung der Behandlung französischer Arbeiter polnischen Volkstums als Polen oder Franzosen.
W/H   502 00124/1 – 127 (4)

28. 11. – 10. 12. 41   RFM, RKzl., RMfVuP   15455
Durch den Reichsfinanzminister Übersendung des Entwurfs einer 'Verordnung über die ab 1. 12. 41 einzuführende Besteuerung und arbeitsrechtliche Behandlung der Arbeitskräfte aus den neu besetzten Ostgebieten: Steuerpflicht, Höhe und Erhebung der Steuer, und anderes. Zustimmung des Propagandaministers.
K/W   101 06716 – 18/5 (547); 101 09361 – 63/5 (652); 101 11818 ff. (683); 101 14602 – 05 (794 a)

28. 11. – 17. 12. 41   Oberst Schmundt, Kdr. Inf.-Ers.-Rgt. 23, RJM   15456
Bitte des Kommandeurs des Potsdamer Inf.-Ers.-Rgts. 23 an Oberst Schmundt um Herbeiführung einer Verfügung Hitlers zur Gültigkeitserklärung des von „verknöcherten Juristen" nicht anerkannten, weil maschinenschriftlich abgefaßten und handschriftlich nur unterschriebenen Testaments seines gefallenen Vetters, Rittm. v. Doetinchem. Dazu unter Hinweis auf H.s Ablehnung des „Wahnwitzes unserer formalen Erbschaftsbestimmungen" interne Weisung Bormanns, entsprechende Schritte beim Reichsjustizminister zu unternehmen. Danach jedoch Votum Hanssens (PKzl.) gegen den Inhalt des Testaments: Fideikommißähnliche Übertragung des aus drei Gütern bestehenden Familienbesitzes an den ältesten von drei Söhnen; im Interesse der Allgemeinheit die Aufteilung der drei Güter an drei Familien vorzuziehen; Vorschlag, die Auseinandersetzungsverhandlungen innerhalb der Familie abzuwarten.
H   101 27588 – 95 (1524)

28. 11. 41 – 16. 6. 43   RFM, RKzl., RKPreis., RArbM, RWohnungsK, PrFM, RMdI   15457
Grundsätzliche Zustimmung fast aller beteiligten Ressorts zu der vom Reichsfinanzminister (RFM) beabsichtigten – bereits vor dem Krieg von StdF und Reichskanzlei (RKzl.) angeregten – Beseitigung der Hauszinssteuer (Gebäudeentschuldungssteuer); nach anfänglichen Differenzen über die Höhe des Ablösungsbetrags schließlich Einigung auf das Zehnfache der Jahressteuer. Lediglich seitens der RKzl. von Anfang an schwere Bedenken: Die Hauszinssteuer eine ungerechte Belastung des Hausbesitzes, daher Kritik sowohl an der Ablösung an sich als auch an deren Höhe und an der Art der Durchführung. Ergebnis einer Besprechung zwischen RKzl. und PKzl.: Im Hinblick auf die inzwischen auch von anderen Ressorts vorgebrachten Einwände zunächst kein Umlauf des vom RFM vorgelegten Entwurfs, zumindest nicht ohne Änderungen oder Ergänzungen. Stellungnahme Klopfers (PKzl.): Wunsch nach Erläute-

rung der tatsächlichen Belastung der Althausbesitzer an einer Vielzahl authentischer Beispiele; keine starre Festsetzung der Ablösungsbeträge; Berücksichtigung einer möglichen wirtschaftlichen Verschlechterung des Ablösungsschuldners bei der Bemessung der laufenden Ablösungsraten; Beseitigung der starren Bindung der Veräußerungswerte an die Einheitswerte durch den Preiskommissar (RKP); Ablehnung der vom RKP mittlerweile ins Spiel gebrachten Mietsenkungen. Schließliche Übereinkunft der Ressorts: Ablehnung von Mietsenkungen; Gewährung einer Beihilfe für Ertragsminderungen nach der Abgeltung; Einigung über die einkommensteuerliche Behandlung der Abgeltungsbeträge; zeitlich unbeschränkte Gewährung von Vergünstigungen bei der Wertzuwachssteuer im Falle von Grundstücksverkäufen; Rücksichtnahme der Finanzämter auf zahlungsschwache Kriegsteilnehmer. Zustimmung Bormanns zu der daraufhin vorgelegten Fassung des Entwurfs. In der Folgezeit Diskussion über die Ablösung der Hauszinssteuerhypotheken; dabei behandelte Fragen: Verwaltungsentlastung, Zwangsablösung oder freiwillige Rückzahlung, das Eigentum an den Ablösungskapitalien, Bürgschaften, steuerliche Bestimmungen, u. a.
K/W   101 14618−84 (794 b)

29. 11. 41   Lammers   15458
Keine Bedenken Bormanns gegen die vorgeschlagene Bestellung des RegPräs. Wilhelm Rodenberg zum Mitglied des Volksgerichtshofs als Nachfolger des StR Graf v. d. Goltz. − Auf Bitte des Reichsinnenministers Ersatzvorschlag B.s für den ebenfalls ausscheidenden SA-Ogruf. v. Pfeffer: SA-Ogruf. Graf v. Finkenstein.
H   101 27154 f. (1517 c)

30. 11. 41   Lammers   15459
Mitteilung Bormanns über Proteste verschiedener Stellen gegen einen Erlaß des Reichserziehungsministers (REM) über die Errichtung von Auslandsabteilungen an den deutschen Hochschulen; das Ergebnis einer Referentenbesprechung darüber: Zusicherung des REM, den Erlaß nicht durchzuführen.
H   101 15518/7 (941); 101 20948 f. (1232 a)

1. 12. 41−9. 3. 42   RKzl., RJM   15460
Zustimmung der PKzl. zu dem Vorschlag, GenLt. Reinecke nach abgelaufener Amtszeit erneut zum Mitglied des Besonderen Senats des Volksgerichtshofs zu bestellen und anstelle des nach Ablauf seiner Amtszeit ausscheidenden FregKpt. Peter Christian Magnussen FregKpt. Alfred Symons zum Stellvertretenden Mitglied des Besonderen Senats zu ernennen.
H   101 27166−77 (1517 c)

2. 12. 41   AA   15461
Bitte Hanssens (PKzl.) um Benachrichtigung des der Deutschen Botschaft in Paris „bekannten Herrn Conrad" (Hachette), die für Prof. Ludwig Sievert reservierten Schlafwagenplätze nach Paris wegen Verschiebung der Reise abzubestellen.
M/H   203 01104 (36/1)

3.−8. 12. 41   Chef Sipo u. a.   15462
Errichtung eines in bestimmten Zeitabständen zusammentretenden Arbeitskreises „zur Bekämpfung der aus dem Ausländereinsatz erwachsenden Gefahren" und Einladung zur ersten Sitzung.
W   112 00125 f. (162)

3. 12. 41−13. 1. 42   StSekr. Stuckart, Lammers   15463
Erste Stellungnahme Lammers' zu dem von StSekr. Stuckart (Reichsinnenministerium) auch Bormann übersandten Entwurf eines Zweiten Führererlasses über die Vereinfachung der Verwaltung, eine Dezentralisierung in verschiedener Hinsicht betreffend: Von den Ressorts kaum ohne Widerspruch hinzunehmende tiefe Eingriffe in das Verwaltungsgefüge, „allzu lehrbuchartig" formuliert; wohl konkretere Maßnahmen erforderlich. In der Tat weitgehend ablehnende Stellungnahme der beteiligten Ressorts: Weder notwendig noch zweckmäßig, da zu wenig konkret oder Wiederholung der im Erlaß vom 28. 8. 39 gegebenen Anweisungen. Ähnliche Bedenken gegen den ebenfalls erörterten Entwurf eines „Grundsätzlichen Befehls des Vorsitzenden des Ministerrats für die Reichsverteidigung" über die Einschränkung der Verwaltungsarbeit (die Bestimmungen teils unzweckmäßig, teils voller Selbstverständlichkeiten). − In diesem Zusammenhang Kritik an der von der Kanzlei des Führers verursachten Doppelarbeit bei der Behandlung von Eingaben.
K/H   101 05264 f. (452); 101 13084−101 (707 a); 101 25098 f. (1394)

3. 12. 41 – 13. 4. 42   Lammers, Erzbf. Breslau, RMdI, OPräs. Niederschlesien, RMfWEuV   15464
Von Lammers weitergeleitete Eingaben des Kard. Bertram wegen der Übernahme katholischer Kindergärten in Ober- und Niederschlesien auf die NSV: Die Maßnahme eine Gefährdung der „im gegenwärtigen Schicksalskampf des deutschen Volkes mehr denn je notwendigen inneren Geschlossenheit" und ein unmittelbarer Eingriff in gesetzlich begründete Rechte; Verweis auf frühere – nicht erwiderte – Eingaben, auf das „von höherer Stelle" im August erlassene Verbot der Übernahme kirchlicher Arbeit einschließlich Beschlagnahmen und auf die in anderen Reichsteilen erfolgte Zurücknahme solcher Maßnahmen. Stellungnahmen Bormanns zur Vereinbarkeit der Maßnahmen in Niederschlesien sowie einer vom Bischof von Münster monierten Beschlagnahme (Collegium Augustinianum in Gaesdonk b. Goch zum Zweck der Errichtung einer Lehrerbildungsanstalt) mit der erwähnten Weisung Hitlers: Die Aktion bei Bekanntgabe dieser Weisung bereits weitgehend abgeschlossen bzw. ohne Kenntnis der Weisung erfolgt, daher in beiden Fällen keine Rückgängigmachung; im übrigen Verweis auf die schwierige Lage hinsichtlich der Unterbringung von Lehrerbildungsanstalten. (Nur intern geäußerte) Zweifel der Reichskanzlei an der „restlosen" Vereinbarkeit der Maßnahmen mit der Weisung H.s, jedoch angesichts der Betrauung Bormanns mit deren Durchführung ihm die Entscheidung auch im Einzelfall überlassen.
W   101 01171 – 76 (158); 101 01193 – 203, 209 – 12 (158 a)

4. 12. 41 – 19. 12. 42   RKzl.   15465
Bitte um Stellungnahme zu der vom Reichserziehungsminister (REM) beantragten Entscheidung Hitlers über die Zwangspensionierung des Spann-Schülers Prof. Wilhelm Andreae (Gießen) gemäß § 71 des Deutschen Beamtengesetzes. Nach Einholung entsprechender Auskünfte von Parteidienststellen Mitteilung Bormanns: Der Antrag des REM vollauf berechtigt (A. nach wie vor Anhänger der Lehre S.s und dessen universalistische Ideen mit dem NS unvereinbar); Bitte, die Pensionierung A.s in die Wege zu leiten. Diese Ende Juni 1942 erfolgt.
A   101 05070 – 107 (447)

4. 12. 41 – 11. 1. 43   OKW u. a.   15466
Vorlage und Erörterung der Entwürfe einer Verordnung über die Betreuung von Kindern deutscher Wehrmachtangehöriger in den besetzten Gebieten Norwegens und der Niederlande zwecks „Erhaltung und Förderung rassisch wertvollen germanischen Erbgutes" sowie einer Durchführungsverordnung dazu (Verfahren der Vaterschaftsfeststellung). Zur ersten Vorlage Zustimmung der PKzl., zur zweiten Verhandlungen der PKzl. über die Einschaltung der NSV, des Lebensborns und des Deutschen Instituts für Jugendhilfe e. V.
H   101 27510 – 43 (1520 a)

5. 12. 41   GL Schleswig-Holstein – 21   15467
Wochenbericht: Mißbilligung einer kirchlichen Trauerfeier zum 9. November, Beschäftigung von Italienern in Handwerksbetrieben, Anwerbung und Übernahme polnischer Arbeitskräfte durch die Vertreter verschiedener deutscher Werke (Werbebüros im Generalgouvernement), u. a.
W/H   502 00137 – 41 (4)

5. 12. 41   RJM   15468
Vorschläge zur Einweisung des SenPräs. Eugen Kolb in die Stelle des Vizepräsidenten des Reichsgerichts und zur Ernennung der RGR Hermann Günther und Paul Blumberger zu Senatspräsidenten.
W   101 26851 – 60 (1511 b)

5. – 12. 12. 41   GL Schleswig-Holstein – 21   15469
Durch die PKzl. Ankündigung der Richtlinien für die Verpflichtung der Jugend 1942.
W   502 00136 f. (4)

7. 12. 41 – 18. 4. 42   RKzl., RMdI, Ley, RArbM   15470
Die Forderung des Reichsarbeitsministers (RAM) auf rückwirkende Aufhebung der vom Reichsinnenminister und vom Reichskommissar für den sozialen Wohnungsbau (RK) erlassenen Verordnung über die Einrichtung und den Aufgabenbereich von Wohnungs- und Siedlungsämtern vom 30. 8. 41 durch Bormann unterstützt (angegebener Grund: „Fürchterlicher Wirrwarr" im Wohnungs- und Siedlungswesen, Beschwerden der Gauleiter). Ein vereinbarter Stop-Erlaß von B. dringend bei Lammers angemahnt (Grund der Verzögerung: Bereitschaft des RK lediglich zur Zurückstellung der Durchführungsmaßnahmen „von jetzt ab"). Die Bitte des RK Ley um eine Chefbesprechung durch den bereits erfolgten Vortrag der Angelegenheit bei Hitler überholt; dessen Entscheidung: Einigung der Beteiligten innerhalb kürzester Frist, anderenfalls automatische Aufhebung der Verordnung. Trotzdem Weigerung Leys, den

Stop-Erlaß zu unterzeichnen; Vorschlag eines Stops der strittigen §§ 4 und 5 der Verordnung bis zu einer späteren Regelung durch die Beteiligten. Eintreten Speers für die Verordnung. Unter Aufrechterhaltung seines Anspruchs alleiniger Zuständigkeit für Fragen des Städtebaus und der Baupolizei schließlich Einwilligung des RAM in einen zeitlichen Stop („bis auf weiteres außer Kraft gesetzt"). Zustimmung Bormanns zu der entsprechenden Ergänzungsverordnung. Im übrigen Einstellung der Bauvorbereitungs- und -planungsarbeiten auf dem Gebiet des sozialen Wohnungsbaus (außer zentralen Forschungsarbeiten) gemäß Führererlaß über die Verwaltungsvereinfachung vom 25. 1. 42; mithin Beschränkung der Wohnungs- und Siedlungsämter auf wenige kriegswichtige Arbeiten unter Verzicht auf Ausstattung mit besonderem Personal (der Personalbestand von H. gerügt).
H   101 17448–89 (1033 b)

7. 12. 41 – 12. 9. 42   RKzl.   15471
Durch Hitler Stiftung einer Mussolini-Büste von Prof. Thorak sowie eines Abgusses der von Prof. Breker geschaffenen Hitler-Büste für das von Prof. Hoppenstedt in Rom verwaltete Haus (Palazzo Zuccari); Bitte Bormanns, an T. und Breker jeweils RM 5000.– als Honorar zu überweisen. Durch die Reichskanzlei Anweisung der Beträge.
K   101 16509–15 (985 b)

8. 12. 41 – 13. 2. 42   AA   15472
Auf Nachfrage der PKzl. Auskünfte über den Stand der Durchführung zweier Ferntrauungen: Betty Eckstein mit dem kriegsgefangenen Ogefr. Karl Funke, Margot Gruß (Hamburg) mit einem in Kanada befindlichen Trojahn.
M/H   203 01095–99 (36/1)

[9. 12. 41]   AA   15473
Nach von der PKzl. geltend gemachten Bedenken Ablehnung einer Ausreise Prof. Wölffels nach Spanien unter Hinweis auf die negativen Erfahrungen mit konfessionell gebundenen Wissenschaftlern.
M/H   203 03081 (87/1)

10. 12. 41 – 27. 2. 42   Lammers, E. Stiller   15474
Eine Eingabe der Oberin des Altersheimes für die Grauen Schwestern in Loben O/S. wegen der Beschlagnahme ihres Hauses von Lammers weitergeleitet unter Hinweis auf das ausnahmslose Verbot der Beschlagnahme von Frauenklöstern durch Hitler. Durch Bormann Zurückweisung der Beschwerde: Beschlagnahme des Altersheimes durch die Treuhandstelle Kattowitz als polnisches Vermögen.
M   101 01345–51 (159)

10. 12. 41 – 21. 5. 42   RKzl., Erzbf. Breslau   15475
Durch Lammers weitergeleiteter Protest des Kard. Bertram gegen die Beschlagnahme sowie die spätere Einziehung des Klosterneubaus Wartha (Niederschlesien) der „Marienstiftung, Wohltätigkeitsanstalt zur Hebung und Besserung weiblicher Dienstboten"; dabei ein ausführliches Gutachten über die vorgenommenen rechtswidrigen Handlungen. Dazu Bormann, ohne auf die Beschwerden einzugehen, lediglich auf die „bekannte Weisung des Führers" bezogen: Die Beschlagnahme vor dieser Weisung erfolgt, mithin kein Verstoß gegen sie, ebensowenig die nachträgliche Einziehung. Mit Einverständnis Hitlers Erfüllung des Wunsches des GL Hanke, das Gebäude unentgeltlich in das Eigentum der NSDAP zu übernehmen.
H   101 22183–205 (1272 a)

11. 12. 41   (Gen. Reinecke, SS-Gruf. Greifelt)   15476
Geplante Besprechung mit Klopfer (PKzl.) über die mit Kompetenzkonflikten zwischen dem Reichskommissar für die Festigung deutschen Volkstums (RKF) und der Wehrmacht verbundene Frage der Ansiedlung ehemaliger Soldaten in den besetzten Ostgebieten. Seitens des RKF-Stabshauptamts Überlegungen, dem OKW entgegenzukommen (im Falle einer Bewerbung für einen „Ansatz" im Osten Meldung sämtlicher gedienter Soldaten bei den zuständigen Fürsorge-Offizieren), um die Position des wegen seiner positiven Haltung gegenüber dem RKF von der alten Generalität attackierten Gen. Reinecke zu stärken. – In diesem Zusammenhang Erwähnung einer Gegnerschaft zwischen RKF Himmler und Reichsernährungsminister Darré.
W/H   107 01284–89 (399)

11. 12. 41   RMdI u. a.   15477
Unter Beifügung eines Berichts des Regierungspräsidenten in Merseburg über die bisherigen Nachteile

Übersendung des Entwurfs einer Verordnung über einen – zur Verwaltungsvereinfachung dringend erforderlichen und von allen Beteiligten gebilligten – Exklavenaustausch zwischen dem Land Anhalt und dem preußischen Regierungsbezirk Merseburg.
H   101 24582 – 89/1 (1365)

11. 12. 41 – 25. 2. 42   GL Sudetenland, AA – 1   15478
Durch die Gauleitung Sudetenland Vorbringen der Bitte des Parteianwärters Adolf Hundhammer (Asch), seinen von einer religiösen Siedlungsgesellschaft (dem 1936 nach Beschlagnahme in Fulda nach England ausgewanderten „Rhön-Bruderhof") nach Paraguay verschleppten Sohn Karl H. unter den Schutz der dortigen Deutschen Gesandtschaft zu stellen. Weiterleitung an das Auswärtige Amt.
M/H   203 01089 – 94 (36/1)

12. 12. 41   AA, Dt. Botsch. Rom, Dt. GenKons. Triest   15479
Übersendung von Berichten über eine Vorsprache des Bischofs von Triest beim dortigen Deutschen Generalkonsulat wegen antikirchlicher Maßnahmen, insbesondere der Vertreibung von Priestern und Ordensangehörigen, in Oberkrain und der Untersteiermark.
H   202 00653 ff., 654/7 – 11 (7/1 – 9)

12. 12. 41   A. A. Mussert, Hitler u. a.   15480
Teilnahme des „Leiders" der niederländischen ns. Bewegung, Mussert, an einer Reichstagssitzung und Empfang (zusammen mit Seyß-Inquart und GenK Schmidt) durch Hitler in Anwesenheit von Lammers und Bormann. (Pressenotiz.)
K   101 11400 (675 a); 101 25932 (1463)

12. 12. 41   GL Schleswig-Holstein – 21   15481
Wochenbericht: Verhalten der Polen (Einkäufe, Verkehrsbehinderung, ein Verbot der Straßenbahn- und Busbenutzung erforderlich), Frauenarbeitseinsatz, kirchliche Propaganda (u. a. mit der Notwendigkeit eines Taufnachweises bei Patenschaften Görings), Härten bei der Anrechnung des Arbeitsverdienstes auf den Familienunterhalt, Anmahnung der angekündigten Richtlinien für die Durchführung der Weihnachtsfeiern, u. a.
W/H   502 00142 – 45 (4)

12. 12. 41   GL Schleswig-Holstein – 21   15482
Bitte, wegen der kriegsbedingten Neubesetzung von Ämtern und Dienststellen ähnlich wie 1937 eine Zusammenstellung aller in den letzten Jahren erlassenen und noch gültigen Anordnungen der PKzl. herauszugeben.
W   502 00142, 144 f. (4)

12. – 31. 12. 41   RKzl.   15483
Der Wunsch der PKzl., die im Bereich der NSDAP, ihrer Gliederungen und angeschlossenen Verbände vom Reichstreuhänder für den öffentlichen Dienst wahrzunehmenden Aufgaben schon während des Krieges auf den Reichsschatzmeister zu übertragen, nach Ansicht der Reichskanzlei nicht erfüllbar: Die unparteiische Stellung eines Treuhänders (Mittler zwischen Unternehmer und Gefolgsmann) mit einer zu starken Bindung an eine der beiden Seiten (bzw. sogar Identität mit einer von beiden) unvereinbar; Hinweis auf die Möglichkeit der Bestellung von Sondertreuhändern.
A   101 06773 – 80 (548 a); 101 20198 (1201 b)

12. 12. 41 – 13. 3. 42   RKzl., Dt. Akad. u. a.   15484
Vorlage und Genehmigung einer Satzung der Deutschen Akademie. Dabei Ersuchen der PKzl., die darin enthaltenen Bezeichnungen „Ortsgruppe" und „Senat" zu ändern. Im Falle des „Senats" Widerspruch des Präs. Siebert: Hinweis auf die Tradition, auf die Existenz ausländischer Senatoren, auf den Gebrauch bei Obergerichten und anderen Behörden und Körperschaften sowie auf den (infolge der ja noch nicht erfolgten Errichtung des NSDAP-Senats) noch nicht vorliegenden gesetzlichen Schutz der Bezeichnung. Einwilligung Bormanns mit dem Vorbehalt einer später anzuregenden Satzungsänderung.
H   101 20950 – 77 (1232 a)

12. 12. 41 – 4. 8. 42   AA, Dt. Botsch. Rom, Dt. GenKons. Triest, RStatth. Wien, Chef Sipo   15485
Übersendung von Berichten über eine Vorsprache des Bischofs von Triest beim dortigen Deutschen Generalkonsulat wegen Entkonfessionalisierungsmaßnahmen im Kinderheim der Stadt Wien in San Pelagio b. Rovigno (Verbot von Kirchgang und Gebet, Ersetzung der Ordensschwestern durch weltliches

Personal). Dazu Wunsch des Auswärtigen Amts, mit besonderer Vorsicht vorzugehen und insbesondere kein Verbot des Gottesdienstbesuchs auszusprechen; Vorschläge: 1) Benutzung der Kinderlandverschikkung zum Verbringen evangelischer und gottgläubiger Kinder nach San Pelagio und damit automatische Ausschließung der Ordensschwestern, 2) vorherige Einholung einer Erklärung der Eltern über den Gottesdienstbesuch und 3) „entsprechende Auswahl". Annahme und Durchführung des Vorschlags 2 durch den Reichsstatthalter in Wien, Ablehnung der Vorschläge 1 und 3 mit Rücksicht auf die Interessen Wiens bzw. auf die Gewissensfreiheit; der Austausch der Schwestern sowieso für die Kriegszeit als schwer durchführbar zurückgestellt. Einverständnis der PKzl. mit dieser Regelung. Unterrichtung der PKzl. vom weiteren Fortgang der Angelegenheit: Ausnahmsweise Genehmigung der Sichtvermerksanträge für die Rückkehr von vier Ordensschwestern nach San Pelagio; zwar Aufhebung des Kirchenbesuchsverbots, aber trotzdem kein Gottesdienstbesuch durch Kinder; u. a.
W/H   202 00635 – 54/16 (7/1 – 9)

13. 12. 41   GBauI Speer   15486
Als für den Wohnungsbau in Berlin selbständig zuständiger Generalbauinspektor zwar wenig Berührungspunkte mit dem Reichskommissar für den sozialen Wohnungsbau (RK), jedoch Mitteilung folgender – offenbar von Bormann gewünschter – Anregungen zu dessen Arbeit: Zu langsame Erarbeitung verbindlicher Typengrundrisse für Geschoßbauten im Nachkriegswohnungsbau (für Berlin schon entwickelt); mehr Einfluß für die Praktiker wünschenswert, u. a. durch Festlegung der Baugrundmaße auf die Dauer von zehn Jahren; die von Hitler geforderte Vereinfachung und Verbilligung durch Rationalisierung und Typisierung nur bei Ausdehnung auf den gesamten Wohnungsbau erreichbar, deshalb Votum gegen die vom Reichsarbeitsminister neuerdings versuchte Beschränkung des RK auf den Arbeiter-Wohnstättenbau; Klage über unzulängliche Heranziehung der privaten Bauwirtschaft durch RK Ley (im Gegensatz zu – dem seinerzeit von S. vergeblich als Reichswohnungsbaukommissar vorgeschlagenen – Todt); Befürchtungen hinsichtlich der möglichen Sanierung der „immer geldbedürftigen" DAF-Unternehmungen zu Lasten des von L. mit seiner neuen Bauhilfe-GmbH. „unterstützten" Handwerks.
H   101 16770 – 73 (1009 a); 101 17489/1 – 491/2 (1033 b)

15. 12. 41   Lammers, Prof. Entz   15487
Durch Lammers weitergeleitete Eingabe des Theologen Prof. Gustav Entz (Wien) an Hitler wegen einer Anordnung des früheren StdF, Theologen nicht in die Partei aufzunehmen (dadurch die Theologen „mit Juden, Fremdenlegionären, Verbrechern und Erbkranken in eine Linie gestellt"), und wegen des in der Partei sich breitmachenden antichristlichen Fanatismus; Hinweis auf den pro-ns. Kampf der ostmärkischen Protestanten in der Schuschnigg-Ära und auf den Fronteinsatz von Geistlichen und Theologen sowie Anführung zahlreicher Äußerungen, Zitate, Vorfälle und Übergriffe, fast durchweg aus Österreich, als „Material zur kulturpolitischen Lage" (antichristliche Äußerungen von Parteifunktionären und in Schulungsmaterialien, Erschwerung des Religionsunterrichts, Beschädigung christlicher Kultgegenstände, u. a.). (Vgl. Nr. 14754.)
W   101 01542/1 – 543 (170 a)

15. 12. 41   Lammers   15488
Bitte Bormanns, Hitler zu unterbreitende Vorschläge über mit dem Tode Kerrls zusammenhängende Fragen mit ihm abzustimmen; Kontaktaufnahme des MinDir. Klopfer am folgenden Tage angekündigt.
H   101 18907 (1156 b)

16. 12. 41 – [16. 1. 42]   RKzl.   15489
Wünsche der PKzl. hinsichtlich der Nachfolge Kerrls: 1) Im Reichskirchenministerium (RKiM) trotz gewisser Bedenken Beibehaltung des – z. Zt. eingezogenen – StSekr. Muhs, aber ohne Reklamierung von der Wehrmacht; Führung der Geschäfte also praktisch durch den in der PKzl. geschätzten MinDirig. Stahn; Abordnung einer mit der Vorbereitung von Maßnahmen gegen die Kirchen zu beauftragenden Persönlichkeit in das RKiM; 2) Angliederung der Reichsstelle für Raumordnung an ein Ressort (Vierjahresplan, Reichsinnenminister, Reichskommissar für die Festigung deutschen Volkstums). Die offenbar von der Reichskanzlei beeinflußte Lösung: Beauftragung M.' mit der Führung der Geschäfte beider Dienststellen, jedoch mit der ausdrücklichen Weisung, im RKiM von einer eigenen Kirchenpolitik abzusehen (Bormann: Keinesfalls Fortsetzung der von K. verfolgten Politik) und sich bei unvermeidlichen kirchenpolitischen Entscheidungen im „engsten Einvernehmen" mit Lammers und B. zu halten.
H   101 18908 – 12 (1156 b)

17. 12. 41   Lammers, Erzbf. Paderborn   15490
Durch Lammers Weiterleitung einer Anmahnung von zwei unerledigt gebliebenen Beschwerden des

Kapitularvikariates Paderborn durch den Erzbischof: 1) gegen die Beschlagnahme des Schwesternhauses Dortmund-Berghofen, 2) gegen die Beschlagnahme des Pfarrheims Delbrück.
H 101 21960 ff. (1271 a)

18. 12. 41 — 8. 1. 42   RKzl.   15491
Die Anregung des Leiters des Beamtenheimstättenwerks des Reichsbunds der deutschen Beamten, Johannes Lubahn, jedem Soldaten nach dem Kriege ein Eigenheim mit Gartenland zu gewähren, von Bormann nicht gebilligt: Keine Unterstützung des von L. eingereichten entsprechenden Entwurfs zu einem Führererlaß für Volksheimstätten unter Hinweis auf die lange Zeitspanne bis zur Erfüllung solcher Versprechungen.
M 101 02216 — 20 (209)

19. 12. 41   GL Schleswig-Holstein — 21   15492
Wochenbericht: Unzuträglichkeiten bei der Spinnstoffversorgung, kirchliche Aktivitäten (Kanzelverkündung der Namen Gefallener, Äußerung eines Pastors über die Euthanasiemaßnahmen [„vollendeter Mord"], Konfirmationsunterricht), Abhören englischer Sender in Dänemark.
W/H 502 00158 ff. (4)

[19. 12. 41]   RKfdbnG/Beauftr. f. d. Prov. Nordholland   15493
Beauftragung einer Blumenexportfirma in Haarlem mit der Übersendung eines Schnittblumen-Expreßpakets an Bormann.
H 101 20592 (1213 a)

20. 12. 41 — 10. 1. 42   Lammers   15494
Mitteilung: Die erbetene Stellungnahme des Beauftragten für den Vierjahresplan (gefragt auch der Chef OKW) zur Frage der Einrichtung einer Zivilverwaltung in Belgien noch ausstehend und angemahnt.
K/H 101 11466 (678 a)

20. 12. 41 — 18. 2. 42   RKzl., RMdI   15495
Zwischen dem Leiter der PKzl. und dem Reichserziehungsminister (REM) vereinbarte (und bereits praktizierte) vorläufige Grundsätze über die — vom REM zu genehmigende — Zulassung jüdischer Mischlinge zum Hochschulstudium (mitgeteilt anläßlich der Vorlage eines diesbezüglichen *Entwurfs durch den Reichsinnenminister): Generelle Zulassung der Mischlinge zweiten Grades, Zulassung der Mischlinge ersten Grades nur unter Beteiligung der PKzl. und unter bestimmten Voraussetzungen (Kriegsteilnahme allein nicht mehr ausreichend, erforderlich vielmehr das Vorliegen der Bedingungen der Führerentscheidung über eine spätere Gleichstellung mit Deutschblütigen; dessenungeachtet widerrufliche Zulassung gnadenweise in der Wehrmacht belassener und wegen Tapferkeit vor dem Feind ausgezeichneter Mischlinge; Zulassung zur Beendigung des Studiums nur für die lediglich infolge ihrer Einziehung an einem Abschluß vor der Neuregelung verhinderten Mischlinge). Eine endgültige Regelung der Frage — durch Hitler — erst nach Kriegsende zu erwarten.
K/W 101 15518/13 — 24 (941)

22. 12. 41   GL Schleswig-Holstein — 21   15496
Bericht der Gaufrauenschaftsleitung Schleswig-Holstein über Probleme beim Arbeitseinsatz der Frauen, insbesondere über die Mißstimmung wegen der Nichtheranziehung der Frauen aus bessergestellten Kreisen durch die Neuregelung des Reichsarbeitsministers, zunächst Frauen mit Arbeitsbuch zu erfassen; die nicht unbegründete Scheu vor dem Arbeitsbuch; Notwendigkeit der Heranziehung aller Frauen, der Einhaltung der für die Dauer des Arbeitseinsatzes angegebenen Fristen, einer gerechten Regelung für Hausfrauen und Hausgehilfinnen, u. a.
W/H 502 00154 — 57 (4)

22. 12. 41   Lammers, RBauR Fick, Todt   15497
Aus gegebenem Anlaß (durch Lammers Übersendung von *Schreiben des Reichsbaurats für die Stadt Linz, Prof. Fick, an die Führeradjutantur) Bitte Bormanns, künftig alle Bauangelegenheiten in Linz, München usw. ihm zuständigkeitshalber zuzuleiten. Beantwortung der Schreiben F.s durch B.: Dank für übersandte Fotografien; eine Besprechung über Linz erst bei geringerer Arbeitsbelastung Hitlers möglich; Weiterleitung der *Niederschrift des Baudirektors Feuchtinger (Vergleich der öffentlichen Verkehrsmittel) an den dafür zuständigen Todt (Empfehlung H.s hierzu: Stoßbetrieb nur von einer wirklich

modernen Straßenbahn zu bewältigen, daher schon jetzt auf allen Außenstrecken Anlegung von Straßenbahngleisanlagen in endgültiger Schienenbreite).
K   101 19501 – 05 (1178)

[22. 12. 41] – 12. 1. 42   AA   15498
Weiterleitung von *Schreiben des MinR Heim (PKzl.) an Bruno Conrad (Paris).
M   203 01100, 103 (36/1)

22. 12. 41 – 19. 4. 42   Schwarz, ArbBer. GenGouv., RFSS, GenGouv., OSAF   15499
Auf Anfrage Schwarz' und Bormanns Stellungnahme Himmlers zu den von GenGouv. Frank aufgestellten Wehr- und Schützenbereitschaften: Mißbilligung des unnötigen Kräfteverschleißes und Eintreten für die Bildung einer Polizeireserve. Einverständnis B.s und Lammers' mit dem Wunsch H.s nach Abhaltung einer Besprechung. Wegen eines Befehls H.s über die Aufstellung eines SS-Sturmbanns Ost für das Generalgouvernement von der Obersten SA-Führung die Maßnahme F.s als überholt betrachtet und die Erfassung der SA-Männer im Generalgouvernement in SA-Einheiten (bei gleichzeitiger Bildung von SA-Wehrmannschaften) beabsichtigt (vgl. Nr. 15681). Einigung zwischen H. und F.: Umwandlung der Wehr- und Schützenbereitschaften in eine Hilfsorganisation der Polizei, dafür Verzicht H.s auf die Einrichtung des SS-Sturmbanns. Befremden B.s über ein *Schreiben F.s und Hinweis auf die erzielte Einigung.
K/W   102 01411 – 22 (2648)

23. 12. 41   RMdI u. a.   15500
Übersendung eines auf eine Anregung der PKzl. zurückgehenden Rundschreibens: Die Abhaltung von Behörden-Sprechtagen für Volksgenossen nur in Ausnahmefällen zulässig; die Behörden grundsätzlich an jedem Arbeitstag für persönliche Rücksprachen verfügbar.
M   101 07287 f. (583 a)

[23.] – 27. 12. 41   RKzl., RMdI   15501
Zustimmung der Reichskanzlei zu dem vom Reichspropagandaminister veranlaßten *Entwurf eines Erlasses des Reichsinnenministers über die Bearbeitung kultureller Angelegenheiten in der Gaustufe (Zweck die Sicherstellung der Tätigkeit der Reichspropagandaämter, Anlaß die Beeinträchtigung dieser Tätigkeit durch Schaffung besonderer Kunst- und Theaterreferate seitens einiger Reichsstatthalter in der Ostmark, insbesondere Schirachs). (Abschrift an die PKzl.)
K/H   101 12846 f. (703 a); 101 18605 f. (1150); 101 23038 ff. (1310 b)

23. 12. 41 – 9. 7. 42   RJM, Lammers   15502
Ablehnung der vom Reichsjustizminister beabsichtigten Verschärfung der Strafbestimmungen für Wilderei durch Bormann unter Hinweis auf mehrfache Stellungnahmen Hitlers (Bestimmungen nicht gegen Wilderei, sondern gegen Wildschaden notwendig); dagegen Zustimmung zur Einführung der – nicht verschärften – im Reich geltenden Strafbestimmungen in den Alpen- und Donaureichsgauen (trotz Bedenken gegen solche Vorgriffe auf die „spätere großdeutsche Gesamtrechtserneuerung") angesichts der dadurch erfolgenden Milderung der derzeit dort geltenden, Wilderei nach österreichischem Recht als Diebstahlsverbrechen ahndenden Bestimmungen.
W/H   101 26876 – 84 (1512)

24. 12. 41   OKW   15503
Zwecks Freistellung bisher uk.-gestellter Soldaten Befehl Hitlers über den verstärkten Arbeitseinsatz von sowjetischen Kriegsgefangenen in Rüstungsbetrieben; Sicherung ihrer Einsatzfähigkeit durch ausreichende Ernährung und Beseitigung der Fleckfiebergefahr.
K   101 11351 ff. (670 a)

24. 12. 41 – 20. 1. 42   RVM u. a.   15504
Einladung zu einer Ressortbesprechung über den Reiseverkehr und deren Protokoll: Allgemeine Ablehnung der Einführung einer Reisegenehmigungspflicht (Gewinn von 70 Lokomotiven für den Güterverkehr bei einer Verwaltungsarbeit für ca. 40 000 Menschen und Beeinträchtigung der Volksstimmung), statt dessen äußerste Einschränkung bei Sonderzügen, Einstellung von Kongressen usw., Propaganda gegen überflüssiges Reisen und evtl. Ausgabe von Zulassungskarten zu stark besetzten Zügen auf längere Zeit.
H   101 08304 – 15 (637 a)

27. 12. 41 — 11. 4. 42   RKzl., AA, RL, GL, VerbF   15505
Auf Veranlassung Bormanns Ausarbeitung von Rundschreiben der Reichskanzlei (RKzl.) und der PKzl.
(46/42) über Einladungen führender Persönlichkeiten aus den besetzten Gebieten: Die Zustimmung
Hitlers — ebenso wie bei Einladungen prominenter Ausländer — erforderlich; dafür zuvor Einholung einer Stellungnahme des zuständigen Chefs der deutschen Verwaltung zur Vorbereitung der Entscheidung H.s, aber auch bei — H.s Zustimmung nicht bedürfenden — Einladungen von Persönlichkeiten geringerer Bedeutung; Berücksichtigung der Wünsche des Auswärtigen Amtes nach dessen Informierung
auch bei Einladungen außerhalb seiner Zuständigkeit.
M/H   101 04313 — 26 (414 a)

31. 12. 41   RMfdbO   15506
Bitte um Benennung von Vertretern für die in Aussicht genommenen Ausschüsse (Politischer Ausschuß,
Verkehrserschließung, Wirtschaftspolitik) im Zentral-Planungs-Stab.
K   101 11831 ff. (683 a)

[31. 12. 41]   RMdI, RFM   15507
Runderlaß (zugleich im Namen des Leiters der PKzl.) über die Übernahme ehemaliger jugoslawischer
Beamter (einschließlich der Umsiedler aus der Provinz Laibach) in den öffentlichen Dienst, Regelung
ehemaliger jugoslawischer Versorgungsbezüge.
W   112 00015 — 15/4 (58)

[1942]   —   15508
In einem Verzeichnis der Träger der feldgrauen SS-Uniform mit den Abzeichen der Allgemeinen SS
u. a. SS-Ogruf. Bormann.
K   102 01045 (1941)

Jan. 42   Lammers   15509
Eine Besprechung mit Bormann „wegen Professor Haase" vorgesehen.
H   101 29059 (1565)

1. 1. 42   NSDAP-RL   15510
Verzeichnis der Fernschreibteilnehmer im Fernschreibnetz der NSDAP (Meldezeichen der PKzl.: part
kzl mchn).
H   101 17597 f. (1068 a)

3. 1. 42   GL Schleswig-Holstein — 21   15511
Wochenbericht: Diskussionen über den zu späten Beginn und den Papieraufwand der Woll- und Wintersachensammlung, Kritik an der Beurlaubung polnischer Arbeitskräfte und an der Stellung von Sonderzügen für diesen Zweck, Schwierigkeiten bei Radioreparaturen, Mißstimmung wegen der unterschiedlichen Behandlung selbständiger und unselbständiger Tätigkeit bei der Zahlung von Familienunterhalt für Einberufene, u. a.
W/H   502 00150 — 53 (4)

3. 1. 42   AA, Dt. GenKons. Reykjavik   15512
Übersendung eines *Berichts des Deutschen Generalkonsuls in Reykjavik, Gerlach, über Island.
M   203 00243 (21/1)

3. 1. 42   Lammers   15513
Mitteilung Bormanns: Zur Vermeidung ähnlicher Verhältnisse wie im Englischen Wunsch Hitlers, die
Schreibweise ins Deutsche übernommener Fremdwörter ihrer Aussprache anzupassen (z. B. Schi statt
Ski).
K/H   101 16066 (953)

3. 1. — 16. 2. 42   Lammers, Obgm. Liebel, Speer   15514
Vorschläge des mit der Führung der laufenden Geschäfte des Zweckverbandes Reichsparteitag Nürn-
berg beauftragten Obgm. Liebel für die Ernennung eines Nachfolgers für den verstorbenen Leiter des
Zweckverbandes, Kerrl: Bormann sowie (zwei Wochen später) Speer. Bestimmung B.s durch Hitler.
H   101 19747 — 61 (1194 a)

5. 1. 42   Chef Sipo   15515
Übersendung einer Einladung für die nächste Sitzung des Arbeitskreises zur Erörterung sicherheitspolizeilicher Fragen des Ausländereinsatzes; Besprechungspunkte: Bekämpfung von Arbeitsvertragsbrüchen, politische Betätigung, u. a.
W   112 00122 – 24/1 (162)

6. – 8. 1. 42   Chef Sipo   15516
Bericht über das Verhalten rumänischer Legionäre (Eiserne Garde) im Reich (vorgelegt auf Befehl Hitlers im Zusammenhang mit einer Äußerung Marschall Antonescus über angebliche Korrespondenzkontakte Horia Simas nach Rumänien): Überwachung der Legionäre durch Gestapo und Auswärtiges Amt; Zwangsaufenthalt im Lager Berkenbrück b. Fürstenwalde (ehemalige Führer der Eisernen Garde und leitende Staatsbeamte) und in Rostock (Arbeitseinsatz bei Heinkel, Arado und auf der Neptun-Werft); Erwähnung einer anerkennenden Äußerung Prof. Heinkels über die Leistungen der Legionäre; Anhaltspunkte für unerlaubte politische Tätigkeit sowie für verbotenen Schriftwechsel nicht gegeben; Bereitschaft S.s, von der Führung der Legion zurückzutreten und sich bedingungslos den deutschen Notwendigkeiten zu unterstellen; die Erklärung S.s bezüglich seiner Korrespondenz-Kontakte glaubwürdig. – Namensliste der in Berkenbrück untergebrachten rumänischen Flüchtlinge.
K   102 01670 – 84 (2863)

8. 1. 42   GL Schleswig-Holstein u. a. – 21   15517
Übersendung eines Lageberichts der Bauwirtschaft für Oktober – Dezember 1941 (Beschäftigungslage, Bauvolumen, Baustoffe, Mangel an Arbeitskräften, Transportraum und Treibstoff, Fortschritte im Wohnungsbau und bei den Luftschutzbauten, u. a.).
W   502 00146 – 49 (4)

8. – 19. 1. 42   RMdI, RStatth. Westmark, RKzl.   15518
Durch den Reichsinnenminister Übersendung eines vom Ständigen Vertreter des Reichsstatthalters Westmark verfaßten Erfahrungsberichts über die Probleme der Verwaltungsorganisation in Lothringen: Zusammenarbeit mit den Sonderverwaltungen des Reiches sichergestellt; eine eindeutige Trennung zwischen politischer Führung und Verwaltung undurchführbar; zur Vermeidung von Spannungen zwischen Landräten und Kreisleitern gemeinsame Arbeitstagungen (Geschlossenheit der gesamten Führung sowohl im Hinblick auf die Rückführung Lothringens in das Reich wie für die Garantierung einer volksnahen Verwaltung erforderlich). Bitte des MinDir. Klopfer (PKzl.) an MinDir. Kritzinger (Reichskanzlei) um dessen Auffassung über die aufgeworfenen Fragen.
A/H   101 23764 – 75 (1338 b)

9. 1. 42   CdZ Kärnten u. Krain   15519
Mitteilung über die Überleitung des Amts des Chefs der Zivilverwaltung (CdZ) in Südkärnten (richtig: in den besetzten Gebieten Kärntens und Krains) von Veldes nach Klagenfurt; Wahrnehmung seiner Aufgaben durch die Behörde des Reichsstatthalters und im einzelnen bestimmte Stellen als Organe des CdZ.
A/H   101 24022 f. (1348)

9. 1. 42   RKzl., K. Kreuzer   15520
In einer – u. a. an den Leiter der PKzl. weitergeleiteten – Eingabe an Hitler Hinweis eines Karl Kreuzer (Breslau) auf die negativen Auswirkungen der um sich greifenden Korruption auf die Volksstimmung; Vorschlag, einen Reichskommissar für die öffentliche Ordnung mit außerordentlichen Vollmachten einzusetzen.
W   101 09002 – 08 (650 c)

9. 1. 42   RKzl.   15521
Eine von Bormann vorgetragene Anregung, die wendischen Lehrer und Pfarrer infolge „gewisser Aktivität zugunsten des Wendentums" nach Westdeutschland zu versetzen, von Hitler wegen der dadurch zu befürchtenden Unruhe bis nach dem Kriege zurückgestellt. Verständigung der beteiligten Partei- und (in der Reichskanzlei moniert) Staatsstellen durch die PKzl.
H   101 25451 f. (1418 b)

9. 1. 42   RKzl. u. a.   15522
Unzuträglichkeiten zwischen dem Reichsbaurat für die Stadt Linz, Prof. Fick, und dem Reichskommis-

sar für den sozialen Wohnungsbau (RK) sowie dem Gauwohnungskommissar Oberdonau wegen ihrer Zuständigkeiten im Bereich des sozialen Wohnungsbaus. Standpunkt des RK: Außerkraftsetzung des Führererlasses vom 25. 3. 39 über die Neugestaltung der Stadt Linz im Bereich des sozialen Wohnungsbaus durch die §§ 8 und 9 der Verordnung über die Einrichtung von Wohnungs- und Siedlungsämtern vom 30. 8. 41. Standpunkt F.s: Keine Änderung seiner Befugnisse durch diesen Erlaß; Bitte um Herbeiführung eines Führerentscheids. Dazu Lammers: Zuständigkeit und Aufgabenbereich F.s durch den Erlaß vom 25. 3. 39 erschöpfend geregelt; ferner Hinweis auf die im Erlaß zur Vorbereitung des deutschen Wohnungsbaus nach dem Kriege vom 15. 11. 40 ausdrücklich erwähnte unberührte Zuständigkeit der Beauftragten für die Neugestaltung der Städte. Danach durch L. Übermittlung von Abschriften seines Schreibens und des gesamten Schriftwechsels an Bormann.
K   101 19498/1 − 500 (1178)

10. − 19. 1. 42   RFSS (u. a.)   15523
Zurückziehung des Rundschreibens 8/41 g der PKzl. vom 9. 6. 41 aus „besonderen Gründen".
K   102 01278 f. (2376)

10. 1. − 17. 2. 42   Lammers, Frick   15524
Nach Beilegung von Differenzen um die Oberbürgermeister von Frankfurt/Main und Dresden Konflikt zwischen Bormann und Frick über die von B. unnachgiebig verlangte Abberufung des Oberbürgermeisters von Hannover, Haltenhoff (seitens der Partei neben anderen Beanstandungen Vorwurf, jüdische Bittsteller anläßlich einer „Evakuierungsaktion" empfangen zu haben; seitens des Reichsinnenministers Klage über den von der Gauleitung einem Oberbürgermeister gegenüber angeschlagenen Ton sowie grundsätzlich über die zunehmenden Versuche der Gauleiter, mißliebig gewordene Oberbürgermeister durch „Entziehung des Vertrauens der NSDAP" aus ihrem Amt zu entfernen, dies das Ende der Selbstverwaltung). Ablehnung des von F. geforderten gemeinsamen Vortrags bei Hitler durch Lammers (zur generellen Erörterung des Verhältnisses der Partei zur Selbstverwaltung jetzt nicht die Zeit). Daraufhin Alleingang F.s. Scharfe Kritik B.s an diesem Vortrag bei Hitler ohne seine oder L.' Einschaltung; Vorwurf der unrichtigen, erst seine − B.s − Richtigstellung erfordernden Unterrichtung Hitlers; Ankündigung einer Belegsammlung für die Notwendigkeit der Entfernung Haltenhoffs.
M/H   101 07078/1 − 085/1 (576 a)

10. 1. − 28. 10. 42   RMfdbO   15525
Bitte um Zustimmung zu der vorgesehenen Regelung der Flaggenführung von Binnenschiffen in den besetzten Ostgebieten (Staatsdienstschiffe Reichsdienstflagge; Wasserfahrzeuge der Wehrmacht Reichskriegsflagge oder Reichsdienstflagge; übrige deutsche Schiffe mit mindestens einem Deutschen an Bord und ausländische Schiffe Handelsflagge; „alle anderen Wasserfahrzeuge" ohne Flagge). Erlaß einer entsprechenden Anordnung.
K/H   101 00189 f. (130); 101 12054 − 58/2 (687)

12. 1. 42   Lammers   15526
Mitteilung Bormanns über eine negative Äußerung Hitlers zu der vom Reichsinnenminister zwecks Personaleinsparung beabsichtigten Auflösung von Landkreisen und preußischen Regierungen: Keinesfalls Zusammenlegungen während des Krieges (keine Personaleinsparungen, aber Unruhe in den betroffenen Gemeinden und Gauen die Folge).
A   101 09792 f. (656 b)

12. 1. − 3. 2. 42   RKfdsozW   15527
Vorschlag, die im abgeschlossenen Etat ausgewiesene Ministerialdirektoren-Stelle mit Johannes (Hans) Wagner zu besetzen. Zustimmung der PKzl.
H   101 19083 − 87 (1161 d)

13. 1. 42   RMdI   15528
Bitte um Zustimmung zur Beförderung des ORegR Grüninger (Kanzlei des Führers) zum Ministerialrat.
H   101 20461 f. (1212)

13. 1. − 24. 3. 42   RKzl., RMfVuP, BfdVJPl.   15529
Einwände Bormanns gegen die Absicht des Propagandaministeriums (Promi), durch eine größere Aktion (Presseartikel, Plakate, Einsatz von Rednern, usw.) die Haltung der Bevölkerung gegenüber dem Schleichhandel zu beeinflussen: Forderung, zuerst den Tatbestand des unerlaubten Tausch- und Schleichhandels einwandfrei zu klären; Befürchtung, durch eine Behandlung der Angelegenheit in der

Öffentlichkeit mehr Schaden als Nutzen anzurichten. Vortrag des Ministeramtsleiters Hadamovsky (Promi) bei Hitler; dessen Einverständnis mit einer Verschärfung der Kriegswirtschaftsverordnung, mit der Durchführung einer entsprechenden Propagandaaktion durch das Promi und mit der Herausgabe eines internen Rundschreibens an die Spitzen von Partei und Staat. Forderung B.s, die Verordnung zur Ergänzung der Kriegswirtschaftsverordnung möglichst bald zu erlassen: Das Inkrafttreten verschärfter Strafbestimmungen gegen Schleich- und Tauschhandel im Hinblick auf die gegenwärtigen Verhältnisse äußerst dringlich. Veröffentlichung dieser *Verordnung im Reichsgesetzblatt. Ermahnung der führenden Persönlichkeiten durch einen Führererlaß, sich beispielhaft zu verhalten.
M   101 03610 – 38/3 (371 b)

13. 1. – [13. 5.] 42   GL Schleswig-Holstein u. a.   15530
Ausführlicher Bericht über die bei der diesjährigen Verpflichtung der Jugendlichen (umfassende Richtlinien hierfür in der *Anordnung A 3/42 der PKzl. enthalten) in den einzelnen Kreisen und Städten gemachten Erfahrungen: Vorbereitung, Durchführung, Beteiligung und Stellungnahme der Elternschaft sowie der Schule, Haltung der Geschäftsleute, weltanschauliche Vorbereitung, Auswirkungen auf die Konfirmation (Zurückdrängung), andere weltanschauliche Lebenswendefeiern (deutschkirchliche Konfirmationen, Jugendfeiern des Kampfrings Deutscher Glaube), Einschaltung des Hoheitsträgers, Schlußfolgerungen und Verbesserungsvorschläge.
W/H   502 00161 – 91 (5)

[14. 1. 42]   Lammers   15531
Vereinbarung einer Regelung mit Bormann, vermutlich die Erledigung von kirchlicher Seite eingehender Beschwerden betreffend (danach z. B. regionale Erledigung einer Eingabe des Kard. Bertram wegen der drohenden Ausweisung der – nicht in die Deutsche Volksliste aufgenommenen – Hälfte der Pfarrer in den zum Regierungsbezirk Kattowitz gehörenden 29 Gemeinden des Olsa-Gebiets).
H   101 00866 – 71 (150 a)

14. – 18. 1. 42   Lammers   15532
Mitteilung Bormanns über einen Führervortrag des RK Terboven: Die von T. gewünschte Bereitstellung von 5 Mio. Schwedenkronen zur Finanzierung der Vorbereitungen (Kauf von Baracken für die Gefangenen) für den Bau einer Eisenbahn und der Reichsstraße 50 in Nord-Norwegen von Hitler angeordnet. Durch Lammers Veranlassung der Bereitstellung.
K/H   101 11360 – 63 (673 a)

14. – 24. 1. 42   Lammers   15533
Übermittlung (durch Bormann), Prüfung und Begleichung der Gesamtabrechnung (ca. RM 97 000.–) der von Hitler dem Landestheater Linz gestifteten Gesamtausstattung der Operette „Die Fledermaus".
H   101 21213 – 14/1 (1253)

15. 1. 42   Rechnungshof d. Dt. Reichs   15534
Abordnung des ORegR Arno Hillebrecht in die Arbeitsgruppe Innere Verwaltung der Staatsrechtlichen Abteilung der PKzl.
K   101 12921 (705 b)

15. 1. 42   RFSS   15535
Mitteilung: In Fragen der Nachrichtengerätebeschaffung Vertretung des gesamten Dienstbereichs des Reichsführers-SS gegenüber dem Sonderbeauftragten für technische Nachrichtenmittel beim Vierjahresplan durch den Chef des Fernmeldewesens.
K/H   102 01145 (2141)

15. 1. – 7. 4. 42   RFSS   15536
Bitten von Ilse Heß (geäußert im Zusammenhang mit der Schließung des großen Hauses in Harlaching und ihrem Umzug in die Hausmeisterwohnung) um Ersetzung ihres Obergärtners durch einen Hilfsgärtner sowie – später – darum, diesen ihr zugewiesenen slowenischen Gärtner für die Dauer des Krieges behalten zu dürfen (von Himmler genehmigt); im gleichen Zusammenhang Erwähnung der Absicht, ein seit einiger Zeit in ihrem Haushalt lebendes elfjähriges Mädchen (eine Urenkelin von Claudius) in einem Internat unterzubringen.
W/H   107 00560, 585 f., 591 – 95, 607 f., 611 ff. (213)

16. 1. 42   RKzl.   15537
Verordnung Lammers' und Bormanns zur Durchführung des Führererlasses über die Stellung des Leiters der PKzl.: Mitwirkung der Partei an der Gesetzgebung sowie bei der Bearbeitung von Beamtenpersonalien ausschließlich durch den Leiter der PKzl.; dessen Stellung bei gesetzgeberischen Arbeiten in jedem Fall die eines beteiligten Reichsministers, seine Beteiligung daher „von vornherein" sicherzustellen; Verkehr zwischen den Obersten Reichsbehörden und den Dienststellen der Partei usw. nur über ihn zulässig.
M/H   101 06513 ff. (530); 101 11892 ff. (686); 101 12530 ff. (694)

[16. 1. 42]   RKzl.   15538
Inhalt eines von Lammers vorgelegten, von Hitler indes „nicht für nötig" gehaltenen „Erlasses des Führers über seine vorübergehende Entlastung von Regierungs- und Verwaltungsgeschäften": Unter Teilnahme des Leiters der PKzl. regelmäßig monatlich stattfindende Zusammenkünfte der Reichsminister unter L.' Vorsitz zwecks Unterrichtung und Aussprache über kriegswichtige Angelegenheiten während der durch ihre Inanspruchnahme durch die militärische Führung des Krieges bedingten Verhinderung H.s bzw. Görings, Sitzungen des Reichskabinetts bzw. in der Regel auch des Ministerrats für die Reichsverteidigung abzuhalten.
H   101 29793−97 (958)

16. 1. 42−[13. 8. 43]   RJM, RVM, RLM, OKW, RKzl.   15539
Veranlaßt durch den ihm vorliegenden Versorgungsfall des bei einem Eisenbahnunglück getöteten Uffz. Bastert Anordnung Hitlers, im Dienst oder durch Schuld des Reiches tödlich Verunglückte oder Beschädigte nach den für sie günstigsten Gesetzen zu versorgen bzw. zu entschädigen. Dementsprechend Zahlungen an die Hinterbliebenen B.s nicht mehr nach der Wehrmachtversorgung, sondern nach den zivilen Schadensersatzansprüchen an die Reichsbahn und Vorlage des Entwurfs eines Gesetzes über die Leistung von Schadenersatz bei Unfällen im öffentlichen Dienst durch den Reichsjustizminister. Zustimmung der zivilen Ressorts, wenn auch zum Teil unter ausdrücklichem Verweis auf den vorliegenden „Führerwillen", jedoch nachdrücklicher Einspruch des OKW: Eine Besserstellung im zivilen Bereich tödlich verunglückter gegenüber gefallenen Wehrmachtangehörigen für die Wehrmacht nicht tragbar. Unter Hinweis auf H.s ausdrückliche Entscheidung Stellungnahme der PKzl. für den Gesetzentwurf und sogar noch Forderung des Wegfalls der Beschränkung auf die Gefährdungshaftung und der Einbeziehung ebenfalls der Verschuldenshaftung. Eine nach verschiedenen Ressortbesprechungen zunächst vorgesehene Chefbesprechung mit anschließendem Vortrag bei H. von Bormann verhindert: In der grundlegenden Frage (die unvermeidbare Kluft zwischen Versorgungs- und Schadenersatzansprüchen zwischen zivilen und militärischen Stellen oder aber innerhalb der Wehrmacht leichter zu ertragen) Druck auf Keitel mit dem Ergebnis des Nachgebens der Wehrmacht; in der Frage der Verschuldenshaftung gegenüber den vom OKW geäußerten disziplinarischen Bedenken Kompromißbereitschaft. Schließlich Zustimmung aller Beteiligten zu der letzten Fassung des nunmehr „Gesetz über die erweiterte Zulassung von Schadensersatzansprüchen bei Dienst- und Arbeitsunfällen" überschriebenen Entwurfs (Lex Bastert).
H   101 13425−530 (716)

19. 1. 42   RBauR Fick   15540
Mitteilung Bormanns über die Entscheidung Hitlers, beim Wohnungsbau in Linz Beschäftigte nicht zur Wehrmacht einzuberufen. Anforderung von Listen der Uk.-Gestellten.
H   101 17003 (1019 a)

[19. 1. 42]   Frau Lund   15541
*Schreiben einer Frau Lund (Jerrishoe) über Zwistigkeiten zwischen ihrer Tochter, der Ortsfrauenschaftsleiterin Plagemann, und KrL Hans (Flensburg-Land); im Zusammenhang damit scharfe Auseinandersetzung zwischen H. und GL Lohse. (Erwähnung.)
W/H   502 00211 ff. (9)

20. 1. 42   WFSt.   15542
Orientierung über eine Umbenennung: Wegfall der Bezeichnung „Abteilung Landesverteidigung", Dienstbezeichnung des bisherigen Chefs der Abteilung künftig „Stellvertretender Chef des Wehrmachtführungsstabes"; Angabe der neuen Anschrift.
H   101 18591 f. (1148)

20.–27.1.42   Lammers   15543
Mitteilung Bormanns: Nach einer Beschwerde der Reichsfrauenführerin (Anlaß das Staatsbegräbnis für Kerrl) Meinungsäußerung Hitlers, in solchen Fällen „ruhig auch weibliche Gefolgschaftsangehörige" zuzulassen. Einschränkung Lammers' hinsichtlich militärischer Staatsakte.
H   101 21439 ff. (1267 a)

20.1.–13.7.42   AA   15544
Übersendung zunächst einer Buchrezension, später auch des Buches selbst: Kirche und Staat im faschistischen Italien, herausgegeben von Prof. Binchy (Dublin).
W   202 00686–88/1 (7/10–18 + 19/8)

21.–29.1.42   Chef Sipo u. a.   15545
Einladung zu einer Sitzung des Arbeitskreises zur Erörterung sicherheitspolizeilicher Fragen des Ausländereinsatzes und Niederschrift darüber: Erlaubnis der politischen Betätigung ns. und faschistischer Bewegungen besetzter Länder (Norwegen, Dänemark, Holland, Belgien, Frankreich, Ukraine) in bestimmtem Rahmen; Erfahrungen im Umgang mit den polnischen Arbeitern (allgemein das Verhalten der deutschen Bevölkerung bemängelt, von der PKzl. Aufklärungsaktionen angekündigt); Bedenken gegen die lohnpolitische Gleichstellung der Ukrainer mit den Polen.
W/H   112 00112–18 (162)

22.–31.1.42   Lammers   15546
Mitteilung Bormanns: Keine Bedenken Hitlers gegen die von GL Rainer geplante Errichtung eines Reichsinstituts für Kärntner Landesforschung, jedoch Hinweis auf die Zuständigkeit Rusts.
K   101 16265 ff. (955 b)

22.1.–22.2.42   RKzl., Oberste RBeh., GL Rainer   15547
Durch Lammers Mitteilung über die Entscheidung Hitlers, das GL Rainer als Chef der Zivilverwaltung unterstellte Gebiet künftig „Oberkrain" zu nennen. Dazu Hinweis R.s: Dieser Name nur als Landschaftsbezeichnung und nur für das besetzte Gebiet von Krain gültig, nicht jedoch für das von Kärnten (dessen Landschaftsbezeichnung „Mießtal"); somit eine Änderung seiner Dienstbezeichnung nicht erforderlich. Nach Zustimmung Bormanns entsprechende Information an die Obersten Reichsbehörden.
A/H   101 24025–33 (1348)

22.1.–25.2.42   Lammers, Schwerin-Krosigk   15548
Mitteilung Bormanns: Wegen noch andauernder Gefechte mit aufständischen Slowenen Anordnung einer scharfen Sperrung der Südgrenze Oberkrains durch Hitler sowie – nach Hinweisen Himmlers und des GL Rainer auf das primäre Erfordernis einer einheitlichen Befehlsgewalt bei der Bekämpfung der Aufständischen – Entscheidung Hitlers, den Zollgrenzschutz bis auf weiteres dem zuständigen SS- und Polizeiführer zu unterstellen. Dies von dem darüber von der Reichskanzlei informierten Reichsfinanzminister als nur vorübergehende Maßnahme betrachtet (Hinweis auf den früher geäußerten Wunsch Hitlers, die SS nicht zur Zolltruppe werden zu lassen); diese Ansicht von Lammers geteilt.
A   101 24034–41 (1348 a)

22.1.–6.5.42   AA u. a.   15549
Übersendung von Eingaben des Oblt. a. D. H. Marcard (Bremen) mit schweren Beschuldigungen gegen die Parteigerichtsbarkeit und gegen Politische Leiter (Parteiausschluß angeblich wegen Beziehungen zu einer Parteigenossin, in Wirklichkeit wegen seines Wissens um „strafrechtliche unmoralische Vergehen einiger Günstlinge des hiesigen Kreisleiters"); Absicht, deshalb auszuwandern. Weitere Verfolgung der Angelegenheit durch die PKzl.
M/H   203 01112–16 (36/2)

22.1.–13.8.42   Prof. Gall – 3   15550
Durch Prof. Ludwig Gall (München) Übersendung von drei Selbstkostenaufstellungen über die angefallenen Arbeitsstunden und Auslagen für die Verwaltung der Führerbau-Gemäldesammlung. Nach der letzten Einreichung Verweisung G.s an die Reichskanzlei.
W/H   302 00088–94 (Gall)

24. 1. 42   Lammers   15551
Übersendung des von Hitler – mit einer Änderung – vollzogenen Erlasses über Bildung und Abfindung des Verwaltungsführerkorps in den besetzten Ostgebieten während des Krieges vom 16. 1. 42 (auf Anordnung H.s keine Veröffentlichung).
K   101 12090 – 96 (688)

24. 1. – 23. 6. 42   Lammers, RVM   15552
Durch Anordnung Bormanns Umgestaltung der Statuten und Umbenennung des Reichsbundes Deutscher Seegeltung e.V.: Ab 1. 1. 42 Deutsches Seegeltungswerk e.V. unter Beibehaltung der privatrechtlichen Form mit weitgehendem Einfluß der Partei. Von B. veranlaßte Befragung Hitlers nach seinem Wunsch, sich die Ernennung des Leiters auch künftig selbst vorzubehalten. Diese Frage von H. bejaht; Vornahme der Ernennung auf den gemeinsamen Vorschlag des Leiters der PKzl., des OKM und des Propagandaministers.
K/H   101 14858 – 76 (829)

25. 1. 42   Lammers   15553
Die Absicht Görings, eine Kommission zur Verwaltungsvereinfachung einzusetzen, praktisch bestehend aus den StSekr. Reinhardt und Stuckart, und nach ihren Vorschlägen über Aufhebung und Zusammenlegung von Behörden zu entscheiden, von Lammers durch Vortrag bei Hitler verhindert. L.' Bedenken: Bisher kein Verordnungsrecht für G. auf dem Gebiet der Verwaltung erteilt; Zweifel an der Fähigkeit der Kommissare, sich durchzusetzen, und Vermutung ihrer Betätigung vor allem in den anderen Ressorts (ein umfangreicher Papierkrieg über die Notwendigkeit der Vereinfachungen zu erwarten). Statt der Kommission G.s daher Herausgabe eines Führererlasses (über die weitere Vereinfachung der Verwaltung, vom 25. 1. 42) nach den Wünschen L.': Bei rücksichtsloser Einziehung durch die Wehrmacht Abgabe aller bei höchster Kräfteanspannung entbehrlichen Arbeitskräfte der Verwaltung; deren Beschränkung auf die wichtigsten Aufgaben; Verantwortlichkeit der Ressortchefs für die Durchführung der Vereinfachung in ihren Geschäftsbereichen; Verzicht auf die Einsetzung eines Reichskommissars zur Verwaltungsvereinfachung, jedoch Berichtspflicht L.' und Verpflichtung der Ressortchefs, ihn dafür mit den von ihm gewünschten Auskünften zu versehen. An Bormann durch L. Übersendung dieses Führererlasses sowie einer vertraulichen Notiz über dessen Vorgeschichte.
H   101 13000 – 03/6 (706 a)

25. 1. – 24. 2. 42   RKzl.   15554
Übermittlung des (auf Weisung Hitlers unveröffentlichten) Führererlasses zur Reinhaltung von SS und Polizei vom 15. 11. 41 (verschärfte Strafandrohungen für Homosexualität).
H   101 20265 – 69 (1204 b)

26. 1. 42   (Axmann)   15554 a
Interne Besprechungen mit Bormann im Führerhauptquartier. (Erwähnung.)
H   102 00113 (219)

26. 1. – 14. 2. 42   RMdI, RFM, PrFM   15555
Durch den Reichsinnen- und den Reichsfinanzminister Übersendung des *Entwurfs einer Reichspolizeigebührenordnung mit dazugehörigem Tarif: Eine reichseinheitliche Regelung des Gebührenwesens zur Sicherstellung einer reibungslosen Weiterarbeit der Polizeiverwaltungen – Hinweis auf die gerade jetzt notwendigen Personalverschiebungen – dringend erforderlich; Begründung der Anlehnung an die preußischen Vorschriften. Angedeutete Zweifel des Preußischen Finanzministers an der Dringlichkeit dieser Aktion: Hervorhebung der Forderung Hitlers, alle nicht unbedingt kriegsnotwendigen Arbeiten einzustellen.
M/H   101 03900 – 04 (393); 101 12878 ff. (705 a)

27. 1. – 18. 2. 42   Lammers, Erzbm. Köln   15556
Durch Lammers weitergeleitete Eingabe des Kapitularvikars der Erzdiözese Köln: Beschwerde über die Einziehung des Priesterseminars in Bensberg wegen volks- und staatsfeindlicher Bestrebungen der Insassen; Widerlegung der Anschuldigungen. Dazu Bormann: Kein Verstoß gegen die Weisung vom 30. 7. 41 (Beschlagnahme vorher erfolgt).
H   101 21862 – 71 (1271)

28. 1. – 14. 3. 42   OKW, RKzl. – 36   15557
Änderungswünsche der PKzl. zu zwei *Entwürfen eines Zweiten Gesetzes zur Änderung und Ergänzung

des Wehrmachtfürsorge- und -versorgungsgesetzes: Anerkennung einer Wehrdienstbeschädigung auch bei Unfällen auf der Fahrt in einen Urlaub zur Regelung dringender Familienverhältnisse; Heranziehung des Hauptamtes für Kriegsopfer bei der Beurteilung der Würdigkeit der Berechtigten einer Elternversorgung. Regelung der Wünsche der PKzl. durch besondere Anordnungen; Zustimmung der PKzl. zu den Entwürfen.
H   101 22423 ff. (1280 a)

29. 1. 42   Lammers, RFM, Ley   15558
Durch den Reichsfinanzminister Zurückweisung einer Beschwerde Leys über ungenügende Beteiligung der DAF an der Gestaltung der Finanzpolitik des Reiches auf sozialpolitischem Gebiet und über die daher rührenden sozialpolitisch unerwünschten Effekte finanzpolitischer Maßnahmen: Beteiligung des Reichsarbeitsministers als der für Sozialpolitik verantwortlichen staatlichen Stelle, Vertretung der Partei an der gesetzgeberischen Arbeit hingegen allein durch den Leiter der PKzl. Durch Lammers Unterrichtung Bormanns über diesen Vorgang.
H   101 06516 (530); 101 12529 (694); 101 20565/1 − 571 (1213)

[29. 1. 42]   Himmler   15559
Verweisung des Reichsjugendführers an Bormann wegen des Austauschs von HJ-Führern im Fronteinsatz.
K/H   102 00113 ff. (219)

29. 1. − 4. 2. 42   Himmler   15560
Durch Bormann Anregung der vertraulichen Bekanntgabe des unveröffentlichten Erlasses über die Reinhaltung von SS und Polizei (verschärfte Strafandrohung für Homosexualität; vgl. Nr. 15554) an die Reichsleiter, Gauleiter und Verbändeführer; Bitte, dazu Hitlers Zustimmung einzuholen. Einverständnis Himmlers, jedoch Verständigung der Reichsleiter usw. und Einholung der Zustimmung Hitlers besser durch B. selbst.
K/H   102 01280 − 84 (2376)

29. 1. 42 − 4. 2. 43   RKzl., RStatth. Wagner, GBV   15561
Die von RStatth. Wagner (Baden) im Zusammenhang mit den geplanten Vereinfachungs- und Stillegungsmaßnahmen gegebene Anregung, die Ministerpräsidenten der deutschen Länder anderweitig zu verwenden, die Führung der Landesregierungen den Reichsstatthaltern zu übertragen und die Staatskanzleien aufzulösen, von Lammers Hitler vorgetragen. Dessen Entscheidung: Keine Änderung in den Fällen Thüringen (Marschler) und Braunschweig (Klagges), hingegen bei anderweitiger angemessener Unterbringung des MPräs. Köhler keine Einwände, „die Stellung des Ministerpräsidenten in Baden eingehen" zu lassen. Bei W.s Anregung jedoch eine einheitliche Regelung in *allen* wie Baden organisierten Ländern vorausgesetzt, daher Vorschlag L.', die Sache vorerst auf sich beruhen zu lassen. Ebenfalls negativer Bescheid Bormanns auf einen erneuten Vorstoß W.s nach dem Tod des Bayerischen Ministerpräsidenten Siebert. In einer Chefbesprechung zwar Erörterung der Angelegenheit, jedoch Zurückstellung wegen der ablehnenden Haltung H.s.
A/H   101 22990 − 3004 (1310); 101 23034 f. (1310 b); 101 23040 f. (1311 a); 101 23186 f. (1322);
        101 24876 f. (1373 b)

30. 1. 42   RMfVuP   15562
Durch Hitler Beauftragung Goebbels' mit der sachgemäßen und auf das unbedingt notwendige Maß eingeschränkten Verteilung des Sonderdienstes Seehaus (Abhörmaterial). Demgemäß u. a. wesentliche Einschränkung des Kreises der Bezugsberechtigten und im übrigen sofortige Einstellung der Auslieferung des Materials.
A/H   101 05730 (481)

30. 1. − 15. 5. 42   Bouhler, RKzl.   15563
Generelle Zustimmung Bormanns zu einer Interpretation der Durchführungsverordnung zum Führererlaß über die Stellung des Leiters der PKzl. durch Bouhler: Die Aufgabe der Kanzlei des Führers der NSDAP, aufgrund von Eingaben aus dem Volke unmittelbar bei obersten Reichsbehörden die Abstellung von Mißständen anzuregen, nicht vom Verbot des direkten Verkehrs von Parteidienststellen mit obersten Reichsbehörden betroffen; jedoch Bitte, die in Bouhlers Geschäftsbereich anfallenden grundsätzlichen Fälle an die PKzl. abzugeben.
H   101 20574 − 77 (1213)

2. – 4. 2. 42   RKzl.   15564
In einer Chefbesprechung allgemein eine Auflösung des Reichskirchenministeriums aus politischen Gründen für inopportun erachtet; ferner Bedenken Bormanns gegen eine vorgeschlagene Einschränkung der Verpflichtung der Standesämter zur Urkundenversendung.
A/W   101 09911 f. (657)

3. 2. 42   RKfdsozW u. a.   15565
Übersendung eines Runderlasses: Im Zusammenhang mit der Übergangsregelung für die Förderung des sozialen Wohnungsbaus Herausgabe von Richtlinien für die angestrebten einheitlichen Mieten (Berücksichtigung der allgemeinen wirtschaftlichen Verhältnisse der Gemeinden sowie der anteiligen Kosten für Wassergeld, Treppenhausbeleuchtung, Gartenanteil, Waschküche u. a.), zur Ermittlung der Schlüsselzahl für die Herstellungskosten und zur Berechnung des Reichsdarlehns.
K   101 19364 – 72 (1175)

3. 2. – 15. 3. 42   GL Eigruber, Lammers   15566
Mitteilung Bormanns über die Genehmigung Hitlers, im – beschlagnahmten – Bruckner-Stift St. Florian b. Linz ein Musisches Gymnasium (insgesamt fünf im Reich geplant) einzurichten; Aufführung der notwendigen Neubauten „selbstverständlich erst nach dem Kriege". (Der übrige Teil des Stiftes als Sitz des Weltrundfunks vorgesehen.)
H   101 15774 (944); 101 21852 – 55 (1271)

4. 2. 42   RFM, MRfdRV   15567
Durch den Reichsfinanzminister Übersendung des *Entwurfs einer Sechsten Verordnung über die Gewährleistung für den Dienst von Schuldverschreibungen der Konversionskasse für deutsche Auslandsschulden: Verlängerung der bisherigen Transferregelung aus Gründen der Vereinfachung um ein volles Jahr; kein Transfer an Angehörige von Feindmächten; Fortsetzung der den deutschen und den wenigen neutralen Bondsinhabern zugute kommenden Garantie aus Billigkeitsgründen.
K   101 14472 ff. (785 a)

4. 2. – 11. 4. 42   Intern   15568
Vorlage für Bormann über die Erweiterung der Schutzgruppen der NSDAP in den besetzten Niederlanden durch holländische NS: Durch Befehle Hitlers und Keitels die Regelung im deutschen zivilen Bereich vollständig geklärt (im Alarmfall Verbleiben des Reichskommissars und seiner Dienststellen in Den Haag, Überstellung der bis zu 50 Jahre alten männlichen Angehörigen des Reichskommissariats zur Wehrmacht [dafür jetzt eine Kurzausbildung wie bei den Schutzgruppen]), nicht jedoch der Einsatz der „Männer des NSB"; Einverständnis Musserts mit der Absicht des Reichskommissars, die NSB-Mannschaften als Hilfspolizei einzusetzen (freiwillige Meldung unabdingbare Voraussetzung); Bitte an B. um Klärung der Ansicht H.s hierzu.
K/H   102 01667 f. (2860)

5. 2. 42   RKfdsozW u. a.   15569
Übersendung eines Runderlasses: Nach erfolgter Aufhebung der Reichsstelle für Wohnungs- und Siedlungswesen Neuregelung ihrer – hauptsächlichen – Tätigkeit im Arbeiterwohnstättenbau (Durchführung der Wohnungsbauvorhaben des Reichsamtes für Wirtschaftsausbau und des Generalbevollmächtigten für Sonderfragen der chemischen Erzeugung).
H   101 19334 – 37 (1174)

6. – 9. 2. 42   RKzl., Frau Ilcken   15570
Durch die Reichskanzlei Übersendung eines von der mit einem Holländer verheirateten ehemaligen Deutschen Ilcken (Zierikzee) an Hitler gerichteten – vorwiegend aus früheren Äußerungen des NSB-Führers Mussert (insbesondere aus einem Brief an den Papst) zusammengestellten – Memorandums über M. (Zweifel an seinen Führereigenschaften; Einstellung der NSB zur Rassenlehre, Judenfrage, Freimaurerei und Kirche). Stellungnahme Bormanns: Das in der Absicht, die Unterdrückung seiner Bewegung aufzuhalten, 1936 an den Papst gerichtete Schreiben M.s bereits nach Einsetzung des Reichskommissars Seyß-Inquart zur Kenntnis H.s gelangt.
K   101 25934/1 – 938 (1463 a)

7. 2. 42   RFSS, Oberstlt. v. Kriegsheim u. a.   15571
Ausschluß des Chefs des Stabes des Befehlshabers des Rückwärtigen Heeresgebiets Nord, Oberstlt.

v. Kriegsheim, aus der SS wegen defätistischer Äußerungen gegenüber dem Verbindungsoffizier des Ostministeriums zum Befehlshaber rückwärtiger Heeresgebiete, Hptm. Unterstab; Kritikpunkte u. a. die Kriegsvorbereitungen, die Luftwaffe, der Zustand des Heeres, die Behandlung der Polen, die Beurteilung der Engländer und Russen durch Ribbentrop und die Glaubwürdigkeit deutscher Meldungen; dabei Lob der Haltung des Bischofs Galen, Hinweis auf den unerwarteten Widerstand und die gute Ausrüstung der Russen sowie Anerkennung der Fähigkeit Englands, Gegner auf seine Seite zu ziehen. (Kopien an Bormann.)
K   102 01095 – 101 (2030)

7. – 16. 2. 42   Prof. K. Pieper   15572
Auf Anfrage Bescheid der PKzl.: Die gewünschte Beschaffung einer Judenwohnung für den nach Berlin berufenen RAL Prof. Karl Pieper wegen der „absolut bindenden" Richtlinien für deren Vergabe nicht möglich.
W/H   302 00184 – 87 (Pieper)

9. 2. 42   RKfdsozW u. a.   15573
Übersendung eines Runderlasses: Durchführung neuer Wohnungsbauvorhaben wegen der angespannten Arbeits- und Baustofflage nicht vertretbar; Empfehlung, bereits begonnene, wegen des Krieges stillgelegte Wohnungsbauten zu vollenden und nach Änderung der bisherigen Zweckbestimmung der Befriedigung des kriegsbedingten Bedarfs zuzuführen.
K   101 19360 – 63 (1175)

[9. 2. 42]   Rechnungshof d. Dt. Reichs   15574
Erwähnung der engen Zusammenarbeit mit der PKzl. zugunsten einer einheitlichen Kontrollausrichtung auf dem Gebiet des Staates und der Partei.
K   101 12917 – 20 (705 b)

10. 2. 42   Lammers, Frick u. a.   15575
Chefbesprechung über Personaleinsparungen in den Zentralbehörden: Absicht Fricks, alle Beamten bis zu einem bestimmten Jahrgang für die Wehrmacht freizustellen; gegen den Vorschlag der StSekr. Neumann und Stuckart, bei der Durchführung übergreifender Vereinfachungsmaßnahmen eine übergeordnete Stelle zu bestellen, Einwände F.s, Klopfers (PKzl.) und Lammers' unter Hinweis auf die Ablehnung Hitlers, einen Kommissar oder eine Kommission einzusetzen, sowie auf die bereits bestehenden Möglichkeiten des Generalbevollmächtigten für die Verwaltung.
K/H   101 13102 ff. (707 a)

10. 2. 42   RGesundF Conti   15576
Schilderung der Auswirkungen der für April geplanten Lebensmittelkürzungen: Absinken des Eiweißgehalts in der Ernährung sowie des täglichen Kalorienbedarfs unter das Minimum des Tagesbedarfs bzw. unter das Existenzminimum; erhöhte Krankheitsanfälligkeit, Zunahme der Infektionskrankheiten, erhöhte Sterblichkeit bei allen Krankheiten und anderes als zu befürchtende Folgen; Schwierigkeiten für den Normalverbraucher (insbesondere in Großstädten und Industriezentren), sich zusätzlich Eiweiß (Kartoffeln) zu verschaffen.
K   102 01560 – 66 (2746)

10. – 28. 2. 42   RLM   15577
Forderung der umfassenden (Ausnahmen nur in ganz dringenden Fällen) Beteiligung der Angehörigen des öffentlichen Dienstes am Luftschutzdienst im Selbstschutz; das Verfahren bei der Heranziehung.
A/H   101 22833 – 37 (1301)

10. 2. – 14. 7. 42   Lammers, Funk   15578
Mitteilung Lammers' über die Ablehnung der vom Generalinspektor für das Kraftfahrwesen, Werlin, beantragten Bildung einer Reichsgruppe Kraftfahrwesen durch den Reichswirtschaftsminister: Sprengung der Organisation der gewerblichen Wirtschaft. Nach Vortrag der Umorganisationswünsche W.s durch Bormann Ablehnung auch durch Hitler.
K   101 02984 (308); 101 14254 (749 a); 101 14303/1 – 308 (751 a)

11. 2. 42   RKzl., Ev. Kirchengemeinde St. Marien-Andreas Rathenow   15579
Durch die Reichskanzlei weitergeleitete Eingabe der Evangelischen Kirchengemeinde St. Marien-An-

dreas (Rathenow) wegen der Entziehung ihres Kindergartens und der Benutzung der Räume des Gotteshauses durch die NSV.
W   101 01204 ff. (158 a)

11. 2. – 12. 3. 42   Lammers, StSekr. Muhs   15580
Einwände Bormanns gegen die Einrichtung einer Finanzabteilung bei der Bremischen Evangelischen Kirche: Wunsch Hitlers, von staatlichen Maßnahmen zur Stärkung der Evangelischen Kirche abzusehen. Stellungnahme des StSekr. Muhs: Die Finanzabteilungen bei den Landeskirchen Machtmittel des Staates gegen die Kirchen.
M   101 01538 – 42 (170 a)

12. 2. 42   Speer   15581
Nach seinem ersten Führervortrag als Minister Besprechung auch mit Bormann und Ley über die Leistungssteigerung der Rüstungswirtschaft.
W/H   108 00540 f. (1736)

12. 2. 42   OKW   15582
Regelung der Mitnahme und des Versands von Waren aus dem Generalgouvernement durch Angehörige der Wehrmacht, der SS, der Polizei usw.
A   101 23904 – 07 (1340 a)

[12. 2.] – 2. 3. 42   RMdI, Lammers   15583
Mitteilung Fricks über das Einverständnis Bormanns und – in allen wesentlichen Punkten – der Ressorts mit einer von ihm vorgeschlagenen Verordnung zur Entlastung der Zentralbehörden und zur Einsparung von Kräften in der öffentlichen Verwaltung; Hinweis auf das außerordentliche Interesse einiger Gauleiter an der Verordnung; Skepsis gegenüber der von Lammers gewünschten Auflösung der Verordnung in mehrere Anordnungen und Verordnungen. Nach Entscheidung Hitlers im Sinne L.' Trennung des Verordnungsentwurfs in sechs Teile: Anordnung zur Entlastung der Verwaltungsbehörden bei der Verwaltungsdurchführung und -aufsicht, Verordnung zur Dezentralisierung des Erlaubniswesens, Führererlaß zur Dezentralisierung der Personalverwaltung, Führererlaß zur personalrechtlichen Vereinfachung, Führererlaß über Vereinfachung in der Ausführung des Haushaltsplans sowie Verordnung zur Dezentralisierung der Körperschafts- und Stiftungsaufsicht. Nach Zustimmung B.s zu den Entwürfen Vollzug der Erlasse (bzw. Kenntnisnahme von den Verordnungen usw.) durch H. Unter Hinweis auf die seitens der Gauleiter zu erwartenden zahlreichen Anregungen Wunsch B.s, bei der Entscheidung der Obersten Reichsbehörden über die ihnen überlassene Übertragung von Zuständigkeiten an die Mittelbehörden (Reichsstatthalter und Oberpräsidenten oder Regierungspräsidenten) beteiligt zu werden.
K/H   101 13104/1 – 19, 123 – 31/4 (707 a)

12. 2. – 21. 5. 42   RKzl., Oberste RBeh.   15584
Aufgrund einer ihm von Todt zugegangenen Mitteilung über einen besonders krassen Fall übersteigerter Gehaltszahlung und vermutlich damit verbundener Abwerbung (Engagierung eines Angehörigen der Dienststellen T.s und Honorarprofessors mit nicht überdurchschnittlicher Qualifikation und RM 1000.– Monatsgehalt für vierfache Bezüge durch eine Energie-Gesellschaft im Generalgouvernement) Empfehlung Bormanns an Lammers, den Obersten Reichsbehörden, insbesondere dem Reichswirtschaftsministerium, angesichts der Kriegsverhältnisse bei Gehaltsneufestsetzungen größere Zurückhaltung anzuraten (die Gefahr einer Erschütterung des Gehaltsniveaus gegeben, die Berücksichtigung der Kriegsteilnehmer notwendig); Hinweis auf eine Anordnung des Reichsarbeitsministers (RAM) über Gehaltsstop bei Betriebswechsel. Fühlungnahme der Reichskanzlei mit dem RAM und entsprechendes Rundschreiben an die betreffenden Dienststellen mit der Bitte, durch geeignete Maßnahmen die Übersteigerung von Angestelltenbezügen zu verhindern.
A   101 04832 – 42 (430)

13. – 24. 2. 42   Lammers, HSSPF Niederlande, RFSS, RMfdbO   15585
Nach Verhängung einer Einreisesperre in die Niederlande gegen einige Angehörige des Reichsostministeriums (ROM) wegen Schleichhandelsgeschäften Anfrage der Reichskanzlei beim ROM nach etwa getroffenen Maßnahmen. Antwort des ROM: Die für die im Osten zum Einsatz kommenden Stäbe unentbehrlichen Schwarzkäufe im Auftrage des ROM künftighin nur in Vereinbarung mit dem Reichskommissar; Einleitung eines Ermittlungsverfahrens gegen die Beteiligten (vgl. Nr. 15715). (Abschrift jeweils an die PKzl.)
K/H   101 11425 – 31 (675 b)

13. 2. − [24. 3.] 42   GL Sachsen, Stv. Kdr. Gen. XII. AK, RFSS   15586
Bericht der Gauleitung Sachsen (an die PKzl.?) und Schreiben Bormanns an den Befehlshaber im Wehrkreis XII (Wiesbaden), Gen. d. Inf. Steppuhn, über kirchliche Versuche, in das Sanitätswesen der Wehrmacht einzudringen und kirchliche Gebäude durch das Angebot der Benutzung zu Lazarettzwecken dem Zugriff von Staat und Partei zu entziehen, sowie über damit korrespondierende Tendenzen der Wehrmacht, von der Partei für Umsiedler usw. benutzte kirchliche Objekte für sich zu reklamieren bzw. kirchliches Personal in Wehrmachtdienste zu übernehmen; bei der Übernahme von Objekten aus den Händen der Partei Benutzung jeder Gelegenheit seitens der Wehrmacht, der Partei „eins auszuwischen". Durch B. Unterrichtung Himmlers.
W/H   107 00748 − 57 (229)

13. 2. − 24. 7. 42   RJM u. a.   15587
Vorlage, Besprechung (am 11. 3. 42) und Abänderung der Entwürfe eines Gesetzes zur Änderung und Ergänzung familienrechtlicher Vorschriften (Zweites Familienrechtsänderungsgesetz) sowie einer Durchführungsverordnung (ergänzende Vorschriften über die Anerkennung und Feststellung der unehelichen Vaterschaft, verschiedene Regelungen zur Ehelichkeitserklärung, u. a.). In der Besprechung mehrere Änderungswünsche der PKzl. sowie Hinweis auf einen Auftrag Hitlers an Schirach, eine Denkschrift über die Neuregelung des Adoptionsrechts auszuarbeiten. Letzte Änderungen, u. a. Schaffung der Möglichkeit einer Befreiung des unehelichen Vaters von während seiner Einberufung zum Wehrdienst aufgelaufenen Unterhaltsrückständen.
H   101 27426 − 27/11 (1520 a); 101 27644 − 51/17 (1524 b)

14. 2. 42   OKH   15588
Übersendung eines Befehls über den Personenverkehr mit Serbien und Griechenland: Der Durchlaßschein Südost für den Grenzübertritt nach Serbien, Saloniki−Ägäis und Südgriechenland erforderlich; Erteilung der Reisegenehmigung nur aus zwingenden militärischen, politischen oder wirtschaftlichen Gründen; Ausnahmeregelung für Wehrmachtangehörige, im Rahmen der Wehrmacht eingesetzte Angehörige der Ordnungspolizei, Reichsbahn, Reichspost, Organisation Todt u. a.; Bestimmungen über die Ausstellung der Durchlaßscheine und über die örtliche Zuständigkeit der Passierscheinstellen für den Personenverkehr mit Serbien und Griechenland, u. a.
M   101 04242 − 49 (413)

15. 2. 42   SS-Ogruf. Wolff   15589
Durch Bormann Erinnerung an den Wunsch einer Frau Iwand, „Landwirtschaft zu erlernen"; Bitte, direkt mit ihr in Verbindung zu treten.
K/H   102 00672 (1199)

17. 2. 42   RKzl.   15590
Im Zusammenhang mit Ausführungen über die Einheit der Rechtsetzung Erinnerung der Obersten Reichsbehörden an die mit der Anordnung vom 16. 1. 42 geregelte (vgl. Nr. 15537) möglichst frühzeitige Beteiligung des Leiters der PKzl. an der Gesetzgebung; Verlangen, diese „unter allen Umständen" zu gewährleisten, insbesondere auch (Forderung deshalb nach Unterzeichnung durch den − damit die Verantwortung übernehmenden − Ressortchef selbst) bei Durchführungs- und Ergänzungsverordnungen (Hinweis auf deren zunehmende Bedeutung infolge der Weisung Hitlers, in Gesetzen nur grundsätzliche Regelungen zu treffen).
H   101 17470 f. (1033 b); 101 20605 f. (1213 a); 101 29226 f. (1648)

17. 2. 42   Chef Sipo   15591
Verschiebung der nächsten Sitzung des Arbeitskreises zur Erörterung sicherheitspolizeilicher Fragen des Ausländereinsatzes.
W   112 00110 f. (162)

[17. 2.] − 28. 3. 42   Lammers   15592
Änderungswünsche Bormanns zu dem von StSekr. Schlegelberger vorgelegten Entwurf eines Führererlasses über die Vereinfachung der Rechtspflege: Vereinfachungen auch in den Verfahren der freiwilligen Gerichtsbarkeit; Beteiligung des Leiters der PKzl. auch bei Durchführungsvorschriften und Ausführungsbestimmungen; Wunsch, den „vereinfachten Weg" ebenfalls bei Änderungen auf dem Gebiet des materiellen Rechts vorzusehen (z. B. bei Einführung des Arbeitszwangs bei der Vollstreckung von Haftstrafen). Billigung der daraufhin abgeänderten Fassung durch B.
K   101 13004 − 17 (706 a)

17. 2. – 24. 4. 42   RMfWEuV, RKzl., PrFM, GBV   15593
Unter Berufung auf den Führererlaß vom 25. 1. 42 über weitere Verwaltungsvereinfachung erneuter Versuch des Reichserziehungsministers, die 1940 am Widerstand der Länder, insbesondere Preußens, gescheiterte Übernahme der noch zur Zuständigkeit der Länder gehörenden Universitäten auf das Reich zu erreichen. Im weiteren Verlauf jedoch vorläufige Beschränkung auf die sofortige Übernahme von sechs Hochschulen kleinerer Länder (Universitäten Gießen, Hamburg, Jena, Rostock; Technische Hochschulen Braunschweig, Darmstadt). Auch dagegen wiederum Einspruch des Preußischen Finanzministers (Ablehnung einer vollen Zentralisierung der Hochschulen selbst nach Durchführung der Reichsreform) sowie Bedenken des Generalbevollmächtigten für die Reichsverwaltung hinsichtlich des Nutzens der geplanten Maßnahmen. Dementsprechend Entscheidung Hitlers, die Verreichlichung der Hochschulen für die Dauer des Krieges zurückzustellen.
K/H   101 13053 – 83 (707); 101 15518/25 – 29 (941)

17. 2. – 23. 9. 42   RKzl., OKW, RJM, Chef Sipo   15594
Durch die Reichskanzlei Übersendung eines (vom OKW herbeigeführten, von Lammers trotz – gerügter – Nicht-Beteiligung bei der Vorbereitung mitgezeichneten) Führererlasses vom 26. 1. 42 über Gnadenmaßnahmen bei hervorragender Bewährung während des Krieges (Befreiung von „jedem Makel" durch beispielhaften Einsatz vor dem Feind; Folgerungen zunächst für das Gebiet der Strafrechtspflege). In der Folgezeit Diskussion über die Tragweite des Erlasses: Die vom OKW und anderen Wehrmachtdienststellen angenommenen Folgerungen einer solchen Begnadigung (insbesondere etwa Gefallener) auch auf anderen Gebieten als dem des Strafrechts vom Reichsjustizminister hinsichtlich der Beseitigung der beamten- und versorgungsrechtlichen Folgen eines Straf- oder Dienststrafurteils bejaht, vom Chef der Sicherheitspolizei hinsichtlich der polizeilichen Folgen einer Verurteilung eher negativ beurteilt, von Bormann (und daraufhin auch von L.) generell und dezidiert abgelehnt: Gnadenmaßnahmen in anderen Bereichen aus dem Erlaß vom 26. 1. 42 nicht herzuleiten, sondern nur durch einen neuen Führererlaß zu begründen. Rundschreiben B.s an die Parteidienststellen: Keine Beseitigung von politischer Unzuverlässigkeit u. ä. durch Feindbewährung.
W/H   101 26914 – 49 (1512 a)

18. 2. – 11. 3. 42   RKzl.   15595
Bitte der Reichsfrauenführerin, die Übernahme der Professorin Ilse Esdorn in eine Beamtenstelle beim Reichsinstitut für ausländische und koloniale Forstwirtschaft in Reinbek zu befürworten. Bitte der PKzl. um Mitteilung der Meinung Lammers' dazu. Ablehnung der Reichskanzlei unter Hinweis auf den – auch bereits von der PKzl. erwähnten – Wunsch Hitlers, Frauen nur ausnahmsweise „in geeigneten Fällen", vor allem auf dem Gebiet der Wohlfahrtspflege, zu Beamten des höheren Dienstes zu ernennen.
M/H   101 04769 – 74 (427)

[18. 2. – 26. 11. 42]   GBV   15596
Zustimmung der PKzl. zu zwei *Fassungen einer Verordnung über die Herstellung von Arzneifertigwaren.
K   101 13927 f. (737)

20. 2. 42   Buch   15596 a
*Schreiben unter Beifügung eines *Berichts des Obersten Richters der NSDAP in der Angelegenheit Josef Wagner (vgl. Nr. 15632).
H   102 00813 (1617)

[20. 2. 42]   RKzl.   15597
Mitteilung an die Obersten Reichsbehörden im Einvernehmen mit dem Leiter der PKzl.: Sammlungen von Gefolgschaftsmitgliedern für Geschenke aus besonderem Anlaß an Vorgesetzte, insbesondere an führende Persönlichkeiten des Staates oder der Partei, von Hitler nicht gewünscht.
H   101 18083 f. (1130)

[20. 2. 42]   RKzl.   15598
Bei der Bearbeitung eines Antrags des MPräs. Klagges, GFM Milch den Ehrendoktortitel zu verleihen, die Beteiligung Bormanns erwogen.
H   101 18659 ff. (1151 b)

[21. 2.] – 12. 3. 42   RKzl., RMfdbO   15599
Bitte Bormanns an Lammers um Beteiligung der PKzl. an der Gesetzgebungsvorbereitung und der Bear-

beitung der Personalien auch im Reichsostministerium. Entsprechende Aufforderung durch die Reichskanzlei.
K/H   101 11895–99 (685); 101 20609 (1213 a)

21. 2. 42 – 4. 8. 43   RMfWEuV, Univ. Wien/Rechtswiss. Fak.   15600
Bedenken der PKzl., RegR Hermann Roeder (Wien) zum außerplanmäßigen Professor zu ernennen: R. noch heute Anhänger der Lehre Othmar Spanns; freundschaftliche Beziehungen zu dem „überzeugten Spannschüler und Katholiken" Ferber, Schriftleiter der Braunen Wirtschaftspost. Später, nach Nachprüfung, Vorschlag der PKzl., den jetzt nicht mehr „Spannideen" vertretenden R. mit einer Vertretung im Altreich zu betrauen; ein neuer Ernennungsvorschlag eine gewisse Zeit nach seiner Versetzung anheimgestellt.
H   301 00818–26 (Roeder)

22. 2. 42   Frick, Lammers   15601
Mitteilungen Bormanns: Der Wunsch Rosenbergs, RAL Leibbrandt gewissermaßen als Vertreter der Schwarzmeer-Deutschen in den Reichstag zu berufen, von Hitler abgelehnt; vor der ordnungsgemäßen Eingliederung der besetzten Gebiete in das Reich keine Aufnahme von Abgeordneten dieser Gebiete in den Reichstag.
K/H   101 11821 f. (683)

22. 2. – 19. 3. 42   Lammers   15602
Mitteilungen Bormanns über Hitlers Einverständnis mit der von GL Lauterbacher beantragten unentgeltlichen Übereignung eines im Zuge der staatspolizeilichen Aktion gegen die Sekten in Hannover beschlagnahmten Gebäudes der Ersten Kirche Christi Wissenschaftler an die NSDAP.
H   101 22218–24 (1272 a)

22. 2. – 30. 4. 42   Lammers u. a.   15603
Weiterleitung mehrerer Eingaben (insbesondere des Oberkirchenrats in Schwerin [OKR], beigefügt ferner eine des Mecklenburgischen Landesvereins für Innere Mission (ML) an den Reichsinnenminister) wegen der Beschlagnahme von Anstalten des Mecklenburgischen Frauenhilfsvereins (MFV) durch eine Anordnung des GL Hildebrandt und ihrer Unterstellung unter die NSV (Verfügung vom 28. 1. 42): Angesichts der Stellungnahme H.s (unter Zurückweisung des Vorwurfs, die Beschlagnahme der Häuser angeordnet zu haben, Hervorhebung ihrer freiwilligen Übergabe durch den Vorstand des MFV; Drohung, gegen den ML wegen seines staatsgefährdenden Charakters Maßnahmen zu ergreifen) Bitte des OKR, den ML vor diesen Maßnahmen zu schützen; Hinweis auf die Pflicht des ML, den Bestand der ihm angeschlossenen Anstalten zu wahren; für die Frage des Bestandes der Inneren Mission, ihrer Anstalten und Einrichtungen nur eine reichseinheitliche Lösung möglich. Dazu die Stellungnahme Bormanns: Legaler Übergang der Anstalten auf die NSV nach Wiederholung einer infolge von „Quertreibereien" zugunsten der Gegner der Übergabe ausgefallenen Abstimmung der Mitgliederversammlung (35:2) in Gegenwart H.s (nunmehr Einstimmigkeit für den Verkauf an die NSV; Ja-Stimme auch der Schirmherrin des MFV, der ehemaligen Großherzogin von Mecklenburg); Kritik an dem Versuch „gewisser Kreise", eine ruhige und von der Mehrzahl der Mitglieder des MFV anerkannte Entwicklung zu stören.
M/H   101 01355–93 (159)

22. 2. – 12. 12. 42   Lammers, RMfdbO, Funk, StSekr. Reinhardt, GL Meyer   15604
Durch Bormann weitergeleitet: Äußerung Hitlers gegen privatkapitalistische Tendenzen in den besetzten Ostgebieten (Hinweis auf Reemtsma) und Weisung, „unter allen Umständen" dort das Tabak- und Spiritus-Vollmonopol einzuführen. Durch den Reichswirtschaftsminister (RWiM) Darstellung der Lage (De-facto-Monopol im Ostland; Treuhänderbestellungen – u. a. R. – in der Ukraine), Vorschläge für ein unterschiedliches Vorgehen bei Tabakwaren und bei Rohtabak sowie Votum für eine Beibehaltung des gegenwärtigen Verfahrens. Vorlage von Verordnungsentwürfen durch den Reichsostminister und – nach Scheitern des vorgesehenen Vortrags bei H. und trotz der noch nicht ausgeräumten Bedenken des RWiM – Veröffentlichung dieser Verordnungen, auch auf Drängen des Reichsfinanzministers. – In diesem Zusammenhang ferner erwähnt: Planung der Einführung von Monopolen auch für Zündwaren, Salz und Zucker in den besetzten Ostgebieten; Wunsch H.s, auch im Reich das Tabak-Monopol einzuführen.
H   101 12173–205 (689)

23. 2. 42   AA   15605
Bitte des DL Krüger (PKzl.) um Weiterleitung eines Briefes an seinen Bruder.
M   203 01088 (36/1)

23. 2. – 29. 5. 42   GBV, RKzl.   15606
Aufgrund der von Hitler bei den Zentralbehörden geforderten Personaleinsparungen Umfrage des Generalbevollmächtigten für die Reichsverwaltung über deren Personalbestand, über die seit Kriegsbeginn erfolgte Abgabe von Beamten und Angestellten an andere Dienststellen sowie über die zur Wehrmacht eingezogenen Personen; Mitteilung der Ergebnisse: Derzeit 8108 männliche Beschäftigte, Abgabe von 1066 und Einberufung von 1856 Personen. Zu dieser Statistik ergänzende Angaben über die Personallage des Reichsinnenministeriums (RMdI): Geplante Freigabe der uk.-gestellten Angehörigen der Jahrgänge 1906 und 1907, künftig keine Einberufung von männlichen Beamten oder Angestellten in das RMdI. Erkundigungen des Pg. Kernert (PKzl.) nach weiteren Maßnahmen zur Verkleinerung der Obersten Reichsbehörden. Dazu Stellungnahme Lammers': Beträchtliche Einengung der Personallage durch weitere Einziehungen; erneute Einwirkungen ohne Aussicht auf Erfolg.
K/H   101 13120 – 22/2, 132 f. (707 a); 101 13198 ff. (708 a)

23. 2. – 19. 6. 42   AA, RK Ostland, GenKom. Litauen   15607
Durch das Auswärtige Amt Übersendung von Stellungnahmen des Reichskommissars Ostland und des Generalkommissars Litauen gegen den als „polnischer Chauvinist bekannten", nun auch als Administrator in Weißruthenien polonisierenden Erzbischof von Wilna, Jalbrzykowski, mit der geäußerten Bitte, über die Berliner Nuntiatur die Auflösung des Erzbistums unter Zusammenlegung der litauischen Gebietsteile mit dem Erzbistum Kauen und die Bestellung eines weißruthenischen Bischofs für Weißruthenien zu betreiben. Dazu die PKzl. unter Hinweis auf eine entsprechende Entscheidung Hitlers: Der Apostolische Nuntius in Deutschland für diese Fragen nicht zuständig.
W/H   202 01225 – 32 (10/1 – 7 + 20/4)

24. 2. 42   RMdI   15608
Übersendung eines Runderlasses über den Vollzug des Runderlasses vom 10. 2. 42 über die Staatsangehörigkeit der Bewohner von Eupen, Malmedy und Moresnet: Gründe (Mißlingen der Eingliederung in die deutsche Volksgemeinschaft, z. B. Widerstand gegen deutsche Kindererziehung) und Verfahren (bei „wertvollem Blut" evtl. Ausnahme der Ehefrau und der Kinder) des Widerrufs bei „deutschen Staatsangehörigen auf Widerruf"; meldepolizeiliche Überwachung der Staatsangehörigen auf Widerruf; bei „dem Deutschtum weitgehend entfremdeten" Personen Ausschluß vom Erwerb der deutschen Staatsangehörigkeit.
M/H   101 00443 ff. (137 a)

24. 2. – [19. 3.] 42   AA   15609
Der Geltungsbereich einer Anordnung Bormanns über die Feier des Heldengedenktages (Veranstaltung durch die Wehrmacht, in Orten ohne Truppenbelegung durch die Partei) im Auswärtigen Amt (AA) umstritten (Geltung nur für das Inland oder auch für die besetzten Gebiete); Anlaß: Von der Dienststelle in Brüssel berichtete angebliche Meinungsverschiedenheiten zwischen AA und Auslands-Organisation über die Feiern in den besetzten Gebieten.
W/H   203 02459 – 69 (74/2)

24. 2. – 14. 5. 42   Lammers   15610
Grundsätzliche Zustimmung und kleinere Abänderungswünsche der PKzl. zum Entwurf eines Gesetzes zum Schutz der erwerbstätigen Mutter (Mutterschutzgesetz). Mitzeichnung des Leiters der PKzl. und Wunsch des Propagandaministers, das Gesetz zum 17. Mai – Muttertag – zu veröffentlichen.
M/H   101 06362 – 68 (527 a)

24. 2. – 31. 8. 42   RMdI, RKF, RFSS u. a.   15611
Widerspruch des OKW gegen die vom Reichsinnenminister (RMdI) im Einvernehmen mit der PKzl. beabsichtigte nahezu entschädigungslose Inanspruchnahme kirchlicher Gebäude; Hauptgegenargument der zwangsläufige finanzielle Zusammenbruch der betroffenen Anstalten. Angesichts der Unhaltbarkeit des derzeitigen Zustands (Zahlung von Vergütungen durch die Wehrmacht für Hilfslazarette, nicht aber durch den Reichskommissar für die Festigung deutschen Volkstums [RKF] und die Volksdeutsche Mittelstelle für Umsiedlerlager) Absicht Bormanns und des Gen. Reinecke, gemeinsam eine Entscheidung Hitlers herbeizuführen. Trotz kirchenpolitischer Bedenken gegen eine Entschädigung Hinweis auch des Stabshauptamts des RKF auf die negativen Folgen (Unruhe unter den Gläubigern u. a.). Einverständnis

Himmlers mit der Erstattung der laufenden Grundstückslasten an die kirchlichen Anstalten und mit der Behandlung von jeher Erwerbszwecken dienender (und deshalb auf Einnahmen angewiesener) Anstalten nach den allgemeinen Bestimmungen des Reichsleistungsgesetzes; Bitte an B., sich der Angelegenheit anzunehmen. Schließlich vorläufige Regelung im Einvernehmen mit der PKzl.: Vorschußzahlungen bis zur Höhe der nachgewiesenen Selbstkosten.
W/H   102 00156 – 69 (282); 320 00031 – 42 (7)

[24. 2. 42] – 8. 7. 43   JFdDR, RKzl., RMfWEuV, RMdI, OKW, BfdVJPl., GBA   15612
In der schriftlichen und mündlichen Erörterung erhebliche Kritik verschiedener Ressorts an dem vom Jugendführer des Deutschen Reichs (JF) im Einvernehmen mit der PKzl. ausgearbeiteten Entwurf eines Führererlasses über die Schaffung eines RL v. Schirach als „Aufgabe der NSDAP" zu unterstellenden, de facto jedoch vom JF zu leitenden „Kriegseinsatzwerkes der Deutschen Jugend": Die Notwendigkeit der Errichtung einer neuen Organisation fraglich, Tangierung der Kompetenzen insbesondere des Reichserziehungsministers und der Geschäftsgruppe Arbeitseinsatz des Beauftragten für den Vierjahresplan. Nach der Ernennung des GL Sauckel zum Generalbevollmächtigten für den Arbeitseinsatz (GBA) Zweifel Bormanns an der Notwendigkeit einer Weiterverfolgung des Entwurfs, infolge des Einverständnisses des GBA jedoch Fortgang der Angelegenheit: Vorlage mehrerer neuer Entwürfe zur Regelung der Materie (nunmehr unter dem Titel „Heranziehung der deutschen Jugend zur Erfüllung von Kriegsaufgaben" und durch eine Verordnung des Ministerrats für die Reichsverteidigung); dabei Berücksichtigung der bisherigen Einwände sowie neu auftauchender Forderungen (u. a. Anerkennung des Vorrangs der Einsatzanforderungen des GBA und des Reichsluftfahrtministers sowie der Einberufungen zum Reichsarbeits- und zum Notdienst). Einverständnis B.s mit der Vorlage beim Ministerrat.
W/H   101 09229 – 91 (651 c)

25. 2. 42   SS-Ogruf. Heydrich   15613
Im Zusammenhang mit dem Einsatz von UStSekr. Ernst Kundt in der Verwaltung der Ostgebiete Warnung vor dessen Verwendung in „irgendeiner verantwortlichen Führerstellung"; Übersendung von Material über K. einschließlich eines ausführlichen Lebenslaufs (Deutschpolitisches Arbeitsamt, Verbandszugehörigkeiten [Freischar Greif, Bund Böhmerland, Kameradschaftsbund u. a], Patscheider-Prozeß, Beziehungen zum Prager Monatsblatt) unter besonderem Hinweis auf belastende Momente: Zugehörigkeit zur Tschechischen Legion, Mißachtung eines Führerbefehls, „verräterische" Beziehungen zu tschechischen Stellen.
K/H   102 00916 – 27 (1761)

[25. 2. 42]   RMfWEuV   15614
*Regelung des Ernteeinsatzes der Jugend durch den Leiter der PKzl. (Erwähnung.)
H   101 09232, 234 (651 c)

[25. 2. 42]   (RMdI, RFM)   15615
Über das Hitler zur Unterzeichnung vorliegende Reichsfinanzausgleichsgesetz hinaus Forderung des Reichsinnenministers (RMdI) nach möglichst baldiger Verreichlichung der (bislang von den Ländern vorgenommenen) Finanzzuweisungen an die Gemeinden und Landkreise; Begründung: Veränderte staatsrechtliche Stellung der Länder sowie ihre Unfähigkeit, den Bedürfnissen der Gemeinden und Landkreise finanziell Rechnung zu tragen; Bewährung des (quasi einen Reichsfinanzausgleich für zwei Drittel des Altreichs darstellenden) preußischen Finanzausgleichs; Verwaltungsvereinfachung; finanzielle Ersparnisse des Reichs durch weitgehenden Ausgleich innerhalb der zu bildenden Gefahrengemeinschaft der Gemeinden; u. a. Im Zusammenhang damit Plädoyer des RMdI zugunsten des bislang vom Land Preußen finanzierten Finanzausgleichsamts beim RMdI und Bitte an den Reichsfinanzminister, seine Bedenken dagegen fallenzulassen. (Versendung des Schreibens an die PKzl. vorbehalten.)
W   107 00466 – 86 (204)

25. 2. – 11. 6. 42   AA, Dt. Ges. Helsinki   15616
Stellungnahme der PKzl. gegen eine Skandinavienreise des Leiters des Kirchlichen Außenamts der Evangelischen Kirche, Bf. Heckel (geringe Erfolgsaussichten für eine Beeinflussung der dortigen Kirchen im deutschen Sinn). Der PKzl. übersandter Bericht der Deutschen Gesandtschaft in Helsinki über den großen Erfolg der vom Reichsaußenminister vor der Stellungnahme der PKzl. bereits genehmigten Finnlandreise H.s: Annäherung zwischen der finnischen und der deutschen Kirche und Zurückdrängung des Einflusses der schwedischen Kirche („unüberwindlicher Widerstand" gegen deren Versuch, die

finnische Kirche zu einer Sympathiekundgebung für die norwegische Kirche zu veranlassen), Berichtigung falscher Vorstellungen über den norwegischen Kirchenkonflikt.
W   202 00165 ff., 170 – 73 (3/5 – 6)

26. 2. – 24. 6. 42   RMfWEuV, RMdI, Lammers   15617
Unter nochmaligem Hinweis auf die Dringlichkeit einer Rechtschreibreform (Erleichterung für Unterricht, Wirtschaft und weite Volkskreise; zunehmende Bedeutung der deutschen Sprache) Übersendung von Vereinfachungsvorschlägen durch den Reichserziehungsminister (REM). Entscheidung Lammers' und Bormanns: Eine Rechtschreibvereinfachung zwar notwendig, aber nicht kriegswichtig. Aufforderung B.s an den REM, eine Kommission erfahrener Fachleute mit den Reformarbeiten für eine reichseinheitliche Regelung zu betrauen, um vordringliche Verwaltungsaufgaben nicht zu stören; zur Vermeidung künftiger Erörterungen von Rechtschreibfragen in der Presse die Unterrichtung der Öffentlichkeit unter Hinweis auf die amtliche Behandlung dieser Sache geboten. Nennung der Mitglieder der vom REM eingesetzten Kommission; Absicht des REM, die Vorarbeiten innerhalb seines Ministeriums auf der Grundlage der Vorschläge L.' und B.s weiter zu fördern.
K/W   101 16085 – 106 (953 a)

27. 2. 42   AA, Ges. v. Jagow   15618
Geburtstagsglückwünsche Bormanns an Ges. Dietrich v. Jagow (Budapest).
M   203 01087 (36/1)

März 42   RFSS, SS-Staf. v. Eltz   15619
Im Auftrag Himmlers Übersendung eines Telegramms des SS-Staf. v. Eltz mit Vorschlägen von Teilnehmern an einer Dienstbesprechung (vermutlich über Rationssenkung). (Vgl. Nr. 15651.)
M/H   306 00291 f. (Eltz-Rübenach)

1. – 17. 3. 42   Lammers, StSekr. Esser u. a.   15620
Zur Übernahme des Fremdenheims „Mecklenburger Hof" in Schwerin durch den Reichsarbeitsdienst (RAD) trotz einer Verfügung, Einrichtungen des Beherbergungs- und Gaststättengewerbes nicht zu anderen Verwendungszwecken heranzuziehen, Zustimmung Bormanns. Daraufhin ebenfalls Zustimmung des Staatssekretärs für den Fremdenverkehr, Esser: Keine Einwände der beteiligten Dienststellen gegen eine Zweckentfremdung. Durch die Reichskanzlei Erteilung der Ausnahmegenehmigung im Auftrag Hitlers.
M/H   101 02755 – 65 (280)

1. 3. – 2. 4. 42   GL Röver, RKzl., Oberste RBeh.   15621
Klage des GL Röver über die tagelange Beanspruchung lokaler Instanzen durch die nach dem Luftangriff auf Emden in großer Zahl angereisten Vertreter oberster Reichsbehörden; Bitte, sich künftig auf *einen* maßgeblichen Vertreter des Reiches zu einigen. Auf Veranlassung Bormanns Anweisung an die Obersten Reichsbehörden, bei der Besichtigung von Fliegerschäden Zurückhaltung zu üben.
H   101 08572 – 78 (642)

3. 3. 42   RMfVuP, RKzl.   15622
Durch MinDir. Klopfer (PKzl.) an die Reichskanzlei Übersendung des Textes einer Rundfrage des Propagandaministeriums bei den Reichspropagandaämtern über den (so K.) Fragebogenwahnsinn. (Deren Ergebnis: Eine der Reichskanzlei mit der Bitte um eine erneute Aktion zur Einschränkung des Fragebogenwesens überreichte Sammlung von 128 Fragebogen.)
H   101 07499 – 501/2 (591)

3. 3. 42   GBV u. a.   15623
Übersendung von ˚Abschriften dreier Erlasse über die Ernennung des GL Grohé zum Nachfolger von RK Terboven als Reichsverteidigungskommissar (RVK) im Wehrkreis VI und über die Entbindung des StSekr. Meyer von seiner Tätigkeit als kommissarischer RVK.
A/H   101 22921 ff. (1306 a); 114 00001 f. (4)

3. 3. 42   GBW   15624
Übersendung des Entwurfs einer Verordnung über die Vereinfachung und Vereinheitlichung der Organisation der gewerblichen Wirtschaft (Ermächtigung des Reichswirtschaftsministers, entsprechende Maßnahmen zu treffen und Vorschriften zu erlassen).
K/H   101 13025 – 29 (707)

4. 3. 42   AA, RMfdkA   15625
Antwort des Auswärtigen Amts auf eine Anfrage des Reichskirchenministers: Keine Befürwortung eines
Antrags des Reichsverbands für das katholische Deutschtum im Ausland auf Genehmigung der Zahlung
von Zuwendungen für die deutsche Seelsorgearbeit in Rumänien wegen der Beeinträchtigung der volksdeutschen Interessen durch den katholischen Klerus (insbesondere Schwierigkeiten bei der Übernahme
des deutschen Schulwesens im Banat auf die Volksgruppe). (Abschriften an die PKzl.)
W   202 00298 – 301 (3/8 – 20)

4. 3. 42   RKzl.   15626
Durch die PKzl. Unterstützung der Bemühungen des Jugendführers des Deutschen Reiches (JF) um
Schaffung von weiteren 19 Planstellen (für die zum JF abgeordneten Beamten anderer Verwaltungen,
um deren Abberufung zu verhindern).
H   101 06016 f. (515 a)

4. – 11. 3. 42   RMdI, RMfdkA   15627
Vorschlag des Reichsinnenministers, im Interesse der Kriegswirtschaft 1942 den Karfreitag sowie den
ebenfalls auf einen Freitag fallenden 1. Mai zu Werktagen zu erklären (Hinweis jedoch auf „gewisse Er-
müdungserscheinungen" in der Arbeiterschaft). Zustimmung des Kirchenministers: Bei gleicher Behandlung eines staatlichen und eines kirchlichen Feiertags keine Beunruhigung, sondern Unterstützung
auch der kirchlich eingestellten Bevölkerung zu erwarten.
H   101 21409 – 15 (1266 a)

4. – 11. 3. 42   Lammers   15628
Mitteilung Bormanns mit der Bitte um Weiterleitung: Nach Zeitungslektüre Verärgerung Hitlers über
die von der Deutschen Gesellschaft für Säugetierkunde beschlossene Änderung seit langem eingebürgerter Tierbezeichnungen (statt Spitzmaus Spitzer, statt Fledermaus Fleder); Anordnung H.s, die Umbe-
nennungen sofort rückgängig zu machen, und Androhung, bei nochmaligen „derartig blödsinnigen Um-
benennungen" die Mitglieder der Gesellschaft in Baubataillonen an der russischen Front zu verwenden.
Durch Lammers entsprechende Veranlassung.
K/H   101 16075 ff. (953 a)

5. 3. 42   AA, Prof. J. Schneider   15629
Durch LegR Büttner an DL Krüger (PKzl.) Übersendung einer Denkschrift von Prof. Johannes Schneider (Berlin) über die Haltung der amerikanischen Kirchen dem Krieg: Allgemeiner Rückgang
des Pazifismus der Vorkriegszeit; die Episkopalkirche und protestantische Gruppe um Prof. Niebuhr
(New York) für den Kriegseintritt der Vereinigten Staaten, dagegen großes Verständnis für Deutschland
bei den lutherischen Kirchen; gemäßigte Haltung der übrigen Kirchen (stark antisowjetische Einstellung
der Katholischen Kirche); Existenz kleiner, aber gewichtiger pazifistischer Gruppen.
W   202 01139 – 62 (9/5 – 14 + 20/1)

5. 3. 42   RArbM   15630
Vorschlag zur Ernennung des MinDir. Hans Engel zum Staatssekretär.
K   101 18343 – 47 (1138 b)

5. 3. 42   Lammers   15631
Laut Terminkalender 12.00 Uhr Besprechung mit Frank, Himmler und Bormann (vgl. Nr. 15634).
H   101 29090 (1609 a)

5. – 10. 3. 42   Himmler   15632
Kritik an einem Bericht des Obersten Parteigerichts in dem Parteiausschlußverfahren gegen GL Josef
Wagner: Ungenügende Würdigung belastender Vorgänge (beabsichtigte oder fahrlässige Unterrichtung
des Hptm. v. Pfeffer über „den Inhalt der Führer-Besprechung auf dem Obersalzberg"; Abhängigkeit
W.s von seiner katholischen Frau, Klosterschulerziehung seiner Kinder, der „unglaubliche Schmäh- und
Fluchbrief" von Frau W. an ihre Tochter Gerda), Umfunktionierung des Gerichtsverfahrens zu einer
Verteidigung W.s und zu einer Anschuldigung „des sicherlich nicht übertrieben reifen" Klaus Weill
(dessen Aussage über Niemöllers Absicht, zum katholischen Glauben überzutreten, zweifellos richtig)
und seiner Eltern. Bitte Bormanns an Himmler, Buch diese seine Kritik zur Kenntnis zu bringen.
K/H   102 00813 – 16 (1617)

5.—15. 3. 42   Lammers   15633
Durch Bormann Erfüllung der Bitte um Erlaß einer einem Rundschreiben der Reichskanzlei entsprechenden Anordnung für den Parteibereich: Verbot der Übernahme von einer Verwaltung im Zuge von Vereinfachungsmaßnahmen als nicht kriegswichtig zurückgestellter Aufgaben durch eine andere (staatliche oder Partei-)Dienststelle.
K/H   101 13176—84 (708); 101 13241—44 (709)

5.—[18.]3. 42   Lammers, Frank, Himmler   15634
In Lammers' Salonwagen „kameradschaftliche" Besprechung über die Korruption im Generalgouvernement und über die Verwicklung Franks selbst und seiner Familie: Der Strafprozeß Löv (in einer nachträglich abgegebenen Erklärung F.s zu einigen der dort „aufgetretenen Fragen" auch Eingehen auf den Fall L. und generelle Zurückweisung des Vorwurfs umfangreicher Korruption, der Schlemmerei u. ä.: Nach anfänglichen Schwierigkeiten heute eine einwandfreie Verwaltung im Generalgouvernement, das Auftreten der für die Führung im Osten erforderlichen „Herrennaturen" nicht an spießigen Maßstäben zu messen), der Fall Pokluda und der Prozeß Lasch (Himmler: „Barmat–Kutisker als anfängerhaft in den Schatten gestellt"); Einverständnis F.s mit der künftigen Aburteilung aller Korruptionsfälle des Generalgouvernements im Altreich (Breslau); Hinweis Bormanns auf das Verbot der Beschäftigung von Verwandten (für F. „völlig neu"). Im Anschluß daran von H. die „Frage von SS und Polizei" vorgebracht: „Ohne weiteres" Zustimmung F.s zur Einrichtung eines der Weisungsbefugnis H.s unterliegenden Staatssekretariats für alle Fragen der Polizei und der Festigung deutschen Volkstums (SS-Ogruf. Krüger); Wiederherstellung des alten Verhältnisses zwischen F. und K.; Ablösung des Gouverneurs Zörner; Abstellung eines Polizeihauptmanns als Adjutant F.s und Zusage H.s, nach Herausgabe der entsprechenden Erlasse zu einer Unterredung über die „weitere gemeinsame Arbeit" nach Krakau zu kommen.
W/H   107 01384—92 (414)

5. 3.—24. 4. 42   Lammers, Schwerin-Krosigk u. a.   15635
Erörterung der vom Generalbevollmächtigten für die Reichsverwaltung vorgeschlagenen Maßnahmen für einen Personalausgleich innerhalb der Verwaltung. Nach Ansicht Lammers' dafür ein Führererlaß erforderlich sowie — zur Erreichung eines vernünftigen Interessenausgleichs innerhalb der betroffenen Dienststellen — eine Regelung durch die Reichsstatthalter bzw. Oberpräsidenten. Auf dringende und sachlich im einzelnen begründete Vorstellungen Schwerin-Krosigks (u. a. die Sicherung des Steueraufkommens betreffend) Herausnahme der Reichsfinanzverwaltung (und — auf Bitte Heydrichs — ebenfalls der Sicherheitspolizei) aus dem Personalausgleich. Einverständnis Bormanns. Angesichts der dann nur verbleibenden drei Ressorts (Arbeit, Justiz und Inneres) vorläufiges Absehen von einer Weiterverfolgung der Angelegenheit.
A   101 09888—910 (657)

6. 3. 42   AA   15636
Übersendung eines Ausschnitts aus dem St. Galler Tageblatt: „Ein Streit um Fliegeroberst Mölders" (Erörterung des angeblichen Briefes an den Propst von Stettin in der badischen Presse). (Vgl. Nr. 15685.)
H   202 02026/1 f. (15/23—35)

[6. 3. 42]   Speer   15637
Besprechungspunkte (mit Ergebnissen und zu veranlassenden Maßnahmen) einer Führerbesprechung: Übersendung der Abschrift eines *Schreibens Görings an Ley und die Reichsverteidigungskommissare (in Zusammenhang mit einer geplanten Verordnung über die Todesstrafe bei Materialvergehen) sowie des *Erlasses über einen Generalbevollmächtigten für Rüstung an Bormann; Informierung B.s über die von Hitler angeordnete Stillegung des Obersalzberges.
W/H   108 00049—52 (1503)

6. 3.—8. 4. 42   RMfVuP, RVM   15638
Scharfer Einspruch des Propagandaministers (Promi) gegen die Ankündigung des Reichsverkehrsministers (RVM), in einigen besonders stark besetzten D-Zügen Versuche mit der Ausgabe von Zulassungskarten vorzunehmen: Solche Versuche überflüssig (Zulassungskarten während verschiedener Festtagsperioden mehrfach erprobt und „auf das Beste bewährt"); vor dem Verlangen nach propagandistischen Maßnahmen zur Drosselung des Reiseverkehrs (deren Nachteile: Beunruhigung der Bevölkerung, Hinweise für den Feind) zunächst Ausschöpfung der verwaltungsmäßigen Möglichkeiten, um dem „unwürdigen Geraufe um die Plätze" ein Ende zu bereiten. Zurückweisung dieser Vorwürfe durch den RVM: Zulassungskarten nur dienlich, um Verkehrsspitzen abzuflachen und auf andere Tage zu verteilen; eine allgemeine Einführung für alle Fernzüge, wie vom Promi gefordert, daher sinnlos; im übrigen dadurch

Gefährdung kurzfristig anberaumter kriegswichtiger Reisen; weitere Überfüllungen in Anbetracht der notwendigen Befreiungen von der Zulassungspflicht nicht zu vermeiden; Hinweis auf das ebenso unwürdige, bereits von Zwischenfällen begleitete stunden- und nächtelange Schlangestehen vor den Ausgabestellen. (Abschrift jeweils an die PKzl.)
H   101 08320 – 26 (637 a)

6. 3. – 21. 5. 42   Lammers, Botsch. Papen, Abt Molitor   15639
Bitte des Abtes von St. Joseph (Gerleve/Westf.) um Papens (daraufhin auch erfolgtes) „vermittelndes und milderndes" Eintreten für die nach Auflösung und Enteignung ihrer Abtei heimatlosen, z. T. verhafteten oder mit Aufenthaltsverbot belegten Mitglieder seines Konvents; Aufzählung der vaterländischen Verdienste der – offenbar wegen wissenschaftlicher Forschungen über die Ostkirche verfolgten – Patres. Stellungnahme des von Lammers unterrichteten Bormann: Das Vorgehen gegen die Benediktiner-Abtei aus verschiedenen Gründen gerechtfertigt (staatsabträgliche Äußerungen, Gewährung von Unterschlupf für straffällig gewordene Geistliche, Verdacht pazifistischer Betätigung, u. a.).
H   101 22206 – 17 (1272 a)

6. 3. – 21. 5. 42   RVM, RKzl. u. a.   15640
Unter Hinweis auf die angesichts der Verkehrslage erlassenen bzw. verlängerten Tagungsverbote von Bormann veranlaßte oder ihm mitgeteilte Maßnahmen gegen folgende von den Ressorts trotzdem angesetzte oder geplante Veranstaltungen: Osttagung deutscher Wissenschaftler in Berlin (Auslandsamt der Dozentenschaft der Deutschen Universitäten und Hochschulen), 1. Arbeitstagung für Bäderwissenschaft und -wirtschaft in Bad Krynica (Generalgouverneur), Geistige Olympiade der europäischen Jugend in Weimar (Reichsjugendführer).
H   101 08266 – 70, 274 f. (637)

7. 3. – 13. 4. 42   Lammers, StSekr. Schlegelberger   15641
Beschwerde Bormanns über ein „typisches Beispiel" für die Überorganisation der Verwaltung: Mit Erörterungen über die Freigabe des zum Amtsgericht in Diepholz gehörenden Parkes für die Öffentlichkeit insgesamt neun Behörden befaßt.
K   101 12993 – 99 (706 a)

[7. 3.] – 29. 4. 42   RKzl., RMfWEuV   15642
Nach dem Fortfall des Grundes für die im November 1939 getroffene Entscheidung des (nach Ansicht Lammers' nicht zuständigen) Ministerrats für die Reichsverteidigung gegen die Schließung der Evangelisch-theologischen Fakultät der Universität Leipzig (Rücksicht auf die deutsch-schwedischen Beziehungen) nunmehr angesichts des geringen Besuchs der Fakultät keine Bedenken L.' und Bormanns gegen eine Schließung; Voraussetzung: Vorliegen der von GL Mutschmann behaupteten Zustimmung auch der zuständigen kirchlichen Stellen zwecks Vermeidung negativer Rückwirkungen im In- und Ausland.
K/W   101 15551/13 – 20 (942)

7. 3. – [29. 9.] 42   RMdI   15643
Durch eine Anfrage des Gauleiters von Oberschlesien an die PKzl. veranlaßte Erörterung der Genehmigungsfreiheit der Kirchenkollekten in den in die Provinzen Ostpreußen und Oberschlesien eingegliederten Ostgebieten. Anregung des Reichsinnenministers, die Stellung der Kirchen in diesen Gebieten und damit auch die Frage der Kollektengenehmigung durch besondere Verordnung ebenso zu regeln wie im Warthegau: Anders als in den alten Gebieten der Provinz Genehmigungspflicht wegen der hier fehlenden staatlichen Anerkennung als Körperschaften des öffentlichen Rechts. Dagegen Einwand der Reichskanzlei: Anders als im Wartheland kein selbständiges Verordnungsrecht des Oberpräsidenten in den neuen Gebieten.
M/H   101 01629 – 36 (172)

9. 3. 42   Chef Sipo   15644
Einladung und Programm für die nächste Sitzung des Arbeitskreises zur Erörterung sicherheitspolizeilicher Fragen des Ausländereinsatzes: Hereinnahme und Behandlung von Familienangehörigen, u. a.
W   112 00108 f. (162)

9. 3. 42   Lammers – 30   15645
Übersendung des von Hitler vollzogenen Zweiten Erlasses über städtebauliche Maßnahmen in Nürnberg (Beauftragung Speers mit der Durchführung).
H   101 17152 – 56 (1021)

9. 3. 42   Lammers   15646
Laut Terminkalender 16.50 Uhr Besprechung mit Bormann.
H   101 29089 (1609 a)

[9. 3. 42]   HA f. Technik   15647
Gegenüber der PKzl. ablehnende Haltung des Reichserziehungsministers (REM) und des Hauptamts für
Technik (HAT) in der Angelegenheit „Ergänzung der Vorschriften der Anlage I zur Ersten Verordnung
über die Ausbildung und Prüfung für den höheren bautechnischen Verwaltungsdienst vom 4. 8. 36";
Absicht des HAT, der Sechsten Verordnung (Änderung und Ergänzung der Anlagen der Ersten Verord-
nung) zuzustimmen (vorbehaltlich einer Zustimmung auch des REM).
W   143 00023 – 27 (17/1)

9. – 20. 3. 42   Lammers   15648
Durch Bormann übermittelte Weisung Hitlers, sechs Gemälde aus dem in Schloß Raudnitz beschlagnahmten Besitz des Fürsten Lobkowitz sowie sieben weitere in Prag aus jüdischem Besitz beschlagnahmten Werke der Galerie in Linz zuzuweisen und dem Reichsprotektor 1 Mio. RM zum Ankauf anderer Kunstwerke zur Verfügung zu stellen. Durch Lammers entsprechende Veranlassungen.
H   101 22174 – 77 (1272 a)

9. 3. – 15. 4. 42   Lammers, Erzbf. Paderborn   15649
Durch Lammers weitergeleiteter Protest des Erzbf. Jaeger gegen die Einziehung des dem Pallotinerklo-
ster in Olpe zur Verfügung gestellten Vermögens der Pallotiner-Missionsanstalt in Limburg/Lahn; Stellungnahme zu den Einziehungsgründen (homosexuelle Verfehlungen eines Paters sowie angebliche
staatsabträgliche Äußerungen in den Predigten und Exerzitien sowie andere unbewiesene Anschuldigungen). Dazu die PKzl.: Die Beschlagnahme bereits im Juli 1941 erfolgt, mithin kein Verstoß gegen die
erteilten Weisungen vorliegend.
H   101 21979 – 85 (1271 a)

9. 3. – 26. 10. 42   Lammers, RKfdsozW, RArbM, Speer   15650
Mehrere Versuche des Reichskommissars für den sozialen Wohnungsbau, Ley, die ihm gegebenen Zuständigkeiten zu erweitern (sachlich durch Übernahme nicht nur des sozialen, sondern des gesamten
Wohnungsbaus einschließlich des bisher damit befaßten Personals samt Planstellen usw., formal durch
Aufwertung zur Obersten Reichsbehörde und preußischen Obersten Landesbehörde) und zum „Reichswohnungskommissar" (RWK) ernannt zu werden, zunächst von Lammers nach Vortrag bei Hitler abge-
wehrt; nach geraumer Zeit Unterrichtung Bormanns. Durch diesen Empfehlung, vertraulich Speer zu
informieren. Schließlich aber doch Erfolg Leys zu Lasten des sich vergeblich wehrenden und dadurch
weiter empfindlich ausgehöhlten Reichsarbeitsministeriums, offenbar ermöglicht durch die zweideutige
Haltung des an einem starken RWK eigentlich nicht interessierten designierten Nachkriegs-Reichsbau-
ministers S. (dieser mit der von B. geforderten Ausklammerung Berlins und Münchens aus dem RWK-
Bereich zufriedengestellt): Vorlage eines entsprechenden, mit S. abgestimmten Führererlaßentwurfs
Leys.
H   101 16745 – 96/5 (1009, 1009 a, 1009 b)

10. – 26. 3. 42   RFSS, (RuSHA?)   15651
Stellungnahme Bormanns zu einer von SS-Staf. v. Eltz (vermutlich Rasse- und Siedlungshauptamt) vorgeschlagenen Besprechung mit einigen Landesbauernführern: Die Einberufung der Untergebenen eines
noch amtierenden Ministers (Darré) zu einer Besprechung über die Verhältnisse in seinem Ressort nicht
möglich. Dagegen Himmler: Die Beschaffung von Unterlagen über die katastrophalen Verhältnisse in
der Landwirtschaft erwünscht, um Hitler rechtzeitig Meldung machen zu können. (Vgl. Nr. 15619.)
K/H   102 01567 – 71 (2746)

Nicht belegt.   15652

11. 3. – 1. 4. 42   RKzl., RMdI   15653
Wünsche des MPräs. Klagges und des GL Lauterbacher, dem im Raum Salzgitter neugebildeten Stadt-
kreis die Bezeichnung „Hermann-Göring-Stadt" oder „Stadt der Reichswerke Hermann Göring" zu ge-
ben, von Göring gebilligt, von Hitler aber nach einem Vortrag Bormanns „wenigstens für die Dauer des
Krieges" abgelehnt. Einverständnis der PKzl. mit dem Gemeindenamen „Watenstedt-Salzgitter".
H   101 16939 – 47 (1017)

12. 3. — 18. 4. 42   Lammers   15654
Keine Einwände Bormanns gegen die Gewährung einer Beihilfe an den Reichsverband für das katholische Deutschtum im Ausland, jedoch nur im Rahmen des Vorjahres (RM 5000.— statt wie beantragt RM 6000.-).
M/H   101 00974—78 (153)

12. 3. — 2. 11. 42   Gen. Schmundt, GL Ostpreußen, RKriegerF, Lammers, RVM   15655
In einer Kontroverse um die Verwendung des vormals polnischen Eisenbahner-Erholungsheims „Westhaus" in Augustow (Ansprüche des Reichsverkehrsministers [weiter Eisenbahner-Erholungsheim], des Reichskriegerführers [Erholungsheim für alte Soldaten] und der Gauleitung Ostpreußen [Müttererholungsheim]) Unterstützung des Anspruchs der Gauleitung durch Bormann.
M/H   101 00213—27 (132 a)

13. 3. 42   RVM   15656
Mitteilung über das Verbot, an Ehepaare zwei Bettplätze 1. Klasse abzugeben.
H   101 08316 f. (637 a)

Nicht belegt.   15657

[13. 3.] — 14. 4. 42   RKzl., Oberste RBeh., RPM, RMfWEuV   15658
Bei der Bekanntgabe eines Führererlasses über Vereinfachungen in der Ausführung des Haushaltsplans an die Obersten Reichsbehörden durch die Reichskanzlei Übermittlung der Aufforderung Bormanns, bei der Entscheidung über die im Erlaß „weitestmöglich" verfügte Überlassung von Haushaltmitteln an die Behörden der Mittelstufe beteiligt zu werden. Mitteilung einiger Ministerien über die bereits seit Jahren „weitestgehend" gehandhabte Zuweisung von Mitteln an ihre nachgeordneten Dienststellen.
K/H   101 12909—13 (705 b); 101 14366 (761)

14. 3. 42   Lammers   15659
Laut Terminkalender 15.40 Uhr Besprechung mit Bormann.
H   101 29088 (1609 a)

15. 3. — 28. 4. 42   Lammers, Erzbf. Paderborn   15660
Durch Lammers weitergeleiteter Antrag des Erzbf. Jaeger an den Regierungspräsidenten in Arnsberg, von der Einziehung des Christ-Königs-Klosters der Franziskaner in Bochum abzusehen: Hinweis auf die Rechtsverhältnisse des Klostergebäudes, auf die Notwendigkeit kircheneigener Räume für die religiöse Jugendbetreuung nach Wegfall des katholischen Religionsunterrichts an den Volksschulen, u. a. Dazu Bormann: Die Beschlagnahme des Bochumer Klosters bereits am 21. 7. 41 erfolgt.
H   101 22024—31 (1271 b)

16. 3. 42   Lammers, Orthod. Diözese Berlin   15661
Durch Lammers Übersendung eines Beschlusses der Diözesanversammlung der Vertreter der Geistlichkeit und Laien der Orthodoxen Kirche in Deutschland: Dank für die wohlwollende Stellungnahme der Reichsregierung zu den religiösen Bedürfnissen der Orthodoxen im Reichsgebiet und in den vom deutschen Heer besetzten Gebieten.
M   101 01818 ff. (181)

16. — 17. 3. 42   Lammers, Göring   15662
Durch Lammers Übersendung eines auf Befehl Hitlers und ohne Beteiligung Görings von ihm ausgearbeiteten Führererlasses zur Sicherung des Preisstandes vom 14. 3. 42 (zwecks Erhaltung der Preisstabilität als Grundlage einer festen Währung Anweisung H.s, bei der Genehmigung von Preiserhöhungen strengste Maßstäbe anzulegen und vor Preiserhöhungen von grundsätzlicher Bedeutung seine Entscheidung einzuholen); dazu entsprechend der beigefügten Weisung H.s, ungerechtfertigten Preiserhöhungen mit allen Mitteln entgegenzutreten und darüber auch die Reichsminister zu informieren, ein Rundschreiben vorgesehen; jedoch Verlangen G.s, zuvor noch am kommenden Tage mit H. darüber sprechen zu können; Bitte, H. davon Kenntnis zu geben und dessen Weisungen zu übermitteln. Fernmündliche Antwort Bormanns: Bestehen H.s auf der befohlenen unverzüglichen Bekanntgabe des Erlasses an die Reichsminister.
M/H   101 03544—51 (356 d)

16. 3. – 9. 4. 42   Lammers   15663
Übersendung des *Schreibens eines Uffz. Besemann (Reservelazarett I Posen) mit der Klage über die Unterdrückung der christlichen Sonntagsblätter und über andere Beschränkungen des kirchlichen Lebens. Die daraufhin von der PKzl. veranlaßte Rückfrage nach B. in sämtlichen Posener Lazaretten ergebnislos.
M/H   101 01626 ff. (172)

16. 3. – 10. 9. 42   RKzl., RMfdbO   15664
Nach einer Erörterung der Währungsprobleme in den besetzten Ostgebieten, insbesondere der Gründung einer Notenbank für die Ukraine, in einem Vortrag Lammers' bei Hitler am 15. 3. 42 auf Wunsch der PKzl. Übersendung einer *Kurznotiz darüber durch die Reichskanzlei. Durch den Reichsostminister Vorlage von Entwürfen einer Verordnung samt Durchführungsverordnungen über die Einführung der Karbowanez-Währung im Reichskommissariat Ukraine: Vorerst kein Umtausch von Reichskreditkassenscheinen, sondern nur des stark inflationierenden Rubels; dabei jedoch zur Abschöpfung der überschüssigen Kaufkraft, zur Herbeiführung eines gewissen Zwangs zur Arbeit sowie zur Sicherung der zur Aufbringung der Kriegskosten erforderlichen Schleusengewinne eine erhebliche Reduktion des Geldumlaufs durch Festschreibung aller größeren Rubel-Tauschbeträge auf zinslosen Sonderkonten mit „völlig offenem Schicksal" und Einfrierung aller Bankeinlagen, Spareinlagen usw.
K/H   101 11968, 970–87 (686 b)

16. 3. – 30. 12. 42   OKH, RKzl.   15665
Auf Antrag der PKzl. nachträgliche Belohnung eines Uffz. Volkmann für die Auffindung feindlicher Geheimakten in Frankreich.
A   101 22969–73 (1308 b)

[17.] 3. 42   Himmler   15666
Bedenken gegen den *Entwurf einer Verfügung Hitlers über die Bildung des Arbeitsbereiches Osten der NSDAP: „Völlige Ausschaltung" der GL Koch und Lohse als Reichskommissare bei der sehr zentralistischen Führung Rosenbergs.
K   102 00055 (106)

[17. 3. 42]   RSD   15667
Unkontrolliertes Eindringen von zwei Telegrafenbauarbeitern in die Reichskanzlei und ähnliche Fälle; Ankündigung, bei Wiederholung solcher Vorkommnisse Bormann Bericht zu erstatten.
H   101 17852 ff. (1104 a)

18. 3. 42   DSt. Rosenberg   15668
Zu dem Anerbieten Heims (PKzl.), der Dienststelle Rosenberg (Gerigk) gegebenenfalls in Paris bei der Suche nach Autographen zu helfen, Übermittlung eines *Briefes des Antiquars Rossignol; Bitte an H., den Preis für die Manuskriptbelege aus der Pastoral-Symphonie Beethovens festzustellen.
W   145 00084 (64)

18. 3. 42   RKfdsozW   15669
Beantwortung von drei (wegen zu erlassender Richtlinien für die weitere Werbetätigkeit der Bausparkassen gestellten) Fragen des Reichswirtschaftsministers: 1) Der Eigenheimbau zwar besonders förderungswürdig, unmittelbar nach dem Krieg jedoch zur Behebung der Wohnungsnot der Bau von Geschoßwohnungen vorrangig; 2) Vorhandensein von echtem Eigenkapital als unbedingte Voraussetzung für den Eigenheimbau vorgesehen; 3) Beschränkungen und Normierungen der künftigen Bautätigkeit auch für Bausparer nicht zu vermeiden.
H   101 19295–98 (1173)

18. – 26. 3. 42   RKzl.   15670
Vorbereitung (Übersendung einer Liste mit 12 Punkten) einer Besprechung Lammers' mit Bormann am 26. 3. 42: Vereinfachungsmaßnahmen in der Justiz; Verwaltungsvereinfachung bei Gnaden- und Heimtückesachen; Besetzung des Postens des Generalstaatsanwalts in Innsbruck; Gesetzentwurf über die Erfindungen von Gefolgsmännern; Ausschaltung der Annaliese Sparbier aus der Schiffsoffizierslaufbahn; Vorgänge in der Kanzlei des Führers; Erschießung von Eisenbahnräubern; Vollstreckung einer Todesstrafe nach vorausgegangener Begnadigung; MinDir. Arno Fischer; Schließung der Evangelisch-Theolo-

gischen Fakultät in Leipzig; Gleichstellung von Ehefrauen und Kindern mit deutschblütigen Personen in den Fällen des kriegsblinden Oblt. d. R. Gross und des ORegR Ehmke.
H 101 18111 ff. (1131)

19. 3. – 22. 4. 42 Lammers 15670 a
Mitteilung Bormanns über die seit längerer Zeit geplante, jedoch bisher mangels einer treffenderen Bezeichnung unterbliebene Umbenennung der Bayerischen Ostmark; daher einstweilen Weiterverwendung des bisherigen Ausdrucks. Zur Bezeichnung „Alpen- und Donaureichsgaue" Verweis B.s auf seine bereits erfolgte Meinungsäußerung (vgl. Nr. 15367).
K/H 101 20204 (1201 b)

19. 3. – 9. 5. 42 RKzl., RJM 15671
Zustimmung der PKzl. zu dem Vorschlag, anstelle des verstorbenen SA-Ogruf. Horst Raecke SA-Gruf. Hans Petersen und anstelle des verstorbenen SA-Ogruf. Hans Georg Hofmann SA-Gruf. Max Köglmaier zu Mitgliedern des Besonderen Senats des Volksgerichtshofs zu ernennen.
H 101 27178 – 90 (1517 c)

20. 3. 42 WiStab Ost 15672
Übersendung eines Geschäftsverteilungsplans der Chefgruppe W des Wirtschaftsstabes Ost, Stand: 15. 3. 42.
K 101 11933 – 44 (686 a)

20. 3. 42 RVM 15673
Keine zusätzlichen Reisezugleistungen während der Osterzeit möglich, auch nicht für auswärts eingesetzte Angehörige kriegswichtiger Betriebe; ebenfalls Verbot einer stoßweisen Mehrbeurlaubung durch das OKW.
H 101 08318 f. (637 a)

[20. 3. 42] RFSS, SS-Obf. Ellersiek 15674
Durch Bormann Kenntnisnahme von einem Bericht des SS-Obf. Ellersiek über dessen Erlebnisse als Angehöriger einer Eingriffsgruppe der Waffen-SS im Dezember 1941 und Januar 1942 am Donez bei Isjden (Durchbruch der sowjetischen und völlig ungeordneter Rückzug der deutschen Truppen infolge Versagens der militärischen Führung; allgemeine Kritik am Offizierskorps der Wehrmacht).
K 102 01685 – 92 (2877)

21. 3. 42 DF 15675
Von Bormann mitgezeichneter Führererlaß über die Lebenshaltung führender Persönlichkeiten mit der Ermahnung, Kriegsgesetze und -verordnungen – insbesondere gegen Schleich- und Tauschhandel – strikt zu befolgen.
M 101 00505 f. (138)

21. 3. 42 Lammers 15676
Laut Terminkalender 16.30 Uhr Besprechung mit Bormann.
H 101 29087 (1609 a)

[21. 3. 42] RJM 15677
Durch Führererlaß Ermächtigung des Reichsjustizministers, das Verfahren in Strafsachen im Einvernehmen mit dem Leiter der PKzl. und dem Chef der Reichskanzlei zu vereinfachen und zu beschleunigen.
W 101 26887 f. (1512)

[21. 3.] – 29. 4. 42 RFM, RArbM, RKzl. 15678
Nach der Vollziehung der Zweiten Lohnabzugs-Verordnung Empfehlung des Reichsbewaffnungsministers sowie des Leiters der PKzl., die Vorarbeiten für die Schaffung eines Einheitsabzuges vom Arbeitslohn (Vereinheitlichung des Krankenkassenwesens) unverzüglich in Angriff zu nehmen, um die Vereinfachungen zum 1. 1. 43 zu ermöglichen. Bedenken des Reichsarbeitsministers gegen die sich aus dem völlig verschiedenen Charakter der Steuern und der Beiträge ergebenden Auswirkungen: Erhebliche finanzielle Belastungen der Unternehmer, Angestellten und zum Teil auch Arbeiter durch eine im Zusammenhang mit der Vereinfachung der Lohnabzüge stehende unvermeidliche reichseinheitliche Regelung der Krankenversicherungsbeiträge; Steuerausfall für das Reich; u. a.
K 101 14606 – 17 (794 a)

23. 3. 42   Himmler   15679
Absicht, bei der „unendlichen Beliebtheit" Christian Webers in München an die Frage der Dienstauszeichnung möglichst spät heranzugehen.
M   306 00974 (Weber)

[23. 3. 42]   RKF   15680
Neuregelung rassenpolitischer Begriffe in einer Sitzung in der PKzl: Bis zu einem neuen umfassenden Blutschutzgesetz nach dem Kriege Unterteilung des bisherigen Begriffes „artverwandtes Blut" in die Begriffe „deutsches und stammesgleiches Blut" sowie „artverwandtes (nicht stammesgleiches) Blut"; Begründungen: Berücksichtigung der Sonderstellung der germanischen Völker in Europa; Heraushebung der aus rassischen Gründen als eindeutschungsfähig anzusehenden Angehörigen nichtgermanischer Völker; klare Abgrenzung der nichtgermanischen Völker, insbesondere der Slawen und der Fremdarbeiter.
K   101 13763 f. (722)

23. 3. – 11. 5. 42   Frank, Himmler, SS-Ogruf. Wolff   15681
Nach Auffassung Bormanns die Vereinbarung des Generalgouverneurs Frank mit Himmler über dessen Verzicht auf Aufstellung eines eigenen SS-Sturmbanns im Generalgouvernement bei Bereitstellung der Wehrschützenbereitschaften für seine polizeilichen Zwecke (vgl. Nr. 15499) durch die von F. angeordnete Aufstellung von SA-Wehrbereitschaften hinfällig; Empfehlung an den Höheren SS- und Polizeiführer Krüger, sich zur Vermeidung weiterer Mißverständnisse die Bitte F.s um stärksten Ausbau der SS schriftlich bestätigen zu lassen.
H   102 00909 – 13 (1754); 102 00915/1 (1759)

24. 3. 42   Lammers, K. Schwartz, Prof. Metz   15682
Durch Lammers Übersendung eines Klagebriefs des StudR Kamill Schwartz über politisches und psychologisches Fehlverhalten von Parteifunktionären im Kreis Schlettstadt (Elsaß), insbesondere anläßlich der Wollsachensammlung im Januar 1942.
A   101 23805 – 16 (1339)

25. 3. 42   Lammers   15683
Als der Erörterung mit Bormann bedürftig angesehen: Der zu hohe Personalbestand sowie die Doppelarbeit der Kanzlei des Führers; die möglichst baldige Durchführung der Entscheidung Hitlers, die Entfernung des dortigen Angestellten Lammers betreffend (Hinweis auf häufige Verwechslungen und Unannehmlichkeiten); u. a..
H   101 07335 f. (584); 101 20445 f. (1212)

[25. 3. 42]   RLM   15684
Zustimmung der PKzl. zum Entwurf einer Verordnung über kurzfristigen (d. h. stundenweisen) Wehrdienst bei der Luftwaffe (Beurlaubung, Abfindung u. a.).
H   101 22394 – 99 (1278 a)

25. 3. – [1. 7.]42   AA   15685
Mitteilung der PKzl.: Der angebliche Brief des verunglückten Jagdfliegers Oberst Mölders an den Propst von Stettin über die Hinwendung zahlreicher früher die Gläubigkeit verspottender Frontsoldaten zum Glauben durch „unser katholisches Beispiel" (von der in- und ausländischen katholischen Presse in sensationeller Aufmachung behandelt) von Propst Daniel von Stettin in mehreren Erklärungen als Fälschung bezeichnet; entsprechende Feststellungen kirchlicher Amtsblätter, andererseits trotzdem noch Verwendung des Briefes zu „laufender Kanzelpropaganda", z. B. in Tirol. (Vgl. Nr. 15636.)
W/H   202 02019 – 25 (15/23 – 35)

26. 3. 42   Lammers   15686
Durch Bormann Übergabe der Abschrift eines (so ein Kommentar dazu) in seiner Schärfe alle bisherigen übertreffenden gemeinsamen Hirtenbriefs der deutschen Bischöfe vom 22. 3. 42 über die Lage der Katholischen Kirche; Inhalt: Hinweis auf wiederholte Eingaben an die Reichsregierung, den unheilvollen Kampf gegen die Kirchen zu beenden, und Bekanntgabe der wichtigsten Punkte der Denkschrift vom 10. 12. 41 (Inhalt: Einspruch gegen die Verletzung des Konkordats durch Mißachtung des Prinzips der Bekenntnisfreiheit; Verdrängung der Kirche aus der Öffentlichkeit; Beeinflussung der Jugend im antichristlichen Sinn; Internierung von Geistlichen ohne vorausgegangenes gerichtliches Verfahren; nahezu restlose Vernichtung der kirchlichen Presse; Verdrängung der katholischen Orden aus dem Unterricht, der Krankenpflege und der karitativen Arbeit; Beschlagnahme von Priesterseminaren in der Absicht,

dem Priestertum den Nachwuchs zu entziehen; u. a.); Eintreten für die „allgemein menschlichen, gottverliehenen Rechte des Menschen" (Protest gegen die ungesetzliche Freiheitsberaubung von Volksgenossen und gegen die Tötung von Geisteskranken); Einspruch gegen die Verletzung des Rechts auf Privateigentum durch willkürliche Beschlagnahme kirchlichen Besitzes und des Rechts auf Schutz der Ehre durch Verleumdung katholischer Priester und Laien; Forderung eines wirksamen Ehrenschutzes für jeden Volksgenossen, auch für die glaubenstreuen Katholiken und die Ordensleute.
M   101 01734 − 45/6 (177 a)

[26. 3.] − 4. 6. 42   RJM, Lammers   15687
Unter Berufung auf den Führererlaß vom 25. 1. 42 und auf die darin geforderten Kräfteeinsparungen erneuter Vorstoß des Reichsjustizministers (RJM), um den Umfang der Beteiligung der Kanzlei des Führers bei Gnadensachen und der PKzl. bei der Anordnung oder Nichtanordnung der Strafverfolgung in Heimtückesachen einzuschränken (Vorschlag im zweiten Punkt: Entscheidung aller bedeutsamen und zweifelhaften Fälle ausschließlich durch den RJM und Ermächtigung der Oberstaatsanwälte in allen unbedenklichen Fällen unter Wegfall der Berichte und der Übersendung von Anklagen und Urteilen an die PKzl.); unter Hinweis auf die Ablehnung bereits unmittelbar an die beiden Kanzleien gerichteter Vorschläge in den Jahren 1940/41 (vgl. Nr. 15200) Bitte an Lammers um − von diesem gewährte − Unterstützung seiner Anliegen. Zum ersten Punkt Verweis Bormanns auf die Zuständigkeit Bouhlers, im anderen Fall folgende Stellungnahme: Die Anordnung der Strafverfolgung in Heimtückesachen eine Entscheidung politischer Art und ohne Mitwirkung der Partei nicht denkbar; weder Verzicht der Partei auf die politische Wertung des Täters (Bestrafung oder Möglichkeit einer Bewährung) noch auf die der Strafverfolgung (schärferes Zufassen oder Nachlassen) je nach den Zeitumständen; ein Wegfall der Berichte aber auch anderweitig nicht zu rechtfertigen, da durch sie Gewinnung eines Gesamtbildes von der jeweiligen Stimmung in der Bevölkerung und der Möglichkeit der Beseitigung von Mißstimmungen oder Mißständen; im übrigen Bedenken gegen die vom RJM reklamierte nunmehrige „politische Ausgerichtetheit" der nachgeordneten Strafverfolgungsbehörden (die Erfahrungen mit der Rechtsprechung auf dem Gebiet der kriegsbedingten Strafsachen ein „warnendes Beispiel, Richter und Staatsanwälte im gegenwärtigen Augenblick ohne Führung zu lassen"); Hinweis auf die von der PKzl. wiederholt angeregten, vom RJM aber nicht verfolgten Vereinfachungsvorschläge bei der Abfassung der Berichte. Daraufhin Bitte des RJM, seine Wünsche als erledigt zu betrachten.
K/H   101 13140 − 75 (708)

[28. 3. 42]   RMfEuL, RKzl.   15688
Zweifel an der Auslegung der Durchführungsverordnung zum Führererlaß über die Stellung des Leiters der PKzl. vom 16. 1. 42 (Einholung auch der politischen Beurteilungen für die Beamten des gehobenen, mittleren und einfachen Dienstes über die PKzl. oder weiter wie bisher direkt bei den Kreis- und Gauleitern) durch den inzwischen veröffentlichten Führererlaß vom 26. 3. 42 geklärt. (Vgl. Nr. 15537.)
H   101 20572 ff. (1213)

28. 3. − 9. 4. 42   Chef Sipo, RBauernF   15689
Einladung zu einer Sitzung des Arbeitskreises zur Erörterung sicherheitspolizeilicher Fragen des Ausländereinsatzes und Niederschrift darüber: Lockerung der Vorschriften für den Einsatz sowjetischer Arbeiter (anstelle des „generellen Einsatzes der deutschen Frau" von Hitler die „Hereinholung" weiterer zwei Millionen Sowjetarbeiter angeordnet), für die Freizeitgestaltung (z. B. „Dampferausflüge ins Grüne" vom Propagandaministerium bereits veranstaltet und weiterhin gewünscht) der Arbeitskräfte von freien Staaten (Anregung, Franzosen, Holländer und Belgier diesen gleichzustellen) sowie für die Behandlung ausländischer Arbeiter in den Betrieben (dabei Erwähnung einer Besprechung zwischen PKzl. und DAF über die Teilnahme von Ausländern am Betriebssport, Hinzuziehung des Reichsnährstands zu künftigen derartigen Besprechungen); ferner Erörterung von Maßnahmen zur Bekämpfung von Arbeitsvertragsbrüchen, des Problems der Volksdeutschen aus den altsowjetischen Gebieten, u. a.
W/H   112 00103 − 07 (162)

29. 3. 42   Lammers, RMfdbO   15690
Von Rosenberg an Lammers und von diesem an Bormann übersandter Bericht des ORegR Haensel (Reichsostministerium) über Erschießungen von etwa 280 im Gefängnis in Minsk inhaftierten Zivilgefangenen durch den SD, darunter 25 angeblich mangels sonstiger Quartiere im Gefängnis untergebrachte polnische Facharbeiter: Keine Angabe einer Begründung, nur Gerüchte darüber (Überfüllung des Gefängnisses, Fleckfiebergefahr, ein Ausbruch von sechs Gefangenen einige Tage vor der Massen-

exekution); kritische Äußerungen des Generalkommissars für Weißruthenien über die Erschießungen, jedoch Weigerung, sich mit dem SD anzulegen.
K/H   101 11867 ff., 876 f. (684 a)

29. 3. 42 – 27. 2. 43   RKzl., Frick u. a.   15691
Mitteilung Bormanns über verschiedene eindeutige Äußerungen Hitlers gegen die Bekleidung von Aufsichtsratsposten u. ä. durch hauptamtliche Parteifunktionäre, Beamte und Offiziere und Bitte um Nennung der infolge der Weisung H.s, Aufsichtsräte aus dem Reichstag (RT) zu entfernen, freigewordenen Mandate. Angaben Fricks über die Bekleidung von Aufsichtsratsposten durch RT-Abgeordnete. Auf Wunsch H.s und nach Rücksprache mit B. Vortrag Lammers' bei H. über den Stand der Angelegenheit: Die Ansicht Görings (die Angelegenheit nicht kriegswichtig) von H. nicht geteilt, vielmehr Wiederholung der bisher nicht befolgten Anordnung über die Unvereinbarkeit von RT- und Aufsichtsratsmandat. Nach Billigung durch B. entsprechendes Rundschreiben F.s in seiner Eigenschaft als NSDAP-Fraktionsvorsitzender (darin gemäß dem von B. mitgeteilten Wunsch H.s Beschränkung der Unvereinbarkeit auf die Mitglieder der NSDAP-Fraktion, deren Gäste nicht betroffen) sowie Rundschreiben B.s über das Verbot der Bekleidung von Aufsichtsratsposten u. ä. durch hauptamtliche Parteifunktionäre. Wegen der Regelung derselben Angelegenheit für Berufssoldaten Herantreten L.' an den Chef OKW. Auf Wunsch B.s auch Prüfung der Frage einer Verschärfung der diesbezüglichen Bestimmungen für Beamte. Laut Mitteilung F.s in zahlreichen Fällen der angeordneten Mandatsniederlegung Auftreten von Schwierigkeiten, daher Anfrage an B. wegen der Auslegung der Anordnung H.s und der Zulassung von Ausnahmen (u. a. nicht „echte" Aufsichtsräte, nicht der Privatwirtschaft zuzurechnende Aufsichtsratsposten, Wirtschaftsfachmänner der Fraktion). Von B. die Tendenz F.s zu einer großzügigen Auslegung abgelehnt; Ausnahmen nur hinsichtlich der Mitgliedschaft in Gesellschaften mit hoheitsähnlichen Aufgaben (z. B. Deutsche Nachrichten G.m.b.H) zulässig, eine Änderung der privatwirtschaftlichen Rechtsform dieser Gesellschaften jedoch empfehlenswert. Daraufhin ergänzendes Rundschreiben F.s im Sinne B.s (Verbot der Zugehörigkeit zu jeglichen Organisationen jeglicher Art von wirtschaftlichen Unternehmen).
W   101 05410 – 15, 424 – 46, 450 – 73 (459 a)

30. 3. – 10. 4. 42   RKzl.   15692
Der Vorschlag der PKzl., eine unmittelbare Fernschreibverbindung mit der Reichskanzlei zu schaffen, dort reserviert aufgenommen: Infolge des Anschlusses beider Dienststellen an das Fernschreibnetz der Ordnungspolizei sowie demnächst auch der Reichspost eine Direktverbindung wohl nicht erforderlich.
H   101 17605 ff. (1068 b)

31. 3. 42   Lammers   15693
Mit einer kritischen Anmerkung „unter dem Gesichtspunkt der Verwaltungsvereinfachung" („komplizierter und unverständlicher kaum noch zu fassen") Übersendung einer Anordnung und einer Anweisung des NS-Rechtswahrer-Bundes über den Mitgliedsbeitrag 1942.
K/H   101 12976 ff. (706)

[31. 3. 42]   GBV   15694
Als Ergebnis von Verhandlungen mit der PKzl., dem OKW, dem Reichsjustizminister u. a. Vorlage des 'Entwurfs einer Paßstrafverordnung; die Anregung des Chefs der Zivilverwaltung in der Untersteiermark, den Strafrahmen zu erweitern und bei unerlaubtem Grenzübertritt die Todesstrafe zu verhängen, als inhaltlich nicht notwendig angesehen.
M   101 04207 f. (411)

[31. 3.] – [8. 5. 42]   RKzl.   15695
Anordnung Hitlers, den National-Feiertag des deutschen Volkes 1942 vom 1. Mai (Freitag) auf den 2. Mai (Sonnabend) zu verlegen, diesen Tag jedoch – das auch laut Mitteilung der PKzl. der Wunsch Speers (vgl. ebenfalls Nr. 15714) – als vollen Ruhetag der Arbeiter von allen Veranstaltungen freizuhalten. Herausgabe der entsprechenden Weisungen; Wunsch Bormanns, die zu erlassende Verordnung mitzuzeichnen.
H   101 21416 – 22 (1266 a)

31. 3. 42 – 2. 6. 44   RSchatzmeister, MPräs. Siebert, Lammers, RMdI, RPM, RMfWEuV   15696
Entscheidung Hitlers, die Beschäftigung naher Verwandter von Dienststellenleitern in deren eigenem Tätigkeitsbereich zu verbieten; dementsprechend Weisung des Reichsschatzmeisters an die Parteidienststellen und Runderlaß des Reichsinnenministers (RMdI) für den staatlichen Bereich. Hinweis des RMdI

und des Reichspostministers auf die besonderen Verhältnisse in den ehrenamtlich verwalteten Gemeinden und bei kleinen Postämtern auf dem Land. Befürwortung Lammers', in diesen Fällen durch eine – freilich etwas kasuistische – Auslegung der Führerentscheidung das Beschäftigungsverbot zu lockern. Zustimmung Bormanns zu einem erläuternden Runderlaß des RMdI, um die Entscheidung H.s auf das richtige Maß zurückzuführen: Das Bschäftigungsverbot naher Verwandter auf den Befehlsbereich führender Männer beschränkt. Später (Fall Dehyle, vgl. Nr. 17682 a) Einverständnis L.' und B.s damit, die Schwägerschaft der Verwandtschaft gleichzusetzen, um auch hier der Entstehung einer „Vetternwirtschaft" vorzubeugen.
M/H   101 04629–50 (425)

(Frühjahr 42?)   (RKzl.)   15697
Notiz über eine Zuständigkeitsabgrenzung für Durchgangssachen: Grundsätzliche Zuständigkeit der PKzl. für Angelegenheiten der NSDAP, davon ausgenommen sechs Zuständigkeiten der Kanzlei des Führers: Bereits von ihr bearbeitete Sachen, Gnadensachen, Wiederaufnahmegesuche, Beschwerden in Parteigerichtsangelegenheiten, bestimmte Zuschriften und Eingaben. (Evtl. Zusammenhang mit Nr. 15706; vgl. auch Nr. 15941.)
M/H   101 07337 (584); 101 07354 (585)

1. 4. 42   RKzl., Kard. Bertram   15698
Durch Lammers weitergeleiteter Einspruch des Erzbischofs von Breslau, Kard. Bertram, gegen die Verhaftung zweier Geistlicher aus seiner Diözese wegen der Erwähnung des gefälschten Mölders-Briefes (vgl. Nr. 15685) auf der Kanzel; Beunruhigung weiter Kreise der Bevölkerung und der Geistlichkeit; Bitte an L., sich für die Freilassung der Verhafteten zu verwenden.
A   101 01682–86 (173 a)

2. 4. 42   RKzl.   15699
Übersendung eines Rundschreibens über die Anordnung ständiger Dienstbereitschaft – am Tage und in der Nacht – bei allen Obersten Reichsbehörden durch Hitler.
M/H   101 07224 ff. (582)

2. 4. 42   RKzl. – 30   15700
Aufgrund der Kriegslage und der notwendigen weiteren Vereinfachung der Verwaltung Anordnung Hitlers, Vorbereitungen und Planungen für künftige Friedensaufgaben zurückzustellen; mithin auch Einstellung der Planungsarbeiten für die Neugestaltung der Städte Berlin, München, Linz, Hamburg und Nürnberg; keine Einwände gegen die weitere Beschäftigung von für Wehrmacht oder Rüstung untauglichen Kräften mit Vorbereitungs- und Planungsarbeiten.
K   101 12980 f. (706); 101 13186 f. (708)

2.–8. 4. 42   GL Jury, Lammers   15701
Von Bormann unterstützte Kritik des GL Jury (Niederdonau) an der Behinderung des Leistungswillens in der Wirtschaft durch eine übersetzte, zentralistische Verwaltung (Zuständigkeit verschiedener, räumlich zudem unterschiedlich gegliederter Dienststellen), durch das Fehlen einer zentralen wirtschaftspolitischen Führung, durch Herumexperimentieren mit „liberalen Rezepten" (etwa in der Stromerzeugung, bei der Kaufkraftbindung und in der Preispolitik) sowie durch den Mangel an weltanschaulich fundierter wirtschaftspolitischer Ausrichtung; Abhilfevorschläge: Begründungszwang für angeordnete Erhebungen, Fragebogen und Statistiken; Abstimmung der territorialen Zuständigkeiten; Einführung einer einheitlichen Bemessungsgrundlage für Lohn- und Gehaltsabzüge; Vereinfachung der Steuerprüfung; Abstellung der Presse-Diskussionen über die „vagabundierende Kaufkraft" und Bindung dieser Kaufkraft durch Neuordnung des Sparens (langfristiges Zwecksparen und vermögensbildendes Sparen anstelle des unpersönlichen „Eisernen Sparens"); Zusammenfassung der Wirtschaftsführung unter der Leitung der Partei.
K/H   101 12984–92 (706 a)

3. 4. 42   Lammers   15702
Die Abhaltung eines Lehrgangs der SA „für politische Schulung und Aufgaben der Verwendung nach dem Kriege" unvereinbar mit den von Hitler gegebenen Weisungen; der Vorgang der Aufmerksamkeit Bormanns anempfohlen.
K   101 12982 f. (706)

3.−28. 4. 42   RKzl., Erzbm. Köln, RMdI   15703
Durch die Reichskanzlei weitergeleiteter Einspruch des Kapitularvikars der Erzdiözese Köln gegen die Einziehung des Klosters der Benediktinerinnen von der ewigen Anbetung in Bonn-Endenich; Antrag, gegen die Urheber der Verleumdung der Klosterfrauen (in der Einziehungsverfügung behauptet staats- und volksfeindlicher Bestrebungen) entsprechend vorzugehen. Stellungnahme der PKzl. hierzu sowie zu der Beschlagnahme und Einziehung des Kolleghauses der Missionsbenediktiner in Meschede und des Christ-Königs-Klosters in Bochum: Keine Verstöße gegen die „bekannte Weisung"; „vorläufig" keine weiteren Einziehungen beschlagnahmten Kirchenvermögens.
H   101 22030 f. (1271 b); 101 22162 f. (1272); 101 22225−28 (1272 a)

4. 4.−10. 5. 42   RJM, Lammers   15704
Durch den Reichsjustizminister Einladung zur Besprechung des ˚Entwurfs einer Durchführungsverordnung zum Führererlaß über die Vereinfachung der Rechtspflege (betreffend Gerichtsverfassung, Bürgerliches Recht, Kostenrecht). Zustimmung Bormanns zu dem Entwurf unter der Voraussetzung weiterer der Vereinfachung der Zivilrechtspflege dienender Maßnahmen. Ebenfalls Einverständnis Lammers', jedoch unter dem Vorbehalt eines von ihm Hitler darüber noch zu haltenden Vortrags.
K/H   101 13018−24 (706 a)

8. 4. 42   Lammers, GL Bürckel, Frick   15705
Vorschläge des GL Bürckel zur Verwaltungsvereinfachung: Forderung nach Übersichtlichkeit (Kritik des Fehlers, alles in Ausführungs- und Durchführungsvorschriften erfassen zu wollen) und Stetigkeit (Kritik an den ständigen Änderungen) der Gesetzgebung, um sie nicht volksfremd werden zu lassen; Befürwortung der vorgesehenen Stillegungen (diese jedoch nur ein erster Schritt, einschneidende Maßnahmen nur vom Politiker, nicht vom Verwaltungsspezialisten zu erwarten); Vereinfachung des Geschäftsverkehrs (Überprüfung der Notwendigkeit von Terminberichten u. a.); Personalausgleich zugunsten der Gemeindeverwaltungen und der übrigen unteren Verwaltungsinstanzen. Beigefügt Hinweise B.s auf die in seinen Gebieten bestehenden Probleme und auf die von ihm bereits getroffenen Maßnahmen: Vereinigung der Dienststelle des Reichsstatthalters in der Westmark mit der des Chefs der Zivilverwaltung in Lothringen und Schaffung einer gemeinsamen Verwaltung der drei staatsrechtlich getrennten Gebiete Pfalz, Saarland und Lothringen als bereits praktizierte Verwaltungsvereinfachung; Besorgnis über den schwachen Personalstand bei den Gemeindeverwaltungen, zur Gewährleistung ihrer kriegswirtschaftlichen Aufgaben (Kartenausgabe, Bezugsscheinwesen, Preisüberwachung) daher die notwendigen Verwaltungsvereinfachungen in seinen Gebieten bereits eingeführt; Bericht über den Stand des Wiederaufbaus und der Eingliederung der lothringischen Wirtschaft. Dazu Lammers: Die an sich unerwünschte reichseinheitliche Regelung aller Lebensgebiete durch Gesetze usw. infolge der Kriegsverhältnisse nicht immer vermeidbar; Zustimmung zur Kritik B.s am übertriebenen Spezialistentum und Überlieferung einer Äußerung Hitlers über seine Vorstellungen von der Qualifikation der höheren Ministerialbeamten (nicht gründliche Kenner kleiner Spezialgebiete, sondern in der Verwaltung erfahrene Männer mit politischem und praktischem Blick für das Wesentliche). Durch L. Übersendung des Vorgangs an Bormann.
K/H   101 12975−75/18 (706)

9.−29. 4. 42   RArbM   15705 a
Durch die PKzl. Mitteilung der ablehnenden Entscheidung Hitlers über den Vorschlag eines Gauleiters, in nicht oder nicht voll ausgenutzte Wohnungen gegebenenfalls Zwangseinweisungen vornehmen zu können.
W   101 19252 (1171 b)

10. 4.−13. 6. 42   Lammers, Bouhler   15706
Schließung der „Brieföffnungsstelle" der Reichskanzlei (Verteilung der an Hitler adressierten Post unter Beteiligung der Kanzlei des Führers) durch Lammers. Beschwerde Bouhlers bei H. mit der Behauptung, seitdem nur noch einen Bruchteil der bisher abgegebenen Sendungen zu erhalten. Anweisung H.s zugunsten der Zuständigkeit B.s für die Eingaben aus Parteikreisen. Rechtfertigung der bisherigen Arbeit sowie Gegenvorschläge seitens L.' mit dem Versuch, unter Übersendung des bisherigen Schriftwechsels Bormann und den Kompetenzanspruch der PKzl. gegen Bouhler auszuspielen.
H   101 07349−409 (585); 101 07438 f. (588 b)

10. 4.−[2. 11.] 42   RMfWEuV   15706 a
Anläßlich des Antrags, Prof. Ernst Storm zum Präsidenten des Deutschen Wissenschaftlichen Instituts in Sofia zu berufen, Feststellungen der PKzl.: St. uneheliches Kind der polnischen Arbeiterin Kudelko (1919 Namensänderung) und von 1919−25 mit der Jüdin Hertha Bielschowsky verheiratet; beides von

ihm „bewußt verschwiegen". Dazu der Reichserziehungsminister: St. zum Rücktritt als Rektor der Technischen Hochschule Berlin veranlaßt; eine weitere Maßregelung des Alt-Pg. St. angesichts seines aktiven Einsatzes für die Bewegung wohl nicht erforderlich; im Hinblick auf das zu erwartende Bekanntwerden des Sachverhalts die Entsendung St.s nach Bulgarien, jedoch als „einfacher Austauschprofessor", ratsam. Nach weiteren Erkenntnissen über die Abstammung St.s (vermutlich Mischling 2. Grades) und nach Einleitung eines Parteiausschlußverfahrens gegen ihn Erwägung, von der Entsendung nach Sofia abzusehen und den Ausgang des Verfahrens abzuwarten.
H 301 01001 — 08 (Storm)

11. 4. 42   RArbM   15707
Bitte um Zustimmung zu der beabsichtigten Ernennung des Reichstreuhänders der Arbeit GL Alfred Proksch zum Präsidenten des Landesarbeitsamtes Wien-Niederdonau unter Übertragung einer Planstelle der Reichsbesoldungsgruppe B 6 der Arbeitseinsatzverwaltung.
K   101 06500 — 00/4 (529 a)

11. 4. 42   RArbM   15708
Vorschlag, den Reichstreuhänder der Arbeit für das Wirtschaftsgebiet Niederschlesien, StR Walter Schuhmann, zum Präsidenten des Landesarbeitsamtes Niederschlesien zu ernennen und ihm eine Planstelle der Reichsbesoldungsgruppe B 6 der Arbeitseinsatzverwaltung zu übertragen.
K   101 06495/4 (529 a)

11. 4. — 27. 7. 42   AA, RMfdkA, RStatth. Steiermark   15709
Die PKzl. (ebenso wie die übrigen beteiligten Stellen) gegen die vom Papst beabsichtigte Unterstützung der von der Untersteiermark nach Serbien ausgesiedelten Slowenen; Forderung, selbst eine ablehnende Erörterung der Angelegenheit mit dem Vatikan oder der Nuntiatur zu vermeiden (der Vorgang eine Angelegenheit der neuen Gebiete; indirekte Mißbilligung der Beteiligung des Reichskirchenministers aus demselben Grunde).
W/H   202 01808 — 19 (13/12 — 13 + 20/11)

[12. 4. 42]   AA   15710
Übersendung einer Meldung von API Morse aus London über Geburtenrückgang in Großbritannien.
M/H   203 03044 f. (86/7)

13. 4. 42   RArbM   15711
Übersendung des Entwurfs eines Zweiten Gesetzes über die Verbesserung der Leistungen in der Rentenversicherung (Erhöhung des Kinderzuschusses, Vergünstigungen bei der Witwenrente, u. a.); Hinweis auf die besondere Befürwortung des Entwurfs durch Bormann; Bitte, die Frist für die Einlegung des Widerspruchs auf drei Tage zu beschränken, um das Gesetz noch vor dem Geburtstag Hitlers verabschieden zu können.
M   101 04100 — 03 (405)

13. 4. — 15. 6. 42   RKzl., RMfdbO, SS-Ogruf. Heydrich, BfdVJPl.   15712
Vorschlag Rosenbergs, zur Zusammenfassung einschlägiger Forschungsinstitutionen und unter Beteiligung der am Osten interessierten Obersten Reichsbehörden eine „Reichszentrale für Ostforschung" als Anstalt des öffentlichen Rechts unter seiner Aufsicht zu gründen. Entschiedener Widerspruch des SS-Ogruf. Heydrich und Bormanns im Hinblick auf die dann drohende Gefahr der Zersplitterung der Wissenschaft durch zu erwartende ähnliche Ansprüche der übrigen Ressorts; Hinweis auf die Möglichkeit der Bildung einer entsprechenden Abteilung im neuen Reichsforschungsrat (RFR) unter Görings Leitung. Aus Anlaß eines (Lammers von B. übergebenen) Zeitungsartikels über einen Forschungsauftrag R.s in den besetzten Ostgebieten für Prof. Reinerth Vorschlag L.', in der Satzung des RFR die Ostforschung zu verankern.
H   101 20997 — 1017 (1232 b)

13. 4. 42 — 27. 4. 43   Lammers, Dorpmüller   15713
Im Zusammenhang mit einer Veröffentlichung (aus dem Reichsverkehrsministerium) über ein Fernbahnprojekt in Rußland durch Bormann weitergeleitetes Verbot Hitlers, über Bauplanungen überhaupt, insbesondere aber über solche in Rußland zu berichten. Nach einer trotz des Verbots erfolgten neuerlichen Veröffentlichung über Breitspurbahnen in der Auslandsillustrierten Signal Mitteilung B.s über H.s äußerste Ungehaltenheit unter Androhung schärfster Strafen im Wiederholungsfall.
K   101 12059 — 66 (687 a)

[14.–15. 4. 42]   Speer   15714
Besprechungspunkt einer Führerbesprechung: Der 1. Mai ohne Appelle ein zusätzlicher Ruhetag für die
Arbeiter (Belohnung für den bedingungslosen Einsatz ihrer Arbeitskraft); Verständigung Leys durch
Bormann. (Vgl. Nr. 15695.)
W   108 00053 f. (1503)

15. 4. 42   RMfdbO   15715
Übersendung des Berichts in dem Untersuchungsverfahren gegen verschiedene mit Schwarzkäufen in
den Niederlanden (Kleidungsstücke und Einrichtungsgegenstände zur Verwendung in den besetzten
Ostgebieten) beauftragte Angehörige des Beschaffungsamtes des Ostministeriums (ROM) wegen Dienst-
pflichtverletzung, Untreue, Betrug, Unterschlagung usw.: Der Verdacht schuldhafter Verletzungen ihrer
Dienstpflicht nur gegen drei der Beteiligten aufrechtzuerhalten; in allen übrigen Fällen nach Ansicht des
Untersuchungsführers in einem strafgerichtlichen Verfahren wegen Ermangelung entweder des inneren
Tatbestandes oder des ausreichenden Beweises Freisprüche zu erwarten; Erwähnung der – nach Art und
Umfang – Schwierigkeit des Auftrages und Anerkennung des Eifers, der Einsatzfreudigkeit und der bei
der Auswahl der Waren geübten Sorgfalt; der Mißerfolg der Beschaffungsaktion begründet mit der Au-
ßerachtlassung der gegenüber den deutschen Landesbehörden in den Niederlanden gebotenen Rück-
sichtnahme. Im Begleitschreiben Zustimmung des ROM zu der Stellungnahme des Untersuchungsführers; Unterrichtung der deutschen Staatsanwaltschaft in Den Haag über das Untersuchungsergebnis.
(Vgl. Nr. 15585.)
K   101 11431/1 – 53 (675 b)

16. 4. 42   RVM   15716
Mitteilung: Auch zu Pfingsten keine Sonderzugleistungen der Reichsbahn möglich; Appell, jede ent-
behrliche oder verschiebbare Reise zu unterlassen; Ausgabe von Zulassungskarten.
H   101 08327 (637 a)

16. 4. 42   Himmler   15717
Übersendung eines Befehls an alle SS-Männer über den Schutz der weiblichen Jugend: Rücksichtslose
Bestrafung der verantwortungslosen Ausnutzung der Unerfahrenheit oder des Leichtsinns eines unmün-
digen Mädchens.
W/H   107 00374 ff. (197)

[16. 4. 42]   –   15717 a
Durchführungsverordnung zum Führererlaß über die Stellung des Leiters der PKzl. vom 29. 5. 41
(RGBl. I 1942, S. 35). (Erwähnung.)
H   101 02961 (298 a)

17. 4. 42   OKW   15718
Warnung vor der Unterlassung der Meldung erledigter Uk.-Stellungen.
A   101 22859 ff. (1303)

18. 4. 42   RSchatzmeister   15719
Nach dem Verlust der Bedarfskarte I für den Personenkraftwagen II A-58713 Übersendung einer neu-
ausgestellten Karte.
M/H   306 00703 (Knoblauch)

18. 4. 42   Lammers   15720
Bitte um Äußerung zu einem Schreiben Bouhlers über die Schulbuchfrage.
H   101 20447 (1212)

18. 4. 42   NSBDT, RFM, RMdI   15721
Bitte der PKzl. an den NS-Bund Deutscher Technik, während des Krieges von einer Erweiterung des
Erlasses des Reichsfinanzministers über die Führung der Berufsbezeichnung „Ingenieur" durch Ange-
stellte im öffentlichen Dienst vom 5. 3. 40 abzusehen.
W   143 00016 – 18/2 (15/1)

18. 4. – 13. 8. 42   Lammers, RSchatzmeister, RKfdbnoG   15722
Nach Angleichung der in den besetzten Gebieten für die Angehörigen der Wehrmacht und der zivilen

Dienststellen gezahlten Abfindungen Meldungen über Unzuträglichkeiten in Norwegen wegen der dort den Angehörigen der DAF gezahlten höheren Abordnungsbezüge. Vorschlag Lammers' an Bormann, auch die Abfindungen der Partei entsprechend abzustimmen. Dazu – im Einverständnis mit B. – Hinweis des Reichsschatzmeisters auf die geringeren sonstigen Vergünstigungen der Parteibediensteten in den besetzten Gebieten und auf das dadurch gebotene etwas höhere Abfindungsniveau, aber auch auf die bisherigen Bestrebungen der NSDAP, einer Angleichung der Abfindungen Rechnung zu tragen; Erwähnung schwebender Verhandlungen, um die diesbezüglichen Anordnungen der Partei auch auf den Bereich der DAF auszudehnen.
H   101 08163 (616); 101 08171 – 82/1 (617)

18. 4. – 23. 9. 42   RMdI, RWiM, RKriegerF, Lammers   15723
Durch den Reichsinnenminister Übersendung des Entwurfs eines vom Reichswirtschaftsminister geforderten Runderlasses über die Ablieferung der Denkmäler zur Verstärkung der Metallreserve. Keine Einwendungen der Ressorts, ausdrückliche Zustimmung der PKzl.; lediglich – im Hinblick auf das Eigentum von Kriegervereinen usw. – Einspruch des Reichskriegerführers (RKF) gegen die verfügte Einbeziehung der Kriegerdenkmäler in die Aktion: Bei geringem Nutzen großer Schaden durch einen niederziehenden Eindruck auf die Bevölkerung; Bitte um Herbeiführung einer Entscheidung Hitlers. Hinweis Bormanns auf die von H. bereits getroffene Anweisung über den Umfang der Ablieferung und die Einschmelzung der Denkmäler; Befremden über die verständnislose Haltung gerade des RKF (dabei Erwähnung des Protestes des RKF gegen die Entfernung von Büsten „höchst unerfreulicher Fürstlichkeiten" nach der Übernahme Österreichs).
K/H   101 07809 – 21 (609 a)

20. 4. 42   Schwarz   15724
Keine Unterstützung der vom Obersten Parteirichter Buch in einem ʻErlaßentwurf geforderten Erweiterung der Parteigerichtsbarkeit: Hinweis auf die bisher in bestem Einvernehmen durchgeführte Zusammenarbeit mit dem Reichsjustizminister und seinen nachgeordneten Organen in Fällen von Unterschlagungen, Untreue usw. von Parteigenossen (Hinzuziehung von Revisoren oder Beobachtern des Reichsschatzmeisters durch öffentliche Gerichte; Berücksichtigung seiner Wünsche nach Ausschluß der Öffentlichkeit, nach Beschränkung der Verhandlung auf gewisse Tatbestände, u. a.); die Befürchtungen B.s wegen der parteischädigenden Wirkung häufiger Verhandlungen öffentlicher Gerichte gegen Parteigenossen aufgrund jahrelanger Praxis als grundlos zurückgewiesen; Einwände gegen die geplante Ausdehnung der Zuständigkeitserweiterung des Obersten Parteigerichts auf die Gaugerichte wegen ihrer nicht immer gewahrten Unabhängigkeit (Einflußnahme von Hoheitsträgern auf die Beschlüsse der Gaugerichte), wegen der jetzt bereits bedenklichen Personallage sowie im Hinblick auf den nicht kriegsentscheidenden Charakter dieser Maßnahmen; Richtigstellung einer im Erlaßentwurf enthaltenen Begründung (der Staat nicht Richter über die Partei) wiederum auf Grund eigener Erfahrung (durch die ordentlichen Gerichte Verurteilung nicht der Partei, sondern Straffälliger); Warnung, Straftaten parteiintern zu bereinigen und damit der öffentlichen Kritik zu entziehen (das Ergebnis der Verlust der erzieherischen Wirkung solcher öffentlichen Urteile und negative Beeinflussung der öffentlichen Meinung [Formung und Anwendung milderer Rechtsbegriffe für Parteimitglieder gegenüber den „gewöhnlichen" Volksgenossen]); im übrigen das von B. erwähnte Einverständnis aller Reichs- und Gauleiter zu den Vorschlägen von ihm, Schwarz, weder erbeten noch erteilt.
K   102 01552 – 59/3 (2744)

21. 4. 42   RVK Wehrkr. X, Adj. d. Wehrm. b. F, SS-Ogruf. Wolff   15725
Nach vorangegangener Unterrichtung durch den Reichsverteidigungskommissar für den Wehrkreis X (RVK) nachfolgend durch Hitlers Wehrmachtadjutantur Übersendung einer Rechtfertigung des Kommandierenden Admirals der Marinestation Ostsee gegenüber Kritik aus der Bevölkerung sowie seitens des RVK an der Luftabwehr bei den Luftangriffen auf Kiel am 25. und 26. 2. 42: Infolge neuer, geräuschloser Taktik des Feindes (Gleitflug) Versagen der Horchortung und dadurch bedingt auch Ausfall der Flakabwehr; Mißbilligung des Vorgehens der örtlichen Luftschutzleitung.
K/H   102 01054 – 59 (1962)

21. – 25. 4. 42   Lammers, Prof. A. Breker   15726
Mitteilung Bormanns: Wegen erheblicher Steuerschulden des Prof. Arno Breker (Berlin) Gewährung einer Dotation in Höhe von RM 250 000.– an den Bildhauer durch Hitler. Überweisung des Betrages durch Lammers aus Verfügungsmitteln H.s.
K   101 16528 – 31 (986)

Nicht belegt. 15727

22.–24. 4. 42 PräsKzl., RKzl. 15728
Bei Meissner Beschwerde Bormanns über seine unzureichende Beteiligung an der Gesetzgebung auf dem Gebiet des Ordensrechts unter Hinweis auf den hierüber bereits mit M. geführten Briefwechsel: Die Schwierigkeiten bei der Durchführung der Verleihung von Kriegsverdienstkreuzen und Luftschutzehrenzeichen auf die nicht rechtzeitige Fühlungnahme mit der PKzl. zurückzuführen; erneute Festlegung des Umfangs seiner Beteiligung aufgrund des Führererlasses über die Stellung des Leiters der PKzl. durch die kürzlich erlassene Durchführungsverordnung hierzu (16. 4. 42); Hervorhebung seiner engen Zusammenarbeit mit Lammers als beispielhaft. Rechtfertigung M.s: Stets Beachtung der gesetzlich vorgeschriebenen Beteiligung der PKzl.; Hinweis jedoch auf selbständige Entscheidungen Hitlers über die Schaffung neuer Orden und auf dessen Weisungen in solchen Fällen, ihm innerhalb kürzester Frist Satzung und Durchführungsverordnung vorzulegen; die Einholung der Zustimmung der PKzl. vor der Ausführung unmittelbarer Befehle H.s wohl nicht mit dessen Stellung zu vereinbaren.
M   101 02958–68 (298 a)

22. 4.–11. 6. 42 Goebbels, Lammers, RMdI 15729
Erörterung einer ˚Verordnung des Reichsstatthalters in Wien vom 9. 1. 42 über die Altersversorgung der städtischen Arbeiter und Angestellten (Gleichstellung mit den Beamten durch Gewährung von 75–80% ihres Einkommens als Ruhegeld). Einwände Goebbels' gegen eine wenn auch mustergültige regionale Regelung vor einer Entscheidung Hitlers über das Altersversorgungs- und Beschädigtenwerk des deutschen Volkes; Befürchtung von Rückwirkungen durch die vorgesehene Besserstellung der Gefolgschaftsmitglieder des Reichsgaues Wien. Auf Veranlassung Bormanns Bitte Lammers' an den Reichsinnenminister (RMdI), durch eine vorläufige Anordnung einer späteren allgemeinen Regelung vorgreifende und rechtsgültig zweifelhafte Maßnahmen auszuschließen. Stellungnahme des RMdI: In Wien nicht Einführung einer Neuregelung, sondern nur Aufrechterhaltung der bereits seit 1914 gültigen Grundsätze angesichts der per 1. 1. 42 erfolgten Anpassung an die Vorschriften des Altreichs; eine Verschlechterung des Rechtsstandes in Wien ebensowenig erwünscht wie in Berlin, Hamburg, München oder Stuttgart (auch dort eine solche nicht zugelassen worden); im übrigen Einverständnis mit der Durchführung der Zusatzversorgung durch die Gemeindeverwaltung des Reichsgaues Wien unter Gleichstellung der Gemeindeverwaltung mit der Zusatzversorgungsanstalt des Reichs und der Länder im Hinblick auf den Runderlaß vom 5. 5. 39 (Abschnitt I Abs. 5) über die Gleichstellung der Ruhegehaltskassen usw.
M/H   101 04124–37 (406)

22. 4.–18. 6. 42 Lammers, Ley, StSekr. Esser, StSekr. Backe 15730
Vorschlag Leys und des StSekr. Esser zur Verbesserung der prekären Ernährungslage: Wegfall der Sonderzulagen für Schwerstarbeiter usw. und Behandlung aller Deutschen als Normalverbraucher (einen kleinen Kreis – Bergarbeiter, Hochseefischer u. ä. – ausgenommen), dafür Verpflegung eines erweiterten Kreises der in der Kriegswirtschaft Arbeitenden in Werkküchen bzw. Gemeinschaftsgaststätten mit einer vollwertigen markenfreien Mahlzeit pro Tag; Betrauung der DAF mit dieser Aktion. Bedenken Lammers' und insbesondere Bormanns gegen diesen Plan: Schwierigkeiten bei der Beschaffung des Materials für den Ausbau bzw. die Einrichtung von Werkküchen; die Verpflegung von Nacht- und Schichtarbeitern durch eine an die Mittagsstunden gebundene Essensausgabe nicht möglich; Mangel an Fahrzeugen für den Transport des Essens in die Betriebe; Zurücklegen der Wegstrecke zwischen Betrieb und Gemeinschaftsgaststätte auf Kosten der für die Erholung vorgesehenen Mittagspause; zusätzliche Sonderzuteilungen an die Werkküchen nicht zu erwarten; Warnung, durch einen Führererlaß unerfüllbare Hoffnungen zu wecken und durch einen Fehlschlag das Ansehen der DAF und Leys zu schädigen. Nach einer ebenfalls ablehnenden Äußerung des StSekr. Backe mit der Warnung vor einem Unruhe auslösenden, ernährungsmäßig nicht gesicherten Plan (der Wegfall der in der Gesamternährungsbilanz nur eine untergeordnete Rolle spielenden Schwerst- und Schwerarbeiterzulagen keine Basis für eine erweiterte Kantinenverpflegung; bei weiterer Ausdehnung der Kantinenverpflegung eine Steigerung des zusätzlichen Bedarfs an Kartoffeln und Gemüse mit der sicheren „Verödung der Haushalte an diesen Nahrungsmitteln" als Folge) Empfehlung Bormanns an Ley, sein Vorhaben aufzugeben.
K   101 07929–75 (614)

23. 4. 42 Lammers, Kard. Bertram, RMdI 15731
Durch Lammers Übersendung eines ˚Protestes des Vorsitzenden der Fuldaer Bischofskonferenz, Kard. Bertram, gegen die auf keine Tatsachen gestützte Einziehung der Bischöflichen Priesterseminare in Innsbruck, Salzburg, Trier, Bensberg und Berlin-Bohnsdorf als reichsfeindliches Vermögen.
H   101 01177 (158); 101 21872 (1271); 101 21888 (1271 a)

23. 4. 42   ?   15732
Aktenvermerk für Bormann über die Rückholung der Volksdeutschen aus Amerika und Afrika nach dem Kriege: Zur Aufrechterhaltung des Anscheins unpolitischer Motive Betrauung des VDA mit der vorbereitenden Organisation (Aufbau einer Anschriftensammlung, Errichtung von landsmannschaftlichen Forschungsstellen für Deutsche im Ausland zum Zweck des Austausches von Anschriften); Unterstützung dieser Arbeit durch die Gauämter für Volkstumsfragen, ohne jedoch als Parteidienststellen in den Vordergrund zu treten.
K   102 00150/1 f. (259)

23. 4. 42 – 20. 6. 43   RKzl., GBV, BfdVJPl.   15733
Trotz der Weisung Hitlers, während des Krieges grundsätzlich weder Landkreise noch Regierungen zusammen- oder stillzulegen, Bereitschaft Bormanns, den Wunsch des GL Mutschmann nach Stillegung der vier sächsischen Regierungspräsidien zwecks Verwaltungsvereinfachung und Personaleinsparung zu unterstützen; wiederholte Bitte an Lammers, sich ebenfalls für den Plan M.s einzusetzen (Begründungen u. a.: Anders als in Preußen nur begrenzte Aufsichtsbefugnisse, Schwergewicht der Verwaltung bei den Behörden der Unterstufe, räumlich geringe Ausdehnung). Billigung eines entsprechenden Verordnungsentwurfs durch H.
A   101 10103 – 29 (658 a)

[24. 4.] – 22. 6. 42   KrL Ochsenfurt   15734
Verdacht des KrHAL Hohmann (Ochsenfurt) auf mißbräuchliche Verwendung seiner – abgelehnten – Vorschläge (Einsatz der Zivilbevölkerung im aktiven Luftschutz an Beutewaffen) bei der inzwischen verfügten Einrichtung der „Heimatflak". Dazu die PKzl.: Diese Verdächtigung „völlig abwegig".
W/H   541 00012 – 15 (I/4)

24. 4. – 16. 7. 42   H. Knöss, GL Sprenger, RKzl.   15735
Unter Berufung auf den Führererlaß über die Zweckentfremdung von Beherbergungsbetrieben Verweigerung der Genehmigung des zuständigen Landrats für den vom Reichspostminister (RPM) getätigten und durch Erlaß Hitlers gebilligten Erwerb des Schlosses Fürstenlager in Seeheim/Bergstraße und für dessen Umwandlung in ein Erholungsheim für weibliche Gefolgschaftsmitglieder; dahinter vom RPM lokale Interessen vermutet. Im gleichen Sinne Eingaben des Grundstücksmaklers Heinrich Knöss (Frankfurt/Main) an Bormann. Bei B. auch durch GL Sprenger Anmeldung von Einwänden gegen diese Erwerbung unter Hinweis auf das ihm, S., früher untersagte Vorhaben, H. das Schloß für die Verwundetenbetreuung zum Geburtstag zu schenken. Antwort der von der PKzl. deswegen befragten Reichskanzlei: Die Bitte, sich mit der zugunsten der Reichspost getroffenen Entscheidung abzufinden, von S. nach Ablehnung des von ihm gewünschten Vortrags bei H. nunmehr akzeptiert und der Landrat von ihm entsprechend angewiesen; um künftige Mißhelligkeiten zu vermeiden, Anweisung des Staatssekretärs für Fremdenverkehr an die Gaupropagandaämter, vor ihrer Berichterstattung die Stellungnahme der Reichsstatthalter oder Gauleiter zu allen diese möglicherweise interessierenden Fällen von Zweckentfremdung einzuholen.
M/H   101 02766 – 79 (280 a)

25. 4. 42   Lammers, Speer   15736
Durch Lammers vertraulich weitergeleitete Mitteilung Speers über eine Entscheidung Hitlers, die Reichsstelle für Raumordnung bis Kriegsende in ihrer alten Form bestehen zu lassen; ihre Eingliederung in das nach dem Krieg zu schaffende Bauministerium jedoch von S. gefordert.
H   101 17233 – 37 (1031)

25. 4. 42   Lammers   15737
Mitteilung über die Entscheidung Hitlers, die Rechtsnormen für die Hinterbliebenenversorgung der Reichsminister während des Krieges nicht zu ändern; jedoch Auftrag an ihn, Lammers, eine anderweitige Bemessung der Amtsbezüge der Reichsminister und eine darauf basierende großzügige Neuregelung vorzubereiten; gegebenenfalls Gewährung finanzieller Hilfen an die Hinterbliebenen aus den Verfügungsmitteln H.s.
K   101 20201 f. (1201 b)

25. 4. 42   Chef Sipo   15738
Übersendung der Einladung für die nächste Sitzung des Arbeitskreises zur Erörterung sicherheitspoli-

zeilicher Fragen des Ausländereinsatzes; Besprechungspunkte: Kräfte aus dem altsowjetischen Gebiet, Ausweispapiere, Jugendliche u. a.
W   112 00101 f. (162)

[25. 4. 42]   GBV   15739
Zwecks Herbeiführung einer Beschlußfassung des Ministerrats für die Reichsverteidigung Übersendung einer kriegswichtigen 'Verordnung zur Sicherstellung der ärztlichen Versorgung der Zivilbevölkerung; die Zustimmung des Leiters der PKzl. bereits vorliegend.
K   101 11525 (678 d)

[25. 4. 42]   Himmler   15740
Nach einem Hinweis Bormanns auf die in nächster Zeit stattfindende Spinnstoffsammlung Vorschläge für die Deckung des Bedarfs der SS: Einsammlung der schwarzen Uniformen.
W/H   107 00791 (273)

25. 4. – 17. 5. 42   RKzl., RMfVuP, GL   15741
Anläßlich des Luftangriffs auf Lübeck und des dabei entstandenen Verlustes unersetzlicher Kulturdenkmäler Anregung Goebbels' (Führerinformation 0055), die Überprüfung bisher getroffener bzw. die Durchführung noch notwendiger Sicherheitsmaßnahmen zu zentralisieren (etwa durch die Kommission zur Bewahrung von Zeitdokumenten). Statt dessen durch Bormann weitergeleitete Entscheidung Hitlers, die Gauleiter für die luftschutzmäßige Sicherstellung aller Kulturwerte ihres Gaues voll verantwortlich zu machen.
A   101 22851 – 56 (1301 b); 501 00007 (2082)

27. – 28. 4. 42   Lammers   15742
Mitteilung Bormanns: Nach dem dritten Luftangriff auf Rostock Anweisung Hitlers, GL Hildebrandt RM 500 000.– aus den Verfügungsmitteln zu überweisen. Entsprechende Veranlassung durch Lammers.
K/H   101 11251 – 54 (668)

27. 4. – 22. 5. 42   GL Henlein, Himmler, GL a. D. Jung   15743
Protest des GL Henlein gegen die politischen Beurteilungen des von ihm entfernten Schriftleiters Raimund Elleder (Bäderzeitung Karlsbad) durch GL a. D. Jung und SS-Ostubaf. Brehm (E. bei führenden Persönlichkeiten des Sudetengaues unbeliebt wegen seines Auftretens gegen die Homosexuellen). Dazu der von Bormann befragte Himmler: J. an sich im Recht, die Form jedoch „reichlich ungeschickt". Daraufhin durch Bormann „Aufklärung" J.s über Henleins Zuständigkeit für Beurteilungen mit dem Ersuchen, den gegen Henlein erhobenen Vorwurf der Begünstigung von Homosexuellen zurückzunehmen; Androhung eines Parteigerichtsverfahrens.
M/H   306 00588 – 94, 597 f. (Jung)

29. 4. – [1. 5.] 42   GL Scheel   15744
Niederschrift für Bormann über eine Erörterung des Reichstagsbeschlusses über die neue Stellung Hitlers in Rechtsfragen in Lammers' Salonwagen auf einer Fahrt von Berlin nach München mit kritischen Bemerkungen L.': Notwendigkeit der Sicherstellung eines ordnungsgemäßen Ganges der Führerentscheidungen über die Justiz zur Vermeidung einer Reaktion H.s auf Zeitungsnotizen; dazu wie zur Verhinderung von Eingriffen der Gauleiter in die Rechtspflege durch wahllose Absetzung von Richtern eine Anordnung erforderlich über die ihm, L., zu übertragende Zuständigkeit für die Sammlung der H. vorzulegenden Fälle, Hoffnung auf H.s Einsicht bei Vorlage der Angelegenheit „im richtigen Augenblick"; ein Protest der von ihm bei dem Beschluß nicht an erster Stelle aufgeführten Partei diesmal deswegen wohl kaum zu erwarten. Übersendung der Niederschrift auch an Himmler auf Veranlassung B.s.
K/H   102 01050 – 53 (1957)

29. 4. – 14. 5. 42   Lammers, Rosenberg u. a.   15745
Protest Rosenbergs bei Lammers gegen einen von Speer nach noch nicht abgeschlossenen Verhandlungen ultimativ vorgelegten Entwurf zu einem Führererlaß über den Einsatz der Technik in den neu besetzten Ostgebieten: Aufhebung der mit Todt getroffenen Vereinbarungen und ihrer Zusammenarbeit; weitere Schwächung der Stellung des Reichsostministers und der ihm nachgeordneten Behörden (Hinweis auf die bereits Göring und Himmler eingeräumten Zuständigkeiten) durch Schaffung weiterer Sonderbehörden bis in die untersten Instanzen; Zersplitterung auf den wichtigsten Arbeitsgebieten; Verkennung der Verhältnisse im Osten; keine Berücksichtigung der geplanten landeseigenen Verwaltung; und anderes. Durch L. Informierung Bormanns; zwecks Erörterung der Meinungsverschiedenheiten Einla-

dung an R. und S. zu einer Chefbesprechung mit B. im Führerhauptquartier. Nach Ablehnung S.s, an dieser Besprechung teilzunehmen, vierstündiger Vortrag R.s bei Hitler über seine Bedenken gegen den Erlaßentwurf S.s. Forderung Hitlers nach einheitlichem Einsatz der Technik in den Ostgebieten und Wunsch, S. mit allen erforderlichen Vollmachten auszustatten; unter Offenlassung sonstiger von R. erbetener Entscheidungen Einverständnis daher lediglich mit der von R. vorgeschlagenen Begrenzung der Aufgaben S.s in den Ostgebieten auf die Dauer des Krieges. Unter Hinweis auf die von Hitler wohl gehegte Erwartung einer seinen Wunsch und – nach Möglichkeit – auch die Wünsche der beteiligten Minister berücksichtigenden Fassung des Erlasses Aufforderung L.' an S., mit R. baldigst Verhandlungen aufzunehmen.
K/H   101 12008 – 44 (686 b)

30. 4. 42   GBA   15746
Übersendung der Anordnung 3 über die Betreuung der schaffenden deutschen Männer und Frauen: Appell zu Mehrleistungen unter Hinweis auf die Reichstagsrede Hitlers vom 26. 4.; Katalog von Anforderungen an Arbeitsbedingungen, Unterbringung, Verpflegung und Betreuung.
W   101 09376 – 79 (652)

[30. 4. 42]   H. Johst   15747
Schenkung je eines „Bouquets von 60 Rosen" durch „unseren guten Reichsleiter Martin Bormann" an drei Schauspielerinnen des Berliner Deutschen Theaters (Ursula Burg, Doris Krüger [jetzt Frau Liebuhr] und Eva Lissa); die Wirkung „irisierend".
H   306 00583 (Johst)

30. 4. – 12. 5. 42   Lammers, JFdDR u. a.   15748
Durch Bormann Weiterleitung einer Anordnung Hitlers, den jeweils ältesten HJ-Jahrgang in dreiwöchigen Lagern der HJ vormilitärisch auszubilden; Voraussetzungen: Vorhandensein von Wehrmachtsbildern und der erforderlichen Ausrüstungsgegenstände, keine Störung der Produktion (Ausbildung möglichst während des Arbeitsurlaubs).
H   101 06214 – 19 (522 b)

Nicht belegt.   15749

4. 5. 42   RMfdbO   15750
Mitteilung über die Bildung eines Landwirtschaftlichen Planungsausschusses unter Leitung von MinDir. Riecke im Zentralen Planungsstab des Reichsostministeriums; Regelung der Vertretung in dem neugebildeten Ausschuß.
K   101 11834 f. (683 a)

4. 5. 42   AA   15751
Mitteilung der Antwort der slowakischen Regierung auf von der Deutschen Gesandtschaft in Preßburg erhobene Vorstellungen gegen die Veröffentlichung des gefälschten Mölders-Briefes in einigen slowakischen Blättern (Vorkehrungen gegen Wiederholungen getroffen).
H   202 02026 (15/23 – 35)

4. 5. 42   Lammers, Erzbf. Breslau   15752
Erneuerung des von Kard. Bertram eingelegten Einspruchs gegen die Beschlagnahme des kirchlichen Grundbesitzes in St. Annaberg O/S. sowie gegen die Ausweisung der dortigen Franziskaner, nunmehr nach Erhalt der schriftlichen Beschlagnahmeverfügungen: Unklarheiten und Widersprüche in diesen Verfügungen, Darstellung der Besitz- und Rechtsverhältnisse, Zurückweisung des diffamierenden Vorwurfs staatsfeindlicher und zersetzender Tätigkeit. Durch Lammers Weiterleitung an Bormann.
H   101 21965 – 75 (1271 a)

4. 5. – 29. 6. 42   AA, Dt. Ev. Kirche, Dt. Ges. Bukarest   15753
Durch das Auswärtige Amt Übersendung eines Schreibens des Kirchlichen Außenamts der Deutschen Evangelischen Kirche (DEK): Absicht der DEK, durch geschlossenen Einsatz der ehemaligen Stipendiaten den deutschen Einfluß auf die orthodoxen Balkankirchen zu verstärken und innere Auseinandersetzungen zu beeinflussen; zur „Durchführung der erforderlichen Maßnahmen" eine Rundreise des Dr. Gerstenmaier vom Kirchlichen Außenamt geplant. Dazu die Stellungnahme der Deutschen Gesandtschaft in Bukarest: Angesichts der engen Beziehungen der Gesandtschaft zur Rumänischen Ortho-

doxen Kirche eine Einschaltung der DEK unnötig, jedoch keine Einwände gegen gelegentliche Reisen G.s.
W/H   202 00162 ff., 168 f. (3/5 – 6)

Nicht belegt.   15754

5. 5. 42   Lammers, GL A. Wagner   15755
Wegen der von Hitler anläßlich der Vorlage von Entwürfen für einen Neubau der Technischen Hochschule München wiederum wie schon vor Jahren gewonnenen Überzeugung von dem Unvermögen der an dieser Institution angestellten Architekten, brauchbare Entwürfe zu liefern, Weisung über Bormann an GL A. Wagner, Generalbaurat Giesler Einfluß auf die Besetzung der Architektenstellen an dieser Hochschule zu verschaffen.
K/H   101 15533 f. (941 a)

[5. 5. 42]   Kzl. d. F   15756
Durch Bormann Übergabe der Angelegenheit des ehemaligen SS-Obf. Kurt Brand (unberechtigtes Tragen von Orden) zur weiteren Bearbeitung; dabei Hinweis auf das Eintreten Himmlers für eine Einstellung bzw. Niederschlagung des Verfahrens gegen Brand.
K/W   102 01623 (2815)

5. 5. – 30. 7. 42   RKfdsozW, RKzl.   15757
Zustimmung der PKzl. zur Ernennung des MinR Joachim Fischer-Dieskau zum Ministerialdirigenten.
H   101 19339 – 42 (1174 a)

[6. 5. 42]   RArbM   15758
Zustimmung der PKzl. zum Entwurf einer Zweiten Verordnung über den weiteren Ausbau der Knappschaftsversicherung (keine Beteiligung der Empfänger von Invalidenpension an den Kosten der Krankenversicherung, u. a.).
M/W   101 04204/3 ff. (408 a)

6. 5. 42 – 27. 1. 43   RMfdbO, Lammers   15759
Erörterung der Wünsche der beteiligten Reichsbehörden (Reichsinnenministerium, Reichsfinanzministerium, Reichskanzlei, OKW) zu den vom Reichsostminister (ROM) vorgelegten Entwürfen einer Durchführungsverordnung zum Erlaß über Bildung und Abfindung des Verwaltungsführerkorps in den besetzten Ostgebieten: Bedenken der Ressorts gegen den Gebrauch der Bezeichnung Verwaltungsführer (Gegenvorschlag: Amtsträger) vom ROM zurückgewiesen; keine sachliche Einigung über den Widerruf des Verwaltungsführerverhältnisses sowie über die Durchführung von Dienststrafverfahren mit dem Ziel der Dienstentlassung (Vorlage und Erörterung ebenfalls des Entwurfs einer Dienststrafordnung für die Verwaltungsführer); Bindung der – im Osten üblichen – Annahme von Geschenken an die Zustimmung des ROM oder des von ihm beauftragten Reichskommissars; Ablehnung der vom ROM vorgesehenen freien Krankenhausbehandlung sowie der beamtenmäßigen Versorgung der dem Beamtenstand nicht angehörenden Verwaltungsführer; Bitte der PKzl., in die Durchführungsverordnung eine Bestimmung über die Beteiligung der Partei bei der Ernennung und Beförderung von Verwaltungsführern sowie bei der Übertragung bestimmter Dienstgeschäfte aufzunehmen. Durch den ROM zwecks Aufrechterhaltung von „Dienstfreudigkeit und Dienstzucht" inzwischen Erlaß von zwei 'Verordnungen zur vorläufigen Regelung der Rechtsverhältnisse der Verwaltungsführer in den besetzten Ostgebieten; dabei offengebliebene Punkte: Erlaß einer Dienststrafordnung, Sondervorschriften für die Ausübung richterlicher Tätigkeit, (hierzu eine Nachfrage der PKzl., im Fall ihrer Ausübung gegenüber der landeseigenen Bevölkerung ein Verzicht auf Verwaltungsanweisungen nicht für vertretbar gehalten), freie Krankenhausbehandlung und anderes. Ankündigung des ROM, über diese Punkte demnächst weitere Vorschläge zu machen.
K/H   101 12097 – 108, 131 – 68/1 (688 a)

[7. 5. 42]   Hitler   15760
Laut Speer eine Besprechung Hitlers mit Bormann über eine Rede Leys beabsichtigt (in der Rede nur H., nicht aber die Frontsoldaten erwähnt; diese Auslegung der Überwindung des Winters auch von H. nicht für richtig gehalten).
W   108 00055 f. (1504); 108 00080/1 f. (1512)

8.–19. 5. 42   Goebbels, Lammers   15761
Unter Hinweis auf die Volksstimmung, auf das Ungenügen des 1933 neu gefaßten § 2 RStGB und auf die Reichstagsrede Hitlers vom 26. 4. 42 Forderung Bormanns nach Erlaß eines Gesetzes zur Bestrafung bisher mangels Strafmöglichkeit nicht faßbarer Vergehen (z. B.: Disziplinlosigkeiten im Reiseverkehr, Verbreitung des gefälschten Mölders-Briefes). Eine daraufhin von Goebbels vorgeschlagene Formulierung (Vergehen gegen die in der Öffentlichkeit bekannten Grundsätze der ns. Volksführung) von B. als zu vage abgelehnt: Die Verhängung von Konzentrationslager und das ganze Strafgesetzbuch damit gegenstandslos, die NS-Grundsätze kaum eindeutig zu ermitteln. Eigener Formulierungsvorschlag B.s (Zuwiderhandlungen gegen erlassene Anordnungen unter Gefährdung oder Benachteiligung der Sicherheit der Volksführung oder des Kriegszwecks). Bitte Lammers' an Schlegelberger um beschleunigte Bearbeitung.
W/H   101 26865 – 70/1 (1512)

[9. 5.] – 11. 6. 42   AA   15762
Keine Bedenken Bormanns gegen die Weiterleitung eines *Briefes von Prof. Haushofer an den Deutschen Gesandten in Stockholm, Prinz zu Wied.
M   203 01106 f. (36/2)

[10.] – 13. 5. 42   GenMaj. Schmundt, GL A. Wagner, Lammers   15763
Denkschrift des GL A. Wagner für Hitlers Wehrmachtadjutanten, GenMaj. Schmundt, über die Mobilisierung zusätzlicher Kräfte durch „zweckmäßigere Arbeitsteilung" zwischen militärischer und ziviler Reichsverteidigung auf der Verwaltungs-Mittelstufe (Wehrkreisbefehlshaber und Reichsverteidigungskommissar): Zwecks Freimachung dort befindlicher frontverwendungsfähiger Soldaten Abzug der Heimatwehrmachtorganisation in die Etappe unter Abgabe ihrer Aufgaben und Einrichtungen (Wehrersatzwesen, Wehrmachtfürsorge, Heeresfachschulen, Heeressanitäts- und -veterinärwesen, Heeresbau- und -forstämter, Abwehr, Wehrmachtpropaganda, Landwirtschaftsoffiziere, Kriegsgräberfürsorge, Kriegsgefangenenwesen) an zivile Dienststellen bzw. an die Partei. Durch Bormann Übersendung der Denkschrift an Lammers.
K/H   101 13030 – 52 (707)

[10. 5. 42] – 2. 11. 43   DSt. Rosenberg, Pfarrer Köhnen, OKW, OKH, GL Niederdonau,   15764
                           Himmler
Zweifel Bormanns an der ns. Gesinnung von Oberst Karl Sauberzweig aufgrund eines ihm vom Amt Rosenberg zugeleiteten Schreibens des Bekenntnispfarrers Lt. Köhnen an dessen Bruder G. K. (Gummersbach) über eine Sylvesteransprache S.s (Forderung, den Soldaten nicht den Glauben zu nehmen, sondern sie zum gemeinsamen Gottesdienstbesuch zu ermahnen). Durch die PKzl. Unterrichtung des OKH; ebenso Anmeldung von Bedenken gegen die vom OKH beabsichtigte Ernennung S.s zum Chef des Stabes der Inspektion des Erziehungs- und Bildungswesens (durch das OKH Versuch einer Ausräumung dieser Bedenken durch Veranlassung S.s zum Kirchenaustritt) wie später gegen die vorgesehene Ernennung S.s zum Kommandeur der Division „Hitler-Jugend" unter Übertritt zur Waffen-SS; dabei ein positives Gutachten des GL Jury für B. nicht entscheidend. Jedoch auch Himmler von dem jetzigen SS-Brif. S. angetan: Sehr aufgeschlossen, von der Kirche sicher innerlich völlig zu lösen, als nunmehriger Kommandeur der muselmanischen Division auch kaum Konflikten ausgesetzt.
M/H   306 00815 – 26 (Sauberzweig)

11. 5. 42   GL R. Wagner   15765
Mit der Bitte, Hitler bei passender Gelegenheit das Material vorzutragen, Übersendung des vertraulichen Berichts eines Pg. Rosse (Kolmar) über die Haltung Frankreichs zur Elsaß-Lothringer-Frage: Die Vichy-Regierung offiziell zurückhaltend, inoffiziell jedoch Propaganda für die Erhaltung der Rückkehr-Hoffnung der Elsaß-Lothringer; deren bevorzugte Behandlung durch die Regierung im unbesetzten Frankreich; Hinweis auf die Bedeutung der ca. 180 000 Ausgewiesenen bzw. in Frankreich Zurückgebliebenen für die deutsch-französischen Beziehungen.
A/H   101 23776 – 82 (1338 b)

11. 5. 42   StSekr. Esser, StSekr. Backe   15766
Anregung des StSekr. Esser, eine Verordnung der Schweizer Bundesregierung über den Verkauf nur noch abgelagerten Brotes auch im Reichsgebiet einzuführen. (Abschrift an Bormann.)
K   101 07994 f. (614)

11.–16. 5. 42   Lammers, RJM   15767
Mitteilung Bormanns: Mit Rücksicht auf zwei bei der Wehrmacht befindliche Söhne Begnadigung des wegen Volksschädlingsverbrechens, Brandstiftung und versuchten Versicherungsbetrugs zum Tode verurteilten Bauern Johann Vollath (Neustadt a. d. Waldnaab) zu zehn Jahren Gefängnis durch Hitler.
H   101 28356 – 58 (1544)

11. 5. – 10. 6. 42   Lammers, Dorpmüller   15768
Wegen erneuter Verschärfung der sicherheitspolizeilichen Lage in Oberkrain (entsprechender Vortrag von GL Rainer bei Hitler unter Hinweis auf die Notwendigkeit einer einheitlichen örtlichen Führung der gesamten Polizeigewalt für eine erfolgreiche Bandenbekämpfung) durch Bormann übermittelte Entscheidung H.s., auch die Bahnpolizei und die Bahnschutzpolizei während der Dauer der „besonderen Lage" dem Höheren SS- und Polizeiführer Alpenland zu unterstellen. Auch einem analogen Antrag von GL Uiberreither für den Bereich der Untersteiermark von H. für die Kriegsdauer stattgegeben. Darüber Informierung Dorpmüllers und Himmlers durch Lammers.
A   101 24042 – 50 (1348 a); 101 24089 f. (1348 d)

[12. 5. 42]   RPM   15769
Bitte um einen „Kernspruch" Bormanns für eine Festnummer der Zeitschrift „Die Deutsche Post".
H   101 18578 (1147 a)

12. 5. – 22. 6. 42   RArbM, OKW   15770
Richtlinien des OKW (nachrichtlich an die PKzl.) für den Fraueneinsatz im Wehrmachtbereich, insbesondere außerhalb der Reichsgrenzen (keine Militarisierung der Frau; Förderung des kameradschaftlichen Zusammenschlusses durch gemeinsame Unterbringung in Frauenwohnheimen und gemeinsame Freizeitgestaltung; Regelung der Arbeitsbedingungen und der Bezahlung; u. a.); dabei Bezugnahme auf Bormanns Anordnung A 21/42 (die Betreuung der deutschen Frauen in den besetzten Gebieten Aufgabe der Reichsfrauenführerin; Einsetzung von Gebietsbeauftragten und Arbeitsgemeinschaften; Festlegung einer Altersgrenze von 21 Jahren).
W   107 00368 – 73 (197)

13. 5. 42   RKzl.   15771
Mitteilung des Persönlichen Referenten Bormanns über die Abholung des im Bilderkeller der Reichskanzlei aufbewahrten Gemäldes von Prof. Leipold „Der Lichtdom" für die diesjährige Sonderschau im Haus der Deutschen Kunst in München.
H   101 17596 (1062 c)

[13. 5. 42]   Ley   15772
Bitte, die Verabschiedung des Mutterschutzgesetzentwurfs des Reichsarbeitsministers zu verhindern; Begründung: Durch die geplante Weiterzahlung des vollen Arbeitsverdienstes einseitige Bevorzugung der in Lohnarbeit stehenden Mütter gegenüber nicht berufstätigen kinderreichen Müttern. (Abgang zweifelhaft.)
W/H   128 00019 – 23 (242)

14. 5. 42   Bouhler   15773
Auf Aufforderung Bormanns Rechtfertigung gegenüber Vorwürfen, den Umfang seines Apparats betreffend, durch Übersendung mehrerer Zusammenstellungen: Gliederung und Aufgabenbereich der Kanzlei des Führers; Aufgaben, Aufbau, Arbeitsbericht 1939 – 42 und Zusammenstellung der Zuständigkeiten der Parteiamtlichen Prüfungskommission (Zuständigkeit für Euthanasie, Schrifttumsüberprüfung, Überwachung der Zitierung Hitlers, u. a.).
H   101 07358 – 81 (585)

14. 5. – 18. 6. 42   Hühnlein, Himmler   15774
Keine einheitliche Auffassung unter den Gliederungen zu dem Vorschlag des NSKK-Korpsführers Hühnlein, einen weiteren Höchstdienstgrad (Oberstgruppenführer) einzuführen; Bitte H.s an Bormann, nach der von Hitler genehmigten Einführung bei der SS die Einführung auch beim NSKK zu erwirken. Dagegen Einspruch Himmlers, und in diesem Sinne Entscheidung Hitlers: Der „Oberstgruppenführer" allein der SS vorbehalten, höchster Dienstgrad aller übrigen Gliederungen „Obergruppenführer".
M/K   102 01285 ff. (2381); 306 00490 (Himmler)

15. 5. 42   RKzl.   15775
Die personalpolitischen Bedenken der Reichskanzlei gegen die vom Reichspostminister vorgeschlagene Ernennung der Oberposträte Steller und Fischer zu Präsidenten von Reichspostdirektionen von Bormann geteilt: Eine vernünftige Altersschichtung auch bei der vorzugsweisen Unterbringung verdienter Alt-Parteigenossen zu beachten.
A   101 05069 (447)

15. 5. 42   Lammers, MPräs. Joël   15776
Infolge Erkrankung des RStatth. Röver Beauftragung des oldenburgischen Ministerpräsidenten Joël mit seiner Stellvertretung: Durch Lammers Übersendung des gewünschten Entwurfs eines Beauftragungsschreibens und des Entwurfs einer Pressenotiz.
H   101 25076 – 79 (1393 g)

15. 5. 42   Himmler   15777
Bedenken gegen die vorgesehene Verleihung des Reichsbürgerrechtes an einen „großen Prozentsatz" der Lothringer (Umgehung der sich daraus ergebenden Wehr- und Arbeitsdienstpflicht durch Flucht nach Frankreich, Eindringen unzuverlässiger Elemente in das Heer); statt dessen Vorschlag einer Werbung zum freiwilligen Eintritt in die Wehrmacht und der Verleihung des Reichsbürgerrechtes an die Familien der Freiwilligen danach; Zustimmung zur Verschickung von 400 Familien (Angehörige von Arbeitsdienstverweigerern) in die Donau- und Alpenlandgaue.
K   102 01580 f. (2747)

[15. 5. 42]   RArbF   15778
Zustimmung der PKzl. zum *Entwurf einer Verordnung „des Dreierkollegiums" zur Änderung und Ergänzung des Fürsorge- und Versorgungsgesetzes für die weiblichen Angehörigen des Reichsarbeitsdienstes und ihre Hinterbliebenen.
H   101 06116 (518 a)

15. – 28. 5. 42   StSekr. Schlegelberger, Lammers   15779
Nach dem Vorbild des Propagandaministeriums Absicht des geschäftsführenden Reichsjustizministers (RJM) Schlegelberger, Hitler wöchentlich über Bormann im Telegrammstil gehaltene „Führerinformationen" (1 – 12 beigefügt) über „interessante Gerichtsurteile und Lebensvorgänge" sowie über Maßnahmen und Pläne des RJM vorzulegen mit dem Zweck, ihm „auf diese Weise auch die Leistungen der Justiz näher zu bringen". Einverständnis Lammers' mit diesem Verfahren, verbunden mit dem Wunsch, etwa aus diesen Informationen erwachsende Entscheidungen oder Informationswünsche H.s über ihn zu leiten. Dazu nicht ganz eindeutige Zustimmung („selbstverständlich Mitteilung machen") B.s. – Inhalt der Nummern 1–12: Übernahme der Opel-Werke u. a. in die Verwaltung des Reichskommissars für die Behandlung feindlichen Vermögens; auf Wunsch Herausgabe Testamente enthaltender Abschiedsbriefe Gefallener an die Angehörigen; Plünderungen und eine Hinrichtung nach dem Bombenangriff auf Rostock; Erhaltung der Betriebsfähigkeit eines Jugendgefängnisses in Heilbronn bei einem Luftangriff durch Löscharbeiten der Gefangenen; erstmals „unbestimmte Verurteilung" eines Jugendlichen (und zwar eines sich als Ritterkreuzträger ausgebenden Jugendlichen); Attentat eines wegen Schwarzschlachtens verurteilten Fleischermeisters auf Richter und Staatsanwalt des Sondergerichts Kiel; Ermittlungen in Weimar gegen 26 Fleischer wegen Schwarzschlachtungen; Hungerstreik und evtl. künstliche Ernährung des Juden Grünspan; Todesurteil gegen den Protektoratsangehörigen Vystyk wegen Verschiebung zur Vernichtung bestimmter Kleiderpunkte; Todesurteil gegen einen Betriebsdirektor der Büssing-NAG-Werke wegen Unterschlagung für die Belegschaft bestimmter Lebensmittel; Arbeitsergebnisse des Strafgefangenenlagers Rodgau (Hessen); Erteilung von 72 Ausübungsrechten für Patente und Urheberrechte britischer Inhaber (darunter die IV. Symphonie von Dvořák).
H   101 28726 – 42 (1559 a)

15. 5. – 24. 6. 42   Lammers, Oberste RBeh.   15780
Abfassung eines Runderlasses an die Obersten Reichsbehörden (unter Bekanntgabe auch an die Reichsleiter, Gauleiter und Verbändeführer der NSDAP durch den Leiter der PKzl.) über die Form der von Hitler aufgrund des Reichstagsbeschlusses vom 26. 4. 42 zu treffenden Entscheidungen: Wegen H.s Wunsch, freie Hand zu haben und von einer vorherigen Regelung der Form abzusehen, lediglich Verlautbarung über die *Übermittlung* dieser Entscheidungen an die zuständigen Stellen, nämlich im allgemeinen durch die Reichskanzlei, bei Bezug auf Aufgabenbereich oder Tätigkeit der NSDAP (Wehr-

macht) oder auf einen NSDAP- (Wehrmacht-)Angehörigen durch den Leiter der PKzl. (Chef OKW). Dabei Kritik Bormanns an der im Entwurf zunächst verwendeten Bezeichnung „Funktionär der Partei".
H   101 20205 ff. (1201 b); 101 22962 (1308 b); 101 29798 — 823 (958)

15. 5. — 22. 9. 42   Lammers, Bouhler, SS-Obf. Six   15781
Im Anschluß an die Beanstandung einiger Artikel in dem Bormann und Lammers von Bouhler übersandten, von dessen Kanzlei mitbearbeiteten „Taschen-Brockhaus zum Zeitgeschehen" gründliche Überprüfung verschiedener Nachschlagewerke auf von Bouhler inspirierte Beiträge, insbesondere über ihn selbst und seine Kanzlei. Das Ergebnis ein Protestschreiben Bormanns und L.': Anmaßung von Führungsaufgaben sowie von eindeutigen Zuständigkeiten der PKzl.; Empfehlung, grundsätzliche Schriftwerke vor dem Umbruch der PKzl. zur Begutachtung vorzulegen. Rechtfertigung Bouhlers: Keine Wahrnehmung der von ihm der PKzl. angebotenen Mitarbeit am „Brockhaus"; redaktionelle Versehen ohne politischen Hintergrund sowie noch nicht möglich gewesene Berücksichtigung der mit der Errichtung der PKzl. eingetretenen neuen Verhältnisse; Zugeständnis, die ihm 1934 erteilten Vollmachten als seitdem überholt zu betrachten, jedoch Hinweis auf den von ihm angeregten, von Bormann aber aufgeschobenen Vortrag bei Hitler zwecks neuer Abgrenzung seines Tätigkeitsbereichs.
H   101 20467 — 500 (1212 a)

16. 5. 42   RJM   15782
Übersendung des Entwurfs einer Ministerratsverordnung zur Vereinfachung und Vereinheitlichung des Jugendstrafrechts und einer 'Neufassung des Reichsjugendgerichtsgesetzes (neben Änderung einzelner Bestimmungen vor allem Zusammenfassung der zahlreichen – hauptsächlich seit Beginn des Krieges erlassenen – Rechtsvorschriften und Herstellung der Rechtseinheit mit den Alpen- und Donaureichsgauen).
W   101 26887 — 92/2 (1512)

16. 5. 42   Lammers   15783
Ernennung des bisherigen Stellvertretenden Gauleiters der Mark Brandenburg, Paul Wegener, (nach, wie mit Bormann vereinbart [vgl. Nr. 15439], vorangegangener Ernennung zum Gauleiter Weser-Ems) zum neuen Reichsstatthalter in Oldenburg und Bremen: Durch Lammers Vorlage der Ernennungsurkunde zur Vollziehung und Übersendung des Entwurfs einer Pressenotiz. Rückgabe durch B.; Aushändigung der Urkunde und Herausgabe der Pressenotiz jedoch erst nach dem Staatsakt für GL Röver.
H   101 25084 — 88 (1393 g)

[16. 5. 42]   AA   15784
Außenpolitische Bedenken gegen eine Briefkasten-Notiz der Zeitschrift Neues Volk (Herausgeber das Rassenpolitische Amt) über die Möglichkeit von Schutzhaft bei der beabsichtigten Eheschließung einer Deutschen mit einem Türken; die Befassung auch der PKzl. mit dem Fall zu befürchten.
M/H   203 03018 f. (86/2)

16. — [20.] 5. 42   Lammers, Darré   15785
Nach der Beurlaubung Darrés und der Unterstellung des Reichsernährungsministeriums und des Reichsnährstandes unter StSekr. Backe Vorschlag Bormanns, Backe zur Durchführung der notwendigen Maßnahmen (personelle Veränderungen) mit der Führung der Geschäfte zu beauftragen; für den ebenfalls von Backe übernommenen Bereich des Reichsamts für Agrarpolitik eine entsprechende Anordnung vorgesehen.
K/W/H   101 18402 — 06 (1142)

[18. 5.] — 26. 10. 42   RKzl., Epp, Schwerin-Krosigk   15786
Diskussion um die Ernennung eines Nachfolgers für den verstorbenen Staatssekretär beim Reichsstatthalter in Bayern, GenMaj. a. D. Hofmann: Bedenken des Reichsfinanzministers, die seinerzeit ohne Anerkennung eines sachlichen Bedürfnisses nur ad personam geschaffene Reichs-Staatssekretärsstelle wieder zu besetzen; Gegenargumentation Epps unter Hinweis auf die Notwendigkeit; von Hitler indes laut Bormann keine neue Ernennung vor Klarheit über den Krankheitsverlauf bei GL A. Wagner gewünscht. — In diesem Zusammenhang erörtert die Regelung der Urlaubs- bzw. Krankheitsstellvertretung der „Reichsstatthalter alter Art".
H   101 25053 — 72 (1393 a)

20. 5. 42   GBN u. a.   15787
Übersendung einer Verfügung über die Einführung der Genehmigungspflicht für Fernsprechnebenstellenanlagen.
H   101 17610 – 15 (1068 b)

20. 5. 42   GL Lauterbacher, MPräs. Klagges   15788
*Bericht des GL Lauterbacher über die christlichen Bindungen des MPräs. Klagges (K. als Gauamtsleiter NSLB vorgesehen; Wunsch K.', später einmal Gauleiter zu werden). Durch K. seine lange Kirchenzugehörigkeit (Austritt eben erst erfolgt) gerechtfertigt u. a. mit seinen dadurch erfolgreichen Bemühungen, den Einfluß der Kirche im Land Braunschweig geräuschlos zurückzudrängen.
M/H   306 00618/1 – 7 (Klagges)

[20. 5. 42]   MinDir. Berndt   15789
Äußerung Klopfers (PKzl.) über den Standpunkt Hitlers nach mehrfachem Vortrag des Themas: „Ruhig Ausmerzung" der „immer schwankend gewesenen" Intelligenzschicht in Lothringen und im Elsaß. Nach Meinung K.s Unterstützung dieses Standpunkts durch den Reichsführer-SS.
K/H   102 01242 f. (2274)

20. 5. – 27. 6. 42   AA   15790
Zwar Berichte der Deutschen Gesandtschaften in Tokio und Nanking über die von Japan getroffenen Maßnahmen zur Kontrolle und schließlichen Ausschaltung der anglo-amerikanischen Missionsgesellschaften und ihrer Einflußmöglichkeiten in Ostasien, von anglo-amerikanischer Seite die Missionsgesellschaften jedoch noch nicht völlig verloren gegeben; Hinweis auf die Duldung sowjetischer Propaganda und bis vor kurzem auch der Tätigkeit der Reuter-Agentur in Shanghai durch Japan.
W   202 00770 – 73 (8/1 – 7 + 19/9)

20. 5. – 24. 7. 42   Lammers   15791
Anfragen Bormanns wegen der Hinterbliebenenversorgung des verstorbenen RStatth. und GL Röver: Zuständigkeit von Staat oder Partei (dazu Lammers: Staat), welche Höhe (dazu L.: RM 1465.– monatlich).
H   101 25080 – 83 (1393 g)

20. 5. 42 – 22. 2. 43   Lammers, RMfWEuV   15792
Der Antrag Schirachs, der Akademie der bildenden Künste in Wien die Verleihung des Titels Diplom-Architekt (oder Diplom-Ingenieur) für die Absolventen ihrer Architekturmeisterschulen zu genehmigen, vom Reichserziehungsminister (REM) unter Hinweis auf die von Hitler ausdrücklich nur für die Studenten der Kunsthochschule in Weimar gestattete Ausnahme abgelehnt. Daraufhin Herantreten Sch.s an Bormann; durch diesen Weitergabe an Lammers mit der Bitte um Herbeiführung einer Entscheidung H.s. Nach Anhörung des REM (Berufungsmöglichkeit für alle übrigen ihre Anerkennung als vollakademische Anstalt betreibenden Kunsthochschulen; der damit verbundene Aufwand mit der totalen Mobilmachung nicht vereinbar) Vorschlag der Reichskanzlei, von B. angenommen: Zurückstellung der Angelegenheit.
H   101 21107 – 21 (1242)

21. 5. 42   Lammers   15793
Aus gegebenem Anlaß (Zahlungsschwierigkeiten nach dem Ankauf zweier Rembrandt-Gemälde für Hitler in Paris) Hinweis auf die notwendige Klärung der Verfügbarkeit von Devisen vor dem Abschluß von Kunstkäufen; Forderung der Beschränkung des Kunsterwerbs aus dem Ausland auf besondere Stücke; Bitte um Benachrichtigung von Philipp Prinz v. Hessen.
K   101 14754 ff. (810 b)

21. 5. 42   Lammers   15794
Mitteilung: Um der Kritik Hitlers an der Rechtsprechung der Strafgerichte zu begegnen, Vorschlag des StSekr. Schlegelberger, etwa durch ein dem Reichsjustizminister und den Oberlandesgerichtspräsidenten zu verleihendes Bestätigungsrecht (*Entwurf für einen entsprechenden Führererlaß beigefügt) bei „unzureichender Strafe" die Möglichkeit zur Aufhebung oder Abänderung rechtskräftiger Strafurteile zu schaffen.
H   101 28352 – 55 (1544)

[21. 5. 42]   (SS-Ogruf. Wolff)   15795
Absicht, Bormann um ein Dankschreiben an SS-Obf. Stenger bei dessen Ausscheiden aus den Diensten der NSDAP zu bitten.
K/W   102 01201 (2220)

22. 5. 42   Chef Sipo   15796
Übersendung der Einladung für die nächste Sitzung des Arbeitskreises zur Erörterung sicherheitspolizeilicher Fragen des Ausländereinsatzes; Besprechungspunkte: Betriebssicherung u. a.
W   112 00099 f. (162)

22. 5. 42   OKW   15797
Durch Hitler Anordnung der Verleihung eines Schildes an die Verteidiger von Cholm; Übersendung eines Entwurfs der Stiftungsverordnung.
W   101 08936 (649 a)

22. 5. 42   StSekr. Schlegelberger   15798
Übersendung der Führerinformationen 13−24 des Reichsjustizministers: Einberufungen und Kriegsverluste der Justiz; Ermahnung der Oberlandesgerichtspräsidenten und Generalstaatsanwälte zur Härte; Todesurteil im Fall der Information 6 (vgl. Nr. 15779); Todesurteil gegen eine Soldatenfrau wegen Tötung ihrer Kinder; Ehescheidungsrecht der volksdeutschen Umsiedler; Nichtigkeitsbeschwerde im Fall einer Mißhandlung und Schändung durch einen katholischen Geistlichen; erhöhte Anzahl gerichtlicher Mündigerklärungen; Erlaubnis für Personen mit getilgtem Strafvermerk, sich als unbestraft zu bezeichnen; günstige Wirkungen der Einführung der Pflichtversicherung für Kraftfahrzeughalter; erhebliche Abnahme der Berufungen; Todesurteil gegen den Leiter eines Kinderlandverschickungsheims, Friedrich Batz, wegen Vergehens an ihm anvertrauten Knaben; Todesurteilstatistik für die ersten vier Monate 1942 (619, davon 231 gegen Deutsche).
H   101 28743−55 (1559 a)

22.−28. 5. 42   Lammers   15799
Bitte Bormanns um Erstattung von der PKzl. vorschußweise gezahlter Kosten für das Führerhauptquartier (Fliegerstaffel, Kraftwagenkolonne Berlin, Kraftwagenneuanschaffungen, Dienstwagenhalle Obersalzberg u. a.) in Höhe von RM 312 891.22 (6. Zwischenabrechnung). Mitteilung Lammers' über die erfolgte Überweisung des Betrages auf das Zentralkonto der PKzl. bei der Commerzbank in München.
K   101 08111−14 (615 c)

23. 5. 42   RMdI   15800
Bitte um Zustimmung zur Abzweigung von 60 % (1,3 Mio. RM) des Reichsfonds Einzelplan V Kap. 2 Tit. 6 b (Sonstige Maßnahmen zur Förderung der volksgesundheitlichen Bestrebungen) für die Mittelstufe, nämlich für die Alpen- und Donau-Reichsgaue außer Wien, die Reichsgaue Sudetenland, Danzig-Westpreußen und Wartheland sowie für das Protektorat.
K/H   101 12914 f. (705 b)

23. 5. 42   Hitler   15801
Laut Terminkalender 18.00 Uhr Vortrag u. a. durch Bormann.
H   101 29086 (1609 a)

23. 5. 42   AA   15802
Übersendung eines Artikels der Zeitung A Voz (Lissabon) über eine Predigt von Kard. Faulhaber gegen die Verfolgung der Kirche in Deutschland.
W   202 01410−14 (10/14−25+20/7)

23.−31. 5. 42   Lammers   15803
Mitteilung Bormanns über Hitlers Mißbilligung der Absicht der Technischen Hochschule Stuttgart, dem Generalbevollmächtigten für das Kraftfahrzeugwesen, GenMaj. v. Schell, den Ehrendoktortitel zu verleihen: Ehrenpromotionen nur bei ganz besonderen fachlichen Leistungen, nicht jedoch bei Verdiensten um die Kriegswirtschaft (und schon gar nicht im Falle Sch.).
H   101 08297−300 (637)

23. 5. – 4. 9. 42   Lammers, RMdI   15804
Ablehnung der von GL Forster vorgeschlagenen Auflösung verschiedener Regierungen durch Hitler, Einverständnis nur „bei Städten wie Danzig" (der Wegfall dieser Behörde für die Stadt bedeutungslos). Auf Nachfrage Bormanns Zustimmungsvorbehalt H.s in allen übrigen Fällen, Voraussetzung jeweils die Bedeutungslosigkeit des Verlustes oder ein angemessener Ausgleich für die betroffene Stadt. Durch Lammers Unterrichtung des Reichsinnenministers (RMdI) über H.s Entscheidung im Fall Danzig. Durch den RMdI daraufhin Vorschlag einer Zusammenlegung der Behörde des Regierungspräsidenten in Danzig mit der des Reichsstatthalters in Danzig-Westpreußen in Realunion als Versuch für die künftige Gestaltung der Mittelstufe in der Verwaltung.
A/H   101 09835 – 44 (657)

25. 5. 42 – 31. 5. 44   RMdI, RKzl., AA u. a.   15805
Vorlage eines Gesetzentwurfs durch den Reichsinnenminister: Verleihung besonderer Rechte (insbesondere Errichtung einer Körperschaft des öffentlichen Rechts) an die soeben unter Beteiligung 13 europäischer Staaten sowie Japans gegründete Internationale Akademie für Staats- und Verwaltungswissenschaften (Zweck der Gründung die Sicherung eines beherrschenden deutschen Einflusses). Unter Hinweis auf eine Entscheidung Hitlers gegen einen ähnlichen Entwurf des Reichsjustizministers über eine Internationale Rechtskammer Verneinung der Kriegswichtigkeit der Angelegenheit durch die Reichskanzlei (RKzl.) und Bitte an Bormann um nochmalige Überprüfung der bereits erteilten Zustimmung der PKzl. Hinweis B.s auf die außenpolitische Bedeutung; Vorschlag, eine Stellungnahme des Auswärtigen Amtes einzuholen. Nach dessen positivem Votum Zurückstellung der Bedenken der RKzl. und Fortgang der Angelegenheit. Zustimmung B.s zu einer Neufassung des bereits angenommenen Gesetzes.
H/W   101 20785 – 820 (1226 c)

27. 5. 42   StSekr. Schlegelberger   15806
Übersendung der Führerinformation 25 des Reichsjustizministers: Richtigstellung des bolschewistischen Flugblatts „Des Führers Lohn" (Beschluß des Anerbengerichts in Soltau, den zum Arbeits- und Wehrdienst einberufenen Friedrich Freytag [Grauen] wegen Vernachlässigung seiner Wirtschaft als „nicht bauernfähig" zu erklären).
H   101 28756 – 59 (1559 a)

[27. 5. 42]   (Chef OKW u. a.)   15807
An die Reichskanzlei (RKzl.) Übersendung eines ˙Nebenabdrucks des beabsichtigten Erlasses über die Schaffung eines Ärmelbandes „Kreta" für die PKzl. wegen der darin enthaltenen Bestimmung über die Bekanntgabe der Tragegenehmigung auch für Parteiuniformen durch die RKzl.
W/H   101 08934 f. (649 a)

27. – 30. 5. 42   RVM u. a.   15808
Versetzung des StSekr. Wilhelm Kleinmann (Reichsverkehrsministerium) in den Ruhestand; Vorschlag zur Ernennung des von Hitler „persönlich bestimmten" VPräs. Albert Ganzenmüller zum Nachfolger. Durch Lammers Übersendung der von Hitler vollzogenen Urkunden. (Abschriften jeweils an die PKzl.)
H   101 18568 – 77 (1164 b)

27. 5. – 23. 11. 42   RJM, RKzl.   15809
Unter Hinweis auf den Sklarek-Prozeß vor dem Volksgerichtshof durch den Reichsjustizminister Übersendung von Entwürfen eines Gesetzes zur Ergänzung der Vorschriften gegen Landesverrat: Einführung der Todesstrafe für schwere Fälle der Vorbereitung (von Hitler bereits früher gefordert); Ausdehnung des Fotografierverbots; rückwirkende Geltung der Strafvorschriften gegen Landesverrat.
W/H   101 26963 – 72 (1512 a)

[27. 5. 42] – 3. 9. 43   RFSS, SA-Brif. Görlitz   15810
Auf Weisung Himmlers erneute Fühlungnahme der Reichsführung-SS mit der PKzl. über die seinerzeit von Bormann veranlaßte Zurückstellung der Übernahme des Leiters der Reichsschule Feldafing, SA-Brif. Julius Görlitz, in die SS; Hinweis auf die Folgen der Zurückweisung: Dienst aller Feldafing-Lehrer in SA-Uniform. Der Vorschlag, die Angelegenheit G. nach dem Tode Lutzes mit dem neuen Stabschef gütlich zu regeln, von der PKzl. akzeptiert mit der Bemerkung, die Übernahmegenehmigung für den Vertreter des StSekr. Klopfer, SA-Obf. Herbert Klemm, auf gleiche Weise einholen zu wollen. Schwie-

rigkeiten hinsichtlich der Übernahme G.' (Grund: Schreiben eines „ungehörigen" Briefes an die Oberste SA-Führung).
K/W   102 01329−39 (2573)

28. 5. − 6. 8. 42   Ley RArbM, GL, DAF, Lammers, RMdI   15811
In einem Schreiben Leys mit der Bitte um Bormanns Vortrag bei Hitler Vorlage von fünf Vorschlägen zur Behebung der immer prekärer werdenden Wohnungsnot: Freimachung von Doppelwohnungen, Freimachung in Büros usw. umgewandelter Wohnungen, Lenkung der Besetzung freiwerdender Wohnungen, Erfassung des nicht voll ausgenutzten Wohnraums (Einzelzimmer) und Freimachung der mit Einzelstehenden besetzten Wohnungen (die beiden letzten Maßnahmen auf der Grundlage − von Lammers als echt kaum möglich angezweifelter − „absoluter Freiwilligkeit"). Beginn einer Erörterung in der Öffentlichkeit und Anlaufen entsprechender Maßnahmen seitens der DAF. Mit der Bitte um sofortige Aufhebung aller bisher getroffenen Maßnahmen, unter Erinnerung an nach wie vor gültige Entscheidungen H.s aus dem Vorjahre und unter Herausgabe eines entsprechenden Rundschreibens an die Gauleiter strikte Ablehnung all dieser Vorschläge durch B.: Sofern (Wohnraumfremdung) Maßnahmen nicht bereits von staatlicher Seite ergriffen oder (Doppelwohnungen) die zu erwartenden Ergebnisse nicht belanglos, die vorgeschlagenen Freimachungen, Lenkungen und Erfassungen nur geeignet, Unzufriedenheit auf allen Seiten zu erregen; deshalb schon seinerzeit Verbot jeder wohnungszwangswirtschaftlichen Maßnahme durch H.; im übrigen die Wohnraumverteilung nicht Sache des Staates, sondern der Gemeinden; deren lokale Bemühungen im Rahmen der Gesetze (etwa zugunsten Kriegsversehrter oder Kinderreicher) daher allein zulässig, eine Lenkung durch die Partei aber auch hier nicht erforderlich. (Vgl. Nr. 14897 a.)
H   101 19231−67 (1171 b)

29. 5. 42   StSekr. Schlegelberger   15812
Übersendung der Führerinformationen 26−30 des Reichsjustizministers: Mehrung der Fälle ungenügender Aufsicht über Kinder (Waschkessel, Streichhölzer usw.); Gewährung des jeweils günstigeren Schadensersatzes bei Dienstunfällen von Wehrmachtangehörigen und Angehörigen des öffentlichen Dienstes; strengere Bestrafung, in der Regel Todesstrafe, bei kommunistischem Hochverrat; Androhung der Todesstrafe auch für die Vorbereitung zum Landesverrat sowie Verhängung ebenfalls rückwirkend; Einsatz umgesiedelter Rechtswahrer.
H   101 28760−65 (1559 a)

29. 5. − 13. 8. 42   AA, RMfWEuV   15813
Nach einer mündlichen Besprechung zwischen der PKzl., dem Chef der Sicherheitspolizei und dem Auswärtigen Amt (AA) über eine geplante Tagung der Luther-Akademie in Sondershausen entsprechende Unterrichtung des Leiters der Akademie, Prof. Stange, durch das AA: Genehmigung nur wegen der bereits weit fortgeschrittenen Vorbereitungen, jedoch infolge der Kriegsverhältnisse vermutlich keine weiteren Veranstaltungen dieser Art möglich, deren Vorankündigung daher unangebracht; eine günstige propagandistische Auswirkung der Tagung erwartet; Änderung des Titels der Festrede. Auf eine entsprechende Anfrage des AA Mitteilung einer bereits früher (im Zusammenhang mit einer geplanten Auslandsreise) erfolgten Beurteilung St.s durch die PKzl. (vgl. Nr. 15814).
W/H   202 00142−49 (3/1−4)

29. 5. − 18. 9. 42   AA, RMfWEuV   15814
Erhebliche Bedenken der PKzl. gegen eine vom Reichserziehungsminister (REM) aufgrund der Stellungnahmen des Reichspropaganda- und des Reichskirchenministers bereits genehmigte Vortragsreise des Prof. Carl Stange (Göttingen) nach Schweden und Finnland: St. zwar charakterlich einwandfrei, jedoch abseits des politischen Geschehens stehend und ohne jedes Verständnis für den NS, negative Auswirkungen einer früheren Reise St.s; Bedauern über das Versäumnis des REM, vor der Genehmigung die Stellungnahme der PKzl. abzuwarten.
W   202 00139 ff., 143−46, 150 ff. (3/1−4)

30. 5. 42   RMdI u. a.   15815
Übersendung eines Runderlasses: Bestimmung der in Durchführung der Dezentralisierung des Erlaubniswesens künftig für die Bestallung von Ärzten, Zahnärzten, Apothekern und Lebensmittelchemikern zuständigen Behörden der Mittelstufe und ihrer Zuständigkeitsbereiche.
K/H   101 13201−04 (708 a)

30. 5. 42   Lammers   15816
Mitteilung Bormanns über die von Hitler auf Antrag des GL Bohle genehmigte Verleihung des Kriegsverdienstkreuzes an zehn aus Südamerika zurückgekehrte Hoheitsträger der Partei; Modalitäten der Verleihung.
W/H   101 08937 – 40 (649 a)

30. 5. 42   RWiM u. a.   15817
Übersendung eines Erlasses: Die Förderung von Erfindungsvorschlägen zur Erhaltung des Höchststands der deutschen Technik notwendig; Prüfung der Erfindungsvorschläge durch das Reichsamt für Wirtschaftsausbau (RAW) auf ihre technische Durchführbarkeit und Bedeutung und auch auf ihre Auswertungswürdigkeit im Kriege; Zweckmäßigkeit einer engen Zusammenarbeit des Hauptamts für Technik (Leiter: Speer) mit dem RAW, den Wirtschaftsgruppen und den Reichsinnungsverbänden bei der Förderung von Erfindungen.
M   101 03369 f. (341)

30. 5. 42   RKzl. u. a.   15818
Übersendung eines Schreibens Hitlers: Beauftragung des SS-Oberstgruf. Kurt Daluege mit der Vertretung Heydrichs in der Führung der Geschäfte des Reichsprotektors.
A   101 23524 ff. (1329 b)

30. 5. 42   Lammers   15819
Laut Terminkalender 12.00 Uhr Besprechung mit Bormann u. a.
H   101 29085 (1609 a)

30. 5. 42   RMfVuP   15820
Erinnerung an den – jetzt erhöhte Bedeutung besitzenden – Führererlaß vom 13. 11. 36 über Einladungen von Partei- und Staatsstellen zu Tagungen, Kongressen usw. (zwecks Abbaus des Übermaßes an Veranstaltungen Pflicht zur Anmeldung überregionaler Veranstaltungen bestimmter Größe beim Reichspropagandaleiter bzw. Reichspropagandaminister; Verfahren bei Einladungen an das Diplomatische Korps, an fremde Staatsmänner und Staatsoberhäupter und an prominente Ausländer); ebenfalls Erinnerung an das *Rundschreiben der Reichskanzlei vom 29. 3. 42 mit der im Auftrag Hitlers geäußerten Bitte, bis auf weiteres von der Abhaltung von Kongressen und Tagungen abzusehen, im übrigen aber bei der Genehmigung kriegswichtiger Tagungen „den allerschärfsten Maßstab anzulegen".
H   101 00704 (147 a); 101 08276 – 79 (637)

[30. 5. 42]   SS-Ogruf. Wolff   15821
Einladung Bormanns zu einer Tagung der SS-Gruppen- und -Obergruppenführer am 5./6. 6. 42 in Posen.
W   107 00156 ff. (168)

30. 5. – 6. 6. 42   Lammers, Rosenberg   15822
Mitteilung Bormanns: Anordnung Hitlers, alle legal oder illegal in das Ostland zurückgekehrten Balten abzuschieben und weiteren Zuzug unbedingt zu verhindern. Entsprechende Anweisung Rosenbergs durch Lammers.
K/H   101 12306 ff. (691 a)

30. 5. – 19. 7. 42   Lammers u. a.   15823
Zur einheitlichen Planung der Seetransporte Führererlaß über die Einsetzung eines (Hitler unmittelbar unterstellten) Reichskommissars für die Seeschiffahrt; Mitteilung Bormanns über eine trotz Verbots erfolgte Presseveröffentlichung. Kritik Lammers' an der Presseabteilung der Reichsregierung: Ermächtigung der Fachpresse, die Einsetzung des Reichskommissars zu veröffentlichen, ohne dabei die mögliche Übernahme dieser Verlautbarung durch andere Presseorgane zu berücksichtigen.
M/W   101 02559 – 71 (262 a)

[31. 5. 42]   AA   15824
Laut Mitteilung Bormanns Verbot Hitlers, bei Ausländern zu gebenden Essen Dosenpilze zu verwenden.
H   101 21502 (1269)

31. 5. – 11. 7. 42   Lammers   15825
Übersendung eines Göring erstatteten, nach den einzelnen Behörden gegliederten zusammenfassenden

Berichts mit *Anlagen über die in Durchführung des Führererlasses vom 25. 1. 42 getroffenen wichtigsten Maßnahmen zur Verwaltungsvereinfachung und den dadurch bisher erreichten Personalabbau.
K/H   101 13185−85/19, 188 ff. (708)

1. 6. 42   Speer, Frick, Funk, StSekr. Pfundtner, StSekr. Reinhardt, Gen. v. Hanneken   15826
Chefbesprechung über die grundsätzlichen Fragen der Energiepolitik, dabei Beratung des *Entwurfs eines Führererlasses über die Energieversorgung und Anschneiden des Themas der Friedensplanung (Teilnehmer für die PKzl.: Klopfer).
W   108 00540, 542 (1736)

[2. 6. 42]   SS-Obf. Kranefuß   15827
Vermerk über eine seinerzeit von Bormann beim ehemaligen Stab StdF angeregte – jedoch ohne Konsequenzen gebliebene – Zusammenarbeit auf wirtschaftlichem Gebiet; nach Übernahme der Bearbeitung von Wirtschaftsfragen durch B. persönlich (Abhaltung u. a. von Gauwirtschaftsberatertagungen) erneutes Interesse an einer Zusammenarbeit mit der PKzl.
K   102 01202 f. (2220)

2.−3. 6. 42   RKzl.   15828
Nach Rücksprache mit Bormann Herausgabe eines Rundschreibens an die oberen Reichs- und Landesbehörden mit der Bekanntgabe des von Hitler erlassenen, zunächst bis 1. 10. 42 befristeten Verbots von Eisenbahnsonderfahrten (mit Sonderzügen wie auch mit – von Zügen des öffentlichen Verkehrs beförderten – Sonderwagen); Ausnahmen (neben den zum Führerhauptquartier gehörenden Zügen Dienstfahrten in Grenz- und besetzte Gebiete ohne geeignete Unterkunftsmöglichkeiten, Wagen oberster Dienststellen mit der Notwendigkeit ständiger und gesicherter Nachrichtenverbindung und Befehlsübermittlung, Reisen nach dem Ausland oder Abholung ausländischer Persönlichkeiten von der Reichsgrenze) nur mit besonderer Genehmigung durch H. oder den Reichsverkehrsminister. Herausgabe eines entsprechenden Erlasses für den Bereich der Partei durch den Leiter der PKzl.
H   101 08439−42/1 (638 a); 101 29224 f. (1648)

2.−20. 6. 42   RKzl.   15829
Durch Bormann Weiterleitung der Forderung Hitlers, Beamte, Wehrmachtangehörige und Unterführer der Partei aufzurufen, sich in öffentlichen Verkehrsmitteln vorbildlich zu verhalten; die Androhung harter Strafen an Zuwiderhandelnde von H. verlangt (Erwähnung H. vorliegender Berichte über ausgesprochen unhöfliches Benehmen Uniformierter Frauen oder Müttern mit Kindern gegenüber). Empfehlung der Reichskanzlei (RKzl.), nicht in diesem Zusammenhang auch – wie ebenfalls gefordert – die Benutzung der Kurierabteile zu regeln, um nicht Wünsche in dieser Richtung zu wecken. Einverständnis Bormanns mit dem vorgesehenen Rundschreiben der RKzl., Erlaß einer entsprechenden Anordnung für den Parteibereich.
M/H   101 04586−93 (424)

[2. 6.−7. 8. 42]   Lammers   15830
Der *Personalbogen über MinR Klemm (in der PKzl. zuständig für Angelegenheiten des Justizministeriums) Lammers im Zusammenhang mit der Frage der Ernennung eines neuen Reichsjustizministers vorgelegt. Besprechung mit Bormann über die Personalvorgänge Frobös, Rothenberger, David und K.
A/H   101 05340 (458); 101 18460 f. (1145 a)

2. 6.−30. 9. 42   Lammers   15831
Durch Bormann übermittelte Anordnung Hitlers: Keine Zulassung der reichsdeutschen privaten Versicherungswirtschaft in der Ukraine, sondern Beibehaltung des sowjetischen staatlichen Versicherungs-Monopols. Bis zur Umgestaltung des sowjetischen Gostrach nach den Grundsätzen einer modernen Versicherungswirtschaft die Versicherung in der Ukraine tätiger deutscher Firmen und Personen bei im Reich zugelassenen Versicherungsgesellschaften vom Reichsostminister als notwendig erachtet; später Orientierung der Reichskanzlei (und durch diese B.s) über den Entwurf einer Verordnung über den Aufbau der Versicherungsanstalt Ukraine.
K/H   101 12276−80 (690 c)

2. 6.−26. 10. 42   Lammers   15832
Durch Bormann übermittelte Weisung Hitlers, die in der Dienstwohnung des verstorbenen RStatth. Röver befindlichen reichseigenen Ausstattungsgegenstände der Witwe R.s kostenlos zu übereignen. Durch

Lammers Ausführung dieser Weisung (Überweisung des Buchwertes an Frau R. aus den Verfügungsmitteln H.s zum Erwerb der Einrichtung vom Fiskus).
H   101 25089 – 93 (1393 g)

[3. 6. 42]   Lammers, StSekr. Stuckart   15832 a
Besprechung über „Personalfrage des RVG – Sommer – Schlegelberger". (Vgl. Nr. 16029.)
H   101 18463 (1145 a)

3. 6. – 28. 7. 42   RGesundF Conti, RFSS   15833
'Denkschrift des Reichsgesundheitsführers Conti über planmäßige Eheanbahnung, planmäßige Beratung zur Fruchtbarmachung unfruchtbarer Ehen sowie über die Beratung von gebärwilligen unverheirateten Frauen; Bitte um Ermächtigung des Amtes für Volksgesundheit und des NS-Ärztebundes, damit zu beginnen. Von Bormann um Stellungnahme gebeten, Ablehnung Himmlers: „Unendlich heißes Eisen", „noch nicht reife" Frage, Übertragung dieser Aufgaben an die „unendlich überlastete" Ärzteschaft „verderblich", Hinweis auf eine Beratungsorganisation des GL Jury in seinem Gau; B. gegenüber zudem noch Ausdruck seiner Verwunderung (von C. auf seinem eigenen Gebiet noch „bedeutende Aufgaben zu lösen", insbesondere die Schaffung einer „eigenen Position und Stellung").
K/H   102 00837 – 41 (1674)

4. 6. 42   Speer, RL, GL, VerbF, GWiBerater u. a.   15834
Durch Bormann an die Reichsleiter, Gauleiter u. a. Übersendung einer Rede Speers auf der Kriegsarbeitstagung der Gauwirtschaftsberater und der Gauamtsleiter für Technik am 17. 4. 42: Grundgedanke der kriegswirtschaftlichen Arbeit die von Hitler befohlene Unterordnung gesamtwirtschaftlicher Belange unter die Erfordernisse der Rüstungsindustrie, demzufolge Verbot von Friedensplanungen und -entwicklungen; Überblick über die Organisation der Rüstungsindustrie und über die begonnene Ausrichtung des Wirtschaftssektors auf die „einseitigen Kriegsnotwendigkeiten" (Ernennung des bis dahin nur für den Wehrmachtbereich zuständigen Reichsbewaffnungsministers [RBM] zum Generalbevollmächtigten für Rüstungsaufgaben im Vierjahresplan, Verlagerung des Hauptgewichts der Rüstungsplanung auf die Arbeit der Ausschüsse und Ringe als Selbstverwaltungskörper der Rüstungsindustrie [deren Aufgaben: Auftragslenkung, Umsetzungen, Rationalisierung, Einsparungen u. a.], Errichtung einer Zentralen Planung, Unterstellung der Rüstungsinspekteure und -kommandos unter den RBM, einheitliche Führung der Technik in der Partei durch das Hauptamt für Technik und das übernommene, bisher in der DAF verankerte Amt für Technische Wissenschaften); Ernennung eines Generalbevollmächtigten für den Arbeitseinsatz zwecks Ermöglichung zweiter und dritter Schichten in den Rüstungsbetrieben; Senkung des Bauvolumens; Bildung von Schwerpunktfertigungen (Lokomotiven, Waggons, Munition); Verhinderung weiterer Überkontingentierung; Vereinfachungen beim Berichts- und Kontingentswesen sowie beim Lohnabzug.
W/H   107 01342 – 74 (414)

4. 6. – 11. 8. 42   AA, Dt. Ges. Zagreb   15835
Übersendung von Berichten der Deutschen Gesandtschaft in Zagreb über einen (im Gegensatz zur Reaktion der übrigen kroatischen Presse stehenden) kritischen Artikel der katholischen Zeitung Katolički tjednik (Zagreb) zum Problem des Selbstmordes aus Not anläßlich des Todes eines kroatischen Oberleutnants (der Artikel beigefügt) sowie über die allgemeine, der ns. Weltanschauung entgegenstehende Linie des Blattes.
W   202 00899 – 912 (8/8 – 20 + 19/10 – 11)

5. 6. 42   GBA   15836
Übersendung der Anordnung 6 über betriebliche Anlernmaßnahmen im Bereich der Eisen- und Metallwirtschaft zur Deckung des von der Rüstungswirtschaft benötigten Metallarbeiterbedarfs.
W   101 09380 ff. (652)

5. 6. 42   StSekr. Schlegelberger   15837
Übersendung der Führerinformationen 31 – 35 des Reichsjustizministers: Verzicht auf das bisher vorgeschriebene persönliche Erscheinen der Braut bei Ferntrauungen; nur ausnahmsweise Plakatierung von Todesurteilen wegen Werkspionage in dem betreffenden Werk; verschärfte Strafandrohungen für Verächtlichmachung des Soldatentodes; bisherige Arbeitsergebnisse des Justizstrafvollzugs im Emsland; künftig Schadensersatzhaftung der Inhaber von elektrischen und Gasanlagen.
H   101 28766 – 72 (1559 a)

6. 6. 42   Lammers, Erzbf. Breslau   15838
Durch Lammers Weiterleitung eines Protests des Kard. Bertram gegen zwei neuerliche widerrechtliche Enteignungen (der Ursulinen-Niederlassungen „Marienfried" in Ziegenhals und „Haus Ursula" in Altheide-Bad) mit der Klage über die sich immer weiter ausbreitende Erschütterung des Rechtsbewußtseins.
H   101 22229–37 (1272 a)

6.–23. 6. 42   Lammers   15839
Anläßlich des Todes von SS-Ogruf. Heydrich und der Weisung, ihn zunächst in Berlin zu beerdigen, später aber in der zu erbauenden großen (Berliner) Halle beizusetzen, durch Bormann weitergeleitete grundsätzliche Äußerungen Hitlers über die Beisetzung hervorragender Deutscher: Für Todt Errichtung eines „gewaltigen Grabmals auf dem Irschenberg (Reichsautobahn München–Chiemsee)" vorgesehen, im übrigen Ruhestätte großer Heerführer in einer Soldatenhalle, sonstiger hervorragender Deutscher in den Berliner und Münchner Hallen; Beisetzung der Ehefrauen jeweils neben ihren Männern. Vorlage und Vollzug eines entsprechenden Führererlasses. – In diesem Zusammenhang eine weitere Bemerkung Hitlers über die Abhaltung von Trauerfeiern: Zur Vermeidung von Störungen durch Platzregen u. ä. grundsätzlich in geschlossenen Räumen.
K/H   101 11543–46 (680 a); 101 20208 f. (1201 b); 101 21469–76 (1267 a); 101 29848–50/1
       (1157 b)

[6. 6.]–29. 8. 42   RVM   15840
Sperrung des allgemeinen zehntägigen Vorverkaufs für Bettkarten 1. und 2. Klasse. Nach daraufhin gemachten, noch nicht zufriedenstellenden Erfahrungen Sperrung der Schlafwagen 1. und 2. Klasse für nicht kriegswichtige Reisen überhaupt. Kurz darauf Aufhebung dieser Maßnahme und Rückkehr zur ersten Neuregelung unter Bedarfssicherung für dringendste kriegswichtige Fälle durch Reservierung und Schaffnerverkauf bestimmter Bettplätze.
H   101 08327/1–329, 333 f. (637 a)

6. 6.–7. 11. 42   RJM, RKzl., RProt., GBV   15841
Durch den Reichsjustizminister Vorlage von *Entwürfen einer Ministerratsverordnung über die Rechtsanwendung (Gültigkeit des Reichsrechts) bei Unfällen deutscher Staatsangehöriger außerhalb des Reichsgebiets. Erörterung von Abänderungswünschen usw. Durch die PKzl. hierbei u. a. Stellungnahme zu vom Reichsprotektor geäußerten Bedenken wegen der damit verbundenen Problematik des im Reichsgebiet gültigen unterschiedlichen Rechts und zu seiner Bitte um Berücksichtigung der Belange des österreichischen Rechtskreises (die im Entwurf praktizierte Nichtberücksichtigung der verschiedenen Rechtskreise als klarer vorzuziehen ist) und Zustimmung zur endgültigen Fassung.
H   101 08705–21 (644)

7. 6. 42   RMfVuP   15842
Übersendung von Arbeitsplan und Minutenprogramm zum Staatsbegräbnis des Stv. Reichsprotektors SS-Ogruf. Heydrich.
M   306 00464–81 (Heydrich)

7.–12. 6. 42   Lammers, Ev. OKirchenR, LBf. Wurm   15843
Unter Beifügung eines Rundschreibens des Evangelischen Oberkirchenrats an die Dekanatsämter (Karfreitag gemäß Auskunft zuständiger Stellen 1942 Feiertag; Maßnahmen für den Fall trotzdem nicht erfolgter Aufhebung der Arbeitsruhe) Bitte Bormanns an Lammers, ihm den Text eines darin erwähnten, an die Reichskanzlei gerichteten Telegramms des Landesbischofs Wurm (kein Verzicht der Evangelischen Kirche auf die Feier ihres höchsten Feiertages) zu übersenden. Mitteilung des Telegrammtextes (eingegangen erst nach Hitlers Entscheidung, den Karfreitag als Feiertag aufrechtzuerhalten) durch L.
H   101 21415/1, 423–26 (1266 a)

8. 6. 42   AA   15844
Übersendung eines *Buchs von P. Baron über einen russischen Theologen des 19. Jahrhunderts, Alexis Stepanowitsch Komiakoff.
W   202 01626 f. (11/18–28+20/10)

8. 6. 42   RFSS   15845
Zur Kenntnisnahme Übermittlung der Durchschläge von zwei Briefen Himmlers an eine Astrid Iwand

(St. Pölten) und an den Oberbürgermeister von St. Pölten: Wohl Zustimmung zur „Siedlung" der Witwe eines gefallenen Offiziers seines Stabes und als „fürsorglicher Kommandeur" Bereitschaft zur Hilfestellung, jedoch keine Befugnis, „Rittergüter auszuteilen"; Forderung, die „falschen Vorstellungen der jungen Frau" (Ablehnung der ihr von H. vermittelten Lehrstelle bei einem „Dithmarscher Herrenbauern") richtigzustellen.
H   320 00042/1 – 048 (7)

8. 6. 42   Goebbels, Himmler   15846
Im Zusammenhang mit einer Äußerung des GL Schirach über die geplante Evakuierung der Tschechen aus Wien Mitteilung Bormanns im Auftrage Hitlers: Verbot jeder Diskussion der Tschechenfrage in Parteiversammlungen, in der Öffentlichkeit und in der Presse.
K   102 01060 ff. (1969)

8. 6. – 29. 7. 42   Lammers, RMdI   15847
Mitteilung Bormanns an Lammers: Anordnung Hitlers, anstelle der 1933 amtlich eingeführten Bezeichnung „Kurzschrift" wieder die Bezeichnung „Stenografie" zu verwenden; eine Änderung des Systems nicht erwünscht. Weitergabe der Weisung durch L.
K   101 16295 – 301 (956)

9. 6. 42   Speer, Frick, Fiehler   15848
Besprechung grundsätzlicher energiepolitischer Fragen (als Vertreter Bormanns: Klopfer).
W/H   108 00540, 544 (1736)

9. 6. 42   RKzl.   15849
Zur Entgegennahme ihrer Beileidsbezeugungen nach dem Staatsbegräbnis für den Stv. Reichsprotektor Heydrich Empfang des Staatspräsidenten Hacha, der Mitglieder der Protektoratsregierung und des Protektoratsgesandten Chvalkovsky durch Hitler im Beisein von Bormann, Lammers, Himmler und Daluege.
A   101 23367 (1326 a)

9. 6. 42   AA   15850
Mitteilung über die Einstellung des Verfahrens vor dem Amtsgericht München gegen eine Nanny Gnade (verleumderische Beleidigung des Deutschen Konsuls in San Remo) infolge ihres Todes. (Vgl. Nr. 14322.)
M   203 01111 (36/2)

9. – [24.] 6. 42   RKF, GL Bürckel   15851
Über den Erlaß einer Allgemeinen Anordnung für die bevorzugte Seßhaftmachung von Kriegsversehrten in den neuerworbenen Gebieten Schwierigkeiten mit GL Bürckel wegen dessen Wunsch, die Anordnung in Lothringen (Gau Westmark) nicht nur als Beauftragter des Reichskommissars für die Festigung deutschen Volkstums, sondern auch als Chef der Zivilverwaltung durchzuführen. Im Einvernehmen mit der PKzl. Erlaß der Anordnung unter Aussetzung der Regelung für Lothringen.
K   102 00544 – 47 (967)

9. 6. – 22. 7. 42   RLM, RJM   15852
Vorlage des *Entwurfs einer Ministerratsverordnung über eine Änderung des Luftverkehrsgesetzes (Ersatz von Unfallschäden, Unfallversicherung des NS-Fliegerkorps, Haftung für Beförderungsschäden, u. a.) durch den Reichsluftfahrtminister. Wegen Bedenken des Reichsjustizministers zur Rechtsform Ersetzung dieses Entwurfs durch einen *Gesetzentwurf (Viertes Änderungsgesetz).
K/H   101 12723 – 29 (697)

10. 6. – 31. 7. 42   RMfdbO, Lammers   15853
Nur „unter Zurückstellung erheblicher Bedenken" (Hinweis auf die dort teilweise überhöhten Gehälter) Zustimmung Bormanns zu dem vom Reichsostminister vorgelegten Entwurf einer Verordnung über die Besteuerung der deutschen Volkszugehörigen und der deutschen Unternehmen in den besetzten Ostgebieten (nach deutschem Einkommensteuerrecht unter Gewährung von Steuerermäßigungen nach dem Vorbild der Ost-Steuerhilfe-Verordnung).
H   101 12109 – 12 (688 a); 101 12169 – 72 (689)

10. 6.–14. 11. 42   RKzl., OKW u. a.   15854
Anordnung Bormanns (unter Hinweis auf eine erneute Entscheidung Hitlers in diesem Sinn): Verbot der Mitnahme von Familienangehörigen durch die in die besetzten Gebiete abkommandierten Unterführer der Partei; Ausnahmeregelung für einige Gebiete und besonders gelagerte Einzelfälle. Stellungnahme Lammers' zu der Anregung B.s, eine gleiche Anordnung auch für die öffentlich Bediensteten zu erlassen: Die Angelegenheit bereits anläßlich einer diesbezüglichen Anordnung des OKW vom 5. 12. 41 für die ihm unterstehenden Personen (Verbot des Besuchs bzw. der Beschäftigung von Familienangehörigen in derselben Dienststelle und am selben Dienstort mit einigen Ausnahmen) erörtert; dabei die Untunlichkeit einer Übernahme der Regelung des OKW für den Bereich der Zivilverwaltung (hier die Mitnahme von Angehörigen oftmals im Interesse des Reichs) deutlich geworden (Hinweis auf Stellungnahmen des Reichsostministers und des Reichskommissars für die besetzten niederländischen Gebiete); Anregung, den Erlaß B.s stärker an den des OKW anzugleichen. Letzteres von B. nicht für notwendig erachtet, dagegen L.' Ansicht von der Unzweckmäßigkeit eines generellen Verbots der Mitnahme von Angehörigen geteilt; Absicht, seine Anordnung im Sinne einer Differenzierung und weiterer Ausnahmen zu ergänzen. Wegen einer vom OKW geplanten Neuregelung des Besuchs und der Beschäftigung von Angehörigen in den eingegliederten und besetzten Gebieten sowie im befreundeten Ausland Vorschlag L.' an B., mit dieser Ergänzung noch zu warten. Übermittlung der Neufassung des Erlasses des OKW an B. durch L. (generelles Verbot der Beschäftigung von Angehörigen in derselben Dienststelle und am selben Dienstort, differenzierte Regelung des Besuchs bzw. der Mitnahme von Angehörigen). Zum Entwurf eines den Bereich der Zivilverwaltung betreffenden Rundschreibens L.' an die Obersten Reichsbehörden (generelles Beschäftigungs- und Besuchsverbot, differenzierte Regelung der Mitnahme von Angehörigen) Einverständnis B.s.
M/W   101 04339/1 – 390 (414 a)

11. 6. 42   RMdI   15855
Bitte um Stellungnahme zu der für den Bereich der inneren Verwaltung beabsichtigten Regelung einer Dezentralisierung der Personalverwaltung sowie einer personalrechtlichen Vereinfachung: Übertragung von Befugnissen zur Einstellung, Höhergruppierung, Versetzung und Entlassung von Angestellten und Arbeitern an die Leiter der Behörden der Unter- und Mittelstufe; Definition der Behörden der Mittelstufe im Sinne dieser Regelung.
K/H   101 13191 f. (708 a)

11. 6. 42   RKzl.   15855 a
Auf Bitte von MinR Krüger (PKzl.) Übersendung eines Rundschreibens an die Obersten Reichsbehörden vom 31. 8. 40 (die Zeit für die Errichtung von Ehren- und Erinnerungsmalen für die Gefallenen und Waffentaten dieses Krieges nach Auffassung Hitlers noch nicht gekommen; Anordnung, alle Maßnahmen und Planungen auf diesem Gebiet zurückzustellen).
H   101 22862, 879 (1306)

11. 6. 42   Lammers   15856
Mitteilung Bormanns über MinDir. Harmening: Als Nicht-Parteigenosse in der erörterten Stellung im Reichsjustizministerium nicht zu verwenden.
H   101 18462 (1145 a)

11. 6. 42   OKW, W. Unger   15857
Durch das OKW als Material zu der angeregten Verordnung zum Schutze der Ehe von Kriegsteilnehmern (vgl. Nr. 14343) übersandt: Eingabe des Soldaten Wilhelm Unger mit der Bitte um Schutz seiner Ehe (Entbindung seiner Frau nach Schwängerung durch eine auf ihrem Hofe tätige landwirtschaftliche Hilfskraft).
H   101 08698 ff. (644)

12. 6. 42   StSekr. Schlegelberger   15858
Übersendung der Führerinformationen 36–44 des Reichsjustizministers: Künftig Beantragung der Todesstrafe gegen tschechische Hochverräter, dadurch zu erwartende 500 bis 1200 Todesurteile; Überprüfung des Falles Freytag (bolschewistisches Flugblatt über dessen Erbhofverfahren); Zustimmung des Propagandaministers zum Vorschlag der Plakatierung von Todesurteilen wegen Werksabotage nur in Ausnahmefällen; die vorgesehene Formulierung der vorgesehenen Strafbestimmung bei Verächtlichmachung des Soldatentodes und Beispiele bekanntgewordener Äußerungen; Verlängerung des Patentschutzes im Kriege; Arbeitseinsatz der in den elf Sicherungsanstalten befindlichen 6716 männlichen Sicherungsverwahrten und Produktionsbeispiele einiger Anstalten; Bildfälscherverfahren in Wien; Todesurteil

gegen eine Angestellte der Wehrmachtauskunftsstelle wegen Beraubung von Nachlaßpäckchen gefallener Soldaten; Ermittlungsverfahren gegen chilenische Diplomaten wegen Devisenverkaufs.
H   101 28773 – 85 (1559 a)

12. – 18. 6. 42   GL Rainer   15859
Nach der Ablehnung eines Vorschlags des GL Rainer durch Hitler (vermutlich die Unterstellung der Gliederungen unter den Reichsführer-SS betreffend) Bitte R.s an Bormann, die Organisation der Gliederungen nach den Gauen auszurichten, um als Gauleiter nur mit *einem* SS- und Polizeiführer, *einem* SA-Gruppenführer usw. zu tun zu haben. – In diesem Zusammenhang erwähnt: In Kreisen der SA-Führer Sehnsucht nach stärkerer Führung; Wunsch Lutzes, als Kommandeur einer Vorausabteilung an die Front zu gehen.
M/H   306 00787 f. (Rainer)

13. 6. 42   AA, Dt. Ges. Zagreb   15860
Übersendung einer Stellungnahme der Deutschen Gesandtschaft in Zagreb zur Deutsch-katholischen Seelsorgestelle in Zagreb: Zwar die Ablösung des Rektors Plietker, nicht jedoch die Auflösung der Stelle empfehlenswert.
W/H   202 00930 f. (8/8 – 20 + 19/10 – 11)

13. – 17. 6. 42   RStudF, AA   15861
Bitte der von der Reichsstudentenführung um ihre Entscheidung gebetenen PKzl. an das Auswärtige Amt (AA) um Stellungnahme zur Frage der Aufnahme des japanischen Mischlings Karl Heise in den NSD-Studentenbund. Keine Bedenken des AA.
M/H   203 03082 ff. (87/1)

13. 6. 42 – 5. 6. 43   RArbM   15862
Übersendung von Zusammenstellungen der während des Krieges herstellbaren und als geeignet befundenen Holzschutzmittel und ihrer Hersteller.
K   101 16613 – 21/2 (1004 a)

14. 6. 42   RKzl., RFM   15863
Zur Klarstellung der Haltung der Reichskanzlei und zur Verhütung von Mißverständnissen Stellungnahme Lammers' zur geplanten Aufhebung der Gebäudeentschuldungssteuer: Bedenken gegen eine gleichzeitige Durchführung von Hauszinssteuerablösung und Mietsenkung; ein authentischer Verzicht auf Mietsenkung unabdingbare Voraussetzung für jede weitere Erörterung der Vorlage; Hinweis auf die politischen Folgen der Hauszinssteuerablösung (Auswirkungen auf die Front; Verletzung des Grundsatzes der steuerlichen Gleichmäßigkeit und Gerechtigkeit); Anregung, bei ungünstigen wirtschaftlichen Verhältnissen eine allgemeine Härteklausel anzuwenden und den Abgeltungsbetrag – abweichend von der Norm – niedriger zu bemessen. (Abschrift an die PKzl.)
K   101 07677 – 81 (604 a)

15. 6. 42   AA   15864
Weiterleitung von Geburtstagsglückwünschen aus der PKzl. für MinR Heim, z. Zt. Paris.
M   203 01110 (36/2)

15. 6. 42   Lammers   15865
Laut Terminkalender am Nachmittag Besprechung mit Bormann.
H   101 29084 (1609 a)

[15. 6. 42] – 27. 3. 44   AA   15866
Schriftwechsel über die Auswertung und den Verbleib (erwähnt: PKzl., Chef der Sicherheitspolizei, Antikomintern) der von der Sonderkommission Künsberg in den besetzten sowjetischen Gebieten beschlagnahmten religiösen, antireligiösen und die politische Erziehung betreffenden Literatur. Durch die PKzl. Übersendung einer Liste der von der Sonderkommission „zusammengetragenen antireligiösen bolschewistischen Literatur" und Bitte um die Anschrift des SS-Hstuf. Patzack.
W/H   202 01606 – 15 (11/18 – 28 + 20/10)

16. 6. 42   GL Sauckel   15867
Geburtstagsglückwünsche für Bormann.
M   203 01109 (36/2)

16.—30. 6. 42   Funk, RKzl.   15868
Durch Bormann Ablehnung der vom Reichswirtschaftsminister geplanten drastischen Kürzung der Waschmittelzuteilung (250 g für zwei Monate): Mit Rücksicht auf die negativen stimmungsmäßigen Auswirkungen von Kürzungen Beibehaltung der bisherigen Zuteilungsmenge; die Beunruhigung der Bevölkerung in keinem Verhältnis stehend zu den in Aussicht gestellten Vorteilen (Entlastung der Transportlage, Einsparung von Verpackungsmaterial, Sulfatgewinnung für die Glasherstellung); anstelle der Halbierung der Waschmittelration die Ersetzung eines höheren Prozentsatzes an Fettanteilen durch Beimischung anderer Chemikalien empfohlen. (Laut Vermerk Beibehaltung der bisherigen Abgabemenge.)
K   101 07785 — 91 (609)

17. 6. 42   Ges. Ludin   15869
Geburtstagsglückwünsche für Bormann auch im Namen der Reichsdeutschen in der Slowakei.
M   203 01108 (36/2)

[17. 6. 42]   RSHA   15870
Meldung an den Reichsführer-SS: Nach der Entscheidung der Kompetenzstreitigkeiten zwischen PKzl. und Kanzlei des Führers (Kzl. d. F) zugunsten der PKzl. Unterstützung der kolonialen Ambitionen Bouhlers (als Leiter des Einsatzstabes Ostafrika und Generalgouverneur vorgesehen; möglicherweise spätere Ernennung zum Kolonialminister) durch Bormann mit dem Ziel, auch die restlichen Arbeitsbereiche der Kzl. d. F an sich zu ziehen. Bedenken des GL Bohle (dessen Stabsamtsleiter Ruberg Leiter des Einsatzstabes Westafrika) gegen eine Ernennung Bouhlers: Tangierung der Kompetenz der Auslands-Organisation für die Menschenführung in Ostafrika.
K   102 01327 f. (2506)

17. 6. — 26. 10. 42   RMfdbO, Lammers, RK Ostland   15871
Durch den Reichsostminister Übersendung des Entwurfs einer Verordnung über die Errichtung einer Notenbank im Ostland (Organisation, Geschäftsbereich, Notenausgabe und Notendeckung). Später Veröffentlichung der Verordnung trotz offenbar noch vorliegender Bedenken unter Anführung folgender Zugeständnisse: Statt der ursprünglich vorgesehenen Ausgabe einer Ostlandmark-Währung Aufnahme der Tätigkeit vorerst auf der Basis von Reichskreditkassenscheinen; Finanzierung der Auszahlungen im Interesse des Reichs für Wehrmacht, Polizei usw. über deren Gebietshaushalt bei grundsätzlicher Bereitschaft zu Haushaltszuschüssen; u. a.
K/H   101 11957 — 67 (686 a)

17. 6. 42 — 5. 2. 44   RMfWEuV, Univ. Kiel, Univ. Innsbruck   15872
Beurlaubung, später Antrag auf Umhabilitierung des Dozenten Hans-Helmut Dietze (Kiel) an die Universität Innsbruck wegen seiner Arbeiten für die PKzl.; Bemühungen der PKzl. um die Berufung D.s auf einen außerordentlichen Lehrstuhl an einer süddeutschen Universität.
M   301 00248 — 58 (Dietze); 301 00411 f. (Hamel)

18. — 23. 6. 42   Lammers, RJM   15873
Der Vorschlag des Reichsjustizministers, zur Behebung des Personalmangels sowie als Hilfsmaßnahme für kriegshinterbliebene Assessorinnen vorübergehend in der freiwilligen Gerichtsbarkeit Ausnahmen zuzulassen von dem 1936 ergangenen Verbot, Frauen als Richter oder Anwälte zu verwenden, von Hitler nur teilweise gebilligt: Keine Bedenken zwar gegen ihre Verwendung in der freiwilligen Gerichtsbarkeit als Kriegshilfsmaßnahme, jedoch keine über den Krieg hinausreichende Maßnahmen erwünscht (im Staatsdienst für Juristinnen ausschließlich Verwendung in der Verwaltung) einschließlich der dauernden Zulassung auch von kriegsverwitweten Assessorinnen zur Anwaltschaft. Nach Bormanns Monitum Übersendung des betreffenden Schriftwechsels durch Lammers an B. mit der Zusage der Unterrichtung B.s über grundsätzliche Entscheidungen H.s — „wie in der Regel bisher schon".
H   101 13134— 39 (707 a); 101 20514 — 16 (1213)

18. 6. — 15. 7. 42   Lammers u. a.   15874
Mitteilung Bormanns: Nach einem Bericht Goebbels' Empörung Hitlers über ein vom Amtsgericht Ber-

lin-Lichterfelde angeblich zugunsten eines Halbjuden gefälltes Räumungsurteil gegen eine Kriegerwitwe (der Tod ihres Mannes vor Moskau ausschlaggebend für diese Entscheidung gegen sie). H.s Forderung, dem betreffenden Richter alle Beamtenrechte abzusprechen, unter Berücksichtigung von Lammers geäußerter Bedenken in ein Verbot künftiger prozeßrichterlicher Tätigkeit abgemildert. Aufhebung des Urteils und gegensätzliche Entscheidung durch das Landgericht Berlin.
H   101 29851 – 67 (1560)

19. 6. 42   RKzl., OKW   15875
Durch die Reichskanzlei Weiterleitung der für die PKzl. bestimmten Kopie eines Schreibens des OKW: Die Anregungen des Reichspostministers für die Unfallfürsorge bei Erkrankungen in die Ostgebiete abgeordneter Beamter an seuchenartig auftretenden Krankheiten vom OKW unterstützt.
A/H   101 05121 ff. (449)

19. 6. 42   StSekr. Schlegelberger   15876
Übersendung der Führerinformationen 45 – 52 des Reichsjustizministers: Geringeres Ansteigen der Jugendkriminalität als im Weltkrieg bei jedoch bedenklichen Zersetzungserscheinungen (u. a. Angriff auf HJ-Streifen in Großstädten); die Ermächtigung der Gerichte, mit Zustimmung des Staatsanwalts von den gerichtlichen Grenzen der Strafmündigkeit einem Jugendlichen gegenüber abzuweichen, vorgesehen; vermutlich Beantragung der Todesstrafe gegen den Berliner Fabrikanten Thiemeyer wegen Verfälschung von Spezialverpflegungskonserven für Fallschirmjäger; sofortiges Eingreifen der Sondergerichte und sofortige Vollstreckung der Todesstrafen wegen Plünderungen nach den Luftangriffen auf Rostock und Köln; bei Insterburg Absetzung deutscher Kommunisten mit dem Fallschirm durch russische Flugzeuge; im Protektorat Todesurteile gegen tschechische Bauern wegen Verheimlichung ablieferungspflichtigen Getreides; Todesurteil des Volksgerichtshofs gegen den österreichischen Emigranten Karl Georg Graf Stürgkh; die strenge Bestrafung von Fleischbeschauern im Gau Niederdonau wegen absichtlicher Falschschätzungen angesichts einer allgemeinen Anordnung des Reichsnährstandes vermutlich nicht zu halten.
H   101 28786 – 96 (1559 a)

20. 6. 42   AA, Dt. Ges. Bukarest, Dt. Kons. Czernowitz   15877
Übersendung eines Berichts des Deutschen Konsulats in Czernowitz über die deutschfreundliche Einstellung der rumänischen Geistlichkeit in der Bukowina, auch des ehemaligen Erzbischofs Visarion und seines Nachfolgers.
W/H   202 01477 – 81 (11/3 – 17 + 20/9)

20. 6. 42   Chef Sipo   15878
Übersendung der Einladung für die nächste Sitzung des Arbeitskreises zur Erörterung sicherheitspolizeilicher Fragen des Ausländereinsatzes; Besprechungspunkte: Sabotagegefahr, Seelsorge, Kennzeichnung.
W   112 00097 f. (162)

20. 6. – 1. 7. 42   Dir. Posse, Lammers   15879
Bitte des Direktors der Staatlichen Gemäldegalerie Dresden, Posse, die zugunsten des Reiches eingezogenen bedeutenden Kunstsammlungen des Chorherrenstifts Klosterneuburg b. Wien an Ort und Stelle als geschlossenen kulturellen Faktor zu belassen und vor der Überweisung in die Verwaltung des Reichsgaues Wien und vor der – dem Vernehmen nach – von RStatth. Schirach beabsichtigten Unterstellung unter die großen Wiener Museen bei teilweiser Abwanderung dorthin zu bewahren. Nachdrückliche Entscheidung Hitlers in diesem Sinne.
H   101 29264 – 67 (1650 a)

20. 6. – 23. 7. 42   Lammers, Frank   15880
Kritik Bormanns an einer Auslandsreisen der Mitglieder des NS-Rechtswahrerbundes (NSRB) von der Genehmigung durch den Reichsführer des NSRB abhängig machenden Anweisung: Eine Anwendung dieses Verfahrens auf Auslandsreisen im Auftrag von Partei- und Staatsstellen nicht tragbar; Notwendigkeit, die Beurteilung der Dringlichkeit derartiger Dienstreisen den betreffenden Behörden zu überlassen. Daraufhin Ergänzung der Anweisung: Reisen in amtlichem Auftrag, zur Erledigung beruflicher Dienstgeschäfte oder zu Erholungszwecken erlaubnisfrei.
M   101 04820 – 24 (428)

20. 6. – 1. 12. 42   Dir. Posse, RKzl. u. a.   15881
Vorschlag des Direktors der Staatlichen Gemäldegalerie Dresden, Posse, das nach Einziehung der Kunstsammlungen des Chorherrenstiftes Klosterneuburg b. Wien dem Reich verfallene bedeutende Münzkabinett durch Hinzufügung der übrigen in Österreich sowie auch in Polen beschlagnahmten Münzsammlungen zu einem „Münzkabinett des Führers" in Linz auszubauen. Dieser Vorschlag von Hitler gebilligt. Nach Klärung der Eigentumsfrage durch eine Entscheidung H.s (der gesamte Besitz der geplanten Linzer Institute Eigentum des Reichsgaues Oberdonau) Vorlage eines von Bormann gebilligten Führererlaßentwurfs durch Lammers. Nach Annullierung einer bereits unterschriebenen, sämtliche ab 1. 1. 38 im gesamten Reich eingezogenen Sammlungen in Anspruch nehmenden ersten Fassung wegen nachträglicher Bedenken Beschränkung auf die Ostmark in der endgültigen Fassung. Bestellung von Dir. E. Dworschak zum Leiter des Kabinetts, Anstellung weiterer Mitarbeiter und Antrag auf Einrichtung eines Verfügungsfonds.
H   101 29261 – 89 (1650 a)

21. 6. – 29. 7. 42   RKzl., RJM   15882
Zustimmung der PKzl. zu dem Vorschlag, SA-Brif. Hohm, OGebF Heinz John und OGebF Richard Reckewerth zu Mitgliedern des Volksgerichtshofs zu bestellen.
H   101 27191 – 95 (1517 c)

22. 6. 42   AA   15883
Übersendung eines Berichts des Osservatore Romano über die kirchliche Betreuung der französischen Kriegsgefangenen.
W   202 00513 – 16 (5/19 – 21 + 19/6)

22. 6. – 31. 7. 42   AA, Bf. Kreuzer   15884
Keine Bedenken der PKzl. gegen die beantragte Reise des altkatholischen Bischofs Erwin Kreuzer nach Kroatien.
W   202 00896 ff. (8/8 – 20 + 19/10 – 11)

[22. 6. – 23. 12. 42]   VoMi   15885
Mit der PKzl. Erörterung der Frage eines Ehrenzeichens für Verdienste im Volkstumskampf; daraufhin Vorschlag einer Auszeichnung mit dem Namen „Ehrenzeichen für Volkstumsarbeit" (Deckname, um die Verleihung an ausländische Staatsangehörige unverfänglich erscheinen zu lassen). Später gemeinsam mit der PKzl. Ausarbeitung von Entwürfen einer Führerverfügung und von Durchführungsbestimmungen des Leiters der PKzl. über die Schaffung eines „Volksdeutschen Opferkreuzes"; daneben das „Ehrenzeichen" als Auszeichnung für allgemeine Verdienste weiterhin vorgesehen.
H   102 00600 – 05 (1005)

23. 6. 42   AA   15886
Übersendung eines Artikels der Zeitung Daily Sketch (London) über den Plan des Vatikans, die christlichen Konfessionen für ein gemeinsames „Christliches Programm" zur Bewältigung der Nachkriegsaufgaben zu gewinnen.
W   202 01415 f. (10/14 – 25 + 20/7)

23. 6. 42   AA, RVerb. f. d. kath. Deutschtum im Ausland   15887
Unterrichtung der PKzl. durch das Auswärtige Amt: Antrag des Reichsverbandes für das katholische Deutschtum im Ausland (RKA) auf Erneuerung der allgemeinen Devisengenehmigung für den Versand von Büchern und Waren sowie für die Betreuung deutscher Seelsorger im Ausland; beigefügt u. a. ein Memorandum über die Bücherarbeit des RKA.
W/H   202 00289 – 97 (3/8 – 20)

23. 6. 42   RJM   15888
Nach fast einjähriger Geltungsdauer des Gesetzes über die Mitwirkung des Staatsanwalts in bürgerlichen Rechtssachen ein erster Erfahrungsbericht über die Wiederaufnahme rechtskräftig entschiedener Sachen: 16 Anträge auf Wiederaufnahme bei 678 eingegangenen Wiederaufnahmegesuchen (darunter an der Spitze Scheidungssachen, ferner Unterhaltsstreitigkeiten, Räumungssachen usw.); unter den 16 Fällen sechsmal „blutmäßige Abstammung" im Spiel; eine weitere Wiederaufnahme, um „einer Erbschleicherin jüdischer Rasse ihren unter Gesetzesumgehung erzielten Vorteil zu entwinden"; positives Gesamturteil.
H   101 27404 – 11 (1520)

23. 6. — 10. 7. 42   RFM, Lammers   15889
Keine Bedenken der PKzl. gegen den vom Reichsfinanzminister übersandten *Entwurf einer Verordnung über die Zollbehandlung des Eisenbahngüterverkehrs mit dem Generalgouvernement.
K   101 14706 ff. (802)

24. 6. 42   Speer, Kraus, MinDir. Dorsch   15890
Im Beisein Klopfers (PKzl.) Besprechung der Zusammenarbeit zwischen dem NSKK und der Organisation Todt.
W   108 00540, 545 (1736)

24. 6. 42   Lammers   15891
GL Giesler von Hitler mit der Vertretung des erkrankten Adolf Wagner (Gauleiter München-Oberbayern, Bayerischer Staatsminister für Unterricht und Kultus und Bayerischer Staatsminister des Innern) beauftragt: Übersendung einer Fotokopie der Urkunde.
A   101 23044 — 47 (1311 b)

24. 6. — 15. 12. 42   AA, Dt. Botsch. b. Hl. Stuhl   15892
Übersendung der Wiedergabe eines in Rom gehaltenen Vortrags des Franziskanerpaters Konrad Schilling über die Leistungen deutscher Ordensleute in Japan (Steyler Missionstätigkeit, Presse, Schulen, Sophia-Universität Tokio, caritative Werke) sowie eines Berichts der Deutschen Botschaft beim Heiligen Stuhl über Sch.
W/H   202 02106 ff., 124 — 24/12 (16/11 — 23)

25. 6. 42   AA   15893
Mitteilung über die Ernennung des Abts Benoit Tomisawa zum außerordentlichen Attaché der Japanischen Botschaft beim Heiligen Stuhl.
W   202 00781 (8/1 — 7 + 19/9)

25. 6. 42   RMdI   15894
Zustimmung der PKzl. zum *Entwurf einer vom Reichsinnenminister (RMdI) vorgelegten Verordnung über die Anstellung der Militäranwärter und der Anwärter des Reichsarbeitsdienstes im Beamtenverhältnis. Hinweis des RMdI auf die Kriegswichtigkeit im Hinblick auf die nach Kriegsende in großer Zahl zur Entlassung aus der Wehrmacht heranstehenden Berufssoldaten; Erleichterung einer Neuregelung durch die dank des kriegsbedingten Entlassungsstops nahezu restlose Überführung der Militär- und Versorgungsanwärter alten Rechts in ein Beamtenverhältnis.
H   101 22507 — 21 (1282 b)

25. 6. 42   RJM, RArbM   15895
Bitte um Zustimmung zur vorgesehenen Neuregelung des Kündigungsschutzes bei Untermietverhältnissen (§ 4 der zur Verabschiedung anstehenden Sechsten Ausführungsverordnung über Kündigungsschutz für Miet- und Pachträume), zur Neufassung der Anordnung über das Verfahren vor dem Mieteinigungsamt sowie zur beabsichtigten Erweiterung der Beteiligung der NSV in Kündigungsschutzsachen (§ 3 Abs. 2 der ebenfalls zu verabschiedenden Neufassung des Mieterschutzgesetzes).
H   101 17315 ff. (1032 b)

26. 6. 42   RMfEuL, RMfdbO   15896
Anstelle von StSekr. Willikens Entsendung von MinDir. Riecke als Vertreter des Reichsernährungsministers in die drei Ausschüsse des Zentralen Planungsstabes des Reichsostministeriums. (Abschrift an die PKzl.)
K   101 11836 f. (683 a)

26. 6. 42   StSekr. Schlegelberger   15897
Übersendung der Führerinformationen 53 — 58 des Reichsjustizministers: Ermittlungen gegen den Wiener Kunstmaler Ganser wegen Verkaufs angeblich von Hitler gemalter Bilder; Anregung, die Militärärzte der Sanitätsersatzabteilungen auch zur ärztlichen Versorgung der Zivilbevölkerung heranzuziehen; sich mehrende Berufungen wegen heimtückischer Äußerungen vernommener Volksgenossen auf die Hirtenbriefe des deswegen nicht bestraften Bischofs Graf Galen; Statistik der Patentanmeldungen; Arbeitsergebnisse der Strafanstalt Bernau a. Chiemsee; beabsichtigte Vorschrift, den Mieterschutz vom Tode eines Familienangehörigen, insbesondere vom „Opfertod eines Soldaten", unberührt zu lassen.
H   101 28797 — 806 (1559 a; 806 ex 1560)

26. 6. – 4. 7. 42   RMfEuL, RGesundF   15898
In einer Besprechung erörterte Einschränkungen bei der Lebensmittelzuteilung für Juden: Keine Abgabe von Weizengebäck; Ausschließung von der Belieferung mit Eiern und Fleisch; Aufhebung der Gleichstellung jüdischer mit deutschen Kindern (künftig Versorgung nach den Bestimmungen für jüdische Normalverbraucher); keine Zulagen mehr an jüdische Wöchnerinnen, gebrechliche Personen sowie Schwerarbeiter u. a.; wegen der zu befürchtenden Gefährdung der arischen Bevölkerung (Anfälligkeit der unterernährten Juden für Seuchen und Epidemien, Ansteckungsgefahr) die Stellungnahme der Reichsgesundheitsführung zu den Kürzungsmaßnahmen erforderlich. In diesem Zusammenhang Bitte des Reichsernährungsministers um die Entscheidung der PKzl. über die Beibehaltung der mit ihrem Einverständnis getroffenen Regelung der Gleichstellung jüdischer Weltkriegsteilnehmer u. a. mit Deutschstämmigen. – In der Besprechung des weiteren beschlossen: Außerkraftsetzung der Reise- und Gaststättenmarken wegen an verschiedenen Stellen aufgetretener Fälschungen; Änderung der Geltungsdauer von Fleischmarken.
K/W   101 07996 – 8003 (614)

27. 6. 42   AA, Apost. Nuntiatur   15899
Die in einer Verbalnote der Apostolischen Nuntiatur (Übersendung einer Kopie an die PKzl.) zur Übernahme theologischer Lehrstühle erbetene Einreisegenehmigung für die Jesuitenpatres Claereboets und Smulders in die Niederlande vom Auswärtigen Amt verweigert.
W   202 00955 f. (8/8 – 20 + 19/10 – 11)

27. 6. 42   RFSS, NSV, RSchatzmeister   15900
Referentenbesprechung in der PKzl. über Unterschlagungen bei der Sonderzuteilung von Lebensmitteln und Spinnstoffen durch Amtswalter der NSV nach einem Luftangriff auf Rostock: Lahmlegung der Arbeit der NSV, insbesondere der Kinderlandverschickung, nach der Verhaftung aller führenden Rostocker Amtswalter; Ablehnung des Vorschlags der NSV, die unentbehrlichsten Mitarbeiter aus der Haft zu entlassen; unter Hinweis auf Stimmungslage, letzte Führerrede und schnellstens notwendige Rehabilitierung der NSV Forderung rücksichtsloser Bestrafung der Schuldigen; nach Möglichkeit Wahrung der Belange der Partei durch die Hinzuziehung eines Sachverständigen der Partei zu weiteren Untersuchungen der Staatsanwaltschaft.
K/H   102 01306 – 09 (2428)

[27. 6. 42]   RMdI   15901
Zustimmung der PKzl. zu der Absicht, mindestens 60 % der im Haushalt des Reichsinnenministers bei Kap. V 6 Tit. 32 ausgebrachten Mittel (Bekämpfung übertragbarer Krankheiten und öffentlicher Gesundheitsdienst) der Mittelstufe zur Bewirtschaftung zu überlassen; dabei beteiligt die Alpen- und Donau-Reichsgaue außer Wien, die Reichsgaue Sudetenland, Danzig-Westpreußen und Wartheland.
H   101 12916 (705 b)

27. 6. – 6. 7. 42   OBefL Hilgenfeldt, Schwarz   15902
Zeugnis Bormanns, Goebbels' und Schwarz' über die Nichtbeteiligung des Reichswalters der NSV, Hilgenfeldt, an der Veruntreuung von NSV-Lebensmittelpaketen durch die Kreiswaltung Lübeck. Bitte H.s an die PKzl., ihn in dieser Sache bei der Wahrung der Interessen der NSV nachdrücklich zu unterstützen, insbesondere die zuständigen Instanzen anzuweisen, ihn über den Sachstand zu unterrichten und den von ihm eingesetzten Revisor bei den zu treffenden Maßnahmen zu beteiligen.
M   306 00558 f., 565 – 79 (Janowsky)

27. 6. 42 – 27. 1. 43   RArbM, RKzl., RJM, RWohnungsK u. a.   15903
Mündliche und schriftliche Erörterung einer Vorlage des Reichsarbeitsministers: Verordnung zur Sicherung der Instandhaltung und Verbesserung des Hausbesitzes (angesichts der kriegsbedingten Schwierigkeiten bei der Ausführung von Reparaturen Absicht, dem Hausbesitz zwangsweise eine 10%ige Reparaturrücklage aufzuerlegen). Nach – lediglich von sachlichen Änderungswünschen eingeschränkter – Zustimmung der Ressorts grundsätzliche Bedenken der PKzl. und der Reichskanzlei, z. T. gestützt auf einen Protest des Reichsbundes der Haus- und Grundbesitzer (Hinweis auf deren bereits bestehende Erregung infolge der eben erfolgten Erhöhung des Ablösungsbetrages für die Hauszinssteuer): Ein unangemessener Verwaltungsaufwand erforderlich, um die vielleicht 10 Prozent ihre Mieteinnahmen nicht anlegenden Hausbesitzer zur Anlage zu zwingen; Erinnerung an die bei der Hauszinssteuerablösung gegebenen Versprechen, keine weiteren einseitigen Belastungen des Hausbesitzes vorzunehmen; Gefährdung der noch möglichen und unumgänglichen Reparaturen bzw. Einführung eines umständlichen Prüfungs-

und Ausnahmeverfahrens; bereits nach der Hauszinssteuerablösung gemeldete, jetzt noch vermehrt zu erwartende Beunruhigung und Verständnislosigkeit der Betroffenen, auch etwa an der Front. Nach Übergang der Zuständigkeit auf den Reichswohnungskommissar in Berücksichtigung dieser Einwände Verzicht auf eine Weiterverfolgung der Angelegenheit.
H   101 19621–75 (1190, 1190 a)

28. 6. – 11. 9. 42   GL Giesler   15904
Auftrag Bormanns an OBefL Hilgenfeldt, im Berchtesgadener Land (die dortigen Verhältnisse dem „Lieblingsaufenthalt des Führers" nicht angemessen) dem Einfluß der Katholischen Kirche besonders auf dem Gebiet der Betreuung der Kinder zu begegnen und eine Stärkung der NSV-Schwesternorganisation zu betreiben. Laut GL Giesler zur Erreichung dieses Zieles der Erwerb eines Hauses zur Unterbringung des notwendigen Personals (NSV-Krankenschwestern, Haushaltshelferinnen usw.) erforderlich; Vorschlag des Erwerbs des Hotels „Bellevue" in Berchtesgaden durch die NSV. Keine Bedenken der Reichskanzlei gegen die Zweckentfremdung dieses Hotels und Erteilung der Genehmigung.
M/H   101 02805–08 (281 a)

29. 6. 42   Himmler   15905
Ablehnung der Ernennung des Pg. Rudolf Jung zum Unterstaatssekretär im Reichsarbeitsministerium durch Bormann: Hinweis auf die „höchst unerfreuliche" Betriebsamkeit J.s „seit seiner Anwesenheit im Reich bezüglich seiner Beförderungen".
M   306 00599 f. (Jung)

29. 6. – 8. 10. 42   RKzl., RJF   15906
Durch den Staatssekretär für Fremdenverkehr Befürwortung eines Antrags des Reichsjugendführers auf eine Ausnahmegenehmigung vom Verbot der Zweckentfremdung von Beherbergungsbetrieben für den Erwerb des Fremdenheims „Bergener Stuben" in Bergen/Oberbayern durch die HJ zwecks Errichtung einer Jugendherberge: Hinweis auf die Aussichtslosigkeit, für den nicht existenzfähigen Beherbergungsbetrieb einen Besitzer zu finden. Keine Bedenken der ebenfalls um Stellungnahme gebetenen PKzl. gegen die Erteilung der erbetenen Unbedenklichkeitsbescheinigung durch die Reichskanzlei mit Rücksicht auf den bereits im März 1941 abgeschlossenen Kaufvertrag.
M/H   101 02800–04 (280 a)

30. 6. 42   AA   15907
Übersendung eines Berichts der Zeitung La Croix (Limoges) über die Jahresgeneralversammlung der französischen katholischen Frauen-Liga in Lyon unter dem Vorsitz von Kard. Gerlier.
W   202 00507 f. (5/19–21 + 19/6)

30. 6. – 7. 8. 42   AA   15908
Übersendung von Artikeln der Zeitungen New York Times und New York Daily Mirror über Befürchtungen des Vatikans wegen der Verfolgung der Kirche in den von Deutschland besetzten Gebieten, über Bemühungen in der deutschen Katholischen und Evangelischen Kirche um Kooperation, über die Kritik der Theologischen Blätter (Fulda) an dem neuen ns. Gesangbuch sowie über die Einstellung einiger englischer Politiker gegenüber dem NS.
W   202 01127 f., 163 f. (9/5–14 + 20/1)

30. 6. – 24. 8. 42   RKzl.   15909
Von Speer vorgelegter Entwurf eines Führererlasses über die Befugnisse des Generalbevollmächtigten für die Regelung der Bauwirtschaft (GBB) im Protektorat, in den angegliederten und in den besetzten Gebieten: Weisungsrecht gegenüber den die Reichsgewalt ausübenden Dienststellen (einschließlich der Militär- und Wehrmachtbefehlshaber); Recht des GBB, bei diesen Dienststellen ausschließlich und unmittelbar ihm unterstellte Bevollmächtigte einzusetzen. Zustimmung der PKzl., jedoch Einwände des Chefs OKW, des Reichsprotektors, des Reichsinnenministers und des Oberpräsidenten der Provinz Ostpreußen (Wunsch nach Einbau bzw. Unterstellung der Bevollmächtigten in bzw. unter die Verwaltungsspitze der in Frage stehenden Gebiete). Vollzug des Erlasses durch Hitler in der von S. vorgelegten Fassung.
M/W   101 03566–75/4 (357 a)

30. 6. – 22. 10. 42   RMfWEuV   15910
Befürwortung der Ernennung von Prof. Werner Heisenberg (Leipzig) zum Direktor am Kaiser-Wilhelm-

Institut für Physik in Berlin-Dahlem als Nachfolger des beurlaubten Prof. Peter Debye (Hinweis auf die Unverantwortbarkeit einer weiteren nur kommissarischen Leitung des Instituts angesichts seiner militärischen Bedeutung) sowie der Berufung H.s als Ordinarius für theoretische Physik an die Universität Berlin; die früher anläßlich seiner Berufung nach München und Wien gegen H. erhobenen politischen Bedenken angesichts des mit diesem Wechsel nach Berlin praktisch erfolgenden Ausscheidens H.s aus dem Lehrbetrieb überhaupt (das Ordinariat lediglich eine haushaltsmäßige Verankerung; keine Pflichtvorlesungen) wohl ausgeräumt. Zustimmung der PKzl.
M/H   301 00225 – 31 (Debye)

1. – 13. 7. 42   Himmler   15911
Zu einem von Bormann übersandten anonymen *Schreiben über GL Schwede-Coburg Empfehlung einer Rücksprache mit Sch.-C. über die gegen ihn vorgebrachten Klagen (Legen einer Lichtleitung, Verbrauch von Betriebsstoff für persönliche Zwecke).
K/H   102 01324 (2473)

1. 7. – 16. 8. 42   RMdI, RFM, RKzl.   15912
Anspruch des Reichsinnenministers, das ihm in § 1 Abs. 2 des Führererlasses vom 29. 5. 41 (über die Verwertung des eingezogenen Vermögens von Reichsfeinden) eingeräumte Vorschlagsrecht für die gebietlichen Selbstverwaltungskörperschaften zu übertragenden eingezogenen Vermögen bzw. Vermögensteile *verbindlich* auszuüben; Einspruch gegen abweichende Verfügungen des Reichsfinanzministers in zwei Fällen (Schulvermögen des Benediktinerklosters Königsmünster in Meschede, „Judengrundstück" Friedensberger Str. 12 in Opladen). Empfehlung von Reichskanzlei und PKzl. an die beiden Ministerien, sich zu einigen.
H   101 21628 – 41 (1269 c)

2. 7. 42   Lammers   15913
Laut Terminkalender 15.30 Uhr Besprechung mit Bormann.
H   101 29083 (1609 a)

2. – 13. 7. 42   Lammers, Rosenberg   15914
Die Bitte Rosenbergs, den Leiter der Hauptabteilung II seines Ostministeriums, Runte, zum Unterstaatssekretär zu ernennen, von Lammers nach Rücksprache mit Bormann abgelehnt. – Hierbei erwähnt: Ein früherer Wunsch Rosenbergs, seine Hauptabteilungsleiter „in der Stellung eines Staatssekretärs zu sehen", aus organisatorischen Gründen ebenfalls abgelehnt.
H   101 19006 – 10 (1159 b)

2. – 31. 7. 42   Lammers, RMfEuL   15915
Vorlage und Vollzug eines Führererlasses zur Einschränkung des Verkehrs mit landwirtschaftlichen Grundstücken im Kriege: Zwecks Erhaltung der Erzeugungsleistung wie auch zur Vermeidung von Benachteiligungen der Kriegsteilnehmer Verbot jedes nicht notwendigen Eigentumswechsels, insbesondere zwecks Geldanlage. Starke Unterstützung der Vorlage durch Bormann unter Bezug auf Ausführungen Hitlers; dabei gegen die von Göring „angestrebte Arrondierung der Schorfheide selbstverständlich keine Bedenken".
H   101 08732 – 42 (644 a)

3. 7. 42   AA, Dt. Ges. Zagreb   15916
Übersendung eines Berichts der Deutschen Gesandtschaft in Zagreb über verschiedene Artikel der katholischen kroatischen Zeitung Katolički tjednik (u. a. über die katholische Position zur Frage der Eugenik und der „modernen Rassenhygiene": Akzeptierung nur des Guten und Vernünftigen, Ablehnung aber z. B. der Sterilisation).
W/H   202 00941 – 44 (8/8 – 20 + 19/10 – 11)

3. 7. 42   AA   15917
Übersendung eines *Artikels des Emigranten Leo Stein aus der Zeitung New York Post („Ich war in der Hölle mit Niemöller").
W   202 01126 (9/5 – 14 + 20/1)

3. 7. 42   AA   15918
Übersendung eines Artikels aus der Zeitung A Voz (Lissabon) über einen angeblichen, Gerechtigkeit für

die Kirche fordernden Hirtenbrief der deutschen katholischen Bischöfe zur „Nichtbeantwortung eines dem Reich im Dezember 1941 vorgelegten Memorandums".
W/H   202 01423 f. (10/14 − 25 + 20/7)

3. 7. 42   StSekr. Schlegelberger   15919
Übersendung der Führerinformationen 59 − 68 des Reichsjustizministers: Unmöglichkeit eines mit einer Jüdin verheirateten Deutschen im Memelgebiet, in einem Prozeß einen Anwalt zu finden; im Zusammenhang mit den vom Juden Grünspan behaupteten gleichgeschlechtlichen Beziehungen des ermordeten vom Rath eine Verurteilung des Bruders R.s wegen Unzucht mit Männern von Interesse; beim Propagandaminister einen Aufruf der Bevölkerung, nach Fliegerangriffen geborgenes fremdes Gut sofort abzugeben, angeregt; beim OKW ein allgemeines Rauchverbot in Munitionsfabriken angeregt; Todesurteil gegen den Mörder der Ehefrau und der Schwiegermutter eines Berliner Fabrikanten; ein Verfahren in Hamm wegen Wiedererrichtung aufgelöster katholischer Jugendkampfbünde; trotz Kritik an einem Königsberger Urteil gegen einen Rechtsanwalt wegen sadistischer Mißhandlung einer Büroangestellten ein Gnadenerweis nicht in Aussicht genommen; durch das neue Polenstrafrecht nunmehr auch Bestrafung eines in deren Einverständnis mit einer Deutschen geschlechtlich verkehrenden Polen möglich, ein Todesurteil in Stuttgart in einem solchen Fall; vor der Aburteilung Freitod eines wegen Kannibalismus festgenommenen Ukrainers im Gefängnis; Todesurteil gegen den katholischen Pfarrer Raab wegen geschlechtlichen Vergehens an über 30 Mädchen.
H   101 28807 − 17 (1559 a)

3. 7. 42   GL Jury   15920
Bitte, beim Reichsarbeitsminister für die Aufrechterhaltung des Wohnungsanforderungsgesetzes im Gau Niederdonau einzutreten: Notwendigkeit einer Wohnungszwangswirtschaft infolge ungenügender Wohnraumbeschaffung vor dem Kriege.
M   306 00605 − 08 (Jury, Hugo)

3. 7. 42   RGesundF Conti   15921
Bericht über die schädlichen Auswirkungen der Kriegsernährung auf den Gesundheitszustand der Bevölkerung, insbesondere der Jugendlichen; Zunahme von Erkrankungen, Fehlgeburten und Verschmutzung, Abnehmen der Arbeitskraft. (Vgl. Nr. 15576.)
K   102 01293 f. (2396)

3. − 18. 7. 42   AA, Dt. Ges. Budapest   15922
Übersendung eines Berichts der Deutschen Gesandtschaft in Budapest über eine Unterredung des Führers der ungarischen Levente-Jugend, Feldmarschalleutnant Béldy, mit HBannF Schumacher (Budapest): Bekenntnis B.s zu offener Zusammenarbeit mit den Kirchen, Vorschlag einer engeren Verbindung auch der HJ mit der Kirche durch Aufnahme einiger Priester in den Stab der Reichsjugendführung, Einladung zu einem Besuch des Reichsjugendführers in Ungarn. Beigefügt ein weiterer ˙Bericht des Landesführers der volksdeutschen Jugend, Huber (Budapest), ebenfalls über eine Unterredung mit B. (Einstellung B.s zur Frage der katholischen Erziehung).
W/H   202 02011 − 16 (15/23 − 35)

3. 7. − 14. 9. 42   AA, Kirchl. Außenamt d. Ev. Kirche, Bev. AA b. MilBfh. Serbien   15923
Negative Stellungnahme der PKzl. zu der vom Kirchlichen Außenamt der Evangelischen Kirche beabsichtigten Einladung der beiden russischen Emigranten-Professoren Florowski und Alexejev (beide Belgrad) zu einem Studienaufenthalt in Deutschland. In der vorangegangenen positiven Auskunft des Bevollmächtigten des Auswärtigen Amts beim Militärbefehlshaber Serbien ferner eine Mitteilung über die Aufstellung des russischen Emigrantenbischofs Germogen als Metropolit der Prawoslawischen Kirche in Kroatien.
W   202 01794 − 99 (13/1 − 11)

4. 7. 42   AA   15924
Übersendung eines Artikels der Zeitschrift Time (New York) über die Feiern der Aufnahme in die HJ als eine Art ns. Kommunion.
W   202 01131 ff. (9/5 − 14 + 20/1)

4. − 5. 7. 42   Lammers, RStatth. Epp   15925
Unklarheit unter den Beteiligten (Epp, GL Giesler, MPräs. Siebert, MinDir. Klopfer, UStSekr. Kritzin-

ger) über die Notwendigkeit, den mit der Führung der Geschäfte des bayerischen Innenministers sowie des bayerischen Kultusministers beauftragten G. in dieser Eigenschaft zu vereidigen. Der durch Bormann herbeigeführte Entscheid Hitlers: Eine Vereidigung in derartigen Fällen weder notwendig noch üblich.
K   101 05872—76 (500 a)

4.—5. 7. 42   Lammers   15926
Einwände Bormanns gegen die Absicht des StSekr. Backe, z. Zt. mit der Führung der Geschäfte des Reichsbauernführers (RBF) beauftragt, die Personalunion zwischen RBF und Präsident des Reichserbhofgerichts (REG) aufzuheben und MinDir. Harmening zum Präsidenten des REG zu ernennen: Hinweis auf die mangelnde ns. Gesinnung H.s (kein Parteimitglied) und auf die Forderung Hitlers, die Rechtsprechung stärker an die das staatliche Leben bestimmenden politischen Gesetze heranzuführen; keine Einwände gegen eine Verwendung Harmenings im Staatsdienst entsprechend seiner fachlichen Eignung (auch nicht gegen eine Ernennung zum Vizepräsidenten des REG) und unter Berücksichtigung seines bisherigen Gehalts. Der Plan der Aufhebung der Personalunion von Backe zurückgezogen.
M   101 02343—48 (223 b)

4.—7. 7. 42   Lammers, Seyß-Inquart   15927
Nach einem von Bormann weitergeleiteten Antrag des Leiters des Reichssicherheitsdienstes die durch Lammers erteilte Erlaubnis für Reichskommissar Seyß-Inquart, bei Fahrten innerhalb der Niederlande aus Sicherungsgründen wieder seinen Salonwagen benutzen zu dürfen.
H   101 08451 ff. (638 a)

4.—14. 7. 42   RKzl.   15928
Zustimmung der PKzl. zum "Deutsch-Italienischen Abkommen über die Zusammenarbeit auf dem Gebiet der Strafgerichtsbarkeit bei einem Einsatz von Teilen der Wehrmacht des einen Staates auf dem Hoheitsgebiet des anderen Staates.
H   101 25751 ff. (1451 a)

[5.—8. 7. 42]   RKzl.   15929
Auf der Themenliste einer Besprechung mit Rosenberg am 7. und 8. 7. 42 ein von der PKzl. vorgeschlagenes Rundschreiben Lammers' „betreffend unsere Haltung gegenüber dem Vatikan".
H   101 18114 f. (1131)

5.—15. 7. 42   Lammers, RL, VerbF   15930
Das von Bormann übermittelte Rundschreiben 89/42 über die Einbeziehung Nieder- und Oberschlesiens in die Förderungsmaßnahmen für die Ostgaue von Lammers der von B. anheimgestellten Bitte des GL Hanke gemäß den Obersten Reichsbehörden u. a. bekanntgegeben.
M/H   101 00263—70 (133 a)

6. 7. 42   SS-Oberstgruf. Daluege   15931
Dank Bormanns für Geburtstagsglückwünsche.
W   306 00186 (Bormann)

6. 7. 42   RFSS   15932
Vorschlag zur Abgrenzung der Aufgabengebiete von Landdienst (weiterhin Gewinnung bäuerlichen Nachwuchses) und Landjahr (künftig Gewinnung von Handwerkernachwuchs für die ländlichen Bezirke) zwecks Vermeidung von Doppelarbeit; Anregung, wegen des weniger ausbildenden als vielmehr menschenführenden Charakters beider Institutionen auch das Landjahr aus der bisherigen Zuständigkeit des Reichserziehungsministers in die des Reichsjugendführers zu überführen.
K   102 01090—94 (2021)

6. 7.—27. 8. 42   RMdI u. a.   15933
Besprechung über Einbürgerungsfragen: Bestimmung von Einbürgerungsbehörden im Ausland; Verleihung der deutschen Staatsangehörigkeit an Ausländergruppen (deutschstämmige oder stammverwandte Angehörige der Wehrmacht und Waffen-SS, Volksdeutsche im Banat, u. a.); Prüfung einer Ermöglichung des Erwerbs der niederländischen oder norwegischen Staatsangehörigkeit ohne Verlust der deutschen.
W/H   306 00947—56 (Turner)

7.7.42   AA   15934
Mitteilung über eine Stellungnahme der Zeitung Prensa (Buenos Aires) gegen die Unterdrückung der Kirche in Deutschland und zu dem letzten Hirtenbrief der Bischöfe.
W   202 01889 (15/1 – 10 + 20/13)

7.7.42   RMfEuL   15935
Übersendung eines Erlasses mit neuen Bestimmungen für die Verpflegung der Chefs und Mitglieder der ausländischen Missionen, der Mitglieder der Berufsgeneralkonsulate und Berufskonsulate usw.
H   101 25439 – 44 (1416 a)

7.7. – 1.8.42   AA – 22   15936
Nach Übersendung eines entsprechende Angriffe enthaltenden Artikels der Neuen Zürcher Zeitung durch das Auswärtige Amt Rechtfertigung der vom Rassenpolitischen Amt (RA) herausgegebenen Richtlinien zur Bekämpfung der Asozialen („Gemeinschaftsunfähigen") durch HDL Groß mit der gerade im Krieg besonders deutlich gewordenen Belastung aller mit Fürsorge und Wohlfahrt betrauten Dienststellen durch die Asozialen (beigefügt der die Richtlinien enthaltende Informationsdienst 126 des RA vom 20.6.42); im übrigen Hinweis auf gleichartige schweizerische Kommentare zu sämtlichen deutschen „erbpflegerischen" Maßnahmen.
M/H   203 03087 – 105 (87/1)

8.7. – 17.10.42   RStatth. Greiser, RKzl., RArbM, RMdI   15937
In einem Rundschreiben an alle Dienststellen der Partei und des Staates Beschwerde des RStatth. Greiser über zunehmende Warthegau-Besuche und -Bereisungen durch Vertreter von Partei und Staat (Behinderung der kriegswichtigen Aufbauarbeit); Besuche künftig nur mit G.s persönlicher Genehmigung. Kritik betroffener Reichsbehörden an der Form dieses Rundschreibens (Beeinträchtigung der Staatsautorität). Ein von Lammers im Einvernehmen mit Bormann beabsichtigter Hinweis auf das Ungehörige des Rundschreibens nach direkter Rücksprache der PKzl. mit G. gegenstandslos: Die Angelegenheit für den Parteibereich erledigt. Nach Intervention des Reichsinnenministers Aufhebung des Rundschreibens.
A   101 23634 – 59 (1333)

9.7.42   AA   15938
Übersendung eines *Artikels der Neuen Zürcher Zeitung über das Verhältnis von Staat und Kirche in Portugal.
W   202 01381 (10/14 – 25 + 20/7)

9.7.42   RVM   15939
Gemäß Anordnung Hitlers durch Bormann Verbot der Beantragung von Sonderzügen und -wagen bis auf weiteres.
W   101 08289 ff., 296 (637)

9.7. – [3.9.]42   Siemens & Halske, RKzl., RSchatzmeister   15940
Schriftwechsel über die Einrichtung einer unmittelbaren Fernschreibverbindung zwischen PKzl. und Reichskanzlei am 1.8.42; einige Angaben über den Apparat.
H   101 17599 – 604 (1068 b)

Nicht belegt.   15941

10.7.42   StSekr. Schlegelberger   15942
Übersendung der Führerinformationen 69 – 73 des Reichsjustizministers: Verunsicherung der Richter aufgrund der in den letzten Wochen auch von parteiamtlichen Stellen an ihnen geübten Kritik jetzt wegen zu strenger Bestrafungen; Verurteilung des Generalmajors des früheren österreichischen Bundesheeres Stochmal zu acht Jahren Zuchthaus wegen Vorfällen im Jahre 1934 (die Aufklärung des Falles von Hitler angeordnet); Zusammenarbeit des Reichspatentamtes mit der Wehrmacht, auch anhand der Sammlung britischer und amerikanischer Patentanmeldungen (z.B. Mitteilung länger vergeblich gesuchter technischer Lösungen auf dem Gebiet der Kampfstoffe); Verurteilung des Geschäftsführers einer Augsburger Gaststätte wegen Veranlassung von Schwarzschlachtungen, um Rüstungsarbeitern besseres Essen liefern zu können; Verurteilung des früheren Ministerpräsidenten der Protektoratsregierung Beran durch den Volksgerichtshof zu zehn Jahren Zuchthaus.
H   101 28818 – 23 (1559a)

[10. 7. 42]   (RKzl.)   15942 a
Aufzeichnung über die Abgrenzung der Zuständigkeit zwischen PKzl. und Kanzlei des Führers zwecks Regelung der Weiterleitung von Durchgangssachen, Angelegenheiten der NSDAP betreffend: Grundsätzliche Zuständigkeit der PKzl. außer für Gnadensachen, Wiederaufnahmegesuche und Beschwerden in Parteigerichtssachen; die Behandlung von Briefen an Hitler aus Parteikreisen. (Vgl. Nr. 15697.)
H   101 20448 f. (1212); 101 20610 (1213 a)

11. 7. 42   AA   15943
Weiterleitung der *Beschwerde eines Rudolf Grois (Wien).
M   203 01105 (36/2)

11. 7. 42   GBW   15944
Übersendung des *Entwurfs einer Verordnung zur Sicherstellung der Durchführung kriegswirtschaftlich vordringlicher Aufgaben auf dem Gebiet des wirtschaftlichen Prüfungs- und Treuhandwesens: Zusammenfassung aller auf diesem Gebiet tätigen Berufskräfte und Beauftragung dieses Zusammenschlusses mit der Durchführung der Berufs- und Auftragslenkung nach den Weisungen des Reichswirtschaftsministers.
M/W   101 03484 f. (348)

11. 7. – 7. 8. 42   RMfWEuV   15944 a
*Mitteilung der PKzl. über die vom Reichsinnenminister beabsichtigte Heranziehung von Prof. Jessen (Berlin) und Prof. Möller (Tübingen) zu nebenamtlichen Mitgliedern des Reichsprüfungsamts für den höheren und gehobenen Verwaltungsdienst. Keine Bedenken des Reichserziehungsministers.
H   301 00536 (Jessen)

13. 7. 42   AA, Dt. Botsch. Madrid   15945
Übersendung eines Berichts der Deutschen Botschaft in Madrid über die französische Kulturpropaganda in Spanien: Starke katholische Note; keine antideutschen Äußerungen, aber auch kein eindeutig kollaborationistischer Standpunkt; eine Förderung der französischen Kulturbestrebungen daher nicht zu empfehlen.
W   202 00509 – 12 (5/19 – 21 + 19/6)

13. 7. 42   AA   15946
In einem – übersandten – *Artikel der Zeitung Nouveau Temps (Paris) Hervorhebung der von deutscher Seite in den besetzten Gebieten Frankreichs geübten Toleranz in konfessionellen Angelegenheiten.
W   202 00526 (5/19 – 21 + 19/6)

13. 7. 42   AA   15947
Übersendung eines *Auszugs aus dem Bundesregister der Vereinigten Staaten (Einbürgerungs- und Staatsangehörigkeitsbestimmungen, insbesondere für Geistliche und Nonnen).
W   202 01129 f. (9/5 – 14 + 20/1)

13. 7. 42   Himmler   15948
Einspruch gegen die Tätigkeit von SA-Führern in Flandern (Unterstützung der katholischen Schwarzen Brigade Staf de Clercqs); im Interesse seiner Aufgabe Bitte, dem Stabschef Lutze jede Tätigkeit im germanischen Raum zu untersagen.
K   102 00760 (1544)

13. – 14. 7. 42   Adj. d. Wehrm. b. F   15949
Angaben über den Kurierflugzeug- und Dienstreiseverkehr Berlin – „Eichenhain" und Warschau – „Eichenhain" anläßlich und nach der Verlegung des Führerhauptquartiers.
W/H   107 00777 – 80 (258)

14. 7. 42   SSFHA, RArbM   15950
Verfügung des SS-Führungshauptamts: Durch den Reichsarbeitsminister Aufhebung des gegenstandslos gewordenen Erlasses über Familienhilfe für übende SS-Männer. (Nachrichtlich an die PKzl.)
H   101 20273 f. (1204 b)

14. 7. 42   Bf. Wurm   15951
Nach einer vergeblichen Eingabe an Hitler Bitte um eine Unterredung mit Bormann wegen des in Württemberg seit Jahren im Gang befindlichen Kampfes um den „Weltanschauungsunterricht" und um die Erhaltung des Rechts auf Religionsunterricht in den Schulen: Negative Auswirkungen all der antikirchlichen Maßnahmen der letzten Jahre auf die Volksstimmung; der christgläubige Volksteil auch durch Verstärkung des Drucks nicht von seiner Überzeugung abzubringen; das Ergebnis weiterer Maßnahmen, etwa nach Kriegsende, nur eine neue Aufspaltung des deutschen Volkes.
W/H   202 00261 – 63/4 (3/8 – 20)

14. 7. 42   DF, Himmler, Buch   15952
Durch Bormann Übersendung einer Verfügung Hitlers über die sofortige Informierung des Leiters der PKzl. über alle Reichsleiter, Gauleiter und Verbändeführer sowie deren Mitarbeiter und Verwandte belastenden Vorkommnisse.
K   102 01194 ff. (2205)

[14. 7. 42]   (RKzl.)   15953
Weisung Lammers' über die Beteiligung der PKzl. bei aufzugreifenden Eingaben an Hitler als Obersten Gerichtsherrn.
H   101 29879 (1560)

14. – 15. 7. 42   Dietrich, Lammers   15954
Kritik Bormanns, Lammers' und des Reichspressechefs Dietrich an Tenor und Formulierung eines von Generalgouverneur Frank zur Veröffentlichung vorgesehenen Berichts über Aufbauleistungen und Verwaltungsarbeit im Generalgouvernement; Verhinderung der „höchst unerwünschten, völlig unnötigen" Presseverlautbarung durch D.
A   101 23908 f. (1340 a)

14. 7. – 22. 9. 42   RMdI, PrFM, RMfWEuV   15955
Vom Reichsinnenminister geplante personalrechtliche Vereinfachungen auf dem Gebiet des Reise- und Umzugskostenrechts: Übertragung bisher den Obersten Reichsbehörden vorbehaltener Ermächtigungen auf nachgeordnete Behörden. Einspruch des Preußischen Finanzministers gegen die Gültigkeit dieser Regelung für Preußen (in Anbetracht der in Preußen bereits vorgenommenen Übertragungen Gefahr noch größerer Unübersichtlichkeit auf diesem Gebiet). Angleichung der vorgesehenen Neuregelung an die im Reichsfinanzministerium vorbereiteten Verwaltungsvereinfachungen auf dem Gebiet des Reise- und Umzugskostenrechts. (Abschrift jeweils an die PKzl.)
K/H   101 13273 – 83, 303 f., 315 f. (709 a)

15. 7. 42   RMdI   15956
Mit der Bitte, nach der in der Staatssekretärsbesprechung vom 17. 6. 42 erzielten weitgehenden Einigkeit den ˚Entwurf der Verordnung über die Neueinteilung der Reichsverteidigungsbezirke (RVB) nunmehr dem Reichsmarschall zuzuleiten, Zusammenfassung der Stellungnahmen und Wünsche der PKzl.: Dringende Bitte, keinesfalls von dem Grundsatz, die Grenzen der RVB denen der Parteigaue anzupassen, wieder abzugehen, auch nicht in den gewiß wirtschaftlich begründeten Fällen Landkreis Hoyerswerda und Grafschaft Schaumburg und auch nicht in Bayern und im Sudetenland, anderenfalls Fortdauer der unerfreulichen Reibereien der letzten Jahre; Ausnahmen von diesem Grundsatz lediglich die Zusammenlegung der Gaue Osthannover und Süd-Hannover-Braunschweig sowie Düsseldorf und Essen zu jeweils einem RVB (unter GL Lauterbacher bzw. GL Terboven); formeller Vorschlag des jeweiligen Gauleiters als Reichsverteidigungskommissar; durch die vorgesehene Zusammenfassung einiger Gaue zu einheitlichen Wirtschaftsbezirken (Bayern-Nord; Bayern-Süd; Westfalen; Magdeburg-Anhalt und Halle-Merseburg; Oberdonau, Niederdonau und Wien; Tirol-Vorarlberg, Kärnten und Steiermark) den wirtschaftlichen Erwägungen hinlänglich Genüge getan; im übrigen die Grenzen der RVB und der Parteigaue „keineswegs ausnahmslos die endgültigen Grenzen für eine Neugliederung des Reichs". (Vgl. Nr. 16393.)
H   102 01184 – 89 (2202)

15. 7. 42   AA   15957
Mitteilung über die Einberufung eines Hispanitätskongresses nach Buenos Aires durch den argentinischen Bischof von Salta; die Teilnahme des spanischen Außenministers wahrscheinlich.
W   202 01890 (15/1 – 10 + 20/13)

15. 7. 42   RArbM u. a.   15958
Übersendung eines Runderlasses mit 'Richtlinien (für die Baupolizei) für die Verwendung von Holzwolleleichtbauplatten nach DIN 1101 im Hochbau.
H   101 19153 ff. (1169 a)

[15. 7. 42]   Chef OKW   15959
Einbeziehung des Generalgouvernements in den Aufgabenbereich des für die Auflösung überflüssiger Dienststellen in den Ostgebieten (Reichskommissariate Ukraine und Ostland) zuständigen OKW-Stabes z.b.V.; Bitte, die bisherigen Vertreter von PKzl. usw. für die zusätzliche Aufgabe im OKW-Stab z.b.V. zu belassen.
K   102 01323 (2463)

15. 7. – 28. 8. 42   AA   15960
Übersendung eines Berichts des „absolut zuverlässigen" bisherigen Propagandaleiters der ungarischen Pfeilkreuzler, Malnassi, über die gemeinsamen Interessen und den Einfluß des Vatikans, der ungarischen katholischen Kirche und Italiens in Ungarn mit 37 Vorschlägen „nach der südosteuropäischen Neutralisierung des Palazzo Venezia" durchzuführender Maßnahmen gegen die Kirche und ihre Machtstellung.
W/H   202 01967 – 83 (15/23 – 35)

15. 7. 42 – 5. 1. 43   RKzl., Hotel- u. Gaststätten-Ges. Ostschlesien, RMfVuP,   15961
                GL Oberschlesien
Durch GL Bracht nach Befragung durch die PKzl. Ablehnung der beantragten Veräußerung des Fremdenheims „Zywczanka" in Zwardon an den NS-Lehrerbund (NSLB) oder an die NSV: Erhöhter Bedarf an Unterkünften durch die künftige Entwicklung des Luftkurortes Zwardon und des ganzen Beskidengebiets als Erholungsstätte für die Menschen des oberschlesischen Industriegebiets; Befürwortung einer mietweisen Überlassung an den NSLB bis Kriegsende mit Rücksicht auf seine politisch wichtige Schulungsarbeit. Einverständnis der PKzl. und des Staatssekretärs für Fremdenverkehr mit dieser Regelung.
M   101 02780 – 93/2 (280 a)

16. 7. 42   Lammers   15962
Auf Veranlassung Hitlers Bitte Bormanns um Vereinbarung eines Besuchstermins mit Terboven und Ribbentrop zwecks gemeinsamer Erörterung des Strebens der norwegischen Regierung nach eigenen Interessen-Vertretungen.
K   101 11365 (673 a)

16. 7. 42   RFM, GenK Schmidt   15963
Besprechung zwischen GenK Schmidt, Vertretern der PKzl. und Vertretern des Reichsfinanzministeriums über die – den im Reich geltenden Bestimmungen weitgehend anzugleichende – Gewährung von Ehestandsdarlehen und Kinderbeihilfen an deutsche Staatsangehörige in den Niederlanden.
K/H   101 11401 (675 b)

16. 7. 42   AA   15964
Übersendung eines Artikels der Zeitung Matin mit der Anregung eines Prof. Montandon, in Frankreich einen Ahnenpaß einzuführen.
M   203 03085 f. (87/1)

16. 7. 42   StSekr. Freisler   15965
Übersendung der Führerinformationen 74 – 80 des Reichsjustizministers: Aneignung für Bombengeschädigte bestimmter Lebensmittel und Kleidungsstücke durch GAL Wilhelm Janowsky und andere Amtswalter der NSV in Lübeck nach einem Fliegerangriff (vgl. Nr. 15966, 16017 und 16316); nach dem Tod von fünf „Namensträgern" im Felde Scheidung einer Ehe in Wien wegen vorzeitiger Unfruchtbarkeit der Ehefrau; Todesurteil gegen den Berliner Fuhrunternehmer Schweitzer wegen Zersetzung der Wehrkraft; kein Zwang für die uneheliche Mutter, den Namen des Erzeugers preiszugeben; in Hamburg Tarnung einer Vagabundin durch Diebstahl von Kinderwagen mit Kindern; Niederschlagung des Verfahrens gegen eine volksdeutsche Frau wegen Totschlags eines Polen nach ihrer Vergewaltigung; Erdrosselung der Schwester des Jagdfliegers Marseille durch ihren Liebhaber Töpken (vgl. Nr. 16011).
H   101 28824 – 31 (1559 a)

16. 7. – [11. 9.] 42   StSekr. Schlegelberger, Thierack   15966
Abschluß des Verfahrens gegen Gauamtsleiter Janowsky und andere NSV-Amtswalter wegen Unter-

schlagung für Lübecker Bombengeschädigte bestimmter Lebensmittel und Kleidungsstücke mit drei Todesurteilen und elf Verurteilungen zu Freiheitsstrafen; von Bormann daraufhin ein neues Verfahren gewünscht, von Schwarz hingegen die Anwendung des Gnadenrechts befürwortet; Anordnung Goebbels', das Urteil in der Presse vorerst nicht zu erörtern. (Vgl. Nr. 16017 und 16316.)
H   101 28824 f., 832, 877 (1559 a)

17. 7. 42   RFSS, RKriegerF Reinhard, SS-Gruf. Petri   15967
Durch den Reichsführer-SS Übersendung einer Kritik des Reichskriegerführers, Gen. d. Inf. Reinhard, an der Polenpolitik in Danzig-Westpreußen: Zu großzügig angewandte Eindeutschung von Polen und ihre Folgen; Zunahme von Diebstählen, Einbrüchen und Wilddiebereien; Arbeitsverweigerung auf dem Lande; vorteilhafter Einfluß des Schulbesuchs auf eingedeutschte polnische Kinder.
K   102 00905 – 08 (1748)

17. 7. 42   Chef Sipo   15968
Übersendung der Einladung für die nächste Sitzung des Arbeitskreises zur Erörterung sicherheitspolizeilicher Fragen des Ausländereinsatzes; Besprechungspunkte: Ostarbeiterfragen, Dolmetschereinsatz, die Behandlung von Schwangeren.
W   112 00095 f. (162)

18. 7. 42   RK Terboven, Lammers   15969
Durch Bormann an Lammers Übermittlung eines Terminvorschlags des RK Terboven für einen Vortrag bei Hitler über die Vorarbeiten für die Reichsstraße 50, für den Bahnbau und für das gesamte Wiking-Programm in Norwegen.
K/H   101 11364 (673 a)

19. – 28. 7. 42   AA, Dt. Botsch. Tokio   15970
Übersendung eines Berichts der Deutschen Botschaft in Tokio über das vor zweieinhalb Jahren erlassene japanische Religionsgesetz (danach Organisationsform von Kirchen und Kirchengruppen entweder als Einzelkirchen oder als Kyodan [Kirchenverbände]; Anerkennung der Katholischen Kirche und der unter staatlichem Druck vereinigten protestantischen Kirchengruppen als Kyodan), über inzwischen ergriffene japanische Maßnahmen gegen die christliche Missionstätigkeit sowie über das Programm der im Oktober geplanten Religionskonferenz (u. a. Auflösung des protestantischen Kyodan mit dem Ziel, eine einheitliche Protestantische Reichskirche vorzubereiten). Bitte der PKzl., eine Übersetzung des japanischen Religionsgesetzes zu übermitteln.
W/H   202 00731, 733, 736 f. (8/1 – 7 + 19/9)

20. 7. 42   RFSS, SS-Ogruf. Krüger   15971
Durch den Reichsführer-SS als Beauftragter für Volkstumsfragen der NSDAP Mitteilung über die Ernennung des SS-Ogruf. Krüger zu seinem Vertreter im Generalgouvernement. (Eine erste Fassung – als Reichsleiter für Volkstumsfragen Ernennung K.s zu seinem Beauftragten – wieder zurückgezogen.)
K/H   102 01471 ff. (2653)

20. 7. 42 – 19. 1. 44   RKzl., RMdI, GL Berlin u. a.   15972
Die vom Oberbürgermeister der Stadt Berlin angeordnete Einstellung der Zahlung von Versorgungsbezügen an zum Tragen des Judensterns verpflichtete jüdische Beamte nach Ansicht des Reichsinnenministers (RMdI) ein Verstoß gegen gesetzliche Regelungen und gegen eine frühere Anordnung Hitlers (im Zusammenhang mit der Elften Verordnung zum Reichsbürgergesetz). Nach Ansicht Lammers' und Bormanns Einwände H.s nicht zu erwarten; von B. gebilligte Anregung L.' an den RMdI, die Berliner Regelung allgemein anzuordnen. Nach etwa einem Jahr Bitte der PKzl. um Mitteilung über den Stand der Angelegenheit unter Hinweis auf Berichte einzelner Gauleiter über die Zahlung von Pensionen an jüdische Ruhestandsbeamte. Fernmündliche Antwort der Reichskanzlei: Stagnieren der Angelegenheit wegen der Herstellung eines Junktims mit der Frage der Scheidung deutsch-jüdischer Mischehen durch den RMdI und wegen der Unmöglichkeit einer Weiterverfolgung der Scheidungsfrage (Grund: H. zur Entgegennahme eines Vortrags über die Angelegenheit „Endlösung der Judenfrage" gegenwärtig nicht bereit, dadurch bedingt eine vorläufige Zurückstellung dieser Angelegenheit wie auch der Scheidungsfrage). Daraufhin die Ruhegehaltsangelegenheit von der PKzl. vorerst als erledigt betrachtet.
A/W   101 05123/1 – 141 (449)

21. – 28. 7. 42   Lammers   15973
Vorbereitung (Übersendung einer Liste mit 16 Punkten) einer Besprechung mit Bormann am 28. 7. 42:

Entwürfe von Führererlassen über den Verkehr mit landwirtschaftlichen Grundstücken und über die Lenkung des Sanitäts- und Gesundheitswesens; Ernennung des neuen Reichsjustizministers und Besetzung der Staatssekretärstellen im Reichsjustizministerium; Justizreform; Beschränkung der diplomatischen Beziehungen zwischen dem Reich und dem Vatikan auf das Altreich; Stellung der Deutschen Evangelischen Kirche im Generalgouvernement; Abfassung neuer Schulbücher (Führerauftrag an Bouhler); Vorkommnisse in der Kanzlei des Führers; Ernennung eines neuen Staatssekretärs beim Reichsstatthalter in Bayern; Zuständigkeit des Obersten Parteigerichts in Strafsachen; Berichterstattung der Reichskommissare und der Chefs der Zivilverwaltungen; Lehrerbildungsanstalten in den Niederlanden; Versorgung des Hausintendanten Kannenberg; Testament Hugo Bruckmann; Gemälde von Moritz v. Schwind („Aschenbrödel-Serie"); Zurückstellung von Anträgen auf Befreiung von den Vorschriften der Nürnberger Gesetze (Allgemeines, Fall Dietrich Schultze, Fall Max Lohde, Fall Margarethe Häbicher). (Vgl. Nr. 15997.)
H   101 18116 – 21 (1131)

22. 7. 42   AA   15974
Übersendung eines Artikels der Zeitschrift The Contemporary Review (London) über die historische Entwicklung des Verhältnisses von Kirche und Staat sowie über die innerkirchlichen Entwicklungen in Frankreich seit 1871.
W   202 00520 – 25 (5/19 – 21 + 19/6)

22. 7. 42   AA   15975
Übersendung eines Artikels aus The Contemporary Review (London) über die Aufnahme diplomatischer Beziehungen zwischen Japan und dem Vatikan, über die Reaktionen in Japan selbst und die einiger anderer Länder (Deutschland, Italien, Spanien, China) sowie über die Bedeutung dieses Vorgangs im größeren Kontext der politischen und religiösen Fragen der Zeit.
W   202 00782 – 87 (8/1 – 7 + 19/9)

22. 7. 42   RKriegerF   15976
Bericht über die Teilnahme von Kriegerkameradschaften in katholischen Gegenden an kirchlichen Handlungen (Seelenmessen für gefallene Kriegsteilnehmer, Fronleichnamsprozessionen u. a.) unter Mitführung der in der Öffentlichkeit nicht zugelassenen Traditionsfahnen; künftig Bestrafung der verantwortlichen Führer; vermutete Umtriebe der katholischen Geistlichkeit.
K   102 00599/1 f. (1005)

23. 7. 42   Rosenberg, RKzl.   15977
Mitteilung Bormanns an Rosenberg über Hitlers Grundsätze für die besetzten Ostgebiete „zur Beachtung und Durchsetzung": Eine Vermehrung der nichtdeutschen Bevölkerung unerwünscht (u. a. Forderung von Verhütungsmitteln), keine Gesundheitsfürsorge und keine vorbeugenden Maßnahmen (Impfungen); Beschränkung des Bildungsniveaus auf Lesen und Schreiben; keine Verschönerung der Städte; keine landeseigene Verwaltung über der lokalen Ebene.
K   102 01258 f. (2303)

23. 7. 42   AA   15978
Übersendung eines Artikels der Zeitung Manchester Guardian über die Anforderung von Zwangsarbeitern durch die deutschen Behörden in Norwegen und über den Widerstand der norwegischen Kirche gegen die von der Quisling-Regierung eingesetzten Bischöfe.
W   202 01192 f. (9/15 – 18 + 20/2)

23. 7. 42   RKzl.   15979
Mitteilung der PKzl.: Nach Rücksprache mit Bormann Absicht Himmlers, einen Vorschlag Rosenbergs, den Leiter der Polizeiabteilung im Ostministerium zum Staatssekretär zu ernennen, abzulehnen.
H   101 19005 (1159 b)

23. 7. 42   StSekr. Freisler   15980
Übersendung der Führerinformationen 81 – 86 des Reichsjustizministers: Zehn Todesurteile des Sondergerichts Berlin wegen eines Anschlags auf die Ausstellung „Das Sowjetparadies"; Beiseiteschaffung von Lebensmitteln aus der Kantinenverpflegung durch leitende Angestellte der Zweigstelle Leipzig der Sächsischen Werke; Einsatz von Strafgefangenen zur Unschädlichmachung von Fliegerbomben; 1146 Todesurteile, davon 453 gegen Deutsche, im ersten Halbjahr 1942, Aufgliederung nach Nationalitäten und Delikten; Erschießung des Forstmeisters Springer durch seinen geisteskranken Stiefsohn; in Berlin

Verhängung von acht Jahren Jugendgefängnis gegen den Sohn des MinR Hermann wegen Tötung eines Mitschülers bei einer „Mutprobe".
H   101 28833—41 (1559 a)

23. 7. 42—8. 2. 43   Lammers, Rosenberg   15981
Nach einem Hitler zugegangenen Bericht über die von Rosenberg beabsichtigte Schaffung von Schulbüchern für die besetzten Ostgebiete, insbesondere die Ukraine, Auftrag (über Bormann) an Lammers, Näheres darüber festzustellen. Die Auskunft R.s: Noch keine Verfügung erlassen, vorerst auch nichts weiter als die Einführung von elementarsten Rechen- und Lesebüchern geplant; diese Frage der Schule und der Schulbücher auch Thema seines bevorstehenden Vortrages bei H.
K/H   101 11838—43 (683 a)

24. 7. 42   AA, RWiM   15982
Bitte des Auswärtigen Amts an das Reichswirtschaftsministerium um nochmalige Prüfung und Genehmigung eines Devisenantrags des Gustav-Adolf-Vereins Leipzig für die Reparatur der auch als Standortkirche der deutschen Wehrmacht benutzten deutsch-evangelischen Christuskirche in Paris. (Durchdruck an die PKzl.; vgl. Nr. 16452.)
W   202 00417 f. (5/2—18)

24. 7. 42   AA   15983
Übersendung eines Artikels der Zeitung New York Times über die gegen die Unterdrückung der Kirche gerichtete Silvesterpredigt des Kard. Faulhaber.
W   202 01107 f. (9/5—14+20/1)

24. 7. 42   RMarschall   15984
Berufung Bormanns in den Präsidialrat des Reichsforschungsrates.
H   101 20994 ff. (1232 b)

[24. 7.]—20. 8. 42   RJM, GBV   15985
Auf Anregung der PKzl. und des Reichsführers-SS Erlaß einer Verordnung über die Heraufsetzung der Wertgrenze und die Herabsetzung der Verwahrungszeit bei Fundsachen.
H   101 27412—17 (1520)

25. 7.—28. 12. 42   RKzl.   15986
Veranlaßt durch den Wunsch Himmlers nach einer einheitlichen Neuregelung der Aufgaben und der Stellung von SS und Polizei Ausarbeitung verschiedener Entwürfe zu einem Führererlaß über die Errichtung einer Reichsschutzmacht: Aufgaben (neben Aufrechterhaltung der Sicherheit und Sicherung der Staatsgewalt auch die Festigung des deutschen Volkstums), Zusammensetzung (SS und Polizei), Unterstellung des Oberbefehlshabers unmittelbar unter Hitler, u. a. (Bezeichnung der Reichsschutzmacht als „soldatischer ns. Orden"). Reservierte Haltung Bormanns (vgl. Nr. 15993); Ablehnung einer Weiterverfolgung der Entwürfe durch Hitler. – In diesem Zusammenhang Besprechung Hitlers mit Lammers auch allgemein über die das Reichsinnenministerium (RMdI) „betreffenden Verhältnisse" und in der Folge mehrere Besprechungen zwischen L. und B. über das Ausmaß der Unterrichtung Himmlers von der Auffassung Hitlers über das RMdI und dessen spätere Umgestaltung (Plan, die Polizei später einmal aus dem RMdI auszugliedern und einem Sicherheitsminister in der Person des Reichsführers-SS zu unterstellen).
W/H   101 03909—28 (393 a)

26. 7. 42   Lammers, StSekr. Muhs   15987
Bitte des Landesbischofs Marahrens um einen Empfang durch Lammers zur Darlegung der Differenzen zwischen seinen landeskirchlichen Organen und der staatlichen Finanzabteilung beim Landeskirchenamt Hannover. Ablehnung L.' unter Hinweis auf die Zuständigkeit des Reichskirchenministers (RKiM). Stellungnahme des StSekr. Muhs (RKiM): Entgegen den Behauptungen Marahrens' keinerlei „schwere Differenzen" in Erscheinung getreten, somit kein Grund für Beschwerden vorhanden; Hinweis auf die staatsfeindliche Haltung Marahrens' (u. a. Verbreitung einer Hitler kritisierenden Mitteilung der sogenannten Kirchenführerkonferenz). Durch L. Informierung Bormanns über den Vorgang; wegen der in der Mitteilung erörterten Eingaben des Bf. Wurm an H. Verweis auf frühere Schreiben.
M/W   101 01427/1—429 (165 a)

26. 7. 42   RMdI   15988
Zurückstellung der Verleihung der deutschen Staatsangehörigkeit an die Volksdeutschen im Banat mit
Rücksicht auf das Verhältnis zu Ungarn und zur Vermeidung einer Abwanderung ins Reich sowie einer
Mißstimmung bei anderen Volksdeutschen.
K   102 00023 f. (45); 102 00892 f. (1730)

[26. 7. 42]   Chef Sipo   15989
Bericht über eine Rede des Bf. v. Galen am 5. 7. im Wallfahrtsort Telgte (u. a. Gebet für die ohne Urteil
einsitzenden Gefangenen) und über die stürmischen Ovationen für den Bischof.
H   101 22009 – 12 (1271 b)

26. 7. – 17. 10. 42   Lammers, Dietrich u. a.   15990
Auf Veranlassung Bormanns von ORegR Picker aufgezeichnete Äußerungen Hitlers zum Thema „Bindung von Männern der Partei oder des Staates an die Privatwirtschaft" (ausgelöst durch eine Mitteilung
B.s über die noch ausstehende Verwirklichung des von H. ausgesprochenen Verbots der Bekleidung von
Aufsichtsratsämtern durch Reichstagsabgeordnete): Verbot des Besitzes von Aktienpaketen (statt dessen
Anlage des Vermögens in Staatsrenten), der Bekleidung von Aufsichtsratsposten und des Überwechselns
vom Staatsdienst in die Privatwirtschaft (die Übernahme von Beamten nur durch deren dienstliche Beziehungen motiviert, nicht etwa durch fachliche Kenntnisse; Aufzählung von Beispielen für das Hereinfallen führender Persönlichkeiten auf Schwindler); zur Verhinderung des Bauens „goldener Brücken" zu
bestimmten Firmen Unterbindung von Monopolverträgen bei großen Abschlüssen des Staates mit der
Privatwirtschaft und Einsetzung eines Auftragsvergabekonsortiums mit ständig wechselnden Mitgliedern; Kritik an den „unverschämten Bestechungsversuchen" der Wirtschaft; Forderung nach Übernahme epochaler Erfindungen von Staatsdienern durch den Staat; Deutschlands Stärke die Nichtbeteiligung der Männer von Partei, Staat und Wehrmacht an der Privatwirtschaft, Alternative daher Aufgabe
etwaiger Bindungen oder Ausscheiden aus öffentlichen Funktionen. Zunächst Absicht Lammers', die
ihm von B. mitgeteilte Auffassung H.s allen Obersten Reichsbehörden zu übermitteln, dann jedoch (die
Angelegenheit für eine kurze allgemeine Anordnung zu kompliziert) lediglich die Unterrichtung Fricks
und Funks geplant; keine Bedenken B.s hiergegen. Ersuchen L.' an den Reichspressechef, ein falsches
Bild erweckende Berichte über Übertritte leitender Beamter in die Wirtschaft zu verhindern.
A/M/W   101 04617 – 28 (425); 101 05416 – 23, 447 – 49/2 (459 a)

26. 7. – 27. 12. 42   Speer, Lammers, RMdI   15991
Durch Bormann zu einem *Gesetzentwurf Speers über die künftige Energiebewirtschaftung Übermittlung von Einwänden Hitlers gegen die Aufnahme der Durchführungsbestimmungen in den Gesetzentwurf selbst (Beschränkung des Gesetzes auf das Wesentliche) und von dessen Kritik an der – auf einen
„Staatssozialismus" hinauslaufenden – zentralistischen Tendenz: Bürokratisierung und Erstarrung die
zwangsläufige Folge eines jeden Zentralismus; gerade wegen der Eingriffsrechte des ns. Staates ein großer Raum für die Privatinitiative möglich; Pflicht des ns. Staates, diese zu fördern und die ihr im Weg
stehenden kapitalistischen Monopolstellungen einer Reihe von Unternehmungen sowie die privatwirtschaftliche Spekulation zu beseitigen (auch die Heranziehung selbständig arbeitender Persönlichkeiten
aus den Gauen zur Mitarbeit an der Reichsverwaltung nur durch Einschaltung der Privatinitiative möglich); im vorliegenden Fall daher unter Ablehnung einer mit „Millionen von Reichsbeamten" auszustattenden Reichs-Energieverwaltung vielmehr weitestgehende Gestattung und Förderung eigener Stromerzeugung durch den einzelnen Bauern und Mühlenbesitzer, die einzelnen Gemeinden und Gauselbstverwaltungen unter Beseitigung bestehender Monopole, Übernahme lediglich für die Verbundwirtschaft
wichtiger Werke in die Staatsverwaltung und lediglich Ausnutzung „großer reichswichtiger Wasserkräfte
wie z. B. des Eisernen Tors" oder von Ebbe und Flut durch das Reich. Durch S. Vorlage eines neuen
(Führererlaß-)Entwurfs. Weigerung des Reichsinnenministers (RMdI), seine Zustimmung zur vorzeitigen
Überführung gemeindlicher Elektrizitätswerke auf benachbarte Großunternehmen zu geben, ohne eine
schriftliche Erklärung über die endgültige Entscheidung H.s zu besitzen: Die Äußerung S.s über die Bejahung seiner Gedankengänge durch H. offensichtlich unzutreffend; Wiederholung der Bedenken gegen
eine fast völlige Ausschaltung der Gemeinden und Gemeindeverbände aus der Energiewirtschaft unter
Hervorhebung ihrer jahrzehntelangen erfolgreichen Betätigung auf diesem Gebiet und der mit der Aufgabe eines eigenen Stromnetzes verbundenen finanziellen Nachteile. Durch B. nochmals Zusammenfassung der Wünsche H.s für die Neuordnung der Energiewirtschaft: Beseitigung der „kapitalistischen Monopolstellungen", dabei aber durch den Generalinspektor für Wasser und Energie (GWE) nicht seinerseits Aufziehen eines „ungesunden Zentralismus", sondern Weiterführung der Betriebe der Kreise, Gemeinden und auch Privatunternehmungen. Bitte des StSekr. Pfundtner (Reichsinnenministerium) an

Lammers, die Aufzeichnung B.s über den Standpunkt H.s zur Organisation der Energieversorgung dem RMdI und dem GWE zu übermitteln, um eine Klärung der Lage herbeizuführen. (Vgl. Nr. 17075.)
M/H   101 03674—93, 705 f. (378 a); 101 03788—92 (379 a)

27. 7. 42   AA   15992
Übersendung eines Artikels der Zeitung The Spectator (London) über den Widerstand der norwegischen Kirche gegen das Quisling-Regime.
W   202 01190 f. (9/15—18+20/2)

27. 7. 42   Himmler   15993
Durch Bormann Übersendung eines von ihm gefertigten *Vermerks zu den ihm von Lammers übersandten *Entwürfen für einen Führererlaß über die Errichtung der Reichsschutzmacht: Die Notwendigkeit bezweifelt; Forderung nach klarerer Formulierung (das Aufgabengebiet Reichsschutzmacht nur ein kleiner Bereich des gesamten Aufgabengebiets des Reichsführers-SS). (Vgl. Nr. 15986.)
W   107 00729 f. (225)

27. 7.—25. 8. 42   AA, Dt. Botsch. b. Hl. Stuhl   15994
Übersendung von Berichten der Deutschen Botschaft beim Heiligen Stuhl über die (laut italienischen Presseberichten befriedigende) Lage der Katholischen Kirche auf den von Japan besetzten Philippinen sowie in den japanisch besetzten chinesischen Gebieten.
W   202 00729 f., 732, 734 f. (8/1—7+19/9)

28. 7. 42   AA, DSt. AA Brüssel   15995
Übersendung eines Berichts der Dienststelle des Auswärtigen Amts in Brüssel: Nach Zuspitzung infolge deutschfeindlicher kirchlicher Aktivitäten (u. a. Verweigerung von Trauerfeiern für gefallene Legionäre) und kriegsbedingter Zwangsmaßnahmen (Beschwerde des Kardinals über die im Kohlenbergbau angeordneten Pflichtschichten an Sonn- und Feiertagen) die Gefahr eines Konflikts zwischen Besatzungsverwaltung und Katholischer Kirche in Belgien in Besprechungen mit einem Beauftragten des Kardinals vorerst abgewendet (Weisungen über die Legionärs-Trauerfeiern inzwischen ergangen); ein offener Konflikt angesichts der an die belgische Wirtschaft wie an den Arbeitsmarkt noch zu stellenden großen Anforderungen untunlich.
W/H   202 00036 ff. (1/5—12+19/3)

28. 7. 42   RFM   15996
Übersendung einer *Zusammenstellung der Darlehen aus Haushaltsmitteln, Stand 31. 12. 41.
H   101 17777 f. (1090 a)

28. 7. 42   Lammers   15997
Laut Terminkalender 11.00 Uhr Besprechung mit Bormann. (Vgl. Nr. 15973.)
H   101 18117 (1131); 101 29082 (1609 a)

28. 7. 42   Adj. d. Wehrm. b. F   15998
Mitteilung über eine Beschränkung der Gepäckbeförderung in der Kuriermaschine Warschau—Winniza (Führerhauptquartier).
K   102 00069 (185)

[28. 7. 42]   (Himmler)   15999
Zweifel an der Tauglichkeit des Mussert-Anhängers Prof. van Genechten für eine Verwendung in Flandern; Absicht, die Angelegenheit beim nächsten Zusammensein im August mit GenK Schmidt und Bormann zu besprechen.
K   102 01144 (2140)

[28. 7. 42]   Rosenberg   16000
Angeblich auf Drängen Bormanns und auf Veranlassung Leys und Lutzes Einbau der SA in die weltanschauliche Schulung, „um überhaupt eine Tätigkeit" zu haben.
K   102 01079 (2008)

28. 7.—8. 8. 42   Himmler   16001
Durch Bormann Informierung über eine Mitteilung Keitels: Durch Hitler grundsätzliche Ablehnung

der Einberufung von Angehörigen fürstlicher Häuser zur Wehrmacht (Anlaß die Einberufung des Anton Günther Herzog v. Oldenburg mit – von der PKzl. eingeholten – „günstigen" Auskünften).
W/H 107 00025 ff. (152)

28. 7. – 18. 8. 42   AA   16002
Auf Wunsch der PKzl. Übersendung von Abschriften der im Auswärtigen Amt vorhandenen Unterlagen zur Frage der Bischofsbesetzung in Budweis (nach mehrmaliger Abfertigung des Nuntius – Verlangen nach einem deutschen Bischof unter Hinweis auf das Verfahren der Kurie in Straßburg nach 1918 – und nach Zurückziehung des Angebots „einer Art Transaktion" [in Budweis Zulassung des Kurienkandidaten gegen einen deutschen Erzbischof für Prag] die Angelegenheit wegen der Beschränkung der diplomatischen Beziehungen zum Vatikan auf das Altreich nicht weiter verfolgt).
W/H 202 01450 – 54 (11/1 – 2 + 20/8)

29. 7. 42   RMfWEuV   16003
Vorbereitung der Errichtung eines Lehrstuhls für Indologie an der Auslandswissenschaftlichen Fakultät der Universität Berlin, für die spätere Besetzung Doz. Ludwig Alsdorf in Aussicht genommen; dessen Berufung nach München im Rahmen der Hohen Schule nicht in Betracht kommend: Der Antrag auf Verwendung der Lehrstühle der aufgelösten Katholisch-Theologischen Fakultät der Universität München für Zwecke der Hohen Schule vom Reichsfinanzminister abgelehnt.
W/H 301 00009 (Alsdorf)

29. 7. 42   GBV   16004
Übersendung des *Entwurfs einer Verordnung über Tuberkulosebeihilfe zur Beschlußfassung durch den Ministerrat; Hervorhebung der Bedeutung dieser Verordnung für eine planvolle Tuberkulosebekämpfung, insbesondere in der nicht sozialversicherten Bevölkerung.
K 101 13800 f. (725)

[29. 7. 42]   RKzl.   16005
Der ursprüngliche Wunsch der PKzl. auf Änderung des § 71 des Deutschen Beamtengesetzes (Zwangspensionierung von Beamten auf Antrag der PKzl.) wegen der Bedenken der Ministerialverwaltungen modifiziert: Lediglich Einleitung eines Untersuchungsverfahrens auf Antrag der PKzl. (Sechste Durchführungsverordnung).
A 101 05113 – 17 (448)

29. 7. – 18. 8. 42   Lammers   16006
Im Verlauf von Meinungsverschiedenheiten zwischen dem Deutschen Archäologischen Institut in Athen und dem Sonderstab Vorgeschichte des Einsatzstabes Rosenberg in Griechenland Verwahrung des Reichserziehungsministers gegen die von Rosenberg für seinen Sonderstab geforderte Überlassung der Villa Ariadne bei Knossos auf Kreta: Durch Lammers Mitteilung darüber an Bormann mit der Bitte, zu gegebener Zeit beteiligt zu werden, und unter Hinweis auf eine frühere Entscheidung Hitlers über die Villa (endgültige Bestimmung über deren Zukunft erst nach Kriegsende). Entsprechende Zusage B.s
H 101 20768 – 72 (1226 a)

30. 7. 42   StSekr. Freisler   16007
Übersendung der Führerinformationen 87 – 95 des Reichsjustizministers: Neuauswertung des Patentschrifttums auf Möglichkeiten der Ersetzung ausländischer Rohstoffe durch einheimische; Wehr- und Kriegsdienst von Gerichtsassessoren, Richtern und Staatsanwälten (statistische Angaben); nach Zerstörung notweise Unterbringung des Oberlandesgerichts Rostock in Schwerin; Aufgliederung der im ersten Halbjahr 1942 gegen Polen verhängten 530 Todesurteile nach Delikten; Bestechungsvorwurf gegen den früheren Gauleiter und Reichstagsabgeordneten Klieber; sechs Jahre Zuchthaus für einen Ortsgruppenleiter wegen Verbrauchs für Liebesgabenpakete gespendeter Alkoholika; Anlernung von Gefangenen als Metallfacharbeiter; Vereinigung aller Aufgaben des Jugendschutzes, der Jugendbetreuung und der Jugenderziehung einschließlich der Jugendstrafrechtspflege in der Hand desselben Richters; auf Anregung des Propagandaministers künftig Verhinderung der Einlegung von Rechtsmitteln gegen Strafurteile eines deutschen Gerichts durch Juden (vgl. Nr. 16019).
H 101 28842 – 52 (1559 a)

30. 7. 42   RMdI, RProt.   16008
Bitte des Reichsprotektors (RP) um Vereinfachung des Verfahrens zur Einziehung reichsfeindlichen

Vermögens im Protektorat (Feststellung der Reichsfeindlichkeit bei Protektoratsangehörigen nur noch durch den RP); Absicht des Reichsinnenministers, diesen Wünschen zu entsprechen, und Bitte um Mitteilung eventueller Einwendungen.
A/H   101 23368 ff. (1326 a)

30. 7. – 22. 9. 42   RKzl., RProt.   16009
Aus gegebenem Anlaß – ein ohne vorherige Abstimmung mit dem Reichsprotektor geplanter Besuch tschechischer Unternehmen, u. a. der Bata-Werke, und von Teilen des Protektorats durch Ley (von Hitler nicht gebilligt) – grundsätzliche Anordnung H.s: Dienstreisen leitender Persönlichkeiten der Partei und des Staates in das Protektorat von der Zustimmung des Reichsprotektors (RP) abhängig; kein Besuch tschechischer Industriebetriebe und Veranstaltungen wegen der damit verbundenen psychologischen und politischen Auswirkungen sowie auch aus Sicherheitsgründen; das Auftreten der Vertreter von Partei und Staat entsprechend der vom RP festgelegten politischen Linie unbedingt erforderlich. Absicht Lammers', die Obersten Reichsbehörden (ORB) über die (bereits mehrfach ergangenen) grundsätzlichen Weisungen H.s über Dienstreisen in das Protektorat neuerlich zu informieren, und Vorschlag an Bormann, auf dem Parteisektor analog zu verfahren. Absicht der PKzl., im vorgesehenen Rundschreiben an die Parteidienststellen inhaltlich etwas von dem Rundschreiben der Reichskanzlei an die ORB abzuweichen: Einholung der vorherigen Zustimmung des Leiters der Parteiverbindungsstelle, GL Jury, bei offiziellen Besuchen führender Persönlichkeiten der Partei; durch diesen „erforderlichenfalls" Fühlungnahme mit dem RP. Herausgabe der Rundschreiben.
M/A   101 04277 – 90 (414); 101 23371 ff. (1326 a)

[31. 7. 42]   AA   16010
Jeder gesellschaftliche Verkehr mit dem – in seinen Funktionen stark beschränkten – Französischen Botschafter Scapini und den Herren seiner Dienststelle unerwünscht; Unterbindung jedes Versuchs der Franzosen, etwa einen „Botschaftsbetrieb" zu eröffnen.
W/H   107 00185 (171)

31. 7. – 11. 8. 42   Lammers   16011
Aus Anlaß des Gnadengesuches des Mörders Heinz Töpken (Tötung seiner Geliebten, der Ehefrau des Oberstlt. v. Ledebur und Schwester des Kampffliegers Marseille; vgl. Nr. 15965) und nach der genauen Durchsicht der Akten durch Hitler persönlich dessen von Bormann weitergeleitete Weisung: Nach der erforderlichen Feststellung eines Geschlechtsverkehrs bei einer Vernehmung die Erforschung „weiterer Einzelheiten über Art und Umstände völlig überflüssig", insbesondere Frauen gegenüber; H.s Eindruck von solchen Nachforschungen vernehmender Polizeibeamter oder Richter (dieselbe Motivation wie bei den „gleichen Ausfragereien im Beichtstuhl").
H   101 28175 – 78 (1536)

31. 7. – 11. 9. 42   RJM, RKzl.   16012
Zustimmung der PKzl. zu einer Vereinfachung des Grundbuchverfahrens durch einen Verordnungsentwurf des Reichsjustizministers über den Ersatz bei Luftangriffen vernichteter Hypothekenbriefe.
A   101 09956 – 62 (657 a)

31. 7. – [26. 11.] 42   MPräs. Siebert, Lammers   16013
Mitteilung Bormanns an MPräs. Siebert: Bei der Absicht des Generalgouverneurs, die Ernennung des Sohnes S.s, MinR Friedrich S., zum Präsidenten der Hauptabteilung Innere Verwaltung in der Regierung des Generalgouvernements vorzuschlagen, dessen längerer Verbleib in dieser Stellung zu erwarten; kein Einverständnis mit einer eventuellen Rückberufung in den Geschäftsbereich des Vaters unter Hinweis auf die Entscheidung Hitlers, nahe Verwandte nicht in der eigenen Dienststelle zu beschäftigen. Später jedoch Zurückziehung dieser Stellungnahme: Kein Widerspruch mehr gegen die – nunmehr von GL Giesler beantragte – Übernahme der stellvertretenden Leitung des bayerischen Finanzministeriums durch MinR S., vielmehr dessen baldige Freigabe durch den Generalgouverneur wünschenswert.
H   101 04629 ff. (425); 101 23142 ff. (1311 d)

31. 7. 42 – 2. 6. 43   Riefenstahl-Film GmbH, Lammers, RWiM, RFilmK   16014
Zu Anträgen der Riefenstahl-Film GmbH auf Devisennachbewilligungen für Außenaufnahmen in Italien (Lit. 350 000.–) und Spanien (Ptas. 240 000.–) zur Fertigstellung des von Hitler finanziell geförderten Films „Tiefland" durch Bormann Übermittlung der auf Genehmigung dringenden Wünsche H.s. Die Erteilung der Devisengenehmigungen vom Reichswirtschaftsminister zunächst abgelehnt, dann „unter

Zurückstellung starker Bedenken" genehmigt. Die Begründung H.s für seine Wünsche: Gewinn erheblicher Devisen durch den Vertrieb des Films im Ausland zu erwarten.
K/H   101 14757 – 71 (810 b)

1. 8. 42   Rassenpolit. Amt, GL Sachsen, KrL Flöha   16015
Bitte des Rassenpolitischen Amts, das OKW zu veranlassen, den Verkehr der in Frankenberg (Sachsen) zur militärischen Ausbildung stationierten Inder mit der deutschen Bevölkerung zu unterbinden, um „weiteres Eindringen artfremden, unerwünschten Blutes in unser Volk" zu verhindern (sowieso schon „jeden Tag" neue Anzeigen von Geburten „von Artfremden in die Welt gesetzter" unehelicher Kinder).
M/H   203 03020 – 23 (86/2)

1. 8. 42   AA, Dt. Botsch. Paris   16016
Übersendung einer kritischen Stellungnahme der Deutschen Botschaft in Paris zu dem (vom Autor zwecks Weiterleitung an Graf Ernst Reventlow [Potsdam] übergebenen) Buch des französischen Schriftstellers Jean Barral „La Mission de la France et le Problème Israélite".
W   202 00517 ff. (5/19 – 21 + 19/6)

[1. 8.] – [22. 12. 42]   GL Schleswig-Holstein, SS-Richter b. RFSS, RJM   16017
Nach vorhergegangener Aktenanforderung und -übersendung zwischen den beteiligten Dienststellen Ablehnung eines Gnadenerweises für GAL SS-Staf. Wilhelm Janowsky (Veruntreuung von NSV-Lebensmittelpaketen einer Hilfsaktion für Bombengeschädigte in Lübeck; vgl. Nr. 15966) durch Hitler nach gemeinsamer Befürwortung einer Vollstreckung des Todesurteils durch den Reichsjustizminister, Bormann und Schwarz. Hinrichtung J.s. (Vgl. Nr. 16316.)
M/H   306 00556 – 64 (Janowsky); 306 00848 – 55 (Schröder)

3. 8. 42   RArbM   16018
Bitte um Zustimmung zur Ernennung des ORegR Karl Gabriel zum Präsidenten eines Landesarbeitsamtes.
K   101 06501 – 01/4 (529 a)

3. 8. 42 – 6. 5. 43   RJM, RMfVuP, Lammers, GBV, RMdI   16019
Um der Mißstimmung in weiten Kreisen der Bevölkerung über den Gebrauch von Rechtsmitteln durch Juden zu begegnen, Vorlage eines (vom Reichspropagandaminister als unbefriedigend befundenen) Entwurfs einer Verordnung über die Beschränkung der Rechtsmittel in Strafsachen für Juden durch den Reichsjustizminister. Nach Ausdehnung der Verordnung auch auf die gerichtlichen Verfahren, auch auf die vor Verwaltungsgerichten, und nach der Einbeziehung der Eidesunfähigkeit von Juden in den Entwurf Stellungnahme des Leiters der PKzl.: Die sich auf Rechtsmittel im engeren Sinne (Revision, Berufung, Beschwerde) beschränkende Regelung keine umfassende Lösung; Forderung, alle Fälle von Rechtsbehelfen (Einsprüche gegen Strafbefehle, Anträge auf Wiederaufnahme des Verfahrens, Erinnerungen in Kosten- und Vollstreckungssachen, u. a.) einzubeziehen. In Anbetracht der seit dem Herbst 1942 veränderten Situation („Evakuierung" der Juden, Vereinfachungen der bürgerlichen Rechtspflege, u. a.) Übereinstimmung zwischen den beteiligten Ressorts, auf die Verordnung – mit Ausnahme der §§ 6 und 7 (Durchführung der Strafverfolgung gegen Juden durch die Polizei und Beendigung der Anwendung der Polenstrafrechtsverordnung auf Juden; Übergang jüdischen Vermögens im Todesfall auf das Reich) – zu verzichten und die genannten Paragraphen zusammen mit weiteren erbrechtlichen Bestimmungen als Verordnung zum Reichsbürgergesetz zu erlassen. Durch den Reichsinnenminister Übersendung der Ausfertigung (Dreizehnte Verordnung zum Reichsbürgergesetz) zur Vollziehung.
K/W   101 26595 – 626 (1508 a)

4. – 14. 8. 42   RMfdbO   16020
Einverständnis der PKzl. mit der Anwendung der für Reichsbeamte gültigen Vorschriften über Schadenshaftung auf das Verwaltungsführerkorps in den besetzten Ostgebieten bei Schädigung von deutschen Reichsangehörigen oder Volkszugehörigen.
K   101 11879 ff. (684 b)

4. 8. 42 – [16. 10. 43]   AA, RB Griechenland, Chef Sipo   16021
Die PKzl. (ebenso wie der Chef der Sicherheitspolizei) gegen die vom Reichsbevollmächtigten für Griechenland angeregte Heranziehung des evangelischen Theologen Peter Meinhold (Kiel) bei der Beobach-

tung der orthodoxen Kirche in Griechenland: Die Einschaltung kirchlicher Kreise im Ausland grundsätzlich unerwünscht.
W   202 00569 – 73/2 (6/1 – 7)

[5. 8. 42] – 25. 9. 43   RKzl., RegPräs. v. Pfeffer, RMdI, StSekr. Backe   16022
Beurlaubung und spätere Wartestandsversetzung des RegPräs. Fritz v. Pfeffer (Wiesbaden) wegen seiner Weigerung, von GL Sprenger Weisungen entgegenzunehmen (im Verlauf von Auseinandersetzungen S.s mit OPräs. Philipp Prinz v. Hessen). Scheitern der von Hitler angeordneten Versuche, für P. eine andere Verwendung, am besten im Osten, zu finden (z. B. scharfer Einspruch Himmlers gegen eine von RK Koch ins Auge gefaßte Tätigkeit). Auf Veranlassung Bormanns daraufhin Förderung des von P. geäußerten Wunsches, sich als Landwirt anzusiedeln. Der Erwerb des P. interessierenden ehemals luxemburgischen Kronbesitzes Steinheimer Hof bei Eltville indes am Widerstand S.s gescheitert: In Verbindung mit StSekr. Backe Ablehnung des Antrags und Verwendung des Besitzes als Versuchsgut.
H   101 24522 – 52 (1364 a)

6. 8. 42   RArbM   16023
Bitte um Zustimmung zur beabsichtigten Ernennung des ORegR Ernst Kendzia zum Reichstreuhänder der Arbeit (vermutlich im Warthegau, dort bereits seit 20. 9. 39 mit der Wahrnehmung der Geschäfte beauftragt).
K/H   101 06502 – 02/4 (529 a)

7. 8. 42   Lammers   16024
Weiterleitung der "Bitte des ehemaligen Priesters und Alt-Pg. Georg Casper um Hitlers Interesse für sein Buch „Nostea, die Lehre vom Erkennen des Wahren und vom richtigen Handeln".
M   101 00875 f. (151)

7. 8. 42   RMfBuM   16025
Steuerung der Schiffbauaufträge und Belegung der Werften im Reichsgebiet, in den eingegliederten Gebieten sowie in den verbündeten und neutralen Ländern ausschließlich durch den Hauptausschuß „Schiffbau" (Anordnung Hitlers über die selbstverantwortliche Steuerung aller Schiffsneubauten und Werftangelegenheiten durch diesen Hauptausschuß); Ermächtigung des Leiters des Hauptausschusses, alle nicht im Einvernehmen mit ihm erteilten Werftaufträge notwendigenfalls zu sistieren;. Sonderregelung für die Aufträge der OKM.
M/H   101 02556 ff. (262)

7. 8. 42   StSekr. Freisler   16026
Übersendung der Führerinformationen 96 – 101 des Reichsjustizministers: Ausbildung kriegsblinder Rechtsstudenten und Referendare als Rechtswahrer; Tod des Wiener Kunstmalers Ganser; Bestechungsermittlungen gegen die Witwe des GehR Willibald v. Dirksen und Stiefmutter des Botsch. v. D.; Niederschlagung des Strafverfahrens gegen einen Bauern wegen Zeugung eines Kindes mit der fünfzehnjährigen Nichte seiner Frau nach kinderloser Ehe; künftig verschärfte Bestrafung der Entwendung von Feld- und Forstfrüchten ermöglicht; 27 Todesurteile in Plünderungsfällen nach Großangriffen auf Lübeck, Rostock, Köln, Danzig, Hamburg, Düsseldorf und Saarbrücken.
H   101 28853 – 59 (1559 a)

Nicht belegt.   16027

[7. 8. 42]   Lammers   16028
„Vor einiger Zeit" Besprechung mit Bormann über „Personalfrage des RVG – Sommer – Schlegelberger" (vgl. Nr. 16029).
H   101 18463 (1145 a)

[7. 8. 42]   RSHA   16029
Übereinkunft zwischen Bormann und Lammers, Reichsverwaltungsgerichtspräsident Sommer wegen ständiger sachlicher und vor allem personalpolitischer Beanstandungen seines Amtes zu entheben und zu pensionieren; von der PKzl. außerdem die Durchführung eines Disziplinarverfahrens gegen den selbst um seine Entlassung bittenden (später auch aus dem Justizdienst ausgeschiedenen, aus der SS ent-

lassen und „formlos" seines Ranges als Oberbefehlsleiter enthoben) S. für unbedingt erforderlich gehalten (Verhältnis S.s mit seiner Sekretärin, u. a.). (Vgl. Nr. 16330.)
W   306 00884 — 94 (Sommer)

7. 8. — 3. 10. 42   RMdI   16030
Übersendung des *Entwurfs und der vollzogenen *Verordnung über den Verlust der Protektoratsangehörigkeit: Der Elften Verordnung zum Reichsbürgergesetz entsprechende Regelung für die im Ausland lebenden protektoratsangehörigen Juden.
A   101 23376 — 80 (1326 a)

8. 8. 42   AA   16031
Übersendung eines Berichts der deutschen Emigrantenzeitung Die Zeitung (London) über einen Aufruf des Erzbischofs von Utrecht zum Kampf gegen die Gleichschaltung der katholischen Ärzte und über eine Stellungnahme der Evangelischen Kirche in den Niederlanden gegen den NS.
W   202 00947 ff. (8/8 — 20 + 19/10 — 11)

8. 8. 42   AA   16032
Übersendung eines *Artikels der Zeitung A Voz (Lissabon) über eine Hirtenbotschaft des Erzbischofs von Freiburg, Gröber, an den badischen Kultusminister Schmitthenner im November 1941; Mitteilung über die Weiterleitung dieses Artikels auch an das Reichskirchenministerium (RKiM) mit dem ausdrücklichen Hinweis, den Artikel in den Presseberichten des RKiM nicht zu veröffentlichen.
W   202 01425 f. (10/14 — 25 + 20/7)

[8.] — 26. 8. 42   RKzl., RJM, GBV   16033
Im Anschluß an eine Tagung der Gauleiter unter dem Vorsitz Görings Vorlage des Entwurfs einer Verordnung über das Verwaltungsstrafrecht durch den Reichsinnenminister: In Abschnitt 1 Festlegung eines Verwaltungsstrafverfahrens bei Kriegswirtschaftsverstößen (Warenverkehr, Verbrauchsregelung, Bewirtschaftung, Preisregelung), in Abschnitt 2 Regelung der Anfechtung polizeilicher Verfügungen und Strafverfügungen. Einspruch des Reichsjustizministers gegen diese Zusammenkoppelung und insbesondere gegen den — in den Vorbesprechungen nicht erörterten und seiner Zuständigkeit unterliegenden — Abschnitt 2 sowie gegen die Ausschaltung der Strafrechtspflege in Abschnitt 1 (Kenntnis auch der weniger schweren Verstöße für sie wesentlich). Trotz Ausräumung dieser Bedenken Empfehlung Lammers', noch dem neuernannten Reichsjustizminister Thierack Gelegenheit zur Stellungnahme zu geben.
H   101 13245 — 72 (709)

8. — 28. 8. 42   RFM, RJM, PrFM   16034
Als Ergebnis der Arbeit eines auf Grund einer Ressortbesprechung eingesetzten Unterausschusses Vorlage von drei Verordnungsentwürfen durch den Reichsfinanzminister: 1) Vereinfachung der Reisekostenbestimmungen, 2) Bestimmungen über Vergütung bei vorübergehender auswärtiger Beschäftigung der Beamten, 3) Vereinfachung des Umzugskostenrechts (Trennungsentschädigung). Nach Einwendungen des Reichsjustizministers Einladung zu einer von ihm vorgeschlagenen Schlußbesprechung.
H   101 13284 — 302, 305 — 14 (709 a)

[9. 8. 42]   Lammers   16035
Nach Besprechungen mit OLGPräs. Rothenberger und dem Präsidenten des Volksgerichtshofes, Thierack, eine Besprechung mit Bormann und Vortrag bei Hitler vorgesehen.
H   101 18464 (1145 a)

10. 8. 42   Lammers, Rosenberg   16036
Durch Lammers Ablehnung des Wunsches Rosenbergs, Hitler die Beförderung des ORegR Labs zum Ministerialrat unter Abweichung von § 12 Abs. 4 der Reichsgrundsätze vorzuschlagen; in der Begründung u. a. Hinweis auf das spätere Fehlen weiterer Aufstiegsmöglichkeiten bei allzu schneller Beförderung und auf den dadurch entstehenden Anreiz zu einem — von H. erst jüngst wieder als dem Staatsinteresse abträglich kategorisch abgelehnten — Überwechseln in die Privatwirtschaft; Informierung Bormanns unter Bezugnahme auf dessen kürzlich erfolgte Mitteilung von Äußerungen H.s über die Bindung von Männern des Staates und der Partei an die Privatwirtschaft (vgl. Nr. 15990).
W   101 04615/1 — 616 (425); 101 05305 — 10 (455 b); 101 05351 — 56 (458)

10. 8. 42   RKzl.   16037
Übersendung der *Beschwerde eines Anton Fritsche (Schluckenau) wegen der Überführung eines vom Kriegsgericht zum Tode Verurteilten und des Läutens der Sterbeglocke für ihn.
H   101 11547 (680 a)

10.—12. 8. 42   Terboven, Keitel, Speer u. a.   16038
Von RK Terboven gewünschte Besprechung mit Keitel, Bormann, Speer u. a. über Baumaßnahmen in Norwegen (Wiking-Programm).
H   108 00057 f. (1505)

10.—14. 8. 42   A. Mohr u. a.   16039
Die *Bitte des Verlagsdirektors Arnold Mohr (Berlin) um eine Intervention zugunsten von der Grundbesitzzwangsverwaltung betroffener Mitglieder des tschechischen Hochadels von Bormann abgelehnt; Kritik B.s an der Übernahme der Interessenvertretung des tschechischen Hochadels durch Alt-Pg. Rechtsanwalt Zarnack.
W/H   101 23381 f. (1326 a)

11. 8. 42   Hitler   16040
Laut Terminkalender ab 16.30 Uhr zwei Besprechungen über Norwegen mit Bormann u. a.
H   101 29081 (1609 a)

11. 8. 42   AA   16041
Informierung der PKzl. über verschiedene ausländische Rundfunkmeldungen, darunter Sendungen von Radio Vatikan (u. a. Stellungnahme gegen die Behauptung einer günstigen Lage der Katholischen Kirche in Deutschland in einer Sendung für Spanien; Meldung über einen Empfang des finnischen Sondergesandten durch den Papst; kirchliche Nachrichten und religiöse Sendungen), eine Zusammenfassung der Tagesnachrichten des Senders London in deutscher Sprache (Äußerungen von Radio Vatikan zu dem NS-Film „Ich klage an" und zur Euthanasie; Stellungnahme des Vatikans und der französischen Bischöfe gegen die Judenverfolgung in Frankreich; Auszüge aus einer Predigt des Kard. Faulhaber zum Papst-Sonntag; Äußerungen Hitlers über die künftige Staatstruppenpolizei sowie Ausführungen der NS-Zeitschrift „Gott und Volk" und Bormanns über die Unvereinbarkeit von NS und Christentum) und Meldungen aus Buenos Aires (u. a. ein Artikel der argentinischen Zeitung La Prensa über den angeblichen Hirtenbrief der deutschen Bischöfe und weitere Reklamationen des katholischen Klerus wegen Konkordatsverletzungen) und Cincinnati (u. a. über die Amtsenthebung des Erzbischofs von Athen durch deutsche Stellen).
W   202 02112—23 (16/11—23)

11. 8. 42   RJM   16042
Übersendung des Entwurfs einer Verordnung über die Strafbarkeit der Beteiligung Deutscher an (nach der Polenstrafrechtsverordnung) strafbaren Handlungen von Polen und Juden (Bestrafung auch beim Fehlen eines Verstoßes gegen die allgemeinen deutschen Strafgesetze).
W   101 26871 ff. (1512)

11. 8. 42   AA   16043
Mitteilung: Auf japanische Bitte hin Zusage, weitere (nach japanischer Darstellung nicht zutreffende) Erörterungen der religiösen Lage und Religionspolitik in den von Japan besetzten südlichen Gebieten in der deutschen Presse zu verbieten.
W   202 00767 (8/1—7+19/9)

11. 8. 42   AA   16044
Übersendung eines Artikels der Basler Nachrichten über das Verhältnis der Katholischen Aktion zum Papst, über das Bischofsjubiläum Papst Pius' XII. und die Feiern in Spanien, über die Zusammenarbeit der Katholischen Kirche mit anderen christlichen Kirchen in Großbritannien und in den Niederlanden (gemeinsamer Kampf der Katholischen und der Evangelischen Kirche in den Niederlanden gegen den NS) sowie über die Ernennung des ehemaligen Finnischen Gesandten in London zum Gesandten beim Vatikan.
W/H   202 00950 ff. (8/8—20+19/10—11)

11. 8.—10. 11. 42   AA   16045
Ergebnislose Bemühungen des Auswärtigen Amts um Beschaffung des von der PKzl. gewünschten ge-

nauen Wortlauts einer Sendung von Radio Vatikan über die historische Entwicklung der diplomatischen Beziehungen des Vatikans zu den verschiedenen europäischen Staaten.
W   202 02110 f., 121 (16/11 – 23)

11. 8. 42 – 16. 2. 43   AA, Ungar. Ges.   16046
Übersendung zweier Verbalnoten der Ungarischen Gesandtschaft über die Anstellung und den Dienstaustritt der ungarischen Staatsangehörigen Rozália Kolmanics (angestellt bei dem dem Ungarischen Generalkonsulat zugeteilten katholischen Pfarrer Anton Hohmann).
W   202 01943 – 47 (15/12 – 22)

12. 8. 42   RMdI, RProt.   16047
Durch den Reichsinnenminister (RMdI) Übersendung eines *Verordnungsentwurfs zur Ausführung einer vom Reichsprotektor (RP) angeregten Verwaltungsvereinfachung bei der Aberkennung der Protektoratsangehörigkeit: Übertragung der Befugnisse des RMdI auf den RP.
A/H   101 23373 (1326 a)

12. 8. 42   RFSS u. a.   16048
Übersendung von (fotokopierten) *Dokumenten über die Abstammung Hitlers, zusammengestellt von der Staatspolizeistelle Linz.
K   102 01538 ff. (2726)

12. 8. 42   DF   16049
Vorlage aller nicht persönlich übergebenen Schreiben in Parteiangelegenheiten von Reichsleitern, Gauleitern usw. ausschließlich durch den Leiter der PKzl.
M   101 07291 (583 a)

12. 8. 42   AA   16050
Übersendung eines Artikels der Zeitschrift Contemporary Review (London) über die Entwicklung des Verhältnisses zwischen der Evangelischen Kirche und der „Neuen Ordnung" in Norwegen (von anfänglicher kirchlicher Kooperation und staatlicher Toleranz zum offenen Konflikt) sowie über den norwegischen Widerstand allgemein.
W   202 01166 – 75 (9/15 – 18 + 20/2)

12. 8. 42   AA   16051
Absicht, die Vorstellungen der Nuntiatur wegen der mit Devisenvergehen begründeten Verurteilung des Kanzlers der Erzdiözese Krakau, Masanek, aufgrund der Entscheidung Hitlers über die Beschränkung der diplomatischen Beziehungen zum Vatikan ausschließlich auf das Altreich nicht weiter zu verfolgen.
W   202 01268 (10/9 – 13 + 20/6)

12. – 15. 8. 42   OKW   16052
Die von Bormann vorgebrachten Klagen über das Verhalten der bis zum Stop durch Führerbefehl im November 1941 entlassenen ukrainischen Kriegsgefangenen dem OKW nicht verständlich; Bitte um nähere Angaben.
K   102 00001 f. (3)

12. – 27. 8. 42   RMdI u. a.   16053
Besprechung über verschiedene Staatsangehörigkeitsfragen (die PKzl. vertreten durch ORegR Kap): 1) Erlaßentwurf über die Bestimmung von Einbürgerungsbehörden im Ausland, d. h. in den besetzten Gebieten (vertagt); 2) Gruppenverleihung der deutschen Staatsangehörigkeit an Elsässer, Lothringer und Luxemburger (durch Entscheidung Hitlers bereits geregelt), an Niederländer und Norweger im Dienst der Reichskommissare (wegen ablehnender Stellungnahme der Reichskommissare nicht weiter verfolgt), an alle Angehörigen der Wehrmacht und Waffen-SS (abgelehnt), an als „heimattreu" anerkannte nichtdeutsche Volkszugehörige in Steiermark und Kärnten (keine Bedenken, jedoch nicht bei anderem Wohnsitz), an die Volksdeutschen im Banat (noch der Prüfung bedürftig) und an im Besitz einer Kennkarte befindliche deutsche Volkszugehörige im Generalgouvernement (Vorschlag zurückgezogen); 3) Zulassung der Doppelstaatsangehörigkeit neben der deutschen im Fall Niederlande und Norwegen (eingehendere Prüfung) sowie Slowakei (abgelehnt).
H   101 00446 – 51 (137 a); 102 00894 – 98 (1730); 306 00952 – 56 (Turner)

12. 8. – 24. 10. 42   Himmler, Seyß-Inquart   16054
Durch Bormann Himmler gegenüber Interpretation der PKzl.-Anordnung A 54/42 über die ausschließliche Zuständigkeit des Reichsführers-SS (RFSS) im Parteibereich für Verhandlungen mit allen germanisch-völkischen Gruppen in den besetzten Gebieten: Damit kein Unterstellungsverhältnis der RK Seyß-Inquart und Terboven unter den RFSS begründet; Berechtigung beider zu selbständigen Verhandlungen. Antwort H.s: Die Anordnung von ihm weder anders aufgefaßt noch anders gehandhabt. – Unter Berufung auf die Anordnung und auf mehrere Äußerungen B.s (von Lammers zurückgewiesener) Widerspruch S.-I.s gegen ein im Februar 1943 von L. herausgegebenes Rundschreiben zu dieser Angelegenheit für den staatlichen Bereich.
W/H   107 00806 – 17 (279)

13. 8. 42   AA   16055
Übersendung eines Berichts der Times über die Verurteilung der ns. Rassenideologie durch den Primas von Belgien, Kard. van Roey.
W   202 00011 f. (1/5 – 12 + 19/3)

[13. 8. 42]   RFSS   16056
Wunsch des SS-Brif. Odilo Globocnik, seine Ernennung zum Hauptbereichsleiter – für ihn als ehemaligen Gauleiter eine Degradierung – stillschweigend aufzuheben. Ablehnung Bormanns: Eine Annullierung des Dienstgrades nur durch Niederlegung der von G. seinerzeit angestrebten Funktion als Distrikts-Standortführer der NSDAP in Lublin möglich; nach Entscheidungen Hitlers in ähnlichen Fällen Erfordernis einer Amtszeit von über vier Jahren für die Führung von Rang und Dienstbezeichnung eines Gauleiters.
M/H   306 00372 – 79 (Globocnik)

13. 8. – 4. 11. 42   Rosenberg, Himmler   16057
Einspruch Himmlers gegen die Pläne Rosenbergs, hauptamtliche SA-Führer oder Hoheitsträger des Arbeitsbereichs Osten für die Wehrausbildung aller waffenfähigen Männer in den besetzten Ostgebieten heranzuziehen; Hinweis auf die alleinige Zuständigkeit der SS- und Polizeiführer für die Wehrausbildung.
K   102 00056 – 59 (106)

14. 8. 42   StSekr. Schlegelberger   16058
Übersendung der Führerinformationen 102 – 106 des Reichsjustizministers: Zunehmende Plünderung von Güterwagen der Reichsbahn (in Salzburg wegen Gefährdung des Bahnbetriebs sogar eine Beschränkung der an sich erforderlichen Verhaftungen darin verwickelter Bahnangestellter nötig); Segelflugzeugbau im Jugendgefängnis Herford; durch das Sondergericht Königsberg Verurteilung einer Gertrud Schmidt zu sechs Jahren Zuchthaus wegen Verwahrlosung ihrer Kinder; statistische Angaben über den Arbeitseinsatz von 275 000 fremdvölkischen Jugendlichen im Reich; Rehabilitationsmaßnahmen für straffällig gewordene Jugendliche nach ihrer Strafverbüßung.
H   101 28860 – 65 (1559 a)

14. 8. 42   Lammers   16059
Zur Weiterleitung Übersendung eines *Beileidsschreibens des Industriellen Johann Walthari Wölfl an Hitler zum Tode Stolzing-Cernys: Bitte, S.-C.s „Rassenbriefbücherei-Sammlung Ostara" in H.s Bücherei einzureihen; Anmahnung eines Bescheids auf sein Schreiben von Weihnachten 1938 (Versuch, H. für die von W. als „Neutempleisenprior" geleitete „arteigene Rassenkultreligion" zu interessieren).
H   101 01821 f. (181)

14. 8. 42   AA   16060
Dank Klopfers (PKzl.) für das Buch „Adolf Hitler" von Einar Henrik Heimer; Einstellung des Werks in die Handbücherei der PKzl.
M   203 01122 (37/1)

[14. 8. 42]   RKzl., PräsKzl., RMdI   16061
Nach übereinstimmender Auffassung das Vorschlagsrecht für die Verleihung von Kriegsverdienstkreuzen an Angehörige des Kolonialpolitischen Amts auch im Fall von Reichsbeamten beim Leiter der PKzl.
W   101 08941 – 44 (649 a)

14.—24.8.42   Lammers   16062
Bitte Bormanns um Erstattung von der PKzl. und der Führeradjutantur vorschußweise gezahlter Kosten für das Führerhauptquartier (Fliegerstaffel, Kraftwagenneuanschaffungen, Bewirtschaftung „F" u. a.) in Höhe von RM 445 032.90 (7. Zwischenabrechnung). Mitteilung über die erfolgte Überweisung des Betrages auf das Zentralkonto der PKzl. bei der Commerzbank in München.
K   101 08115—18 (615 c)

14.8.—12.10.42   RMdI, Lammers   16063
Die vom Reichsinnenminister unterstützten Pläne des Stellvertretenden Reichsprotektors, im Sinne einer „gesteuerten Auslese zur Eindeutschung brauchbarer Tschechen" eine gewisse Anzahl (2000 Männer, 200 Frauen) von freiwilligen Protektoratsangehörigen zum Arbeitsdienst heranzuziehen, durch Bormann und Lammers Hitler vorgetragen und von diesem nach Rücksprache mit StSekr. Frank abgelehnt: Die Tschechen nicht wehrfähig, also auch nicht arbeitsdienstfähig. B. an dieser Frage „stärkstens interessiert".
H   101 06121/1—128 (520)

14.8.42—22.2.43   RVM   16064
Mitteilung über eine nochmalige Prüfung der Frage eines allgemeinen Genehmigungsverfahrens für den Reiseverkehr unter genauer Prüfung des Reisezwecks mit wiederum negativem Ergebnis: Nicht zu bewältigender Papierkrieg mit Verärgerung der Bevölkerung, eine spürbare Entlastung lediglich bei einem – im Interesse der Gesunderhaltung des Volkes aber allgemein abgelehnten – Verbot von Erholungs- und Urlaubsreisen zu erwarten; um trotzdem kriegswichtige Reisen nicht zu gefährden, künftig gegen Bescheinigung der Dienststelle oder Firma sowie gegen eine schriftliche Erklärung des Reisenden bevorzugte Ausgabe von Zulassungskarten und Platzkarten für solche Reisen. Später Änderung des Bescheinigungstextes.
H   101 08330—32/1, 339 ff. (637 a); 101 14384—87 (768 a)

[17.8.42]   (RKzl.)   16065
Vermerk über die im Zusammenhang mit den Personalveränderungen im Reichsjustizministerium mit Bormann zu klärenden Fragen: Ernennung Thieracks zum Leiter (nicht wie bisher: Reichsführer) des NS-Rechtswahrerbundes, Auflösung des Reichsrechtsamtes, Stellung des Präsidenten der Akademie für Deutsches Recht, Wechsel an der Spitze des Volksgerichtshofes, Behandlung von Justizangelegenheiten in der Presse, Ehrengabe für StSekr. Schlegelberger. (Vgl. Nr. 16074.)
K   101 26656—59 (1510 a)

17.—18.8.42   Lammers   16066
Vorbereitung (Übersendung einer Liste mit 12 Punkten) einer Besprechung mit Bormann am 18.8.42: Deutscher Orden; Frage der Nachfolge und Stellvertretung; Auswertung der Sitzungen beim Reichsmarschall am 5. und 6.8.42; Vorentwurf eines Führererlasses über die Bildung einer Reichsschutzmacht; Besetzung der Stellen des Reichsjustizministers, des Staatssekretärs im Reichsjustizministerium, des Führers des Rechtswahrerbundes und der Präsidenten der Akademie für Deutsches Recht und des Volksgerichtshofs; Aufsichtsratsposten von Reichtstagsmitgliedern; die Angelegenheiten Arno Fischer und Präsident des Reichsinstituts für Geschichte des neuen Deutschlands Prof. Frank; die deutsche Sprache in den besetzten Ostgebieten; Meinungsverschiedenheiten zwischen der Kriegsmarine und Gauleitern über die Neugestaltung deutscher Städte; Ausnahmebewilligung von den Nürnberger Gesetzen für die Töchter des GenDir. Noé (Danzig); Arbeitsdienst im Protektorat. (Vgl. Nr. 16069.)
H   101 18122—25 (1131)

17.8.—16.9.42   Adj. d. Wehrm. b. F, Ogefr. Wolf, Lammers, RJM   16067
Das von Hitler wegen wirtschaftlicher Notlage und der Einstellung des Mannes zu seiner Frau positiv beschiedene Gesuch des Ogefr. Josef Wolf, seine wegen „verbotenen Verkehrs" mit einem französischen, seit seiner Einberufung auf seinem Hofe beschäftigten Kriegsgefangenen in Untersuchungshaft befindliche Ehefrau Marie W. freizulassen, über Bormann und Lammers an den Reichsjustizminister (RJM) weitergeleitet. Die angeordnete Niederschlagung des Verfahrens wegen der inzwischen bereits erfolgten Verurteilung der W. zu viereinhalb Jahren Zuchthaus allerdings nicht mehr möglich, daher Strafunterbrechung, Straferlaß und Tilgung der Strafe vom RJM angeordnet.
H   101 29868—78 (1560)

17.8.—14.10.42   Himmler   16068
Mitteilung über eine in einem Wiener Nachlaß aufgefundene Korrespondenz Magdalena Hanisch—Jo-

hanna Motloch – Prof. Alfred Roller – Adolf Hitler aus dem Jahr 1908 (Empfehlung Hitlers an Prof. R.); diese Briefe der Erbin Editha Lukas von der Gestapo abgenommen, jedoch Befürchtung Himmlers, sie entweder zurückgeben oder „im Guten abkaufen" zu müssen. Nach Vorlage von Kopien bei – dem „sehr gerührten" – Hitler Bitte Bormanns, den Ankauf der Briefe für das Zentralarchiv der NSDAP zu veranlassen.
K/H   102 00697 – 702 (1261)

18. 8. 42   Lammers   16069
Laut Terminkalender 15.00 Uhr und 16.10 Uhr Besprechungen mit Bormann (Vgl. Nr. 16066).
H   101 18122 (1131); 101 29080 (1609 a)

18. 8. 42   AA   16070
Übersendung einer Stellungnahme der katholischen Zeitung La Croix (Limoges) gegen die angebliche Machtlosigkeit des Katholizismus.
W   202 00503 f. (5/19 – 21 + 19/6)

18. 8. 42   AA   16071
Übersendung eines Artikels der National-Zeitung (Basel) über den Widerstand der Evangelischen Kirche in Norwegen gegen das Quisling-Regime.
W   202 01182 ff. (9/15 – 18 + 20/2)

18. 8. 42   Chef Sipo   16072
Mitteilung des Termins für eine Besichtigung des Konzentrationslagers Sachsenhausen durch den Arbeitskreis zur Erörterung sicherheitspolizeilicher Fragen des Ausländereinsatzes und für die anschließende Besprechung von Fragen des Ausländereinsatzes.
W   112 00093 f. (162)

18. 8. 42   AA   16073
Übersendung eines Artikels der Zeitung Washington Post über einen Bericht des Kard. Faulhaber an den Vatikan zur Lage und Unterdrückung der Katholischen Kirche in Deutschland.
W   202 01105 f. (9/5 – 14 + 20/1)

18. – 27. 8. 42   RKzl., Oberste RBeh.   16074
Umbesetzung der Spitzenstellungen in der deutschen Justiz: Versetzung des geschäftsführenden Reichsjustizministers StSekr. Schlegelberger in den Ruhestand mit Dankschreiben und Ehrengabe; Ernennung des Präsidenten des Volksgerichtshofes Thierack zum Reichsjustizminister (RJM), zum Leiter des NS-Rechtswahrerbundes und zum Präsidenten der Akademie für Deutsches Recht (ADR), des OLGPräs. Rothenberger zum Staatssekretär sowie des StSekr. Freisler (statt, wie von Lammers und Bormann vorgeschlagen, zum Präsidenten der ADR) zum Präsidenten des Volksgerichtshofes; Enthebung Franks vom Amte des Präsidenten der ADR sowie von sämtlichen Parteiämtern (auf besonderen Wunsch B.s Hinweis auf Franks Enthebung auch als Reichsleiter); Auflösung des bisher von Frank geleiteten Reichsrechtsamtes der NSDAP, der Gau- und der Kreisrechtsämter; Herausgabe eines Führererlasses über besondere Vollmachten des RJM beim Aufbau einer ns. Rechtspflege, einschließlich der Abweichung vom geltenden Recht. Informierung der Staats- und Parteidienststellen über diese Maßnahmen durch Rundschreiben der Reichskanzlei bzw. der PKzl. mit der Bitte, mit dem RJM nicht zu bereinigende Streitfragen über L. (bei Angelegenheiten aus dem staatlichen Sektor) oder B. (bei Angelegenheiten aus dem Parteisektor) an Hitler heranzutragen.
H   101 18436 – 59 (1144 b, 1145 a); 101 18526 – 33 (1145 b); 101 19784 – 89 (1194 a);
     101 26660 – 65 (1510 a)

18. 8. – 17. 9. 42   AA – 22   16075
Weitergabe einer vertraulichen Information über die Absicht der Universität Budapest, eine wissenschaftliche Expedition in die besetzten ukrainischen Gebiete zu schicken, um u. a. die rassische Abstammung der Bevölkerung zu untersuchen. Einwände des Rassenpolitischen Amtes gegen die „den deutschen Zielen abträgliche" Expedition.
M   203 03039 ff. (86/6)

18. 8. – [19. 11.] 42   Lammers   16076
Besorgnis über ein im „Parteirichter" veröffentlichtes Urteil des Obersten Parteigerichts (Entlassung ei-

nes – neben gesundheitlichen Gründen – wegen dienstlicher Belastung als Stadtinspektor zu aktiver Mitarbeit nicht in der Lage befindlichen Parteigenossen aus der NSDAP): Befürchtung der Beispielwirkung und künftiger Versuchung für Beamte, lieber ihre beruflichen Pflichten zu vernachlässigen als sich der Gefahr einer Entlassung aus der Partei auszusetzen. Dazu Bormann: Vorliegen besonderer Umstände in dem betreffenden Fall; mangelnde aktive Parteimitarbeit infolge *tatsächlicher* beruflicher Überlastung selbstverständlich kein Entlassungsgrund. Drängen Lammers' auf Weitergabe dieser Interpretation an die Parteigerichtsbarkeit.
H   101 19762–68 (1194 a)

19. 8. 42   AA   16077
Übersendung des Abdrucks der Antwort des Papstes auf das von Kard. Suhard (Paris) anläßlich seines Bischofsjubiläums gesandte Huldigungsschreiben in der Zeitung La Croix (Limoges).
W   202 00505 f. (5/19–21+19/6)

19. 8. 42   AA   16078
Übersendung eines Artikels der Zeitschrift Mundo (Madrid) über den Beitrag der Missionare zur Kolonisierung Mozambiques durch Portugal, über den gegenseitigen Umfang der Missionen in Mozambique und über die Wirtschaftsstruktur dieser Kolonie sowie zwei weiterer Artikel derselben Zeitschrift über die historische Entwicklung des Katholizismus in Japan.
W   202 00788–829 (8/1–7+19/9)

20. 8. 42   Lammers   16079
Laut Terminkalender 12.50 Uhr und 17.40 Uhr Besprechungen mit Bormann.
H   101 29079 (1609 a)

20. 8. 42   AA   16080
Übersendung eines deutschfreundlichen Artikels der Zeitung Nouveau Temps (Paris): La Doctrine de l'Europe.
M   203 01302 f. (43/1)

20. 8. 42   AA   16081
Übersendung eines Artikels der New York Times über die Aussiedlung von 8000 Lothringern, Sabotageakte u. a.
M   203 01300 f. (43/1)

20. 8. 42   AA   16082
Übersendung eines Artikels der Zeitung Svenska Dagbladet (Stockholm) über eine gemeinsame Erklärung der Katholischen und der Protestantischen Kirche in den Niederlanden gegen den NS.
W   202 00951–54 (8/8–20+19/10–11)

20.–27. 8. 42   RMfEuL, RFM, BfdVJPl., RWiM u. a.   16083
Nach einer Stellungnahme des Reichsernährungsministers (keine Bedenken, Anregungen zu Einzelpunkten) Stellungnahme des Reichsfinanzministers (unter Hinweis auf Äußerungen der Wirtschaftsressorts) zu der vom Beauftragten für den Vierjahresplan geforderten Aufhebung der Zollgrenzen und Abschaffung der Zölle gegenüber den besetzten Gebieten: Aus währungspolitischen und anderen Gründen Aufrechterhaltung der Zollgrenzen unabhängig von der Frage der Zollerhebung; keine Kompensierung des Einnahmeverzichts bei Aufhebung der Zölle durch andere wesentliche Vorteile zu erwarten, dennoch Bereitschaft, auf Kriegsdauer den Zolltarif und die Umsatzausgleichssteuer außer Kraft zu setzen (Zölle von fiskalisch wesentlicher Bedeutung ausgenommen und die Erfüllung verschiedener Bedingungen vorausgesetzt).
K   101 14709–21 (802)

20. 8.–3. 11. 42   Lammers, RMfdbO, RVM   16084
Bedenken des Reichsverkehrsministers, des OKW, der PKzl. und der Reichskanzlei gegen die Einführung einer Sonderbesoldung für die Verwaltungsführer in den besetzten Ostgebieten (§ 1, 2 des Erlasses über Bildung und Abfindung des Verwaltungsführerkorps vom 16. 1. 42; vgl. Nr. 15551): Nachteilige psychologische Auswirkungen einer solchen Maßnahme auf die Nichtbegünstigten (die Angehörigen der Reichsbahn, der Reichspost, des von RM Speer zu übernehmenden technischen Apparates im Osten, insbesondere aber der kämpfenden Truppe) und drohende soziale Spannungen; Darlegung der unlösbaren Konsequenzen einer dann erforderlichen erhöhten Abfindung auch der Reichsbediensteten und der

Truppe im Osten (Rückwirkungen auf die Wehrmachtteile im Westen usw.). Weitere Einwände der PKzl. gegen die Ostbesoldung: Vergleichsweise bessere Verpflegungsverhältnisse und niedrigere Lebenshaltungskosten in den Ostgebieten als in Deutschland, unerwünschte Stärkung der Kaufkraft, Forderung des Generalgouverneurs nach einer – der künftigen Ostbesoldung entsprechenden – Gouvernementszulage auch für seine Beamten; daher Notwendigkeit, während des Krieges grundsätzlich keine „besondere finanzielle Belohnung" bestimmter Bediensteter zuzulassen. Verzicht des Reichsostministers auf die Ostbesoldung mit dem Vorbehalt, die Frage ihrer Einführung zu einem späteren Zeitpunkt erneut zu prüfen.
K/H   101 12113 – 30 (688 a)

21. 8. 42   StSekr. Schlegelberger   16085
Übersendung der Führerinformationen 107 – 114 des Reichsjustizministers: Aufgliederung der in ersten Halbjahr 1942 gegen Protektoratsangehörige ergangenen 106 Todesurteile nach Delikten; Schritte wegen einer überholten Strafbestimmung gegen das Konkubinat im noch gültigen Polizeistrafgesetzbuch für Bayern von 1861; zwecks Entlastung der Rohstofflage Herabsetzung der Aufbewahrungsfristen für Geschäftspapiere von zehn auf fünf Jahre; eine Kirchenschändung in Reisen im Reichsgau Wartheland durch Schüler der Nationalpolitischen Erziehungsanstalt; Schritte der Spanischen Botschaft wegen der Mißhandlung spanischer Zivilarbeiter; bis zum 1. 1. 41 Entmannung von über 2000 Sittlichkeitsverbrechern auf Richterspruch; Ergebnis der Ermittlungen gegen zwei chilenische Diplomaten wegen Verkaufs von Devisen; anti-ns. Cliquenbildung innerhalb der Jugend verschiedener Großstädte und organisierte Überfälle auf HJ-Angehörige.
H   101 28866 – 75 (1559 a)

21. 8. 42   AA   16086
Übersendung eines Artikels der Zeitschrift The Nation (New York) über einen die Unterdrückung der Kirche und die Verletzung der Menschenrechte durch den NS anprangernden Hirtenbrief der deutschen katholischen Bischöfe vom 22. 3. 42.
W   202 01123 ff. (9/5 – 14 + 20/1)

22. 8. 42   AA   16087
Übersendung polnischer *Propagandabroschüren.
W   202 01260 (10/9 – 13 + 20/6)

22. 8. – 6. 9. 42   Lammers, RVM, RJF   16088
Bedauern des Reichsverkehrsministers, vom Reichsjugendführer (RJF) nicht vor Festlegung der Veranstaltung über die Breslauer Sommerkampfspiele der HJ unterrichtet worden zu sein; Hinweise auf die zu erwartenden Schwierigkeiten bei der – wegen des großen Lokomotivbedarfs im Osten ohne Sonderzüge vorzunehmenden – An- und Abreise der Teilnehmer. Dazu der RJF: Eine rechtzeitige Unterrichtung erfolgt; die Breslauer Spiele sowie die Gründung des Europäischen Jugendverbandes in Wien im September von der PKzl. genehmigte Sonderfälle. Nach Informierung durch Lammers Erlaß einer Anordnung Bormanns unter Bezug auf diesen Fall: Erweiterung der Genehmigungspflicht für Tagungen und Kongresse auf alle öffentlichen Veranstaltungen mit auswärtigen Teilnehmern.
H   101 08280 – 88, 291, 295 f. (637)

Nicht belegt.   16089

24. 8. 42   RLM   16090
Hinweis auf die Pflicht zur Mitnahme der Gasmaske auf Dienstreisen, Kommandierungen und Versetzungen nach bzw. aus den besetzten Gebieten.
A   101 22838 f. (1301)

24. 8. – 26. 9. 42   RKzl., RJM, RVM   16091
Mitteilung Bormanns an Lammers über den Wunsch Hitlers, die besorgniserregend zunehmenden Plünderungen von Güterwagen der Reichsbahn (vgl. Nr. 16058) durch Verhängung drakonischer Strafen einzudämmen. In einem Runderlaß des Reichsjustizministers daraufhin Hinweis auf die oft mögliche Heranziehung der Volksschädlingsverordnung sowie Aufforderung, „insbesondere im Wiederholungsfalle auf die Verhängung der schwersten Strafe hinzuwirken".
H   101 08658 – 65 (644)

24. 8. – 27. 10. 42   Himmler   16092
Übersendung eines Aktenvermerks über die auf Weisung Hitlers vollzogene Vernichtung dreier angeblich von ihm gemalter Aquarelle (Wien: Heiligenkreutzerhof, Kaunitzberg, Das Rathaus) sowie der Eidesstattlichen Versicherungen über die Echtheit dieser Aquarelle.
K   102 01294/1 – 300 (2411)

25. 8. 42   Lammers   16093
Laut Terminkalender 16.00 – 18.00 Uhr Besprechung u. a. mit Bormann (vgl. Nr. 16094).
H   101 29078 (1609 a)

25. 8. 42   Lammers   16094
Besprechung mit Bormann über die mit Wirkung vom 1. 10. 39 erfolgte, mit dem Fortfall außerordentlicher Repräsentationsaufgaben während des Krieges begründete vorläufige Außerkraftsetzung der auf Anweisung Hitlers am 28. 11. 38 verfügten Sonderregelung der Besteuerung prominenter Künstler (Anerkennung von 40 statt 20% der Roheinnahmen als Werbungskostenpauschsatz).
K/H   101 14494 – 97 (789)

25. 8. 42   RJM   16095
Bitte um Zustimmung zu dem Entwurf einer Verordnung zur Vereinfachung des Verfahrens auf dem Gebiet des Beurkundungsrechts (Beseitigung der in den Gebieten mit fremdsprachigen Bevölkerungsteilen durch die Verwendung fremdsprachiger Urkunden im Gerichtsbetrieb entstandenen „Schwierigkeiten" durch erleichterte Beglaubigung von Fotokopien und erhöhte Beweiskraft von Übersetzungen zwecks Ausschaltung der fremden Sprache; telegrafische Übermittlung von Urkunden durch das Auswärtige Amt in die überseeischen Länder wegen der Unterbindung des Postverkehrs).
K/H   101 13205 – 12 (708 a)

[25. 8. 42]   RFrauenF   16096
Verteilung der 'Folge 10 des PKzl.-Periodikums „Nationalsozialistische Wirtschaftspolitik" an die Gaufrauenschaftsleiterinnen u. a.
W/H   151 00002 f. (42)

25. 8. – 11. 10. 42   Lammers, Axmann, RSt. f. Raumordnung   16097
Stellungnahme Bormanns zu einer Rückfrage der wegen „Ernährungsgesichtspunkten" besorgten Reichsstelle für Raumordnung hinsichtlich vom Jugendführer für die vormilitärische Ausbildung des letzten zum Wehrdienst anstehenden HJ-Jahrgangs geforderten Errichtung von etwa 100 Wehrertüchtigungslagern: Von Hitler anläßlich des betreffenden Vortrags Axmanns die Einrichtung besonderer Lager und Übungsgelände nicht gefordert. Durch Lammers Herbeiführung einer ausdrücklichen Entscheidung H.s: Verbot von Neuerrichtungen und Verwendung der im Inland vorhandenen Lager; nach dem Kriege und der „Verlegung großer Truppenmassen in die besetzten Gebiete" Truppenübungsplätze für die HJ verfügbar.
H   101 06220 – 27/1 (522 b)

26. 8. 42   PräsKzl.   16098
In einer Aufstellung der zur Verleihung der Medaille „Winterschlacht im Osten 1941/1942" (Ostmedaille) an nicht der Wehrmacht unterstellte oder in ihrem unmittelbaren Auftrag tätig gewesene Nichtwehrmachtangehörige berechtigten Dienststellen auch die PKzl. genannt.
M/H   101 02969 (298 a)

27. 8. 42   AA   16099
Übersendung eines Artikels der Zeitung A Voz (Lissabon) über die Zahl der polnischen Deportierten.
W   202 01269 f. (10/9 – 13 + 20/6)

27. 8. 42   AA   16100
Übersendung eines Artikels der Zeitung A Voz (Lissabon) über die Schließung der Benediktiner-Abteien Beuron und Maria Laach.
W   202 01408 f. (10/14 – 25 + 20/7)

27. 8. 42   –   16100 a
Bormann z. Zt. in München; ein Versuch des GL Forster, telefonisch mit ihm verbunden zu werden, da-

her vergeblich. (Das Anliegen F.s eine Entscheidung Hitlers über die Anordnung über das Verbot der polnischen Sprache.)
K/H   102 00939 (1790)

27. 8. 42   AA   16101
Übersendung eines Artikels der Zeitung A Voz (Lissabon) „Standhaft bleiben oder sterben" über Äußerungen des Erzbischofs von Salzburg, Waitz, zur Erziehung der Jugend.
W   202 01419 f. (10/14 − 25 + 20/7)

27. 8. 42   AA   16102
Übersendung eines Artikels der Zeitung A Voz (Lissabon) über Pius XII. und Deutschland und über den Hirtenbrief der deutschen katholischen Bischöfe anläßlich des Papstjubiläums.
W   202 01421 f. (10/14 − 25 + 20/7)

27. 8. 42   AA   16103
Übersendung eines Artikels der Zeitschrift Weltwoche (Zürich) über die historische und gegenwärtige Rolle der Serbisch-Orthodoxen Kirche.
W   202 00914, 925 f. (8/8 − 20 + 19/10 − 11)

27. 8. − 20. 9. 42   AA, Dt. Botsch. Rom   16104
Übersendung einer Polemik der von Unterrichtsminister Bottai herausgegebenen Zeitung Critica Fascista (Rom) über das Verhältnis von Kirche und Staat in Italien und gegen einige Mitarbeiter des Osservatore Romano: Ein Risorgimento-Versuch abtrünniger Italiener unter Ausnutzung des ausländischen Status des Vatikans.
W/H   202 00690 ff., 694 − 98 (7/10 − 18 + 19/8)

27. 8. − 30. 9. 42   RKzl., RJM   16105
Zustimmung der PKzl. zum Vorschlag, anstelle des verstorbenen SA-Obf. Karl Loenicker SA-Gruf. Hans v. Helms zum Mitglied des Volksgerichtshofs zu bestellen.
H   101 27196 − 200 (1517 c)

28. 8. 42   AA   16106
Übersendung eines Artikels der Zeitung A Voz (Lissabon) über Äußerungen des Berliner Bischofs Preysing über die neue Ordnung und ihr verhängnisvoll irriges Staatsverständnis.
W   202 01417 f. (10/14 − 25 + 20/7)

28. 8. − 12. 9. 42   AA, ArbGem. Germanentum und Christentum   16107
Auf Anfrage des Auswärtigen Amts (AA) Stellungnahme der PKzl. zu der vom AA (aus außenpolitischen Gründen und mit Hinweis auf andere Genehmigungen) befürworteten Zweiten Arbeitstagung der Arbeitsgemeinschaft „Germanentum und Christentum" mit im „Geisteskampf um die germanische Selbstbestimmung" erprobten skandinavischen Wissenschaftlern: Keine Einwendungen (insbesondere im Hinblick auf die Verhältnisse in Schweden), aber Verzicht auf eine Tagungseinladung für das kommende Jahr (die Möglichkeit der Durchführung von Tagungen noch nicht abzusehen) und keine propagandistische Auswertung der Genehmigung durch den Leiter der Arbeitsgemeinschaft, Prof. Meyer-Erlach (Jena).
W/H   202 00156 − 61/1 (3/1 − 4)

28. 8. 42 − 7. 3. 44   AA   16108
Schriftwechsel über die Behandlung von Anträgen auf Durch- oder Einreise vatikanischer Staatsangehöriger durch bzw. in nicht zum Altreich gehörende Teile der deutschen Machtsphäre. In diesem Zusammenhang ein kurzer Bericht der Deutschen Botschaft beim Heiligen Stuhl über die dortige höchst gereizte Stimmung wegen der kirchenpolitischen Lage im Reich und in den besetzten Gebieten.
W   202 02077 − 82 (16/11 − 23)

29. 8. 42   RFSS, GenGouv. Frank   16109
In einem Fernschreiben an GenGouv. Frank scharfe Kritik Himmlers an der „Störung der Ernteerfassung" durch den Gouverneur des Distriktes Lublin, Zörner; unter Hinweis auf das Versagen Z.s als

Oberbürgermeister von Braunschweig und Dresden Forderung, ihn von seinem Posten abzuberufen. (Abschrift an die PKzl.)
K   102 01442 f. (2648)

Nicht belegt.   16110

[30. 8.] – 26. 10. 42   RKzl.   16111
Scheitern eines erneuten Versuches, Hitler den Text eines vorbereiteten und nach Bormanns Vorschlag geänderten Führererlasses über die Führerwahl und die Bestellung des dafür zuständigen Senats zu übergeben: Wunsch H.s, vorerst noch nicht damit befaßt zu werden.
H   101 20611 – 27 (1213 a)

Sept. 42   AA   16112
Übersendung eines Artikels von Pfarrer Leo Ward in The Japan Christian Yearbook 1938 über die Katholische Kirche in Japan (mit statistischen Angaben).
W   202 00758 – 66 (8/1 – 7 + 19/9)

1. 9. 42   RVM u. a.   16113
Übersendung einer an die Reichsbahndirektionen usw. herausgegebenen zusammengefaßten Übersicht über die bisher zwecks Einschränkung bzw. Verbot der Stellung von Sonderzügen und Sonderwagen sowie der Platzreservierung größeren Umfangs in Regelzügen für Reisegesellschaften getroffenen Anordnungen: Wiederholung der Anweisung, diese Anordnungen strengstens auszulegen, wie auch der Bitte an die Ressorts usw., diese Regelung nun endlich zu beachten und von nicht kriegswichtigen Veranstaltungen abzusehen (Hinweis auf die den Verkehr einschränkenden und die Anmeldungs- und Genehmigungspflicht von Kongressen usw. regelnden Erlasse, u. a. auf die Anordnung der PKzl. vom 10. 7. 42), im übrigen aber das Verkehrsministerium bei der Beanspruchung von Sonderleistungen der Reichsbahn schon bei den Planungen zu beteiligen.
H   101 00705 – 10 (147 a); 101 08289 – 94 (637)

1. 9. 42   AA, Dt. Botsch. b. Hl. Stuhl   16114
Übersendung eines Berichts der Deutschen Botschaft beim Heiligen Stuhl über den in der katholischen Zeitung L'Italia (Mailand) erschienenen Vorabdruck einer Abhandlung des italienischen Franziskanerpaters Gemelli (Präsident der Päpstlichen Akademie der Wissenschaften und Rektor der katholischen Universität Mailand) über das Ernährungsproblem Italiens als ein Problem des „Lebensraums".
W/H   202 00699 ff. (7/10 – 18 + 19/8)

[1. 9. 42]   –   16115
Ausscheiden Bindings aus der PKzl. und seine Ernennung zum Regierungspräsidenten in Hannover. (Erwähnung.)
W   107 00118 – 21 (165)

1. – [25.] 9. 42   Himmler   16116
Zu einem erlassenen Befehl über die Ausbildung in Alarmkompanien zur Verstärkung von SS und Polizei im Generalgouvernement sowie in den besetzten Ostgebieten Bitte Bormanns um eine Sonderregelung für die Politischen Leiter im Generalgouvernement (Befreiung von der Ausbildung in gewissen Fällen, Vortragstätigkeit vor den Alarmkompanien). Einverständnis Himmlers.
K   102 00914 f. (1756); 102 00931 ff. (1781)

1. – 28. 9. 42   RKzl.   16117
*Vorschläge Bormanns an Bouhler für eine neue Abgrenzung der Kompetenzen der Kanzlei des Führers (KF) und entsprechende Überlegungen in der Reichskanzlei: Der KF alte, umfassende Zuständigkeiten durch die jetzigen Befugnisse der PKzl. überholt; an Partei-Angelegenheiten lediglich noch Gnadensachen und Beschwerden in Einzelfällen für die KF übriggeblieben; notwendige Einschränkung des Göring-Auftrags an die KF; Vorschläge ihrer Umbenennung in „Hauskanzlei des Führers" (Bormann) oder „Generalsekretariat des Führers" (Lammers). Nachfrage L.' nach Bouhlers Stellungnahme zu seinen Ausführungen. (Vgl. Nr. 15563 und 15941.)
H   101 17540 ff. (1036); 101 20578 ff. (1213)

1. 9. 42 – 18. 2. 43   AA, BfdÜ   16118
Erörterung der Durchführung von Kirchenaustritten Reichsdeutscher im Ausland: Der jetzige ungere-

gelte Zustand unbefriedigend; eine ausreichende Regelung vorgesehen bei der angestrebten, derzeit jedoch zurückgestellten allgemeinen Vereinheitlichung des bisher „landesrechtlich zersplitterten Kirchenaustrittsrechts"; Darstellung der bisher im Ausland geübten Praxis.
W/H   202 00098 – 101, 103 – 07 (2/13 – 24)

1. 9. 42 – 25. 6. 43   AA   16119
Übersendung eines Artikels aus „Avvenire d'Italia" über die Neugründung einer italienischen religiöskulturellen Zeitschrift Il Regno. Nachfrage der PKzl. nach den hinter der Zeitschrift stehenden Kreisen. Antwort: Die Kirche, einige Industrielle, aber auch Zustimmung von Faschisten; Übersendung einiger Nummern der Zeitschrift.
W/H   202 00662 – 69 (7/10 – 18 + 19/8)

2. 9. 42   RKzl., GBV   16120
Zustimmung der Reichskanzlei zur Beibehaltung der Sommerzeit auch im Winterhalbjahr 1942/43. (Abschrift an Bormann.)
H   101 21231/1 ff. (1256 a)

2. 9. 42   GBN   16121
Rundschreiben über die Vereinheitlichung und Einschränkung der Vorprüfung von Anträgen auf Genehmigung zur Errichtung oder Verlegung einer Fernsprechnebenstellenanlage; Richtlinien für die Befürwortung solcher Anträge.
H   101 17616 – 21 (1068 b)

2. 9. – 3. 11. 42   Thierack u. a.   16122
Durch Bormann mit entsprechender *Weisung übermittelte Kritik Hitlers an einem Urteil des Landgerichts (LG) Essen (1½ Jahre Gefängnis) gegen einen Gastwirt und Hundehalter (Hetzen der Hunde auf – in einem zu seinem Grundstück gehörenden Teich Wasserflöhe fischende – Kinder; durch die Bißwunden erforderlich gewordene Amputation des linken Unterschenkels eines der Jungen). Daraufhin durch Revision Veranlassung einer neuen Verhandlung durch den Reichsjustizminister; deren Ergebnis eine noch mildere Strafe (1 Jahr Gefängnis). Nunmehr Bitte Thieracks, ihn zum „Obersten Reichsrichter" zu ernennen, um – entsprechend auch in künftigen Fällen – die Sache selbst als Richter (und vor den versammelten Richtern des LG Essen als Zuhörern) zu entscheiden; am folgenden Tage Zurücknahme dieses Schreibens.
H   101 29882 – 96/11 (1560)

2. 9. – 23. 12. 42   Lammers   16123
Nach „äußerster Empörung" über einen Artikel in der „Neuen I. Z." vom 1. 9. 41 „Kaninchen im Schrebergarten" (durch Bormann übermittelte) Weisung Hitlers, die einschränkenden Bestimmungen für die Wildkaninchenjagd, insbesondere das Genehmigungsverfahren zur Benutzung von Schußwaffen und das Verbot, Tellereisen und Gift zu verwenden, aufzuheben. Eine entsprechende Verordnung des Reichsjägermeisters von Lammers veranlaßt.
H   101 02296 – 99 (217)

3. 9. 42   AA   16124
Übersendung eines aus der Zeitung El Pueblo (Buenos Aires) übernommenen Berichts der Zeitung Diario del Comercio (Dominikanische Republik) über zum Kampf gegen den Bolschewismus aufrufende Äußerungen des verstorbenen Pariser Kardinals Baudrillart und über die bei einem Besuch des Verfassers 1934 erlebte antibolschewistische Stimmung im Vatikan.
W   202 00466 – 70 (5/19 – 21 + 19/6)

3. 9. – 29. 10. 42   RKzl.   16125
Bei der von Bormann erbetenen Erstattung des vom Reichsstatthalter in Wien verauslagten Kaufpreises in Höhe von RM 700 000.– für das von Hitler in Wien für die Neue Galerie in Linz erworbene Tizian-Gemälde „Venus und Cupido" Schwierigkeiten wegen der – den am Kauf Beteiligten bis dahin nicht bekannten – Forderung des Verkäufers, den Kaufbetrag in Lire ausbezahlt zu erhalten. Unter Hinweis auf die ungünstige Devisenlage gegenüber Italien Bitte des Reichswirtschaftsministers um Bestätigung eines „ausdrücklichen Befehls des Führers". Mit Rücksicht auf die bereits erfolgte Übernahme und Verwahrung des Bildes im Münchner Führerbau Einverständnis H.s mit der Zahlung in Devisen.
H   101 29237 – 49 (1649 a)

3. 9. – 17. 11. 42   Lammers, Rust   16126
Zu dem von Bormann über die Reichskanzlei übermittelten Wunsch Hitlers nach baldiger Eröffnung der Technischen Hochschule Linz (TH) Hinweis Rusts auf die einem Baubeginn entgegenstehenden Schwierigkeiten und Bericht über die Vorbereitungen zur Aufnahme des Lehrbetriebs an der TH: Einrichtung eines Materialprüfungsamtes unter J. Schadler; Entstehung eines Instituts für Wasserbaukunde unter Leitung von F. Rosenauer; Bitte an H., die Überweisung der vollständigen Ausrüstung des „Bergbau-Instituts" in Krakau nach Linz zu verfügen; mit dem Beginn des Sommersemesters 1943 Eröffnung einer „Fakultät für Bauingenieure und Architekten" in den Räumen des Petrinums geplant (Versuch einer verkürzten Studienausrichtung für Kriegsteilnehmer, insbesondere aus dem Gau Oberdonau); Abstellung eines Beamten aus dem Reichserziehungsministerium als vorläufiger Kurator zur Betreuung der Verwaltungsarbeiten in Linz; Veranlassung der unverzüglichen Übersendung der Baupläne für die TH durch Architekt Prof. Jost (Dresden) an den mit der Planung einer Anzahl in Linz zu errichtender Großbauten betrauten Prof. Giesler. Entscheidung H.s nach Besichtigung des großen Modells der TH im Büro G.s: Die derzeitigen Baupläne nicht durchführbar. Darüber Mitteilung B.s; nach Lage der Dinge der von Rust gewünschte gemeinsame Führervortrag mit den Baumeistern J. und Fick in nächster Zeit wohl nicht möglich. (Vgl. Nr. 16310.)
K/W   101 15555 – 67 (942 a)

3. 9. 42 – 29. 5. 43   Lammers, Rust   16127
Zu einem von Bormann Lammers übermittelten Wunsch Hitlers nach besonderer Förderung der Hochschulen in den Reichsgauen Niederdonau, Oberdonau, Steiermark, Kärnten und Tirol ausführlicher Bericht des Reichserziehungsministers (REM) über die Hochschulen in Graz, Innsbruck und Leoben mit Schilderung der bereits getroffenen und der nunmehr für 1943 vorgesehenen weiteren „berechtigten Verbesserungen"; für letztere L.' Unterstützung erbeten. Diese angerufen nach der unter Berufung auf den Stoperlaß vom 17. 2. 43 erfolgten Ablehnung aller für die genannten Hochschulen neu beantragten Planstellen durch den Reichsfinanzminister. Wegen der inzwischen eingetretenen wesentlichen Veränderung der Lage L. nunmehr jedoch für die Vorrangigkeit des Stoperlasses. Grundsätzliche Zustimmung B.s mit der Bitte, die genannten Hochschulen durch Berücksichtigung bei der Neueinrichtung kriegswichtiger Institute oder bei der kriegsbedingten Verlegung von Hochschuleinrichtungen zu fördern, sowie um seine Unterrichtung über entsprechende Maßnahmen.
K/H   101 15555 ff., 561 – 66, 568 – 74, 587 – 92, 606 ff. (942 a)

[3. 9. 42] – 17. 6. 43   Lammers   16128
Nach einer Anregung Ribbentrops Entscheidung Hitlers über eine – seiner „Würde" entsprechende – Neuregelung seiner Amtsbezeichnungen und Anreden: Verwendung der Bezeichnung „Der Führer" anstelle von „Der Führer und Reichskanzler" in Gesetzen, Erlassen usw., im formellen Verkehr mit dem Ausland der Bezeichnung „Der Führer des Großdeutschen Reichs" anstelle von „Der Deutsche Reichskanzler". Dementsprechend Fortfall der Wörter „des Führers und Reichskanzlers" in der Firma der Präsidialkanzlei in Anlehnung an „Reichskanzlei" und „PKzl.". In dieser Angelegenheit mehrere Besprechungen zwischen Lammers und Bormann; dabei ebenfalls Erörterung der „Frage ‚Kanzlei des Führers der NSDAP'" mit dem Ergebnis, „vorerst nichts zu veranlassen".
M/H   101 07239 – 54 (583); 101 14965 ff. (855 b)

4. 9. 42   Thierack   16129
Übersendung der Führerinformationen 115 – 119 des Reichsjustizministers: Die Urteile des Sondergerichts Kiel in dem Prozeß gegen GAL Janowsky u. a. wegen Verschiebung von Lebensmitteln (vgl. Nr. 15966 und 16316); Einleitung eines Dienststrafverfahrens gegen LGD Alfred Springer (Breslau) wegen einer Bemerkung in einer Verhandlung (heute genauso wie früher Existenz einer „gefesselten Justiz"); nach dem Angriff auf Rostock erstmals Verurteilungen wegen der Verweigerung der Aufnahme obdachlos gewordener Bombengeschädigter; Hamsterfahrten leitender Angestellter der Flugzeugwerke Graudenz; Verschiebung von Schuhen durch leitende Angestellte der Ostdeutschen Schuh- und Lederwarenfabrik in Tilsit (ein Unternehmen der Erich-Koch-Stiftung).
H   101 28876 – 81 (1559 a)

4. 9. 42   RFM   16130
Unter dem Gesichtspunkt der notwendigen verstärkten Heranziehung der besetzten Ostgebiete für die Kriegswirtschaft Kritik an der bisherigen volks- und finanzwirtschaftlichen Fehlentwicklung in den Ostgebieten (Überorganisation der Verwaltung, Nebeneinanderarbeiten vielfach überflüssiger Organisationen und Gesellschaften, unsinnige Übertreibung deutscher Verwaltungsstrukturen, Erschwerung wirksamer finanzieller Kontrollen, u. a.); Abänderungsvorschläge insbesondere auf dem Gebiet der Finanzwirt-

schaft (Verstärkung der indirekten Besteuerung) zwecks endlicher Erzielung von Überschüssen zur Tilgung der deutschen Kriegsschulden nach dem Willen Hitlers.
K   102 00523 – 28 (939)

4. 9. – 30. 11. 42   Lammers, OKW, RK Koch   16131
Bereitstellung von Verpackungsmaterial für die Ausgabe von Lebensmittelpaketen an die Urlauber der Ostfront als Dank Hitlers: Durch Bormann an Lammers Weiterleitung der Weisung H.s um Zuteilung eines Kontingents an den mit der Durchführung der Aktion beauftragten RK Koch. Mitteilung L.' an B.: Nach erfolgter Sicherung der Bereitstellung der erforderlichen Nahrungsmittel nebst Verpackungsmaterial Beginn der Paketausgabe am 1. 10.; der Inhalt der Pakete. Mehrere Befehle des OKW über Empfangsberechtigte, Ausgabestellen und Dauer der Aktion; ersatzweise die Ausgabe von Sonderlebensmittelkarten und Beschaffungsgeld vorgesehen.
K/H   101 11733 – 56 (682)

6. 9. 42 – 22. 12. 43   StSekr. Backe   16132
Wiederholte Bitte Bormanns um Unterstützung bei der Versorgung der Güterverwaltung Nord der Verwaltung Obersalzberg (Güter Stolpe, Watzkendorf, Möllenbeck und Cantnitz) mit Düngemitteln und um Zuweisung der beantragten geringfügigen Mengen Phosphor und Stickstoff sowie Treibstoff trotz der augenblicklichen Schwierigkeiten; Verwahrung gegen die Absicht des Reichsernährungsministeriums, sämtliche Güter zuteilungsmäßig gleich zu behandeln; Hinweis auf die infolge der reichlicheren Stickstoffdüngung erzielten besseren Erträge. Zusage Backes, die Düngemittelversorgung der Güterverwaltung Nord dem Bezugsrecht der Spitzenbetriebe anzugleichen, jedoch angesichts der Düngemittelversorgungslage und mit Rücksicht auf die übrige Landwirtschaft Ablehnung der darüber hinausgehenden Wünsche.
K/H   102 01347 – 57 (2585)

7. 9. 42   RKzl.   16133
Eine Eingabe des – aus politischen Gründen (ehemalige SPD-Zugehörigkeit) nicht beförderten – Kriegsverwaltungsinspektors Konrad Ueberbrück dem OKW zum weiteren Befinden und der PKzl. mit der Bitte um Kenntnisnahme zugeleitet.
A   101 05287 – 91 (455)

[7. – 9. 9. 42]   Speer   16134
Besprechungspunkt einer Führerbesprechung: Einverständnis Hitlers mit dem weiteren Vorsitz des GL Sauckel im Aufsichtsrat der Gustloff-Werke, eine Besprechung mit Bormann über eine entsprechende Lösung beabsichtigt.
W   108 00058 f. (1505)

7. – 14. 9. 42   StSekr. Stuckart   16135
Ausführlicher Bericht über eine Reise nach Norwegen in Begleitung u. a. von Kernert (PKzl.): Ablehnung der Nasjonal Samling (NS) durch den überwiegenden Teil der Bevölkerung; die NS Sammelbecken für die verschiedensten Vorstellungen von der außenpolitischen Zukunft des Landes; seit 1941 Versteifung der Haltung der norwegischen Bevölkerung gegenüber Deutschland als dem Förderer der NS und Beschützer der unfähigen und erfolglosen nationalen Regierung (Kirchenstreit, unpopuläre Maßnahmen auf ideologischem Gebiet, Polizeiaktionen); zur Stärkung seiner Position Drängen Quislings und seiner Regierung nach außenpolitischen Erfolgen (Abschluß eines Vorfriedens mit Deutschland, jedoch Ablehnung dieser Forderung wie auch der Diskussion über ein Friedensmemorandum Qu.s durch Hitler); die Unterstützung der Regierung Qu. auf innenpolitischem Feld zweckmäßig (Einführung von Arbeitskarten, Erhöhung der Lebensmittelrationen, Umstellung der Propaganda in Norwegen [germanische Führungsgemeinschaft statt Souveränität]); eine Aktivierung der Zusammenarbeit zwischen RK Terboven und der Regierung sowie die Abberufung des Ministers Hagelin erforderlich; eine Stabilisierung der NS erwünscht (Ausschaltung von Cliquenkämpfen und Korruptionserscheinungen, Einhaltung der politischen Disziplin durch NS-Funktionäre); für die deutsche Politik gegenüber Norwegen Forderung von Einheitlichkeit und Zielstrebigkeit und der Vermeidung „jeder Zweigleisigkeit" (Gesprächspartner der norwegischen Regierung ausschließlich der Reichskommissar).
K   102 01066 – 78 (1982)

7. 9. 42 – 31. 8. 43   RArbM u. a.   16136
Ergänzende Anweisungen für die Berechnung und Ausführung von Holzbauwerken nach DIN 1052; Verzeichnis (Ergänzung) der für die Ausführung zugelassenen Firmen. (Nachrichtlich an die PKzl.)
M/H   101 03457 – 63/1 (347 a)

8. 9. 42   AA   16137
Übersendung schweizerischer 'Pressekommentare zur Lage der Kirche in Norwegen.
W   202 01189 (9/15 – 18 + 20/2)

8. 9. 42   AA   16138
Übersendung eines Artikels der Londoner Times über das Nachgeben der norwegischen Quisling-Regierung im Streit um die Einsetzung von Bischöfen (nach der Absetzung des Bf. Berggrav und eines anderen regimegegnerischen Bischofs) und bei der Gleichschaltung der Lehrerschaft als Folge heftigen Widerstands.
W/H   202 01176 f. (9/15 – 18 + 20/2)

9. 9. 42   Chef Sipo   16139
Übersendung der Einladung für die nächste Sitzung des Arbeitskreises zur Erörterung sicherheitspolizeilicher Fragen des Ausländereinsatzes; Besprechungspunkte: Aufklärung des deutschen Arbeiters, Arbeitsflucht u. a.
W   112 00091 f. (162)

9. – 16. 9. 42   Lammers   16140
Durch Bormann übermittelte Weisung Hitlers, dem vor seiner Pensionierung stehenden früheren hessischen Ministerpräsidenten Ferdinand Werner (wegen Meinungsverschiedenheiten mit GL Sprenger derzeitige Verwendung als Regierungsdirektor) einen Ehrensold von RM 500.– zu gewähren. Durch Lammers entsprechende Veranlassung.
H   101 20381 – 85 (1209)

9. 9. – 12. 10. 42   RKzl.   16141
Keine Bedenken (lediglich – mit Rücksicht auf die Verbündeten – die Weglassung des Wortes „staatsrechtlich" erwünscht) gegen eine vorgesehene Anordnung des Leiters der PKzl. mit der Erneuerung des Verbots, „sich in Reden, Veröffentlichungen, Gesprächen und Zukunftsbetrachtungen zu Fragen der staatsrechtlichen Stellung Großdeutschlands in Europa und der zukünftigen Grenzziehung zu äußern".
H   101 25118 – 24 (1400 a)

9. 9. – 16. 10. 42   RKzl., RKfdbnoG   16142
Keine Bedenken der PKzl. gegen die Absicht, die Betreuung von im besetzten Norwegen eingesetzten Reichsdeutschen mit Norwegerinnen gezeugter Kinder analog den Bestimmungen für die Betreuung von Soldatenkindern in den besetzten Gebieten zu regeln, jedoch Bedenken gegen eine Ausdehnung auch auf die entsprechenden Kinder in Norwegen *ansässiger* Reichsdeutscher.
K/W/H   101 27675/1 – 680 (1525); 102 00076 f. (193)

9. 9. – 16. 11. 42   AA   16143
Durch die PKzl. Anforderung von zwei – von britischer Seite propagandistisch gegen das Reich ausgewerteten – Artikeln der ungarischen Zeitung Magyar Nemzet über die Diplomatie des Vatikans.
W   202 02034 – 35/15 (16/1 – 10)

9. 9. 42 – 17. 3. 43   Lammers, MPräs. Mergenthaler   16144
Mitteilung des Württembergischen Kultministers an Lammers über das bevorstehende Erscheinen des 1. Bandes der von Hitler finanziell geförderten historisch-kritischen Gesamtausgabe der Werke Hölderlins; Bitte, die vorgesehene Neuauflage der überholten Hellingrathschen Hölderlin-Ausgabe durch den – im Besitz des parteiamtlichen Eher-Verlags befindlichen – Propyläen-Verlag zu verhindern. Ergebnis einer entsprechenden Fühlungnahme mit Amann über Bormann: Herausgabe auch der Propyläen-Ausgabe mit Rücksicht auf das starke Bedürfnis gerade im Kriege und angesichts der Fertigstellung der Stuttgarter Gesamtausgabe frühestens 1946.
H   101 21039 – 51 (1234)

9. 9. 42 – 26. 5. 43   RFSS, H. Menten   16145
Trotz der von Heim (PKzl.) mitgeteilten prophylaktischen Bitte des in Berlin lebenden Niederländers

Hubert Menten (Förderer des Malers Friedrich Stahl, „hochherziger Spender" von Gemälden und „glühender Verehrer" Hitlers), seine beiden Brüder nach Möglichkeit zu schützen und vor politischen Zwangsmaßnahmen zu bewahren, Verhaftung von Emil Ernest und Otto M.; Grund: Finanzielle Unterstützung einer deutschfeindlichen Organisation der niederländischen Exilregierung, außerdem Mitgliedschaft E. E. M.s in einem für den Invasionsfall gegründeten Nationalkomitee. Nach erneuter Fürsprache des lediglich über die Verhaftung, nicht aber über die Gründe informierten H. M. Anweisung an den Höheren SS- und Polizeiführer Niederlande, vor weiteren Maßnahmen gegen die Gebrüder M. die im Einvernehmen mit Bormann bzw. H. zu treffende Entscheidung des SS-Ogruf. Wolff einzuholen. Mitteilung an H. über den Stand der Angelegenheit: Die Freilassung der Gebrüder M. aus sicherheitspolizeilichen und allgemein politischen Gründen nicht vertretbar, ihre Rolle erst nach Abschluß weiterer Ermittlungen feststellbar; Bitte, H. M. als Grund für die Fortdauer der Haft lediglich „allgemeine sicherheitspolizeiliche Gründe im Rahmen der üblichen Geiselverhaftungen" mitzuteilen.
W   107 01090 – 133 (354)

11. 9. 42   AA   16146
Übersendung eines Artikels der Zeitung New York Times über den Widerstand des Bf. Graf Galen gegen den NS.
W   202 01103 f. (9/5 – 14 + 20/1)

11. 9. 42   AA   16147
Übersendung eines Artikels der Zeitung Daily Telegraph (London) über eine durch die Unruhe in Norwegen verursachte Auseinandersetzung zwischen Quisling und dem deutschen Militärbefehlshaber, Gen. Falkenhorst, insbesondere um die den entlassenen Bischöfen von deutscher Seite erteilte Genehmigung, zu einer Bischofskonferenz nach Oslo zu reisen.
W   202 01178 – 81 (9/15 – 18 + 20/2)

11. 9. 42   Thierack   16148
Übersendung der Führerinformationen 120 – 123 des Reichsjustizministers: Vorschlag einer Verordnung gegen die zunehmenden Fälle der Vernachlässigung von Sorge- und Erziehungspflichten; Lebensmittelverschiebungen bei der Lenzinger Zellwoll-A.G. im Gau Oberdonau; in ein vor dem Volksgerichtshof schwebendes Strafverfahren gegen mehrere Protektoratsangehörige wegen Unterstützung der tschechischen Widerstandsbewegung Verwicklung eines Neffen des ungarischen Justizministers; im Juli und August 241 bzw. 217 zur Gnadenentschließung vorgelegte Todesurteile, ferner Eingang von 216 bzw. 119 Todesurteilen aus den eingegliederten Ostgebieten.
H   101 28882 – 87 (1559 a)

11. – 26. 9. 42   RMdI, RKzl., GBV   16149
Empfehlung der PKzl. an den Reichsinnenminister, ein einheitliches Verkündungsblatt für alle Verwaltungen zu schaffen oder zumindest die Zahl der amtlichen Zeitschriften – fast jede Verwaltung mit eigenem Verkündungsblatt – herabzusetzen. Dazu durch die Reichskanzlei Übersendung der Abschrift eines Schreibens an den Generalbevollmächtigten für die Reichsverwaltung: Angeregt durch die „Meldungen aus dem Reich" des Chefs der Sicherheitspolizei Kritik an dem Anwachsen des amtlichen Schrifttums und an der daraus resultierenden Belastung der Behörden insbesondere der unteren Verwaltungsstufe.
K/H   101 13213 – 18 (709)

[11. 9.] – 28. 10. 42   Lammers, Thierack   16150
Über die gewünschte Ernennung des StSekr. Rothenberger zum Stellvertreter Thieracks als Leiter des NS-Rechtswahrerbundes (weiterer Bewerber: StSekr. Stuckart) ein gemeinsamer Vortrag Bormanns und Lammers' bei Hitler beabsichtigt. Ebenfalls mit B. Erörterung der künftigen Verwendung des bisher von Frank bewohnten, dem NS-Rechtswahrerbund gehörenden Hauses Regerstr. 2/4 in Berlin (Interesse Th.s, die damit noch bestehende Verbindung F.s zum Rechtswahrerbund zu lösen): Der von F. „unter den nunmehrigen veränderten Umständen" gewünschte Ankauf durch das Reich (zwecks Umwandlung in eine Amtswohnung für ihn) unter Hinweis auf den Eigenbedarf der NSDAP vom Reichsschatzmeister verweigert; Reklamation des Hauses durch Th. für R.
H   101 00551 – 55 (139 c); 101 19790 – 98 (1194 a)

11. 9. 42 – 29. 1. 43   AA, Protestant. Weltverb.   16151
Vor einer geplanten Tagung des Protestantischen Weltverbandes Bitte des Auswärtigen Amts (unter Beifügung der Satzung sowie eines vom Verband vorgelegten Entstehungs- und Tätigkeitsberichts) um eine Beurteilung des Verbandes. Die Antwort der PKzl.: Wegen des – anstelle der ursprünglichen antikatho-

lischen Zielsetzung – jetzt mehr oder weniger offenen Kampfes des Weltverbandes gegen den NS (u. a. Gleichsetzung der Gottlosenbewegung des Bolschewismus mit den Ideen des NS) und wegen seiner internationalen Verbindungen keinerlei Förderung oder Unterstützung durch Staats- und Parteistellen; nach Kriegsende eine Prüfung der Existenzberechtigung des Verbandes erforderlich.
W/H   202 00264–75 (3/8–20)

12. 9. 42   AA   16152
Übersendung eines Artikels aus dem Daily Herald: Nazi Army Morale First Rate, But German People Show Signs of Strain.
M   203 01298 f. (43/1)

[15. 9. 42]   RSHA   16153
Bitte der PKzl. um Stellungnahme zu der Anregung, dem Freimaurer-Forscher Georg Schwartz-Bostunitsch (Berlin) den Professortitel zu verleihen.
K   102 00499 f. (870)

15. 9. 42 – [10. 5. 43]   Lammers, RMfVuP   16154
Mit Rücksicht auf die mögliche negative propagandistische Auswirkung von Gesetzestexten etc. Bitte der Reichskanzlei, das Reichspropagandaministerium (Promi) an deren Abfassung zu beteiligen und den Kreis der zu dieser sprachlichen Abstimmung vorzulegenden Entwürfe möglichst weit zu ziehen. Einspruch einiger Obersten Reichsbehörden und insbesondere der PKzl.: Wahrnehmung der vom Promi beanspruchten Aufgaben bereits seit langem durch die PKzl., deshalb kein Bedürfnis nach einer weiteren Prüfungsbehörde. Vortrag des Streitfalls ohne eine Entscheidung Hitlers. Keine Weiterverfolgung der Angelegenheit durch Bormann und Lammers.
K/H   101 12657–66 (695 a)

16. 9. 42   RMfWEuV, Prof. Meyer-Erlach   16155
Bitte des Reichserziehungsministers um Stellungnahme zu einem Antrag des Prof. Wolf Meyer-Erlach (Jena) um Genehmigung von Vorträgen in Schweden (der Antrag von M.-E. mit seinem erfolgreichen Kampf gegen den „englisch-jüdischen Mythos" und mit der Stärkung der deutschfreundlichen Kreise in Schweden durch frühere Vorträge begründet).
W   202 00153 ff. (3/1–4)

16. 9. 42   Lammers, RMfdkA   16156
Durch den Reichskirchenminister an die Reichskanzlei (und weiter von Lammers an Bormann) Übersendung des Gemeinsamen Hirtenbriefs der Fuldaer Bischofskonferenzen vom 19. 8. 42: Im Unterschied zum letzten Hirtenbrief kein näheres Eingehen auf das Verhältnis zwischen Kirche und Staat, lediglich Hinweis auf den von Gott der Kirche auferlegten „schweren Kreuzgang" und auf die Beschäftigung der Bischofskonferenz mit „brennenden Sorgen".
M/H   101 01746–56 (177 a)

16. 9. 42   OBefL Hilgenfeldt   16157
Mitteilung: In einer Unterredung mit Himmler Abgrenzung des Aufgabenbereichs zwischen dem NS-Hilfswerk Mutter und Kind und dem Verein Lebensborn, insbesondere bei der Betreuung der von deutschen Soldaten mit fremdvölkischen Frauen gezeugten und nach Deutschland gebrachten Kinder; Absicht, H. maßgebenden Einfluß im Bereich des NS-Hilfswerkes Mutter und Kind einzuräumen, um mit Hilfe seiner Autorität eine einheitliche Arbeit der NSV unabhängig von den Meinungsverschiedenheiten der Gauleiter in bevölkerungspolitischen Fragen zu sichern und wirksame Unterstützung bei der Beschaffung von Gebäuden der Kirche oder der öffentlichen Hand zu gewinnen.
K   102 01303 ff. (2427)

[16. 9. 42]   RJM   16158
Zustimmung der PKzl. zum Entwurf einer Verordnung über außerordentliche Maßnahmen im Warenzeichen-Bereich (u. a. künftig eine Bescheinigung der Reichswirtschaftskammer bzw. des Reichsbauernführers über ein vorliegendes dringendes wirtschaftliches Bedürfnis Voraussetzung für die Anmeldungen von Warenzeichen).
H   101 28713–17 (1559)

16. 9. – 17. 11. 42   RJM   16159
Übersendung von Entwürfen einer Fünften Durchführungsverordnung zum Ehegesetz: Ehescheidung

Verstorbener (insbesondere Kriegsgefallener) bei schwerem Verschulden des Ehepartners; damit Schaffung der Möglichkeit einer Entziehung der aus der Verwitweten-Stellung resultierenden rechtlichen Vorteile des überlebenden Ehegatten auch „nachträglich und in jeder Hinsicht". Auf Wunsch der (im übrigen grundsätzlich zustimmenden) PKzl. Ausdehnung der Regelung auf die Fälle der vom Verstorbenen vor seinem Tod noch nicht erhobenen, jedoch nachweisbar beabsichtigten Scheidungsklage.
W   101 27652−65 (1525)

Nicht belegt.   16160

17.−28. 9. 42   Lammers, GenGouv. Frank   16161
Auf Veranlassung Bormanns („Kommentar überflüssig!") Kritik Lammers' gegenüber GenGouv. Frank an der Reichhaltigkeit der Speisekarte des Krakauer Grand Hotels (mangelnde Rücksicht auf die Ernährungslage des deutschen Volkes).
A/H   101 23910−15 (1340 a)

[17.]−30. 9. 42   Lammers, OKW, RMfEuL   16162
Zwischen Lammers und Bormann Erörterung der − dann vom Reichsernährungsminister verfügten − Ausdehnung des Befehls Hitlers über die Mitnahme von Lebens- und Genußmitteln aus den besetzten Gebieten in das Reichsgebiet durch Wehrmachtangehörige (keine Kontrolle und keine Beschlagnahme dieser Waren) auf reichsdeutsche Zivilpersonen.
K/H   101 11949−56 (686 a)

17. 9.−13. 11. 42   RMdI u. a.   16162 a
Übersendung von Entwurf und endgültiger Fassung eines Runderlasses über die eigene Unterbringung fliegergeschädigter Obdachloser auch außerhalb ihres Heimatortes; Bitte um Stellungnahme zu Vorschlägen hinsichtlich dreier weiterer Gruppen von Unterbringungsmöglichkeiten (mit Hilfe des Reichsleistungsgesetzes, in zu Ende geführten Neubauten und Behelfsbauten, im Rahmen der Wohnraumverteilung); dazu Übersendung eines weiteren Runderlasses mit einem Hinweis auf die Möglichkeiten der Wohnraumbeschaffung nach dem Zweckentfremdungsverbot für Wohnungen (Zusammenlegung, Barackenunterbringung usw. von Dienststellen und Behörden). Einverständnis der Reichskanzlei und beabsichtigter Vortrag bei Hitler.
K/H   101 11145−50/5, 158−61, 181−86 (667)

17. 9.−18. 11. 42   RMfWEuV   16163
Bitte der PKzl. um Stellungnahme zu der ihr gemeldeten Überführung von Dozenten der Theologischen Fakultät der Universität Heidelberg in die Philosophische Fakultät (Dekan Odenwald, Doz. Wagenknecht, Dr. Jundt und Dr. Sieber). Dazu der Reichserziehungsminister: Lediglich W. der Philosophischen Fakultät überwiesen, O. hingegen nach wie vor in der Theologischen Fakultät, dort auch S., von einer Habilitation J.s nichts bekannt.
M/H   301 00744 ff. (Odenwald)

17. 9.−13. 12. 42   Lammers, RegAmtmann Greim   16164
Über Lammers Bitte des RegAmtmanns Carl Greim (Reichsforstamt) um eine Rücksprache mit Bormann wegen der ihn sehr verletzenden Ablehnung seiner Aufnahme in die NSDAP. Dazu B.: Maßgeblich keine ehrenrührigen Gründe, sondern lediglich die mangelnde Gewähr für einen aktiven Einsatz in der Partei; Hinweis auf die erwartete Einsatzbereitschaft als Voraussetzung einer Neuaufnahme sowie auf eine Entscheidung Hitlers über die zukünftige alleinige Ergänzung der NSDAP aus der HJ.
H   101 19770−79 (1194 a)

17. 9. 42−13. 2. 43   Himmler u. a.   16165
Unterstützung von Gesuchen der ihm persönlich bekannten, „kirchlich nicht gebundenen" Marilies Gräfin Salm-Reifferscheidt, der 1937 geschiedenen Frau des Ernst Rüdiger Fürst Starhemberg, um Wiedergewährung ihrer Unterhaltszahlungen (monatlich RM 1000.-) aus dem eingezogenen Vermögen St.s. Die Bitte Himmlers (unter Bevorschussung dieser Zahlungen) um einen Entscheid Hitlers schließlich zurückgezogen nach zweimaliger ausführlicher Information durch Bormann: Sowohl Allod- wie Fideikommißvermögen St.s überschuldet (letzteres im übrigen für diese persönliche Verpflichtung auch gar nicht heranziehbar), in gerichtlicher Ausgleich oder Konkurs über das freie Vermögen und quotenmäßige Aufteilung der Masse auf die verschiedenen, insbesondere auf die − wie das Reich als Steuerfiskus − bevorrechtigten Gläubiger in Vorbereitung; die S.-R. im übrigen einer bevorzugten Behandlung nicht würdig, ihre Einstellung laut Auskunft des GL Eigruber keineswegs einwandfrei (St. − entgegen ihrer Be-

hauptung bereits zur Zeit seiner Ehe mit ihr ein „fanatischer Gegner" des NS – für sie auch heute noch und trotz seines Kampfes gegen das Reich als englischer Fliegerleutnant „geradezu ein politischer Held"); Großzügigkeit gegenüber dieser Frau eines Reichsfeindes und Bevorzugung ihrer Forderung an das Allod-Vermögen daher nicht angebracht, eine Rentenzahlung angesichts der zahlreichen zu schweren Einschränkungen gezwungenen Kriegerwitwen „moralisch nicht zu vertreten" und auch stimmungsmäßig bedenklich.
H   107 00189 – 226 (174); 320 00061 – 83 (11)

[18. 9. 42]   RMdI   16166
Keine Bedenken der PKzl. gegen die vorgeschlagene Ernennung des Danziger Regierungsvizepräsidenten Kühn zum Regierungspräsidenten in Bromberg.
H   101 24487 – 92 (1364 a)

18. – 22. 9. 42   AA   16167
Übersendung des Weißbuchs Nr. 6.
M   203 01119 ff. (37/1)

[20. – 29. 9. 42]   Speer   16168
Besprechungspunkt einer Führerbesprechung: Weisung Hitlers, die Strom- und Gas-Sparaktion durch die Partei besonders zu unterstützen.
W   108 00060 f. (1505)

21. 9. 42   RKzl.   16169
Weiterleitung eines *Vorgangs, das Verbot einer geistlichen Abendmusik in Graz durch den Polizeipräsidenten betreffend.
M   101 01430 (165 a)

21. 9. 42 – 26. 2. 43   RKzl., RStatth. Wartheland u. a.   16170
Durch die Reichskanzlei Weiterleitung einer *Beschwerde des Bauern Martin Koschel (Lindensee Kr. Lissa) über die Schließung der katholischen Pfarrkirche in Kreutsch (Warthegau): Die Kirche deutsch, jetzt kilometerweite Wege beim Kirchgang. Dazu – von der PKzl. eingeholt – die Stellungnahme des Reichsstatthalters: Hinweis auf die geringe Entfernung bis zur nächsten für den deutschen Kirchendienst freigegebenen Kirche; für den „angeblich so deutschen Geist" in den betroffenen Dörfern die zahlreichen deutsch-polnischen Mischehen bezeichnend; bevorstehende Einziehung des Vermögens der Kirchengemeinde Kreutsch wegen des vorherrschenden polnischen Einflusses.
M/H   101 01686/1 – 689 (173 a)

21. 9. 42 – 8. 8. 43   Lammers, Inst. f. Denkmalspflege Wien, HTO, Dir. Posse u. a.   16171
Auseinandersetzungen über die in Wien als polnischer Besitz beschlagnahmte („aus bestimmten Gründen" jedoch nicht eingezogene) Kunstsammlung des Grafen Lanckoronski: Führervorbehalt zwecks Verteilung an die Linzer Galerie und an andere ostmärkische sowie Grenzland-Museen nach dem Kriege; Entnahmen aus dem Vermögen trotz dieses Vorbehalts, u. a. von zwei Gemälden für Göring (ein Botticelli als „Geschenk" seiner Dienststellen an ihn, ein weiteres Bild „angeblich" als von ihm beabsichtigtes „Geschenk" für Hitler) und eines dritten Bildes für GL Forster; durch Bormann übermittelte Anweisung H.s, weitere Entnahmen zu unterbinden und (hierauf später Verzicht durch B.) das Entnommene wieder zurückzuerstatten sowie ein vollständiges Verzeichnis der Sammlung anzufertigen; Erweiterung und Klärung des Umfangs (Einzelstücke, gesamter Kunstbestand, gesamtes Vermögen) des Führervorbehalts; Klageschrift des von der Vermögensverwalterin, der hier in G.s Auftrag tätigen Haupttreuhandstelle Ost (HTO), angeblich wegen der Wahrung des Führervorbehalts gemaßregelten kommissarischen Verwalters, ForstR Woldemar Pelleter (Graz). Die durch B. weitergeleitete abschließende Verfügung H.s: Rüge der HTO wegen ihrer Verfügung über die wie alle Kunstsammlungen polnischer Besitzer dem Führervorbehalt unterliegende Sammlung L., Übergabe der Sammlung an seinen Beauftragten Prof. Voß.
H   101 21768 – 99, 803 – 35, 839 – 45 (1270 a)

22. 9. 42   RKzl., RM, RStatth. u. a.   16172
Durch die Reichskanzlei Übersendung eines Rundschreibens über die Verlängerung der ursprünglich bis 1. 10. 42 befristeten Wirkungsdauer des Rundschreibens vom 3. 6. 42 (Verbot von Eisenbahnsonderfahrten mit Sonderzügen und -wagen; vgl. Nr. 15828).
H   101 08443 ff. (638 a)

22. 9. – 29. 11. 42   AA   16173
Übersendung von Zeitungsausschnitten aus der Times und A Voz (Lissabon): Wiedergabe eines Protestschreibens des belgischen Kardinals van Roey gegen die Feiertagsarbeit belgischer Bergarbeiter und gegen Deportationen nach Deutschland (diese Maßnahmen eine Belastung des künftigen belgisch-deutschen Verhältnisses) sowie der Antwort des Gen. v. Falkenhausen (Dementierung der Deportationsverfügungen; der Kampf gegen den Bolschewismus auch im Interesse der Kirche liegend; Drohung mit der Ausmerzung der der Neuen Ordnung nach dem Krieg unfreundlich gegenüberstehenden Nationen).
W   202 00001 – 03, 009 f. (1/5 – 12 + 19/3)

22. 9. 42 – 4. 1. 43   RJM u. a.   16174
Vorlage und Erörterung einer vom Reichsostminister – zur Beitreibung von Unterhaltsleistungen im Reich eingesetzter „Ostarbeiter" – gewünschten Verordnung über die Vollstreckung von Titeln aus den besetzten Ostgebieten. Angesichts von verschiedener Seite geäußerter Bedenken (PKzl.: Gefahr, den Ostarbeitern durch die Belastung mit Unterhaltsverpflichtungen die „Lust an der Arbeit" zu nehmen; Hinweis auf eine kürzlich getroffene Regelung bei den Arbeitern aus Italien [Übernahme der Unterhaltsverpflichtungen durch die italienische Regierung]) Zurückstellung der Angelegenheit und Überprüfung der Möglichkeit einer Regelung auf dem Verwaltungswege.
H   101 28252 – 59 (1538)

23. 9. 42   AA   16175
Übersendung eines Berichts der Zeitschrift Volksrecht (Zürich) über die durch Empörung und durch Hilfsbereitschaft gegenüber den Juden gekennzeichnete Reaktion der Bevölkerung auf die Judendeportationen in Südfrankreich unter Wiedergabe eines die Deportationen verurteilenden Hirtenbriefs des Bischofs von Toulouse, Saliège.
W   202 00458 ff. (5/19 – 21, 19/6)

23. 9. 42   AA, Dt. Botsch. b. Hl. Stuhl   16176
Übersendung eines Berichts der Deutschen Botschaft beim Heiligen Stuhl über Einwirkungen des italienischen Episkopats auf die Landwirte zugunsten der staatlich verordneten Getreideablieferungen und über den Hinweis des Papstes auf die Pflicht aller Landeigentümer, sich dem zur Versorung des Landes notwendigen Getreideanbau zu widmen.
W   202 00711 ff. (7/10 – 18 + 19/8)

23. 9. 42   RMfEuL   16177
Aufgrund eines Antrags des OKW, den sowjetischen Kriegsgefangenen im Heimatkriegsgebiet die Verpflegungssätze der nicht-sowjetischen zu gewähren und sie damit den Normalverbrauchern gleichzusetzen, Einladung des Reichsernährungsministers zu einer Besprechung hierüber. (Deren Ergebnis: Versorgung mit besserem Brot und mehr Kartoffeln.)
K/H   101 08004 (614)

24. 9. 42   RFSS – 22   16178
Anfrage der PKzl. wegen der Sonderzuwendungen („gewissermaßen Prämiengewährung") für Angehörige der Waffen-SS (zwischen RM 1000.– und RM 4000.–) bei Eheschließungen mit Mädchen aus germanischen Ländern. Die (nicht abgegangene?) Antwort: Gewährung nur in Ausnahmefällen.
K/H   102 00047 f. (100)

24. 9. 42   AA   16179
Der auf eine Verbalnote der Italienischen Botschaft (Bitte um Ermöglichung einer Veröffentlichung des Werkes „Das Leben Jesu Christi" von Abt Giuseppe Ricciotti in einem Utrechter Verlag in holländischer Übersetzung) zunächst vorgesehene, die Ablehnung vorbereitende Zwischenbescheid (mit Abschrift an die PKzl.) offenbar nicht abgegangen.
W/H   202 00683/1 ff. (7/10 – 18 + 19/8)

24. 9. 42   Thierack   16180
Übersendung der Führerinformationen 124 und 125 des Reichsjustizministers: Zwölf Todesopfer bei der Beschäftigung mit einem Bombenrest durch einen Lehrer und seine Klasse; fünf Todesurteile gegen Ausländer wegen Plünderung nach einem Luftangriff auf Nürnberg.
H   101 28888 ff. (1559 a)

[24. 9. 42]   AA   16181
Übersendung eines Berichts der Zeitung La Croix (Limoges) über eine Rede des Bischofs von Grenoble, Caillot (um eine Wiederholung der unter einer schlechten Führung gemachten Fehler zu vermeiden, Besinnung auf den Katholizismus notwendig; Aufgabe der Intelligenten, die Masse des Volkes zur nationalen Aufbauarbeit zu beeinflussen).
W   202 00474 f. (5/19 − 21 + 19/6)

24. 9. 42 − 1. 12. 43   RKzl., AA   16182
Durch die PKzl. mit der Reichskanzlei (RKzl.) Erörterung einer von ihr vorgesehenen Anordnung über Besuche von Vertretern höherer Parteidienststellen in den besetzten Gebieten: Herbeiführung der Genehmigung künftig − statt durch den Chef der RKzl. − durch den Leiter der PKzl. Hiergegen Bedenken im Auswärtigen Amt; die beabsichtigte zustimmende Antwort der RKzl. offenbar deshalb nicht abgegangen und eine weitere Besprechung mit MinDir. Klopfer (PKzl.) vorgesehen. Ein Jahr darauf Wiederaufnahme der Angelegenheit: Durch den Sachbearbeiter Becker der PKzl. Übermittlung eines − angeblich die bisherige Praxis lediglich festschreibenden und Bormann noch nicht vorgelegten − Entwurfs einer Anordnung über Reisen von Parteiangehörigen und im Auftrag der Partei ins Ausland und in die durchlaßscheinpflichtigen Gebiete sowie über Einladungen prominenter Ausländer nach Deutschland an seinen Kollegen in der RKzl. mit der Bitte um dessen Stellungnahme. Dort jetzt Bedenken gegen die wiederum beabsichtigte Änderung des Genehmigungsverfahrens (Einholung der Genehmigung Hitlers durch den Leiter der PKzl. statt wie bisher durch den Chef der RKzl., Hinweis auf die noch jüngst „von hier aus" erteilte Genehmigung für eine Reise des HJ-Stabsführers Möckel in die Slowakei und nach Ungarn); auch die zur Vermeidung einer Häufung von Reisen notwendige Kontrolle durch das vorgeschlagene Verfahren erschwert.
H   101 04327 − 39 (414 a)

25. 9. 42   RMfdkA, RKzl.   16183
Mitteilung Bormanns: Berufungen des (von deutsch-christlichen Kreisen getragenen) „Instituts zur Erforschung des jüdischen Einflusses auf das deutsche kirchliche Leben" (Eisenach) auf Anerkennung durch Parteidienststellen nicht der Wahrheit entsprechend und daher unzulässig; Hinweis auf die „gleiche neutrale Haltung" der Partei gegenüber allen kirchlichen Richtungen.
M/W   101 00877 − 80 (151)

25. 9. 42   RArbM, RKfdsozW   16184
Einspruch des Reichsarbeitsministers gegen einen Erlaß des Reichskommissars für den sozialen Wohnungsbau (RK) über die Errichtung von zweigschossigen Holzhäusern mit Klein- und Kleinstwohnungen zur Unterbringung infolge feindlicher Luftangriffe Obdachloser: Keine Zuständigkeit des RK für diese nicht zum sozialen Wohnungsbau gehörende Aktion. (Abschrift an die PKzl.)
H   101 16789 f. (1009 b)

25. 9. − 9. 10. 42   Lammers, RMdI   16185
Wegen der entschiedenen Ablehnung der vom Reichsinnenminister beantragten Verleihung der Amtsbezeichnung Unterstaatssekretär an MinDir. Surén durch den Leiter der PKzl. (grundsätzlich keine Unterstaatssekretär-Ernennungen, Einstellung der Gauleiter gegen S.) Weigerung Lammers', den Vorschlag Hitler vorzutragen.
K   101 18305/1 − 310 (1136 c)

25. 9. − 9. 12. 42   Lammers, Gouv. Zörner   16186
Auf Wunsch Hitlers keine Feierlichkeiten anläßlich des 600jährigen Bestehens der Stadt Lublin und des Jahrestages der Amtsübernahme von Generalgouverneur Frank; jedoch keine Bedenken Lammers' und Bormanns gegen die Enthüllung einer Gedenktafel in schlichtem Rahmen und „unter Ausschluß der einheimischen Bevölkerung".
A/H   101 23916 − 24 (1340 b)

26. 9. − 19. 11. 42   RStatth. Baden, RMfWEuV   16187
Kritik des Reichsstatthalters in Baden an einer − nach seiner Auffassung der Vereinfachung der Verwaltung entgegenstehenden − Neuregelung des Verfahrens bei der Besetzung von Lehrstühlen an Kunsthochschulen: Erschwerung der Berufungspraxis und der Verwaltungsarbeit durch die weitergehende Zentralisierung, negative Folgen der Ausschaltung der für die Kulturpflege sonst zuständigen staatlichen Mittelinstanz für die Entwicklung der Kunsthochschulen. Dazu der Reichserziehungsminister (REM): Reichseinheitliche Maßnahmen im Interesse einer zielbewußten Kunstpolitik unumgänglich; die neuen

Richtlinien für Lehrstuhlbesetzungen an den Kunsthochschulen bereits die grundsätzliche Regelung für die Nachkriegszeit; auch bei der Heranziehung von (erfahrungsgemäß später zur Berufung vorgeschlagenen) Lehrbeauftragten die frühzeitige Einschaltung des REM zwecks Beurteilung ihrer parteipolitischen und kunstpolitischen Tragbarkeit erforderlich; daher lediglich Zulassung von kriegsbedingten Ausnahmen. (Abschrift jeweils an die PKzl.)
K/H   101 13219 – 23 (709)

27. 9. 42   Lammers   16188
Telefonische Rücksprache mit Bormann über einen Vorschlag des StSekr. Rothenberger, die Stellung eines „Richters des Führers" einzurichten und ihn mit der Aufgabe zu betrauen, den deutschen Richtern die Willensmeinung Hitlers über politisch bedeutsame Prozesse zu übermitteln.
K   101 26551 f. (1508 a)

27. 9. 42   RKzl., RMdI   16189
Durch die Reichskanzlei Weiterleitung von *Vorgängen des Reichsinnenministeriums, das eingezogene Vermögen des Benediktinerstifts St. Paul in Kärnten betreffend, an die PKzl.
H   101 22238 f. (1272 a)

27. 9. 42   RKzl.   16190
Übermittlung eines *Schreibens der Kirchenkanzlei der Deutschen Evangelischen Kirche über die kirchlichen Verhältnisse im Warthegau.
M   101 01502 ff. (170)

28. 9. 42   AA   16191
Übersendung des „vertraulich erfaßten" Protokolls einer Sitzung des Synods der Serbisch-Orthodoxen Kirche: Beschluß, die Nichtanerkennung der Kroatisch-Orthodoxen Kirche aufrechtzuerhalten; Disziplinarmaßnahmen gegen Erzbf. Germogen.
W   202 00915 – 24 (8/8 – 20 + 19/10 – 11)

28. 9. 42   Lammers   16192
Übersendung einer Aufzeichnung über die Rede des Erzbf. Gröber (Freiburg) zum Abschluß der Fuldaer Bischofskonferenz: Ausführungen über die hohe Anerkennung der vaterländischen Haltung der katholischen Bischöfe durch den Staat während der Verhandlungen um das Reichskonkordat, Bedauern über die Verschlechterung der Beziehungen zwischen Staat und Kirche in der Folgezeit; Kritik an Äußerungen über mangelnde Staatstreue der Katholiken, Hervorhebung des opferbereiten Einsatzes junger Priester und Theologen an der Front (Einziehung von 341 von 342 Alumnen des Priesterseminars der Erzdiözese Freiburg) und anderes (dabei Hinweis Lammers' auf den gegenüber sonstigen Äußerungen G.s gemäßigten Ton).
M   101 01690 – 94 (173 a)

28. 9. – 23. 11. 42   RKzl., RJM   16193
Zustimmung der PKzl. zum Vorschlag, anstelle des von seinem neuen Amt als Stellvertretender Regierungspräsident in Aurich voll beanspruchten SA-Brif. Lambert SA-Gruf. Schramm zum Mitglied des Volksgerichtshofs zu bestellen.
H   101 27201 – 05 (1517 c)

29. 9. 42   Lammers   16194
Laut Terminkalender ca. 13.00 Uhr Besprechung mit Bormann.
H   101 29077 (1609 a)

29. 9. 42   Lammers   16195
Bitte, künftige Eingriffe Hitlers in Gerichtsentscheidungen und -verfahren über ihn an den Reichsjustizminister zu leiten bzw. ihm eine Abschrift zu übersenden; Grund: Fortführung eines angelegten Verzeichnisses solcher Fälle und Wunsch, über H.s grundsätzliche Einstellung zu Fragen der Rechtspolitik orientiert zu sein.
H   101 29880 f. (1560)

29. 9. – 9. 10. 42   AA   16196
Ablehnende Stellungnahme der PKzl. zu der von der Italienischen Botschaft beantragten Reise der Ordensschwester Antonie Feldmann nach Italien.
W   202 00347 ff. (4/1 – 12)

30. 9. 42   AA   16197
Übersendung eines Berichts der Zeitung Berner Tagwacht über den Widerstand des französischen Kardinals Gerlier gegen die (auf deutsche Aufforderung hin und entgegen einem früheren Versprechen ergangene) Anweisung der französischen Regierung zur Deportation jüdischer Kinder.
W   202 00471 ff. (5/19 – 21 + 19/6)

30. 9. 42   AA, Dt. Botsch. b. Hl. Stuhl   16198
Übersendung eines Berichts der Deutschen Botschaft beim Heiligen Stuhl über die seit dem 18. Jahrhundert den Polen von den Päpsten entgegengebrachten Sympathien sowie vertraulich erfaßter Schreiben Pius' XII. und des Kardinalstaatssekretärs Maglione an den Erzbischof von Krakau, Sapieha, mit eindeutig pro-polnischer Tendenz.
W   202 01261 – 67 (10/9 – 13 + 20/6)

30. 9. 42   Himmler   16199
Kritik an der von verschiedenen Parteidienststellen geübten Art der Benachrichtigung von Angehörigen Gefallener (Bestellen auf die Parteidienststelle); Vorschlag einer Anordnung, jeweils einen wirklich geeigneten Politischen Leiter mit dem Besuch der Familie „in würdiger Form" zu beauftragen.
K/H   102 01587 (2768)

1. 10. 42   RFSS, StSekr. Reinhardt   16200
Nach Unterrichtung durch seine Frau über die vielen beim Roten Kreuz angelieferten vom Zoll beschlagnahmten Pakete von Wehrmachturlaubern dringende Aufforderung Himmlers an StSekr. Reinhardt, „mit allen nur möglichen modernen Mitteln von Funk, Fernschreiber" usw. den Zolldienststellen solche Beschlagnahmen zu verbieten; Hinweis auf Hitlers Ärger über ihm früher gemeldete Fälle und auf seine nach etwaigen neuen Berichten bestimmt zu erwartende Weisung, eine Anzahl Verantwortlicher ins Konzentrationslager zu sperren. Im Auftrag Himmlers Übersendung einer Durchschrift an Bormann.
H   102 00197 f. (350)

1. 10. 42   RArbM   16201
Übersendung einer *Neufassung des *Entwurfs einer Verordnung zur Durchführung und Ergänzung der Verordnung über die Sozialversicherung in den besetzten Gebieten vom 4. 8. 41: Berücksichtigung des Wunsches der PKzl., die NSDAP – entsprechend der reichsrechtlichen Regelung – zum Träger der Unfallversicherung für die im Dienst der Partei, ihrer Gliederungen usw. stehenden Versicherten zu bestimmen; auf Anregung des Militärbefehlshabers in Belgien und Nordfrankreich Verzicht auf die Nachentrichtung der in den besetzten Gebieten wegen der besonderen Verhältnisse vielfach unterbliebenen Beitragszahlungen; auf Wunsch des Reichsinnenministers Gleichstellung der „eindeutschungsfähigen" Polen mit deutschen Staatsangehörigen; genauere Umgrenzung des Begriffs des Volksdeutschen aus Elsaß, Lothringen und Luxemburg; keine Anwendung dieser Verordnung in den besetzten Ostgebieten (Erlaß besonderer Durchführungsbestimmungen zur Verordnung vom 4. 8. 41 durch den Reichsost- und den Reichsarbeitsminister); u. a.
M/H   101 04040 – 45 (402)

1. – 8. 10. 42   OKW, RKzl., Oberste RBeh. – 36   16202
Verfügung des OKW über kameradschaftlichen Grußwechsel außerhalb der Reichsgrenzen zwischen Wehrmachtangehörigen und Wehrmachtgefolge untereinander sowie mit den Angehörigen der staatlichen und Partei-Dienststellen; Erwähnung der Selbstverständlichkeit, durch die Art des Grußes gegenüber weiblichen Angehörigen des Wehrmachtgefolges die Achtung vor der deutschen Frau auszudrücken. Bitte der Reichskanzlei um entsprechende Anordnungen der Obersten Reichsbehörden in ihren Bereichen. (Abschrift jeweils an die PKzl.)
K/H   101 07725 – 29 (606)

2. 10. 42   Thierack   16203
Übersendung der Führerinformationen 126 – 128 des Reichsjustizministers: Ergebnis der Ermittlungen

wegen des Einsturzes der im Bau befindlichen Rheinbrücke bei Mannheim am 12. 12. 40; Ermittlungen der Staatsanwaltschaft in Berlin wegen einer Abtreibung bei der Ehefrau des Forstmeisters Schoeningh unter Verwicklung des Präsidenten der bulgarischen Studentenschaft im Reich, Arnaudoff; Belohnung des Hitler-Jungen Richard Köpke (Kleinwald b. Bromberg) für das Niederstechen eines flüchtigen Polen (vgl. Nr. 16215).
H   101 28891—95 (1559 a)

3. 10. 42   Himmler u. a.   16204
Übersendung des Berichtes einer SD-Dienststelle in Krakau über den Rechtsanwalt Albert Battel (Breslau) mit dem Vorwurf u. a. der Begünstigung eines jüdischen Anwalts; Vorschlag, „zu gegebener Zeit" ein Parteigerichtsverfahren mit dem Ziel des Parteiausschlusses gegen B. einzuleiten; Absicht, B. „sofort nach dem Kriege" verhaften zu lassen.
K   102 00928 ff. (1765)

3. 10.—29. 11. 42   RKzl., Oberste RBeh.   16205
Durch Bormann Veranlassung eines Rundschreibens an die Obersten Reichsbehörden: Der Gebrauch der Bezeichnung „StdF" nur bei wörtlicher Zitierung einer von Heß unterzeichneten Anordnung usw. zulässig, bei lediglich sachlicher Erwähnung einer Äußerung des ehemaligen StdF und in allen sonstigen Fällen Bezugnahme auf den „Leiter der PKzl.".
H   101 07684 (604 a); 101 20681—92 (1213 a)

3. 10.—17. 12. 42   Lammers, Thierack   16206
Aus Anlaß der Übersendung einer *Denkschrift des Justizrats Heinrich Ehlers „Über den Sinn des Anwaltsberufs" Meinungsaustausch zwischen Thierack und Bormann über die „Krise" und die Wege zu einer „Neuordnung" des Anwaltsstandes. Nach Th. zu oft das Streben nach Verdienst größer als die Erkenntnis, eine soziale Funktion im Rechtsleben auszuüben; zu bedenkenlose Vertretung der Interessen des Mandanten, aber auch rufschädigende Nachwirkungen von Anwaltspraktiken der „Systemzeit"; Abhilfevorschläge gegen das davon herrührende Sinken des Ansehens der Anwaltschaft: Weitgehende Einschränkung der Tätigkeit des Rechtsanwalts als Prozeßbeteiligter, nämlich auf die umfangreichen und schwierigen Verfahren, durch die kommende Neuordnung der Justiz; mehr Dienstaufsicht und mehr weltanschauliche Schulung sowie Vorschaltung eines zwei- bis dreijährigen besoldeten Dienstes als Rechtspfleger vor die Zulassung zur Rechtsanwaltschaft. Dazu B.: Bei genereller Zustimmung Verschärfung der Kritik am Anwaltsstand; ein zu beanstandendes nicht-ns. Verhalten von Anwälten keine Einzelerscheinung, sondern ein allgemeiner Mißstand (Anführung einer Anzahl von — „schärfstens" zu ahndenden — Fällen); dessen Behebung nur durch lange Erziehungsarbeit – die bisherige ns. Ausrichtung der Anwälte gänzlich ungenügend – möglich; besonderes Augenmerk erbeten für eine „straffe, scharf durchgreifende und einheitlich gelenkte Ehrengerichtsbarkeit", um das bisherige „völlige Versagen" der Ehrengerichte der Anwaltskammern und des NS-Rechtswahrerbundes wiedergutzumachen; Hoffnung, die Anwaltschaft damit „auf das im Interesse einer ns. Rechtspflege erwünschte Niveau zu bringen".
H   101 28191—225 (1536 c)

5. 10. 42   Lammers, P. Stebel u. a.   16207
Durch Lammers Weiterleitung der Beschwerde eines Peppo Stebel (Berlin) und mehrerer Soldaten des Afrika-Korps über die von einem Dr. Fuchs (Auslands-Organisation Rom) veranlaßte Kürzung der von der italienischen Regierung deutschen Soldaten gewährten Fleischsonderzuteilung in den Gaststätten des Deutschen Heims in Rom: Heftige Unruhe unter den Betroffenen (vorwiegend Angehörige des Afrika-Korps); daher – um tätliche Ausschreitungen zu vermeiden – Bitte, den Urheber der Einschränkung abzulösen.
K   101 07734 –37/1 (606 a)

5. 10. 42   RMdI   16208
Zur Regelung der Kriegsschäden im Bezirk Bialystok Übersendung eines abgeänderten *Entwurfs einer Vierten Ausdehnungsverordnung.
W   112 00180 f. (186)

5. 10. 42   AA, Dt. Ges. Stockholm   16209
Übersendung eines Berichts der Deutschen Gesandtschaft in Stockholm über eine von der norwegischen Exilregierung in Stockholm verbreitete Flugschrift über den Kirchenkampf in Norwegen.
W   202 01185—88 (9/15 —18 + 20/2)

[5. 10. 42]   RJM   16210
Im Einvernehmen u. a. mit dem Leiter der PKzl. Aufhebung des Oberlandesgerichts Marienwerder; Aufteilung des Sprengels nach den bestehenden Provinz- bzw. Reichsgaugrenzen. (Vgl. Nr. 13244.)
H   101 28901 (1559 a)

5. – 31. 10. 42   Lammers, RMfWEuV   16211
Streit um die Nachfolge des verunglückten Chefs des Amtes für körperliche Erziehung im Reichserziehungsministerium (REM), MinDir. Krümmel: Versuche Schirachs und der HJ, den Reichssportführer v. Tschammer mit dem Titel eines Staatssekretärs in das REM einzubauen; Ablehnung T.s und aller übrigen Kandidaten der HJ (wie generell ihrer Ansprüche auf die körperliche Erziehung der Schuljugend) durch Rust und StSekr. Zschintzsch; Votum Bormanns, Lammers' und Z.s gegen einen zweiten Staatssekretär im REM. Entgegen der Empfehlung B.s, eine der HJ genehme Person zu bestellen, schließlich Beauftragung des SA-Gruf. Schormann mit der kommissarischen Führung des Amtes.
H   101 18719 – 28 (1153)

[5. 10.] 42 – 25. 4. 43   Lammers, GL Lohse, RMdI, OBdM   16212
Auseinandersetzung zwischen dem Gauleiter von Schleswig-Holstein und der Stadt Kiel (unterstützt von der PKzl.) einerseits und Raeder andererseits über den Erwerb, den Besitz und die Nutzung der Villa Forsteck in Kiel. Zustandekommen einer (bis zu einem Entscheid Hitlers nach Kriegsende befristeten) Einigung erst nach der Verabschiedung R.s aufgrund einer – bereits früher abgeschlossenen, aber von R. nicht gebilligten – Vereinbarung Bormanns mit Adm. Krancke. Bei der ersten Nachricht von R.s bevorstehendem Ausscheiden auf Wunsch B.s sofortiges Anhalten des im Fall Forsteck laufenden Verfahrens vor dem Kammergericht durch Lammers. – In diesem Zusammenhang Erwähnung der Absicht H.s, nach dem Krieg bzw. nach dem Ausscheiden R.s die Gestaltung der Kriegsmarine-Städte den Gauleitern zu überlassen und die „stark übersetzten Forderungen" der Wehrmachtteile „auf ein vernünftiges Maß" zurückzuführen.
M/H   101 07086 – 122 (576 a)

5. 10. 42 – 22. 10. 43   Lammers, GL Eigruber, RBauR Fick u. a.   16213
Allgemeine Unzufriedenheit (Hitler, Speer, GL Eigruber) mit dem Reichsbaurat für die Stadt Linz, Fick: Organisatorisches Talent wie künstlerische Leistungen unzureichend, überhebliches Verhalten gegenüber Gauleiter und Oberbürgermeister. Absicht H.s, F. auf die Linzer Altstadt zu beschränken und einen großen Teil der Neubauten Generalbaurat Giesler zu übertragen. E.s Versuch, selbst eine Art Oberleitung der Neugestaltung zu übernehmen, von Bormann gestoppt: Auch hier Mangel der erforderlichen Fähigkeiten zu vermuten. Im übrigen Taktik B.s, H. genügend freie Hand für Sonderaufträge zu lassen. Nur in diesem Sinne Einwendungen gegen den – nach einem Vortrag bei H. und einer Besprechung der Beteiligten – von Lammers ausgearbeiteten Entwurf einer Vereinbarung zwischen F. und E., die Abgrenzung der Zuständigkeiten bei der Neugestaltung von Linz (Reichsbaurat: Planung der künstlerischen Gestaltung; Reichsstatthalter: Flächenwidmungsplan, Bebauungsplan, Verwaltungsaufgaben, Baustoffbewirtschaftung) und ihre künftige „vertrauensvolle" Zusammenarbeit betreffend. Unterzeichnung des Vereinbarungsprotokolls durch F. und E. am 19./23. 4. 43. Klärung der darin noch zweifelhaften bzw. offengehaltenen Punkte (u. a. die vom Reichsfinanzminister unter Abgabe eines Votums für F. angemahnte Entscheidung hinsichtlich der Verfügungsgewalt über das für die Neugestaltung von Linz bereitgestellte Reichsdarlehen von 100 Mio. RM) durch Entscheidungen H.s sämtlich zugunsten E.s, jedoch unter Bindung wichtiger Maßnahmen und Anordnungen an seine – H.s – über B. einzuholende Genehmigung; damit endgültig Beschränkung F.s auf den baukünstlerischen Teil der Gesamtaufgabe. (Vgl. Nr. 16783.)
H   101 16965 – 7002/2, 008/1 – 022 (1019 a)

6. – 16. 10. 42   Prof. Meyer-Erlach, AA   16214
Die Bitte des Prof. Meyer-Erlach (Jena) um Genehmigung der Veröffentlichung der Sitzungsprotokolle der 2. Arbeitstagung der Arbeitsgemeinschaft „Germanentum und Christentum" (7. – 13. 10. 42 in Weißenfels) von Auswärtigem Amt (AA) und PKzl. abgelehnt: Zwar keine Bedenken gegen eine Veröffentlichung in Schweden, jedoch keine Genehmigung einer Veröffentlichung in Deutschland (die Kriegswichtigkeit nicht zu bejahen). Verhinderung der Teilnahme norwegischer und holländischer Geistlicher sowie des Landesbischofs von Hermannstadt (Rumänien) an der Tagung.
H   202 00161/2 – 6 (3/1 – 4)

6. – 17. 10. 42   RJM, Lammers   16215
Durch Bormann weitergeleitete Anweisung Hitlers, dem Hitler-Jungen Richard Köpke für die Fest-

nahme eines flüchtigen Polen (durch Niederstechen mit dem Taschenmesser) das Kriegsverdienstkreuz 2. Klasse zu verleihen. Entsprechende Veranlassung durch Lammers.
W   101 08945 – 48 (649 a)

7. 10. 42   Hitler   16216
Laut Terminkalender Empfang des Generalsekretärs der Faschistischen Partei, Vidussoni, in Gegenwart Bormanns u. a.
H   101 29076 (1609 a)

7. 10. 42   AA, Weißruthen. Komitee, Apost. Nuntius   16217
Übersendung eines vom Nuntius zurückgewiesenen Memorandums des Weißruthenischen Komitees (Warschau) über die Errichtung eines von polnischem Einfluß unabhängigen weißruthenischen Erzbistums.
W   202 01216 – 21 (10/1 – 7 + 20/4)

7. 10. 42   AA   16218
Übermittlung einer Meldung aus London: Zusammentreffen des Vertreters Roosevelts beim Vatikan, Myron Taylor, mit Churchill und Eden.
W   202 02017 (15/23 – 35)

7. 10. 42   AA   16218 a
Übermittlung einer Meldung aus Rom über einen Artikel der Zeitung Regime Fascista: Maßregelung eines italienischen Militärpfarrers durch den Bischof von Como wegen eines – von der geistlichen Obrigkeit nicht vorher genehmigten – Artikels in diesem Blatt; Hinweis auf die der katholischen Geistlichkeit in dieser Beziehung gewährte viel größere Freiheit z. B. in England (Erwähnung der Aktivitäten des Kard. Hinsley).
H   202 02017 f. (15/23 – 35)

7. 10. 42   AA   16219
Übermittlung einer Meldung aus Vichy über Loyalitätsbekundungen der französischen Kardinäle Gerlier und Suhard gegenüber der Regierung Pétain.
W   202 02017 (15/23 – 35)

[7. 10. 42] – 20. 4. 43   GL Greiser, RMdI, Himmler   16220
Vortrag des Falles Uebelhoer und Moser durch GL Greiser; dabei Zusicherung Bormanns, RegPräs. Ue. „zunächst in allernächster Zeit" nach Minden zu versetzen. Später Korrespondenz zwischen B. und Himmler über den Fall Ue.; dabei durch H. unter Hinweis auf das noch laufende SS-Gerichtsverfahren gegen Brif. Ue. Ablehnung des Vorschlags B.s, Ue. „gewissermaßen als Rehabilitierung" in sein Amt im Warthegau zurückkehren zu lassen und ihn dann im Gau Halle-Merseburg einzusetzen.
M/H   306 00960 – 64 (Uebelhör)

8. 10. 42   AA   16221
Übersendung von Meldungen aus Madrid (Einrichtung eines höchsten Appellationsgerichts der Katholischen Kirche von Nordamerika), Budapest (Reden des ungarischen Kultusministers und des Landesjugendführers auf dem ungarischen Landeskatholikentag, dabei auch Verlesung des angeblichen Mölders-Briefes; vgl. Nr. 16280) und dem Vatikan (ungarisch-polnische Verbrüderung beim Marien-Feiertag im polnischen Lager Groweter in Ungarn).
H   202 02016/1 ff. (15/23 – 35)

9. 10. 42   Chef Sipo   16222
Übersendung der Einladung für die nächste Sitzung des Arbeitskreises zur Erörterung sicherheitspolizeilicher Fragen des Ausländereinsatzes; Besprechungspunkte: Polen aus dem Westen, Verhalten und Schutz der deutschen Bevölkerung gegenüber den Ausländern.
W   112 00089 f. (162)

9. 10. 42   AA   16223
Übersendung eines Berichts der Zeitung Baltimore Sun über den Prozeß gegen den amerikanischen protestantischen Geistlichen Kurt Molzahn wegen Spionage für Deutschland und Japan.
W   202 01133 f. (9/5 – 14 + 20/1)

9. 10. 42   RFSS, GL Eigruber   16224
Stellungnahme Himmlers zu Vorschlägen des GL Eigruber für die Behandlung der Kinder von Fremdarbeiterinnen und der von Ausländern empfangenen Kinder deutscher Frauen: Unterbringung ersterer in einem Heim, in Ausnahmefällen Eindeutschung (so auch E.); Erziehung letzterer jedoch (falls – bei einem „besonders minderwertigen Ausländer" als Vater – kein Schwangerschaftsabbruch angeordnet) entgegen E.s Vorschlag durch die Mutter oder deren Eltern.
W/H   107 00821 – 25 (285)

9. 10. 42   AA   16225
Behandlung der „polnischen Frage" in der italienischen Zeitschrift L'Europa orientale „in einer vom deutschen Standpunkt aus unerfreulichen Weise"; Übersendung eines Auszugs aus dem Aufsatz „Polen, die Vormauer der Christenheit" von R. Montini.
W   202 00669/1 – 670 (7/10 – 18 + 19/8)

9. – 21. 10. 42   Lammers, Göring, Bf. Graf Galen, Bf. Berning   16226
Kritik des Reichsmarschalls an staatsfeindlichen Predigten der Bischöfe Graf Galen und Berning: Lähmung der Widerstandskraft des Volkes mitten im Krieg. Rechtfertigung G.s: Anspruch, stets in vollem Einklang mit der von ihm übernommenen Eidesverpflichtung gehandelt zu haben; Betonung seiner Pflicht als Bischof, auf die durch den Kampf gegen die christliche Religion dem Volkswohl drohenden Gefahren aufmerksam zu machen und auf Abstellung der hervorgetretenen Mißstände zu drängen. Rechtfertigung B.s: Verweis auf die zum Teil falsche Wiedergabe seiner Äußerungen; Zweck der beanstandeten Sylvesterpredigt die Aufmunterung der Gläubigen zur Pflichterfüllung gegenüber dem Vaterland; eine Aufklärung über die kirchenfeindlichen Maßnahmen, insbesondere gegen die Klöster und Geistlichen, wegen der im katholischen Volk herrschenden Unruhe nicht zu umgehen. (Abschriften der Schreiben durch Bormann Lammers übersandt.)
M   101 01694/1 – 695 (173 a)

10. 10. 42   AA   16227
Mitteilung über die Weigerung der amerikanischen Behörden, den internierten „Fliegenden Priester", Pater Paul Schulte, im Rahmen des Austauschabkommens heimzuschaffen.
W/H   202 00988 (9/5 – 14 + 20/1)

10. 10. 42   Chef OKW   16228
Übersendung eines Zeitplans für die Überprüfung deutscher Dienststellen im Südosten und in Italien durch den OKW-Stab z.b.V. (General v. Unruh); Bitte, die bisher dem OKW-Stab z.b.V. zugeteilten Vertreter für diese neue Aufgabe zu belassen; technische Einzelheiten der Organisation der Reise.
K   101 11636 – 38/3 (681)

12. 10. – 29. 12. 42   AA, Ungar. Ges.   16229
Mit der Bitte um Stellungnahme Übersendung einer Verbalnote der Ungarischen Gesandtschaft: Bitte um eine Ausreisebewilligung für die reichsdeutsche Ordensschwester Erna Petsch (St. Adelheid b. Bonn) zwecks Verwendung als Deutschlehrerin am Budapester Mädcheninstitut ihres Ordens vom heiligen Herzen. Die Note von der Gesandtschaft später für gegenstandslos erklärt.
W/H   202 01963 – 66 (15/23 – 35)

13. 10. 42   AA   16230
Übersendung eines Berichts der Zeitung Oeuvre (Paris) über die Haltung der Katholischen Kirche zur Judenverfolgung in Frankreich (u. a. Anführung der Protestbriefe der Bischöfe von Toulouse und Lyon) und über die „klügere" Haltung des Vatikans.
W   202 00479 f. (5/19 – 21 + 19/6)

13. 10. 42   AA   16231
Übersendung eines Artikels der Zeitung Weltwoche (Zürich) über den Konflikt zwischen der Katholischen Kirche und der Regierung in Frankreich: Anfängliche Sympathie mit der neuen Regierung aufgrund der kirchlichen Opposition gegen die Dritte Republik; die Judenverfolgung in Frankreich Ursache des später ausbrechenden Konflikts (ausdrückliche Billigung des Vatikans für den Widerstand der Bischöfe).
W   202 00476 ff. (5/19 – 21 + 19/6)

15. 10. 42   GenBauR Giesler, RKzl.   16232
Der Wunsch des Generalbaurats für die Hauptstadt der Bewegung, Prof. Giesler, einigen Mitarbeitern Titel zu verleihen, auf Veranlassung der PKzl. bis Kriegsende zurückgestellt. (Vgl. Nr. 16234.)
H   101 17129 f. (1020)

[15. 10. 42]   M. Frhr. v. d. Kettenburg   16233
Angebliches verwandtschaftliches Verhältnis des Emigranten Max Frhr. v. d. Kettenburg (früher Wien, jetzt in Spanien) zu Heß; auf Befragen hierüber durch Engländer von K. Verwandtschaft mit Himmler behauptet.
W   107 00140 f. (167)

15. 10. – 3. 12. 42   Lammers   16234
Erörterung der Nachprüfung des Kriegseinsatzes durch einen Sonderbeauftragten Hitlers (Gen. v. Unruh); Ergebnis: Vorlage zwei verschiedener Entwürfe (Beschränkung der Überprüfung auf den öffentlichen Dienst oder Einbeziehung der privaten Wirtschaft). Neigung H.s, den umfassenderen Entwurf vorzuziehen; Auftrag an Lammers, Stellungnahmen von Bormann und Keitel einzuholen und die Entwürfe weiteren Beteiligten zur Kenntnis zu bringen. Zustimmung des Chefs OKW, des Generalbevollmächtigten für die Reichsverwaltung sowie des Leiters der PKzl. zum umfassenderen Entwurf, jedoch Ablehnung Speers. Kritik B.s an S. und Stellungnahme zu den Anregungen der weiteren Beteiligten. Vor der Unterzeichnung der Anordnung (22. 11. 42) Bestehen des von H. zugezogenen S. auf seinen Forderungen. Mit Zustimmung H.s Formulierung einer gleichzeitig mit der Anordnung zu veröffentlichenden Durchführungsanordnung: Keine Nachprüfung der Schlüsselkräfte in der Wirtschaft; die Durchführung aller im Bereich der Rüstungswirtschaft vom Sonderbeauftragten verlangten Maßnahmen von der Zustimmung des Reichsbewaffnungsministers abhängig. Kritik L.s und B.s an weiteren Forderungen S.s (z. B. Herausnahme sämtlicher älterer Facharbeiter aus der Überprüfung).
K/H   101 11629 – 35/1, 639 – 83 (681); 101 22650 – 57 (1293); 101 29221 ff. (1648)

15. 10. 42 – [20. 4. 43]   RKzl.   16235
Auf Wunsch des Münchner Generalbaurats Giesler Verleihung eines Titels an den Leiter seiner Durchführungsstelle und des größten Teils der G. im Osten unterstehenden OT(Organisation Todt)-Einsatzgruppe, Regierungsbaumeister a. D. Max Gimple; in der Erörterung: Ministerialrat, Leitender Regierungsdirektor (jeweils Bedenken des Reichsfinanzministers: Ausbringung der Planstelle bei einer Obersten Dienstbehörde erforderlich), Oberbauinspekteur, Oberbaudirektor (dazu schließlich Ernennung am 20. 4. 43 für die Dauer seiner Tätigkeit).
H   101 17129 – 35 (1020)

15. 10. 42 – 11. 7. 44   AA, Dt. Botsch. b. Hl. Stuhl   16236
Übersendung der jeweils erschienenen *Ausgaben der vom vatikanischen Informationsbüro für Nachforschungen nach Kriegsgefangenen und Vermißten herausgegebenen, insbesondere (aber nicht ausschließlich) der caritativen Tätigkeit des Papstes gewidmeten Zeitschrift Ecclesia samt einiger begleitender Berichte der Deutschen Botschaft beim Heiligen Stuhl.
H   202 02234 – 47 (17/1 – 16)

16. 10. 42   Thierack   16237
Übersendung der Führerinformationen 129 – 132 des Reichsjustizministers: Deutschlandfeindliche Äußerungen bei einer spiritistischen Sitzung im Hause des Wiener Rechtsanwalts Guido Jakoncig unter Beteiligung des italienischen Oberstleutnants Lattanzi; Ermittlungsverfahren gegen leitende Persönlichkeiten des Volkswagenwerks wegen übertriebener Angaben über die Zahl wiederhergestellter Fahrzeuge, mißbräuchlicher Benutzung von Werksmaterial für private Zwecke und unerlaubten Erwerbs bezugsbeschränkter Waren; Volksgerichtshofverfahren gegen den Franzosen Marcel Gerbohay aus dem Kreis des Schweizers Maurice Bavaud (Vorbereitung eines Hitler-Attentats 1938); Aufhebung des Oberlandesgerichts Marienwerder (vgl. Nr. 16210).
H   101 28896 – 901 (1559 a)

16. 10. 42   AA   16238
Mitteilung über Meldungen aus Buenos Aires: In Solidarität mit den Erklärungen deutscher Bischöfe Gründung einer katholischen Bewegung gegen den Totalitarismus in Buenos Aires; Solidaritätserklärung des brasilianischen Episkopats für Präsident Vargas (zum Kriegseintritt Brasiliens).
W   202 01873 (15/1 – 10 + 20/13)

[16.] – 19. 10. 42   RKzl.   16239
Einspruch Bormanns gegen die zwecks Eindeutschung von Rosenberg geplante Herausnahme der Stadt Riga aus der landeseigenen und ihre Übernahme in unmittelbare deutsche staatliche Verwaltung; Hinweis auf die im Protektorat gemachten Erfahrungen (unauffälligere Eindeutschung fremdvölkischer Städte „unter dem Mantel einer deutsch durchsetzten Eigenverwaltung"). (Vgl. Nr. 17358.)
K/H   101 12309 – 12 (691 a)

16. – [27.] 10. 42   RMdI, RSHA, StabsHA RKF   16240
Bitte des Reichsinnenministers (selbst keine Bedenken) um Stellungnahme zu dem Plan des Reichskommissars Ukraine, die dort ansässigen Volksdeutschen nach den Grundsätzen der Volkslistenverordnung einzubürgern. Absicht einer internen Vorbesprechung unter Teilnahme der PKzl.
K   102 01063 ff. (1976)

16. – 31. 10. 42   RFSS   16241
Bitte um Übersendung evtl. in der PKzl. vorhandener Unterlagen über den angeblich jüdisch versippten Kunstmaler (u. a. Himmlers) Harnisch. Antwort: Keine Vorgänge vorhanden.
K   102 01301 f. (2412)

16. 10. – 27. 11. 42   AA, Dt. Botsch. Rom, Dt. Botsch. b. Hl. Stuhl   16242
Übersendung von Berichten der Deutschen Botschaften in Rom und beim Heiligen Stuhl über kirchenpolitische Vorgänge in Italien: Keine Reaktion von Staat oder Partei auf die scharfe kirchliche Kritik an einer (unter der Schirmherrschaft des Erziehungsministers Bottai stehenden) Kunstausstellung in Bergamo, auch faschistische Ablehnung des besonders beanstandeten Kreuzigungsbildes des Malers Guttuso; weitere – versteckte – kirchliche Kritik an der faschistischen Kulturpolitik; kulturhistorische Feierlichkeiten in Umbrien im Zeichen guter Beziehungen zwischen Kirche und Staat; Annäherung zwischen katholischer und faschistischer Presse in den Kommentaren zum Kampf um Stalingrad.
W/H   202 00622 – 34 (7/1 – 9)

16. 10. – 30. 12. 42   AA, Dt. Kons. Basel   16243
Offenbar erfolglose Bitten des Auswärtigen Amts um eine Stellungnahme zur Frage der weiteren Ausstellung eines Sichtvermerks zweimal im Monat für den Freiburger Stadtpfarrer Daub zwecks Betreuung der evangelisch-lutherischen Gemeinden in Basel und Zürich, um die sonst drohende Anstellung des „Mischlings I. Grades und Emigranten" Pfarrer Lehmann zu verhindern.
H   202 01674 – 76 (12/3 – 12/14)

17. 10. 42   AA, Dt. Botsch. b. Hl. Stuhl   16244
Übersendung eines Berichts der Deutschen Botschaft beim Heiligen Stuhl über die Einflußnahme der Katholischen Kirche in Italien auf den Filmbesuch: Gelöbnis der Mitglieder der Katholischen Aktion, sich des Besuchs der christlichen Moral nicht entsprechender Filme zu enthalten.
W/H   202 00708 ff. (710 – 18 + 19/8)

Nicht belegt.   16245

[17. 10. 42]   RMdI   16246
Zustimmung der PKzl. zur Ernennung des MinDirig. Hans Fritzsche (Reichspropagandaministerium) zum Ministerialdirektor.
H   101 18634 (1150 c)

17. – 22. 10. 42   RKzl.   16247
Keine Bedenken der PKzl. gegen den am 12. 6. 42 unterzeichneten 'Deutsch-Italienischen Auslieferungsvertrag.
H   101 25754 f. (1451 a)

17. 10. 42 – 28. 6. 43   AA, Dt. Kons. Czernowitz, DiözDir. Goebel   16248
Schriftwechsel über die Verwaltung des Besitzes des deutschen katholischen Waisenhauses in Czernowitz; angesichts der schwierigen Rechtslage Einverständnis der PKzl. mit der vorübergehenden Heranziehung des Diözesandirektors Goebel.
W/H   202 01466 – 76 (11/3 – 17 + 20/9)

18. 10. 42   Lammers, MPräs. Siebert   16249
Anfrage des Bayerischen Ministerpräsidenten bei Lammers wegen der 1936 von Hitler für den 100. Jahrestag der Walhalla-Einweihung verfügten durchgreifenden Ergänzung und „Durchsiebung" des Kreises der Walhalla-Genossen: Im Kriegsjahr 1942 in irgendeiner Form (Kundgebung, Auftragserteilung für neue Büsten) durchzuführen? Bescheid L.': Keine Bedenken gegen eine Auftragserteilung für Büsten. (Durch L. Abschriften an Bormann.)
H   101 21240 – 44 (1257 b)

18. – 20. 10. 42   Lammers   16250
Nach einem Bericht Bormanns über den „besorgniserregenden Gesundheitszustand" des Bayerischen Ministerpräsidenten Siebert von Hitler ein „baldigst" anzutretender Erholungsurlaub S.s (vier bis sechs Wochen) angeordnet. Durch Lammers entsprechende Veranlassung.
H   101 23135 ff. (1311 d)

[18.] – 26. 10. 42   RKzl., RL, GL, VerbF   16251
Durch Lammers Bekanntgabe der im Einvernehmen mit dem Leiter der PKzl., dem Reichsaußen-, dem Reichsinnen- und dem Reichskirchenminister getroffenen Regelung der diplomatischen Beziehungen zwischen dem Deutschen Reich und dem Vatikan: Anerkennung der infolge militärischer Operationen eingetretenen territorialen Veränderungen durch den Vatikan erst nach Abschluß von Friedensverträgen, daher Beschränkung der Beziehungen zum Vatikan auf die das Altreich (Umfang des Reichsgebiets zur Zeit des Konkordatsabschlusses) berührenden Fragen; alleinige Zuständigkeit des Auswärtigen Amts für Verhandlungen mit den Vertretern des Vatikans; Vertretung von Belangen der Katholischen Kirche im deutschen Machtbereich außerhalb des Altreichs nur durch die örtlichen kirchlichen Stellen gegenüber den zuständigen Vertretern des Reiches (Reichsstatthalter, Reichsprotektor, Reichskommissar usw.). Mitteilung der Regelung an die Partei durch Bormann. (Vgl. Nr. 14838 u. a.)
K   102 01594 – 98 (2770)

18. – 29. 10. 42   Axmann, RMfWEuV, Lammers   16252
Beschwerde Bormanns wegen seiner Nichtbeteiligung bei der Herausgabe eines zwischen dem Reichserziehungsminister und dem Reichsjugendführer vereinbarten Erlasses über die Einführung des HJ-Führerdienstanzugs als Dienstkleidung der Erzieher an den Lehrerbildungsanstalten (Anordnung des Tragens der Uniform einer *Partei*gliederung im *staatlichen* Bereich) und Widerspruch gegen die Durchführung des Erlasses. Bitte des von B. unterrichteten Lammers um weitere Information.
A   101 05584 – 91 (465 a)

18. – [30.] 10. 42   RKzl.   16253
In einem – Lammers von MinDir. Klopfer übergebenen – Aktenvermerk Bormanns über einen Telefonanruf des von einer Frankreichreise zurückgekehrten GL Sauckel entschiedene Stellungnahme gegen dessen Absicht, Dr. Timm durch Ernennung zum Staatssekretär beim (oder Stellvertreter des) Generalbevollmächtigten für den Arbeitseinsatz (GBA) „entsprechend herauszustellen": Bei solcher Beförderung jedes seine Pflicht tuenden Beamten der Steuerzahler vor lauter Ministern, Staatssekretären usw. nicht mehr zu retten; Hintergrund dieses Wunsches S.s jedoch dessen Bestreben, als GBA unbedingt selbständig zu bleiben, d. h. nicht unter die Kontrolle des Ministeriums Speer zu kommen (Hinweis S.s auf einen entsprechenden Artikel im Völkischen Beobachter von Obgm. Liebel). Nach B.s Ablehnung Verzicht S.s auf die Weiterverfolgung seines Vorhabens; nun lediglich Absicht, T. die Leitung der Zentralämter zu übertragen. – In diesem Zusammenhang eine von B. zitierte Bemerkung S.s über seine erfolgreichen Bemühungen, Arbeitseinsatz, Arbeitsämter usw. so eng wie irgend möglich „an die Partei heranzuführen".
A/H   101 05284 ff. (455); 101 09383 ff. (652 a)

[19. 10. 42]   AA, Chef Sipo, RMfdkA   16254
Absprache über die Zusammensetzung einer unter der Leitung des Bf. Heckel stehenden deutschen Delegation zur 300-Jahrfeier der deutschen St. Gertrudskirche in Stockholm (die Reise dann wegen Umbesetzungswünschen H.s nicht zustande gekommen).
H   202 00236 – 39 (3/7)

19. – 23. 10. 42   Speer, Ley, Lammers   16255
Beschwerde Speers bei Ley über die von der ursprünglichen Verabredung zwischen Todt und L. abweichende Tätigkeit der „Bauhilfe" der DAF: Ankauf wirtschaftsschwacher oder stillgelegter Betriebe und Fertigung von Baustoffen, Bauteilen und Einrichtungsgegenständen als eigenes Wirtschaftsunternehmen

statt bloßer Unterstützung der bestehenden Lieferfirmen sowie der Normung und Typisierung durch zentrale Beschaffung für den Wohnungsbau; Bitte, künftig die abgesprochenen Grenzen der Tätigkeit der „Bauhilfe" einzuhalten. (Abschrift an Bormann.)
H   101 19608 — 12 (1190)

19. 10. — 5. 11. 42   GL Mecklenburg, AA   16256
Hinsichtlich der Zuteilung von Treibstoff für italienische Militärpfarrer im Deutschen Reich zur religiösen Betreuung der italienischen Zivilarbeiter der Vorschlag der PKzl. (künftig „ablehnende Regelung") vom Auswärtigen Amt akzeptiert.
W/H   202 00350 ff. (4/1 — 12)

20. 10. 42   RKzl.   16257
Weiterleitung einer anonymen *Eingabe aus Danzig (Sehnsucht der Bevölkerung nach Greiser, Beflaggung am Tage des Auszugs von Forster und „seinem Anhang").
H   101 19769 (1194 a)

20. 10. 42   AA   16258
Dank Klopfers (PKzl.) für die „Übersendung der *völkerrechtlichen Dokumente über Afrika".
M   203 01118 (37/1)

22. 10. 42   RMfdbO   16259
Mitteilung der PKzl.: Beim Erlaß von Verordnungen die Zustimmung des Leiters der PKzl. grundsätzlich nur zu den *endgültigen* Entwürfen der Obersten Reichsbehörden erforderlich.
H   101 12285, 291 (690 c)

22. — 29. 10. 42   RMfdbO, RKzl.   16260
Stellungnahmen des PKzl.-Referats III A und Bormanns zu einem vom Reichsostminister im wesentlichen gebilligten Entwurf des Reichskommissars Ukraine für eine Verordnung über die Einführung eines ukrainischen Werk- bzw. Arbeitsdienstes: Im Gegensatz zu dem im ganzen positiven Votum seines Referats erhebliche Zweifel B.s am Sinn dieses Unternehmens (das bisherige Verfahren — Stellung benötigter Arbeitskräfte durch die Dorfältesten — billiger), Einwendungen gegen Einzelheiten (Benennung, Besoldung, Stärke u. a.) und Verlangen, die Zustimmung Hitlers einzuholen.
H   101 12281 — 91 (690 c)

23. 10. 42   Lammers   16261
Laut Terminkalender 11.00 Uhr Besprechung mit MinDir. Klopfer u. a. und 15.40 Uhr mit Bormann.
H   101 29075 (1609 a)

23. 10. 42   AA   16262
Übersendung eines Berichts der Lissaboner Zeitung A Voz über die Lage der Katholiken in Belgien, insbesondere über die Beschlagnahme von Klöstern.
W   202 00024 f. (1/5 — 12 + 19/3)

24. 10. 42   AA   16263
Übersendung eines Berichts des Manchester Guardian über das Scheitern der Bestrebungen Lavals zur Beschaffung französischer Arbeitskräfte für Deutschland im Austausch gegen französische Kriegsgefangene, über die Judenverfolgung in Frankreich und den Protest der Katholischen Kirche dagegen (Abdruck von Hirtenbriefen des Erzbischofs von Toulouse und des Bischofs von Montauban).
W   202 00551 — 57 (5/19 — 21 + 19/6)

24. 10. — 31. 12. 42   RKfdsozW, Stv. GL Overhues, Lammers, RMdI, GL Florian   16264
Zu dem Verlangen mehrerer Gauleiter aus luftgefährdeten Gebieten nach wirkungsvollen Maßnahmen und einer reichseinheitlichen Steuerung Vorschlag Bormanns, die reichseinheitliche Behebung von Luftkriegsschäden, insbesondere die Unterbringung von Obdachlosen, einem Einsatzstab unter Hinzuziehung von Vertretern der beteiligten Reichsressorts zu übertragen; als dessen Kern der bereits bestehende Einsatzstab für die Beschaffung von Behelfsheimen beim Reichswohnungskommissar vorgesehen. Votum Lammers' gegen die bloße Erweiterung der Aufgaben des von Ley und Speer gebildeten Einsatzstabs und ebenfalls gegen die Bildung des Ausschusses beim Reichsinnenminister, vielmehr für die Bildung eines größeren Arbeitsausschusses aller beteiligten Obersten Reichsbehörden unter Hinweis auf seine Vorstellungen von dessen Aufgaben: Kein Planungsausschuß, sondern ein Beschaffungs- und Be-

treuungsausschuß; durch umfassende Zuständigkeiten (Partei- und Staatsbereich) Beschaffung aller nach Luftangriffen von den Betroffenen benötigten Abhilfemittel (Unterkunft, Kleidung, Nahrung, Baumaterialien etc.); nicht Verwalten verlangt, sondern Handeln; unter Abwägung der in Frage kommenden Persönlichkeiten (ausschlaggebend: Tatkraft, hohes politisches Ansehen, tiefgehender Einfluß auf das Volk) die Übernahme des Ausschußvorsitzes durch den von Hitler mit der zentralen Leitung aller Hilfsmaßnahmen für bombengeschädigte Orte beauftragten Goebbels empfohlen (weitere Kandidaten: Reichswohnungskommissar, Reichsinnenminister). Zustimmung Bormanns zu diesen Vorschlägen. (Vgl. Nr. 16336.)
K/H   101 08600 – 03 (642); 101 11145 – 91 (667)

24. 10. 42 – 8. 8. 43   GL Bracht, Lammers, Göring, RMdI   16265
Durch GL Bracht Übersendung eines Sofortprogramms zur Behebung des West-Ost-Gefälles auf dem Gebiet der Löhne und Preise, des Gesundheits-, Wohnungs-, Verkehrswesens usw. in Oberschlesien. In einem Schreiben Bormanns an Göring Unterstreichung der – auch von Hitler so gesehenen – Dringlichkeit des Problems; Bitte ebenfalls um die Unterstützung Lammers'. Durch diesen Herantreten an den Reichsinnenminister (RMdI). Das Ergebnis der Nachfrage des RMdI: Nur vom Oberpräsidenten in Kattowitz ein ähnliches Programm entwickelt, hingegen nach Auffassung der Reichsstatthalter im Warthegau und in Danzig-Westpreußen eine Lösung dieser Fragen erst nach Kriegsende erforderlich.
M/H   101 00277 – 304 (133 a)

25. 10. 42   Himmler   16266
Anregung, ein angeblich vor der Vollendung stehendes neues Werk Rosenbergs „Vom Mythus zum Typus" vor der Veröffentlichung Hitler vorzulegen.
K   102 01089 (2019)

26. 10. 42   Thierack   16267
Übersendung der Führerinformationen 133 – 137 des Reichsjustizministers: Ergebnis der Ermittlungen bei der Lenzinger Zellwoll-A.G. (vgl. Nr. 16148); Anregung einer Polizei-Verordnung über das Verbot der Führung früher erworbener Titel und Amtsbezeichnungen durch Juden; Neuregelung des Schutzes des Soldaten gegenüber vermögensrechtlichen Ansprüchen (Durchführung von Verfahren nur bei Zumutbarkeit); Todesurteil gegen den Betriebsobmann der Firma Kugelfischer (Schweinfurt), Eduard Fischer, wegen geschlechtlichen Mißbrauchs jugendlicher weiblicher Gefolgschaftsmitglieder; Vorschlag von Strafbestimmungen zum Schutz von Ehe, Familie und Mutterschaft.
H   101 28902 – 09 (1559 a); 102 00340 f. (755)

26. 10. 42   Lammers, RStatth. Epp   16268
Auskunft Lammers' an Epp auf eine von diesem Bormann gegenüber berührte Frage: Vertretung der Reichsstatthalter bei kürzerer Abwesenheit durch den dienstältesten Beamten, bei längerer Verhinderung Betrauung eines anderen Reichsstatthalters durch Hitler. (Abschrift an B.)
A/H   101 23036 f. (1310 b)

26. 10. 42   Lammers   16269
Vortrag von StSekr. Ganzenmüller und – daraufhin – Lammers bei Hitler über die Verhältnisse der Ostbahn: Forderung H.s nach einer straffen Leitung der Eisenbahnen im Reich und im Generalgouvernement zur Gewährleistung einer reibungslosen Abwicklung des Nachschubs für die Ostfront und des Transports der Wirtschaftsgüter aus dem Ostraum; die Ostbahn weiterhin Eisenbahnsondervermögen des Generalgouvernements, jedoch Anordnung, daß Interesse an einem möglichst günstigen finanziellen Ergebnis hinter dem Erfordernis höchster Leistungsfähigkeit – für diese allein der Reichsverkehrsminister (RVM) verantwortlich – zurücktreten zu lassen; Regelung der Verwaltung des Eisenbahnsondervermögens auf der Grundlage des Führererlasses vom 17. 1. 42 zwischen dem RVM und dem Generalgouverneur. Durch L. entsprechende Unterrichtung des RVM (Abschrift an Bormann).
M   101 01824 ff. (184 a)

26. 10. 42   RFSS   16270
Mitteilung über eine von GL Weinrich vor Beamten des Heeresbekleidungsamtes in Marburg gemachte Äußerung über scharfe Spannungen zwischen Bormann und Ley.
W   102 01183/21 – 24 (2200)

Nicht belegt.   16271

26. 10. 42 – 25. 8. 43   RJM, RKPreis., RArbM   16272
Durch den Reichsjustizminister unter Berufung auf Klagen über Unzuträglichkeiten aus dem Nebeneinander der Befugnisse von Mieteinigungsamt und Preisbehörde Übersendung des Entwurfs einer Verordnung über die Beschränkung der Zuständigkeit der Mieteinigungsämter auf die die Miethöhe nicht unmittelbar betreffenden Verfahren. Erledigung der Angelegenheit durch die Kriegsmaßnahmenverordnung vom 12. 5. 43 (Zurückstellung aller nicht dringlichen bürgerlichen Rechtssachen während des Krieges).
K/H   101 12881 – 88 (705 b)

27. 10. 42   Lammers   16273
Mit Bormann fernmündliche Erörterung der Neubesetzung der Regierungspräsidentenstelle in Wien nach der vorgesehenen Ablösung des bisherigen Wiesbadener Regierungspräsidenten v. Pfeffer durch den Wiener Regierungspräsidenten Dellbrügge (dagegen keine grundsäztlichen Bedenken B.s, von GL Sprenger allerdings eine andere Persönlichkeit in Aussicht genommen): Laut B. von RStatth. v. Schirach der Bürgermeister von Wien, Jung, gewünscht (vom Reichsinnenminister zuvor vorgesehen der Höhere SS- und Polizeiführer Kaltenbrunner).
H   101 24527 f. (1364 a)

[27. 10. 42]   GL Bohle   16274
An Himmler Übersendung der Übersetzung einer in Spanien als Flugblatt verbreiteten, angeblich von Bormann stammenden Denkschrift über NS und Christentum: Deren Unvereinbarkeit; Erläuterung des Begriffs „Gottgläubigkeit"; Förderung des kirchlichen Zwiespalts; notwendige Verminderung der Macht der Kirche (angefügt eine Anmerkung des Flugblattverfassers über B.: Freund und Berater Hitlers mit „höheren Vollmachten" als die Heß erteilten, Vertreter der „radikalen Gruppe der SS").
K/H   102 00850 – 55 (1705 a)

27. 10. – 4. 11. 42   Himmler   16275
Übersendung des *Briefes eines Pg. Dreesen sowie eines *Berichts über eine Kassenprüfung bei der Reichsgruppe Fremdenverkehr unter Mißbilligung einer das Maß des an Repräsentation Notwendigen überschreitenden Jagdveranstaltung des Staatssekretärs für Fremdenverkehr, Esser, und Kritik an E.s – sehr wenig erfreulichem – Mitarbeiter Ringer. Laut Vermerk Weiterleitung der dann von B. zurückgereichten Unterlagen an den SD.
K/H   102 01541 f. (2727)

27. 10. 42 – 15. 4. 43   AA, Dt. Botsch. b. Hl. Stuhl   16276
Übersendung von Berichten der Deutschen Botschaft beim Heiligen Stuhl über eine Artikelserie des Jesuitenpaters A. Brucculeri in der Zeitschrift La Civiltà Cattolica über den „Politischen Amoralismus" und seine Irrtümer und Mißverständnisse von Plato bis Friedrich Meinecke.
W/H   202 02154 – 58 (16/24 – 37)

28. 10. 42   OKW u. a.   16277
Mitteilung: Die Ausgabe von Wehrmachturlauberpaketen nicht Aufgabe der Partei oder der NSV, sondern allein des Reichskommissars Ukraine; bei Passieren der Ausgabestellen ohne Erhalt eines Pakets Verwirkung des Anspruchs. (Nachrichtlich an die PKzl.)
W   107 01339 f. (410)

28. 10. 42   AA   16278
Übersendung eines Artikels der Londoner Times über den Besuch des persönlichen Botschafters des amerikanischen Präsidenten, Myron Taylor, beim Vatikan, über seine Bedeutung und seine Zwecke.
W   202 00990 f. (9/5 – 14 + 20/1)

28. 10. 42   AA, Dt. Botsch. b. Hl. Stuhl   16279
Übersendung eines Berichts der Deutschen Botschaft beim Heiligen Stuhl über Äußerungen des belgischen Primas, Kard. van Roey, im Osservatore Romano über die Lage der Kirche und den politischen Katholizismus: Nur die Kirche als Ganzes unvergänglich, ihr Untergang in *einem* Land jedoch möglich; keine Anpassung der Kirche an ein die Rechte des Gewissens und die Kirche unterdrückendes Regime; Recht der Kirche, die katholischen Prinzipien auf allen Gebieten zu lehren, zu verteidigen und auszuüben.
W   202 00004 – 08 (1/5 – 12 + 19/3)

28. 10. 42   AA, Dt. Ges. Budapest   16280
Übersendung eines Berichts der Deutschen Gesandtschaft in Budapest über den 30. Ungarischen Katholikentag unter besonderem Hinweis auf eine Rede des ungarischen Kultusministers Szinyei-Merse über das Recht der Kirche auf schulische Erziehungstätigkeit und auf die (deutscherseits mit einem Einspruch beantwortete) Zitierung des Mölders-Briefes durch den ungarischen Landesjugendführer Béldy. (Vgl. Nr. 16221.)
W   202 01992—95 (15/23—35)

28. 10. 42   AA   16281
Übersendung eines Artikels der Zeitung Ya (Madrid) über eine Tagung der Hispano-Amerikanischen Katholischen Aktion in Washington.
W   202 01135—38 (9/5—14+20/1)

28. 10. 42 —[19. 5. 43]   AA, RKzl.   16282
Zu dem *Antrag Ribbentrops auf Ernennung des MinDir. Emil Wiehl zum Unterstaatssekretär Bedenken Bormanns unter Berufung auf eine Entscheidung Hitlers gegen die Ernennung neuer Unterstaatssekretäre. Zurückstellung der Angelegenheit wegen „internationaler Bindungen" W.s (Mitteilung B.s über Frau W.: Engländerin) und Weisung H.s, dies zunächst zu klären.
M/H   305 00085—96 (Fernhaltung)

29. 10. 42   AA   16283
Übersendung eines (zu den von der Archivkommission gesichteten Beständen des französischen Außenministeriums gehörenden) Schreibens des französischen Innenministeriums von 1938 über den Versuch eines engen Freundes und Beraters des österreichischen Ex-Kanzlers Schuschnigg, Basch, die Unterstützung der katholischen Organisationen in den USA für die Verteidigung Sch.s und des katholischen Österreichs zu erhalten.
W   202 00545—50 (5/19—21+19/6)

29. 10.—1. 11. 42   RKzl.   16284
Telefonische Mitteilung Bormanns: Von Hitler die Beauftragung des GL Paul Giesler mit der Führung der Geschäfte des Bayerischen Ministerpräsidenten, des Bayerischen Staatsministers der Finanzen und des Bayerischen Staatsministers für Wirtschaft sofort nach dem erfolgten Ableben des MPräs. Siebert angeordnet; Bitte um Ausfertigung der entsprechenden Urkunden. Rücksendung der unterzeichneten Urkunde. Mitteilung B.s über den Tod S.s am Morgen des 1. 11.
A/H   101 23138—41 (1311 d)

30. 10. 42   Himmler   16285
Übersendung der *Einbürgerungsunterlagen des Kommerzienrats Leesmann, des Schwiegervaters von Rosenberg, zur vertraulichen Kenntnisnahme.
K   102 00955 (1835)

[31. 10.—21. 11. 42]   RWohnungsK   16286
Bemühungen des Reichswohnungskommissars, AL Gölz (PKzl.) als „politisch gut fundierten Personalreferenten" zu gewinnen. Freigabe G.' durch MinDir. Klopfer jedoch nur unter der Voraussetzung einer Verbesserung G.', d. h. nur bei dessen Verbeamtung als Oberregierungsrat. Bedenken der Reichskanzlei hiergegen; Vorschlag einer Ernennung G.' zum Regierungsrat mit der Zusicherung der Beförderung nach einem Jahr.
H/W   101 19059, 064, 073 (1161 d)

31. 10.—1. 12. 42   Lammers, RMfBuM, RMfdbO   16287
Verstoß gegen eine Anordnung Hitlers über die Benutzung von Personenkraftwagen durch zwei Beamte des Generalkommissariats Tschernigoff, OBauR Glückert und Dir. Diesinger (mangelnder Nachweis rüstungswirtschaftlichen Interesses bei einer Reise nach Saarbrücken und – die Fortsetzung mit einer Ehefrau als Dolmetscherin geplant – in die besetzten Westgebiete). Durch Lammers Unterrichtung Bormanns. Dessen Antwort: Die Verwarnung des in diese Angelegenheit verwickelten Stv. GL Leyser durch RK Koch von H. als unzureichend verworfen; Anordnung, alle drei mit einer Geldstrafe in Höhe des Wertes der auf der fraglichen Fahrt verbrauchten Betriebsmittel zu belegen.
K/H   101 14255—67 (750)

31. 10. 42 – 26. 2. 43   Himmler, RSt. f. Raumordnung, Lammers u. a.   16288
Scharfer Protest des Reichsführers-SS gegen die von der Reichsstelle für Raumordnung (RfR) vereinbarte Zusammenarbeit mit der SA zur Bekämpfung der Verstädterung und Landflucht: Kriegsunwichtige Beschäftigung einer offenbar noch übersetzten Bürokratie (dort anscheinend ein Abzug von Kräften möglich); zuständig allein er als Reichskommissar für die Festigung deutschen Volkstums (RKF) sowie der Reichsnährstand. Gleiche Auffassung Lammers' und Bormanns: Laut B. Herausgabe von Richtlinien zur Durchführung derartiger Maßnahmen nach dem Kriege nicht durch die RfR, sondern durch den RKF in Zusammenarbeit mit dem Reichsernährungsminister; die erforderliche Mitarbeit der Partei im Einvernehmen mit ihm, B., zu regeln. Absicht Himmlers, die ihn berührenden Fragen der RfR mit StSekr. Muhs zu besprechen. (Erledigung der Angelegenheit durch Stillegung der RfR.)
W/H   101 02285 – 93 (213 b); 101 17240 f. (1031 a); 101 25363 – 67 (1411 a); 107 00918 – 26 (293)

Nov. – 3. 12. 42   Himmler   16289
Dank Bormanns für die ihm zugegangenen und künftig zugesagten Mitteilungsblätter der Spionageabwehrabteilung des Reichssicherheitshauptamtes.
K   102 01126 (2087)

2. 11. 42   AA   16290
Mitteilung: In Evora Rede des Direktors der portugiesischen Tageszeitung Diario de Noticias, Ges. Augusto de Castro, über die Bedeutung des Christentums und der Mittelmeerländer für die künftige Gestaltung Europas; dabei erste öffentliche Erwähnung der Reise Myron Taylors.
W/H   202 01385 (10/14 – 25 + 20/7)

2. – 5. 11. 42   Lammers, Adj. d. Wehrm. b. F, OKW   16291
Durch Bormann Informierung Lammers' über eine dem OKW mitgeteilte Entscheidung Hitlers: Ausnahmslos Ablehnung der Anträge von Wehrmachtangehörigen auf Genehmigung der Heirat mit früher jüdisch versippten Frauen (die Bereitschaft zur ehelichen Gemeinschaft mit einem Juden „ein Zeichen von Charakterschwäche").
A/H   101 22963 – 66 (1308 b)

3. 11. 42   RArbM u. a.   16292
Einschränkender Zusatz, fleischverarbeitende Betriebe und Molkereien betreffend, zu den in einem Runderlaß vom 18. 4. 40 niedergelegten Voraussetzungen für den Einbau von Fettabscheidern. (Nachrichtlich an die PKzl.)
H   101 19191 f. (1170 a)

3. 11. 42   AA   16293
Bitte Friedrichs' (PKzl.) um Weiterleitung eines *Briefes an den Landesgruppenleiter in Portugal, Lübbe.
M   203 01117 (37/1)

3. 11. 42   RFSS, StSekr. Backe   16294
Wegen der angeblichen Absicht der DAF, mit StSekr. Backe „wegen Kulturbetriebs und ähnlicher Dinge auf dem Lande" Fühlung aufzunehmen, durch Himmler nochmals Betonung der Notwendigkeit, alle Dinge auf dem Lande in den Händen des Reichsnährstandes zu lassen: Jedes kleinste Nachgeben verderblich und unweigerlich eine Förderung der Landflucht.
K/H   102 01543 ff. (2732)

4. 11. 42   AA   16295
Mitteilung: Eine Meldung aus Vichy über französische Absichten, ein neues Konkordat abzuschließen, unzutreffend; die Begegnung Präs. Lavals mit den Kardinälen Suhard und Gerlier innenpolitisch motiviert, insbesondere der Gewinnung G.s dienend.
W/H   202 00434 (5/2 – 18)

4. 11. 42   GBN u. a.   16296
Übersendung einer Anordnung über die Einschränkung der Herstellung und Verlegung von Fernmelde- und Fernsprechkabeln: Erteilung der Genehmigung für Außennetze durch den Generalbevollmächtigten für technische Nachrichtenmittel, Durchführung des Prüfungsverfahrens für den zivilen Sektor durch die „Zentralstelle für Fernmeldekabel".
M/H   101 02611 ff. (267)

4. 11. 42   Lammers   16297
Mitteilung Bormanns über die Beauftragung Goebbels' mit den Vorbereitungen für die Zehn-Jahres-Feier der Machtübernahme.
H   101 21441 (1267 a)

4.—20. 11. 42   RMdI, RVM   16298
Bedenken des Reichsverkehrsministers (nicht einfach und übersichtlich genug) gegen einen den Ressorts usw. übersandten Entwurf des Reichsinnenministers zur Regelung der einheitlichen Abfindung von abgeordneten oder versetzten verheirateten weiblichen Bediensteten (Beschäftigungsvergütung, Trennungsentschädigung u. a.).
K   101 13235—40 (709)

4. 11. 42—6. 2. 43   Lammers   16299
Aus gegebenem Anlaß (Nichtanhörung des GL Hanke vor Einholung eines Führerentscheids über den Verkauf des Hotels Tietze in Hermsdorf/Riesengebirge) Forderung Bormanns, vor Einholung einer Führerentscheidung über die Genehmigung der Zweckentfremdung eines Beherbergungsbetriebs den Gauleitungen Gelegenheit zur Stellungnahme zu geben. Auffassung des Staatssekretärs für den Fremdenverkehr: Die Stellungnahme des zuständigen Gauleiters für ihn im allgemeinen maßgebend; im Falle der Unvereinbarkeit der regionalen Interessen des Fremdenverkehrs mit seinen Pflichten als Leiter des Fremdenverkehrs jedoch ein abweichender Standpunkt unvermeidlich, so auch bei der Zweckentfremdung des Hotels Tietze. Einverständnis H.s mit der Pacht des Hotels durch die Stadt Berlin für die Dauer des Krieges. Genehmigung der Zweckentfremdung im Auftrag Hitlers.
M   101 02794—99/2 (280 a)

6. 11. 42   Thierack   16300
Übersendung der Führerinformationen 138—141 des Reichsjustizministers: Statistische Angaben über den Arbeitseinsatz der in den Justizvollzugsanstalten verwahrten Gefangenen; Bildung von Widerstandsgruppen durch katholische Geistliche in Lübeck; statistische Angaben über die Verurteilungen vom 1. 7. bis 30. 9. 42, darunter 642 Todesurteile; Todesurteil gegen den im Mai 1942 von einem englischen Flugzeug in Belgien zu Sabotagehandlungen abgesetzten belgischen Staatsangehörigen Félicien Moreau.
H   101 28910—18 (1559 a)

[6. 11. 42]   RMfdbO   16301
Eine Besprechung mit Vertretern von Reichsinnenministerium, Reichsfinanzministerium, PKzl. und Reichskanzlei (RKzl.) über einen neuentworfenen *Organisationsplan des Ostministeriums sowie der Behörden der Reichs-, General- und Gebietskommissare im Osten vorgesehen. (Hier vorbereitende Aussprache mit Vertretern der RKzl. und deren Kritik an dem Organisationsplan.)
H   101 18995—9001/2 (1159)

7. 11. 42   AA   16302
Übersendung eines Artikels der Zeitung A Voz (Lissabon) über Missionserfolge der Katholischen Kirche in Japan.
W   202 00768 f. (8/1—7+19/9)

[7. 11. 42]   RKzl.   16303
Aus Anlaß der Degradierung und Bestrafung von Offizieren durch Hitler wegen verspäteter Vorlage einer wichtigen militärischen Meldung Erwähnung des – von „seltenen Fällen" (zuständige Minister) abgesehen – gewöhnlichen Vorlageweges: Durch die Adjutanten, den Chef der Reichskanzlei, den Leiter der PKzl. oder den Chef OKW.
H   101 22531 (1284); 101 29824 (958)

7.—26. 11. 42   Lammers   16304
Orientierung Lammers' (und über ihn Thieracks) durch Bormann über Meinungsäußerungen Hitlers über das Verhalten deutscher Frauen gegenüber Kriegsgefangenen und fremdländischen Zivilarbeitern und über die strafrechtliche Regelung von Tatbeständen verbotenen intimen Verkehrs, insbesondere unter Berücksichtigung der – unterschiedlichen – Reaktion der im Felde stehenden deutschen Ehemänner: Ohne Verschärfung der geltenden Strafbestimmungen Aufrechterhaltung der Strafbarkeit, jedoch großzügige Handhabung des Gnadenrechts bei Verzeihung durch den betrogenen Soldaten; ein ausdrückli-

ches Verbot des Verkehrs mit ausländischen Arbeitern auch aus befreundeten Staaten aus außenpolitischen Gründen nicht möglich.
H   101 28384—90 (1544 a)

7. 11. 42—25. 1. 43   RKzl.   16305
Nach dem ausgedehnten Luftangriff auf München der Wunsch Hitlers nach sofortiger Wiederaufnahme des Luftschutz-Sofortprogramms durch Bormann an Lammers und von diesem an Göring übermittelt. Eine Anmahnung der Angelegenheit bei G. angesichts einer Unterredung H.s mit Speer über die notwendigen Luftschutzmaßnahmen in München und Berlin nach B.s Meinung nicht erforderlich.
A/H   101 22715—21 (1294 a)

[9. 11. 42]   RGesundF Conti   16306
Mitteilung Bormanns über den Wunsch Hitlers nach Einführung von empfängnisverhütenden Maßnahmen und Schutzmitteln in den besetzten Gebieten: Verhinderung der Zeugung von Kindern zwischen deutschen Militär- und Zivilangehörigen und fremdvölkischen Frauen; Eindämmung der Geschlechtskrankheiten; Reduzierung der Nachkommenschaft der einheimischen Bevölkerung.
K   102 01019 ff. (1886)

10. 11. 42   Chef Sipo   16307
Übersendung der Einladung für die nächste Sitzung des Arbeitskreises zur Erörterung sicherheitspolizeilicher Fragen des Ausländereinsatzes; Besprechungspunkte: Ostarbeiterfragen, Anwendung des „Deutschen Grußes", Empfängnisverhütung u. a.
W   112 00087 f. (162)

11. 11. 42   RWohnungsK   16308
Vorschläge für die Überleitung der nach dem Dritten Führererlaß über den deutschen Wohnungsbau vom 23. 10. 42 vom Reichsarbeitsminister an den Reichswohnungskommissar abzugebenden Arbeitsgebiete: Aufzählung der Referate usw., des Personals (namentlich) und der noch strittigen Punkte, Ausgliederung der Etatmittel, Abtretung entsprechender Teile an Verwaltungspersonal und sachlichen Geschäftsbedürfnissen, räumliche Unterbringung u. a.
H   101 19065—80 (1161 d)

11.—20. 11. 42   RKzl.   16309
Durch die PKzl. Übersendung der Führer-Verfügung V 19/42 über die außenpolitische Betätigung der NSDAP: Taktvolle Rücksichtnahme auf andere Völker statt Missionsaufgabe der NSDAP; Lenkung sämtlicher Beziehungen zum Ausland durch den Reichsaußenminister, deshalb Genehmigung aller übernationalen Tagungen usw. und der nicht privaten Verbindungsaufnahme mit Ausländern nur durch das Auswärtige Amt; sofortige Zurückziehung aller Vertreter von Parteidienststellen im Ausland.
H   101 25125 ff. (1400 a)

11. 11. 42—2. 5. 43   Lammers, Rust, Schwerin-Krosigk, Speer   16310
Hinweise des Reichserziehungs- und des Reichsfinanzministers auf die gegenüber dem Zeitpunkt der Äußerung des Wunsches Hitlers nach baldiger Eröffnung der Technischen Hochschule Linz (TH) veränderten Verhältnisse: Herausgabe des Führererlasses vom 13. 1. 43 über den umfassenden Einsatz für Aufgaben der Reichsverteidigung und des Durchführungserlasses hierzu (Einstellung nicht kriegswichtiger Arbeiten); Verbrauch erheblicher Mengen kontingentierter Baustoffe im Falle des Ausbaus des (für die Fakultät für Bauwesen vorgesehenen, bisher als Umsiedlerlager benutzten) Stifts Wilhering (die ursprünglich geplante Unterbringung der Fakultät im Petrinum Linz nicht möglich); zu hoher Personalbedarf im Vergleich zur Zahl der Studierenden; mangelnde Auslastung der Technischen Hochschulen im Reich. Trotz dieser Bedenken und entgegen dem von Bormann vorgetragenen Vorschlag des GL Eigruber auf Zurückstellung der Eröffnung ausdrücklicher Wunsch H.s, wenigstens einen Teil der TH zu eröffnen und den Lehrbetrieb ohne große Umbauten aufzunehmen. Keine Bedenken Speers gegen die daraufhin von Rust vorgelegte erheblich reduzierte Baustoffanforderung. Hinweis R.s auf die noch nicht erfolgte Räumung des Stifts Wilhering durch das Umsiedlerlager sowie (unter Verweis auf ein früheres Schreiben an B.) auf die Notwendigkeit, auch das im Stift noch untergebrachte Priesterseminar zu kündigen. (Vgl. Nr. 16126.)
K/W   101 15575—86, 593—605 (942 a)

12. 11. 42   AA   16311
Übersendung eines *Artikels der Zeitung A Voz (Lissabon) über einen in der nationalen Jugendschrift

der Katholischen Aktion in Spanien „Signo" erschienenen Aufsatz über die Abnahme der Christenverfolgung in der Sowjetunion.
W   202 01384 (10/14 − 25 + 20/7)

12. 11. 42   AA   16312
Übersendung eines Berichts der Times (London) über die Beziehungen zwischen Kirche und Staat in Frankreich: Wegen der Judenverfolgung Wandel von der Loyalität der Kirche gegenüber der Regierung Pétain zum Widerstand.
W   202 00536 − 44 (5/19 − 21 + 19/6)

12. 11. 42   AA, RMfdkA   16313
Die vom Auswärtigen Amt (AA) im Einvernehmen mit der PKzl. und dem Chef der Sicherheitspolizei aus politischen Gründen beabsichtigte Entsendung nicht nur des eingeladenen Bf. Heckel, sondern einer Vierer-Delegation der Deutschen Evangelischen Kirche nach Stockholm zur 300-Jahrfeier der St. Gertrudkirche gescheitert: Nach Ablehnung der Bitte H.s um Austausch eines der vom AA nominierten Delegationsmitglieder Ablehnung H.s, sich an der Delegation zu beteiligen, und daraufhin Ablehnung des Stockholmer deutschen Pastors Ohly, die Rumpfdelegation einzuladen. Darüber Unterrichtung der PKzl.
W/H   202 01650 − 54 (12/1 − 2 + 20/4)

13. 11. 42 − 12. 11. 43   Rosenberg, Lammers   16314
Erörterung der Nachfolge des verstorbenen Präsidenten der Deutschen Akademie, Ludwig Siebert: Hinweise Rosenbergs auf frühere Absprachen mit S. und auf seinen Anspruch, den dritten Vizepräsidenten zu stellen; Personalvorschläge des Auswärtigen Amtes (dessen Beteiligung in irgendeiner Form von Hitler kategorisch abgelehnt), des Propagandaministeriums (mit Rücksicht auf das Ausland allseitige Bedenken gegen eine zu enge Verbindung durch die beantragte Ernennung des Leiters der Auslandsabteilung, MinDir. Hunke) und anderer. Von der PKzl. in Erwägung gezogen: Neurath, Bouhler. Nach Ablehnung aller Kandidaten durch Hitler Akzeptierung des von Goebbels nunmehr vorgeschlagenen Seyß-Inquart.
H   101 20978 − 93 (1232 a)

14. 11. 42   AA   16315
Übersendung eines „vertraulich erfaßten" Schreibens über den Widerstand der norwegischen Kirche gegen das Quisling-Regime, insbesondere über die Bildung einer vorläufigen Kirchenleitung der Kirchenfront.
W/H   202 01194 ff. (9/15 − 18 + 20/2)

14. 11. − 4. 12. 42   Lammers, K. Eckhoff   16316
Vom Reichsschatzmeister unterstützter Bericht des Reichsjustizministers und dem Bericht folgende, von Bormann herbeigeführte Entscheidung Hitlers in der Gnadenfrage bei drei vom Sondergericht Kiel im Prozeß um die Lübecker NSV-Veruntreuungen gefällten Todesurteilen (vgl. Nr. 15966 und 16017): Vollstreckung bei GAL Janowsky, Umwandlung in Zuchthausstrafen bei seinen Mitarbeitern Eckhoff und Stegemann. Bei den Akten ein J. belastendes Gnadengesuch E.s an H. mit ausführlicher Darstellung der NSV-Aktion nach dem Angriff auf Lübeck am 28./29. 3. 42 und der dabei vorgekommenen Unregelmäßigkeiten: Verteilung von Paketen mit − für die Bombenkriegsopfer bestimmten − Lebens- und Genußmitteln auch an höchste Berliner NSV-Amtswalter, einschließlich OBefL Hilgenfeldt; anfängliche Vertuschungsversuche; Schiebungen kleineren Umfangs anläßlich einer Dienstfahrt nach Rostock.
H   101 28359 − 73 (1544 a)

[15. 11. 42]   (RFSS)   16317
Die Übermittlung eines *Lageberichts über die Sowjetunion an Hitler und Bormann beabsichtigt.
K/H   102 00842 (1679)

15. − 19. 11. 42   Lammers   16318
Vorbereitung (Übermittlung von fünf Listen mit insgesamt 25 Punkten) einer Besprechung mit Bormann am 19. 11. 42: Auftrag an Gen. v. Unruh; 36. Änderung des Besoldungsgesetzes; Führererlaß über Luftschutzbauten; Entwurf eines Führererlasses über die Stiftung des Deutschen Ordens; Entlassung von Beamten aus der Partei bei nicht gegebener Möglichkeit einer aktiven Mitarbeit; Dotation an Korpsführer Hühnlein; Besetzung der Stelle des Präsidenten des Reichsverwaltungsgerichts; Angelegenheit Arno Fischer; Neuordnung der Energiewirtschaft; Entwurf eines Führererlasses über die Rechtsstellung der NSDAP; Gleichstellung der jüdischen Mischlinge ersten Grades Ingeborg und Margot Pohrt mit

Deutschblütigen; Besetzung der Stelle des Präsidenten der Deutschen Akademie; Entwurf eines Führererlasses über die Reichsschutzmacht; vor- und nachmilitärische Wehrerziehung; Entwurf eines Führererlasses über eine Änderung der Bezeichnung der Kanzlei des Führers der NSDAP; landwirtschaftliches Fachschulwesen; Auswirkung der Deutschblütigkeitserklärung von Offizieren und deren Angehörigen auf den Bereich der Partei; Rücktrittsgesuch des Generalgouverneurs; Änderung der Vollmacht des Reichsbaurats der Stadt Linz; Verhalten deutscher Frauen gegenüber Kriegsgefangenen und fremdländischen Zivilarbeitern; Schaffung neuer Staatssekretärstellen; Neuordnung im Reichsinnenministerium; persönliche Angelegenheiten von Prof. Morell; Heranziehung der Jugend zur Luftwaffe; Kolonialpolitisches Amt und Reichskolonialbund. (Vgl. Nr. 16328.)
H 101 18126−33 (1131)

16. 11. 42 Thierack 16319
Mitteilung über das Ergebnis mehrfacher Besprechungen: „Schärfste" Bedenken der Gauleiter der eingegliederten Ostgebiete, des Ost- sowie des Reichsinnenministers gegen eine Abgabe der Strafverfolgung gegen Polen und Sowjetrussen an die Polizei (Gefährdung der freiwilligen Rekrutierung und des Arbeitswillens, Ausschlachtung durch die Feindpropaganda, u. a.), infolgedessen Absicht, von weiteren Schritten in dieser Angelegenheit zunächst abzusehen; einer sofortigen Abgabe der Strafverfolgung gegen Juden und Zigeuner hingegen nichts im Wege stehend.
W/H 101 26873 ff. (1512)

17. 11. 42 AA, Dt. Ges. Budapest, GI d. ungar. ev. Kirchen 16320
Bitte des Auswärtigen Amts um Stellungnahme der PKzl. zu einer Eingabe der Ungarländischen Evangelischen Kirche, sechs ungarischen Theologen zur Nutzung der ihnen von der Evangelisch-theologischen Fakultät der Universität Breslau angebotenen Stipendien die – bisher aus Sprachgründen verweigerte – Einreisebewilligung zu erteilen.
H 202 01904−05/2 (15/12−22)

17. 11. 42 RLM 16321
Unter Beifügung eines *Erlasses Bitte um Hinweis der unterstellten Dienststellen auf die Notwendigkeit verbesserter Luftschutzmaßnahmen in Behördengebäuden (umfangreicher Brandbombenschaden infolge unzureichender Vorsorge).
A/H 101 22844−47 (1301 a)

[17.−27. 11. 42] RKzl. 16322
Entwurf und Herausgabe einer (Haus-)Verfügung über die Behandlung von Schreiben an Hitler: Für Behördenpost Beibehaltung der bisher üblichen Regelung; Abgabe der Eingaben, Gesuche usw. von Privatpersonen mit zweifelsfreier Zuständigkeit der Präsidialkanzlei, der PKzl., der Kanzlei des Führers, des Oberkommandos der Wehrmacht oder der Adjutantur der Wehrmacht beim Führer an diese Stellen (dabei keine Bedenken gegen die ursprünglich nicht vorgesehene Aufnahme der PKzl. in diese Liste: Diese jetzt ebenso eine unmittelbare Dienststelle des Führers wie z. B. die Reichskanzlei).
M/H 101 07410−25 (585)

17. 11. 42−7. 1. 44 Lammers, GL Telschow, Schwerin-Krosigk 16323
Mitteilung Bormanns an Lammers: Schenkung des Provinzial-Restgutes Lopau (Wert RM 40 000.−) an GL Telschow durch Hitler; Übereignung des Gutes aus dem Provinzialverband Hannover am 1. 11. 42. Erstattung des Gegenwertes aus den Verfügungsmitteln H.s; Bestätigung und Steuerfreiheit der Dotation.
K/H 101 16532−41 (986)

18. 11.−13. 12. 42 Lammers, Dir. Posse, RStatth. Sachsen u. a. 16324
Von Dir. Posse (Staatliche Gemäldegalerie Dresden) Bormann zur Herbeiführung einer Entscheidung Hitlers vorgelegte und vom Reichsstatthalter in Sachsen unterstützte Bewerbungen der Staatlichen Porzellangalerie Dresden und der Sächsischen Landesbibliothek um die nach der Elften Verordnung zum Reichsbürgergesetz dem Reich verfallenen Kunstsammlungen (insbesondere Porzellan und Frühdrucke) des emigrierten Juden Viktor v. Klemperer sowie z. T. seiner Frau und weiterer Verwandter; Abgabe der Dubletten an das „Führermuseum" und an die Bibliothek in Linz vorgesehen. Entscheidung H.s entsprechend dem Antrag (unentgeltliche Zuweisung an das Land Sachsen).
H 101 22240−52 (1272 a)

18. 11. – 17. 12. 42   GL, Lammers   16325
Durch Bormann Lammers übersandt sein Rundschreiben 177/42: Unter Hinweis auf die durch den Führererlaß vom 29. 5. 41 geregelte alleinige Kompetenz der PKzl. für die Vertretung der Partei gegenüber den Obersten Reichsbehörden sowie auf einschlägige Fälle Verbot der Abänderung von Gesetzen, Verordnungen und Erlassen durch gebietliche Sonderregelungen, insbesondere seitens der Gauleiter und auf dem Gebiet der Ernährungswirtschaft; Vorlage von Abänderungsvorschlägen nur über die PKzl.
H   101 12667 – 70 (695 a); 101 20517 f. (1213)

18. 11. – 20. 12. 42   Lammers, Speer, Ley   16326
Übergang der „Verwaltung und Vergabe der Judenwohnungen" in Berlin vom Generalbauinspektor für die Reichshauptstadt auf die Gauleitung bzw. den Oberbürgermeister. Die Anregung Lammers', diese Aufgabe dem Reichswohnungskommissar bzw. dem Berliner Gauleiter als Gauwohnungskommissar zu übergeben, von Speer abgelehnt. Durch L. Übermittlung des Schriftwechsels an Bormann.
H   101 19613 – 20 (1190)

19. 11. 42   AA, Dt. Botsch. b. Hl. Stuhl   16327
Übersendung eines Berichts der Deutschen Botschaft beim Heiligen Stuhl über die Anweisung des italienischen Militärbischofs Bartolomasi, zur Beschleunigung des ersehnten Sieges in der italienischen Wehrmacht den 8. 12. als Tag des Glaubens zu begehen.
W   202 00716 f. (7/10 – 18 + 19/8)

19. 11. 42   Lammers   16328
Laut Terminkalender 15.00 – 20.00 Uhr Besprechungen mit Bormann. (Vgl. Nr. 16318.)
H   101 18128 (1131); 101 29074 (1609 a)

[19. 11. 42]   Lammers   16328 a
In einer Besprechung Mitteilung Bormanns über die Absicht, auf dem Berghof von der teuren Energieversorgung durch das Elektrizitätswerk Berchtesgaden abzugehen und durch Ausbau einiger Staustufen der Salzach eine „eigene, erheblich billigere Energieversorgung einzurichten"; der Widerspruch Speers (der Salzachausbau ausschließlich Sache des Reichs) von Hitler mißbilligt.
H   101 03680 f. (378 a)

19. 11. – [7. 12.] 42   Lammers   16329
Keine Bedenken gegen den Wunsch Bormanns, anstelle des erkrankten GL Wagner endgültig den Stv. GL Giesler zum Reichsverteidigungskommissar zu ernennen.
A   101 22930 f. (1307)

19. 11. – 10. 12. 42   Lammers, RMdI   16330
Abschiedsgesuch des Präsidenten des Reichsverwaltungsgerichts, Sommer, und seine – bereits erfolgte – Versetzung in den Ruhestand (vgl. Nr. 16029). Erörterung der Nachfolge zwischen Bormann und Lammers; ihr Kandidat, StSekr. Krohn, von Hitler trotz nochmaliger persönlicher Intervention B.s abgelehnt zugunsten des von Göring vorgeschlagenen, von B. und L. hingegen als ungeeignet erachteten UStSekr. Hueber.
H   101 19040 – 54 (1161 c)

20. 11. 42   Gen. v. Unruh   16331
Auf Einspruch Bormanns und Lammers' keine Bildung von Unterkommissionen des Stabes Unruh im Reich: Die U. gegebene Vollmacht „einmalig, persönlich und nicht übertragbar". Empfang U.s durch B.
W   107 01149 (355)

20. 11. 42   Thierack   16332
Übersendung der Führerinformationen 142 – 145 des Reichsjustizministers: Erörterung der Verwertung des beschlagnahmten feindlichen Eigentums mit dem Reichswirtschaftsministerium und dem Auswärtigen Amt; Verfahren gegen den Sohn des Vizepräsidenten des albanischen Staatsrats Pirro Floqi wegen des Verdachts homosexuellen Verkehrs mit Knaben in Wiener öffentlichen Bädern; Todesurteil gegen fünf Reichsbahnangestellte wegen Eisenbahngüterdiebstählen auf dem Bahnhof Bischofshofen; Statistik der in den Monaten September und Oktober 1942 zur Gnadenentschließung vorgelegten 265 bzw. 314 Todesurteile.
H   101 28919 – 24 (1559 a)

21. 11. 42   RFSS   16333
Nach Vorlage einer Akte durch den Reichsführer-SS Kritik Hitlers an der Justiz (warum keine Hinrichtung?) im Zusammenhang mit der Flucht der Gebrüder Josef und Friedrich Meier; Beauftragung Bormanns mit der Untersuchung der Angelegenheit.
W/H   107 01147 f. (355)

21. 11. 42   RL, GL, VerbF, RMarschall   16334
Im Rundschreiben 182/42 des Leiters der PKzl. streng vertraulich bekanntgegeben: Verbot Görings für die gesamte Wehrmacht, militärische Vorgesetzte in der dritten Person anzureden; Gegenüberstellung zeitgemäßer und veralteter Anredeformen.
K   102 01548 – 51 (2740)

[21. 11. 42]   RKzl.   16335
Vorläufiges Votum der PKzl. gegen die vom neuen Reichswohnungskommissar im Rahmen der Regelung des Verhältnisses zwischen seinen Dienststellen und denen der DAF angeregte Fortsetzung der an der Spitze beschlossenen Personalunion (neben Ley selbst Bestellung des MinDir. Wagner zum Leiter des Reichsheimstättenamtes der DAF) auch in der Mittelinstanz: Eine Personalunion der Leiter der Wohnungs- und Siedlungsämter und der Gauheimstättenämter unerwünscht. (Vgl. Nr. 16377.)
H   101 19061 – 75 (1161 d)

[21. 11. 42]   RKzl.   16336
Kein besonderes Interesse an der Personenfrage (Goebbels oder Ley) bei der Leitung des Luftkriegsschädenausschusses, obschon die Lösung Goebbels wohl sinnvoller; Empfehlung, diese Frage im gegenseitigen Einvernehmen zwischen Bormann, G. und L. zu lösen. (Vgl. Nr. 16264.)
H   101 19065 – 75 (1161 d)

21. – 29. 11. 42   Lammers, Schwerin-Krosigk   16337
Von Bormann bewirkte Zustimmung Hitlers zur Ernennung des UStSekr. Kritzinger (Reichskanzlei) und des MinDir. Klopfer (PKzl.) zu Staatssekretären. Bekanntgabe der Ernennungen durch Presse und Rundfunk. Unter Berufung auf einen Wunsch H.s Antrag auf Schaffung entsprechender Planstellen.
H   101 17543 – 47 (1036); 101 17575 (1039); 101 20672 – 80 (1213 a); 110 00276 – 80/1 (3172)

Nicht belegt.   16338

24. 11. 42   AA   16339
Mitteilung: Die betont freundliche Aufnahme des schwedischen Bischofs Brilioth in Großbritannien von der schwedischen Öffentlichkeit mit besonderem Interesse verfolgt; Betonung der Gemeinsamkeiten zwischen der schwedischen Evangelischen und der Anglikanischen Kirche durch letztere.
W   202 01655 f. (12/1 – 2 + 20/4)

[24. 11. 42]   (RKzl.)   16340
Bitte des OKW um Unterrichtung auch der PKzl.: Die Eröffnung der Belgrader Universität vom Wehrmachtbefehlshaber in Serbien nicht zugelassen.
K   102 00170 (290)

24. 11. 42 – 14. 2. 43   Schirach, Lammers   16341
Nach einer Referentenbesprechung zwischen PKzl., Reichsschatzmeister, Reichsleiter für die Jugenderziehung und Kommandeur der Adolf-Hitler-Schulen über die Adolf-Hitler-Schulen, die Reichsschule Feldafing und die Nationalpolitischen Erziehungsanstalten die Ankündigung Schirachs, später zu weiteren derartigen Besprechungen einzuladen, von Bormann scharf zurückgewiesen: Keine Zuständigkeit Sch.s für Schulfragen; diese grundsätzlich Angelegenheit des Staates und damit im Rahmen der Partei der PKzl.; deren Aufgabe die einheitliche Ausrichtung der Parteidienststellen, in diesem Falle über beste Erziehungsformen und Schultypen.
H   101 19802 – 07 (1194 b)

25. 11. – 2. 12. 42   Lammers   16342
Bitte Bormanns um Erstattung von der PKzl. und der Führeradjutantur vorschußweise gezahlter Kosten für das Führerhauptquartier (Fliegerstaffel, Kraftwagenkolonne Berlin, Sonderzug Hitlers „Amerika und Grönland", Reisekosten, Verpflegung, Bewirtschaftung „F" u. a.) in Höhe von RM 382 372.79 (8. Zwi-

schenabrechnung). Mitteilung über die erfolgte Überweisung des Betrages auf das Zentralkonto der PKzl. bei der Commerzbank in München.
K   101 08119−22 (615 c)

25. 11. 42−13. 2. 43   Lammers, Chef OKW   16343
Veranlassung der Reichskanzlei entsprechend dem von Bormann übermittelten Wunsch Hitlers: Bitte um Erteilung von Einreisegenehmigungen in das neubesetzte Frankreich zwecks Ankauf von Kunstgegenständen lediglich für den Beauftragten des Dir. Posse, Göpel, und für die Kunsthändler Haberstock und (nachträglich ergänzt) Brüschwiler, sonst ausnahmslos Ablehnung (davon betroffen auch Görings Beauftragter Rochlitz). Nach einer Beschwerde Haberstocks über erfolgte Ankäufe von Kunstwerken durch Unbefugte Anweisung an den Oberbefehlshaber West, die Umgehung der Führeranweisung zu verhindern. Bericht des Militärbefehlshabers Frankreich über die getroffenen Maßnahmen.
K/H   101 11410−24 (675 b)

25. 11. 42−30. 4. 43   StSekr. Backe, Ley, Lammers   16344
Nach Übergang von Zuständigkeiten des Reichsarbeitsministers auf den Reichswohnungskommissar (RWK) Differenzen zwischen dem RWK und dem Reichsernährungsminister (REM) über den Reichsverband deutscher Kleingärtner: Beidseitige Forderung nach Unterstellung und Weisungsrecht (REM: Erhaltung der Liebe zur Scholle primärer Anlaß der Gründung des Verbandes; RWK: Industriearbeiter durch Kleingärten noch kein Landvolk). Dazu Bormann: Betonung der Notwendigkeit, wegen der ernährungspolitischen Bedeutung der Kleingärtner dem REM weitestgehenden fachlichen Einfluß zu sichern; Vorschlag, die Kleingärtner unter einem (im Einvernehmen mit ihm und StSekr. Backe von Ley zu bestellenden) landwirtschaftlichen Fachmann mit dem Deutschen Siedlerbund zu vereinigen.
H   101 17321/1−327 (1033)

27. 11. 42   AA   16345
Übersendung einer Kommentierung des Hirtenbriefs der deutschen katholischen Bischöfe vom 19. 8. 42 in den Zeitungen Novidades und A Voz (beide Lissabon).
W   202 01382−83 (10/14−25+20/7)

27. 11. 42   GL Forster   16346
Zu dem Versuch einiger Politischer Leiter im Gau Danzig-Westpreußen, das Mitarbeiternetz des SD namentlich zu erfassen, Unterrichtung des GL Forster über eine Übereinkunft zwischen PKzl. und Reichssicherheitshauptamt: Im Interesse einer völligen Geheimhaltung des SD-Apparates auch keine Informierung der Hoheitsträger über die SD-Personalien, von engen persönlichen Mitarbeitern abgesehen (der Text in der PKzl. als Schreiben Bormanns konzipiert, dann aber von Himmler ausgefertigt). (Vgl. Nr. 16354 a.)
K/H   102 01197−200 (2207)

27. 11. 42   PräsKzl.   16347
Übersendung des *Entwurfs einer Führerverordnung zur einheitlichen Regelung des Widerrufs der Verleihung von Orden und Ehrenzeichen und deren Entziehung wegen unwürdigen Verhaltens des Beliehenen.
M   101 02970 (298 a)

28. 11. 42   RWiM u. a.   16348
Nochmalige Auskämmung aller Betriebe auf entbehrliche Schreibmaschinen und Ausdehnung dieser Aktion nunmehr auch auf Behörden („Maschinenausgleich"). (Nachrichtlich an die PKzl.)
H   101 17625 f. (1071 b)

[28. 11. 42]   Kraus   16349
In der Reichskanzlei Erörterung der sich widersprechenden Anweisungen über die Erhöhung des Luftdrucks in der Fahrzeugbereifung; dabei erwähnt: Bormann in dieser Frage an den Korpsführer herangetreten, ihm vielleicht auch Näheres (wer?) über den Hitler darüber gehaltenen Vortrag bekannt.
K/W   101 14268 f. (750)

28. 11.−[15. 12.] 42   RJM   16350
Zustimmung der PKzl. zum *Entwurf einer Vierten Verordnung zur Vereinfachung der Zivilrechtspflege: Entscheidung über Anträge auf Ablehnung eines Richters künftig durch den Gerichtspräsiden-

ten; Vereinfachung insbesondere des Berufungs-, Beschwerde- und Revisionsverfahrens, auch im Geltungsgebiet des ehemals österreichischen Rechts; u. a.
K/H   101 13224 – 34 (709)

29. 11. – 31. 12. 42   Lammers, GenGouv. Frank   16351
Erhebliche Bedenken Bormanns gegen einen ·Verordnungsentwurf der Regierung des Generalgouvernements (GG) über die Regelung von Schulden aus der Zeit vor September 1939: Eine allgemeine Schuldenbereinigung unnötig; das Bestreben nach Angleichung an das Reichsrecht nicht im Einklang stehend mit der künftigen Entwicklung im GG; verschuldete Polen wegen ihrer Manipulierbarkeit politisch nicht unerwünscht; Bitte an Lammers, Generalgouverneur Frank zu veranlassen, den Entwurf nicht weiter zu verfolgen. Entsprechendes Schreiben L.' an F. mit Besprechungsvorschlag. Rechtfertigung F.s: Bisher keine Kenntnis von der – durch ihn also auch noch nicht gebilligten – Vorlage seiner Hauptabteilung Justiz an sein für die Überarbeitung usw. zuständiges Amt für Gesetzgebung; Bitte um baldige Besprechung.
A/W/H   101 23925 – 31 (1340 b)

30. 11. 42   Himmler   16352
Unter Bezug auf den Befehl Hitlers, fähige Leute zu benennen, Vorschlag, SS-Obf. Naumann, Ministerialdirektor im Reichspropagandaministerium, für eine Gauleiterstelle in Betracht zu ziehen.
M   306 00759 (Naumann)

30. 11. 42   Himmler, Lammers   16353
Kritik Himmlers an dem Vorschlag der Obersten SA-Führung, in den besetzten Ostgebieten einen Aufbaudienst einzurichten: Hinweis auf den politischen Schaden eines durch deutsche Erziehungsarbeit (Pflege von Lied- und Kulturgut) geförderten Nationalismus; das SA-Führerkorps auch gar nicht in der Lage, eine Massenorganisation fremder Nationalitäten im Sinne der an sich anzuzweifelnden politischen Zwecksetzung des SA-Vorschlags zu steuern; Bitte an Lammers, eine Entscheidung Hitlers in dieser Sache herbeizuführen. (Abschrift an Bormann.)
K   102 00855/1 f. (1713)

[30. 11.] – [19. 12. 42]   Seyß-Inquart, Lammers, RFSS   16354
Entwürfe des Reichskommissars Niederlande für eine Polizeiorganisationsordnung und für ein Polizeistandrecht in den Niederlanden; von RK Seyß-Inquart besonders erwähnte Gesichtspunkte: Konzentration der vielfachen polizeilichen Aufsplitterungen und Ausrichtung der Organisation nach deutschem Muster; analog zu der Regelung im Reich und in Unkenntnis des dort vorgesehenen „Entwicklungswegs" vorerst keine Ernennung eines eigenen Generalsekretärs für die Polizei, also gewissermaßen eines Polizeiministers, sondern vorläufig Unterstellung der zusammengefaßten Polizeiverwaltung unter den Generalsekretär für Justiz; Berücksichtigung der Wünsche Himmlers bei der Abfassung der Verordnung über ein Polizeistandrecht, jedoch mit Rücksicht auf die Autorität des Reichskommissars nur De-facto-Bestellung des Höheren SS- und Polizeiführers zum Obersten Gerichtsherrn des Standrechts durch Übertragung praktisch aller Vollmachten an ihn; Einsetzung eines Polizeistandgerichts auch ohne Verhängung des Polizeistandrechts bei einer Häufung von Sabotagefällen; Zusammensetzung dieser Gerichte. Billigung der Entwürfe durch H. und Bormann; Vorschlag H.s, den Generalsekretär für das Justizwesen, Schricke, in Personalunion zum Generaldirektor für das Polizeiwesen zu ernennen. – In diesem Zusammenhang Erwähnung bereits früherer Beschäftigung der Reichskanzlei und der PKzl. mit der Frage des Ausnahmezustandes bzw. des Standrechts.
K/H   101 11402 – 07/12 (675 b); 102 01668/1 – 669 (2860)

30. 11. 42 – 18. 3. 43   GL Florian, GL Kurhessen, Himmler u. a.   16354 a
Beschwerden der GL Florian und Weinrich über den SD. F.: In den Monatsberichten des SD „reichlich wenig" über die Tätigkeit der Feinde der Partei zu lesen, wohl aber „seitenlange Auslassungen" über Kunst, Wirtschaft usw. mit oft unangebrachten und von „keinerlei Kenntnis getrübten" Kritiken; als Beweis für das „Herumwühlen" des SD in „Partei-Dingen" Vorlage eines Schreibens der Außenstelle Solingen des SD-Leitabschnitts Düsseldorf an ihre Nebenstellen mit Fragen über die Morgenfeiern der NSDAP am 8. 12. 42; Androhung, „zur Selbsthilfe" zu schreiten und seine Politischen Leiter nach eventuellen Aufgaben für den SD zu befragen und ihnen die Übernahme solcher Aufgaben zu verbieten. W.: Befremden über die mangelhafte Zusammenarbeit von Staatspolizei und insbesondere SD mit der Partei, Entwicklung des letzteren zu einer „Partei-Überwachungs-Organisation"; ohne Beteiligung der Hoheitsträger Anwerbung „sehr oft schräger Vögel" als Vertrauensmänner; als Beispiel Hinweis auf den Kreismitarbeiter des SD in Melsungen, einen Parteigenossen von 1940, und auf dessen „Beschnüffe-

lung" und „Überschattung" der Politischen Leiter (etwa Meldungen über eine Wagenfahrt des Gauleiters nach der Lindenlust oberhalb Melsungen und über ein „großes Gelage" des Gauamtsleiters für Volksgesundheit und seiner Mitarbeiter). Durch Bormann Weiterleitung beider Schreiben an Himmler unter Hinweis auf die Kritik auch anderer Gauleiter am SD (in Danzig-Westpreußen erhebliche Differenzen; vgl. Nr. 16346). Stellungnahmen H.s zu den Schreiben F.s (die Berichterstattung über die Morgenfeiern im Auftrag des Hauptkulturamts der Reichspropagandaleitung vorgenommen, Rüge des SD-Leitabschnitts Düsseldorf für die mißverständliche Formulierung einer seiner Fragen; Aufgabe des SD als alleiniger Informationsdienst der Partei und auch des Staates die laufende Unterrichtung der Führungsstellen über die Entwicklung auf *allen* Lebensgebieten, jedoch als allgemein gültige Erfahrungen und nicht als Meldungen örtlicher Vorgänge und auch nicht unter Kritik in irgendeiner Form an den Politischen Leitern; diese Aufgabe von einigen Gauleitern, darunter F., leider nicht richtig gesehen) und W.s (der beanstandete SD-Außenstellenleiter in Übereinstimmung mit dem zuständigen Kreisleiter eingesetzt; durch ihn keine Erstattung schriftlicher Meldungen über die Fahrt und das Essen, sondern lediglich Weitergabe im einen Falle der vom Kreisleiter in Melsungen mitgeteilten Kritik der Bevölkerung, im anderen Falle der Verärgerung eines Ehrenzeichenträgers; die Beschwerde W.s offenbar das Ergebnis einer von ihm bei seinen Kreisleitern veranstalteten Umfrage; das von B. „dringendst" angeregte Rundschreiben an die Gauleiter über die nicht in der Überwachung Politischer Leiter und ihrer Arbeit liegende Tätigkeit des SD deshalb nicht für notwendig erachtet, im übrigen durch das vorgesehene Rundschreiben B.s über die „Ergebnisse der Verhandlungen" mit dem verstorbenen SS-Ogruf. Heydrich „über die Fragen der Zusammenarbeit SD/Partei" eine nochmalige Aufklärung der Gauleiter bevorstehend).
H   102 01183/1 — 24 (2200)

30. 11. 42 — 17. 6. 43   RMfWEuV   16354 b
Auskunft auf eine Anfrage der PKzl. wegen der Finanzierung der Seeberufsfachschulen: Keine Bewilligung der beantragten Planstellen durch den Reichsfinanzminister unter Berufung auf den Stoperlaß; dafür ersatzweise Übernahme der für die Abstellung von Lehrpersonen durch die Kriegsmarine zur Arbeitsleistung an diesen Schulen anfallenden persönlichen Kosten.
K   101 15906 f. (950)

1. 12. 42   AA   16355
Mitteilung: Nach einem Konflikt mit den Landesbischöfen die Demissionierung des rumänischen Patriarchen Nikodem zu erwarten.
W/H   202 01487 f. (11/3 — 17 + 20/9)

[1. 12. 42]   SS-Gruf. Pancke   16356
In einem Schreiben an Himmler erwähnt: In Hannover Verbreitung eines Gerüchts über die angebliche Eröffnung eines Disziplinarverfahrens gegen GL Lauterbacher durch Bormann.
W   107 00123 — 26 (166)

1. 12. 42 — 4. 9. 43   OKW   16357
Mitteilung über die Beauftragung des Chefs des Kraftfahrzeug-Instandsetzungswesens beim General der Motorisierung mit der gesamten Kfz.-Instandsetzung, der Planung und der Verteilung aller Kfz.-Ersatzteile der Wehrmacht und Wirtschaft im Heimatkriegsgebiet und in den besetzten Gebieten; Durchführungsbestimmungen hierzu. Ausdehnung des Geltungsbereichs dieser Verfügungen auf die NSKK-Transportgruppe Todt.
K/H   101 14270 — 83 (750)

2. 12. 42   AA   16358
Übersendung eines ausführlichen Artikels des früheren Pastors an der Konfessionellen Amerikanischen Kirche in Berlin, Herman jr., aus der Zeitschrift Saturday Evening Post (Philadelphia) über die Bemühungen, in Deutschland das Christentum durch eine ns. Ersatzreligion zu verdrängen (Schilderung pseudoreligiöser Feiertage und Lebensfeiern [Geburt, Hochzeit, Tod]).
W/H   202 01071 — 88 (9/5 — 14 + 20/1)

2. — 3. 12. 42   AA, Dt. Ges. Zagreb   16359
Übersendung von Berichten der Deutschen Gesandtschaft in Zagreb: Programm der geplanten (dann aber nicht abgehaltenen) Dekanatskonferenz der Diözese Zagreb; Anschläge der Aufständischen gegen katholische Geistliche; Äußerungen von Bischöfen über die katholische Einstellung zum Rassenproblem und zu den großen Fragen der künftigen politischen Entwicklung; Zusammenarbeit zwischen Kirche

und Staat auf dem Gebiet der sozialen Hilfswerke; angebliches Unbehagen des Erzbf. Stepinac über die Zwangsübertritte von Pravoslaven zum Katholizismus.
W/H   202 00869 – 74 (8/8 – 20 + 19/10 – 11)

[2.] – 4. 12. 42   RFM u. a.   16360
Nach einer auf Wunsch der PKzl. vorgenommenen Verschiebung Ressortbesprechung über die ergänzende Regelung des Kinderbeihilfe-Erlasses (Ausdehnung auf Kinder mit nicht bekannten Vätern; hierzu Äußerungen gegen eine zu weit gehende Förderung der unehelichen Kinder) sowie über ein Auskunftsersuchen der Kreisstelle Cosel des Rassenpolitischen Amts an die Finanzämter um die Gründe der Ablehnung von Ehestandsdarlehen und Kinderbeihilfen zwecks Anlegung einer Warnkartei (Befürchtungen einer Gefährdung des Ärztegeheimnisses).
K/W/H   102 00049 – 54 (104)

3. 12. 42   AA, Dt. Botsch. b. Hl. Stuhl   16361
Übersendung eines Berichts der katholischen Zeitung L'Avvenire d'Italia über die religiöse Lage in Deutschland (u. a. Zitierung aus einem gemeinsamen Hirtenbrief der deutschen Bischöfe vom August sowie aus einer Auslassung des Kard. Bertram über die Bedrohung Europas durch den Bolschewismus).
W   202 00714 f. (7/10 – 18 + 19/8)

3. 12. 42   Himmler   16362
Mitteilung Bormanns über die Auflösung der Mob-Abteilung der NSDAP (zur Aufstellung Kommandierung von SS-Obf. Burkhardt, später Abstellung von SS-Gruf. Knoblauch zum Stab StdF; nach dem Übertritt K.s zur Waffen-SS [April 1940] Unterstellung der Abteilung unter Friedrichs; aus zwingenden Gründen nunmehr vollständige Eingliederung in die „Abteilung F.").
M   306 00700 f. (Knoblauch)

3. 12. 42   Himmler   16363
Unter Berufung auf Hitler Befremden Bormanns über die vom Reichskriminalpolizeiamt angeblich geplante Neuregelung der Behandlung der reinrassigen Zigeuner (mit Ausnahme der sogenannten Rom-Zigeuner) im Reich (Erlaubnis zur Pflege von Sprache, Ritus und Brauchtum, evtl. sogar Heranziehung zum Wehrdienst); Bitte um alsbaldige Information.
H   102 00067 f. (180)

3. 12. 42   AA   16364
Angaben von Propst Marczynski über die Lage der deutschen Kirche in Brasilien (Restriktionen und Verhaftungen) laut Bericht aus Buenos Aires.
W   202 01888 (15/1 – 10 + 20/13)

3. 12. 42   RArbM u. a.   16365
Von der Reichsstelle für industrielle Fette vorgenommene Gebietsaufteilung der Abholerfirmen für den aus den Fettabscheidern anfallenden Fettschlamm; Empfehlung einer Rangfolge nach dem Grad des zu erwartenden Fettschlammanfalls (Schlachthöfe, fleischverarbeitende Betriebe, fisch- und fettverarbeitende Betriebe, Verpflegungsstätten) beim Einbau von Fettabscheidern. (Nachrichtlich an die PKzl.)
H   101 19193 – 98 (1170 a)

3. 12. 42   Himmler, RMfEuL   16366
Durch Himmler Übersendung von zwei Berichten des Bevollmächtigten des Reichsernährungsministers, Landwirtschaftsrat Pehle, über die ernährungswirtschaftliche Lage und über die Situation der gewerblichen Wirtschaft im Generalgouvernement (Hamsterpsychosen, Schwarzmarktpreise, personelle Änderungen, Verpflegung von im Interesse des Reiches tätigen Polen, Erfassung landwirtschaftlicher Erzeugnisse, Prämienaktionen, Arbeitsmarkt, das Problem der Kriegswichtigkeit, Auftragslenkung, Erfassung und Leistungsprüfung, u. a.).
K   102 01423 – 37 (2648)

[3. 12. 42]   GL Bohle   16367
Übersendung einer ˙Denkschrift über Bormann an Himmler.
K   102 01094/1 (2029)

[3. 12. 42]   RVM   16368
Hinweis auf den Ablauf des Ernennungszeitraums bei allen Beiratsmitgliedern der Deutschen Reichs-

bahn; Notwendigkeit, angesichts der großen Bedeutung der Reichsbahn für die Kriegführung usw. ihren Beirat umzubilden und ihn näher an die in enger Zusammenarbeit mit der Reichsbahn stehenden leitenden Stellen von Partei, Staat und Wirtschaft heranzuführen; Empfehlung, die Zahl der Mitglieder auf 18 zu erhöhen; Unterbreitung dieser Vorschläge im Einvernehmen mit dem Leiter der PKzl. (auch Bormann selbst vorgeschlagen).
M   101 01884 – 87 (187 a)

[3. 12. 42] – 5. 4. 44   RKzl., RMfWEuV, RStatth. Tirol   16369
Differenzen zwischen RStatth. Hofer und Rust über die eigenmächtig durch H. erfolgte Umbenennung der Landesbildstelle Alpen-Nord (Innsbruck) in „Bildstelle des Reichsgaues Tirol und Vorarlberg" und über die in diesem Zusammenhang notwendig gewordene Neugründung einer Landesbildstelle im – bisher von der Landesbildstelle Innsbruck mitbetreuten – Reichsgau Salzburg: Bitte Bormanns an Lammers um Prüfung des Sachverhalts mit dem Ziel, eine Aufhebung der von H. getroffenen Anordnung zu vermeiden. Stellungnahme L.' (unter Verwendung der Äußerungen R.s und einer Feststellung des Sachbearbeiters der PKzl., Ancker): Eine Änderung der bisherigen Bezeichnung nur reichseinheitlich und aus Ersparnisgründen erst nach dem Kriege möglich; Gefahr der Verwechslung mit den Bildstellen der Partei nach der Umbenennung; durch die Bezeichnung „Bildstelle des Reichsgaues Tirol und Vorarlberg" Zwang zur Begrenzung der Bildstellentätigkeit nur auf diesen Gau; die damit notwendig gewordene Schaffung einer Landesbildstelle in Salzburg nicht ohne Bewilligung entsprechender Anträge anderer Gauleiter möglich, nach den Anordnungen über Sparmaßnahmen und nach Zurückstellung aller nicht kriegswichtigen Vorhaben die Gründung neuer Landesbildstellen jedoch nicht zu verantworten; die nachträgliche Akzeptierung des selbstherrlichen – vermutlich auf einer Äußerung Hitlers über die Bezeichnung von Gaubehörden beruhenden – Vorgehens Hofers durch die zuständigen Reichsbehörden mit der Autorität der Obersten Reichsbehörden unvereinbar. Billigung dieser Argumente durch B.; Auftrag an StSekr. Klopfer, mit Hofer über eine Wiedereinrichtung der Landesbildstelle Fühlung aufzunehmen. Nach einigen fehlgeschlagenen Versuchen Vereinbarung zwischen Hofer und GL Scheel (Salzburg), die alte gemeinsame Landesbildstelle in Innsbruck wieder zu errichten. Bitte K.s, die im Zusammenhang mit den beanstandeten organisatorischen Maßnahmen Hofers durch den Reichserziehungsminister verhängte Sperre (Geld und Materialien) aufheben zu lassen.
K   101 16268 – 89 (955 b)

4. 12. 42   AA   16370
Übersendung der Übersetzung einer über Radio Vatikan gehaltenen Ansprache des Paters Venturini über den Zweck des Apostolates des Gebets und zur Frage des Glaubensverlustes und des Schutzes der Kirche in Europa.
W/H   202 02149 – 49/7 (16/24 – 37)

4. 12. 42   AA   16371
Übersendung der in der Lissaboner Zeitung A Voz abgedruckten Botschaft Pius' XII. an die portugiesische Nation anläßlich des 25. Jahrestages der Erscheinung von Fatima; dazu ein Kommentar der Zeitung Ya (Madrid) über Portugal als „das berufene Land des Katholizismus".
W   202 01273 – 82 (10/14 – 25 + 20/7)

4. 12. 42   AA   16372
Übersendung eines gegen die englische Propaganda gerichteten Aufsatzes des ehemaligen rumänischen Propagandaministers und bekannten orthodoxen Theologen Cranic: Die Behauptung Englands, einen Kreuzzug für eine christliche Ordnung zu führen, angesichts seines Bündnisses mit der „christenfeindlichen Schreckensherrschaft des roten Moskau" eine Schamlosigkeit (dazu das Auswärtige Amt: Der Artikel C.' das Ergebnis der kürzlich erteilten, bekannten Sprachregelung an die deutschen Auslandsvertretungen).
W/H   202 01489 – 92 (11/3 – 17 + 20/9)

4. – 18. 12. 42   GL Sachsen, Lammers   16373
Nach einem Hinweis der Gauleitung Sachsen auf die nur gegenüber Parteigenossen strengen, sonst aber „ziemlich milden" Urteile der Militärgerichte eine von Bormann veranlaßte Beschwerde Lammers' bei Keitel über das von der Gauleitung speziell beanstandete Urteil des Heeresgerichts der 4. Division in Dresden (acht Jahre Zuchthaus für den Landwirt Karl Flammiger [Oberullersdorf Kr. Zittau] wegen Brandstiftung am väterlichen Hof aus Rache an seiner vom Anerbengericht mit dessen Verwaltung betrauten Schwester und deren Mann): Hinweis auf das vermutliche Todesurteil eines zivilen Sondergerichts; dessen „Anordnung" auch bei einer Unterrichtung Hitlers unzweifelhaft; deshalb Bitte um „Ab-

hilfe" angesichts des noch nicht rechtskräftigen Urteils und um Fühlungnahme mit dem Reichsjustizminister zur Vereinheitlichung der von der zivilen und der militärischen Gerichtsbarkeit angelegten Maßstäbe; ferner Aufforderung, der derzeit in der Gesetzgebung noch nicht realisierbaren Auffassung H.s von der Befassung militärischer Gerichte ausschließlich mit von ihnen zu beurteilenden spezifisch militärischen Straftaten bereits jetzt durch Entlassung wegen anderer Delikte Angeschuldigter aus der Wehrmacht Rechnung zu tragen.
H   101 22532–38 (1284); 101 29897 ff. (1560)

[4. 12. 42]–8. 1. 43   RArbM, StSekr. Kritzinger   16374
Durch Bormann Billigung und Unterzeichnung des Entwurfs eines Gesetzes über die versicherungsrechtliche Stellung der Parteibediensteten (Errichtung einer Krankenversicherungsanstalt der NSDAP, Bestimmungen über die Rentenversicherung).
W   101 04052/1–053 (404); 101 20214–17/2 (1201 b)

4. 12. 42–21. 1. 43   AA, Dt. Botsch. b. Hl. Stuhl   16375
Nachfrage der PKzl. nach einer angeblichen Seelenmesse in der Peterskirche in Rom für die von den Deutschen getöteten Bischöfe und Geistlichen. Dazu die Deutsche Botschaft beim Heiligen Stuhl: Die Information unzutreffend, gemeint offenbar eine von der Polnischen Botschaft veranlaßte Seelenmesse für einige in letzter Zeit verstorbene polnische Bischöfe.
W   202 02144 ff. (16/24–37)

5. 12. 42   AA   16376
Übersendung eines Artikels der Zeitung Popolo di Roma über den historischen und aktuellen Beitrag Italiens zur Missionstätigkeit.
W   202 00702–07 (7/10–18 + 19/8)

5.–19. 12. 42   RKzl.   16377
Auf Anfrage Unterrichtung der Reichskanzlei durch StSekr. Klopfer über Bormanns negative Einstellung zu der beabsichtigten Beauftragung der Leiter der Gauheimstättenämter mit der Leitung der Wohnungs- und Siedlungsämter wie überhaupt zu jeder Vermengung von Partei- und Staatsaufgaben; keine Bedenken jedoch gegen eine Übernahme fachlich geeigneten Personals bei eventueller Auflösung der durch die Errichtung der Wohnungs- und Siedlungsämter überflüssig gewordenen Gauheimstättenämter. (Vgl. Nr. 16335.)
H   101 17492–95 (1033 b)

6. 12. 42–27. 2. 43   RKzl.   16378
Durch Bormann Unterrichtung über das Verbot Hitlers, beschlagnahmte Kunstgegenstände zu verkaufen oder zu verschenken; Weisung, sie als Volksvermögen in Galerien zu geben (Anlaß eine Anregung, Rosenberg zum 50. Geburtstag ein Bild aus den in Frankreich beschlagnahmten Sammlungen von Neuschwanstein als „Geschenk des Führers" zu geben).
H   101 21712 (1269 d)

7. 12. 42   AA   16379
Übermittlung eines Berichts über eine Rede des rumänischen Kulturministers Petrovici auf der Eröffnungssitzung der Heiligen Synode über die Rolle der Kirche als einer aktiven Mitkämpferin gegen den „Drachen im Osten".
H   202 01549 ff. (11/3–17 + 20/9)

7. 12. 42   AA   16380
Übersendung eines Artikels der Zeitung Avvenire d'Italia (Bologna) über den Katholizismus in Kroatien.
W   202 00936–40 (8/8–20 + 19/10–11)

7. 12. 42   AA   16381
Unter Hinweis auf britische Berichte und Behauptungen deutscher Emigranten über die Unterdrückung der Katholischen Kirche im Wartheland Bitte um einen grundsätzlichen Bericht über die allgemeine Lage auf konfessionellem Gebiet.
W   202 01871 f. (15/1–10 + 20/13)

7.–15. 12. 42   Lammers   16382
Durch Bormann übermittelter Wunsch Hitlers nach einer zusätzlichen Zahlung von RM 600.– monat-

lich an die Witwe des Direktors der Staatlichen Gemäldegalerie Dresden, Posse. Durch Lammers entsprechende Veranlassung.
A/H   101 05142 – 44 (449)

7. 12. 42 – 22. 1. 43   RProt., RKzl. u. a.   16383
Einwände Bormanns und Lammers' gegen die vom Reichsprotektor angeregten regelmäßigen Zusammenkünfte von Vertretern der Verwaltung in den verschiedenen eingegliederten und besetzten Gebieten; nach Meinung L.' die Gefahr einer Fehlleitung der Verwaltung (mangelnde Kenntnisse der Absichten Hitlers bei den zu den Veranstaltungen entsandten Subalternbeamten) nicht auszuschließen; keine Bedenken gegen einen gelegentlichen persönlichen Meinungsaustausch der Chefs der verschiedenen Verwaltungsgebiete unter vier Augen.
K   101 07730 – 33 (606)

7. 12. 42 – 10. 4. 43   Lammers, Thierack   16384
Durch Lammers Übersendung eines Gnadengesuchs des Kard. Innitzer für die vom Volksgerichtshof wegen Aufforderung zum Hochverrat (Verbreitung zur Beseitigung der ns. Staatsführung und zur Wiedererrichtung Österreichs aufrufender „Schmähschriften") zum Tode verurteilte Helene Kafka (Schwester Restituta). Die Absicht des Reichsjustizministers, u. a. wegen früherer Verdienste der Verurteilten um einen ns. Arzt die Todesstrafe im Gnadenwege in eine zehnjährige Zuchthausstrafe umzuwandeln, von der PKzl. nicht gebilligt: Auslöschen gelegentlicher früherer „positiver Taten" durch das Bündnis mit dem äußeren Feind, daher aus Abschreckungsgründen der Vollzug der Todesstrafe erforderlich.
H   101 28486 – 96 (1551 a)

8. 12. 42   Himmler   16385
Übersendung des *„Artikels eines Holländers" über Tonnageberechnung.
K   102 01036 (1919)

8. 12. 42 – 4. 3. 43   AA   16386
Das von der PKzl. erbetene konkrete Material über die (auch nach Einführung der Genehmigungspflicht offenbar immer noch lebhafte) Teilnahme deutscher Wehrmachtangehöriger an Papstaudienzen nicht lieferbar, lediglich Hinweis auf einen starken Rückgang in letzter Zeit.
W   202 02151 ff. (16/24 – 37)

9. 12. 42   AA, Dt. Ev. Kirche, RMfdkA   16387
Durch das Auswärtige Amt wegen Nichtbefolgung der erteilten Weisungen Übertragung der Betreuung orthodoxer Stipendiaten vom Kirchlichen Außenamt der Deutschen Evangelischen Kirche (KA) auf das Deutsche Studienwerk für Ausländer und Entziehung der Befugnis des KA zur Behandlung von Angelegenheiten der orthodoxen Kirchen im Ausland (Verhandlungen mit ausländischen Missionschefs oder mit orthodoxen Geistlichen); Bitte an den Kirchenminister, dem bisherigen Sachbearbeiter des KA für orthodoxe Angelegenheiten, Gerstenmaier, eine andere Tätigkeit zuzuweisen. (Abschriften an die PKzl.)
W/H   202 00354 – 57 (4/1 – 12)

9. 12. 42   AA, Dt. Botsch. Madrid   16388
Übersendung von Berichten der Deutschen Botschaft in Madrid über die beabsichtigte Gründung eines nordamerikanischen Kulturinstituts mit katholischem Charakter in Madrid.
W   202 01064 – 67 (9/5 – 14 + 20/1)

9. 12. 42   Himmler   16389
Warnung vor einer von der SA-Führung beabsichtigten, seiner Meinung nach verfrühten Aufstellung einer SA im Ostland; Bitte um Einholung einer Willensäußerung Hitlers zu diesem Plan.
K   102 01582 (2749)

9. 12. 42   Himmler   16390
Mitteilung Bormanns über die Billigung der Einsetzung des Oblt. Hans Plesch als – zunächst kommissarischer – Polizeipräsident in München durch Hitler.
K   102 00392 (784)

9. 12. 42   AA   16391
Mit der Bitte um Stellungnahme Übersendung eines Auszugs aus den Allgemeinen Heeresmitteilungen

9/25 über die Heirat von Wehrmachtangehörigen mit Angehörigen nordischer Staaten (Kritik Hitlers an der „erzieherischen Einwirkung der zuständigen Disziplinarvorgesetzten"; Forderung, „Verbindungen mit rassisch unwerten bzw. schlecht beleumundeten weiblichen Personen" zu verhindern; in Zukunft Anlegung schärferer Maßstäbe an die „rassischen Merkmale der Braut").
H   203 03055 ff. (86/7)

[9. 12. 42]   Lammers   16392
In einer Besprechung mit Seyß-Inquart aus anderem Anlaß (vgl. Nr. 16354) streng vertrauliche Mitteilung über Hitlers Absicht, Himmler „später einmal zum Reichspolizeiminister zu machen" (Erwähnung im Zusammenhang mit einer von Bormann gebilligten Regelung).
H   101 00507 (138); 101 03884 (391); 101 11405 (675 b); 101 20275 (1204 b)

[9. 12. 42]   RKzl.   16393
Aufzeichnung über die Auswirkungen der Verordnung über die Reichsverteidigungskommissare (RVK) vom 16. 11. 42 und der durch sie bewirkten Gleichschaltung der Parteigaue mit den Reichsverteidigungs- und den Wirtschaftsbezirken (vgl. Nr. 15956): Zwar Deckung von Reichsverteidigungsbezirk mit Parteigau, dabei jedoch Überschneidungen bei Nicht-Entsprechung von Parteigau und staatlichem Verwaltungsbezirk, insbesondere in Mitteldeutschland; der Vorschlag des StSekr. Stuckart, den RVK, also den Gauleitern, auch in den Gebieten ohne ihre „Territorialherrschaft" die Rechte des Oberpräsidenten bzw. Reichsstatthalters einzuräumen, d. h. die Provinzen oder Länder den Parteigauen gleichzuschalten, nach Ansicht der Reichskanzlei unzweckmäßig (ein besser zu vermeidendes Stückwerk der Reichsreform; die Parteigaue nach den Reichstagswahlbezirken gebildet und daher nicht die geeignete Grundlage einer Reichsreform); die PKzl. zwar generell gleicher Auffassung, Einzelfall-Regelungen (etwa Aurich, Osnabrück, Erfurt) entsprechend dem Vorschlag St.s jedoch für sie akzeptabel; Erwägungen der PKzl., aus Anlaß der Bestellung aller Gauleiter zu RVK die Provinzen Sachsen und Hessen-Nassau in je zwei Provinzen zu teilen. (Vgl. auch Nr. 16410.)
A/W/H   101 22932−36 (1307)

9. 12. 42−4. 1. 43   RFSS   16394
Bitte um weitere fünf Exemplare des PKzl.-Rundschreibens über den Einsatz Wehrunwürdiger in der Wehrmacht (nur Erfassung gering Bestrafter, Ausschluß von Homosexuellen, Landesverrätern, Sicherheitsverwahrten und Entmannten; Verleihung lediglich zeitlicher Wehrwürdigkeit); Begründung: Das Rundschreiben eine Geheime Reichssache, daher die Fertigung von Abschriften nicht ohne weiteres möglich.
W/H   107 01014−18 (338)

9. 12. 42−3. 2. 43   GL Wegener, RWiM, RMfEuL, Oberste RBeh., RKzl., RMfBuM u. a.   16395
Beschwerde des GL Wegener (Weser-Ems) gegen eine vom Reichsbewaffnungsminister (RBM) − trotz eines vom Reichswirtschafts- und vom Reichsernährungsminister (REM) am 1. 5. 42 erlassenen Verbots − neuerlich geplante, erfahrungsgemäß zu erheblichen Mißstimmungen unter den Nichtberücksichtigten führende Sonderzuteilung bewirtschafteter Verbrauchsgüter an einen bestimmten Personenkreis. Im Zusammenwirken mit der Reichskanzlei Bemühungen Bormanns, eine Zusicherung des im Auftrage Speers handelnden Obgm. Liebel zu erhalten, in Zukunft von solchen Sonderzuteilungen abzusehen. Trotz einer entsprechenden Erklärung L.s Verteilung einer von Hitler auf Veranlassung S.s genehmigten Leistungsprämie (in Form eines Führerpakets für Osturlauber) an alle unter dem Stichwort „Herbert" tätigen Rüstungsschaffenden. Im Zusammenhang mit dieser Aktion Hinweis B.s auf die am 14. 1. 43 neuherausgegebenen, auf der Selbstverantwortung des Betriebsführers und der besonderen Leistung des Gefolgschaftsmitglieds beruhenden Richtlinien S.s für die Sonderzuteilung von Genußmitteln in Rüstungsbetrieben, auf seine − B.s − Bemühungen, für diese Richtlinien das vorherige Einvernehmen der beteiligten Ressorts zu erreichen, und auf den Inhalt der von ihm angeregten, als Erlaßentwurf vorliegenden Vereinbarungen (künftig keine Sonderzuteilungen bewirtschafteter Lebensmittel durch den RBM, sondern erforderlichenfalls durch den REM; Sonderzuteilungen nicht bewirtschafteter Lebensmittel nur durch den Reichsmarschall); die Aufgabe S.s nun − so B. −, die neuherausgebrachten, offenbar nicht den von B. angeregten Vereinbarungen entsprechenden Richtlinien zu „erledigen". Vermerk Lammers': Die angekündigte weitere Unterrichtung in vorliegender Sache nicht erfolgt.
K   101 07976−93 (614)

9. 12. 42−[19. 3. 43]   RKzl.   16396
Bedenken gegen einen (im Anschluß an eine Tagung der Reichsverteidigungskommissare im Reichsin-

nenministerium) in der PKzl. ausgearbeiteten Entwurf eines Führererlasses, nicht nur derartige Tagungen der Gauleiter als solche oder in einer ihrer staatlichen Funktionen, sondern überhaupt „Besprechungen der Gauleiter mehrerer benachbarter Gaue" von der Genehmigung Hitler durch Bormann oder Lammers vorzulegender Anträge abhängig zu machen: Mißdeutungen ermöglichender Zeitpunkt wie auch generell Entbehrlichkeit eines solchen Erlasses (lediglich das Einvernehmen mit dem Reichsmarschall und dem Reichsinnenminister erforderlich). Abschließender Bescheid der PKzl.: Eine Weiterverfolgung der Anregung nicht mehr beabsichtigt.
H 101 18134 (1131); 101 19780−83 (1194 a)

10. 12. 42 Hitler, Lammers u. a. 16397
Empfang des „Leiders" der ns. Bewegung in den Niederlanden (NSB), Mussert, und des Bevollmächtigten der NSB für Rotterdam, Obgm. Müller, durch Hitler; deutsche Teilnehmer: Seyß-Inquart, Lammers, Bormann, Himmler. (Text für eine Presse- und Rundfunkverlautbarung; vgl. Nr. 16401.)
K 101 25939 (1463 a)

10. 12. 42 Lammers 16398
Laut Terminkalender Besprechungen mit Bormann und gemeinsam mit B. Teilnahme am Empfang des Leiters der niederländischen NSB, Mussert, durch Hitler. (Vgl. Nr. 16397 und 16401.)
H 101 29073 (1609 a)

10. 12. 42 Himmler, Chef Sipo 16399
Durch Himmler Übersendung einer kritischen Stellungnahme des SS-Brif. Ohlendorf zu dem Buch „Osteuropa in kontinental-europäischer Schau" von Prof. Nikuradse (Leiter der Kontinentaleuropäischen Forschungsstelle bei RL Rosenberg): Darstellung der osteuropäischen Völker als rassisch wesensgleich mit dem nordisch-germanischen, Verlagerung des kulturellen Schwerpunkts Europas nach dem Osten, Gleichstellung Europas mit Vorderasien und Afrika und andere künstliche Konstruktionen; dazu Ausführungen über die Person N.s (1925 Unterzeichnung einer prosowjetischen Deklaration, 1928 Gesuch um Aufnahme in den Staatsverband der UdSSR, u. a.).
W/H 107 00110−14 (165)

10. 12. 42 RMfBuM, GL Sauckel 16400
Wegen mehrfach erhobener Anschuldigungen gegen zwei Mitarbeiter im Reichsbewaffnungsministerium (RBM), den Fabrikanten Hans-Joachim Schaede (Geldspende für die Untersuchung der Ermordung Rathenaus) und den Direktor W. Schaaf (Sympathien für anthroposophische Auffassungen), ausführliche Darstellung des Lebenslaufs und der wehrwirtschaftlichen und sonstigen Verdienste der beiden Beschuldigten durch den Chef des Technischen Amtes des RBM, Saur, unter Eingehen auf die erhobenen Vorwürfe (die Erschießung R.s damals auch von deutschnationalen Kreisen verurteilt; die Anthroposophie lange Zeit von führenden Männern der Partei unterstützt). Gleichzeitig Bitte Speers an GL Sauckel, seine den Bedenken der PKzl. gegen die Bestellung Schaafs zum Vorsitzenden der Wirtschaftsgruppe Kraftfahrzeugindustrie zugrunde liegende negative Beurteilung Schaafs zu überprüfen.
W 107 00142−54 (167)

10.−14. 12. 42 Mussert u. a. 16401
Aktenvermerk Bormanns über die Ausführungen Hitlers beim Empfang des niederländischen „Leiders" Mussert: Der Charakter des vom übrigen Europa unterschätzten Kampfes gegen den Bolschewismus (nicht nur Weltanschauungskrieg, sondern − wegen der drohenden Überflutung durch die „innerasiatischen Menschenrassen" − „Krieg auf Leben und Tod"; notfalls Einziehung der Vierzehnjährigen); der ns. Sozialismusbegriff; die Bedeutung der rohstoffreichen und für eine Ansiedlung klimatisch geeigneten Ostgebiete; der Krieg mit England (nicht H.s Anliegen) und Amerika; italienische Ansprüche in Nordafrika und Südfrankreich; der französische Kollaborationsgedanke; Schwierigkeiten im Fall der Einsetzung einer Regierung in den Niederlanden (Hinweis auf Norwegen); die künftige Ordnung Europas (Notwendigkeit einer „ganz fest verfügten Konstruktion gegen die künftigen Oststürme", daher Ablehnung eines germanischen Staatenbundes; Zukunftsplanungen nicht ohne Beteiligung der Bundesgenossen; Einordnung der Holländer und Belgier in das großgermanische Reich, nicht Behandlung als Besiegte); u. a.
K/W 102 00764−74 (1556)

10. 12. 42−20. 5. 43 GL R. Wagner, RMdI, RKzl., GL Mutschmann u. a. 16402
Anregung des StSekr. Stuckart, bereits in Personalunion verwaltete Länderministerien zu vereinigen

(Hinweis insbesondere auf die Vorteile einer Beseitigung der Zweigleisigkeit in der Wirtschaftsverwaltung), und entsprechende Vorschläge für einzelne Länder. Solche Fälle nach Auffassung des Dreierausschusses von Hitlers Verbot einer Aufhebung von Länderministerien und der Verabschiedung von Länderministern nicht betroffen, daher nach einer Chefbesprechung Weiterverfolgung der Anregung durch den Reichsinnenminister (RMdI), jedoch ohne Berücksichtigung Bayerns (gelegentlich eines Vortrags über die Frage der Ernennung eines neuen Reichsstatthalters in Bayern von H. personelle Änderungen und eine Zusammenlegung der noch bestehenden bayerischen Ministerien ausdrücklich abgelehnt, daher keine Weiterverfolgung des von GL Giesler vorgelegten Entwurfs eines bayerischen Gesetzes über die Errichtung eines Zentralministeriums; vgl. Nr. 16579). In einem Schreiben des RMdI an die Reichskanzlei mit einer Übersicht über die Länder mit noch nicht zusammengefaßten Ministerien (bereits zusammengefaßt: Hessen, Mecklenburg, Anhalt, Lippe, Schaumburg-Lippe) und entsprechenden Zusammenlegungsvorschlägen (Staatskanzlei, Kult-, Innen- und Wirtschaftsministerium in Württemberg; Staatskanzlei, Finanz- und Wirtschaftsministerium in Baden; Staats-, Innen-, Finanz- und Kultusministerium in Oldenburg und Braunschweig; Staats-, Finanz-, Kultus- und Wirtschaftsministerium in Thüringen) Mitteilung auch über die von RStatth. Mutschmann bereits vollzogene Zusammenfassung sämtlicher sächsischer Ministerien zu einer Einheitsbehörde; diese Maßnahme sachlich vom RMdI begrüßt (für den notwendig werdenden allgemeinen Vertreter M.s als Behördenchef vom RMdI der Unterstaatssekretär im Protektorat, v. Burgsdorff, vorgeschlagen), jedoch Kritik an dem „Vorgriff" M.s sowie Hinweis auf die dem bisherigen Standpunkt H.s zuwiderlaufende und daher problematische Notwendigkeit, noch amtierende Minister abzuberufen. Ergebnis des Vortrags Bormanns und Lammers' bei H.: Die von M. beabsichtigte bzw. anscheinend ohne gesetzliche Grundlage bereits vollzogene Maßnahme von H. nicht gebilligt, vielmehr Weisung, die Zusammenlegung zu unterlassen bzw. wieder aufzuheben; bei dieser Gelegenheit Vorlage eines von Bormann bereits früher an M. gerichteten Schreibens (Ablehnung der Aufhebung von Länderregierungen oder -ministerien durch H.). Unterrichtung des RMdI von der Entscheidung H.s in Sachen Sachsen sowie über die Billigung der übrigen Zusammenlegungsvorschläge; Unterrichtung M.s und der anderen betroffenen Gauleiter. Keine Berücksichtigung mehr eines weiteren Schreibens des RMdI mit der Anführung einer Rechtfertigung M.s (gegen den einen der betroffenen Staatsminister – Fritsch – Schweben eines Parteigerichtsverfahrens, der andere – Kamps – amtsmüde).
A/H   101 09989 – 10008 (658)

11. 12. 42   AA, Dt. Botsch. b. Hl. Stuhl   16403
Übersendung eines Berichts der Deutschen Botschaft beim Heiligen Stuhl über die schwere Erkrankung des Jesuitengenerals Ledochowski und die dadurch aufgeworfene Nachfolgefrage.
W   202 01733 f. (12/15 – 12/33)

11. 12. 42   AA   16404
Übersendung eines Artikels des Schriftstellers Orestano in der (von Mussolini gegründeten) italienischen Zeitschrift Gerarchia über die künftige Rolle des Christentums in Europa und die Haltung des NS gegenüber dem Christentum.
W   202 00660 f. (7/10 – 18 + 19/8)

Nicht belegt.   16405

12. 12. 42   AA, Dt. Botsch. b. Hl. Stuhl   16406
Übersendung eines Artikels der katholischen Zeitung L'Italia über die Haltung des Papstes zum Krieg: Der Papst vor dem Krieg um seine Verhütung, während des Krieges bei „vollkommener Unparteilichkeit" um die Milderung seiner Konsequenzen bemüht; daneben Entfaltung „geheimer und vertraulicher Tätigkeit", jedoch stets für das Wohl der Völker.
W/H   202 00722 ff. (7/10 – 18 + 19/8)

12. 12. 42   AA   16407
Aus der Zeitung A Voz (Lissabon) Übersendung der Wiedergabe einer Ansprache des Kardinal-Patriarchen von Lissabon mit Ausführungen zur „Neuen Ordnung" (unter dem „Zeichen der menschenmörderischen Sichel" oder dem „heidnischen Symbol der Sonne" nur neue Formen der Unordnung).
W/H   202 01375 – 80 (10/14 – 25 + 20/7)

14. 12. 42   RKabR Ficker   16408
Dank Klopfers (PKzl.) für Glückwünsche zu seiner Ernennung zum Staatssekretär.
K   101 14951 (845)

[14. 12. 42]   SS-Ogruf. Rauter   16409
Eindruck vom 11. Erinnerungstag der Gründung der niederländischen NSB und vom dortigen Auftreten des DL Ritterbusch (PKzl.): Die Führung der germanischen Sache in Holland in den Händen der PKzl., die ganze Veranstaltung ein „einzigartiger Triumph" für Mussert und HDL Schmidt; offensichtliches Bestreben des Reichskommissars und Sch.s, die letzten alten Generalsekretäre durch NSB-Leute zu ersetzen.
K/W   102 00807 ff. (1558)

[14. 12. 42] – 15. 5. 43   RMdI, RKzl., PrFM, OPräs. Hessen-Nassau   16410
Unter Hinweis auf bisher unvermeidliche Reibereien und Schwierigkeiten Vorstoß des Reichsinnenministers (RMdI) bzw. des StSekr. Stuckart in Richtung auf Verwaltungsveränderungen vor allem in Mitteldeutschland, um die Territorialgliederung der staatlichen Verwaltung an die Befehlsbereiche der Gauleiter und Reichsstatthalter und nunmehr auch Reichsverteidigungskommissare in ihren Gauen anzugleichen (vgl. auch Nr. 16393), insbesondere – von einigen Überschneidungen (etwa im Emsland, in Osnabrück und Braunschweig) sowie Umgliederungen (etwa der Kreise Hanau, Gelnhausen und Schlüchtern) abgesehen – die beiden noch nicht in Personalunion von Gauleitern geleiteten preußischen Provinzen Hessen-Nassau und Sachsen aufzuteilen und die Gauleiter von Hessen-Nassau und Kurhessen bzw. von Magdeburg-Anhalt und Halle-Merseburg als Oberpräsidenten der neuen Provinzen Nassau und Kurhessen bzw. Magdeburg und Sachsen (neu) einzusetzen. Bei genereller Zustimmung seitens der PKzl. Betonung der Absicht, mit diesen kriegsbedingten Änderungen nicht etwa der künftigen Reichsreform vorgreifen zu wollen und deshalb auch außerpreußische Länder (Anhalt im Fall Magdeburg, Hessen im Fall Nassau) – im Gegensatz zur ursprünglichen Absicht des RMdI – nicht mit einzubeziehen. Ähnliche Überlegungen zunächst auch hinsichtlich des Regierungsbezirks Erfurt und Thüringens, später wenigstens die Beauftragung des GL Sauckel mit der Wahrnehmung der Geschäfte des Oberpräsidenten im Regierungsbezirk Erfurt von St. vorgeschlagen. Einspruch Bormanns gegen das Vorhaben des RMdI, die Ämter des Gauleiters und des Oberpräsidenten institutionell zu verbinden. In diesem Zusammenhang ferner Überlegungen über das Schicksal der Provinzialverbände sowie über die Zusammenlegung von Oberpräsidien mit Regierungspräsidien am gleichen Ort. Nach Bekanntwerden dieser Absichten Einwände gegen die Hessen betreffenden Planungen durch den Preußischen Finanzminister: 1) Die Verwendung des OPräs. Prinz v. Hessen noch nicht entschieden, 2) der in der Neuregelung enthaltene klare Primat der Partei- vor der staatlichen Verwaltungsorganisation und die De-facto-Realunion von Partei- und Staatsämtern lediglich von Hitler selbst zu verfügen, 3) Unzweckmäßigkeit der Schaffung von Kleinprovinzen mit nur einem Regierungsbezirk à la Schleswig-Holstein (dort damit schlechte Erfahrungen), zumindest daher eine Vergrößerung der geplanten Provinz Kurhessen unbedingt erforderlich. Ähnliche Ausführungen des OPräs. Hessen. Erledigung der hessischen Umgliederungspläne durch Hitlers außenpolitisch motivierte Weigerung, OPräs. Hessen derzeit anderweitig zu verwenden. Trotz des Votums des RMdI, nun auch die Teilungspläne für die Provinzen Sachsen und Hannover wegen der damit verbundenen Nachteile und Schwierigkeiten fallenzulassen, Beharren B.s auf der Weiterverfolgung dieser Vorschläge; beide jedoch von Hitler am 10. 5. 43 ebenfalls abgelehnt.
H   101 29394 – 477 (660 b)

15. 12. 42 – 2. 3. 43   Lammers, RegPräs. a. D. v. Gersdorff   16411
Bitte des RegPräs. a. D. v. Gersdorff, Vorsitzender des Kuratoriums des Central-Diakonissenhauses Bethanien in Berlin, um Aufhebung der Beschlagnahme des Hauses samt aller Nebeneinrichtungen oder wenigstens um die – bisher verweigerte – Bekanntgabe der Gründe dieser Maßnahme. Die von der Reichskanzlei (RKzl.) eingeholte Stellungnahme der PKzl.: Die Beschlagnahme am 31. 7. 41, also vor Inkrafttreten der Stopanordnung und somit „ordnungsmäßig" erfolgt und mit der Ausschaltung staatsfeindlicher Beeinflussung (durch „eindeutig gegen den NS gerichtete" Bücher in der Lehrerbibliothek) auch begründet. Ablehnung ebenfalls eines von G. gemachten Kompromißvorschlags (Abtretung der Schulen und Kinderstätten an den Staat) sowie – durch die RKzl. – des erbetenen persönlichen Vorbringens seines Anliegens bei Lammers.
H   101 22254 – 70 (1272 a)

16. 12. 42 – 23. 2. 43   AA, RegPräs. Wiesbaden   16412
Stellungnahme der PKzl. gegen den Abbruch der „von Unbekannten stark demolierten" anglikanischen Kirche in Wiesbaden, um der großenteils auf konfessionelle Fragen abgestellten englischen Propaganda keinen Anlaß zu einer neuen Kampagne zu geben; gegen die beantragte Eigentumsübertragung von der Domänenverwaltung auf die Stadt Wiesbaden keine Bedenken.
W/H   202 00102, 108 ff. (2/13 – 24)

16. 12. 42 – 15. 10. 44   RMfWEuV, Lammers, OKW, RMfEuL, RMdI, PrFM, JFdDR,   16413
                           RSchatzmeister u. a.
Beschwerden des Reichserziehungsministers (REM) über wiederholte Bemühungen des Reichsjugendführers (RJF), u. a. durch Ausstreuung von Gerüchten, die bisher beim REM liegende Zuständigkeit für das Landjahr übertragen zu bekommen: Die Aufgaben des Landjahrs als Berufserziehung nicht Sache der HJ; im übrigen während des Krieges keine Zeit zur Austragung von Zuständigkeitsfragen und daher Bitte, den RJF zu veranlassen, von einer weiteren Störung der sachlichen Arbeit Abstand zu nehmen. Im Gegensatz zu Lammers Stellungnahme Bormanns im Sinne der Bemühungen des RJF: Das Landjahr in neuer Zielsetzung weniger eine berufsbildende Maßnahme als vielmehr Teil der weltanschaulichen Erziehung, seine möglichst baldige Zusammenlegung mit dem Landdienst der HJ daher wünschenswert. Nach Einlenken L.' und Zustimmung des Reichsernährungsministers zur Übernahme des Landjahrs aus dem Geschäftsbereich des REM in die Zuständigkeit des RJF Vorlage des Entwurfs einer Dritten Durchführungsverordnung zum Gesetz über die HJ (Landjahrverordnung) durch den RJF: Ziele des Landjahrs (Erziehung einer Auslese bäuerlicher Jugend „zum Blutsgedanken, zur Arbeit am Boden und zum deutschen Osten"); das Landjahr Angelegenheit der NSDAP im Geschäftsbereich des RJF und unter der ausschließlichen Finanzhoheit des Reichsschatzmeisters; Übergang der bisher genutzten Vermögenswerte auf die NSDAP sowie Übernahme des Personals durch die NSDAP. Gegen den Entwurf Widerspruch des REM, Zustimmung mit Änderungsvorschlägen durch andere Ressorts. Meinungsverschiedenheiten zwischen Reichs- und Parteibehörden über die Vermögenswert- und Personalüberleitung: Die Vorschläge des Reichsinnen- und des Preußischen Finanzministers (die Landkreise Träger der sachlichen Einrichtungen des Landjahrs, nur schuldrechtliche Verpflichtung zur Übereignung der Vermögenswerte des Landjahrs auf die NSDAP, u. a.) von der Partei zurückgewiesen und z. T. zurückgezogen. Bisherige und weiterhin gewünschte Beteiligung der Agrarstellen durch die nunmehrige Zuständigkeit und Beteiligung des Leiters des NSDAP-Reichsamts für das Landvolk (ebenfalls Backe). Die Festlegung der Dienstzeit zwecks leichterer Änderungsmöglichkeit von der PKzl. in die Ausführungsbestimmungen verwiesen. Erörterung möglicher Modalitäten der Aufhebung der Einsprüche von Eltern angesichts der nunmehr als Voraussetzung der Landjahr-Einberufung geforderten freiwilligen Meldung (Vorrangigkeit der „Einsatzfreudigkeit" der Jugendlichen). Beendigung der Diskussion durch die vom Reichsbevollmächtigten für den totalen Kriegseinsatz mit Zustimmung der PKzl. zum 1. 11. 44 verfügte Stillegung des Landjahrs.
H   101 06231 – 81 (522 b)

17. 12. 42   OBdL   16414
Bestimmungen zur Abgrenzung von Befehlsbefugnissen und Verantwortlichkeiten bei Luftangriffen auf den Gebieten Luftschutz, Menschenführung und -betreuung, soziale und wirtschaftliche Notstandsbekämpfung (Gaueinsatzstäbe) und Berichterstattung.
A   101 22707 – 11 (1294 a)

17. 12. 42   AA   16415
Übersendung eines Artikels der Times: Italy in the Toils.
M   203 01295 ff. (43/1)

17. 12. 42   AA   16416
Übersendung eines Artikels der Zeitschrift The American: Refugee Gold Rush (Ausführung von Vermögenswerten durch deutsche Flüchtlinge).
M   203 01290 – 94 (43/1)

18. 12. 42   AA   16417
Übersendung eines Artikels des Generaldirektors des spanischen Pressedienstes für die ibero-amerikanischen Zeitungen, Meneses, über seine Privataudienz beim Papst.
W   202 00718 – 21 (7/10 – 18 + 19/8)

18. 12. 42   AA   16418
Übersendung eines Artikels der Zeitung Post Meridiem (New York) über die Ablehnung jeglicher für den Kriegseinsatz bestimmter Aufträge durch die amerikanische Firma International Edge Tool Co. (Newark) aus religiösen Gründen.
W   202 01068 ff. (9/5 – 14 + 20/1)

18. 12. 42   RKzl., RMdI   16419
Mitteilung Lammers': Einverständnis Hitlers mit dem Inhalt der Gesetzentwürfe über die Verlängerung

der Wahlperiode des Reichstags und der Geltungsdauer des Ermächtigungsgesetzes; Zustimmung zu der Auffassung des Reichsinnenministers, die beiden Verlängerungsmaßnahmen nicht in einem Gesetz zusammenzufassen und das Ermächtigungsgesetz nicht durch Regierungsgesetz zu verlängern. (Die Anregung Goebbels', die Reichstags-Wahlperiode nicht um vier Jahre, sondern „bis auf weiteres" zu verlängern, von L. und H. verworfen.)
M/H   101 02836—40 (288)

18. 12. 42   Himmler   16420
Zur Vorlage bei Hitler Übersendung eines „Besprechungsentwurfs" über die Hilfe der deutschen Polizei bei der Neuorganisation der gesamten französischen Polizei als „erster Teil der Wiederaufrichtung der französischen Wehrmacht"; in diesem Rahmen folgende Forderungen notwendig: Zentralisation und Unterstellung unter den Generalsekretär der französischen Polizei; Anordnungen der Zentralbehörde ausschließlich im Einvernehmen mit dem Höheren SS- und Polizei-Führer; wirtschaftliche Sicherstellung der Polizeibeamten; Schaffung einer Politischen Polizei zur Bekämpfung „politischer Feinde Europas" (Kommunisten, Freimaurer, Juden, Agenten, Spione) unter deutscher Anleitung; Auflösung von Deuxième und Cinquième Bureau; Einstellung jeder Abwehrtätigkeit gegen Deutschland; Amtshilfe für die deutsche Polizei und deutsche Aufsicht über alle französischen Haft- und Internierungslager; offizielle Mitteilung an Laval über die Verbringung Reynauds „ins Reich in Haft" und Forderung der „Verbringung" auch „aller anderen an der Zerstörung der europäischen Einheit Schuldigen" (z. B. Blum, Gamelin, Daladier) sowie der im Lager Evaux-les-Bains einsitzenden, dort nur ungenügend bewachten Gefangenen (Herriot, Worms u. a.); Abtransport der Juden nach dem Osten; Verhaftung aller Engländer und Amerikaner; Erfassung aller Rotspanier und antifaschistischen Italiener für den Arbeitseinsatz in Deutschland.
K/H   102 01039—42 (1929)

[18. 12. 42]   RMdI   16421
Runderlaß über die Beförderung von Beamten: Diese nicht nur von ihrer gegenwärtigen, sondern auch von ihrer früheren politischen Einstellung abhängig; zu diesem Zweck Einholung eines politischen Gutachtens beim StdF (!) oder bei dem laut Anordnung 119/35 des StdF dazu berechtigten Hoheitsträger der NSDAP; bei negativem Ausfall Möglichkeit eines Ausnahmeantrags nach § 17 der Reichsgrundsätze vom 14. 10. 36 bei Hitler durch den Fachminister.
M/H   101 04736 f. (426 a)

18. 12. 42—[17. 4. 43]   Himmler, GL Stürtz, Schwarz   16422
Von Bormann geforderte Überprüfung anonymer Anschuldigungen gegen SS-Brif. Fritz Tittmann, in Treuenbrietzen drei „junge und kerngesunde Angehörige der Waffen-SS" für seine „Privatinteressen" verwendet zu haben und sich das als Duzfreund Himmlers leisten zu können. Zurückweisung der – nach den Ermittlungen der Geheimen Staatspolizei von dem in seinem Amt nicht bestätigten Bürgermeister der Stadt stammenden – Vorwürfe durch H. aufgrund der Ergebnisse der von ihm angeordneten Untersuchung. Nach Wiederholung der Anschuldigungen durch GL Stürtz jedoch (H. demnach, so B., „offenbar nicht ganz zutreffend unterrichtet worden") Auftrag B.s an Reichsschatzmeister Schwarz, die weitere Bearbeitung der Angelegenheit in die Hand zu nehmen.
K/W/H   102 00458—71 (810); 306 00923—28 (Tittmann)

19. 12. 42—6. 1. 43   RKzl. u. a.   16423
Auf Initiative und im Sinne Bormanns Wunsch Hitlers nach größter Zurückhaltung bei Ordensverleihungen und Beantragung von Dotationen aus Anlaß des 30. Januar 1943. Entsprechende Veranlassung durch Lammers.
H   101 21442—49 (1267 a)

20. 12. 42—6. 1. 43   Lammers, GenGouv. Frank   16424
Weiterleitung in der PKzl. eingegangener ʿKlagen über die Versorgung der Kriegsgräber im Generalgouvernement an das OKW und an den Generalgouverneur. Rechtfertigung des OKW mit Arbeitskräfte- und Treibstoffmangel; Zusage, die Angelegenheit mit größerem Nachdruck zu betreiben.
H   101 22606 ff. (1289)

21. 12. 42   HA f. Technik   16425
Zu einem Betreff „Direkte Einschaltung des NS-Bunds Deutscher Technik bei Beurteilung von Lehrkräften an Technischen Hochschulen" folgende Mitteilung der PKzl.: Vorerst nicht Unterrichtung aller

Gauleitungen, sondern – in gleicher Weise wie die Gauleitung Baden – nur der Gauleitungen der Alpen- und Donaureichsgaue und des Sudetenlandes (Grund: Nur dort noch Klagen).
H   143 00019 (16/1)

21. 12. 42   RArbM u. a.   16426
Rundschreiben über eine Ergänzung der Liste der zur Herstellung der Einheitsfeuerschutzmittel „FM I" und „FM II" zugelassenen Firmen. (Nachrichtlich an die PKzl.)
H   101 19185 f. (1170)

[21. 12. 42]   RFM   16427
Schreiben des MinDirig. Woothke (Reichsfinanzministerium) an Oberst Friede: Wegen der unerfreulichen Auswirkungen des Oststeuerprivilegs, insbesondere der „schweren Benachteiligung der Kämpfer" (auch durch Ausdehnung des Privilegs auf das Operationsgebiet infolge der dem kämpfenden Soldaten stets mangelnden Voraussetzung einer „Arbeitsstätte" keine Beseitigung dieses „Grundübels" möglich), Wunsch nach Aufhebung des Privilegs; ein Alleingang des Reichsfinanzministeriums in dieser Angelegenheit jedoch wenig erfolgversprechend, vielmehr die Unterstützung durch „unsere großen Brüder", nämlich OKW und PKzl., vor allem gegenüber den beiden hauptbeteiligten Gauleitern, Greiser und Forster, erforderlich.
H   101 14522 – 26 (790 a)

22. 12. 42   RKzl.   16428
Weiterleitung einer *Beschwerde des Kirchenbezirksausschusses des Evangelischen Dekanats Marbach (Württembg.) über die Auflösung einer Krankenpflegestation durch die Geheime Staatspolizei.
H   101 22253 (1272 a)

22. 12. 42 – 4. 2. 43   RJM, RKzl.   16429
Zustimmung der PKzl. zum *Entwurf einer Verordnung zur Änderung der Reichsnotarordnung (u. a. Genehmigungspflicht für die Bildung von Notarsozietäten).
H   101 28188 ff. (1536 c)

22. 12. 42 – [5. 2. 43]   RJM, RKzl.   16430
Zustimmung der PKzl. zum *Entwurf einer Verordnung zur Änderung der Reichs-Rechtsanwaltsordnung (kriegsbedingte Ergänzungen, Einführung einer Altersgrenze, Übertragung der Aufsichtsbefugnis über die Anwaltskammern an die Oberlandesgerichtspräsidenten, u. a.); Bedenken lediglich gegen den vorgesehenen, den Plänen über die (allgemeine?) Altersversorgung vorgreifenden Aufbau einer Versorgung durch die Reichs-Rechtsanwaltskammer.
H   101 28182 – 87 (1536 c)

22. 12. 42 – 20. 12. 44   RMfWEuV   16431
Ablehnung der Ernennung des Prof. Bernhard Bavink (Bielefeld) zum Honorarprofessor an der Universität Münster durch die PKzl.; Begründung: B. ehemaliges Mitglied des Rotary Clubs und weltanschaulich nicht gefestigt.
W   301 00117 ff. (Bavink)

24. 12. 42   AA, Dt. Kons. Genf   16432
Übersendung eines Berichts des Deutschen Konsulats in Genf über die Kriegsgefangenen- und Zivilinterniertenhilfe der Young Men's Christian Association und Young Women's Christian Association: Besprechungen darüber in der Genfer Arbeitszentrale der YMCA.
W   202 01678 – 89 (12/3 – 12/14)

24. 12. 42   AA, Bev. AA b. MilBfh. Serbien, HSSPF Belgrad   16433
Durch das Auswärtige Amt Übersendung eines Berichts des Höheren SS- und Polizeiführers Belgrad über die seelsorgerische Betreuung prawoslawischer slowenischer Flüchtlinge in Serbien und über die dortigen Auseinandersetzungen zwischen der Orthodoxen und der Katholischen Kirche: Mit finanzieller Unterstützung des Vatikans Gegenaktionen der katholischen Geistlichkeit gegen die prawoslawische Bekehrungstätigkeit (massierte Übertritte) unter den katholischen Flüchtlingen aus Slowenien.
W/H   202 01789 – 93 (13/1 – 11)

24. 12. 42   Adj. d. Wehrm. b. F   16434
Anweisungen für die Benutzung der im Lagehaus (ehemaliges Teehaus) eingerichteten abhörsicheren

| 24. 12. 42 | RMfBuM | 16435 |

Übersendung einer Anordnung über Aufgaben und Befugnisse des Hauptausschusses Kraftfahrzeuge.
W   108 00012 ff. (288)

| 25. – 28. 12. 42 | Lammers | 16436 |

'Vermerke Bormanns über Ausführungen Hitlers zu folgenden Punkten: Gestaltung der Feier zum zehnten Jahrestag der Machtergreifung am 30. 1. 43; Alterswerk des Deutschen Volkes und andere Pläne Leys auf sozialem Gebiet. Überreichung der Vermerke an Lammers.
W   101 09565 f. (655)

| 25. 12. 42 – 15. 1. 43 | RKzl., GBA, SBFNK, Göring, Goebbels, Speer | 16437 |

In Erfüllung des Auftrages Hitlers an Bormann und Lammers, beschleunigt die völlige Umsetzung aller bisher mit nicht kriegswichtigen Tätigkeiten beschäftigten Menschen in kriegswichtige Tätigkeiten in Angriff zu nehmen, Entwurf eines Führererlasses über den umfassenden Einsatz von Männern und Frauen für Aufgaben der Reichsverteidigung: Ermächtigung des Generalbevollmächtigten für den Arbeitseinsatz (GBA) zur Erfassung bisher nicht eingesetzter Personen sowie der Obersten Reichsbehörden (ORB) zur Stillegung von Betrieben (parallel hierzu Vorlage eines ähnlichen Verordnungsentwurfs durch den GBA) mit dem Ziel, von den 5 200 000 uk.-gestellten Männern 400 000 für die „Entscheidung im Osten" freizumachen. In Besprechungen erhebliche Erweiterung - von H. dann am 13. 1. 43 vollzogenen - Erlasses: Schärfste Überprüfung aller Uk.-Stellungen durch den Chef OKW; Ermächtigung und Verpflichtung der ORB (vorbehaltlich allgemeiner Anordnungen des Reichsmarschalls innerhalb seiner Aufgabenbereiche als Oberbefehlshaber der Luftwaffe und Beauftragter für den Vierjahresplan), alle nicht kriegswichtigen Verwaltungsarbeiten einstellen zu lassen und Dienststellen usw. stillzulegen; Freimachung aller nicht für kriegswichtige Zwecke eingesetzten Kräfte in der NSDAP, ihren Gliederungen und angeschlossenen Verbänden, Prüfung der Möglichkeit weiterer Freimachungsmaßnahmen sowie laufende Berichterstattung an H. durch den Leiter der PKzl.; durch den GBA Einführung einer Meldepflicht für alle noch nicht erfaßten Männer und Frauen vom 16. – 65. bzw. vom 17. – 50. Lebensjahr (unter Zulassung bestimmter Ausnahmen); Stillegung von Betrieben und Unternehmen durch den Reichswirtschaftsminister und die sonstigen zuständigen ORB im Einvernehmen mit dem GBA; Einsetzung eines eng mit dem Reichspropagandaminister zusammenarbeitenden, vom Sonderbeauftragten des Führers für die Nachprüfung des Kriegseinsatzes (SB) zu unterstützenden und aus dem Leiter der PKzl., dem Chef der Reichskanzlei sowie dem Chef OKW bestehenden Dreierausschusses (Aufgaben: Laufende Unterrichtung H.s, Prüfung und gegebenenfalls Anordnung weiterer Maßnahmen). Im Gefolge des Erlasses Schriftwechsel L.' mit dem durch den Erlaß in seiner „Einsatzfreudigkeit" beeinträchtigten SB Gen. v. Unruh (dessen Beschwerde wegen Tangierung seiner Kompetenzen als unbegründet zurückgewiesen) sowie Schreiben an Speer (Erörterung der von S. im Zusammenhang mit dem Erlaß vorgebrachten Anregungen), Göring (Unterrichtung über die Umstände und Hintergründe seiner Nichtbeteiligung bei der Vorbereitung des Erlasses sowie über H.s Ablehnung des von S. gemachten Vorschlags, nur einige grundsätzliche Führerweisungen zu erteilen und im übrigen die Ausführung ihm, G., zu überlassen) und Goebbels (Zusicherung der Beteiligung bei allen Maßnahmen des Dreierausschusses).
W/H   101 09565 – 613 (655); 101 10469 – 72 (660); 101 29213 – 16 (1648)

Nicht belegt.   16438

| 28. 12. 42 | Lammers | 16439 |

Laut Terminkalender 18.00 Uhr Besprechung mit Bormann.
H   101 29072 (1609 a)

| 29. 12. 42 | AA | 16440 |

Wunschgemäß Übersendung einer Gegenüberstellung von militärischen und Beamten-Dienstgraden.
M   203 00246 f. (21/1)

| 29. 12. 42 | RVM | 16441 |

Wegen bisher zu großzügiger Handhabung und dadurch nicht mehr zu befriedigender Nachfrage künf-

tig strengere Maßstäbe der Dienststellen und Firmen bei der Ausstellung von Bescheinigungen über die Dringlichkeit einer Schlafwagenbenutzung erforderlich.
H   101 08335−38 (637 a)

30. 12. 42   AA, Dt. Ges. Zagreb   16442
Übersendung eines Berichts der Deutschen Gesandtschaft in Zagreb über Entstehung und Einstellung der katholischen Organisation Große Kreuzbrüderschaft in Kroatien.
W   202 00932−35 (8/8−20+19/10−11)

[31. 12. 42]−18. 1. 43   Lammers, RMdI   16443
Zum Ausgleich der während der Kriegsjahre wegen der Trennung der Männer von den Frauen stark abgesunkenen Geburtenziffern und unter Hinweis auf die Wertung dieses Rückgangs in der ausländischen Presse die Errichtung eines Reichsinstituts für Bevölkerungswissenschaft und Bevölkerungspolitik von StSekr. Conti gefordert. Die − „vermutlich auf die Person des Präs. Burgdörfer und sein Spezialgebiet" zugeschnittene − Planung C.s von Lammers im Einvernehmen mit Bormann als nicht kriegswichtig klassifiziert und abgelehnt.
K/H   101 13765−71 (722)

31. 12. 42−28. 3. 43   Daimler-Benz A.G., GI f. d. Kraftfahrwesen, Lammers   16444
Durch die Daimler-Benz A.G. an Bormann Lieferung von zwanzig (von Hitler für wichtigste politische Persönlichkeiten bestimmten) gepanzerten Mercedes-Benz-Limousinen. Durch Lammers Überweisung des Kaufpreises von RM 462 113.60 aus den Verfügungsmitteln H.s.
H   101 18085−110 (1130)

2. 1. 43   SS-Ogruf. Krüger, SS-Gruf. Globocnik   16444 a
Durch den Höheren SS- und Polizeiführer Ost, SS-Ogruf. Krüger, Übersendung eines Berichts des SS-Gruf. Globocnik (in seiner Eigenschaft als Distriktstandortführer Lublin der NSDAP) über die Partei im Generalgouvernement: Völlige Abhängigkeit der Partei von der Verwaltung infolge verspäteter Einsetzung; politischer Einfluß und Führungsaufgaben fest in den Händen des Verwaltungsapparates (durch diesen in Personalunion Ausübung auch der Parteifunktionen, Finanzierung der Partei durch die Verwaltung, Handhabung der Personalpolitik ohne Rücksicht auf Parteiinteressen); Auflösung der durch SS-Führer (zugleich alte Parteigenossen) eingerichteten Stützpunkte der NSDAP durch den Generalgouverneur, dafür Heranziehung von Beamten mit mangelnden Parteiqualitäten; Kritik an der unzureichenden Betreuung der Volksdeutschen (weiterhin keine angeglichenen Lohntarife, Vernachlässigung der Schulfragen); Forderung nach einer dem Aufbau im Reich entsprechenden Gliederung der NSDAP und nach Einschaltung der PKzl. oder der Reichszentralstellen; Vorschlag der Trennung von Partei und Zivilverwaltung, als Alternative Auflösung der Partei im Generalgouvernement.
K   102 01445−50 (2648)

4. 1. 43   AA, Dt. Ges. Budapest   16445
Übersendung eines Berichts der Deutschen Gesandtschaft in Budapest über eine Rede des ungarischen Kardinal-Fürstprimas Serédi mit Äußerungen gegen die Unfruchtbarmachung, über die Rechte der Kirche im Schulwesen und über die menschliche Freiheit; positives Echo der ungarischen klerikalen und jüdisch-liberalen Presse auf diese Rede.
W/H   202 01938−39 (15/12−22)

[5. 1. 43]   RSHA, GenK Schmidt   16446
Eine *Anfrage des Reichssicherheitshauptamts wegen eines Verbots der Tätigkeit des flämischen VNV im Reich von Bormann an Generalkommissar Schmidt zur Stellungnahme übersandt (dies von SS-Gruf. Berger als Bestätigung des Gerüchts über die angeblich geplante Einsetzung Sch.s als Reichskommissar für Belgien und Nordfrankreich gewertet).
W   102 00761 f. (1548)

5.−28. 1. 43   AA   16447
Übersendung der Enzyklika Pius' XI. „Mit brennender Sorge" und einer *Sammlung der päpstlichen Sozialenzykliken von Pius IX. bis Pius XII. als Material für das Hauptarchiv der NSDAP.
W   202 02203−07 (17/1−16)

6. 1. 43   Lammers   16448
Laut Terminkalender nachmittags Besprechung mit StSekr. Klopfer.
H   101 29091 (1609 b)

6. 1. 43   GBA   16449
Mitteilung über die Neuorganisation der Versorgung der Ostarbeiter mit Bekleidung und Schuhwerk; Überblick über den derzeitigen Stand der Versorgung.
W   112 00171 f. (185)

6. 1. 43   SBFNK u.a.   16450
Nach Überprüfung der Dienststellen des OKW Forderung personeller Veränderungen: Versetzung aller Männer der Jahrgänge 1901 und jünger (Ausnahmen: Versehrte und Genesende, Leute mit Tauglichkeitsgrad av., einige vom Chef der Zentralabteilung persönlich bezeichnete Schlüsselkräfte) zur Truppe mit Einsatz je nach Tauglichkeitsgrad; Regelung der Ersatzgestellung. (Nachrichtlich an die PKzl.)
W/H   107 01135 ff. (355)

6. – 18. 1. 43   RKzl., AA   16451
Keine Bedenken der PKzl. gegen das *Zweite Zusatzabkommen zum Deutsch-Ungarischen Vertrag vom 6. 11. 23 zur Ausgleichung der in- und ausländischen Besteuerung, insbesondere zur Vermeidung der Doppelbesteuerung auf dem Gebiet der direkten Steuern.
H   101 26461 f. (1504)

6. 1. – 19. 5. 43   AA, RMfdkA, RFM, Dt. Botsch. Paris   16452
Nach Erhalt einer Mitteilung über die (auf Veranlassung deutscher Regierungsstellen und des Sonderbeauftragten des Kirchlichen Außenamts der Deutschen Evangelischen Kirche in Paris, Pastor Peters, erfolgte) gesetzliche Übertragung des Grundstücks der Deutschen Evangelischen Christuskirche in Paris auf die deutsche Kirchengemeinde durch die französische Regierung Beschwerde der PKzl. wegen des Versäumnisses, sie an dem Vorgang zu beteiligen (Vorzug der ebenfalls erreichbar gewesenen Übertragung auf das Deutsche Reich); Bitte um Auskünfte über den Status der Pariser Gemeinde sowie über Stellung und Tätigkeit des Sonderbeauftragten. Aufhebung der Stelle des Sonderbeauftragten infolge dieser Initiative der PKzl. (Vgl. Nr. 15982.)
W/H   202 00398 f., 403 – 16 (5/2 – 18)

7. 1. 43   Goebbels   16453
Mitteilung: Einwände Hitlers gegen die Vorführung ausländischer Filme vor nicht dienstlich interessierten Kreisen während des Krieges; Auftrag an ihn, Goebbels, sämtliche im Besitz von zivilen und militärischen Dienststellen befindlichen Filme in das Reichsfilmarchiv zu verbringen; Ausleihe ausländischer Filme nur mit seiner, G.', persönlichen Genehmigung; Bitte um entsprechende Anweisung der Parteidienststellen (Entwurf beigefügt).
M   101 03851 ff. (389)

7. 1. 43   Lammers   16454
Laut Terminkalender nachmittags Besprechung mit StSekr. Klopfer (PKzl.).
H   101 29092 (1609 b)

7. 1. 43   Himmler   16455
Durch Bormann Weiterleitung eines *Fernschreibens des RK Terboven mit der Bitte, den Inhalt sofort mit Lammers zu besprechen.
W   107 00761 (233)

[7. 1. 43]   RKzl.   16456
Differenzen zwischen Reichsinnenministerium und Reichsfinanzministerium (RFM) über die Zuständigkeit für die Vorentschädigungszahlungen bei Spanienschäden; keine Bedenken der PKzl. gegen die ihr seinerzeit bekanntgewordene Regelung (Zuständigkeit des RFM).
K   101 13374 – 77 (713)

7. 1. – 2. 5. 43   RKzl., RAM, RJM   16457
Keine Bedenken der PKzl. gegen den am 28. 2. 42 zwischen dem Deutschen Reich und dem Unabhän-

gigen Staat Kroatien in Agram unterzeichneten Auslieferungsvertrag (Umfang der Rechtshilfe, Abgrenzung der Auslieferungspflicht, u. a.). Ratifizierung und Veröffentlichung des Vertrags.
K   101 25821 — 25/16 (1458)

7. 1. — 10. 7. 43   RKzl., CdZ Untersteiermark   16458
Anfrage der PKzl. nach den Gründen für die Beschränkung des Führererlasses vom 22. 11. 42 (Befugnis der Chefs der Zivilverwaltung [CdZ] zur Beamtenernennung und zur Beendigung des Beamtenverhältnisses) auf Elsaß, Lothringen und Luxemburg; die Ausdehnung auf die Untersteiermark wegen der gleichliegenden Verhältnisse doch offenbar geboten. Dazu Hinweis der Reichskanzlei auf die für jene Gebiete bereits geschaffenen Sonderhaushalte mit eigenen Stellenplänen im CdZ-Bereich. Im Juni Meldung des CdZ Untersteiermark über den Eintritt gleichliegender haushaltsrechtlicher Voraussetzungen: Erstellung eines eigenen Haushaltsplans für seinen Bereich für 1943. Gegen die daraufhin antragsgemäß von Lammers vorgeschlagene Ausdehnung der Verordnung vom 22. 12. 42 auf die Untersteiermark — und auf die besetzten Gebiete Kärntens und Krains — keine Bedenken Bormanns.
A/M/H   101 04651 — 58 (425 a); 101 24051 f. (1348 a)

7. 1. 43 — 8. 2. 44   RKzl., Bf. Kreuzer   16459
Durch die Reichskanzlei Übersendung „sehr warm gehaltener" Neujahrs-Glückwünsche des altkatholischen Bischofs Kreuzer an Hitler. Einverständnis Bormanns mit der vorgeschlagenen Antwort: Genügend farblos, um eine Auswertung durch die konfessionelle Propaganda nicht zuzulassen.
M/H   101 01696 — 702 (173 a)

8. 1. 43   Lammers   16460
Laut Terminkalender 13.00 Uhr und 17.00 Uhr Besprechungen mit Bormann u. a.
H   101 29093 (1609 b)

8. 1. 43   DF — 36   16461
Befehl Hitlers, aus der gewerblichen Kriegswirtschaft (einschließlich Verkehr) 200 000 uk.-gestellte, voll feldverwendungsfähige Wehrpflichtige einzuziehen (dabei Anrechnung der im Rahmen der — auslaufenden — Aktion „Rü 43 Tausch" zur Verfügung gestellten Kräfte) und den am 19. 12. 42 gegebenen Befehl zur Einziehung von 100 000 Wehrpflichtigen der Jahrgänge 00 — 05 rücksichtslos durchzuführen; Abgabe von mindestens 15 000 abkömmlichen Soldaten des Heimatkriegsgebiets und der besetzten Gebiete sowie der Restquote aus der Aktion „Rü 43 Tausch" an die gewerbliche Kriegswirtschaft.
W/H   107 01010 — 13 (338)

8. 1. 43   RKzl.   16462
Bedenken der PKzl. gegen die beabsichtigte Einführung eines neuen Eherechts in Weißruthenien durch den Reichsostminister.
K   101 12242 (689 a)

8. 1. 43   AA, Dt. Botsch. Rom   16463
Übersendung des monatlichen Presseberichts der Deutschen Botschaft in Rom „Polemik um den Katholizismus": Angriff Farinaccis in der Zeitung „Regime Fascista" auf den Vatikan wegen seiner Mitverantwortlichkeit für die Bombardierungen italienischer Städte (begründet mit einer angeblichen Äußerung Myron Taylers, des Abgesandten Roosevelts, nach seinem Besuch im Vatikan) und eine sich daran anschließende Auseinandersetzung; Zunahme kritischer politischer Kanzeläußerungen von Geistlichen.
W/H   202 00617 — 21 (7/1 — 9)

8. — [12.]1. 43   Himmler   16464
Unter Bekanntgabe der Verleihungsrichtlinien Aufforderung Bormanns, fünf Persönlichkeiten aus Himmlers Dienststelle für eine von Hitler beabsichtigte Verleihung des Goldenen Ehrenzeichens wegen außergewöhnlicher Verdienste zu benennen. Himmlers Vorschläge (mit Personalien): Walter Schmitt, Paul Hausser, Gottlob Berger, Hans Jüttner, Otto Hofmann, Hanns Rauter, August Meyszner.
K   102 01637 — 43 (2842)

8. 1. — 27. 2. 43   StSekr. Kritzinger   16465
Bedenken Bormanns gegen den (von der PKzl. vermuteten) Wunsch des nach Holland abgeordneten ehemaligen Regierungspräsidenten in Regensburg, Wimmer, in den Niederlanden Staatssekretär zu werden.
K   101 11408 f. (675 b)

9. 1. – 15. 4. 43   GBA   16466
Übersendung von Runderlassen über die Einrichtung einer laufenden Inspektion des Ostarbeitereinsatzes: Aufgaben (höchstmögliche Leistungssteigerung durch Überprüfung des berufsrichtigen Einsatzes in den Betrieben, der Unterkunft usw.; Einführung von Leistungslöhnen und -prämien; Sicherstellung des zwischenbetrieblichen Ausgleichs; u. a.) und deren Durchführung (Bestellung von Sachbearbeitern der Arbeitsämter; Bestimmung von Gruppenführern – nach Monierung durch die PKzl.: Gruppenältesten – aus den Reihen der Ostarbeiter; u. a.).
W/H   101 09386 – 95 (652 a)

[10. 1. 43]   GL R. Wagner   16467
Übermittlung einer Liste französischer Heeres- und Luftwaffenoffiziere mit deutsch klingenden Familiennamen.
W   107 01510 – 30 (441)

11. 1. – 6. 2. 43   RKzl.   16468
Durch die PKzl. Übermittlung des – infolge gestörter Übertragung verstümmelten – Wortlauts der über den Vatikansender in deutscher und in (hier übersetzt) italienischer Sprache gehaltenen Weihnachtsansprachen des Papstes in der Nacht vom 24./25. 12. 42 mit der Forderung nach Wiederherstellung der Rechtsordnung und der „unverlierbaren Menschenrechte", mit einem Bekenntnis der Kirche zum Privateigentum, einem Aufruf an das Weltgewissen „zu einer sittlichen und christlichen Wiedergeburt" (diese u. a. den „Hunderttausenden nur um ihrer Abstammung willen dem Tod Geweihten" schuldig) usw.; ferner Mitteilung über die „Ausschlachtung" der Papstreden durch die englische Propaganda als Anprangerung der Verfolgungen in Deutschland und über interpretierende Stellungnahmen des vatikanischen Osservatore Romano; Gesamtwertung der Reden: An Bedeutung über eine Enzyklika noch hinausgehend; die Vorwürfe gegen das ns. Deutschland gerichtet.
H   101 26503 – 28 (1504 c)

12. 1. 43   Himmler   16469
Aus konkretem Anlaß (im Zusammenhang mit dem Vorschlag von SS-Angehörigen für das Goldene Parteiabzeichen [vgl. Nr. 16464] Feststellung der Nicht-Parteizugehörigkeit der SS-Gruf. Rauter und Meyszner) und unter Hinweis auf den „letzten Endes sehr anständigen und ordentlichen" Steirischen Heimatschutz Bitte um großzügige Klärung der Frage der Übernahme von ehemaligen Mitgliedern des Steirischen Heimatbundes (R. und M. zu diesen zählend) in die Partei.
W/H   107 00160 (169); 306 00756 (Meyszner); 306 00792 (Rauter)

12. 1. 43   RJM   16470
Vorschlag zur Ernennung des RGR Josef Altstötter zum Ministerialdirektor im Reichsjustizministerium.
H   101 18534 – 38 (1145 b)

Nicht belegt.   16471

13. 1. 43   Hitler   16472
Laut Terminkalender 15.55 Uhr Vortrag von Lammers und Bormann.
H   101 29094 (1609 b)

[13. – 18. 1. 43]   RKzl., RKfdbnoG   16473
Erörterung der aus Hitlers Anordnung der Arbeitsruhe am 30. 1. 43 erwachsenden Fragen: Gesetzlicher Feiertag oder nicht; die Regelung im Protektorat und im Generalgouvernement, in Norwegen – Möglichkeit für Quisling, „eine Geste zu machen" – und in den Niederlanden.
H   101 21450 – 54 (1267 a)

13. 1. – 2. 4. 43   GL Telschow, Lammers, RMdI   16474
Der Vorschlag Leys, der Stadt des KdF-Wagens den Namen „Volkswagenstadt" oder „Porsche-Stadt" zu geben, durch Bormann Hitler vorgetragen und von diesem abgelehnt: Vorbehalt der endgültigen Benennung nach Kriegsende, daher jetzt nur eine provisorische Bezeichnung. Vorschläge dazu (Klieversberg, Neu-Fallersleben) indes ebenfalls im Hinblick auf die damit verbundene Verwaltungsarbeit verworfen; keine Änderung des bisherigen Namens.
H   101 17173 – 80 (1024)

14. 1. 43   Himmler, Chef Sipo   16475
Beschwerde Himmlers über eine Rede des GL Eigruber (gehalten am 25. 11. 42 in Linz): Die Bekanntgabe von Interna aus einem persönlichen Gespräch mit Hitler unangebracht; die Erziehung des Volkes zur Idee der Reichseinheitlichkeit nicht allein Sache der Partei, sondern ebenfalls Aufgabe der Wehrmacht, der Gliederungen der Partei und der Polizei; scharfe Stellungnahme gegen die Kompetenzanmaßungen E.s in der Frage der Ausländerbehandlung (dahinter die Absicht vermutet, sich bei den Ausländern beliebt zu machen); in diesem Zusammenhang Erwähnung der auf seine, Himmlers, Weisung hin eingerichteten Ausländerbordelle, der im Falle schwangerer Ausländerinnen ergangenen neuen Regelung (Verbleib in Deutschland), insbesondere aber seiner Verantwortung für die von fünf Millionen fremdländischen Arbeitern drohende Sabotagegefahr.
K   102 01511 – 12/5 (2678)

14. – 25. 1. 43   Lammers   16476
Durch Bormann Übersendung einer Aufstellung von Auslagen in Höhe von RM 43 907.63, der PKzl. entstanden durch den Ankauf von Büchern für die Bücherei Linz. Anweisung des Betrags zu Lasten des Kontos „Dankspendenstiftung (Sonderfonds L)".
H   101 17032 – 40 (1019 b)

14. 1. 43 – 2. 11. 44   Lammers   16477
Erstattung der von der PKzl. für die Stenografen und Schreibkräfte im Führerhauptquartier verauslagten Gehälter und Sonderzulagen (Zeit: 15. 9. 42 – 30. 9. 44).
K   101 08055 – 83 (615 b)

15. 1. 43   RWohnungsK   16478
Einladung zu einer Besprechung über eine Änderung der Verordnung über die Vermietung freiwerdender Wohnungen vom 9. 10. 42 (zur Milderung der Lage auf dem Wohnungsmarkt als unzureichend erwiesen).
H   101 17264 f. (1032 a)

[15. 1. 43]   Himmler, SS-Ogruf. Eberstein, RSHA   16479
Richtlinien Himmlers für die Behandlung der bei einer Rede des GL Giesler erfolgten und anläßlich der Universitätswoche in den nächsten Tagen noch zu befürchtenden Studentenkrawalle in München: Sichtbare Zurückziehung aller polizeilichen Maßnahmen und lediglich „SD-mäßige Feststellung" der – vermutlich katholischen und reaktionären – „Drahtzieher"; Bereinigung der Dinge nach außen durch den Reichs- und den Gaustudentenführer. (Durchschrift an Bormann.)
W/H   102 00843 (1692); 107 01144 ff. (355)

[15. 1. 43]   Insp. Dt. Heimschulen   16480
Durch Bormann Übersendung einer *Aufstellung der noch immer eine größere Anzahl von Abiturienten für den Beruf des Geistlichen stellenden Schulen mit der Bitte, in Gebieten mit überdurchschnittlichen Zahlen (Bayern, Baden, Westfalen und Schlesien) Heimschulen als Gegengewicht gegen die „kirchliche Wühlarbeit" und die konfessionellen Internate zu errichten. Benutzung von vier hierfür geeigneten Gebäuden gegenwärtig noch als Umsiedlerlager, Bitte des Inspekteurs der Deutsschen Heimschulen an den Reichsführer-SS um deren Freigabe.
W   107 00916 f. (293)

16. 1. 43   RMfWEuV   16481
Übersendung eines (nach Ländern gegliederten) Berichts über die Einführung der Hauptschule im alten Reichsgebiet (Stand vom 1. 11. 42): Zahlenmäßige Ergebnisse, Umwandlung der Mittelschulen, Ablösung der vierklassigen Aufbauzüge an Volksschulen, Dichte des Hauptschulnetzes, aufgrund der eingegangenen Berichte erfolgte Weisungen, u. a.
K/W   101 15932 – 53 (951)

16. 1. 43   Lammers   16482
Laut Terminkalender nachmittags Besprechung mit StSekr. Klopfer u. a.
H   101 29095 (1609 b)

16. – 17. 1. 43   Lammers   16483
Bitte Bormanns um Verschiebung eines Besprechungstermins über den umfassenden Kriegseinsatz we-

gen des „besonders wichtigen" Besuchs des spanischen Parteiministers Arrese. Anläßlich dieses Besuchs sowie des Besuchs einer italienischen Delegation der (offensichtlich von Lammers benutzte) Reichsbahn-Sonderwagen der PKzl. nun von B. selbst benötigt; Bitte an L., wieder seinen eigenen Wagen zu benutzen.
W/H   101 09614 (655)

16.–[28.]1. 43   RStatth. Mutschmann, StSekr. Pfundtner, RFSS   16484
Einverständnis Bormanns mit der Aufhebung der Uk.-Stellung des sächsischen Innenministers Fritsch: Nach Auffassung von RStatth. Mutschmann die sofortige Einberufung F.s aus Gründen der Parteidisziplin (unhaltbare Eheverhältnisse) dringend erforderlich.
M   102 00629 f. (1048); 306 00357–65 (Fritsch)

17. 1. 43   Lammers   16485
Laut Terminkalender nachmittags Besprechung mit StSekr. Klopfer.
H   101 29096 (1609 b)

[17. 1. 43]   RKzl.   16486
Für den Bereich der zivilen Verwaltung im Einvernehmen mit dem Leiter der PKzl. und dem Chef OKW erteilte Erläuterungen zum Führererlaß vom 13. 1. 43 (vgl. Nr. 16437): Größtmögliche Freistellung von Kräften für Kriegführung und Kriegswirtschaft durch die Reichsverteidigungskommissare nach den Richtlinien der Obersten Reichsbehörden; Einstellung aller nicht kriegswichtigen Aufgaben, Arbeiten und Planungen; vor Vollziehung den Verwaltungsaufbau betreffender organisatorischer Maßnahmen (diese den Obersten Reichsbehörden vorbehalten) Einholung einer Stellungnahme des Generalbevollmächtigten für die Reichsverwaltung und des Leiters der PKzl.; keine Errichtung neuer Dienststellen; weitgehende Ersetzung von Gesetzen und Verordnungen durch Verwaltungsanordnungen; u. a.
H   101 29217–20 (1648); 101 29364–67 (655 a)

17. 1.–17. 2. 43   RKzl., GBA, Frick u. a.   16487
Besprechung über die Durchführung des Führererlasses vom 13. 1. 43 (vgl. Nr. 16437) in der Wirtschaft, nämlich über die vom Generalbevollmächtigten für den Arbeitseinsatz vorgelegten Entwürfe einer Verordnung über die Meldung von Frauen und Männern für Aufgaben der Reichsverteidigung sowie eines Durchführungserlasses hierzu. Weitere Bearbeitung der Entwürfe durch einen Redaktionsausschuß (StSekr. Kritzinger und Klopfer, MinDir. Naumann). Endgültige Fassung der Verordnung: Meldepflicht für alle Männer vom 16.–65., für alle Frauen vom 17.–45. Lebensjahr (Herabsetzung der ursprünglich vorgesehenen Altersgrenze von 50 Jahren bei Frauen auf Befehl Hitlers); Festlegung des Kreises der von der Meldepflicht Befreiten (auf Anweisung H.s Unterlassung der ursprünglich geplanten Verschärfung der Bestimmungen des Erlasses vom 13. 1., Frauen mit Kindern betreffend; der Wunsch der PKzl. nach Ausnahme der Geistlichen sowie der Angehörigen von Orden und Kongregationen von der Meldepflicht hinsichtlich der ersteren berücksichtigt); Sanktionen und anderes. Bekanntgabe der Verordnung, der Durchführungsverordnung sowie weiterer Durchführungsbestimmungen (Reihenfolge des Aufrufs der meldepflichtigen Personen, Einsatz, Verhinderung von „Drückebergerei", u. a.) an die Partei durch Bormann; gleichzeitig Herausgabe von Richtlinien für die Mitwirkung der Hoheitsträger (Einschaltung in die Beratung der Meldepflichtigen beim Arbeitsamt, Bescheinigung der ehrenamtlichen Mitarbeit in der Partei, Stellungnahme bei zweifelhaftem Prüfungsergebnis hinsichtlich der Einsatzfähigkeit, u. a.).
W   101 09408–47 (654); 101 09501–02/2 (654 a)

18. 1. 43   RKzl., RMdI   16488
Nach Rücksprache und im Einvernehmen mit Bormann Bitte Lammers' an den Reichsinnenminister, den Antrag auf Errichtung einer Reichsarchivverwaltung in Anbetracht des nicht kriegswichtigen Charakters dieser Angelegenheit zurückzuziehen. (Abschrift an B.)
K   101 15014 f. (860 a)

18. 1. 43   RKzl., RM, RStatth. u. a.   16489
Lammers zu von Speer geäußerten Bedenken über das wieder unvertretbar große Ausmaß der Benutzung von Sonderreisewagen: Rechtfertigung der nur sparsamst und nach Anfrage bei Hitler erteilten Genehmigungen (Aufschlüsselung für Dezember 1942); in einem Rundschreiben (Abschrift an Bormann) erneute Ermahnung der Reichsminister usw. zur Anlegung strengster Maßstäbe.
H   101 08445/1–448/2 (638 a)

18. 1.—27. 3. 43   AA   16490
Übersendung von Ausschnitten aus Budapester Zeitungen über die Weihnachtsbotschaft des ungarischen Reichsverwesers an die Honved mit ihrer Hervorhebung der Verbundenheit Ungarns mit dem Christentum, Betonung der Anlehnung an die Kirche durch die Veröffentlichung dieser Botschaft auf der Titelseite des Peter Lloyd zusammen mit der Rundfunkbotschaft des Papstes und einem Leitartikel des Erzabts der Benediktiner von Pannonhalma, Kelemen. Nachfolgend Übersendung eines Zeitungsartikels über einen Aufsatz des ungarischen Propagandaministers Antal zu Einheitsbestrebungen der ungarischen christlichen Kirchen: Katholische Überlegungen (und protestantische sowie staatliche Resonanz) zur „seelischen Einheit" und zu dem zu erstrebenden Zusammenschluß.
H   202 01898—901/7 (15/12—22)

18. 1. 43—19. 5. 44   RSchatzmeister, GL Thüringen   16491
Ein durch GL Sauckel befürworteter, noch vor Verfügung der Mitgliedersperre (2. 2. 42) eingereichter Sammelantrag Jenaer Professoren auf Aufnahme in die Partei von Bormann abgelehnt: Hinweis auf den Wunsch Hitlers, die Zahl der Parteimitglieder auf höchstens zehn Prozent der erwachsenen Deutschen zu beschränken und während des Krieges nur noch Jugendliche und Soldaten neu aufzunehmen; Ausnahmegenehmigung für zwei der Antragsteller wegen aktiven Einsatzes für die Partei.
M   302 00012—28 (Boehm)

19. 1. 43   Hitler   16492
Laut Terminkalender Empfang des spanischen Parteiministers Arrese in Gegenwart Bormanns u. a.
H   101 29097 (1609 b)

19. 1. 43   AA, Dt. Botsch. b. Hl. Stuhl   16493
Übersendung eines Berichts der Deutschen Botschaft beim Heiligen Stuhl über einen Artikel des Kardinal-Patriarchen von Lissabon, Cerejeira, im Osservatore Romano (die Mission der Kirche und die neue Ordnung).
W   202 01396 ff. (10/14—25+20/7)

[19. 1. 43]   Himmler   16494
Behandlung der Angelegenheit Donnevert durch die PKzl. und das Oberste Parteigericht; Absicht: Vermeidung von Unruhe im (Sudeten-)Gau.
W   107 00763 (235)

[19. 1. 43]   Lammers   16495
Punkte für eine Besprechung mit Bormann: 1) Uk.-Stellung des bei der Wehrmacht befindlichen neuen Präsidenten des Reichsverwaltungsgerichts (RVG), Hueber (Wunsch H.s, bis zum Anlaufen der beabsichtigten Umorganisation der Verwaltungsgerichtsbarkeit bei der Wehrmacht zu bleiben; Wunsch des StSekr. Pfundtner nach H.s baldigem Dienstantritt wegen dieser — von Lammers allerdings angezweifelten — Umorganisation); 2) Besetzung der Stelle des Oberreichsanwalts beim RVG (Kandidat P.s: StMin. Scharf; dazu Hinweis L.' auf die wie bei dessen Nominierung als RVG-Präsident, so auch hier wieder zu erwartende Ablehnung Sch.s durch B.).
H   101 19055—58 (1161 c)

[19.—23. 1. 43]   SSHA, SSPHA   16496
Wegen ihres Wohnsitzes in München Versetzung von 23 hauptberuflich in der PKzl. tätigen, beim Stab SS-Hauptamt geführten SS-Führern zum SS-Oberabschnitt Süd.
M   306 00409 f. (Heim)

19. 1.—8. 2. 43   Ley, Lammers   16497
Übereinstimmung Bormanns mit der Auffassung des Reichswohnungskommissars: Die Wohnraumlenkung allein nicht ausreichend, daher weiterhin Wohnungsneubau soweit möglich; dabei die Menge wichtiger als die Qualität, deshalb Bevorzugung des Behelfswohnungsbaus; Voraussetzung dafür eine einheitliche Linie im Gesamtwohnungsbau, d. h. Beendigung des bisher friedensmäßigen Wohnungsbaus von Wehrmacht, Reichspost, Reichsbahn und anderer (besondere Hinweise B.s: Primär Verlegung von Büros in Behelfsbauten, Einrichtung bei der Umsetzungsaktion freiwerdender Läden als Wohnungen).
H   101 17242—47 (1032)

19. 1.— März 43   AA   16498
Zustimmung der PKzl. zur Absicht des Auswärtigen Amts, der Nuntiatur gegenüber die Beschränkung des Gottesdienstbesuchs für die polnischen Arbeiter in Deutschland auf einen Sonntag im Monat als lediglich kriegsbedingte Maßnahme darzustellen.
W   202 01237 — 41 (10/9 — 13 + 20/6)

20. 1. 43   AA   16499
Übersendung eines Kommentars der Zeitung Diario de Barcelona zu einem Hirtenbrief der argentinischen Bischöfe: Offenbar eine Distanzierung von der proalliierten Propaganda des Bischofs von Temnos, Andrea, beabsichtigt.
W/H   202 01887 f. (15/1 — 10 + 20/13)

20. 1. 43   Lammers   16500
Laut Terminkalender 11.30 Uhr Besprechung mit Bormann, StSekr. Klopfer u. a.
H   101 29098 (1609 b)

20. 1. 43   AA, Dt. Botsch. b. Hl. Stuhl   16501
Übersendung eines Berichts der Deutschen Botschaft beim Heiligen Stuhl über einen Kommentar der italienischen katholischen Zeitung L'Italia zur Papstbotschaft.
W   202 02227 ff. (17/1 — 16)

20. 1. 43   AA, Dt. Botsch. b. Hl. Stuhl   16502
Übersendung eines *Berichts der Deutschen Botschaft beim Heiligen Stuhl über einen Artikel des Vatikanblatts Osservatore Romano über die stete Entwicklung der Technik als Voraussetzung der Einigung der Völker.
W/H   202 02226 f. (17/1 — 16)

20. 1. 43   AA   16503
Übersendung eines Artikels der Zeitung A Voz (Lissabon) über eine Sendung von Radio Vatikan, einen Hirtenbrief der deutschen katholischen Bischöfe gegen die heidnischen Anschauungen des Dritten Reichs und gegen Exzesse auf dem Gebiet der Eugenik betreffend, sowie über eine Stellungnahme der chilenischen Bischöfe gegen totalitäre Ideologien.
W   202 01406 f. (10/14 — 25 + 20/7)

20. 1. 43   AA   16504
Übersendung eines Artikels der mexikanischen Zeitung Novidades (Kommunismus und Nazismus die beiden Feinde der Katholischen Kirche; starke Hervorhebung des Widerstands und der militärischen Gewinne der Sowjetunion [Differenzierung zwischen sowjetischem Volk und Regime]).
W   202 01877 — 77/5 (15/1 — 10 + 20/13)

20. 1. 43   AA   16505
Übersendung eines Artikels der Zeitung El Diario (Montevideo) von Prinz Loewenstein: Hitlers Hoffnung auf die Gefolgschaft der Katholischen Kirche in seinem Kreuzzug gegen die Sowjets durch die Papsterklärung vom 6. 7. 41 zunichte gemacht; entschiedene Haltung der Kirche gegenüber dem NS, insbesondere wachsender Widerstand der deutschen Katholiken angesichts der zunehmenden Verfolgungen.
H   202 01878/1 — 881 (15/1 — 10 + 20/13)

20. 1. — 24. 2. 43   Himmler   16506
Infolge Ernennung des SS-Gruf. Kaltenbrunner zum Chef des Reichssicherheitshauptamtes Neu- bzw. Umbesetzungen im Bereich der Höheren SS- und Polizeiführer (HSSPF) erforderlich; dabei vorgesehen: SS-Gruf. Querner als HSSPF Donau, SS-Ogruf. Jeckeln oder SS-Brif. Bassewitz als HSSPF Nordsee. Einverständnis der PKzl. und der zuständigen Gauleiter mit den Vorschlägen Qu. und B. (besser geeignet als J., aber auch keine Einwände gegen diesen).
K   102 01183 (2199); 102 01613 — 17 (2792)

20. 1. — 13. 5. 43   AA, Dt. Botsch. b. Hl. Stuhl   16507
Übersendung von Berichten der Deutschen Botschaft beim Heiligen Stuhl über eine Artikelserie des Va-

tikanblatts Osservatore Romano zur Weihnachtsbotschaft Pius' XII.: Würde und Freiheit der Persönlichkeit, Neuheidentum, nationale und internationale Ordnung, Hierarchie und Gemeinschaft, Persönlichkeit und Gemeinwohl, Individuum und Staat, Zweck des Staates, Gleichheit und Freiheit, Funktionen und Grenzen des Staates, göttliches und positives Recht, Probleme der Regierungsformen, Familie und Arbeit, u. a.
W/H   202 02210 – 25/2 (17/1 – 16)

21. 1. 43   AA   16508
Übersendung der Rezension eines Buches von Adolph Keller über die Lage der christlichen Kirche(n) in Europa („Unter dem Kreuz") in der Zeitung New York Herald Tribune.
W   202 01091 ff. (9/5 – 14 + 20/1)

Nicht belegt.   16509

[21.] – 28. 1. 43   ArbBer. GenGouv., RFSS   16510
Auftrag an den Leiter des Arbeitsbereichs Generalgouvernement der NSDAP, der PKzl. drei Vorschläge für die Verleihung des Goldenen Ehrenzeichens zu machen. Der von GenGouv. Frank vorgeschlagene StSekr. Bühler sowohl von Himmler wie von der PKzl. abgelehnt.
K/W   102 01607 – 11 (2781)

22. 1. 43   RArbM   16511
Übersendung der vom Reichssachverständigenausschuß für Zulassung neuer Baustoffe und Bauarten aufgestellten 'Grundsätze für die Ausführung von Tragwerken aus Glasstahlbeton (als Richtlinie für die Baupolizei).
H   101 19156 f. (1169 a)

22. 1. 43   Thierack   16512
Übersendung der Führerinformationen 146–148 des Reichsjustizministers: Statistik der in den Monaten November und Dezember 1942 zur Gnadenentschließung vorgelegten 219 bzw. 358 Todesurteile; Wunsch des Auswärtigen Amtes, das Strafverfahren gegen den Albaner Floqi nicht durchzuführen (vgl. Nr. 16332); Zuchthausurteil gegen den NSV-Gauamtsleiter in Berlin, Richard Mähler, wegen Verwendung für das Wehrmachtswunschkonzert gespendeter Goldstücke für private Zwecke.
H   101 28925 – 29 (1559 b)

22. 1. – 9. 3. 43   RKzl., Oberste RBeh., RVK, Goebbels   16513
Herausgabe eines von StSekr. Klopfer überarbeiteten (und in dieser Form von Bormann gebilligten) Rundschreibens der Reichskanzlei an die Obersten Reichsbehörden und Reichsverteidigungskommissare zur Durchführung des Führererlasses vom 13. 1. 43 über den Einsatz von Männern und Frauen für Aufgaben der Reichsverteidigung (vgl. Nr. 16437): Verbot der Wiederaufnahme stillgelegter Arbeiten durch eine andere Dienststelle; Warnung vor der Austragung von Kompetenzfragen im Kriege; Verhinderung von Doppelarbeit bei Staats- und Parteistellen.
A   101 09913 – 27 (657 a)

23. 1. 43   RArbM   16514
Übersendung eines 'ersten Verzeichnisses bisher anerkannter Prüfingenieure für Baustatik.
H   101 19201 (1170 a)

23. 1. 43   AO   16515
Mitteilung über den Einsatz des Prof. Rudolf Weigel (Karlsruhe) als Auslandsredner in Oslo anläßlich des Jahrestags der Machtergreifung.
W   203 02445 (68/2)

23. 1. 43   Chef Sipo   16516
Übersendung der Einladung für die nächste Sitzung des Arbeitskreises zur Erörterung sicherheitspolizeilicher Fragen des Ausländereinsatzes; Besprechungspunkte: Ostarbeitereheschließungen, Überwachung jugendlicher Ausländer, Umgang mit Juden, u. a.
W   112 00085 f. (162)

23. 1. 43 – 18. 2. 44   Lammers, RMdI, RMfWEuV, RJM, RArbM, RMfdkA   16517
Von der PKzl. herbeigeführte Äußerung des Rechnungshofes zu einer Anregung, die von der öffentli-

chen Hand verwalteten Kleinstiftungen aufzulösen: Keine zwingende Bestimmung, jedoch eine Kannregelung durch Reichsgesetz empfohlen. Trotz wiederholtem Eintreten des Leiters der PKzl. für eine Weiterverfolgung des Gesetzesvorschlags ablehnender Standpunkt des Reichsinnenministers, gestützt auf die Voten der nächstbeteiligten Ressorts: Keine ins Gewicht fallende Vereinfachung ohne zusätzliche Verwaltungsarbeit (eine Vereinfachung durch Zusammenlegung gleichartiger Stiftungen bereits vollzogen) und kein Bedürfnis für eine Teillösung nur auf dem Sektor der öffentlich verwalteten Stiftungen, daher Zurückstellung bis zu der nach Kriegsende geplanten Reform des gesamten Stiftungsrechts.
K/H   101 12889 – 908 (705 b)

24. 1. 43   Lammers, Epp   16518
Unter Hinweis auf den Führererlaß vom 13. 1. 43 (vgl. Nr. 16437) Mitteilung Lammers' an Epp (Abschrift an Bormann) über den Wunsch Hitlers, die Tätigkeit des Kolonialpolitischen Amtes zur Vorbereitung der künftigen Kolonialverwaltung für die Dauer des Krieges einzustellen.
K/H   101 12969 ff. (706)

25. – 30. 1. 43   RKzl., RWiM   16519
Besprechungen über einige beabsichtigte Runderlasse des Reichswirtschaftsministers zur Durchführung des Führererlasses über den umfassenden Einsatz von Männern und Frauen für Aufgaben der Reichsverteidigung vom 13. 1. 43 (vgl. Nr. 16437) auf dem Gebiet des Handels und des Handwerks: Stillegung oder Zusammenlegung von Handwerks-, Einzelhandels-, Gaststätten- und Beherbergungsbetrieben, Einschränkung der Werbe-Reisetätigkeit. Meinungsverschiedenheit über das Ausmaß der Stillegungen zwischen dem Reichswirtschaftsminister, dem Reichspropagandaminister und dem Reichsbewaffnungsminister einerseits und dem Generalbevollmächtigten für den Arbeitseinsatz (GBA) andererseits. Die Auffassung des GBA, die Stillegungen nicht pauschal vorzunehmen, sondern von dem tatsächlichen Arbeitskräftebedarf der Kriegswirtschaft abhängig zu machen, von Hitler geteilt.
M/H   101 10619/42 – 654 (662)

26. 1. 43   RArbM u. a.   16520
Erlaß von Ausführungsbestimmungen zur Verordnung über Fettabscheider vom 10. 4. 40: Eine weitere Steigerung der Fettrückgewinnung erforderlich, deshalb Ermahnung zu nachdrücklicher Durchführung der Bestimmungen; Anforderung von Berichten über den Stand der Fettabscheidereinbauaktion bis zum 1. 7. 43. (Nachrichtlich an die PKzl.)
H   101 19199 – 200/3 (1170 a)

26. – 27. 1. 43   Lammers, Keitel   16521
Mitteilung Bormanns über Stillegungen innerhalb der Partei: Kolonialpolitisches Amt, Reichskolonialbund, Hauptamt für Beamte, Beamtenbund, Dozentenbund, Lehrerbund, Hauptamt für Erzieher, nicht kriegswichtige Ämter des RL Rosenberg; des weiteren Stillegung aller NSV-Karteien sowie der Beitragszahlungen für den Reichsbund Deutsche Familie, den NS-Kriegsopferverband und den Rechtswahrerbund; ferner Verfügung einer Urlaubssperre innerhalb der Partei (weibliche Angestellte ausgenommen); damit also jetzt und sofort Durchführung *jeder* möglichen Einsparung von Arbeitskräften, spätere und weitere Einschränkungen nicht mehr möglich.
M/H   101 05477 (460); 101 10793 – 96 (663)

26. 1. – 6. 5. 43   AA, Dt. Ges. Bukarest, Bd. Ev.-Freikirchl. Gemeinden   16522
Durch das Auswärtige Amt (AA) Übersendung eines rumänischen Dekretgesetzes über die Auflösung der Sekten, begründet mit staatsfeindlicher Tätigkeit insbesondere der Adventisten und Baptisten, mit internationaler Verflechtung und Störung der Vorrangstellung der – sich besonders für die Weiterführung des Kampfes gegen den Bolschewismus einsetzenden – orthodoxen Landeskirche. Zustimmung der PKzl. zu der Weigerung des AA, ein Protestschreiben der deutschen Baptisten an die rumänische Regierung weiterzuleiten.
W/H   202 01541 – 48/2 (11/3 – 17 + 20/9)

27. 1. 43   AA   16523
Übersendung eines Artikels der Zeitung Chicago Sun über die Unterstützung von Flüchtlingen in Lissabon durch Hilfskomitees amerikanischer religiöser Organisationen.
W   202 01056 – 59 (9/5 – 14 + 20/1)

[27. 1. 43]   HArchiv   16524
Ausleihe einiger repräsentativer Dokumente aus dem Archiv der Reichskanzlei für eine von Bormann
veranlaßte Erinnerungsausstellung „Wille und Sieg des Nationalsozialismus".
K   101 15033 f. (860 c)

27. 1.—3. 3. 43   Lammers   16525
Durch Bormann übermittelte ablehnende Stellungnahme Hitlers zur Frage der Kindererziehung durch
den Reichskriegerbund (RKB) anläßlich von zwei Schreiben des Reichskriegerführers (RKF): Die Kindererziehung grundsätzlich Angelegenheit des ns. Staates mit Ausnahme allein der Reichsschule der
NSDAP in Feldafing und der Adolf-Hitler-Schulen; die vom RKF angenommene Unterhaltung SS-ei-
gener Schulen unzutreffend (die Heimschulen dem Reichserziehungsminister unterstehende Staatsschu-
len und im übrigen für Himmler – da nicht der Erziehung von Auslese-Schülern dienend – gar nicht interessant); gerade nach und wegen seiner persönlichen Besichtigung der „Erziehungs-Produkte" des
RKB auf dem Kyffhäuser und in Graz Übergabe der RKB-Schulheime an den Inspekteur der Heimschulen von Hitler für notwendig gehalten; keine Einwände B.s gegen eine Bezahlung der vom RKB abzugebenden Schulheime entsprechend ihrem tatsächlichen Wert. – Auftrag Hitlers an B., die von diesem angeregte Stillegung des RKB mit Gen. Schmundt zu besprechen. Danach Auflösungsverfügung
Hitlers mit der Zuständigkeit des Leiters der PKzl. für alle Ausführungsbestimmungen.
K/H   101 10784 f., 790 (663); 101 16306 f. (956 c)

28. 1. 43   Lammers   16526
Laut Terminkalender 11.30 Uhr Besprechung mit Bormann, StSekr. Klopfer u. a.
H   101 29099 (1609 b)

28. 1. 43   AA   16527
Abdruck eines Aufrufs zur Hilfe für den bedrängten französischen Protestantismus in der schwedischen
Presse (u. a. Hinweis auf die große Einschränkung von Versammlungen und karitativen Aktivitäten);
Übersendung einer Übersetzung aus Svenska Dagbladet.
W   202 00419—22 (5/2—18)

28. 1. 43   AA   16528
Übersendung eines Artikels der Zeitschrift Life (Chicago) über den beherrschenden Einfluß der Katholi-
schen Kirche im frankophonen Kanada.
W   202 01109—22 (9/5—14+20/1)

28. 1. 43   AA   16529
Übersendung eines Artikels der Zeitung Critica (Buenos Aires) über die Beschlüsse des Interamerikani-
schen Seminars für Sozialforschungen (u. a. Ablehnung des totalitären Staates, Möglichkeit der Verwirklichung der christlichen Ideale in der Demokratie trotz deren häufigem Versagen).
W/H   202 01886—86/5 (15/1—10+20/13)

28. 1. 43   AA   16530
Übersendung des vertraulichen Berichts eines deutschfreundlichen ungarischen Wissenschaftlers über
den Werdegang des ungarischen Fürstprimas, Kard. Serédi, über die politische Einstellung der (einzeln
aufgeführten) übrigen ungarischen katholischen Würdenträger, über den politischen und wirtschaftlichen Einfluß der Katholischen Kirche in Ungarn sowie über die klerikale Einstellung zahlreicher (namentlich genannter) ungarischer Politiker.
W/H   202 01948—62 (15/23—35)

28. 1.—4. 2. 43   Lammers, Funk   16531
Einwände Funks gegen einen Vorschlag Bormanns, den Präsidenten des Reichsaufsichtsamts für Privatversicherung, Amend, mit der Überprüfung der Personaleinsparung der privaten und der öffentlich-
rechtlichen Versicherungen zu betrauen: Eine enge Zusammenarbeit des Reichswirtschaftsministeriums
mit A. bereits vorhanden, eine Übertragung seiner – F.s – persönlichen Verantwortung auf den Leiter einer nachgeordneten Behörde jedoch nicht möglich und sachlich unzweckmäßig. Zustimmung B.s.
M   101 10746 ff. (662 a)

29. 1. 43   GL   16532
Rundschreiben Bormanns über die entscheidende Mitwirkung der Parteidienststellen bei der Schließung

bzw. Zusammenlegung aller nicht unbedingt kriegsnotwendigen Betriebe; Überwachung der strikten Durchführung der Anordnungen durch die Gauwirtschaftsberater in enger Fühlungnahme mit den Landeswirtschaftsämtern bzw. -ernährungsämtern und den Arbeitseinsatzdienststellen; die Partei Garant für eine schnelle und kompromißlose Durchführung des Führerbefehls vom 13. 1. 43 (vgl. Nr. 16437).
M   101 10696 f. (662)

29. 1. 43   Lammers   16533
Stellungnahme Bormanns zu einer Anregung des Gen. v. Unruh (Vereinfachung der Prüfungsrichtlinien des Leistungskampfes der deutschen Betriebe): Im Interesse der Kriegswirtschaft die völlige Beseitigung des Leistungskampfes nicht zu empfehlen; eine wesentliche Vereinfachung schon durch die Absicht erreicht, im Hinblick auf die Aufrechterhaltung lediglich kriegswichtiger Betriebe künftig nur noch die Auszeichnung als „Kriegsmusterbetrieb" anstelle der Auszeichnung „NS-Musterbetrieb" und der Gau-Diplome zu verleihen; Eingriffe in die den Zeitverhältnissen also bereits angepaßte Organisation des Leistungskampfes daher nicht erwogen.
K/M/H   101 07807 f. (609); 101 10728 f. (662)

29. 1. 43   StSekr. Rothenberger   16534
Übersendung der Führerinformation 149 des Reichsjustizministers: Todesurteil gegen den nach Deutschland zurückgekehrten Mörder des Hitler-Jungen Herbert Norkus, den Kraftwagenfahrer Harry Tack.
H   101 28930 f. (1559 b)

[29. 1. 43]   GL Meyer   16535
Besprechung mit StSekr. Klopfer über die Berufung des SS-Gruf. Berger, Chef des SS-Hauptamtes, als Staatssekretär in das Ostministerium zur besonderen Vertretung des Ministers in den Abteilungen Politik und Verwaltung. Einverständnis der PKzl. (wie auch Himmlers und – indirekt – Hitlers) mit dieser Berufung.
H   101 19002 f. (1159)

29. 1. – 10. 2. 43   GBV, MRfdRV   16536
Zustimmung der PKzl. zum Entwurf einer Verordnung zum Schutz von Ehe, Familie und Mutterschaft (Strafbestimmungen für Schädigung der Familienhabe, Verletzung der Unterhaltspflicht, Unterlassung der Hilfeleistung des Mannes gegenüber der von ihm geschwängerten Frau, Vernachlässigung der Erziehungspflicht, Abtreibung, Zerstörung der Fortpflanzungsfähigkeit und unzulässigen Vertrieb von Verhütungsmitteln).
W   101 26885 – 86 (1512)

30. 1. 43   Himmler, Göring, SS-Ogruf. Krüger   16537
Durch Himmler Übersendung eines auch Göring zugeleiteten Aktenvermerks des SS-Ogruf. Krüger über eine Besprechung wegen des Defizits von 58 000 Tonnen (bei Einbeziehung eines von den polnischen Bauern nicht eingezogenen höheren Solls sogar 200 000 Tonnen) Brotgetreide im Ablieferungssoll des Generalgouvernements (GG): Gründe für das Mangelaufkommen und Vorschlag, es durch Lieferung von Fleisch und Fett zu kompensieren; bei Ablehnung dieses Vorschlags Gefahr der Herausnahme von zwei Millionen Menschen im GG aus der Brotversorgung; Hinweis auf die Folgen solcher Maßnahmen (Stärkung des Bandenwesens); „Schwimmen" der Ernährungsbilanz im GG wegen der bislang lediglich geschätzten Kopfzahl der Bevölkerung; negative Einschätzung der vom Generalgouverneur angeordneten summarischen Bestandsaufnahme der Bevölkerung (notwendig eine auf die „Absicht der hundertprozentigen Sicherstellung der Ernährung der Bevölkerung" gestützte Volkszählung).
K/H   102 01438 – 41 (2648)

30. 1. 43   AA, Dt. Ges. Lissabon   16538
Übersendung eines Berichts der Deutschen Gesandtschaft in Lissabon über ihren Protest bei der portugiesischen Regierung gegen einen pro-belgischen Artikel der dortigen Zeitung A Voz über Konflikte zwischen der belgischen Geistlichkeit und den deutschen Besatzungsbehörden, u. a. um die Verweigerung von Seelenmessen für gefallene belgische Freiwillige.
W   202 01403 ff. (10/14 – 25 + 20/7)

30. 1. 43   Einsatzstab Oslo, MPräs. Quisling   16539
Nach einem Telegramm des norwegischen Ministerpräsidenten Quisling an Hitler anläßlich des zehnten

Jahrestages der Machtübernahme Bitte des Einsatzstabes Oslo, durch ein entsprechendes Telegramm das einjährige Amtsjubiläum Qu.s und der nationalen Regierung am 1. 2. 43 zu würdigen.
K 101 26048/3 f. (1472 a)

30. 1.— 4. 2. 43   RKzl.   16540
Staatssekretärs- und nachfolgende Chefbesprechung über die Durchführung des Führererlasses vom 13. 1. 43 (vgl. Nr. 16437) durch Stillegungen und Vereinfachungen in der Verwaltung mit folgenden Besprechungspunkten: Auflösung des Preußischen Finanz- (Vortrag bei Hitler) und des Reichskirchenministeriums (aus politischen Gründen nicht in Frage kommend); Einschränkung der Tätigkeit der Reichsstelle für Raumordnung, des Ostministeriums, der Kanzlei des Führers und des Reichspatentamts; Überführung der Wehrmacht-Hinterbliebenenversorgung auf zivile Dienststellen; Übernahme der Geschäfte der Länderministerpräsidenten durch die Reichsstatthalter (zurückgestellt) und Zusammenlegung von Länderministerien; Auflösung der sächsischen und anderer Regierungen, von Landratsämtern (vor allem in Bayern), 500 Amtsgerichten und sieben Oberpostdirektionen; Finanz- und Personalausstattung des Reichsgesundheitsführers; Ausgestaltung der Verwaltungsgerichtsbarkeit (eine grundsätzliche Regelung z. Zt. von Hitler nicht gewünscht); Stillegung von Hochschulen (nicht weiter verfolgt) und Errichtungsstop für Hauptschulen; die Notwendigkeit besonderer Meldestellen des Reichsarbeitsdienstes; Einstellung der Verleihung einiger Ehrenzeichen und Einschränkungen bei der Verleihung von Kriegsverdienstkreuzen; Stillegung der Landesfremdenverkehrsverbände; Überprüfung des Personalbestands der Haupttreuhandstelle Ost; Beförderungs- (zurückgestellt) und Urlaubssperre; u. a. (Vgl. Nr. 16541 und 16548—57.)
W/H   101 09503— 22 (654 a)

30. 1.— 23. 2. 43   PräsKzl.   16541
Bedenken der Ressorts gegen die Anregung der PKzl., zwecks Freimachung von Arbeitskräften die Verleihung des Kriegsverdienstkreuzes auf Kriegsdauer einzustellen; Empfehlung, bestimmte Verdienste (z. B. an der Front, in der Rüstungsindustrie) weiterhin auszuzeichnen. Entscheidung Hitlers, das Kriegsverdienstkreuz weiterhin zu verleihen und im Hinblick auf den Endsieg insbesondere mit den für diesen Krieg geschaffenen Auszeichnungen nicht zurückzuhalten; Anordnung, zwecks Arbeitsersparnis die Verleihungen für den Nichtwehrmachtsektor in Zukunft nur noch zweimal jährlich (am 30. 1. und 1. 9.) stattfinden zu lassen. Weitere Entscheidungen über Ehrenzeichen: Verleihung des Ehrenzeichens für deutsche Volkspflege künftig nur noch für besondere Verdienste in der Erfüllung unmittelbarer Kriegsaufgaben; Einstellung der Verleihung sämtlicher Treudienst-Ehrenzeichen bis Kriegsende; Verleihung des Luftschutz-Ehrenzeichens und des Ehrenkreuzes der deutschen Mutter wie bisher.
M   101 02929 f. (297 a); 101 02971 f. (298 a); 101 09938 f. (657 a)

1. 2. 43   GL Eigruber   16542
Zwecks Zusammenfassung aller Baubehörden im Gau Oberdonau zu einem Technischen Amt Bitte um Fühlungnahme mit den verschiedenen bisher für die Betreuung technischer Aufgaben zuständigen Obersten Reichsbehörden und um Mitteilung seiner Ansicht.
M/H   306 00289 f. (Eigruber)

1. 2. 43   Himmler   16543
Mitteilung Bormanns: Geltung seiner Anordnung über die Neuregelung der Flakbedienungen nur für das Altreich, im Generalgouvernement Beibehaltung der bisherigen Regelung.
W   107 01143 (355)

2. 2. 43   RMfEuL, RVK, RBauernF   16544
Durch den Reichsernährungsminister mit der Bitte um umgehende Mitteilung etwaiger Bedenken Übersendung der Entwürfe eines Rundschreibens an die Reichsverteidigungskommissare und eines Erlasses an den Reichsbauernführer: Bei zwar grundsätzlicher Ausnahme des Handels mit Erzeugnissen der Ernährungswirtschaft von den Bestimmungen des Erlasses des Reichswirtschaftsministers über die Schließung von Handelsbetrieben trotzdem Stillegung bestimmter Einzelhandelsbetriebe (Süßwaren, Blumen- und Zierpflanzen) sowie Überprüfung des übrigen ernährungswirtschaftlichen Einzel- und Fachgroßhandels auf mögliche Stillegungen und Freistellungen; Zuständigkeiten für diese Aktion (Landesernährungsämter, Hauptvereinigungen, Wirtschaftsverbände); Zuteilung für den Einsatz in der Rüstungsindustrie nicht geeigneter Arbeitskräfte an die überlasteten Betriebe der Ernährungswirtschaft.
M/H   101 10770/1 — 777 (662 a)

[3. 2. 43]   RMfdbO, RKzl.   16545
Bitte des Reichsostministers, in Anbetracht des Aufbauzustandes seiner Verwaltung bei der Errichtung neuer Dienststellen nicht auf die Personalstellengenehmigung des Dreierausschusses angewiesen zu sein. (Zusage der Reichskanzlei, unter Umständen gewisse Fälle von der allgemein gültigen Genehmigungspflicht zu befreien.)
M   101 10300−08 (659)

3.−13. 2. 43   RMarschall, RL, GL, VerbF   16546
Zur Aufrechterhaltung der deutschen Nahrungsmittelversorgung und zur Verhinderung weiterer Mißstimmung unter der Bevölkerung über die ungeregelte Zuteilung von Lebens- und Genußmitteln als Sondervergünstigungen für einzelne Verbrauchergruppen Anweisung Görings (von Bormann der Partei bekanntgegeben), beim Übergang im Reich rationierter Lebensmittel aus besetzten oder verbündeten Gebieten in das Reich diese den bewirtschaftenden Stellen anzudienen, um sie zur Versorgung der Allgemeinheit zu verwenden; Ausnahmen; beigefügt eine Zusammenstellung der im Reich rationierten Lebensmittel.
K/H   102 01583−86 (2758)

3.−18. 2. 43   RFM, MRfdRV   16547
Keine Bedenken der PKzl. gegen den *Entwurf einer Verordnung über die Zollbehandlung des Eisenbahngüterverkehrs mit den besetzten Ostgebieten.
W   101 14722 ff. (802)

4. 2. 43   RKzl.   16548
In einer Chefbesprechung Ankündigung Bormanns, weitere Einschränkungen im Personalbestand und im Aufgabengebiet der Kanzlei des Führers durchzuführen.
H   101 10783 (663); 101 20450 (1212)

4. 2. 43   RMdI u. a.   16548 a
In einer Chefbesprechung Erörterung der Frage einer Zusammenlegung der am Dienstsitz eines Oberpräsidenten (Reichsstatthalters) befindlichen Regierung mit der Behörde des Oberpräsidenten nach dem Danziger Vorbild (vgl. Nr. 15804, 16540, 16550 und 16717).
H   101 09621 (656)

4. 2. 43   RKzl.   16549
In einer Chefbesprechung Mitteilung des StSekr. Klopfer (PKzl.): Seitens des Reichserziehungsministers keine Weiterverfolgung der Absicht, nur noch an zehn Hochschulen einen Lehrbetrieb stattfinden zu lassen; die Stillegung der Evangelisch-theologischen Fakultäten nach Meinung Bormanns aus politischen Gründen nicht möglich.
K   101 15545 (941 a)

4. 2. 43   Lammers   16550
Laut Terminkalender 12.30 Uhr Besprechung mit Bormann, StSekr. Klopfer u. a. (Vgl. dazu die übrigen Nummern unter diesem Datum sowie Nr. 16540.)
H   101 29100 (1609 b)

4. 2. 43   RKzl.   16551
Ergebnis (Auszug) der Chefbesprechung über die Durchführung des Führererlasses vom 13. 1. 43 (vgl. Nr. 16437): Überprüfung des Personalbestandes der Haupttreuhandstelle Ost und der ihr unterstellten Dienststellen und Gesellschaften. (Vgl. Nr. 16540 und 16550.)
M   101 10727 (662)

4.−10. 2. 43   RKzl.   16552
Ergebnisse (Auszüge) der Chefbesprechung über die Durchführung des Führererlasses vom 13. 1. 43 (vgl. Nr. 16437): Keine Beseitigung des Eisernen Sparens; Vereinheitlichung der Handels- und Steuerbilanz; keine Einführung von Nettogehältern und vierteljährlichen Gehaltszahlungen; Überprüfung des Umfangs der Verwendung der Bahnpolizei zur Bewachung von Sonderfahrten, -zügen und -wagen; Beanstandung der Umstellung der Grundbücher auf das preußische Muster. (Vgl. Nr. 16540 und 16550.)
A/W   101 09928−31, 963 (657 a)

4. 2. – 22. 3. 43   RKzl., RArbF, Chef OKW   16553
Gemäß der im Führererlaß vom 13. 1. 43 (vgl. Nr. 16437) dem Dreierausschuß erteilten Ermächtigung zu Durchführungsanordnungen Verfolg einer Anregung, die Meldestellen für den männlichen und weiblichen Reichsarbeitsdienst aufzulösen und ihre Aufgaben den Wehrmeldeämtern bzw. den Polizeibehörden zu übertragen. Nach dringender, sachlich im einzelnen begründeter und mit Rücktrittsdrohung verbundener Gegenvorstellungen des Reichsarbeitsführers keine Weiterverfolgung der Angelegenheit.
A   101 09940 – 52 (657 a)

4. 2. – 1. 4. 43   RKzl., RPM   16554
Aufgrund des Führererlasses vom 13. 1. 43 (vgl. Nr. 16437) Erörterung eines Vorschlags, die Fernsprechgebühren der Behörden zu pauschalieren. Gegenvorstellungen des Reichspostministers: Keine Zeit- und Personaleinsparung, Steigerung des Fernsprechverkehrs, Durchbrechung des einheitlichen Tarifs zugunsten der Behörden, u. a.; Notwendigkeit eines anderen Fernsprechrechnungsverfahrens.
A   101 02614 f. (267); 101 09964 – 68 (657 a)

4. 2. – 16. 4. 43   RKzl., RJM, OKW   16555
Nach der Anregung des Generalbevollmächtigten für die Reichsverwaltung in einer Chefbesprechung Überprüfung der Arbeiten des Reichspatentamtes (RPA) auf ihre Kriegswichtigkeit und eventuelle Einstellung. Das Ergebnis, maßgeblich vom OKW beeinflußt: „Leitsätze für die Beschränkung der Arbeiten des RPA" (weiter Entgegennahme sämtlicher Anmeldungen, Prüfung aber nur in kriegswichtigen Patentklassen bzw. in besonderen Einzelfällen; Vereinfachung des Prüf-, Einspruchs- und Beschwerdeverfahrens sowie Einschränkung der Zulassung von Nichtigkeitsklagen). Ähnliche Regelungen für Gebrauchsmusteranmeldungen (Eintragung nur auf Verlangen der Wehrmacht).
H   101 18953 – 71 (1158 b)

4. 2. – 17. 4. 43   RKzl., RMfWEuV   16556
Entscheidung des Dreierausschusses, die Neueinrichtung von Hauptschulen zurückzustellen, den bereits begonnenen Aufbau von Hauptschulen jedoch weiterzuführen; kein weiterer Verfolg des vom Reichserziehungsminister (REM) angeregten Hauptschulfinanzgesetzes. Keine Einwände des Dreierausschusses gegen die vom REM geplante Umwandlung von Mittelschulen in Hauptschulen in einigen preußischen Regierungsbezirken (Oppeln, Magdeburg, Münster, Minden und Arnsberg) und im Land Anhalt bei Berücksichtigung des Stoperlasses.
K   101 15954 – 64 (951)

4. 2. – 17. 5. 43   RKzl., RJM, GL Weinrich, OPräs. Hessen-Nassau   16557
Vorschlag des Reichsjustizministers, 150 Amtsgerichte, 15 Landgerichte sowie die Oberlandesgerichte (OLG) Darmstadt, Braunschweig, Kassel, Oldenburg, Kiel, Bamberg und Jena völlig aufzuheben oder still- bzw. (Kassel mit Frankfurt, Kiel mit Hamburg, Oldenburg mit Celle) zusammenzulegen. Bedenken der GL Lohse, Wegener und Wächtler gegen die Schließung ihrer OLG (nur geringfügige Freimachungen von Menschen und Räumlichkeiten, unzumutbare Belastungen für die Bevölkerung, Gefährdung einer sachgemäßen Führung der Amtsgeschäfte; Einwilligung lediglich in die Verlegung von Justizverwaltungsstellen), insbesondere aber scharfer Protest des GL Weinrich (begleitet von inhaltlich identischen Vorstellungen des OPräs. Philipp Prinz v. Hessen) gegen das von „gewissen Kräften auf kaltem Wege eingeleitete Totmachen meines Gaues und der Gauhauptstadt Kassel": Nach der Reichspostdirektion (vgl. Nr. 16561) nun das OLG und dadurch auch Gefährdung der Universität Marburg; Anhänglichkeit der kurhessischen Bevölkerung an ihre Gauhauptstadt (nie Gewöhnung an Frankfurt); Weigerung, sich immer wieder „überrennen" und „Kurhessen schädigen" zu lassen. Ergebnis des Vortrags bei Hitler: Gegen Bormanns Votum Ablehnung aller OLG-Zusammenlegungen.
H   101 10595/1 – 50 (661); 101 18955 f. (1158 b)

4. 2. – 3. 7. 43   Lammers, PrFM, Insp. Dt. Heimschulen   16558
Wegen des damit verbundenen Mehrbedarfs an Arbeitskräften Bedenken Lammers' und Popitz' gegen die von Hitler gewünschte Verlagerung der Trägerschaft der Heimschulen und der Nationalpolitischen Erziehungsanstalten für Mädchen von den bisherigen Trägern auf das Reich; Absicht, die Verreichlichung der Heimschulen bis nach Kriegsende zurückzustellen. Auf Wunsch Bormanns Durchführung der vom Inspekteur der Deutschen Heimschulen im Einvernehmen mit dem Reichsfinanzminister auf Kriegsdauer vorgeschlagenen Zwischenlösung: Vermeidung von Mehrarbeit durch weitgehende Einschaltung der Mittelinstanz bei der Verwaltung und Aufsichtsführung; Bestellung von Heimschulsachbearbeitern (für die Schulaufsicht) und von Haushaltssachbearbeitern (für die Finanzierung) bei der Mit-

telinstanz durch Reichsauftrag; Erstattung der von den Ländern für die Heimschulen verausgabten Kosten durch das Reich; Aufsichts- und Weisungsbefugnis der Inspektion (d. h. des Reichs) über die Schulbehörde; die vollständige Übernahme der Trägerschaft durch das Reich nach Kriegsende möglich.
K   101 16344 – 68 (956 c)

5. 2. 43   AA   16559
Nach einem Bericht der Deutschen Botschaft beim Vatikan Dankschreiben des Erzbischofs von Palermo, Kard. Lavitrano, an die Zeitung Italia (Mailand) für Leserspenden zur Beschaffung von Heiligenbildern und Andachtsbüchern für die „getrennten Brüder" in Rußland und Bitte um weitere Spenden: Begeisterte Dankbarkeit der Bedachten; Benutzung der italienischen Soldaten durch die Vorsehung, um „das Licht des Geistes in das ferne Rußland zu tragen".
W/H   202 00725 ff. (7/10 – 18 + 19/8)

5. 2. 43   RArbM u. a.   16560
Ergänzung der Liste der zur Herstellung stahlarmer sog. Massetüren (zum Einbau in feuerbeständige Bauteile) zugelassenen Firmen. (Nachrichtlich an die PKzl.)
H   101 19187 f. (1170)

5. 2. – 15. 11. 43   RKzl., RPM u. a.   16561
Gegen die Aufhebung von 14 Reichspostdirektionen (RPD) im Rahmen der Verwaltungsvereinfachung Einspruch Bormanns wegen nicht ausreichender Beteiligung (Unterrichtung statt Zustimmung) aufgrund des Erlasses vom 13. 1. 43 (vgl. Nr. 16437). Beharren Ohnesorges auf seinem Standpunkt unter Hinweis auf die Notwendigkeit schnellen Handelns und auf seine exemplarischen Verdienste bei der Freimachung von Kräften für die Wehrmacht. Einengung des Konflikts auf die Aufhebung der RPD Kassel. Protest des dortigen Gauleiters, von B. unter Erwähnung der nach dem Kriege beabsichtigten Neugliederung in diesem Raum unterstützt. Ein von Lammers vorgesehener Führerentscheid durch ein von B. benutztes Gespräch mit Hitler zugunsten der Zustimmungs-Kompetenz der PKzl. unterlaufen. Nach der Zerstörung Kassels Verzicht B.s und L.' auf die geforderte Wiedereröffnung der RPD während des Krieges unter grundsätzlicher Wahrung ihrer Rechte.
M/H   101 10245 – 99 (659)

6. 2. 43   AA, Publikationsst. Innsbruck   16562
Durch das Auswärtige Amt Übersendung des Kulturpolitischen Berichts 1/43 der Publikationsstelle Innsbruck über die Bestellung Guido Manacordas zum Leiter des Vortragszyklus des faschistischen Kulturinstituts in Rom über italienische und deutsche Kultur und damit zum Wortführer im deutsch-italienischen Kulturgespräch: Charakterisierung M.s als überzeugt katholisch und deutschfeindlich (z. B. „hohnvolle Verzerrung" des „deutschen Rassenmythos"); Hinweis auf einen kritischen Artikel des Philosophen Orestano über die Haltung Deutschlands gegenüber dem Christentum in der faschistischen Zeitschrift Gerarchia; Befürchtung einer italienischen „weltanschaulichen Offensive" unter Ausnutzung der „übermenschlichen Anstrengungen Deutschlands an der Ostfront".
W/H   202 00677 – 83 (7/10 – 18 + 19/8)

6. 2. 43   Lammers, RStudF   16563
Bitte Lammers' um Bormanns Aufmerksamkeit für ein – nach seiner Auffassung – viel zu umfangreiches 'Rundschreiben des Reichsstudentenführers und Führers des NS-Altherrenbundes, Scheel, zur Jahreswende (jetzt nicht die Zeit dafür).
K/H   101 10778 – 82 (663); 101 20218 (1201 b)

[6. 2. 43]   RAL Hinrich u. a.   16564
Nach seiner Rückkehr aus dem Führerhauptquartier Äußerungen des GenK Schmidt gegenüber verschiedenen Mitarbeitern und Freunden über seine angeblich bevorstehende Einsetzung als Reichskommissar in Belgien.
W   107 01085 ff. (354)

6. – 17. 2. 43   Lammers   16565
Bedenken des RBf. Müller gegen die vom Reichsinnenminister verfügte Auflösung der Heilsarmee von Lammers – nach Absprache mit Bormann – zerstreut, u. a. mit dem Hinweis auf den englischen Ursprung dieser (als internationale Sekte zu charakterisierenden) Organisation, auf die nicht mehr (wie vor

dem Kriege) erforderliche außenpolitische Rücksichtnahme und auf die Übernahme der karitativen Aufgaben der Heilsarmee durch die NSV.
A   101 06830 f. (559 a)

6. 2. – 15. 3. 43   Lammers, GL Sauckel, RMfWEuV   16566
Übereinkunft zwischen Lammers und Bormann, die weiteren Forderungen des GL Sauckel zugunsten der Hochschule für Baukunst und bildende Künste in Weimar (Einführung einer Rektoratsverfassung, Recht zur Verleihung des „Dr. arch." und zur Habilitation) als nicht kriegswichtig einzustufen. Entscheidung Hitlers in diesem Sinne.
K   101 15550/1 – 551 (942)

6. 2. – 12. 7. 43   GBV, RKzl., RMdI, Chef Orpo, RFSS   16567
Auseinandersetzung zwischen Bormann und dem Chef der Ordnungspolizei Daluege über die Einstellung der seit April 1939 auf Initiative D.s eingeführten „Volkskartei". Die Auffassung B.s: Die Unbrauchbarkeit der „Volkskartei" in ihrer gegenwärtigen Form durch die Erfahrungen von vier Jahren, insbesondere durch die Stellungnahmen zahlreicher Gauleitungen bewiesen; eine Weiterführung aus Gründen der Verwaltungsvereinfachung und des Arbeitskräftemangels nicht vertretbar; Vorwurf, die Kartei ohne Beteiligung der PKzl. in Gebieten außerhalb des Altreichs eingeführt zu haben. Unter Hervorhebung seiner persönlichen Verdienste um den Kriegseinsatz Rechtfertigung D.s unter Eintreten für die Weiterführung der „Volkskartei": Hinweis u. a. auf ihre Unentbehrlichkeit für die Polizei, aber auch auf ihren Gebrauch durch die Wehrmacht und die Partei zur Erfassung der Wehrdienst- bzw. der Arbeitsdienst- und Jugenddienstpflichtigen. Einverständnis Himmlers mit der Stillegung der Kartei und der Aufstellung einer verbesserten Kartei durch die Polizei nach dem Krieg.
M/H   101 07508 (591 a); 101 10203 – 35 (659)

8. 2. 43   AA, Rechtsanw. Geisler   16568
Negative Stellungnahme des Auswärtigen Amts zu dem Antrag des Rechtsanwalts Geisler (Gleiwitz), seinem Mandanten Hugo Böss die von diesem 1928 als örtlicher Obmann des Vereins Deutscher Katholiken für die Errichtung eines deutschen Schülerheims in Neu-Oderberg (CSR) verauslagten RM 2400.- zu erstatten; Bemerkung über das „bedauerliche" Verhalten G.s, als Anwalt „in der jetzigen Zeit" einen Prozeß gegen den Staat anzustrengen. (Abschriften an die PKzl.)
W/H   202 01443 – 49 (11/1 – 2 + 20/8)

8. 2. 43   RJM   16569
Vorschlag, LGDir. Oswald Rothaug zum Reichsanwalt beim Volksgerichtshof zu ernennen.
H   101 27206 – 10 (1517 c)

8. 2. 43   AA   16570
Übersendung eines Artikels der Zeitschrift Time (New York) über die Wohlfahrtsarbeit der Heilsarmee im Krieg und ihre Soldatenbetreuungsstellen.
W   202 01060 – 63 (9/5 – 14 + 2/1)

8. 2. 43   RMfBuM   16571
Einwände gegen die zur Freimachung von Arbeitskräften für die Wehrmacht vorgeschlagene Abschaffung des Triebwagenschaffners bei den Straßenbahnen: Aufzählung seiner zahlreichen Aufgaben bei der Betreuung der Fahrgäste, u. a.
M   101 10730 f. (662)

9. 2. 43   HeeresPersA   16572
Höchster Bedarf an Offiziersnachwuchs im Heer infolge relativ höchster Verluste; wegen möglicher Konkurrenz durch die Luftwaffe (Anordnung über den Kriegshilfseinsatz der deutschen Jugend in der Luftwaffe) die Sicherstellung der freien Wahl des Wehrmachtteils für die Schüler von Hitler befohlen.
A   101 22967 f. (1308 b)

9. 2. – 26. 3. 43   GBA u. a.   16573
Vorlage und Erörterung (Einwände gegen Leistungszulagen und Mehrarbeitsvergütungen) der Entwürfe von drei Anordnungen über verbindliche Einsatz- und Gehaltsbedingungen der in den besetzten Ostgebieten eingesetzten Angestellten der Ostgesellschaften und über die Abschaffung der bisherigen „Ostzulagen".
H   101 08200 – 10 (629)

10. 2. 43   Lammers u. a.   16574
Chefbesprechung über die Durchführung des Führererlasses vom 13. 1. 43 (vgl. Nr. 16437) im Bereich des Reichsfinanzministeriums: Vereinheitlichung des Lohnabzugs; Abschaffung der Einkommenssteuerveranlagung (abgelehnt); Vereinheitlichung der Handels- und Steuerbilanz; Gewerbesteuervereinfachung (vgl. Nr. 16580); Verbot von Änderungen der Besoldungsordnung und der Stellenpläne sowie von Ausnahmen von den Reichsgrundsätzen und Laufbahnrichtlinien während des Krieges; Vereinheitlichung der Krankenversicherungsbeiträge; Verzicht auf das Verfahren nach § 18 der Geschäftsordnung der Reichsregierung bei Ernennungen von Ministerialräten bzw. (Vorschlag Goebbels') allgemein bei Beförderungen (Beteiligung lediglich der PKzl.); Umstellung des Besoldungsdienstalters auf ein bestimmtes Lebensalter; Einführung von Nettogehältern und vierteljährlicher Gehaltszahlungen sowie Beseitigung des Eisernen Sparens (abgelehnt); Einstellung gewisser Planungen und der Festsetzung von Richtpreisen bei den Gemeinden; Umstellung der Grundbücher auf das preußische Muster; Arbeitseinsatz der Studenten.
W/H   101 09523 − 29 (654 a)

10. 2. 43   GL Bracht   16575
Votum gegen die Vereinigung der Regierung mit dem Oberpräsidium in Kattowitz sowie gegen die Stilllegung auch der Regierung in Oppeln; Hinweis auf die besonderen Aufbau-, Volkstums- und Rüstungsprobleme in Oberschlesien und Verwahrung gegen organisatorische Eingriffe von außen.
A   101 09627 − 30 (656)

10. 2. 43   Lammers   16576
Laut Terminkalender 11.30 Uhr Besprechung mit Bormann, StSekr. Klopfer u. a.
H   101 29101 (1609 b)

10. 2. 43   AA   16577
Übersendung eines Artikels der Zeitung Der Bund (Bern) über die − neuen Strömungen aufgeschlossene − Politik Pius' XII. und über die Bekehrung des Philosophen Croce zum Katholizismus; Kritik des Vatikans an den Ausführungen des Artikels.
W   202 01741 f. (12/15 − 12/33)

[10. 2. 43]   Backe   16578
Streichung zusätzlicher Lebensmittelrationen für führende Persönlichkeiten von Partei und Staat mit Billigung der PKzl. wegen der Auswirkungen auf die Stimmung der Bevölkerung.
K   102 00154 f. (280)

10. 2. − 4. 3. 43   RKzl.   16579
Der Vorschlag Bormanns, einen neuen Reichsstatthalter in Bayern zu ernennen, von Hitler „vorerst" abgelehnt; wegen der hierfür von ihm genannten Gründe auch die Zusammenlegung der noch bestehenden bayerischen Ministerien nicht genehm; ebenfalls keine Errichtung des von GL Giesler später vorgeschlagenen Zentralministeriums.
A/H   101 09995 − 97 (658); 101 25051 f. (1393 a)

10. 2. − 13. 3. 43   RKzl., RFM u. a.   16580
In einer Chefbesprechung (vgl. Nr. 16574) Billigung eines vom Reichsfinanzminister (RFM) gemachten Vorschlags, die Veranlagung und Erhebung der Gewerbesteuer bei den Finanzämtern zusammenzufassen unter Entschädigung der Gemeinden durch Finanzzuweisungen des RFM; Erörterung des Verfahrens (Ermächtigung des RFM durch den Dreierausschuß).
A   101 09969 − 72 (657 a)

10. 2. − 7. 7. 43   RKzl., GBV, RMfWEuV   16581
Klage des Generalbevollmächtigten für die Reichsverwaltung (GBV) über die Wirkungslosigkeit der im Zusammenhang mit dem Führererlaß zur Vereinfachung der Verwaltung getroffenen Maßnahmen: Statt Beseitigung der Grundursachen (unklare Kompetenzabgrenzungen, Überschneidung von Aufgabengebieten, u. ä.) Kurieren am Symptom; entsprechend dem ihm früher von Lammers und Bormann gemachten Vorschlag, konkrete Fälle beim Dreierausschuß anhängig zu machen, Übermittlung einer Denkschrift des Reichserziehungsministers (REM) über die Gefahr der Zersplitterung des berufsbildenden (insbesondere des frauenberuflichen) Schulwesens infolge zu vieler verschiedener Schulträger, verbunden mit der Bitte, die Angelegenheit im Dreierausschuß zur Beratung zu stellen und ihn − den GBV − hinzuzuziehen. Nach Erörterung der Darlegungen des GBV im Ausschuß am 24. 6. 43 vorher

mit B. abgestimmte Antwort L.' an Frick: Behandlung des allgemeinen Problems der Zersplitterung der öffentlichen Verwaltung nicht ohne eingehende weitere Vorbereitung; hinsichtlich der Unterstellung der Fachschulen Hinweis auf eine dem REM früher zugegangene Mitteilung (die endgültige Entscheidung darüber für die Dauer des Krieges zurückgestellt). Hitler – so von L. nur auf der Dreierausschußsitzung erwähnt – für die Zuständigkeit der Fachressorts bei der Betreuung der Fachschulen.
A   101 10068 – 72 (658 a)

11. 2. 43   RKzl., RGesundF, RArbM   16582
Durch StSekr. Klopfer (PKzl.) an StSekr. Kritzinger (Reichskanzlei) Überreichung eines gemeinsamen Erlasses des Reichsgesundheitsführers und des Reichsarbeitsministers über die Bevollmächtigung des Dr. Gutermuth (Frankfurt/M.), in bestimmten Betrieben Überprüfungen des Krankenstandes vorzunehmen.
H   101 13648 f. (719)

11. 2. 43   Intern   16583
Vermerk von MinR Heim für StSekr. Klopfer über Vorbereitungen für den Z-Fall: Mit Hilfe des Auswärtigen Amts, der Auslands-Organisation und des Sicherheitsdienstes sowie von Männern mit Auslandserfahrung Überprüfung der Personalpolitik in den besetzten Gebieten und Vorbereitung auf die dort bei Eintritt des „Z-Falls" bevorstehenden politischen und propagandistischen Probleme; Erarbeitung von Richtlinien über staatspolitische Fragen und über Erkenntnisse auf dem Gebiet der Menschenführung.
K   102 01130 ff. (2127)

11. – 15. 2. 43   RKzl.   16584
Besprechung (offenbar über die Durchführung des Führererlasses vom 13. 1. 43) zwischen Bormann und StSekr. Klopfer einerseits, Lammers und StSekr. Kritzinger andererseits (Tagesordnung). Termin der nächsten Sitzung des Dreierausschusses. Absicht B.s, an einer Sitzung des Reichsbahnbeirats teilzunehmen.
W   101 09530 ff. (654 a)

11. 2. – 25. 3. 43   RKzl.   16585
Auf Anregung mehrerer Gauleiter, Leys und Bormanns Weisung Hitlers an B., im Zuge der kriegsnotwendigen Organisationsvereinfachungen die Vorbereitungen für die Auflösung des NS-Reichskriegerbundes (NSRKB) zu treffen. Im Einverständnis mit dem OKW nunmehr Verfolgung des „ursprünglichen Plans des Führers", bei Fortbestehen der Traditionsvereine (Regimentsvereine usw.) die überörtliche Organisation des NSRKB aufzulösen. Entsprechende Verfügung H.s (darin auch: Errichtung einer Kyffhäuser-Stiftung zur Aufnahme des NSRKB-Vermögens, Schenkung des das Kyffhäuser-Denkmal umgebenden Waldes an die Stiftung nach Ankauf durch die NSDAP).
H   101 10784 – 92 (663); 101 14841 (823 b)

12. 2. 43   AA, Dt. Botsch. Rom   16586
Übersendung eines Presseberichs der Deutschen Botschaft in Rom „Polemik um den Katholizismus": Reaktion der italienischen Presse auf die Betonung der sozialen Frage durch die Kirche; Angriff der Zeitschrift Critica Fascista gegen den Philosophen Benedetto Croce (Wandlung zum „Klerikalen").
W   202 00613 – 16 (7/1 – 9)

[12. 2. 43]   SSHA   16587
Im Zusammenhang mit der mehrfachen Ablehnung einer Beförderung des im SS-Hauptamt tätigen SS-Brif. Jürs durch Himmler Erwähnung von Gerüchten aus der PKzl. über die Unzufriedenheit H.s mit dem Chef des SS-Hauptamtes (Berger) und über dessen geplante Abschiebung.
K   102 01466/1 f. (2651); 306 00586 f. (Jürs)

[12.] – 19. 2. 43   RKzl., StSekr. a. D. Mussehl   16588
Durch den Dreierausschuß an StSekr. a. D. Mussehl Übertragung des Ausgleichs bzw. der Aufschlüsselung der im Wehrkreis III von der Verwaltung für die Wehrmacht aufzubringenden Ersatzquote und ihrer Raten (unter Beteiligung des MinDirig. Haegert – Reichspropagandaministerium [Promi] – und je eines Vertreters des Beauftragten für den Vierjahresplan und des Generalbevollmächtigten für die Reichsverwaltung); ausgenommen von diesem Auftrag: Auswärtiges Amt, Promi, Post, Bahn und Polizei.
K/H   101 11728 – 32 (681 a)

12. – 25. 2. 43   Lammers, Meissner   16589
Über Bormann und Lammers Weiterleitung an Meissner: Auf Wunsch des Generalbaurats Giesler Weisung Hitlers, G.s ältestem Mitarbeiter, dem Architekten August Kröninger, den Titel „Baurat" zu verleihen.
H   101 17126 ff. (1020)

13. 2. 43   RJM   16590
Einladung zu einer mündlichen Erörterung vorgeschlagener Vereinfachungen des Wertpapierverkehrs: Eventuell Bestimmung der privaten „Allgemeinen Verlosungstabelle" zum amtlichen Organ mit Monopolcharakter, u. a.
K   101 14487 – 90 (786)

13. 2. 43   RKzl., GL Ostpreußen, GBA   16591
Protest des Stv. GL Großherr (Ostpreußen) gegen eine Abmachung zwischen der Wehrmachtkommandantur Königsberg und dem Landesarbeitsamt über die Kriegsdienstverpflichtung von Soldatenfrauen und -töchtern bei Wehrmachtdienststellen: Erschütterung des Vertrauens der Bevölkerung in die gerechte Erfassung aller der Kriegsdienstverpflichtung unterliegenden Volksgenossen, eine personelle Umbesetzung des Landesarbeitsamtes erforderlich. Unter Übersendung von Abschriften Bitte Bormanns an Lammers um entsprechende Veranlassung.
A   101 09934 – 37 (657 a)

13. 2. 43   RWiM u. a.   16592
Übersendung eines Runderlasses: Die Absicht einzelner Reichsverteidigungskommissare, die Schließung von Betrieben zwar anzuordnen, den Inhabern aber zu gestatten, ihre Betriebe bis zum anderweitigen Einsatz der bei ihnen tätigen Arbeitskräfte geöffnet zu halten, unvereinbar mit dem Erlaß des Reichswirtschaftsministers vom 30. 1. 43; die Möglichkeit von Schließungen in Etappen zwar gegeben, jedoch die Anordnung der Schließung bis zum 15. 3. 43 geboten.
M   101 10655 f. (662)

13. 2. 43   AA   16593
Übersendung von Artikeln der Zeitungen A Voz und Diario da Manha (beide Lissabon) über einen Vortrag des portugiesischen Geistlichen Ferreira „Die Bekehrung der Juden" (Aufruf zum Gebet, die „verfolgten und märtyrisierten Juden in Jesus Christus den wahren Heiland" erkennen zu lassen).
W/H   202 01399 – 402 (10/14 – 25 + 20/7)

13. 2. – 2. 4. 43   RKzl., RKfdbnoG, RKfdbnG, MilBfh. Belgien/Nordfrankreich, MilBfh.   16594
                    Frankreich, RProt., GenGouv., RMfVuP
Besprechungen über die in den besetzten Gebieten zu treffenden Maßnahmen zur Durchführung des Führererlasses vom 13. 1. 43 (vgl. Nr. 16437): Einführung einer Meldepflicht, Schließung von Betrieben und der Börsen, Berichte über besondere Probleme in einzelnen Gebieten, und anderes. Infolge der Einschaltung Görings Verzögerung der Herausgabe des beabsichtigten Rundschreibens der Reichskanzlei und deshalb Verzicht auf dessen Erlaß, lediglich Aufforderung an die Verwaltungen der besetzten Gebiete zur Berichterstattung über die bisher getroffenen Maßnahmen und deren Auswirkungen.
W   101 09204 – 28 (651 b)

13. 2. – 16. 5. 43   RMfVuP, RKzl., Oberste RBeh.   16595
Unter Hinweis auf einen ähnlichen Appell bei der Aktion gegen den Tausch- und Schleichhandel Forderung Goebbels', in einem Führererlaß oder in einem Rundschreiben Bormanns und Lammers' die führenden Persönlichkeiten von Staat und Partei zu vorbildlicher Haltung und gutem Beispiel ihrer Familien beim umfassenden Einsatz zum Zwecke der Reichsverteidigung aufzurufen: Keine Bemühungen der Frauen und Töchter solcher Persönlichkeiten um leichtere oder gar Scheinarbeitsverhältnisse. Unter drei vorgelegten Entwürfen für eine entsprechende Führerweisung (darunter ein von G. für notwendig erachteter und auch von B. gebilligter Text mit der Androhung, Verstöße zu ahnden) der am wenigsten scharfe von Hitler unterschrieben.
H   101 29010 – 42 (1561)

14. 2. 43   RPropL, RKzl.   16596
Zur Vermeidung weiterer Unzufriedenheit in der Bevölkerung über die – laut SD-Bericht – zu langsame Durchführung der Meldepflicht Anweisung Goebbels', dem Arbeitsamtspräsidenten in Berlin einen „al-

ten Kämpfer von der Gauleitung" beizuordnen mit der Aufgabe, „bei der Auslegung der getroffenen Maßnahmen behilflich" zu sein; Bitte G.' an Bormann um entsprechende Veranlassung auf Reichsebene.
A/H   101 09932 f. (657 a)

15. 2. 43   Lammers   16597
Laut Terminkalender 17.00 Uhr Besprechung mit Bormann, StSekr. Klopfer u. a.
H   101 29102 (1609 b)

15. 2. 43   AA   16598
Mitteilung über einen Bericht des Deutschen Konsulats in Saloniki über die Gründung eines Macedorumänischen Komitees zwecks Steigerung der rumänischen Kulturpropaganda unter den Kutzowalachen in ganz Mazedonien.
W/H   202 01539 f. (11/3 − 1 + 20/9)

[15. 2. 43]   HSSPF Mitte   16599
Gerüchte im Gau Süd-Hannover-Braunschweig über GL Lauterbacher: Eröffnung eines Disziplinarverfahrens gegen ihn durch Bormann, u. a.
M   306 00763 − 66 (Pancke)

15. 2. − 4. 3. 43   AA, Dt. Botsch. b. Hl. Stuhl   16600
Übersendung von Berichten der Deutschen Botschaft beim Heiligen Stuhl über die Ankunft des (Tschungking-)Chinesischen Botschafters, über seinen Empfang durch Papst Pius XII. und über vatikanische Verlautbarungen zu den chinesisch-vatikanischen Beziehungen.
W/H   202 02208 − 09/2 (17/1 − 16)

15. 2. − [16. 3.] 43   RKzl., RJM   16601
Erörterung von Maßnahmen auf dem Gebiet der Justiz zur Durchführung des Führererlasses vom 13. 1. 43 (vgl. Nr. 16437): Vereinfachung des Verfahrens vor dem Reichspatentamt (Beschränkung auf nur unbedingt kriegswichtige Patente) und teilweise Stillegung des Amtes (vgl. Nr. 16555); Einschränkung der Berufung in Zivil- und Strafsachen sowie Zulassung der Rechtsmittel durch den iudex a quo (vgl. Nr. 16670 und 16693); Stillegungen bei der Akademie für Deutsches Recht (71 von 72 Ausschüssen); u. a.
H   101 10595/3 − 13 (661)

15. 2. − 24. 3. 43   RKzl.   16602
Der Entwurf eines Rundschreibens der Reichskanzlei an führende Männer in Staat und Partei über die erforderliche Beschränkung der Zahl der Adjutanten von Bormann als „viel zu mild" abgelehnt: Ein eindeutiger Hinweis auf den Wunsch Hitlers nach jeder nur denkbaren Einschränkung sowie nach Abgabe von kriegsverwendungsfähigen und Einarbeitung kriegsversehrter, nicht mehr kriegsverwendungsfähiger Adjutanten notwendig. Entsprechende Abänderung des Entwurfs.
A   101 10178 − 82/2 (658 b)

15. 2. − 5. 5. 43   AA, Dt. Botsch. b. Hl. Stuhl   16603
Übersendung einer Zusammenfassung des in Druck befindlichen vatikanischen Jahresberichts. Großes Interesse der PKzl. an der Tätigkeit des dort erwähnten Vatikanischen Informationsbüros für Nachforschungen nach Kriegsgefangenen und an der Nachrichtenübermittlung zwischen diesen und ihren Angehörigen. Ferner auf Anfrage der PKzl. nähere Informationen über eine (in dem Bericht ebenfalls erwähnte) Sonderaudienz von Kindern der Deutschen Schule in Rom beim Papst.
W   202 02249 − 59 (17/1 − 16)

15. 2. − 1. 7. 43   RKzl., RMfVuP u. a.   16604
Entgegen der Anregung Goebbels', Pferderennen weitgehend einzustellen (Begründung u. a.: Gleichzeitige Schwerarbeit in benachbarten Rüstungsfabriken, bessere Geländenutzung für kriegswichtige bzw. Erholungszwecke, kein „Volksfest-Charakter"), Entscheidung Hitlers nach Vortrag von Lammers und Bormann für ihre Beibehaltung: Im Hinblick auf das Interesse der großen Masse des Volkes, auf den Mangel an Vergnügungen sowie auf die Abschöpfung überflüssiger Kaufkraft ein Verbot der Rennen (wie auch der Sportausscheidungskämpfe) verfehlt. Reichseinheitliche Regelung mit gewissen Einschränkungen (begrenzte Zahl zugelassener Rennbahnen, keine Bereitstellung von Sonderbeförderungsmitteln, Verbotsvorbehalt der Reichsverteidigungskommissare, Schließung der Buchmacher- und Rennwettbüros, u. a.). Genehmigung daraufhin eingehender Anträge auf Ausweitung des Kreises der zugelas-

senen Rennbahnen, jedoch nicht der Abhaltung des Rennens um den Großen Preis von Deutschland für Dreijährige. – Trotz Bedenken B.s (Aufrechterhaltung der Staatsautorität) gegen einen Antrag des Reichsverbands der Buchmacher auf beschränkte Wiederzulassung seiner Betriebe Weisung H.s, das Buchmachergewerbe zur Kaufkraftabschöpfung in angemessenem Umfang bestehen zu lassen.
A/W   101 10073 – 102 (658 a)

16. 2. 43   GBA   16605
Zwecks Neuregelung des Einsatzes hauswirtschaftlicher Arbeitskräfte im Zusammenhang mit der Durchführung der Verordnung über die Meldung von Männern und Frauen für Aufgaben der Reichsverteidigung Übersendung des *Entwurfs einer Siebenten Durchführungsverordnung zur Verordnung über die Beschränkung des Arbeitsplatzwechsels: Pflicht, bei einer Einstellung die Genehmigung des Arbeitsamtes einzuholen, jetzt auch für Haushalte mit Kindern; Meldepflicht für alle Hauswirtschaftskräfte und Freisetzungsvollmachten für die Arbeitsämter.
H   101 29375 f. (655 a)

16. 2. 43   AA   16606
Übersendung eines Berichts der Zeitung La Croix (Limoges) über die Tätigkeit der katholischen Jugendorganisationen, vor allem der Pfadfinder, in Frankreich.
W   202 00527 – 35 (5/19 – 21 + 19/6)

16. 2. 43   RWiM u. a.   16607
Übersendung eines Runderlasses (im Einvernehmen mit der PKzl.) an die Reichsverteidigungskommissare über die Freimachung von Arbeitskräften in der Versicherungswirtschaft für den Einsatz im Dienst der Reichsverteidigung: Überprüfung der Versicherungsunternehmen einschließlich ihrer Generalagenturen u. ä. sowie der Maklerfirmen durch das Reichsaufsichtsamt für Privatversicherung; Heranziehung der überwiegend im Außendienst der Versicherungswerbung tätigen Personen; u. a. (Abschrift an die PKzl.)
M   101 10748 f. (662 a)

[16. 2. 43]   StSekr. a. D. Mussehl   16608
Nach einem Vortrag Bormanns – so StSekr. a. D. Mussehl (Stab Unruh) in einem Schreiben an Killy (Reichskanzlei) – Entscheidung Hitlers, den Mitarbeiterstab des Generalbaurats für die Hauptstadt der Bewegung und des Reichsbaurats der Stadt Linz trotz des totalen Kriegseinsatzes nicht zu verringern: Erfordernis, die „geniale Schöpferkraft" Gieslers sofort zu erfassen und seine Pläne in allen Einzelheiten festzuhalten.
M   101 10455 (660)

16. 2. – [13. 3.]43   SS-Gruf. Berger, Himmler   16609
Übersendung eines Aktenvermerks Bormanns über die Tätigkeit des Pg. Schmidt-Münster in den Niederlanden (Distanzierung von der Politik Sch.-M.s; Kritik an seiner Methode, einzelne Personen oder Gruppen gegeneinander auszuspielen) durch den Chef des SS-Hauptamtes, SS-Gruf. Berger, an Himmler; Kommentar Bergers: Der Vermerk Bormanns Beweis für die Treue des Reichsleiters gegenüber der SS; Erschwerung der SS-Arbeit in den Niederlanden allein durch einige seiner Mitarbeiter, verursacht aus Angst vor der zu groß werdenden SS. Bitte H.s an Berger, seine im Zusammenhang mit der Notiz Bormanns geäußerte Absicht, Sch.-M. damit „das Leben schwer" machen zu wollen, nicht auszuführen, um Bormann nicht zu verärgern.
K   102 01513 ff. (2690)

16. 2. – 30. 3. 43   RMdI u. a.   16610
Vorschlag der Bekämpfung des bedenklich angestiegenen Geburtenrückgangs durch Schaffung eines Ehehindernisses wegen Unfruchtbarkeit infolge Krankheit oder – insbesondere bei Frauen – infolge Alters in einer dem Ehegesundheitsgesetz einzufügenden Bestimmung. Interpretation der Neuregelung in dem nach einer Referentenbesprechung ausgearbeiteten Entwurf eines Erlasses an die Gesundheitsämter: Verweigerung von Ehetauglichkeitszeugnissen bzw. Eheunbedenklichkeitsbescheinigungen bei Zeugungsfähigkeit nur eines Partners ohne Rücksicht auf das Alter (Ausnahmen bei einer Kriegsdienstbeschädigung als Grund der Unfruchtbarkeit), jedoch medizinische Feststellung der Unfruchtbarkeit nur „bei erheblichem und begründetem Verdacht"; Regelung von Grenzfällen (Verweigerung der Ehe einer im Klimakterium befindlichen Frau mit einem noch voll zeugungsfähigen Mann). Eine weitere in der Besprechung vorgebrachte Anregung: Zwecks Förderung des Willens zum Kinde bei der Frau Anerkennung der Kinderlosigkeit als absoluter Scheidungsgrund nach einer bestimmten Dauer der Ehe, anderer-

seits Wegfall der Zerrüttung als Scheidungsgrund bei Ehen mit vier und mehr Kindern. (Vgl. Nr. 16829.)
H   101 13772−81 (722)

16. 2. 43 − 4. 7. 44   RKzl., Rosenberg, RForschungsR   16611
Nach einer mündlichen Information aus der PKzl. über die nun doch erfolgte Bildung eines Ausschusses für Ostforschung im Ostministerium (ROM) statt im Reichsforschungsrat (RFR) und nach Bestätigung der Errichtung einer solchen „Zentrale für Ostforschung" (ZfO) Brief Lammers' an Rosenberg: Berufung auf die seinerseitige Zusage R.s, den Plan einer selbständigen Reichszentrale nicht weiter zu verfolgen (vgl. Nr. 15712); Bitte um Erläuterungen über die Organisationsform seiner Stelle. Rechtfertigung R.s: Hinweis auf die erfolgte Verflechtung mit dem RFR und auf die Notwendigkeit einer hausinternen Zentralisierung der Ostforschung. Trotzdem Beschwerde des RFR über Namen und Satzung der ZfO, über Nichteinhaltung getroffener Vereinbarungen sowie über erste Schwierigkeiten in der Zusammenarbeit. Trotz Unterstützung daraus resultierender Wünsche des RFR (Namensänderung, Anpassung der Satzung, Aufgabenbegrenzung) auch durch die PKzl. kein Erfolg der „Einwirkungen" auf das ROM; daher im Einvernehmen mit dem Reichsfinanzminister Absicht der Reichskanzlei, die Aufstellung des Reichshaushalts 1944 zur Beschränkung von Organisation und Tätigkeit der ZfO auf das der Vereinbarung zwischen RFR und ROM entsprechende Maß zu benutzen.
H   101 21018−38 (1232 b)

17. 2. 43   Lammers, Adj. d. F, RBf. Müller   16612
Entsetzen des RBf. Müller über die Ausnahme der Geistlichen vom Gesetz über die Anmeldepflicht aller einsatzfähigen deutschen Männer; Bitte an Hitler, an die Amtsbrüder beider Konfessionen einen Aufruf zu freiwilliger Meldung richten zu dürfen. Ablehnung des Wunsches M.s durch H.: Befreiung der Geistlichen von der Meldepflicht gerade deshalb, um den Anschein kirchenfeindlicher Einstellung zu vermeiden. Durch Lammers Unterrichtung Bormanns.
H   101 29368−74 (655 a)

17.−25. 2. 43   Lammers   16613
Mitteilung Bormanns: Auf Anordnung Hitlers Verlängerung des dem Pianisten Kurt Leimer (Berlin) bewilligten Studienstipendiums in Höhe von monatlich RM 250.− um ein weiteres Jahr.
K   101 16516 ff. (985 c)

18. 2. 43   GBA   16614
Übersendung eines *Erlasses über den Einsatz der durch die Stillegungsmaßnahmen usw. gewonnenen Kräfte in den Rüstungsbetrieben und eines *Aufrufs an die Betriebsführer.
H   101 29377 f. (655 a)

19. 2. 43   Thierack   16615
Übersendung der Führerinformationen 150−152 des Reichsjustizministers: Sich mehrende Fälle (hier geschildert: Emil Leistikow [Swinemünde], Ludmilla Mutina [Freiberg/Sudetengau], Erna Zeidler [Berlin] und Anna Eickhoff [Hannover]) von Tötungen mit körperlichen oder geistigen Mängeln behafteter Kinder durch ihre Mütter, Niederschlagung des Verfahrens in einigen Fällen; Todesurteil gegen den Kunstmaler Max Prinz zu Hohenlohe-Langenburg wegen Vorbereitung zum Hochverrat; Todesurteil gegen den Werkschutzmann Louis Biese bei der Firma Hentschel & Sohn (Kassel) wegen Brandstiftung im Verwaltungsgebäude.
H   101 28932−38 (1559 b)

19. 2. −27. 3. 43   Lammers, LBf. Weidemann   16616
Übereinstimmung Lammers' und Bormanns, Hitler nicht mit einer Eingabe des (deutsch-christlichen) bremischen Landesbischofs Weidemann wegen der gegen ihn laufenden Verfahren (kirchliches Disziplinarverfahren, staatsanwaltschaftliches Ermittlungsverfahren, Ehescheidungsprozeß) und wegen der von StSekr. Muhs W. angebotenen Verfahrensniederschlagung bei Amtsniederlegung zu behelligen; dabei Hinweis B.s auf die Unzweckmäßigkeit, sich in die innerkirchlichen Streitigkeiten in Bremen einzumischen, und auf das törichte Verhalten W.s sowie Mitteilung über das Ausscheiden W.s aus dem Bremischen Staatsrat „mit Rücksicht auf den Inhalt des Ehescheidungsprozesses".
M/H   101 01421/1−424/1 (165)

20. 2. 43   RFSS   16617
Durch Bormann Übersendung einer "Niederschrift über eine Besprechung Hitlers mit Rosenberg am 8. 2. 43.
M   305 00152 (Lebensborn)

20. 2. 43   RKzl., A. F. Musso   16618
Anregung des Beauftragten Richters beim Generalkommissar in Riga, Musso, staatliche Maßnahmen zur Förderung der Eheschließung von Wehrmachtangehörigen zu treffen (u. a. bevorzugte Urlaubsgewährung, Erhöhung der Ehestandsdarlehen, Vereinfachung der Formalien); weiterer Vorschlag, die Reichskleiderkarte für die Bedürfnisse dieser Ehen sowie für Bombengeschädigte teilweise zu sperren. (Durch die Reichskanzlei Abschrift an die PKzl.)
K   101 11759−63 (682)

20. 2.−5. 3. 43   RWiM   16619
Übersendung mehrerer Runderlasse über die Durchführung des Führererlasses über den umfassenden Einsatz für Aufgaben der Reichsverteidigung: Gesichtspunkte für die Stillegung von Handels-, Handwerks- und Gaststättenbetrieben und deren Durchführung; Muster eines Schließungsbescheids; Richtlinien für die von den Landeswirtschaftsämtern durchzuführenden Maßnahmen; das Einvernehmen mit den zuständigen Stellen der Reichskulturkammer bei Stillegung bzw. Unterbindung bestimmter Tätigkeiten im kulturellen Bereich (Verlage, Musikalienhandlungen u. ä.) erforderlich; der Einsatz der Angehörigen des nicht mehr als kriegswichtig anzusehenden ambulanten Gewerbes (Schausteller und Warenhandel), des Vermittlergewerbes (Vertreter) sowie sonstiger nicht kriegswichtiger Gewerbe (Börsenmakler, Leihhausbetriebe, Auskunfteien u. a.); Sonderrichtlinien für weitere Handelszweige (Außenhandel, Altmaterialhandel, Kohlen-, Fahrzeug-, Mineralöl-, Juwelen- und Häutehandel, Flaschengroßhandel).
M/H   101 10657−63/4 (662)

20. 2.−22. 3. 43   SS-Ostubaf. Neumann, RK Terboven   16620
Nach Anforderung einer Denkschrift über die Beurteilung der Situation in Schweden durch Friedrichs (PKzl.) Darlegungen des SS-Ostubaf. Neumann (Leiter Einsatzstab Norwegen) über die nach seiner Meinung bei der Neuordnung Europas zu verfolgende Linie: Ein Diktat der neuen Struktur unter Gewaltanwendung, unter Überspringen von Entwicklungsstufen und ohne Berücksichtigung der nationalen Lebensinteressen der einzelnen Völker „unfruchtbar und gefährlich", gefühlsmäßige Aversionen und eine mangelhafte Ausnutzung der moralischen und materiellen Kräftereserven Europas die Folge; Vorschlag einer Synthese des europäischen und des großgermanischen Gedankens sowie der Wahl des geringsten Widerstandes; trotz aller gebotenen Behutsamkeit die Bildung einer zunächst losen großgermanischen Gemeinschaft erforderlich, um einen erneuten Skandinavismus unter schwedischer Führung zu verhindern; detaillierte Vorschläge für einzelne Schritte und Maßnahmen, u. a. für einen Europäischen Rat und einen programmatischen Kongreß der Führer Europas unter Leitung Hitlers und Mussolinis; der Grundgedanke dieser Ausführungen nach N.s eigenem Eingeständnis im Widerspruch stehend zu den Auffassungen H.s. − Scharfe Kritik des RK Terboven an Zustandekommen und Inhalt der (auch von Himmler als „unmöglich" qualifizierten) Denkschrift: Bestehen F.' auf der Abfassung trotz Kenntnis von der durch seine − T.s − dienstliche Abwesenheit bedingten Unmöglichkeit einer vorherigen Vorlage bei ihm; die Betrauung eines verhältnismäßig jungen und zum erstenmal in verantwortlicher politischer Stellung tätigen Parteigenossen unangebracht; der Inhalt das „Abwegigste vom Abwegigen".
W   107 01051−79 (354)

[20. 2.]−5. 4. 43   RWiM   16621
Gegen den Einspruch des Reichsinnenministers (mangelnde Kriegswichtigkeit) Ermächtigung des Reichswirtschaftsministers (RWiM) zu einer Vereinheitlichung der bisher weitestgehend bei den Ländern ruhenden Versicherungsaufsicht durch den Dreierausschuß. Beabsichtigter Erlaß einer darauf beruhenden Durchführungsverordnung des RWiM: Aufsicht über sämtliche privaten Versicherungsunternehmen sowie − mit Ausnahme der Träger der Reichsversicherung − öffentlich-rechtlichen Versicherungsanstalten durch das in „Reichsaufsichtsamt für das Versicherungswesen" umbenannte bisherige „Reichsaufsichtsamt für Privatversicherung".
M/H   101 10749/1−752 (662 a)

[21. 2. 43]   RKzl., RWohnungsK, RMdI, RStatth. Oberdonau   16622
Bedenken enthaltende Zustimmungen des Reichswohnungskommissars und der Reichskanzlei zu der vorgesehenen Bestellung eines Sonderbeauftragten des Reichsstatthalters Oberdonau für die Erweiterung und Umgestaltung der Stadt Braunau (SB): Bedenklichkeit der „Heraufziehung solcher Aufgaben

auf die Ebene des Reichsstatthalters" und dessen bedauerlicher Funktionswandel vom „Inspekteur" zur Verwaltungsstelle, Beschränkung nur auf diesen Sonderfall der Geburtsstadt Hitlers, Etatisierung des SB, Übernahme auch der Geschäfte des – wegen Unstimmigkeiten mit dem SB ausscheidenden – Braunauer Stadtbaumeisters. (Lammers' Mitteilung darüber an Bormann nach dem Einverständnis H.s mit der Zurückstellung der Einsetzung des SB bis Kriegsende nicht abgegangen.)
H   101 16919 – 31 (1013 b)

22. 2. 43   AA   16623
Übersendung schweizerischer Presseberichte zu konfessionellen Fragen (die protestantische Mission in Lateinamerika; verstärkter idealistischer Akzent im amerikanischen Bewußtsein; Kritik an der politischen Haltung der schweizerischen Vertreter des Katholizismus; Umbenennung der Konservativen Partei in Luzern in Katholische Volkspartei; Zusammensetzung des Kardinals-Kollegiums).
W   202 01749 – 59 (12/15 – 12/33)

22. 2. – 17. 5. 43   RJM, RKzl.   16624
Bitte des Reichsjustizministers um Zustimmung zum Inhalt (keine politischen Entscheidungen, lediglich technische Verbesserungen) wie zu der zwecks Beschleunigung beabsichtigten Form der Verkündung (aufgrund der ihm von Hitler erteilten Vollmachten) des Entwurfs einer 'Verordnung zur Angleichung des Strafrechts des Altreichs und der Alpen- und Donaureichsgaue samt einer – aus aktuellem Anlaß (die erst jetzt ermittelte, aber verjährte Ermordung der Eheleute Drosihn [Hettstedt] durch den Arbeiter Schnurre 1920 sowie der neunjährigen Elisabeth Schleritt [Graudenz] durch ihren Vater 1922) erfolgten – Ergänzung, die mögliche Durchbrechung der Verjährung bei zu erwartender Verhängung der Todesstrafe oder von lebenslänglichem Zuchthaus betreffend. In der Reichskanzlei hingegen der Entwurf als sehr schwerwiegend und das Strafrecht teilweise in eine neue Richtung weisend angesehen; durch Lammers – im Einvernehmen mit der PKzl. – Vorlage bei H. Keine Bedenken H.s.
W/H   101 26950 – 53 (1512 a)

22. 2. – 6. 6. 43   RKzl., Oberste RBeh. u. a.   16625
Kritik Bormanns an dem – ihm von Gauleitern und Reichsverteidigungskommissaren (RVK) mitgeteilten – Versäumnis mehrerer Oberster Reichsbehörden (ORB), Richtlinien zur Durchführung der Vereinfachungsmaßnahmen aufgrund des Stoperlasses herauszugeben, bzw. an dem Versuch, durch die Richtlinien die Eingriffsmöglichkeiten der RVK zu beschneiden. Von B. in diesem wie auch im Zusammenhang mit der Aufhebung der Reichspostdirektion Kassel (vgl. Nr. 16561) außerdem die Nichtbeteiligung der PKzl. moniert; Vorschlag, seine Beteiligungsbefugnisse durch eine Verordnung des Dreierausschusses noch klarer herauszustellen. Rundschreiben Lammers' an die ORB im Sinne der Kritik B.s, dabei hinsichtlich der Beteiligung der PKzl. jedoch lediglich Hinweis auf die dafür bisher gültigen Bestimmungen (eine weitergehende Beteiligung B. gegenüber als belastend für die PKzl. und schädlich für eine rasche Durchführung des Führererlasses vom 13. 1. 43 bezeichnet). Daraufhin Verzicht B.s auf eine Beteiligung bei der Abfassung der Richtlinien (wegen der im Rundschreiben L.' enthaltenen Forderung nach rascher Mitteilung ergangener Richtlinien zwecks rechtzeitiger Abstellung etwaiger Mängel) sowie auf weitere Erörterungen; Erledigung der Angelegenheit im übrigen auch durch eine Änderung der Sachlage (Fortschreiten der Stillegungsaktion, erweiterte Befugnisse der RVK).
A/W   101 10039 – 60 (658)

22. 2. – 26. 7. 43   AA, Dt. Ges. Budapest   16626
Nach anfänglichen Bedenken Zustimmung der PKzl. zu der vom Auswärtigen Amt und von der Deutschen Gesandtschaft in Budapest aus propagandistischen Gründen befürworteten Vortragsreise des Theologieprofessors Carl Stange (Göttingen) nach Ungarn. Bericht der Gesandtschaft über den propagandistischen Erfolg der Vorträge St.s in Ödenburg; im Hinblick auf die laut St. negativen Auswirkungen der Einfuhr lediglich schweizerischer theologischer Literatur nach Ungarn (Beeinflussung im englischen Sinn) Bitte der Gesandtschaft, die Möglichkeit der Übersendung deutscher theologischer Werke zu prüfen. Keine Bedenken der PKzl. gegen die Übersendung rein theologischer Fachliteratur.
W   202 00174, 184 – 96 (3/5 – 6)

23. 2. 43   AA, Dt. Kons. Odessa   16627
Übersendung eines Berichts des Deutschen Konsulats in Odessa über die Katholische Kirche in Transnistrien (Rumänien).
W   202 01552 ff. (11/3 – 17 + 20/9)

23.—24. 2. 43   Dt. StM f. Böhmen u. Mähren   16628
Anläßlich einer Dienstreise nach Berlin Besprechungen des ORegR Reischauer mit Vertretern der PKzl. über den Einsatz tschechischer Beamter in der Reichsverwaltung (auf eine Entscheidung Hitlers gegründete anfängliche Bedenken von StSekr. Klopfer nach Hinweis auf die keineswegs beabsichtigte Verwendung in der Hoheitsverwaltung zurückgestellt, eine Besprechung zwischen Lammers und Bormann beabsichtigt; vgl. auch Nr. 16646), über die Überführung deutscher Bediensteter der autonomen Verwaltung in ein Reichsdienstverhältnis trotz des Stoperlasses (Einverständnis K.s), über die Schließung von Hochschulen im Protektorat, über die Vertretung des Wirtschaftskörpers Protektorat in seiner Gesamtheit bei Gauwirtschaftsberatertagungen durch einen Vertrauensmann der Parteiverbindungsstelle und über eine eventuelle Verwendung des von GL Wegener als Hauptgeschäftsführer der Wirtschaftskammer in Bremen angeforderten, von B. freigegebenen ehemaligen Leiters der wirtschaftspolitischen Gruppe der PKzl., MinR Bärmann, im Protektorat.
W/H   113 00001—11 (5)

23. 2.—4. 3. 43   RMdI, RKzl., GIfWuE   16629
Vom Generalinspektor für Wasser und Energie beabsichtigt: Einsetzung eines Sonderbeauftragten für die Energieeinsparung. Einwände Fricks, Lammers' und Bormanns gegen die Schaffung einer neuen Dienststelle mit Rücksicht auf die von Hitler angeordnete Verwaltungsvereinfachung. Rechtfertigung Speers: Die Schaffung einer neuen Dienststelle nicht beabsichtigt, Übernahme dieser Aufgabe durch den Leiter der Energiestelle des Reichsbewaffnungsministeriums; Notwendigkeit, die Energieeinsparung gerade bei Behörden und militärischen Dienststellen strenger zu überwachen.
M   101 03806—16 (379 a); 101 10732 f. (662)

23. 2.—27. 3. 43   AA   16630
Übersendung von drei *Aufsätzen aus den Wiadomosci Polskie (London) über den Vatikan und Polen. Nochmalige Anforderung der bereits übersandten Übersetzungen durch die PKzl.
W/H   202 01233 ff. (10/9—13 + 20/6)

23. 2.—[14. 4.] 43   HA f. Volkstumsfragen   16631
Meinungsverschiedenheiten zwischen der PKzl. und dem (eine SS-Domäne bildenden) Hauptamt für Volkstumsfragen (HA) über die von GenK Schmidt-Münster, Leiter des Arbeitsbereichs Niederlande der NSDAP, geforderte wenn auch lose Anhängung der dortigen Außenstelle der Germanischen Leitstelle (deren eigene Zeitungen und sonstigen Organe nicht zu dulden) an den Arbeitsbereich und über die Einsetzung eines Amtsleiters als Beauftragter für Volkstumsfragen. Stellungnahme des HA (auf der Grundlage einer Äußerung der Leitstelle): Eindeutiger und allseitig anerkannter Volkstumsauftrag des Reichsführer-SS (RFSS), bewußt gekoppelt außerdem mit einem militärischen Auftrag (germanische Verbände der Waffen-SS), um die Einflußnahme der Partei nicht in Erscheinung treten zu lassen; ein Einbau der Außenstellen der Germanischen Leitstelle in die — mit der Betreuung und Menschenführung der *Reichs*deutschen befaßten — Arbeitsbereiche der NSDAP daher nicht angängig, ihre Zusammenarbeit durch enge Kontakte sichergestellt; Bitte um Abwarten der endgültigen Entscheidung des RFSS. Ablehnung dieser Begründung durch die PKzl. für die Niederlande: Dort bewußt der Weg gewählt, durch gemeinsame Veranstaltungen zwischen NSDAP und NSB allmählich das Gefühl für die absolute Übereinstimmung der völkischen Grundlagen und der politischen Ziele sowohl bei den Reichsdeutschen als auch bei den Mitgliedern der NSB zu erwecken.
K/H   102 01478—89 (2658)

23. 2.—Aug. 43   GIfWuE, RMdI, RKzl., Fiehler   16632
Bestreben Speers, durch äußerste Rationalisierung der Energiewirtschaft weitere Kräfte für die Front und die Rüstungsindustrie freizumachen; Absicht, die Energieversorgungsunternehmen in einem Erlaß aufzurufen, von kräfteverzehrendem Streit untereinander abzusehen und ihre Vertragsbeziehungen der Kriegslage anzupassen; durch einen zweiten Erlaß die Einsetzung von Vereinfachungsbeauftragten in jedem der 13 Energiebezirke geplant. Stellungnahme Fricks: Zustimmung zu einer einheitlichen Planung der Unternehmen, zu gegenseitigem Materialaustausch und vorübergehender Überlassung von Fachkräften; Ablehnung der geplanten Arbeitsgemeinschaften, um die betriebliche Selbständigkeit der Unternehmen zu wahren. Kritik S.s an den Äußerungen F.s zu seinen Erlaßentwürfen: Eingriffe in die selbständige Betriebsführung einzelner Unternehmen zur Erzielung der notwendigen Vereinfachung im totalen Krieg unerläßlich; Bitte an Bormann, ihm — zwecks Berücksichtigung der Änderungswünsche der PKzl. — seine Stellungnahme zu den Entwürfen möglichst bald mitzuteilen. Mehrfache Erörterung des Konflikts zwischen S. und F. durch B. und Lammers; Einverständnis mit dem Vorschlag S.s, eine Chefbesprechung in größerem Kreise zu veranstalten. Zwecks Vorbereitung der Besprechung Übersendung

von Materialien durch S. *Stellungnahmen F.s und Fiehlers (Kernpunkt: Keine allgemeine Unternehmenskonzentration). Im August Bitte S.s um nunmehr sofortige Zustimmung zu den im Einvernehmen mit PKzl. und Reichskanzlei abgeänderten bzw. neugefaßten Entwürfen; durch den Führererlaß über Kriegsmaßnahmen in der Elektrizitätsversorgung vom 6. 8. 43 jetzt eine ausdrückliche Rechtsgrundlage für die – auf die Elektrizitätsversorgung beschränkte – Aktion geschaffen; Änderungen in der Liste der Vereinfachungsbeauftragten für die einzelnen Energiebezirke (offenbar nicht abgegangen).
M/W/H   101 03694 – 704, 707 – 46 (378 a, 379); 101 03750 – 65, 803 ff. (379 a)

23. 2. – 17. 9. 43   RJM, CdZ Luxemburg, CdZ Elsaß, CdZ Lothringen, RMdI   16633
Gesetzgebungs-Kompetenzstreit zwischen dem Reichsjustizminister (RJM) und den – von der PKzl. beteiligten – Chefs der Zivilverwaltungen im Westen (CdZ) im Zusammenhang mit dem Erlaß einer Verordnung über Warenzeichenanmeldungen und mit der – noch bestehenden oder erloschenen – Mitgliedschaft Luxemburgs bei internationalen Verbandsübereinkünften, u. a. beim Madrider Markenabkommen. Zurückweisung der Forderung der CdZ, ihre Zustimmung in dem Erlaß zum Ausdruck zu bringen (keine Rechtsetzungskompetenz des RJM in den CdZ-Gebieten), durch den RJM: Ihre Beteiligung bei jeder Änderung oder Ergänzung des in den angegliederten Gebieten eingeführten Reichsrechts sowohl aus praktischen Gründen (Erschwerung der Gesetzgebungsarbeit) wie auch aus grundsätzlichen Erwägungen unmöglich (wegen der einmal vollzogenen Rechtsangleichung keine Trennung zwischen der Rechtsetzung für das eigentliche Reich und für die angegliederten Gebiete mehr möglich; bei Anerkennung der Beteiligungsforderung daher der Zwang zur Beteiligung auch bei der Gesetzgebung für das Reich im engeren Sinn die Folge). Der Standpunkt des RJM vom Reichsinnenminister im wesentlichen geteilt.
W   101 23668 – 84 (1334 a)

[24. 2. 43]   RWohnungsK   16634
Die Zustimmung der PKzl. zur Wohnraumlenkungs-Verordnung stündlich erwartet.
H   101 17248 – 52 (1032); 101 17266 (1032 a)

24. 2. – 13. 3. 43   Himmler   16635
Nach Beschwerden verschiedener Gauleiter über die Werbemethoden der Waffen-SS in Reichsarbeitsdienst(RAD)- und Wehrertüchtigungslagern (Beispiele erzwungener „freiwilliger Meldungen" aus den Gauen Moselland und Magdeburg-Anhalt) dringende Bitte Bormanns, solche Methoden zu untersagen. Rechtfertigung Himmlers mit einem Befehl Hitlers zur Aufstellung von zwei neuen SS-Panzer-Grenadier-Divisionen bis zum 15. 2. 43 unter Freigabe aller im RAD-Dienst stehenden Männer des Jahrgangs 1925; Beschwerden über die – zugegeben „mit Nachdruck betriebene" – Werbung nur von fanatisch katholischen Eltern; Zusicherung der Untersuchung eines Falles im Gau Magdeburg-Anhalt, im übrigen Bitte an die Gauleiter, ihn zu unterstützen, statt über ihn herzufallen.
H   101 20283 – 87 (1206 a); 102 00971 – 76 (1863)

25. 2. 43   OKW   16636
Nach Übertragung der gesamten Kraftfahrzeuginstandsetzung, der Planung und Verteilung aller Kraftfahrzeugersatzteile für die Wehrmacht und für die Wirtschaft an den Chef des Kraftfahrzeuginstandsetzungswesens beim General der Motorisierung (vgl. Nr. 16357) Erlaß von Durchführungsbestimmungen für die Kommandeure der Kraftfahrparktruppe. (Nachrichtlich an die PKzl.)
M   101 10737 – 45 ((662)

25. 2. – 12. 3. 43   RLM, Lammers   16637
Durch Goebbels, Bormann und Lammers Ablehnung des Wunsches der Kriegswissenschaftlichen Abteilung der Luftwaffe, das Auslandspressearchiv der NSDAP zu übernehmen: Hinweis auf das inzwischen erlassene Verbot, von einer anderen Stelle eingestellte Aufgaben zu übernehmen; jegliche Stillegungen sonst zwecklos.
M/H   101 09883 – 87 (657); 101 10734 f. (662)

25. 2. – 12. 3. 43   RKzl.   16638
Durch DL Krüger (PKzl.) Informierung über einen Artikel der Londoner Daily Mail über die Opposition der italienischen Katholiken gegen das Regime Mussolinis und gegen die angebliche deutsche Zwangsherrschaft; Anlaß des Artikels eine Predigt des Pfarrers von Albano b. Bergamo gegen die Beschlagnahme der Kirchenglocken (der italienischen Regierung „von der Regierung des Landes eines Luther" aufgezwungen).
H   101 01703 ff. (173 a)

25. 2. 43 – 23. 3. 44   AA, Dt. Botsch. Madrid   16639
Auskünfte der Deutschen Botschaft in Madrid auf wiederholte Anfragen der PKzl.: In der Tat nach den Ausführungsbestimmungen zum neuen spanischen Universitätsgesetz Einführung theologischer Pflichtvorlesungen in den vier ersten Kursen jeder Fakultät; nach Auffassung der Botschaft wegen des allgemein großen Einflusses der Katholischen Kirche im Erziehungswesen auch deren Einfluß auf die von der Falange neugegründete Hochschule für Politik zu vermuten.
W/H   202 01859 – 65 (14/1 – 12)

26. 2. 43   Himmler   16640
Kritik an einem Kuraufenthalt des Stabschefs Lutze in einem der für Reichsdeutsche gesperrten, für Stalingradkämpfer reservierten Heilbäder des Generalgouvernements.
K   102 00521 (934)

26. 2. – 11. 5. 43   RKzl., RJM   16641
Zustimmung der PKzl. zur vorgeschlagenen Bestellung von 15 neuen Mitgliedern des Volksgerichtshofs als Ersatz für eingezogene oder mit ihre weitere Beteiligung ausschließenden Aufgaben betraute bisherige Mitglieder (Auswahlgesichtspunkt: Berliner Wohnsitz, um beim Ausbleiben auswärtiger Mitglieder „infolge der schwierigen Verkehrsverhältnisse" zur Verfügung zu stehen).
H   101 27211 – 17 (1517 c)

27. 2. 43   AA   16642
Übersendung eines Artikels der amerikanischen Zeitschrift The American über den Aufschwung der Religion in der amerikanischen Armee mit einem Kommentar der Chefs der Feldgeistlichkeit.
W   202 01039 – 55 (9/5 – 14 + 20/1)

27. 2. 43   Lammers   16643
Laut Terminkalender 12.00 Uhr und 17.00 Uhr Besprechungen mit Bormann, StSekr. Klopfer u. a.
H   101 29103 (1609 b)

[27. 2. 43]   RFM   16644
Einverständnis des Leiters der PKzl. mit der Einweisung des durch äußere Umstände um die verdiente Ernennung zum Oberfinanzpräsidenten gekommenen Waldemar Mueller in eine jetzt freiwerdende B-6-Stelle trotz zuvor erfolgter Vollendung des 65. Lebensjahres.
H   101 18425 f. (1144 b)

27. 2. – 10. 5. 43   RKzl.   16645
Vortrag Lammers' (im Beisein Bormanns) bei Hitler über die Auswirkungen eines geplanten Erlasses über den Erwerb der deutschen Staatsangehörigkeit durch Einstellung in die deutsche Wehrmacht, die Waffen-SS, die deutsche Polizei usw.; Anordnungen H.s: Beschränkung des Erlasses auf Volksdeutsche und Verleihung der Staatsangehörigkeit nur auf Widerruf; nach Meinung H.s durch den Erwerb keine Nachteile für die Betroffenen in ihrer bisherigen Heimat zu befürchten, vielmehr Schutzfunktion der deutschen Staatsangehörigkeit; keine Verhandlungen mit den auswärtigen Staaten über die vorliegende Frage, allenfalls eine Notifizierung der deutschen Regelung zu erwägen. Nach einer Ressortbesprechung und Vorlage zweier Erlaßentwürfe Entscheidung H.s nun doch für eine uneingeschränkte Verleihung. (Vgl. Nr. 16961.)
K   101 00452 – 63 (137 a)

27. 2. 43 – 8. 12. 44   RKzl., RMdI, RForstmeister   16646
Die von StSekr. Stuckart trotz Bedenken und nur unter bestimmten Bedingungen erwogene Beschäftigung von Tschechen im öffentlichen Dienst außerhalb des Protektorats von Hitler – entsprechend Bormanns Voraussage – abgelehnt (vgl. Nr. 16628). Ebenfalls Ablehnung der vom Reichsforstmeister daraufhin erbetenen teilweisen Sonderregelung wegen Personalmangels und kriegswichtiger Arbeiten. Die Weiterbeschäftigung bisher schon eingesetzter Tschechen nach Meinung B.s und Lammers' jedoch ohne neuerliche Befragung H.s möglich; Kriterien: Keine hoheitlichen Befugnisse und keine Vorgesetztenstellen. Analoge Bescheide auf Anfragen des Reichsinnenministers (RMdI). Offenbleiben der bei einer Rücksprache H.s mit StM Frank erörterten Frage des Einsatzes von Tschechen im Protektorat bei der Heimatflak (H.: Verwendung auf jeden Fall nur bei unbeweglichen Flakwaffen auf Betonsockel), die Beschäftigung von Tschechen bei der Bahn, im Post- und Forstdienst allerdings unvermeidlich. Keine Bedenken B.s, zum Forststudium in Deutschland zugelassene Tschechen nach der Hochschulabschlußprüfung in den staatlichen Vorbereitungsdienst zu übernehmen. Auf eine Anfrage über die Zulässigkeit des

Notdiensteinsatzes tschechischer Ärzte Empfehlung L.' an das RMdI, Einzelfragen selbständig zu entscheiden.
A/H   101 23424−51 (1327 b)

28. 2. 43 − 6. 8. 44   Himmler, Schupo-Schule Pelplin, OPG u. a.   16647
Mehrfache Beschwerden Himmlers über Stv. GL Seeger (Danzig) und KrL Kampe (Verächtlichmachung der Polizei, Betrunkenheit, ausfallendes Verhalten in der Öffentlichkeit). Zunächst Zurückweisung der Beschwerden durch Bormann, später Einleitung eines Parteigerichtsverfahrens. Kritik H.s an dessen Ausgang (Freispruch des bereits vom Gauleiter durch eine Rüge disziplinarisch bestraften S., Verwarnung K.s) und Vorbringen neuerlicher Anschuldigungen gegen S. (Abhaltung „regelrechter Saufgelage", Verkehr mit einem wegen Fahnenflucht zum Tod verurteilten Betrüger und Hochstapler).
W   102 00283−310 (749)

März 43   Lammers   16648
Unter Bezugnahme auf eine „kürzliche Unterhaltung" Mitteilung an Bormann über das bei der Gewährung von Aufwandsentschädigungen aus Hitlers Verfügungsmitteln geübte Verfahren: Kreis der Empfänger (Reichsminister, Staatssekretäre, Generalfeldmarschälle, Großadmirale, Generaloberste, Generaladmirale), Höhe (RM 4000.− bzw. 2000.−), Anrechnung anderer Aufwandsentschädigungen, Besteuerung. (Nicht abgegangen.)
H   101 29060−63 (1565)

März 43   StSekr. Reinhardt, GL Bohle   16649
In einem Schreiben an GL Bohle (Abschrift an die PKzl.) Forderung des Staatssekretärs im Reichsfinanzministerium nach einem einheitlichen Teuerungszuschlag für jedes Land bei der Auslandsbesoldung durch Staat, Wirtschaft und Partei: Kritik an der doppelten, voneinander bis zu 90 % differierenden Ermittlung der Teuerungsquoten durch das Statistische Reichsamt für den Staat und das Arbeitswissenschaftliche Institut der DAF für die Partei sowie an deren daraufhin durchweg höheren Sätzen; Verlangen nach einer ebenfalls einheitlichen Zahlung und Behandlung der (zur Hebung der auslandsdeutschen Amtsträger über die entsprechende ausländische Sozialschicht gedachten) Auslandszulage nach dem Muster der staatlichen Regelung, nämlich 25% (Partei bisher: 20%, auf die Teuerungszuschläge angerechnet). (Abgang nicht ersichtlich.)
H   101 08183−87/1 (617)

1. 3. 43   PrFM, Insp. Dt. Heimschulen   16650
Im Zusammenhang mit der Verstaatlichung des Pädagogiums in Bad Sachsa Stellungnahme des Preußischen Finanzministers gegen die geplante Verstaatlichung von 20 nichtstaatlichen Internatsschulen in Preußen: Die Mehrbelastung der Behörden (Grundstücksbesichtigungen, Frage der Übernahme der Lehrkräfte, Aufstellung von Kassenanschlägen, u. a.) unter den gegenwärtigen Zeitumständen nicht zu vertreten, die Aufrechterhaltung der bisherigen staatlichen Bildungseinrichtungen bereits gefährdet, die für staatliche Schulen zu fordernden Voraussetzungen vielfach nicht gegeben.
K   101 16348 ff. (956 c)

1. 3. 43   Frick, GL Meyer   16651
Protest Fricks gegen die von OPräs. GL Meyer mit dem Gauleiter des Gaues Westfalen-Süd geführten Verhandlungen über eine Aufteilung der Provinz Westfalen analog zu den beiden westfälischen Gauen der NSDAP: Eine Teilung „undurchführbar und ausgeschlossen". (Abschrift an die PKzl.)
H   101 24590 f. (1365)

1. 3. 43   M. Wolodymyr   16652
Klage über die „polonofile" Politik der deutschen (Generalgouvernements-)Behörden in der West-Ukraine; Bitte um „mehr ukrainische Politik", um Angliederung der West-Ukraine an das Reichskommissariat Ukraine, um Aufstellung einer ukrainischen Armee; u. a.
H   101 26475 ff. (1504 a)

1.−6. 3. 43   Chef OKW, Lammers   16653
Vorlage des 'Entwurfs für einen Führererlaß über die Förderung der Berufsunteroffiziere durch den Chef OKW: Besondere Vorteile als Wehrmachtbeamte; vordringlicher Einsatz als Lehrer, Förster, Grenzer, Zöllner, Beamte und Wehrbauern; Genuß aller Ostraum-Vergünstigungen; und anderes. Bitte Lammers',

die zuständigen Ressorts vor Herbeiführung einer Entscheidung Hitlers zu beteiligen (Hinweis auf eine diesbezügliche Weisung H.s).
H/W   101 22443−46 (1281)

1.−13. 3. 43   RFSS   16654
Keine Einwände gegen eine Bekanntgabe des Rundschreibens der PKzl. 37/43 über die Mobilisierung der deutschen Heimat (Forderung nach Vorbildlichkeit der führenden Parteigenossen) an die höheren SS-Führer (bis einschließlich Standartenführer); bis zur Bekanntgabe eines gesonderten Rundschreibens mündliche Unterrichtung der unteren Dienstränge empfohlen.
K   102 00322−25 (753)

[1.]−14. 3. 43   OKW   16655
Anordnung der PKzl. und (im Einvernehmen mit dieser erlassene) Verfügung des OKW über die politisch-weltanschauliche Ausrichtung der Gefolgschaftsmitglieder der Wehrmacht außerhalb der Reichsgrenzen (Kompetenzabgrenzung zwischen den damit befaßten Stellen).
W   145 00016, 016/3 f. (4)

1. 3. 43−25. 4. 44   RKzl., OKW, RArbM   16656
Durchführung der durch den Führererlaß vom 5. 6. 40 (vgl. Nr. 14041) angeordneten Rückführung der Gesamtversorgung für die alte und die neue Wehrmacht auf den Reichsarbeitsminister (RAM). Der letzte Streitpunkt zwischen OKW und RAM, die Feststellung der Versorgungsansprüche der Versehrten (eine Einigung weder in einer Staatssekretärsbesprechung noch in einer Sitzung des Dreierausschusses zu erzielen), durch Hitler ebenfalls zugunsten der zivilen Verwaltung entschieden; dementsprechend der Führererlaß über die Wehrmachtfürsorge und -versorgung am 11. 10. 43 vollzogen. Anschließende Versuche Keitels, diesen Erlaß hinsichtlich der Feststellung der Wehrdienstbeschädigung doch noch im Sinne der Wehrmacht zu interpretieren, von Bormann und Lammers zurückgewiesen. Nach weiterem Drängen K.s Kompromiß: Die bindende *Tatsachen*feststellung einer Wehrdienstbeschädigung seitens der Wehrmacht durch den Erlaß H.s nicht ausgeschlossen.
H   101 22459−506/2 (1282, 1282 a)

2. 3. 43   RFSS, OSAF   16657
Mitteilung Himmlers an die Oberste SA-Führung (Abschrift an Bormann) über die näheren Umstände des Todes des (in den Pripjet-Sümpfen auf einer Wildschweinjagd von Partisanen erschossenen) SA-Gruf. Fenz.
W   107 00227 f. (174)

2.−15. 3. 43   RKzl., RMfWEuV   16658
Zustimmung des Leiters der PKzl. zur vorübergehenden Stillegung von 44 schwach besuchten Bau-, Ingenieur- und Textilschulen, um die freiwerdenden Lehrkräfte (über 300 Diplomingenieure) in der Rüstungsindustrie und in der Organisation Todt einsetzen zu können; auf Wunsch der PKzl. noch Einholung der Stellungnahme des Generalbevollmächtigten für den Arbeitseinsatz und Streichung der Ingenieurschule Aachen von der Liste.
M   101 10538−56 (660 a)

3. 3. 43   HA f. Volkswohlfahrt−2   16659
Mitteilung über die Ausbombung des Amtes Gesundheit; dessen künftiger Dienstsitz im Gebäude des Hauptamtes.
H   101 19812 f. (1194 b)

3. 3.−19. 4. 43   RKzl., RVM   16660
Weitergabe eines an Bormann herangetragenen Vorschlags zur Kostenrechnungsvereinfachung zwischen Wehrmacht und Reichsbahn an StSekr. Ganzenmüller. Votum G.s gegen eine Globalabfindung.
A   101 09976−79/2 (657 a)

3. 3.−23. 5. 43   Lammers, Keitel   16661
Durch die Reichskanzlei Übersendung des Entwurfs einer Anordnung Hitlers über die Nachprüfung des Kriegseinsatzes in den besetzten norwegischen, niederländischen, belgischen und französischen Gebieten durch Gen. v. Unruh. Zustimmung Bormanns und Keitels, durch letzteren mit der Maßgabe, die

Überprüfungen auf Dänemark und Italien auszudehnen. Übersendung der vollzogenen Anordnung an B. zur Mitzeichnung und eventuellen Unterrichtung der interessierten Parteistellen.
K/H   101 11684 – 96 (681)

3. 3. – 5. 10. 43   RKzl., RVM   16662
Aufgrund der von Bormann unterstützten Initiative des Korpsführers des NSKK Übertragung des gesamten Kraftfahrzeugausbildungs- und -sachverständigenwesens an das NSKK auf Kriegsdauer (die Ausbildung von etwa 50 000 Frauen als Fahrerinnen durch das NSKK von Hitler bereits verfügt): Durch den Reichsverkehrsminister Erlaß einer entsprechenden Verordnung trotz verkehrspolitischer und stimmungsmäßiger Bedenken gegen eine Stillegung des Fahrlehrergewerbes unter Übernahme seiner Aufgaben durch eine Gliederung der Partei.
M   101 10814 – 32 (663 b)

4. 3. 43   Himmler   16663
Mitteilung über die – den Richtlinien Hitlers widersprechende – Propagierung und Gründung eines russischen Komitees und einer russischen Befreiungsarmee durch die Wehrmacht.
W   107 01089 (354)

4. 3. 43   RArbM   16664
Übersendung eines Runderlasses über die Einführung der neugeschaffenen Vornorm DIN 4202 „Mischbinder" als Richtlinie für die Baupolizei.
H   101 19164 – 67 (1169 a)

4. 3. 43   RKzl. u. a.   16665
Staatssekretärsbesprechung über Fragen des Studentenarbeitseinsatzes: Absicht des Reichserziehungsministers, Fakultäten mit geringen Hörerzahlen zu schließen; Verzicht auf die „vielfach beabsichtigte" Schließung theologischer Fakultäten (dieser Verzicht auch von Bormann selbst befürwortet), jedoch in Fällen zu geringer Hörerzahl die Einstellung der Vorlesungen und die Verwendung der Professoren an anderen Universitäten geplant.
K/W   101 15552 ff. (942)

4. 3. 43   GL Schwede-Coburg   16666
Schilderung des großen Wohnungselends im Gau Pommern und der bitteren Klagen der Bevölkerung, insbesondere der Fronturlauber; deren ergebnislose Bemühungen, während ihres Urlaubs die Wohnungslage ihrer Familien zu bessern; Gefährdung mithin auch der Stimmung an der Front durch die Klagen zurückkehrender Urlauber; ebenfalls starker Geburtenrückgang, durch das Wohnungselend bedingt; Wiederholung der bereits mehrfach abgelehnten Bitte um Abhilfe durch Erlaubnis für Maßnahmen gegen ungenutzte und Doppelwohnungen; Hinweis auf die zumindest psychologische Bedeutung eines solchen Vorgehens; Vermutung der Hitler gegenüber bislang nicht eindringlich genug erfolgten Darlegung des Problems; Bitte um erneuten eindringlichsten Vortrag und Genehmigung wenigstens versuchsweiser Maßnahmen allein in Pommern, gegebenenfalls um einen persönlichen Vortrag.
H   101 19677 – 91 (1190 a)

4. 3. 43   AA, Dt. Botsch. b. Hl. Stuhl   16667
Übersendung eines Berichts der Deutschen Botschaft beim Heiligen Stuhl über ein Interview der Zeitung L'Avvenire mit dem japanischen Pater Fukahori über die Tätigkeit der japanischen Katholiken in den besetzten Gebieten Ostasiens.
W/H   202 00778 ff. (8/1 – 7 + 19/9)

4. 3. 43   Lammers   16668
Laut Terminkalender 18.00 Uhr Besprechung mit Bormann.
H   101 29104 (1609 b)

4. – 6. 3. 43   Lammers   16669
Dank für die unter Verzicht auf einen Schriftwechsel erteilte Zustimmung zu vier Beförderungen in der Reichskanzlei (der ORegR Rabe und Boley zu Ministerialräten, der RegR Hänsel und Kaiser zu Oberregierungsräten).
H   101 17576 ff. (1039 a)

4.–16. 3. 43   Lammers, Keitel, Goebbels, Speer u. a.   16670
Besprechung des Dreierausschusses über die Durchführung des Führererlasses vom 13. 1. 43 (vgl. Nr. 16437): Zusammenlegung von Oberlandesgerichten (vgl. Nr. 16557); Beschränkung der Rechtsmittel auf dem Gebiet der bürgerlichen Rechtspflege (Frage der Zulassung der Revision nur mit oder auch ohne Vorentscheidung des iudex a quo; vgl. Nr. 16601 und 16693); Bestrafung der Sabotage des ordnungsgemäßen Einsatzes von Menschen, Maschinen und Wohnungen; Stillegung des Reichspatentamts; Arbeitseinsatz der Studierenden; Methode der Einziehung zur Wehrmacht; Meldestellen des Reichsarbeitsdienstes; Einschränkung der Tätigkeit der Reichsstelle für Raumordnung; Vereinfachung der Gewerbesteuererhebung; Auflösung des Preußischen Finanzministeriums (vgl. Nr. 16672); Fassung eines vorgesehenen Erlasses über die vorbildliche Haltung führender Persönlichkeiten (vgl. Nr. 16595); Pferderennen (vgl. Nr. 16604); Stillegung von Verwaltungsakademien; das Aufbringungssoll aus dem Behördensektor; geschäftliche Beziehungen des Personals der Wehrbezirkskommandos zu Uk.-Gestellten; Steuerpläne des Reichsfinanzministers; Beschäftigung der Verwandten öffentlich Bediensteter im eigenen Bereich (vgl. Nr. 16695); Stillegung von Geschäften in Sachsen.
W   101 09488–500 (654 a)

4.–30. 3. 43   Lammers   16671
Mitteilung Bormanns über einen angeblich von Speer bei Hitler gestellten Antrag, ihm die Feststellung der Zulässigkeit von Enteignungen in bestimmten Fällen zu übertragen. Antwort auf eine Rückfrage Lammers': Über den von S. bei diesem Antrag eingeschlagenen Weg B. nichts bekannt.
K/H   101 12671 ff. (695 a)

[4. 3.]–24. 6. 43   RKzl.   16672
Vorschläge aus dem Reichsinnen- und dem Reichsfinanzministerium (RFM), das Preußische Finanzministerium (PrFM) aufzulösen und seine Aufgaben analog zu den anderen Ressorts dem RFM u. a. zu übertragen (das PrFM lediglich Verursacher unnützer Arbeit; erhebliche Einsparungen qualifizierten Personals durch seine und insbesondere seiner Hochbauverwaltung Auflösung möglich; keine Auswirkungen einer Auflösung auf das Land Preußen als Vermögensträger mit eigenem Haushalt sowie auf die Stellung des Preußischen Staatsministeriums und des Ministerpräsidenten; eine Verwendung von Popitz etwa als Reichskommissar für die in Staatsbesitz befindlichen Gesellschaften denkbar). Der Vortrag der Angelegenheit durch Lammers im Beisein Bormanns ohne Ergebnis: Absicht Hitlers, sich zunächst mit Göring zu besprechen. Dieser lediglich mit einer Verkleinerung oder vereinfachenden Umformung unter gebührender Rücksicht auf P. einverstanden. In einer Sitzung des Dreierausschusses Eintreten B.s für eine Auflösung aus psychologischen Gründen, hingegen Neigung seiner beiden Kollegen, nichts zu ändern und zu veranlassen. (Vgl. Nr. 16540 und 16999.)
H   101 24429–50 (1363 c)

4. 3.–2. 10. 43   GL Baden, RKzl., RMdI   16673
In Ergänzung der von GL R. Wagner infolge des schweren Luftangriffs auf Karlsruhe im September 1942 – und im Vorgriff auf die für die Nachkriegszeit sowieso beabsichtigte Verlegung der badischen Gauhauptstadt – teilweise schon veranlaßten Behördenumsiedlung nach Straßburg Plan der sofortigen Errichtung notwendiger neuer Behörden (wie des Reichsoberbergamtes, der Gauwirtschaftskammer und des Gauarbeitsamtes) in Straßburg (Räumlichkeiten vorhanden, Verwaltungsvereinfachung, Kostenersparnis); kein Verständnis W.s für die der Verwirklichung seines Plans entgegenstehenden staatsrechtlichen Erwägungen (das Elsaß noch nicht Teil des Deutschen Reiches); Einverständnis mit der formellen Errichtung jener Behörden in Karlsruhe, jedoch Ersuchen, ihre Verlegung nach Straßburg durch Verwaltungsakt zu verfügen; Bitte an Lammers und Bormann um Unterstützung bei den beteiligten Ressorts. Deren generelle Zustimmung mit dem Vorbehalt der Unterstellung der neuen Dienststellen unter den jeweils zuständigen Reichsminister. Die von W. über B. erbetene Führerentscheidung ebenfalls positiv. B.s unmittelbare Mitteilung darüber an W. unter Umgehung L.' von diesem bemängelt. Nach inzwischen erfolgter Bombardierung auch Straßburgs Rat Himmlers, das badische Innenministerium vorläufig in Karlsruhe zu belassen.
A   101 23724–38 (1334 a)

5. 3. 43   Himmler, SS-Ogruf. Wolff   16674
Dank von Ilse Heß für Weihnachtsgeschenke; dabei Erwähnung der kürzlich erfolgten Freilassung „unserer Männer".
W   107 00585, 590, 614 (213)

5. – 14. 3. 43   Himmler   16675
Durch Bormann Übersendung des Berichts eines in Kroatien lebenden Parteigenossen über die dortige Situation und die deutsche Volksgruppe: Fehlerhafte Besatzungspolitik und falsche Behandlung der Bevölkerung Ursache des Partisanenkriegs; nach Vernachlässigung der deutschen Volksgruppe durch das Reich nunmehr deren wirtschaftliche Ausbeutung sowie umfassende Einziehung der wehrfähigen volksdeutschen Männer zur Waffen-SS.
K   102 01215 – 18 (2247)

5. – 17. 3. 43   RMfVuP, RKzl., GBA   16676
Initiative des Reichspropagandaministers (Promi) für eine Neuregelung der Behandlung der Fremdarbeiter mit der Zielsetzung: Weckung des Interesses an einem deutschen Sieg und dadurch Steigerung der Arbeitsleistung wie der Zuverlässigkeit. In einer Besprechung Erörterung eines Entwurfs der zu diesem Zweck formulierten Richtlinien: Verbot von Schikanen, Mißhandlungen und Diskriminierungen; positive Vorschriften über Unterbringung, Versorgung, Betreuung und Entlohnung; Ahndung von Verstößen gegen diese Richtlinien als Sabotage. Dagegen Einspruch vor allem des Generalbevollmächtigten für den Arbeitseinsatz (GBA) und des Reichssicherheitshauptamts (RSHA): Die Materie bereits geregelt durch Richtlinien des GBA (auch in diesen eine „pflegliche" Behandlung gefordert), außerdem Bestehen eines beim RSHA tagenden Arbeitskreises für Fragen des Ausländereinsatzes; ungenügende Berücksichtigung von Sicherheitsfragen; Herausgabe eines weitgehend mit den Richtlinien des Promi identischen, jedoch die Sicherheit in den Mittelpunkt rückenden *Merkblatts durch den Arbeitskreis.
W   101 09009 – 40 (650 c)

5. – [26.]3. 43   SS-Ogruf. Wolff   16677
Bitte von Ilse Heß um Zuweisung eines kleinen Kindes als Gefährten für ihren Sohn. Dazu Vermerk der Reichsführung-SS: „Abgelehnt ohne zu antworten."
W   107 00585 f., 613 (213)

5. 3. – 13. 4. 43   RFSS   16678
Dank von Ilse Heß für den Einsatz des SS-Ogruf. Wolff zugunsten ihrer Schwester und ihres – „künstlerisch durch allerlei Intrigen jahrelang stagnierenden" – Schwagers; Genesungswünsche für den operierten W.
W   107 00519, 585, 590 (213)

5. 3. – 19. 7. 43   RFSS   16679
Umfangreicher Schriftwechsel von Ilse Heß mit verschiedenen Angehörigen der Reichsführung-SS (darunter Himmler selbst) über das Schicksal ihres Anwesens in München-Harlaching. Mitteilung der H. über die von der PKzl. nach dem 12. 5. 41 ursprünglich gehegte, durch die Entscheidung Hitlers, die „Besitzverhältnisse Rudolf Heß'" zu erhalten, jedoch hinfällig gewordene Verkaufsabsicht; Plan, Harlaching aufzugeben (Vorschlag der Benutzung als SS-Erholungsheim, NSV-Kinderheim oder Obdach für Bombengeschädigte) und ein Anwesen bei Hindelang (Allgäu) zu erwerben; Begründung: Trotz Schließung des Haupthauses und Umzugs in die Hausmeisterwohnung die arbeitsmäßige und finanzielle Belastung nicht mehr tragbar; drohender Ausfall an Hauspersonal durch die bevorstehenden Dienstverpflichtungen; ein Verzicht auf die Nutzung des großen Hauses angesichts der Raumknappheit der Allgemeinheit gegenüber nicht vertretbar; Kündigung der Familien „unserer früheren Leute" zugunsten von PKzl.-Mitarbeitern (in diesem Zusammenhang Erwähnung der zusätzlichen Bestrafung der Heß-Mitarbeiter durch Parteiausschluß, Degradierung, Dienst in Bewährungsbataillonen usw., ihrer bis Frühjahr 1943 andauernden Polizeihaft sowie einer Äußerung des PKzl.-Mitarbeiters Hanssen über den angeblichen Wunsch Hitlers nach „unser aller Abschreibung von der Liste der anständigen Menschen"); die zunächst geplante Umsiedlung in die besetzten Ostgebiete wegen ihrer – I. H.' – psychischen und physischen Verfassung nicht möglich. Nach Hinweis Himmlers auf die eindeutige Entscheidung Hitlers (Verbleiben der H. im Hause, notfalls Anforderung der Unterhaltsmittel bei der PKzl.) Klage der H. über ihre schlechten Erfahrungen mit der PKzl.: Keine eindeutige Klärung der Angelegenheit in den Verhandlungen; kleinliches, schikanöses und verletzendes Verhalten der PKzl.-Sachbearbeiter. Kein Eingehen Himmlers auf diese Beschwerden (Verweis an den für die Regelung der wirtschaftlichen Dinge zuständigen Bormann; durch diesen dann Zurückweisung der Vorwürfe und Veranlassung der Überweisung der von der H. auf RM 750.– bezifferten monatlichen Mehrausgaben), jedoch Akzeptierung ihrer Bitte, sich gegebenenfalls um ihren Sohn zu kümmern. – Im Zusammenhang mit diesem Schriftwechsel Frage der H. nach dem Verbleib einer in dem Berliner Panzerschrank ihres Mannes aufbewahrten Brillantbrosche und nach der Verwendung zweier Kraftwagen ihres Mannes.
W/H   107 00509 – 19, 554 – 57, 560, 563 – 95, 602 – 06, 609 – 14 (213)

6. 3. 43   Himmler, GBK   16680
Nach Vortrag bei Hitler über die Möglichkeiten des Anbaus der Kok-Sagys-Pflanze Beauftragung Himmlers, bereits in diesem Jahr für die Gewinnung von 3500–4000 t Kautschuk zu sorgen; nach Ansicht Himmlers keine Überschneidung dieses Auftrags mit den Kompetenzen des Generalbevollmächtigten für das Kraftfahrwesen (GBK). (An Bormann Abschrift des diesbezüglichen Schreibens an den GBK.)
W   107 01506 ff. (436)

6. 3. 43   RArbM   16681
Übersendung eines Runderlasses über die Änderung der Stahlbetonbestimmungen von 1937 durch eine neue *Fassung des Deutschen Ausschusses für Stahlbeton (als Richtlinie für die Baupolizei).
H   101 19158 ff. (1169 a)

6. 3. – [10. 5.] 43   Lammers   16682
Der Wunsch Goebbels', bei Anordnungen des Dreierausschusses das Einvernehmen mit ihm zum Ausdruck zu bringen, von Lammers, Bormann und Keitel abgelehnt. Ein wegen des Beharrens G.' auf seiner Forderung zunächst geplanter Führervortrag schließlich – da keine Weiterverfolgung der Angelegenheit durch G. – unterblieben.
W   101 09615–20 (655)

7. 3. 43   RSHA, RL, GL, VerbF   16683
Durch Bormann an die Reichsleiter, Gauleiter usw. Bekanntgabe eines Fernschreibens des Reichssicherheitsamtes mit einer Warnung vor Einschreibpäckchen mit Öffnungs- und Zeitzündern; Anlaß: Versendung solcher Päckchen von Warschau aus an deutsche Behörden.
W   102 00152 f. (270); 107 01007 f. (321)

8. 3. 43   GBV   16684
Keine Bedenken Bormanns, dem Antrag der Evangelischen Kirchenkanzlei und lokaler kirchlicher Stellen in Litzmannstadt und Posen stattzugeben und die Abhaltung kirchlicher Veranstaltungen in den eingegliederten Ostgebieten am Karfreitag auch vor 19 Uhr zuzulassen; Befürwortung einer gleichen Behandlung des Karfreitags in sämtlichen dem Reich eingegliederten Gebieten (ebenfalls kein staatlicher Feiertag in den Alpen- und Donaureichsgauen, im Sudetenland und im Protektorat); Bitte, die betroffenen staatlichen und kirchlichen Stellen von dieser Auslegung der Verordnung vom 27. 10. 41 (Handhabung des Feiertagsrechts während des Krieges) zu unterrichten.
M/H   101 01438 ff. (165 a)

8. 3. 43   Lammers   16685
Mitteilung: Seyß-Inquart die Teilnahme an Kundgebungen in Linz und Wien und seine damit verbundene Abwesenheit von den Niederlanden auch ohne ausdrückliche Genehmigung Hitlers als unbedenklich anheimgestellt.
K   101 11461/1 f. (677)

8. 3. – [2. 4.] 43   GL Forster   16686
Nach Angaben in einer Besprechung *Schreiben an Bormann „in der Angelegenheit des Volkslistenverfahrens"; in einem weiteren *Schreiben – persönliche Übergabe vorgesehen – Beschwerde über die Usurpierung von Aufgaben des Staates und der Partei durch den Reichskommissar für die Festigung deutschen Volkstums.
M   306 00305 ff. (Forster)

8. 3. – 2. 7. 43   RFSS   16687
An die PKzl. Übersendung einer Anordnung Himmlers: Zur Milderung der Wohnungsnot Freigabe von Wohnraum durch SS-Dienststellen und deren Verlegung in durch totale Kriegsmaßnahmen stillgelegte Ladengeschäfte. Analoge Maßnahmen im gesamten Parteibereich von Bormann für notwendig gehalten.
K/H   102 00199–201/2 (366)

9. 3. – 5. 4. 43   AA   16688
Mitteilung der PKzl.: Der Hirtenbriefaufruf der niederländischen Bischöfe zum Widerstand gegen die Besatzungsverwaltung, insbesondere zu einem Streik der Beamten (von der Evangelischen Kirche nur z. T. unterstützt), ohne praktischen Erfolg; propagandistische Auswertung eines Aufrufs des Erzbischofs von Mecheln (Belgien) – positive Bewertung des alle „Unannehmlichkeiten" der Besatzung aufwiegen-

den deutschen Kampfes gegen den Bolschewismus – durch die deutschen Stellen in den Niederlanden; Bitte an das Auswärtige Amt, die Auswirkungen dieser Propaganda (vor allem die ausländischen Pressereaktionen) zu beobachten. (Vgl. Nr. 16690.)
W/H   202 00033 ff. (1/5 – 12 + 19/3)

9. 3. – 16. 7. 43   RPM, RKzl., Oberste RBeh.   16689
Aus gegebenem Anlaß (Aufhebung von 14 Mittelbehörden der Reichspostverwaltung) und nach einer Beschwerde Bormanns in diesem Fall Interpretation der Durchführungsbestimmungen vom 17. 1. 43 zum Führererlaß über den umfassenden Kriegseinsatz vom 13. 1. 43 (vgl. Nr. 16486) durch Lammers: Die dort bei den staatlichen oder kommunalen Verwaltungsaufbau betreffenden organisatorischen Maßnahmen angeordnete Beteiligung des Leiters der PKzl. und des Generalbevollmächtigten für die Reichsverwaltung auch gültig für die Aufhebung oder Zusammenlegung von Behörden der mittleren und unteren Stufe zwecks Berücksichtigung der Interessen der Bevölkerung, der Gaueinteilung der NSDAP und der geplanten Nachkriegsordnung der Verwaltungsbezirke. Später nochmalige Bestätigung dieser Auffassung auch durch Hitler.
H   101 10255 – 60, 272, 285 – 94 (659)

10. 3. 43   AA, Vertr. AA b. RKfdbnG   16690
Übersendung eines Berichts des Vertreters des Auswärtigen Amts in Den Haag: Inhaltlich gleiche Kanzelabkündigungen der Katholischen Kirche und der protestantischen Kirchen in den Niederlanden gegen die Besatzungsmacht (gegen Rechtlosigkeit, Judenverfolgung, Arbeitsdienstpflicht, Arbeitseinsatz in Deutschland, Hinrichtungen und Konzentrationslager, „Sklavenjagd" auf junge Leute, usw.) und Aufforderungen, sich der Mitwirkung an diesen Aktionen zu entziehen; nach deutschen Feststellungen jedoch nur geringfügige Auswirkungen (Verhaftung von 25 streikenden Beamten), kein Echo in der Arbeiterschaft, verschiedene Verweigerungen der Verlesung der Abkündigung. (Vgl. Nr. 16688.)
H   202 00979 – 83 (9/1 – 4)

10. 3. 43   AA   16691
Übersendung des vom Schweizerischen Evangelischen Hilfswerk für die Bekennende Kirche in Deutschland herausgegebenen Buches „Judennot und Christenglaube".
W   202 01735 (12/15 – 12/33)

10. 3. – 5. 4. 43   RMdI, Lammers u. a.   16692
Durch den Reichsinnenminister weitergeleitete Eingabe des Evangelischen Oberkirchenrats wegen grober Verletzung des Grundsatzes religiöser Toleranz im Warthegau: Versuch von Parteistellen, mit Hilfe aufgezwungener Eidesstattlicher Erklärungen und unter politischem wie wirtschaftlichem Druck Kirchenaustritte zu erzwingen. Stellungnahme Bormanns: Keine Beteiligung der PKzl. bei der Abfassung derartiger Erklärungen; Hinweis auf die bereits von ihm veranlaßten Schritte.
M   101 01504 – 09 (170)

10. 3. – 11. 5. 43   RKzl., RJM   16693
Dringliche Vorlage zweier Verordnungsentwürfe des Reichsjustizministers (RJM) über Kriegsmaßnahmen auf dem Gebiet der bürgerlichen Rechtspflege: 1) Kriegsmaßnahmen-Verordnung (hier später zwei Alternativentwürfe), 2) Kriegsbeschwerde-Verordnung. Wesentliche Punkte zu 1: a) Zurückstellung nichtkriegswichtiger Rechtssachen, b) die Landgerichte künftig nur mehr Gerichte erster Instanz (nicht mehr Rechtsmittelgerichte), c) Beibehaltung der Berufung oder ihre Ersetzung durch die Revision, d) Rechtsmittelzulassung durch den Vorderrichter (iudex a quo); zu 2: Konzentrierung der Beschwerden in Angelegenheiten der freiwilligen (außerstreitigen) Gerichtsbarkeit bei den Oberlandesgerichten. Nach Erörterung der Entwürfe im Dreierausschuß grundsätzliches Einverständnis zwischen Ausschuß und RJM über 1 a und b und 2, dagegen Meinungsverschiedenheiten über 1 c und d. Dabei Bormann wie Lammers gegen radikale Lösungen; die schließliche Einigung: Eine vollständige Beseitigung der Berufung nicht zweckmäßig; allgemein keine Entscheidung des Vorderrichters über die Zulässigkeit eines Rechtsmittels gegen sein Urteil, d. h. vorerst keine besondere Zulassung, sondern Einschränkung der Berufungen durch „eine verständige Auslegung des § 1 über die Kriegsdringlichkeit". Auf dieser Grundlage Zustimmung des Ausschusses auch zu dieser Durchführungsverordnung.
A/H   101 09845 – 76 (657)

10. 3. – 15. 5. 43   RJM, RKzl.   16694
Zustimmung der PKzl. und der Reichskanzlei zu dem vom Reichsjustizminister vorgelegten Entwurf ei-

ner Verordnung über Kräfteersparnis in der Strafrechtspflege (insbesondere – bei Zustimmung der Staatsanwaltschaft – Besetzung der Strafkammern, Sondergerichte und Strafsenate mit nur einem Richter statt bisher drei).
A   101 09980 – 88 (658)

10. 3. – 12. 6. 43   RKzl.   16695
Von GL Uiberreither der PKzl. mitgeteilte (und kritisierte) Weisungen einzelner Reichszentralstellen, dienstverpflichtete Angehörige ihrer Bediensteten in deren eigenen Bereichen zu beschäftigen, Besprechungsgegenstand des Dreierausschusses; Ergebnis: Herausgabe eines Rundschreibens an die beteiligten Stellen mit der Aufforderung, sämtliche mit dem Grundsatz einer gerechten und gleichmäßigen Heranziehung aller zum Arbeitseinsatz Verpflichteten unvereinbaren Maßnahmen zu unterlassen, d. h. keine Sonderbehandlung von Angehörigen der Dienstnehmer öffentlicher Verwaltungen, insbesondere nicht durch Bürodienst. Auf Antrag der Reichsbahn Ausnahmen bei besonderer Vertrautheit mit den anstehenden Aufgaben zulässig.
A   101 10141 – 58 (658 b)

11. 3. 43   AA, Dt. Botsch. Rom   16696
Übersendung des monatlichen Presseberichts der Deutschen Botschaft in Rom „Polemik um den Katholizismus": Italienische Pressekommentare zum Verhältnis von Staat und Kirche in Italien (anläßlich des 14. Jahrestags der Lateranverträge); Zurückweisung der Kritik des Prof. Orestano an der Religionspolitik des NS durch den Rassentheoretiker Evola; Kommentar der Zeitung L'Italia zur Sportpalast-Rede Goebbels' und zum gemeinsamen Kampf Europas gegen den Bolschewismus.
W   202 00607 – 12 (7/1 – 9)

12. 3. 43   AA   16697
Übersendung einer Zusammenfassung des katholischen Standpunkts in der Rassenfrage aus der kroatischen Zeitschrift Katolički Tjednik: Hervorhebung der Gleichheit aller Menschen und Rassen vor dem Gesetz Gottes; Verurteilung einer Tötung oder Verstümmelung im Interesse einer Rassenverbesserung.
M   203 03046 – 54 (86/7)

12. 3. – 5. 4. 43   AA, Dt. Botsch. b. Hl. Stuhl   16698
Mitteilung: Die Meldung von Radio London über die Teilnahme des Erzbischofs von New York, Spellman, an einem Kriegsgefangenentreffen im Vatikan von der Deutschen Botschaft beim Heiligen Stuhl als unzutreffend bezeichnet.
W/H   202 02147/1 ff. (16/24 – 37)

12. 3. – 21. 5. 43   GL München-Oberbayern   16699
Differenzen um die Besetzung der Stelle des Präsidenten des Gauarbeitsamtes München-Oberbayern. Vorschlag der Gauleitung: ORegR Philipp Schäfer; Vorschlag der PKzl.: Reichstreuhänder der Arbeit Kurt Frey.
M   306 00317 – 23 (Frey)

12. 3. – 9. 6. 43   RMdI, RWohnungsK   16700
Wunsch des Reichswohnungskommissars (RWK) nach verstärkter Einschaltung der Gauwohnungskommissare in den Wohnungsbau und in die Wohnraumlenkung (nach Einstellung der Planungsarbeiten für den Nachkriegswohnungsbau). Dafür nach Auffassung des Reichsinnenministers jedoch kein Auf- bzw. Ausbau von Wohnungs- und Siedlungsämtern erforderlich: Nach der Bestellung sämtlicher Gauwohnungskommissare (= Gauleiter) auch zu Reichsverteidigungskommissaren überall eine eigene Behörde („Einheitsbehörde des Gauleiters für seine Aufgaben im staatlichen Bereich") zur Übernahme auch dieser Aufgaben vorhanden. In einer Ressortbesprechung jedoch starke Unterstützung des RWK durch Reichskanzlei und PKzl.; Beschluß, bei sämtlichen Gauwohnungskommissaren Wohnungs- und Siedlungsämter einzurichten, gegebenenfalls auch als „Ein-Mann-Abteilungen".
H   101 17496 – 505/5 (1033 b)

13. 3. 43   RegPräs. Merseburg   16701
Angesichts der bisherigen „Buntscheckigkeit der Zuständigkeiten" insbesondere auf dem Ernährungssektor eine Neuregelung der kriegswirtschaftlichen Zuständigkeiten in der Enklave Allstedt dringend geboten (allgemeine Zuordnung zum Kreis Sangerhausen).
H   101 22937 ff. (1307)

13. – 24. 3. 43   RMarschall, RKzl., GIfWuE   16702
Durch den Reichsmarschall an die Reichskanzlei Übersendung des 'Entwurfs einer Verordnung über die Reichswasserstraßen: Reichseinheitliche Regelung der Entschädigungszahlungen bei Enteignungen (Gewährung einer angemessenen Entschädigung anstelle der gegenwärtigen – für das Reich ungünstigen – Vorschrift über die Gewährung einer vollen Entschädigung nach den Landesgesetzen); Schaffung einer einheitlichen Rechtsgrundlage in den neuen Reichsgebieten; der Übergang der Wasserstraßen von den Ländern auf das Reich aufgrund des Vertrags vom 29. 7. 21 damit abgeschlossen. Absicht des Generalinspektors für Wasser und Energie, in der Durchführungsverordnung die Verwaltung und Unterhaltung der Elbe im Hamburger Hafengebiet zu regeln. (Abschrift jeweils an die PKzl.)
M/W   101 02583 – 87 (262 b)

13. 3. – 25. 4. 43   GBV, RKzl.   16703
Einverständnis Bormanns und Lammers' mit der Absicht des Generalbevollmächtigten für die Reichsverwaltung, die Badischen Landeskommissäre mit ihren Dienststellen nicht stillzulegen (wesentliche Personaleinsparung dadurch nicht zu erwarten).
A/H   101 09794 – 97 (656 b)

14. 3. 43   OKW   16704
Anordnung der PKzl. und Verfügung des OKW über die Errichtung von Kameradschaftshäusern für die außerhalb der Reichsgrenzen eingesetzten Zivilpersonen (die Errichtung Aufgabe der Auslands-Organisation; Bildung einer „Arbeitsgemeinschaft für Kameradschaftshäuser").
W   145 00016 – 16/3 (4)

15. 3. 43   Lammers, Kard. Bertram, LBf. Wurm   16705
Gegen die Absicht, die religiösen Verlage stillzulegen, im Namen des deutschen Episkopats „ernsteste" Vorstellungen des Kard. Bertram (Begründung u. a.: Gefahr erlahmenden Willens im Kampf gegen den Bolschewismus); Abschriften des Briefes B.s und eines ähnlichen des württembergischen Landesbischofs Wurm von Lammers an Bormann und Goebbels übersandt.
A   101 05710 – 14 (478 a)

15. 3. 43   Himmler   16706
Mitteilung über die Notwendigkeit, den Höheren SS- und Polizeiführer Südwest, SS-Gruf. Kaul, aufgrund mangelnder Pflichterfüllung seiner Dienststellung zu entheben; Absicht, den Oberabschnitt Südwest dem Chef des Rasse- und Siedlungshauptamtes, SS-Gruf. Hofmann, zu übertragen.
M   306 00618 (Kaul)

15. – 16. 3. 43   RWiM, RStatth. Sachsen, RStatth. Sudetenland u. a.   16707
Nach einer Berufung des Gaues Sudetenland auf sächsische Sonderregelungen Konflikt zwischen dem Reichswirtschaftsminister (RWiM) und dem Reichsstatthalter in Sachsen wegen der Durchführung des Erlasses über Stillegungen im Handel, Handwerk usw. Beharren des GL Mutschmann auf der Richtigkeit seines Vorgehens: Starke Auskämmung der Betriebe anstelle von Stillegungen (diese für den Arbeitseinsatz ohne Erfolg, Schaffung einer größeren Zahl von Staatsrentnern und von Unzufriedenheit in der Bevölkerung); Hinweis auf seine Verantwortung Hitler gegenüber für die Stimmung in seinem Gau. Durch den RWiM Anrufung des Dreierausschusses. Durch diesen die Herbeiführung eines Ausgleichs durch Bormann vorgesehen.
M/H   101 10664 – 74 (662)

15. – 25. 3. 43   RKzl.   16708
Wegen größerer Ankäufe eine Verstärkung des beim Reichskommissar für die besetzten niederländischen Gebiete eingerichteten Kontos „Sonderauftrag Dr. Posse/Direktor Voß" um 2 Mio. Gulden von Bormann erbeten und von der Reichskanzlei durch Wertpapierverkauf aus dem (durch Umlegung von 9,9 Mio. RM aus dem Sonderfonds R aufgestockten) Sonderfonds L der Dankspendenstiftung ausgeführt. Weiterhin Anregung B.s, für Haberstock in Paris, ähnlich wie für Brüschwiler, ein Konto für seine Ankäufe einzurichten.
H   101 29349 – 55 (1653 a)

Nicht belegt.   16709

16. 3. 43   SS-Ogruf. Wolff   16710
Durch Ilse Heß Hinterlegung einer im Todesfall an Himmler auszuhändigenden Letztwilligen Verfügung; Übersendung von Durchschlägen zur Aufbewahrung durch Himmler oder SS-Ogruf. Wolff.
W   107 00609 f. (213)

16. 3. 43   Lammers   16711
Laut Terminkalender 16.00 Uhr Besprechung mit Bormann, StSekr. Klopfer u. a.
H   101 29105 (1609 b)

[16.] — 26. 3. 43   GBV   16712
Der Entwurf eines Erlasses des Generalbevollmächtigten für die Reichsverwaltung über die Aufbringung des den Wehrkreisen auferlegten Einziehungssolls vom Dreierausschuß gebilligt.
A/W   101 22658 f. (1293)

16. 3. — 4. 6. 43   GBV, RKzl., RJM, BfdVJPl.   16713
Vielfache Bedenken gegen die Einführung einer vom Propagandaminister für notwendig erachteten und daraufhin vom Generalbevollmächtigten für die Reichsverwaltung im Einvernehmen mit dem Reichsjustizminister vorbereiteten Verordnung gegen Sabotage des totalen Kriegseinsatzes (Forderung Goebbels' nach der Todesstrafe als Höchststrafe); auch nach Meinung Bormanns bereits genügend Sicherungen vorhanden.
A   101 10025 — 38 (658)

16. 3. — 26. 6. 43   OKW, RKzl., RMdI   16714
Durch das OKW Übersendung eines Erlasses: Auf Befehl Hitlers Gnadenerweis für gefallene, vermißte oder verstorbene Stalingrad-Kämpfer (Aufhebung der militärrechtlichen Folgen von Urteilen in ehren- oder kriegsgerichtlichen Verfahren). Bitte der Reichskanzlei um Äußerung des Reichsinnenministers (RMdI) über eine etwa gewünschte ähnliche Anordnung auf dem Gebiet des Beamtenrechts. Die Auffassung des RMdI: Keine generelle Regelung für die Beseitigung der beamtenrechtlichen Folgen von Dienststrafurteilen erforderlich; zur Sicherung der Hinterbliebenenversorgung begnadigter Stalingradkämpfer eine großzügige Handhabung der den Obersten Reichsbehörden sowieso zustehenden Gnadenbefugnisse ausreichend. In diesem Sinne — mit Zustimmung der PKzl. — Herausgabe eines Rundschreibens an die Obersten Reichsbehörden.
K/H   101 11764 — 76 (682)

17. 3. 43   RWiM u. a.   16715
Übersendung eines Runderlasses über die Stillegung von Handelsbetrieben aufgrund des Erlasses vom 30. 1. 43 (vgl. Nr. 16519): Keine Absicht, anstelle des Handels andere Formen der Verteilung zu setzen; Durchführung von Stillegungen ausschließlich zum Zwecke des totalen Kriegseinsatzes; Versicherung an die Betroffenen, ihnen die Genehmigung zur Ausübung ihres Gewerbes zu belassen.
M   101 10675 f. (662)

17. 3. 43   AA   16716
Übersendung eines Artikels der Zeitung A Voz (Lissabon) über die Tagung des Pan-Amerikanischen Seminars für Soziale Studien in Washington (u. a. Wiedergabe gegen den Totalitarismus gerichteter Reden führender katholischer Persönlichkeiten).
W   202 01388 — 95 (10/14 — 25 + 20/7)

17. 3. — 10. 4. 43   RKzl., RMdI   16717
Zu dem Plan einer Zusammenlegung von Regierungspräsidien mit den am gleichen Ort befindlichen Oberpräsidien nach Danziger Vorbild (keine Änderung der Firmierung nach außen, vgl. Nr. 15804 und 16548 a) Übersendung der vom Reichsinnenminister eingeholten unterschiedlichen *Stellungnahmen der betroffenen Behörden. Argumente für die Zusammenlegung: Personaleinsparung, Verwaltungsvereinfachung (durch Wegfall der Zweistufigkeit der Mittelinstanz), politisch wichtiger Schritt zur „vollständigen Kongruenz zwischen Behördenaufbau und Parteiaufbau". Gegenargumente: Das Beispiel Danzig für Preußen nicht relevant (hier die Oberpräsidien als Lenkungsbehörden durchaus noch intakt), nur unwesentliche Personaleinsparung, Problem des Weiterbestehens der übrigen Regierungen. Votum Fricks grundsätzlich für eine reichseinheitliche Regelung, indes Einverständnis mit von den betroffenen Behörden gewünschten Zusammenlegungen, zunächst in Stettin; Bitte um Herbeiführung einer Entscheidung Hitlers. Zustimmung Bormanns zu dem Vorschlag; Zusammenlegungen von Regierungen und Oberpräsidien zunächst also nur auf Wunsch des zuständigen Gauleiters, d. h. in Königsberg, Breslau, Potsdam,

Stettin, Schleswig, Magdeburg und Münster (in Posen nicht wegen der Forderung des GL Greiser nach – zunächst nicht vorgesehener – Stillegung aller drei Regierungen); entsprechende Maßnahmen in Merseburg, Kassel und Wiesbaden bei der Teilung der Provinzen Sachsen und Hessen-Nassau beabsichtigt. Über den gesamten Komplex ein Vortrag Lammers' und B.s bei H. geplant. (Vgl. Nr. 16740, 16802 und 16904.)
A/H   101 09621 – 26, 631 f., 642 ff. (656)

18. 3. 43   GBA   16718
Übersendung eines Runderlasses über die Meldung der 16jährigen Schüler und 17jährigen Schülerinnen der Fach- und Berufsfachschulen für Aufgaben der Reichsverteidigung aufgrund der Verordnung vom 27. 1. 43 (vgl. Nr. 16487); Ausnahmeregelungen für bestimmte Schulrichtungen und Schulen sowie Schülergruppen.
M   101 10461 – 68 (660)

18. 3. 43   AA   16719
Übersendung des Fastenhirtenbriefs der niederländischen katholischen Bischöfe: Stellungnahme gegen Haß und Gewalt und gegen Wucherpreise; Bekräftigung des Verbots der Mitgliedschaft in ns. Organisationen und der Mitarbeit im Landstand, in der Kulturkammer usw.
W   202 00973 – 78 (9/1 – 4)

18. – [27.]3. 43   RFSS   16720
Durch Einverständniserklärung Bormanns Beendigung der bürokratischen Behandlung des Wunsches Himmlers, auf dem (auf den Namen B.s eingetragenen, seit 1938 von der SS verwalteten) Gelände um seinen Privatbesitz in Gmund (Haus Lindenfycht) einige Bäume zwecks Brennholzgewinnung zu schlagen.
K/W   102 00062 ff. (165)

18. 3. – [2. 4.] 43   RMdI, RKzl.   16721
Durch den Reichsinnenminister Vorlage des Entwurfs einer Verordnung, den Feiertag des deutschen Volkes 1943 auf den 2. Mai (Sonntag) zu verlegen (Hinweis auf die derzeit dafür günstige Stimmungslage). Dagegen Entscheidung Hitlers: Der 1. Mai absoluter Arbeitsruhetag für alle Betriebe und ohne Feiern (Tagung der Reichsarbeitskammer deshalb schon am 30. April).
H   101 21427 – 32 (1266 a)

19. 3. 43   Thierack   16722
Übersendung der Führerinformationen 153 und 154 des Reichsjustizministers: Statistik der in den Monaten Januar und Februar 1943 zur Gnadenentschließung vorgelegten 248 bzw. 367 Todesurteile; Maßnahmen zur Sicherung der Grundbücher, Zivilstandsregister, Kirchenbücher u. ä.
H   101 28939 – 42 (1559 b)

19. 3. 43   RBauR Fick, Lammers   16723
Durch Bormann weitergeleitete Ablehnung der von Reichsbaurat Fick gewünschten Aufhebung von Maßnahmen Speers durch Hitler: Während des Krieges weiterhin Verteilung der Bau-Kontingente (hier: für Linz) durch den Gauleiter und Reichsstatthalter.
H   101 16991 f. (1019 a)

20. 3. – 2. 4. 43   LTheater Linz, Lammers   16724
Für die von Hitler für das Landestheater Linz gestiftete Gesamtausstattung der Operette „Land des Lächelns" Weiterleitung der Abrechnung durch Bormann an Lammers zur Erstattung der Kosten (RM 98 758.77) aus „einem Ihrer Fonds".
H   101 21159 – 64 (1243)

20. 3. – 29. 12. 43   RKzl., RMdI   16725
Schwerste Bedenken der Reichskanzlei (RKzl.) gegen die vom Oppelner Oberbürgermeister beabsichtigte und vom Reichsinnenminister (RMdI) unterstützte Beförderung (unter Ausweitung des kommunalen Stellenplans) des mit dem Ritterkreuz ausgezeichneten und zum Regimentskommandeur beförderten Stadtamtmanns Paul Marbach zum (besoldeten) Stadtrat: Das Vorhaben im Widerspruch zum Stoperlaß (Ausnahmen davon nur durch gemeinsame Entscheidung des Dreierausschusses möglich); Gefahr der Destruktion der öffentlichen Verwaltung und der Schaffung von Präzedenzfällen; militärische Bewährung kein Ersatz für fachliche Qualifikation; die bereits gegebene Zustimmung der PKzl. nur für die

politische Seite der Angelegenheit relevant. Restlose Zustimmung Bormanns zur Auffassung der RKzl.; Ablehnung des Antrags des RMdI. Die Bitte des RMdI (unter Hinweis auf die Nichtvergleichbarkeit des – für die Ablehnung des Falles M. herangezogenen – Falles des Eichenlaubträgers Schüler mit dem Fall M.), die Angelegenheit nochmals zu überprüfen, von Lammers im Einvernehmen mit B. abgelehnt.
A   101 05292 – 304 (455)

22. 3. 43   GBA u. a.   16726
Übersendung der Bekanntgabe eines – im Einvernehmen u. a. mit dem Leiter der PKzl. ergangenen – Erlasses des Reichserziehungsministers: Kein allgemeiner Aufruf an die Studierenden zur Meldung für den Arbeitseinsatz, um den in allen akademischen Berufen – trotz Zunahme des Frauenstudiums – immer mehr steigenden kriegswichtigen Nachwuchsbedarf zu decken; Überprüfung der Studenten auf ihre Eignung für ein Studium unter den erhöhten Kriegsanforderungen; Meldung der für den Einsatz in Frage kommenden Studierenden (Zweitstudium, Fachwechsler, Bummelanten) an das Arbeitsamt.
M   101 10456 – 60 (660)

[22. 3. 43]   Himmler   16727
Schärfste Beobachtung der „ganzen Angelegenheit" Generalgouvernement (Zusammenhang mit GenGouv. Frank und einem Verwandten Himmlers, Wendler) „zusammen mit Bormann und Lammers".
W/H   107 01088 (354)

22. 3. – 24. 4. 43   Himmler   16728
Unter Bezugnahme auf ein beigefügtes *Schriftstück Warnung Bormanns vor der Forcierung von Kirchenaustritten. Zustimmung Himmlers unter Erwähnung einer SS-Gruf. Kaltenbrunner erteilten Weisung, „eine ungesunde Förderung von Kirchenaustritten oder Eintritten in die SS" abzulehnen.
K/H   102 01208 f. (2242)

22. 3. – 16. 5. 43   Lammers, StSekr. Kritzinger   16729
Nachfrage des StabsL Klopfer (PKzl.) nach der von Lammers vorgesehenen Besprechung mit Göring über die „Angelegenheit Haupttreuhandstelle Ost" (HTO); Befürwortung einer Nutzbarmachung der in der HTO steckenden Arbeitsreserven. Vorerst Erledigung der Angelegenheit durch einen von Hitler befohlenen Vortag L.' über die HTO. Übersendung der hierfür angefertigten Ausarbeitung (Aufgaben, Aufbau, Kompetenzverteilung, Stand der Arbeiten) an Bormann.
H   101 08833 – 42 (646 b)

23. 3. 43   RWiM u. a.   16730
Übersendung eines Runderlasses über die Zahlung von Vorschüssen auf die Stillegungshilfe an die Inhaber geschlossener Betriebe.
M/H   101 10768 ff. (662 a)

Nicht belegt.   16731

23. 3. 43   RWohnungsK u. a.   16732
Übersendung eines Zweiten Ausführungserlasses zur Wohnraumlenkung (Meldevorschriften, Zugriff auf Räume von stillgelegten Betrieben, u. a.).
H   101 17267 – 73 (1032 a)

23. – 31. 3. 43   Chef Sipo u. a.   16733
Einladung zu einer Sitzung des Arbeitskreises zur Erörterung sicherheitspolizeilicher Fragen des Ausländereinsatzes und Niederschrift darüber: In Abwehr der vom Propagandaministerium betriebenen Einrichtung einer neuen Dienststelle für die Ausländerbehandlung (vgl. Nr. 16676) Erörterung der bisherigen Arbeit des Arbeitskreises und der Grundsätze der Ausländerbehandlung („tote Katze im Kochkessel" nicht genügend; Stellungnahme z. B. auch Sauckels für eine einwandfreie und gute Behandlung; Feststellung des Vertreters der PKzl. zu Angriffen wegen angeblich zu großes Eingehens auf die Beschwerden der Ostarbeiter, keine grundsätzlichen Bedenken und Anstände hinsichtlich der bisherigen Behandlung zu haben), ferner der Betriebssicherung (Kompetenzstreit zwischen Reichssicherheitshauptamt [RSHA] und DAF wegen der von der DAF aufgestellten Werk- und Gruppenwachten) und der Verfolgung der Kriminalität (dabei Differenzen zwischen dem RSHA und dem Reichsjustizministerium um

23. 3.—11. 4. 43   Kunsthandlung Haberstock, Lammers, RMdI   16734
Nach einer Mitteilung des Kunsthändlers Haberstock Weisung Hitlers, die Ausfuhr der – von den in Italien lebenden Nachkommen angeforderten – Kunstsammlung (insbesondere Goldschmiedearbeiten) des verstorbenen Berliner Bankiers Eugen Gutmann zu verhindern. Aufnahme der Sammlung in die Liste der national wertvollen Kunstwerke.
H   101 22271—77 (1272 a)

24. 3. 43   AA, Dt. Botsch. b. Hl. Stuhl   16735
Übersendung eines Berichts der Deutschen Botschaft beim Heiligen Stuhl über einen Kommentar der katholischen Zeitung L'Italia (Mailand) zu einem Artikel des ehemaligen italienischen Erziehungsministers Bottai in der Wochenschrift Il nuovo Occidente über die Methoden der amerikanischen Propaganda: Im Hinblick auf die Kriegsziele keine Identität italienisches Volk – Katholische Kirche; Berufung von Kriegführenden auf religiöse Beweggründe nicht statthaft.
W/H   202 02261 ff. (17/1—16)

24. 3. 43   AA, Dt. Botsch. b. Hl. Stuhl   16736
Übersendung eines Berichts der Deutschen Botschaft beim Heiligen Stuhl über einen Kommentar der katholischen Zeitung L'Italia (Mailand) zu einem Artikel des in Berlin erscheinenden Europäischen Kulturdienstes (bessere Aussichten des Katholizismus bei einem Sieg der Achse, der NS kein Exportartikel): Ernstester Einwand gegen den NS dessen Bindung aller geistigen Realitäten einschließlich der Religion an Rassefaktoren; Sorge der dem Wesen nach universalen Kirche um die Bekenntnisfreiheit ihrer Glaubensbrüder in Deutschland.
W/H   202 02262 ff. (17/1—16)

24. 3.—27. 5. 43   RAmt f. Wirtschaftsausbau, RFM   16737
Zu einem Antrag des Reichsamts für Wirtschaftsausbau an PKzl. und OKW um Hebung von zwei Oberregierungsratsplanstellen Hinweis des Reichsfinanzministers auf seine Zuständigkeit für solche Anträge auf Ausnahmen vom Stoperlaß.
A/H   101 10009—13 (658)

25. 3. 43   Lammers   16738
Im Auftrage Hitlers telefonische Mitteilung Bormanns über das stündlich zu erwartende Ableben des Reichssportführers v. Tschammer und Osten; Anordnung eines Staatsbegräbnisses mit Goebbels als Redner und der Regelung der Nachfolgefrage durch B., nicht durch den Reichsinnenminister; Bitte, Frick von den Wünschen H.s in Kenntnis zu setzen.
K   101 18299 (1136 c)

25. 3. 43   RKzl., StSekr. Stuckart, RStatth. Wien, RWiM   16739
Bedenken des StSekr. Stuckart (Reichsinnenministerium) gegen weitere Betriebsstillegungen: Ein sinnvoller Einsatz der freigewordenen Kräfte nicht gewährleistet. Hinweis auch des Reichsstatthalters in Wien auf die Unzulänglichkeit des Verfahrens; Vorschlag, besser eine scharfe Auskämmung der Betriebe vorzunehmen, um die Öffentlichkeit nicht weiter zu beunruhigen und das Ansehen der Partei nicht zu gefährden. Durch Lammers Übersendung beider Vorgänge an Bormann.
M   101 10677—81 (662)

25. 3.—15. 5. 43   RMdI, Lammers   16740
Anträge des pommerschen Oberpräsidenten, nicht nur die Regierung in Stettin, sondern auch die Regierungen in Köslin und Schneidemühl stillzulegen, vom Reichsinnenminister (RMdI) nicht befürwortet (infolge der räumlichen Größe Pommerns eine „volksnahe" Verwaltung nicht mehr gewährleistet; volkstumspolitische Überlegungen). Dazu und unter Hinweis auf ähnliche Planungen des GL Greiser im Warthegau (Auflösung der Regierungen Hohensalza und Litzmannstadt) Vorschlag Bormanns, vorerst noch keine Entscheidung Hitlers zu erbitten. Fünf Tage später trotzdem Vortrag durch Lammers: Ablehnung dieser vier Stillegungen wie auch der von B. und dem zuständigen GL Grohé geforderten, vom RMdI nicht für empfehlenswert gehaltenen (Grenzlage, Bischofssitz) Zusammenlegung der Regierung in Aachen mit der Regierung in Köln. (Vgl. Nr. 16717.)
H   101 29600—03, 605—12 (660 b)

25. 3. – 25. 9. 43   RMdI, RMfWEuV, Lammers   16741
Ein im Zusammenhang mit der Verwaltungsvereinfachung vorgebrachter Vorschlag des Reichsinnenministers, die Schulaufsicht über die höheren und die berufsbildenden Schulen in den Reichsgauen Danzig-Westpreußen, Wartheland und Sudetenland von den Regierungspräsidenten auf die Reichsstatthalter zu übertragen, vom Leiter der PKzl. akzeptiert; Begrüßung der dadurch erleichterten Einflußnahme der Reichsstatthalter/Gauleiter auf das für die politische Erziehung wichtige Schulwesen. Offenbar wegen eines Einspruchs des Reichserziehungsministers Durchführung der Maßnahme zunächst jedoch nur für die höheren Schulen.
K/H   101 15908 – 11 (950)

26. 3. 43   RWiM u. a.   16742
Übersendung eines Erlasses über die Schließung von Betrieben: Umlagerung von Lieferbeziehungen, Übertragung von Waren und Bezugsrechten auf dem Eisen- und Stahlgebiet, Bemessung des Familienunterhalts.
M   101 10682 – 84/1 (662)

26. 3. 43   Himmler   16743
Sieben Vorschläge für die Neubesetzung des durch den Tod des SA-Ogruf. v. Tschammer und Osten freigewordenen Postens des Reichssportführers: SS-Ogruf. Lorenz, Bouhler, GL Rainer, GL Uiberreither, SS-Ogruf. Heißmeyer, GL Lauterbacher, Reichsdozentenführer SS-Gruf. Schultze.
W   107 00642 (220)

26. 3. 43   AA   16744
Übersendung eines Artikels der Zeitschrift The American Magazine über die Haltung des Papstes im Krieg: Trennung der geistlichen von den politischen Angelegenheiten, Ablehnung der Ziele sowohl des ns. Neuheidentums wie auch des kommunistischen Atheismus ohne Gegnerschaft gegen das deutsche oder das russische Volk, Ablehnung der Idee des totalen Staates und Hinneigung zu den demokratischen Idealen, tapferer Widerstand gegen den Druck von Berlin und Rom, u. a.
W/H   202 01008 – 34 (9/5 – 14 + 20/1)

26. 3. 43   AA, Dt. Ges. Budapest   16745
Übersendung eines Berichts der Deutschen Gesandtschaft in Budapest über eine Rede des ungarischen Kardinal-Fürstprimas Serédi: S. gegen die Selbstaufopferung einer Nation für eine andere (vielfach als Anspielung auf das ungarisch-deutsche Verhältnis interpretiert) und skeptisch gegenüber der Möglichkeit einer Einheit der christlichen Kirchen.
W   202 01933 – 37/2 (15/12 – 22)

[26. 3. 43]   Rosenberg   16746
Über Bormann Meldung an Hitler über einen Streit mit GL Koch und über dessen beleidigende Äußerungen ihm gegenüber (u. a. Vorwurf der Konspiration mit Emigranten); Bitte, K. wegen Gehorsamsverweigerung bis auf weiteres zu beurlauben. (Vgl. Nr. 16773.)
K   102 01516 ff. (2695)

26. 3. – 15. 5. 43   GBV, OPräs. Hannover, RegPräs. Hildesheim, RKzl.   16747
Durch den Generalbevollmächtigten für die Reichsverwaltung an den Dreierausschuß weitergeleitete Bedenken des Oberpräsidenten der Provinz Hannover und des Regierungspräsidenten in Hildesheim gegen die vom Reichsinnenminister (RMdI) erwogene Stillegung der Regierung in Hildesheim: Kaum Personaleinsparung; älteren Bediensteten unzumutbares Pendeln zwischen beiden Städten; Zweckmäßigkeit, am Bischofssitz Hildesheim eine staatliche Mittelbehörde aufrechtzuerhalten. Zustimmung des RMdI und auch Bormanns. Entsprechende Entscheidung Hitlers. (Vgl. Nr. 16717.)
H   101 29594 – 99, 604, 607 – 12 (660 b)

26. 3. – 1. 6. 43   RKzl. u. a.   16748
Erörterung des Entwurfs eines Führererlasses über die Fürsorge und Versorgung für die ehemaligen Angehörigen der Polizei und des SD und ihre Hinterbliebenen (Fürsorge und Versorgung nach dem Wehrmachtfürsorge- und -versorgungsgesetz bei einer der Wehrdienstbeschädigung gleichzusetzenden Körperverletzung während des Einsatzes an der Front, bei der Bekämpfung von Banden und der Sicherung der besetzten Gebiete). Dabei auf Anregung des Reichsschatzmeisters Vorschlag Bormanns, auch die

beim Einmarsch in die Tschechoslowakei im Herbst 1938 erlittenen Schäden in den vorgeschlagenen Erlaß einzubeziehen. Entsprechende Ergänzung des Entwurfs.
M   101 03929−57 (393 a); 102 00707−12 (1296)

26. 3.−24. 6. 43   RMfEuL, RKzl.   16749
Von der PKzl. der Reichskanzlei (RKzl.) übermittelte Anträge des Reichsernährungsministers an den Reichsarbeitsminister auf Einführung der bäuerlichen Familienkrankenversicherung und auf Ausdehnung des Mutterschutzgesetzes auf die in der Landwirtschaft tätigen Ehefrauen der Bauern und Landwirte: Die Erhaltung der Gesundheit des gesamten Landvolks Voraussetzung für die Ernährungssicherung während des Krieges; Bezeichnung des Landvolks als Blutsquell des deutchen Volkes; Beifügung von „Grundsätzen für eine bäuerliche Familienkrankenversicherung"; Hinweis auf die Gefahr erheblicher gesundheitlicher Schäden bei den in der Landwirtschaft mithelfenden weiblichen Familienangehörigen infolge der Arbeitsüberlastung im Krieg; die Gewährung einer entsprechenden Mutterschaftshilfe unbedingt erforderlich; Richtlinien für den Erlaß von Vorschriften. Die Angelegenheit nach Auffassung der RKzl. nicht dringlich und die praktische Durchführung angesichts des Personalmangels kaum möglich. Offenbar kein Zurückkommen der PKzl. auf diese Pläne.
M/H   101 04054−75 (404)

26. 3.−[25. 6.]43   RFSS, Ohnesorge   16750
Heftige SS-interne Reaktion des SS-Gruf. Berger auf die Kritik Bormanns an der verstärkten Werbung des Reichspostministers für den (in die SS übergeführten) Postschutz: Versuch von Kräften in der Reichspost, in Zusammenarbeit mit Kernert (PKzl.) das Einvernehmen zwischen Himmler und Ohnesorge zu stören; Bormann von diesen „schrägen Vögeln" schlecht beraten, außerdem zu Vorschriften gegenüber O. nicht berechtigt. Zurückweisung der Kritik Bormanns auch durch O.: Der Vorwurf einer Bevorzugung der SS gegenüber anderen Gliederungen unberechtigt; die verstärkte Werbung für den Postschutz aus dienstlichen Gründen zwingend (der Schutz durch die staatlichen Sicherheitsorgane nicht mehr gewährleistet). Unterredung H.s mit Bormann über diese Frage.
W   102 00032−45 (98)

27. 3. 43   AA   16751
Übersendung eines Artikels der slowakischen Zeitung Slovàk über „Aktivität rund um den Vatikan" (die diplomatischen Kontakte mit den Vereinigten Staaten und der Sowjetunion).
W/H   202 02260−60/3 (17/1−16)

27. 3. 43   Lammers   16752
Durch Bormann übermittelter Wunsch Hitlers, über die − nach Schilderungen Schirachs mißlichen − wirtschaftlichen Verhältnisse der Witwe des Reichssportführers v. Tschammer und Osten Informationen einzuholen und ihr gegebenenfalls eine zur Entschuldung ausreichende Dotation sowie eine erhöhte Witwenrente zu gewähren.
H   101 17785 f. (1092)

27. 3. 43   RKzl., RVM   16753
Durch die Reichskanzlei (RKzl.) Klarstellung der Zuständigkeiten bei der Einholung der in Sonderfällen vorgesehenen Ausnahmegenehmigungen Hitlers für die Benutzung von Eisenbahnsonderzügen und Sonderreisewagen: Im Bereich der Partei der Leiter der PKzl., im Bereich der Wehrmacht der Chef OKW, im zivilen Bereich der Chef der RKzl. (Abschrift an die PKzl.)
H   101 08449 f. (638 a)

27. 3. 43   Lammers   16754
Laut Terminkalender 10.30 Uhr Besprechung mit Bormann, StSekr. Klopfer u. a.
H   101 29106 (1609 b)

27. 3. 43   AA   16755
Übersendung eines Berichts der National-Zeitung (Basel) über die Europareise des Erzbischofs von New York, Spellman, insbesondere über die angeblich das Schicksal der Zivilbevölkerung betreffende Unterredung S.s mit dem Papst; dabei dessen Vorschlag „einer Art Waffenstillstand für bestimmte Kampfmethoden" (Luftbombardierungen) möglich.
W/H   202 02146 f. (16/24−37)

27.–28. 3. 43   DSt. RM Speer   16756
Besichtigung der Siedlung auf dem Obersalzberg durch Speer, Bormann und Prof. Giesler.
W   108 00546 f. (1737)

28. 3.–21. 5. 43   Lammers   16757
Weiterleitung einer erneuten *Eingabe des Erzbischofs von Paderborn wegen der Beschlagnahme des Christ-Königs-Klosters in Bochum. Durch Bormann Rechtfertigung der Maßnahme (vor dem 30. 7. 41 erfolgt, staatspolizeiliche Beanstandungen der Franziskaner-Patres) und der steuerlichen Wertfortschreibung zugunsten des Reiches.
H   101 22032–35 (1271 b)

29. 3. 43   Speer u. a.   16758
Besprechung mit Bormann, Lammers, GL Eigruber und Prof. Fick über die Neugestaltung von Linz.
W   108 00546 f. (1737)

29. 3. 43   Himmler   16759
Übersendung einer Aufzeichnung des SS-Gruf. Berger über Graf v. d. Schulenburg: Charakterlich schlechte Bewertung („aalglatt"); engste Liierung mit „den dem homosexuellen Kameradschaftsbund hörigen Kreisen um die sudetendeutsche Turnschule Asch"; Sch.s Bemühungen, diesen Kreisen Einfluß im NS-Reichsbund für Leibesübungen zu verschaffen, und seine Zurückweisung aller Warnungen vor diesen Kreisen; weitere Kontakte Sch.s mit bekannten Homosexuellen, jedoch auch Erwähnung „engster Beziehungen mit vielen Frauen".
H   102 01507–10 (2673)

29. 3. 43   Lammers   16760
Laut Terminkalender 11.00 Uhr Besprechung mit Bormann u. a.
H   101 29107 (1609 b)

[29. 3. 43]   Himmler   16761
Erwähnung: Besprechung und Bearbeitung der Vereinfachungsmaßnahmen im Generalgouvernement gemeinsam mit Bormann und Lammers (dabei Anweisung an die dort zuständigen SS-Führer, die Nerven zu bewahren; wegen der dortigen „besonderen Verhältnisse" keine Behandlung der Angelegenheit in Fernschreiben).
K/H   102 01460 f. (2648)

29. 3.–9. 4. 43   Lammers, Speer   16762
Durch Lammers weitergeleiteter Wunsch Speers, an Schwerpunkten der Rüstungsindustrie zeitweise Studenten und Lehrkräfte einzelner Ingenieurschulen geschlossen einzusetzen. Keine grundsätzlichen Bedenken Bormanns, jedoch Bitte um eine gemeinsame Besprechung der zuständigen Reichszentralstellen unter Verwertung der beim Luftwaffenhelfer-Einsatz gemachten Erfahrungen.
A   101 10130–40 (658 b)

29. 3.–14. 4. 43   RFM, MRfdRV, RKzl.   16763
Keine Bedenken der PKzl. gegen den Entwurf einer *Siebenten Verordnung über die Gewährleistung für den Dienst von Schuldverschreibungen der Konversionskasse für deutsche Auslandsschulden (Verlängerung der Transferregelung um ein Jahr, kein Transfer an Angehörige der Feindmächte, die Weitergewährung der Garantie von der Reichsbank für erforderlich gehalten).
K/H   101 14475 ff. (785 a)

[29. 3.]–23. 6. 43   RKzl., RMfdkA, Bischöfl. Ordinariat Salzburg   16764
Mitteilungen des Kapitularvikars der Erzdiözese Salzburg an den Reichskirchenminister über Wahl und Ernennung des Kapitularvikars von Gurk, Weihbischof Andreas Rohracher, zum Fürsterzbischof von Salzburg. Behandlung der Angelegenheit entsprechend den Hinweisen der PKzl.: Abgabe an den Reichsstatthalter in Salzburg (Salzburg kein Konkordatsgebiet, das Reichskonkordat daher dort nicht gültig, das österreichische Konkordat aber erloschen).
H   101 01112–24 (156)

30. 3. 43   GL   16765
Kritik Bormanns an der unangebrachten Milde mancher Parteistellen bei der Stillegung von Betrieben

aufgrund des Führererlasses vom 13. 1. 43 (vgl. Nr. 16437); stimmungsmäßig ungünstige Auswirkungen in den Nachbarbezirken als Folge der Nichteinhaltung dieser Bestimmungen (Auskämmung der Betriebe statt Stilllegung).
M   101 10688 – 92, 694 f. (662)

30. 3. 43   StSekr. Kritzinger   16766
Gelegentlich der Besprechung an diesem Tage (vgl. Nr. 16768) Mitteilung Bormanns über die geplante Einrichtung eines national-ukrainischen Komitees durch das Reichostministerium; Ankündigung eines Berichts des Reichssicherheitshauptamts.
K/H   101 12292 (690 c)

Nicht belegt.   16767

30. 3. 43   Lammers   16768
Laut Terminkalender 11.00 Uhr bis 13.30 Uhr Besprechung mit Bormann (Themen u. a. die Zusammenlegung von Regierungen mit Oberpräsidien [vgl. Nr. 16717] sowie die Neubesetzung der Stelle des Reichssportführers [vgl. Nr. 16772]).
H   101 29108 (1609 b)

30. 3. – 13. 4. 43   Lammers   16769
Zustimmung Bormanns zu dem von Lammers übersandten Entwurf eines Führererlasses über die Regierungsgesetzgebung (Verlängerung der Geltungsdauer des Ermächtigungsgesetzes vom 24. 3. 33).
A   101 05770 ff. (493 a)

30. 3. – 18. 4. 43   RKzl., RMdI   16770
Durch Lammers und Bormann Ablehnung der Vorschläge des Reichsinnenministers (und ähnlicher Anregungen des Reichsjustizministers), das Beamtenernennungsverfahren gemäß § 18 der Geschäftsordnung der Reichsregierung in verschiedenen Punkten zu vereinfachen; u. a. Weigerung B.s, auf die Anhörung der NSDAP zu verzichten.
A   101 09877 – 82 (657)

30. 3. – 16. 5. 43   RKzl.   16771
In der Besprechung am 30. 3. 43 Mitteilung Bormanns an StSekr. Kritzinger (Reichskanzlei) über eine Stellungnahme Hitlers zur Wohnungsfrage (Ablehnung einer Zwangsbewirtschaftung, jedoch Absicht, einen Appell an die Bevölkerung zu richten, überflüssigen Wohnraum zur Verfügung zu stellen). Bitte Lammers' an B., den Widerspruch zwischen dieser Äußerung und einer Ende April wiedergegebenen Stellungnahme H.s (keine Zwangswirtschaft, aber auch kein – nur die Stimmung verschlechternder – Appell an die Freiwilligkeit, sondern behördliche Anordnung des Notwendigen) aufzuklären; L. dazu: Ein Appell an die Freiwilligkeit – etwa an die Berliner, sich für den Notfall schon selbst ein Ausweichquartier bei Verwandten zu besorgen – doch wohl zweckmäßig; Vorschlag, diese Frage gelegentlich eines bevorstehenden gemeinsamen Vortrages bei H. über die Wohnraumbeschaffung im Kriege nochmals aufzuwerfen.
H   101 19676, 692 ff. (1190 a)

30. 3. – [11. 10.]43   Lammers, RMdI   16772
Zur Frage der Neubesetzung der Stelle des Reichssportführers und nach Erörterung des Themas gelegentlich ihrer Besprechung am 30. 3. 43 durch Lammers Übersendung einer Aufzeichnung des Reichsinnenministers (RMdI) über die Zuständigkeitsverteilung zwischen Partei und Staat auf dem Gebiet des Sports und über die Belassung der staatlichen Befugnisse beim RMdI. Bei der Besprechung der Aufzeichnung Mitteilung Bormanns über die Absicht Hitlers, einen Reichssportführer erst nach der Besetzung der Stelle des Stabschefs der SA zu benennen und das Gebiet des Sports in der Zuständigkeit des RMdI zu belassen. Nach erfolgter Besetzung der Stelle des Stabschefs der SA die Ernennung eines Reichssportführers von H. trotzdem bis auf weiteres zurückgestellt.
K/H   101 18300 – 05 (1136 c)

[31. 3. 43]   Rosenberg   16773
Äußerung zu einer *Denkschrift des Reichskommissars Ukraine (RKU), Koch: Kritik am politischen Verhalten K.s; Vorwurf des Mangels an Führungsfähigkeit bei der Behandlung der Ukraine; Verantwortung K.s für die verspielte politische Chance und für die daraus entstandene negative Entwicklung der Haltung der Bevölkerung (kein psychologischer Ausgleich für die auferlegten Lasten, K. im Gegenteil

Symbol ostentativer Volksverachtung); unter Hinweis auf die von ihm – Rosenberg – geforderte Bekämpfung der Kommunisten und der Bandera-Gruppen sowie auf die abgelehnten Forderungen der ukrainischen Intelligenz Zurückweisung des dem Reichsostministerium (ROM) gegenüber erhobenen Vorwurfs ukrainischer Emigrantenpolitik; Versuch K.s, sich der Unterstellung unter das ROM durch ständige Berufung auf Weisungen Hitlers zu entziehen (u. a. Weigerung des RKU, Erlasse vorzulegen); Verweis auf eine frühere, höchst bedenkliche Schrift K.s über die Ostpolitik.
K   102 01519 – 35/2 (2695)

[31. 3. – 19. 4. 43]   RFSS   16774
Von der PKzl. kein Aufruf an die mittleren und unteren Parteiführer bzw. an die Parteigenossen, mit ihren Familien in den Städten zu bleiben, beabsichtigt; Bormann im Gegenteil „absolut der Ansicht", alle irgendwie abkömmlichen Menschen aus den Großstädten herauszunehmen.
H   102 00065 f. (167)

Frühjahr 43   GL Henlein   16775
Begrüßung der Absicht Bormanns, bei Himmler die Wiederherstellung des unmittelbaren Verhältnisses zwischen SD und Hoheitsträgern (gemäß der Anordnung 201/38 des StdF vom 14. 12. 38) anzuregen: Die Einschaltung eines Polizeibeauftragten im Sudetengau entgegen den ursprünglichen Erwartungen als nachteilig erwiesen.
M/W   306 00684 f. (Knapp)

Frühjahr – 22. 9. 43   RWiM   16776
Trotz des Zugeständnisses der Reformbedürftigkeit des gegenwärtigen Zustandes Einwände des Reichswirtschaftsministers gegen die von Himmler befürwortete Einführung einer Hagelzwangsversicherung: Die Ausarbeitung der gesetzgeberischen und der vollziehenden Maßnahmen sowie die Schaffung einer neuen Organisation zur Durchführung der Verordnung bei dem gegenwärtigen eingeschränkten Personalbestand nicht durchführbar; Hinweis auf die Möglichkeiten des Reichsnährstands, die Erzeugungskraft der Betriebe aufrechtzuerhalten, ohne dafür einen neuen Apparat zu benötigen, und auf das weit stärkere Ausmaß der Fliegerschäden.
M   101 04169 – 72 (407 b)

[April 43]   Himmler   16777
An GL Greiser vertrauliche Übersendung eines *Schriftwechsels mit Bormann über den Erlaß Goebbels' über die Behandlung der Ostvölker. (Vgl. Nr. 16676.)
A/H   101 23660 (1333)

April 43 – 11. 8. 44   RMdI, Lammers   16778
Zustimmung der PKzl. zu einem Verordnungsentwurf des Reichsinnenministers über die Vereinfachung und Vereinheitlichung (d. h. den Übergang von den Ländern auf das Reich) des Kataster- und Vermessungswesens. 1944 auf Initiative der PKzl. Wiederaufnahme des 1943 offenbar steckengebliebenen Entwurfs.
H   101 19022 – 30 (1161 a)

1. 4. 43   RKzl. u. a.   16779
Übersendung einer *Eingabe des katholischen Kirchenvorstands Tirschtiegel (Reg.-Bez. Frankfurt/Oder) über die Rechtsverhältnisse des im Warthegau gelegenen Friedhofs der Gemeinde Tirschtiegel.
M   101 01706 (173 a)

1. – 24. 4. 43   Lammers, Keitel   16780
Keine Einwände Bormanns gegen die vom Reichsinnenminister vorgeschlagene Verbeamtung der Bediensteten der Landesversicherungsanstalten in den Alpen- und Donaureichsgauen, jedoch Bedenken gegen die Übernahme der dienstordnungsmäßigen Angestellten der Krankenkassen in das Beamtenverhältnis der Betriebskrankenkassen des Reiches: Befürchtung einer – dem Wunsch Hitlers nach Verminderung der Beamtenzahl nach dem Kriege widersprechenden – Vergrößerung des Beamtenkörpers. Nach Klärung eines Mißverständnisses (Zahl der zu Übernehmenden höchstens 25) Zustimmung B.s.
A   101 05341 – 50 (458)

2. 4. 43   RSchatzmeister   16781
Mitteilung: Verleihung des Goldenen Ehrenzeichens an Ges. Walther Hewel, SS-Stubaf. Erich Kempka und SS-Obf. Hans Rattenhuber.
M   306 00463 (Hewel)

[2. 4. 43]   RKzl.   16782
Bedenken der PKzl. und der Reichskanzlei gegen die vom Reichsinnenminister vorgeschlagene institutionelle Verbindung von Gauleiter und Oberpräsident in Hessen-Nassau. Tendenz der PKzl., eine Zusammenlegung von Oberpräsidium und Regierungspräsidium entsprechend dem Wunsch des zuständigen Gauleiters zu befürworten. Mitteilung der PKzl. über erhebliche Schwierigkeiten bei der Stillegung der Regierung in Sigmaringen.
A   101 09636 – 41 (656)

2. 4. – 8. 6. 43   Lammers, RBauR Fick   16783
Bei den Bemühungen um eine Beschränkung der Zuständigkeiten des Reichsbaurats für die Stadt Linz, Fick (vgl. Nr. 16213), Bestrebungen Bormanns, Hitlers Wünschen gemäß freie Hand für die Übertragung einzelner Bauvorhaben an Generalbaurat Giesler und andere Architekten zu haben; Hinweis auf die außerhalb der Verantwortung F.s liegenden Aufträge H.s an G. (einzelne Hochbauten, Gestaltung des Urfahrer Donauufers), Prof. Gall (Gestaltung des Bibliotheksbaus), Prof. Baumgarten (Gestaltung der Oper) u. a. (etwa auch die Gestaltung der Achse). In einem Streit zwischen F. und Giesler um die gegenseitige Abstimmung der Linzer Planungen (Klagen F.s wegen eigenmächtigen Vorgehens Gieslers) Entscheidung H.s gegen F.: Die Planungen Gieslers in seinem Auftrag und ohne Verantwortung F.s; Weisung, die von Giesler geforderten Planungsunterlagen herauszugeben und von weiteren Beschwerden Abstand zu nehmen.
H   101 17002, 004 – 08 (1019 a)

2. 4. – 16. 7. 43   Lammers, Ohnesorge   16784
Aus Anlaß einer nach Aufhebung der Oberpostdirektion Potsdam entstandenen Auseinandersetzung (Einspruch Bormanns gegen die Verwendung der freigewordenen Räume für ein Postschulungsheim) von Lammers im Einvernehmen mit B. eine allgemeine Regelung der Verwendung bei Behördenstillegungen u. ä. freiwerdender Räume angekündigt (vgl. Nr. 16928).
M/H   101 10265 – 68, 287, 288 – 94 (659)

3. 4. 43   RMfdbO   16785
Übersendung des Entwurfs einer Änderungsverordnung zur Verordnung über die Errichtung einer Zentralnotenbank in der Ukraine (Berechtigung der Bank zur Führung eines Dienstsiegels; Gewährung der Stellung einer öffentlichen Behörde an das Präsidium und an die Vorstände der Zweigniederlassungen; u. a.).
K/H   101 11988 – 92 (686 b)

3. 4. 43   Chef Sipo   16786
Übersendung der Einladung für die nächste Sitzung des Arbeitskreises zur Erörterung sicherheitspolizeilicher Fragen des Ausländereinsatzes; Besprechungspunkte: Propaganda, Postverkehr, Kaukasier u. a.
W   112 00079 f. (162)

3. – 11. 4. 43   Lammers   16787
Mitteilung Bormanns über eine Anordnung Hitlers: Schulgeldfreiheit für die als Luftwaffenhelfer eingesetzten Schüler höherer und mittlerer Schulen. Durch Lammers entsprechende Veranlassung.
K/H   101 16259 ff. (955 b)

4. 4. 43   Lammers, Präs. Thür. Ev. Kirche   16788
Durch Lammers Übersendung eines Treuegelöbnisses des Präsidenten der Thüringer Evangelischen Kirche, Roenck, für Hitler: Als Altgardist Gelobung unbedingten Einsatzes für die Glaubenseinheit aller Deutschen im Geiste ns. Weltanschauung.
H   101 01125 ff. (156)

5. 4. 43   RWiM   16789
Übersendung des *Entwurfs einer Verordnung zur Vereinheitlichung der Versicherungsaufsicht.
M   101 04138 (407 a)

5. 4. 43   Göring u. a.   16790
Besprechung über die Durchführung des Führererlasses vom 13. 1. 43 (vgl. Nr. 16437) unter dem Vorsitz Görings in Berchtesgaden; eingeladen u. a. die Mitglieder des Dreierausschusses, Speer, Goebbels, Himmler und Sauckel.
W/H   101 09533 ff. (654 a)

5.—22. 4. 43   Göring, Lammers, Ley u. a.   16791
In einer Besprechung in Berchtesgaden unter dem Vorsitz Görings (vgl. Nr. 16790) Erörterung der Fluktuation der Arbeiter; zu einer dabei von Ley G. überreichten Aufzeichnung über ein Projekt, die Ausgabe der Lebensmittelkarten an die schaffenden Volksgenossen durch die Betriebe vornehmen zu lassen, Bitte Bormanns an Lammers, die beteiligten Ressorts zu verständigen. Nach der vom Reichsmarschall bereits erfolgten Einleitung der Aufzeichnung in den Geschäftsgang (und angesichts der voraussichtlichen Ablehnung des Vorschlages Leys durch den Beauftragten für den Vierjahresplan) Absicht Lammers', die Angelegenheit nicht weiter zu verfolgen.
K/H   101 08007 ff. (614)

5. 4.—[19. 5.]43   GL Pommern, RKzl.   16792
Nach Übertragung des gesamten Krankentransportwesens an das Deutsche Rote Kreuz (DRK) durch einen Erlaß Hitlers vom 30. 11. 42 Hinweis des GL Schwede-Coburg auf die Schwierigkeiten bei der Durchführung dieses Erlasses (Übergabe von Personal und Einrichtungen) und Bitte, die Durchführung hinauszuschieben. Dazu die Stellungnahme des Reichsgesundheitsführers (RGF): Verweis auf die durch einen Erlaß des Reichsführers-SS gewährleistete reibungslose Überführung des bisher im wesentlichen durch die Feuerschutzpolizei durchgeführten Krankentransportes auf das DRK. – Absicht der Reichskanzlei, die Frage der Geltung des Führererlasses und der vom RGF herausgegebenen Durchführungsbestimmungen auch in den einem Chef der Zivilverwaltung unterstehenden Gebieten in der mit Bormann in Aussicht genommenen Besprechung über das Verhältnis des RGF Conti zu Prof. Brandt zu klären.
K/H   101 14130—34, 142 ff. (745 a)

6. 4. 43   Lammers   16793
Keine Bedenken Bormanns gegen ein erläuterndes 'Rundschreiben Lammers' über Vereinfachungen auf dem Gebiet des Besoldungs- und Beamtenrechts und der Stellenpläne: Die – erwünschte – Möglichkeit einer Sonderregelung für Härtefälle (etwa die Beförderung Gefallener) zu gegebener Zeit darin vorgesehen.
A   101 09973 f. (657 a)

6.—10. 4. 43   RWohnungsK   16794
Einladung zu einer Besprechung über alle mit dem (zwecks Wohnraumgewinnung notwendig werdenden) Ausbau von Dachgeschossen zusammenhängenden Fragen.
H   101 19695 ff. (1190 a)

7. 4. 43   SSPHA   16795
Berufung des SS-Ogruf. Walter Schmitt als Mandatsnachfolger des gefallenen SS-Ogruf. Eicke in den Reichstag; hier: Anforderung von Bildern durch die PKzl.
M   306 00843 (Schmitt)

8. 4. 43   RWohnungsK u. a.   16796
Übersendung eines Runderlasses über Maßnahmen zur schärfsten Bekämpfung der Baukostensteigerungen und zur Stabilisierung der Baupreise: Androhung strafrechtlichen Einschreitens gegen bauvergebende Stellen, verschärfte Überwachung der Baukostengestaltung und Baudurchführung, Einrichtung einer Baukostenprüfstelle, u. a.
H   101 17253—59 (1032)

8. 4. 43   RK Terboven   16797
Mitteilung über die Zustimmung Hitlers zu einem Empfang Quislings; unter Hinweis auf die bevorstehende Aktivierung der Freiwilligenwerbung in Norwegen Bitte, einen möglichst persönlich gehaltenen Empfang auf dem Berghof zu arrangieren; Übersendung eines V-Mann-Berichts für H.: Warnung der Sowjet-Mission in London vor dem Schwinden des norwegischen Widerstands gegen die Deutschen und wegen der wachsenden Anhängerschaft Qu.s, Aufforderung an England zur Invasion in Norwegen.
K   102 01127 f. (2113)

8. 4. 43   RKzl.   16798
Keine Bedenken Bormanns gegen den vom Generalbevollmächtigten für die Reichsverwaltung vorgelegten 'Entwurf einer Verordnung über die Stillegung der sächsischen Regierungen.
A   101 09636, 645 (656)

9. 4. 43   GBV, RVK Weser-Ems, RegPräs. Osnabrück   16799
Stellungnahme des Generalbevollmächtigten für die Reichsverwaltung zu den vom Reichsverteidigungskommissar Weser-Ems unterbreiteten Vorschlägen der Stillegung von Landkreisverwaltungen (zugestimmt: Wittlage; abgelehnt: Wittmund; Abstand genommen: Ammerland; zurückgestellt: Bremen).
H   101 10618/42 – 59 (661 a)

9. 4. 43   RMfEuL   16800
Bitte um Teilnahme an einer (verlegten) Besprechung über die Sicherstellung der Brotversorgung und die Unterbringung der Ernte 1943.
K   101 08005 f. (614)

9. 4. 43   RKzl., Kzl. d. F   16801
In einem Schreiben an Bouhler Rüge Lammers' für das Eingreifen der Kanzlei des Führers in ein schwebendes Verfahren (vor dem Amtsgericht Leipzig gegen Franz Scheuerer wegen Verbrechens nach § 176 StGB), auch wegen einer politisch unklugen Äußerung in einem Schreiben an den Angeklagten (Einstellung und Niederschlagung von Strafverfahren nur aus wichtigen staatspolitischen Gründen). (Abschrift an Bormann.)
H   101 20462/1 – 466 (1212); 101 29006 – 09 (1560 a)

9. 4. 43   RKzl., PrFM   16802
Von Lammers Bormann übersandte Äußerung des Preußischen Finanzministers zur Frage der Zusammenlegung von Regierungen mit Oberpräsidien am gleichen Ort (vgl. Nr. 16717) dahingehend, die Angelegenheit aus sachlichen Gründen, aber auch im Hinblick auf die unentschiedene Haltung des Reichssinnministers und auf die unterschiedlichen Stellungnahmen der nachgeordneten Behörden zurückzustellen und der späteren endgültigen Verwaltungsreform zu überlassen; eine (letztlich den Verlust der Lenkungs- und Führungsaufgabe des Oberpräsidenten bedeutende) Vereinigung allenfalls in Provinzen mit Personalunion von Gauleiter und Oberpräsident hinnehmbar, Bedenken jedoch gegenüber „Von Fall-zu-Fall-Lösungen" wegen Gefährdung der zentralen Staatslenkung.
A   101 09633 ff., 641 (656)

[9. 4. 43]   RKzl.   16803
Zu Hinweisen des Leitenden Senatspräsidenten der Außensenate Wien des Reichsverwaltungsgerichts und des Reichssinnministers auf verschiedene durch die Nichtveröffentlichung gültiger Rechtssätze entstandene Schwierigkeiten Stellungnahme der Reichskanzlei: Der Erlaß über die Beschränkung der Tätigkeit des Reichskirchenministers auf das Altreich und über die Übertragung gewisser Kompetenzen im Bereich der Kirchenpolitik in den neuen Gebieten auf den Leiter der PKzl. nicht zur Veröffentlichung geeignet; zu Nr. II Abs. 2 des Führererlasses über den umfassenden Einsatz von Männern und Frauen für Aufgaben der Reichsverteidigung Erlaß von Überbrückungsverordnungen des Dreierausschusses bei Fehlen anderer Ermächtigungsquellen; u. a.
K/H   101 12674 – 78 (695 a)

9. – 17. 4. 43   RMdI, RKzl. u. a.   16804
Durch den Reichssinnminister Übersendung der Ergebnisse der vereinbarten Prüfung möglicher Stillegungen von Landkreisverwaltungen zwecks Personaleinsparung: Grundsätze (lediglich Kriegsmaßnahme, nicht Kreisreform und deshalb nicht Aufteilung, sondern nur Zusammenlegung; Voraussetzung das Vorhandensein geeigneter Verkehrsverbindungen und Räumlichkeiten; Ausnahme der Gebiete an den Reichsgrenzen, insbesondere Ostpreußens und der neuen Ostgebiete, sowie der vom Luftkrieg besonders betroffenen und nur über größere Landkreisverwaltungen verfügenden Gaue Düsseldorf, Essen und Köln-Aachen); unter Beifügung der eingegangenen Berichte Zusammenfassung der Bedenken und Vorschläge der Reichsverteidigungskommissare (RVK) usw. (keine völligen Stillegungen, sondern Personalunionen, Zusammenfassung von Ämtern, Errichtung von Außenstellen usw.) mit – durchweg ablehnender – Stellungnahme; Ablehnung ebenfalls der Zusammenlegung von Stadt- und Landkreisen sowie der sehr weitgehenden Vorschläge (Stillegung von elf Landkreisverwaltungen) des RVK Pommern und der Zusammenfassung von zwei Kreisen in Westfalen-Süd; abschließend Bitte um Zustimmung Hitlers

zur Stillegung von 20 (namentlich aufgeführten) Landkreisen. Dazu (aufgrund einer diesbezüglichen Beschwerde) Aufforderung der Reichskanzlei, die Stellungnahme des – bisher nur nachrichtlich verständigten – Preußischen Ministerpräsidenten einzuholen.
H   101 09804 (656 b); 101 10618/3 – 41 (661 a)

9. 4. – 19. 6. 43   RKzl., OKW, (GL, RL, VerbF)   16805
Der ursprüngliche – auch von Bormann gutgeheißene – Plan Lammers', in der Frage der Einquartierungen in Dienstwohnungen im zivilen Sektor ähnlich wie das OKW zu verfahren (Empfehlung Keitels an die „höheren Persönlichkeiten" [im Rang Reichsministern, Staatssekretären und Oberpräsidenten gleichgestellte Offiziere und Wehrmachtbeamte], von der ihnen zugestandenen Befreiung von der Einquartierungspflicht möglichst keinen Gebrauch zu machen), nach Rücksprache mit Göring (von diesem Zurückhaltung und eine eingeschränktere Fassung empfohlen) modifiziert. Die Auffassung G.s von Hitler im wesentlichen gebilligt. Auch B. mit einer entsprechenden Formulierung des an die Obersten Reichsbehörden zu richtenden Rundschreibens (Erwartung der vorübergehenden Aufnahme [2–3 Tage] bombengeschädigter Personen nach schweren Luftangriffen) einverstanden; eine analoge Weisung an die Reichsleiter, Gauleiter und Verbändeführer in Aussicht gestellt.
A/W/H   101 05162 – 69 (450)

9. 4. – 28. 6. 43   GBV   16806
Wiedereinführung der Normalzeit im Winter 1943/44: Anmahnung einer Stellungnahme der PKzl.; Übersendung eines *Verordnungsentwurfs nach den zustimmenden Voten aller befragten Obersten Reichsbehörden.
H   101 21233/1 – 237 (1256 a)

9. 4. 43 – 4. 4. 44   RKzl., GBV, RStatth. Oldenburg-Bremen, RMdI, PrFM u. a.   16807
Im Rahmen der (nach der Zuständigkeitsabgrenzung durch die Ministerialverordnung vom 16. 11. 42 einsetzenden) Bestrebungen, die Territorialgrenzen der staatlichen Verwaltung auf der Provinzialebene den durch die Ernennung der Gauleiter zu Reichsverteidigungskommissaren bedeutsam gewordenen Gaugrenzen der NSDAP anzugleichen, Änderungsvorschläge im Bereich der Provinz Hannover: 1) Übernahme der Befugnisse des Reichsstatthalters in Braunschweig durch den hannoverschen Oberpräsidenten und Gauleiter Lauterbacher (nicht weiterverfolgt, da die Aufhebung des Landes Braunschweig von Hitler schon mehrmals verworfen); 2) Zuordnung der hannoverschen, aber zum Reichsverteidigungsbezirk Weser-Ems gehörenden Regierungsbezirke Aurich und Osnabrück zum Reichsstatthalter in Oldenburg und Bremen. Hier Wunsch des GL Wegener nach Bildung einer neuen Provinz mit eigenem, von ihm geleitetem Oberpräsidium. Die Teilung Hannovers indes von Bormann nicht befürwortet und auch von H. abgelehnt, jedoch bei grundsätzlicher Billigung der Unterstellung von Aurich und Osnabrück unter W. Der Anregung B.s entsprechend durch Vorlage eines Verordnungsentwurfs des Reichsinnenministers (RMdI) Vorbereitung der Übertragung der Befugnisse des Oberpräsidenten für diese beiden Regierungsbezirke auf dem Gebiet der staatlichen Verwaltung (Änderungen auf dem Gebiet der provinziellen Selbstverwaltung seit Beginn der Diskussion nicht erwogen) auf W. bzw. auf den Regierungspräsidenten in Osnabrück als der W. zur Wahrnehmung seiner Aufgaben in den beiden Regierungsbezirken zur Verfügung stehenden Behörde. Abänderungsvorschläge des Reichsernährungs- und des Reichserziehungsministers für ihre Bereiche (die Landeskulturverwaltung und die Schulaufsicht von Hannover nicht übertragbar) sowie grundlegende Bedenken des Reichs- wie insbesondere des Preußischen Finanzministers (PrFM): Formal gegen die gesetzliche Basis der vorgesehenen Verordnung (Art. 5 des Gesetzes über den Neuaufbau des Reiches), sachlich gegen alle „einer Reichsreform gleichkommenden" Maßnahmen unter Hinweis auf die unerfreuliche Aufspaltung der Zuständigkeiten der Mittelstufe sowie auf die Unvereinbarkeit der beabsichtigten Maßnahmen mit der späteren Neugliederung des Reiches (zwar Ausrichtung Aurichs, aber nicht Osnabrücks auf den Raum Oldenburg-Bremen); Anregung, „die z. Zt. unreife Angelegenheit zurückzustellen". Im Gegensatz dazu Forderung B.s, sogar die im Entwurf des RMdI vorgesehenen Ausnahmen (Wasserstraßenverwaltung, Fischereiwesen und Eichwesen betreffend) zu beseitigen. In einer Ressortbesprechung Versuch eines Ausgleichs: Personalunionen der Leitungen der entsprechenden Osnabrücker und Oldenburger oder hannoverschen Sachgebiete vorgesehen; Vorbehalte, z. B. für die Wasserstraßenverwaltung, von der PKzl. konzediert. Trotzdem auf seiten der Ressorts z. T. Wiederholung der früher geäußerten Bedenken, scharf wiederum das PrFM unter erneuter Anzweiflung der alleinigen Entscheidungsbefugnis des RMdI und unter Hinweis auf die von Reichskanzlei (RKzl.) und PKzl. in der Besprechung unterschiedlich beantwortete und mithin erst noch zu klärende Frage der Gültigkeit der am 10. 5. 43 erfolgten Entscheidungen H.s für die vorliegende Angelegenheit (alle Differenzen mit der PKzl. vom RKzl.-Referenten wortreich bestritten, Beteuerung des ständigen Consensus mit der PKzl.- wie auch mit dem RMdI-Sitzungsvertreter) sowie auf die noch zu

erwartende Stellungnahme Görings und des neuen Reichsinnenministers Himmler. Die Neuregelung von Hitler am 1. 4. 44 mit den genannten drei Ausnahmen (Wasserstraßen, Fischereiwesen, Eichwesen) gebilligt. (Vgl. Nr. 16904 und 17668.)
H   101 10618/1 f., 618/42−56, 618/60−619/13 (661 a); 101 29394−401, 462−473, 475 ff., 507−10, 522 f., 541−45, 550−71, 576−80, 607 ff. (660 b)

10. 4. 43   AA, Dt. Botsch. b. Hl. Stuhl   16808
Übersendung eines Berichts der Deutschen Botschaft beim Heiligen Stuhl über die bevorstehende Seligsprechung des ehemaligen Bischofs von Trient, Johann Tschiderer, über die sie bisher verzögernden Umstände und über das ausschlaggebende positive Gutachten des deutschen Jesuitenpaters Prof. Grisar.
W/H   202 02160 ff. (16/24−37)

10. 4. 43   Himmler   16809
Bitte Bormanns um nochmalige Prüfung der von Himmler abgelehnten SS-Beförderung von acht Angehörigen der PKzl. (Fröhling, Brändle, Wöll, Stengel, Enke, Bangert, Zander, Griebel) aufgrund ergänzender Personalangaben.
M/H   306 00028 (Bangert)

10. 4. 43   RMfBuM   16810
Übersendung eines 'Geschäftsverteilungsplans, Stand 1. 4. 43.
H   101 18913 (1157 a)

[10. 4. 43]   SSPHA   16811
Überprüfung einer Liste von neun SS-Gruppen- und -Brigadeführern ohne Parteimitgliedschaft bzw. ohne Partei-Mitgliedsnummer durch die PKzl.: Sechs davon Parteimitglieder, die übrigen drei (SS-Gruf. Demelhuber und Phleps sowie SS-Brif. v. Treuenfeld) noch ohne Mitgliedsnummer. Absicht Himmlers, wegen der Aufnahme D.s und Ph.' in die NSDAP an Bormann heranzutreten.
M/H   306 00259 (Demelhuber)

10.−20. 4. 43   RFSS   16812
Beförderung des SS-Stubaf. Johann Bangert (PKzl.) zum SS-Obersturmbannführer.
W   306 00027 f. (Bangert)

10. 4.−2. 9. 43   AA, Dt. Botsch. Rom   16813
Übersendung der monatlichen Presseberichte der Deutschen Botschaft in Rom „Polemik um den Katholizismus": Reaktionen der italienischen Presse auf einen antibolschewistischen und den geistigen Primat Italiens betonenden Hirtenbrief des Erzbischofs von Mailand; stärkeres Hervortreten der katholischen Einstellung in den kulturellen Kreisen Italiens, insbesondere Bekenntnis des als nicht christlich geltenden Philosophen Gentile zur Kirche; Zeitungskontroverse um eine Stellungnahme des Papstes zu den Luftangriffen auf die Zivilbevölkerung; Vorgänge bei der katholischen Zeitung L'Italia.
W   202 00586−90, 602−06 (7/1−9)

[11. 4. 43]   Speer   16814
Besprechungspunkt einer Führerbesprechung: Forderung Hitlers nach einer Zusammenstellung der Zahlen der ausgebauten Keller in den einzelnen Städten (die unterschiedlichen Zahlen offenbar auf Nachlässigkeit der verantwortlichen Führung zurückzuführen) unter Übermittlung einer Abschrift an Bormann.
W/H   108 00062 f. (1507)

11. 4.−17. 5. 43   RKzl., RFM   16815
Mitteilung Lammers' über die vom Reichsfinanzminister (RFM) beabsichtigte Einstellung der Zahlung des Kinderzuschlags für die als Luftwaffen- und Marinehelfer eingesetzten Schüler und über seine Bedenken dagegen („stimmungsmäßige Gründe", ausdrückliche rechtliche Geltung der Helfer als Schüler). Aufgrund von Gegenvorstellungen der Reichskanzlei und des Reichsinnenministers Verfügung des RFM, den Zuschlag weiterzuzahlen.
A/H   101 04900−02 (434)

11. 4. 43−18. 3. 44   RKzl.   16816
Durch Bormann weitergeleitete Entscheidung Hitlers, die dem (während einer Dichterfahrt in das west-

liche Kriegsgebiet im Juli 1940 verstorbenen) ao. Professor an der Staatlichen Hochschule für bildende Künste in Berlin Kurt Kluge schon 1921 gegebene Zusage einer planmäßigen Beamtenstelle unbedingt – mit Wirkung ab 1933 – einzuhalten. Kontroverse Beurteilung des dichterischen Werks und der wissenschaftlichen Arbeit K.s durch die PKzl. einerseits und den Reichserziehungsminister andererseits. Entgegen der Ansicht der mit der Festsetzung der Bezüge K.s und seiner Hinterbliebenen betrauten Stellen Rückwirkung der nachträglichen Ernennung auch auf die aktiven Bezüge.
A/W   101 05145 – 61 (449)

12. 4. 43   AA   16817
Übersendung eines Artikels der Zeitschrift Weltwoche (Zürich) über den Erzbischof von New York, Spellman, und seine Beziehungen zu Roosevelt und Pius XII.
W   202 01736–40 (12/15 – 12/33)

12. 4. 43   Göring, Lammers, Goebbels, Funk, Himmler u. a.   16818
Besprechung über Grundsatzfragen des Arbeitseinsatzes, u. a. über den Fraueneinsatz (für diese Besprechung Ermittlung des Sofortbedarfs an Arbeitskräften [2,1 Mio.] für gewerbliche Kriegswirtschaft, Bergbau, Landwirtschaft und Verkehr; der Rüstungswirtschaft im Rahmen der Meldepflichtaktion bis zu diesem Zeitpunkt 210 000 Männer und Frauen zugewiesen).
W/H   108 00546, 548 (1737)

12. 4. 43   DSt. Rosenberg   16819
Die von der Dienststelle Rosenberg monierte Weitergabe eines parteiinternen Gutachtens durch die PKzl. an das Reichserziehungsministerium von der PKzl. als einmaliges Versehen bezeichnet: Grundsätzlich Verwendung der Gutachten der einzelnen Parteidienststellen nur zur eigenen Stellungnahme; bei einer ausnahmsweisen Weitergabe vorherige Absprache zugesichert.
W   145 00085 (65)

12. 4. 43   Lammers   16820
Laut Terminkalender 11.00 Uhr und 15.00 Uhr Besprechungen mit Bormann, StSekr. Klopfer u. a.; dabei Unterhaltung Lammers' mit B. über eine Beschwerde des Reichsjustizministers bei GL Sauckel (vgl. Nr. 16827).
H   101 10018 (658); 101 29109 (1609 b)

12. 4. – 8. 5. 43   Lammers, Himmler, Oberste RBeh.   16821
Mitteilung Bormanns an Lammers und Himmler über die Verleihung der Bezeichnung „Sekretär des Führers" an ihn in seiner – seit Jahren gewohnheitsmäßig und unter der Firmierung „RL Martin Bormann" ausgeübten – Eigenschaft als „persönlicher Sachbearbeiter" Hitlers. Entwürfe und Ausfertigung einer entsprechenden Benachrichtigung der Obersten Reichsbehörden mit dem Hinweis auf die damit erfolgte Legalisierung der bisherigen Gewohnheit Hitlers, B. auch Aufträge und die Übermittlung von Weisungen außerhalb des Parteibereichs zu übertragen, sowie der Versicherung, damit nicht die Schaffung einer neuen Dienststelle zu beabsichtigen.
H   101 07685 ff. (604 a); 101 20693 – 706 (1213 a); 101 29210 ff. (1648); 102 00674 ff. (1205)

12. 4. – 10. 6. 43   AA   16822
Unter Zitierung eines Artikels der Zeitschrift „Das Reich" über den – 1940 erfolgten – Umzug der beim Heiligen Stuhl akkreditierten alliierten Diplomaten in die Vatikanstadt selbst (statt – wie angeboten – in die Schweiz) Bitte der PKzl. an das Auswärtige Amt (AA) um Mitteilung der Regelung im Weltkrieg. Durch das AA Übersendung einer Aufzeichnung über die Niederlassung der Preußischen, Bayerischen und Österreichischen Gesandtschaft nach dem Eintritt Italiens in den Krieg 1915 (in der Schweiz, nach italienischem Druck und kaum bestehender Aufnahmebereitschaft des Vatikans).
W/H   202 02168 – 73 (17/1 – 16)

13. 4. 43   AA, Ev. OKirchenR Stuttgart   16823
Aus Anlaß einer möglichen Schließung der Privilegierten Württembergischen Bibelanstalt (Freimachung von Arbeitskräften für kriegswirtschaftliche Zwecke) Bitte des Auswärtigen Amts um Informierung durch die PKzl. über die Aktivitäten der Bibelanstalt und um Überprüfung der diesbezüglichen Angaben des Evangelischen Oberkirchenrats Stuttgart (großer Bedarf der Front, ausgedehnter Export).
W   202 00257/1 – 260 (3/8 – 20)

13. 4. 43   AA, Dt. Botsch. b. Hl. Stuhl   16824
Übersendung eines Berichts der Deutschen Botschaft beim Heiligen Stuhl über einen in der Jesuiten-
zeitschrift La Civiltà Cattolica erschienenen Artikel, das Verhältnis zwischen Individuum und Staat betreffend: Autorität und Freiheit als gleich unentbehrliche Pfeiler der Gemeinschaftsordnung; der Staats-
absolutismus nicht weniger gemeinschaftsgefährdend als der Individualismus.
W/H   202 02248 – 48/3 (17/1 – 16)

13. 4. 43   GBV   16825
Unterrichtung über die erfolgte Entbindung des GL Giesler (jetzt München) von seinem Amt als
Reichsverteidigungskommissar Westfalen-Süd und über die Bestallung des Stv. GL Albert Hoffmann als
Nachfolger.
A/H   101 22895 f. (1306 a)

13. 4. – 6. 5. 43   Himmler   16826
Übersendung von ˙Denkschriften des Generalkommissars in Estland, Litzmann (diese nach Ansicht
Himmlers eine Bestätigung seiner Kritik am Ostministerium und an RK Lohse).
K   102 00212 f. (382)

13. 4. – 19. 5. 43   RKzl., RJM, GBA, GL Mutschmann   16827
Durch Lammers unter Bezugnahme auf ihre Unterhaltung am Vortage (vgl. Nr. 16820) Übersendung einer Beschwerde des Reichsjustizministers bei GL Sauckel über den unzweckmäßigen Einsatz sächsischer, dem Arbeitsamt Leipzig für Aufgaben der Reichsverteidigung zur Verfügung gestellter Rechtsanwälte (als Metallfräser entsprechend einer Anordnung von GL Mutschmann, die Anwälte mit Handar-
beit zu beschäftigen). Auf Weisung Hitlers Aufforderung Bormanns an M., diese Maßnahme sofort rückgängig zu machen (Gefahr der Existenzvernichtung, Eindruck einer Sonderaktion gegen Anwälte). Mitteilung M.s an B. über die Rücknahme.
A   101 10014 – 24 (658)

[14. 4. 43]   (Lammers)   16828
Empfehlung des Referenten Killy an Lammers, wegen der Ernennung des Amtsrats Büsch zum Oberregierungsrat als Ministerialbürodirektor in der Reichskanzlei von einer besonderen Anhörung der Partei
abzusehen, jedoch der Übung der letzten Zeit entsprechend mit dem Leiter der PKzl. mündlich Fühlung zu nehmen.
W/H   110 00275 (3120)

14. 4. 43 – 7. 10. 44   RJM, RKzl., RMdI, RFSS, RMfVuP   16829
Zwecks Ausgleichung der Kriegsverluste durch eine Steigerung der ehelichen Geburten mittels Lösung
oder Verhinderung „unerwünschter unfruchtbarer Ehen" Vorlage von zwei Verordnungsentwürfen
durch den Reichsjustizminister (RJM): Erleichterung der Scheidung kinderloser und Erschwerung der
Scheidung kinderreicher Ehen; Verbot wegen des Alters der Frau (über 45 Jahre) oder wegen Altersunterschieds (mit einem mehr als zehn Jahre jüngeren Mann) voraussichtlich unfruchtbarer Ehen. Ablehnende Stellungnahmen des Reichsinnenministers (RMdI), des OKW und des Reichsführers-SS (angeführte Gründe: Beunruhigung der Bevölkerung, mangelnde Kriegswichtigkeit, Undurchführbarkeit während des Krieges). Zustimmung der Reichsfrauenführerin und der PKzl.; von letzterer die Rechtsprechung des Reichsgerichts hinsichtlich der Scheidung kinderreicher Ehen kritisiert und eine Ausdehnung des Eheverbots auch auf die Fälle eines wesentlich *höheren* Alters des Mannes gefordert. Die Absicht des RMdI, voraussichtlich unfruchtbare Ehen über § 1 Abs. 1 des Ehegesundheitsgesetzes zu verhindern, von der PKzl. abgelehnt: Die Bezeichnung eines Menschen nur wegen seiner Partnerwahl als
geistig gestört mit dem „gesunden Volksempfinden" unvereinbar. Zurückweisung auch des späteren
Vorschlags des RMdI, das angestrebte Ziel durch eine stillschweigende Ausdehnung des Inhalts des
Ehetauglichkeitszeugnisses (Einführung positiver Voraussetzungen neben den bisherigen Ausschlie-
ßungsgründen) und durch eine entsprechende Anweisung an die Standesbeamten zu erreichen: Überforderung der Standesbeamten, außerdem Hinweis auf die Befreiung der Soldaten von der Vorlage eines
solchen Zeugnisses. Vorschlag der PKzl., die Gedanken der Vorlage des RJM in den bereits bestehenden
§ 53 des Ehegesetzes einzuarbeiten, um die befürchtete Beunruhigung der deutschen Frauen zu vermeiden. (Vgl. Nr. 16610.)
W/H   101 27740 – 82/4 (1525 a)

15. – 24. 4. 43   Lammers, RMdI   16830
Einwendungen der betroffenen Reichsstatthalter und – sich ihnen anschließend – des Reichsinnen-

ministers gegen die vom Reichspropagandaminister geforderte Schließung der drei deutschen Spielbanken Baden-Baden, Baden b. Wien und Zoppot; Hinweis auf die Finanzierung großer Kulturwerke, etwa des „kulturellen Aufbauwerks des GL Jury" in Niederdonau, durch die Erträge der Spielbanken. Dazu die durch Bormann Lammers übermittelte Entscheidung Hitlers für eine Weiterführung der Lotterien des Staates und der Partei sowie der Spielbanken unter der Voraussetzung, nur Kräfte ohne Befähigung zu kriegswichtigeren Arbeiten in Anspruch zu nehmen.
M/H   101 10236 – 44 (659)

15. 4. – 7. 5. 43   AA, Dt. Ges. Budapest   16831
Übersendung des Wortlauts eines Protests der Deutschen Gesandtschaft in Budapest beim ungarischen Außenministerium gegen die wiederholten deutschfeindlichen Anspielungen in den Reden und Hirtenbriefen des ungarischen Kardinal-Fürstprimas Serédi.
W   202 01929 – 32 (15/12 – 22)

15. 4. – 26. 6. 43   Insp. Napola, RKzl., OKW   16832
Gegen die vom Reichserziehungsminister – auf Wunsch des Reichsprotektors – vorgeschlagene Errichtung einer Nationalpolitischen Erziehungsanstalt in Kuttenberg/Böhmen keine Einwände des Dreierausschusses; Voraussetzung der Zustimmung des Chefs OKW jedoch: Keine neuen Forderungen von Uk.-Stellungen. Genehmigung der erforderlichen Planstellen.
K   101 16308 – 18 (956 c); 101 29379, 381 (655 a)

16. 4. 43   Himmler   16833
Übersendung einer ˙Meldung des SS-Gruf. Kaltenbrunner zur Kenntnisnahme.
K   102 01490 (2658)

16. 4. 43   RKzl., Gen. v. Unruh   16834
Einwände der beteiligten Reichsminister gegen die vom Sonderbeauftragten Gen. v. Unruh angeregte Auflösung der Reichsprüfungsgesellschaft für die besetzten Ostgebiete: Keine Personaleinsparung. Durch die Reichskanzlei – unter Informierung der PKzl. – daraufhin Empfehlung an U., seine Anregung auf sich beruhen zu lassen; andernfalls Herbeiführung einer Beschlußfassung des Dreierausschusses.
M/H   101 10752/1 f. (662 a)

16. 4. 43   RMfBuM   16835
Übersendung eines Erlasses über die Regelung der Zuständigkeiten im Kraftfahrzeugwesen (Entwicklung, Beschaffung, Instandsetzung usw.).
W   108 00009 ff. (288)

[16. 4. 43]   GL Koch   16836
In Verfolg einer Auseinandersetzung zwischen Rosenberg und GL Koch ein mehrstündiger Besuch K.s bei Bormann; angebliches Ergebnis: Volle Rückendeckung.
K   102 00844 f. (1704)

16. – 17. 4. 43   RKzl.   16837
Übersendung von zwei Programmentwürfen für den bevorstehenden Besuch des norwegischen Ministerpräsidenten Quisling (Beteiligung Bormanns an den Veranstaltungen); Bitte an B., Hitler die Entwürfe vorzulegen, seine Entscheidung herbeizuführen und Maj. Rauch die getroffenen Anordnungen mitzuteilen. Übersendung des aufgrund der übermittelten Weisungen H.s erstellten endgültigen Programms.
K   101 26026 – 32/5 (1472 a)

16. – 20. 4. 43   Himmler   16838
Die im Fall des RegPräs. Uebelhoer durch Bormann vorgeschlagene Lösung (kurzfristige Einsetzung Ue.s in sein altes Amt als Rehabilitierung) von Himmler als untragbar abgelehnt.
K   102 01466/3 f. (2651)

16. 4. 43 – [29. 8. 44]   RKzl., RJM, RMdI, RMfdbO   16839
In Anknüpfung an die Forderung Bormanns, neben der seit 1941 durch einen nicht veröffentlichten Führererlaß ermöglichten nachträglichen Eheschließung mit einem Gefallenen (vgl. Nr. 15306) nunmehr bei Vorhandensein oder Erwartung eines Kindes und Vorliegen einer unzweideutigen Willensäußerung

des Betreffenden auch die Möglichkeit der nachträglichen Eheschließung mit einem Vermißten durch eine Anordnung des Reichsinnenministers (RMdI) zu schaffen, eine von der Reichskanzlei veranlaßte Erörterung des gesamten Komplexes der nachträglichen Eheschließung anhand der bisher gemachten Erfahrungen (statt 60 – 80 jetzt 25 000 – 40 000 Gesuche; Unbestimmtheit des Kreises der Berechtigten; erbrechtliche Schwierigkeiten; Gefahr der Erschleichung von Versorgungen; Überlastung der bisher allein zuständigen Zentralstelle RMdI; Bekanntwerden der Regelung in der Öffentlichkeit) und mit dem Ziel einer eingehenden und zu veröffentlichenden Regelung. Neben Divergenzen hinsichtlich ihrer rechtlichen Form (Führererlaß – Gesetz – Verordnung) und der Kompetenzen (RMdI – Reichsjustizminister) umfangreiche schriftliche und mündliche Erörterung der bestehenden und zu erwartenden Schwierigkeiten, insbesondere erbrechtlicher Art und hier wiederum speziell bei der Erbfolge auf einem Erbhof, aber auch des Umfangs der den Gefallenen gleichzusetzenden Personenkreises (extreme Position, vertreten von der PKzl.: Berücksichtigung auch ziviler Luftkriegsopfer einschließlich durch Fliegerangriff ums Leben gekommener Bräute), der Einbeziehung Vermißter sowie der den Vormundschafts-, Anerben- und Nachlaßgerichten einzuräumenden größeren Flexibilität für ihre je nach Lage des Falles zu treffenden Entscheidungen. Inhalt des letzten, offenbar weitgehende Zustimmung findenden Entwurfs: In der Regel kein Erbrecht des überlebenden nachträglichen Ehegatten außer vom Nachlaßgericht anzuordnender Zuwendungen, jedoch Erbrecht eines Kindes, aber auch hier erst von Fall zu Fall durch eine Entscheidung des Nachlaßgerichts und ohne automatische Begründung erbrechtlicher Rechtsverhältnisse; Regelung der Erbfolge auf einem Erbhof durch das Anerbengericht (die Bestimmung des Kindes zum Anerben möglich unter Berücksichtigung der Belange der „Hofessippe" wie des Hofes); die Diskussion über die Einbeziehung von Vermißten in den hier erfaßten Personenkreis sowie über dessen Ausdehnung noch nicht abgeschlossen. Im August 1944 Überlegungen, „die Durchführung der nachträglichen Eheschließung auf die Dauer eines Jahres auszusetzen", und danach offenbar Beendigung der Erörterungen durch die Maßnahmen des totalen Krieges.
H   101 27428 – 509 (1520 a)

16. 4. 43 – 12. 9. 44   RJM, RKzl., RMdI, OKW, RMarschall   16840
In Verfolg einer Anregung Bormanns (Hinweis auf die wegen der Kriegsauswirkungen – Vernichtung ganzer Geschlechterfolgen – besonders häufig und kraß auftretenden Konsequenzen der Lücken des Erbrechts) durch den Reichsjustizminister (RJM) Vorlage des Entwurfs einer Verordnung zur Regelung der gesetzlichen Erbfolge in besonderen Fällen, im wesentlichen durch eine Generalklausel zugunsten des Nachlaßrichters; Absicht: Verhinderung der Umgehung oder Verkehrung des erwiesenen oder mutmaßlichen Willens des Erblassers in einer das „gesunde Volksempfinden" verletzenden Weise durch Eintreten unvorhergesehener Umstände. Trotz stärkster Bedenken der beteiligten Ressorts (Zweifel an der Kriegswichtigkeit, Überforderung des Nachlaßrichters, Begünstigung von Erbschleicherei, u. a.) Beharren B.s (unterstützt von Lammers) auf einer Regelung: Die Kriegswichtigkeit evident, überdies die immer noch bestehende Erbberechtigung von Juden durch gesetzliche Erbfolge höchst unerwünscht; Sonderfälle nur durch eine Generalklausel, nicht durch Einzelregelungen erfaßbar. B.s Vorschlag, die erhobenen Bedenken und vermutlich im Volk auftretende Befürchtungen (seit Jahren schwelende Gerüchte über eine Beschneidung des Erbrechts zugunsten des Staates) durch eine die Motive der Neuregelung klarlegende Präambel auszuräumen, vom RJM abgelehnt (Wasser auf die Mühlen der Feindpropaganda, u. a.) und von B. schließlich auch fallengelassen. Nach Vorlage verschiedener Neufassungen des Entwurfs durch den RJM und trotz des Einbaus zahlreicher Kautelen immer noch ablehnende Haltung insbesondere des OKW (Verunsicherung des Frontsoldaten), aber auch des Reichsinnenministers und des Reichsmarschalls. Dennoch Absicht des RJM, die Verordnung so bald wie möglich zu erlassen.
W   101 27681 – 737 (1525 a)

17. 4. – 7. 6. 43   OKW, RKzl.   16841
Keine Bedenken der PKzl. gegen den ihr vorgelegten Entwurf einer Verordnung über die Feststellung von Unterhaltsansprüchen dänischer Kinder gegen deutsche Wehrmachtangehörige.
W   101 27665/1 – 666/3 (1525)

17. 4. – 9. 6. 43   Funk, Lammers, GL Mutschmann   16842
Durch Funk Unterrichtung über die Verlegung der Reichsstelle für Rauchwaren von Leipzig nach Berlin wegen Differenzen mit Reichsstatthalter Mutschmann über die personelle Neubesetzung der Leitung der Rauchwarenwirtschaft (durch M. „irrtümlich" Beauftragung des Vizepräsidenten der Industrie- und Handelskammer Leipzig, Walter Steinweden); Beauftragung des bisherigen Stellvertretenden Reichsbeauftragten Bohne.
M   101 00604 – 20 (143 a)

18.–19. 4. 43 — 16843
In einem Programm für den Besuch Quislings (vgl. Nr. 16837, 16844 und 16846) u. a. die Teilnahme Bormanns an Abendessen und Besprechungen festgelegt.
W   107 00180–84 (171)

19. 4. 43   Hitler   16844
Empfang des norwegischen Ministerpräsidenten Quisling in Anwesenheit u. a. von Bormann.
H   101 29110 (1609 b)

19. 4. 43   Rechtsanw. Schwarzkopf   16845
In der Vergleichsangelegenheit des Emmeram Frick (Wemding) Bitte v. Kaldenbergs (PKzl.) – auch im Namen des in der PKzl. tätigen Pflegesohns F.s –, durch persönliche Verhandlungen mit der Gewerbebank Wemding zu versuchen, diese von der Unmöglichkeit zu überzeugen, ihre Forderungen an F. zu realisieren, und die Angelegenheit durch Streichung der Schuld zu regeln.
W   149 00081–84 (2)

19.–20. 4. 43   Lammers   16846
Bitte um Zustimmung zum Text einer Pressenotiz über den Empfang des norwegischen Ministerpräsidenten Quisling durch Hitler (in Anwesenheit Bormanns u. a.).
K   101 26033–36 (1472 a)

20. 4. 43   RWiM u. a.   16847
Übersendung eines Runderlasses mit Kritik an dem vorläufigen Ergebnis der Stillegungsaktion (Handels-, Handwerks-, Gaststätten- und Beherbergungsbetriebe), insbesondere an der Scheu vor der Schließung größerer Betriebe: Das Ziel ein möglichst großer kriegswirtschaftlicher Nutzeffekt und nicht die Schließung möglichst vieler Betriebe, Mißbilligung von Gesichtspunkten einer Branchenbereinigung; Bitte um Prüfung einer Anregung des Leiters der Reichsgruppe Handel, zur weiteren Vereinfachung des gesamten Handelsapparats Betriebe zu Kriegsverkaufsgemeinschaften zusammenzufassen; Ermahnung, die Stillegungsvorschläge genau zu prüfen, um eine spätere Aufhebung von Stillegungen zu vermeiden.
M   101 10685 ff. (662)

20. 4. 43   AA   16848
Übersendung eines Artikels der Baseler Nachrichten über die Leitung des Jesuitenordens und den verstorbenen Jesuitengeneral Ledochowski.
W   202 01731 f. (12/15 – 12/33)

20. 4. 43   AA   16849
Übersendung eines Artikels der Zeitung Die Nation (Bern) über die Verfolgung der Katholischen Kirche im besetzten Polen.
W   202 01728 ff. (12/15 – 12/33)

20. 4. 43   Chef Sipo   16850
Übersendung eines von den beteiligten Ressorts gebilligten Merkblatts über die allgemeinen Grundsätze für die Behandlung der im Reich tätigen ausländischen Arbeitskräfte: Oberste Richtschnur die Sicherheit des Reichs und die siegreiche Beendigung des Krieges; zwar eine „humane, arbeitssteigernde Behandlung" erforderlich, dennoch die Einhaltung einer klaren Trennlinie zur deutschen Bevölkerung unbedingt notwendig; Richtlinien für Behandlung, Arbeitseinsatz, Unterbringung, Verpflegung, „seelische Betreuung" und politische Beeinflussung.
W   112 00129–37 (166)

20. 4. 43   AA   16851
Übersendung eines Artikels von Prof. Adolf Keller in der Zeitung Der Bund (Bern) über das Friedensprogramm des Amerikanischen Kirchenbundes.
W   202 01717 ff. (12/15 – 12/33)

20. 4. – [9. 5.] 43   Himmler   16852
Bitte um eine Panzerlimousine für den bei einem Handgranatenattentat unverletzt gebliebenen SS-Ogruf. Krüger. Später Aufforderung an K., sich bei Bormann und Hitler für das übersandte Fahrzeug zu bedanken.
K   102 01474–77 (2653); 306 00732 (Krüger)

20. 4. — 1. 6. 43   AA, Dt. Botsch. b. Hl. Stuhl   16853
Übersendung eines Agentur-Berichts und eines Berichts der Deutschen Botschaft beim Heiligen Stuhl über Spannungen zwischen dem Vatikan und Großbritannien wegen des Todes des Erzbischofs von Reggio Calabria, Montalbetti, bei einem englischen Luftangriff.
W/H   202 02228 – 33 (17/1 – 16)

20. 4. — 1. 7. 43   OKH, RKzl.   16854
Laut Mitteilung des StSekr. Klopfer (PKzl.) an die Reichskanzlei (RKzl.) die vom OKH erbetene Übernahme einiger Kriegsversehrter in das Beamtenverhältnis wegen Fehlens der dafür erforderlichen Voraussetzung (Mitgliedschaft in der NSDAP oder einer Gliederung) nicht möglich, die vom OKH vorgeschlagene Aufhebung der Aufnahmesperre aus grundsätzlichen Erwägungen in absehbarer Zeit ebenfalls nicht möglich; statt dessen Anregung , die Übernahme der Versehrten durch Ausnahmen vom Stop-Erlaß zuzulassen. Einverständnis der RKzl., jedoch Empfehlung, von einer *allgemeinen* Regelung abzusehen.
A/H   101 05365 – 75 (458 a)

21. 4. 43   Rosenberg   16855
Mitteilung Bormanns: Wunsch Hitlers nach baldigster Übergabe der vom Einsatzstab Rosenberg erfaßten Kunstgegenstände an seine Sachbearbeiter Wolffhardt, Voss und Hummel.
W   145 00098 (181)

21. 4. — [5. 5.] 43   RVM   16856
Einladung zu einer neuen Besprechung über die Möglichkeiten einer Einschränkung des Reiseverkehrs zwecks Sicherung kriegs- und lebenswichtiger Reisen. (Aus einer Reichskanzlei-Notiz über die Sitzung die Teilnahme der PKzl. nicht ersichtlich.)
H   101 08342 – 43/3 (637 a)

21. 4. — 14. 5. 43   Lammers, H. Porten   16857
Durch Bormann übermittelte Verfügung Hitlers, der Schauspielerin Henny Porten wegen ihrer Verdienste um den deutschen Film eine Rente in Höhe von monatlich RM 1000.– auf Lebenszeit auszusetzen: Zwar keine Hilfsbedürftigkeit vorliegend, jedoch zuletzt Filmengagements nur noch auf Veranlassung H.s. Ausführung der Weisung durch Lammers.
K/H   101 16522 – 27 (985 c)

21. 4. — 8. 11. 43   Lammers, Kard. Bertram u. a.   16858
Durch Lammers Übersendung einer Eingabe des Vorsitzenden der Fuldaer Bischofskonferenzen, Kard. Bertram, wegen der Beschränkung der Bekenntnisfreiheit und der öffentlichen Ausübung der katholischen Religion im Warthegau: Befürchtung einer Ausschaltung der Katholischen Kirche durch die staatlich errichtete „Römisch-katholische Kirche deutscher Nationalität im Reichsgau Wartheland" (RKRW); Hinweis auf die Pflicht der Bischöfe, im Falle der Ergebnislosigkeit der Eingaben die Katholiken des Altreichs vor den ihnen bei Übersiedlung in den Warthegau drohenden religiös-kirchlichen Gefahren zu warnen. Erörterung der Beschwerden B.s zwischen dem Sachbearbeiter des GL Greiser und dem Apostolischen Administrator Breitinger, Vorstand der RKRW: Bezeichnung der Beschwerdepunkte als großenteils unrichtig und gegenstandslos, Erklärung Breitingers über eine für die Kirche zufriedenstellende Bereinigung dieser Angelegenheit. Nach erneuten Eingaben Bertrams zur staatlichen Kirchenpolitik im Warthegau Wunsch Lammers', die Reichskanzlei in Erörterungen über Recht und Zweckmäßigkeit staatlicher Maßnahmen auf kirchenpolitischem Gebiet zu verstricken. Durch Bormann Weiterleitung der Eingaben an G. mit der Bitte, die darin enthaltenen Ausführungen zu berücksichtigen.
M   101 01637 – 47, 649 – 73 (172)

[22. 4.] – 4. 5. 43   Lammers   16859
Bitte Bormanns um Erstattung von der PKzl. und der Führeradjutantur vorschußweise gezahlter Kosten für das Führerhauptquartier (Fliegerstaffel, Kraftwagenkolonne, Kraftwagenneuanschaffungen, Sonderzug Hitlers, Verpflegung, Truppenbetreuung, Reisekosten u. a.) in Höhe von RM 534 228.31 (9. Zwischenabrechnung). Mitteilung über die erfolgte Überweisung des Betrages auf das Zentralkonto der PKzl. bei der Commerzbank in München.
K/H   101 08123 – 27 (615 c)

24. 4. 43   Himmler   16860
Mitteilung Bormanns: Keine Bedenken der beteiligten Gauleiter (vgl. jedoch Nr. 16863) gegen die Besetzung der SS-Oberabschnitte Südwest und Danzig-Westpreußen mit Gruf. Hofmann bzw. Gruf. Katzmann (Anhörung gemäß Verfügung Hitlers V 18/42).
M   306 00616 (Katzmann)

24. 4. – 6. 6. 43   Lammers, RWiM   16861
Wegen des nützlichen Einflusses von Bildpostkarten – Vertiefung der Liebe zur Heimat und Vermittlung von Kenntnissen – und der ohnehin nicht ins Gewicht fallenden Papierersparnis ein durch Bormann weitergeleiteter Wunsch Hitlers nach Aufhebung des Verbots über die Herstellung von Bildpostkarten. Berichtigende Stellungnahme des Reichswirtschaftsministers: Kein Verbot, sondern lediglich eine Beschränkung der Herstellungsmengen beabsichtigt.
K   101 07822 – 24/2 (609 a)

24. 4. – 24. 6. 43   RMdI, RKzl., MilBfh. Belgien/Nordfrankreich   16862
Vorschlag des Militärverwaltungschefs Belgien/Nordfrankreich, den im Lebensbornheim Wegimont (Belgien) geborenen unehelichen Kindern deutscher Soldaten aus Verbindungen mit fremdvölkischen Mädchen artverwandter Rasse die deutsche Staatsangehörigkeit zu verleihen. Zu der mit Äußerungen Hitlers begründeten Ablehnung dieses Vorschlags durch den Reichsinnenminister Richtigstellung Bormanns: H. lediglich gegen den *generellen* Erwerb der Staatsangehörigkeit durch diesen Personenkreis, die Einzeleinbürgerung rassisch wertvoller unehelicher Kinder damit jedoch nicht ausgeschlossen.
M/H   101 00490 – 99 (137 a)

24. 4. – 5. 7. 43   GL Forster, Himmler u. a.   16863
Einverständnis des GL Forster mit der Ernennung des SS-Gruf. Katzmann zum Nachfolger des SS-Ogruf. Hildebrandt als Höherer SS- und Polizeiführer Weichsel, nicht jedoch als Beauftragter des Reichskommissars für die Festigung deutschen Volkstums im Reichsgau Danzig-Westpreußen. Der von Bormann weitergeleitete – Wunsch F.s, dieses Amt selbst zu übernehmen, von Himmler jedoch abgelehnt wegen einer früheren „kategorischen" Weigerung F.s, sein Beauftragter zu werden, und wegen der zahlreichen Verstöße F.s gegen seine Richtlinien.
K/H   102 00214 – 19 (389); 306 00298 – 304 (Forster); 306 00617 (Katzmann)

24. 4. – 25. 9. 43   RMfWEuV, Obgm. Nürnberg, RKzl.   16864
Zu der Genehmigung der PKzl. für die Errichtung von Gebietsmusikschulen der HJ unter Führung und Verwaltung der Partei Mitteilung des Reichserziehungsministers (REM) über die dadurch bei den nachgeordneten Dienststellen seiner Behörde entstandene Unsicherheit und über die Doppelarbeit von Staats- und Parteidienststellen. Antwort Bormanns: Der REM grundsätzlich zuständig für die Errichtung von Orchesterschulen zur Ausbildung des Berufsmusikernachwuchses; Errichtung neuer Orchesterschulen während des Krieges nur bei zwingender Notwendigkeit und abhängig von der Zustimmung des Leiters der PKzl.; Heranbildung instrumental ausgebildeten Nachwuchses zur Durchführung der (einen eigenen Charakter aufweisenden) musikalischen Kulturarbeit der HJ auf deren Gebietsmusikschulen; keine weiteren Errichtungen von Gebietsmusikschulen durch die Reichsjugendführung vorgesehen; zu gegebenem Zeitpunkt Überprüfung der Aufgaben der Gebietsmusikschulen und der Orchesterschulen mit dem Ziel, alle Berufsmusiker ausbildenden Musikschulen dem REM zu unterstellen.
K   101 15912 – 30 (950)

25. 4. 43   Lammers, GenGouv. Frank   16865
Bericht des GenGouv. Frank an Lammers über die gefährdete Sicherheitslage im Generalgouvernement: Ablehnung der Verantwortung für den Aufstand im Warschauer Ghetto und für die Zunahme von Überfällen auf Deutsche und von Ermordungen Deutscher (nicht „Herr des Sicherheitswesens"); Forderung nach restloser Rückendeckung durch Staat und Partei, nach einer grundsätzlichen Bereinigung der „Angelegenheiten des Generalgouvernements" sowie nach einer positiveren Politik gegenüber den Polen (der von Bormann und Himmler immer noch vertretene alte Kurs „längst unmöglich geworden"). Durch L. Übersendung dieses Berichts an B. mit der Bitte, unbedingt einen gemeinsamen Führervortrag zu erwirken.
W/H   107 01081 – 84 (354)

27. 4. 43   RMfEuL   16866
Die geplante Eingliederung der Landstellen in die Oberpräsidien bzw. Behörden der Reichsstatthalter

von Bormann begrüßt: Dadurch Vereinfachung und – infolge strafferer Zusammenfassung – Erhöhung der Schlagkraft der Mittelbehörden gegeben.
A   101 10188 (658 b)

27. 4. 43   RArbM u. a.   16867
Übersendung eines Erlasses über die baupolizeiliche Zulassung des Einheitsfeuerschutzmittels „FM III" (Schwerentflammbarmachung von Holzwerk); Beifügung einer *Liste der von der Wirtschaftsgruppe Chemische Industrie mit der Herstellung beauftragten Firmen.
H   101 19189 f. (1170)

27. 4. – [25. 6.] 43   Keitel, Lammers   16868
Durch Bormann bzw. auf seine Veranlassung Herausgabe von Anweisungen an die Staats-, Partei- und Wehrmachtdienststellen, in Wohnräumen untergebrachte Büros in Baracken, leere Läden u. ä. zu verlegen, um den zweckentfremdeten Wohnraum wieder dem allgemeinen Wohnbedarf zuzuführen; Erwägung schärferer Maßnahmen (so Lammers) bei Anhalten der von den Dienststellen gemachten Schwierigkeiten. Übermittlung des von L. an die Obersten Reichsbehörden herausgegebenen Rundschreibens an den Reichsschatzmeister zur Stellungnahme.
H   101 17298 – 305, 313 f. (1032 a)

28. 4. 43   Chef Sipo   16869
Übersendung der Einladung für die nächste Sitzung des Arbeitskreises zur Erörterung sicherheitspolizeilicher Fragen des Ausländereinsatzes; Besprechungspunkte: Politische Einflußnahme auf die Ostarbeiter, Behandlung arbeitsunfähiger Ostarbeiter bei Straffälligwerden, Kennzeichnung.
W   112 00077 f. (162)

28. 4. 43   Himmler, SS-Brif. Cassel   16870
Vertrauliche Mitteilung der PKzl. an SS.-Brif. Cassel über einen empörten Telefonanruf Himmlers bei Bormann wegen des von Gen. Dietl erlassenen Verbots einer Heirat zwischen Wehrmachtangehörigen und Norwegerinnen: Widerspruch zum beabsichtigten Aufbau eines Germanischen Reiches; dazu – nicht „durchschlagender" – Hinweis Bormanns auf seine eigene sowie Hitlers Zustimmung zu D.s Auffassung. (Vgl. Nr. 17034.)
W/H   107 01080 (354)

29. 4. 43   RMfdkA   16871
Übersendung einer Aufstellung über die Aufwendungen des Reichs, der Länder und der Gemeinden für kirchliche Zwecke sowie über das Kirchensteueraufkommen in den Rechnungsjahren 1938, 1939 und 1940.
H   202 00097/1 – 5 (2/1 – 12)

29. 4. – 13. 5. 43   RKzl.   16872
Auf Wunsch von StSekr. Klopfer (PKzl.) Übersendung eines Aktenvermerks über die am 28. 4. 43 unter dem Vorsitz Görings mit den Vertretern der besetzten Gebiete abgehaltene Besprechung über die dortige Durchführung des Führererlasses vom 13. 1. 43 (vgl. Nr. 16437). Einleitende Mitteilung G.s über die ihm von Hitler erteilte Vollmacht für Entscheidungen in Wirtschaftsangelegenheiten und über seine von H. gebilligten Grundsätze zur Durchführung des erwähnten Erlasses; Erläuterung der zu treffenden Maßnahmen: Eine milde Behandlung der Bevölkerung der besetzten Gebiete ein „fundamentaler Irrtum", die Gewinnung der Bevölkerung für die „europäische Neuordnung" erst nach dem Kriege möglich; Beschlagnahme von Warenlagern nur im Falle eines Nutzeffekts für die Kriegswirtschaft, nicht aber aufgrund einer bloßen „Optik des totalen Krieges"; Offenhaltung von Schlemmerlokalen, Bars und Luxusgeschäften zur „Auffrischung und Ablenkung" der deutschen Soldaten und der dort eingesetzten Deutschen mit dem – erwünschten – Nebeneffekt, Luxuswaren der einheimischen Bevölkerung zu entziehen; Betriebsstillegungen nur im Falle der sofortigen Verwendung freigewordener Kräfte für kriegswichtige Arbeiten (Gefahr des Abfließens von Arbeitslosen in den Widerstand); Nennung der Beschaffung von Arbeitskräften, umfangreicher Naturallieferungen (auch mit dem Ziel, den Lebensstandard dieser Länder unter den des Reiches zu drücken), einer abzuschöpfenden Erhöhung der finanziellen Belastung der Bevölkerung, der Lieferung von Maschinen und Geräten sowie der Bereitstellung von Wohnraum für Bombengeschädigte oder -gefährdete als die von den „eroberten" Gebieten für den totalen Krieg zu erbringenden Leistungen. Anschließend Erörterung der Lage und der zu treffenden Maßnahmen in den einzelnen Gebieten: Frankreich (Erhöhung der Naturallieferungen sowie – durch Schaffung eines „brauchbaren Steuerapparats" – der finanziellen Leistungen), Niederlande (Rückgängigmachung

bereits erfolgter Schließungen von Luxusläden, Bars usw.; Rückführung entlassener holländischer Soldaten in die Gefangenschaft), Belgien-Nordfrankreich (wie Frankreich), Ostraum (Klagen über Gefährdung der Leistungen durch die Partisanenkämpfe), Südostraum (unbefriedigende Leistungen der Verbündeten, Forderung einer deutschen Verwaltung der Batschka). Ferner Erörterung des Wunsches H.s nach Beibehaltung der deutschen Fleischrationen durch stärkere Heranziehung der besetzten Gebiete (von StSekr. Backe für unmöglich gehalten).
K/H   101 10837 – 45 (664)

29. 4. – 21. 5. 43   Lammers   16872 a
Gemeinsam mit Bormann für den Dreierausschuß Teilung der Bedenken der hauptbeteiligten Ressorts gegen eine vom Reichsverkehrsminister erstrebte „einschneidende Sonderregelung auf dem Gebiet des Personalwesens für seinen Bereich". (Erwähnung.)
H   101 04968 f. (445)

29. 4. – 1. 8. 43   RKzl., SBFNK, Goebbels u. a.   16873
Einwände nicht nur des Reichserziehungsministers, sondern schließlich auch der PKzl. gegen die von dem Sonderbeauftragen Hitlers, Gen. v. Unruh, vorgeschlagene, von den übrigen Beteiligten (Reichswirtschaftsminister, Generalbevollmächtigter für den Arbeitseinsatz, Chef OKW, Goebbels) gebilligte Verkürzung der zweijährigen Handelsschulausbildung auf ein Jahr mit dem Ziel der Freistellung zahlreicher Lehrkräfte und der Zuführung von Jugendlichen zum produktiven Arbeitseinsatz (gegen die Einstellung der Neuerrichtung bzw. Umwandlung kaufmännischer Fachschulen hingegen keine Bedenken). Vorschlag der PKzl., analog zu der im Reichsgau Wartheland bereits erfolgten Regelung durch die Einführung eines numerus clausus die Neuaufnahmen dem vorhandenen Bedürfnis anzupassen. „In Würdigung" der Bedenken Bormanns trotz ursprünglicher Befürwortung Zusage Lammers', „die Sache nicht weiter zu verfolgen".
K/M/H   101 10361 – 79 (659 a); 101 15900 – 05 (950)

29. 4. – 18. 8. 43   Lammers, GenSuperintendent Blau   16874
Einspruch des Generalsuperintendenten Blau (Posen) bei Lammers gegen seine Verwarnung durch die Geheime Staatspolizei wegen angeblicher versteckter Angriffe auf die ns. Weltanschauung in zwei Hirtenbriefen: Die Aufforderung an seine Gemeinde, ihrem Glauben trotz aller Anfechtungen treu zu bleiben, sein gutes Recht als Kirchenleiter; Berufung auf den Punkt 24 des Parteiprogramms; Bitte, seine Darlegungen Hitler zu unterbreiten und die Zurücknahme der gegen ihn ausgesprochenen Beleidigung zu veranlassen. Bei der Weiterleitung an Bormann Unterstützung der Eingabe durch L. angesichts des Alters und der großen Verdienste Blaus um das Deutschtum im Wartheland. Die von L. dann akzeptierte Auffassung Bormanns: Die Maßnahmen der Geheimen Staatspolizei dem zugrunde liegenden Sachverhalt vielleicht nicht angemessen, jedoch keine weitere Veranlassung.
M/H   101 01510 – 13 (170)

30. 4. 43   RArbM u. a.   16875
Bitte um Verabschiedung eines (u. a. vom Leiter der PKzl. gebilligten) *Verordnungsentwurfs über die Eingliederung von Umsiedlern in die Reichsversicherung. (Abschrift an die PKzl.)
M   101 04046 (402)

30. 4. 43   Thierack   16876
Übersendung der Führerinformationen 155 und 156 des Reichsjustizministers: Betrugsanklage gegen eine Volljüdin wegen Verkaufs ihrer Muttermilch an eine Kinderärztin unter Verschweigung ihrer Abstammung; vorerst Ablehnung italienischer Wünsche, vertragsbrüchige italienische Zivilarbeiter bereits in Deutschland von italienischen Richtern vernehmen zu lassen.
H   101 28943 – 46 (1559 b)

Mai 43   DSt. Rosenberg   16877
Aus dem Tätigkeitsbericht des Zentralamts für Mai 1943: Der PKzl. 31 Dozentengutachten zur Verfügung gestellt sowie mit der PKzl. verschiedentlich über organisatorische und personelle Fragen der Dienststelle verhandelt.
W   145 00090 ff. (154)

Mai 43 – 13. 5. 44   AA   16878
Anfrage der PKzl. wegen des Aufenthalts des schwedischen Wahlgeneralkonsuls Theodor Wanner

(Stuttgart): W. bereits im Mai auf Anweisung Hitlers (ergangen in einer Besprechung mit Goebbels, Botsch. Hewel und StSekr. Klopfer) wegen der vermuteten Weiterleitung eines die ns. Kirchenpolitik kritisierenden Offenen Briefs des Landesbischofs Wurm ins Ausland von seinem Posten abberufen, aber offenbar noch immer in Stuttgart befindlich. Antwort des Auswärtigen Amts nach eingehenden Nachforschungen: Die Angelegenheit durch ein Versehen bisher nicht weiter verfolgt, nunmehr jedoch Entzug des Exequaturs.
W/H   202 00250 – 57 (3/8 – 20)

1. – 2. 5. 43   Lammers   16879
Mitteilung Bormanns: Um Bouhler aus seinen finanziellen Schwierigkeiten zu helfen und die Versteigerung eines Bildes von Thoma aus dem Besitz Bouhlers zu verhüten, Entscheidung Hitlers, Bouhler eine Dotation in Höhe von RM 100 000.– zu gewähren. Ausführung der Weisung durch Lammers.
K/H   101 16518 – 21 (985 c)

3. 5. 43 – 12. 8. 44   RMfWEuV   16880
Eintreten für die Ernennung des ao. Prof. Paul Böß (Karlsruhe) zum außerplanmäßigen Professor angesichts der besonderen Lage des Falles B. und der Erledigung aller Fälle jüdischer Versippung (Berufungen daher nicht zu befürchten): Vier Bitten um die Stellungnahme der PKzl. unbeantwortet geblieben.
M/H   301 00150 – 61 (Böß)

4. 5. 43   RL, GL, VerbF   16881
Anordnungen Bormanns über den Staatsakt für den tödlich verunglückten Stabschef Lutze.
K   102 00522 (934)

[4. 5. 43]   RMdI   16882
Im Einvernehmen u. a. mit dem Leiter der PKzl. Festsetzung eines Mindestheiratsalters (Männer: 25 Jahre, Frauen: 22 Jahre) für „Schutzangehörige polnischen Volkstums"; Möglichkeit, in Sonderfällen das Mindestalter zu erhöhen.
W   112 00163 (167)

4. – 31. 5. 43   RFSS   16883
Bitte von Ilse Heß, dem zuständigen Amt für Dienstverpflichtungen die Unabkömmlichkeit ihres Hausmeisters Braun mitzuteilen. Bearbeitung der Angelegenheit durch den Persönlichen Referenten Bormanns, OLGR Müller.
W   107 00509 – 12, 572 – 77, 583 f. (213)

4. 5. – 16. 7. 43   RMdI, GL Meyer   16884
Auf Grund der dem Reichsinnenminister (RMdI) zugegangenen Stellungnahmen der betroffenen Reichsressorts keine weitere Verfolgung der von GL Meyer dem RMdI vorgelegten Pläne zur Verwaltungsvereinfachung in den Ländern Lippe und Schaumburg-Lippe: Die Vereinfachung zweifelhaft (Abschrift jeweils an die PKzl.). Auch nach Ansicht Bormanns die Vorschläge M.s „viel zu kompliziert", außerdem durch das Verbot der Zusammenlegung von Länderministerien a posteriori sistiert.
A/W   101 23995 – 4009 (1347)

4. 5. – 26. 7. 43   AA   16884 a
Auf Anforderung der PKzl. Übersendung einer *Übersicht über die Studenten schwedischer Staatsangehörigkeit an den deutschen Hochschulen sowie einer *Aufstellung der während der letzten Semester im Reich studierenden Ausländer und Volksdeutschen.
H   202 00092 (2/1 – 12

4. 5. – 9. 9. 43   RMfWEuV, RKzl.   16885
Antrag des Reichserziehungsministers (REM), den mit der kommissarischen Führung seines Amtes für körperliche Erziehung beauftragten SA-Gruf. Robert Schormann zum kommissarischen Ministerialdirektor bzw. (nach Bedenken der Reichskanzlei [RKzl.] gegen die Auffassung des REM, damit und bei Verwendung einer preußischen Stelle die Beteiligung der RKzl. und des Reichsfinanzministers sowie eine Genehmigung zur Abweichung von den Reichsgrundsätzen nicht zu benötigen) zum Ministerialdirektor zu ernennen. Keine Bedenken der PKzl.
H   101 18796 – 811 (1153 b)

4. 5. 43 – 27. 4. 44   RKzl., RSchatzmeister   16886
Mitteilung Lammers': Ausbringung von RM 30 000.– im Haushaltsentwurf des Landes Thüringen zur Gestaltung einer Begräbnisstätte für hervorragende Alte Kämpfer der NSDAP der Stadt Weimar; unter Hinweis auf hierbei vorliegende Aufgaben der Gemeinden oder der Partei Widerspruch des Reichsfinanzministers (RFM) mit der Bitte um eine grundsätzliche Stellungnahme. Dazu die PKzl. nach Rückfrage beim Reichsschatzmeister: Übernahme der Kosten für von der NSDAP geschaffene Begräbnisstätten auf jeden Fall durch die Partei, jedoch unter dem Vorbehalt der Verrechnung mit dem zuständigen Kostenträger; Anregung, die Errichtung von Ehrenhainen usw. grundsätzlich an das Einverständnis Bormanns zu binden. Die Antwort Lammers' an den RFM: Nach dem Führererlaß vom 19. 6. 42 künftig Beisetzung besonders verdienter Deutscher in Ehrenhallen (vgl. Nr. 15839); Übernahme der Kosten dafür durch die NSDAP oder das Reich, also keine Ausbringung von Mitteln in den Länderhaushalten.
H   101 21454/1 – 468 (1267 a)

5. 5. 43   RL, GL, Axmann u. a.   16887
Durch Bormann Anberaumung einer Reichs- und Gauleitertagung in der Reichskanzlei „im Anschluß an das Mittagessen am 7. Mai".
K   102 00202 (367)

5. 5. 43   AA   16888
Übersendung eines Berichts der Londoner Times über Vorschläge des amerikanischen protestantischen Bundeskirchenrats zur Schaffung der Grundlagen für einen dauerhaften Frieden.
W   202 01004 – 7 (9/5 – 14 + 20/1)

5. 5. 43   RMfEuL, RWiM   16889
Nach einem Erlaß des Reichswirtschaftsministers über die Bildung von Kriegsbetriebsgemeinschaften aufgrund der Erfahrungen bei der Stillegung von Betrieben (Richtlinien für die Zusammenlegung, Genehmigungsverfahren, firmen- und steuerrechtliche Fragen, usw.) nunmehr durch einen – zur Kenntnisnahme übersandten – Erlaß des Reichsernährungsministers Anpassung dieser Grundsätze an die Bedürfnisse der Ernährungswirtschaft (Prüfung der Anträge durch die Fachschaften, Genehmigung durch die Landesernährungsämter, abgeänderter *Muster-Zusammenlegungsvertrag); Lehre der bisherigen Erfahrungen: Erreichung des Ziels der Stilllegungsaktion durch freiwillige Zusammenschlüsse in gleicher Weise wie durch Schließungen.
M/H   101 10754 – 59 (662 a)

5. 5. – 23. 7. 43   Haus d. Dt. Kunst, Lammers, RMfWEuV, Prof. Gerhardinger u. a.   16890
Nach Weigerung des Prof. Constantin Gerhardinger, während des Krieges noch Gemälde für die Große Deutsche Kunstausstellung zur Verfügung zu stellen (Hinweis auf die Luftkriegsgefahr und bereits erlittene Bombenschäden), durch Bormann übermittelte Weisung Hitlers, G.s Berufung zum ordentlichen Akademieprofessor zurückzunehmen, ihn in Zeitungen und Zeitschriften nicht mehr zu erwähnen und seine Werke niemals wieder in einer deutschen Ausstellung zu zeigen. Nach Kenntnisnahme von den politischen Beurteilungen G.s durch Partei und SD (vor 1933 BVP-Mann, klerikal und Gegner des NS, jetzt eigennütziger Opportunist) ebenfalls Aberkennung des Professor-Titels. Die Rechtfertigungsversuche G.s ohne Erfolg.
H   101 21122 – 46 (1242 b)

6. – 7. 5. 43   AA, PublikationsSt. Innsbruck   16891
Mitteilung des Auswärtigen Amts über Charakter und Tätigkeit der Alpenländischen Forschungsgemeinschaft und der Publikationsstelle Innsbruck sowie Übersendung eines Berichts der letzteren über eine Spende Mussolinis für den Bau der Christus-Königs-Kirche in Trient.
W   202 00674 ff. (7/10 – 18 + 19/8)

6. 5. – 1. 7. 43   Lammers   16892
Erklärung Bormanns zu von Lammers monierten „mißverständlichen Zustimmungs-Erklärungen" der PKzl. zu Beförderungen (Interpretation als [mithin ohne Beteiligung L.' erfolgte] Zustimmung zur Durchbrechung des Stop-Erlasses): Nur *ein* solcher Fall seinen Mitarbeitern bekannt (Beförderung des RegOAmtmanns Braune zum Regierungsrat nach zweimaliger Anmahnung durch den Führeradjutanten v. Below); Bitte, ihm weitere Fälle namhaft zu machen. Daraufhin von L. erwähnt die Beförderung des als Major mit dem Ritterkreuz ausgezeichneten Stadtamtmanns Paul Marbach von der Stadtsparkasse

Oppeln; im übrigen von ihm mit seinem Hinweis lediglich beabsichtigt, „der Entstehung einer etwaigen falschen Auffassung auf seiten anderer interessierter Stellen vorzubeugen".
H   101 10159 – 63 (658 b)

7. 5. 43   AA   16893
Übersendung eines Artikels der Zeitung Gazette de Lausanne über die Rolle der Anglikanischen Kirche im Krieg und bei der Vorbereitung des Friedens.
W   202 01719 – 27 (12/15 – 12/33)

7. 5. 43   RWiM, Lammers   16894
Durch Bormann Weiterleitung einer Weisung Hitlers: Sofortige Aufhebung der vom Reichsinnungsmeister der Friseur-Innung angeordneten Beschränkungen für Dauerwellen (nur bis sieben Zentimeter Länge) und Haarfärben (nur bei ergrautem Haar).
M/H   101 10693 (662)

7. 5. 43   RJM   16895
Übersendung eines Runderlasses zur Regelung firmen- und registerrechtlicher Fragen im Zusammenhang mit der Bildung von Kriegsbetriebsgemeinschaften (vgl. Nr. 16889) und mit der Stillegung von Handelsbetrieben: Die rechtliche Gestaltung der Zusammenlegung grundsätzlich Sache der beteiligten Kaufleute; im Hinblick auf den nur vorübergehenden Charakter dieser Maßnahmen keine registerrechtliche Eintragung bei Zusammenschlüssen bzw. Schließungen von Betrieben erforderlich.
M   101 10760 – 63 (662 a)

7. 5. 43   AA, PublikationsSt. Innsbruck   16896
Übersendung eines anti-ns. Artikels der katholischen Zeitschrift Jugendwacht (Bozen): „Gedanken zu einem Brief von der Ostfront" (bei eigener Mißachtung der Ordnung Gottes der Kampf gegen den Bolschewismus aussichtslos).
W/H   202 00671 ff. (7/10 – 18 + 19/8)

7. – 10. 5. 43   Fa. H. Rothe, Lammers   16897
Nach Vortrag zweier Eingaben der Firma durch Bormann Weisung Hitlers, die beiden letzten Blumengeschäfte der Fa. Hermann Rothe nicht stillzulegen, um die – wenn auch beschränkten – repräsentativen Ansprüche der Reichsregierung weiterhin befriedigen zu können.
M   101 10764 – 67 (662 a)

7. 5. – 31. 10. 43   RKzl., OPräs. Hessen-Nassau, RFM   16898
Einspruch des Oberpräsidenten von Hessen-Nassau beim Reichsfinanzminister (RFM) gegen die ohne seine Beteiligung durchgeführte Verlegung der Zollabteilung des Oberfinanzpräsidenten in Kassel nach Darmstadt; Bitte um Unterstützung. Nach Einholung einer ausführlichen Begründung des RFM Zustimmung der Reichskanzlei und der PKzl. zu dieser Maßnahme mit der Zusicherung an den Oberpräsidenten, bei etwaiger Aufhebung weiterer Oberfinanzpräsidien diese Einschränkung nicht zum Anlaß für eine vorzugsweise Aufhebung des Oberfinanzpräsidiums Kassel zu nehmen.
M/H   101 10397 – 419 (659 a); 101 13636 (719)

[8. 5. 43]   RPM   16899
*Brief, den „strahlend aus der ganzen Angelegenheit herausgehenden" SS-Gruf. Berger betreffend.
H   306 00043 f. (Berger)

8. – 20. 5. 43   Lammers, Keitel   16900
In Abweichung von den Reichsgrundsätzen (hier: Verbot mehrerer Beförderungen in einem Jahr) Bormann mit der Ernennung des Senatspräsidenten beim Reichskriegsgericht Alexander Kraell zum Oberreichskriegsanwalt einverstanden.
A   101 05375/1 – 80 (458 a)

8. 5. 43 – 21. 5. 44   Lammers, Innere Mission   16901
Durch Lammers Übersendung eines Glückwunschtelegramms mit Freiplatzspende des Centralausschusses für die Innere Mission zum Geburtstag Hitlers. Die erbetene Stellungnahme Bormanns: Ein Dank-

schreiben wohl „nicht zu vermeiden". Dementsprechend Dank L.' für die zur Verfügung gestellten Pflegetage (8076 im Jahre 1943).
M/H   101 01431 – 37 (165 a)

9. 5. 43   Lammers   16902
Laut Terminkalender nachmittags Besprechung mit GenGouv. Frank und Bormann.
H   101 29111 (1609 b)

9. – 10. 5. 43   GBV, RStatth. Oldenburg-Bremen, RKzl.   16903
Die Stellungnahme des Generalbevollmächtigten für die Reichsverwaltung gegen die vom Reichsverteidigungskommissar Weser-Ems auf Kriegsdauer vorgeschlagene Stillegung der Regierung in Aurich unter Ausübung der Verwaltung durch das Oldenburgische Staatsministerium (keine Personaleinsparungen zu erwarten, zu befürchtende Unruhe bei der Unterstellung preußischer Gebiete unter Oldenburg, ein Abzug der Mittelinstanz aus luftgefährdeten Gebieten nicht empfehlenswert) von Bormann gebilligt; seitens Lammers' Hinweis auf die erforderliche Beteiligung des Preußischen Ministerpräsidenten. Die Angelegenheit offenbar erledigt durch Ablehnung aller Hitler vorgeschlagenen Auflösungen nicht am Sitze eines Oberpräsidiums befindlicher Regierungen. (Vgl. Nr. 16904.)
H   101 10618/42 – 56, 618/60 – 64, 618/67 (661 a); 101 29607 ff. (660 b)

10.–16. 5. 43   Lammers, RMdI   16904
Gemeinsamer Vortrag Bormanns und Lammers' bei Hitler über die Zusammenlegung der am Dienstsitz eines Oberpräsidenten befindlichen Regierungen mit dessen Behörden (vgl. Nr. 16717): Nicht der Vorschlag B.s, Zusammenlegungen bei Befürwortung durch die zuständigen Gauleiter vorzunehmen, sondern der Vorschlag L.', alle Zusammenlegungen überhaupt zu unterlassen, von H. angenommen. Durch L. entsprechende Benachrichtigung des Reichsinnenministers.
A/H   101 09645/1 – 648 (656)

[11. 5. 43]   GenGouv. Frank u. a.   16905
Besprechung zwischen GenGouv. Frank, Bormann und Lammers (im Anschluß an einen Empfang bei Hitler); ihr Inhalt hauptsächlich die seit Monaten zwischen F. und Himmler bestehenden, nach einer Lösung drängenden Probleme.
K/W   102 01444 (2648)

12. – 18. 5. 43   Himmler, SS-Ustuf. Richter, Oberstlt. Engel   16906
Durch – von Bormann weitergeleitete – Entscheidung Hitlers Aufhebung der Uk.-Stellung des Zahnarztes SS-Ustuf. Gerhard Richter wegen seiner Differenzen mit dem für Zahnbehandlungen im Führerhauptquartier zuständigen Zahnarzt Blaschke. Umgehende Einberufung R.s und Untersuchung gegen ihn erhobener Vorwürfe durch OLGR Müller (PKzl.).
W/H   107 00038 – 43 (154)

12. 5. – 11. 8. 43   RMdI, Lammers, PrMPräs.   16907
Antrag des Reichsinnenministers, den Regierungsbezirk Sigmaringen Württemberg und Baden einzugliedern oder die Regierung stillzulegen. Ablehnung einer Änderung des gegenwärtigen Zustandes durch die Reichskanzlei, die PKzl. und den Preußischen Ministerpräsidenten unter Berufung auf die Entscheidung Hitlers vom 10. 5. 43 gegen die Stillegung von Regierungen in Preußen (vgl. Nr. 16904).
M   101 10312 – 29 (659)

14. – 28. 5. 43   Himmler   16908
Übersendung von Berichten über die Erfahrungen bei der von Hitler zur Aufstellung der beiden neuen SS-Divisionen im Westen befohlenen Ausmusterung des Jahrgangs 1925 in den Reichsarbeitsdienstlagern: Schlechte körperliche Verfassung aufgrund frühzeitiger Heranziehung der Jugendlichen zu schweren körperlichen Arbeiten; negative Beeinflussung durch Elternhaus und Kirche; Angst vor einem Einsatz bei der Waffen-SS (Gerüchte über hohe Verluste, u. a.); Versagen der HJ, gute Unterstützung der Werbungsaktion durch den Reichsarbeitsdienst. Die von Himmler daraus gewonnene Erkenntnis: Planmäßige Vergiftung der Jugend durch die christliche Erziehung ohne genügende Gegenwirkung.
W/H   107 01243 – 58 (398)

14. 5. – 21. 7. 43   Stv. GL Ostpreußen, Chef GenStab 18. Armee, Himmler u. a.   16909
Stellungnahme des Generalstabschefs der 18. Armee, GenMaj. Speth, zu der von der Partei monierten

"bevorzugten Behandlung" (Familienanschluß) von zwei in den ostpreußischen Heimathaushalten zweier seiner Offiziere (Mohrungen) beschäftigten, durch die Spionageabwehr nach Dienstleistungen dorthin als Ostarbeiterinnen vermittelten russischen ehemaligen Studentinnen: Eine positive Behandlung der Ostarbeiter wichtig für die Einsatzfreudigkeit und Verläßlichkeit der „Schulter an Schulter" mit der Wehrmacht kämpfenden russischen Legionäre. Energische Zurückweisung dieser Ansicht durch den ostpreußischen Stv. GL Großherr: Die im vorliegenden Fall verletzten Behandlungsbestimmungen auf zahlreichen Erfahrungen aufgebaut und im Einklang mit dem Volksempfinden stehend; das Verhalten der Ostarbeiter und der bei der Wehrmacht eingesetzten Russen häufig nur scheinbar zufriedenstellend. Ablehnung des Standpunktes S.s auch durch das OKH; dennoch (von S. erbetene, von der Partei zunächst verweigerte) Rücküberstellung der beiden in andere Haushalte versetzten Ostarbeiterinnen für den weiteren V-Einsatz bei der 18. Armee. Dazu eine interne Stellungnahme (Passe) der von G. eingeschalteten PKzl.: Die Lösung unbefriedigend und nicht zu billigen, dennoch Vorschlag, die von den beteiligten Stellen als erledigt betrachtete (Marginalie: leider!) Sache auf sich beruhen zu lassen. Nach Ansicht Himmlers ein Vortrag Bormanns bei Hitler über die bevorzugte Behandlung von Ostarbeitern, Russen und Ukrainern durch die Wehrmacht erforderlich.
W/H   107 00827 – 45 (287)

14. 5. – 4. 12. 43   Lammers, RMfWEuV   16910
Durch Bormann Weiterleitung der Anweisung Hitlers, schwach besuchte Theologische Fakultäten (weniger als sechs Studierende) umgehend zu schließen. Einwände des Reichserziehungsministers: Gefahr der Abstempelung des NS als kirchenfeindlich; ein Abbau praktisch bereits erfolgt aufgrund von Vereinbarungen mit dem StdF (keine Neuberufungen auf theologische Lehrstühle, fast keine Ernennungen theologischer Dozenten); unerwünschte kirchenpolitische Rückschlüsse wegen der Auswirkungen zunächst allein auf die – schwächer besuchten – evangelischen Fakultäten. Zustimmung B.s zu Lammers' Vorschlag: Weiterhin „stiller Abbau", aber keine förmlichen Schließungen.
M/H   101 10420 – 36 (659 a)

15. 5. 43   RArbM u. a.   16911
Übersendung eines Runderlasses über die Einführung der Normblätter DIN 4152 – 4154 für Hohlblocksteine (als Richtlinie für die Baupolizei).
H   101 19161 ff. (1169 a)

16. 5. 43   Himmler   16912
Mitteilung von Ilse Heß über ein „etwas mysteriöses Vorkommnis", nämlich den Besuch eines als prodeutsch bekannten Schweizers namens Graf bei einer in der Schweiz lebenden Tante ihres Mannes, angeblich im Zusammenhang mit einem Auftrag Hitlers, die dort lagernden Briefe Heß' abzuholen, um aufgrund der Handschrift den Geisteszustand von Heß festzustellen; dazu Frau Heß: Für eine Prüfung der Handschrift bereits seit zwei Jahren anhand der von Heß eingehenden Briefe genügend Gelegenheit; außerdem die – sonst in der Angelegenheit ihres Mannes nur äußerst selten vorkommende – Nennung Hitlers eigenartig. Zusage Himmlers, der Sache nachzugehen (nicht abgegangen).
W   107 00554, 564 ff., 580 ff., 602 f. (213)

16. – 19. 5. 43   Lammers, RK Koch   16913
Mitteilung Bormanns: Wegen der augenblicklichen Versorgungslage raschestmögliche Einstellung der „sogenannten Paket-Aktion" (vgl. Nr. 16131).
H   101 11757 f. (682)

17. – 20. 5. 43   HSSPF Ost   16914
In Anbetracht des nach seiner Meinung bevorstehenden Wechsels in der Person des Generalgouverneurs und um eine weitere Verschärfung des „außerordentlich gespannten" Verhältnisses zwischen GenGouv. Frank und dem Höheren SS- und Polizeiführer Ost, Krüger, zu vermeiden, Empfehlung des BerL Ifland (Vertreter der PKzl. beim Sonderbeauftragten Gen. Unruh) an Bormann, aus einer vom Generalgouverneur vorgelegten, auf Wunsch Himmlers K. vertraulich zur Kenntnis gebrachten Liste von 2511 vor der Einberufung zur Wehrmacht zu schützenden Führungs- und Fachkräften die 270 (von insgesamt 850) von K. als entbehrlich bezeichneten „kv.-Männer 01 und jünger" *nicht* einzuziehen; die Beurteilungen K.s möglicherweise weniger ökonomisch als politisch bestimmt. Einverständnis B.s mit dem Vorschlag, diese Einziehungen zu unterlassen.
K/H   102 01451 – 59 (2648)

17.–21. 5. 43   GL Rainer, Lammers   16915
Bericht des GL Rainer über die Zusammenarbeit zwischen katholischen Geistlichen und „Banditen" in Oberkrain: Einweisung des Pfarrers Tscherne (Veldes) in das Lager Vigaun wegen von ihm geäußerter Drohungen gegen slowenische Kollaborateure und Denunzianten (in seiner Vernehmung Erwähnung des an ihn ergangenen Verbots, die Bevölkerung gegen die „Banditen" zu beeinflussen); Aufenthalt des das Oberkrainer Gebiet besuchenden Klagenfurter Bischofs Rohracher „ausschließlich im banditengefährdetsten Gebiet"; Hissung der „Sowjet-Fahne" auf einem Kirchturm in Laak.
H   101 24053–57 (1348 a)

18. 5. 43   GBN   16916
Übersendung eines Rundschreibens über weitere Einschränkungen (auf ein Viertel) der Genehmigung von Fernsprechnebenstellenanlagen.
H   101 17622 f. (1068 b)

[nach 18. 5. 43]   (RWiM)   16917
Ernennungsvorschlag (zum Regierungsrat) für den Preisprüfer bei der Regierung in Ansbach Albert Daum.
H   305 00185 f. (RWiM/Preisbildung)

19. 5. 43   AA, Kirchl. Außenamt d. Ev. Kirche, OFPräs.   16918
Durch das Auswärtige Amt Übersendung eines Antrags des Kirchlichen Außenamts der Deutschen Evangelischen Kirche auf Erteilung einer Devisengenehmigung für die weitere Pflege der Beziehungen zu orthodoxen Kreisen in Frankreich; grundsätzliche Einwände gegen diese Kirchenkontakte mit der russischen Emigration in Frankreich.
W/H   202 00399–402 (5/2–18)

19. 5. 43   Gen. Reinecke, Himmler   16919
Durch Gen. Reinecke der PKzl. zur Kenntnis gebrachte Vorschläge eines Bataillonskommandeurs der Wehrmacht für in der Monatsschrift „Was uns bewegt" zu behandelnde Themen; dabei ausführliche Darstellung der „teilweise an Haß grenzenden Einstellung" von Soldaten aller Dienstgrade gegenüber der Waffen-SS und der Gründe dafür (Kommentar Bormanns bei der Weiterleitung an Himmler: Die sowjetische Flugblattpropaganda anscheinend nicht erfolglos geblieben); weitere Themen: Kirche und Staat, Minderheiten (Assimilierung, Abschiebung oder Vernichtung der Tschechen und Polen), Kolonialfragen.
W/H   107 00082–85 (163)

19. 5. 43   Lammers   16920
Laut Terminkalender mehrere Besprechungen mit Bormann, Rosenberg und GL Koch; 17.00 Uhr Empfang sämtlicher Besprechungsteilnehmer durch Hitler.
H   101 29112 (1609 b)

19. 5. 43   AO, RWiM, RMfBuM   16921
Mitteilung des GL Bohle über die von seinen Landesgruppenleitern laufend vorgebrachten Beanstandungen nicht kriegswichtiger Geschäftsreisen ins Ausland; hierüber in letzter Zeit Besprechungen zwischen dem Außenhandelsamt der Auslands-Organisation und der PKzl.; Übersendung von Korrespondenz über ein geeignetes Genehmigungsverfahren; Vorschläge für die Prüfung der politischen Zuverlässigkeit der Reisenden; unbedingt erforderliche Beschränkung der Zuständigkeit der Wehrmacht auf Wehrmachtangehörige.
M/H   306 00105 f. (Bohle)

[19. 5. 43]   (RSHA)   16922
Bitte Himmlers an den Chef des Reichssicherheitshauptamtes, seine – zustimmende – Stellungnahme zu einer Denkschrift Leys über Maßnahmen zur Erhaltung der Arbeitsmoral (Bekämpfung von Arbeitsbummelei und unbegründetem Krankfeiern) der PKzl. zur Kenntnis zu bringen; in der Stellungnahme enthalten der Wunsch, diese Maßnahmen nicht nur gegen die Arbeiterschaft zu richten, sondern auch die Arbeitsmoral beeinträchtigende sonstige Mißstände zu beseitigen, etwa die Unterschlagungen bei der Werkküchenverpflegung oder die Besichtigungs-Autofahrten „hoher Uniformträger" nach Bombenangriffen.
H   102 01406–10 (2636)

[19. 5. 43]   Lammers   16923
Mitteilung Bormanns: Der zur Ernennung zum Unterstaatssekretär im Reichsernährungsministerium vorgeschlagene MinDir. Wiehl mit einer nach Kriegsausbruch in Schutzhaft genommenen, jetzt in der Schweiz lebenden Engländerin verheiratet. (Im Zusammenhang mit dem Ernennungsvorschlag – nicht ausgeführte – Absicht Lammers', Hitler generell die Frage der Verleihung der Amtsbezeichnung Unterstaatssekretär vorzutragen; Liste der bei den Ressorts vorhandenen Staats- und Unterstaatssekretäre.)
K   101 18414 – 18 (1143 a)

19. 5. – 13. 7. 43   AA, Bf. Heckel   16924
Nach anfänglicher Ablehnung Zustimmung der PKzl. zu der beantragten Teilnahme des Bf. Heckel an kirchlichen Feiern in Finnland (Grund: Die Ersetzung H.s durch Bf. Schultz nicht mehr möglich, bei Absage des Besuchs große Verstimmung in den finnischen kirchlichen Kreisen zu erwarten) unter dem Vorbehalt keiner weiteren Auslandsreisen H.s. Später Bericht H.s über seine Reise: Deutschfreundliche Haltung verschiedener finnischer Kirchenpersönlichkeiten; Ausnutzung der zahlreichen Gelegenheiten, die deutsche Sache zu vertreten.
W   202 00220 – 41 (3/7)

20. 5. 43   AA   16925
Mitteilung einer TO-Meldung aus Lissabon über angebliche ausführliche Besprechungen des Erzbischofs von New York, Spellman, mit dem Papst sowie mit Ciano und Grandi über die Zukunft Italiens; wegen der Gefahr sozialer Unruhen angeblich Eintreten des Papstes für die Ersetzung des Königs durch einen weniger eng mit dem Faschismus liierten Nachfolger.
W   202 01000 (9/5 – 14 + 20/1)

20. – 23. 5. 43   Fiehler, Lammers, Oberste RBeh.   16926
Nach einer Mitteilung Fiehlers über zwei einschlägige Fälle in München (Ankündigung einer Sonderzuteilung für werdende und stillende Mütter sowie der Einführung der Bewirtschaftung von Haushaltgerät aus Metall vor Eintreffen der Durchführungsbestimmungen bzw. der Bezugsmarken bei den Wirtschaftsämtern) Bitte Bormanns um Anweisung der Obersten Reichsbehörden, bei allen zentralen Anordnungen rechtzeitig den Vollzug sicherzustellen und erst dann Pressenotizen an das Propagandaministerium herauszugeben. Entsprechendes Rundschreiben Lammers'.
H   101 08496 – 500 (639 a)

20. – 24. 5. 43   Lammers, StSekr. Backe   16927
Durch Lammers Übersendung eines Berichts des StSekr. Backe an Hitler über seine Unterredungen mit dem italienischen Landwirtschaftsminister Pareschi und mit Mussolini: Dank P.s für die von Deutschland geleistete Ernährungshilfe, Bitte um weitere Unterstützung (Saat- und Speisekartoffeln, Brotgetreide) und Zusage, die von Deutschland benötigten Frühkartoffeln zu liefern; nach übereinstimmender Ansicht P.s und B.s die in Italien geplante Erhöhung der Brotration nur durch Einfuhren aus Rumänien zu ermöglichen, die eventuell wiederum möglichen deutschen Hilfslieferungen für eine Steigerung nicht ausreichend; die Frage der rumänischen Getreidelieferungen nur politisch zu lösen (im laufenden Wirtschaftsjahr Lieferungen weder an Deutschland noch an Italien – trotz rumänischer Vorräte); Ausführungen M.s über die Bedeutung eines gesunden Landvolkes für die Nation. Mitteilung Bormanns über die Vorlage des Berichts bei H.
K/W/H   101 08010 – 15 (614)

20. 5. – 27. 10. 43   Lammers, RPM u. a.   16928
Zustimmung Bormanns zu einem Vorschlag Lammers': „Im Hinblick auf die inzwischen eingetretene Entwicklung" (die Stillegung von Behörden im wesentlichen abgeschlossen, andererseits durch die Ausweichaktion Behördenräume in beträchtlichem Umfang verfügbar) keine weitere Erörterung des nach der Auflösung der Reichspostdirektionen Kassel und Potsdam vorbereiteten Rundschreibens der Reichskanzlei über die Verwendung der durch Stillegung von Behörden freiwerdenden Diensträume (Einschränkung des Verfügungsrechts der Obersten Reichsbehörden durch Beteiligung des örtlich zuständigen Reichsverteidigungskommissars). (Vgl. Nr. 16784.)
H   101 09672 – 86 (656)

[21. 5. 43]   Chef Sipo   16929
*Aufstellung über den Personenkreis um GL Henlein für eine Besprechung Himmlers mit Bormann.
M   306 00442 (Henlein)

21. 5. – 17. 6. 43   Lammers, RVM   16930
Einwände Bormanns, Lammers' und anderer gegen die gewünschte Erteilung von Sondervollmachten an den Reichsverkehrsminister (RVM) für eine Verwaltungsvereinfachung auf dem Gebiet des Personalwesens in der Reichsverkehrsverwaltung: Befürchtung einer schweren Gefährdung des Verwaltungsaufbaus und der einheitlichen Beamten-, Besoldungs- und Tarifpolitik; im übrigen kein Bedürfnis für Sonderregelungen vorhanden. Durch L. entsprechender Bescheid an den RVM.
M   101 04658/1 – 61 (425 a)

21. 5. – 5. 9. 43   Lammers, RFM u. a.   16931
Die Frage der Zahlung von Unterstützungen an nichtdeutsche Arbeitskräfte des öffentlichen Dienstes in den besetzten Ostgebieten nach – dann von Lammers übernommener – Auffassung der PKzl. (dort Anfrage L.' wegen der ablehnenden Haltung Bormanns in der Frage der Gewährung von Unterstützungen an polnische Arbeiter im Generalgouvernement) von der „Stellung der einzelnen Völker" abhängig: Keine Bedenken in Estland, Lettland und Litauen, in Weißruthenien hingegen Einschränkung auf besondere Notlagen. Anlaß der Stellungnahme die vom Reichsfinanzminister (RFM) vorgebrachte Differenz bei der Unterstützungsgewährung zwischen Reichskommissar Ostland (de facto deutsche Regelung für Deutsche im Reich), Reichsostminister (stillschweigende gelegentliche Bewilligungen), OKW (bisher sehr strenge Praxis, indes Beantragung entsprechender Mittel zur Angleichung an die Zivilverwaltung) und RFM (grundsätzliche Möglichkeit der Gewährung bei jedoch strengen Maßstäben).
H   101 06680 – 94 (545); 101 08188 – 98 (617 a, 618)

[22.] – 23. 5. 43   Lammers, Adj. d. Wehrm. b. F   16932
Durch Hitlers Wehrmachtadjutantur an Keitel übermittelte Rüge wegen der Belegung zahlreicher Villen und Häuser in Berlin und anderswo durch militärische Stäbe: Zumutbarkeit der Arbeit in Baracken und Kasernen auch für diese militärischen Dienststellen, Freigabe der Häuser zugunsten der Unterbringung von Bombengeschädigten und Schwerverletzten. Anweisung an Bormann, in den Bereichen von Staat und Partei die gleichen Maßnahmen zu veranlassen. Durch B. Informierung Lammers'.
H   101 17306 – 09 (1032 a)

22. – 25. 5. 43   RKzl., StSekr. Frank   16933
Zustimmung Bormanns zu der von Lammers positiv beurteilten Bitte des StSekr. Karl Hermann Frank um Beibehaltung seines Adjutanten als Ausnahme von der mit Rundschreiben L.' vom 24. 3. 43 (vgl. Nr. 16602) festgelegten Regel, bei Staatssekretären ein Bedürfnis für die Verwendung von Adjutanten grundsätzlich nicht anzuerkennen.
A/H   101 10182/3 – 186 (658 b)

22. 5. – 22. 8. 43   Himmler, Prof. B. K. Schultz, GL, RL, VerbF   16934
Einwände Himmlers gegen die ausnahmslose Gleichsetzung jüdischer Mischlinge 2. Grades mit Deutschblütigen bei der „Endlösung des Judenmischlingsproblems"; gemäß einem Gutachten von SS-Staf. Prof. B. K. Schultz, Chef des Rassenamtes im Rasse- und Siedlungshauptamt-SS, eine Überprüfung des rassischen Erscheinungsbildes in mehreren Generationen und eventuelle Sterilisierung erforderlich. Daraufhin Anordnung Bormanns: Berücksichtigung des Erscheinungsbildes und Einschaltung der Rassenpolitischen Ämter der Gauleitungen bei der Beurteilung solcher Mischlinge im Falle ihrer vorgesehenen Verwendung in verantwortlichen Stellungen.
K/H   102 00621 – 28 (1047)

24. 5. 43   GBA   16935
Bericht über den Einsatz von Männern und Frauen für Aufgaben der Reichsverteidigung (Zahl und Struktur der gemeldeten und eingesetzten Personen, Eingang und Bearbeitung der Meldungen, Art des Einsatzes, u. a.) sowie über die Ergebnisse der Stillegungs- und Einschränkungsaktion (Zahl, Struktur und anderweitiger Einsatz der freigemachten Arbeitskräfte).
W   101 09557 – 64 (654 b)

[24. 5. 43]   GL Rainer   16936
In einem Gespräch mit Klopfer (PKzl.) formulierte Voraussetzungen für die Ernennung eines Gauleiters zum Reichssportführer (RSF): Wegen der Führerunmittelbarkeit der Gauleiter die Aufwertung des RSF zu einer Obersten Reichsbehörde und die Ernennung durch Hitler selbst erforderlich; Unterstellung der zum Sportwesen gehörenden Dienststellen der Reichsministerien unter den RSF; keine Unterstellung des RSF (wie beim bisherigen RSF durch die von ihm in Personalunion ausgeübte Leitung des Amtes

„Kampfspiele" in der SA, des Hauptamtes „Körperliche Erziehung" in der Reichsjugendführung und des Amtes „KdF" in der DAF) unter Verbändeführer; Errichtung eines Referates Sport in der PKzl.
W/H   107 00661 f. (220)

24. 5.–1. 6. 43   RKzl., RMdI, RFM   16937
Bitte des Reichsinnenministers (RMdI) um das – im Einvernehmen mit dem Reichsfinanzminister (RFM) auszuübende – Antragsrecht gemäß Ziffer 2 des Rundschreibens der Reichskanzlei vom 17. 2. 43 (Stoperlaß) für Stellenhebungen im kommunalen Bereich. Aufgrund der Gegenvorstellung des RFM (zur Vermeidung von Präzedenzfällen und zur gerechten Vorprüfung Belassung des Antragsrechts für Ausnahmegenehmigungen bei einer einzigen, unbeteiligten Stelle, d. h. beim RFM) Ablehnung der Bitte des RMdI durch den Dreierausschuß.
A   101 10168–77 (658 b)

24. 5.–24. 6. 43   RKzl.   16938
Bitte des Reichsostministers, in besonders krassen Fällen Anträge auf Abweichung von den Reichsgrundsätzen vorlegen zu dürfen: Ablehnung dieses Wunsches in einer Sachbearbeiterbesprechung, jedoch allgemeine Lockerung der Bestimmungen des Stoperlasses durch den Beschluß einer Härteklausel in der Sitzung des Dreierausschusses vom 24. 6. 43 (eine Entscheidung über die Zulassung darüber hinausgehender *genereller* Ausnahmen von den Reichsgrundsätzen noch ausstehend).
M/H   101 10452 ff. (659 a)

24. 5.–7. 7. 43   RKzl., RFM   16939
Die Absicht des Reichsfinanzministers (RFM), die an ihn vom Deutschen Gemeindetag (DGT) im Interesse der Nachwuchsgewinnung herangetragene Bitte um Höhergruppierung eines Teils der staatlich geprüften Kindergärtnerinnen unter Berufung auf den Stoperlaß abzulehnen, von Lammers und Bormann kritisiert: Der Stoperlaß nicht auf Angestellte und Arbeiter im öffentlichen Dienst anwendbar; eine Erweiterung des in der jetzigen Form ohnehin schwerlich aufrechtzuerhaltenden Erlasses unzweckmäßig. Der Wunsch des DGT vom RFM trotzdem, jedoch mit Hinweis auf den Lohnstop, abgelehnt.
A   101 06697–709 (545 a)

25. 5. 43   Meissner, Lammers   16940
Mitteilung Bormanns: Rosenbergs Bitte um Zuteilung eines Kontingents Kriegsverdienstkreuze an ihn für seine Dienstreise in die Ukraine von Hitler genehmigt.
W/H   101 08949 f. (649 a)

25. 5.–23. 7. 43   RMfWEuV, RKSee., RKzl.   16941
In einem Konflikt zwischen dem Reichserziehungsminister (REM) und dem Reichskommissar für die Seeschiffahrt über die Zuständigkeit für den Erlaß von Lehrplänen im Schiffsingenieur- und Seemaschinistenschulwesen Entscheidung Lammers' und Bormanns zugunsten des REM.
M   101 00621–48 (143 a)

26. 5. 43   AA   16942
Übersendung eines Telegramms der Deutschen Botschaft beim Vatikan über Äußerungen des japanischen Sonderdelegierten beim Heiligen Stuhl, Ken Harada, zur Religionspolitik Japans in Ostasien (Aufgabe Japans die Schaffung einer die Eigenart jeder Nation respektierenden neuen Ordnung, daher auch Achtung und Schutz jeder der japanischen Politik nicht entgegenstehenden Religion), über die Förderung des religiösen Lebens auf den Philippinen durch die Japaner sowie über die Gründung einer Katholischen Vereinigung Großostasiens in Tokio.
W/H   202 00774 ff. (8/1–7 + 19/9)

26. 5. 43   RMfWEuV   16943
Ablehnung der Heranziehung des Prof. Clemens Bauer (Freiburg) zu Auslandsvorträgen durch die PKzl. („in weltanschaulicher Hinsicht wenig gefestigt").
W   301 00112 (Bauer, C.)

26. 5.–1. 6. 43   RKzl.   16944
Übersendung des von Gen. Unruh angeregten Entwurfs einer Verordnung zur Angleichung des Patent- und Gebrauchsmusterrechts im Generalgouvernement an das Reichsrecht. Zurückreichung durch die PKzl. nach Mitzeichnung durch Bormann.
A/H   101 23932–35 (1341)

27. 5. 43   OKW   16945
Übersendung einer Neufassung der Bestimmungen über Beute und Beschlagnahme im altbesetzten Frankreich (ausgenommen Elsaß-Lothringen); deren Zweck, Frankreich nicht der zur ordentlichen Verwaltung und zur Zahlung der Besatzungskosten erforderlichen Mittel zu berauben; Aufführung der dem Beute- und Beschlagnahmerecht unterliegenden Güter und Leistungen sowie der zur Ausübung dieses Rechts bevollmächtigten Dienststellen.
W   107 00687—94 (222)

27. 5. 43   Lammers, RSchatzmeister   16946
Durch Bormann Übersendung der Anordnung 17/43 des Reichsschatzmeisters (Ersatzraumbeschaffung für von Dienststellen der NSDAP usw. freizumachende Wohnungen durch Zusammenlegung oder Unterbringung in stillgelegten Läden, Gaststätten und Betrieben) an Lammers zur Kenntnisnahme.
H   101 17310 ff. (1032 a)

[27. 5. 43]   RKzl.   16947
Absicht der PKzl., die Frage einer Vorprüfung bürgerlich-rechtlicher Ansprüche gegen die NSDAP wieder aufzunehmen.
H   101 28036 (1528 a)

27. 5.—8. 8. 43   Lammers, HTO, SdBeauftr. f. Linz   16948
Im Verlauf der Auseinandersetzungen um die Sammlung Lanckoronski (vgl. Nr. 16171) Hinweis der Haupttreuhandstelle Ost auf die weitere in Wien beschlagnahmte Kunstsammlung Lilienfeld. Überprüfung der Sammlung durch Hitlers Beauftragten: Insbesondere ein Frans Hals „für die Zwecke des Führers (Neues Kunstmuseum Linz) hervorragend geeignet". Infolge Einspruchs der Frau Lilienfeld (arisch, volksdeutsch, ausländische Staatsangehörigkeit) gegen die Beschlagnahme lediglich Sicherung des Vorkaufsrechts für Hitlers Sonderauftrag Linz möglich.
H   101 21800 ff., 810 ff., 828—31, 836 ff., 846 ff. (1270 a)

27. 5.—8. 11. 43   Dt. StM f. Böhmen u. Mähren—42   16949
Die von der Gauleitung Sudetenland angeregte Beteiligung der Partei bei Abordnungen von Altreichsbeamten zur autonomen Verwaltung des Protektorats vom Deutschen Staatsminister für Böhmen und Mähren für unnötig erklärt: Bei Abordnungen bereits Prüfung der politischen Eignung anhand der in den Personalakten befindlichen PKzl.-Beurteilungen, außerdem gegebenenfalls Einschaltung der Parteiverbindungsstelle (PVSt.); bei Beförderungen Einholung der Beurteilung der PVSt. bzw. (bei höheren Beamten) der PKzl.; Empfehlung, bei der Beurteilung nicht zu seinem Haushalt gehörender höherer Protektoratsbeamter durch die PKzl. (ebenso wie schon bei den Beamten seines Haushalts) die PVSt. zu beteiligen.
W   113 00012—15 (5)

27. 5. 43—9. 9. 44   RFSS, RKzl.   16950
Vorschlag Himmlers, sämtliche Behördenchefs zur Meldung aller ihnen innerhalb ihres Geschäftsbereichs bekannt gewordenen strafbaren Handlungen an die Kriminal- bzw. Staatspolizeistellen zu verpflichten; Einleitung einer strafgerichtlichen Ahndung — sofern eine solche nach Ansicht der zur Stellungnahme dazu aufgeforderten Behördenleiter nicht angebracht — durch die örtlichen Polizeidienststellen, jedoch nur mit Zustimmung des Chefs der Sicherheitspolizei; die bisherige Handhabung (die Entscheidung über eine Abgabe des Falles an die Strafverfolgungsbehörden oder über die bloße Durchführung eines Disziplinarverfahrens Ermessenssache der Ressortleiter) im Interesse der inneren Sicherheit des Reiches bedenklich (die vorliegenden Straftatbestände der Polizei und der Staatsanwaltschaft vielfach unbekannt, Behinderung der vorbeugenden Verbrechensbekämpfung der Kriminalpolizei, Fehlbeurteilungen politisch-polizeilicher Tatbestände infolge mangelnder Sachkenntnis der Behördenchefs); Bitte an Lammers, diesen Vorschlag zu erwägen und im Falle seiner Billigung Hitler die Herausgabe eines entsprechenden (im Entwurf beigefügten) Erlasses vorzuschlagen. Bitte Bormanns, wegen der — aus der Begründung des Vorschlags nicht ohne weiteres ersichtlichen — weitreichenden Folgen an der Angelegenheit beteiligt zu werden. Durch die Reichskanzlei (RKzl.) Übersendung einer eingehenden kritischen, von RKabR Killy verfaßten Analyse des Plans Himmlers (unbegründetes Mißtrauen gegenüber den Behördenchefs, tiefer Eingriff in lang erprobte Verwaltungsgrundsätze, ein wesentliches Ergebnis der vorgeschlagenen Regelung kaum zu erwarten, erhebliche beamten- und staatspolitische Bedenken) an B. mit der Bitte um Stellungnahme dazu und um Vorschläge für das zweckmäßige weitere Vorgehen. Nach wiederholten Rückfragen des Reichssicherheitshauptamtes und mehrfacher erfolgloser Erinnerung der RKzl. an die von der PKzl. erbetene Stellungnahme schließlich (nach einem Jahr) Mitteilung der

Ansicht B.s: Am besten Zurückstellung der keineswegs vordringlichen Angelegenheit; StSekr. Klopfer angewiesen, diese Auffassung auch Himmler gegenüber zu vertreten.
A   101 04935 – 64 (445)

28. 5. 43   AA, Dt. Ges. Budapest   16951
Übersendung eines Berichts der Deutschen Gesandtschaft in Budapest über katholische und protestantische Stimmen zu den kirchlichen Vereinheitlichungsbestrebungen in Ungarn.
W   202 01940 – 42/4 (15/12 – 22)

28. 5. 43   RFSS, Prof. Göring   16952
Durch den Reichsführer-SS Weiterleitung der von einem Vetter Görings, Prof. M. H. Göring (Berlin), übermittelten Bitte des Pfarrers Hans Rieger (Wien) um Aufnahme der zu den ehemaligen illegalen Kämpfern in Österreich zählenden evangelischen Pfarrer in die Partei.
K   102 00213/1 – 5 (387)

28. 5. – 5. 6. 43   Lammers, RM   16953
Eine Anregung Lammers', die für die Inhaber höchster Staatsämter (Minister und Staatssekretäre) geplante Besichtigung neuer Waffen und Geräte in Hillersleben am 8. 6. 43 auf das Führerkorps der Partei auszudehnen, von Bormann unter Hinweis auf den in Kürze stattfindenden Besuch des Atlantikwalls durch die Reichs- und Gauleiter dankend abgelehnt.
K   101 07738 – 42 (606 a)

31. 5. 43   RKzl.   16954
Weiterleitung einer – an die „oberste Parteistelle" gerichteten – *Eingabe des Waisenhausdirektors Max Michalik (Königsberg) mit dem Vorschlag, das dortige Staatliche Waisenhaus in den Bereich der Wehrmacht überzuleiten.
H   101 22619 (1290 a)

31. 5. – 10. 7. 43   GKfdSuG, Lammers   16955
Wegen eines Hitler von Prof. Brandt direkt vorgelegten und von ihm unterzeichneten Erlasses über die allen übrigen militärischen und zivilen Interessen gegenüber vorrangige Beanspruchung von Anlagen zu Lazarett- und Krankenhauszwecken und über eine Generalkompetenz B.s für „Lazarett- und Krankenhauserstellung oder -belegung" erneute Kritik Lammers' am Procedere B.s: Die Vorlage von Führererlassen aus dem zivilen staatlichen Bereich ihm – L. – vorbehalten; Bitte, von der Weitergabe dieser „internen" Führerweisung bis zu ihrer erforderlichen Umgestaltung nach Rücksprache mit den beteiligten Stellen abzusehen, ferner um eine Interpretation der Weisung (nach dem Wortlaut Vollmacht, z. B. das Auswärtige Amt für Lazarettzwecke in Anspruch zu nehmen) und um Angabe der mit ihr erstrebten Ziele; Absicht, diese „mit den berechtigten Wünschen der übrigen beteiligten Stellen in Einklang zu bringen" (Abschrift an Bormann). Statt einer vorgesehenen Einladung Brandts und des Reichsgesundheitsführers Conti durch L. und Bormann Ankündigung eines Empfangs beider durch H. selbst zwecks Klärung all der zwischen ihnen bestehenden Meinungsverschiedenheiten. – In diesem Zusammenhang erwähnt: Zustimmung Bormanns zu dem *Entwurf eines Zweiten Führererlasses über das Sanitäts- und Gesundheitswesen.
K/H   101 13988 – 95, 999 (737 b); 101 14135 – 40 (745 a)

Juni 43   DSt. Rosenberg   16956
Aus dem Tätigkeitsbericht für Juni 1943: Einreichung einer Liste uk.-zu-stellender Geisteswissenschaftler bei der PKzl.; Zuleitung von 54 Dozentengutachten sowie eines Gutachtens über eine Verordnung zur Besoldung der Nebentätigkeit von Hochschullehrern an die PKzl.; Besprechungen mit der PKzl. (u. a. über die Wiederaufnahme der Lagerarbeit des Dozentenbundes).
W   145 00093 ff. (154)

1. 6. 43   Lammers   16957
Laut Terminkalender 16.00 Uhr Besprechung mit Bormann.
H   101 29113 (1609 b)

[1. 6. 43]   Speer   16958
Besprechungspunkt einer Führerbesprechung: Wegen der Unsicherheit im Generalgouvernement keine Verlagerung von Rüstungsfertigungen in dieses Gebiet möglich; Speers Urteil über die Verantwortung Franks für die Zustände im Generalgouvernement (F. ein „Idiot") von Hitler nicht geteilt (die geringen

Hilfsmittel die Ursache); Erwägung H.s, die Lebensmittel für die dortigen Rüstungsarbeiter nach deutschen Sätzen zuzuteilen, um mehr Leute zu gewinnen. (Offenbar Mitteilung darüber an Bormann angeordnet.)
W   108 00064 ff. (1507)

1.–6. 6. 43   RKzl.   16959
Mitteilungen an Bormann über eine Reichsbahn wie Richter zusätzlich belastende und mit B.s Einschränkungsrichtlinien nicht zu vereinbarende Ankündigung des Leiters des NS-Rechtswahrerbundes, während des Krieges die Arbeit durch Wochenendlehrgänge auf Schulungsburgen usw. weiterzuführen; Befremden über die Form des betreffenden Rundschreibens (unmittelbar an die Obersten Reichsbehörden mit der Bitte um Mitteilung des Veranlaßten).
H   101 19819 – 22 (1194 b)

1. 6. – 26. 7. 43   AA, Dt. Studienwerk f. Ausländer, DAAD/ZwSt. Stockholm   16960
Durch das Auswärtige Amt Übersendung eines Berichts des Deutschen Studienwerks für Ausländer (Bauersfeld) über die Stipendienvergabe an schwedische Studenten mit Begründung der überproportionalen Berücksichtigung von Theologiestudenten (Initiative Prof. Odeberg [Lund]); Hinweis auf den inzwischen zur Durchführung gelangten Gesandtenwechsel in Stockholm.
W   202 00092 – 97 (2/1 – 12)

1. 6. – 10. 8. 43   RMdI   16961
Kontroverse Erörterung der Ausführungsbestimmungen zum Führererlaß vom 19. 5. 43 über den Erwerb der deutschen Staatsangehörigkeit durch deutschstämmige Angehörige der Wehrmacht, Waffen-SS, Polizei und Organisation Todt; strittige Fragen: Endgültiger oder widerruflicher Staatsangehörigkeitserwerb; Ausdehnung auf inländische Staatsangehörige auf Widerruf (Oberschlesien, Untersteiermark u. a.) und auf andere Organisationen (Reichsarbeitsdienst); Ausnahmeregelung für Volksdeutsche in Dänemark; behördliche Zuständigkeit für die Staatsangehörigkeitsfeststellung; u. a. (Vgl. Nr. 16645.)
M   101 00464 – 89 (137 a)

2. 6. 43   RGesundF   16962
Mitteilung über die Einrichtung des Generalreferats „Luftkriegsschäden" (Leitung MinDir. Cropp) für die durch die Luftgefährdung erforderlichen Maßnahmen im Bereich des zivilen Gesundheitswesens.
K   101 13613 (719)

2. 6. 43   RMdI   16963
Einladung zu einer weiteren Besprechung über den ʼEntwurf einer Fünften Verordnung zur Ausdehnung der Kriegssachschädenverordnung (auf die östlichen Operationsgebiete).
W   112 00182 f. (186)

[2. 6. 43]   Lammers   16964
Von Bormann erwähntes Verbot der Stillegung von Oberlandesgerichten und Regierungen in Preußen durch Hitler. (Erwähnung; vgl. Nr. 16557 und 16904.)
M/H   101 10275 (659)

2. – 8. 6. 43   ArbBer. GenGouv., Himmler   16965
Bericht des Leiters des Arbeitsgebiets Landvolk im Arbeitsbereich Generalgouvernement der NSDAP über die Gefährdung der Ernährung und der Landwirtschaft durch das „Bandenunwesen" (Ausbreitung der nationalen und kommunistischen Widerstandsbewegung, Terrorisierung der Landbevölkerung durch waffenlose Halbwüchsige, Prestigeverlust für die Deutschen durch ungesühnte Gewalttaten; zunehmende Interesselosigkeit der polnischen Bauern an der Erzeugung infolge sich mehrender Übergriffe und Zerstörungen der landwirtschaftlichen Einrichtungen, Mißhandlungen und Raub des Viehs); Forderung nach einer militärischen und polizeilichen Großaktion zur Stabilisierung der Lage, ferner nach Beseitigung mehrerer Grundursachen der schlechten Stimmung der Fremdvölkischen (Umsiedlung, Arbeitererfassung und Unterernährung). Durch Bormann Weiterleitung an Himmler.
K   102 01491 – 97 (2664)

2. 6. – 31. 7. 43   RKzl., RKPreis.   16966
Keine Einwendungen der PKzl. gegen die Errichtung nur einer Preisbildungsstelle für den Reichsverteidigungsbezirk Weser-Ems.
A   101 22917 – 20 (1306 a)

3. 6. 43   RKzl.   16967
Weiterleitung einer *Eingabe, die Freigabe der katholischen Kirche in Charlupia Mala (Wartheland) betreffend.
M   101 01707 (173 a)

3. 6.–6. 7. 43   RKzl.   16968
Kompetenz-Kontroverse zwischen dem Reichsfinanz- und dem Reichsinnenminister einerseits und RStatth. Greiser andererseits wegen der rückwirkenden Planstelleneinweisung der von G. beförderten Oberregierungsräte Fuchs und Siegmund: Die Angelegenheit nach Meinung Lammers' schwerwiegender Natur und Symptom für den Autoritätsverlust der Reichszentralinstanzen; ein Vortrag bei Hitler nur bei einem Einlenken G.s vermeidbar; entsprechendes Einwirken auf G. Bormanns Beurteilung überlassen. Nach Rücksprache von StSekr. Klopfer mit G. dieser zur Zurückziehung seines Antrags auf rückwirkende Planstelleneinweisung bereit.
A   101 05254–63 (452)

3. 6.–16. 10. 43   GL Telschow   16969
Klage über die Auswirkungen der Preisüberbietungen durch SS und Polizei bei Pferdekäufen: Allgemeine Erhöhung des Preisniveaus und Rückgang des Angebots auf den Heeresremontierungsmärkten. Behebung des Problems durch die – von GL Telschow vorgeschlagene – Schaffung einer gemeinsamen Ankaufkommission.
K/H   102 00261–64 (649)

4. 6. 43   Chef Sipo   16970
Übersendung der Einladung für die nächste Sitzung des Arbeitskreises zur Erörterung sicherheitspolizeilicher Fragen des Ausländereinsatzes; Besprechungspunkte: Zulassung zu den „Volksparks", Sperrstunde, „Erziehungsmaßnahmen" bei Verstößen gegen die Umgangsbestimmungen, u. a.
W   112 00075 f. (162)

[4. 6. 43]   DF   16971
Verfügung V/43: Vor der Einleitung von Parteimaßnahmen gegen von Hitler ernannte Politische Leiter die Einholung der Entscheidung des Leiters der PKzl. vorgeschrieben.
W   145 00088 f. (154)

4.–19. 6. 43   GL Sauckel, Lammers – 2   16972
Vorschlag des GL Sauckel, bewährten Ostarbeitern eine Begünstigung bei der Zuteilung von Bodeneigentum in Aussicht zu stellen. Durch Bormann Weiterleitung an Lammers: Keine Bedenken Hitlers unter der Voraussetzung einer Zustimmung Rosenbergs und Himmlers.
W   101 09396 ff. (652 a)

4. 6.–16. 7. 43   RKzl., RKPreis.   16973
Grundsätzlich positive Stellungnahme der PKzl. zur Frage der Abweichung von den Reichsgrundsätzen auch zugunsten schwerbeschädigter (dekorierter und nicht-dekorierter) Kriegsteilnehmer (hier: Anstellung eines Alexander Geiseler – ohne Mindestdienstzeit von drei Jahren im öffentlichen Dienst – als Regierungsrat beim Reichskommissar für die Preisbildung). Gemäß Beschluß des Dreierausschusses jedoch dort keine Entscheidung über Einzelanträge, sondern Zulassung von Ausnahmen im bisher üblichen Verfahren.
A   101 10061–67 (658 a)

5. 6. 43   RL, GL, VerbF   16974
Informationen Bormanns über die bevorstehende Besichtigung des Atlantik-Walls durch die Reichsleiter, Gauleiter und Verbändeführer.
K   102 00151 (266)

5. 6. 43   RMfdkA, Erzbf. Freiburg   16975
Durch den Reichskirchenminister (RKM) Übersendung einer Eingabe des Erzbischofs von Freiburg: Bitte, drei das religiöse Leben beeinträchtigende Anordnungen aufzuheben (nur Werktagsgottesdienste an den Abenden von Himmelfahrt und Fronleichnam; Gottesdienstbeginn nach Fliegeralarmnächten nicht vor zehn Uhr; Einstampfung zumindest eines Teils des bei den geschlossenen katholischen Verlagen und Sortimenten liegenden Materials, vgl. Nr. 16996); Gefahr einer „Zertrümmerung der Volksge-

meinschaft" durch eine unbillige und im Volk Unzufriedenheit hervorrufende Behandlung der Katholiken; im Fall einer Überforderung des RKM durch diese Bitten eine Eingabe an Bormann angekündigt.
M/H   101 10806 f. (663 b)

5. 6. – 13. 7. 43   RMdI, Lammers   16976
Absicht des Reichsinnenministers, kriegsbedingt (verstärkte Luftangriffe, herabgeminderte Leistungsfähigkeit der Behörden infolge von Personalabgaben) alle organisatorischen Maßnahmen im Verwaltungsbereich zurückzustellen: Neben der Bildung des Reichsgaues bzw. eines Gauverbandes Westmark sowie der Landesverbände Hessen und Mecklenburg insbesondere die – vom Leiter der PKzl. dringend befürwortete und von Hitler als einzige Zusammenlegungsmaßnahme gutgeheißene – Beauftragung des RStatth. Wegener mit der Wahrnehmung der Geschäfte des Oberpräsidenten in den zur Provinz Hannover, hingegen zum Partei-Gau Weser-Ems gehörenden Regierungsbezirken Aurich und Osnabrück (Vermeidung der durch die praktische Teilung der Provinz Hannover anfallenden zusätzlichen Arbeit). Ablehnende Stellungnahme Bormanns: Ein schlagkräftiger Verwaltungsapparat für die Reichsverteidigungskommissare unentbehrlich; nach den Erfahrungen bei den letzten Luftangriffen die Zusammenfassung der staatlichen Zuständigkeiten bei den Reichsverteidigungskommissaren notwendig; der Führerentscheid vom 10. 5. 43 über organisatorische Einzelfragen (gegen die Zusammenlegung von Länderministerien, die Stillegung von Regierungen, die Teilung von Provinzen usw., vgl. Nr. 16904) keine Rechtfertigung für eine grundsätzliche Zurückstellung sämtlicher organisatorischer Maßnahmen. (Vgl. Nr. 16807 und 16999.)
K/H   101 12851–77 (703 a)

6. – 18. 6. 43   RKzl., Oberste RBeh.   16977
Vollzug (Mitzeichnung u. a. durch Bormann) und Bekanntgabe des Führererlasses über die Fernhaltung international gebundener Männer von maßgebenden Stellen in Staat, Partei und Wehrmacht.
M   305 00097–102/2 (Fernhaltung)

6. 6. – 19. 7. 43   AA   16978
Unter Mitteilung der ablehnenden Haltung des Reichspropaganda- und des Reichsverkehrsministers Bitte um Stellungnahme zu der geplanten Tagung der Luther-Akademie in Sondershausen (vom Auswärtigen Amt [AA] selbst die Durchführung der Tagung nicht für unbedingt erforderlich gehalten). Antwort der PKzl.: Bei Rücksichtnahme auf die Kriegsbedingungen durch starke Beschränkung der Teilnehmerzahl keine Bedenken, jedoch die Abhaltung der Tagung in Sondershausen und Umgebung kaum möglich (starke Belegung durch Truppen, Lazarette und Evakuierte). Durch das AA Übersendung von Heft 29 der Nachrichten der Luther-Akademie (Tagungsprogramm) an die PKzl. (Vgl. Nr. 15813.)
W   202 00175–83 (3/5–6)

7. – 30. 6. 43   AA   16979
Anläßlich einer geplanten Finnlandreise des Leiters des Kirchlichen Außenamts der Evangelischen Kirche (KA), Bf. Heckel, Bitte des Auswärtigen Amts (AA) um grundsätzliche Stellungnahme zur Person H.s und zum KA. Antwort der PKzl. (unter Verweis auf frühere ausführliche Gespräche mit dem damaligen Sachbearbeiter des AA): Die Tätigkeit des KA zwar unerwünscht, seine Auflösung oder Stillegung z. Zt. jedoch ebensowenig möglich wie die Untersagung der irreführenden Bezeichnung „KA"; Zurückdrängung des Einflusses des KA durch künftige Verhinderung von Auslandsreisen H.s. (Vgl. Nr. 16924.)
W/H   202 00228 ff. (3/7)

8. 6. 43   RMfBuM   16980
Mitteilung über die Beauftragung des Dir. Benkert, Vorsitzender des Vereins Deutscher Ingenieure im NS-Bund Deutscher Technik, mit der Vorlage eines Plans zur Gewährleistung einer einheitlichen Gestaltung auf dem Gebiet der deutschen Normung und Typisierung.
W   101 03464 f. (347 a); 108 00671 f. (1775)

9. 6. – 19. 8. 43   AA   16981
Bei nunmehr beabsichtigtem Ordensaustritt keine Bedenken der PKzl. mehr gegen die Einreise der belgischen Benediktinerin Cécile Alff aus Lissabon nach Deutschland zu ihren Eltern.
W/H   202 01286–89 (10/14–25+20/7)

10. 6. 43   GL Bürckel   16982
Stellungnahme zur Behandlung der Fälle von Eidverweigerung und Desertion bei lothringischen Wehr-

pflichtigen: Die Argumente der Eidverweigerer (Lothringen staatsrechtlich nicht zum Reich gehörig) zuweilen ungewollt durch Reichsbehörden gestützt (z. B. Herausgabe entsprechender Landkarten, Eintragung des Sichtvermerks „Franzose" in Ausweispapieren), Beeinflussung ihrer Einstellung durch Erziehung und Feindpropaganda; Absicht, dies alles künftig nicht mehr als strafmildernd anzuerkennen; Wiederholung seines Vorschlags, Eidverweigerer – sofern Höchststrafe unerwünscht – in ein Konzentrationslager zu verbringen und die Familien ins Reich auszusiedeln (dies von Hitler zunächst mündlich schon gebilligt und daraufhin bereits Herausgabe entsprechender Aufnahme-Anweisungen Himmlers an das Konzentrationslager Buchenwald, später jedoch aus ihm unbekannten Gründen Änderung dieser Führerentscheidung); bei Deserteuren Forderung nach Verhängung der Todesstrafe, Vermögensbeschlagnahme und Verbringung der Angehörigen in das Reich.
K/H   102 01573/9 – 12 (2747)

10. 6. 43   Lammers   16983
Mitteilung Bormanns: Einverständnis Hitlers mit der Fertigstellung eines Sonderwagens der Reichsbahn für Lammers.
M   101 01827 (184 a)

10. 6. – 14. 7. 43   Lammers   16984
Bedenken Bormanns gegen die Errichtung einer Reichspostversicherungsanstalt als Sonderanstalt für die Rentenversicherung der Arbeiter der Deutschen Reichspost: Notwendigkeit, eine weitere Zersplitterung der Sozialversicherung zu verhindern und keinen Berufungsfall für in gleicher Richtung liegende Neuerungen zu schaffen. Zustimmung Lammers'.
M   101 04076 – 79 (404)

10. 6. – 5. 8. 43   AA, Dt. Ges. Budapest, Dt. Kons. Szeged   16985
Weiterleitung der Bitte des katholischen Erzbischofs von Szeged, Glattfelder, um Entsendung reichsdeutscher katholischer Geistlicher in das serbische Banat. Ablehnende Stellungnahme der PKzl. mit der Empfehlung, erforderlichenfalls volksdeutsche katholische Geistliche einzusetzen.
W/H   202 01996 – 2001 (15/23 – 35)

10. 6. – 24. 9. 43   RSHA, Himmler, RK Koch, RMfdbO, RMfEuL   16986
Scharfer Einspruch Himmlers und des RK Koch gegen die (auch vom Reichssicherheitshauptamt [RSHA] kritisierten) vom Reichsostminister (ROM) geplanten Durchführungsbestimmungen zur Deklaration der Reichsregierung über das bäuerliche Privateigentum in den „befreiten Ostgebieten"; Kernpunkt der Kritik die enge Anlehnung der Bestimmungen an das Erbhofgesetz (dazu H.: Die geplante Landordnung „lebensgefährlich"); von H. des weiteren moniert seine Nichtbeteiligung sowie Diskrepanzen zwischen dem deutschen und dem russischen Text der Deklaration (vgl. Nr. 17086). Widersprüchliche Äußerungen über die Haltung der PKzl.: Einverständnis mit den Durchführungsbestimmungen (ROM), noch keine Abgabe einer Stellungnahme (RSHA unter Berufung auf den Verbindungsführer des RSHA in der PKzl.), Eintreten für einen Verzicht auf die Herausgabe von Durchführungsbestimmungen (K.). Bitte Rosenbergs an Bormann um einen Vortrag bei Hitler.
W   102 00078 – 86, 093 – 99 (195)

11. 6. 43 – 26. 4. 44   AA   16987
Auf Veranlassung der PKzl. Rückberufung des reichsdeutschen katholischen Pfarrers Franz Albert Rust aus Madrid wegen anti-ns. Äußerungen. Keine Bedenken der PKzl. gegen R.s Nachfolger, Domvikar Maximilian Loosen.
W   202 01828 – 34 (14/1 – 12)

12. 6. 43   AA   16988
Übersendung eines Artikels des Osservatore Romano mit der Wiedergabe einer Papstrede zum 25jährigen Jubiläum der weiblichen Jugendorganisation der Italienischen Katholischen Aktion (Rolle und soziale Stellung der Frau, Erhaltung und Schutz der christlichen Familie).
W/H   202 00435 – 54 (5/2 – 18)

12. 6. 43   AA, Dt. Botsch. b. Hl. Stuhl   16989
Übersendung eines Berichts der Deutschen Botschaft beim Heiligen Stuhl über eine Ansprache des Kard. Salotti in einer Vortragsreihe über die Weihnachtsbotschaft des Papstes: Bedeutung der Papstbot-

schaften und des Papsttums überhaupt, dünkelhaft dagegen gerichtete „gewisse moderne Ideologien" zum Scheitern verurteilt.
W/H   202 02159 ff. (16/24—37)

12. 6.—[12. 11.] 43   Frick, RKzl.   16990
Schreiben Fricks zur Neubesetzung des Wiener Bürgermeisterpostens (Bgm. Jung den Schwierigkeiten seines Amtes nicht mehr gewachsen): Der von GL Schirach vorgeschlagene Wiener Kämmerer Hanke nicht geeignet; in erster Linie in Frage kommend der Ehrenzeichen- und Blutordensträger GenKons. Schattenfroh. Die Angelegenheit nach monatelangem Warten auf die Entscheidung Hitlers noch in der Schwebe; neu vorgeschlagen „ein gewisser Blaschke" (von Sch.) und „ein gewisser Kratzenberger" (von GL Jury).
M/H   101 07123—32 (576 a)

15. 6. 43   AA   16991
Übersendung eines Artikels der Basler Nachrichten über den deutschen und finnischen Diplomatenwechsel beim Vatikan, über die Kluft zwischen Vatikan und Drittem Reich sowie über den Fastenhirtenbrief und die Papstpredigt des Kard. Faulhaber.
W/H   202 01743 ff. (12/15—12/33)

15. 6. 43   RKzl., Erzbf. Sapieha   16992
Durch die Reichskanzlei Weiterleitung eines Telegramms des Fürsterzbischofs von Krakau wegen der Ausweisung der drei katholischen Pfarrgeistlichen und der Salesianerpatres aus Auschwitz: Die religiöse Betreuung der Pfarrei nicht mehr möglich.
M   101 01791 (178 a)

15.—20. 6. 43   RKzl., RMdI   16993
Unter Hinweis auf ihre Wichtigkeit im Kriege (u. a. wegen der Zwangsbewirtschaftung) Votum Bormanns gegen die Stillegung von Landratsämtern außer in Einzelfällen (unmittelbare Nachbarschaft); Vorschlag, Personaleinsparungen statt dessen durch organisatorische Maßnahmen (Personalunion u. a.) zu erzielen.
A   101 09798—803 (656 b)

15.—20. 6. 43   Lammers   16994
Einwände gegen eine von Bormann angeregte Verfügung, eilige Vorlagen von Obersten Reichsbehörden über ihn als Sekretär des Führers an Hitler weiterzuleiten: Beanspruchung einer „gewissen Totalität" für den staatlichen Sektor; Befürchtung der Einschränkung seiner Vorträge bei H.; Gefahr, von den Ressorts gegeneinander ausgespielt zu werden. Nach Zurückziehung des von B. gemachten Vorschlags Einigung über die Gestaltung der Vorträge solcher Vorlagen: 1) durch Lammers (dies die Regel), 2) gemeinsam, 3) (nur ausnahmsweise und auf Bitten L.') durch B.
M/H   101 07291—97 (583 a)

15. 6.—24. 7. 43   Frank, Lammers   16995
Absicht Franks, der wiederholt an ihn herangetragenen Bitte, auf Großkundgebungen im Reich zu sprechen, nachzukommen (Notwendigkeit des Auftretens der ns. Rednerprominenz angesichts der ernsten Lage), das Einverständnis Bormanns vorausgesetzt; ferner Einladung B.s nach Krakau zu einer Arbeitstagung aller Hoheitsträger anläßlich des dritten Jahrestages der Parteigründung im Generalgouvernement und Bitte um einen Redebeitrag. Trotz Mitteilung B.s, die Schreiben F.s noch nicht beantwortet zu haben, B. nach Ansicht Lammers' nur nicht bereit, ihm die inzwischen vermutlich erfolgten Antwortschreiben zur Kenntnis zu geben.
A/W   101 23945—49 (1343 a)

15. 6.—14. 8. 43   RKzl., Kard. Bertram   16996
Durch Lammers weitergeleitete Forderung des katholischen Episkopats, namens der Oberhirten aller Diözesen vorgebracht von Kard. Bertram, bei der Prüfung der Bücherbestände von geschlossenen Verlagen und Buchhandlungen das kirchliche Schrifttum nicht der Altpapier-Verwertung zuzuführen; Notwendigkeit, durch Luftangriffe vernichtete Bestände zu ersetzen. Dazu Hinweis Bormanns auf eine Besprechung des Bf. Berning mit dem Leiter der Abteilung Schrifttum im Propagandaministerium: Dessen Erklärung, das konfessionelle Schrifttum nicht pauschal einzustampfen, sondern nach den für das übrige Schrifttum gültigen Grundsätzen zu überprüfen und gegebenenfalls auszuscheiden. (Vgl. Nr. 16975.)
M   101 10803 ff., 808—13 (663 b)

16. 6. 43   AA, Dt. Botsch. Rom   16997
Übersendung des monatlichen Presseberichts der Deutschen Botschaft in Rom „Polemik um den Katholizismus": Angriff des Rassentheoretikers Julius Evola gegen die Tendenzen italienischer Intellektueller zu verstärkter Betonung des Christentums, zu Attentismus und Traditionalismus (von E. als Neuwelfentum [Neoguelfismo] bezeichnet); Aufsatz des Prof. Orestano über das Neue Europa (unter Ablehnung der amerikanischen und sowjetischen Programme Betonung des Christentums als dessen allein mögliches Bindemittel); Vorfall um den – vorübergehend weggelassenen – Untertitel „Quotidiano Cattolico" der Zeitung L'Italia (die Wiederaufnahme von Mussolini veranlaßt).
W/H   202 00597–601 (7/1–9)

16. 6. 43   RFSS   16998
Mitteilung Bormanns: Befehl Hitlers, auch in die Fahrzeuge der Höheren SS- und Polizeiführer den – vom NSKK zu überwachenden – Kienzle-Fahrtregler einzubauen.
W   107 00946 (294)

16.–24. 6. 43   RKzl. u. a.   16999
Besprechung des Dreierausschusses mit Ressortvertretern über die Durchführung des Führererlasses vom 13. 1. 43 (vgl. Nr. 16437); behandelte Themen: Aufhebung der Reichspostdirektionen Kassel und Potsdam (Forderung Bormanns nach Rückgängigmachung der Aufhebung im Fall Kassel und Bitte, Ohnesorge auf die Unrichtigkeit seines Standpunkts [keine Angelegenheit des Behördenaufbaus, also auch nicht zustimmungspflichtig] hinzuweisen und ebenfalls den anderen Ressorts die Auffassung Hitlers mitzuteilen [gemäß Schreiben B.s vom 17. 6. 43]); Entscheidung der Ressortminister im Einvernehmen mit den zuständigen Reichsverteidigungskommissaren über die Verwendung freiwerdender Behördenräume; Modalitäten bei der Stillegung von Betrieben (gegenwärtiger Stand und weitere Aktionen); Zusammenfassung von Reichs- und Wehrmachtversorgung (B. für den Übergang der Gesamtversorgung auf den Reichsarbeitsminister); Auflösung des Preußischen Finanzministeriums (von B. im Gegensatz zu den übrigen Teilnehmern aus psychologischen Gründen befürwortet); Festhalten B.s an der Beteiligung der PKzl., der Reichskanzlei und des Generalbevollmächtigten für die Reichsverwaltung bei der Aufhebung von Unterbehörden; Stoperlaß (bei genereller Beibehaltung Beschluß einer allgemeinen Lockerung durch Zulassung von Abweichungen von den Reichsgrundsätzen [insbesondere von § 12 Abs. 2] und von der Laufbahnverordnung aus zwingenden kriegswichtigen Gründen; Wunsch B.s nach einer „Modernisierung" der Reichsgrundsätze; Erörterung von Einzelfragen, u. a. der Berücksichtigung militärischer Verdienste innerhalb der Beamtenlaufbahn); Einschränkung von Kranzspenden der Partei und des Staates bei Beerdigungen; auf Antrag B.s Votum gegen die vom Reichsinnenminister gewünschte Zurückstellung der Beauftragung des Reichsstatthalters Wegener mit der Wahrnehmung der Geschäfte des Oberpräsidenten in den Regierungsbezirken Aurich und Osnabrück (ebenfalls Erörterung der Eingliederung Hohenzollerns nach Württemberg und Baden); und anderes. Absetzung der Gegenstände „Bildung der Rüstungsinspektion XII b Saarbrücken" und „Zersplitterung des berufsbildenden Schulwesens" von der Tagesordnung auf Wunsch B.s. – In der anschließenden internen Besprechung des Dreierausschusses über die Geschäftsordnung des Ausschusses Bestätigung der von Lammers geäußerten Auffassung, in den Ausschuß angehenden Fragen nach außen keine Stellungnahme eines Mitglieds ohne Fühlungnahme mit den anderen Mitgliedern abzugeben (Anlaß eine direkt erteilte Zustimmung des Chefs OKW); Übernahme der Ausschuß-Geschäftsführung durch L.
M/W/H   101 09536–54 (654 a); 101 09975 (657 a); 101 10699–712 (662); 101 29116 (1609 b);
         101 29379 ff. (655 a)

16. 6.–26. 7. 43   RMfEuL, RKzl.   17000
Zu der Bitte des Reichsernährungsministers um Einverständnis mit Abweichungen von den §§ 3, 4 und 10 der Reichsgrundsätze bei der Anstellung von Landstallmeistern Hinweis der Reichskanzlei auf den Beschluß des Dreierausschusses vom 24. 6. 43, entgegen der Regelung des Stoperlasses vom 17. 2. 43 Abweichungen von den Reichsgrundsätzen aus zwingenden kriegswichtigen Gründen zuzulassen (vgl. Nr. 16999). Nach Auffassung der PKzl. für die Anstellung der Landstallmeister in der Besoldungsgruppe A 2 b jedoch gar keine Ausnahmegenehmigung erforderlich.
M/H   101 10195–202 (659)

17. 6. 43   Lammers   17001
Laut Terminkalender 18.00 Uhr Besprechung mit Bormann und StSekr. Klopfer.
H   101 29114 (1609 b)

17. 6. – 30. 7. 43   GIfWuE u. a.   17002
Ankündigung einer Verordnung über vordringliche Wasserbauten. Erörterung der Mitwirkung der beteiligten Reichsminister bei der Aufstellung der wasserwirtschaftlichen Generalpläne und bei der Erklärung von Bauvorhaben zu vordringlichen Wasserbauten auf einer Ministerbesprechung am 17. 7. 43: Verzicht auf eine Beteiligung im Sinne des Einvernehmens; Festlegung der Zusammenarbeit mit den beteiligten Behörden auf wasserwirtschaftlichem Gebiet in der Durchführungsverordnung; Absicht, einen Reichswasserwirtschaftsstab und Wasserwirtschaftsstäbe zu bilden, um die Zusammenarbeit in der Zentral- und in der Mittelinstanz sicherzustellen. Einladung zu einer Besprechung über die *Neufassung des Entwurfs.
M/H   101 03741 f. (379); 101 03773 – 85, 794 ff. (379 a)

17. 6. – 2. 10. 43   Lammers   17003
Monitum Bormanns: Vorlage von Urkunden (Ernennungen, Ordensverleihungen u. a.) durch die Präsidialkanzlei (PK) bei Hitler über die Wehrmachtadjutantur ohne Beteiligung der PKzl. Dazu durch die Reichskanzlei eine Zusammenstellung der Regelungen für die Beteiligung der PKzl. bei der „Bildung staatlicher Willensakte" im Tätigkeitsbereich der PK: Ihre Beteiligung bei der Ordensgesetzgebung sowie bei Ernennungen und Beförderungen; im Falle von Titel- und Ordensverleihungen – Kriegsverdienstkreuze und -medaillen ausgenommen – keine Einschaltung der PKzl. vorgesehen, d. h. die Vorlagen von Urkunden ohne Kenntnisnahme durch den Leiter der PKzl. möglich; Meissners Verfahren, seine Vorlagen bei H. auch durch die Adjutantur vornehmen zu lassen, Ausdruck einer Zwangslage. In einer Besprechung der Angelegenheit mit Lammers von B. „keine besonderen Wünsche geäußert" und eine weitere Erörterung im gegenwärtigen Zeitpunkt nicht für erforderlich gehalten.
M/K/H   101 07298 – 304 (583 a); 101 14966 ff. (855 b); 101 20581 ff. (1213)

18. 6. 43   Lammers   17004
Laut Terminkalender 11.00 Uhr Besprechung mit Bormann u. a.
H   101 29115 (1609 b)

18. 6. 43   RWiM   17005
Bitte um Zustimmung zur Auflösung der Devisenstelle Braunschweig.
M/H   101 10448 (659 a)

18. 6. 43   RWiM   17006
Übersendung von *Richtlinien für die Gewährung von Stillegungshilfe.
M   101 10770 (662 a)

18. 6. 43   AA, Dt. Botsch. b. Hl. Stuhl   17007
Übersendung eines Berichts der Deutschen Botschaft beim Heiligen Stuhl über die Weisung des italienischen Feldbischofs Bartolomasi an die Feldgeistlichen, die Moral hochzuhalten und einen wirksamen Beitrag zum Sieg zu leisten.
W   202 00583 ff. (7/1 – 9)

18. – 21. 6. 43   GKfdSuG, OKW, RMdI   17008
Durch den Generalkommissar für das Sanitäts- und Gesundheitswesen (GK) von Hitler gebilligte Mitteilung angesichts der Entwicklung der Kriegslage getroffener Maßnahmen (nachrichtlich an Bormann): Vorerst keine Übergabe der Ausweichkrankenhäuser an benachbarte Städte oder sonstige Träger, sondern Betrieb durch die NSV sowie dem GK als Katastropheneinsatz zu unterstellendes Personal insbesondere aus zerstörten bzw. geräumten Anstalten; Ausweitung der Planung und des Baus von Ausweichkrankenhäusern, insbesondere von Tuberkulosekrankenhäusern, unter Einbeziehung der Fertigstellung bestimmter Neubauten sowie des Endausbaus von Krankenhaus- und Operationsbunkern (entsprechende Maßnahmen für Ausweichbetriebe chemisch-pharmazeutischer Art angekündigt); Einsetzung von Beauftragten in den Luftschadens- und Ausweichgebieten.
H   101 13995/1 – 998 (737 b); 153 00011 – 14 (512 – 1)

[19. 6. 43]   Seyß-Inquart   17009
*Schreiben, vermutlich einen von dem niederländischen NSB-Führer Mussert gewünschten, von Hitler jedoch abgelehnten Empfang betreffend.
W   107 00459 (203)

19. 6. – [23. 8.] 43   RJM, RKzl.   17010
Zustimmung der PKzl. zum – im wesentlichen auf ihre Anregung zurückgehenden – 'Entwurf einer Verordnung zur Ergänzung der Verordnung über die Behandlung von Geboten in der Zwangsversteigerung (Geboteverordnung) vom 30. 6. 41.
H   101 28088 – 93 (1528 b)

19. 6. – 30. 9. 43   Lammers, RMfWEuV, Keitel   17011
Die vom Japanischen Botschafter Oshima gewünschte Errichtung von Lehrstühlen für Japanologie an den Universitäten Frankfurt/Main und Berlin von Bormann in politischer wie in wissenschaftlicher Hinsicht als notwendig und unumgänglich erachtet; Bitte an Lammers, die Errichtung im Wege der Ausnahme vom Stoperlaß zu erwirken. Nach positiver Stellungnahme des Reichserziehungsministers unter Hinweis auf die geplante, jedoch wegen des Stoperlasses zurückgestellte Lehrstuhlerrichtung an den Universitäten Frankfurt/Main, Berlin, München und Wien Einholung der dazu erforderlichen Zustimmung des Chefs OKW und des Leiters der PKzl. durch L. Votum B.s, Lehrstühle zunächst nur an den Universitäten Frankfurt und Berlin zu errichten; Begründung: Eine Durchbrechung der Anordnung vom 17. 2. 43 ausschließlich für die vordringlichsten Fälle vertretbar; eine optimale Besetzung von vier Lehrstühlen nicht gewährleistet; die „wissenschaftlichen und politischen Belange des Reiches gegenüber Japan" durch Errichtung von zwei Lehrstühlen an den beiden großen Universitäten hinreichend gewahrt. Dementsprechend erteilte Zustimmung des Dreierausschusses.
K/H   101 15609 – 29 (942 a)

20. 6. – 12. 7. 43   RKzl.   17012
Zustimmung des Reichsfinanzministers (RFM) zur Schaffung von kw.-Stellen für Umsiedler, jedoch Forderung, die Umsiedler zunächst in den vorhandenen freien Planstellen unterzubringen; zu der beantragten Nichtanwendung des Stoperlasses bei der Bewilligung dieser kw.-Stellen von Lammers eine Anweisung an die Beteiligten vorgeschlagen, im Einzelfall ohne Befassung des Dreierausschusses nach dem 'Schreiben des RFM vom 20. 5. 43 zu verfahren. Einverständnis Bormanns.
M/H   101 04582 – 85 (423 a)

21. 6. 43   RWiM, RVK   17013
Bitte des Reichswirtschaftsministers an die Reichsverteidigungskommissare um Mitteilung über den Abschluß der Stillegungsaktion im Handel, im Handwerk und im Gaststätten- und Beherbergungsgewerbe; zur Verbesserung des nicht überall befriedigenden Ergebnisses Absicht, freiwillige Betriebsschließungen und die Bildung von Kriegsbetriebsgemeinschaften (vgl. Nr. 16889) auch weiterhin zuzulassen. (Abschrift an die PKzl.)
M/H   101 10698 (662)

21. – 30. 6. 43   Intern   17014
Bericht des OBefL Friedrichs (PKzl.) über den Selbstmord des GenK Schmidt-Münster und den tödlichen Unfall des KrL Petrak während einer Besichtigungsfahrt von Parteiführern an den Atlantikwall; Verständigung der Familien, Beisetzung und Überführung der Toten; Nachfolgefrage Sch.-M. („zumindest vorläufig Pg. Ritterbusch"). Überlegungen Bormanns zum Tod Sch.-M.s: „Friedliche" letzte Begegnung mit ihm am 21. 6.; Sch.-M. zwar betroffen über die Ernennung Rauters und Befürchtung einer Erschwerung seiner Arbeit dadurch, aber doch nicht „übertrieben unglücklich".
M/H   306 00135 – 44, 155 f. (Bormann)

21. 6. 43 – 12. 1. 45   AA, Dt. Botsch. b. Hl. Stuhl   17015
Übersendung mehrerer Meldungen ausländischer Rundfunkstationen und der internationalen Presse über eine – möglicherweise mit französischer Hilfe erfolgende – Annäherung zwischen dem Vatikan und der Sowjetunion (in diesem Zusammenhang auch eine Meldung über das Interesse des Vatikans an Plänen für eine Verknüpfung der katholischen süddeutschen Staaten mit Österreich), eine solche Versöhnung jedoch sowohl von vatikanischer wie von sowjetischer Seite dementiert; die von der Gruppe der sogenannten „Katholischen Kommunisten" gewollte Synthese katholischer und kommunistischer Prinzipien vom Vatikan für unmöglich erklärt; Agenturmeldung über die Sorge des Papstes vor einem nicht mehr aufzuhaltenden bolschewistischen Chaos in Europa im Falle einer Niederlage der deutschen Armee im Osten, über seine Bemühungen, die „nichtbolschewistischen Kreise der Welt zu einigen", sowie über seine Warnung vor einer Unterschätzung der deutschen Widerstandskraft.
W/H   202 02125 – 29, 131, 133 – 41, 143, 161 f. (16/24 – 37)

22. 6. 43   Thierack   17016
Übersendung der Führerinformationen 157 und 158 des Reichsjustizministers: Todesurteil gegen den Alten Kämpfer und Gaugeschäftsführer der NSDAP Theodor Hertel (Königsberg) wegen Spionage für Litauen 1929 bis 1932; deutsch-bulgarische Verhandlungen über den Abschluß eines Rechtshilfeabkommens in Zivilsachen.
H   101 28947 ff. (1559 b)

[22. 6.]–7. 8. 43   StSekr. Kritzinger, RMdI, RJM   17017
Einrichtung eines Akademieausschusses unter Vorsitz von MinDir. Klemm (PKzl.) zur Beratung der – von Hitler begrüßten und von der Partei gewünschten – Einsetzung von Schöffenrichtern. Als Ergebnis der Besprechungen Ausarbeitung zweier den Forderungen der PKzl. zwar in den meisten Punkten, aber nicht durchweg entsprechender Gesetzentwürfe (Einsetzung von Schöffenrichtern, Schöffenrichterordnung) durch StSekr. Rothenberger. Erörterungen zwischen StSekr. Kritzinger und Klemm über die Angelegenheit: Mitteilung Klemms über neue, von R. in seinen Entwürfen noch nicht berücksichtigte Beratungsergebnisse des Ausschusses und Bekundung des Interesses der PKzl. an der Förderung der Sache; Einverständnis mit der von Kritzinger vorgeschlagenen Sachbehandlung (Regelung in Gesetzesform, Beteiligung verschiedener Ressorts, Vortrag bei H. erst nach der Bearbeitung der Entwürfe durch die Ressorts). Schriftliche *Stellungnahme Klemms zu einigen Punkten der Entwürfe R.s. Äußerung des Reichsinnenministers zu den Entwürfen: Trotz ihrer richtigen Grundauffassung und des erstrebenswerten Zieles, die Rechtspflege volkstümlich zu gestalten, die Einführung des Schöffenrichters unter Hinweis auf die veränderten Verhältnisse als nicht kriegswichtig abgelehnt.
K   101 26627–50 (1510)

23. 6. 43   RKzl.   17018
Bitte Bormanns um Absetzung des Tagesordnungspunktes „Bildung der Rüstungsinspektion XII Saarbrücken" von der Besprechung am 24. 6.: Der Dreierausschuß nicht zuständig.
A   101 10187 (658 b)

23. 6. 43   RKzl.   17019
Vorschlag Bormanns, anstelle des für ungeeignet befundenen Prof. Walter Heide den Leiter der SS-Tibetexpedition, Schäfer, für den Vorsitz des Stiftungsvorstandes der Wilhelm-Filchner-Stiftung vorzusehen.
K   101 14901 (844)

24. 6. 43   AA   17020
Übersendung eines Artikels der Zeitung Journal de Genève: Mutmaßungen über eine bevorstehende Friedensaktion des Papstes; offenbare Ergebnislosigkeit katholisch-kommunistischer Kontakte; eine Wiederaufnahme der Beziehungen zwischen dem Vatikan und dem Kreml kaum zu erwarten.
W/H   202 01745–48 (12/15–12/33)

24. 6.–6. 7. 43   RKzl., RMfWEuV, SS-Ogruf. Heißmeyer   17021
Gemäß Beschluß des Dreierausschusses der Stoperlaß kein Hindernis bei der Bewilligung unerläßlicher Planstellen für Hauptschulen, Lehrerbildungsanstalten, Nationalpolitische Erziehungsanstalten und Heimschulen.
A   101 09953 ff. (657 a); 101 10596 ff. (661 a)

24. 6.–25. 10. 43   RKzl., RMfVuP, RMdI   17022
Zwei von RK Terboven gewünschte Beamtenbeförderungen (ORegR Schiedermair zum Ministerialrat und MinR Müller zum Ministerialdirigenten) nach Ansicht Bormanns mit allgemeinen, noch ungeklärten politischen Problemen des Reichskommissariats Norwegen (RK) im Zusammenhang stehend und daher noch nicht entscheidungsreif. Wegen mehrfacher telefonischer Rückfragen des RK und wegen des inzwischen auch vom Reichspropagandaminister geäußerten Interesses an der Angelegenheit (dessen grundsätzliche Frage: Vollendung des 35. Lebensjahrs wie bei der Beförderung zum Ministerialrat auch – nur durch Hitler aufhebbare – Voraussetzung bei der Ernennung zum Ministerialdirigenten?) Bitte Lammers' um B.s baldige Stellungnahme. Keine Einwände B.s gegen die von T. gewünschten Beförderungen, jedoch noch keine abschließende Stellungnahme zu der grundsätzlichen Frage der Berücksichtigung der Altersgrenze bei der Beförderung zum Ministerialdirigenten: Klärung zweckmäßigerweise im Zusammenhang mit den Verhandlungen über die Neufassung der Reichsgrundsätze.
A/H   101 05311–24 (455 b); 101 05357–64 (458)

[24. 6. 43] – 18. 2. 44   RKzl.   17023
Zuständigkeitshalber Weiterleitung einer von einer Maria Trautwein und einem Postdirektor G. Schneider verfaßten *Denkschrift „Sollen auch unsere Mädel Opfer dieses Krieges werden?" (Forderung eines Ausgleichs des Verlustes hochwertigen Erbgutes an der Front durch ehevermittelnde Maßnahmen, insbesondere durch Zusammenführung von Menschen mit überdurchschnittlicher Lebenstüchtigkeit; Vorschlag der Errichtung einer biologischen Ehevermittlung am besten im Rahmen der Partei und bereits im Kriege). Nach „sehr lebhafter" Erörterung dieser Anregung in der Partei Stellungnahme Bormanns: Die Ehevermittlung weder Sache des Staates noch der Partei; Hinweis auf die im Einvernehmen mit der PKzl. zum Zweck der Eheförderung eingerichtete Briefzentrale des Reichsbundes Deutsche Familie mit überraschenden Erfolgen sowie auf die Einrichtung von Ehevermittlungsstellen für schwerstversehrte Soldaten durch den Reichsinnenminister in elf Großstädten.
K/H   101 13782 – 90 (722)

25. 6. 43   AA, Dt. Botsch. b. Hl. Stuhl   17024
Übersendung eines Berichts der Deutschen Botschaft beim Heiligen Stuhl (nach einem Besuch des Kard. Stepinac in Rom) über die kroatisch-vatikanischen Beziehungen, über das Verhältnis zwischen Kirche und Staat in Kroatien und über die Glaubensübertritte der in Kroatien ansässigen serbischen Orthodoxen.
W   202 00866 ff. (8/8 – 20 + 19/10 – 11)

25. 6. 43   Lammers   17025
Laut Terminkalender 16.30 Uhr Besprechung mit Bormann.
H   101 29117 (1609 b)

[25. 6. 43]   (RKF)   17026
Von Himmler angeordnete Unterrichtung Bormanns über die Ernennungen Schirachs und der SS-Gruf. Eigruber und Jury zu Beauftragten des Reichskommissars für die Festigung deutschen Volkstums (in ihren Gauen), des SS-Gruf. Querner zum Stellvertretenden Beauftragten für die Reichsgaue Oberdonau, Niederdonau und Wien sowie des SS-Gruf. Katzmann zum Beauftragten im Reichsgau Danzig-Westpreußen.
K/H   102 00046 (99)

25. 6. – 1. 7. 43   RWiM, RMfEuL, RMfBuM, RKzl.   17027
Besprechung (anwesend für die PKzl.: HBerL Fröhling) über die Stillegung von Betrieben im Hinblick auf die Entscheidung vom 24. 6. 43 (Auslaufen der Stillegungsaktion): Ermahnung an die im Rückstand befindlichen Reichsverteidigungskommissare (Wien, Salzburg, Tirol, Bayern), die versäumten Maßnahmen – insbesondere die Schließung der Juweliergeschäfte – nachzuholen. (Vgl. Nr. 17013.)
M/H   101 10713 ff. (662)

26. 6. 43   AA   17028
Übersendung eines in London anonym erschienenen *Buches „Verfolgung der Katholischen Kirche im Dritten Reich" (Sammlung behördlicher und kirchlicher Dokumente über Verletzungen des Konkordats und über andere Übergriffe bis 1942 in der Jugenderziehung und gegenüber den katholischen Verbänden, durch Schließung der katholischen Fakultäten, Konfiszierung kirchlichen Eigentums, Verhaftung von Geistlichen, usw.).
W/H   202 01373 f. (10/14 – 25 + 20/7)

26. 6. 43   RFSS   17029
Übersendung von Richtlinien für das Hauptamt Ordnungspolizei, die Versetzung von Gendarmen aus dem Elsaß ins „Großdeutsche Reich" betreffend.
K   102 00203 f. (378)

[26. 6. 43]   SS-Ogruf. Rauter   17030
(Nachträgliche) Erwähnung von Schwierigkeiten und Reibungen mit dem Arbeitsbereich Niederlande der NSDAP unter der Leitung von Schmidt-Münster.
W   107 00456 ff. (203)

26. – 29. 6. 43   GL Lauterbacher, Lammers   17031
Zu der Vereinbarung zwischen der deutschen Regierung und Laval über die Beseitigung des Schwarzen

Marktes und zu dem damit verbundenen Verbot für deutsche Dienststellen, Schwarzmarktkäufe in Frankreich zu tätigen, Mitteilung des GL Lauterbacher über Schwarzmarktkäufe durch „Tausende von Spaniern" und über die angebliche Weiterveräußerung dieses Schwarzmarktgutes an Engländer. Durch Bormann Informierung Lammers'.
K/H   101 07825 — 28 (609 a)

26. 6. — 25. 9. 43   Lammers, GL Rainer, AA   17032
Zu der Forderung der italienischen Regierung auf Rückgabe des 1941 in den deutschbesetzten Gebieten Kärntens und Krains sowie in der Untersteiermark beschlagnahmten und eingezogenen unbeweglichen Vermögens des Bischofs von Laibach, der Diözese Laibach und des Ordens des Laibacher Kreuzes ein von Lammers zur Stellungnahme weitergeleitetes Schreiben des Chefs der Zivilverwaltung, GL Rainer: Die Katholische Kirche in Slowenien Hauptträger des Volkstumskampfes gegen das Deutschtum, eine Rückerstattung dieses „im wahrsten Sinne volks- und staatsfeindlichen" Vermögens daher ausgeschlossen; die Legitimation Italiens (Angelegenheit des Heiligen Stuhls?) und die Berechtigung der Forderung (Anwendung des Territorialprinzips) im übrigen zweifelhaft. Ähnliche Stellungnahme der PKzl. Erledigung der Angelegenheit durch die Entwicklung in Italien. – In diesem Zusammenhang Erwähnung der Verantwortlichkeit Bormanns gegenüber Hitler für die einheitliche Führung der Kirchenpolitik in den angegliederten Gebieten.
H   101 22278 — 92 (1272 a)

26. 6. 43 — 28. 2. 44   Himmler, K. Zech u. a.   17033
Bormann grundsätzlich dafür, Parteigenossen im Falle des dringenden Verdachts strafbarer Handlungen bereits während der Durchführung eines Strafverfahrens die Parteizugehörigkeit abzuerkennen. Im Fall des SS-Gruf. Karl Zech (Veruntreuung von Lebensmitteln) Parteiausschluß durch eine Einstweilige Verfügung B.s.
M   306 01105 — 09 (Zech)

27. 6. 43   Himmler   17034
Nach Himmlers Vortrag über die „ungeheuer schädlichen Auswirkungen" Stellungnahme Hitlers zu einem Befehl des GenOberst Dietl über die Heirat von Wehrmachtangehörigen mit Frauen der artverwandten germanischen Völker: Solche Heiraten nach wie vor möglich; praktisch automatische Genehmigung von Heiraten mit den Schwestern dortiger Angehöriger der SS, der Polizei oder der ns. Bewegungen (nach seinen Erfahrungen mit den ihm vorgelegten Heiratsgesuchen bisher allerdings von 90 % der deutschen Männer das „Minderwertigste an Mädchen und Frauen" zur Ehe ausgewählt); keine Anwendung des Befehls auf die SS. (Vgl. Nr. 16870.)
K/H   102 01536 f. (2706)

28. 6. 43   AA   17035
Übersendung eines Artikels der Zeitschrift Time (New York) über den norwegischen Bischof Berggrav anläßlich des Jahrestags seiner Verhaftung.
W   202 01001 ff. (9/5 — 14 + 20/1)

28. 6. 43   DF   17036
Beauftragung Speers mit der alleinigen Planung und Durchführung von Rüstungsindustrieverlagerungen nach dem Protektorat, dem Generalgouvernement und den besetzten Ostgebieten.
W   101 11218/4 (667 a); 108 00870 (1988)

29. 6. 43   AA   17037
Übersendung der 'Übersetzung einer amerikanischen Broschüre über die Stellung der Kirche in den besetzten Gebieten, insbesondere über den „Krieg der Nazis gegen die Katholische Kirche".
W   202 01035 (9/5 — 14 + 20/1)

29. 6. 43   Himmler   17038
In Sachen Nachfolge des GenK z. b. V. Schmidt Bitte um Rücksprache mit Bormann.
K   102 00763 (1548)

[29. 6. 43]   RKzl.   17039
Keine Bedenken Bormanns gegen die Einstufung von StSekr. Bühler (Generalgouvernement) als Ministerialdirektor.
W   102 01612 (2781)

29. 6.—18.11. 43   AO, GL Baden, AA   17040
Nach Verlust seiner schweizerischen Pfarrstelle aus politischen Gründen Überführung des reichsdeutschen altkatholischen Pfarrers Christian Alois Roth (Binningen) in einen anderen Beruf: Schriftwechsel über eine Unterbringungsmöglichkeit.
W/H   202 01700—16 (12/3—12/14)

30. 6. 43   RArbM   17041
Übersendung eines – nicht zu veröffentlichenden und auch in der Fachpresse nicht zu erörternden – Erlasses über die (trotz gewisser Bedenken wegen Verletzung baupolizeilicher Vorschriften) baupolizeiliche Vorgenehmigung für den Einheitsgrundriß des Kriegswohnungsbaues.
H   101 17260—63/4 (1032)

[30. 6. 43]   OKW   17042
Mitwirkung der PKzl. am *Entwurf einer Zweiten Durchführungsverordnung über den kurzfristigen Wehrdienst (Übernahme der bisher schon bei der Luftwaffe gültigen Regelungen hinsichtlich Abfindung, Weiterzahlung und Erstattung des Arbeitsentgelts, Familienunterhalt usw. für die beiden anderen Wehrmachtteile).
H   101 22400 f. (1278 a)

[30. 6. 43]   AA   17043
Erörterungen mit der PKzl. und dem Chef der Sicherheitspolizei über die Wiederaufnahme der Auslandspropaganda auf dem religiösen Sektor in den drei europäischen Kerngebieten Balkan, Iberische Halbinsel und – nach weiterer Klärung – Skandinavien: Bereitstellung von Informationsmaterial über positive religiöse Verhältnisse in Deutschland sowie über die Luftkriegszerstörungen an deutschen und italienischen Kirchen, Auswertung der Auswüchse des amerikanischen Kirchenlebens und des Freimaurertums in den USA und Großbritannien, Hinweise auf die deutschen Leistungen auf dem Gebiet der kirchlichen Kunst, antibolschewistische Propaganda; Durchführung durch Bilder, Plakate, Broschüren, Vorträge und andere Auslandskontakte, Ausstellungen, Flüsterpropaganda; Voraussetzung aller Maßnahmen das unbedingte Vermeiden von Diskrepanzen zwischen der Auslandsinformation und dem Verhalten der Reichsbehörden in kirchlichen Fragen; die inoffizielle Infiltration der offiziellen Information vorzuziehen.
W/H   202 00124—27 (2/13—24)

30. 6.—6. 8. 43   Lammers, LBf. Marahrens   17044
Durch Lammers weitergeleitete Eingabe des dienstältesten Landesbischofs in der Deutschen Evangelischen Kirche, Marahrens, wegen der im Wartheland erfolgenden Verletzung des seit 1933 von der Reichsregierung immer wieder ausgesprochenen Grundsatzes der Freiheit des religiösen Bekenntnisses (Aufforderung an Beamte und Behördenangestellte, eine Erklärung über ihren Eintritt in die evangelische Religionsgemeinschaft oder über ihren Austritt abzugeben; darüber hinaus Verlangen einer Eidesstattlichen Versicherung, keiner kirchlichen Vereinigung im Warthegau anzugehören oder beitreten zu wollen); eine tiefe Enttäuschung der im Kampf gegen den Bolschewismus erprobten deutschen Bevölkerung über dieses Vorgehen unausbleiblich.
M   101 01647—50 (172)

30. 6.—18. 9. 43   RSHA, Lammers   17045
Entgegen dem Antrag des Reichssicherheitshauptamtes übereinstimmende Auffassung Lammers' und Bormanns: Keine generelle Abweichung vom Stoperlaß bei den im Schulaufsichtsdienst im Generalgouvernement eingesetzten Lehrkräften; Berücksichtigung nur von Härtefällen im Rahmen des Rundschreibens der Reichskanzlei vom 29. 6. 43.
M/H   101 10355—60 (659 a)

1.—24. 7. 43   RKzl., RMfVuP   17046
Erörterung einer Presseverlautbarung zur Mittelstandsfrage nach Abschluß der Stillegungsaktion im Handel, Handwerk, Gaststätten- und Beherbergungsgewerbe: Würdigung der materiellen und ideellen Opfer des Mittelstandes, um „die Konzentration aller Kräfte auf den Sieg" zu ermöglichen; Versprechen, auch weiterhin einen gesunden Mittelstand – das Kernstück der ns. Wirtschaftspolitik – erhalten und fördern zu wollen. Wunsch der PKzl., kurz nach Veröffentlichung der Verlautbarung einen Artikel in der Zeitschrift „Das Reich" als eine Art Kommentierung der Stillegungsaktion erscheinen zu lassen (später fallengelassen).
M   101 10699—702, 714—17, 721—26, 736 (662)

2.—7.7.43   AA   17047
Informationen über den Besuch des rumänischen Vizeministerpräsidenten Mihai Antonescu beim Papst; das Thema der langen Unterredung nach Meinung des Deutschen Botschafters beim Heiligen Stuhl nicht eine Vermittlung im ungarisch-rumänischen Grenzgebiet, sondern die eventuelle Wiedervereinigung der Orthodoxen mit der Katholischen Kirche in Rumänien.
W/H   202 01482 ff. (11/3 – 17 + 20/9)

3.7.43   Lammers   17048
Stellungnahme Bormanns zu Vorschlägen des Sekretärs der Wirtschaftsgruppe Industrie, Steinberger, für Maßnahmen im luftgefährdeten Ruhrgebiet; St.: Bestellung eines „federführenden Reichsverteidigungskommissars" (B.: Ablehnung wegen Beeinträchtigung der Entschlußfreudigkeit der Gauleiter, einer Erschwerung des Instanzenweges und der Gefahr unnötiger Reibungen; statt dessen gefordert besser aufeinander abgestimmte Planungen der Fachressorts in einer der Entwicklung des Krieges angemessenen Weise), vermehrter Flak- und Jagdschutz sowie Bunkerbauten (B.: Schutzmaßnahmen nicht auf das Ruhrgebiet zu beschränken), Maßnahmen für die Gefolgschaften wie Evakuierung mit Arbeitspflicht, Gemeinschaftsverpflegung, Bombenurlaub, Erhöhung der Rationen, u. a. (B.: Die Evakuierung aller nicht im Arbeitseinsatz stehenden Personen bereits durch Partei und NSV vorbereitet; Gemeinschaftsverpflegung bisher auch bei „größeren Katastrophen" durch Wehrmachtverpflegungszüge gesichert; Anordnungen Sauckels über Meldepflicht, Urlaub und Lohnweiterzahlung an Arbeitnehmer nach Luftangriffen in Vorbereitung; eine Erhöhung der Lebensmittelrationen für die Westgebiete bisher stets und auch von Hitler abgelehnt), Maßnahmen für die Wirtschaft wie Streichung aller Wirtschaftsprüfungen (B.: Nicht annehmbar), Barackenbau u. ä., Bauförderung zu Lasten der nicht-luftkriegsgefährdeten Gebiete, Einrichtung eines zusätzlichen D-Zugpaares Ruhrgebiet – Berlin (B.: Sache des Reichsverkehrsministers).
K/H   101 11255 – 63 (668 a)

3.7.43   AA   17049
Übersendung eines Berichts der katholischen Zeitung Vaterland (Luzern) über die politische Haltung der französischen Katholiken: Die Mehrheit des Kirchenvolks auf der die Kirche vor der Bindung an eine bestimmte politische Fraktion bewahrenden Linie des Episkopats; daneben Existenz eines linken gaullistischen und eines rechten kollaborationistischen Flügels.
W   202 00423 – 26 (5/2 – 18)

3.7.43   AA, Dt. Ges. Budapest   17050
Übersendung eines Berichts der Deutschen Gesandtschaft in Budapest über ungarische Pressestimmen zur Pfingstrede des Papstes.
W   202 02027 – 30 (15/23 – 35)

3.—19.7.43   RMfWEuV   17051
Kritik Bormanns an auf eine Aufspaltung des Reiches nach Stämmen hinzielenden Bestrebungen des Prof. Friedrich Metz (Freiburg): Gefahr einer Beunruhigung der Bevölkerung durch M.' Eintreten für eine Angliederung Vorarlbergs an Schwaben zum Zweck einer Zusammenfassung der Gebiete mit alemannischen Mundarten.
M/W   301 00699 ff. (Metz)

4.7.43   Lammers, RMfEuL   17052
Zustimmung der PKzl. zur Stillegung der Kulturämter Prenzlau und Guben.
M   101 10330 f. (659)

5.7.43   Chef Sipo, RFSS   17053
Durch den Chef der Sicherheitspolizei Übersendung eines Berichts über die Entwicklung von linksorientierten und nationalen Untergrundorganisationen in Polen: Verstärkte Aktivität der Gruppen nach den Rückschlägen der deutschen Wehrmacht; Zulauf zur Polska Partya Robotnicza vor allem aus Kreisen vom Revanche-Gedanken beherrschter Jugendlicher; die national-polnische Widerstandsbewegung nach dem Katyn-Ereignis in Schwierigkeiten; die profaschistische Gruppe Miecz i Plug unter Andrzej Nieczany bedeutungslos, Verwendung zur nachrichtendienstlichen Erkundung des Gegners.
K   102 00529 – 33 (946)

6. – 17. 7. 43   Lammers, RFM, RStatth. Oberdonau   17054
Zustimmung Bormanns zur Höherstufung eines Jugendfreundes Hitlers, des Stadtoberinspektors Kubizek (Ausnahme vom Stoperlaß vom 17. 2. 43).
M   101 10189 – 94 (659)

6. 7. – 13. 8. 43   Lammers, Speer   17055
Nach Erhalt dreier von Speer direkt bei Hitler bewirkter Führerbefehle (über die Stillegung unrationell arbeitender Rüstungsbetriebe, über die Sicherstellung von Räumen und Unterkünften für verlagerte Rüstungsfertigungen sowie über die Zuständigkeit S.s für Industrieverlagerungen nach dem Protektorat, dem Generalgouvernement und den besetzten Ostgebieten) zwecks Bekanntgabe an die Beteiligten Telefongespräch Lammers' mit Bormann. Danach folgendes Verfahren: 1) Protestschreiben an S. (Bitte, wie alle anderen Reichsminister die zum Schutze H.s dienende alleinige Mitzeichnung der Führererlasse im zivilen Bereich durch L. zu berücksichtigen und ihn rechtzeitig zu beteiligen; durch sein ausschließliches Mitzeichnungsrecht Übernahme der Verantwortung für die staatsrechtlich korrekte Form der Erlasse sowie für die erfolgte Abstimmung mit den Obersten Reichsbehörden und für die Unterrichtung H.s über deren etwaige Bedenken; Hinweis auf die Gefahr des Autoritätsverlustes für die Regierung bei häufiger Änderung getroffener Regelungen und auf die Archivierung der mit dem Großen Reichssiegel versehenen Dokumente); 2) infolge ihrer Wichtigkeit Weiterleitung der vorliegenden Führerbefehle, aber ohne Mitzeichnung, unter Hinweis auf ihre Entstehung und unter Haftbarmachung S.s für den Fall begründeter Einwände seitens der Ressorts und der Notwendigkeit einer erneuten Befassung H.s; 3) gemeinsam mit B. Vortrag der „grundsätzlichen Seite der Angelegenheit" bei H. Dazu S.: Unter prinzipieller Anerkennung der Vorhaltungen L.' Ablehnung, seinem Wunsche in allen Fällen zu entsprechen (der Zeitverlust des normalen Procedere bei vielen dringlichen Regelungen unvertretbar). Absage des vorbereiteten Vortrags der Angelegenheit bei H. wegen grundsätzlicher Entscheidung H.s aus anderem Anlaß. (Vgl. Nr. 17149 und 17160.)
K/H   101 12604 – 16 (695); 101 29382 – 93 (655 a)

6. 7. – 25. 8. 43   Funk, Lammers   17056
Zu einem *Verordnungsentwurf des Reichsjustizministers zur Aktivierung der Tätigkeit und zur Änderung der Zusammensetzung und Vergütung der Aufsichtsräte Wunsch Funks, den Entwurf zurückzustellen und in Anbetracht der gegenwärtigen äußersten Anspannung der Unternehmen für die Rüstung einen zu tiefen Eingriff in die Wirtschaft zu vermeiden; Vorschlag, statt dessen in einem Erlaß an die Reichswirtschaftskammer (RWK) die Durchführung einiger politisch wesentlicher Punkte der geplanten Neuregelung anzuregen. Zustimmung Bormanns zur Zurückstellung der Vorlage; Empfehlung, die Stellungnahme des Reichsbewaffnungsministers zu dem Erlaß an die RWK einzuholen.
M   101 02978 – 83 (302 a)

7. – 19. 7. 43   RKzl.   17057
Zustimmung Bormanns zu der vom Reichserziehungsminister mit Rücksicht auf den Nachwuchsbedarf der in der Nähe liegenden Reichswerke Hermann Göring beantragten und vom Reichsbewaffnungsminister befürworteten Wiedereröffnung der Ingenieurschule in Wolfenbüttel.
M/H   101 10557 – 62 (660 a)

7. 7. – 25. 9. 43   RMdI, RKzl., GBV, OKW   17058
Antrag des Reichsgesundheitsführers auf Angleichung der Ärztekammerbezirke an die Bezirke der Reichsverteidigungskommissare. Zustimmung Bormanns, jedoch verbunden mit dem Wunsch, für die unter einer gemeinsamen geschäftsführenden Behörde stehenden Reichsverteidigungsbezirke Essen und Düsseldorf trotzdem getrennte Ärztekammern vorzusehen, sowie unter Ablehnung der vorgeschlagenen Personalunion zwischen den Leitern der Ärztekammern und den Gauamtsleitern für Volksgesundheit aus grundsätzlichen Erwägungen. Damit einverstanden OKW und Reichsinnenminister (eine Personalunion im Kriege jedoch vielfach die einzige Möglichkeit).
K/H   101 13614 – 27 (719)

Nicht belegt.   17059

[8. 7. 43]   Speer   17060
Auf Vorschlag Speers von Hitler die laufende Informierung Bormanns über die Zahl der durch Luftangriffe Getöteten und Verwundeten angeordnet.
W   108 00067 f. (1508)

8. – 19. 7. 43   RKzl., RJM, RFM   17061
Die vom Reichsjustizminister beantragte Stellenhebung für bestimmte Bürobeamte des gehobenen Justizdienstes (als Folge der Hebung der Stellen einiger Landgerichtspräsidenten) nach Meinung Lammers', Schwerin-Krosigks und Bormanns im Widerspruch zum Stoperlaß stehend.
A   101 04903 – 05 (435)

10. 7. 43   Himmler   17062
Auf Wunsch Bormanns Charakterisierung des SS-Gruf. Schleßmann, Stellvertretender Gauleiter von Essen: Würdigung seiner Verdienste um die Partei und seines einwandfreien Charakters, jedoch Fehlen der geistigen Befähigung zum Gauleiter (wie auch zuvor zum Höheren SS- und Polizeiführer und SS-Oberabschnittsführer).
M/H   107 00187 (173); 306 00837 (Schleßmann)

10. 7. 43   GBW   17063
Übersendung des *Entwurfs einer Verordnung über die Statistik des Warenverkehrs mit dem Ausland.
M   101 07535 f. (593)

10. 7. 43   Lammers   17064
Laut Terminkalender 11.00 Uhr Besprechung mit Bormann, StSekr. Klopfer u. a.
H   101 29118 (1609 b)

11. 7. – 27. 10. 43   RMdI, CdZ Kärnten/Krain, Lammers   17065
Differenzen zwischen dem Reichsinnenminister und dem Chef der Zivilverwaltung Kärnten/Krain (CdZ) über die Rechtmäßigkeit der bisher durch den CdZ erfolgten Einweisung eingezogener volks- und staatsfeindlicher Vermögensmassen (d. h. ehemaligen Staats- und Banschaftseigentums sowie des Vermögens und Privatvermögens des jugoslawischen Königshauses) in das Eigentum der Gauselbstverwaltung: Unter Hinweis auf Hitlers Wunsch, die Reichsgaue finanziell zu stärken, Unterstützung des Vorgehens und – obschon nicht formal – der Ansprüche des CdZ durch Bormann (und Lammers).
H   101 08724/2 – 731 (644 a)

12. 7. 43   AA, Dt. Botsch. Rom   17066
Übersendung des monatlichen Presseberichts der Deutschen Botschaft in Rom „Polemik um den Katholizismus": Reaktion der italienischen Presse auf eine Ansprache des Papstes vor Arbeitern (Appell zum sozialen Frieden und Verurteilung des Kommunismus, aber auch Stellungnahme gegen die antipäpstliche Propaganda); Beschlagnahme zweier faschistischer Blätter mit negativer Beurteilung der Veranstaltung.
W   202 00594 ff. (7/1 – 9)

12. 7. 43   AA   17067
Übermittlung des Wortlauts einer Botschaft des amerikanischen Präsidenten Roosevelt an den Papst anläßlich der Landung alliierter Truppen in Sizilien: Religionsfreiheit ein „fundamentaler Grundsatz" der anglo-amerikanischen Ideale; Versprechen der Achtung des neutralen Status' der Vatikanstadt und der päpstlichen Domänen in ganz Italien. Laut Mitteilung der Deutschen Botschaft beim Heiligen Stuhl R.s Telegramm und seine Veröffentlichung vom Vatikan mit großer Zurückhaltung aufgenommen.
W   202 00985 f. (9/5 – 14 + 20/1)

12. 7. 43   AA   17068
Übersendung eines Artikels der Zeitung Der Bund (Bern) über die Lage der Kirche in Litauen unter sowjetischer und deutscher Besetzung.
W   202 01223 f. (10/1 – 7 + 20/4)

13. 7. 43   Himmler   17069
Übersendung einer Niederschrift über eine Besprechung mit dem „Leider" der niederländischen NSB, Mussert, am 8. 7. 43: Breite Ausführung der Idee eines Germanischen Reichs durch Himmler und massive Kritik an der Haltung M.s und der NSB (einerseits mangelnde Loyalität gegenüber der SS und dem germanischen Reichsgedanken, andererseits Kampf gegen einen angeblichen – laut H. nur durch Bejahung des germanischen Gedankens zu überwindenden – deutschen Imperialismus); die Gegenvorwürfe M.s von H. teils als Kleinigkeiten abgetan („Kümmerchen"), teils (so die von M. beklagte wirtschaftliche

Ausbeutung der Niederlande) mit dem Hinweis auf seine, H.s, fehlende Kompetenz beantwortet; Erörterung der Ausbildung niederländischer Offiziere, der Aufstellung einer niederländischen Division, u. a.
K/W   102 00775 – 96 (1556)

13. 7. 43   RKzl., RMdI   17070
Mit Bormann vereinbarte Bitte Lammers' an den Reichsinnenminister, aus den Entscheidungen Hitlers vom 10. 5. zu organisatorischen Einzelfragen (Ablehnung der beantragten Aufhebungen von Länderministerien, Stillegungen von Regierungen, Teilungen von Provinzen usw.; vgl. Nr. 16402, 16904 und 16410) keine Schlüsse grundsätzlicher Art zu ziehen: Durch die Erfordernisse des Krieges erzwungene organisatorische Maßnahmen dieser Art *später* durchaus möglich; daher „Empfehlung", von einer beabsichtigten Bekanntmachung der Entscheidungen an die unterstellten Behörden abzusehen.
H   101 10618/1 f. (661 a)

13. 7. – [11. 10.] 43   Axmann, Lammers   17071
Zustimmung der PKzl. zu den vom Jugendführer vorgelegten Entwürfen einer Verordnung über die Einführung der Gesetzgebung über die Hitler-Jugend in den eingegliederten Ostgebieten sowie zweier zur Ausführung dienender Erlasse. Mitzeichnung Bormanns.
H   101 05977 – 84 (514)

[14. 7. 43]   GBV   17072
Zustimmung des Leiters der PKzl. zum ˚Entwurf einer Änderungsverordnung zum Lebensmittelgesetz (Verschärfung der Strafandrohungen).
W   101 14052 (742)

14. – 18. 7. 43   Himmler   17073
Durch Bormann Übersendung einer Schilderung der Verhältnisse in Litauen: Schwund des deutschen Ansehens durch Fehlentscheidungen in der Wirtschaft und in der Behandlung der Bevölkerung; Kritik an der Lebenshaltung vieler Deutscher; Mißachtung deutscher Verwaltungsverfügungen (Musterungspflicht); Arbeitsbummelei, Schwarzmarkt und Hamsterei; schädigend insbesonders die Benachteiligung der (noch) arbeitenden Bevölkerung bei der Versorgung mit Brennmaterial. Dazu Himmler: Die Verhältnisse in Litauen Folge einer „zu weichen und unentschlossenen Haltung".
K   102 00899 – 904 (1731)

14. – 25. 7. 43   Lammers   17074
Bitte Bormanns um Erstattung von der PKzl. und der Führeradjutantur vorschußweise gezahlter Kosten für das Führerhauptquartier (Fliegerstaffel, Verpflegung, Sonderzug Hitlers u. a.) in Höhe von RM 301 476.42 (10. Zwischenabrechnung). Mitteilung über die erfolgte Überweisung des Betrages auf das Zentralkonto der PKzl. bei der Commerzbank in München.
K/H   101 08128 – 31 (615 c)

14. 7. – 6. 8. 43   GIfWuE, RMdI, RKzl., RL Fiehler   17075
Erörterung eines von Speer entworfenen Führererlasses über Kriegsmaßnahmen in der Elektrizitätsversorgung: Ablehnung des Entwurfs durch Frick (Übermittlung eines Gegenentwurfs) wegen einseitiger Begünstigung der großen Konzerne und Ausschaltung der unternehmerischen Initiative der Gemeinden und Gemeindeverbände; Scheitern einer Verständigung zwischen den Kontrahenten. Weigerung S.s, die Verantwortung für die Energiewirtschaft ohne die von ihm geforderten Vollmachten weiter zu tragen; die Herstellung des Einvernehmens mit anderen Stellen bei der Behebung von Bombenschäden usw. allzu zeitraubend; Zusicherung einer Entflechtung in der Elektrizitätsversorgung nach dem Krieg. Erneuter Einspruch F.s gegen den Angriff S.s auf die gemeindliche Selbstverwaltung: Die Zentralisierung der Energiewirtschaft nicht nur eine technische, sondern vielmehr eine politische und weltanschauliche Frage; Vorschlag, den Führererlaß in der von ihm vorgelegten Form zu verabschieden. In einer Chefbesprechung die Herbeiführung einer Entscheidung Hitlers von allen Beteiligten als notwendig angesehen. Bitte Bormanns an Lammers, mit Rücksicht auf die sehr einschneidende Wirkung des Erlasses H. den Standpunkt beider Parteien vorzutragen; dazu Übermittlung eines früheren Schreibens an S. (27. 7. 42) mit Äußerungen H.s (Ablehnung zentralistischer Tendenzen, Betonung der Förderung der Privatinitiative) und – nachfolgend – einer ablehnenden Stellungnahme Fiehlers zum letzten Entwurf S.s. (Vgl. Nr. 15991.)
M/W   101 03747 ff., 766 – 93, 797 – 805 (379 a)

14. 7.–6. 11. 43   Lammers, Prof. Voss   17076
Schriftwechsel über Errichtung und – angesichts der schwierigen Devisenlage nicht im gewünschten Umfang zu ermöglichende – Auffüllung der Prof. Voss zum Ankauf von Gemälden für das Neue Kunstmuseum in Linz zur Verfügung stehenden Sonderkonten bei der Reichskreditkasse in Brüssel (Erstausstattung RM 250 000.–; Auffüllung um RM 620 000.– erbeten, um 1,5 Mio. bfrs. erfolgt), bei der Reichskreditkasse in Paris (Auffüllung um 10 Mio. ffrs. erbeten, um zweimal je 4 Mio. erfolgt) und beim Reichskommissar für die besetzten niederländischen Gebiete (Auffüllung um 3 Mio. hfl.). Erwerb eines Frühwerks von van Dyck.
H   101 29322–27 (1653); 101 29356 f. (1653 a)

15. 7. 43   RFSS   17077
Mißbilligung des Wortes „Bandenkampfverbände" in der Dienstbezeichnung des SS-Ogruf. v. d. Bach-Zelewski durch Bormann und Lammers. Durch Himmler eine Änderung der Schreibweise (Bandenkampf-Verbände) verfügt.
K   102 00171 f. (291)

[15.–26. 7. 43]   RMfdbO   17078
Formulierungswunsch der PKzl. („artverwandt" oder „stammesgleich") bei der endgültigen Fassung der beiden Verordnungen über die vorläufige Regelung der Rechtsverhältnisse der Verwaltungsführer in den besetzten Ostgebieten (zu § 6 Abs. 1 der Ersten Verordnung). (Vgl. Nr. 15759.)
K/H   101 12243–49 (689 b)

16. 7. 43   RWiM u. a.   17079
Übersendung von Runderlassen an die Reichsverteidigungskommissare und an die Landeswirtschaftsämter über den Abschluß der Stillegungsaktion: Keine Stillegungen nach dem 31. 7., jedoch die freiwillige Schließungen von Betrieben und die Bildung von Kriegsbetriebsgemeinschaften (vgl. Nr. 16889) weiterhin zulässig; Aufforderung an sechs Reichsverteidigungskommissare, bisher unterbliebene Schließungen bis 31. 8. nachzuholen. (Vgl. Nr. 17013.)
M   101 10718 ff. (662)

16. 7.–27. 8. 43   AA   17080
Teilnahme ausländischer Geistlicher an den Besichtigungen der bolschewistischen Massengräber in Winniza im Rahmen einer deutschen Propagandaaktion: Bitte der PKzl. um Vorsicht bei der Auswahl der Teilnehmer (vor allem der katholischen) und um Verhinderung einer Fühlungnahme der ausländischen Geistlichen mit deutschen kirchlichen Stellen.
W   202 00077 ff. (2/1–12)

17. 7. 43   AA, Anonym   17081
Übersendung eines an den Reichsaußenminister gerichteten anonymen Schreibens über die zunehmende regimefeindliche Einstellung und die Feindsympathien selbst vieler früherer NS-Anhänger in den katholischen Gebieten Deutschlands wegen der Unterdrückung der Religion; Bitte, als Voraussetzung des Sieges über die äußeren Feinde mit der Kirche Frieden zu schließen.
W/H   202 00080–84 (2/1–12)

17. 7. 43   Lammers   17082
Laut Terminkalender 12.00 Uhr Besprechung mit Bormann, StSekr. Klopfer u. a.
H   101 29119 (1609 b)

18. 7. 43–4. 7. 44   RKzl., OKW   17083
Bedenken der Reichskanzlei (RKzl.) und der PKzl. gegen einen vom OKW vorgelegten Verordnungsentwurf über Gewinne aus schriftstellerischer Arbeit bei der Wehrmacht: Wegen der vorgesehenen weitgehenden Beschränkung der Erträgnisse des geistigen Schaffens die OKW-Regelung von grundsätzlicher (insbesondere kulturpolitischer) Bedeutung und deshalb von allen Ressorts zu behandeln; zwar Notwendigkeit einer genauen Prüfung ungerechtfertigter Gewinne, jedoch Vermeidung der Wegnahme eines wesentlichen Anreizes für schriftstellerische Initiative durch übermäßige Gewinnbeschränkung; von der PKzl. bedenkliche Auswirkungen auf die Kriegsliteratur befürchtet. Die ausgebliebene Reaktion des OKW auf ein entsprechendes Schreiben der RKzl. von StSekr. Kritzinger als Absicht des OKW gedeutet, die Angelegenheit nicht weiterzuverfolgen; Vorschlag an die PKzl., den Entwurf bis auf weiteres stillschweigend als erledigt zu betrachten.
A   101 05381–92 (459)

19. 7. 43   RKzl., GL   17084
Fernschreiben Bormanns an alle Gauleiter zur Vorbereitung der neuen „Auskämm-Aktion": Ankündigung reichseinheitlicher Maßnahmen zur Umsetzung bisher „mehr oder weniger kriegsunwichtig" verwendeter Arbeitskräfte in die von weiteren Einziehungen zur Wehrmacht betroffene Rüstungs- und Landwirtschaft.
A/H   101 09736 ff. (656 a)

19. 7. 43   Himmler   17085
Mit der Bitte, Hitler zu informieren, Übermittlung von Informationen achsenfreundlicher Kreise (vermutlich Fünfer-Ausschuß) in Italien: Bevorstehender Staatsstreich (Ziele: Sturz Mussolinis, Bildung eines Kriegskabinetts unter Badoglio, Aufnahme von Friedensverhandlungen); Beeinflussung der öffentlichen Meinung durch eine landweite Pressekampagne über angeblich radikale Friedensbedingungen des Gegners mit der vermutlichen Absicht, die rasche Annahme nach der Einnahme Siziliens erwarteter günstigerer Bedingungen unter Ausschaltung des Duce vorzubereiten; unter Riccardi Bildung einer Gegenbewegung prodeutscher Kräfte (Fünfer-Ausschuß mit folgender Zielsetzung: Bildung eines Kriegskabinetts mit einer „entschieden anti-freimaurerischen, anti-jüdischen und prodeutschen Politik", Neubildung des Faschistischen Großrates „in permanenter Tagung", Schaffung eines einheitlichen militärischen Kommandos für die Achsenstreitkräfte).
K/H   102 00998 f. (1880)

19. 7. – 11. 10. 43   MinDir. Riecke   17086
Zurückweisung des gegen das Reichsernährungsministerium erhobenen Vorwurfs, im Osten eine „weiche Linie" zu verfolgen, und Skizzierung der Bodenordnung im besetzten Rußland: Erreichung einer hohen Erzeugungs- und Ablieferungsleistung durch frühzeitige Festsetzung von Ablieferungskontingenten bei freier Verfügung über den Rest der Produktion, durch Auflösung der Kollektivwirtschaft und schließlich durch die „Eigentumsdeklaration" (letztere kein „russisches Erbhofgesetz", auch kein Hindernis für Enteignungen und deutsche Siedlung nach Kriegsende, sondern eher ein „groß angelegter Täuschungsversuch" zur Erzielung möglichst hoher Leistungen für die Dauer des Krieges).
W   102 00087 – 92, 100 – 105 (195); 107 01218 – 22 (383)

19. 7. 43 – 8. 5. 44   RFSS, Kdo. Wa-SS Obersalzberg   17087
Mitteilung des Reichsführers-SS über seinen Befehl zum raschesten Aufbau des Flakschutzes und zur Einrichtung von Luftschutzstollen auf dem Obersalzberg „in nimmermüder Tätigkeit". Wunsch Bormanns, die 8,8-cm-Batterien wegen der dortigen Spaziergänge Hitlers nicht auf dem Kehlstein, sondern auf dem Rostfeld (Roßfeld?) und dem Ahornkaser aufzustellen. Schwierigkeiten bei der Beschaffung der von B. für die Erdarbeiten statt der zur Verfügung gestellten Ford-Kipper geforderten MAN-LKW-Kipper.
K/H   102 00534 – 42/1 (952)

20. 7. 43   AA   17088
Übermittlung einer Meldung des Pressedienstes der Sowjetischen Gesandtschaft in Stockholm über eine positive Stellungnahme des Metropoliten von Kiew, Nikolai, zur freien Ausübung der Religion in der Sowjetunion.
W   202 01624 f. (11/18 – 28 + 20/10)

[20.] – 30. 7. 43   RFM, RKzl.   17089
Ressortbesprechung über die Vereinfachung der zusätzlichen Alters- und Hinterbliebenenversorgung für Gefolgschaftsmitglieder der Verwaltungen und Betriebe des Reichs: Hinweis des Reichsfinanzministeriums (RFM) auf die Tendenz der PKzl., die Zahl der Beamten zu verringern, und auf gesetzgeberische Erwägungen, ein Staatsarbeiter- bzw. -angestelltenverhältnis zu schaffen; grundsätzliches Einverständnis der Ressorts, das Reichsarbeitsministerium (RAM) ausgenommen, mit den vom RFM vorgeschlagenen Vereinfachungsmaßnahmen; Bitte der PKzl., einen neuen Termin festzulegen, um den erst in der Besprechung übergebenen und daher noch nicht erörterten „durchaus beachtlichen" Entwurf des RAM zu besprechen.
M   101 04103/1 – 116 (405 b)

21. 7. 43   Thierack   17090
Übersendung der Führerinformationen 159 – 161 des Reichsjustizministers: Gefängnisurteil gegen den Leiter des Amtes Norden im Außenpolitischen Amt der NSDAP, v. Stechow, wegen fahrlässigen Landesverrats und Heimtückevergehens; Anklage des Filmschauspielers Theodor Deutsch (Künstlername

Theodor Danegger) wegen gleichgeschlechtlicher Unzucht mit jungen Männern; Beschränkung der Arbeit des Reichspatentamts auf die Förderung wehrwichtiger Erfindungen und auf die Beratung von Wehrmacht und Rüstung.
H   101 28950—53 (1559 b)

21. 7.—9. 9. 43   Lammers, CdZ Elsaß, Himmler   17091
Rechtfertigung des GL R. Wagner wegen der (von Funk monierten) unter Polizeieinsatz durchgeführten Schließung von Filialen der Commerzbank und der Dresdner Bank im Elsaß: Zustimmung des zuständigen Referenten im Reichswirtschaftsministerium zu den vorgelegten Schließungsvorschlägen; die Maßnahmen angesichts der Überbesetzung des Kreditgewerbes im Elsaß durchaus in erträglichen Grenzen; die geschlossenen Filialen der beiden genannten Banken für die Wirtschaft nicht sehr wichtig; trotz Befürchtung einer Gefährdung der Staatsautorität bei einem Nachgeben gegenüber den beiden Großbanken das Einholen der Entscheidung Hitlers anheimgestellt.
W   101 10799—802 (663 b); 102 00005—10 (21); 102 00514 (911)

22. 7. 43   AA, Dt. Botsch. b. Hl. Stuhl   17092
Übersendung eines Berichts der Deutschen Botschaft beim Heiligen Stuhl über die von Pater Gilla Gremigni verfaßte offiziöse Biographie Pius' XII. anläßlich seines Bischofsjubiläums und der Übersetzung eines Teils der Biographie.
W/H   202 02174—74/42 (17/1—16)

[22. 7.—13. 10. 43]   GBV, GL R. Wagner   17093
Im Einvernehmen mit Bormann Bitte des Generalbevollmächtigten für die Reichsverwaltung um Einstellung lokaler Aktionen zur Erfassung bzw. truppenmäßigen Zusammenfassung wehrfähiger Männer; Ankündigung einer reichseinheitlichen Regelung. Im Gegensatz hierzu Behauptung des GL R. Wagner: Die Aufstellung einer Einsatzorganisation im Elsaß von B. gebilligt und für das übrige Reich ebenfalls angeordnet, z. T. auch Sicherstellung der Waffenausrüstung durch B.
K/W   102 00399 f., 414 f. (798)

23. 7.—16. 11. 43   AA, RB Dänemark   17094
Ausgelöst durch einen — vom Auswärtigen Amt (AA) übersandten — Artikel in der Times über Verteidigungsanlagen in Dänemark Anfrage der PKzl. wegen der dort erwähnten Proteste der dänischen Geistlichkeit gegen das von der dänischen Regierung erlassene Verbot der Erwähnung des Kampfes der norwegischen Kirche gegen die Deutschen, nachfolgend aufgrund anderer Meldungen Anfragen wegen der Verhaftung des Pfarrers Munk (dazu die Ermittlungen des AA: M. nicht verhaftet, sondern flüchtig), wegen einer Grabsteininschrift für einen britischen Piloten („gefallen ... für Dänemark") und wegen eines öffentlichen Protests der lutherischen Bischöfe in Dänemark gegen Verhaftungen und gegen das Verbot, die Judenverfolgung zu „kommentieren". Durch das AA Übersendung des Wortlauts eines gegen die deutsche „Juden-Aktion" in Dänemark protestierenden Hirtenbriefs des Bf. Fuglsang-Damgaard. Bitte der PKzl. an das AA um Mitteilung über die Möglichkeit der Einschaltung deutscher Dienststellen bei der Behandlung politisch-konfessioneller Angelegenheiten.
W/H   202 00064—76 (1/18—20+19/4)

24. 7. 43   Lammers   17095
Laut Terminkalender 11.00 Uhr, 12.00 Uhr und 15.15 Uhr Besprechungen mit Bormann und StSekr. Frank (vgl. Nr. 17096 und 17097).
H   101 29120 (1609 b)

24. 7.—17. 11. 43   RKzl.   17096
Nach einer Unterredung mit StSekr. Frank die erneute Erörterung der von F. gewünschten anderweitigen Verwendung des Protektorats-UStSekr. v. Burgsdorff zwischen PKzl. und Reichskanzlei beabsichtigt; bereits zuvor eine Erörterung der Möglichkeiten (Oberbürgermeister [OB] von Berlin oder Ständiger Vertreter des Reichskommissars Ostland). Als OB von Berlin Ablehnung B.s durch Goebbels (nach Meinung Bormanns die Kandidatenauswahl das Recht des Gauleiters von Berlin). Der Wunsch des RK Lohse, Burgsdorff zu seinem Ständigen Vertreter im Ostland zu bestellen, auf Bitten Himmlers (Burgsdorff als Gouverneur von Krakau ausersehen, seine Amtseinführung schon für den 18. 11. geplant) von L. zögernd aufgegeben.
A/H   101 19004 (1159); 101 23950 ff. (1343 a)

24. 7. – 22. 12. 43   StSekr. Frank, RKzl., RFM   17097
Nach einer Besprechung des StSekr. Frank mit Bormann und Lammers über die Verbesserung der autonomen Besoldungsverhältnisse im Protektorat F.s eingehende schriftliche Begründung der unter politischem und sozialem Aspekt dringend gebotenen Aufbesserung; sein Vorschlag: Gruppenweise Gehaltszuschläge. Einwände der darüber informierten Ressorts (Finanzen und Inneres): Keine zu niedrigen Gehaltsvergleichsstufen bei der bisher gewährten Ausgleichszulage an die deutschen Bediensteten, Gefahr eines Übersteigens der vergleichbaren Reichsbesoldung; endgültige Stellungnahme erst nach Kenntnis und Prüfung der von F. geplanten Regelung. Infolge eingetretener Verzögerung Drängen F.s unter Androhung der Durchführung und Publizierung der von ihm geplanten Maßnahmen und unter Forderung eines Vortrags bei Hitler; im übrigen nach seiner Auffassung die Herstellung eines Einvernehmens mit den Reichsressorts nicht erforderlich. Schließlich Einigung mit dem Reichsfinanzminister (RFM) über eine größere Anzahl von Abstrichen an den von F. vorgelegten Besoldungstabellen, im übrigen Zustimmung des RFM auch zu den von ihm nicht als zufriedenstellend betrachteten Regelungen wegen der Eilbedürftigkeit der Angelegenheit und des übergeordneten politischen Interesses; Teilung dieses Standpunkts durch L. und durch die PKzl. (zunächst erhobene Vorbehalte hinsichtlich der Besoldung der Polizei und der Regierungstruppe durch den Verzicht des OKW und des Chefs der Ordnungspolizei auf Berufungen gegenstandslos geworden). – In diesem Zusammenhang unter Hinweis auf wiederholte Anordnungen H.s Bitte L.', bei Fragen von grundsätzlicher Bedeutung die zuständigen Reichsressorts künftig rechtzeitig zu beteiligen.
A/W   101 23467 – 506 (1328 c)

25. 7. – 4. 8. 43   RSchatzmeister, Himmler   17097 a
*Korrespondenz über eine Revision beim Hauptarbeitsgebiet Volkswohlfahrt des Arbeitsbereiches Generalgouvernement der NSDAP.
K/H   102 005543 (961)

26. 7. 43   GL u. a.   17098
Rundschreiben Bormanns: Bekanntgabe der gewünschten Informationen über die Vorgänge in Italien „zu gegebener Zeit"; Aufforderung, sich jetzt demaskierende Staatsfeinde rücksichtslos anzuzeigen und „wertlose Schwächlinge" aus der Partei zu entfernen; Aufgabe der Männer der Partei in Krisenzeiten, „unendlich beruhigend" zu wirken und unerschütterlichen Glauben an den Führer auszustrahlen.
K   102 01000 f. (1880)

[26. 7. 43]   RSHA   17099
Aufgrund von Informationen Bormanns und seines Persönlichen Referenten Zusammenstellung der Aufgabengebiete B.s in seiner Eigenschaft als Sekretär des Führers: Persönliche Angelegenheiten sowie – soweit von B. bearbeitet – Schutz Hitlers; Teilnahme an Besprechungen H.s; Weitergabe von Entscheidungen H.s an die Obersten Reichsbehörden sowie Schlichtung von Meinungsverschiedenheiten zwischen diesen; Bearbeitung der „mit den Aufträgen Linz zusammenhängenden Angelegenheiten"; Dienstaufsicht über Hausintendantur und Stenographengruppe.
K/W/H   102 00677 f. (1205)

27. 7. 43   SBFNK   17100
Mitteilung: Zwecks Rationalisierung der deutschen Propaganda in Frankreich die Auflösung der Propaganda-Abteilung beim Militärbefehlshaber und die Übernahme der Propagandaarbeit (ausgenommen die militärische Aktivpropaganda) durch die Deutsche Botschaft beabsichtigt.
K   102 00193 f. (342)

27. 7. – 25. 9. 43   RJM, RMdI, RKzl., RKPreis.   17101
Gegen Bedenken des Reichsinnenministers wegen mangelnder Kriegswichtigkeit und fehlenden Verständnisses der Bevölkerung für solch überflüssige und unzeitgemäße Arbeit der Behörden Zustimmung der PKzl. zum vorgelegten *Entwurf (des Reichsjustizministers) einer Verordnung zur Änderung der Gebührenordnung für Rechtsanwälte (bei Strafsachen unter künftig striktem Verbot der – angesichts der Niedrigkeit der Sätze weitestgehend praktizierten – freien Gebührenvereinbarungen Festlegung eines erhöhten Gebührenrahmens; außerhalb des Bereichs der Strafsachen Vereinbarungen zwar weiterhin grundsätzlich zulässig, jedoch nur in „qualifizierter Schriftform" und mit der Möglichkeit, sie bei Überhöhung durch Verwaltungsentscheidung des Oberlandesgerichtspräsidenten statt durch gerichtliches Urteil herabzusetzen). Einspruch des Reichskommissars für die Preisbildung wegen seiner bei solchen Anfechtungen künftig für entbehrlich gehaltenen Beteiligung.
H   101 28226 – 37 (1536 c)

28. 7. 43   RArbM u. a.   17102
Übersendung eines Runderlasses: Änderung der Richtlinien für die Verwendung von Holzwolleleichtbauplatten nach DIN 1101 im Hochbau.
H   101 19170 f. (1169 a)

28.—31. 7. 43   SS-Ogruf. Rauter u. a.   17103
Besprechungen über die germanische Arbeit in den Niederlanden und über die damit verbundenen Kompetenzkonflikte zwischen Partei bzw. PKzl. und SS. Zunächst Unterrichtung der PKzl. durch SS-Staf. HBerL Thiel (PKzl., zugleich Beauftragter des Reichskommissars für die besetzten niederländischen Gebiete [RK] und als Leiter der Dienststelle Niederlande der Germanischen Leitstelle vorgesehen) bei einem Besuch Th.s in Berlin; dabei offenbar Ausräumung der von der PKzl. gehegten Befürchtung einer engeren Zusammenarbeit Th.s mit der SS als mit der PKzl. (seitens des Höheren SS- und Polizeiführers beim RK, SS-Ogruf. Rauter, allerdings Absicht, sich mit Hilfe des „absolut mit der SS ziehenden", im Vergleich zu dem als Vertreter der PKzl. beim RK fungierenden Ritterbusch aktiveren Th. „mehr und mehr durchzusetzen"); Wunsch der PKzl., den RK keinesfalls zu übergehen; eine Kompetenzabgrenzung zwischen dem Arbeitsbereich Niederlande der NSDAP und der Germanischen Leitstelle nach Ansicht Friedrichs' (PKzl.) noch nicht erreicht und dafür auch noch einige Zeit erforderlich. Bei einer kurz darauf stattfindenden Besprechung zwischen Rauter, Ritterbusch und dem RK Unterstützung des Standpunkts der SS durch den RK: Die Beauftragung des Reichsführers-SS (RFSS) durch Hitler mit der germanischen Arbeit von ihm voll anerkannt und unterstützt, die Leitstelle die hierfür zuständige Dienststelle des RFSS; die Akzeptierung dieses Sachverhalts durch den Generalkommissar z. b. V. und den Arbeitsbereich notwendig; Bitte, Th. für seine neue Arbeit von der PKzl. zum RFSS abzukommandieren. Einverständnis Ritterbuschs hiermit sowie mit den von der Leitstelle beanspruchten Aufgabenbereichen (alles „direkt oder indirekt mit der Wehrhaftmachung geistiger und materieller Art des germanischen NS" Zusammenhängende, im Bereich der Jugend Beteiligung der HJ unter Führung der Leitstelle) und Unterrichtung F.'. Absicht F.', nach Rücksprache mit SS-Ogruf. Berger und nach Vortrag bei Bormann in die Niederlande zu fahren und den gesamten Komplex nochmals mit dem RK und Rauter durchzusprechen. (Vgl. Nr. 17176 a.)
W/H   107 00451, 454 f., 460—64 (203)

28. 7.—3. 8. 43   SSPHA   17104
Fernschreibenwechsel unbekannten Inhalts; darin berichtigend Mitteilung der Feldpostanschrift des SS-Gruf. Alfred Rodenbücher.
M/H   306 00802 (Rodenbücher)

28. 7.—4. 8. 43   RKzl., AA   17105
Keine Bedenken der PKzl. gegen das am 2. 10. 42 unterzeichnete 'Deutsch-Ungarische Abkommen über die gegenseitige Anerkennung von familienrechtlichen Entscheidungen und von Todeserklärungen.
H   101 26463 f. (1504)

[28. 7.—26. 8. 43]   Himmler, HA f. Volkstumsfragen, ArbBer. Osten   17106
Besprechung in der PKzl. über die Satzung für eine Deutsche Gemeinschaft in den besetzten Ostgebieten (DG). Dabei Verlesung eines Vermerks Bormanns über ein Gespräch mit Himmler (Bitte H.s, von der DG vorläufig noch abzusehen, um die Volksdeutschen durch die „Vielheit der Organisation" nicht zu „bedrängen"; Zurückweisung dieser Einwendung durch B. unter scharfer Kritik an der Okkupierung „ureigenster" Aufgaben der Partei durch die SS [die „uferlosen" Forderungen und die Anmaßung immer neuer Aufgaben durch die SS in der Partei bereits „übel vermerkt"]; Zusage H.s, seine Zustimmung von einer Besprechung mit dem Stabsleiter des Arbeitsbereichs Osten der NSDAP abhängig zu machen). — 'Entwurf der PKzl. für eine Anordnung B.s über den Begriff der Ostfähigkeit.
W/H   107 01320—24 (409)

29. 7. 43   AA   17107
Übersendung eines Berichts der katholischen Zeitung La Croix über einen Besuch des Nuntius Valeri in Lyon.
W   202 00455 ff. (5/2—18)

[29. 7. 43]   GL Giesler   17108
(Erwähnte) Weisung der PKzl. über die Aufrechterhaltung des Fremdenverkehrs.
W   107 01023, 026 f. (338)

29. 7. – 2. 8. 43   Himmler   17109
Durch Bormann Übersendung eines an die Mitglieder der Reichsregierung gerichteten *Schreibens des LBf. Wurm.
K   102 00946 f. (1828)

[29. 7.] – 8. 8. 43   RFSS, Chef Sipo   17110
Durch den Reichsführer-SS (nach Erhalt eines *Vermerks Bormanns) Übersendung eines Fernschreibens des Chefs der Sicherheitspolizei: Schändung einer Führerbüste (deren Zerschlagung in einem Toilettenvorraum) durch den Stalingradkämpfer Uffz. Hans Voigt und zwei andere Frontkämpfer, sämtlich Angehörige der 2. Studentenkompanie (med.) der Universität Jena; Erlaß von Haftbefehlen und Abgabe des Vorgangs an das Sonderstandgericht der Wehrmacht beim Reichskriegsgericht.
K/H   102 00025 – 29 (74)

29. 7. – 15. 8. 43   Lammers   17111
Mitteilung Bormanns: Besprechung zwischen Göring und dem Reichsarbeitsführer (RAF) über eine Anordnung Hitlers, den Reichsarbeitsdienst in größtmöglichem Umfang in der Luftabwehr einzusetzen (Männer: Flakschutz; Frauen: Nachrichtendienst). – Besprechung zwischen B. und Lammers und gemeinsamer Vortrag bei H. wegen einer anderen vom RAF aufgeworfenen Frage.
W/H   101 09399 ff. (652 a)

30. 7. 43   AA   17112
Übersendung einer Buchbesprechung der amerikanischen Zeitschrift The New Republic über eine Broschüre des ehemaligen Pfarrers der Amerikanischen (Bekenntnis-)Kirche in Berlin Stewart W. Herman Jr.: Wir wollen deine Seele (der NS als Ersatzreligion).
W   202 01036 ff. (9/5 – 14 + 20/1)

30. 7. 43   AA   17113
Übersendung eines Artikels der Zeitung Libera Stampa (Lugano) über die Politik des Vatikans und die Strömungen im politischen Katholizismus sowie über die gegen den Vatikan erhobenen Vorwürfe, reaktionär zu sein.
W/H   202 01760 – 65 (12/15 – 12/33)

30. 7. 43   RArbM u. a.   17114
Übersendung eines Runderlasses: Einführung von vorläufigen Richtlinien für die Zulassungsprüfung von Mischbindern.
H   101 19168 f. (1169 a)

[30. 7. 43]   SS-Ogruf. Rauter, Himmler u. a. – 47   17115
Trotz der bisher ablehnenden Haltung des NSB-Führers Mussert Äußerungen des Vertreters des Reichspressechefs beim Reichskommissar für die besetzten niederländischen Gebiete (RK) über eine voraussichtliche Berufung des SS-Staf. Feldmeijer zum Schulungsleiter; Ritterbusch (Beauftragter der PKzl. beim RK) hiervon peinlich berührt. Nach Ansicht des SS-Ogruf. Rauter der Einfluß Ritterbuschs auf M. ohne Zweifel positiv. – Anregung Ritterbuschs, die NSB-Führer mit Pistolen zu versorgen.
W   107 00451 – 55 (203)

30. 7. – 6. 8. 43   RKzl., Oberste RBeh.   17116
Klage der Gauleiter und Reichsverteidigungskommissare (RVK) über die gefährdete Unterbringung fliegergeschädigter Obdachloser infolge ungeregelter Beschlagnahmen von Räumen für die Einrichtung von Behördenausweichquartieren. Auf Anregung Bormanns die Beschaffung von Ausweichunterkünften nur noch nach Fühlungnahme mit dem zuständigen RVK zulässig; gegebenenfalls eine Vermittlung zwischen der betreffenden Obersten Reichsbehörde und dem RVK durch den Chef der Reichskanzlei vorgesehen.
K/H   101 11210 – 17 (667 a)

30. 7. – 30. 8. 43   RKzl., Oberste RBeh. u. a.   17117
Laut Mitteilung des StSekr. Klopfer (PKzl.) der Wunsch der Witwe des SA-Stabschefs Lutze, die Dienst-

wohnung ihres Mannes weiter bewohnen zu dürfen, von Hitler abgelehnt mit der Weisung, solche Wünsche ausnahmslos abzulehnen. Zustimmung Bormanns zu einem entsprechenden Rundschreiben der Reichskanzlei unter Streichung des Wortes „ausnahmslos".
A/H   101 05171 – 78 (450)

31. 7. 43   AA   17118
Übersendung der Inhaltswiedergabe einer von der englischen Propaganda nunmehr auch in den iberischen Ländern verbreiteten Broschüre über die Verfolgung der Katholischen Kirche in dem von Deutschland besetzten Polen (Berichte des polnischen Kardinals Hlond an Pius XII. und andere Zeugenberichte, Rundfunksendungen des Vatikans über diese Verfolgungen).
W   202 01307 – 43 (10/14 – 25 + 20/7)

31. 7. – 12. 11. 43   AA   17119
Übersendung zunächst eines Inhaltsauszugs, später des *Originals einer 1942 von der Britischen Botschaft in Lissabon herausgegebenen Broschüre von Ernesto Coutinho „Die Katholische Kirche und der deutsche NS" (Sammlung päpstlicher und bischöflicher Stellungnahmen zum NS und zur Kirchenverfolgung in Deutschland 1930 – 42). Zusätzliche Informationswünsche der PKzl. zu einer Sammelerklärung von acht bayerischen Prälaten über den NS vom Februar 1931 sowie zu einem Hirtenbrief der österreichischen Bischöfe über das Unglück der modernen Zeit von Anfang 1932.
W/H   202 01344 – 72 (10/14 – 25 + 20/7)

2. 8. 43   RArbM u. a.   17120
Übersendung eines Runderlasses: Erteilung von zwei baupolizeilichen Zulassungen doppelwandiger Formstücke aus Ziegelschotterbeton für den Schornsteinbau; entsprechendes Verfahren bei ähnlichen Zulassungen.
H   101 19172 f. (1169 a)

2. – 11. 8. 43   Lammers   17121
Durch Bormann Übersendung mehrerer Aufstellungen von Auslagen in Höhe von insgesamt RM 107 509.79, der PKzl. entstanden durch Ankauf von Büchern und Begleichung verschiedener Rechnungen für die Bücherei Linz sowie durch die Bezüge des vom Hauptarchiv der NSDAP zur Bücherei Linz beurlaubten Friedrich Wolffhardt. Durch Lammers Anweisung des Betrags zu Lasten des Kontos „Dankspendenstiftung (Sonderfonds L)".
H   101 17041 – 53 (1019 b)

2. – 16. 8. 43   RKzl.   17122
Keine Bedenken der PKzl. gegen die beabsichtigte Erhöhung der Zulage für Hauptfeldwebel von jährlich RM 60.– auf RM 600.–.
A   101 04915 ff. (438)

[3. 8. 43]   HASSG, GL Giesler   17123
Keine Eignung des Klosters Rosental b. Eichstätt als Ausweichstelle für die PKzl.; Sicherstellung von Ausweichquartieren im Raum Kronach – Kulmbach.
W/H   107 01023, 029, 031, 033 (338)

3. 8. – 30. 10. 43   AA   17124
Durch die PKzl. Übersendung von Agenturmeldungen über den Streit zwischen katholischen kirchlichen Stellen in Süd- und Nordamerika und nordamerikanischen protestantischen Sekten wegen der Missionstätigkeit der letzteren in Südamerika mit der Bitte um Überprüfung des Wahrheitsgehalts und der Möglichkeit, diesen Kirchenstreit „von uns aus in irgendeiner Weise" zu schüren. Antwort des Auswärtigen Amts: Der Streit bereits von der gegen die Vereinigten Staaten gerichteten deutschen Propaganda in Südamerika ausgenutzt; eine direkte Aktion von Deutschland aus nicht empfehlenswert.
W/H   202 01866 – 70 (15/1 – 10 + 20/13)

4. 8. 43   RMfWEuV   17125
Beanstandung der Ablehnung neuer Planstellen bei den Länderministerien, Oberpräsidenten usw. für die Aufsichtführenden der Lehrerbildungsanstalten durch den Reichsfinanzminister unter Hinweis auf den Beschluß des Dreierausschusses vom 24. 6. 43 (vgl. Nr. 17021).
M   101 10599 f. (661 a)

4. 8. 43   AA   17126
Aus der Zeitschrift Picture Magazine (New York) Übersendung der Wiedergabe eines angeblich aus
Deutschland herausgeschmuggelten Berichts über die Verfolgung der Evangelischen Kirche in Deutschland, über den Fronteinsatz Geistlicher, über die evangelische Kirchenspaltung durch die Gründung der
Gegenkirche Deutsche Christen und über die Rolle Niemöllers.
W   202 01097 ff. (9/5 — 14 + 20/1)

4. 8. 43   AA   17127
Übersendung eines Artikels von Prof. Keller in der Neuen Zürcher Zeitung über die gemeinsamen Leitgedanken der Friedensbestrebungen des Papstes, der ökumenischen Kirchengruppe und evangelischer
Gemeinschaften in den Vereinigten Staaten und Großbritannien.
W   202 01696 — 99 (12/3 — 12/14)

Nicht belegt.   17128

4. — 14. 8. 43   RKzl., RL, GL   17129
Durch die PKzl. Übersendung der Anordnung 111/43: Ermahnung, im dienstlichen Verkehr höflich zu
sein, insbesondere Schreiben an andere Reichsleiter bzw. Gauleiter selbst zu unterzeichnen.
M   101 07449 ff. (588 c)

6. 8. 43   SS-Ogruf. v. Eberstein, RFSS   17130
Meldung des SS-Ogruf. v. Eberstein über defätistische Äußerungen des — so GL Giesler — „schlimmer als
ein Feindsender" wirkenden und nicht länger tragbaren italienischen Konsuls in München, Remigio
Grillo.
W/H   107 00161 ff. (169)

6. 8. 43   RProt. — 42   17131
Nach einer Kritik des Leiters der Parteiverbindungsstelle beim Reichsprotektor, GL Jury, an einem von
StSekr. Frank herausgegebenen Hauserlaß (Unterrichtung über Verhandlungen mit anderen Stellen)
Empörung F.s über die Eingriffe in seinen Pflichtbereich und über den „beleidigenden Angriff" auf seine
Person; unter Hinweis auf die bereits seit längerer Zeit bestehenden Differenzen Bitte an Bormann,
durch geeignete Maßnahmen für die Aufrechterhaltung der politischen Ordnung im Protektorat zu sorgen.
M   306 00308 — 14 (Frank, K. H.)

7. 8. 43   RFSS, RKF   17132
Informierung Bormanns über die Zurückstellung der Seßhaftmachung von Ritterkreuzträgern bis nach
Kriegsende; Begründung: Der Besitz des Ritterkreuzes allein noch kein Beweis für die politische und
völkische Zuverlässigkeit des Trägers.
K   102 01396 (2609)

7. — 31. 8. 43   AA   17133
Übersendung der Enzyklika Mystici Corporis Christi und eines die kirchenpolitisch relevanten Stellen
enthaltenden ˙Auszugs.
W   202 02045 — 46 (16/1 — 10)

7. 8. 43 — [2. 2. 44]   GL Bohle, SS-Ogruf. Lorenz   17134
Differenzen zwischen Auslands-Organisation (AO) und Volksdeutscher Mittelstelle (VoMi) über die
künftige Betreuung der eingebürgerten Volksdeutschen in Belgien und Nordfrankreich. Der PKzl. zur
Kenntnisnahme mitgeteilter Standpunkt des GL Bohle: Zuständigkeit der AO für alle Reichsdeutschen,
also auch für die Eingebürgerten. Darauf Antwort des Reichsführers-SS: Bei diesen Volksdeutschen Verleihung der deutschen Staatsbürgerschaft zunächst nur auf Widerruf, daher die weitere Festigung und
Pflege ihres Deutschtums durch die VoMi geboten; eine erfolgversprechende Gewinnung noch abseitsstehender Volksdeutscher durch werbewirksame Einbürgerungen nur bei Zusammenfassung beider
volksdeutschen Gruppen in einer Organisation gewährleistet; Bitte an das Hauptamt für Volkstumsfragen, von der angeregten Unterrichtung der PKzl. über diese Antwort zunächst und dann auch nach Einlenken B.s (unter Beharren auf seinem Standpunkt Zusage, „von sich aus keine Schwierigkeiten zu machen") abzusehen.
K/H   102 01244 — 54 (2276)

8.−26. 8. 43 Lammers, RJM 17135
Die Charakterisierung der Neufassung des *Reichsjugendgerichtsgesetzes als eine nur vorläufige Zusammenfassung bereits bestehenden Rechts vom Reichsführer-SS zur Voraussetzung seiner Zustimmung gemacht; daher trotz Bedenken Zustimmung Lammers' − wie auch Bormanns − zur Verabschiedung nicht in Form eines Gesetzes, sondern nur auf dem Verordnungswege aufgrund der von Hitler erteilten besonderen Vollmachten. Hinweis des Reichsjustizministers auf die wesentlichen sachlichen Änderungen des Entwurfs (Herabsetzung der Strafmündigkeit, Beschränkung der Unanfechtbarkeit jugendgerichtlicher Urteile, u. a.).
W   101 26893−902 (1512)

9. 8. 43 RArbM u. a. 17136
Übersendung eines Runderlasses: Einführung neuer Bestimmungen für die Ausführung von Stahlsteindecken (als Richtlinie für die Baupolizei).
H   101 19174 f. (1169 a)

9. 8.−20. 10. 43 RKzl., Himmler 17137
Vorschläge der PKzl. zur Einschränkung und Beseitigung der Auswüchse des amtlichen Erlaßwesens (endgültige Bereinigung dieser Folgeerscheinung der unübersichtlichen Verwaltungsorganisation durch die Verwaltungsreform nach Kriegsende): Schaffung eines eigenen Amtsblattes für die ehrenamtlichen Bürgermeister; verantwortliche Zeichnung eines Ministerialbeamten für das Amtsblatt seines Hauses und Veröffentlichung auch der abschließenden Zeichnung der dort publizierten Erlasse; statt obligatorischer Weiterleitung nichtveröffentlichter Erlasse durch die Mittel- und Unterbehörden Zubilligung weitgehender Entscheidungsfreiheit für die weiterleitende Behörde. Die Erledigung des letzten Punktes durch ein Rundschreiben der Reichskanzlei vorgesehen, wegen der beiden anderen Anregungen direktes Herantreten Bormanns an den neuen Reichsinnenminister Himmler.
K/H   101 12679−85 (695 a)

10. 8. 43 AA 17138
Mitteilung einer Meldung der Agentur Stefani: Positive Reaktion des Vatikans auf die „Ereignisse des 25. Juli" und aufmerksame Beobachtung der weiteren Entwicklung.
W   202 00689 (7/10−18+19/8)

10. 8.−14. 9. 43 RKzl., Oberste RBeh. 17139
Nach einer Klage des GL Stürtz über die von führenden Persönlichkeiten in der Umgebung Berlins noch unterhaltenen Jagd- und Landhäuser und über die Schwierigkeiten, in ihrer Nachbarschaft Doppelwohnungen anderer Personen zu beschlagnahmen, sowie nach einer entsprechenden Initiative des Propagandaministers Herausgabe von Rundschreiben der Reichskanzlei, der PKzl. und des OKW mit der Aufforderung an die führenden Persönlichkeiten von Staat, Partei und Wehrmacht, ihre privaten Doppelwohnungen wie jeder andere Volksgenosse für die Unterbringung von Obdachlosen oder Evakuierten, insbesondere von Kindern, zur Verfügung zu stellen.
H   101 29043−53 (1561)

11. 8. 43 StSekr. Kritzinger 17140
Mitteilung von Besprechungspunkten für eine Besprechung (Lammers') mit Bormann am 12. 8. 43: Landesbildstelle Innsbruck; Verleihung des Professortitels an Fritz Heinsius; Einschränkung von Dienstreisen der Obersten Reichsbehörden (Verhalten des RStatth. Greiser); Vortrag des Reichsarbeitsführers bei Hitler über seine Stellung; Dotationen im Propagandaministerium; das Testament des Stabschefs Lutze; Doppelwohnungen führender Persönlichkeiten; eine Denkschrift des Generalgouverneurs; Beförderung des MinR Vogels; Vertretung des Reichsprotektors; Bezüge des Operndirektors Hartmann und des Bühnenbildners Sievert von der Bayerischen Staatsoper. (Vgl. Nr. 17145.)
H   101 18135 (1131)

11. 8. 43 RFSS, SS-Brif. Wächter 17141
Durch den Reichsführer-SS Übersendung eines Schreibens an den Gouverneur des Distrikts Galizien, Wächter, die SS-Schützen-Division Galizien betreffend: Einerseits Wunsch W.s, das frühere Kronland Galizien in seinen alten Grenzen in einer Hand zusammenzufassen, andererseits bei ihm Skepsis hinsichtlich der Durchsetzbarkeit des alten Namens; kein Verständnis für diesen Widerspruch, für seinen Bereich Beharren auf seiner Anordnung (obschon natürlich keine Bestrafung sich als Ukrainer bezeichnender Galizier).
K/H   102 00934 ff. (1785)

[11. 8.] – 2. 9. 43   RSD, Lammers, RFM   17142
Auf Weisung Hitlers „Sicherung des Herrn Großadmirals Dönitz"; deshalb und wegen der von Bormann angeordneten Verstärkung der Sicherungen „für das Führergrundstück auf dem Obersalzberg und für die Führerliegenschaften in München" eine erhebliche Vergrößerung des Reichssicherheitsdienstes (RSD) erforderlich. Beantragung und Bewilligung von zunächst 19 neuen Planstellen für den RSD.
H   101 17840 – 46 (1104)

11. 8. – 14. 10. 43   RKzl., RJM   17143
Zustimmung der PKzl. zum Vorschlag, Reichsrichter Walter Ilz und SS-Ostubaf. Karl Dörfler auf Kriegsdauer zu Mitgliedern des Volksgerichtshofs zu bestellen (zur Deckung des Bedarfs an jederzeit für die Teilnahme an Sitzungen zur Verfügung stehenden Mitgliedern).
H   101 27218 – 22 (1517 c)

11. 8. 43 – 24. 3. 44   RGesundF   17144
Unter Bezugnahme auf einen Absatz aus seinem Bericht vom 11. 8. 43 über die Wirtschaftspolitik Süd-Ost (in Ungarn inflationistische Tendenzen, Preis- und Lohnsteigerungen, Erstattung von Löhnen in Naturalien; die für einen „Export aus Ungarn" bereitstehende Summe von 20 Mio. RM bei weitem nicht ausreichend, um in Ungarn die Rekordernte an Obst und Gemüse zu erfassen) und im Hinblick auf die inzwischen eingetretene erhebliche weitere Verschlechterung der Lage in Ungarn (Produktionseinschränkung nach Exportsperre) wie in Deutschland (Versorgungslage) Vorschlag, das Grundübel des Versagens der Wirtschaftspolitik Süd-Ost zu bereinigen und Mark und Pengö zum Nutzen beider Partner in ein stabiles Währungsverhältnis zu bringen; bei günstigem Verlauf des deutsch-ungarischen Modells Bemühungen anderer Südost-Länder zu erwarten, „mit Deutschland zu einer besseren Währungsgrundlage" zu gelangen.
K/H   101 08016 – 19 (614)

12. 8. 43   Lammers   17145
Laut Terminkalender 17.00 – 20.00 Uhr Besprechung mit Bormann. (Vgl. Nr. 17140.)
H   101 29121 (1609 b)

12. – 19. 8. 43   Lammers, Schacht   17146
Weigerung Hitlers, einen von Schacht (in Anbetracht des eng verwobenen Schicksals Deutschlands, des NS und Hitlers sein Gefühl der Loyalität selbst durch die ihm zuteil gewordene Behandlung nicht beeinflußt) angebotenen Bericht zur politischen Lage entgegenzunehmen.
M/H   101 00558 – 62 (140 a)

12. 8. – 1. 9. 43   Lammers, Frau Lutze   17147
Erörterung zwischen Lammers und Bormann sowie Ergebnisse eines gemeinsamen Führervortrags: Herausgabe des Testaments des verstorbenen Stabschefs Lutze an den Nachlaßrichter; Weisung Hitlers für die Regelung der durch den Nachlaß aufgedeckten Steuerhinterziehung Lutzes (Nachzahlung, aber keine Strafe); Ablehnung H.s, der Witwe Lutzes für ihre Güter und ihr Gestüt Zuschüsse zu zahlen.
H   101 20277 – 82 (1206)

12. 8. – 4. 9. 43   Lammers   17148
Nach Erörterung mit Bormann Führervortrag: Hitler mit der Wiederberufung des Münchener Oberbürgermeisters Fiehler sowie des Stadtschulrats Bauer und des Stadtrats Harbers einverstanden; außerdem Erweiterung der Lammers von H. als dem Beauftragten der NSDAP für die Stadt München erteilten Vollmacht für die erforderlichen Wiederberufungs-Beratungen mit den Münchener Ratsherren.
A/W/H 101 07024 – 27/1 (574)

12. 8. – 8. 9. 43   Lammers, Funk, Speer, RMfEuL   17149
Kontroverse zwischen Bormann und Speer über die Einhaltung der üblichen Geschäftsordnung vor der Vollziehung des Führererlasses über die Konzentration der Kriegswirtschaft durch Hitler. Forderung B.s nach Erläuterung mißverständlicher Begriffe und nach vorheriger Absprache der sich möglicherweise aus der neuen Bezeichnung „Reichsminister für Rüstung und Kriegsproduktion" ergebenden Kompetenzveränderungen. Stellungnahme S.s: Außer den vom Reichswirtschaftsminister (RWiM) ihm übertragenen Zuständigkeiten keine Kompetenzerweiterungen seines Ministeriums gegenüber sonstigen Reichsbehörden; Erwähnung der ihm als dem Generalbevollmächtigten für die Rüstung auf diesem Gebiet ohnehin zustehenden Weisungsbefugnisse gegenüber allen anderen Generalbevollmächtigten und – im Rahmen des Vierjahresplans – auch gegenüber den Obersten Reichsbehörden; die nur allmählich

zu vollziehende Umorganisation der Mittelinstanz wie auch die Entscheidung über das Verhältnis der Wirtschaftsgruppen zu den Ausschüssen allein Sache des RWiM und des Reichsbewaffnungsministers; unter Hinweis auf seine verantwortungsvolle, zu einem ungünstigen Zeitpunkt übernommene Aufgabe Ablehnung aller die Verabschiedung des Erlasses und damit die schnellste Ausweitung der Rüstung hemmenden verwaltungstechnischen Maßnahmen; Befürchtung der Absicht B.s, mit seinen Einwänden nur den Erlaß verzögern zu wollen; Vorschlag, den Inhalt des Erlasses mündlich abschließend zu klären. Dazu Berufung B.s auf eine (im Zusammenhang mit dem Ersuchen Funks und S.s um einen Vortragstermin zur Verabschiedung des in Rede stehenden Erlasses abgegebene) grundsätzliche Erklärung H.s über die Geschäftsordnung für Führererlasse (Betonung der Notwendigkeit der Wahrung gegenseitiger Loyalität; Verbot, vor Eingang der Stellungnahmen aller Beteiligten und vor Herbeiführung einer Einigung Vortrag zu halten; bei Nichteinigung Vortrag nur durch Lammers, nicht durch die Beteiligten); Bereitschaft, die noch strittigen bzw. von S. unerwähnt gelassenen Fragen (Einigung mit den betroffenen Ressorts über die für den RWiM vorgesehenen erweiterten Zuständigkeiten, Absprache mit der PKzl. über organisatorische Änderungen in der Mittelinstanz sowie über das Verhältnis der Wirtschaftsgruppen zu den Ausschüssen und Ringen) in der erbetenen Besprechung am 20. 8. 43 zu klären. Nach mehreren Chefbesprechungen Einigung der beteiligten Ressorts und Vollzug des Erlasses durch H. – Bei der gleichzeitig vorgelegten Führeranordnung zu dem Erlaß (Ausdehnung seiner Geltung auf die Zivilverwaltungsgebiete im Westen und Südosten, den Bezirk Bialystok und das Generalgouvernement) zunächst Zögern H.s (unabhängig von der noch kontroversen Frage der – vom RWiM geforderten – Einbeziehung des Versicherungswesens). Schließlich trotz Einwendungen der Zivilverwaltungschefs, des Generalgouverneurs und des Reichsostministers Entscheidung H.s zugunsten der von S. und F. geforderten Ausdehnung des Geltungsbereichs. (Vgl. Nr. 17055 und 17160.)
K/W   101 07875 – 911/2 (610, 610 a)

12. 8. – 20. 9. 43   Lammers, RFM   17150
Bitte Schwerin-Krosigks um Lammers' Vermittlung bei der bisher von der PKzl. abgelehnten Beförderung des 1933 als Nicht-Parteigenosse aus der Reichskanzlei ausgeschiedenen und seitdem im Reichsfinanzministerium tätigen MinR Heinrich Vogels zum Ministerialdirigenten. Trotz dieser Fürsprache Ablehnung der Beförderung durch Bormann unter Hinweis auf V.' Mitgliedschaft im Zentrum von 1926 – 1933 und auf seine auch nicht einheitlich günstige fachliche Beurteilung.
H   101 18427 – 37 (1144 b)

12. 8. – 3. 10. 43   Lammers, CdZ Elsaß, CdZ Lothringen   17151
Einwände der Chefs der Zivilverwaltungen Elsaß und Lothringen gegen die Gültigkeit des Stoperlasses vom 17. 2. 43 auch für ihre Gebiete. Beharren des Dreierausschusses auf der grundsätzlichen Gültigkeit der Reichsgrundsätze und des Stoperlasses auch für die – ja nach deutschem Haushaltsrecht verwalteten – Zivilverwaltungsgebiete; hinlängliche Berücksichtigung der dortigen besonderen Verhältnisse durch die vorgesehene Ausnahmeregelung.
M/H   101 10334 – 54 (659)

13. 8. 43   Lammers   17152
Laut Terminkalender 14.30 – 17.00 Uhr Besprechung mit Bormann.
H   101 29122 (1609 b)

13. 8. 43   RSchatzmeister   17153
Mitteilung der PKzl.: Berufung des SS-Ogruf. Gottlob Berger anstelle von SS-Ogruf. Oswald Pohl in den Reichstag (Ausscheiden P.s aufgrund des Runderlasses vom 26. 2. 43).
M   306 00778 (Pohl)

13. 8. 43   DSt. RM Speer   17154
Vorschlag, die die Gefolgschaften der Rüstungsbetriebe belastenden Sonderdienste einschließlich der Parteidienste zu vereinheitlichen, sowie Bitte um Ausnahmebestimmungen für die Rüstungsbetriebe.
W/H   103 00549 ff. (1738)

13. 8. 43   AA   17155
Übersendung eines Artikels der Basler Nachrichten über die vatikanisch-sowjetischen Beziehungen: Kein Paktieren mit dem Kommunismus, kein Konkordat mit der Sowjetunion bevorstehend.
W/H   202 01766 – 69 (12/15 – 12/33)

[13. 8. 43]   GL Sudetenland   17156
Berufung des Stv. GL Richard Donnevert (Sudetenland) in die PKzl.
K   102 00022 (39)

13.–17. 8. 43   Lammers   17157
Weitergabe einer Weisung Hitlers durch Bormann: Die – einer ihm zugegangenen Meldung zufolge – z. Zt. 900 (teilweise länger als zwei Monate in Haft befindlichen) zum Tode Verurteilten eine Gefahr bei feindlichen Luftangriffen; deshalb bei zweifelsfreien Fällen Ermächtigung für den Reichsjustizminister, die Vollstreckung selbständig und ohne Einholung des Einvernehmens oder der Stellungnahme anderer Dienststellen zur Gnadenfrage anzuordnen. Durch Lammers entsprechende Veranlassung sowie Empfehlungen an das OKW und den Reichsführer-SS für deren Geschäftsbereiche.
H   101 28260–64 (1538)

13.–18. 8. 43   Himmler, RMfWEuV   17158
Begründung Bormanns für die Überführung von Landjahr und Landdienst aus der Kompetenz des Reichserziehungsministers in die der Reichsjugendführung: Primäre Zielsetzung nicht die Berufsbildung, sondern die weltanschauliche Schulung.
K   102 00129–32 (237)

13.–23. 8. 43   Lammers   17159
Durch Bormann vorgeschlagene Erhöhung der dem Leiter des Linzer Münzkabinetts, Direktor Dworschak, bewilligten monatlichen Aufwandsentschädigung von RM 300.– auf RM 1000.– analog der dem Leiter der Linzer Waffensammlung, Prof. Ruprecht, zugestandenen Entschädigung.
H   101 29290–92 (1650 a)

13. 8.–13. 9. 43   Lammers   17160
Aus gegebenem Anlaß (Entwurf eines Führererlasses zur Konzentration der Kriegswirtschaft durch Speer und Funk) grundsätzliche Entscheidung Hitlers über die Vorbereitung von Führererlassen: Keine Alleingänge einzelner Minister, sondern die vorherige Einholung der Stellungnahme sämtlicher Beteiligten unter Zwischenschaltung der Reichskanzlei unumgänglich. Unterrichtung der Obersten Reichsbehörden in diesem Sinne. – Teilnahme Bormanns an Vorträgen bei H. in allen den Parteisektor betreffenden Angelegenheiten. (Vgl. Nr. 17055 und 17149.)
K   101 12615–31 (695)

[13. 8.–30. 11. 43]   Kzl. d. F, AO   17161
Erneute Eingabe der Annaliese Sparbier (Hamburg) an die Kanzlei des Führers (KF) wegen der Versuche der DAF/Auslands-Organisation, sie in der Ausübung ihres Berufs als Schiffsoffizier zu behindern. Unter Hinweis auf die im Juni 1942 erteilte Ausnahmegenehmigung Veranlassung der von der KF mit der Angelegenheit befaßten PKzl. bei der Auslands-Organisation, der S. keine Schwierigkeiten zu machen. (Vgl. Nr. 15042.)
M/H   101 02515–24 (253 a)

14. 8. 43   Lammers   17162
Übersendung an Himmler zum weiteren Befinden, an Bormann zur Kenntnisnahme: Bitte des (vermutlich wegen der in seiner Denkschrift „Innere Rüstung" enthaltenen partei- und staatsabträglichen Äußerungen) gemäß § 71 DBG in den Ruhestand versetzten evangelischen Theologie-Professors Cajus Fabricius, die Aufhebung des gegen ihn im April 1940 von der Gestapo verhängten Stadtarrests zu veranlassen (Wunsch F.', mit Rücksicht auf seine Familie der amtlichen Aufforderung zum Verlassen Berlins wegen erhöhter Luftangriffsgefahr nachzukommen).
A   101 05111–12/6 (448)

14. 8. 43   RVM, RMfVuP   17163
Laut Mitteilung des Reichsverkehrsministers die Reichsbahn zur Güterwagenstellung für Zirkusunternehmen, Schausteller usw. künftig nicht mehr in der Lage; nach Möglichkeit noch Abtransport in die Winterquartiere oder Heimatstandorte. (Abschrift an die PKzl.)
H   101 08350 (637 a)

14. 8. 43   Himmler, Lammers u. a.   17164
Durch Bormann Übersendung eines von Funk und Speer ausgearbeiteten *Entwurfs sowie eines *Schreibens an Lammers (s. Nr. 17149).
W   107 00927 (293)

14.–15. 8. 43   RKzl., RMdI   17165
Wegen des Ausstehens der Stellungnahme der PKzl. (Verhandlungen mit den Gauleitern) in der Reichskanzlei dilatorische Behandlung des Antrags des Reichsinnenministers, die Regierungen in Aurich, Stade, Hildesheim und Sigmaringen stillzulegen; entsprechende Unterrichtung Bormanns (vgl. Nr. 16903, 16907 und 16976). (Hier auch Zusammenstellung der bisherigen Stillegungs-Verhandlungen und -Ergebnisse.)
A   101 09659–63 (656)

14.–24. 8. 43   Ley, Lammers   17166
Kritik Bormanns und Lammers' an dem von Reichswohnungskommissar Ley vorgelegten Entwurf eines grundlegenden Führererlasses über die von Hitler angeordnete Errichtung eines „Deutschen Hilfswerks": Zu detailliert, Beanspruchung zu weit gehender Ermächtigungen für die Beschlagnahme oder gar Enteignung von Grund und Boden sowie für ein Weisungsrecht gegenüber Obersten Reichsbehörden, u. a. (Vgl. Nr. 17195.)
H   101 17332–38 (1033)

14. 8.–14. 12. 43   RMdI, Bayr. StMdF, RKzl.   17167
Zustimmung der PKzl. zu Einwänden staatlicher Behörden gegen die auf Veranlassung des Gauleiters von Franken in Nürnberg geforderte Übernahme von Opferschichten durch Beamte zur Entlastung der Rüstungsarbeiter: Bei keinem nennenswerten Erfolg noch größere Belastung der bereits außerordentlich stark beanspruchten Beamtenschaft.
M/H   101 07227–38 (582)

15. 8. 43   Lammers   17168
Laut Terminkalender nachmittags Besprechung mit Bormann.
H   101 29123 (1609 b)

15.–18. 8. 43   Lammers, StSekr. Fischböck   17169
Die Lohnentwicklung im Westen im Zusammenhang mit der Bauarbeiterentlohnung und dem Einsatz der Organisation Todt im Reich keine in den Zuständigkeitsbereich des Dreierausschusses fallende Frage, daher Ablehnung des Wunsches des Reichskommissars für die Preisbildung nach Erörterung im Ausschuß unter Verweisung an Speer.
W/H   101 09555 f. (654 b)

15.–18. 8. 43   Lammers, Goebbels   17170
Der Vorschlag Goebbels', von Zeit zu Zeit vor den Reichsministern und Staatssekretären über die politische Lage zu sprechen, von Lammers mit Bormann besprochen und dann von Hitler genehmigt; Einladung jeweils durch L. in die Reichskanzlei bei vorheriger Unterrichtung H.s.
H   101 08501 ff. (639 a)

17.–24. 8. 43   Daluege, Lammers   17171
Bewilligung des vom Stellvertretenden Reichsprotektor, SS-Oberstgruf. Daluege, auf ärztlichen Rat von Hitler erbetenen ein- bis zweijährigen Urlaubs durch Bormann und Lammers ohne Befragung H.s, jedoch nur für ein halbes Jahr.
A   101 23527 f. (1329 b)

18. 8. 43   RArbM u. a.   17172
Übersendung eines Runderlasses: Einführung des neubearbeiteten Normblattes DIN 1055 (Lastannahmen von Bauten/Eigengewichte von Bauteilen) als Richtlinie für die Baupolizei.
H   101 19176 f. (1169 a)

18. 8. 43   Oberste RBeh.   17173
Durch die PKzl. Informierung über die Beauftragung des SA-Ogruf. Schepmann mit der Führung der

Geschäfte des Stabschefs der SA sowie über Hitlers Wunsch, die SA-Arbeit angesichts ihrer besonderen
Bedeutung im Kriege auch durch alle Dienststellen des Staates nachhaltig zu unterstützen.
H   101 20276 (1205 a)

[18.] – 25. 8. 43   HASSG, GL Giesler, Himmler   17174
Bemühungen des Hauptamts SS-Gericht (HASSG) unter anderen bei GL Giesler und GL Wahl um die
Sicherstellung eines Ausweichquartiers im Rahmen der durch OKW- und Führerbefehl angeordneten
Ausweichaktion. Durch die PKzl. Benennung des – zunächst für die PKzl. selbst vorgesehen, dann
aber als ungeeignet befundenen (vgl. Nr. 17123) – Klosters Rosental bei Eichstätt. Vorwürfe der SS gegen G., seine Hilfe bei der Suche nach einem Ausweichquartier verweigert zu haben, und Beschwerde
Himmlers bei Bormann. Rechtfertigung G.s: Seitens des HASSG zunächst Äußerung der Absicht einer
Verlegung der Dienststelle, diese von ihm jedoch zu Recht wegen der zu befürchtenden ungünstigen
Auswirkungen auf die Volksstimmung abgelehnt; erst später Rede von der Suche nach einem *Ausweichquartier;* Hinweis auf seine Zustimmung zu der dann in Aussicht genommenen Verwendung von
Schloß Elsholz, auf die ungenaue Berichterstattung des SS-Ogruf. Eberstein an H. über seinen – G.s –
Standpunkt und auf seine Bereitschaft, alles zu tun, um eine Weiterarbeit des HASSG nach einem etwaigen Bombenschaden zu gewährleisten.
W   107 01022 – 35 (338)

19. 8. 43   Himmler   17174 a
Mit Bormann Erörterung der „Angelegenheit Buchenwald" (nach Ansicht Himmlers Verzögerung des
Produktionsbeginns dort [Karabiner und Gewehr 43] durch „nicht notwendige Schwierigkeiten"; Verdächtigung der Gustloff-Werke, „nicht klar zu spielen"). Kurz darauf „eine anderweitige Regelung" der
Angelegenheit.
W/H   107 00911 f. (290)

19. 8. 43   RMdI   17175
Dringende Bitte des Reichsinnenministers (RMdI), bewährten, insbesondere im Wehrdienst ausgezeichneten Widerrufsstaatsangehörigen der Abteilung 3 der Deutschen Volksliste (DVL) durch vorzeitigen
Verzicht auf die Geltendmachung des Widerrufs die unbeschränkte Staatsangehörigkeit zu verleihen,
um ihre und ihrer Angehörigen Einsatzbereitschaft nicht zu gefährden und die unerwünschte, dann aber
unvermeidliche Selbsthilfe der Volkslistendienststellen durch unkontrollierte Höherstufungen (Umstufung von Abt. 3 nach Abt. 2) zu verhindern; zu diesem Zweck Vorlage eines Erlaßentwurfs mit genauer
Bezeichnung der für einen bevorzugten Widerrufsverzicht in Frage kommenden Tatbestände sowie mit
Festlegung der Voraussetzungen für die Ausübung des Widerrufs und mit einer Regelung des Verfahrens in beiden Fällen. – In diesem Zusammenhang Erwähnung der konvergierenden Auffassung über
die Behandlung der bewährten DVL-3-Angehörigen: Einige Gauleiter in oder mit eingegliederten Ostgebieten, insbesondere GL Bracht in Oberschlesien, wie der RMdI für baldige Gleichstellung, Himmler
und GL Uiberreither hingegen sehr zurückhaltend (H. jetzt für einen Widerrufsverzicht bei EK-I-Trägern).
H   101 00355 – 67 (136)

19. 8. 43   OKW   17176
Übersendung eines Befehls: Künftig Bezeichnung „Wehrersatzamt" (unter Gen. d. Inf. Olbricht) für die
mit den Ersatzangelegenheiten der Wehrmacht betrauten Dienststellen.
H   101 18593 f. (1148)

[19. 8. 43]   SS-Ogruf. Rauter   17176 a
Klage über Schwierigkeiten, in der Frage der Germanischen Leitstelle in den Niederlanden (GLS) zu einer Kompetenzabgrenzung zu kommen und die GLS zur „Zentralstelle der Partei im hiesigen Germanischen Raum" zu machen, angesichts der Anwesenheit eines Partei-Kanzlei-Beauftragten mit der zusätzlichen Funktion eines Politischen Generalkommissars; nach dem „unschönen Krieg" mit HDL Schmidt
Wunsch, mit dessen Nachfolger, dem „sehr vernünftigen und zugänglichen" GenK Ritterbusch, auszukommen. In diesem Zusammenhang erwähnt: Unterschiedliche Auffassungen Himmlers und des SS-
Ogruf. Berger über die Behandlung Musserts (für H. das vorläufige Festhalten Hitlers an M. für „uns als
NS" verbindlich). In einer Unterredung R.s mit Bormann über den ganzen Komplex von diesem grundsätzlich die Möglichkeit einer Einigung gesehen, jedoch von ihm z. B. in der Frage HJ zwar für die „germanische Ausrichtung" des Jeugdstormes die Zuständigkeit der GLS anerkannt, für deren Durchführung aber „unter allen Umständen" die Zuständigkeit der HJ beansprucht. Darüber Gespräche Bor-

manns mit Himmler und – zuvor – des OBefL Friedrichs mit SS-Ogruf. Berger bevorstehend. (Vgl. Nr. 17103.)
H   102 00797 ff. (1556)

19.–22. 8. 43   Speer   17177
In einer Führerbesprechung „im Beisein" Bormanns Feststellung Hitlers: Lediglich das Einverständnis Lammers', nicht jedoch das Keitels zu dem – von H. grundsätzlich gebilligten – 'Entwurf eines Erlasses über die Organisation Todt erforderlich.
W/H   108 00069 (1508)

19.–22. 8. 43   Speer   17178
Nach Vortrag durch Bormann Entscheidung Hitlers in der Angelegenheit Präsident P.: Bis zum Vorliegen des Untersuchungsergebnisses nur Beurlaubung P.s von seinen Ämtern.
W   108 00069 ff. (1508)

19.–22. 8. 43   Speer   17179
Notiz über eine Führerbesprechung: Grundsätzliches Einverständnis Hitlers (veranlaßt durch Hinweise Bormanns und Speers) mit der Unterscheidung zwischen Groß- und kleineren Angriffen bei Nachtalarmierungen (jedoch nochmalige Besprechung mit Göring geplant).
W   108 00069 ff. (1508)

19. 8.–22. 9. 43   Gen. Schmundt, GL Tirol-Vorarlberg, RKzl., H. Nußbaumer   17180
Auf eine Anfrage der Betroffenen Auskunft der PKzl.: Die Entscheidung, den bisher vom Stellvertretenden Generalkommando XVIII in Salzburg für Fronturlauber und ihre Familien gemieteten Gasthof Seebichl in Kitzbühel der Riefenstahl-Filmgesellschaft (Berlin) zur Verfügung zu stellen, eine Entscheidung Hitlers selbst.
M/H   101 02809–15 (282 a)

20. 8. 43   Lammers   17181
Laut Terminkalender 11.30 Uhr Sitzung des Dreierausschusses unter Teilnahme von Bormann und StSekr. Klopfer; 17.10 Uhr gemeinsamer Vortrag mit B. bei Hitler.
H   101 29124 (1609 b)

20. 8. 43   RKzl. u. a.   17182
Durch den Dreierausschuß kurze Erörterung der Frage des Abzugs von Verwaltungskräften für den Kriegswirtschaftseinsatz: Zunächst Absicht des GL Sauckel, dem Ausschuß ein verbindliches Vorschreiben der geplanten Kontingente zu empfehlen, die Angelegenheit dann jedoch weiteren Erörterungen zwischen den Staatssekretären Stuckart, Landfried und Klopfer sowie Sauckel überlassen.
A   101 09732–35 (656 a)

20. 8.–9. 9. 43   Schwarz, W. Grünes, Himmler   17183
Entlassung des RStL Lt. Walter Grünes aus der Wehrmacht nach seiner Anzeige gegen einen Vorgesetzten wegen Wehrkraftzersetzung: Von Schwarz die Prüfung des Falles durch Bormann gefordert; Hinweis auf eine grundsätzlich parteifeindliche Einstellung im Offizierkorps. Kritik auch B.s an der Haltung der Wehrmacht gegenüber dem Aufdecken von Mißständen.
K   102 00010 (21); 102 00508–14 (911)

20. 8.–11. 12. 43   RKzl., GL Giesler   17184
Bitte Bormanns an Lammers um Beseitigung der formellen (landesrechtlich bedingten) Schwierigkeiten bei den vom geschäftsführenden Bayerischen Ministerpräsidenten, GL Giesler, geplanten Vereinfachungen der Landesverwaltung. Referentenbesprechungen zwischen PKzl. und Reichskanzlei (RKzl.) mit der Absicht, G. durch Führererlaß entsprechend zu ermächtigen. Nach Abstimmung der zwischen PKzl. und RKzl. kontroversen Punkte (Einbeziehung der Ministerienaufhebung, Ermächtigung zur Abweichung von Reichs- und bayerischem Recht und Verwendung des Begriffs „Neuordnung") Vortrag der Angelegenheit bei Hitler und Vollzug des Erlasses durch ihn; Wunsch H.s, vor jeder geplanten Behördenauflösung rechtzeitig unterrichtet zu werden (Vermeidung eines Niveauverlustes für die eventuell betroffenen Städte).
A/H   101 23117–34 (1311 d)

20. 8. – 30. 12. 43   AA, Apost. Nuntius, RMfWEuV, Chef Sipo   17185
Weiterleitung eines Protests des Apostolischen Nuntius gegen die Beschlagnahme des Missionshauses St. Adalbert in Mehlsack (Ostpreußen), insbesondere gegen die Verwendung der Kirche für ns. Feierstunden. Dazu Bormann: Keine Aufhebung der Beschlagnahme; angesichts der Nutzung des Klosters als Lehrerbildungsanstalt auch die Freigabe der Kirche nicht tunlich; diese im übrigen keine „Kirche im üblichen Sinne", sondern nur ein besonders gestalteter Saal des Klosters; keine Bedenken gegen dessen Nutzung für Zwecke der Anstalt, jedoch Verbot einer Benutzung durch die Partei.
W/H   202 00085 ff., 90 f. (2/1 – 12)

21. 8. 43   AA, Dt. Botsch. Rom   17186
Übersendung des monatlichen Presseberichts der Deutschen Botschaft in Rom „Polemik um den Katholizismus": Aus Besorgnis vor einer möglichen Entwicklung zum Kommunismus der Regierungswechsel in Italien von der katholischen Presse nur zurückhaltend begrüßt; Hirtenbriefe der italienischen Bischöfe zur innenpolitischen Lage; Äußerung des Papstes zum Luftangriff auf Neapel.
W   202 00591 ff. (7/1 – 9)

21. 8. 43   Lammers   17187
Laut Terminkalender 9.30 Uhr Besprechung mit Bormann, StSekr. Klopfer u. a.
H   101 29125 (1609 b)

Nicht belegt.   17188

21. – [23.] 8. 43   SS-Ostubaf. Höhne   17189
Besprechung mit MinR v. Hummel (PKzl.): Vom Reichsführer-SS infolge eines Engpasses die Zuweisung von 550 Litern Otto-Benzin aus SS-Kontingenten für den SS-Stollenbau Führerhaus auf dem Obersalzberg erbeten; Sicherstellung des für den SS-Stollenbau Obersalzberg benötigten Gesamtbedarfs an Dieselkraftstoff und Öl durch die PKzl. Ferner mit Klopfer (PKzl.) telefonisch besprochen: „Kennziffernmäßig und wertmäßig" der Ersatz der beim Stollenbau verschlissenen Werkzeuge und Geräte sowie der Verbrauchsmaterialien durch die Verwaltung Obersalzberg erforderlich.
K/H   102 01263 – 66 (2345)

22. 8. 43   Lammers   17190
Laut Terminkalender 16.00 – 19.00 Uhr Besprechung mit Bormann, Keitel und Thierack; anschließend Empfang der Besprechungsteilnehmer durch Hitler. Abendessen bei B. mit anschließenden Besprechungen.
H   101 29126 (1609 b)

22. 8. 43 – 5. 6. 44   Himmler, Lammers, SS-Ogruf. Greifelt   17191
Mitteilung Himmlers über den Auftrag Hitlers, dem „krankheitshalber" in einen längeren Urlaub gehenden SS-Oberstgruf. Daluege ein Gut als steuerfreie Dotation zu übereignen; Bitte, ihm die in Frage kommenden Objekte vor einer endgültigen Entscheidung mitzuteilen; seine Vorstellungen: 1500 – 2000 Morgen, ähnlich wie GenOberst Guderians Dotation. Von den D. angebotenen Reichslandgütern schließlich auf Weisung Himmlers Übereignung des 492 ha großen Reichslandgutes Ilsenau Kr. Samter (Warthegau); Übernahme des Kaufpreises von RM 600 000.– auf die von Lammers verwalteten Verfügungsmittel Hitlers. – Aus Anlaß dieses Falles Klage der Reichskanzlei (RKzl.) über die Befassung zu vieler Stellen (hier sechs) mit solchen Dotationsvergebungen und über die mangelnde Beachtung der Federführung der RKzl.; Vorschlag an Bormann und Keitel, gemeinsam die Zuständigkeit unter Federführung der RKzl. zu beanspruchen und Vertreter für die gemeinsame Bearbeitung der Dotationsvergebungen zu benennen.
H   101 17752 – 67 (1087 a); 107 00765 f. (236)

23. 8. – 11. 9. 43   Lammers, RFM, RFSS   17192
Zustimmung der PKzl. zur Umwandlung der Generalleutnantsstelle für den Höheren SS- und Polizeiführer Niederlande in eine Stelle für einen General der Polizei (Ausnahme vom Stoperlaß vom 17. 2. 43) nach bereits erfolgter Ernennung Rauters.
M   101 10309 ff. (659)

23. 8. – 18. 11. 43   Lammers, Keitel, RMfdbO, StSekr. Reinhardt   17193
Beschwerde des Chefs OKW über die Benachteiligung der im Operationsgebiet an der Ostfront stehen-

den Wehrmachtangehörigen durch die sie nicht einschließenden Oststeuerhilfeverordnungen; Hinweis auf das Drängen der Oberbefehlshaber der dortigen Heeresgruppen und auf die „stimmungsmäßigen Auswirkungen" bei der Truppe. Die Forderung nach Gleichstellung entweder durch Ausdehnung der Oststeuerhilfe auf die Fronttruppen oder durch Wegfall der Steuervergünstigungen (Ostfreibetrag und Freistellung vom Kriegszuschlag) insbesondere in den Reichskommissariaten Ostland und Ukraine (dazu der Reichsostminister: Zustimmung nur bei Einbeziehung sämtlicher Ostgebiete, zumindest jedoch des Generalgouvernements) von Bormann zunächst unterstützt, dann jedoch vor allem von Lammers (gegen die Referenten seines Hauses), aber auch von B. abgelehnt. Entscheidung Hitlers gegen das „unsinnige Verlangen" der Wehrmacht. Hinweis L.' auf den wirtschafts- und volkstumspolitischen Zweck der Oststeuervergünstigungen sowie auf den besonderen Einsatz und die Mobilität der Soldaten („heimisches Steuerrecht im Tornister").
K/H 101 12206−40 (689)

23. 8. − 1. 12. 43   AA   17194
Mit Rücksicht auf die Stellungnahme des Auswärtigen Amts (Bekämpfung der russischen, amerikanischen und englischen Einflußnahme auf den orthodoxen Patriarchen) keine Bedenken der PKzl. gegen eine Reise des Leiters des Kirchlichen Außenamts der Evangelischen Kirche, Bf. Heckel, zur 100-Jahr-Feier der deutschen evangelischen Gemeinde in Istanbul.
W 202 00198−201, 217 (3/7)

24. 8. − 10. 9. 43   Lammers, Speer, Ley, Himmler, Schwerin-Krosigk   17195
Der Entwurf eines Führererlasses über die Errichtung eines „Deutschen Wohnungshilfswerks" von Ley und Speer im Einvernehmen mit Bormann formuliert und an Lammers weitergeleitet. Änderungswünsche des Reichsinnenministers (u. a. Beschränkung auf die Anlegung von Behelfsheimen − in Leys allgemein gehaltener Fassung auch Wohnraumlenkung und Ausbau von Dachgeschossen enthalten −, Beteiligung beim Erlaß der Durchführungsbestimmungen) und des Reichsfinanzministers (Abweichungen von den Vorschriften des Reichshaushaltsrechts nur im Benehmen mit ihm, kein Verschenken der Behelfsheime) von Ley zurückgewiesen. In dessen Sinne auch in den meisten Punkten die Entscheidung Hitlers (Ausnahmen: Keine generelle Befreiung von den Vorschriften des Reichshaushaltsrechts; Bindung der Durchführungsvorschriften usw. an die Zustimmung des Leiters der PKzl., des Reichsinnenministers und des Generalbevollmächtigten für die Regelung der Bauwirtschaft). Vollziehung des Führererlasses am 9. 9. 43. (Vgl. Nr. 17166.)
H 101 17339−67 (1033)

24. 8. − 18. 9. 43   RKzl., RBankPräs., RMdI, RFM   17196
Nach Auffassung der Reichskanzlei (RKzl.) das Verfahren der Reichsbank, zu anderen Verwaltungen abgeordnete Reichsbankbeamte ohne vorhandene Planstellen zu befördern, vom Stoperlaß nicht betroffen; wegen der Zulässigkeit des Verfahrens Verweisung an die Beamtenminister (keine Bedenken des Reichsinnenministers, Ablehnung des Reichsfinanzministers). Einverständnis der PKzl. mit der Auffassung der RKzl.
M/H 101 10437−47 (659 a)

24. 8. 43 − 24. 9. 44   RFM, RKzl., Chef OKW   17197
Keine Einwendungen Bormanns gegen die Schaffung und Hebung von Planstellen für die Rechnungsjahre 1943 und 1944 unter anderem in den Bereichen Ordnungs-, Sicherheits- und Feuerschutzpolizei, Reichsarbeitsdienst, Auswärtiges Amt, Reichswirtschaftsministerium, Reichsjustizministerium, Volksgerichtshof (Ausnahmen vom Stoperlaß vom 17. 2. 43).
A 101 09702−31 (656 a)

[25. 8. 43]   (SS-Stubaf. Darges)   17198
Durch den Reichsführer-SS an SS-Stubaf. Darges zur Unterrichtung Hitlers und Bormanns Übermittlung einer „aus sich seriöser Quelle" stammenden, noch nicht überprüften Meldung über ein Waffenstillstandsgesuch Badoglios an England unter jeder Bedingung; durch England eine Antwort bis 28. 8. und die Lieferung von Waffen per Geleitzug in Aussicht gestellt.
K/H 102 01267 f. (2346)

26. 8. 43   Lammers   17199
Laut Terminkalender 11.00 Uhr Besprechung u. a. mit Bormann über die Konzentration der Kriegswirtschaft.
H 101 29127 (1609 b)

Nicht belegt. 17200

27. 8. – 3. 9. 43   Speer, StSekr. Kritzinger u. a. 17201
Einladung des StSekr. Kritzinger zu einer Tagung der Gauwirtschaftsberater und Gauamtsleiter für Technik unter Bormanns Vorsitz. Sein Bericht von der Tagung, insbesondere von der Rede Speers über die ihm übertragenen Aufgaben (Erlaß über die Konzentration der Kriegswirtschaft vom 2. 9. 43; vgl. Nr. 17149) und über die von ihm beabsichtigten Maßnahmen (weitere Einschränkung der Bedarfsgüterfertigung, Übernahme von Großbetrieben durch die Rüstungsindustrie, Verlagerung der zivilen Fertigung in Mittel- und Kleinbetriebe sowie in die besetzten Gebiete, u. a.).
H   101 19814 – 17 (1194 b)

30. 8. 43   AA 17202
Übersendung eines Berichts der Zeitung Der Bund (Bern) über die Unterstützung der Badoglio-Regierung durch die italienische Katholische Kirche und den Vatikan.
W   202 00577 f. (7/1 – 9)

30. 8. 43   AA 17203
Übermittlung einer Meldung des Deutschen Botschafters beim Heiligen Stuhl: Die sizilianischen Bischöfe gegen den (von den alliierten Besatzungsmächten geförderten) wachsenden Separatismus in Sizilien.
W   202 02044 (16/1 – 10)

30. 8. – 24. 11. 43   RMdI, RMfVuP 17204
Einwände des Reichsinnenministers (RMdI) gegen die vom Reichspropagandaminister (Promi) vorgeschlagene Regelung für die Angliederung des Reichspropagandaamtes (RPA) Hamburg an den Reichsstatthalter wegen ihrer grundsätzlichen Bedeutung für die Kompetenzabgrenzung innerhalb der Verwaltung: Die organische Verbindung zwischen allgemeiner Verwaltung und RPA nicht gewährleistet, weitgehender Einbruch in das kommunale Selbstverwaltungsrecht. Bereitschaft des Promi, den Bedenken des RMdI Rechnung zu tragen; entsprechender neuer Verordnungsentwurf. (Abschrift jeweils an die PKzl.)
A/W   101 23977 – 88 (1346 a)

31. 8. 43   AA 17205
Übermittlung einer Reuter-Meldung: Von einer schweizerischen Quelle behaupteter Plan der in Berlin befindlichen Faschisten Pavolini und Farinacci, eine italienische „Eiserne Wache" zu gründen; Forderung fünf italienischer politischer Parteien nach „strengsten Gegenmaßnahmen" und Einreichung eines Protests in Berlin.
W/H   202 00576 (7/1 – 9)

31. 8. 43   Thierack 17206
Übersendung der Führerinformationen 162 – 164 des Reichsjustizministers: Todesurteil gegen den Schlosser Willy Dummer (Dievenow) wegen Veranlassung seiner ihm lästig gewordenen hörigen Frau, sich mit ihrem Kind zu ertränken; Todesurteil gegen den Bauern Otto Krey (Alt-Banzin) wegen des Versuchs, Drahtstifte in die Futterrüben seines Nachbarn zu drücken, um dessen Viehbestand damit zu vernichten; Verurteilung von 158 Norwegern durch das Sondergericht Kiel wegen Feindbegünstigung (Versuch, nach England zu gelangen).
H   101 28954 – 58 (1559 b)

31. 8. – 10. 10. 43   RFM, RMdI 17207
Gegen Erwägungen, aus Gründen der Verwaltungsvereinfachung die Verwaltung der Reichsnährstandsbeiträge von den Finanzämtern auf die Gemeinden zu übertragen, Bedenken des Reichsernährungsministers und des Reichsbauernführers; dazu der PKzl. nachrichtlich zugesandte Befürwortungen der Überleitung durch den Reichsfinanz- und den Reichsinnenminister. Die in die Auseinandersetzung fallende Erhebung der fälligen Beiträge nach den bisherigen Vorschriften.
M/H   101 10380 – 88 (659 a)

Nicht belegt. 17208

1. 9. 43   Lammers, Himmler, GenGouv. Frank   17209
Beschwerde Himmlers bei Lammers über die Weigerung des Generalgouverneurs Frank, die von ihm, H., für den Anbau von Kok-Sagys (Pflanzenkautschuk) beanspruchte Anbaufläche in voller Höhe zur Verfügung zu stellen, auch nicht auf eventuelle Weisung Bormanns. Empfehlung L.' an F., den Wünschen H.s nachzukommen. (Durch L. Abschriften an Bormann.)
K/H   102 00941 – 45 (1802)

[1. 9. 43]   –   17210
Verleihung des Kriegsverdienstkreuzes an SS-Ostuf. Hinrich Bartels (Eckernförde) auf Vorschlag der PKzl.
M   306 00029 (Bartels)

1. 9. 43 – 19. 1. 44   GBV, RMarschall, RKzl., RFM   17211
Vorlage eines Entwurfs des Generalbevollmächtigten für die Reichsverwaltung: Verordnung über die Zusammenfassung der Gesundheitsverwaltung in der Mittelstufe bei den Reichsverteidigungskommissaren (RVK). Unter grundsätzlicher Bejahung dieser Maßnahme Zweifel des Reichsmarschalls an der Vereinbarkeit des dadurch erforderlich werdenden Übergangs der Gesundheitsverwaltung einiger preußischer Regierungen auf außerpreußische RVK-Behörden mit der von Hitler seinerzeit abgelehnten Zusammenlegung von Regierungen. Eine darauf bezügliche Anfrage nach der Gültigkeit dieser Entscheidung auch für Teilaufgaben der Regierungen von Bormann verneint (unter Berufung auf eine Entscheidung Lammers' im Falle der Verlegung einer Zollabteilung); im übrigen Hinweis auf den nicht zwingenden Rahmencharakter der Verordnung. – Die Bildung von Gesundheitsabteilungen bei den geschäftsführenden Behörden der RVK später von der Tagesordnung einer Ministerbesprechung abgesetzt (Verlangen der Sitzungsvertreter des Reichsinnenministers nach weiteren Unterlagen für eine persönliche Stellungnahme Himmlers).
H   101 13628 – 38 (719)

2. 9. 43   AA   17212
Übermittlung einer vertraulichen Meldung des Deutschen Gesandten in Stockholm über den schwedischen Plan einer Tagung des Exekutiv-Komitees der Ökumenischen Konferenz; Scheitern der Durchführung an den zu wenig sicheren Reisemöglichkeiten der überseeischen Teilnehmer und an mangelndem Interesse auf angelsächsischer Seite.
W   202 00218 f. (3/7)

[2. 9. 43]   RMfBuM   17213
Zustimmung der PKzl. zu dem Entwurf eines (den Führererlaß vom 28. 6. 43 zur Sicherstellung von Räumen für die Aufnahme von Rüstungsfertigungen und -arbeitern aus luftgefährdeten Gebieten ergänzenden) Führererlasses zur Durchführung der Verlegung von Rüstungsfertigungen und -betrieben: Absoluter Vorrang der Rüstungsproduktion; Ermächtigung des Reichsbewaffnungsministers (RBM) zur Inanspruchnahme von Grundstücken, Räumen, Maschinen und Einrichtungen sowie zur Anwendung des Zwangsrechts des Reichsleistungsgesetzes; Verfahren (u. a. Anhörung des Leiters der PKzl. durch den RBM bei Meinungsverschiedenheiten zwischen Reichsverteidigungskommissar und Rüstungsinspekteur); Erlaß der Durchführungsbestimmungen; Geltungsbereich.
W   101 11218 – 18/4 (667 a)

2. – 3. 9. 43   RKzl.   17214
Wunschgemäß Mitteilung über die erfolgte Vollziehung des Erlasses über die Konzentration der Kriegswirtschaft (vgl. Nr. 17149).
K   101 14952 f. (845)

2. 9. – [28. 10.] 43   RKzl., RMdI, OKW   17215
Zur umfassenden Regelung der Raumbeschaffung für jeden Bedarf Vorbereitung eines Führererlasses über den Ausgleich kriegswichtigen Raumbedarfs auf der Grundlage des Reichsleistungsgesetzes, aber unter Ausdehnung der Leistungspflicht auf das Reich und (später am Einspruch der PKzl. gescheitert) die Partei: Beseitigung der ungeregelten Beschlagnahmen und Vergabe von Räumen nach Dringlichkeit; vorrangige Berücksichtigung des operativen Bedarfs der Wehrmacht, der Rüstung sowie (auf Drängen des OKW weiterhin gegenüber dem zivilen Bedarf vorrangig) des sonstigen Wehrmachtbedarfs; Einsetzung der Reichsverteidigungskommissare als Träger der Raumbewirtschaftung, bei Differenzen letzte Entscheidungsinstanz der Generalbevollmächtigte für die Verwaltung. Sinngemäße Anwendung des Führererlasses auf die unter Zivilverwaltung stehenden besetzten Gebiete (jedoch nicht auf die Militär-

verwaltungsgebiete) durch eine entsprechende Anordnung. Im Hinblick auf die Dringlichkeit der Angelegenheit und auf die Sinnlosigkeit weiterer Diskussionen Bitte des Reichsinnenministers, den Erlaß ohne weitere Befragung der mit der Einschränkung ihrer Rechte nicht einverstandenen Obersten Reichsbehörden Hitler zur Genehmigung vorzulegen. Vollziehung des Erlasses durch H.
K/H   101 11218—42 (667 a)

2. 9. 43 — 30. 8. 44   AA   17216
Übersendung eines Berichts der Missions-Verwaltungs-GmbH Berlin über Geschichte und Tätigkeit der Sophia-Universität (Jochi Daigaku) in Tokio sowie einer Mitteilung über die bisher vom Auswärtigen Amt (AA) für diese Universität gezahlten Beihilfen. Stellungnahme Bormanns gegen weitere Zahlungen wegen des Charakters der Universität als reine Ordensanstalt der Jesuiten; Vorschlag, die vorgesehenen Mittel dem Deutsch-Japanischen Kulturinstitut zur Verfügung zu stellen; hingegen positive Stellungnahme zu den Anträgen auf Beihilfen für die von der Steyler-Mission beeinflußte Fu-Yen-Universität in Peking unter der Voraussetzung einer Stärkung des Einflusses durch die Berufung eines Vertreters des Reiches in das Oberste Kuratorium der Universität und durch die Ersetzung politisch nicht absolut zuverlässiger Lehr- und Verwaltungskräfte „nach und nach durch geeignetere Kräfte".B.s Beurteilungen der beiden Universitäten vom AA geteilt und entsprechende Beihilferegelungen vorgesehen (keine Beihilfen für die Hochschule in Tokio, dagegen Ausstattung des bisher nicht aus Reichsmitteln, sondern nur durch Devisengenehmigungen unterstützten Pekinger Instituts mit den nötigen Geldern); die von B. vorgeschlagenen personalpolitischen Maßnahmen jedoch nach Ansicht des AA während des Krieges weder ratsam noch möglich. Übermittlung eines Berichts des Polizeiattachés in Tokio über die Jochi-Daigaku-Universität.
W/H   202 00738—57 (8/1—7+19/9)

4. 9. 43 — 29. 3. 44   GL Lauterbacher, Funk, Himmler, Chef Sipo   17217
Auf Grund einer Meldung des GL Lauterbacher Forderung Bormanns nach Abberufung des Leiters des Instituts für deutsche Wirtschaftsforschung, Prof. Ernst Wagemann, wegen einer — nach bereits mehrfachen früheren kritischen Bemerkungen — vor einem kleinen Kreis von Parteiführern gemachten Äußerung („jetzt der richtige Zeitpunkt, um Frieden zu schließen"). Stellungnahme Funks: W. für die Leitung des mit kriegswichtigen Arbeiten von mehreren Reichsressorts betrauten Instituts unentbehrlich; Bitte, die vorgesehene Entlassung zu überprüfen. Dazu Himmler: Bei Absehen von der zunächst erwogenen Einweisung als Buchhalter in ein Konzentrationslager zumindest „endlich" Erziehung dieses „intellektuellen Schwätzers" durch Bestrafung mit vier Wochen Arrest.
K/H   102 01104—14 (2053)

[5. 9. 43]   RFSS   17218
Mitteilung über die beantragte, jedoch abzulehnende Verleihung des Ritterkreuzes zum Kriegsverdienstkreuz an den Gebietskommissar in Glebokie, Paul Hachmann (vor 1930 Umgang mit Kommunisten, Judenfreund, Verbreitung „widerlichster Gerüchte" über Judenhinrichtungen, u. a.).
W   101 08951 ff. (649 b)

6. 9. 43   RArbF, RKzl., DAF   17219
Mitteilung des Reichsarbeitsführers: Im Zuge der von Hitler im Vorjahr angeordneten, für den weiteren Aufbau und die jetzigen neuen Aufgaben des Reichsarbeitsdienstes für die weibliche Jugend notwendigen Sicherstellung des Führerinnenbedarfs Durchführung einer von Göring und GL Sauckel genehmigten Werbeaktion in den Büros der Wirtschaft und der Verwaltungen; Freigaben jedoch nur mit Zustimmung des Betriebsführers.
H   101 06129—33 (520)

6. 9. — 3. 10. 43   Lammers   17220
Durch Bormann Übermittlung einer Anordnung Hitlers, in die aus öffentlichen Mitteln bei den Wohnungen leitender Persönlichkeiten errichteten Luftschutzbunker auch Angestellte und Anlieger mit aufzunehmen. Billigung des Entwurfs des von Lammers beabsichtigten diesbezüglichen Schreibens an die Obersten Reichsbehörden durch B.
K/H   101 11266—72/1 (668 a)

7. 9. 43   RMfdbO   17221
Warnung Rosenbergs vor den politisch schwerwiegenden Folgen der angeordneten Freigabe der in der Verwaltung tätigen Kräfte der Jahrgänge 1902 bis 1922 für seinen Geschäftsbereich: Verlust u. a. fast

sämtlicher Gebietskommissare, d. h. der politischen Repräsentanten des Reiches und der Träger der deutschen Autorität; eine Sonderregelung erbeten.
A   101 22662−66 (1293 a)

8. 9.−8. 12. 43   Himmler   17222
Parteiausschluß des „Rassenseelenforschers" Prof. Ferdinand Clauß (Verbindung mit einer Halbjüdin); Folgen: Verlust seiner Dozentur sowie parteiamtlich verfügte Drosselung seiner Publikationen. Vorschlag Himmlers, C. trotzdem Forschungsmöglichkeiten (Verhaltensweisen der Rassen im Kampf) zu eröffnen. Zustimmung Bormanns.
K   102 00690−96 (1260)

8. 9. 43−14. 12. 44   Himmler   17223
Dringende Bitte Bormanns, die als Ausweichunterkunft für die Dienststelle des Reichskommissars für die Festigung deutschen Volkstums in Anspruch genommene Heimschule Schweiklberg wieder freizumachen; Verweis auf die Entscheidung Hitlers, trotz kriegsbedingter Schwierigkeiten die Errichtung von Heimschulen zu fördern, und auf sein − B.s − Rundschreiben 127/43 über die Aufrechterhaltung der Zweckbestimmung der Gebäude der Heimschulen, Lehrerbildungs- und Nationalpolitischen Erziehungsanstalten. Von Himmler zwar die beschleunigte Suche eines neuen Objekts zugesagt, nach einer Mahnung B.s die Räumung der Heimschule jedoch erst für Mai 1945 in Aussicht gestellt.
W   107 00032−37 (154)

9. 9.−1. 11. 43   AA, Dt. Ges. Stockholm, Chef Sipo   17224
Mitteilungen des Auswärtigen Amts über die Wiedererrichtung der Heiligen Synode in der Sowjetunion, über die Ernennung des Metropoliten Sergius zum Patriarchen von Moskau und über seine Amtseinführung sowie über das Echo der Presse und kirchlicher Kreise des befreundeten, neutralen und feindlichen Auslands: Beurteilung − analog etwa zur Auflösung der Komintern − teils als tatsächliche kirchenpolitische Liberalisierung und Annäherung an die westlichen Alliierten, teils als bloß taktisches Manöver zu innen- und außenpolitischen Zwecken (u. a. Förderung des sowjetischen Einflusses auf dem Balkan); positive Reaktion der Leitung der Anglikanischen Kirche, Skepsis im Vatikan.
W/H   202 01555−60, 563−605 (11/18−28+20/10)

9. 9. 43−15. 5. 44   RKzl., RMdI   17225
Drängen der PKzl. auf weitere Vereinfachung der Verwaltung durch Übertragung von Verwaltungsaufgaben der Landkreise auf die stärkeren kreisangehörigen Gemeinden. Nach weitgehender Klärung der Frage in Vorbesprechungen mit dem Reichsinnenministerium (RMdI) Zusammenfassung des Verhandlungsergebnisses durch die PKzl.: Bei Vorliegen der Voraussetzungen Schaffung einer unbürokratischen Verlagerungsmöglichkeit für staatliche Verwaltungsaufgaben auf die Selbstverwaltungskörperschaften unter Berücksichtigung ihrer Verschiedenartigkeit; dadurch Vermeidung von Doppelarbeit und Verzögerung der Verwaltungsgeschäfte, Entlastung des Landrats, Minderung des Wunsches nach Auskreisung, Hebung des Ansehens der bisher ohnehin mit der Ermittlungsarbeit und nach der Entscheidung des Landrats mit deren Ausführung befaßten Bürgermeister, Ermöglichung einer sach- und volksnäheren Entscheidung. Abänderungswünsche der PKzl. zu dem vom RMdI daraufhin vorgelegten Erlaßentwurf in der Richtung der von ihr geförderten Dezentralisierung durch Schaffung wirklich eigener Zuständigkeiten der Gemeinden und zwingend vorgeschriebener Übertragungen von Aufgaben. Abänderung des Entwurfs in diesem Sinne; letzte Meinungsverschiedenheit über die Rechtsmittelinstanz (Landrat oder Regierungspräsident).
K/H   101 12922−67 (705 b)

10. 9. 43   AA, Dt. Botsch. b. Hl. Stuhl   17226
Übersendung eines Berichts der Deutschen Botschaft beim Heiligen Stuhl über wachsende Besorgnis und Kritik des Vatikans hinsichtlich der als Wegbereitung des Bolschewismus betrachteten anglo-amerikanischen Politik und über das Eintreten des Papstes für ein kräftiges Deutsches Reich.
W   202 02042 f. (16/1−10)

10. 9. 43   Lammers   17227
Laut Terminkalender nachmittags Besprechung mit Bormann.
H   101 29128 (1609 b)

10. 9. 43−9. 6. 44   GBA, RKzl., RWiM u. a.   17228
Schriftliche und mündliche Erörterung der Lohngestaltung bei der Verlagerung von Betrieben in weni-

ger luftgefährdete Gebiete und der preis-, lohn- und sozialpolitischen Konsequenzen (Alternativen: Fortzahlung der bisherigen Löhne der versetzten Gefolgschaftsmitglieder [dadurch Störung des sozialen Friedens in den Betrieben, entsprechende Forderungen der einheimischen Arbeitskräfte und damit Bedrohung der „mühsam gehaltenen Preisstabilität"] oder Anpassung an die meist niedrigeren Löhne der Aufnahmegebiete [unzumutbare Härte für die Betroffenen]). Vor einer vorbereiteten Chefbesprechung Herbeiführung einer grundsätzlichen Entscheidung Hitlers durch den Generalbevollmächtigten für den Arbeitseinsatz (GBA): Anpassung an die Löhne der Aufnahmegebiete, gegebenenfalls Gewährung von Trennungs- und Ausgleichszahlungen an Verheiratete. Kritik Lammers' an der ungenügenden Beteiligung der interessierten Ressorts durch dieses Vorgehen des GBA und bei der daraufhin getroffenen Regelung. Ergebnis einer später aufgrund der bisher gemachten Erfahrungen (Hinweis Bormanns auf die in der Arbeiterschaft entstehende Unzufriedenheit) vorgenommenen Überprüfung der Regelung: Festhalten am bisherigen Grundsatz, jedoch Gewährung von Ausgleichszahlungen nunmehr auch an Ledige; nach übereinstimmender Auffassung B.s und L.' eine nochmalige Befragung H.s nicht erforderlich. Anregung der PKzl., für den öffentlichen Dienst ähnliche Regelungen zu treffen. – In diesem Zusammenhang auch Erörterung der an sich wünschenswerten Beseitigung des „West-Ost-Gefälles" durch Einführung einer Art „Einheitslohn".
W/H   101 09145 – 203 (651 a)

11. 9. 43   GL Hofer   17229
Von Bormann die wunschgemäße Vorlage eines 'Fernschreibens des GL Hofer bei Hitler trotz Bedenken („m. E. aus Rücksicht auf Sie besser zu unterlassen") zugesagt; Hinweis auf die politisch notwendige Berücksichtigung der Auswirkungen deutscher Maßnahmen in Italien nicht nur auf Hofers künftiges Zivilverwaltungsgebiet, sondern auch auf die Weltöffentlichkeit, auf die gesamte italienische Bevölkerung, auf die Reputation der neuen faschistischen Regierung und insbesondere auf die italienischen Arbeitskräfte in Deutschland; im übrigen Wirksamkeit der Ernennung Hofers zum Chef der Zivilverwaltung erst mit der Mitteilung seiner Beauftragung durch Lammers.
K/H   102 01011 f. (1880)

11. 9. 43   Thierack   17230
Übersendung der Führerinformation 165 des Reichsjustizministers: Sich häufende Überfälle polnischer „Banditen" in den Grenzbezirken Ostpreußens (fünf Fälle geschildert).
H   101 28959 ff. (1559 b)

[11. 9. 43]   Lammers u. a.   17231
Übersendung einer Anordnung Hitlers, die Bestellung eines Bevollmächtigten des Großdeutschen Reiches in Italien (Ges. Rahn), die Gliederung des besetzten italienischen Gebietes in Operationszonen und übriges besetztes Gebiet sowie die Einsetzung eines Sonderberaters für polizeiliche Angelegenheiten bei der Italienischen Faschistischen National-Regierung (SS-Ogruf. Wolff) betreffend, sowie einer streng geheimen Ergänzungsanordnung: Erteilung der grundsätzlichen Weisungen an die Obersten Kommissare der Operationszonen Adriatisches Küstenland und Alpenvorland (GL Rainer und GL Hofer) durch Hitler selbst. Für die Abgrenzung der noch nicht festgelegten Operationszonen und für die Bestellung der Obersten Kommissare für diese Zonen von Lammers in einem Begleitschreiben zu der Anordnung an die Obersten Reichsbehörden Vorschläge erbeten.
W/H   107 01312 – 19 (409); 107 01497 – 504 (433)

[11. 9. 43]   SS-Ogruf. Berger, ArbBer. Osten   17232
Einspruch des Reichsführers-SS (RFSS) gegen die Aufstellung unmittelbar den Hoheitsträgern unterstehender bewaffneter Einsatzbereitschaften aus den in der Ukraine eingesetzten wehrfähigen deutschen Männern (vom RFSS früher – infolge des Widerstands der Reichs- und Generalkommissare mit nur mäßigem Erfolg – deren Zusammenfassung zum Einsatz im Rahmen der zuständigen Höheren SS- und Polizeiführer befohlen). Rechtfertigung des Stabsleiters des Arbeitsbereichs Osten der NSDAP: Die Aufstellung ein dringendes politisches Erfordernis (seitens der Polizei und der SS weder genügend Menschen noch genügend Material hierfür vorhanden) und außerdem mit Wissen und Einverständnis der PKzl. erfolgt; ständige Betonung der Notwendigkeit einer rechtzeitigen Unterrichtung des RFSS und der Verfügbarkeit der Bereitschaften für Polizei und SS. Widerspruch des SS-Ogruf. Berger: Erst nachträglich (und ohne Informierung des RFSS und des Ostministeriums) der Antrag auf Genehmigung bei Bormann eingereicht. Vorlage der Angelegenheit bei Bormann zur Entscheidung.
W/H   107 01325 – 33 (409)

12. 9. 43   Lammers   17233
Laut Terminkalender nachmittags Besprechung mit Bormann.
H   101 29129 (1609 b)

13. 9. 43   Lammers, Präs. Thür. Ev. Kirche   17234
Durch Lammers Übersendung eines Treuegelöbnisses des Präsidenten der Thüringer Evangelischen
Kirche, Roenck, für Hitler: Der Glaube stärker als der Verrat der seit Jahrhunderten reichsfeindlichen
Mächte.
H   101 01128 ff. (156)

[13. 9. 43]   RL, GL, VerbF   17235
Anweisung Bormanns, parteiinterne Rundschreiben usw. generell vertraulich zu behandeln; insbesondere Ermahnung der Amtsträger der Partei mit staatlichen Funktionen, diese Rundschreiben usw. nicht
in den Geschäftsgang der staatlichen Verwaltung zu geben.
W/H   145 00096 (154)

13. 9. – 28. 10. 43   RKzl., RJM   17236
In Unterstützung einer „Anregung" des GL Wegener Bitte der PKzl. an den Reichsjustizminister (RJM),
unter Berücksichtigung der bevorstehenden Zusammenfassung der Zuständigkeiten des Oberpräsidenten für die Regierungsbezirke Aurich und Osnabrück in der Hand des Reichsstatthalters (W.) „alsbald"
auch die Landgerichte Aurich und Osnabrück vom Oberlandesgericht (OLG) Celle abzutrennen und
dem OLG Oldenburg anzugliedern. Entsprechender Erlaßentwurf des RJM. (Vgl. Nr. 16976 und 16999.)
H   101 10595/51 – 60 (661)

Nicht belegt.   17237

14. 9. 43   AA   17238
Übersendung einer APB-Meldung über bedeutende diplomatische Aktivitäten des Vatikans gegenüber
der Sowjetunion (ein baldiges Konkordat zu erwarten); die Bemühungen des Vatikans jedoch durch die
Wiedererrichtung der orthodoxen Heiligen Synode beeinträchtigt.
W   202 01583 (11/18 – 28 + 20/10)

14. 9. 43   AA   17239
Übersendung eines Artikels der Basler Nachrichten über die Einstellung der Katholiken zum Umbruch
in Italien.
W/H   202 01770 f. (12/15 – 12/33)

[14. 9. 43]   BfdVJPl.   17240
Keine Einwände der PKzl. gegen die Ernennung des ORegR Dichgans zum Ministerialrat (Abweichung
von der Vorschrift des § 12 Abs. 2 der Reichsgrundsätze).
M/W   101 03537 ff. (356 a)

[14. 9. 43]   RKzl.   17241
Bei Verordnungen, Erlassen und Anordnungen Hitlers mit Auswirkungen auf dem Parteisektor Mitzeichnung durch den Leiter der PKzl., ebenso dessen Beteiligung an Vorträgen bei H. über den Parteisektor berührende Angelegenheiten.
H   101 29208 f. (1648)

15. 9. 43   Intern   17242
Bis auf weiteres Ausweichbetrieb unter technisch erschwerten Bedingungen bei der Fernschreib-Haupt-
zentrale der PKzl., Dienststelle Berlin; Arbeitsanweisungen für diesen Notbetrieb, Vorrangigkeit der
RLBo-Nachrichten, Besonderheiten im Konferenzverkehr.
H   101 17608 f. (1068 b)

16. 9. 43   RArbM u. a.   17243
Übersendung eines Runderlasses: Einführung eines neuen Beiblattes 2 zu DIN 1050 (Umstellung roher
Schrauben mit Whitworthgewinde auf metrische Gewinde) als Richtlinie für die Baupolizei.
H   101 19178 f. (1169 a)

17. 9. 43   Lammers, RMfEuL   17244
Zustimmung der PKzl. zur Zusammenlegung sechs hessischer Feldbereinigungsämter.
H   101 10332 f. (659)

17. 9.—10. 10. 43   Lammers, GL Sauckel   17245
Zu der Absicht des GL Sauckel, GenArbF Kretschmann zum Beauftragten für den italienischen Arbeitseinsatz zu bestellen, Hinweis Lammers' auf den (in der Anordnung über die Bestellung eines Bevollmächtigten in Italien und über die Gliederung der besetzten italienischen Gebiete [vgl. Nr. 17231] enthaltenen) Führervorbehalt der Bestellung von Sonderberatern im besetzten italienischen Gebiet. Einverständnis Hitlers mit der Bestellung K.s und Einbau K.s in die Militärverwaltung. (Jeweils Unterrichtung Bormanns.)
W   101 09402—07 (652 a)

18. 9. 43   AA   17246
Zusammen mit dem dazugehörigen Briefwechsel Übersendung des Textes des am 24. 7. 43 abgeschlossenen Kroatisch-Rumänischen Kulturabkommens; in den Verhandlungen Schwierigkeiten insbesondere um die Errichtung eines rumänischen Lektorats an der Universität Zagreb sowie um das Volksschulwesen für die rumänischen Staatsangehörigen kroatischer Abstammung.
W/H   202 01455—65 (11/3—17+20/9)

18. 9.—22. 12. 43   RMfRuK, Gen. Reinecke, ROL   17247
Verfügung Hitlers über die Stiftung des Dr.-Fritz-Todt-Preises für erfinderische Leistungen von hervorragender Bedeutung für Wehrmacht und Wirtschaft; im Einvernehmen mit dem Leiter der PKzl. ergehende Durchführungsbestimmungen hierzu (Verleihung des Preises, Bewertung der erfinderischen Leistungen, Preisstufen und Wertpreis, Verwaltung des Preises, Durchführung der Preisverleihung). Erörterungen über die Vorschlagsberechtigung und den Veröffentlichungstermin. (Vgl. Nr. 17276.)
W   108 00046/24—45 (1440, 1442); 108 00673 f. (1776)

18. 9. 43—3. 2. 44   AA, Dt. Botsch. b. Hl. Stuhl   17248
Übersendung ausländischer Presse-, Agentur- und Rundfunkmeldungen über die Lage des Vatikans nach der Besetzung Roms durch deutsche Truppen: Teils Äußerungen von Besorgnis (der Papst als Gefangener und der Vatikan als belagert bezeichnet; Meldungen über deutsche Übergriffe auf den Vatikan, über Proteste des Papstes bei den Besatzungstruppen und über Drohungen der faschistischen italienischen Regierung wegen der pazifistischen und antideutschen Haltung des Vatikans; Weigerung des Papstes, GFM Kesselring zu empfangen), teils Zurückweisung dieser Äußerungen als nicht den Realitäten entsprechend; Meldungen über die Reaktionen des Vatikans auf die Bombardierung der Vatikanstadt und auf die kirchliche und politische Situation in Italien. Übersendung von Berichten der Deutschen Botschaft beim Heiligen Stuhl zum selben Gegenstand: Geteilte Aufnahme der deutschen Ankündigung, den Schutz des Vatikans zu übernehmen, durch den Vatikan; Berichtigung von Falschmeldungen über die Lage des Vatikans durch diesen selbst; Aufstellung einer deutschen Wache vor dem Vatikan; Haltung des Vatikans gegenüber der Badoglio- und der faschistischen Regierung; Erörterungen über den Lateranvertrag und über die angebliche Absicht des Papstes, ihn aufzukündigen. Dabei Erwähnung der Bekämpfung der Gegnerpropaganda über die Lage des Vatikans durch die Deutsche Botschaft in Madrid.
W/H   202 02163—67, 176—202 (17/1—16)

18. 9. 43—1. 11. 44   RKzl., OKW, AA, RMdI u. a.   17249
Diskussion über die Ausführungsbestimmungen zum Führererlaß über die Fernhaltung international gebundener Männer von maßgebenden Stellen in Staat, Partei und Wehrmacht: Wunsch Bormanns nach einer weiteren Auslegung der anzugebenden verwandtschaftlichen Beziehungen sowie der internationalen Bindung; nach den von der Reichskanzlei angestellten Erhebungen der Erlaß gemeinsamer Richtlinien nicht erforderlich (vom Reichsaußenminister und vom Chef OKW — nur in ihren Bereichen eine größere Anzahl [35 bzw. 38 bei 15 Fällen in den übrigen Bereichen] in Frage kommender Personen — bereits eigene Direktiven erteilt); um eine gleichmäßige Behandlung sicherzustellen, Errichtung eines Gremiums aus Vertretern von PKzl., OKW, Reichskanzlei, Auswärtigem Amt (AA) und Reichsinnenministerium zur Prüfung der Fälle. Gemeinsamer Vortrag B.s und Lammers' bei Hitler: Dessen Weisung einer sorgfältigen und lückenlosen Durchführung des Erlasses unter weiter Auslegung; Einzelgenehmigungen für weitere Verwendung (z.B. MinR Prinz zu Schaumburg-Lippe, Carl Eduard Herzog v. Coburg), z.T. unter dem Vorbehalt von Versetzung und Beförderung (z. B. DRK-OberstF v. Behr, Forstmeister Heinrich und Ottmar Habsburg-Lothringen, AGR Georg Prinz v. Sachsen-Meiningen, OFPräs.

Gebhard); auf Vorschlag B.s Ausdehnung des Erlasses auf Personen mit freundschaftlichen und finanziellen Bindungen zum Ausland und auf international gebundene Männer in maßgebenden Stellen der Wirtschaft. Mitteilung Ribbentrops über Entlassungen (32) im AA; Forderung nach Anlegung eines ebenso strengen Maßstabes in den anderen Ressorts. Durch Speer Bitte an L., H. die Fälle Malzacher, Plagens und Mommsen vorzutragen. – In diesem Zusammenhang erörterte weitere „prominente Fälle": Botsch. Abetz, MinDir. Wiehl; ferner GesR Achenbach sowie eine große Anzahl Prinzen usw. (Vgl. Nr. 17494 und 17500.)
M/H   101 29906–10 (1561 a); 305 00103 – 51 (Fernhaltung)

21. – 22. 9. 43   RFSS   17250
Übersendung eines Päckchens für Frau Bormann.
W   107 00950 f. (309)

21. 9. – 6. 10. 43   AA   17251
Übersendung mehrerer ausländischer Meldungen über den Besuch einer Delegation der Anglikanischen Kirche in der Sowjetunion: Der Besuch als eine kirchliche Angelegenheit bezeichnet; eine Gegeneinladung von der Russisch-Orthodoxen Kirche angenommen; positive Äußerungen des Erzbischofs von York über diesen Besuch auf seiner Rückreise in Kairo; im Vatikan UStSekr. Montini davon jedoch nicht beeindruckt.
W/H   202 01557 ff., 565, 568, 571 ff. (11/18 – 28 + 20/10)

21. 9. 43 – 25. 8. 44   GBA u. a.   17252
Übersendung von Richtlinien zu den Maßnahmen für die Sicherstellung des Arbeitseinsatzes bei der Räumung luftgefährdeter Gebiete: Zustimmung zur Lösung des Arbeits- bzw. Ausbildungsverhältnisses zum Zwecke der Abwanderung bei Müttern mit Kindern unter zwei Jahren generell, mit Kindern bis zu sechs Jahren nur bei Unmöglichkeit einer anderweitigen Unterbringung der Kinder und mit nur älteren Kindern in der Regel nicht (Teilnahme an der im Rahmen der erweiterten Kinderlandverschickung durchgeführten Schulverlegungen).
W/H   101 09292 – 303 (651 d)

22. 9. 43   Thierack   17253
Übersendung der Führerinformation 166 des Reichsjustizministers: Raum-Explosion großen Ausmaßes im Ludwigshafener Werk der I.G. Farben-Industrie A.G.
H   101 28962 f. (1559 b)

22. 9. 43   Schwarz   17254
Fristlose Lösung des Dienstverhältnisses des ehemaligen Leiters des – inzwischen aufgelösten – Hauptamts II des Reichsschatzmeisters (RSM), ODL Willi Damson; Begründung: Entfernung D.s von der von Schwarz vorgegebenen Linie sowohl in sachlicher Hinsicht wie beim persönlichen Umgang mit den Gliederungsführern; Scheitern des Versuchs, D. in der Position des Beauftragten des RSM für Volkstumsfragen eine Bewährungschance zu geben.
W   107 01213 ff. (383)

22. 9. 43   Chef Sipo   17255
Übersendung der Einladung für die nächste Sitzung des Arbeitskreises zur Erörterung sicherheitspolizeilicher Fragen des Ausländereinsatzes; Besprechungspunkte: Bekämpfung von Arbeitsvertragsbrüchen, Maßnahmen aus Anlaß feindlicher Luftangriffe, Ostarbeiter-Einzelfragen, Maßnahmen gegen „kollektive Langsamarbeit", Behandlung von Ostarbeitern bulgarischen und rumänischen Volkstums, u. a.
W   112 00072 ff. (162)

22. 9. – 14. 10. 43   RKzl., OKW   17256
Zustimmung Bormanns zur Ausdehnung der Verordnung über die Betreuung von Kindern deutscher Wehrmachtangehöriger in den besetzten Gebieten auf Belgien (Hinweis auf ihr „größtenteils rassisch wertvolles germanisches Erbgut").
W/H   101 27668 – 71 (1525)

23. 9. 43   OKW   17257
Übersendung einer beabsichtigten Verfügung: Auskunfterteilung über den Tauglichkeitsgrad und die dienstliche Verwendung von Soldaten unzulässig.
A   101 22667 f. (1293 a)

23.—24. 9. 43   Rosenberg, Lammers, Himmler   17258
Bitte Rosenbergs um einen Vortrag bei Hitler über folgende Themen: Zu befürchtende Komplikationen durch eine Reihe von Befehlen der Heeresgruppen Mitte und Süd; Fertigstellung der Durchführungsbestimmungen zur Eigentumsdeklaration; die Lage im Ostland, insbesondere die Nachfolge (in der Leitung des Generalkommissariats) Weißruthenien; Maßnahmen bei Wegfall der Armeegebiete und der rückwärtigen Heeresgebiete; Stand der „Bearbeitung der Judenfrage" und der weltanschaulichen Schulung der Wehrmacht; R.s Vortragsprogramm für Oktober. (Vgl. Nr. 17360 und 17371.)
W/K/H   101 12266 ff. (690 a); 102 00094—99 (195)

23. 9.—2. 10. 43   Himmler, RL, GL, GL Wartheland u. a.   17259
Durch Bormann Einladung zu einer auf Anweisung Hitlers am 6. und 7. 10. 43 in Posen bzw. im Führerhauptquartier angesetzten Reichsleiter- und Gauleitertagung. Bitte B.s an Himmler, in Posen neben Speer, GFM Milch und GrAdm. Dönitz über seine Aufgaben, insbesondere über seine neuen Aufgaben als Reichsinnenminister, zu sprechen. Mitteilungen und Anordnungen des GL Greiser über die Organisation der Tagung (Anreise, Unterbringung, Sicherheitsmaßnahmen u. a.).
W/H   107 00074—80 (161)

[23. 9.—2. 10. 43]   Speer, StM Frank   17260
Die Bitte Speers, ihm den Wirtschaftsminister der Protektoratsregierung, Bertsch, für die Gesamtleitung des wirtschaftlichen Fragenkomplexes beim Aufbau einer Militärverwaltung in Italien ganz oder aber wenigstens für den „Aufbau einer schlagkräftigen Wirtschaftsorganisation beim Militärbefehlshaber" vorübergehend zur Verfügung zu stellen, via Bormann von StM Frank, u. a. im Hinblick auf das Ausland und aus Rücksichtnahme auf Staatspräsident Hácha, abgelehnt. Entscheid Hitlers in seinem Sinne.
H   101 18914—17 (1157 a); 108 00871 (1988)

25. 9. 43   Lammers, RegPräs. v. Pfeffer   17261
Von einer neuerlichen Suche nach einem alten Parteigenossen für die Wahrnehmung der Geschäfte des Staatssekretärs im Preußischen Finanzministerium Lammers nichts bekannt. (Antwort auf eine Anfrage des RegPräs. i. e. W. Ogruf. Fritz v. Pfeffer; Unterrichtung Bormanns mit Bezugnahme auf den bisherigen Schriftwechsel, vgl. Nr. 16022.)
H   101 24550 ff. (1364 a)

25. 9.—4. 10. 43   Lammers, RBf. Müller   17262
Durch Bormann an Lammers Übersendung einer Eingabe des Reichsbischofs Müller an Hitler wegen des Verbots von Schulandachten im Gymnasium in Gütersloh unter Mitteilung der Stellungnahme der Gauleitung Westfalen-Nord: Kein Verbot ergangen, Schulandachten zu veranstalten, jedoch inhaltliche Umgestaltung der Feiern aus Rücksichtnahme auf die Empfindungen aller Beteiligten. Durch L. entsprechender Bescheid an M.
M/H   101 01441—43 (165 a)

25. 9. 43—22. 1. 44   Lammers   17263
Einwände gegen die von Generalbaurat Giesler betriebene und von Bormann unterstützte nachträgliche Ernennung des gefallenen Regierungsbaumeisters Herbert Rumpf zum Oberregierungsbaurat: Noch keine Einleitung der Ernennung zum Zeitpunkt des Todes, die geforderte Ernennung „rechtlich unzulässig".
H   101 17136—51 (1020)

26. 9. 43   DF   17264
Einführung der Mitzeichnung des Leiters der PKzl. bei allen Hitler zur Unterzeichnung vorzulegenden Entwürfen von Verfügungen im Bereich der NSDAP, ihrer Gliederungen und angeschlossenen Verbände (Ausnahme: Entwürfe des Reichsschatzmeisters in vermögensrechtlichen Angelegenheiten).
H   101 19823 f. (1194 b)

26.—27. 9. 43   Lammers, Göring, RL, GL, VerbF   17265
Aus konkretem Anlaß (Vorschlag der Verleihung an GL Koch und StSekr. Backe) grundsätzliche Entscheidung Hitlers, von einer Dekoration prominenter Parteigenossen mit Kriegsverdienstkreuz-Ritterkreuzen vor Kriegsende abzusehen (die Bevorzugung einzelner ebensowenig angängig wie die Auszeichnung aller von einem bestimmten Rang an; Interpretation als „Vorschußlorbeeren" beim Volk; u. a.).
W   101 08954—58 (649 b)

27. 9. 43 RWohnungsK 17266
Übersendung des Dritten Ausführungserlasses zur Wohnraumlenkung (verschiedene Interpretationen und Ergänzungen).
H 101 17274—80 (1032 a)

[27. 9. 43] RArbM 17267
Zustimmung des Leiters der PKzl. zum 'Entwurf einer Verordnung über Vergünstigungen für Kriegsbeschädigte im öffentlichen Personenverkehr.
K 101 14053 f. (742 c)

28. 9. 43 GL Meyer, GL Lohse, GenK Kube 17268
Durch GL Meyer an Bormann Übersendung zweier vom Generalkommissar in Minsk, GL Kube, kurz vor seinem Tod an M. als Ständigen Vertreter des Reichsostministers und an RK GL Lohse geschriebener Briefe (darin Bericht K.s über einen Besuch des Gen. v. Bogen in Minsk als Quartiermacher für GFM v. Kluge; Beschwerde, erst durch Bogen von der Erteilung des Weisungsrechts für Weißruthenien an Kluge erfahren zu haben; Klage über die „schlappe Haltung" Bogens [„Lage vorn schlecht", Ankündigung „weiterer Rückwärtsbewegungen"] wie auch anderer Generäle [Sperling, Braemer] und Anregung, sie durch kriegsversehrte jüngere Frontsoldaten zu ersetzen; Lob des sowjetischen Politruk-Systems; Gefährdung der Stimmung der Truppe und der Haltung der Bevölkerung in den noch besetzten Gebieten beim Anhalten der Rückzüge).
H 102 00758—59/3 (1522)

28. 9. 43 AA 17269
Übersendung der Meldung einer algerischen Zeitung über angebliche Versuche Pétains und Lavals, zur Rettung der „Revolution nationale" mit den USA in Verbindung zu treten (u. a. durch Vermittlung des Vatikans).
W 202 00501 f. (5/19—21+19/6)

29. 9. 43 AA 17270
Übermittlung einer APB-Meldung sowie einer ergänzenden Auskunft der Deutschen Botschaft in Tokio über die auf Veranlassung der japanischen Regierung erfolgte Gründung eines „Religionsverbandes zum Aufschwung Asiens" mit dem Ziel, alle in Japan anerkannten Glaubensverbände für die siegreiche Durchführung des Krieges einzusetzen.
W 202 00728 (8/1—7+19/9)

[29. 9. 43] Keitel 17270 a
Stellungnahme zu der in der letzten „Sitzung des Gremiums" (Dreierausschuß) von Goebbels behaupteten Beteiligung von jeweils 30 Offizieren (gegenüber nur vier Angehörigen des Propagandaministeriums [Promi]) an der Wochenschau-Zensur: Äußerstenfalls acht — bei ebenfalls acht Herren vom Promi.
H 101 03854 f. (389)

[29. 9. 43] Himmler 17271
Mit Bormann Erörterung einer demnächst herauskommenden Anordnung der PKzl. zur Klarstellung der Nicht-Heranziehung von Angehörigen der Feuerschutzpolizei, Heimatflak, Stadt- und Landwacht usw. bei der Erfassung der wehrfähigen Männer durch Partei und SA.
K/H 102 00401 (798)

29. 9.—12. 11. 43 AA 17272
Die Billigung der „offenen und mutigen" Worte der deutschen Bischöfe in einem (im höheren Klerus von Hand zu Hand gehenden) Schreiben des Papstes an einen namentlich nicht genannten deutschen Bischof (von der PKzl. als Adressat Bf. v. Galen vermutet) nach Ansicht der PKzl. mit den Erklärungen des Vatikans gegenüber dem Deutschen Botschafter nicht vereinbar. Das Auswärtige Amt aufgrund der inzwischen veränderten politischen Lage in Italien gegen Interventionen beim Vatikan wegen dessen deutschfeindlicher Haltung.
W 202 02083—88 (16/11—23)

29. 9. 43—[29. 1. 44] GL Wahl, Himmler u. a. 17273
Nach der Bildung einer „Heimatschutztruppe" oder „Parteibereitschaft" im Gau Schwaben, von GL Wahl begründet mit der Notwendigkeit der Existenz einer „letzten eisernen Kampfreserve" (geringes Vertrauen W.s in die Zuverlässigkeit der Polizei in schweren Krisen, Hinweis auf den Umsturz in Ita-

lien, u. a.), scharf gehaltene Forderung Bormanns und Himmlers nach deren Auflösung unter Hinweis auf einen Erlaß vom 22. 7. 43, auf das Erfordernis einer reichseinheitlichen Regelung und auf die Gefahr der Überschneidung mit den Befugnissen von Polizei, Feuerlöschpolizei, Landwacht usw. Auch nach Rechtfertigung W.s (lediglich eine stärkere Aktivierung der Partei angestrebt; Verweis auf seine Verdienste) Festhalten B.s und H.s an ihrem Standpunkt, dabei durch H. in scharfer Form Androhung schwerer Sanktionen gegen W.s „Extratouren". Klage W.s über das ihm angetane „bittere Unrecht". Durch H. keine Zurücknahme seiner Äußerungen, jedoch Versicherung des Fortbestands der alten Kameradschaft.
K/W   102 00402 – 13, 416 – 54 (798)

29. 9. 43 – 4. 2. 44   Lammers   17274
Durch Lammers Bormann mitgeteilte Meinungsverschiedenheiten zwischen dem Reichsjustizminister (RJM) und GL Mutschmann: Beschlagnahme der dem RJM für die Unterbringung des Reichskommissars für die Behandlung feindlichen Vermögens zugesagten und beschlagnahmten Ausweichquartiere in Bad Schandau durch M. für die Auslands-Organisation. Ergebnis: Anderweitige Regelung der Unterbringung des Reichskommissars.
K/H   101 11299 – 313 (669 b)

30. 9. 43 – 22. 9. 44   RMfWEuV, W. Zeller   17275
Von der PKzl. trotz des Fronteinsatzes des Lic. habil. Winfried Zeller (Berlin) keine Abweichung von den zwischen ihr und dem Reichserziehungsministerium vereinbarten Grundsätzen, die Theologie-Hochschullehrer betreffend, zugelassen: Keine Erteilung einer Dozentur.
W   301 01114 – 19 (Zeller)

1. 10. – 24. 11. 43   Lammers   17276
Der Vorschlag Speers und Leys, einen Dr.-Fritz-Todt-Preis für hervorragende erfinderische Leistungen zu stiften (vgl. Nr. 17247), von Bormann unterstützt. Einwände Lammers' gegen die Veröffentlichung eines entsprechenden Führererlasses im Reichsgesetzblatt; Befürwortung einer im Verfügungsblatt der NSDAP erscheinenden Führerverfügung (Begründung u. a.: Vorbereitung und Vornahme der Preisverleihung durch die Partei). Unterzeichnung einer entsprechenden Verfügung durch Hitler.
M   101 03378 – 86 (341)

2. 10. 43   RKzl.   17277
In einer Besprechung zwischen Lammers und Bormann Beschluß, die Angelegenheit „Endlösung der Judenfrage" zurückzustellen; Begründung: Hitler zur Entgegennahme eines Vortrags hierüber gegenwärtig nicht bereit.
W   101 05136/1 – 141 (449)

2. 10. 43   Lammers   17278
Veranlaßt durch eine anonyme *Zuschrift „Wer betreut uns hier im Westen?" mit Bormann Erörterung der Anregung, in schwer angegriffene Städte einen „Sonderbeauftragten des Führers" zu entsenden.
K/H   101 11264 f. (668 a)

Nicht belegt.   17279

2. 10. 43 – 4. 4. 44   RKzl., RMdI, PrFM, RFM, RMfEuL, RMfWEuV, RFSS   17280
Nach Wegfall der personellen Hindernisse durch das Ausscheiden der OPräs. Philipp Prinz v. Hessen und v. Ulrich Zurückkommen Bormanns und des Reichsinnenministers (RMdI) auf die im Frühjahr (vgl. Nr. 16410) durch Entscheid Hitlers „derzeit" abgelehnte Teilung der Provinzen Hessen-Nassau und Sachsen in die jeweils nur noch einen Regierungsbezirk umfassenden neuen Provinzen Kurhessen, Nassau, Magdeburg und Halle-Merseburg unter den betreffenden Gauleitern als Oberpräsidenten (die PKzl. überdies dafür, auch im Regierungsbezirk Erfurt GL Sauckel – um ihn daran zu hindern, die gesamte Verwaltung nach Weimar zu ziehen – zum Oberpräsidenten zu ernennen und nicht nur mit der Geschäftsführung zu beauftragen; spätere Lösung: Reine Personalunion). Vorlage entsprechender Verordnungs-Entwürfe durch den RMdI, diesmal ohne die früher beanstandete Festlegung einer Art Realunion zwischen dem Gauleiter/Reichsstatthalter/Reichsverteidigungskommissar und dem Oberpräsidenten. Bedenken wiederum von seiten der Ressorts (z. T. durch Ausnahmeregelungen berücksichtigt), insbesondere des Preußischen Finanzministers (PrFM). Dessen Argumente: 1) Keine hinreichende Ermächtigung durch den – für die neuen Verordnungen herangezogenen – Art. 5 des Gesetzes über den Neuaufbau des Reiches; 2) keine guten Erfahrungen mit nur aus einem Regierungsbezirk bestehenden Provin-

zen, eine der neuen Provinzen – Kurhessen – *so* überhaupt nicht lebensfähig; 3) den Grundzügen der nach dem Kriege vorzunehmenden Reichsreform zuwiderlaufende Tendenzen der neuen Regelungen (Ausnahme die Zuordnung Erfurts zu Thüringen). Trotz der Bitte des PrFM, diese ihm nicht dringend erscheinenden Planungen zurückzustellen, deren Weiterverfolgung durch den RMdI und Einholung der – nun, nach der Entfernung des GL Weinrich, nicht mehr verweigerten – Zustimmung Görings. Infolge der vorgebrachten Bedenken Vorlage der Neugliederungen als Führererlasse (nicht als – wie von Lammers und B. vorgeschlagen – preußische Gesetze, um weiteren Schwierigkeiten mit Popitz aus dem Wege zu gehen). Infolge starker Befürwortung B.s Unterzeichnung der Erlasse durch Hitler am 1. 4. 44, aber nur „nach längerem Zögern", von den Bedenken der beiden Finanzminister beeindruckt und auch gegen L.' Rat. Das Inkrafttreten der Erlasse am 1. 7. 44 vorgesehen. Unterrichtung der Obersten Reichsbehörden und der Öffentlichkeit. (Vgl. Nr. 17668.)
H 101 10618/91 – 95, 618/98 – 619/13 (661 a); 101 24493 ff. (1364 a); 101 29478 – 506, 510 – 70, 572 – 80 (660 b)

4. 10. 43 RFSS 17281
Keine Teilnahme Bormanns (und 32 anderer Obergruppen- und Gruppenführer) an der Tagung in Posen (vgl. Nr. 17259).
W 107 00246 f. (184)

6. 10. 43 Chef Sipo 17282
Übersendung der Einladung für die nächste Sitzung des Arbeitskreises zur Erörterung sicherheitspolizeilicher Fragen des Ausländereinsatzes; Besprechungspunkte: Tätigkeit der Zentralinspektion für die Betreuung ausländischer Arbeitskräfte, Maßnahmen gegen „kollektive Langsamarbeit", Reiseeinschränkungen, u. a.
W 112 00069 ff. (162)

6. 10. 43 AA 17283
Nach einem Telegramm aus Lissabon nur begrenzte Wirkung der deutsche Übergriffe in der Vatikanstadt behauptenden Gegnerpropaganda auf die öffentliche Meinung in Portugal; eine Gegendarstellung der Deutschen Gesandtschaft von sämtlichen portugiesischen Zeitungen veröffentlicht.
W 202 01561 f. (11/18 – 28 + 20/10)

6. – 14. 10. 43 AA 17284
Ablehnende Stellungnahme der PKzl. zu einer geplanten Finnlandreise des Theologieprofessors Paul Althaus (Erlangen).
W 202 00396 f. (4/1 – 12)

7. 10. 43 RVM 17285
Mit der Bitte um Unterrichtung der nachgeordneten Dienststellen Mitteilung über die erneute Sperre der Schlafwagen 1. und 2. Klasse für Reisen aus persönlichem Anlaß; Kritik an der Ausstellung von Gefälligkeitsbescheinigungen über die Kriegswichtigkeit von Reisen (ohne Änderung dieser Praxis auch künftig kein ausreichendes Platzangebot möglich); weitere ungünstige Beeinflussung der gegen den Schlafwagenverkehr eingenommenen Volksstimmung durch Beobachtungen über private Schlafwagenreisen einiger Privilegierter und ihrer Ehefrauen (deshalb auch Verbot des Umtausches einer Bettkarte 1. Klasse in zwei Karten 2. Klasse).
H 101 08344 f. (637 a)

8. 10. 43 GKfdSuG u. a. 17286
Mitteilung: Zur zentralen Steuerung aller Baumaßnahmen auf dem Gebiet des Sanitäts- und Gesundheitswesens Vereinbarungen mit Speer in dessen Eigenschaft als Generalbevollmächtigter für die Bauwirtschaft (GBB), alle auf diesem Gebiet eingehenden Bauanträge dem Generalkommissar für das Sanitäts- und Gesundheitswesen zur Stellungnahme zuzuleiten; bei der nach Errichtung der Krankenhaus-Sonderanlagen „Aktion Brandt" bereits bestehenden engen Zusammenarbeit mit dem GBB eine rasche Erledigung der Anträge gewährleistet. (Abdruck an Bormann; vgl. Nr. 17431.)
K/H 101 13639 ff. (719)

8. – 21. 10. 43 Lammers 17287
Bitte Bormanns um Anwendung des Erlasses Hitlers vom 27. 9. 38 bei der Regelung des Versorgungsan-

spruches der Witwe des hauptamtlich bei der Adjutantur des Führers tätig gewesenen Mechanikers Walter Hasse.
K   101 16400 ff. (967 a)

9. 10. 43   RKzl.   17288
Die Vergebung von Dotationen und die Bestimmung über deren Steuerfreiheit von Hitler als sein „höchstpersönliches" Recht in Anspruch genommen; Gewährung dieser Dotationen ausschließlich aus Mitteln H.s; Anwendung der allgemeinen Vorschriften hierfür auch auf die Dotationen für Reichsminister usw.; Zuständigkeit Lammers' für Wünsche im Zusammenhang mit der Bewilligung von Führerdotationen.
K/W   101 16542 (986)

9. 10. – 3. 11. 43   AA   17289
Bitte des Auswärtigen Amts (AA) um Stellungnahme zu einer erneuten Reise des Bf. Heckel nach Finnland (von der Deutschen Gesandtschaft in Helsinki aus politischen Gründen befürwortet). AA-interne Differenzen über die Notwendigkeit einer Einholung dieser Stellungnahme. Seitens der PKzl. keine Bedenken gegen die Reise. Bericht der Gesandtschaft über die Reise: Politisch sehr nützlich und von deutschfreundlichen Kreisen lebhaft begrüßt. (Vgl. Nr. 16924.)
W   202 00209 – 16 (3/7)

10. 10. 43   Lammers   17290
Bitte um Stellungnahme zu einer Anfrage des StM Frank wegen seines Landhauses in Jungfern-Breschan b. Prag (Doppelwohnung im Sinne des Rundschreibens vom 14. 9. 43 oder nicht). (Nicht abgegangen.)
H   101 29054 – 58 (1561)

[11. 10. 43]   RFSS   17291
Verweis des Fw. Hans Buhmann, Einsender einer ˙Beschwerde über den Reichskriegsopferführer, an den hierfür zuständigen Leiter der PKzl.
K   102 00515 (917)

11. – 20. 10. 43   Lammers, Himmler   17292
Durch Lammers und Bormann gemeinsamer Vortrag bei Hitler: Genehmigung des Abschiedsgesuchs des OPräs. v. Ulrich (Provinz Sachsen); Dankschreiben H.s, ein Orden und eine Dotation von RM 100 000.– für U. Durch L. Veranlassung des dazu Erforderlichen.
H   101 24493 – 98 (1364 a)

12. 10. 43   AA   17293
Übersendung einer Agenturmeldung über die vom New Yorker Erzbischof Spellman auf seiner Europareise gewonnenen Eindrücke vom Papst, von Spanien und von General Franco.
W   202 00996 – 99 (9/5 – 14 + 20/1)

12. 10. 43   AA   17294
Übersendung eines Agenturberichts über eine von den katholischen, protestantischen und jüdischen Konfessionen in den Vereinigten Staaten gemeinsam vorgelegte Erklärung über die Mindestforderungen für eine gerechte und friedliche Nachkriegsordnung.
W   202 01094 ff. (9/5 – 14 + 20/1)

12. 10. 43   Lammers, GL Henlein, Keitel   17295
Durch Lammers wunschgemäß Unterrichtung Bormanns über die Bitte des sudetendeutschen Gauleiters Henlein, anläßlich des 5. Jahrestages der „Heimholung" des Sudetenlandes 1) eine sudetendeutsche Division aufzustellen (Weiterleitung an Keitel zur Prüfung), 2) von Hitler empfangen zu werden.
H   101 24786 – 90 (1369 a)

13. 10. – 10. 11. 43   AA, Mutterhaus Graue Schwestern, Dt. Ges. Stockholm   17296
Durch das Auswärtige Amt Übersendung einer Eingabe des Mutterhauses der Grauen Schwestern um Erteilung der Ausreiseerlaubnis für die zur Ablösung der schwedischen Provinzialoberin des Ordens in Stockholm vorgesehene Oberin Margareta (Klara Niesel) sowie der bedingten Befürwortung des Antrags durch die Deutsche Gesandtschaft (in der Hoffnung auf eine durch die N. herbeizuführende „Besserung"

der politischen Haltung der deutschen Ordensschwestern in Schweden). Ablehnende Stellungnahme der PKzl.: Grundsätzlich keine Auslandsreisen von Ordensangehörigen erwünscht.
H 202 01645 – 49 (12/1 – 2 + 20/4)

14. 10. 43   AA   17297
Übermittlung eines Telegramms aus der Vatikanstadt: Vatikanisches Dementi von Pressemeldungen über die angebliche Beteiligung des Erzbischofs von New York, Spellman, an der Herbeiführung des italienischen Waffenstillstands.
W 202 00995 (9/5 – 14 + 20/1)

14. 10. 43   AA   17298
Übersendung eines Artikels der Zeitung Vaterland (Luzern) über den russischen Atheismus und den kirchenpolitischen Kurswechsel Stalins.
W 202 01622 f. (11/18 – 28 + 20/10)

14. – 26. 10. 43   RKzl., RMfWEuV, PrFM, RFM   17299
Einverständnis Bormanns mit folgender Beantwortung einer Anfrage des Reichserziehungsministers durch Lammers: Bei Hebungen von Planstellen aufgrund gesetzlicher Bestimmungen (hier der preußischen Gewerbe- und Handelslehrer nach dem Preußischen Gewerbe- und Handelslehrer-Besoldungsgesetz) keine Anwendung des Stoperlasses vom 17. 2. 43.
M/H 101 10389 – 96 (659 a)

15. 10. 43   RSHA   17300
Zwischen Klopfer (PKzl.) und SS-Ogruf. Kaltenbrunner (sowie in dessen Auftrag SS-Gruf. Nebe) Erörterung der Aushändigung der letzten Aufzeichnungen und der Waffe des verstorbenen GenK Schmidt an seine Witwe. (Schreiben unvollständig.)
M/H 306 00609 (Kaltenbrunner)

15. 10. – 17. 12. 43   GenOberst Guderian, Lammers, RStatth. Greiser   17301
Nach erfolgter Übergabe des GenOberst Guderian als Dotation Hitlers übereigneten Gutes Deipenhof Kr. Hohensalza (Warthegau) Rückfrage G.s wegen evtl. anfallender Schenkungssteuer (von Bormann damit befaßt, Bescheid Lammers': Nein) und wegen der Zuständigkeit für die Herstellung der Dotationsfähigkeit (Instandsetzung und Reparaturen; Bescheid: Der Reichsgau Wartheland).
H 101 17792 – 806 (1092)

15. 10. 43 – 28. 3. 44   RKzl., RFM   17302
Im Zusammenhang mit der Hebung von Stellen für Eichoberinspektoren in Eichamtmannstellen Meinungsverschiedenheiten zwischen Reichswirtschaftsminister und Reichsfinanzminister (RFM) über die Anwendung des Stoperlasses. Dazu im Einvernehmen mit Bormann Hinweis Lammers' auf das Einverständnis des RFM mit der Bewilligung der erbetenen Planstellen vor dem Erscheinen des Stoperlasses und Empfehlung, aus dieser Tatsache in Verbindung mit der seit langem in Aussicht genommenen und in der 36. Änderung des Besoldungsgesetzes durchgeführten Aufnahme der Eichamtmänner in die Reichsbesoldungsordnung Konsequenzen zu ziehen.
K 101 18359/1 – 370 (1141)

[16. 10. 43]   Chef Sipo   17303
Nach Vorstellungen des Nuntius im Auswärtigen Amt Prüfung der von diesem behaupteten Kirchenschließungen in Deutschland: Kein Fall der Schließung einer „freistehenden und ausschließlich dem öffentlichen Gottesdienst" dienenden Kirche bekannt; hinsichtlich der beschlagnahmten und geschlossenen Klosterkirchen im Einvernehmen mit der PKzl. sorgfältige Prüfung der Frage einer Rückgabe in jedem einzelnen Fall unter besonderer Berücksichtigung der „gottesdienstlichen Bedürfnisse der Bevölkerung".
W/H 202 00088 f. (2/1 – 12)

16. 10. – 11. 11. 43   RKzl.   17304
Gemäß der zwischen OKW und Reichsfinanzministerium (RFM) getroffenen, auch für den Reichsarbeitsdienst (RAD) geltenden Gebührnisneuregelung für vermißte Wehrmachtangehörige Antrag des Reichsarbeitsführers auf Schaffung neuer Planstellen als Grundlage des infolge der Neuregelung entstehenden Mittelmehrbedarfs (bei den bisher als Gefallene behandelten Vermißten Umstellung der Ge-

bührniszahlung an die Angehörigen auf Friedensgebührnisse; für persönliche Verwaltungsausgaben jedoch das Vorhandensein von Planstellen Voraussetzung). Einverständnis der PKzl. (aufgrund des Stoperlasses notwendig) mit der – vom RFM bewilligten – Errichtung von 292 „künftig wegfallenden" Planstellen für vermißte RAD-Führer; Geltung der Zustimmung auch für entsprechende Anträge anderer Ressorts.
A/H   101 04906 – 09 (435)

19. 10. 43   RMfdbO, RK Ukraine, RK Ostland   17305
Durch den Ostminister Übersendung von Erlassen über die Rückführung nichtkriegswichtiger Dienststellen (Reichsbehörden und Organe von Ostgesellschaften) nach Deutschland.
K/H   101 12293 ff. (690 c)

19. 10. 43   Thierack   17306
Übersendung der Führerinformation 167 des Reichsjustizministers: Ermittlungen gegen den in deutschen Diensten fahrenden schwedischen Kapitän Thingberg wegen Verschiebung von der Kriegsmarine gelieferten Gasöls.
H   101 28964 f. (1559 b)

19. 10. 43   GBA   17307
Übersendung des *Entwurfs einer ergänzenden Anordnung über die Freizeit zu Familienbesuchsfahrten (bei Umquartierung wegen Luftgefährdung oder Fliegerschäden) mit der Bitte, die beabsichtigte Ausdehnung der für die Privatwirtschaft vorgesehenen Regelung auf den öffentlichen Dienst zu unterstützen.
A   101 05475 f. (460)

19. – 26. 10. 43   GL Rainer, Himmler   17308
Durch Bormann an Himmler Übersendung eines Berichts des GL Rainer über Kroatien: Die Gelegenheit zur Weckung einer allgemeinen Begeisterung für den weiteren Kampf auf seiten des Reichs nach dem Ausscheiden Italiens versäumt; überall bedenkliche Verfallserscheinungen; der größte Teil des Landes von Partisanen kontrolliert; radikale Maßnahmen dringend erforderlich. Dank H.s: Der Bericht übereinstimmend mit der Stellungnahme des Ges. Neubacher.
W/H   102 00183 – 88 (319)

19. 10. 43 – [8. 2. 44]   RFSS, KL Dachau   17309
Nach ihrer totalen Ausbombung in München endgültige Übersiedlung von Ilse Heß in die Nähe von Hindelang (Allgäu). Bericht an den Persönlichen Stab Reichsführer-SS über die Schwierigkeiten bei der Liquidierung des Besitzes in Harlaching und beim Neuaufbau einer Landwirtschaft in Hindelang; Bitte, ihren – inzwischen gemusterten – Gärtner, den slowenischen Umsiedler Ultschnik, entsprechend einer früheren Zusage behalten zu dürfen. Auf Weisung Himmlers erforderlichenfalls Ersetzung U.s durch einen entsprechend ausgebildeten Bibelforscher aus einem Konzentrationslager.
W   107 00543 – 53, 558 f., 561 f. (213)

20. 10. 43   RJM   17310
Bitte um Zustimmung zu dem *Entwurf einer Zweiten Durchführungsverordnung zur Strafrechtsangleichungsverordnung: Änderung der Meineid-Bestimmungen und der Vorschriften über die Fortsetzung des Privatklageverfahrens nach dem Tod des Klägers sowie entsprechende Anpassung des Rechts der Alpen- und Donaureichsgaue.
W   101 26954 ff. (1512 a)

21. – 30. 10. 43   Himmler   17311
Mitteilung Bormanns: Auf Anordnung Hitlers Beauftragung Himmlers mit der Überwachung des ehemaligen GL Josef Wagner und des MinDir. Runte.
K   102 00670 f. (1172)

22. 10. – 23. 11. 43   RKzl. – 53   17312
Auf Bitte der PKzl. Übersendung einer Liste der Reichsminister und Staatssekretäre, der Ministerpräsidenten und Minister der Länder mit Anschriften und Geburtsdaten.
M/H   101 00508 – 15 (138)

[23.] — 25. 10. 43   RFSS   17313
Übersendung eines *Artikels „Die geheime Mission des Rudolf Heß" aus der spanischen Zeitung Español.
K   102 00109 f. (217)

25. 10. 43   AA   17314
Übersendung eines Artikels der polnischen Exilzeitung Dzionnik Polski über die Ausstrahlung eines christlichen und zum Widerstand aufrufenden Programms nach Polen durch einen angeblich polnischen, in Wirklichkeit Moskauer Radiosender.
W   202 01248 f. (10/9 — 13 + 20/6)

26. 10. 43   OKW   17315
Unterrichtung der PKzl. über die Beauftragung des GenLt. Drogand, Inspekteur der Fürsorge- und Versorgungsdienststellen im OKW, mit der Durchführung des Führererlasses über die Wehrmachtfürsorge und -versorgung.
H   101 22479 (1282 a)

26. 10. — 10. 11. 43   SSPHA   17316
Auf Anforderung Übermittlung der Personalien des SS-Brif. Jürgen Stroop, Höherer SS- und Polizeiführer Griechenland.
M   306 00911 f. (Stroop)

26. 10. — 10. 12. 43   RWiM, RKzl.   17317
Grundsätzliche Zustimmung der PKzl. zu der vom Reichswirtschaftsminister beabsichtigten Auflösung der Devisenstelle Posen mit der Bitte um gleichzeitige Ermächtigung der Gauwirtschaftskammer und der Reichsbankhauptstelle Posen, für den Geschäfts- und Reiseverkehr nach dem Generalgouvernement und den besetzten Ostgebieten Genehmigungen auszustellen.
M/H   101 10449 ff. (659 a)

29. 10. 43   RMfRuK   17318
Ein Erlaß über die Aufgabenverteilung in der Kriegswirtschaft (Verteilung innerhalb des Rüstungsministeriums; Aufgaben der Hauptausschüsse und Hauptringe der Rüstungswirtschaft sowie der Wirtschafts- und Fachgruppen; künftige Aufgaben der Reichsstellen und ihr Verhältnis zu den vorgenannten Institutionen und Organisationen; Aufgaben der Mittelinstanz) auch an die PKzl. verteilt.
W   108 00021 — 33 (306); 108 00033/4 f. (312)

29. 10. — 4. 11. 43   Rosenberg, Lammers   17319
Stellungnahme Bormanns zu einer vom Reichskommissar Ukraine beabsichtigten Verordnung zum Schutze des deutschen Ansehens: Akzeptierung des Grundgedankens, würdeloses Verhalten von Deutschen zu bestrafen, jedoch schwerwiegende Bedenken gegen die vorgesehene Durchführung; insbesondere die vorgesehene Setzung von staatlichem Recht durch die Partei mit Wirkung auch für Nichtparteigenossen dem Wesen der Partei nicht gemäß und die klaren Grenzen zum Zuständigkeitsbereich des Staates verwischend (Menschenführung, nicht aber „Bekämpfung negativer Erscheinungen im Volksleben" die Aufgabe der Partei); kein Grund ersichtlich für die vorgesehene Delegierung des Rechtes zum Erlaß ergänzender Anordnungen durch den Reichskommissar an die einzelnen Generalbezirke; Gefahr der Außerkraftsetzung des allgemeinen deutschen Strafrechts, daher die verbindliche Vorschrift seiner Anwendung mit der Möglichkeit der Strafverschärfung erforderlich; Bitte um Überprüfung des Entwurfs unter Berücksichtigung dieser Einwände.
K/H   101 12296 — 305 (690 c)

29. 10. 43 — 7. 4. 44   RKzl., OKW   17320
Befürwortung einer Beförderung des Leiters des Gestüts Perwarth, Max Mally, durch GL Jury und Bormann als Wiedergutmachung für berufliche Nachteile vor dem Anschluß Österreichs wegen seiner ns. Einstellung.
M   101 10576 — 90 (661)

30. 10. 43   —   17321
*Führungshinweis 6 des Leiters der PKzl., religiöse Tarnung als Mittel bolschewistischer Politik betreffend.
K   102 00173 (295)

30. 10. – 22. 12. 43   Lammers, GL Hoffmann   17322
Auf seinen Wunsch Bestellung des GL Hoffmann an Stelle des früheren GL J. Wagner zum Bevollmächtigten des Führers für die Neubaustadt Bochum (andere durch Gauleiterwechsel vakant gewordene Bestellungen – Breslau, Salzburg, Hannover, Bremen – von der Reichskanzlei der PKzl. als bereits geregelt nachgewiesen); Bestellung hier und künftig nicht mehr ad personam, sondern an die Gauleiter-Funktion gebunden.
H   101 16906 – 18 (1013 b)

31. 10. – 6. 11. 43   Lammers   17323
Bitte Bormanns um Erstattung von der PKzl. und der Führeradjutantur vorschußweise gezahlter Kosten für das Führerhauptquartier (Fliegerstaffel, Kraftwagenneuanschaffungen, Verpflegung u. a.) in Höhe von RM 231 049.75 (11. Zwischenabrechnung). Mitteilung über die erfolgte Überweisung des Betrages auf das Zentralkonto der PKzl. bei der Commerzbank in München.
K/H   101 08132 – 35 (615 c)

31. 10. – 7. 11. 43   Lammers   17324
Durch Bormann Übersendung einer Aufstellung von Auslagen in Höhe von RM 103 377.51, der PKzl. entstanden durch Ankauf von Büchern für die Bücherei Linz. Durch Lammers Anweisung des Betrags zu Lasten des Kontos „Dankspendenstiftung (Sonderfonds L)".
H   101 17054 – 60 (1019 b)

31. 10. 43 – 2. 8. 44   Himmler, RSD   17325
Durch Himmler Übersendung zweier Berichte über die „recht betrüblichen" Verhältnisse in der Familie Amann: Weinend vorgebrachte dringende Bitte der Frau A. um eine Unterredung mit H. und Selbstmordversuch der Frau A.
W   107 00503 – 06 (213)

1. – 19. 11. 43   AA   17326
Die angebliche Verhaftung des Peruanischen Botschafters beim Vatikan durch deutsche Stellen eine Falschmeldung; Mitteilungen über die Beschränkung der Reisemöglichkeiten und über die Nachrichtenverbindungen der diplomatischen Vertreter der Feindmächte beim Vatikan.
W   202 02104 f. (16/11 – 23)

2. 11. 43   Himmler   17327
Eintreten für Oberst Sauberzweig, den Kommandeur der Muselmanischen SS-Division: Zuversicht hinsichtlich S.s endgültiger Lösung von der Kirche, keine Gefahr von Konflikten während seiner augenblicklichen Verwendung.
K   102 01219 (2252)

2. – 12. 11. 43   AA   17328
Eine von der PKzl. übersandte Londoner Meldung über eine angebliche deutschfeindliche Rede des ungarischen Kardinal-Fürstprimas Serédi vom Auswärtigen Amt nicht angezweifelt: S. wegen seiner „ständigen Hetzreden" bekannt; bereits erfolgter Protest der Deutschen Gesandtschaft in Budapest bei der ungarischen Regierung wegen dieser „hetzerischen Tätigkeit" S.s (vgl. Nr. 16831).
W/H   202 01927 f. (15/12 – 22)

2. – 19. 11. 43   AA, Dt. Ges. Budapest   17329
Übersendung eines Berichts der Deutschen Gesandtschaft in Budapest über Predigten des ungarischen Kardinal-Fürstprimas Serédi und des ungarischen reformierten Bischofs Ravasz über und für den Frieden (R.' Predigt mit antideutschen Anspielungen: Kein neues Europa erforderlich, sondern ein neuer Mensch); die Einstellung beider als antideutsch und anti-ns. bezeichnet.
W   202 01984 – 87 (15/23 – 35)

2. 11. – 21. 12. 43   RFSS, GL Wahl   17330
Trotz Fürsprache des GL Wahl Aufrechterhaltung des von Himmler ausgesprochenen Verbots einer Heirat zwischen SS-Ustuf. Viktor Stichler und der Tochter des Bgm. Schneid (Wemding); Begründung: Die Frau Sch.s schizophren (dies von W. bestritten). Verwahrung W.s gegen den von H. ihm gegenüber angeschlagenen Ton. (Durch beide Kontrahenten Unterrichtung Bormanns durch Abschriften ihrer Briefe.)
W   107 00768 – 75 (256)

2. 11. 43 — 21. 2. 44   AA, Dt. Botsch. b. Hl. Stuhl, RB Italien   17331
Bitte der PKzl. um Äußerung des Auswärtigen Amts zu zwei englischen Meldungen über den Vatikan: 1) Keine Anerkennung der Veränderungen in der kroatischen Regierung (dazu die Deutsche Botschaft beim Vatikan: Gegenstandslos, da Kroatien vom Vatikan als Staat nicht anerkannt); 2) Demarche bei der italienischen Regierung zugunsten der Heimführung der nach Italien deportierten Jugoslawen (Bestätigung durch den Reichsbevollmächtigten in Italien).
W/H   202 02097 — 102 (16/11 — 23)

2. 11. 43 — 31. 5. 44   RMfWEuV, GBA, RKzl., JFdDR   17332
Erörterung der beteiligten Stellen über den Kriegseinsatz der Mädchen der 8. Klassen der höheren Schulen. Dabei die Forderung des Generalbevollmächtigten für den Arbeitseinsatz nach Verwendung in der Rüstungsindustrie vom Reichserziehungsminister abgelehnt: Unterbrechung der Ausbildung nur im äußersten Notfall (Hinweis auf die katastrophale Nachwuchslage bei den geistigen Berufen und auf die daraus resultierende Gefährdung des deutschen Führungsanspruchs in Europa); ein Einsatz dieser hochwertig ausgebildeten Kräfte nur zum Ausgleich des Defizits an Lehrkräften vertretbar. Auch seitens der Reichskanzlei (RKzl.) — unter Berufung auf den Führererlaß vom 13. 1. 43, auf die darauf gründende Meldepflichtverordnung und auf die Regelung des Studentenarbeitseinsatzes — Tendenz, der ordnungsgemäßen Schulausbildung den Vorrang vor einem anderweitigen Einsatz zu geben. Eintreten der Reichsjugendführung für einen — regional z. T. (Pommern, Kurhessen) bereits erfolgten — Einsatz in erzieherischen Berufen (Erntekindergärtnerinnen u. a.). Forderung des OKW nach Überlassung der Mädchen als Wehrmachthelferinnen. Angesichts der gegensätzlichen Auffassungen nach Ansicht der PKzl. eine reichseinheitliche Entscheidung von höchster Stelle erforderlich. Schließliche Einigung (nach Prüfung der Möglichkeiten für eine anderweitige Deckung der geltend gemachten Bedarfsanforderungen): Verzicht auf einen geschlossenen Einsatz; auf vier Monate beschränkte Verwendung der Mädchen der derzeitigen 7. Klassen in den als z. Zt. vordringlichstes Problem anerkannten Erntekindergärten; Einsatz einzelner besonders geeigneter Schülerinnen der 6. und 7. Klassen bei der Kinderlandverschickung und beim BDM. Folgerung der RKzl.: Eine Entscheidung Hitlers nunmehr überflüssig.
K/W   101 15640 — 70 (942 b)

3. 11. 43   RL, GL, VerbF   17333
Durch Bormann Übersendung des Programms für die Tagung am 7. sowie für die Feierlichkeiten am 8. und 9. 11. 43 in München.
K   102 00940 (1794)

3. 11. 43 — 7. 1. 44   AA   17334
Vom Auswärtigen Amt auf Anfrage der PKzl. angestellte Nachforschungen über die im englischen Unterhaus erörterte Enteignung protestantischen Kirchenbesitzes in Spanien ohne klares Ergebnis.
W/H   202 01824 — 27 (14/1 — 12)

3. 11. 43 — 13. 4. 44   RKzl., AA, RJM   17335
Zustimmung der PKzl. zum Deutsch-Bulgarischen Auslieferungsvertrag vom 27. 8. 43.
H   101 25515 — 21 (1428 b)

4. 11. 43   AA, Dt. Ges. Budapest   17336
Übersendung eines Berichts der Deutschen Gesandtschaft in Budapest über den 31. Ungarischen Katholikentag mit Referaten u. a. über die katholische Filmzensur, die soziale Gerechtigkeit und die große Rolle der Katholischen Kirche in Ungarn.
W   202 01988 — 91 (15/23 — 35)

4. 11. 43   RArbM u. a.   17337
Übersendung eines Runderlasses: Einführung zwecks Stahlersparnis neubearbeiteter Berechnungsgrundlagen für stählerne Bohrtürme für Tiefbohrungen und stählerne Fördertürme für Erdölgewinnung (als Richtlinie für die Baupolizei).
H   101 19180 f. (1169 a)

5. 11. 43   AA   17338
Übersendung der Wiedergabe einer Rundfunkrede des Papstes anläßlich des Eucharistischen Kongresses in Peru in einer Reuter-Meldung.
W   202 02089 — 93 (16/11 — 23)

5. 11. 43 – 21. 5. 44   AA   17339
Auskunft auf Anfrage: In Spanien eine Bewegung der „Gottgläubigen" im deutschen Sinn nicht existent, jeder Nichtkatholik dort als Ketzer betrachtet; der PKzl. vorliegende Meldungen über einen angeblichen deutschen Protest gegen die Gleichstellung von Gottgläubigen und Gottlosen bei der Lebensmittel-Zuteilung daher gegenstandslos.
W/H   202 01822 f. (14/1 – 12)

6. – 19. 11. 43   RFSS   17340
Durch die PKzl. Übersendung ausführlicher Personalangaben des Wiener Historikers Prof. Bibl für ein von Himmler beabsichtigtes Glückwunschtelegramm zum 73. Geburtstag. Dieses dann ebenso wie die Verleihung der Goethe-Medaille bis zum 75. Geburtstag B.s zurückgestellt.
K/H   102 00610 – 13 (1035)

9. 11. 43 – 3. 5. 44   Speer   17341
Führer-Vorlage 5 über „zwei Fälle von Untreue" in seinem Ministerium: Die von ihm vorgesehene Beförderung des ORegR Carl Birkenholz zum Ministerialrat von einer „Kamarilla" alter Mitarbeiter Todts zunächst verschleppt, später von dem Leiter der Personalabteilung, Haasemann, und dem Leiter der OT-Zentrale, MinDir. Dorsch, als Fachschaftsleiter durch Abfassung eines „vernichtenden", hinter seinem Rücken an die PKzl. gesandten Gutachtens hintertrieben; unter Hinweis auf das wegen der Verhältnisse in der OT-Zentrale bereits vorher zunehmend getrübte Verhältnis zu D. Bitte um dessen Ablösung und Einweisung des – auf seine Veranlassung bereits in Sicherungsverwahrung genommenen – H. in ein Konzentrationslager; scharfe Kritik ebenfalls am Verhalten der PKzl. in dieser Angelegenheit (statt ihn über die Bedenken zu unterrichten, nachträgliche Ablehnung des vor dem Eintreffen des Gutachtens bereits genehmigten Beförderungsvorschlages durch die PKzl. als vollendete Tatsache); auf seine Veranlassung Einleitung einer Untersuchung zur weiteren Erhellung der Angelegenheit durch Goebbels als den zuständigen Gauleiter. Zurückstellung der von der PKzl. gegen B. erhobenen Bedenken nach Speers massiver Intervention und einer Vorsprache des HDL Saur bei Bormann.
W/H   108 00082 – 104 (1515); 108 00240 (1572); 108 00336 – 40 (1612); 108 00516 – 27 (1628, 1629)

9. 11. 43 – 13. 8. 44   AA, Dt. Ges. Bern, Dt. Kons. Genf, AO   17342
Zustimmung der PKzl. zur Überführung des wegen seiner ns. Einstellung in Schwierigkeiten geratenen schweizerischen evangelischen Geistlichen Clot (Morrens) in einen anderen Beruf im Reichsgebiet. Schließlich doch Verbleiben C.s in der Schweiz.
W/H   202 01660 – 73/7 (12/3 – 12/14)

9. 11. 43 – 11. 10. 44   AA   17343
Bitte der PKzl. um listenmäßige Meldung der über das Auswärtige Amt (AA) beim Vatikanischen Informationsbüro Auskunft über ihre in der Sowjetunion vermißten Angehörigen suchenden Volksgenossen zwecks „verstärkter Betreuung" durch die Dienststellen der NSDAP. Offenbar hinhaltender Widerstand der Rechtsabteilung des AA gegen dieses Ansinnen: Eine Nachmeldung der karteimäßig nicht erfaßten Tausende bisheriger Fragesteller nicht möglich; die Meldung lediglich der künftigen Antragsteller zur besonderen Betreuung durch die Gauleiter eine „große Ungerechtigkeit". Schließlich Herausgabe einer Liste mit zwölf Namen.
H   202 00112 – 22 (2/13 – 24)

10. 11. 43   HA f. Volkstumsfragen   17344
Stellungnahme zur Volkstumszulage für Volksschullehrer an den Grenzen: Ablehnung einer Ersetzung durch Medaillenverleihung; Beschränkung der Zulage auf tatsächlich in Grenzgauen mit Minderheiten ausgeübte Tätigkeit; Einbeziehung von Kindergärtnerinnen, Volkspflegerinnen, Gemeindeschwestern usw.; Erhöhung und Staffelung der Zulagen; u. a.
K   102 00956 ff. (1856)

10. – 12. 11. 43   Lammers   17345
Vorbereitung (Übermittlung einer Liste mit 16 Punkten) einer Besprechung mit Bormann am 12. 11. 43: Organisation der Polizei in Sachsen; Oststeuerfreibetrag; Meinungsverschiedenheiten zwischen Rosenberg und Goebbels über die Propaganda in den besetzten Ostgebieten; Autonomie für Lettland und Estland; Aufhebung der Oberpostdirektion Kassel; Dienstflagge für den Deutschen Staatsminister in Böhmen und Mähren; Beförderung des ORegR Brandt (Reichsführer-SS) zum Ministerialrat; Beförderung von Beamten über 67 Jahre; Zuständigkeiten auf dem Gebiet des Arbeitsschutzes (Meinungsverschiedenheiten Sauckel/Seldte); Verleihung von Titeln (Sanitätsrat, Justizrat); Besetzung der Stelle des Präsi-

denten der Deutschen Akademie (Seyß-Inquart); Besetzung der Stelle des Bürgermeisters in Wien; StSekr. Rothenberger (Plagiat); Zuschuß für Stollenbau im Gau Westfalen-Süd; generelle Regelung des Dotationswesens; Arbeitsdienst in Südtirol. Dabei Bitte Lammers' um einen Empfang durch Hitler am gleichen Tag.
H   101 18136−39 (1131)

10.−13. 11. 43   AA, Dt. Botsch. b. Hl. Stuhl, Dt. Ges. Bukarest u. a.   17346
Übersendung von Berichten deutscher Auslandsvertretungen über das − z. T. von Deutschland beeinflußte − Echo auf die Bombardierung des Vatikans in der rumänischen, slowakischen, spanisch-marokkanischen, bulgarischen und italienischen Presse sowie im italienischen Rundfunk.
W   202 02047−70 (16/1−10)

[10. 11.]−17. 12. 43   RFSS, A. A. Mussert   17347
Durch Bormann übermittelte Bitte des von Hitler zum „Leider" des niederländischen Volkes ernannten NSB-Führers Mussert an H., anläßlich des bevorstehenden 12. Jahrstags der NSB eine für den weiteren Aufbau der NS-Bewegung in den Niederlanden richtungweisende Erklärung abzugeben.
W   107 00696−701 (223)

10. 11. 43−24. 8. 44   AA   17348
Die ursprünglich ablehnende Haltung der PKzl. gegenüber der vom Abt der spanischen Benediktiner-Abtei Samos erbetenen Entsendung von drei Ordensschwestern an das in Spanien zu gründende Institut für die katholische Mission aufgrund der vom Auswärtigen Amt (AA) vorgebrachten außenpolitischen Gesichtspunkte revidiert (Aufgaben der Schwestern im Rahmen der vom AA auf Wunsch der PKzl. erfolgten „Ankurbelung" des Kirchenstreits in Südamerika [Katholische Kirche gegen nordamerikanische Sektenpropaganda] wie auch der Differenzen zwischen Katholizismus und Protestantismus in Nordamerika). Ebenfalls Einverständnis der PKzl. mit der Entsendung von Prof. Geiselmann nach Spanien. (Vgl. Nr. 17124.)
W/H   202 01844−54 (14/1−12)

11. 11. 43   AA, VoMi   17349
Durch das Auswärtige Amt Übersendung von Berichten der Volksdeutschen Mittelstelle über die politische Lage in der Batschka (pro-angelsächsische Tendenzen in der Verwaltung, pro-deutsche Haltung der rechtsgerichteten magyarischen Kreise, pro-sowjetische Haltung der serbischen und der übrigen slawischen Bevölkerung; Partisanentätigkeit; Beunruhigung der deutschen Bevölkerung) und über die Verbindung des ungarischen Landesjugendführers, Feldmarschalleutnant Béldy, zum ungarischen Kardinalprimas Serédi.
W   202 02002−10 (15/23−35)

11. 11. 43   AA   17350
Übersendung einer Reuter-Meldung über eine Glückwunschbotschaft des Patriarchen von Moskau, Sergius, an Stalin anläßlich des 26. Gründungstages der Sowjetunion.
W   202 01621 (11/18−28 + 20/10)

11. 11. 43   AA, Dt. Botsch. b. Hl. Stuhl   17351
Übersendung eines Berichts der Deutschen Botschaft beim Heiligen Stuhl über gleichlautende Verbalnoten des Vatikans an Deutschland, Großbritannien und die Vereinigten Staaten wegen des Luftangriffs auf den Vatikan und über die formelle Erklärung der Botschaft dazu (Deutschland einwandfrei nicht beteiligt).
W   202 02071 ff. (16/1−10)

11. 11. 43   AA   17352
Übersendung einer Meldung von Radio Toulouse über ein Protesttelegramm des Erzbischofs von New York, Spellman, an das Weiße Haus wegen der Bombardierung des Vatikans.
W   202 00994 (9/5−14 + 20/1)

11.−12. 11. 43   AA   17353
Darstellung der den Interessen des Deutschen Reichs abträglichen Streitigkeiten innerhalb der Führung der deutschen Volksgruppe und der Evangelischen Landeskirche in Rumänien; Absicht, Bf. Heckel in vermittelnder Mission nach Rumänien reisen zu lassen.
W   202 00206 ff. (3/7)

12.—15.11.43   AA, Dienstst. AA Brüssel, Dt. Ev. Kirche   17354
Durch das Auswärtige Amt Übersendung von Zeitungsmeldungen und des Reiseberichts über einen Aufenthalt des Leiters des Kirchlichen Außenamts der Evangelischen Kirche, Bf. Heckel, in Belgien: Der Besuch angesichts des belgischen Deutschenhasses eine Stärkung der deutschen evangelischen Gemeinden in Brüssel und Antwerpen.
W/H   202 00201/1 — 205 (3/7)

12.11.—27.12.43   Lammers   17355
Durch Bormann übermittelte Bitte des GL Hoffmann um finanzielle Unterstützung eines von ihm verkündeten Preisausschreibens zur Intensivierung des Luftschutzstollenbaus im Gau Westfalen-Süd. Im Hinblick auf eine allgemeine Verwertbarkeit der Ergebnisse des Preisausschreibens Zuschußzahlung aus den Verfügungsmitteln Hitlers durch Lammers.
K   101 11288 — 96 (668 b)

12.11.43 — 24.3.44   AA, Dt. Ges. Zagreb   17356
Übersendung von Stellungnahmen des Erzbischofs von Zagreb, Stepinac, zu den innerkroatischen Verhältnissen, zu dem gegen die Katholische Kirche erhobenen Vorwurf der Sympathie mit den Kommunisten, gegen die Rassenideologie und gegen die deutschen Geiselerschießungen (eine von Radio London gemeldete Stellungnahme St.' gegen die kroatische Regierung nach Auffassung der Deutschen Gesandtschaft in Zagreb ein Irrtum: Die Rede vielmehr „Auseinandersetzung mit uns"); nach Kritik des kroatischen Unterrichtsministers Makanec an St. in einem Zeitungsartikel angeblich Abrücken St.' von einigen seiner Äußerungen.
W   202 00864 f., 875 — 84 (8/8 — 20 + 19/10 — 11)

13.11.43   Thierack   17357
Übersendung der Führerinformation 168 des Reichsjustizministers: Statistik über die Kriegsverluste der Reichsjustizverwaltung und der Preußischen Justizverwaltung, auch im Vergleich zum Weltkrieg.
H   101 28966 ff. (1559 b)

13.11.43   ArbBer. Osten   17358
Einverständnis der PKzl. mit einer Ausnahmeregelung für Riga hinsichtlich der Entscheidung über die Rückführung werdender deutscher Mütter aus den Ostgebieten. (Vgl. Nr. 16239.)
W/H   145 00097 (165)

13.11.—[5.12.]43   Lammers, RFM   17359
Zustimmung des Dreierausschusses zu einem Antrag des Reichsfinanzministers: 193 Planstellenhebungen bei der Sicherheitspolizei und 34 beim Reichssicherheitsdienst (RSD) sowie 72 Planstellenvermehrungen in Abweichung von Ziff. 3 des Stoperlasses ebenfalls beim RSD. In der Reichskanzlei interner Hinweis auf darin enthaltene Hebungen von Angehörigen der Fliegerstaffel Hitlers (u. a. Beantragung einer Generalmajorsstelle für Flugkapitän Baur).
H   101 17847 — 50 (1104)

[14.] — 27.11.43   Lammers, Rosenberg u. a.   17360
Besprechungen (u. a. bei Hitler) über eine etwaige Änderung des politischen Status Estlands und Lettlands. Dabei durch SS-Ogruf. Berger, GenK Litzmann und GL Meyer Befürwortung einer Autonomiegewährung (Hauptargument: Notwendigkeit der Gewinnung von 30 000 Rekruten) unter Auflösung des Reichskommissariats Ostland; ablehnende Stellungnahmen Rosenbergs und des RK Lohse. Ebenso unterschiedliche Auffassungen über die Zweckmäßigkeit der Herausgabe vage Versprechungen enthaltender „Deklarationen" an die beiden Völker. Bitte R.s an Bormann um nochmaligen persönlichen Vortrag bei H. und Übersendung eines mit dem Reichsaußenminister abgestimmten und die von diesem geäußerten Bedenken berücksichtigenden zweiten Entwurfs der Deklaration (in Anerkennung des bisherigen und in Erwartung weiteren Einsatzes für den „gemeinsamen Kampf für Europa" Zusicherung, dem estnischen [bzw. lettischen] Volk nach Kriegsende die „eigene Gestaltung seines Lebens" einzuräumen). (Vgl. Nr. 17258.)
W/H   107 01239 f. (398); 107 01303 — 11 (409)

15.11.43   RPrüfungsges. f. d. bes. Ostgeb. u. a.   17361
Nach Überprüfung der ukrainischen Zweigniederlassung der Reichsprüfungsgesellschaft für die besetzten Ostgebiete (RPG) in Rowno durch die Landesleitung Ukraine der NSDAP auf ihre Kriegsnotwendigkeit mit dem Ergebnis einer geforderten Verminderung des Personalbestandes wegen nur bedingter

Kriegswichtigkeit der Aufgaben (Prüfung aller zum Wirtschaftssondervermögen gehörenden Betriebe, einschließlich der Ostgesellschaften) Bitte der RPG an den Ostminister um Entscheidung über die Weiterführung ihres durch die Anordnung der Landesleitung infrage gestellten Auftrags in der Ukraine. (Abschrift an die PKzl.)
K   101 11993−2007 (686 b)

15. 11.−[8. 12.] 43   Lammers, Rosenberg   17362
Mitteilung Lammers' nach einem Führervortrag: Keine grundsätzlichen Einwände Hitlers gegen eine spätere Ernennung des StL Schickedanz zum Generalkommissar in Weißruthenien, jedoch bis zur Beendigung der dortigen Partisanenkämpfe weiterhin Wahrnehmung der Geschäfte durch den Stellvertretenden Generalkommissar, SS-Ogruf. v. Gottberg.
K   101 12250−53 (689 c)

16. 11. 43   Adj. d. F   17363
Mitteilung: Mit Schreibmaschine geschriebene Vorlagen für Hitler nach Möglichkeit nur in Plakatschrift, keinesfalls aber in größerer Schrift.
H   101 17627 (1071 b)

16. 11.−22. 12. 43   AA   17364
Bitte der PKzl. um nähere Informationen zu Meldungen über einen Protest des Erzbischofs von Sevilla gegen die Verbreitung protestantischer Literatur in Spanien.
W   202 01856 ff. (14/1−12)

16. 11. 43−22. 2. 44   AA, DNB   17365
Bitte der PKzl. um Aufklärung widersprüchlicher Meldungen über den Aufenthalt politischer Flüchtlinge im Vatikan seit dem deutschen Einmarsch (Antifaschisten, abtrünnige Mitglieder des Faschistischen Großrats usw.) sowie − später − um Überprüfung einer Meldung über die Existenz einer Vatikankommission für die anderweitige Unterbringung bisher auf vatikanischem oder kirchlichem Boden verborgener italienischer Offiziere und Soldaten.
W   202 02036−41 (16/1−10)

17. 11.−14. 12. 43   Lammers, Goebbels, Rosenberg   17366
Mitteilung Bormanns: Rosenbergs Vorschlag, zur Intensivierung der antijüdischen Propaganda unter den in Deutschland befindlichen Kriegsgefangenen und Ausländern 1/2 Mio. Exemplare seiner in 19 Sprachen erscheinenden Zeitschrift „Weltdienst" mehr zu drucken und an diese zu verteilen, von Hitler „genehm gehalten". Durch Lammers Ausgabe der erforderlichen Weisungen.
H   101 08504−10 (639 a)

18. 11.−7. 12. 43   Hierl, Thierack   17367
Rechtfertigung Hierls gegenüber dem in einer Anzeige des Reichsrüstungsministers beim Volksgerichtshof erhobenen Verdacht eines Verstoßes gegen die Rüstungsschutzverordnung (Verwendung von zwei Kühlschränken aus einer für kinderreiche Arbeitsdienstführer vorgesehenen Lieferung in den Haushalten H.s und des OGenArbF v. Alten). Präzisierung der Vorwürfe durch den Reichsjustizminister. Von H. daraufhin weitere Schritte vorbehalten. (Abschriften jeweils an die PKzl.)
K   102 00393−98 (794)

18. 11.−22. 12. 43   RMfWEuV   17368
Bedenken der PKzl. gegen eine Ernennung des Gerhard Franz (Breslau) zum Dozenten wegen des Fehlens jeglicher Einsatzbereitschaft.
W   301 00293 f (Franz)

18. 11. 43−[15. 1. 44]   RMfEuL, RAF, Lammers   17369
Auf Veranlassung des Reichsernährungsministers (Gründe: Gefährliches Ausmaß der Überfremdung und der Belastung der Bäuerinnen) Bitte Bormanns und Lammers' an den Reichsarbeitsführer (RAF), von der unter Fortfall der bisherigen Ausnahmebestimmungen für den Jahrgang 1927 erwogenen Heranziehung der landwirtschaftlichen Berufsangehörigen zum Reichsarbeitsdienst für die weibliche Jugend abzusehen. Antwort des RAF: Vorliegen einer falschen Unterrichtung, eine Änderung der Ausnahmebestimmungen für den Jahrgang 1927 nie vorgesehen.
H   101 06134−44/1 (520 a)

20. 11. 43 — 9. 4. 44   RKzl., Oberste RBeh.   17370
Bormanns Bemühungen, das Wort „Führer" als „fest umrissenen geschichtlichen Begriff" für „die einmalige Persönlichkeit Adolf Hitlers" zu reservieren, nach langer Beschränkung auf die Verhütung unschöner oder gar lächerlicher Zusammensetzungen durch eine Entscheidung H.s, Maßnahmen zur anderweitigen Eliminierung der Bezeichnung zu treffen, endlich erfolgreich. Gemeinsame Überlegungen mit Lammers über das derzeit Mögliche, u. a. eine Reichskanzlei-Zusammenstellung bisheriger Verwendungen vom „Reichsarbeitsführer" über den „Schriftführer" bis zum – von L. vor Weiterleitung an B. gestrichen – „Bärenführer" und „Verführer"; Ergebnis: Verbot der Einführung neuer Berufs- und Rangbezeichnungen mit dem Wort „Führer" im zivilen Bereich und möglichst Vermeidung einer anderweitigen Verwendung im amtlichen Gebrauch; die an sich wünschenswerte generelle Ausschaltung des Wortes aus der deutschen Sprache „im Wege einer behutsamen Sprachlenkung" derzeit jedoch wegen der kriegsbedingten Personalschwierigkeiten noch nicht durchführbar. Darüber ein Rundschreiben L.' an die Obersten Reichsbehörden; die entsprechende Unterrichtung der Parteidienststellen durch den Leiter der PKzl. angekündigt.
H   101 29825 — 41 (958); 101 29203 (1648)

21. 11. 43   Lammers   17371
Durch Bormann Übersendung des Protokolls eines Vortrages Rosenbergs bei Hitler am 17. 11. 43 (Protokollführer in Abwesenheit B.s SS-Brif. Albrecht): Ermordung des SenPräs. Funk in Kowno; Einverständnis H.s mit der Verleihung eines festen Kontingents von Kriegsverdienstkreuzen in eigener Zuständigkeit und weitere Auszeichnungs-Angelegenheiten, darunter Einverständnis H.s mit der Verleihung der für Ostarbeiter geschaffenen Verdienstmedaille an Deutsche in einzelnen Fällen (vgl. Nr. 17380); Torfgewinnung zwecks Herstellung von Schmieröl; erfolgreiche Verhandlungen mit Franzosen wegen der Übernahme wirtschaftlicher Unternehmungen im Osten; Beschlagnahme jüdischen Wohnungseigentums in Frankreich und dessen Abtransport ins Reich; Verbleib Gottbergs als Stellvertretender Generalkommissar in Minsk; Intensivierung der antijüdischen Propaganda; Einverständnis H.s mit der Abhaltung eines internationalen Kongresses über die Judenfrage in nächster Zeit, jedoch nur in einer durch Luftangriffe nicht gefährdeten Stadt; u.a. (Vgl. Nr. 17258.)
K/H   101 11844 — 47 (684)

21. 11. — 2. 12. 43   Lammers, Brif. Albrecht   17372
Nach übereinstimmender Ansicht Hitlers, des GL Sauckel und Lammers' eine Heraufsetzung der Dienstpflichtaltersgrenze bei Frauen auf 50 Jahre zum gegenwärtigen Zeitpunkt völlig unangebracht (nach anfänglicher Auffassung Bormanns hingegen in Kürze erforderlich); unbefriedigende Ergebnisse hinsichtlich der Arbeitstauglichkeit bereits beim Arbeitseinsatz der jüngeren Frauen. – Zustimmung H.s zu dem Vorschlag S.s, im Laufe des Jahres 1944 aus Frankreich, Italien und den osteuropäischen Ländern je 1 Mio. Arbeitskräfte für den Einsatz im Reich herauszuziehen.
W/H   101 09448 — 53 (654)

22. 11. 43 — 29. 5. 44   Lammers   17373
Mitteilung Bormanns: Auf Weisung Hitlers Beauftragung des Generalbaurats Giesler mit der verantwortlichen Bauleitung sämtlicher Luftschutzbauten in der Stadt Linz. Weitere Weisung, die durch diesen Auftrag anfallenden Kosten aus einem der von Lammers verwalteten Fonds zu begleichen. Entsprechende Veranlassungen durch L.
H   101 17095 — 100 (1019 b)

23. 11. 43 — 8. 9. 44   OKW, GL Bürckel, RFSS   17374
Durch eine Fühlungnahme des OKW veranlaßtes Schreiben Klopfers (PKzl.) an GL Bürckel zur Frage der Behandlung der den Fahneneid verweigernden Soldaten aus den unter deutscher Verwaltung stehenden Westgebieten; dabei neben der Erwähnung des bisherigen Verfahrens (Kriegsgericht, Zuchthausstrafen von zehn bis 15 Jahren, sofortige Verbringung in ein Feldstraflager) und eines Vorschlags des GL Simon (Todesstrafe für Rädelsführer, Einsatz der übrigen in einer Strafeinheit unter Feindbeschuß) Eingehen auf eine bei der PKzl. nicht bekannte, angeblich anläßlich eines (im Beisein Himmlers gehaltenen) Vortrags B.s gefällte Entscheidung Hitlers, Eidesverweigerer aus dem aktiven Wehrdienst zu entlassen und in das Konzentrationslager Buchenwald zu überführen (diese Behandlung gegenüber der bisherigen „sehr milde", ebenfalls mit der Gefahr der Schaffung von Märtyrern verbunden und geeignet, die Verweigerungsfälle zu vermehren); nach Auffassung K.s keine starre Regelung möglich; Bitte um Stellungnahme B.s. Die angebliche Führerentscheidung auch beim Reichsführer-SS (RFSS) nicht bekannt.

Später Bitte der PKzl. an den RFSS um Überlassung der dortigen Vorgänge: Die einschlägigen Akten der PKzl. offenbar bei dem Luftangriff vom 24./25. 4. 44 auf München verbrannt.
W/H   102 01574 – 79 (2747)

26. 11. 43   Thierack   17375
Übersendung der Führerinformationen 169 – 171 des Reichsjustizministers: Zuchthausstrafe gegen den Antiquitätenhändler Anton Fraiseisen (Wörgl) wegen dunkler Geschäfte mit einer spätgotischen Madonnenstatue; Ermittlungen gegen GenKons. Theodor Auer (Berlin) wegen Äußerungen gegenüber führenden französischen Persönlichkeiten; Ergebnis der Ermittlungen über die Nachfolgeorganisationen aufgelöster katholischer Jugendkampfbünde.
H   101 28969 – 72 (1559 b)

26. 11. 43   Lammers u. a.   17376
Nach Luftangriffen auf Berlin (22. und 23. 11. 43) und der generellen Entscheidung Hitlers für das Verbleiben von Reichsregierung, Reichsministerien und Reichskanzlei (RKzl.) in Berlin Erörterungen mit Bormann u.a.: Plan Lammers', die Reichsführung in der RKzl. zu konzentrieren; Streit um die beim Verbleib der RKzl. in Berlin erforderlichen Kellerräume; Erörterung der Auswirkungen der Bombenangriffe auf Berlin für die Obersten Reichsbehörden.
A/H   101 22826 ff. (1300 a)

27. 11. – 16. 12. 43   Lammers, Stv. GL Gerland   17377
Die Bitte des von Hitler jetzt mit der Gauleitung beauftragten Stellvertretenden Gauleiters von Kurhessen, Gerland, um eine finanzielle Unterstützung für den Bau einer Gau-Befehlsstelle (Bunker) von Bormann befürwortend an Lammers weitergeleitet. Zahlung von RM 100 000.– aus den Verfügungsmitteln H.s. In diesem Zusammenhang durch B. Erwähnung der zuvor untragbaren Führungsverhältnisse in Kassel (Philipp Prinz v. Hessen nomineller Oberpräsident, Weinrich beurlaubter Gauleiter) sowie des besonderen Auftrags Hitlers an G., das insbesondere auf dem Gebiet des Luftschutzes Versäumte nachzuholen.
K/H   101 11273 – 79 (668 b)

[29. 11. 43]   SS-Ogruf. Rauter   17378
Unterredung mit Friedrichs (PKzl.) – bei dessen Besuch in Den Haag – über die Witwe des GenK Schmidt und ihre „Regentenwitwenmanieren" in einer „sehr luxuriös eingerichteten Villa amerikanischen Stils". In einem Gespräch F.' mit Frau Sch. deren Aufklärung über die – von ihr bereits geahnte – Todesursache ihres Mannes (Selbstmord); nach dieser Unterhaltung die Angelegenheit nach Meinung F.' geregelt.
W/H   107 01216 f. (383)

[29. 11. 43]   SS-Ogruf. Rauter – 47   17379
Gespräch mit OBefL Friedrichs und DL Ritterbusch über die Gründe des von Mussert beabsichtigten Besuchs bei Hitler: Nach Ansicht F.' wohl nur Wunsch M.s, „sich auszuquatschen" und „wieder einmal zum Führer zu kommen"; Übereinstimmung in der Ablehnung jedweder Form einer Betrauung M.s mit der Regierungsgewalt in den Niederlanden (die Folge eine „unerhörte Bandenbildung und eine Widerstandsbewegung wie nie zuvor"). (Vgl. Nr. 17394.)
K/W   102 00800 – 04 (1556)

30. 11. 43 – 28. 3. 44   Meissner, Rosenberg   17380
Meinungsverschiedenheiten über die (von Rosenberg befürwortete) Verleihung der Verdienstauszeichnung für Angehörige der Ostvölker als Erinnerungszeichen an deutsche Verwaltungsführer. Abschriftlich Bormann übersandte Stellungnahme R.s: Durch die Verleihung an Deutsche Hebung des Ansehens der von den Ostvölkern als „Orden für ein Kolonialvolk" betrachteten Auszeichnung (diese Auffassung nach Angaben R.s von Hitler grundsätzlich gebilligt); Rücknahme der bestimmungswidrig bereits erfolgten Verleihungen gleichbedeutend mit dem völligen Ende jeglichen Ansehens der Auszeichnung; die von Meissner angestellten Vergleiche zwischen den Ordensauszeichnungen für Frontsoldaten und solchen für sonstige Reichsdeutsche in den besetzten Ostgebieten ebenso unrichtig wie der Vergleich der Tapferkeits- und Verdienstauszeichnung für Ostvölkerangehörige mit dem Deutschen Adlerorden; Verwahrung gegen die Gleichsetzung der Verwaltungsführer in der Etappe; Forderung nach Verleihung des Kriegsverdienstkreuzes auch an Esten und Letten; u. a. Dazu M.: Seine von B. seinerzeit erbetene (negative) Stellungnahme aufgrund der vorangegangenen Entscheidung H.s, der nochmaligen Ableh-

nung durch das OKW und aus den bereits mitgeteilten Gründen ergangen; laut Mitteilung B.s die erste Entscheidung H.s von diesem endgültig bestätigt.
W   101 11848−54 (684)

Ende Nov. 43   MinDir. Wagner   17381
Bei der Errichtung des Wohnungshilfswerkes Widerstand der PKzl. gegen das Vorhaben des Reichswohnungskommissars, die Partei wesentlich an der Durchführung des Werkes zu beteiligen. Einverständnis Bormanns mit einer Aktivierung der Anfang 1942 im Rahmen der Verwaltungsvereinfachung eingeschränkten Heimstättenämter der DAF. (Spätere Erwähnungen.)
H   101 19104 f. (1161 d)

[1. 12. 43]   OKW   17382
Aufführung der PKzl. (OBefL Friedrichs o. V. i. A. über z. b. V. Chef OKW) im Qu-Verteiler des OKW.
W   107 01554 f. (507)

[1. 12. 43]−26. 1. 44   RLM, RMfRuK u. a.   17383
Übersendung von Erlassen über das Verfahren bei der Namhaftmachung und Bereitstellung von Personal für die Heimatflakbatterien sowohl allgemein wie im Falle von Personal aus der gewerblichen Kriegswirtschaft (u. a. Bestimmung über die generelle Freistellung geschlossener Personengruppen durch den Oberbefehlshaber der Luftwaffe im Einvernehmen mit der PKzl.).
W   108 00603−12 (1765)

2. 12. 43   Thierack   17384
Übersendung der Führerinformationen 172 und 173 des Reichsjustizministers: Todesurteil des Volksgerichtshofs gegen Kpt. z. S. Günter Paschen (Flensburg) wegen Feindbegünstigung und Zersetzung der Wehrkraft (Äußerungen gegenüber Dänen); Todesurteil des Volksgerichtshofs gegen den katholischen Geistlichen Max Metzger wegen Feindbegünstigung (Übermittlung von Vorschlägen für ein demokratisches Regierungssystem in Deutschland nach Schweden).
H   101 28973−76 (1559 b)

2.−22. 12. 43   LTheater Linz, Lammers   17385
Durch Bormann Übersendung der Gesamtabrechnung über die von Hitler für das Landestheater Linz gestiftete Gesamtausstattung der Oper „Tannhäuser" (u. a. Lieferung von Bühnenleinwand durch die PKzl.). Durch die Reichskanzlei Erstattung der Kosten (ca. RM 310 000.−).
H   101 21165−70 (1243)

2. 12. 43−6. 4. 44   RKSee., Lammers   17386
An Bormann zur Entscheidung durch Hitler Antrag des Reichskommissars für die Seeschiffahrt, GL Kaufmann, den Führungsstab und einige Referate des Seeschiffahrtsamtes zur Erleichterung der Zusammenarbeit mit K. selbst sowie mit den Reedereien, Werften und Hafenbetrieben in die Umgebung von Hamburg (Reinbek) zu verlegen. Erledigung der Angelegenheit im Einvernehmen mit dem Reichsverkehrsminister.
K/H   101 11314−20 (669 b)

2. 12. 43−8. 7. 44   RKzl., RMfWEuV, RJM   17387
Auf Empfehlung der PKzl. Einschaltung der Reichskanzlei in die Verhandlungen mit dem Reichserziehungsminister (REM), dem Reichsjustizminister (RJM) und dem Reichsinnenminister über eine Neugestaltung des juristischen Studiums. Stand der Erörterungen: Nach Einspruch der PKzl. gegen einen vom REM im Herbst 1943 aufgestellten Entwurf Verhandlungen über einen abgeänderten, von der PKzl. gebilligten Entwurf eines Studienplans; im Falle der zwischen REM und RJM aufgetretenen Meinungsverschiedenheiten über eine weitere Praktiker-Arbeitsgemeinschaft Eintreten der PKzl. für die − durchaus nicht als ideal angesehene − Lösung des REM. Ergebnis einer abschließenden Besprechung der beteiligten Ressorts: Die Inkraftsetzung eines viersemestrigen Studienplanes zuzüglich zur Sechs-Semester-Studienordnung unzweckmäßig; Aufstellung eines Verzeichnisses der Pflichtvorlesungen (bei Nutzung der Möglichkeiten der Allgemeinen Verfügung des RJM vom 1. 9. 43); Zustimmung zu einer von der PKzl. mitgeteilten Anregung des Chefs der Sicherheitspolizei, Vorlesungen über Volkskunde und Volkstumspolitik in den Studienplan aufzunehmen. Durch den REM Übersendung des Wortlauts des endgültigen Entwurfs der Studienordnung.
K   101 26563−94 (1508 a)

5. – [29.] 12. 43   SA-Ogruf. Hptm. Bennecke, Himmler   17388
Bericht des SA-Ogruf. Bennecke (z. Zt. Hauptmann) über Mißstimmung in der Truppe wegen Enteignungen bei Angehörigen von Soldaten mit Zugehörigkeit zur Deutschen Volksliste (DVL) 3. Durch Bormann Weiterleitung an Himmler. Dazu die Stellungnahme des Höheren SS- und Polizeiführers Danzig-Westpreußen (zwecks Vorbereitung einer von H. beabsichtigten persönlichen Antwort an Bormann): Hinweis auf das zweifelhafte Deutschtum der DVL-3-Volksdeutschen; Bitte, den Heimatdienststellen die umständlichen Nachforschungen über die meist lügnerischen, von Truppendienststellen teilweise forcierten Beschwerden von DVL-3-Soldaten zu ersparen.
K/W/H   102 00350 – 62 (756)

6. 12. 43   AA   17389
Laut Bericht des Botsch. Rahn Einverständnis Mussolinis mit der Verbringung italienischer Rekruten zur Ausbildung nach Deutschland, mit der Einziehung mehrerer Jahresklassen Miliz und ihrem Arbeitseinsatz im Rahmen der Organisation Sauckel, mit der Ernennung eines Preiskommissars und eines Arbeitskommissars mit deutschen Beraterstäben sowie mit weiteren Maßnahmen zugunsten Deutschlands.
K/H   101 11782 f. (682 b)

7. 12. 43   GBA   17390
Übersendung einer Änderung des Erlasses über die Bezahlung der Kriegsgefangenenarbeit in der Bauwirtschaft.
W   108 00736 f. (1820)

8. 12. 43   GBV, GIfWuE   17391
Zum Entwurf einer Verordnung über vordringliche Aufgaben der Wasser- und Energiewirtschaft (Aufstellung wasserwirtschaftlicher Generalpläne, vordringliche Wasserbauten u. a.) Zustimmung der PKzl.
W   108 00285/1 – 9 (1588)

8. – 19. 12. 43   Lammers RStatth. Thüringen   17392
Bitte Bormanns um Lammers' Stellungnahme zu dem Wunsch des Reichsstatthalters in Thüringen, GL Sauckel, nach besoldungsrechtlicher Gleichstellung des Thüringischen Ministerpräsidenten bzw. des Staatssekretärs und Leiters des Innenministeriums mit den Oberpräsidenten bzw. Ministerialdirektoren. Die Bitte S.s um Unterstützung seines Antrags beim Reichsfinanzminister von L. – auch unter Berufung auf den Stoperlaß – abgelehnt.
A   101 04910 – 11/1 (435)

8. 12. 43 – 23. 5. 44   Himmler, StSekr. Kritzinger   17393
Schriftwechsel zwischen Bormann und Himmler über die Länge der für die Landräte empfehlenswerten Amtszeit. B.: Bedenken gegen die Ankündigung H.s auf der letzten Reichs- und Gauleitertagung, Landräte nicht länger als zehn Jahre an einem Ort zu dulden; Hinweis auf die Wichtigkeit möglichster Kontinuität in dieser volksnächsten Verwaltungsstelle, auf die wünschenswerte Gründlichkeit der Einarbeitung und Vertrautheit mit Gebiet und Menschen sowie auf die zu erwartenden Schwierigkeiten bei der Nachwuchsgewinnung im Falle einer Begrenzung dieser Aufgabe und einer zu erwartenden Enthebung im besten Schaffensalter und ohne wirklich befriedigende Weiterverwendungsmöglichkeiten in der staatlichen Verwaltung. Dazu (in einer kurzen, B.s Ausführlichkeit deutlich mißbilligenden Antwort) im wesentlichen Beharren H.s auf seinem Standpunkt, begründet mit der Absicht, eine stärkere „Verfilzung mit den örtlichen Verhältnissen" zu verhindern, jedoch Zubilligung gelegentlicher Ausnahmen für „charakterlich besonders geeignete" Landräte.
H   101 24499 – 513 (1364 a)

[9. 12. 43]   SS-Ogruf. Rauter – 47   17394
Mitteilungen von DL Ritterbusch über einen Besuch Musserts bei Hitler: Freundliche Aufnahme; Äußerungen H.s zur Neugestaltung Europas, zur Religionsfrage (Möglichkeiten für jeden, „nach seiner Fasson selig werden" zu können; niemals Wiederholung des Fehlers einer Einmengung wie seinerzeit bei den Deutschen Christen) und zur germanischen Frage (kein „Entniederländern" der Niederländer; die Form der künftigen Zusammenfassung der Germanen [„Bund der Germanen", „Reich" oder „Bundesstaat"] nebensächlich, hierüber aus Rücksicht auf die Italiener und auf die übrigen europäischen Völker sowie wegen der noch mangelnden Reife dieser Dinge noch nie gesprochen; „völlig klar" aber die Organisierung einer europäischen Einheit über die germanische Gemeinschaft hinaus; dabei kein gleiches Verhältnis aller kleinen Staaten zum Reich, sondern Einzelverträge mit „jedem einzelnen dieser Gebilde");

kein Eingehen H.s auf die in M.s Denkschrift dargelegten „innerpolitischen Verwaltungsmöglichkeiten".
(Vgl. Nr. 17379.)
H 102 00805 f. (1556)

[10. 12. 43] (AA) 17395
Beabsichtigte Aufnahme von Verhandlungen mit der PKzl. über das Verbleiben des Bf. Heckel in seinem Amt. (Vgl. Nr. 17900.)
H 202 00197 (3/7)

11. 12. 43 – 22. 9. 44 RKzl., RForstmeister 17396
Einverständnis der PKzl. mit der Zusammenlegung der Regierungsforstämter Lüneburg und Stade, Kassel-Ost und -West, Hannover und Hildesheim, Düsseldorf und Aachen.
A 101 09753 – 60 (656 a)

[12. 12. 43] DF 17397
Verfügung über weitere Abgaben hauptamtlichen NSDAP-Personals an die Wehrmacht: Abgabe aller kv. und gvF. gemusterten Angehörigen der Jahrgänge 1906 und jünger außer Reichsleitern, Gauleitern und Verbändeführern, schärferer Maßstab für Uk.-Stellungen der Jahrgänge 1901 und jünger; Bearbeitung von Ausnahmeanträgen und Erlaß der Durchführungsbestimmungen durch die PKzl.
K 102 01269 ff. (2363)

14. 12. 43 RMdI, RKzl. u. a. 17397 a
Im Reichsinnenministerium Erörterung der vorgesehenen Durchführungsbestimmungen zum Erlaß über den Ausgleich kriegswichtigen Raumbedarfs; Ergebnis u. a. eine Kürzung der – von vielen Ressorts als zu weitgehend, von der PKzl. als gänzlich überflüssig erachteten – Bestimmungen; Widerspruch der übrigen Bedarfsträger gegen die von der Wehrmacht (unter Hinweis auf die im Erlaß ohne ihr Einverständnis vorgenommene weitgehende Beseitigung des Vorranges für den nichtoperativen Bedarf durch die Aufhebung der Bindung des Generalbevollmächtigten für die Reichsverwaltung an das Einvernehmen der Beteiligten) geforderte Ausdehnung des Begriffs „operativer Bedarf" auf die Lagerung von Material und Nachschub für die Front.
K/H 101 11243 – 46 (667 a)

14. 12. 43 – 4. 3. 44 Lammers, RWohnungsK, RMdI, Speer 17398
Anordnung des Reichswohnungskommissars (RWK) Ley über Aufgaben und Organisation des deutschen Wohnungsbaues: Zusammenlegung der Arbeit der neuen Reichsbehörde RWK mit dem Reichsheimstättenamt (RHA) der Deutschen Arbeitsfront (DAF); Durchführung des praktischen Bauens durch das RHA, dazu Schaffung von Einsatzstäben der DAF; Sammlung des Bauschrotts aus zerstörten Wohnungen durch den Leiter der Altmaterialsammlung in der Reichsorganisationsleitung. Kritik Bormanns und Lammers' an dieser Anordnung: Keine vorherige Information; nachteilige Vermengung von Staats- und Parteiaufgaben unter Übertragung von staatlichen Befugnissen auf Parteidienststellen; durch die grundsätzliche Übertragung der Durchführung an die DAF-Heimstättenämter sowie durch die vorgesehene Bestellung von Sonderbeauftragten Leys die Verantwortlichkeit der Gauleiter als der durch Führererlaß eingesetzten Gauwohnungskommissare eingeschränkt; Aufforderung an Ley, seine Anordnung dementsprechend zu überprüfen. Nach Rechtfertigung Leys (lediglich interne Arbeitsaufteilung, daher keine Pflicht zu vorheriger Vorlage; Klarstellungen über die „Sonderbeauftragten"; Gründe für die beabsichtigte Herausnahme des Wohnungsbaus aus dem staatlichen Bereich) erneutes Monitum B.s: Grundsätzliche Ausführungen über die Aufgabenteilung von Staat und Partei in der Wohnraumfrage (Wohnraumbeschaffung ausschließlich Sache der Gemeinden); Vorwurf der bewußten Übertretung des Führererlasses vom 9. 12. 43 und der Gefährdung des Deutschen Wohnungshilfswerkes (DWHW); Aufforderung, die betreffenden Anordnungen aufzuheben. Eine daraufhin erlassene und „Zwischenregelungen" aufhebende Verlautbarung Leys vom 25. 1. 44 von B. und Lammers als im wesentlichen zufriedenstellend akzeptiert (eine eindeutige Klärung über den Ausschluß jeder Weisungsbefugnis gegenüber staatlichen Stellen für die – gewöhnlich mit den DAF-Heimstättenamtsleitern personengleichen – Leiter der „Gauführungsstäbe DWHW" noch verlangt). Verdeutlichung dieses nun wieder eindeutig im staatlichen Bereich verlaufenden Weisungsweges durch einen Erlaß des Reichsinnenministers.
H 101 17368 – 413, 417 – 21 (1033 a)

14. 12. 43 – 28. 3. 44 AA, GL Kärnten 17399
Von der PKzl. zwecks Überprüfung mitgeteilte Meldungen der Sender London und Kairo über die Ver-

haftung von Geistlichen durch deutsche Behörden in Dalmatien von der Deutschen Gesandtschaft in Zagreb nicht bestätigt.
W   202 00885 ff. (8/8 – 20 + 19/10 – 11)

Nicht belegt.   17400

16. 12. 43   Himmler   17401
Mitteilung Bormanns: Einverständnis der GL Sprenger, Simon und R. Wagner mit der und keine Einwendungen des GL Bürckel gegen die Bestellung von SS-Gruf. Stroop zum SS-Oberabschnittsführer Rhein und Höheren SS- und Polizeiführer im Wehrkreis XII; Kritik Simons am wiederholten Führerwechsel im wichtigen SS-Oberabschnitt Rhein.
K   102 01138 (2132)

[16.] – 22. 12. 43   Lammers   17402
Wegen unzureichender Luftschutzmaßnahmen (insbesondere in Kassel, vgl. Nr. 17377) Weisung Hitlers, eine Reichsinspektion der zivilen Luftkriegsmaßnahmen zu errichten. Durch H. Ablehnung eines Erlaßentwurfs des Reichspropagandaministers und Entscheidung für eine „elastischere" Ausarbeitung der PKzl. (kein Aufbau der Inspektion als zusätzliche Zentralbehörde mit Weisungsrecht). Ernennung Goebbels' zum Leiter der Inspektion und des GL Hoffmann zu seinem Vertreter; Abordnung von Vertretern einiger Reichs- und Parteibehörden (u. a. der PKzl.) zu der Inspektion.
K/H   101 11324 – 40 (669 d); 101 29206 f. (1648)

17. 12. 43   Himmler   17403
Zwar Äußerung von Verständnis für die Klagen der Gauleiter über den zentralen Einsatz der Polizei- und Luftschutzpolizei-Kräfte bei Luftkriegs-Schadensfällen im westdeutschen Industriegebiet, ein Nachgeben jedoch abgelehnt.
K/H   102 00182 (316)

17. 12. 43   SS-Gruf. Nebe   17404
Durch Bormann Kenntnisnahme von der polizeilichen Kriminalstatistik für das zweite Vierteljahr 1943; Absicht, in den Vertraulichen Informationen für die Gauleiter auch diesmal wieder – wie in den beiden vorangegangenen Jahren – nur den Bericht über das dritte Quartal zu veröffentlichen.
K   102 01141 ff. (2139)

18. 12. 43   GBB u. a.   17405
Übersendung eines Runderlasses: Zum Zwecke der einheitlichen Lenkung der Sofortmaßnahmen bei Fliegerschäden Erteilung des Weisungsrechts gegenüber allen zur Anordnung von Sofortmaßnahmen ermächtigten Stellen an die Baubevollmächtigten.
W   108 00042 f. (330)

18. 12. 43 – 4. 1. 44   GBA, Hitler, MilBfh. Frankreich, Dt. Botsch. Paris, RKzl.   17406
Dringlicher Hinweis des GL Sauckel an die deutschen Stellen in Paris (Abschrift an Bormann) auf die Gefährdung der deutschen Kriegs- und Rüstungsproduktion durch den faktischen Zusammenbruch der Bereitstellung von Westarbeitern (verursacht durch den verstärkten Widerstand der Bevölkerung, die uneinheitlichen Auffassungen deutscher Dienststellen und die mangelnde Aktionsfähigkeit und -bereitschaft der französischen Exekutive) und Betonung der unbedingten Notwendigkeit, trotz aller Schwierigkeiten weitere Arbeitskräfte (ca. 1 1/2 Mio.) aus den besetzten Westgebieten für den Einsatz in der deutschen Rüstung ins Reich zu überführen. Besprechung hierüber bei Hitler mit folgendem Ergebnis: Beschaffung mindestens 4 Mio. neuer Arbeitskräfte aus den besetzten Gebieten ohne Beeinträchtigung der dortigen Rüstungsindustrie; Intensivierung der Leistung der bereits vorhandenen Arbeitskräfte, insbesondere der Kriegsgefangenen; Fühlungnahme S.s mit dem (ebenso wie der Reichswirtschaftsminister trotz Bitte um Beteiligung nicht zur Besprechung eingeladenen) Reichsaußenminister vor der Durchführung von Maßnahmen.
W   101 09108 – 39 (651)

19. 12. 43 – 4. 1. 44   OKW, Luftflottenkdo. 4, Himmler   17407
Bei Übersendung eines an das OKW gerichteten *Schreibens des Luftflottenkommandos 4/Gruppe Flugblattpropaganda an Himmler kritische Bemerkung Bormanns über diese Flugblattpropaganda.
K/H   102 01272 f. (2365)

20. 12. 43   StSekr. Kritzinger   17408
Durch StSekr. Klopfer Übersendung des PKzl.-Rundschreibens 170/43: Die nach den letzten Luftangriffen ergangene Weisung Hitlers an die Dienststellen der Reichsregierung, in Berlin zu bleiben, auch für die Reichsdienststellen der NSDAP gültig; zur Verlegung aus Berlin oder München in besonderen Fällen die Zustimmung H.s erforderlich.
K/H   101 11297 f. (669 b)

20. 12. 43   Lammers   17409
Durch Bormann Übergabe eines von Speer ohne Beteiligung der PKzl., der Reichskanzlei, des Chefs OKW und anderer Ressorts Hitler vorgelegten und von diesem vollzogenen Rundschreibens über die Steigerung der Produktion in der Zulieferungsindustrie. Wegen ihrer Nichtbeteiligung keine Mitzeichnung durch Lammers und Keitel.
W   101 07829 – 34 (609 a)

[20. 12. 43]   Ing. Grethlein, (AA)   17410
Bitte des Auswärtigen Amts (AA) an die Deutsche Gesandtschaft in Bern, einen dort von Ing. Grethlein deponierten, für die PKzl. bestimmten Koffer mit Kurier an das AA zu senden.
M/H   203 03204 (87/4)

[20. 12. 43]   RMfWEuV   17411
Besetzung medizinischer Lehrstühle: Der Ernennungsvorschlag Prof. Romeis (Anatomie München) z. Zt. bei der PKzl.; noch keine Zustimmung der PKzl. zur Berufung des Prof. Haagen (Hygiene Straßburg) und des Doz. Meesen (Pathologie Prag).
W   153 00022 ff. (512 – 3)

20. – 23. 12. 43   RKzl.   17412
Die gegen den Wunsch Hitlers, den Präsidenten des Landesarbeitsamtes in Erfurt, GL Jung, zum Primator von Prag zu bestellen, in der Reichskanzlei bestehenden Bedenken (Rivalität zwischen J. und StM Frank) von Bormann geteilt. Das F. mitgeteilte Ergebnis: Eine Bestellung J.s „derzeit nicht in Erwägung gezogen".
A   101 23461 – 65 (1328 b)

21. 12. 43   Chef Sipo   17413
Übersendung der Einladung für die nächste Sitzung des Arbeitskreises zur Erörterung sicherheitspolizeilicher Fragen des Ausländereinsatzes; Besprechungspunkte: Benutzung von Fotoapparaten, Ernährungslage u. a.
W   112 00066 ff. (162)

21. 12. 43   RFSS   17414
*Anordnung Bormanns über die Verstärkung der kämpfenden Truppe durch Freigabe jüngerer hauptamtlich tätiger Männer der Partei.
W   107 01036 (338)

[21. 12. 43]   Lammers   17415
Auf Empfehlung Hitlers Erörterung des an H. gerichteten *Gesuchs einer Maria Obermeier mit Bormann.
H   101 28497 f. (1551 a)

21. – 31. 12. 43   SS-Ostubaf. Brandt   17416
Übermittlung des *Schreibens eines StSekr. Klopfer (PKzl.) bekannten, an der Ostfront eingesetzten Oberleutnants; Austausch von Weihnachts- und Neujahrsgrüßen.
W   306 00656 f. (Klopfer)

[21.] – 31. 12. 43   RFSS   17417
Weiterleitung eines *Gesuchs des jüdischen Mischlings Heinz Starkulla (Gleiwitz) um Wiederaufnahme in die Wehrmacht entsprechend einer grundsätzlichen Anordnung der PKzl. über ihre Einschaltung in solchen Fällen.
K/W   102 00713 ff. (1315)

[22. 12. 43]   DF   17418
Befehl zu verstärkter politisch-weltanschaulicher Führung und Erziehung der Truppe im fünften Kriegsjahr; die dazu erforderlichen Maßnahmen vom OKW im Einvernehmen mit der PKzl. zu treffen; Bildung eines NS-Führungsstabes im OKW.
A   101 22974 — 77 (1308 b)

[22. 12. 43]   RMdI   17419
Bitte um Zustimmung zur Wiederverwendung des MinDir. z. D. Friedrich-Karl Surén in der Stelle eines Senatspräsidenten beim Reichsverwaltungsgericht. Keine Einwendungen des Leiters der PKzl.
K   101 18311 f. (1136 c)

23. — 29. 12. 43   RKabR Ficker   17420
Dank Klopfers (PKzl.) für ´Grüße und Wünsche; Neujahrsgratulation; Erwähnung der „so schönen" Zusammenarbeit zwischen beiden Dienststellen (PKzl. und Reichskanzlei) sowie der dabei möglichen Behandlung „auch schwierigster und heikelster Fragen in so sauberer und anständiger Form".
K/H   101 14954 (845)

[24. 12. 43 — 6. 1. 44]   RPM   17421
Anforderung und Erhalt von Angaben über Oberpostamtmann Iko Janssen zwecks Unterrichtung des Leiters der PKzl. über die Einleitung eines Dienststrafverfahrens gegen J.
W   114 00027 f. (81)

24. 12. 43 — 7. 3. 44   RKzl., GI f. d. Kraftfahrwesen, RVM, Chef OKW, RMfRuK   17422
Nach Einwänden Speers gegen einen vom Generalinspektor für das Kraftfahrwesen (GIK), SS-Staf. Werlin, erstrebten Zusatzerlaß zum Erlaß Hitlers über die Bestellung eines GIK Ablehnung der von W. vorgeschlagenen Erweiterung seiner Befugnisse (Einschaltung in alle Fragen des Kraftfahrwesens, Ermächtigung zum Treffen von Anordnungen und zur Ernennung von Bevollmächtigten) auch durch Bormann mit der Anregung, den Reichsinnenminister zusätzlich an der Angelegenheit zu beteiligen. Übereinkunft zwischen Lammers und B., W. — aufgrund mehrerer ablehnender Stellungnahmen und im Hinblick auf die daraufhin fragliche Zustimmung H.s — zum Verzicht auf den Zusatzerlaß zu bewegen.
K   101 14287 — 303 (751 a)

29. 12. 43 — 8. 1. 44   AA   17423
Übersendung der von der PKzl. angeforderten Weihnachtsbotschaft des Papstes.
W   202 02102/1 — 103 (16/11 — 23)

29. 12. 43 — 22. 1. 44   Lammers, RMfWEuV, Keitel, RStatth. Sachsen   17424
Unter Berufung auf eine kritische Äußerung des Japanischen Botschafters Oshima anläßlich eines Besuches über das von Deutschland „stiefmütterlich" nur mit einem Extraordinariat ausgestattete „einzige aus japanischen Geldmitteln (Motoyama-Stiftung) gespeiste deutsche Japan-Institut" an der Philosophischen Fakultät der Universität Leipzig Antrag des Reichsstatthalters in Sachsen, dieses Extraordinariat für Sprache und Kultur des modernen Japan in ein Ordinariat umzuwandeln. Zustimmung des Dreierausschusses unter Abweichung vom Stoperlaß.
K/H   101 15630 — 39 (942 a)

30. 12. 43   Himmler, StM Frank   17425
Bericht des StM Frank an Himmler (und dessen Bitte an Bormann um Verifizierung): Nach Angabe des deutschen Baťa-Werksdirektors Miesbach bei einem Vortrag des Amtschefs Saur (Ministerium Speer) über seinen Besuch in den Baťa-Werken und über die dortigen Arbeitsmethoden angeblich positive Stellungnahme Hitlers („mir bekannt", „nichts anderes als praktischer NS"); dazu Warnung F.s vor etwaigen tschechischen Mißdeutungen (Baťa der „erste NS") und voreiliger Beurteilung des Baťa-Systems
II   102 00179 ff. (307)

30. 12. 43 — 13. 7. 44   Lammers, Ribbentrop, Keitel u. a.   17426
Vorüberlegungen in der Reichskanzlei und erste Besprechung mit der PKzl. über die von Hitler nunmehr gewünschte Einführung einer Zivilverwaltung in Belgien und Nordfrankreich; Aufführung der Nachteile einer solchen Veränderung (Beunruhigung der Bevölkerung durch das Aufwerfen der Frage des endgültigen politischen Schicksals des belgisch-nordfranzösischen Raumes; Beeinträchtigung des wirtschaftlichen Nutzeffekts durch eine solche Beunruhigung; militärische Gefährdung dieses Raumes; nachlassende Effektivität der Verwaltung) und Suche nach einer diese Nachteile möglichst ausgleichen-

den Lösung. Wesentlicher Inhalt des daraus hervorgehenden Erlaß-Entwurfs: Einführung einer Zivilverwaltung als Aufsichtsverwaltung unter GL Grohé als Reichsbevollmächtigtem (in der endgültigen Fassung: Reichskommissar); Unterteilung des Gebiets in die drei Generalkommissariate Flandern, Wallonien und Nordfrankreich (im endgültigen Text lediglich ein besonderer, dem Reichskommissar unterstehender Zivilkommissar für Nordfrankreich); Übernahme der Beamten der bisherigen Militärverwaltung. In der weiteren Erörterung auf Wunsch Himmlers Aufnahme einer Bestimmung über die Einsetzung eines dem Reichskommissar unterstehenden Höheren SS- und Polizeiführers. Seitens des Chefs OKW unter Hinweis auf die grundsätzliche Entscheidung Hitlers Verzicht auf die – weitere – Geltendmachung von Bedenken; hingegen Einwände Ribbentrops wegen der negativen Auswirkungen auf Frankreich (Interpretation als endgültiger Verlust der nördlichen Departements), andererseits eine Herauslösung der französischen Gebiete und deren Unterstellung unter den Militärbefehlshaber Frankreich als unmotiviertes Geschenk an die Franzosen ebenfalls nicht erwünscht. Vorlage der letzten Entwurfsfassungen und gemeinsamer Vortrag bei Hitler, dabei die erwähnte Korrektur bezüglich Nordfrankreichs (besonderer Zivilkommissar); Ausführungen Hitlers über die von ihm im belgischen Raum gewünschte Politik mit entsprechenden Richtlinien für G.: Eiskalte Verfolgung der deutschen nationalen Interessen mit dem Ziel, durch Bildung eines vlämischen und eines wallonischen Reichsgaues Belgien „endgültig in die Hand zu bekommen"; Vermeidung einer geistigen und seelischen Unterjochung durch die dortige Bevölkerung; radikaler Abbruch der bisherigen Beziehungen zum belgischen Adel und Stützung der deutschen Politik auf das Vlamentum (in diesem Zusammenhang Darlegungen Himmlers über die „Erneuerungsbewegungen" in Belgien: Die „großdietsche" Politik des Vlämischen Nationalverbandes nicht im deutschen Interesse liegend, hingegen Förderung der diesem Interesse gerecht werdenden Deutsch-Vlämischen Arbeitsgemeinschaft; in Wallonien vorsichtige Behandlung der Bewegung Dégrelles). Vollziehung des Erlasses durch Hitler. (Vgl. Nr. 17803 und 17869.)
H   101 11467−514 (678 a)

[31. 12. 43]   Lammers   17427
Die Überlassung eines Kellerraums in der Reichskanzlei zur Unterbringung einer Rundfunkapparatur der Transocean-Europapress GmbH nicht möglich; Begründung: Neben Eigenbedarf die Bereitstellung einiger Räume für die PKzl. sowie für Verbindungsleute der Reichsministerien erforderlich.
K/H   101 11296/1 f. (669 b)

1. 1. 44   Adj. d. F   17428
Verbot Hitlers, Angehörige seiner Persönlichen Adjutantur, seines SS-Begleitkommandos und des Reichssicherheitsdienstes sowie seine persönlichen und SS-Ordonnanzen an der Ostfront einzusetzen; Begründung, unter Hinweis auf den „letzten Schauprozeß in Charkow": Erpressung der „widersinnigsten Geständnisse" von in sowjetische Gefangenschaft geratenen deutschen Soldaten.
W   124 05092 f. (550)

6. 1. 44   AA   17429
Nach einem Bericht der Deutschen Botschaft beim Heiligen Stuhl in einer Erörterung über den beabsichtigten Abtransport von Bibliotheken aus Rom Angebot des Vatikans, bei einer feindlichen Besetzung Roms für das Deutsche Institut und seine Bibliothek sorgen zu wollen.
W/H   202 02094 (16/11−23)

6. 1. 44   Thierack   17430
Übersendung der Führerinformationen 174 und 175 des Reichsjustizministers: Ermittlung gegen Ferdinand Prinz zu Schönaich-Carolath, den Sohn der Kaiserin Hermine, wegen Versicherungsbetrugs; Ermittlungen gegen den mit einer Tochter des Feldherrnhallen-„Blutzeugen" Theodor v. d. Pfordten verheirateten Präsidenten der Gauwirtschaftskammer Moselland Franz Duhr wegen defätistischer Äußerungen.
H   101 28977−80 (1559 b)

7. 1. 44   GKfdSuG u. a.   17431
Informierung einiger Wirtschafts- und Rüstungsstellen (Abdruck an Bormann) über die zur zentralen Steuerung aller Baumaßnahmen auf dem Gebiet der chemisch-pharmazeutischen Industrie mit Speer in dessen Eigenschaft als Generalbevollmächtigter für die Bauwirtschaft getroffene Vereinbarung, alle auf diesem Gebiet eingehenden Bauanträge dem Generalkommissar für das Sanitäts- und Gesundheitswesen zur Stellungnahme zuzuleiten. (Vgl. Nr. 17286.)
H   101 13642 ff. (719)

7. 1. 44   Kdt. FHQu.   17432
Mitteilung über die Anlage eines Minengürtels um die „Wolfsschanze".
W   124 05094 (550)

7. 1. – 11. 11. 44   Lammers u. a.   17433
Unter Übernahme auf die Verfügungsmittel Hitlers Veranlassung der Begleichung drei von Bormann
übersandter Rechnungen der Deutschen Reichsbahn über insgesamt RM 1 155 109.– für die Gestellung
von Sondergepäckwagen vom Führerhauptquartier nach Berlin im Zeitraum Juli 1942 bis August 1944.
K/H   101 08047 – 54 (615 b)

10. 1. 44   DSt. Rosenberg   17434
Besprechung Utikals in der PKzl. über die Auswirkungen der Führerverfügung V 7/43 auf die Dienststelle Rosenberg (DR), d. h. über die Möglichkeiten, trotzdem die weitere Uk.-Stellung der BerL Härtle,
Koeppen, Schmidt, Wagner und Utikal zu erreichen: Nach Auskunft der PKzl. nur für H. und U. eine
Sondergenehmigung Hitlers erforderlich, in den übrigen Fällen – sofern nicht Kinderreichtum hinrei-
chender Freistellungsgrund – die Forderung von sechs Monaten Fronteinsatz unter Feindeinwirkung bei
großzügiger Auslegung wohl als erfüllt anzusehen (Hinweis auf das bei dieser Erlangung der Frontbe-
währung mögliche Austauschverfahren). Bei der Besprechung weiterer Personalia (u. a. der vorgesehenen
Neubesetzung des Amtes Kulturpolitisches Archiv) auch Erörterung der Uk.-Stellung Krügers (PKzl.):
Dieser zwar von Bormann für unentbehrlich erklärt, jedoch Absicht des StSekr. Klopfer, B. dessen Freigabe vorzuschlagen; noch keine Entscheidung gefallen. Am Rande Gespräche über die verschobene Ei-
senacher Arbeitstagung und über die Auswirkungen der Bombenschäden auf die DR.
W/H   145 00079 – 82 (52)

[10. 1. 44]   RMdI   17435
Im Einvernehmen u. a. mit dem Leiter der PKzl. Erhöhung des Mindestheiratsalters für „Schutzangehö-
rige polnischen Volkstums" auf 28 Jahre für Männer, 25 Jahre für Frauen.
W   112 00162 (167)

10. 1. – [16. 5.] 44   RWohnungsK, RKzl.   17436
Die mit der ständigen Verstärkung des Luftkrieges begründete Absicht des Reichswohnungskommissars, durch Änderung des § 25 der Wohnraumversorgungsverordnung die bisherige Befreiung den Ressorts gehörender oder sonstiger zweckgebundener Wohnungen vom Zugriff zugunsten Luftkriegsbetroffener zu beseitigen, von Bormann mit Einschränkungen (bei parteieigenen Wohnungen Verständnis für
die Belange der Partei gefordert sowie vorherige Kontaktaufnahme mit der zuständigen Dienststelle) gebilligt, jedoch zahlreiche Einwendungen anderer Ressorts. Deshalb Verzicht auf eine Änderung des § 25
und Ersatz durch einen von Hitler unterstützten Appell an die Reichsressorts, den Gemeinden zweckge-
bundenen Wohnraum für Luftkriegsbetroffene freizugeben.
H   101 17281 – 93 (1032 a)

11. 1. – [17. 10.] 44   Ley, MinDir. Wagner, RKzl.   17437
Durch Ley Informierung Bormanns über die von ihm ausgesprochene Beurlaubung des MinDir. Hans
Wagner von seinen Dienstgeschäften (beim Reichswohnungskommissar); Begründung: Auflehnung und
Widerstand gegen seine, L.s, Anordnungen, Befehle und Maßnahmen, insbesondere bei der Behelfs-
heimaktion; nichtautorisierte Verhandlungen mit anderen Dienststellen; Versagen bei der ns. Ausrich-
tung seiner Behörde. Rechtfertigung W.s, z. T. unterstützt durch Reichskanzlei und – vielleicht auch –
PKzl.: Lediglich Verfolgung der von ihnen gewünschten Linie; seine Einwände in der Sache berechtigt.
Unterschiedliche Erfolge W.s bei seinen Bemühungen, L. zur Aufhebung der über ihn verhängten Ver-
wendungssperre zu bewegen und wieder eine Funktion (im Gespräch: „Neue Heimat" der DAF, Bereich
Speer, eine Oberbürgermeisterstelle) zu erhalten.
H   101 19088 – 127 (1161 d)

12. 1. 44   GBW   17438
Notwendigkeit, die Rechtsverhältnisse des Bergbaus an der Grenze des Protektorats zum Reichsgebiet
zu regeln (mehrere Bergwerksfelder durch die Grenze zerschnitten); die ursprüngliche Absicht, die
Rechtsverhältnisse auf dem Vereinbarungswege zu regeln, wegen der vom Reichsinnenminister dagegen
erhobenen Bedenken fallengelassen; statt dessen Vorlage eines Verordnungsentwurfs mit der Bitte um
Zustimmung.
A   101 05736 – 42 (483)

12.—24. 1. 44   RKzl.   17439
Absicht der Obersten Kommissare der Operationszonen Adriatisches Küstenland und Alpenvorland, in den Schulen Deutschunterricht anstelle des – nach den italienischen Lehrplänen – Englischen als erste Fremdsprache einzuführen mit dem Ziel der Ausschaltung der unerwünschten Kulturpropaganda für die Anglo-Amerikaner: Vorbehaltlich der Zustimmung des Botsch. Rahn keine Einwände der PKzl. und der Reichskanzlei.
K   101 16262 ff. (955 b)

12. 1.—13. 3. 44   RKzl., RMdI   17440
Erneute Erörterung der Frage der Vertretungen der Länder und der Reichsgaue in Berlin durch Bormann und Lammers: Übereinstimmung, den gegenwärtigen (von StSekr. Stuckart detailliert dargestellten) Zustand stillschweigend zu tolerieren (Erleichterung der Zusammenarbeit mit den Obersten Reichsbehörden, keine Gefahr der Wiederaufnahme der alten Reichsrat-Vertretungen, u. a.); kein Einschreiten gegen die Errichtung neuer „Vertretungen", sofern dadurch nur Bestellung von „Verbindungsreferenten"; die Vorlage der Angelegenheit bei Hitler gegenwärtig nicht erforderlich.
A   101 23017—29 (1310 a)

13. 1. 44   GL Eigruber, Himmler   17441
Zu einem von GL Eigruber übermittelten *Fernschreibens Himmlers Hinweis Bormanns auf die Zuständigkeit von Generalbaurat Giesler für die Luftschutzbauten in Linz.
K   102 01028 (1900)

14. 1. 44   DSt. Rosenberg – 42   17442
Von der Verbindungsstelle der PKzl. in Prag vollste Unterstützung für eine dort geplante Großveranstaltung zugesagt.
W   145 00074—78 (52)

14.—[18.] 1. 44   RKzl.   17443
Mitteilung Bormanns: Goebbels' Anregung, ihn als Gauleiter von Berlin zugleich zum – Hitler unmittelbar unterstellten – Reichsstatthalter von Berlin zu ernennen, von H. angeblich nicht gebilligt und deshalb von G. zurückgezogen. Ergänzende Informationen des DL Anker. (Vgl. Nr. 17493.)
M/H   101 07133 f. (576 a)

14.—27. 1. 44   Lammers, RL, GL, VerbändeF, R. Strauß u. a.   17444
Bekanntgaben Bormanns: Angesichts des Verhaltens des Komponisten Richard Strauß (Verweigerung seiner Garmischer 19-Zimmer-Villa samt Nebenhaus für die Unterbringung von Bombengeschädigten, Evakuierten usw.) von Hitler angeordnet die Beschlagnahme des Hausmeistergebäudes und ein Verbot für die Parteiprominenz, weiterhin mit St. zu verkehren; keine Rückwirkung dieser Entscheidungen auf das Aufführen seiner Werke. Eine Eingabe St.' an H. („Sehr geehrter Herr Reichspräsident …") und Lammers von L. nach Rücksprache mit B. abschlägig beschieden.
K/H   101 11279/1—287 (668 b)

[15. 1. 44]   RDozF   17445
Bitte an SS-Ogruf. Johst, die Uk.-Stellung von 43 Wissenschaftlern bei Himmler zu befürworten, unter Kritik an dem langen Herumliegen der betreffenden Liste in der PKzl., „angeblich", um von Bormann Hitler persönlich vorgetragen zu werden.
M   306 00582 (Johst)

17. 1. 44   RArbF, JFdDR   17446
Meinungsverschiedenheiten zwischen Reichsarbeitsführer und Jugendführer über die Ableistung der Arbeitsdienstpflicht für den HJ-Dienst freigestellter, jedoch inzwischen als Luftwaffenhelfer eingesetzter oder sich kriegsfreiwillig gemeldet habender HJ-Führer des Jahrgangs 1927; der von Hierl bei Lammers (Abschrift an Bormann und Keitel) erbetene Führervortrag schließlich durch Rückstellung der Einberufungen bis zum letztmöglichen Termin entbehrlich. – In diesem Zusammenhang Erörterung der erzieherischen Aufgaben des Reichsarbeitsdienstes und der nunmehrigen Sinnlosigkeit des Begriffs „Kriegsfreiwilliger".
H   101 06228—30/7 (522 b)

17.—26. 1. 44   Kraus, Speer u. a.   17447
Aufforderung des NSKK-Korpsführers Kraus an den Führer der NSKK-Transportgruppe Todt, NSKK-

Gruf. Nagel, bis zum 1. 2. 44 Antrag auf Entlassung aus dem NSKK einzureichen; in elf Anlagen belegte Begründung: Wiederholtes disziplinloses Verhalten, Verschleuderung von Wehrmitteln, Trunkenheit vor dem 3. Regiment im Osten bei einer Ordensverleihung sowie sonstige „Zechgelage", Nichterscheinen zu befohlenen Besprechungen, Uniformierung von Frauen und Franzosen, sonstiger Umgang mit Ausländern, und anderes. Übermittlung dieses Schreibens und seiner sämtlichen Anlagen an Speer (sowie an Bormann) mit der Bitte um Vorschläge für die Herauslösung der NSKK-Gruppe Todt aus dem Korps. Detaillierte und prinzipielle Zurückweisung der Anschuldigungen durch S. unter Hinweis auf die Verdienste N.s um den Aufbau des NSKK wie auch der Transportgruppe Todt: Kein neues Material gegen N. persönlich vorgebracht; die Mißstände in der Transportgruppe nicht die Schuld N.s, sondern durch ihren Charakter bedingt (ebensowenig wie die Organisation Todt eine Parteigliederung mit einer Menschenauslese nach NSKK-Grundsätzen, sondern Prägung durch die gegenwärtigen Arbeitseinsatzbedingungen); Erinnerung an den schon vor geraumer Zeit gemachten Vorschlag, die Transportgruppe aus dem NSKK herauszulösen und in eigene Regie zu übernehmen; N.s Position im Speer-Bereich von der Maßregelung durch das NSKK nicht berührt; Androhung, bei Aufrechterhaltung der negativen Einstellung gegenüber der Transportgruppe und N. ebenfalls Konsequenzen hinsichtlich seines persönlichen Verhältnisses zum NSKK zu ziehen (Abschrift an B.).
W/H   108 00341−404 (1612, 1613)

[18. 1. 44]   −   17448
Führungshinweis 13/44 der PKzl.: Der auf feindlichen Flugblättern wiedergegebene angebliche Erlaß des Reichsernährungsministers über eine erhöhte Lebensmittelzuteilung an führende Persönlichkeiten eine „Zwecklüge" (nur ausländische Diplomaten begünstigt).
W   502 00003 (2)

19. 1.−7. 10. 44   RWohnungsK, RKzl., RMdI, RFM u. a.   17449
Nach Abwehr der seit 1942 laufenden Versuche des Reichswohnungskommissars (RWK), die Wohnungs- und Siedlungsämter aus der allgemeinen Verwaltung herauszulösen und sie entweder der DAF oder einer staatlichen Sonderverwaltung zu übertragen, sowie nach der durch eine Verlautbarung des RWK vom 25. 1. 44 gefundenen Synthese zwischen der Betätigung des Staates, der DAF und der Partei auf diesem Gebiet nunmehr Einsicht der Reichskanzlei wie der PKzl. in die Notwendigkeit, die dem RWK durch das Verbleiben der Personalhoheit beim Reichsinnenminister (RMdI) enstandenen Schwierigkeiten durch zwei Zugeständnisse bei der personellen Ausstattung der Dienststellen der Gauwohnungskommissare auszuräumen: 1) Zustimmung zu der vom RWK geforderten Verbeamtung der Leiter der Wohnungs- und Siedlungsämter, 2) Bindung der Beförderung, Versetzung usw. dieser Amtsleiter an die Zustimmung des RWK. Nach Überwindung von Verzögerungsversuchen des RMdI und nach einem Kompromiß mit dem Reichsfinanzminister über die Ausstattung der einzurichtenden Planstellen (lediglich eine A1a-Stelle für Sachsen, für die übrigen großen Ämter A1b-Stellen) vermutlich Abschluß der Auseinandersetzungen auf dieser Basis.
H   101 17506−25, 527−30, 531/1−539 (1033 c)

20. 1. 44   Himmler, Rosenberg   17450
Bormann mitgeteiltes Einverständnis Himmlers mit *Vorschlägen Rosenbergs für die Verwaltung der Generalbezirke Estland und Lettland; der unverzügliche Beginn der Maßnahmen wünschenswert.
K   102 00208 f. (382)

[20.]−27. 1. 44   RMfVuP, RKzl., Oberste RBeh.   17451
Von Hitler begrüßter Erlaß Goebbels' gegen die Durchsetzung der Sprache mit Abkürzungen und Stummelwörtern; Verbot, weiterhin Abkürzungen zu bilden oder bereits bestehende, aber noch nicht in die Umgangssprache eingedrungene Wortkürzel weiterhin zu verwenden. Bitte G.' an Lammers, Bormann und Keitel, in ihren Geschäftsbereichen entsprechende Maßnahmen anzuordnen.
K/H   101 16080−84 (953 a)

21. 1. 44   CdZ Elsaß   17452
Bedenken gegen die zur Einschränkung der Desertionen für die volksdeutschen Soldaten aus Elsaß-Lothringen, Luxemburg, Untersteiermark und Krain erlassene Urlaubssperre; Ablehnung einer Ausnahmebehandlung elsässischer Soldaten mit Rücksicht auf die Stimmung im Lande; zur Bekämpfung aller Zersetzungserscheinungen hingegen Forderung nach abschreckenden Maßnahmen bei Fahnenflucht (Todesstrafe, Aussiedlung der Angehörigen nach Deutschland).
K   102 01167 f. (2179)

21. 1. – 24. 3. 44   RKzl., GBA   17453
Aufgrund wiederholter Anregungen (u. a. die Gustloff-Werke betreffend) Einladung des Generalbevollmächtigten für den Arbeitseinsatz zu einer Besprechung über die Frage der Gewinn- und Kapitalbeteiligung der Arbeitnehmer (beiliegend eine Zusammenfassung der Pro- und Kontra-Argumente). Wegen Bedenken der PKzl. und der Reichskanzlei gegen die vorgesehene Beteiligung von Wirtschaftsvertretern an der Erörterung dieser „hochpolitischen" Frage Absage der Besprechung; vorgesehen nunmehr eine Einladung nur der Ressortvertreter.
W   101 08918 – 26 (648 a)

21. 1. – 18. 5. 44   RKzl., RMfRuK, GBR   17454
Durch den Reichsrüstungsminister (RRM) und den Chef OKW Vorlage eines vom Reichsmarschall bereits gebilligten Entwurfs eines Führererlasses über die Verwertung von Lagerbeständen für die Rüstung und die Kriegswirtschaft (Recht des RRM, Auskünfte über Lagerbestände zu verlangen, Lagerbestände zu besichtigen und Anordnungen über deren Verwertung zu treffen). Grundsätzliche Zustimmung Bormanns, jedoch Forderung nach einer Beteiligung des – innerhalb der Partei für diesen Bereich zuständigen – Reichsschatzmeisters (RSM) bei Lagerbeständen der Partei analog der dem Chef OKW eingeräumten Beteiligung; Beteiligungswünsche auch des Reichsführers-SS und anderer Oberster Reichsbehörden. B. mit der vom RRM daraufhin zugestandenen Beteiligung des RSM nicht zufrieden: Ein unmittelbares, nur an das Einvernehmen mit dem RSM gebundenes Weisungsrecht des RRM mit der hoheitlichen Rechtsstellung der Partei nicht zu vereinbaren; Forderung, dem RSM das Recht zum Erlaß der Durchführungsanordnungen zu gewähren. Nach anfänglichem Widerstand schließlich Nachgeben des RRM, um die Herausgabe des Erlasses nicht weiter zu verzögern.
W   101 07748 – 64/2 (607 a)

[21. 1.] – 13. 7. 44   Lammers, Ley   17455
Bitte Leys und später des GL Greiser, die ursprünglich für sie vorgesehenen, dann jedoch von Hitlers Bauverbot betroffenen zwei nicht fertiggestellten (L.: zu 95 % fertig; Reichskanzlei-Notiz: lediglich das Fahrgestell) polnischen Eisenbahn-Salonwagen doch vollenden zu lassen und in Benutzung nehmen zu dürfen. Einverständnis H.s nach gemeinsamem Vortrag durch Bormann und Lammers. (Vgl. Nr. 15247.)
H   101 08429 – 38 (638 a)

22. 1. – 8. 2. 44   Himmler   17456
Durch Bormann Übersendung eines *Vermerks über eine Besprechung Hitlers mit dem norwegischen Ministerpräsidenten Quisling.
W   107 00759 f. (233)

25. 1. 44   GBA, RKzl.   17457
Unter Hinweis auf einen Zeitungsartikel des ORegR Molle Frage Bormanns nach dem Grund der Nichtbeteiligung der PKzl. an den vom Generalbevollmächtigten für den Arbeitseinsatz begonnenen Vorarbeiten für eine reichseinheitliche Berufssystematik.
A   101 06794 f. (554)

[25. 1. 44]   Speer   17458
In der Führer-Vorlage 4 erwähnt: Vorstelligwerden bei Bormann wegen einer (im Hinblick auf das Ausland unnötigen und schädlichen) Presseverlautbarung über die Behandlung organisatorischer Änderungen in der Mittelinstanz der Rüstungsindustrie auf einer Gauwirtschaftsberatertagung.
W   108 00413 f. (1614)

[25. 1. 44]   (Speer)   17459
Führer-Vorlage 1: Absicht, zwecks weiterer Produktionssteigerungen für 1944 die Partei, insbesondere die Gauleiter in ihrer Eigenschaft als Reichsverteidigungskommissare, sowie den Generalbevollmächtigten für den Arbeitseinsatz verstärkt in die Rüstung einzuschalten; Voraussetzung für die Aktivierung aller Kräfte jedoch deren Bereitschaft, bedingungslos seinen fachlichen Weisungen nachzukommen; Bitte an Hitler, an die Gauleiter ein diesbezügliches (von S. mit Lammers und Bormann vorzubesprechendes) Schreiben zu richten.
W/H   108 00405 – 12 (1614)

26. 1. – 19. 3. 44   Speer, Lammers, RWiM, W. Rafelsberger   17460
Absicht Speers, in den Betrieben – analog den Maßnahmen auf technischem Gebiet – eine Rationalisie-

rung des Rechnungswesens und der Wirtschaftsverwaltung vorzunehmen: Gemeinsam mit dem Reichswirtschaftsminister Erteilung des Auftrags an Pg. Walter Rafelsberger, die erforderlichen Maßnahmen zu prüfen und Vorschläge einzureichen; Bitte um Zustimmung Bormanns. Aufforderung B.s, ihn über den genauen Wortlaut des R. erteilten Auftrages und über die Ausdehnung der geplanten Maßnahmen auf weitere Ressorts zu unterrichten. Zustimmung des von B. informierten Lammers zu weiteren Überprüfungen der auswuchernden Wirtschaftsverwaltung; bei Ausdehnung der Vereinfachungsmaßnahmen auf den staatlichen Sektor Beteiligung des Reichsrechnungshofes empfohlen.
K   101 07840−45 (609 a); 108 00303 −05/1 (1595)

27. 1. 44   Lammers   17461
Mitteilung Bormanns: Einverständnis Hitlers mit der von Goebbels geforderten Benutzung von Schlafwagen für die Fahrten der Reichsinspektion zur Durchführung ziviler Luftkriegsmaßnahmen. (In der Reichskanzlei Erwähnung der ablehnenden Haltung des Reichsverkehrsministers in dieser Sache.)
K   101 11341−45 (669 d)

27. 1. 44   RNährstand, RMfEuL, RA f. d. Landvolk, RA f. Volkstumsfragen u. a.   17462
Beschlüsse auf einer Besprechung über die Behandlung schwangerer Fremdarbeiterinnen sowie nicht einsatzfähiger fremdvölkischer Kinder: Förderung des Schwangerschaftsabbruchs nur durch Mundpropaganda, Einrichtung von Entbindungsheimen, Zusammenfassung der Säuglinge und Kleinkinder in behelfsmäßigen Pflegestätten, und anderes; Träger der Maßnahmen der Reichsnährstand.
W   112 00127 f. (166)

27. 1. 44   StM Frank   17463
Aktenvermerk Bormanns: Eine Frage des StM Frank nach der Zuständigkeit für das Gnadenrecht im Protektorat von ihm mit dem Hinweis auf den Standpunkt Lammers' beantwortet (das Gnadenrecht Sache des Reichsprotektors).
A   101 23466 (1328 b)

27. 1. 44   RKzl., GL R. Wagner   17464
Durch die Reichskanzlei Übersendung eines Lageberichts des Chefs der Zivilverwaltung Elsaß, GL R. Wagner: Allgemeine Stabilisierung der Situation, auch der Haltung der Bevölkerung (Hebung der Arbeitsmoral, Opferfreudigkeit); Mitgliederstand der NS-Organisationen, Säuberung des Opferringes; Bekämpfung staatsfeindlicher Elemente (Absiedlungen, Konzentrationslager-Einweisungen, Todesurteile); Verhalten elsässischer Soldaten in der Wehrmacht.
K   102 01190−93 (2202)

27.−28. 1. 44   RWohnungsK u. a.   17465
Teilnahme der PKzl. (Fröhling) an der Tagung des Reichswohnungskommissars und der Gauwohnungskommissare am 27./28. 1. 44 in Hamburg (Reichstagung „Deutsches Wohnungshilfswerk").
H   101 17414 ff. (1033 a)

27. 1.−18. 2. 44   GenBauR Giesler, Lammers   17466
Mitteilung Bormanns an Lammers: Wegen Erweiterung seines neben dem Rathaus bisher auf Parteibauten (Kreis- und Gauleitung, Gauhalle) beschränkten Planungsauftrags für Linz auf weitere Objekte (Reichsstatthalter-Gebäude, Wehrkreiskommando, Technische Hochschule, Adolf-Hitler-Schule, Bürogebäude der Reichswerke, Brücken, Ausstellungshallen, Bank und Wohnbauten) Zahlung von RM 100 000.− Honorarvorschuß und RM 200 000.− Unkosten-Abschlagszahlung an Prof. Giesler auf Weisung Hitlers. Erörterungen über die Art des Honorars (nach der − großzügig anzuwendenden − Gebührenordnung für Architekten oder als „besonderes Honorar des Führers") sowie über die Bevorschussung der Gesamtsumme aus H.s Verfügungsmitteln und über den zu erwartenden Rückfluß aus Haushaltmitteln; Ausbringung des Bedarfs für die neuen Aufgaben durch Schaffung eines besonderen Titels („Ausgaben für Neugestaltungsmaßnahmen auf besondere Weisung") beim Einzelplan I, Kapitel 8 d „Reichsbaurat für die Stadt Linz" (Prof. Fick).
H   101 17023−31 (1019 a); 101 17723−28 (1079)

27. 1.−10. 3. 44   RFSS   17467
Durch Bormann Zusammenfassung der Gedanken Hitlers zur Frage der unehelichen Kinder: Angesichts der Kriegsverluste und im Hinblick auf die hohe Geburtenrate der asiatischen Völker zur Sicherung der Zukunft des deutschen Volkes eine Steigerung der Geburten − auch der außerehelichen − nötig (allerdings nur die verstärkte Fortpflanzung „anständiger", „gesunder" usw. Männer erwünscht); Abbau

der Vorbehalte gegen uneheliche Kinder nur durch eine großangelegte, vor allem von den Frauenorganisationen zu tragende Aufklärung und durch entsprechende materielle Maßnahmen möglich; Überlegung einzelner Maßnahmen (Ausmerzung des pejorativen Begriffs „unehelich"; Verbot der negativen Darstellung von Ehebruch und außerehelicher Zeugung in Literatur und Film sowie Bestrafung jeder diesbezüglichen Diffamierung; Hinweis auf die außereheliche Geburt zahlreicher berühmter Männer; höhere „Besoldung" berufstätiger Mütter; Steigerung der Zahl der Heimschulen; in Sonderfällen Zulassung von Doppelehen; u. a.). Für seinen Bereich Verfügung B.s: Leistung der gleichen Zahlungsbeihilfen an Mitarbeiterinnen mit außerehelichen Kindern wie an verheiratete Mütter; Absicht, im Sonnenwinkel Wohnungen für PKzl.-Mitarbeiterinnen mit Kindern einzurichten.
W   107 00231 – 45 (184)

[28. 1. 44]   RLM   17468
Zustimmung der PKzl. zum Entwurf einer Verordnung zur Änderung des Gesetzes über das Ingenieurkorps der Luftwaffe (Anpassung an die neue Versorgungsrechtslage der Offiziere).
H   101 22401 ff. (1278 a)

28. 1. – 8. 2. 44   Chef Sipo, RNährstand   17469
Einladung zu einer Sitzung des Arbeitskreises zur Erörterung sicherheitspolizeilicher Fragen des Ausländereinsatzes und Niederschrift darüber: Verpflegungssätze der Ostarbeiter und Polen, Abhören des Heimatsenders nur in den Lagern, Einschränkungen beim Kinobesuch, Verbot des Besitzes von Fahrrädern, Vorsicht bei Beurlaubungen zu Tagungen, u. a.
W/H   112 00061 – 65 (162)

29. 1. – 10. 2. 44   Himmler   17470
Durch Bormann Übersendung eines *Berichts über die Zustände im Konzentrationslager Lublin. Antwort Himmlers: Die Vorgänge bekannt; der schuldige Kommandant, SS-Stubaf. Florstedt, bereits seit zwei Monaten in Haft; unnachsichtige Ausrottung der Mißstände in einem durchgreifenden Gerichtsverfahren.
K/H   102 01029 f. (1901)

29. 1. – 10. 2. 44   F. Maier-Hartmann, Himmler   17471
Durch Bormann Weiterleitung einer an ihn ergangenen Mitteilung eines in Frankreich stationierten Soldaten und Parteigenossen (Maier-Hartmann) über die Unterhaltung eines regelmäßigen Flugdienstes und eigener Landeplätze nach bzw. in Frankreich durch die Engländer (herausgefunden durch persönliche Kontakte eines Fw. Zipperer mit Franzosen der verschiedensten politischen Richtungen) und über die Untätigkeit des OKW-Sonderstabs in Paris in dieser Angelegenheit. Einschaltung des Höheren SS- und Polizeiführers in Paris durch Himmler.
W   107 00679 – 83 (222)

30. 1. – 4. 3. 44   Lammers   17472
Mitteilung Bormanns: Anweisung Hitlers, den mit der Führung der Geschäfte des Reichsernährungsministers beauftragten OBefL Herbert Backe ohne Änderung seiner Funktion zum Reichsminister zu ernennen; Hinweis auf einen ähnlichen Fall innerhalb der Partei (A. Wagner – Giesler – Hoffmann).
K   101 18407 ff. (1142)

1. 2. 44   Intern   17473
Personelle Übersicht über die Reichsleiter, Gauleiter, Stellvertretenden Gauleiter, Gliederungsführer, Leiter der Reichsleitungsdienststellen und Verbändeführer sowie über die Politischen Leiter der PKzl. einschließlich Amtsleiter.
M   305 00037 – 68 (RKP)

1. 2. – 13. 8. 44   AA   17474
Anfrage der PKzl. wegen eines schweizerischen Berichts über einen Konflikt zwischen der dänischen Kirche und den Besatzungsbehörden um die nach einer Kirchenfunksendung (Gebet des Bischofs Malmström für die Juden) verhängte Vorzensur der Radio-Kirchendienste, endend mit einem Rückzug der Behörden samt Entschuldigung. Dazu der Reichsbevollmächtigte in Dänemark: Die Verhängung der Vorzensur ein vom deutschen Rundfunkkommissar korrigiertes Mißverständnis des dänischen Rundfunkdirektors.
H   202 00061 ff. (1/18 – 20 + 19/4)

2. 2. 44   AA   17475
Übersendung der in der Schweiz erschienenen *Broschüre „Norwegische Kirchendokumente".
W   202 01165 (9/15 – 18 + 20/2)

3. 2. 44   OKW   17476
Mitteilung über die Erweiterung der Vorlageberechtigung der Reichspressekammer (RPK) für Uk.-Stellungen auf die Fachkräfte aller ausschließlich oder teilweise Presseerzeugnisse herstellenden oder vertreibenden Betriebe (ausgenommen Deutsches Nachrichtenbüro und Transocean-Europapress); Bezeichnung der von der RPK betreuten Betriebe als „RPK-Betriebe".
W   101 22669 f. (1293 a)

3. 2. 44   DSt. RM Speer   17477
„Am Krankenlager des Ministers" Verhandlungen Speers, des Obgm. Liebel und Fränks mit StSekr. Klopfer und Fröhling (PKzl.) über die Frage der Einschaltung der Partei (über die Gauleiter) in die Rüstungsaufgaben: Inanspruchnahme der Gauleiter zur Regelung lokaler Schwierigkeiten, Erwägung ihrer funktionellen Einschaltung, u. a.
W/H   108 00551 f. (1739)

3. 2. 44   AA   17478
Übersendung einer Reuter-Meldung über eine Ansprache des Papstes an den römischen Adel anläßlich einer Sonderaudienz.
W   202 02095 f. (16/11 – 23)

3.–7. 2. 44   AA   17479
Übermittlung von Meldungen aus Lissabon: Der Prozeß zwischen dem Papst und dem portugiesischen Fiskus wegen Zahlung einer Erbschaftssteuer nunmehr vor der dritten Instanz.
W   202 01290 f. (10/14 – 25 + 20/7)

4. 2. 44   Speer   17480
Antwort an StSekr. Klopfer (PKzl.): Der übersandte Konstruktionsvorschlag eines Dipl.-Ing. Lödige für einen Laufmattenpanzer mit 500 – 1000 mm Panzerstärke nicht durchführbar.
W/H   108 00274 f. (1587); 108 00286 f. (1589)

[4. 2. 44]   GBA   17481
Keine Einwände der PKzl. gegen den Entwurf einer Verordnung über die Einsatzbedingungen und die uneingeschränkt leistungsgerechte Entlohnung der Ostarbeiter (die von der PKzl. gewünschte Sozialausgleichsabgabe in den Entwurf aufgenommen).
W   108 00761 – 64 (1820)

4. – 22. 2. 44   StSekr. Kritzinger   17482
Durch StSekr. Klopfer wunschgemäß Übersendung der Anordnung 22/44 des Leiters der PKzl.: Verhalten der Ehefrauen und Familienangehörigen führender Parteigenossen (keine Einmischung in die Dienstgeschäfte, nur Führung selbsterworbener Titel und Ränge, keine Prahlsucht, keine „sogenannten gesellschaftlichen Veranstaltungen", vorbildliche Haltung im Kriegseinsatz, usw.).
H   101 19830 – 33 (1194 b)

4. 2. – 8. 3. 44   Himmler   17483
Dank für ein *Schreiben Bormanns, Richtlinien für den Wiederaufbau der zerstörten Städte nach dem Krieg betreffend.
W   107 00855 (289)

5. 2. 44   RBahn, RVK   17484
Durch den Reichsverkehrsminister und Generaldirektor der Deutschen Reichsbahn Übersendung eines Schreibens an die Reichsverteidigungskommissare: Bitte um Vermeidung unwirtschaftlicher Transporte infolge von Kreuz-, Quer- und Gegenläufen bei der Reichsbahn (deren Ursachen: Festhalten der Wirtschaft an alten Lieferbeziehungen, übertriebene Preis- und Qualitätswünsche); Empfehlung, zwecks Kürzung der Transportweiten und planvoller Verkehrsentflechtung mit den Verkehrsbeauftragten für die Wirtschaft zusammenzuarbeiten.
H   101 08402 f. (638)

5. 2. 44   RMfWEuV   17485
Keine Bedenken des Leiters der PKzl. gegen den *Entwurf eines Erlasses zur Regelung der Schulaufsicht über die bergmännischen Berufs- und Fachschulen.
K   101 15931 (950)

[5. 2. 44]   AA   17486
Bitte der PKzl. um Mitteilung der Aufgaben des Gen. Muff bei der Deutschen Botschaft in Paris.
M   203 03205 (87/4)

6. 2. – 6. 3. 44   RKzl.   17487
Bei einem Besuch des GenGouv. Frank bei Hitler dessen Entscheidung, Bormann die weitere Bearbeitung der gewünschten – von ihm nicht beanstandeten – Ernennung des Intendanten des Krakauer Staatstheaters, Friedrichfranz Stampe, zum Generalintendanten zu übertragen. Nach durch F. erfolgter Ernennung St.s angeblich Absicht Goebbels', die ungültige Titelverleihung durch eine nachträgliche Titelverleihung H.s zu ersetzen (das Vorschlagsrecht beim Reichspropagandaminister liegend).
A/H   101 23936 – 41 (1342)

7. 2. 44   RJM   17488
Vorschlag zur Ernennung des VGR Walter Hartmann zum Senatspräsidenten beim Volksgerichtshof sowie der KGR Georg Diescher und Hermann Granzow, des OLGR Johannes Koehler und des LGDir. Hans Duve zu Volksgerichtsräten.
H   101 27223 – 44 (1517 c)

[7. 2. 44]   Schwarz   17489
Bitte an Speer, seine Referenten zur Übermittlung seiner und Bormanns – vom Standpunkt des Hauptausschusses Bau abweichenden – Auffassung in der Frage der Baustoffkontingente der Partei persönlich zu empfangen.
W/H   108 00291 (1592)

7. 2. – 13. 4. 44   CdZ Elsaß, RKzl.   17489 a
Beschwerde des GL Wagner über die in Straßburg von Dr. Weyrauch, dem Beauftragten des von GenK Brandt eingesetzten Bevollmächtigten für Sonderaufgaben in der Rüstungsindustrie, durchgeführten, zahlreiche Unzuträglichkeiten verursachenden Kontrolluntersuchungen krank gemeldeter Arbeitnehmer der Rüstungsindustrie. Bitte Bormanns an Lammers, diesen Vorgang im Hinblick auf die Prof. Brandt von Hitler erteilten Vollmachten zu überprüfen. In einer Besprechung Bormanns mit L. Übereinstimmung, von seiten der Reichskanzlei nichts zu veranlassen, jedoch H. nach seiner Billigung der immer offenkundiger werdenden Bestrebungen Brandts, ein Gesundheitsministerium zu errichten, zu befragen. Vertrauliche Erwähnung einer Äußerung Brandts: Der Chef des Wehrmachtsanitätswesens Handloser sein „Abteilungsleiter". Weitere Beschwerde Wagners in der gleichen Sache.
K/H   101 13650 – 57 (719)

8. 2. 44   AA   17490
Mitteilung: Mit Adm. Canaris Erörterung der Bedenken des GL Jordan gegen das Ausweichquartier der Schweizerischen Gesandtschaft im Kreis Jerichow II; keine Bedenken der Abwehr. (Nicht abgegangen.)
M/H   203 03206 (87/4)

8. 2. – 16. 3. 44   GL Stürtz, Himmler   17491
Beschwerde des GL Stürtz über den Stadtkommandanten von Potsdam, GenMaj. v. Wulffen: Protest W.s gegen die von ihm verlangte Meldung der zu der Kundgebung am Tag der Machtübernahme in Potsdam abgestellten Ehrenkompanie der Wehrmacht an den Gauleiter; bereits früher Behinderungen der politischen Leitung in Potsdam durch W. sowie parteischädigendes und „provokatives" Verhalten W.s (Verweigerung der Spargelablieferung nach Berlin, Geltungsbedürfnis bei der Wintersachensammlung, Brüskierung der Partei bei der Uraufführung des Films „Der große König", Förderung von Bibelstunden in der Potsdamer Garnison, – dabei aber stets Hinweis auf seine Eigenschaft als Parteigenosse und Reichsamtsleiter). Dementsprechende Mitteilung Bormanns an Himmler unter Schilderung seiner Erfahrungen mit W. (1933 nach dem Scheitern auf dem bisherigen Öl- und Fett-Vertreter W. von Röhm zugesagter Verwendung in der Obersten SA-Führung auf dessen „händeringende" Bitten hin Verwendung im Stab StdF, dortige Beschäftigung mit der Stabskasse, mit Angestellten-Personalien und der Betreuung der Reichsparteitag-Ehrengäste; durch Beziehungen zu Blomberg rasche Beförderungen als Offizier, durch eigenes Drängen auch in der SS; 1937 erfolgloser Versuch W.s, Stenger als Leiter des

Verbindungsstabs abzulösen, um aus Gründen der Gesundheit seiner Frau nach Berlin umziehen zu können; schließlich Übernahme W.s durch die Präsidialkanzlei als Reichspräsidialrat) und mit der Bitte, zwar nicht gegen W. „vorzugehen", ihn jedoch bei laufenden Beförderungen zunächst unberücksichtigt zu lassen. Zustimmende Antwort H.s (über W.s „Qualitäten" schon seit einiger Zeit im klaren).
H   102 00689 (1249); 306 01080−92 (Wulffen)

9.−15. 2. 44   Lammers   17492
Durch Bormann Übersendung einer Aufstellung von Auslagen in Höhe von RM 173 176.63, der PKzl. entstanden durch Ankauf von Büchern für die Bücherei Linz. Durch Lammers Anweisung des Betrags zu Lasten des Kontos „Dankspendenstiftung (Sonderfonds L)".
H   101 17061−67 (1019 b)

9.−18. 2. 44   RMdI, RKzl.   17493
Erörterungen zum Führererlaß über die Verfassung und Verwaltung Berlins: Erfüllung der Forderung des GL Goebbels, als deren Leiter auch die Weisungen für die Verwaltung der Stadt geben zu können; Notwendigkeit, die Stellung des Vizepräsidenten beim Stadtpräsidium und des Oberbürgermeisters zu heben (G. nicht imstande, als Stadtpräsident in vollem Umfang die Leitung zu übernehmen). (Vgl. Nr. 17443 und 17673.)
M/H   101 07135−44/2 (576 a)

10. 2. 44   RJF   17494
In Ausführung des Führererlasses über die Fernhaltung international gebundener Männer von maßgebenden Stellen in Partei, Staat und Wehrmacht Meldung des Ergebnisses der Überprüfung höherer HJ-Führer auf internationale Bindungen: Vier zweifelhafte Fälle (HBannF Ernst-Ferdinand Overbeck, OBannF Lutz Hassenpflug, OBannF Willi Kadow, OBannF Menge). (Vgl. Nr. 17249.)
M/H   305 00081−84 (Fernhaltung)

10. 2. 44   OKW   17495
Übersendung von Entwürfen eines Führererlasses und einer Anordnung Hitlers über die Wehrpflicht und die Reichsarbeitsdienstpflicht der Staatenlosen (deren mögliche Heranziehung, auch in den eingegliederten und besetzten Gebieten).
A/H   101 22978−82 (1308 c)

10. 2. 44   Gen. Unruh   17496
Mitteilung über Tote und Verletzte im Stab Unruh bei einem Fliegerangriff auf Verona.
K   101 11784 (682 b)

10.−24. 2. 44   AA, Dt. Botsch. Madrid   17497
Aus „kriegsbedingten Gründen" Bedenken der PKzl. gegen die vom Generalvikar des spanischen Piaristenordens erbetene Entsendung zweier deutscher Piaristenpatres als Deutschlehrer nach Spanien.
W/H   202 01840−43 (14/1−12)

10. 2.−25. 3. 44   GenK Krim, Himmler   17498
Eine Himmler von Bormann übermittelte Denkschrift des Generalkommissars für die Krim, GL Frauenfeld, über Probleme der Verwaltung in den besetzten Ostgebieten: Kritik an dem „Meisterstück" der zuständigen Dienststellen bzw. einiger Personen, durch brutale Unterdrückung die zunächst „absolut deutschfreundlichen" Ukrainer in einem Jahr zu Partisanen zu machen, und an den Unstimmigkeiten zwischen Wehrmacht und Hoheitsverwaltung sowie innerhalb der letzteren (Anführung zahlreicher Beispiele). Absicht B.s, zunächst weder Rosenberg noch RK Koch zu verständigen, um nicht „unnötig Öl ins Feuer zu gießen". Der Ansicht F.s zustimmender Kommentar Himmlers nach einer Besprechung mit B.
W   102 00754−55/37 (1478)

10. 2.−27. 3. 44   AA, DSt. AA Brüssel   17499
Übersendung von Berichten der Dienststelle des Auswärtigen Amts in Brüssel über die Katholische Kirche in Belgien: Zahlenmäßiger Umfang und Einfluß; nach anfänglicher Loyalität des Klerus gegenüber der Besatzungsmacht grundlegender Stimmungswandel in Bevölkerung und Klerus infolge verschiedener kriegsbedingter Maßnahmen („déportation" von Arbeitern, Beschlagnahme der Kirchenglocken); Beurteilung der deutschen Regierung als kirchenfeindlich; nach anfänglicher Zurückhaltung Verurtei-

lung der terroristischen Gewalttaten von Belgiern durch die Bischöfe; unterschiedliche Beurteilung der „bolschewistischen Gefahr".
W   202 00013 – 23 (1/5 – 12 + 19/3)

11. 2. – 1. 4. 44   RFSS   17500
Nach wiederholter Mahnung Meldung über Fälle internationaler Versippung in der SS entsprechend der PKzl.-Anordnung A 4/43 g zum Führererlaß über die Fernhaltung international gebundener Männer von maßgebenden Stellen: Zwölf Fälle, darunter SS-Brif. Otto Abetz, SS-Brif. Rudolf Creutz und SS-Ogruf. Josias Erbprinz zu Waldeck. (Vgl. Nr. 17249.)
W/H   107 00890 – 93, 901 – 09 (289)

11. 2. – 27. 9. 44   Rosenberg, Meissner, Lammers   17501
Einspruch Rosenbergs gegen die Ablehnung seiner Vorschläge zur Verleihung von Ritterkreuzen zum Kriegsverdienstkreuz an drei Gebietskommissare und einen Gebietslandwirt: Das Rundschreiben Bormanns vom 27. 9. 43 (keine Verleihung an führende Persönlichkeiten) auf die vorliegenden Fälle nicht anwendbar; grundsätzliche Zusage Hitlers noch am 17. 11. 43. Bescheid B.s: Wegen der inzwischen eingetretenen Verhältnisse im Osten von H. die Zurückstellung der Verleihung angeordnet. Aus Anlaß zweier später erfolgender Verleihungen für Verdienste in den besetzten Ostgebieten (Landesbauernführer Peuckert und Gen. d. Inf. Stapf) Erneuerung der Anträge durch R. für die Gebietskommissare Werner und Schmerbeck sowie für den Hauptabteilungsleiter Wipper. Befürwortung durch Lammers („letzte Möglichkeit"), Bitte um Stellungnahme B.s.
W/H   101 08955 ff., 959 – 72 (649 b)

12. 2. 44   Lammers   17502
Unterrichtung über die Genehmigung der Bitte des NSKK-Korpsführers Kraus um Aufnahme in den Interministeriellen Luftkriegsschädenausschuß (Begründung: Zuständigkeit des NSKK für sämtliche motorisierten Hilfsmaßnahmen nach Bombenangriffen).
K   101 11192 ff. (667)

Nicht belegt.   17503

14. 2. 44   SBFNK   17504
Entwürfe zweier Berichte an Bormann über eine Italien- und Balkanreise des Sonderbeauftragten des Führers, Gen. v. Unruh.: 1) Darstellung der „durchaus möglichen, wenn auch nicht einfachen" Befehlsverhältnisse in Italien; Möglichkeit für die Italiener, die einzelnen Dienststellen gegeneinander auszuspielen; keine Bedenken gegen den Wunsch des Höchsten SS- und Polizeiführers, SS-Ogruf. Wolff, auch die Funktion des Bevollmächtigten Generals zu übernehmen; – 2) Besuch bei verschiedenen militärischen Einheiten und Dienststellen im Alpenvorland; Kritik an der dabei festgestellten Zusammenballung von Südsteirern mit slowenischer Sprache; u. a.
W   107 00970 – 84 (320)

15. 2. 44   Himmler   17505
Mitteilung über die Ersetzung des SS-Ogruf. v. Woyrsch als Höherer SS- und Polizeiführer (HSSPF) im Oberabschnitt Elbe durch SS-Ogruf. v. Alvensleben (bei Unterstellung des Sudetengaus „in bezug auf die SS und Polizei" unter den HSSPF für Böhmen und Mähren). In diesem Zusammenhang Vorwürfe Himmlers gegen GL Mutschmann (unverträglich, Unkenntnis der Gesetze und Gebote des Reichs). Dagegen Verwahrung Bormanns: M. zwar eine „knorrige Persönlichkeit", aber keinerlei Schwierigkeiten mit ihm.
H   306 01077/1 – 4 (Woyrsch)

[15. 2. 44]   –   17506
Anordnung des Leiters der PKzl. über die Kriegseinsatzpflicht von Parteigenossen im Rahmen der Partei (Auszug): Freistellungskompetenzen; Regelungen für außerhalb der Heimatortsgruppe beruflich eingesetzte Parteigenossen; Androhung des Parteiausschlusses bei Verletzung der Meldepflicht.
W/H   108 00725 f. (1818)

[16. 2. 44]   (RDozF?) 17507
An die PKzl. Weiterleitung der „zahlenmäßigen Beantwortung" eines 'Fragebogens durch die Dozentenführer. (Richtigstellende Erwähnung.)
M/H   306 00755 (Mentzel)

[17. 2. 44]   RKzl. 17508
Durch Bieneck (PKzl.) Mitteilung der Anregung des Reichspropagandaministers in seiner Eigenschaft als Leiter der Reichsinspektion zur Durchführung ziviler Luftkriegsmaßnahmen, den bei der Unterbringung Bombengeschädigter tätigen Kräften eine Ehrenurkunde zu verleihen; dazu Hinweis B.s auf die Anerkennung besonderer Verdienste bei der Betreuung und Unterbringung Bombengeschädigter durch Verleihung des Kriegsverdienstkreuzes oder des Ehrenzeichens für Volkspflege; sehr wahrscheinlich Bevorzugung einer solchen Auszeichnung vor der Verleihung einer Ehrenurkunde durch die Mehrzahl der in Betracht Kommenden. Die auf Weisung Bormanns eingeholte Stellungnahme der Präsidialkanzlei und der Reichskanzlei im Sinne der PKzl.
M/H   101 02973 f. (298 a)

18. 2. – 8. 4. 44   Lammers, Hierl 17509
Auf Veranlassung des die im Luftwaffendienst eingesetzten Arbeitsmaiden weiterbenötigenden Oberbefehlshabers der Luftwaffe Vorlage eines Führererlaßentwurfs durch den Reichsarbeitsführer (RAF): Verlängerung der Dienstzeit im Reichsarbeitsdienst der weiblichen Jugend (RADwJ) einschließlich Kriegshilfsdienst um ein halbes Jahr auf anderthalb Jahre. Dagegen von Bormann unterstützte Bedenken von verschiedener Seite: Erhöhung der gesundheitlichen und psychischen Gefährdung der eingezogenen Mädchen (unterstützt auch durch ein auf Weisung Hitlers von Prof. Morell eingeholtes Gutachten); Hinauszögerung ihrer Berufsausbildung, insbesondere des akademischen Studiums, sowie ihres Kriegseinsatzes; Schwierigkeiten bei der Stellung von BDM-Führerinnen; Vorschlag, den Wünschen der Luftwaffe durch Notdienstverpflichtungen außerhalb des RADwJ Rechnung zu tragen. Nach Bestehen des RAF auf der Vorlage seines Entwurfs auch eine von B. und Lammers angeregte Interimslösung, lediglich die Dienstpflicht der bei der Luftwaffe eingesetzten Maiden zu verlängern, vom RAF wegen der ihm geboten erscheinenden gleichmäßigen Behandlung abgelehnt. Herbeiführung einer Entscheidung H.s: Dessen anfängliche Neigung, unter Betonung der vorrangigen und nicht durch Notdienstverpflichtungen erwünschten Sicherstellung des Bedarfs der Luftwaffe den Erlaßentwurf des RAF vorbehaltlos zu unterschreiben, durch B. und L. im Sinne ihrer Lösung (Dienstzeitverlängerung nur für die in der Luftverteidigung eingesetzten und dafür vorgesehenen Arbeitsmaiden) korrigiert. (Vgl. Nr. 17580.)
H   101 06145 – 78 (520 a)

Nicht belegt. 17510

[20. 2. 44]   DF 17511
(Erwähnter) Führererlaß über die Einschaltung der PKzl. in die Bearbeitung von Mischlingsangelegenheiten: Im staatlichen Bereich Erteilung von Ausnahmegenehmigungen nur noch im Einvernehmen mit dem Leiter der PKzl. und Vorlage von Anträgen bei Hitler nur noch unter Beifügung der Stellungnahme des Leiters der PKzl., im Parteibereich Bearbeitung und Vortrag bei H. künftig ausschließlich durch den Leiter der PKzl. (Vgl. Nr. 17521.)
W   107 00383, 397 f., 401 f. (199)

20. – 29. 2. 44   Lammers 17512
Mitteilung Bormanns: Auf Wunsch Hitlers Vornahme von Ehrenpromotionen so sparsam wie möglich und nur bei Vorliegen ganz besonderer Verdienste. Durch die Reichskanzlei Weiterleitung an den Reichserziehungsminister.
K/H   101 15726 ff. (942 c)

22. 2. – 29. 6. 44   OKW, Lammers 17513
Einverständnis des OKW mit dem vom Reichsverkehrsminister gewünschten Verbot der Überführung noch nicht beigesetzter Leichen innerhalb des Reiches; Hinweis auf die Verständnislosigkeit der Bevölkerung gegenüber dem augenblicklichen Zustand (Möglichkeit der Überführung noch nicht beerdigter Leichen, jedoch Verbot der Exhumierung von Leichen zwecks Überführung). Durch Bormann weitergegebene Entscheidung Hitlers gegen dieses Verbot: Zur Vermeidung unerwünschter Folgen (Flut von Ausnahmeanträgen an ihn) auch weiterhin Überführung z. B. von verstorbenen Evakuierten in die Heimat auf Wunsch der Hinterbliebenen (im Fall ihres – ohne Anwendung von Druck zustande gekommenen – Entschlusses, auf eine Überführung zunächst zu verzichten, Zusicherung der späteren Exhumie-

rung und Überführung). Nach dieser Entscheidung Verzicht des Chefs OKW auf das Vorhaben, das für das Operationsgebiet und die besetzten Gebiete bestehende Verbot der Überführung gefallener und gestorbener Wehrmachtangehöriger auf das Heimatkriegsgebiet auszudehnen.
K/H   101 11557/1 – 569 (680 a)

22. 2. – 15. 7. 44   Himmler, OPG   17514
Durch Bormann Unterrichtung Himmlers über die „Angelegenheit Schultze" (Parteigerichtsverfahren gegen Reichsdozentenführer Prof. Walter Schultze wegen seines Versuchs, als Vorsitzender des Stiftungsrats der Stiftung „Mutter und Kind" [München] in einer das Ansehen von Partei und Staat schädigenden Weise den von GL Streicher geförderten Kinderarzt Zimmermann aus seiner Stellung als Chefarzt des Heims Lachnerstraße in München zu entfernen). Beisitzerbenennung auf Wunsch B.s Durch B. Bestätigung des Urteils (Verwarnung).
M/H   306 00859 – 65 (Schultze)

23. 2. – 20. 4. 44   Lammers, Keitel   17515
Zu den beim OKW angestellten Erwägungen der Einführung von Nettogehältern Hinweis Lammers' auf die vor längerer Zeit erfolgte Erörterung dieser Frage mit negativem Ergebnis (vgl. Nr. 16574); bei neuerlicher Absicht ihrer Einführung die Befassung Hitlers mit der Angelegenheit aus allgemein-, sozial- und beamtenpolitischen Erwägungen unumgänglich. Nach eingehender Prüfung Verzicht des Chefs OKW auf die Verwirklichung dieses Plans. (Durch L. jeweils Unterrichtung Bormanns.)
K/H   101 14690 – 93 (795 a)

25. 2. 44   Lammers   17516
Bitte um Ausräumung von Widerständen gegen die Gewährung einer Beihilfe an eine Ilse Gärtner (Dresden) für ihre aus der Ehe mit einem – inzwischen gefallenen – Mischling zweiten Grades stammenden Kinder; die Unterstützung vom Gauleiter des Gaues Sachsen und vom zuständigen Finanzamt abgelehnt trotz einer dem Gauleiter bereits übermittelten positiven Stellungnahme der PKzl.
K/H   101 14776 ff. (811)

25. 2. 44   GBA   17517
Vorschlag zur Ernennung des ORegR Kurt Geissler zum Ministerialrat.
K   101 18348 – 53 (1138 b)

25. 2. – 27. 4. 44   GL Mainfranken   17518
Unter Einbeziehung des übrigen Gaugebiets ausführliche Berichte über die Luftangriffe auf Schweinfurt zwischen dem 24. 2. und dem 26./27. 4. (Alarmzeiten, Anzahl und Art der abgeworfenen Bomben usw., Schäden und Verluste, eingesetzte Kräfte, u. a.).
W/H   541 00020 – 51 (I/5)

28. 2. – 21. 3. 44   Lammers, GL Giesler   17519
Bedenken Bormanns und Lammers', dem Wunsch des GL Giesler zu entsprechen und ihn durch Übertragung der Befugnisse eines Vertreters des „Beauftragten der NSDAP für die Hauptstadt der Bewegung" stärker auf die Münchener Stadtverwaltung, insbesondere auf die beiden „Obstruktion treibenden" Stadträte Habers und Meisinger, Einfluß nehmen und fünf neue, aktive Ratsherren auf seinen Vorschlag hin ernennen zu lassen (Grund: Bestellung L.' als Vertreter seinerzeit auf ausdrücklichen Wunsch Hitlers, des eigentlichen „Beauftragten"). Jedoch Zusage L.' an G., seine Personalveränderungswünsche Hitler zu unterbreiten und ihn künftig – so die Anregung B.s – stärker zu beteiligen; die Befugnisse G.s als Reichsverteidigungskommissar und bayerischer Innenminister aber an sich zur Durchsetzung seiner Forderungen ausreichend.
M/H   101 07166 – 82 (577)

März 44   Intern   17520
Durch Bormann Benachrichtigung des PKzl.-Mitarbeiters SA-Obf. Siebel, dessen „Unterschrift nicht mehr sehen" zu wollen (das nach einem späteren Bericht S.s an SS-Ogruf. Berger die „seidene Schnur" in der PKzl.); Ausscheiden S.s aus der PKzl. Die von S. eruierten angeblichen Gründe: Vorwurf, „die Partei an die Polizei verkaufen" zu wollen; beabsichtigte Nutzung der der Partei vom Chef des Fernmeldewesens beim Reichsführer-SS auf dem Gebiet des Funkwesens angebotenen Möglichkeiten. Kritik S.s am Arbeitsklima in der PKzl.
H   102 00497 f. (859)

[März 44]   RFSS   17521
Ausführliche Denkschrift der PKzl. über die Behandlung von Mischlingen (d. h. jüdischen und nichtjüdischen artfremden Mischlingen sowie jüdisch und anderweitig artfremd Versippten); Zweck: Beseitigung der bei den befaßten Parteistellen infolge der noch nicht abgeschlossenen rechtlichen Regelung bestehenden Unsicherheit. Zunächst Darstellung des derzeitigen Standes der Angelegenheit im staatlichen und Wehrmachtbereich: Rechtliche Grundlagen; allgemeine Rechtsstellung und Ausnahmebehandlung der jüdischen Mischlinge (auferlegte Beschränkungen; die Gleichstellung mit Deutschblütigen als „Erfindung der Verwaltungsbürokratie" die umfassendste schädliche Folge anfänglicher „Weichheit"; die sogenannten „anerkannten Härtefälle"; Zulassung zum Wehrdienst; Ehegenehmigungen; u. a.); inkonsequente Behandlung der jüdisch Versippten; Stellung der nichtjüdischen artfremden Mischlinge und der artfremd Versippten. Desgleichen Darstellung des derzeitigen Standes im Parteibereich: Erfordernis der Reinblütigkeit bei den Mitgliedern der Partei und der Gliederungen und die Ausnahmen hiervon (dabei Hinweis auf den gegenüber dem staatlichen Mischlinge nur bis zum 2. Grad erfassenden staatlichen Bereich hier weiter gefaßten Begriff des jüdischen Mischlings und der jüdischen Versippung), hingegen Voraussetzung lediglich der Reichsbürgerschaft für die Mitgliedschaft in den angeschlossenen Verbänden (dabei Erwähnung der von der PKzl. vor einem Jahr veranlaßten Verschärfung der Bestimmungen). In allen Bereichen nunmehr alleinige Zuständigkeit der PKzl. für die Bearbeitung von Mischlingsangelegenheiten (vgl. Nr. 17511). Kritik an der bisherigen Behandlung der Angelegenheit in Partei und Staat und Folgerungen hieraus: Im Interesse einer konsequenten Weiterentwicklung der Rassengesetze keine Bindung der NSDAP bei ihren Stellungnahmen an das geltende Recht; Voraussetzung jeder Bearbeitung zunächst die durch die rassenpolitischen Ämter vorzunehmende Prüfung der Mischlingseigenschaft; unter Kritik an der bisherigen Übung Verwahrung gegen die Behandlung der Ausnahmeanträge als Gnadenangelegenheiten (biologische Tatsachen nicht durch einen Rechtsakt aufzuheben); unterschiedliches Gewicht der verschiedenen Ausnahmegenehmigungen (u. a. keine Rückwirkung vom staatlichen auf den Parteibereich); Unerwünschtheit weiterer Gleichstellungen mit Deutschblütigen (dies „Tarnung" des Mischlings „von Staats wegen"); keine Herabsetzung der grundsätzlichen Anforderungen durch die kriegsbedingte Einschränkung des Reinblütigkeitsnachweises der Parteimitglieder; Entfernung aus der Partei auch bei dem geringsten festgestellten jüdischen Bluteinschlag; Gleichbehandlung der – in späterer Zeit eine zunehmend größere Rolle spielenden – nichtjüdischen artfremden Mischlinge und artfremd Versippten mit den jüdischen Mischlingen und Versippten; bei jeder Ausnahme Berücksichtigung der Konsequenzen (Berufungsfälle); kein Ausweichen vor der unvermeidlichen Härte zu Lasten späterer, womöglich nicht so konsequenter Generationen. Unter Beifügung einer Zusammenstellung der bisher von der PKzl. herausgegebenen einschlägigen Anordnungen usw. Zusammenfassung der Richtlinien für die Sachbearbeitung von Mischlingsfällen bei der Stellungnahme von Parteistellen zu Ausnahmeanträgen (Gleichstellung mit Deutschblütigen, Ehegenehmigungen usw.) aus den Bereichen des Staates, der Wehrmacht, der Wirtschaft (Mischlinge als Betriebsführer unerwünscht) und der (von früher her mit zahlreichen Mischlingen durchsetzten) Kultur sowie für die Behandlung von Ausnahmeanträgen im Parteibereich selbst (Neu- und Wiederaufnahme, Säuberung von Mitgliedern mit jüdischem oder artfremdem Bluteinschlag, Behandlung der jüdisch Versippten). (Vgl. Nr. 17594 und 17595.)
W/H   107 00382 – 427 (199)

1. – 6. 3. 44   Speer u. a.   17522
Laut Mitteilung Bormanns Hitler über die von Speers Baubevollmächtigtem in Berlin verfügte und mit dringlichsten Maßnahmen zur Beseitigung von Fliegerschäden begründete Einstellung der Bunkerbauten für ausländische Missionen „außerordentlich empört"; Drohung H.s, künftig den verantwortlichen Beamten wegen Zuwiderhandlung gegen einen Führerbefehl in ein Konzentrationslager überführen zu lassen. Telefonische Erörterung der Angelegenheit mit B.
W   108 00326 – 35 (1611)

1. 3. 44 – 5. 2. 45   RMdI, RKzl.   17523
Ernennung des vom Reichsinnenministerium zur PKzl. abgeordneten RegR Oskar Schlapper zum Oberregierungsrat auf einer dem Leiter der PKzl. zur Verfügung stehenden Planstelle im Haushalt des Führers und Reichskanzlers.
H   101 20720 – 36 (1213 a)

[2. 3. 44]   RMdI   17524
Einverständnis des Leiters der PKzl. mit einer Neuregelung im Bereich der Gauselbstverwaltung: Zeichnungsermächtigung der Gauhauptmänner in den Reichsgauen, des Bürgermeisters der Stadt Wien und

der Landeshauptmänner in den preußischen Provinzen (Bezirksverbänden) künftig ohne die bisher vorgeschriebene Mitzeichnung durch einen zweiten vertretungsberechtigten Beamten oder Angestellten.
H   101 25073 ff. (1393 a)

[2.] – 11. 3. 44   Lammers   17525
Bitte Bormanns um Erstattung von der PKzl. und der Führeradjutantur vorschußweise gezahlter Kosten für das Führerhauptquartier (Fliegerstaffel, Kraftwagenkolonne, Kraftwagenneuanschaffungen, Sonderzug Hitlers, Verpflegung u. a.) in Höhe von RM 568 265.79 (12. Zwischenabrechnung). Mitteilung über die erfolgte Überweisung des Betrages auf das Zentralkonto der PKzl. bei der Commerzbank in München.
K/H   101 08136 – 39 (615 c)

2. 3. – 14. 5. 44   GBA, RKzl.   17526
Durch GL Sauckel Vorlage des Entwurfs einer Zweiten Verordnung über die Meldung von Männern und Frauen für Aufgaben der Reichsverteidigung (Zweck die Erfassung weiterer Arbeitskräfte): Einführung beweglicher Stichtage für den Eintritt („Hineinwachsen") in die Meldepflicht sowie für das Vorliegen verschiedener Befreiungstatbestände; Erweiterung des Kreises der meldepflichtigen Frauen mit Kindern unter Berücksichtigung der Möglichkeit der Heranziehung weiblicher Familienangehöriger zur Kinderbetreuung. Grundsätzliche Zustimmung Bormanns und Lammers' mit folgenden Änderungs- bzw. Ergänzungswünschen: Erfassung auch der aus Luftschutzgründen umquartierten Frauen durch Meldung nicht am Wohn-, sondern am Aufenthaltsort; Abmilderung der Bestimmungen über Frauen mit Kindern; Erlaß geänderter Vorschriften über die Voraussetzungen für die Beschäftigung von Hausgehilfinnen. Ein Vortrag bei Hitler wegen der neuen Verordnung nach Ansicht B.s nicht erforderlich. Berücksichtigung der Wünsche B.s und L.' durch S., außerdem Einführung eines neuen Befreiungstatbestandes (freiwilliger Ehrendienst für die Kriegswirtschaft). Wegen der in Aussicht gestellten Regelung des Einsatzes der Berufs- und Berufsfachschüler sowie der Hochschulstudenten Bitte L.' um die (bisher nicht immer gewahrte) Beteiligung des Dreierausschusses (d. h. nicht nur der PKzl., sondern auch der Reichskanzlei).
W/H   101 09454 – 84 (654)

3. – 9. 3. 44   Lammers   17527
Auf den durch Bormann übermittelten Wunsch Hitlers hin Aufforderung an den Reichsverkehrsminister, unter Hinweis auf die den Schaffnerinnen und den als Schaffnerinnen kriegsdienstverpflichteten Mädchen gegenüber gebotene Rücksichtnahme sofort ein Rauchverbot in Straßenbahnen zu erlassen (nach H.s Informationen nur noch erforderlich für München und einige weitere Städte).
H   101 08404 – 07 (638); 101 14184 ff. (745 b)

3. 3. – 7. 6. 44   Lammers   17528
Durch Bormann Übersendung des Entwurfs einer zusammenfassenden Anordnung an die Partei: Für alle Auslandsreisen im Auftrag der Partei, ihrer Gliederungen usw. die Genehmigung des Leiters der PKzl. erforderlich; Erteilung der Ausreiseerlaubnis (Sichtvermerk) durch das Auswärtige Amt (AA), für die sogenannten durchlaßscheinpflichtigen Gebiete – Protektorat, Ukraine usw. – durch die Kreispolizeibehörde; bei Reisen führender Persönlichkeiten Einholung der erforderlichen Genehmigung Hitlers durch B. (bisher durch Lammers); die Einladung prominenter Ausländer – mit Ausnahme von Angehörigen deutscher Volksgruppen im Ausland – ebenfalls nur nach erfolgter Zustimmung H.s und des AA gestattet; vorherige Überprüfung des Wortlauts beabsichtigter Reden im Ausland vor Ausländern durch die PKzl. und das AA; Beifügung paßtechnischer Vorschriften. Stellungnahme der Reichskanzlei: Keine grundsätzlichen Bedenken gegen die Anordnung, jedoch (unter Hinweis auf die Entscheidung H.s, Reisen führender Persönlichkeiten in ein und dasselbe Land auf höchstens zwei im Monat zu beschränken) Vorschlag der gegenseitigen Unterrichtung über die Erteilung von Genehmigungen; ferner die Beteiligung L.' bei gleichzeitig ein hohes Staatsamt bekleidenden Parteiführern notwendig. Zustimmung B.s zu der vorgeschlagenen Regelung.
W/H   101 04251 – 72 (414)

4. 3. 44   Lammers   17529
Von Bormann Erhalt der Verfügung 45/44 des Führers der NSDAP; ihr Inhalt: 1) Befehlsgewalt der Gliederungsführer über die ihnen unterstellten Gliederungsangehörigen nur im Rahmen der Aufgaben ihrer Gliederung, nicht aber auf dem Aufgabengebiet ihren Gliederungen angehörender Politischer Lei-

ter; 2) Unterstellung der Gauleiter unter Hitler persönlich, die Reichsleitungsdienststellen zu Weisungen im Rahmen ihres Aufgabengebiets befugt.
H 101 19828 f. (1194 b)

4. 3. 44   AA, Dt. Botsch. Madrid   17530
Übersendung eines Berichts der Deutschen Botschaft in Madrid über Stellung und Einfluß der Katholischen Kirche in Spanien in Geschichte und Gegenwart, Erziehungswesen und Forschung, Schrifttum, Heer, Falange; Kritik der Kirche an der deutschen Rassengesetzgebung und an Rosenberg; Beeinflussung der Zensur (Verbot etwa Wiecherts und Timmermans', aber auch von Goethes „Werther") sowie der Außenpolitik; für die Kirche letztlich entscheidend jedoch die „gemeinsame Front gegenüber dem Kommunismus".
H 202 01855 – 55/9 (14/1 – 12)

4. – 5. 3. 44   RKzl., Chef Sipo   17531
Die Zustimmung Hitlers zu der von SS-Ogruf. Kaltenbrunner vorgeschlagenen Erweiterung des Schutzes des Heldengedenktages auf die Dauer des Krieges bis 24 Uhr von Bormann und Lammers nicht für erforderlich gehalten.
H 101 22609 – 13 (1289)

4. 3. – 25. 6. 44   Lammers, Göring   17532
Im Beisein Bormanns Vortrag Lammers' bei Hitler über die Absicht des Beauftragten für den Vierjahresplan, einen (aus den Vertretern der Obersten Reichsbehörden zusammengesetzten) Wirtschaftsstab für die besetzten Gebiete beim Vierjahresplan zu errichten; dabei Erläuterung der vom Reichswirtschaftsminister und vom Reichsrüstungsminister erhobenen Bedenken gegen die Schaffung einer neuen Dienststelle mit dem Charakter eines Führungsorgans: Außer der Erschwerung des Geschäftsganges und der Verwirrung durch die besondere Regelung der Vollmachten der – bereits mit entscheidenden Befugnissen ausgestatteten – Zentralen Planung Gefahr der Entwicklung eines eigenen Ministeriums; angesichts der bereits bestehenden engen Zusammenarbeit zwischen Funk und Speer einerseits und den übrigen Fachressorts andererseits die Neubildung einer besonderen Organisation überflüssig; dagegen anzustreben eine Zusammenfassung der für alle Wirtschaftsfragen in den besetzten Gebieten zuständigen Zentralstellen im OKW und im OKH unter einem als Verbindungsführer der zivilen Wirtschaft zum OKW fungierenden Chef. Ergebnis des Vortrags: Weisung H.s an Göring, ihn vor dem Erlaß verbindlicher Anordnungen zu unterrichten. Nach einem ihm von G. gehaltenen Vortrag Aufforderung H.s, Einzelheiten mit S. und F. zu besprechen. Daraufhin Weisung G.s, die Angelegenheit vorerst auf sich beruhen zu lassen.
K 101 07851 – 63 (610)

5. 3. 44   Himmler   17533
Zu einem Vorschlag des SS-Ogruf. Berger, die Gauamtsleiter für Volkstumsfragen in Personalunion zu Gaubeauftragten der Germanischen Leitstelle zu machen, von Bormann die Verkennung des Aufgabenbereichs der Leitstelle gerügt: Zuständigkeiten nur in den besetzten germanischen Gebieten, aber selbst dort nicht Führungsstelle für *alle* germanischen Fragen (keine Beeinträchtigung der Tätigkeit der Reichskommissare, der Landesgruppen der Auslands-Organisation und der Arbeitsbereiche der NSDAP); die germanische Arbeit im Bereich der Partei, ihrer Gliederungen und Verbände Parteiaufgabe, Sonderauftrag Himmlers nur für *Verhandlungen* mit germanisch-völkischen Gruppen; die Gauamtsleiter für Volkstumsfragen bereits mit der germanischen Arbeit befaßt, daher ihre Einsetzung als Beauftragte der Leitstelle überflüssig; im Reich jedoch die Betreuung der germanischen Fremdarbeiter Sache der DAF und die Werbung für die Waffen-SS durch deren Werbestellen gewährleistet. Nach Ansicht des Hauptamts für Volkstumsfragen (SS-Brif. Cassel) die Stellungnahme Bormanns von falschen Voraussetzungen ausgehend; nach Ansicht Bergers seit dem – von ihm „abgebogenen" – Versuch seines Ostubaf. Riedweg, die Leitstelle zu einer Art Gauleitung zu machen, Mißtrauen der (eigentlich nur durch eine Auflösung der Leitstelle zu beruhigenden) PKzl. gegenüber dem „Machthunger" der SS.
W/H 107 00928 – 34 (293)

5. – 19. 3. 44   RKzl., RFM   17534
Zustimmung der PKzl. zur Hebung von 7505 Planstellen der Reichsbahn (davon 25 Stellen für Reichsbahndirektoren und 920 Stellen für den gehobenen Dienst) in Abweichung vom Stoperlaß; im Falle von Berufungen anderer Ressorts Zusage der Unterstützung bei der Rechtfertigung der Hebungen für den einfachen und mittleren Dienst mit dem erhöhten Anfall kriegswichtiger Tätigkeit vorwiegend im tech-

nischen Betrieb, für den gehobenen und höheren Dienst mit dem Hinweis auf die besonderen Aufgaben und Leistungen der Bahn als „Vierter Waffe".
M/H   101 10473 – 87 (660 a)

6. 3. 44   RJM   17535
Vorschlag zur Ernennung des OStA Wolfgang Folger zum Reichsanwalt beim Volksgerichtshof (die Stelle für das Rechnungsjahr 1943 bewilligt).
H   101 27245 – 49 (1517 c)

6. 3. 44   Intern   17536
Vermerk des MinR Heim (PKzl.) über die Einflußnahme Deutschlands auf die Neuordnung Europas: Allmähliche Umerziehung Einsichtiger, brachiale Machtausübung nur bei Einsichtslosen; Hinweis auf Äußerungen Hitlers über Norwegen und die Niederlande, danach künftig Wehrmacht, Außenpolitik sowie die Erteilung von Richtlinien für die Wirtschaftspolitik und in der Rassenfrage Sache des Reiches; gegebenenfalls Untersuchung der Problematik des „Neuen Europa" durch Prof. Höhn.
K   102 01133 – 37 (2127)

[6. 3. 44]   Fa. Lythall, Fa. Fritz Hennig (Waren a. d. Müritz)   17537
Maschinenlieferungen an die Güterverwaltung Nord.
K   102 01343 f. (2585)

6. 3. – 14. 4. 44   RMfRuK   17538
Bitte der PKzl. um Stellungnahme zu Vorschlägen, zwecks Abschöpfung des überschüssigen Geldes der Ostarbeiter unter Vermeidung einer Beeinträchtigung des Leistungsanreizes der Lohnzahlung den allgemeinen Sparverkehr für die Ostarbeiter zu öffnen oder ein Lagergeld einzuführen (Anregung der Bereitstellung von „Ramschartikeln" als zusätzlicher Kantinenware).
W/H   108 00749 – 53 (1820)

7. 3. 44   GBW   17539
Bitte um Zustimmung zu einem im Einvernehmen mit dem Reichsfinanzminister vorgelegten Entwurf einer Verordnung über die Aufhebung der letzten noch bestehenden Bergwerksabgaben.
A   101 05734 – 35/1 (483)

[7. 3. 44]   Seyß-Inquart   17540
Stellungnahme gegen die vom Wehrmachtbefehlshaber in den Niederlanden dem Vernehmen nach geplante Proklamierung des Übergangs der vollziehenden Gewalt auf die Wehrmacht im Falle jedes, auch eines örtlich begrenzten feindlichen Landungsunternehmens; die von ihm, Seyß-Inquart, empfohlene *Regelung hingegen ohne die Notwendigkeit solch plötzlichen Handelns und Hitler die Entscheidung auf Grund der Gesamtlage überlassend.
H   102 00756 f. (1501)

7. – 9. 3. 44   Lammers   17541
Unter Hinweis auf seine eigene Zuständigkeit Weigerung des Reichsgesundheitsführers Conti, eine Einladung des Bevollmächtigten für das Sanitäts- und Gesundheitswesen, Prof. Brandt, zu einer Besprechung über die Förderung wissenschaftlich-medizinischer Forschungen anzunehmen; Einverständnis des Leiters der PKzl. mit der Haltung C.s Vorschlag Lammers', B. nötigenfalls durch eine Führerweisung auf die Innehaltung seines Aufgabenkreises hinweisen zu lassen.
K   101 13645 – 47 (719)

7. – 15. 3. 44   Himmler   17542
Durch Bormann Übersendung eines *Briefes des GL Hanke und des *Vermerks einer Frau v. Johnston über StR Schieber: Hitler sich nicht klar über die Weiterführung der Angelegenheit, insbesondere über den zu erbringenden Nachweis des Landesverrats Sch.s; dieser Hitler „von jeher sehr wenig sympathisch" und über „geradezu ungeheure Verratsmöglichkeiten" verfügend; Bitte um Himmlers Vorschläge. Dessen Antwort: Demnächst Vortrag seiner Vorschläge bei Hitler.
K/H   102 01115 ff. (2058)

7. – 20. 3. 44   Speer, GL Sauckel   17543
Die vom Generalbevollmächtigten für den Arbeitseinsatz, GL Sauckel, angekündigte Zurückziehung der

30 000 aus der Landwirtschaft an die Rüstung „entliehenen" Arbeitskräfte von Speer abgelehnt, sofern zur Abdeckung von Rotzetteln (dringlichst benötigte Arbeitskräfte der Rüstungswirtschaft) zugewiesen; Begründung: Trotz der – von Sauckel gemeldeten – zahlreichen neu zur Verfügung stehenden Arbeitskräfte die Zusagen für die Rüstungsindustrie nicht eingehalten, daraus entstandene und noch drohende Rüstungsproduktionsausfälle; langfristige Zuweisung der – inzwischen eingearbeiteten – Arbeitskräfte aus der Landwirtschaft; Bitte, künftig bei der Vermittlung von Arbeitskräften unbedingt für die termingemäße Abdeckung der Rotzettel Sorge zu tragen. (Vgl. Nr. 17639.)
W/H   108 00310 – 16 (1597)

8. 3. 44   AA, Dt. Ges. Budapest   17544
Übersendung eines Berichts der Deutschen Gesandtschaft in Budapest über die kirchliche Lage in Ungarn: Herausragende Stellung der Katholischen Kirche (praktisch Staatskirche), bescheidene Rolle der übrigen Kirchen; Ablehnung des NS wie des Bolschewismus und grundsätzlich gegen den Krieg gerichtete Einstellung aller Kirchen; mit Ausnahme der Nationalkirchen der Minoritäten Identifizierung der Kirchen mit den Zielen der ungarischen Außenpolitik als willige Helfer des Staates; Vorschläge für eine propagandistische Beeinflussung (Berichte über die positive Lage der Kirchen im Reich, Darstellung Deutschlands als Verteidiger der von den Vereinigten Staaten und Großbritannien an den Bolschewismus verratenen kleinen Völker Europas).
W   202 01891 – 97 (15/12 – 22)

8. 3. 44   AA, StM Böhmen u. Mähren   17545
Durch das Auswärtige Amt (AA) Übersendung eines antibolschewistischen Hirtenbriefs der Bischöfe des Protektorats und eines begleitenden Schreibens des Staatsministers für Böhmen und Mähren an den AA-Vertreter beim Reichsprotektor: Nur inoffizielle Förderung durch die deutschen Behörden, im ganzen jedoch ein „spontanes, auf Grund eigener kirchenpolitischer Erwägungen entstandenes Dokument".
W/H   202 01432 – 41 (11/1 – 2 + 20/8)

8. 3. 44   Himmler   17546
Übersendung des Textes einer auf der Tagung der Oberbürgermeister, Landes- und Gauhauptleute in Posen am 13. 2. 44 gehaltenen Rede: Rückblick auf die Tagung und die behandelten Sachfragen (Luftkrieg, Behelfsunterkünfte, Verwaltungsvereinfachung, Kriegsversehrtenfürsorge, Sicherheitslage u. a.) mit eingehenden Ausführungen über die Voraussetzungen einer Verwaltungsvereinfachung und über die Notwendigkeit einer anderen Einstellung der Verwaltung gegenüber den einfachen Volksgenossen; Sicherheitslage („innen nicht das geringste Feuerchen"); geschichtlicher Rückblick auf die Entwicklung des Reichs und auf die Rolle der Städte als Träger des Reichsgedankens sowie Entwurf von Zukunftsperspektiven (ein „Germanisches Reich Deutscher Nation" als Ordnungskern Europas); Bekundung von Siegesgewißheit (das deutsche Volk aufgrund seines „rassischen Wertes" zur „Beherrschung von Erdteilen, vielleicht einmal der ganzen Welt" bestimmt); Überblick über die auf künftigen Tagungen zu behandelnden Themen (Stärkung der Selbstverwaltung bei gleichzeitiger unnachgiebiger Stärkung der Reichsautorität, Städtewiederaufbau, Übernahme von Patenschaften für die im Osten zu gründenden Städte); Forderung, nach dem Kriege auch den Frieden zu gewinnen (Hinausschiebung der deutschen Volkstumsgrenze im Osten um 500 km, der deutschen Machtgrenze bis zum Ural, Verschmelzung der germanischen Völker wie früher der deutschen Stämme, Ordnung Europas).
W/H   107 00855 – 77 (289)

8. 3. – 11. 6. 44   Lammers, Archäolog. Inst. d. Dt. Reiches   17547
Durch Lammers weitergeleitete Bitte des Präsidenten des Archäologischen Instituts des Deutschen Reiches um Unterbringung der aus Rom geretteten Bücher und Materialien der dortigen Instituts-Zweigstelle im (auf Anordnung Hitlers den Linzer Kunstsammlungen sowie den bisher in Neuschwanstein und Herrenchiemsee aufbewahrten Kunstwerken vorbehaltenen) alten Salzbergwerk Alt-Aussee. Schließlich entsprechende Genehmigung Bormanns.
H   101 20773 – 84 (1226 b)

9. 3. 44   GG Westmark   17548
Übersendung eines Beschlusses: Parteiausschluß eines (namentlich nicht genannten) Beschuldigten wegen „Postenjägerei".
W   521 00057 f. (16)

[9. – 17. 3. 44]   DSt. Rosenberg   17549
Bitte der PKzl. um Zusendung je eines Exemplars der Bücher und Schriften des Einsatzstabs RL Rosen-

berg (ERR). – In diesem Zusammenhang Anordnung des ERR-Stabsführers (Utikal), den gesamten Schriftverkehr mit der PKzl. über ihn persönlich zu führen.
W 145 00083 (54)

9. 3. – [26. 6.] 44 RMfVuP, RKzl. 17550
Verweigerung der Zustimmung Bormanns zu einem von Goebbels geplanten 'Rundschreiben an die Gauleiter über den Betrieb von Lichtspielhäusern durch die Gemeinden unter Hinweis auf den Widerspruch zu eindeutigen Äußerungen Hitlers (Betonung der Notwendigkeit eigener Einnahmequellen für die Gemeinden, grundsätzliche Bedenken gegen vermeidbare Zentralisierungsbestrebungen); Hervorhebung der kultur- und finanzpolitischen Bedeutung der Lichtspielhäuser für die Gemeinden; Befürchtung, durch die Zusammenfassung eines großen Teils der Filmtheater in der Reichsfilmtheater GmbH (recte wohl: Deutsche Filmtheater GmbH) eine schädliche Zentralisierung des kulturellen Lebens in einem wichtigen Bereich herbeizuführen; Kritik auch an den Richtlinien G.' vom 28. 9. 43 und an ihrer Handhabung: Die Fassung nicht eindeutig genug, um die verschiedenen Bestrebungen auf dem Gebiet des Filmtheaterwesens klar in die von H. gewünschte politische Linie zu zwingen, d. h. den Gemeinden nicht nur ihren bisherigen Besitzstand an Lichtspielhäusern zu erhalten, sondern ihnen darüber hinaus den Erwerb noch in privater Hand befindlicher Häuser „in weitestem Umfange" zu ermöglichen. Nach einer Besprechung mit B. Übersendung neuer Richtlinien an den Präsidenten der Reichsfilmkammer durch G. unter gewisser, B. aber offenbar nicht weit genug gehender Berücksichtigung der zugunsten der Kommunen geäußerten Einwände: Bei Vorliegen eines Reichsinteresses an einem wichtigen Filmtheater Einschaltung der Deutschen Filmtheater GmbH, im übrigen Ermächtigung der Gemeinden zu Neuerrichtungen und Erwerb aus privater Hand. Detailfragen, insbesondere wegen der Neuvergebung von Lichtspielhäusern an die Gemeinden, auch danach noch strittig; darüber Meinungsverschiedenheiten zwischen dem Reichspropaganda- und dem Reichsinnenminister.
H 101 03859 – 80 (390 a)

9. 3. – 10. 11. 44 VerwDir. Asboe, RMfWEuV 17551
Eingabe des Verwaltungsdirektors der Universitätskliniken Bonn, Asboe, wegen unwürdiger Behandlung bei der Ausübung seiner dienstlichen Obliegenheiten und wegen Entfernung aus seinem Amt. Bitte der PKzl. an den Reichserziehungsminister um Nachprüfung der Angelegenheit. Dessen Zwischenbescheid: A. zwar fachlich tüchtig, aber nicht zum Vorgesetzten geeignet; Schwierigkeiten mit dem Kurator; eine anderweitige Verwendung im Gange.
M/H 301 00064/1 – 073 (Asboe)

[11. 3. 44] RArbM 17552
Keine Bedenken der PKzl. gegen die vorgeschlagene Ernennung des VPräs. Peter Schmitt zum Präsidenten des Reichsversicherungsamtes.
H 101 18947 – 52 (1158)

11. 3. – 22. 6. 44 RFSS 17553
Von Bormann auf Wunsch Hitlers ausgearbeiteter Entwurf einer Neufassung des Wehrerziehungserlasses: Wehrerziehungspflicht aus Gründen der Volksgesundheit bis zum 50. Lebensjahr; Einrichtung von mit SA-Führern besetzten zentralen Stellen (Beauftragte für die Wehrerziehung der NSDAP) bei den Kreisleitungen zur Erfassung aller Wehrerziehungspflichtigen (ausgenommen Politische Leiter, Angehörige der Gliederungen sowie Mitglieder des NS-Fliegerkorps) und deren Zuweisung an die Wehrmannschaften der Gliederungen; Erlaß der Ausführungsbestimmungen durch den Stabschef der SA im Einvernehmen mit der PKzl.
K 102 00335 – 39 (754)

12. – 13. 3. 44 Gen. Schmundt 17554
Einwände gegen die Freigabe des von Bormann erbetenen Lt. Sander (zunächst Fronteinsatz wegen noch fehlender Kriegsauszeichnungen) sowie des bei Gen. Schörner unentbehrlichen Oblt. Illenberger für die PKzl. Vermutung B.s „nach der Lage der Dinge auf die Mitarbeit beider Männer verzichten" zu müssen.
M/H 306 00191 (Bormann)

12. 3. – 18. 4. 44 RKzl., Rust, GL Wächtler 17555
Unter Vorlage des Berichts eines seiner Beamten über eine Unterhaltung mit GL Wächtler Bitte Rusts an Lammers, Hitler von Gesprächen auf der Gauleitertagung am 24. 2. in Kenntnis zu setzen: Über seine – R.s – Ablösung als eine angeblich „entschiedene Sache", über einen Vorstoß Goebbels' bei H. in

diesem Sinne sowie über bereits aufgenommene Verhandlungen mit Nachfolgekandidaten (Ablehnung des Postens durch Schirach und GL Scheel, erledigte Kandidatur von GL Uiberreither). Nach Einholung einer (im wesentlichen bestätigenden, jedoch Einzelheiten ableugnenden und die Sache herunterspielenden) Stellungnahme W.s durch Bormann gemeinsamer Vortrag bei H. Dessen Bescheid an R.: ,Kein Vorstoß G.' mit dem Ziele der Amtsentlassung R.s, keine „maßgebenden Erörterungen" über seine Ablösung.
H   101 18756—69 (1153 a)

14. 3.—12. 7. 44   Lammers   17556
Wunsch des Reichsgesundheitsführers Conti nach größeren Vollmachten bei der Regelung des Ärzteeinsatzes im zivilen Bereich unabhängig von den beteiligten Obersten Reichsbehörden; C.s *Entwurf einer Zweiten Verordnung zur Sicherstellung der ärztlichen Versorgung der Bevölkerung von Lammers und Bormann jedoch abgelehnt, teils unter Hinweis auf die C. bereits früher eingeräumten Vollmachten (Erlaß Hitlers über das Sanitäts- und Gesundheitswesen vom 28. 7. 42), im wesentlichen aber wegen Bedenken gegen eine Ermächtigung C.s zum Erlaß von Rechtsverordnungen. Zur Behebung der Schwierigkeiten (Weigerung der Ressorts, insbesondere des Reichsarbeitsministers, Planungsmaßnahmen C.s anzuerkennen) auf Vorschlag B.s authentische Auslegung des Führererlasses (Hinweis auf die Weisungsrechte C.s) durch ein Rundschreiben der Reichskanzlei an die Obersten Reichsbehörden.
K/H   101 11526—40 (678 d)

15. 3. 44   StSekr. Kritzinger   17557
In einem Schreiben an StSekr. Klopfer (PKzl.) Interpretation eines von Lammers gemachten Vorschlags, bei Ausnahmen vom Stoperlaß von der formellen Erklärung des Einverständnisses durch Bormann abzusehen: Motiv lediglich Arbeitsersparnis, nicht etwa eine Einschränkung der Kontakte zwischen Reichskanzlei und PKzl.; Empfehlung, den Dreierausschuß nicht in Einzelfällen einzuschalten und ihn möglichst nicht nach außen in Erscheinung treten zu lassen; Feststellung der Zuständigkeit des Ausschusses nur für Abweichungen vom Stoperlaß, nicht aber von den Reichsgrundsätzen unter Hinweis auf andere geeignete Formen der Einflußnahme bei der Ausräumung von Widerständen gegen einen aus politischen Gründen wünschenswerten Ausnahmeantrag; Erklärung der Bereitschaft, sich in bestimmten Fällen (Stellungnahme der Beamtenminister gegen Ausnahmeanträge der Ressorts) vorher mit B. abzustimmen und damit die Ausschußentscheidung festzulegen.
M   101 10527 f. (660 a)

15.—29. 3. 44   RKzl., RFM, RMdI u. a.   17558
Zustimmung der PKzl. zur Neuausbringung von 24 Planstellen der Besoldungsgruppe A 2 c 2 für die Verbeamtung von Kreisjugendzahnärzten im gemeindlichen Bereich in Sachsen mit Rücksicht auf die Kriegswichtigkeit der staatlichen Jugendzahnpflege.
M/H   101 10499—505 (660 a)

Nicht belegt.   17559

16.—25. 3. 44   RKzl. RFM, RMdI   17560
Zustimmung der PKzl. zur Schaffung einer Beamtenstelle der Besoldungsgruppe A 2 b in Frankfurt, um eine einheitliche Bearbeitung der mit der Tuberkulosebekämpfung in Zusammenhang stehenden Fragen zu gewährleisten (Ausnahme vom Stoperlaß vom 17. 2. 43).
M   101 10488—93 (660 a)

16.—28. 3. 44   ParteiDSt., RKzl., Oberste RBeh.   17561
Wegen verschiedener Verstöße Erinnerung der Parteidienststellen durch die PKzl. an die Verordnung vom 16.1.42 zur Durchführung des Führererlasses über die Stellung des Leiters der PKzl. vom 29.5.41, d. h. an dessen alleinige Zuständigkeit für den Verkehr mit Obersten Reichsbehörden und mehrere Gaue umfassenden Obersten Behörden der Länder, insbesondere auch bei etwaiger Personalunion von Staats- und Parteiamt, in Fragen der Gesetzgebung u. ä., in „grundsätzlichen und politischen" Fragen sowie bei der Bearbeitung von Beamtenpersonalien. Bitte Bormanns um eine entsprechende Ermahnung der Obersten Reichsbehörden durch die Reichskanzlei; daraufhin Herausgabe eines Rundschreibens. (Vgl. Nr. 15537.)
H   101 20584—91 (1213); 101 29204 f. (1648)

17. 3. 44   Lammers   17562
Zu einem *Änderungsvorschlag des Chefs OKW zu dem Entwurf eines mit Seldte abgestimmten

*Schreibens über die Wehrmachtfürsorge und -versorgung die Zustimmung Bormanns vorausgesetzt. (Nicht abgegangen.)
W   101 17539/1 (1033 c)

17. 3. 44   DSt. Rosenberg   17563
Besprechung in der PKzl. über verschiedene Wissenschaftsfragen: Uk.-Stellung von Geisteswissenschaftlern, Schließung oder Verlegung von Hochschulen, Neuordnung von Studienplänen, Einrichtung allgemein interessierender Vorlesungen und weltanschaulicher Sondervorlesungen bzw. eines weltanschaulichen Grundstudiums, Dotierung geisteswissenschaftlicher Institute, Arbeitseinsatz der Studenten, Hochschulwechsel, Beseitigung der konfessionellen Lehrstühle an den Philosophischen Fakultäten, Wehrmachthochschulkurse, Ablösung bereits mehrere Jahre im Amt befindlicher Rektoren, Titelverleihungen an Lehrer von Konfessionsanstalten, Beschränkung der Ehrenpromotionen, Frontbetreuung, Besetzung der Stellen des Gau- und des Universitätsdozentenführers in München (dabei Erörterung des unerfreulichen Verhältnisses zwischen Dozenten- und Studentenbund).
W/H   145 00067−73 (52)

[17. 3. 44]   ArbGem. zwischenvölk. Verb.   17564
Beteiligung der PKzl. an der Arbeitsgemeinschaft zwischenvölkischer Verbände seit deren Gründung.
W   107 00931 f. (293)

18. 3.−19. 4. 44   Lammers, Keitel   17565
Grundsätzliche Erörterung im Anschluß an einen Antrag des Reichsluftfahrtministers (RLM), für die bisher im Haushalt des Reichserziehungsministers ausgebrachten wissenschaftlichen Beamten an den Forschungsinstituten der deutschen Luftfahrt (Reichsstelle „Forschungsführung des RLM") durch Interpretation oder Erweiterung des Stoperlasses vom 17. 2. 43 neue Planstellen (Forschungsprofessuren) zu genehmigen. Einwände der Reichskanzlei (RKzl.) und der PKzl. gegen die Auffassung des Chefs OKW, den Reichsfinanzminister (RFM) bei Bewilligung dieser Planstellen als nicht zuständig ausschalten zu können: Dies eine Durchbrechung des langjährig erprobten Grundsatzes der Zusammenarbeit zwischen den Ressorts; Hinweis auf den besonderen Einblick des RFM in Organisation und Aufgabenbereich aller Ministerien; auch durch den Stoperlaß keine Einschränkung, sondern eher eine Verstärkung der haushaltsrechtlichen Befugnisse des RFM; trotzdem die Erfüllung der Wünsche des OKW wohl möglich, Empfehlung einer Fühlungnahme mit dem RFM unter Berufung auf die kürzlich erfolgte Änderung seines Haushaltsrundschreibens für 1944 (Möglichkeit, mit Genehmigung des Ausschusses die Ausbringung neuer Planstellen bei Vorliegen – von der RKzl. hier als gegeben erachteter – zwingender kriegswichtiger Gründe zuzulassen).
M/H   101 10506−22 (660 a)

[19.]−27. 3. 44   RKzl.   17566
Übermittlung des Führererlasses über Ungarn vom 19. 3. 44: Ernennung des Pg. Edmund Veesenmayer zum „Bevollmächtigten des Großdeutschen Reiches" in Ungarn mit der Amtsbezeichnung Gesandter; dieser neuen Funktion Aufgaben (insbesondere die Bildung einer nationalen ungarischen Regierung und die Beratung dieser Regierung, ferner Ausnützung sämtlicher Hilfsquellen und wirtschaftlichen Möglichkeiten dieses Landes für die gemeinsame Kriegführung), Weisungsbefugnisse und Unterstellungsverhältnis; Kommandierung eines Höheren SS- und Polizeiführers in den Stab des Reichsbevollmächtigten zur Übernahme der Aufgaben der SS und Polizei, insbesondere auf dem Gebiet der Judenfrage; Regelung der Zusammenarbeit zwischen dem Reichsbevollmächtigten und dem Befehlshaber der deutschen Truppen in Ungarn.
K   101 12483 f. (692 f.)

19.−28. 3. 44   RKzl., RFM, RMdI   17567
Zustimmung der PKzl. zur Schaffung von Planstellen für Straßenwärter (Förderung verdienter NS) im gemeindlichen Bereich des Sudetengaues (Ausnahme vom Stoperlaß vom 17. 2. 43).
M   101 10494−98 (660 a)

21. 3. 44   AA, Dt. Ges. Zagreb   17568
Übersendung eines Berichts der Deutschen Gesandtschaft in Zagreb (Agram) über die kroatische Pressezensur für Papstreden, Hirtenbriefe u. ä. (streng „nach DNB") sowie über die Haltung des Erzbf. Stepinac zu den gewaltsamen Umtaufen von Pravoslaven; Beurteilung St.' und seines Einflusses.
W   202 00861 ff. (8/8 − 20 + 19/10 − 11)

21. 3. 44   Thierack   17569
Übersendung der Führerinformationen 176 und 177 des Reichsjustizministers: Verhandlungen wegen Wehrdienstentziehung vor dem Sondergericht Dresden; Todesurteil des Volksgerichtshofs gegen den früheren Vorsitzenden des Deutschen Freidenkerverbandes Max Sievers wegen Vorbereitung zum Hochverrat und Feindbegünstigung.
H   101 28981 ff. (1559 b)

[22.]3. – 22. 5. 44   RKzl.   17570
Nach – durch Bormann übermittelten – Beanstandungen Hitlers Rundschreiben der Reichskanzlei an die Obersten Reichsbehörden zur Gewährleistung einer einheitlichen Form der Datierung und Zeichnung der von H. zu vollziehenden Urkunden (Gesetze, Erlasse usw.). Billigung des Rundschreiben-Entwurfs durch B., jedoch unter Ablehnung der Aufforderung Lammers', entsprechende Weisungen ergehen zu lassen: Auf sein Befragen Entscheidung H.s für die Beibehaltung der bisherigen Praxis im Parteibereich.
M/H   101 07306 – 27 (583 a)

23. 3. 44   Lammers   17571
Mitteilung Bormanns: Nach Vortrag des Reichskommissars für die Seeschiffahrt, GL Kaufmann, über die ungenügende Ausrüstung der Seeleute Anordnung Hitlers, der Handelsmarine genau wie der Kriegsmarine ein festes Warenkontingent zur Bekleidung der Seeleute und zur Ausrüstung der Schiffe zu geben. (Durch die Reichskanzlei Übermittlung der Anordnung H.s an den Reichswirtschaftsminister zur weiteren Veranlassung.)
K   101 07835 – 39 (609 a)

23. 3. 44   AA   17572
Nach Feststellungen der PKzl. die englische Meldung über die angebliche Zerstörung des serbischen Klosters Kruschedol nicht zutreffend.
W   202 01772 f. (13/1 – 11)

23. 3. 44   Chef Sipo   17573
Übersendung eines *Berichts über die zivilen Luftschutzmaßnahmen in England; Schwierigkeit, die Reaktion der englischen Bevölkerung auf die angedrohte Vergeltung zu beurteilen.
K   102 01120 f. (2064)

23. 3. 44   RArbM, RStatth. Steiermark   17574
Durch den Reichsarbeitsminister Übersendung eines Schriftwechsels mit seiner Ablehnung eines Antrags des Reichsstatthalters in der Steiermark, auch für den Verkehr mit nichtlandwirtschaftlichen Grundstücken eine Genehmigungspflicht einzuführen: Wegen der freien Kapitalbeträge (Flucht in die Sachwerte) zwar große Nachfrage, aber auch kaum Angebot vorhanden; die Voraussetzungen für Genehmigungen schwer abzugrenzen; auch von Kriegsteilnehmern hier in der Regel *Investitions*objekte gesucht, eine nur schwer auszugleichende Benachteiligung infolge ihrer Abwesenheit – wie etwa bei landwirtschaftlichem Besitz mit seinen seltenen Vergrößerungsmöglichkeiten – hier mithin nicht zu befürchten; indes eine gesetzliche Regelung der Baulandbeschaffung nach dem Kriege bzw. (entsprechende Anregung an die PKzl. u. a.) überhaupt eine Bodenreform, eine grundsätzliche Umgestaltung der nichtlandwirtschaftlichen Bodenordnung, insbesondere im Interesse der heimkehrenden Soldaten erforderlich.
H   101 19343 – 50 (1174 a)

[23. 3. 44]   AA   17575
Verbindungsaufnahme mit dem Auswärtigen Amt (AA) durch den neuen Sachbearbeiter für vatikanische Angelegenheiten in der PKzl., OLGR Birk. AA-interne Anregung, beim nächsten Besuch B.s durch die Hinzuziehung des für die Verbindung mit der PKzl. zuständigen Brif. Frenzel die straffe Organisation des AA zu demonstrieren.
W   202 00111 (2/13 – 24)

23. – 25. 3. 44   Rosenberg, RK Lohse, Lammers   17576
Im Auftrag Hitlers Weisung Bormanns an RK Lohse, die vom Reichsführer-SS zur Durchführung der – „wie Sie wissen" – befohlenen Generalmobilmachung in Estland, Lettland und Litauen getroffenen Maßnahmen in jeder Weise zu unterstützen. Bittere Kritik Rosenbergs und L.s an der Umgehung des Dienstweges bei der Übermittlung des Führerbefehls über die Gesamtmobilmachung (insbesondere an

der Rolle der SS- und Polizeiführer als Übermittler von Weisungen höherer Stellen an die Kommissare unter Umgehung des Reichsostministers) sowie an dem „Durcheinander der verschiedenen Generalbeauftragten": Erschütterung der Reichsautorität und Auflösung einer geordneten Verwaltung durch die ständigen Eingriffe in die politische Gesamtführung; Forderung nach Einhaltung des Instanzenweges für alle den Osten betreffenden Weisungen H.s. Durch B. Abgabe der Angelegenheit an Lammers „zur weiteren Behandlung".
K/H   101 12254−65 (690 a)

23.−31. 3. 44   Lammers   17577
Durch Bormann Übersendung mehrerer Aufstellungen von Auslagen in Höhe von insgesamt RM 25 675.77, der PKzl. entstanden durch Bezüge und Aufwandsentschädigung des vom Hauptarchiv der NSDAP zur Bücherei Linz beurlaubten Friedrich Wolffhardt, durch Reisekosten der Bücherei Linz sowie durch Begleichung verschiedener Rechnungen für die Bücherei Linz. Anweisung des Betrags zu Lasten des Kontos „Dankspendenstiftung (Sonderfonds L)".
H   101 17068−74 (1019 b)

23. 3.−30. 4. 44   Lammers, Speer, Obgm. a. D. Zörner   17578
Der Wunsch des (inzwischen als Gouverneur des Distrikts Lublin verwendeten) Obgm. a. D. Zörner, für seine ab 1938 ausgeübte Funktion als Präsident der − später durch den Dritten Erlaß über einen Generalbauinspektor für die Reichshauptstadt aufgehobenen − Durchführungsstelle für die Neugestaltung der Reichshauptstadt noch nachträglich eine förmliche Entlassung „in Ehren" durch Hitler zu erhalten, von Speer (aber unter Ausschluß einer weiteren Verwendung Z.s in seinem Bereich) und Lammers befürwortet, von Bormann jedoch abgelehnt und mithin Z. verweigert.
H   101 19526−40 (1187 c)

[24. 3.]−22. 4. 44   Lammers   17579
Aus gegebenem Anlaß (von Bormann herbeigeführter Entscheid Hitlers, den Karfreitag und den 1. Mai auch 1944 als Feiertage zu begehen) Bitte an B. (und an den Reichsinnenminister), von Entscheidungen H.s zu Fragen der Feiertagsregelung unterrichtet zu werden.
H   101 21432/1−434 (1266 a)

24. 3.−5. 7. 44   RArbF, RKzl., RMdI   17580
Auf Wunsch Görings Verlängerung der Dienstzeit der bei der Luftwaffe eingesetzten Arbeitsmaiden „bis auf weiteres", der im Kriegshilfsdienst eingesetzten Maiden bis Ende Mai 1944; Ausnahmen für Angehörige der Landwirtschaft. Erörterung der vom Reichsarbeitsführer vorgeschlagenen Anrechnung der Dienstzeitverlängerung auf vorgeschriebene Berufsausbildungszeiten. (Vgl. Nr. 17509.)
H   101 06178/1−180 (520 a)

25. 3. 44   Speer   17581
Bitte, beim Ausbau eines Salzbergwerkes bei Bad Aussee zur Lagerung von Kunstwerken der kriegsbedingten Mangellage Rechnung zu tragen: Verzicht auf Einrichtung einer elektrischen Beleuchtung, Verwendung von Kiefern- statt Eichentüren.
W/H   108 00308 f. (1597)

25. 3.−29. 6. 44   RMfdkA, AA, RMfVuP, Bf. Kreuzer   17582
Nach voller Übereinstimmung in einer Referentenbesprechung (Reichskanzlei, PKzl., Propagandaministerium, Chef Sicherheitspolizei) Verbot der Versendung − listenmäßig erfaßter − kirchlicher Mitteilungsblätter ins Ausland wegen anti-ns. Tendenzen vor allem in den katholischen Blättern und angesichts der Unmöglichkeit, eine Vorzensur einzuführen. Ein späterer Einspruch des Auswärtigen Amtes (Beeinträchtigung der Auslandspropaganda) nach dessen Unterrichtung über eine vorliegende ausdrückliche Weisung Hitlers zurückgezogen. Entsprechender Erlaß des Reichskirchenministers. Gültigkeit des Erlasses auch für das Generalgouvernement und die besetzten norwegischen und niederländischen Gebiete.
W/H   202 00358, 365−95 (4/1−12)

27. 3. 44   AA, Dt. Ges. Lissabon u. a.   17583
Übersendung zweier von Portugiesen verfaßter Berichte über die kirchlich-politische Lage in Portugal durch die Deutsche Gesandtschaft in Lissabon unter Hinweis auf die in beiden Berichten betonte starke

Verflechtung des politischen Katholizismus mit Demokratie, Freimaurertum und sogar Kommunismus; Versuche deutscher Beeinflussung katholischer Zeitungen.
W   202 01292 – 306 (10/14 – 25 + 20/7)

27. 3. – 14. 7. 44   RKzl.   17584
Meinungsverschiedenheit zwischen Reichskanzlei (RKzl.) und PKzl. über die Wertung zwingender politischer Gründe als stets auch kriegswichtige Gründe im Sinn der Ausnahmebestimmungen des Stoperlasses. Auffassung der RKzl.: Die bei solcher Automatik an die Stelle der fallweisen Entscheidungen des Dreierausschusses tretende Zuständigkeit der Beamtenminister unerwünscht. Grundsätzliche Billigung dieser Auffassung durch die PKzl., jedoch unter Hinweis auf das frühere Einverständnis Lammers', innerhalb des Ausschusses politisch unabweisliche Gründe stets als kriegswichtig und somit unter die Ausnahmebestimmungen des Stoperlasses fallend anzusehen. Rückzug der RKzl. auf diese Position.
M   101 10585 – 95 (661)

27. 3. – 5. 9. 44   RMfEuL, RA f. d. Landvolk, Himmler   17585
Auf Vorschlag Bormanns Entscheidung Hitlers, dem ehemaligen GL Weinrich einen Hof zu schenken; Beauftragung des Reichsernährungsministers (REM) und des Reichsamts für das Landvolk mit der Suche nach einer geeigneten Domäne. Bei der Durchführung dieser Aufgabe Auftreten erheblicher, teils in der Person W.s (wechselnde Wünsche und – so Himmler – „unverschämte Forderungen"), teils in der Sache (durch das REM direkte Verwaltung nur der preußischen Domänen und der Reichsdomänen in den neuen Gebieten, meist langfristige Verpachtung der preußischen Domänen, keine Möglichkeit eines unmittelbaren Eingriffs in den privaten Grundstücksverkehr) liegender Schwierigkeiten; die von W. favorisierte Domäne Beberbeck wegen Anämie u. a. Tierkrankheiten nicht geeignet (hingegen die derzeitige Vermietung des Schlosses an die NSV nach Ansicht der PKzl. kein Problem: Zur Räumung „schon der Befehl des Reichsleiters an Hilgenfeldt" genügend). Anfrage Himmlers nach dem Stand der „Landsässigmachung" W.s (diese die Voraussetzung für die Ernennung des Stv. GL Gerland zum Gauleiter), dabei Abgabe eines vernichtenden Urteils über W. Mildere Beurteilung W.s durch B. – In diesem Zusammenhang Vorschlag des REM, sämtliche Dotationen bis Kriegsende zurückzustellen, unter Hinweis auf den „dann im Osten erweiterten Vorraum".
W/H   107 00165 – 78 (170)

28. 3. 44   AA   17586
Übermittlung eines Telegramms des Deutschen Botschafters beim Heiligen Stuhl über die unterschiedliche politische Einstellung der im und beim Vatikan tätigen Franzosen: Kurienkardinal Tisserant, BotschR de Blessen und andere dortige Franzosen Dissidenten – im Gegensatz zur offiziellen Auffassung der Kurie, zum (zu Pétain haltenden) Botschafter und zum Oberen des Dominikanerordens, Gillet.
W/H   202 00566 (5/19 – 21 + 19/6)

28. 3. – 1. 4. 44   Lammers   17587
Mitteilung Bormanns über die von Hitler gewünschte Übernahme der Kosten für die Wiederherstellung der durch Bomben beschädigten Stadthalle in Hannover (RM 367 000.–) durch das Reich. Durch Lammers Weiterleitung dieser Weisung an Himmler.
M/H   101 07183 ff. (577)

28. 3. – [7. 6.] 44   AA   17588
Durch die PKzl. Bereitstellung von Bildmaterial über zerstörte deutsche Kirchen zwecks Auswertung in der Auslandspropaganda; dabei Zitierung statistischer Erhebungen der Fuldaer Bischofskonferenz über die bisherigen Zerstörungen katholischer Kirchen (völlig zerstört ca. 450 große Kirchen, darunter vier Dome).
H   202 00129 – 38 (2/13 – 24)

28. 3. – 24. 8. 44   GL Rainer, GL Hofer, Lammers, Chef OKW   17589
Auf Bitten der GL Rainer und Hofer ersatzlose Uk.-Stellung von 50 bzw. 30 Wehrmachtangehörigen der Jahrgänge bis 1908 für den Aufbau einer qualifizierten Verwaltung in den Operationszonen Adriatisches Küstenland und Alpenvorland. – Befremden in der Reichskanzlei (RKzl.) über das kompetenzüberschreitende Vorgehen der PKzl. im Falle der zusätzlichen Uk.-Stellung von zwei Angehörigen des Jahrgangs 1910 (Gustav Skalka und Roland Bucksch) für die Operationszone Adriatisches Küstenland; Hinweis auf die dem Chef der RKzl. zukommende Federführung in derartigen Angelegenheiten sowie auf den möglichen Eindruck beim OKW (Verzicht der RKzl. auf ihre Kompetenzen zugunsten der PKzl.). Einverständnis Lammers' mit dem Referentenvorschlag, die Angelegenheit stillschweigend zu überge-

hen und nur gelegentlich Bormann zu bitten, seine – L.' – Zuständigkeit zu respektieren. Dabei dann Zusage Bormanns, den gerügten Mißstand künftig abzustellen.
K/H   101 11796 – 813 (682 b)

29. 3. – 5. 5. 44   RArbM, Lammers   17590
Antrag des Reichsarbeitsministers, in Hamburg ein neues Hauptversorgungsamt Nordmark zu errichten bzw. vom bisherigen Hauptversorgungsamt Niedersachsen-Nordmark abzuteilen: Wegen der Übernahme der Fürsorge und Versorgung der Nichtberufssoldaten der neuen Wehrmacht die beantragte Maßnahme bei im übrigen äußerster Beschränkung unumgänglich. Zustimmung des Dreierausschusses.
H   101 19128 – 33 (1162 b)

30. 3. – 31. 5. 44   AA   17591
Übersendung von der PKzl. angeforderter Originaltexte anti-kommunistischer vatikanischer Rundfunkäußerungen (Auswertungsberichte) und anderer einschlägiger Meldungen aus dem Jahr 1941; darunter eine Meldung von Radio London mit der Erwähnung einer angeblich von Pius XII. in Privatgesprächen geäußerten prinzipiellen Unterscheidung von Kommunismus (fehlgeleitete Nächstenliebe) und NS (offener Haß und fessellose Machtgier).
W/H   202 02075 – 76 (16/11 – 23)

30. 3. – 13. 6. 44   Lammers, Thierack, Oberste RBeh.   17592
Nach dem für alle Parteigenossen durch die Anordnung 73/44 der PKzl. erlassenen Verbot, Leumundszeugnisse oder Befürwortungen von Gnadengesuchen für „Volksschädlinge" abzugeben, Aufforderung Bormanns an Lammers, in seinem Geschäftsbereich eine entsprechende Weisung zu erlassen, sowie an Thierack, die Gerichte anzuweisen, von der Anforderung derartiger Zeugnisse und Befürwortungen Abstand zu nehmen. Durch L. unter Beifügung der Anordnung 73/44 Herausgabe eines entsprechenden Rundschreibens an die Obersten Reichsbehörden mit gewissen, von B. akzeptierten Modifikationen: Zulässigkeit bei engem Verwandtschaftsverhältnis sowie für den Dienstvorgesetzten bei – von dieser als unumgänglich zu erachtendem – „Erfordern" einer zuständigen Stelle.
H   101 28424 – 45 (1549 a); 101 29199 f. (1648)

Nicht belegt.   17593

1. 4. 44   SSPHA   17594
'PKzl.-Anordnung 73/44, später herangezogen bei einer Belehrung des „kompromißlosen Judengegners" SS-Brif. Blaschke wegen der Ausstellung einer Bestätigung für einen jüdischen Mischling I. Grades. (Vgl. Nr. 17521, 17592 und 17595.)
M/H   306 00098 (Blaschke)

1. 4. 44   DF   17595
Führererlaß über die Beteiligung des Leiters der PKzl. bei der Bearbeitung von Mischlingsangelegenheiten: Alleinige Zuständigkeit für Ausnahmegenehmigungsanträge aus dem Bereich der NSDAP; bei den Bereichen Staat und Wehrmacht seine Zustimmung bzw. – bei Hitler selbst vorbehaltenen Entscheidungen – seine Teilnahme am Vortrag erforderlich. (Vgl. Nr. 17521 und 17594.)
H   101 29202 (1648)

[1.] – 9. 4. 44   Lammers   17596
Nach einer Anordnung des StSekr. Stuckart (Reichsinnenministerium) über die Abschaffung des Wortes „federführend" und die Verwendung des Ausdrucks „hauptverantwortlich" in seinem Geschäftsbereich Bitte Bormanns um Informierung über die im Geschäftsbereich der Reichskanzlei beabsichtigte Regelung. Mitteilung Lammers' über seine interne Anordnung: Die Formel „in erster Linie zuständig" für treffender erachtet (die Hauptverantwortlichkeit in vielen Fällen bei einem anderen Ressort).
M/H   101 07452 – 58 (588 c)

2. 4. 44   DSt. Rosenberg   17597
Bedenken der PKzl. gegen die Richtlinien für die Überprüfung der Krankenhausbüchereien durch die Kreisschrifttumsbeauftragten: Bei strikter Anwendung vermutlich häufig nichts mehr übrigbleibend. In einer Besprechung Überzeugung der PKzl. von der Richtigkeit der Sichtungsmaßstäbe.
W/H   145 00061 – 66 (52)

3.−[22.]4. 44   RJM, RKzl.   17598
Zur Behebung der nach dem Verlust zahlreichen Notargeräts (Prägesiegel) durch Kriegseinwirkung entstandenen Schwierigkeiten bei der gesetzlich zwingend vorgesehenen Verwendung von Prägesiegeln Vorschlag des Reichsjustizministers, die Vorschriften über die Siegelung gerichtlicher und notarieller Urkunden zu vereinfachen. Die Zustimmung der PKzl. in Aussicht gestellt.
K   101 26543−46 (1508)

4. 4. 44   Lammers, Ribbentrop   17599
Von Bormann mitgeteilter Vortrag des Reichsernährungsministers über Schwierigkeiten beim Abschluß des dritten Reisvertrages mit Italien: Wegen der gespannten Fettsituation des Reiches keine Lieferung der von Botsch. Rahn und den Italienern (anstelle des nach den früheren Verträgen gelieferten Brotgetreides) geforderten 50 000 t Fett möglich. Dies − so B. − auch Hitlers Auffassung, daher sein Auftrag an R., bei der italienischen Regierung den Abschluß auf der alten Basis (Reis gegen Getreide) zu befürworten.
K/H   101 08020−23 (614)

4. 4. 44   AA   17600
Übersendung einer Übersetzung des italienischen Gesetzes vom 7. 1. 44 über die Befugnisse des Nationalen Preiskommissars und des Nationalen Arbeitskommissars.
H   101 25759 f. (1451 a)

[4. 4. 44]   RDozF Schultze   17601
Von SS-Ogruf. Berger Himmler gemeldet: Dem Vernehmen nach „nicht erquickliche Auseinandersetzungen" zwischen Bormann und dem Führer des Reichsdozentenbundes, Schultze; in Berliner Gerüchten von H. behauptet, Sch. fallengelassen zu haben; als Nachfolger vorgesehen Groß oder ein anderer Mann aus der PKzl.
K/H   102 01177 f. (2187)

4.−14. 4. 44   GL Rainer, Dt. Botsch. Fasano, RKzl.   17602
Unterstützung der PKzl. für den Protest des Obersten Kommissars in der Operationszone Küstenland, GL Rainer, gegen die von der italienischen Regierung geplante Erhöhung der Eisenbahn-Personenfahrpreise: Die Argumente R.s (Gefährdung der in der Operationszone gerade begonnenen Preisstabilisierung, versprochene Preisgarantie bei den drei vergangenen Streikwellen, außergewöhnliche Lage in der Operationszone) wesentlich.
H   101 25756 ff. (1451 a)

5. 4. 44   RJM   17603
Vorschlag zur Ernennung des OLGPräs. Günther Nebelung zum Senatspräsidenten beim Volksgerichtshof.
H   101 27250−54 (1517 c)

5. 4.−2. 5. 44   RKzl.   17604
Nach der Ernennung des StSekr. Backe zum Reichsminister dessen Wunsch nach Ernennung des MinDir. Riecke zum Staatssekretär im Reichsernährungsministerium (REM). Dazu Lammers: Grundsätzliche Regelung, jedem Ministerium nur einen − mit der Vertretung des Ministers beauftragten − Staatssekretär zuzubilligen; Verweis auf Entscheidungen Hitlers in diesem Sinne; Schwierigkeiten mit dem noch vorhandenen StSekr. Willikens nicht auszuschließen, daher im Fall der Ernennung R.s eine anderweitige Verwendung W.' empfehlenswert. Standpunkt Bormanns unter Berücksichtigung der „wesentlichen Darlegungen" Backes: W. als ursprünglich preußischer Staatssekretär mit den Geschäften des REM so gut wie nicht vertraut und nicht in der Lage, die Ministervertretung auszuüben; Absicht Backes, R. in seine − Backes − bisherige Stellung einrücken zu lassen; sein Einverständnis damit, die Staatssekretärsstelle W.' als „künftig wegfallend" zu betrachten; die von L. angeführten Präzedenzfälle mit dem vorliegenden Fall nicht vergleichbar und angesichts der Verdienste W.' um die Partei (alter führender Parteigenosse aus dem Landvolk) eine positive Entscheidung H.s zu erwarten, d. h. die Ernennung R.s als des faktischen Vertreters Backes zum Staatssekretär, ohne das Ausscheiden W.' aus dem Ministerium zu verlangen. (Vgl. Nr. 17695.)
K/H   101 18419−24 (1143 a)

5. 4. – 12. 5. 44   RMfRuK   17605
Übersendung von Berichten über die ungenügenden Leistungen der rumänischen Kriegswirtschaft und über die Lage in Rumänien: Geringe Auslastung der Rüstungsindustriekapazitäten, verursacht erstens durch Kürzungen des Rüstungsetats, Stornierung von Rüstungsaufträgen, Nichtbezahlung von Rüstungslieferungen durch den Staat und die restriktive Kreditpolitik der Nationalbank, zweitens durch bürokratische Hemmnisse, drittens durch die Tendenz, nur die notwendigsten, nicht durch Lieferungen aus Deutschland zu erhaltenden Rüstungsgüter zu fertigen, im übrigen aber für den Export und den Konsum zu produzieren (die Lebenshaltung des größten Teils der Bevölkerung wie auch bei den anderen Verbündeten im völligen Gegensatz zu Deutschland durchaus friedensmäßig). Folgerungen: Intensivierung der außenpolitisch-propagandistischen Arbeit und Änderung der Handelspolitik erforderlich; Gewährleistung auch einer zentralen *wirtschaftlichen* Kriegführung.
W/H   108 00774 – 802 (1941)

6. 4. 44   Thierack   17606
Übersendung der Führerinformationen 178 und 179 des Reichsjustizministers: Zunahme der Ehescheidungen; Freispruch des Franz Duhr (vgl. Nr. 17430) durch den Volksgerichtshof.
H   101 28984 ff. (1559 b)

6. – 9. 4. 44   Lammers, RB Dänemark u. a.   17607
Durch Bormann an Lammers Übersendung eines Hitler vom Reichsaußenminister vorgelegten politischen Kurzberichts über Dänemark: Die Lage im Lande; Rückgang der Sabotagefälle; Loyalität der dänischen Verwaltung; Steigerung der landwirtschaftlichen Lieferungen in das Reich, jedoch deren Gefährdung durch den Rückgang der Lieferung unentbehrlicher Produktionsmittel *aus* dem Reich; Verlagerung von Rüstungsaufträgen; Anlaufen des Hansa-Programms und andere Maßnahmen zur Beschaffung von Motorschiffen; Fortführung der Befestigungsarbeiten in Jütland. Zu Punkt 4 – so B. – Weisung H.s, die unentbehrlichen Produktionsmittellieferungen aus dem Reich (Dünger, landwirtschaftliche Geräte, Bandeisen, Nägel usw.) durchzuführen.
H   101 25522 – 28 (1430)

6. – 20. 4. 44   RMfVuP, Lammers   17608
Mitteilung Bormanns an Lammers: Zustimmung Hitlers zu dem Antrag Goebbels', zur Entschuldung des wegen seiner abfallenden Regieleistungen künftig nur noch als Produktionsgruppenleiter zu verwendenden Filmspielleiters Prof. Karl Ritter eine steuerfreie Zuwendung von RM 100 000.– zu gewähren. Durch L. Informierung G.'.
H   101 17779 – 84 (1092)

6. 4. – 3. 5. 44   RMfEuL, Lammers, Ribbentrop   17609
Der vom Reichsernährungs- und vom Reichswirtschaftsminister unterstützte Wunsch Speers, nach in Italien gemachten Erfahrungen auch beim Reichsbevollmächtigten in Ungarn einen gemeinsamen, besonders bevollmächtigten Beauftragten für die Wirtschaft zu bestellen, von Hitler zunächst grundsätzlich gebilligt, nach Lammers' und Bormanns Vortrag von Einwänden Ribbentrops jedoch die Klärung in einer Chefbesprechung angeordnet. Nach direktem Vortrag durch R. selbst am folgenden Tage angeblich explizite Ablehnung des Vorhabens S.s durch H.: Vertretung jedes einzelnen Ressorts durch einen eigenen, dem die politische Verantwortung tragenden Reichsbevollmächtigten Veesenmayer unterstellten Vertreter; Ungarn nicht wie Italien zu behandeln. Nach Mitteilung R.s, wegen dieser bereits erfolgten Entscheidung H.s an der von L. anberaumten Chefbesprechung nicht teilzunehmen, Absage des Termins durch L.; Rückfrage bei G. zur Klärung des Sachverhalts. Deren Ergebnis: H. über seine angebliche Entscheidung „sehr erstaunt", von ihm keine Entscheidung getroffen; die Abhaltung einer Chefbesprechung unter Teilnahme des Reichsaußenministers (RAM) nach wie vor unerläßlich; deren Anberaumung. Schließlich Einigung der beteiligten Ressorts, einschließlich des RAM, die Ernennung des Generaldirektors der AEG, Hans Constantin v. Boden, zum Beauftragten für die Wirtschaft vorzuschlagen (zunächst von den Wirtschaftsressorts nominiert, von V. jedoch abgelehnt: GenDir. Haslacher [Wien]). Durch Hitler Vollziehung der Bestallungsurkunde für Boden mit der Weisung an L., nötigenfalls die Beteiligten, insbesondere GehR Bücher von der AEG, auf seinen ausdrücklichen Wunsch, Boden für den Auftrag in Ungarn freizugeben, hinzuweisen.
K/H   101 12485 – 505 (692 f.)

[6. 4.] – [14. 11. 44]   RKzl., Chef OKW, RMfVuP   17610
Auf Wunsch Hitlers Erörterung einer Neufassung des § 26 des Wehrgesetzes (Erstes Gesetz zur Ände-

rung und Ergänzung des Wehrgesetzes): Zulassung einer politischen Betätigung der Soldaten (Endergebnis: Erklärung ns. Wirkens bzw. ns. Erziehung zur Pflicht der Soldaten bzw. Offiziere und Unteroffiziere); Aufrechterhaltung einer Mitgliedschaft in der NSDAP, ihren Gliederungen usw. auch während des aktiven Wehrdienstes (Endergebnis: Entsprechende Änderung); Tragen des Parteiabzeichens zur Wehrmachtuniform (Endergebnis: Wegen des bisherigen Mitgliedschaftsverbots für aktive Soldaten und der Unmöglichkeit, derzeit eine Welle von Parteieintritten zu bewältigen, Verbleib bei der alten Regelung); Zulassung der Soldaten zu Wahlen und Abstimmungen (als dilatorische Lösung Vorbehalt von Sonderregelungen). Dabei mehrmals seitens der PKzl. Äußerung von Bedenken, hauptsächlich wegen des Tragens des Parteiabzeichens zur Uniform und wegen der dann unvermeidlichen Parteiaufnahmen: Belastung der Parteiverwaltung sowie unerwünscht weite Öffnung der NSDAP (Vorsatz, später nicht etwa das gesamte Offizierskorps in der Partei haben zu wollen); des weiteren Einspruch gegen eine dem OKW unterstellte Verwässerung eines Entwurfspunktes (Anspruch auf Gleichrangigkeit politischer und militärischer Führungsaufgaben). Schließlich Zustimmung aller Beteiligten und Vollziehung des Änderungsgesetzes durch H.
H   101 22320−66 (1275 a)

7. 4. 44   RKzl., RWiM   17611
Zu der Absicht des Reichswirtschaftsministers, zwecks Verhinderung eines weiteren Absinkens der als kriegswichtig anzusehenden Tabakwarenversorgung den gewerblichen Tabakanbau auf den Stand des Jahres 1941 zu bringen, die von Lammers weitergeleitete und auch Bormann mitgeteilte Zustimmung Hitlers bei Aufrechterhaltung seines Verbots der Vergrößerung der Tabakanbauflächen (vgl. Nr. 14937).
K   101 14190 ff. (745 b)

[7. 4. 44]   RMfRuK   17612
Punkt einer Führerbesprechung: Umfassende Nachprüfung des tatsächlichen Rüstungseinsatzes der in den Sperrbetrieben in Frankreich arbeitenden Kräfte; von Hitler eine entsprechende Mitteilung über Bormann an GL Sauckel zugesagt.
W   108 00072 ff. (1509)

Nicht belegt.   17613

[9. 4. 44]   RMfRuK   17614
Punkt einer Führerbesprechung: Bitte Hitlers um beschleunigte Vorführung der neuen Sturmgeschütze; nach Rücksprache mit Bormann Begrenzung der Zahl der Teilnehmer auf das geringstmögliche Maß.
W/H   108 00072 f. (1509)

12. 4. 44   RL, GL, VerbF, RMfRuK   17615
Mitteilung Bormanns: Tod des GL Adolf Wagner und Anordnung eines Parteibegräbnisses durch Hitler.
W   108 00323 (1605)

12.−13. 4. 44   Intern   17616
Reformvorschläge Heims (PKzl.) mit dem Ziel, die Partei aus ihrer Erstarrung zu befreien und wieder zur Bewegung zu machen: Eine Trennung der Personalunionen von Staats- und Parteiämtern nicht ausreichend, erforderlich vielmehr eine „Ausmerzung" der „Parteipfaffen" (der „über Papier und Reden" zur Macht gelangten „Intellektualisten") und der vor allem in den besetzten Gebieten verhängnisvolle Schäden anrichtenden hemmungslosen „Berserker"; Kritik an Überorganisation und Bürokratisierung, an der Tabuisierung der „Alten Kämpfer" und an dem Verschließen der Augen vor den Fehlentwicklungen in der Partei; Begrüßung der Absicht Friedrichs' (PKzl.), bei Kriegsende eine Anzahl von Amtsträgern unter finanzieller und ideeller Anerkennung ihrer Tätigkeit zu verabschieden.
W   145 00028−37 (51)

15. 4. 44   RVM   17617
Mitteilung: Die Zulassung Kriegsbeschädigter zum Verkehrsgewerbe in ihrem eigenen Interesse (Gefahr des wirtschaftlichen Ruins) wie im Interesse der Wirtschaft (Vermeidung einer Übersetzung) nur unter bestimmten Voraussetzungen vorgesehen; Herausgabe entsprechender Richtlinien beabsichtigt. − In diesem Zusammenhang Erwähnung der in der ns. Wirtschaftspolitik nahezu lückenlosen Gewerbezulassungspflicht.
W/H   101 08927−31 (648 a)

17.–21. 4. 44   Lammers   17618
Mitteilung Bormanns über die nach dem Ableben des GL Adolf Wagner von Hitler verfügte beschleunigte Ernennung des GL Paul Giesler zum Bayerischen Ministerpräsidenten und Innenminister (unter Beibehaltung der Geschäftsführung der Staatsministerien für Unterricht und Kultus, für Finanzen und für Wirtschaft) sowie zum Gauleiter des Gaues München-Oberbayern. Durch Lammers Vorbereitung und Übersendung der Ernennungsurkunde sowie Veröffentlichung einer zwischen PKzl. und Reichskanzlei vereinbarten entsprechenden Pressemitteilung.
A/H   101 23145–49 (1311 d)

18. 4. 44   AA, SdB AA Südosten   17619
Übersendung eines Berichts des Sonderbevollmächtigten des Auswärtigen Amts für den Südosten über die Rolle der Serbisch-Orthodoxen Kirche: Tiefe Verwurzelung im Volk und großer Einfluß; nationalserbische, monarchistische und antibolschewistische Haltung; eine propagandistische Aktivierung im deutschen Sinn nicht gelungen.
W   202 01784–88 (13/1–11)

[18. 4.]–18. 10. 44   RKzl., RMdI, PräsKzl.   17620
Aus Anlaß eines vom Reichsinnenminister (RMdI) vorbereiteten Erlasses, zur Vermeidung von Mehrfach-Ehrungen bei Ehe- und Altersjubiläen solche Ehrungen Hitler allein vorzubehalten, Forderung Bormanns, die Übermittlung dieser Glückwunschadressen (bisher Postweg) dem zuständigen Ortsgruppenleiter zu übertragen; Begründung: Ein Ausgleich für die Überbringung ausschließlich negativer Nachrichten, insbesondere vom Heldentod von Familienangehörigen („Totenvogel"), dringend notwendig. B.s Verlangen von den betroffenen staatlichen Stellen (RMdI, Präsidialkanzlei [hingegen Vorsatz Lammers', sich „gänzlich herauszuhalten"]) zurückgewiesen: Bei Ablehnung des Postweges als zu unpersönlich der Leiter der bearbeitenden staatlichen Behörde für diesen Staatshoheitsakt zuständig. Festhalten B.s an seiner Forderung.
H   101 17732–50 (1087 a)

19. 4. 44   AA, Dt. Ges. Agram   17621
Übersendung eines *Berichts der Deutschen Gesandtschaft in Agram mit der Gesetzesverordnung über die Bildung einer verfassunggebenden Körperschaft der Slowakischen Evangelischen Kirche in Kroatien.
W   202 00850 ff. (8/8–20+19/10–11)

19. 4. 44   Lammers   17622
Empfang des Reichskommissars Terboven durch Hitler in Anwesenheit Bormanns und Lammers': Im Zusammenhang mit der von T. als „überflüssig" bezeichneten Entsendung eines Verbindungsmannes des Auswärtigen Amts (AA) zum Wehrmachtbefehlshaber Norwegen ablehnende Entscheidung H.s über den Vorschlag Ribbentrops, Verbindungsleute bei allen Reichskommissaren einzusetzen; durch B. Erwähnung einer kritischen Bemerkung des Chefs OKW über die Verbindungsleute des AA bei militärischen Dienststellen.
K   101 11366 f. (674 a)

19.–20. 4. 44   Lammers   17623
Mitteilung Bormanns: Beanstandung überflüssiger Statistiken („geradezu toll") durch Hitler unter Hinweis auf eine Bekanntmachung des Münchener Oberbürgermeisters über die Obstbaumzählung im Stadtkreis München; Wunsch H.s, die Statistischen Ämter gründlich auszukämmen und die Angestellten einem kriegswichtigen Einsatz zuzuführen. Durch Lammers weitere Veranlassung.
M   101 07502–05 (591)

19. 4.–6. 5. 44   Lammers, Ley, Sauckel u. a.   17624
Mitteilung Bormanns an Lammers: Zur Ausschöpfung aller Leistungsreserven im Kriege Forderung Leys nach gleichem Frauenlohn bei gleicher Leistung. Dies in einer Besprechung darüber in Anwesenheit B.s, des GL Sauckel und anderer von Hitler unter Berufung auf die ns. Prinzipien der Erhaltung der Volksgemeinschaft (keinen „gleichen Lohn für gleiche Leistung", sondern mit dem Lohn auch Berücksichtigung „sonstiger Leistungen für den Staat"; im Normalfall also höhere Bezahlung der Arbeit des Mannes als des Familienerhalters), daneben auch als ungerechtfertigt (Mangel an Vergleichsmöglichkeiten) abgelehnt (Ausnahmen jedoch möglich, jetzt im Ausnahmefall des Krieges Ausgleich für Schwer- und Schwerstarbeit leistende Frauen durch Kinderzulagen oder Steuererleichterung); Festhalten an diesen Grundsätzen auch im Kriege; *nach* dem Kriege – so H. – die Sperrung gewisser Berufe, z. B. des

Kellners, des Grundstufenlehrers oder des „für einen Mann geradezu unwürdigen" Damenfriseurs, für Männer zu erwägen bis zur Verwirklichung des ns. Ideals: Der Mann als alleiniger Verdiener und trotzdem eine Dreizimmerwohnung auch für den „kleinsten Arbeiter".
H   101 06654–67 (542); 108 00075–78 (1509)

19. 4. – 30. 5. 44   Lammers, GL Sauckel, Speer u. a.   17625
Besprechung bei Hitler über Fragen des Arbeitseinsatzes in Italien und Frankreich sowie im Falle einer Invasion. Italien: Stocken der weiteren Erfassung von Arbeitern wegen der Aufstellung einer Armee und wegen des Fehlens einer wirksamen Exekutive; der Vorschlag des GL Sauckel, die italienischen Militärinternierten als freie ausländische Arbeiter zu beschäftigen, von H. weitgehend abgelehnt (nur einzelne ausgewählte Versuche), dagegen ein stärkerer Einsatz der Frauen befürwortet; Haupterfordernis für eine höhere Arbeitsleistung der Italiener nach Ansicht H.s eine bessere Verpflegung. Frankreich: Hinsichtlich der S(perr)-Betriebe grundsätzliche Zustimmung Speers zu den Forderungen Sauckels (nur Schutz der Produktion für Deutschland, laufende Auskämmung, Neuernennungen nur mit seiner Zustimmung), jedoch Übertragung der endgültigen Entscheidung über die Ernennung neuer S-Betriebe im Fall keiner Einigung zwischen Speer und Sauckel durch H. an Speer (später – von Bormann zugunsten Speers entschiedene – Differenzen über diesen Teil der Besprechungsniederschrift); die Forderung Sauckels nach stärkerer Heranziehung der Frauen von H. gebilligt. Invasionsfall: Unter allen Umständen Sicherstellung des Schutzes leistungsfähiger Arbeitskräfte vor feindlichem Zugriff. – Durch Sauckel Abschluß von Abkommen mit Frankreich und Italien über den Arbeitseinsatz in diesen Ländern bzw. über den Einsatz von Arbeitern aus diesen Ländern im Reich.
W   101 09041–82 (651)

19. 4. – 20. 6. 44   Lammers, RMfRuK, RK Terboven, Keitel, GL Sauckel   17626
Nach einer Mitteilung des RK Terboven, eine – auch Lammers und Bormann unbekannte – Weisung Hitlers vom 22. 3. 44 über die Durchführung des Bahnbaus in Norwegen nicht erhalten zu haben, auf Verlangen L.' eine Erklärung des Chefs des Zentralamts im Reichsrüstungsministerium (RRM), Liebel, über die Entstehung und Weiterleitung dieser Anordnung: Durch GL Kaufmann angeregt, von MinR Dorsch im Auftrag H.s zur Unterzeichnung vorbereitet und dem Adjutanten H.s, SS-Ostuf. Wünsche, übergeben, von diesem offenbar nicht in den Geschäftsgang gegeben; Bedauern Liebels über die – von diesem gerügte – versäumte Befassung Lammers' mit der Angelegenheit, wunschgemäß Unterrichtung der Amtschefs des RRM über den Geschäftsgang bei der Vorbereitung von Führerentschließungen. In der Folgezeit Bereitstellung der geforderten 15 000 sowjetischen Kriegsgefangenen aus dem Bereich der Wehrmacht und des Generalbevollmächtigten für den Arbeitseinsatz sowie – vorübergehend wegen des schlechten Gesundheitszustands der Gefangenen – aus dem zivilen Bereich (RRM) zur Durchführung des angeordneten Bahnbaus in Norwegen (Maßnahme Wiking II).
K/H   101 26037–48/2 (1472 a)

19. 4. – 11. 12. 44   AA u. a.   17627
Nach dem Verbot des Auslandsversands kirchlicher Mitteilungsblätter (vgl. Nr. 17582) Bemühungen des Auswärtigen Amts (AA), für die deutschen Missionen Informationsmaterial auf konfessionellem Gebiet (eine Lücke besonders auf dem katholischen Sektor) zu erhalten: Zunächst versuchsweise Weiterleitung von Auszügen aus den vom Kirchenministerium zur Verfügung gestellten zehn wichtigsten katholischen Amtsblättern an die Auslandsmissionen; dann Bitte an die PKzl. um Übersendung von Auszügen aus den von ihr regelmäßig ausgewerteten katholischen Kirchenblättern, dabei der propagandistische Wert von Nachrichten über das alltägliche kirchliche Leben betont. Bei der Weiterleitung der ersten Sendung vermerkt: Auf Wunsch der PKzl. keine Verwertung von Meldungen über den Heldentod oder über Ordensauszeichnungen von Geistlichen, um eine Ausschlachtung durch die Feindpropaganda (Einsatz von Geistlichen in besonders gefährdeten Frontabschnitten zum Zweck ihrer Ausrottung) zu vermeiden.
W/H   202 00359–64, 385 ff. (4/1 – 12)

20. 4. – 23. 5. 44   RFM, Lammers   17628
Nach Errichtung einer Reichsinspektion des Arbeitseinsatzes als Hauptabteilung IX des Generalbevollmächtigten für den Arbeitseinsatz (GBA) Notwendigkeit, für den Vertreter des Leiters, den von Bormann auf Bitten des GBA für diese Aufgabe zur Verfügung gestellten ORegR Kurt Geissler, eine Planstelle A 2 b beim Reichsarbeitsministerium in eine Planstelle A 1 a (Ministerialrat) umzuwandeln. Zustimmung Lammers' und B.s zu der Planstellenhebung, dabei Monitum L.' wegen der Planstellenregelung erst nach statt vor Vorlage des Ernennungsvorschlags.
H   101 18354–59 (1138 b)

20. 4. – 6. 7. 44   RMfWEuV   17629
Vorlage von (getrennten) 'Gesetzentwürfen über die reichsrechtliche Neuordnung der Unterhaltung der Volks- und Hauptschulen: Die Errichtung und Unterhaltung der Volks- und Hauptschulen grundsätzlich Aufgabe der Gemeinden; Bildung von Schulverbänden und ausnahmsweise Zulassung von Gastschulverhältnissen; Übernahme der Personalkosten für die Lehrer auf das Reich bzw. bis auf weiteres auf das Land (von der PKzl. wiederholt eine Beseitigung der gemeindlichen Beteiligung an diesen Kosten gefordert); Schulbauwesen; Lehrerdienstwohnungen und -dienstland; Begründung der Kriegswichtigkeit (dabei Verweis auf die Einführung der Hauptschule auf Befehl Hitlers); u. a. Nach einer Beratung Vornahme von Fassungsänderungen und Bitte um nunmehrige Zustimmung.
W   101 15777 – 85 (944 a)

21. 4. – 4. 5. 44   RMfVuP, Lammers   17630
Mitteilung Bormanns: Von Hitler gebilligter Antrag Goebbels', dem Wagner-Sänger Adolf Wallnöfer (München) zum 90. Geburtstag – neben der Goethe-Medaille – eine steuerfreie Ehrengabe von RM 10 000.– überreichen zu lassen.
H   101 17787 – 91 (1092)

22. 4. 44   AA   17631
Mitteilung über die Haftentlassung des polnischen Kardinals Hlond in Frankreich auf Anweisung Himmlers und entgegen Ribbentrops Bitte um weitere Festhaltung.
W   202 01236 (10/9 – 13 + 20/6)

22. 4. – 3. 5. 44   Himmler, RKzl.   17632
Unter Übermittlung des Berichts eines nach Dresden geschickten Sachbearbeiters der PKzl. über seine Untersuchung der bei der Verlagerung der Firma Grätz nach Lunzenau sowie bei der Bearbeitung weiterer Verlagerungsanträge des Reichsrüstungsministers (RRM) in Sachsen aufgetretenen Schwierigkeiten Stellungnahme Bormanns zu von Himmler vorgebrachten Klagen: Ordnungsgemäße Bearbeitung der Anträge durch GL Mutschmann; pflichtgemäßer Widerspruch der Gauleiter gegen ungerechtfertigte, bei näherer Überprüfung nicht aufrechtzuerhaltende Verlagerungsanträge des RRM; um den Eindruck eines Bündnisses zwischen H. und Speer gegen die Gauleiter nicht erneut zu unterstreichen, M. gegenüber H. als Beschwerdeführer nicht erwähnt.
K/H   101 07846 – 50 (609 a)

[23. 4. 44]   GL Bohle, SS-Ogruf. Berger   17633
Informationen des SS-Ogruf. Berger für Himmler: Auftrag Bormanns an GL Bohle, die gesamte germanische Arbeit zu übernehmen (vgl. Nr. 17696); darüber sowie über die Weiterleitung des „Beförderungsvorschlags unseres Willi Deppner" an Bohle die Reichsjugendführung sehr erbittert; für Belgien die Schaffung eines Arbeitskreises der NSDAP vorgesehen, hierfür zunächst Grohé, jetzt Florian genannt.
H   102 01175 f. (2185)

[23. 4. 44]   RJF, SS-Ogruf. Berger   17634
Information des SS-Ogruf. Berger für Himmler: „Scharfer Kampf" der Reichsjugendführung (Axmann, Schirach) mit der PKzl.; gegenüber Bormann erhobener Vorwurf, Hitler in sechs Fällen falsch unterrichtet zu haben, und Leugnung der Gültigkeit darauf beruhender Entscheidungen; Absicht A.s und Sch.s, sich bei Hitler zum Vortrag zu melden und bei negativer Entscheidung um anderweitige Verwendung zu bitten.
H   102 01175 f. (2185)

[24. 4.] – 3. 5. 44   StSekr. Ganzenmüller, Lammers   17634 a
Bitte des StSekr. Ganzenmüller um einen Vortrag bei Hitler über die Personallage der Reichsbahn. Die Bormann mitgeteilte Antwort Lammers': Ein Vortrag vorerst nicht möglich. (Später Empfang G.s durch H. aus Anlaß des Führererlasses über die verstärkte Zusammenfassung des Straßenverkehrs.)
M/H   101 01872 – 76 (187)

24. 4. – [11. 8.] 44   RJM, RKzl.   17635
Durch den Reichsjustizminister Übersendung des Entwurfs einer Verordnung zur Änderung der Landesverratsvorschriften (überwiegend Verschärfung von Strafbestimmungen). Hinsichtlich der nur „auf Anordnung der Reichsregierung" zu verfolgenden Tatbestände von Bormann unter „Reichsregierung" der „jeweils zuständige Justizchef" verstanden; Hinweis auf dessen Pflicht, vor der Anordnung das Einvernehmen mit dem zuständigen Fachminister (bei Straftaten innerhalb der Partei mit B.) herzustellen.

Im Gegensatz zu Lammers keine Bedenken B.s gegen die Vornahme der Änderungen (darunter die Einführung der Todesstrafe für verschiedene Tatbestände) auf dem Verordnungsweg aufgrund besonderer Vollmacht. Schließlich doch Vorlage als Gesetz.
W   101 26973 – 80 (1512 a)

25. 4. 44   AA, Dt. Ges. Preßburg   17636
Übersendung eines Berichts der Deutschen Gesandtschaft in Preßburg über eine von ihr angeregte Artikelreihe in der slowakischen katholischen Zeitschrift Náš priatel über die „verheerende Auswirkung" der Jugenderziehung in der Sowjetunion (Beifügung eines Artikels).
W   202 01628 – 32 (11/18 – 28 + 20/10)

25. 4. 44   AA   17637
Übersendung eines Buches von Prof. Adolf Keller (Genf) „Amerikanisches Christentum heute".
W   202 01677 (12/3 – 12/14)

25. 4. 44   AA   17638
Übersendung einer Meldung von Radio London über gegen den Papst gerichtete Äußerungen des Patriarchen von Moskau, Sergius.
W   202 02142 (16/24 – 37)

25. 4. – 2. 5. 44   RKzl., RMfEuL, RMfRuK, GBA   17639
Durch Lammers Vortrag bei Hitler und nachfolgende, mit Bormann abgestimmte Unterrichtung der Beteiligten: Auf Antrag des Reichsernährungsministers Rückführung der für den Einsatz in der Rüstungswirtschaft beurlaubten landwirtschaftlichen Arbeitskräfte gemäß der Entscheidung H.s, die der Landwirtschaft gegebenen Versprechungen einzuhalten. (Vgl. Nr. 17543.)
M/H   101 10833 – 36 (663 b)

[26. 4. 44]   RWiM   17640
Bitte der PKzl., die Aufhebung eines vom Ehrengerichtshof der Wirtschaft gegen einen – namentlich hier nicht genannten – „Ehrenamtsträger in der Wirtschaftsorganisation" ergangenen Urteils herbeizuführen mit Rücksicht auf dessen Freispruch in einem parteigerichtlichen Verfahren wegen des gleichen Sachverhalts. Die Stellungnahme des Reichswirtschaftsministers: Das Urteil rechtskräftig, die Möglichkeit von Gnadenerweisen nicht gegeben; Vorschlag, den Leiter der Reichswirtschaftskammer zur Erteilung von Gnadenerweisen zu ermächtigen.
M   101 03280/1 – 4 (326)

27. 4. 44   RFM, RKzl., AO u. a.   17641
Bei einer Besprechung Klage der Auslands-Organisation über die von Amts wegen, jedoch ohne Abzüge von der Besoldung erfolgende Unterbringung und Verpflegung der Angehörigen des Auswärtigen Dienstes in Italien sowie über den fehlenden Teuerungsausgleich für die dort tätigen Angehörigen der NSDAP; letzterer auch vom Vertreter der PKzl. gefordert.
H   101 08199 (626)

27. 4. 44   Himmler   17642
Unter Anerkennung der offenbaren Bemühungen des neuen Reichsinnenministers Himmler, zur Ergänzung lediglich „negativen Ausmerzens" politisch qualifizierte Beamte zu fördern, Beschwerde Bormanns über Erhebungen des SD zur politischen Eignung der höheren Beamten: Reklamation der alleinigen Zuständigkeit der PKzl. für die Wahrung der Belange der Partei gegenüber dem Staat in der Personalpolitik; die Rolle des SD dabei – nur zweitrangig hinter den Politischen Leitern – auf nachrichtendienstliche Mithilfe bei der Beurteilung beschränkt; Verwahrung gegen etwaige Bestrebungen, diesen Rahmen zu erweitern; Verbot der ehrenamtlichen Mitarbeit von Politischen Leitern im SD zwecks Vermeidung von Konflikten.
K   102 01031 – 35 (1903)

27. 4. – 15. 5. 44   AA   17643
Auf Wunsch der PKzl. Übersendung der Aufzeichnung eines dem Vatikan nahestehenden Gewährsmannes über die sogenannte Bewegung der christlichen Kommunisten in Italien: In Rom etwa 5000 Anhänger (fast ausschließlich Studenten), darunter nur zwei Priester.
W/H   202 02074 – 74/3 (16/11 – 23)

[27. 4.] – 27. 8. 44   StSekr. Mussehl, RKzl.   17644
Unter der Voraussetzung von zwei Veränderungen Einwilligung des StSekr. Mussehl (Vertreter des Gen. v. Unruh), Bormann vertraulich Kenntnis nehmen zu lassen von seinem an RKabR Killy (Reichskanzlei) gerichteten ausführlichen und kritischen Bericht über eine Reise des Stabes Unruh nach Italien im Februar 1944 und über die Situation der Unruh-Kommission. M.s Eindrücke in Italien: Unglückliche Organisation der höchsten Verwaltungs- und Kommandostellen, keine Abgrenzung der Arbeitsgebiete und Zuständigkeiten (etwa zwischen Botsch. Rahn und dem Bevollmächtigten General der deutschen Wehrmacht bei der italienisch-faschistischen Regierung, Gen. Toussaint, oder – unter R. – zwischen dem für die Leitung der Wirtschaft zuständigen Chef der Militärverwaltung, StSekr. Landfried, und dem von Speer zur Betreuung der Rüstungsindustrie eingesetzten Gen. Leyers) mit Kompetenzstreitigkeiten, Doppelarbeit und Rivalitäten als Folgen; Charakterisierung des Botsch. R. (sein Erscheinungsbild nicht den Vorstellungen von einem Mann seiner Position entsprechend); Überbesetzung der Botschaft in Fasano, ständiger Zugang von evakuiertem Personal der Botschaft in Rom; mißliche Situation des Gen. T. infolge Fehlens jeglicher Machtmittel zur Wahrung der deutschen Autorität; dessen Zwangslage, bei Streiks (Genua, Mailand, Turin) auf Hilfeleistung durch den Höchsten SS- und Polizeiführer in Italien, Wolff, angewiesen zu sein; W.s nach früherer Ablehnung durch Hitler jetzt erneuerte Bestrebungen, die Stelle des Bevollmächtigten Generals mit seinem Amt zu vereinigen, von U. unterstützt; offensichtliches Desinteresse U.s an seiner Aufgabe (planlose Herumreiserei, unbefriedigende Arbeitsergebnisse, Klage über mangelnde Anerkennung seiner Arbeit und über die Ablehnung seines Abschiedsgesuchs) sowie Verstimmung über Keitel wegen dessen Verhinderung der Weitergabe seiner Berichte für H.; Verärgerung U.s über seine künftige Unterstellung unter Keitel durch die Anordnung vom 3. 3. 44, Desinteresse auch an seiner neuen Tätigkeit (Überprüfung der von GenOberst Fromm angeordneten Rationalisierungsmaßnahmen innerhalb des Ersatzheeres); Arbeitsaufnahme durch den neuen Sonderbeauftragten H.s, Gen. Ziegler (Erlaß H.s vom 27. 11. 43) mit wesentlich identischem Arbeitsbereich; Informationen, Mussolini, dessen Regierung und sonst die „italienische Seite des Problems" betreffend; Schilderung der Verluste des Stabes bei dem Luftangriff auf Verona am 8. 2. 44; und anderes. Vorschlag B.s, nach der inzwischen erfolgten Einsetzung des Reichsbevollmächtigten für den totalen Kriegseinsatz den Stab Unruh aufzulösen (entsprechende Erwägungen unter Hinweis auf den neuen Auftrag für Gen. Z. bereits zuvor in der Reichskanzlei erörtert), den Sonderzug Karpaten einzuziehen und die Mitarbeiter zu ihren Heimatdienststellen zurücktreten zu lassen. Erklärung der Beendigung des Sonderauftrags durch Handschreiben H.s unter Verleihung des Ritterkreuzes zum Kriegsverdienstkreuz an U. und Mussehl.
K/H   101 11697 – 727 (681)

28. 4. 44   RMfRuK – 36   17645
Keine grundsätzlichen Bedenken gegen den Entwurf eines OKW-Erlasses über die Behandlung Kriegsgefangener (vgl. Nr. 17907), jedoch Ergänzungswünsche (Unterrichtung der Betriebsführer bei Bestrafung bzw. Nichtbestrafung); Anregung eines besonderen Erlasses über die Wachmannschaften (Ablösung bei Säumigkeit, Belobigung statt Strafverfolgung bei scharfem Durchgreifen). (Nachrichtlich an die PKzl.)
W/H   108 00744 – 48 (1820)

29. 4. – 19. 5. 44   GL Wächtler, RFSS   17646
Durch Bormann an Himmler (später Weiterleitung an StSekr. Stuckart) Übermittlung eines 'Fernschreibens des GL Wächtler über widerspruchsvolle Verlagerungs-Anordnungen und die dabei mitspielenden Interessen-Gegensätze.
K   102 01635 f. (2836)

29. 4. – 30. 5. 44   RKzl., RFM   17647
Zustimmung der PKzl. zur Umwandlung der außerordentlichen Professur für Hochfrequenztechnik und Flugfunkwesen bei der Technischen Hochschule München in eine ordentliche Professur (Ausnahme vom Stoperlaß).
M   101 10535 ff. (660 a)

29. 4. – 6. 6. 44   RMfRuK   17648
Mitteilung der Zusammenlegung des Amtes Bau des Reichsrüstungsministeriums, der Dienststelle des Generalbevollmächtigten für die Regelung der Bauwirtschaft und der OT-Zentrale. Später Übermittlung der Grundsätze der beabsichtigten Neuregelung der Organisation des Bauwesens: Zusammenfassung der Mehrzahl der Bauverwaltungen in der Hand des (neueingesetzten) Chefs des Amtes Bau und Leiters der Zentrale der Organisation Todt (OT), MinDir. Dorsch; Gliederung des gesamten Bauapparats nach OT-Einsatzgruppen unter Überführung der Dienststellen der Baubevollmächtigten auf die OT-Einsatzgrup-

penleiter; Sicherstellung der Verbindung letzterer mit den Reichsverteidigungskommissaren und Kompetenzabgrenzung zwischen beiden; Änderung des Baugenehmigungsverfahrens; Abgabe des Luftwaffen- und des Marinebauapparates an das Ministerium Speer. Im ebenfalls nachgereichten Organisationserlaß zur Neuregelung und in der Dienstanweisung für die OT-Einsatzgruppenleiter und die OT-Einsatzleiter die "Anregungen Bormanns „nach Möglichkeit" berücksichtigt.
W/H   101 16815 – 28 (1012); 108 00296 – 301/7 (1593)

29. 4. – 12. 6. 44   AA, RKfdbnG   17649
Durch das Auswärtige Amt Übersendung eines scharfen Angriffs der Zeitung Algemeen Handelsblad gegen den von der Synode der Niederländisch-Reformierten Kirche unter dem Einfluß der „Barthianer" in einem Hirtenbrief eingenommenen Standpunkt der Unvereinbarkeit von Christentum einerseits und NS und Antisemitismus andererseits sowie eines weiteren Artikels derselben Zeitung über die internen Streitigkeiten in der Niederländisch-Reformierten Kirche (Suspendierung des Prof. Schilder) und gegen die Politisierung der kirchlichen Verkündigung.
W/H   202 00959 – 72 (9/1 – 4)

30. 4. – 29. 7. 44   RJM, Lammers   17650
Zustimmung Bormanns (und dann – zögernd und mit einer Verfahrensrüge – auch Lammers') zum Entwurf eines Erlasses des Reichsjustizministers über die Änderung von Oberlandesgerichtsbezirken im Raum Weser-Ems, in Hessen-Nassau, Sachsen und Thüringen zur Anpassung an die beabsichtigte Verwaltungs-Umgliederung sowie in Bayern zur Angliederung an die Gaugrenzen (u. a. Aufhebung des Landgerichts Eichstätt).
H   101 10595/60A – 68 (661)

[Mai 44]   Dt. StM f. Böhmen u. Mähren   17651
Im Rahmen einer Erörterung über die anzustrebende Ausschaltung des Reichsinnenministers bei der Einstellung oder Beförderung deutscher Beamter und Angestellter des höheren Dienstes in der autonomen Protektoratsverwaltung Feststellung: Die Äußerungen der PKzl. stets vom Reichsprotektor bzw. vom Deutschen Staatsminister für Böhmen und Mähren direkt eingeholt.
W/H   113 00016 ff. (59)

Anfang Mai 44   OKOpZ Alpenvorland, OKOpZ Adriatisches Küstenland, OKW   17651 a
Auf Veranlassung der Obersten Kommissare der Operationszonen Alpenvorland und Adriatisches Küstenland (OK) Besprechungen der PKzl. mit ihnen und anschließend Herantreten an das OKW wegen einer Abgrenzung der Zuständigkeit zwischen den Sondergerichten der OK und den Kriegsgerichten der Wehrmacht. (Vgl. Nr. 17739.)
H   101 11785 (682 b)

2. 5. 44   Lammers   17652
Laut Rücksprache mit Bormann keine Aussicht für Rosenberg, in nächster Zeit von Hitler empfangen zu werden.
H   101 18994 (1159)

2. – 27. 5. 44   RMfEuL   17653
Schwierigkeiten bei der Versorgung der (von der Güterverwaltung Nord in eigene Bewirtschaftung zu übernehmenden) Güter Flatow, Rollenhagen und Rödlin mit Ackerwagen und sonstigem landwirtschaftlichem Gerät in dem von Bormann gewünschten Umfang.
K/W   102 01345 f. (2585)

3. 5. 44   AA   17654
Übermittlung eines Telegramms aus Tanger über die angebliche Absicht Stalins, mit Hilfe der Russisch-Orthodoxen Kirche (Aufruf des Patriarchen Sergius zur Vereinigung aller christlichen Kirchen) eine Annäherung zwischen der Sowjetunion und dem Vatikan zu erreichen.
W   202 01633 (11/18 – 28 + 20/10)

3. 5. 44   AA   17655
Übermittlung einer politischen Beurteilung des soeben verstorbenen amerikanischen Kardinals O'Connell und des Kard. Dougerthy durch den Deutschen Botschafter in Madrid.
W   202 01101 (9/5 – 14 + 20/1)

3. 5. 44   AA   17656
Übersendung des Wortlauts einer Rundfunkansprache des griechischen Bischofs von Korditsa, Prof. Kourilas, zum griechischen Karfreitag.
W   202 00574 f. (6/1 – 7)

3. – 10. 5. 44   Lammers   17657
Durch Bormann übermittelte Weisung Hitlers, der Magdalena Fraaß und ihrem Kinde Annemarie Wagner, Tochter des verstorbenen GL Adolf Wagner, bis zu dessen Volljährigkeit angemessene monatliche Zahlungen (Bewilligung Lammers': RM 600.–) zu gewähren.
H   101 17808 – 12 (1092 a)

3. – 13. 5. 44   RKzl., RFM   17658
Zustimmung der PKzl. zur Hebung von 8050 Planstellen der Reichspost als Ausnahmen vom Stoperlaß, begründet mit erhöhtem Anfall kriegswichtiger Tätigkeit: Briefverteilung, Feldpost, Fernsprechvermittlung u. a.
M   101 10529 – 34 (660 a)

3. – 17. 5. 44   AA   17659
Mitteilung über die ablehnende Haltung des Deutschen Botschafters beim Heiligen Stuhl gegenüber der Anregung einer „hochstehenden belgischen Persönlichkeit", zwecks Veranlassung des „unselbständigen" belgischen Kardinals van Roey zu einem Hirtenbrief gegen den Bolschewismus durch Entsendung eines Vertrauensmannes die Stellungnahme des Vatikans einzuholen (vom Papst die „Bolschewistengefahr sehr ernst beurteilt"), und über die entsprechende Instruierung des Vertreters des Auswärtigen Amts in Brüssel.
W/H   202 00026 f. (1/5 – 12 + 19/3)

3. 5. – 26. 6. 44   RWohnungsK, RMdI, RKzl.   17660
Keine Bedenken Bormanns und Lammers' gegen die vom Reichswohnungskommissar gewünschte, vom Reichsinnenminister für unnötig gehaltene Änderung der Bezeichnung der geschäftsführenden Behörden der Gauwohnungskommissare.
W   101 17525/1 – 526, 531 (1033 c)

4. 5. – 7. 8. 44   RKzl., Kirchenvorstand Striehlau   17661
Übermittlung einer ˙Bitte des Kirchenvorstands der katholischen Pfarrgemeinde Striehlau (Wartheland) um Rückgabe des beschlagnahmten Pfarrhauses samt dazugehörigem Wirtschaftsgebäude und Ackerland. In der Stellungnahme der PKzl. Ankündigung einer positiven Regelung: Anerkennung Striehlaus als deutsche Pfarre am Stichtag (1. 9. 39), daher der Übergang von Vermögen und Landbesitz an die „römisch-katholische Kirche deutscher Nationalität im Reichsgau Wartheland" bevorstehend.
H   101 22293 ff. (1272 a)

5. – 10. 5. 44   RFSS   17662
Wegen der Absicht, ein besonderes Dienstsiegel zu führen, Anfrage bei der PKzl. nach den Bestimmungen über die Führung von Dienstsiegeln. Auskunft Hillebrechts: Keine Dienstsiegelordnung der Partei existent; Hinweis auf die Vorschrift des Reichsschatzmeisters 1341 vom März 1941.
K/H   102 00281 (693)

6. – 13. 5. 44   Lammers   17663
Angesichts der wachsenden Zahl von Anträgen auf Freistellung von Lehrerinnen, Lehramtsanwärterinnen usw. vom Reichsarbeitsdienst (RAD) der weiblichen Jugend und der darin liegenden grundsätzlichen Verkennung der Bedeutung des RAD Verständigung der Parteidienststellen durch Bormann und auf dessen Bitte hin auch des Reichserziehungsministers durch Lammers von der ganz besonders für die Erziehungsberufe gültigen Auffassung Hitlers: Die Schule des RAD für alle deutschen Männer und Frauen unentbehrlich.
H   101 06181 – 83 (520 a)

8. 5. 44   Himmler   17664
Durch Bormann Aufforderung zu einem Bericht für Hitler über den Stand der Angelegenheit StR Walther Schieber (Verwicklung in eine Lebensmittelschiebung? Vgl. Nr. 17542?).
W   102 00340 f., 344 (755)

10. 5. 44   Thierack   17665
Übersendung der Führerinformation 180 des Reichsjustizministers: Zuchthausstrafen des Deutschen Landgerichts Prag gegen die Großgrundbesitzer Graf Czernin und Graf Kinsky sowie gegen Prinz de Rohan wegen Abhörens ausländischer Rundfunknachrichten.
H   101 28987 f. (1559 b)

10.–13. 5. 44   Lammers   17666
Durch Bormann weitergeleitetes Verbot Hitlers für alle Reichsleitungsdienststellen der NSDAP und Obersten Reichsbehörden, Ausweichquartiere im Gau Salzburg sowie in den Kreisen Berchtesgaden, Reichenhall und Traunstein zu beziehen. Entsprechende Veranlassungen.
H   101 11195–98 (667); 101 29201 (1648)

10.–25. 5. 44   Lammers   17667
Hinsichtlich der vom Reichsrüstungsminister und vom Reichskommissar für die Preisbildung (wegen der in ihren Geschäftsbereichen besonders großen Versuchung) angeregten *Anordnung des Reichsinnenministers über unberechtigte Anschaffungen durch Angehörige des öffentlichen Dienstes die Zweifel Lammers' an der Zweckmäßigkeit und praktischen Durchführbarkeit von Bormann geteilt; ein Appell an die anständige Gesinnung für den Parteibereich – so B. – ohnedies entbehrlich.
M/W   101 04662 ff. (425 a)

10. 5.–[15. 6.] 44   RKPreis.   17667 a
Nach Berücksichtigung eines Abänderungswunsches der PKzl., die Zugehörigkeit des Kreises Grafschaft Schaumburg (Regierungsbezirk Hannover) zum Gau Westfalen-Nord betreffend, deren Zustimmung zu einem *Anordnungsentwurf: Zur weiteren Verwaltungsvereinfachung und zur Personalersparnis Angleichung der Preisbildungsstellenbezirke an die Reichsverteidigungsbezirke und personelle Zusammenlegung der Preisbildungs- und Preisüberwachungsstellen.
M/H   101 03540–43 (356 a)

11. 5.–28. 6. 44   RMdI, RKzl., RMfWEuV   17668
Durch den Reichsinnenminister Übersendung der Entwürfe von Runderlassen zur Durchführung und Ergänzung der drei Führererlasse vom 1. 4. 44 über die Zusammenfassung der Verwaltungsführung in Mitteldeutschland und im Raum Weser-Ems (Abtrennung von Teilen der preußischen Provinzen Sachsen, Hessen-Nassau und Hannover zu de jure oder – Weser-Ems – de facto neuen Provinzen unter ihren bereits seit einiger Zeit als Reichsverteidigungskommissare auch im staatlichen Bereich teil-zuständigen Gauleitern: Halle/Merseburg sowie – zu Thüringen – Erfurt von Magdeburg, Nassau zu Hessen von Kassel und Osnabrück/Aurich zu Oldenburg/Bremen von Hannover; vgl. Nr. 16807 und 17280). Im Verlauf der Erörterung, vermutlich veranlaßt durch eine Meinungsänderung des Reichserziehungsministers, Verzicht auf die ursprünglich von den Ressorts geforderten komplizierten Ausnahmeregelungen für die Landeskulturverwaltung, das höhere Schulwesen, die Preisbildungsstellen und die Wasserverwaltung; statt der in der ersten Fassung noch vorgesehenen Verknüpfung mit den alten Provinzhauptstädten nunmehr grundsätzlich nicht nur Weisungsbefugnisse der neu zuständigen Mittelinstanzen, sondern auch dortige Bearbeitung der nicht geteilten Angelegenheiten, d. h. – so die Reichskanzlei – eine in den Führererlassen nicht vorgesehene weitere Auflockerung des preußischen Gefüges. Abschließende Zustimmung der PKzl. mit nur unbedeutenden „Maßgaben".
H   101 10619/14–41 (661 a); 101 29581–93, 615 f. (660 b)

12. 5. 44   OKH   17669
Erlaß neuer Grenzübertritts-Vorschriften zwecks einschneidender Drosselung des gesamten Reiseverkehrs nach Frankreich und Belgien wegen der dortigen angespannten Transportlage.
W   107 00684 ff. (222)

12. 5. 44   RWohnungsK, RMdI   17670
Durch den Reichswohnungskommissar Betonung seiner Zuständigkeit für die praktische Durchführung des Wiederaufbaus der Wohngebäude („Ersatzleistung in Natur" nach der Kriegssachschäden-Verordnung vom 30. 11. 40) gegenüber der Speer im Führererlaß über die Vorbereitung des Wiederaufbaus bombengeschädigter Städte vom 11. 10. 43 übertragenen Zuständigkeit für die städtebauliche Planung der „Wiederaufbaustädte". (Abschrift an die PKzl.)
H   101 19081 f. (1161 d)

14. 5. 44   Himmler   17671
Bitte Bormanns, der Einladung des Chefs des NS-Führungsstabes im OKW zu folgen und zu den Teilnehmern des vom 23.–25. Mai stattfindenden nächsten politisch-weltanschaulichen Lehrgangs für Generäle auf der Ordensburg Sonthofen zu sprechen; im Anschluß an den Lehrgang eine Ansprache Hitlers geplant.
W/H   107 01183 (378)

15. 5. 44   RKzl., Adj. d. F   17672
Bormann zur Kenntnisnahme mitgeteilte Mahnung Lammers' an die Persönliche Adjutantur Hitlers, nunmehr der bei der Übersendung des Entwurfs eines Danktelegramms an den „Leider" der ns. Bewegung in den Niederlanden, Mussert, für dessen telegrafische Glückwünsche zu Hitlers Geburtstag geäußerten Bitte um Mitteilung des endgültigen Textes und des Abgangs des Telegramms (zur Verständigung des Reichskommissars Seyß-Inquart) baldigst nachzukommen.
K   101 25933 f. (1463)

15. 5.–8. 8. 44   RMdI, RKzl.   17673
Erörterung von Entwürfen des Reichsinnenministers und schließlich Erlaß einer Durchführungsverordnung und eines Ausführungserlasses zum Führererlaß über die Verfassung und Verwaltung Berlins: Unbeschränktes Lenkungsrecht des Stadtpräsidenten Goebbels gegenüber der gesamten städtischen (Behörde des „Oberbürgermeisters") wie staatlichen (Behörde des „Regierungspräsidenten der Reichshauptstadt Berlin") Verwaltung. Anmerkung Lammers', von Bormann unterstützt, zu den Entwürfen: Diese Regelung eine ausdrücklich auf G. „zugeschnittene, keine von seiner Persönlichkeit unabhängige Lösung"; nach G.' Ausscheiden Rückkehr zum Berlin-Gesetz vom 1. 12. 36. (Vgl. Nr. 17493.)
M/H   101 07145–65 (576 a)

16.–24. 5. 44   Lammers   17674
Mitteilung Bormanns: Wunsch Hitlers, die staatlichen Gärten in Potsdam soweit wie möglich für den Gemüseanbau zu nutzen; die Unterrichtung des Reichserziehungsministers als der vorgesetzten Behörde der zuständigen Verwaltung erbeten (und erfolgt).
K   101 08024 f. (614 a)

17. 5. 44   Lammers   17675
Nach Meinung Bormanns über die von RStatth. Epp an Lammers herangetragene Bitte des Prof. Trunk, der ausgebombten Akademie der Tonkunst in München Räume der Schack-Galerie zu überlassen, eine (dann positiv ausfallende) Entscheidung Hitlers erforderlich.
H   101 21147 (1242 b)

17.–27. 5. 44   StSekr. Kritzinger, Göring, Schwerin-Krosigk   17676
Nach anfänglichen Bedenken Entschluß Hitlers, einem ihm durch Bormann zur Kenntnis gebrachten Wunsch Lammers' zu entsprechen und L. anläßlich seines 65. Geburtstages statt einer zunächst ins Auge gefaßten Bar-Dotation von RM 250 000.– das jetzt von ihm bewohnte Jagdhaus am Werbellin-See sowie einen angrenzenden, im Eigentum der Stiftung Schorfheide stehenden Grundstückskomplex zu schenken (Erwähnung einer eventuellen Entschädigung der Stiftung aus den Haushaltsmitteln H.s) und ihm überdies zur Errichtung weiterer Gebäude nach dem Krieg eine steuerfreie Bar-Dotation in Höhe von RM 600 000.– zukommen zu lassen. Bitte B.s an Göring, die betreffenden Grundstücke dem Reich abzutreten.
K/H   101 30023–29 (1641)

17. 5.–5. 6. 44   Stv. GL Schleßmann, RMfRuK, RFSS   17677
Empfehlung des Reichsrüstungsministers an Bormann, sich wegen der vom Stv. GL Schleßmann (Essen) beklagten mangelhaften Bekleidungsausstattung der Werksfeuerwehren (hier: Besohlung der Dienstschuhe) an den Reichsführer-SS oder an das auch für die Versorgung der öffentlichen Bedarfsträger verantwortliche Reichswirtschaftsministerium zu wenden.
W/H   108 00803 f., 806–09 (1956)

18. 5. 44   Speer   17678
Glückwunsch zur Hochzeit Wünsche (Haus Bormann).
W   108 00324 (1605)

18. 5. 44   Ohnesorge   17679
Hinweis auf die großen Personalschwierigkeiten bei der Post und Bitte, bei Keitel die erbetene Freigabe von mindestens 5000 bei der Nachrichtentruppe befindlicher, für die Beseitigung der schweren Schäden im Fernmeldedienst benötigter Fachkräfte zu unterstützen.
W/H   114 00004 – 04/3 (59)

18. 5. – 3. 7. 44   RMfEuL, Himmler   17680
Angesichts einer Forderung des OKW, bis Oktober 75 000 Uk.-Gestellte aus der Landwirtschaft einzuziehen, von Himmler unterstützte dringende Bitte des Reichsernährungsministers, vor Beendigung der Hackfruchternte keine Einziehungen aus der Landwirtschaft vorzunehmen und danach nur eine erheblich geringere Quote als die geplante einzuziehen; andernfalls starke Schwächung der Produktionskraft. Gegenüber diesen von Bormann „eindringlich" vorgetragenen Argumenten Hinweis Hitlers auf die Notwendigkeit weiterer Einziehungen wegen der militärischen Lage. Bei Mitteilung darüber an Himmler Votum B.s zugunsten der Landwirtschaft: Seit Kriegsbeginn mangelnde Erfüllung des Einziehungssolls durch Rüstung, Reichsbahn und Reichspost; das fehlende Soll bisher immer der Landwirtschaft und den übrigen Bedarfsträgern aufgebürdet.
W   107 00879 – 86 (289)

19. 5. 44   RMfRuK   17681
Mitteilung: Die Aufstellung der Grund- und Ausweichpläne sowie die Ausweichstudien zur Verhütung von Fertigungsausfällen bei der Rüstung durch Luftangriffe nicht mehr erforderlich.
W   108 00602 (1765)

19. – 29. 5. 44   Lammers   17682
Bitte Bormanns um Erstattung von der PKzl. und der Führeradjutantur vorschußweise gezahlter Kosten für das Führerhauptquartier (Fliegerstaffel, Kraftwagenneuanschaffungen, Verpflegung u. a.) in Höhe von RM 649 186.75 (13. Zwischenabrechnung). Mitteilung über die erfolgte Überweisung des Betrags auf das Zentralkonto der PKzl. bei der Commerzbank in München.
K/H   101 08140 – 44 (615 c)

19. 5. – 2. 6. 44   Lammers, RMfWEuV   17682 a
Mit Bezug auf die Runderlasse des Reichsinnenministers (RMdI) über das Verbot der Beschäftigung naher Verwandter von Beamten in führenden Stellungen in deren eigenem Dienstbereich (vgl. Nr. 15696) Anfrage des Reichserziehungsministers bei der Reichskanzlei wegen des ihm vorgelegten Antrags auf Ernennung des RegDir. Dehyle zum Ministerialrat im Württembergischen Kultministerium: D. Schwiegersohn des Kultministers. Übereinstimmung zwischen Lammers und Bormann, zwar grundsätzlich die hier vorliegende Verschwägerung der – von den RMdI-Erlassen betroffenen – Verwandtschaft gleichzustellen, den besonderen Härtefall D. jedoch (dessen Laufbahn sonst beendet) bis zur Beendigung des Wehrdienstes D.s zurückzustellen.
H   101 04645/3 – 650 (425)

20. 5. 44   Bfh. Luftgau VII, Adj. d. Luftwaffe b. F   17683
Mitteilung des Befehlshabers im Luftgau VII: Die Einbeziehung des Reichsautobahnabschnitts München – Hofolding in den Flugbetrieb des Fliegerhorstes Neubiberg unter Absperrung und Umleitung von Hitler genehmigt; Regelung der Benutzung des Autobahnabschnitts durch führende Persönlichkeiten. (Abdruck an die Adjutantur des Leiters der PKzl.)
W   108 00236 f. (1572)

Nicht belegt.   17684

[21.] – 31. 5. 44   Lammers   17685
Durch Bormann Übersendung einer Aufstellung von Auslagen in Höhe von RM 104 717.08, der PKzl. entstanden durch Ankauf von Büchern für die Bücherei Linz. Durch Lammers Anweisung des Betrags zu Lasten des Kontos „Dankspendenstiftung (Sonderfonds L)".
H   101 17075 – 79 (1019 b)

21. 5. – 16. 6. 44   GenMusikDir. Furtwängler, Hitler, Speer   17686
Bormann zur (nicht erfolgten?) Weiterleitung übermittelt: „Allerherzlichster Dank" des Generalmusikdirektors Furtwängler an Hitler für die Anordnung, in seinem derzeitigen Wohnsitz Schloß Achleithen an der Krems einen bombensicheren Keller anzulegen; diese – ihn unnötig belästigende – Maßnahme je-

doch sowohl wegen der geringen Gefahr wie wegen der anderweitigen ungeheuren Beanspruchung von Material und Arbeitskräften nicht angebracht. Vorschlag Speers, in ähnlichen Fällen auf den vorbildlichen Standpunkt F.s hinzuweisen.
W 108 00244–47 (1578)

21. 5. – 24. 6. 44 Lammers, Adj. d. F, RVM u. a.   17687
Laut Bormann die Dienstaufsicht über Hausintendant Kannenberg nicht bei der Persönlichen Adjutantur des Führers (PA), sondern bei ihm liegend; daher auch seine Zuständigkeit für die von der Bahnpolizei gemeldete, vom Reichsverkehrsminister an die Reichskanzlei (RKzl.) herangetragene und von dieser inzwischen an die PA weitergeleitete Angelegenheit der Benutzung einer auf die RKzl. ausgestellten, von dieser der PA überlassenen Freifahrkarte der Reichsbahn durch eine Nichte K.s, Inger Poulsen. Erledigung: K. von B. „persönlich das Nötige eröffnet".
M/H 101 01827/1–833 (184 a)

22. 5. 44 PräsKzl., RLM   17688
Durch die Präsidialkanzlei mit der Bitte um Anweisung der unterstellten Dienststellen Übersendung vom Luftfahrtminister herausgegebener Richtlinien über die Voraussetzungen für die Verleihung des Eisernen Kreuzes bzw. des Kriegsverdienstkreuzes mit Schwertern aus Anlaß von Luftangriffen: Besondere Tapferkeit bei eigener Kampftätigkeit bzw. persönlicher tapferer Einsatz unter unmittelbarer feindlicher Waffeneinwirkung.
W/H 107 01557 f. (509)

23. 5. – 18. 6. 44 Lammers   17689
Einwände Bormanns gegen die auf Anordnung von Prof. Brandt erfolgte Beschlagnahme des von der Stadt Hannover nach schweren Luftangriffen als Ausweichstation benutzten Krankenhauses in Rinteln für die Wehrmacht. Dazu Brandt: Berechtigter Anspruch der Wehrmacht auf die von ihm erstellte Krankenhaus-Sonderanlage (Erweiterung einer wegen des Bauverbots unvollendeten Kaserne zu einem Krankenhaus).
K 101 13974–82 (737 b)

[24. 5. 44] GBV   17690
Referentenentwurf der beteiligten Ministerien für einen Erlaß des Generalbevollmächtigten für die Reichsverwaltung an die Reichsverteidigungskommissare: Bei erfolglosen Einsprüchen der Reichsverteidigungskommissare gegen von Dienststellen des Reichsrüstungsministers (RRM) verfügte Betriebsstillegungen Entscheidung durch den RRM im Einvernehmen mit dem Generalbevollmächtigten für die Reichsverwaltung; bei „Vorliegen besonders wichtiger politischer Gründe" die Anrufung von Bormann und Lammers vorbehalten.
H 101 18918 ff. (1157 a)

24. 5. – 29. 9. 44 Lammers, Dt. StM f. Böhmen u. Mähren   17691
Angesichts der politischen Lage im Protektorat sowie aus Sicherheitsgründen Forderung des StM Frank, ihn wie bisher von allen Dienstreisen leitender Persönlichkeiten in das Protektorat vorher zu verständigen; Befürchtung von Mißverständnissen nach der Anordnung der PKzl. vom 24. 5. (Dienstreisen führender Persönlichkeiten der Partei in das Protektorat nicht genehmigungspflichtig). Dazu die Stellungnahme Bormanns: Die Anordnung Hitlers (Rundschreiben der Reichskanzlei vom 25. 9. 42) über die Genehmigungspflicht von Dienstreisen in das Protektorat auch weiterhin gültig; durch die Anordnung vom 24. 5. Beseitigung lediglich der parteiinternen Genehmigung. Entsprechende Klarstellung in einer neuen Anordnung (257/44).
M 101 04291–300 (414)

25. 5. 44 Speer   17692
Mitteilung Bormanns: Auf Wunsch Hitlers (wegen der Invasionsabsichten der Gegner) und wegen der Bedenken der Gauleiter selbst, ihre Gaue zu verlassen, Verschiebung der von Speer vorgeschlagenen Einberufung der Gauleiter zu Vorträgen über den neuesten Stand der Rüstung und zur Vorführung neuer Waffen um zunächst vier Wochen.
W/H 108 00815 f. (1956)

25. 5. – 17. 7. 44 RFSS, RL, GL, VerbF   17693
Durch die PKzl. an den Reichsführer-SS Übersendung des Entwurfs eines Rundschreibens gegen den

„viel zu großen Gebrauch von der Möglichkeit des Freitodes" in der Wehrmacht: Keine willkürliche Zerstörung des dem ganzen Volke gehörenden Lebens des einzelnen; Freitod nur erlaubt bei drohender Gefangennahme, schwerer Verwundung oder unheilbarer Krankheit. Himmler mit dem Inhalt „sehr einverstanden". Bekanntgabe des – redigierten – Textes als Rundschreiben 166/44 g.
K/H   102 01588–93 (2768)

26.–27. 5. 44   Ley, Speer   17694
Die Bormann von Ley mitgeteilte Meldung über eine angebliche Anweisung des Dr. Poschmann an die Betriebsärzte des Jägerprogramms, sich „Einsatzarzt Brandt" zu nennen, und über angebliche Versuche P.s, sich diese – der DAF unterstehenden – Betriebsärzte zu unterstellen, von Speer als Falschmeldung bezeichnet; laut S. von Prof. Brandt lediglich eine zusätzliche ärztliche Versorgung der im Jägerprogramm Arbeitenden angeordnet. (Vgl. Nr. 17768.)
W   108 00626 ff. (1768)

[27. 5. 44]   SS-Ogruf. Berger   17695
Information für Himmler: Verweigerung der Beförderung des MinDir. Riecke zum Staatssekretär im Reichsernährungsministerium durch PKzl. und Reichskanzlei, um die Pensionierung des StSekr. Willikens zu erreichen; für Backe jedoch (und dafür H.s Unterstützung erbeten) W. zwar kein großer Arbeiter und als Staatssekretär eine unglückliche Figur, seine Pensionierung im Kriege aber nach bereits so schlechter Behandlung durch Darré unmöglich. (Vgl. Nr. 17604.)
K/H   102 01169, 172 (2181)

[27. 5. 44]   RJF   17696
„Freundlich" ablehnende Stellungnahme zu einer Anfrage der PKzl. wegen einer eventuellen Übergabe der gesamten Parteiarbeit im Ausland, insbesondere bei den deutschen Volksgruppen im Südosten, an GL Bohle (vgl. Nr. 17633). Klage eines Mitarbeiters der PKzl. über den – gemeinsamen – Widerstand allein von HJ und SS gegen die Anordnungen der PKzl.
K   102 01169, 173 f. (2181)

[27. 5. 44]   RKzl.   17697
Anregung der PKzl., die derzeit vakante Regierung in Stade nicht wieder zu besetzen (dagegen Beharren der Reichskanzlei auf Hitlers Entscheidung, von der Stillegung von Regierungen abzusehen).
H   101 29614 (660 b)

27. 5.–24. 6. 44   RMfRuK, RKzl.   17698
Durch die PKzl. Informierung des RKabR v. Stutterheim (Reichskanzlei Berchtesgaden) über ein Schreiben des Reichsrüstungsministers zur Neuorganisation der Bauwirtschaft (vgl. Nr. 17648).
H   101 16812/1 ff. (1012)

27. 5.–5. 7. 44   GBV, RKzl.   17699
Bitte des Generalbevollmächtigten für die Reichsverwaltung um Stellungnahme zu der Absicht des Reichsverkehrsministers (RVM), die von ihm für die besetzten Gebiete erlassene Dienststrafordnung für Eisenbahner (mit der Möglichkeit der Arreststrafen-Verhängung) auch auf das Reichsgebiet zu übertragen. Wie bereits bei einer früher vom RVM erstrebten einschneidenden Sonderregelung für seinen Bereich auf dem Gebiet des Personalwesens – damals entschiedener Widerspruch der hauptbeteiligten Ressorts und ebenfalls Bedenken Bormanns und Lammers' – auch in diesem Fall Ablehnung von seiten L.' (die Begründung nicht stichhaltig; die Reichsbahnangehörigen ein „untrennbarer Teil des Personalkörpers der Gesamtverwaltung"; „geradezu ehrkränkende Behandlung" der in der Öffentlichkeit sonst gelobten Eisenbahner). Die Angelegenheit vom RVM vorerst zurückgestellt.
A/H   101 04965–72 (445)

27. 5.–25. 8. 44   Speer   17700
Absicht, die wichtigsten der im – inzwischen von der PKzl. belegten – Schloß Steinach bei Straubing gelagerten Todt-Akten für eine spätere Biographie oder Briefedition durch das Reichsarchiv sicherstellen zu lassen. *Antwort Bormanns.
W   108 00320 ff. (1602)

29. 5.–16. 6. 44   GL Rainer, Botsch. Rahn, Mussolini, RKzl. u. a.   17701
Durch GL Rainer mitgeteilte deutsche Bedenken (Botsch. Rahn, Oberste Kommissare der Operations-

zonen) gegen eine von der italienischen Regierung – ohne hinreichende Konsultierung deutscher Stellen – angeordnete 45prozentige Preiserhöhung für Getreide und Hülsenfrüchte: Gefahr einer neuen Preiswelle und damit „hemmungsloser Lohnforderungen" und Streiks sowie sonstiger sozialer Unruhen; Bestimmung nicht des Preises durch die Kosten, sondern umgekehrt der Kosten durch den – jetzt (stellvertretend für die verschwundene Konkurrenz) vom Staat zu diktierenden – Preis. Eine Intervention bei Mussolini von diesem abschlägig beschieden: Die Beseitigung des Schwarzen Marktes nur durch eine Erhöhung der Grundrationen und diese wiederum nur durch Zahlung höherer Preise an die Erzeuger möglich. Von der PKzl. eine Besprechung in Fasano am 27./28. 6. in Aussicht genommen. – In diesem Zusammenhang auch allgemeine Erörterung der inflatorischen italienischen Preispolitik.
H 101 25761 – 91 (1451 a)

[30. 5. 44] RGesundF Conti 17702
Die Bestimmungen für die Schwangerschaftsunterbrechung bei den Ostarbeiterinnen in vollem Einvernehmen und mit Unterstützung der PKzl. in Kraft gesetzt.
W 108 00242 f. (1575)

30. – 31. 5. 44 RKzl., Oberste RBeh. 17703
Trotz von Lammers in einer Besprechung bei Hitler (mit Keitel, Speer und Bormann) geäußerter Bedenken wegen einschneidender Auswirkungen auf noch nicht beteiligte Reichsressorts Unterzeichnung eines von S. vorgelegten Führererlasses über die Bestellung eines zwecks „schnellster Beseitigung von Fliegerschäden bei entscheidenden Produktionen" mit außerordentlichen Vollmachten ausgestatteten „Generalkommissars für die Sofortmaßnahmen" beim Reichsrüstungsminister durch H. mit gewissen Vorbehalten eigener Entscheidungen; Ernennung von Edmund Geilenberg zum Generalkommissar. Entsprechendes Rundschreiben L.s an die Obersten Reichsbehörden.
H 101 18921 – 38 (1157 a); 108 00622 – 25 (1768)

30. 5. – 19. 6. 44 Speer 17704
Antwort auf eine *Stellungnahme Bormanns zur Errichtung der Rüstungskommandos in den Operationszonen: Die Rüstungskommandos und -inspektionen auch nach der Eingliederung des Rüstungsamts in sein Ministerium Wehrmachtdienststellen; darüber hinaus unter Berufung auf einen Erlaß Hitlers vom 13. 9. 43 (alleinige Verantwortung Speers für die Kriegsproduktion in Italien) Bestehen auf seiner Weisungsbefugnis gegenüber den ihm unmittelbar unterstehenden Dienststellen auch in den Operationszonen; Bitte, die GL Hofer und Rainer zur Aufgabe ihres Widerstands zu veranlassen, um eine neuerliche Entscheidung Hitlers zu vermeiden.
W 108 00615 – 18 (1768)

31. 5. 44 AA 17705
Übermittlung des Wortlauts eines Hirtenbriefs des belgischen Kardinals van Roey (Protest „im Namen von Belgien" gegen die anglo-amerikanischen Luftangriffe auf Belgien) und einer Stellungnahme des Vertreters des Auswärtigen Amts in Brüssel: Der Hirtenbrief das Ergebnis einer Besprechung des Kardinals mit dem König der Belgier und ein Zeichen der Verstimmung des Königs über die gegen ihn gerichtete Politik der Exilregierung in London und über deren Vertrag mit den Engländern und Amerikanern über die Rechte der alliierten Militärverwaltung in Belgien nach dem Kriege.
W/H 202 00029 – 32 (1/5 – 12 + 19/3)

31. 5. 44 AA 17706
Übersendung der Übersetzung eines aus Paris gemeldeten Appells der französischen Kardinäle, die Zivilbevölkerung so weit wie möglich von Luftangriffen zu verschonen (Übergabe des Appells an den Nuntius in Vichy zwecks Weiterleitung an den Vatikan und an die englischen und amerikanischen Kardinäle); der Appell von Radio Paris übernommen.
W 202 00495 – 500 (5/19 – 21 + 19/6)

31. 5. – 6. 6. 44 AA 17707
Übersendung einer vom Vertreter des Auswärtigen Amts in Brüssel übermittelten Aufstellung der durch anglo-amerikanische Luftangriffe zerstörten Kirchen, Klöster, Universitätsinstitute und Schulen in Belgien.
W 202 00028 (1/5 – 12 + 19/3)

31. 5. — 26. 6. 44   RKzl.   17708
Keine Einwände der PKzl. gegen den Entwurf einer Verordnung zur Änderung des Versicherungssteuergesetzes (Vereinfachung der Versicherungssteuer).
K   101 14698 — 98/5 (798 a)

1. 6. 44   Himmler   17709
Übersendung von zwei in der Kölnischen Zeitung veröffentlichten Gedichten von Ernst Bertram (Literaturhistoriker an der Universität Köln, Träger des Rheinischen Literaturpreises) unter Mißbilligung der Verse „dieses Freimaurers" und Ankündigung sicherheitspolizeilicher Maßnahmen gegen ihn.
K   102 00948 — 54 (1831)

1. — 24. 6. 44   Speer   17710
Eine Ausnahmegenehmigung für GenKons. Albert Heilmann zur Annahme des Ehrendoktortitels der Technischen Hochschule Braunschweig nicht für erforderlich (das von H. veranlaßte Bürogebäude an der Friedrichstraße keineswegs Berlins schönster und größter privater Monumentalbau) und die Verleihung auch aus sonstigen Gründen nicht für zweckmäßig gehalten.
W/H   108 00264 (1582)

[2. 6. 44]   (RFSS)   17711
Absicht, sich in Verfolg der — bisher ergebnislosen — Bemühungen um ein Versuchsgut für das Institut des Prof. Henseler mit dem landwirtschaftlichen Sachbearbeiter der PKzl., ORegR Kok, in Verbindung zu setzen; dabei Erwähnung des guten Einvernehmens mit K. durch SS-Hstuf. Meine.
W   107 00013 (151)

2. — 20. 6. 44   RKzl., RMfWEuV   17712
Bitte des Reichserziehungsministers um das grundsätzliche Einverständnis des Dreierausschusses mit der Wiedereröffnung stillgelegter technischer Fachschulen im Bedarfsfall: Ansteigende Besucherzahl der Ingenieurschulen durch die Studienurlauber der Wehrmachtteile und Zerstörung von Schulen durch Bomben.
M   101 10563 — 66 (660 a)

3. 6. 44   AA   17713
Übermittlung einer Meldung des Deutschen Botschafters beim Vatikan über Pläne katholischer Regierungen, insbesondere wohl Spaniens, für eine Sicherung des Vatikanstaats durch einen erweiterten römischen Sicherheitsgürtel; ruhige Beurteilung der Lage an der italienischen Südfront im Vatikan.
W/H   202 02175 (17/1 — 16)

3. 6. — 24. 8. 44   AA, Dt. Ges. Zagreb   17714
Auf Anfrage Übersendung eines ausführlich auf die einzelnen Religionsgemeinschaften in Kroatien eingehenden Berichts der Deutschen Gesandtschaft in Zagreb.
W   202 00836 — 49 (8/8 — 20 + 19/10 — 11)

[4. 6.] — 5. 7. 44   Lammers, GL Eigruber, Rust, Himmler   17715
Beschwerde Rusts über den Gauleiter von Oberdonau, Eigruber, wegen in ungehöriger Form erhobener Einwände gegen einen angeblich lebensfernen Runderlaß des Reichserziehungsministers, die gesundheitlichen Anforderungen für die Aufnahme in die Lehrerbildungsanstalten betreffend: Die beanstandete Fassung identisch mit dem Untersuchungsbogen für die Aufnahme in die Adolf-Hitler-Schulen und mit Rücksicht auf die Zusammenarbeit mit der HJ sowie auf ausdrücklichen Wunsch des Reichsinnenministeriums trotz eigener Bedenken übernommen. Die Forderungen R.s, dem laut Mitteilung der PKzl. über den Vorwurf E.s unterrichteten Hitler den wahren Sachverhalt zu unterbreiten und E. wegen seines Tons zu rügen, von Bormann erfüllt.
H   101 18729 — 48 (1153)

4. 6. — 19. 7. 44   RKzl., Rust, Bouhler   17716
Stellungnahme des StSekr. Klopfer (im Auftrage Bormanns) zu einem Konflikt zwischen Rust und Bouhler (in dessen Eigenschaft als Reichsbeauftragter für das Schul- und Unterrichtsschrifttum) über das Weisungsrecht an Schulaufsichtsbehörden: Kein Weisungsrecht Bouhlers gegenüber den Schulbehörden, jedoch Einräumung eines unmittelbaren Verkehrs mit ihnen unter Beteiligung des Reichserzie-

hungsministers. Vorschlag Lammers' an R. und Bouhler, die Differenzen durch eine persönliche Aussprache auszuräumen.
K   101 16213 — 32 (953 b)

5. — 7. 6. 44   Intern   17717
Aktenvermerk Tesmanns: Lebenslauf und Beurteilung des Ges. Erwin Ettel.
W   306 00294 f. (Ettel)

5. 6. — 11. 7. 44   AA, Dt. Ges. Budapest   17718
Keine Bedenken der PKzl. gegen Annahme und Weiterleitung des Ertrags einer von einem evangelischen Organisten in Budapest, Carl Plechschmidt, durchgeführten Schmucksachensammlung für den Wiederaufbau zerstörter evangelischer Kirchen in Berlin.
W/H   202 01902 ff. (15/12 — 22)

5. 6. — 1. 11. 44   AA, RB Dänemark, E. Thygesen   17719
Wunsch des dänischen Pastors Engdahl Thygesen, infolge Schwierigkeiten wegen seiner deutschfreundlichen Einstellung Dänemark zu verlassen und im Deutschen Reich in einem karitativen Beruf tätig zu sein. Von der PKzl. ihre Unterstützung zugesagt.
W   202 00050 — 58 (1/18 — 20 + 19/4)

6. 6. 44   RWohnungsK   17720
Übersendung des *Entwurfs einer Verordnung zur Abänderung der Wohnraumversorgungsverordnung (Umwandlung der Einweisung Luftkriegsbetroffener in Rechtsverhältnisse mietrechtlicher Art).
H   101 17294 f. (1032 a)

6. 6. 44   AA, Dt. Botsch. Paris   17721
Übersendung eines ausführlichen Berichts der Deutschen Botschaft in Paris über die religiös-kirchliche Lage in Frankreich: Nach einem bis in die Zeit vor 1914 zurückreichenden historischen Exkurs Schilderung des gegenwärtigen Zwiespalts in der Haltung der Katholischen Kirche (einerseits Anerkennung der Autorität des Marschalls Pétain, andererseits deutschfeindliche Einstellung); ebenfalls mit historischen Exkursen verbundene Darstellung der Protestanten als einer wirtschaftlich einflußreichen Minderheit mit vielfältigen Beziehungen zu den USA und zu Großbritannien, Betonung ihrer überwiegend ablehnenden Haltung gegenüber der Besatzungsmacht und ihres auffallend starken Anteils an der nordafrikanischen Dissidenz; Vorschläge für eine Einflußnahme auf die beiden Kirchen im deutschen Sinn.
W   202 00483 — 94 (5/19 — 21 + 19/6)

6. — 28. 6. 44   RKzl., RFM   17722
Zustimmung der PKzl. zur Schaffung einer neuen außerordentlichen Professur für Wärmelehre an der Technischen Hochschule Darmstadt in Abweichung vom Stoperlaß vom 17. 2. 43.
M   101 10573 ff. (661)

7. — 14. 6. 44   Speer u. a.   17723
Die gewünschte Trennung der Transporteinheiten Speers vom NSKK unmittelbar bevorstehend; die von Bormann übersandten *Schreiben einer Cilly Nehmert und des Militärbefehlshabers in Belgien und Nordfrankreich zur sofortigen Untersuchung weitergegeben (eins davon offenbar eine Verwandtenbeschäftigung im Personal des Lagers Colnen betreffend).
W   108 00621 (1768)

8. 6. 44   Lammers   17724
Weiterleitung einer Anfrage des StM Frank wegen der Veröffentlichung eines anläßlich der Invasion an Hitler übermittelten Ergebenheitstelegramms des tschechischen Staatspräsidenten.
A   101 23459 f. (1328 b)

8. 6. — 18. 8. 44   RKzl., Himmler   17725
Anregung der PKzl., das Amt des Reichsstatthalters in Braunschweig von GL Jordan (außerdem Reichsstatthalter in Anhalt und demnächst Oberpräsident der Provinz Magdeburg) auf GL Lauterbacher zu übertragen und damit (Personalunion der Ämter des Oberpräsidenten in Hannover und des Reichsstatthalters in Braunschweig) die Bereinigung des mitteldeutschen Raumes vorwärtszutreiben. Aufzeichnung der Reichskanzlei über die von 1938 — 1941 in der Braunschweig-Frage ergangenen Entscheidungen Hitlers, über die mit der Ernennung L.s zum Reichsverteidigungskommissar für Braunschweig seit 1942

veränderte Lage, über die derzeitigen Zuständigkeiten für Braunschweig (NSDAP und Reichsverteidigung: L., staatliche Gliederung: J. und MPräs. Klagges) sowie über das vermutliche Interesse K.', den ihm in Braunschweig freie Hand lassenden J. nicht gegen L. als Reichsstatthalter einzutauschen. Nach Erörterung der Frage mit Bormann und StSekr. Klopfer (Hinweis auf das Drängen L.s und auf seine bereits erfolgte Einigung mit J.) durch Lammers Einholung einer Stellungnahme Himmlers.
H   101 24594 f. (1365); 101 24636—43 (1365 b)

8. 6.—17. 9. 44   RKzl., RMfWEuV u. a.   17726
Durch die Reichskanzlei nach Befragung des Chefs OKW und des Leiters der PKzl. Ablehnung des vom Reicherziehungsminister (REM) gemachten Vorschlags, ihm – in Abweichung von dem Anfang 1943 verfügten Stop – in Einzelfällen die Einrichtung früher bereits geplanter Hauptschulen freizugeben im Rahmen des in seinem Runderlaß vom 13. 6. 42 festgelegten beschränkten Umfangs; hingegen Genehmigung der diesen Schriftwechsel veranlassenden Anträge der zuständigen Regierungspräsidenten auf Errichtung neuer Hauptschulen in Brühl, Wadern und Saarburg. Weitere Einzelgenehmigungen später für Radebeul, Ottendorf-Okrilla, Rochlitz und Wolmirstedt.
H   101 15965—6000 (951)

10. 6. 44   GL   17727
Einverständnis Bormanns mit – nach vorheriger technischer Unterweisung – der Verwendung Politischer Leiter und SA-Angehöriger als Aufsichtspersonal bei der Wiederherstellung beschädigter Gleisanlagen.
W   108 00857 f. (1956)

13. 6. 44   GBV   17728
Einverständnis der PKzl. mit der Wiedereinführung der Normalzeit im Winter 1944/45.
H   101 21238 ff. (1256 a)

13. 6. 44   AA   17729
Übermittlung einer Meldung der Deutschen Botschaft in Paris über die in einer „stürmisch verlaufenen Unterredung" mit dem Schweizerischen Gesandten Stucki erfolgte Sanktionsandrohung (Sperrung der Lebensmittelzufuhr) des Präsidenten Laval gegenüber der Schweiz wegen der Absicht der schweizerischen Regierung, ihre Zustimmung zur Wiederbesetzung des Postens des Französischen Botschafters in Bern von einer Überprüfung noch bestehender Souveränitätsrechte der französischen Regierung abhängig zu machen (Warnung, nicht die „Stellung als kleines, von Deutschland, Frankreich, Italien umschlossenes Land" zu vergessen); ferner heftige Vorhaltungen L.s gegenüber dem Nuntius Valeri wegen der Stellungnahme katholischer Bischöfe gegen den NS.
W/H   202 00482 (5/19—21 + 19/6)

13. 6. 44—11. 3. 45   OKH, RFSS   17730
Differenzen zwischen der PKzl. und der Reichsführung-SS über die Verwendung des ehemaligen Pg. Siegfried Polack (früher Mitarbeiter des StR Schieber; laut Bormann „eine höchst unerfreuliche Erscheinung") als SS-Führer in der Brigade Dirlewanger und über seine Führung als SS-Untersturmführer d. R.
K/H   102 00342 f, 345—49 (755)

14. 6. 44   RVM   17731
Bestellung eines Beauftragten für die Binnenschiffahrt (MinDir. Hassenpflug).
H   101 08408 (638)

14.—27. 6. 44   RKzl., RFM, RMdI u. a.   17732
Zustimmung der PKzl. zur Schaffung einer Planstelle für die Verbeamtung des Schulzahnarztes in Bielefeld mit Rücksicht auf die besondere Kriegswichtigkeit der Schulzahnpflege (Ausnahme vom Stoperlaß vom 17. 2. 43).
M   101 10567—72 (661)

15.—24. 6. 44   Prof. Morell, Lammers   17733
Zwecks Sammlung der bei der Schlachtung von Großvieh anfallenden Nebenprodukte zur Herstellung von Hormonpräparaten Bitte des Prof. Morell, Dir. Willy Meierhuber, früher Leiter der von Morell zu dem gleichen Zweck gegründeten Ukrainischen Pharmowerke, einen Reiseausweis zur Besichtigung sämtlicher Schlächtereibetriebe im Reich und in den besetzten Gebieten auszustellen und alle in Frage

kommenden Dienststellen anzuweisen, ihn bei der Sammlung und Freigabe geeigneten Drüsenmaterials zu unterstützen. Durch Bormann Weiterleitung an Lammers.
M   101 04273−76 (414)

[16. − 17. 6. 44]   RFSS/Pers. Stab   17734
Samt kritischer Stellungnahme interne Übersendung einer *Denkschrift des MinR Heim (PKzl.) als Basis für die Aufnahme einer Verbindung mit Prof. Höhn. (Unvollständig; vgl. Nr. 17616?)
W   107 00495 (206)

[16.] − 19. 6. 44   RMfVuP, Lammers   17735
Durch Bormann Übersendung des von Hitler gebilligten Antrags Goebbels' (Führerinformation A I 444), dem Schriftsteller und Vorkämpfer für das deutsche Bauerntum Heinrich Sohnrey zum 85. Geburtstag eine steuerfreie Ehrengabe von RM 30 000.− überreichen zu dürfen, an Lammers zur Weiterbehandlung.
H   101 17813 ff. (1092 a)

16. 6. − 12. 7. 44   GKfdSuG, RKzl., RMdI   17736
Wegen der dadurch erfolgenden Ausschaltung des Reichsgesundheitsführers Bedenken Bormanns und mehrerer Reichsminister gegen die von Prof. Brandt, Generalkommissar für das Sanitäts- und Gesundheitswesen, unter Erweiterung seiner Kompetenzen vorgesehene Neuregelung der Genehmigungspflicht für wissenschaftliche Tagungen.
M   101 00711−25 (147 a)

16. 6. − 21. 7. 44   RJM, RKzl., RMdI   17737
Bedenken des Reichsinnenministers gegen den vom Reichsjustizminister vorgelegten, zwischen Reichskanzlei und PKzl. bereits kurz erörterten Entwurf einer Verordnung zur Vereinfachung und Vereinheitlichung des Verfahrens außer Streitsachen: Schaffung eines unübersichtlichen Rechtszustandes durch die Einführung früher österreichischen Rechts in anderen Gebieten (Sudetenland, Protektorat) unter gleichzeitiger Abänderung; eine durch Novellierung und Ausdehnung betonte Anerkennung und Befestigung eines Sonderrechtszustands für einen größeren Teil des Reichs nicht angebracht (Abschrift an die PKzl.).
W/H   101 27737/1−739 (1525 a)

16. 6. − 16. 8. 44   RKzl.   17738
Ein vom Reichsjustizminister vorgelegter *Verordnungsentwurf über Maßnahmen auf dem Gebiet der Arbeitsgerichtsbarkeit (Oberlandesgerichte als Gerichte der zweiten Instanz auch in arbeitsrechtlichen Streitigkeiten) von der Reichskanzlei und der PKzl. ohne endgültige Stellungnahme der PKzl. mehrfach erörtert.
A   101 06728−34 (547 a)

16. 6. − 19. 8. 44   RKzl.   17739
Durch die PKzl. nach Besprechungen (vgl. Nr. 17651 a) Übermittlung des Entwurfs eines Erlasses des OKW über die Ausübung der Wehrmachtgerichtsbarkeit gegen nicht zum Gefolge der Wehrmacht gehörende Zivilpersonen in den Operationszonen Alpenvorland und Adriatisches Küstenland. Stellungnahme der Reichskanzlei zu geäußerten Bedenken: Vom OKW die Beibehaltung der beanstandeten Standardformulierungen aus der Wehrmachtgerichtsbarkeit gewünscht. Zurückziehung des Erlaßentwurfs (infolge anderer Erlasse gegenstandslos).
K   101 11785−92 (682 b)

17. 6. − 13. 7. 44   RWiM, Lammers, RVM, Backe   17740
Vollziehung eines (unter Hinweis auf den fast völligen Ausfall von Treibgas und auf die laufenden Kürzungen der Zuteilung von flüssigen Kraftstoffen) vom Reichsverkehrsminister (RVM) vorgelegten Führererlasses über die verstärkte Zusammenfassung der Straßenverkehrsmittel durch den RVM: Berechtigung zu Einsatzverfügungen für alle zivilen Straßenverkehrsmittel, Regelung der Verteilung von Kraftstoffen und Bereifung. Zuvor Ausräumung der Einsprüche des Reichswirtschaftsministers (eine Neuorganisation eingespielter Regelungen im sechsten Kriegsjahr nicht zu verantworten, deshalb Ablehnung der vom RVM verlangten Übernahme der bisher den Wirtschaftsämtern obliegenden Kraftstoff- und Reifenzuteilung) und des Reichsernährungsministers (Beunruhigung der Landwirtschaft durch so allgemein gehaltene Zugriffsrechte auch gegenüber den landwirtschaftlichen Gespannen, deshalb Bitte um genauere Abgrenzung in gleichzeitig zu veröffentlichenden Durchführungsbestimmungen) sowie Be-

rücksichtigung von Änderungswünschen der PKzl., u. a. Abgabe der Zusicherung, den Soforthilfeeinsatz des NSKK nach Luftangriffen durch die Neuregelung nicht zu beeinträchtigen.
H   101 08351−94, 397 (638)

18. 6. 44   Chef Sipo   17741
Übersendung eines Berichts über die Stimmung unter den Angehörigen vermißter Stalingradkämpfer: „Illegale" Nachrichtenbeschaffung wegen des Ausbleibens amtlicher Informationen, Inanspruchnahme der Vermittlung des Türkischen Roten Halbmondes, Versendung von Kettenbriefen; Ergebnis des bisherigen Vorgehens eine Verunsicherung der Angehörigen Vermißter, ein Vertrauensverlust gegenüber den amtlichen deutschen Stellen und Zweifel an der Glaubwürdigkeit der Propaganda.
K   102 01310−22 (2444)

18.−19. 6. 44   Lammers, RFSS, Funk, Keitel, GL Sauckel   17742
Erörterung von Entwürfen des Reichsrüstungsministers (RRM): Führererlaß über die Sicherung der Arbeitskräfte für die Rüstung (anderweitige Verwendung von Rüstungsarbeitern nur im Einvernehmen mit dem RRM) sowie Führererlaß über die Bildung einer Rüstungsreserve (durch den RRM zur Durchführung kriegsentscheidender Programmsteigerungen und zur Beseitigung von Bombenschäden in der Rüstungsindustrie). Bitte Bormanns um Stellungnahme Himmlers. Grundsätzliche Zustimmung Funks, Ribbentrops und Keitels (unter Anführung einiger Vorbehalte), ablehnende Stellungnahme des GL Sauckel (der Arbeitskräftesicherungserlaß „vollkommen überflüssig"; im übrigen Verweis auf seine Nichtbeteiligung bei der Heraufsetzung der Arbeitszeit in den vom Jägerausschuß betreuten Betrieben und auf die negativen Konsequenzen dieser Heraufsetzung). Durch Lammers Einladung zu einer Chefbesprechung zwecks Bereinigung der Differenzen.
K/W   102 01644−53 (2844)

18.−20. 6. 44   Himmler, Lammers, Ley, Speer   17743
Von Bormann Himmler und Lammers zur Kenntnisnahme übersandt: Schreiben Leys an Speer mit der Bitte − unter Berufung auf die von S. zum Grundsatz einer erfolgreichen Produktion erhobene „industrielle Selbstverwaltung" −, private Initiative und betriebliche Selbstverantwortung innerhalb der Bauwirtschaft trotz der kriegsnotwendigen Konzentrierungen und der bevorstehenden schärferen Kontrolle nicht mehr als unbedingt erforderlich zu beschränken; Hinweis auf die beim Westwallbau erprobte Leistungsfähigkeit der privaten Bauwirtschaft.
K/H   101 07864−74 (610); 102 01654−61 (2844)

19. 6. 44   AA, Vertr. AA b. RK Ostland u. a.   17744
Übersendung eines Berichts des Vertreters des Auswärtigen Amts beim Reichskommissar für das Ostland über die Lage der Orthodoxen Kirche im Ostland nach der Ermordung des Metropoliten Sergius und über Vorschläge zum Einsatz der ostländischen und ukrainischen sowie der übrigen orthodoxen Kirchen in Europa für den Kampf gegen den Bolschewismus; beigefügt u. a. ein Bericht über den Metropoliten Alexius von Leningrad.
W   202 01197−215 (10/1−7+20/4)

19. 6. 44   SSPHA   17745
Durch SS-Ostubaf. Bangert Meldung seiner Dienstanschrift als Landrat in Wetzlar, Beibehaltung seines Amtes als Reichsamtsleiter in der PKzl.
W/H   306 00026 (Bangert)

19. 6. 44   RVM   17746
Aus Anlaß der mit dem Beginn der wärmeren Jahreszeit eingetretenen erheblichen Zunahme der vorgelegten Bescheinigungen über die Kriegswichtigkeit von Reisen und die Dringlichkeit der Schlafwagenbenutzung Erinnerung an die Notwendigkeit der Anlegung strengster Maßstäbe.
H   101 08346 (637 a)

19.−20. 6. 44   Himmler   17747
Durch Bormann Übersendung eines ˚Schreibens des GL Eigruber.
W   102 01661 (2844)

19. 6.−24. 7. 44   AA   17748
Übermittlung von Meldungen des Deutschen Botschafters beim Vatikan: Auf Verlangen der Alliierten

Übersiedlung der deutschen Vatikanbotschaft mit kleinstem Stab in den Vatikan; Heimtransport der Restbotschaft über ein neutrales Land und Abfahrt der Heimreisegruppe zunächst nach Syrakus in Begleitung eines vatikanischen Vertreters; Verbleib einiger Angestellter in Rom unter Aufgabe etwaiger aus der bisherigen Botschaftszugehörigkeit abzuleitender Vorrechte.
W/H   202 02031 ff. (16/1 – 10)

20. – 30. 6. 44   StSekr. Esser, Lammers   17749
Die nicht erfolgte Beteiligung der PKzl. bei der Anordnung des Staatssekretärs für Fremdenverkehr über die Herabsetzung der Aufenthaltsdauer in gewerblichen Beherbergungsbetrieben von Bormann moniert.
W   101 14382 f. (768 a)

20. 6.– 26. 8. 44   Lammers, Obgm. Liebel, Speer, GenGouv.   17750
Durch Speer Vorlage des Entwurfs eines Führererlasses über den Kriegseinsatz der Bauverwaltungen. Änderungswünsche der Ressorts (Verkehr, Post und Reichswohnungskommissar: Herausnahme ihrer Bauverwaltungen; Reichsinnenminister: Zweckgebundenheit an Rüstung und Kriegsproduktion, Personalverfügungen unter Beteiligung der Reichsverteidigungskommissare; Reichsprotektor und Generalgouverneur: Regionale Sonderwünsche, ihre Verwaltungshoheit betreffend); vorgesehene Erörterung der von S. nicht konzedierten Forderungen. Vollziehung des Erlasses.
H   101 16796/6 – 812, 828/1 – 5 (1012)

21. 6. – 24. 7. 44   Lammers, Ley   17751
Eine Beschwerde Leys, an Besprechungen staatlicher Stellen über Arbeitseinsatzfragen nicht beteiligt worden zu sein, von Lammers zurückgewiesen unter Hinweis auf die Bestimmungen: Verkehr zwischen den Obersten Reichsbehörden und den Dienststellen der Partei nur über den Leiter der PKzl. und dementsprechend dessen Einladung, ihm Leys Hinzuziehung natürlich freigestanden. In der Reichskanzlei Zusammenstellung der einschlägigen Vorgänge. Auch ein weiterer Vorstoß Leys (nach erfolgter Übereinkunft mit Bormann über die Einladung der DAF zu allen Arbeiter und Arbeitsfragen behandelnden Sitzungen Bitte um Veranlassung der entsprechenden Einladungen) nach Rücksprache mit B. von Lammers mit der gleichen Argumentation zurückgewiesen: Die jeweilige Vertretung der Partei und etwaige entsprechende Einladungen dem Leiter der PKzl. freigestellt und ihm überlassen.
M/H   101 00726 – 32 (147 a)

22. 6. 44   RMfRuK u. a.   17752
Übersendung eines Erlasses über die Neuordnung der Mittelinstanz der Kriegswirtschaft durch den weiteren Ausbau der hauptverantwortlichen Stellung der Vorsitzer der Rüstungskommissionen.
W   108 00015 – 18 (288); 108 00231 – 35 (1551)

23. 6. – 22. 7. 44   RKzl., RMdI   17753
Zustimmung der PKzl. zu der von RStatth. Greiser (Warthegau) beabsichtigten Vereinigung der Landkreise Altburgund und Dietfurt im Regierungsbezirk Hohensalza. Dazu ein Aktenvermerk der Reichskanzlei: In den Ostgebieten (im Unterschied zum Altreich, hier noch Anfang 1943 analoge Pläne des Reichsinnenministers von Bormann zurückgewiesen) größere Landkreise erwünscht.
A   101 09804 – 07 (656 b)

24. 6. – 16. 9. 44   StSekr. Kritzinger   17754
Durch StSekr. Klopfer (PKzl.) Einladung zur ersten der beabsichtigten Wochenendtagungen in der Reichsschule Feldafing für besonders bewährte Parteigenossen in führenden staatlichen Stellen und für förderungswürdige Nachwuchskräfte. Infolge eines „Mißgeschicks" (keine Schlafwagenkarte mehr zu bekommen) Teilnahme des StSekr. Kritzinger (Reichskanzlei) erst am zweiten Lehrgang.
M/H   101 04563 – 73 (421 a)

[25. 6. 44]   SS-Ogruf. Rauter   17755
Absage der „Gedächtnisfeier Fritz Schmidt" wegen der plötzlichen Erkrankung des (seit längerem an Herzbeschwerden leidenden) GenK Ritterbusch nach einer Auseinandersetzung mit dem Kulturreferenten des Reichskommissars, Bergfeldt. Unter Betonung (um „nicht wieder schuld" zu sein) ihrer im übrigen guten Beziehungen Meldung des SS-Ogruf. Rauter an Himmler über eine Auseinandersetzung mit Ritterbusch vor vier Wochen: Von Rauter die Duldung des „sturen" Vorgehens des NSB-Führers Mussert in der Frage der Fördernden Mitglieder der SS (entweder Streichung der Bezeichnung „Mitglied" oder Veranlassung der NSB-Mitglieder, sich für die eine oder die andere Mitgliedschaft zu entscheiden) durch den Arbeitsbereich Niederlande der NSDAP behauptet; Ritterbusch darüber „sehr ge-

kränkt". In diesem Zusammenhang durch Rauter Erwähnung eines Berichts aus Norwegen an Bormann über die angebliche Beeinflussung und Führung des gesamten politischen Lebens in den Niederlanden durch die Germanische Leitstelle sowie des angeblichen Interesses der PKzl. an Widerständen in der Reichsschule.
W/H   107 00711 — 17 (223)

26. 6. 44 — 6. 1. 45   StSekr. Willikens, GL Lauterbacher, RFSS u. a.   17756
Mehrmaliges Herantreten des StSekr. Willikens an Bormann in der Angelegenheit seines Bruders Adolf (vorläufiger Parteiausschluß wegen angeblicher Schiebungen als Gebietskommissar in Kachowka): Sein Eingreifen in diese Angelegenheit erst aufgrund der von KrL Krebs (Wolfenbüttel) gegen ihn vorgebrachten Verdächtigung, als der „große Bruder in Berlin" seinen Bruder vor Strafe schützen zu wollen. Nach dem Tod (Selbstmord?) seines Bruders am Tag vor der Einberufung zur Wehrmacht Hinweis W.' auf dessen Tapferkeit im Ersten Weltkrieg und auf den durch die Differenzen mit der Partei verursachten Erregungszustand; zugleich (als SS-Gruppenführer) Bitte um den Schutz Himmlers gegen die Verdächtigungen K.'. Durch den Reichsführer-SS Weiterverweisung W.' an den für das Verhalten des Kreisleiters zuständigen B.
M/H   306 01052 — 64 (Willikens)

27. 6. 44   RFM, MRfdRV   17757
Durch den Reichsfinanzminister Übersendung des *Entwurfs einer Achten Verordnung über die Gewährleistung für den Dienst von Schuldverschreibungen der Konversionskasse für deutsche Auslandsschulden: Verlängerung der bisherigen Transferregelung um ein Jahr; kein Transfer an Angehörige der Feindmächte; weiteres Sinken des Umfangs der Garantie.
K/H   101 14478 f. (785 a)

27. 6. 44   StSekr. Kritzinger   17758
Anmeldung seines Eintreffens in München.
H   101 18140 (1131)

27. 6. 44   GL Eigruber, Speer   17759
Die in ihren Berichten über die Rüstungstagung in Linz von seinen Mitarbeitern und von GL Eigruber erwähnte Absicht Speers, in Gauen ohne eigene Rüstungskommission Unterkommissionen zu bilden, von Bormann als Mittel zur Stärkung der Verbindung zwischen Partei und Rüstung begrüßt; Bitte, die Einzelheiten zunächst mit einigen Gauleitern zu erörtern. (Dazu im Rüstungsministerium ablehnende Kommentare, eine Besprechung S.s mit B. vorgesehen.)
W/H   108 00619 f. (1768)

27. 6. 44   Speer   17760
Wegen der von der Reichsgruppe Handwerk zunächst verweigerten, jetzt aber natürlich erteilten Genehmigung der Fertigung von Bilderrahmen für die Münchner Kunstausstellung durch die Firma Pfefferle Bitte, solche Führeraufträge jeweils zu bestätigen, um einen Mißbrauch des Namens Hitlers zur Umgehung des Rahmenherstellungsverbots zu verhindern.
W/H   108 00805 (1956)

[27. 6. 44]   Gouv. Zörner (Lublin)   17761
In einem Brief an Himmler („Lieber Heinrich!") Kritik an der jetzt von Bormann gegen alle Einwände veranlaßten „sturen" Übertragung des Organisationsschemas der NSDAP im Reich (Ortsgruppe, Kreisleitung, Gauleitung) auf das Generalgouvernement: Damit Umwandlung der bisherigen Distriktstandortführer in bloße Gauinspekteure unter Wegnahme ihrer Stellung als Hoheitsträger und unter Mißachtung der Notwendigkeit, das Reich im fremden Raum durch einen einzigen Repräsentanten vertreten zu lassen; Verzicht des GenGouv. Frank auf die ihm bei seiner unmittelbaren Unterstellung unter Hitler gegebene Möglichkeit, dessen Genehmigung für eine von der Regelung im Reich abweichende sinnvollere Organisation der Partei einzuholen; statt dessen Duldung der Neuerung vermutlich im Hinblick auf die F. früher von B. versetzten „Nasenstüber" (Redeverbot usw.) und mit dem Ziel, B. durch den wahrscheinlichen Mißerfolg „eine auszuwischen".
K/H   102 01462 — 66 (2648)

27. 6. — 8. 9. 44   RKzl., Prof. Guhr, GL Sachsen   17762
Durch Lammers weitergeleitet: Bitte des Prof. Richard Guhr um Erhaltung seiner „Wagner-Ehrung" in

Schloß Albrechtsberg (Dresden) auch nach der jetzt erfolgten Beschlagnahme des Schlosses durch das Reichsluftfahrtministerium; Hinweis auf die 1939 durch Rosenberg von Hitler erbetene, aber noch nicht erfolgte Entscheidung über G.s „plastisches und malerisches Werk". Auf Veranlassung der PKzl. Bescheid der Gauleitung Sachsen an G.: Eine Befassung H.s nicht möglich, die Luftwaffe jedoch zu einer Kompromißregelung im Schloß Albrechtsberg bereit.
H   101 21147/1 – 152 (1242 b)

27. 6. – 30. 10. 44   RFSS   17763
Hilfe Himmlers und seiner gerade bei Hugenotten-Nachkommen erfolgreichen Arbeitsstelle bei der Vervollständigung der Ahnentafel Bormanns: Ahnenforschung in Frankreich nach einer Familie Menon (Mennong).
H   102 00723 – 27 (1357)

28. 6. 44   DSt. RM Speer   17764
Einverständnis mit der Beschaffung von 130 000 Uniformen in neuer Farbe für die Politischen Leiter (die bisherige Farbe für den jetzigen Einsatz nicht geeignet).
W   108 00813 f. (1956)

28. – 30. 6. 44   Lammers, Rust   17765
Zustimmung Bormanns zu der anläßlich des 400jährigen Bestehens der Albertus-Universität in Königsberg von Rust vorgeschlagenen Neuschaffung bzw. Umwandlung von sechs bzw. zwei Professuren unter Abweichung vom Stoperlaß vom 17. 2. 43.
K   101 15713 – 18 (942 c)

28. 6. – 17. 7. 44   AA   17766
Mitteilung auf Anfrage: Keine Verhaftung des Erzbf. Damaskinos in Athen; lediglich Empfehlung, „wegen der Gefahr seiner Entführung durch Kommunisten" die Wohnung nicht zu verlassen.
W   202 00567 f. (6/1 – 7)

29. 6. 44   RJM   17767
Übersendung einer Neubekanntmachung des Reichsstrafgesetzbuchs (RStGB), bedingt durch das zahlreiche Änderungen erforderlich machende, in Vorbereitung befindliche Gesetz über die Behandlung Gemeinschaftsfremder; damit verbunden – neben der Beseitigung einiger „Unzulänglichkeiten" – die Einführung des RStGB in den Alpen- und Donaureichsgauen unter Übernahme fortschrittlicher österreichischer Rechtsvorschriften in das Reichsrecht.
W/H   101 26959 – 62/23 (1512 a)

29. 6. – 9. 7. 44   RKzl., Ley, GenK Brandt   17768
Um die Einschaltung des Generalkommissars für das Sanitäts- und Gesundheitswesen, Prof. Brandt, in die gesundheitliche Betreuung der im Rahmen des Jägerprogramms tätigen Volksgenossen Kompetenzkonflikt mit Ley. Verwahrung L.s gegen die Versuche B.s und seines – von L. charakterlich abqualifizierten – Beauftragten Poschmann, der DAF die Betriebsärzte zu entziehen und aus ihnen einen „Einsatz B." zu bilden; Hinweis auf die ihm von Hitler übertragenen Vollmachten der Menschenführung in den Betrieben und Versicherung, davon kein Jota abzuweichen. Unterstützung dieser Beschwerde L.s durch Bormann in einem Brief an Brandt mit einer Erläuterung der Brandt für die Betriebe des Jägerprogramms gegebenen Vollmachten und dem Ersuchen, davon künftig nicht mehr abzuweichen: Sinn des Auftrags die Bereitstellung zusätzlicher Mittel und Kräfte für eine verstärkte Betreuung der arbeitenden Volksgenossen, jedoch ohne Weisungsbefugnis gegenüber irgendeiner Dienststelle der NSDAP, also auch nicht gegenüber dem Amt Gesundheit und Volksschutz der DAF; Ermahnung, grundsätzliche Wünsche gegenüber Parteidienststellen ausschließlich an die PKzl., Einzelwünsche an den Reichsgesundheitsführer in seiner Eigenschaft als Beauftragter der Partei zu richten; auf dem staatlichen Sektor zwar Möglichkeit, sich der nachgeordneten Dienststellen des Staatssekretärs des Gesundheitswesens zu bedienen, nicht jedoch Berechtigung, mit einer eigenen Organisation tätig zu werden; Verbot der Absicht Brandts, Ärzte von der Wehrmacht freigeben zu lassen und sie als „Einsatz-Ärzte Brandt" in die Betriebe zu schicken. (Vgl. Nr. 17694.)
H   101 13658 – 81 (719)

30. 6. 44   DSt. Rosenberg   17769
Besprechungen in der PKzl. über schrifttumspolitische Fragen; dabei Kritik der PKzl. an den Schul-

bucharbeiten Hederichs (Parteiamtliche Prüfungskommission; ebenfalls scharfe Kritik Rusts) und an der Zeitschrift „Idee und Tat", hingegen positive Würdigung der Arbeiten der Dienststelle Rosenberg; Unterrichtung des AbL Waldmann über „die Fälle Suhrkamp und Bertelsmann" (eine Abschrift des SD-Berichts zugesagt) sowie über den „schwerwiegende Konsequenzen erforderlich machenden" Fall Hanns Heinz Ewers; durch W. Zusicherung „stärkster" Unterstützung in der Zusammenarbeit mit dem Propagandaministerium; Einführung des Mitarbeiters Prof. Joachim Kirchner bei der PKzl.
W/H   145 00059 f. (52)

30. 6. 44   Speer   17770
Bescheid Bormanns auf die Bitte Speers um ein Exemplar der Niederschrift der Rede Hitlers vom 26. 6.: Laut H. eine Herausgabe erst nach der von ihm selbst vorzunehmenden Korrektur möglich.
W   108 00817 (1956)

[Juli 44]   RKzl.   17771
Als „Erwiderung auf die Speersche Denkschrift" Aufzeichnung über die Einsetzung des „Dreierausschusses" aufgrund des Führererlasses vom 13. 1. 43 und dessen inzwischen erfolgte Tätigkeit (Stillegungen, Auskämmungen, Verwaltungsvereinfachung, Frauenarbeit); Eingriffe Hitlers in die Maßnahmen des Ausschusses aus politischen Gründen (Frauenarbeit, Behördenstillegung u. a.); Vorschläge für künftige Aufgaben angesichts der veränderten Lage; Freimachung weiterer Kräfte auf dem zivilen Sektor sowie im Bereich der Wehrmacht; Aufführung dem Dreierausschuß unterbreiteter, von ihm jedoch abgelehnter Vorschläge. (Vgl. Nr. 17798.)
K/H   101 10864 − 74 (664 a)

1. 7. 44   AA, Dt. Botsch. Fasano   17772
Übersendung eines Berichts des Botsch. Rahn über die von Mussolini angeordnete Umorganisation der Faschistischen Partei zu Kampfverbänden (Schwarze Brigaden); dabei Angaben über das „Abknallen" von Faschisten durch Partisanen sowie über „Massenhinrichtungen im besetzten Italien".
H   101 25792 ff. (1451 a)

4. 7. 44   RMdI, RVK−1   17773
Durch den Reichsinnenminister Übersendung eines Runderlasses: Nach schweren Einbrüchen in die Mineralölproduktion durch den Luftkrieg die Sicherstellung der Kraftstoffversorgung der Front durch stärksten Einsatz von „Ausweichkraftstoffen" erforderlich; Durchführung einer Sonderaktion der Wehrmachtteile zur schnellen Erhöhung des Tankholzaufkommens und Bitte des OKW an den Vierjahresplan und an die PKzl., die Möglichkeit einer Großaktion ähnlich der Altmaterialerfassung zu prüfen.
W/H   108 00586 ff. (1764)

4.−19. 7. 44   RKzl. u. a.   17774
Vier Rechnungen der Galerie Maria Dietrich (München) über RM 12000.−, 75000.−, 33000.− und 18000.− für auf Weisung Hitlers von Bormann für die Neue Galerie in Linz angekaufte Gemälde von B. an die Reichskanzlei mit der Bitte um Bezahlung weitergeleitet. Entsprechende Veranlassung zu Lasten des Kontos „Dankspendenstiftung (Sonderfonds L)".
H   101 29293 − 303 (1651)

[4.]−26. 7. 44   Lammers, RMfWEuV   17775
Auseinandersetzung des Reichserziehungsministers (REM) mit OBerL Hilgenfeldt über die Beteiligung der NSV auf dem Gebiet des sozialpädagogischen Bildungswesens. Nach anfänglicher Zustimmung H.s zu einem die Belange der NSV berücksichtigenden Erlaß des REM Anspruch der NSV, die Trägerschaft über sämtliche sozialpädagogischen Schulen zu übernehmen. Ablehnung dieser Forderung durch den REM im Interesse eines einheitlichen deutschen Schulwesens. Angesichts der von der PKzl. mitgeteilten Absicht H.s, einen Führerentscheid herbeizuführen, Bitte des REM an die Reichskanzlei, auch seine Bedenken Hitler vorzutragen. Von Lammers ein Führervortrag nicht für angebracht gehalten und Rust an Bormann verwiesen.
K/H   101 16055−60 (951 b)

5. 7. 44   AA   17776
Übersendung der 'Broschüre „Holländische Kirchendokumente" von W. A. Visser't Hooft (Genf).
W   202 00984 (9/1 − 4)

5. 7. 44   GBV, RVK   17777
Durch den Generalbevollmächtigten für die Reichsverwaltung Übersendung eines Runderlasses: Anordnung Hitlers, die Wohnungen von Angehörigen der Bahn, der Post und der Wehrmacht künftig nicht mehr von der Belegung mit Umquartierten auszunehmen; Ende dieser Sonderbehandlung auch für die Reichsdienst- und Reichsmietwohnungen, die Zuschußwohnungen und die Wohnungen aller sonstigen Verwaltungsangehörigen.
H   101 17296 f. (1032 a)

5. – 7. 7. 44   RJM, RMfdbO, RMdI   17778
Durch den Reichsjustizminister Sondermaßnahmen für die rechtliche Betreuung der Ostarbeiter ebenfalls für ratsam gehalten, jedoch Inanspruchnahme der Zuständigkeit für die Rechtsverhältnisse der im Reich eingesetzten Arbeiter aus den Ostvölkern und daher Bitte um Absetzung einer vom Reichsostminister zu diesem Thema anberaumten Sitzung. Zustimmung des Reichsinnenministers. (Die PKzl. jeweils unterrichtet.)
K/H   101 12686 f. (695 a)

5. – [27.]7. 44   RKzl. u. a.   17779
Nach einem Klageschreiben des Generalbevollmächtigten für den Arbeitseinsatz, GL Sauckel, über die „außerordentlichen Schwierigkeiten" bei der „unbedingt erforderlichen verstärkten Heranziehung ausländischer Arbeitskräfte namentlich aus den besetzten Westgebieten und Italien" auf Weisung Hitlers Abhaltung einer Chefbesprechung. Dort heftige Beschwerde S.s über die mangelhafte Unterstützung der Arbeitskräftebeschaffung in Frankreich und Italien durch die dortigen – militärischen – deutschen Behörden („völliger Bankrott der deutschen Autorität"). Rechtfertigung der Vertreter des OKW und der Militärverwaltungen; prinzipielle Zustimmung zur Forderung S.s nach Anwendung von Zwangsmaßnahmen (erwähnt die jahrgangsweise Einziehung und das „Einfangen" bestimmter Bevölkerungsteile, insbesondere hinter der Front), jedoch Skepsis gegenüber Maßnahmen großen Stils (Störung der Produktion, Stärkung des Widerstandswillens, Fehlen einer schlagkräftigen Exekutive). Die verschiedenen vorgebrachten Vorschläge von S. als ungenügend kritisiert; das Hauptproblem nach seiner Ansicht die Infragestellung seiner weitgehenden Vollmachten, daher Erneuerung seiner Forderung nach mehr „Ellenbogenfreiheit". Vereinbarung der Aufstellung eines Katalogs seiner Forderungen.
W/H   101 09083 – 107 (651)

6. 7. 44   Chef Sipo   17780
Übersendung der Einladung für die nächste Sitzung des Arbeitskreises zur Erörterung sicherheitspolizeilicher Fragen des Ausländereinsatzes; Besprechungspunkte: Einsatz „germanischer" Arbeitskräfte, Auszeichnung und Belohnung verdienter Arbeiter, Zulassung zu öffentlichen Luftschutzräumen, u. a.
W   112 00059 f. (162)

[6. 7. 44] – [13. 1. 45]   RFSS   17781
Unter Berücksichtigung seines frühen Bekenntnisses zu Partei und SS sowie seiner „Unüberlegtheit, Poltrigkeit und Streitsucht" statt der an sich fälligen Entfernung aus der SS Gewährung einer Gelegenheit zur Bewährung „abseits von Ministerien, Stäben und dem Gerüchtenest Berlin in der gesünderen Luft der Front" für den bisherigen Chef des Rasse- und Siedlungshauptamtes, SS-Gruf. Harald Turner, wegen seines Benehmens bei einem Besuch der SS-Junkerschule Tölz, insbesondere wegen „unverantwortlicher und unwahrer Äußerungen" in angetrunkenem Zustand über Bormann und über dessen Zusammenarbeit mit Himmler (ihre Freundschaft nur Schein, in Wirklichkeit große, spätestens bei Kriegsende mit der Übernahme der „absoluten Führung" entweder durch die Partei oder durch die SS zu klärende Differenzen; ebenfalls Erörterung des Verhältnisses Buch – Bormann). Über diese Entscheidung Unterrichtung der PKzl. auf deren Wunsch und „in geeigneter Form".
H   306 00932 – 46 (Turner)

7. – 13. 7. 44   OKW, Lammers   17782
Mitteilung des OKW über das Einverständnis Hitlers mit der zusammenfassenden Steuerung des gesamten Kraftfahrzeugeinsatzes von Wehrmacht und Wirtschaft; Beauftragung des Bevollmächtigten für den Kraftfahrzeugeinsatz, GenMaj. Koll. Nach Vortrag durch Lammers und Bormann Unterzeichnung des vom OKW übermittelten Erlasses durch H.
H   101 08395 ff. (638)

8. 7. 44   RMdI, Lammers   17783
Keine Bedenken des Leiters der PKzl. gegen die Eingliederung der braunschweigischen Exklave Cal-

vörde in den preußischen Kreis Gardelegen und gegen die Umgliederung des preußischen Forstgutsbezirks Regentstein (Regenstein?) nach Braunschweig.
H   101 24592 f. (1365)

[8. 7. 44]   StSekr. Kritzinger   17784
Mitteilung des StSekr. Klopfer über angebliche Absichten Speers, einen Personalwechsel in der Leitung des Reichsverkehrsministeriums anzustreben.
H   101 18539 f. (1146)

8. 7. – 21. 8. 44   Lammers   17785
Nach Einholung einer Stellungnahme Bormanns Ablehnung der Beschwerde eines – von B. negativ beurteilten – M. Ebner über die Beschlagnahme seines Hotels Billroth in St. Gilgen (zwecks Unterbringung der Reichsstudentenführung) mit folgender Begründung: Anwendung des Verbots Hitlers, im Gau Salzburg Ausweichquartiere einzurichten, lediglich gegenüber gaufremden Dienststellen, die Reichsstudentenführung jedoch als Dienststelle des Gauleiters in seiner Eigenschaft als Reichsstudentenführer nicht gaufremd. In diesem Zusammenhang Erwähnung wertvollen, im beschlagnahmten Hotel Billroth untergebrachten Materials der aufgelösten konfessionellen studentischen Wirtschaftsorganisationen.
K/H   101 11199 – 209 (667)

10. – 11. 7. 44   GenGouv. Frank, Lammers   17786
Durch Bormann an Lammers Übermittlung der dringenden Bitte des GenGouv. Frank um einen Empfang durch Hitler zur Entgegennahme von Weisungen für die nunmehr im Generalgouvernement zu treffenden Entscheidungen. Die Teilnahme L.' und B.s an dem zugesagten Empfang voraussichtlich erforderlich.
A/H   101 23953 – 56 (1343 a)

[11. 7.] – 2. 8. 44   MinDir. SS-Brif. Berndt, RFSS   17787
Nach schweren Differenzen mit Goebbels und nach dessen Erklärung, keine entsprechende Verwendung mehr für ihn zu haben und ihm Handlungsfreiheit zu geben, Vorschläge des MinDir. SS-Brif. Alfred-Ingemar Berndt für seine weitere Verwendung nach Abschluß der Reichsinspektion der Luftkriegsmaßnahmen Ende August: Übernahme in den Parteidienst als Verbindungsmann der PKzl. zum Rüstungsministerium, Rückkehr zur Truppe oder Betätigung auf dem Gebiet der Steigerung der Kriegsproduktion als Leiter einer Reichsinspektion für besondere Kriegsmaßnahmen; dazu Schilderung seiner erfolgreichen Tätigkeit im Propagandaministerium und der besonderen Anerkennung u. a. von seiten der PKzl. (zu ihr enge Verbindungen) für seine Leitung der Reichsinspektion. Erörterung der Vorschläge B.s zwischen der PKzl. und dem Persönlichen Stab Reichsführer-SS; die Angelegenheit nach mündlicher Skizzierung der Auffassung Bormanns für die PKzl. erledigt. (Nach einer Rheumakur Einberufung Berndts zur Waffen-SS.)
W/M/H   102 00490 – 94, 496 (839); 108 00238 f. (1572); 306 00055 – 64 (Berndt)

[12. 7. 44]   RKzl.   17788
Im Einvernehmen mit dem Leiter der PKzl. Klarstellung über die Weisungsbefugnis des StSekr. Conti gegenüber den zuständigen Abteilungen der Obersten Reichsbehörden im Rahmen seines – ihm durch Ziffer 2 des Führererlasses vom 28. 7. 42 erteilten – Auftrags (Ärzteeinsatz zur Sicherstellung der ärztlichen Versorgung der Zivilbevölkerung).
H   101 29198 (1648)

13. 7. 44   Lammers   17789
Im Beisein Bormanns Vortrag des von SS-Ogruf. Frank geäußerten Wunsches, nach Einbeziehung des Sudetenlandes in seinen Befehlsbereich als Höherer SS- und Polizeiführer seinen Salonwagen der Böhmisch-Mährischen Bahnen auch dort uneingeschränkt benutzen zu dürfen. Ablehnung durch Hitler: Kein Verzicht auf die selbst für dringende Fahrten von Reichsministern vorgeschriebene Einholung einer Einzelgenehmigung.
H   101 08455 – 58 (638 a)

13. 7. 44   Lammers   17790
Nach Rücksprache mit Bormann Richtigstellung einer Meldung aus dem Reichinnenministerium über die angeblich von Hitler verfügte Räumung Ostpreußens: Lediglich der Wunsch des GL Koch, die in

den östlichen Kreisen Ostpreußens untergebrachten Bombengeschädigten abzutransportieren, von H. genehmigt.
K   101 11855 f. (684)

13. 7. 44   RVM   17791
Mitteilung der Modalitäten der Ausgabe von Jahresnetzkarten und Jahresanschlußnetzkarten ab 1. 8. 44.
M   101 01917 f. (189)

[13. 7. 44]   RKzl. u. a.   17792
Auf Anregung von StSekr. Klopfer (PKzl.) Abhaltung einer Staatssekretärsbesprechung über die Verstärkung des Einsatzes in der Rüstungsindustrie; dabei Vorschlag der PKzl., die Partei bei der Gewinnung neuer Arbeitskräfte einzuschalten, ferner Schüler, Studenten und den Reichsarbeitsdienst für die Fertigung heranzuziehen, sowie weitere Erörterungen über Betriebsschließungen, Umsetzungen und Auskämmungen, Einschränkung der Verwaltungsarbeit, Überprüfung der Wehrmachtapparatur; u. a.
K/H   101 10846 ff. (664 a)

14. 7. 44   RMdI, Lammers   17793
Zustimmung Bormanns zur Errichtung von Landesforstämtern in Kassel und Wiesbaden (Achte Durchführungsverordnung zur Verordnung über den Aufbau der Reichsforstverwaltung).
M/H   101 02319 f. (218)

14. 7. 44   RKO   17794
Eintreten Bormanns für die Wiederherstellung der alten Zuständigkeit im Reichskommissariat Ostland (Aufhebung der Unterstellung von Teilen des Ostlandes unter die Oberbefehlshaber der Armeen).
K   102 00846 – 49 (1704)

14. 7. – 22. 8. 44   RKzl. u. a.   17795
Vier Rechnungen der Galerie Maria Dietrich (München) über insgesamt RM 213 000.– für fünf auf Weisung Hitlers von Bormann für die Neue Galerie in Linz angekaufte Gemälde von B. an die Reichskanzlei mit der Bitte um Bezahlung weitergeleitet; Fotos der Bilder nachgereicht. Entsprechende Veranlassung zu Lasten des Kontos „Dankspendenstiftung (Sonderfonds L)".
H   101 29306 – 09 (1651 a)

15. 7. 44   RJM   17795 a
Übersendung des Entwurfs einer Verordnung über Änderungen des Mieterschutzrechts. (Erwähnung; vgl. Nr. 17994.)
H   101 17318 (1032 b)

17. 7. 44   AA, Metropolit Anastasius, RMfdKA   17796
Durch das Auswärtige Amt Übersendung eines Schreibens des Metropoliten von Belgrad, Anastasius, namens der Bischöflichen Synode der russischen orthodoxen Kirchen im Ausland an den Reichskirchenminister zu den kirchlichen Verhältnissen und der Kirchenspaltung in der Ukraine: Stellungnahme *gegen* die von deutscher Seite unterstützte, jedoch häretische und „geistig dem Bolschewismus sehr verwandte" Autokephale Ukrainische Kirche und *für* die Autonome Ukrainische Kirche.
W/H   202 01800 – 04 (13/12 – 13 + 20/11)

17. 7. 44   GBV   17797
Gemeinsame Bemühungen von MinR Hillebrecht (PKzl.) und MinDirig. Jacobi (Generalbevollmächtigter für die Reichsverwaltung) um eine Zusammenstellung der im Gesamtbereich der Verwaltung Uk.-Gestellten. (Erwähnung.)
K/H   101 10853 f. (664 a)

17. – 25. 7. 44   RKzl., OKW, RMdI, RMfVuP u. a.   17798
Nach Erhalt einer Denkschrift Speers vom 12. 7. Aufforderung Hitlers an den Dreierausschuß und die hauptbeteiligten Ressorts zum gemeinsamen Vortrag über den verstärkten Einsatz von Männern und Frauen für Aufgaben der Reichsverteidigung. Vorbereitung des Vortrags durch eine Chefbesprechung im Hauptquartier Lammers' am 22. 7. (wegen Verhinderung Goebbels' und S.s verschoben vom 20. bzw. 21. 7.). In der Besprechung „Rechenschaftsbericht" des Dreierausschusses (vgl. Nr. 17771) durch L., endend in der Klage über nicht ausreichend vorhandene Vollmachten: Notwendigkeit, eine mit umfassenden Vollmachten ausgestattete Einzelpersönlichkeit einzusetzen; Nominierung G.' für den zivilen,

Himmlers für den militärischen Bereich. Einwilligung G.' unter Entwicklung seines Programms für den „Totalen Krieg"; Hinweis Bormanns auf den zu brechenden Widerstand der Ressorts. Nach Zustimmung aller Teilnehmer (und einer Kontroverse zwischen L., S. und Stuckart über den Personalstand der Verwaltung) am folgenden Tag Vortrag aller Beteiligten sowie Görings bei Hitler; dessen Ergebnisse: Ausscheiden des Wehrmachtbereichs aus dem Erlaß, neuer Entwurf des Führererlasses (unter Zustimmung aller Beteiligten) sowie Entwurf einer Bestellungsurkunde für Goebbels. Am 25. 7. Vollziehung des Führererlasses über den totalen Kriegseinsatz und der Bestellung Goebbels' (Erlaß von Rechtsvorschriften usw. im Einvernehmen u. a. mit dem Leiter der PKzl. sowie dessen Beauftragung mit der Unterstützung der angeordneten Maßnahmen durch den Einsatz der Partei). Bei dieser Gelegenheit Ablehnung der vom Auswärtigen Amt gewünschten Ausnahmestellung, diese jedoch – auf Veranlassung L.' – für Reichskanzlei, Präsidialkanzlei und PKzl. von Hitler für selbstverständlich erklärt. (Vgl. Nr. 17835.)
K/H   101 10856 – 90, 891 f. (664a); 101 29195 f. (1648); 102 01662 – 65 (2844); 108 00839 – 43 (1956)

18. 7. 44   RMfRuK, GBA, u. a.   17799
Ankündigung der „AZS-Aktion" (Auskämmung des zivilen Sektors 1944): Mobilisierung von 250 000 Arbeitskräften aus Wirtschaft und Verwaltung für die Rüstungsindustrie; beigefügt Anweisungen für die Rüstungsdienststellen zur Arbeitskräftefreimachung (u. a. Abgaberichtsätze für einzelne Wirtschaftszweige).
A   101 09739 – 44 (656 a)

18. – 23. 7. 44   Himmler, Keitel u. a.   17800
Durch Bormann mit der Bitte um wirksame Gegenmaßnahmen Weiterleitung ihm von GL Koch übermittelter Berichte des BerL Baltinat (Scharfenwiese) und eines F. K. Pfafferott (Bialystok) über die besorgniserregende, demoralisierte Haltung der an der Ostfront zurückflutenden deutschen Truppen: Transport von Vieh, Mobiliar und Frauen anstelle kriegswichtigen Materials; Auftreten uniformierter, bewaffneter Flüchtlinge; Kritik an der Haltung der Offiziere; Erwähnung der feindseligen Einstellung von Soldaten gegenüber Trägern von Parteiuniformen. Ein weiterer 'Bericht des von der PKzl. zu GL Koch abgestellten Pg. Kap mit der namentlichen Nennung von zwei Offizieren (mit „zwei russischen weiblichen Personen besonders daneben benommen") an SS-Ogruf. Kaltenbrunner weitergeleitet.
K/H   102 01371 – 88 (2606)

18. 7. – 8. 9. 44   RPM, Lammers   17800 a
Zu der vom Reichspostminister mitgeteilten Ausgliederung der in den Kreisen Schneidemühl, Arnswalde und Friedeberg liegenden Postdienststellen aus der Reichspostdirektion (RPD) Frankfurt/Oder und deren Eingliederung in die RPD Stettin Hinweis der PKzl. auf die Notwendigkeit, auch die Reichskanzlei (RKzl.) und den Generalbevollmächtigten für die Reichsverwaltung bei jeder den staatlichen Aufbau betreffenden organisatorischen Maßnahme zu beteiligen (gemäß Rundschreiben der RKzl. vom 17. 1. 43).
M/H   101 02597 – 601 (266)

19. 7. 44   RFM, OFPräs.   17801
Zustimmung der Ressorts zur Aufhebung der Einfuhrzölle und der Umsatzausgleichsteuer für italienische Waren; Hinweis des Reichsfinanzministers auf die Zweckmäßigkeit einer unauffälligen Verfügung dieser Außerkraftsetzung im Verwaltungsweg und Übersendung des betreffenden Erlasses.
K   101 14725 – 28 (802)

19. 7. 44   OKW   17802
Einladung zu einer Besprechung über Freizeitgestaltung der Kriegsgefangenen in Verbindung mit Leistungssteigerung.
W   108 00735 (1820)

20. 7. 44   OKW   17803
Übersendung des Führererlasses über die Errichtung einer Zivilverwaltung in den besetzten Gebieten von Belgien und Nordfrankreich vom 13. 7. 44 (Einsetzung eines Reichskommissars [GL Grohé] und eines Höheren SS- und Polizeiführers sowie eines besonderen Zivilkommissars und eines SS- und Polizeiführers für Nordfrankreich; deren Befugnisse und Unterstellungsverhältnisse; Übernahme des Personals der bisherigen Militärverwaltung; vgl. Nr. 17426), eines Befehls über die Umwandlung der Dienststelle des bisherigen Militärbefehlshabers in die Dienststelle Wehrmachtbefehlshaber Belgien und Nordfrankreich mit deren Befugnissen und Unterstellungsverhältnis, der Dienstanweisung für den Wehrmachtbe-

fehlshaber Belgien und Nordfrankreich sowie der Allgemeinen Dienstanweisung für Wehrmachtbefehlshaber vom 15. 4. 41 und 15. 11. 41 (Verhältnis zu den politischen Beauftragten [Reichskommissaren], u. a.). (Vgl. Nr. 17426 und 17869.)
W   101 11515 f. (678 a); 107 01536 − 48 (445)

20. 7. 44   Lammers, Amann   17804
Mitteilung Lammers': Der Verkauf des gesamten Scherl-Verlags − entsprechend dem Wunsch Hugenbergs − an den Zentralverlag der NSDAP mit der Gegenleistung, H. ein geeignetes Wirtschaftsunternehmen als Ersatzwert zur Verfügung zu stellen, von Hitler gebilligt; Funk − auf seinen Vorschlag − von Hitler mit der Leitung der Verkaufsverhandlungen betraut.
A   101 05661 − 65 (469 b)

20. 7. 44   Speer   17805
Vorschlag, die zur Einrichtung eines Elektronenmikroskops für Prof. Morell bestellten Laborgeräte zunächst vom Rüstungskontor bezahlen und die Kosten später durch Bormann erstatten zu lassen.
W   108 00288 (1591)

[20. 7. 44]   GBA   17806
„Auf besondere Anfrage" Stellungnahme zum Arbeitseinsatzprogramm für das zweite Halbjahr 1944: Mobilisierung aller deutschen Reserven nach dem aufgestellten Zehn-Punkte-Programm, jedoch unter Intakthaltung des notwendigen innerdeutschen Verwaltungsapparats; Mobilisierung der in den besetzten Gebieten des Westens und des Südens, des Protektorats, des Generalgouvernements usw. noch vorhandenen Kräfte; Intensivierung der Leistungen der ausländischen Arbeiter, der Kriegsgefangenen und Internierten durch propagandistische Maßnahmen und Verbesserung der Lebensbedingungen; Überprüfung und Rationalisierung der Dienststellen und Arbeitsvorhaben von Wehrmacht, Arbeitsdienst, OT usw.; Unterbindung des Bummelantenwesens; u. a.
W/H   101 09140 − 44 (651)

20. − [25.]7. 44   RFSS/Pers. Stab   17807
Durch die PKzl. Übersendung eines neugefaßten Referentenentwurfs für einen Führererlaß über das Sicherungsstandrecht: Voraussetzung und Befugnis der Verkündung; Ernennung und Kompetenzen des „Reichsverteidigungskommissars für das Standrechtsgebiet"; Einsatz bewaffneter Macht; Einführung der Standgerichtsbarkeit; Erlaß der Durchführungsvorschriften. Vorläufige Zurückstellung der Herausgabe des Erlasses.
W   107 00849 − 53 (289)

[20. 7. − 9. 8. 44]   GBA   17808
Im Benehmen mit der PKzl. Vorschläge zur Ernennung von acht schon seit Monaten mit der Wahrnehmung der Geschäfte beauftragten Beamten zu Präsidenten nach der Verordnung vom 27. 7. 43 gebildeter Gauarbeitsämter.
H   101 06495/8 − 11, 502/5 − 11 (529 a)

[20. 7. − 15. 9. 44]   RVM   17809
Änderungswünsche der PKzl. zum Entwurf eines Durchführungserlasses zum Erlaß Hitlers über die verstärkte Zusammenfassung der Straßenverkehrsmittel (Einsatz aller zivilen Straßenverkehrsmittel für kriegswichtige Transporte): Leitung der zu bildenden Bezirksausschüsse für Straßenverkehr in jedem Fall durch die Nahverkehrsbevollmächtigten; Aufnahme auch der Gauwirtschaftsberater in die Ausschüsse. Einverständnis des Reichsverkehrsministers.
W   108 00864 − 69 (1987)

20. 7. − 21. 9. 44   AA, RVerb. f. d. kath. Deutschtum im Ausland, VoMi, Chef Sipo   17810
Durch das Auswärtige Amt (AA) Übersendung eines Antrags des Reichsverbandes für das katholische Deutschtum im Ausland (RV) auf Devisengenehmigung für 1944 (Unterstützung von Auslandsdeutschen, Auslandsreisen, Meß-Stipendien für auslandsdeutsche Seelsorger, Buch- und Zeitschriftensendungen), der ablehnenden Stellungnahme der Volksdeutschen Mittelstelle und einer Anfrage an den Chef der Sicherheitspolizei (wegen dessen Auffassung von der „eher nachteiligen" Arbeit des RV, mit Hinweis auf die seit 1942 radikale Kürzung der gewährten Beihilfen und auf die in den letzten Jahren kooperative Haltung des Verbandes). Nach einer Besprechung mit der PKzl. Absicht des AA, den Antrag des RV abzulehnen. Ausführung dieser Absicht nach Eingang der Zustimmung der PKzl.
W/H   202 00279 − 88 (3/8 − 20)

20. 7. 44 – 15. 1. 45   AA   17811
Stellungnahme der PKzl. zu verschiedenen Anträgen auf finanzielle Zuwendungen an konfessionelle Einrichtungen im Ausland. Mitteilung des Auswärtigen Amtes über die Ablehnung des (von der PKzl. nicht befürworteten) Antrags des Reichsverbandes für das katholische Deutschtum im Ausland (vgl. Nr. 17810) und über die befürwortende Weiterleitung des (von der PKzl. gutgeheißenen) Antrags auf Gehaltsüberweisung für Pfarrer Kühn (Malmö) an das Reichswirtschaftsministerium (RWiM) sowie Bitte um Information über den Sachstand in zwei weiteren Fällen (noch ausstehende Stellungnahmen des RWiM zu einem Antrag bzw. zur Genehmigung eines Antrags ohne Einholung der Stellungnahme der beteiligten Stellen).
W   202 00276 – 81 (3/8 – 20)

21. 7. 44   RFSS   17812
Mitteilung Bormanns: Generalquartiermeister Wagner über den ganzen Plan der Generäle Olbricht usw. wohl informiert gewesen.
W   107 00854 (289)

21. 7. 44 – 29. 1. 45   RKzl.   17813
Durch Bormann Informierung über die Entscheidung Hitlers, der Witwe des bei dem Attentat auf H. getöteten Reichstagsstenographen Heinrich Berger, Hertha B., eine Oberregierungsratspension zu zahlen; ferner Gewährung einer Übergangsbeihilfe und – auf Grund einer entsprechenden Anfrage der Witwe bei der PKzl. – einer ausreichenden Sonderzahlung zur Deckung der ihr entstandenen Kosten.
A   101 02846 – 53/1 (295 a)

21. 7. 44 – 6. 2. 45   RFSS, Chef Sipo   17814
Schriftwechsel der Ilse Heß mit Himmler und seinem Persönlichen Stab: Hauptgegenstand das Schicksal ihres Mannes (Anfragen bei der PKzl. von ihr für „sinnlos" gehalten); daneben Dank für Weihnachtsgeschenke und für die „unwandelbare sowohl offizielle wie menschliche Höflichkeit" der SS-Dienststellen, gute Wünsche für Himmler zur Übernahme seiner neuen Aufgabe und für Hitler anläßlich des 20. Juli sowie Bitte um Klärung des Schicksals des in Kriegsgefangenschaft geratenen Mannes ihrer Schwägerin, Gen. Erwin Rauch. Verzögerung der Beantwortung der (nach monatelangem Ausbleiben von Post geäußerten) Bitte um Mitteilung etwaiger neuer Nachrichten über Heß wegen der Ergebnislosigkeit der Nachforschungen und der Beanspruchung Himmlers durch die Übernahme der Heeresgruppe Oberrhein. Frau Heß besonders beunruhigt über das Verschwinden des Sohnes des (im Zusammenhang mit dem 20. Juli kurzzeitig verhafteten) Gen. Haushofer, Albrecht H.: Hinweis auf dessen 1941 gespielte Vermittlerrolle und Befürchtung schädlicher Auswirkungen im Falle seines Auftauchens bei ihrem Mann. Der Inhalt der schließlich eingehenden Meldungen über Heß: Unterbringung nicht mehr in einem Sanatorium, sondern in einem Lager für deutsche Offiziere (die Anfang Januar 1945 eintreffenden Briefe Heß' vom Juli 1944 allerdings noch aus der Einzelhaft geschrieben); Scheitern der Absicht rechtsstehender britischer Politiker, Heß zur Übernahme einer sogenannten Übergangsregierung zu bewegen, am Widerstand der Regierung und der Linkskreise sowie an der Ablehnung durch Heß selbst; Heß in England nicht zur Kategorie der Kriegsverbrecher gezählt, daher Ablehnung der von russischer Seite vorgeschlagenen Aburteilung. Interpretation des Verhaltens Heß' in der Gefangenschaft durch seine Frau: Selbstgespräche die für ihn typische Art, sich Luft zu machen; die angebliche Gedächtnisschwäche (zunächst als Schockreaktion auf die Nachricht von der Behandlung „seiner Männer" interpretiert) nur eine Verstellung. Dazu Anregung, ihren Mann „drüben rauszuholen"; der Nutzen seiner „Heimkehr": Hitler dem Volk „überdimensional und daher unbegreiflich" geworden, Heß dagegen die Verkörperung des wahren alten NS und für das Volk der „Garant der Treue"; Hinweis auf eine Nostradamus-Prophezeiung (Rückkehr des „Mannes aus dem Westen").
W/H   107 00520 – 42, 600 f. (213)

[22. 7. 44]   GL Danzig-Westpreußen   17815
„Vor einigen Wochen für kurze Zeit" Kommandierung des Stv. GL Seeger (Danzig) zur Dienstleistung in der PKzl. (Erwähnung.)
W/H   102 00306, 308 (749)

22. – 26. 7. 44   RFSS   17816
Aufgrund der von Klopfer (PKzl.) zur Verfügung gestellten *Angaben des Prof. Osenberg Anordnung Himmlers, im Ersatzheer die Einziehungsaktion von 14 600 Mann sofort anzuhalten, um die Wehrforschung nicht zu gefährden.
W   107 01442 f. (425)

22. 7.–16. 8. 44   Himmler   17817
Vorschläge der PKzl. für die Aktivierung der NS-Führung innerhalb der Wehrmacht sowie für deren Überwachung im Zusammenhang mit den Ereignissen am 20. Juli 1944: Überprüfung des bisherigen eigenen Befehlsweges des Generalstabs sowie aller Offiziere in Schlüsselstellungen; Fanatisierung der NS-Führungsoffiziere; u. a.
K/W   102 00317–21 (750)

23. 7.–17. 8. 44   AA   17818
Übersendung eines Rundschreibens des ungarischen Kardinalfürstprimas Serédi an die ungarischen Bischöfe über seine – im wesentlichen ergebnislosen – Versuche, in Verhandlungen mit der ungarischen Regierung die Befreiung der getauften Juden von den angeordneten antijüdischen Maßnahmen, insbesondere von der Kennzeichnung, zu erreichen (Ergebnis: Erlaubnis für diese Juden, neben dem Judenstern das Kreuz zu tragen), sowie eines entsprechenden Hirtenbriefs über die Behandlung der Judenfrage und gegen die Judenverfolgung; nach Vorsprache des Ministerpräsidenten und einiger Minister in Esztergom Einverständnis S.s mit einer – teilweise allerdings nicht befolgten – Rundfunkverlautbarung, den Hirtenbrief nicht zu verlesen.
W/H   202 01905/3–926 (15/12–22)

23. 7.–15. 9. 44   RKzl., Oberste RBeh., RL u. a.   17819
Weiterleitung der Anordnung 157/44 des Leiters der PKzl., die Regelung der Beurlaubung hauptberuflich bei der NSDAP usw. Beschäftigter zur Dienstleistung bei staatlichen Stellen betreffend, an die Obersten Reichsbehörden.
H   101 19838–43 (1194 b); 101 29188 ff. (1648)

24. 7. 44   AA   17820
Nach einer Meldung des Deutschen Botschafters beim Vatikan dort von einer – in der ausländischen Presse erörterten – Romreise des bekannten polnisch-amerikanischen Geistlichen Orlemansky nichts bekannt.
W/H   202 00987 (9/5–14 + 20/1)

24. 7. 44   AA   17821
Nach Informationen des Deutschen Gesandten in Bern das amerikanische State Department ungehalten über das angebliche Drängen des Papstes auf eine Versöhnung zwischen den Vereinigten Staaten und Großbritannien einerseits, Deutschland andererseits anläßlich des Vatikanbesuchs Myron Taylors.
W   202 00989 (9/5–14 + 20/1)

24.–27. 7. 44   RL, GL, VerbF, Lammers, Oberste RBeh.   17822
Der Wunsch Hitlers, bei der Behandlung des 20. Juli in der Öffentlichkeit nicht das Offizierskorps, die Generalität, den Adel oder Wehrmachtteile in corpore anzugreifen, vielmehr auf den nur kleinen Umfang des „Verräterklüngels" hinzuweisen und die durch die Zusammenarbeit zwischen Wehrmachtbefehlshabern und Gauleitern in sämtlichen Gauen nach dem Attentat bewiesene einwandfreie Haltung des Heeres wie der gesamten Wehrmacht zu betonen, von Bormann den Reichsleitern, Gauleitern und Verbändeführern und im Anschluß daran durch Lammers den Obersten Reichsbehörden bekanntgegeben, letzteren jedoch ohne den in B.s Fernschreiben enthaltenen Schlußsatz über das Erfordernis, gerade in besonderer Notzeit die vollziehende Gewalt nicht an die Wehrmacht oder an „irgendwelche einzelne Generale" übergehen zu lassen, sondern sie „fester denn je in der Hand der Gauleiter" zu halten.
K/W/H   101 16543–46 (991); 108 00837 f. (1956)

24.–27. 7. 44   AA   17823
Mitteilungen: Anweisung des Reichsaußenministers, dem Erzbischof von Paris, Kard. Suhard, die Unmöglichkeit der von S. angesichts der Gefahr des Bolschewismus nahegelegten Verständigung mit England zu verstehen zu geben; gewisse Distanzierung S.s von der Kollaboration seit dem Beginn der Invasion und dem Empfang de Gaulles durch den Papst.
W   202 00427 f. (5/2–18)

24.–31. 7. 44   Lammers, RL, GL, VerbF   17824
Unterrichtung durch Bormann: Auf Anordnung Hitlers sofortige Übernahme des Zollgrenzschutzes samt Material durch den Reichsführer-SS.
A/H   101 22671 (1293 a); 108 00828 (1956)

24. 7. – 17. 8. 44   RKzl., RFM   17825
Durch die Reichskanzlei mit der Bitte um Stellungnahme Übersendung eines Einspruchs des Reichsfinanzministers (RFM) gegen die bisherige Praxis der Chefs der Zivilverwaltungen sowie der Reichskommissare (Norwegen, Niederlande) bei der Behandlung beschlagnahmten Juden-, Freimaurer- und reichsfeindlichen Vermögens in ihren Gebieten: Einziehungen zugunsten der betreffenden Dienststellen, in einem Falle sogar zugunsten eines Reichsgaues (Steiermark), Errichtung von Stiftungen, Begünstigung der Partei bei der Liquidation von Organisationsvermögen usw., jedenfalls keine oder ungenügende Berücksichtigung der Interessen des Reiches; dieses Verfahren, Vermögenseinziehungen den fraglichen Gebieten zukommen zu lassen, nach Auffassung der RFM nicht mehr angängig; Forderung, wenigstens in Zukunft auch in diesen Gebieten die ausnahmslose Einziehung zugunsten des Reiches nach dem Führererlaß vom 29. 5. 41 vorzusehen und diese Werte als allgemeine Deckungsmittel der Kriegsfinanzierung zuzuführen, sowie des Verzichts insbesondere des Reichskommissars Niederlande auf seine besonderen Wünsche bei der Verwertung der umfangreichen, meist ehemals jüdischen Vermögenswerte. Gemäß Vorschlag der PKzl. Zurückstellung dieser Angelegenheit bis zu einem „geeigneten Zeitpunkt".
H   101 21642 – 52 (1269 c)

24. 7. – 12. 10. 44   AA   17826
Übermittlung von Meldungen der Deutschen Gesandtschaft in Lissabon über die Reise des Kardinal-Patriarchen von Lissabon (als Gesandter des Papstes und mit offizieller Verabschiedung) nach Portugiesisch-Ostafrika; die Reise von der portugiesischen Regierung zur Dokumentation der integralen Einheit des „portugiesischen Imperiums" benutzt.
W/H   202 01283 ff. (10/14 – 25 + 20/7)

24. 7. – 12. 12. 44   AA   17827
Auf Anfrage der PKzl. Mitteilung über den Empfang einer Gruppe polnischer Offiziere und Soldaten unter Führung der Generäle Sosnkowski und Anders durch den Papst und über die antikommunistische Linie des polnischen Armeebischofs Gawlina; ferner Informationen über die polnische und die italienische Regierungskrise, über die angebliche Abberufung des Nuntius in Paris, Valeri, und über eine Botschaft amerikanischer katholischer Bischöfe.
W   202 01242 – 47 (10/9 – 13 + 20/6)

25. 7. 44   Speer   17828
Verschiebung der mit Ansprachen Speers und seiner Mitarbeiter geplanten Rüstungstagung der Gauleiter durch Bormann: Die Durchführung der Gauleitertagung an den Führerauftrag an Goebbels vordringlich; dort „schlagkräftige und eindringliche" Behandlung des Themas mit Reden G.', S.s und Himmlers.
W/H   108 00829 (1956)

25. 7. 44   DF   17829
Auf Vorschlag u. a. des Leiters der PKzl. Führererlaß über den Selbstschutz im Luftkrieg und den Reichsluftschutzbund (RLB): Übernahme der Führung und des Ausbaus des Selbstschutzes durch die NSDAP; Betreuung des RLB durch die NSDAP nach den Weisungen des Leiters der PKzl., Satzungsänderungen an dessen Einvernehmen gebunden; Erlaß von Durchführungsbestimmungen durch den Leiter der PKzl.
H   101 29197 (1648)

25. 7. – 12. 8. 44   RMfRuK   17829 a
Auskunft auf *Anfrage: Der Antrag des SS-Ustuf. Bruno Koch auf Genehmigung des Erwerbs einer Leica-Kamera seinerzeit (Ende 1943) abgelehnt (Kleinbildkameras nur für besonders kriegswichtige Zwecke verfügbar), der Vorgang jedoch durch Feindeinwirkung verloren.
W/H   108 00283 f. (1587)

26. 7. 44   RFSS/Pers. Stab   17830
Übersendung eines *Vermerks über das Verhalten des SS-Brif. Berndt bei der Erschießung des amerikanischen Leutnants Dennis.
M/H   102 00489 (839); 306 00054 (Berndt)

26. 7. 44   RMfEuL, RGesundF   17831
Auf Anregung des Reichsgesundheitsführers (dessen Erläuterungen beigefügt) Absicht des Reichsernäh-

rungsministers, den in kriegsentscheidender Funktion geistig-schöpferisch Tätigen periodisch Sonderrationen zu gewähren; bei der Auswahl des Personenkreises durch die einzelnen Dienststellen Anlegung eines „allerstrengsten Maßstabs" erforderlich, Bitte um Nennung der im jeweiligen Zuständigkeitsbereich in Frage kommenden Personenzahl. In diesem Zusammenhang erwähnt: Grundsätze der Kriegsrationierung.
W/H   112 00004 – 07 (37)

[26. 7. 44]   GL Koch   17832
Abstellung des Pg. Kap (PKzl.) „zu GL Koch". (Erwähnung.)
W   102 01387 (2606)

26. 7. – 10. 12. 44   AA, Dt. Ges. Stockholm, AO, Dt. Kons. Göteborg   17833
Ablehnende Stellungnahme der PKzl. wie auch des Auswärtigen Amts (AA) und der Auslands-Organisation zur Frage der Verlängerung der Reisepässe für reichsdeutsche Ordensschwestern in Schweden: Die Grauen Schwestern keine „Exponenten des Deutschtums". Nach vom Konsulat in Göteborg geäußerten Bedenken Bitte des AA an die PKzl. um eine grundsätzliche Äußerung zur praktischen Regelung der Angelegenheit (Gefahr des Erwerbs der schwedischen Staatsangehörigkeit oder eines schwedischen Fremdenpasses durch die deutschen Schwestern).
W/H   202 01634 – 44 (12/1 – 2 + 20/4)

27. 7. 44   AA   17834
Übermittlung von Auslandsmeldungen über bevorstehende Zusammentreffen Präsident Roosevelts mit Churchill und mit dem Papst (Erörterung des Nachkriegsschicksals Italiens und Polens).
W   202 00993 (9/5 – 14 + 20/1)

27. – 29. 7. 44   Lammers, Goebbels, Oberste RBeh.   17835
Durch Lammers Übersendung seines Begleitschreibens an Goebbels zur Übermittlung des vollzogenen Führererlasses vom 25. 7. 44 mit Erläuterungen über die Zuständigkeit des neuen Reichsbevollmächtigten für den totalen Kriegseinsatz (RBK) auch für die von einem Chef der Zivilverwaltung oder einem Reichskommissar verwalteten Gebiete sowie für das Generalgouvernement; „nicht betroffen" lediglich der Generalbauinspektor für die Reichshauptstadt, der Generalbaurat für die Hauptstadt der Bewegung, der Reichsbaurat für die Stadt Linz und der Generalinspektor des Führers für das Kraftfahrwesen sowie – „schon nach der Natur der ihnen vom Führer im Gesamtgefüge des Reichs zugewiesenen Stellung" – die Reichskanzlei, die Präsidialkanzlei und die PKzl. (vgl. Nr. 17798). Damit Einverständnis B.s und ebenfalls mit einem weiteren Schreiben L.' an G. sowie mit einem Rundschreiben an die Obersten Reichsbehörden über die Beibehaltung des durch den Stoperlaß vom 17. 2. 43 eingeführten Anzeige- und Genehmigungsverfahrens für gewisse Vorgänge auf dem Gebiet der Verwaltungsorganisation, des Haushalts- und des Beamtenrechts (Errichtung neuer Dienststellen, Abweichungen von den „Reichsgrundsätzen", Anstellung und Beförderung von Beamten, Ausweitungen der Stellenpläne) auch nach der Ernennung des RBK; Zusicherung an G., mit seiner damit fortgesetzten Tätigkeit den Dreierausschuß nicht etwa mit ihm „in Wettbewerb treten zu lassen".
H   101 10890/1 – 892/7 (664 a)

27. 7. 44   RVereinigung Kohle, Funk   17836
Nach Ansicht des Vorsitzenden der Reichsvereinigung Kohle, Paul Pleiger, wegen der Kohleversorgungsschwierigkeiten eine rechtzeitige Aufklärung der Bevölkerung sowie verschiedene Sondermaßnahmen (Heizungseinsparungen bei Behörden u. a.) unerläßlich. (Durchdruck an Bormann.)
W   108 00821 – 24 (1956)

27. 7. 44   AA   17837
Übersendung der Oster-Enzyklika des Papstes an die kirchlichen Würdenträger der Ostkirchen und einer Pressemeldung über eine daraufhin erfolgte „unfreundliche Entgegnung" in einer Verlautbarung der rumänischen Patriarchie.
W/H   202 02150 – 50/19 (16/24 – 37)

[27. 7. 44]   GBV   17838
Zustimmung der PKzl. zum ˙Entwurf einer Verordnung über Kriegsmaßnahmen auf dem Gebiet des Veterinärwesens.
K   101 14050 (741 a)

27.–29. 7. 44   RL, GL u. a.   17839
Verschiebung der für den 1./2. 8. geplanten Reichs- und Gauleitertagung wegen „Überlastung des Führers mit wichtigen, vordringlichen Arbeiten" auf den 3./4. 8.
W   108 00830–36 (1956)

[27.]–30. 7. 44   RMfVuP   17840
„Statut" sowie – entsprechende – Führerinformation A I 457 über den totalen Kriegseinsatz, zur Vorlage bei Hitler übersandt: Einsetzung eines Planungs- und eines Exekutivausschusses durch den Reichsbevollmächtigten für den totalen Kriegseinsatz; Aufgaben und Zusammensetzung des Planungsausschusses unter StSekr. Naumann (Gesamtplanung, Anregung weiterer Einschränkungen, Überprüfung von Hinweisen aus der Bevölkerung) und des Exekutivausschusses unter GL Wegener (Durchführung und Kontrolle), in beiden Fällen unter Beteiligung der PKzl.; Umfang des technischen Apparats des Reichsbevollmächtigten (13 bis höchstens 20 Personen); Beauftragung des RegPräs. MinDir. Faust mit der Geschäftsführung als Generalsekretär; Modus der Unterrichtung und gegebenenfalls der Einholung von Weisungen H.s (beides durch Bormann); eingeleitete Sofortmaßnahmen (Verbot von Scheinarbeit, Erweiterung der Frauenarbeitspflicht) und geplante Maßnahmen (Vereinfachungen u. a. bei Post und Bahn, im Versorgungs-, Steuer- und Beitragswesen, in der Rechtspflege und der inneren Verwaltung sowie bei Zeitungen und Schrifttum, Schließung von Hoch- und Fachschulen); Verwendung der freigewordenen Kräfte ausschließlich für die Rüstung und an der Front.
K/H   101 10904–08 (665); 101 10998–1007 (666 b)

27. 7.–16. 8. 44   AA, Dt. Kons. Genf   17841
Trotz positiver Stellungnahme des Deutschen Konsulats in Genf keine Zustimmung der PKzl. zur Erteilung eines Durchreise-Sichtvermerks für den vom Amerikanischen Kirchenbund in den Vereinigten Staaten eingeladenen Leiter der Europäischen Zentralstelle für kirchliche Hilfsaktionen, Prof. Keller (Genf).
W   202 01690–95 (12/3–12/14)

28. 7. 44   Seyß-Inquart, Lammers, Keitel   17842
Bitte des Reichskommissars Niederlande, Seyß-Inquart, um Bormanns Unterstützung gegen eine bevorstehende Anordnung des OKW, die Geschäfte des Nahverkehrsbevollmächtigten auch in den Niederlanden auf die Wehrmacht zu übernehmen: Hier ganz andere Verhältnisse als in den übrigen Westgebieten; bei Abgabe des Nahverkehrs keine Verantwortung für Rüstung, Versorgung u. a. mehr möglich, deshalb ein Übergang erst bei Erklärung zum Operationsgebiet zweckmäßig.
H   101 08398–401 (638)

28. 7.–28. 9. 44   RKzl., Oberste RBeh., Keitel   17843
Nach einem Bericht des Leiters der Auslands-Organisation (AO), GL Bohle, auf Bormanns Wunsch durch Lammers Veranlassung der Obersten Reichsbehörden, zuverlässige Auslandsdeutsche für bedeutsame wirtschaftliche und kulturelle Aufgaben im besetzten und befreundeten Ausland einzusetzen und bei personellen Auslandsplanungen bei der AO nach der Verfügbarkeit befähigter Auslandsdeutscher anzufragen, um deren Landeskenntnisse zu nutzen. Ein kurz darauf durch einen Erlaß des OKW erfolgtes grundsätzliches Verbot des Einsatzes auslandsdeutscher Wehrmachtangehöriger in ihrem früheren Gastland nach Auffassung L.' im Widerspruch zu seinem Rundschreiben stehend, nach Mitteilung Keitels jedoch wie dieses auf einer Anregung Bohles beruhend und mit L.' Rundschreiben auch durchaus vereinbar: Die in Rundschreiben der Reichskanzlei gemeinten „auslandsdeutschen Wirtschaftskenner" vom Verbot der Wehrmacht nicht betroffen, eine – von L. gewünschte – Ergänzung des Erlasses daher nicht erforderlich.
W/H   101 04391–94 (414 a); 101 09304–15 (651 d); 101 29193 f. (1648)

29. 7. 44   Lammers   17844
Mitteilung Bormanns: Einverständnis Hitlers mit der Heraufsetzung der Altersgrenze für die Meldepflicht der Frauen von 45 auf 50 Jahre. Durch Lammers Informierung Goebbels'. (Vgl. Nr. 17929.)
W/H   101 09485 ff. (654)

29. 7. 44   RKzl., GBA   17845
Bormann von der Notwendigkeit einer – auf Goebbels zurückgehenden – Verordnung des Generalbevollmächtigten für den Arbeitseinsatz über die Meldung von Arbeitskräften in Scheinarbeitsverhältnissen nicht überzeugt, lediglich mit Rücksicht auf eine bereits erfolgte Pressenotiz über die Verordnung kein Widerspruch; Hinweis auf schon bestehende Rechtsvorschriften (z. B. die Verordnung Hitlers zum

Schutz der Rüstungswirtschaft) und Forderung, auf jeden Fall die dort enthaltenen Strafandrohungen (Todesstrafe, Zuchthaus) bei der Abfassung der Verordnung zu berücksichtigen; Zweifel an der Berechtigung zum Erlaß der Verordnung ohne Einholung der Zustimmung an sich zu beteiligender Stellen.
K   101 10893 – 99 (665)

[29. 7. 44]   RMfWEuV   17846
Eine Befragung der PKzl. wegen der beantragten Ernennung des Dozenten Herbert Rudolph (Straßburg) zum außerplanmäßigen Professor nicht erforderlich (Begründung: R. vermißt).
W   301 00849 f. (Rudolph)

29. 7. – 1. 8. 44   RMfRuK, GL   17847
Zum Zweck der Leistungssteigerung der Rüstung Schaffung von Rüstungsunterkommissionen in den Gauen ohne eigene Rüstungskommissionen durch Speer im Einvernehmen mit Bormann. In diesem Zusammenhang Aufforderung B.s an die Gauleiter zu einer energischen Mitwirkung an den Rüstungsaufgaben ungeachtet der zur zentralen Steuerung erforderlichen alleinigen Weisungsbefugnis des Reichsrüstungsministers gegenüber den Kommissionen; Wunsch Hitlers nach unmittelbarer Entgegennahme der Informationen, Wünsche und Anregungen der Kommissionsvorsitzer durch die Gauleiter; im Falle nicht beizulegender Meinungsverschiedenheiten mit den Kommissionsvorsitzern Berichterstattung an B. (die von S. gewünschte unmittelbare Berichterstattung der Gauleiter an ihn von B. abgelehnt).
W/H   108 00639 – 50 (1768)

[29. 7.] – 1. 8. 44   RKzl.   17848
Über Bormann Bitte des von Hitler mit „neuen Forschungen" beauftragten Prof. Morell, den von ihm in diesem Zusammenhang mit der „Durchführung besonderer Aufgaben" betrauten Meteorologen Hans Riedel (Groß-Gmain) weiterhin uk. zu stellen sowie ihm Dienstreisen und bevorzugte Ferngespräche zu ermöglichen. Nach Zustimmung H.s Bitte der PKzl. an die Reichskanzlei (RKzl.) um Veranlassung des Erforderlichen. Durch die RKzl. daraufhin Ausstellung eines Ausweises für R. und Herantreten an mehrere Stellen.
K/H   101 13682 – 85 (719)

29. 7. – 5. 8. 44   Lammers   17849
Durch Bormann Übersendung mehrerer Aufstellungen von Auslagen in Höhe von insgesamt RM 188 501.83, der PKzl. entstanden durch Ankauf von Büchern und Begleichung verschiedener Rechnungen für die Bücherei Linz, durch Reisekosten der Bücherei sowie durch Bezüge und Aufwandsentschädigung des vom Hauptarchiv der NSDAP zur Bücherei Linz beurlaubten Friedrich Wolffhardt. Anweisung des Betrags zu Lasten des Kontos „Dankspendenstiftung (Sonderfonds L)".
H   101 17080 – 88 (1019 b)

30. 7. 44   RSHA, Himmler   17850
Nach Erörterung zwischen OLGR Müller (PKzl.) und SS-Stubaf. Schulz (Reichssicherheitshauptamt) und Billigung durch Hitler Unterrichtung Himmlers durch Bormann mit der Bitte um rascheste Regelung: Aus Gründen der Sicherheit anstelle des bisherigen Direktbezugs künftig Beschaffung und Lagerung von Lebensmitteln für die Diätküche Hitlers durch die Sanitätszeugmeisterei der Waffen-SS in größeren Mengen und Lieferung des von der Küche jeweils angeforderten Bedarfs durch besonderen Kurier; Forderung größtmöglicher Sicherheitsgarantien hinsichtlich des Einkaufs und der Lagerung der Waren sowie der damit betrauten Personen; Liste des voraussichtlichen Monatsbedarfs.
K   102 01162 – 66 (2171)

30. 7. – 6. 9. 44   RMfRuK   17851
Auskunft auf eine Anfrage nach den Geldspenden aus den sogenannten „Panzerschichten" des vergangenen Jahres (ursprünglich für die Beschaffung von Waffen vorgesehen, durch Entscheidung Hitlers jedoch für die Finanzierung des Studiums begabter Kinder Gefallener bestimmt) zwecks Errichtung der Studienstiftung durch das Hauptamt für Volkswohlfahrt: Im Rüstungsministerium keine Gelder eingegangen; die Aktion schon vor langer Zeit abgeschlossen.
W/H   108 00636 ff. (1768)

31. 7. 44   AA   17852
Bitte der PKzl. um Ermittlungen über eine – angeblich von einer dänischen Untergrundzeitung veröffentlichte – Erklärung dänischer Pastoren und Theologen über „Recht und Gerechtigkeit in der gegen-

wärtigen Lage und die Kirche" (bei jetzt fehlender Rechtssicherheit in Dänemark die Anerkennung der Obrigkeit als gesetzmäßig in Frage gestellt).
H   202 00059 f. (1/18 – 20 + 19/4)

31. 7. – 21. 8. 44   Himmler, GL   17853
Einverständnis Bormanns mit dem von Himmler übersandten, „in enger Zusammenarbeit zwischen unseren Sachbearbeitern entstandenen" *Reichsumquartierungsplan; *Benachrichtigung der Gauleiter.
K/H   102 00977 (1864)

1. 8. 44   AA   17854
Übermittlung einer Meldung des Deutschen Botschafters beim Vatikan: Mehrmaliger Empfang des persönlichen Botschafters Präsident Roosevelts, Myron Taylor, durch den Papst; Meldungen der römischen Presse über einen wahrscheinlichen baldigen Besuch des New Yorker Erzbischofs Spellman im Vatikan.
W/H   202 00992 (9/5 – 14 + 20/1)

1. 8. 44   RL, GL, VerbF, Lammers   17855
Zum Zweck der nach dem Attentat besonders erforderlichen Demonstration engster Volksverbundenheit der ns. Führung Anweisung Bormanns im Auftrag Hitlers an die Politischen Leiter, allen Schaudarbietungen wie Fußballspielen und Pferderennen sowie Volksfesten jeder Art fernzubleiben: In dieser Zeit keine Feiern mehr, sondern unermüdliches und unablässiges Arbeiten; Androhung sofortiger Amtsenthebung bei Zuwiderhandlungen.
K/W/H   101 10900 ff. (665); 108 00825 f. (1956)

1. 8. – 13. 11. 44   AA   17856
Übermittlung mehrerer Auslandsmeldungen über die Sorge des Papstes um das Schicksal Italiens und Ungarns und über sein ganz besonderes Interesse an der „Wiedergeburt eines völlig freien und souveränen polnischen Staates".
H   202 02127, 133, 137 f., 141 (16/24 – 37)

2. 8. 44   SS-Hstuf. Berg (RFSS/Pers. Stab?)   17857
Aufgrund unerfreulicher Gerüchte über die auf den Namen Bormanns eingetragene Güterverwaltung Nord (unrationelle Bewirtschaftung) Bitte an den von ihm aufgesuchten Persönlichen Referenten B.s, OLGR Müller, ihn über die Aufgabe dieser Güterverwaltung zu unterrichten. Zweck der Güter laut M. die Sicherung der Ernährung Hitlers aus eigener Produktion und damit die Ausschaltung der mit Fremdprodukten verbundenen Gefahrenquellen für Leben und Gesundheit H.s; für nähere Einzelheiten Verweis an v. Hummel.
K   102 01342 (2585)

3. 8. 44   RMfEuL   17858
Zustimmung Bormanns zur Aufhebung des Feldbereinigungsamts Mannheim.
M   101 02143 f. (202 a)

3. 8. 44   RL, GL, VerbF   17859
Angesichts des totalen Kriegseinsatzes Verbot „fröhlicher, alkoholbeschwingter" Kameradschaftsveranstaltungen nach Tagungen etc. für die Politischen Leiter durch Bormann im Auftrag Hitlers.
W   108 00827 (1956)

3. – 23. 8. 44   Lammers, RMfdkA, Bf. Melle   17860
Einverständnis Lammers' und Bormanns, die Bitte des Bischofs der Bischöflichen Methodistenkirche in Deutschland, Melle, kirchliche Feiern im Rundfunk wieder zu genehmigen, abzulehnen (Hinweis auf frühere Meinungsäußerungen Hitlers und auf die gegenwärtige Sachlage).
M/H   101 03827/1 – 832 (386)

3. 8. – 3. 12. 44   Himmler   17861
Durch Bormann Übersendung mehrerer *Berichte über die Entwicklung im republikanisch-faschistischen Teil Italiens und über „freimaurerisch-verräterische Umtriebe" in der faschistischen Wehrmacht.
K   102 01012/1 ff. (1880)

4. 8. 44   RMdI   17862
Bitte um Zustimmung der PKzl. zur Stillegung der Regierungen in Aurich, Stade, Hildesheim und Sigmaringen (Möglichkeit der Einsparung von 300 Dienstkräften).
A   101 09657 f. (656)

4.–6. 8. 44   RMdI, RKzl.   17863
Bitte des Reichsinnenministers (StSekr. Stuckart) um sofortige Zustimmung zum Entwurf eines Erlasses über die Zusammenlegung von Regierungspräsidien mit Oberpräsidien am gleichen Dienstsitz. Wegen versehentlicher Unterlassung der Beifügung des Entwurfs zunächst eine Stellungnahme der PKzl. nicht möglich; in einer Besprechung mit der Reichskanzlei (RKzl.) Hinweis Hillebrechts auf die Fraglichkeit einer vorbehaltlosen Zustimmung Bormanns; Äußerung der Absicht, eine Stellungnahme der Gauleiter einzuholen, und Verweis auf die evtl. bestehende Notwendigkeit, eine Reihe sich aus der Absicht St.s ergebender weiterer Probleme (Aufhebung der Regierungen überhaupt, Aufteilung der Rheinprovinz) im Zusammenhang zu behandeln. Keine grundsätzlichen Bedenken der RKzl. gegen die – bereits früher verfolgten – Zusammenlegungspläne, jedoch Hinweis auf die seinerzeitige Ablehnung durch Hitler (vgl. Nr. 16904).
A/W/H   101 09649–56 (656)

4.–15. 8. 44   RFM, MRfdRV   17864
Durch den Reichsfinanzminister Übersendung des *Entwurfs einer Verordnung zur Änderung des Gesetzes über die Ablösung öffentlicher Anleihen. Keine Bedenken des Leiters der PKzl.
K   101 14491 ff. (786)

4.–31. 8. 44   Lammers, F. A. Wolpert   17865
Im Rahmen der Förderung des jungen Salzburger Komponisten Franz Alfons Wolpert durch Hitler Finanzierung nunmehr abgeschlossener Studien bei Ermanno Wolf-Ferrari; Angebot eines Abschlußberichts. Gemäß einer von Bormann übermittelen Weisung H.s künftige monatliche Unterstützung W.s in Höhe von RM 300.– zwecks Ermöglichung freien künstlerischen Schaffens.
H   101 17816–22 (1092 b)

5.–8. 8. 44   Himmler   17866
Dank für die übersandten, sich mit den ihm, Himmler, bekannten Erscheinungen deckenden *Erfahrungsberichte des MinDirig. Passe und des DL Ruder; Vorschlag eines gemeinsamen Gespräches über das Thema Generalgouvernement; Zweifel an der Bereitschaft Hitlers, das Übel zum gegenwärtigen Zeitpunkt zu ändern.
K   102 01389 (2606)

5.–17. 8. 44   Lammers, NSV-GWaltung Berlin   17867
Auf Wunsch Bormanns und entsprechend einer früheren Anweisung Hitlers Übernahme der Unkosten für den Umbau des Kriegsentbindungsheimes Buckow (Agnes-Miegel-Heim; Aufnahme von Entbindungsfällen aus dem Luftschutzkeller der Reichskanzlei) auf H.s Verfügungsmittel.
H   101 17589–93 (1060 c)

5. 8.–1. 9. 44   Lammers   17868
Einvernehmen mit Bormann, Prof. Voß an Devisen für das Neue Kunstmuseum in Linz (die bisherigen Aufwendungen in Höhe von 92,6 Mio. RM die vorgesehenen Mittel bei weitem überschreitend) nur noch das unter Berücksichtigung des Bedarfs der Rüstungsindustrie sachlich Verantwortbare zur Verfügung zu stellen und ihm die bisher zu vermissende „erforderliche Zurückhaltung" angesichts der „derzeitigen Schwierigkeiten" nahezulegen: Mithin keine weiteren Beträge für die in Frankreich und Belgien geführten Konten; allerdings Verstärkung des Kontos beim Reichskommissar Niederlande um zwei und – auf Wunsch B.s – nochmals um 3 Mio. hfl.
H   101 29328–33 (1653); 101 29358–63 (1653 a)

[5. 8.]–1. 9. 44   Lammers   17869
Vorschläge von verschiedener Seite für die Besetzung der Stelle eines besonderen Zivilkommissars für den zu Nordfrankreich gehörenden Teil der besetzten Gebiete von Belgien und Nordfrankreich (Himmler: Obgm. Lippert; Bormann: Stabsamtsleiter der Auslands-Organisation Bernhard Ruberg; RK GL Grohé: L., R. oder GenKons. Schattenfroh). Ernennung R.s durch Hitler. Mitteilung G.s über das Eintreffen R.s und über dessen unter dem Zwang der militärischen Ereignisse erfolgte Einsetzung als Provinzkommissar für die Provinzen Lüttich und Luxemburg. Einsetzung weiterer Provinzkommissare:

RegPräs. Vogelsang (Brabant), LR v. Werder (Ost- und Westflandern), RegDir. Mallia (Hennegau und Namur) sowie – nach Eintreffen – Sch. (Antwerpen und Limburg). (Vgl. Nr. 17426 und 17803.)
K/H   101 11520 – 23 (678 b)

6. – 7. 8. 44   RKzl., RL u. a.   17870
Durch die PKzl. Übersendung des Rundschreibens 171/44 (Volksverbundenheit der führenden Männer jetzt notwendiger denn je: Vermeidung auch der geringsten Angriffsflächen; bescheidene Lebenshaltung; kein Umgang mit Reaktionären und Spießern; erforderlicher Personalabbau nur nach Leistungsgesichtspunkten, nicht nach Beziehungen; usw.) an Lammers.
H   101 19834 – 37 (1194 b)

7. 8. 44   DF   17871
Ernennung des GenLt. v. Choltitz zum Wehrmachtbefehlshaber von Groß-Paris mit folgenden Aufgaben: Beseitigung des Etappenstadtcharakters, Entfernung aller überflüssigen Dienststellen und Abstellung aller kampffähigen Männer an die Front, Sicherung der Stadt gegen Aufstandsbewegungen.
W/H   107 00675 – 78 (222)

7. – 8. 8. 44   Lammers, Goebbels   17872
Neben dem Hinweis auf ihre Zuständigkeit für den Einsatz der Partei Zweifel der PKzl. auch an der Wirksamkeit eines von Goebbels in seiner Eigenschaft als Reichsbevollmächtigter für den totalen Kriegseinsatz (RBK) im Entwurf vorgelegten Rundschreibens über die Beteiligung der Gauleiter bei der Durchführung des totalen Kriegseinsatzes (Delegierung seines Auskunftsrechts gegenüber den Obersten Reichsbehörden [ORB] an die Gauleiter und Reichsverteidigungskommissare [RVK], Abstellung nicht kriegsgemäßer Übelstände in Verhandlungen der Gauleiter mit den zuständigen Dienststellenleitern). Dazu eine weitere Stellungnahme Bormanns: Die dem RBK durch Führererlaß vom 25. 7. 44 erteilten Vollmachten nicht übertragbar; zu der geplanten Zuweisung eines Auskunftsrechts an die Gauleiter Hinweis auf die ihnen als RVK bereits (Gesetz vom 16. 11. 42) zustehenden erheblich weitergehenden – jedoch in ihrer Auswirkung bislang durch einschränkende Richtlinien der ORB geminderten – Befugnisse (wie Sicherstellung der Umschichtung in ihren Bezirken nach den Richtlinien der ORB, Abstimmung der Inanspruchnahme einzelner Verwaltungsstellen unter Berücksichtigung ihrer Kriegswichtigkeit, Bewirkung eines personellen Ausgleichs zwischen den Verwaltungsstellen der Mittelstufe); diese Einschränkungen durch die dem RBK nunmehr erteilte Weisungsbefugnis gegenüber den ORB beseitigt, daher seines Erachtens nur noch erforderlich, die Befugnisse der RVK auf Bahn, Post und – z. T. – Reichsfinanzverwaltung auszudehnen und die RVK stärker in die Uk.-Stellungs-Verfahren sowie in die Nachprüfung des Kräfteeinsatzes insbesondere in der Rüstung einzuschalten; Vorschlag, die Angelegenheit in einer gemeinsamen Besprechung zu regeln. (Vgl. Nr. 17887.)
K/H   101 10965 – 72 (666 a)

7. – 8. 8. 44   DSt. Rosenberg   17873
Besprechungen in der PKzl. über die Einschränkung der Schulungsarbeit (Einstellung aller Planungen, Ausstellungen, „hochwissenschaftlichen" Schulungsangelegenheiten, lediglich der Schulung dienender Lektüre, des „Schulungsbriefs", des „Hoheitsträgers" usw.), über die Schließung des Hauptamtes Kunst und der Ämter Vorgeschichte, Volkskunde und Ausstellungen, über eine Verkleinerung des Einsatzstabes und über die Konzentration der Schrifttumsbearbeitung durch Gründung eines Schrifttumsamts der NSDAP und die der gesamten Pressebearbeitung auf die Reichspressestelle (Zweck die Freimachung von Fachkräften der Reichsleitung für die Fehlstellen in den Gauamts- und Kreisleitungen); von Friedrichs (PKzl.) „sehr harte" Forderungen angekündigt, jedoch in der PKzl. – so der Eindruck des Gesprächsteilnehmers der Dienststelle Rosenberg (Otto) – offenbar keine Klarheit über Art und Ausmaß der Einschränkungen. (Vgl. Nr. 17904.)
W/H   145 00057 f. (52)

8. 8. 44   AA   17874
Übermittlung des Wortlauts eines Artikels der Zeitung Prawda über den neuen Patriarchen-Platzhalter von Moskau, Alexij, als Nachfolger des verstorbenen Patriarchen Sergius und eines Ergebenheitsschreibens A.s an Stalin.
W/H   202 01618 ff. (11/18 – 28 + 20/10)

8. 8. – 30. 10. 44   RFSS/Pers. Stab   17875
Unter Beifügung eines *Schriftwechsels Bitte um Stellungnahme zur Person des Prof. Ernst Anrich

(Straßburg). Auskunft der PKzl.: Positive Einschätzung seiner persönlichen wie wissenschaftlichen Qualitäten, Ablehnung allein durch Schirach; Feststellungen über die Bewährung A.s als Soldat zweckmäßig.
K   102 01228 – 32 (2258)

9. 8. 44   RMfVuP   17876
Zur Vorlage bei Hitler übermittelte Führerinformation A I 462 über den Stand der Planungen für den totalen Kriegseinsatz: Die Freigabe von zwei Dritteln der noch uk.-gestellten 1,5 Mio. Männer entsprechend dem Personalbedarf der Wehrmacht (eine Million) erforderlich, dafür grundsätzliche Aufhebung aller Uk.-Stellungen der Jahrgänge 1914 (in der Rüstungsindustrie: 1919) und jünger, Abgabe aller kriegsverwendungsfähigen Männer der Jahrgänge 1910 und jünger aus nicht kriegsentscheidenden Fertigungsbetrieben; Ersatz der der Rüstung dadurch entzogenen Kräfte durch Stillegungen verschiedener Gebiete der Verwaltung und des öffentlichen Lebens je nach Bedarf in einer dreistufigen Dringlichkeitsskala (an erster Stelle z. B. Stillegung der Lotterien, an zweiter Stelle z. B. Maßnahmen auf dem Kultursektor, an dritter Stelle z. B. Stillegung von Brauereien oder Kuchenbäckereien); dazu Unterstellung der Arbeitsämter unter den Einfluß der Partei, der Wehrbezirkskommandos unter Himmler; Bereitstellung von 600 000 Kräften (und 200 000 ausländischen Hausangestellten) nach Verhandlungen mit den Reichsressorts; Aufzählung der im einzelnen vorgesehenen Stillegungen und Einschränkungen auf den Gebieten Erziehung (Stillegung der Berufs- und Fachschulen, der Handelsschulen usw., Schließung der 8. Mädchenklassen und der Kunst- und Musikhochschulen, Einschränkungen des Hochschulstudiums), Justiz (Einstellung nicht kriegswichtiger Prozesse, u. a.), Post (Einstellung der Versendung von Drucksachen und Päckchen und der Sonntagszustellung, Einschränkung der Werktagszustellungen und des Einschreibdienstes, Aufhebung nicht kriegswichtiger Telefonanschlüsse und des Fernsprechauftragsdienstes, Sperrung von Nahtelegrammen, notfalls Einschränkung des Briefnachrichtendienstes), Kultur (75%ige Stillegung der Reichskulturkammer, Stillegung des Musikfilmballetts, der Filmnachwuchsschulung, der Zeichenfilmproduktion usw., Personaleinsparung in den Kinos), Truppenbetreuung (in der Heimat sowie der KdF-Veranstaltungen) und Presse (Einstellung und Zusammenlegung von Zeitungen und Zeitschriften [nur noch eine Zeitung pro Stadt außer München und Berlin], Einstellung der Illustrierten außer dem IB [Illustrierter Beobachter] und der Berliner Illustrirten, der Wehrmachtzeitschriften außer „Signal" und – auf Wunsch des OKW – evtl. „Die Wehrmacht" sowie – hierzu speziell die Genehmigung Hitlers erbeten – der Zeitschriften „Kunst im Deutschen Reich" und „Kunst dem Volke"); das Einverständnis Hitlers erbeten (vgl. Nr. 17901).
K/H   101 11008 – 28 (666 b)

[9. 8. 44]   Seyß-Inquart   17877
Mitteilung der Absicht, den (laut SS-Ogruf. Rauter seinerzeit von GenK Schmidt „durchgepaukten") zwangsweisen Charakter des Niederländischen Arbeitsdienstes (NAD) durch das Prinzip der Freiwilligkeit zu ersetzen, die derzeit eingezogenen Männer in den Hilfsdienst zu überführen und die jungen Jahrgänge geschlossen für den Arbeitseinsatz im Reich zu erfassen (Grund: Der NAD in der bisherigen Gestalt im Invasionsfall eine Gefahrenquelle); Differenzen hierüber mit dem den NAD verteidigenden Reichsarbeitsführer.
W   107 00702 – 10 (223)

9. – [11.] 8. 44   RKzl., RBfdtK   17878
Zustimmung der PKzl. zur Bekanntgabe der Ausführungen des Reichsbevollmächtigten für den totalen Kriegseinsatz, Goebbels, über den Lebensstil im totalen Kriege an die Obersten Reichsbehörden (angesichts der teils schweren persönlichen Opfer des Volkes die Anpassung des öffentlichen Lebens an die Kriegserfordernisse notwendig; Vermeidung unzeitgemäßen Aufwandes bei allen öffentlichen Veranstaltungen; die Beachtung der Anordnungen zum totalen Kriegseinsatz insbesondere von den im Blickpunkt der Öffentlichkeit stehenden führenden Persönlichkeiten und ihren Angehörigen erwartet, daher Rücksichtnahme auf die verständliche Empfindlichkeit der Bevölkerung hinsichtlich der persönlichen Haushaltführung, insbesondere Überprüfung der Anzahl der Wohnräume und des Dienstpersonals unter Ausschaltung von Repräsentations-Gesichtspunkten).
K/H   101 10902/1 – 903/2 (665)

10. 8. 44   Himmler, GL Koch   17879
Zur Kenntnisnahme übersandt: Aus gegebenem Anlaß bei der Evakuierung des Regierungsbezirks Zichenau Bitte Himmlers an GL Koch, eine unterschiedliche Behandlung von Reichs- und Volksdeutschen „auf jeden Fall" zu vermeiden.
W   107 00847 (288)

10. 8. 44   RFSS u. a.   17880
Zur Kenntnisnahme übersandte Weisung: Einmischung in Auseinandersetzungen zwischen Bevölkerung und „Terrorfliegern" nicht Aufgabe der Polizei.
K   102 00195 f. (344)

10. – 24. 8. 44   Göring, Lammers   17881
GL Grohé (Köln-Aachen) während seiner Tätigkeit als Reichskommissar für Belgien und Nordfrankreich nicht in der Lage, sich seinem Amt als Reichsverteidigungskommissar ausreichend zu widmen, deshalb Bitte Bormanns um Bestellung des Stv. GL Schaller zum Vertreter G.s (von B. unmittelbar an Göring als Vorsitzenden des Ministerrats für die Reichsverteidigung gerichtet). Das Übergehen der Reichskanzlei von Lammers bemängelt.
A   101 22924–29 (1306 a)

10. 8. – 1. 9. 44   RKzl., RMdI   17882
Durch die PKzl. Einbringung eines neuen Entwurfs für einen Führererlaß über die vollziehende Gewalt: Gemäß Weisung Hitlers Übertragung stets und ausschließlich auf die Reichsverteidigungskommissare. Widerstand und Gegenentwurf der Reichskanzlei und des Reichsinnenministers (RMdI): Beschränkung zunächst auf den *Invasionsfall* und Vertagung einer Regelung für den *Ausnahmezustand;* Ersetzung der Übertragung der vollziehenden Gewalt durch eine allgemeine Weisungsformel; Eindämmung der bei der vorgesehenen Ausschließung der Weisungsbefugnisse der Obersten Reichsbehörden bestehenden Gefahr einer Zersplitterung durch Einräumung einer Lenkungsbefugnis wenigstens für den Reichsführer-SS als RMdI. Ausarbeitung eines Kompromißentwurfs in einer Besprechung der drei beteiligten Staatssekretäre. Interner Vorschlag Hillebrechts (PKzl.), den gesamten Komplex Hitler zur Entscheidung vorzulegen; Bedenken Hillebrechts insbesondere wegen der in dieser Funktion ungeregelten Vertretung Himmlers; Bitte an Bormann, die in dem neuen Vorschlag implizierte Vertretung durch StSekr. Stuckart zu verhindern. Weiterer Vorschlag Hillebrechts, nach Konzedierung einer solchen Lenkungsbefugnis nun auch den Ausnahmezustand wieder einzubeziehen; Vorlage eines entsprechenden Entwurfs.
H   101 20707 – 19 (1213 a)

11. 8. 44   RMfVuP   17883
Zur Vorlage bei Hitler übermittelte Führerinformation A I 467 über die totalen Kriegsmaßnahmen auf dem kulturellen Sektor: Die bisherige Verschonung des kulturellen Bereiches (Erhaltung des Niveaus der Kulturinstitute, Rücksicht auf den Erbauungsanspruch der Bevölkerung) künftig ausgeschlossen; die geplante Freistellung von 140 000 Kulturschaffenden (Bildende Kunst 22 000, Film 10 000, Theater 45 000, Musik 35 000, Presse 9000, Schrifttum 19 000) für Wehrmacht und Rüstung nur durch einschneidende Maßnahmen erreichbar, nämlich durch Stillegung von Wettbewerben, Ausstellungen, Kunstvereinen, der privaten Kunstschulen, Kunstakademien, Kunsthochschulen, Kunstversteigerungen usw., der Theater, Zirkusunternehmen (mit sieben Ausnahmen), Varietés, Kabaretts, der Orchester (mit neun Ausnahmen) und Musikschulen, aller Verlage bis auf 218, bestimmter Schrifttumskategorien (schöngeistiges, unterhaltendes, politisches – außer „Mein Kampf", die Bücher Rosenbergs u. ä. –, geisteswissenschaftliches), der Zeichenfilme, Werbefilme, Filmnachwuchsschulung usw.; weitere vereinfachende Maßnahmen zwecks Personaleinsparung in den verschiedenen Kammern und in der sonstigen Verwaltung, aber auch z. B. in der Filmwirtschaft und im Filmvorführgewerbe (Einführung einiger weniger Theater- und Sitzplatzkategorien); im Einvernehmen mit Bormann Reduzierung auch der Presseerzeugnisse durch Beschränkung des Umfangs und der Erscheinungshäufigkeit der meisten Tageszeitungen, durch Zusammenlegung von Zeitungen und durch Einstellung der illustrierten Presse (ausgenommen Illustrierter Beobachter und Berliner Illustrte), der Wehrmachtzeitungen und des Feldpostversands von Tageszeitungen (nach Gründung der Frontzeitung „Front und Heimat"), dagegen Aufrechterhaltung der Wochenzeitung „Das Reich"; schonender Einsatz der Künstler in der Rüstungswirtschaft, jedoch Freistellung nur einiger weniger „Gottbegnadeter" (z. B. der jährlichen Aussteller im Haus der Deutschen Kunst); unter Hinweis auf die von GL Sauckel ohne seine Beteiligung bereits verfügte Schließung der thüringischen Theater („große Zustimmung" der Bevölkerung) Anweisung an die Gauleiter, von selbständigen Maßnahmen abzusehen und reichseinheitliche Richtlinien abzuwarten; Bitte um Zustimmung H.s.
K/H   101 11029 – 54 (666 b)

[11. 8. 44]   OKL   17884
Im Einvernehmen mit dem Reichsführer-SS und dem Leiter der PKzl. Herausgabe eines Erlasses über

die Führung im Luftschutzort beim Großeinsatz von chemischen Kampfstoffen (Aufgaben der Führung, allgemeine Gaserkundung, erste Maßnahmen, Gasalarm, Gasabwehrdienst, Entgiften u. a.).
W   108 00594−601 (1765)

[11. 8. 44]   DSt. Rosenberg   17885
Aufgrund von Besprechungen mit der PKzl. Vorbereitung der Einstellung der Arbeiten der Institute und Forschungsstellen der Hohen Schule; davon unberührt die Lagerung der Bibliotheken, Sammlungen und Archive, die von nicht anderweitig einsatzfähigen Leuten in Angriff genommenen sowie die mit der Hochschultätigkeit der Institutsleiter zusammenhängenden Arbeiten.
W   145 00051−54 (52)

11.−14. 8. 44   Himmler, Lammers   17886
Forderung Bormanns an Himmler, die preußischen Regierungspräsidenten den Oberpräsidenten zu unterstellen; dazu historischer Exkurs über die Entstehung ihrer – im ns. Staat überholten – selbständigen Stellung (Mittel Papens zur Lahmlegung der „roten Oberpräsidenten") sowie Hinweis auf das Verhalten der RegPräs. v. d. Schulenburg, v. Bismarck und Refarth am 20. Juli. Vorbereitung eines diesbezüglichen Erlaßentwurfs im Reichsinnenministerium „mit Rücksicht auf die Forderung der PKzl.".
H   101 24514−21 (1364 a)

11.−16. 8. 44   Lammers, Goebbels, GL   17887
Meinungsverschiedenheiten zwischen Bormann und den Gauleitern einerseits, Goebbels und Himmler andererseits über die zu erlassenden Richtlinien für die Durchführung des totalen Kriegseinsatzes (vgl. Nr. 17872). Divergierende *Entwürfe des Reichsbevollmächtigten (RB) und der PKzl. Zur Zustimmung der PKzl. zu einem dieser Entwürfe in der Reichskanzlei ein Vermerk von RKabR Killy: Nach der von G. und H. abgelehnten Einschaltung der Gauleiter und Kreisleiter wohl keine weitere Verfolgung dieses Entwurfs. Hier ferner nach Rücksprache mit den – ihm durchweg zustimmenden – Gauleitern Vorschläge B.s zu von G. geforderten Änderungen eines – von diesem anderenfalls abgelehnten – *PKzl.-Entwurfs: Die Fassung des ersten Satzes des Absatzes 1 in Abschnitt I entsprechend der gesetzlichen Regelung erwünscht (Weisungen des RB „nach Maßgabe des Führererlasses"); in Absatz 2 keine Ableitung des den Reichsverteidigungskommissaren bereits jetzt kraft Gesetzes zustehenden Auskunfts- und Weisungsrechts aus dem vorliegenden Erlaß; anstelle des in der Gesetzessprache bisher nicht üblich gewesenen Begriffs „Oberste Reichsführung" die Verwendung von „Oberste Reichsbehörden" vorgeschlagen; eine Nennung der als Leiter der Kreiskommissionen geeignet erscheinenden Persönlichkeiten (Kreisleiter *oder* Landrat) wegen der dann in der Ernennung implizierten Wertung unzweckmäßig. Das Ergebnis die am 16. 8. von G. und B. erlassene und die von B. gewünschten Änderungen enthaltende Anordnung für die Durchführung des totalen Kriegseinsatzes: Weisungen durch den RB nach Maßgabe des Führererlasses vom 25. 7. 44; umfassendes Auskunfts- und Weisungsrecht der Gauleiter und Reichsverteidigungskommissare gegenüber allen Dienststellen der Mittel- und Unterstufe des Reichs, der Länder und der Selbstverwaltungskörperschaften sowie ihre Befugnisse bei Freimachungs- und Umsetzungsmaßnahmen; zur Überprüfung von Uk.-Stellungen und zweckmäßigem Kräfteeinsatz Bildung von Gau- und Kreiskommissionen und deren Befugnisse, Zusammensetzung und Arbeitsweise.
K/H   101 09746−49 (656 a); 101 10973−77 (666 a)

11. 8.−19. 9. 44   RJM, RWiM, RFM, RMfEuL, RKzl.   17888
Durch den Reichsjustizminister Vorlage des Entwurfs einer Verordnung über das Verbot von Hypothekenkündigungen; Begründung: Infolge der starken Geldflüssigkeit zunehmend Kündigungen durch Schuldner; Notwendigkeit, die Grundbuchämter von der Bearbeitung der daraus entstehenden Löschungsanträge zu entlasten; dafür die beste Lösung ein auch die Auslosung durch die Kreditinstitute entbehrlich machendes Kündigungsverbot. Ablehnung des Entwurfs durch den Reichswirtschafts-, den Reichsfinanz- und den Reichsernährungsminister: Die Grundbuchfestlegung durchaus aufschiebbar; mehr neue Arbeit bei anderen Dienststellen als Arbeitsersparnis bei den Grundbuchämtern; ein Festhalten des Schuldners an seiner Schuld unnatürlich; Signalwirkung für die Entwertung des Geldes und Förderung der Sachwertpsychose; eine Besserstellung des Privatgläubigers gegenüber dem Reichsgläubiger nicht empfehlenswert; keine zwingende Notwendigkeit angesichts des bisherigen Anfalls. In der Reichskanzlei Bereitschaft, die Stellungnahme mit der der PKzl. „abzustimmen", dort jedoch vorerst noch Unschlüssigkeit: Die Justizabteilung für, die Wirtschaftsabteilung gegen den Vorschlag. (Vgl. Nr. 18011.)
H   101 28002−21 (1528)

Nicht belegt.   17889

12. 8. 44   GL Schleswig-Holstein (u. a.)   17890
Anordnung 178/44 des Leiters der PKzl.: Zwecks „Ausmerzung" Bitte um beschleunigte Namhaftmachung aller „Verräter, Defaitisten und ähnlicher Handlanger des Feindes", insbesondere „aller Personen bzw. Zusammenhänge in Verbindung mit dem 20. 7. 44". (Hier Weiterleitung an die schleswig-holsteinischen Kreisleiter und Gauamtsleiter.)
W/H   502 00001 (2)

12. 8. 44   Stv. GL Peper   17891
Bericht über die Situation im Gau Ost-Hannover: Schwere Schädigung der Industrie (Volkswagenwerk, Deutsche Gasolin A.G.) durch Tagesangriffe der US-Luftwaffe; Klage über wirkungslose Abwehrmaßnahmen (Vernebelung) und fehlende Flak; Vorschlag, zerstörte Industrieanlagen unter Tage zu verlagern (ein Wiederaufbau an Ort und Stelle sinnlos, Hinweis auf die erneute Bombardierung der Öl- und Treibstoffanlagen in Harburg-Wilhelmsburg); negative Auswirkungen der ungehinderten Bombardierungen und der hohen Verluste der deutschen Jagdflieger auf die Stimmung der Bevölkerung.
K   102 01179 – 82 (2193)

12. – 14. 8. 44   Lammers, Ohnesorge, Goebbels   17892
Unter Hinweis auf die viel zu späte Übersendung des von Ohnesorge und Goebbels erarbeiteten Entwurfs eines Sofortprogramms zur Anpassung der Leistungen der Deutschen Reichspost an den totalen Krieg (Beschränkungen und Vereinfachungen im Post-, Fernsprech- und Telegraphendienst) Verzicht Lammers' auf eine Stellungnahme dazu aus Protest und unter Verwahrung gegen die bei Absendung des Schreibens bereits erfolgte Veröffentlichung der neuen Regelung im Amtsblatt (Abschrift an Bormann). Trotz in dem Programm enthaltener weiterer, nämlich in der vorangegangenen Besprechung nicht behandelter Einschränkungen keine grundsätzlichen Einwände B.s gegen den Entwurf, jedoch Erwähnung der – G. bereits zugegangenen – stark die Volksstimmung berücksichtigenden Stellungnahme Hitlers zu den gesamten von G. beabsichtigten Maßnahmen und Erwartung von Vorschlägen für weitere Einschränkungsmaßnahmen „auch im inneren Dienstbetrieb" der Post; in diesem Zusammenhang Vorschlag B.s, den gesamten Briefverkehr der Behörden frei durch Ablösung Reich abzuwickeln und den – wegen seiner besonderen Behandlung arbeitsaufwendigen – Ausländerbriefverkehr einzuschränken; ebenfalls Bitte an G., Presseveröffentlichungen in Zukunft erst nach Vorliegen einer rechtsgültigen Form der betreffenden Rechtsvorschrift (Einverständnis mit dem Chef der Reichskanzlei, dem Leiter der PKzl. und dem Generalbevollmächtigten für die Reichsverwaltung) zuzulassen.
K/W/H   101 10910/1 – 920 (665); 114 00007 – 18 (6)

12. 8. – 21. 11. 44   RMfWEuV   17892 a
*Bitte um Stellungnahme zur beabsichtigten Ernennung des nb. ao. Prof. Paul Böß (Karlsruhe) zum außerplanmäßigen Professor. Dazu die PKzl.: B. mit einer Halbjüdin verheiratet; Frage nach der Aufrechterhaltung der Ernennung trotz dieser Tatsache. Im Reichserziehungsministerium Äußerung von Bedenken gegen die dort angeregte Vorlage der gesamten einschlägigen Akten bei der PKzl. wegen der darin z. T. enthaltenen Interna; daher nur eine ausführliche, bejahende Antwort (unentbehrlicher Lehrer, Heirat mit dem Mischling I. Grades Erna Lubowski bereits 1920, Befürwortung aller beteiligten Stellen, u. a.).
W/H   302 00029 – 36 (Böß)

13. 8. 44   RKzl.   17893
Schreiben der PKzl., die Stillegung des Rechnungshofs des Deutschen Reichs betreffend. (Verweiszettel.)
H   101 10909 (665)

13. 8. 44   AA, RB Dänemark u. a.   17894
Durch das Auswärtige Amt Übersendung eines Hirtenbriefs der Bischöfe der dänischen Volkskirche (Beklagung der Kriegszerstörungen, der geistigen Verrohung und der Herrschaft des Unrechts); nach Ansicht des Reichsbevollmächtigten in Dänemark der Hirtenbrief wegen des allgemein geringen Einflusses der Kirche auf die politische Haltung der Bevölkerung wirkungslos; wie bisher auch künftig keine Eingriffe in das – als deutschfeindlich bekannte – dänische Kirchenwesen beabsichtigt, um der Kirche nicht eine bislang nicht vorhandene politische Bedeutung zu verschaffen.
W   202 00043 – 49 (1/18 – 20 + 19/4)

13. 8. 44   AA   17895
Übermittlung eines Berichts von Radio London über eine (auf eine französische Bitte hin ergangene)

Anweisung des Papstes an die französischen Bischöfe zur seelsorgerischen Unterstützung (Ernennung von Feldgeistlichen) der Widerstandsbewegung.
W 202 00558 (5/19 – 21 + 19/6)

13. 8. 44 AA   17896
Übermittlung einer Transocean-Meldung über einen von der Schutzmacht vermittelten Protest der japanischen Regierung bei der Regierung der Vereinigten Staaten wegen amerikanischer Übergriffe gegen den Japanischen Gesandten beim Vatikan.
W/H 202 00777 (8/1 – 7 + 19/9)

13. 8. 44 AA   17897
Übermittlung einer Agenturmeldung über einen Protest der aus Geistlichen und Laien bestehenden pazifistischen amerikanischen Gruppe Fellowship of Reconciliation gegen die Bombardierung deutscher Städte sowie gegen die V-1-Angriffe auf England.
W 202 01102 (9/5 – 14 + 20/1)

13. 8. 44 AA   17898
Übermittlung einer Agenturmeldung über die Bildung eines Staatlichen Komitees für religiöse Fragen in der Sowjetunion, vermutlich als Zensurbehörde für nun wieder erlaubte kirchliche Veröffentlichungen.
W/H 202 01616 f. (11/18 – 28 + 20/10)

[13. 8. 44] Hierl   17899
Stellungnahme gegen den Antrag des GL Eigruber auf Auflösung des Reichsarbeitsdienstes (RAD) und Verwendung der Führer als Führerstämme für neu aufzustellende Divisionen: Die RAD-Führer wegen Überalterung oder mangelnder Ausbildung in Kampfverbänden nicht verwendbar; Bitte um Vorlage seines Schreibens bei Hitler.
K 102 01160 f. (2170)

13. – 28. 8. 44 AA, Chef Sipo, RMfdkA   17900
Bitte des Auswärtigen Amts (AA) um Stellungnahme zur (eine unauffällige Durchführung der gewünschten Personalveränderungen im Kirchlichen Außenamt der Evangelischen Kirche [KA] ermöglichenden) Aufhebung der Uk.-Stellung von Bf. Heckel und Oberkonsistorialrat Wahl. Die PKzl. für eine Neubesetzung des KA mit „einwandfreien Männern" (Vorschlag: Bf. Schulz [Mecklenburg] und der Berliner Geistliche Schirrmacher), aber gegen eine Auflösung; Bitte an das AA, mit Stubaf. Hanenkrug vom SD in Vorverhandlungen über die Personenfragen einzutreten, und an den Reichskirchenminister, zunächst keine Veränderungen beim KA vorzunehmen; Vorschlag eines mündlichen Gesprächs mit dem AA über die Frage der Uk.-Stellung.
W 202 00242 – 46 (3/8 – 20)

14. 8. 44 Goebbels, Lammers   17901
Durch Bormann Übermittlung der Stellungnahme Hitlers zu ihm von Goebbels vorgelegten Planungen für den totalen Kriegseinsatz (vgl. Nr. 17876) mit der grundsätzlichen Forderung von Überlegungen hinsichtlich der Rechtfertigung der angerichteten Störungen durch den erhofften Effekt in jedem einzelnen Falle; spezielle Monita: Im Hinblick auf die im Kriege vielfach getrennt lebenden Familien Bedenken gegen die Schärfe mancher vorgesehener Einschränkungen auf postalischem Gebiet (Einstellung des Päckchenversands, Annahmesperre für private Telegramme im Nahbereich), negative Stimmungseinbrüche in der Bevölkerung als Ergebnis solcher Maßnahmen zu befürchten; die Hemmung schneller Heiraten sowie die Beeinträchtigung der Ehescheidungsmöglichkeiten und der Wiederverheiratungen durch die Einschränkungen innerhalb der Justiz nicht erwünscht; zu der geplanten Einstellung der Front-Zeitschriften Hinweis auf den „starken Hunger der Front nach Zeitungen und Zeitschriften", zu der – zunächst befristet – geplanten Einstellung der beiden Zeitschriften „Kunst im Deutschen Reich" und „Kunst dem Volke" Nachfrage wegen des Nutzeffekts dieser Maßnahme.
K/H 101 10913 – 15 (665)

14. 8. – 23. 10. 44 Goebbels, Lammers, Schwerin-Krosigk, Göring, Speer   17902
Nach Wegfall der bisher einer Auflösung des Preußischen Finanzministeriums (PrFM) im Wege stehenden „personellen Hindernisse" (in der Person des StM Popitz als primärer Grund für die Ausnahmeregelung von 1934/35 wie auch für das Scheitern späterer Auflösungsversuche, vgl. Nr. 16672) neue Initia-

tive Bormanns beim eben ernannten Reichsbevollmächtigten für den totalen Kriegseinsatz. Zustimmung Hitlers und Weisung zur sofortigen Auflösung (vgl. Nr. 17925). Ebenso diesmal Billigung durch Göring. Besprechung über die Aufteilung der Aufgaben und Befugnisse des PrFM: Übergang der Angelegenheiten der allgemeinen, der Kassen- und der Katasterverwaltung an das Reichsinnenministerium, aller übrigen Tätigkeiten an das Reichsfinanzministerium (RFM) mit Ausnahme der Hochbauangelegenheiten; zuständig dafür im Reich vorerst noch der Reichsarbeitsminister (RAM), indes Übergang aller Hochbauverwaltungen im Reich auf das Ministerium Speer geplant (von diesem aber erst nach Kriegsende gewünscht); deshalb entweder Übertragung auf das RAM oder aber für eine nur kurze Übergangszeit auf das RFM und später auf das Ministerium Speer. Scheitern des Versuchs, S. damit zur schnelleren generellen Übernahme der Hochbauangelegenheiten zu veranlassen; seinem Wunsch gemäß Übertragung der preußischen Hochbauverwaltung auf Kriegsdauer an das RFM.
H   101 10910 (665); 101 24451 – 73, 478 f., 481 – 86 (1363 c)

14. 8. – 14. 11. 44   RKzl., Dt. StM f. Böhmen u. Mähren, RBfdtK – 42   17903
Kompetenzkontroverse zwischen dem Deutschen Staatsminister für Böhmen und Mähren (DSt.), Frank, einerseits und Bormann sowie dem Leiter der Parteiverbindungsstelle Prag (PVSt.), GL Jury, andererseits bei der Durchführung des totalen Kriegseinsatzes im Protektorat. Die Übertragung der Befugnisse des Reichsbevollmächtigten für den totalen Kriegseinsatz auf die Gauleiter von F. abgelehnt, ebenso die in dem von B. empfohlenen Entwurf Goebbels' als Kompromiß vorgesehene Bindung des DSt. an das Einvernehmen mit der PVSt. beim Erlaß allgemeiner Richtlinien sowie die Bindung der Durchführungsorgane des DSt. an das Einvernehmen mit den Kreisleitern: Alleinige Verantwortung des DSt. für die Reichspolitik im Protektorat, „unverantwortliche Verzögerung", u. a. Ein Vorschlag F.s (Errichtung einer aus neun Mitgliedern – darunter vier Gauleiter-Vertretern – bestehenden Leitstelle) von B. und J. nicht akzeptiert. Forderung F.s nach einem Vortrag bei Hitler und Ankündigung, die „Kabinettsfrage" zu stellen. Die Angelegenheit nach weitgehender Durchführung des totalen Kriegseinsatzes im Protektorat im wesentlichen überholt, jedoch Wunsch B.s, H. über den Vorgang zu unterrichten; Übernahme des Hauptvortrags bei H. durch B. vorgesehen.
A/W   101 23390 – 423 (1327 a)

15. 8. 44   Rosenberg   17904
Betonung der Wichtigkeit der geistigen Kriegführung unter Hinweis vor allem auf das den Bolschewismus betreffende Schulungsmaterial seines Amtes und auf die aktuelle Auswertung des von seinem Einsatzstab sichergestellten Materials zur Judenfrage. (Vgl. Nr. 17873.)
W   145 00026 f. (50)

16. 8. 44   GBV   17905
Übersendung des *Entwurfs eines Runderlasses über die Kräfteabgabe der deutschen Gemeinden für Wehrmacht und Rüstung; Erwähnung des Einverständnisses Fiehlers mit den Richtsätzen.
K   101 12968 (705 b)

16. 8. – 14. 9. 44   RJM, GBV, RKzl.   17906
Vorschläge des Reichsjustizministers für Maßnahmen im Geschmacksmusterrecht zur Freimachung von Kräften für den totalen Kriegseinsatz: Einschränkungen bei der den Amtsgerichten (Ostmark und Sudetenland: den Industrie- und Handelskammern) obliegenden Führung der Musterregister durch Ausschluß der Annahme von Anmeldungen neuer Muster und durch Beschränkung von Verlängerungen auf die – entsprechend teurere – Höchstfrist von 15 Jahren. Zustimmungserklärungen.
H   101 28695 – 98, 708 – 12 (1559)

17. 8. 44   OKW u. a. – 36   17907
Übersendung eines Erlasses über die Behandlung der Kriegsgefangenen zum Zweck der Leistungssteigerung: Verstärkung der Zusammenarbeit mit der Partei durch Kommandierung eines Offiziers jedes Lagers als „Verbindungsoffizier zum Kreisleiter"; Überwachung der Arbeitsleistung; Leistungsverpflegung; Befugnisse der Betriebsführer (Vorschlagsrecht für Bestrafungen); Aufgaben und Pflichten (energisches Durchgreifen) sowie politische Ausrichtung (dazu Einsetzung von NS-Führungsoffizieren bei allen Stalags) der Wachmannschaften, zu letzterem Ankündigung entsprechender Anordnungen der PKzl. an die Gauleitungen. (Vgl. Nr. 17645.)
W/H   108 00730 – 34, 746 ff., 754 – 57 (1820)

17. 8. 44   RMfVuP   17908
Zur Vorlage bei Hitler übermittelte Führerinformation A I 465 mit der Stellungnahme Goebbels' zu H.s

Bedenken gegen die von ihm vorgesehenen Maßnahmen (vgl. Nr. 17901): Im Postverkehr die Freimachung der vom Reichspostminister angebotenen 75 000 bis 100 000 Kräfte ohne weitgehende Einschränkungen nicht möglich, jedoch Ausräumung der nicht nur von H. geäußerten Bedenken durch die weiterhin zugelassenen Briefpäckchen, durch eine Lockerung der vorgesehenen Kontingentierung der Paketpost, durch die Beförderung von Nahverkehrs-Telegrammen in Notfällen und durch das angeordnete großzügige Verfahren bei Katastrophen; auf dem Gebiet der Justiz die Gewährleistung von Scheidungsmöglichkeit und Wiederverheiratung bei Soldaten von vornherein vorgesehen gewesen; die Einstellung der Wehrmachtzeitschriften schon wegen des Ausfalls des finnischen Spezialpapiers unumgänglich, die Belieferung der Front mit Heimatzeitungen und der Zeitschrift „Front und Heimat" jedoch sichergestellt; Bitte um Kenntnisnahme und Zustimmung durch H.
K/H   101 11055 – 59 (666 b)

17. – 26. 8. 44   Lammers, RFM   17909
Dem Vorschlag Lammers' folgend, Zustimmung Bormanns zur beantragten Bewilligung drei neuer Planstellen und einiger Stellenhebungen in den Bereichen des Reichsverkehrsministeriums und des Reichsjustizministeriums (mit Ausnahme der Hebung der Stelle eines Generalstaatsanwalts in Prag) in Abweichung von den Bestimmungen des Stoperlasses vom 17. 2. 43.
M/H   101 10601 – 12 (661 a)

17. 8. – 8. 9. 44   Lammers, GBA   17910
Unter Übersendung eines an den Reichsluftschutzbund gerichteten Erlasses des Generalbevollmächtigten für den Arbeitseinsatz mit Verwendung der „nur für den Führer vorbehaltenen" Bezeichnung „Führer" statt „Leiter" (von Verwaltungen) Aufforderung Bormanns an Lammers, gegen diesen Verstoß „das Erforderliche zu veranlassen" (vgl. Nr. 17370). (Ergebnis der Recherchen: Lediglich Zitat aus einer vor dem – die anderweitige Verwendung des Wortes verbietenden – Rundschreiben vom 9. 4. 44 erlassenen Verordnung.)
H   101 29842 – 47 (958)

[17. 8.] – 11. 9. 44   RBfdtK, RMfRuK, GL   17911
Im Einvernehmen mit Bormann aufgestellte Richtlinien Goebbels' für die von Hitler geforderte Einziehung mehrerer 100 000 Mann zur Aufstellung neuer Kampfdivisionen: Verwaltungsmäßige Durchführung durch die Wehrersatzdienststellen in enger Zusammenarbeit mit den Gau- und Kreisleitern; Umlage der Gauquoten auf die einzelnen Bedarfsstellen unter Berücksichtigung ihrer Kriegswichtigkeit; und anderes. Versuche Speers, die Rüstungsproduktion zu sichern, etwa durch Bindung der Einziehungen an die Zustimmung der Betriebsführer („Freiwilligkeitserklärung") oder der Rüstungsinspektionen. Ein von S. veranlaßtes und entworfenes Rundschreiben G.' an die Gauleiter über die Berücksichtigung der Belange der Rüstungsproduktion bei der Einziehungsaktion von S. den Rüstungsinspekteuren zunächst in einer weitergehenden Fassung (Einziehungen nur über die Rüstungsdienststellen) mitgeteilt, anschließend Berichtigung. Bitte der Gauleiter an B., die Partei wegen der drohenden Schädigung ihres Ansehens durch gegenteilige Weisungen der beiden Führerbeauftragten G. und S. aus der Aktion zurückzuziehen. Nach erfolgreichem Abschluß der Aktion gemeinsames Rundschreiben B.s, G.' und S.s an die Gauleiter unter dem Motto „Mehr Soldaten *und* mehr Waffen": Überprüfung von Fällen des Abzugs unentbehrlicher Arbeitskräfte und Richtlinien für die Bereinigung etwaiger Produktionsausfälle; Anforderung von Berichten über die Auswirkungen der Aktion. Erinnerung S.s an B.s Versprechen, in einem Fernschreiben an die Gauleiter die Nicht-Einmischung der Gau- und Betriebsobmänner der DAF in die Einziehungsaktion und die unmittelbare Berichterstattung der Gauleiter an S. in Rüstungsangelegenheiten anzuordnen (dieses Versprechen seinerzeit Grundlage seines Verzichts, H. seine Sorgen nochmals vorzutragen). (Vgl. Nr. 17943 und 18013.)
W/H   108 00415 – 24, 431 – 38 (1615)

17. 8. – 27. 9. 44   Lammers, RFM, RFSS   17912
Durch Lammers Unterrichtung Bormanns über die vom Reichsfinanzminister (RFM) mitgeteilte Absicht des Reichsführers-SS, die bereits 1943 aus der Kommunalverwaltung herausgelöste gemeindliche Kriminalpolizei zum 1. 10. 44 auf den Reichshaushalt zu überführen; trotz gewisser Kritik am Vorgehen Himmlers (die Zuständigkeit des Dreierausschusses nicht beachtet) Vorschlag, seitens des Ausschusses der nach seiner Ansicht zweckmäßigen Maßnahme zuzustimmen, schon wegen der Berufung H.s auf eine (ihm, L., nicht bekannte) Führerermächtigung, alle polizeilichen Angelegenheiten reichseinheitlich zu regeln. Einverständnis B.s. Entsprechende Mitteilung an den RFM.
A   101 09687 – 701 (656)

18. 8. 44   GBV   17913
Bitte um Zustimmung zum Entwurf eines – dann am 8. 9. abgegangenen – Rundschreibens an die Obersten Reichsbehörden (ORB), die Aufforderung enthaltend, zur Vereinfachung des durch den totalen Kriegseinsatz außerordentlich erschwerten Geschäftsverkehrs am Schluß der Schreiben an andere ORB den Sachbearbeiter mit Postanschrift und Fernsprechnummer anzugeben.
H   101 07328 f. (583 a); 108 00579 f. (1763)

18. 8. 44   OKW   17914
Übersendung einer Verfügung: Von der Entlassung der im Reichsgebiet befindlichen italienischen Militärinternierten auch die Offiziere und Beamten des Beurlaubtenstandes betroffen.
W/H   112 00164 f. (168)

18. 8. 44 – 22. 1. 45   RJM, GBV, RMfEuL, RWiM, RKzl.   17915
Verhandlungen über den Entwurf einer Dritten Verordnung über außerordentliche Maßnahmen im Patent- und Gebrauchsmusterrecht (weitere Einschränkung des Personalstandes des Reichspatentamtes und strengere Kriterien für die Kriegswichtigkeit seiner Arbeit, Übernahme von Aufgaben außerhalb seines eigentlichen Bereiches [für die Rüstung u. ä.] auf Weisung des Reichsjustizministers im Einvernehmen mit dem Reichsrüstungsminister). Von der PKzl. zeitweilig die Einschaltung „ihres" Hauptamts für Technik in den § 2 (Feststellung der Kriegswichtigkeit) erwogen.
H/W   101 18972 – 90 (1158 b)

19. 8. – 11. 9. 44   RJM, RKzl., GBV   17916
Erörterung von in drei ʾEntwürfen (Zweite Kriegsmaßnahmenverordnung, Einschränkungsverordnung, Neufassung der Richtlinien zu § 1 der Ersten Kriegsmaßnahmenverordnung) des Reichsjustizministers vorgeschlagenen einschränkenden Maßnahmen auf den Gebieten des Bürgerlichen Rechts zwecks Ermöglichung der vom totalen Krieg geforderten Personaleinsparungen in der Justiz: Zurückstellung der Verfahren als Regel, ihre Durchführung als Ausnahme; Fortfall der zweiten Tatsacheninstanz und der Berufungen und Beschwerden an die – praktisch in bürgerlichen Rechtssachen stillzulegenden – Oberlandesgerichte; u. a. In den Besprechungen der beteiligten Ressorts Zustimmung der PKzl. – offenbar bei Bedenken von anderer Seite – zum völligen Verschwinden der zweiten Tatsacheninstanz und zur weitgehenden Einschränkung der Revision. Dabei auch Erörterung der möglichsten Einschränkung der Ehescheidungen unter Berücksichtigung der Weisung Hitlers (vgl. Nr. 17901), Scheidungen zwecks Wiederverheiratung nicht zu hemmen (Durchführung nur noch bei Vorliegen eines „bevölkerungspolitischen Interesses"); Zurückstellung von Unterhaltssachen im Falle der gesicherten Versorgung des Klägers auch ohne Unterhaltszahlung durch den Beklagten.
H   101 10954 – 59 (666); 101 28041 – 55 (1528 a); 101 28699 – 707 (1559)

19. 8. 44 – 28. 1. 45   RKzl.   17917
Durch Bormann Informierung Lammers' über die von ihm beantragte Schaffung von zehn Planstellen für Oberstudienräte für die Reichsschule der NSDAP in Feldafing. Grundsätzliche Zustimmung L.'. Danach Bitte der PKzl. um auch formelle Zustimmung zu der vom Reichsfinanzminister vorgesehenen Regelung (Ausbringung von zwei A 2 b-Stellen und acht A 2 c 1-Stellen im Einzelplan I). Durch L. eine Antwort in Aussicht gestellt (vgl. Nr. 18326).
K/H   101 15383 – 87 (929); 101 16304 (956 b)

21. 8. 44   Himmler   17918
Übersendung der ʾAbschrift eines Ribbentrop übermittelten Fernschreibens, Doriot betreffend.
K   102 00978 (1864)

21. 8. 44   Himmler   17919
Übersendung des ʾSchreibens eines SA-Oschaf. Otterbein, die Eichung von Waagen in den Munitionsfabriken betreffend.
K/W   102 00979 (1864)

21. 8. 44   GL Giesler   17920
Bitte, seinen Vorschlag einer kriegsbedingten Schließung Münchner Kulturinstitute (Staatsgemäldesammlungen, Nationalmuseum, Deutsches Museum, Staatsbibliothek, Staatsarchiv u. a.) Hitler zur Genehmigung vorzutragen.
M   302 00269 f. (Wüst)

[21. 8. 44]   DSt. Rosenberg   17921
Vorschlag, das Amt Kulturpolitisches Archiv zu schließen und das Archivmaterial nach Langenau zu verlagern.
W   145 00025 (29)

21.–25. 8. 44   Lammers, Thierack, Goebbels   17922
In der Erörterung des Erlasses von Strafvorschriften zur Sicherung des totalen Kriegseinsatzes die Forderung der PKzl. nach Strafschutz für sämtliche Anordnungen, ohne Rücksicht auf ihre Form und die erlassende Stelle, von den übrigen Beteiligten als unmöglich und politisch untragbar erachtet und schließlich ausgeklammert: Durch Bormann Ankündigung des Entwurfs einer besonderen Verordnung über die Verleihung eines Ordnungsstrafrechts an die Reichsverteidigungskommissare. Hingegen Berücksichtigung der weiteren Forderung B.s nach rückwirkender Kraft der Verordnung zur Sicherung des totalen Kriegseinsatzes.
H   101 10940–49 (666)

21. 8.–5. 9. 44   RFSS/Pers. Stab   17923
Dank für eine von der PKzl. übersandte *Liste Deutschblütigen gleichgestellter Berufsoffiziere.
K/H   102 00030 f. (87)

22. 8.–1. 9. 44   StSekr. Naumann, StSekr. Kritzinger   17924
Bitte des StSekr. Naumann (als Vorsitzender des Planungsausschusses des Reichsbevollmächtigten für den totalen Kriegseinsatz) an die StSekr. Kritzinger und Klopfer um Ausarbeitungen und Vorschläge zur Beseitigung von Doppelarbeit (Behandlung der gleichen Angelegenheit durch mehrere Stellen) unter Angabe der jeweils künftig allein bearbeitenden Stelle. Nach Rücksprache mit Klopfer ausweichende Antwort Kritzingers: Nur ungenügender Überblick über die Lage bei den mittleren und unteren Verwaltungsstufen; bei den Zentralbehörden Doppelarbeit vorkommend erstens infolge der Struktur der Staatsführung als – allerdings von besonderen Standpunkten ausgehende und daher nicht unerwünschte – Beschäftigung mit den gleichen Problemen sowohl durch die Obersten Reichsbehörden als auch durch die Zentralstellen der Partei (Beispiel: Reichsarbeitsministerium – DAF), zweitens in den Fällen von Übertragung dringlicher Ressortaufgaben an Reichskommissare oder Sonderbeauftragte durch Hitler bei Weiterarbeit der zuständigen Ressorts (Beispiel: Prof. Brandt – StSekr. Conti).
K/L   101 10925–31 (666)

23. 8. 44   Lammers   17925
Mitteilung Bormanns über die Genehmigung kriegsbedingter Maßnahmen durch Hitler: Liquidierung der Preußischen Ministerpräsidentschaft (vgl. Nr. 17934), Auflösung des Preußischen Finanzministeriums (vgl. Nr. 17902), Ausdehnung der Dienstpflicht für Frauen bis zum 55. Lebensjahr (vgl. Nr. 17929), Einstellung von Kunstzeitschriften (vgl. Nr. 17931), Schließung sämtlicher Theater (vgl. Nr. 17932), Auskämmung des Auswärtigen Dienstes und der Wehrmacht in der Heimat (vgl. Nr. 17930).
K/H   101 10921–24 (666)

23. 8. 44   Goebbels   17926
Bedenken Bormanns gegen den Entwurf einer ergänzenden Anordnung für die Durchführung des totalen Kriegseinsatzes im Bereich der Eisenbahnen; Übersendung eines eigenen Entwurfs, gültig für alle Fachgebiete: Hinzuziehung der jeweils zuständigen Leiter usw. der Mittelstufe des betreffenden Verwaltungszweigs oder Wirtschaftsverbands als Beisitzer in die Gau- bzw. Kreiskommissionen, dabei Sicherung des Primats der Gauleiter bei der Durchführung sämtlicher Maßnahmen gegenüber den Behördenleitern; Einrichtung von Gaukommissionen ausschließlich im Bereich der Gaue, nicht im Bereich der Eisenbahndirektionen usw.
K/H   101 10933–39/1 (666); 101 10986 (666 a)

23. 8. 44   OKW   17927
Übersendung des *Entwurfs einer Verordnung über die Feststellung von Unterhaltsansprüchen finnischer Kinder gegen deutsche Wehrmachtangehörige nach dem Muster der für die dänischen, norwegischen und niederländischen Soldatenkinder erlassenen Verordnung (vgl. Nr. 15466 und 16841); Beauftragung der Wehrmachtgerichte mit der Feststellung streitiger Unterhaltsansprüche; Absicht, erforderlichenfalls eine entsprechende Regelung auch für Kroatien, die Slowakei und Ungarn zu treffen.
W/H   101 27672–75 (1525)

23. 8. 44   RFSS u. a.   17928
Übersendung eines Befehls: „Rigoroseste" Verhinderung aller Versuche, „irgendwelches Etappenleben aus Frankreich nach Deutschland hineinzubringen"; Auflösung der „widerlichen deutschen Etappe in Frankreich ein für allemal".
H   107 01484 (425)

23. 8. 44   Lammers   17929
Mitteilung Bormanns: Einverständnis Hitlers mit der Ausdehnung der Frauendienstpflicht bis zum 55. Lebensjahr (vgl. Nr. 17844 und 17925).
W   101 09487 (654)

23. 8. 44   Lammers   17930
Mitteilung Bormanns: Auf Weisung Hitlers Auskämmung der in der Heimat befindlichen kv.-Wehrmachtangehörigen der Jahrgänge ab 1906 (vgl. Nr. 17925).
K   101 10932 (666)

23. 8. 44   Lammers   17931
Mitteilung Bormanns über Hitlers Einverständnis mit der Einstellung der Kunstzeitschriften „Kunst im Deutschen Reich" und „Kunst dem Volk", des „Simplizissimus" usw. (vgl. Nr. 17876 und 17925).
A/H   101 05660 (469 a)

23. 8. 44   Lammers   17932
Mitteilung Bormanns über Hitlers Einverständnis mit der Schließung sämtlicher Theater (vgl. Nr. 17883 und 17925).
H   101 21171 (1243)

[23. 8.]—1. 9. 44   Lammers   17933
Bitte Bormanns um Erstattung von der PKzl. vorschußweise gezahlter Kosten für das Führerhauptquartier (Verpflegung, Kraftwagenneuanschaffungen u. a.) in Höhe von RM 230 186.69 (14. Zwischenabrechnung). Mitteilung über die erfolgte Überweisung des Betrages auf das Zentralkonto der PKzl. bei der Commerzbank in München.
K/H   101 08145—48 (615 c)

23. 8.—22. 9. 44   Lammers, Goebbels, Göring   17934
Weisung Hitlers, die „Preußische Ministerpräsidentschaft so rasch wie möglich zu liquidieren" (vgl. Nr. 17925). Dagegen Einspruch Görings. Nach Vortrag durch Lammers und Bormann Entscheidung H.s, auf Kriegsdauer die Preußische Ministerpräsidentschaft zu belassen und keine grundlegenden Änderungen der verfassungsrechtlichen Struktur des Landes Preußen (d. h. nicht die während des Krieges wegen der damit verbundenen großen Verwaltungsarbeit unbedingt zu vermeidende Schaffung neuer Reichsgaue) vorzunehmen.
H   101 24457 ff., 465, 474—80 (1363 c)

24. 8. 44   Lammers, Goebbels   17935
Besorgnis Bormanns über die Bestrebungen der Obersten Reichsbehörden (ORB), alle im Zusammenhang mit der Anordnung zur Durchführung des totalen Kriegseinsatzes vom 16. 8. 44 (vgl. Nr. 17887) getroffenen Maßnahmen zentral zu lenken und durch Erlasse und Richtlinien die Handlungsmöglichkeiten der Behörden der Mittelinstanz, der Betriebe und der Gauleiter weitgehend einzuschränken; Forderung, die mit der Anordnung vom 16. 8. 44 beabsichtigte Einschaltung der Gau- und Kreisleiter durch weitgefaßte Richtlinien der ORB zu sichern und diesen aufzugeben, grundlegende Erlasse nur nach Beteiligung des Reichsbevollmächtigten für den totalen Kriegseinsatz und des Leiters der PKzl. herauszugeben; Bitte an Goebbels, den ORB diese Beteiligung zur Pflicht zu machen.
K   101 10978—85 (666 a)

24. 8. 44   Lammers   17936
Vermerke über eine Besprechung mit Bormann: Keine Absendung eines – offenbar vorbereiteten – Briefes an RK Lohse (vgl. Nr. 17937); Beisetzung von Staatspräsident Hácha; die Frage eines Regierungssitzes für Mussolini (das von ihm gewünschte Cortina d'Ampezzo „unmöglich") Hitler noch nicht vorgetragen, gegebenenfalls Vortrag durch B. allein.
K/H   101 11517 ff. (678 b)

24. 8. 44   Lammers, GL Koch, Rosenberg   17937
Durch Lammers Übersendung eines Fernschreibens an GL Koch mit der – von K. zuvor gebilligten – Benachrichtigung Rosenbergs über den von Hitler K. erteilten bzw. genehmigten Auftrag, mit seiner „bewährten Tatkraft" und seinen „geschulten Arbeitskräften" im wiedergewonnenen Litauen und Kurland neue Befestigungen aufzubauen, und über die K. zu diesem Zweck erteilten Befugnisse; eine weitere „Anregung" K.s (beabsichtigte Bitte des GenOberst Reinhardt an H., K. zum alleinigen Verhandlungspartner auf dem zivilen Sektor für den Bereich der Heeresgruppe Mitte zu bestellen und damit dessen Weisungsbefugnisse für Zwecke der Landesausnutzung auf das Reichskommissariat Ostland und auf das Generalgouvernement auszudehnen) von L. für bedenklich gehalten und deshalb unbeantwortet gelassen: Bitte an Bormann um umgehende Verständigung im Falle einer Befassung und positiven Entscheidung H.s.
H   101 12268/1 – 275 (690 a)

24. – 30. 8. 44   Lammers   17938
Mitteilung Bormanns: Nach Lektüre einer Pressenotiz über ein vom Reichserziehungsministerium herausgegebenes Regel- und Wörterverzeichnis zur Rechtschreibreform Anordnung Hitlers, jede weitere Bearbeitung dieser alles andere als kriegswichtigen Reform umgehend einzustellen. Durch die Reichskanzlei Informierung der zuständigen Ressorts.
K/H   101 16107 ff. (953 a)

24. 8. – 30. 9. 44   AA u. a.   17939
Mit zustimmenden Äußerungen der zuständigen Auslandsvertretungen Übersendung eines Antrags des Reichsverbandes für das katholische Deutschtum im Ausland auf Erteilung einer Devisengenehmigung für eine Beihilfe an das Lehrlingsheim in Temesvar und – ebenfalls im rumänischen Banat – für den Unterhalt von drei Wanderlehrerinnen. Dazu die PKzl.: Durch die „Entwicklung der politischen Verhältnisse" überholt.
W/H   202 01485 – 86/2 (11/3 – 17 + 20/9)

25. 8. 44   GL Telschow, Stv. GL Peper   17940
Durch den Stv. GL Peper ausführliche Zurückweisung der von GL Telschow gegen ihn erhobenen Anschuldigungen (Erteilung der Erlaubnis an Frau v. Richthofen, weiter mit Frau v. Seydlitz-Kurzbach zu verkehren; trotz Verbots Einschaltung in die Strafsache Cato Bontjes van Beek; Berufung des angeblich in einen Korruptionsfall verwickelten SS-Stubaf. Hofmann in die Gauleitung; Eintreten für den übel beurteilten Amtsarzt Greunus; Verwicklung in den Korruptionsfall Bruns); nach P.s Ansicht der eigentliche Grund für die Beantragung seiner Enthebung durch T. sein Mut, T. entgegenzutreten (dieses angesichts der Einstellung und Haltung T.s leider sehr häufig notwendig); trotz Vermutung einer Prioritätensetzung zugunsten der Autorität eines Gauleiters (auch bei einwandfrei nachgewiesener Ungerechtigkeit) Bitte, vor der Entscheidung Bormanns von diesem gehört zu werden, andernfalls Ausscheiden aus dem hauptamtlichen Parteidienst. (Vgl. Nr. 17986.)
W   306 00767 – 73 (Peper)

25. 8. 44   DF   17941
Verfügung zur Sicherung der Treibstoffversorgung der Wehrmacht: Behandlung der Treibstoffverwendung für nicht kriegsentscheidende Zwecke als Sabotage; Erfassung sämtlicher Treibstoffbestände durch den Bevollmächtigten für das Kraftfahrwesen.
W   101 14284 ff. (750)

25. 8. – 1. 9. 44   RKzl., RFM, RMdI   17942
Zustimmung der PKzl. zur Neuschaffung von zwei Planstellen beim Landesfürsorgeverband Oldenburg (Hauptfürsorgestelle der Kriegsbeschädigten- und Kriegshinterbliebenenfürsorge) in Abweichung vom Stoperlaß vom 17. 2. 43.
M   101 10613 – 18 (661 a)

[25. 8. – Okt. 44]   DSt. RM Speer   17943
Chronikeintragungen über die ständigen Auseinandersetzungen zwischen Speer auf der einen, Goebbels und Bormann auf der anderen Seite um die Einziehung von Arbeitskräften aus der Rüstung zur Wehrmacht und über die Priorität von Waffen oder Soldaten; Entschlossenheit S.s, nach ihren schweren Eingriffen in die Rüstung die Partei nun auch für die Rüstungsproduktion verantwortlich zu machen. (Vgl. Nr. 17911.)
W/H   108 00553 – 59 (1740)

25. 8. – 27. 11. 44   Funk, Lammers, RMdI   17944
Beschwerde Bormanns, an der endgültigen Fassung der Verordnung zur Vereinfachung des Eichwesens und der Zweiten Anordnung zur Vereinfachung der Eichverwaltung nicht beteiligt worden zu sein; Bitte, Ziffer 3 der Zweiten Anordnung zu streichen (die geschlossene Zugehörigkeit eines Gaugebiets zu *einem* Eichaufsichtsbezirk erwünscht) und die Stillegung der Eichämter Brieg, Glatz, Glogau und Neustrelitz sowie des Punzierungsamtes Graz neu zu überdenken. Stellungnahme Funks: Eilbedürftigkeit der Herausgabe wegen der im Land bereits entstandenen Unruhe; Annahme des Einverständnisses der PKzl., zumal bei der weitgehenden Berücksichtigung ihrer in der gemeinsamen Sitzung geäußerten Wünsche; Notwendigkeit, angesichts der gegenwärtigen Verkehrsschwierigkeiten von Gebietsbereinigungen abzusehen; hinsichtlich Graz die Berücksichtigung der Wünsche der PKzl. bevorstehend.
M/H   101 03451 – 56 (347)

25. 8. 44 – 17. 1. 45   RFM, Lammers   17945
Im Spätsommer 1944 wegen der militärischen Lage keine Bearbeitung des Entwurfs einer vom OKW gewünschten Verordnung über die Ermächtigung der Reichskreditkassen zur Ausgabe von Verrechnungsscheinen für den Zahlungsverkehr der Wehrmacht in außerdeutschen Ländern; Einwände des Reichswirtschaftsministers (RWiM), des Reichsfinanzministers (RFM) und des Leiters der PKzl.: Eine Regelung nicht unbedingt erforderlich, Zurückstellung bis zur erneuten Besetzung „fremder Länder in größerem Umfang". Wiederaufnahme der Erörterungen nach Beginn der Ardennenoffensive. Angesichts der inzwischen durch die Wehrmacht bzw. durch den von Hitler mit der Vereinfachung des Wehrmachtbesoldungs- und -zahlungswesens beauftragten Gen. d. Waffen-SS Frank ohne Rücksicht auf die noch fehlende Verordnung geschaffenen Sachlage (Druck der Scheine; Entschlossenheit, sie zum 1. 1. 45 mit oder ohne Verordnung auszugeben), aber auch wegen der bereits erfolgten Verwendung der Verrechnungsscheine während der Westoffensive Zurückstellung der Bedenken von RWiM und RFM nach der Erklärung des Leiters der PKzl., desinteressiert zu sein und den zuständigen Ressorts freie Hand zu lassen.
K/H   101 08038 – 46 (615 a)

26. 8. 44   AA   17946
Bitte um Verbringung aus dem Generalgouvernement und der Ukraine in die Slowakei geflüchteter, dort jedoch nicht gern gesehener Metropoliten und Erzbischöfe der drei orthodoxen Kirchen samt Begleitung in das Reich; ihr dortiger Einsatz (Betreuung der ukrainischen Fremdarbeiter).
W/H   202 01805 ff. (13/12 – 13 + 20/11)

26. 8. 44   AA, Dt. Botsch. Istanbul   17947
Übersendung eines Berichts der Deutschen Botschaft in Istanbul über die Bedeutung der deutschen theologischen Wissenschaft in Amerika, ausgewiesen durch eine ausführliche Rezension der Dogmengeschichte von I. L. Neve und O. W. Heick in der Zeitschrift Christian Century (Chicago).
W/H   202 01100 f. (9/5 – 14 + 20/1)

26. 8. 44   Lammers   17948
Mitteilung Bormanns über die Umquartierung eines großen Teils der Dienststellen des Generalgouverneurs ins Reichsgebiet; dabei kritischer Kommentar über „ganze Eisenbahnwaggons" als „Räumungsgut" deklarierter Möbel, Teppiche usw.
A/H   101 23957 f. (1343 a)

26. – 30. 8. 44   Himmler, SS-Ogruf. Kaltenbrunner u. a.   17949
Wunsch Bormanns, Mathilde Luginger, eine des Diebstahls bezichtigte Hausangestellte des Berghofs, unter Vermeidung eines Gerichtsverfahrens in ein Konzentrationslager einzuweisen. Abweichender Vorschlag Himmlers: Haftstrafe im Ortsgefängnis von Berchtesgaden und Verabreichung von Stockhieben.
K   102 00679 – 82 (1226)

26. 8. – 4. 9. 44   OKW, RKzl.   17950
Gemeinsame Anordnung von PKzl. und OKW über die Grußpflicht zwischen Partei und Wehrmacht. Die Absicht der Reichskanzlei, die Anordnung auch auf die Beamten auszudehnen, nach internem Hinweis auf die zwar weniger emphatische, aber inhaltlich kongruente Uniformvorschrift des Reichsinnenministers vom 8. 3. 40 aufgegeben.
H   101 19847 – 52 (1194 b)

Nicht belegt. 17951

28.8.44 RKzl. 17952
Schreiben der PKzl., den totalen Kriegseinsatz bei der Reichsstelle für Raumordnung betreffend. (Verweiszettel.)
H   101 10951 (666)

28.8.–1.9.44   Stv. GL Holz, Himmler 17953
Weiterer Bericht des Stv. GL Holz über die Schilderung von Mißständen bei der Räumung Frankreichs und im Rückwärtigen Heeresgebiet West durch im Wehrdienst stehende Angehörige der Gauleitung Franken (StabsFw. Alois Ehrmann, Gefr. Walter Rank: Mitnahme von Alkoholika anstelle von Munition, vorzeitige Räumungen, verschwenderische personelle und materielle Ausstattung einer Fallschirmwaffenschule, u. a.); Vorschlag des Einsatzes von „energischen und brutalen NS" als „Kommissare" zur Verhinderung der Mißwirtschaft in der Etappe. Dazu – von Bormann informiert – Himmler: Genauere Angaben erforderlich; die Zuleitung der die Luftwaffe betreffenden Angaben an Göring wünschenswert.
K/H   102 00980 – 87 (1864)

[29.8.44]   RFM, RMdI 17954
Zustimmung der PKzl. zum *Entwurf einer Verordnung über den Finanzausgleich.
W   101 14457 f. (780 a)

30.8.44 RFSS/Pers. Stab 17955
Mitteilung über einen Einspruch des Rüstungsministeriums gegen die Einberufung des Betriebsleiters der Flachsröste in Leer, Wilhelm Connemann.
K   102 00751 (1426)

30.8.44 RMarschall 17956
Mit der Bitte um Prüfung Übersendung des Entwurfs (und später der endgültigen Fassung) einer Dienstanweisung für den Beauftragten für Medizinische Wissenschaft und Forschung im Rahmen des Reichsforschungsrats: Wahrung der ns. ärztlichen Berufsethik, Steuerung und Koordinierung der Forschungsarbeiten und des planwirtschaftlichen Einsatzes der Ärzte im Bereich der Medizinischen Fakultäten und Akademien, Beratung verschiedener Dienststellen in Personalfragen, u. a. (Absendung zweifelhaft.)
W/H   153 00017 – 21 (512 – 2)

30.8.44 Speer, GL Sauckel, Ley 17957
Laut Bormann zwecks besserer Wirkung die Beschränkung von Aufrufen an die Arbeiter oder Betriebsführer auf ein Mindestmaß erforderlich; im Fall von Aufrufen Abstimmung mit den mitzuständigen Stellen.
W   108 00811 f. (1956)

30.8.44 AA 17958
Übermittlung eines Berichts der Deutschen Gesandtschaft in Agram über die Eröffnung der dortigen Poglavnik-Moschee.
W/H   202 00927 (8/8 – 20 + 19/10 – 11)

30.8.–25.9.44   GL Westmark – 39/1, 39/3 17959
Beschwerde des Stellungsbau-Bevollmächtigten des Gauleiters Westmark: Innerhalb kurzer Zeit von der PKzl. bzw. vom Inspekteur Süd-West ihres Beauftragten für den Stellungsbau (ISW) sechs unterschiedliche Schemata für die täglichen Meldungen über den Stellungsbau vorgeschrieben; daraus folgende Unklarheit über die zu erstattenden Meldungen. Weisung des ISW, Rückfragen der Gauleiter über die militärische Gesamtlage an der Westfront nicht an den Oberbefehlshaber West, sondern an den Stab Koltermann zu richten.
W/H   521 00005 – 12 (3)

30.8.–27.11.44 Lammers, RMfWEuV, Goebbels 17960
Bei der Erörterung der Regelung des totalen Kriegseinsatzes im Geschäftsbereich des Reichserziehungsministeriums (REM) Meinungsverschiedenheiten zwischen Rust und Bormann über die – von B. befürwortete – Schließung der Kunst- und Musikhochschulen. Standpunkt R.s: Offenhaltung einiger Kunst- und Musikhochschulen, um die kriegsversehrten Studierenden dieser Institute gegenüber denen der wissenschaftlichen Hochschulen nicht zu benachteiligen; ferner Vorschlag, den an den drei Kunst- und

Musik*erziehungs*hochschulen heranwachsenden Erziehernachwuchs – wie den Nachwuchs für das Lehramt überhaupt – vom Kriegseinsatz auszunehmen, sowie Eintreten für die Weiterführung der Staatlichen Hochschule für Baukunst in Weimar. Nach der von B. unter Berufung auf die „Absichten des Führers" erneut geforderten Stillegung jedoch Schließung aller in Rede stehenden Institute (mit Ausnahme der genannten Hochschule in Weimar) durch Erlaß vom 20. 10.; Zustimmung B.s zum Vorschlag, den Kriegsversehrten und den Kunst- und Musikerziehern höherer Semester Gelegenheit zum Studienabschluß zu geben. Wegen der durch die veränderte Kriegslage an der Westfront erfolgten Aussetzung des Vollzugs des Erlasses vom 12. 10. über die Stillegung von *wissenschaftlichen* Hochschulen für ein Semester vom REM eine entsprechende Regelung auch für die Kunst- und Musikhochschulen verfügt – und zwar auf Anregung des Sachbearbeiters der PKzl. und im Einvernehmen mit ihm. Nach Ablehnung dieser Übereinkunft durch B. Widerstand R.s gegen eine nochmalige, zu diesem Zeitpunkt auch kaum mehr durchführbare Änderung unter Hinweis auf den drohenden Autoritätsverlust. Die in einer Referentenbesprechung gefundene Kompromißlösung: Überleitung von je zehn Kunst- und Musikhochschulen auf die Verwaltung von Technischen Hochschulen und Universitäten, Schließung der restlichen acht bzw. fünf Hochschulen; das Einverständnis B.s mit dieser Regelung wohl zu erwarten.
K/W/H   101 15732 – 73 (942 c)

30. 8. – 13. 12. 44   AA, SdB AA f. d. Südosten   17961
Übersendung des Antrags auf eine Devisengenehmigung für eine Beihilfe des Reichsverbands für das katholische Deutschtum im Ausland zugunsten des deutschen katholischen Pfarrers Schönberger in Belgrad. Erledigung der Angelegenheit durch die militärischen Ereignisse; keine Bedenken der PKzl. gegen die Bewilligung eines Teilbetrags zur Regelung einiger Verbindlichkeiten (Ersatz eines Vorschusses Dritter).
H   202 01774 – 83 (13/1 – 11)

31. 8. – 12. 9. 44   RMfRuK   17962
Durch den Verfasser Übersendung des *Sonderdrucks eines Vortrags von ORegR Fröhling (PKzl.) über „Partei und Wirtschaftspresse" an Präs. Kehrl.
W/H   108 00005 f. (146)

31. 8. – 14. 9. 44   Stv. GL Peper, Himmler u. a.   17963
Schreiben des Stv. GL Peper unter Beifügung des Briefes eines Oberführers des NS-Fliegerkorps über Mißstände in der Luftwaffe: Statt neuer Impulse Ausruhen auf den Lorbeeren; Lähmung von Initiativen durch die Bürokratie und „H. G." (dieser „der größte Hemmklotz"); Karrieresucht; die Bodenorganisation ein „reaktionäres Gesindel". In diesem Zusammenhang Vorschlag P.s, Kreta „ohne Aufsehen" zu räumen. Durch Bormann Weiterleitung des Berichts an Himmler.
W   107 01444 – 50 (425)

[1.] – 5. 9. 44   DF, Himmler   17964
Durch Hitler Beauftragung Bormanns, den mit Befestigungsmaßnahmen betrauten Gauleitern die notwendigen Weisungen zu erteilen; Berechtigung B.s, zur einheitlichen Ausrichtung des Gesamteinsatzes ihm unmittelbar unterstehende Beauftragte zu ernennen und aus anderen Parteidienststellen herauszuziehen. Begründung des Erlasses durch B. gegenüber Himmler: Forderung Leys, den gesamten Stellungsbau zu steuern und zu inspizieren; die Wahrung des kürzesten Befehlsweges erforderlich.
K/W/H   101 29191 f. (1648); 102 01358 (2587); 102 01359 – 63 (2588)

1. – 6. 9. 44   HA f. Volksgesundheit   17965
Bitte um Raumzuweisung für die Bienenforschung (Bekämpfung der Nosema-Seuche).
M   302 00266 – 68 (Wirz)

1. – 20. 9. 44   GL Eggeling, RFSS   17966
Mitteilung des GL Eggeling über den „vollständigen" Verlust des Vertrauens der Bevölkerung zur Luftabwehr und zur Luftkriegführung überhaupt unter Beifügung eines *Berichts des Fliegerstabsingenieurs Giessler über Mißstände bei der Luftwaffe (keinerlei Zusammenarbeit zwischen Generalstab und Ingenieuren; Stopp der gesamten Forschungstätigkeit auf dem Gebiet der Kurzwellen; u. a.) zur – erfolgten – Vorlage bei Hitler. Durch Bormann (und zuvor durch E. selbst) Weiterleitung des Berichts auch an Himmler.
W   107 01451 – 55 (425)

3. 9. 44   RMdI u. a.   17967
Übersendung einer Kritik Himmlers an einigen Reichsverteidigungskommissaren: Durch eigenmächtige organisatorische Maßnahmen, den Behördenaufbau und die Aufgabenverteilung auf die Verwaltungsstufen betreffend, Verstoß gegen die Anordnung des Reichsbevollmächtigten für den totalen Kriegseinsatz vom 16. 8. 44; Ersuchen, Maßnahmen solcher Art sofort rückgängig zu machen.
K/H   101 10950 (666)

3. 9. – 1. 11. 44   RKzl., RMfWEuV   17968
Anläßlich der geplanten Zurruhesetzung des Berliner Ordinarius für Hals-, Nasen- und Ohrenkrankheiten, Prof. v. Eicken, durch Bormann weitergegebene Forderung des darüber empörten Hitler nach einer sofortigen Anordnung, bis auf weiteres die Zwangspensionierung „noch durchaus rüstiger Männer" aus Altersgründen zu unterbinden. Einverständnis B.s mit dem Entwurf eines entsprechenden Rundschreibens der Reichskanzlei an die Obersten Reichsbehörden. Die Rechtfertigung des Reichserziehungsministers: Die Anregung zur Entpflichtung der über 70jährigen planmäßigen Hochschullehrer vom Generalkommissar für das Sanitäts- und Gesundheitswesen (Prof. Brandt) ausgegangen (die Bitte, H. über diesen Sachverhalt zu unterrichten, von Bormann erfüllt).
A/H   101 04998 – 5011 (447)

3. 9. 44 – 3. 1. 45   Lammers, RFM   17969
Zustimmung Bormanns zu der vom Reichsfinanzminister gemäß Stoperlaß beantragten ausnahmsweisen Neubewilligung bzw. Hebung von 125 bzw. 55 Planstellen im Preußischen Haushaltsplan 1944 (Bereiche: Forstverwaltung, Innenministerium, Preußische Staatsbank); nach anfänglicher Zurückstellung ebenfalls Zustimmung zur Schaffung von 23 neuen Hochschulprofessuren und zögernde Genehmigung von 18 Forschungsprofessuren für die Luftwaffe bei grundsätzlicher Ablehnung jeder Titularprofessur außerhalb der Hochschullehre; ebenso motivierte Ablehnung von sechs Architekturprofessuren an der Technischen Hochschule Berlin (die Bewältigung außerhalb der Hochschule liegender Aufgaben – hier die Neugestaltung der Reichshauptstadt – nicht Sache der Hochschullehrer); in zwei Fällen (Orthopädieprofessur an der Universität Königsberg, Professur für Regelungstechnik an der Technischen Hochschule Berlin) Kritik an der Finanzierung der neu zu schaffenden Lehrstühle durch hochschulfremde Stellen: Zur Erhaltung der Unabhängigkeit von Forschung und Lehre Aufbringung der Mittel für solche Zwecke durch den Staat.
A/H   101 09813 – 31 (656 b); 101 10523 – 26 (660 a); 101 15719 – 24 (942 c)

3. 9. 44 – 17. 2. 45   RFSS   17970
Verzögerung der von Himmler zugesagten Freistellung des Gauschulungsleiters Buscher von der Waffen-SS im Austausch gegen SS-Ostuf. Emil Ehrich: Trotz der wiederholten Bemühungen der PKzl. die Uk.-Stellung B.s noch nicht gelungen.
W   107 00029 ff. (154)

4. 9. 44   Schepmann   17971
Telefonische Forderung nach Zusammenfassung, Waffenausbildung und politischer Schulung aller in der Heimat befindlichen Männer unter Leitung der SA; Bitte um Einholung einer entsprechenden Weisung Hitlers; Eignung der SA für diese Aufgabe (das in einer Notiz von Himmler verneint.)
W   107 00230 (184)

4. 9. – 24. 10. 44   OKW u. a.   17972
Übersendung eines Befehls: Die geplante Entlassung italienischer Militärinternierter in den zivilen Arbeitseinsatz bis auf weiteres nicht zu erwarten.
K   101 11793 ff. (682 b)

5. 9. 44   Speer, GL Hanke   17973
Durch Speer Übersendung eines Rundschreibens des GL Hanke an seine Kreisleiter; darin – so S. – die tatsächlichen Verhältnisse und die erforderlichen Voraussetzungen für eine erfolgreiche Tätigkeit der Kreisleiter und der Gau- und Kreiskommissionen bei den Einziehungen Uk.-Gestellter aus der Rüstung (nur bei Stellung von Ersatz durch Stillegung von allem außer Rüstung und Kriegsproduktion im weiteren Sinne) „mit der notwendigen Klarheit" umrissen; Wunsch nach ähnlicher Unterrichtung aller Kreisleiter.
W/H   108 00425 – 30 (1615)

5.—6. 9. 44   Lammers u. a.   17974
Aufgrund einer Mitteilung Himmlers über selbständig von einigen Gauleitern vorgenommene Regierungsauflösungen Versendung eines Rundschreibens an die Reichsverteidigungskommissare durch die Reichskanzlei nach Rücksprache Lammers' mit Bormann; darin u. a. Hinweis auf den Standpunkt Hitlers, während des Krieges grundsätzlich keine Regierungen stillzulegen oder aufzuheben (vgl. Nr. 16904). Nachträgliche Kritik B.s an dem – von ihm irrtümlich als Entwurf angesehenen – Rundschreibentext: Unzweckmäßigkeit, ein grundsätzliches Verbot der Aufhebung von Regierungen während des Krieges als Hitlers endgültige Willensäußerung herauszustellen; eine Änderung seiner Auffassung nicht ausgeschlossen angesichts der kürzlich gegebenen Anregung, allgemein die Frage der Errichtung von Reichsgauen zu erörtern. Dazu L.: Rechtfertigung der bereits erfolgten Herausgabe; Hinweis auf die vorsichtige, künftigen abweichenden Entschließungen Hitlers nicht vorgreifende Fassung des Textes.
A/H   101 09664—71 (656)

5.—15. 9. 44   Lammers   17975
Nach von Bormann übermittelter Anordnung Hitlers Überweisung einer Abschlagszahlung in Höhe von RM 20 000.— an Prof. Bleeker (Akademie der bildenden Künste München) für die von H. in Auftrag gegebenen zwei Monumentalplastiken „Rossebändiger".
H   101 16902—05 (1013)

5.—16. 9. 44   RKzl.   17976
Einverständnis Bormanns mit der Bewilligung von vier Planstellen für die Inspektion der Deutschen Heimschulen.
A   101 10164—67 (658 b)

5. 9.—20. 11. 44   AA, Dt. Ges. Zagreb   17977
Übersendung von Berichten der Deutschen Gesandtschaft in Zagreb über die Weihe des Archimandriten Mifka zum kroatisch-pravoslavischen Bischof von Sarajevo unter Beteiligung staatlicher Stellen sowie der Rumänisch-Orthodoxen Kirche (Wertung als Zeichen bevorstehender Anerkennung der kroatischen Kirche); Amtseinweisung M.s gegen den Widerstand eines Teils seiner Gemeinde.
W/H   202 00888—95 (8/8—20+19/10—11)

[6. 9. 44]   DF   17978
(Erwähnter) Wunsch Hitlers, die Reichskanzlei (RKzl.), die Präsidialkanzlei und die PKzl. von den Maßnahmen des totalen Kriegseinsatzes auszunehmen (unter Berufung darauf keine Meldung von Dienstkräften der RKzl. an das Gauarbeitsamt Berlin).
A/H   101 09745 (656 a)

7. 9. 44   RKzl.   17979
Schreiben der PKzl., den Entwurf einer Verordnung zur Vereinfachung des Leistungs- und Beitragsrechts in der Sozialversicherung betreffend. (Verweiszettel.)
H   101 10953 (666)

7. 9. 44   RMfRuK u. a.   17980
Übersendung eines Erlasses: Maßnahmen zur Überführung des Sonderausschusses 10 „Einsatz bei Bombenschäden" in das Amt Bau der Organisation Todt (Bestellung von Gau-, Stadt- und Kreisvertrauensmännern der Bauwirtschaft, Bildung von Arbeitsausschüssen, u. a.).
W   108 00044 ff. (330)

7. 9. 44   RL, GL, VerbF   17981
Richtlinien Bormanns für die Anforderung zusätzlicher Arbeitskräfte für den Stellungsbau durch die Gauleiter.
K   102 01359, 366 f. (2588)

7.—21. 9. 44   RKzl. u. a.   17982
Die Quittung eines Cornelius Postma (Paris) über ffs. 3 000 000.—, erhalten für den Verkauf eines Gemäldes von Watteau an eine Maria Dietrich (Erwerbung auf Weisung Hitlers für das Neue Kunstmuseum in Linz), von Bormann mit der Bitte um Erstattung des Gegenwertes von RM 150 000.— der Reichskanzlei übersandt. Durch diese Anweisung des Betrags zu Lasten des Kontos „Dankspendenstiftung (Sonderfonds L)".
H   101 29310—12 (1651 a)

7. 9.–10. 10. 44   Ohnesorge   17983
Hinweis Bormanns auf die allgemein kritische Beurteilung der von Ohnesorge veranlaßten Beschränkungen der Leistungen der Reichspost, insbesondere der Stillegung von Briefkästen, der Ausgabe von Zulassungskarten für den Paketverkehr und der Drosselung des Fernsprechverkehrs: Belastung der Bevölkerung und Gefährdung des Dienstbetriebes der Partei ohne sichtbare Verwaltungsvereinfachung bei der Post; Forderung, bei der Post selbst Vereinfachungen vorzunehmen, vor allem beim Behördenbriefverkehr durch Einführung einer Pauschalablösung. Rechtfertigung O.s: Hinweis auf die viel einschneidenderen Maßnahmen des Reichsverkehrsministers; Klage über die Nichtberücksichtigung des außerordentlichen Umfangs der an die Wehrmacht abgegebenen männlichen Kräfte (54%) und der internen Reformen; Feststellung, keine Drosselung des Fernsprechverkehrs der Hoheitsträger der Partei durchgeführt zu haben; u. a.
W/H   114 00020–26 (7)

8. 9. 44   RMfRuK   17984
Nach der Weigerung des GL R. Wagner, die Anordnungen über die Verlagerung von Schwerpunktfertigungen aus den Grenzgebieten im Elsaß durchzuführen, Bitte Speers an Bormann, W. entsprechend anzuweisen.
W/H   108 00492 (1623)

8. 9. 44   RKzl.   17985
Schreiben der PKzl., die Einstellung aller nicht kriegswichtigen Planungsarbeiten betreffend. (Verweiszettel.)
H   101 10952 (666)

[8.–14. 9. 44]   SS-Gruf. v. Bassewitz, Himmler   17986
Meldung des Höheren SS- und Polizeiführers Nordsee, SS-Gruf. v. Bassewitz, an Himmler: Bei der PKzl. Betreiben der Amtsenthebung des Stellvertretenden Gauleiters Ost-Hannover, SS-Brif. Peper, durch GL Telschow; Besorgnisse über die Lage im Gau Ost-Hannover angesichts der Führungsschwäche und der „spontanen" Entschlüsse T.s; Erwägungen des RegPräs. SS-Brif. Herrmann, wegen seiner Behandlung und Übergehung durch den Gauleiter um seine Amtsenthebung zu bitten; Anregung, P. im Amt zu halten. Die Antwort Himmlers: Einsetzung des Pg. Opdenhoff als neuer Stellvertreter Gauleiter durch Bormann; Benachrichtigung Herrmanns, „selbstverständlich zu bleiben und Dienst zu machen". (Vgl. Nr. 17940.)
K/H   102 01152 ff. (2165)

8. 9.–21. 11. 44   RFM, RMdI, GBV, RKzl.   17987
Mit der Begründung der Verwaltungsvereinfachung und unter Berufung auf den Führererlaß vom 13. 1. 43 (vgl. Nr. 16437) Versuch des Reichsfinanzministers (RFM), die Zuweisung von Grundbesitz aus dem eingezogenen Vermögen von „Reichsfeinden" an die Gebietskörperschaften bis nach Kriegsende hinauszuzögern: Bedarf der Kommunen etc. nur (bei kriegswichtigen Ausnahmen eine Sonderregelung vorgesehen) für nach dem Führererlaß vom 13. 1. 43 einzustellende Vorbereitungen für Friedensaufgaben oder für nach dem Verbot der Zweckentfremdung von Wohnungen (14. 8. 42) auf geraume Zeit nicht mehr zu berücksichtigende Behördenzwecke. Gegenargumente des Reichsinnenministers (u. a.: Verwaltungsvereinfachung gerade durch großzügige Übertragung ohne erneute Nachprüfung durch den RFM zu erreichen), gestützt insbesondere auf Hitlers – noch *nach* dem 13. 1. 43 bekundeten – Willen, die Wirtschaftskraft der Selbstverwaltungskörperschaften durch Zuweisung eingezogenen Vermögens zu stärken. In diesem Sinne ebenfalls Einwendungen der Reichskanzlei sowie scharfer Einspruch der PKzl.: Die Stärkung der wirtschftlichen Kraft der Selbstverwaltungskörperschaften durch die erwähnten Zuweisungen eindeutiger „Führerwille"; dessen Durchführung „einfach" auf dem Erlaßwege und ohne Einvernehmen mit dem Leiter der PKzl. einzustellen nicht angängig und überdies auch unbegründet (nicht Friedensplanungen, sondern die Frage der zweckmäßigsten Verwaltung das Motiv der zu treffenden und keine planerischen oder sonstigen zusätzlichen Kräfte erforderndern Maßnahmen); Aufforderung, von der unverzüglichen Aufhebung der angekündigten oder bereits durchgeführten Maßnahmen Kenntnis zu geben. Rechtfertigung des RFM, ohne von seinem Standpunkt abzugehen.
H   101 21653–80 (1269 c); 101 28022–33 (1528)

9. 9. 44   Speer, Goebbels, GL   17988
Gemeinsames 'Rundschreiben Speers, Goebbels' und Bormanns an die Gauleiter über die Einziehungsaktion.
W   108 00553, 557 (1740)

9. 9. 44   GL Westmark   17989
Bericht über den Stellungsbau in Lothringen: Die Lage in Metz (Schanzarbeit unter Feindeinwirkung),
Schwierigkeiten bei der Erfassung der Bevölkerung, Verzögerungen infolge Mangels an Maschinen und
Treibstoff, u. a. Dabei erwähnt: „Räumungspsychose" der Wehrmacht.
W/H   521 00014 (3)

9. 9. – 13. 10. 44   RPM   17990
Übersendung einer Anweisung über die Lockerung der im Mai für den Fall einer Invasion angeordneten
Einschränkungen im Fernsprechdienst.
H   101 08510/1 – 514 (639 a)

[10. 9. 44]   SSFHA   17991
Übereinkommen mit der Partei, über Bormann Waffen nur an den Reichsschatzmeister zu verteilen
(von diesem aus Weiterleitung an die einzelnen Gauleiter).
W   108 00269 (1584)

11. – 20. 9. 44   GL Meyer, GL Hoffmann   17992
Bitten, die vom Kommandeur der Kriegsgefangenen im Wehrkreis VI, GenMaj. Klemm, beim OKW
beantragte Ostwärtsverlegung der Gefangenenlager zu unterstützen.
K   102 01340 f. (2577)

12. 9. 44   RKzl., RJM   17993
Durch die Reichskanzlei Übersendung ihrer Zustimmung zum *Entwurf einer Verordnung über außerordentliche Maßnahmen im Erbhofrecht und Erbhofverfahren aus Anlaß des totalen Krieges. (Abschrift
an die PKzl.)
M   101 02349 f. (223 b)

12. 9. 44   GL Henlein, RKzl.   17993 a
Bitte des GL Henlein um einen Empfang bei Hitler zum Vortrag ihn und StM Frank (Prag) betreffender
Fragen. Durch Bormann Verweisung Henleins – „gemeinsam mit Herrn F." – an Lammers. Darüber
Mitteilung an die Reichskanzlei mit der Bitte, die PKzl. gegebenenfalls an dieser Besprechung zu beteili-
gen.
H   101 24837 (1370 a)

13. 9. 44   RJM   17994
Anmahnung der erbetenen Zustimmung zum *Entwurf einer Verordnung über Änderungen des Mieter-
schutzrechts; Anführung inzwischen noch vorgesehener geringfügiger Änderungen (u. a. Wegfall des
Stichtags für die erleichterte Aufhebung der Überlassung von Betriebswohnungen).
H   101 17318 – 21 (1032 b)

13. 9. – 26. 10. 44   GL Berlin, E. v. Loeper, Lammers   17995
Durch die Gauleitung Berlin Übersendung eines Gesuchs der Witwe des Generalluftschutzführers v.
Loeper um Bewilligung einer Witwenpension auf dem Gnadenwege. Genehmigung durch Hitler und
entsprechende Verständigung Lammers' durch Bormann. Dabei erwähnt: Zuständigkeit der Präsidialkanzlei für Unterstützungen dieser Art; kürzlich erfolgte Angliederung des Reichsluftschutzbundes an
die Partei.
H   101 17823 – 30 (1092 b)

14. – 23. 9. 44   RKzl., Oberste RBeh.   17996
Aufgrund mehrerer Vorgänge (hier: Vereinfachung des Steuerrechts) Erörterung der Verwendbarkeit des
Führererlasses über den totalen Kriegseinsatz als Grundlage für rechtsetzende Maßnahmen. Auf Drängen des Reichsbevollmächtigten für den totalen Kriegseinsatz (Hinweis auf die Eilbedürftigkeit der zu
treffenden Maßnahmen) Zustimmung der Reichskanzlei (RKzl.) und Bormanns und Herausgabe eines
Rundschreibens der RKzl.: Im Einvernehmen u. a. mit dem Leiter der PKzl. Bejahung der Möglichkeit,
auf Weisung des Reichsbevollmächtigten ergehende und dem totalen Kriegseinsatz dienende Rechtsvorschriften der Obersten Reichsbehörden auf den Führererlaß vom 25. 7. 44 als Ermächtigungsgrund-
lage zu stützen, jedoch Hinweis auf das erforderliche Einvernehmen des Leiters der PKzl. u. a.
K/H   101 10987 – 93 (666 a); 101 29186 f. (1648)

15. 9. 44   RJM   17997
Übersendung von Richtlinien sowie einer Verfügung über die Einschränkung der Grundbuchgeschäfte und über die Zurückstellung von Grundbucheintragungen in Ausführung der Zweiten Kriegsmaßnahmenverordnung.
K/H   101 10960 – 64/2 (666)

[15. 9. 44]   GL Westmark   17998
Vom Leiter der PKzl. eine tägliche Meldung über den Stand der Baumaßnahmen Stellungsbau Westwall angeordnet.
W   521 00001 ff. (1)

15. – 16. 9. 44   Speer, GL R. Wagner u. a.   17999
Von Hitler gebilligtes und von Bormann an verschiedene Gauleiter im Westen weitergegebenes Rundschreiben Speers über die Verlagerung bzw. Lähmung der Industrie in den Grenzgebieten: Aufrechterhaltung der Fertigung bis zum letzten Augenblick; nur Lähmung, nicht Zerstörung der Anlagen; Räumungen nur in den wichtigsten Fällen. Dabei im Entwurf Änderung der Präambel über die im Westen verlorengegangenen Gebiete (statt „Rückgewinnung in kurzer Frist" „Wiedergewinnung eines Teils keineswegs ausgeschlossen"). Informierung weiterer Gauleiter betroffener und möglicherweise betroffener Gaue im Osten usw.
W/H   108 00493 – 503 (1623); 108 00584 f. (1764)

15. – 19. 9. 44   RMfRuK, GL   18000
Die Bemühungen Speers, von den Gauleitern im Westen die Freistellung der wichtigsten Rüstungsbetriebe vom Abzug von Kräften für die Schanzarbeiten der Aktion Maulwurf zu erreichen, weitgehend ergebnislos (als Beispiel Zitierung der Ablehnung des GL Bürckel: „Zuerst Sicherung, dann Rüstung"); daher Bitte an Bormann um Herbeiführung einer Entscheidung Hitlers über die Priorität der Sicherung der Grenzen oder der Ausstattung der Truppe durch verstärkte Rüstung im Westen wie im Osten. Nach Vortrag S.s Entscheidung, die im Stellungsbau eingesetzten Rüstungsfacharbeiter ihren Betrieben wieder zur Verfügung zu stellen.
W/H   108 00439 – 44 (1615); 108 00553, 559 (1740)

16. 9. – 16. 10. 44   RKzl. – 2   18001
Durch StSekr. Klopfer (PKzl.) Informierung über Entwürfe eines Führererlasses über die Bildung des deutschen Volkssturms (im Entwurf: Volkswehr) sowie von Ausführungsbestimmungen hierzu: Heranziehung aller Männer im Alter von 16 – 60 Jahren; Aufstellung und Führung durch die Gauleiter; Ausbildung nach den Weisungen des Reichsführers-SS als Befehlshaber des Ersatzheeres (BdE); Ausrüstung aus Heeresbeständen; im Kampfeinsatz Unterstellung unter die militärische Führung; Kennzeichnung der Volkssturmangehörigen als Kombattanten im Sinne der Haager Landkriegsordnung; Zuständigkeit Bormanns für die Ausführungsbestimmungen; Heranziehung des Volkssturms bei der Bewachung von den Gauleitern im Rahmen ihres Stellungsbaus errichteter nicht besetzter Stellungen. Nachfolgend Übersendung des von Hitler gezeichneten Textes (Hinzufügung einer umfangreichen Präambel; Beteiligung auch der Parteigliederungen, so Ernennung des Stabschefs der SA und des Korpsführers NSKK zu Inspekteuren für die Schieß- bzw. motortechnische Ausbildung; Kampfeinsatz durch den BdE; Zuständigkeit Himmlers für die militärischen, B.s für die politischen Ausführungsbestimmungen; u. a.). Erörterung der Bekanntgabe des Erlasses; Neufassung der Präambel.
K/H   101 12336 – 44/3 (692 a); 521 00053 – 56 (15)

17. 9. 44   RKzl., RJM   18002
Durch die Reichskanzlei Übersendung eines – zustimmend beantworteten – Vorschlags des Reichsjustizministers: Zur Gewinnung weiterer Kräfte für den totalen Kriegseinsatz Herabsetzung des Vorbereitungsdienstes für Rechtsreferendare (Kriegsteilnehmer) und deren erweiterte Heranziehung zur selbständigen Wahrnehmung von Geschäften des Richters, des Staatsanwalts und des Rechtsanwalts.
K   101 26560 ff. (1508 a)

17. 9. – 8. 10. 44   Lammers, Meissner   18003
Übereinstimmende Auffassung Bormanns, Lammers' und Keitels: Anläßlich der Beendigung des Gen. v. Unruh erteilten Auftrags keine weiteren Verleihungen von Ritterkreuzen zum Kriegsverdienstkreuz (die Verleihung an U. und StSekr. Mussehl bereits erfolgt; Ablehnung des Antrags für MinR Schnell);

keine Bedenken gegen eine zahlenmäßig begrenzte Verleihung von Kriegsverdienstkreuzen an (hier: zwei) Mitglieder des Stabes U. Entsprechende Entscheidung Hitlers. (Vgl. Nr. 17644.)
W   101 08978–87 (649 b)

18. 9. 44   Speer   18004
Kritik an bei einer Reise in die Westgebiete (10.–14. 9.) beobachteten Fehlern mit Abstellungsvorschlägen: Ungenügender Kontakt zwischen Wehrmacht und Industrie, daher Vorschlag der Einführung direkter industrieller Truppenversorgung im Westen; Warnung vor einer zu frühen Außerbetriebsetzung der Industrieanlagen; die Bekämpfung von Erdzielen durch Bordwaffenbeschuß statt durch Bombenabwurf und der Einsatz der deutschen Jagdwaffe gegen die Einflüge feindlicher Bomber statt zur Unterstützung der Truppe im Erdkampf effizienter; der Westwall noch in einem unvorbereiteten Zustand; die Aufrechterhaltung der Rüstungsproduktion wichtiger als überstürzte Einziehungen zur Wehrmacht; Kritik am Verhalten der Politischen Leiter und an der „Wunderwaffen"-Propaganda; Notwendigkeit einer Reise Hitlers in den Westen; u. a.
W   108 00162–78 (1539)

18. 9. 44   AA   18005
Übermittlung einer Meldung von Radio London über eine Grußbotschaft des Papstes an den polnischen Präsidenten sowie einer Stellungnahme des Vatikans zum Warschauer Aufstand.
W   202 02131 f. (16/24–37)

18. 9. 44   RFSS u. a.   18006
Übersendung eines Runderlasses: Ausdehnung der bisher nur für Ostarbeiter und Polen geltenden nächtlichen Ausgangssperre auf alle ausländischen Arbeiter.
W   112 00138–41 (166)

[18.–23. 9. 44]   RJM, RKzl. u. a.   18007
Zustimmung der PKzl. zum Entwurf einer Rundverfügung des Reichsjustizministers an die Generalstaatsanwälte über die Mitwirkung der Staatsanwälte in bürgerlichen Rechtssachen (strenger Maßstab bei der Handhabung ihrer Zurückstellungsbefugnis, insbesondere in Ehe- und Kindschaftssachen).
H   101 28037–40 (1528 a)

18. 9.–7. 10. 44   GBV u. a.   18008
An die Obersten Reichsbehörden Mitteilung der Empfehlung des Gauarbeitsamtes Berlin, nach dem Beispiel des Reichsinnenministers die für die Rüstung umzusetzenden 2 % der Dienstkräfte der Obersten Reichsbehörden jeweils geschlossen einzusetzen; die Abgabe von 30 % der Kräfte der Gesamtverwaltungen (ohne Behörden der Unterstufe) an Rüstung und Wehrmacht vom Reichsbevollmächtigten für den totalen Kriegseinsatz für notwendig gehalten, Meldung über das Veranlaßte erbeten. (Abschrift an die PKzl.)
A/W/H   101 09750 (656 a); 114 00005 f. (6)

19. 9. 44   RMfRuK   18009
Übermittlung einer Anweisung an die Rüstungskommissionen, die Lähmung von Industrieanlagen in feindbedrohten Gebieten keinesfalls zu früh vorzunehmen.
W   108 00292 (1592)

19. 9. 44   AA   18010
Übermittlung einer Agenturmeldung über einen Aufruf der Katholischen Aktion Portugals zum Gebet für das „gemarterte polnische Volk".
W   202 01427 (10/14–25 + 20/7)

19. 9. 44   RMfEuL, RJM   18011
Durch den Reichsernährungsminister Ablehnung des ˚Entwurfs einer Verordnung des Reichsjustizministers über das Verbot von Hypothekenkündigungen unter Wiederholung der Anregung, für die Pfandbriefinstitute und das Kreditgewerbe überhaupt den Auslosungszwang zu beseitigen und durch die Verpflichtung zu ersetzen, Rückzahlungsbeträge zum Ankauf von Reichswerten zu benutzen und diese anstelle der Hypotheken in die Deckungsmasse aufzunehmen; mögliche Einwände gegen diese Ersatzdeckung als auf der Befürchtung eines Währungsverfalls beruhend für die Staatsführung unerheblich. (Abschrift an die PKzl.; vgl. Nr. 17888.)
H   101 28019 ff. (1528)

19.−[29.] 9. 44   RKzl.   18012
Im Einvernehmen mit der PKzl. Übersendung des Zweiten Führererlasses über die Zusammenarbeit von Partei und Wehrmacht in einem Operationsgebiet innerhalb des Reiches vom 19. 9. 44 (Fortsetzung der Parteitätigkeit und Weisungsbefugnis der militärischen Kommandobehörden im Operationsgebiet; Bestellung und Befugnisse eines Gauleiters für das Operationsgebiet; Erlaß der Durchführungsvorschriften durch den Leiter der PKzl.) an die Obersten Reichsbehörden.
H   101 19844 ff. (1194 b); 101 29184 f. (1648)

19. 9. −15. 11. 44   GL, Speer, RMfVuP   18013
Wegen Differenzen zwischen Speer einerseits, Goebbels, Bormann u. a. andererseits über die Möglichkeit einer weiteren Abgabe von 100 000 kv.-Männern aus der Rüstungswirtschaft an die Wehrmacht ohne wesentliche Beeinträchtigung der Produktion Befragung der Gauleiter durch B. auf Wunsch Hitlers und im Einvernehmen mit S. und G. Keine Einigung zwischen S. und G. über die Auslegung des Befragungsergebnisses; die von S. erbetene Vermittlung der PKzl. von B. als nicht der Funktion der PKzl. entsprechend (keine politische Entscheidung, sondern Verwaltungskleinarbeit) ebenso abgelehnt wie eine von S., nicht aber von G. gewünschte erneute Gauleiterbefragung. (Vgl. Nr. 17911.)
W   108 00250 − 56 (1580); 108 00445, 448 − 51, 474 − 77, 484 − 87 (1615)

[20. 9. 44]   Speer   18014
In einem Schreiben an Hitler Klage über die u. a. von Bormann gegen sein Ministerium, gegen seinen mit Wissen H.s rein nach fachlichen Grundsätzen zusammengesetzten Apparat sowie gegen die von ihm aufgebaute Selbstverantwortung der Industrie erhobenen Vorwürfe der Parteifremdheit oder gar -feindlichkeit (dabei Hinweis auf den vergeblichen Versuch, aus der PKzl. namhafte Mitarbeiter zu erhalten), jetzt verstärkt nach den Ereignissen des 20. Juli; Verwahrung ebenfalls gegen den Vorwurf der Hortung uk.-gestellter Arbeitskräfte; die nunmehrige Einschaltung der Partei in die Rüstung (nämlich bei der Einziehungsaktion) im Prinzip von ihm schon früher gewünscht, jedoch im Gegensatz zu der Meinung B.s dabei folgende Voraussetzungen zur Wahrung einer einheitlichen Führung auf dem Rüstungssektor erforderlich: Möglichkeit der Erteilung unmittelbarer Weisungen an die Gauleiter und deren Verpflichtung zu unmittelbarer Berichterstattung (dagegen Forderung B.s, alle Weisungen und Meldungen nur über ihn laufen zu lassen); Unterstellung der bisher unmittelbar B. unterstehenden Gauwirtschaftsberater unter ihn, S., für die Dauer des Krieges; alleinige Verantwortlichkeit der Betriebsführer für ihre Betriebe unter Ausschluß einer Mitverantwortung der DAF-Gauobmänner bzw. -Betriebsobmänner auch bei den Einziehungen zur Wehrmacht.
W/H   108 00105 − 21 (1526)

21. 9. 44   RBfdtK   18015
Übersendung des Entwurfs eines Runderlasses des Reichsarbeitsministers über die Abgabe von Kräften für Wehrmacht und Rüstung in seinem Geschäftsbereich (u. a. Sonderregelung für Versorgungsdienststellen).
A/H   101 22672 − 77 (1293 a)

21. 9. 44   RSt. f. d. Außenhandel   18016
Mitteilung über eine Vereinbarung zwischen dem Auswärtigen Amt und dem Reichswirtschaftsminister über die Beschränkung des Aufgabenbereichs der Reichsstelle für den Außenhandel (RA) auf das unbedingt kriegsnotwendige Maß und über ihre entsprechende Umgestaltung; im Rahmen der RA Zusammenfassung des wirtschaftlichen Nachrichtendienstes in der „Eildienst für amtliche und private Handelsnachrichten GmbH".
M/H   101 03325 f. (333)

22. 9. 44   RArbM   18017
Übersendung des Entwurfs einer Vierten Verordnung über die Anpassung der Reichsversicherung an den totalen Kriegseinsatz (Vereinfachung der Unfallversicherung): Abgabe weiterer Kräfte für Wehrmacht und Rüstung durch wesentliche Arbeitseinsparungen (insbesondere künftig Ablesen sämtlicher Renten in der Unfallversicherung aus einer Tabelle) bei den Versicherungsträgern und in den Lohnbüros der Betriebe.
M   101 04082 ff. (404 a)

[22. 9. 44]   RBfdtK   18018
Absicht Goebbels' nach Rücksprache mit Bormann, die Aufschlüsselung von 50 000 av.-Männern für die

Luftwaffe nach Anhörung der verschiedenen Rüstungs- und Unterkommissionen und unter weitgehender Aussparung der Rüstungsproduktion vornehmen zu lassen.
W   108 00446 f. (1615)

23. 9. 44   AA, Dt. Ges. Lissabon   18019
Bitte des Auswärtigen Amts um Stellungnahme zu der Bitte der Deutschen Gesandtschaft in Lissabon um Material über die deutsche katholische Militärseelsorge für eine zu diesem Thema geplante vergleichende Veröffentlichung der portugiesischen Katholischen Aktion.
W/H   202 01386 f. (10/14 − 25 + 20/7)

23. 9. 44   AA   18020
Übermittlung einer Agenturmeldung über eine offiziöse Note des Patriarchats Lissabon an die Presse zur Erklärung des trotz der Freude über die Befreiung Belgiens aus Neutralitätsgründen erforderlichen Verbots eines Tedeums aus diesem Anlaß.
W/H   202 01428 (10/14 − 25 + 20/7)

[23. 9. 44]   Speer   18021
Vorschlag Bormanns, nicht − wie von Speer angeregt − die Gauleiter, sondern die Reichsverteidigungskommissare in die Rüstung einzuschalten (von S. übernommen).
W   108 00613 − 14/3 (1768)

[23. 9. 44]   (GL Westmark)   18022
Mit der Bitte um Unterrichtung auch der PKzl. Mitteilung der Gauleitung Hessen-Nassau an die Gauleitung Westmark: Der Gau Hessen-Nassau nicht in der Lage, den Rest der ihm auferlegten 30 000 Mann für den Westwallbau (knapp 6000 Mann) zu stellen.
W/H   521 00065 f. (25)

23. 9. − [3. 10.] 44   RFSS, RMdI, NSV   18023
Besprechung über die politische Betreuung der germanisch-völkischen Gruppen in Deutschland. Standpunkt des Vertreters der PKzl.: Zuständigkeit des Reichsführers-SS (RFSS) nur für das Ausland, im Reich die Partei zuständig; Vorschlag der Bildung eines Arbeitskreises; für die Niederländer nur Einsatz der NSB. Dagegen Widerspruch der SS-Vertreter, insbesondere des SS-Ogruf. Berger: „In der heutigen Zeit" die machtpolitische Beurteilung „irgendwelcher Dinge innerhalb der Partei" und das Hereinbringen einer neuen Linie durch die Bildung eines Arbeitskreises „völlig falsch"; Pochen auf die Zuständigkeit des RFSS; in Holland Versagen der NSB, deshalb bei den Niederländern Einschaltung der Deutsch-Niederländischen Gesellschaft erforderlich. Nach Ansicht des SS-Hstuf. Meine die zwischen SS-Hauptamt und PKzl. aufgetretenen Schwierigkeiten hinsichtlich der Arbeit in den germanischen Ländern auf die Zuständigkeit der Abteilung II der PKzl. zurückzuführen; Vorschlag, künftig SS-Brif. Klopfer einzuschalten (vgl. Nr. 18144), andernfalls Gefahr einer Belastung des Verhältnisses zwischen Himmler und Bormann.
W/H   107 00802 − 05, 815 f. (279)

23. 9. − 13. 10. 44   RMfEuL, RKzl.   18024
Durch den Reichsernährungsminister aus Anlaß des totalen Krieges und unter Berufung auf die vom Reichsjustizminister beabsichtigte Beschränkung der freiwilligen Gerichtsbarkeit auf kriegsdringliche Sachen und Stillegung der Oberlandesgerichte (vgl. Nr. 17916) Übersendung zweier Entwürfe einer Verordnung über außerordentliche Maßnahmen im Pacht-, Landbewirtschaftungs- und Entschuldungsrecht (der zweite Entwurf mit der PKzl. abgestimmt): Zurückstellung nicht kriegsdringlicher Sachen, Fortfall von Rechtsmitteln und andere Vereinfachungen.
W   101 02252 − 62 (213 a)

24. 9. 44   GL Westmark − 39/1   18025
Anweisung des PKzl.-Beauftragten für den Stellungsbau West: Nach einem Befehl Hitlers Behandlung der im Stellungsbau tätigen politischen Führungs- und Einsatzkräfte in den der Kampfzone am nächsten liegenden Räumen als Wehrmachtangehörige.
W   521 00008 (3)

26. 9. 44   AA   18026
Übermittlung einer Transocean-Meldung aus Santiago: Hervorhebung der Leistungen der sowjetischen Armee und Stalins durch den Apostolischen Nuntius in Chile, Silvani.
W   202 01878 (15/1 – 10 + 20/13)

26. 9. 44   RL, GL, VerbF   18027
Durch die PKzl. Übermittlung des Führererlasses über die Bildung des deutschen Volkssturms und der
– Ausführungsbestimmungen dazu sowie Anweisungen über die Sicherung der Stellungen enthaltenden
– Rundschreiben bzw. Anordnungen 270, 277 und 278 des Leiters der PKzl. (vgl. Nr. 18001 und 18034).
H   521 00053 – 56 (15)

26. 9. 44   AA   18028
Übermittlung einer Agenturmeldung über eine gemeinsame Botschaft Roosevelts und Churchills an den Papst.
W   202 02130 (16/24 – 37)

26. 9. 44   OKW, GL R. Wagner, GL Bürckel u. a.   18029
Durch Bormann mit Erläuterungen für die Gauleiter im Westen Übersendung einer Verfügung des OKW: Auf Befehl Hitlers Ausbau der Luftverteidigungszone West für den Erdkampf; Leitung: Gen. d. Flg. Kitzinger.
W/H   521 00015 – 19 (9)

[26. 9. 44]   (GL Lauterbacher)   18030
Absicht, wegen der „einer Sabotage gleichkommenden" 'Verfügung des Reichspostministers über die Notdienstverpflichtung vom 8. 8. 44 an die PKzl. heranzutreten.
W   114 00019 (7)

26. 9. – 24. 12. 44   RJM, RMfdbO, RKzl., RMdI u. a.   18031
Durch den Reichsjustizminister Übersendung von zwei Verordnungsentwürfen zur Regelung der bürgerlichen Rechtsverhältnisse und des Personenstandes der im Reich eingesetzten Angehörigen der Ostvölker: Gleichstellung mit Staatenlosen, Eheschließung und Ehescheidung, und anderes. Verwahrung des Reichsostministers gegen die Art seiner Beteiligung sowie Bedenken gegen die vorgesehenen Eheschließungen von Ostarbeitern vor deutschen Standesbeamten – statt dessen Verwendung landeseigener rechtskundiger Kräfte vorgeschlagen (Ablehnung dieses Vorschlags durch alle Beteiligten). Nach mündlicher Erörterung der Entwürfe grundsätzliche Zustimmung der PKzl. zu den Neufassungen, jedoch Bitte um Änderung und Präzisierung in sieben Fällen; Wunsch, an den Vorbereitungen für die Errichtung besonderer Standesämter beteiligt zu werden.
K/H   101 12688 – 711 (695 a)

27. 9. 44   GL   18032
Mitteilung Bormanns: Demnächst Einberufung der zur Ableistung des aktiven Wehrdienstes heranzuziehenden Abteilungen des Reichsarbeitsdienstes (RAD), auch der beim Stellungsbau eingesetzten RAD-Männer; Ersatzgestellung geplant.
W   521 00063 (24)

27. 9. – 3. 10. 44   Goebbels, Lammers   18033
Zwecks Freistellung von 100 000 kriegsverwendungsfähigen Soldaten der Luftwaffe Übernahme aller Scheinwerferbatterien durch 20 000 Arbeitsmaiden und 80 000 einzuberufende, dem kriegswichtigen Arbeitseinsatz zu entziehende Frauen mit früherer RAD-Dienstzeit: Seitens Bormanns Zurückstellung von Bedenken unter Voraussetzung der Zustimmung Speers. Bei der vom Reichsbevollmächtigten für den totalen Kriegseinsatz geplanten Errichtung eines weiblichen Wehrhilfsdienstes nach Meinung B.s die Beteiligung von Reichskanzlei, PKzl. u. a. empfehlenswert.
K   101 11085 – 91 (666 c)

27. 9. – 2. 11. 44   Lammers, RL, GL, VerbF, Oberste RBeh. – 2   18034
Durch StSekr. Klopfer an Lammers Übersendung von neun Anordnungen und Rundschreiben Bormanns als Ausführungsbestimmungen zum Führererlaß über die Bildung des Deutschen Volkssturms: Führung, Gliederung, Organisation, Ausrüstung und Ausbildung; Bildung eines für alle Volkssturmbelange zuständigen Arbeitsstabes in der PKzl.; durch die Gauleiter und Kreisleiter Bestimmung von Gehilfen mit den Bezeichnungen Gau- bzw. Kreisstabsführer; keine Einsetzung eines Federführenden

Reichsverteidigungskommissars in den mehrere Gaue umfassenden Wehrkreisen (der Volkssturm Parteisache); Weisungsbefugnisse; Ausbildung der Angehörigen der Jahrgänge 1925−1928; keine Aufstellung eigener Volkssturmeinheiten durch Organisationen oder Personengruppen; Kennzeichnung der Volkssturmangehörigen als Kombattanten; Beauftragung der für den Stellungsbau verantwortlichen Gauleiter mit der Instandhaltung und Sicherung der noch nicht besetzten Stellungen; Appell an die Gauleiter („höchste Bewährung" gefordert). Durch L. Bekanntgabe der Anordnungen und Rundschreiben an die Obersten Reichsbehörden.
K/W/H   101 12351−72 (692 a); 521 00053−56 (15)

27. 9. 44−16. 1. 45   RMfWEuV   18034 a
Durch die PKzl. Ablehnung der Ernennung des Doz. Georg Hinsche (Halle) zum außerplanmäßigen Professor wegen der Haltung H.s gegenüber dem NS (früherer Marxist, ohne bislang Anschluß an die Bewegung gefunden zu haben).
W/H   301 00431 f. (Hinsche)

28. 9. 44   GL−39   18035
Anordnung Bormanns über die einheitliche Regelung der Ablösung der im Stellungsbau eingesetzten Kräfte: Mindestdauer des Einsatzes deutscher Arbeitskräfte sechs Wochen, Ablösung in Wellen; in der Regel keine Ablösung „fremdvölkischer" Arbeiter; Beantragung zusätzlicher Kräfte durch die mit Stellungsbauten beauftragten Gaue nur bei den ihnen zugewiesenen „Arbeitsgauen"; u. a.
W/H   521 00047−52 (14)

28. 9. 44   Chef Sipo, RMdI, RVK   18036
In einer Sitzung des Arbeitskreises zur Erörterung sicherheitspolizeilicher Fragen des Ausländereinsatzes vorbesprochene Anordnung der Reichsverteidigungskommissare zur Sicherung der Disziplin und Leistung der ausländischen Arbeiter (sorgfältige Beobachtung der stimmungsmäßigen Entwicklung, Verstärkung der Propaganda und Abwehrmaßnahmen in den Betrieben).
W   112 00142−47 (166)

28. 9. 44   ParteiDSt.   18037
Rundschreiben 289/44 der PKzl. über vom Heerespersonalamt bzw. vom OKH angeordnete oder im Einvernehmen mit der PKzl. in Kürze anzuordnende Maßnahmen zur restlosen Erfassung aller Kräfte im Heer für Führereigenschaften: Ausdehnung des Kreises der unter die Förderungsbestimmungen fallenden Politischen Leiter und Gliederungsführer; Einrichtung von Fahnenjunker-Lehrgängen für Versehrte; Teilnahme aller geeigneten Soldaten an Fahnenjunker-Lehrgängen. Entsprechende Maßnahmen auf Veranlassung der PKzl. auch von Luftwaffe, Marine und Waffen-SS geplant oder bereits angeordnet.
W/H   145 00021 f. (29)

28.−29. 9. 44   Rosenberg, Hohe Schule   18038
Bericht über eine Besprechung Friedrichs' (PKzl.) mit den BerL Utikal und Wagner der Dienststelle Rosenberg (DSt.): Nach Herstellung „vollen Einverständnisses" zwischen F. und Rosenberg über die Grundsätze der Arbeit Aufruf F.' zur Zusammenarbeit auch der „beiderseitigen Mitarbeiter"; nach seiner Auffassung die Schwierigkeiten bedingt einerseits durch den häufigen Mitarbeiterwechsel bei der PKzl., andererseits durch Engherzigkeit und Nicht-Einhalten von Vereinbarungen durch die DSt.; Erörterung der Wehrmachtschulung als Beispiel stillzulegender und weiterzuführender Aufgaben sowie der zu verbessernden Zusammenarbeit; die Absicht der Einrichtung eines Verbindungsführers der DSt. zur PKzl. von F. nur mit Einschränkungen gutgeheißen.
W/H   145 00055 f. (52)

28. 9.−2. 10. 44   RBfdtK, RKzl.   18039
Vom Reichsbevollmächtigten für den totalen Kriegseinsatz eine völlige Auflösung des Deutschen Gemeindetages als unzweckmäßig erachtet (Hinweis auf dessen zusätzliche Aufgaben der Verwaltung bestimmter kriegswirtschaftlicher Kontingente), jedoch eine Einschränkung des Personals (von 309 auf 130) vorgesehen; Bitte um Zustimmung. Zustimmung der Reichskanzlei.
M/H   101 07193−96 (577 a)

[28. 9.]−13. 10. 44   RFSS   18040
Nicht abgesandte Entwürfe von Mitteilungen an Bormann über die Zwieseler Vorfälle (negative stimmungsmäßige Auswirkungen eines nächtlichen Trinkgelages des GL Wächtler im Anschluß an einen Kriegskreistag) aufgrund vertraulicher Untersuchungen des Höheren SS- und Polizei-Führers Main, SS-

Ogruf. Harster. Handschriftlicher Vermerk des SS-Staf. Brandt über ein Gespräch zwischen Himmler und Bormann in dieser Sache.
K   102 01151/1 – 14 (2163)

29. 9. 44   RBfdtK, RMfWEuV   18041
Übersendung des Entwurfs eines Erlasses über die Beendigung des Landjahrs 1944 spätestens am 30. 11. unter Belegung der stillgelegten Landjahrlager mit Lehrerbildungsanstalten (ausgenommen – wegen ihrer Mitarbeit an der Festigung des deutschen Volkstums – die Lager der Ostgebiete und des Sudetenlandes).
H   101 06184 – 89/2 (520 b)

30. 9. 44   OKW u. a. – 36   18042
Übersendung einer Weisung an die Lagerkommandanten, Fälle von Kriegsgefangenenmißhandlung künftig nicht mehr dem Reichstreuhänder der Arbeit, sondern der zuständigen Kriminalpolizeistelle zu melden (abgesehen von schweren Fällen Ahndung durch Polizeistrafen ohne „unnötige" Belastung der Gerichte).
W/H   108 00742 f. (1820)

30. 9. 44   GL Pommern   18043
Bestimmung des SS-Brif. Paul Eckhardt zum Gehilfen des GL Schwede-Coburg bei der Aufstellung und Führung des Volkssturms in Pommern.
M/W   306 00286 (Eckhardt)

30. 9. 44   GL Greiser   18044
Benennung des SS-Gruf. Heinz Reinefarth als sein Gehilfe bei der Aufstellung des Deutschen Volkssturms; Hinweis auf die Verdienste R.s bei der Niederschlagung des Warschauer Aufstands.
M   306 00798 (Reinefarth)

[30. 9. 44]   RFSS   18045
Himmler von Bormann zugeleitete Niederschrift über „Partei und Wehrmacht im Generalgouvernement und ihre Führungsaufgaben": Kritik an der „Etappe Generalgouvernement", insbesondere an den Verhältnissen in Warschau; Notwendigkeit einer spartanischen Lebenshaltung besonders der „führenden Stellen" unter Verzicht auf jede Repräsentation; Forderung von Maßnahmen gegen den Alkoholmißbrauch; Mißbilligung der hemmungslosen sexuellen Freiheit; Verstärkung der wehrgeistigen Betreuung, insbesondere der weltanschaulichen Schulung der Offiziere.
K/H   102 01498 – 506 (2664)

30. 9. – 4. 10. 44   Lammers   18046
Beauftragung des Stv. GL Stöhr mit der Wahrnehmung der Geschäfte des Reichsstatthalters in der Westmark und des Reichsverteidigungskommissars im Reichsverteidigungsbezirk Westmark sowie mit der Führung der Verwaltung als Chef der Zivilverwaltung in Lothringen als Nachfolger des verstorbenen GL Bürckel: Ausfertigung und Unterzeichnung der erforderlichen Urkunden.
H   101 25001 – 05 (1390 g)

30. 9. – 5. 10. 44   GL Westmark – 39/1   18047
Besprechung über den Stellungsbau in der Westmark: Überprüfung des Kräfteeinsatzes und Kräfteausgleich innerhalb des gesamten Stellungsbaus; Neuzuführung von Kräften aus Lothringen, dem übrigen Gaugebiet sowie aus anderen Gauen; Festlegung einer Dringlichkeitsfolge; Schwierigkeiten – etwa mit der I.G. (Farben) und Kommerzienrat Röchling – bei der Bereitstellung von Arbeitskräften des betrieblichen Arbeitseinsatzes.
W/H   521 00024 – 28 (10)

1. – 10. 10. 44   RBfdtK, GL, RL, VerbF, Speer   18048
Scharfe Reaktion Speers auf ein mit dem Reichsbevollmächtigten für den totalen Kriegseinsatz abgestimmtes Rundschreiben Bormanns an die Gauleiter usw. über das laut B. unbefriedigende Ausmaß (12 %) der Übernahme nach der 2. und 3. Meldepflichtverordnung freigesetzter Kräfte durch die Rüstungsindustrie sowie über Abhilfevorschläge (u. a. bindende Auflagen für die Betriebe, freigesetzte Kräfte zu übernehmen zur Einarbeitung als Ersatz für die bis Jahresende und bis auf wenige Schlüsselkräfte abzugebenden voll und bedingt kriegsverwendungsfähigen Männer der Jahrgänge 1906 und jünger; Stop der Aktion unter jederzeit widerruflicher Freigabe bereits erfaßter Kräfte ohne Einsatzmöglich-

keit): Die Einmischung der PKzl. in Rüstungsangelegenheiten ohne vorherige Fühlungnahme „untragbar"; nicht zwölf, sondern 48 % der Meldepflichtigen erfaßt; die Entbehrlichkeit der Jahrgänge ab 1906 in erster Linie *seiner* Beurteilung unterliegend; im übrigen falsche Voraussetzungen B.s (die von B. gemachten Vorschläge teils überflüssig, teils bereits angeordnet, teils im Widerspruch zu seiner bisherigen Position – keine Einschaltung der Parteiinstanzen in die Rüstung – stehend).
W/H   108 00293 (1592); 108 00465 – 71 (1615)

1. (2.?) – 10. 10. 44   Speer, GL, RBfdtK   18049
Nach gemeinsamem Vortrag Bormanns und Keitels Entscheidung Hitlers, in größerem Umfang (60 000 statt 40 000) und früher (14. statt frühestens 25. 10.) als von Speer für vertretbar gehalten weitere Kräfte aus der Rüstung für die Einziehung zur Wehrmacht freizugeben. Von S. daraufhin (neben einer eindringlichen Bitte an H. um Überprüfung seiner Entscheidung: Waffen z. Zt. notwendiger als Menschen) B. sein – abweichender – Standpunkt mitgeteilt (Ablehnung jeder Verantwortung für die Folgen der Einziehung bzw. für die Rüstung überhaupt) und auch die Gauleiter unterrichtet und zu Schreiben an B. über die Folgen für die Rüstungsfertigung ihres Gaues aufgefordert. Die Kritik B.s an diesem Vorgehen von S. zurückgewiesen (infolge sich verschiedentlich widersprechender Anordnungen längst Kenntnis der nachgeordneten Instanzen von den Differenzen zwischen den beteiligten Reichsstellen) und mit einer Kritik an seiner Übergehung beim Führervortrag beantwortet. – Wegen der von H. ebenfalls verfügten Nicht-Anrechnung 16 000 von der Luftwaffe abgestellter Rüstungsurlauber (wie auch 5000 uk.-gestellter technischer Studenten) auf seine Quote Ankündigung S.s, sich mit Göring in Verbindung zu setzen (und entsprechendes Schreiben an G.).
W/H   108 00122 – 27 (1527); 108 00452 – 61, 463 f. (1615); 108 00553, 558 (1740); 108 00765 f. (1820)

Nicht belegt.   18050

2. 10. – 12. 12. 44   AA, Dt. GenKons. Barcelona u. a.   18051
Aus außenpolitischen Gründen grundsätzliche Zustimmung der PKzl. zu einem Antrag des Rektors der deutschen katholischen Gemeinde in Barcelona auf Genehmigung einer Devisenüberweisung für den Bau einer katholischen Kapelle, jedoch Empfehlung, das Projekt in Anbetracht der Devisenschwierigkeiten und der erforderlichen Konzentration aller Kräfte auf die Kriegführung zurückzustellen.
W   202 01835 – 37/7 (14/1 – 12)

3. 10. 44   ParteiDSt.   18052
Aufforderung Bormanns an die Parteidienststellen zur Beobachtung eventueller feindlicher Rundfunkmeldungen auf den Wellen deutscher Sender (dies aber keine Berechtigung zum Abhören von Feindsendern).
W   145 00023 f. (29)

[3. 10. 44]   Speer   18053
Laut Bormann Hitler von der Haltlosigkeit der gegen StR Schieber erhobenen Anschuldigungen noch nicht durch Himmler unterrichtet; Bitte, dies bald nachzuholen. (Vgl. Nr. 17664.)
W/H   108 00266 (1583); 108 00531 (1631)

[3. 10. 44]   RBfdtK   18054
Pressekommuniqué über vom Leiter der PKzl. angeordnete Vereinfachungen und Einschränkungen im Bereich der Partei: Künftig keine Ernennungen und Beförderungen, keine Verleihungen von Partei-Dienstauszeichnungen und -Sportabzeichen, Einschränkung der Schulungsarbeit, Einstellung parteiamtlicher Zeitschriften sowie jeglicher Forschungs- und Planungsarbeit, Reduzierung der Sammeltätigkeit und Vereinfachung der Beitragszahlungen – auch bei NSV und WHW, Stillegungen bei der DAF, keine Austragung von Sportwettkämpfen etc.; dadurch weitere Abgaben von Parteimitarbeitern für Front und Rüstung; äußerste Konzentration der Parteiarbeit insbesondere auf während des Krieges zusätzlich übernommene Aufgaben wie Kinderlandverschickung, Hilfsmaßnahmen nach Luftangriffen, ziviler Luftschutz, Betreuung von Rückwanderern, Stellungsbau u. a.; Zuständigkeit des Leiters der PKzl. für die Entscheidung über die Kriegswichtigkeit von Tagungen im Parteibereich.
K/H   101 11059/1 – 071 (666 b)

4. 10. 44   Goebbels, Lammers   18055
Keine Bedenken Bormanns gegen den Plan des Reichsbevollmächtigten für den totalen Kriegseinsatz,

die Generalgouvernements-Verwaltung durch eine besondere Kommission überprüfen zu lassen; ein Vertreter der PKzl. dabei jedoch nicht erforderlich; Bitte um Mitteilung des Prüfungsergebnisses.
A   101 10994 (666 a); 101 23942 f. (1342)

[4.] – 17. 10. 44   Ley, Stv. RB f. Eisen u. Metalle, RMfRuK   18056
Die von Ley Hitler gegenüber behauptete angebliche Existenz von Nickel- und anderen wichtigen Erzvorkommen in Sachsen laut Rüstungsministerium eine Fehlinformation. (Informierung der PKzl. über den darauf bezüglichen Schriftwechsel.)
W   108 00046/11 – 23 (1459); 108 00285/10 f. (1588)

5. 10. 44   RMfRuK u. a.   18057
Übersendung eines Erlasses über Kriegsheimarbeit: Einschaltung auch des Handwerks; im Einvernehmen mit der PKzl. Erweiterung der Arbeitsgruppen für Kriegsheimarbeit um den Vertreter des Gauwirtschaftsberaters; u. a.
W   108 00581 ff. (1763); 108 00727 ff. (1818)

5. 10. 44   OKW u. a.   18058
Übersendung einer im Einvernehmen u. a. mit der PKzl. ergehenden Verfügung über die Freizeitgestaltung der Kriegsgefangenen: Ziel die Steigerung der Arbeitsleistung und eine verstärkte propagandistische Einwirkung; keine Besserstellung gegenüber den jetzt in ihrer Freizeitgestaltung stark eingeschränkten Volksgenossen (Aufklärung der Bevölkerung über die Notwendigkeit gewisser Freizeitmaßnahmen durch die PKzl. und die Propagandadienststellen); Einzelmaßnahmen (Spaziergänge, Filme u. a.).
W/H   108 00738 – 41 (1820)

5. 10. 44   Speer   18059
Bericht über eine Reise in die Westgebiete (26. 9. – 1. 10.) und über dabei beobachtete Probleme: Fehlen einer einheitlichen Befehlsgewalt der Kampfkommandeure in den jeweiligen Abschnitten; Einsatz älterer, frontunerfahrener Offiziere; der Zustand des Westwalls; artilleristischer Einsatz von Panzern; ausgezeichneter Eindruck der im Luftlandekessel Arnheim erbeuteten englischen Pak-Geschütze; Erfolge der 2-cm-Flak bei den Luftlandungen (eine entsprechende ausreichende Bewaffnung des Führerhauptquartiers zum Schutz gegen Luftlandungen vordringlich); besorgniserregende Bedrohung des links- und rechtsrheinischen Industriegebiets; Erfahrungen mit verschiedenen Waffen (Maschinenpistole, eigene und feindliche Panzer); und anderes. Fazit: Eine ausreichende Rüstungsproduktion wichtiger als die Gestellung von Soldaten aus der Rüstungsindustrie. (Übermittlung an Bormann fraglich.)
W/H   108 00179 – 205 (1540)

5. 10. 44   Lammers   18060
Gemäß der Forderung Hitlers, Annahme, Weitergabe und Aufbewahrung anglo-amerikanischen Besatzungsgeldes zu verbieten und unter Strafe zu stellen, und seiner Weisung, ihm sofort einen entsprechenden Verordnungsentwurf vorzulegen, Übersendung eines solchen Textes zur Vorlage bei H.; dazu Mitteilung des Vorschlags Funks, in Anbetracht der sich aus dem Rechtscharakter und der wirtschaftlichen Bedeutung des Besatzungsgeldes ergebenden Problematik zunächst eine Pressenotiz herauszugeben, um die Besatzungszahlungsmittel zu diskriminieren und so ihren weiteren Umlauf zu verhindern, sowie Hinweis auf das Dilemma der Bevölkerung, insbesondere der Gewerbetreibenden, nach Erlaß einer Verbotsverordnung: Die Aufhebung der deutschen Verordnung durch eine militärische Verordnung des Gegners zu erwarten sowie die Bestrafung der Bevölkerung bei Nichtannahme des Besatzungsgeldes, außerdem drohender Zahlungsmittelmangel und wegen der von der Besatzungsarmee vorgenommenen Abwertung der Reichsmark (auf 25 Reichspfennig) steigende Preise; Bitte an Bormann, diese Bedenken H. vorzutragen und seine Entscheidung über den beigefügten Erlaßentwurf umgehend mitzuteilen.
K/H   101 12475 – 82 (692 c)

[5. 10. 44]   RK Terboven   18061
Informationen des SS-Ogruf. Berger für Himmler: Durch RK Terboven Übersendung einer Denkschrift über einen Friedensschluß mit Norwegen an Bormann anläßlich des bevorstehenden Besuchs Quislings bei Hitler (darin angeblich – entsprechend dem Plan Qu.s – die Umwandlung des Reichskommissariats in das Amt eines Reichsbevollmächtigten mit Weisungsrecht in allen politischen und wirtschaftlichen Fragen vorgeschlagen); angeblich Anweisung T.s durch Bormann, an der von Hitler befohlenen Linie festzuhalten, nämlich sich in allen wichtigen Fragen mit Qu. abzustimmen.
K/W   102 01139 f. (2135)

6. 10. 44   Speer   18062
Scharfe Zurückweisung eines Angriffs des GL Hildebrandt auf den Rüstungsinspekteur VAdm. Packross wegen des Einspruchs P.' gegen eine Einberufung ohne Unterrichtung der Rüstungsdienststellen.
W   108 00302 (1594); 108 00462 (1615)

7. 10. 44   Himmler   18063
Durch Bormann Übersendung des „lesenswerten" 'Briefes eines seiner Mitarbeiter über die derzeitigen Verhältnisse in Siebenbürgen.
K   102 00016 (34); 102 01666 (2859)

[7. 10. 44]   RFSS   18064
Im Einvernehmen mit Bormann Ernennung des SS-Ogruf. Berger zum Stabsführer des Deutschen Volkssturms.
M   306 00050 (Berger)

7.–30. 10. 44   RJM, RKzl., RMfEuL   18065
Vorschlag des Reichsjustizministers, im Rahmen des totalen Kriegseinsatzes Anmeldungen von Warenzeichen (bisher schon eingeschränkt) künftig überhaupt nicht mehr anzunehmen. Ausnahme für Inländer auf Wunsch des Reichsernährungsministers: Eintragung der Sortennamen von Neuzüchtungen wegen des nur so zu erlangenden internationalen Namensschutzes.
H   101 28718 – 24 (1559)

9. 10. 44   RMfEuL   18066
Übersendung von Runderlassen über die 23. Änderung des Verzeichnisses der Kulturämter und ihrer Geschäftsbezirke sowie über die 14. Änderung der Bekanntmachung über die Umlegungs- und Siedlungsbehörden und ihre Dienstbezirke; dabei kriegsbedingte Beschränkung auf die durch die Provinzaufgliederungen zwangsläufigen Änderungen in den Geschäftsbezirken der Kulturämter, Durchführung weiterer Änderungen erst in Friedenszeiten.
M   101 02145 ff. (202 a)

10. – 16. 10. 44   GL Lauterbacher, RFSS   18067
Meldung des GL Lauterbacher: Nach Luftangriffen auf die Transportwege (Bahn- und Kanalverkehr) von der für seinen Gau vorgesehenen Wochenlieferung von ca. 60 000 t Ruhrkohle (Oktoberplan) nur 2200 t eingetroffen; durch ausgefallene rheinische Braunkohle (bis 1. 10. 44 etwa 240 000 t weniger als im Vorjahr) ebenfalls Mangel an Hausbrand; der Kohlebedarf der Bäckereien bei gesteigerten Anforderungen an die Brotversorgung (Aufnahme von 190 000 Luftkriegsbetroffenen im Gau) nur durch „außerordentlich scharfe Eingriffe" zu ermöglichen; Auswirkungen des Kohlemangels auf die Zuckerkampagne und auf das Trocknungsverfahren der Konservenfabriken (Rübenblätter, Kartoffeln) zu befürchten; Einschränkung der Roheisen- und Rohstahlerzeugung bei der Ilseder Hütte und angespannte Lage auch beim Kraftwerk der Hermann-Göring-Werke und beim Groß-Kraftwerk Herrenhausen mit entsprechenden Folgen für die Gas- und Stromversorgung des Gaues, aber auch Berlins, Kassels und Magdeburgs; die Kohlelieferungen aus Oberschlesien nicht ausreichend, um die Stillegung großer Industriezweige zu verhindern oder zumindest eine schwere Verbrauchsbeschränkung (z. B. Reduzierung der Kali-Industrie auf ein Drittel ihres normalen Kohlenverbrauchs); selbst in der Rüstungsindustrie der Kohlenverbrauch auf Werke mit der Dringlichkeitsstufe 1 beschränkt und auch diese Belieferung erheblich gefährdet; Bitte, die drohenden Störungen im Gau durch „bessere Verteilung des Ausfalls auf breitere Schultern" zu vermeiden. Durch Bormann Informierung Hitlers und Himmlers.
K/H   102 00011 – 16 (34)

10. – 21. 10. 44   RFM, RKzl.   18068
Einverständnis Bormanns mit der Schaffung von acht Planstellen für die Staatserziehungsanstalt Rebdorf b. Eichstätt.
A   101 09761 – 64 (656 a)

10. – 30. 10. 44   RMfWEuV, DienststrafK Berlin   18069
Anfrage der PKzl. an das Reichserziehungsministerium nach den Gründen der 1933 erfolgten Entlassung des Theologieprofessors Günther Dehn aus dem Staatsdienst. Als Antwort Übersendung des Urteils der Dienststrafkammer Berlin vom 15. 7. 43 im Dienststrafverfahren gegen D.: November 1933 Versetzung in den Ruhestand nach § 4 BBG, im Juli 1943 zur Aberkennung des Ruhegehalts verurteilt wegen seiner Prüfungstätigkeit in dem nach dem Verbot der Lehr-, Studenten- und Prüfungsämter der

Bekennenden Kirche vom 29. 8. 37 illegal als „Bruderrat der Bekennenden Kirche Berlin-Brandenburg, Abteilung Kandidaten" fortgeführten ehemaligen „Theologischen Prüfungsamt der Bekennenden Kirche Berlin-Brandenburg".
H   301 00232 – 40 (Dehn)

11. 10. 44   Ohnesorge   18070
Bitte um Zustimmung zu dem Entwurf eines Führererlasses über die Beauftragung des Reichspostministers (RPM) mit der Zusammenfassung und dem einheitlichen Einsatz aller Fernmeldeanlagen (der Hintergrund die Benutzung des Wehrmachtnetzes durch die Verschwörer des 20. Juli); Verwahrung gegen Eingriffe der (nach dem Verlust der besetzten Gebiete überbesetzten) Nachrichtentruppe in den Aufgabenbereich des RPM (z. B. Angebot der Überprüfung des Fernschreibnetzes der PKzl.).
W   107 00435 – 40 (199)

11. 10. 44   GL – 39/2, 39/3   18071
Mitteilung des Beauftragten des Leiters der PKzl. beim OB West (BW): Aufnahme der Tätigkeit als Verbindungsmann zum Oberkommando Festungsbereich West durch DL Ruberg (R. gleichzeitig ständiger Vertreter des BW auf dem Gesamtarbeitsgebiet des Stellungsbaus); ständiger Vertreter R.s HGemL Paul Thum.
W   521 00004 (3)

[11. 10. 44]   HSchulungsA   18072
*Vermerk der PKzl. über starke Klagen gegen die Organisation Todt auf einer Tagung der NS-Führungsoffiziere.
W   108 00265 (1582)

[11. 10. 44]   GL Westmark   18073
Entscheidung Bormanns über die Entlassung bzw. Ablösung von Arbeitskräften aus dem Stellungsbau (weibliche Arbeitskräfte aus dem Volksaufgebot, HJ u. a.).
W   521 00067 f. (25)

11. 10. – 7. 11. 44   GBV, RMfEuL, RJM   18074
Erörterung des Entwurfs einer Verordnung zur Vereinfachung des Genehmigungsverfahrens im Verkehr mit land- oder forstwirtschaftlichen Grundstücken im Kriege (Vetorecht des Kreisbauernführers bei der Bejahung der Kriegsdringlichkeit durch die Genehmigungsbehörde, u. a.); dabei Hinweis des Generalbevollmächtigten für die Reichsverwaltung auf einen beabsichtigten allgemeinen Runderlaß (Entwurf beigefügt) über den Stop aller verwaltungsbehördlichen Vorverfahren und mit der Feststellung allgemeiner Gesichtspunkte für eine einheitliche Beurteilung der Kriegsdringlichkeit.
H   101 08743 – 48/2 (644 a)

12. 10. 44   DSt. Rosenberg   18075
Besprechung mit der PKzl. über einzelne schrifttumspolitische Vorgänge; dabei scharfe Kritik der PKzl. an der Abteilung Schrifttum des Reichspropagandaministeriums; Zurückhaltung der PKzl.-Vertreter bei Fragen nach der kürzlich ohne Heranziehung der Dienststelle Rosenberg (DSt.) abgehaltenen Tagung der völkischen Dichter („äußerst intern und in kleinstem Kreise"); unterschiedliche Beurteilung der völkischen Schriftstellerin Edith Mikeleitis und ihrer Bücher; Eindruck des DSt.-Vertreters: In der „schrifttumspolitischen Arbeit" auf den weltanschaulichen Aspekt verengter „Blickpunkt" der PKzl.; das Gespräch zwar kameradschaftlich, jedoch – wie schon häufig – einseitig (ständiges Ausfragen durch die PKzl.-Vertreter).
W/H   145 00045 f. (52)

12. 10. 44   AA   18076
Übersendung eines *Verzeichnisses der während des Krieges von 1939 bis 1944 zerstörten oder beschädigten Räume der Heilsarmee.
H   202 00128 (2/13 – 24)

12. – 25. 10. 44   AA   18077
Keine Bedenken der PKzl. gegen die Erteilung einer Devisengenehmigung für die Zahlung von Beihilfen an Pater Hahn und Pater Sieber (beide Preßburg) durch den Reichsverband für das katholische Deutschtum im Ausland.
W   202 01820 f. (13/14 – 16 + 20/12)

[12.–29.10.44]   RMfRuK   18078
Laut Mitteilung der PKzl. die Belassung des Rechts zum Tragen der Uniform für den (nach Drängen des GL Sauckel auf eine endgültige Regelung) von Hitler als Gauhauptamtsleiter a.D.-gestellten und als Gauwirtschaftsberater Thüringen abberufenen StR Schieber im Fall der Beantragung einer Stellung z. V. durchaus möglich gewesen; die Nichtberechtigung zum Tragen der Uniform jedoch nicht gleichbedeutend mit einer Nichtanerkennung der geleisteten Arbeit, sondern automatische Folge des Ausscheidens aus der Parteidienststellung. (Vgl. Nr. 18053.)
W/H   108 00317 f. (1597); 108 00532 (1631)

12.10.–8.11.44   RFSS, Thierack   18079
Bitte des Reichsführers-SS als Reichskommissar für die Festigung deutschen Volkstums (RKF) um Zustimmung zum Entwurf eines Führererlasses „über die Behandlung des Vermögens der Verbrecher vom 20. Juli 1944" (Einziehung zugunsten des Großdeutschen Reiches, vertreten durch den RKF; Verwendung ausschließlich für Kriegsteilnehmer und deren Hinterbliebene; Regelung der vorläufigen Verwaltung durch den RKF). Bedenken des Reichsjustizministers gegen diesen Entwurf: Forderung der Berücksichtigung der Ansprüche Dritter und der von Hitler angeordneten „großzügigen Versorgung" der Hinterbliebenen; Vorschlag, lediglich den nichtstädtischen Grundbesitz aus dem eingezogenen Vermögen dem RKF zur Errichtung von Bauernstellen zur Verfügung zu stellen. Zustimmung Himmlers.
K/H   102 01046–49 (1943); 102 01146–51 (2160)

12.10.44–14.1.45   AA   18080
Versuche einer „Aktivierung der Balkanorthodoxie" mit Hilfe geflüchteter oder nach Deutschland verbrachter Geistlicher: Keine Bedenken der PKzl. gegen – auf einen Vorschlag des sich in Wien aufhaltenden rumänischen Metropoliten Vissarion zurückgehende – Pläne, unter Errichtung einer mit der Exilregierung Horia Sima verbundenen rumänisch-orthodoxen Auslandseparchie V. selbst (zunächst mit einer Gegenerklärung zu der prosowjetischen Erklärung des rumänischen Patriarchen Nikodem) sowie weitere im Reich befindliche rumänische Geistliche (u. a. Entsendung nach Rumänien zur Organisierung einer christlich motivierten Widerstandsorganisation) im Kampf gegen die Sowjetunion einzusetzen. In Verfolg der Pläne Besprechungen im Auswärtigen Amt (aus Terminründen keine Beteiligung der PKzl., jedoch vorherige Abstimmung mit StSekr. Klopfer) und in Wien. Bitte an die PKzl. um Stellungnahme zu den Ergebnissen dieser Besprechungen (Einberufung einer Versammlung orthodoxer Geistlicher; Ausdehnung der Aktion auf den gesamten Balkan, zunächst vor allem auf Serbien unter Einsatz des bisher in Ehrenhaft befindlichen, noch „gleichzuschaltenden" Patriarchen Gawrilo mit entsprechender Attachierung an die serbische Neditsch-Exilregierung); Hinweis auf die innerdeutschen Konsequenzen des ganzen Programms: Freie religiöse Betätigung der entsprechenden Zwangsarbeiter und Flüchtlinge.
W/H   202 01493–538 (11/3–17+20/9)

13.10.44   DSt. Rosenberg   18081
Besprechung mit der PKzl. (Friedrichs) über den Volkssturm (F.: „Kein Ort, sich weltanschaulich auszutoben", jedoch Vorschläge für Fahneneid und „Kampfsätze" erbeten), über das weitere Erscheinen der Zeitschriften „Idee und Tat" und „NS-Monatshefte" sowie über die Tätigkeit von Ämtern usw. der Dienststelle Rosenberg (DSt.), meist unter Erörterung der Möglichkeit von Stillegungen (Schule Dahlem, Amt Wehrmachtschulung, Kunstpflege, Kulturpolitisches Archiv, Hauptamt Wissenschaft, Volkskunde und Feiergestaltung, Hohe Schule, Überstaatliche Mächte); für das Hauptamt Schrifttum Rat F.', „schärfstens einzusparen und nicht zu sehr aufzufallen"; die Berufung der DSt. auf die Weiterarbeit der Parteiamtlichen Prüfungskommission von F. nicht akzeptiert (bei Drängen auf eine Befragung Hitlers dessen Entscheidung für Bouhler wahrscheinlich); Eindruck des Vertreters der DSt.: Deutliche Bereitschaft F.', auf die Wünsche der DSt. Rücksicht zu nehmen, jedoch wenig Optimismus hinsichtlich der Stellungnahme Bormanns.
W/H   145 00047–54 (52)

[13.10.44]   OKW   18082
Um eine weitere Belastung der Reichsbahn und die zusätzliche Belegung der dortigen Unterkünfte zu verhindern, Forderung Bormanns nach einem Besuchsverbot für Angehörige der „im Zuge der Frontverkürzung im Westen eingesetzten Soldaten".
K/H   101 11777 f. (682)

13.–17.10.44   Backe, GFM v. Manstein   18082 a
Mitteilung Bormanns an Backe über Hitlers Wunsch, GFM v. Manstein bei der „Suche nach einem pas-

senden Grundbesitz" behilflich zu sein; dabei offenbar auch Nachfrage nach dem Stand der Grunderwerbs-Angelegenheit Gen. Ramcke. Die Antwort Backes: M. um Angabe der gewünschten Art und Gegend gebeten unter Empfehlung des Kaufs eines Waldgutes, von R. eine bisher an den nach dem 20. Juli verhafteten Gutsbesitzer Wentzel-Teutschenthal verpachtete Domäne „ausgesucht".
H   102 00505 ff. (909)

14. – 18. 10. 44   GL Sprenger u. a.   18083
Zustimmung Bormanns zu einer Absprache zwischen den beteiligten Gauleitern über den Einsatz von Arbeitskräften des Gaues Hessen-Nassau beim Stellungsbau in den Gauen Westmark und Moselland.
W   521 00041 ff. (14); 521 00064 (25)

14. 10. – 1. 11. 44   RMfEuL, RBfdtK   18084
Durch den Reichsernährungsminister als Besprechungsvorlage Übersendung einer Aufzeichnung über eine Vereinfachung der landwirtschaftlichen Verwaltung in den Ländern Bayern, Baden und Württemberg: Absicht, durch eine Änderung der Verwaltung (im Gegensatz zum übrigen Altreichsgebiet bisher Wahrnehmung bestimmter Aufgaben der Landwirtschaftsförderung in diesen Ländern durch die staatliche landwirtschaftliche Verwaltung und nicht durch den Reichsnährstand) das Nebeneinander von staatlicher und ständischer Verwaltung zu beseitigen und dadurch jüngere Beamte und Angestellte für Wehrmacht und Rüstung freizumachen; die Übernahme der Aufgaben der Landwirtschaftsförderung durch die nach dem Reichsnährstandsgesetz zuständigen Landesbauernschaften auch im Interesse der Ernährungssicherung von außerordentlicher Bedeutung; Vorschläge zur Durchführung dieser Maßnahme vorzunehmender Stillegungen usw. Nach der Besprechung Übersendung einer Neufassung der Aufzeichnung.
M   101 02148 – 65 (202 a)

15. 10. 44   GL   18085
Durch Bormann Übersendung von Richtlinien für technische Maßnahmen zur Durchführung von Stellungsbauten (Möglichkeiten der Holzeinsparung, bevorzugte Ausführung des Zwei-Mann-Bunkers, Tarnmaßnahmen u. a.).
W   521 00029 – 35 (10)

15. – 28. 10. 44   Lammers, RFM, F-SdB Linz   18086
Durch Lammers und Bormann Zurückweisung von Versuchen des „Führer-Sonderbeauftragten für Linz" (Prof. Voß), zuerst bei der PKzl., dann beim Reichsfinanzminister den Erwerb des Schlosses Thürntal bei Fels am Wagram, seit Jahresfrist als „Bergungsort umfangreicher Bestände der Kunstsammlungen des Führers" benutzt, zu betreiben: Das Schloß und überhaupt der Erwerb von Grundstücken nicht zu V.' Aufgabengebiet und Auftrag gehörig. – In diesem Zusammenhang auch Anschneiden der (L.: 1942 bereits geklärten [vgl. Nr. 15881]) Frage nach dem Rechtsträger der Linzer Sammlungen.
H   101 29333/1 – 337 (1653)

15. 10. – 22. 11. 44   Lammers, Hierl, Goebbels – 40   18087
Durch den Generalbevollmächtigten für den Arbeitseinsatz (GBA) und durch die PKzl. Ablehnung von Entwürfen 1) des Reichsarbeitsführers (Verordnung über den Wehrmachteinsatz von 100 000, später 82 000 aktiven und ehemaligen Arbeitsmaiden zur Ablösung von Soldaten der Luftwaffe) und 2) des Reichsbevollmächtigten für den totalen Kriegseinsatz (Führererlaß über den weiblichen Wehrhilfsdienst). Begründung zu 1: Der RAD wegen mangelnder Unterlagen für das Einziehungsverfahren ungeeignet; Musterung, Erfassung und Heranziehung statt nach RAD-Recht effektiver per Dienstverpflichtung durch den GBA und die mit den nötigen Meldekarteien versehenen Arbeitseinsatzbehörden. Begründung zu 2: Warnung vor der Einziehung der Jahrgänge 1914 und jünger zum Wehrhilfsdienst wegen der dazu erforderlichen umfangreichen Meldeorganisation und mit Rücksicht auf die Belange des kriegswichtigen Arbeitseinsatzes sowie auf die stimmungsschädigenden Auswirkungen unter Hinweis auf die Diskrepanz zwischen den tatsächlich von der Wehrmacht benötigten Kräften (300 000 – 500 000) und der Zahl der Wehrhilfsdienstpflichtigen der genannten vierzehn Jahrgänge (8 – 10 Mio.). Nach Dafürhalten Bormanns, Lammers' und Sauckels keine neue Rechtsetzung für den Fraueneinsatz in der Wehrmacht erforderlich, die bestehenden Handhaben für die weiblichen Dienstverpflichteten (Wehrmachthelferinnen) vielmehr auch auf die zum Wehrmachteinsatz zu erfassenden Arbeitsmaiden u. a. anwendbar (Erörterung ebenfalls der Vergütung: Nach Auffassung der PKzl. Bezahlung nach TOA anstelle der vorgeschlagenen RAD-Abfindung mit Zulage). Ergebnis zu 1: Regelung der Rechtsverhältnisse der 82 000 zum Wehrmachteinsatz gekommenen Arbeitsmaiden durch einen Übergangskompromiß zwischen RAD-Recht und Dienstverpflichtungsrecht; zu 2: Verzicht Goebbels' auf eine Weiterverfolgung

des „Gedankens eines Wehrhilfsdienstgesetzes". Ein weiterer Vorschlag G.', die Betreuung der in der Wehrmacht truppenmäßig eingesetzten Frauen dem RAD zu übertragen, von B. ebenfalls abgelehnt: Betreuung und Führung vielmehr wie bisher durch die im Wehrmachteinsatz wie in der weltanschaulichen Ausrichtung erfahrenen Führerinnen der Frauenschaft und des BDM.
K/H   101 11092−135 (666 c)

15. 10. 44−[24. 3. 45]   RFSS   18088
Übergabe eines 'Schreibens des Wehrmachtoberpfarrers Schönberger an Bormann durch Himmler. Später Erwähnung einer Stellungnahme der PKzl. und der PKzl. seinerzeit leider nicht zur Kenntnis gebrachter Angaben des GL Bohle über Sch.; dessen Vorschläge doch wohl diskussionswürdig, daher Anregung eines Gesprächs mit ihm.
W/H   107 00377 f. (197)

16. 10. 44   Speer   18089
Wegen der Gefährdung der wichtigen Vierlings-Flak-Produktion in Wien durch Personalabzüge Bitte, Schirach nochmals auf die von diesem bisher nicht beachtete Anordnung Hitlers hinzuweisen, Arbeitskräfte aus der Rüstung nur in einem die Rüstungsproduktion nicht gefährdenden Ausmaß für Schanzarbeiten abzuziehen.
W/H   108 00472 f. (1615)

[16. 10. 44]   AA   18090
Bitte der PKzl., sich wegen der Erstattung der Kosten für die Beisetzung der Witwe des Malers Prof. Friedrich Stahl „an die Dienststelle des Herrn Reichsministers Dr. Lammers" zu wenden.
H   101 21158 (1242 b)

Nicht belegt.   18091

[17. 10. 44]   Speer   18092
Einverständnis Bormanns mit der Kompetenzverteilung bei der Anordnung der Räumung, Lähmung oder Zerstörung von Betrieben (Anordnung vorsorglicher Räumungen zwar durch Speer, allgemeiner Räumungen aber durch die Reichsverteidigungskommissare mit Weisungsbefugnis gegenüber den Rüstungskommissionen).
W/H   108 00267 f. (1583)

17. 10. 44−15. 1. 45   AA, Ev. Kirche/Kirchl. Außenamt   18093
Auf die Bitte des Auswärtigen Amts (AA) um Stellungnahme zu dem (mit Deutschtumsinteressen begründeten) Antrag des Kirchlichen Außenamts der Evangelischen Kirche auf finanzielle Beihilfen für volksdeutsche evangelische Kirchen auf dem Balkan (in Höhe von insgesamt RM 43 000.−) von der PKzl. zunächst Stellungnahmen des AA und der zuständigen deutschen Auslandsvertretungen erbeten. Nach positiver Stellungnahme des Hauptamts Kultur der Deutschen Partei in der Slowakei Weisung des AA zur Transferierung der erbetenen RM 5000.− an die Deutsche Evangelische Kirche in der Slowakei.
W/H   202 00247−49/3 (3/8−20)

18. 10. 44   AA, Dt. Ges. Zagreb   18094
Übersendung eines Berichts der Deutschen Gesandtschaft in Zagreb über die Woche der katholischen Presse in Kroatien und über Maßnahmen kroatischer Stellen gegen die katholische Presse.
W   202 00928 f. (8/8−20+19/10−11)

18. 10. 44   Speer, Goebbels   18095
Stellungnahme Speers gegen „überhöhte" und „überstürzte" Einziehungen von Transportpersonal zur Wehrmacht wegen der damit verbundenen Gefährdung des Transportwesens; Forderung, Reichsbahn und Binnenschiffahrt von weiteren Einziehungen freizustellen und einen Teil des einberufenen Personals wieder zu entlassen.
W/H   108 00248 f. (1580)

18.−24. 10. 44   Speer, GL R. Wagner u. a.   18096
Antrag Speers, beim Stellungsbau eingesetzte Kräfte der Organisation Todt (OT) zur Wiederinstandsetzung von Verkehrsanlagen abzuziehen. Durch Bormann Betrauung des Sonderbeauftragten Koltermann

mit der Aufgabe, zusammen mit dem Oberbefehlshaber West und den Gauleitern im Westen den Einsatz der OT-Kräfte je nach den örtlichen Verhältnissen abzustimmen.
W   521 00044 ff. (14)

[19. 10. 44]   AA   18097
Einladung zu einer Vollsitzung der Informationsstelle XIII.
W   202 00123 (2/13 – 24)

19. 10. – 3. 11. 44   SSPHA   18097 a
Durch die PKzl. Anforderung und Rücksendung der Personalakte des GAL SS–Brif. Paul Eckhardt (Gauschulungsleiter und Gaugeschäftsführer Pommern). (Vermutlich im Zusammenhang mit Nr. 18043.)
H   306 00287 f. (Eckhardt)

19. 10. – 5. 11. 44   GBV, RKzl., RFM   18098
Zustimmung Bormanns zur Vereinigung der Preußischen Bau- und Finanzdirektion in Berlin mit der Behörde des Regierungspräsidenten der Reichshauptstadt im Zuge der Maßnahmen zur Verwirklichung des totalen Kriegseinsatzes. Seitens des Reichsfinanzministers generelle Zustimmung, Änderungswünsche und Vorschläge zur weiteren Vereinfachung der Verwaltung in Berlin (Überweisung auch bisher vom Polizeipräsidenten wahrgenommener Aufgabengebiete der allgemeinen Verwaltung – wie Medizinalverwaltung, Theaterpolizei, Gewerbepolizei u. a. – in die Zuständigkeit des Regierungspräsidenten).
M/H   101 07185 – 92 (577)

19. 10. – 23. 11. 44   GL Jordan, Speer   18099
Auf ein ihm von Bormann zur Kenntnisnahme übermitteltes *Schreiben des GL Jordan Erklärung der Ursachen des Engpasses in der Pulver- und Sprengstoffproduktion durch Speer: Keine fehlenden Hokosäure-Kapazitäten, sondern Luftkriegsschäden in der Synthese-Stickstoff-Erzeugung; Hinweis auf Abhilfemaßnahmen.
W/H   108 00844 (1956)

19. 10. – 27. 11. 44   RFSS, VoMi   18100
Der PKzl. übersandte Anweisung Himmlers über die „rückgeführten Volksdeutschen aus dem Südosten": Diese nur als „zeitweilig zurückgeführt" geltend (Vorbehalt, sie „zu gegebener Zeit wieder einzusetzen"); „für die Dauer ihres Aufenthalts im Reich" führungsmäßige Verantwortlichkeit der Volksdeutschen Mittelstelle (VoMi) und Betreuung der nicht in geschlossenen Lagern Untergebrachten durch den Volksbund für das Deutschtum im Ausland (VDA). Kritik der PKzl.: Die Betreuung allein Aufgabe der NSDAP, der VDA weder personell noch organisatorisch hierfür geeignet; Ablehnung etwaiger Versuche der Errichtung von Sonderorganisationen für einzelne Volksgruppen sowie der vom VDA in letzter Zeit unternommenen Truppenbetreuung. Dieser Standpunkt der PKzl. von der VoMi abgelehnt unter Hinweis vor allem auf die besonderen Erfordernisse der Betreuung nur zeitweiliger Rücksiedler, auf die bisherige Haltung der PKzl. und auf die reibungslose Praxis. Absicht der PKzl., die Meinungsverschiedenheiten durch eine persönliche Aussprache zwischen Bormann und H. beizulegen.
K/W/H   102 00364 – 69, 374 – 89 (777)

20. 10. 44   RKzl.   18101
Schreiben der PKzl., den Entwurf eines Führererlasses zur Überprüfung der Heimatwehrmacht zwecks Abgabe von kv.-Soldaten an das Feldheer betreffend. (Verweiszettel.)
H   101 10995 (666 a)

20. – 29. 10. 44   Speer   18102
Schriftwechsel, die Verleihung der Schwerter zum Ritterkreuz des Kriegsverdienstkreuzes an vier leitende Angehörige des Rüstungsministeriums (Rohland, Saur, Schieber, Degenkolb) betreffend: Zurückziehung des Antrags D. durch Speer; ein weiterer Antrag (Sch.?, vgl. Nr. 18053) wegen Bedenken Hitlers und einer noch laufenden Untersuchung ungeklärt.
W/H   108 00663 f. (1773)

[20.] – 30. 10. 44   RMfWEuV, GL Giesler   18103
Vorstellungen der GL Giesler und Scheel wegen der vom Reichserziehungsministerium (REM) einge-

hend mit der PKzl. beraten und schließlich von Bormann persönlich entschiedenen Schließung der Juristischen und der Philosophischen Fakultät der Universität München. Später durch die PKzl. Ankündigung der Aufhebung des Erlasses des REM über die Stillegung von Fakultäten (Zusammenlegung von Universitäten?) durch „Entscheidung von höchster Stelle" (keine Notwendigkeit, die zu denken gebende Zahl von bereits 1 – 2 Mio. „Erwerbslosen infolge des totalen Krieges" noch zu erhöhen und die „geistige Wirksamkeit unseres Volkes ohne Grund zu dezimieren").
W/H   302 00271 f. (Wüst)

21.–28. 10. 44   Lammers, Meissner   18104
Keine Bedenken Lammers' gegen den Vortrag der beantragten Verleihung des Ritterkreuzes des Kriegsverdienstkreuzes an Reichspostminister Ohnesorge durch Bormann allein; die Ausführung mit (so die Verleihung an den Reichsverkehrsminister) oder ohne Schwerter wohl Hitler zu überlassen. Unter Hinweis auf die Verleihung der Auszeichnung auch an Mitarbeiter des Reichsrüstungsministers *mit* Schwertern Stellungnahme B.s (und entsprechende Entscheidung H.s) für die gleiche Auszeichnung O.s.
W/H   101 08973 – 77 (649 b)

23. 10. 44   RKzl.   18105
Schreiben Bormanns, den Abbau der Rundfunk- und Presseabteilungen der Ministerien betreffend. (Verweiszettel.)
H   101 10996 (666 a)

23. 10. 44   RKzl.   18106
Schreiben Bormanns, die Einstellung sämtlicher Jagdzeitschriften betreffend. (Verweiszettel.)
H   101 10997 (666 a)

23. 10. 44   Himmler, GL Florian   18107
Von Bormann Hitler vorgetragen: Forderung des GL Florian (als Sprecher der „Gauleiter des Westens") nach effektiverer Reichshilfe für die andauernden Luftangriffen ausgesetzten westdeutschen Großstädte, insbesondere für den Ernährungsverkehr und die Evakuierung; Kritik am bisherigen „langwierigen Weg über Berlin" und an den Kontakten lediglich mit Referenten der Ministerien; Bitte, H. „zu veranlassen", eine Chefbesprechung der Gauleiter mit den wesentlichen Reichsministern unter Vorsitz B.s im Rheinland anzuordnen. Dazu Weisung H.s: Abhaltung der von den Gauleitern gewünschten Besprechung unter Leitung Himmlers an einem nicht luftgefährdeten Ort.
K   102 00959 ff. (1862)

23.–31. 10. 44   RFM, RKzl.   18108
Zustimmung der PKzl. zur Errichtung einer Planstelle für den Leitenden Internisten am Offenburger Krankenhaus, Osfried Wachter.
A   101 09765 – 71 (656 a)

24. 10. 44   AA   18109
Übermittlung eines Berichts der Neuen Zürcher Zeitung über den Besuch einer Delegation der amerikanischen Episkopalkirche in Großbritannien und über ihre Zusammenarbeit auch mit anderen europäischen Kirchen in Fragen des Wiederaufbaus nach dem Kriege, über eine geplante gemeinsame Konferenz mit dem Patriarchen von Kiew, Alexi, und über finanzielle Hilfe für die Orthodoxe Kirche.
W/H   202 01089 f. (9/5 – 14 + 20/1)

24. 10. 44   AA   18110
Übermittlung einer Reuter-Meldung über den Austausch von Botschaftern zwischen dem polnischen Präsidenten Raczkiewicz und dem Papst.
W   202 01259 (10/9 – 13 + 20/6)

24. 10. – 12. 11. 44   RFSS/Pers. Stab   18111
Nach Beschwerden pommerscher Hoheitsträger der Partei bei der PKzl. Feststellungen über den Einsatz der lettischen SS-Division beim Stellungsbau und bei der Hackfruchternte im Raum Thorn sowie nun auch in Pommern; die Angelegenheit damit für die PKzl. erledigt.
K/H   102 00205 ff. (382)

24. 10. 44 – 30. 1. 45   GIfWuE, RKzl., RMfEuL u. a.   18112
In der Erörterung des *Entwurfs einer Verordnung über Vereinfachungen im Wasser- und Wasserver-

bandsrecht Zustimmung der PKzl. und Einwände des Reichsernährungsministers ebenso gegen einen grundsätzlichen Ausschluß vorgeschriebener Versammlungen während des Krieges wie auch gegen eine – so im neuen Entwurf – Ermächtigung der Aufsichtsbehörde, deren Unterbleiben anzuordnen. (Vgl. Nr. 18162.)
M/H   101 03817 – 24 (379 a)

25. 10. 44   GL Westmark   18113
Absicht, auf der bevorstehenden Tagung in Rimmenohl auch die Frage der Anwendung der Notdienstverordnung auf die im Stellungsbau Beschäftigten zu behandeln.
W   521 00036 (11)

25. 10. – 2. 11. 44   Lammers   18114
Durch Bormann Übersendung einer Aufstellung von Auslagen in Höhe von RM 182 277.71, der PKzl. entstanden durch Ankauf von Büchern für die Bücherei Linz (Vernichtung einer Lieferung im Werte von RM 36 599.02 durch Feindeinwirkung). Anweisung des Betrags zu Lasten des Kontos „Dankspendenstiftung (Sonderfonds L)".
H   101 17089 – 94 (1019 b)

25. 10. – 6. 11. 44   StSekr. Kritzinger   18115
Besprechung mit Krüger (PKzl.) über Äußerungen der Katholischen Kirche; dabei durch K. Überreichung eines *Auszugs aus einem „politischen" Hirtenbrief der deutschen Bischöfe (Verlesung des Hirtenbriefs trotz der Warnung zweier Bischöfe vor einer Ausschlachtung durch das feindliche Ausland und vor negativen Rückwirkungen auf die Kirche, vor allem auf Drängen des Kard. Faulhaber). Laut K. von dem evangelischen Landesbischof Wurm in einer Predigt in Reutlingen (Auszug nachträglich übersandt) ähnlich „verneinende Gedankengänge" vertreten.
M/W   101 01757 – 62 (177 a)

26. 10. 44   –   18116
Ernennung des SS-Ogruf. Berger und des OBefL Friedrichs zu Stabsführern des Reichsführers-SS bzw. des Leiters der PKzl. in Volkssturmangelegenheiten.
W   145 00020 (29)

26. 10. 44   Himmler   18117
Durch Bormann Übersendung des *Schreibens eines Dr. Schütz an einen Oberfeldarzt Bernhard, das Wehrmachtsanitätswesen betreffend.
W   107 00801 (279)

27. 10. 44   Lammers, Präs. Tiso   18118
Bitte Lammers' um Weiterleitung eines Telegramms des slowakischen Präsidenten Tiso an Hitler: Dank für die „Befreiung" Banska Bystricas, des Sitzes des „putschistischen" Tschechoslowakischen Nationalrats, und für die Säuberung der Slowakei von „tschechobolschewistischen Banden" durch deutsche Einheiten.
H   101 26303 f. (1491 b)

28. 10. 44   BdE/StabsF Dt. Volkssturm   18119
Anweisung 2 über die Aufstellung des Volkssturms: Gliederung des 3. Aufgebots; grundsätzlich Erfassung aller 16- bis 60jährigen (bei Annahme auch älterer Freiwilliger) mit Ausnahme der Angehörigen der Sicherheitspolizei und des Zoll-Grenzschutzes sowie der aktiven, in Einheiten zusammengefaßten Angehörigen von Schutz- und Feuerschutzpolizei, Gendarmerie und – z. T. – Technischer Nothilfe; Modalitäten für die Übernahme von Freiwilliger Feuerwehr, Werkschutz, Stadt- und Landwacht usw.; Bewaffnung und Uniformierung.
W/H   107 01460 ff. (425)

30. 10. – 12. 11. 44   Lammers   18120
Bitte Bormanns um Erstattung von der PKzl. vorschußweise gezahlter Kosten für das Führerhauptquartier (Fliegerstaffel, Autopark, Kraftwagenneuanschaffungen u. a.) in Höhe von RM 743 434.39 (15. Zwischenabrechnung), der Transportkosten für Gemälde u. ä. (RM 103 420.77) sowie der Unkosten für die Gebäude Sonnenweg 20 und 22 in München-Pullach (RM 57 763.07). Mitteilung über die erfolgte Überweisung der Beträge auf das Zentralkonto der PKzl. bei der Commerzbank in München.
K/H   101 08149 – 55 (615 c)

31. 10. 44   Himmler   18121
Kritik Bormanns an der Behandlung der Volkssturmangelegenheiten durch Himmler und SS-Ogruf. Berger: Deren Befassung mit in *seine* Zuständigkeit fallenden organisatorischen Angelegenheiten unter Vernachlässigung der *ihnen* übertragenen militärischen Ausbildung; Sinn der Einschaltung H.s als Befehlshaber des Ersatzheeres nicht die Schießausbildung (damit Betrauung der Obersten SA-Führung), sondern die Ausbildung an modernen panzerbrechenden Waffen; Androhung, bei weiterer Vernachlässigung die Ausbildung durch Vereinbarungen der Gauleiter mit GenOberst Guderian an die Ersatztruppenteile der Panzerwaffe übergehen zu lassen.
W/H   107 01464 – 69 (425)

[31. 10. 44]   Speer   18122
Absicht im Fall Schieber: Unterrichtung Hitlers über die durch die Untersuchungen des Reichsführers-SS erwiesene Haltlosigkeit der gegen Sch. erhobenen Anschuldigungen sowie über dessen und anderer seiner Mitarbeiter trotzdem unumgängliche Entlassung als Folge des Druckes einiger Gauleiter auf Bormann. (Vgl. Nr. 18053.)
K/H   102 01118 f. (2058)

[31. 10. 44]   BdE/StabsF Dt. Volkssturm   18123
Gemäß Absprache mit Bormann Streichung einiger Ziffern aus der *Anlage zu dem Befehl vom 14.10.44 über den „Mot. Einsatz im Deutschen Volkssturm".
W   107 01463 (425)

31. 10. – 2. 11. 44   Lammers   18124
Beschwerde Bormanns über Sonderregelungen der Obersten Reichsbehörden bei der Erfassung zum Volkssturm. Dazu Kritik Lammers' an dem bisherigen Fehlen von Anweisungen zur Aufrechterhaltung des Dienstbetriebes bei den Obersten Reichsbehörden während der Volkssturmappelle und -übungen als Begründung der Notwendigkeit, eigene Regelungen zu treffen; Bitte, diese – besprochenen und von der PKzl. übernommenen – Anweisungen baldmöglichst zu erlassen.
K/H   101 12345 – 50 (692 a)

31. 10. – 24. 12. 44   Lammers, KrL Malitz   18125
Die Anregung des Kreisleiters von Görlitz, Malitz, dem Vorsitzenden des Ministerrats für die Reichsverteidigung unterstehende Reichsinspekteure zu schaffen, nach Meinung Bormanns mit dem gegenwärtigen Aufbau des staatlichen und politischen Lebens unvereinbar; Ablehnung, für Staat, Partei und Wehrmacht gleichermaßen zuständige Reichsinspekteure als Beauftragte einer staatlichen Stelle tätig werden zu lassen.
K   101 07689 – 96 (605)

1. 11. 44   RMfRuK, RVK   18126
Durch den Reichsrüstungsminister (RRM) unter Übersendung des Führererlasses über den Kriegseinsatz der Bauverwaltungen vom 24. 8. 44 (Weisungsbefugnis des RRM) und der Ersten Durchführungsbestimmung hierzu vom 16. 10. 44 Bekanntgabe von Richtlinien für die Tätigkeit und die Befugnisse der Einsatzgruppenleiter der Organisation Todt (OT) und der Baubeauftragten bei den Reichsverteidigungskommissaren, für die Freimachung von Dienstkräften und Einrichtungen für die OT, u. a. (Nachrichtlich an die PKzl.)
W/H   101 16829 – 35 (1012); 108 00571 – 78 (1763); 108 00657 – 62 (1772)

1. 11. 44   RKzl.   18127
Wegen der „leicht möglichen" kürzeren oder längeren Anwesenheit Hitlers in Berlin und des dafür benötigten Funktionierens des technischen und des Kontrolldienstes der Reichskanzlei Erfassung der Angehörigen dieser Dienste wie evtl. auch der leitenden Beamten durch nur *eine* Volkssturm-Dienststelle (Kreis Berlin-Mitte der NSDAP); in diesem Zusammenhang Rückfrage bei der PKzl. nach dem dortigen Verfahren. Antwort des StSekr. Klopfer: Sein Vorschlag an Bormann, keinen besonderen Volkssturm für die PKzl. einzurichten; seine Aufnahme und die seiner wichtigsten Mitarbeiter in das erste Aufgebot des Volkssturms wohl nicht möglich; eine Fühlungnahme durch OBefL Friedrichs mit den Obersten Reichsbehörden in Volkssturmangelegenheiten angekündigt (vgl. Nr. 18135 und 18180).
K/H   101 12460 ff. (692 b)

1. – 3. 11. 44   BdE/StabsF Dt. Volkssturm, RFSS, GI f. d. Führernachwuchs d. Heeres u. a.   18128
Befehle über die Volkssturmausbildung: Schießausbildung mit Gewehr und leichtem Maschinengewehr,

allgemeine Ausbildung unter Berücksichtigung des besonderen Charakters des Volkssturmeinsatzes (Niederkämpfen schwächerer Feindtruppen oder Aufständischer; Aufhalten oder dauernde Beunruhigung des Gegners); Ausbildung der Volkssturmführer; Hilfe der Dienststellen des Ersatzheeres, der Waffen-SS und der Polizei sowie der Fahnenjunker- und Unteroffiziersschulen (Aufstellung und Zuteilung der Schulen) bei der Ausbildung. (Hauptsächlich nachrichtlich an die PKzl.)
W   107 01471 – 82 (425)

1. – 3. 11. 44   RKzl. – 2   18129
Von StSekr. Kritzinger mit StSekr. Klopfer (PKzl.) besprochener Verordnungsentwurf über die Stellung der Angehörigen des Deutschen Volkssturms. Zustimmung Lammers' zu dem Entwurf unter der Voraussetzung des Einverständnisses der Obersten Reichsbehörden.
K/H   101 12387 – 92, 414 (692 a)

1. – 10. 11. 44   RL, GL, VerbF, Lammers   18130
Durch StSekr. Klopfer (PKzl.) an Lammers Übersendung der Rundschreiben 372/44 und 378/44 sowie der Anordnungen 379/44 und 382/44 über den Volkssturm: Zur Vermeidung von Störungen im Dienstbetrieb Fühlungnahme der Gauleiter mit den zuständigen Behördenchefs bei gleichzeitiger Einberufung mehrerer Angehöriger einer Dienststelle zu Führerkurzlehrgängen; die Dienstpflichtigkeit in den beiden Aufgeboten und die Heranziehung dazu; Tabakwarenversorgung; Verpflegung; Ausfertigung und Prüfung von Z-Karten (Zuteilungskarten) bei Zurückstellungen im Falle der Verrichtung lebensnotwendiger Tätigkeit.
K/H   101 12398 – 407 (692 a)

1. – 11. 11. 44   Speer, StSekr. Naumann   18131
In einem abschriftlich Bormann zugeleiteten Schreiben Verwahrung Speers gegen den indirekten Vorwurf versuchter Sabotage des Wehrmachtersatzprogramms: Die beanstandete Umsetzung von Fachkräften aus der Fertigung in den Vorrichtungsbau zur Gewährleistung der von Hitler befohlenen Produktion von Schnellstflugzeugen erforderlich, die Einberufungsquote dadurch nicht beeinträchtigt.
W   108 00294 f. (1592)

1. – 17. 11. 44   StSekr. Kritzinger   18132
Überprüfung eines Entwurfs der PKzl. für einen Führererlaß über die Stiftung eines „Reichserziehungswerkes für die Kinder Kriegsgefallener" (Erziehung der Kriegswaisen auf Kosten des Reiches); Verbesserungsvorschläge der Reichskanzlei.
H   101 11598 (680 a); 101 22596 – 600 (1286 a)

2. 11. 44   Lammers   18133
Aufgrund gewisser „immer wieder vertretener Gedankengänge" Ausführungen Bormanns über den Charakter des Volkssturms zur Weitergabe an die Obersten Reichsbehörden (ORB): Die praktische Ausübung der Volksgemeinschaft erwünscht, deshalb grundsätzlich keine eigenen Einheiten von Berufszweigen und Betrieben, also auch nicht von Ministerien, zumindest nicht im ersten Aufgebot. Ferner Bitte B.s um Unterrichtung der ORB über die Bestellung seines (OBefL Friedrichs) und Himmlers (SS-Ogruf. Berger) Stabsführers in Volkssturmangelegenheiten sowie über die Anschrift des in der PKzl. gebildeten Arbeitsstabes (Berlin, Wilhelmstr. 63). Entsprechendes Rundschreiben der Reichskanzlei.
K/H   101 12393 – 97 (692 a); 101 12463 f. (692 b)

2. – 10. 11. 44   GL, Speer   18134
Empfehlung Speers, den Dienststellen der Wasserstraßenverwaltung das Recht einzuräumen, in Notfällen den Einsatz der Bevölkerung zur Schadensbeseitigung auch von sich aus zu veranlassen (zu einem 'Fernschreiben Bormanns an die Gauleiter über die Möglichkeiten eines solchen Einsatzes überhaupt).
K/W/H   102 00176 ff. (296)

2. – 11. 11. 44   RKzl. u. a.   18135
In einer Besprechung in der PKzl. am 6. 11. 44 Ausführungen von OBefL Friedrichs über den Volkssturmdienst der Angehörigen der Obersten Reichsbehörden (ORB): Keine Beeinträchtigung der Arbeit in der Verwaltung und in den Betrieben, deshalb Ableistung des Volkssturmdienstes ausschließlich an Sonntagvormittagen; eine ständische Aufgliederung des Volkssturms grundsätzlich nicht erwünscht, Erfassung nach Möglichkeit in der Wohnsitzortsgruppe; Sicherstellung der kriegswichtigen Arbeit durch die Ausbildung der Chefs der ORB und ihrer wichtigsten Mitarbeiter im Schießen und an der Panzerfaust im Rahmen *einer* Ortsgruppe (hierzu Meldung von sechs Angehörigen der Reichskanzlei) sowie

durch Überweisung von unentbehrlichen Kräften an das zweite Aufgebot durch Z-Karten; Sondervereinbarungen zwischen PKzl. und ORB zur Sicherstellung der Interessen der einzelnen Bedarfsträger (etwa der Post); Bekanntgabe von allgemeinen Richtlinien über die Vermeidung jeder „Beschäftigungstheorie" und jedes „Kasernenhoftons", über die Grundwaffen (Volksgewehr, leichtes und schweres Maschinengewehr, Handgranate, Panzerfaust, Panzerschreck), über die Übernahme der Aufgaben von Stadt- und Landwacht, und anderes. Zwischen Vertretern von Reichskanzlei und PKzl. ferner Erörterung des Entwurfs einer Sonderregelung für Prinzen, Mischlinge, Vorbestrafte usw. (Vgl. Nr. 18127 und 18180.)
K/H   101 12465 – 71 (692 b)

2. – 11. 11. 44   RFM, RKzl.   18136
Zustimmung der PKzl. zur Errichtung einer Planstelle der Besoldungsgruppe A 1 a für den Leiter des Landwirtschaftsamts in Köln.
A   101 09772 – 77 (656 a)

2. – 12. 11. 44   Lammers, RMfdkA   18137
Durch Bormann Lammers übermittelte Weisung Hitlers unter Hinweis auf die Ereignisse des 20. Juli, jüdische Mischlinge oder jüdisch Versippte auch bei früher erfolgter Gleichstellung mit Deutschblütigen aus den Obersten Reichsbehörden zu entfernen. Nach Erhebungen der Reichskanzlei über den in Frage kommenden Personenkreis (hier namentliche Aufführung von 35 Fällen, darunter Botsch. Gaus; besondere Erörterung des Falles MinR Kurt Grünbaum vom Reichskirchenministerium) Vorbereitung eines entsprechenden Führererlasses, auch gültig für die Obersten Preußischen Landesbehörden: Versetzung der betreffenden Beamten oder Ruhestandsversetzung zum 1. 5. 45.
H   101 07567 – 88 (599)

2. 11. 44 – 25. 1. 45   Lammers   18138
Mitteilung Bormanns über die Klärung zwischen Ley und StM Frank strittiger Fragen: Behandlung der Protektoratsangehörigen im Reich (Betreuung wie bisher durch das Amt Arbeitseinsatz der DAF), Steuerung der tschechischen Gewerkschaften (Verbindung zu ihnen nur durch einen Beauftragten F.s).
A   101 23453 – 56 (1327 b)

3. 11. 44   Speer   18139
Dank für Bormanns Bereitschaft, das Abziehen von Kräften aus der Rüstung nach Möglichkeit zu unterbinden, und Aufklärung über die von B. beanstandeten Verhältnisse bei Weser-Flugzeugbau: Die Schwierigkeiten verursacht durch die Notwendigkeit, infolge veränderter Prioritäten (Verteidigung des Luftraums) und zum Zweck einer Steigerung der Flugzeugproduktion auf die (von Hitler ursprünglich angeordnete) Fertigung des Langstreckenbombers Me 264 zugunsten von Einstrahljägern (Me 262 u. a.) zu verzichten und die Zahl der Flugzeugtypen drastisch zu reduzieren; besondere Schwierigkeiten der Luftrüstung durch die Einziehungen junger Fachkräfte.
W/H   108 00478 – 82 (1615)

4. 11. 44 – 11. 1. 45   RFSS   18140
Überprüfung der von Bormann auf Antrag Himmlers gewährten Zuschußzahlungen an SS-Oschaf. Klaus Weill (Schwiegersohn des ehemaligen Gauleiters J. Wagner).
K/W   102 00241 f. (533)

6. 11. 44   RMfRuK u. a.   18141
Dem Leiter der PKzl. übersandter Erlaß über die Klarstellung der Zuständigkeiten für die Zerstörung von Industrieanlagen: Weisungsbefugnis der Rüstungskommissionsvorsitzer und Verantwortlichkeit der Betriebsführer nur für Planung und Vorbereitung, die *Durchführung* hingegen ausschließlich Sache der Truppe.
W/H   108 00504 f. (1623)

6. 11. 44   Speer   18142
Zu einem Fernschreiben Bormanns über die Bildung des Volkssturms Bitte um Klarstellung von zwei Punkten: Einsatz nur bei Kämpfen im unmittelbaren örtlichen Bereich, Heranziehung der Rüstung zum Ersten Aufgebot nur mit 30%.
W   108 00483 (1615)

6. 11. 44   AA, Dt. Ges. Zagreb   18143
Übersendung eines Berichts der Deutschen Gesandtschaft in Zagreb über eine Unterredung zwischen dem Ingenieur Ott und dem Rektor des bischöflichen Seminars in Zagreb, Šeper, über die Zukunft der Katholischen Kirche in Kroatien nach einem Sieg der Partisanen; angeblicher ungarischer Kontakt mit dem Vatikan vor dem „Schritt Horthys".
W/H   202 00945 f. (8/8 − 20 + 19/10 − 11)

7. 11. 44   DSt. Rosenberg   18144
Besprechung Utikals mit StSekr. Klopfer (PKzl.): Übergabe des ˙Rechenschaftsberichts des Einsatzstabs Rosenberg mit Erläuterung; Zusage K.s, Bormann auf die Bedeutung der positiven Arbeit des Stabs hinzuweisen und den geeigneten Zeitpunkt für eine Vorlage des Berichts bei Hitler mitzuteilen; bei der Erörterung der im Rahmen des totalen Kriegseinsatzes zwischen der Abteilung II der PKzl. und der Dienststelle Rosenberg (DSt.) entstandenen Schwierigkeiten Äußerungen K.s über die Notwendigkeit einer engen Zusammenarbeit und Zusage, sich trotz fehlender Zuständigkeit vermittelnd einzuschalten; Vereinbarung einer Intensivierung der Zusammenarbeit der Abteilung III der PKzl. mit der DSt. (vgl. Nr. 18023); Unterrichtung K.s über im Rahmen des Europa-Instituts (Dresden) geplante Gespräche mit „rückgeführten Persönlichkeiten des französischen und belgischen Raumes", u. a. mit M. Déat; Literaturwünsche K.s (vor allem den Bolschewismus betreffend) und Wiederholung des alten Plans eines Vortrags Rosenbergs vor alten Parteigenossen aus dem Staatsdienst. (Vgl. Nr. 18196.)
W   145 00041 − 44 (52)

7. 11. 44   GBV   18145
Übersendung des endgültigen ˙Entwurfs eines Runderlasses über die Genehmigung des Grundstücksverkehrs (vgl. Nr. 18074).
W   101 08748/1 f. (644 a)

[7. 11. 44]   −   18146
Auch nach der Verlegung des Sitzes der Gauleitung Westmark von Neustadt a. d. W. nach Saarbrücken Leitung der für die Gauleitung bestimmten Post von Reichsdienststellen über die PKzl. Berlin.
W   145 00019 (29)

7. 11. − 8. 12. 44   RMdI, Lammers   18147
Zustimmung der PKzl. zu einem Verordnungsentwurf des Reichsinnenministers (zwecks Vereinfachung einheitliche Einziehung „kommunistischen oder sonstigen volks- und staatsfeindlichen Vermögens" durch die − sowieso bereits mit der Beschlagnahme befaßten − Staatspolizei-[Leit-]Stellen [so bereits in den Reichsgauen und in Berlin]).
H   101 21681 − 86 (1269 c)

8. 11. 44   Himmler, Bazin   18148
Durch Bormann an Himmler Übersendung des Feldpostbriefes eines Bazin an KrL Skoda (Berlin) mit Klagen über das Schicksal der Volksdeutschen in Rumänien, über das hilflose (oder verräterische?) Verhalten deutscher Stellen beim rumänischen Putsch, über unfähige deutsche Führung und über überflüssige militärische Dienststellen und Organisationen (Marketendereien); laut Bormann in Berichten dieser Art „immer sehr kräftige Hinweise auf das angebliche Versagen unserer diplomatischen Vertretung, der Abwehr und unserer Truppenführung".
K/H   102 00370 − 73 (777)

8. 11. 44   RMfRuK   18149
Übersendung der Ergebnisse der Beschäftigtenmeldung (statistische Angaben über Umfang und Struktur der in den W-Betrieben Beschäftigten), Stichtag 30. 9. 44.
W   108 00589 − 93 (1765)

9. 11. 44   Dr. Wunder (ERR?)   18150
Bei einem Besuch in der PKzl. Klärung der im Zusammenhang mit seinem Vortrag in Krössinsee vorgebrachten Beanstandungen (von den „Männern von Krössinsee" statt eines Referats über die Praxis des Bolschewismus eines über die Theorie des Marxismus erwartet).
W/H   145 00018 (26); 145 00040 (52)

[10. 11. 44]   K. Haasemann   18151
In dem Schreiben eines früher im Rüstungsministerium beschäftigt gewesenen Konrad Haasemann an

Speer wegen seiner weiteren Verwendung Beteuerung, einen ihm zur Last gelegten, nicht aufgefundenen Brief an Bormann nicht geschrieben zu haben; Feststellung auch B.s, keinen derartigen Brief erhalten zu haben.
W   108 00526 f. (1629)

10. 11.—8. 12. 44   RPM, RBfdtK, RMdI   18152
Bitte des Reichspostministers an den Reichsbevollmächtigten für den totalen Kriegseinsatz um sein Einverständnis mit einem Erlaß über die Vereinfachung der Schadenersatzleistung bei Kriegssachschäden an Postsendungen: Wegfall einer Ersatzleistung der Reichspost, Leistung von Entschädigungen ausschließlich durch die Kriegsschädenämter, Ausstellung eines Antrags auf Ersatzleistung wie bisher durch das zuständige Einlieferungs-Postamt (Abschrift an die PKzl., ebenfalls mit der Bitte um Zustimmung). Zustimmung des Reichsinnenministers.
M/H   101 02602—06 (266)

11. 11. 44   Thierack   18153
Übersendung der Führerinformationen 182 und 183 des Reichsjustizministers: Inkrafttreten der Erbregelungs-Verordnung und Anführung einiger zu der Verordnung Anlaß gebender Einzelfälle; Schwierigkeiten bei dem durch eine Anzeige des StSekr. Riecke veranlaßten Verfahren gegen einen engen Mitarbeiter des GL Koch, den Generalinspekteur des Werkdienstes Ukraine, Fiedler, wegen Freiheitsberaubung.
H   101 28989—93 (1559 b)

11. 11. 44   RMfEuL   18154
Übersendung einer Aufzeichnung über die Leistungsanforderungen an die Landwirtschaft (Bereitstellung landwirtschaftlicher Rohstoffe für gewerbliche Zwecke) und über die Verschlechterung der Produktionsbedingungen mit der Bitte, die Bemühungen um Einschränkung der immer weiter steigenden Anforderungen von Lebensmitteln für zusätzliche Verpflegung und von Lebensmittelrohstoffen für den technischen Sektor zu unterstützen.
K   102 01572—73/5 (2746)

11. 11. 44   Speer   18155
Übersendung eines Berichts für Hitler über die durch die zunehmende verkehrstechnische Abriegelung des Ruhrgebiets infolge der feindlichen Luftangriffe entstandene Lage: Eingeleitete Hilfsmaßnahmen zur Beseitigung der Verkehrsschäden und zum Schutz des Verkehrs gegen Luftangriffe (u. a. durch Bormann Abstellung ausländischer Hilfsarbeiter aus den Schanzarbeiten sowie Aufforderung an die Gauleiter, die Schäden notfalls durch Volksaufgebot zu beseitigen); Ausmaß der dennoch bestehenden Kohleversorgungskrise und deren Konsequenzen für Transportwesen, Industrie, Hausbrandversorgung und Versorgung der Krankenhäuser und Lazarette; Erfordernis eines Notprogramms für die durch Luftangriffe auf die Stahlwerke zusätzlich gefährdete Rüstung und Kriegsproduktion (Zweck die Garantierung wenigstens einer Teilproduktion); zur Bekämpfung der bereits um sich greifenden Resignation unbedingte Notwendigkeit größtmöglicher Hilfe für die Ruhr.
W/H   108 00128—42 (1528)

11. 11. 44   GL Westmark   18156
Mitteilung der PKzl. über den Einsatz neuer Kräfte aus Schwaben und Halle-Merseburg beim Stellungsbau im Gau Westmark und über die Entlassung bisher dort eingesetzter Kräfte (aus Mainfranken sowie Hitler-Jungen).
W/H   521 00061 f. (24)

11. 11.—2. 12. 44   RFM, RKzl.   18157
Einverständnis der PKzl. mit der Hebung bzw. Neubewilligung von 107 Planstellen im Haushalt des Reichsrüstungsministers.
A   101 09783—87 (656 a)

12. 11. 44   RMfRuK   18158
Entbindung des Chefs des Rüstungslieferungsamtes, StR Walther Schieber, von seinem Amt; Auflösung des Rüstungslieferungsamtes unter Aufteilung seiner Aufgaben auf die übrigen Ämter des Rüstungsministeriums. (Vgl. Nr. 18122.)
W/H   101 18939—42 (1157 a); 108 00667—70 (1774)

13.11.44   AA   18159
Übersendung eines bei der Auswertung des Politischen Archivs in Prag zu Tage geförderten Berichts der Tschechoslowakischen Gesandtschaft in Warschau aus dem Jahr 1938 über die Unterdrückung der Orthodoxen Kirche in Polen.
W   202 01250—58 (10/9—13+20/6)

[13.11.44]   RMdI   18160
Auf Vorschlag des Leiters der PKzl. und des Reichsinnenministers Beauftragung des Stv. GL Stöhr mit der Wahrnehmung der Geschäfte des Reichsverteidigungskommissars Westmark durch den Vorsitzenden des Ministerrats für die Reichsverteidigung.
W   108 00001 (100)

13.—26.11.44   RFSS, GL d. Westgaue   18161
Zu der Absicht des Reichsführers-SS, die aus den geräumten oder gefährdeten Westgebieten abgewanderten Bergleute zum Einsatz bei den Baumaßnahmen des Rüstungs- und Arbeitsstabes Geilenberg zu erfassen, Mitteilung der PKzl. über die von Bormann verfügte Herauslösung der Bergarbeiter aus dem Stellungsbau zwecks Beschleunigung der U-Verlagerungen der wichtigsten Rüstungsbetriebe und zwecks Steigerung der Erzproduktion.
W   107 00444—49 (199)

14.11.44   RJM   18162
Einladung zu einer Besprechung über eine Verlängerung oder Ergänzung der *Verordnungen über die Einschränkung von Mitgliederversammlungen (Hauptversammlungen, Generalversammlungen usw. von Gesellschaften, Genossenschaften usw.) vom 19.4.43 und 23.12.43.
M/H   101 03485—88 (352 a)

14.11.44   RMdI—1   18163
Notwendigkeit der Neuaufstellung von mindestens 25 000 Krankenbetten (dies der Verlust der letzten Monate) sowie der Errichtung von Kriegssiechenheimen mit 12 000—15 000 Betten; Einladung zu einer Besprechung über die Heranziehung von Schulen, Waisenhäusern und Fürsorgeanstalten (Unterbringung der Insassen in Familienpflegestellen), konfessionellem Eigentum (Klöstern) usw. für diesen Zweck. (Vgl. Nr. 18185.)
H   101 14001 ff. (737 b)

14.11.44   AA, Dt. Ev. Kirche Chile   18164
Übersendung eines Berichts des Leiters der Deutschen Evangelischen Kirche in Chile an das Kirchliche Außenamt der Evangelischen Kirche über das kirchliche Leben.
W   202 01882—85 (15/1—10+20/13)

14.11.44   RMfRuK u.a.   18165
Übersendung eines Erlasses über die Neuordnung der Rüstungsorganisation im Protektorat: Berufung des Ministers Bertsch zum Vorsitzer der Rüstungskommission; Auflösung der Rüstungsinspektion und der Rüstungskommandos Prag und Brünn unter Überleitung ihrer Aufgaben auf den Deutschen Staatsminister bzw. auf den Befehlshaber der Sicherheitspolizei.
W   108 00568 f. (1763); 108 00665 f. (1774)

[15.11.44]   RJM   18166
Zustimmung der PKzl. zu der vom Reichsjustizminister vorgeschlagenen einstweiligen Zurückstellung der Durchführung der „sehr rigorosen Maßnahmen" der Zweiten Kriegsmaßnahmenverordnung (Entscheidung über bereits eingelegte Rechtsmittel auch noch nach dem 30.11.44; Grund: Nur „sehr geringe" Übernahme der von der Justiz freigestellten Kräfte durch Rüstung und Wehrmacht).
H   101 28056 f. (1528 a)

15.—19.11.44   GL   18167
Verbot Bormanns, von der Anwendung der Notdienstverordnung und der sie ergänzenden Anordnungen bei der wirtschaftlichen Sicherstellung der im Stellungsbau Beschäftigten abzuweichen: Die Schanzarbeiten ein selbstverständlicher Ehrendienst; Fortführung bereits bestehender finanziell günstigerer Sonderregelungen nur auf begrenzte Zeit; für aufgrund örtlicher Verhältnisse etwa erforderliche zusätzliche Regelungen die Zustimmung der PKzl. erforderlich.
W/H   521 00020—23 (9); 521 00037—40 (11)

16. 11. 44   RFSS/Pers. Stab   18168
Mitteilung einer Anregung des SS-Brif. Berndt, dem Volkssturm die Wolfsangel als Abzeichen zu verleihen.
M/K   102 00495 (839); 306 00053 (Berndt)

17. – 25. 11. 44   Himmler, Adj. d. F   18169
Besorgnis Bormanns und Himmlers über die Verhältnisse im Begleitkommando des Führers: Lasche Kommando-Führung, Aufblähung des Kommandos, automatische Beförderungen u. a.
K/W   102 00265 – 70 (650)

18. 11. 44   Thierack   18170
Übersendung der Führerinformationen 184 – 186 des Reichsjustizministers: Kirchenaustrittserklärungen 1936 bis 1943; Anstieg der Einnahmen aus den der Justiz unterstehenden Gefangenenanstalten; bei Ehescheidungen künftig Entscheidung der Richter über den Verbleib der Möbel nach billigem Ermessen.
H   101 28994 – 97 (1559 b)

18. 11. – 12. 12. 44   RL, GL, VerbF, StSekr. Kritzinger   18171
Durch StSekr. Klopfer (PKzl.) an StSekr. Kritzinger (Reichskanzlei) Übersendung der Anordnungen 406/44 und 425/44 (Briefkopf: Deutscher Volkssturm/Der Leiter der PKzl.): Bezeichnung der Dienststellen und Einheiten des Volkssturms, deren Briefbogen und Dienstsiegel; die Dienstgradabzeichen des Volkssturms.
K/H   101 12436 – 44 (692 b)

19. – 26. 11. 44   Lammers   18172
Durch Bormann Übersendung einer Neuausfertigung des Führererlasses über die Bildung des Deutschen Volkssturms zur Mitzeichnung durch Lammers; Bitte um Rückgabe der Urschrift zwecks Verwahrung im Hauptarchiv der NSDAP.
K   101 12418 – 19/5 (692 a)

20. 11. 44   AA   18173
Übermittlung eines Berichts der Deutschen Gesandtschaft in Lissabon über das Eintreffen Otto v. Habsburgs in Lissabon, seine Beobachtung eingeleitet; ferner Erwähnung eines Besuchs Kronprinz Rupprechts von Bayern beim Papst und der Erörterung einer späteren Einführung der Monarchie in Spanien.
W/H   202 01431 (10/14 – 25 + 20/7)

20. 11. 44   AA   18174
Mitteilung: Protest der Deutschen Gesandtschaft in Lissabon bei portugiesischen Stellen gegen eine „böswillige Kritik" der Zeitung A Voz (Lissabon) an Deutschland (u. a. Beschuldigung Görings, das aus Paris verschwundene Van-Eyck-Gemälde „Das mystische Lamm" in den Händen zu haben).
W/H   202 01430 (10/14 – 25 + 20/7)

[20. 11. 44]   RMfRuK   18175
Erlaß mit der Weitergabe der Anordnungen des Leiters der PKzl. (vgl. Nr. 18130) über die Einteilung des Volkssturms in ein Erstes (nicht in lebenswichtigen Funktionen Beschäftigte; Einsatz auf Gauebene) und ein Zweites Aufgebot (in lebenswichtigen Funktionen Beschäftigte; Einsatz auf örtlicher, höchstens Kreisebene), über Heranziehung, Ausgabe von Z-Karten für das Zweite Aufgebot und Ausbildung; dazu Richtlinien für die Eingliederung der in der Rüstungs- und Kriegsproduktion Beschäftigten (30% des Gefolgschaftspersonals zum Ersten Aufgebot, vgl. Nr. 18142).
W/H   108 00651 – 56 (1771)

20. – 28. 11. 44   Speer, StSekr. Kritzinger   18176
Nach einer Anweisung Speers als Generalinspektor für Wasser und Energie an seinen neubestellten Sonderbeauftragten für die Westgebiete, Bach, die erforderlichen Räumungs- und Lähmungsmaßnahmen bei den Versorgungsanlagen für Wasser, Gas und Elektrizität durchzuführen, Kritik Bormanns an diesem Eingriff in das Weisungsrecht des Reichsverteidigungskommissars (RVK) unter Hinweis auf den Führererlaß über die Befehlsgewalt in einem Operationsgebiet innerhalb des Reichs vom 19. 9. 44; Aufforderung an S., Bach bei der Durchführung dieser Maßnahmen dem RVK zu unterstellen.
M   101 03825 ff. (379 a); 101 12313 (692)

20. 11. – 14. 12. 44   GL Stürtz, Himmler   18177
In einem Schreiben des GL Stürtz Wiedergabe einer Meldung über SS-Brif. Otto Hellwig, Stellvertreter des Höheren SS- und Polizeiführers in Königsberg, wegen der mit den Erfordernissen des totalen Krieges nicht zu vereinbarenden Beschäftigung einer Hausgehilfin in seinem weder von ihm noch von seiner kinderlosen Ehefrau bewohnten Haus in Potsdam. Die von Bormann erbetene Überprüfung des Falles von Himmler zugesagt.
K/W/H   102 00644 ff. (1116); 306 00430 ff. (Hellwig)

20. 11. – 16. 12. 44   StSekr. Kritzinger   18178
Durch StSekr. Klopfer (PKzl.) Übersendung des Entwurfs einer Verordnung über die Stellung der Angehörigen des Deutschen Volkssturms (Gestellungspflicht, Strafgerichtsbarkeit, Heilfürsorge, Familienunterhalt u. a.; Erlaß von Ausführungsbestimmungen durch den Leiter der PKzl. und den Reichsführer-SS sowie durch die Obersten Reichsbehörden und den Chef OKW im Einvernehmen mit den beiden erstgenannten Stellen). Später Übersendung der von Bormann und Himmler unterzeichneten Verordnung mit der Bitte um Veranlassung der Veröffentlichung im Reichsgesetzblatt, Aufbewahrung der Urschrift im Hauptarchiv der NSDAP; Erwähnung einer auf Anregung der Reichskanzlei erfolgten Änderung, die Heilfürsorge der Volkssturmsoldaten betreffend.
K/W/H   101 12420 – 21/5 (692 a, 692 b)

Nicht belegt.   18179

21. 11. 44   Stv. GL Berlin, Lammers – 2   18180
Durch die PKzl. Unterrichtung des Stellvertretenden Gauleiters von Berlin über die vorgesehene Volkssturmausbildung der wichtigsten Führungskräfte der Obersten Reichsbehörden in einer besonderen Einheit im Regierungsviertel (vgl. Nr. 18127 und 18135). Aufforderung an Lammers, mit Stv. GL Schach Verbindung aufnehmen zu lassen.
K/H   101 12474 (692 b)

22. 11. 44   RKzl., RMdI   18181
Einverständnis Bormanns mit der vom Reichsinnenminister beabsichtigten Vereinigung der Landkreise Hildesheim und Marienburg (Hannover).
A   101 09808 f. (656 b)

[22. 11. 44]   DSt. Rosenberg   18182
Ausleihe der deutschen Ausgabe von Stalins „Fragen des Leninismus" für einen „wesentlichen" Mitarbeiter der PKzl. (Vgl. Nr. 18196.)
W   145 00017 (19)

22. 11. – 3. 12. 44   RJM, RKzl.   18183
Durch den Reichsjustizminister Vorlage des Entwurfs einer Verordnung zur Vereinfachung der Ehrengerichtsbarkeit für Patentanwälte: Besetzung der Ehrengerichte mit nur noch drei (statt fünf) und des Ehrengerichtshofs mit nur noch fünf (statt sieben) Mitgliedern. Zustimmung der Reichskanzlei.
H   101 28238 – 41 (1536 c)

22. 11. 44 – 19. 1. 45   RFSS   18184
Mitteilung der PKzl.: Klagen von Bürgermeistern und Ortsbauernführern aus dem Kreis Leibnitz (Altsteiermark) über äußerst starke Bandentätigkeit.
K   102 00060 f. (121)

22. 11. 44 – 30. 1. 45   RMdI, RVK   18185
Durch den Reichsinnenminister Übersendung eines Erlasses über die Errichtung von Ausweichkrankenhäusern und Kriegssiechenheimen zur Erweiterung der durch Kriegseinwirkung stark geminderten Bettenzahl: Bereitstellung des Beherbergungsraumes der Heilbäder, Anmietung von kirchlichen oder karitativen Gebäuden, Belegung von Schulen; Richtlinien für die Beschaffenheit der Gebäude (sanitäre Einrichtungen, Küchen) und für ihre Ausstattung; Beschaffung von Pflegepersonal; Erwähnung einer Bitte an den Leiter der PKzl., für Parteizwecke benützte Schulungsgebäude freizugeben. In einem weiteren Erlaß Kostenregelung für die Errichtung der Ausweichkrankenhäuser und Kriegssiechenheime. (Vgl. Nr. 18163 und Nr. 18215.)
K   101 14009/1 – 011 (337 b)

23. 11. 44   Speer   18186
Bericht über einen Besuch des Rhein-Ruhr-Gebiets: Der Wiederaufbauwille der Bevölkerung ungebrochen; vorbeugende Maßnahmen zum Schutz der Wasserwege gegen Luftangriffe; Bombenschäden und Vernebelung der Rheinbrücken; Einsatzzahlen und anderes, die Luftabwehr betreffend; Gefährdung der Westwall-Verstärkung durch Ausfälle in der Zementerzeugung; Arbeitseinsatz zur Instandsetzung des Verkehrsnetzes (die von Bormann zugesagten Hilfskräfte aus den Schanzarbeiten immer noch nicht eingetroffen); Versorgung der Bevölkerung mit Reifen, Schuhen und Beleuchtungsmitteln; Sicherstellung des Nachrichtenverkehrs der Industrie; Fragen der Truppenbewaffnung und -ausrüstung; ausgezeichneter Eindruck der SS-Division z. V.; notwendige Änderung der Prioritäten im Stahlbau (Beseitigung der Verkehrsschäden und Wiederaufbau der Ruhrindustrie statt U-Boot-Bau); Nutzung der linksrheinischen Industrie zur direkten Frontversorgung; Einsetzung eines Rüstungsbevollmächtigten als Spitze des bereits bestehenden Ruhrstabes (voraussichtlich Vögler, vgl. Nr. 18206); und anderes. (Übermittlung an B. fraglich.)
W/H   108 00206 – 30 (1542)

23. 11. 44   RBfdtK, RKzl. – 40   18187
Grundsätzliches Einverständnis des Reichsbevollmächtigten für den totalen Kriegseinsatz und des Leiters der PKzl. über den "Entwurf einer Zweiten Anordnung über die Durchführung des totalen Kriegseinsatzes (Einziehung von Frauen zum Wehrmachteinsatz).
K   101 11136 f. (666 c)

[23. 11. 44]   Speer   18188
Das Entgegenkommen Bormanns bei der Abgabe von Raum und Gelände für Rüstungszwecke von Speer „dankbar anerkannt"; Verständnis S.s für die Unmöglichkeit der Unterbringung von Rüstungsbetrieben in Feldafing (wegen der Belange der Reichsschule der NSDAP).
W/H   108 00854 (1956)

[23. 11. 44]   RFSS   18189
Im Einvernehmen mit dem Leiter der PKzl. und dem Chef OKW erlassener Befehl über das Zusammenwirken von Wehrmacht und Volkssturm (Kommandounterstellung inner- und außerhalb des Bereichs der Feldwehrmacht).
W   107 01483 (425)

24. – 28. 11. 44   RFM, RKzl.   18190
Einverständnis der PKzl. mit der Schaffung von zwei weiteren Lehrstühlen (Ordinariat für Tierzucht und Extraordinariat für Agrikulturchemie) an der Landwirtschaftlichen Fakultät der Universität Rostock.
A/H   101 09778 – 83 (656 a)

24. 11. 44 – 18. 1. 45   RPM, RPostDir. Danzig, SSFHA, RFSS   18191
Einspruch des Reichspostministers beim SS-Führungshauptamt (Abschrift an die PKzl.) gegen die Beschlagnahme von posteigenen Wohngebäuden auf dem Gelände des neuen Truppenübungsplatzes Westpreußen durch die Waffen-SS: Abwicklung in ordnungswidriger Form; Gefahr politisch nachteiliger Auswirkungen (Unmut der verdrängten „deutschen Kriegerfrauen" über die Einweisung lettischer Soldatenfrauen). Bitte Bormanns an Himmler, die Angelegenheit „zur Zufriedenstellung der Beteiligten zu regeln". Über die Erledigung der Angelegenheit ein Vermerk: „Die Sowjets sind dort."
W/H   107 00793 – 98 (278)

26. 11. 44   RKzl.   18192
Zur Gewährleistung eines ordnungsgemäßen Dienstbetriebs und zur Erleichterung der Teilnahme am Dienst im Volkssturm Bitte um Zulassung einer betriebsgebundenen Volkssturmeinheit für die Reichskanzlei, eine Liste der für eine Aufnahme in diese Einheit in Betracht kommenden, selbst beim Aufruf des Volkssturms unentbehrlichen Gefolgschaftsmitglieder beigefügt.
K/H   101 12472 – 73/2 (692 b)

27. 11. 44   Himmler   18193
Durch Bormann Übersendung eines Schreibens des SA-Ostuf. Herbert Nerger, z. Zt. Panzergrenadier beim Pz.Gren.Ers.- und -Ausbau-Btl. 13: Kein ns. Geist, sondern Defätismus und Kapitulationsbereitschaft bei seinem Truppenteil und bei anderen Einheiten.
H   102 00472 – 76 (813); 320 00001 – 05 (1)

27. 11. 44   RMfEuL, Lammers   18194
Zustimmung Bormanns zur Eingliederung der staatlichen Fischereiämter für die Binnengewässer in die
Behörde der Oberpräsidenten in Preußen zwecks Verwaltungsvereinfachung.
M   101 02300 f. (217); 101 11072 (666 b)

27. 11. 44 – 15. 3. 45   Frhr. v. Lersner, GL Hessen-Nassau   18195
Ergebnislose Beschwerde eines Frhr. v. Lersner gegen die Beschlagnahme seiner Wohnung in Nieder-
Erlenbach (Oberhessen) zugunsten des Leiters des Rassenpolitischen Amts, Prof. Kranz (Institut für Erb-
forschung der Universität Frankfurt/Main).
W/H   302 00131 – 37 (Lersner)

28. 11. 44   DSt. Rosenberg   18196
Besprechung Utikals mit StSekr. Klopfer (PKzl.): Überbringung der von K. erbetenen Werke Lenins
(vgl. Nr. 18182); dabei Zurückkommen K.s auf seinen alten Plan eines Vortrags Rosenbergs in der
Reichsschule Feldafing vor einem besonders ausgewählten Kreis alter Parteigenossen aus der staatlichen
Verwaltung; Unterrichtung K.s über das erste „Europäische Gespräch" in Dresden (der in besonders engem Kontakt mit der Dienststelle Rosenberg [DSt.] stehende MinR Heym [recte Heim] von der PKzl.
an der Teilnahme verhindert gewesen); von K. größter Wert auf eine enge Zusammenarbeit mit der DSt.
gelegt. (Vgl. Nr. 18144.)
W   145 00038 f. (52)

28. 11. – 3. 12. 44   Lammers   18197
Mitteilung Bormanns: Mit der Begründung, Tapferkeit vor dem Feind und Verdienste in der Truppenführung nicht als Anlässe für die Verleihung des Ehrenbürgerrechts einer Universität anerkennen zu
können, Ablehnung des von der Universität Göttingen für Gen. d. Inf. Hoßbach beantragten Ehrenbürgerrechts durch Hitler. Durch Lammers Unterrichtung des Reichserziehungsministers (unter Ausdehnung auf alle akademischen Grade und Würden als wohl so vom „Führer im Auge gehabt").
K/H   101 15729 ff. (942 c)

29. 11. 44   RSHA u. a.   18198
Übersendung eines Runderlasses: Erlaubnis für die im freiwilligen Kriegs-Arbeitseinsatz befindlichen
ausländischen Studenten, weiterhin in Privatunterkünften zu wohnen; Dienstverpflichtung der übrigen
ausländischen Studenten unter Gleichstellung mit den sonstigen Zivilarbeitern.
W   112 00148 – 51 (166)

1. 12. 44 – 7. 1. 45   AA, Kroat. Ges., Chef Sipo   18199
Schriftwechsel über die konfessionelle Versorgung der kroatischen Arbeiter im Reich nach Anträgen der
Kroatischen Gesandtschaft auf Aufenthaltsgenehmigungen für zwei weitere Geistliche (zu zehn bereits
vorhandenen). (Die von der PKzl. erbetene Stellungnahme vermutlich wegen der weiteren Entwicklung
nicht mehr abgegeben.)
W/H   202 00853 – 60 (8/8 – 20 + 19/10 – 11)

2. 12. 44   AA   18200
Bitte um Stellungnahme zur Frage der (aus außenpolitischen Gründen vom Auswärtigen Amt für notwendig erachteten) weiteren Devisengenehmigung für die Beihilfe des Reichsverbands für das katholische Deutschtum im Ausland für den deutschen katholischen Seelsorger in Bilbao, Pater P. J. Huber.
W   202 01838 f. (14/1 – 12)

[2. 12. 44]   RB Dänemark   18201
Bei einem Besuch in Kopenhagen Anregung des MinR Heim, die der PKzl. „seit geraumer Zeit regelmäßig" zugehenden „Politischen Informationen für die deutschen Dienststellen in Dänemark" künftig
auch der Reichskanzlei (RKabR v. Stutterheim) zuzusenden. Die Ausgabe v. 1. 12. 44: Die politische
Entwicklung in Dänemark; Fortführung der Funktionen der aufgelösten dänischen Polizei; die Staatsfi-
nanzen; Ausschluß des Dr. Clausen aus der D.N.S.A.P.; sozialpolitische Aufklärungstätigkeit durch „So-
cial Raadgiving"; deutsche Jugend in Dänemark (Kinderlandverschickung, Wehrertüchtigungslager der
HJ); feindliche Stimmen über Dänemark.
H   101 25529 – 52 (1430)

2.—9. 12. 44   Goebbels, Lammers   18202
Von Goebbels erbetene und von Hitler über Bormann erteilte Genehmigung einer steuerfreien Ehrengabe von RM 30 000.— für den Komponisten Prof. E. N. v. Reznicek.
H   101 17768—71 (1087 a)

2.—9. 12. 44   RJM, RFM   18203
Vorschlag des Reichsjustizministers, luxemburgisches Vermögen im Inland wieder als feindliches Vermögen zu behandeln (erneut Unterstellung unter die Schutzverordnung vom 30. 5. 40). Keine Bedenken des Reichsfinanzministers.
H   101 21715 f. (1269 d)

3.—17. 12. 44   RKzl., RFM   18204
Einverständnis der PKzl. mit der Schaffung von drei Planstellen für den „Zweckverband Gaubahnen Wartheland".
A   101 09788—91 (656 a)

4. 12. 44   RMfRuK, RWiM, Dir. Hörtreiter   18205
Mitteilung des Reichsrüstungsministers über die erfolgte Bestellung des Dir. Hörtreiter zum Beauftragten für Instandhaltung und Wiederinstandsetzung unter Entbindung des durch die Altmaterialverwertung voll in Anspruch genommenen RK Heck von seiner Verantwortung für die Reparaturwirtschaft.
W   108 00564—67 (1763)

4.—6. 12. 44   Speer, Lammers   18206
Unter Vornahme einiger Änderungen in dem betreffenden Erlaßentwurf Einverständnis Bormanns mit der von Speer vorgeschlagenen Einsetzung eines Generalbevollmächtigten des Reichsrüstungsministers für das Rhein-Ruhr-Gebiet (Bestellung des GenDir. Albert Vögler) unter Übertragung seiner — S.s — Aufgaben als Chef des Ruhrstabes an diesen Rüstungsbevollmächtigten Rhein-Ruhr mit Genehmigung Hitlers. V.s Auftrag: Treffen aller ihm notwendig erscheinenden Entscheidungen auf dem Gebiet der Rüstung und Kriegsproduktion an Ort und Stelle ohne Rücksicht auf Sonderprogramme und Sondervollmachten. (Vgl. Nr. 18186.)
K/H   101 07743—47 (607); 108 00039 f. (322)

5. 12. 44   RArbF   18207
Unter Bezugnahme auf einen Presse-Aufruf über die Heranziehung von Mädchen zum Wehrmachthelferinnenkorps Bitte, die weiblichen Angehörigen des bereits gemusterten Jahrganges 1927 mit den RAD-Entscheiden „Heranziehung" oder „Zurückstellung" sowie die noch nicht herangezogenen Angehörigen älterer Jahrgänge zwecks Ableistung ihrer Arbeitsdienstpflicht vom Einsatz im Wehrmachthelferinnenkorps auszunehmen.
K/H   101 11138 (666 c)

6. 12. 44   Himmler, ODL Tießler   18208
Nach der Veranlassung einer ärztlichen Untersuchung des kv.-geschriebenen Organisationsleiters Lapp durch seinen Vorgesetzten, den Stellvertretenden Leiter im Arbeitsbereich Generalgouvernement der NSDAP, ODL Tießler, mit dem Ziel einer Freistellung L.s Kritik Himmlers an diesem Vorgehen unter Hinweis auf den „unendlichen Schaden" bei den Wehrersatzdienststellen.
K   102 00683 ff. (1236)

6.—18. 12. 44   Ohnesorge, Lammers   18209
Aufforderung Bormanns an Reichspostminister Ohnesorge, ähnlich wie der Reichsverkehrsminister in seinem Bereich einen Bevollmächtigten für Sofortmaßnahmen zur Sicherung der Nachrichtenverbindungen in dem vom Luftkrieg besonders getroffenen rheinisch-westfälischen Gebiet zu bestellen. Antwort O.s: Bereits im Juni 1943 Einrichtung des „Luftnothilfsdienstes" und Bestellung des MinR Lennertz zum Sonderbeauftragten; außerdem Abstellung des Postrats Wolff zum „Rhein-Ruhr-Stab" und Maßnahmen im Fernmeldewesen, um „immer wieder die wichtigsten Verbindungen durchzubringen".
H   101 08409—14 (638)

[7. 12. 44]   AA   18210
In einer Besprechung im Auswärtigen Amt Hinweis des Ges. Langmann auf die grundsätzlich erfol-

gende Abstimmung aller kirchenpolitischen Maßnahmen mit der PKzl. durch die Kulturpolitische Abteilung in Verbindung mit Inland I D.
W 202 01504, 507 (11/3 – 17 + 20/9)

7. 12. 44   RBfdtK, RKzl. u. a.   18211
Staatssekretärsbesprechung über Fragen des totalen Kriegseinsatzes: Die Deckung des Bedarfs für den Fraueneinsatz bei der Wehrmacht aus Freiwilligenmeldungen zu erhoffen; Nachprüfung der Organisation Todt (allgemeine Klagen über die dortigen Zustände, eine Umorganisation von Speer in Aussicht gestellt); die Rückführung von ca. 500 000 Menschen aus dem Westen erforderlich, Hinweis auf die am Widerstand des GL Wagner gescheiterte Evakuierung des Elsaß; Erfassung der in Privatbesitz befindlichen Uniformen (Rüge von Einzelaktionen der Gauleiter).
K   101 11073 ff. (666 b); 101 11140 f. (666 c); 101 11779 f. (682 a); 101 12314 ff. (692)

7. 12. 44   DF   18212
Führerbefehl über die Erziehung des künftigen Offiziers- bzw. Führernachwuchses des Heeres und der Waffen-SS in Nationalpolitischen Erziehungsanstalten, Adolf-Hitler-Schulen, der Reichsschule Feldafing und anderen Heimschulen; Durchführung durch den Reichsführer-SS in Zusammenarbeit mit dem Reichserziehungsminister und dem Leiter der PKzl.
W   107 00955 (310)

7.–19. 12. 44   SSHA, GBA, Gen. Wlassow, RSHA, AA, Gen. d. FrwVerb., RMfEuL,   18213
RBauernF u. a.
Besprechungen über die 14 Punkte des Gen. Wlassow (Angleichung der materiellen und rechtlichen Lage der russischen, ukrainischen und weißruthenischen Arbeiter an die der übrigen ausländischen Arbeiter); dabei teils Befürwortung der Anregungen W.s, teils Warnung, von einem Extrem ins andere zu fallen (besonders umstrittene Forderungen: Angleichung von Lebensmittelzuteilung und Arbeitslohn, Verbot von Handgreiflichkeiten, Abschaffung der Ostarbeiter-Abzeichen); Ergebnis: Abstimmung der gegenteiligen Auffassungen des SS-Hauptamts und des SS-Sicherheitshauptamts hinsichtlich der Behandlung einzelner Gruppen von Ostarbeitern; im Falle der Verzögerung einer umfassenden Neuregelung zwischenzeitliche Regelung für die mit einem Fremdenpaß ausgestatteten Ostarbeiter; Beschränkung der Neuregelung der Einsatzbedingungen auf die Erweiterung des von der Sonderregelung für Ostarbeiter befreiten Personenkreises, auf die steuerliche Gleichstellung mit deutschen Arbeitern bei Anwesenheit der Familien im Reich und auf die Ersetzung der Sozialausgleichsabgabe durch einen Beitrag zu einem Sonderfonds. – Feststellung in diesem Zusammenhang: Die bisherige Rußlandpolitik als falsch erwiesen, Rückkehr zu den von Hitler zu Beginn des Ostfeldzugs ausgegebenen Parolen.
W/H   112 00152 – 61 (166)

7. 12. 44 – 2. 1. 45   RJM, RMdI   18214
Durch den Reichsjustizminister Übersendung des Entwurfs einer Verordnung über die Stillegung der badischen und württembergischen Gemeindegerichte. Die Stellungnahme des Reichsinnenministers wegen der erforderlichen Anhörung des Badischen und des Württembergischen Innenministers verzögert.
A   101 06913 – 16 (567 a)

10. 12. 44 – 15. 1. 45   Lammers, RFM   18215
Frage des Reichsfinanzministers nach der Ermächtigung des RK Prof. Brandt, die – wie geschehen – aus Reichsmitteln (100 Mio. RM) erbauten Krankenhaus-Sonderanlagen unentgeltlich an die Träger der Stammkrankenhäuser (in der Regel Kommunalverbände) zu übergeben. Dazu Bormann: Eine solche Ermächtigung auch ihm nicht bekannt; die Regelung der Eigentumsfrage jedoch nicht vordringlich, hingegen die Überführung der Sonderanlagen in die Verwaltung der Träger der Stammkrankenhäuser notwendig und dringlich.
K/H   101 14004 – 09 (737 b); 153 00015 f. (512 – 2)

11. 12. 44   RJM   18216
Übersendung des *Entwurfs einer Verordnung zur Vereinfachung der Verwaltung von Aktiengesellschaften und anderen Personenvereinigungen.
M   101 03489 f. (352 a)

11. 12. 44   Lammers   18217
Übermittlung des Wortlauts einer Anfrage der Generalverwaltung des vormals regierenden Preußischen

Königshauses (GPK) über die Heranziehung der Prinzen zum Volkssturm, Verweisung der GPK an den in erster Linie zuständigen Leiter der PKzl.; Erwähnung einer in Vorbereitung befindlichen Sonderregelung über die Einberufung von Mitgliedern ehemals regierender Fürstenhäuser zum Volkssturm (Ausschluß wie bei der Wehrmacht).
K/H   101 12415 ff. (692 a)

11. 12. 44 – 22. 1. 45   RFSS/Pers. Stab   18218
Durch das SS-Hauptamt Herausgabe eines Neudruckes des „Immediatberichtes der Militär-Reorganisationskommission – Memel, 14. 11. 1807" zusammen mit zwei weiteren Dokumenten; in diesem Zusammenhang – negativ beschiedene – Anfrage wegen einer evtl. geplanten Herausgabe durch die PKzl.
W   107 00054 f. (156)

11. 12. 44 – 28. 1. 45   GL, RMfRuK, GBA, RVK u. a.   18219
Rundschreiben Bormanns an die Gauleiter mit Vorschlägen für den überbetrieblichen Arbeitskräfteeinsatz bei Fertigungsstockungen (dezentrale Planung unter Beachtung des Vorrangs der zentral gesteuerten Rüstungsproduktion, Einsatz nur für kriegswichtige Aufgaben, geschlossener Einsatz der Betriebsgefolgschaften, Nutzung von Arbeitspausen zur Volkssturmausbildung) und mit der Bitte um Stellungnahme. Nachfolgend gemeinsamer Erlaß B.s, Speers und des GL Sauckel zum selben Gegenstand, nunmehr abgestellt auf Fertigungsstockungen wegen Energieabschaltungen von Betrieben oder Betriebsteilen (bezirklicher Einsatz nach den besonderen Gegebenheiten der einzelnen Gaue; Vorrangigkeit der Abdeckung des Kräftebedarfs der Rüstungsbetriebe und aller wichtigen Aufgaben ohne nennenswerten Energieverbrauch, daneben Einsätze im Stellungsbau, zur Schrottsammlung, zum Holzeinschlag usw. sowie innerbetrieblicher Einsatz; gegenseitige Arbeitshilfe der Betriebe; Volkssturmausbildung u. a.).
W/H   108 00767 – 73 (1820)

12. 12. 44   AA   18220
Übermittlung einer Meldung des Deutschen Gesandten in Lissabon: Wegen seiner Sympathien für Pétain Enthebung des Abbé Brachet von seinem Posten an der französischen Schule in Lissabon durch die provisorische gaullistische Regierung.
W   202 01429 (10/14 – 25 + 20/7)

12. 12. 44   AA   18221
Übermittlung einer Meldung des Deutschen Gesandten in Stockholm: In der schwedischen Öffentlichkeit vermutlich politisch ungünstiger Eindruck einer Ablehnung des im Auswärtigen Amt vorliegenden Ersuchens der schwedischen Organisation Hjaelp Krigets Offer im Zusammenhang mit der Betreuung deutscher Kriegsgefangener und Zivilinternierter; Hilfsmaßnahmen deutschfreundlicher Kreise für deutsche Kinder oder Bombengeschädigte bislang an der Nichterteilung schwedischer Exportlizenzen und an deutscher Ablehnung gescheitert.
W   202 01658 f. (12/1 – 2 + 20/4)

12. – 16. 12. 44   RMdI, (HA) Orpo, (Chef) Sipo, RWiM, RMfEuL, AA, StSekr. Kritzinger   18222
Interne Berichte an Bormann über zwei interministerielle Besprechungen über die Aufnahme von etwa einer Million ungarischer Flüchtlinge im Reich: Festlegung der Aufnahmegaue (dabei die „Umsetzung" von Volksdeutschen aus dem Südosten erforderlich sowie die Absicherung Wiens vor den hereinströmenden Ungarn); Art der Unterbringung; Sicherheitsmaßnahmen gegen Agenteneinschleusung; Einsatz der Ungarn, u. a. der vielen Ärzte und der ungarischen Polizei; Zuständigkeiten für die Aktion auf deutscher Seite und Bildung einer gemischten Kommission; Unterbringung der ungarischen Regierung in der Nähe Berlins und ihre Kontakte zu den deutschen Ministerien. – In diesem Zusammenhang scharfe Verwahrung der PKzl. gegen das Verfahren (fälschlich Anführung ihrer Zustimmung) bei einem Runderlaß des Reichsinnenministers an die Reichsverteidigungskommissare in Linz, Breslau, Luxemburg und Dresden mit der Festsetzung der Aufnahmegaue für zunächst 150 000 Flüchtlinge.
H   101 26465 – 74 (1504)

12. 12. 44 – 1. 3. 45   RFSS/Pers. Stab, SSHA, OKL   18223
Von der PKzl. unterstütztes *Gesuch des Uffz. Werner Schindler um Versetzung von der Luftwaffe zur Waffen-SS.
W   107 00009 ff. (150)

13. 12. 44   RL, GL, VerbF   18224
Durch Bormann Bekanntgabe der Ernennung des Stv. GL Karl Gerland zum Gauleiter des Gaues Kurhessen der NSDAP.
W/H   306 00367 (Gerland)

13. – 16. 12. 44   GL, RL, VerbF, StSekr. Kritzinger   18225
Durch StSekr. Klopfer (PKzl.) an StSekr. Kritzinger (Reichskanzlei) Übersendung der Anordnung 413/44 (Briefkopf: Deutscher Volkssturm/Der Leiter der PKzl.) und der Bekanntgabe 446/44 (Briefkopf: Deutscher Volkssturm/Die Oberste Führung): Ausbildung der Volkssturmangehörigen und Abhaltung von Lehrgängen; Behandlung von Sonderfällen bei der Heranziehung zum Volkssturm (staatenlose Deutsche, Angehörige der Abteilungen 3 und 4 der Deutschen Volksliste, Absiedler aus den eingegliederten Gebieten, Protektorats- und Schutzangehörige, „stammesgleiche" Ausländer, „Juden und Zigeuner sowie deren Mischlinge", Vorbestrafte und aus der NSDAP Ausgestoßene, Homosexuelle u. a.).
K/H   101 12422 – 29 (692 b)

14. 12. 44   Himmler   18226
Bei einer Ansiedlung Überprüfung von reichsdeutschen Rückwanderern bereits durch die Auslands-Organisation (AO), eine nochmalige Überprüfung und Durchschleusung durch den Reichskommissar für die Festigung deutschen Volkstums daher nicht erforderlich; Bitte an Bormann, seiner Entscheidung über die Zuerkennung von reichsdeutschen Ansiedlerrechten die Überprüfungsergebnisse der AO zugrunde zu legen.
K/H   102 00752 f. (1427)

14. 12. 44   AA   18227
Übermittlung eines Kommentars der Zeitung Novidades (Lissabon) zur Verfolgung angeblich kollaborationistisch eingestellter katholischer Geistlicher und Würdenträger in Frankreich (vor allem des Erzbischofs von Paris).
W   202 00433 (5/2 – 18)

[14. 12. 44]   RJM   18228
Übersendung der Führerinformationen 187 und 188 des Reichsjustizministers: Räumungen von Gefangenenanstalten in den Grenzgebieten und Herabsetzung der Belegung in den Anstalten benachbarter Bezirke, Statistik der gegenwärtigen Belegung der Vollzugsanstalten; Anregung, die angebliche Großfürstin Anastasia im Rahmen der Wlassow-Aktion politisch zu benutzen.
H   101 28998 ff. (1559 b)

14. – 17. 12. 44   Himmler   18229
Mitteilung Bormanns über die beabsichtigte erhebliche Verstärkung des Wachkommandos auf dem Obersalzberg und über die – „nach verschiedenen Vorgängen" – dringende Notwendigkeit einer besonders sorgfältigen politischen Überprüfung sämtlicher Angehöriger der Führerwachtruppen. Entsprechender Befehl Himmlers.
W   107 01456 – 59 (425)

14. 12. 44 – 8. 1. 45   AA   18230
Mitteilungen über Frankreich: Der angebliche Tod des Pariser Nuntius Valeri nach Informationen aus dem Vatikan eine Falschmeldung; Ersetzung des wegen seiner Akkreditierung bei der Pétain-Regierung von de Gaulle abgelehnten V. durch den bisherigen Apostolischen Delegaten in Istanbul und Athen, Roncalli; die von der französischen Regierung gewünschte Absetzung der Kollaborateure unter den französischen Bischöfen laut Meldung eines englischen Korrespondenten wegen des Fehlens eines Konkordats nur schwer möglich.
W   202 00429 – 32 (5/2 – 18)

15. 12. 44 – 14. 2. 45   Lammers u. a.   18231
Besprechung in der PKzl. über eine geplante, als äußerst dringlich bezeichnete Sammlung zur Versorgung von Wehrmacht und Volkssturm mit Uniformen und Ausrüstungsgegenständen; um die Besonderheit der Aktion zu verdeutlichen und eine „einmalige Kraftanstrengung" des Volkes zu erreichen, Charakterisierung der Sammlung als „Volksopfer"; Dauer der Sammlung vom 8. – 31. 1. 45; Gegenstände der Sammlung: Spinnstoffe, Uniformen sowie für Wehrmacht und Volkssturm verwendbare Ausrüstungsgegenstände aller Art (Kochgeschirre, Koppel, Trageriemen etc.), insbesondere veruntreutes Heeresgut (bei Einhaltung der Ablieferungsfrist Straffreiheit zugesichert). Anordnung der PKzl. über die

Abgabe von Uniformen der Partei und ihrer Gliederungen mit einer Sonderregelung für die Politische-Leiter-Uniformen (Ausscheiden aus dem Gesamtaufkommen der Sammlung und Verfügung des Reichsschatzmeisters über diese Stücke [vgl. Nr. 18287]). Erfassung der Beamtenuniformen durch den Reichsinnenminister und die Ressortchefs; hierbei Klage Bormanns über „Mißverständnisse" bei einigen Dienststellen (Einrichtung eigener Annahmestellen zwecks Sicherung des Sammelguts zur Verwendung im eigenen Bereich): Auflage, das Aufkommen solcher eigenen Sammlungsaktionen dem Reichsbeauftragten der NSDAP für Altmaterialverwertung zu melden und zu seiner Verfügung zu halten.
K/H   101 11600 – 28 (680 b); 101 29171 (1648)

16. 12. 44 – 19. 1. 45   Speer   18232
In Übereinstimmung mit der Auffassung Bormanns die Bestellung von Gauleitern zu Vorsitzern der Rüstungskommissionen grundsätzlich nicht beabsichtigt, Berufung des GL Koch lediglich wegen des Notstandes in seinem Gau; in künftigen ähnlichen Fällen vorherige Abstimmung mit B. zugesagt. (Vgl. Nr. 18264.)
W   108 00629 (1768)

17. 12. 44   GenStab d. Heeres   18233
Verfügung über Bevorratung und ARLZ-Maßnahmen auf dem zivilen Sektor im Bereich der Ostfestungen: Bestellung eines Beauftragten der PKzl. zur unmittelbaren Zusammenarbeit mit dem Generalquartiermeister (GQ), von Gaufestungsbeauftragten sowie von Parteibeauftragten für jede einzelne Festung (der Entwurf einer entsprechenden Anordnung der PKzl. beigefügt); weitere vorbereitende Maßnahmen des GQ und des Reichsinnenministers; Aufgaben der in den Festungsbereichen zu bildenden Arbeitsstäbe und Regelung der Zusammenarbeit.
W/H   107 01201 – 08 (378)

18. 12. 44   GL Kärnten   18234
Antrag auf Verleihung des Deutschen Kreuzes in Silber an SS-Gruf. Odilo Globocnik wegen seiner außergewöhnlichen Verdienste beim Stellungsbau in Oberitalien.
M   306 00380 f. (Globocnik)

18. 12. 44 – 7. 2. 45   RL, GL, VerbF, StSekr. Kritzinger – 2, 4   18235
Durch StSekr. Klopfer (PKzl.) an StSekr. Kritzinger (Reichskanzlei) Übersendung der Anordnungen 2/45, 9/45 und 455/44 sowie des Rundschreibens 4/45 (Briefköpfe: Deutscher Volkssturm/Der Leiter der PKzl. [Stabsführer]): Heranziehung von Ausländern und Staatenlosen; Ausnützung von Fertigungsstockungen zur Ausbildung im Volkssturm; Einkleidung und Ausrüstung für den Einsatz; Eingliederung von Angehörigen aus dem Bereich des Reichswirtschaftsministers.
K   101 12451 – 57 (692 b)

19. 12. 44   Meissner, Lammers   18236
Durch Bormann übermittelte Entscheidung Hitlers, drei Angehörigen der Dienststelle des Reichskommissars Norwegen (RegR v. Stackelberg, SA-Stubaf. Baberske und LandwirtschaftsR Marre) für Verdienste bei der Räumung Nord-Norwegens das Kriegsverdienstkreuz 1. Klasse mit Schwertern zu verleihen.
W   101 08988 ff. (649 b)

20. – 21. 12. 44   GL Rainer, Himmler   18237
Bericht des GL Rainer über einen Besuch in Agram gemeinsam mit GL Uiberreither: Gespräche mit den dortigen deutschen Vertretern und mit dem Poglavnik über die Durchschleusung von deutschfreundlichen Kroaten für den Fall einer Räumung; Charakterisierung der Gesprächspartner SS-Gruf. Kammerhofer, Ges. Kasche („Reichsvertretung wie im tiefsten Frieden"), GFM Weichs („vornehmer müder alter Herr ohne Initiative"), Poglavnik (mit ihm „Dinge zu drehen"). Durch Bormann Übersendung einer Abschrift an Himmler.
M/H   102 00189 – 92 (319); 102 00477 f. (819); 306 00613 ff. (Kammerhofer)

[21. 12. 44]   Himmler   18238
Weiterleitung eines Vorschlags von GenLt. Seidemann (verbesserte Fliegerdeckungslöcher).
K   101 11249 (667 b)

21. 12. 44 – 8. 1. 45   Rust, Prof. Gebhardt, Lammers, Himmler   18239
Beschwerde Rusts über eine ihm durch Prof. Rostock übermittelte „Weisung" Himmlers, den an der

Universität Berlin freiwerdenden Lehrstuhl für Geschichte der Medizin mit einem Dr. Gottlieb, bislang Dozent an der SS-ärztlichen Akademie Graz, zu besetzen. Beilegung der Angelegenheit durch eine Rostock von H. erteilte Rüge, einen „Wunsch" total falsch verstanden und übermittelt zu haben.
H   101 18749 – 55 (1153); 102 00719 – 22 (1353); 302 00199 – 202 (Rostock)

22. 12. 44   GL Grohé, GL Simon, RMfRuK u. a.   18240
Anweisung Bormanns, hinter der Angriffsfront der Heeresgruppe B das Volksaufgebot unter Aussetzung des Stellungsbaus zur Wiederinstandsetzung des Straßennetzes einzusetzen.
W   108 00490 f. (1622)

22. 12. 44   AA   18241
Bitte um Stellungnahme zu dem Vorschlag der Deutschen Botschaft in Fasano, den italienischen Pater Eusebio, einen „überzeugten Anhänger des Faschismus und der Zusammenarbeit mit Deutschland", für Vorträge in italienischen Arbeitslagern in Deutschland einzusetzen.
W   202 00692 f. (7/10 – 18 + 19/8)

22. – 27. 12. 44   AA   18242
Übersendung von Berichten über die kirchenpolitische Lage in Frankreich: Reklamierung eines starken Anteils an der Widerstandsbewegung durch führende protestantische Geistliche, dagegen die Herstellung einer Verbindung von Widerstand und Kirche von den führenden katholischen Geistlichen vermieden (während der Besatzung zahlreiche Erklärungen gegen den Terrorismus); Anerkennung der Legalität der provisorischen Regierung durch die Katholische Kirche bei gleichzeitigem Eintreten gegen die augenblicklichen Verfolgungen und für eine Amnestie; Linkswendung der Katholischen Kirche, aber der Streit um die konfessionellen Schulen das Haupthindernis für die von den Kommunisten gewünschte Volksfront unter Beteiligung von Katholiken.
W   202 00559 f., 562 – 65 (5/19 – 21 + 19/6)

22. 12. 44 – 22. 1. 45   RArbF, RMdI   18243
Übersendung des *Entwurfs bzw. von *Abdrucken der Anordnung über die Umwandlung der für den Wehrmachteinsatz des weiblichen Arbeitsdienstes ausgesprochenen Dienstverpflichtungen in Notdienstverpflichtungen (entsprechend der Überführung der bisherigen Truppen- und Stabshelferinnen in das Wehrmachthelferinnenkorps).
K   101 11139, 142 (666 c)

Nicht belegt.   18244

26. 12. 44   Himmler   18245
Angesichts der negativen Haltung der Bevölkerung im Kreis Düren Vorschlag der Einsetzung eines „besonders tüchtigen Kreisleiters" zur Änderung der Verhältnisse.
K   102 00321/1 (751)

26. 12. 44 – 8. 1. 45   Speer   18245 a
Antwort auf *Vorschläge Bormanns: Durch die damit erzielten Leistungserfolge (z. B. bei der Panzerfaust-Fertigung) die Ausschüttung von Leistungsprämien an Rüstungsarbeiter trotz gewisser Nachteile gerechtfertigt.
W/H   108 00851 ff. (1956)

27. 12. 44   AA, Ev. Ges. f. d. protestant. Deutschen in Südamerika   18246
Durch das Auswärtige Amt Übersendung eines von Pfarrer i. R. M. Dedekind (Wuppertal-Barmen) versandten Rundschreibens der Evangelischen Gesellschaft für die protestantischen Deutschen in Südamerika (Mitteilungen verschiedener Art mit gegen die USA und den Bolschewismus gerichteter Tendenz).
W/H   202 01874 ff. (15/1 – 10 + 20/13)

27. 12. 44   AA   18247
Übermittlung einer Meldung des Deutschen Botschafters beim Vatikan: Nach Amtsniederlegung des Vichy-Botschafters im August nunmehr Anerkennung der provisorischen französischen Regierung durch den Vatikan.
W   202 00561 (5/19 – 21 + 19/6)

27. 12. 44 — 8. 1. 45   AA   18248
Übermittlung von Meldungen des Deutschen Konsulats in Genf und der Transocean-Europapress: Kommunistischer antiklerikaler Terror (vor allem Ermordung von Geistlichen) in Hochsavoyen; Ende der Attentate in Straßburg nach der Ersetzung der französischen durch amerikanische Truppen; Schwierigkeiten im Elsaß wegen der bei der dortigen Bevölkerung durch ns., insbesondere (latent immer schon vorhanden gewesene) antisemitische Ideen hinterlassenen „tiefen Spuren".
W   202 00461 — 65 (5/19 — 21 + 19/6)

30. 12. 44   AA, Dän. Ges.   18249
Zur Kenntnisnahme Übersendung von Bitten der Dänischen Gesandtschaft, dem zur Betreuung der dänischen Arbeiter in Deutschland eingesetzten Seelsorgergehilfen Poul Jensen eine Reiseerlaubnisbescheinigung zu erteilen; vom Auswärtigen Amt J. nicht als Geistlicher anerkannt.
W   202 00039 — 42 (1/18 — 20 + 19/4)

30. 12. 44   AA, Dt. Ges. Lissabon   18250
Bitte des Auswärtigen Amts um Stellungnahme zu einem Vorschlag der Deutschen Gesandtschaft in Lissabon, die Finanzierung der Deutschen Evangelischen Kirchengemeinde in Lissabon betreffend (aus dem Verkaufserlös in Lissabon lagernder Wolldecken einer deutschen Firma).
W/H   202 01271 f. (10/14 — 25 + 20/7)

30. 12. 44   AA   18251
Unter Hinweis auf differierende ausländische Meldungen Anfrage nach der Heranziehung katholischer und evangelischer Geistlicher zum Volkssturm.
W   202 01657 (12/1 — 2 + 20/4)

30. 12. 44 — [20. 1. 45]   SS-Ogruf. Pohl, Himmler   18252
Bericht des Chefs des SS-Wirtschafts-Verwaltungshauptamts (WVHA) an Himmler (Durchdruck an Bormann) über die nunmehr aus Sicherheitsgründen nicht mehr direkt, sondern über die Küchenverwaltung des WVHA erfolgende Beschaffung sämtlicher Lebensmittel für die Hausintendantur Hitlers (vgl. Nr. 17850) sowie über die mit der neuen Regelung verbundenen Probleme (die Erfüllung von Sonderwünschen schwieriger); Erwähnung der Anweisung B.s, die Versorgung der Reichskanzlei-Verpflegungsteilnehmer grundsätzlich nach den geltenden Bestimmungen durchzuführen. Auftrag Himmlers an SS-Ogruf. Pohl, B. über die Verstöße der Hausintendantur gegen diese Regelung durch eigenmächtige unmittelbare Beschaffungen zu informieren.
W/H   107 00441 ff. (199)

31. 12. 44   Himmler   18253
Unter Hinweis auf die bekannten Vorschriften über die Meldung aller beschlagnahmten Kunstwerke u. ä. bei vier Sachbearbeitern Hitlers (für Gemälde und Plastiken Prof. Voss, für Waffen Prof. Ruprecht, für Münzen und Medaillen Dir. Dworschak, für Bücher und Schrifttum Wolffhardt) zwecks späterer Zuweisung an die Linzer und andere Sammlungen Beschwerde Bormanns über unmittelbare Verwertungen durch SD-Dienststellen.
K/H   102 00749 f. (1418)

[31. 12. 44]   Speer   18254
Bitte, durch entsprechende Unterrichtung des Stv. GL Holz dem zweieinhalb Jahre im Rüstungsministerium tätig gewesenen, von Hitler wegen seiner Verdienste besonders gewürdigten Obgm. Liebel die bevorstehende Wiederaufnahme seines Amtes als Stadtoberhaupt von Nürnberg zu erleichtern. (Undatiert, unsigniert.)
W   108 00528 ff. (1631)

1. — 6. 1. 45   Lammers   18255
Klage (mit handschriftlichem Konzept und Reinkonzept) über die Lockerung seiner „dienstlichen und persönlichen Verbundenheit" mit Bormann und über sein „Abgehängtsein" von Hitler und dem Führerhauptquartier (FHQ) seit der am 21. 10. 44 befohlenen Aufgabe seines dem FHQ angeschlossenen Feldquartiers: Kein Vortrag bei H. mehr seit dem 24. 9., deshalb die Erledigung vieler, auch kriegswichtiger Angelegenheiten dringend; Bitte, ihm wenigstens ein „kurzes Vorsprechen" bei H. zu ermöglichen zur Unterbreitung von Vorschlägen für das weitere Funktionieren des Staatsapparats, insbesondere durch Delegierung von Entscheidungsbefugnissen auf andere Stellen; unter Hinweis auf ihre frühere „erfolg- und segensreiche" Zusammenarbeit Vorwurf an B., ihm seit Monaten aus dem Wege zu gehen und sich

verleugnen zu lassen (insbesondere bei B.s Berlin-Aufenthalt im Dezember); Rechtfertigung seiner an H.s Persönliche Adjutantur eingereichten Führer-Informationen, der vermuteten Ursache einer Verstimmung B.s, als Ultima ratio und im übrigen von B. selbst empfohlen; unter Betonung seiner ständigen Kooperationsbereitschaft Beschwerde über B.s Mißachtung seiner Mitwirkung und Beteiligung an verschiedenen Angelegenheiten in der letzten Zeit (Errichtung des Volkssturms, Meinungsverschiedenheiten mit StM Frank über den Stellungsbau im Protektorat, Führererlaß über den Jugendführer des Deutschen Reichs); Bitte, eine etwaige, nur Dritten dienliche Mißstimmung zwischen ihnen beiden durch eine offene Aussprache zu beseitigen. Dazu B.: Nach Vortrag der Sorgen Lammers' von H. ein Termin in der übernächsten Woche in Aussicht genommen, im übrigen alles nur Mißverständnisse (der Protektoratsstellungsbau direkter Auftrag H.s, die beiden übrigen von L. angeführten Fälle reine Parteiangelegenheiten) oder Terminschwierigkeiten (der Berlin-Aufenthalt des FHQ de facto in Mecklenburg verbracht).
H   101 29960–30009 (1641)

3.–5. 1. 45   Speer   18256
Trotz schwerer Bedenken Speers (mengenmäßige und insbesondere qualitative Produktionsrückgänge, der Totalschutz für wichtigste Programme nicht mehr gewährleistet) Entscheidung Hitlers im Beisein Bormanns für eine weitere Freigabe uk.-gestellter Kräfte aus der Rüstung für die Einziehung zur Wehrmacht.
W/H   108 00079 f. (1511)

5. 1. 45   SS-Ogruf. Berger, SD-Leitabschnitt Danzig   18257
Durch das SS-Hauptamt Übersendung eines Berichts des SD-Leitabschnitts Danzig über die Verschärfung der Situation in Danzig-Westpreußen (offenes Bekenntnis eines großen Teils der Angehörigen der Volksliste III zum Polentum, Gefahr eines Aufstands; die Verhältnisse im Warthegau vielleicht etwas, jedoch nicht grundlegend besser) mit der dringenden Bitte, sofort einen Befehl zur Bewaffnung der dortigen Deutschen zu erlassen.
W/H   107 01191–95 (378)

6. 1. 45   RMfRuK   18258
Unter Hinweis auf seine Ermächtigung durch einen Erlaß Hitlers Bitte um Auskunft über Lagerbestände an Rohstoffen, Halbfertig- und Fertigwaren seitens der Staats-, Wehrmacht- und Parteidienststellen; angesichts der Erzeugungslage Notwendigkeit, alle vorhandenen Lagerreserven zur Entlastung und Steuerung der Produktion auszuschöpfen.
W/H   108 00633 ff. (1768)

6. 1. 45   RMfRuK, RMarschall   18259
Durch den Reichsrüstungsminister (RRM) Übersendung von zwei Erlassen: Nach dem Ausscheiden des StR Schieber (vgl. Nr. 18158) Auflösung der Zentralstelle für Generatoren durch Erlaß Görings; durch den RRM Übertragung der Aufgaben der Zentralstelle auf den Generalbeauftragten für Kraftfahrzeuginstandsetzung und Generatoreneinbau mit der künftigen Dienstbezeichnung „Der Generalbeauftragte für Kraftfahrzeuginstandsetzung und Generatoren", dessen Verantwortlichkeit für die Generatoraktion.
W/H   101 03563 ff. (357 a); 108 00560–63 (1763)

6.–[25.] 1. 45   Goebbels, Lammers   18260
Durch Bormann Übermittlung des Einverständnisses Hitlers mit der von Goebbels vorgeschlagenen Inspektion der deutschen Dienststellen in Dänemark zwecks Anpassung an die Erfordernisse des totalen Krieges (dieser Sonderauftrag erforderlich wegen der Zweifel der PKzl. an der Verwendbarkeit der vorhandenen Vollmachten). Beauftragung Bouhlers mit der Durchführung der Inspektion.
K/H   101 11076–82 (666 b)

6.–30. 1. 45   Speer   18261
*Schriftwechsel über den Einsatz des Volksaufgebots zum Bau von Flugplätzen.
W   108 00263 (1580)

8. 1. 45   AA   18262
Übermittlung eines Berichts der Deutschen Botschaft beim Vatikan über die unterschiedlichen Kommentare der italienischen Presse zum französisch-sowjetischen Pakt und zur Polen-Rede Churchills.
W   202 00481 (5/19–21 + 19/6)

Nicht belegt.   18263

[8. 1. 45]   Speer   18264
Durch die Einsetzung des GL Koch als Vorsitzer der Rüstungskommission Speer auch von seiten Bormanns keine Unannehmlichkeiten entstanden. (Vgl. Nr. 18232.)
W   108 00285 (1587)

8. – 19. 1. 45   Stv. GL Stöhr, Speer   18265
Laut Speer das angebliche Stilliegen von Lkw-Kolonnen seines Transportkorps wegen Treibstoffmangels ein Gerücht; die gewünschte Abgabe von Kolonnen an Stv. GL Stöhr daher nicht möglich. (Abschrift an Bormann.)
W   108 00862 f. (1956)

10. 1. 45   PräsKzl.   18266
Mitteilung der Entscheidung Hitlers, den Trägern des Ritterkreuzes des Kriegsverdienstkreuzes und ihren Hinterbliebenen ebenso wie den Trägern des Ritterkreuzes des Eisernen Kreuzes eine Sonderbetreuung zukommen zu lassen (Beihilfen oder Renten in Notlagen).
W   113 00019 (6)

10. – 16. 1. 45   Himmler   18267
Durch Bormann Übersendung eines von ihm diktierten Aktenvermerks über das gespannte Verhältnis zwischen Reichsjugendführung (RJF) und NS-Fliegerkorps (NSFK), insbesondere über eine Unterhaltung mit Axmann (dessen Mitteilung über Vorwürfe Görings, aus der Jugend nicht den genügenden Nachersatz zu bekommen) und über einen empörten Telefonanruf G.s: Nunmehr Ausartung des „ewig latenten Gegensatzes" zwischen RJF und NSFK zu einem offenen Zwist, angeblich bei der Gauleitertagung über diese Frage bevorstehend; eine von B. dem entgegengehaltene Bemerkung A.s in einem Gespräch mit ihm über die „Uninteressiertheit" der RJF am NSFK von G. als „Schwindel" bezeichnet (darüber bei Bekanntwerden „homerisches Gelächter" der „Männer des NSFK"), in Wirklichkeit „intensiver Kampf" der RJF, um „den Segelflug völlig in die eigene Hand" zu bekommen (Nachersatz für die Luftwaffe nur bei Übergang des Segelsports in die Hand der Jugend); dies – so die wiederholte Versicherung B.s – von ihm nicht veranlaßt und das Thema seit acht Wochen von ihm überhaupt nicht mehr erörtert, damals lediglich Vorbereitung einer Besprechung mit G. über die etwaige Eingliederung des NSFK in die NSDAP; die Übersendung einer ihm zugegangenen Denkschrift der RJF von G. zugesagt. In diesem Zusammenhang erwähnt: Differenzen auch zwischen Luftwaffe und NSFK; die künftige Organisation der nachmilitärischen Ausbildung (der Waffen-SS-Männer durch die Allgemeine SS, der Marinemänner durch die Marine-SA, der zu Motorverbänden gehörenden Männer durch das NSKK, der Luftwaffen-Männer durch das NSFK und des Gros der wehrfähigen Männer durch die SA).
W/H   107 00428 – 34 (199)

10. – 18. 1. 45   RFSS/Pers. Stab   18268
Von der PKzl. unterstützte Bitte des Altparteigenossen Uffz. Herbert Peter um Übernahme in die Waffen-SS.
K   102 00220 f. (409)

13. – 28. 1. 45   RKzl.   18269
Zustimmung der PKzl. zur Schaffung einer Studienratsstelle bei der Glashütter Meisterschule des Uhrenhandwerks (Kriegswichtigkeit durch Uhrentechnikforschung gemäß Vereinbarung mit dem OKM).
A   101 09810 ff. (656 b)

[14. 1. 45]   Lammers   18270
Unterredung mit Bormann über eine eventuelle Neuregelung der Nachfolge und Stellvertretung Hitlers nach Görings Prestigeverlust (B. zu dem von L. angeregten Vortrag: Im Fall einer Erstregelung derzeit die Bestimmung G.s als Nachfolger wenig wahrscheinlich, andererseits die Aufhebung der getroffenen Bestimmung durch H. nicht zu erwarten).
H   101 30010, 017 (1641)

16. 1. 45   OKW   18271
Übersendung des *Entwurfs einer Verordnung über die Entlassung von Wehrmachtangehörigen (aufgrund des Führererlasses über die Verfolgung politischer Straftaten von Angehörigen der Wehrmacht, der Waffen-SS und der Polizei).
H   101 22539 f. (1284)

16. 1. 45   OKW   18272
Übersendung einer Verfügung: Wegen der angespannten Spinnstofflage die Rückgabe der von den Wehrmachtteilen eigenmächtig an die Wehrmachthelferinnen (außer an die Flakwaffenhelferinnen der Luftwaffe und der Kriegsmarine) ausgegebenen Dienstbekleidung geboten; bei künftigen Einstellungen von Helferinnen Aufforderung zum Mitbringen eigener Bekleidung, Wäsche, Ausrüstung und Schuhe sowie deren Ankauf nach Abschätzung und buchmäßige Nachweisung durch die einstellenden Dienststellen.
H   101 22386 f. (1278)

Nicht belegt.   18273

17. 1. 45   WFSt.   18274
Vorschläge des Stv. Generalkommandos IX. AK für weitere Lazarettstädte: Bad Köstritz, Wilhelmsthal, Oberhof, Schwarzburg.
W/H   108 00692 (1786)

17.–28. 1. 45   RKzl.   18275
Zustimmung Bormanns zur Neuschaffung bzw. Hebung von Planstellen im Auswärtigen Dienst, bei der Reichsschuldenverwaltung und im Bereich des Reichsforstamtes für das Rechnungsjahr 1944.
A   101 09832 ff. (656 b)

17. 1.–9. 2. 45   RFSS   18276
Durch die PKzl. Übersendung eines *Berichtes der Gauleitung Bayreuth über die Behandlung von kriegsgefangenen SS-Angehörigen in Südfrankreich.
K   102 00390 f. (778)

18. 1. 45   AA, Pastor Dahlgrün   18277
Bitte des Auswärtigen Amts um eine grundsätzliche Stellungnahme zu der Bitte des Pfarrers der Deutschen Evangelischen Gemeinde in Rom, Erich Dahlgrün, an die Schweizerische Gesandtschaft in Rom als Schutzmachtvertretung um Hilfe bei der Beitreibung der vom Kirchlichen Außenamt der Deutschen Evangelischen Kirche ausstehenden Zahlungen (Gemeindebeihilfe, Gebäudeinstandhaltung, Pfarrbesoldung).
W/H   202 00579–82 (7/1–9)

19. 1. 45   RMfRuK   18278
Bei Räumungen feindbedrohter Gebiete Vorrang der Rückführung wichtiger Rohstoffe, Halb- und Fertigfabrikate vor der Rückführung von Maschinen; Hinweis auf die nach wie vor auf Lähmung, nicht aber Zerstörung feindbedrohter Industrieanlagen lautende Weisung Hitlers; Bitte um entsprechende Benachrichtigung der Reichsverteidigungskommissare durch die PKzl.
W   108 00325 (1606); 108 00810, 855 f. (1956)

19. 1. 45   RMfRuK   18279
Bitte um Zustimmung zu einer vorgesehenen *Anordnung zur Vereinfachung von Bauabrechnungen.
K   101 11781 (682 a)

20. 1. 45   Speer   18280
Unter Hinweis auf die bevorstehende Einziehung von 45 000 Mann aus dem Kohlebergbau Bitte um Rückgabe der Bergleute und der Baufacharbeiter aus dem Stellungsbau bzw. aus der Verkehrsnetzinstandsetzung.
W/H   108 00488 f. (1615)

21. 1. 45   RKzl.   18281
Laut Mitteilung von StSekr. Klopfer (PKzl.) Aufnahme von 100 000 Flüchtlingen aus dem Osten im Protektorat „auf Druck des Reichsinnenministers", weitere Forderungen an StM Frank erwartet; Billigung der Maßnahmen durch Bormann.
A   101 23452 (1327 b)

[21. 1. 45]   SS-Ogruf. Berger   18282
Wiederholte Anfragen nach dem in amerikanische Gefangenschaft geratenen SS-Ustuf. Friedrich

Schmidt wegen der Gerüchte über einen sowjetrussischen Auslieferungsantrag (diese wohl unbegründet, Sch. – in den letzten Jahren politisch nicht mehr hervorgetreten – von den Amerikanern gewiß nicht gleich als der HBefL Sch. identifiziert; die Gerüchte vermutlich von „jüngeren Herren der politischen Leitung aus Wichtigtuerei in die Welt gesetzt"). Von der PKzl. eine Antwort in den nächsten Tagen zugesagt, dies – so SS-Ogruf. Berger an Himmler – bei der PKzl. jedoch „ein dehnbarer Begriff".
M/H 306 00841 f. (Schmidt, F.)

22. 1. 45 Speer u. a. 18283
Zur Versorgung von Eckpfeilerbetrieben Einrichtung einer begrenzten Anzahl dem Verfügungsrecht der Reichsverteidigungskommissare auch bei noch so großen Notständen entzogener „Reichskohlenzüge" (Reiko); unter Übersendung eines diesbezüglichen Erlasses sowie unter Hinweis auf entsprechende Vorkommnisse Bitte an Bormann, Rückgriffe der Gauleiter auf diese Züge zu verhindern.
W/H 108 00849 f. (1956)

23. 1. 45 AA 18284
Mitteilung der PKzl. über Bedenken des GL Uiberreither wegen der Aufnahme der kroatischen Regierung in seinem Gau; Anregung, sie weiter im Innern des Reichs unterzubringen.
M 203 03207 (87/4)

23.–24. 1. 45 StSekr. Kritzinger 18285
Mitteilungen des StSekr. Klopfer (PKzl.): Vom Rüstungsministerium erwirkt ein Führerbefehl über die Beauftragung der Partei mit Feststellungen über den Verbleib von Rüstungsgütern auf den Eisenbahnen (Grund die durch den Luftkrieg und die Ereignisse im Osten bedingte Umleitung von Transporten und damit das Verschwinden dringend benötigter Rüstungsgüter); „selbstverständlich" Verstimmung im Reichsverkehrsministerium über die bevorstehende Aktion, jedoch Anbahnung einer befriedigenden Lösung.
H 101 08415 f. (638)

23.–31. 1. 45 RMfRuK 18286
Unterrichtung über die Festlegung eines Notprogramms der Rüstungsfertigung (eine dreizehn Positionen enthaltende Liste der darin aufzunehmenden Waffen und Geräte) sowie über einen Führererlaß über die Freistellung der im Notprogramm beschäftigten Facharbeiter von jeder Einziehung und des für das Notprogramm erforderlichen Transportraums von jeder Beschlagnahme.
W/H 108 00143 ff. (1533); 108 00847 f. (1956)

24. 1. 45 Speer 18287
Wegen des Bedarfs an Uniformen für den Volkssturm Bitte um Aufhebung der Anweisung Schwarz', die im Rahmen des Volksopfers aufkommenden Parteiuniformen für Parteizwecke zurückzustellen (vgl. Nr. 18231 und 18361).
W 108 00820 (1956)

25. 1. 45 RBauernF 18288
Ablehnung des Entwurfs eines neuen Polen-Abzeichens (rot-weißer Schild mit Ähre) durch den Reichsführer-SS und die GL Greiser und Forster (vor allem wegen der Verwendung der polnischen Nationalfarben), Befürwortung durch die PKzl. u. a. (gerade zum gegenwärtigen Zeitpunkt „psychologisch denkbar glücklich"); Schwierigkeiten auch mit anderen Wappenentwürfen.
W/H 112 00169 f. (174)

27. 1. 45 Lammers, RMfVuP 18289
Durch Bormann übermitteltes Einverständnis Hitlers mit dem Vorschlag des Reichsbevollmächtigten für den totalen Kriegseinsatz, Volkssturmangehörige zur Gefangenenbewachung und zum Objektschutz einzusetzen.
K 101 12449 ff. (692 b)

27.–29. 1. 45 RKzl. 18290
Durch Bormann Mitzeichnung eines Führererlasses über die Ausnutzung von Lagerbeständen im Osten (Ermächtigung der Gauleiter und Reichsverteidigungskommissare, über gewisse Lagerbestände zu verfügen). Bitte Lammers' an B., die in Betracht kommenden Gauleiter zu unterrichten.
K 101 07765–70 (607 a)

27. 1.–8. 2. 45   Himmler   18291
Durch Bormann Übersendung einer „lesenswerten" Niederschrift seines Mitarbeiters Dotzler über den „Aufbau einer Widerstandsbewegung in den von den Bolschewisten besetzten deutschen Ostgebieten" (Schaffung einer breiten, alle antibolschewistischen Kräfte einschließenden Widerstandsfront unter Leitung einer kleinen Führungsgruppe aus Männern des SD und der PKzl.). Dank Himmlers („das eine oder andere" verwertbar); Mitteilung über seine Anweisung an SS-Ogruf. Prützmann, über dessen Sonderauftrag B. Vortrag zu halten.
K/W/H   102 00479–83 (832)

28. 1. 45   RMfRuK, GL   18292
Auf Veranlassung Speers Anweisung Bormanns an die Gauleiter, aus den Betrieben des Rüstungsnotprogramms (vgl. Nr. 18286) Einziehungen zum Volkssturm möglichst nicht vorzunehmen.
W   108 00818 f. (1956)

28. 1. 45   Lammers   18292 a
Nach der durch den Reichsfinanzminister erfolgten Verlängerung der Geltungsdauer des ordentlichen Haushalts des Reichshaushaltsplans für 1944 bis zum Ende des Rechnungsjahres 1945 Aufzählung der 1944 im Einzelplan I unter Kapitel 4 (PKzl.) ausgewiesenen Planstellen (1 Staatssekretär, 1 Ministerialdirektor, 1 Ministerialdirigent, 11 Ministerialräte, 9 Oberregierungsräte, 3 Regierungsräte und 7 Amtmänner und Inspektoren) mit der Bitte um Angabe etwaiger Änderungswünsche.
H   101 15372–82, 385 ff. (929)

29. 1.–9. 2. 45   Lammers   18293
Durch Bormann übermittelte Weisung Hitlers, an den Generaldirektor der Bayerischen Museen, Prof. Buchner, für dessen laufende Begutachtung insbesondere von Gemälden eine einmalige Aufwandsentschädigung von RM 30 000.– zu zahlen. Durch Lammers Veranlassung der Überweisung des Betrages aus den Verfügungsmitteln H.s.
H   101 17772 ff. (1087 a)

30. 1. 45   Speer   18294
Übersendung der Prognose über die Rüstungslage im Februar/März 1945 nach dem Verlust Oberschlesiens: Drohender Zusammenbruch der Wirtschaft wegen der stark gesunkenen Kohleversorgung und Rohstahlerzeugung; die Deckung des Rüstungsbedarfs unmöglich (listenmäßige Aufstellung der lediglich in auslaufender Fertigung noch zu erwartenden Waffen- und Munitionsproduktion); die materielle Überlegenheit des Gegners auch durch die Tapferkeit der Soldaten nicht mehr auszugleichen.
W/H   108 00146–61 (1535)

[30. 1. 45]   KrL Rampf   18295
Der Kreisleiter von Bromberg, Rampf, durch den Leiter der PKzl. degradiert und aus der Partei ausgestoßen.
K/H   101 12316/1 f. (692)

31. 1. 45   RFSS/Pers. Stab   18296
Übersendung des *Schreibens eines SA-Stuf. Cammann (Reichenau), die Sammlung von Dolchen und ihre Verwendung für den Volkssturm betreffend.
K   102 00271 (668)

31. 1. 45   Oberste RBeh.   18297
Mitteilung der PKzl.: Wegen der Verkehrserschwerungen neue Postanschrift (nur: Berlin W 8 ohne Straßenangabe) für sämtliche Postsendungen an Bormann und die PKzl., Einrichtung eines Abholdienstes beim Postamt Berlin W 8; unter dieser Anschrift ebenfalls schnellere Beförderung (als auf dem normalen Postweg) der in München zu behandelnden Schreiben infolge täglicher Kurierverbindung zwischen der Berliner und der Münchner PKzl.-Dienststelle.
M/H   101 07305 (583 a); 101 20737 (1213 a)

Febr. 45   RFSS/Pers. Stab   18298
Im Februar 1945 zu erwartende Überweisung von RM 50 000.– zugunsten des Sonderkontos „R" durch Bormann.
M   306 01069 f. (Wolff)

1.2.45   Goebbels, Lammers   18299
Durch Bormann Übermittlung der Entscheidung Hitlers auf eine Vorlage des Reichsbevollmächtigten für den totalen Kriegseinsatz über Inspektionen in den Niederlanden und in Norwegen: Auftrag an Seyß-Inquart, „beeilt" Vorschläge zu unterbreiten für Einsparungsmaßnahmen bei der Wehrmacht; die Überprüfung deutscher Dienststellen in Norwegen vom Vorschlag einer geeigneten Persönlichkeit abhängig.
K   101 11083 f. (666 b)

1.−5.2.45   GL, Lammers   18300
Anordnung und Rundschreiben Bormanns an die Parteiführerschaft über die Disziplin in der Parteiarbeit und über die Verhütung von Gerüchtebildung, irreführenden Nachrichten und Falschmeldungen; Maßnahmen gegen die Beunruhigung der Bevölkerung; Empfehlung, Meldungen vor Weitergabe auf ihren Wahrheitsgehalt zu überprüfen; über den OKW-Bericht hinausgehende Mitteilungen über die Feindlage im eigenen oder benachbarten Gebiet erst bei bevorstehender Räumung angezeigt; Warnung vor Feindsendungen auf deutscher Welle; Hinweise auf Bolschewisten deutscher Volkszugehörigkeit in deutschen Uniformen, intensive Kontrollen aller nach Westen abrückenden deutschen Fahrzeuge geboten. Mitteilung Lammers' über seine Bitte an die Obersten Reichsbehörden, sinngemäße Weisungen für ihren Geschäftsbereich zu erlassen.
K/H   101 12318−28 (692)

2.2.45   Lammers, Bouhler u.a.   18301
Im Auftrag Hitlers Anweisung Bormanns an Bouhler, Dietrich, Frick, Hierl, Ley und Rosenberg, Stabschef Schepmann und Reichsjugendführer Axmann über den Zutritt zur „Führerwohnung Berlin": Verbot, die Wohnung − auch nicht zu Besuchen bei zum Haushalt Hitlers gehörenden Personen − „ohne erneute ausdrückliche Genehmigung und ohne besondere Anmeldung" bei der Persönlichen Adjutantur zu betreten; keine Verlegung von Dienstbesprechungen haushaltfremder Gäste in die Führerwohnung; Rücksichtnahme auf deren Charakter als Privathaushalt Hitlers.
H   101 16380−83 (957 a)

2.2.45   RFSS/Pers. Stab   18302
Übersendung eines *Fernschreibens des Pg. Sondermann (Reichspropagandaministerium) sowie der *Antwort Himmlers mit der Bitte um Vorlage bei Bormann.
K   102 01395 (2606)

5.2.45   GL Telschow   18303
Defaitistische Äußerungen des Wehrwirtschaftsführers Guenther Wolff (Bomlitz), Mitinhaber der größten Pulverfabrik Deutschlands (der Krieg für uns verloren, Hitlers Verschwinden Voraussetzung, um „mit England gehen" zu können; dies auch die − bei seinem kürzlichen Besuch dort festgestellte − „Meinung des OKH"); unter Nennung der vier von W. als seine Gesprächspartner angegebenen OKH-Angehörigen (Schmager, Hauck, Mahnecke, Voertel) Anregung, das OKH zu überprüfen.
M/H   305 00157 (Wehrwirtschaftsführer)

5.2.45   RMdI u.a.   18304
Übermittlung einer Anordnung des Reichsführers-SS: Entsprechend dem Befehl Hitlers Teilevakuierung einer 15 km tiefen Zone an der Oderfront.
W   114 00003 (4)

5.−15.2.45   Himmler   18305
Nach wiederholten Klagen über die BMW-Werke *Bericht eines PKzl.-Sachbearbeiters über neuerdings gemeldete Mißstände im BMW-Werk II Bruckmühl (Obb.): Vermutung von Sabotage bei der Herstellung eines erprobten Abschußgeräts zur Bekämpfung von Feindfliegern. Dringende Bitte Bormanns um Überprüfung. Beauftragung des SS-Gruf. Kammler mit der Untersuchung.
W   107 01196 f. (378)

6.2.45   Himmler, Lammers   18306
Mitteilung Bormanns über die erfolgte Ernennung des Stv. GL Stöhr zum Gauleiter des Gaues Westmark der NSDAP; Bitte um Veranlassung der „entsprechenden Folgerungen für die staatliche Ebene"

(Ernennung zum Reichsstatthalter und Reichsverteidigungskommissar Westmark sowie zum Chef der Zivilverwaltung Lothringen).
H   101 25006 ff. (1390 g)

7. 2. 45   RMfRuK u. a.   18307
Übersendung eines Erlasses: Das Notprogramm der Rüstungsendfertigung (vgl. Nr. 18286) keine neue Dringlichkeitsregelung für den Gesamtbereich der Rüstung und Kriegsproduktion (die Vordringlichkeit z. B. von Fliegerschädenbeseitigung, Geilenberg-Programm usw. davon unberührt); die erforderlichen Zulieferungen und Rohstoffe in das Programm einbezogen; die mengenmäßige Anpassung der noch für das Programm benötigten Roh- und Grundstoffe nur zentral möglich.
W/H   108 00845 f. (1956)

7.–9. 2. 45   GBV u. a.   18308
Übersendung von zwei Runderlassen: 1) Anweisungen für die Behandlung infolge der „Rücknahme der Ostfront verdrängter" Behörden (Personalabgaben, Stillegungen, Tätigkeit der Restbehörden) zwecks Vermeidung des Eindrucks einer Weiterarbeit „nur um ihrer selbst willen" bei der Bevölkerung der Aufnahmegaue; 2) Aufgaben der inneren Verwaltung bei der Eingliederung der rückgeführten Bevölkerung und staatlichen Dienststellen aus dem Reichsgau Wartheland; für die anfallenden Verwaltungsmaßnahmen (Arbeitsbeschaffung, Versorgung, Familienzusammenführung, volkswirtschaftliche Nutzung des Viehs, u. a.) Einsetzung geeigneter Sachbearbeiter durch die Verwaltungen des Aufnahmegebietes; Erledigung fortzuführender Verwaltungsaufgaben des Warthegaus durch die Dienststelle des Reichsstatthalters Greiser; den rückgeführten staatlichen Dienststellen noch verbleibende Aufgaben (Abwicklungen, Personalangelegenheiten, Gehaltszahlungen, Vermögensaufstellungen), im übrigen jedoch – schon aus optischen Gründen – weitestgehende Stillegung der rückgeführten Behörden und Freistellung des rückgeführten Personals; Bestellung eines osterfahrenen Beamten zum Beauftragten des Generalbevollmächtigten für die Verwaltung; Richtlinien für die Dienstkräfte verdrängter Behörden.
K/H   101 12329–35 (692)

8. 2. 45   RMfRuK   18309
Im Einvernehmen mit dem Leiter der PKzl. Zusammenfassung der bisherigen Rüstungskommissionsbereiche Va, Vb, XIIa und XIIb zum Rüstungsbezirk Süd-West (Sitz Heidelberg), der Bereiche IVb, VIIIa, VIIIb, Böhmen und Mähren und Slowakei zum Rüstungsbezirk Oder-Moldau (Prag) sowie der Bereiche XVII, XVIII und Restgebiet Ungarn zum Rüstungsbezirk Donau-Drau (Kapfenberg) unter der Leitung je eines Rüstungsbevollmächtigten; Ernennung der Bevollmächtigten (Dir. Kelchner, GenDir. Malzacher, Dir. Leitner); ihre Kompetenzen, insbesondere ihre besonderen Vollmachten im Falle des – von Speer im Einvernehmen mit Bormann auszulösenden – Notstandes. (Vgl. Nr. 18332 sowie Nr. 18343, 18345 und 18354.)
W/H   101 18943 f. (1157 a); 108 00033/2 f. (312); 108 00037 f. (312/2); 108 00630 ff. (1768)

8. 2. 45   RMfEuL   18310
Von Bormann Hitler vorgelegt: Im Zusammenhang mit der Räumung von Landsberg/Warthe Bitte um Genehmigung der Verlegung der bisher dorthin verlagerten, unentbehrlichen Dienststellen des Reichsernährungsministeriums in die Umgebung von Erfurt. Einverständnis H.s.
K/H   101 11321 ff. (669 b)

8. 2. 45   Himmler, GL d. Westgaue   18311
Vorschläge Bormanns für die Vorbereitung auf die bevorstehende Feindoffensive im Westen: Rechtzeitige Aufstellung von Auffangkommandos und Panzervernichtungstrupps; Vorbereitung der Partisanenbewegung; Vermeidung einer Massenevakuierung. Beigefügt ein diesbezügliches Rundschreiben B.s an die Gauleiter im Westen: Schonungsloser Einsatz jedes Hoheits- und Amtsträgers bis zur Einbeziehung auch des letzten Teils seines Tätigkeitsbereichs in die Hauptkampflinie; unbedingtes Vermeiden ungenauer Meldungen; rücksichtsloser Einsatz von Standgerichten; ausreichende Besetzung und Bevorratung der Befestigungen; u. a.
W/H   107 01001–06 (321)

8.–[17.] 2. 45   RFSS   18312
Durch Bormann Übersendung der „sehr lehrreichen und daher lesenswerten" Niederschrift eines Oblt. Michler über die Zustände auf dem Fliegerhorst Ahlhorn.
K/W/H   102 01043 f. (1936)

10. 2. 45   Lammers   18313
Bitte, Hitler über eine Dienstreise Backes vom 11.–14. 2. 45 zu unterrichten; Übernahme der Vertretung durch StSekr. Riecke.
K   101 18401 (1142)

12. 2. 45   Thierack   18314
Übersendung der Führerinformation 190 des Reichsjustizministers: Stand der Ermittlungen gegen bisher 82 Wehrmachtangehörige wegen Tätigkeit im „Nationalkomitee" und im „Bund deutscher Offiziere" in der Sowjetunion.
H   101 29001 ff. (1559 b)

12.–23. 2. 45   RKfdbnG, SS-Ogruf. Rauter, Himmler – 47   18315
Unter Berufung auf Friedrichs (PKzl.) Drängen des Leiters des Arbeitsbereichs Niederlande der NSDAP, Ritterbusch, auf die Aufstellung eines zunächst die wenigen Reichsdeutschen, dann auch die Landwacht umfassenden Volkssturms in den Niederlanden. Kommentar des SS-Ogruf. Rauter: Versuch Ritterbuschs, sich damit politisch wieder hochzuarbeiten („völliges Versagen" beim Stellungsbau; „erbitterter Kampf" mit dem deswegen mit dem Stellungsbau beauftragten, anscheinend das besondere Vertrauen Bormanns besitzenden OBerL Schmerbeck; Gefühl seiner „Vereinsamung" nach der – den Arbeitsbereich praktisch auflösenden – Abstellung aller Politischen Leiter zum Stellungsbau); die Verhältnisse in den Niederlanden für die Aufstellung eines Volkssturms nicht geeignet (daher auch Ablehnung durch den Reichskommissar); Ritterbusch für die von ihm angestrebte Leitung des Volkssturms völlig unqualifiziert. Dazu Himmler: Einverständnis zwischen ihm und B. über den Verzicht auf die Aufstellung eines Volkssturms in den Niederlanden; Bemühung um eine entsprechende Anweisung der PKzl. an Ritterbusch.
W   107 00936–42 (294)

13. 2. 45   RKzl.   18316
Ergebnis einer Besprechung in der PKzl.: Ausgabe von Lebensmittelkarten an Rückgeführte nur nach Erfüllung der gesetzlichen Meldepflicht.
K   101 12317 (692)

13. 2. 45   RMfRuK u. a.   18317
Übersendung eines Erlasses über die Schwerpunkte des Rüstungsnotprogramms im Bereich des Produktionsamtes des Rüstungsministeriums (Liste der Artikel).
W   108 00758 ff. (1820)

13. 2. 45   GBR, RüstKomm. u. a.   18318
Anordnung Speers, den verfügbaren Transportraum ausschließlich für wichtigste Versorgungs- und Rüstungsgüter zu verwenden (entscheidend nicht das Versandinteresse, sondern der Empfangsbedarf); Bitte an Bormann um entsprechende Weisungen an die Parteidienststellen.
W/H   108 00859 ff. (1956)

[15. 2. 45]   RMfRuK   18319
Entwurf eines gemeinsamen Rundschreibens Bormanns, Goebbels' und Speers an die Gauleiter über die Aufbringung von 240 000 kv.-Wehrpflichtigen aus der Rüstung und Kriegsproduktion (SE/VI-Aktion): Verantwortlichkeit der Gauleiter für die Verwirklichung der Befehle Hitlers über die Einberufung bei gleichzeitigem Schutz des Rüstungsnotprogramms; Benennung der Einzuberufenden (entsprechend der Anordnung B.s über den Volkssturm auch aus dem Kreis der Volkssturmmänner) durch das Rüstungsministerium, Durchführung der Einberufung durch die Wehrersatzdienststellen; Absetzung der auf die besetzten Ostgaue entfallenden Quoten.
W   108 00257–62 (1580)

16. 2. 45   Thierack   18320
Übersendung der Führerinformation 191 des Reichsjustizministers: Anklage gegen den Schüler Maria Emanuel Herzog zu Sachsen (Dresden) wegen Wehrkraftzersetzung und Rundfunkverbrechens.
H   101 29004 f. (1559 b)

16.–20. 2. 45   GL, RKzl., Oberste RBeh.   18321
Rundschreiben Bormanns an die Gauleiter: Verbot, die Frauen führender Parteigenossen vor Anord-

nung einer Räumung oder Auflockerung zu evakuieren; die sichere Unterbringung ihrer Kinder im Rahmen der geltenden Vorschriften statthaft. Auf Wunsch B.s dem OKW und den Obersten Reichsbehörden entsprechende Weisungen von Lammers nahegelegt.
H   101 19853 – 57 (1194 b)

[17. 2.] – 11. 3. 45   Lammers   18322
Der Vorschlag Bormanns, dem verdienten völkischen Dichter Eberhard König (Berlin) einen Ehrensold von RM 500.– zu gewähren, von Lammers an die Präsidialkanzlei weitergeleitet.
H   101 20386 – 90 (1209)

[18. 2. 45]   Hptm. Eggemann, SS-Ogruf. Berger   18323
Nach einem Besuch in der PKzl. Kritik des Hptm. Eggemann (Führer eines Alarmkommandos) an der Absicht der PKzl., 1500 Parteiführer teils in Wehrmacht-, teils in Parteiuniform als „politische Kampfkommandanten" einzusetzen: Die Tatsachen verkennender Versuch, „Zuständigkeiten" zu wahren; bei der augenblicklichen Stimmung an der Front Leute in Parteiuniform in Gefahr, totgeschlagen zu werden. Auch nach Meinung von SS-Ogruf. Berger die geplanten Kampfkommandanten überflüssig.
W/H   107 01189 f. (378)

19. 2. 45   RMfRuK   18324
In mehreren Vorträgen Speers (Übersendung der betreffenden Zitate mit der Bitte, in der Propaganda durch die Parteiredner in diesem Sinne zu wirken) Ablehnung der Propagierung des baldigen Einsatzes einer „Wunderwaffe": Zwar technische Fortschritte, aber keine Wunder zu erwarten; eine darauf abgestellte Propaganda verhängnisvoll (Churchills Dünkirchen-Parole „Blut, Schweiß und Tränen" für jedes germanische Volk passend).
W/H   108 00276 – 82 (1587)

19. 2. – 11. 3. 45   Lammers   18325
Bitte Bormanns um Erstattung von der PKzl. vorschußweise gezahlter Kosten für das Führerhauptquartier (Fliegerstaffel, Autopark, Kraftwagenneuanschaffungen, „Führerhauptquartier-Ausweiche Pullach" u. a.) und für den Transport von Gemälden sowie der Aufwendungen für die Gebäude Sonnenweg 20 und 22 in Pullach in Höhe von insgesamt RM 409 723.98 (16. Zwischenabrechnung). Mitteilung über die erfolgte Überweisung des Betrages auf das Zentralkonto der PKzl. bei der Commerzbank in München.
K/H   101 08156 – 62 (615 c)

20. 2. 45   RKzl., RFM   18326
Einverständnis der Reichskanzlei mit der von der PKzl. beantragten Schaffung von zehn Planstellen für Oberstudienräte an der Reichsschule der NSDAP in Feldafing (vgl. Nr. 17917); Aufnahme dieser Planstellen (ebenso wie der eines Oberstudiendirektors) in den Nachtrag des Haushaltplans 1945 bei Einzelplan I Kapitel 4.
H   101 20504 f. (1212 b)

23. 2. 45   Himmler   18327
Bericht über den Raub wertvoller Bilder und sonstiger Wertgegenstände aus aufgebrochenen Banktresoren in dem evakuierten Arnheim durch den Leiter des Gaukommandos Düsseldorf, Temmler, und seine Leute; Ankündigung eines Vortrags der Angelegenheit durch MinR Krug und Hinweis auf die Bloßstellung der Partei vor der Wehrmacht durch diesen „schamlosen" Vorfall; die eventuelle Deckung der Vorkommnisse durch GL Florian nicht bekannt.
W/H   107 01198 ff. (378)

24. 2. 45   RFSS/Pers. Stab   18328
Von den beiden Exemplaren des an die PKzl. übersandten Buches „Die unbekannte Armee" von Nikolaus Basseches eines Bormann vorgelegt, das andere von dessen Persönlichem Referenten für sich behalten.
W   107 00799 (278)

26. 2. 45   OKW   18329
Verfügung über die Kompetenzen zur Genehmigung der Rückverlegung militärischer und ziviler Dienststellen aus feindbedrohten Gebieten sowie über personelle Räumungsmaßnahmen des zivilen Bereichs (hierbei im Osten Zuständigkeit des Reichsführers-SS als Beauftragter des Führers für die Organi-

sation des nationalen Widerstandes im Osten; Erlaß seiner Anordnungen im Einvernehmen mit der PKzl.). (Die PKzl. im Verteiler.)
W   107 00943 ff. (294)

28. 2. 45   RMfEuL   18330
Dringende Forderung nach Reduzierung des in krassem Mißverhältnis zum geringen Futteraufkommen stehenden Pferdebestandes, Hinweis auf die andernfalls drohenden Gefahren (u. a. Unbeweglichkeit der Wehrmacht); damit zusammenhängend das Problem der (trotz zu befürchtender einschneidender Verschlechterung der Stimmung der aus dem Osten rückgeführten Bauern) notwendig werdenden Schlachtung der Treckpferde.
W/H   107 00057 f. (161)

1. 3. 45   RKzl. u. a.   18331
Übersendung eines Rundschreibens an die Obersten Reichsbehörden mit der – aus gegebenem Anlaß getroffenen – Anordnung Hitlers, in Luftschutzkellern eingerichtete Behörden-Arbeitsräume bei Fliegeralarm allen Behördenangehörigen zugänglich zu machen.
A/H   101 22857 f. (1301 b)

1. 3. 45   RMfRuK   18332
Mitteilung: Im Einvernehmen mit der PKzl. Zusammenfassung der Rüstungsbezirke Oder-Moldau und Donau-Drau (vgl. Nr. 18309) zum Rüstungsbezirk Süd-Ost mit dem Sitz in Prag (Rüstungsbevollmächtigter: GenDir. Malzacher, Vertreter: Dir. Leitner).
W/H   108 00690 f. (1785)

1. 3. 45   DSt. RM Speer, RVK, GBA u. a.   18333
Durch den Verkehrsstab Speer Übersendung einer Anordnung über Vorschriften für den Einsatz von Arbeitskräften zur Schadensbeseitigung bei Verkehrsanlagen.
W/H   108 00683 f. (1778)

1. 3. 45   Himmler   18334
Durch Bormann Übersendung eines Berichts des NS-Führungsoffiziers Lt. Haussleiter über Beobachtungen im Heimatkriegsgebiet: Massen von Fahnenflüchtigen und Drückebergern; Zurückführung der Entwicklung an den Fronten auf „Sabotage" durch die „Offiziersclique"; Wunsch nach raschem Vormarsch der Amerikaner, um nicht den Russen in die Hände zu fallen; denkbar schlechte Grußdisziplin; demoralisierende Wirkung der Schließung von Rüstungsbetrieben auf die Soldaten; Vorschläge für Abhilfe, u. a. durch Einsetzung erholungsbedürftiger Frontoffiziere als Standortkommandanten und durch Einsatz Fliegender Standgerichte (Grundtenor: „Bedingungslose" Zusammenarbeit von Partei und Wehrmacht).
W/H   107 00993 – 1000 (321)

1. 3. 45   RFSS, GL   18335
Verordnungen Bormanns und Himmlers im Auftrag Hitlers über die Einrichtung einer Sondergerichtsbarkeit und über das Strafrecht für Volkssturmangehörige (sinngemäße Anwendung des Militärstrafrechts, Zusammensetzung der Gerichte, u. a.).
W   108 00687 ff. (1785)

1. 3. 45   SS-Hstuf. Karbach, GL Sprenger u. a.   18336
Dank des SS-Hstuf. Karbach (z. Zt. Kommandeur der SS-Sperrgruppe „Kurfürst Balduin") für seine Versetzung in die Gauleitung Wien; Bitte, ihn seine „dringliche Wehrmachtaufgabe" mit der Sperrgruppe (Störung des Feindverkehrs, unbedingtes Halten eines geographisch günstigen Rhein-Brückenkopfes bei Aßmannshausen – Lorch) zu Ende führen zu lassen und weitere Angriffe des GL Simon gegen ihn abzuwehren: Der Aufstellungsbereich „Kurfürst Balduin" ausschließlich im Gau Hessen-Nassau liegend; Versicherung, im Gau Moselland keine persönlichen Beziehungen mehr zu haben und künftig mit keiner Dienststelle in diesem Gebiet mehr in Verbindung zu treten (beigefügt ein Schreiben an GL Sprenger mit der Bitte, die Kriegsbetreuungspatenschaft für die Sperrgruppe zu übernehmen, sowie weitere Unterlagen über die Sperrgruppe).
H   102 00235 – 40 (508)

3. 3. 45   RMfRuK u. a.   18337
Übersendung eines an die Gauleiter und Reichsverteidigungskommissare weitergeleiteten Führererlasses

über deren Verpflichtung, die auf Hitlers Weisung für die Ausrüstung des Volkssturms zusätzlich behelfsmäßig gefertigten Waffen und Geräte dem Rüstungsministerium zu melden; Verteilung ausschließlich nach Weisung H.s.
W   108 00680 f. (1778)

4. 3. 45   OKW   18338
Übersendung des Vorschlags einer *Verordnung über die Abfindung der Wehrmachthelferinnen.
K/H   101 11143 (666 c)

4. 3. 45   Maj. Schulze-Cassens, GL Wahl, Himmler   18339
Durch Bormann an Himmler Übersendung eines *Schreibens des GL Wahl (Reaktion auf einen von B. mit kritischem Kommentar übersandten *Bericht des Maj. Schulze-Cassens [Dienststelle SS-Ogruf. Berger] über das vom Gau Schwaben an die Ostfront entsandte Volkssturmbataillon) und Bitte um Klärung der Angelegenheit.
W/H   107 00007 f. (150)

6. 3. 45   GL   18340
Zur Stärkung der politischen Führung in den frontnahen Kreisen von Bormann ein „Sondereinsatz der PKzl." angeordnet mit der Aufgabe der Mobilisierung und des Einsatzes aller Kräfte für den „totalen Widerstand"; Bitte, für diese Aufgabe aus den Gauen je fünf „fanatische, energische NS" abzukommandieren.
W   502 00274 ff. (19)

6.–16. 3. 45   GL, KrL, StSekr. Riecke – 2   18341
Anordnung Bormanns (118/45), zum Ausgleich des der Landwirtschaft fehlenden Treibstoffs und Kunstdüngers durch intensivste Bodenbearbeitung alle landwirtschaftlichen Arbeitskräfte aus dem Stellungsbau und dem Ausbildungseinsatz im Volkssturm für die Feldbestellung freizugeben. Übersendung zweier Exemplare an StSekr. Riecke (Reichsernährungsministerium).
W/H   112 00017 ff. (62)

[10. 3. 45]   StSekr. Kritzinger, StSekr. v. Steengracht   18342
Die telefonische Bitte des Auswärtigen Amtes um Klarstellung seiner erneuten Zuständigkeit für die besetzten Ostgebiete und für das Generalgouvernement (GG) nach der geplanten Auflösung des Ostministeriums und der Regierung des GG von StSekr. Kritzinger (Reichskanzlei) an den ihn gerade besuchenden StSekr. Klopfer (PKzl.) übermittelt.
A/H   101 23944 (1342)

12. 3. 45   RMfRuK   18343
Mitteilung: Im Einvernehmen mit der PKzl. und unter Bezug auf den Erlaß vom 8. 2. 45 (vgl. Nr. 18309) Zusammenfassung des Rüstungskommissionsbereichs X und des Raumes Dänemark zum Rüstungsbezirk Nord-West mit dem Sitz in Hamburg (Rüstungsbevollmächtigter: Wolff).
H   108 00033/1 (312); 108 00036 (312/2)

13. 3. 45   –   18344
Rundschreiben Bormanns über die Verwendung von Blindgängerbomben zu Verteidigungszwecken (bei Straßen- und Panzersperren).
W   107 01535 (445)

13. 3. 45   RMfRuK   18345
Mitteilung: Im Einvernehmen mit der PKzl. und unter Bezug auf den Erlaß vom 8. 2. 45 (vgl. Nr. 18309) Zusammenfassung der Rüstungskommissionsbereiche VII und XIII zum Rüstungsbezirk Süd mit dem Sitz in München (Rüstungsbevollmächtigter: Präs. Georg Seebauer).
H   108 00041 (322); 108 00677 (1778)

18. 3. 45   RMfRuK   18346
Mitteilung: Bestellung eines Generalkommissars für die Wiederherstellung der Reichsbahnanlagen und Berufung des OT-Einsatzgruppenleiters Eckhard Bürger auf diesen Posten.
W   108 00678 f. (1778)

18.3.45   RMfRuK   18347
Mitteilung: Bestellung eines Generalkommissars für das Programm 262 (Triebwerke, Zellen, Ausrüstung und Bewaffnung) und Berufung Gerhard Degenkolbs auf diesen Posten.
W   108 00685 f. (1778)

18.3.45   RMfRuK u. a.   18348
Übersendung einer Anweisung, die Maßnahmen der „Kupferaktion" im Rahmen des von Hitler befohlenen Rüstungsnotprogramms als Aufgaben zur „notdürftigen Instandsetzung von Energie- und Verkehrsanlagen und Verkehrsmitteln" zu behandeln (nach Ausbau der Kupferleitungen und der Bleikabel und -akkumulatoren neuerdings Einsatz der Kolonnen der „Kupferaktion" u. a. auch bei der Beseitigung von „Großschäden Elektrizität" und von Luftkriegsschäden an Eisenbahn-Fahrleitungen und -Hochspannungsleitungen).
W/H   108 00675 f. (1778)

19.3.45   —   18349
Anordnung Bormanns zu der von Hitler befohlenen sofortigen Räumung des gesamten Großkampfraums westlich des Rheins: Verantwortlichkeit, Dringlichkeitsstufen für Transportmittel (Wehrmacht, Ernährungsgüter, Kohle, Flüchtlinge), Prioritäten innerhalb der Bevölkerung, u. a.
W/H   108 00506 f. (1623 a)

[21.3.45] GL   18350
Forderung des Leiters der PKzl. in einem (zitierten) Rundschreiben, die Gestapo bei der Bekämpfung des „Unwesens der anonymen und pseudonymen Briefschreiberei" zu unterstützen; Richtlinien hierfür. In diesem Zusammenhang erwähnt: „Besondere erzieherische Maßnahmen" gegenüber den Briefschreibern.
W/H   502 00002 f. (2)

22.3.45   RBauernF — 2   18351
Bitte der PKzl. um Mitteilung über den Sachstand in der Frage einer Vereinfachung der Antragsformulare für die Versehrtenversorgung des landwirtschaftlichen Sektors.
W   112 00016 (62)

23.3.45   GL   18352
Appell Bormanns, die von Hitler angeordnete totale Räumung der feindbedrohten Gebiete und die Unterbringung der Evakuierten trotz „scheinbarer Unmöglichkeit" zu bewältigen; Übermittlung (soweit noch nicht erfolgt) des *Führerbefehls über Zerstörungsmaßnahmen vom 19. 3. 45.
W   108 00508 (1623 a)

23.3.45   RMfRuK u. a.   18353
Übersendung eines Erlasses: Anweisung, trotz der Arbeitseinsatzmaßnahmen für die Verkehrswirtschaft den Arbeitskräftebedarf für die Frühjahrsbestellung in der Landwirtschaft sicherzustellen, und zwar im wesentlichen aus den Evakuierten der Ost- und Westgebiete.
W   108 00682 (1778)

27.3.45   RMfRuK   18354
Mitteilung: Im Einvernehmen mit der PKzl. und unter Bezug auf den Erlaß vom 8. 2. 45 (vgl. Nr. 18309) Zusammenfassung der Rüstungskommissionsbereiche IVa, IXa, IXb, XIa und XIb zum Rüstungsbezirk Mitte (Rüstungsbevollmächtigter: Dir. Adolf Schneider).
H   108 00034 f. (312/2)

[29.3.]—12.4.45   RB f. Altmaterialerfassung, GBR — 2   18355
Der PKzl. übermittelter Schriftwechsel mit einer Entscheidung des Planungsamtes des Generalbevollmächtigten für Rüstungsaufgaben beim Vierjahresplan: Vorläufig kein Einsatz von Kohle für die Fettgewinnung aus Knochen, dennoch Fortsetzung der Knochensammlung unter Ausgabe von Prämiengutscheinen statt Seifenprämien.
W   108 00007 f. (200)

30.3.45   RMfRuK   18356
Übermittlung von Durchführungsbestimmungen zu den Erlassen Hitlers über die Zerstörung und Läh-

mung von Industrieanlagen: Vorbereitungen, totale Zerstörungen, Zeitpunkt der Durchführung (Fertigung bis zum letztmöglichen Augenblick auch in schwierigsten Situationen), Zuständigkeiten u. a.
W/H   108 00046/3 – 6 (1006)

30. 3. 45   GL, RL u. a.   18357
Durch Bormann an alle Gauleiter, Reichsleiter usw. Übermittlung eines Appells des GenOberst Jodl als Chef des Wehrmachtführungsstabes an die Befehlshaber im Einsatzraum Frankfurt – Marburg – Siegen, ohne Rücksicht auf Kompetenzen, Trennungslinien und Rang und Dienststellung oder auf die Bevölkerung die vorgestoßenen feindlichen Panzerspitzen zu bekämpfen.
H   108 00046/9 f. (1006); 108 00509 f. (1623 a)

7. 4. 45   OKW u. a.   18358
Übersendung von Durchführungsbestimmungen für die Zerstörung der Nachrichtenanlagen im Raum Berlin.
W   108 00046/7 f. (1006)

7. 4. 45   RMfRuK   18359
Übersendung eines Führererlasses über den Zeitpunkt der Zerstörung operativ wichtiger und sonstiger Brückenanlagen sowie über die Lähmung anderer verkehrswichtiger Objekte und der Nachrichtenanlagen von Post und Bahn.
W/H   108 00046/1 f. (1006)

8. 4. 45   OKW u. a.   18360
Befehl Keitels: Mit gewissen Einschränkungen Übertragung der Befugnis zur Festlegung der zu zerstörenden operativ wichtigen Brücken auf die Oberbefehlshaber Nordwest, West und der Heeresgruppe B sowie auf den Chef des Generalstabs des Heeres. (Nachrichtlich an Bormann.)
W   108 00511 ff. (1623 a)

[11. 4. 45]   RSchatzmeister   18361
(Zitierte) Anordnung, ergangen im Einvernehmen mit dem Leiter der PKzl., über die Verwertung der beim „Volksopfer" gesammelten Gegenstände durch die Gauschatzmeister (Weiterleitung an den Volkssturm, an Flüchtlinge u. a.); Anweisungen für die Verwertung einzelner Uniformstücke (Mützen, Braunhemden usw.). (Vgl. Nr. 18287.)
W   502 00004 f. (2)

13. 4. 45   GL Eigruber   18362
Mitteilung Bormanns: Entscheidung Hitlers, auch Ernsthofen nur zu lähmen, nicht zu zerstören (Funkspruchentwurf).
W   108 00514 (1623 a)

23. 4. 45   Göring, Lammers u. a.   18363
Gegründet auf einen Bericht des Gen. Koller über die letzten Lagebesprechungen Hitlers in Berlin (der Krieg verloren, Verhandlungen mit den Feinden nunmehr Sache des Reichsmarschalls), Unterredung Görings in seinem Landhaus auf dem Obersalzberg mit Lammers u. a. (darunter Bormanns Persönlicher Referent, SenPräs. Müller) über die Auslösung des Stellvertretererlasses (mit dem Ergebnis einer Rückfrage bei H. durch Funkspruch). Später Besuch L.' bei M. zwecks Erörterung ihm inzwischen gekommener Bedenken hinsichtlich der Zulänglichkeit des Auslösungsgrundes (K.s. Bericht nur aus zweiter Hand, nämlich nach einer – von GenOberst Jodl allerdings bestätigten – Mitteilung des Gen. Christian).
H   101 30010 – 22 (1641)

30. 4. 45   Dönitz   18364
Mitteilung Bormanns: Von Hitler Dönitz anstelle Görings als sein Nachfolger eingesetzt.
W   108 00515 (1625)

16. 7. 34   Himmler, H. Hinkel   19001
Durch Himmler Übersendung eines Schreibens des Pg. Hinkel. (Vgl. Nr. 10448.)
H   306 00491 (Hinkel)

14. 8. 36   SSHA   19002
*Antrag auf Aufnahme des SS-Anwärters Henry Kobert (Hamburg?) in die Totenliste der Bewegung. (Vgl. Nr. 11780.)
H   107 00878 (289)

5. 9. 36   AA, Ev. LJugendpfarramt Nürnberg   19003
Durch das Auswärtige Amt mit der Bitte um Einschreiten Übersendung eines Schreibens des Evangelischen Landesjugendpfarramts in Bayern wegen Maßnahmen des HJ-Gebiets 18 gegen die Teilnahme von HJ-Angehörigen an Bibellagern in der Schweiz. (Vgl. Nr. 11724.)
H   203 00039/1 – 4 (13/1)

15. 5. 37   GL München-Oberbayern   19004
Weiterleitung der für Hitler bestimmten *Karte einer Hanna Waldbauer (Rattenberg/Tirol) und eines *Bildes ihres Hauses. (Vgl. Nr. 12911.)
H   101 16453 (969 a)

10. – 12. 6. 37   VoMi – 8   19005
Neun Vorschläge von Vertretern des Auslandsdeutschtums zur Reichsparteitag-Einladung als Ehrengäste des Führers: Konrad Henlein, Willi Brandtner, Rittm. a.D. Fritz Fabritius, Prof. Huß, Rechtsanw. Franz Basch, Sen. Hasbach, Sen. Wiesner, Peter Hofer, Statth. a.D. Baron Sternbach. (Vgl. Nr. 12095.)
H   203 02502/1 – 503 (76/1 I)

[20. 7. 37 – 10. 3. 38]   Kdt. KL Dachau u. a.   19006
Notwendigkeit, eine Beurlaubung (sowie nach einem halben Jahr deren Verlängerung) des Kommandanten des Konzentrationslagers Dachau, SS-Obf. Hans Loritz, aus dem Dienst (als Städtischer Oberkontrolleur) der Stadt Augsburg über den StdF zu beantragen. (Vgl. Nr. 13212.)
H   306 00742 ff. (Loritz)

20. 1. 38   RMfWEuV   19007
*Anmeldung einer Vortragsreise des Prof. Richard Hamann (Marburg) nach Österreich. (Vgl. Nr. 12459.)
H   301 00383 (Hamann)

18. 7. 38   SHA   19008
*Personalanfrage des Stabs StdF: Heinz Morisse (Cuxhaven). (Vgl. Nr. 12887.)
H   107 01560 (1992)

30. 8. 38   Adj. d. F   19009
Übersendung der *Eingabe einer Rosa Hein (Wöllershof b. Weiden/Oberpfalz).
H   124 04518 (439)

[28. 9. 38]   RMdI   19010
Wegen der Bildung von Werkscharen auch bei nichtvertrauensratpflichtigen Verwaltungen und Betrieben Kontaktaufnahme mit dem StdF. (Vgl. Nr. 13213.)
H   101 06567/1 f. (530)

1. 2. 39   AA, Dt. Kons. Harbin – 8   19011
Übersendung eines Berichts des Deutschen Konsulats in Harbin über das Verbot des Leiters der dortigen HJ, Lehrer Schill, aus einem Sommerlager Briefe nach Hause zu schreiben. (Vgl. Nr. 13391.)
H   203 00112/1 f. (18/1)

16. 5. 39   DAF – 8   19012
*Bitte der Dienststelle Ribbentrop um Beschaffung einiger Lebensläufe für Prof. Theodore Abel (Columbia Universität New York). (Vgl. Nr. 13922.)
H   203 01730 (49/4)

13. 6. 39   AA, JFdDR – 8   19013
Über die Auslandsvertretungen in Bergen und Stockholm Nachmeldung eines sechsten Norwegers und einer Schwedin für die HJ-Sommerlager; über die Dienststelle Ribbentrop Weiterleitung an die Jugendführung. (Vgl. Nr. 13433.)
H   203 00121 (18/1)

24. 6. 39   RDozF – 8   19014
Übersendung einer Vortragsfolge der Arbeitsgemeinschaft für arabische Lebensfragen des NSD-Dozentenbundes (Jena). (Vgl. Nr. 13923.)
H   203 02304 (60/3)

Konkordanz der nicht mehr belegten Regestnummern
(* = neu belegt)

10111	10113	12971	12959
10112	10113	12995	12991a
10304	10296	13003	12996
10355	10335	13050	13034
10434	10365a	13092	12996
10445	10443	13097	13086
10456	10442a	13270	13271
10545	10865a	13283	13202a
10664	10660	13501	13477a
10675	10660	13521	13595a
10830	10803a	13525	13507
11023	11106a	*13598	13563a
11025	11029	*13599	13598
11040	10973	13603	13531a
11187	11172a	13641	13599
11211	11205a	13783	13798b
11269	11257a	13814	13599a
11431	10973	13825	13823
11613	11615	13908	13746a
11628	11617	13927	13895a
11633	11533	*13946	13936a
11642	11608	*14000	13511a
11671	11635a	14029	13946
11772	11759	14035	13996
11781	11679	14047	14002a
11889	11830	14120	14000
11997	11990	14179	14073a
12085	12068	14186	14148a
12136	11943a	14196	14195
12150	11002a	14198	14109
12151	12118	14214	14160a
12177	{ 12169 / 12173 }	14222	14219
		14226	14151a
12492	12477	14227	14206a
12506	13324a	14231	14677
12549	13399	14293	13949a
12574	12534	14308	14306
12659	12661	14336	14330
12750	12742	14411	14144a
*12799	12802	14413	14399a
*12802	12799	14452	14391a
12805	12780	*14461a	14461b
12821	12802	14496	14498
12823	12791a	14505	14478a
12868	12836a	14514	14497a
*12953	12954	14515	14461a
*12954	12955	14527	14499a
*12955	12956	14536	14499b
*12956	12953	14544	17993a
*12959	12990a	14548	14552

14588	14512a	16271	16354a
14620	14628	16338	16234
14761	14697a	*16354a	16354b
*14766	14767	16405	16264
*14767	14678	16438	15759
14792	14704a	16471	16437
14815	14754a	16509	16444a
14928	15705a	16632a	16632
14973	14903a	16709	14875a
14985	14987a	16731	16717
15016	14951	16767	16717
15069	14626a	17059	17003
15119	15079a	17128	17097a
15136	15079	17188	17174a
15178	15175b	17200	16100a
15180	15051	17208	17270a
15249	15248	17237	16898
15288	15231	17279	17003
15333	15200	17400	17397a
15334	15200	17503	17249
15376	15291	17510	17489a
15434	14873a	17559	17491
15652	15599	17593	17634a
15657	15561	17613	17370
15727	15670a	17684	17667a
15749	15611	17889	17829a
15754	15741	17951	17800a
15941	15942a	18050	17892a
15989a	15991	18091	18082a
16027	15944a	18179	15442
16089	15706a	18244	17969
16110	14745	18263	18245a
16160	16162a	18273	18034a
16245	16218a